Honours and Awards
Army, Navy and Air Force
1914–1920

Published by J. B. Hayward & Son, Medal Specialists
17 Piccadilly Arcade, London SW1Y 6NL

© J. B. Hayward & Son 1979

ISBN 0-903754 14 2

Printed at Grosvenor Press by
Eyre & Spottiswoode Ltd, Her Majesty's Printers

Army Honours and Awards

Lists alphabetically Officers: Retired from the Active List; Gentlemen at Arms; The King's Body Guard for Scotland; Recipients of Knighthood; Decorations for Gallantry or Distinguished Service; Foreign Orders; Various Gold Medallists.

Appendices I & II list the recipients of the Distinguished Conduct Medal (1881–1919) with one or two Bars respectively.

The lists contained in this section were originally published in the supplement to the official Army List, April 1920, and have been published by kind permission of H.M. Stationery Office. Appendices I and II have been edited from the contemporary editions of the *London Gazette*.

It must be noted that the persons listed herein are those who were living at the time of the original publication (April 1920) whether serving or retired. This does not apply to the Distinguished Conduct Medal lists.

Table of Contents

Alexander Memorial Medallists	637
Bath, Order of The	122
British Empire, Order of The	171
Companions of Honour, Order of The	223
Distinguished Conduct Medal with Bar, 1881–1919	639
Distinguished Conduct Medal with Two Bars, 1881–1919	653
Distinguished Service Order	224
Foreign Orders	554
Garter, Order of The	120
Gentlemen at Arms	115
Imperial Service Order	283
Indian Empire, Order of The	161
Merit, Order of	136
Military Cross	284
Musicians Worshipful Company of, Medallists	638
Parke's Memorial Medallists	638
Retired from the Active List	5
Royal Artillery Institution Medallists	636
Royal Red Cross, The	477
St. Michael and St. George, Order of	139
St. Patrick, Order of	121
Scotland, The King's Bodyguard For	116
Star of India, Order of The	137
Thistle, Order of The	121
United Service Institution Medallists	637
Victoria Cross	117
Victorian Order, Royal	165
Yeomen of the Guard	114

A LIST OF OFFICERS OF THE REGULAR ARMY, &c., RETIRED FROM THE ACTIVE LIST, WHO ARE IN RECEIPT OF A RETIRED ALLOWANCE,* AND OFFICERS ON THE UNEMPLOYED SUPERNUMERARY LIST.

[Arranged Alphabetically.]

(*This List does not include the names of Officers granted temporary disability retired pay administered by the Ministry of Pensions.)

[The dates given against the names are those of the highest Army rank (substantive, brevet, temporary or honorary) held by the officer.]

à Beckett, Maj. P. A. F. W. ret. pay late R.G.A. 1May17
Abbott, Hon. Brig.-Gen. H. A., C.B., u.s.l. Ind. Army 24Aug.12
Abbott, Bt. Col. H. E. S., C.B.E., D.S.O., ret. pay late R.E.(Ind. Pens.) (Empld. R.E.) 1Oct.04
Abbott, Hon. Maj.-Gen. W. H., ret. pay late R. Muns. Fus. 2Mar.87
Abdy, Capt. Sir A. C.S., Bt., ret pay late 2L.G. 26Nov.83
Abdy, Hon. Brig.-Gen. A. J., C.B., C.B.E., ret. pay late h.p. R.A 16June18
Abercrombie, Bt. Col. A. H., ret. pay late h.p. 1July03
Aberigh-Mackay, Lt.-Col. J. L., u.s.l. Ind. Army 13Feb.93
A'Brook, 2nd Lt. W. R. C., ret. Ind. Army 27Oct.17
Acht, Lt. C., ret pay late R.G.A. 13Mar.18
Acklom, Lt.-Col. S., ret. pay late h.p. 15Jan.90
Acland, Capt. J. E., ret. pay late h.p. 19Dec.83
Acland-Hood, A. (Fuller-), see Fuller-Acland-Hood. A.
Acland Troyte, Bt. Lt.-Col. G. J., C.M.G., D.S.O., ret pay, late K R. Rif. C. 1Jan.19
Acock, Hon. Lt. W., Qr.-Mr. ret. R Mar.L.I. 9Jan.15
à Court, Hon. Lt.-Col. Hon. E. A. H., ret. pay late Shrops. L. I. (Chief Constable, Oxfordshire) 7Apr.86
à Court Repington, Lt.-Col. C., C.M.G., ret. pay late h.p., p.s.c. 16Nov.98
Acton, Bt. Col. H. L. B., ret. Ind. Army (Empld Training Centre 5 Sept. 15) 11Aug.09
Acton, Bt. Col. T. H. E., ret. pay late h.p. R.A., p.a.c. 4Dec.04
Acworth, Maj. G. P. A., ret. pay late R.E. 15Nov.04
Adair, Maj A. C., ret. pay, late Lan. Fus. 22Aug.08
Adair, Capt. C. O., ret. pay late R.G.A. [l] 6June97
Adair, Lt. D., ret. pay late h.p. 10Nov.86
Adair, Gen. Sir W. T., K.C.B., ret. R. Mar. L.I., p.s.c. [R] 22Feb.12
Adam, Hon. Maj.-Gen. F. A., C.B., late h.p. 8Aug.17
Adam, Maj. W. A., ret pay late 9 Bn. K. O. Sco. Bord., p.s.c. [L] 19Feb.05
Adams, Capt. A., D.S.O., ret. pay late R.E. (Empld. R.E.) 28July99
Adams, Capt. A. J., ret. pay late h.p. 15Feb.86
Adams, Lt.-Col. C., M.B., F.R.C.S., ret. Ind. Med. Serv. 2Apr.01
Adams, Hon. Lt.-Col. E.W., ret. pay late R.A. 8Dec.86
Adams, Lt. F. H., M.C., ret. pay late Manch R. 8Oct.16
Adams, Maj. G. C, M.C., ret. pay late R. Innis. Fus. 27Mar.19
Adams, Maj. G. S. C., ret. pay late h.p. 18Sept.15
Adams, Col. G. G., C.B.E. ret. pay late R.A.M.C. 1Mar.15
Adams, Lt. J., ret. pay late N. Staff. R, 1Mar.15
Adams, 1st Class Vety.-Surg. J. P., ret. A. Vety. Dept. 26Sept.84
Adams, Capt. J. P., D.C M., ret. pay late R.A. 4Mar.20
Adams, Hon. Maj. R., Qr.-Mr. ret. pay late R.A.M.C. 1July17
♥ C. Adams, Maj.-Gen. Sir R. B., K.C.B., ret. Ind. Army [L] [R] 19Mar.06
Adams-Connor, Capt. H. G., M.V.O., ret. pay late Conn. Rang. (Chief Constable, Isle of Wight) 27Dec.85
Adamson, Lt.-Col. C.H.E., C.I.E., ret. Ind.S.C. 8Jan.94
Adamson, Hon. Col. D., ret. Ben. S. C. 10May87
Adamson, Maj G. R., Qr.-Mr., ret. pay, late R.F.A. 3June17
Adamson, Lt.-Col. J. G., C.M.G., ret. pay late Yorks. L. I. (temp. Col.) (T.F. Record Office) 18Oct.02

Addams Williams, Lt. Col. L, ret. pay late R.A.M.C. 1Mar.15
Adderley, Maj. H. B. A., ret. pay late S. Gds. 10Apr.18
Adderley, Hon. Lt.S. W., Qr.-Mr.ret.pay late S. Gds. (Qr.-Mr. & Lt.-Col. T.F. Gen. List) 17Jan.00
Addington, Maj. Hon. H. H. S., ret. pay late R.G.A. 18Oct.02
Addington, Maj. H. R., ret. pay late K. R. Rif. C. 18May98
Addington, Bt. Col. Hon. H. W., ret. pay late R.F.A. 2Oct.09
Addis, Hon. Capt. J. E., Paymr. ret. A.P. Dept. 22Sept.81
Addison, Maj. A. M., ret. pay late S. Wales Bord. [L] (Spec Appt.) 28Sept 03
Addison, Lt.-Col. G. W., ret. pay late R.E. 29Mar.95
Addison, Lt. W., ret. pay late W.I.R. (Dist. Commr., 2nd Class, Sierra Leone) } 1 Sept.04) 11May04
Addy, Maj. C., M.C., ret. pay, late R.A. 7Sept.19
Adie, Lt.-Col. J. R., M.B., ret. Ind.Med. Serv. 1Oct.05
Adkins, Hon. Capt. J., Qr.-Mr ret. pay late Rif. Brig. 13May01
Adkins, Lt. W. J., ret. pay late R.A.I. 31Mar.16
Adlercron, Hon. Brig.-Gen. R. L., C.M.G., D.S O., ret. pay late Cam'n Highrs. 11Mar.20
Adolpho, 2nd Lt. E, ret. pay la e h p. 14Apr.17
Adshead, Capt. F. E., ret. pay late extra Regimentally empld. 6Nov.19
Adutt, Hon. Capt. H., Dep. Commy. ret. Ind. Army Dept. 2Jan.04
Adye, Lt.-Col. A., ret. Ind. Army 13June00
Adye, Maj.-Gen. Sir J., K.C.M.G., C.B., ret. pay late R.A., p.s.c. [F] 19June11
Adye, Maj. C. G., ret. pay late W. York R. 10Feb.92
Adye-Curran, Lt.-Col. F. G., M.B., F.R.C.S.I., ret. A. Med. Staff 6Apr.89
Agar, Col. E., C.M.G., ret. pay late h.p. (R E.,p.s.c. [L] [F] (Record Office) 18Sept.06
Agg, Lt.-Col. F. J. G., D.S.O., ret pay late Yorks. L.I. [F] 25Jan.20
Agnew, Maj. C. H., ret. pay late 4 Hrs. 7Oct.96
♥ Agnew, Hon.Lt.-Col.G.A.,ret.pay lateh.p.31Dec.84
Agnew, Lt.-Col. Q. G. K., D.S.O., M.V.O., ret. pay late Manch. R. (Cl. ret. Spec. Res.) (Gent.-at-Arms) 8Oct.19
Aherne, Ridmr. & Maj. D., O.B E., ret, pay late R.H.A. 10Apr.12
Aherne, Hon. Capt J., Qr.-Mr., ret. pay late N Staff. R. 20June10
Aikenhead, Lt.-Col. F., ret. pay late R.G.A.,a 20Aug.18
Ainsley, Lt.-Col H. S, C.M.G., ret. pay late h.p. 17Feb.12
Ainsworth, Lt. T. J., ret. pay late Manch. R. 25June04
Aird, Lt. J. W., ret. pay late R.A. 1July17
Airey, Hon. Maj. R. H B., ret. pay late 9 Ft. 24Apr.18
Aitken, Col. F. M., ret. pay late h.p. 23Dec.15
Aked, Hon. Maj. T., Staff Paymr. ret. A. P. Dept. 30Jan.84
Alban, Maj. C. F. S., ret. Ind. S.C. 13June95
Albert, Hon. Lt. W., Asst. Commy. ret. Ind. Army Dept. 19Jan.04
Alcock, Lt.-Col. A. W., C.I.E., M.D., ret. Ind. Med. Serv. 1Oct.05
Alcock, Hon. Maj. S., F.S.I., Suptg. Inspr. of Works, ret. Staff for R.E. Services 1Apr.07
Alderson, Maj. P. C. N., Paymr. ret. pay late A.P. Dept. 1Nov.02
Aldred, Lt. A. D. R., ret. pay late h.p. (temp. Capt. R.E.) 16Mar.07

1*

Non-Effective Officers

Aldridge, Lt. F. A., ret. pay *late* Bedf. & Herts. R. 11 June 18
Aldridge, Lt.-Col. A. it., *C.B., C.S.I., C.M.G.,
M.B.,* ret. pay *late* R.A.M.C. [F] 28 July 09
Aldridge, Capt. C. P., ret. pay *late* R Suss. R. 8 Apr. 96
Aldridge, 2nd Lt. F. W., et. pay *late* R.G.A. 23 Aug. 18
Alexander, Maj A. C. D., *O.B.E.*, ret. pay
  late h.p. [F] 5 Dec 15
Alexander, Bt. Col. A. de V., *D.S.O.*, ret.
  Ind. Army 8 Dec. 99
Alexander, Hon. Brig.-Gen. C. H., *C.B.E.*,
  ret. pay *late* h.p., R.A. (*Empld.*) 30 July 18
Alexander, Maj. D. H., *C.M.G.*, ret. pay *late*
  W. York. R. (*Spec. Appt.*) 7 Mar. 02
Alexander, Capt. F. D., ret. pay *late* 19 Hrs.
  (for Spec. Res.) (*Maj. ret. Spec. Res.*) 17 Aug. 10
Alexander, Maj. F. G., ret. Ind. S.C. 7 Dec. 90
Alexander, Capt. F. H. T., Paymr. ret. A.P.
  Dept. 23 Sept. 90
Alexander, Lt.-Col. G. D'A., ret. pay *late*
  h.p. R.A. 22 Apr. 04
Alexander, Maj. G. F., *M.B.*, ret. pay *late*
  R.A.M.C. 27 July 99
Alexander, Bt. Col. H., *D.S.O.*, ret. pay *late*
  Staff 17 Sept. 04
Alexander, Lt. J., ret. Ind. Army 23 Nov. 41
Alexander, Capt. P. S., ret. pay *late* 8 Hrs. 10 June 11
Alexander, Maj.-Gen. R., ret. pay *late* R.
  (Mad.) A. 1 Apr. 97
Alexander, Maj. R. G., *M.C.*, ret. Ind. Army 18 Sept 15
Alexander, Maj. R. G., *M.C.*, ret. pay *late*
  3 Hrs. (*empld* 2nd *L.G.*) 9 Mar. 86
Alexander, Chaplain (2nd Class)*Rev.*W.B.L.,
  ret. pay *late* A. Chaplains' Dept. [R.C.] 9 Apr. 99
Alexander, Capt. W. J., ret. pay *late* h.p. 25 Aug. 16
Alexander, Bt. Col. Hon. W. P., ret. pay *late*
  h.p. 5 July 00
Alexander, Maj. W. P., ret. pay *late* R.G.A. 30 July 04
Alexander Keeble, Maj. W. R., ret. pay *late*
  h.p. 28 Oct. 19
Alford, Capt. F. L., ret. pay *late* R.G.A.
  (*Lt.-Col., ret. Mila.*) (*Spec. Appt.*) 1 July 98
Alington, Lt.-Col. A. C. M., ret. pay *late*
  E. Lan. R. 28 Nov. 19
Allam, Hon. Maj. F., Qr.-Mr., ret. pay *late*
  Middx R. 1 July 17
Allan, Hon. Capt. G. R., Sen. Asst. Surg.
  ret. Ind. Sub. Med. Dept. 5 June 07
Allan, Lt.-Col. P. S., *D.S.O.*, ret. pay *late*
  Gord. Highrs . *p.s.c.* 14 May 19
Allan, Maj. W. D., *O.B.E.*, ret. pay *late*
  R. Highrs. 29 Jan. 17
Allen, Hon. Brig.-Gen. A. J. W., *C.B.*, ret.
  pay *late* Staff, *p.s.c.* 21 June 13
Allen, Lt.-Col. B. M., ret. Ind. S.C. 24 Apr. 98
Allen, Bt. Lt.-Col. E., *C.M.G.*, ret. pay *late*
  R. Ir. Rif. 29 Nov. 00
Allen, Capt. F. E., ret. pay *late* R.A. 11 Mar. 20
Allen, Col. F. S., ret. pay *late* Regtl. Dist. 15 Aug. 99
Allen, Bt. Col. F. S., ret. pay *late* h.p. 11 Dec. 99
Allen, Hon. Maj. G. L., Qr.-Mr., ret. pay
  late R.A.M.C. 9 Mar. 16
Allen, H. E., ret. pay *late* W. Gds. 9 June 15
Allen, Lt.-Col. H. M., *C.M.G., D.S.O.*, ret.
  Ind. Army (*Lt.-Col. T. F. Res.*) 14 Sept. 13
Allen, Maj. J. C., ret. pay *late* R.A 4 Nov. 19
Allen, Lt.-Col. J. R. H., ret. pay *late* R.G.A. 1 Nov. 00
Allen Lt. J. T., ret. pay *late* R A 17 July 16
Allen, Bt. Col. N. S., ret. pay *late* h.p. 1 Oct. 03
Allen, Lt.-Col. P., ret. pay *late* h.p. 6 Feb. 17
Allen, Col. S. G. [L] ret. pay *late* A. Med.
  Serv. 1 Mar. 15
Allen, Lt. T H., *M.C.*, ret. pay *late* R.A. 1 Nov. 18
Allen, Maj. V. M., Ord. Offr. 3rd Class, ret.
  pay *late* R.A.O.C. 8 Dec. 14
Allen, Lt.-Col. W. H., ret. pay *late* R.A.M.C. 4 Feb. 97
Allfrey, Capt. H., ret. pay *late* K. R. Rif. C. 29 Sept. 80
Allhusen, Maj. F H., *C.M.G., D.S.O.*, ret.
  pay *late* h.p. (*Lt.-Col. T.F. Res.*) 3 Nov. 06
Allin, Lt. H. J., ret. pay *late* h.p. 1 Sept. 18
Allinson, Lt.-Col. H., *M.D.*, ret. Ind. Med.
  Serv. (Mad.) 30 Sept. 03
Allison, Hon. Capt. A. A., Sen. Asst. Surg.
  ret. Ind. Sub. Med. Dept. 14 Nov. 07
Allison, 2nd Lt. A. W., *M.C.*, ret pay *late*
  5 Lrs. 27 May 18
Allott, Bt. Maj. P. B., ret. pay *late* Middx R.
  (for Spec. Res.) (*Capt. 3 Bn. North'n R.*) 1 Jan. 19

Allport, Maj. C. W., *M.D.*, ret. pay *late*
  R.A.M.C. 28 July 98
Allport, Lt.-Col. H. K., *M.D.*, ret. pay *late*
  R.A.M.C. 5 Feb. 01
Allsop, Lt. A. E., ret. pay *late* Worc. R. 31 July 17
Allum, Hon. Maj. E. W., Dep. Commy. ret.
  Ind. Army Dept. 11 Aug. 82
Almack, Lt.-Col. W., *M.C.*, ret. pay *late* h.p. 26 Oct. 17
Alpin, Lt.-Col. W. G. P., *O.B.E. M.D.*, ret.
  Ind. Med. Serv. 1 Apr. 04
Altham, Lt.-Gen. Sir E. A., *K.C.B., K.C.I E ,
C.M.G.,* ret. pay *late* staff (Col. R. Scots)
  p.s.c. [F] 1 Jan. 17
Alves, Hon. Lt.-Col. M. A., ret. pay *late* R.
  (Ben.) E. 16 June 87
Alves, Hon. Capt. W., Dep. Commy. ret.
  Ind. Army Dept. (*Empld. Recg. Duties*) 17 Oct. 03
Alwood, Lt.-Col. W. A. *O.B.E.*, Commy. of
  Ord., ret. pay *late* R.A O.C 3 June 17
Amber, Bt. Col. F., ret. pay *late* h.p. 24 June 05
Ambler, Lt. C., ret. pa; *late* h.p. 1 Jan. 17
Ames, Hon. Maj. G. S., Qr.-Mr. ret. pay *late*
  Essex R. 13 Feb. 10
Ames, Lt.-Col. O. H., ret. pay *late* 2 L.G. 11 Nov. 14
Amherst, Capt. H., *Earl*, ret. pay *late* C. Gds. 6 Mar. 87
Amos, Capt. H. G. M., *D.S.O.*, ret. pay *late*
  K. O. Sco. Bord.(*Hon. Maj. ret.Spec.Res.*) 9 June 00
Amphlett, Maj. C. G..*D.S.O.*,ret. pay *late* h.p. 14 Mar. 01
Amphlett, Capt. E. P. C., ret. pay *late* h.p.
  Worc. R. 8 Nov. 14
Anderson, Lt.-Col. A., ret. pay *late* R.A.M.C. 1 Oct. 87
Anderson, Hon. Capt. A., Dep. Commy. ret.
  Ind. Army Dept. 27 Feb. 04
Anderson, Lt.-Col. A. R. S., *M.B.*, ret.
  Ind. Med. Serv. 30 Mar. 09
Anderson, Lt.-Col. A. V., *M.B.*, ret. Ind.
  Med. Serv. 1 Apr. 02
Anderson, Maj.-Gen. A. W. L., ret. Ind. Army 8 Dec. 19
Anderson, Sister *Miss* C., ret. pay *late* Q. A.
  I. M. N. S. 20 Apr. 91
Anderson, Lt.-Col. C. C., ret. Ind. Army 18 Feb. 06
Anderson, Lt.-Col. C. K., ret. Ind. Army 11 Nov. 15
Anderson, Maj. D. N., ret. Ind. Med. Serv. 27 July 11
Anderson, Col. E. B., ret. Ind. Army 19 Feb. 97
Anderson, Bt. Col. E. B., *C.B.E.*, ret. pay
  late R.G.A. 18 May 07
Anderson, Lt.-Col. E. L. B., *D.S.O.*, ret. pay
  late h.p. [F] 4 Mar. 20
Anderson, 2nd Lt. F. A., ret. pay *late* h.p. 16 Aug. 16
Anderson, Maj. G. D'A., ret. R. Mar. 27 Aug. 98
Anderson, Capt. G. M., *M.C.*, ret. pay *late*
  18 Hrs. (for Spec. Res.), (*Capt. 18 Hrs.,
  Spec. Res.*) 24 Mar. 11
Anderson, Lt.-Col. G. I., h.p. *late* R. Mar.
  (*Barrack-Master, Depôt R. Mar.*) 8 Mar. 18
fit. Anderson, Gen. H. C., *C.B.*, u.s.l. Ind.
  Army 1 Apr. 94
Anderson, Lt.-Col. J., *M.B.*, ret. pay *late*
  R.A.M.C. 3 Feb. 87
Anderson, Lt.-Col. J.,*M.B.*,ret.Ind.Med.Serv. 30 Sept. 98
Anderson, Hon. Capt. J., *D.S.O.*, Qr.-Mr. ret.
  pay *late* A.S.C. 26 June 00
Anderson, Hon. Surg.-Lt. J., Sen. Apoth.
  ret. Ind. Sub. Med. Dept. (Mad.) (*Rl. Wt.
  19 July 90*) 9 Dec. 91
Anderson, Maj. J. D., ret. pay *late* R.G.A.
  (*temp. Lt.-Col. R.H. & R.F.A.*) 7 Mar. 03
Anderson, Lt.-Col. J. G., ret. pay *late* h.p.
  (*Mil. Knt. of Windsor.*) 18 May 92
Anderson, Maj. J. H., ret. pay *late* E. Lan. R. 23 Sept. 05
Anderson, Hon. Brig. Gen. J. H. A., ret. pay
  late h.p. 8 Aug. 17
Anderson, Lt.-Col. J. W. T., *F.R.C.S.*, ret.
  Ind. Med. Serv. (Bo.) 2 Oct. 00
Anderson, Capt. R. D., ret. pay *late* R.A.
  (*Hon. Maj. Vols.*) 4 Jan. 90
Anderson, Col. R. F H. ret. Ind. Army 6 June 07
Anderson, Bt. Maj. R. W. H., ret. pay *late*
  High. L. I. (*Maj. ret. Spec. Res.*) 26 Nov. 09
Anderson, L. S., *M.C.*, ret. pay *late* R.A. 23 Dec. 18
Anderson, Hon. Brig.-Gen. S. M., *D.S.O.*,
  ret. pay *late* R.A. [F] 30 Mar. 20
Anderson, Bt. Lt.-Col. (*Dist. Offr.*) T. H. E.,
  ret. pay *late* R. A. 1 Jan. 19
Anderson, Hon. Maj. W., Qr.-Mr. ret. pay
  late R.G.A. 18 Oct. 02

Non-Effective Officers

Anderson, Maj. V. P., ret. Ind. Army 6Aug.99
Anderton, Maj. W. A. I., ret. pay late G. Gds. (Lt.-Col. R. Def. Corps) 1Apr.93
Andon, Maj. W., Qr.-Mr. ret. pay late W. York. R. 1July17
Andrews, Maj. A., ret. pay late Coast Bn. R.E. [R] 1Apr.86
Andrews, Lt. A., ret. pay late h.p. 15Aug.18
Andrews, 2nd Lt A. E., ret. pay late h.p. 1Jan.18
Andrews, Hon. Maj. D. G., Qr.-Mr. ret. pay late Hamps. R. (Capt. 4 Bn. Hamps. R.) (Empld. Depôt Hamps. R.) 22May12
Andrews, Chaplain (1st Class) Rev. G. H., M.A., ret. pay late Army Chaplains' Dept 31Dec.08
Andrews, Hon. Maj. H. G., Commy. of Ord. ret. pay late A. Ord. Dept. 25May07
Andrews, Lt. Col. J. W., ret. pay late h.p., p.s.c. 4Feb.91
Andrews, Maj. R. W., ret. pay late Staff 20Oct.89
Andrews-Speed, Col. H. S., ret. late Mil. Wks. Serv., India (R.E.) (Ind. Pens.) 6Aug.03
Angel, Capt. A., M.C., ret. pay late R. Fus. 9Sept.19
Angelo, Maj.-Gen. F. W. P., ret. Ind. Army 17Feb.11
Angus, Lt.-Col. J., Staff Paymr. ret. A. P. Dept. 28Mar.99
Angus, Lt. J. C., ret. pay late R.E. 28June17
Anley, Col. B. N., ret. pay late h.p. 14Apr.90
Anley, Hon. Brig.-Gen. F. G., C.B., C.M.G. [F] ret. pay late h.p. 19Oct.19
Anley, Col. H. A., Ord. Offr. 1st Class, ret. pay late R.A.O.C. 1Apr.13
Anley, Maj. P. F. A., ret. pay late Notts. & Derby. R. [F] 8May16
Annesley, Bt. Col. A. S. R., C.M.G., ret. Ind. Army 3June15
Annesley, Lt. Hon. C. A. J. ret. pay late Oxf. & Bucks. L.I. (for Spec. Res.) (Capt. 1 Dns. Spec. Res.) 6Sept.05
Annesley, Hon. Lt.-Col. R. C., ret. pay late Cam'n Highrs. 24Nov.86
Ansley, Lt.-Col. J. H., ret. pay late N. Lan. R. 17Dec.09
C. Anson, Hon. Maj.-Gen. Sir A. E. H., K.C.M.G., r.f.p. late R.A. [F] 27Aug.79
Anson, Hon. Lt.-Col. A. G., ret. R. Mar. Art. 4Aug.85
Anson-Cartwright, Hon. Lt.-Col. R., ret. pay late North'n R. 20Aug.84
Anstey, Maj. W. F., ret. pay late High. L.I. 18Feb.91
Anstice, Maj. J. C. A., ret. pay late 6 Dns. (Empld.) 10July01
Anstice, Maj. Sir R. H., K.C.B., ret. pay late h.p. (Hon.Col.R.E., T.F.)[(Hon.Col.Vols.) 17Aug.85
Anstruther, Bt. Col. B. L., ret. pay late h.p. 31May98
Anstruther, Maj. C. J., ret. pay late h.p. [l 3Apr.97
Anstruther, Bt. Lt.-Col. P. G., ret. pay lat Sea. Highrs. [F] 10Mar.17
Anstruther-Gray, Maj. W., ret. pay late R.H.G. (temp. Lt.-Col. T.F. Res.) 1May97
Anstruther-Thomson, Bt.-Col. C. F. St. C., D.S.O., M.V.O., ret. pay late 2 L.G. 13July05
Anwyl Passingham, Maj. R. T., O.B.E., ret. Ind. Army 30Jan.04
Aplin, Lt.-Col. H. M., Asst. Commy.-Gen. ret. Naval Ord. Dept. (Naval Ord. Dept.) 1Apr.98
Appelbe, Hon. Brig.-Gen. E. B., C.B., C.M.G., ret. pay late A. Ord. Dept. [R][F](Empld. A.O.D.) 3June19
Appleby, Capt. G. P., ret. pay late Bedf. R. 23Feb.00
Appleby, Capt. W., ret. pay late h.p. 2May15
Appleton, Col. A. F., ret. pay late h.p (A.V.C.) 15Oct.10
Appleton, Bt. Col. H., ret. pay late h.p R.E. (Ind. Pens.) 12Aug.04
Appleyard, Maj. G. C., O.B E., ret. pay late R.G.A. 1May17
Apthorp, Maj. D. R., ret. pay late 19 Hrs. 28Sept.91
Apthorp, Capt. E. P., ret. pay late W.I.R. 3Jan.89
Apthorp, Maj. K. P., ret. pay late R. Ir. Regt. (Empld. under Civil Govt., Orange Free State, 1 Oct. 01) 18Nov.99
Apthorpe, Capt. C. K., ret. pay late R.A.S.C. 7Oct.14
Arbuthnot, Maj. A. E., ret. Ind. Army 2Dec.74
Arbuthnot, Lt.-Col. G. H., ret. Ind. Army, 9Sept.08
Arbuthnot, Maj. G. H., ret pay late R. Berks R. 18Feb.05
Arbuthnot, Maj. J. B., M.V.O., ret. pay late S. Gds., e. 15Mar.11
Arbuthnot, Maj. L. C., ret. pay late Suff. R. 16Nov.14
Arbuthnot-Leslie, Lt. W., ret. pay late h.p 13June03

Arbuthnott, Lt.-Col. W. C. W., ret. pay late h.p. R.A. 13May92
Arcedeckne-Butler, Capt. E. FitzW., ret. pay late E. Surr. R. (Capt. 4 Bn. E. Surr. R.) 1July99
Archdale, Hon. Brig.-Gen. H. J., C.B. C.M.G., ret. pay late h.p. 10Feb.12
Archdale, Maj. J. B., Ord. Offr. (3rd Class) ret. A. Ord. Dept. 20Apr.94
Archdale, Maj. M. E. ret. pay late Glouc. R. 13Apr.92
Archdale, Lt.-Col. M. H., ret. pay late h.p. 22Feb.93
Archer, Lt.-Col. C., C.S.I., C.I.E., ret. Ind. Army (Spec. Appt.) 9Sept.08
Archer, Lt.-Col. F. J. E., ret. pay late Norf. R. 5Oct.19
Archer, Lt. H. C., M.C., ret. pay late 16 Lrs. 24Feb.17
Archer, Maj. S. F. A., O.B.E., ret. pay late R.G.A. 1May17
Archer, Lt.-Col. T., M.D., ret. pay late R.A.M.C. (Lydd.) (Empld. R.A.M.C.) 5Feb.01
Archer, Maj. H. W., ret. pay late North'd Fus. 1Sept.15
Archibald, Maj. W. N., Qr -Mr. ret. pay late R.A.M.C. 3June15
Ardee. H n. Brig.-Gen. Lord R. Le N., C.B., C.B.E. ret. pay late h p. 26Nov.19
Arden, Bt. Lt.-Col. J. H. M., D.S.O., Capt. ret. pay late Worc. R. [F] 1Jan18
Arderne, Maj. D. D., ret. pay late R.F.A. (Lt.-Col. R.A., T.F.)
Argles, Lt.-Col. O. C., ret. Ind. Army [F] (Town Major 20 Nov 15) 20June18
Arkless, Lt. E. E., ret. pay late h.p. 1July17
Arkwright, Lt.-Col. L. A., ret. pay late R.E. 7July04
Armes, Col. F. J., C.M.G., ret. pay late N. Staff. R v.s.c.,e. [F] 19June19
Armitage, Bt. Maj. (Army) C. L., D.S.O., O.B.E., Capt. ret. pay late L'pool R. 19Sept.15
Armitage, Hon. Brig.-Gen. E. H., C.B., ret. pay late h.p. 10June17
Armitage, Bt.-Col. J. L., ret. pay late R. Innis. Fus., p.s.c. 3June15
Armitage, Chaplain (1st Class) Rev. R., D.S.O., M.A., ret. pay late Army Chaplains' Dept. 21June07
Armstrong, Hon. Lt.-Col. A. K., h.p. Ind. Army 6Feb.18
Armstrong, Bt.-Col. B. H. O., C.M.G., ret. pay late R.A. 1Apr.15
Armstrong, Lt.-Col. E., C.M.G., D.S.O., ret. pay late High. L I. 4Nov.11
Armstrong, Lt.-Col. F. H., ret. pay late A.S.C.11Dec.88 (hon.) 31Jan.85
Armstrong, Bt. Col. G. D., D.S.O., ret. pay late R. War. R. 6Apr.09
Armstrong, Lt.-Col. H., ret. Ind. Med. Serv. 30Mar.98
Armstrong, Hon. Maj. H., Qr.-Mr. ret. pay late A.S.C. 10Apr.17
Armstrong, Lt.-Col. J., ret. Ind. Med. Serv. 31Mar.94
Armstrong, Lt.-Col. J., ret. pay late R.A.M.C. 5Aug.97
Armstrong, Hon. Lt.-Col. J. A., ret. pay late R. Ben. E. 28Mar.87
Armstrong, Capt. J. H., ret. pay late h.p. 1July 95
Armstrong, Capt. J. S., ret. pay late York & Lanc. R. (Maj. 3 Bn. York & Lanc. R.) 1Mar.01
Armstrong, Hon. Brig.-Gen. O. C., D.S.O., ret. Ind. Army 11May07
Armstrong, Hon. Brig. T. G. L. H., C.B.E., ret. pay late h.p. 10Mar 17
Armstrong, Maj. W. E. A., ret. Ind. Med. Serv. (Empld R.A.M.C.) 30Jan.04
Armstrong, Lt.-Col. W. H., ret. pay late h.p. 28Sept.14
Armstrong, Hon. Lt. W. J., Qr.-Mr. ret. pay late Norf. R. 17Dec.04
Armstrong, Capt. W. McG., ret. pay late York & Lanc. R. 18Sept.97
Armstrong, Lt. Col. W. M. H., ret. pay late h.p. 15Dec.13
Armytage, Lt.-Col. A.H., ret. pay late R.A. 22Sept.86
Arney, Capt. G. W., M C., ret. pay late R. Lanc. R. 27May19
Arnold, Bt. Col. A. J., C.B.E., D.S.O., ret. pay, formerly 3 D.G., q.s. (Temp Lt.-Col. (Garr. Bn. R.W. Fus.) 8July05
Arnold, Lt.-Col. A. S., ret. Ind. Army 31Jan.12
Arnold, Capt. C., ret. pay, late Lan. Fus. 9Feb.20
Arnold, C. J., M.C., ret. pay late h.p. 16Nov.17

Non-Effective Officers

Arnold, Hon. Lt.-Col. F. H., Asst. Commy. Gen. of Ord., ret. Naval Ord. Dept. (*Naval Ord. Dept.*) 8Aug.95
Arnold, Lt.-Col. K., ret. pay *late* A.S.C. 18Sept.93
Arnold, Maj. W. R., ret. pay, *late* Dorset R. 20May95
Arnott, Brig. Surg.-Lt.-Col. J., *M.D.*, ret. Ind. Med. Serv. [R] 30Apr.91
Arnott, Col. N., ret. *late* Dir.-Gen. of Mil. Wks., India (R.E.) (Ind. Pens.) 19Oct.95
Arthur, Maj. H. R., *O.B.E.*, Commy. ret. Ind. Army Dept. 1July17
Arthur, Capt. J. R., Commy. ret. Ind. Army Dept. 5July16
Arthur, 2nd Lt. J., ret. pay *late* h.p. 14Dec.16
Ashburner, Lt.-Col. F. J., ret. pay *late* 2 D.G. 19July88
Ashby, Col. G. A., *C.B.*, ret. pay *late* h.p. [F] 10Feb.04
Ashby, Maj. G. S. M., ret. pay, *late* K.G.; .2 Sept.19
Ashby, Lt.-Col. J. S., ret. Ind. Army 22Mar.02
Ashley, Capt. A. H. E., ret. pay *late* h.p. 29Aug 16
Ashley, Capt. W., ret. pay *late* R.A. 7Oct.19
Ashton. Lt.-Col. F. E., *D.S.O.*, ret. pay, *late* York & Lanc. R. 5Aug.19
Ashworth, Lt.-Col. G. C., ret. pay, *late* S. Lan. R. 14Sept.14
Ashworth, Capt. H.S., ret. pay *late* R.Suss. R. 13Jan.04
Ashworth, Hon. Surg.-Lt. J. G., Sen. Apoth. ret. Ind. Sub. Med. Dept. (Mad.) (*Rl. Wt.* 19 July 90) 7Nov.87
Ashworth, Hon. Maj. R. F. W., Qr.-Mr. ret. pay *late* 13 Hrs. 3June17
Askwith, Col. H. F., *C.M.G.*, ret. pay *late* R.A. 15June14
Askwith, Lt.-Col. J. B. H., ret. pay *late* R.F.A. 20Nov.07
Asletts, Lt.-Col. W. C., u.s.l. Ind. Army 13June00
Asphnall, Lt.-Col. H.H.H., *O.B.E.*, u.s.l. Ind. Army 22Mar.03
Astell, Lt.-Col. G., ret. pay *late* h.p. (*Hon. Col. ret. Mila.*) 5Apr.93
Astley-Russell, Hon. Maj. F. D., Qr.-Mr. ret. pay *late* S. Staff. R. 1July17
Aston, Hon. Maj.-Gen. Sir G. G., *K.C.B., A.D.C.*, ret. pay *late* R.M.A. 24Sept.17
Atcherley, Hon. Maj.-Gen. L. W., *C.M.G., C.V.O.*, ret. pay *late* A.S.C., q.s. 10June18
Atherley, Maj. E.G.H., ret. pay *late* R.H.Gds. 6Nov.89
Atherley, Lt.-Col. P. C. F., re-. pay *late* Extra regime atally emplid. 2Apr.15
Atherton, Bt. Col., T. J., *C.B., C.M.G.*, ret. pay *late* 12 Lrs. 10Feb.04
Athlone, Hon. Brig.-Gen. A. A. F. W. A. G. *Earl of*, *G.C.B., G.C.V. D., C.M.G., D.S.O., A.D.C.*, ret. pay *late* 2 L.G. [F] 6Nov 19
Atkins, Surg.-Col. C. A., ret. A. Med. Staff 1Aug.93
Atkins, Lt. J., ret. pay *late* Oxf. & Bucks. L.I. 9Sept.18
Atkinson, Hon. Capt. C., Dep. Commy. ret. Ind. Army Dept. 21July82
Atkinson, Hon. Brig.-Gen. F. G., *C.B.*, ret. Ind. Army 18ect.14
Atkinson, Lt.-Col. G. C., ret. Ind. Army 28Oct.03
Atkinson, Maj. G. H., Inspr. of Army Schools (ret. pay) (*Capt. ret. T.F.*) 30Sept.17
Atkinson, Lt.-Col. G. R., ret. A. Ord. Dept. 1Apr.97
Atkinson, Hon. Capt. H. C., Dep. Commy. ret. Ind. Army Dept. 29Nov.12
Atkinson, Lt. J. E., ret. pay *late* 3 Hrs. (for Spec. Res.) (*Capt. 3 Hrs. Spec. Res.*) (*Empld. Remts.*) 25Feb.05
Atkinson, Maj.-Gen. J. R. B., ret. Ind. Army [R] 15Sept.94
Atkinson, Col. S. E., ret. Ind. S.C. 20Sept.88
Atterton, Lt., ret. pay, *late* Rif. Brig 12July19
Attree, Bt. Col. F. W. T., ret. pay *late* R.E. 1Jan.04
Aubertin, Hon. Lt.-Col. P., ret. pay *late* 2 D.G. 22July85
Audain, Lt.-Col. G. M., ret. Ind. Army, [F] 1 Jan.99
Audas, Capt. S. S., *M.C.*, ret. pay *late* R.A.V.C. [F] 3Feb.11
Audain, Maj. M. R. P., Ord. Off. 3rd Class ret. A. Ord. Dept. 16Aug.99
Audus, Maj H. J. F., *O.B.E*, Qr.-Mr. ret. pay, *l te* R.A.M.C 3Feb.19
Augood, Lt. F., ret. pay *late* R. Fus. 5Sept.19
Austen, Bt. Col. A. R., *C.M.G.*, ret. pay *late* h p. (*Record Office*) 29Nov.06
Austin, Lt.-Col. H. W., ret. pay *late* R.A.M.C. (*Empld.*) 26Oct.06
Austin, Maj. R. F. E., ret. pay *late* R.A.M.C. (*Empld. R.A.M.C.*) 27July04
Austin, Hon. Capt. W. C., Dep. Commy. ret. ind. Army Dept. 29Nov.95

Avetoom, Lt.-Col. S. T., ret. Ind. Med. Serv. 2Apr.01
Axe, Lt.-Col. H. J., *D.S.O.*, ret. pay, *late* A. Vety. Corps 10July15
Ayerst, Lt.-Col. W., ret. Ind. Army [t] 6Feb.10
Aylmer, Bt. Col. E. K. G., *C.B.*, ret. pay *late* h.p. 17July04
Ṽ.Ⅽ. Aylmer, Lt.-Gen. *Sir* F J., *K.C.B.*, ret. pay *late* R.E. (Ind. Pens) 11June15
Aylmer, Bt. Col. H. L., ret. pay *late* Staff (*Lt.-Col ret. T.F. Res.*) 1Apr.00
A res, Capt. G., *D.C.M.*, ret. pry *late* R A. 30Oct.19
Ayton, Ma. R. R. ret.; ay, *late* R Art. 26Aug.15
Aytoun, Col. A., *C.M.G., C R E., D.S.O.*, ret. pay *late* Arg. & Suth'd Highrs. [F] 28Aug.19

Babington, Col. C. W., ret. Ind. Army 4May90
Babington, Hon. Lt.-Gen. *Sir* J. M., *K.C.B., K.C.M.G.*, ret. pay (*Col.* 16 *Lrs*) 31Oct.19
Babington, Lt.-Col. S., ret. Bo. S.C. 27Apr.87
Ṽ.Ⅽ.Babtie, Hon. Lt.-Gen *Sir* W., *K.C.M.G., C.B., M.B.*, ret. pay *late* A. Med. Serv. 7May19
Bacon, Capt. F. T., ret. pay *late* 11 Hrs. 8June92
Badcock, Bt. Lt.-Col. G. H., *O.B.E*, ret. Ind Army (*District Remt. Offr.*) 1Jan.17
Baddeley, Col. C E., *C.B., C.M.G.*, ret (Ind. Pens) *late* R.E. 22Oct.08
Baddeley, Lt. H., *M.B.E*, ret. pay *late* 21 Lrs. 1July17
Baddeley, Bt. Col. W. L. C., ret. pay *late* h.p. R. E. (Ind. Pens.) 19Dec.10
Baden-Powell, Maj. B. F. S., ret. pay *late* S. Gds. 24June99
Baden-Powell, Lt.-Gen. *Sir* R. S. S., *K.C.B., K.C.V.O.*, ret. pay, (Col. 13 Hrs. [F] {R]) 10June07
Bagley, Maj. R. G., ret. Ind. Army (attd. Serv. Bns. Ches. R.) 9May06
Bagnall-Wild, Maj. R. K., *C.M.G., C.B.E*, ret. pay *late* R.E. (*Inspector of Engines, Aeronautical Inspn. Dept., R.F.C.*) 3 June 16
Bagnold, Col. A. H., *C.B., C.M.G.*, ret. pay *late* Staff (R. E.) 10May03
Bagot, Hon. Lt.-Col. V. S., ret. pay *late* Rif. Brig. 28Sept.85
Bagshawe, Maj. L. A., ret. pay *late* h.p. 26June16
Bagwell, Capt J., *M.V.O., M.C.*, ret. pay *late* Norf. R. (for Spec. Res.) (*Capt. 3 Bn, Norf. R.*) [F] 16July12
Bailey, Capt. A. H., *D.S.O.*, ret pay *late* h.p. 13Dec.01
Bailey, Col. C., ret. Ind. Army 3June15
Bailey, Hon. Capt. D. M., Qr.-Mr. ret. pay *late* Essex R. 10Sept.00
Failey, Lt -Col. F. G. G , ret. pay. *lat*: R.A. 21Feb.20
Bailey, 2nd Lt. (local capt.) G., ret. pay *late* h.p. (*Capt. of Invalids, R. Hosp., Chelsea*). 26June01
Bailey, Hon. Capt. H. G. L., Dep. Commy. ret. Ind. Army Dept. 15July94
Bailey, Hon. Lt. J. A., Sen. Asst. Surg. ret. Ind. Sub. Med. Dept. 15Apr.01
Bailey, Hon. Capt. J. C., Sen. Asst. Surg. ret. Ind. Sub. Med. Dept. (Ben.) 31May04
Bailey, Lt.-Col. J. H., *D.S.O.*, ret. pay *late* Shrops L I. 11Nov.19
Bailey, Col. P. J., *D.S.O., O.B E.*, ret. pay *late* 12 Lrs. 12Dec.19
Bailey, Capt. T. J., *M.C.*, ret. pay *late* R.A. 16Dec.19
Bailey, Hon. Brig. Gen. V. T., *C.M.G., D.S.O.*, ret. pay, *late* L'pool R. 31July19
Bailey, Maj. Hon. W., ret. pay *late* 11 Hrs. (*Maj. Welsh Horse Yeo*) 7May04
Bailey, Lt.-Col. W. A., ret. Ind. Army (*temp. Capt. A.S.C.*) 4Feb.19
Bailey, Lt.-Col. W. E., *M.B.E.*, ret. pay *late* E York. R. [F] (*War Office*) 1Jan.17
Baillie, Lt. E. S., Sen. Asst. Surg. ret. Ind. Sub. Med. Dept. 2Nov.08
Baillie, Gen. J. C. P., u.s.l. Ind. Army 1Apr.94
Baillie, Bt. Col. R., u.s.l. Ind. Army 27Jan.05
Ballward, Hon. Brig.-Gen. A. C., ret. pay *late* R.F.A. 8Aug.17
Bain, Lt.-Col. D. S. E., ret. Ind. Med. Serv. 31Mar.09
Bainbridge, Surg. Gen. G., *M.D.*, ret. Ind Med. Serv. 10Aug.97
Ṽ.Ⅽ. Bainbrigge, Hon. Col. A., ret. pay *late*13 Ft.23J2n.76
Baines, Lt.-Col. C. J., ret. pay *late* Glouc. R. 18Oct.02
Baines, Maj. E. G. G. T., *O.B.E.*, ret. pay *late* York & Lanc. R., t.a. 18Sept.05
Baines, Maj. J., Qr.-Mr. ret. pay *late* S. Lan. R. 1Jan.19
Baird, Lt.-Col. A., *M.B., F.R.C.S. Edin.* ret. pay *late* R.A.M.C. 3Feb.03

Non-Effective Officers

Baird, Capt. H. H. C., *D.S.O.*, E. Kent R. 15Feb.01
Baird, Lt. J. M. P., ret. pay *late* Worc. R. 18July16
Bairnsfather, Capt. H. W., ret. Ind. Army 13Apr.73
Bairnsfather, Maj. T. H., ret. Ind. S.C. 13Aug.99
Baker, Hon. Maj. A., Qr.-Mr. ret. R. Mar. Art. 22Sept.12
Baker. Maj. A., Commy. of Ord. ret. pay *late* R A O.C. 8Dec.14
Baker, Hon. Capt. A., Dep. Commy. ret. Ind. Army Dept. (*Rl. Wt.* 29Nov.97) 11May96
Baker, Maj. A. T., ret. pay *late* R.G.A. 10May99
Baker, Hon. Capt. D. T., Sen. Asst. Surg. ret. Ind. Sub. Med. Dept. 24May99
Baker, Col. G. D., ret. pay *late* h.p. (R.A.) *p.s.c., g.* 19July11
Baker, Lt.-Col. G. H., *M.B.*, ret. Ind Med. Serv. 1Oct.05
Baker, Hon. Capt. J., Qr.-Mr. ret. pay *late* 18 Hrs. 18July98
Baker, Hon. Capt. J., Commy. ret. Ind. Army Dept. 28Aug.04
Baker, Lt.-Col. L. S., ret. Ind. Army 28Oct.03
Baker, Surg.-Lt.-Col. O., ret. Ind. Med. Serv. 1Apr.93
Baker, Hon. Maj. R., *D.S.O.*, Qr.-Mr. ret. pay *late* R. Dub. Fus. 1Jan.03
Baker, Hon. Maj.-Gen. R. J., ret. Mad. S.C. 17Jan.77
Baker, Lt.-Col. R. J., *M.D.*, ret. Ind. Med. Serv. 2Apr.01
Baker, Hon. Maj. T., Dep. Commy. ret. Ind. Army Dept. 18Oct.02
Baker, Lt. T. G., *M.C.*, ret. pay, *late* R.A. 30Oct.11
Baker, Hon. Lt. W., Qr.-Mr. ret. pay *late* h.p. 18Apr.94
Baker. Capt. W. C., Qr.-Mr. ret. pay *late* R.E. 1July17
Baker, Maj. W. E., Qr.-Mr. ret. pay *late* R.E. 1July17
Baker, Lt.-Col. W. J., ret. pay *late* R.A.M.C. 5Feb.01
Baker, Lt. W. J., *Senr.*, ret. pay *late* R Art. 1July17
Baker, Col. W. W., ret. *late* h.p. (R.E.) (Ind. Pens.) 25Sept.07
Baker-Carr, Maj. R G.T., *M.V.O.*, ret. pay *late* Rif. Brig. [F] 23Jan.04
Balbi, Maj. H. A., *M.B.E*, ret. pay *late* R. Malta Art., *g.* 1Apr.99
Baldock, Maj.-Gen. T. S., *C.B.*, *p.s.c.*, ret. pay 1Jan.10
Baldock, Lt.-Col. W. S., ret. pay *late* h.p. R.A. 1Jan.92
Baldrey, Lt.-Col. F. S. H., *C.M.G., F.R.C.V.S.*, ret. Ind. Civil Vety. Dept. 13June16
Baldwin, Gen. F., ret. R. Mar. [F] 19May10
Baldwin, Lt. H. F., ret. pay *late* h p. 1July17
Bale, Lt. W., *M.C.*, ret. pay, *late* Leic. R. 21Dec.18
Balfe, Col. E., ret. Ind. Army, *p.s.c.* 30June99
Balfour, Hon. Brig.-Gen. Sir A. G., *K.B.E., C.B.*, ret. pay, *late* Staff [F] 7Aug.10
Balfour, Maj. A. M., *D.S.O.*, ret. pay *late* R.A. (*Lt.-Col. R.A., T.F.*) 13Dec.99
Balfour, Bt. Col. J. H., ret. Ind. Army 6Oct.02
Balfour, Lt.-Col. W. E. L., ret. pay *late* R.G.A. Records 1Apr.04
Balguy, Hon. Brig. Gen. H., ret. pay *late* R.G.A. 8Aug.17
Ball, Lt.-Col. E. A., ret. pay *late* h.p. 30May91
Ball, Hon. Brig.-Gen. O. J. H., ret. pay *late* Welsh R. 8Aug.17
Ballantine, Lt. J. A., ret. pay *late* Lan. Fus. (for Spec. Res.) (*Lt. 4 Bn. Lan. Fus.*) (*Asst. Dist. Commr., Gold Coast, 30 Mar. 10*) 27Dec 04
Bally, Hon. Maj. Gen. St. J., ret. pay *late* North'n R. 31Aug.87
Balmain, Maj. J.A.S. [F] ret. pay *late* 15 Hrs. 16Apr.19
Balnave, Lt. W. F., ret. pay *late* Arg. & Suth'd Highrs. 23Mar.17
Baman Das Basu, Maj. ret. Ind Med Serv 31Jan.03
Bamber, Col. C.J., *M.V.O.*, 1st. Ind. Med. Serv. 12July10
Bamford, Bt. Maj. C.A., ret. pay *late* Leic. R. (*for Spec Res*) (*Empld. 3 Bn Leic. R.*)
Bamford, Maj. C. W., Qr.-Mr. ret. pay *late* R.A.S.C. 11Oct.14
Bamford, Hon. Capt. F., Dep. Commy. ret. Ind. Army Dept. 22Nov.06
Banbury, Capt. A., ret. pay *late* R. Ir. Fus. 10Mar.85
Banbury, Hon. Brig.-Gen. W. E., *C.M.G.*, ret. Ind. Army 19Sept.16
Banfield, Col. R. J. F., *C.B.*, ret. pay *late* Staff, *p.s.c.* 12Dec.00

Bangor, Lt.-Col. M. R. C., *O.B.E., Visct.*, ret. pay *late* R.G.A., *g., f.* 18Apr.19
Banister, Bt. Col. F. M., *C.M.G.*, ret. pay *late* h.p. R.A. 20Nov.01
Bankes, Lt.-Col. E. Qr.-Mr., ret. pay *late* extra regimentally empld. 8June19
Banks, Capt. B. J. L., ret pay *late* 15 Hrs. 25Jan.20
Banks, Maj. H. D., ret. pay *late* K. R. Rif. C. 7Jan.94
Banks, Col. S. O'B., *F.R.C.S.I.*, ret. Ind. Med. Serv. 18Sept.95
Bannatine-Allason, Maj. Gen. R., *C.B., C.M.G.*, ret. pay *late* R. Art. [F] [R] 1Jan.09
Bannatyne, Lt.-Col. N., ret. pay *late* h.p. 22Apr 91
Bannatyne, Hon. Lt.-Col. W., ret. pay *late* L'pool R. 7Jan.94
Bannerman, Lt.-Col. *Sir* A., Bt., ret. pay *late* R.E. [F] (*Hon. Lt.-Col. ret. T F.*) 7Feb.18
Bannerman, Hon. Lt.-Col. A. J., ret. Bo. S.C. 28Oct.82
Bannerman, Maj.-Gen. W. B, *C.S.I., M.D.*, ret. Ind. Med. Serv. 2 July11
Bannerman-Phillips, Maj. H., ret. pay *late* R. Garr. R. [L] 9Aug.02
Banning, Maj A.C.G., ret. pay *late* L'pool R. 20May92
Banning, Hon. Capt. S. T., ret. pay *late* h.p., *p.s.c.* 9June06
Banon, Hon Br'g.-Gen. F. L., *C.B.*, ret. pay, *p.s.c.* [l] 3Nov.19
Banting, Hon. Capt. W. R., Rldg.-Mr. ret. pay *late* 1 Dns. 25July93
Barber, Capt. R., *M.C.*, ret. pay. *late* h.p. 3July18
Barber, Capt. R, *O.B E.*, Qr.-Mr. ret. pay *late* R.E. 1July17
Barclay, Maj. C., ret. pay *late* 10 Hrs. 20Nov.19
Barclay, Bt. Col. E. A., ret. Ind. Army 6July00
Barcroft, Lt. J. H. P., ret. *late* h.p. R. Mar. 1July04
Barefoot, Col. G H., *C.B., C.M.G.*, ret pay *late* A. Med. Serv 1Mar 15
Baring, Bt. Lt.-Col. Hon. E., *C.V.O., C.B.E.*, ret. pay *late* 10 Hrs. 19Jan.18
Barker, Lt A. F., ret. pay *late* Hamps R. 19Jan.18
Barker Lt C. W., ret. pay *late* Rif. Brlg. 22Sept.17
Barker, Capt. E. H. P., ret. R. Mar. 1Apr.98
Barker, 2nd Lt. F. E., *M.C.*, ret. pay *late* h.p. 15 Feb.17
Barker, Lt.-Col. F. R., *M.B.*, ret. pay *late* R.A.M.C. 6Mar.00
Barker, Bt. Col. *Sir* F. W. J., *Knt.*, ret. pay *late* Staff (R.A.) 1Apr.96
Barker, Maj.-Gen. *Sir* G., *K.C.B.*, ret. pay [R] [F] 1Dec.06
Barker, Surg Lt.-Col. J., ret. A. Med. Staff 30Sept.82
Barker, Bt. Col. J. C., ret pay *late* h.p. R.E., *p.s.c.* 10Dec.98
Barker, Capt. J. C. S. W., ret. pay *late* h.p. 13Mar.18
Barker, Capt. S. L. P., ret. pay *late* E. Kent R. 13June00
Barkham, Capt. W.H., ret pay *late* North'n R. 6Jan.20
Barlow, Maj. C. M., ret. pay *late* R.F.A. 19Aug.93
Birlow, Bt. Lt -Col. C. W., *D S.O.*, ret. pay *late* Essex R. 8June17
Barlow, Lt.-Col. G. N H., ret. pay *late* R.G.A. 2June02
Barlow, Lt.-Col. H. S., ret. pay *late* Sea. Highrs. 20 Oct.14
Barlow, Col. *Sir* H. W. W., *Bt., C.B., C.M.G.*, ret. pay, *late* R.A., *p a c.* 14Nov.06
Barlow, Hon. Brig.-Gen. J. A., ret. pay *late* Staff 10Feb.12
Barlow, Lt.-Col. N. W., ret. pay *late* Hamps. R. 1June15
Barlow, Lt.-Col. W. R., ret. pay *late* R.W. Surr. R., *p.a.c.* 1July85
Barnes, Capt. A. A., ret pay *late* R.W. Surr. R. 9Feb.20
Barnes, Maj. A. A. S., ret. pay *late* 1 Bn. Wilts. R. 6Jan.06
Barnes, Hon. Capt. C., Commy. ret. Ind. Army Dept. 1June07
Barnes, Maj. E., ret. Ind. Army, (*Empld. Ministry of Pensions*) 1Feb.07
Barnes, Hon. Lt. F., Qr.-Mr. ret. pay *late* R.E. 30Jan.15
Barnes, Lt.-Col. G. E., *C.B.E.*, ret. R. Mar. Art. 11Feb.19
Barnes, Lt.-Col. H. J., ret. pay *late* h.p. R.A.M.C. 5Feb 01
Barnes, Maj. H K. *M.C.*, ret. pay *late* R.A. 29Nov.15
Barnes, Maj. H. M., t. pa *late* R.F.A. 4June19
Barnes, Lt.-Col. J. P., ret. pay *late* Ind. Army 6Feb.19
ff. Barnes, Col. O., *C.B.* u.s.l. Ind. Army 4Mar.85

Non-Effective Officers

Barnet, Bt. Col. H. H., ret. pay *late* h.p. R.E. (Ind. Pens.) 1Oct.04
Barnett, Lt.-Col. G. H., *C.M.G., D.S.O.*, ret. pay *la'e* K. R. Rif. C. 9Mar.10
Barnett Lt.-Col. K. B., *M.B*, *F.R.C.S.I*, ret. pay *late* R.A.M.C. 1Mar.15
Barnett, Capt. R. P. S, ret. Ind. S.C. 13Aug.90
Barnston, Hon. Lt.-Col. F., ret. pay late 55 Ft. 1July81
Barr, Maj. E. H., *D.S.O.*, ret. R. Mar. Art. 15May10
Barran, Capt. C. A., ret. pay, *late* h.p. 27July16
Barratt, Col. H. J., *C.I.E.*, ret. pay *late* R.A.M.C. 2Oct.11
Barrett, Maj. B. B., ret. pay late A. S. Corps 30Nov.14
Barrett, Hon. Col. D. L., *C.B.E.*, h.p. late R. Mar. 11Feb.09
Barrett, Maj. F. W., ret. pay *late* 15 Hrs. 2June19
Barrett, Col. H.W., *C.B.*, Ord.Offr.1st Class, ret. pay *late* A. Ord. Dept. 2Aug.02
Barretto, Hon. Surg.-Lt. P., Sen. Asst. Surg. ret. Ind. Sub. Med. Dept. (Mad.)/(*Rl. Wt.* 12Mar.94) 18Apr.94
Barrington, Lt.-Col. T. P., ret. pay *late* R. Ir. Rif. 8June15
Barron, Maj.-Gen. *Sir* H., *K.C.M.G., C.V.O.*, ret. pay *late* R.A., *g.* [R] 20Sept.04
Barrow, Gen. *Sir* E. G., *G.C.B., G.C S.I.*, ret. Ind. Army [R] [G] 27July09
Barrow, Lt.-Col. F. E., ret. A. Med. Staff 30Sept.91
Barrow, Col. H. J. W., ret. pay *late* P.M.O. 25Sept.01
Barrow, Hon. Capt. W., Qr.-Mr. ret. pay late h.p. 1July17
Barrows, Hon. Capt.W., Qr.-Mr. ret. pay late 12 Lrs. (*Gov., Belfast Prison*) {1Sept.13 / 1Dec.02} 10Aug.02
Barry, Maj. A. P., ret. pay *late* Som. L.I. (*Maj. W. Som. Yeo.*) [F] 18Sept.15
Barry, Maj. D. J., ret.pay *late* A.Vety.Dept. 20Mar.02
Barry, Lt.-Col. J., *M.D.*, ret. A. Med. Staff 10Oct.87
Barry, Hon. Lt.-Col. J., *C.M.G.*, Qr.-Mr. ret. pay *late* Remt. Depôt (*Dist. Remount Offr.*) 1Jan.18
Barry, Bt. Maj. J. C., ret. pay *late* R.G.A. 3June19
Barry, Maj. R. M., ret. pay *late* Bedf. R. 18Oct.02
Barry, Lt.-Col. T. D. C., *C.B.E.*, ret. pay *late* Med. Serv. (*Empld. R.A.M.C.*) 31Mar.07
Barry, Maj. W. S. J., ret. pay *late* R.Ir. Fus. 31Dec.95
Barter, Hon. Brig.-Gen. B. St. J., ret. pay late h.p., *p.s.c.* (L) 30Mar.17
Barter, Hon. Lt.-Gen. *Sir* C. St. L., *K.C.B., K.C.M G., C.V.O.*, ret. pay *p.s.c.* [L] [F] [R] 20Dec.18
Barter, Brig.-Surg. J. F., ret. Ind. Med.Serv. 26Mar.86
Bartholomew, Lt -Col. W. B., *O.B.E.*, Suptg. In pr of Works, ret. pay *late* Staff for R.E. Services 27Aug.15
Barthorp, Maj. A. H., ret. pay, *late* North'n R., *p.s.c.* 6Dec.02
Bartleman, Maj.-Gen. W. F., u.s.l. Ind. Army 5Oct.93
Bartlett, Lt. C. V. O., ret. pay (*temp.*) *late* 3 Bn. Dorset. R. 28Apr 15
Bartlett, Col. W. T., ret. pay *late* h.p. [l] 6June12
Bartley, Hon. Capt. W. D., Sen. Asst. Surg. ret. Ind. Sub. Med. Dept. 5June07
Barton, Hon. Maj. A., Inspr. of Army Schools, ret. pay. 11Mar.16
Barton, Lt.-Col. B. J., *D.S.O.*, ret. pay *late* W. Rid. R. 26June19
Barton, Maj. D. J., ret. pay *late* Oxf. L.I. 27Feb.00
Barton, Maj.-Gen. *Sir* G., *K.C.V.O., C.B., C.M.G.*,ret.pay, Col. R.Fus., *p.s.c.*[R] [F] 27Oct.98
Barton, Hon. Maj.-Gen. H. J., ret. Ben. S.C. 17Apr.85
Barton, Col. H. J., ret. pay *late* R.E. (Ird. Pens.) [l] 5Dec.17
Barton, Bt. Col. M. C., *D.S.O.*, ret. *late* h.p. R.E. (Ind. Pens.) 14Mar.03
Barton, Lt.-Col. N. A. D., *D.S.O.*, ret. pay *late* Conn. Rang. 27May19
Barton, Maj. T. S., ret. Ind. Army 5Feb.05
Barttelot, Maj. G. F., ret. pay *late* R. W. Fus. (*T. F. Record Office*) 25Oct.02
Basanta Kumar Basu, Maj. ret. Ind. Med Serv. (Ben.) 1Apr.98
Baservi, Hon. Col. C. E., ret. pay *late* R. (Bo.) A., *p.a.c* 21Dec.81

Bashford, Lt.-Col. W., ret. pay *late* h.p. 15Apr.91
Baskerville, Lt.-Col. C. H. L., ret. pay *late* R. Ir. Regt. (*Hon Lt.-Col. R.E. Spec. Res.*) 18Oct.02
Baskerville, Hon. Lt.-Col. H. W. M., ret. pay*late* Norf. R. 15Oct.81
Bass, Col P. de S., *C.M.G.*, Chf. Paymr. ret. pay *late* A. P. Dept. 9July16
Bass, Hon. Capt.W., *O.B.E.*,Qr.-Mr. ret. pay *late* R.H.A. 8Sept.09
Bass, Capt. W. F., ret pay *late* R.A. 29Nov.19
Batchelor, Maj. J., Qr.-Mr., ret. pay *late* R.A.M.C. 3June19
Batchelor, Hon. Capt. J. W., Qr.-Mr. ret. pay *late* A.S.C. 2Jan.17
Batchelor, Hon. Capt. W., Qr.-Mr. ret. pay *late* R. Lanc. R. 11Feb.95
Bate, Col. A. L, F., *C.M G.*, ret. pay *late* A. Med. Serv. 1Mar.15
Bate. Hon. Maj. H. R., ret pay *late* 13 Ft. 24Nov.77
Bate, Col. T. E. L., *C.I.E., C.B.E.*, ret. pay *late* Med. Serv. 12July05
Bateman, Hon. Brig.-Gen. B. M., *C.M.G.* [F] ret. pay *late* R.A. 15Nov.19
Bateson, Surg. Bt. Col. J. F., *M.B.*, ret. pay *late* C. Gds. 8June18
Bateson, Hon. Lt. W., Qr.-Mr. ret. pay *late* A.S.C 29Nov.00
Bath, Capt. (Dist. Offr.) A. E., ret. pay *late* R.A. (*Empld. R.G.A.*) 1July17
Bath, Hon. Maj. J., Commy. of Ord. ret. A. Ord. Dept. 21Nov.18
Bathurst, Maj. A. H., ret. pay *late* h.p. 10May15
Batson, Bt. Col. H. M., *C.B.*, ret. pay*late* Devon R. 10Feb.04
Batt, Capt. R. C., *C.B.E., M.V.O.*, ret. pay *late* R. Fus. 5Apr.99
Batten, Capt. J. B., *D.S O.*, ret. pay *late* R. Fus. (for Spec. Res.) (*Maj. 5 Bn. R. Fus.*) 9Nov.10
Batterbury, Capt. G., Commy. ret. Ind. Army Dept. 2Jan.04
Battersby, H.Hon. Maj.-Gen. T. P., *C.B.*, ret. A. Ord. Dept. 1Apr.13
Battiland, Lt. J., *M.C., M M.*, ret. pay *late* Yorks. L.I. 17June19
Battin, Maj. J., ret. R.M.L I. 9Mar.17
Battiscombe, Lt.-Col. C., ret. pay, *late* h.p. 13Feb.11
Battle, Lt. C., ret. pay *late* R.A. 1July17
Battley, Maj. R. C. L., ret. pay *late* Essex R. [F] 26Sept.05
Batty, Brig.-Surg. R. H., ret. Ind.Med.Serv. 24June87
Battye, Lt.-Col. A. H., ret. pay *late* h.p. 12Nov.10
Battye, Hon. Lt.-Col. M. McP., ret. pay *late* 10 Ft. (*Mil. Knt. of Windsor*) 2Feb.78
Baugh, Maj. M. W., ret. Ind. Army 10July01
Bax, Col. W. I., ret. Ind. Army [F] 16Feb.87
Baxter, Maj. C. F., ret. pay *late* Glouc. R.26May97
Baxter, Lt. J., *M.M*, ret. pay *late* Worc. R. 9Dec.19
Baxter, Maj. N. E., ret. pay *late* Hamps. R. 1May15
Bay, Maj. T. A., Sen. Asst. Surg. ret. Ind. Sub. Med. Dept. 2Apr.18
Bayard, Hon. Brig.-Gen. R. F., *D.S.O.*, ret pay 5Jan.18
Baylay, Hon. Brig.-Gen. A. C., *D.S.O.*, ret. pay *late* R.E. [F] 27June19
Baylay, Hon. Brig.-Gen. F., *C.B.E.*, ret. pay *late* Staff. 28June19
Bayley, Col. A. L., ret. pay *late* h.p. 28Mar.02
Bayley, Lt. E. A., ret. pay *late* L'pool R. 29Feb.19
Bayley, Lt.-Col. F. G., ret. pay *late* 13 Hrs. 28May19
Bayley, Lt.-Col. S. F., *C.B.E.*, ret. Ind. Army 6Feb.10
Bayliff, Bt. Lt.-Col. R. L., ret. R. Mar. 25May09
Bayliss, Maj. E. G., ret. pay *late* E. Surr. R. 23Jan.15
Baylor, Maj. H. T., ret. pay, *late* R.A.M.C. 18May8
Bayly, Maj.-Gen. *Sir* A. W. L., *K.C.B., K.C.M.G., C.S.I., D.S.O.*, ret. Ind. Army, *p.s.c.* [R] 19Mar.06
Bayly, Col. W. H., ret. pay *late* h.p. 23Dec.89
Baynes, Lt.-Col. C. E, ret Ind. Army 14Feb.09
Baynes, Maj. G. S, ret. pay *late* K. R. Rif. C. 5Aug.91
Baynes, Lt.-Col. K. S., ret. pay *late* Cam'n Highrs., *q.s.* 18Oct.02
Bayspoole, Maj. (Dist. Offr.) A., ret. pay *late* R.A. 4Jan.03
Bazalgette, Maj. L. H., ret. pay *late* Suff. R. 26Jan.01
Bazley, Hon. Maj. W. T., Qr.-Mr. ret. pay *late* R.E. 1July17

Non-Effective Officers 11

Beach, Hon. Maj. J. H. W., Qr.-Mr. ret. pay late R.A.M.C. [R]   8Jan.05
Beach, Col. T. B., *C, u.G., C.B.E.*, ret. pay late h.p.   1Mar.15
Beadnell, Maj. C. E., ret. pay late R.A.   1Nov.82
Beadon, Lt.-Col. A. E., Staff Paymr., ret pay late A. Pay Dept.   23May11
Beadon, Hon. Lt.-Col. R. H., ret. pay late Ft.   1July91
Beale, Bt. Col. A., ret. Ind. Army [L]   6June07
Beale, Lt.-Col. H. Y., *D.S.O.*, ret. pay late Norf. R.   2Dec.16
Beale-Browne, Lt.-Col. G. E. B., ret. pay late h.p.   14Dec.92
Beaman, Maj. G. P. R., ret. Ind. Army   3May08
Beames, Maj. D., ret. Ind. S.C.   10July01
Beamish, Maj. H. D., ret. pay late Leic.R. [F]   18Sept.15
Beamish, Col.J.M.,*M.D.*,ret.paylateR.A.M.C.   9Dec.98
Beamish, Lt.-Col. R. T., *M.D.*, ret. pay late R.A.M.C.   Feb.98
Bean, Hon. Maj. F. T., Qr.-Mr. ret. pay late Bedf. R.   1July17
Bear, Lt. B., *M.M.*, ret. pay late E. York. R.   25 Dec.18
Beard, Hon. Lt. W., Asst. Commy. ret. Ind. Army Dept.   23Mar.03
Beardsley, Maj. (Dist. Offr.) W. J., ret. pay late R.A. (*Col. Terr. Force Res.*)   6May05
Beardsley, Capt. (Dist. Offr.) W. J., ret. pay late R.A. (*Lt.-Col. T.F. Res.*)   7Dec.05
Beatley, Maj. H. H., Dep. Commy. ret. Ind. Army Dept. (*Rt. Wt. 29Nov.97*)   1July17
Beatson, Col. C. H.,*C.B.*, ret. Ind.Med.Serv.   16June05
Beatson, Maj.-Gen. F. C., *C.B.*, ret. pay late Staff, *p.s.c.*   3June17
Beattie, Hon. Maj. A., Qr.-Mr. ret. pay late Arg. & Suth'd Highrs.   27Feb.10
Beattie, Chaplain (1st Class) Rev. H. H., *LL.D.*, ret.paylateA.Chaplains'Dept. [F]   13Mar.98
Beattie, Lt. R., ret. pay late N. Staff. R.   27Dec.18
Beatty, Maj.J.W.,*M.D.*,ret.paylate R.A.M.C.   30July93
Beauchamp, Lt.-Col. C. G., ret. pay late S. Wales Bord.   1Aug.15
Beauchamp, Bt. Col. Sir H. G.P., *Bt.,C.B.*, ret. pay late h.p. [F]   9Sept.03
Beaufort, Maj. F., Commy. ret. Ind. Army Dept.   1July17
Beaumont, Maj. F. M., ret. pay late K.R. Rif. C.   21Aug.97
Beaumont, Capt. G., ret. pay late L'pool R. (*Capt. T.F. Res.*)   1Mar.93
Beaumont, Lt.-Col. G. L., *O.B.E*, ret. R. Mar. [F]   4June19
Beaumont, Maj. H., *O.B.E* [F] ret. pay late Lan. Fus.   18Sept.15
Beaumont, Hon. Maj. H. G., *O.B.E.*,Qr.-Mr. ret. pay late A.S.C.   5Aug.17
Beavan, Col. R., ret. Ind. S.C.   4May09
Beaver, Hon. Brig.-Gen. F.T.M.,ret. pay late R.F.A.   8Aug.17
Beaver, Bt.Col.P.K.L., ret.pav late h.p. R.A.   1Jan.95
Becher, Maj.-Gen. A.C., *C.B.E.*, ret. pay late h.p.   6Mar.18
Becher, Col. A. W. R., ret. Ind. Army   20Dec.89
Becher, Maj. C. L., Paymr. ret. A.P Dept.   18July94
Becher, Maj. E. F., ret. pay late h.p. (*Maj. ret. T.F. Res.*)   1Nov.97
Becher, Matron-in-Chief Dame E H.,*G.B.E., R.R.C.*, ret. pay late Q.A.I M.N S.   5Apr.10
Becher, Maj. F. W., ret. pay late Bedf. R.   10Oct.92
Becher, Lt.-Col. H. W., *D.S.O.*, ret. pay late W. Rid. R.   24May19
Beck, Bt. Col. C. E., ret. pay late h.p.   21Dec.96
Beck, Lt.-Col. F. H., ret. pay late 15 Hrs.   12June89
Beck, Hon. Capt. T., Commy. ret. Ind. Army Dept.   1Mar.09
Becke, Maj. A. F., ret. pay late R.A. (*Empld. under Commee. of Impl. Defence*)   16Nov.15
Becker, Hon. Brig Gen. C Y., ret. pay late h.p.   15Apr.17
Beckett, Capt. A. C., *M.C., D.C.M.*, ret. pay late R.E.   24Jan.20
Beckett, Hon. Brig.-Gen. C B., *C.B.*, ret. pay, late Staff, *p.s.c.*, [R][F]   10Feb.12
Beckett, Lt. F. G., *D.C.M.*, ret. pay late h.p.   1Jan.20
Beckett, Hon. Capt. G. S., Dep. Asst. Commy. ret. Ind. Army Dept.   26Jan.81
Beckett, Col. S., *C.B.*, ret. Ben. S.C.   13June87
Beckett,Capt. W.H.,Dep. Asst. Commy. ret. Ind. Army Dept. (*Rt, Wt, 29 Nov. 97*)   3July17

Beckett, Col. W. H., u.s.l. Ind. Army   20Feb.89
Beckham, Lt.-Col. L. G., ret. Ind Army   13June00
Beckwith, Maj E., *M.C.*, ret. pay late R. Fus.   16Jan.20
Beckwith, Maj. W. M., *D.S.O.*, ret. pay late C. Gds. [F]   17July15
Beckwith-Towse, Lt. H. M., ret. pay late L'pool R.   4Dec.17
Beddek, Maj. E. E., ret. Ind. Army   14Sept.05
Beddington, Lt.-Col. E. H. L., *C M.G., D.S.O., M.C.*, ret. pay late 16 Lrs, *p s.c.* [F]   23Mar.20
Bedell, Maj. F. F., Sen. Asst. Surg. ret. Ind. Sub. Med. Dept.   2Apr 18
Bedford, Lt.-Col. Sir C. H., *Knt., M.D.*, ret. Ind. Med Serv.   30Sept.09
Bedford, Maj.-Gen. Sir W. G. A., *K.C M.G., C.B., M.B.*, ret. pay late R.A.M.C.   1Jan.14
Bedford-Pim, Maj. E. H., ret. pay late R.A. (*Lt.-Col.R.F.A., T.F.*)   5Aug.04
Bedingfeld, Lt.-Col. F. H. H., *O.B.E.*, ret. pay late Devon R.   8Nov.15
Beech, Lt. G., ret. pay late h.p.   8Feb.18
Beechey, Hon. Lt.-Col. F. R., ret. R. Mar.   22Apr.85
Beeman, Maj. S. W., *D.S.O*, ret. pay late L'pool R.   28Jan.16
Beeton, Maj. O., ret. pay late E. Surr. R.   21June02
Beever, Maj. H. H., ret. pay late R.A.   2/Mar.15
Beevor, Col. W. C., *C.B., C.M.G., M.B.*, ret. pay late R.A.M.C.   1Nov.17
Beezley, Lt. F., ret. pay late E. York. R.   13Aug 17
Begbey, Lt.-Col. H., *O.B.E*. Ch Inspr. of Ord. Machinery, ret. p.y late R.A.O.C.   27Aug.15
Begbie, Lt.-Col. A. G., ret. pay late R.E. (Ind. Pens.)   16Dec.88
Begbie, Lt.-Col. A. S., ret. Ind. Army   12Oct 11
Begbie, Bt. Col. F. R., ret. Ind. Army   22July96
Behrend, Lt.-Col. F. D., ret. pay late W.Rid. R. [L] (*Lt.-Col. ret. T.F.*)   8Oct.17
Beith, Lt. J. A., ret. pay late 19 Hrs.   13Feb.17
Beith, Lt.-Col. R D., ret. R. Mar. L.I.   5Aug.09
Belchem, Hon. Capt. F. G., Qr.-Mr. ret. pay late R. W. Surr. R.   19Sept.93
Belcher, Hon. Lt. H. Qr.-Mr. ret. pay late h.p.   8Aug.00
Belfield, Capt. A. G. N., ret. pay late h.p.   25Aug.17
Belfield, Hon. Maj.-Gen. E., ret. pay late R.E.   30July81
Belfield, Lt.-Gen. Sir H.E., *K.C B.,K.C.M.G., K.B.E., D.S.O.*, Col. W. Rid. R., *p.s.c.* [F], s.   10Aug.12
Belfield, Maj. S., *C.B.E.*,ret. pay late R.H.A.   9Oct.99
Belford, Lt.-Col. E. A., ret. pay late 17 Lrs.   15Jan.92
Belgrave, Hon. Lt.-Col. D. T. C., ret. pay late R.W. Kent R.   11Aug.86
Belhaven & Stenton, Col. A. C. Lord, *TD*, ret. pay late h.p. R. E., *p.s.c.*   30June87
Belk, Lt.-Col. W., *C.M.G.*, ret. pay late h.p., *p.s.c.*   4Aug.07
Bell, Capt. A., r t. pay la/e R.A.   18Sept.19
Bell, Bt. Col. A. W. C., ret. Ind. Army   7July99
Bell, Maj. A. W. H., ret. pay late Conn. Rang.   29Nov.00
Bell, Lt.-Col. C. T., *O.B.E*, ret. pay late R.G.A. (*Ind. Pens.*)   1Apr.11
Bell, Bt. Col. E.,*C.M.G.*, ret. pay late Worc.R.   17Oct.07
Bell, Lt.-Col. E. H., Qr.-Mr. ret. pay late h.p.   17July95
Bell, Hon. Maj. E. I., Qr.-Mr. Ret. pay late R. Fus.   7June16
Bell, Lt.-Col. F. J. H., ret. pay late R.Ir.Rif.   2Nov.11
Bell, Lt.-Col. H. P., ret. Ind. Army   4May13
Bell, 2nd Lt. J , ret. pay late h.p.   18Apr.17
Bell, Maj-Gen. Sir J A., *K.C.V.O.*, ret. Ind. Army   6May11
Bell, Maj. K. D., ret. pay late R G.A. (*Empld. R.G.A.*)   1Apr.06
Bell, Capt. M. G. E., ret. pay late Rif. Brig. (*Maj. 6 Bn. Rif. Brig.*) *s.*   9Aug.00
Bell, Hon. Lt. R., Qr.-Mr., ret. pay late R. Mar.   20Nov.15
Bell, Lt.-Col. R. C., *D.S.O., O.B E*, ret. Ind. Army   16Nov 13
Bell, Maj. R. F., ret. pay late Durh. L.I.   26June07
Bell, Lt.-Col R M, ret Ind Army   25Nov 11
Bell, Capt. R. R. W., *M.C*. ret. pay late R.A.   7Apr.18
Bill, Maj. W. C. H., *D.S.O*, ret. pay late R F.A.   16Nov.15
Bellamy, Maj. A. L., ret. pay late Norf R.   4Feb.05
Bellamy, Lt.-Col. P. J., ret. pay late h.p.   20Oct.09
Bell-Clothier, Bt. Col. R. F.,late Ind. Army   12Aug.04
Bell-Irving, Lt.-Col. A., *D.S.O., O.B.E.*, ret pay late R.F.A. (*Def. Comdr. L. of C.*)   30June00
Bellers, Bt. Col. E. V., ret. pay late h.p (*Record Office*)   10Feb.04
Bellew, Maj. G. L., Lord, ret. pay late 10 Hrs.   3Aug.96

Non-Effective Officers

Bellhouse, Lt. J., ret. pay *late* h.p. R.A.   7July91
Bellville, Capt. G. E., ret. pay, *late* 16 Lrs.   27Feb.04
Bellwood, Lt. C. P., ret. pay *late* Leic. R. (for Spec. Res.) (*Capt. 3 Bn. Leic. R.*)   8Nov.05
Benbow, Hon. Capt. A., Ridg. Mr. ret. pay *late* R.H.A. (*Supt. Royal Mews. Buckingham Palace*)   28Mar.10
Bendyshe, Bt. Lt.-Col. R. N., ret. R. Mar.   1Feb.10
Benet, Lt.-Col. H. V. F., *C.B.E.*, ret. pay *late* Lan. Fus.   1Oct 19
Benford, Lt. L., ret. pay *late* Notts.& Derby. R.   1Oct.16
ℂ Bengough, Maj.-Gen. *Sir* H. M., *K.C.B.*, pay, *p.s.c.* [R]   13Feb.94
Bennet, Lt.-Col. E. G., ret. pay *late* h.p.   8Nov.93
Bennet, Bt. Col. F. W., ret. pay *late* R.E.   8Sept.00
Bennet, Hon. Capt. J., Asst. Commy. ret. Ind. Army Dept.   1July17
Bennett, Lt. C. B. F., ret. pay *late* E. Surr. R. (for Spec. Res.) (*Capt. 4 Bn. E.Surr.R.*)   18Feb.07
Bennett, Lt.-Col. C. H., *M.D.*, ret. Ind. Med. Serv.   1Oct.97
Bennett, Lt.-Col. C. H., *D.S.O.*, ret. pay *late* Worc. R.   7Oct.14
Bennett, Chaplain (4th Class) *Rev.* D. D., *M.A.*, ret. pay *late* A. Chaplains' Dept.   17July80
Bennett, Maj. E. A., ret. pay *late* Midd'x R.   15Dec.00
Bennett, 2nd Lt. F., ret. pay *late* h.p.   29July17
Bennett, Maj. J. H., ret. Ind. Army [L]   1Sept.15
Bonnett, Lt.-Col. L. H., Staff Paymr. ret. A.P. Dept.   20July01
Bennett, Capt. M. G. B., ret. pay (*temp.*), *late* 4 Bn. W. York. R.   1Apr.15
Bennett, Lt.-Col. R. D., ret. pay *late* R.A.M.C.   1Oct.88
Bennett, Lt. S., ret. pay (*temp.*) *late* W. York. R.   26Sept.16
Bennett, Lt. S. G., ret. pay *late* h.p. (R. Dub. Fus.)   24June16
Bennett, Maj. W. J., Qr.-Mr. ret. pay, *late* R.A.S.C.   26May15
Bennitt, Col. W. W., ret. pay *late* h.p.   23Jan.87
Benoy, Rev. J., *M.A.*, ret. pay, *late* Chaplain 1st Class, A. Chaplains Dept.   8July13
Bensley, Lt.-Col. C. N., ret. Ind. Med. Serv.   30Sept.06
Bensley, Brig.-Surg. E. C., ret. Ind. Med. Serv.   15Nov.85
Benson, Maj. C. B., *D.S.O.*, ret. pay *late* Oxf. & Bucks L.I. [L]   1Sept.15
Benson, Hon. Maj. G. A., *O.B.E.*, Qr.-Mr. ret. pay *late* R.A.M.C.   1July17
Benson, Maj. G. R., ret. pay *late* h.p.   20Feb18
Benson, Lt.-Col. H. W., *D.S.O.*, ret. pay *late* E. Surr. R.   1Oct.14
Benson, Surg.-Gen. P. H., *M.B.*, ret. Ind. Med. Serv. [R]   1Apr.08
Benson, Col. S. M., ret. pay *late* h.p.   27Apr.90
Benson, Maj. T. C., ret. pay *late* R. Ir. Fus.   22Oct.13
Benson, Col. W. G. S., *C B.*, Chief Paymr. ret. pay *late* A.P. Dept.   31Dec.18
Bent, Maj. W. H. M., ret. pay *late* S. Staff. R.   10May93
Bentinck, Bt. Maj. *Lord* C. C., *D.S.O.*, ret. pay *late* 9 Lrs.   29Nov.09
Bentinck, Capt. R. J., ret. Ind. S.C. (*temp. Maj. Serv. Bns. North'n R.*)   5Feb.98
Bentinck, Lt.-Col. W. G., *Baron*, *C.M.G.*, *C.B.E*, *D.S.O.*, ret. pay *late* Rif. Brig. [*l*] (*Record Office*)   22Aug.19
Bentley, Hon. Maj. W., Qr.-Mr. ret. pay *late* N. Lan. R.   9Nov.07
Bere, Hon. Maj. C., Qr.-Mr. ret. pay *late* R.A.M.C.   15July15
Beresford, Bt. Col. C. E. de la P., ret. pay *late* h.p., *p.s.c.*   4May02
Beresford, Col. F. C., ret. pay *late* Staff (R.E.), *p.s.c.*   1Oct.96
Beresford, Maj. H. de la P., ret. R. Mar. Art.   1Dec.86
Beresford, Maj. J. H. B. de la P., ret. Ind. Army   28May03
Beresford, Maj. K., ret. pay *late* R. Ir. Rif.   10Dec.02
Beresford-Ash, Bt. Col. W. R. H., ret. pay *late* R. W. Fus.   12May07
Berkeley, Hon. Lt.-Col. E. H., ret. pay *late* Dorset R.   19Dec.18
Berkeley, Capt. F., ret. pay *late* h.p.   29May07
Berkeley, Maj.-Gen. J. C., *C.I.E.*, u.s.l. Ind. Army   1Jan.93
Berkeley, Lt.-Col. R. B., ret. Ind. Army   7Feb.11

Berkley, Bt. Lt.-Col. J., *D.S.O.*, ret. pay *late* R.F.A.   1Jan.18
Bernard, Bt. Col. E. E., *K.B.E.*, *C.M.G.*, ret. pay *late* h.p., *q.s.* [L] [F] *Fin. Sec., Sudan Admin.*   26Nov.13
Bernard, Lt.-Col. E. H., ret. Ind. Army   13Nov.07
Bernard, Bt. Lt.-Col. J., *O.B.E.*, ret. R. Mar (*temp. Lt.-Col. A.S.C.*)   Nov.04
Bernard, Lt.-Col. R. P. R., ret. pay *late* Rif. Brig.   1Jan.19
Berridge, Hon. (Maj. W., Qr.-Mr., ret. pay *late* R.G.A.   3Aug.17
Berry, Hon. Capt. E., Dep. Commy. ret. Ind. Army Dept. (*Rl. Wt. 29Nov.97*)   13Apr.01
Berry, Col. R. G. J. J., (ret. pay) *late* R.A.S.C.   8Mar.19
Berryman, Lt. E. J., *M.C.*, *D.C.M.*, ret pay *late* R.A.   29Sept 19
Berryman, Lt.-Col. H. A., *O.B.E.*, ret. pay *late* R.A.M.C. (*Empld. R.A.M.C.*)   3June17
Berryman, Lt.-Col. W. E., ret. pay, *late* R.A.M.C.   31Jan.05
Berthon, Maj. A. P., ret. pay *late* R. Muns. Fus.   23May15
Bertie, Bt. Col. *Hon.* R. H., *C.B.*, ret. pay *late* h.p.   21Aug.03
Bertie-Clay, Lt.-Col. N. S., ret. pay *late* R.G.A.   18May12
Besant, Maj. W. H., ret. pay *late* Norf. R. [F]   24Dec.97
Betenson, Hon. Lt. A., Qr.-Mr. ret. pay *late* R.F.A.   26Mar.02
Bethell, Col. E. E., *C.M.G.*, *D.S.O.*, ret. pay *late* Chf.-Eng., S. Comd. *p.s.c.*   26June02
Bethell, Hon. Brig.-Gen. R. A., *C.M.G.*, ret. pay *late* h.p. (R.A.) [L]   1Mar.20
Bethune, Lt.-Gen. *Sir* E. C., *K.C.B.*, *C.V.O* ret pay (Col. 4 D.G.) *p.s.c.*   5Nov.13
Bethune, Lt.-Col. H. A., ret. pay *late* Gord. Highrs.   16Sept.14
Bett, Hon. Lt.-Col. J., Qr.-Mr., ret. pay *late* h.p.   21Jan.18
Betton-Foster, Capt. G. H., ret. pay *late* R.G.A. [L] (*Empld. R.G.A.*)   8Aug.16
Beverley, Capt. S., *O.B.E.*, ret. pay *late* R.G.A.   29Nov.19
Beville, Maj. H. G. P., ret. Ind. Army   9Nov.07
Bewes, Bt. Lt.-Col. E. E., *C.M.G.*, h.p., *late* R. Mar. (*Barrack Master Depôt, R.Mar.*)   1Oct.16
Bewicke, Maj. H. B. N., ret. pay *late* Manch. R.   25Jan.89
Bewicke-Copley, Hon. Brig.-Gen. *Sir* R. C. A. B., *K.B.E.*, *C.B.*, ret. pay *late* Staff, *p.s.c.* [*l*] [R]   8Apr.12
Bewley, Col. A. W., *C.M.G.*, ret. pay *late* Staff   1Mar.15
Bewsher, Lt.-Col. W. D., *D.S.O.*, ret. pay *late* Hamps. R.   5May19
Beynon, Hon, Brig.-Gen. H. L. N., *C.M.G.*, ret. pay *late* R.A., *p.s.c.* [*l*] [F]   17Feb.20
Bickerstaffe-Drew, *Rev.* F., *C.B.E.*, *B.D.*, Chapl. to the Forces 1st Class, ret. pay *late* A. Chapl. Dept.   1Feb.13
Bickford, Hon. Brig.-Gen. E., *C.M.G.*, ret. pay *late* h.p.   22June18
Bicknell, Lt.-Col. M. B., ret. pay *late* Ind. Ord. Dept. (R.A.) (*Ind. Pens.*)   1Feb.10
Biddulph, Hon. Brig.-Gen. G. W., ret. pay *late* h.p.   11Nov.18
Biddulph, Lt.-Col. H. M., ret. pay *late* h.p., *p.s.c.* [L]   16Dec.11
ℳ Biddulph, Col. J., u.s.l. Ind. Army   24Feb.88
Biddulph, Lt.-Col. M. W., ret. pay *late* h.p.   30Jan.95
Biddulph, Lt.-Col. N. T., ret. pay *late* Durh. L.I.   29Dec.18
Biddulph, Bt. Col. S. F., ret. Ind. Army   17Jan.07
Bidgood, Maj. T. E. W., ret. pay *late* R.G.A.   15Dec.03
Bigg, Maj. F., ret. pay *late* R.A.   19Nov.84
Bigge, Hon. Brig.-Gen. T. A. H., *C.B.*, *C.M.G.*, ret. pay *late* R.E. [F]   16Sept.19
Bigger, Lt.-Col. S. F., *M.B.*, ret. Ind. Med. Serv. (Ben.)   30Mar.98
Biggs, Lt. H., ret. pay *late* Suff. R.   25Mar.15
Biggs, Col. H. V., *D.S.O.*, ret. *late* Mil. Wks., India (R E.) (*Ind. Pens.*)   27May08
Bignell, Maj. c. H., ret. Ind. Army   2Nov.13
Billing, Maj. W., Commy. ret. Ind. Army Dept.   1July17
Billson, Lt. R. A. L., ret. pay *late* R. Fus.   5Jan.19

Non-Effective Officers 13

Bingham, Maj.-Gen *Hon. Sir* C. E. *K.C.M.G., C.B., C.V.O.*, ret pay (Col. 2 L.G.) [F] 18Feb.15
Bingham, Lt G. H., ret. pay late War. R. 1Jan.16
Bingley, Capt. A. G. E., ret. pay late R. Berks. R. (temp. Maj. in Army) 17Feb.00
Binney, Bt. Lt.-Col. A. F. ret. R. Mar. Art. 1Sept15
Binney, Maj. W. E., ret. R. Mar. 27Jan.19
Birch, Hon. Lt. A. G., Qr.-Mr., ret. pay late A.S.C. 15July03
Birch, Lt.-Col. A. H. C., *D.S.O.*, ret. pay late R.G.A. (*Empld. R.G.A.*) 28Jan.09
Birch, Maj. A. W., ret. pay late S. Wales Bord. 8Apr.97
Birch, Lt.-Col. C., Qr.-Mr. ret. pay late Devon. R. (*Recg. Duties*) 1Jan.19
Birch, Maj. C. E., ret. pay late h.p. 24Apr.18
Birch, Maj. D. P. L., ret. pay late R.G.A. 4Jan.00
Birch, Maj. H. P., ret. pay late h.p. R.A.M.C. 2Feb.96
Birch, Maj. J., Qr.-Mr. ret. pay late York & Lanc. R. 2Oct.16
Birch, Maj. R. L. C., ret. pay late F. Surr. R. 18Oct.02
Birch, Col. W. J. A., ret. Ind. S.C. 1Dec.95
Bird, Lt. C., ret. pay late R.G.A. 8Aug.16
Bird, Lt.-Col. G. E. G. W., Staff Paymr. ret. pay late A.P. Dept. 31May07
Bird, Maj. L. W., *O.B.E.*, *D.S.O.*, ret. pay late h.p. 29July18
Bird, Bt. Col. S., *M.V.O.*, ret. pay late R. Fus., p.s.c. [L] 28Nov.06
Bird, Bt. Col. S. G., *D.S.O.*, ret. pay late h.p. 7June05
Bird, Bt. Col. W. J. B., ret. Ind. Army 15Dec.01
Birdwood, Lt.-Col. C. McD., *C.B.E.*, ret. Ind. Army (*Dist. Remt. Offr.*) 9Sept.08
Birdwood, Bt. Col. W. S., ret. Ind. Army 10Feb.04
Birkbeck, Capt. V. J., ret. pay late E. Surr. R. 7Feb.02
Birkbeck, Maj. V. M., ret. pay late R. Scots 9June97
Birkbeck, Maj.-Gen. Sir W. H., *K C.B., C.M.G.*, ret. pay late Staff, p.s.c. [F] 25Sept.13
Birley, Maj. R. A., ret. pay late h.p. 3Feb.11
Birmingham, Lt W. R., ret pay late R.G.A. 1July17
Birrell, Maj.-Gen. W. G., *M.B.*, ret. pay late R.A.M.C. 1Mar.15
Birt, Lt.-Col. G., ret, late R.A.M.C. 1Jan.14
Biscoe, Col. V. R., ret. pay late Staff 10Sept.94
Biscoe, Lt.-Gen. W. W., *C.B.*, ret. Ind. Army [R] 19Mar.00
Bishop, Maj. C., ret. pay late 9 Lrs. 15Dec.95
Bishop, Bt. Col. E. B., u.s.l. Ind. Army, s. 29Aug.93
Bishop, 2nd Lt. G., *M M*, ret. pay late R.A. 27May18
Bishop, Bt. Lt.-Col. H. O., ret. pay late Lan. Fus. 15Oct.15
Bishop, Hon. Lt. J., Asst. Commy. ret. Ind. Army Dept. 1June07
Bishop, Maj. J. D. J., ret. pay lateGlouc. R. (*Educational Instr.*) 25Oct.99
Bishop, Maj. W. S. G., *D.S.O.*, Commy. of Ord., ret pay late R.A O.C. 1July17
Biss, Maj. H. C. J., ret. pay late R. Ir. Regt. 29July19
Bittleston, Col. G. H. ret.pay late h.p.(R.A.) 2June05
Bittleston, Lt. K. G., *D.S.O.*, ret. pay late R.F.A.(for Spec. Res.) (*Maj. R.F.A. Spec. Res.*) 24Dec.05
Black, Hon. Capt. A., Qr.-Mr. ret. pay late York and Lanc. R. 21Jan.09
Black, Hon. Maj.-Gen. J., ret. Bo. S.C. 25Nov.74
Black, Bt. Maj. J. B., ret. pay late Cam'n Highrs. (*temp. Capt.*) 5 (*Serv.*) Bn. Cam'n Highrs.) (for Spec. Res.) (*Capt. 3 Bn. Cam'n Highrs.*) 1Jan.19
Black, Maj. R. B., *D.S.O.*, *M.B.*, ret. pay late R.A.M.C. [F] 14Aug.12
Black, Maj.-Gen. W. C., ret. Ind. Army 25Oct.02
Blackbourne, Chaplain to the Forces 1st Class *Rev.* J., *C.M.G.*, *M.A.*, ret. pay late R. A. Ch. D. 29Nov.10
Blackburn, Lt.-Col. C. C., *D.S.O.*, ret. pay late Norf. R. 10Apr.18
Blackburn, Capt. C H., *M.C.*, ret. pay late R.A. 8June19
Blackburn, Lt. G., ret. pay (temp.) late R.A. (T F.) 1June16
Blackburn, Maj. H., ret. pay late E. Kent R. 23May96
Blackburn, Lt. J. E., *C.B.*, ret. pay late h.p. (R.E.) 16Apr.02
Blackburn, Lt.-Col. P., ret. pay late h.p. R.A. 1Apr.95

Blackden, Hon. Brig.-Gen. L. S. *C.B.E.*, ret pay late h.p. 8Aug.19
Blackden, Capt. W. W., ret. pay late R. Manx. Fus. 1Apr.92
Blacker, Capt. F. St. J., ret pay late Rif. Brig (for Spec. Res.) (*Capt. 5 Bn. Rif. Brig.*) 1July05
Blacker, Maj. L. C. M., ret. pay late R.A. [I] 21Oct.93
Blacker, Bt. Lt. Col. S. W. W., *D.S.O.* [F] ret. pay, late R.F.A. (*Hon. Lt.-Col. in Army*) 3June18
Blackett, Maj. C. M., ret. pay late h.p. 10Aug.02
Blackett, Bt. Col. E. U., ret. pay late h.p. R.A. 25May08
Blackett, Hon. Lt.-Col. H. W. R., ret. pay late 19 Hrs. 20Sept.84
Blackett, Capt. R., ret. pay late R. Innis. Fus. (*Capt. S. Ir. Horse*) 9May08
Blackman, Hon. Lt. W. J., Qr. Mr. ret. pay late A. Med. Staff 27Feb.95
Blackman, Hon. Maj. W. S., *O.B.E.*, Qr.-Mr. ret. R. Mar. 17July09
Blackwell, Hon. Maj. F., Qr.-Mr., ret. pay late R.E. 11Mar.15
Blackwell, Lt.-Col. G. T., *M.D.*, ret. pay, late R.A.M.C. 30May05
Blackwell, Hon. Maj. W., Qr.-Mr. ret. pay, late Suff. R. 1July17
Blackwood, Capt. *Lord* F. T. Hamilton-Temple-, *D.S.O.*, ret pay late 9 Lrs. (*Capt. G. Gds. Spec. Res.*) 28Apr.04
Blackwood-Price, Bt. Maj. J. N., ret. pay late K.R. Rif. C. 2Mar.81
Blades, Maj. W. W., *D.S.O.*, Commy. of Ord., ret pay late R.A Ord. Dept. 31Jan.15
Blagrove, Bt. Col. H. J., *C.B.*, *C.B.E.*, ret. pay late h.p. 1July00
Blain, Hon. Lt W., Asst. Commy. ret. Ind. 29Nov.00
Blaine, Maj. E. E., ret. pay late R. Sc. Fus. 9July10
Blake, Col. B. W., ret. pay late 20 Hrs. 2July88
Blake, Bt. Col. C. J., ret. pay late h.p. R.A. 3Jan.98
Blake, Hon. Maj. G. S., Qr.-Mr. ret. pay late A.S.C. 3Aug.17
Blake, Hon. Lt. H. A. R., Asst. Commy. ret. Ind. Army Dept. 14May04
Blake, Hon. Capt. J., Dep. Commy. ret. Ind. Army Dept. 13Apr 95
Blake, Maj. N. J. R., *D.S.O.*, ret. pay late Midd'x R. 19Mar.90
Blake, Maj. R. W. M., ret. pay late R. Sc. Fus. (*Lt. Col. ret. Spec. Res.*) 25Aug.96
Blake, Hon. Lt. T. G., Asst. Commy. ret. Ind. Army Dept. 18Jan.05
Blake, Lt.-Col. W. L. F., *O B.E.*, ret. pay late R. Fus. 30Jan.19
Blake, Lt. W. T., ret. pay late Oxf. & Bucks. L.I. 27Feb.17
Blake-Humfrey, Lt.-Col. T. ret. pay late h.p. 26Nov. 90
Blakeney, Maj R. B. D., *C.M.G.*, *D.S.O.*, ret. pay late R.E. (*Res. List*) [F] (temp. Col.), s. 24July11
Blakeney, Col. W. E. A., *C.B.E.*, ret. Ind. Army 23Oct.12
Blaker, Hon. Capt. R. M., Sen. Asst. Surg. ret. Ind. Sub. Med. Dept. 17Feb.98
Bland, Lt. C. L., ret. pay late R.G.A. 8Apr.01
Bland, Hon. Maj.-Gen. E. L., ret. pay late R.E. 10Dec.87
Bland, Bt. Col. F. M., ret. pay late h.p. R.A. 9Dec.02
Blandy, Col. W. P., ret. pay late Staff (R.A.) p.a.c. 18Oct.02
Blane, Hon. Brig.-Gen. C. F., *C.M.G.*, ret. pay late R.H.A. 21Mar.17
Blanshard, Lt.-Col. F. H., ret. Ind. S.C. 16Feb.90
Blazey, Hon. Capt. G., Dep. Commy., ret. Ind. Army Dept. 16Mar.88
Bleazby, Col. R. ret pay late R W. Surr. R. 6May90
Bleaknsop, Lt.-Col. F. H., ret. Ind. Med. Serv. 23May92 1Oct.88
Blennerhassett, Col. B. M., *C.M.G.*, *F.R.C.S.I.*, ret. pay late R.A.M.C. 1Apr.02
Blennerhassett, Lt.-Col. E. B., ret. pay late R. Innis. Fus. [F] 10Sept.15
Blest, Col. D. A., ret. pay late h.p. 8Jan 94
Blewitt, Maj.-Gen. W. E., *C.B.*, *C.M.G.*, *C.B.E.*, ret. pay late R.A., g. 24July11
Blezard, Capt. W., *M.C.*, ret. pay late R.A. 18Feb.20
Block, Bt. Col. A. H., ret. pay late R.G.A., g. (*Empld. R.F.A.*) 1Apr.09

Non-Effective Officers

Blogg, Hon. Lt. G. R., Qr.-Mr. ret. pay *late* 8. Staff. R. 23May94
Blomfield, Maj.-Gen. C. J., *C.B., D.S.O.,* ret. pay [R] 3Feb.07
Blomfield, Capt. P. V., ret. Ind. Army. 14Aug.16
Blood, Gen. *Sir* B., *G.C.B.,* ret. pay, Col. Comdt. R.E. (Ind. Pens.) [R] [F] 13Dec.06
Blood, Surg.-Maj. J., ret. Ind. Med. Serv. 31Mar.89
Blood, Col. R., *M.D.,* ret. pay *late* R.A.M.C. 10Aug.01
Blood, Col. W. P, ret. pay *late* Staff, *p.s.c.* 1June10
Bloomfield, Hon. Maj. F. W., ret. pay *late* h.p. 30May85
Blosse, Maj. *Sir* R. L., *Bt.,* ret. pay *late* K.O. Sco. Bord. 22Jan.19
Blount, Hon. Capt. W. F., Inspr. of Army Schools ret. pay 13July02
Blundell, Bt. Col. J. E., *C.B.,* ret. pay *late* h.p. 29Aug.96
Blunt, Maj. C. E. G., *C.B.E., D.S.O.,* ret. pay *late* h.p. [F], e.a., s. 1tNov.98
Blunt, Col. E., *C.B.,* ret. *late* C.R.E., India (Ind. Pens.) 20May02
Blunt, Capt. E. H., ret. pay *late* R. Berks. R. 20May02
Blunt-Mackenzie, Maj. E. W., ret. pay *late* R.H.A. 27July98
Blyth, Lt.-Col. S. B., ret. pay *late* R.W. Fus. 1July95
Blyth. Maj. W., ret. pay *late* 13 Hrs. 5Mar10
Boag, Maj. H., *O.B.E.,* Qr.-Mr., ret. pay *late* 2 D G. 27Feb.16
Board, Capt. A., ret. pay *late* R.A. 4Jan.20
Bode, Maj. L. W., *D.S.O.,* ret. pay *late* R. Scots, *p.s.c.* [L] 27Apr.98
Body, *Sister Miss* E., ret. pay *late* Q. A. I. M. N. S. 11Dec.99
Bozer, Lt.-Col. D.C., *D.S.O.,* ret pay *late* h.p. 26June14
Bogle, Lt.-Col. B.W., ret. pay *late* E. York R. 28Oct.19
Bogle-Smith, Col. S., *C.B., C.B.E.,* ret. pay *late* Staff 14June05
Boileau, Bt. Col. A. C. T., ret. pay *late* R.G.A. 18Aug.06
Boileau, Hon. Capt. G. T., Sen. Asst. Surg. ret. Ind. Sub. Med. Dept. (Ben.) 23Oct.05
Boileau, Lt.-Col. H. E., ret. Ind. Army 23Apr 07
Boileau, Maj. L. M., ret. Ind. S.C. 22July88
Boland, Cajt. S., *M.B.E.,* ret.pay *late* R.G.A. 11Dec.19
Boles, Maj. W. S., *M.B.,* ret. pay *late* R.A.M.C. 5Apr.99
Bolitho, Lt C 1. E. H. W., *D.S.O.,* ret pay *late* R. Art. 13Apr.19
Bolton, Col. A. C., ret. pay *late* h.p 2June06
Bolton, Hon. Maj. H. F. S., ret pay *late* 18 Ft. (*Mil. Knt. of Windsor*) 26Feb.81
Bolton, Maj. H. J., ret. Ind. S.C. 17July82
Bolton, Lt.-Co'. R. G. I., ret. pay *late* extra regimentaly empld. 1Jan.12
Bolton, Capt. W., ret. pay *late* Coast Bn. R.E. 29Sept.06
Bolton, Maj. W. N., ret. pay *late* Wilts. R. (Commr., *Kyrenia, Cyprus,* 2 Oct. 08) 29Nov.00
Bond, Bt. 1t.-Col. C. R. A., *C.B.E.,* ret. Ind. S.C. 3June16
Bond, Hon. Maj. Gen. *Sir* F. G., *K.B.E., C.B., C.M.G.,* ret. *late* Staff (R.E.) (Ind. Pens.) 8June16
Bond, Lt. Col. R. C., *D.S.O.,* ret. pay, late h p 1May14
Bond, Lt.-Col. R. P., ret. pay *late* R.A.M.C. 3Feb.03
Bond, Hon. Surg.-Capt. S. P., Sen. Apoth. ret. Ind. Sub. Med. Dept. (Ben.) (*Rl. Wt.* 19 *July* 90) 16July58
Bond, Hon. Maj. T., Qr.-Mr. ret. pay *late* R.A.M.C. 30July05
Bore, Capt H., re*t*. pay *late* R.A. 17Jan.20
Bontam, Maj. E. H., *M.V.O.* [F] ret. pay *late* 2 1 ns. †Feb.19
Bonham, Hon. Col. J., *C.B.,* r.t.p. *late* R. (Ben.) A. 1July74
Bonham-Carter, Lt.-Col. H., ret. pay *late* R.E. (Ind. Pens.) 1Aug.08
Bonner, Hon. Lt. E., Dep. Asst. Commy. ret. Ind. Army Dept. 20Nov.80
Bonner, Hon. Capt. T. H., Sen. Asst. Surg. ret. Ind. Sub. Med. Dept. 17Mar.07
Bonsor, Hon. Capt. S., Dep. Commy. of Ord. ret pay *late* A. Ord. Dept. 2May06
Bonus, Maj.-Gen. J., ret. pay *late* R. (Bo.) E. 25Nov.86

Bonus, Bt. Col. W. J., *D.S.O.,* ret. pay *late* h.p., *p.s.c.* 25Oct.09
Bookey, Col. J. T. R., *C.R..* ret. Ind. Med. Serv. (Ben.) [R] 2May10
Boome, Bt. Col. E H., *C.B., C.M.G*., ret. Ind. Army [t] [F] 3June16
Boon, Hon. Capt. G., *D.S.O.,* Qr.-Mr. ret. pay *late* E. Kent R. 24June01
Boon, Lt G. E., ret. pay *late* h.p. 13Sept.16
Booth, Hon. Lt. H. G., Asst. Commy. ret. Ind. Army Dept. 26June08
Booth, Hon. Lt.-Col. T. G., Staff Paymr. ret. A.P. Dept. 17June93
C. Booth, Hon. Maj.-Gen. W., ret. pay *late* u.f.p. R.A. 14May87
Booth, Maj. W. H., *D.S.O., O.B.E.,* ret. pay *late* E Kent R. 16Feb.01
Boothby, Capt. F. S. E., ret. pay *late* Linc. R., *t.a.* 12Sept.94
Bor, Bt. Col. E. J., ret. pay *late* R.E. 1Oct.01
Borough, Capt. F. C., *D.C.M.,* ret. pay *late* h.p. 27June18
Borradaile, Col. G. W., *C.B.,* ret. pay *late* R. (Bo.) A. [F] 14July86
Borradaile, Hon. Brig. Gen., H. B., *D.S.O.,* ret. Ind. Army [L] 12June19
Borrett, Maj. (Dist. Offr.) W. J., ret. pay *late* R A. 21Nov.18
Borrowes, Lt.-Col. *Sir* K., *Bt.,* ret. pay *late* h.p. (*Hon. Lt.-Col, Impl. Yeo.*) 30Jan.95
Borthistle, Hon. Capt. J. W., Dep. Commy. ret. Ind. Army Dept. 28Jan.93
Borton, Lt.-Col. A. C., ret. pay *late* h.p. 8Nov.94
C. Borton, Lt.-Col. A. C. D., *D.S.O.,* ret. pay *late* h.p. [F] 16June19
Borton, Bt. Col. C. E., *C.B.,* ret. pay *late* h.p. 10Feb.04
Borton, Capt. N. T., *C.M.G.,* ret. pay *late* R. War. R. [F] (*Postmaster-General, Egypt* 1 *Dec.* 04) 5Apr.99
Borwick, Lt.-Col. M., *D.S.O.,* ret. pay *late* 2 Dns. 23Jan.20
Bosanquet, Lt.-Col. J. T. L., ret. pay *late* Bord. R. 18May15
Bostock, Maj. A., ret. A. Vety. Dept. 30Apr.95
Boswell, Maj. W. L., ret. Ind. S. C. (*Empld.*) 20Jan.08
Boteler, Bt. Col. F. W., *D.S.O.,* ret. pay *late* h.p. R.A., *p.a.c.* 10Feb.04
Boucher, Capt. B. H., *D.S.O.,* ret. pay *late* Hamps. R. (*Lt.-Col. ret. T.F.*) 29Aug.92
Boucher, Maj. W. A., Sen. Asst. Surg. ret. Ind. Sub. Med. Dept. 2Apr.18
Boughey, Maj.-Gen. J., ret. pay, *p.s.c.* 23Feb.98
Boulderson, Lt.-Gen. H. A. B., ret. Ind. Army 13June01
C. Boulderson, Hon. Lt.-Col. J., ret. pay *late* h.p. 18Mar.82
Boulger, Lt.-Col. I., ret. A. Med. Staff 4Feb.97
Boultbee, Maj. C. A. T., ret. pay *late* K. R. Rif. C. 16Apr.94
Boulton, Maj. C. S., ret. pay *late* D. of Corn. L.I. [L] [F] 27May18
Boulton, Lt.-Col. R. E., ret. pay, *late* Yorks. L.I. 2July19
Bourchier, Maj. A. C. F., ret. Ind. Army 25Aug.01
Bourchier, Lt.-Col. H. S., ret. R. Mar. [F] 12May87
Bourcicault, Hon. Brig.-Gen. G. P., ret. pay *late* Director of Supplies, War Office 9Jan.13
Bourke, Maj.-Gen. *Sir* G., *K.C.M.G., C.B.,* ret. pay *late* Dep. Dir. of Med. Services, Irish Comd. [R] 9Mar.08
Bourke, Lt.-Col. H. B., *D.S.O.,* ret. pay *late* W.I.R. 28Mar.98
Bourke, Capt. J., *M.C.,* ret. pay *late* h.p. 18Mar.17
Bourke, Lt.-Col. U. J., ret. pay *late* R.A.M.C. 4Feb.97
Bourne, Hon. Lt. Col. F., *O.B.E.,* Qr.-Mr. ret. pay *late* Sch. of Musk. 3June18
Bovill, Maj. C., *O.B E,* [F] ret. pay *late* R.G A. 9June17
Bovill, Hon. Maj. T., Qr.-Mr. ret. O.S. Dept. 18Oct.02
Bowder, Hon. Capt. A. G., Sen. Asst. Surg. ret. Ind. Sub. Med. Dept. 16Nov.07
Bowen, Ma . G. C., *D.S.O.,* ret. pay *late* R. Muns. Fus. (*Maj. ret. T.F.*) 18Dec.16
Bowen, Lt.-Col. H., Paymr. ret. A.P. Dept. 21Dec.87
Bowen-Colthurst, Capt. J. C., ret. pay *late* R. Ir. Rif. [L] 21Dec.07
Bower, Capt. E. T. C., ret. pay *late* Oxf. L.I. 9Aug.86

Non-Effective Officers

Bower, Maj.-Gen. *Sir* H., *K.C.B.*, ret. Ind. Army — 15 Feb. 09
Bowers, Hon. Maj. J., *M.B.E.*, Qr.-Mr. ret. pay *late* A.S.C. (*War Office*) — 8 Sept. 09
Bowers, Lt.-Col. M., *O.B.E.*, ret. pay *late* h.p. — 25 Apr. 93
Bowes, Lt.-Col. W., *D.S.O*, Qr.-Mr. ret. py *late* Lan. Fus. — 3 June 18
Bowes, Hon. Brig.-Gen. W. H., *C.B.*, *C.M.G.*, ret. pay, *p.s.c.* [L] — 28 Aug. 19
Bowlby, Maj. C. W., ret. pay *late* Conn. Rang. (*Empld.* 4 *Bn. Conn. Rang.*) — 11 Mar. 99
Bowlby, Hon. Lt.-Col. P. E., ret. pay *late* h.p. — 24 Oct. 83
Bowlby, Lt.-Col. R. R., ret. pay *late* N. Lan. R. — 24 Nov. 19
Bowles, Maj.-Gen. F. A., *C.B.*, ret.pay, *g.*[R] — 31 Mar. 08
Bowles, Hon. Brig.-Gen. F. G., ret. pay *late* Chief Eng., E. Comd. — 12 Jan. 13
Bowles, Hon. Brig.-Gen. H., *C.B.*, ret. pay *late* h.p. — 7 May 19
Bowles, Maj. L. T., *O.B.E.*, ret. pay *late* E. Surr. R. (*Lt.-Col.* 1 *Bn. R. Mila. of the Island of Jersey*) — 21 June 99
Bowly, Maj. D., ret. pay *late* 21 Lrs. — 7 Apr. 00
Bowman, Lt.-Col. H. J., ret. pay *late* Notts. & Derby. R. — 29 Aug. 15
Bown, Lt.-Col. A. T., ret. Ind. Med. Serv. — 10 Oct. 04
Bowring, Lt.-Col. G., ret. Ind. Army — 11 Sept. 02
Bowyer, Lt.-Col. W. G., ret. pay *late* R.E. (Ind. Pens) — 18 Oct. 02
Box, Hon. Maj. W. F., Qr.-Mr. ret. pay *late* A.S.C. — 4 Aug. 17
☪. ♁. Boyce, Hon. Col. (Vols.) A. W., Adjt. ret. pay *late* 3 London R.V.C. — 16 Feb. 89
Boyce, Bt. Col. E. J. G., ret. pay *late* h.p R.E. — 6 Aug. 04
Boyce, Maj. J. F. W., ret. pay *late* R. War. R. — 24 Feb. 02
Boyce, Maj.-Gen. *Sir* W. G. B, *K.C.M.G.*, *C.B.*, *D S.O.*, ret. pay *late* R.A.S.C. [F] — 3 June 17
Boyd, Surg.-Lt.-Col. H., ret. Ind. Med. Serv. — 1 Oct. 89
Boyd, Hon. Col. H. A., Commy. ret. Ind. Army Dept. — 23 Sept. 08
Boyd, Bt. Col. H. W. B., *F.R.C.S.I.*, ret. Ind. Med. Serv. — 31 Mar. 96
Boyd, Capt. J., ret. pay *late* R.A. — 27 June 19
Boyd, Bt. Col. J. A., *C.B.*, ret. pay *late* A.S.C. — 24 Mar. 98
Boyd, Hon. Maj.-Gen. M., ret. Bo. S.C. — 25 Nov. 81
Boyd, Col. M. A., *C.B.E.*, ret. pay *late* h.p. (R.E.) — 8 Sept. 08
Boyd, Lt.-Col. T., ret. A. Med. Staff — 24 Feb. 97
Boyd, Maj. W. C., ret. pay *late* Gord. Highrs. — 9 Nov. 92
Boyes, Lt.-G. E., res. pay *late* h.p. — 31 May 17
Boyes, Hon. Lt.-Col. W. J., ret. pay *late* York R. — 2 May 83
Boyle, Hon. Lt.-Col. E., Staff Paymr. ret. A.P. Dept. — 1 June 89
Boyle, Maj. F. R., ret R.M.L.I. — 19 May 10
Boyle, Col. G. E., ret. pay *late* Rif. Brig., *p.s.c.* (*Hon. Col. ret. Vols.*) — 1 Dec. 89
Boyle, Lt.-Col. M., *O.B.E.*, *M.B.*, ret. pay *late* R.A.M.C. (*Empld. R.A.M.C.*) — 1 Mar 15
Boyle, Hon. Brig.-Gen. R. C., *C.B.*, *C.M.G.* [F] ret. pay — 17 June 19
♁. Boyle, Hon. Col. R. E., u.s.l. Ind. Army — 10 Dec. 84
Boys, Capt. H. C., ret. Ind Army. P. — 18 Jan. 11
Brabazon, Maj. *Hon.* C. M. P., *O.B.E.*, ret. pay *late* I. Gds. — 19 Feb. 13
Brabazon, Hon. Maj.-Gen. *Sir* J. *K.C.B.*, *C.V.O.*, ret. pay *late* Staff, Col. 18 Hrs., *q.e.* [R] — 30 Jan. 01
Bracken, Lt. H., ret. pay *late* h.p. — 4 Jan. 19
Brackenbury, Bt. Col. H. W., ret. pay *late* h.p. R.A. (*Lt.-Col.* 4 *Bn. Lan. Fus.*) — 12 Oct. 00
Bradbridge, Maj. E. U., ret. pay *late* Wilts. R., *s.* (*Lt.-Col.* 4 *Bn. Lan. Fus.*) — 24 Feb. 15
Bradbury, Capt. S., *M.C.*, Qr.-Mr. ret pay *late* S. Staff R. — 1 July 17
Braddell, Lt.-Col. M. O'D., *M.B.*, ret. pay *late* R.A.M.C. — 2 Feb. 04
Bradford, Lt.-Col. E. A., *D.S.O.*, ret. pay *late* K.R. Rif. C., *p.s.c.* — 11 Mar. 20
Bradford, Lt.-Col. F. G., ret. pay *late* h.p. — 27 May 15
Bradford, Hon. Lt.-Col. O. J., ret. pay *late* Dorset R — 18 Nov. 82
Bradley, Lt. A. E., *M.C*, *M.M.*, ret. pay *late* Hamps. R. — 12 Oct. 19
Bradley, Hon. Brig. Gen. C. E., *C.B.*, ret. pay *late* h.p. — 10 Feb. 12
Bradley, Hon. Capt. F., Sen. Asst. Surg. ret. Ind Sub. Med. Dept. — 22 Nov. 04

Bradley, Lt.-Col. F. G. *C.M.G.*, ret. Ind.Army — 1 June 01
Bradley, Hon. Lt. H., Qr.-Mr. ret. pay *late* R.A.M.C. — 10 Feb. 00
Bradley, Maj. R. A., *C.M.G.*, ret. pay *late* N Staff. R. — 1 Sept. 15
♁. Bradshaw, Surg.-Maj.-Gen. *Sir* A. F., *K.C.B.*, *K.H.P.*, ret. A. Med. Staff [R] — 10 Mar. 92
Bradshaw, Lt.-Col. F. E., *D.S.C.*, ret. Ind. Army — 6 Feb. 20
Bradshaw, Hon. Maj. J. W., Qr.-Mr. ret. pay *late* A.S.C. — 15 Feb. 16
Bradshaw, Maj.-Gen. L. J. E., *C.B*, ret. Ind. Army [R] — 7 Oct. 07
Brady, Hon. Lt.-Col. D. M. F., ret. pay *late* S. Lan. R. — 13 May 85
Bragg, Hon. Lt. R. A., Dep. Asst. Commy. ret. Ind. Army Dept. (*Rl. Wt.* 29 Nov. 97) — 4 Oct. 93
Braid, Lt. Col. A. R., *O.B.E.*, ret. pay *late* R.A. (Ind. Pens.) — 8 Apr. 17
Brake, Hon. Maj. T. F., Qr.-Mr. ret. pay *late* R.A.M.C. (*Empld. R.A.M.C.*) — 5 Sept 00
Bramhall, Col. E. A , ret. pay *late* c h.p. — 3 Sept. 08
Bramston-Newman, Capt. R. G. O., *M.V.O.*, ret. pay *late* 1 D.Gds. (for Spec. Res.) (*Maj. N. Irish Horse*) — 24 Jan. 0 0
Bramwell, Maj. G. A., ret. pay *late* h.p. — 12 July 1 6
Bramwell, Lt.-Col. H. D., ret pay *late* h.p. — 10 Oct. 15
Brander, Bt. Col. H. R., *C.B.*, ret. Ind. Army, *p.s.c.* — 8 June 07
Brander, Hon. Lt.-Col. W. M., ret. pay *late* 24 Rt. — 7 July 8
Brandish, Maj E., *M.C*, ret. pay *late* R.A. — 22 Jan.
Brandon, Maj. J., Sen. Asst. Surg. ret. Ind. Sub. Med. Dept. — 2 Apr. 1
Brannigan, Maj. J. H., ret. pay *late* R.A.M.C. [L] — 1 Aug. 9
Branson, Col. C. E. D., ret. Ind. Army — 8 Sept.
Brassey, Lt.-Col. E. H., *M.V.O.*, ret. pay *late* 1 L.G. — 1 July
Brassey, Capt. E. P., *M.C.*, ret. pay *late* 7 Hrs. (for Spec. Res.) (*Capt. ret. Spec. Res.*) — 26 June 11
Bray Maj.-Gen. *Sir* C. A., *K.C M.G.*, *C.B.*, Chief Paymr., ret.pay *late* A.P. Dept. [R] — 31 Dec. 18
Bray, Hon. Maj. C., Commy. ret Ind. Army Dept. — 13 Nov.
Bray, Lt.-Col. G. A. T., *D.S O.*, ret. pay *late* R.A.M.C. (*Empld. R.A.M.C.*) — 13 Nov. 12
Bray, Hon. Maj. H. H., Qr.-Mr. ret. pay *late* E. Lan. R. — 23 Nov. 14
Bray, Hon, Lt.-Col. R. E. T., ret. pay *late* E. Berks. R., *v.* — 1 Oct. 14
Bray, Hon. Lt. W. J., Asst. Commy. ret. Ind. Army Dept. — 28 June 0
Braybrooke, Maj. C. W., Qr.-Mr. ret. pay *late* R. Mar. L.I. — 31 Jan. 1
Brazier-Creagh, Col. G. W., *C.B.* *C.M.G.*, ret. pay *late* R.A.M.C. — 22 Aug. 19
Breacher, Hon. Capt. J., Qr.-Mr. ret. pay *late* h.p. — 1 July 17
Breakey, Lt.-Col. A. J., *O.B.E.*, ret. pay *late* R.G.A., *g.* [I] — 3 Mar. 19
Breakey, Hon. Maj. W., Commy. ret. Ind. Army Dept. — Dec. 08
Breckon, Lt.-Col. J., *D.S,O* , ret. pay *late* Rif. Brig. — 13 Dec. 19
Bredin, Col. A., u.s.l. Ind. Army — 11 Mar. 89
Bredin, Hon. Capt. E., Commy. ret. Ind. Army Dept. — 19 Dec. 97
Bredin, Capt. W. FitzW. H., ret. pay *late* R. Ir. Regt. (*Resdt. Magistrate, Ireland,* 1 *May* 11) — 12 Sept. 94
Bremner, Bt. Col. H. J., ret. Ind Army — 10 Oct. 07
Brenan, Maj. H. G., ret. pay *late* h.p. — 10 Feb. 15
Brendon, Lt.-Col. H. A., ret. pay *late* R.F.A. (*Col. Terr. Force*) — 18 May 07
Brennan, Lt. J , ret. pay *late* I. Gds — 2 Mar. 16
Brereton, Hon. Brig.-Gen. E F., *C.B.*, *D.S.O.*, ret. pay, *late* h.p. — 24 Apr. 18
Brereton, Bt. Lt.-Col. R. K., ret. pay *late* R. Ir. Regt. — 7 Dec. 88
Breton, Bt. Col. H. D'A., ret. pay *late* Staff (R.E.) — 19 Apr. 02
Brett, Lt.-Col. G.W.B , Staff Paymr. ret. pay *late* A.P. Dept. — 13 Apr. 05
Brettell, Lt.-Col. R. V. G., ret. pay *late* E. Surr. R. — 2 Apr. 17
Brewer, Lt. E. J., ret. pay *late* Wilts. R. — 11 Dec. 17

Brewis, Lt.-Col. F. B., ret. pay *late* Yorks. L.I. 14Sept.19
Brice, Capt. M.M., *M.C.*, ret. pay *late* h p. 14Oct.15
Bridge, Hon. Brig.-Gen. *Sir* C H , *K.C.M.G., C.B.*, ret.pay *late* Staff (A.S.C.) 16Jan.18
Bridge, Hon. Maj.-Gen. T. F. D., Col. Comdt. ret. R. Mar. 2Oct.05
Bridge, Lt. W. A., ret. pay *late* h.p. 4Dec.17
Bridge, Lt.-Col W. B. C., *D.S.O.*, ret. pay *late* High. L.I. 16May19
Bridge, Maj. W. C., ret. pay *late* S. Staff. R., *p.s.c., e.* [L] 1Jan.01
Bridges, Lt.-Col E. C. P., *D.S.O.*, ret. pay *late* S. Staff. R. 23Feb.18
Bridges, Lt.-Col. E. J., *M.C.*, ret. pay *late* 14 Hrs. 12Dec.19
Bridges, Lt. F. W., *M.C.*, ret. pay *late* R.A 1July17
Bridgeman, Lt.-Col. *Hon.* H. G. O. *D.S.O., M.C.*, ret pay *late* R.F.A. 18May19
Brierley, Lt.-Col. E. C. *D.S.O., O.B.E.*, ret. pay *late* Lan. Fus. [F] 26Apr.19
Briffa, Maj. R., ret. pay *late* R. Malta Art. 4Nov.96
Briggs, Bt. Col. G. E., *O.B.E.*, ret. pay *late* h.p. 5Apr.03
Briggs, Hon. Lt.-Col. J. A. J., ret. pay *late* 18 Ft. 1July81
Briggs, Lt.-Col. R. G., ret. Ind. Army 10Mar.80
Briggs, Bt. Col. W. E., ret. pay *late* Hamps. R. 29Aug.00
Bright, Maj. R. G. T., *C.M.G*, ret pay *late* extra regimentally empld., *e.* [F] 5Jan.15
Brightman, Hon. Capt. F., Qr.-Mr. ret. pay *late* Sco. Rif. 20Mar.11
Brinckman, Maj. R., *O.B.E.*, ret. pay *late* R. Ir. Fus. 29Nov.00
Brind, Hon. Maj. J. T., Qr.-Mr. ret. pay *late* Staff 20July91
M. Brind, Hon. Lt.-Col. W. H., ret. pay *late* h.p. 12Jan.81
Brinkley, Capt.J.T., ret. pay *late* N. Staff. R. *(Chief Constable, Warwickshire.)* 3Nov.84
Brinkley, Capt. R. H. L. K., ret. pay *late* War. R. 28May98
Brinton, Lt.-Col. J. C., *D.S.O., M.V.O.*, ret. pay *late* 2 L.G. 1Jan 19
Briscoe, Maj. A. V., ret. pay *late* R.G.A. *(Gov. Wormwood Scrubbs Prison* 27 Jan. 12 7 Sept. 01) 28June98
Briscoe, Hon. Surg.-Capt. C., Sen. Apoth. ret. Ind. Sub. Med. Dept. (Ben.) *(Ri. Wt.* 19 July 90) 16July88
Briscoe, Maj. E. W., ret. pay *late* R.A. *(Commissioner of Prisons and Director of Convict Prisons)* 1Apr.95
Briscoe, Bt. Maj. H.A. W., ret. pay *late* K.R. Rif. C. *(temp. Maj. Serv. Bns. K.R. Rif.C.)* 29Nov.00
Brissenden, Capt. A., ret. pay *late* Coast Bn. R.E. 1July00
Bristow, Dep. Commy. J. A., ret. O.S. Dept. 27Oct.73
Brittan, Maj.-Gen. C. G., *C.B.*, ret. R. Mar. 1Apr.89
Brittan, Lt.-Col. C. R., *O.B.E., D.S.O.*, ret. pay *late* Derby R. *(Hon. Col. ret. Spec. Res.)* 7Nov 14
Britten, 2nd Lt. A., ret. pay, *late* h.p. 14Aug 17
Broad, Lt. W., ret. pay *late* Essex R 27Aug.19
Broadbent, Col. J. E., *C.B.*, ret. *late* Mil. Wks, India (R.E.) *(Ind. Pens.)* 7Oct.96
Broadfoot, Bt. Col. A., *C.B.*, ret. pay *late* h.p. R.A. 21July96
Broadfoot, Hon. Maj. W., ret. pay *late* R. (Ben.) E. 30June81
Broadhead, Dep. Asst. Supt. of Stores E. B., ret. Mil. Store Dept. 1Apr.61
Broadhurst, Capt. H., ret. pay *late* S. Lan. R. 31Jan.20
Broadley, Capt. H. W., ret. pay *late* R. Scots 21June85
Broadmead, Bt. Col. H., ret. pay *late* Essex R. 29Nov.06
Broadrick, Hon. Col. E., ret. pay *late* R.A. 14Feb.83
Broadwood, Hon. Brig.-Gen. A, *C.V.O.*, ret. pay *late* grouped Regtl. Dist. 10Feb.12
Broadwood, Capt E. H. T., *M.C.*, ret. pay *late* h.p. 6Nov 15
Brock, Hon. Capt. (Army) J., Qr.-Mr. ret.pay *late* 4 Brig. S. Ir Div. R.A. 1Apr.87
Brock, Col. T. H., ret. pay *late* Regtl. Dist. 23Dec.96
Brocklehurst, Maj. R., ret. pay *late* Som. L.I. *(Maj. 3 Bn. Som. L.I.)* 3Feb.04

Brockman, Lt.-Col. P. W. D., ret. Ind. Army [L] 6Mar.07
Brodie, Capt.E.W., ret. pay *late* K.R. Rif. C. 4Nov.85
Brodie, Maj L. C., ret. pay *late* Essex R. 8Jan.16
Brodhurst-Hill, Capt. A., ret. pay *late* R. Dub. Fus. 21June08
Brodie, Hon. Brig.-Surg. J. F., Lt.-Col. ret. A. Med. Staff 7Aug.86
Brodie-Mills, Lt.-Col. J., ret. Ind. Civil Vety. Dept. 23June05
Brogan, Lt.-Col. T. H., Ridg.-Mr. ret. pay *late* R.A. 1Jan.18
Brorden, Lt -Col. J. E., ret. pay *late* h.p. 5Sept.13
Broke, Lt.-Col. H., ret. pay *late* R.E. 19Dec.07
Bromhead, Col. *Sir* B.P., *Bt.,C.B.*, u.s.l. Ind. Army 18Jan.89
Bromhead, Col. C. J., *C.B.*, ret. pay *late* h.p. [R] 31Jan.89
Bromhead, Lt.-Col. E. R., ret. pay *late* h.p. [F] 1July88
Bromhead, Maj. R. F. G., ret. pay *late* Linc. R. 6Sept.16
Brook, Hon. Maj. H. S., Qr.-Mr. ret. pay *late* R.A.M.C. 31July17
Brook-Smith, Lt.-Col. W. L., ret. pay *late* R.G.A. *g, f.* 15Feb.08
Brooke, Col. A. de V., ret. pay *late* Staff (R.E.) 6Jan.94
Brooke, Hon. Lt.-Col. C. K., ret. pay *late* E. York R., *p.s.c. (Hon. Col. ret. Mila.)* 3May84
Brooke, Maj. E. A. P. (ret. pay) 10Oct.17
Brooke, Adjt. G. H., ret. pay *late* 4 Bn. Leins. R. *(Hon. Col. 4 Bn. Leins. R.)* 20Jan.83
Brooke, Hon. Brig.-Gen. L. G., *C.B.*, ret. pay *late* grouped Regtl. Dist. 1July99
Brooke, Bt. Col. R. G., *D.S.O.*, ret. pay *late* 11 Hrs., *p.s.c.* [l] 3June17
Brooke, Lt.-Col. R. O'S., Staff Paym. ret. A.P. Dept. 4May97
Brooke-Hunt, Lt.-Col. R. H., ret. pay *late* h.p. *(Gent.-at-Arms)* 26Jan.94
Brooke-Pechell, Lt.-Col. *Sir* A. A., *Bt., M.B.*, ret. pay *late* R.A.M.C. 29July02
Brooker, Maj. R. L. C., ret. pay *late* L'poo R. 15Jan.96
Brookes, Hon. Lt. J., Asst. Commy., ret. Ind. Army Dept. 8Sept.08
Brooks, Lt. E. V., ret. pay *late* h.p. 31July18
Brooks, Hon. Capt. G., Qr.-Mr. ret. pay *late* h.p. [R] 28Oct.76
Brooks, Hon. Maj. J., Commy. of Ord. ret. A. Ord. Dept. 6Apr.07
Brooks, Lt. J. B., ret. pay *late* R. Sc. Fus. 28Feb.18
Brooksbank, Maj. R. G., ret. pay *late* 14 Hrs. 22Feb.09
Broome, Col. A. P., ret. Ind. Army 12Oct.89
Broome, Bt. Col. G. S., ret. Ind. Army 16Jan.10
Broome, Maj. G. S. F., ret. pay *late* R.F.A. 27June06
Broome, Maj. R. D., ret. Ind. S.C. 8Mar.99
Broome, Bt. Col. W. A., ret. Ind. Army 30Sept.98
Brotherston, Hon. Capt. W., Dep. Commy. ret. Ind. Army Dept. 28Jan.91
Brotherton, Bt. Col. T. de la H., ret. pay *late* R.F.A. 2Nov.05
Brough, Chaplain (1st Class) *Fev. J., M.A.*, ret. pay *late* A. Chaplains' Dept. 18Sept.11
Brough, Col. J. F., ret. pay *late* Staff (R.A.) [R] 6Jan.94
Brough, Hon. Col. W. R. C., ret. pay *late* R. (Mad.) A. 20May85
Broughton, Lt.-Col. D., ret. pay *late* h.p. 8May91
Broughton, Maj. *Sir* H. J. D., *Bt.*, ret pay *late* h.p. 15July15
Broughton, Lt.-Col. L. H. D., *D.S.O.*, ret. pay *late* R.F.A. 9May19
Broun, Maj. A. A. J., ret. pay *late* Midd'x R. 1Sept.15
Brown, Hon. Maj. A. J., Commy. of Ord. ret. pay *late* A. Ord. Dept. 25May13
Brown, Lt.-Col. A. L., ret. A. Med. Staff 31Mar.88
Brown, 2nd Lt. C., ret. pay *late* h.p. 27Apr.15
Brown, Bt. Col. C. A., ret. Ind. Army 29Mar.10
Brown, 2nd Lt. D J, ret. pay *late* h.p. 3Apr.18
Brown, Capt. D. C., ret. pay *late* 1 D.G. (for Spec. Res.) *(Capt. 1 D.G. Spec. Res.)* 18Apr.08
Brown, Bt. Lt.-Col. E., *D.S.O.*, ret. pay *late* R.A. Vety. Corps 3June18

Brown, Lt.-Col. E. H., *M.D.*, *F.R.C.S.Edin.*, ret. Ind. Med. Serv. 30Sept.06
Brown Capt. E H., ret pay *late* R.G.A. 3Nov.17
Brown, Hon. Maj. E. W., Qr.-Mr. ret. pay *late* R. W. Kent R. 11Aug.14
Brown, Lt.-Col. F., *M.I. Mech.E.*, Ch. Inspr. of Ord. Mach., ret. pay *late* R.A.O.C. 27Aug 15
Brown, Hon. Capt. F. A. W., *O.B.E.*, Inspr. of Ord. Machinery, ret. A. Ord. Dept. 11Nov.97
Brown, Lt. F H., *M C.*, ret. pay *late* Norf.R. 14May18
Brown, Bt. Col. F. J., *C.B.*, ret. pay *late* Essex R. 16May05
Brown, Bt. Lt.-Col. F. J., ret. pay *late* R.A.M.C. (*temp. Lt.-Col. R.A.M.C.*) 3June19
Brown, Lt. G. H., ret. pay *late* Oxf.&.Bucks. L.I. 27Aug.19
Brown, Lt. H. A., ret. pay *late* h.p. 1Feb.18
Brown, Hon. Brig. Gen. H. C., ret. pay *late* h.p. 15Jan.19
Brown, Capt. H. E., *M.B.*, late R.A.M.C. (ret. pay) 26Aug.16
Brown, 2nd Lt. H. G., ret. pay *late* h.p. 26Aug.16
Brown, Lt.-Col. H. H., ret. pay, *late* R.A.M.C. 30Jan.06
Brown, Maj. H. R. S., ret. pay *late* E. York. R. 8Jan.16
Brown, Brig. Surg.-Lt.-Col. H. T., *M.D.*, ret. A. Med. Staff 29May92
Brown, Lt.-Col. H. T., ret. Ind. Army 2Oct.07
Brown, Maj J., Sen. Asst. Surg. ret. Ind. Sub. Med. Dept. (Ben.) 2Apr.18
Brown, Hon. Capt. J., Sen. Asst. Surg. ret. Ind. Sub. Med. Dept. (Mad.) 20Apr.05
Brown, Capt. J. J. H., *D.C.M.*, ret. pay *late* R.E. 24Sept.18
Brown, Bt. Col. J. S., ret. pay *late* R. Ir. Rif. 28Oct.07
Brown, Col. L. F., ret. pay *late* Staff (R.E.) 8Mar.98
Brown, Maj. M., *M.C.*, ret pay *late* E. York. R. 6Feb.20
Brown, Lt.-Col. O., *D.S.O.*, Ch. Inspr. of Ord. Mach., ret. pay *la*'*e* R.A.O.C. 20Feb.17
Brown, Maj. R., *M.C.*, ret. pay *late* R.W. Kent R. 25Sept.19
Brown, Maj. *Sir* R. H., *K.C.M.G.*, ret. pay *late* R.E. [F] 1July88
Brown, Capt. R. P., Qr.-Mr. ret. pay *late* R.A. 29July15
Brown, Capt. S., Dep. Commy. ret. Ind. Army Dept. 11June14
Brown, Capt. S , *M.C.*, ret. pay *late* R.A. 20Dec.19
Brown, Hon. Maj. V., Qr.-Mr. ret. R. Mar. 8Aug.88
Brown, *Hon.* Capt. W, *D.C.M.* Qr-Mr ret. pay *late* S. Staff. R. 1 July 17
Brown, 2nd Lt. W. D., ret. pay *late* h.p. 22May17
ⓒⓒ Brown-Synge-Hutchinson, Col. E. D., *C.B.*, ret. pay *late* h.p. 29Nov.06
Browne, Bt. Col. A. C., ret. pay *late* h.p. R.A. 11Jan.96
Browne, Lt.-Gen. *Sir* A.G. F., *K.C.B.*, *D.S.O.*, ret. Ind. Army [R] 21Mar.08
Browne, Lt.-Col. A. H., ret. pay *late* R.G.A. 4Jan.00
Browne, Col. *Lord* A. H., *K.B.E.*, ret. pay *late* R. Muns. Fus. [F] 16Dec.19
Browne, Lt.-Col. A. J., ret. Ind. Army 18Sept.11
Browne, Col. A. L., *M.D.*, ret. pay *late* R.A. M.C. 18Oct.02
Browne, Bt. Lt.-Col. A. N. E., ret. pay *late* High. L.I., *t.a.* 1Jan.18
Browne, Lt.-Col. A. P., *D.S.O.*, ret. Ind. Army [F] 5Feb.13
Browne, Bt. Col. A. W., *C.B.E.*, ret. pay *late* h.p. R.A.M.C. 1Jan.17
Browne, Col. C. A. R., ret. pay *late* R.E. (Ind. Pens.) 3Jan.07
Browne, Maj E. A., Commy. ret. Ind. Army Dept. 1 Jan. 16
Browne, Lt.-Col. E. P., ret. pay *late* h.p. 20May92
Browne, Lt.-Col. F. G. F., ret. pay *late* h.p. 24Feb.09
Browne, Hon. Capt. F. W., Inspr. of Army Schools ret. pay 6May02
Browne, Maj. G., ret. pay *late* Bord. R. 1Apr.04
Browne, Maj.-Gen. G. F., *C.B.*, *D.S.O.*, ret. pay, Col. North'n R., p.s.c. [R] 10Oct.06
Browne, Capt. G. W., *O.B.E.*, ret. pay *late* 20 Hrs. (for Spec. Res.) (*Capt. 4 Bn. R. War. R.*) 17July09
Browne, Maj. J., ret. pay *late* Devon R. 4Feb.91

Browne, Chaplain (1st Class) *Rev.* R. C., ret. pay *late* A. Chaplains' Dept. 9Aug.82
Browne, Hon. Brig.-Gen. S.D., *C.B.*, *C B E.*, ret. pay *late* R.A. 21June19
Browne, Col. S. H., *C.I.E.*, *M.D.*, ret. Ind. Med. Serv. 10Apr.03
Browne, Matron-in-Chief *Miss* S. J., *R.R.C.*, ret. pay *late* Q.A.I.M.N.S. (*Matron-in-Chief, Terr. Force Nursing Serv.*) 4Apr.02
Browne, Hon. Maj. W., Dep. Commy. of Ord., ret. A. Ord. Dept. 6July17
Browne, Capt. W., ret. Ind. S.C. 14Jan.91
Browne, Lt.-Col. W. B., ret. pay *late* D. of Corn. L.I. 31July93
Browne, Lt.-Col. W. H., ret. Ind. S.C. 20Oct.87
Browne, Lt.-Col. W. H., ret. Ind. Army 8May90
Browne, Surg.-Gen. W. R., *C.I.E.*, *M.D.*, ret. Ind. Med. Serv. 11Oct.04
Browne-Clayton, Lt.-Col. R. C., *D.S.O.*, ret. pay *late* 5 Lrs. (*Bt. Lt.-Col. S. Irish Horse*) [F] 16Apr.19
Browning, Lt.-Col. H. A., ret. Ind. Army 22Jan.07
Browning, Maj. T., ret. pay *late* R.A.M.C. 28July98
Browning, Lt.-Col. W. B., *C.I.E.*, ret. Ind. Med. Serv. 31Mar.00
Brownlees, Lt. F., ret. pay *late* R. Ir. Fus. 5Aug.17
Brownlow, Bt. Col. C. S., ret. Ind. Army 10Sept.04
Brownlow, Bt. Col. C. S., *C.B.*, u.s.l. Ind. Army [R] 1Sept.91
Brownlow, Lt. C. C. S., ret. Ind. Army 24Apr.06
Brownlow, Col. C.W., *C.M.G.*, *C.B.E.*, *D.S.O.*, ret. pay *late* R.G.A. 15Dec.14
Brownlow, Maj. H. B., ret. pay *late* h.p., R.A. 9Dec.98
Brownlow, Bt. Col. *Hon.* J. R., ret. pay *late* K.R. Rif.C. (*Bt. Col. ret. Spec. Res.*) [F] 3June18
Brownlow, Maj.-Gen. W. V., *C.B.*, ret pay, Col. 1 D.G. 1Apr.98
Brownrigg, Col. H.S., ret. pay *late* h.p., p.s.c. 25May94
Brownrigg, Col. M. S., ret. pay *late* h.p. 30Nov.96
Bruce, Lt.-Col. A., *O.B.E.*, Qr.-Mr. ret. pay *late* R.A.M.C. (*Empld. R.A.M.C.*) 1Jan.18
Bruce, Hon. Lt.-Col. A. C., *O.B E.*, Asst. Paymr., ret. pay *late* A. P Dept. 10Dec.19
Bruce, Ma'. A. L., ret. pay *late* h.p. 25Mar.19
Bruce, Col. A. McC., *C.B.*, u.s.l. Ind. Army [R] 8. 4Nov.90
Bruce, Hon. Brig.-Gen. C. D., *C.B.E.*, ret.pay *late* W. Rid. R. [F] (*Hon. Lt.-Col. ret. T.F.*) 14June19
Bruce, Maj. Gen. *Sir* D., *Kt*, *K.C.B.*, *F.R.S.*, *M.B.*, *F.R.C.P.*, ret. pay *late* R.A.M.C. 1Apr.12
Bruce, Hon. Maj. F., Qr.-Mr. ret. pay *late* R.A.M.C. 13Aug.17
Bruce, Maj. G. E., ret. pay *late* Norf. R. 1July08
Bruce, Lt.-Col. *Sir* H. J. L., *Bt.*, ret. pay *late* h.p. (*Hon. Col. Unatt. List Spec. Res.*) 24Aug.78
Bruce, Bt. Maj.*Hon.* R., ret. pay *late* 11 Hrs. (for Spec. Res.) (*Capt. 11 Hrs. Spec.Res.*) (*District Remt. Offr.*) 3June17
Bruce, Lt.-Col. W. A. M., ret. Ind. Army 14Sept.13
Brumby, Hon. Lt. T. W., Asst. Commy., ret. Ind. Army Dept. 3June87
Brunker, Hon. Brig.-Gen. C. M., *C.M.G.*, *D.S.O.*, ret. pay *late* Staff 3Jan.18
Brunker, Maj.-Gen. *Sir* J. M. S., *K.C.M.G.*, ret. pay *late* R.A. 22 Jun. 10
Bruno, Hon. Lt.-Col. H. W. B., Asst. Commy.-Gen.of Ord., ret. Naval Ord. Dept. 17June96
Brush, Maj. G. H., ret. pay *late* L'pool R. (*Empld 8 Bn. L'pool R.*) 18Sept.15
Brush, Capt. J. E. R., ret. pay *late* R. Ir. Fus. (*Maj. 3 Bn. R. Innis. Fus.*) 27Jan.98
Brush, Capt. O. R., ret. pay *late* R. Scots 1Mar.88
Bruxner-Randall, Col. R. G., ret. pay *late* Regtl. Dist. 6Apr.02
Bryan, Bt. Col. H., *C.M.G.*, *D.S.O.*, ret. pay *late* Manch. R. 3June19
Bryan, Maj. T.W.G., ret. pay *late* R.G.A., *g.* 26Aug.99
Bryant, Lt.-Col. G E., ret. pay *late* R.G.A , *g.* 9Aug.07
Bryce, Maj. W., ret. pay *late* Leic. R. 19Aug.08
Bryce-Wilson, Capt. E., ret. pay *late* h.p. 28Oct.94
Bryer-Ash, Lt. G., ret. pay *late* h.p. 28Sept.15
Buchan, Capt.T., ret. pay *late* Arg. & Suth'd Highrs. 11Dec.19

Non-Effective Officers

Buchanan, Maj. A. L. H., *O.B.E.*, ret. pay late Gord. Highrs. (*Lt.-Col. ret. Spec. Res.*) 6Feb.04
Buchanan, Hon. Lt.-Col. B. G., ret. pay late R.G.A. 1Dec.18
Buchanan, Lt. G. A. L., ret. Ind. S.C. 16Dec.85
Buchanan, Maj. G. H. L., ret. pay late Shrops. L.I. 11Feb.02
Buchanan, Hon. Lt.-Col. H. B. ret. pay late Rif. Brig. 6Aug.84
Buchanan, Maj. H. E., ret. pay late North'd Fus. 23Apr.90
Buchanan, Lt.-Col. J. B. W., *M.B.*, ret. pay late R.A.M.C. 30Jan.06
Buchanan, Hon. Brig. Gen. K. J., *C.B.*, ret. Ind. Army 11May19
Buchanan, Capt. R, J. B., ret pay late h.p. 31July08
Buchanan, Capt. T. A., ret. Ind. Army 17Nov.69
Buchanan, Lt -Col. W. J., *K.C.I.E., M.D.*, ret. Ind. Med. Serv. 1Oct.07
Buchanan-Dunlop, Lt.-Col. A. H., ret. pay late Leic. R. (*Maj. Unattd. List, Terr. Force*) 21Mar.19
Buchanan-Dunlop, Lt.-Col. H. D., ret. pay late h.p. R.A., *p.s.c.* 27June89
Buckle, Lt.-Col. A. W. B., *C.M.G.*, Staff Paymr., ret. pay, late A.P. Dept [F] 1Aug.08
Buckle, Hon. Maj.-Gen. C. R., ret. pay late R. (Mad.) A., s. 21July86
Buckle, Maj -Gen. C. F., *C.B. C.M.G., D.S.O.*, ret. pay late R.A. [F] 1Jan 19
Buckle, Lt.-Col. D.W., ret. pay late h.p. R.A. 27Jan.92
Buckle, Hon. Col. E. J. B., ret. pay late York R. 1Jan.19
Buckley, Maj. E. D. H., *O.B.E.*, ret. pay late R.G.A. 19Oct.97
Buckley, Bt. Col. E. J., ret. pay late h.p, *p.s c.* [F] 1Jan.17
Buckley, Hon. Capt. J., Qr.-Mr. ret. pay late R.A.M.C. 23May93
Bucknill, Hon. Lt.-Col. J. T., ret. pay late R.E. 12Feb.87
Budd, Hon. Maj. C. C., Staff Paymr., ret. A. P. Dept. 2Sept.83
Buist, Lt.-Col. D. S., ret. Ind. Army 25Nov.11
Buist, Col. F.B., ret. pay late Staff (A.S.C.) 10Feb.04
Buist, Maj. J. M., *M.B.*, ret. pay late h.p. 23Jan.06
Buist, Maj. R. N., *M.B.*, ret. pay late R.A.M.C. 28July98
Bulkley, Maj. G. A., ret. pay late Leic. R. 19Sept.14
Bull, Lt.-Col G.H., *M.D.*, ret. Ind. Med. Serv. 30Mar.98
Bull, Maj. H., ret. pay late R.H.A. (*for Spec. Res.*) 15Feb.18
Bull, Hon. Lt.-J., Qr.-Mr. ret. pay late R.E. 19Oct 81
Bullen, Lt. C., ret. pay late Norf. R. 4July18
Bullen, Bt. Col. J. B. S., ret. pay late h.p. 12June97
Bullen, Col. J. W., *M.D.*, ret. pay, late R.A.M.C. 1Mar.15
Bullen-Smith, Hon. Brig.-Gen. G. M., *C.M.G., D.S.O.*, ret. pay late Staff 16Nov.19
Buller, Hon. Maj. W. G., ret. pay late 94 Ft. 21July80
Bullock, Col. R., ret. Ind. S.C. 11Dec.88
Bullock, Chaplain (1st Class) Rev. W. H., *M.A.*, ret. pay late A. Chaplains' Dept. 15June85
Bulman, Bt. Col. P., *D.S.O.*, ret. pay late h.p. [L] s. 19Aug.04
Bulwer, Capt. E. A. E., ret. pay late S. Staff. R. (*Lt.-Col. ret. Spec. Res.*) 23Feb.98
Bunbury, Maj. Gen. Sir H. N., *K.C.B.*, ret. pay [R] (*Empld. under Ministry of Munitions*) 1Dec.06
Bunbury, Hon. Brig.-Gen. V. T., *C.B., C.M.G., D.S.O.*, ret. pay, late h.p. [F] [R] 12Apr.17
Bunbury, Maj. W. C. R., ret. pay late R. Scots [L] 6Nov 16
Bunbury, Capt. W H., ret. pay late h.p. R.E. 31Dec.01
Bunbury, Lt.-Col. W. St. P., ret. pay late R.A. 31July19
Bundock, Maj. A. F., ret. pay late S. Lan. R. (*Empla. Recg. Dut'es 5 Aug 14*) 27Mar.06
Bunn, Maj. W. F., ret. pay late R.A. 9Jan.91
Bunny, Col F B. ret. pay late h.p. (R.A.), *g.* 29June07
Bunny, Col. F. W. McT., Ord. Offr., 1st Class, ret. A. Ord. Dept. 2Aug.09
Burch, Hon. Maj. F., *O.B.E.*, Qr.-Mr. ret. pay late 1 Dns. 16Feb.18
Burch, Bt. Lt.-Col. W. E. S., *C.B.E.*, ret. pay late R. Ir. Regt. (*temp. Col.*), *f.c.* 1Jan.17
Burchell, Hon. Lt. J., Asst. Commy. ret. Ind. Army Dept. 29July82

Burd, Capt. A. V., ret. pay late R. Suss. R. 4Dec 19
Burder, Bt. Col. E. S., *C.M.G.*, ret. pay late h.p., *s.* 3June18
Burges, Capt. F., ret. pay late Glouc. R. [F] 24Feb.00
Burgess, 2nd Lt. A., *D.S.O.*, ret. pay late h.p. 3Dec.16
Burgess, Capt. A. J., Asst. Commy. ret. Ind. Army Dept. 1July17
Burgess, Lt. Col F. F. R., ret. Ind. Army 8July94
Burgoyne, Capt. G. A., ret. pay late 3 D.G. (for Spec. Res.) (*Capt. 4 Bn. R. Ir. Rif.*) 9Dec.00
Burke, Hon. Lt.-Col. B. H., ret. pay late h.p. S.O.P. 1July88
Burke, Maj. J., *D.S.O., M.C.*, Qr.-Mr., ret. pay late R. Dnb. Fus. 9Dec.14
Burke, Maj. J. F., ret. pay late R.A.M.C. (*Empld.*) 1Aug.97
Burke, Hon. Capt. P. J., Commy. ret. Ind. Army Dept. 8May 07
Burke, Capt. T. E., ret. pay late R. Lanc. R. 7Oct.87
Burke, Lt.-Col. W. H., Staff Paymr. ret. A. P. Dept. 30Dec.02
Burke, Lt.-Col. W. H., *M.B.*, ret. Ind. Med. Serv. 30Sept.02
Burlton, Lt.-Col. A. H., ret. pay late R.A.M.C. 6Mar.00
Burlton, Lt.-Col. A. R., ret. Ind. Army 19May12
Burlton, Lt.-Col. W. E. F., ret. Ind Army 23May11
Burn, Lt.-Col. A. G., ret. Ind. Army 10Mar.01
Burn, Lt.-Col. C. P. M., ret. pay late Sea. Highrs. 28Mar.16
Burn, Lt.-Col. C. R., *O.B.E.*, ret. pay late 1 Dns., *A.D.C.* (*Col. Terr. Force*) (*Hon. Lt.-Col. ret. Mila.*) (*Lt.-Col. and Hon. Col. ret. Impl. Yeo.*), (*Hon. Col. 2 Co. of Lond. Yeo.*) (*Gent.-at-Arms*) 6Mar.01
Burn, Maj. H. P., ret. pay late Rif. Brig. 9Dec.91
Burn, Hon. Maj.-Gen. J. M., ret. pay late h.p. R.A. 14Dec.67
Burn-Clerk-Rattray, Col. P. R., *C.B.E.*, ret. pay late h.p. (R.E.) 14Feb.07
Burn-Murdoch, Hon. Maj.-Gen. J, F., *C.B., C.M.G., C.B.E., p.s.c.* ret. pay late b.p. (*Col. 1 Dns.*) [F] 4Mar.18
Burnaby, Lt. E. H., ret par late h.p. 4Feb.05
Burne, Capt. F. H. C., ret. pay late R.E. 1Apr.00
Burne, Lt.-Col. N. A. K., *O.B.E.*, ret. Ind. Army 11June07
Burne, Lt.-Col. N. A. K., *O.B.E.*, ret. Ind. Army 11Sept.02
Burnett, Maj. A. E., *O.B.E.*, ret. pay late K.O. Sco. Bord. 4Dec.16
Burnett, Hon. Brig.-Gen. C. K., *C.B., C.M.G.*, ret. pay late 18 Hrs 27Oct 19
Burnett, Hon. Capt. I., Sen. Asst. Surg. ret. Ind. Sub. Med. Dept. 9Apr.00
Burnett, Maj. J. C., *D.S.O., O.B.E.*, ret. pay late R.G.A. 1Oct.02
Burnett, Lt. J. J., Staff Paymr. ret. A.P. Dept. 13Dec.15
Burnett, Col. *Sir* T., *Bt.*, ret. pay late h.p., R.A. 16July90
Burnett, Surg.-Gen. W. F., ret. A. Med. Staff [R] 1June01
Burnett-Stuart, Lt.G.R., *D.S.O.*, ret. pay late R.F.A. (for Spec. Res.) (*Maj. R.F.A. Spec. Res.*) 23Dec.06
Burney, Hon. Brig.-Gen. H H., *C.B., C.B.E.*, ret. pay late Staff [F] 21May13
Burney, Hon. Brig.-Gen. P. de S., *C.B., C.M.G.*, ret. pay late R.G.A. [F] 20Apr.19
Burns, Capt. E. J., *M.B.E.*, ret. pay late R.A. 9Dec.19
Burns, Hon. Maj. F., Commy. of Ord., ret. pay late A.O.D., Ind. Army 21Oct.14
Burns, Hon. Capt. I., Sen. A st. Surg. ret. Ind. Sub. Med. Dept. 26Sept.99
Burns, Hon. Lt. J., Qr.-Mr. ret. pay late 8 Hrs. 27Jan.12
Burnside, Col. E. A., ret. pay late R.A.M.C. 1Mar.15
Burr, Hon. Maj. C. E. G., ret. pay late R. Ir. Regt. (*Hon. Lt.-Col. Mila.*) 19Oct.82
Burr, Hon. Lt.-Col. T. W., ret. pay late R. Sc. Fus. 2Sept.85
Burrard, Maj. C., ret. Ind. Army (*Empld. 20 Trna. Res. Bn.*) 24July04
Burrard, Lt. M. J. G., *D.S.O.*, ret. pay late R.A. 3Sept.18
Burrard, Col S. G., *K.C.S.I., C.B.*, ret. pay late R.E. (Ind. Pens.) 15Nov.07
Burrard, Maj. W. D., *C.M.G.*, ret. pay late R.F.A., *g.* (*Hon. Col. Mila.*) (*Col. T.F.*) 14Oct.19
Burrell, Col. E.E., ret. pay late Shrops L.I. [F] 18Oct.02
Burrell, Lt. G., ret. pay late Cam'n Highrs. 12Nov.19

Non-Effective Officers

Barrington, Capt. G., Qr.-Mr. ret. pay late
R E. 1July17
Burroughs, Lt.-Col. C., Qr.-Mr. ret. pay late Corps of Mil. Police 3June18
Burroughs, Bt. Col. C. A. P., ret. pay late h.p.29Nov.00
Burrowes, Bt. Col. A. L. S., ret. R. Mar.Art. 21May01
Burrowes, Lt.-Col. A. St. L., *C.B.*, ret. R. Mar. 8Dec.94
Burrowes, Bt. Col. H. G., ret. pay late R. F.A., *p.s.c.* [L] 7Dec.07
Burrowes, Capt. L. A., *O.B.E.*, ret. pay late Midd'x R. 12Oct.01
Burrows, Maj. R. P., ret. pay late Rif.Brig. 8Jan.16
Burrows, Bt. Lt.-Col. A , ret. pay *late* h.p. 18Feb.15
Burrows, Col. E.A.,*C.M.G.,C.B.E.*,ret.pay *late* h.p. R.A. 10Feb.04
Burrows, Capt. J. D. *M.B.E.*. ret. pay late Essex R. (*Capt. of Inva ids, R. Hosp., Chelsea*) 1Jun.17
Burrows, Maj. N., ret. pay late S. Wales Bord. 4July98
Burrows, Hon. Capt. W. Qr.-Mr. ret. pay late S. Wales Bord. 29Nov 00
Bury, Lt. E. T., ret. pay late Wilts. R. 27Dec.18
Burt, Col. J. M., ret. pay late h.p. R.A. 6Dec.11
Burt, Capt. T. T., ret. pay late R. W. Kent R. (*Hon. Lt.-Col. ret. Spec. Res.*) 15Jan.96
Burtenshaw, Hon. Maj.J.,Qr.-Mr. ret.R. Mar.23July97
Burton, Maj. Gen. B., *C.B., C.M.G.*, ret. pay late R.A. 17Dec.11
Burton, Lt.-Col. C, W. W., ret. Ind. Army 11Sept.03
Burton, Col. E. B., *C.B.*, ret. Ind. Army 6June07
Burton, Bt. Col. E. M., ret. pay *late* h.p. R.E. (F) 28May08
Burton, Col. F. C., ret. Ind. Army 20Feb 97
Burton, Lt.-Col. F. H. M., *M.D.*, ret. pay late R.A.M.C. 4Feb.02
Burton, Lt.-Col. F. N., ret. Ind. Army 21Aug 16
Burton, Lt.-Col. G.S., ret pay *late* R.G.A. 8Aug.19
Burton, Maj. H. E., *O.B.E.*, Qr.-Mr , ret. pay, *late* Coast Bn. R.E. 4June19
Burton, Lt. H. J. T., ret. pay *la'e* R.A. 26Aug.18
Burton, Lt.-Col. J A , ret. Ind. Med. Serv. 2Oct.00
Burton, Lt.-Col. R. de H., ret. pay *late* Midd'x R. 13Mar.16
Burton, Hon. Brig.-Gen. St, G. E. W., ret. pay *late* h p. 26Apr.17
Burton, Col. W. B., ret. pay *late* h.p. 6Jan 91
Burton, Maj. W. S., ret. pay *late* R. Lanc. R. (*Lt.-Col. T.F. Res.*) 13Dec.00
Burton Brown, Col. A., ret. pay *late* h.p. R.A., *p.a.c.* 21Dec.90
Bury, Capt. C., Ord. Offr. (4th Class) ret. A. Ord. Dept. 3Oct.85
Bury, Temp. Capt. J. B , ret. pay (*temp.*) *late* 4 Bn. R.W. Fus. (T.F.) *p* ⓢ *19Aug.14
5Mar.02
Bury, Bt. Col. J. T., ret. pay *late* R.A.,*p.s.c.* 2June96
Bury, Capt. T. H., ret. pay *late* R. Muns. Fus. 30Jan.20
Bury, Capt. W. E. G. L., *Visct. M.C.*, ret. *late* S. Gds. (for Spec. Res.) (*Capt. S. Gds. Spec. Res.*) 74 May 10
Busby Lt, J. H., ret. pay *late* Shrops, L.I. 1Feb.18
Buscarlet, Hon. Lt.-Col. J. R. B., ret. pay *late* R. Suss. R. 25Oct.82
Busfield, Maj. J. A., ret. pay *late* Ches. R. (*actg. Lt.-Col. Ches. R.*) 1Sept.15
Bush, Lt. Col. H. W., Commy. of Ord. ret. pay *la'e* R.A.O.C. 3 I une19
Bush, Hon Brig.-Gen. J. K., *C.B..* ret. pay 23Nov.17
Bushe, Hon. Brig.-Gen. T. F., *C.M.G.*, ret. pay *late* R A. 8Apr.17
Bushell, Lt H E., *D.C.M.*, ret. pay,*late* R.A. 7Apr.19
Busher, Hon. Lt. W. D., Sen. Asst.Surg.ret. Ind. Sub. Med. Dept. 17Dec.04
Bushman, Maj -Gen. *Sir* H.A., *K.C.B.*, ret. pay, Col. 9 Lrs. [R] 1Aug 95
Bursell, Capt T. E. ret. pay *late* R. Scots (for Spec. Res.) (*Courts Martial Offr.*) 6May 05
Bustard, Lt. G. F, *M.C.*, ret. pay *late* R.A. 16Aug.18
Buston, Hon. Brig. Gen. P. T., *C.B., C.M.G., D.S.O.*, ret. pay late h.p. [R̥] 24Aug.12
Butchart, Capt. J.,h.p. R. (Ben.) A, (Ind. Regns.) 23 Nov.72
Butcher, Hon. Maj. F. C., Qr.-Mr. ret. pay *late* 7 D/G, (*Qr.-Mr, and Hon. Maj.ret. T.F.*) 9Dec.17

Butler, Lt.-Col. A. T., *C.M.G.*, ret. pay, *late* h p. 1 Oct. 13
Butler, Capt. E. A., rat. pay *la'e* R.A. 17Jan.20
Butler, Lt.-Col. F. J. P., ret. pay *late* h.p. 18Oct.02
Butler, Capt. F.W.H.D.,ret.pay *late* Norf.R. 25Dec.67
Butler, Capt. G., ret. pay, *late* R A. 28Sept.19
Butler, Hon. Brig.-Gen. H. H., ret. pay *late* h.p. 15Mar.19
Butler, Lt.-Col. J., u.s.l, Ind. Army 20Feb.02
Butler, Lt.-Col. S. J., ret. pay *late* h.p. 2Apr.91
Butler, Lt. W.,Qr.-Mr.ret. pay,*late*Worc. R. 24May13
Butler, Lt.-Col. W. B., ret. pay *late* Yorks. L.I. 18 Oct. 02
Butler, Surg. W. J., ret. Ind. Med. Serv. 30Mar.72
Butler, Hon. Brig.-Gen. W. J. C., *C.B.*, ret. pay *late* h.p. 24Dec.18
ⓕt. Butler, Hon. Lt.-Col. W. T., ret. pay *late* 8 Ft. 18Oct. 79
Butler-Kearney, Lt.-Col. C. J., ret. pay *late* h.p. 1Apr.92
Butt, Col. E.. *F.R.C.S.I.*, ret. pay *late* h.p. 15Sept.09
Buttanshaw, Bt. Col. E. T., ret. pay *late* A.S.C. 27 Oct. 09
Buttanshaw, Lt. W. H., ret. Ind. Army 11June56
Butterworth, Hon. Capt. F., Qr.-Mr. ret. pay *late* R. Gds. [R] 25Mar.83
Butterworth, Mat. S.,ret, pay *late* R.A.M.C. 2 Aug.96
Buttle, Hon. Maj. C. F., Qr.-Mr. ret. pay *late* R E. [R] 15June87
Buxton Lt. W , ret. pay *late* R.A. 8.Aug.16
Buzzard, Lt.-Col. C. N., *C.M.G , D.S.O.*, ret. pay *late* R.G.A., *ε* [F] 15June17
Byass, Bt. Col. H. N., *C.M.G.*, ret. pay *late* York & Lanc. R. (*Lab. Corps*) 26July08
Byfield. Lt. F. H., ret. pay *la'e* Welch R. 25Sept.18
Byne, Lt.-Col. R. M., ret. R. Mar. 24July19
Byng, Gen. J. H. G., *Lord*, *G.C B , K.C.M.G., M.V.O.*, ret. pay, *p.s.c.* [F] (Col, 3 Hus.) (*Hon. Col. 5 Bn. Essex R.*) 23Nov.17
Byng, Col. T. R., u.s.l., Ind. Army 11June89
Byng-Hall, Capt. F. F. W., ret. pay *late* Suff. R.(*1st Class Dist. Offr.,* { 1 Jan.14
N. Prov. Nigeria }11May07) 14Oct.01
Byrne, Capt. A. W., *M.B.*, ret. pay *late* R.A.M.C. 1Feb.12
Byrne, Lt. D. B., ret, pay *late* h.p. 13 Oct. 15
Byrne, Bt. Col. F. J., *C.M.G.*, ret. pay *late* Conn. Rang., o. 1Jan.00
Byrne, Capt. G. B., *O.B.E.*,ret. pay *late* Rif. Brig. (*Maj. 5 Bn. Rif. Brig.*) (*temp. Lt.-Col in Army*)s. 18Mar.01
Byrne, Hon.Brig.-Gen,J.A.,*K.B.E.,C.B.*,ret. pay *late* R. Innis. Fus. (*Inspr.-Gen. R. Ir, Constab.*) 1Aug.15
Byrne, Hon. Maj. J. M., Qr.-Mr. ret. pay, *late* Durh. L.i. (*Recg. Duttes*) 1Jan.03
Byron, Bt. Col. R. N., *D.S.O.*, ret. pay *late* K.R. Rif. C (*Lt.-Col. ret. Spec. Res.*) 1Jan.17
Bythell, Col W., J., *C.B.E.*,ret. pay *late* R.E.) Ind. Pens.) 25Sept 09

Cabral, Hon. Capt. A. L., Sen. Asst. Surg. ret. Ind. Sub. Med. Dept. 15Apr.01
Caddy, Maj. J., Qr.-Mr. pay *late* R.A.S C. 3Feb.15
Cadell, Lt.-Col. H. E., *C.B.E.*, ret. pay *late* R.G.A. 30 Oct.14
Cadell, Lt.-Col. H. F., u.s.l. Ind. Army 12Feb.00
Cadell, Lt.-Col. J F., ret pay *late* F.F.A., *p.s.c.* Empld. Mtn. of Munitions) 19Oct.r8
Cadell, Lt.-Col. J. M., *M.B.*, ret. Ind. Med. Serv. (*Empld.*) 1Oct.05
Cadell, Hon. Brig.-Gen. W. B. ret. pay *late* R.G.A. 28May19
Cadge, Lt.-Col. W. H., ret. Ind. Med. Serv. 31Mar.96
Cafe, Bt. Col. C. H. W., ret. pay *late* h.p. (*Lt.-Col. ret. Terr. Force*) 2Feb.99
Cahill, Maj. M., Commy. ret. Ind. Army Dept. 5July19
Cahusac, Col. W. F., *C.M.G.*, ret.Ind. Army 30Jan.07
Caillard, Capt. W. M. C, Du Q., ret. pay *late* 7 D.G. (for Spec. Res.) (*Capt. 7 D.G. Spec. Res.*) 11July08

Non-Effective Officers

Caird, Bt. Col. E. D., Ord. Offr., 2nd Class, ret. pay *late* A. Ord. Dept. 1Jan.17
Cake, Capt. S. F., ret. pay *late* Hamps. R. 3Sept.19
Caldecott, Maj.-Gen. F. J., *C.B.*, ret. pay *late* R. (Bo.) A. 19Mar.94
Caldecourt, Capt. G. F. J., Dep. Commy. ret. pay *late* Ind. Army Dept. 3 Jan 18
Caldeira, Hon. Capt. M. S. A., Sen. Asst. Surg., ret. Ind. Sub. Med. Dept. 9Mar.99
Calderon, Hon. Lt.-Col. C. M., ret. **pay** *late* K. R. Rif. C. 1July81
Caldwell, Bt. Col. A. L., *O.B.E.*, ret. **pay** *late* A.S.C. 1Jan.09
Call, Hon. Lt.-Col. C. F., ret. pay *late* R.E. 16Mar.87
Callaghan, Capt. H., Qr.-Mr. ret. pay *late* L'pool R. 25Aug.17
Callaghan, Maj. S., Qr.-Mr., ret. pay *late* 17 Lrs. 20Mar.16
Callender, Lt.-Col. D. A., *C.M.G.*, ret. pay *late* h.p. 7Aug.12
Calley, Hon. Maj.-Gen. T. C. P., *C.B.*, *C.B.E.*, *M.V.O.*, ret. pay *late* h.p. 25Sept.17
Calli, Hon. Capt. C., Commy. ret. Ind. Army Dept. 2Jan.04
Callow, Hon. Capt. J., Commy. ret. Ind. Army Dept. 18Mar.05
Calwell, Hon. Maj.-Gen. *Sir* C. E., *K.C.B.*, ret. pay *late* h.p. R.A., *p.s.c.* [L] [F] 27June16
Calvert, Maj.G., ret. pay *late* R.F.A.(*Empld. R.F.A.*) 14Nov.00
Calvert, Lt.-Col. J. T., *C.I.E.*, *M.B.*, ret. Ind. Med Serv. 30Mar.09
Cambridge, Lt.-Col. A. C. A. A. E. G. P. L. L., *Marquis of, G.C.B., G.C.V.O., C.M.G.,* 𝔄𝔇ℭ. (Hon. Col. 8 Bn. Lond. R.) [F] ret. pay *late* h.p. 11Nov.10
Cameron, Bt. Lt.-Col. A., ret. pay *late* h.p. [F] (*Empld. under Sudan Govt.*, 12 *July* 09) 3June19
Cameron, Capt. A., ret. pay *late* h.p. 9Nov.01
Cameron, Lt. A. C., ret. pay *late* York & Lanc. R. (for Spec. Res.) (*Capt. 3 Bn. York & Lanc. R.*), s.s. 12May02
Cameron, Maj. D. H., ret. Ind. Army, s. 23July05
Cameron, Hon. Maj.-Gen. D. R., *C.M.G.*, ret. pay *late* R.A. 1Nov.87
Cameron, Lt.-Col. E. C., *C.B.*, ret. pay *late* R.A. 12Oct.11
Cameron, Maj. E. D. C., ret. pay *late* R.G.A. 1Jan.03
Cameron, Col. J., ret. pay *late* h.p. (R.E.) 17Dec.98
Cameron, Hon. Maj. J., Qr.-Mr. ret. pay *late* Cam'n Highrs. 26Apr.12
Cameron, Hon. Surg.-Lt. J., Sen. Apoth. ret. Ind. Sub. Med. Dept. (Ben.) (*Rl. Wt.* 19 *July* 90) 7Nov.85
Cameron, Surg.-Maj. L., *M.D.*, ret. Ind. Med. Serv. 31Mar.78
Cameron, Maj. *Sir* M. A., *K.C.M.G.*, ret. pay *late* R.E. (*A Crown Agent for the Colonies*) 5Apr.94
Cameron, Capt. R. B. M., ret. pay *late* R.G.A. 15Sept.00
Camilleri, Lt.-Col. J. M., ret. Ind. Army [L] 13Nov.10
Campbell, Hon. Lt. A., Sen. Asst. Surg. ret. Ind. Sub. Med. Dept. (Ben.) 10Aug.02
Campbell, Hon. Brig.-Gen. A. A. E., ret. Ind. Army 14May18
Campbell, 2nd Lt. A. A. L., ret. pay *late* h.p. 8Feb.02
Campbell, Maj. A. C. J., Paymr. ret. pay *late* A. Pay Dept. 1Apr.09
🏛 Campbell, Maj.-Gen. A. E., u.s.l. Ind. Army 1July92
Campbell, Lt. A. G. J., ret. pay *late* R.A. 30Oct.18
Campbell, Maj.-Gen. A. H. E., ret. Ind. Army 1May86
Campbell, Maj. A. J., ret. pay *late* Arg. & Suth'd Highrs. (*Empld. Serv. Bns. Arg. & Suth'd Highrs.*) (*Remt. Serv.*) 1Sept.15
Campbell, Capt. A. J., *D.S.O.*, ret. pay *late* 19 Hrs. (*Empld. under Min. of Munitions*) 1Apr.03
Campbell, Lt.-Col. A. W. D., ret. Ind. S.C. 30Dec.97
Campbell, Col. C. C., *D.S.O.*, ret. Ind. S.C. 22Dec.90
Campbell, Lt.-Col. C. F., *C.I.E.*, *O.B.E.*, ret. Ind. Army (*Extra Eq. to the King*) (*Gent-at-Arms*) (*Lt.-Col. T.F. Res.*) (*Spec. Emplt. Home Defence*) 9Sept.08
Campbell, Maj. C. H., ret. pay *late* 8 Hrs. 24June93
Campbell, Lt.-Col. C. P., ret. Ind. Army 13Aug.05

Campbell, Lt.-Col. C. W., ret. Ind. Army 24Jan.84
Campbell, Hon. Brig.-Gen. D., *C.B.*, ret. pay *late* Staff 26Oct.19
Campbell, Lt.-Col. D. A., ret. pay *late* h.p. 10Aug.90
Campbell, Maj. E. P., ret. pay *late* R. Highrs. (*Lt.-Col. & Hon. Col. ret. Terr. Force*) 18Oct.02
Campbell, Lt. F. H., *M.B.E.*, ret pay *late* K. R. Rif. C. 30Jan.17
Campbell, Maj.-Gen. F. L., ret. pay 6Sept.98
Campbell, Lt.-Col. F. S., ret. pay *late* h.p. 26Oct.92
Campbell, Hon. Capt. G. H., Sen. Asst. Surg. ret. Ind. Sub. Med. Dept. 8July95
Campbell, Capt G. I., ret. pay *late* h.p. 11Apr.17
Campbell, Maj. G. McC., ret. pay *late* h.p. R.A. 14Nov.03
Campbell, Capt. H. J., *M.B.E.*, *M C.*, ret.pay *late* R.A. 9Nov.19
Campbell, Hon. Brig.Gen. H.M., *C.B.*, *C.M.G.*, ret. pay *late* h.p. 24 Jan. 19
Campbell, Maj. H. W., ret. Ind. Army 10July01
Campbell, Maj. I. H., ret. Ind. Army 3Sept.08
Campbell, Maj. J., *M.C.*, ret. Ind. Army 6Oct.17
Campbell, Capt. J. A., ret. pay *late* Bedf. R. 29June81
Campbell, Bt. Col. J. C., ret. pay *late* h.p. R.E. 1Oct.03
Campbell, Hon. Brig.-Gen. J. C. L., ret. pay *late* h.p. R.E 8Aug.17
Campbell, Col. J. E., u.s.l. Ind. Army 10Dec.89
Campbell, Hon. Brig.-Gen. J. H., *C.V.O.*, ret. pay *late* Staff 10Feb.12
Campbell, Lt.-Col. J. R., ret. pay *late* R.E. 4Oct.93
Campbell, Hon. Capt. J. R., Qr.-Mr. ret. pay *late* R.A. 3May03
Campbell, Capt. J. S., *M.C.*, *D.C.M.*, ret pay *late* R.A. 18Oct.19
Campbell, Col. M. S. C., *C.B.*, *C.I.E.*, M , ret. (Ind. Pens.) *late* R.A., *f*. 15Dec.11
Campbell, Lt.-Col. R., ret. pay *late* S. Wales Bord. 19Nov.14
Campbell, Bt. Lt.-Col. *Hon.* R.A., *C.B.E.*, ret. pay *late* Cam'n Highrs. (*Maj. 2 Lovat's Scouts Yeo.*) [F] 3June17
Campbell, Col. *Sir* R. N., *C.B.*, *K.C M.G.*, *C.I.E.*, *M.B.*, ret. Ind. Med Serv. [R] 2Apr.09
Campbell, Lt.-Col. W., *M.B.*, ret. A. Med. Staff 30Sept.94
Campbell, Maj. W. A., ret. pay *late* R.War.R. 25Jan.93
Campbell, Capt. W. A., ret. pay *late* h.p. 15Dec.14
Campbell, Col. W. M., ret. (Ind. Pens.) *late* R.A 1Feb.97
Campbell, Hon. Brig.-Gen. W. MacL., *C.B.E.*, *M.V.O.*, ret. pay *late* Staff 16Nov.19
Campbell, Hon. Brig.-Gen. W. N., *C.M.G.*, *D.S.O.*, ret. Ind. Army (*temp. Lt.-Col. in Army*) [F] 15May19
Campbell, Lt.-Gen *Sir* W. P., *K.C.B.*, ret. pay (Col. Comdt. K.R. Rif. C.) 6Oct.13
Campbell, Hon. Maj. W. S. P., Qr.-Mr. ret. pay *late* Sea. Highrs. 18Oct.02
Campbell-Johnston, Capt. A. F., ret. pay *late* E. Kent R. (*Maj. R. Def. Corps*) 1July87
Campbell-Johnston, Maj. G., ret. pay *late* R.F.A. July01
Campion, Lt.-Col. H. F. G., ret. pay *late* h.p. 6Sept.93
Campling, Capt. E., ret. pay *late* North'n R. 1Jan.17
Candy, Lt.-Col. J. M., ret. Ind. Army 2Nov 99
Cann, Hon. Capt. C., Commy. ret. Ind. Army Dept. 29Dec.05
Canning, Bt. Col. A., *C.M.G.*, ret. pay *late* Leins. R. 3June18
Canning, Maj. *Hon.* C. S. G., ret. pay *late* K.R. Rif. C. 18Oct.02
Cannon, Capt. W. E., ret. pay *late* Bedf. & Herts. R. 3Feb.17
Cannot, Hon. Brig.-Gen. F. G E., *C B.*, *C.M G*, *D.S O*, rst. pay *late* R.A.S.C., e. [L] [F] 31Oct.19
Cansdale, Hon. Capt. A., Qr.-Mr. ret. pay *late* S. Lan. R. 18Aug.96
Canterbury, Maj. J. J., Commy. ret. Ind. Army Dept. 1July17
🏛 Cantor, Col. C. H., u.s.l. Ind. Army 13Dec.86
Capel, Lt.-Col. W., ret. pay *late* h.p. 8Nov.93
Capper, Capt. R. H. O., ret. pay *late* N. Staff. R. 3Feb.94

Non-Effective Officers

Capper, Col. W. B., *C.V.O.*, ret. pay *late* h.p., *p.s.c.* 15June01
Capron, Capt. G., ret. pay *late* York & Lanc. R. (*Maj.* 6 *Bn. N. S aff. R.*) (*Member Transfer Centre Selection Board*) 1Dec.00
Carden, Capt. C. J., ret. pay *late* Conn. Rang. 29May89
Carden, Bt. *Str* F. H. W., *Bt.*, ret. pay *late* 1 L.G. 11Nov.10
Carden, Lt.-Col. H. W., Staff Paymr. ret. pay *late* A.P. Dept. 11July05
Carden, Col. L. P., *C.M.G.*, ret. pay *late* h.p. (R.A.) 30Aug.11
Cardew, Lt. C. B., ret. pay *late* h.p. 1July17
Cardew, Col. *Sir* F., *K.C.M.G.*, ret. pay *late* Staff, *p.s.c.* 27Mar.87
Cardew, Maj. F. G., *O.B.E*, ret. Ind Army 10July01
Cardew, Lt.-Col. G. A., *C.M.G*, *D S.O.*, ret. pay *late* R.A. 18May12
Cardew, Bt. Col. G. H., *C.B.E.*, *D.S.O.*, ret. pay, *ate* h.p. (A.S.C.) 1Nov.08
Cardy, Capt. A. G., *M.C.*, *D.C.M.*, ret. pay *late* Oxf. & Bucks. L I. 1Jan.17
Carew, Capt. B L., ret. pay, *late* 4 D.G. 7Sept.04
Carew, Maj. P. M. L., ret. pay *late* R. War. R. 7Jan.03
Carey, Capt. A , Qr.-Mr , ret. pay *late* R.E. 15Sept.17
Carey, Col. (*temp. Maj.-Gen.*) C. W., *C.B.E.*, *M.V.O.*, ret. pay *late* h.p. [F] (*Gov., Mil. Knts. of Windsor*) 10Feb.04
Carey, Col. H. C., *C.M.G.*, ret. pay *late* h.p. (R.E.) 6June12
Carey, Maj. H. W. W. O , ret. pay, 'ate h p. 7Nov.11
Carey, Lt.-Col. H. R. Le M., u.s.l. Ind. Army 16Jan.87
Carey, Lt. Col. J. T., *M.B.*, ret. pay *late* R.A.M.C. 4Feb.97
Carey, Maj. W. H., *O.B.E.*, ret. pay *late* R.G.A. 1Apr.08
Carey, Capt. W. R., ret. Ind. Army 23Mar.10
Carey, Maj. W S., Paymr. ret.pay *late* A.P. Dept. 29Nov.00
Cargill, Maj. R. J., ret. Ind. Army 1Sept.15
Carlaw, Hon. Maj. H., Qr.-Mr. ret. pay *late* Gord Highrs. 22Feb.99
Carless, Capt. J., ret. pay *late* R.W Fus. 21Nov.19
Carleton. Lt.-Col. F. M., *D.S.O.*, ret. pay *late* R. Lanc. R. (*Gent. at Arms*) (*Hon. Brig.-Gen.*), *p.s.c.* 29Nov.00
Carleton, Hon. Brig.-Gen. F. R. C., *C.B.*, ret. pay *late* Staff, *p.s.c.* 8Sept.13
Carleton, Maj. G. A., *D.S.O.*, ret. pay *late* R. Lanc. R. 25Nov.09
Carleton, Lt.-Col. G. D., ret. pay *late* Leic. R., *p.s.c.* 3Dec.98
Carleton, Bt. Col. H. A., ret. Ind. Army 9Oct.06
Carleton, Hon. Brig.-Gen. L. R., *D.S.O.*, ret. pay, *late* h.p., *p.s.c* 15Sept.18
Carleton, Hon. Brig.-Gen. M. L.,*C.B.E.*, ret. pay *late* R.A. 4June18
Carleton, Maj. P. M., ret. pay *late* R.A.M.C. 8Mar.92
Carlos, Hon. Lt. N. H., Sen. Asst. Surg. ret. Ind. Sub. Med. Dept. 4May10
Carlton, Hon. Capt. W. G., Sen. Asst. Surg. ret. Ind. Sub. Med. Dept. 17Dec.04
Carlyle, Lt.-Col. T., *O.B.E.*, Chief Insp of Ord., ret. pay *late* A. Ord. Dept. 27Aug.15
Carlyon, Lt.-Col. G., ret. pay *late* S. Lan. R. 30May19
Carlyon, Maj. L. K., ret. pay *late* N. Staff. R. 29Nov.00
Carmichael, Lt.-Col. J., *F.R.C.S.I.*, ret. pay *late* R.A.M.C. 30July01
Carmichael, Bt. Lt.-Col.J. F. H.[F] ret. pay *late* R.E., *s.* 3June19
Carmody, Capt. J. P., *M.D.*, ret. A. Med. Staff 6Mar.80
Carnaghan, Lt.-Col. J., Ridg.-Mr. ret. pay *late* R.F.A. (*Empld. R.F.A.*) 3June18
Carnegie, Hon. Maj. M. L., Qr.-Mr ret. pay *late* R. Sc. Fus. 1Sept.12
Carnegie, Bt. Maj. *Hon.* R. F., ret. pay *late* Gord. Highrs. 29Nov.00
Carnegy, Bt. Col. C. G., *M.V.O.*, ret. Ind. Army 1Jan.17
Carnegy, Maj.-Gen. P. M., *C.B.*, ret. Ind. Army [R] 18Sept.12
Carnegy, Maj. R. L., ret. Ind. Army 8June07
Carnell, Maj. C., Qr.-Mr., ret. pay *late* Yorks. L.I. 1July1

Carolin, Maj. G. I., *O.B.E.*, ret. pay *late* h.p 16Nov.19
Caroll, Hon. Capt. C., Sen. Asst. Surg. ret. Ind. Sub. Med. Dept. 7Feb.04
Carpendale, Lt.-Col. J. M., ret. pay *late* Ind. Army 11Sept.03
Carpendale, Bt. Col. P. M., ret. Ind. Army 11May07
Carpendale, Lt.-Col. W. M., ret. Ind. Army 22Oct.07
Carpenter-Holland-Griffith, Maj. F., ret. pay *late* h.p. 1Feb.85
Carr, Lt.-Col. C. C., *D.S.O.*, *O.B.E.*, ret. pay *late* R. Fus. 24Apr.19
Carr, Col. E. E., *C.B.*, *C.B E.*, ret. pay *late* h.p. 25Aug.02
Carr, Col. G. A., ret. pay *late* h.p. (R.E.) 23Nov.05
Carr, Maj.-Gen. H., *C.B.*, *M.D.*, ret. pay *late* A. Med. Serv [F] 26Dec.17
Carr, Hon. Maj. J., *M.B.E.*, Qr.-Mr. ret. pay *late* Devon R. (*Recg. Duties*) 1Jan.03
Carr, Maj. R. C., ret. pay *late* R.G.A. 16May99
Carr-Calthrop, Col. C. W., ret. Ind. Med. Serv. (Ben.) 2Apr.99
Carr-Ellison, Bt. Col. R. H., *C.M G.*, ret. pay *late* Staff. 1Jan.18
Carraplett, Hon. Surg.-Capt. S. E., Sen. Asst. Surg. ret. Ind. Sub. Med. Dept. (Mad.) (*Rl. Wt.* 12 Mar.94) 30Aug.85
Carre-Smith, Maj. M., ret. pay *late* W.I.R. 2Apr.19
Carrington, Capt. H., *M C.*, *D.C.M.*, ret. pay *late* E. Lan. R. 18Oct 19
Carroll, Hon. Maj. A. J., Qr.-Mr. ret. pay *late* W. Rid. R. 1July17
Carroll, Bt. Lt.-Col. A. L., ret. pay *late* R.G.A. 1Jan.18
Carroll, Lt.-Col. E. R. W. C., ret. Ind. Med. Serv. 1Apr.05
Carroll, Hon. Brig.-Gen J. W. V., *C.M.G.*, *D.S.O.*, ret pay *late* Staff 20Sept.19
Carruthers,Capt. C.A.,ret. pay *late* S.Staff.R. 13Jan.00
Carruthers, Bt. Lt.-Col. F. J., ret. pay *late* K.O. Sco. Bord. 3June18
Carruthers, Col. H. St. C., ret. Ind. Med. Serv. 30June08
Carruthers, Col. J. G. T., u.s.l. Ind. Army 8June90
Carson, Capt. T., ret. pay *late* R. Ir. Rif. 21Jan.97
Carson, Lt.-Col. W. P., *M.B.*, ret. Ind. Med. Serv. (Bo.) 30Sept.98
Carter, Bt. Col. A. H., *C.M.G.*, ret. pay *late* R.F.A. 10Feb.04
Carter, Hon. Brig -Gen. C. H. P., *C.B*, *C.M.G.*, *C.B.E*, ret. pay *late* Staff 13Dec.19
Carter, Col. D. C., *C.B.*, *C.M.G.*, ret. pay *late* h.p. [F] 10Feb.04
Carter, Capt. E., *M.C.*, ret. pay *late* E. Kent R. 30Nov.19
Carter, Bt. Col. E. A. F., *C.B.E.*, ret. pay *late* h.p. 26June05
Carter, Lt.-Col. E. J., ret. Ind. Army 13Aug.05
Carter, Hon. Lt.-Col. E. M., ret. pay *late* Bord. R. 31Mar.86
Carter, Hon. Brig.-Gen. F. C., *C.B.*, ret. pay *late* Staff, *q.s.* 1June12
Carter, Capt. F. J., ret. pay *late* R.A. 3Feb.20
Carter, Lt.-Col. G., *C.V.O.*, ret. pay *late* h.p. 29Nov.00
Carter, Capt. G , ret. pay *late* R G.A. 6Dec.19
Carter, Hon. Lt. H. M., Qr.-Mr. ret. pay *late* R.E. 12July11
Carter, Maj. L. J., *D.S.O* , ret. pay *late* Oxf. & Bucks. L I. 23June13
Carter, Hon. Maj. (Vols.) J. C., *vD*, Adjt., ret. pay *late* 1 V.B. R. Berks. R. 22Dec.83
Carter, Lt.-Col. J. E., *M.B.*, ret. pay *late* R.A.M.C. 25May19
Carter, Maj -Gen. *Str* J. T., *K.C.M.G.* [F] Ch Paymr. ret. pay *late* A. Pay Dept. [R] 2Oct.19
Carter, Hon. Lt.-Col. S., Maj. ret. Bo. S.C. 15Aug.86
Carter, Lt.-Col. S. H., *M.B.*, ret. pay *late* R.A.M.C. 30Sept.94
Carter, Col. T. E., *C.B.*, ret. pay *late* R. Art. 30Aug.11
Carter, 2nd Lt. V. W., ret. pay.*late* h.p. 3Dec.16
Carter, Hon. Maj. W., Qr.-Mr ret. pay *late* 18 Hrs. 18Oct.02
Carter, Hon. Maj. W., Qr.-Mr. ret. pay *late* R. Fus. 4Aug.15
Carter, Bt. Col.W.G.,*C.M.G.*,ret.pay *late* h.p. 22Feb.07
Carthew, Lt. T. W. C., *D.S.O.*, ret. pay *late* North'd Fus. (for Spec. Res.), *f.c.* 11Dec.01

Non-Effective Officers

Carthew-Yorstoun, Bt. Col. A. M., *C.B.*, ret. pay *late* h.p. — 12 Dec. 08
Carthew-Yorstoun, Hon. Brig.-Gen. M. E., ret. Ind. Army — 8 Aug. 17
Cartwright, Maj. A. G., ret. pay *late* York. R. — 16 Dec. 96
Cartwright, Maj. A L., ret. pay *late* h.p. — 7 Jan. 15
Caruana Dingli, Lt. E., ret. pay *late* h.p. Malta Art. — 15 Aug. 99
Caruthers-Little, Hon. Lt.-Col. J. C., ret. pay *late* Linc. R. — 7 May 84
₡. Cary, Col. L. F. B., ret. pay *late* Rif. Brig., *p.s.c.* — 7 Aug. 89
Cary, Hon. Maj.-Gen. T. A., ret. pay *late* h.p. — 12 Oct. 87
Case, Maj. M. F. M., ret. A. Vety. Dept. [F] — 14 July 91
Casey, Lt.-Col. C. L., ret. pay *late* h.p. R.A. — 16 June 97
Casey, Capt. J., ret. pay *late* Shrops. L.I. — 10 Feb. 20
Casgrain, Maj. P. H. du P., *C.M.G.* [F] ret. pay *late* h.p. — 27 Oct. 02
Cass, Maj. C. H. D., *D.S.O.*, ret. pay *late* Worc. R. — 27 Aug. 02
Casserly, Lt.-Col. J. H., ret. Ind. Army — 14 Nov. 19
Cassidy, Lt A., ret. pay *la e* R.G.A. — 15 Sept 17
Casson, Hon Brig. Gen. H. G., *C.B., C M.G.*, ret pay *late* h.p. — 19 Oct. 19
Casswell, Maj. F., ret. pay *late* Notts. & Derby. R. — 10 Sept 15
Castleman-Smith, Hon. Col. E. C., *C.B.*, ret. pay *(temp.)* late 3 Bn. Dorset R. (*H*) (*t*) (*a*) — 1 Jan. 19
Cates, Lt.-Col. G. E. H., ret. Ind. Army — 11 Sept. 02
Caulfeild, *Miss* A. E., Lady Supt. of Nurses, ret. A. Med. Staff — 1 Sept. 77
Caulfeild, Hon. Brig.-Gen. F. W. J., *C.B.E.*, ret. Ind. Army. — 11 Apr. 17
Caulfeild, Bt. Col. G. N., *D.S.O.*, ret. Ind. Army — 11 June 07
Caulfeild, Hon. Brig.-Gen. J. E. W. S., *C.M.G.*, ret. pay *late* h.p. — 10 Feb. 12
Caulfeild-Stoker, Col. W. B., Chief Paymr. ret. A. P. Dept. — 23 Apr. 99
Caunter, Hon. Brig.-Gen. J. E., *C.B., C.B.E.*, (ret. pay) — 5 Mar. 18
Cauvin, Maj. W. S., Qr.-Mr. ret. pay *late* A.S.C. (*War Office*) — 1 Jan. 19
Cavaye, Bt. Col. A. H. B., *C.M.G.*, ret. pay *late* Staff — 28 May 11
Cavaye, Hon. Maj.-Gen. W. F., ret. pay *late* h.p. [R] — 1 Jan. '9
Cave, Maj. A. S., ret pay *late* R. Berks R. — 30 Oct. 05
Cave, Bt. Maj. K. McC, *M.C*, ret. pay *late* h p. —
Cave, Lt.-Col. W., ret. pay *late* h.p. (Ind. Pens.) — 12 Aug. 88
Cavenagh, Lt.-Col. O. J., ret. pay *late* h.p. — 28 Nov. 90
Cavendish, Hon. Brig.-Gen. A. E. J., *C.M.G.*, ret. pay, *p s c.* — 11 May 18
Cavendish, Maj. C. C., ret. pay *late* R. Garr. R. — 25 Mar. 96
Cavendish, Bt. Col. Hon. W. E., *M.V.O.*, ret. pay *late* R. Gds. — 28 Oct. 09
Cawood, Lt.-Col. G. C., ret. Ind Army — 11 Aug. 06
Cayzer, Maj. H. S., ret. pay *late* 11 Hrs. (for Spec. Res.) (*Capt.* 11 Hrs. Spec. Res.) — 8 Jan. 19
Cazalet, Hon. Lt. A. G., Sen. A st. Surg. ret. Ind. Sub. Med. Dept. — 9 Dec. 07
Cazaly, Lt.-Col. W. H., *M.B.*, ret. Ind Med. Serv. — 28 Dec. 19
Chads, Maj. H. C., ret. pay *late* S. Staff, R. — 10 Mar. 06
Chadwick, Lt. A. B., *M.C.*, ret. pay *late* h p. Rif. Brig. 19 —
Chadwick, Matron *Miss* C. M., *R.R.C.*, ret. pay *late* Q.A.I.M.N.S. — 30 Mar. 03
Chadwick, Col. D. D., ret. pay *late* E. Surr. R. — 11 Nov. 90
Chadwick, Maj. E., ret. pay *late* 16 Lrs. (*Hon. Lt.-Col. ret. Terr. Force*) — 9 Jan. 89
Chaldecott, Lt.-Col. A. W., ret. Ind. Army — 28 July 09
Chalk, Lt.-Col. A. J., Qr.-Mr., ret. pay *lat* R.A.M.C, — ? Jur e 19
Chalke, Hon. Surg.-Capt. S., Sen. Asst.-Surg., ret. Ind. Sub. Med. Dept. (Mad.) (*Rl. Wt.* 12 Mar. 94) — 12 Mar. 94
Challenor, Bt. Col' G. R., ret. pay *late* R.F.A. — 18 May 01
Challice, Lt.-Col. G. G., ret pay *late* A.S.C. — 1 Nov. 91

Chalmers, Capt. R. C. H., h.p. Ind. Army — 25 Aug. 97
Chaloner, Maj. W., Commy. ret. Ind. Army Dept. — 1 July 17
Chalwin, Capt. G. W., Asst. Commy. ret. Ind. Army Dept. — 1 July 17
Chamberlain, Capt. L. B., ret. pay *late* h.p. — 2 June 02
Chamberlain, Col. *Sir* N. F. Fitz G., *K.C.B., K.C.V.O.*, ret. Ind. S.C. — 6 Jan. 94
Chamberlin, Hon. Lt.-Col. W. R. B., ret. pay *late* 24 Ft. — 18 Oct. 79
Chambers, Maj. A., ret. pay *late* R.A. — 8 Sept. 06
Chambers, Lt.-Col. A. J., ret. pay *late* R.A.M.C. (*Med. Offr. Detn. Bks.*) — 3 June 19
₥. Chambers, Hon. Col. C. P., ret. pay *late* h.p. — 23 July 79
Chambers, Maj. H., *M.C.* ret. pay *late* R.G.A — 26 Feb. 20
Chambers, Maj. O. A., ret. pay *late* R. War. R. [L] (*War Office*) — 3 Mar. 98
₥. Chambers, Maj.-Gen. R. M., u.s.l. Ind. Army — 1 July 91
₥. Chamier, Maj.-Gen. F. E. A., *C.B., C.I.E.*, u.s.l. Ind. Army — 8 Oct. 90
Chamier. Col. G. D., *C.M.G.*, ret pay, *late* R. Art. — 19 July 11
Chamier, Bt. Lt.-Col. H. A. G., ret. pay *late* R.G.A. — 3 June 19
Chamier, Bt. Col. H. D., ret. pay *late* h.p. — 16 July 09
Champion, Maj. A. H. N. U., ret. pay *late* Leins. R. — 12 Aug. 91
Champion de Crespigny, Maj. C. V. [F] ret. pay *late* Wilts R. (for Spec. Res.) — 19 Nov. 17
Champion de Crespigny, Hon. Brig.-Gen. T. O. W., ret. pay *late* Cav. Records — 8 Aug. 17
Chance, Bt. Col. H., ret. pay *late* R.F.A. *p.s.c.* — 20 Oct. 08
Chance, Hon. Brlg.-Gen. O. K., *C M G., D.S.O.*, ret. pay *late* h p., *r.s.c.* — 10 Feb. 20
Chance, Capt. R. J. F., *M.C.*, ret. pay *late* Rif. Brig. — 31 July 17
Chancellor, Maj. A., ret. pay *late* Cam'n Highrs. — 18 Sept. 15
Chancellor, Lt.-Col. *Sir* J. R., *K.C.M.G., D.S.O.*, ret. pay *late* R.E, *p.s.c.* [L] — 24 Sept. 18
Chandler, Capt. E., ret. Med. Dept. — 1 Mar. 73
Chandler, Hon. Capt. F., Inspr., ret pay *late* Army Schools — 9 Sept. 10
Chandler, Maj. W. G., *M.C.*, ret. pay *late* Suff. R. — 11 June 19
Channer, Capt. K F., ret. Ind. Army — 6 Sept. 15
Channer, Lt.-Col. O. H., *M.B.*, ret. Ind. Med. Serv. — 30 Sept. 96
Chaplin, Lt. E., ret. pay *late* F. York. R. — 22 July 19
₩ Chaplin, Col. J. W., *C.B.*, ret. pay *late* h.p. [R] — 14 Nov. 83
Chapman, Hon. Brig.-Gen. A. J., *C.B., C.M.G., C.B.E.* [F] ret. pay — 29 Dec. 19
₥. Chapman, Col. A. R., u.s.l. Ind. Army — 4 Jan. 86
Chapman, Maj. A. S., ret. pay *late* W. Rid. R. — 6 Apr. 91
Chapman, Lt. D. A. R., ret. pay *late* h.p. — 12 Apr. 18
Chapman, Col. D. P., *M.V.O.*, ret. pay *late* Ches. R. [F] — 12 Apr. 17
Chapman, Gen. *Sir* E. F., *K.C.B.*, u.s.l. R. (Ben.) A., Col. Comdt. R.A., *p.s.c.* [R] — 15 Mar. 96
Chapman, Bt. Col. F. H., *M.V.O.*, ret. pay *late* D. of Corn. L.I. — 21 May 08
Chapman, Maj. F. R. H., ret. Ind. S.C. [L] (*War Office*) — 18 Oct. 02
Chapman, Lt. G., ret. pay *late* North'n R. — 28 Aug. 19
Chapman, Lt. G. A. E., ret. pay *late* E. Kent R. (for Spec. Res.) [F] — 9 Dec. 04
₥. Chapman, Maj.-Gen. H., u.s.l. Ind. Army — 9 Dec. 93
Chapman, Bt. Col. H. A., *C.B.*, ret. pay *late* R.F.A. (*Empld. R.F.A.*) — 19 Jan. 06
Chapman, Capt. H. E., ret. pay *late* Bord. R. [F] — 18 June 02
Chapman, Maj. J. T., *O.B.E.*, Dist. Offr. ret. pay *late* R.A. — 2 July 12
Chapman, Hon. Capt. T., Dep. Commy. ret. Ind. Army Dept. (*Rl. Wt.* 29 Nov. 97) — 11 May 98
Chapman, Lt. W., ret. pay *late* Essex R. — 1 Apr. 17
Chard, Hon. Capt. C., Qr.-Mr. ret. pay *late* Wilts R. — 4 Oct. 92

Non-Effective Officers 23

Charles, Lt.-Col. (temp. Surg.-Gen.) Sir R.H., *G.C.V.O., M.D., F.R.C.S.I.*, ret. Ind. Med. Serv. (Consulting Staff, Osborne Convalescent Home) (A. Med. Advisory Board) — 1Apr.02
Charles, Lt.-Col. S.F., ret.pay late Lan. Fus. — 6Apr.02
Charlesworth, Bt. Col. H., *C.M.G.*, ret. pay late R.A.M.C. — 3June17
Charlesworth, Hon. Maj. T. W., Commy. ret. Ind. Army Dept. — 31Sept.17
Charlton, Surg.-Gen. W. J., ret. pay — 11Aug.02
Charters, Hon. Lt. C., Asst. Commy. ret. Ind. Army Dept. — 21Nov.90
Chase, Lt.-Col. R. G., ret. pay late E. Berks. R. — 25Jan.15
Chater, Col. V., ret. pay late Regtl. Dist. — 6Jan.94
Chatterton, Col. F. W., *C.I.E.*, u.s.l. Ind. Army — 20Sept.89
Chatterton, Lt, G. A., ret. pay late R. Ir. Rif. (for Spec. Res.)(*Capt. 5 Bn.R.Ir.Rif.*) — 12Apr.06
Chauncy, Hon. Col. C. H., Chief Paymr. ret. A. P. Dept. — 1Nov.87
Chaves, Hon. Capt. I., Sen. Asst. Surg. ret. Ind. Sub-Med. Dept. — 1Jan.06
Chawner, Capt. L. C., ret. pay late Hamps. R. (for Spec. Res.)(*Capt. 3 Bn. Dorset R.*) — 21July06
Chawner, Maj. W. H., ret. pay late Essex R. — 14Mar.03
Chaytor, Lt.-Col. R. J., r.f.p. late h.p. — 22Nov.94
Chaytor-White, Lt.-Col. J., *C.M.G., M.D.*, ret. Ind. M(d. Serv. (*Emptd. R.A.M.C.*) — 30Sept.09
Cheales, Lt.-Col. R. D., ret. pay late E. Lan. R. — 22May19
Cheape, Capt. C. H. M., ret. Ind. S.C — 9Aug.85
Cheape, Hon. Brig.-Gen. G. R. H., *C.M.G., D.S.O., M.C.*, ret. pay late 1 D.G. — 2Mar.19
Cheese, 2nd Lt. J. A. O., ret. pay (*temp.*) late 7 Bn. Midd'x R. — 10June15
Cheetham, Capt. J., *D.S C.*, ret. R.M. — 15Mar.18
Cheke, Maj. E. G., ret. pay late R.F.A. [L] [F] (*Lt.-Col. (T.F. Res*) — 13Apr.04
Chenevix Trench, Col. C., ret. pay late R.A — 1July85
Chenevix-Trench, Lt.-Col. G. F., *C.I.E.* [F] ret. Ind. Army (*War Office*) — 22Jan.05
Chepmell, Maj. C. H., ret. pay late R.G.A. — 22Oct.04
Chermside, Hon. Lt.-Gen. Sir H.C.,*G.C.M.G., C.B.*, ret. pay late R. E. [F] (*Col. Comdt. R.E.*) — 3Feb.07
Chesney, Bt. Col. A. G., ret. pay late h.p. [F] — 19Feb.04
Chesney, Col. H. F., *C.M.G.*, ret. late C.R.E., India (Ind. Pons.) — 18May07
Chetwood-Aitken, Maj. H. F. C., ret. psy late E. Surr. R. — 1Sept.15
Chevers, Maj. H., ret. pay late 2 W.I.R. — 29Oct.86
Cheverton, Lt.-Col. (Dist. Offr.) F. J., ret. pay late R.A. (*Temp. Chapl. to Forces, 4th Class*) — 26Nov.17
Chew, Capt. (Dist. Offr.) A. C., ret. pay late R.A. — 26Nov.02
Cheylesmore, Maj.-Gen. H. F., *Lord, K.C.V.O.*, ret. pay (*Camp Comdt. Musketry Camp.*) — 10Aug.98
Cheyne. Maj. H. B., ret. Ind. Army — 5Aug.14
Chichester, Maj.-Gen. Sir A. A., *K.C.M.G., C B., D.S.O.*, ret. pay, p.s.c. [F] — 3June17
Chichester, Bt. Lt.-Col. A. G., ret. pay, late R. Ir. Regt. [F] (*Chief Constable, Huntingdonshire*) — 29Nov.00
Chichester, Maj. A. G. V., ret. pay late Conn. Rang. — 21Mar.03
Chichester, Hon. Col. H. A., r.f.p. late N. Lan. R. — 27Sept.82
Chichester, Maj. J., ret. pay late Worc. R — 2Mar.95
Chichester, Maj. R. de B., ret. pay late Bord R. — 20Oct.05
Chichester. Maj. S. F., ret. pay late R.Sc.Fus. — 25Aug.94
Chichester, Lt.-Col. W. R., *O.B.E.*, ret. pay late h.p. — 2Mar.15
Chick, 2nd Lt. F., ret. pay late h.p. — 9Jan.17
Childe, Bt. Col. R. B. W., *C.B.*, ret. pay late h.p. — 3Aug.00
Childers, Maj. E. M., ret. pay late Oxf. & Bucks. L.I. — 22Feb.05
Chill, Capt. W., ret. pay late W.I.R. — 10Mar.00

Chimes, Hon. Maj. G. M. Qr.-Mr. ret. pay late R.E. — 1July17
Chinn, Maj. (Dist. Offr.) J. H., ret. pay late R.A.. t.a. — 1Apr.02
Chippindall, Bt. Col. G. H., ret. pay late h.p. — 24Dec.02
Chippindall, Bt. Col. W. H., ret. pay late R.E. — 1Oct.01
Chooet, Hon. Capt. G., Dep. Commy. ret. Ind. Army Dept. — 17May86
Christian Hon. Brig -Gen. G., *C.B., C.I.E., D.S.O.*, ret. pay late Staff [l] [F] — 1Jan.20
Christie, Hon. Maj. H., Qr.-Mr. ret. pay late W. I. R. — 25Dec.15
Christie, Lt.-Col. J.H., ret. Ind.Army (*Maj. R. Def. Corps*) — 1May04
Christie, Maj. R. B. B., ret. late Res. of Off. and 3 Bn. R. Sc. Fus. (Maj. ret. pay) — 18Oct.02
Christopher, Maj.-Gen. L. W., *C.B.*, ret. Ind. Army [R] — 1Apr.02
ffl. Chrystie, Col. G., u.s.l. Ind. Army — 12Dec.87
Church, Col. A. G. H., ret. pay late h.p. — 18Mar.86
Church,Maj. C. T. W., ret. pay late R.Suss. R. — 22June01
Church, Maj. J. F., ret. pay late 13 Hrs. (*Empld. Ind. Car. Corps.*) — 24June05
Church, Maj.-Gen. T. R., *C.I.E.*, u.s.l. Ind. Army — 13June91
Churcher, Capt. A. B., ret. pay late R A. — 19Aug.19
Churcher,Bt. Lt.-Col. B.T.,ret. pay late h.p., [F] — 3June18
Churcher, Lt.-Col. D. W., ret. pay late h.p p.s.c. — 14Sept.10
Churchill, Bt. Lt.-Col. A. B. N., p.s.c., ret. pay late R.A. [F] (*War Office*) — 1Jan.18
Churchill, Surg.-Gen. A. F., *M.B.*, ret. A. Med. Staff — 7May96
Churchill, Col. A. G., *C.B., C.B.E.*, ret. pay late h.p., p.s.c. — 12June02
Churchill, Maj. H. F., *O.B.E.*, ret. pay late Sco. Rif. (*Temp.Lt.-Col.*)(*Record Office*) — 13Mar.01
Churchill, Col. M.. ret. pay late h.p., p.s.c. — 6Jan.94
Churchill, Lt.-Col. S., Staff Paymr. ret. A.P. Dept. — 10Sept.95
Churchward, Col. P. R. S., *C.B.*, ret. pay, late h.p.. *Member T.F.* [4]. — 8June06
Chute, Lt.-Col. P. T., *D.S.O.*, ret. pay late R. Muns. Fus. — 6June16
Chute, Maj. R. A. B., ret. pay late Manch. R. — 10Mar.16
Clague, Capt. W., *M C.*, ret. pay, late h.p. — 17Mar.18
Clanchy, Hon. Maj. F., Qr.-Mr. ret. pay late R. Ir. Regt. — 22Dec.15
Clapham, Capt. J. T., ret. pay late h.p. R.A.M.C. — 31Jan.91
Clapp, Lt.-Col. W. H. B., *M.D.* ret. A. Med. Staff — 1Oct.82
Clapshaw, Hon Maj. A., *O.B.E.*, Qr.-Mr. ret pay late R.A.M.C — 15May16
Clark, Lt.-Col. A., Qr.-Mr. ret. R. Mar. L.I. — 3Aug.19
Clark, Maj. C. A. G., *D.S.O*, ret. pay late K. R. Rif C. (*Lt.-Col. ret. Terr. Force*) — 14Aug.01
Clark, Lt.-Col. C W , *C.M.G.*, ret. pay late R.G.A., *g.* — 15Ju'y13
Clark, Capt. E. W., ret. pay late Som. L.I. — 20July80
Clark, Bt Maj. (Dist. Offr.) G., *O.B.E.*, ret. pay late R.A. — 3June19
Clark, 2nd Lt J., ret. pay late h.p. — 28Sept.14
Clark, Lt. (Dist. Offr.) L. S.. *M.B.E.*, ret. pay late R.A. (*temp. Maj. A.S.C.*) — 11Jan.05
Clark, P. T., ret. pay late h.p. — 23Oct.06
Clark, Col. S. F., *M.B.*, ret. pay late A. Med. Serv. [F] — 1Mar.15
Clark, Col. W., ret. pay late Regtl. Dist., q.s. [R] — 27July95
Clark-Kennedy, Col. A. H., ret. Ind. Army — 11Nov.04
Clarke, Maj. A. C. S., ret. pay late R. W. Surr. R. — 18Sept.15
Clarke, Lt.-Col. A. J., ret. pay late A.V.C. — 15Oct.19
Clarke, Maj. A. T., *O B E , M.C., D.C.M.*, ret. pay late Norf R. [F] — 17Feb.20
Cla·ke, Bt.-Col. C. A., *O.B.E., M.V.O.*, h.p. late R. Mar. — 1Jan.18
Clarke, Maj. C. H. G. M. *M.V.O.*, ret. pay late Rif. Brig. — 18May18

Non-Effective Officers

Clarke, Gen. *Sir* C. M., *Bt.*, *G.C.B.*,*G.C.V.O.*, ret. pay [R] 5Aug.02
Clarke, Hon. Maj. D., Qr.-Mr. ret. pay *late* L'pool R. (*Empld. L'pool R.*) 1July17
Clarke, Maj. F. L. S., ret. pay *late* Suff.R.[L] 19Sept.15
Clarke, Maj. G. L. P., ret. Ind. Army 14Sept.05
Clarke, Bt. Col. H. R., ret. pay *late* h.p. R.E. (Ind. Pens.) 1Jan.98
Clarke, Hon. Lt.-Col. J. H. C., ret. pay *late* R. Fus. 29Dec.86
Clarke, Capt. J. R. P., ret.pay *late* Welsh R. (*Maj. R. Def. Corps*) 19Sept.86
Clarke, Maj. J. S. S., ret. pay *late* R.G.A.,*g.* 30Dec.15
Clarke,Maj.(Dist.Off) R..ret. pay *late* R.A. 14Jan.07
Clarke, Capt. R., ret. pay *late* R.A. 21Aug.19
Clarke, Lt. R. A., ret. pay, *late* R.A.S.C. 1July17
Clarke, Maj. S., *M.C.*,*D.C.M.*, ret. pay *late* Linc. R. 2Sept.19
Clarke, Capt. S., *V.C.*, r t. pay *late* Lan. Fus. 28Feb.20
Clarke, Maj. S. S. S., r°*. pay *late* Cam'n Highrs. (*Offr. Cadet `n.*) 2Nov.02
Clarke, Maj. T., Ridg. Mr. ret. pay, *late* R. Art. 6Mar.10
Clarke, Col. T. G., u.s.l. Ind. Army 26Jan.83
Clarke, Col. T. H. M., *C.M.G.*. *C B.E.*, *D.S.O.*, *M.B.*, ret. pay *late* A. Med. Serv. 27Jan.18
Clarke, Hon. Capt. W. M., Qr.-Mr. ret. pay *late* K. R. Rif. C. 17Nov.86
Clarke, Hon. Capt. W. M., Qr.-Mr. ret. pay *late* R.A.M.C. 1July17
Clarke, Col. W. S., ret. pay *late* Regtl. Dist. 2Mar.99
Clarke, Hon. Capt. W. W., Inspr. of Army Schools ret. pay 23Jan.04
Clarke-Jervoise, Capt. A. F., ret. pay, *late* S. Gds.(for Regtl. Res.) (*Maj. S. Gds. Spec. Res.*) 19Jan.02
Clarken, Hon. Maj. G., Ridg.-Mr., ret. pay *late* R.F.A. 1July17
Clarkson, Lt-Col. B. St. J., *C.M.G.*, *D.S.O.*, ret. pay *late* Extra Regimentally Empld. 25Oct.14
Clarkson, Lt.-Col. F. C., ret. Ind. Med. Serv. 30Sept.06
Clarkson, Lt.-Col. T. H. A., ret. pay *late* R.A.M.C. 28July06
Claughton, Maj. F. A. C., ret. pay *late* K. O. Sco. Bord. 27July92
Clavell, Hon. Col. R. K. W. R., ret. R. Mar. 1Jan.11
Clay, Hon. Maj. A., Qr.-Mr. ret. pay *late* Linc. R. 18Oct.02
Clay, Col. C. H., ret. Ind. Army, *p.s.c.* (*l*) 31Mar 06
C. Clayhills, Hon. Col.J.M., ret. pay *late* h.p. 1July8)
Clayton, Maj. A. B., ret. pay *late* Bord. R. 22Oct.17
Clayton, Lt.-Col. C., ret. A. Vety. Dept. 7Aug.90
Clayton, Hon. Maj. C. C., ret. pay *late* Essex R. 14Sept.81
Clayton, Col. E., ret. pay *late* Staff(R.A.)*p.s.c.* 29Sept.91
Clayton, Hon. Lt.-Gen. *Sir* F. T., *K.C.B.*, *K.C.M.G.* (F) ret. pay 7Oct.17
Clayton, Bt. Lt.-Col.*Sir* G. F., *K.B.E.*, *C.B.*, *C.M.G.*, ret. pay*late*h.p., R.A. [F](*temp. Brig.-Gen.*), s. 1Jan.19
Clayton, Lt.-Col. H. E. G., ret. pay *late* h.p. 1Oct.13
Cleare, Lt. C. R., re*, pay *late* R.G.A. 6Dec.18
Cleeve, Col. E. S., ret. pay *late* R. Art. 18June15
Cleeve, Col. C. H., *C.B.E.*, ret. pay *late* R.A.S.C., *e*. 2Dec.19
Cleeve, Hon. Maj.-Gen. W. F., *C.B.*, ret. pay *late* Staff (R.A.) 20May04
Cleeve, Hon. Maj.-Gen. W. F., *C.B.*, ret. pay *late* Staff (R.A.) 12June18
Clegg, Lt. E. C., ret. pay *late* Bord. R. (for Spec. Res.) (*Capt. 3 Bn. Bord. R.*) 6Feb.07
Clegg, Maj. W., ret. pay *late* R. Berks R. 29Aug.04
Clegg-Hill, Bt. Lt.-Col. *Hon.* C. R., *D.S.O.*, ret. pay *late* R.W. Fus. 3June19
Cleghorn, Maj. C. A., ret. pay *late* R.A 1May17
Cleghorn, Surg.-Gen. (ranking as Maj.-Gen.) J., *C.S.I.*, *M.D.*, *K.H.S.*, ret. Ind. Med. Serv. [R] 9Mar.95
Clement, Maj. E. P., Sen. Asst. Surg. ret. Ind. Sub. Med. Dept. 2Apr.18

Clement, Maj. R. H., ret. pay *late* R.A.M.C.2 Aug.98
Clement, Lt. S. R., ret. pay *late* h.p. 27June10
Clements, Hon. Capt. J. S., Qr.-Mr. ret. pay *late* R.G.A. (*Hon. Maj. ret. Terr. Force*) 22Dec.04
Clements, Lt.-Col. W. G., ret. pay *late* R.A.M.C. (*Empld.*) 30Nov.10
Clendon, Lt. D. R. T., ret. pay *late* h.p. 27Apr.18
Clenshaw, Lt. W., *D.C.M.*, ret. pay *late* 4 Hrs. 12Feb.19
Clerk, Maj. H., ret. pay *late* h.p. 15Aug.88
Clerk, Lt.-Col. R. M., ret. Ind. Army 4Mar.87
Clerke, Maj. A. B. H., *C.B.E.*,ret. pay *late* R.A., *p.a.c.* 11July06
Clerke, Maj. L. A. H., Senr. Asst. Surg., ret. Ind. Sub. Med. Dept. 4Jan.11
Clery, Maj.-Gen. *Sir* C F., *K.C.B.*, *K.C.M.G.*, ret. pay,*p.s.c.* [R] 20Dec.94
Clery, Surg.-Gen. J. A., *C.B.*, *M.B.*, ret. A. Med. Staff 23May02
Clibborn, Lt.-Col. J. J., *C.I.E.*, u.s.l.Ind. Army 14July95
Clift, Hon. Capt. W., Dep. Commy.ret. Ind. Army Dept. 2Jan.04
Clifford, Lt.-Gen. R. C. R., *C.B.*, u.s.l., Ind. Army [R] 7Feb.99
Clifford, Hon. Capt. W. J., Commy.ret. Ind. Army Dept. 2Jan.04
Clifford, Hon. Brig.-Gen. W. R., *C.B.E.*, ret. pay 25July18
Clifford-Smith, 2nd Lt. H. C., ret. pay *late* 3 Bn. R. Berks. R. 7Nov.14
Cliverd Lt. H., ret. pay, *late* h.p. 16Oct.17
Climo, Maj. W. H., ret. pay *late* Notts. & Derby. R. 22May19
Clinch, Lt.-Col. H. W., ret. pay *late* 3 Hrs. 10 J an. 20
Clisham, Hon. Maj. J., Qr.-Mr. ret. pay *late* R. Sc. Fus. 18Oct.02
Clive, Capt. E. A. B., ret. pay *late* Sea. Highrs. (*l*) 7May04
Clive-Davies, Lt.-Col. A. L., ret. pay *late* Gord. Highrs., *c.a.* 15Apr.19
Cloete, Col. E. R. H. J., *C.B.E.*,ret. pay *late* h.p. 9June15
Cloke, Hon. Lt. R. P., Qr.-Mr. ret. pay *late* R. Berks. R. 16Jan.95
Close, Capt. A. J., ret. *late* R.S.F.R. (Ind. Pens.) 24July02
Close, Maj. M. A., ret. pay *late* 13 Hrs. 25July9C
Clough, Bt. Col. A. H. B., *C.B.*, *M.V.O.*, ret. pay *late* R. Muns. Fus. 23July04
Clover, Capt. F. W., *M.B.E.*, Inspr. of Army Schools, ret. pay *la'e* Army Schools 8Nov.15
Clowes, Lt.-Con. F. L., *C.B.E.*, ret. pay *late* 8 Hrs. 9Oct.97
Clutterbuck, Col. L. A., ret. pay *late* Staff (A.S.C.) 24Mar.98
Clutterbuck, Capt. T R , ret. pay *late* h.p. 17July15
Coape-Smith, Maj.-Gen. H., u.s.l. Ind.Army 31May00
Coar, Hon. Capt. D., Commy. of Ord., ret. pay *late* A. Ord. Dept. 26Nov.98
Coates, Capt. F., ret. pay *late* R.A. 7Nov.19
Coates, Lt.-Col. G., ret. pay *late* A.S.C. 11Dec.88
(*hon.*) 17June85
Coates, Lt.-Col. G. J., *M.D.*, ret. pay *late* R.A.M.C. 5Feb.01
Coates, Lt.-Col. H. W. U., *D.S.O.*, ret. pay *late* h.p. 18Sept.13
Coates, Maj. J. U., ret. pay *late* R.F.A. 23Jan.00
Coates, Hon. Brig.-Gen. R. C., *D.S.O.*, ret. pay *late* R.A. 30Oct.14
Coates, Lt.-Col. W., *M.D.*,ret. Ind. Med. Serv. 31Mar.97
Cobb, Maj. C.R., ret. pay *late* E. York R. 26Jan.15
Cobb, Lt.-Col. C. H., ret. pay, *late* h.p. 19Aug.14
Cobb, Lt.-Col. E. R., ret. Ind. Med. Serv. 31Mar.96
Cobbe, Maj. C. C., ret. pay, *late* E. Kent R. 27July07
Cobbold, Lt.-Col. E. C., *C.B.*, ret. pay *late* h.p. 1July12
Cobham, Hon. Brig.-Gen. H. W., *D.S.O.*,ret. Ind. Army 10Apr.19
Cochrane, Capt. G. L., ret. pay *late* Durh. L.I. (*Lt.-Col. 3 Bn. Durh. L.I.*) 11Sept.01
Cochrane, Hon. Brig.-Gen. W. F. D., *C.B.* ret. pay *late* h.p.,*q.s.* [F] 3June19
Cockadey, Hon. Lt -Col. G. L., *M.V.O.*, Qr.-Mr. ret. pay *late* R.G.A. 3June19

Non-Effective Officers

Cockayne Cust, Maj. A. O., ret. pay late Som. L.I. — 1Sept.15
Cockburn, Maj. E. R., *O.B.E.*, ret. pay late Wilts. R. — 1Sept.15
Cockburn, Hon. Brig.-Gen.G., *C.B.E*, *D.S.O.*, ret. pay late R. Rif. Brig. — 9Dec.17
Cockburn, Bt. Col. G. A., ret. pay late h.p. R.E. — 4Apr.98
₥. Cockburn, Gen. H. A., u.s.l. Ind. Army — 1Apr.94
Cockburn, Bt. Maj. W. A. C., ret. pay late 2 D. G. (*Hon. Maj. ret. Terr. Force*) — 10July97
Cockburn, Hon. Brig.-Gen. W. F., ret. pay late R, Art. — 7Mar.18
Cockerell, Capt. L. H. M. P., ret. pay late R. Berks. R. — 6Nov.08
Cockerill, Hon. Brig.-Gen. G. K., *O.B.*, ret. pay late R. Fus. [F], *p.s.c.* [l] — 1Jan.19
Cockerill, Capt. R. C., ret. Ind. S.C. — 29Aug.96
Cockland, Capt. (Dist. Offr.) W. E., ret. pay late R.A. — 14Oct.12
Cocksedge, Hon. Capt. S., Dep. Commy. ret. Ind. Army Dept. — 1Nov.11
Cocks, Lt.-Col. H., *M.B.*, ret. pay late R.A.M.C. — 30Jan.06
Coddington, Bt. Lt.-Col. H. A., *D.S.O.*, *O.B.E.*, ret. pay late R. Ir. Fus. — 15Sept.02
Codrington, Lt.-Gen. *Sir* A. E., *K.C.V.O.*, *C.B.*, ret. pay, *p.s.c.* [R] [E] Col. C. Gds. — 3June13
Codrington, Col. G. H. F., u.s.l. Ind. Army — 13June87
Codrington, Maj. H. S., ret. pay late Dorset R. — 1Sept.15
Codrington, Hon. Dep. Surg.-Gen. O., *M.D.*, Brig.-Surg. ret. A. Med. Staff — 27Mar.86
Codrington, Capt. R. P. J., ret. pay late Dorset R. — 16July93
Codrington, Bt. Maj. *Sir* W. R., *Bt.*, ret pay late 11 Hrs. (*temp. Lt.-Col. Mach. Gun Corps*) — 22Aug.02
Coe, Qr.-Mr. E., ret pay late 3 Bn. North'n R. — 9July79
Coe, Hon Capt. R. J., Qr.-Mr. ret. pay late 3 Hrs. — 13Nov.05
Coffin, Gen. R. P., ret. R. Mar. [R] — 22Jan.11
Coghill, Bt. Col. C. E., *C.M.G.*, ret. pay late R.F.A. — 28Oct.06
Coghlan, Maj. J. D., ret. pay late Glouc. R. — 27Apr.89
Coke, Hon. Brig.-Gen. E. B., *C.V.O.*, ret. pay late Staff (R.A.), *g.* — 10Feb.12
Coke, Col. J. D,'E. Fitz E., *C.M.G.*, ret. pay late R A.S.C. — 12Dec.17
Coke, Hon. J. S., late Capt. S. Gds. (Ret. pay for Spec. Res.) (*Capt. S. Gds. Spec.Res.*) — —
Coke, Maj. R B., ret. pay late Welsh R. — 30Dec.00
Coke, Lt.-Col. Hon. W., ret. pay late h.p. — 20Feb.01
Coker, Bt. Col. L. E., ret pay late h p. R.A. — 30Nov.00
Colahan, Surg.-Maj.-Gen. J., *M.D.*, ret. A. Med. Staff — 14Apr.94
Colborne, Bt. Maj. *Hon.* F. L. L., *M.V.O.*, ret. pay late h.p. (*Lt.-Col. and Hon. Col ret. Terr. Force*) — 15June85
Colborne, Maj. *Hon.* J. G. R. U., ret. pay late S. Staff. R. — 1Sept.15
Coldwell, Maj. R. C., *O.B.E.*, ret. pay late North'n R. (for Mila.) (*Comdt. Sch. of Instrn.*) — 9Oct.17
Coldwell-Horsfall, Lt.-Col. J. H., ret. pay late R.A. — 2Oct.19
Cole, Col. E. H., *C.B.*, *C.M.G.*, ret. Ind. Army — 2Jan.14
Cole, Lt.-Col. F. T., ret. late R.A. (Ind. Pens.), *f.* — 18May09
Cole, Matron *Miss* M. C. F. K., *R.R.C.*, ret. pay late Q.A.I.M.N.S. — 17Feb.03
Cole, Bt. Lt.-Col. R., ret. pay late R. Art. — 1Jan.18
Cole, Bt. Col. R. A., ret. Ind. Army — 30Jan.07
Cole, Hon. Capt. T. G., Dep. Commy. ret. Ind. Army Dept. — 2Jan.04
Cole, Hon.Capt.W., Ridg.-Mr.ret.pay late R.A. — 8Sept.8†
Colebrook, Hon. Capt. G. T., Dep. Asst. Commy. Gen. ret. Commt. & Trans. Staff — 1Apr.80

Coleburt, Maj. J. G., Commy. ret. Ind. Army Dept. — 21Sept.17
Coleman, Hon. Capt. J. T., Dep. Commy. ret. Ind. Army Dept. — 1June11
Coleman, Hon. Maj. W. F., ret. pay late Suff. R. — 10Sept.98
Coleridge, Bt. Col. H. F., *C.B.E.*, *D.S.O.*, ret. pay late N. Lan. R. — 1June09
Coles, Bt. Col. A. H., *C.M.G.*, *D.S.O.*, ret. pay late h.p. [F] — 10Feb.04
Coles, Maj. C. H. R., ret. Ind. Army — 7Feb.03
Coles, Lt.-Col. W., ret. pay late R.E. — 30Oct.07
Coles, Hon. Maj. (Vols.) W. H., vp, Adjt. ret. pay late 2 Tower Hamlets E.V.C. — 15Nov.88
Coley, Hon.Maj. W., *M.B.E.*, Qr.-Mr.ret.pay late R.A. — 3June17
Coley-Bromfield, Capt. J. C., ret. pay late h.p. R.G.A., *g.* (*Mil. Knt. of Windsor*) — 18Apr.98
Colgan, Maj. P., Qr.-Mr., ret. pay, late Norf R. — 15Apr.15
Collard, Col. A. W., *C.B.E.*, ret. pay late Staff (A.S.C.) (*Empld. A.S.C.*) — 24Mar.98
Collard, Lt -Col. C. E., *C.B.*, ret. R. Mar. — 22May19
Colledge, Maj. L. R., *F.R.C.S.Edin.*, ret. pay late R.A.M.C. — 2Aug.96
Collen, Bt. Lt.-Col. E. H. E., *C.M.G.*, *D.S.O.*, ret. pay late R.G.A., *p.s.o.* [l] [F] — 3June17
Colleton, Hon. Brig.-Gen. *Sir* R. A. W., *Bt.*, *C.B.*, ret. pay late Staff [R] — 10Feb.12
Collett, Capt. W., ret. pay late Leic. R, — 12Nov.19
Collett-Mason, Lt. W. W. C., ret. pay late h.p. — 1July17
Colley, Hon. Capt. G. F., Qr.-Mr. ret. pay late W.I.R. — 24Oct.04
Colley, Maj. P. H., ret. R.M.L.I. — 12Oct.16
Collier, Lt.-Col. B W., *D.S.O.*, ret. pay late S. Wales Bord. — 17Feb.20
Collier, Hon. Col. C. A., ret. Bo. S.C. — 14June76
Collier, Hon. Maj. E. A., *O.B E.*, Qr.-Mr. ret. pay late R.E. (*temp. Maj. R.E.*) — 16July88
Collier, Col. H. C., r.f.p. late h.p. — —
Collier, Hon. Brig.-Surg. R. C., Surg.-Lt.-Col. ret. A. Med. Staff — 10Mar.86
Collier-Johnston, Lt. N. G., ret. pay late h.p. — 9Sept.14
Collings, Maj. A. W., ret. pay late R. Sc. Fus. — 20Feb.93
Collings, Maj. C. B., ret. pay late R. Dub. Fus. — 12June01
Collings, Col. G. D., *D.S.O.*, Chief Paymr., ret. pay, late A. P. Dept. — 13Jan.08
Collings, Hon. Brig.-Gen. W. A., ret. pay late h.p., *p.s.c.* — 24Aug.12
Collings-Wells, Maj. R P , *D S O.*, *O.B.E.*, ret. pay late 15 Hrs. — 1Nov.19
Collingwood, Bt. Col. C. G., *C.B.*, ret. pay late h.p. — 15Oct.98
Collins, Hon. Lt. A., Ridg.-Mr. ret. pay late R.F.A. (*Maj. R.F.A., T.F.*) — 2May00
Collins, Hon. Maj. C., ret. pay late S. Yorks.R. — 1July81
Collins, Maj. C., Commy. ret. Ind. Army Dept. — 22Dec.17
Collins, Hon. Maj. D. E., Commy. ret. of Ord. ret. A. Ord. Dept. [F] — 6Apr.07
₥. Collins, Hon. Brig.-Surg. F., *M.D.*, Surg.-Maj. ret. Med. Dept. — 7Jan.80
Collins, Hon. Capt. G., Commy. ret. Ind. Army Dept. — 18Mar.05
Collins, Lt.-Col G A., ret. Ind. Army — 13June00
Collins, Maj. J., ret. pay late Ches. R. — 1July81
Collins, Capt. J. G., ret. pay late R. Highrs. — 9Feb.00
Collins, Hon. Lt. R., Sen. Asst. Surg. ret. Ind. Sub. Med. Dept. (Mad.) — 8June03
Collins, Chaplain (1st Class) *Rev.* R. F., *D.S.O.*, ret. pay late A. Chaplains' Dept. [L] [R.C.] — 15June95
Collins, Lt. S. C., ret. pay late h.p. — 30Mar.18
Collins, Col. W. F., *D.S O.*, ret. pay late h.p. [F] — 19Aug.19
Collins, Maj. W. H., *M.B.E.*, Qr.-Mr. ret. pay late 1 D.G. (*Qr.-Mr.& Maj. ret. T.F.*) — 1July17
Collins, Capt. W. J., Dep. Commy. ret. pay late Ind. Army Dept. — 12May12

Collis, Lt.-Col. W. G., ret. pay *late* h.p. 25 Mar. 92
Collison, Lt.-Col. C. S., *D.S.O.*, ret. pay *late W. Rid. R. (Bt Col. ret. Spec Res)* 2 Aug. 18
Collison, Capt. E. O., *M.C.*, Asst. Commy. Ordnance ret. pay, *late R.A.O.C.* 3 Jan 18
Collyer, Hon. Capt. G., Dep. Commy. ret. Ind. Army Dept. 1 Oct. 91
Colnaghi, Col. D. H., ret. pay *late* h.p. 18 Dec. 14
Colomb, Lt.-Col. G. H. C., *C.M.G.*, ret. Ind. Army 10 Sept. 08
Colomb, Lt.-Col. R. P., ret. Ind. Army *(Empld. Army Canteen Committee)* 23 July 05
Colquhoun, Maj. A S., ret. pay *late* Yorks. L I. [L] 19 July 06
Colquhoun, Maj. C.F., ret. pay *late* E. Surr. R. 12 Aug. 12
Colquhoun, Capt. E. L., ret. pay *late* h.p. A.S.C. 31 Dec. 96
Colquhoun, Lt.-Col. H. W. C., ret. Ind Army 28 Feb. 18
Colquhoun, Lt.-Col. J. A. S., ret. pay *late* R. (Ben.) A. 16 Jan. 87
Colquhoun, Capt. J. C., *D.S.O.*, ret. pay *late* Leins. R. 27 July 98
Colson, Surg.-Maj. E., ret. Ind. Med. Serv. 1 Apr. 81
Colvile, Capt. H. A., ret. Ind. Army 20 Sept. 16
Colville, Hon. Brig-Gen. G. N., *D.S.O.*, ret. pay *late* Oxf. L.I. 28 Oct. 17
Colvill, Hon. Capt. A. B., Commy. ret. Ind. Army Dept. 4 Nov. 04
Colvill, Capt. F., *M.C.*, ret. pay *late* R.A. 28 Nov. 19
Colville, Hon. Brig.-Gen. A. E. W., *C.B.*, ret. pay *late* h.p., *p.s.c.* 29 Mar. 17
Colville of Culross, Maj. C. R. W., *Viset.*, ret. pay *late* G. Gds. 23 July 09
Colvin, Lt.-Col. F. F., *C.B.E.*, ret. pay *late* 2 Dns. 29 Nov. 00
Colvin, Lt.-Col. J. R. C., ret. Ind. Army, *t.a.* 13 Aug. 05
Combe, Maj. B., ret. pay *late* 11 Hrs. 17 July 00
Combe, Maj.-Gen. B. A., *C.B.*, ret. pay, Col. 14 Hrs. [R] 18 Mar. 96
Combe, Col. L., *C.B.E.*, ret. pay *late* h.p. 2 June 13
Commeline, Bt. Col. C. E., ret. pay *late* h.p. R.E. 1 June 05
Compigne, Surg.-Maj. H. D. S., *M.D.*, ret. Ind. Med. Serv. 10 Oct. 78
Compton, Hon. Brig.-Gen. C. W., *C.B.*, *C.M.G.*, ret. pay *late* Base Comdt. 22 Oct. 19
Compton, Col. *Lord* D. J. C., *C.B.E.*, ret. pay *late* h.p. 4 Oct. 11
Compton, Maj. T. E., ret. pay *late* North'n R., *p.s.c.* 8 Nov. 93
Comyn, Capt. D. C. E. ff., ret. pay *late* R. Highrs. 1 Oct. 15
Condon, Col. E. H., *M.B.*, ret. pay *late* A. Med Serv. 26 Dec. 17
Coney, Maj. W. B., ret. pay *late* Derby R. 14 Feb. 90
Congdon, Col. A. E. O., *C.M.G*, ret. pay *late* h.p. [F] *s.* 22 Apr. 17
Congdon, Hon. Col. E. C. L., ret. R. Mar. 6 Oct. 08
Congdon, Bt. Col. J. J., ret. pay *late* h.p. R.A. 28 Sept. 96
Congreve, Maj. C. V., ret. Ind. Army 10 July 01
Congreve, Maj. S. M., ret. Ind. S.C. 12 Feb. 97
Coningham, Maj. H., ret. pay *late* R.A., *p.a.c.* [L] *(Inspr. of Explosives, Home Office,* 1 Dec. 08) 31 Jan. 09
Connaught, Bt.-Lt.-Col. *H.R.H.* Prince A. F P. A. *of, KG., KT., G.C.M.G., G.C.V O., C.B., Personal A.-D.-C.* to the King [F] (s.c.) ret. pay *late* 2 Dns. 3 June 19
☩. Connell, Hon. Maj. P., Qr.-Mr. ret. pay *late* Durh. L. I. [R] 9 Dec. 84
Connellan, Capt. C L., ret. pay *formerly* E. Kent R. 30 Nov. 85
Conner, Hon. Lt. H. C., Asst. Commy. of Ord. ret. A. Ord. Dept. 11 Mar. 08
Conner, Bt. Col. W. D., ret. pay *late* h.p. R.E. 15 Nov. 03
Connes, l t. J. P., ret. pay *late* Norf. R. 9 June 18
Connery, Hon. Lt.-Col. M. R., *M.C.*, Qr.-Mr. ret. pay *late* Manch. R. 3 June 19
Connolly, Lt.-Col. A. M., ret. R. Mar. 14 Apr. 19
Connolly, Col. B. B., *C.B., M.D., F.R.C.S.I.*, ret. A. Med. Staff [F] 18 Oct. 02
Connolly, Maj. M. W. K., ret. pay *late* h.p. 19 July 10
Connolly, Maj. P., ret. A. Med. Staff 30 Sept. 83

Connolly, Maj. W. E. G., ret. R. Mar. [F] 7 Feb. 05
Connolly, Bt. Col. W. H., ret. pay *late* R.F.A., *g.* 18 May 05
Connor, Maj. P., Commy. ret. Ind. Army Dept. 1 July 17
Connor, Hon. Capt. T. A. S., Qr.-Mr. ret. pay *late* R.A.M.C. 2 July 89
Connor, Hon. Capt. T. A. S., Sen. Asst. Surg. ret. Ind. Sub. Med. Dept. (Mad.) 1 Apr. 03
Connors, Hon. Maj. J., Qr.-Mr. ret. pay *late* extra Regtl. employ. 1 Jan. 03
Connors, Maj. M., Qr.-Mr. ret. pay *late* R. Muns. Fus. 18 Jan. 18
Conolly, Maj. E. M., *C.M.G.*, ret. pay *late* R.F.A. 16 Nov. 15
Conolly, Hon. Maj. W., ret. pay *late* Shrops. L.I. 4 Feb. 85
Conor, Bt. Col. C., ret. pay *late* W. Rid. R. 6 Oct. 96
Conran, Bt. Col. G. H. M., ret. pay *late* E. York. R. 15 Aug. 06
Constable, Bt. Col. W. V., ret. *late* h.p. R.E. (Ind. Pens.) 13 May 03
Constant, Brig. Surg. F. G ret. Ind. Med Serv. 8 Jan 82
Conway, Hon. Capt. J., Qr.-Mr. ret. pay *late* D. of Corn. L.I. 30 Nov. 91
Conway, Hon. Capt. W. J., Qr.-Mr. ret. pay *late* N. Staff. R. 29 Nov. 00
Conway-Gordon, Capt. G., *C.B.E* ret. pay *late* h.p. 15 June 14
Conway-Gordon, Bt. Lt.-Col. I. C., ret. pay *late* h.p. 8 Mar. 99
Cooch, Maj. C. E. H., ret. pay *late* Bord. R. 1 July 09
Cooch, Lt. N., ret. pay *late* R. Muns. Fus 18 Nov. 15
Coode, Capt. A M., ret. pay *late* R.E. 21 Dec. 12
Coode, Maj. H. P. E., ret. pay *late* R.F.A., *g. (Empld. Air Ministry)* 16 Nov. 15
Coode-Adams, Capt. R. W. H., ret. pay *la'e* h.p. 13 July 17
Cook, Col. C. C., *D.S.O.*, ret. Ind. Army [F] 18 Apr. 17
Cook, Lt.-Col. F. J. G., ret. pay *late* A.S.C. *(hon.)* 11 Dec. 88 1 Apr. 85
Cook, Surg.-Gen. H., *M.D.*, ret. Ind. Med. Serv. 21 Nov. 86
☩. Cook, Maj.-Gen. H., *C.B.*, ret. pay, Col. Dorset R. 5 Aug. 88
Cook, Hon. Brig.-Gen. H. R., *C.I E.*, ret. pay *late* R.A. [L] 14 Sept 19
Cook, Maj.-Gen. J., *C.B.*, ret. Ind. S.C. [R] 12 Sept. 06
Cook, Maj. L. A. C., ret. Ben. S.C. 2 Mar. 86
Cook, Lt.-Col. W., ret. Ind. Army 11 May 98
Cook, Lt. W. G. P., ret. pay *l ite* h.p. 14 Aug. 17
Cook, Hon. Capt. W. J., Qr.-Mr. ret. pay *late* G. Gds. 27 Feb. 11
Cooke, Lt.-Col. C. B., u.s.l. Ind. Army 8 Mar. 90
Cooke, Bt. Col. E., ret. pay *late* h.p. 29 Nov. 00
Cooke, Lt. E. S. W., *MC.*, ret. pay *late* h.p. 26 Oct. 17
Cooke, Capt. R., Asst. Commy. of Ord. ret. pay *late* R.A.O.C. 31 Oct. 17
Cooke, Hon. Capt. R. G., Inspr. of Army Schools ret. pay 11 Dec. 08
Cooke, Lt.-Col. R. J., *O B.E.*, ret. pay *late* Ches. R. 21 Apr. 08
Cooke, Lt.-Col. S. Fitz W., ret. pay *late* S. Wales Bord. 16 Dec. 15
Cocke, Col. W., ret. Ind. S.C. 29 Aug. 93
Cocke, Lt.-Col. W. B., Ord. Offr. 2nd Class ret. A. Ord. Dept. 12 Mar. 91
Cooke, Capt. W. N. M., ret. Ind. S.C. 10 May 93
Cooke, Col. W. S., ret. pay *late* h.p., *p.s.c.* 29 Sept. 03
Cooke-Collis, Lt.-Col. W., *C.M.G., A.D.C.*, ret. pay *late* h.p., *q.s.* (Col. Mila.) 18 Apr. 92
Cooke-Hurle, Maj. E. F., ret. pay *late* Som. L.I. [F *(Col. Terr. Force)* 30 Oct. 07
Cookson Maj Gen. G. A., *C.B., C.M.G.*, ret. Ind. Army 22 Oct. 11
Cookson, Surg.-Maj. H., ret. Ind Med. Serv. 20 Jan. 72
Cookson, Lt. Col P. B., *C.M.G.*, ret. pay *late* 1 L.G. *(Col. T.F.)* 12 Apr. 19
Cookson, Maj. P. S. ret. pay *late* R. Suss. R. 1 Sept. 15
Cookson, Maj. W. W., ret. pay *late* R.A. (Ind. Pens.) 1 Apr. 00
Cooley, 2nd Lt. H. J., ret. pay *late* R.F.A. 20 Dec. 14
Coombes, Hon. Capt. S., Qr.-Mr. ret. pay *late* R.G.A. 28 Feb. 09
Coombs, Lt. A. E., *D.C.M.*, ret. pay *late* Manch. R. 18 Jan. 16
Cooper, Capt. A. B. A., ret. pay *late* R.A. 1 May 77

Non-Effective Officers

Cooper, Hon. Maj. A. C., Rldg.-Mr. ret. pay *late* A.S.C. 18Oct.02
Cooper, Hon. Surg.-Capt. A. D., Sen. Apoth. ret. Ind. Sub. Med. Dept. (Ben.) (*Rt. Wt.* 19*July*90) 30June85
Cooper, Capt. A. S., ret. pay *late* Ches. R. (*Hon. Maj. ret. Spec. Res.*) 28Oct.99
Cooper, Dep. Surg.-Gen. C., *M.D.*, ret. Ind. Med. Serv. 27Dec.81
Cooper, Hon. Maj.-Gen. C. D., *C.B.*, ret. pay *late* grouped Regtl. Dist., Col. R. Dub. Fus. 25June06
Cooper, Hon Maj.-Gen E. J., *C.B.*, *D.S.O.*, *M.V.O.*, ret. pay *late* h.p 4Jan.18
Cooper, Lt. E. C., ret. pay *late* R.A. 17Feb.18
Cooper, Col. E. S., ret. pay *late* h.p. 15June14
Cooper, Maj. E. S., ret. Ind. Army 19Dec.01
Cooper, Lt. F., ret. pay *late* R Berks. R. 6Aug.17
Cooper, Lt. G., ret. pay *late* h.p., v. 16July15
Cooper, Col. H., *C.M.G.*, *C.B.E.*, ret. pay *late* h.p., p.s.c. [R] 3Apr.96
Cooper, Hon. Maj. H., *M.B.E.*, Commy. of Ord., ret. A. Ord. Dept. 21Oct.14
Cooper, Lt. H., *M.C.*, ret. pay, *late* R Fus. 21June15
Cooper, Maj. J., *F.R.C.V.S.*, ret. A. Vety. Dept. 11Sept.00
Cooper, Lt.-Col. P. T., ret. pay *late* R.A. (I d. Pens.) *g*. 11Feb.11
Cooper, Hon. Brig.-Gen R. J., *C.B.*, *C.V.O.*, ret. pay *late* h.p. 6 Apr.17
Cooper, Capt. T., *M.B.E.*, ret. pay *late* h.p. 22Oct.19
Cooper, Hon. Maj. T. F., Qr.-Mr. ret. pay *late* R.G.A. 1Jan.03
Cooper, Hon. Capt. W., Sen. Asst. Surg. ret. Ind. Sub. Med. Dept. 17Mar.06
Cooper, Hon. Capt. W. H., Sen. Asst. Surg. ret. Ind. Sub. Med. Dept. 26Sept.06
Cooper, Hon. Capt. W. J., Qr.-Mr. ret. pay *late* R.F.A. 2May10
Coote, Lt. A. L., ret. pay *late* R.A.V. Fus. 13May19
Cooverjie Cawvasjee Vaid, Lt.-Col., ret. Ind. Med. Serv. (Ben.) 31Mar.00
Cope, Lt.-Col. *Sir* A., *Bt.*, ret. pay *late* h.p. 9Mar.90
Cope, Capt. A. H., ret. pay *late* h.p. 24Sept.78
Cope, Capt. C. F., ret. pay *late* R.G.A. 18Dec.19
Cope, Capt. T. F., *O.B.E.*, Qr.-Mr. ret. pay *late* R.A.M.C. 11Jan.12
Copeland, Col. R. J., *M.B.*, ret pay *late* A. Med. Serv. 1Mar.15
Copeman, Maj. H. C., *C.M.G.*, *D.S.O.*, ret. pay *late* Essex R. (*Lt.-Col. 4 t n Suff. R.*) 23Mar.00
Copland-Griffiths, Capt. E., ret. pay *late* h.p. 10Oct.14
Copp, Capt. C., ret. pay *late* h. 12Feb.19
Coppin, Hon. Maj. C. F., ret. R. Mar. 4May77
Copping, Hon. Lt.-Col. H., Qr.-Mr. ret. A. Med. Staff 3June18
Coppinger, Col. T. S., Chief Paymr. ret. A. P. Dept. 2May01
Copley, Lt. H., ret. pay *late* R.A. 27Aug.17
Copus, Hon. Capt. D., Dep. Commy. ret. Ind. Army Dept. 18Aug.07
Corbett, Col. F. V., ret. pay *late* Public Works Dept., India (R.E.), (Ind. Pens.) 12Aug.95
Corbett, Maj. H. G. L., ret. Ind. Army 9Apr.10
Corbett, Maj. F. W., *M.C.*, et. pay *late* R.A. 15Nov.19
Corbett, Capt. W. F., ret. pay *late* S. Staff R. (*Maj. T.F. Res.*) 26Feb.92
Cordeaux, Maj. H. E. S., *C.B.*, *C.M.G.*, ret. Ind. Army (*Gov. & C.-in-C., St. Helena*) 2June12
Cordeaux, Maj. W., *O.B.E.*, ret. pay *late* 21 Lrs. (*Hon. Lt.-Col. ret. Terr. Force*) (*Asst. to Col. i/c Cav. Records*) 7May02
Cordell, Hon. Maj. C., Sen. Asst. Surg. ret. Ind. Sub. Med. Dept.) 20July98
Cordery, Hon. Capt. C., Qr.-Mr. ret. pay *late* Suff. R.) 16Feb.88
Cordon, Lt.-Col. W. I., Qr-Mr. ret. pay, *late* Wilts. R. 1Jan.19
Cordue, Lt.-Col. W. G. R., ret. pay *late* R.E. (*Ind. Pens.*) 1June07
Corker, Maj.-Gen. T. M., *C.B.*, *M.D.*, ret. pay *late* R.A.M.C. 11Dec.11
Corkery, Bt. Col. R. E., ret. pay *late* R.A. M.C. (*Empld. R.A.M.C.*) 3June19
Corkran, Col. C. S., ret. pay *late* G. Gds. 1July85
Cormac, Hon. Lt. J., Dep. Asst. Commy. ret. Ind. Army Dept. 15Mar.93
Corner, Capt. H., ret pay *late* Midd'x R. 17Sept.19
Cornes, Capt. H. J. G., Depy. Commy. of Ord., ret. pay *late* A. Ord. Dept. 8Dec.14
Cornwall, Hon. Lt. A., Qr.-Mr. ret. pay *late* h.p. 7Apr.00

Corrie, Lt. J C., ret, pay *late* Sea. Highrs. 16Feb.18
Corrie, Hon. Maj.-Gen. W. T., ret. pay *late* Devon. R. 18Jan.82
Corry, Lt.-Col. G., ret. A. Med. Staff 10Oct.88
Corry, Col. *Hon.* H. W. L., ret. pay *late* h.p. 29Aug.87
Corry, Hon. Brig.-Gen N. A. L., *D.S.O.*, ret. pay, *late* h p. 6Jan.20
Corry-Smith, Hon. Lt.-Col. (Mila.) C. B., Adjt. ret. pay *late* R. Westmorland Mila. 24Nov.83
Corse-Scott, Capt. A. J., ret. Ben. S.C. 26Jan.78
Corse-Scott, Bt. Col. E. H., ret. pay *late* h.p. 3Mar.96
Coryton, Capt. J. T., ret. pay *late* Rif. Brig. 25Jan.15
Cosens, Bt. Lt.-Col. R., ret. pay *late* S. Staff. R. 1Jan.18
Cosgrave, Hon. Maj. W., Qr.-Mr. ret. pay *late* A.S.C. 14Apr.16
Cosgrove, Hon. Capt. B., Dep. Commy. ret. Ind. Army Dept. 18Aug.07
Cossey, Hon. Maj. J. F., Qr.-Mr. ret. pay *late* A.S.C. 18Oct.02
Costobadle, Lt.-Col. E. G., ret. pay *late* N. Lan. R. 9Sept.14
Costobadle, Lt.-Col. H. H., ret. pay *late* h.p. R.A. 1Oct.92
Cotes, Maj. A., ret. pay *late* Suff. R. 18June85
Cotesworth, Maj. J. T., ret. pay *late* York. R. 12Ja n.98
Cotgrave, Hon. Brig.-Gen E. C. B., ret. Ind. Army (*Empld. 31 Bn. Midd'x R.*) 8Aug.17
Cottell, Lt.-Col. A. B., *F.R.C.S. Edin.*, ret. pay *late* R.A.M.C. 5Feb.01
Cottell, Bt. Col. R. J. C., ret. pay *late* R.A.M.C. 1Jan.18
Cotter, Bt. Col. E. W., ret. pay *late* h.p. R.E 1Oct.01
Cotter, Maj.-Gen. F. G., ret. R.M.L.I. [R] 21Nov.10
Cotterill, Maj. H. E., ret. Ind. Army 21Sept.07
Cottingham, Lt.-Col. E. R., *M.V.O.*, ret. R. Mar. Art. 1Feb.19
Cottingham, Bt. Lt.-Col. H. L., ret. pay *late* R.F.A.. *g*. [L] 1Jan.19
Cotton, Maj. A. A., Sen. Asst. Surg., ret. Ind. Sub. Med. Dept. 2Apr.18
Cotton, Maj. A. D., Sen. Asst. Surg. ret. Ind. Sub. Med. Dept. 2Apr.18
Cotton, Capt. H., ret. A. Med. Staff 4Feb.77
Cotton, Capt. H. R. S., ret. pay *late* Oxf. L.I. 1Jan.89
Cotton, Maj. S. L., ret. pay *late* L'pool R. 28Dec.98
Cotton, Lt.-Col. W., ret. pay *late* h.p. R A 18Feb.92
Cottrell, Capt. J., *D.S.O.*, *D.C.M.*, ret. pay *late* h.p., *t.a.* 14Nov.18
Couch, Hon. Maj. J., Qr.-Mr. ret. pay *late* R.W. Kent R. 26Apr.14
Couchman, Lt. A., ret. pay *late* R.G.A. 20Dec.17
Couchman, Col. G. H. H., *D.S.O.*, ret. pay *late* Staff 10Feb.04
Couchman, Maj. H. N., ret. pay *late* Midd'x R. 18Sept.19
Coulter, Lt. E. H., ret. pay *late* h.p. 4May15
Coulton, Capt. J., ret. pay *late* R. Muns. Fus. 13June83
Couper, Maj. A. E., ret. pay *late* E.Surr. R. 27Oct 18
Couper, Maj.-Gen. *Sir* V. A., *K.C.B.*, [F] ret. pay. 1Jan.16
Couper, Lt.-Col. E. E., ret. Ind. Army 11Aug.06
Courtney, Hon. Surg.-Capt. J. M., Sen. Apoth. ret. Ind. Sub. Med. Dept. (Ben.) (*Rt. Wt.* 19*July*90) 22Sept.86
Courtney, Surg.-Lt.-Col. W. M., *F.R.C.S.I.*, ret. Ind. Med. Serv. 1Oct.89
Cousins, Hon. Lt. F S., Asst. Commy. ret. Ind. Army Dept 23Nov.13
Coussmaker, Hon. Lt.-Col. G., ret. Bo.S.C. 1Apr.83
Coussmaker, Lt.-Col. M. F., ret. Bo. S.C. 19Dec 86
Coutts, Lt.-Col. G., *M.B.*, ret. pay *late* R.A.M.C. 5Feb.01
Coutts, Lt.-Col. M., *O.B.E.*, ret. pay *late* A.S.C. [F] 27Feb.19
Coventry, Capt. C., ret. pay *late* 17 Lrs. (*Capt. R. Def Corps*) 15Jan.88
Cowan, Col. J. H., *C.B.*, ret. pay *late* Staff (R.E.) 1July05
Cowell, Surg. A. R., *M.D.*, ret. Ind Med. Serv. 1Oct.05
Cowen, Hon. Capt. J., Qr.-Mr. ret. pay *late* Linc. R. (*Maj. ret. T. F. Res.*) 30Sept.01
Cowie, Col. A. H., *C.M.G.*, ret. pay *late* h.p. (R.E.) 1Oct.08
Cowie, Maj.-Gen. C., *C.B.*, ret. pay *late* R. (Ben.) A. [R] 1Feb.92
Cowie, Hon. Maj.-Gen. C. H., *C.B.*, *C.I.E.*, ret. Ind. Pens. *late* R.E. 12Aug.19
Cowie, Maj. C. S., ret. pay *late* R. Scots (*Comdt. Base Depôt*) 19July18

Non-Effective Officers

Cowie, Surg.-Maj. R. M, *D.S.O.*, ret. pay late 1 L.G. 27Sept.11
Cowie, Lt -Col. W. A. L., ret. Ind Army 23May11
Cowlard, Capt. J. F., ret. pay *late* 20 Hrs. 15July11
Cowley, Bt. Col. J. W., *O.B.E.*, ret. Ind. Army 9June07
Cowley, Lt. R. E., ret. pay *late* h.p. 23July15
Cowper, Maj. H. M., ret. pay *late* R.W. Surr. R. (*l*) 29Sept.02
Cowper, Maj.-Gen. M., *C.B., C.I.E.*, ret. Ind. Army [F] 27Aug.15
Cox, Lt. A., ret. pay *late* Sco. Rif. 19June18
Cox, Lt. A. F. J., ret. pay *late* R. Sc. Fus. (for Mila.) (*Capt. 3 Bn. R. Sc. Fus.*) 19June01
Cox, Matron *Miss* Annie L., *R.R.C.*, ret. pay *late* Q.A.I.M.N.S. 14Jan.04
Cox, Maj. C. E., ret. pay *late* Leic. R. 9May06
Cox, Lt.-Col. C. H., *D.S.O.*, ret. pay *late* h.p. (*T.F. Record Office*) 3May07
Cox, Maj G A., ret. R. Mar. (*temp. Lt.-Col. R. Mar.*) 1July17
Cox, Capt. J., Qr.-Mr. ret. pay *late* R.G.A. 15Mar.00
Cox, Hon. Maj. J. C., ret. pay *late* h.p. 1July17
Cox Hon. Maj. (Vols.) J. P., Adjt. ret. pay *late* 1 Linlithgow R.V.C. 1July81
Cox, Maj. M., ret. pay *late* R.A. 22Oct.79
Cox, Lt.-Col. P. G A., *D.S.O.*, ret. pay *late* Rif. Brig. 26June19
Cox, Bt. Col. R. C. C., ret. pay *late* R. Innis. Fus. 19Oct.19
Cox, Capt. W, ret. pay *late* R. Berks. R. 10May06
Coxhead, Hor. Brig.-Gen. J. A., *C.B.*, ret. pay *late* h.p. R.A. 20Jan.20
Coxhead, Lt.-Col. T. L., *D.S.O., O.B.E*, ret. pay *late* R.G.A. (*Empld. R.G.A.*) (*Mil. Knt. of Windsor*) 10Feb.12
Coyle, Capt. W., ret. pay *late* Coast Bn., R.E.26Nov.93
Coyne, Hon. Lt.-Col. T., Qr.-Mr. ret. pay *late* R. War. R. 2Sept.19
Crabbe, Capt. A. E., ret. pay *late* 8 Hrs. (*Maj. ret. Spec. Res.*) 9Mar.86
Crabbe, Lt.-Col. J., ret. pay *late* 2 Dns. 8Nov.15
Crackenthorpe, Capt. O. M., ret. pay (*temp.*), *late* R. Scots (*hon. lt. in Army 2 Nov. 00*) 24Feb.15
Cradock, Hon. Lt.-Col. E. W., ret. pay *late* R. Fus. (*Hon. Col. ret. Vols.*) 26Oct.87
Craggs, Lt. R. E. G. W., ret. pay *late* R.G.A. 1Sept.19
Craig, Col. J. F., *C.M.G.*, ret. pay *late* h.p. R.A. 25Nov.05
Craig, Hon. Capt. S., Dep. Commy. ret. Ind. Army Dept. (*Rl. Wt. 29 Nov. 97*) 28Dec.00
Craigie, Hon. Brig.-Gen. J. H. S., ret. pay *late* h.p., p.s.c. 10Feb.12
Craik, Lt.-Col. J., *D.S.O.*, ret. Ind. Army 25Mar.19
Crampton, Hon. Brig.-Gen. F. H., *C.B., C.M.G.*, ret pay *late* R A. 11Nov.19
Crampton, Bt. Col. F. R., *C.B.E.*, ret. pay *late* R.F.A., p.s.c., g. 9Feb.06
Cran, Lt. N. D., ret. pay, *late* h.p. 23Mar.18
Crane, Hon. Maj. E., Qr.-Mr. ret. pay *late* W.I.R. 9Mar.17
Craske, Lt.-Col. J., *C.M.G., D.S.O.*, ret. pay *late* h.p. 23May13
Craster, Lt.-Col. J. C. B., ret. Ind. S.C. 20Nov.01
Craster, Col. S. L., *C.B., C.I.E.*, ret. pay, *late* R.E. 13Aug 09
♣. Craster, Col. W. R., ret. pay *late* R. (Ben.) A.2Mar.85
Crawford, Col. A., *C.M.G.*, ret. pay *late* h.p., p.s.c. [L] [F] 4Dec.12
Crawford, Capt. A. G., ret. pay *late* Yorks. L.I. 30Dec.91
Crawford, Lt.-Col. D. G., *M.B.*, ret. Ind. Med. Serv. 1Oct.01
Crawford, G. A., ret. pay *late* h.p. R.A. 1July85
Crawford, Lt.-Col. G. S., *C.M.G., M.D.*, ret. pay *late* R.A.M.C. [F] 8Aug.14
Crawford, Col. R., *C.B.*, 1st Cl. Ord. Offr., ret. pay, *late* A.O.D. 2June06
Crawford, Hon. Capt. W., Asst. Commy. ret. Ind. Army Dept. 4Jan.84
Crawfurd, Bt. Lt.-Col. P. E. P., ret. pay *late* R. Suss. R. 3June18
Crawfurd, Lt - Col. R. B. J., *D.S.O.*, ret. pay *late* C. Gds. 15Jan.20
Crawley, Hon. Capt. A., Qr.-Mr. ret. pay *late* North'n R. 10Nov.87
Crawley, Col. A. P., ret. pay *late* G. Gds. 29Nov.00

Crawley, Hon. Maj. C., *O.B.E.*, Qr.-Mr. ret. pay *late* R.A.M.C. 8Aug.09
Crawley, Lt.-Col. G. B., ret. Ind. Army 30Jan.04
Crawley, Col. T. G., ret. pay *late* h.p. 17Dec.88
Crawley-Boevey, Maj. C. A., ret. pay *late* h.p. 30Oct.14
Crawshay, Capt. F. W., ret. pay *late* Bedf. R.17May99
Crawshay, Maj. H., *D.S.O.*, ret. pay *late* Worc. R. 1Sept.15
Creagh, Maj.-Gen. A. G., *C.B.*, ret. pay Col. Comdt. R.A., *p.s.c.* [R] [F] 2Dec.00
Creagh, Lt.-Col. E. C., *O.B.E.*, ret. Ind. Army (*Spec. Appt.*) 3May16
♣. Creagh, Hon. Lt.-Col. J., ret. pay *late* North'd Fus., *p.s.c.* 1July81
♣Creagh, Gen. *Sir* O'M., *G.C.B., G.C.S.I.*, ret. Ind. Army [R] 11Dec.07
Creagh, Hon. Brig.-Surg. W., Surg.-Maj. ret. Med. Dept. 25Aug.80
Creagh-Osborne, Lt.-Col. H. P., ret. pay *late* R. Lanc. R. 27Feb.20
Creak, Col. H. C., ret. Ind. Army 10May87
Crean, Lt.-Col. J. J., ret. A. Med. Staff 1May87
Creer, Col. H. E., ret. pay *late* R.A.M.C. 1Mar.15
Cregan, Col. T. A., ret. pay *late* h.p. (R.E.)[l] 5Apr.07
Cremen, Capt. J., Qr.-Mr. ret. pay *late* R. Ir. Regt. (*Maj. ret. T.F.*) 28July07
Creswell, Bt. Col. E. W., ret. pay, *late* R.E. (*Ord. Survey 23 Mar. 15*) 12Aug.99
Crew, 2nd Lt. A. J., ret. pay *late* Dorset. R. 11Aug.18
Creyk, Surg.-Lt.-Col. W., *M.B.*, ret. A. Med. Staff 14Apr.83
Crichton, Col. *Hon.* G. A. C., *M.V.O.*, ret. pay *late* C. Gds. (*Asst. Comptroller, Lord Chamberlain's Dept., 1 Nov. 10*) 1Apr.19
Crichton, Maj. H., ret. pay *late* R.G.A. (*Temp. Maj. R.G.A.*) 1May17
Crichton, Hon. Lt.-Col. *Hon. Sir* H G. L., *K.C.B.*, TD, ret. pay *late* 21 Hrs., *A.D.C.* (*Col. Vols.*) (*Hon. Col. Hamps. Yeo.*) (*Hon. Col. 5 Bn. Hamps. R.*) (*Col. T.F.*) 16Jan.84
Crick, Capt. S. A., *M.B.*, ret. A. Med. Staff 5Feb.91
Criddle, Lt. G., ret. pay *late* R.A. 1July17
♣Crimmin, Col. J., *C.B., C.I.E.*, ret. Ind. Med. Serv. 1 Oct. 13
Critchley, Maj., E. A., ret. pay *late* 4 Hrs. 18Oct.02
Critchley-Salmonson, Capt. H. B. S., ret. pay *late* W.York R. 4Jan.89
Critchley-Salmonson, Lt. H. S. R., ret. pay, *late* Sco. Rif. 8Feb.17
Crocker, Hon. Brig.-Gen. G. D., ret. pay *late* Staff 1Nov 19
Crocker, Capt. W., ret. pay *late* R.E. 24 Sept 18
Crockett, Maj. W. M., ret. pay, *late* R.F.A., g. 12Oct.01
Croft, Maj. G., Qr.-Mr. ret. pay *late* York. R. 1Jan.03
Croft, Hon. Lt.-Col. J. H. R., Staff Paymr. ret. A. P. Dept. 7Oct.96
Crofton, Hon. Maj. C. H., ret. pay *late* h.p. R.A. 9Nov.92
Crofton, Bt. Col. M. E. ret. pay *late* h.p. 16Nov.99
Crofton, Lt.-Col. *Sir* M. G., Bt., *D.S.O.*, ret. pay *late* 2 L.G. [F] 18Mar.19
Crofton, Maj. R. B., Ord. Offr., 3rd Class, ret. pay *late* R.A.O.C., *p.a.c.*, e. 16Dec.11
Crofts, Lt.-Col. E. S., ret. pay *late* Hamps. R. 29Feb.18
Crole-Wyndham, Col. W. G., *C.B.*, ret. pay, p.s.c. 7Sept.02
Croly, Col. A. E. J., ret. pay *late* A. M. O. 29Dec.05
Crombie, Capt. G. W., Qr.-Mr. ret. pay *late* R.E. 1July17
Crombie, Qr.-Mr. J., ret. pay *late* 3 Bn. W. York R. 1Apr.77
Crombie, 2nd Lt. J.A., *M.C.*, ret. pay *late* h.p. 23Dec.08
Crommelin, Bt. Lt.-Col. C. Y., ret. Ind. Army (*Lt.-Col. R. Def. Corps*) 10Dec.07
Crompton-Roberts, Lt.-Col. H. R., *D.S.O.*, ret. pay *late* h.p. (*Lt.-Col. ret. T.F.*) 29Mar.05
Cronin, Lt.-Col. J. J., u.s.l., Ind. Army 11Aug.09
Cronyn, Capt. A. P., ret. pay *late* R. W. Kent R. 9July84
Crooke, Lt.-Col. C. D. P., *C.M.G.*, ret. pay *late* h p. 9 Aug.19
Crooke, 2nd Lt. (*temp. Lt.*) J. W. E., ret. R. Mar. 17Apr.15

Non-Effective Officers

Crooke-Lawless, Surg.-Lt.-Col. Sir W. R., Knt., C.B., C.I.E., M.D., ret. pay late C. Gds. 22Aug.02
Crookenden, Bt. Col. H. H., ret. pay late h.p. R.A., p.s.c. 26June97
Crookes, Lt.-Col. F., D.C.M., ret. pay. late R.A.M.C. 3June19
Crooks, Hon. Commy. and Maj. J. J., Dep. Commy. ret. (African Commt.) 14Apr.86
Crookshank, Lt.-Col. C. de W., ret. pay, late R.E. 5Aug.16
Crookshank, Maj. C. K., ret. Ind. Army [l] 1Sept.15
Crosbie, Maj. H., C.B., ret. pay late Derby R. (Lt.-Col. & Hon. Col. ret. Spec. Res.) 11July94
Crosbie, Lt.-Col J. G., ret. pay late h.p. 9Sept.84
Cross, Capt. E. G. K., D.S.O., ret. pay late 7 Hrs. (for Spec. Res.) (Capt. 7 Hrs. Spec. Res.) (temp. Maj. Lan. Fus.) 11Mar.13
Crosse, Lt.-Col. C. R., C.M.G., M.V.O., ret. pay late h.p. 2Nov.92
Crosse, Lt. F. P., M.C., ret. pay, late h.p. 16Feb.18
Crosthwaite, Bt. Lt.-Col. J. A., ret. pay, late Durh. L.I. 3June15
Crosthwaite, Maj. J. S., ret. Ind. Army 8Jan.16
Crouch, Lt.-Col. A. J., Dist. Offr. ret. pay late R.A. 4Sept.09
Crouch, Capt. J. W., D.C.M., ret. pay, late North'd Fus. 3Dec.19
Crouch, Lt. P., M.C., ret. pay, late Leic. R. 11June18
Crouch, Hon. Capt. T., Dep. Commy. ret. Ind. Army Dept. 6Dec.95
Crowe, Hon. Brig. Maj. J. D., Lt.-Col. ret. A. Med. Staff 31Dec.87
Crowe, Hon. Brig.-Gen. J. H. V., C.B., ret. pay late h.p., p.s.c. [L] [F] 14Sept.19
Crowley, Hon. Lt. J., Ridg.-Mr. ret. pay late 1 Dns. (Qr.-Mr. & Lt.-Col. Leic. Yeo.) (Camp Comdt.) 14Dec.98
Crowther, Lt.-Col. J. E., ret. R. Mar. [L] 5Jan.19
Crozier, Maj. T. H., ret. pay late R.A., p.a.c. (Inspr. of Explosives, Home Office, 4Oct.15) 28Aug.03
Cruickshank, Maj. D. T., ret. pay late Essex R. 8Jan.95
Cruise, Lt. J. F., ret. pay late h.p. (Spec. Appt.) 21May15
Crum, Maj. F. M., ret. pay late h.p. 22Aug.02
Crump, Hon. Maj. J. C., Qr.-Mr. ret. pay late R. Muns. Fus. 3Aug 17
Crumplin, Hon. Maj. W., Qr.-Mr. ret. pay late A. S. C. 18Oct.02
Crutchley, Maj.-Gen. Sir C., K.C.B., K.C.V.O., ret. pay, q.s. [F] 9Dec.08
Cubbon, Hon. Capt. R., Dep. Commy. ret. Ind Army Dept. 13Oct.05
Cubitt, Hon. Capt. C. P., Paymr. ret. A. P. Dept. 24Feb.05
ℳ. Cubitt, Hon. Maj. (Vols.) F. A., VD, Adjt. ret. pay late 1 V.B. Norf. R. 6Nov.81
Cubitt, Maj. W. M., ret. Ind. Army 15Oct.79
Cuffe, Capt. W. P. de L., ret. pay, late h p. 23Aug.02
Cullen, Brig. Surg.-Lt.-Col. P., M.D., ret. Ind. Med. Serv. 8Sept.17
Cullen, Hon. Capt. W., Commy. ret. Ind. Army Dept. 18Apr.88
Culling, Maj.-Gen. J. C., C.B., ret. pay late R.A.M.C. 28Mar.03
ℭ. ℳ. Cumberland, Hon. Maj.-Gen. C. E., C.B., ret. pay late R.E. 1 Mar.15
Cumberland, Hon. Maj. C. S., ret. pay late E. Lan. R. 17Dec.87
Cumberland, Lt.-Col. G. B. M., ret. pay late h.p. S. Staff. R. and R. Highrs. 4June87
Cumberland, Capt. L. B., ret. pay late K.R. Rif. C. 2May94
Cumberland, Maj. R. O., ret. pay late Linc. R. 16June05
Cumberland, Hon. Capt. W., Qr.-Mr. ret. pay late 7 D.G. 29Dec.98
Cumberland, Hon. Maj.-Gen. W. B., ret. pay late (Ben.) A. 3Jan.94
Cuming, Lt.-Col. A. E., ret. pay late A.S.C. 17Nov.85
Cuming, Lt.-Col. A. T , ret. pay late h.p. g [l] 20Feb.07
Cumming, Capt. E. A., ret. pay late R.E. [l] 30Oct.14
ℳ. Cumming, Capt. G. P., ret. Ben. S.C. 12Aug.00
Cummins, Maj. H. A., C.M.G., M.D., ret. pay late R.A.M.C. 1:Dec.69
Cundy-Cooper, Capt. P. S., M.C., ret. pay, late h.p. 28July98
Cuninghame, Maj.-Gen. C. A., u.s.l. Ind. Army 4June15
12Jan.99

Caninghame, Bt. Col. D. S., u.s.l. Ind. Army 29Oct.98
Cuninghame, Capt. F. G. G., ret. pay late Arg. & Suth'd Highrs. (Lt.-Col ret. Spec. Res.) 20May09
Cuningham, Lt.-Col. J. A. S., ret. pay late h.p. 12Jan.99
Cunliffe, Hon. Brig.-Gen. F. H. G., C.B., C.M.G. [F], ret. pay, late Staff 24July15
Cunliffe, Bt. Col. F. L., ret. pay late h.p. 23Dec.03
Cunliffe, Lt.-Col. W. H., ret. pay late h.p. 13Dec.93
Cunliffe-Owen, Brig.-Gen. C., C.B., C.M.G., ret. pay. late h p. 26Mar.19
Cunningham, Lt.-Col. A. J. C., ret. pay late R. (Ben.) A. 9Jan.87
Cunningham, Hon. Brig.-Gen. G. G., C.B., C.B.E., D.S.O., ret. pay late h.p., q.s. [F] 24Dec.16
Cunningham, Hon Maj J., Inspr. of Army Schools ret. pay 1July17
Cunningham, Hon. Maj. J. W., Inspr. of Army Schools (ret. pay) 23Sept.08
Cure, Capt. A. F, M.C., M.C., ret. pay late R.A 27Sept.19
Cure. Maj. G. E. C., ret. pay late Lan. Fus. (Maj. 3 N. Mid. Brig., R.F.A., T.F.) 25Sept.93
Curell, Maj. W. B., D.S.O., ret pay, late Lan. us. 8May16
Curling, Maj. W. G., ret. pay, late R.A. 30Oct.14
Curll, Hon. Brig.-Gen. C. E., ret. pay late S. Wales Bord. 8Aug.17
Currne, Lt.-Col. D. E., ret. pay late R.A.M.C. 1Mar.18
Curran, Bt. Col. A. E. R., ret. pay late h.p. 7May03
Curran, Lt.-Col. J. P., ret. pay late h.p. 1Nov.89
Currie, Col. A., u.s.l. Ind. Army 27Oct.88
Currie. Lt. A., ret. pay late Cam'n Highr's 16Oct.17
Currie, Maj.-Gen. F., u.s.l. Ind. Army 6June98
Currie, Lt.-Col J. W., ret. Ind. S.C. 12Feb.02
Currie, Bt. Col. T., C.B., ret. pay late h.p. [F] 14Sept.00
Curry, Hon. Brig.-Gen. M. C., C.B., C.B.E., D.S.O., ret. pay late Comdg. Dist. & Record Office 11Apr.17
Curteis, Hon. Brig.-Gen. F. A., C.B., C.M.G., ret. pay late Staff (R.A.), g. (Empld. R.G.A.) 3July12
Curteis, Lt.-Col. J., Staff Paymr. ret. pay late A.P. Dept. 28Sept.15
Curtis, Col. E. G., C.M.G., ret. pay late Bedf R. 6Aug.18
Curtis, Capt. E. H., ret. Ind. Army 20Oct.71
Curtis, Lt.-Col. H. A. D., ret. pay late R.F.A. 13Feb.00
Curtis, Lt.-Col. J. H., ret. pay late R.A.M.C. (Empld. R.A.M.C.) 30May05
Curtis, Maj.-Gen. Sir R. S., K.C.M.G., C.B., D.S.O., ret. pay late R.A. [F] 1Jan.16
Curtis-Hayward, Hon. Lt.-Col. J. F., ret. pay late K.O. Bord. 20Oct.83
Curzon, Maj. E. C. P., ret. pay late 18 Hrs. 18Oct.02
Cusack, Maj. J. W. H. C., ret. pay late R. Ir. Fus. [F] 9Jan.93
Cusack, Lt.-Col. R. O., ret. pay late R.A.M.C. 6Mar.00
Cusheon, Lt. (Dist. Off.) W. T., ret. pay late R.A. (temp. Capt. R.F.A.) 3Feb.06
Cust, Lt.-Col. M., ret. pay late h.p. 23Nov.92
Custance, Capt. A. F. ret. pay late Worc. R. (for Mila.) (Maj. 5 Bn. Worc. R.) (Empld. under Foreign Office 6 Dec. 09) 21Apr.06
Custance, Maj. H. L., ret. Ind. Army 17May99
Cutbill, Col. H. D. A., ret. pay late h.p., p.s.c. 26July94
Cutcher, Lt. G. E., ret R. Mar. 19Mar.16
Cuthbert, Maj.-Gen. G. J., C B., C.M.G., ret. pay 1Jan.17
Cuthbert, Hon. Maj. Gen. R. T. P., ret. pay late E. York. R. 15Aug.81
Cuthbertson, Capt. E. B., C.M G., M.V.O., ret. pay, late h p. [F] (Col. Terr. Force). 10Oct.15
Cutler, Hon. Lt. J. G., Dep. Asst. Commy. ret. Ind Army Dept. 11June88
Cuttle, Hon. Lt. J., Qr.-Mr. ret. pay late h.p. 7Oct.96

Dacombe, Lt. A., M.C., ret. pay late R. War R. 13Oct.18
Dakin, Capt. E., M.C., D.C.M., ret. pay, late R. Lanc R. 10Sept.19
Dalby, Maj. J., ret. pay late R.F.A., s. 16Nov.15
Dale, Lt.-Col. H. M., ret. Ind. Army 20Jan.88
Dale, Hon. Capt. J., Sen. Asst. Surg. ret. Ind. Med. Serv. 5May99

Non-Effective Officers

Dalcety, Lt.-Col. H. B., ret. pay late 7 Hrs. 5Oct.19
Dalgety, Col. R. W., *C.B.*, ret. pay late h.p. 21May88
Dalgeish, Maj. A ., ret. pay late R A.V.C. 13July16
Dalgleish, Hon. Capt. J. O., Paymr. ret. A. P. Dept. 22Aug.02
Dalgliesh, 2nd Lt. J., ret. pay *late* Gord Highr's 24Oct.78
Dallas, Lt.-Col. C. M., *C.S.I*, ret. Ind Army 22Jan.07
Dallas, Hon. Capt. D., Qr.-Mr. ret. pay *late* R.A.M.C. 10June18
Dallas, Hon. Brig.-Gen. J., ret. pay late R.E. (Ind. Pens.) 17Apr.05
H. Dalmahoy, Maj.-Gen. P. C., u.s.l. Ind. Army 16Aug.19
Dalrymple, Maj. Gen. W. L., *C.B.*, ret. pay, p.s.c., Col. Conn. Rang. [R] 20Aug.90
Dalrymple-Hay, Hon. Brig.-Gen. J. R. M., *C.B., D.S.O.*, ret. pay, *late* Gen. List 1Apr.95
Dalton, Maj.-Gen. J. C., ret. pay, p.s.c. [R] 14Apr.05
Daly, Hon. Capt. B., Qr.-Mr. ret. pay *late* Bedf.R. 27Feb.05
Daly, Lt. E. D. H., ret. Bengal S.C. 9Aug.74
Daly, Lt.-Col. F. A. B., *C.B., M.B., F.R.C.S.I.*, ret. pay *late* R.A.M.C. 5Feb.01
Daly, Lt.-Col. Sir H., *K.C.S.I., K.C.I.E.*, ret. Ind. Army 22Oct.07
Daly, Hon. Capt. J., Dep. Commy. ret. Ind. Army Dept. 3May89
Daly, Col. J. H., ret. pay, *late* R.A.M.C. 1Mar.15
Dalzell, Hon. Brig.-Gen. *Hon.* A. E., *C.B.*, ret. pay *late* Comdg. Dist. & Record Office 8Aug.17
Dameral, Maj. (Dist. Offr.) C. J., ret. pay *late* R A. 17Feb.16
Dames, Lt. T. D. L., ret. pay *late* h.p. 1July17
Damodar Purshotum Warliker, Lt.-Col. ret. Ind. Med. Serv. 30Mar.01
Dandridge, Capt. C. W., ret. pay *late* h.p. 27June89
Dane, Lt. J. A., ret. pay *late* R.F.A. (for Spec. Res.) (*Maj. R.F.A. Spec. Res.*) 15July06
Dane, Maj. R., *M.C*, ret. Ind. Army 1Oct 19
Daniel, Lt.-Col. C. N., ret. pay *late* Govr. Mil. Prison 3Mar.13
Daniel, Maj. C. J., *C.B.E., D.S.O.*, ret. pay *late* N. Lan. R. (*Record Office*) 17Dec.01
Daniel, Lt.-Col. E. Y., *C.B.E.*, ret. R. Mar. 15Nov 19
Daniel, Col. W.H., ret. pay *late* h.p., p.s.c. 18Oct.02
Daniell, Hon. Maj.-Gen. F. F., ret. pay *late* h.p. [F] 5Nov.87
Daniell, Hon. Brig.-Gen. F. F. W., *C.B.E.*, ret. pay 7Feb.19
Daniell, Lt.-Col. F. W., ret. Ind. Army 6May19
H. Daniell, Hon. Maj. J. W., ret. pay *late* h.p. (*Capt. of Invalids, R. Hosp., Chelsea*) 1July81
Daniell, Lt.-Col. O. J., ret. pay *late* R.W. Kent R. (F) 29Oct.14
Daniell, Maj. R. H., ret. Ind. C. 8Jan.88
Dann, Capt. A., ret. pay *late* R A. 9Aug.19
Dann, Lt. S. W. H., ret. pay *late* h.p. 21June17
Darby, Hon. Maj. J. E., *M.B.E.*, Qr.-Mr. ret. pay *late* Remount Estabt. 1July17
Darby, Bt. Col. W. H., ret. pay *late* R.G.A. 1Aug.04
Dare, Hon. Capt. W. H., Commy. ret. Ind. Army Dept. 4Apr.09
Dark, Lt. A. S., ret pay *late* h.p. 1July17
Darell-Brown, Maj. H. F., ret. pay *late* Oxf. & Bucks. L I. 18Sept 07
Darley, Lt.-Col. G. R., ret. pay *late* R.F.A. 26Apr.15
Darley, Lt.-Col. W. S., ret. pay *late* h.p. 23Aug.89
Darling, Col. C. H., *C.M.G.*, ret. pay *late* Chf. Eng., S. China [F] 21June03
Darling, Maj. J. B., ret. R. Mar. 18Nov.92
Darnell, Hon. Maj. W. N., ret. pay *late* York & Lanc. R. 5Dec.88
Darrah, Capt. O'B. Z., ret. pay *late* R. W. Surr. R. 11May92
Darroch, Maj D., ret. pay *late* Arg. & Suth'd Highrs. (*Lt.-Col, T.F. Res.*) 2July08
Darwin, Lt.-Col. C. W., *C.B.*, ret. pay *late* h.p. (*Lt.-Col. & Hon. Col, ret. Spec. Res.*) 11Apr 94
Darwin, Maj. I., ret. pay *late* R. E., p.s.c. 4Apr 85
Darwin, Capt. R. H., ret. pay *late* York R. 1Nov 04
Dashwood, Col. E. W., *C.B.E.*, ret. pay *late* h.p. [F] 9July05
Dashwood, Lt.-Col. F. A., ret. pay *late* h.p. 1July88
Dashwood, Capt. R. H. S., ret. pay *late* R. Ir. Rif. (for Mila.) (*Capt, 3 Bn. Oxf. & Bucks. L.I.*) 1May04
Daubeney, Hon. Brig.-Gen. E. K., *C.B.E., D.S.O.*, ret. pay *late* Staff. 16Jan.18
Daubeny, Maj. E.A., ret. pay *late* E. Lan. R. 29Nov.00

Danglish, Bt. Col. G. V., ret. pay *late* E. Kent R. 4Aug.09
Dauncey, Lt.-Col. T. H. E., *O.B.E.*, ret. pay *late* h.p. 22Aug.02
Daunt, Lt.-Col. R. A. C., *D.S.O.*, ret. pay *late* R. Ir. Rif. 27May15
Dauntesey. Bt. Lt.-Col. W. B., *C.B., C.B.E.*, ret. R. Mar. Art. 1Sept.10
Davenport-Handley-Humphreys, Maj. C., ret. pay *late* Bedf R. 17Apr.19
Davey, Lt.-Col. Hon. H S., *C.M.G.*, ret. pay *late* 8 Hrs. [l] 19Feb.10
Davey, Capt. T., Dep. Asst. Commy. ret. Ind. Army Dept. (*Rl. Wt. 29 Nov. 97*) 1July17
Davidson, Col. A. A., *K.C.B., K.C.V.O.*, ret. pay *late* extra-Regtl. employ. [F] (*Extra Eq. to the King*) 24Sept.02
Davidson, Maj. A. N., ret. Ind Army 13Feb.09
Davidson, Lt.-Col. C., ret. Ind. Army 14Jan.06
Davidson, Hon. Lt. C., Qr.-Mr., ret. pay *late* h.p. 25Aug.14
Davidson, Lt -Col. C. F. H., ret. pay *late* Arg. & Suth'd Highrs. 10Mar.15
Davidson, Bt. Col. C. J. L., *D.S O.*, ret. pay *late* R Innis Fus. 3Nov.09
Davidson, Hon. Lt.-Col C. M., ret. pay *late* R. Muns. Fus. (*Gent.-at-Arms*) 10June82
Davidson, Hon. Brig.-Gen. C. S., *C.B.*, ret. pay *late* h.p. 6Jan 20
Davidson, Lt. D. A, ret. pay *late* Arg. & Suth'd Highrs. 1Nov.18
Davidson, Maj. D. F., ret. pay *late* Cam'n Highrs. (*Hon. Lt -Col. Impl. Yeo.*) 9Apr.98
Davidson, Capt. F. A. L., ret. pay *late* R. Sc. Fus. 4Apr.88
Davidson, Col. F. M., ret. pay, *late* h.p., g. 28Jan 18
Davidson, Maj. G., ret. R. E. (Ind. Pens.) 15Jan.91
Davidson, Maj. G. H., *D.S.O.*, ret. pay *late* R. Scots. 14Aug.04
Davidson, Bt. Col. D. J., ret. pay *late* N. Lan.R 17Dec.04
Davidson, Col. J. R. B., ret. pay *late* h.p. (R.A.) 11Apr.09
Davidson, Col. J. S., *M.B.*, ret. pay *late* A. Med. Serv. 1Mar.15
Davidson, Col. S., *C.B.E*, ret. pay 19July11
Davidson, Hon. Lt.-Col. T. R. W., Staff Paymr. ret. A. P. Dept. 7June96
Davidson, Lt.-Col. T. St. C., *D.S.O.*, ret. pay *late* h.p. 23May07
Davidson, 2d Lt. W., ret. pay *late* h.p. 18Apr.17
Davidson, Hon. Capt. W. B. F., Qr.-Mr. ret. pay *late* R. Highrs. 9Nov.08
Davie, Hon. Brig.-Gen. K M., *D.S O.*, ret. pay *late* Staff, p s.c. [I] [F] 10July19
Davies, Lt.-Col. A. M., ret. pay *late* R.A.M.C. 30July01
Davies, Hon. Lt. C., Dep. Asst. Commy. ret. Ind. Army Dept. (*Rl. Wt. 29 Nov. 97*) 12Nov.00
Davies, Lt.-Col C. M., *D.S.O.*, ret. pay *late* Rif. Brig., p.s c. 27Feb 20
Davies, Lt C W., ret. pay *late* h.p. 6Nov.17
Davies, Hon. Capt. D. R., Sen. Asst. Surg. ret. Ind. Sub. Med. Dept. 23Jan.11
Davies, Lt. E. R., ret. pay *late* h p. 26July17
Davies, Maj. F G., ret. pay *late* Suff. R. 11Dec.14
Davies, Col F G. H, ret Ind Army 1Jan.17
Davies, Lt.-Col. F. J. M., ret. pay *late* h.p. 10June89
Davies, Capt. H. G. P., ret pay *late* R.W. Fus. 1Jan.17
Davies, Lt.-Col. H. S. P., ret. Ind. Army 1May04
Davies, Lt.-Col. J., ret. Ind. Army 16Feb.09
Davies, Lt. J. A, ret pay *late* R. A. 15Oct.18
Davies, Lt.-Col. J. G. S., ret. pay *late* R.E. 7Sept.85
Davies, Maj. O. E. M., ret. pay *late* Ches. R. (*Gov. Pentonville Prison*) 13Sept.90
Davies, Lt. R. B., ret. pay *late* h.p. 4Mar.18
Davies, Col. T. A. H., *C.B., D.S.O.*, ret. pay *late* Fus. 31Oct.04
Davies, Capt. T H., *M.C.*, ret. pay *late* R.W. Fus. 30Nov.19
Davies, Capt. W. A., Qr.-Mr. ret. pay *late* Rif. Brig. (*Qr.-Mr. and H m. Capt. 12 Bn. Lond. R.*) 9Nov.08
Davies, Bt. Col. W. T., Ord. Offr. 2nd Class, ret. pay *late* A.Ord. Dept. 1Jan.17
Davis, Lt -Col, A. R., ret. pay *late* R. Suss. R. 9May19
Davis, Lt.-Col. A. T., ret. Ind. Army 20Oct.85
Davis, Col. C., *O.B.E* ret. Ind. Army 19Mar.12
Davis, Maj. C. E., Sen. Asst. Surg. Ind. Sub. Med. Dept. 2Apr.18

Non-Effective Officers

Davis, Lt.-Col. E., ret. pay *late* R.A.M.C. 30May05
Davis, Lt. F., ret. pay *late* h.p. 1July17
Davis, Lt. F. E., ret. pay *late* h.p. 1July17
Davis, Maj. G. F., ret. pay *late* A. Vety. Dept. 9Feb.95
Davis, Hon. Capt. G. W., Sen. Asst. Surg. ret. Ind. Sub. Med. Dept. 23Jan.11
Davis, Lt. H. G., ret. pay *late* Arg. & Suth'd Highrs. 15Oct.18
Davis, 2nd Lt. J., ret. pay. *late* h.p.) 29Dec.16
Davis, 2nd Lt. J. T., ret. pay, *late* h.p. 12 Aug. 17
Davis, Lt-Col. R. E. S., *M.B.*, ret. Ind. Med. Serv. 30Sept.02
Davis, Hon. Capt. T., Sen. Asst. Surg. Ind. Sub. Med. Dept. 5June95
Davis, Col. T. A., ret. pay *late* R. (Ben.) A. 13Dec.88
Davison, Bt. Col. G. M., ret. pay *late* Durh. L.I. 26Ap.06
Davison, Col. J., ret. pay *late* h.p. 24Nov.86
Davison, Maj.-Gen. K. S., *C.B.*, ret Ind. Army 3June11
Davison, Col. T., ret. pay *late* h.p. 15June89
Davison, Maj. T., ret. pay *late* Ches. R. 28Oct.91
Davison, Bt. Col. W. P., ret. pay *late* R. Ir. Fus. 19Mar.09
Davoren, Maj. J. H. W., ret. pay *late* R.A.M.C. 27July99
Davy, Maj. J. D. W., ret. pay *late* Oxf. L.I. 23Oct.03
Davy, Lt.-Col. J. J., ret. pay *late* h.p. 1July88
Davy, Lt.-Col R. M. M., ret. pay *late* Glouc. R. 14 Oct. 19
Dawes, Col. B. M., ret. pay *late* h.p., *p.s.c.* [F] 18Nov.86
Dawes, Bt. Col. W. M., ret. Ind. Army 14Aug.08
Dawkins, Hon. Brig.-Gen. H. S., *C.B.*, ret. pay *late* h.p., *p.s.c.*, *g.* 14Dec.14
Dawson, Hon. Lt.-Gen. A. H., ret. pay *late* R. (Mad.) A. 19Jan.83
Dawson, Lt.-Col. A. W., *M.D.*, ret. I.M.S... 1Ap.06
Dawson, Col. C. H., ret. Ind. Army 18Mar.08
Dawson, Lt.-Col. C. P., ret. pay *late* 2 D.G. 18Oct.02
Dawson, Hon. Brig.-Gen. *Sir* D. F. R., *G.C.V.O.*, *C.B.*, *C.M.G.*, ret. pay *late* h.p., *p.s.c.* [F] (*Comptroller, Lord Chamberlain's Dept.*) (*Extra Equerry 'o the King*) 3June19
Dawson, Maj. (Dist. Offr.) E., ret. pay *late* R.A. 20Dec.95
Dawson, Maj. E. A. F., ret. pay *late* Rif. Brig (*Lt.-Col. ret. Spec. Res.*) 29Nov.00
Dawson, Lt.-Col. F.W., ret. Ind. Army 23July05
Dawson, Hon. Lt.-Col. H. C., Staff Paymr. ret. A. P. Dept. [F] 1Apr.95
Dawson, Bt. Lt.-Col. H. F., ret. pay *late* h.p. R.A., *s.* 1Jan.18
Dawson, Col. H. L., *C.V.O.*, *C.B.*, ret. Ind. Army 11Feb.03
Dawson, Lt.-Col. H. P., ret. pay *late* h.p. R.A., *p.a.c.* 4Oct.93
Dawson, Col. J., ret. pay *late* Regtl. Dist. 30Jan.89
Dawson, Hon. Capt. J. T., Qr.-Mr. ret. pay *late* R.A. 13June04
Dawson, Bt. Maj. J. V., ret pay *late* h.p. 1Jan.19
Dawson, Hon. Brig.-Gen. R., *C.B.*, ret. pay *late* R.A. 1July18
Dawson, Maj.-Gen. V.J., *C.V.O.*, ret. pay [R] 31Mar.09
Dawson-Scott, Gen. R. N., ret. pay, Col. Comdt. R.E. [R] 1Oct.97
Day, Maj. A. D., ret. Ind. Army 1Sept.15
Day, Capt. A. G. Fitz R., ret. pay *late* Dorset R. (*Empld. Serv. Bns. Som. L.I.*) 2Nov.95
Day, Maj. E., *O.B.E.*, a. A. Vety. Dept. 17May99
Day, Col. F. J., ret. pay *late* h.p. R.E. 12Jan.98
Day, Maj. H., Sen. Asst.-Surg-ret. Ind. Sub. Med. Dept. 2Apr.18
Day, Lt.-Col. J. D., *M.B.*, *F.F.P.S.*, *Glasgow*, ret. pay *late* R.A.M.C. 6Mar.00
Day, Bt. Col. J. G., ret. pay *late* R.E. (Ind. Pens.) (*Travelling Med. Board*) 10Feb.04
Dayrell, Maj. W. S., *D.S.O.*, ret. Ind. Army 8May16
D'Cruz, Maj. A., Sen. Asst. Surg. ret. Ind. Sub. Med. Dept. 2Apr.18
Deakin, Capt. F. F., *D.S.O.*, ret. pay *late* 2 D.G. (*Lt.-Col. T.F. Res.*) 13July01
Dean, Capt. C., ret. pay *late* h.p. (*Empld. Min. of Labour*) 1Jan.17
Dean, Capt. F. W., ret. pay *late* R.G.A. 3Nov.17
Dean, Hon. Maj. J., Qr.-Mr. ret. pay *late* A.S.C. 18Oct.02
Deane, Lt.-Col. A., *M.D.*, ret. Ind. Med. Serv. 4Dec.01
Deane, Maj. A., ret. pay *late* R. War. R., *s.* 11Jan.04
Deane, Lt.-Col. C. A. C., ret. pay *late* Suff. R. (*Maj. ret. T.F.*) 18 Oct. 02

Deane, Lt.-Col. F. B., ret. Ind. Army 10Sept.02
Deane, Bt. Col. G. W., *C.B.*, ret. Ind. Army 30Mar.01
Deane, Bt. Col. H. E., ret. pay *late* R.A.M.C 3June17
Deane, Maj. J., *C.M.G.*, ret. pay *late* R. Highrs. 12Dec.99
Deane, Bt. Col. R. W., *C.B.E.*, ret. pay *late* Staff 10Oct.06
Deans, Maj. G. N., ret. pay *late* S. Staff. R. 19Dec.01
Deare, Lt.-Col. R. F., ret. pay *late* 8 Hrs. 19Oct.09
Dease, Maj. G., ret. pay *late* R. Fus. 11Dec.91
deBernière, Col. H. J. de B., ret. pay *late* Regtl. Dist. 6Jan.94
de Berry, Maj. H. G. N., ret. pay *late* High.L.I. 5Jan.94
DeBrath, Lt.-Gen. *Sir* S., *K.C.B.*, *C.I.E.*, ret. Ind. Army, *p.s.c.* [R] 17Feb.11
de Burgh, Col. U. G. C., *C.B.*, ret. pay *late* Staff (*Comdt. Prisoners of War Camp*) 24Nov.0?
de Bury and de Bocarmé, Capt. H. R. V., Count, ret. pay *late* R.G.A. (*Empld. with Forces, Dom'n of Canada* 1 *May* 11) 1Feb.00
de Carteret, Lt. H. J. T., ret. pay *late* R. Lanc. R. (for Mila.) (*Capt. R. Lanc. R. Spec. Res.*) 11June04
Decles, Maj. J. G. H., *Lord*, *D.S.O.*, ret. pay *late* 7 Hrs. (*Lt.-Col.*) (*ret. Spec. Res.*) *s.* 25June03
Deeble, *Mrs.* J. C., Lady Supt. of Nurses ret. A. Med. Staff 1Nov.09
Deedes, Capt. G., ret. R. A. (Perm. Annuity) (and Hon. Maj. (*Vols.*), Adjt. ret. pay *late* 3 Kent V.A.C. 18Mar.86) 15Mar.71
₰. Deeves, Hon. Maj. D., Qr.-Mr. ret. O. S. Dept. [R] 18Oct.02
de Hoghton, Maj. D., ret. pay *late* N. Lan. R. 1July91
de Hoghton, Maj. *Sir* J., *Bt.*, *C.B.E.*, ret. pay *late* Linc. R. 11Mar.92
deJersey, Bt. Col. W. G., *C.B.E.*, ret. pay *late* R.F.A., *A.D.C. to the King* (*Lt.-Col. R. Alderney A.*) 5Aug.03
de Kantzow, Col. C. A., u.s.l. Ind. Army 14Sept.83
Delamain, Bt. Col. F. G., ret. Ind. Army 20Apr.05
de la Motte, Capt. H. T., *M.C*, ret. Ind. Army 8Aug.18
de Lancey, Lt.-Col. J., ret. pay *late* h.p. 1July88
Delany, Lt.-Col. T. H., *M.D.*, *F.R.C.S.I.*, ret. pay *late* Ind. Med. Serv. 28July17
De la Poer, Lt. J. W. R., ret. pay *late* Leins. R. (for Spec. Res.) (*Capt. 4 Bn. Leins. R.*) 21Mar.03
de la Poer Beresford, Lt.-Col. M. J. B., *D.S.O.*, ret. pay *late* S. Wales Bord. 9 Apr.19
de Lautour, Bt. Col. E. J., ret. pay *late* R. (Ben.) A. 18Sept.01
De la Voye, Hon Brig.-Gen. A. E. *C.B.*, *C.M.G.*, *D.S.O.* [F], ret. pay, *late* R.A.S.C. 2Nov.19
DeLima, Hon. Surg.-Capt. D. St. A., Sen. Apoth ret. Ind. Sub. Med. Dept (Br.) (*Rl. Wt.* 19 *July* 90) 31Aug.93
DeLisle, Hon. Brig.-Gen. G. de S., *C.M.G.*, ret. Ind. Army 19Apr.17
Delmege, Maj. F. H., ret. pay *late* h.p. 6Sept.15
Delmé-Radcliffe, Maj. S. A., *O.B.E.*, ret. Ind Army [L] [F] 15Jan.11
de Lom, Capt. H. A., ret. pay *late* h.p. 4Aug.81
de Maryland, Lt.-Col. R., ret. pay *late* h.p. 28Sept.93
☾. de Moleyns, Hon. Maj.-Gen. T. A., ret. pay *late* h.p. R.A. 6Nov.86
de Montmorency, Bt. Col. M., ret. pay *late* North'd Fus. (*4 Bn. R. Ir. Regt.*) 3June18
Dempster, Bt. Col. C., ret. Ind. Army 22Jan.96
Dempster, Capt J., Dep. Commy., ret. Ind Army Dept. 29Sept.08
Denham, Lt.-Col. H. A., *O.B.E.*, ret. pay *late* L'pool R. 2Nov.19
Denham, Maj. L. S., ret. pay *late* Midd'x R., *s.* 4May16
Danholm, Hon. Capt. J., Qr.-Mr. ret. pay *late* Arg. & Suth'd Highrs. (*Hon. Capt. Terr. Force*) 28May94
₰. Denis-de-Vitré, Hon. Maj.-Gen. W., ret. pay *late* R. (Bo.) A. 4Feb.85
Denison, Hon. Lt.-Col. H., *C.B.*, TD, ret. pay *late* R.E. (*Hon. Col. Terr. Force*) 11July87
Denison, Lt. O. M., ret. pay *late* Leins. R. 14Nov.00
Denne, Maj. A. B., ret. pay *late* R.G.A., *p.a.c.* 16Jan.00
Denne, Lt.-Col. R. W. A., ret. Ind. Army 8Dec.12
Dennis, Hon. Maj. A., Qr.-Mr. ret. pay *late* R.E. 1July17
Dennis, Col. M. J. C., *C.B.*, ret. pay (*late R.A.*) [F] 1Apr.15

Non-Effective Officers

Dennis, Maj. M. S. M., ret. pay late h.p. 15 Oct. 19
Denniss, Lt.-Col. G. L. T., ret. pay late h.p. 8 Aug. 94
Dennistoun, Lt.-Col. J. G., D.S.O., ret. pay late h.p. 10 May 15
Denny, Maj. E. W., D.S.O., ret. pay late 19 Hrs. 22 Aug. 02
Denny, Col. H. C., C.B., ret. pay late h.p. 17 Mar. 03
Denny, Maj. W. A. C. O.B.E., ret. pay late A.S.C., p.s.c., e. (Empld. Min. of Munitions) 29 Nov. 00
Dennys, Lt.-Col. C. J., ret. Ind Army 26 Mar. 10
Dennys, Lt -Col. H. T, K.B.E., C.I.E, ret. Ind. Army 29 Aug. 11
Dennys, Bt. Col. W. A. B, ret. Ind. Army 1 June 04
Dent, Lt. Maj. H. C., ret. A. Med. Staff 3 June 19
Denton, Hon. Capt. A., Dep. Commy. ret. Ind. Army Dept. 2 Jan. 04
de Pentheny-O'Kelly, Hon.Capt.H.A.,Ridg.-Mr., ret. pay late 13 Hrs. 22 Aug. 10
Depiro D'Amico, Capt. I., ret. pay late L'pool R. 23 Aug. 00
De Ressurriecao, Hon. Capt. J. A., Sen. Asst. Surg., ret. Ind. Sub. Med. Dept. 8 Mar. 06
Derbyshire, Capt. F., Qr.-Mr. ret. pay late R.A.S.C. 1 July 17
Derham, Hon. Brig.-Gen. F. S., C.B., ret. pay late E. Lan. R. 12 Apr. 17
Dering, Maj. Sir H. E., Bt., ret. pay late S. Gds. 16 Mar. 01
de Rougemont, Hon. Brig.-Gen. C. H., C.B., C.M.G., D.S.O., M.V.O., ret. pay late h.p. p.s.c. [F] 18 Jan. 20
de St. Croix, Lt. C., ret. pay late R. Suss. R. (for Spec. Res.) (Capt. 3 Bn. R. Suss. R.) 6 Jan. 06
de Salis, Hon. Lt.-Col. E. J., Asst. Commy. Gen. ret. Naval Ord. Dept. 1 Oct. 92
Des Barres, Bt. Lt.-Col. A. H., ret. R. Mar. [F] 28 Dec. 92
Deshon, Col. C. J., D.S.O., ret. pay late h.p. 21 Dec. 90
De Souza, Hon. Capt. C. M., Sen. Asst. Surg. ret. Ind. Sub. Med. Dept. 16 June 07
Despard, Capt. H. F. R, ret. pay late R. Ir. Rif. (Spec. Appt.) 2 Sept. 95
Des Vœux, Maj. Sir F. H. A., Bt., ret. pay late h.p. 18 Oct. 02
de Uphaugh, Lt. F. E. B., ret. pay, late h.p. 2 Dec. 15
de Villamil, Lt.-Col. R., ret. pay late R.E. 14 Mar. 96
Devine, Capt. E J., ret. pay late A. Vety. Corps 28 Aug. 12
Devine, Hon. Capt. J., Dep. Commy. ret. Ind. Army Dept. (Rt. Wt. 29 Nov. 97) 1 Dec. 01
Devlin,Hon.Capt.J.,Qr.-Mr.ret.pay late h.p. 8 Sept. 18
Dewar, Hon. Brig.-Gen. D E., ret. pay late R F.A. 8 Aug. 17
Dewar, Hon. Brig.-Gen. J. E., ret. pay late h.p. 5 July 17
Dewar-Harrison, Maj. A. W., ret. pay late Linc. R. 11 Mar. 02
de Wilton, Maj. A. W., ret. Ind. Army 10 July 01
De Winton, Hon. Brig.-Gen. C., C.M.G., ret. pay late h.p. 23 Dec. 17
Dewing, Lt.-Col. R. H., O.B.E., ret. Ind. Army. 26 Oct. 08
de Wolf, Maj. H. F., M.C., ret. pay late h.p. 5 Sept. 15
de Wolski, Col. F. R., ret. pay late Staff (R. E.) 26 May 97
Dhanjisha Navriji Parakh, Surg. Lt.-Col. ret. Ind. Med. Serv. 30 Sept. 94
Dharmadas, Basu, Lt.-Col., ret. Ind. Med. Serv. 31 Mar. 97
Dias, Hon. Capt. A. X., Sen. Asst. Surg. ret. Ind. Sub. Med. Dept. 17 Mar. 99
Dibbon, Maj. J. T., ret. pay late A.V.C. 15 Mar. 99
Dibble, Hon. Maj. H., Ridg.-Mr. ret. pay late 7 Hrs. 31 Oct. 03
Dible, Capt J. K. V. Paym. ret. pay, late A. Pay Dept. 26 Dec. 14
Dibley, Lt.-Col. A., ret. pay late R. Dub. Fus. 25 July 19
Dick, Lt.-Col. D. H. A., D.S.O., ret. pay late R. Sc. Fus. [F] (Lt.-Col. 3 Bn. R.Sc. Fus.) 3 June 17

Dick, Capt. G., ret. pay late R.E. 17 Feb. 99
Dick, Lt.-Col. J. R., Staff Paymr. ret. A. P. Dept 17 July 02
Dick, Maj. M., M.D., ret. Ind. Med. Serv. 29 Jan. 08
Dick-Cunyngham, Capt. G. A., ret. pay late Rif. Brig. (for Spec. Res.) (Capt. (temp. Maj.) 6 Bn. Rif. Brig.) 10 May 08
Dickens, Lt. C. H., ret. pay late R A. 23 Dec. 15
Dickens, Hon. Capt. J., Qr.-Mr. ret. pay late R, A. 6 Dec. 00
Dickerson, Capt. F., ret. pay late h.p. 7 Jan. 20
Dickie, Hon. Maj.-Gen. J. E., C.B., C.M.G., ret. late Dir.-Gen. of Mil. Wks., India (R.E.) (Ind. Pens.) [L] [F] 28 Apr. 13
Dickin, Maj. E. S., ret. pay late 2 D.G. 25 Feb. 11
Dickin, Hon. C. E., ret. pay late h.p. R.E. 9 June 99
Dickinson, Lt.-Col. E. A. ret. pay late h.p. [F] (Librarian, Staff Coll., temp.) 28 Dec. 08
Dickinson, Maj. N. H. C., D.S.O., ret. pay late Leins. R. 28 June 01
Dickinson, Maj. W., ret. pay late Rif. Brig. 30 Mar. 20
Dickinson, Lt. W. H. E. do B., ret. pay late h.p. R.A. (Capt. R.F.A., T.F.) (Empld. R.F.A.) 16 Feb. 01
Dickson, Maj.-Gen. E. T., ret. pay, Col. R. Berks. R. [R] 26 Oct. 05
Dickson, Maj. G. F. H., ret. pay late R.W. Fus. 19 Oct. 12
Dickson, Maj. G. J., ret. pay late Wilts. R. 19 Mar. 02
Dickson, Hon. Capt. J. A., Dep. Commy. ret. Ind. Army Dept. (Rt. Wt. 29 Nov. 97) (Empld. Recg. Duties 5 Oct. 16) 3 Nov. 93
Dickson, Hon. Maj.-Gen. J. B. B., C.B., C.M.G., ret. pay late Staff [R] 2 Feb. 01
Dickson, Hon. Capt. R., Dep. Commy. ret. Ind. Army Dept.(Rt. Wt. 29 Nov. 97) 15 Nov. 01
Dickson, Capt. W., O.B.E., Asst. Commy. of Ord., ret. A. Ord. Dept. 1 July 17
Didham, Capt, E., ret. pay late Derby. R. (Lt.-Col. ret. Spec. Res.) 11 May 92
Dietz, Lt.-Col. B. R., ret. pay late h.p. 18 Mar. 07
Digby,Hon.Capt.W.G.,Qr.-Mr. ret. pay late A.S.C. 20 July 17
Digby, Lt.-Col. W. T, ret. pay late R.E. 23 Nov. 12
Diggins, Hon. Maj. W. J., Qr.-Mr. ret. pay late R.A.M.C. 2 Aug. 17
Diggle, Maj J. N., D.S.O., ret. pay, late R.F.A. 6 Feb. 16
Diggory, Hon. Capt. C. J., Qr.-Mr. ret. pay late 4 D G (Qr.-Mr. & Maj. ret T.F. Res.) 3 Feb. 10
Dill, Lt.-Col. R., ret. pay late North'd Fus. 18 Sept. 14
Dillon, Col. Hon. R. V., ret. pay late R.A. 1 July 85
Dimmer, Lt.-Col. J. F., O.B.E., Qr.-Mr. ret. R.M.L.I. 1 Jan. 17
Dimmock, Lt.-Col. H. P., O.B.E., M.D., ret. Ind. Med. Serv. 31 Mar. 00
Dingwall-Fordyce, Col. E. M., ret. pay late h.p. 6 Mar. 00
Disney-Roebuck, Capt. C. D., ret. pay late h.p. 28 May 06
Ditmas, Col. F. F., ret. pay late Staff (R.A.) 16 July 95
Ditmas, Lt.-Col. L. P., Staff Paymr. ret. A. Pay Dept. 17 June 05
Diver, Capt. C. R. P., ret. pay late h.p. 2 Mar. 16
Diver, Lt.-Col. T., ret. pay late R. War. R. 2 Nov. 15
Dixon, Lt.-Col. C. E.,ret.paylateh.p.(Empld. Recg. Duties 11 Aug. 14) 22 May 90
Dixon, Maj C. J., O.B.E., Qr.-Mr ret. pay, late Extra Regimentally employed. 1 May 09
Dixon, Hon. Brig.-Gen. Sir H. G., K.C.B., ret. pay late h.p. [R] [F] 13 July 18
Dixon, Maj L. L., ret. pay late h.p. 3 Mar. 20
Dixon, Col. P. E, ret. late Ml. Wks. India (R.E.) (Ind. Pens.) 15 Nov. 08
Dixon, Lt.-Col. T. A., M D., ret. pay late R.A.M.C. 5 Feb. 01
Dixon, Capt W., ret. pay late Bedf. & Herts. R. [F] 3 Feb. 17
Dixon, Hon. Capt. W., Qr -Mr., ret. pay late Rif. Brig. [R] 19 Jan. 96
D'Lacy, Hon. Capt. H., Sen. Asst. Surg. ret. Ind. Sub. Med. Dept. 27 Apr. 00
Dobbie, Col. H. H., ret. Ind. Army 1 May 07

Non-Effective Officers

Dobbin, Lt.-Col. W. J. K., C.B.E. [F] ret. Ind. Army (Empld. 19 Bn. Rif. Brig.) 13Oct.08
Dobbs, Lt.-Col. A. H., ret. Ind. Army 1May04
Dobbs, Col. G. C., ret. Ind. Army 7July99
Dobbyn, Lt. H., ret. pay late N. Lan. R. 20Mar.18
Doble, Bt. Col. W. H E., ret. pay late R.G.A. 1Oct.03
Dobner, Lt. A., ret. pay late Midd'x R. 26Mar.16
Dobrée, Maj. De S., ret. R.Mar.Art. 1Sept.04
Dobson, Col. A. F., M.B., ret. Ind. Med. 4May01
Dobson, Lt.-Col. E. F. H., M.B., ret. Ind Med. Serv. 2Oct.00
Dobson, Lt.-Col. J. F., M.B., F.R.C.S., ret. pay (temp.) late 2 N.Gen.Hosp., R.A.M.C. (T.F.) 7Oct.14
Dodd, Bt. Col A., ret. pay late R.A.M.C. 3June17
Dodd, Col. J. A., M.B., F.R.C.S., ret. pay late h.p. 9Sept.08
Dodd, Hon. Maj. S. A., ret.pay late North'n R. 6May83
Dodgson, Maj. H. B., D.S.O., ret. pay late R. G.A. 16July01
Dodgson, Bt. Lt.-Col. R. C., D.S.O., ret. pay late R.A. 1Jan.19
Doig, Lt.-Col. C. P., D.S.O., O.B.E., ret. pay late h.p (Sea. Highrs.) 9Mar.15
Dolby, Col. S. S. C., Chief Paymr. ret. pay late A.P. Dept. 19Oct.04
Doley, 2nd Lt. B. O., ret. pay, late h.p. 27Feb.17
Dolphin, Maj. H. C., ret. pay late Hamps. R., o. (Empld. R.A.O.C.) 1May15
Dolphin, Hon. Lt.-Col. H. E., ret.pay late R.A. 8Sept.86
℄. Dolton, Hon. Lt.-Col. E. J., Qr.-Mr. ret. pay late A.S.C. [R] 18Oct.02
ℳ. Don, Hon. Dep. Surg.-Gen. W. G., M.D., Lt.-Col. ret. A. Med. Staff 18Apr.85
Donaghue, Hon. Capt. L., Dep. Commy. ret. Ind. Army Dept. 10Sept.08
Donald, Maj.-Gen. C. G., C.B., ret. pay [R] 5Nov.09
Donaldson, Hon. Capt. C. E., Dep. Commy. ret. Ind. Army Dept. 17Apr.06
Donaldson, Lt.-Col. J., ret. pay late R.A.M.C. 28July06
Done, Hon. Brig.-Gen. H. R., C.M.G., D.S.O., ret. pay late Norf. R. 8Nov 19
Donegan, Lt.-Col. J. F., C.B., ret. pay, late R.A.M.C. 28July06
Donlea, Hon. Capt. T., Dep. Commy. ret. Ind. Army Dept. 2Jan.89
Donne, Col. H. R. B., C.B., C.M.G., ret. pay late h.p., p.s.c. 16Oct.03
Donnelly, Maj. J. J. G., Qr.-Mr., ret. pay late R.A.S.C. 11Oct.14
Donnelly, Hon. Capt. L., Qr.-Mr. ret. pay late Som. L.I. 2June96
Donnet, Lt.-Col. J. J. C., ret. pay late R.A.M.C. 2Feb.04
Donohue, Col. W. E., C.B.E., M.I.Mech.E., M.Inst.C.E., Ch. Inspr. Mech. Trans., ret. pay late R.A.S.C. 24Dec.19
Donovan, Lt.-Col. H. L., M.D., ret. A. Med. Staff 3Feb.98
Donovan, Hon. Capt. J., Dep. Commy. ret. Ind. Army Dept. (Rl. Wt. 29 Nov. 97) 7Jan.99
Donovan, Maj.-Gen. Sir W., K.C.B., ret. pay [F] 2Dec.04
Dooley, Hon. Capt. W., Qr.-Mr. ret. pay late S. Lan. R. (Qr.-Mr. and Hon. Maj. ret. T.F.) 21Dec.08
Dooner, Col. W. T., ret. pay late Staff, p.s.c. 29Aug.93
Dopping-Hepenstal, Maj. L. J., O.B.E., ret. pay late R.E. 22May18
Doran Maj.-Gen. B. J. C., C.B., ret. pay, q.s 18Feb.15
℄. Doran, Hon. Col. K. H. P., r.f.p. late R. W. Kent R. 11June84
Doran, Hon. Brig.-Gen. W. R. B., C.B., D.S.O., ret. pay, p.s.c. [R] [F] 4Mar.19
Dorehill, Maj. P. H. M., ret. pay late R. G.A. 7Nov.83
Dorkins, Hon. Capt. A. J., Dep. Commv. ret. Ind. Army Dept. 5Aug.13
Dorling, Bt. Col. F., ret. pay late h.p. 2Feb.95
Dorman, Surg.-Gen. J. C., C.M.G., M.B., ret A. Med. Serv. 11Apr.08
Dormer, 2nd Lt. C. M., ret. pay late h.p. 12Sept.17
Dorrien-Smith, Maj. E. P., D.S.O., ret. pay late Shrops. L.I., p.s.c. 1Sept 15
Dorsey, Hon. Capt. G. M., Dep. Commy. ret. Ind. Army Dept. 16Mar.88
Dorward, Maj.-Gen Sir A. R. F., K.C.B., D.S.O., ret. pay [R] 15July05

Dougall, Maj. W., ret. pay late 6 D.G. (Remo unt Service) 29Oct.08
Doughty, Maj. E. C., D.S.O., ret. pay late Suff. R. 8July11
Doughty, Hon. Lt. W., Dep. Asst. Commy. ret. Ind. Army Dept. (Rl. Wt. 29 Nov. 97) 3Nov.93
Douglas, Capt. A. F., ret. pay late Sco. Rif. (for Spec. Res.) (Maj. 4 Bn. Sco. Rif.) 5Nov.02
Douglas, Maj. C. C., ret. pay late Sco. Rif. 15Oct.94
Douglas, Lt.-Col. H. M. S., ret. pay late h.p. 11Mar.89
Douglas, Hon. Col. J. C., ret. pay late Worc. R. 11Aug.86
Douglas, Bt. Col. J. D., ret. pay late R.A. 1Oct.96
Douglas, Maj. Sir J. S., Bt., ret. pay late R.G.A. s. 30July96
Douglas, Maj. S. E., ret. pay late Arg. & Suth'ld Highrs. 22Oct.17
Douglas, Capt. S. R., ret. late h.p. Ind. Med. Serv. 28Jan.01
Douglas, Maj. S. W., D.S O., ret. pay late R.A., p.a.c. (Chief Constable, Metropolitan Police, 17 Dec. 19) 6Mar.08
Douglas, Maj.-Gen. Sir W., K.C.M.G., C.B., D.S.O., ret. pay, p.s.c. 10Aug.12
Douglas-Hamilton, Capt. C. R. S. ret. pay late Gord. Highrs. 4Dec.86
Douglas-Jones, Col. D. F., ret. pay late Staff (R.A.) p.s.c. 18June92
Douglas-Pennant, Lt.-Col. F., ret. pay late K.R. Rif. C. 20 Oct.14
Dove, Bt. Col. C. H., ret. pay late h.p. R.E. 3Nov.98
Doveton, Maj. A. M., ret. Ind. Army (Adjt. Glouc. Vol. R.) 7Oct.14
Doveton, Hon. Lt.-Col. H., ret. pay late R. (Bo.) R. 31Dec.85
Dowden, Col. T. F., ret. pay late R. (Bo.) R. 21June85
Dowding, Gen. T.W., ret. R. Mar. [R] 21Nov.10
Dowding, Chapl. 1st Class. Rev. W B., ret. pay, late Army Chapl. Dept. 9Apr.05
Dowell, Hon. Brig.-Gen. G. W., C.M.G., C.B., C.M.G., ret. pay late h.p. 18July18
Dowell, Col. G C M.G., ret. pay late h p. [R] 10Oct.10
Dowell, Hon. Brig. Gen. G. W., C.M.G., C.B.E., ret. pay late N. Lan. R. [F] (Empld. Remts,) 19July19
Dowling, Lt.-Col. T. L. W., ret. pay late h.p. 28Mar.93
Dowling, Hon. Capt. M. J., Dep. Commy. ret. Ind. Army Dept. 3Apr.92
Dowman, Lt.-Col. W. S., ret. pay late R.A. M.C. 28July06
Downe, Hon. Maj.-Gen. H. R., Visct., K.C.V.O., C.B., C.I.E., ret. pay late Staff, Col. 10 Hrs. [R] 30July02
Downer, Lt. A. G., ret. pay late Hampe. R. 30Apr.19
Downes, Hon. Capt. J. G., Qr.-Mr. ret. pay late York R. 18Feb.95
℄. Downes, Hon. Maj.-Gen. M. F., C.M.G., ret. pay late h.p. R.A. 22Oct.84
Downey, Hon. Capt. R., ret. pay, late Asst. Paymr. A.P. Dept. 1Jan. 17
Downing, Col. C. M. H., C.M.G., ret. pay late h.p. R.A. [R] 1Jan.98
Downing, Lt.-Col.G.,ret.pay late R.Dub.Fus. 7June10
Downing, Lt.-Col. H. J., D.S.O., O.B.E., ret. pay late R. Ir. Regt. 12Mar.08
Downing, Lt.-Col. J. G., ret. Ind. Army 20Nov.01
Downs, Capt. A. A., Qr.-Mr. ret. pay late N. Staff R. 30June19
Downs, Hon. Maj. E. R., Qr.-Mr. ret. pay late R.E. (Member Standing Selection Board) 1July17
Dowse, Matron Miss E. A., R.R.C., ret. pay late Q.A.I.M.N.S. 24July08
Dowse, Lt.-Col. E. C., ret. pay late h.p. 5Aug.95
Dowse, Col. R. T. E., ret. pay late h.p. 10Sept.08
Doyle, Bt. Col. A. H. J., ret. pay late h.p. 11Feb.05
Doyle, Lt.-Col. B., ret. Ind. Med. Serv. 31Mar.96
Doyle, Lt.-Col. F. J., F.R.C.S.I., ret. Ind. Med. Serv. 2Oct.00
Doyle, Hon. Lt. H. J., Asst. Commy. ret. Ind. Dept. 4Mar.08
Doyle, Maj. I. P., D.S.O., ret. Ind. Med. Serv. (Mad.) 30Sept.9ᵈ
Doyle, Maj. M. J., Commy. ret. Ind. Army Dept. 21Sept.17
D'Oyly, Maj. H. R. N., ret. R.M.L.I. 28Sept.15

Non-Effective Officers

Doyne, Lt.-Col. R. J., ret. pay late R. War. R. 18Oct.02
Doyne, Maj. W. M., ret. pay late 21 Lrs. 26Oct.98
Doyne-Ditmas, Lt. H. E. C., ret. pay late R.F.A. (for Spec. Res.) 3Apr.01
Drage, Vety.-Lt.-Col. F. B., ret. pay late R.H.G. 18July11
Drage, Maj. G., *D.S.O.*, ret. R. Mar. [L] (*Capt. ret. T.F.*) 1Oct.19
Drage, Lt.-Col. G., *C.B.*, ret. Ind. Army (*Capt. ret. T.F.*) 2Oct.19
Drage, Hon. Maj. W. H., ret. pay late 52 Ft. 13Sept.79
Drake, Hon Brig.-Gen. B. F., *C.B.*, ret. pay late Staff 13Sept.19
Drake, Lt.-Col. F. R., *C.B.E.*, ret. pay late R.G.A. (*Empld. R.A.F.*) 3June17
Drake, Bt. Col. H. D., ret. R. Mar. Art., p.s.c., [I] (*Spec. Appt.*) 6May08
Drake, Lt.-Col. R. J., *D.S.O.*, ret. pay late N. Staff R. p.s.c., [L] 11 Oct.19
Drake, Hon. Capt. T. O., Co nmy. ret. Ind. Army Dept 14Nov.04
Drake, Lt. T. O. L., ret. pay, late h.p. 17Feb.18
Drake. Capt. W. B., *O.B.E*, ret. pay late S. Wales Bord. 15Aug.16
Drake-Brockman, Lt -Col. H. E., *F.R.C.S Edin.*, ret. Ind. Med. Serv. 9Sept.08
Drake-Brockman, Col. R. R. E., ret. pay late Public Works Dept., India (R.E.) (Ind. Pens.) 22Apr.93
Drake-Brockman, Lt.-Col. V. G., ret. Ind. Med. Serv. 30Jan.13
Draper, Hon. Maj. F., Ridg.-Mr. ret. pay late R.A. 18Oct.02
D'Ravara, Hon. Lt. A. J., Sen. Asst. Surg. ret. Ind. Sub. Med. Dept. 3Dec.06
Drayson, Capt. T., *M.B.E.*, Q .-Mr. ret. pay late R.G.A. 3June17
Dressner, Capt. C. J. B. H., ret. Ind. S.C. 1Sept.87
Drew, Bt. Lt.-Col. C. D., *D.S.O.*, ret. pay late Midd'x R 11Nov.19
Drew, Hon. Capt. G., Commy. ret. Ind. Army Dept. 2Jan.04
Drew, Lt.-Col. G. B., *D.S.O.*, ret. pay late W. York. R. 3June17
Drew, Lt. T., ret. pay late E. Kent. R. 17Mar.18
Drew, Lt.-Col.T. M., *O.B.E.*, ret. pay late h p, 17July16
Drewe, Lt. C., ret. pay late h.p. 1July17
Drewin, Hon. Maj. N. J., Qr.-Mr. ret. pay late R. Ir. Fus. [R] 1Oct.02
Driesen, Maj. W. P., Commy. ret. Ind. Army Dept. 1July17
Drought, Hon. Capt. J. B. A., ret. pay late R.Ir. Rif. (for Spec. Res.) 19July17
Drought, Hon. Maj. J. T. A., ret. pay late h.p. 6May89
Drover, Lt. G., ret. pay late Hamps R. 15May16
Druce, Maj. C., ret. pay late R. W. Kent R. 14Dec.18
Druitt, Lt.-Col. E., ret. pay late R.E. (*Inspg. Offr. of Rlys.*, Bd. of Trade, 17 Sept. 00) 4May04
Drummond, Capt.A.G., ret. pay late h.p. R.E. 1Apr.89
Drummond, Maj.A. S., ret. pay late S. Gds. 21Feb.94
Drummond, Maj.J.W.A., ret. pay late S. Gds. 24May88
Drummond, Maj. K. M., ret. pay late Leins. R. 8July99
Drummond, Maj.-Gen. L. G., *C.B., C.B.E., M.V.O*, res. pay 15Feb.13
Drummond, Lt. R. H. ret. pay late Leins. R. 12May16
Drummond, Capt. W., *M.C.*, ret. pay late Gord. Highrs. 25Aug.17
Drury, Lt.-Col. F. M., ret. Ind. S.C. 26Mar.00
Drury, Lt.-Col. W. P., *C.B.E.*, ret. R. Mar. 18Mar.19
Dryden, Lt. C., *D.C.M*, ret. pay late h.p. 1July17
D'Santos, Hon. Lt. F. X., Sen. Assist. Surg. ret, Ind. Sub. Med. Dept. 7Aug.08
Duberly, Lt.-Col. A. G., ret. pay late Bedf. R. 18Oct.02
Duberly, Maj. G. W., ret. pay late G. Gds. 20July11
Du Boulay, Maj. D. de la M., ret. pay late h.p. 31Mar.91
Du Boulay, Hon. Brig.-Gen. N. W. H., *C.M.G.*, ret. pay, *p.s.c.* 30Dec.18
du Boulay, Capt. T. W. H., ret. pay late Bord. R. (*Adjt. Rest. Camp*) 8Apr.03
Du Boulay, Bt. Col. W. G., ret. pay late h.p. R.E. 12Aug.99
du Breuil, Lt.-Col. F. A., *O.B.E.*, ret. pay late Glouc. R. 14May19
Du Buisson, Maj. H., ret. pay late Linc. R. 15Feb.99
Ducat, Hon. Maj.-Gen. C. H. P., ret. pay late h.p. 8Mar.86
Ducat, Col. C. M., ret. Ind. Army, *p.s.c.* 21July08
Ducat, Lt.-Col. C. T., ret. Ind. Army 16Mar.13
Ducat-Hamersley, Maj. H. C. C., ret. Ind. Army 30Jan.04
Duck, Vety.-Col. *Sir* F., *K.C.B., F.R.C.V.S.*, Dir.-Gen. ret. A. Vety. Dept. [R] 28June97

Duckering, Surg. S., ret. Ind. Med. Serv. 31Mar.65
Duckett, Lt.-Col. W. M., Staff Paymr. ret. A. P. Dept. 13Sept.04
Duckworth, Hon. Surg.-Capt. G. J., Sen. Asst. Surg. ret. Ind. Sub. Med. Dept. (Mad.) (*Rl. Wt. 12 Mar. 94*) 2Mar.94
Duckworth, Bt. Lt.-Col. R., *D.S.O.*, ret. pay late S. Staff. R. (*S.C.*) 3June19
Ducrôt, Col. L. H., ret. pay late h.p. (R.A.) *p.s.c.* 17Nov.09
Dudley, Hon. Brig. Surg. W. E., Surg.-Maj. ret. A. Med. Staff 25Oct.84
Duer, Lt.-Col. C., *M.B., F.R.C.S*, ret. Ind. Med. Serv. 28July11
Duff, Hon. Brig.-Gen. A. G., ret. pay late h.p. 2Aug.17
Duff, Bt. Col. C. E., *C.B.*, ret. pay late h.p. 10May04
Duff, Maj. F. W., ret. pay late 9 Lrs. 18Oct.02
Duff, Bt. Lt.-Col. G. B., *D.S.O.* ret. pay late Cam'n Highrs. 1Jan.17
Duff, Maj. G. R., ret, pay late R.G.A., *f.* 20Aug09
Duff, Col. G. M., *C.I.E.*, ret. Ind. Pens. late R E 25July15
Duff, Lt.-Col. J. C., Qr.-Mr. ret. pay late Extra Regimentally empld. 1Jan.19
Duff, Lt. P. A., ret. pay late R. Highrs. 11Nov.03
Duff-Gillespie, Maj. S., ret. A. Vety. Dept. 26Sept.94
Dufferin and Ava, Capt. F. T., *D.S.O., Marq. of*, ret. pay late 9 Lrs. (*Capt. ret. Spec. Res.*) 28Apr.04
Duffett, Capt. E., ret. pay la'e R G.A. 3Nov.17
Duffield, Hon. Lt.-Col. J., Qr.-Mr. ret. pay late Leins. R. 3June19
Duffin, Hon. Maj. F., Qr.-Mr. ret. R. Mar. 10Oct.09
Duffin, Bt. Col. W. H., ret. pay late R. Lanc. R. 13Dec.07
Duffus, Hon. Brig.-Gen. E. J., *C.B.*, ret. pay late h.p. 7Feb.19
Duffus, Hon. Brig.-Gen. G. S., ret. pay late h.p. 17Apr.19
Dugan, Lt.-Col. F. R., ret. pay late Leins. R. 15July17
Dugdale, Maj. A. G., ret. pay late R.A., *p.s.c.* 1Sept.83
Dugdale, Lt.-Col. W., ret. pay late R.A.M.C. 31July00
Duggan, Maj. C. W., *M.B.*, ret. pay late R.A.M.C. 28July03
Dugan, Maj. J., Qr.-Mr. ret. pay late R.A.S.C. 29May16
Duggan, Hon. Lt.-Col. M. J., *O.B.E.*, Qr.-Mr. ret. pay late York & Lanc. R. (*Lt.-Col. & Qr.-Mr. T.F. Gen. List*) 1Jan.18
Dugmore, Maj. W. F. B. R., *D.S.O.*, ret. pay late N. Staff R. 6May16
Duhan, Hon. Brig.-Gen. W. W. T., ret pay late R. Art. 11Nov.18
Duke, Maj. A.C.H., *C.M.G., D.S.O.*, ret. pay late R.G.A., *e.* 1May17
Duke, Lt.-Col. J., ret. Ind. Med. Serv. 30Mar.92
Duke, Lt.-Col. J. C., ret. pay late Staff, *p.s.c.* 30July97
Dulleu, Capt. W. D., ret. pay late Sco. Rif. 25Mar.20
Dumbell, Capt. H. E., ret. pay late R. Fus. [F] (*Slavery Suppression Dept., Sudan, 1 June 14*) 4May07
Dumble, Lt.-Col. W. C., *O.B.E.*, ret. pay late R.E. 13Sept.19
Dunblaten, Bt. Col. H. N., ret. pay late R.E. 4July09
Dunbar, Bt.Lt.-Col. C. MacG., *M.C.*, ret. pay late 20 Hrs. 3June19
Dunbar, Maj. L. M., ret. pay late 5 D.G. 12Aug.07
Duncan, Lt. M. W., ret. pay (*temp.*) late R.G.A. Spec. Res. (*Empld. under Min. of Munitions 16 Dec. 15*) 13Nov.14
Duncan, Surg.-Maj. W., *M.B.*, ret. Ind. Med. Serv. 20Oct.77
Duncan, Hon. Maj. W., Qr.-Mr., ret. pay late R.A.M.C. 5Aug.17
Dundas, Lt.-Col. F. C., *D.S.O.*, ret. pay late h.p., *p.s.c.* [l] 18Feb.15
Dundas, Hon. Maj. W., Qr.-Mr. ret. pay late Manch. R. (*Recg. Duties*) 1July17
Dundee, Asst. Commy. Gen. R. H., ret. Commt. and Trans. Dept. 25June74
Dundee, Col. W. J. D., *C.I.E.*, ret. late R.E. (Ind. Pens.) 16July08
Dundon, Lt.-Col. M., *M.D.*, ret. pay late R.A.M.C. 30July01
Dundonald, Lt.-Gen. D. M. B. H., *Earl of*, *K.C.B., K.C.V.O.*, ret. pay [R] 13Dec.06
Dunkley, Lt. J. C. ret. pay late R.A. 1July17
Dunlop, Lt.-Col. A. S., ret. pay late h.p., *p.s.c.* [L] 19July11
Dunlop, Bt. Col. H. C., ret. pay late R.F.A., *p.s.c., g.* 14Nov.05

Non-Effective Officers

Dunlop, Hon. Capt. H. W., Dep. Commy. ret. Ind. Army Dept. 24Sept.85
Dunlop, Col. J. W., *C.B., C.M.G.*, ret. pay late h.p., R.A. (*Chief Constable, East Riding of Yorkshire*) 10Feb.04
Dunlop, Maj. W. H., ret pay late R. Ir. Rif. (*Chief Constable, East Riding of Yorkshire*) 2Apr.98
Dunlop-Smith, Lt.-Col. Sir J. R., *K.C.S.I., K.C.V.O., C.I.E.*, ret. Ind. Army 15Aug05
꽃Dunmore, Maj. A. E., *Earl of, M.V.O., D.S.O.*, ret. pay late h.p. 29Sept.04
Dunn, Hon. Capt. G., Dep. Commy. ret. Ind. Army Dept. 23Dec.92
Dunn, Maj. H. T., Commy. of Ord. ret. pay, late R.A.O.C. 14Mar.17
Dunn, Capt. R., ret. pay late Sco. Rif. 16Jan.20
Dunn, Capt. R. C., *O.B.E.*, ret. pay late h.p. 11Jan.02
Dunnage, Bt. Col. A.J, ret. pay late h.p.R.A. 6Oct.97
Dunne, Maj. F., Qr.-Mr. ret. pay late Essex R. 6Apr.13
Dunne, Maj. F. T. V., ret. pay late R. Sc. Fus. [l] 11June19
꽃. Dunne, Gen. Sir J H., *K.C.B.*, ret. pay, Col. Wilts. R. [R] [F] 7June93
Dunne, Lt. J. W., ret. pay late h.p. 2Apr.04
Dunne, Maj. T. J. B., ret. pay late R. W. Surr. R. 29Sept.90
Dunne, Bt. Col. W., *C.B., C.B.E.*, ret. pay late A.F.C. 14Nov.00
Dunnington-Jefferson, Lt.-Col. J. A., *D.S.O.* [F] ret pay, late R. Fus. 8Nov.19
Dunscombe, Lt.-Col. N. B., *O.B.E.* ret. Ind. Army (*Maj.-T.F. Res.*) (*Record Office.*) 1Apr.17
Dunsterville, Col. A. B., *C.M.G., C.B.E.*, ret. pay late h.p.[F] 2Nov.06
Dunsterville, Hon. Brig.-Gen. E. L., ret. pay (Ind. Pens.) 29Mar.19
Dunsterville, Col. K.S., *C.B.*, ret. late Ind. Ord. Dept. (R.A.) (Ind. Pens.) f. (*temp. Ord. Offr., 1st Class, A.O.D.*) s. 10Jan.05
Dupe, Lt. T. G., ret. pay late R.A. 13June18
Duperier, Maj.-Gen. H. W., ret. pay late R.E. (Ind. Pens.) 24Mar.06
Du Plat Taylor, Maj. G. P., *O.B.E.*, ret. pay late G. Gds. 22Aug.02
Du Plat Taylor, Lt.-Col. St. J. L. R., *D.S.O.*, ret. pay late R.F.A. (*District Remt. Offr.*) 6Apr.18
Du Port, Lt. L., ret. pay late h.p. 6June18
Du Port, Lt.-Col. O. C., *D.S.O.*, ret. pay late R.F.A. [l] 10May19
Durand, Col. A. G. A., *C.B., C.I.E.*, ret. Ind. S.C., *p.s.c.* (*Gent.-at-Arms*) 7Apr 99
꽃. Durand, Hon. Col. C. J m, ret Ben. S.C. 17Aug.8e
Durand, Lt.-Col. H. M., *D.S.O.*, ret. pay late 9 Lrs.*p.s.c.* 1Jan.18
Durand, Lt.-Col. Sir E. L., Bt., *C.B.*, ret. Ind. S.C. 10Oct.91
Durant, Maj. R. J. A., ret. pay late R.A.M.C. 2Feb.96
Durell, Col. A. J. V., *C.B.*, Ch. Paymr., ret. pay late A.P. Dept. 14Dec.15
Durham, Maj. P. F., ret. pay late 10 Hrs. 27July92
Durman, Hon. Maj. F., Qr.-Mr ret. pay late 7 Hrs. 4Feb.07
Durnford, Hon. Lt.-Col. E. C. L., ret. R.Mar. Art. May77
Durrant, Capt. C. W., ret. R.Mar.Art. 1July13
Durward, Capt. W. S., *M.C.*, ret. pay late h.p. 3Feb.20
Dutt, Lt.-Col. R. L., ret. Ind. Med. Serv. 1Apr.98
  30Mar.92
Dutton, Hon. Capt. T., Qr.-Mr. ret. pay late Ches. R. (*Qr.-Mr. & Hon. Capt. 5 Bn. Ches R.*) 23Jan.12
Dwane, Hon. Maj. J. W., Qr.-Mr. ret. pay late K.R. Rif. C. [R] 29Nov.00
Dwyer, Maj. A. G., ret. pay late E. Surr. R. 16Nov.98
Dwyer, Hon. Capt. J., Qr.-Mr. ret. pay late R. Ir. Rif. 29Nov.19
Dwyer, Capt. J., ret. pay late R.S.A. 3Nov.17
Dwyer, Lt. J. H., ret. pay late E. Lan. R. 22Apr.03
Dwyer, Capt. P. F.. ret. pay late 3 Hrs. 25Mar.91
Dwyer-Hampson, Lt.-Col Co., *D S.O.*, ret pay, late extra regimentally empld., *p.s.c.* [l] 29Nov.15
Dyas, Bt. Col. J. R., *C.M.G.*, ret. pay, late extra regimentally empld. *p.s.c.* [l] 22Dec.08
Dyce, Bt. Col. G. H. C., *C.B.*, ret. Ind. Army 30Dec.94
Dyce, Maj. H. L., *M.C.*, ret. Ind. Army 18Dec.15
Dyer, Col. R. C., ret. pay late h.p. 4Oct.11
Dyer, Maj. J. E. F., ret. pay late 7 D. Gds. 6June05
꽃.Dyke, Col. E. H., ret.pay late R. (Ben.) A. 1July85
Dyke, Lt.-Col. G. H., r.f.p., late h.p. 21Jan.95

Dyke, Lt.-Col. J. S., Qr -Mr.,*O.B.E.,M.V.O.*, ret. pay late extra regimentally empld. 3June17
Dymocke, Hon. Capt. T. H., Inspr. of Army Schools, ret. pay 5Feb.13
Dyne, Bt. Maj. F. W. B., ret. pay late E. Kent R. (*Lt.-Col. ret. Terr. Force*) (*T.F. Record Office*) 29Nov.00
Dyson, Lt. E., ret. pay (*temp.*) late 5 Bn. Linc. R. 6Dec.14
Dyson, Hon. Capt. G. B., Qr.-Mr. ret. pay late Essex R. 15Jan.12
Dyson, Hon. Capt. J. B., Commy. ret. Ind. Army Dept. 29Dec.05
Dyson, Lt.-Col. L. M., *D.S.O.*, ret. pay late R.F.A. (*Lt.-Col. ret. T.F.*) 15July19
Dyson, Hon. Col. P. S., ret. pay, late Staff Paymr. A. Pay Dept. 7Jan.16
Dyson, Col. T. E, *M.B.*, ret. Ind. Med. Serv. 11Jan.14

Eades, Capt. G, ret. pay late R.G.A. 3Nov.17
Eadon, Bt. Lt. Col. F. H., ret. pay late h.p. 1Jan.19
Eady, Maj. F. O., Qr.-Mr., ret. pay, late R.A.S.C. 29May16
Eady, Maj. (*temp. Lt.-Col.*) F. W. E., *O.B.E.*, ret. R. Mar. (*Recg. Staff Offr.*) 20Nov.01
Eagles, Gen. H. C., ret. R.Mar. [R] 11Apr.12
Ealden, Capt. C., ret. pay late Coast Bn.R.E. 15Nov.02
Eales, Lt.-Col. C. M., ret. Ind. Army 22Jan.07
Eardley-Wilmot, Bt. Col. A., *C.M.G.*, ret. pay late h.p. R.A., *g.* 14Dec.04
Eardley-Wilmot, Maj. H., ret. Ind. S.C. 12Feb.97
Eardley-Wilmot, Col. I., ret. Ind. Army 1May07
Eardley-Wilmot, Maj.-Gen. R., *C.B.*, ret. Ind. Army [R] 12Feb.95
Earl, Lt. A. J., ret. pay, late h.p. 1July17
Earle, Maj. F. A., ret. pay late R. War. R. (*Lt. Col., ret., Mila.*) 16Nov.94
Earle, Capt. G. H., ret. pay late 6 Dns. (*Maj. ret. Spec. Res.*) 22Jan.03
Earle, Lt.-Col. Sir H., Bt., *D.S.O.*, ret. pay late h.p. [F] 9Nov.00
Earle, Lt.-Col. H. M., ret. Ind. Med. Serv. 27July12
Early, Capt. E., *D.C.M.*, ret. pay late R.A. 11Nov.19
Earnshaw, Capt. S. E., *M.C.*, ret.pay late R.A. 12Feb.10
Eary, Hon. Maj. C. J., Qr.-Mr. ret. pay late D. of Corn. L.I. 1July17
Easden, Hon. Capt. C., Sen. Asst.-Surg. ret. Ind. Sub. Med. Dept. 1May07
East, Col. C. C., *C.M.G.*, ret. pay late R. War. R. 11Sept.19
East, Hon. Capt. G. T., Qr.-Mr. ret. pay late R. Muns. Fus. 17Dec.09
Easter, Hon. Lt. G. O., Dep. Asst. Commy. ret. Ind Army Dept. (*Rl. Wt. 29 Nov. 97*) 4Feb.08
Eastmead, Lt. C. ret. Ind. Army 18June18
Eastwood, Col. H. de C, *D.S.O.*, ret. pay late 1 D.G. 10June16
Eastwood, Col. J. C.B., *C.B., C.M.G.* ret. pay late h.p. (*Lt.-Col. Unattd. List, Terr. Forces*) 22Aug.07
Eate, Hon. Capt. G. W., Sen. Asst. Surg. ret. Ind. Sub. Med. Dept. 21Sept.97
Eates, Maj. W., Sen. Asst. Surg. ret. Ind. Sub. Med. Dept. 2Apr.18
Eaton, Hon. Capt. F., Rldg.-Mr. ret. pay late h.p. 12May85
Eaton, Lt.-Col. W. A., *O B.E.*, ret. pay, late E. Kent R. 27Apr.15
Eccles, Lt.-Col. C. J. *D.S.O.*, ret. pay late 16 Lrs. (*District Remt. Offr.*) 19Dec.14
Eckersley, Col. E., *M.B.*, ret. pay, late R.A.M.C. 1Mar.15
Eckford, Maj. J. J. H. B., ret. Ind. Army (*Hon. Maj., ret. Impl. Yeo.*) 25Aug.01
Eckford, Capt. P. G. W., ret. pay late R. Ir. Rif. (*Maj. 4 Bn. R. Ir. Rif.*) 22Feb.00
Eckley, Lt. W., ret. pay late R. Fus. 27Dec.18
Edden, Capt. H. W., ret. pay late Sco. Rif. (for Spec. Res.) (*Capt. 4 Bn. Sco. Rif.*) 23Nov.04
Eden, Lt. H. A., ret. pay late h.p. 1Jan.17
Eden, Hon. Lt.-Col. H. H., ret. pay late 30 Ft. 1July81
Eden, Lt.-Col. J. H., ret. pay late h.p. (*Inspr. of Constably., Home Office, 10 Mar., 02*) 4Mar.92
Edes, Bt. Col. C. A., ret. pay late A.S.C. 6June03
Edge, Capt. G. H., ret. pay late R.G.A. 17May19
Edge, Maj.-Gen. J. D., *C.B., M.D., F.R.C.S.I.*, ret. pay [R][F] 11Nov.03
Edgell, Lt.-Col. E.A., ret. late R.E. (Ind.Pens.) 25Sept.09
Edgeworth-Johnstone, Capt. W., *C.B.*, ret. pay late R. Ir. Regt. (*Lt.-Col. ret. Mila.*) (*Resdt. Magistrate, Ireland*) 5Apr.93

Non-Effective Officers

Edlin, Chaplain (2nd Class) *Rev.* A. H. C., *M.A.*, ret. pay, *late* A. Chaplains Dept. 11Jan.03
Edmeades, Maj. H., ret. pay *late* York & Lanc. R. 1Sept.15
Edmonds, Hon. Brig.-Gen. J. E., *C.B., G.M.C.* ret. pay (*late R E.*), *p.s.c.* [L] [F] 6Feb.19
Edmonds, Hon. Lt.-Col. R. J., Chief Inspr. of Ord. Machinery, ret. pay *late* A.Ord.Dept. 19Apr.17
Edmondson, Hon. Lt.-Col. J. H., *C.B.E.*, Qr.-Mr. pay *late* A.S.C. 25Feb.03
Edridge, Maj. C. S., ret. pay *late* L'pool R. 23July05
Edwardes, Hon. Maj. J. G., ret. pay *late* h.p. 5Nov.84
Edwards, Hon. Capt. A., Commy. ret. Ind. Army Dept. 25Apr.04
Edwards, Hon. Maj.-Gen. A. H. M., *C.B., M.V.O.*, ret. pay 1Jan.18
Edwards, Bt. Col. C. M., ret. pay *late* Worc.R. 9July05
Edwards, Maj. C.M., ret.pay *late* R.Berks.R. 7Dec.91
Edwards, Hon. Capt. D. J., Qr.-Mr. ret. pay *late* A.S.C. 12Dec.04
Edwards, Maj E.G., ret. pay *late* R.A. 1Apr.90
Edwards, Capt. G. D., ret. pay, *late* Notts. & Derby. R. 7Sept.14
Edwards, Hon. Brig.-Gen. G. T. G., *C.B.*, ret. pay. 9Sept.15
Edwards, Lt. H., ret. pay, *late* W.I.R. 20Nov.00
Edwards, Maj.I.A.E.,ret.pay *late* R.G.A. [F] 7Apr.16
C. H. Edwards, Lt.-Gen. *Sir* J. F., *K.C.B., K.C.M.G.*, ret pay, Col. Comdt. R.E. 27July91
Edwards, Hon. Brig.-Gen. J.B., *C.B., D.S.O.*, ret. Ind. Army 8Aug.17
Edwards, Maj. J.D., ret. A. Vety. Dept. 26Aug.96
Edwards, Maj. J. E., ret. pay *late* h.p. 30Oct.18
Edwards, Lt.-Col. R. M., ret. Ind. Army 7Feb.11
Edwards, Capt. T., ret. A. P. Dept. 12Aug.93
Edwards, Lt. T., ret pay, *late* 5 D.G. 22July17
Edwards, Lt.-Col. W. S. (ret. pay) (*temp.*), *late* Temp. Capt. 11 Bn S. Wales Bord. 6Sept.13
Edye, Lt.-Col. L., ret. R. Mar. 8Dec.94
Edye, Col. M. W. J., ret. pay *late* h.p. (*R.A.M.C.*) 1Aug.08
Edyvean, Hon. Lt-Col. F. G., Asst. Commy. Gen. of Ord., ret. Naval Ord. Dept. (*Naval Ord. Dept.*) 1Apr.98
Egerton, Field Marshal *Sir* C. C., *G.C.B., D.S.O.*, ret. Ind. Army [R] 28Oct.06
Egerton, Col. C. P., ret. pay *late* Regtl. Dist.19Nov.95
Egerton, Lt.-Col. C. P., ret. Ind. Army 6Feb.10
Egerton, Maj.-Gen.G.G.A., *C.B.*, ret. pay [R] 10Dec.12
Egerton, Maj. J. S., ret. pay, *late* C. Gds. 18Jan.17
Egerton, Lt.-Col. R., ret pay *late* W.I.R. 24Feb.98
Egerton, Hon. Lt.-Col. R., ret pay *late* Rif. Brig. 1July81
Eighteen, Capt. W. J., ret. pay, *late* h.p. 1Jan.17
Elcum, Maj. D., ret. Ind. Med. Serv. 31Mar.89
Elderton, Maj. F. D., ret. pay *late* R.A.M.C. 30May97
Eldetton, Maj. R.P.S., ret. pay *late* h.p. *A.S.C.* [F] (*Emrld under Sudan Gov't., 9 Oct 15*) 1Feb.13
Eldred Capt. W., ret. pay, *late* North'n R. 11Feb.17
Eldridge, Hon. Capt. J. B., Inspr. of Army Schools, ret pay 19July04
Eldridge, Lt. R. M., ret. pay, *late* R.A. 24Sept 18
Eley, Maj. W. G., *D.S.O.* ret. pay *late* 14 Hrs. 23May03
Elford, L'. E N., ret. pay *late* h p. 28Mar.19
Elgood, Maj. G., *D.S.O.*, ret pay *late* R. W. Kent R. 1Sept.15
Elgood, Maj. P. G., *C.M.G.*, ret. pay *late* Devon. R. [F] (*Inspr., Ministry of Interior, Egypt, 26 Aug. 03*) s. 14Feb.03
Elias Morgan, Lt.-Col. A., ret. pay *late* R. W. Surr. R. 18Oct.02
Eliot, Col. G. L., ret. Ind. S.C. 8Jan.98
Eliot, Lt.-Col. F. W., *C.S.I.*, ret. Ind. Army 22Oct.07
Eliott Lockhart, Maj. R. H., ret. pay *late* 2 Dns. [F] 29Apr.00
Elkan, Lt.-Col. C. J., *D.S.O., O.B.E.*, [F] ret. pay *late* R. Ir. Fus. 1May19
Elkington, Lt.-Col. J. F., *D.S.O.*, ret. pay, *late* h p. 6Apr.10
Elkington, Hon. Brig.-Gen. R. J. G., *C B., C.M G, D.S.O.*, ret pay, *late* R.A., *q.* 22Apr.19
Elkins, Maj. D. A., Sen. Asst. Surg., ret. Ind. Sub. Med. Dept. 2Apr.18
Ell, Temp. 2nd Lt. M. S., ret. pay (*temp.*) *late* 8 Bn. R. W. Kent R. 11Jan.15
Ellam, Maj. A., *M.C.*, Qr.-Mr. ret. pay *late* W. Rid. R. 18Sept.14
Ellenborough, Col. *Lord* C. H., *C.B.*, ret. pay *late* Regtl. Dist. 19Nov.01
Elles, Col. A. W., *O.B.E.*, ret. pay *late* h.p., *p.s.c.* [L] 19July09
Elles, Lt.-Gen. *Sir* E. R., *G.C.I.E., K.C.B.*,

Ellicombe, Lt.-Col. G. J., ret. pay *late* h.p. (*Lt.-Col. ret. Terr. Force*) 22Aug.02
Elliot, Maj. *Sir* E. H., *Knt., M.V.O.*, ret. pay *late* R.A. (*Yeo. of Gd.*) 22July91
Elliot, Lt.-Col. E H. H., *D.S.O.* [F]ret. pay, *late* R A. 24June17
Elliot, Maj. E. H. M., ret. pay *late* S. Lan. R. 26Feb.94
Elliot, Lt.-Gen. *Sir* E. L., *K.C.B., D.S.O.*, ret. Ind. Army [R] [F] 30June06
Elliot, Hon. Brig.-Gen. G. S. McD., *C.B.E.*, ret. pay, *late* h p [L] [F] 3Mar.20
M. Elliot, Maj.-Gen. H. R., u.s.l. Ind. Army13June91
Elliot, Lt. J. A. G., ret. pay *late* h.p. 13May03
Elliot, Lt.-Col. R. H., *M.D., F.R.C.S.*, ret. Ind. Med. Serv 30Jan 12
Elliot, Lt.-Col. Hon. W. F., ret. pay *late* Staff. *p.s.c* 31Jan.88
Elliot, Hon. Col. W. H., *D.S.O., M.B.*, ret. Ind. Med. Serv. 1Jan.19
Elliott, Capt. C. A., ret. pay, *late* Worc. R. 19Nov.19
Elliott, Col. C. R., *M.D.*, ret. pay *late* R.A.M.C. 1Mar.15
Elliott, Bt. Col. G. H., ret. Ind. S.C. 16Aug.99
Elliott, Hon. Capt. H. C., Inspr. of Army Schools, ret pay 1Apr.07
Elliott, Asst. Commy. Gen. of Ord. J., ret. O. S. Dept. 31Jan.80
9July78
Elliott, Maj. V. ret. pay *late* R.A. 28Sept.16
Elliott-Cooper,Maj G'D'A., ret. pay *late* h.p. 18Sept.15
Ellis, Maj. A. H. J., ret. pay *late* h.p. 1Sept.15
Ellis, 2nd Lt. B., ret. pay, *late* R.A. 22Dec.17
Ellis, Col. C. C., *C.B., C.B.E.*, ret. *late* C.R.E., India (Ind. Pens.) 12Jan.03
Ellis, Lt.-Col. C. R. C., *D.S.O.*, ret. pay *late* Sco. Rif. 16 Oct. 19
Ellis, Lt. E., *M.M.*, ret. pay *late* Notts. & Derby. R. 21 Oct. 19
Ell's, 2nd Lt. E. A., ret. pay *late* h.p. 1July01
Ellis, 2nd Lt. G. H., ret pay *late* h.p. 8Jan.17
Ellis, Capt. G. M. A., ret. pay *late* h.p.(*War Office*) 15Aug.00
Ellis,2ndLt.H.S.,ret. pay *late* 3 Bn. Leic. R. 20Aug.15
Ellis, Hon. Maj. P., *O.B.E.*, Qr.-Mr. ret. pay *late* R.E. 5Oct.16
Ellis, Hon. Maj. T. J., Commy. ret. Ind. Army Dept. 31Jan.05
Ellis, Maj. W. H., ret. pay *late* E. Surr. R. 21June03
Ellis Col W. M., *C.I.E.*, ret. pay, *late* h.p. (Ind. Pens.) 1Apr.09
Ellis, Maj. W. R. J., ret. pay *late* Yorks L.I. 29Nov.00
Ellis Capt W.S. *M C*, ret pay *late* R.Lanc.R. 27Aug.19
Elliston, Lt.-Col. E. G., ret. Ind. S.C. 22Mar.90
Ellse, Capt. B., *M.C.*, ret. pay *late* h.p. 11Oct 17
Elmslie, Hon. Brig.-Gen. F. B., *C.B., C.M.G.*, ret. pay *late* h.p. *R.A.* 11Aug.18
Elmslie, Lt.-Col. W F., ret pay *late* Lan. Fus. 25Sept.09
Elson, Capt. A., Qr.-Mr. ret. pay *late* h.p. (R.A.V.C.) 1July17
Elton, Hon. Brig.-Gen. F. A. G. Y., ret. pay *late* h.p. 2Apr.19
Elton, Maj.-Gen. H. S., u.s.l. Ind. Army [R] 10June16
Elwes, Maj. E. V., ret. pay *late* R.A., *p.a.c.* 13Oct.88
Elwes, Lt.-Col. L. E. C., *D.S.O.*, ret. pay *late* Durh. L.I. 13Jan.19
Elwes, Maj. W. V. J. C., ret. pay *late* R.H.A. (*Remount Serv.*) 15Jan.06
Eman, Bt. Col. B. L., ret. pay, *late* h.p., *g.* 15Dec.02
Emberton, Maj. F., Commy. of Ord., ret. pay, *late* A. Ord. Dept. 21Oct.14
Embleton, Hon.Maj. J., Dep. Commy. of Ord. ret. pay *late* A. Ord. Dept. 1July17
Emerson, Maj. C. G. A., *M.B.*, ret. Ind. Med. Serv. 1Oct.97
Emerson, Lt.-Col. I. B., ret. pay *late* R.A.M.C. 4Feb.97
Emerson, Capt. N. Z., *D.S.O.*, ret. pay *late* Devon. R. 2Dec.00
Emerson, 2nd Lt. P. E. P., ret. pay, *late* h.p. Gord. Highrs. 16Apr.18
Emery, Lt. W. C., ret. pay, *late* Som. L.I. 18Aug.19
Emmett, Hon. Capt. W. H., Dep. Commy. ret. Ind. Army Dept 10Dec.08
Empson, Lt.-Col. C. A., ret. pay *late* R.A. 28Mar.90
Emslie, Hon. Maj. J., Qr.-Mr. ret. pay *late* Sco. Rif. 1Jan.03
Enderby, Lt.-Col. S. H., ret. pay, *late* h p. 22Mar.10
England, Lt.-Col. A., ret. *late* A.V.C. 10June17
England, Hon. Lt.-Col. A.E., ret. pay *late* R.A. 7July83
England, Lt.-Col. E. P ret. pay *late* h.p 19May13
England, Lt. B., ret pay *late* York. L.I. 1July17
England, Maj. F. H., ret. pay *late* R. W. Fus. 1Nov.90
Engledue, Capt. H. A., ret. pay *late* h.p. [F] 20Apr.00

Non-Effective Officers

Engleheart, Bt. Lt.-Col. F. L., *O.B.E.*, ret. pay *late* h.p. — 1 Jan. 17
English, Col. C. E., *C.B.E.*, ret. pay late h.p. (R.A.) — 7 Mar. 12
English, Lt.-Col. E. R. M., *D.S.O.*, ret. pay *late* Shrops. L.I. — 29 Nov. 19
English, Hon. Brig.-Gen. F. P., *C.M.G., D.S.O.*, ret. pay *late* h.p. — 26 Jan. 18
English, Maj J. O., ret. pay *late* R.G.A. — 19 Jan. 93
English, Lt.-Col. T., ret. pay *late* h.p. R.E. — 17 Dec. 89
English, Hon. Maj. W., *O.B.E.*, Qr.-Mr. ret. pay *late* A.S.C. — 1 July 17
Ennis, Maj. A. B., ret. pay *late* Hamps. R. — 1 May. 16
Ennis, Capt. W., Qr.-Mr. ret. pay *late* h.p. — 1 July 17
Enright, Hon. Maj. E., Qr.-Mr. ret. A. Med. Staff [R] — 18 Oct. 02
Enright, Capt. J.E., ret. pay *late* S. Wales Bord. — 18 Oct. 19
Enriquez, Lt.-Col. A. D., ret. Ind. Army — 14 Nov. 00
Ensor, Maj. F. C. C, *O.B.E.*, Ord. Offr., 4th Class, ret. pay, *late* R.A.O.C., *p.s.c., g.* — 30 Oct. 14
Enthoven, Col. F. H., ret. pay *late* Staff (R.A.) — 23 Jan. 08
Erck, Lt.-Col. J. C. W., ret. Ind. Army — 26 Oct. 01
Erroll, Maj.-Gen. C. G., *Earl of*, *K.T.*, *C.B.*, ret. pay *late* h.p. — 25 Sept. 17
Erskine, Capt. A. E., ret. pay *late* R.G.A. — 3 Nov. 17
Erskine, Bt. Col. A. J., ret. pay *late* A.S.C. — 1 Apr. 05
Erskine, Lt.-Col. J. D. B., *D.S.O.*, ret. pay *late* Manch. R. (*Lt.-Col. in Army*) — 1 Jan. 19
Erskine, Hon. Brig.-Gen. J. F., *C.B., C.M.G., M.V.O.*, ret. pay *late* Staff — 18 June 19
Erskine, Lt.-Col. Sir T. W. H. J., *Bt., D.S.O.* ret. pay *late* Cam'n Highrs. — 20 Mar. 17
Essell, Col. F. K., *C.M.G.*, ret. pay *late* E. Kent R. — 22 Aug. 19
Essex, Col. E., ret. pay *late* h.p., *p.s.c.* — 19 May 90
Esson, Lt.-Col. E. M., ret. pay *late* York. R. — 28 Mar. 07
Eteson, Lt.-Col. C. W., *g*, ret. pay *late* extra regtl. empl. — 22 June 19
Œ. Ethelston, Hon. Col. E. P., r.f.n. *late* h.p. 27 June 88
Etheridge, Lt.-Col. C. de C., *C.B.E., D.S.O.*, ret. pay *late* W. War. R. [F], *t.a., (Empld. 3 Bn. E. York. R.)* — 18 Oct. 02
Etherington, Capt. G., ret. pay *late* Coast Bn. R.E. — 25 Jan. 05
Eustace, Maj. F. A. D. O., ret. pay *late* 5 D.G. — 23 Feb. 01
Eustace, Maj.-Gen. Sir F. J. W., *K.C.B.*, ret. pay *late* R.A. [R] (*Col. Comdt. R Art.*) — 5 Mar. 04
Eustace, Lt.-Col. H. M., *D.S.O.*, ret. pay *late* Midd'x R. — 5 Nov. 14
Evan-Thomas, Capt. E. O., ret. pay *late* h.p. — 20 Feb. 19
Evans, Maj. E. B., ret. pay *late* R.A. — 7 Nov. 84
Evans, Bt. Col. E. S., *C.B.*, ret. pay *late* h.p. A. Vety. Dept. [R] — 4 Nov. 00
Evans, Maj. G. A. P., ret. pay *late* 7 Hrs. — 5 Feb. 79
Evans, Lt.-Col. H. C., ret. pay *late* R.M.L.I. — 19 Dec. 93
Evans, Hon. Brig.-Gen. H. J., *C.M.G.*, ret. pay, *late* h.p. — 11 Apr. 12
Evans, Gen. *Sir* H. M., *K.C.B.*, u.s.l. Ind. Army [R] — 28 Aug. 16
Evans, Hon. Lt.-Col. J. T., Qr.-Mr. ret. pay *late* R.E. — 9 Nov. 01
Evans, Lt.-Col. J. W., ret. Ind. Med. Serv. — 17 May 05
Evans, Hon. Maj. S., Qr.-Mr. ret. A. Med. Staff — 31 Mar. 00
Evans, Hon. Maj.-Gen. T. J. F., *C.B.*, ret. pay R. Mar. [R] — 16 Oct. 03
Evans, Hon. Lt. W. A., Qr.-Mr. ret. pay *late* North'd Fus. — 23 Apr. 08
Evans-Gordon, Lt.-Col. C., ret. pay *late* h.p. — 6 Nov. 99
Evans-Lombe, Maj. A. F., ret. pay *late* High. L. I. — 24 Jan. 99
Evans-Lombe, Lt.-Col. C. S. B., ret. pay *late* Leins. R., *s.* — 4 Nov. 03
Evatt, Hon. Col. F. W., ret. Ind. Army — 13 Aug. 08
Evatt, Maj.-Gen. Sir G. J. H.,*K.C.B., M.D.*, ret. pay *late* A.M.S. [R] (*Hon. Col. R.A.M.C. Terr. Force*) — 1 Jan. 19
Evatt, Hon. Brig.-Gen. J. T., *D.S.O.*, ret. Ind. Army — 20 Nov. 99
Even, Bt. Col. G. E., *C.B.*, ret. Ind. Army — 23 Apr. 13
Everest, Maj. W. C. R., *O.B.E.* Commy. of Ord., ret. pay *late* R.A.O.C. — 21 Sept. 04
Œ. Everett, Col. E., *C.B., D.S.O.*, ret. pay *late* Cam'n Highrs. [F] — 4 May 13
Everett, 2nd Lt. H., ret. Ind. Army — 15 June 89
Everitt, Hon. Lt.-Col. H., ret. R. Mar. Art. — 21 Aug. 18
Everitt, Maj. S. O., ret. pay *late* R. W. Fus. — 26 Jan. 84
Everitt, Maj. S. O., ret. pay *late* Leic. R. — 22 Feb. 99
Ewart, Capt. C. F. S., ret. pay *late* Sea. Highrs. [R], *s.* — 18 Sept. 15
Ewart, Maj.-Gen. Sir H. P., *Bt., G.C.V.O., K.C.B.*, ret. pay, Col. 7 D. G. [F] (*Extra Eq. to the King*) — 7 Dec. 87
Ewart, Capt. (Dist. Offr.) J., ret. pay *late* R.A. (*Hon. Maj. Vols.*) — 15 July 86
Ewart, Lt.-Gen. *Sir* J. S., *K.C.B.*, ret. pay (Col. Cam'n Highrs.), *p.s.c.* [F] — 19 June 11
Ewart, Maj.-Gen. *Sir* R. H., *K.C.M.G., C.B., C.I.E., D.S.O.*, (*Ind.* Army) — 1 Jan. 17
Ewing, Col. J., u.s.l. Ind Army — 7 Dec. 85
Exham, Bt. Col. S. H., *C.B.*, ret. pay *late* R.E. — 31 Dec. 00
Eyre, Lt.-Col. G. S., ret. Ind. S. C. — 12 June 95
Eyre, Lt.-Col. H. A., Staff Paymr. ret. pay *late* A.P. Dept. — 14 Feb. 05
Eyre, Lt.-Col. M. S., *D.S.O.*, ret. pay *late* h.p. — 18 May 12
Eyre, Maj. T. H., ret. Ind. S. C. — 30 Dec. 91
Eyre, Lt.-Col. V. G. L., ret. Ind. S. C. — 22 Jan. 93
Eyvoll, Hon. Lt. J., Qr.-Mr. ret. pay *late* York & Lanc. R. — 17 Sept. 87
Ezechiel, Lt.-Col. J., *O.B.E.*, Dep. Commy. ret. Ind. Army Dept. (*Rl. Wt.* 29 Nov. 97) — 9 Dec. 19
Fagan, Lt.-Col. C. G. F., ret. Ind. Army (*Maj. ret. P.F.*) — 11 Feb. 01
Fagan, Gen. C. S. F., ret. R. Mar. — 29 Sept. 06
Fagan, Maj H. H. F., rent Id. S. C. — 11 May 98
Faichnie, Bt. Lt.-Col. F. G., ret. pay *late* R.A.M.C. (*Empld. R.A.M.C.*) (*Record Office*) — 3 June 18
Faichnie, Col. N., *M.B.*, ret. pay, *late* A. Med. Serv. — 28 Aug. 18
Fall, Lt.-Col. F., *O.B.E.*, ret. pay, late R.A.V.C., — 6 Jan. 20
Fair, Lt.-Col. J. G., *C.M.G., D.S.O.*, ret. pay, *late* 21 Lrs. [F] *s.* — 25 Feb. 14
Fairbrother, Bt. Col. W. T., *C.B.*, ret. Ind. Army — 11 Feb. 04
Faires, Lt. T. A., *M.M.*, ret. pay *late* R.A. — 19 Aug. 18
Fairfax, Col. B. C., *C.M.G.*, ret. pay *late* Durh. L.I. (*Empld. Remt. Serv.*) [F] — 1 Feb. 19
Fairfield, Maj. V. H., Qr.-Mr, ret pay, *late* R.A.S.C. — 1 Jan. 19
Fairholme, Hon. Brig.-Gen. W. E., *C.B., C.M.G., M.V.O., p.s.c.* [L] [F] ret. pay — 4 July 19
Fairley, Hon. Lt. J. W., Qr.-Mr. ret. pay *late* h.p. — 8 Feb. 82
Fairlie, Lt. J., ret. pay *late* h.p. — 11 Sept. 01
Fairlie, Lt.-Col. S. H., *M.B.*, ret. pay *late* R.A.M.C. — 1 Mar. 15
Œ. Fairtlough, Hon. Maj.-Gen. E. D'H., ret. pay *late* Regtl. Dist. [R] — 18 Aug. 84
Faith, Maj. T. F., ret. pay *late* Hamps. R. [F] (*Empld.* 10 Bn. *Hamps. R.*) — 8 Jan. 16
Faithfull, Lt.-Col. R. T., ret. Ind. S. C. — 12 Feb. 02
Falcon, Lt.-Col. R. W., ret. Ind. Army — 10 Mar. 09
Falconer, Hon. Capt. S. E., Sen. Asst, Surg ret. Ind. Sub. Med. Dept. (Mad.) — 15 Apr. 01
Falkland, Hon. Capt. L., Commy. ret. Ind. Army Dept. — 11 Mar. 04
Falkland, Hon. Lt.-Col. B. P., *Visct.*, ret. pay *late* R. Suss. R. — 5 Mar. 84
Falkner, Chaplain (1st Class) *Rev.* T. F., *D.S.O., M.A.*, ret. pay *late* A. Chaplains' Dept. — 29 Nov. 00
Fallon, Col. J., ret. pay *late* A. Med Serv — 1 Mar. 15
Falls, Bt. Col. J. A. W., ret. pay *late* A.S.C. — 29 Nov. 00
Falvey, Lt.-Col. J. J., ret. pay *late* R.A.M.C. — 4 Aug. 98
Fane, Col. F. J., ret. pay *late* h.p. — 1 July 85
Fanshawe, Capt. F. B., ret. pay *late* R.W. Kent R. — 19 Dec. 87
Fanshawe, Hon. Brig.-Gen. G. D., ret. pay *late* h.p. R.A., *g.* — 24 Aug. 12
Fanshawe, Hon. Lt.-Gen. *Sir* H. D., *K.C.M.G., C.B.*, ret. pay — 10 Feb. 20
Fanshawe, Maj.-Gen. *Sir* R., *K.C.B., D.S.O. p.s.c.* [L] [F], ret. pay [R] — 3 June 15
Farbrother, Hon. Maj. C. H., Qr.-Mr. ret. pay *late* 5 D.G. — 1 July 17
Farges, Hon. Brig.-Gen. H., *C.B., C.M.G., D.S.O.*, ret. pay *late* D. of Corn. L.I. — 8 July 19
Farley, Lt. F., ret. pay *late* a.p. — 29 Dec. 16
Farley, Maj. J. J. B., ret. pay *late* N. Staff. R. — 8 May 16
Farley, Maj. T., ret. pay *late* Norf. R. — 7 Jan. 82
Farmar, Maj. W. L., ret. pay *late* R.G.A., *p.a.c.* — 27 Dec. 18
Farmer, Lt. C., ret. pay *late* h.p. — 27 Dec. 18
Farmer, Lt. E C., *M.C*, ret. pay *late* R.War. R. — 2 Oct. 13
Farmer, Bt. Col. F. C., ret. pay *late* R.G.A. — 4 Jan. 03
Farmer, Lt.-Col. G. L. McL., ret. pay *late* h.p. — 7 Ja. 90
Farmer, Capt. L. L., ret. pay *late* R. Ir. Regt. (*Spec. Appt.*) — 8 Jan. 01
Farnecombe, Surg.-Maj. T. B., ret. Ind. Med. Serv. — 3 Jan. 66
Farquharson, Maj. C. H., ret. pay *late* 3 D.G., *p.s.c.* (for Milà.) (*Lt.-Col. ret. Spec. Res.*) — 8 Sept. 92
Farquharson, Maj. V. A., ret. pay *late* h.p. — 15 Nov. 91

Non-Effective Officers

Farraday, Maj. W., *M.B.E.*, Qr.-M . ret. pay, *late* R A.S.C. — 27Sept.14
Farrance, Lt. H , *M B.E.*, ret. pay, *late* W. York. R. — 1Jan.17
Farrant, Lt.-Col. H. FitzL., ret. Ind. Army — 10ct.01
Farrar. Lt. S. G., ret. pay *late* h p — 5Jan.19
Farrell, Hon. Lt. J. B., Sen. Asst. Surg. ret. Ind. Sub. Med. Dept. (Bo.) — 29Nov.00
Farrell, Capt. J. R., ret. pay, *late* Bord. R. — 26Feb.20
Farrer, Hon. Lt.-Col. H., ret. pay *late* Conn. Rang. — 7July84
Farrer, Lt.-Col. P., ret. pay *late* Dorset R. — 19Nov.01
Farrington, Maj. G , Commy. ret. Ind. Army Dept. — 21Sept.17
Farrington, Col. M. C., *C.B.*, ret. pay *late* Staff [R] — 2Dec.81
Faskeu, Maj.-Gen. C. G. M., *C.B.*, ret. Ind. Army — 11Dec.07
Faulder, Maj. G. A., ret. pay *late* N. Lan. R. — 3July01
Faulds, Hon. Maj. J. R., Asst. Commy. ret. Ind. Army Dept. (*Rt. Wt.* 29 *Nov.* 97) — 30Oct.00
Faunce, Col. C. E., ret. pay *late* R.A.M.C. — 26Jan.13
Faunce, Maj. G. de la M., ret. pay *late* R. Berks R. — 8June91
Faunce, Lt.-Col. R. de L., ret. Ind. Army — 13Feb.13
Fawcett, Lt.-Col. E., ret. Ind. Med. Serv. — 4Apr.94
Fawcett, Maj. F. O'D., ret. Ind. Med. Serv. — 1Oct.89 / 7Sept.18
Fawcett, Lt.-Col. J. F. M., ret. pay *late* h.p. — 12Aug.99
Fawcett, Lt.-Col. P. H., *D.S.O.*, ret. pay *late* R.A., *g*. — 1Mar.18
Fawcett, Maj. R. F. M., *D.S.O.*, ret. pay *late* R.A.M.C. — 29Nov.12
Fawcett, Bt. Col. W. F., ret. pay *late* h.p. — 15June04
Fawcett, Maj.-Gen. W. J., *C.B.*, *M.B.*, ret. pay. — 1Apr.03
Fawcus, Lt.-Col. H., ret. pay *late* R.F.A. — 28Sept.15
Fawkes, Bt. Col. L. G., ret. pay *late* h.p. R.A., *p.s.c.* — 16Apr.99
Fayle, Lt.-Col. R. J. L., *D.S.O.*, ret. pay *late* R.A.M.C. — 4Feb.02
Fayrer, Lt.-Col. *Sir* J., *Bt.*, *M.D.*, *F.R.C.S. Edin.*, ret. pay *late* R.A.M.C. (*Lt.-Col. ret. T.F.*) — 28July06
Fearnside, Lt.-Col. C. F., *M.B.*, ret. Ind. Med. Serv. — 31Mar.10
Fearon, Bt. Col. J. A., ret. pay *late* York R. — 29Oct.04
Fegen, Col. M. F., *C.B.E.*, ret. pay *late* h.p. (R.A.), *g*. — 4Jan.07
Feherty, Maj. W., Qr.-Mr. ret. pay *late* R.A.S.C. — 22Aug.17
Feilden, Maj. E. L. C., *O.B E.*, ret. pay *late* High. L.I. — 7Feb.17
Feilden, Maj. G. C., *D.S.O.*, ret. pay *late* Sea. Highrs. — 22Dec.01
C. Feilden, Maj.-Gen. H. B., *C.B.*, ret. pay, Col. R. War. R. — 8Oct.90
M. Feilden, Col. H. W., *C.B.*, Chief Paymr. ret. A. P. Dept. — 1Nov.87
Feilden, Capt. J. H. G., ret. pay *late* K. R. Rif. C. — 9Nov.96
Feilden, Maj. R. M., ret. pay *late* h.p. [F] e.a. (*Empld. under Sudan Govt.* 25 *June* 13) — 19Sept.11
Feilden, Maj. R. R., ret. pay *late* N. Lan. R. (*Record Office*) — 16Jan.06
Felix, Capt. C., ret. pay, *late* Worc. R. — 19Feb.20
Fell, Lt.-Col. E. J., ret. pay *late* h.p. — 1Apr.91
Fell, Maj. J. P., ret. pay *late* R.A. — 22Aug.91
Fell, Hon. Brig.-Gen. R. B., *C.B.*, *C.B.E.*, ret. pay *late* h.p. — 2Jan.18
Fellowes, Maj. H. Le M.; ret. Ind. Army — 31Jan.12
Fellows, Lt. Col. F. D'A., *D.S.O.*, ret. pay *late* York. R. — 27Aug.14
Fellows, Maj. C. G., *O.B.E.*, Dist. Offr., ret. pay *late* R.A. — 29Aug.15
Fellows, Lt.-Col. C. S., ret. Ind. Army — 3May16
Fellows, Temp. Lt. W., ret. pay *late* R.G.A. (*Record Office*) — 1July15
Fendall, Hon. Brig.-Gen. C. P., *C.B.*, *C.M.G.*, *D.S.O.*, ret pay *late* h.p. (R.A.) [F] — 10Mar.19
Fenton, Hon. Brig.-Gen. A. B., *C.B.*, ret. Ind. Army — 24Aug.12
Fenton, Capt. J. C., ret. pay *late* Leins. R. — 16Apr.84
Fenton, Lt.-Col. L. L., ret. Ind. S.C. — 8Jan.96
Fenton, Hon. Lt. R. C., Qr.-Mr. ret. pay *late* h.p. (A.V.C.) — 29July03
Fenwick, Bt. Col. G. C., ret. Ind. S.C. — 27June96
Fenwick, Col. H. T., *C.M.G.*, *M.V.O.*, *D.S.O.*, ret. pay *late* h.p. — 7Oct.04
Fenwick, Hon. Lt. J., Sen. Asst. Surg. ret. Ind. Sub. Med. Dept. — 4Feb.07
Fenwick, Hon. Lt.-Col. J. B., ret. Bo. S.C. — 8Sept.79

Fenwick, Lt.-Col. M. J. E., ret. pay *late* Dorset R. [F] — 18Oct.02
Fenwick, Lt. N. A. F., ret. pay *late* A.S.C. (for Spec. Res.) — 1Apr.(6
Fenwick, Maj. N. E. de B., ret. pay *late* K. R. Rif. C. — 10June85
Ferguson, Capt. A. C., ret. pay *late* h.p. — 17Sept.14
Ferguson, Hon. Brig.-Gen. A. F. H., ret. pay *late* h.p. — 21June18
Ferguson, Lt.-Col. A.G., ret pay *late* Rif. Brig. — 18Sept.15
Ferguson, Lt. B. F., ret. pay *late* W. I. R. — 2Nov 04
Ferguson, Matron *Miss* E., ret. pay *late* Q.A.I.M.N.S. — 17Feb.03
Ferguson, 2nd Lt, J. H., ret. pay *late* extra regimentally empld. — 1Aug.17
Ferguson, Lt.-Col. J. W., ret. pay *late* 20 Hrs. — 12May19
Ferguson, Col, N. C., *C.M.G.*, *M.B.* (F), ret. pay *late* A. Med. Serv. — 1Mar.15
Ferguson, Maj. S. C. *O.B E.*, ret. pay *late* North'd Fus. — 17Feb.04
Ferguson, Maj. V., ret. pay *late* S. Wales Bord. [L] [F] — 8May07
Ferguson-Davie, Maj. *Sir* W.J., *Bt.*, ret. pay *late* Bord. R. — 20Oct.01
Fergusson, Lt.-Col. H. C., *C.M.G.*, ret. pay *late* High. L.I. (*Maj. W. Gds. Spec. Res.*) (*Empld. War Cat1net*) — 11Feb.20
Fergusson, Maj. H. J., ret. pay *late* Sco. Rif. — 2Mar.92
Fergusson, Bt. Col. J. A., ret. pay *late* 15 Prov. Bn., *p.s.c*. — 1Feb.97
Fergusson, Col. W. J. S., *C.M.G.*, ret. pay *late* h.p., *s*. [F] — 14June09
Fernandez, Hon. Lt. A. P., Sen. Asst. Surg. ret. Ind. Sub. Med. Dept. — 6Mar.94
Ferrar, Bt. Lt.-Col. H. M., *C B.E.*, ret. pay *late* R.F.A., (*Empld Remt. Serv.*) — 1Jan.18
Ferrar, Maj. M. L., ret. pay *late* York R. — 29Nov 00
Ferrier, Lt. A. E , ret. pay *late* h.p. — 30Oct.17
Ferrier, Col. G. H., Chief Paymr. ret. pay *late* A. P. Dept. — 10June02
Ferrier, Maj.-Gen. J. A., *C.B.*, *D.S.O.*, ret. pay *late* R.E. — 15June10
Ferris, Surg.-Lt.-Col. J. E. C., ret. Ind. Med. Serv. — 30Mar.92
Ferris, Col. J. L., ret. Ind. S.C. — 4Mar.89
Ferris, Lt.-Col. W. B., *u.s.l.* Ind. Army — 18Aug.95
Festing, Hon. Brig.-Gen. F. L., *C.B.*, *C.M.G.*, ret. pay *late* North'd Fus. — 1June19
Fetherstonhaugh, Bt. Col. J. D., ret. pay *late* h.p. — 23July98
Fetherstonhaugh, Maj.-Gen. R. S. R., *C.B.*, ret. pay (*Col. Comdt. K.R. Rif. C.*) — 26June02
Fetherstonhaugh, Bt. Col. T., *D.S.O.*, ret. pay *late* Sea. Highrs. (*temp. Lt.-Col.* 9 *Bn. Sea. Highrs.*) — 4June17
Ffinch, Capt. M. B. D., ret. pay *late* h.p. — 30Nov.95
Ffrench, Lt.-Col. P., ret. Ind. Army — 14May10
ffrench-Mullen, Col. D., *M.D.*, ret. Ind. Med. Serv. — 25Mar.07
ffrench-Mullen, Maj. J. M., ret. Ind. Med. Serv. — 30Mar.98
Fiddes, Capt. J. M., ret. Ind. Army — 20Apr.14
Field, Hon. Maj. A. S., Qr.-Mr. ret. pay *late* Oxf. & Bucks. L.I. — 1July17
Field, Bt. Col. C., ret. Mar. — 23Apr.08
Field, Hon. Maj. J. T., Qr.-Mr. ret. pay *late* R. Berks R. — 1July17
Field, Lt.-Col. W. C. F., ret. Ind. S.C. — 8May98
Fielden, Capt. H., *D.S.O.*, ret. pay *late* h.p. — 26June99
Fife, Lt.-Col. R. D'A., *D.S.O.*, ret. pay *late* York. R. — 27Aug.14
Filgate, Lt. R. J., ret. pay *late* Norf. R. (for Spec. Res.) (*Capt.* 3 *Bn. Norf. R.*) — 8Jan.08
Finch, Hon. Capt. B. J., Qr.-Mr. ret. pay *late* L'pool R. (*temp. Maj.*) (*Recg. duties*) — 20Nov.00
Finch, Maj. W. W., Qr.-Mr. ret. pay *late* R. Sc. Fus. — 24July17
Finch Hatton, Hon. Brig.-Gen. E. H., *C.M.G.*, *D.S.O*, ret. pay *late* h.p. — 16Dec.19
Findlay, Maj. C. W. McD., ret. pay *late* Gord. Highrs. — 18Jan.17
Findlay, Hon. Lt.-Col. R. J., Dep. Commy. of Ord. ret. pay *late* A. Ord. Dept., *s*. — 1Jan.18
Fink, Maj. G. H., ret. Ind. Med. Serv. — 31Mar.96
Finlay, Lt. A. C. M., ret. pay *late* h.p. (*Empld. R.A.*) (*Remt. Serv.*) — 10Feb.01
Finlay, Bt. Maj. R. A., ret. pay *late* h.p. — 22Aug.02
Finlay, Lt.-Col. F. D., *O.B.E.*, ret. pay *late* h.p. — 6July16
Finlay, Lt.-Col. W., ret. A. Med. Staff — 1Apr.91
Finlayson, Hon. Capt. D., *O.B.E.*, Qr.-Mr. ret. pay *late* High. L. I. — 22Aug.02

Non-Effective Officers

Finn, Hon. Brig.-Gen. H., *C.B.*, ret. pay *late* h.p. 25Sept.12
Finn, Maj. T., Qr.-Mr., ret. pay *late* 3co. Rif. 6July13
Finnamore, Hon. Capt. H. L., Sen. Asst. Surg. ret. Ind. Sub. Med. Dept. 7Dec.93
Finnimore, Hon. Capt. J. P., Dep. Commy. ret. Ind. Army Dept. 27June06
Finnis, Capt A. R., *M.C.*, ret. pay, *late* R.A. 24Nov 19
Finnis, Col. H., *C.S.I.*, ret. pay *late* Mil. Works Dept., India (R.E.) (Ind. Pens.) 4Oct.03
Firbank, Lt. S., ret. pay *late* h.p. 19 July 18
Firth, Maj. H. V., ret. Ind. Army 6Oct.10
Firth, Col. Sir R. H., *K.B.E.*, *C.B.*, *F.R.C.S.*, ret. pay *late* R.A.M.C., *s.*(*Empld.R.A.M.C.*)13Nov.12
Firth, Hon. Maj. S., Qr.-Mr. ret. pay *late* R.G.A. [R] 29Nov.00
Fishbourne, Lt. C. E., ret. pay *late* R. E. (for Spec. Res.)(*Capt. R.E. Spec. Res.*) 23June07
Fisher, Hon. Maj. A. T., ret. pay *late* 21 Hrs. 1May83
Fisher, Maj. C. J., ret. pay*late* R.G.A., *g.* 18Nov.89
Fisher, Capt. C. S. D., ret. pay *late* Midd'x R. 15Dec.00
Fisher, Col, F. T., *C.B.*, ret. pay *late* h p., *p.a.c.* 15Dec.13
Fisher, Lt.-Col. H. F. T., ret. pay *late* A.S.C., *e.* [l] 11Feb.19
Fisher, Hon. Lt. J., Sen. Asst. Surg. ret. Ind Sub. Med. Dept (Mad.) 8June03
Fisher, Lt.-Col. J., *D.S.O.*, *M.B.*.ret.Ind.Med. Serv 25Jan.13
Fitz George, Bt. Col Sir A. C. F., *K.C.V.O.*, *C.B.*, ret. pay *late* h.p. 18May90
Fitz Gerald, Maj. A. O., ret. pay *late* R.A.M.C. 30May97
Œ. Fitz Gerald, Hon. Maj.-Gen. C., ret. pay*late* h.p. [R] [F] 30Oct.83
Fitzgerald, Lt. C., ret. pay *late* Oxf. & Bucks. L.I. (for Spec. Res.) (*Capt. 3 Bn. Oxf. & Bucks. L.I.*) 14Apr.05
Fitz Gerald, Lt.-Col. C. M., ret. Ind. Army (*Empld. Labour Corps*) 30Dec.97
FitzGerald, Maj E A., ret. pay *late* 6 Dns. 2 July12
Fitz Gerald, Maj. Lord F., ret. pay *late* K.R. Rif. C., 15June85
Fitz Gerald, Col. G. A., *C.M.G.*, *D.S.O.*, ret. pay *late* R.F.A. 23Apr.19
Fitz Gerald, Maj.,G. E. F., ret. pay *late* h.p. (*Record Office*) 13Sept.17
Fitz Gerald, Lt.-Col. G. J., *C.V.O.*, ret. pay *late* R H.G. 7Nov.14
FitzGerald, Hon. Brig.-Gen. H. S., *C.B.*, ret. pay *late* h.p., *q.s.* 25Aug.17
Fitzgerald, Sir J. P. G. M., *Bt.*, *M.C.*(*Knt. of Kerry*), ret. pay *late* R.H. Gds 7Nov.18
Fitzgerald, Maj. N. D'A., ret. pay *late* h.p. 16 Oct.15
Fitz Gerald, Hon. Maj. T. P., *O.B.E.*,Qr.-Mr. ret. pay *late* R.G.A. 5Aug.16
Fitz Henry, Maj. C. B., ret. pay *late* R.G.A., s.38Sept.20
Fitzherbert, Maj. W. H. M., ret. pay *late* Rif. Brig. 1July81
Fitz Hugh, Hon. Maj.-Gen. A., *C.B.*, ret. Ben. S C. 14June86
Fitzjohn, Lt. G. N.,(ret.pay *late* Worc. R.(for Spec. Res.)(*Bt.Maj Worc. R. Spec. Res.*) 15May07
Fitzpatrick, Hon. Surg.-Capt. J., Sen. Asst. Surg. ret. Ind. Sub. Med. Dept.(Ben.) (*Rl. Wt. 12 Mar. 94*) 48ept.91
Fitz Patrick, Hon. Capt. R.,Qr.-Mr. ret. pay *late* York & Lanc. R. 1Apr.93
Fitzpatrick, Lt -Col. T., Qr.-Mr., ret. pay, *late* Linc. R. 3June19
Fitz Roy,Capt.P.FitzW., ret. pay *late*R.G.A.27Sept.89
Fixott, Col. J. L., ret. pay *late* R.A. (Ind. Pens.) 1Feb.02
Flanagan, Lt.-Col. J. W. H., ret. pay *late* R.A.M.C. 4Aug.98
Flanagan, Maj. R. N. A., ret. pay *late* B. Garr. R. 8Sept.02
Flannery, Hon. Capt. M. J., Commy. ret. Ind. Army Dept. 1 Oct.06
Flatman, Capt. A., ret. pay *late* R. Art. 8May19
Fleming, Capt. D.G., *M.C.*, ret pay *late* h.p. 25Aug.16
Fleming, Maj.H. L., ret. Ind. Army(*Empld. 3 Trng. Res. Bn.*) 10Nov.04
Fleming, Maj. H. S., *O.B.E.*, ret. pay *late* Essex R. (*Hon. Col. ret. Mila.*) (*War Office*) 18Oct.02
Fleming, Maj. J. G., Sen. Asst. Surg. ret. Ind. Sub. Med. Dept. 2Apr.18
Fleming, Lt.-Col. J. M., ret. Ind. Army 13Aug05
Fleming, Capt. N., ret. pay *late* h.p. 19Aug.15
Fleming, Hon. Lt. P. F., Qr.-Mr. ret. pay *late* h.p. 21Feb.94

Fletcher, Lt.-Col. A. F., *D.S,O.*, *M.V.O.*, ret. pay, *late* 17 Lrs. [F] 19Dec.15
Fletcher, Lt.-Col. H. A., *C.V.O.*, ret. Ind Army (*Gent.-at-Arms*) 4Sept.86
Fletcher, Lt. Col. H. J., *M.B.*, ret. pay *late* R.A.M.C. 12May11
Fletcher, J. H., *late* temp. Lt. 11 Bn. S. Lan, R. (ret. pay) 3Aug 16
Fletcher, Lt. Col. W. B., *O.B.E.*, ret. pay *late* h.p. R.A, *p.s.c.*, *t a.* 18Sept.06
Flight, Capt. W. E., ret. pay *late* R.A. 9Jan.20
Flint, Hon. Brig.-Gen. E.M.,ret.pay*late* R.A.12Apr.17
Flint, Bt. Maj. S. K., ret. pay *late* R. Fus.[F] 25Aug.05
Flitecroft, Maj. E. A., ret. pay *late* Coast Bn. E.R. 20Apr.16
Floate, Hon. Capt. C., Asst. Commy. ret. Ind. Army Dept. 25Sept.87
Flower, Maj. H. J., *D.S.O.*, *M.C.*, ret. pay *late* h.p. 22Oct.17
Flower, Maj. O. S., ret. pay *late* R.W. Fus. 4May12
Flowers, Capt. A., *M.C.*, ret. pay *late* R.A. 19Feb.20
Floyd, Hon. Maj. H., Qr.-Mr. ret. pay *late* S. Wales Bord. (*Empld. Min. of Natl. Serv.*) 1July17
Fludyer, Col. H., *C.V.O.*, ret. pay *late* S. Gds. & Regtl. Dist. 21Dec.87
Fokeer Chand Ghose, *M.B.*, Surg. ret. Ind. Med. Serv. 1Oct.69
Foley, Bt. Col. A. C., ret. pay *late* h.p. R.E. 23June05
Foley, Capt. E. E., ret. pay *late* h.p. 9Nov.82
Foley, Hon. Maj. J., Qr.-Mr. ret. pay *late* R. Ir. Rif. 16Feb.15
Foley, Hon. Capt. M., Qr.-Mr. ret. pay *late* Ches. R. 19Oct.11
Foljambe, Lt.-Col. *Hon.* G. W. F. S., *D.S.O.*, ret. pay *late* Oxf. & Bucks. L.I. 11Feb.19
Follett, Maj. J. E. G., Dist. Offr., ret. pay, *late* R.E 22Jan.18
Follett, Col. R. W. W., ret. pay *late* h.p. 26Mar.88
Folsom, Hon. Capt. H., Qr.-Mr. ret. pay *late* C. Gds. 1Apr.95
Folson, Lt. W. H., ret. pay *late* R.A. 8Aug.16
Fonseca, Hon. Capt. D. B., Sen. Asst. Surg. ret. Ind. Sub. Med. Dept. 15Sept.00
Fooks, Lt.-Col. G. E., ret. Ind. Med. Serv. 20Oct.90
Foord, Capt. A. R., ret. pay *late* Som. L.I. (*temp. Maj. Som. L.I.*) 14Oct.96
Foote, Lt.-Col. H. B., ret.pay*late*R.G.A.,*g.t* 1Apr.11
₨. Foote, Hon. Maj.-Gen. W. O., ret. Mad. S.C. 16July87
Foote, Lt. A. W., ret. pay *late* h.p. 6Mar.95
₨. Foote, Hon. Col. F. B., ret. Ben. S.C. 2Feb.76
Foran, Chaplain (1st Class) *Rev.* T., ret. pay *late* A. Chaplains' Dept. [R,C.] 4Oct.94
Forbes, Lt.-Col. A. M. H., *D.S.O.*, ret. pay *late* R. Sc. Fus. 1June19
Forbes, Hon. Brig.-Gen. *Sir* A. W., *K.B.E.*, *C.B.*, ret. Ind. Army 20Oct.19
Forbes, Lt.-Col. A. W., ret. pay *late* h.p. 17Aug.15
Forbes, Hon. Maj.-Gen. C. P.,ret.pay*late* h.p. 3Feb.86
Forbes, Capt. E. E., ret. Ind. S.C. 11Feb.85
Forbes, Maj. H. N., *M.C.*, *D.C.M.*, ret. pay *late* 5 Lrs. 28Feb.20
Forbes, Hon. Lt.-Col. H. V., ret. R. Mar. 30Mar.81
Forbes, Lt.-Col. J. F., ret. pay *late* h.p. 21Mar.12
Forbes, Maj. J. G., ret. pay *late* Shrops.L.I. 23Dec.05
Forbes, Maj. L. A., ret. Ind. Army (*Empld. Recg. Duties, 24 Apr. 15*) 10Nov.04
Forbes, Col. R. F., *D.S.O.*, *O.B.E.*, ret. pay *late* High. L.I. 10Mar.20
Forbes, Maj. R, I., ret. pay *late* Hamps. R. (*Gov., Aberdeen Prison* {12 Aug. 08 / 10 Apr. 01}) 16Aug.99
Forbes, Hon. Maj. S., Qr.-Mr. ret. pay *late* Arg. and Suth'd Highrs. 18Oct.02
Forbes, Hon. Brig.-Gen. W. E. G., *C.B.*,ret. pay *late* h.p. 8Aug.17
Forbes, Lt.-Col. W. L., ret. pay *late* R. Fus. [l] (*Lt.-Col. ret. T.F.*) 20May15
Ford, Lt.-Col. C.H., *C.M.G.*, ret. pay *late* h.p. 12Sept.13
Ford, Capt. F. I., ret. pay *late* Leic. R. (for Spec. Res.) (*Capt. 3 Bn. Leic. R.*) 23Mar.07
Ford, Lt -Col. H. R., ret. Ind. Army 14Mar.14
Ford, Capt. J. P. W., ret. pay *late* h.p. 30Oct.14
Ford, Maj.-Gen. *Sir* R. K., *K.C.M.G.*, *C.B.*, *D.S.O.*, ret. pay *late* R.A.S.C. [F] 3June18
Ford, Maj.-Gen. *Sir* R. W., *K.C.M.G.*, *C.B.*, *D.S.O.*, ret. pay, *late* R.A.M.C. 1June14
Ford, Maj. W., Qr.-Mr., ret. pay *late* E. Surr. R. 1July17

Non-Effective Officers

Ford-Hutchinson, Lt.-Col. G. H., *D.S.O.*, ret. pay *late* Conn. Rang. — 16July10
Forde, Hon. Maj. G., Qr.-Mr. ret. pay *late* A.S.C. — 18Oct.02
Forde, Bt. Col. L., *C.M.G.*, ret. pay *late* R.F.A. (*Empld. R.F.A.*) — 13Feb.08
Fordyce, Maj. A. D., ret. Ind S.C. — 22Jan 99
Fordyce, Bt. Col. J. F. D., ret. Ind. Army — 3Apr.02
Fordyce, Maj. W. D., ret. pay *late* h.p. — 18Sept.14
Forester, Lt.-Col. G. C. B., *Lord*, ret. pay *late* R.H.G. — 4Apr.18
Forestier Walker, Lt.-Col. C. E., *D.S.O.* [L] ret. pay *late* R.G.A. — 20Oct.14
Forestier-Walker, Maj. *Sir* G. F., *Bt.*, ret. pay *late* R. W. Fus. — 1July85
Forjett, Lt.-Col. F. H., u.s.l. Ind. Army — 10June91
Forman, Col. R. H., *M.B.*, ret. pay *formerly* R.A.M.C. — 8Jan.06
Formby, Col. R. F. R., ret. Ind. Army — 21Aug.18
Forrest, Hon. Lt. G. O., Sen. Asst. Surg. ret. Ind. Sub Med. Dept. — 27Apr.00
Forrest, Lt.-Col. J., *C.M.G., O.B E.*, ret pay *late* Linc. R. — 27Mar.19
Forrest, Hon. Lt. J., Qr.-Mr. ret. pay *late* hp. — 6Sept. 99
Forrest, Lt.-Col. J.R., ret. pay *late* R.A.M.C. — 31Jan.05
Forrester, Maj. W., Sen. Asst. Surg. ret. Ind. Sub. Med. Dept. — 2Apr.18
Forsdick, Maj. W. H.. *O.B.E.*, ret. pay *late* R. Muns. Fus. — 25July12
Forsdyke, Col. F. W., ret. pay *late* Asst. Dir. of Vety. Serv., N. Comd. — 22Aug.07
Forshaw, Maj. J. H., ret. pay *late* R. Berks. R. — 8Feb.70
Forster, Maj.-Gen. J. B., *C.B*, ret. pay [R] — 31Mar.08
Forster, Capt. L. A., ret. pay *late* Ches. R. — 15Oct.05
Forster, Lt.-Col. T. H. B., ret. pay *late* R. War. R., p.s.c. — 18Oct.02
Forster, Hon. Lt.-Col. W. D., r.f.p.d. *late* R. (Mad.) A. — 1Aug.72
Forsyth, Hon. Col. T.H., ret. pay *late* Wilts. R. — 31Dec.87
Forte, Maj. H. A. N., *D.S.O.*, ret. pay *late* E. York R. — 8Jan.16
Fortescue, Hon. Brig.-Gen. *Hon.* C. G., *C.B. C.M.G., D.S.O.*, 1et. pay *late* Staff, p.s.c. [F]. — 31Oct.19
Fortescue, Hon. Brig.-Gen. F. A., *C.B.*, *C.M.G.*, ret. pay, p.s.c. [F] — 5Jan.19
Fortescue, Lt.-Col. H., ret. pay *late* h.p. [l] (*Bt. Col. ret. Spec. Res.*) — 12July67
Forth, Lt.-Col. C. T. W., ret. Ind. Army — 23Mar.18
Fosbery, Hon. Maj. W. T. E., ret. pay *late* h.p. — 1July18
Fosbroke, Hon. Lt.-Col. J. D., ret. R. Mar. — 29May82
Foss, Lt.-Col. K. M., ret. Ind. Army — 2July03
Foster, Maj. R. A., ret. pay *late* Arg. and Suth'd Highrs., *p.s.c.* (*Empld. Min. of Natl. Serv.*) — 18Sept.15
Foster, Col. C. E., ret. pay *late* h.p. — 1July85
Foster, Hon. Capt. H., Dep. 'Commy. ret. Ind. Army Dept. — 4Feb.91
Foster, Capt. H. E., ret. pay *late* Midd'x R. (*Record Office*) — 14Mar.00
Foster, Col. H. J., ret. pay *late* h.p. (R.E.) p.s.c. [l] — 10Oct.19
Foster, Maj. H. W., *M.C.*, Qr.-Mr., ret. pay *late* R. Ir. Rif. — 1July17
Foster, Lt.-Col. J. R., *D.S.O.*, ret. pay *late* R.F.A., p.a.c. — 25June19
Foster, Maj. M. A., *D.S.O.*, ret. pay *late* Som. L.I. [L] (*Maj. Ret. T.F. Res.*) (*Spec. Appt.*) — 21Apr.09
Foster, Maj. P., ret. pay *late* R.G.A., p.a.c. — 1May17
Foster, Capt. F. W. W., ret. pay *late* h.p. — 1July15
Foster, Bt. Col. R. C., ret. pay *late* R.G.A. — 16Oct.04
Foster, Col. *Sir* W. Y., *Bt., C.B.E.*, ret. pay *late* h.p. (R.A.) — 12May08
Foulkes, Maj. H. D., ret. pay *late* R.A. (*1st Class Dist. Offr., N. Prov. Nigeria*) (*temp. Lt.-Col. R.A.*) {1 Jan. 14 / 2June06} — 16Nov.15
Foulkes, Chaplain (1st Class) *Rev.* T. H., *M.A.*, ret. pay *late* A. Chaplains Dept. — 1Mar.09
Fowell, Bt. Col. N. P., ret. pay *late* R.G.A. — 10Jan.01
Fowke, Ma'. F. Paymr. ret. A.P. Dept. — 10Oct.10
Fowke, Maj. G. H. S., ret. pay *late* Gord. Highrs. — 14Sept.16

Fowle, Col. J., *C.B..C.M G.*, ret. pay *late* Staff [F] s. — 7Sept.05
Fowle, Lt.-Col. T. E., *C.B.E.*, ret. pav *late* extra regimentally empld , p.s.c. [l] — 10Oct.08
Fowler, Col. C. E. P., *O.B.E., F.K.C.S.*, ret. pay *late* R.A.M.C. — 8May19
Fowler, Maj. F. C., ret. pay *late* R.A. (*Spec. Appl.*) — 22Apr.03
Fowler, Lt.-Col. G. C. O., *O.B.E.*, ret. pay *late* A.V.C. — 16July19
Fowler, Maj. H. B., ret. pay *late* R.W.Surr. R. — 17Apr.94
Fowler, Maj. V. A. M., ret. pay *late* L'pool R. (*Lt.-Col. T.F. Res.*) — 14July97
Fowler, Csp'. W., ret. pay *late* Rif. Brig. — 11Mar.2
Fowler-Butler, Lt.-Ccl. R., *C.B.*, ret pay, *late* h.p. — 12Mar.12
Fowles, Lt.-Col. J., Qr.-Mr., ret. pay *late* I. Gds. — 3June19
Fownes, Lt.-Col. E. J., ret pay *late* h.p. (*temp. Capt N. Som. Yeo.*) — 24June96
Fox, Maj. A. B., ret.pay *late* Som. L.I. — 17Feb 04
Fox, Capt. A.M., *D.S.O.*, ret. pay *late* R.F.A. — 16Nov.01
Fox, Maj. B. H. M. (The Fox), ret. pay *late* R. Ir. Rif (*Empld. Min. of Lab.*) — 29Aug.06
Fox, Hon. Maj. C., Qr.-Mr. ret. pay *late* Bedf. R. — 14Mar.17
Fox, Maj. F G., Sen. Asst. Surg. ret. Ind. Sub. Med. Dept. — 1July17
Fox, Maj. G. F., Sen. Asst. Surg. ret. Ind. Sub. Med. Dept. — 1July17
Fox, Lt. G. F., ret. pay *late* h.p. — 29May18
Fox, Hon. Capt. J. J., Qr.-Mr. ret. pay *late* h.p. — 1July17
Fox, Maj. L. D'A., ret. pay *late* R.W. Fus. — 29Jan.17
Fox, Maj. M. F., ret. pay *late* Leins. R., s. — 18Sept.15
Fox, Hon. Brig -Gen. R. F., *C.B., D.S.O.*, ret. p y *late* Fus. — 20Nov.19
Fox, Maj. R. M. D., *O.B.E.*, ret. pay *late* Yorks. L.I. — 18Sept.15
Fox, Col. T. C. A., Staff Paymr. ret. A. P. Dept. — 18Oct.02
Fox-Pitt, Lt.-Col. W. A. L., ret. pay *late* G. Gds. — 28Nov.14
Foxton, Hon. Capt. T., Asst. Commy. ret. Ind. Army Dept. — 11Aug.82
Foy, Lt. F. J., ret. pay, *late* h.p. — 5June15
Foy, Maj. J., Commy. ret. Ind. Army Dept. — 1July07
Framji Ruttonji Divecha, Surg. Maj. ret. Ind. Med. Serv. — 31Mar.92
Frampton, Col. W. J., ret. pay *late* h.p. [R] — 2Mar.85
Francis, Capt. B. A., *M.C.*, ret. pay, *late* R. Fighrs. — 8Oct.19
Francis, Lt. Col. C. A. W., ret. R. Mar. Art. — 9Aug.17
Francis, Col. G. F., ret. Ind. Army — 5Nov.00
Francis, Capt. H. H., ret. pay *late* R. Scots — 28Dec.92
Francis, Maj. O L., ret. pay *late* 6 D.G. — 1May05
Francis, Maj. W., ret. pay *late* D. of Corn. L.I. — 31July93
Francis, Ridg-Mr. W., ret. pay *late* 19 Hrs. — 23May83
Francombe, (t. H. L. C., ret. pay *late* h.p. — 2Apr.18
Frankis, Lt.-Col. W. W., ret. R. Mar. — 31Jan.16
Frankland, Maj. A. P., *D.S.O.*, ret. pay *late* Lan. Fus. [L] — 18Jan.17
Franklin, Lt.-Col. D. F., *F.R.C.S.Edin.*, ret. pay *late* R.A.M.C. — 31July00
Franks, Hon. Lt. W., Qr.-Mr. ret. pay *late* A S.C. — 27May11
Franks, Maj.-Gen.W.A., u.s.l. Ind. Army — 1Apr.94
Fraser, Maj. A. A., ret. pay *late* Bedf. R. — 26Feb.96
Fraser, Maj. A. G., *M.B.E.*, ret. pay *late* K.O. Sco. Bord. [F], t.a. — 14Sept.07
Fraser, Lt.-Col. E. A., ret. Ind. S.C. — 13Sept.90
Fraser, Maj. H. St. J., ret. Ind. Med. Serv. — 29July05
Fraser, Lt.-Col. J., ret. Ind. Army — 7June87
Fraser, Hon. Capt. J., Qr.-Mr. ret. pay *late* R. Ir. Fus. — 2Apr.89
Fraser, Hon. Capt. J., Sen. Asst. Surg. ret. Ind. Sub. Med. Dept. — 23Sept.9
Fraser, Lt. Jubn. ret. pay *late* R A. — 12Apr.18
Fraser, Lt.-Col. J. R., *C.M.G.*, ret. pay *late* N. Lan. R. — 12Apr.17
Fraser, Maj. J. W., *C.M.G., O.B.E.*, ret. pay *late* Ches. R. (*Capt. 4 Bn. Sea. Highrs.*) — 21Feb.00

Non-Effective Officers

Fraser, Lt.-Col. R. H., ret. pay *late* h.p. 18Jan.99
Fraser, Maj.-Gen. *Sir* T., *K.C.B., C.M.G.*, ret. pay, Col. Comdt. R.E., *p.s.c.* [R] [F] 1Apr.98
Fraser, Hon. Col. T. L., ret. Bo. S.C 10Dec.81
Fraser, Capt. W. J., ret. pay *late* h.p. 13Mar.18
Fraser, Lt.-Col. W. S., ret. Ind. Army 16Nov.17
Fraser, Col. G. S., *C.M.G.*, ret. Ind Army 3June15
Frazer, Lt.-Col. P. T., ret. A. Med. Staff. 31Mar.88
Freckleton, Capt. G. W., ret. pay *late* Conn. Rang. 7Apr 87
Frederick, Maj. E. B., ret. pay *late* R. Fus 1Sept.15
Free, Col. J F., ret. pay *late* R. (Ben.) A. [F] 18Nov.89
Freel, Lt.-Col. J., *O.R.E., D.C.M.*, Qr.-Mr., ret. pay *late* Durh. L.I. 1Jan 19
Freeland, Maj. A. D., ret. pay *late* R.A. 16Nov.15
Freeland, Lt.-Col. J. C., ret. pay *late* h.p. 12Apr.99
Freeman, Maj. E. C., *C.M.G., M.D.*, ret. pay *late* R.A.M.C. (*Col, T.F. Res.*) 27July99
Freeman, Hon. Capt. F., Inspr. of Army Schools ret. pay 29Dec.05
Freeman, Hon. Lt.-Col. F. P. W., ret. pay *late* R. (Ben.) A. 9Dec.82
Freeman, Lt. H., ret. pay *late* h.p. 2July16
Freeman, Capt. T., Asst. Commy. ret. Ind. Army Dept. 1July17
Freeth, Lt.-Col. J. P., ret. pay *late* R.A., *p.a.c.* 9Nov.92
Freeth, Hon. Lt.-Col. W., *M.V.O.*, ret. Med. S.C. 20Mar.83
Fremantle, Bt. Maj. G., ret. pay *late* C. Gds. 8July99
French,Gen.A.,*C.B.*,ret.pay *late* R. Mar.Art. 1Aug.08
French, Maj. A., ret. *late* Suff. R. 17Dec.81
French, Maj. A. J. St. G., ret. pay *late* N. Staff, R. 11Dec 90
French, Col. C. A. L. A., ret. pay *late* h.p. 21July86
French, Sister *Miss* E. J., ret. pay *late* Q.A.I.M.N.S. 18May17
French, Lt. F. H., ret. Ind. Army 28May17
French, Bt. Lt.-Col. F. J. F., ret. R Mar. Art. (L) 1Sept.15
French, Maj.-Gen. *Sir* G. A., *K.C.M.G.*, ret. pay, Col. Comdt. R.A. 25May00
French, Col. G. A., *C.M.G.*, ret. pay *late* Staff 1Aug.08
French, Capt. H., *C.V.O.*, ret. pay *late* 2 L G. (*Yeo. of Gd.*) 24Sept.87
French, Lt.-Col. Hon. R., ret. pay *late* Glouc. R. 22June15
French, Maj. T. N., ret. pay *late* R. Art 14Sept.15
Frenchman, Lt.-Col. E. P., *C.I.E.*, ret. Ind. Med. Serv. 31Mar.99
Frend, Bt.-Col. G., ret. pay *late* h.p. (*Mil. Knt. of Windsor*)(*Lt.-Col.3Bn. W.York R.*) 3June17
Frere, Lt.-Col. W. A. J., ret.pay *late* R. Sc. Fus. 10Aug.02
Frewen, Lt.-Col. S., ret pay, *late* h.p. 1Apr.00
Freyer, Col. *Sir* P. J., *K.C.B., M.D.*, ret. Ind. Med. Serv. 10May19
Freyer, Lt.-Col. S. F., *C.M.G., M.D.*, ret. pay *late* R.A.M.C. 2Aug.04
Friar, Maj. R., Qr.-Mr. ret. pay *late* R.E. 21June15
Fricker, Hon. Capt. W., Qr.-Mr. ret. pay *late* North'n R. 11Oct.18
Fricker, 2nd Lt. W., ret. pay *late* h.p. 18Apr.18
Friend Lt.-Col. R. S, I., *D.S.O.*, ret. pay *late* E. Kent R. 28Mar 19
Frith, Hon. Brig.-Gen. H. C., *C.B.*, ret. pay [L] [F] 1Nov.18
Froom, Lt.-Col. G., ret. pay *late* h.p. 21Jan.10
Frost, Lt. H. W., ret. pay *late* R.A.A. 20May18
Frost, Maj. R. H., *M.B.E.*, Qr.-Mr ret. pay *late* R.A S.C. 8Aug.19
Fry, Maj.-Gen. C. I., *C.B.* ret. Ind. Army 11Mar.14
Fry, Capt. G. W., ret. pay *late* h.p. (*Record Office*) 18Jan.19
Fry, Capt. H. L. G., ret. pay *late* h.p. 21Feb.20
Fry, Hon. Col. J. W., ret. pay *late* 88 Ft. 24Nov.77
Fry, Maj.-Gen. W. J., *C.V.O.*, ret. pay (*Col W. York. R.*) 25Aug.11
Fryer, Lt.-Col. A. C., ret. pay *late* h.p. 28Mar.94
Fryer, Lt.-Col. C. R., *O.B.E.*, ret. pay *late* Suff. R. 1May19
Fryer, Hon. Brig.-Gen. F. A. B., ret. pay *late* Staff *Mar.20
Fryer, Lt.-Col. G. W. S., u.s.l. Ind. Army 21Aug.04

Fryer, Bt. Col. L. C., ret. Ind. Army 11June07
Fulcher, Hon. Maj. W., Qr.-Mr. ret. pay *late* Midd'x R. 24Mar.15
Fulda, Maj. J. L., ret. pay *late* h.p. 22Oct.17
Fullarton, Lt. R. W. F., ret. pay *late* Sco. Rif. (for Spec. Res.) (*Maj. 3 Bn. Sco. Rif.*) 18Sept.02
Fuller, Lt. E. G. J. ret. pay *late* R.G.A. 1Nov.16
Fuller, Col. G. C., Chief Paymr. ret. A. P. Dept. 3Dec.09
Fuller, Hon. Lt.-Col. H., ret. R. Mar. 11Dec.85
Fuller, Hon. Brig.-Gen. R. W., *D.S.O.*, ret. pay, *late* R.A. 21June18
Fuller-Acland-Hood Maj. A., *O.B E.*, ret. pay *late* Rif. Brig. (*Lt.-Col. ret. T.F.*) 1Dec.97
Fullerton, Lt.-Col. J. C., ret. Ind. Med. Serv. 31Mar.94
Fullerton, Bt. Col. J. D., ret. pay *late* h.p. R.E. 27Oct.03
Fulton, Bt. Col. G. W. R., ret. pay *late* h.p. R.A. 9Oct.08
Fulton, Bt. Col. R., ret. Ind. Army 17Feb.02
Furber, Maj. M., *O.B E.*, ret. pay *late* R. Ir. Regt. 24Oct.16
C. Furlong, Col. G. W., Staff Paymr. ret. A.P. Dept. 18Oct.02
Furlong, Hon. Maj. J. A., Qr.-Mr. ret. pay *late* N. Lan. R. 18Oct.02
M. Furlong, Hon. Col. M., u.s.l. Ind. Army 4Jan.87
Furner, Maj. (Dist. Offr.) W. P., ret. pay *late* R.A. 18May02
Furness, Lt. H. M., ret. pay *late* h.p. 19Jan.18
Furse, Lt -Gen. *Sir* W. T., *K.C.B., D.S.O.*, ret. pay *late* R.A. (Col. Comdt. R.A.) *p.s c.* (Li [F] 1Jan.19
Fyffe, Lt.-Col. R. O., ret. pay *late* Glouc. R. 2Dec.15

Gabbett, Lt.-Col. A. C., ret. Ind. Army [F] 17Oct.16
Gache, Capt. R., ret. pay *late* R. Ir. Regt. 3Feb.20
Gage, Hon. Brig.-Gen. M. F., *D.S.O.* [F] ret. pay *late* h.p., *p.s.c.* 4Dec.19
Gahagan, Hon. Maj. J. J., Qr. Mr. ret. pay *late* R.E. (*Record Office.*) 24Apr.17
Gainher, Hon. Capt. E. W., Rldg.-Mr. ret. pay *late* R.G.A. 1July17
Gainsford. Maj. E. A., ret. pay *late* R.G.A. 16Nov.15
Gaisford, Capt. D. J., ret. pay *late* S. Wales Bord. 1June09
Gaisford, Capt. J., ret. Ind. Army 22Aug.99
Gaisford, Lt.-Col. R. B., *C.B., C.M.G.*, *late* Staff, *p.s.c.* 25May17
Gaitskell, Maj. C., ret. pay *late* Linc. R. 22Dec.05
Gaitskell, Hon. Col. W. J., ret. R. Mar. Art. 24Mar.08
Galbraith, Maj. G. E., ret. pay *late* R.G.A., g,11Sept.01
Galbraith, Inspr. of Wks.& Hon. Maj. S.H., ret. pay *late* Staff for R.E. Serv. 18May07
Gale, Maj. A., Dep. Commy. ret. Ind. Army Dept. 1July17
Gale, Hon. Maj. A. W., *D.C.M.*, Qr.-Mr., ret. pay *late* Corps of Mil. Police 22 Oct.15
Gale, Hon. Brig.-Gen. H. R., *C.M.G.*, ret. pay *late* h.p., q.s. 18Dec.19
Gale, Lt.-Col. J. R., Staff Paymr., ret. pay *late* A. Pay Dept. 29July11
Gale, Bt. Col. W. A., ret. *late* h.p. R.E. (Ind. Pens.) (*Ord. Survey 28 Aug. 14*) 31Dec.04
Galindo, Capt. R. E., ret. pay *late* York & Lanc. R. 16Sept.91
Gall, Lt.-Col. C. D. M., ret. pay *late* R. Fus. 6Apr.98
Gallagher, 2nd Lt. W., ret. pay *late* R. Sc. Fus. 18May18
Galloway, Lt.-Col. F., ret. pay *late* h.p. 1Nov.87
Gallwey, Col. E J., *C.B.*, ret. pay *late* Inf. Records 21Apr.02
Gallwey, Maj.-Gen. *Sir* T. J., *K.C.M.G., C.B., M.D.*, ret. pay *late* A.M.S. [R] [F] 26Dec.01
Galton, Maj. H. G. H., ret. pay *late* R.A. 1Oct.91
Galvin, Hon. Capt. F. A., Sen. Asst. Surg. ret. Ind. Sub. Med. Dept. 17Oct.99
Galway, Lt.-Col. *Sir* H. L., *K.C.M.G., D.S.O.*, ret. pay *late* h.p. (*Gov., S. Australia*) 13Apr.01
Galwey, Lt.-Col. C.E., *D.S.O.*, ret. pay *late* R. Ir. Regt. 28Sept.16
Galwey, Col. W. J., ret. pay *late* h.p. R.E. 25May94

41

Non-Effective Officers

Gamack, Surg.-Maj. A., *M.D.*, ret. Ind. Med. Serv. — 4 Aug. 76
Gamble, 2nd Lt. R., *M.C.*, ret. pay late I. Gds. — 17 July 18
Gamble, Hon. Brig.-Gen. R. N , *C.B.,D.S.O.*, ret. pay late h.p. p.s.c. [L] [F] — 13 Oct. 14
Gamlen, Capt. R. L., *M.B.*, ret. Ind. Med. Serv. (*Empld. R.A.M.C.*) — 1 Aug. 11
Ganly, Hon. Maj. W. W., Qr.-Mr. ret. pay late Lan. Fus. — 16 Aug. 14
Garbett, Bt. Lt.-Col. C. H. V., u.s.l. Ind. Army — 11 July 07
Garbett, Capt. H. G., ret. pay late h.p. — 20 Apr. 16
Garbutt, Lt. J. E., ret. pay late h.p. — 16 Oct. 15
Garden, Lt.-Col. A. R. H., ret. Ind. Army [F] — 11 Feb. 14
Gardiner, Hon. Capt. F., Qr.-Mr. ret. pay late A.S.C. — 16 Jan. 94
Gardiner, Capt. G. B., ret. pay late h.p. — 27 Aug. 19
Gardiner, Capt. H. B. W., ret. pay late Devon R., o. — 11 May 01
Gardiner, Hon.Maj.-Gen.H. L.,*C.B.*(ret. pay) — 1 Nov. 18
Gardiner, Capt. R. H., ret. pay, late R.F.A. — 30 Oct. 14
Gardiner, Hon. Dep.-Surg.-Gen. W. A., Lt.-Col. ret. A. Med. Staff — 2 Apr. 87
Gardner, Lt.-Col. C. H., ret. pay late Derby R., p.s.c. — 7 Sept. 86
Gardner, Maj. C. J. H., *C.B.E.*, ret. pay late York. R. — 1 Sept. 15
Gardner, Lt.-Col. F. S., ret. R. Mar. (*Recg. Staff Offr.*) — 1 Feb. 17
Gardner, Maj. H., ret. pay late R. Scots — 14 Aug. 85
Gardner, Capt. S., ret. pay late York & Lanc. R. — 12 May 02
Garfit, Lt.-Col. F. B., ret. pay late h.p. — 6 June 94
Garland, Bt. Lt.-Col. E. A. C., *D.S.O.*, ret. pay late High. L.I. — 4 Nov. 02
Garner, Col. C., *C.M.G.,C.B.E.,M.B.*,ret.pay late R.A.M.C. [F] (*Sanitary Dept., Egypt, 1 Mar.* 97) — 24 Nov. 18
Garnett, Lt.-Col. C. F., ret pay late E.York.R. — 15 Aug. 99
Garnett, Lt. C. F., ret. pay late h.p. — 18 May 92
Garnett, Hon. Maj. H. T., Qr.-Mr. ret. pay late Leins. R. — 18 Oct. 02
Garnett, Hon. Maj. W., Commy. ret. Ind. Army Dept. — 18 Sept. 12
Garnett-Botfield, Maj. W. D., ret. pay late R.A. (*Empld.*) — 10 Feb. 91
Garnier, Col. J., ret. pay late R.E — 5 Dec. 82
Garnock,Maj.R. B.,*Visct.*,ret.paylate 8 Hrs. — 19 Oct. 00
Garnons-Williams, Capt. R. D., ret. pay late R. Fus. (*Hon. Lt.-Col. Vols.*) — 24 Nov. 84
Garratt, Hon. Brig.-Gen. *Sir* F. S., *K.C.M.G., C.B., D.S.O.*, ret. pay late Staff [F], s. — 10 Feb. 12
Garraway,Maj.C.W.,ret.paylate R. Ir. Regt. — 16 Jan. 03
Garrett, Lt.-Col. A. J., ret. Ind. S.C. — 29 May 92
Garrett, Hon. Maj. M., Qr.-Mr. ret. pay late Leins. R. — 1 Aug. 15
Garrett, Capt.G., ret.pay late R. Innis. Fus. — 31 Jan. 20
Garrett, Lt.-Col. R. V., ret. Ind. Army — 11 Feb. 03
Garrlock, Principal Matron *Miss* A., *R.R.C.*, ret. pay late Q.A.I.M.N.S. — 13 Dec. 07
Garsed, Maj. A. E., *M.C.*, ret. pay late R.G.A. — 29 Nov. 19
Garsia, Capt. C. J., ret. pay late h.p. — 6 June 00
Garsia, Lt.-Col. H. G. A., *C.B.E.*, *D.S.O.*, ret. pay late h.p. [F] — 2 Feb. 14
Garstin, Hon. Brig.-Gen. A. A., *C.M.G.*, ret. pay late h.p. — 8 Aug. 17
Garstin, Hon. Capt. G., Sen. Asst. Surg. ret. Ind. Sub. Med. Dept. (Ben.) — 15 Apr. 01
Garstin, Bt. Lt.-Col. G. L., ret. Ind. Army — 3 Sept. 00
Garth, Lt.-Col. R., ret. pay late h.p. — 31 Oct. 90
Garton, Hon. Lt.-Col. W. G. A., *O.B.E.*, Qr.-Mr. ret. pay late G. Gds. — 3 June 17
Gartside-Spaight, Hon. Brig.-Gen. C. W., ret. pay late A.S.C. — 15 Dec. 16
Gartside-Tipping, Lt.-Col. R. F., *C.B.*, u.s.l. Ind. Army — 3 Aug. 99
Gartside-Tippings, Maj. E. A., ret. pay late R.G.A. — 14 Sept. 98
Garvice, Maj. J., *D.S.O.*, ret. pay late R. Dub. Fus. [F] (*Empld. 20 Apr.* 15) — 31 Aug. 14
Garwood, Lt. J., ret. pay late R.A. — 17 Mar. 19
Garwood,Col. J. F., ret. late Mil. Wks. Dept, India (R.E.)(Ind. Pens.) — 4 Apr. 96
Garwood, Lt.-Col. J. R., *D.S.O.*, ret. pay late R.E. — 31 Aug. 19
Gascoigne, Hon Brig.-Gen. E. F. O., *C.M.G., D.S.O.*, ret. pay late G. Gds., q.s. (Gent.-at-Arms) [F] — 12 Feb. 18
Gascoigne, Maj. L., *D.S.O.*, ret. pay late R.F.A. — 16 Nov. 18
Gascoigne, Lt. W. E. S., ret. pay late R. Sc. Fus. — 2 July 16

Gascoigne, Maj.-Gen. *Sir* W. J., *K.C.M.G.*, ret. pay [R] — 17 July 95
Gash, Capt. T., ret. pay, late Yorks. L.I. — 1 Jan. 17
Gaskell, Capt. F. F. L., ret. pay, late R.A.S.C. [L] — 30 Oct. 12
Gastrell, Col. E. T., ret. Ind. Army — 30 Jan 07
Gatacre, Maj.-Gen. *Sir* J., *K.C.B.*, u.s.l. Ind. Army — 10 Dec. 97
Gataker, Capt. M. W., h.p. late Ben. S.C. — 4 Sept. 70
Gates. Lt. J. A., ret. R.M. — 8 May 19
Gatt, Maj. J. E. H., *M.D.*, ret. pay, late A. Med. Serv. — 31 Oct. 14
Gaudoin, Hon. Capt. G. R. B., Sen. Asst. Surg. ret. Ind. Sub. Med. Dept. — 20 Nov. 07
Gaulter, Lt.-Col. H. E., ret. pay late h.p. — 20 Dec 00
Gaunt, Bt. Lt.-Col. C.R., *D.S.O., O.B.E.*, ret. pay (late 4 D.G. (*Empld.* 1 Garr. Bn. Gord. Hghrs.) — 3 June 16
Gavin, Lt.-Col.F.J., *O.B.E.*, ret. pay late h.p. — 16 Jan. 03
Gawn, Hon. Capt. A. A., Asst. Paymr. ret. pay, late h.p. (*Empld. R.A.F.*) — 16 Sept. 17
Gawthorne, Hon. Lt. W. H., Qr.-Mr. ret. pay late A.S.C. — 29 Nov. 00
Gay, Hon. Maj.-Gen. *Sir* A. W., *C.B., C.M.G., D.S.O.*, ret. pay late h.p., p.s.c. [L] — 1 June 19
Gearle, Capt. (Dist. Offr.) E. W., ret. pay late R.A. — 15 Oct. 19
Geddes, Maj. E. D. E., ret R. Mar. Art. — 22 Mar. 09
Geddes, Lt.-Col. G. H., *C.B., C.B.E.*, ret. pay, late R.A. — 24 Sept. 10
Geddes, Col. R. J., *C.B., D.S.O., M.B.*,ret. pay late R.A.M.C. — 5 Feb. 13
Gedge, Chapl. (1st Class) Rev. A.A.L., *M.A.*, ret. pay late A. Chaplains. Dept. — 29 Nov. 05
Gee. Capt. R., *M.C.*, ret. pay late R.W. Kent R. — 7 Feb. 19
Geldard, Maj. F., ret. pay late N. Staff. R. — 2 Dec. 96
Gellibrand, Capt. J., *K.C.B., D.S.O.*, ret. pay late Manch. R., p.s.c. [L] (*temp. Maj.-Gen.*), s. — 26 May 00
Gelston, Lt.-Col. A. W. H., Staff Paymr. ret. A.P. Dept. — 25 June 91
Gemmell, Lt.-Col. W. A. S., *D.S.O., O.B.E.*, ret. pay, late R.F.A. — 9 Jan. 19
Genders, Hon. Maj. J., Commy. of Ord., ret. A. Ord. Dept. — 29 Jan. 05
Geoghegan, Maj. R., ret pay, late R.A. — 7 Dec. 04
George, Capt F. C., *M.C.*, ret. pay, late R.A. — 14 Feb. 20
Georges, Bt. Col. H. W. E., u.s.l. Ind. Army — 26 Feb. 07
Gepp, Lt. E. C., *D.S.O.*, ret. pay late D. of Corn. L.I. (for Spec. Res.) (*Maj. 3 Bn. D. of Corn. L.I.*) — 4 Nov. 04
Gerrard, Maj. H. D., ret. Ind. S.C. — 29 Apr. 94
Gethin, Bt. Col. J. P., ret. pay late h.p. — 10 Feb. 04
Gething, Lt. W. B., ret. pay late Rif. Brig. — 1 July 17
Gibaut, Hon. Maj. C. G., Paym. ret. A.P. Dept. — 20 June 88
Gibb, Hon. Capt. J., Sen. Asst. Surg. ret. Ind. Sub. Med. Dept. — 31 May 04
Gibb, Bt. Col. J. H. S., *D.S.O.*, ret. pay late Worc. R. [F] — 2 Mar. 06
Gibb, Lt.-Col. R. C., *C.B.E.*, ret. pay late A.S.C., e. — 1 Jan. 18
Gibbes, Maj. F. D., ret. pay late Linc. R. (*Lt.-Col. T.F. Res.*), s. — 16 Apr. 15
Gibbes, Maj. J. E. L., ret. pay late Bedf. R. — 2 May 04
Gibbings, Maj. H. C. C., ret. pay late R. Innis. Fus. — 21 Sept. 91
Gibbon, Col. C. M., *C.M G.*, ret. pay late R. Ir. Fus., p s c — 9 Mar. 20
Gibbons, Lt.-Col. J.B., ret. Ind. Med. Serv. (*Empld. R.A.M.C.*) — 1 Oct. 01
Gibbons, Hon. Capt. J. H., Depy. Commy. ret. Ind. Army Dept. — 14 June 13
Gibbs, Col. G. R., ret. Ben. S.C. — 25 June 88
Gibbs, Lt. H. W., ret. pay late h.p. — 8 Aug. 15
Gibbs, Lt.-Col. M. I., ret. Ind. S.C. — 30 Dec. 97
Gibbs, Lt.-Col. W., ret. pay late 7 Hrs. — 4 Nov. 19
Gibbs, Lt.-Col. W. O., ret. pay late 10 Hrs. — 12 Sept. 19
Gibson, Hon. Maj. A., Qr.-Mr., ret. pay late R. Mar Art. — 21 Aug. 18
Gibson, Capt. C. W. G, *M.C.*, ret. pay late R. Fus. [F] — 1 Mar. 17
Gibson, Hon. Capt. G. G., Qr.-Mr. ret. pay late R.E. — 29 Sept. 09
Gibson, Lt.-Col.G.J., *M.D.*, ret. A. Med. Staff — 20 Oct. 86
Gibson, Lt.-Col. J., *M.B.*, ret. pay late R.A.M.C. — 5 Feb. 01
Gibson, Lt.-Col. R. R., ret. pay late R. Fus. [L] [F] — 13 Feb. 19
Gibson, Hon. Maj. W., ret. pay late Durh. L.I. — 4 May 18
Gibson, Capt. W. L. D., ret. pay late h.p. — 14 Aug. 19

Non-Effective Officers

Gibsone, Lt -Col.H.J.C.,ret. pay late R.G.R. 16 Oct. 19
Giddy, Maj. W. R. G., et. pay late Coast Bn. R.E. 8May06
Gideon, Bt. Col. J. H., C.B., ret.pay late Lan. Fus. 25Sept.08
Gidney, Hon. Maj. F., Qr.-Mr. ret. pay late N. Staff R. (Adjt. Detn. Camp) 23Aug.17
Gidney, Lt.-Col. H. A. J., F.R.C.S. Edin., ret. Ind. Med. Serv. 28July17
Giffard, Bt. Col. W. C., D.S.O., ret. pay late Welsh R. [F] 3June18
Gilbert, Hon. Brig.-Gen. A. R., C.B.E., D.S.O., ret. pay late Staff 2Feb.20
Gilbert, Lt.-Col. C. E. L., ret.Ind.Med.Serv. 31May.07
Gilbert, Lt.-Col. C. E. L., D.S.O., ret. Ind. Army 9May11
Gilbert, Lt.-Col. H. H., Staff Paymr., ret. A.P. Dept. 3Mar.98
Gilbert, Lt. S M., ret. pay late h.p. 1July17
Gilbey, Hon. Maj. (Vols.) J., Adjt. ret. pay late 6 Lanc. A.V.C. 3Apr.86
Gilbey, Capt. J. N., ret. pay late Welsh R. 28Feb.15
Gilby, Hon. Maj. C., Qr.-Mr. ret. pay late York & Lanc. R. 1July17
Gildon, Lt. E., ret. pay late R.G.A. 1July17
Giles, Lt.-Col. A., ret. Ind. Army 3Dec.06
Giles, Maj. F. H. S., ret. pay late R.G.A. 1Apr.00
Giles, Lt.-Col. G. M. J., F.R.C.S., ret. Ind. Med. Serv. 2Oct.00
Giles, Lt.-Col. W., ret. Ind. Army 5Apr.05
Gill, Maj. G., Sen. Asst. Surg., ret. Ind. Sub. Med. Dept. (Ben.) 2Apr.18
Gill, Lt. J H., M.B., ret.Ind. Med. Serv. 26July02
Gill, Maj. R. H., ret. pay late Hamps. R. (Empld.) 16Mar.01
Gill, Hon Capt. T., Dep. Asst. Commy. ret. Ind. Army Dept. 28July82
C. Gillard, Hon. Capt. J., Qr.-Mr. ret. pay late R.A. [R] 13Jan.85
Gillespie, Lt.-Col. A. K., Staff Paymr. ret. pay late A.P. Dept. 31Aug.08
Gillespie, Capt. R., M.C., ret pay late K.O. Sco. Bord. 27Nov.19
Gillespie, Hon. Capt. T. D. W., Sen. Asst. Surg., ret. Ind. Sub. Med. Dept. 1Apr.02
Gillespie, Hon. Maj.-Gen. W. J., ret. pay late R. Berks R. 7Dec.87
Gillman, Hon. Maj. D. J., Qr.-Mr. ret. pay late R.A.M.C. 7Aug.04
Gillman, Lt.-Col. E. S., ret. pay late S. Wales Bord. 11Nov.14
Gillman, Lt.-Col. J., Qr.-Mr. ret. pay late R.A.M.C. 1Jan.18
Gillon, Hon. Maj. D., Rldg.-Mr. ret. pay late R.E. 18Oct.02
Gillson, Hon. Surg.-Capt. E., Sen. Asst. Surg., ret. Ind. Sub. Med. Dept. (Mad.) (Bl. Wt. 12Mar.94) 12Mar.94
Gillson, Hon. Brig.-Gen. G., C.M.G., D.S.O., ret. pay late Staff [F] (Remt. Serv.) 15Nov.19
Gilmore, Lt.-Col. A., ret. pay late Glouc. R. 18Oct.02
Gilmore, Hon. Capt. J. M., Inspr. of Army Schools, ret. pay 1Apr.01
Gilmour, Lt.-Col. A. C., ret. pay late Arg. & Suth'd Highrs. (for Spec. Res.) (Capt. 4 Bn. Arg. & Suth'd Highrs.) 17Aug.07
Gilmour, Capt. H., ret. pay late h.p. 6July18
Gilpin, Maj. B. B., ret. pay late R.A. 16Nov.15
Gilpin, Hon. Brig.-Gen. F. C.A.,C.B.,C.B.E., ret. pay, late A.S.C. 1July18
Gilpin, Maj. G., O.B.E., Qr.-Mr. ret. pay late R. Suss. R. 30Oct.16
Gilroy, Lt. J. ret. pay late h p. 14Nov.17
Gilson, Capt. C. J. L., ret. pay late h.p. 13June05
Giltrap, Hon. Lt. R., Dep. Asst. Commy. ret. Ind.Army Dept. 2Feb.91
Gimbert, Capt, W. B., O.B.E., ret. pay late R. Art. 15Apr.19
Gimlette, Lt.-Col. G. H. D., C.I.E., M.D., ret. Ind. Med. Serv. 31Mar.99
Girardot, Hon. Maj.-Gen. G. C., ret. pay late h.p. 27Aug.84
Girouard, Bt. Col. Sir E. P. C., K.C.M.G., D.S.O., ret. pay late Staff [F] 13Sept.08
Girvin, Col. J., ret. pay late R.A.M.C. 1Mar.15
Gladstone, Lt. Bt. B. H., ret. pay late 4 Bn. R. Highrs. (Terr. Force) 5July14
Glanville, Hon. Brig.-Gen. F., D.S.O., ret. pay late R.E. (Ind. Pens.) 16May19
Glasby, Capt. W. G., O.B.E., ret. pay late R.G.A. 11Dec.17

Glascott, Hon. Maj. J. J., ret. pay late Manch. R. 15Sept.86
Glasgow, Bt. Lt.-Col. W. J. T., C.M.G., ret. pay late R. W. Surr. R. 3June16
Glazier, Capt. T. W, ret. pay late R.A. 1Jan.20
Gleeson, Lt.-Col. A. F, O.B.E., Qr.-Mr., ret. pay late R.A.S.C. 1Jan.17
Gleichen, Maj.-Gen.Lord A.E.W.,K.C.V.O., C.B., C.M.G., D.S.O., ret. pay, p.s.c. [L] [F] (Extra Eq. to the King) 18Feb.15
C. Gleig, Bt. Col. A. C., ret. pay late h.p. R.A [R] 23July69
Gleig, Lt.-Col. C. F., ret. pay late h.p. (Ind. Pens.) 1July88
Gleig, Lt. D. D. W., ret. pay late h.p. 23June18
Glencross, Bt. Col. W., ret. pay late Staff 29Sept.95
Glean, Lt. W. W., M.C., ret. pay late R.A. 26Feb.18
Glennie, Col. E., ret. late Mil. Wks. Dept., India (R.E.) (Ind. Pens.) 31Dec.00
Glennie, Col. F., ret. pay late Staff 9June93
Glennon, Hon. Maj., Qr.-Mr. ret. pay late R.A.M.C. 5Aug.17
Glossop, Maj. F. E., ret. pay late Leic. R. 29Nov.00
Glossop, Capt. W. H. N., ret. pay late Suff. R. (Hon. Lt.-Col. ret. Spec. Res.) 29Jan.96
Gloster. Hon. Brig.-Gen G. M., C.M.G., ret. pay late Staff 9June19
Glover, Lt. F. M, ret. pay late R G.A. 20Aug.17
Glover, Col. R. F. B., D.S.O., ret. pay late h.p. (Empld. 104 Trng. Res. Bn.) 19July11
Glubb, Maj.-Gen. Sir F. M., K.C.M.G., C.B., D.S.O. [F] ret. pay late R.E. 18Feb.15
Glue, Capt. W. A., ret. pay late R.E. 14 Feb.20
Glyn, Maj. A. St. L., ret. pay late G. Gds. (Lt.-Col. ret. Terr. Force), [F] 20Sept.15
Glynn, Hon. Maj. M., Qr.-Mr. ret. pay late Sea. Highrs. 23Nov.07
Glynn, Maj. R. M. O., ret. pay late R. W. Fus. 16Jan.01
Glynn, Lt.-Col. T. G. P., C.M.G., O.B.E., ret. pay late L'pool R. 17Feb.08
Goad, Col. H., C.S.I., ret. Ind. Army 10Sept.04
Goater, Hon. Maj. B., Qr.-Mr. ret. pay late R.A.M.C 23Dec.06
Goater, Maj. C., Dep. Commy. ret. Ind. Army Dept. (Remount Service) 1Jan.19
Goater, Hon. Maj. S. G., Inspr. of Army Schools, ret. pay 1July17
Godby, Hon. Brig.-Gen. C., C.B., C.M.G., D.S.O. [F] ret. pay late R.E. 5Sept.19
Goddard, Capt. E. H.,ret. pay late Dorset R. 17Aug.87
Goddard, Lt.-Col. F. A. D'O., O.B.E.,ret. pay late R. Muns. Fus. 23May19
M. Goddard, Col. F. FitzC., ret. pay late A.S.C. 11Dec.88
hon. 15Sept.88
Goddard, Maj. J. R., ret. R. Mar. 1Nov.00
Goddard, Capt. J. W., M.C., ret. pay late R.A 24Dec.19
Godden, Maj. H. T., D.S.O., ret. pay late Bedf. R. [l] 10July99
Godfery, Bt. Col. M. J., ret. pay late A.S.C.[l] 13June02
Godfray, Hon. Brig.-Gen. J. W., C.B., C.V.O., C.B.E., ret. pay late Staff, p.s.c., A.D.C. (A.A.G. R. Mila. of Island of Jersey) [R] 10Feb.12
M. Godfrey, Hon.Col. A. H., ret. pay late h.p. (also Bt. Col. R., Adjt. ret, pay late 8 Bn 8. Lan. R. Apr.69) 10May86
Godfrey, Hon. Maj. C B., Qr.-Mr. ret. late R.E. 18Oct.02
Godfrey, Lt.-Col. S. H., C.I.E., ret. Ind. Army [L] 22Jan.07
Godfrey-Faussett, Maj. P. G., ret. pay, late R.F.A. 1Feb.02
Godley, Hon. Brig.-Gen. F. C., M.V.O., ret. pay late Notts. & Derby. R. 21Apr.17
Godman, Lt.-Col. E. S., O.B.E. ret. pay late Dorset. R. 25May19
Godman, Lt.-Col. S. H., D.S.O., ret. pay late S. Gds. 1Mar.19
Godwin-Austen, Lt.-Col. A. G., ret. pay late S. Wales Bord. 30May85
Godwin-Austen, Hon. Lt.-Col. H. H., ret. pay late Ben. S.C. 2Mar.78
Godwin-Austen, Maj. R. A., ret. pay late Dorset R. 25Oct.99
Goff, Col. A. H. S., C.M G., ret. pay late h.p 17May15
C. Goff, Hon. Col. C. H., ret. pay late C. Gds. 30Oct.78
Goggin, Col. G. T., ret. pay late P.M.O 6Sept a
Going, Bt. Lt.-Col. G. N., ret. S. Staff. R.

Goldfrap, Lt.-Col. H. C. S., ret. pay late Linc. R. 18Oct.02
Goldie, Lt.-Col. A. J., ret. pay late h.p. 17May94
Goldie, Col. B. J., ret. pay late R. (Ben.) E. 16Sept.90
Goldie, Col. M. H. G., ret. pay late Staff (R.E.) 10May98
Golding, Hon. Lt.-Col. H., ret. pay late D. of Corn. L.I. 18July86
Goldney, Maj. F. C. N., ret. Ben. S.C. 10Nov.89
Goldney, Lt.-Col. W. H., ret. pay late h.p. R.E. 26May02
Goldscnmidt, Maj. E. S. D., ret. pay late R. Ir. Fus., *p.s.c* [L] [F] (*Spec. Empld.*) 9Mar.02
Goldsmid, Maj. G. S., ret. Ind. S.C. 11Feb.96
Goldsmith, Lt.-Col. C. R. ret. pay late h.p. 28Feb.19
Goldsmith, Capt. H. E. G., ret. pay late R.W. Fus. 20Nov.19
Goldsmith, Hon. Capt. J., Sen. Asst. Surg. ret. Ind. Sub. Med. Dept. 16Nov.07
Goldsmith, Surg.-Maj. S. J., ret. Ind. Med. Serv. 1Apr.85
Goldthorp, Maj. F. H., ret. Ind. Army 28June08
Gompertz, Lt.-Col. B. T. M., ret. Ind. Army 11Jan.93
Gooch, Maj. J. S., ret. pay late R.G.A. 4Jan.04
Goode, Lt. E. R. M., ret. pay late h.p. 1Nov.18
Goode, Lt.-Col. S., ret. pay late Bedf. R. [L] 7July19
Goodenough, Lt.-Col. H. L., ret. Ind. Army 23Aug.10
Goodeve, Col. H. H., ret. pa ate h.p. R.A. 17Aug.90
GC, M. Goodfellow, Lt.-Gen. C. A., u.s.l., R. (Bo.) E., Col. Comdt. R.E. 1Apr.92
Goodfellow, Maj. R. C., ret. Ind. Army 16 Jan. 13
Gooding, Maj. J., Qr.-Mr. ret. pay late C. Gds. (*Clerk Comptroller, Lord Steward's Dept., 1 Apr.11*) 1Jan.19
Gooding, Hon. Maj. W., Inspr. of Army Schools ret. 1July17
Goodland, Maj. T. M.C., ret. pay, late h.p. 6Jan.20
Goodliffe, Capt. J. B., ret. pay late h.p. 4Aug.18
Goodman, Maj. W., Commy. ret. Ind.Army Dept. (*Rt. Wt. 29 Nov, 97*) 1July17
Goodwin, Chaplain (1st Class) *Rev.* E. H., B.A., K.H.C., ret. pay late A. Chaplains' Dept. 15May95
Goodwin, Capt. G., ret. pay late h.p. 1Jan.17
Goodwin, Surg.-Maj. J., ret. Med. Dept. 12Oct.01
Goodwin, Maj. R.H., ret. pay R.G.A., *late g.* 19July06
Goodwin, Hon. Capt. T. A., Commy. ret. Ind. Army Dept. 28Jan.04
Goodwyn, Maj. H. E., *D.S.O.*, ret. late h.p. R.E. (*Ind. Pens.*) 12Dec.94
Goodwyn, Col. J. E., ret. pay late Staff, *p.s.c.* 18May95
Goodwyn, Maj. J. H., *O.B.E.*, ret. pay late Welsh R. (*Record Office*) 21Mar.00
Goold, Capt. H. F., ret. pay, late extra regimentally empld. 30Jan.20
Goold, Hon. Lt.-Col. J. K., Staff Paymr. ret. A.P. Dept. 27Apr.82
Goold, Maj. W. J., ret. pay late W. Rid. R. 1June98
Goold-Adams, Col. *Sir* H. E. F., *K.B.E.*, *C.B., C.M.G.*, ret. pay late R Art. [F] 17July09
Goold-Adams, Maj. *Sir* H. J., *G.C.M.G.*, *C.B.*, ret. pay late R. Scots (*High Commr. and Com.-in-chf., Queensland*) 14Aug.95
Goold-Adams, Hon. Capt. (*ret. Maj.*) W. R., Paymr. ret. A. P. Dept. 8Dec.91
Gordon, Capt. A. E., ret. pay late h.p. R.A., *f.* (*temp. Maj. R.G.A.*) 13Nov.99
Gordon, Bt. Lt.-Col. A. W., ret. pay late h.p. [l] 29Nov.00
Goracon, Lt.-Col. A. W. B., ret. pay late R.A. 16Mar.15
Gordon, Maj.-Gen. C. L., ret. R.M.L.I. [R] 21June15
Gordon, Maj. D. F., *M.V.O.*, ret. pay late Gord. Highrs. 2Mar.81
Gordon, Bt. Lt.-Col. E. B, *C.M.G., D.S.O.*, ret. pay late North'd Fus. 1Jan.17
Gordon, Lt.-Col. E. I. D., *O.B.E.*, ret. pay late R Sc. Fus., *p.s.c* 5June17
Gordon, Capt. E. S., ret. pay late R.A., *p.a.c.* 1Oct.89
Gordon, Maj.-Gen. Hon. Sir F., *K.C.B.*, *D.S.O.*, ret. pay late Staff, *p.s.c.* [F] 3June15
Gordon, Lt.-Col. G. C. D., *D S O.*, ret pay late W. Gds. 15June19
Gordon, Maj. G. H., ret. pay late R. Art. 6Oct.17
Gordou, Lt. H. S., ret. pay late h.p. 6Dec.18
Gordon, Col. H. W., u.s.l. Ind. Army 6May84
Gordon, Lt.-Col. J. A. D., ret. Ind. Army 20June87
Gordon, Bt. Col. J, C. F *C.I.E* ret. Ind. Army. 10Nov.99

Gordon, Col. J. H., *C.B., D.S.O.*, u.s.l. Ind. Army 20Apr.87
Gordon, Bt. Col. L.A., *C.B.*, u.s.l. Ind. Army 28Oct.06
Gordon, Hon. Maj.-Gen. L. A. C, *C.B.*, *C.S.I.* [F] ret. pay late h.p. 8July19
Gordon, Hon. Brig.-Gen. L. G. F., *C.B.*, *D.S.O.*, ret. pay late R.A., *g.* 30Oct.19
Gordon, Lt.-Col. O. R., ret. pay late h.p. 22Oct.90
Gordon, Col. P. C. H., *C.M.G.*, ret. pay late A. Med. Serv. 1Mar.15
Gordon, Col. P.J.,*O.B.E.*, ret. Ind.Army 22Jan.07
Gordon, Maj. P. L., ret. Ind. Army 4Oct.76
Gordon, Bt. Col. R., u.s.l. Ind. Army 8Jan.98
Gordon, Lt.-Col. R. N. S., h.p., Ind. Army 20Feb.20
Gordon, Lt.-Col. S. D., ret. Ind. Army [F] 12Oct.04
Gordon, Lt.-Col. S. V., *D.S.O.*, ret. Ind. S.C. 23June97
Gordon, Col. W., ret. pay late h.p. 11July90
Gordon, Maj. W. N., ret. pay late R.G.A. 25Nov.07
Gordon-Cumming, Maj. L S, ret. pay late Notts. & Derby. R. (*War Office*) 11Feb.00
Gordon-Davis, Lt. O, *M.C.*, ret. pay late N. Staff. R. 7Oct.17
Gordon-Dill, Capt. J. M., ret pay late 5 Lrs. (for Spec. Res.) (*Capt. 5 Lrs. Spec. Res.*) 7Mar.17
Gordon-Gilmour, Hon. Brig.-Gen. R. G., *C.B., C.V.O., D.S.O.*, ret. pay, late G. Gds. & Regtl. Dist. (*King's Body Gd. for Scotland*) 3Apr.17
Gordon-Hall, Col. F. W. G., *C.B., M.B.*, ret. pay late R.A.M.C. 1Mar.15
Gordon-Lennox,Col.*Lord*A.C.,ret.pay*late*h.p.8Mar.87
Gordon-Lennox, Hon. Brig -Gen., *Lord* E. C., *C.M.G., D.S.O., M.V.O.*, ret. pay late S. Gds. [F] 31Jan.20
Gordon Steward, Hon. Brig.-Gen. C. S., *C.B.E.*, ret. pay late Regtl. Dist. 8Aug.17
Gore, Capt. A. J., ret. pay late Devon R., *t.a.* 28Jan.91
M. Gore, Hon. Col. C. C., *M.V.O.*, ret. pay late R. Ir. Rif. (*Gent.-at-Arms*) 10Jan.83
Gore, Lt.-Col. C. W., ret. pay late W. Rid. R. 15Mar.94
Gore, Hon. Lt.-Col. F. A., ret. pay late York & Lanc. R. 19Sept. 83
Gore, Maj. H., ret. pay late Conn. Rang. (*Lt.-Col. ret. T.F.*) 29Nov.05
Gore, Hon. Lt.-Col. J. C., Commy. ret. (African Commt.) 2Oct.94
Gore, Lt.-Col. R. ret. pay late R. Suss. R. 18Oct.02
Gore, Bt. Col. St. J. C., *C.B., C.B.E.*, ret. pay late h.p. (*Gent.-at-Arms*) 8July03
Gore-Browne, Bt. Col. H., ret. pay late h.p. (*Gent.-at-Arms*) 21Oct.03
Goren, Maj. B. R., ret. pay, late S. Lan. R. 9Dec.08
Gorges, Hon. Brig.-Gen. E. H., *C.B., C.B.E.*, *D.S.O.*, ret. pay late Brig. Comdr. [F] 16Dec.19
Goring, Maj. A., ret. pay late 20 Hrs., *s.* 9Sept.07
Goring, Lt. (*local Capt.*) *Sir* F.G.,Bt.,ret.pay late h.p. (*Capt. of Invalids, R.*) 18Feb.05
Goring, Bt. Col. W., ret. pay late h.p. 14July09
Gorle, Maj. H. V., *D.S.O.*, ret, pay late A.S.C. (*Empld. A.S.C.*) 13Feb.05
Gorman, Maj. A., *M.B.E.*, Qr.-Mr. ret. late R.G.A. 7Mar.10
Gorman, Maj. W. H., ret. pay late h.p. (*War Office*) 21June15
Gormley. Lt.-Col. J A., *M.D.*, ret. pay late R.A.M.C. 31Mar.94
Goschen, Lt. H., ret. Ind. Army 22Oct.58
Goss, Hon. Capt. W., Qr -Mr., ret. pay late A.S.C. 4Apr.04
Gosselin, Capt. J. H., ret. pay late 18 Hrs. 24Feb.00
Gosset, Maj. A. G., ret. pay late Derby R., *p.s.c.* 31July95
Gosset, Maj. E. F., ret. pay late E. York R., *p.s.c.* (*Lt.-Col.&Hon. Col. ret. Spec. Res.*) 15Aug.95
Gosset, Bt. Col. F., ret. pay late R. E. 9Apr.99
Gosset, Maj. F. J., ret. pay late R. Berks R.14Sept.18
Gostwyck, Hon. Lt.-Col. W. G., ret. pay late Arg. & Suth'd Highrs. 14Jan.85
Gothard, Lt. J., ret pay late R.A. 14Mar.18
Gott, Hon. Maj. A., Insprof Army Schools ret, pay late,*late(Empld. A.S.C.)*; 1July17
Gott,Hon.Capt.T.H.,Qr.-Mr.ret.pay late h.p. 26Apr.03
Gotto, Maj. H. R., ret. pay late R.F.A. 16Nov.15
Gouge, Chaplain, 2nd Cl. Rev. T. S., *D.S.O.*, *B.A.*, ret. pay, lateArmy Chaplains Dept. 1 July16
Gough, Capt. A., *M.C.*, ret. pay. late D. of Corn. L.I. 7Jan.20
Gough, Lt.-Col. A. P. G., *C.M.G., C B E.*, *D.S.O.*, ret. pay R.W. Fus., *q.s.* (*Hon. Lt.-Col. ret. Impl. Yeo.*) 18Feb.18

Non-Effective Officers 45

Gough, Maj.-Gen. H. S., *C.B., C.M.G.*, ret. pay, Col. 20 Hrs. [R] (*Hon. Col. R. Mila. of Island of Jersey*) 1Jan.00
Goulburn, Hon. Brig.-Gen. C. E., *D.S.O.*, ret. pay *late* R.F.A.(*Col. ret. Terr. Force*) 26Feb.16
Goulburn, Maj. H., ret. pay *late* G. Gds 23July94
Gould, Capt. E. *D.C.M.*, ret pay *late* R.G.A. 3Nov.17
Goulden, Lt. W. T., ret. pay *late* R.A 28Feb 19
Gouldsmith, Maj.A., ret pay *late* R Suss.R. 15Sept.14
Gover, Bt. Lt -Col. W W. B., ret. pay *late* h.p. 3June15
Govier, Qr.-Mr. J., ret. pay *late* I.L.G 28June82
Gowan, Lt.-Col. W. E. ret. Ind. Army 8June87
Gower, Capt. J. R., ret pay *late* h p. 31July15
Gower, Lt. R. H., ret. pay *late* h.p. 12Sept.17
Grace, Maj. C. H. C., ret. Ind. Army 16Nov.05
Gracey, Col. T., *C.S.I.*, ret. *formerly* Pub. Wks. Dept., India (R.E.) (Ind. Pens.) 12Aug.95
Graeme, Hon. Lt.-Col. C. de J., ret. pay *late* North'd Fus. 14July83
Graeme, Capt. D H., ret. pay *late* Sea. Highrs. [l] 19Mar 01
Graeme, Bt.Col. F. J., ret. pay *late* R.G.A., *g.* 15Dec.06
Graeme, Col. R. C., ret. pay *late* h p. [R] 12July93
Graham Lt.-Col. C. P. *C.B.E., D.S.O.*, ret pay *late* Welsh R. [F] 3Feb.20
Graham, Capt. D., Qr.-Mr., ret. pay *late* R.G.A. 1 July17
Graham, Maj. E. S., ret. pay *late* R.G.A. 1May17
Graham, Maj. F., ret. pay *late* R. Ir. Rif. 9Dec.85
Graham, Bt.Col. F., ret. pay *late* Suff R. 7Jan.07
Graham, Hon. Col. F. W., ret. pay *late* R. Dub. Fus., *p.s.c.* 9Nov.87
Graham, Hon. Maj.-Gen. G.F.,ret. Ben. S.C.10Apr.86
Ṁ. Graham, Hon. Maj.-Gen. G. F. I., ret. Ben. S.C. 1Aug.87
Graham, Hon. Maj. G. L., Qr.-Mr. ret. pay *late* 21 Lrs. 1Jan.03
Graham, Col. H., ret. pay *late* h.p. 18Oct.02
Graham, Col. H. M., ret. pay *late* h.p. 4Dec.12
Graham, Bt. Col. H. W. G., *D.S.O.*, ret pay *late* W. Afr. R., *p.s.c.* 19Oct.08
Graham, Capt. J. M. A., *D.S.O.*, ret. pay *late* R. Lanc. R. [F] (for Mila.) 25Jan.00
Graham, Col. L., *C M.G.*, ret pay *late* R.Art. 16Dec.13
Graham, Lt.-Col. R. W., Staff Paymr. ret. pay *late* A. P. Dept. 17Feb.06
Graham, Col. S. B, ret. Ind Army 4Feb 19
Graham, Maj.-Gen. Sir T., *K.C.B.*, ret. pay *late* R. (Ben.) A. 5Apr.91
Graham, Bt.Col.V.W. H.,ret.pay *late* Suff. R 18Oct.02
Graham, Capt. (Dist. Offr.) W., ret. pay *late* R.A. (*Maj. R.G.A, T.F.*) (*Empld.Remount Serv.*) 26Nov.02
Graham, Bt.Col. W. F., ret. pay *late* h.p. R.A, 3July01
Graham, Lt. W.F., ret. pay *late* h.p. 6June01
Grainger, Hon. Capt. J., Qr.-Mr. ret. pay *late* Leins. R. 17July11
Grainger, Maj. J. K., ret. A. Vety. Dept 1Apr.93
Grange,Lt. P., *M.C.*, ret. pay *late* R. Art. 25July18
Grant, Hon. Brig.-Gen. A., ret. pay *late* R.E. 20Aug.18
Grant, Capt. *Sir* A., *Bt., C.B.E , D.S.O.*, ret. pay *late* h.p. (*Lt.-Col. T. F. Res.*) 21May04
Grant, Lt.-Col. A., ret. Ind. Army 3Aug.09
Grant, Capt. A. C. ret. pay *late* High. L I. [F] (*Comdt., Suez Canal Police, Port Said*) {1 Jan 11 {4 *July* 05) s. 28Aug.00
Grant, Maj. A. S., *D S.O.*, ret. pay *late* R. Highrs. 1Sept.15
Grant, Capt. B., ret. pay *late* Bord. R. 14Nov.83
Grant, Lt.-Col. C., ret. pay *late* h.p 13Apr.01
Grant, Col. C. G., r.f.p.*late* Leic. R. 10Oct.81
Grant, Capt. C. J. P. MacA., ret. Ind. Army 18Jan.09
ᵐ₢ Grant, Bt. Col. C J. W., ret. Ind. Army 10Feb.10
Grant, Lt Col. D. H. F., *D.S.O.*, ret. pay *late* R. 4Apr.18
Grant, Col. D St. J. D , *M.B.*, ret. I.M.S. 1Jan.11
Grant, Capt. E. L. T., ret. pay *late* Norf. R. (*Empld. A.S.C.*) 21June07
Grant, Bt. Col. F. C. ret. Ind Army 18Nov.09
Ṁ. Grant, Col. F. W., ret. Ben. S.C. 20Apr.87
Grant, 2nd Lt. G. H., *D.C.M.*, ret. pay *late* Ches. R. 25June18
Grant, Maj. G. H., ret. pay *late* S. Wales Bord. (*War Office*) 22Aug.02

Grant, Col. H. G., *C.B.*, ret. pay *late* Regtl. Dist., *q.s.* [R] 28Sept.95
Grant, Maj. I. H , ret. Ind. Army (*Empld. Min. of Munitions*) 22Feb.05
Grant, Col. J., u.s.l. Ind. Army 30June95
Grant, Maj. J., ret. Bo. S.C. 8Jan.88
Grant, 2nd Lt. J. G., ret. pay, *late* h.p. 6Mar.15
Grant, Capt. M. H., ret. pay *late* Devon R. [l] (*Lt.-Col. ret Terr. Force*) (*Col. T.F.*) 24Feb.00
Grant, Maj. R. F S., *D.S.O., M.V.O.*, ret. pay *late* h.p., *p.s.c.* [l] 28Nov.14
Grant. Col. S. C. N., *C.B., C.M.G., C.B.E.*, ret. pay *late* Dir. Gen. Ord. Survey(R.E.) [l] 1Apr.04
Grant, Bt. Col. S. G., ret. pay *late* Sco. Rif. 10Oct.04
Grant, Hon. Capt. T., Dep. Commy. ret. Ind. Army Dept. 27Nov.95
Grant, Hon. Maj. W. Qr.-Mr. ret. pay *late* 9 Lrs. 1July17
Grant, Lt.-Col. W. G., *O.B.E.*, ret. pay *late* Line. R., *t a.* 14Sept.15
Grant, Capt. W, H. S., *M.C.*, ret. pay *late* h.p. (Gord. Highrs.) 11Feb.17
Grant-Dalton, Col. G., ret. pay *late* Regtl. Dist. 7Mar.02
Grant-Dalton, Capt. L , ret. pay *l te* Dorset R. (*for Spec. Res.*) (*Capt. 3 Bn. Dorset R.*) 1Oct.15
Grantham, Bt. Col. C. F., ret. Ind. Army 13Oct.06
Granville, (Capt. D., *M.V.O.*, ret. pay *late* R. War. R. (*Chief Constable, Dorset*) 5July89
Grapes, Maj. J., *O.B.E.*, Qr. - Mr. ret. pay *late* A.S.C. (*Empld. A.S.C.*) 3June17
Grattan, Hon. Brig.-Gen. O'D. C., *C.B.E., D.S.O.*, ret. pay *late* h.p. 9Oct.19
Graves, Col. S. H. P., ret. Ind. Army 2Sept.98
Gray, Lt.-Col. *C.* O. V., *C.M.G., D.S.O.*, ret. pay *late* Sea Highrs., *p.s.c.* [F] 12Mar.20
Gray, Qr.-Mr. J., ret. pay *late* 4 Bn. Glonc. R. 1Apr.78
Gray, Lt.-Col. P. E., ret. pay *late* Staff, *g*. 17Dec.09
Gray, Maj. R. J., Qr.-Mr. ret. pay *late* Glouc. R. 8May10
Gray, Hon. Lt. T., Dep. Asst. Commy. ret. Ind. Army Dept. 23Mar.91
Gray, Brig. Surg.-Lt.-Col. W., ret. Ind. Med. Serv. 1Sept.88
Gray, Maj.-Gen W. du G., *C.B.*, ret. Ind. Army [R] 1Dec.06
Gray, (Col. W. L., *C.M.G., M.B.*, ret. pay *late* A. Med. Serv. 1Mar.15
Greahy, Hon. Lt. J. W., Sen. Asst. Surg. ret. Ind. Sub. Med. Dept. 31Jan.10
Greany, 2nd Lt. M., ret. pay, *late* h.p. 27Feb18
Greany, Lt.-Col. H., *M.D.*, ret. Ind. Med. Serv. 1Oct.01
Greathurst, 2nd Lt. E. J., *M.C.*, ret. pay *late* R.A. 5Apr.18
Greatrex, Maj. F. W., ret. pay *late* 1 Dns. 19May94
Greaves, Gen. *Sir* G. R., *G.C.B., K.C.M.G.*, ret. pay, Col. E. Surr. R. [R] 6May96
†Grech, Hon. Capt. C., Qr.-Mr., ret. pay *late* R. Malta Art. 5Mar.94
Green, Col. A. O., ret. pay *late* h.p. R.E., *p.s.c.* [F] 19Apr.97
Green, Capt. B. S., *M.V.O.*, Dir. of Music, ret. R. Mar Art. 31Jan.18
Green, Lt.-Col. D. R., *M.D.*, ret. Ind. Med. Serv. 27July12
Green, Hon. Surg. Capt. F., Sen. Asst. Surg. ret. Ind. Sub. Med. Dept. (Mad.)(*Rl. Wt.* 12Mar.94) 16Nov.85
Green, Maj G. A. L, *M.C.*, ret.pay *late* R. A. 27June18
Green, Lt.-Col. G. E. T., ret. pay *late* Ind. Army 22Feb.08
Green, Hon. Capt. G. H., Dep. Commy. ret. Ind. Army Dept. 2May13
Green, Maj. J., *O.B.E.*, Qr.-Mr. ret pay *late* R.A.M.C. 18Nov.1
Green, Capt. J. G. J., ret Ind. Med. Serv. 17July16
Green, Lt. Col. J. S., *M.B.*, ret. pay *late* R.A.M.C. 1Aug.05
Green, Capt. P., ret. pay *late* h.p. (*Gov. Birmingham Prison*) Apr.84
Green Lt.-Col. T. H. M., *D.S.O.*, ret. pay *late* extra regimentally empld. 3June15
Green Lt. W., ret. pay, *late* R.A. 1July17

† With local and temporary rank.

Non-Effective Officers

Green, Hon. Capt. W. W., Commy. ret. Ind.
  Army Dept. 4Jan.08
Green-Wilkinson, Hon. Brig.-Gen. L. F.,
  C.M.G., D.S.O., ret. pay, late Rif. Brig.,
  p.s.c., q.s. [F] 19Mar.19
Greenfield, Lt.-Col. H., ret. pay, late S.
  Staff. R. 9Apr.18
Greenhill, Lt.-Col. J. R., F.R.C.S., ret.
  Med. Staff 30Sept.83
Greenstreet, Col. W. L., ret. formerly Mil.
  Wks. Dept, India (R.E.) (Ind. Pens.) 12Aug.95
Greenway, Maj. C. D. K., ret. pay late E.
  Kent R. 3June15
Greenway, Maj. C. E., ret. pay late Worc. R.
  (Lt.-Col. & Hon. Col. ret. Spec. Res.) 21Mar.20
Greenwood, Hon. Capt. T., Qr.-Mr. ret. pay
  late extra regtl. emplt. (Asst. Supt. of
  Police. & Qr.-Mr. of Police & Prisons,
  Uganda, 30 Dec. 11) 20Oct.10
Greenwood, Hon. Capt. T., Inspr. of Army
  Schools, ret. pay 23Jan.11
Greenwood, Capt. W. H., ret. pay late h.p. 11Aug.86
Greer, Hon. Maj. J., Qr.-Mr. ret. pay late York R.
  (Qr.-Mr. & Hon. Maj., 4 Bn. R. W. Surr. R.) 11July09
Gregg, Maj. C. N., Sen. Asst. Surg. ret.
  Ind. Sub. Med. Dept. 2Apr.18
Gregg, Bt. Col. W., ret. pay late h.p. 3Dec.98
Gregory, Hon. Maj. A., Qr.-Mr. ret. pay late
  Ches. R. 18Sept.15
Gregory, Capt. C., ret. pay late Lan. Fus. 17Mar.20
Gregson, Chaplain (1st Class) Rev. C., M.A.,
  ret. pay late A. Chaplains' Dept. 6Jan.97
Grehan, Hon. Maj. F., Qr.-Mr. ret. pay late
  Norf. R., t.a. 1Jan.03
Greig, Lt.-Col. B. R., ret. pay late R.A. 15Feb.87
Greig, Col. F. J., C.M.G., ret. pay late
  R.A.M.C. 20Jan.19
Greig, Maj. W. B., O.B.E., ret Ind Army 4Mar.06
Grenfell, Hon. Brig.-Gen. H. M., C.M.G.,
  M.V.O., ret. pay late h.p. 13Jan.18
Grepe, Maj. A. W., ret. pay late R.G.A.
  (Empld. Remt. Serv.) 1May17
Gresson, Lt.-Col. T. T., D.S.O., ret. pay
  late York & Lanc. R. 1May15
Gretton, Maj. G. F., ret. Ind. Army 1Sept.18
Grevelink, Hon. Capt. G., Dep. Commy. ret.
  Ind. Army Dept. (Rl. Wt. 29Nov.97) 11Jan.99
Grey, Lt.-Col. C. W., ret. pay, late R.A.S.C. 1Jan.11
Grey, Col. E., ret. Ind Army 11Aug.09
Grey, Lt. G., ret. pay late High. L.I. (Hon.
  Maj. ret. Spec. Res.) 26Nov.01
Grey, Lt. Sir J. F., Bt., ret. pay, late h.p. 25Feb.16
R. Grey, Col. L.J.H., C.S.I., u.s.l. Ind.Army 13Dec.86
Grey, Lt. R. H., ret. pay late h.p. 2Apr.91
Grey, Lt.-Col. W. F. H., ret. Ind. S.C. 3June94
Gribble, Hon. Maj. G., Qr.-Mr. ret. pay late
  Lan. Fus. [F] 13Nov.16
Grier, Hon. Capt. G. R., Qr.-Mr. ret. pay late
  A.S.C. 11Dec.88
Grier, Lt.-Col. H., ret. pay late h.p. 3Feb.98
Grier, Hon. Brig.-Gen. H. D., C.B., D.S.O.,
  ret. pay late h.p. 16Apr.19
Grierson, Col. J., u.s.l. Ind. Army 12Dec.87
Grierson, Lt. N. H., ret. pay late W.I.R. 12May06
Grierson, Lt. R., ret. pay, late R.A. 5May18
Griffin, Lt.-Col. C. P. G., D.S.O., ret. Ind.
  Army 7Feb.11
Griffin, Lt. F., ret. pay late Worc. R. 1June19
Griffin, Maj. R.C., ret. pay late R.Suss.R. 1Sept.15
Griffin, Maj. W. W., ret. pay late R.G.A. 6Oct.98
Griffith, Hon. Brig.-Gen. C. R. J., C.B.,
  C.M.G., D.S.O. [F] ret. pay late Staff 1Nov.19
Griffith, Capt. E C, M.C, ret. pay late R.A. 3Dec.19
Griffith, Bt. Lt.-Col. E. H, ret. pay late Leic.
  R., p.s.c., (temp. Lt.-Col. R.A.F.) 1Jan.18
Griffith, Brig. Surg.-Lt.-Col G., ret. Ind.
  Med. Serv. 6July90
Griffith, Lt.-Col. H. W., r.f.p. late R. W. Fus. 2Apr.95
Griffith, Maj. J. H. K., ret. pay late R.W. Fus. 2Apr.95
Griffith, Capt. J.H.S., ret. pay late Yorks. L.I. 30Oct.89
Griffith Lt.-Col. J. J., D.S.O., ret. pay late
  R.A.V.C. 16Mar.19
Griffith, Col. R., u.s.l. Ind Army 13June82
Griffith, Maj. R. H., ret. pay, late R.F.A. 12Oct.11
Griffith, Capt. R. H., Qr.-Mr. ret. pay
  late R.F.A. 1July17
Griffith, Hon. Maj. (Vols.) V. S., vD, Adjt.
  ret. pay late 2 V.B. E. York. R, 18Nov.79
Griffiths, Maj. A.P.H., ret. pay late R.A.M.C. 1Aug.97

Griffiths, Lt.-Col. C., O.B.E.,ret.Ind.Army,s.,10May08
Griffiths, Hon. Capt. D., Commy. ret. Ind.
  Army Dept. 4Oct.09
Griffiths, Lt.-Col. G. S., ret. Ind. Med. Serv.
  (Ben.) 30Sept.96
Griffiths, Hon. Capt. J., Qr.-Mr. ret. pay late
  Oxf. L.I. 26Mar.94
Griffiths, Hon. Maj. J., Qr.-Mr. ret. pay late
  Norf. R. 1July17
Griffiths, Temp. 2nd Lt. R. T., ret. pay late
  9 Bn. S. W. Bord. 7Apr.15
Griffiths, Capt. (Dist. Offr.) T. R., ret. pay
  late R.A. 7Dec.05
Grimbley, Hon. Lt.-Col.F.J.,Qr.-Mr.ret.pay 3June17
Grimes, Capt E J., ret. pay late Manch. R. 19Feb 20
Grimston, Hon. Brig.-Gen. S. B., C.M.G
  [F] ret Ind. Army 1Oct. 19
Grimwood, Bt. Col. G. G., ret. pay late K. R.
  Rif. C. 18Sept.99
Grindel, Hon. Capt. R., Qr.-Mr. ret. pay late
  C. Gds. 29Nov.00
Griss, Lt.-Col. J. E., O.B.E., Rid.-Mr., ret.
  pay late R.E. 10Nov.16
Gritton, Hon. Lt.-Col. H., ret. R. Mar. 1Aug.97
Grogan, Hon. Brig. Gen. E. G., C.B., C.B.E.,
  ret. pay late h.p. 12Apr.17
Grogan, Lt.-Col. G M., D S.O., ret. pay
  late R. Ir. Regt. [F] 8July18
Gross, 2nd Lt. W. S., ret. pay (temp.) late
  6 Bn. Worc. R. 19Dec.14
Grossmith, Lt. W. E., ret. pay late R F.A. 25Apr.18
Groube, Lt.-Col. G. P. T., ret. Ind. Med.
  Serv. 28Jan.19
Grove, Maj.-Gen. Sir C., K.C.B., ret. pay,
  Col. E. York R. [R] [F] 4July96
Grove, Hon. Brig.-Gen. E. A. W. S.. C.B.,
  C.B E., ret. pay late h.p., p.s.c. [R] 10Feb.12
Grove, Lt.-Col. E. W., D S.O., ret. pay late
  h.p. 30Oct.14
Grove, Hon. Lt. H., Ridg.-Mr. ret. pay late
  2 L G. 11May04
Grove, Lt.-Col. H. C., ret. pay late h.p. 10Feb.92
Grove, Lt. H. M., ret. Ind. Army 1Nov.88
Grove, Col. R. P., C.M.G., ret. pay late Staff 26June09
Grover, Gen. Sir M. H. S., K.C.B., K.C.I.E.
  [L] [R] 27Aug.17
Grover, Maj. W. M., ret. pay late R.F.A. 21May00
Grubb, Hon. Lt.-Col. A., ret pay late R.A. 2July84
Grubb, Hon. Maj. J. J., O.B.E., Qr.-Mr.
  ret. pay late R.W. Surr. R., s. 3June16
Grubbe, Bt. Lt.-Col. E. A., ret. pay late
  Conn. Rang. 1Jan.18
Grundle Lt. T, ret. pay late 1 inc. R. 6Oct.19
Grylls, Lt. H., ret. pay late h.p. 27Apr.15
Grylls, Maj. W. E. J., ret. pay late Conn.
  Rang. 22Aug.02
Gubbin, Lt.-Col. G. F., ret. pay late
  R.A.M.C. 2Feb,09
Gubbins,Hon. Lt.-Col.J.E., ret.pay late R A. 1Oct.84
Gubbins, Col. R. D., ret. pay late h.p. (R.A.)
  (Empld. R.F.A.) 30Oct.12
Gubbins, Lt.-Gen. Sir W. L., K.C.B., M.V.O.,
  M.B., ret. pay late Dir.-Gen. Army
  Medical Service [R] 6Mar.10
Guest, Lt.-Col. Hon. C. H. C., ret. pay late
  1 Dns. 1May17
Guggisberg. Hon. Brig.-Gen. F. G , C M G ,
  D.S.O. [F] ret. pay late R.E (Gov. &
  Comdr.-n Chief Gold Coast Colony) 24Sept.19
Guinness, Lt. Col. C. D., ret. pay late R.F.A.
  (Empld. R.F.A.) 14Feb.08
Guinness, Hon. Brig.-Gen. H. W. N., C.B.,
  ret. pay late Staff, p.s.c. 8Aug.17
Guinness, Maj. W. E., ret. pay late Manch. R.
  (for Spec. Res.) 19May17
Guise, Capt. F. E. B., ret. Ind. Army 20June16
Guise, Maj. H. J. V., ret. pay late L'pool R. 1Aug.97
C. Gulland, Hon. Surg.-Gen. A. D., M.D., Dep.
  Surg.-Gen. ret. Med. Dept. [R] 1Oct.83
Gulliver, Lt. A. T., M.C., ret. pay late R.A. 8Aug.16
Gunn, Bt. Lt.-Col. D. D., ret. pay late K.O.
  Sco. Bord. (War Office) 1Jan.18
Gunn, Lt.-Col. W. D., ret. Ind. Civil Vety.
  Dept. 22Oct.05
Gunner, Hon. Brig.-Gen. E., ret. pay late
  R.A., g. 8Aug 17
Gunner, Lt.-Col. W. H. R. ret pay late h.p. 10Sept.91
Gunning, Maj. Sir C. V., Bt., C.B., ret. pay
  late Durh. L.I. 22Aug.02

Non-Effective Officers

Gunning, Lt.-Col. R. C., ret. pay late R.A.M.C. 4Aug.97
Gunns, Maj B. E., *M.C.*, ret. pay late R.A 3Dec 19
Gunter, Lt.-Col. F. E., *D.S.O.*, *M.B.*, ret. pay late A. Med. Serv. 1Mar.15
Gunton, Hon. Capt. T. W., Qr.-Mr. ret. pay late Gds. Depôt 7Jan.90
Gurdon, Lt.-Col. B. E. M., *C.I.E.*, *D.S.O.*, ret. Ind. Army 25Aug.12
fil. Gurdon, Maj.-Gen. E.P., u.s.l. Ind.Army 10Dec.22
Gurdon, Lt. J. E., *D.F.C.*, ret. pay late Suff. R. 1Nov18
Gurdon, Lt.-Col. P. R. T., *C.S.I.*, ret Ind. Army 9Sept 08
Gurdon, Maj. W. ret. pay late R.G.A 1Nov.99
Gurnett, Lt. J., ret. pay late R.A. 20July17
Gurney, Lt.-Col. T. C., *D.S.O.*, ret. pay late 2 L.G. 25Mar.19
Gurr, Hon. Maj. G. W., Commy. ret. Ind. Army Dept 25May12
Guthrie, Maj. (Dist. Offr.) G. A., ret. pay late R.A. 1Feb.19
Guthrie, Capt. J. C., ret pay late R.G.A., *g.* 26May13
Gwatkin, Col. F. S., *C.B.*, ret. Ind. Army 22Jan.99
Gwyn, Lt. A. J. J, ret. pry late extra regimentally employed 8Jan17
Gwyn, Maj. R. P. J., ret. pay late R. Fus.,*s*. 29Apr.11
Gwynne, Hon. Maj.-Gen. N. X., ret. pay late h.p., *p.s.c.* 25Dec.87
Gyngell, Maj. G., *O.B.E.*, Qr.-Mr., ret. pay, late Dorset R. 19Feb.17

Hack, Lt. T. W., ret. pay, late E. York R 15Nov 19
Hackett, Capt J., ret. pay late North'd Fus 18Oct 19
Hackett, Maj. P., *O.B.E.*, Qr.-Mr. ret. pay late Hamps. R. 25Apr.15
Hackett, Col R. I. D.,*C.B.E.*, *M.D.*, ret. pay formerly R.A.M.C. 11Feb.11
Hacket-Thompson, Hon. Brig.-Gen. F.,*C.B.*, *C.B.E.* (ret. pay) [R] 16Sept.18
Hadaway, Lt.-Col. G. K., ret. pay late h.p. 6Feb.92
Hadden, Maj.-Gen. Sir C. F., *K.C.B.*, ret. pay, *p.a.c.* 6Apr.10
Hadfield, Maj.-Gen. C. A., ret. pay formerly A.S.C. 18Nov.08
Hadow, Lt.-Col.R.W.,ret. pay late R. Highrs. 15Aug.19
Haggard, Hon. Brig.-Gen. H., ret. pay late h.p. 6Aug.18
Haggett, Lt. H. G., ret. pay late R.A. 3Nov.16
Haggitt, Maj. E. D.,*O.B.E.*,ret. pay late R.E. 1Apr.00
Haig, Hon. Lt.-Col. A. B., *C.M.G.*, *C.V.O.*, ret. pay late R.E. (Extra Eq. to the King) 30July81
Haig, Bt. Col. H. de H., ret. pay late h.p. R.E.,*p.s.c.* 10Feb.04
Haig, Lt.-Col. P. de H., ret. Ind. Med. Serv. 30Sept.95
Hailes, Bt. Lt.-Col. D. A.,*O.B.E.*,ret. R. Mar. 21July08
Hain, Hon. Lt.-Col. H. A. D., Asst. Commy. Gen. of Ord., ret. Naval Ord. Dept. 30Nov.93
Haines, Maj. A. M., ret. pay late York & Lanc. R. 20Aug.05
Haines, Maj. G., ret. pay late R. War. R. 29May89
Haines, Lt.-Col. G. S., ret. pay late Comdt. Detention Barracks 20Mar.12
Haines, Lt.-Col. R. L., ret. pay late R.G.A. 21Dec.01
Hakham Singh, Subadar, ret. pay late R. Hong Kong—Singapore Garr. Art. 13Oct.09
Haldane, Bt. Lt.-Col. M. M., ret. pay late R. Scots, *p.s.c*, *s*. 1Jan.18
Hale, Col. C. H., ret. pay late R.A.M.C. 1Mar.15
Hale, Lt.-Col. G. E., *D.S.O.*, ret. pay late R.A.M.C. 31Jan.05

Hale, Lt.-Col. J. H., Ord. Offr. 2nd Class ret. A. Ord. Dept., *s*. 19Jan.05
Hales, Lt.-Col. E B., ret. pay late Durh. L.I. 10May17
Hales, Capt. W., *M.B.E.*, ret. pay late R.G.A. 3Nov.17
Halford, Capt. C. H., ret. pay late G. Gds. 21July94
Hall, Bt. Col. B. G., ret. late h.p. R. Mar. Art., *p.s.c.* 12June95
Hall, Lt.-Col. C., ret. pay late A.Ord.Dept. 21June05
Hall, Bt. Col. C. A. K., ret. pay late R. Muns. Fus. 11Mar.04
Hall, Maj. D., *O.B.E*, Rldg.-Mr., ret. pay late 1 L.G. 8May04
Hall, Capt E. A. E., ret. pay late R.G.A. 10Feb.20
Hall. Col. E. F., *C.M.G.*, ret. pay late R.A. (F) 14Jan.19
Hall, Lt.-Col. E. S., ret Ind. Army 25Aug.12
Hall, Bt. Lt.-Col. F., ret. pay late R.G.A., *s*. 1Jan.18
Hall, Hon. Maj. F. W., Qr.-Mr. ret. pay late R.A.M.C. 13Apr.15
Hall, Col. G. C., *F.R.C.S.*, ret. Ind. Med. Serv. 2Dec.01
Hall, Surg.-Capt. G. C., ret. Ind. Med. Serv. 30Sept.86
Hall, Maj G. D., ret. pay late 16 Lrs. (for Spec. Res.) 19Dec.18
Hall, Maj. G. J. C., ret. Ind. Army 10July01
Hall, Lt.-Col. H. C., ret pay late R.G.A., *g*. 1May17
Hall, Capt. H. C., ret. pay late North'd Fus. 1July00
Hall. Col. H. S. G., ret. Ind. Army 11May07
Hall, Hon. Maj. J. S., Commy of Ord. ret. A. Ord. Dept. 1Feb.15
Hall, Hon. Brig.-Gen. L. M. M., *C.B.*, ret. Ind Army 24Aug.12
Hall, Hon. Maj. (Vols.) M., Adjt. ret. pay late 1 Sussex R.V.C. 22Sept.79
Hall, Maj. R. J. D., ret. pay late R.A.M.C. 28July98
Hall, Hon. Surg.-Lt. T. K., Sen. Apoth. ret. Ind. Sub. Med. Dept. (Mad.) (*Rl. Wt.* 19 *July* 90) 9Dec.88
Hall, Hon. Lt. W., Qr.-Mr. ret. pay late R. War. R. 9Nov.92
Hall, 1st Class Vety.-Surg. W., ret. A. Vety. Dept. 2Aug.71
Hall, Bt. Maj. W. M., ret. pay late h.p. 29Nov.00
Hallam, Lt. V. J., ret. pay late h.p. 2June15
Hall-Dempster, Bt. Col. R. H., *D.S.O.*, ret. pay late h.p. 10Feb.04
Hallett, Bt. Col. C. W. S., ret. pay late R. Scots. 10Feb.04
Hallick, Hon. Capt. W., Commy. of Ord. ret. pay late A. Ord. Dept. (*Empld. with Forces, Dom'n of Canada*, 2 *July* 10) 20Nov.00
Halliday, Lt.-Gen. G. T., u.s.l. Ind. Army 4Nov.00
Halliday, Hon. Lt. J., Asst. Commy. ret. Ind. Army Dept. 24Nov.81
Halliday, Hon. Lt.-Col. S. C., ret. pay late R.A. 14Apr.86
Halloran, Hon. Capt. T., Qr.-Mr. ret. pay late Leic. R. 27Apr.91
Hallowes, Maj.-Gen. H. J., Col. ret. pay W.I.R. [R] 16Feb.98
Hallowes, Maj. T. R. F. B., ret. pay late 6 D.G. (*Maj. T.F. Res.*) 1July91
Hamber, Capt. L. C. B., ret. pay late E. Lan. R. 1July96
Hambro, Bt. Lt.-Col. H. E., *C.B.E.*, ret. pay late R.H.A. 1Jan.17
Hamilton, Bt. Col. A., ret. Ind. Army 11June07
Hamilton, Maj. A. C., ret.pay late 6 D.G.[F] 22Jan.89
Hamilton, Lt. A. E. C., ret. pay late h.p. 11July00
Hamilton, Lt. A. H. B., ret. pay late Welsh R. (for Spec. Res.) (*Capt. 4 Bn. R. Innis. Fus.*) (*Spec. Appt.*) 8Jan.02
Hamilton, Bt. Lt.-Col. B. F., ret. pay, late R.A.M.C. 3June19
Hamilton, Lt.-Col.B.R.,ret.pay lateLinc.R. 18Oct.02

Non-Effective Officers

Hamilton, Maj. C., ret. Ind. Army — 25Aug.01
Hamilton, Lt.-Col. C. L., ret. Ind. Army — 10May08
Hamilton, Maj. C. M., ret. pay *late* Bedf. R. — 12Oct.98
Hamilton, Lt. E. C., ret. Bn. S.C. (*Hon. Maj. Mtla.*) — 10Nov.69
Hamilton, Maj.-Gen. Sir E. O. F., K.C.B., ret. pay [R] (*Col. R. W. Surr. R*) — 13Dec.06
Hamilton, Lt.-Col. F.T.R , ret. pay *late* h.p. — 5Sept.90
Hamilton, Lt.-Col. G. F.D., ret. Ind. Army — 31Jan.05
Hamilton, Bt. Col. G H. C., *C.B.*, ret. pay *late* h.p. [R] — 29Nov.00
Hamilton, Surg.-Gen. Sir H., *K.C.B., M.D.,* ret. Ind. Med. Serv. [R] — 25Mar.07
Hamilton, Maj. H. S., ret. pay *late* Lan. Fus. — 12May00
Hamilton, Gen. Sir I. S. M., *G.C.B., G.C.M.G., D.S.O.*, ret. pay (Col, Gord. Highrs.), q.s. [F] — 24Oct.07
Hamilton, Hon. Surg.-Capt. J., Sen. Asst. Surg. ret. Ind. Sub. Med. Dept. (Ben.) (*Rl. Wt.* 12 Mar. 94) — 29Aug.91
Hamilton, Bt.Col.J.E.O'H., ret.pay *late* R E. — 6Aug.09
Hamilton, Col. J. R., Chief Paymr., ret. A.P. Dept. — 12Nov.88
Hamilton, Maj. K. R., *D.S.O.*, ret. pay *late* h.p., *p.s.c.* — 19Nov.10
Hamilton, Col. L. A. H., ret. pay *late* h.p., *p.s.c.* — 6Dec.11
Hamilton, Bt. Col. T.W. O'H., *C.M.G., M.B.,* ret. pay *late* R.A.M.C. — 1Jan.18
Hamilton, Lt.-Col. W. A., ret. pay *late* Conn. Rang. [F] — 5Mar.17
Hamilton, Hon. Brig.-Gen. W. G., *C.B., C.S.I., D.S.O.,* ret. pay *late* R.A., *p.s.c.* — 28Mar.19
Hamilton, Maj. W. M. F., ret. pay *late* High. L.I. — 4Dec.16
Hamilton-Cox, Maj. A., ret. R. Mar. Art. [F] — 1July99
Hamilton-Jones, Maj. A. H. M., ret. pay *late* S. Wales Bord. — 10Oct.18
Hamilton-Russell, Maj. *Hon.* A., ret. pay *late* 1 Dns. — 28Jan.08
Hamilton Stubber, Capt. R., *D.S.O.*, ret. pay *late* 1 L.G. (for Spec. Res.) (*Maj.* 1 *L.G. Spec. Res.*) — 6Dec.08
Hamlin, Lt.-Col. R. J., *O.B.E.,* Commy. of Ord , ret. A Ord. Dept. — 18Feb.19
Hammersley, Maj.-Gen. F., *C.B.,* ret. pay *p.s.c.* [F] — 7May10
Hammick, Col. *Sir* S. V. A., *Bt.,* ret. pay *late* Staff, *p.s.c.* — 10Nov.91
Hammond, Hon. Brig.-Gen. D. T., *C.B.,* ret. pay *late* Conn. Rang. — 21Nov.18
Hammond, Lt.-Col. F. A L , ret. Ind. Med. Serv. — 29Jan.16
Hammond, Lt. F. W., ret. pay, *late* h.p. — 28Apr.15
Hammond, Col. H. A., ret. Mad. S.C. — 11Dec.88
Hammond, Maj. H. S., ret. pay *late* Dorset R. — 19Feb.06
Hammond, Vety. Maj. J., ret. A. Vety. Dept. (*Vety.-Maj. Vols.*) — 3June90
Hammond, Col. P. H., *C.B.,* ret. pay *late* h.p. R.A., *p.s.c.* (*Col. R.A.*) — 7Dec.99
Hammond, Col. T., ret. pay *late* h.p. — 15Aug.05
Hammond, Hon. Capt. T., Qr.-Mr. ret. pay *late* Linc. R. — 25Dec.11
Hammond, Maj. W. F., Qr.-Mr. ret. pay *late* Leic. R. — 12July17
Hamond, Capt. P., *D.S.O., M.C.,* ret. pay *late* h.p. — 10June15
Hampden, Hon. Brig.-Gen. T. W., *C.B., G.M.G., Viset.,* ret. pay *late* 10 Hrs. (*Col. T.F.*) — 20Mar.16
Hampton, Hon. Maj. E., Qr.-Mr. ret. pay *late* Hamps. R. (*Mtl. Knt. of Windsor*) [R] — 1Jan.03
Hampton, Maj. R. C., Qr.-Mr. ret. pay *late* 8 Hrs. — 1July17
Hanbury, Maj. E. E., *O.B.E.,* ret. pay *late* S. Gds. — 13Apr.98
Hanbury-Tracy, Capt. E. T. H., ret. pay *late* h.p. — 10July00
Hanbury-Williams Maj.-Gen. *Sir* J., *K.C.B., K.C.V.O., C.M.G.* [F], ret. pay, *late* Staff (*Col Coef & Bwrks, L.I.*) — 10July12
Hancock, Col. G. B., u.s.l. Ind. Army — 10June89
Hancock, Maj. J. A., *M.C.,* ret. pay *late* Innis. Fus. — 4Mar.18
Hancocks, Lt.-Col. A. J., ret. pay *late* R. — 19Feb.10
Handcock, Lt.-Gen. A. G., *C.B.,* u.s.l. Ind. Army [R] — 21Feb.00

Handcock, Maj. G. C. S., ret. pay *late* York R. — 27May96
Handley, Bt. Lt.-Col. A., *C.B.*, ret. pay *late* R.A. [F] — 1Jan.19
Hanford, Maj. R. T. H., ret. pay *late* R.W. Surr. R. — 29Feb.92
Hanham, Lt. H. E R , ret. pay *late* R. Fus. — 5July 15
Hankey, Maj. G. F. B., *O.B.E.,* ret. pay *late* K.R. Rif. C. — 1Sept.15
Hankey, Lt.-Col. J. C. G. A., *C.B.E., M.V.O.,* ret. pay *late* R.H.A. [L]. — 28Sept.15
Hankey, Capt. S. R. A., *D.S.O.*, ret. pay *late* 3 D.G. (for Spec. Res.) *Maj. S. Irish Horse* (Remt. Serv.) — 26Jan.10
Hankey, Lt. Col. S. T., ret. pay *late* 2 L.G. (*Hon. Lt.-Col. ret. Terr. Force*) — 22Mar.19
Hankin, Lt.-Gen. E. L., u.s.l. Ind. Army — 23Sept.92
Hanks, Capt. J. J., ret. pay *late* h.p. — 1Apr.00
Hann, Hon. Maj. C. E., Rldg.-Mr. ret. pay *late* 3 Hrs. — 1July17
Hanna, Hon. Brig.-Gen. W., ret. pay *late* R.F.A. — 8Aug.17
Hannay, Lt.-Col. G. M., ret. pay *late* K.O. Sco. Bord. — 14Feb.19
Hansard, Col. A. C., *C.M.G.*, ret. pay *late* h.p. (*R.A.*) *g*. — 10Feb.04
Harcourt, Hon. Maj.-Gen. P. H., ret. pay *late* R. (Bo.) A. — 3June84
Hardaker, Hon. Lt. R., Asst. Commy. ret. Ind. Army Dept. — 17Nov.86
Hardcastle, Capt. A., ret. pay *late* R.E. (*Empld. R.E.*) — 22July03
Harbottle, Maj. R C., ret. Ind. Army — 10Oct.09
Hardcastle, Hon. Maj. (Vols.) R., Adjt. ret. pay *late* 2 Durh. A.V.C. — 3Apr.86
Hardement, Matron, *Miss* L., ret. pay *late* Q.A.I.M.N.S. — 8Dec.85
Harden, Maj. J. E , Paymr. ret. pay, *late* A. Pay Dept. — 23Nov.12
Hardie 2nd Lt. H. R. ret. pay *late* h p. — 19Jan.12
Hardie, Hon. Lt. W., Qr.-Mr. ret. pay *late* Arg. & Suth'd Highrs. — 15Sept.09
Harding, Capt. C. M., ret. pay *late* E.York.R. — 6Sept.17
Harding, Capt E. F., ret. Ind. Army — 10July01
Harding, *Sister* M. E., ret. pay *late* Q.A.I.M.N.S. — 17Feb.03
Harding, Maj. P. D., *M.C.,* ret. pay *late* h.p. — 2Aug.18
Harding, Hon. Maj R. C., Qr.-Mr. ret. pay *late* S. Wales Bord. — 1Aug.15
Harding, Pen. Capt. W. H., Sen. Asst. Surg. ret. Ind. Sub. Med. Dept. (Ben.) — 1July01
Hardinge, Lt.-Col. H. H., ret. pay *late* R.A. — 10May89
Hardingham, Lt. H. G., ret. pay, *late* R.A. — 8Aug.16
Hardisty, Maj. W. F. J., *O.B.E.,* ret. pay *late* Worc. R., *t.a.* — 11Dec.95
Hardman, Lt.-Col. H. FitzW. ret. pay *late* Som. L.I. — 6Dec.19
Hardman, Lt.-Col R. S., *D.S.O.*, ret. pay *late* h.p. — 30Oct 14
Hardy, Hon. Capt. C. R., Commy. ret. Ind. Army Dept. — 1June02
Hardy, Bt. Col. C. R. H., ret. pay *late* h.p. — 26June05
Hardy, Chaplain (1st Class) *Rev.* E. J., *M.A.,* ret. pay *late* A. Chaplains' Dept. — 13Sept.07
Hardy, Bt.-Lt.-Col. F., ret. pay, *late* C. Gds [F] — 1Jan.18
Hardy. Lt.-Col. F. W., *w.B.,* ret. pay *late* h.p. 26Jan.13
Hardy, Capt. H. R., ret. pay *late* R.W.Surr. R. — 23Feb.98
Hardy, Hon. Surg.-Lt. M. A., Sen. Asst. Surg. ret. Ind. Sub. Med. Dept. (Mad.) (*Rl. Wt.* 12*Mar* 94) — 6Nov.95
Hardy, Capt, W., *O.B E.,* ret. pay, *late* R G A — 22Jan.18
Hardy. Hon. Brig.-Gen. W. K., ret. pay, *late* h.p. — 14Mar.20
Hare, Lt.-Col. E. C., ret. I.M.S. — 30Sept.06
Hare, Bt. Col. F. S. C., *C.M.G.*, ret. pay *late* A.S.C. — 28Apr.01
Hare, *Sister Miss* H. A., *R.R.C.*, ret. pay *late* Q.A.I.M.N.S. — 28Dec.06
Harford, Bt. Maj. C. L., ret. pay *late* L'pool R., (*Mai.* 5 *Bn. N. Lan. R.*) — 1Jan.18
Harford, Hon. Lt. F. H., ret. pay *late* h.p. — 27Sept.82
Harford, Col. H. C., *C.B.*, ret. pay *late* h.p. — 7Jan.02
Hargreave, Hon. Maj. G. W., ret. pay *late* h.p. (*Hon. Lt. Col. Mtla.*) — 13Feb.85
Harington, Col. F. W., ret. pay *late* Regtl. Dist. [R] — 7Mar.90
Harington, Lt.-Col. H. N. V., ret. Ind. Med. Serv. — 20Oct.00

Non-Effective Officers 49

Harington, Bt. Lt.-Col. H. H., ret. pay *late* Linc. R.	1 Jan. 19
Harkness, Bt. Col. H. D'A., C.B., ret. pay *late* Welsh R. [F]	9 Mar. 09
Harkness, Capt. H. L., ret. Ind. Army	23 May 09
Harling, Capt. R.W., ret. pay *late* h.p. (temp. Maj. Bucks. Bn. Oxf. & Bucks. L.I.)	9 Oct. 01
Harman, Maj. A. R., C.M.G., D.S.O., ret. pay *late* Rif. Brig. (Col. Terr. Force)	1 Sept. 15
Harman, Maj. K., M.C., ret pay *late* R.E.	11 Mar. 20
Harman, Maj. T. E., ret. pay *late* R.	15 Apr. 82
Harman, Hon. Brig. Surg. W. M., M.B., Surg.-Lt.-Col. A. Med. Staff	27 Oct. 86
Harmar, Hon. Lt.-Col. C. D'O., ret. pay *late* Dorset. R.	26 Mar. 84
Harness, Col. A., C.B., ret. pay, Col. Comdt. R.	11 Apr. 94
Harper, Temp. Lt A., M.C., ret. pay *late* R.A.	3 Jan. 20
Harper, 2nd Lt. C., ret. pay *late* h.p.	3 Sept. 16
Harper, Sister Miss M. E., R.R.C., ret. pay *late* Q.A.I.M.N.S.	12 Apr. 89
Harran, Maj. J., ret. pay *late* R.A.M.C.	31 July 92
Harrell, Lt. S. H., ret. pay *late* h.p.	1 July 17
Harries, Maj. I., ret. R. Mar. Art.	1 Sept. 18
Harries, Lt.-Col. S. K., [ret.] pay *late* Devon R.	18 Oct. 02
Harrington, Lt.-Col. Sir J. L., K.C.M.G., K.C.V.O., C.B., ret. Ind. Army [F]	16 May 16
Harrington, Hon. Capt. W. C., Qr.-Mr. ret. pay *late* R. Rif. C.	1 Feb. 08
Harris, Hon. Capt. A., Commy. ret. Ind. Army Dept	13 July 05
Harris, Lt. Col. Hon. A. F. W., ret. pay *late* K.R. Rif. C.	3 Aug. 19
Harris, Bt. Col. A. P. D., ret. Ind. Army	11 June 9
Harris, Lt. Col. C. B. M., D.S.O., F.R.C.V.S., ret. pay *late* A.V.C.	15 Dec. 15
Harris, Lt.-Col. C. S., O.B.E., Staff-Paymr. ret. pay *late* A. Pay Dept.	21 July 14
Harris, Lt. F., ret, pay *late* h.p.	1 Oct. 15
Harris, Lt. F. A., ret. Ben. S.C.	10 Sept. 75
Harris, Hon. Maj. G., Qr.-Mr. ret. Naval Ord. Dept.	1 Jan. 03
Harris, Capt. G. E., ret. Ind. Army	30 Dec. 69
Harris, Surg.-Gen. G. F. A., C.S.I., M.D., F.R.C.P., ret. Ind. Med. Serv. [R]	1 Apr. 12
Harris, Lt. H. R., ret. pay *late* h.p.	28 July 15
Harris, Lt.-Col. (Dist. Offr.) J., ret. pay. *late* R.A.	1 Dec. 19
Harris, Col. J. E., ret. pay *late* h.p.	1 Apr. 90
Harris, Capt. J. E., ret. pay, *late* Leic. R.	22 - 15 19
Harris, Lt. J. H. de B., ret. pay *late* h.p.	12 Nov. 84
Harris, Bt. Col. K. E., ret. pay *late* Dorset R.	29 Sept. 09
Harris, Hon. Brig.-Gen. R. H. W. H., C.B., ret. pay *late* h.p.	24 Aug. 12
Harris, Capt. R. J., ret. pay *late* R.A.	1 July 17
Harris, Lt.-Col. T., r.f.p. *late* n.p.	9 May 93
Harris, Col. T. M., ret. pay *late* R.(Bo.)A	16 Oct. 17
Harris, Capt. W., ret. pay *late* h.p.	1 Jan. 17
Harris, Lt. W., M.C., ret. pay *late* R. Muns Fus.	25 May 18
Harris, Capt. W. G., ret. pay, *late* R.A.	6 Nov. 19
Harris, Hon. Maj. W. H., Qr.-Mr., ret. pay *late* R. Scots	13 Sept. 14
Harris, Lt. W. H., ret. pay *late* R A.	25 Oct. 19
Harris, St. John, Maj. W., D.S.O, ret. pay. *late* R.W. Fus	20 Apr. 19
Harrison, Maj. A. E., ret. pay *late* R.G.A.[l]	15 Dec. 20
Harrison, Capt. A.W., M.C., ret. pay, *late* h.p.	4 Oct. 19
Harrison, Capt. C., res. pay *late* Notts. & Derby. R.	11 Dec. 19
Harrison, Lt.-Col. C. B., M.B., ret. Ind. Med. Serv.	29 July 15
Harrison, Bt. Col. C. E., C.M.G., C.V.O., M.B., F.R.C.S., Brig.-Surg.-Lt.-Col., ret. pay, *late* G. Gds.	13 Mar. 07
Harrison, Bt. Col. C. E., C.M.G., C.B.E., ret. pay *late* h.p.	10 Feb. 04
Harrison, Maj. C. F., ret. pay *late* E. York. R.	8 Feb. 99
Harrison, Capt. D. C. W., ret. Ind. S.C.	11 Feb. 06
Harrison, Col. E. H., ret. pay *late* W. Rid. R. [F]	1 Sept. 15
Harrison, Capt. H. W., ret. pay *late* h.p.	1 Oct. 18
Harrison, Hon. Capt. J. Bew. Commy. ret. Ind. Army Dept. (Rd. Wt. 29 Nov. 97)	1 Apr. 99
Harrison, Capt. J. H. O., ret. pay *late* R.E. ind. Pens.]	26 Jan. 02
Harrison, Bt. Col. L. W., D.S.O., M.B., ret. pay *late* R.A.M.C.	26 Dec. 1
Harrison, Col. L. W., G.C.B., C.M.G., ret. pay, Col. Comdt. R.E., p.s.c.[R] [F]	8 May 03
Harrison, Hon. Maj. R., Qr.-Mr., ret. pay *late* Leic. R.	1 July 17
Harrison, Capt. R., ret. pay *late* R. Sc. Fus.	1 Jan. 18
Harrison, Hon. Brig.-Gen. R. A. G., C.M.G., ret. pay *late* h.p. R.A., t.a.	8 Aug. 17
Harrison, Capt. S., ret. pay *late* R. Berks. R. v.f.Apr.87	
Harrison, Hon. Brig.-Gen. S. H., ret. pay *late* grouped Regtl. Dist.	8 Aug. 17
Harrison, Lt.-Col. W. A., ret. pay *late* R.E.[l]	30 June 19
Harrison, Lt. W. C., ret. pay *late* R.G.A.	1 July 17
Harrison, Maj. W. C. W., ret. Ind. Army	28 June 08
Harrison, Hon. Lt. W. H., Qr.-Mr. ret. pay *late* E. Lan. R. (Hon. Capt. Vols.)	1 Apr. 93
Harrison-Topham, Lt. Col. T., D.S.O., ret. pay *late* R.E.	22 Dec. 18
Harrison, Maj. A.H.P., ret. pay *late* L'pool R.	6 Feb. 07
Harrison, Lt. M. P. E., ret. pay *late* h.p.	1 Nov. 18
Harrop, Capt. T. G., ret. pay *late* R.A.	21 Nov. 9
Harrowing, Lt. J., M.C., ret pay *late* Dorset R.	2 Dec. 18
Hart, Lt.-Col. A. P., M.B., ret. pay *late* R.A.M.C.	5 Feb. 01
Hart, Bt. Col. E. C., ret. pay *late* R.E.	3 June 96
Hart, Hon. Capt. H. C., Qr.-Mr. ret. pay *late* D. of Corn. L.I.	10 June 92
Hart, Hon. Capt. J., Commy. ret. Ind. Army Dept.	19 Jan. 04
Hart, Capt. J. C., M.B., ret. pay *late* R.A.M.C.	28 July 10
Hart-Synnot, Hon. Brig.-Gen. A. H. S., C.M.G, D.S.O., ret pay *late* h .p.,p.s.c. [L] [F]	30 Jan. 20
Hartigan, Lt.-Col. A. E. S., ret. Ind. Army	10 Mar. 09
Hartigan, Bt. Col. E. R., ret. Ind. Army	23 June 09
Hartley, Capt. D. L., ret. pay *late* York. R. (Hon. Lt.-Col., ret. Spec. Res.)	17 Oct. 94
Hartley, Maj. R L., ret. pay *late* L'pool R.	9 Aug. 02
Harvest, Maj. H. A. L., ret. pay *late* A.S.C.	11 Dec. 88
Harvest, Maj. H. D., ret. pay *late* Leins. R.	1 Apr. 80
Harvest, Lt. H. de V. ret. Ind. Army	17 Apr. 19
Harvest, Bt. Col. W. S. S., ret. R. Mar.	14 Sept. 13
Harvey, Hon. Dep. Surg.-Gen. C. H., M.D., Brig. Surg. ret. A. Med. Staff	8 May 06
Harvey, Col. C. L., ret. pay *late* h.p., v.s.c.	24 Feb. 86
Harvey, Maj. E. J. M., ret. pay *late* R. War. R., p.s.c.	24 Dec. 18
Harvey, Lt.-Col. H. J., ret. pay *late* R.E.	7 Jan. 19
Harvey, Lt.-Col. J., D.S.O., ret. pay *late* R. Highrs. (Hon. Maj. ret. Spec. Res.)	1 July 19
Harvey, Capt. (Dist. Offr.) J., res. pay *late* R.A.	15 Oct. 19
Harvey, Col. J. E., ret. pay *late* h.p. (R.A.)	14 Apr. 04
Harvey, Hon. Maj.-Gen. J. R., r.f.p. *late* K.O. Sco. Bord.	5 Mar. 07
Harvey, Capt R. K., ret. pay, *late* R.G.A.	21 June 85
Harvey, Surg. W., ret. Ind. Med. Serv.	9 Nov. 19
Harvey, Hon. Capt. W., Qr.-Mr. ret. pay *late* W. Rid. R.	1 Apr. 68
Harvey, Lt.-Col. W. L., D.S.O. ret. pay *late* D. of Corn. L.I.	5 Nov. 89
Harwood, Lt.-Col. T. H., D.C.M., Qr.-Mr. ret. pay *late* R. War. R.	17 Dec. 14
Hasall, Lt.-Col. H.G., Qr.-Mr. ret. pay *late* R.A.M.C.	7 Sept. 19
Haskins, Capt. J. W. V., ret. pay *late* h.p. R. War. R.	1 Jan. 18
Haskins, Lt. L. W. R., ret. pay *late* h.p.	16 Nov. 18
Hasler, Maj. P., ret. pay *late* Wilts R. (Empld. 3 Bn. Wilts. R.)	28 Aug. 18
Haslett, Lt.-Col. J. C., M.D., ret. pay *late* h.p. R.A.M.C.	18 Sep. 15
Haslett, Bt. Col. P., ret. pay *late* R.E.	4 Feb. 02
Haslop, Capt. & Qr.-Mr. J., ret. pay *late* R.A.S.C.	1 Mar. 99
Hassan, Maj. S., ret. Ind. Med. Serv.	1 July 17
Hassard, Col E. M., ret. pay, *late* n.p.	2 Oct. 92
Hassard, Lt.-Col. H. S., ret. pay *late* Ind. Army	1 Mar. 15
Hassell, Col. J. W., ret. pay *late* h.p.[R]	27 Mar. 97
Hasted, Col. A. N., C.M.G., ret. pay *late* Staff	1 July 85
Hastings, Lt.-Col. B. St. J. W., ret pay *late* L'pool R.	2 Apr. 17
Hastings, Maj.-Gen. E. S., C.B., D.S.O., u.s.l. Ind. Army	28 Sept. 15
Hastings, Lt.-Col. W., ret. Ind. Army	15 Nov. 07
Hatch, Lt.-Col. A., ret. Ind. Army	28 Feb. 09
Hatch, Col. A. V., ret. Ind. Army [l]	25 Aug. 09
Hatch, Lt.-Col. W K., M.B., F.R.C.S., ret. Ind. Med. Serv. (Bo.)	8 June 07
Hatchell, Col. D. T., u.e.l. Ind. Army	31 Mar. 97
Hatchell, Bt. Col. H. M., D.S.O., ret. pay *late* R. Garr. R.	28 Feb. 05
Hatcher, Lt. W. O., ret. pay *late* Sco. Rif.	1 July 17

Non-Effective Officers

Hatfield, Capt. F. E., ret. pay late h.p. 27Sept.18
Hathaway, Maj.-Gen. H. G., *C.B.*, ret. pay late A. Med. Serv. 15Oct.12
Hatherall, Lt.-Col. W. G., ret. Ind. Army 31May07
Hatton, 1st Cl. Chapl. *Rev.* J. A., *M.A., B.D.*, ret. pay, late Army Chapl. Dept. 1June10
Hatton, Maj. W. de B., ret. pay late Sea. Highrs. 23Nov.92
Haughey, Capt. H., *M.C.*, ret. pay, *late* h.p. 10June18
Haughton. Col. T. H., ret. Ind. Army 11Feb.06
Haviland, Maj. R. A., ret. pay late Paymr. A.P.C. 3Feb.04
Hawes, Bt. Col. B. R., *C.B.*, ret. pay late R. Ir. Rif., *p.s.c.* 10Feb.04
Hawes, Bt. Lt.-Col. G. E., *D.S.O*, *M.C.*, ret. pay, *late* R. Fus. [F] 1Jan.19
Hawes, Capt. P. F. B., ret. pay late h.p., o. [I] 15July02
Hawke, Lt. A. S., ret. pay *late* h.p. 28Sept.17
Hawkes, Bt. Col. G., u.s.l. Ind. Army 19Feb.00
Hawkes, Hon. Surg.-Capt. H., Sen. Asst. Surg. ret. Ind. Sub. Med. Dept. (Mad.) (Rl Wt. 12Mar.94) 22Apr.96
Hawkes, Maj.-Gen. *Sir* H. M. P., *K.C.B., C.S.I.*, ret. Ind. Army [R] 1May05
Hawkesby, Hon. Capt. G. W., Qr.-Mr. ret. pay late R. Ir. Regt. 29Nov.89
Hawkey, Hon. Maj. R., Qr.-Mr. ret. pay late R.A.M.C. 1July17
Hawkins, Bt. Col. F., u.s.l. Ind. Army 10Feb.04
Hawkins, Lt.-Col. F.D.C., ret Ind. Med. Serv. 2Apr.01
Hawkins, Maj. H. T., ret. pay *late* R.G.A. 15July98
Hawkins, Hon. Brig.-Gen. J. W., ret. pay *late* h.p., R.A., *p.s.c.* 24Aug.12
Hawkins, Hon. Maj. J. W., Asst. Commy. of Ord. ret. pay *late* A. Ord. Dept. 4Aug.17
Hawkins, Lt.-Col. T.H., *C.M.G.*, ret.R.Mar L.I. 1Oct.17
Hawkins, Col. W. F., *C.M.G.*, ret. pay late h.p. R.E. 31Dec.04
Hawks, Lt.-Col. F. W., ret. Ind. Army 22July18
Hawks, Lt.-Col. T. B., ret. Ind. Army 4June07
Hawkshaw, Maj. E. C., ret. pay *late* R.A. (*Empld. R.H.A.*) 3June91
Haworth, Lt.L., *late* 5 Bn N.Lan.R. (ret.pay)
Hawthorne, 2nd Lt. O. T., ret. pay late R.A. 12Dec.14
Hay, Maj. A., ret. Ind. Army 21Oct.14
Hay, Maj. A. E., ret. pay *late* R.A. 14July94
Hay, Maj. C. O., ret. pay *late* h.p. 1Nov.15
Hay, Maj C. R., ret. pay *late* Midd'x R. 27Sept.15
Hay, Capt. E. G., ret. pay *late* h.p. 18Apr.13
Hay, Maj.-Gen. E. O., *C.B.*, ret. pay late R.A., *g.* [R] [F] (*Col. Comdt. R.A.*) 12Sept.03
Hay, Lt.-Col. H. T. H., ret. Ind. Army 30Mar.09
Hay, Maj. J., ret. pay *late* R.F.A., *g.* 22Feb.05
Hay, Capt. J. G., *D.S.O.*, ret. pay *late* h.p. 22Jan.06
Hay, Hon. Capt. J. R., Qr.-Mr. ret. pay *la* R. Highrs. 0Oct.93
Hay, Bt. Lt.-Col. S., *D.S.O.*, ret. pay, *late* Cam'n Highrs. (*S C.*) June19
Haycock, Lt. F. A. S., h.p. *late* R. Mar. 1 ec.67
Haycock, Hon. Maj. W., Qr.-Mr. ret. pay *late* A.S.C. 21Jan.15
Hayden, Capt. A. F., *M.B*, *F.R.C.S.*, ret. Ind. Med. Serv. 1Sept.08
Hayden, Lt.-Col. F. A., *D.S.O*, *O.B.E*, ret. pay *late* W. Rid. R. 3Feb.09
Haydon, Lt.-Col. W. H., ret. pay *late* R.E. 17Dec.89
Hayes, Bt. Col. C. H., ret. Ind. Army 21Mar.04
Hayes, Lt.-Col. E.C., *C.B.E.*, ret. pay *late* R.A.M.C. 1Mar.15
Hayes Capt. E. F., ret. pay *late* R.A. 6Nov.19
Hayes, Hon. Maj. F., Commy. of Ord. ret. pay *late* A. Ord. Dept. 8Dec.14
Hayes, Maj. J. P. S., ret. pay *late* R.A.M.C. 30Jan.99
Hayes, Lt.-Col. R. H., *C.M.G.*, ret. pay, *late* Som. L.I. 28Sept.12
Hayes-Newington, Maj. C. M., ret. pay, *late* L'pool R. 22Sept.83
Hayes-Sadler, Lt.-Col. *Sir* J., *K.C.M.G*, *C.B.*, ret. Ind. S.C. 6July96
Hayes-Sadler, Maj. W., ret. pay late extra Regtl. employ [F] 1July07
A. Hayles, Hon. Maj. H. T., Qr.-Mr. ret. pay *late* A.S.C. 13Oct.02
Haylock, Lt. J. M., ret. pay *late* h.p. 1Dec.18
Haymes, Lt.-Co . R. L., *D.S.O.*, ret. pay *late* R G.A., *g* 1May17
Haymes, Lt. A., ret pay late R.A. 30July17

Hayne, Maj. A. G. H., ret. Ind. S.C. 3Feb.92
Haynes, Col. A., *C.M.G.*, Chief Paymr., ret. pay, *late* A.P. Dept. 24Sept.17
Haynes, Capt. C., ret. pay late E. Lan. R., *s*. 28May87
Haynes, Col. C. E., *C.B.*, ret. pay late h.p. (R.E.) 15Nov.04
Haynes, Col. F. H., Chief Paymr. ret. pay *late* A. P. Dept. 2Dec.02
Haynes, Hon. Capt. G., Dep. Commy., ret pay *late* A. Ord. Dept. 8Dec.14
Hayter, Capt. J., *M.B.E.*, ret. pay *late* R.G.A. 31Dec.17
Hayward, Capt C J., ret. pay *late* h.p. 1Mar.10
Hayward, Lt. Col. G. W., *D.S.O.*, Ridg.-Mr. ret. pay late R.F.A. 16Jan.20
Hayward, Hon. Maj.-Gen. H. B., ret. pay *late* h.p. 12Jan.86
Hayward, Capt. R. B., ret. pay *late* h.p. 26Jan.16
Haywood, Maj. A. N., *D.S.O.*, Qr.-Mr. ret. pay *late* 6 D.G. 13Apr.16
Haywood, Lt.-Col. L., *M.B*, ret. pay *late* R.A.M.C. 4Feb.02
Hazlegrove, Bt. Col. H. S., ret. Ind. Army 30Oct.09
Hazlett, Brig. Surg.-Lt.-Col. H. J., ret. Ind. Med. Serv. 7Mar.91
Head, Lt.-Col. C. O., *D.S O.*, ret. pay *late* R.H.A. 1Feb.19
Head, Maj. G., ret. pay *late* Norf. R. 18Jan.05
Head, Lt.-Col. H. F., ret. pay *late* R.G.A. 30Oct.14
Head, Maj. H. N., ret. pay *late* Sco. Rif. 10Oct.01
Head, Hon. Maj. J. H., Inspr of Army Schools ret. pay 1July17
Headwards, Hon. Capt. J. J., Commy. ret. Ind. Army Dept. 14Nov.04
Healey, Col. C.W. R., *C.M G*, *C.B.E.*, ret. pay late A. Me1. Serv. 1Mar.15
Healey, Capt. T. H., ret. pay *late* h.p. 3Aug.90
Healy, Maj. C. J., *M.B.*, ret. pay *late* R.A.M.C. 28July03
Healy, Capt. H., *M.B E.*, ret. pay *late* R. Lanc. R. 4Mar.21
Healy, Vety.-Maj. M. F., ret. A. Vety. Dept. 1Nov.89
Heard, Maj. A. S., ret. pay *late* R.Ir. Fus. 4Oct.11
Heard, Col. E. S., ret. pay *late* h.p., *p.s.c.* 4Sept.09
Heard, Surg.-Maj. S.T., *M.D.*, ret. Ind.Med. Serv. 29Jan.89
Hearn, Capt. L. J. C., *M.B.*, ret. pay *late* h.p. 28July00
Hearn, Lt.-Col. M. L., *O.B.E.*, ret. pay *late* R.A.M.C. 30May05
Hearnden, Lt. H. J., ret. pay, *lat* R.A. 8May18
Hearsey, Hon. Maj. A., Qr.-Mr. ret. pay *late* D. of Corn. L.I. 1Dec.16
Heartfield, 2nd Lt. L. J., ret. pay *late* h.p. 9June17
Heath, Maj.-Gen. *Sir* C B., *K.C.B.*, *M.V.O.*, ret. pay *late* A.S.C. 1Oct.17
Heath, Capt. C. J., ret. pay *late* h.p. (R E.) 1Apr.04
Heath, Col. E., *C.M.G.*, Ord. Offr. 1st Class, ret. A. Ord. Dept. 1Oct.01
Heath,Lt.-Col.F.W., *C M G.*, ret. pay, *late* h.p. 29July12
Heath Maj.-Gen. G. M., *K.C.M.G.*, *C.B.*, *D.S.O.*, ret. pay, *late* R.E., *p.s.o.* [F[*e.s.* 3June17
Heath, Maj. H. C. S., *M.B.E.*, ret. pay late Essex R. 22Apr.18
Heath, Bt. Col. H. H. R., *C.B.*, ret. Ind. Army 22Jan.00
Heath, Surg.-Maj.R.E., *M.D.*, ret.Med.Dept. 7Sept.75
Heath-Caldwell. Maj.-Gen. F. C., *C.O.*, ret. pay, (*late R.E.*) *p.s.c.* 11July14
Heathcock, Maj. W., Sen. Asst. Surg. ret. Ind. Sub Med. Dept. 2Apr.18
Heathcote, Col. C. G., ret. pay *late* h.p. 1July85
Heathcote, Hon. Maj. C. G., ret. pay *late* h.p. 10Oct.92
Heathcote, Lt.-Col. G. R., ret. pay *late* h.p. 16Oct.92
Heathcote, Hon. Capt O. D., Commy. ret. Ind. Army Dept. 19Dec 97
Heathcote-Drummond-Willoughby,Lt.-Col. Hon. C., ret. pay, *late* C. Gds. 26Jan.19
Heathcote-Drummond-Willoughby, Hon. Brig.-Gen. *Hon.* C. S., *C.B.*, *C.M.G.*, ret. pay *late* S. Gds. (*Col. Terr. Force*) 4Mar 19
Heaton, Hon. Capt. T., Asst Commy. of Ord. ret. A. Ord. Dept. 17Apr.99
Heaton, Col. W., ret. pay *late* h.p. 18Oct.02
Heston, Lt. W. S., *M.C.*, ret. pa/ *late* N. R.G.A. 11Feb.18
Hebbert, Col. W. S., ret. pay *late* R. (Mad.) A. [F] 2Jan.86

Non-Effective Officers

Heber-Percy, Lt.-Col. R. J., ret. pay *late h.p.* 17Feb.92
Hebert, Maj. C., *O.B.E.*. ret. pay *late R.H. & R.F.A.* 30Oct.14
Hedley, Capt. F.A., ret. pay *late* S. Staff. R. 1Feb.90
Hedley, Lt. W., ret. pay *late* Welsh R. 8Sept.17
Hedley, Hon. Brig. Surg. W. S., *M.D.*, Surg.-Lt.-Col. ret. A. Med. Staff 14Oct.85
Heenan, Hon. Lt. M., Asst. Commy. ret. Ind. Army Dept. (*Rl. Wt. 29 Nov. 97*) 11May96
Heffernan, Col. N. B , *C.B.*, ret pay (*late R.A.*) 4Dec.12
Heffernan, Maj. P., ret. pay *late* Ind. Med. Serv. 1Feb.18
Heffernan, Lt.-Col. W., ret. pay *late R.A.M.C.* 31July00
Hegan, Col. E., *C.B.*, ret. pay *late* Cav. Records, *p.s.c.* [L] 31May08
Hehir, Maj.-Gen. P., *C.B., C.M.G., C.I.E., M.D., F.R.C.S: Edin.*, ret. Ind. Med. Serv. 13Mar.18
Hellard, Col. R. C , *O.B.*, ret. pay *late* Dir.-Gen. Ord. Survey (R.E.) (*Bd. of Trade*) 1Aug.02
Hellen, Capt. A , ret. pay, *late* Essex R. 27Mar.20
Hellein, Hon. Capt. C. A., Sen. Asst. Surg. ret. Ind. Sub. Med Dept. 25June98
Helme, Lt.-Col. *Sir* R. C., *K.C.B., C.M.G.,* ret. pay *late h.p.* (*Hon Col. ret. Mila.*) (*Hon. Col. 6 Bn. W York R.*) 1July88
Helsham-Jones, Col. H. H., ret. pay *late* Staff, *p.s.c* [F] 1July85
Helyar, Hon. Brig.-Gen. A. B., *C.B.E.*, ret. pay *late h.p.* R.A., *g.* 15Mar.18
Hemans, Hon. Lt.-Col. A.G.W., Paymr. ret. A.P. Dept. 18Mar.85
Hemans, Lt.-Col. C. W., ret. pay *late h.p.* 1Aug.90
Heming, Lt.-Col. D., ret. Ind. Army 16Nov.87
Hemming, Maj.-Gen. E. H., *C.M.G.*, ret. pay, *late* R.E. 1Apr.19
Hemming, Hon. Maj.-Gen. F. W., *C.B.*, ret. pay *late h.p., q s.* 22Sept.06
Hemphill, Lt. A. W., ret. pay *late h.p.* 19Aug.17
Hemphill, Capt. *Hon.* F., ret. pay *late* K. O. Sco. Bord. 1Aug.88
Hemsley Maj. A. J., Commy. of Ord., ret pay *late* R.A.O.C. 21July16
Hemsworth, Hon. Lt. D., Asst. Commy. ret. Ind. Army Dept. 25Sept.87
Henderson, Maj. A., Qr.-Mr., ret. pay, *late* R. Ir. Rif. 15Apr.11
Henderson, Maj. C. R. B., ret pay *late* R. Highrs. 5Jan.16
Henderson, Hon. Capt. F., Dep. Commy. ret. Ind. Army Dept. 10Jan.87
Henderson, Surg.-Maj. G., *M.D.*, ret. Ind. Med. Serv. 1July73
Henderson, Lt G. A. H., ret pay *late h.p.* 21Mar.16
Henderson, Maj. G. J., ret. pay *late* R.F.A. (*Empld. R.F.A.*) 1Apr 08
Henderson, Hon. Capt. J., Commy. ret. Ind. Army Dept. 28Jan.04
Henderson, Capt. J. H., ret. Ind. Army (*temp. Maj.* (*Serv. Bns. K.R. Rif. C*) 4Apr.(9
Henderson, Capt. J. S., ret. pay *late* Gord. Highrs. 26Oct.89
Henderson, Capt. J. S., ret. pay *late* W.I.R. (*Capt. R.E., T.F.*) 3Apr.97
Henderson, Lt.-Col. R. A., ret. pay *late h.p.* 1Apr.04
Henderson, Hon. Maj.-Gen. *Sir* R. S. F., *K.C.M.G., C.B., M.B.*, ret. pay *late* R.A.M.C.26Dec.17
Henderson, Lt.-Col. S. H.. *M.B.*, ret. Ind. Med. Serv. 3Sept.06
Henderson, Lt.-Col. T. H., ret. Ind. Army 11Aug.03
Hendley, Lt.-Col. A. G., ret. Ind. Med. Serv. 30May.09
Hendley, Maj. F. G., Inspr. of Army Schools, ret. pay 27Sept.16
Hendricks, Hon. Capt. W. E., Sen. Asst. Burg. ret. Ind. Sub. Med. Dept. (Mad.) 21Mar.02
Hendriks, Maj. C. L., ret. pay *late* R. Muns. Fus. 23May06
Heneage, Maj. A. R., *D.S.O.*, ret. pay *late*5D.G. 22Jan.98
Heneage, Maj. G. C. W., *M.V.O., D.S.O.*, ret. pay *late* R. Gds., *s.* 14Feb.04
Heneage, Lt.-Col. *Hon.* H. G., *D.S.O.*, ret. pay, *late* 12 Lrs. 3CApr.19
Henegan, Lt.-Col. J., *D.S.O.*, ret. Ind Army 3 Jau. 09
Heney, Hon. Capt. T., Commy. ret. Ind. Army Dept. 18Sept.03

Henley, Capt. A., Adjt. ret. pay *late 5* Lanc.Mila. 1Oct.69
Henley, Hon. Brig.-Gen. *Hon.* A. M., *C.M.G., D.S.O.*, ret. pay *late 5* Lrs.; *p.s.c.* 18Sept.19
Henn, Maj. R. A. M., ret. pay *late* R.A., *g.* (*Hon. Col. Spec. Res.*) 6May93
Hennah, Capt. C. T., ret. pay *late* York R. (*Maj. ret. T.F.*) 18Apr.85
Hennell,Lt.-Col.A.R.,ret.pay*late* Hamps. R. 18Oct.02
Hennell, Lt.-Col. *Sir* R., *Knt., C.V.O., D.S.O., O.B.E.*, ret. Ind. Army (*Lt.-Col. Comdt. and Hon. Col. ret. Vols.*) (*Yeo. of Gd.*) 25July87
Hennessy, Lt.-Col. D., *M.D.*, ret. pay *late* R.A.M.C. 28July06
Hennessy, Hon. Maj. J., Qr.-Mr., ret. pay *late* A.S.C. 3May10
Hennessy, Col. J. P. C., *C.M.G.*, ret. Ind. Army 27Aug.18
Hennessy, Hon. Capt. T., Dep.Commy. Ind. Army Dept. 24Feb.11
Henniker, Lt.-Col. *Lord* C. H. C., ret. pay *late* extra regimentally empld 30Dec.14
Henning, Lt.-Col. C. M. S., ret. pay *late* Sco. Rif. 18Mar.19
Henry, Lt.-Gen. G., *C.B.*, ret. pay *late* R.E. (Ind. Pens.) [R] (*Col. Comdt. R.E.*) 26Dec.07
Henry, Lt.-Col. V., *C.B.*, ret. pay *late* R. Fus. 12Feb.19
Henry, Lt. W. A. D., ret. pay, late h.p., .. 1Oct.15
Henry, Maj. W. T., ret. pay, *la e* h-p, 1July19
Henshaw, Brig.-Gen. C. G., ret. pay *late* Staff (R.A.) 3July16
Hepburn-Stuart-Forbes-Trefusis, Lt.-Col. *Hon.* H. W., ret. pay, *late* S. Gdr. 10Oct.19
Hepburne, Col. R. G. W., ret. pay *late h.p.* 25Mar.00
Hepper, Maj. *Sir* H. A. L., ret. *late* R.E. (Ind. Pens.) 30Jan.10
Heppolette, Hon. Capt. J. E., Sen. Asst. Surg., ret. Ind. Sub. Med. Dept. (Ben.) 6May02
Heppolette, Maj. W. A., Sen. Asst. Surg., ret. Ind. Sub. Med. Dept. 2Apr.18
Herapath, Lt.-Col. E., *D.S.O.*, ret. pay *late* Linc. R. 1Jan.15
Herapath, Maj. E. L., Staff Paymr., ret. A.P. Dept. (*Capt. ret, T. F. Res.*) 24May94
Herbert, Capt. A. C., ret. pay *late* h.p. 9Dec.06
Herbert, Lt. C., ret. pay *late 5* Bn. Midd'x R. 25June15
Herbert, Lt.-Col. C., *D.S.O.*, ret. Ind. Army 12Nov.10
Herbert, Hon. Brig.-Gen. E. A., *C.M.G., M.V.O.* [F], ret. pay *late h.p.* 8Nov.19
Herbert, Lt.-Col. E. B., ret. pay *late h.p.* 8Feb.00
Herbert, Col. E. W., *C.B.*, ret. pay *late h.p.* 15Oct.02
Herbert, Lt.-Col. H., *F.R.C.S.*,ret. Ind. Med. Serv. 31Mar.07
Herbert, Maj.-Gen. L., *C.B., C.V.O.*, ret. Ind. Army 2Jan.14
Herbert, Hon. Brig.-Gen. L. N., *C.B.* (e) [F]. ret. ind. Army 1July19
Herbert, Hon. Brig.-Gen. O. C., *C.M.G.,M.C* ret. pay, *late* Arg. & Suth'd Highrs. [F] 1Apr.19
Herbert, Col. P. T. C., *D.S.O.*, ret. pay *late* R.H.A. 27Feb.19
Herbert-Stepney, Lt.-Col. C. C., ret. pay *late* K.R. Rif. C., *t.a.* 19Oct.18
Heriotr, Lt.-Col. G. M., *D.S.O.*, ret. R. Mar. 14July15
Heron, Hon. Brig.-Gen. *Sir* T., *K.B.E., C.B.*, Ord. Offr., 1st Class, ret. pay *late* A. Ord. Dept. 1Jan.18
Herridge, Hon. Maj. G. J., *O.B.E.*, Qr.-Mr. re . pay *late* A.S.C. 1July17
Herschel, Hon.Col. J., ret.pay *late* R.(Ben.)E.10Mar.86
Hervey, Bt.-Col.C.R.W.,ret. pay *late* R.G.A. 28Sept.01
Hervey-Bathurst, Maj. *Sir* F. E. W., *Bt., D.S.O.* [F], ret. pay *late* G. Gds. 29Sept.15
Heseltine, Capt. G., ret. pay *late 6* D.G. (for Spec. Res.) (*Capt. 6 D.G. Spec. Res.*) *s.* 9Oct.01
Hesketh, Maj. C. T., Commy. of Ord., ret. pay, *la'e* R.A.O.C. 14July16
Hesketh, Capt. T. E., Ord. Offr. 4th Class, ret. pay *late* A. Ord. Dept., *o.* 3Apr.07
Hessey, Maj. H. C., ret. pay *late* 20 Hrs. 22Mar.11
Hessey, Hon. Brig.-Gen. W. F., *D.S.O.*, ret. pay *late* R. Innis. Fus. 20Mar.19
Hesterlow, Hon. Capt. J. N., Sen. Asst. Surg. ret. Ind. Sub. Med. Dept. 20Nov.00
Hetherington, Lt.-Col. R. P., *M.D.*, ret. pay *late* h.p. 5Feb.01
Hetherington, 2nd Lt. W., ret. pay *late h.p.* 28Mar.16

Non-Effective Officers

Hewat, Bt. Col.A. H., ret. pay *late* h.p. R.A. 17Aug.02
Hewat, Lt.-Col. H. R. C., ret. pay *late* h.p. 15Sept.92
Hewett, Lt.-Col. A., *F.R.C.S. Edin.*, ret. pay *late* R.A.M.C. 6Mar.00
Hewett, Lt.-Col. E.V.O., *C.M.G., D.S.O., O.B E.*, ret. pay, *late* R.W. Kent R. (*Empld. R. W. Kent R.*) 3Sept.14
Hewett, Maj. J. C., ret. pay *late* A.P.D. 2Mar.11
Hewett, Lt.-Col. W. S., u.s.l. Ind. Army 30Dec.97
Hewitt, Hon. Capt. M., Qr.-Mr. ret. pay *late* R.A.M.C. 22Apr.01
Hewitt, Hon. Lt. S., Qr.-Mr., ret. pay *late* Wilts. R. 18Apr.14
Hewitt, Maj. W. J., Qr.-Mr., ret. pay *late* Glouc. R. 1Jan.19
Hewlett, Lt.-Col. G G., Staff Paymr. ret. pay, *late* A. Pay Depot 11Mar.12
Hewson, Hon. Col. J. L., Chief Paymr. ret. A.P. Dept. 17Mar.94
Hewson, Hon. Lt. J. T., Asst. Commy. ret. Ind. Army Dept. 17Oct.77
Hext, Lt.-Col. A. S., ret. pay *late* h.p. 14July90
Hext, Lt.-Col. F. M., ret. pay *late* R. Ir. Fus. (*Hon. Lt.-Col. ret. Vols.*) 25Sept.16
Hext, Maj. H. Y., ret. R. Mar. 6Dec.88
Heycock, Maj. J. H., ret. pay *late* Leic. R. 3Dec.02
Heygate, Capt. E. L. A., ret. pay *late* R.W. Kent R. 19Jan.86
Heygate, Bt. Col. R. H. G., *D.S.O.*, ret. pay *late* h.p. [F] 1July07
Heygate, Maj. R. L., ret. pay *late* R.A. 9Nov.17
Heygate, Maj. W. H. B., ret. pay *late* R.A. 23Apr.16
Heyland, Lt. W. F., ret. Ind. Army 20Apr.11
Heyman, Maj. C. E. H., ret. pay *late* R.G.A. 12May95
Heyman, Lt.-Co'. C. H. C., ret. pay *late* h.p. 4Dec.19
Heymer, Hon. Lt. E., Qr.-Mr. ret. pay *late* 16 Lrs. 5Nov.87
Heytesbury, Ma. L., *Lord*, ret. pay *late* Wilts. R. (*Bt. Col ret. Spec. Res.*) 16May03
Heywood, Hon. Lt. W., Asst. Commy. ret. Ind. Army Dept. (*Rl. Wt. 29 Nov.97*) 16Nov.96
Heyworth-Savage,Lt.-Col. C.F.,*O.B E.*,ret.pay *late* R. Fus. 24June16
Hezlet, Lt.-Col. R. J., ret. pay *late* R.A. 1Oct.87
Hiatt, Maj A., Qr.-Mr. ret. pay *late* 7 D.G 3June18
Hibbard, Hon. Lt. H., Ridg.-Mr. ret. pay *late* 1 L.G. 6Mar.92
Hibbert, Hon. Brig.-Gen. G. L., *C.B., C.M.G., D.S.O.*, ret. pay *late* Staff 25Nov.19
Hibbert, Capt. W. C. T., ret. pay *late* h.p. Lanc. R. (for Spec. Res.) (*Maj. 3 Bn. R. Lanc. R.*) e.a. 21June05
Hibbert, Lt.-Col. W. G., ret. pay *late* h.p. R.E. [L] 22Feb.16
Hickey, Hon. Capt. D., *M.V.O.*, Ridg.-Mr., ret. pay *late* A.S.C. (*Supt. R. Mews, Windsor*) 11Feb.02
Hickie,Qr.-Mr.H.,ret.Commt. & Trans. Staff 1May84
Hickie, Hon. Capt. J., Sen. Asst. Surg. ret. Ind. Sub. Med. Dept. 9Apr.01
Hickey, Lt.-Col. A. C. ret. Ind. Army 8Dec.12
Hickley, Lt.-Col. M. J., ret. pay *late* h.p. 16May94
Hickman, Maj. E. A., Qr.-Mr. ret pay *late* R. W. Fus. 11Nov 18
Hickman, Maj. G. T. D., ret. pay *late* E. Kent R. (*Emuld. Art. Hse. Lines*) 1Sept.15
Hickman, Hon. Brig.-Gen. H, O. D., *C.B.*, ret. pay *late* Staff, *p.s.c.* [F] 9Feb.18
Hickman, Maj.-Gen. H. P., *C.B.*, ret. pay *late* R.A. 3June13
Hickman,Lt.-Col.J.,ret.pay *late* R.A.M.C.[I] 29July02
Hickman, Hon. Brig.-Gen. T. E., *C.B., D.S.O.*, ret. pay *late* h.p., *q.s.* [F] (*Hon. Col. 6 Bn. S. staff. R.*) 25May16
Hicks, Hon. Brig.-Gen. H. T., *C.B.*, ret. pay *late* h.p. (*President Area Quartering Commee.*) 26Apr.17
Hicks, Maj. J. H., ret. pay *late* R.G.R. 23Apr.04
Hicks, Maj. J. M., *M.B.E.*, Dep. Commy. of Ord., ret. pay *late* R.A.O.C. 1Jan.18
Hicks, Maj. W. J., ret. pay *late* R.A. 25May92

Hickson, Hon. Brig.-Gen. R. A., *C.B.*, ret. pay *late* grouped R. Dist. 10Feb.12
Hickson, Hon. Maj.-Gen. *Sir* S., *K.B.E., C.B., M.B.*, ret. pay *late* R.A.M.C. 8May19
Hickson, Hon. Brig.-Gen. S. A. E., *C.B., D.S.O.*, ret. pay *late* Staff, *p.s.c.*, *q.s.* 2May16
Higgins, Hon. Lt.-Col. J. T., Qr.-Mr. ret. pay *late* A.S.C. 3June18
Higgins, Hon. Maj. P., Qr.-Mr. ret. pay *late* A.S.C. 1July17
Higginson, Hon. Brig.-Gen. C. P., *C.M.G., D.S.O.*, ret. pay *late* h p, *p s c*, *q.s.* 20Dec.19
Higginson,Capt. C.R.D.,ret. pay *late* R.A 19July86
C. Higginson, Gen. *Sir* G. W. A., *G.C.B.*, ret. pay, Col. Worc. R. [R] [F] 11Oct.90
Higginson, Lt.-Col. H. S., ret. pay *late* R. (Ben.) A. 1Jan.89
Hignett, Lieut. S, F., *late* 4 Bn. 8 Lan R., ret. pay
Hight, Maj. E. L., ret. Ind. S.C. 1May98
Highway, Hon. Capt. E., Dep. Commy. ret. Ind. Army Dept. (*Rl. Wt. 29 Nov.97*) 1June00
Hiland, Hon. Capt. J. H., Qr.-Mr. ret. pay *late* N. I an. R. (*Qr.-Mr. & Hon. Maj. T.F. Res.*) 30Dec.09
Hildebrand, Maj. A., ret. pay *late* R.E. (Ind. Pens.) 4May91
Hildebrand, Lt.-Col. W. H., ret. Ind. Army 29Aug.11
Hildyard, Hon. Brig.-Gen. H. C. T., *C.M.G., D.S.O.*, ret. pay *late* R.H.A. 27Mar.19
Hill, Col. A., ret. pay *late* Staff (R.E.) 28Sept.93
Hill, Hon. Lt. A., Qr.-Mr. ret. pay *late* R. Mar. Art. 22Sept.94
Hill, Hon. Brig.-Gen. A. W., *C.B.*, ret. pay *late* h.p. 24Aug.12
Hill, Hon. Brig Gen. C., *C.B.* ret. pay) 5Nov.18
Hill, Maj. C., Qr.-Mr. ret. pay *late* R.M.L I. Recq. Staff Offr.) 25Sept.16
Hill, Capt. C. H., ret. pay *late* Glouc. R. 1July91
Hill, Capt. E. A., ret. pay *late* Dorset R. *late* N. Lan. R. (*Qr.-Mr. & Hon. Maj.* 18Oct.19
Hill, Maj.E.S.,ret. pay *late* R.E.(Ind. Pens.) 30June90
Hill, Lt.-Col. F. B., ret. Ind. Army 6June14
C. Hill, Col. F. C., ret. pay *late* n.p. [R] 1Oct.81
Hill, Hon. Brig.-Gen. F. F., *C.B., C.M.G., D.S.O.*, ret. pay *late* h.p. 11Nov.17
P. Dept.
Hill, Capt. F. T. O., Paymr ret. pay *late* A. P. Dept. 12Oct.01
Hill, Col. F. W., ret pay *late* A.P.D. 1Jan.09
Hill, Lt.-Col. H A., ret. pay 3Feb.10
Hill, Lt.-Col. *Sir* H. B., *Bt., D.S.O.*, ret. pay *late* K. Ir. Fus. [F] 7Mar.19
Hill, Maj. H. B.,ret.pay *late* R.F.A., *g.* 23Apr.04
Hill, Maj. Gen. J., *C.B., D.3.O.*, ret. ind. Army [F] 3June18
Hill, Lt. J., ret. pay, *late* R.A. 17Dec.17
Hill, Maj. J. G., ret. pay *late* North'n R. 1July17
Hill Sister *Miss* M.G., *R.R.C.*, ret. pay *late* Q.A.I.M.N.S. 17Feb.03
Hill, Capt. R. A. E., ret. pay *late* R.F.A. 1May10
Hill, Bt. Col. R. E., ret. pay *late* A.S.C. 19Dec.07
Hill, Col. R. H. T., ret. Ind. Army 17May90
Hill, Lt.-Col. T. A., ret. pay *late* h.p. 21Dec.96
Hill, Hon. Maj. T. H., *C.I.E.*,Sen. Asst. Surg. ret. Ind. Sub. Med. Dept. 10Mar.92
Hill, Maj. T. M., *O.B.E.*,ret. pay *late* h.p. 11Nov.19
Hill, Capt. V., ret. pay *late* R.A. 12Feb.20
Hill, Hon. Lt. W., Qr.-Mr. ret. pay *late* W. York. R. 7Dec.02
Hill, Hon. Capt. W. H., *M.C.*, Qr.-Mr. ret. pay, *late* W. York. R. (*Qr.-Mr. & Hon. Lt.-Col. 6 Bn. W. York. R.*) 16Dec.11
Hill, Capt. W. L. B., ret. pay *late* h.p. 11May17
C.Hill-Walker, Maj. A. R., ret. pay *late* North'n R. 22Sept.96
Hill-Whitson, Lt.-Col. T. E. L., ret. pay *late* 14 Hrs., *p.s.c.* 22 Feb.15
Hilliard, Lt.-Col. H. N., ret. Ind. Army 1°Feb.10
Hilliard, Lt.-Col. J. C., ret. pay *late* h.p. 28July91
Hilliard. Col. W. E., ret. pay *late* h.p., *q.s.* 10Jan.94
Hillier, Capt. R. J., ret. pay, *late* E. Surr. R. 23July19

Non-Effective Officers

Hills, Hon. Capt. A., Qr.-Mr. ret. pay *late* R.E. 3May94
Hills, Maj. C., Qr.-Mr. ret. pay *late* R. Dub. Fus. 14Aug.15
Hills, Maj. E. H., *C.M.G.*, *C.B.E.*, ret. pay *late* R.E. 25July01
Hills, Lt. J., ret. pay *late* h.p. 14Aug.17
Hillyard, Bt. Col. G. A., ret. pay *late* h.p. 29Sept.93
Hilton, Maj F. L., Commy. ret. Ind. Army Dept. 4Aug.18
Hilton-Johnson, Maj. A. H., ret. pay *late* Linc. R. [l] 6Sept.16
Hime, Lt.-Col. H. W. L., ret. pay *late* R. A. 11Jan.87
Hincks, Maj. T. C., ret. pay *late* R. Berks. R.18Jan 17
Hinde, Lt -Col. A. B., *O.B.E.*, ret. pay *late* R.A.M.C. 8Sept.19
Hinde, Col. J. H. E., *C.B.*, ret. pay *late* Regtl. Dist. 1July99
Hinde, Lt.-Col. W. H., ret. pay *late* R.E. 4Oct.04
Hindle, Hon. Capt. T., Dep. Commy. ret. Ind. Army Dept. 1Dec.94
Hinds, Hon. Brig. Surg. W.R.G., *M.D.*, Lt.-Col. ret. A. Med. Staff 22July85
Hine-Haycock, Maj. V. R., *C.M.G.*, *D.S.O.*, ret. pay *late* R.H.A. 14Sept.15
Hingley, Lt.-Col. S. H., ret. pay *late* Midd'x R., [l] 11Jan.20
Hinton, Capt. H. V., ret. pay *late* h p. 1July16
Hippisley, Maj. A., *O.B.E.*, ret. pay *late* R.G.A. 13July17
Hippisley, Col. R. L., *C.B.* ret. pay *late* h.p. R.E. 14July02
Hipwell, Bt. Col. A. G., *C.B.*, ret. pay *late* A.S.C. 13Feb.00
Hire, Bt. Lt.-Col. A. H., ret. R. Mar. Art. 18Sept.09
Hirst, Hon. Maj. J., Qr.-Mr. ret. pay *late* R.A.M.C. 4Feb.06
Hiscock,Capt. E , ret. pay *late* h.p. R.F.A. 5June16
Hitchins, Maj. C. D., ret. pay *late* A.S.C. 30Oct.14
Hitchins, Bt. Col. C. H. M., *C.M.G.*, ret. Ind. Army 21Feb.09
Hoadley. Matron Miss J., *C.B.E.*, *R.R C.*, ret. pay *late* Q.A.I M.N.S. 5Mar.07
Hoare, Hon. Maj. J. J., Qr.-Mr. ret. R. Mar.24Sept.91
Hoare, Hon. Brig. Gen. R., *C.M.G.*, *D.S.O.*, [F] ret. pay, *late* 4 Hrs. 29July19
Hobart, Maj. C. V. C., *D.S.O.*, *O.B.E.*, ret. pay *late* G. Gds. (*Lt.-Col. ret. Terr. Force*) 29Oct.06
Hobart, Bt. Lt.-Col. G., ret. R. Mar. 22Sept.93
☙ Hobart-Hampden, Hon. Maj. *Hon.* H. M., r.f.p. *late* 103 Ft. (Ind. Pens.) 17Jan.77
Hobbs, Hon. Lt. A., Qr.-Mr. ret. pay *late* Manch. R. 18 Nov 89
Hobbs, Lt. A. G., ret. pay *late* North'n R. 28May19
Hobbs, Lt.-Col. J. S., ret. pay *late* Glouc. R. (*President Area Quartering Commee.*) 25July19
Hobbs, Maj.-Gen. P. E. F., *C.B.*, *C.M.G.*, ret. pay *late* R A S.C. [F] 3June15
Hobbs, Hon. Capt. W., Dep. Commy. ret. Ind. Army Dept. (*Rl. Wt.*. 29 Nov. 97) 16Aug.03
Hobday, Col. E. A. P., *C.M.G.*, ret. pay *late* h.p. (R.A.), *q.s.* 18Dec.07
Hobday, Col. J. R., ret. Ind. Army 13Jan.99
Hobday, Hon. Maj.-Gen. T. F., *C.B.*, ret. Ind. Army 24Aug.12
Hoblyn, Lt.-Col. E. F., ret. pay *late* h.p. 1Feb.10
Hobson, Maj. E.S.C.,ret.pay *late* Worc. R. 8Oct.04
Hobson, Col. G. W., *C.M.G.*, *D.S.O.*, ret. pay *late* 12 Lrs. 7Apr.19
Hobson, Lt. P. J., ret. pay *late* h.p. 1Aug.01
Hocking, Maj. A. W., Commy. ret. Ind. Army Dept. 1July17
Hodder, Bt. Col. W. M., ret. pay *late* R.E. 12Aug.08
Hodding, Maj. J. G., ret. pay *late* W. Afr. R. 25Oct.18
Hodding, Maj. J. S., ret. Ind. Army 11Feb.08
Hodgetts, Lt. W., ret. pay *late* 3 Hrs. 15June18
Hodgins, Lt.-Col. C. R., Ord. Offr. 3rd Class, ret. pay *late* A. Ord. Dept., o. .. 1Mar.17
Hodgkins, Hon. Capt. A. E., Inspr. of Army Schools, ret. pay 30Oct.11
Hodgkins, Hon. Maj. H. C., Sen. Asst. Surg. ret. Ind. Sub. Med. Dept. 12June95
Hodgkinson, Bt. Col. H. S. B., ret. pay *late* N. Staff. R. 10Feb.04
Hodgson, Hon. Maj. J., Commy. of Ord., ret. 18Oct.02
Hodgson, Lt.-Col. J. H., ret. pay *late* h.p. 8Jan.93
Hodgson, Lt.-Col. J. O., ret. pay *late* h.p., *q.* 7Sept.04
Hogan, Hon. Capt. J. W., Sen. Asst. Surg. ret. Ind. Sub. Med. Dept. (Ben.) 1Jan.03
Hogarth, Col. J. H, H, S, D, ret, pay *late* Regtl. Dist, 1Jan.99

Hogg, Maj.-Gen. G. C., *C.B.*, u.s.l. Ind. Army [R] 20Sept.97
Hogg, Maj. H.C., ret. Bo. S.C. 12Oct.87
Hogg, Bt. Lt.-Col R. E. T., *C.M.G.*,*C.I.E.* [F] ret. Ind Army 1Jan.18
Hogg, Lt. R. W. T., ret. Ind. Army 17Nov.14
Hogg, Lt.-Col. T. C. MacK.T., ret. Ind.Army (*Maj. 2nd Regt. K. Edward's Horse*) 25Aug.12
Hogarth, Maj. J. W., *D.S.O.* *M.C.*, ret. pay *late* R.A. 14Jan.20
Hogge, Bt. Col. G. S., ret. Ind. Army .. 8June07
Holbourn, Hon. Maj. W., Qr. Mr. ret. pay *late* E. Lan. R. 30Jan.10
Holden, Maj E. F., *M.B.E.*, ret. pay *late* 5 D.G. 19Dec.03
Holden, Hon. Brig.-Gen. *Sir* H C. L., *K.C.B.*, ret. pay Staff (*late R.A.*) (*Ord. Comme s, g.* 25Oct.17
Holden, Capt. W., ret. pay, *late* R.A. 6Sept.19
Holden, Hon. Lt. Asst. Inspr. of Armt. W S., ret. pay *late* A.O.D. 10June17
Holderness, Lt. G. C., ret. pay *late* North'd Fus. (for Spec. Res.) (*Maj. 3 Bn North'd Fus.*) 21May02
Holdich, Bt. Col. *Sir* T. H., *K.C.M.G.*, *K.C.I.E.*, *C.B.*, ret. pay *late* h.p. R. E. (Ind. Pens.) [F 1Sept.91
Holdsworth, Capt F. J.C., ret. pay *late* h.p. 10June15
Holdsworth, Hon. Brig.-Gen. G. L., *C.B.*, *C.M.G.*, ret. pay *late* h.p. 30Apr.19
Holdsworth,2nd Lt. J.. ret. pay *late* h.p. 20Dec.16
Hole, Lt.-Col. H. L , ret. Ind. Army 3May16
Holford, Capt. C. F., *D.S.O.*, *O.B.E.* ret. pay *late* h.p. R.A. 8Aug.14
Holford, Bt. Lt.-Col. *Sir* G. L., *K.C.V.O.*, *C.I.E.*, *C.B.E.*, ret. pay *late* 1 L.G. (*Extra Eq. to the King*) (*Equerry to Queen Alexandra 7 May 10*) 1June08
Holland, Lt -Gen. *Sir* A. E. A., *K.C.B.*, *K C.M.G*, *D.S.O.*, *M V.O.*, ret. pay *late* R.A. (*Col. Comdt. R A*) *s.g. .g.* [F] 1Jan.19
Holland, Capt. E., *M.C.*, ret. pay *late* R. Muns. Fus. 10Feb.20
Holland, Maj. G. F., ret. pay *late* R. Muns. Fus. 14Jan.02
Holland, Hon. Maj. G. H., Dep. Commy. of Ord. ret. pay *late* A.Ord.Dept. 1July17
Holland, Lt.-Col. G. L., *M.V.O.*, ret. Ind. Army 30Apr 08
Holland, Lt. G. W., ret. pay *late* R.A. 5Apr.19
Holland, Hon. Maj.-Gen. H. W., *C.B.*, ret. Bo. S.C. 30June77
Holland, Hon. Capt. J.A., Commy. ret. Ind. Army Dept. 27June05
Holland, Bt. Lt.-Col. J. E. D., *D.S.O.*, *M.C.*, ret. pay *late* 5 D.G. 3June19
Hollingsworth, Hon. Capt. E., Sen. Asst. Surg. ret. Ind. Sub. Med. Dept. 1Jan.97
Hollinshead, Capt. H. N. B., ret. pay, *late* R.G.A. 1Apr.00
Hollist, Hon. Lt.-Col. E. O., ret. pay *late* R.A., *p.s.c.* 7Oct.80
Holloway, Hon. Maj -Gen. B., *C.I.E.*, ret. Ind. Army *p.s.c.* [L] 18Sept.19
Holloway, Bt. Col. E. L., ret. Ind. Army 6Nov.08
Hollway, Bt. Col. E. J., ret. pay *late* h.p. 19Feb.07
Hollyer, Hon. Capt. W., Qr.-Mr., ret. pay *late* R. Berks R. 18June91
Holman, Hon. Lt.-Col. H. W. J., ret. R. Mar. [L] 9Mar.18
Holman,Lt. R B ,*M.C.* ret,pay,*late* Midd'x R. 9Mar.18
Holmes, Hon. Lt. H., Sen. Asst. Surg. ret. Ind. Sub. Med. Dept. 24July96
Holmes, Bt. Lt.-Col. H. G., *C.M.G.*, *C.B.E.* ret. pay *late* York. R. (*temp. Brig.-Gen.*) 3June17
Holmes, Lt.-Col. F H S., ret. pay *late* h.p. 12Dec.92
Holmes, Hon. Surg. Capt. J., Sen. Asst. Surg. ret. Ind. Sub. Med. Dept. (Ben.) (*Rl. Wt.* 12 Mar. 94) 12Mar.94
Holmes, Col. T. J. P., *M.B.*, ret. A. Med. Staff 3Oct.03
Holmes, Hon. Capt. W., Qr.-Mr. ret. pay *late* G. Gds. [R] 28July94
Holmes, Hon. Maj. W., Qr.-Mr. ret. pay *late* K. R. Rif. C. (*Hon. Maj. ret. Terr. Force*) 1Jan.03
Holmes, Hon. Capt. W. N., Qr.-Mr, ret. pay *late* h.p. [R] 4Dec.80
Holmes, Lt.-Col. W. P., ret. pay *late* R. Dub. Fus. 31May03

Non-Effective Officers

Holohan, Hon. Capt. W., Qr.-Mr. ret. pay *late* E. York. R. — 30Nov.91
Holt, Lt. W., ret. pay *late* h.p. — 18Apr.89
Holton, Hon. Capt. W. H., Commy. ret. Ind. Army Dept. — 28Aug.05
Home, Brig.-Gen. A. F., *C.B., C.M.G., D.S.O.*, ret. pay, *late* 11 Hrs. [F] (*Gent. at Arms*) — 30May19
Home, Lt.-Col. G. A. S., *D.S.O.* [F], ret. pay *late* 5 D. G. — 21June19
Home, Capt. W. E., ret. Ind. Army — 8Apr.10
Home-Drummond-Moray, Capt. W. A., ret. pay *late* S. Gds. — 11Apr.85
Homfray, Bt. Lt.-Col of J. R. H., *C.B.E.*, ret R. Mar. Art. — 1Oct.14
Hone, Hon. Capt. H., Qr.-Mr. ret. pay *late* Rif. Brig. (*Hon. Maj., Terr. Force*) (*temp. Capt. in Army*) [R] — 30Aug.92
Honey, Hon. Maj. C. H., Commy. of Ord. ret. pay *late* A. Ord. Dept. — 16Dec.11
Honner, Hon. Maj. H., Qr.-Mr. ret. pay *late* Devon R. — 1Jan.03
Honner, Maj. W. J., ret. pay *late* R.A. (*Lt.-Col. ret. T.F.*) — 7Dec.95
Hood, Maj. C. H., ret. pay *late* E. Kent R. Capt R.A. (*T F.*) (*Dist. Remt. Offr.*) — 11Dec.16
Hood, Lt.-Col. E. F., ret Ind. Army — 21Dec.13
Hood, Lt.-Col. G. A. A., *O.B.E., Visct.*, ret. pay *late* G. Gds., *p.s.c.* [*l*] — 1Apr.19
Hood, Lt -Col. *Hon.* N. A., *C.M.G., D.S.O.*, ret. pay *late* h.p. (*Empld, R.G.A.*), *t.a.* — 26Jan.19
Hood, Col. W. C., ret. pay *late* R. W. Surr. R., *p.s.c.* — 10Sept.89
Hood, Lt.-Col.W.E.C.,ret.pay *late* Bedf. R. — 19Nov.19
Hooke, Col. H. H., ret. pay *late* h.p. — 21July89
Hooper, Maj. R. G., *D.S.O.*, ret. pay *late* 21 Lrs. — 25Aug.09
Hooper, Capt W. H., ret. pay *late* R.A. — 21Aug.19
Hooper, Lieut. Col. *Sir* W. R., *K.C.S.I., K.H.S.*, Lt.-Col. ret. Ind. Med. Serv. — 5Aug.04
Hope, Maj. A. H., ret. pay *late* K.O. Sco. Bord. — 15Dec.85
Hope, Capt. D. A., ret. pay *late* h.p., *l.c.* — 23Mar.16
Hope, Maj. J., ret. pay *late* K.O. Sco. Bord., *s.* — 15Nov.18
Hope, Lt.-Col. *Sir* J. A., *Bt., O.B.E.*, ret. pay *late* K.R. Rif. C. — 28Dec.18
Hope, Col. L. A., *C.B.*, ret. pay *late* Staff (A.S.C.) — 10Oct.00
Hope-Dunbar, Maj. *Sir* C. D., *Bt*, ret. pay *late* R.A. — 16Nov.1
Hopkins, Maj. C. H., ret. pay *late* h.p. R.A.M.C. (*Empld.*) — 28July09
Hopkins, Lt.-Col. C. H. I., ret. pay *late* Sco. Rif. — 2June16
Hopkins, Hon. Maj. E. J., Qr.-Mr. ret. pay *late* R.E. — 23Sept.17
Hopkins, Capt. F., *M.C.* ret. pay *late* R A. — 19Nov.19
C. Hopkins, Hon. Maj. (Milia.) J., Adjt. ret. pay *late* 2 W. York. Mila. — 13May76
Hopkins, Maj. R. B., *O.B E.* [F] ret. pay *late* Manch. R. [F] (*Spec. Appt.*) — 18Sept.15
Hopkins, Maj. T. G., ret. pay *late* Essex R. — 18Oct.02
Hopkinson, Capt. H. C. B., *C.M.G., C.B.E.*, ret. pay *late* Sea. Highrs. [L] [F] — 21Oct.99
Hopton, Bt. Col. J. D., ret. pay *late* Staff — 29Oct.05
Hopwood, Hon. Dep. Surg.-Gen. E. J., Brig.-Surg. ret. A. Med. Staff — 9Sept.85
Hore, Lt.-Col. E. W., *M.B.*, ret. Ind. Med. Serv. — 31Mar.10
Hore, Maj. H. St. G. S., ret. pay *late* R.A.M.C. (*Empld. R.A.M.C.*) — 5Feb.99
Horlick, Lt.-Col. J. N., *C.B.E., M.C.*, ret. pay *late* C. Gds. [F] — 14Feb.20
Hormasji Dadabhai Masani, Surg.-Lt.-Col. ret. Ind. Med. Serv. — 31Mar.97
Hormasji, Eduljee Baratvala, *C.S.I., K.H S.*, Col. ret. Ind. Med. Serv. — 2Apr.14
Hornby, Capt. B. P., *M.C* ret. pay *late* R.A. — 23Mar.10
Hornby, Hon. Maj. C. R., ret. pay *late* E. Lan. R. — 29Dec.82
Horne, Capt. F., ret pay *late* h.p. — 28Feb 20
Hornell, 2nd Lt. J. ret. pay *late* h.p. — 17Oct.15
Horniblow, Col. F., *O.B.*, ret. pay *late* A.S.C. Records — 1Apr.06

Horniblow, Hon. Brig.-Gen. F. H., *C.B.*, ret. pay *late* R.E. — 12Sept.17
ffl.Horniblow, Hon. Lt.-Col. T., ret. pay *late* h.p. — 1July81
Horniblow, Hon. Maj. W. F., Qr.-Mr. ret. pay *late* R. Scots — 5Aug.14
Horniman, Hon. Capt. R., Dep. Commy. ret. Ind. Army Dept. — 1Dec.94
Hornsby-Drake, Hon. Lt.-Col A. W. H., ret. Mad. S.C. — 29Sept 87
Horrocks, Col. *Sir* W. H., *K.C.M.G.,C.B., M.B.*, ret. pay *late* R A.M.C. — 1Mar.18
Horsbrugh, Lt.-Col. A. B., ret. pay *late* S. Staff. R. — 11Feb.95
Hort, Chaplain (1st Class) *Rev.* C. J., ret. pay *late* A Chaplains' Dept. — 18Sept.01
Horton, Hon. Maj. J., Ridg.-Mr. ret. pay *late* 4 D.G. — 21Dec.87
Hosack, Hon. Maj. J., ret. pay *late* W. York. R. — 6Nov.81
Hosford, Capt. D. A., ret. pay *late* h.p. — 8Aug.16
Hosford, Capt. J., ret. pay *late* R Dub Fus — 22June19
Hosie, Lt.-Col. A., *C.M.G., M.D.*, ret. pay *late* R.A.M.C. (*Empld. R.A.M.C.*) — 8July06
Hoskins, Hon. Lt.-Col. R., ret. pay *late* 77 Ft. — 23Mar.81
Hoskyns-Abrahall, Maj. C. H., ret. R. Mar. — 18Sept.10
Hoskyns-Abrahall, Maj. J., ret. R. Mar. — 19Oct.00
Hotham, Hon. Brig.-Gen. J., *C.B.*, ret. pay *late* h.p. R.A. — 10Jan.19
Hottinger, Hon. Surg.-Capt. G. A., Sen. Asst. Surg. ret. Ind. Sub. Med. Dept. (Ben.) (*Rl. Wt.* 12Mar.94) — 12Mar.94
Houghton, 2nd Lt. A. E., ret. pay *late* extra regimentally empld. — 25Aug.17
Houghton, Lt.-Col. E., Ord. Offr. 2nd Class ret. A. Ord. Dept. [F] — 1Apr.96
Houghton, Hon. Maj. E., Qr.-Mr. ret. pay *late* R.A.M.C. — 21May89
Houghton, Maj. E. R., ret. pay *late* W. Rid. R. — 5May15
Houghton, Lt. F. J., ret. pay *late* h.p. — 30Nov.04
Houghton, Maj. W., ret. pay *late* R. Lanc. R. — 4Dec.17
Houison-Craufurd, Lt.-Col. J. A., *C.M.G., C.B.E.*ret.Ind.Army(*District Remt. Offr.*) — 13Aug.16
Houison-Craufurd, Lt.-Col. W. R., ret. pay *late* h.p. — 17Sept.90
Hounsell, Lt. T. H., ret. pay *late* 8 Hrs. — 17Nov 18
House, Capt. W. H., *M.C.*, ret. pay *late* R A. — 7Sept.19
Houston, Maj A., ret. pay, *late* R.F.A. — 9Oct.09
Hovell, Lt.-Col. H. de B., *D.S.O.*, ret. pay *late* Worc. R. — 2Mar.07
How,Lt.-Col. A. P., ret. Ind. Army — 13July14
Howard, Hon. Maj. C., Qr.-Mr. ret. pay *late* N. Staff. R. — 18Oct.02
Howard, Capt. C. A. M., ret. pay *late* S. Staff. R. — 28Sept 01
Howard, Lt. E. ret. pay, *late* York. R. — 30Feb.17
Howard, Maj.-Gen. *Sir* F., *K.C.B., C.M.G.* ret. pay, Col. Comdt. Rif. Brig. [R] — 30Sept.03
Howard, Hon. Capt. F.,Qr.-Mr. ret. pay *late* Ches. R. (*Hon. Maj. Terr. Force*) — 14Apr.93
Howard, Lt.-Col. T., ret. pay *late* R.Ben.E. — 27Feb.87
Howard, Hon. Maj. W., Qr.-Mr. ret. pay *late* Cam'n Highrs. — 1Jan.03
Howard, Chaplain (2nd Class), *Rev.* W. G., *M.A.*, ret. pay *late* A. Chaplains' Dept. — 6Apr.10
Howard-Bury, Lt. C. K., *D.S.O.*, ret. pay *late* K.R. Rif. C. (for Spec. Res.) — 13Feb.08
Howard-Vise, Lt.-Col. C. [F] ret. pay *late* R.G.A., *g.* — 9Aug.17
Howard-Vyse, Bt. Lt.-Col. G. A., ret. pay *late* L'pool R. — 1Jan.19
Howarth, Capt. T., *M.C.*, ret. pay *late* Lan. Fus — 1July17
Howden, Maj. J. D., ret. pay *late* K.R. Rif. C. — 9Sept.84

Howe, Bt. Maj. F. H., ret. pay *late* WelshR. (*Empld.* 3 Bn. Welsh R.) — 22Aug.02
Howe, Maj. R. B. B., ret. Ind. Army. — 8Dec.04

Non-Effective Officers

Howe, Bt. Col. R. C. A., *C.B.E.*, ret. pay *late* York & Lanc. R. (*Lt.-Col.* 3 *Bn. York & Lanc. R.*) — 1 Jan.09
Howe, Maj. W., ret. pay *late* R.A. — 3 Mar.20
Howel-Jones Lt.-Col. W., *C.M.G., D.S.O.*, ret. pay *late* R.G.A. — 30 Oct.14
Howell, Lt.-Col. A. A., ret. Ind. Army — 29 Aug.11
Howell, Hon. Capt. H., Qr.-Mr. ret. pay *late* R. War. R. — 6 May 92
Howell, Hon. Maj. J. H., ret. pay *late* Inspr. of Army Schools (*War Office*) — 12 Jan.12
Howell, Lt. W. A. G, ret. pay *late* h.p. — 1 July 17
Howes, Capt. J, ret. pay *late* h.p. — 22 July 19
Howes, Hon. Capt. W., Dep. Commy. of Ord. ret. A. Ord. Dept. — 1 Apr.00
Howes, Hon. Maj. W., Qr.-Mr. ret. pay *late* Leins. R. — 30 Dec.16
Howey, Maj.-Gen. W., u.s.l. Ind. Army — 1 Apr.94
Howie, 2nd Lt. G. S., *late* R.F.A. (T.F.) ret. pay — 17 Aug.17
Howieson, Lt. J., ret. pay *late* h.p. — 17 Aug.17
Howlett, Col. A., ret. Ind. S.C. — 22 Aug.98
Hoysted, Hon. Brig. Surg. I., *F.R.C.S.I.*, Surg.-Maj. ret. A. Med. Staff — 20 June 87
Hoysted, Lt.-Col. J., ret. A. Med. Staff — 30 Sept.94
Hubbard, Maj. A. E., ret. pay *late* Linc. R. — 6 Oct.04
Huckfield, Lt.-Col. C. T., *D.C.M., M.M.*, *late* R. War. R. — 5 Apr.18
Hudleston, Col. J., ret. Mad. S.C. — 4 Aug.88
Hudson, Lt.-Col. C. T., *C.M.G.*, ret. Ind. Med. Serv. — 30 Mar.09
Hudson, Capt. A. K., ret. Ind. Army — 9 Nov.00
Hudson, Capt. H. F, ret. pay *late* h.p. — 28 May 19
Hudson, Maj. W., ret. Ind. Army — 25 Aug.01
Hugel, Lt.-Col. N. G., ret. pay *late* h.p. — 4 Oct.10
Huggett, Hon. Maj. R., Qr.-Mr. ret. pay *late* R.E. — 1 July 17
Huggins, Maj. M. A. C., ret. R. Mar. — 28 Sept.98
Huggins, Lt.-Col. P. G., *C.B., D.S.O.*, ret. Ind. Army (L) — 19 Apr.02
Hughes, Bt. Col. A. J., *C.M.G.*, ret. pay *late* R.F.A. — 1 Nov.04
Hughes, Maj. A. P., ret. Ind. Army — 16 Jan.18
Hughes, Maj.-Gen. C. F., *C.B.*, u.s.l. Ind. Army [R] — 21 Feb.00
Hughes, Surg.-Col. D. E., *M.D.*, ret. Ind. Med. Serv. — 15 Sept.92
Hughes, Col. E., *C.B., C.M.G.*, ret. pay *late* A.S.C. [R] [F] — 11 Dec.88
hon. 15 June 85
Hughes, Bt. Maj. F. St. J., *M.V.O., O.B.E.*, ret. pay, *late* S. Wales Bord. (*Capt. ret. Mtia.*) [F] — 1 Jan.16
Hughes, Col. G. A., *D.S.O., M.B.*, ret. pay *late* R.A.M.C. — 25 Mar.04
Hughes, Hon. Capt. J. B., Inspr. of Army Schools, ret. pay — 1 Apr.13
Hughes, Maj. J. E., ret Ind. Army — 3 Sept.10
Hughes, Lt.-Col. R. G. H., ret. pay *late* Oxf. L.I. (*D.C.O.*) — 28 Sept.04
Hug es, Col. W. G., ret. Mad. S.C. — 12 June 88
Hughes Hallett, Col. J. W., *C.B., D.S.O., C.V.O.*, ret. pay *late* R.A. — 29 Nov.00
Hulbert, Lt.-Col. J. G., *M.B.*, ret. Ind. Med. Serv. — 27 July 12
Huleatt, Hon. Brig.-Gen. H., ret. pay *late* R.E. [L] [F] — 1 Dec.17
Hulke, Hon. Brig.-Gen. W. B., *D.S.O.*, ret. pay *late* Linc. R. — 18 Apr.19
Hulse, Bt. Maj. H. H., ret. pay *late* 5 Lrs., s. — 3 June 17
Hulton Bt. Col. F. C. L., *C.B.*, ret. pay *late* 1 D.G. [F] — 3 June 16
Hume, Hon. Brig.-Gen. J. J. F., *C.B.E.*, ret. pay, *late* h.p. — 28 Aug.16
Hume, Lt.-Col. W. F., ret. Ind. Army — 8 June 87
Humphrey, Hon. Maj. J. W., Qr.-Mr. ret. pay *late* Cav. Depôt — 1 Jan 03
Humphreys, Maj. A. S., *D.S.O.*, ret. pay, *late* h.p. — 30 Oct.14
Humphreys, Hon. Brig.-Gen. G., *C.B., C.M.G., D.S.O.*, ret. pay *late* R.A. [F] — 11 May 19
Humphreys, Hon. Capt. T. *M.B.E.*, Qr.-Mr. ret. pay *late* 6 Dns. — 18 Oct.02

Humphrys, Hon. Brig.-Gen. C V., *C.B.E.*, ret. pay *late* h.p. — 30 Apr.19
Humphrys, Maj. M. A., ret. pay *late* N. Lan. R. — 22 Nov.02
Hungerford, Hon. Lt.-Col. T. E., ret R. Mar. — 21 Jan.94
Hunt, Capt. C. H., ret. pay *late* Leic. R. — 19 Nov.86
Hunt, Capt. E. L., ret. pay *late* R.E. — 31 Aug.97
Hunt, Bt. Col. G. M. V., *C.B.E.*, ret. pay *late* A.S.C. — 10 Feb.07
Hunt, Hon. Maj. J., Qr.-Mr. ret. pay *late* R.A.M.C. — 18 Oct.02
Hunt, Col. J. L., ret. pay *late* h.p. — 6 Jan.94
Hunt, Col. J. M., ret. pay *late* Regtl. Dist. [F] — 3 Apr.01
Hunt, Maj.-Gen. R. A. C., u.s.l. Ind. Army — 6 Feb.91
Hunt, Capt. T. C., ret. pay *late* R. Lanc. R. — 25 Nov.90
Hunt, Maj. V. E., ret. pay *late* Yorks. L.I. — 5 July 97
Hunter, Lt.-Col. C. B., ret. Ind. Med. Serv. — 31 Mar.99
Hunter, Maj. C. S., *D.S.O., O.B.E.*, ret. pay *late* R.G.A. — 8 June 17
Hunter, Bt. Col. F. C. K., ret. pay *late* h.n. — 9 June 08
Hunter, Hon. Maj.-Gen. G. D., *C.B., C.M.G., D.S.O.*, ret. pay *late* R.A.M.C. (*Dir. of Med. Serv.*) — 12 May 18
Hunter, Lt.-Col. G. Y. C., ret. Ind. Med. Serv. — 17 Nov.13
Hunter, Surg.-Maj. J. ret. Ind. Med. Serv. — 31 Mar.88
Hunter, Hon. Lt. J., Asst. Commy. of Ord. ret. A. Ord. Dept. — 4 Jan.95
Hunter, Maj. J. C., Commy. ret. Ind. Army Dept. — 1 July 17
Hunter, Maj.-Gen. J. G., *C.B.*, ret. Ind. Army — 30 Aug.16
Hunter, Lt.-Col. J. M., *CS.I.*, u.s.l. Ind. Army — 12 Apr.90
Hunter, Lt. M. R., ret. Ind. S.C. — 29 Aug.85
Hunter, Maj.-Gen. W. A., ret. *p.a.c.*, Col. Comdt. R.A. — 20 Nov.98
Hunter, Lt. W. A., ret. pay *late* Yorks. L.I. — 30 Mar.18
Hunter, Lt.-Col. W. C., ret. pay *late* Oxf. & Bucks L.I. [L] — 23 Sept.18
Hunter-Blair, Maj. R. S., *M B E.*, ret. pay *late* Gord Highrs. — 7 Jan.00
Hunter-Blair, Maj.-Gen. W. C., *C.B., C.M.G.*, ret. pay *late* R A. [F] — 22 Apr.14
Hunter-Gray, Hon. Mai.G.T., ret. Ind. Army (*temp. Maj. Serv. Bns. Lan. Fus.*) — 26 Sept.18
Hunter-Jones, Capt. L., ret. pay *late* h p. — 22 Feb.13
Huntley, Lt.-Col. H. C., ret. pay *late* Linc. R. — 17 Feb.92
Huntsman, Col. H. de C., Staff Paymr. (ret pay) *late* A.P. Dept. — 11 Dec.16
Hurst, Lt. E. K., ret. pay *late* h.p. — 21 July 18
Husey, Maj. E. E., ret. pay *late* Ches. R. — 11 Feb 02
Huskie, Capt. A, E, ret. pay *late* h.p. — 1 Jan.17
Haskisson, Lt. P. W., ret. pay *late* n.p. — 12 Apr.04
Huskisson, Hon. Maj.-Gen. W., *C.M.G.*, ret. pay, *late* R.E. — 24 Nov.17
Hussey, Hon. Brig.-Gen. A. H., *C.B., C.M.G.* [F], ret. pay *late* R.A. — 17 Dec.19
Hussey, Col. C. E., ret. pay *late* Regtl. Dist. — 29 Aug.93
Hussey, Maj. W. C., ret. pay *late* R.E. (*Bailiff, Royal Parks*) — 14 Mar.96
Hutcheson, Col. G., *M.D.*, ret. Ind. Med. Serv. — 1 Oct.97
Hutchings, Hon. Maj. W., Dep. Commy. of Ord. ret. A. Ord. Dept. — 1 July 17
Hatchins Col. A. G., u.s.l. Ind. Army — 28 Nov.88
Hutchins, Hon. Capt. E. E., Commy. ret. Ind. Army Dept. — 1 July 02
Hutchins, Hon. Lt.-Col. F. A., ret. pay *late* 4 Hrs. — 1 July 81
Hutchins, Bt. Col. H. L., ret. Ind. Army — 10 Sept.04
Hutchins, Lt.-Col. C. H., ret. pay *late* R.F.A. (*Empld. R.H.A.*) — 5 May 08
Hutchinson, Capt. E. F., ret. pay *late* R. Lanc. R. (for Spec. Res.) (*Maj.* 3 *Bn. Suff. R.*) — 5 Apr.04
Hutchinson, Col. F. P., *C.B.*, ret. Ind. Army [L] — 1 May 07
Hutchinson, Lt.-Col. F. P., *C.M.G., D.S.C.*, ret. pay *late* R.G.A., *g*. — 25 July 15
Hutchinson, Hon. Capt. G. H., Qr.-Mr. ret. pay *late* R.F.A. — 7 Apr 15
Hutchinson, Maj. G. S. M., ret. Ind. Army — 18 Jan.17

Non-Effective Officers

Hutchinson, Lt.-Gen. H. D., *C.S.I.*, ret. Ind. Army [R] 1June07
Hutchinson, Lt.-Col. J. B., *C.S.I.*, u.s.l. Ind. Army 17July89
Hutchinson, Lt.-Col. J. W. C., ret. Ind. Army 24Apr.05
Hutchinson, Hon. Capt. N., Asst. Commy. ret. Ind. Army Dept. 17May84
Hutchinson, Maj. W. A., ret. pay *late* R. Muns. Fus. 23July13
Hutchison, Capt. W. E., ret. pay *late* C. Gds. 2Jan.20
Hutchison, Capt. C. K., ret. pay *late* C. Gds. (for Spec. Res.) (*Capt. 3 Bn. R. Scots*) 22Jan.07
Hutchison, Lt.-Col. H. McL., ret. pay *late* h.p. 21June87
Huth, Lt. G. E., ret. pay *late* C. Gds. (for Spec. Res.) (*Maj. 4 Bn. E. Surr. R.*) 9Apr.03
Huth, Maj P. C., *D.S.O.*, ret ray *late* h p. 23Apr.17
Hutton, Capt. B., *M.C.*, ret. pay *late* Bord. R. 1Jan.17
Hutton, Maj. C. M., ret. pay *late* Lan. Fus., *p.s.c.* 27July92
Hutton, Lt.-Gen. *Sir* E.T.H., *K.C.B., K.C.M.G.*, ret. pay, Col. Comdt. K.R. Rif. C.,*p.s.c.* [R] [F] (*Hon. Col. 6 Bn. K. R. Rif. C.*) 7Nov.07
Hutton, Maj. G. F., *D.S.O.*, ret. pay *late* R.W. Fus. 26Aug.18
Hutton, Capt. T., *M.C.*, ret. pay *late* W. Rid. R. 29Nov 19
Huysbe, Lt.-Col. D. F., ret. pay *late* R. (Ben.) A. 1Jan.89
Hyatt, Lt. W. E., ret pay *late* R.A. 1July17
Hyde, Hon. Capt. C., Qr.-Mr. ret. pay *late* W. Rid. R. 19Sept.18
Hyde, Hon. Capt. W., *Sen. Asst. Surg.* ret. Ind. Sub. Med. Dept. (Ben.) 5Sept.98
Hyde Thomson, 2nd Lt. R. H., *late* 5 Bn. Rif. Brig. 18May15
Hynds, Hon. Lt. J., Asst. Commy. ret. Ind. Army Dept. 10Aug.06
Hynes, Maj. G., Sen. Asst. Surg. ret. Ind. Med Serv. 2Apr.18
Hynes, Maj. H. G. C., ret Ind. Army 26Mar.18
Hyslop, Col. K. M., ret. pay *late* Staff (R.E.) 7July98
Hyson, Capt. G. E., *M.C.*, Qr.-Mr. ret. pay *late* E. Surr. R. 18Dec.17

Ibbetson, Maj. C. O., ret. pay *late* Lan. Fus. 1Sept.15
Iggulden, Hon. Brig.-Gen. H. A., *C.S.I.*, (ret. pay) 27 Nov.18
Iles, Maj. F. W., ret. Ind. Army 5Aug 14
Iles, Lt.-Col. H. W., *D.S.O.*, ret. pay *late* R.G.A., *g.* 21Mar.13
Imbusch, Hon. Maj. H., Qr.-Mr. ret. pay *late* R. Suss. R. 29Oct.84
Impey, Lt.-Col. L., *C.S.I., C.I.E.*, ret Ind. A. 10Mar.09
Imrie, Hon. Capt. W. L., Inspr. of Ord. Machinery ret. A. Ord. Dept. 1Nov.97
Inder, Maj. (Dist. Offr.) J., ret. pay *late* R.A. (*Record Office*) 29Aug.09
Ingilby, Bt. Lt.-Col. *Sir* W. H., *Bt*, ret. pay *late* S. Gds. 3June17
Inglefield, Maj.-Gen. F. S., *C.B.; D.S.O.*, ret. pay,*p.s.c* [L] 7Mar.12
Inglis, Lt. Col. A. G., Staff Paymr. ret pay *late* A. Pay Dept. 22June06
Inglis, Bt. Col. B. A., *C.M.G.*, ret. pay *late* h.p. (R.A.), *g.* 9Oct.07
Inglis, Lt. H. W., ret. pay *late* Bedf. R. (for Spec. Res.) 23Jan.05
Inglis, Maj. J. F., ret. pay *late* Wilts. R. 19Mar.90
Ingpen, Lt. W. F., ret. pay *late* h.p. R.A. 1Apr.02
Ingram, Lt. E. J., ret. pay *late* h.p. 1Feb.17
Ingram. Lt.-Col. J. O'D., *C.B.E., D.S.O.*, ret. pay *late* h.p. 12Feb.20

Ingram, Hon. Col. M. J. T., Commy. Gen. of Ord. ret. O.S. Dept. [R] 23Dec.87
Inman, Col. A. W. P., *M.B.*, ret. pay *late* h.p. 22July05
C. M. Innes, Hon. Dep. Surg.-Gen. C. A., *M.D.*, Brig. Surg. ret. Med. Dept. 14Sept.81
Innes, Lt.-Col. H. M., ret. pay *late* R.G.A. [L] 2June19
Inniss, Col. B. J., ret. pay, *late* R.A.M.C. 1Mar.15
M Iredell, Lt.-Gen. F. S., u.s.l. Ind. Army 1Jan.93
Iredell, Maj. J. S., ret pay *late* h.p. 30Oct.14
Iredell, Lt. S. M. L., ret. pay *late* R. Muns. Fus. (for Spec. Res.) (*Maj. 6 Bn. Midd'x R.*) 1Jan.08
Irvine, Capt.C.A.L.,*O.B.E.*,ret. pay *late* h.p 10Nov.08
Irvine, Lt.-Col. D. L., ret. pay *late* R.A.M.C. 31July00
Irvine, Hon. Col. G B., *C.B.*, ret. Ind. Med. Serv. 12Oct 18
Irvine, Hon. Maj. T. T., ret. pay *late* Essex R. 1July81
Irvine, 2nd Lt. W. B., ret. pay *late* Cam'n Highrs. 18Aug.18
Irving, Dep. Comm. J. B., ret. Commy. and Trans. Dept. (*Hon. Col. ret. Mila.*) 27Oct.77
Irving, Lt.-Col. L. A., ret. A. Med. Staff 1Apr.91
Irwin, Hon. Lt.-Col. De la C. T., *C.M.G.*, ret. pay *late* R. A. 9Sept.82
Irwin, Bt. Col. H. E., ret. pay *late* h.p. 5Feb.04
Irwin, Hon. Maj.-Gen. *Sir* J M., *K.C.M.G., C.B., M.B.*, ret. pay, *late* R.A.M.C. 3June19
Irwin, Lt. J. S., ret. pay *late* Glouc. R. 4Sept.17
Irwin, Hon. Capt. W., *B.A.*, Inspr. of Army Schools ret. pay 26June00
Irwin, Bt. Col. W J., ret. pay *late* h.p. [F] 9Sept.99
Isaacson, Staff Nurse *Miss* D. C., ret. pay *late* Q.A.I.M.N.S. 1Sept.16
Isaacson, Col. H. de S., ret. pay *late* Staff (R. A.) 1July88
Isaacson, Maj. J. de S., ret. pay *late* R. Scots (*Empld.*) 1July81
Isacke, Capt. R., ret. pay *late* W. York R. (*Maj. 3 Bn. W. York R.*) 7Mar.02
Ivatts, Bt. Col. G. A., ret. pay *late* Linc. R. 6Oct.07
Ivens, M-j. n. V. C., ret. Ind. Army 1Sept.15
Ives, Capt. F. H., ret. pay *late* R. Fus. 23Feb.78
Ivey, Lt. W. W., ret. pay, *late* R.G.A. 1July17

Jack, Col. H. R. H., *C.M.G., C.B.E.*, ret. pay *late* h.p. 7May09
Jackson, Lt.-Col. A. C., ret. pay *late* h.p. (*Mil. Knt of Windsor*) 19Aug.95
Jackson, Bt. Col. A. W. F., ret. pay *late* h.p. 6Apr.06
Jackson, Maj. C., ret. Ind. S.C. 11Aug.00
Jackson, Lt.-Col. E. C. S., ret. Ind. Army 10Sept.86
Jackson, Maj. E. S., ret. pay *late* 6 Dns. 2Aug.02
Jackson, Lt.-Col. E. S., *C.M.G., D.S.O.*, ret. pay *late* h.p. [F] 11Feb.19
Jackson, Maj. F. B., ret. pay *late* R.A. 27Feb.96
Jackson, Col F.G., ret. pay *late* Regtl. Dist. 25Aug.88
Jackson, Lt. F. W. F., *D.S.O.*, ret. pay *late* R.G.A. (for Spec. Res.) (*Maj. R.F.A. Spec. Res.*) 3Apr.01
Jackson, Maj.-Gen. G. D'A., ret. Ind. Army 24Nov.98
Jackson, Bt. Col. H. M., ret. pay *late* R.E., *l.c.* 14Apr.05
Jackson, Lt. H. N., ret. pay *late* R.W. Fus. (for Spec. Res.)(*Capt. R.F.A. Spec. Res.*) 30July04
Jackson, Bt. Col. H. W., *K.B.E. C.B.*, ret. pay, [F], e.s. (*Empld. Egyptian Army*) 14Mar.00
Jackson, Lt.-Col. J., ret. Ind. Army 1June04
Jackson, Maj. L. A., ret. pay *late* h.p. 1Sept.15
Jackson, Hon. Maj.-Gen. *Sir* L. C., *K.B.E., C.B., C.M.G.*, ret. pay *late* Chief Eng Lond. Dist. 26Nov 18
Jackson, Hon. Brig.-Gen. L. D., *C.B.E.*, ret. pay, *late* R.A. 1Dec.19

Non-Effective Officers

Jackson, Bt. Col. M. B. G., ret. pay *late R.G.A.* [F] — 15Feb.07
Jackson, Lt.-Col. R. P., ret. Ind. Army — 15Mar.09
C. R. Jackson, Hon. Dep. Surg.-Gen. *Sir R. W., Knt., C.B.,* Brig.-Surg. ret. Med. Dept. [F] — 16Dec.82
Jackson, Maj. R. W. H., *M.D.,* ret. pay, *late R.A.M.C* [I] *(Empld.)* — 29July02
Jackson, Maj. S., ret. pay *late N. Lan. R. (Lt.-Col. & Hon. Col. ret. Terr. Force) (Hon. Col. 5 Bn. Bedf. & Herts. R.)* — 10May89
Jackson, Hon. Capt. S. G., Sen. Asst. Surg. ret. Ind. Sub. Med. Dept. — 20Nov.07
Jackson, Hon. Brig.-Gen. *Sir T. D., Bt., M.V.O., D.S.O.,* ret. pay *late R. Lanc. R.* — 6Nov.19
Jackson, Bt. Lt.-Col. V. A., *D.S.O.,* ret. pay *late York & Lanc. R., p.s.c.* — 1Jan.19
Jackson, Surg.-Maj. W., ret. Ind. Med. Serv. — 1Apr.80
Jackson, Asst. Paymr. & Hon. Lt. W., ret. pay, *late* h.p. A. P. Dept. — 25Apr.16
Jackson-Jellie, Hon. Capt. R., Dep. Commy. ret. Ind. Army Dept. — 28June05
Jacob, Maj. A. O., ret. pay *late* 20 Hrs. (*Record Office.*) — 1June02
Jacob, Maj. W. S., ret. Ind. Army — 8Dec.04
Jacobs, Capt. A., ret. pay *late* 17 Lrs. — 7Feb.20
Jacobs, Lt. E. J., ret. pay *late* Yor a s L I. — 28Feb.19
Jacobs, Hon. Maj. J. J., Qr.-Mr. ret. pay *late R.E.* — 1July17
Jacomb, Hon. Lt. T. J., Qr.-Mr. ret. pay *late R.A.M.C.* — 2June00
Jacques, Capt. A., ret. pay *late* 1 D.G. — 29Feb.20
Jacques, Lt. J., ret. pay *late* h.p. — 1July17
Jaffray, Lt. *Sir* W. E., *Bt.,* ret. pay, *late* h.p. — 1July17
Jagoe, Hon. Brig.-Surg. H., *M.B.,* ret. A. Med. Staff — 26Oct.87
James, Bt. Col. B. R., ret. pay *late R. War. R., p.s.c.* [F] [L] — 8June16
James, Hon. Brig.-Gen. C. H. L., *C.B, C.M.G.,* [F] ret. pay — 1July19
James, Capt. F. P., ret. Ind. Army — 10July01
James, Col. H., *C.B.,* ret. Ind. Army — 11May07
James, Maj. H. O., ret. pay *late* R.A.M.C. — 31Jan.97
James, Maj. H. D. McG., *M.C.,* ret. pay *late* York. R. — 8Mar.20
James, Lt.-Col. H. E. R., *C.B., C.M.G., O B.E., F.R.C.S.,* ret. pay *late* R.A.M.C. *(Empld. R.A.M.C.)* — 4Feb.02
James, Lt.-Col. H. L., *C.B.,* ret. pay *late* Manch. R. — 7Sept.15
James, Maj. J. E., ret. pay *late* R.F.A. *(Empld. R.F.A.)* — 13Feb.06
James, Lt.-Col. M., ret. Ind. Army — 11Jan.93
James, Maj. M. G., ret. Ind. Army — 14Sept.05
James, Lt. O. M., *M.C.,* ret. pay *late* h.p. — 19June17
James, Lt.-Col. R. *M.B.,* ret. Ind. Med. Serv. — 31Mar.99
James, 2nd Lt. R. E. ret. pay *ate* h.p. (14 Hrs.) — 1May18
James, Bt. Lt.-Col. R. E. H., *C M G, C.B.E., D.S.O.,* re-. pay *late* N. Lan. R., *p.s c,* — 3June15
James, Maj. S. A., ret. pay *late* Glouc. R. *(Hon. Lt.-Col. Mila.)* — 5Dec.00
James, Lt.-Col. W. M., ret. A. Med. Staff — 30Sept.95
James, Col. W. R. W., *C.M.G.,* ret. pay *late* h.p., *g.* — 6June12
James, Lt.-Col. W. W., ret. pay *late* h.p. — 8Oct.90
Jameson, Lt.-Col. J. B., *C.I.E., M.B.,* ret. Ind. Med. Serv. — 31Mar.10
Jameson, Lt.-Col. J. C., *M.B.,* ret. pay *late* R.A.M.C. — 21Dec 13
Jameson, Hon. Brig.-Gen. S. B., ret. pay *late* h.p. [F] — 11Apr.17
Jamieson, Bt. Col. A. W., ret. Ind. Army [L] — 9Nov.96
Jamshed, Kharshedji Kanga, Lt.-Col., ret. Ind. Med. Serv. — 2Apr.01
Jane, Capt. R. J., *M.C.,* ret. pay *late* R.A. — 18Mar.20
Janion, Lt. A. P., ret. pay *late* h.p. — 20Jan.16
Jardine, Hon. Brig.-Gen. J.B., *C.M.G., D.S.O.,* [e], ret. pay *late* 5 Lrs. — 30July19
Jarvis, Bt. Maj. C. F., *O.B.E.,* ret.pay *late* York R. (for Spec. Res.) *(Capt. 3 Bn. Linc. R.)* — 1Jan.18
Jarvis, Lt. H., ret. pay *late* h.p. — 15Feb.18
Jarvis, Maj. S., Ridg.-Mr. ret. pay *late* R. F. A. — 8Nov.19
Jay, 2nd Lt. W., ret, pay, *late* h.p. — 13June15
Jeans, Capt. S. R., ret. pay (*temp.*) *late* Wilts R. — 2Feb.15
Jebb Col. J. H. M., *D.S.O.,* ret. pay *late* Manch. R, — 29Apr.19

Jeffcoat, Maj. F. H. H., ret. Ind. Army — 16Nov.05
Jeffcoat, Hon. Dep. Surg.-Gen. J. H., Brig. Surg. ret. A. Med. Staff — 30May85
Jefferson,Capt. J., *D.C.M.*,ret. pay *late* Gord. Highrs. — 23Jan.20
Jeffreys, Col. A. G., ret. pay *late* h.p — 2June18
Jaffreys, Bt. Col. E. V., ret. pay *late* R.E. — 24Jan.08
Jeffreys, Maj. Gen. H. B., *C.B., C.M.G.,* ret. pay *late* R. A., *p.s.c.* [R] — 26Dec.07
Jeffreys, Hon. Brig.-Gen. P. D., *C.B., O.B E.* ret. pay, *late* h.p.. *p.s.c.* [R] — 10Feb.12
Jeffreys, Capt. W. J. L.,ret. pay *late* Essex R. (*temp. Maj. Serv. Bns. Welsh R.*) — 14Oct.97
Jekyll, Col. *Sir* H., *K.C.M.G., late* h.p. R.E. — 1Oct.16
Jellett, Bt. Col. J. H., ret. pay *late* R.F.A., *g.* — 8June07
Jellicoe, Chapln. (2nd Class) *Rev.* F. J. N., ret. pay *late* A. Chaplains' Dept. — 25Mar.11
Jellicorse, Maj. A., *O.B.E.,* ret. pay *late* R. Suss. R. — 12Aug.08
Jencken, Maj.-Gen. F. J., *C.B., M.B.,* ret. pay *late* A. Med. Serv. — 1Mar.15
Jenings, Hon. Brig.-Surg. U. A., *M.D.,* Lt.-Col. ret. A. Med. Staff — 21Apr.86
Jenkins, Col. A. E., ret. pay *late* h.p — 19Apr 06
Jenkins, Lt. Col. F., *C.M.G.,* ret. pay *late* extra regimentally empld. — 3June19
Jenkins, Capt. S. R., *M.C.,* ret. pay *late* R.E. — 3Feb.20
Jenner, Lt.-Col. A. V., *C.M.G., D.S.O.,* ret. pay *late* Rif. Brig. — 26June02
Jenner, Lt -Col. L. C. D., *C.M.G., D.S.O.* [F], ret. pay *late* K.R. Rif. C. — 13Apr.19
Jenner, Lt.-Col. *Sir* W. K. W., *Bt., D.S.O.,* ret. pay *late* 9 Lrs., *p.s.c.* — 5Dec.16
Jenney, Col. A. O., *C.B.E.,* ret. pay *late* Sco. Rif. — 10Oct.19
Jenney, Lt.-Col. G.W., *M.B.,* ret. Ind. Med. Serv. — 30Mar09
Jennings, Lt.-Col. C. B., ret. A. Med. Staff — 31Mar.88
Jennings, Hon. Brig.-Gen. H. A. K., *C.I E.,* ret. Ind. Pens. *late* R.A., *f.* — 17Dec.19
Jennings, Maj. J. W., *D.S.O.,* ret. pay *late* R.A.M.C. [E] (*Empld. R.A.M.C.*) — 31Jan.08
Jennings, Col. R., *C.B.E., M.D.,* ret. pay *late* h.p. (R.A.M.C.) — 31Dec.08
Jennings, Gen. *Sir* R. M., *K.C.B.,* u.s.l. Ind. Army [F — 28Jan.05
Jennings, Lt. R. W., ret. pay *late* R. Fus. — 16Feb.18
Jennings-Bramly, Lt -Col. A. W., *D.S.O.,* ret. pay *late* h.p. [F] (*Spec. Empld.*) — 9Sept.14
Jennings-Bramly, Lt.-Col. H., ret. pay *late* R. Highrs., *p.s.c.* — 18May16
Jenour, Hon Brig.-Gen. A. S., *C.B., C.M.G., D.S.O.,* ret. pay *late* h.p., *g.* — 25Mar.20
Jepson, Hon. Capt. C. W., Qr.-Mr. ret. pay *late* R. Lanc. R. — 1July11
Jepson, Hon. Lt. H., Asst. Commy. ret. Ind. Army Dept. (*Rl. Wt.* 29 *Nov.* 97) — 10Feb.94
Jermyn, Col. T., ret. Ind. Army — 11June07
Jerome, Lt. G K, ret. pay *l*... e Rif. Brig. — 24Oct.15
Jerome, Bt. Col. H. J. W., *C.B., C.M.G.,* ret. pay *late* h.p. R.E. — 13Feb.04
Jerram, Hon. Capt. H., Inspr. of Army Schools ret. pay — 20Feb.01
Jerrard, Col. F. B. J., ret. pay *late* Staff — 25May04
Jerrard, Matron *Miss* I J., *R.R.C.,* ret. pay *late* Q.A.I.M.N.S. — 17Feb.03
Jervis, Lt. E C., *M C,* ret. pay *late* extra regimentally empld. — 16July17
Jervis, Surg.Lt.-Col. H. P., ret. Ind. Med. Serv. 10Oct.97
Jervis, Lt.-Col. *Hon.* St. L. H., *D.S.O.,* ret. pay *late* K.R. Rif. C. (*Hon. Lt.-Col. Spec. Res.*) — 10Apr.16
Jervis, Bt. Col. W. N., ret. pay *late* R.A. — 1Jan.98
R. Jervis, Hon. Col. W. S., ret. pay *late* h.p. (*Hon. Lt.-Col. Vols.*) — 15Oct.81
Jervis-Smith, Maj. E. J. ret pay *late* h.p. — 5June15
Jervis-White-Jervis, Lt.-Col. *Sir* J. H., *Bt.,* ret. pay *late* R.F.A. (*Empld. R.A.*) — 1Jan.18
Jervois, Maj. G. E., ret. pay *late* R.G.A. — 29Sept.04
Jervois, Lt.-Col. H.N. ret. pay *late* h.p. R.A. — 15Nov.95
Jervoise, Col. J. P. E., ret. pay *late* h.p. — 5Aug.89
Jessep, Bt. Lt.-Col. L. H., ret. pay *late* h.p. R.E. (*Ord. Su vey* 25 *Feb.* 15) — 17July01
Jeudwine, Maj R. W. R., ret pay *late* h.p. — 13May15
Jevons, Maj. J. H., ret. pay *late* Glouc. R. — 15Jan.20
Jocelyn, Col. J. R. J., *C.B.,* ret. pay *late* Staff (R.A.), *p.s.c., p.q.c.* — 1Apr.98
Jogesh Chandra Dey, *M.B.,* Capt. Ind. Med. Serv. — 29Jan.15

Non-Effective Officers

Johns, 2nd Lt. H. H., ret. pay (*temp.*) *ate* 3 Bn. Bord. R. 20Apr.15
Johnson, Maj. A. G., ret. pay *late* R.F.A. 6Oct.99
Johnson, Capt. C., rat. pay *late* h.p. 17Jan.19
Johnson, Maj. C. A. K., ret. Ind. Army 21Sept.07
Johnson, Col. C. E., ret. Ind. Army 14June07
Johnson, Lt.-Col. C. W., *M.B.*, ret. pay *late* R.A.M.C. 31Jan.05
Johnson, Capt. E., ret. pay *late* Sco. Rif. 16Nov.91
Johnson, Brig. Surg.-Lt.-Col. E. R., ret. Ind. Med. Serv.
Johnson, Maj. F. C. O., ret. R. Mar. 1Oct.93
Johnson, Hon. Maj.-Gen. F. E., *C.M.G., C.S.I., D.S.O.*, ret. pay *late* R.A. 25Mar.95
Johnson, Hon. Maj.-Gen. F. F., *C.B., C.B.E.*, ret. pay *late* n.p. A.S.C. [R] [F] (*t.a.*) 26Nov.18
Johnson, Maj. F. S. B., *D.S.O.*, ret. pay *late* R. Lanc R. 3June17
Johnson, Hon. Capt. G. H., Dep. Commy. ret. Ind. Army Dept. 28Nov.07
Johnson Lt.-Col. G. W., ret. Ind. Army 1Oct.94
Johnson, Lt.-Col. H., Qr.-Mr. ret. A. Med. Staff 14Sept.13
Johnson, Hon. Brig.-Gen. Sir H. A. W., *Bt., C.B.*, ret. pay *late* h.p., *p.s.c.* 3June19
Johnson, Capt. H. E., ret. pay *late* R.E. 1Apr.18
Johnson, Capt. H. H., *M.C.*, ret. pay *late* E. Lan. R. 24Mar.18
Johnson, Capt. L. W., ret. pay *late* R.War.R. 14Feb.20
Johnson, Hon. Maj. R., Sen. Asst. Surg. ret. Ind. Sub. Med. Dept. 8Sept.09
Johnson, Hon. Brig.-Gen. R. F., *C.B., C.M.G., C.B.E.*, ret. pay *late* Staff (R.A.), *p.s.c.* 20July98
Johnson, Lt.-Col. R. I. B., *D.S.O.*, ret. pay *late* R. W. Fus. 10Feb 12
Johnson, Hon. Lt. T. H., Qr.-Mr. ret. pay *late* R. Lanc. R. 26Nov.18
Johnson, Hon. Lt.-Col W. J., Qr.-Mr. ret. pay *late* A.S.C. 20Apr.04
Johnston Hon. Maj. A., Qr.-Mr. ret. pay *late* A.S.C. 1Jan.18
Johnston Lt. A. G. D., ret. pay *late* K.O. Sco. Bord. 18Oct.02
Johnston, Lt.-Col. B. C., *O.B.E.*, ret. pay *late* R.E. 16Feb.18
Johnston, Capt. C. J. T., ret. pay *late* R.A. 1Aug.19
Johnston, Col. *Sir* D. A., *K.C.M.G., C.B.*, ret. pay *late* Dir.-Gen. Ord. Survey (R.E.) 18Mar.20
Johnston, Col. D. G., ret. pay *late* h.p. 12Mar.96
Johnston, 2nd Lt. E. A., ret. Ind. Army 26Mar.95
Johnston, Lt.-Col. G. H., ret. pay *late* E. York. R. 21Dec.17
Johnston, Col. H. H., *C.B., C.B.E., M.D.*, ret. pay *formerly* R.A.M.C. 18Oct.02
Johnston, Col. H. M., ret. Ind. Army 16Feb.11
Johnston, Maj.-Gen. J. T., *C.B.*, ret. pay *late* R.A., *p.s.c., g,* [L] 5Oct.17
Johnston, Lt.-Col. J. T., ret. pay *late* R.E. 19May13
Johnston, Col. O. M., *C.B.E.*, Chief Paymr. ret. A.P. Dept. 9Apr.96
Johnston, Bt. Col. P. H., *C.M.G.*, *M.D.*, ret. pay *late* R.A.M.C. 13Sept.99
Johnston, Hon. Capt. R., Qr.-Mr., ret. pay *late* R. Ir. Fus. 1Jan.18
Johnston, Bt. Lt.-Col. S. C., ret. pay *late* K.O. Sco. Bord. (Empld. 3 Bn. K.O Sco. Bord.) 21Oct.01
Johnstone, Hon. Brig.-Gen. T. K. E., *C.B.*, ret. pay *late* Staff (R.A.) 3June19
Johnstone, Lt.-Col. W. T., *M.D.*, ret. pay *late* R.A.M.C. 8Dec.18
Johnstone, Capt. A. M. D., ret. R. Mar. L.I. 5Aug.97
Johnstone, Maj. B. A., *O.B.E.*, ret. Ind. Army (Empld. 1 Garr. Bn. S. Staff. R.) 20Aug.06
Johnstone, Maj. C. D., ret. pay *late* Comdt. Detention Barracks 23Apr.01
Johnstone, Hon. Brig.-Gen. F. B., *D.S.O.*, ret. pay *late* h.p. 14Dec.96
Johnstone, Maj. H. C., ret. pay *late* Som. L.I. 21Aug.19
Johnstone, Capt. H. M., ret. pay *late* R.E. 21Apr.06
Johnstone, Lt.-Col. J., ret. pay *late* h.p., *p.s.c.* [F] 25Jan.88
Johnstone, Hon. Capt. J., Sen. Asst. Surg. ret. Ind. Sub. Med. Dept. 16Mar.92
ft. Johnstone, Col. J. W. H., ret. Ben. S.C. 8Dec.05
20Dec.82

Johnstone, Lt.-Col. M. G., *D.S.O.*, ret. pay *late* 2 Dns. (*Hon. Col.* 3 Bn. Yorks. L.I.) (*Hon. Col. Mila.*) 3Apr.02
Johnstone, Capt.R., ret. pay *late* K.R.Rlf.C. (*Maj.* 5 Bn. K. R. Rif. C.) 18Sept.01
Johnstone, Maj. R. Fitz R. M., ret. Ind. S.C. (*Hon. Lt.-Col. ret. Mila.*), s. 11May98
ft. Johnstone, Hon. Lt.-Col. S. H. N., ret. pay *late* 20 Ft. 9June80
Johnstone-Saint, Capt. P., ret. Ind. Army 18Sept.15
Joicey, Bt Lt. Col. *Hon.* H. E., *D.S.O. late* 14 Hrs. 3June18
Jolley, Lt.-Col. T., Qr.-Mr. ret R.M.L I. 17Oct.19
Jolliffe, Maj. B. G., ret. pay *late* S. Gds. 19Nov.19
Jolliffe, Lt. R. L., ret. pay *late* R.H. Gds. 12Mar.16
Joly de Lotbinière, Hon. Maj.-Gen. A. C. de L., *C.B., C.S.I., C.I.E.*, ret. pay *late* R.E. [F] Ind. Pens. 27Nov.19
Jones, Lt. A., ret. pay *late* R.G.A. .. 1July17
Jones, Lt.-Col. A. A., ret. Ind. Army 29July08
Jones, 1st Class Vety. Surg. A. A., ret. A. Vety. Dept. 1Apr.83
Jones, Lt.-Col. A. E., u.s.l. Ind. Army, *p.s.o.* [L] 28Feb.00
Jones, Capt. A. M., *M R.E.*, ret. pay *late* h.p. 2Oct.05
Jones, Lt.-Col. A. M. B., ret. pay *late* n.p. 9Sept.07
Jones, Lt. A. T., ret. pay *late* h.p. 17Sept.18
Jones, Maj. B. H., ret. pay *late* North'd Fus. 21Dec.19
Jones, Capt C. W., *M.C.*, ret. pay *late* R.G.A. 24Dec.19
Jones, 2nd Lt. (temp. Lt.) E. P., ret. pay *late* Welsh Div. R.E. T.F. (*temp*) 16Feb.15
Jones, Lt.-Col. E. W., ret. pay *late* S. Wales Bord. 9June17
Jones, Lt. F. E., ret. pay *late* h.p. 16Feb.18
Jones, Hon. Lt. F. L., u.s.l. Ind. Army [L] 10Sept.08
Jones, Hon. Lt. F. S., Asst. Commy ret. Ind. Army Dept. 17Mar.12
Jones, F. S., *late* Temp. 2nd Lt. 18 Bn. Welsh R. (ret. pay) 14July14
Jones, Col. F. W. C., *C.B., M.B.* (ret. pay) *late* A.M.S. 14July14
Jones, Lt.-Col. G. T., u.s.l. Ind. Army 1Jan.93
Jones, Hon. Maj. H., ret. pay *late* 62 Ft 2Feb.81
Jones, Lt. H.D., *M.M.*, ret. pay *late* R.G.A. 25Dec.17
Jones, Lt.-Col. H. D. J., *D.S.O.*, ret. pay, *late* Ind. Army 25Aug.08
Jones, Maj. J., ret. Ind. S.C. 22Jan.01
Jones, Hon. Maj. J. H., Qr.-Mr., ret. pay *late* Bord. R. 12Dec.09
Jones, Lt.-Col J. L. T., *M.B.*, ret. Ind. Med. Serv. 1Oct.07
Jones, Maj. J. S., ret. pay *late* Middx R 4June04
Jones, Hon. Maj.-Gen. L, *C.B., C.M.G.*, ret. pay *late* R.E. 24Dec.19
Jones, Chaplain (1st Class) Rev. M., *D.D.*, ret. pay *late* Army Chaplains' Dept. 1Dec.10
Jones, Hon. Brig.-Gen. M. Q., *C.B., C.M.G.*, ret. pay *late* Staff 10Feb.12
Jones, Hon. Maj. O. G., Qr.-Mr. ret. pay *late* A.S.C. (*Offr. t/o Time-Expired men, etc., S. Comd.*, 30 May 13) 27Nov.12
Jones, Lt.-Col. R. G., *C.I.E.*, u.s.l. Ind Army 13June01
Jones, Hon. Maj.-Gen. R. O., *C.B.*, ret. pay *late* R.E. 1Oct.87
Jones, Hon. Maj. T., Qr.-Mr. ret. pay *late* 1 Dns. 11Sept.16
Jones, Lt. T. E., ret. pay *late* Worc. R. 6Oct.19
Jones, Col. T. J., ret. pay *late* R.A. [F] 18Nov.86
Jones, Hon. Maj. T. W., Qr.-Mr. ret. pay *late* R. Innis. Fus. [R] 1Jan.03
Jones, Maj. T. W. H., *O.B.E.*, ret. Ind. Army, s. 1Mar.14
Jones, Lt W., ret. pay *late* h.p. 5June15
Jones, Lt.-Col. W. H. D., *C.M.G.*, ret. pay *late* Wilts. R., *p.s.c.* [F] 29Nov.00
Jones, Lt.-Col. W. H. D., u.s.l. Ind. Army 26July90
Jones, Bt.Maj.W.L., *D.S.O.*, ret.pay *la en.p.* 1Jan.18
Jones Parry, Capt. J. J. B., ret. pay *ate* D. of Corn. L.I. 1July95
Jopp, Hon. Brig.-Gen. J., *C.B.*, u.s.l. Ind. Army 24Aug.12
Jopp, Col. K. A., ret. pay *late* R. (Bo.) E. 1July85
Jopp, Maj. K. E., ret. pay *late* Leins. R., o. 18Sept.15
Jopp, Lt.-Col. W. J. M., *O.B.E.*, ret. pay *late* Discharge Depôt 22Apr.93
Jordan, Lt.-Col. J. G., *M.B.*, ret. Ind. Med. Serv. 30Sept.06

Non-Effective Officers

Jordan, Maj. P. O. L., ret. pay *late* R.E. 2Nov.16
Jordan, Maj. R. A. A. Y., ret. pay *late* Shrops. L.I. (*Hon. Maj. ret. Spec. Res.*) 1Sept.15
Josey, Lt. H., ret. pay *late* R.A. 2July18
Josling, Lt.-Col. C. L., ret. pay *late* R.A.M. 5May05
Josselyn, Col. J. E., ret. pay *late* S.a.. (R.A.) 1Nov.96
Joubert de La Ferté, Col. C. H., *M.B.*, *F.R.C.S.*, ret. Ind. Med. Serv. (Ben.) 29Mar.00
Jouquet, 2nd Lt. A , ret. pay *late* North'n. R. 14Aug.18
Joyce, Hon. Maj. J., Dep. Commy. of Ord. ret. pay, *late* A. Ord. Dept. 1July17
Joyce, Hon. Maj. W. W. P., ret. pay *late* W. York. R. 26Feb.85
Joynson, Maj. K. B., ret. Ind. Army 10Apr.19
Joynt, Lt.-Col. E. H., *M.D.*, ret. pay *late* R.A.M.C. 1Apr.91
Joynt, Lt.-Col. H. W., ret. A. Med. Staff 1Apr.91
Judge, Hon. Lt.-Col. W., *M.B.E.*, Qr.-Mr. ret. pay *late* Rif. Brig. 1Oct.19
Judge, Hon. Maj. W. G., Qr.-Mr. ret. pay *late* Yorks. L.I. 29Nov.00
Jupp, Hon. Capt. W. H., Inspr. of Army Schools ret. pay 1Apr.09
Just, Hon. Capt. A., Qr.-Mr. ret. pay *late* Leins. R. 30Nov.88
Justice, Maj. C. W., ret. pay *late* A.S.C. 7Oct.14
Justice, Lt.-Col. F. J. ret. pay *late* h.p. 31Dec.93
Juxon-Jones, Lt.-Col. J.H., u.s.l. Ind. Army 10June00

Kaberry, Sister *Miss* E. K., ret. pay *late* Q.A.I.M.N.S. 1Nov.10
Kane, Lt.-Col. F.R.P.,ret.pay *late* Staff,*p.s.c.* 2Nov.98
Kane, Maj. M. N. G., ret. pay *late* Sea. Highrs., *p.s.c.* 2Mar.81
Kane, Maj. R. A., ret. pay *late* R. Suss. R. 2Feb.03
Kanta, Prasad, *M.B.*, Lt.-Col., ret. Ind. Med. Serv. 31Apr.08
Kavanagh, Hon Lt.-Gen. *Sir* C. T. Mc Ⅴ.. *K.C.B.*, *K.C M.G.*, *C.V.O.*, *D.S.O.*, ret. pay [F] 27Mar.20
Kavanagh, Capt. M., *M.C.*, ret. pay *late* S. Staff. R. 28Nov.19
Kavanagh,Capt.V.H., ret.pay *late* R.Ir.Fus. 9June06
Kavasji, Cursetji Sanjana, Lt.-Col. ret. Ind. Med. Serv. 2Oct.00
Kavasji, Hormasji Mistri, Lt.-Col. ret. Ind. Med. Serv. 2Oct.00
Kay, Bt. Col. A. G., *M.B.*, ret. pay *late* R.A.M.C. 3June17
Kaye, Lt.-Col. H. S., *D.S.O.*, *M.C.*, ret. pay *late* Yorks. L.I. 29Nov.19
Kays, Lt.-Col. A. E. C., ret. pay *late* h.p 29Sept.93
Kaye, Col. R. A., *C.M.G.*, ret. pay *late* R.A. 1Aug.15
Kays, Hon. Brig.-Gen. H. F., *C.B.*, ret. pay *late* h.p. 30July18
Kays, Hon. Brig.-Gen. W. S., *C.M.G.*, ret. pay *late* h.p. 12Apr.17

Keane, Lt.-Col. *Sir* J., *Bt.*, *D.S.O.*, ret. pay *late* R.F.A. 17Mar.19
Kearney, Lt.-Col. J., *M.D.*, ret. pay *late* R.A.M C. 30Jan.06
Kearney, Lt.-Col. J., Qr.-Mr. ret. pay *late* Dorset. R. (*Empld.*) 15Oct.19
Kearns, Lt. J., ret. pay *late* h.p. 1Jan.17
Kearns, Hon. Capt. T. J., *C.B.*, *C.M.G.*, Ridg.-Mr., ret. pay *late* A.S.C. (*Col. 1 Lond. Div. T. & S. Col.*) 22Aug.02
Keate, Maj. R. D. M., ret. pay *late* R.G.A. 1May17
Keates, Lt.-Col. W., ret. pay *late* Suff. R. 28Dec.16
Keates, Maj W. E., ret. pay, *late* h.p. (W. Rid. R.) 1Sept.15
Keays, Lt.-Col. W., *F.R.C.S.I.*, ret. pay *late* R.A.M.C. 3Feb.98
Keefer, Surg.-Maj. W. N., ret. Ind. Med. Serv. [F] 1Oct.81
Keenan, Maj F., ret pay, *late* Bord R. 24Feb.20
Keenan, Hon. Lt. J., Dep. Asst. Commy. ret. Ind. Army Dept. 12June84
Keene, Lt.-Col. C. W., ret. Ind. Army 27Jan.19
Keer, Matron-in-Chief *Miss* C. H., *R.R.C.*, ret. pay *late* Q.A.I.M.N.S. 19Dec.87
Keeshan, Hon. Capt. J., Qr.-Mr. ret. pay *late* Welsh R. 13Sept.89
Keir, Lt.-Gen. *Sir* J.L., *K.C.B.*, ret. pay *late* R.A., *p.s.c.* [F] 1Jan.16
Keith, Capt. D. R., *M.C.*, ret. pay, *late* h.p. 12Aug.17
Keith, Brig. Surg.-Lt.-Col. J. F., *M.D.*, ret. Ind. Med. Serv. 15Sept.92
Kekewich, Lt.-Col. C. H., ret. pay *late* York & Lanc. R. 23Aug.19
Kelham, Hon. Brig.-Gen. H. R., *C.B.*, ret. pay *late* h.p. 10Feb.12
Kell, Bt. Lt.-Col. *Sir* V. G. W., *K.R.E.,C.B.*, ret. pay *late* S. Staff. R. [L] [F] (*temp. Col.*), 8June16
Keller, Lt.-Col. R. H., *D.S.O.*, *O.B.E* , ret. pay *late* Notts. & Derby R. 7Feb.16
Kellett. Maj. J. A., *O.B.E.*, Qr.-Mr , ret. pay *late* extra regimentally empld. [F] 1Jan.18
Kellett, Maj.-Gen. R. O., *C.B.*, *C.M.G.*, ret. pay *late* h.p. 31Aug.19
Kellie, Maj.-Gen. H., ret. Ind. S.C. (*Empld. 3 Bn. W. Rid. R.*) 1Feb.99
Kellie, Lt.-Col. E. C., ret. Ind. Army 21Aug.95
Kellie, Col. G. J., ret. Ind. Med. Serv. 16Oct.05
Kellie, Lt.-Col. H. F., ret. pay *late* Ches. R. 26June10
Kellie, Bt. Col. J., ret. pay *late* h.p. R.E. (Ind. Pens.) 2Nov.01
Kellie, Bt. Col. R. H., ret. pay *late* h.p. 12July02
Kelly, Maj. A. D. D., ret. pay *late* Bord. R. 1July91
Kelly, Bt. Col. A. J., *C.B.*, ret. pay *late* R.E. 19Dec.05
Kelly, Hon. Lt. E., Qr.-Mr. ret. pay *late* Essex R. 20Feb.89
Kelly, 1st Class Vety. Surg. E., ret. A. Vety. Dept. 21Aug.67
Kelly, Maj.-Gen. F. H., *C.B.*, ret. pay *late* B.E. (Ind. Pens.) 4Dec.09
Kelly, Hon. Maj. & Qr.-Mr. H. A., ret. pay, *late* A.S.C. 10Oct.17
Kelly, Col, J., ret. Ind. Army 8Sept.88
Kelly, Hon. Capt. J., Sen. Asst. Surg. ret. Ind. Sub. Med. Dept. 3Mar.t9
Kelly, Hon. Capt. J., Qr.-Mr. ret. pay *late* N. Lan. R, 12May07

Non-Effective Officers

Kelly, Hon. Lt. J., Asst. Commy. ret Ind.
Army Dept. (*Rl. Wt. 29.Nov.97*) 15Feb.94
Kelly, Bt. Col. J. G., *C.B.*, u.s.l. Ind. Army 10July95
Kelly, Maj. M., *M.D.*, ret. pay late R.A.M.C. 2Feb.96
Kelly, Hon. Capt. P., Dep. Commy. ret. Ind. Army Dept. 2Jan.07
Kelly, Hon. Capt. P., Dep. Commy. ret. Ind. Army Dept. 21May10
Kelly, Lt. T., ret. pay late R.G.A. 1July17
Kelly, Lt.-Col. T. J. P., ret. pay late h.p. 27Nov.90
Kelly, Capt. V. J., ret. pay late R. Ir. Rif. 2Apr.98
Kelly, Hon. Lt. W., Qr.-Mr. ret. pay late Leins. R. (*Qr.-Mr. & Capt. 5 Bn. Lond. R.*) 10Oct.09
Kelly, Col. W. E. R., ret. pay late h.p. 1July95
Kelly, Lt. W. H., *M.C.*, ret. pay late h.p. 30Oct.17
Kelly, Hon. Capt. W. J., Qr.-Mr. ret. pay late h.p. 17May09
Kelsall, Lt.-Col. R. E., ret. pay late h.p 9Nov.92
Kelsey, Asst. Surg. A., ret. Ind. Med. Serv. 9Nov.56
Kelssy, Capt. V. C. M., ret. R.M.L.I. 30Jan.17
Kelsey, Col. W. F., ret. pay late Sea. Highrs. (*Gent.-at-Arms*) [F] 18Nov.86
Kemball, Lt.-Col. C. A., *C.I.E.*, u.s.l., Ind. Army 22Jan.07
Kemball, Maj.-Gen. Sir G. V., *K.C.M.G., C.B., D.S O.*, ret. pay late R.A., *p.s.c., q.* 8Apr.14
Kemble, Maj. E. A., ret. pay late h.p. 15Oct.96
Kemble, Lt.-Col. H., ret. pay late h.p. 5May93
Kemmis-Betty, Lt.-Col. W. R. P., *O.B.E.*, ret. pay late R. Berks. R. 22Aug.19
Kemp, Lt C., ret. pay, late Essex R. 16July19
Kemp, Hon. Brig.-Gen. G. C. *C.B., C.M.G.*, ret. pay late h.p. [*I*] 14Nov.18
Kemp, Capt. G. H., ret. pay late R.G.A. 3Nov.17
Kempster, Hon. Brig.-Gen F. J., *D.S.O.*, ret. pay late h.p. [F] 12Apr.17
Kendall, Maj. J., *O.B.E.*, ret. Ind. Army 9May03
Kendall, Maj. J. K., *O B E.*, ret. pay late R.G.A. 1May17
Kendle, Maj. F. C, ret. R Mar. Art. 23Sept.15
Kendrick, Lt. T. D., ret. pay, late h.p. 17May15
Keneally, Capt. T, ret. pay late h.p. 12Mar.10
Konnard, Capt. A. C. H., ret. pay late Rif. Brig. (*Maj. 9 Bn. Lond. R.*) 30Aug.00
Kennard, Hon. Capt. A. E., Qr.-Mr. ret. pay late A S.C. 23Dec 17
Kennard, Bt. Col. H. G. H., *C.B E.*, ret. pay late 5 D.G. 15Feb.C8
Kennaway, Maj. C. N., ret. pay late h.p. R.A. (*R.G A. Records*) 1May17
Kennedy, Col. A., ret. pay, late A. Med. Serv. 29Sept.16
Kennedy, Col. G., ret. pay late Staff, p.s.c. [R] 1Jan.98
Kennedy, Lt. C. [F] ret pay., late h.p. 19May15
Kennedy, Lt.-Col. E. D., ret. pay late Sco. Rif. 18Oct.02
Kennedy, Bt. Col. E. S. C., ret. pay late W. I. R. 2July06
Kennedy, Maj. F. M. E., *C.B.*, ret. pay late Worc. R. (*Maj W. Som. Yeo.*) 29Jan17
Kennedy, Hon. Br'g.-Gen. H., *C.B.*, ret. Ind. Army 16Nov.19
Kennedy, Lt.-Col. J., Commy of Ord., ret. pay late R A.O.C. 3June18
Kennedy, Capt. M. J., Qr.-Mr. ret. pay late R. Dub. Fus. 1July17
Kennedy, Maj. M. R., *C.M.G., D.S.O.*, ret. pay late R.E. [F] 2Nov.16
Kennedy, Hon. Maj. T. F., Qr.-Mr. pay late R.A.M.C. 9June87

Kennedy, Col. W. C., Staff Paymr. ret. A.P. Dept. 18Oct.02
Kennedy, Capt. W. H., ret. pay late K. R. Rif. C. 1May90
Kennedy, Lt.-Col. W. P., *C.S.I.*, ret. Ind. Army 8Feb.96
Kenney, Bt. Col. A. H., *C.M.G., D.S.O.*, ret. pay late R.E. 10Feb.04
Kenney-Herbert, Lt.-Col. A. H. C., ret. pay late North'n R. 21Oct.17
Kerny, Maj. G. W., ret. pay late R. Innis. Fus. 29June13
Kenny, Col. H. T., ret. Ind. Army, p.s.c. [L] 11June07
Kenny, Hon. Capt. J. H., Qr.-Mr. ret. pay late R.E. 21Sept.97
Kenny, Hon. Capt. R. T., Inspr. of Army Schools, ret. pay 12July92
Kenny, Maj.-Gen. W. W., *C.B., M.B., F.R.C.S.I.*, ret. pay late A. Med. Serv. 8June08
Kenobá Ranchoddas Kirtikar. Lt.-Col. ret. Ind Med Serv. 31Mar.97
Kenrick, Capt. H. W. M., ret. pay late 11 Hrs. 6July98
Kensington, Col. E., ret. pay late h.p. R.A., p.a.c. 30Nov.90
Kensit, Maj. J., ret. pay late Sco. Rif. 9Mar.20
Œ. Kent, Hon. Lt.-Gen. H., ret. pay, Col. Midd'x R. [F] 28Aug.86
Kent, Col. H. V., *C.B.*, ret. pay late R.E. [F] 19July11
Kent, Maj. T. W. S., ret. pay late h.p. 21Jan.11
Kent-Lemon, Lt. E. N. ret. pay late h.p. 1July17
Kenyon, Hon. Maj.-Gen. E. R., *C.B., C.M.G.*, ret. pay late h.p. (R.E.) [F] 18Dec.17
Kenyon-Slaney, Lt.-Col. F. G., *C.B.E*, ret. pay late Durh. L.I. 18Oct.02
Kenyon-Slaney, Maj.-Gen. W. R., *C.B.*, ret. pay [R] 6May08
Keogh, Lt.-Gen. Sir A., *G.C.B., G.C.V.O., C.H., M.D., F.R.C.P.*, ret. pay late Dir.-Gen. A. Med. Serv. (*Hon. Col. R.A.M.C.*) (*T.F.*) [R] [F] 1Jan.05
Keogh, Capt. A. L., ret. pay late Conn. Rang 12Apr.02
Keough, Capt. F., *M.B.E.*, Qr.-Mr., ret. pay, late R. Art. 1July17
Keown, Maj. J. C., ret. Ind. Army 1Feb.07
Keppel, Bt. Col. E. G., ret. pay late Manch. R. (*Lt.-Col. and Hon. Col. ret. Vols.*) (*Gent.-at-Arms*) 10Aug.87
Ker-Fox, Bt. Maj. J. C., ret. pay late S. Staff. R. 14Dec.85
Kerr, Lt.-Col. C. R., ret. pay late h.p. 7June90
Kerr, Hon. Lt. J., Dep. Asst. Commy. ret. Ind. Army Dept. 31Mar.18
Kerr, Bt. Col. M. A., *C.B.*, ret. Ind. Army 6June07
Kerrich, Col. L. W. C., ret. Ind. Army 2June07
Kerrich, Lt.-Col. W. E., *C.M.G*, ret. pay late Ind. Ord. Dept. (R.A.) (Ind. Pens.) 21Nov.05
Kerrison, Hon. Lt.-Col. E. R. A., *C.M.G., O.B.E.*, ret. pay late R.A., p.s.c. (Lt.-Col. Mila.) 17July01
Kerry, Lt. M., ret. pay late h.p. 1July17
Kerwick, Maj. R., Commy. ret. Ind. Army Dept. 1July17
Kettle, Capt. H. D., Asst. Commy. ret. Ind. Army Dept. 1July17
Kettlewell, Lt.Col. E.A., *D S.O.*, ret. Ind. Army 6June07
Kevill-Davies, Maj. S. E. O'B., ret. pay late Gord. Highrs. [F] 1July91

Non-Effective Officers

Key, Hon. Lt. J., Asst. Commy. ret. Ind. Army Dept. — 12June84

Key, Hon. Lt. J. A., Asst. Commy. ret. Ind. Army Dept. (*Rl. Wt.* 29*Nov.*97) — 11Aug.01

Key, Lt.-Col. R. E., *O.B.E.*, ret. pay *late* York. & Lanc. R. (for Spec. Res.) (*L.-Col. ret. Spec. Res.*) — 11Jan.18

Keyes, Maj. C. W. P., ret. pay *late* A.S.C. — 1Apr.02

Keyser, Col. F. C., *C.B.*, ret. pay *late* h.p. [R] [F] — 12Dec.85

Keyworth, Lt.-Col. W., ret Ind. Army — 10Feb.17

Kharshedji Ardeshir Dalal, *M.B.*, Lt.-Col, ret. Ind Med. Serv. (Ben.) — 31Mar.96

Kibler, Lt. H., ret. pay *late* 5 Lrs. — 2Apr.15

Kidd, Lt. R. H., *M C*, ret. pay *late* R.A. — 8Aug.16

Kiddle, Hon. Capt. T., Sen. Asst. Surg., ret. Ind. Sub. Med. Dept. — 26Sept.06

Kidston-Kerr, Col. A. F., *C B.*, ret. pay *late* Regtl. Dist. [R] [F] — 21May88

Kilbee-Stuart, Capt. R. R., ret. pay *late* Derby R. — 10Ct.87

Kilby, Lt.-Col. J. E., ret. pay *late* Coast Bn. R.E. — 12June85

Kilkelly, Surg.-Lt.-Col. R., *C.M.G.*, *M.V.O.*, *M.B.*, ret. pay *late* G. Gds. — 30May05

Kilkelly, Lt.-Col. P. P., *M.B.* [F] ret. Ind. Med. Serv. — 30Jan.13

Kliner, Lt.-Col. C. H., *D.S.O.*, ret pay *Late* R.F.A. — 15Dec.15

Kilpatrick, Hon. Lt. C., Qr.-Mr. ret. pay *late* R.F.A. — 4Jan.05

Kimm, Capt. D. W. D., Inspr. of Army Schs. ret. pay, *late* Army Schs. — 1July17

Kincaid, Lt. Col. C S., ret. pay *late* h.p. — 19Jan.05

Kincaid, Col. W. F. H. S., *C.B.*, ret pay *late* h.p. (R.E.), *q.s.* [F] — 29Nov.60

Kincaid-Smith, Hon. Brig.-Gen. K. J., *C.B.*,*C.M.G.*,*D.S.O.*, ret. pay *late* R.A.[F] — 19Aug.19

Kinchant, Hon. Maj.-Gen. J. C., ret. pay *late* 11 Hrs. — 19Nov.87

Kinder, Col. D. T., ret. pay *late* h.p. — 18Jan.96

Kindersley-Porcher, Capt. C. P. W., ret. pay *late* C. Gds. — 29Sept.90

King, Lt.-Col. A. B., ret. pay *late* Staff — 26July08

King, Maj. A. C., ret. pay *late* 5 Lrs. — 12Aug.94

King, Hon. Brig.-Gen. A. D'A., *C.B.*, *C.M.G.*, *D.S.O.*, ret. pay *late* Staff. (R.A.) — 21Apr.19

King, Maj. A. J., *C.M.G.*,*D.S.O.*, ret. pay *late* R.Lanc. R., *q.s.* [F] (*Hon. Lt.-Col. Fife & Forfar Yeo.*) (*Supt. Remt. Serv.*) — 16Nov.98

King, Bt. Col. C. D., *C.B.E.*, ret. pay *late* R.F.A. — 14Nov.08

C. King, Hon.Lt.-Col. C. R., ret.pay *late* 50 Ft. — 1July81

King, Hon Brig.-Gen. *Sir* C. W *Knt.*, *C.B.*, *C.M.G.*, *M.V.O.*, ret. pay *late* R.A.S.C. — 15May19

King, Hon. Maj. D., Qr.-Mr. ret. pay *late* Sea. Highrs. — 2Nov.10

King, Capt. D., ret. pay *late* Worc. R. — 2Mar.20

King, Maj. G., *M.B.*, ret. Ind. Med. Serv. — 28July10

King, Lt. G H., ret pay *late* Durh. L.I. — 24Feb.19

King, Bt. Col. H. E., ret. pay *late* R.E. — 15Dec.07

King, Col. H. T., u.s.l. Ind. Army — 23May07

King, Hon. Capt. H. W. G., Sen. Asst. Surg., ret. Ind. Sub. Med. Dept. — 5June07

King, Capt J., ret. pay *late* R.G.A. — 2Jan.20

King, Hon. Maj. J. R., Paymr. ret. A.P. Dept — 9June86

King, Maj. P. M., ret. pay *late* 21 Hrs. — 1Oct.87

King, Qr.-Mr. & Hon. Maj. T., ret. pay, *late* h.p. — 24Nov.12

King, Maj. T. F., ret. pay *late* h.p. — 2Feb.84

King, Col. W. G., *C.I.E.*, *M.B.*, ret. Ind. Med. Serv. — 29Apr.06

King, Hon. Maj. W. H. Ridg.-Mr. ret. pay *late* R.H.G. [R] — 1Jan.03

King-Harman, Col. M. J., u.s.l. Ind. Army — 20Oct.90

King-King, Hon. Capt. E., ret. pay *late* R. W. Surr. R. (for Spec. Res.) — 22Aug.18

King-King, Hon. Brig.-Gen. J. G., *D.S.O.*, ret. pay *late* R. W. Surr. R., *p.s.c.* [l] — 15Mar.19

Kingston, Col. W., *O.B.E.*. *B.E.*, *M Inst. C.E.*, ret. pay *late* Staff for R.E Services — 1June18

Kinlay, Maj. D., *M.C.*, Qr.-Mr., ret. pay, *'ate* S. Gds. — 1 Jan. 19

Kinloch, Hon. Brig.-Gen. *Sir* D. A., *Bt.*, *C.B.*, *M.V.O.*, ret. pay *late* h.p. — 29Mar.17

Kinloch, Hon. Capt. T., Qr.-Mr. ret. pay *late* R. Suss. R. — 29June88

Kino, Maj. A. R., *D.S.O.*, ret. pay, *late* h.p (*Empld. Min. of Labour*) — 1Sept.15

Kinsman, Maj. H. J., ret. pay *late* R. Dub. Fus. (*Lt.-Col. 4 Bn. R. Innis. Fus.*) — 14Sept.14

Kirby, Lt. (Dist.Offr.) J. H.,ret.pay *late* R.A. — 21Feb.06

Kirk, Lt.-Col. W., ret. pay *late* h.p. (*Empld.* 6 *Res. Regt. of Cav.*) — 1Apr.07

Kirkbride, Hon. Maj. T. W., Ridg.-Mr. ret. pay *late* R.H.A. — 21Sept.17

Kirke, Col. St. G. M., ret. pay *late* Staff (R.E.) — 3May98

Kirke, Lt.-Col. H. L, ret. pay *late* h p. — 13July12

Kirkham, Capt. W., *D.C.M.*, ret. pay *late* Worc. R. — 9Dec.19

Kirkpatrick, Lt.-Col A. R. Y., *C.M.G.*, *D.S O.*, ret. pay *late* R.G.A. — 29Dec.15

Kirkpatrick, Hon. Capt. C.H., Commy. ret. Ind. Army Dept. — 12Mar.14

Kirkpatrick, Lt.-Col. I., *C.B.E.*, ret.pay *late* S. Staff. R, s. — 16Oct.07

Kirkpatrick. Maj J. J., ret. pay *late* R. Innis. Fus. — 27Oct.17

Kirkpatrick, Col. R., *C.B.*, *C.M.G.*, *M.B.*, ret. pay *late* R.A.M.C. — 21May12

Kirkpatrick, Lt.-Col. T. D., ret. pay *late* York R. (*temp. Hon. Lt. Col. ret. T.F.*) — 12Nov.16

Kirkpatrick, Maj. W., *D.S.O.*, ret. Ind. Army — 25Aug.01

Kirkpatrick, Hon. Brig.-Gen. W. J., *C.B.*, ret. pay *late* Staff — 10Feb.12

Kirkwood, Bt. Col. C. H. M., *C.M.G.*, *D.S.O.*, ret. pay *late* h.p., s. — 6Jan.09

Kirkwood, Col. H. P., ret. pay *late* Staff (R.E.) — 13Aug.95

Kirkwood, Bt. Col. J. N. S., u.s.l. Ind. Army — 1Sept.95

Kirkwood, Lt.-Col. R.H., ret. pay *late* Devon. R. — 5Aug.14

Kirwan, Lt.-Col. A., *F.R.C.S. Edin.*, ret. A. Med. Staff. — 31Mar.88

Kitchen, Lt. J W., ret pay *late* h.p. — 1July17

Kitchener of Khartoum, Col. H. E. C., *Earl*, ret. pay *late* W. I. Depôt, *p.s.c.* — 1Nov 99

Kitchin, Lt.-Col. C. E., *D.S.O.*, ret. pay *late* S. Wales Bord. — 30Apr.19

Kitching, C. H., *D.S O.*, *late* Capt. Worc. R. (ret. pay for Spec. Res.) (*Capt. Worc. R. Spec.Res.*) (*actg. Lt.-Col. N. Staff. R.*)

M. Kitson, Capt. E., ret. Ind. Army — 12Dec.69

Kitson, Chaplain (1st Class) *Rev.* E. B. B., *M.A.*, ret. pay *late* A. Chaplains' Dept. — 22June88

Kitson, Lt. G. A. N., h.p. *late* R. Mar. Art. — 8Aug.67

Kitson, Maj.-Gen. *Sir* G. C., *K.C.V.O.* *C.B.*, *C.M.G.*, *p s.c.*, ret. pay — 3Oct.07

Kleinstuber, Lt. C. M., ret. pay *late* h.p. — 1Feb.18

Knaggs, Col. H. T., *C.B.*, *C.M.G.*, *M.B.*, ret. pay *late* A. Med. Serv. — 1Mar.15

Knapp, Capt. C. A., ret. pay *late* h.p. — 6Feb.07

Non-Effective Officers

Knatchbull, Hon. Col. F., r.f.p. *late* h.p. 11Nov.82
Knatchbull, Hon. Brig.-Gen. G. W. C., *C.M.G.*, ret. Ind. Army 27Oct.18
Knatchbull, Hon. Col. N., ret. pay *late* Derby R. 17Dec.81
Knatchbull-Hugessen, Maj. E., ret. pay *late* North'n R. 5Sept.16
Kneller, Col. G. T. C. St. J., Staff Paymr. ret. A. P. Dept. 18Oct.02
Knight, Hon. Capt. C. H., Commy. ret. Ind. Army Dept. 19Aug 07
Knignt, Capt. H J, *M.C.*, ret pay *late* Yorks. L.I. 27Nov.19
Knight, Bt. Lt.-Col. L. C. E., ret. pay *late* E. Kent R. (*Lt.-Col. ret. T.F*) 3June18
Knight, Hon. Capt. R. F., Sen. Asst. Surg. ret. Ind. Sub. Med. Dept. 31Aug.90
Knight, Hon. Surg.-Lt. W. I., Sen. Apoth. ret. Ind. Sub. Med. Dept. (Ben.) (*Rl. Wt. 19 July* 90) 2June90
Knocker, Maj.-A.G., ret. pay *late* R Ir. Fus. 13May15
Knocker, Bt. Col. C. G., ret. pay *late* A.S.C. 1Apr.01
Knocker, Bt. Col. H.P , ret. pay *late* R.E. 26July94
Knollys, Bt. Col. *Sir* H., *K.C.V.O.*, ret. pay *late* h.p. R.A., *p.s.c.* (Comptroller and Priv. Sec. to H.M. The Queen of Norway) 29Aug.93
Knop, Hon. Maj. Qr.-Mr. H. B., ret. pay *late* 12 Lrs. 22Feb.18
Knott, Hon. Lt. J., Qr.-Mr. ret. pay *late* Rif. Brig. (*Empld. Recg. Duties* 1 Aug. 14) 2May03
Knowlden,Hon.Capt.R.,Qr.-Mr. ret. pay *late* 5 Lrs. (*Qr.-Mr. & Lt.-Col. T.F. Gen. Ltst.*) (*Remt. Serv.*) 18Oct.02
Knowles, Maj.-Gen. *Sir* C. B., *K.C.B.*, ret. pay, Col. Hamps. R., *p.s.c.* [R] 11Oct.90
Knowles, Capt. H L. L., ret pay *late* N. Lan. R. 10Nov.15
Knox, Lt.-Gen. *Sir* C. E., *K.C.B.*, ret. pay, Col. Shrops. L.I. [R] 6Dec.05
Knox, Lt.-Col. G. S., *C.M.G.*, ret. pay *late* R.E. 1Oct.18
Knox, Hon. Brig.-Gen. H. O., *C.M.G.,C.I.E., C.B.E.*, ret. pay *late* A.S.C. [F] 13Nov.17
Knox, Lt.-Col. J. S., *O B E*, ret. pay *late* E. York. R., *p.s.c.* 14July19
Knox, Col. M., ret. A. Med. Staff 18Oct.02
Knox, Matron *Miss* M. C. S., *R.R.C.*, ret. pay *late* Q.A.I M.N.S. 17Feb.03
Koe, Maj.-Gen F. W. B., C.B., *C.M.G* , ret. pay *late* R A S.C. 3June16
Koe, Hon. Brig.-Gen. L. C., *C.B.E* , ret. pay *late* Staff. R. 1Dec.19
Koebel, Lt.-Col. H. A., ret. pay *late* R.E., *e.* [L] 14Mar.19
Kreyer, Lt. Col. F. A. C., ret. Ind. Army 1May04
Kuper, Lt.-Col. C. V. B., ret. pay *late* R.F.A. 15Mar.00
Kysh, Maj. D.J., ret.R.Mar. (*Empld.Chs.R.*) 1July93

Lacey, Hon. Capt. J., Commy. ret. Ind. Army Dept. 6Oct.99
Lacey, Maj. (Dist Offr.) T., ret. pay *late* R.A. 8May06
Lachlan, Lt.-Col. E. M., ret. pay *late* h.p. (R.A.) 14Nov.10
Laffan, Bt. Col. H. D., *C.M.G.*, ret. pay *late* R.E., *p.s.c.* [l] 26May06
Laffan, Maj. J. de C., ret. pay *late* R.E. 1Apr.01
Laffan, Lt P., *M.C* , ret. pay *late* R. Dub. Fus. 5Nov.18
Laffan, Lt.-Col. R. C. K., ret. pay *late* R.A.M.C. [F] 5Feb.01
Laffrey, Hon. Surg.-Capt. J. I., Sen. Asst. Surg. ret. Ind. Med. Sub. Dept. (Mad.) (*Rl. Wt.* 12Mar.94) 12Mar.94
Lafond, Capt. H. A., Sen. Asst. Surg. ret. Ind. Sub. Med. Dept. 19Apr.12
Lafone, Maj. E. M., ret. pay *late* 4 Hrs. (*Chief Constable, Metropolitan Police*, 1 Mar.10) 13May01
Laing, Hon. Capt. D., Qr.-Mr. ret. pay *late* h.p. 23Dec.03
Laing, Hon.-Maj. J., Ridg.-Mr. ret. pay *late* 16 Lrs. 11May07
Laing, Surg. Lt.-Col. J. A., *M.D.*, ret. Ind. Med. Serv. 1Apr.90
Laing, Lt.-Col. R., *D.S O., M.C*, ret. pay *late* Sea. Highrs. 18July19
Laing, Maj. R. W. J., ret. R.M.L.I. 1Jan.18
Lainson, Capt. A. J., *D.S.O.*, ret. pay *late* K.R. Rif. C. (*Maj. ret. Spec.Res.*) 18Feb.98

Laird, Bt. Lt.-Col. (Dist. Offr.) R.M., ret. pay *late* R. A. 3June18
Lake, Lt.-Col H. A., ret. pay *late* h.p. 23Sept.14
Lake, Hon. Brig.-Gen. N. M., *C.B.*, ret. pay *late* h.p. (R.E.) 24Aug.12
Lake, Lt.-Gen. *Sir* P. H. N., *K.C.B . K C M G.*, ret. pay, (Col. E. Lan. R.), *p.s.c.* [R] 19Mar.11
Lakin, Capt. M. L., *D.S.O., M.C.*, ret. pay *late* 11 Hrs. (for Spec. Res.) (*Capt.11Hrs.Spec. Res.,*) 23Dec.08
Lalor, Lt.-Col. N. P. O'G., *M.B.*, ret. Ind. Med Serv. 29July15
Lamb, Bt. Col. C. A., *C.M.G., M.V.O.,* [F] ret. pay *late* h.p. 10Feb.04
Lamb, Maj. G., ret. pay *late* Leins. R. 23May99
Lamb, Bt. Col. H. C., ret. Ind. Army 5May99
Lamb, Maj R. M. R., *D.S.O.*, ret. pay, *late* North'd Fus. 8May16
Lamb, Capt. R. W., *M.C.*, ret. pay *late* R.G.A. 14Nov.06
Lambarde, Lt.-Col. F. F., *C.M.G., D.S.O.*, ret. pay *late* R.G.A. [F] 25Feb.19
Lambart, Hon. Brig.-Gen. E. A., *C.B.*, ret. pay *late* h.p. R.A. [i] 1Mar.19
Lambart, Lt.-Col. P.F., ret. pay *late* North'd Fus. 18Oct.02
Lambert, Capt. R., *D.S.O.*, ret. pay *late* 8 Hrs. (*Hon. Maj. ret. Spec. Res.*) 14Oct.00
Lambert, Hon. Lt. V.E.,Asst. Commy. ret. Ind. Army Dept. 17Feb.10
Lambert, Hon. Lt.-Col. W. M., *D.S.O.*, ret. R. Mar. Art. 1Aug.86
Lambton, Hon. Brig.-Gen. *Hon.* C., *D.S.O.*, ret. pay *late* h.p. 10Dec.18
Lamling, Maj. H. T., *D.S.O., O B E* , ret. pay *late* 18 Hrs. 8July98
Lammie, Lt.J. D.,ret. pay, *late*Gord. Highrs.16Oct.18
Lamont, Lt.-Col. J. C., *M.B.*, ret. Ind. Med. Serv. 1Oct.07
Lamont, Maj. J. H., ret. pay *late* 9 Lrs. 15Dec.90
Lamotte, Hon. Brig.-Gen. F. G. I., *C.M.G.*, ret. pay *late* Staff 29Mar 17
Lancaster, Capt. S., ret. pay, *late* h.p. 2Mar.16
Lancaster, Lt.-Col. J., *M.B.*, ret. Ind. Med. Serv. (Mad.) 31Mar.94
Land, Hon. Capt. I., Qr.-Mr. ret. pay *late* R.A. 25May88
Landon, Col. A., ret. Ind. Army 8June90
Landon. Maj.-Gen. *Sir* F. W. B., *K.C.M.G., C.B.* [F], ret pay *late* Staff 1Apr.13
Landon, Maj.-Gen., H. J. S., *C B , G.M,G.*, ret. pay [F] 20Oct.14
Lane, Maj. A. H., ret. pay *late* A.V.C. (*Lt.- Col. ret. T.F.*) 29Nov.08
Lane, Lt.-Col. A. V., ret. pay *late* R.A.M.C. 30July01
Lane, Col. C. A., *M.B.*, ret. pay *late* R.A.M.C. 24June17
Lane, Lt.-Col. C. A., *M.D.*, ret. Ind. Med. Serv. 28Jan.17
Lane,Col. C. T., *C.I.E.*, u.s.l. Ind. Army 11Dec.88
Lane, Lt.-Col. D. T., *M.D.*, ret. Ind. Med. Serv. 1Oct.07
Lane, Hon. Lt.-Col. F., *M.I. Mech.E.*, Chief Inspr. of Ord. Machinery ret. pay *late* A. Ord. Dept. 18Sept.15
Lane, Maj. F. M., ret. Ind. Army 1Mar.19
Lane, Lt.-Col. G. A. O., ret. pay *late* C. Gds. 17Mar.19
Lane, Maj. G. H., ret. pay *late* R. Muns. Fus.18Oct.02
Lane, Capt. H., *M.C.* et. pay *late* h.p. 28 Oct.19
Lane, Hon. Brig.-Gen. H. E. B., *C.M.G.*, ret. pay, *Late* R.A. 1Jan. 20
Lane,Maj.-Gen. *Str* R. B., *K.C.B., K.C.V.O.*, ret. pay g.s. [R] [F] 4Dec.98
Lane, Bt. Col. S. W., *C.B.E.*, ret. pay *late* h.p. R.A. 6Jan.05
Lane, Lt.-Col. W. L., *M.B.*, ret. pay *late* R.A.M.C. 4Aug.98
Lanesborough, Maj. C. J. B., *Earl of, M.V.O.*, ret. pay *late* C. Gds. (*Lt.-Col. T.F. ties.*) 28Sept.04
Lang, Lt.-Col. A. G. B., ret Ind. Army 30Sept.07
Lang,Hon.Lt.-Col.C E.,ret.pay *late* Devon R.17Oct.00
Lang, Col. E. B., *C.B.E.*, ret. Ind. Army 14Feb.13
Lang, Bt. Maj. H. G., ret. pay *late* Sea. Highrs. (*Chief Constable, East Sussex*) 18Apr.89
Lang-Hyde, Lt.-Col. J. I., *C.M.G., O.B.E.*, ret. pay *late* R.E. 1Oct.07
Langdale, Capt. C. A. J. S., retn. pay *late* 3 Bn. W. Rid. R. [l] 16Feb.07
Langdale, Capt. P., *O.B.E.*, TD, ret. pay *late* 8 Hrs. (*Lt.-Col. T.F. Res.*) (H) 19 Oct.92

Non-Effective Officers

Langdon, Lt.-Col. A. H., ret. pay *late* A.S.C. 13Aug.89
Langdon, Lt.-Col. F. J., *D.S.O.*, ret. pay *late* L'pool R. 28May19
Langdon, Hon. Brig.-Surg. J., Lt.-Col. ret. A. Med. Staff 26Oct.87
Langdon, Lt.-Col. J. F. P., *D.S.O.*, ret. pay *la e* R. Suss. R. 11July19
Langford, Hon. Capt. W., Inspr. of Army Schools ret. pay 1Sept.06
Langley, Bt. Col. J. P., *C.B.E.*, ret. pay *late* R. F. A. (*Empld. R.F.A.*) 13Feb.08
Langmaid, Capt. C. W. R., *M.C.*, ret. pay *late* h.p. 7Dec.76
Langridge, Lt.-Col. G. T., ret. pay *late* R.A.M.C. 30Sept.93
Langrish, Hon. Capt. T., Qr.-Mr. ret. pay *la'e* R.A. 17Dec.83
Langste, Maj. D. ret. pay *late* R.A. 26Aug.16
Langston Lt.-Col.T.A.O, ret.Ind.Med.Serv, 25Dec.15
Langton, Maj. A. V., et pay, *late* R.G.A. 30Oct.14
Langton, Lt. C., ret pay *late* 3 Bn. Glouc. R. 5Feb.16
Langton, Maj. H. F., ret. pay *late* 1 D.G. (*Maj. ret. Spec. Res.*) 9Sept.14
Langworthy, Maj. G., ret. pay *late* h.p. 18Mar.03
Langw rthy, Capt. H.W., ret. pay *late* W.I.R.18Jan.15
Lapham, Hon. Maj. R. J., *M.B.E.*, Qr. Mr. ret. pav *late* A.S.C. 1Jan.02
Lapham, Hon. Maj. U. F., Qr.-Mr. ret. pay *late* R. Sc. Fus. 21Oct.03
Lardner-Clarke, Bt. Col. J. de W., *C.B.E.*, ret. pay *late* R.G.A. 15Dec.06
Larking, Bt. Maj. R. N. W., *C.B.E.*, ret. pay *late* h.p. [f] [F] *s*. 1Jan.17
Larner, Matron *Miss* G. E., *R.R.C.*, ret. pay *late* Q.A.I.M.N.S. (*Empld. Q.A.I.M.N.S.*) 19June11
Larymore,Maj.H.D.,*C.M.G.*,ret. pay *late* R.A.14Feb.06
Lasbrey, 2nd Lt. J. A., ret. pay *late* h p. 1May17
Lascelles, Lt. Col. A. E., ret. pay *late* h.p. 19Feb.10
Lascelles, Lt.-Col. G. A., *O B.E.*,ret. pay *late* R. Fus.(*Lt.-Col.ret. Spec. Res.*)(*Yeo. of Gd.*) 6Mar.18
Lash, Lt. H. A., ret. Ind. S.C. 10Mar.90
Lashbrook, Lt. A , ret, pay *late* h p. 12Jan.19
Laskey, Maj. W. W., *O.B.E.*, Commy. ret. Ind. Army Dept. (*temp. Maj. A.S.C.*) 1July17
Lassalle, Lt.-Col. J. H. C. G., ret. Ind. Army 28Apr.87
Last, Lt -Col. A. J., *D.S.O.*, Inspr. of Ord. Mach., 1st class, ret. pay *late* R.A.O.C. 3June18
Latchford, Lt.-Col. J., *M.B.*, ret. A. Med.Staff 31Mar.88
Latham, Maj. (D.st. Offr.) C. R., ret. pay *late* R.A. 8July13
Latham, Maj. R. O., ret. pay *late* R.G.A.-o. 1May17
Lauder, Hon. Capt. R. R., Qr.-Mr ret. pay *late* Sea. Highrs. 6Oct.96
Lauderdale, Hon. Lt.-Col. F. H., *Earl of*, ret. Ben. S.C. 1Jan.86
Laughlin, Lt.-Col. C. E. H., ret. pay *late* Leins. R. 30Nov.18
Laughton, Maj. J. V., *C.B E*, Qr.-Mr. ret. pay *late* 21 Lrs. 1July17
Laurence, Hon. Capt. J., Commy. ret. Ind. Army Dept. 1June07
Laurence, Col. R. T. R., ret. pay *late* R.E. (Ind. Pens.) 2June13
Laurie, 2nd Lt, J., *M.C.*, *M.M.*, ret. pay *late* Arg. & Suth'd Highrs. 2July18
Laurie, Lt.-Col. P. R., *D.S.O.* [F] ret. pay *ate* 2 Dns 2 Oct.19
Laverton, Lt.-Col. H. C., *O.B.E.*, ret. pay *late* R. Highrs. 18Aug.15
Laverton, Lt.-Col. H. S, *O.B.E.*, ret. pay *late* 3 Hrs. 7Mar.19
Lavery, Capt. A., *M.B.E.*, ret. pay *late* Durh. L.I. 27Feb.20
La Vettée de la Dubeterre Morris, Col. J. J., *M.D.*, ret. pay *late* A.M.O. 11Nov.03
Lavie, Col. T. G., ret. pay *late* R.A. Med Corps 1Mar.15
Law, Maj. A. L., ret. pay *late* N. Staff. R. (*Chief Constable, Hertfordshire, 14 Oct,*11) 28Mar.08
Law, Lt.-Col. E., ret. pay *late* R.E. 16June94
Law, Maj. J., Qr.-Mr. ret. pay *late* R.E. 10Feb.16
Law, Hon. Brig.-Gen. R. T. H., *C.B.*, ret. pay *late* A. Ord. Dept. 20Apr.16
Lawford, Lt.-Col. E. E. M., u.s.l. Ind. Army 9Aug.02
Lawless, Hon. Col. (Milia.) *Hon*. E., Adjt. ret. pay *late* Kildare Mila. 12July84
Lawless, Hon. Brig.-Gen. S. E. G., ret. pay *late* Staff (R.A.) 2Oct.17

Lawley, Lt. H. H., *M.C.*, ret. pay *late* h.p 1Oct.17
Lawrence, Lt.-Col. G. H., *C.M.G.*, ret. pay *late* h.p. 10Sept.14
Lawrence, Col. H. D., *C.M.G.*, ret. pay *late* Staff, *p s.c.* 15Dec.11
Lawrence, Lt.-Col. H. J., ret. Ind. Army 4Jan.88
Lawrence, Lt.-Col. H. M., *D.S.O.*, *O.B.E.*, ret. pay *late* Sco. Rif. [F] 3May19
Lawrence, Hon. Brig. Gen. R. C. B., *C.B.*, *C.M.G.*, ret. pay *late* h.p., *p.s.c.* [F] 23July14
Lawrence, Hon. Capt. T. C., Sen. Asst. Surg. ret. Ind. Sub. Med. Dept. 8June03
Lawrence, Hon. Capt. W., Qr.-Mr. ret. pay *late* R.A 25July01
Lawrence, Maj.-Gen. W. A., u.s.l. Ind. Army 8Nov.97
Lawrence, Bt. Lt.-Col. W. E., ret. pay *late* 2 Dns. [Fl (*Rem'. Serv*) 1Jan.18
Lawrence, Col. W.W., ret. pay *late* Regtl. Dist. 23July97
Lawrie, Capt. D. C. M., ret. pay *late* h.p. 24July16
Lawrie, Lt.-Col. W. G., ret. pay *late* R.E. 2Nov.07
Lawson, Hon. Capt. A., Dep. Commy. ret. Ind. Army Dept. 1Oct.96
Lawson, Col. C. F., ret. pay *late* Regtl. Dist. 29Sept.90
Lawson, Maj. E. J.,ret. pay *late* A.V.C. 20Mar.02
Lawson, Lt.-Col. H., u.s.l. Ind. Army 12Aug.01
Lawson, Hon. Maj. T. C., Qr.-Mr. ret. pay *late* R.H.A, 1July17
Lawson-Tancred, Maj. *Sir* T. S., *Bt.*, ret. Ind. Army 11Sept.07
Layard, Hon. Lt.-Col. B. V., ret. pay *late* Glouc. R. 1July81
Laye, Maj.-Gen.J. H., *C.V.O.*, *C.B.*, ret. pay, Col. Sco. Rif. [R] 23Mar.05
Layland, Lt. W., ret pay *late* h.p. 12Mar.19
Layton, Maj. N. A., ret. pay *late* E. Suss. R. 20Dec.05
Lea, Lt.-Col. H. F., *C.M.G.*, *D.S.O.*, ret. pay *late* York R., *q.s.* 22Mar.19
Leach, Capt. A., ret. pay *late* Welsh R. 1Jan.17
Leach, Capt. C. T., ret pay *late* h p. 1Jan.17
Œ. Leach, Maj.-Gen. *Sir* E., *K.C.B.*, ret. pay, Col. R. W. Kent R. [R] [F] 8Aug.94
Leach, Hon. Brig.-Gen. H. P., *C.B.*, *C.B.E.*, *D.S.O.*, ret. *formerly* R.E. (Ind. Pens.) 10Feb.12
Leach, Maj.-Gen. *Sir* J., *K.C.V.O.*, ret. pay *late* R.A. [R] 18Apr.04
ŒLeach, Lt. J., ret pay *late* h.p. 11Dec.14
Leach, Lt. J. O., *M.C.*, ret. pay *late* h.p. & R.A.F. 4Oct.17
Leach, Maj. R. P., *C.M.G.*, ret. pay *late* R.A., *p.a.c.* (*Bt, Col. ret. T.F.*) 21Nov.91
Leader, Lt.-Col. J., ret. pay *late* Bedf. R.[I].20Oct.14
Leader, Maj. W. F., ret. pay *late* E. War. R.21Sept.04
Leadley-Brown, Capt. C. L., ret. pay *late* h.p.19Dec.14
Leahy, Hon. Capt. F., Asst. Commy. ret. Ind. Army Dept. 11May85
Leake, Col. G. D. N., ret. pay *formerly* R.A.M.C. 6Nov 00
Leake, Lt. K. H., *M.C.*, ret. pay *late* extra regimentally empld. 30Dec.15
Leamy, Maj. A , *O.B.E.*, Commy. of Ord., ret. pay *late* R.A.O.C. 8Sept.14
Lean, Lt.-Col A I , *D.S.O.*, Staff Paymr. ret. pay *late* A. P. Dept. 11May12
Lean, Hon. Lt. E., Asst. Commy. ret. Ind. Army Dept. (*Rl. Wt.* 29 *Nov.* 97) 4Aug.99
Lean, Hon. Maj.-Gen. K. E., *C.B.*, ret. pay, *late* Staff 1Jan.18
Lean, Lt.-Col. W. W., u.s.l. Ind. Army 11Sept.98
Leapingwell,Lt.-Col.A.H.,ret.Ind.Med.Serv.1Mar.93
Learmont, Hon. Capt. J., *O.B.E.*, Ridg.-Mr. ret. pay *late* R.F.A., *t.a.* 17Jan.04
Learoyd, Bt. Col. C. D., *C.B.E.*, ret. pay *late* R.E. 30Oct.05
Leason, Capt. F. W., Asst. Commy. ret. Ind. Army Dept. 1July17
Leatham, Capt. C. M., ret. pay *late* Norf. R. 26May09
Leatham, Bt. Col. G. H., ret. pay *late* h.p. 16Dec.00
Le Bailly, Capt. A. C., ret. Ind. S.C. 10May98
Le Breton, Maj. W. I., ret. Bo. S.C. 23Dec.84
Le Breton-Simmons, Col. G, F H , *C.B.*, ret. pay *late* R. t. 2June18
Leckie, Lt.-Col. D., *M.B.*, ret. A. Med. Staff 1Apr.91
Leckie, Bt. Col. F. W. V., u.s.l. Ind.Army[R] 26July94
Lecky, Bt. Col. F. B., *D.S.O.*, ret. pay *late* R.H.A., *g*. 17Aug.06
Lecky, Col. G., u.s.l. Ind, Army 12Nov.(9

C

Non-Effective Officers

Lecky, Hon. Lt.-Col. J. G., ret. pay *late* Gord. Highrs. 28Nov.83
Lecky, Qr.-Mr. T., ret. pay *late* Londonderry Mila. 13July58
Ledsham, Hon. Capt. J., Dep. Commy. of Ord. ret. A. Ord. Dept. 30Mar.95
Ledward, Maj. G. H., ret. pay *late* Bord. R. 15Mar.07
Lee, Lt. A. G , ret. pay *late* h p. 6Dec.18
Lee, Hon. Capt. E.G., Qr.-Mr.ret.pay *late* Som. L.I. 7Feb.93
Lee, Hon. Brig.-Gen. F,, ret. pay, *late* h.p. ,L 2May19
Lee, Maj. G., *M.B.E.*, ret pay, *'ate* R. Art. 7Feb.15
Lee, Maj. G. M., *D.S.O., M.C.*, ret., pay *late* R. Fus. 18Sept.15
Lee, Lt.-Col. G. T., ret. pay *late* K.R.Rif.C. 27July19
Lee, Capt. H. L., ret. pay *late* R. Berks. R. 8Oct.87
Lee, Capt. H. M., ret. pay *late* h.p. 1Jan.17
Lee, Lt.-Col. H. R., *D.S.O.*, ret. pay *late* 20 Hrs. 28Mar.19
Lee, Hon. Capt. J., Qr.-Mr. ret. pay *late* Midd'x R. 24June09
Lee, Lt. J.. ret. pay *late* h.p. 1July 17
Lee, Maj. L. H., Commy. ret. Ind.Army Dept. 10 July12
Lee, Hon. Capt. T., Dep. Asst. Commy. ret. Ind. Army Dept. 17Mar.87
Lee, Lt.-Col. W. A., ret. Ind. Med. Serv. 30Sept.96
Leefe, Gen. J. R., ret. *late* R. Mar. Art...*p.s.c.* 7Feb.12
Leefe, Maj. J. B , *M.C.*, ret. pay *late* R G.A. 12July16
Leeke, Col. R., ret. pay *late* h.p. 1Oct.89
Leeming. Capt. L. F.., ret. pay *late* R.A.(F) 20Mar.20
Lees, Hon. Capt. D., Qr.-Mr. ret. pay *late* extra Regtl. emplmt. (*Prisoner of War Camp*) 19Sept.10
Lees, Capt. J., ret. pay *late* R. W. Kent R. 16May94
Lees, Col. K., *F.R.C.V.S.*, ret. pay *late* A. Vety. Serv. 1June07
Lees, Maj. T. O. H., *A.F.C.*, ret. R.M.L.I. 21June15
Leeson, Hon. Maj. (Vols.) R., Adjt. ret. pay *late* Camb. R.V.C. 1Oct.77
Le Feuvre, Maj. G. W. H., ret. pay *late* N. Lan. R. 18Oct.02
Lefroy, Hon. Lt.-Col. H. G., ret. pay *late* h.p. 21Feb.87
Legard, Bt. Lt.-Col. A. D., *C B.E.*, ret. pay *late* K.R. Rif. C., (*Lt -Col. 5 Bn. York R*) 1Jan.18
Legat, Hon. Lt. T., Dep. Asst. Commy. ret. Ind. Army Dept., (*Rl. Wt. 29 Nov. 91*) 18Nov.96
Le Geyt, Maj.-Gen. F.H., u.s.l. Ind. Army 23Sept.92
Legge, Hon. Col. Hon. Sir H. C., *K.C.V.O.*, ret. pay *late* Extra Regtl. emplt. (*Extra Eq. to the King*) 24Feb.04
Legge, Maj. S. F., ret. pay *late* R. Fus. (*Emplid. 5 Bn. R. Fus.*) 7 Mar.06
Leggatt, Lt.-Col. A. F. S., ret. pay *late* h.p 8July19
Leggett, *Hon* Brig.-Gen. R. Sc. Fus. (*l*) [F] 20Mar.19
Leggett, Col. C. G., ret. pay *late* Regtl. Dist.29Sept.90
Leggett, Bt. Maj. E.H. M., *D.S.O.*, ret. pay *late* R.E. 26June02
Leggett, Lt.-Col. F. O., Ord. Offr. 2nd Class ret. A. Ord. Dept. 30Sept.09
₰. Leggett, Col. J. B., ret. Mad. S.C. 16Aug.86
Leggett, Lt.-Col. R. A. C. L., *D.S.O.,O.B.E.*, ret. pay *late* Worc. R. 12July19
Legh, Maj. Hon. G., ret. pay *late* G. Gds. 19Aug.96
Le Grave, Chaplain (1st Class) *Rev.* W., *D.S.O.*, ret. pay *late* A. Chaplains' Dept. [R.C.} 18Jan.98
Lehmann, Capt. F. H. M. T., *M.C.*, ret. pay *late* h.p (Essex R.) 1Jan.18
Leicester, Capt. B., ret. pay *late* Ches. R. (*temp. Maj. in Army*) 17Aug.99
Leicester, Capt. Sir P F F., *Bt.*, ret. pay *late* h.p. 8Oct.02
Leicester, Col. T. W., *Earl of, G.C.V.O.,C.M.G.*, ret. pay *late* h.p., *A.D.C* (*Hon Col. Mila.* (*Hon. Capt. 4 Bn. Norf. R.*) 29Nov.99
Leigh, Lt.-Col. H. P. P., *C.I.E.*,ret. Ind. Army 4 Jan,97
Leigh, Bt. Col. R., ret. pay *late* R.E. 6Aug.07
Leighton Lt. A. T., ret. pay *late* h.p. 1Mar.18
Leir-Carleton, Hon. Maj.-Gen. R. L., ret. pay *late* h.p N. Lan. R. 12Feb.87
Leishman, Hon. Maj.-Gen. J. T., ret. pay *late* R. (Bo.) A. 1Dec.85
Leman, Lt. J. D., ret. pay *late* Ind. Army 29Apr 12
Le Marchant, Maj. A. M. Le M. T., ret. pay *late* Dorset R. 2July84
LeMarchant, Col. B. St. J., ret. pay *late* h.p. 4July05

Le Marchant,Maj.O.C.,ret.pay *late* R.Suss.R. 2Feb.99
Le Mesurier, Col. F. A., *C.B.*, ret. pay *late* h.p. R.E. [R] 18Feb.86
Lemon, Lt.-Col. F. J, *D.S.O.*, ret. pay, *late* W. York R. (*8 C.*) 19Nov 19
Lemon, Hon. Maj. G., Qr.-Mr. ret. pay *late* A.S.C. 30Oct.03
Le Mottée, Lt.-Col. G. H., *M.D.*, ret. pay *late* R.A.M.C. 31Mar.95
Le Mottée, Hon. Brig.-Gen. R. E. A. ret. pay *late* h.p 15Nov.09
Le Mottée, Col. O. F., ret. pay *late* R. A. 18July89
Lemprieie, Hon. Maj.-Gen. A. R., ret. pay *late* R.E. 20Oct.18
Lempriere, Col. G. B., ret. pay *late* h.p. 13July05
Lenehan, Maj. J. T., *M.B.*, ret., pay *late* R.A.M.C. 28July03
Lennock, Maj. C. F., ret. pay *late* Suff. R. 24Feb.02
Lennox, Hon. Capt. J., Commy. ret. Ind. Army Dept. 15May05
Lenox-Conyngham, Maj. W. A., *O.B.E.*, ret. pay *late* Worc. R. (*Lt.-Col. ret. T.F.*) 9Oct.93
Lepper, Capt. W A., ret. pay *late* E Kent R. 1 Jan,20
Le Quesne, Bt. Col. A. S., ret. R. Mar. Art. 21Oct.02
Le Quesne, Lt.-Col. C. F. N., ret. pay *late* h.p. 18Oct.93
U.C. Le Quesne, Lt.-Col. F. S., ret. pay *late* A. Med. Serv. 25July06
Leslie, Lt. D. H., ret. pay *late* Shrops. L.I. (for Spec. Res.) (*Maj. 4 Bn. Shrops. L.I.*). 6Nov.05
Leslie, Bt. Col. F. S., ret. pay *late* h.p., R.E. 1July02
Leslie, Hon. Brig.-Gen. G. F., ret. pay *late* Rif. Brig. 30Mar.17
Leslie, Bt. Lt.-Col. J. H., ret. pay *late* R.A. 3June18
L'Estrange, Lt.-Col. A. H., ret. A. Med. Staff 31Mar.88
L'Estrange, Surg. Lt.-Col. F. A., ret. A. Med Staff 31Mar.88
L'Estrange Malone, Capt. E.G.S., ret. pay, *late* R. Fus. (for Spec. Res.) (*Maj. 7 Bn. R. Fus.*) 19Sept.08
Lethaby, Hon. Maj. T., *O.B.E.*, Dep. Commy. of Ord., ret. pay *late* A. Ord. Dept. [F] 3June17
Lethbridge, Chaplain (1st Class) *Rev.* J.K., *M.A.*, ret. pay *late* A. Chaplains' Dept. 3Dec.95
Letters, Lt. R., ret. pay *late* h.p. (*Empld. 3 Bn. Arg. & Suth'd Highrs.*) 1Sept.04
Letts, Hon. Maj. (Mila.) A. B., Adjt. ret. pay *late* 3 Bn. Devon R. 20Mar.78
Lever, Maj. R. C., *M.B.*, ret. Med. Dept. 16Sept.75
Leverson, Col. G. F., *C.B., C.M.G.*, ret. pay *late* h.p. (R.E.) *p.s.c*, [L] [F] 1Oct.05
Leverson, Maj. H. A.. ret. pay *late* R. Innls. Fus , *p.s.c.* [L] [E] 8Mar 18
Leverson, Bt. Col. J. J., *C.B., C.M.G.*, ret. pay *late* h.p. R.E., *p.s.c.* 10July02
Leveson, Lt.-Col. C. H., *D.S.O.*, ret. pay *late* h.p. [F] 15Dec.17
Leveson-Gower, Maj. C. C., *C.M.G., O.B.E.*, ret. Ind. Army (*Lt -Col. R W.A , T.F.*) 28Apr.04
Leveson-Gower, Hon. Brig. Gen. P.,*C.M G.*, *D.S O.* ret. pay *late* h.p. 8Nov 19
Levett, 2nd Lt. T. A. R., ret. pay *late* h.p. 28Feb.17
Levin and Melville. Capt. A. A , *Earl of*, ret. pay *late* h.p. (2 Dns.) 16Oct.15
Levita, Lt.-Col. C. B., *M.V.O.*, ret. pay *late* R.H.A., *g.* 1Mar.17
Lewer, Surg.-Maj. A., ret. A. Med. Staff 21Jan.74
Lewes, Hon. Brig.- en. C.G., *C.M.G.,D.S.O.*, ret. pay *late* Essex R. 26Sept 19
Lewes, Bt. Col. J. ret. pay *late* R.G.A. 12Oct.08
Lewin, Capt. R. N. S., ret. pay *late* D. of Corn, L.I. (*Hon. Lt.-Col. ret. Terr.Force*) 6Jan.93
Lewin, Lt.-Col. W. H., ret. Ind. Army 1June04
Lewis, Hon. Brig.-Gen. B. G., *C E., D.S.O.*, ret. pay *late* h.p. 13Nov.17
Lewis, Lt. R. L. ret. pay *late* 6 Dns. 1July17
Lewis, Lt.-Col. C. H., ret. Ind. Army, *e.* 30July10
Lewis, Bt. Col. D. F., *C.B.*, ret. pay *late* h.p. [R] [F] 26Dec.98
Lewis, Bt. Col. D. S., ret. Ind. Army [L] 11May07
Lewis, Hon. Maj. E., Qr. Mr. ret. pay *late* h.p. 20Mar.01
Lewis, Lt.-Col. F., *D S.O.*, ret. pay *late* h p. 17Feb 20
Lewis, Bt. Col. G. W., ret. pay *late* Worc. R. 20May08
Lewis, Hon. Capt. J., Dep. Commy. ret. Ind. Army Dept. 17Aug.91
Lewis, Lt.-Col. R. C., ret. pay *late* R.A.M.C. 1Mar.15

Non-Effective Officers

Lewtas, Lt.-Col. J., *C.B.E.*, *M.D.*, ret. Ind. Med. Serv. (Ben.) 30Sept.95
Lewty, Hon. Capt. W. H., Sen. Asst. Surg. ret. Ind. Sub. Med. Dept. 15Feb.97
Ley, Bt. Maj. C. H., *O.B.E.*, ret. pay late R.F. 3June18
Leys, Lt. J. A., ret. pay, *late h.p.* 19Aug.17
Leyster, Hon. Maj. C. J., Qr.-Mr. ret. pay *late Som. L.I.* 24Oct 09
Mardet, Bt. Lt.-Col. A. B.. ret. R. Mar. 11Feb.91
Liddaitt. Lt -Col. E. M., *O.B.E*, ret, pay late W Rid R. 16Dec.19
Liddell. Maj. J. S., *C M G.*, *D S.O.*, ret. pay *late R.E.* [*F*](*Telegraph Dept.,Egypt,*11 *Nov* 04) 31Dec.05
Liddell. Lt.-Col. J. S., ret. pay late Bedf. & Herts. R 1Sept.15
Lidiard, Maj. H. E., Qr.-Mr. ret. pay late R. Mar. 17Oct.19
Liebenrood, Hon. Maj. G. E., ret. pay late North'n R. 19Mar.84
Liebreich, Hon Capt. J. H., Qr.-Mr. ret. pay *late h.p.* 29Nov.00
Light, Lt.-Col. R. H., ret. Ind. Army 1June04
Light. Maj W. A., ret Ind Army 28Jan.11
Lightfoot, Maj. J. S., ret. pay *late* Bedf. R. 20Oct.05
Lightfoot. Maj. T. W., ret. Ind. Army 22Aug.06
Lighton, Lt. C R, ret. pay *late* K. R. Rif C. 6July17
Lightowlers. Maj. (Dist. Offr.) J. R. F., ret. pay *late* R.A. 1Apr.04
Lilley, Capt. C. C., ret. pay *late h.p.* 10May15
Lilley, Lt H., rat. pay *late* R Innis. Fus. 10 Jan 18
Lilly, Lt.-Col. A.T.L.,ret. pay *late* R.A M.C. 18Mar.11
Lilly, Lt.-Col. G. W., ret. Ind. Army 14May10
Lincoln, Hon Capt. C., Inspr. of Army Schools ret. pay 2June05
Lincoln, Lt.-Col S. W., ret. Ind. Army 28Jan.08
Lindesay, Maj. E., ret. pay *late* R. Ir. Regt. 1May95
Lindesay, Bt. Lt.-Col. G. W. G., *D.S.O* , ret. Ind. Army 3June19
Lindley, Maj. Gen. *the Hon.* J. C., ret. pay *late* Col. 1 Dns. 1Oct.1
Lindley, Bt.Col.W.D.,ret. pay *late h.p.* R.E 10Dec.03
Lindop,Maj.A.H.,Staff Paymr.ret.A.P.Dept. 18Sept.96
Lindsay, Lt. E. W., ret. p y *la e h.p.* 10June18
Lindsay, Maj. H. E. M., *O.B* ret. pay late R.E. (*Lt.-Col.ret.Spec. Res.*) 15Oct.01
Lindsay, Maj.-Gen. *Sir* W F. L., *K.C.B.*, *D.S.O.*, ret. pay *late* R.A. 7Feb.12
Lindsay, Lt.-Col. W. J., ret. pay *late h.p.* 19Apr.89
Lindsell, Maj. P. B., ret. Ind. S.C. 18Sept.00
Lines, Hon. Maj. E., Qr.-Mr. ret. pay *late* R.A.M.C. 4Oct.08
Link, Maj. W. C., *O.B.E.*, Commy. ret. Ind. Army Dept. 1July17
Linnell, Maj. A., Commy. of Ord , ret. pay *late* R.A.O.C. 7Apr.12
Linton, Bt. Col. C., ret. pay *late h.p.* (*Hon. Col. ret. Terr. Force*) 27Mar.97
Lintorn-Orman, Maj. O.E., ret. pay *late* Essex R. 16Sept.95
Lister, 2nd Lt. W., *M.C.*, ret. pay *la'e* W. Rid. R. 25Sept.18
Lister, Maj. W. J., ret. pay *late* R.E. (Ind. Pens.) 16Feb.91
Liston, Maj. F. A., ret. pay *late* W.I.R. 8Jan.02
Litchfield, Asst. Commy.-Gen. E., ret. Commt. Dept. 13Jan.69
Litchford. Maj. R. ret. pay *late* W.I. R. 11Jan.11
Lithgow, Maj. H. L., ret. pay *late* K.F.A. 31Oct.03
Little, Col. C., *M.D.*, ret. Ind. Med. Serv. (Mad.) 12Feb.00
Little, Col. C. B., *C.M.G.* (ret. pay) 30Aug.11
Little, Capt. G. L. t. ., *M.B.*, *F.R.C.S. Edin.*, ret. Ind. Med. Serv. 1Aug.11
Little, Chaplain (1st Class)*Rev.* H., ret. pay *late* Army Chaplains' Dept. 25Feb.11
Little, Bt. Lt.-Col. J., *O B.E.*, ret. pay *late* North'n R. (*Spec. Appt.*) 1Jan.18
Little, Lt.-Col. J. A., u.s.ii. Ind. Army 18Mar 88
Little, Hon. Brig.-Gen. M. O., *C.B.*, *C.B.E.*, ret. pay *late* n.p. 4Aug.17
Little, Lt.-Col. S., *M.D.* ret. Ind. Med. Serv. 31Mar.99
Little, Bt. Col. W. H. B., ret. pay *late h.p.* 23Sept.97
Littledale, Maj. H. A. P., ret. pay *late h.p.* 18Sept.15

Littledale, Bt. Col. H. C. T., *p.s.c.*, ret. pay *late* 4 D.G. 11Mar.04
Littledale, Bt. Col. R. P., ret. pay *late* R.E. 18Jan.05
Littlefield, Capt. A. O., Qr.-Mr. ret. pay *late* R E. 1July17
Liverpool,Maj.*Rt.Hon.*A. W.de B.S.,*Earlof*, *G.C.M.G.*, *G.R.E.*, *M.V.O.*, ret. pay late Rif. Brig. (*Lt.-Col. T. F. Res.*) (*Gov. Gen. & C.-in-C., Dom'n of N. Zealand*) 1Jan.07
Livesay, Maj J., ret. Ind. Army 8May16
Livesey, Capt. R. O' H., *D.S.O.*, ret. pay late R. W. Surr. R., *p.s.c* , *s.* 1Jan.03
Livingston, Bt. Col. P. J. C., ret. pay *late* R. Highrs. 16Apr.08
Livingstone - Learmonth, Maj. F. L. C., *C.M.G.*, ret. pay *late* R.H.A. 16Nov.15
Llewellyn, Bt. Lt.-Col. E. H., *D.S.O.*, ret. pay *late* R. Innis. Fus. 1Jan.19
Lloyd, Capt. A. A., *D.S.O.*, ret. pay late North'n R., *s.a.* 1Apr.94
Lloyd, Maj. A. M., ret. Ind. S.C. 11May98
Lloyd, Capt. A. W., Qr.-Mr. ret. pay *late* E. Kent R. 25Aug.17
Lloyd, Maj. C. E., ret. Ind. Army 10July01
Lloyd, Lt.-Col. E., ret. Ind. S.C., *p.s.c.* 16Oct.92
Lloyd, Col. E. M. ret. pay *late* R.E. 22Aug.02
Lloyd, Hon. Brig.-Gen. F. C., *C.B.* ret. pay (*Spec. Appt.*) 7Apr 18
Lloyd, Hon.Maj.F.E.,ret.pay*late*25Ft.,*p.s.c.* 1Jan.81
Lloyd, Bt. Lt.-Col. F. L., *C.M.G.*, ret. pay *late* R.E. (*Temp. Lt.-Col. R.A.S.C.*) 3June16
Lloyd, Lt.-Col. G. W. D. B., *O.B.E.*, ret. pay *late* R. W. Fus. 1Feb.12
Lloyd,Maj.H.,*D S.O.*,ret.pay late North'n R. 5Sept.16
Lloyd, Bt. Lt.-Col. H. R., ret. pay *late h.p.* 22Aug.02
Lloyd, Maj. J., ret. pay *late* York & Lanc. R. 12Feb.90
Lloyd, Lt.-Col.J.D.A.T., ret. pay *late* R.G.R. (ret. pay) 18Oct.02
Lloyd, Bt. Lt.-Col. J. H., ret. Bo S.C. 1Jan.01
Lloyd, Capt. J. H., *D.S.O.*, ret. pay *late* R. Lanc. R (*Hon. Maj. ret. Spec. Res.*)
 Lt.-Col. 3 *Bn. R. Lanc. R.* 25Jan.00
BC Lloyd, Maj.-Gen. O. E. P., *C.B.*, ret. pay *late* Dep. Dir. of Med. Serv. 17Nov.09
Lloyd, Col. R. O., ret. *late* Mil. Wks. Serv., India (R.E.) (Ind. Pens.) 2July99
Lloyd, Hon Brig.-Gen. S. E. M., *C.B.E.*, ret. pay *late* Suff. R. 25Apr.19
Lloyd, Maj.-Gen. T. F.,ret.pay Col N.Staff R. 16Dec.88
Lloyd, Lt.-Col. T. O., *C.M.G.*, ret. pay *late* R. Highrs. 6Jan.19
Lloyd, Maj. W. N., *C.B.*, *M.V.C.*, ret. pay *late* R.A. (*Gent.-at-Arms*) (*Hon. Col. R.F.A.,T.F.*) 16Mar.93
Lloyd-Burrow, Hon. Brig.-Surg. T. S., *M.D.*, Surg.-Lt.-Col. Ret. Med. Dept. 23Apr.84
Lloyd-Dickin, Lt.-Col. J., ret. pay *late h.p.* 17June91
Lloyd-Evans, Hon.Lt. J. D., Rldg.-Mr., ret. pay *late* R.F.A. 2Mar.04
Lloyd-Jones, Lt.-Col. F. L., ret. Ind. Army 11Feb.14
Loch, Lt.-Col. G. H., *C.I.E.*, ret. Ind. Army 21Aug.04
Loch, Lt.-Col. H. F., ret. Ind. Army, *p.s.c.* 8May05
Lock, Maj. F. H., ret. pay *late* E. York. R 26Apr.11
Lock, Hon. Frig-Gen. F. E. R., *D.S.O.*, ret. pay 19Aug.19
Lock, Lt. G. H., ret. pay *late* R G.A 2Feb.18
Lock, Capt. J. L., ret. pay *late* R. W. Fus. (for Mlla.) 2Apr.91
Locke, Hon. Capt. C. R., Commy. ret. Ind. Army Dept. 20Oct.05
Locker. Capt. W. J., ret. pay *late* N. Staff. R , *s.* 16Feb.04
Lockhart, Lt. D. D. A., ret. pay *l te h.p.* 1Jan.17
Lockhart, Hon. Maj. H., Qr.-Mr. ret. pay *late* R.A.M.C. 16Mar.07
Lockhart, Col. R. D. E., ret. pay *late* Staff (*late* R.A.) 2°Aug.93
Lockwood, Capt. L., *M.C.*, ret. pay *late* R.A. 9Sept.19
Lockyer, Bt. Lt.-Col. E. S. B., ret. pay *late h.p.* R.A. 25May94
Lodge, Hon. Lt.-Col. F., ret. pay *late* R. (Bo.) A. 24Nov.82
Lodwick, Lt.-Col. R. W. P., Staff Paymr. ret. A.P. Dept. 1Apr.06

Non-Effective Officers

Logan, Hon. Brig.-Gen. D. F. H., C.B., C.M.G., ret. pay late R.A. [F] 17 Oct. 19
Logan, Lt.-Col. F. C. L., O.B.E., ret. pay late h.p.
Logan, Lt.-Col. F. C. L., O.B.E., ret. pay late h.p. 12 Dec. 17
C. Logan, Hon. Col. J. ret pay late h.p. 27 Aug. 81
Logan, Hon. Lt. S., Inspr. of Army Schools ret. pay 2 July 94
Logan-Home, Lt.-Col. F.C. ret. Ind. Army, s. 23 Apr. O
Logan-Home, Maj. G. J. N., ret. pay late Bedf. R. 26 Feb. 96
Loman, Lt. T.. ret pay late h.p. 28 Apr. 16
Lombe, Lt.-Col. R.H. F. ret. pay late Norf. R. 28 Oct. 14
Lomer, Maj. R. E. McI., ret. pay late 2 D.G. 21 Dec. 07
Lomer, Lt.-Col. S. F. McI., O.B.E., ret. pay late K.R. Rif. C. 23 July 19
Lonergan, Maj. J., Commy. ret. Ind. Army Dept. 1 July 17
Long, Hon. Brig.-Gen. Sir A., K.B.E., C.B., C.M.G., D.S O. [F] ret. pay late R.A.S C. 25 Sept. 19
Long, Bt. Col. C. J., ret. pay late h.p. R.A. g. [F] [R] 16 Nov. 98
Long, Maj. (Dist. Offr.) M. J., ret. pay late R.A. (Empld. R.A.) 4 Sept. 03
Long, Hon. Maj. R. L., Paymr. ret. A.P. Dept. 21 Jan. 85
Long, Bt. Lt.-Col. S. C., ret. pay late Rif. Brig., p.s.c. [I] 3 June 17
Long, Maj.-Gen. S. S., C.B., ret. pay late R.A.S.C. 1 Apr. 15
Long, Maj. T. F., Qr.-Mr. ret. pay late Durh. L.I. 28 Sept. 18
Long, Maj. W. C., ret. Ind. Med. Serv. 27 Jan. 12
Long, Hon. Lt. W. H., Qr.-Mr. ret. pay late R.A. 23 Feb. 84
Long, Maj. W. H. B., ret. pay late h.p. 4 Mar. 16
Long, Lt.-Col. W. J., C.M.G., ret. pay late h.p. 3 June 17
Longe, Col. F. B., C.B., ret. Surv.-Gen., India (R.E.) (Ind. Pens.) 1 Oct. 05
Longfield, Hon. Lt.-Col. A. H., ret. pay late Norf. R. 28 June 84
Longfield, Bt. Lt.-Col. M. J. C., ret. pay late 2 L G. 12 Jan. 03
Longfield, Capt. R.W., ret. pay late 3 D.G. 7 Feb. 00
Longfield, Maj. W. E., ret. pay late h.p., R.E. [F] 2 Nov. 16
C. M. Longhurst, Surg.-Maj. A. E. T., M.D., ret. Med. Dept. 1 May 67
Longhurst, Hon. Capt. B., Qr.-Mr. ret. O. S. Dept. 7 Mar. 88
Longhurst, Lt.-Col. S., F.R.C.V.S., ret. h.p. A. Vety. Dept. 18 Oct. 02
Longley, Lt.-Col. A., Staff Paymr. ret. A. P. Dept. 24 Dec. 91
Longridge, Lt.-Col. T., D.S.O., ret. pay late Bedf. R. [i] 2 May 08
Longstaff, Lt.-Col. R., D.S.O., ret. pay, late R. Art. [F] 17 Aug. 18
Longstaff, Hon. Lt. R., Qr.-Mr. ret. pay, late h.p. 21 Oct. 11
Longstaffe, Hon. Maj. (Vols.) W., Adjt. ret. pay late 2 V.B. Lanc. R. 17 Apr. 80
Longueville, Maj. E., ret. pay late h.p 30 Oct. 14
Longueville, Maj. R., ret. pay late C. Gds. (Lt.-Col. ret. Terr. Force) 22 Apr. 05
Lonsdale, Capt. M. P. E., ret. pay late R. Dub. Fus. 25 June 98
Lonsdale, Capt. P., ret. pay late E. Lan R. (1st Class Dist. Offr., N.Prov., Nigeria {1 Jan. 14 / 10 Mar. 06)
21 Nov. 01
Loscombe, Bt. Col. A. R., C.B.E., ret. pay late W.I.R. 18 Jan. 05
Loudon, Maj. F. A., ret. Ind. Army 10 July 01
Loudon, Lt.-Col. J. A., ret. Ind. Army 10 Mar. 09
Lougheed, Surg.-Maj. J. W., ret. Med. Dept. 24 Dec. 73
Lougheed, Lt.-Col. S. F., C.M.G., M.D., ret. pay late R.A.M.C. 4 Feb. 02
Lousada, Bt. Col. F. P., C.B.E., ret. pay late York & Lanc. R. [F] 10 Feb. 04
Love, E. W. P., ret. pay late 20 Hrs. 2 Sept. 14
Love, Col. H. D., ret. pay late h.p. R.E. (Ind. Pens.) 4 Apr. 03
Love, Lt.-Col. R. L., M.D., ret. pay late R.A.M.C. 31 July 00
Loveband, Bt. Col. F. R., ret. pay late W.I.R. (Empld 1 Garr. Bn. W. York. R.) 2 Feb. 11
Lovegrove, Hon. Capt. J., M.C., Qr.-Mr. ret. pay late R.F.A. [Capt. R.F.A. (T.F.)] 7 Mar. 10
Lovell, Maj. A. N., ret. Ind. Army (Maj. T.F. Res.) l.c, 31 Dec. 07

Lovell, Hon. Capt. G. M., Qr.-Mr. ret. pay late h.p. 1 July 17
Lovell, Lt.-Col. J., ret. pay late h.p. 6 Nov. 92
Lovett, Maj.-Gen. B., C.B., C.S.I., ret. pay late R. (Ben.) E. 1 Nov. 92
Lovett, Lt. E J., M.C., ret. pay late R.G.A. 3 May 18
Lovett, Lt.-Col. H., Commy of Ord., ret. pay late R.A.O.C. 1 Jan. 18
Lovett, Maj. H. W., ret. pay late Som. L.I. [F] (Hon. Lt.-Col. Vols.) 27 Mar. 99
M. Low, Capt. J. A., h.p. R. (Ben.) A. (Ind. Regns.) 19 Aug. 67
Low, Lt.-Col. R B, D.S.O., ret. Ind. Army 7 Feb. 11
Lowdell, Lt.-Col. C.G.W., ret. Ind. Med. Serv. 30 Sept. 98
Lowe, Maj. F. M., ret. pay late R.A. 18 May 97
Lowe, Lt.-Col. N. H. S., ret. pay, late h.p. 19 Aug. 09
Lowe, Hon. Maj.-Gen. W. H. M., C.B., ret. pay late h.p. 1 Jan. 17
Lowis, Lt.-Col. R. M., ret. Ind. Army 25 Aug. 12
Lowndes, Lt.-Col. C. W. S., ret. pay late h.p. 31 Jan 90
Lowndes, Maj. J. G., D.S.O., ret. pay late h.p., 9 June 09
Lowndes, Bt. Maj. M., ret. pay late R. Dub. Fus. 22 Aug. 02
Lowndes, Hon. Maj.-Gen. T., ret. Mad. S.C. 1 Aug. 87
Lowry, Lt.-Col. F. J. S., O.B.E., ret. Ind. S.C. 13 Sept. 18
Lowry, Capt. G., ret. pay late h.p. 28 Oct. 14
Lowry, Maj. H. D., ret. pay late Dorset R. 15 June 07
Lowry, Lt.-Col. H. W., ret. Ind. Army 19 Feb. 07
Lowry, Col. J., C.B.E., Chief Paymr. ret. pay, late A. P. Dept. 17 Nov. 05
Lowry, Bt. Col. W. H., ret. Ind. Army 29 Nov. 05
Lowson, Maj. C. S., M B., ret. Ind. Med. Serv. 27 July 11
Lowth, Bt. Col. F. R., C.B., ret. pay late h.p. 11 Mar. 02
Lowther, Hon. Maj.-Gen. Sir H. C., K.C.M.G., C.B., C.V.O., D.S.O., q.s., [L] [F] ret. pay late S. Gds. 16 Mar. 19
Lowther, Maj. S., Qr.-Mr. ret. R. Mar. 15 July 16
Lowther, Lt.-Col. W. G., ret. pay late h.p. (Hon. Col. ret. Mtla.) 11 Nov. 93
Loyd, Capt. F. K., ret. pay late R. Innis. Fus. (Hon. Lt.-Col. Mtla.) 1 Dec. 80
Luard, Col. A. J. H., D.S.O., ret. pay late h.p. 6 June 12
Luard, Capt. F. R., ret. pay late W.I.R. 1 Apr. 94
Luard, Maj. G. D., ret. pay late Sco. Rif. (Lt.-Co', ret. Spec. Res.) 9 May 03
Luard, Maj. H. B., M.B., ret. late h.p., Ind. Med. Serv. 25 Aug. 16
Luard, Bt. Lt.-Col. R. C., ret. pay late Oxf. L.I. 1 Jan. 19
Luard, Maj. W. du C., ret. pay late R.E. (Empld.) 27 Oct. 99
Luby, Hon. Lt.-Col. M. B., ret. pay late Dorset R. 31 Dec. 87
Lucas, Col. H. C.E., ret. Ind. Army 21 Aug. 99
Lucas, Col. T. E. R., C.B., M.B., ret. pay formerly R.A.M.C. [R] [F] 2 Jan. 10
Lucas, Maj. T. L. W., O.B.E., ret. pay late Welsh R. (Empld. Reog. Duties) 5 July 99
Luck, Col. C. A, ret. Ind. Army 28 Oct. 15
Luddington, Capt. W. J. C., ret. pay late E. Lan. R. (Maj. 3 Bn. E. Lan. R) 10 Nov. 17
Ludlow, Hon. Brig.-Gen. E. R. O., C.B., C.B.E., ret. pay late R.A.S.C., p.s.c. 16 Dec. 19
Ludlow-Wood, Capt. F., h.p. late Ind. Army 3 May 10
Luff, Hon. Maj. E., Qr.-Mr. ret. R. Mar. 15 July 16
Lugard, Maj. E.J., D.S.O., O.B.E., ret. Ind. Army (Political Secy. to Gov.-Gen. & C.-in-C. Nigeria) 10 Nov. 04
Lugard, Bt. Col. Rt. Hon. Sir F. J. D., G.C.M.G., C.B., D.S.O., ret. pay late extra regtl. employed 8 July 05
Lugard, Col. H. I., u.s.l. Ind. Army 14 Dec. 83
Lugard, Bt. Col. H. T., ret. pay late R.A. 5 Apr. 07
Luke, Hon. Lt. A., Sen. Asst. Surg. ret. Ind. Sub. Med. Dept. 1 Feb. 04
Luke, Hon. Col. H. F., Chief Paymr. ret. A.P. Dept. 2 May 89
Lumley, Hon. Brig.-Gen. F. D., C.B., C.B.E., ret. pay late h.p. 12 Apr. 17
Lumley, Col. Hon. O. V. G. A., C.M.G., ret. pay late h.p. 10 Feb. 04
Lumley-Smith, Maj. T. G. L., D.S.O., ret. pay late 21 Lrs. 8 June 19
Lumsden, Maj. G. M., ret. pay late Sea. Highrs. 22 July 19

Lumsden, Lt.-Col. H. R. W., u.s.l. Ind. Army 6Sept.02
Lumsden, Lt. R., Asst. Commy. ret. Ind. Army Dept. 1Mar.02
Lupton, Surg.-Capt. A. C., *M.B.*, ret. pay late h.p. 28Jan.91
Lupton, Capt. G., ret. pay late 6 Dns. 20Dec.19
Luscombe, Lt. J. H., ret. pay late R. Suss. R. (for Mila.) (*Capt. 1 Bn. R. Guernsey Mfla.*) 21Mar.03
Lush, Lt.-Col. R. F., ret pay late W. York. R. 21Feb..6
Lushington, Maj. A. J., ret. pay late Dorset R.5May93
Lushington, Maj. Str A. P. D., *Bt.*, ret. pay late 3 D.G. 24Nov.92
Lushington, Lt.-Col. E. C. M., ret. Ind. Army 27June01
Lushington, Col. E. E., ret. pay late 8 Hrs. 1Apr.88
Lushington, Bt. Lt.-Col. L. E., ret. pay late Dorset R (*Maj. Lab. Corps*) 2Aug.02
Lushington, Hon. Brig.-Gen.,S.,*C.B.,C.M.G.*, ret. pay late R. Art. [F] (*l*) 27Jan.19
Luther, Col. A. J., *C.B*, ret. pay, late A. Med. Serv. 1Mar.15
Luton, Capt. G., ret. pay late R.G.A. 8Mar.19
Lutyens, Lt.-Col. J. G., ret. pay late R.E. 17Apr.01
Luxford, Capt. C., ret. pay late E. Surr. R 15Feb.15
🏰. Luxmoore, Col. C. T. P., u.s.l. Ind. Army 4Aug.87
Lyall, Capt. C. N., ret. pay late R.G.A. (*temp. Maj. R.F.A.*) 15Mar.92
Lyall, Maj. H., ret. pay late R.A. 21July86
Lygon, Lt.-Col. Hon. R., *M.V.O., M.C.*, ret. pay, late G. Gds. (*Lt.-Col. ret. T.F.*) 11May19
Lyle, Lt.-Col. A. A., ret. A. Med.Staff(*Empld. R.A.M.C.*) 3Feb.98
Lyle, Hon Brig.-Gen. G. S. B., *C B.*, ret. pay late R.A., *g.* 28Feb.20
Lyle, Capt. H. D., ret. pay late R.G.A. (*Empld. R.G.A.*) 25Mar.96
Lyle, Bt. Col. H. T., *C.B.E., D.S.O.*, ret. pay, late h.p. 10Apr.75
Lynch, Maj. F., ret. pay late R. Berks. R. 30Apr.95
Lynch, Bt. Col. H. B., ret. pay late Dorset R. 25Oct.05
Lynch, Capt. J., Rid.-Mr., ret. pay late R.A. 1July17
Lynch, Bt. Col. J. B., ret. Ind. S.C. 8Jan.98
Lynch, Hon. Capt. W., Qr.-Mr. ret. pay late Derby R. 1May88
Lynch-Staunton, Col. A. H. C., ret. pay late h.p. (*Empld. Musky. Duties*) 22Nov.88
Lynch-Staunton, Maj. H. G., ret. pay late North'd Fus., (*Capt. 5 Bn. R. Fus.*) 18Sept.15
Lynden-Bell, Capt. C. P. L., ret. pay late E. Surr. R. [L] (*Lt.-Col. & Hon. Col. ret. Mfla.*) 10Aug.91
Lynden-Bell, Col. E. H. L., *C.B., M.B.*, ret. pay late R.A.M.C. 19Sept.12
Lyne, Maj. O. V. N., ret. Ind. Army 11Feb.06
Lynn, Bt. Col. S. H., ret. pay late A.S.C. 6Nov.02
Lyon, Lt.-Col. C., ret. pay late R.F.A. (*Lt.-Col. ret. Terr. Force*) 16Sept.16
Lyon, Hon. Capt. W. P., Dep. Commy. ret. Ind. Army Dept. (*Rl. Wt. 29 Nov. 97*) 1July99
Lyon-Campbell, Col. A. R. S., ret. pay late Bord, R. 23July02
Lyon-Campbell, Col.C.A. ret.pay late R.E. 24Jan.89
Lyon-Campbell, Lt.-Col. C. H. D., ret. pay late h.p. 12Nov.14
Lyons, Maj. J. G., ret. pay late Suff. R. [L] 11May16
Lyons, Maj.-Gen. R. W. S., *M.D., K.H.P.* [R], ret. Ind. Med. Serv. 11Jan.14
Lyons-Montgomery,Col.W F., *C.B.*, ret. Ind. Army 20May02
Lys, Col. A. M., ret. Mad. S.C. 4Mar.86
Lysaght, Col. A. N., ret. pay late h.p. 10Apr.06
⚔️. 🏰. Lyster, Lt.-Gen. H. H., *C.B.*, u.s.l. Ind. Army [R] 1Sept.91
Lyster, Col. W. H., ret. Ind. Army G.C.V.O., ret. pay, Col. Comdt. Rif. Brig. [R] [F] (*Gov. R. Hosp., Chelsea*) 16Oct.96 9Apr.06
⚔. Lyttelton-Annesley, Col. *Sir* A. L., *K.C.V.O.*, ret. pay, Col. 11 Hrs. [R] 15Feb.93
Lyttle, Hon. Lt. A. Asst. Commy. ret. Ind. Army Dept. 4June86
Lywood, Lt.-Col. E. G., ret.pay late R.M.L.I. (*Recg Staff Offr.*) 12Oct.10
Maberly, Bt. Col. C, E., *D.S.O.*, ret. pay late R.H.A. 10Feb.04

MacAdam,Capt.P.B., ret. pay late E. Lan. R. 8July90
MacAlister, Hon. Capt. R. W., Dep. Commy. ret. Ind. Army Dept. (*Rl. Wt. 29 Nov. 97*) 2Nov 01
Macalister, Lt. S. C., ret. Ind. Army 30Jan.18
Macallan, Capt. W. H., ret. pay late Sco. Rif.28Nov.04
Macan. Col. T. T., *C.B.*, ret. pay late h.p. 10Oct 08
McArdle, Capt. P., Dep. Commy. ret. Ind. Army Dept. 6Dec.14
McArdle, Hon. Capt. W. R., Sen. Asst. Surg. ret. Ind. Sub. Med. Dept. (Ben.) 27Apr.00
McArthur, Lt.-Col. C. J. E. A., *O.B E.*, ret. pay late h.p. 7Nov.14
Macartney Lt.-Col. H. F. T., ret. Ind. Army 17Oct.06
Macartney,Lt.-Col.J.,*M.D.*,ret.A. Med. Staff 20Oct.86
Macartney, Lt.-Col. J. W. M., *C.B.*, ret. pay late Dorset. R. (*Govt. Sec., Guernsey*) 18Oct.02
🏰. Macaulay, Hon. Col. C. E., ret. Ben. S.C. 5May84
Macauley, Hon. Brig.-Gen.*Sir* G.B.,*K,C.M.G., K.B.E., C.B.*, ret. pay late spec. extra Regtl. emplt. (R.E) [F] (*Gen. Manager, State Rlys., Egypt, 23 Oct. 06*) 7Apr.19
McAuley, Lt. R. J., ret. pay late h.p. 13Oct.16
Macausland, Lt.-Col. R. C. S., ret. Ind. Army 18Nov.98
McBarnet, Maj. A.E., *M.V.O., D.S.O.*, ret. Ind. Army. (*Lt.-Col. ret. T.F.*) 3July07
Macbay, Lt.-Col. W. G. W., u.s.l. Ind. Army 23Mar.93
MacBean, Capt. A., ret. pay late Hamps. R. 15Nov.81
Macbean, Col. W. A., ret. pay late h.p. [L] 2June18
McCabe, Capt. C. S., ret. pay late R.G.A. 11Dec.17
McCabe, Hon. Capt. M. J., Qr.-Mr. ret. pay late R.W. Surr. R. (*Hon. Maj. ret.Terr. Force*)18Oct.02
McCafferty, Hon. Capt. C.. Qr.-Mr. ret. pay late R.G.A. (*Capt. ret. T.F. Res.*) 4Dec.99
MacCall, Hon. Maj.-Gen. C. B., *C.B.*, ret.pay late Staff 25Sept.17
McCallum Hon. Maj. W., Qr.-Mr. ret. A. Med. Staff 18Oct.02
McCalman, Lt.-Col. H., *M.D.*, ret. Ind. Med. Serv. 30Sept.96
McCalmont, Maj.-Gen. *Sir* H., *K.C.B., O.V.O.*, ret. pay Col. 7 Hrs. [R] [F] 24June96
McCandlish, Lt.-Col. P.D., *C.B.E.,D.S.O.*, ret. pay late Arg. and Suth'd Highrs. 3June18
McCanlis, Hon. Capt. W., Qr.-Mr. ret. O.S. Dept. 1Apr.86
McCann, Hon. Capt. J., Dep. Commy. of Ord., ret. A. Ord. Dept. 24May99
M'Carthy, Chaplain (2nd Class) *Rev. A*., ret. pay late A. Chaplains' Dept. [R.C.] 30Apr.79
MacCarthy, Bt. Col. F.D.F., ret. pay late R.E. 1Aug.06
McCarthy, Matron-in-Chief, *Dame* E.M.,*G.B.E., R.R.C.*, ret. pay late Q.A.I.M.N.S. [F] 3June17
MacCarthy, Maj.I.A.O., ret. pay late R.A.M.C. 28July03
McCarthy, Hon. Brig. Surg. J. J., *M.D.*, Surg.-Maj. ret. Med. Dept. [F] 5Dec.83
McCarthy, Hon. Brig.-Gen. M. J., *C.M.G.*, ret. pay late h.p. 15July19
McCartie, Lt.-Col. C. J., *M.D.*, ret. Ind. Med. Serv. 30Sept.94
McCausland, Lt.-Col. A. K., ret. pay late Welsh R. 12Dec.86
McCausland, Lt.-Col. J. K., Staff Paymr. ret. A.P. Dept. 12Jan.03
McCausland, Col. M, F.H., ret. pay late R.A., *p.s.c.* 10Oct.90
McCausland, Hon. Col. M. L., ret. pay late 11 Ft. 19May80
McCausland, Hon. Lt.-Col.W. H., ret. Mad. S.C. 31Dec.87
McClellan, Maj. G. E., ret. pay late 3 D. G. 4Dec.86
McCleverty, Col. J., ret. pay late h.p. 4Aug.89
McClintock, Maj. L. A., ret. pay late R.A. 26July90
McClintock, Bt. Col. W. G. W., ret. pay late h.p. 28July96
McClintock, Hon. Brig.-Gen. W. K., *C.B.*, ret. pay. late h.p. 9June18
McCloghry, Col. J., *F.R.C.S.I.*, ret. Ind.Med. Serv. 20June03
McClymont, Lt.-Col. R. A., *C.B.E., D.S.O.*, ret pay late R.A. 14Jan.20
McComb, Bt. Col. R. B., *C.B.*, ret. pay late A.S.C. 5June00
McCombie, Maj. & Ridmr. A. W., ret. pay, late R.H.A. 5Apr.08

Non-Effective Officers

McConaghay, Lt.-Col. A., *C.I.E.*, ret. pay, *late* Ind. Army. 23Aug.10
†McConaghey, Lt.-Col. H., ret. pay *late* h.p., *p.s.c.* [I] 16Dec 18
McConnell, Capt. C. E., ret. pay *late* R.G.A. 24May18
McCormack, Maj. R. J., *M.D.*, ret. pay *late* R.A.M.C. 2Aug.96
McCourt, Capt. G., ret pay *late* R.E. 25Oct.19
✠ McCoy, Hon. Capt. R., Qr.-Mr., ret. pay *late* Oxf. L.I. [R] 28May94
McCrea, Bt. Col. R. F., ret. pay *late* h.p. R.A., *g. (Spec. Appt.)* 21July05
McCreery, Lt.-Col. B. T., *M.B., F.R.C.S.I.*, ret. pay *late* h.p., R.A.M.C. 5Feb.01
Macculloch, Maj. B. D., ret. pay *late* h.p. 15Dec.17
McCullough, Hon. Maj. J., Qr.-Mr. ret. pay *late* R. W. Surr. R. 1July17
McCurdy, Matron *Miss* R., ret. pay *late* Q.A.I.M.N.S 25Nov.86
McCutcheon, Maj. A. M., *M.B.*, ret. pay *late* h.p. 25Sept.19
McDermott, Capt. E., *D.C.M.*, ret. pay *late* Leins. R. 1Jan.1
McDermott, Hon. Maj. J., *O.B.E.*,Commy. ret. Ind. Army Dept., *s*. 3Jan.03
McDermott, Hon. Surg.-Lt. J., Sen. Apoth. ret. Ind. Sub Med. Dept. (Mad.)(*Rl.Wt.* 19 *July* 90) 21Sept.93
Macdonald, Maj. A. D., ret. pay *late* R.G.A. 1May17
Macdonald, Lt.-Col. C. E. W., ret. pay late Ind. Army 28Feb.04
Macdonald, Col. C. H., ret. Ind. Army 11June07
McDonald, Col. C. J., *C.M.G., M.D.*, ret. pay *late* h.p. (A. Med. Serv.) 1Mar.15
Macdonald, Maj. D., Qr.-Mr. ret. pay, *late* Cam'n Highrs. 1July17
MacDonald, Lt. E. M., ret. pay *late* Arg. & Suth'd Highrs. 16Oct.15
Macdonald, Maj. E. W., ret. pay *late* K.O. Sco. Bord. 1Sept.15
McDonald, Col.G., ret. pay *late* Staff (R.E.), *p.s.c.* 31Dec.95
Macdonald, Capt. G. G., ret.pay *late* G.Gds. 20Dec.98
Macdonald, Maj. H. C. F., ret.pay *late* Sea. Highrs. 3July95
Macdonald, Capt. I. M., ret. pay, *late* High. L.I. 17Nov.17
McDonald, Hon. Maj. J., *M.B.E.*, Qr.-Mr. ret. pay, *late* Welsh R. 26June10
Macdonald, Capt. J., Qr.-Mr. ret. pay, *late* Gord. Highrs. 1July17
McDonald, Lt. J., Asst. Sen. Surg, ret., Ind. Med. Dept. 3June15
McDonald, Lt. J. F., ret. pay, *late* h p. 8Aug.16
Macdonald, Maj.-Gen. *Sir* J. R. L., *K.C.I.E., C.B.*, ret. pay *late* R.E. (*Ind.Pens.*) [R][F] 11Apr.08
Macdonald, Lt.-Col. T. R., ret. Ind. Med. Serv. 31Mar.00
MacDonald, Capt.(Dist Offr.) W., ret.pay *late* R.A. (*Lt.-Col. ret. T.F.*) 2July12
McDonell, Capt. M. L., ret. pay *late* R.G.A. [I] 13Feb.02
MacDonnell, Bt. Col. A. C., ret. pay *late* h.p. R.E. 5Aug.04
McDonnell, Bt. Col. J., *C.B.*,ret. pay *late* h.p. R.A. 21Nov.01
McDonnell, Lt.-Col. P., Qr.-Mr., ret. pay, *late* R. Ir. Fus. 3June19
MacDonnell, Capt. R. G., ret. pay *late* h.p. 11May94
Macdonnell,Hon.Col.W.,*C.B.*, Chief Paymr. ret. A. P. Dept. 1Apr.86
McDougall, Lt.-Col. W. A., *D.S.O., O.B.E., F.R.C.V.S.*, ret. pay *late* A.V.C. 15Dec.15
McElhinny, Bt. Lt.-Col. W. J., ret. pay *late* R.E.(*Ind. Pens.*) 1Jan.18
McElwee, Maj. J. T., Qr.-Mr. ret. pay, *late* R.E. 1July17
McElwee, Hon. Lt. P., Qr.-Mr. ret. pay *late* R.A. 9Mar.06
MacEwan, Capt. H.F. ret.pay *late* Midd'x R. 14Mar.00
McEwen, Hon. Capt. J., Qr.-Mr. ret.pay *late* Bord. R. 22Aug.10
MacEwen, Maj. K. G., ret. pay *late* R.G.A. 15Apr.15
MacEwen, Hon. Brig.-Gen. M. L., *C.B.*, ret. pay, *late* h.p. 1July18
✠ McEwen, Hon. Lt.-Col. R. B., ret. pay *late* Gord. Highrs. 29Oct.81
MacEwen, Lt.-Col. St. C. M. G., ret. pay *late* h.p. [F] (*Lt.-Col. ret. T.F.*) 16Aug.19
Macey, Maj. T. Y., Commy. ret. Ind. Army Dept. 1July17
MacFall, Hon. Maj. A. W. C., *O.B.E.*, ret. pay, *late* Yorks. L.I. (*Hon. Lt.-Col. Mfla.*) 18Oct.02
McFall, Maj. C. H. C., ret. pay *late* h.p. 6May17
McFarlane, Hon. Maj. A., Qr.-Mr. ret. O.S. Dept. (Naval Ord. Dept.) 25Feb.03
Macfarlane, Hon. Brig.-Gen. D. A., *C.B., D.S.O.* (ret. pay)[R] 10 July 18
Macfie, Maj. C., *D.S.O.*, ret. pay *late* Sea. Highrs. 1Sept.15
Macfie. Lt -Col. W. C., *D.S.O.*, ret. pay *late* R.E. [F] 11Jan.20
McGann, Lt.-Col. J., ret. A. Med. Staff 30Sept.94
McGann, Col. T. J., *F.R.C.S.*, ret. Ind. Med. Serv. 1Apr.95
McGarty, Qr.-Mr. J., ret. pay *late* R. Ir. Rif. 10June82
MacGeough-Bond, Lt.-Col. R. F. X., ret. pay *late* F.R.A. 22Mar.17
McGill, Maj. (Dist. Offr.) A., ret. pay *late* R.A. 3Sept.04
McGivern, Capt. J., ret. pay *late* R. Innis. Fus. 1Jan.20
Macgowan, Capt. R. S., ret. pay *late* h.p. R.A. 1Apr.95
MacGregor, Maj. A. C. H., ret. pay *late* R. Sc. Fus. 25Aug.06
McGregor, Maj. D., ret. pay, *late* R.G.A. 29Nov.19
MacGregor, Col. H. G., *C.B.*, ret. pay *late* Staff,*p.s.c.* [R][F] 24Nov.89
Macgregor, Surg.-Lt.-Col. J., *M.D.*, ret. Ind. Med. Serv. 31Mar.96
MacGregor, Bt. Lt.-Col. P. A., *D.S.O.*, ret. pay *late* C. Gds. 1Jan.16
MacGregor, Capt. R. D., ret. Ind. Med. Serv. 1Sept.07
MacGregor, Lt.-Col. W. W., *D.S.O.*, ret. pay *late* Gord. Highrs 22Feb.17
MacGregor-Whitton, Bt.-Col. J., ret. pay *late* h.p. 25Aug.94
McGrigor, Maj.-Gen. C. R. R., *C.B., C.M.G.*, ret. pay, *p.s.c.* [I] [F] [R] 3June16
McGrigor, Hon. Brig.-Gen. W. C. G., ret. pay *late* S. Gds. 17July17
McGuire, Hon. Capt. M., *O.B.E.*, Qr.-Mr. ret. pay *late* Notts. & Derby R. (*Temp. Maj. Empld. Min. of Natl. Serv.*) 13May06
Machin, 2nd Lt. B. W., ret. pay, *late* h.p. 24Nov.15
McIlroy, Hon. Maj. H., Inspr. of Army Schools ret. pay. 30Apr.17
McInnis, Hon. Lt.-Col. E. B., *C.M.G.*, ret. pay *late* h.p. 23Apr.87
Macintosh, Hon. Capt. P., Qr.-Mr. ret. pay *late* R.A.M.C. (*Qr.-Mr. and Maj.R.A.M.C. T.F.*) 24Aug.08
McIntyre, Hon. Maj. A. H. C., Qr.-Mr. ret. pay *late* R.E. 1July17
Macintyre, Maj.-Gen. D. C. F., *C.B.*, ret. Ind. Army 4May14
McIntyre, Capt. E., ret. pay, *late* Cam'n Highrs. 23July19
McIntyre, Hon. Brig.-Gen. H. D., ret. Ind. Army 3Apr.17
Mack, Lt. C., *M.M.*, ret. pay, *late* Welch R. 24Sept.19
Mackay, Capt. A. L. H., ret. pay *late* K. O. Sco. Bord. 24May79
McKay, Maj. D., ret. pay *late* R.F.A. [L] 8Mar.02
McKay, Col. H. K., *C.B., C.I.E.*, ret. Ind. Med. Serv. [R] 3Dec.04
Mackay, Lt.-Col. I. J. D., *D.S O.*, ret. pay *late* h.p. [F] 13June15
McKay, Lt.-Col. T., ret. Ind. Army 1Dec.05
McKay, Hon. Capt. W., Qr.-Mr. ret. A. Med. Staff 1Apr.86
McKean, Bt. Col. A. C., *C.M.G.*, ret. pay *late* h.p. 17Sept.94
Macken, Maj. W., *M.C.*, ret. pay, *late* R.A. 1Nov.19
McKenna, Bt.-Maj. H., ret. pay *late* R.G.A. 1Jan.19

† With local and temporary rank.

Non-Effective Officers

Mackenzie, Maj. A. F., *C.M.G*, *M.V.O.*, ret. pay *late* Arg. & Suth'd Highrs. (*Bt.-Col. ret. Spec. Res.*) — 3July01

ℜ. Mackenzie, Col. *Sir* A. R. D., *K.C.B.*, u.s.l. Ind. Army [R] — 23July82

McKenzie, Maj. (Dist. Offr.) D. A., ret. pay, *late R A*. — 26Aug.16

McKenzie, Maj. F., Commy. ret. Ind. Army Dept. — 1July17

Mackenzie, Lt.-Col. F. H., Staff Paym. ret. pay *late* A.P. Dept. — 4Jan.10

Mackenzie, Surg. F. M., ret. Ind. Med. Serv. — 3Aug.77

ℜ.Mackenzie, Col. G., ret. Bo. S.C. — 13June87

Mackenzie, Hon. Brig.-Gen. G. M., ret. pay *late* R. Innis. Fus. — 16Feb.18

Mackenzie, Lt. (Dist. Offr.) J., ret. pay *late R.A*. — 12Jan.01

Mackenzie, Capt. J. E., ret.pay *late* 3 Hrs. — 8May95

McKenzie, Capt. J. M., ret. pay, *late* R.E. — 20Dec.19

Mackenzie, Col. J. S. F., ret. Ind. S.C. — 8June90

Mac Kenzie, Surg.-Maj. J. T D., *M.D.*, ret. Ind. Med. Serv. — 23July70

Mackenzie, Maj. R. J. H. L., ret. pay *late* h.p. R.E. — 31Dec.00

Mackenzie, Maj. S. K., ret. pay *late* R. A. — 1Oct.87

McKenzie, Capt. T., *M.C.*, ret. pay, *late* R. War. R. — 2Apr.19

Mackenzie, Lt.-Col. T. H., ret. Ind. S.C. — 3Feb.95

MacKenzie, Col.W.J., ret. pay *late* Chf. Eng. S. Africa — 16July03

Mackenzie-Grieve, Lt.-Col. J. A., ret. pay *late* R.A., (*Lt.-Col, ret. T.F Res.*) — 25Nov.16

Mackenzie-Kennedy, Maj.-Gen. *Sir* E.C.W., *C.B.*, ret. Ind. Army — 9Jan.08

Mackenzie-Penderel, Lt.-Col. A., ret. pay *late* N. Staff. R. (*Spec. Appt*) — 6Apr.15

McKerrell, Lt.-Col. R. L'E., *O.B.E.*, ret. pay *late* Arg. & Suth'd Highrs. — 12Dec.07

McKey, Capt. C., *O.B.E*, ret. pay *late* Midd'x R. [F] — 15Dec.00

McKey, Hon. Capt. P., Sen. Asst.-Surg., ret. Ind. Sub. Med. Dept. — 1Feb.04

Mackie, Lt. D. T., ret. pay *late* h.p. — 16Feb.18

McKillop, Capt. A. D., ret. pay *late* W.I.R. — 28Feb.20

Mackinlay, Lt.-Col. G., ret. pay *late* R.A., *p.a.c.* — 19Nov.01

Mackinnon, Lt.-Col. D. W., ret. pay *late* h.p. — 1Dec.85

McKinnon, Lt. R., ret. pay *late* High. L.I. — 27Dec.18

Mackinnon, Gen. *Sir* W. H., G.C.B., K.C.V.O., ret. pay (*Col. L'pool R.*) [R] — 6Oct.13

Mackintosh, Col. G., *C.B.*, *O.B.E.*, ret. pay, *late* Regtl. Dist. — 5Mar.06

Mackintosh, Hon. Lt.-Col. W. J., ret. pay *late R.A.* — 19Jan.87

McLachlan, Maj. A., ret. pay *late* R. Scots. — 26Feb.96

McLachlan, Maj. A. C., *M.C.*, ret. pay *late* 18 Hrs. — 10May19

MacLachlan, Hon.Lt.-Col. D.McK.,Qr.-Mr. ret. pay *late* Conn. Rang. — 3June19

McLachlan, Capt. F. J., *D.C.M.*, ret. pay, *late* h.p. — 11Oct.17

McLachlan, Hon. Maj. J., Qr.-Mr., ret. Mar. — 3Aug.19

Maclagan, Col. R. S., *C.B*, *C.S.I.*, *C.I.E.*, ret. pay (*late R.E.*) (Ind. Pens.) — 12Aug.08

McLaren, Lt. D., ret. pay *late* 4 Bn. York. R. — 1Aug.15

MacLaren, Brig. Surg.-Lt.-Col. G. G., *M.D.*, ret. Ind. Med. Serv. — 1May93

Maclaren, Lt.-Col. J.F., *M.B.*, ret. Ind. Med. Serv. — 2Apr.01

MacLaren, Maj. K., *D.S.O.*, ret. pay *late* h.p. — 1July01

McLaren, Capt. R. J., ret. pay *late* W. York. R. (for Spec. Res.) (*Maj. 4 Bn. W. York. R.*) — 1Apr.10

MacLaren, Maj. T. C., ret. pay *late* K. O. Sco. Bord. (*Lt.-Col. T.F. Res.*) — 12Apr.04

McLaughlin, Capt. A. A., ret.pay *late* R. Muns. Fus. — 23Mar.00

McLaughlin, Lt.-Col. J., *M.D.*, ret. pay *late* R.A.M.C. — 30July01

McLaurin, Hon. Lt. G. C., Asst. Comy., ret. Ind. Army Dept. — 1July17

Maclaverty, Col. A. I., ret. pay *late* R.(Mad.) A. — 27July90

McLay, Maj. W. J., ret. pay, *late* h.p. — 5May15

Maclean, Col. A., ret. pay *late* Regtl. Dist. — 20May81

McLean, Maj. A. C., ret. pay *late* Cam'n Highrs. (*Chief Constable, Inverness-shire, 2 June* 11) — 7Dec.04

ℜ. Maclean, Maj.-Gen. C. S., *C.B.*, *C.I.E.*, u.s.l. Ind. Army — 2Sept.93

Maclean, Maj. C. W., *D.S.O.* [F], ret. pay, *late* h.p. — 17Aug.14

Maclean, Col. F. B., ret. pay *late* P.M.O. — 6Feb.08

Maclean, Maj. H. F., ret. pay *late* S. Gds. — 4July08

Maclean, Hon. Capt. M. McP., Commy. ret. Ind. Army Dept. — 12Aug.02

MacLean, Lt. W. A., ret. pay, *late* h.p. — 1Jan.17

Macleay, Hon. Capt. K. P., Dep. Commy. of Ord., ret. pay *late* A. Ord. Dept. — 18Mar.05

McLellan, Maj. T. R., ret. pay, *late* Sco. Rif. — 22Apr.18

McLeod,Capt. D., *D.S.O.*, ret. pay *late* Gord. Highrs. — 16Aug.05

McLeod, Gen. *Sir* D. J. S., *K.C.B*, *K.C.I.E.*, *D.S.O.*, ret. Ind. Army [R] — 7May06

McLeod, Lt. (Dist. Offr.) H. E. K., ret. pay *late* R.A. — 2Sept.00

Macleod, Capt. J. K., *M.B.E*, ret. pay *late* R A. — 6Jan.20

MacLeod, Lt.-Col. J. N., *C.M.G.*, *C.I.E.*, *M.B.*,*F.R.C.S. Edin*. — 30Jan.13

McLeod, Hon. Col. K., *M.D.*, *K.H.P.*, Lt.-Col. ret. Ind. Med. Serv. — 6May02

Macleod, Hon. Capt. K. K., *M.C.*, Qr.-Mr. ret. pay, *late* h.p. — 25Aug.17

MacLeod, Maj. M. N., Capt. ret. pay *late* R. Highrs. (*Hon. Col. ret. Mila.*) — 5Dec.00

MacLeod, Lt. R., ret. pay *late* h.p. — 28Mar.00

Macleod, Col. R. L. R., *C.B.*, *C.B.E.*, *M.B.*, ret. pay, *late* A. Med. Serv. — 1Mar.15

MacLeod, Bt. Col. R. W., *C.B.*, ret. Ind. Army — 19Nov.02

McLeod, Hon. Brig.-Gen. W. K., *C.S.I.*, ret. pay, *late* R.A. — 11May19

McLeod, Col. W. T., ret. pay *late* A.S.C. — 29Nov.06

Maclurcan, Hon. Col. J. L. R., h.p. *late* R. Mar. — 27May11

Maclure, Col. *Sir* J. E. S., *Bt.*, Chief Paymr. ret. pay *late* A.P. Dept., *t.a* — 1Feb.11

McMahon, Lt.-Col. *Sir* A. H., *G.C.M.G.*, *G.C.V.O.*, *K.C.I.E.*, *C.S.I.*, ret. Ind. Army — 10Mar.09

McMahon, Col. B. W. L., *C.M.G.*, ret. pay *late* h.p. — 28July17

McMahon, Maj. *Sir* H.W., *Bt.*, *O.B.E.*, *D.S.O.*, ret. pay *late* R. W. Fus. — 8Mar.99

McMahon, Hon. Brig.-Gen. J. J., ret. pay *late* h.p., R.A. — 12Apr.18

McMahon, Lt.-Col. K. E., *O.B.E.*, ret. pay *late* Shrops. L.I. — 22Aug.15

MacMahon, Maj. P. A., ret. pay *late* R.A., *p.a.c.* (Board of Trade) — 1Jan.89

McMahon, Hon. Lt. R., Dep. Asst. Commy. ret. Ind. Army Dept. (*Rl. Wt.* 29Nov.97) — 21Jan.02

MacManus, Lt. D. A. M., ret. pay *late* h.p. — 19Feb.14

McMillan, Capt. J. F., ret. pay *late* R.A. *M.C*. — 1Aug.85

Macmillan, Lt.-Col. J. St. C., ret. pay, *late* R.F.A. [L] — 25Sept.17

McMullen, Hon. Capt.G.C., Sen.Asst.-Surg., ret. Ind. Sub. Med. Dept. — 1Apr.02

Mc Mullen, Capt. H , ret. pay *late* h.p. — 6Feb.19

Macmullin, Lt.-Col. W. H. F., u.s.l. Ind. Army — 28Oct.97

Macnaub, Lt. D. J. C., *C.S.I.*, ret. Ind. Army — 23Aug.10

Macnab, Maj. G. R., ret. pay, *late* Gord. Highrs. — 9Jan.08

Macnaghten, Lt.-Col. B., *D.S.O.*, ret. pay *late* h.p. — 4Oct.15

McNair, Lt.-Col. A. L., u.s.l. Ind. Army — 29Aug.98

ℜ. McNair, Lt.-Gen. E. J., u.s.l. Ind. Army — 20Dec.91

McNalty, Maj. C. E. I., *e*, ret. pay, *late* A.S.C. — 2Jan.01

Macnamara, Lt.-Col. J. W. U., *M.D.*, ret. Ind. Med. Serv. — 31Oct.99

Non-Effective Officers

Macnamara, Surg.-Maj. N. C., ret. Ind. Med. Serv. 4Nov.66
McNamara, Lt. P.,ret. pay *late* R.Innis.Fus.28Feb.19
Macnamara, Col. R. J., *M.D.*, ret. Ind. Med. Serv. 14Mar.16
McNamara, Maj. T. J., Commy. ret. Ind. Army Dept. 1July17
Macnamara, Lt.-Col. W. J., *M.D.*, ret. pay *late* R.A.M.C. 31July06
McNaught, Hon. Capt. J., Sen. Asst. Surg. ret. Ind. Sub. Med. Dept. 1Dec.94
McNaught, Lt.-Col. J. G., *M.D.*, ret. pay *late* R.A.M.C. 30Oct.14
MacNeece, Col.T. F., ret. pay *late* A. M.O. 16Feb.07
McNeil, Capt. J., ret. pay, *late* h.p. 1Jan 17
McNeile, Lt.-Col. C., ret. Ben. S.C. 11Dec.84
McNeill, Bt. Maj. A. J., ret. pay *late* Sea. Highrs. (*Col T. F.*) [F] 29May01
ff. McNeill, Col. D., u.s.l. Ind. Army 8Dec.85
McNeill, Capt. D., ret pay *late* ·Highrs. L. I. 16Mar.17
Maconachie, Lt.-Col. J., *F.R.C.S. Edin.*, ret. pay *late* h.p. R.A.M.C. 5Feb.01
Maconchy, Hon. Brig. Gen. E. W.S. K., *C.B., C.M.G., C.I.E., D.S.O.*, ret. Ind. Army .. 19May17
Maconchy, Capt. F. C., *D.S.O.*, ret. pay *late* E. York R. 9Oct.99
Maconochie-Welwood, Lt.-Col. W. A. M. G. ret. pay *late* R.A.S.C. 10Dec.19
Macpherson, Lt.-Col. D. A. A., ret. Ind. S.C. 7July95
ff. Macpherson, Col. J. D., u.s.l. Ind. Army 19Dec.87
Macpherson, Lt.-Col. R. G., ret. Ind. Army 12Sept.14
Macpherson, Maj.-Gen. *Sir* W. G , *K.C.M.G., C.B., M.B.* [F] ret. pay *late* A. Med. Serv. (*Empld. R.A.M.C.*) 14July14
McRae, Maj. A., Qr.-Mr. ret., R.M.L.I. (*Recog. Staff Offr.*) 15July16
MacRae, Maj. C.W., ret. pay *late* R. Highrs. (*Yeo. of Gd.*) 29Jan.17
MacTier, Maj. H. C., ret. pay *late* Hamps. R., *p.s.c.* [l] 24Mar.03
McVean, Capt. N. N. G. C., ret. Ind. Med. Serv. 1Sept.09
McVeigh, Hon. Maj. W. E., Qr.-Mr. ret. pay *late* A.S.C. 18Oct.02
McVittie, Lt.-Col. C. E., *D.S.O.*, ret. pay *late* A.S.C. 27May19
MacWalter, Hon. Capt. R., Qr.-Mr. ret. pay *late* 13 Hrs. 26Sept.04
McWalters, Maj. W., Commy. ret. Ind. Army Dept. 21Sept.17
McWhinnie, Maj. W. J., ret. pay *late* R. Ir. Rif. [F] 28Oct.05
Madden, Maj. T. E., ret. Ind. Army 21Oct.09
Magee, Capt. A. F., ret. pay *late* h.p. 1Aug.94
Magee, Col. A. H., Chief Paymr. ret. pay *late* A. Pay Dept. 13Jan.13
Magill, Col. *Sir* J., *K.C.B., M.D.*, ret. pay *late* P. M. O. 22Dec.04
Magrath, Maj.-Gen. B. H. W., u.s.l. Ind. Army [R] 31May90
Magrath, Maj. C. F., ret. pay *late* R.A. 13Aug.94
Magrath, Lt.-Col. C. W. S., *M.D.*, ret. pay *late* R.A.M.C. 30July01
Magrath, Lt.-Col. H. A. F., ret. Ind. Army 1Feb.02
Maher, Hon. Maj.-Gen. *Sir* J., *K.C.M.G., C.B.*, ret. pay *late* R.A.M.C [F] 26Dec.17
Maher, Hon. Maj. V. H., ret. pay *late* Conn. Rang. 19Feb.87
Mahon, Maj.-Gen. R. H., *C.B., C.S.I.*, ret. pay (Ind. Pens.), *p.s c.* 19Mar.11
Mahony, Hon. Capt. E. Sen. Asst. Surg., ret. Ind. Sub. Med. Dept. (Mad.) 15Apr.01
Mahony, Hon. Maj. F. H., Qr.-Mr. ret. pay *late* R. Mil. Sch. of Music [R]. 20July15
Main, Hon.Capt.J.,Qr.-Mr.ret.pay *late* A.S.C. 11Dec.88
Main, Col. T. R., *C.B., C.M.G.*, ret. pay *late* h.p. [R] 12Aug.09
Mainwaring, Lt.-Col. C. V., ret. Ind. Army 22July07
Mainwaring, Col. E. P., u.s.l. Ind. Army 20Dec.89
Mainwaring, Lt.-Col. F.G.L., ret. Ind. S.C. 30Dec.97
Mainwaring, Maj. H. B., ret. pay *late* Linc. R. [F] 17Feb.96
Mainwaring, Hon. Brig-Gen. H. G., ret. pay *late* h.p. 8Aug.17
Mainwaring, Hon. Maj.-Gen. R. B., *C.M.G.*, ret. pay *late* h.p. 25Sept.17
Mair, Lt.-Col. E., *M.B.*, ret. Ind. Med. Serv. 31Mar.94
Mair, Col. W. C. S., ret. pay *late* h.p. 18 Mar.89
Maisey, Lt.-Col. F. C., u.s.l. Ind. Army 23Sept.97
Maitland, Maj.-Gen. P. J., *C.B.*, ret. Ind. Army [R] [F] 1Apr.02
Major, Col. N. B., ret. pay *late* R.A.M.C. 30Nov.96
Makepeace, Sister *Miss* M. R., *late* Q.A.I.M.N.S. 17Feb.03
Makins, Hon. Brig.-Gen. E., *C.B., D.S.O.*, ret. pay *late* h.p., *p.s.c.* [l] [F] 21June19
Malcolm, Maj. (Dist. Offr.) A R., ret. pay *late* R.A. 19Sept.07
ff. Malcolm, Col. E. D., *C.B.*, ret. pay *late* h.p. R.E. [R] 11June83
Malcolm, Hon. Brig.-Gen. H. H. L., *C.B. C.M.G., D.S.O.*, ret. pay [R] 10Dec.17
Malcolm, Lt.-Col. P., *D.S.O., M.V.O.*, ret. Ind. Army 29Mar.16
Malcolm, Lt.-Col. W. L., ret. Ind. Army [F] 27Oct.12
ff. Malcolmson, Hon. Maj.-Gen. J. H. P., *C.B.*, ret. Bo. S.C. 1Oct.82
Malet, Hon. Maj. A. G. W., ret. pay *late* Dorset R. 19Mar.84
Malet, Capt. H, W., ret. pay *late* 18 Hrs. 19July11
Malim, Chaplain (1st Class) *Rev.* A., *M.A.*, ret. pay *late* A. Chaplains' Dept. 1Dec.94
Mallins, Lt.-Col. C., *M.D.*, ret. Ind. Med. Serv. 30Sept.98
Mallins, Lt.-Col. J. R., *M.B.*, ret. pay *late* R.A.M.C. 2Aug.04
ff. Mallock, Col. H. A., u.s.l. Ind. Army 9Dec.83
Malone, Hon. Lt.-Col. A., ret. R. Mar. 26May79
Malone, Lt.-Col. C. R. R., ret. pay *late* Worc. R. 9Mar.16
Maloney, Hon. Capt. J. B., Sen. Asst. Surg. ret. Ind. Sub. Med. Dept. 13Aug.91
Malpass, Hon. Capt. A., Dep. Commy. ret. Ind. Army Dept. 4Aug.07
Maltby, Capt. W. J. Asst. Commy. of Ord., ret. pay *late* R.A.O.C. 17Sept.17
†Manchè, Surg.-Maj. T., ret. pay *late* R. Malta Art. 27Feb.75
Mander, Col. A. T., ret. pay *late* R. (Bo.) E. 1July85
Mander, Maj.-Gen. F. D., ret. Ind. Army 7Sept.98
Mander, Capt. J. H., ret. pay *late* D. of Corn. L.I. (*Chief Constable, Isle of Ely and Norfolk*, 14 *June* 06) 28June99
Manders, Maj. E. I., ret. pay *late* h.p. 1Sept.15
Manekshaw, Jamshedji Keláwálá, Lt.-Col., ret. Ind. Med. Serv. 2Oct.06
Manera, Lt.-Col. J. S. G., ret. Ind. Army 22May02
Mangles, Lt.-Col.A. E. R., Staff Paymr. ret. pay, *late* A. Pay Dept. 25Mar.12
Mangles, Maj. W. J., *D.S.O.*, ret. pay *late* R. Lanc. R. 26June02
Manifold, Bt. Col. J.F., *C.M.G.*, ret. pay *late* R.F.A., *g.* 18May05
Mankelow, Hon. Capt. H., Qr.-Mr. ret. pay *late* Wilts. R. 11Aug.07
Manley, Hon. Capt. C., Dep. Commy. ret. Ind. Army Dept (*Rd. Wt.* 29 *Nov.* 97) 1Jan.02
Manley, Maj H. T., ret. pay *late* Yorks L.I. 18Sept.18
Manley, Maj. R. H. ret. pay *late* R.G.A., *g.* (*Inspn. Staff*) 1May17
Manley, Maj. W. E., *O.B.E.*, ret. pay *late* R.A., *g.* 1May17
Mann, Lt.-Col. E. R., ret. pay *late* R.E. 3June97
Mann, Lt. L. J., *M.C.*, ret. pay *late* R.A.S.C. 1July17
Mann-Thomson, Maj. W. D., ret. pay *late* R.H.G. 7Oct.07
Manning, Hon. Brig.-Gen., *Sir* W. H. *K.C.M.G., C.B., K.B.E.*, ret. Ind. Army (*Capt.-Gen. & Gov.-in-Chief, Jamaica*) (*Hon. Col.* Ceylon Art. Vols.) 5Feb.13
Mansel, Lt.-Col. C. G., ret. Ind. S.C. 8July94
Mansel, Capt. R. H., ret. pay *late* R. Dub. Fus. (*Hon. Maj. Mila.*) (*Hon. Col. Vols.*) 9Aug.79
Mansel, Bt. Col. W. G., ret. Ind. Army 10Feb.04

---

† With local and temporary rank.

Non-Effective Officers

DC Mansel-Jones, Bt. Lt.-Col. C., *C.M.G., D.S.O.*, ret. pay *late* h.p [F] une17
Mansell, Lt.-Col. *Sir* J. H., ret. pay *late* Staff R.A., *p.a.c.* 29July11
Mansergh, Hon. Maj. A. H. W., ret. pay *late* Leic. R. (*Hon. Col. Vols.*) ? Sept.82
Mansfield, Lt.-Col. G. S., *M.B.*, ret. pay *late* R.A.M.C., *s.* Dec.17
Mansfield, Maj.-Gen. *Sir* H., *K.C.B.*, ret. Ind. Army [R] 1May05
Mansfield, Lt.-Col., H. M. L., ret. pay *late* R. Art. 4May19
Mansfield, Lt.-Col *Hon.* H. W., ret. pay *late* 1 Dns. (*Lt.-Col. ret. Terr. Force*) 0Jan.19
Mansfield, Lt. S. F., ret. pay, *late* h.p. 14Oct.15
Mantell, Bt. Col. A. M., ret. pay *late* R.E. [L] [F] 5Jan.07
Mantell, Col. P. R., *D.S.O.*, ret. pay *late* h.p. 30Aug.11
Mantz, Hon. Capt. J. T., Dep. Asst. Commy. ret. Ind. Army Dept. (*Rl. Wt. 29 Nov. 97*) 18Oct.02
Manwaring, Capt. R. E., Qr.-Mr. ret. pay *late* R.A.M.C. 13Apr.18
Mapleton, Lt.-Col. E. A., *M.B.*, ret. pay *late* R.A.M.C. 31Mar.95
Mappin, Maj. G. F., ret. pay *late* 4 D.G. 14Oct.04
Marchant, Maj. Gen. A. E., *C.B.*, ret. pay, *late* R. Mar. 2Aug18
Marchant, Lt. C. J., ret. pay *late* R.A. 7Jan 18
Marchant, Hon. Capt. E., Commy. ret. Ind. Army Dept. 2Jan.04
Marchant, Maj. J., Paymr. ret. Army Pay Dept. 25Apr.10
Marchant, Hon. Lt. W., Sen. Asst. Surg. ret. Ind. Sub. Med. Dept. 15Apr.01
Marchant, Maj. W. B., ret. pay *late* h.p. 23Jan.27
Marden, Col. A. W., *D.S.O.*, ret. pay *late* Manch. R. 19Oct.17
Marden, Capt. B. J. N., ret. pay, *ate* 9 Lrs. (*l*) 26Oct.15
Marder, Maj. E. S., ret. pay *late* R.A.M.C. 28July18
Marescaux, Bt. Lt.-Col. O. H. E., ret. pay *late* Shrops. L.I. 1Jan.18
Margesson, Bt. Lt.-Col. E. W., *C.M.G.*, ret. pay *late* Norf. R. (*Lt.-Col. 3 Bn. Norf. R.*) (*temp. Col.*), *s.* 1Jan.18
Margrave, Hon. Capt. L., Qr.-Mr. ret. pay *late* R.F.A. 1July17
Mark, Matron *Miss* M., *R.R.C.*, ret. pay *late* Q.A.I.M.N.S. 20Oct.10
Markham, Col. C. J., *C.B.E.*, ret. pay *late* h.p. 18Mar.07
Markham, Lt.-Col. F. H., ret. Ind. Army 30Jan.12
Marks, Lt.-Col. R. J., ret. pay Ind. Med. Serv. 1Mar.07
Markwick, Col. E. E., *C.B., C.B.E.*, ret. A. Ord. Dept. 1June98
Marley, Hon. Capt. R., ret. pay *late* W.I.R. 18Sept.15
DC Marling, Col. *Sir* P. S., *Bt., C.B.*, ret. pay *late* Staff, 19Feb.05
Marr, Hon. Capt. O., Qr.-Mr. ret. pay *late* R.G.A. 1July17
Marr, Hon. Capt. W., Dep. Commy. ret. Ind. Army Dept. 21Apr.91
Marrable, Hon. Brig.-Gen. A. G., *C.B.*, ret. pay *late* h.p., *p.s.c.* 16Nov.19
Marrett, Maj. E. U., ret. Ind. S.C. 31Jan.98
Marriner, Maj. S. F., ret. pay *late* h.p. 18Jan.17
Marriott, Col. E. M. L., u.s.l. Ind. Army *late* h.p. 9July89
Marriott, B. W. P. V., *D.S.O.*, ret. pay *late* R.A.M.C. 1Mar.15
Marriott, Hon. Brig.-Gen. J., *C.B.E., C.B.E., D.S.O., M.V.O.*, ret. pay 11Apr.19
Marriott, Lt -Col. L. H., ret. Ind Army 9May14
Marriott, Bt. Maj. R. A., *D.S.O.*, ret. R. Mar. Art. [F] 24Mar.86
Marriott, Maj. R. G. A., *D.S.O.*, ret. pay *late* E. Kent R. 26Aug.05
Marriott, Lt.-Col. T., *F.R.C.V.S.*, ret. pay *late* A.V.C. 6Aug.14
Marriott Dodington, Hon. Brig.-Gen. W., *C.M.G.*, ret. pay *late* Oxf. and Bucks L I., *p.s.c.* 21Dec.19
Marryat, Lt.-Col. J. R., *D.S.O., M.C*, ret. pay *late* R.E. 11July19
Marsden, Maj. C. H., *O.B.E.*, ret. pay *late* York R. 29Dec.15
Marsden, Lt.-Col. J. C., ret. Ind. Med. Serv. 31Oct.99
Marsden, Hon. Lt.-Col. W., et. pay *late* S. Lan. R. 23Apr.84

Marsh, Maj. A. C. E., ret. pay *late* R.A. 30July16
Marsh, Maj. F. C., ret. pay *late* Bord. R. 1Dec.09
Marsh, Maj. F. C., Qr.-Mr. ret. pay *late* 15 Hrs 4July19
Marsh, Maj.-Gen. F. H. B., u.s.l. Ind. Army 12Aug.97
Marsh, Maj. H.G., ret. pay *late* h.p. 7Feb.97
Marsh, Col. W. D., ret. pay *late* R.E. 19Dec.79
Marshall, Col. C. H. T., u.s.l. Ind. Army 12Oct.89
Marshall, Lt.-Col. D. G., *M.B.*, ret. Ind. Med. Serv. (Ben.) 15Oct 19
Marshall, Maj. E T., ret. pay *late* E. York.R. 18June15
Marshall, Lt.-Col. F. M. H., ret. pay *late* h.p. 18Dec.03
Marshall, Maj.-Gen. G. F. L., *C.I.E.*, ret. R. (Ben.) E. (Ind. Pens.) 1Apr.97
Marshall, Maj. H. C., ret. pay *late* R.G.A. 27June03
Marshall, Hon. Maj. J. D., Qr.-Mr. ret. A. Med. Staff. 18Oct.02
Marshall, Hon. Brig.-Gen. J. W. A., *C.B.*, ret. pay *late* h.p. 10Feb.12
Marshall, Maj. K. F. C., ret. pay *late* Arg. & Suth'd Highrs. 27June11
Marshall, Hon. Brig.-Gen. T. E , *C.B., C.M.G.*, ret. pay *late* R.A. 14Apr.19
Marshall, Hon. Maj. W., Dep. Commy. ret. Ind. Army Dept. 10Jan.87
Marshall, Maj. W. M. K., ret. pay *l te* Gord. Highrs. [F] 11Dec.14
Marshall, Hon. Col. W. S., ret. Ind. Army (*Lt. Col. 2nd Light Inf., R. Jersey Mila.*) 10Feb.04
DC Marshall, Lt.-Col. W. T., Qr.-Mr. ret. pay *late* Camp Qr.-Mr. Aldershot, *t.a.* 1Jan.19
Marsham, Maj. H. S., ret. pay *late* K.R. Rif. C. 20Dec.82
Marsham, Bt. Lt.-Col. *Hon.* R. H., *O.B.E.*, ret. pay *late* 7 Hrs. 3June19
Marshman, Maj. M. H., ret. R. Mar. 25May19
Marsland, Hon. Maj.-Gen. W. E., ret. pay *late* h.p., Col. 5 D.G. 31Jan.87
Martelli, Lt.-Col. N. C., u.s.l., Ind. Army 11Oct.90
Martin, Lt.-Gen. *Sir* A R., *K.C.B.*, ret. Ind. Army [R] 27July09
Martin, Lt.-Col. D. N., *M.D.*, ret. Ind. Med. Serv. 28Feb.98
10Ct.89
Martin, Matron *Miss* E. J., *R.R.C.*, ret. pay *late* Q. A.I.M.N.S. 5Mar.07
Martin, Lt.-Col. E. V., ret. Ind. Army 16Nov.13
Martin, Capt. F., ret. pay. *late* G. Gds. 24Jan.20
Martin, Lt.-Col. G. W., ret. Ind. S.C. 22June93
Martin, Hon. Brig.-Gen. H., *C.B.*, ret. pay *late* h.p. 21Apr.17
Martin. Maj. H. J., ret. pay *late* E. Lan R. 4Apr.03
Martin Maj. H. M., ret. pay *late* Midd'x. R. 22Dec.09
Martin, Hon. Col. H. R., ret. pay *late* R.A. 16Oct.78
Martin, Lt.-Col. J., ret. pay *late* R.A.M.C. 31Mar.94
Martin, Maj. J., ret. pay *late* Coast Bn, R.E. (*temp. Maj. R. Mar.*) 18Jan.07
Martin, Maj. J., ret. pay *late* R.G.A 1Jan.20
Martin, Maj. J., ret. pay *late* h.p. 11Mar.20
Martin, Capt. J E. B., *C.V.O., D.S.O.*, ret. pay *late* K.R. Rif. C. (*Hon. Maj. ret. Mila.*) [F] 11June90
Martin, Lt. J. H., ret. pay *late* 3 D.G. 6Feb.84
Martin, Lt.-Col. M., ret. pay *late* R.G.A. 6Dec.96
Martin, Lt.-Col. R., ret. pay *late* R. Ir. Regt. 16Sept.19
Martin, Surg.-Col. W. T., *M.D.*, ret. A. Med. Staff 6June93
Martin-Leake, Bt. Lt.-Col. W., ret. pay *late* Ches. R. 1Jan.18
Martindale, Lt.-Col. C. S. de B., ret. Ind. S.C. 1Oct.19
Martindale, Lt. N. H., ret. pay *late* R.A.S.C. 5July17
Marton, Lt. L., ret pay *late* h.p. (*Empld. Recg. Duties*) 24July01
Martyn, Hon. Brig.-Gen. A., *C.B., C.M.G.*, ret. pay *late* h.p. [F] 27Mar.19
Martyn, Col. A. W., *D.S.O., O.B.E.*, ret. pay *late* R. W. Kent R. [F] t.p. 25Feb.19
Martyr, Bt.-Lt.-Col. C. G., *D.S.O., O.B.E.*, ret. pay *late* D. of Corn. L.I. [F] 21Jan.99
Marwood, Hon. Brig.-Gen. H., *C.B.E., O.B.E.*, ret. pay *late* [F] 2Sept.17
Maskell, Lt. F. C., ret. pay *late* R.A. 4Dec.15
Maskell, Lt.-Col. W. E., *O.B.E.*, ret. pay *late* Devon. R. 30Jan.20

Non-Effective Officers

Mason, Hon. Maj. G., Qr.-Mr. ret. pay *late R.G.A.* 1July17
Mason, Maj.-Gen. H. M., ret. Ind. Army 29June04
Mason, Hon. Capt. J., Dep. Commy. ret. Ind. Army Dept.(*Rl. Wt. 29 Nov.* 97) 11Sept.97
Mason,Lt. J. A., ret.pay*late*Coast Brig.R.A. 1Dec.80
Mason, Hon. Capt. W., Sen.Asst. Surg. ret. Ind. Sub. Med. Dept. 7Feb.04
Mason, Lt. W. C., ret. pay *late* R.A. 17Feb.94
Massey, Maj. C.M. H., ret. pay *late* C. Gds., e.17July15
Massey, Capt. G. W., ret pay, *late* R.Ir. Fus. 2Mar.93
Massy, Bt. Col. G., *C.M.G.*, ret. pay *late Norf. R.* 12Jan.08
Massy, Col. H. S., *C.B.*, ret. Ind. Army 10Feb.04
Massy, Bt. Col. P. H. H., *C.B.E.* [F] ret. pay *late* extra Regt'l employ,*p.s.c.* [L] 2Nov.04
Massy, Bt. Col. W. G., *C.M.G.*, ret. pay *late* h.p. R.A., *p.s.c.*(*District Remt. Offr.*) 26Aug.05
Massy, Col. W. J., ret. pay *late* h.p. 21July86
Master, Lt.-Col. A. G., *D.S.O.*, ret. pay, *late R.A.S.C.* 26Sept.13
Masters, Col. A., *C.B.*, ret. Ind. Army 30Nov.96
Masters, Vety.-Surg.W.J.,ret. A.Vety.Dept. 14July69
꣏Masterson, Maj. J. E. I., ret. pay *late R. Lanc. R.* 29Nov.00
Matcham, Col. W. E., *D.S.O., O.B.E.* ret. pay *late* Wilts R. (*Dep. Asst. Dir. of Remts.*) 24Apr.19
Matchett, Lt.-Col. H. G. K., *O.B.E.*,ret. pay *late* h.p. [F] 24Apr.19
Mathewes. Col. J. R., ret. Ind. Army 21Sept.12
Mathews, Hon. Maj. C., Qr.-Mr. ret. pay *late R. Dub. Fus.* 11Nov.06
Mathews, Hon. Maj. J., Qr.-Mr. ret. pay *late* R.A.M.C. 1July17
Mathias, Lt.-Col. L. J., ret. Ind. Army 22Oct.07
Mathias, Hon. Lt.-Col. V. L..ret. Mad. S.C. 25June86
Mathison, Maj. G.,H. F., ret. pay *late* York R. 1Apr.92
Matterson, Capt. C. A. K., ret. pay, *la e Ches. R.* 1Dec.14
Matthews, Lt.-Col. A. G., ret. pay *late R.G.A.* (*Lt.-Col. ret. T.F. Res.*) 18May04
Matthews, Col. C. J., ret. pay *late* Midd'x R. 8May89
Matthews, Maj. D. S., *O.B.E.*, ret. pay *late* 17 Lrs. 30Oct.11
Matthews. Lt. E. C., ret. pay, *late* D. of Corn. L.I. 27Nov.17
Matthews, Hon. Brig.-Gen. F. B., *C.B., D.S.O.*, ret. pay, *late* h.p. 18Mar.19
Matthews, Hon. Maj. G., Ridg.-Mr. ret. pay *late* Cav. School 18Nov.95
Matthews, Capt. H., *O.B.E., M.C.*, ret. pay. *late* Yorks. L.I. 25July19
Matthews, Capt. L. W., *O.B.E.*, ret. pay *late* 5 D.G. 1Oct.87
Matthews, Maj. R. C., *D.S.O.*, ret. pay, *late* R.A.V.C. 10July15
Matthews-Donaldson, Col. C. G., ret. pay *late* Bord. R. 17Mar.18
Matthews-Donaldson, Capt. C. L. G., ret. pay *late* h.p. 28Nov.15
Mattison, Capt. W. H., *D C.M.*, ret. pay *late R.W. Kent R.* 25July19
Maturin, Maj. B. A., ret. pay *late* R.A.M.C. 1Aug.97
Maturin, Col. F. H., ret. pay *late* h.p. 15June89
Maturin, Col. J., *F.R.C.S.I.*, ret. pay *late* R.A. M.C. 3Oct.95
Maturin, Lt -Col. J.W. H., ret. pay *late* A.S.C. 6May19
Maud, Bt. Col. P., *C.M.G., C.B.E.*, ret. pay *late* R.E., *p.s.c.* 1Jan.18
Maud, Capt. W H., *C.M.G.*, ret. pay *late* Som. L.I.(*Bt. Lt.-Col.* 3 Bn. *Som. L.I.*)[F] 12Jan.99
Maude, Lt.-Col. A. M., ret. pay *late* h.p., *q.s.* 1July88
Maude, Bt. Col. E. A., ret. pay *late* 2 Dns. (*Lt.-Col. N. Irish Horse*) 3June18
Maude, Maj., F. S. de M., ret. pay *late* Extra Regtl. Employed. 6Feb.03
Mauduit, Lt.-Col. F.R.M. C. de R., ret. Ind. Army 21Mar.05
ꟼ. ꟺ. Maule, Hon. Maj.-Gen. H. B., ret. pay *late* h.p.R.A. 6Nov.86
Maunsell, Maj.A.J.S.,ret.pay*late* R.War.R. 22Dec.01
Maunsell, Maj. A. M., ret. pay *late* R. Muns. Fus. 26Sept.90

Maunsell, Col. C. A., *M.D.*, ret. pay *late* R.A. M.C. 15Dec.92
Maunsell, Maj. C. H. W., *O.B.E.*,ret. pay*late E. York R.* 15Aug.99
Maunsell, Hon. Brig.-Gen. F. G., *C.B. C.M.G.* [L] [F] ret. pay, *late R.A.* 15 Oct. 19
Maunsell, Lt.-Col. F. R., *C.M.G., C.B.E.*, ret. pay *late* h.p., R.A., *p.s.c.* 4July08
Maunsell, Bt. Col.G.W.,*C.M.G.*,ret. pay *late R.W. Kent R.* [F] 21Mar.07
Maunsell, Maj. J. D., ret. A. P. Dept. 28Sept.95
Maunsell, Maj. M. C., ret. pay *late* R.A. [L] 19Dec.03
Maunsell, Maj. N. F. A., ret. pay *late R.War R.* 24Feb.92
Maunsell, Surg.-Gen. T., *C.B.*, ret. A. Med. Staff 24Nov.95
Maurice, Lt.-Col. D. B., *C.B.E., D.S.O.*, ret. pay, *late* h.p. 4Sept.16
Maurice, Maj.-Gen. *Sir* F. B., *K.C.M.G., C.B.*, ret. pay, *p.s.c.* [L] [F] 3 June '16
Mawby, Lt. H., ret. pay *late* R.G.A. 26Mar.19
Mawe, Hon. Maj.(Mila.)T.G., Adjt. ret. pay *late* 5 Bn. R. Muns. Fus. 10Apr 78
Mawson, Lt.-Col. W.A., ret. Ind. Med. Serv. 31May.96
Maxwell, Bt.Col.A.B.,ret. pay*late* Manch.R. 30Aug.04
Maxwell, Maj. A. C., ret. pay *late* h.p. 10Dec.18
Maxwell, Maj. A. G., *O.B.E.*, ret. Ind. Army, (*Gent.at Arms*). 11Sept.07
Maxwell, Capt. C. J., ret. pay *late* 2 Dns. 19Aug.91
Maxwell, Bt. Col. G. W., ret. Ind. Army 11Oct.02
Maxwell, Lt.-Col. H G ret Ind. Army 7May13
Maxwell, Lt.-Col. H. M., *F.R.C.V.S.*, ret. Ind. Civil Vety. Dept. 7Dec.09
Maxwell, Lt.-Col. H. St. P., *C.S.I.*, u.s.l. Ind. Army 6Feb.95
Maxwell, Hon. Brig.-Gen. J. McC., *C.B., D.S.O.*, ret. pav *late* R.A. 5Mar.20
Maxwell, Maj. N., ret. pay *late* R.G.A. 15Oct.92
Maxwell, Hon. Brig.-Gen. R. P., ret. pay *late* h·p. 30Mar.19
Maxwell, Lt.-Col. T. M., ret. pay *late* h.p. 14Feb.90
May, Lt. E.. ret. pay, *late* R.A. 27Jan.18
May, Maj.-Gen. *Sir* E. S., *K.C.B., C.M.G.*, ret. pay, *late* R. Art. [F] 7Jan.11
May, Bt. Col. G. L. E., ret. pay *late* h.p. 25Sept.01
May, Col. W. A., *C.B.*, ret. pay *late* A.M.O. 22Mar.03
May, Maj. W. S R., *C.I.E.*, ret. pay *late* E. York R., *p.s.c.* [L] [F]*f.o.* 26Aug.04
Maycock, Col. F. M., Chief Paymr. ret. pay *late* A.P. Dept. 4Sept.04
Maycock. Bt. Col. S. McM., ret. pay*late* h.p. R.E. 1Oct.00
Maycock, Hon. Capt. W., Qr.-Mr. ret. pay *late* A.S.C. 12Aug.17
Mayger, Capt. F. J. L., *M.C.*, ret. pay *late* h.p. 18Dec.18
Mayhew, Bt. Lt.-Col. H. S., ret.pay *late*h.p. 22Aug.02
Maynard Bt. Col. F. P., *M.B., F.R.C.s.*, ret. Ind. Med. Serv. 1Jan.11
Maynard. Maj. P G W., *D.S.O.*, ret. pay, *late* R. Ir. Rif. [F] 1Sept.'5
Mayne, Bt. Col. G. N.. *C.B.*, ret. pay *late* h.p. 6June04
Mayne. Capt.J.G..ret. pay*late* R. Innis. Fus. (*Chief Constable, East Suffolk*) 10Sept.87
Mayne, Maj. J. C. B., ret. pay *late* R.G.A. 1May17
Mayne, Maj. O., *O.B.E.*, ret. pay *late* Norf.R. (*Chief Constable, Buckinghamshire*) 1May93
Mayne. Col. R. C. G., *C.B.*, ret. Ind. Army 21Dec.98
Mayo, Col. W. R., Dep. Commy.-Gen. of Ord. ret. Ord. Store Dept. 8Oct.90
Meade, Lt.-Col. J. de C. D., ret. Ind. Army 9Aug.99
Meade, Lt.-Col. J. W. B., u.s.l. Ind. Army 25Jan.03
Meade,Lt.-Col. M. J., *C.I.E.*, ret. Ind. Army 9Aug.99
Meagher, Maj. D. J., *O.B.E.*, ret. Ind. Army (*Empld. N.A.C.B.*) 2Aug.03
Mealing, Lt. J. J., ret. pay *late* h.p. 1July17
Meares, Capt. A., *D.S.O.*, ret. pay *late* R.E. 5Jan.04
Meares,Hon.Maj.H.J.,Paymr.ret.A.P.Dept. 18Mar.86
Meares, Maj. H. P., ret. pay *late* R.G.A. (*War Office*) 1May17
Mearles, Maj. W., Qr.-Mr. ret. R. Mar. 10June19
Mecredy, Capt. C. C., ret. Ind Med. Serv. 20July17
Medhurst, Maj. C. F. H., Staff Paymr. ret. A. P. Dept. 7May94

Non-Effective Officers

Medley, Lt.-Col. A. G., ret. Ind. Army [L] 6Feb.10
Medley, Lt.-Col. E. J., ret. Ind. Army (*Maj. ret. T.F.*) 11May04
Meehan, Lt. J., ret. pay, *late* R. Ir. Regt. 18Apr.19
Meek, Col. J., *C.B., M.D.*, ret. pay, *late* R.A. Med. Corps 3Aug14
Meeres, Bt. Col. A. D., ret. pay late h.p. (R. E.) (*Ord. Survey, Bd. of Agriculture & Fisheries*, 1 *Sept.* 04) 4Oct.06
Meeres, Col. C. S., *C.B.E., p.a,c.*, ret. pay *late* R.A. 6Dec.11
Meiklejohn, Hon. Lt.-Col. J. F., ret. pay *late* R. (Ben.) A. 3July85
Mein, Lt.-Col. A. B., ret. Ind. S.C. 30Dec.97
Mein, Bt. Col. A. L., ret. *late* h.p. (R.E.) (Ind. Pens.) (*Empld. Admiralty*) 24Jan.04
Mein, Bt. Col. J. E., ret. Ind. Army 6July00
Meister, Lt.-Col. E. H. J., ret. R.H.L.I, 10Aug.14
Melladew, Surg.-Lt.-Col. H. F. L., *M.D.*, ret. A. Med. Staff 31Mar.84
Mellers, Lt. W., ret. pay, *late* R.A. 9June15
Melliss, Col. *Sir* H., *K.C.S.I.*, u.s.l. Ind. Army [R] [F] 30June95
Mellor, Hon. Capt. D. A., Commy. ret. Ind. Army Dept. 2Jan.04
Mellor, Col. L. S., ret. pay *late* h.p. 31May02
Melvill, Bt. Col. C. C., ret. pay*late* Manch.R. 24Feb.07
Melvill, Lt.-Col. P. J., ret. Ind. Army 1May04
Melville, Col. C. *H., C.M.G., M.B.*, ret. pay *late* A. Med. Serv. 1Mar.15
Melville, Bt. Col. J. S., ret. Ind. Army 19Aug.07
Melvin, Lt. J., ret. pay *late* R.G.A. 1July17
Mends, Hon. Brig.-Gen. H. R., *C.B.*, ret. pay, *t.a.* 21Sept.12
Menteth, Hon. Lt.-Col. J.F.S., ret. pay *late* 2 D.G. 23Apr.87
Menzies, Lt.-Col, G. F., *D.S.O.*, ret. pay *late* S. Lan. R. 26Sept.15
Menzies, Maj. S., ret.pay *late* R. Fus. 2May00
Mercado, Hon. Capt. A.L., ret. Ind. Sub. Med. Dept. 16Sept.03
Mercer, Col. C. A., ret. Ind. Army 8June97
Mercer, Bt. Col. H., ret. pay *late* h.p., *s*. 2July07
Mercer, Maj.-Gen. *Sir* H. F., *K.C.M.G., C.B.* [F], ret. pay *late* R.A. 18Feb.15
Mercer, Maj. W. L., ret. pay *late* Yorks. R. 18Oct.02
Meredith, Lt.-Col. J. A., *F.R.C.V.S.* ret. pay *late* 1 L.G. 16Apr.18
Meredith, Hon. Maj. T.B., ret. pay *late* 18 Ft. 14Sept.78
Merewether, Lt.-Col. H. D., ret. Ind. Army 7Sept.08
ft. Merrill, Hon. Capt. J., Qr.-Mr. ret. pay *late* 18 Hrs. 3Feb.85
Merritt, Hon. Lt.-Col. G., *O.B.E.*, Qr.-Mr. ret. pay *late* R.A.M.C. (*Lt.-Col. & Qr.-Mr. S. Afr. Med. Corps*) 1Jan.18
Merritt, Capt. T. F.. ret. pay *late* Wilts. R. 7Jan.20
Mervanji Pestanji Kharegat, Lt.-Col. ret. Ind. Med. Serv. 1Oct.00
Messiter, Lt.-Col. C. B., *D.S.O., O.B.E.*, ret. pay *late* Glouc. R. 25Apr.19
Metcalfe, Hon. Lt.-Col. B. H., ret. pay *late* R. Ir. Rif. 31Dec.87
Metcalfe, Capt. H. C., *D.S.O.*, ret pay *late* North'n R.(*Maj.* 3 *Bn. North'n R.*) (*Chief Constable, Somerset* 28 *Oct* 02) 30May94
Metcalfe, Maj. H. F., *M.B.E., D.C.M.*, Qr.-Mr. ret. pay, *late* R. Fus. 25Mar.18
Mew Lt. G. H., ret. pay, *late* R.E. 1July17
Meyer, Col. A., ret. pay *late* A.S.C. 11Dec.88
Meyer, Lt.-Col. C. H. L., *M.D.*, ret. Ind. Med. Serv. 1Apr.88
Meyer, Hon Capt. G. E. C., Commy. of Ord. ret. pay *late* A. Ord. Dept. (*Qr.-Mr. & Hon. Maj., ret. T.F.*) 31Mar.07
Meynell, Maj. H., ret. Ind. Army [F] 22Oct.02
Meynell, Maj. J. J., ret. pay late R. Ir. Rif. 15May15
Meyrick, Capt. G. L. T. O., ret. pay *late* 7 Hrs. (for Spec. Res.)(*Capt. 7 Hrs, Spec. Res.*) 1July88
Meyrick, Maj. H. L., ret. pay *late* R.E. 27Mar.13
Meyrick, Inspg.-Vety.-Surg. J. J., *C.B., F.R.C.V.S.*, ret. A. Vety. Dept. [F] 8May18
29June81

Meysey-Thompson, Capt. H. J., ret pay *late* h.p. 14June02
Michel, Hon. Maj. J. H. C., ret. pay *late* Leic. R. 7Mar.83
Michell, Maj. H., ret. Ind. Army 22May63
Michell, Col. J. W. A., u.s.l. Ind. Army 4Apr.88
Michie, Hon. Maj. G., Qr.-Mr. ret. pay *late* R.E. 2June89
Micklem, Hon. Maj.-Gen. E. ret. pay *late* h.p., R.E. 31Dec.87
Micklem, Col. H. A., *C.B., C.M.G., D.S.O.*, ret. pay *late* R.E. [F] 2July19
Micklem, Maj. R., *C.M.G.*, ret. pay, *late* R.E. [F] 24Dec.17
Middlecoat, Col. F., ret. Mad. S.C. 4Jan.88
Middlemass, Bt. Col. J.C., ret. pay *late* h.p. R.E. 1Apr.04
Middleton, Lt.-Col. A.T., ret. pay *late* 13 Hrs. 18Oct.02
Middleton, Capt. G., *M.B.E.*, Inspr. of Army Sch., ret. pay, *late* Army Schools 7Feb.17
Middleton, Col. H. J. J., u.s.l. Ind. Army 28Oct.05
Middleton, Col. O. R., ret. pay *late* h.p. 1July85
Middleton, Bt. Lt.-Col. W.C., *C.B.E.*, ret. pay *late* 2 Dns., *s*. 29Nov.00
Midwood, Lt.-Col. H., *C.B.E.*, ret. pay *late* h.p.(*Comdt. Prisoners of War Camp*) 7Nov 03
Mifsud, Surg.-Maj. A. E., ret. pay, *late* R. Malta Art 1Apr.09
Milborne-Swinnerton-Pilkington, Maj. *Sir* T. E., *Bt.*, ret. pay *late* K. R. Rif. C. (*Hon. Col. ret. Spec. Res.*) 1Nov.95
Milburne, Maj. C. E. A., ret. pay *late* N. Staff. R. 28June07
Milchem, Hon. Capt. G. T., Sen. Asst. Surg. ret. Ind. Sub. Med. Dept. 22Aug.06
Mildred, Lt.-Col. S., *D.S.O., O.B.E.*, ret. pay, *late* R.E 22Oct.18
Miles, Lt.-Col. *Sir* C. W., *Bt., O.B.E.*, ret. pay *late* Som. L.I. 4Mar.20
Miles, Lt. C. W. ret. pay, *late* h.p. 1July17
Miles, Lt. H., ret. pay *late* R.A. 1Oct.18
Miles, Lt.-Gen. *Sir* H. S. G , *G.C.B., G.C.M.G., G.B.E., C.V.O.*, ret. pay, Col. R. Muns. Fus., *p.s.c.* [R] [F] 20Aug.09
Miles, Maj. P. W. K., ret. pay *late* R.A 20July85
Mill, Maj. W., Qr.-Mr. ret. pay, *late* High. L.I. 19June19
Millar, 2nd Lt. J.. ret. pay, *late* R. Ir. Regt. 15Sept.18
Millar, Capt. J. H. B., ret. pay *late* h.p. 26July12
Millar, Lt.-Col. W. H., ret. Ind. Army 19Oct.07
Miller, Lt. A. C., ret. R. Mar. 13May15
Miller, Hon.Brig.-Gen. A. D., *C.B.E.,D.S.O.*, ret. pay *late* h.p., *q.s*. 22Mar.18
Miller, Lt. C. G., ret pay *late* Dorset R. 15Dec.16
Miller, Capt. D. M., ret. pay *late* 14 Hrs. 1June93
Miller, Hon. Maj. G. J., *M.V O.*, ret. R. Mar. 14May14
Miller, Capt. H., ret. Ind. Army 1Mar.06
Miller, Capt. H. G., ret. pay, *late* R. Suss.R. 23Apr.19
Miller, Hon. Surg.-Capt. H. J., Sen. Asst. Surg. ret. Ind.Sub. Med. Dept. (Ben.)(*Rl. Wt.* 12 *Mar.* 94) 3Sept.91
ft. Miller, Hon. Maj.-Gen. J., ret. Ben. S.C. 4Nov.86
Miller, Hon. Capt. T., Dep. Commy., ret. Ind.Army Dept. 10Nov.04
Miller, Hon. Lt.-Col. W. T., ret. R. Mar. 17May92
ft. Milligan, Hon. Lt.-Col. W. J. L., ret. pay *late* h.p. S.O.P. 5Dec.81
Millman, Hon. Brig.-Gen. L. C. P., *C.M.G.*, ret. pay *late* R. Art. 1Mar.19
Mills, Lt.-Col. B. L., *M.D., F.R.C.S. Edin.*, ret. pay *late* R.A.M.C. 30Jan.06
Mills, Bt. Col. D. A., ret. pay *late* R.E. 7Oct.07
Mills, Capt. (Dist. Offr.) D. P., ret. pay *late* R.A. 4July13
Mills, Maj. E. C., ret. pay *late* h.p. 6May92
Mills, Capt. E. W., ret. pay *late* York R. 1Apr.85
Mills, Lt. F., ret. pay *late* h.p. 20Aug.17
Mills, Hon. Brig.-Gen. G. A., *C.B.*, ret pay *late* Comdg. Dist. & Record Office 10Feb.12
Mills, Hon. Col. H. J., *C.B.*, Dep. Commy.-Gen. of Ord. ret. O.S. Dept. [F] 30Nov.88

Non-Effective Officers

Milman, Hon. Maj. (Mila.) *Sir* F. J., *Bt.*, Adjt.ret.pay *late* 2 Brig.Welsh Div.R.A. 7Jan.85
Milne, Bt. Lt.-Col. B. A., ret. R. Mar. Art. 25Jan.95
Milner, Maj. A. E., ret. pay *late* R.A.M.C. 28Apr.06
Milner, Maj. E., ret. pay *late* S. Gds. (*Gent.-at-Arms*) 2Feb.98
Millner, Maj. E. F., ret. pay *late* h.p. 19Feb.09
Milner, Hon. Brig.-Gen. G. F., *C.M.G.,D.S.O.*, ret. pay, *late* Staff 9Aug.19
Milner, Chaplain (1st Class) *Rev.* W. H., ret. pay *late* A. Chaplains' Dept. [R] (*Tower of London*) 27Nov.95
Milsom, Capt. H. L., ret. pay *late* 5 Bn. Som. L.I. 1Aug.18
Minchin, Hon. Maj.-Gen. F.F., *C.B.*, ret.pay *late* R.A. 26Nov.18
Minchin, Col. W. C., *C.B.*, Chief Paym., ret. pay *late* A. P. Dept. 9Nov.00
Mineaud, Hon. Surg.-Lt. C. R., Sen. Asst. Surg. ret. Ind. Sub. Med. Dept. (Mad.) (*Rl. Wt.* 12 *Mar.* 94) 12Jan.95
Minogue, Maj. J.O'B., *C.M.G.*, ret. pay *late* W. York. R. 21Mar.18
Minto, Surg.-Lt.-Col. A., *M.B.*, ret. A. Med. Staff 31Mar.84
Minty, Maj. T. W., *O.B.E.*, Sen. Asst. Surg. ret. Ind. Sub. Med. Dept.) 2Apr.18
Miskimmin, 2nd Lt. J., *D.C.M.*, ret. pay, *late* 5 Lrs. 27May18
Mitchell Maj., A..Qr.-Mr. ret. pay, *late* R. Art. 3June19
Mitchell, Lt.-Col. A.J., ret. pay *late* h.p. 1Dec.16
Mitchell, Capt. C. J., *D.S.O.*, ret. pay *late* Oxf. & Bucks. L.I. 22Jan.06
Mitchell, Hon. Lt. F., Qr.-Mr. ret. pay *late* A.S.C. 27May07
Mi'chell, Capt. F. E., ret. pay *late* h.p. 4Feb.19
Mitchell, Capt. G., Qr.-Mr., ret. pay, *late* Rif. Brig. 1July17
Mitchell, Hon. Capt. G. E., Qr.-Mr. ret. pay, *late* Devon R. 20Sept.12
Mitchell, Col. G.W., ret. Ind. Army 11May07
Mitchell, Lt. James, ret. pay, *late* R.A. 30Dec.17
Mitchell, Hon. Maj. J. McF., Qr.-Mr. ret. R. Mar. 18June13
Mitchell, Lt.-Col L. A., *M B.*, ret. pay *late* h.p. 14July14
Mitchell, Capt.W.G.,ret.pay, *late* Dorset R. 23July19
Mitchell, Hon. Surg.-Maj. W.M., Sen. Asst. Surg. ret. Ind. Sub. Med. Dept. (Ben.) (*Rl. Wt.* 12 *Mar.* 94) 17Aug.98
Mitchell-Innes, Maj. J., ret. pay *late* High. L.I. 22Nov.94
Mitford, Hon. Maj.-Gen. B. R., *C.B., C.M.G., D.S.O., p.s.c.* [L] [F], ret. pay *late* Staff (*Gent.-at-Arms*) 1Feb.18
ℳ. Mitford, Hon. Maj.-Gen. R. C. W., ret. Ben. S.C. 25July86
Mitten, Hon. Capt. W.H., Dep. Commy. ret. Ind. Army Dept. 1June05
Mocatta, Lt.-Col. D. E., ret. Ind. Army 23Nov.01
Mockler, Maj.-Gen. E., ret. Ind. Army 7Sept.98
Mockler, Maj. G. F., ret. pay *late* Oxf. L.I. 2Feb.98
Mockler, Bt. Col. P. R., *C.M.G.*, ret. pay *late* h.p. 6Apr.05
Mockler-Ferryman, Lt.-Col. A. F., ret. pay *late* h.p. 7July00
Moffet, Lt.-Col. G. E., *M.B.*, ret. pay *late* R.A.M.C. 31Jan.05
Moffitt, Lt.-Col. T. B., ret. pay *late* R.A.M.C. 6Mar.00
Moggridge, Bt. Col. J. A., ret. pay *late* S. Lan. R. 28Feb.07
Mohamad Din Subadar, ret. pay *late* Hong-Kong—Singapore R.G.A. 12Oct.10
Moir, Maj. J. D., *M.B.*, ret. pay *late* R.A. M.C. 31Jan.97
Moir-Byres, Lt.-Col. P., ret. pay *late* 1 D.G. (*Lt.-Col. ret. T.F.*) 12Jan.19
Molesworth, Col. A. L., *C.M.G.*, ret. pay *late* h.p. (R.A.) 4Oct.11
Molesworth, Maj. E. A., *D.S.O.*, ret. pay, *late* R. Dub. Fus. 5Dec.14
Molesworth, Maj. G. B., *Vtsct.*, Paymr. ret. A. P. Dept. 23July16
Molesworth, Lt.-Col. H. C., ret. pay *late* R.G.A. (*Lt.-Col. ret. T.F. Res.*) 11Apr.04

Molesworth, Lt.-Col. R E., ret. pay *late* R.A.M.C. 30May05
Möller, Lt.-Col. J. O., ret. pay *late* h.p. 2May90
Molony, Maj. A. W., ret. pay *late* R. Dub. Fus. 18Jan.17
Molony, Capt. C. V., ret. pay *late* R. W. Kent R. (*Maj. ret.* Spec. *Res.*) 5June01
Molony, Lt.-Col.F.A., ret. pay *late* R.E., *p.s.c.* 20Dec18
Molony, Lt.-Col. T. C. W., *D.S.O., p.s.c.*, ret. pay, *late* R.A. 30Oct.14
Molyneux, Lt -Col. G. P. B., ret. pay *late* Staff Paymr. 1Oct.17
Molyneux-Seel, Maj. E. H., *D.S.O.*, ret. pay *late* R. Scots 13Mar.01
Monaghan, Capt. T., ret. pay, *late* Norf. R. 30May19
Monck, Hon. Brig.-Gen. C. S. O., ret. pay, *p.s c.* 10Sept.19
Monck-Mason, Lt.-Col. H. E., u.s.l. Ind.Army 10Sept.02
Monck-Mason, Lt.-Col. R. H., *D.S.O.*, ret. pay *late* h p. 23May15
Moncrieff, Maj. A. R., *M C*, ret. pay, *late* 6 Dns. 15Oct.19
Money, Lt.-Col. A. C., r.t.p. *late* Oxf. L.I. (*Mil. Knt. of Windsor*) 1July91
Money, Maj.-Gen *Sir* A W., *K.C.B., K.B.E., C.S.I..* ret. pay *late* R A., *p.s.c.* [F] 1Jan.16
Money, Col. C. G. C., *C.B.*, ret. pay *late* h.p., *l.d.* 29Nov.00
Money, Bt. Lt.-Col. E. W. K., ret. pay *late* Shrops. L.I. 1Jan.19
Money, Bt. Col. G. A., u.s.l. Ind. Army 20Nov.02
Money, Hon. Brig.-Gen. G. L. C., *C.B., D.S.O.*, ret. pay *late* Staff, *q.s.* [R] [F] 10Feb.12
Money, Maj.-Gen H. C., *C.B.*, ret. R.M.L.I. 12Oct.10
Money, Bt. Col.R. C., *C.M.G., C.B.E.*, ret. pay *late* h.p. 14June07
Money-Simons, Lt.-Col. J. J.,u.s.l. Ind.Army 11Jan.93
Monisse, Maj. C. B., Sen. Asst. Surg. ret. Ind. Sub. Med. Dept. 2Apr.18
Monks, Capt. F, ret. pay, *late* h.p. 24Dec.19
Monreal, Capt. G., Paymr. ret. pay *late* A. P. Dept. [L] (*temp. Maj. tn Army*) 1May02
Monro, Bt. Maj. (Army) E. W. C., Capt. ret. pay *late* R. Ir. Rif. (*Capt.* 4 *Bn. R.Ir.Rif.*) 11June15
Monro, Maj. G. N., ret. pay *late* Worc. R. 17Feb.00
Monro, Maj. R. P. H., ret. pay *late* Worc. R. (*Hon. Maj. ret.* Spec. *Res.*) 29Jan.17
Montagu, Col. E., ret. pay, *p s c.* [L] 4Oct.11
Montagu, Capt. St. J. E., *O.B.E.*, ret. pay *late* h.p. [F] 11Dec.01
Montagu-Stuart-Wortley, Maj.-Gen. *Hon.* E. J., *C.B., C.M.G., M.V.O., D.S.O.* [F] ret. pay, *p.s c., q.s.* 5Mar.13
Montanaro, Bt. Col. A., ret. Ind. Army 14Oct.01
Montenore, Hon. Lt.-Col. E., ret. pay *late* R. (Bo.) A. 10June81
Monteith, Maj. A. M., ret. Ind. S.C. 9Aug.93
Monteith, Bt. Col. J., *C.B.*, ret. Ind. Army 13Nov.02
Monteith, Maj. R. W. F., ret. pay *late* A.S.C. 1Dec.94
Montgomery, Bt. Col. A. J., ret. pay *late* h.p. R.A. 19Oct.01
Montgomery, Bt. Col. C. A. S., ret. Ind. Army (*Col T.F.*) 10June07
Montgomery, Capt. J. ret. pay *late* 7 D.G. 16Dec.11
Montgomery, Lt.-Col. J. A. L., *C.B.E., C.S.I.*, ret. Ind. Army (*temp. Hon. Col.*) 14Sept.93
Montgomery, Maj.-Gen R. A., *C.V.O., C.B.*, ret. pay *late* R.A., Col. Comdt. R.A., *o.s.c.* [R] 4Nov.02
Montgomery, Maj.-Gen. *Sir* R. A. K., *K C.M.G., C.B., D.S.O.*, ret. pay *late* R A., *p.s.c.* 3June15
Montgomery, Maj. R. E., ret. R. Mar. 24June84
Montgomery, Lt. T. A., ret. pay *late* h.p. 16Apr.02
Montgomery, Maj. T. R. A G., ret. Ind.Army 5Oct.98
Montgomery, Maj. W., ret. pay *late* Coast Bn. R.E. 7July05
Montgomery, Maj.-Gen. W. E., ret. pay 18Jan.95
Montgomery-Campbell, Capt. A., ret. pay *late* R. W. Kent R. [F] 1July87
Montgomery-Campbell, Bt. Col. H., ret. pay *late* h.p. R.A. 1Apr.05
Montrésor, Maj. L. B., ret. pay *late* R.F.A., *g.* 20Dec.10
Moody, Capt. G. R. B., ret. pay *late* A.S.C. 16Jan.98

Moody, Capt. H. L. C., ret. pay late R. W.
Kent R. 4Oct.93
Moody, Hon. Maj.-Gen. *Sir* J. M., *Knt.*, ret.
R. Mar. 20Nov.92
Moody, Bt. Col. R. S. H., *C.B.*, ret. pay late
h.p., *p.s.c.* (*Mil. Knt. of Windsor*) 10Feb.0⁶
Mooney, Hon. Capt. J., Dep. Commy. ret.
Ind. Army Dept. 2Dec.94
Moore, Lt.-Col. A., *C.M.G.*, ret. Ind. Army 6July.⁵
Moore, Capt. A., ret. pay, *late* R.A 1Nov.19
Moore. Lt. A., ret. pay, *late* North'n R. 22Jan.19
Moore, Maj. A. McD., ret. *pay late* R. Ir. Fus. 5Aug.91
Moore, Col. A. T., *C.B.E.*, ret. pay, *late* h.p. 15Dec.14
ℍt. Moore, Maj.-Gen.C.A.,u.s.l.Iud.Army[R]25Apr.9⁵
Moore, Lt.-Col. E. H., ret. R. Mar. Art. 2May87
Moore, Maj. F. C., ret. pay *late* h.p. 4 May 15
Moore, Maj. F. T. T., ret. Ind. Army (*Col.
Spec. Res.*)(*District Remt. Offr.*) 8June07
Moore, Capt. G., ret. pay, *late* R.A. 20Mar.20
Moore, Lt.-Col. G. D. M., ret. Ind. Army 17July16
Moore, Hon. Capt. G. F., Dep. Asst. Commy
ret. Ind. Army Dept. 31Dec.87
Moore, Lt.-Col. G. H. J., ret. Ind. Army 1June04
Moore, Col. H., ret. pay *late* Staff 4Apr.96
Moore, Bt. Lt.-Col. H. A., ret. pay *late* S.
Wales Bord., *t.a.* 1Jan.19
Moore, Maj. H. O'H., ret. pay, *late* h p. 28Sept.15
Moore, Hon. Capt. J., Sen. Asst. Surg. ret.
Ind. Sub. Med. Dept. 21Mar.02
Moore, Col. J. S., ret. pay *late* A.S.C. 6June12
Moore, Bt. Col. M. G., *C.B.*, ret. pay *late*
Conn. Rang. 22Sept.04
Moore, Maj. M. J., ret. Ind. Army 20Oct.19
Moore, Hon. Maj. R., Commy. of Ord. ret. A.
Ord. Dept. 1Jan.03
Moore, Maj. R. F., ret. pay *late* R.E. (Ind.
Pens.) 1Feb.87
Moore, Maj. R. L., ret. pay *late* E. Kent
R. [F] 2Apr.17
Moore, Capt. R. C. R. H., *C.B.E.*, *M.D.*, ret.
pay *late* R.A.M.C. 3June17
Moore, Hon. Brig.-Surg. S. *M.B.*, ret. A. Med.
Staff 12Feb.87
Moore, Maj. S., Commy. of Ord., ret. pay,
late R.A O.C. 21Feb.19
Moore, Lt.-Col. S.G.,ret.pay *late* Shrops.L.I. 19Aug.09
Moore, Maj. T., ret. R. Mar. Art. 12Oct.89
Moore, Maj. T. C., ret. Ind. Med. Serv. 31Mar 99
Moore, Lt.-Col. W., ret. pay *late* S. Staff. R. 16Oct.95
Moore, Capt. W. A., ret. pay, *late* h.p. 3Nov.17
Moore. Lt.-Col. W. F., ret. pay *late* A.S.C. 15Oct.90
Moore-Lane, Col. (Ord. Offr., 1st Class), W.,
C.B.E., ret pay, *late* R.A.O.C. 8Dec.14
ℍt. Moores, Hon. Lt.-Col. S., ret. pay *late*
Devon R. 11Apr.86
Moorhouse, Maj. H. C., *C.M.G.*, *D.S.O.*,
ret. pay *late* R.A. [F] (*Sec.*, *S. Prov.,
Nigeria* { 1 Jan. 14
{ 26 *Sept*.08) 17Apr.02
Moorhouse, Lt. S., ret. pay *late* 21 Lrs. (for
Spec. Res.) (*Maj.* 3 Bn. Arg. & Suth'd
Highrs.) 14June01
Mootham, Hon. Capt. D. G., Dep. Commy.
ret. Ind. Army Dept. 1July92
Moran, Capt. G. W., ret. pay *late* Notts. &
Derby R. 26July08
Moran, Hon. Maj. P., Qr.-Mr. ret. pay *late*
Som. L.I. 8Sept.09
Mordaunt, Hon. Lt.-Col. J. S., ret. pay *late*
h.p. 7Jan.82
Morgan, Maj. A. H., *D.S.O.*, ret. A. Med.
Staff (*Hon. Lt.-Col. ret. Vols.*) 5Feb.93
Morgan, Hon. Capt. E. E., Qr.-Mr. ret. pay
late Rif. Brig. 1July13
Morgan, Lt. E. H., *D.C.M.*, ret. pay, *late*
High. L.I. 21Mar.19
Morgan, Maj. E. J., *M.B.*, ret. Ind. Med.
Serv. 29Jan.07
Morgan, Chapl. (1st Class) *Rev.* E. M., *C.M.G.*,
ret. pay *late* A. Chaplains' Dept'. [R.C.] 29Nov00
Morgan, Lt. F. G., *D.C.M.*, ret pay, *late* h.p. 5Dec.17
Morgan, Capt. F. G. C. M., ret. pay *late*
S. Wales Bord. (*Gov., Reading
Prison* { 16 *Aug*. 13,
{ 14 *Aug*. 07) 2Apr.98

Morgan, Col. F. J., *C.M.G.*, *C.B.E.*, ret pay
late A. Med. Serv. 1Mar.15
Morgan, Lt. F. P., ret. pay *late* h.p. 29June17
Morgan, Hon. Col. H., Dep. Commy.-Gen.
of Ord. ret. O.S. Dept. 1Oct.87
Morgan, Lt.-Col. H., ret. pay *late* S. Wales
Bord. 18Oct.02
Morgan, Bt. Col. *Sir* H. G., *K B E.*, *C.B.*,
C.M.G., *D.S.O.*, ret. pay *late* A.S.C.(*temp.
Brig.-Gen.*) [F] 3June17
Morgan, Capt. H. H., ret. R. Mar., *p.s.c.* 18Sept 80
Morgan, Capt. H. W., ret. pay, *late* h.p. 11Oct.17
Morgan, Capt. J. H. W., ret. Ind. Army [L] 8Sept.06
Morgan, Hon. Brig. Surg. J. W., Lt.-Col.,
ret. A. Med. Staff 21Aug 87
Morgan, Lt. M. H. B., ret. pay *late* S. Lan. R.
(for Spec. Res.) 5Mar.02
Morgan, Surg. R., *M.D.*, ret. Med. Dept. 1Oct.67
Morgan, Lt. R. F., ret. pay *late* N. Staff. R. 30Oct.09
Morgan, Maj. T. F. P., ret. pay *late* R.G.A. 1May17
Morgan, Capt. W., *M.B.E.*, ret. pay *late*
R.E. 1July17
Morgan, Hon. Lt.-Col. W. E. L., ret. pay
late R.E. 23Nov.87
Morgan, Lt.-Col. W. F. J., Staff Paymr ret
pay *late* A. P.-Dept. 8Jan.06
Morgan-Payler, Lt.-Col.E.P.,ret.pay *late* h.p. 21Aug.97
Moriarty, Col. M. D., *M.D.*, *F.R.C.S.I.*, ret.
Ind. Med. Serv. (Ben.) 25Oct.02
Morland, Maj. H. C., ret. pay *late* 9 Lrs.
(*Hon. Lt.-Col.* ret. *Impl. Yeo.*) 20Nov.88
Morley, Maj. F. B.,ret. pay *late* E.Lan. R. [L] 15Aug.04
Morony, Bt. Col. B. E., ret. pay *late* R.E. 1Jan.19
Morphy, Capt. H. J., ret. pay *late* R. Ir. Rlf.
(*Temp. Maj. Comd. Depôt*) 3Aug.89
Morreal, Maj. L., ret. pay, *late* R. Malta
Art. —Feb.14
Morrell, Hon. Capt. J., Qr.-Mr. ret. pay *late*
S. Lan. R. 5Sept.06
Morrice,Capt. J. G. S.,ret. pay *late* E. Lan. R. 13Aug.83
Morrice, Bt. Lt.-Col. L. E., *D.S.O.*, ret. pay
late R. War. R. 1Jan.18
Morrieson, Lt.-Col. H. W., ret. pay *late* h.p. 7Mar.03
Morris, Lt. A., ret. pay *late* h.p. 4June18
Morris, Hon.-Col. A. E., *M.D.*, ret. pay, *late*
R.A.M.C. 3June19
Morris, Bt. Col. A. H., *C.M.G.*, *S.O.*, ret.
pay *late* Staff 23Nov.08
Morris, Lt.-Col. C. J. U., ret. pay *late*
R.F.A. 5May15
ℂ. Morris, Commy.-Gen. *Sir* E., *K.C.B.*, ret.
Commt. and Trans. Staff [R] [F] 8Aug.81
Morris, Maj E. C., ret. pay *late* N. Lan. R. 31May90
Morris, Lt. E. H. F., ret. pay *late* h.p. 31Mar.16
Morris, Capt. G. C., Qr.-Mr., ret. pay, *late*
R.A.S.C. 1July17
Morris, Capt. G. W., *M.C.*, ret. pay *late* R.A.12Dec.19
Morris, Maj. G. W. S., *D.S.O.*, ret. pay *late*
R.F.A., *o.* 16Nov.16
Morris, Bt. Col. H. G., ret. pay *late* D. of
Corn. L.I. 1Mar.07
Morris, Lt.-Col. H. M., ret. Ind. Med. Serv. 30Sept.06
Morris, Maj. J. G., ret. Ind. S.C. 28Feb.9⁴
Morris, Lt. L., ret. pay *late* h.p 9June15
Morris, Bt. Col. M. M., ret. pay *late* R.G.A. 29Sept.09
Morris, Hon. Capt. R., Commy. ret. Ind.
Army Dept. 8July12
Morris, Maj. R. L., ret. Ind. Army 30Jan.07
Morris, Lt. R. S.,ret. pay, *late* h.p 6June18
Morris, Lt.S., *M.C.*,ret.pay, *late* R.Dub.Fus. 20Aug.18
Morris, Hon. Maj. T., Qr.-Mr. ret. pay, *late*
A.S.C. 1July17
Morris, Hon. Maj. T. C., Dep. Commy. of
Ord., ret. A. Ord. Dept. 1July17
Morris, Lt.-Col. W. A., ret. pay *late* R.A.M.C. 4Feb.02
Morris, Col. *Sir* W. G., *K.C.M.G.*, *C.B.*, ret.
pay *late* Extra Regtl. Employ (R.E.)
p.s.c. (*Geodetic Survey, Transvaal and
Orange Free State*) 14July 1⁷
Morrison, Hon. Maj. A., Qr.-Mr. re⁵. pay
late R.A.M.C. 3Aug.17
Morrison, Lt. (Dist. Offr.) A., ret. pay *late* R.A.,
g. (*Maj. ret. T.F.*) 16Feb.01
Morrison, Bt.-Maj. C. E. McI., ret. pay *late*
h.p. 3Ju⁶e1⁶

Non-Effective Officers

Morrison, Hon. Capt. H., Commy. ret. Ind. Army Dept. 9July02
Morrison, Hon. Capt. J., Sen. Asst. Surg. ret. Ind. Sub. Med. Dept. 3May01
Morrison, Hon. Capt. J. W., Dep. Commy. ret. Ind. Army Dept. 15Mar.04
Morrison, Lt. R. G., ret. pay late R.G.A. 23July15
Morrison, Lt.-Col. R. H., ret. pay late h.p. 14Sept 18
Morrison, Maj. R. P., ret. pay late R.Scots. 30May18
Morrison, Hon. Capt. W., Qr.-Mr. ret. A. Med. Staff 17Dec.89
Morrison, Maj. W., Qr.-Mr. ret. pay late K.O. Malta Regt. of Mila. 1July17
Morrison-Bell, Maj. A. C., ret. pay late S. Gds., s. 14Mar.06
Morritt, Capt. H. E., ret. pay late h.p. (*Musk. Duties* 21 *June* 15) 2Oct.15
Morrow, Lt. A *M.C.*, ret. pay late S.Lan.R. 22Feb.19
Morse, Maj. A. T., ret. pay late R.W. Kent R. 23Dec.92
Morse, Lt.-Col. C. J., ret. pay late Extra Regimentally empld. 20Mar.12
Morse, Lt.-Col. R.E.K., ret. pay late R.A.M.C. [F] 5Feb.01
Mortimer, Lt.-Col. C.L., ret. pay late h.p., *p.s.c.* 3Sept.94
Mortimer, Col. H.B., ret. pay late h.p., *p.s.c.* [L] 16Oct.03
Mortimer, Lt. M. R., ret. pay (*temp.*) late 5 Lrs. Spec. Res. 1Sept.14
Mortimer, Col. Sir W. H., *K.C.B.*, ret. pay late A.P. Dept. 12Nov.97
Morton, Hon. Lt. A. W., Asst. Commy. ret. Ind. Army Dept. 3May05
Morton, Col. C. F., ret. pay late h.p. 1July85
Morton, Lt.-Col. E. R., ret. pay late Ind.Army 25Nov.11
Morton, Lt.-Col. H., *D.S.O., M.C.*, ret. pay, late Notts & Derby R. 18July19
Morton, Maj. H. H., Ridg.-Mr. ret. pay late 11 Hrs. 23Nov.17
Morton, Hon. Capt. J., Dep. Commy. of Ord. ret. A. Ord. Dept. 27Mar.88
Morton-Marshall, Hon. Maj. J., Ridg.-Mr. ret. pay late 3 D.G (*Mil. Knt. of Windsor*) 18Oct.02
Morwood, Lt.-Col. J., *M.D.*, ret. pay late Ind. Med. Serv. 30Sept.06
Mosley, Maj. A. F., ret. pay late 6 Dns. 28Sept.00
Moss, Lt.-Col C., ret. pay late Glouc. R. 14Dec.14
Moss, Maj. E. F., Qr.-Mr. ret. pay late R.A.M.C. 24Oct.18
Moss, Capt. W., Qr.-Mr. ret. pay, late R.Fus. 1July17
Moss, Hon. Maj. W.A., Qr.-Mr ret. A.Med Staff 5Nov.87
Mosse, Lt.-Col. C. G. D., *F.R.C.S.I.*, ret. pay late R.A.M.C. 5Feb.01
Mott, Maj. G. R., ret. pay late S. Lan. R. 30Mar 19
Mott, Maj. S. A., ret. pay late R. Sc. Fus. 1July15
Mott, Hon. Maj.-Gen. S. F., *C.B.*, ret. pay late K.R. Rif. C., *p.s.c.* [F] 31Jan.19
Mottet, Lt.-Col. A. C., ret. Ind. Army 29Mar.82
Mottet de la Fontaine, Hon. Col. H. E., ret. Mad. S.C. 24Dec.79
Moubray, Maj. W. H. H. C., ret. pay late R. Highrs. 18Oct.02
Moul, Lt.-Col.W. V., ret. pay late Ches. R. 14Sept.17
Mould, Col. W. T., *C.M.G.*, ret. pay late A.Med.Serv. 1Mar.15
Moulton-Barrett, Maj. C.G., ret. pay late h.p. 10Mar.95
Moulton-Barrett, Hon. Brig.-Gen.E.A., *C.B., C.M.G.*, Ord. Offr., 1st Class, ret. A. Ord. Dept., [F] 1Jan.19
Moulton-Barrett, Hon. Brig.-Gen. H. P., ret. pay, late Arg. & Suth'd Highrs. (*Empld. S. Comd.* 11 *Feb.* 16) 1Jan.19
Mount, Lt. W. F., ret. pay late h.p. 16Oct.17
Mowbray, Maj. C. H., ret. pay late Suff. R. (*Capt.* 3 *Bn. Suff. R.*) (*Spec. Appt.*) 11Dec.14
Moxham, Lt. M. K., ret. pay late R.A. 17Aug.18
Moye, 2nd Lt. T. E., ret. pay late h.p. 12July16
Moysey, Maj.-Gen. C. J., *C.M.G.*, ret. pay, Col. Comdt R.E. [R] 4June97
Mozley, Bt Lt.-Col. E. N. *D.S.O.*, ret. pay late h.p 3June18
Much, Lt.-Col. W. T., ret. pay late S. Wales Bord. 28Nov.85
Mudget, Hon. Capt. C., Dep. Commy. ret. Ind. Army Dept. 18Nov.91
Muhammed Ali, Subadar Maj., ret.pay, late R.Hong Kong-Singapore Garr.Art. 6Oct.10

Muir, Col. C. W., *C.B., C.I.E.*, ret. Ind. Army 7July95
Muir, Hon. Maj. J., Qr.-Mr. ret. R. Mar. Art.17Mar.95
Muir, Col. W. J. W., ret. Ind. S.C. 11Dec.88
Mulcahy, Maj.-Gen. (*hon.*) Sir F. E., *K.C.B.*, Prin. Ord. Offr. ret. A. Ord. Dept. 4Apr.06
Mullally, Maj.-Gen. Sir H., *K.C.M.G., C.B., C.S.I.*, ret pay late R.E. 9Oct.10
Mullane, Lt.-Col. P., *M.D.*, ret. Ind. Med.Serv. 2Apr.10
Mullen, Hon. Surg.-Capt. A., Sen.Asst.Surg. ret. Ind. Sub. Med. Dept. (Bo.) (*Rl. Wt.* 12 *Mar.* 94) 12Mar.94
Mullens, Maj.-Gen. R. L., *C.B.*, ret. pay, *p.s.c* [I] [F] 1Jan.19
Müller, Maj. G. G. B., ret. pay, late W. I. R. 18Sept.15
Mullin, Lt. C. F., *M.C.*, ret. pay late R.A. 1July17
Mullins, Hon. Brig.-Gen. A. J., ret. pay, late R.A. 9Mar.18
Mullins, Capt. F., ret. pay late R.A. 15Nov.19
Mullins, Chaplain (1st Class) Rev. T. P., *LL.D.*, ret. pay late A. Chaplains' Dept. 16Jan.98
Mullins, Bt.-Col. W. B., ret. Ind. Army 9June07
Mulroney, Lt.-Col. T. R., *M.D., F.R.C.S.*, ret. Ind. Med. Serv. 1Mar.00
Mulvany, Surg.-Lt.-Col. E., ret.Ind.Med.Serv 30Mar.92
Mumford, Maj. E., Qr.-Mr. ret. pay, late Devon. R. 18Nov.14
Mumford, Hon. Capt. R., Commy. ret. Ind. Army Dept. 7Apr.03
Mummery, Hon. Lt. W. E., Ridg.-Mr. ret. pay late 5 Lrs. 30Jan.95
Munday, Hon. Maj. A., *M.E.E.*, Qr.-Mr., ret. pay late A.S.C. (*Empld. A.S.C.*) 1July17
Mundy, Maj. G. B. M., ret. pay late 1 L G. 20Sept.18
Mundy, Capt. H. A. L., ret. pay late R.F.A. (*Empld. R.F.A.*) 23Jan.04
Munn, Lt. J., ret. pay late N. Staff R. 13June18
Munro, Col.L., *C.B.E.*, ret.pay, late h.p., *p.s.o.* 3Jan.08
Munro, Lt.-Col. (Distr. Offr.) T., ret. pay late R.A. 1Dec.19
Murdoch-Cozens, Capt. A. J., ret. pay, late h.p. (*Empld, O.T.C.*) 23July16
Murphy, Maj. C. F. DeS., *D.S.O., M.C.* [F] ret. pay, late R. Berks R. 18Jan.17
Murphy, Chaplain (1st Class) Rev. C. H., *M.A.*, ret. pay late A. Chaplains' Dept. 8Apr.05
Murphy, Hon. Capt. D. O'C., Sen. Asst. Surg. ret. Ind. Sub. Med. Dept. 12Mar.12
Murphy, Capt. E. H., ret. pay late Leins. R. (for Spec. Res.) 1Feb.11
Murphy, Lt.-Col. E. W., ret. pay late h.p. 17Oct.94
Murphy, Lt. H. G., Sen. Asst. Surg. ret. Ind. Sub. Med. Dept. (Ben.) 17Feb.99
Murphy, Hon. Maj. H., Qr.-Mr. ret. pay late A.S.C. 18Mar.17
Murphy, Hon. Maj. J., Qr.-Mr. ret. R. Mar. 18Oct.96
Murphy, Capt. J. A., ret. pay late 1 Dns. 18May85
Murphy, Capt. M., ret. pay late h.p. 5Aug 77
Murphy, Hon. Capt. M., ret. pay late h.p. 12Jan.18
Murphy, Hon. Capt. M., Sen. Asst. Surg. ret. Ind. Sub. Med. Dept. 1Jan.03
Murphy, Surg.-Lt.-Col. P., *M.D.*, ret. Ind. Med. Serv. 1Oct.89
Murphy, Lt. S. J., ret. pay late R.G.A. 20July17
C. Murphy, Hon. Lt.-Col. T., ret. pay late Berks. R. 8Jan.83
Murphy, Capt W., ret. pay late R.Ir.Fus. 12Feb.20
Murphy, Lt W. H., ret. pay late R.G A. 1July17
Murphy, Lt.-Col. W. R., *D.S.O.*, ret. Ind. Med. Serv. 30Mar.92
Murray, Bt. Maj. A. B., ret.pay late 79 Ft. 28Sept.80
Murray, Bt. Col. A. M., *C.B., M.V.O.*, ret. pay late Staff (R.A.) 30Sept.02
Murray, Maj., Mat. A. S., *O.B.E.*, ret. pay late Notts. & Derby R. 1Sept.15
Murray, Col. Sir C. W., *Knt., C.B.*, ret. pay late h.p., *p.s.c.* [F] 18Nov.86
Murray, Lt.-Col. D. C., ret. pay late h.p. 15Aug.04
Murray, Hon. Capt. E., Qr.-Mr. ret. pay late Glouc. R. 15Aug.04
Murray, Hon. Maj. E.C., ret. pay late Bedf.R. 21Dec.87
Murray, Lt.-Col. G., ret. Ind. Army 30Oct.05
Murray, Lt. G. W., ret. pay late Staff 21Oct.99
Murray, Maj. H. B., ret. Ind. Army 14May02
Murray, Hon. Brig.-Surg. J., *M.B.*, Surg.-Lt.-Col. ret. A. Med. Staff 10Dec.84

Non-Effective Officers

Murray, Col. J. A., ret. pay *late* R.W. Kent R. 9Sept.88
Murray, Lt. J. W., ret. pay late h.p. 1July17
Murray, Lt.-Col. L., *D.S.O.*, ret. pay *late* E. Surr. R. 14Apr.19
Murray, Bt. Lt.-Col. *Sir* M. D., *K.C.V.O., C.B.*, ret. pay *late* Sea. Highrs. 15Mar.16
Murray, Capt. R., ret. pay, *late* High. L.I. 16Mar.17
Murray, Hon. Maj.-Gen. R. H., *C.B., C.M.G.*, ret. pay *late* Staff, Col. Sea.Highrs., *q.s.* [R] [F] 12Aug.04
Murray, Lt.-Col. S. L., ret. pay *late* Gord. Highrs. 21Nov.18
Murray, Maj. S. W., *D.S.O., D.C.M.*, ret. pay *late* Rif. Brig. 29Jan.20
Murray, Chaplain (1st Class) *Rev.* T., *M.A.*, ret. pay *late* A. Chaplains Dept. [P] 29Nov.10
Murray, Maj. T., Qr.-Mr. ret. pay *late* S. Wales Bord. 1July17
Murray, Maj. W., ret. pay late h.p. 3Feb.20
Murray, Lt.-Col. W. F., ret. Ind. Med. Serv. 2Apr.96
                                               1Oct.89
Murray, Lt.-Col. W. G., *D.S.O.*, ret. pay *late* 3 Hrs. 14July10
Murray-Smith, Bt. Lt.-Col. A., *C,B,E.*, ret. pay *late R.G.A.. g. (Maj. ret.Terr. Force)* 1Jan.18
Murrison, Hon. Capt. W. A., Dep. Commy. ret. Ind. Army Dept. 8Feb.80
Musgrove, Lt. G., ret. pay late h p. 30Apr.19
Musk, 2nd Lt. W., ret. pav. *late* h.p. 14Nov.16
Muspratt, Hon. Brig.-Gen. F. C., *C.B., C.M.G.,* ret. Ind. Army 1June19
Mussenden, Lt.-Col. F. W., ret. pay, *late* h.p. 19Oct.13
Myers, Brig. Surg.-Lt.-Col. A. B R. ret. A. Med. Staff 13May8
Myers, Lt.-Col. A. E. C., ret. pay *late* h.p. (*R.A.*) *g.* 22Apr.19
Myers, Hon. Maj. W., Dep. Commy. of Ord., ret. A. Ord. Dept. 3Nov.17
Myles, Capt. A. V., ret. Ind. Army 8Sept.15
Myles, Maj. E. H., *M.B.*, ret. pay *late* R.A.M.C. (*Empld. E.A.M.C.*) 6Mar.92
Nagle, Hon. Maj. W. J.H., Qr.-Mr., ret. pay, *late* R. Fus. 6Apr.13
Nailer, Hon. Capt. R. H., Sen. Asst.-Surg. ret. Ind. Sub. Med. Dept. 5June07
Naish, Maj. T. E., ret. pay *late* R.E. 7July05
Nalder, Lt. W. ret. pay *late* h.p. 8Aug.16
Nangle, Hon. Maj. W., ret. pay *late* 15 Ft. 1 Jan.81
Napier, Lt. A. J. R., ret. pay *late* h.p. 1Dec 14
Napier, Capt. A. L., *O.B.E.*, ret. pay *late* York. R. 28July02
Napier, Hon. Capt. C., Dep. Commy. ret. Ind. Army Dept. 17Aug.06
Napier, Lt.-Col. G. S. F., ret. pay *late* Oxf. L.I., *p.s.c.* [L] 13May18
Napier, Lt.-Col. Hon. H. D., *C.M.G.*, ret. Ind. Army [L] 23Aug.10
Napier, Col. Hon. J. P., ret. pay, *late h.p , p.s.c.* 5Jan.00
Napier, Col. Hon. J. S., *C.M.G.*, ret. pay, *late* h.p. [B] 1July99
Napier-Clavering, Bt. Col. C W., ret. pay *late* Som. L.I. 8Nov.05
Napier of Magdala, Hon. Lt.-Col. R. W., *Lord*, ret. Ben. S.O. 5Apr.83
Narendra Prusanna Sinha, Maj. ret. Ind. Med. Serv. (Bn.) 1Apr.98
Nash, Capt. A. F., ret. pay *late* h.p. 3Nov.17
Nash, Lt.-Col. E., ret. pay late h.p., *p.s.c.* 20Oct.90
Nash, Lt. J.H., ret. pay, *late* h.p. (*Record Office*) 22May02
Nash, Col. L. T. M., *C.M.G.*, ret. pay, *late* A. Med.Serv. 1Mar.15
Nash, Lt.-Col. W. P., ret. pay, *late* Manch. R. 7Feb.16
Nash Wortham, Maj. B. O. D., *M.C* , ret. pay, *l te* 9 Lrs. 11Nov.19
Nason, Bt. Col. F J., *C.B., C.M.G., D.S.O.*, ret. pay *late* h.p. [F] (*Empld.Min. of Pensions*) 29Nov.00
Nason, Maj. H. H W.,*D.S.O.,O.B.E.*, ret. pay. *late* Essex R. (*Lt.-Col. 2 Bn. R. Guernsey Mila.*) (*Lt.-Col. ret.*) 7Oct. 95
Nathan, Bt. Col. *Sir* F. L., *K.B.E.*, ret. pay *late* extra regtl. employ. (R.A.), p.a.c., g. [F] (*Ord. Commee.*) 1July08

Nathan, Bt. Lt.-Col. *Rt. Hon. Sir* M., *G.C.M.G.*, ret. pay *late* R.E., Res. List 9Jan.07
Nathan, Maj. W. S., *C.M.G.*, ret. pay *late* R.E. [l] (*Chinese Mining and Engineering Co., Tientsin,* { — Dec. 03
                                                { 1 July 02) 29Nov.00
Naughton, Hon. Lt. M., Qr.-Mr. ret. pay *late* R. Ir. R. 1Mar.16
Naylor, Maj. F., Commy. ret. Ind. Army Dept. 1July17
Naylor, Hon. Capt. H. T., Qr.-Mr. ret. pay *late* Cav. Dep. 22Aug.92
Neal. Capt. A., ret. pay *late* Durh. L.I. 14Feb.20
Neal, Hon. Maj. C. W., Ridg.-Mr. ret. pay *late* 2 Dns. 28Nov.83
Neal, Hon. Capt. J., Dep. Commy. ret. Ind. Army Dept. 16Sept.82
Needham, Col. C., ret. pay *late* h.p [F] 18Nov.86
Neeld, Lt.-Col. *Sir* A. D., *Bt., C.B., M.V.O.*, ret. pay *late* 2 L.G. 12Jan.95
Neeld, Lt.-Col. M. G., ret. pay *late* 17 Lrs. 15Jan.96
Negus, Lt.-Col. R. E., ret. pay, *late* h.p. 25Nov.17
Neish, Capt G., ret. pay *late R.A. (temp. Maj. R.A.)* 12May88
Neish, Lt.-Col. F. H., ret. pay. *late* Gord. Highrs. 10Aug.11
Nelson, Hon. Brig.-Gen. E. F., *C.B.E.*, ret. pay *late R. Art* 27Sept.17
Nelson, Capt. G. E., *D.S.O.*, ret. pay *late* Ches. R. 28Dec.19
Nelson, Hon. Maj. G. H., Commy. ret. Ind. Army Dept. 13Apr.04
Nelson, Col. H. S., ret. pay *late* R.G.A. 1Feb.08
ff. Nepean, Col. H. A. T., ret. Mad. S.O. 26Sept.85
Nesbitt, Hon. Surg.-Lt. G., Sen. Apoth. ret. Ind. Sub. Med. Dept. (Ben.) (*Rl. Wt.* 19July90) 3Sept.88
Netherton, Hon. Maj, W. E., Dep. Commy. ret. pay *late* A. Ord. Dept. (*temp. Commy. of Ord. & hon. maj.*) 22July17
Neumann, Lt. J. A., ret. pay, *late* h.p. 14Oct.14
Neve, Lt.-Col. E.J.,*C.B.E.*, Staff Paymr., ret. pay *late* A. Pay Dept. 2Mar.15
Nevile, Maj. G. C.. *D.S.O,*, ret. pay, *late* R.F.A. 1Apr.15
Nevile, Capt. M. M. H., ret. pay *late* R. Fus. for Spec. Res.) (*Maj. ret. Spec. Res.*) 19Apr.02
Neville, Bt. Col. W. C., *D.S.O.*, ret. pay *late* h.p. 21Apr.07
Nevinson, Lt.-Col. T. St. A. B. L., ret. pay *late* R.A. 30Oct.14
New, Hon. Lt. E.J.,Qr.-Mr.ret.pay *late*R.E. 30Aug.11
Newbigging, Bt Col. P. C. E., ret. pay *late* R. F.A. 15Feb.01
Newcombe, Maj. C. J., ret. pay *late* R A. 22Aug.19
Newcombe, Maj. E. O. A., *D.S.O.*, ret. pay *late* h.p. (R.E.) [F] (*Empld. under Sudan Govt.* 3 *Apr.* 12) 30Oct 14
Newell, Hon. Lt. J. E., Dep. Ass. Com, ret. Ind. Army (*Rl. Wt.* 29 Nov, 97) 1Dec.94
Newill, Lt.-Col. J. H., u.s.l. Ind. Army 4July91
Newland, Maj. A. G. E. ret.Ind. Med. Serv. 2Apr.93
Newland, Col. E.W.,*C.B.E.*,Chf.Paymr, ret. pay *late* A.P. Dept. 1May70
Newman, Chaplain (2nd Class) *Rev.* E. F., *M.A.*, ret. pay *late* A. Chaplains' Dept. 1June04
Newman, Capt. G., ret. pay *late* R.A. 28Sept.19
Newman, Maj. H. H., ret. pay *late* N. Staff R. 11Dec.82
ff. Newman, Hon. Lt.-Col. J., Qr.-Mr. ret. pay *late* Sco. Rif. [R] 18Oct.02
Newman, 2nd Lt. J. E., ret. pay *late* R.F.A. 4Nov.17
Newmarch, Lt.-Col. L. S., ret. Ind. Army 13Aug.05
Newnham, Lt.-Col. A. T. H., ret. Ind. Army[L] 29Jan.07
Newnham, Lt.-Col.W.F.,ret. Ind. Army 23June16
Newnham-Smith, Lt.-Col. E. D., ret. Ind. S.O. 27Feb.95
Newton, Maj. G., Commy. ret. Ind. Army Dept. 21Sept.17
Newton, Maj. I., Sen. Asst.-Surg. ret.. Ind. Sub. Med. Dept. (*Rl. Wt.* 19July90) 2Apr.18
Newton, Surg.-Maj. I., ret. Ind. Med. Serv. 6July77
Newton, Maj. (Dist. Offr.) J. T., ret. pay *late* R A. 14Oct.12
Newton, Hon. Brig.-Gen. J. W. M., ret. pay *late* R.A. (*Hon. Lt,-Col. ret. Impl. Yeo.*) (*Gent.-at-Arms*) 8Aug.11

Non-Effective Officers

Newton, Capt. S. J., ret. pay *late* R.G.A., 3Nov.17
Newton-King, Maj. A. C., ret. pay *late* Worc R., 18Oct.02
Nichol, Col. C. E., *C.M.G., D.S.O., M.B.*, ret. pay *late* R.A.M.C. 9Mar.12
Nichol, Lt.-Col. W. D., ret. pay *late* R.G.A., *g*. 30Oct.14
Nicholas, Hon. Capt. C. T. M., Sen. Asst Surg ret. Ind. Sub. Med. Dept. 5June07
Nicholas, Hon. Capt. J., *M.V.O.*, Ridg-Mr. ret. pay *late* R.A. 15Aug.98
Nicholas, Hon. Maj. W. H., Qr.-Mr. ret. pay *late* E. Kent R. 1July17
C. M. Nicholl, Maj.-Gen. C. R. H., ret. pay, Col. Comdt. Rif. Brig. 7June90
Nicholl, Lt.-Col. D. FitzR., *D.S.O.*, ret. pay *late* R.A, *g*. 1May17
Nicholl, Lt.-Col. H. I., *D.S.O.*, ret. pay *late* Bedf. R., *p.s.c.* 22June16
Nicholl, Maj. K. I., ret. pay *late* h.p. 14June19
Nicholl, Asst.-Surg. R., ret. ind. Med. Serv 20Jan.17
Nicholls, Lt.-Col. H. M., *M.B.*, ret. pay *late* R.A.M.C. 1Mar.15
Nicholls, Lt.-Col. T., ret. Ind. Army 8June87
Nicholls, Gen. Sir W. C., *K.C.B.*, ret. R. Mar. Art. 6June16
Nichols, Lt.-Col. F. P., *M.B.*, ret. pay *late* R.A.M.C. 30July01
Nichols, Hon. Maj. R., Qr.-Mr. ret. pay *late* A.S.C. R1 18Oct.02
Nicholson, Lt.-Col. G F., *M.D., F.R.C.S.I.*, ret. Ind. Med. Serv. 3Mar.98
Nicholson, Hon. Brig.-Gen. G. H., *C.B.*, *C.M.G.*, ret. pay 28Mar.19
Nicholson, Maj. H. B., *D.S.O.*, ret. pay, *late* h.p. 1Jan.19
Nicholson, Hon. Capt. J., Dep. Commy. ret. Ind Army Depot 15Mar.93
Nicholson, Lt.-Col. J. E., ret. pay *late* R.A. M. C. [L] (*Empld. R.A.M.C.*) 4Sept.01
Nicholson, Lt.-Col. L. St. C., ret. pay *late* h.p.17Feb.0
Nicholson, Lt.-Col. S. W. E. H., ret. pay *late* R.A.M.C. 31July00
Nicholson, Maj. T. McC., ret. Ind. Army 4Aug.18
Nicholson, Maj. W. C. A., ret. pay *late* R.G.A., *g* 18May04
Nicholson, Hon. Capt. W. H., *M.B.E.*, Qr.-Mr. ret. pay *late* h.p. 8Sept.09
Nickerson, Chaplain (1st Class) *Rev.* D., *M.A.*, ret. pay *late* A. Chaplains' Dept. 10Jan.97
Nicol, Hon. Brig.-Gen. L. L., *C.B.*, ret. pay *late* h.p. [F] 22Mar.17
Nicoll, Dep. Commy. E., ret. O.S. Dept. 15June73
Nicoll, Capt.(Dist.Offr.)T., ret. pay *late* R.A.3Sept 04
Nicolls, Hon. Brig.-Gen. E. G., ret pay *late* h.p. 18Sept.17
Nicolls, Lt.-Col. J. M., *M.B.*, ret. pay *late* R.A. M.C. (*Cork*) 30May05
C. Nicolls, Maj.-Gen. O. H. A., ret. pay, Col. Comdt. R.A., *p.s.c.* 27Aug.90
Nicklen. Lt.-Col. J. R., Qr.-Mr., ret. pay *late* R.E 3June19
Nind, Hon. Lt.-Col. F. W., ret. pay *late* R.A. 10Oct.8
Nind, Maj. J. P., ret. R.M.L.I. 1Jan.19
Nisbet, Lt.-Col. H C. ret. pay *late* Oxf. and Bucks. L I. (*Empld. Min. of Pensions*) 12Mar.19
Nisbet, Lt. R. L., ret. pay *late* North'd Fus. 12Mar.19
Nisbett, Bt. Lt.-Col. G. D. M., ret. pay *late* h.p. 22Jan.96
Nixon, Matron *Miss* A., *R.R.C.*, ret. pay *late* Q.A.I.M.N.S. 1Dec.07
Nixon, Maj.-Gen. A. J., ret. pay, *g*. [R] 31May06
Nixon, Maj, F. B., *D.S.O.*, ret. pay *late* 6 Dns. 2July16
Nixon, Col. F. W., ret. pay *late* Staff (R. E.) 29Sept.93
Nixon, Gen. Sir J. E., *G.C.M.G., K.C.B.*, ret. Ind. Army [R] 4May14
Noake, Col. R D., ret pay *late* A S C, 29Nov.00
Nobbs, Capt. J., ret. pay *late* Leic. R. 28Feb.20
Noble, Maj. H., Inspr. of Ord. Mach., 1st Class, ret. pay *late* R.A.O.C. 1July17
Noble, Lt.-Col. M. M., ret. pay *late* R.G.A. 1Apr.11
Noblett, Maj. L. H., *C.B.E.*, ret. pay *late* R. Ir. Rif, *s*. 29Nov.00
Noding, Lt.-Col. T. E., ret. pay *late* R.A.M.C.30July01
Noel, Col. W. F. N., ret pay *late* Staff (R.E.) 25Sept.00
Nolan, Hon. Maj. A. H., Sen. Asst. Surg. ret. Ind. Sub. Med. Dept. 4Jan.11
Norcock, Hon. Lt.-Col. H. J. L., ret. R. Mar. 6Oct.92
Norcott, Bt.Col.C.H.E., *C.M.G.*, ret. pay *late* h.p. 16Dec.19

Norcott, Lt.-Col. W. G., ret. pay *late* h.p. 1July88
Norfolk, Chaplain (1st Class) *Rev.* A. S., ret. pay *late* A. Chaplains' Dept. 18Feb.99
Norgate, Capt A.H.W., ret. pay *late* North'n R. 22Nov.90
Norie, Maj. F. H., *D.S.O.*, ret. Ind. Army. (*Spec. Appt.*) 4Mar.09
Norman, *Miss* H. C., *R.R.C.*, Lady Supt. of Nurses. ret. Army Nursing Service 1Nov.89
Norman, Lt. R. R. E., ret. pay *late* h.p. 14Apr.15
Norman, Hon. Surg.-Capt. J., Sen. Apoth. ret. Ind. Sub. Med. Dept. (Mad.) (*Rl. Wt.* 19July90) 11Jan.92
Norman, Lt. J. J., ret. pay *late* h.p. 12June18
Norman Hon. Maj. R F., Qr.-Mr. ret. pay *late* Garr. Adjt. and Qr.-Mr. 17Feb.08
Norman, Lt. V. P., ret. Ind. Med. Serv. 30July10
Norman, Bt Col. W. W., *D.S.O.*, ret. Ind. Army [F] (*temp. Brig.-Gen.*), *s*. 21Dec.08
Norman-Lee, Chaplain (1st Class) *Rev.* F. B. N., *M.A.*, ret. pay *late* A. Chaplains' Dept. 28Mar.06
Norrington, Lt.-Col. H. L. W., *D.S.O.*, ret. pay *late* R. A. Med. Corps. 1Mar.15
Norris, Lt.-Col. A. G., ret. pay *late* R.G.A., *g., f*. 2Sept.12
Norris, *Rev.* E. W. M.. ret. pay, *late* h.p. 19Aug.12
Norris, Lt. F., ret. pay *late* Glouc. R. 24May19
Norris, Lt.-Col. P B., ret. pay *late* h.p. 19Feb.16
Norris, Lt.-Col. R. J., *D.S.O.*, ret. pay *late* W.I.R. 28Mar.02
Norris. Maj. S. L., ret pay *late* h.p., R.E. (*Empld, Serv. Bns. R.W. Surr. R.*) 4Apr.97
Norris, Hon. Maj. W., Qr.-Mr. ret. pay *late* Naff. R. (*Empld. A.S.C.*) 5Aug.14
Norris, Capt. W. S., ret. pay *late* Extra regimentally empld. 14Feb.20
North, Col. E., *F.R.C.S. Edin.*, ret. pay *late* A. M.O. 18July06
North, Lt. E. A., *M.C., D.C.M.*, ret. pay *late* Lan. Fus. 7Nov.19
North, Capt. P. W., ret. pay *late* R. Berks. R. [L] (*Lt.-Col.* 3 *Bn. R. Berks. R.*) (*temp. Maj. R. Mar.*) 7Nov.00
North-Bomford, Capt. J. G., ret. pay *late* R. Fus. (for Spec. Res.) (*Capt.* 7 *Bn. R.Fus.*) 23Oct.12
Northcote, Maj. C. S., ret. pay *late* Bedf. R. 10Dec.15
Northcote, Hon. Lt.-Col. S. H. B., ret. R. Mar. Art. 15June86
Northcott, Lt.-Col. A. B. H., ret. pay *late* R. Sc. Fus. 1July07
Northen, Maj. E., ret. pay *late* 19 Hrs. 22 Oct.14
Northey, Lt.-Col.A. C., ret. pay *late* Sco. Rif. 1July13
Northey, Lt.-Col. H. H., *C.M.G.*, ret. pay *late* R. Sc. Fus. 7Oct.19
Northfield, 2nd Lt. W. B., ret. pay, *late* h.p. 27Oct.16
Northumberland, Bt. Lt.-Col. A. I., Duke of, *C.B.E.*, ret. pay, *late* G. Gds. [F] (for Spec. Res.) (*Capt. of G. Gds. Spec. Res.*) (*Hon. Col. North'd Fus.*) (T.F.) *s* 1Jan.18
Norton, Hon. Brig.-Gen. C. B., *C.M.G., D.S.O.*, ret. pay *late* D. of Corn. L.I. 31Mar.19
Norton, Maj. C. E., *C.M.G.*, ret. pay *late* R.E. (*temp. Lt.-Col. in Army*) 1Apr.98
Norton, Capt. H. E., ret. pay *late* 15 Hrs. (for Spec. Res.) (*acting Lt.-Col. Tank Corps*) 22Jan.09
Norton, Hon. Lt.-Col. R., ret. pay *late* Durh. L.I. (*Hon. Col. Mila.*) 4July01
Norton, Lt. W R T., ret. Ind. Army 18Apr.04
Nott, Lt.-Col. A. H., *M.B.*, ret. Ind. Med. Serv. 1Oct.07
Nott, Capt. R., ret. pay *late* R.G.A. 31Dec.18
Notter, Col. J. L., *M.D.*, ret. pay *late* R.A.M.C. 6July96
Nourse, Col. A. H., ret. pay *late* h.p. 29Sept.98
Nowlan, Bt. Col. T. B. Ord. Offr., 2nd Class, ret. pay *late* A. Ord. Dept., *f., s*. 3June17
Noyes, Lt.-Col. C. E., ret. pay *late* High. L.I 28Jan.19
Noyes, Col. O. A., ret. pay *late* h.p. R.A., *p.s.c.*12Oct.91
Noyes, Capt. C. B. B., ret. pay *late* h.p. 1Feb.03
Nugee, Lt.-Col. A. R., Paymr. ret. A. P. Dept.18Oct.02
Nugent, Col. R.A., *C.B.,C.M.G.*, ret. pay, *late* Staff A.S.C. [F] 24Mar.98
Nunnerley, Capt. P. J. R., ret. pay *late* h.p. R.A.M.C. 26July03
Nurse, Lt.-Col. C. G., ret. Ind. Army 22Jan.07
Nurse, Maj. H. H., ret. Ind. Army 5Feb.05
Nuthall, Hon. Brig.-Gen. C E., *C.B., C.M.G.*, ret. pay, *late* A. Vety. Serv. 9July19

Non-Effective Officers

Nutt, Col. J. A. F.,ret. pay *late* h.p.(R.A.)[R] 19Aug.97
Nuttall, Maj. J. R., ret. Ind. Army 10Oct.08
Nuttall, Maj. M. E., ret., Ind. Army 29May07
Nutting, Capt. *Sir H S.*, *Bt*., ret. pay, *late 17 Lrs*. 14Aug.13

Oakeley, Maj. E. F., ret. pay *late* h.p. h.p. 18Jan.17
Oakes, Lt. H. J. L., ret. pay *late* h.p. 25Feb.00
Oakes, Capt. M. P. R., ret. pay *late* 5 Lrs. 11Mar.98
Oakes, Lt.-Col. O. H., ret pay. *late* Worc. R. 2Mar.99
Oakes, Bt. Col. R., ret. pay *late* R. A. 29Jan.02
Oakes, Capt. R. J. C., ret. pay, *late* extra regtl. employ 11Aug.02
Oakshott, Capt. W. E., ret.pay, *late* Lan.Fus. *(Empld. Recg. Duties 24 Apr. 14)* 18Sept.89
Oates, Capt. W. C., *D.S.O.*, ret. pay, *late R. Muns. Fus. (temp. Lt.-Col. 8 Bn. Notts. & Derby. R.)* 1Apr.92
ft.Obbard, Hon.Maj.-Gen.T.,ret.Mad.S.C. 30Sept.86
Obee, 2nd Lt. J , reh. pay, *late* h.p. 12Jan.15
O'Beirne, Maj. A.M., ret.pay *late* R.War.R. 25Mar.85
Obree, Maj. A. E., *O.B.E*., Comny. ret. Ind Army Dept. 3June18
O'Brien, Capt. A. K. H., ret. pay *late* 2 D.G. (for Spec. Res.) *(Capt*. 2 *D.G. Spec. Res.) (Empld. R.F.C.)* 3Apr.07
O'Brien,Bt.Lt.-Col.C.R.M.,*K.C.M.G.*,ret.pay *late* E. Lan. R. (*Gov, & C.-in-C., Barbados*)26June02
O'Brien, Hon. Brig. Gen. E. D. J., *C.B., C.B.E.*,ret. pay *late* Staff 4Apr.14
O·Brien, Lt.-Col. J., *M.D*.,ret. Ind.Med.Serv. 9May96 1Apr.90
O'Brien, Maj. J., Qr.-Mr. ret. pay *late* R.A. 25Jan.18
O'Brien, Lt.-Col. *Hon.* M., *M.V.O., D.S.O*., ret. pay, *late* North'd Fus. 10Nov.17
O'Brien, Lt.-Col. R. F., ret. pay *late* R.A.M.C. 30July01
O'Brien, Hon. Maj. T., Dep. Commy. ret. Ind. Army Dept 20Mar.87
O'Brien, Lt.-Col. T. H., ret. pay *late N*. Lan. R. 2May18
O'Brien, Capt. W., Commy. ret Ind. Army Dept. 25June14
O'Brien, Capt. W., ret. pay, *late* R.F.A. 7June19
O'Callaghan, Maj. Gen. *Sir* D.D.T.,*K.C.V.O.*, ret. pay, Col. Comdt. E.A.. *g*. [R]. s. 1Apr.02
O'Callaghan, Col. D. M., *C.M.G*., ret. pay *late* R.A.M.C. 1Mar.15
O'Connell, Bt. Col. D. V., *M.D*., ret. pay *late* R.A.M.C. 3June17
O'Connell, Maj. J. R., ret. pay, *late* Shrops. L.I. [F] 1Mar.07
O'Connell,Maj.M C.,ret.pay,*late*R.Dub.Fus. 5May86
O'Connell, Lt.-Col. M. D., ret. pay, *late* A. Med. Serv. 4Aug.98
O'Connell, Col. M.D., *M.D*.,ret. pay, *late* P.M.O. 10Apr.01
O'Connor, Hon.Capt. D.,Qr.-Mr. ret. A. Med. Staff 7Aug.85
O'Connor, Maj. G., ret. pay *late* 6 Dns. 6Mar.95
O'Connor, Maj. J., Qr.-Mr. ret. pay, *late* R. Muns. Fus. 22Jan.13
O'Connor, Lt.-Col. P. F., *C.B.*,ret. Ind. Med Serv. (Ben.) 31Mar.95
O'Connor, Maj. W. F., Sen. Asst. Surg. ret. Ind. Sub. Med. Dept. 2Apr.18
O'Dare, Hon Capt. J., Qr.-Mr.,ret. pay *late* R. Innis. Fus. 1July17
Odlung, Maj. — A.. ret. pay, *late* Midd'x R. 1Sept.15
Odium, Hon. Maj. R., Rldg.-Mr., ret. pay *late* 14 Hrs. *(Ridg.-Mr. R.Irish Constabulary)* 1Jan.08
O'Donel, Maj. M. B. H., *O.B.E*., ret. pay *late R.E.* 13Feb.11
O'Donnell, Capt. C., Commy. ret. Ind. Army Dept. 6Feb.14
O'Donnell, Hon. Brig. Gen. H., *C.M.G*., ret. pay, *p.s.c* 10Sept.19
O'Donnell, Hon. Capt. J., *O.B.E.*, Qr.-Mr., ret. pay, *late* 1 D.G. 27Feb.85
O'Donnell, Hon. Captn. P., Dep. Commy. ret. Ind. Army Dept. *(Empld. A.O.D.)* 1June06
O'Donnell, Maj. Gen. *Sir* T. J., *K.C.I.E., C.B., D.S.O*., ret. A. Med. Serv. 18Feb.15
O'Donoghue, Bt. Col. M. E., *C.B.E*., ret. Ind. Army 11May07

O'Dwyer,Lt.-Col. M.,*M.B.*,ret.Ind.Med.Serv.30Sept.88
O'Farrell, Maj. E. H. M., ret. pay *late R. Ir. Fus.* 3Sept.15
O'Farrell,Brig. Surg.-Lt.-Col. I. Mc D., *F.R.C.S.I.*, ret. A. Med. Staff 24Aug.99
Ogle, Bt. Col. E. A., ret. pay *late* E. York R. 14Aug.05
Ogle, Hon. Maj.-Gen. F. A., *C.B*., ret. R.Mar. Art. [F] [R] 29Aug.96
Ogle, Lt. K. W. S., ret. pay *late* h.p. 4July17
Ogley, Hon. Lt. L., Dep. Asst. Commy. ret. Ind. Army Dept. *(Rl. Wt. 29 Nov 97)* 18Mar.87
O'Gorman, Hon Maj. C., Dep. Commy. ret. Ind. Army Dept. 2Nov.84
O'Gorman, Bt. Col. N. P. (*The O'Gorman*), ret. pay *late* 4 Prov. Bn. 17Oct.00
O'Gorman, Lt.-Col. P. W., *C.M.G*., ret. Ind. Med. Serv. 31Mar.08
O'Grady, Maj. H. H. M., ret. pay *late* R. Suss. R. 22Mar.99
O'Grady, Lt.-Col. J. de C., *C.B.*, ret. pay *late* h.p. 1July00
O'Grady, Hon. Lt. S., Asst. Commy. ret. Ind. Army Dept. 6Oct.08
O'Hagan, Capt. C. H. P., ret. pay *late* h.p. (*Spec. Appt.*) 2Jan.17
O'Halloran, Lt.-Col. M., *M.B*., ret. pay, *late* R.A.M.C. 8May12
O'Hara, Maj. P.H.A., ret. pay*late* E.Surr.R. 22Mar.18
O'Hara, Hon. Lt.-Col. R., ret. pay *late* R.A. 10Jan.78
O'Hara, Col. W., ret. Ind. Med. Serv. 28May06
O'Hare, Lt. C.. ret. pay. *late* R.G.A. 1July17
O'Keefe, Maj. D. S. A., *M.B*., ret. Ind. Med. Serv. 26Jan.14
O'Keeffe, Maj. J. M., Qr.-Mr. ret. pay, *late* R.A.S.C. 14Dec17
O'Keeffe, Maj.-Gen. *Sir* M W., *K.C.M.G., C.B., M.D.*, [F], ret. pay, *late* A. Med. Serv. 1Mar.15
O'Kelly.Capt. H.K.,*D.S O*.ret.pay*late* h.p. 24Dec.18
Oldfield, Col. C. G., *C.M.G., C.B.E.*, ret., *late* Ind. Ord. Dept. (R.A.)[Ind. Pens.) 10May19
Oldfield, Lt. G. S., ret. pay *late* h.p. 20May17
Oldfield, Bt. Lt.-Col. H.,h.p. R.Mar.Art.[F] 18Sept.12
Oldham, Col. F. G., ret. pay *late* h.p. R.E. (*Ind. Pens.*) 9Oct.90
Oldham, Lt.-Col. F. T., ret. pay *late* R.F.A. 18Dec.15
Oldham, Col. G. M., *D.S.O*. [F], ret. pay, *late R E.* 8Aug.19
Oldham, Hon. Lt.-Col. G. W., ret. pay *late* R. (Bo.) E. 30Nov.82
Oldham, Hon. Col. *Sir* H.H. *Knt*., *K.C.V.O.*, ret.pay*late*h.p.(Ind.Pens.)(*Gent.-at-Arms*)12Feb.87
O'Leary, Hon. Surg.-Capt. D., Sen. Asst. Surg., ret. Ind. Sub. Med. Dept. (Mad.) (*Rl. Wt. 12 Mar. 94*) 12Mar.95
O'Leary, Hon. Brig.-Gen. T.E., *C.B., C.M.G., C.B.E.* ret. pay, *late* Staff 1Jan.20
O'Leary, Hon. Brig.-Gen. W. E., ret. pay *late* h.p., *p.s.c.* [L] 7Dec.18
Oliver, Vety. Lt.-Col. G A A., *F.R.C.V.S*., ret. A. Vety. Dept. 28May94
Oliver,Bt.Col.L.G.,*C.M.G.*,ret.pay*late*Midd'x R. 18Sept.09
Oliver, Chaplain to the Forces, 1st Class *Rev. E. J, D.. C.B.E. M.A.*, ret. pay, *late* R.A., Ch.D 29Nov.10
Oliver,Hon.Capt.W.,Qr.-Mr.ret.pay *late* 6 Dns. 27Sept.89
Oliver, Maj. W. J., *C.B.E.*, ret. pay, *late* R.A. (*Hon. Col. Spec. Res.*) 18Oct.02
Olivey, Hon. Col. *Sir* W. R., *K.C.B*., Chief Paymr. ret.A. F. Dept. [R][F] 1Apr.86
Olivier, Bt. Col. H. D., ret. pay *late* R.E. (*Ind. Pens.*) 1Apr.02
Olivier, Maj. W. H.. ret. pay *late* R.F.A. [L] 26Nov.00
Ollenbach, Maj. D. S., Sen. Asst. Surg. ret. Ind. Sub. Med. Dept. 2Apr.18
O'Loughlen, Hon. Lt. P. M., Asst. Commy. ret. Ind Army Dept. 3Apr. 87
Olpherts, Hon.Comm. R. P., ret. O. S. Dept. 3Sept.73
Olpherts, Maj. W. C., ret. pay *late* R. Scots 7Nov.00
O'Malley, Lt. C. O. A. G., ret. pay *late* R.F.A. 21Dec.08
O'Malley, Bt. Lt.-Col. C. L. M., ret. pay *late* R.F.A. 3June18

O Malley, Bt. Col. W. A. D O., *C.B*., ret. Ind. Army 25June03

Non-Effective Officers

O'Malley Keyes, Maj. M. J. K., ret. pay *late* R. Art. — 13Feb.16
O'Meagher, Col. J. K., *C.B.E.*, ret pay *late* h.p. — 1Jan.20
O'Mealy, Hon. Capt. M., (Sen. Asst.Surg., ret Ind. Sub. Med. Dept. (Ben.) — 14July02
O'Meara, Bt. -Col. W. A. J., *C.M.G.* ret. pay *late* R.E., *p.s.c.* [l] — 3June17
Ommanney, Hon. Brig.-Gen. A. E., *C.B.*, ret. pay *late* Grouped Regtl. Dist. (Hon. Col. 6 *Bn. Ches. R.*) [R] — 10Feb.12
Ommanney, Maj. A. H., ret. Ind. Army — 18ept.15
Ommanney, Maj. F. C. ret. pay, *late*L'poolR. — 18Mar.18
Ommanney, Maj. G. P., ret. pay, *late* North'n R. — 18ept.15
Ommanney, Col.M.W., ret. pay *late* R. (Ben.) A. — 19July87
O'Neill, Hon. Capt. J., Dep. Commy. ret. Ind. Army Dept. — 28Feb.06
O'Neill, Bt. Col. W. H., ret. pay, *late* R.F.A. — 12Oct.04
O'Neill, Maj. W. H. S., *D.S.O.*, ret. pay *late* R. Dub. Fus. (*Hon. Col. ret. Spec. Res.*) — 16May94
O'Nial, Surg.-Gen. J., *C.B.*, ret. A. Med. Staff[R]15June85
Onslow, Hon. Lt. -Col. F. M., ret. Mad. S.C. — 7May86
Onslow, Maj.-Gen. G. T., *C.B.*, ret. R.M.L.I. 16Aug.19
Onslow, Bt. Col. R. C., u.s.l. Ind. Army, s. — 11Sept.05
Onslow, Maj.-Gen. *Sir* W. H., *K.C.M.G.*, *C.B.* ret. pay, *g.* [F] — 1Jan.18
Oppenheim, Maj. A. C., *D.S.O.*, ret. pay, *late* K.R. Rif. C. — 22Oct.17
Oppenheim, Bt. -Col. L. C. F., *C.M.G.*, ret. pay *late* 2 D.G. (for Spec. Res.) (*Maj. 4 Bn. High. L.I.*) — 3June19
Oppenheim, Lt. -Col. R. W., *O.B E.* [F] ret. pay, *late* 4 D.G. — 3Dec.19
Oppenheimer, Capt. H. S., ret. pay *late* L'pool R. [l] — 29Sept.15
Oppenheimer, Lt. P. H. M.. ret. pay, *late* h.p.,7Oct.17
Oram, Principal Matron *Miss* S. E., *D.B.E.*, *R.R.C.*, ret. pay *late* Q.A.I.M.N.S. — 19June11
Ord, Maj. St. J. St. G., ret. pay, *late* R.A. — 28Mar.90
Orde, Maj. L. H., ret. pay *late* E. York. R. 28Aug.01
O'Reilly, Hon. Brig.-Surg. J., *M.B.*, ret. A. Med. Staff — 31Aug.87
O'Reilly, Hon. Capt. L. J., Sen. Asst. Surg. ret. Ind. Sub. Med. Dept. — 20Jan.07
O'Reilly Lt. -Col. ret. A. Med. Staff. — 1Apr.87
Orford, Maj. (Dist. Offr.) F. R. N., ret. pay *late* R.A. — 7Mar.15
Organ, Hon. Maj. C., *M.V.O.*, Qr.-Mr. ret. pay, *late* R. Hosp. — 29Nov00
Organ, Maj. J., ret. pay, *late* Coast Bn.,R.E.13Jan.03
Orlebar, Lt. Col. E. H., ret. R. Mar. — 17Sept.17
Ormerod, Lt. -Col. G. S., ret. pay *late* R. Muns. Fus. (*Lt.-Col. ret. Spec. Res.*) — 1Aug.14
Ormond, Lt. -Col. H. V. S. ret. pay *late* h.p. 21Nov.11
Ormsby, Col. J. B., ret. pay *late* R.A., *p.a.c.* — 30Sept.91
Ormsby, Capt S. F., ret. Unattd. List, Ind. Army (*War Office*) — 21Nov.16
Ormsby, Lt. -Col. T., *D.S.O.*, Staff Paymr. ret, pay; *late* A.P. Dept. — 23Aug.18
Ormsby-Gore, Maj. *Hon.* H. A., ret. pay *late* 11 Hrs. — 24Oct.92
Orr, Maj. C. W. J., ret. pay *late* R.A. (*Chief Sec., Cyprus,* { 13 *May* 11 (*War Office*) { 28 *Feb.* 03) — 30Oct.14
Orr, Capt. J., ret. pay, *late* h.p. — 20Mar.20
Orr, Maj. M. H.. *D.S.O.*, ret. pay, *late* York R. 21Jan.02
Orr, Lt -Col. R., Commy. ret. Ind. Army Dept. — 1Jan.17
Orr, Capt. S. A. M., ret. Ind. Army — 1oJuly01
Orr, Bt. Col. W. J., ret. Ind. Army — 7July99
Orrell, Capt. J. M.C., ret pay, *late* R.A. — 24Feb 20
Orr-Ewing, Hon. Brig.-Gen. *Sir* N. A., *D.S.O* [F], ret. pay, *late* S. Gds. — 19Nov.19
Osborn, Bt. Col. G., ret. pay *late* R.G.A. — 16Oct.09
Osborn, Maj. L. L. H., ret. pay *late* R.G.A. (*Empld. Min. of Munitions*) — 1May17
Osborne, Hon. Maj. G. H., *O.B.E.*, Qr.-Mr. ret. pay *late* R. Ir. Fus. (*Lt-Col. ret. T.F.*) — 2Nov.10
Osborne, Maj. J. W., *O.B.E.*, Qr.-Mr. ret pay, *late* R.A.M.C., — 3June18
Osborne, Lt. -Col. J., ret. pay *late* R.A.M.C. (*Empld.*) — 20July01
O'Shaughnessy, Lt. -Col.W. F., ret. pay *ate* h.p. 10Jan.9
O'Shea, Maj. T., *D.S.O.*, Qr.-Mr. ret. pay *late* K.R. Rif. C. (*Lt. -Col. ret. T.F.*) — 10Jan.09
'Shea, Hon.Lt.T.,Qr.-Mr. ret.pay *late* Worc.R. 14Mar.02

O'Shee, Maj. G. I. P. P., ret. pay *late* Leins. R. (*Lt.-Col. (Bt. Col.) 5 Bn. Yorks. L.I.*) — 1Sept.15
O'Shee Lt. -Col. R. A. P., *C.M.G.*, ret. pay *late* R.E. — 23May19
Osmond, Maj. (D.O.) T. Y., ret pay *late* R.A. (*Empld. R.G.A.*) — 26Nov.02
Osmond-Williams, Lt. O. T. D., ret pay *late* h.p. 2Nov.02
Ostler, Lt. A. A., ret.pay, *late* D. of Corn LI. 25Oct.17
Ostrehan,Lt.-Col. F. G. R., *C.B.E.*, u.s.l. Ind. Army — 11May04
O'Sullivan,Col.D., *C.M.G.*, *C.B.E.*,*F.R.C.S.I.*, ret. pay *late* P.M.O. — 17Feb.08
O'Sullivan, Col. G. H. W., ret. pay *formerly* R.E. (*Ind. Pens.*) — 29Nov.00
O'Sullivan, Hon. Lt. J., Dep. Asst. Commy. ret. Ind. Army Dept. — 1Jan.88
O'Sullivan, Maj. (Dist. Offr.) P., *O.B.E.*, ret. pay, *late* R.A. — 12Jan.15
Oswald, Maj. J., ret. pay *late* 16 Lrs. — 22Dec.94
Oswald, Bt. Col. St. C., *C.B.*, ret. pay *late* h.p. 14July05
Oswald, Hon. Brig.-Gen. W. A., ret.Ind.Army15Feb.18
Oswald-Brown, Maj. C. R., ret. pay *late* Manch. R. — 31May94
Otter-Barry, Bt. -Col. R. B., ret. pay, *late* h.p. [l] — 3June19
Ottley, Lt. -Col. G. F., *D.S.O.*, ret. pay *late* Staff. (*Record Office*) — 19July02
Ottley, Asst.-Commy.-Gen. G. W., ret. Commt. and Trans. Staff — 24Aug.82
Ottley, Lt. -Col. *Sir* J.W., *K.C.I.E.*, ret., pay *late*Pub. Wks. Dept., India (R.E.) — 12Aug.95
Otway, Lt. C. W. H., ret. pay *late* h.p. — 30Oct.00
Otway, Maj. W. G., ret. pay *late* R.A.S.C. — 19July15
Ouseley, Hon. Brig.-Gen. R. G., *C.B.*, *C.M.G.*, *D.S O.*, ret. pay, *late* h.p. *g.f.* — 12Feb.20
Ovans, Bt. Maj. C. P. J., *O.B.E.*, ret. pay *late* R.O. Sco. Bord. (*Empld. under Min. of Munitions*) — 1Jan.18
Ovens, Hon. Brig.-Gen. G. H., *C.B.*, [F] ret. pay, *late* h.p. — 22July17
Ovens, Hon. Brig.-Gen. R. M., *C.M.G.*, ret. pay, *late* h p. — 7Oct.19
Overton, Lt. -Col. G. C. R., *D.S.O.*, ret. pay *late* R. Fus. — 2May19
Ovey, Hon. Lt. -Col. D., *D.S.O.*, ret. pay, *late* Rif. Brig. [F] (*S.C.*) — 21Jan.20
Owen, Lt.-Col. C. A., ret. Ind. Army — 10Ct.86
Owen, Hon. Capt. C. A., *F.R.C.S. Edin.*, Sen. Asst. Surg. ret. Ind. Sub. Med. Dept. — 17Apr.09
C. Owen, Hon. Maj.-Gen. C. H., ret. pay *late* R.A. F] — 10Ct.86
Owen, Lt. -Col. C. W., *C.M.G.*, *C.I.E.*, ret. Ind. Med. Serv. [F] — 30Sept.96
Owen, Col. G. P., ret. pay *late* R.A., *g.* — 21Dec.00
Owen, Maj. H. C., ret. pay *late* L'pool R. (for Spec.Res.) (*Capt. 5 Bn.Midd'x R.*) (*Resdt. Magistrate, Ireland, 28 Oct.* 11), s. — 9Aug.17
Owen,Col.H.M.,*C.B.*,*M.V.O.*,ret. pay *late* Staff 14June02
Owen, Bt. Col. H. O'B., ret. pay, *late* R.F.A. — 10Feb.04
Owen, Lt. -Col. I. T., Staff Paymr. ret. pay *late* A. Pay Dept. — 29May08
Owen, Hon. Capt. (*Mila*) J., Qr.-Mr. ret. pay *late* W. Cork s rt. Mila. — 19Jan.81
Owen, Gen. *Sir* J. F., *K.C.B.*, ret. pay Col. Comdt. R.A., *p.a.c.* [R], — 7Dec.04
Owen, Lt. O.. ret Ind. Army — 22July05
Owen, Hon. Brig.-Surg. O., Surg.-Maj. ret. A.Med. Staff — 7Oct.85
Owen, Bt. Col. R., ret. pay *late* h.p. — 2July06
Owen, Capt. R. C. R., *C.M.C.*, ret. pay, *ate* Oxf. L I. [F] e.a. (*Empld. under Sudan Govt., 27June*06) — 10Feb.98
Owen, Hon. Maj. R. E., Paymr. ret. A. P. Dept. 9Nov.85
Owen, Maj. R. H., ret. pay *late* S. Lan. R. — 15Oct.02
Owen, Capt. R. T. T., ret. pay, *late* h.p. — 7Dec.15
Owen, Capt W., ret. pay, *late* Oxf. L.I. — 27Sept.08
Owen, Lt. W. D., ret. pay *late* h.p. — 1Jan.17
Owen-Lewis, Maj. A. F., *D.S.O.*, ret. pay *late* York. R. (*Maj. ret. Spec. Res.*) (*Empld. under Gen. Prisons Board*) — 23Jan.16
Owens, Lt.-Col. E. F., ret. pay *late* h.p. — 26Aug.91
Owens, Maj. R. L., *C.B.E.*,ret. pay *late* R. Ir. Regt. — 26Aug.04
Owins, Capt. A., *M.I.C.*, ret. pay *late* Worc. R. 5Mar.20
Oxley, Lt.-Col. C. R., ret. Ind. Army — 4Apr.85
Oxley, Bt. Col. R. H., ret. pay *late* h.p. — 1July95
Oxley, Hon. Brig.-Gen. R. S., *C.B.*, *C.M.G.*, ret. pay, *p.s.c.* (l) — 16Nov.19

Non-Effective Officers

Ozanne, Hon. Lt.-Col. C. H., Asst. Commy.-Gen. of Ord., ret. Naval Ord. Dept. (*Naval Ord. Dept.*) — 1Apr.97
Ozzard, Maj. H. H., ret. Ind. S.C. — 13June94

Pache, Capt. J. E., Qr.-Mr., ret. pay, *late R.A.S.C.* — 23Jan.18
Packard, Lt. T., ret. pay *late h.p.* — 22Apr.16
Packman, Maj. F. L. A., ret. pay *late E.Surr.R.*, s. — 11June04
Packman, Hon. Lt.-Col. F. W. V., Staff Paymr. ret. A. P. Dept. — 6Jan.86
Paddon, Hon.Lt.-Col. H. W. L., ret. pay *late* 7 Ft. — 1July81
Paddon, Bt.Lt.-Col. S. S. W., ret. Ind. Army [F] — 3June19
Pagan, Hon. Maj. G.A., ret. pay *late* North'd Fus. (*Hon. Lt.-Col. ret. Mila.*) — 7Feb.00
Page, Hon. Capt. J. A., Qr.-Mr. ret. pay *late R. Innis. Fus.* — 10Feb.07
Page, Lt. Col. L. C., Qr.-Mr. ret. pay — 1Jan.19
Page, Lt. L. F., ret. pay (*temp.*) *late R.F.C. Spec Res.* — 1Dec.15
Page-Henderson, Lt.-Col.H.C.,ret. pay *late* h.p. 17Sept.99
Paget, Bt. Col. A. de B. V., ret pay *late* h.p. (*Gent-at-Arms*) — 26Apr.03
Paget, Gen. *Rt. Hon. Sir* A. H., *G.C.B., K.C.V.O.*, ret. pay Col. E. Kent R. [R] [F] — 5Mar13
Paget, Maj. G. M., ret. pay, *late* C. Gds. — 17July15
Paget, Bt.-Col. H., *C.B., D.s.O.*, ret. pay *late* h.p., *p.s.c.* — 26June89
Paget, Maj. J. B., ret. pay *late* W.York.R.,s. — 4May16
Paget, Lt.-Col. V. F. W. A., ret. pay *late R.H.A.* (*Spec. Appt.*) [l] — 19June16
Pain, Maj. A. H., ret. pay *late* Gord. Highrs. 1Sept.86
Pain, Hon. Brig -Gen. G. W. H., *K.B.E., C.B.*, ret. pay *late* h.p. [F] [R] — 1Nov.19
Painter, Hon. Brig.-Gen. A. C., *C.M.G.*, [F] ret. pay, *late R.E.* — 6July19
Painton, Hon. Maj. G. H., Qr.-Mr. ret. pay *late R.A.M.C.* — 1July17
Pais, Hon. Capt. S., Sen. Asst. Surg., ret. Ind. Sub. Med. Dept. — 16Mar.01
Pakenham, Lt.-Col. W: W. V., ret. Ind. Army 30Jan.04
Palairet, Maj. C. A. H., ret. pay *late R. Fus.* (*S.C.*) — 1Sept.15
Paleologus, Maj. W. C., ret. Ind. Army — 23Mar.07
Paley, Bt. Col. E. G., ret. pay *late* h.p. — 8July97
Palin, Col. G. W., *C.B., C.I.E.*, ret Ind. Army — 1May09
Palin, Lt. J., ret. pay, *late* York R. — 5Sept.18
Palk, Maj. C. H. L., *M.B., F.R.C.S.*, ret. Ind. Med Serv. — 28July03
Palk, Lt. W. L. L ret. pay *late* Durh. L.I. — 6Aug.04
Pallant, Lt. G., ret. pay, *late R.A.* — 23July16
Palmer, Maj. A. S., Ord. Offr., 3rd Class, ret. pay *late A.* Ord. Dept. — 21Feb.00
Palmer, Col. C. H., ret. Ind. S.C. — 12June88
Palmer, Lt G. H., ret. pay. *late* R. Scots. — 2May19
Palmer, Hon. Capt. H., Qr.-Mr. ret. pay *late A.S.C.* — 17May09
Palmer, Col. H. I. E., *C.M.G.*, ret. Ind. Army — 25Apr.19
Palmer, Lt.-Col. H. D., ret.R. Mar. [F] — 30Sept.19
Palmer, Lt. J., ret. pay, *late R.A.* — 20Dec.16
Palmer, Bt. Maj. W. H., ret. R. Mar. — 1Jan.18
Palmes, Maj. B., ret. pay *late* Som. L.I. — 1May89
Palmes, Capt. E. W. E., *M.C.*, ret. pay, *late 10 Hrs.*, — 14Mar.12
Palmes, Maj. G. C., *D.S.O.*, ret. pay *late* S. Wales Bord. — 9June92
Palmes, Capt. G. L., *D.S.O.*, ret. pay *late* h.p. (*Spec. Appt.*) — 23Mar.98
Pank, Lt.-Col. F. D., ret. Ind. Med. Serv. — 1Mar.00
Panton, Maj. H. B, N., ret. R,M.L I. — 6June17
Panton, Lt.-Col. W, F., ret. pay *late* Leic. R. 21Sept.19
Papillon, Hon. Lt.-Col. D., ret. pay *late* Gord. Highrs. — 12Mar.84
Parcell, Lt. C. B., ret. pay, *late R.A.* — 29Nov.15
Pardoe, Hon. Lt. -Col. T. F., ret. pay *late* Ches. R. 1July81
Parfitt, Hon. Lt. W. C., Dep. Asst. Commy. ret. Ind. Army Dept. (*Rl. Wt.* 29 Nov.97) — 20May98
Pargeter, Lt. F., *M.C.*, ret. pay, *late* 16 Lrs. — 1July17

Paris, Maj.-Gen. *Sir* A., *K.C.B.*, ret. R. Mar, [L] [F] — 16Oct.15
Parish, Lt. J , ret. pay, *late* W. York, R. — 1July17
Park, Hon. Capt. J., Commy.,ret.Ind.Army Dept. — 29Dec.08
Parke, Hon. Brig.Surg.D.,Maj. ret. A Med Staff 4Dec.86
Parke, Capt. E. S., *M.C.*, ret. pay, *late* Yorks. L.I. — 19Dec.19
Parke, Hon. Maj. G. A., Commy. of Ord., ret. pay *late A.* Ord. Dept. — 8May12
Parke, Maj. L., ret. pay *late* Durh. L.I. (*Lt.-Col. T.F. Res.*) — 31Oct.00
Parker, Hon. Brig.-Gen. A., *C.M.G.*, ret. pay, *late* Extra Regimentally Empld. — 14Nov.19
Parker, Col. F. J., *C.B.*, ret. pay — 4 Dec. 12
Parker, Hon. Lt.-Col. G., Ridg.-Mr. ret. pay *late* 2 Dns. (*Dist. Remt. Offr.*) — 3June19
Parker,Lt. G., *D.C.M.*,ret.pay,*late* Hamps.R. 1July17
Parker, Capt. G. D. S, ret. pay, *late* h.p. — 11Feb.17
Parker, Lt.-Col. G. M. G., ret. Ind. Army — 3Sept.15
Parker, Col. H. W.. M., *C.M.G.*, ret. pay *late R.G.A.* (*comdt.*) — 12Apr.17
Parker, Lt.-Col. J.,*M.D.*, ret. Ind. Med. Serv. 30Sept.95
Parker, Maj. J., ret. Ind. Army — 30Jan.04
Parker, Hon. Brig.-Gen. J. L., *C.M.G.*, ret. pay *late* h.p. — 4Jan.19
Parker, Hon. Lt.-Col. J. W. R., *C.B.*, ret. pay *late* York. R. (*Lt.-Col.&Hon. Col.ret.Spec.Res.*) 26Mar.02
Parker, Lt.-Col. N. T., ret. pay *late* Ind. Army — 25Nov.11
Parker, Hon. Brig.-Gen. St J. W. T., *C.B., C M.G.*, ret. pay, *late* R.A.S.C. — 31Oct.19
Parker, Bt. Col. W. F., ret. pay *late* Rif. Brig. (*Lt.-Col. ret. T.F.*) — 3June18
Parker-Jarvis, Lt.-Col. W. S. W., *D.S.O.*, ret. pay, *late* K.R Rif.C. — 28Jan.20
Parker Toulson, Maj. C., ret. pay *late* 4 D.G. 11Mar.05
Parkin, Lt. Col. F.H., *O.B.E.*, ret. pay *late* S. Staff. R. — 10Jan.19
Parkin, Lt.-Col. H., *C.I.E.*, ret. Ind. Army — 1May04
Parkin, Col. J. W. B., ret. pay *late A.S.C.* — 12Dec.98
Parkins, Capt. R.,ret. pay *late* h p.(R.Art.) 19June18
Parkinson, Maj. B. E., Qr.-Mr. ret. pay, *late K.O.* Sco. Bord. (*Empld. Recg. Duties*) — 11Oct.14
Parkinson, Bt. Col. F. R., ret. pay *late* h.p. 30Dec.07
Parkinson, Lt.-Col. P. G., *O B.E.*, ret. A. Ord. Dept. — 1Oct.19
Parkinson, Surg.-Maj. R. C., ret. Med. Dept. 1Apr.79
Parkyn, Col. G. J., ret.pay *late* A.S.C. — 29Nov.00
Parlby, Capt. P. J. H., ret. pay *late* Devon. R. (*Capt. 3 Bn. Devon R.*) — 1Nov.90
Parmiter, Maj. C. L., *O.B.E.*, ret. pay *late* L'pool R. — 28Jan.16
Parnell, Lt. G.L., ret. pay, *late* Shrops. L.I. 21Feb.19
Parnis England, Lt. W. J., ret. pay *late* L'pool R. (for Spec. Res.) (*Empld.* 2 (*Garr.*) *Bn. R. Ir. Regt.*) — 1Jan.01
Parr, Bt. Lt.-Col. C., *C.B.E.*, ret. pay *late* h.p. — 1Jan.18
Parr, Chaplain (1st Class) *Rev.* W.C., *M.A.*, ret. pay *late A.* Chaplains' Dept. — 10Oct.08
Parrott, Lt.-Col. B. A. N., ret. Ind. S.O. — 8July94
Parry, Maj. E. C. M., *O.B.E.*, ret. pay *late* E. Kent R., s. — 8Jan.16
Parry, Maj. H. J., *C.B.E., D.S.O., M.B.*, ret. pay *late* R.A M.C. (*Empld. R.A.M.C.*) — 29July02
Parry, Lt.-Col. L. H., ret. pay *late R.G.A.* — 5Nov.16
Parry Okeden,Lt.-Col.U.E.P.,ret.pay*late*18Hrs.31 Oct,82
Parsons, Bt. Lt.-Col. C., *D.S.O.*, ret. pay *late R. W.* Surr. R., [F] — 1Jan.19
Parsons, Hon. Maj.-Gen. *Sir* C. S. B., *K.C.M.G., C.B.*, ret. pay *late* h.p. R.A. [F] — 16Nov.09
Parsons,Maj.E.H. T.,*C.B.E.*,ret. pay *late R.A.* (*Chief Constable, Metropolitan Police,* 15 *Oct.*, 03) — 12Sept.03
Parsons, Lt.-Col. E. M. K., ret. pay *late* W. Rid. R. — 15July19
Parsons, Lt.-Gen. *Sir* L. W., *K.C.B.* ret pay *late R.A. g* [R] (*Col.-Comdt. R.A.*) — 8May09
M. Parsons, Lt.-Col. R., r.f.p. *late* Worc. R. 19Dec.86
Parsons, Hon. Maj. W., Qr.-Mr. ret. pay *late A.S.C.* — 15Oct.02
Parsons, Bt. Lt.-Col. W. F., *D.S.O.*, ret. pay *late* R.F.A. — 1Jan.19
Partridge,Lt.-Col. C. R.,ret. pay *late* R. W. Kent. R.19Mar.90

Non-Effective Officers

Pascoe, Capt. C. H., ret. pay, *late* R.W. Surr. R.   1Aug.17
Paske, Dep. Surg.-Gen. C. T., ret. Ind. Med. Serv.   1Jan.79
Paske, Maj. E. L., *O.B.E.*, ret. pay, *late* h.p.   20Dec.19
Pasley, Bt. Maj. *Str* T. S., *Bt.*, ret. pay *late* R.Berks. R.   29Nov.00
Patch, Lt.-Col. A. T. L., *M.B.*, ret. Ind. Med. Serv.   2Apr.01
Patch, Col. R., *C.B.*, ret. Ind. Army [R]   7Dec.91
Patchet, 2nd Lt. W. J., ret. pay, *late* h.p.   17July17
Paterson, Hon. Lt. A., Asst. Commy. ret. Ind. Army Dept.   28June90
Paterson, Col. A. M., ret. pay *late* h.p., *p.s.c.* (*D.C.O.*)   22Dec.98
Paterson, Col. E. H., ret. pay *late* h.p., *g.*   20Nov.05
Paterson, Maj. F. W. J., *M.C.*, ret.Ind.Army 22Oct.17
Paterson, Surg.-Maj.-Gen, H. F., *M.D., F.R.C.S. Edin.*, ret. A Med. Staff   1Apr.93
Paterson, Lt. H. McD., *M.C.*, ret. pay, *late* h.p.   22Feb.19
Paterson, Maj. J., *M.B.*, ret. pay *late* R.A.M.C.   27July99
Paterson, Col. S., *C.B.E.*, ret. pay *late* h.p.' 27June08
Paterson, Hon. Capt. T., Qr.-Mr. ret. pay *late* R. Sc. Fus.   1July17
Paterson, Lt. W. H., *M.C.*, ret. pay, *late* h.p.   1Oct.16
Paterson, Maj. W. O.,ret.pay, *late* E.Lan.R. 8Jan.16
Pateshall, Maj. H. E. P., ret. pay *late* E.York.R. (*Empld. 1 Bn. Hereford R.*), (*Spec. Appt.*)   8Jan.16
Paton, Maj. D. R., ret. pay *late* h.p.   20Jan.12
Paton, Maj.-Gen. G., *C.M.G.*, ret. pay, Col. 8. Wales Bord.   3Apr.98
Paton, Maj.I.V.,*D.S.O.*,ret. pay*late*R. Sc.Fus. 18Sept.15
Paton, Maj. J. A., ret. pay *late* R. Lanc. R. (*Empld. R. Lanc. R.*)   21June05
Patten, Maj. A., ret. pay *late* Arg. & Suth'd Highrs. (*Spec. Appt.*)   29Nov.09
Patten, Lt.-Col. C. E. B., Staff Paymr. ret. pay *late* A. P. Dept.   17Apr.06
Patten, Col. W. H., ret. pay *late* Staff(R.E.) 29Aug.93
Patterson, Lt. A. G., ret. pay *late* h.p.   1July17
Patterson, Hon. Capt. A. S., Qr.-Mr. ret. pay *late* Yorks. L.I. (*Lt. 1 Wessex Ammn. Col., 1 Wessex Brig., R.F.A.*)   31Jan.04
Patterson, Chaplain (1st Class) *Rev.* R. S., ret. pay *late* A. Chaplains' Dept.   14Apr.92
Patton, Col. H. C., ret. pay *late* Regtl. Dist. 1July85
Patton, Hon. Capt J. E., Commy. ret. Ind. Army Dept   2Jan.04
Patton-Bethune, Maj. D. E. B., ret. pay *late* Rif.Brig. (*temp. Lt.-Col.14 Bn. Rif. Brig.*) 16Dec.03
Paul, Bt. Col. E. T., ret. Ind. Army [L]   22Jan.06
Pauly, Capt. E. A., ret. pay *late* h.p.   14Aug.15
Paulson, Hon. Capt. J., Qr.-Mr. ret. pay *late* R.A.   11July95
Pavey, Capt. F., *D.C.M.*, ret. pay *late* R.A. 3Feb 20
Pawsey, Hon. Maj.W.L.,Qr.-Mr ret. R. Mar. 18June03
C. Pawson, Hon. Lt.-Col. J., Ridg.-Mr. ret. pay *late* R.A. [R]   1Mar.01
Paxton, Maj. H. W., ret. pay, *late* R.A., *o.* [L]   30Oct.14
Payn, Capt. D. E., ret. pay *late* Yorks.L.I. [L] 27Aug.98
Payne, Bt. Col.A.V., *C.M G.*, ret.pay *late* h.p. [F]   19Mar.05
Payne, Maj. C., Qr.-Mr. ret. pay *late* R.E. 13Sept.15
Payne, Col. C. D. P., ret. Ind. S.C.   12Jan.86
Payne, Lt. E. Le F., ret. Ind. Med. Serv.   29Jan.96
Payne, Matron *Miss* G.M., *R.R.C.*, ret. pay, *late* Q.A.I.M.N.S.   13Dec.86
Payne, Maj.-Gen. R. L., *C.B.*, *D.S.O.*, ret. pay [R]   7Nov.07
Payne, Capt. T., *M.C.* ret. pay *late* R.A. 31Jan.20
Payne, Capt. W. R., ret. pay, *late* R.A.   17Mar.20
Paynter, Maj. C. H., ret. pay *late* 6 Dns. [l] (*Hon. Lt.-Col. Mila.*) (*Hon. Lt.-Col.*,*ret. Terr. Force*) (*Spec. Appt.*)   17Sept.99
Payzant, Capt. H. R., ret. pay *late* Lan.Fus. 11Jan.02
Peacocke, Capt. G., ret. pay *late* W. I. R. (*Empld. 3 Bn. Lan Fus.*)   10Mar.00
Peacocke, Lt.-Col. Sir T. J., *O.B.E.*,ret. pay *late* Worc. R. Record Office)   14Feb.08
Peacocke, Col. W., *C.M.G.*, ret. pay *late* Staff (R.E.) *p.s.c.* [F]   18Sept.98

Peake, Maj. W. K., *O.B.E.* ret. pay *late* Worc. R. (*Col. Terr. Force*)   29Jan.17
Pearce, Lt. A., ret. pay, late R.G.A.   18Nov.18
Pearce, Maj. A. H., *M.C.*, ret. pay *late* h.p. 18Aug.18
Pearce, Staff Nurse *Miss* C. M., ret. pay *late* Q.A.I.M.N.S.   19June08
Pearce, Maj. F. B., *C.M.G.*, ret. pay *late* W. York.R.(*BritishResdt.,Zanzibar* {20Apr.14 {8Dec.97)19Sept.00
Pearce,Hon. Capt. J., Qr.-Mr. *late* Conn. Rang. 5May10
Pearce, Hon. Capt. J., Qr.-Mr. ret. pay *late* 10 Hrs. (*Hon. Capt. & Qr.-Mr. Bedf. Yeo.*) 4Mar.13
Pearce, Hon. Maj. J. W., Qr.-Mr. ret. pay *late* R.E.   1July17
Pearce,Hon. Maj. R., Qr.-Mr. ret. pay *late* R. Suss. R.   7Nov.09
Pears, Lt.-Col. T. C., u.s.l. Ind. Army   29May98
Pearse, Maj. A., ret. pay *late* R.A.M.C.   31Jan.09
Pearse, Bt. Col. A. N., ret. pay *late* R.A.   9Sept.93
Pearse, Hon. Lt.-Col. E. ret. pay *late* R. Dub. Fus. (*Hon. Col. ret. Mlia.*)   5Dec.00
Pearse,Lt.-Col. S. A., *D.S.O.*, ret. Ind. Army (*Lt.-Col. ret. T.F.*)   27Feb.19
Pearse, Hon. Brig.-Gen. T. H. F., *C.M.G.*, ret. pay, *late* Staff   1Nov.19
Pearson, Bt. Maj. A. C., ret. R. Mar.   15June85
Pearson, Maj. C. C., ret. pay *late* Oxf. L.I. (*Empld. Oxf. & Bucks. L.I.*)   10July07
Pearson, Capt. G., ret. pay *late* York R. (*Capt. of Invalids. R. Hosp. Chelsea*) 13May00
Pearson,°Hon. Col. G. F., ret. Mad, S.C.   28Oct.76
Pearson, Lt.-Col. H. D., *D.S.O.* [F] ret. pay *late* R.E.   25May19
Pearson,. Maj.P.A.M.,ret.pay *tale*E. YorkR. 6Sept.,88
Pearson, Col. R. F., ret.pay *late* E. Kent R. (*Col. Unattd. List T.F.*)   12May19
Pearson, Maj. W., ret. pay *late* R. Garr. R. 10Aug.02
Peart, Lt. C., *M.B.E.*, ret. pay *late* R.G.A.   1July17
Peart, Lt.-Col. D. G., ret. Ind. Army   24Oct.15
Peart, Col. G. R., u.s.l. Ind. Army   12Aug.89
Pease, Capt. L.W., ret. pay *late* Yorks. L.I.   10Jan.92
Pease, Hon. Col. *Str* T., *K.C.B.*, Dep.Commy. Gen. of Ord. ret. Naval Ord. Dept.   15June85
Peck, Lt.-Col. E. S.,*M.B.*,ret. Ind.Med.Serv. 12Dec.14
Peck, Capt. G., ret. pay, *late* R.A.   9Jan.20
Pecker, Hon. Capt. G., Qr.-Mr. ret. pay *late* Shrops. L.I. (*Hon. Maj. ret. Terr. Force*) 22June02
Peckham, Maj. T. H., ret. pay *late* 3 Hrs.   5Aug.85
Peckitt, Hon. Lt.-Col. R. W., ret. pay *late* York & Lanc. R.   10Dec.84
Pedder, Hon. Brig.-Gen. E. W. N., ret. pay, *late* h.p.   21July17
Pedley, Maj. O. H., *O.B.E.*, ret. pay, *late* North'd Fus., *p.s.c.* [L] [F]   16Nov.98
Pedley, Hon. Brig.-Gen. S. H., *C.B.*, ret. pay *late* Staff   15Dec.19
Pedroza,Surg.-Maj.F.H.,ret.Ind.Med.Serv. 30Sept.95
Peebles. Hon. Brig.-Gen E. C., *C.B., C.M.G., D.S.O.* [F], ret. pay, *late* staff.   1Nov.19
Peeke, Bt. Lt.-Col. H. S., ret. pay *late* h.p.   1Jan.19
Peel, Col. A., ret. pay *late* h.p. (Ind. Pens.) 19Dec.87
Peel, Lt. A., ret. pay *late* W.I.R.   29Jan 01
Peel, Lt. J., *D.S.O., M.M.*, ret. pay *late* h.p. 27Dec 18
Peele, Capt. H. J. J., ret. pay *late* h.p. (*temp. Capt. R.F.A.*), *c.o.*   8Aug.17
Peers, Capt. B., ret. pay, *late* h.p.   2LJuly19
Pegg, Chaplain (4th Class) *Rev.* W. H. F., *B.A.*, ret. pay, *late* A. Chapl. Dept.   19Apr.09
Pegrum Maj. A. W., *M.B.E.*, Dep. Commy. of Ord., ret. pay, *late* R,A.O.C.   25Feb.20
Peile, Bt. Col. S. C. F., *C.I.E.*, ret. Ind. Army 10Aug.98
Peile, Hon. Col. S. P., *C.B.*, ret. R. Mar.   6Dec.12
Peirse, Bt. Col. C. E., u.s.l. Ind Army   7Mar.05
Pierson, Maj. C. E., *D.S.O.* ret. pay, *late* R.A.   25July16
Pellew, Maj. F. H., ret. pay *late* W. York R. (*Empld. W. York. R.*)   18Sept 15
Pelly, Bt. Col. J. S., *D.S.O.*, ret. pay *late* Bord. R.(*Empld. Recg. Duties*)   20Oct.04
Pembroke and Montgomery, Lt.-Col. R., *Earlof,M.*\ *,O.*]F],ret.pay*late*R.H.Gds, 17Dec.19
Pemberton,Col.C.E.,ret.pay*late* Midd'x R. 24Feb.04
Pemberton, Bt. Col. E. St. C., ret. pay *late* R.E., *p.s.c.* [L]   22May06

Non-Effective Officers

Pemberton, Lt.-Col. R., ret. Ind. Med Serv. 30Mar.98
Pendleton, Hon. Capt. G., Commy. ret. Ind, Army Dept. 4July06
Pengelley, Gen. G. F., ret. R. Mar. Art. 20Aug.05
Pengree, Bt. Col. H. H., ret. pay *late* h.p. R.A. [F] 8Apr.01
Penketh, Hon. Maj. J., *O.B.E.*, Qr.-Mr. ret, pay *late* S. Staff. R. 1July17
Pennefather, Bt. Lt.-Col. E. G., ret. pay *late* 6 Dns. 18Oct.88
Pennefather, Maj. W. V., ret. pay *late* Welsh R. 1Aug.18
Pennington, Hon. Brig. Gen. R. L. A., ret. pay *late* Staff 8Aug.17
Penno, Col. F. S. L., ret. pay *late* h.p. 9Mar.02
Penno, Maj. T. W. L., ret. pay *late* W.York R. 24Jan.89
Penny, Maj. F. H., ret. pay *late* h.p. 5June92
Pennyman, Lt.-Col. A. W., ret. pay *late* K. O. Sco. Bord. 18Oct.02
Penrose, Hon. Brig.-Gen. O., *C.B., C.M.G.*, ret. pay *late* Chief Eng. S. Comd. 8Mar.12
Penrose-Thackwell, Bt. Col. E. R., ret. Ind. Army 12Feb.05
Penstone, Hon. Capt. G., Dep. Commy. ret. Ind. Army Dept. 8Oct.90
Penton, Maj.-Gen. A. P., *C.V.O., C.B., C.M.G., p.s.c.*, ret. pay *late* R.A. [R] 7Dec.09
Penton, Maj.-Gen. H. E., ret. Ind. Army, *p.s.c.* 10Dec.02
Penton, Col. R. H., *D.S.O.*, ret. pay *late* A. Med. Serv. [F] 1Mar.15
Pentreath, Chaplain (2nd Class) *Rev. A. G., D.D.*, ret. pay *late* A. Chaplains Dept. 5May09
Pepper, Hon. Maj. G., Qr.-Mr. ret. pay *late* Wilts. R. (*War Office*) 23Aug.08
Perceval, Col. C. C., *O.B.E.*, ret. pay *late* R.E. 13Dec.15
Perceval, Hon. Brig.-Gen C. J., C B., *C.M.G., D.S.O.*, ret. pay *late* R.A., *p.s.c.* [L] 12Oct.19
Perceval, Hon. Capt. E., Qr.-Mr. ret. pay *late* R.E. 1June08
Perceval, Lt. E., ret. pay *late* Norf. R. 30Apr.18
Perceval, Lt. H., ret. pay *late* h.p. 18Aug.15
Percy, 2nd Lt. E. M., ret. pay *late* h.p. 21May18
Percy, Hon Maj. W. F. G., Rldg.-Mr. ret. pay *late* 19 Hrs. 4Nov.06
Percy-Smith, Maj. R., ret. pay *late* R.G.A., *g.* 15May99
Pereira, Lt.-Col. A. F., Staff Paymr., ret. pay *late* A.P. Dept. 24Mar.07
Pereira, Hon Brig.-Gen. G. E., *C.B., C.M.G., D.S O.*, ret. pay *late* G. Gds. [F] 21Mar.19
Pereira, Hon. Capt. J. A., Sen. Asst. Surg. ret. Ind. Sub. Med. Dept. (Bo.) 1Apr.02
Perkins, Lt. C. H. P., ret. pay *late* h.p. 16Nov.15
Perkins, 2nd Lt. E. J., ret. pay *late* h.p. 7Nov.14
Perkins, Maj. N. O., ret. Ind. S.C. 13Aug.99
Perks, Hon. Lt. A., Dep. Asst. Commy. ret. Ind. Army Depts. (*Rl. Wt.* 29 Nov. 97) 9Nov.98
Perrier, Lt T. ret. pay *late* R. Fus 16Jan.19
Perry, Lt. Col. F. F., *C.M.G., O.I.E., F.R.C.S.*, ret. Ind. Med. Serv. 31Mar.99
Perry, Maj. G. E J., ret. Ind. Army [L] 3May08
Perry, Maj. H. C., Qr.-Mr. ret. pay *late* R.E. 1July17
Perry, Capt. H. R. P., ret. pay *late* h.p. (*Capt. of Invalids, R. Hosp., Chelsea*) 27Jan.97
Perry, Hon. Capt. J., Ridg.-Mr. ret.pay *late* 10 Hrs. 6Dec.83
Perry, Maj. S. W., Qr.-Mr. ret. R. Mar. 6Sept.18
Perry, Maj. W. O., Qr.-Mr ret pay *late* R.G.A. 6Dec.00
ℳ. Perryn, Hon.Lt.-Col. G.E., ret. pay *late* 90 Ft. 13July78
Pershouse, Maj. S., ret. pay *late* h p. 18Sept.15
Persse, Hon. Col. E., ret. Mad. S.C. 4Mar.86
Persse, Lt.-Col. W. H., ret. pay *late* 2 D.G. [F] (*Empld. Art. Horse Lines*) 16Aug.14
Pery, Col. C. C. J., ret. pay *late* h.p. 6June12
Pesare, Hon. Maj. T., Qr.-Mr. ret. pay *late* A.S.C.(*Officer i/o Time Expired Men, &c., W. Comd.*) 1July17
Peskin, Lt. L., M.C., ret. pay *late* D. of Corn. L.I. 28Mar.19
Petavel, Maj. P. G., ret. pay *late* D. of Corn. L.I. 20Jan.12
Peterkin, Col.A., *C.B., M.B.*, ret. pay *late* P.M.O. 11Apr.08
Peterkin, Lt. A. E., ret. pay *late* h.p. 1July17
Peters, Lt.-Col. O. T., ret. Ind. Med. Serv 26Feb.93
1Apr.89

Peters, Maj. C. W., ret. pay 4 Hrs., *p.s.c.* 15June85
Peters, Maj. P. M., ret. pay *late* Linc. R. 3Feb.11
Peters, 2nd Lt. W. H., ret. pay *late* h.p. 1May17
Peterson, Maj. C. H., ret. Ind. Army 16Nov.05
Peterson, Col. F. H., *C.B., D.S.O.* ret. Ind. Army [*l*] 6June12
Petre, Lt.-Col. H.C., *C.M.G., O.B.E.*, ret. pay *late* Rif. Brig. 15Oct.09
Petri, Maj. A. T., Commy. ret. Ind. Army Dept. 5July19
Petrie, Lt.-Col. C. L. R., *D.S.O.*, ret. pay *late* Manch. R. 9Jan.17
Petrie, Hon. Brig.-Gen. R. D., *C.B.*, ret. pay, *late* h.p. [F] 15Sept.18
Peyton, Col. A. G., ret. Ind. Army 6Apr.10
Peyton, Bt. Col. L. S., ret. Ind. Army 13June00
Peyton, Bt. Maj. W.E.B., ret. pay, *late* R. Garr. R. (*temp. Maj. Lab. Corps*) 3June17
Phayre, Lt.-Gen. *Sir* A., *K.C.B.* [R] ret, Ind. Army 30Oct.15
Phayre, Lt.-Col. R., ret. pay *late* h.p. 1Apr.92
ℳ. Phelps Lt.-Gen. A., u.s.l. Ind. Army 24Dec.92
Phelps, Lt.-Col. M. P., ret. pay *late* Notts. & Derby. R. 28Dec.19
Philipps, Hon. Maj.-Gen. *Sir* L, *K.C.B., D.S.O.*, ret. Ind. Army, *p.s.c.* (*Lt.-Col.and Hon.Col. ret. Terr. Force*) 10July16
Philips, Lt.-Col. B. H., *C.M.G.*, ret. pay *late* R. W. Fus. 18Oct.02
Philips, Col. J., u s.l. Ind. Army 27Nov.87
Phillimore. Maj. P. G., ret. pay, *late* h.p. 15July17
Phillimore, Maj. W. G., ret. pay *late* R.A. 28Sept.87
Phillipps, Lt.-Col. C. R., ret. Ind. Army 10Sept.01
Phillipps, Hon. Maj.-Gen. H. P., ret. pay *late* R. W Surr. R. 6May82
Phillips, Col. A. L., ret. Ind. Army 16Oct.08
Phillips, Hon. Maj. C., Qr.-Mr. ret. pay *late* R. Suss. R.
Phillips, Maj. E. R., ret. pay *late* h.p. R.A. 16Nov.15
Phillips, Maj. G. H., Commy. ret. Ind. Army Dept. 21Sept.17
Phillips, Hon. Brig.-Gen. H. de T., *C.B., C.M.G.*, ret. pay *late* R.A. [R] 20Oct.19
Phillips, Capt. J. N., ret. pay *late* Linc. R. 21Apr.05
Phillips, Hon. Capt. R., Dep. Commy. ret. Ind. Army Dept. 22Apr.08
Phillips, Col. R.W.F., ret. pay *late* Regtl. Dist. 14Dec.95
Phillips, Lt.-Col. T., Qr.-Mr. ret. pay *late* R.A.M.C. June19
Phillipson, Lt. R. B., ret. pay *late* h.p. 1July17
Phillott, Lt.-Col. D. C., ret. Ind. Army (*Spec. Appt.*) 14Jan.06
Philpott, Capt. E A., ret. pay *late* h.p. 1Jan.17
Philpotts, Hon. Brig. Gen A. H. C., ret. pay, *late* h.p (*Presdt. Area Quartering Cttee.*) 8Aug.17
Philson, Col. S. C., ret. pay, *late* R.A.M.C. (*Empld. R.A./M.C.*) 1Mar.15
Phipps, Lt.-Col. E. V. A. ret. pay *late* R.A.M.C. (*Empld. R.A.M.C.*) 3Feb 03
Phipps, Lt.-Col. P. R., ret. pay, *late* extra regtl. emplnt., *p.s.c.* [F] 19Feb.10
Phipps,Hon. Col. R. W., ret. pay *late* R.A. 24June82
ℳℒPhipps-Hornby, Hon. Brig.-Gen. E. J., *C.B., C.M.G.*, ret. pay *late* R. Art. [R] 27Dec.17
Phirozsha, Jamsetjie Damania, Lt.-Col. ret. Ind. Med. Serv. 30Mar.98
Pick, Lt. T. S., ret. pay *late* h.p. 26Nov.17
Pickard, Lt.-Col. F. B. B., ret. pay *late* R. w. Surr. R. 31Jan.18
Pickard Cambridge Maj. E D., ret. pay *late* Bedf. R. 28Mar.99
Pickering, Lt. E. F. S., *M.B.E.*, ret. pay *late* Rif. Brig 28May19
Pickersgill-Cunliffe, Lt. J. C., ret. pay *late* Worc. R.(for Spec.Res.)(*Capt. 6 Bn. Worc. R.*) 4Apr.07
Pickles, Capt. G. A., Qr.-Mr. ret. pay *late* R.E. 1July17
Pickwoad,Bt.Col.H.H., *C.M.G.*,ret.pay *late* R.A. 9Dec.02
Picot, Maj. F. S., *C.M.G.*, ret pay *late* Comdt. Detention Barracks 9Oct.99
Picot, Lt.-Col. H. P., *C.B.E.*, ret. Ind.Army [F] (*Spec Emplt.* 15 May 16) 21Sept.00
Pidgeon, Hon. Maj. F., Qr.-Mr. ret.pay *late* E. York. R. 30Mar.07

Non-Effective Officers

Piens, Hon. Maj F., Qr.-Mr. ret. pay *late* Midd'x R. [L] 1July17
Piercy, Lt.-Col. J. M., ret pay *late* h.p. 28Aug.94
Piers, Bt. Col. H. O., ret. pay *late* R.G.A. 11Jan.05
Pierson, Hon. Col. J. F., ret. pay *late* R. (Mad.)A. 12June24
Pigot, Hon. Brig.-Gen. R., *D.S.O., M.C.*, ret. pay *late* Rif. Brig. 30July19
₵. Pigott, Hon. Col. E. C. P., r.f.p. *late* Essex R. 21Apr.96
Pigott, Maj. J C M., ret. pay *late* R. Berks. R., p.s.c. 5Sept.93
Pigott, Maj. St. J.R., *O.B.E.*, ret. pay *late* I.Gds.23July19
Pigou, Maj. F. H., ret. Ind. Army 22Aug.06
Pike, Maj. J., Commy. ret. Ind. Army Dept. 1July17
Pike, Lt.-Col. M. J. W., ret. pay *late* R. Ir. Fus. 11Oct.19
Pike, Maj. W. N., ret. pay *late* E. York R. 1Mar.14
Pike, Maj.-Gen. *Sir* W. W., *K.C.M.G., D.S.O., F.R.C.S.I.*, ret. pay *late* A. Med. Serv. 3June17
Pilcher, Maj.-Gen. T. D., *C.B.*. Col. Bedf. & Herts. R. ret. pay. p.s.c. [L] [R] 18Feb.07
Pilgrim, Hon. Maj. A. J., Qr.-Mr. ret. pay *late* R.A.M.C. 1July17
Pilkington, Maj. *Sir* H., *K.C.B.*, ret. pay *late* R.E., p.s.c. *(Eng.-in-Chf., Admiralty)* 23Nov.87
Pilleau, Bt. Col. H. G., ret. pay *late* h.p. R.E. 29Sept 93
Pilley, Hon. Maj. W., Rid.-Mr. ret. pay *late* 17 Lrs. (*Empld. Art. Horse Lines*) 24Oct.16
Pillinger, Hon. Maj. R., Qr.-Mr. ret. pay *late* 10 Hrs. (*Empld.*) 29May13
Pilson, Bt. Maj. A. F., *D.S.O.*, ret. pay *late* R. Dub. Fus. (*Empld. R. Ir. R.*) 8May97
Pim, Maj. J., *O.B.E.*, ret. pay *late* Linc. R. 17Sept.02
Pinch,Capt. A.E.H., *F.R.C.S.*,ret.Ind.Med.Serv.29July99
Pinches, Lt.-Col. W. H., ret. pay *late* R.A.M.C. [F] 1Aug.05
Pinder, Lt. W., *M.M.*, ret. pay *late* h.p. 27Sept.19
Pine, Capt. C., *O.B.E.*, ret., pay *late* h.p. R.G.A. 3Nov.17
Pinhorn, Col. H. Q., *C.B.E.*, Staff Paymr. ret. pay *late* A. Pay Dept. 11Dec.19
Pink, Hon. Brig.-Gen. F. J., *C.B., C.M.G., D.S.O.*, ret. pay *late* h.p. 11Apr.17
Pinkerton, Surg.-Maj.-Gen. J., *M.D., K.H.P.*, ret. Ind. Med. Serv. 26Feb.88
Pinkney, Capt. G. F., ret. pay *late* R.W. Surr. R. 10Mar.84
Pinney, Maj. J. C. D., [F] ret. Ind. Army 8June07
Pinney, Maj.-Gen. *Sir* R. J., *K.C.B.* [F] ret. pay, p.s.c. 3June15
Pinto, Maj. J. O., ret. Ind. Med. Serv. (Mad.) 10Oct. 99
Pipe, Maj. E. A., Commy. ret. Ind. Army Dept. 1July17
Pipe-Wolferstan, Maj. E. S., ret. pay *late* S. Staff. R. (*Lt.-Col. ret. Spec. Res.) (temp. Lt.-Col. 10 Bn. N. Staff. R.*) 30Nov.00
Pipon, Hon. Maj.-Gen. W., *C.B.*, ret. pay *late* Staff (*late R.A.*) [R] (*Major, Tower of London*)2Nov.01
Pirie, Maj.-Gen. C. P. W., *C.B.*, ret., Ind. Army 30Jan.14
Pirie, Lt.-Col. D.V., *O.B.E.*,ret. pay *late* 3 Hrs. [I] [F] 25Mar.19
Pirie, Capt. J. P., ret. pay *late* R.G.A. 3Nov.17
Pisani, Lt.-Col. L.J., *F.R.C.S.*,ret.Ind.Med.Serv. 1Apr.06
Pitcher, Col. D.G., u.s.l. Ind. Army 3Sept.89
Pitt, Maj. Howard E., *M.C.*, ret. pay *late* R.A. 2Jan.20
Pitt, Hon. Maj. J., Qr.-Mr. ret O S Dept 18Oct.02
Pitt, Col. W., ret. pay *late* h.p. R.E. 24Sept.99
Pittman, Lt. J., *M.C.*, ret pay *late* North'n R. 18Aug.18
Plant, Bt. Col. T. G., ret. pay *late* R.G.A. 10Feb.04
Platt, Hon. Capt. A., Qr.-Mr. ret. A. Med. Staff 7Jan.77
Platt, Maj. A. H., ret. pay *late* Dorset R. (*Empld. Dorset. R.*) 25Oct.02
Platts, 2nd Lt. T., ret pay. *late* h.p. 7Sept.15
Playfair, Maj. C. M., *O.B.E.*, ret. pay *late* R.A., p.a.c. 1Jan.17
Playfair, Maj. F. H. G., *C.B.E.*, ret. pay *late* Hamps. R. (*Lt.-Col. 6 Bn. Hamps. R.*) 26Sept.03
Playfair, Maj. F. L., ret. pay *late* R.A. (*Empld. R.G.A.*) 6Oct.03
Playfair,Hon. Brig.-Gen. G. J.,*Lord, C.V.O.*, ret. pay *late* Staff (*Hon. Col. 2 Hygh. Brig. R.F.A.*) 10Feb 12
Playfair, Hon. Col. W.M.,Chief Paymr. ret. A. P. Dept. 16Oct.94
Pleydell-Bouverie Bt. Col. G., ret. pay *late* h.p. 28Oct.05
Pleydell-Bouverie Lt -Col *Hon* J ,ret pay *late*h.p16Mar.19
Plomer, Bt. Col. W. H. P., *C.M.G.*, ret. pay *late* R. Ir. Fus. 14Sept.09
Plowman, Hon. Maj. W., Ridg.-Mr. ret. pay, *late* 1 D G. 28Oct.16
Pluckrose, Hon. Capt. E., Commy. ret. Ind. Army Dept. 13Dec.0

Plumb, Lt. A. E. O., ret. pay *late* h.p. 1Nov.18
Plumb,Capt.L. R.,Ridg.-Mr.,ret.pay*late*1 H.G,1July17
Plumer, Lt.-Col. T. H., ret. Ind. Army 1June04
Plummer, Capt. J., ret. pay *late* R.A. 31Oct.19
Plummer, Hon. Maj. S. O., Dep. Commy. ret. Ind. Army Dept. 5Dec.87
Plunkett, Lt.-Col. G.T.,ret.pay *late* R.E., *C.B.*,q.s.21June89
Pochin, Maj. N., ret. pay *late* R. Fus. 20Jan.84
Pocock, Col. H. I., *C.M.G.*, ret. pay, *late* R.A.M.C. (*Empld. R.A.M.C.*) 1Mar.15
Poë, Hon. Lt.-Col. *Sir* W. H.,*Bt.,C.B.*,ret.R.Mar.23Dec.87
Poett, Hon. Maj.-Gen. J. H., *O.B., C.M.G., C.B.E.*, ret. pay *late* h.p., p.s.c. [F] 1Jan.17
Poffley, Hon. Capt. H. H., Qr.-Mr. ret. pay *late* R.G.A. (*Empld. R.F.A.*) 1July17
Pogson, Maj. F. G., r.f.p. *late* E. York R. 3May91
Pole-Carew, Hon. Lt.-Gen. *Sir* R., *K.C.B., O.V.O.*, ret. pay R] (*Hon. Col. 5 Bn. D. of Corn. L.I.*) 7Feb.06
Pollard, Lt.-Col. A. E. St. V., *O.B.E.*, ret. pay *late* h.p. 18May15
Pollock, Lt.-Col. A.W.A., ret. pay *late* Som. L.I. 18Oct.02
Pollock, Bt. Col. E.,*O.B.E.*,ret. pay *late* R.F.A.11Feb.09
Pollock, Lt -Col J. A., *D S O*. [F], ret. pay *late* Oxf. & Bucks. L.I. 10Jan.20
Pollock, Maj.-Gen. J. A. H., *C.B.*, ret. Ind. Army [R] 19Mar.06
Pollock, Col. J. G., ret. pay *late* R. (Mad) A. 13May89
Pollock, Maj. J. H., Commy. of Ord., ret. pay *late* R.A.O.C. 8Dec.14
Pollock-Gore, Capt. W. A. M., ret. pay *late* R. Scots (*Lt.-Col. ret. Mila.*) 29Nov.92
Pollok. Maj. A. B., *O.B.E.*, ret. pay *late* Extra regimentally empld. 27Dec.19
Pollok-McCall, Maj. J. E., *C.M.G., D.S O.*, ret. pay *late* R. Highrs. [I (*Col. T.F.*) 25Aug.09
Pollok-Morris, Bt. Col. W. P. M., *C.M.G., D.S.O.*, ret. pay *late* h.p. (*Empld.* 11 Res. Regt. of Cav.) 19Feb.09
Polson, Hon. Capt J. W., Qr.-Mr., ret.pay *late* R.F.A. 3June19
Pond, Lt.-Col. A. D. C., ret. Ind. Army 1Feb.07
Ponsonby, Bt. Lt.-Col. *Rt. Hon. Sir* F. E. G., *K.C.V.O., K.C.B.*, ret. pay, *late* G. Gds. (*Extra Eq. to the King*) (*Asst. Priv. Sec. to the King*) (*Keeper of Privy Purse*) 26Feb.08
Ponsonby, Col. J. G., ret. pay, *late* Staff, p.s.c.[F]7Dec.95
Poole, Hon. Col. A., ret. Bo. S.C. 26Feb.87
Poole, Hon. Maj. A. E., Qr.-Mr. ret. pay (*Mil. Knt. of Windsor*) 29Nov.01
Poole, Lt. A. J., ret. pay *late* D.of Corn.L.I. 29Mar.19
Poole, Hon. Maj.-Gen. *Sir* F. C., *K.B.E., C.B., C.M.G., D.S.O.*, ret. pay *late* h.p. [F] 3June17
Poole, Bt.-Col. F. C., *C.M.G., D.S.O.*, ret. pay *late* R.G.A. [F] (*Empld. R.G.A. (temp. Maj.-Gen.*), s. 3June17
Poole, Maj W., *M.B.*, ret. pay *late* R.A.M.C. 5 Feb.99
Poole, Lt.-Col. W. O. T., *F.R.C.S. I.*, ret. pay *late* R.A.M.C. 5Feb.01
Poole, Maj. W. T. C., ret. Ind. Army 1Mar.08
Poore, Hon. Maj.-Gen. F. H., ret. R. Mar. Art. 29Aug.99
Pope, Maj.F.,*D.S.O.*,ret. pay *late* North'n R. 1Sept.15
Pope, Hon. Capt. J. A. R., Senr. Asst. Surg., ret. Ind. Sub. Med. Dept. 15Feb.10
Pope, Lt.-Col. T. H., *M.D.* ret. Ind. Med. Serv (Mad.) 30Mar.98
Pope, Lt.-Col. W. W., *C.M.G.*, ret. pay *late* R.A.M.C. 5Feb.01
Pope, Lt. W. W., ret. pay *late* R.G.A. 8Aug.16
Porcelli, Bt. Col. A., ret. pay *late* h.p. R.E. 29Mar.99
Porch, Bt.Maj.C.P., *D.S.O.*,ret.pay,*late* E.Surr. R. (*Spec. Empld.*) 3June17
Porcher, Capt. C. G. ret. pay *late* Ches. R. 15Dec.00
Port, Lt. E. G., ret. pay, *late* h.p. 1July17
Portal, Hon. Brig.-Gen. B. P., *C.B., D.S.O.*, ret. pay, *late* 17 Lrs. 18 Apr. 18
₣H.Porteous, Col. A., *C.I.E.*, u.s.l. Ind. Army 13Dec.86
Porteous, Bt. Col. J. E., ret. Ind. S.C. 22 Sept.95
Porteous, Bt.-Lt.-Col. J. J., *C.M.G.*, ret. pay *late* R.A. 3June17
Porter, Col. A. R., ret. Ind. Army 15Oct.99
Porter, Maj. C. E. L., ret. pay *late* h.p. 15Mar.15
Porter, Maj. F., ret pay *late* Notts & Derby R. 24Apr.19
Porter, Maj. F. J. W., *D.S.O.*, ret. pay *late* R.A.M.C. 28July03
Porter, Maj. G. A., ret. pay *late* E. Kent R. 7Apr.97

Non-Effective Officers 85

Porter, Bt. Col. G. M., ret. pay late h.p., R.E. (Ind. Pens.) 10Feb.04
Porter, Bt. Maj. H. A., *D.S.O.*, ret. pay late h.p., 2Apr.03
Porter, Lt. L., ret. pay late North'n R. 7July16
Porter,Hon.Lt.-Col. M. L.,ret.pay late Ind. Army 28Mar.83
Porter,'Capt. M. L.,ret. pay, late K.R. Rif. C. t.a. 17Mar.00
Porter, Lt. P. H., ret. pay late h.p. 10Mar.19
Porter, Maj.-Gen. R., *C.B., C.M.G., M.B.* ret pay, late R.A.M.C. [F] 18Feb.15
Porter, Hon. Brig.-Gen. T. C., *C.B.*, ret. pay, late Staff [R] 10Feb.12
Porterfield,Maj.(Dist.Offr.)B.D.,ret.pay late R.A. 22June91
Potter, Maj. B. H., *O.B.E., M.C.*, ret. pay late R.G.A. 18Feb.20
Potter, Lt.-Col. J. T., ret. pay late Suff. R. 1Jan.19
Potter, Lt. L., ret. pay late North'n R. 2July18
Potter, Sister *Miss* W., *R.R.C.*, ret. pay, late Q.A.I.M.N.S. 16Feb.04
Pottinger, Maj. E. C., *D.S.O.*, ret. pay late R.F.A. 10Dec.02
Potts, Matron *Miss* C. H., ret. pay late Q.A.I.M.N.S. 19Mar.04
Potts, Hon. Brig.-Gen. F., *C.B., C.M.G.,* ret. pay late R.A., *g.* 23May19
Potts, Capt. W. T., ret. pay late Yorks. L.I. (*Empld.* 3 Bn. Yorks L.I.) 26Mar.94
Poulter, Capt. D. R., ret. pay late R.A. 9Oct.99
Poulton, Lt.-Col. A. F., *C.B.E.*, ret. pay late Suff. R. 24Sept.18
Povah, Lt.-Col. J. R., ret. pay late h.p. 17May93
Povah, Maj. J. W., ret. pay late R.A. 5Oct.15
Powell, Maj. A. E., ret. pay late R E, 2Nov.16
Powell, Bt. Col. A. ff., *D.S.O.*, ret. pay late h.p. R.A., *g.* 2Nov.07
Powell, Bt. Lt.-Col. A. L., ret. pay late 19 Hrs. 1Jan.19
Powell, Maj. B.A.W., ret. A.W. Vety.Dept 1Apr.93
Powell, Maj.-Gen. *Sir* C. H., *K.C.B.*, ret. Ind. Army 15Nov.07
Powell, Lt.-Col. C K., *M.D.*, ret. A. Med. Staff 5Aug.97
Powell, Bt. Lt.-Col. D., *C.B.E.*, ret. pay late h.p. [l] 1Jan.18
Powell, Hon. Brig. Gen. E.W.M., *C.M.G., D.S.O.*, ret. pay late R.F.A. [F] 26Feb.19
Powell, Maj. F. A. L., ret. pay late h.p. R.A. 6Dec.98
Powell, Hon. Capt. G., Qr.-Mr. ret. pay late G. Gds. (*Qr.-Mr. & Hon. Maj., T.F. Res.*) 13Nov.00
Powell, Lt.-Col. H. G., *D.S.O.*, ret. pay late N. Lan. R. 12Oct.18
Powell, Hon. Maj. J. C., Qr.-Mr. ret. pay late R.A. 30Oct.89
Powell, 2nd Lt. J. L H., ret. pay late Essex R. 1Jan.19
Powell, Hon. Maj. (*Vols.*) S. H., Adjt. ret. pay late 1 N. R. York. R. V. C. 24Sept.79
Powell, Hon. Capt. W., Dep. Commy. ret. Ind. Army Dept. 17July87
Power, Capt. A. E N., ret. pay late W. I. R. 1Apr.10
Power, Lt. A. F. R., ret. pay late h.p. 12Nov.14
Power, Brig. Surg. Re. ret. Ind. Med. Serv. 1Jan.9*
Power, 2nd Lt. F. R., ret. pay, late Ches. R. 27July18
Power, Maj. R. I., ret pay late R.A.M.C. 30May97
Power,Maj. W.,Commy.ret.Ind.Army Dept 21Sept.17
Power, Maj. W. M., ret. pay, late h.p. 14Aug.12
Powis, Hon. Maj. H., Qr.-Mr., ret. pay, late Som L.I. 20Mar.17
Powiss, Hon. Lt. E., Asst. Commy. ret. Ind. Army Dept 25Nov.93
Powles, Bt.-Col. T. W., ret. pay late R.G.A., *g.* 31May.06
Powlett, Lt. C. H. A., ret. pay late h.p. 28Feb.00
Powlett, Col. N., ret. pay late h.p. R.A. 6June96
Powlietti, Col. T. C. O., ret. pay late h.p. 1Apr.98
Poynder, Lt.-Col. G. F., ret. pay late A.M.C. 8Mar.00
Poynder, Lt.-Col. J. L., ret. Ind. Med. Serv. 31Oct.99
Poyner, Lt. E. J., ret. pay. late R.A. 1July17
Praed, Maj. G. A. M., ret. pay late Ind. Army 26June16
Prain, Lt.-Col. *Sir* D., *Knt., C.M.G., C.I.E., F.R.S.,M.B.*,ret.Ind.Med.Serv.(Ben.)[F] 1Oct.04
Pratt, Col. A. S., *C.B., C.M.G.*, ret. pay late R.F.A., *s.* 10Feb.04
Pratt, Lt.-Col. A. S., Qr.-Mr., ret. pay late K.O. Malta Regt. of Mil. 8Mar.18
Pratt, Bt.-Col. Maj. H. A., ret. pay, late R.A., *p.s.c.* 1Jan 19
Pratt, Bt.-Col. J. J., ret. Ind. Med. Serv. 1Jan.18

Pratt, Maj. M., *D.S.O.*,ret.pay late K. R. Rif. C. 4May16
Pratt-Barlow, Capt. B.F.P., ret. pay late Dorset R. 16May92
Prendergast, Hon. Brig.-Gen. D. G., *C.M.G.*, ret. pay late h.p. (*Empld.M in. of Pensions*)11Sept.18
Prendergast, Maj. G. N., ret. pay late K. R. Rif. C. 29Dec.99
Prendergast, Col. T. J. W., *C.B.E.*, ret. pay late h.p. (R. E.) [L] 8Mar.07
Prendergast, Hon. Maj. W. M., ret. pay late Worc. R. 28Apr.83
Prentice, Lt.-Col. H., ret. pay late R.E. 1Apr.11
Prentice, Hon. Maj. M J., Qr.-Mr., ret. pay late extra Regtl. employ 1July17
Prentie, Hon. Capt. J. Sen. Asst. Surg. ret. Ind. Sub. Med. Dept 18Feb.01
Pressey, Lt.-Col. Q. A., ret. Ind. Army 3June07
Prest, Bt. Maj. E. P., ret. pay late Suff. R. (*Chief Constable, West Suffolk*, 1 Dec. 05) 29Nov.00
Preston, Maj. A. J., ret. pay late W. Rid. R. 28June84
Preston, Col. B. C. H., u.s.l. Ind. Army 10June84
Preston, Col. D'A. B., *C.M.G.*, ret. pay, late h.p., R.A. (*Empld. R.G.A.*) 6Dec.11
Preston, Bt. Maj. *Sir* E. H., *Bt., D.S.O., M.C., (S.C)*, ret. pay, late R. Suss. R. 1Jan.19
Preston, Lt.-Col. F. G., u.s.l. Ind. Army 8Feb.00
Preston, Capt. G. N., ret. pay late 2 D. G. 20Jan.86
Preston, Maj. J., Qr.-Mr., ret. pay late N. Staff. R. 4Dec.11
Preston, Lt.-Col. J. E., *C.B., D.S.O.*, u.s.l., Ind. Army 21Sept.00
Preston, Hon. Maj.-Gen. J L, ret. pay late 45 Ft. 4Aug.80
Preston,Hon.Capt.S.,Qr.-Mr.ret.pay late Leins.R. 2Mar.87
Prevost, Lt.-Col. C. G. H., ret. Ind. Army 22Apr.11
Price, Maj. A. E., ret. pay late R. W. Surr. R. 18Oct.02
Price, Col. A. J., *C.M.G.*, ret. pay late h.p. 20May.99
Price, Maj. E., Commy.ret. Ind. Army Dept. 6Feb.14
Price, Asst. Commy. & Lt.E.J.,late Ind. Army 1Apr.83
Price, Lt. J. H., h.p. late R. Mar. 3Aug.67
Price, Maj. (Dist. Off.) R., ret. pay late R.A. 23Nov.07
Price, Capt. T., ret. pay late R. Muns. Fus. 10Jan.18
Price, Hon. Col. T. C., ret. pay late R.A. 29Oct.84
Price, Brig. Surg.-Lt.-Col. W., *M.D.*, ret. Ind. Med. Serv. 1Mar.93
Price, Capt. W., ret. pay late Bord. R. 4Nov.19
Price, Maj.-Gen.W.S. M., ret. pay late A. Med. Staff (*Emp ld. R.A.M.C.*) 1Dec.93
Prichard, Maj. J. W., Sen. Asst. Surg. ret. Ind. Sub Med. Dept. (Mad.) 2Apr.18
Prichard, Maj. W. O., ret. pay late h.p. 18Sept.15
Prickett, Col. T. J., ret. pay late h.p., *p.s.c.* 6July95
Prideaux, Lt. F. M., *D.C.M.*, ret. pay late h.p. 1July17
Prideaux-Brune, Lt.-Col. C. R., ret. pay late h.p. 14Mar.90
Pridgeon, Lt.-Col. A. F., *D.S.O , D.C.M.,* Qr.-Mr. ret. pay late 14 Hrs. 1Jan.19
Priestley, Bt. Col. E. J. K., ret. pay late R.G.A. 13July03
Priestley, Lt.-Col. F. J. B., ret. Ind. Army 1Feb.05
Priestly, Lt.-Col. G. W., ret. Ind. Army 30Dec.10
Priestly, Lt. L., ret. pay, late R.A. 21 Oct.18
Primett, Maj. F T., Dep. Commy. of Ord. ret. pay late R.A.O.C. 1Jan.29
Prince, Capt. J. G., *M.C.*, ret. pay. late R.A. 1May18
Prince, Hon. Capt. R. C. D., Sen. Asst. Surg. ret. Ind. Sub. Med. Dept. 8Sept.06
Pringle, Lt.-Col. A., ret. Ind. S. C. 30Dec.98
Pringle, Bt. Lt.-Col., J. W., ret. pay late R.E. (*temp.* Col.) *s.* 1Aug.16
Pringle, Hon. Maj.-Gen. *Sir* R., *K.C.M.G., C.B., D.S.O.*,ret. pay, late A.V.C. 15Oct.10
Pringle, Hon. Maj. S., Dep. Commy. ret. Ind. Army Dept. 20July98
Prinsep, Hon. Brig.-Gen. D. G. ret. pay late R. Art. 27Dec.17
Prioleau, Maj. L. H., *M.B.E.*, ret. pay late Manch. R. (*Empld. Min. of Natl. Serv.*) 7Apr.09
Prior, Bt. Col. A. W., ret. pay, late N. Staff R. 6Mar.06
Prior, Capt. E., ret. pay, late R.A. 14Dec.19
Prior, Maj. G., *M.C.*, ret. pay late R.G.A. 22Nov.19
Prior, Lt.-Col. H. B., r.f.p., late Leins. R. 2Nov.11
Prior, Bt. Col. W., ret. Ind. Army (*Empld.*) 28Sept.08
Pritchard, Maj. A. B., ret. Ind. Army 11Nov.98
Pritchard, Hon. Brig.-Gen. C. S., *C.B., D.S.O.*, ret. pay late h.p. 7Nov.07
Pritchard, Capt. D. J., ret. Ind. Army 16Feb.07
Prittie, Maj. *Hon.* H. C. O'C., *D.S.O.*, ret. pay, late Rif. Brig. 4May16

Non-Effective Officers

Probert, Lt. H., (ret. pay) *late* h.p. 14Nov.16
Proby, Bt. Col. D. J., ret. pay *late* I. Gds. 2May07
Probyn, Maj. D. G., ret. pay, *late* R.G.A. (*Empld. R.G.A*) 1May17
℧.⚹., ⚹. Probyn, Gen.*Rt. Hon. Sir* D. M.,*G.C.B., G.C.S.I., G.C.V.O., I.S.O.*.u.s.l. Ind. Army [R] Eq. 1Dec.88
Probyn, Capt. J. E. S., ret. pay, *late* Bord. R 19Jan.90
Protheroe, Lt.-Col. A. G., ret. pay, *late* Welsh R. 16Aug.19
Protheroe Smith, Lt.-Col.H. B., ret. pay *late* 21 Lrs. [F] 21Feb.19
Proudfoot, Hon. Brig.-Gen. A. W., ret. Ind. Army 29Jan.18
Proudfoot, Hon. Capt. W. L., Qr.-Mr. ret. pay *late* E. Sur· R. 18Jan.92
Prowse, Maj. G. W. T., ret pay, *late* D. of Corn L.I. (*Lt.-Col. Unattd List, Spec. Res.*)(*Spec. Appt.*) 1Mar.04
Pryce, Lt.-Col. D. D., u.s.l. Ind. Army 8July94
Prynne, Col. H. V., *C.B.E., D.S.O., F.R.C.S.*, ret. pay, *late* A. Med. Serv. 26Dec.17
Pudsey, Maj. D., *D.S.O.*, ret. pay *late* R.G.A. [L] (*Empld. R.F.A.*) 16Nov.15
Pulford,Col.R., *C.I.E.*,ret. *late* Pub. Wks. Dept., India (R.E.) (*Ind. Pens.*) 13Aug.95
Pulley, Bt. Col. C., *C.B.*, ret. Ind. Army 20May98
Pulleyn, Maj. G. H., *M.C.*, Commy. ret. Ind. Army Dept. 1Jan.17
Pulling, *Rev.* E H., *C.B.E.*, Chapl. to the Forces, 1st Class, ret. pay *late* A. Chapl. Dept 27Nov.10
Pulteney, Lt -Gen. *Sir* W. P., *K.C.B., K.C.M.G., K.C.V.O., D.S.O.* [F] ret. pay 4May15
Purcell, Col. M. H., ret. pay *late* Staff (R.E.) 19Dec.96
Purchas, Col. C., ret. A. Ord. Dept. 19Apr.19
Purchas, Maj. E. C., ret. pay *late* S. Wales Bord. 29Nov.00
Purchas, Capt. J. R. P., ret. pay *late* S. Lan. R. 26July08
Purdon, Lt.-Col. D. W., u.s.l. Ind. Army 1May04
Purdon, Maj. H. G., ret. pay *late* N. Lan. R. 6Mar.91
Purdon, Maj. J. J., ret. pay *late* R. Innis. Fus. 12Oct.19
Purvis, Hon. Brig.-Gen. A. B., ret. pay, *late* h.p., R.A., *g.* 29Aug.18
Purvis, Col. J. A. R., ret. pay *late* h.p. (A.S.C.), *s.* 6June12
Purvis, Lt.-Col. J. H., *D.S.O.*, ret. pay, *late* h.p. 10July15
Purvis, Lt.-Col. J. S., *C.B.E.*, ret. pay *late* R.E. 25Dec.07
Pye, Hon. Capt. F., Qr.Mr. ret. pay *late* W. York R. 7Apr.96
Pye, Hon. Lt. F., Qr.-Mr. ret. pay *late* E. York R. 12Jan.87
Pye, Maj. K. W., *D.S.O.*, ret. pay *late* R.E. 21Dec.16
Pye, Lt W. H., ret. pay *late* R.A. 14Sept.19
Pym, Col. F. H. N., *C.M.G., O.B.E.*, ret. A. Ord. Dept., *p.a.c.* 23July19
Pyne, Maj. O. E. M., ret. pay *late* R. War. R. (*Lt.-Col. ret. Spec. Res.*) 21Feb.03

Quadros, Maj. L. G., Sen. Asst. Surgeon, ret. Ind. Med. Dept 21Sept.17
Quaintrell, Lt. A., ret. pay *late* E. Lan. R. 6Feb.19
Quarrell, Capt. C., Qr.-Mr. ret. pay *late* Suff. R. 12Nov.19
Quayle, Col. W. A., *M.D.*, ret. Ind. Med. Serv. 1Apr.08
Queripel, Col A. E. *C.B.*, ret. A. Vety. Dept. 7May16
Quick, Capt. H. T. W., *M.C.*, ret. pay *late* R Berks. R. 18Feb.17
Quill, Lt.-Col. B. C., *C.B.*, ret. pay *late* h.p. 21Feb.00
Quill, Bt. Lt.-Col. J. J., ret. R. Mar. 24June96
Quill, Maj.-Gen. R. H., *M.B.*, ret. pay 22Apr.05
Quillter, Maj. J. A C., ret. pay *late* G. Gds. 22May04
Quilter, Hon. Lt. J. H., Asst. Commy. ret. Ind. Army Dept. 4June88
Quin, Maj. T., ret. Ind. Army 11Aug.00

Quinlan, Capt. J. T. Qr.-Mr. ret. pay *late* R.E. 16Mar.17
Quirk, Col J O., *C.B., D.S.O.*, ret. pay *late* h.p., *q.s.* [R] [F] 14Apr.97

Raban, Hon. Brig.-Gen. *Sir* E., *K.C.B. K.B.E.*, ret. pay *late* R.E. (*Res. List*) 1Jan.18
Radcliff, Bt. Col. S. G., ret. Ind. Army 12Feb.00
Radcliffe, Capt. N. R., *D.S.O.*, ret. pay *late* Devon R. (*Lt.-Col. 6 Bn. Devon. R.*) [F] 9Oct.99
Radcliffe, Col P. J., *C.M.G.*, ret. pay *late* R.E. 15Nov.19
Radcliffe, Lt.-Col. R. E. L., ret. pay, *late* R.F.A. 18Sept.15
Radcliffe, Lt.-Col. W. C. A., ret. pay, *late* R. Art. (Ind. Pens) 5Mar.09
Radcliffe, Lt.-Col. W. S. W., ret. pay *late* Shrops. L.I. [F], (*Empld. Min. of Labour*) 24Apr.16
Radford, Lt.-Col. F. J., ret. pay *late* Notts. & Derby R. 1Apr.19
Radford, Hon. Lt. J. T., Asst. Commy. ret. Ind. Army Dept. 4Oct.04
Radford, Bt. Col. O. C., *C.B., C.I.E.*, ret. Ind. Army 26Sept.01
Rafferty, Hon. Capt. J., Qr.-Mr. *late* h.p. (*Empld R.E. Exptl. Station*) 23Apr.12
Raikes, Hon. Col. P. B., ret. pay *late* R. (Ben.) A. 13Dec.48
Railston. Col. H. E., ret. pay *late* Staff 18Oct.02
Rainey-Robinson, Col. R. M., *C.B., C.M.G.*, ret. Ind. Army (*Spec. Appt.*) 11June07
Rainford, Hon. Capt. W., Dep. Commy. ret. Ind. Army Dept. 28July94
Rainsford, Col. M. E. R., *C.B.*,ret. pay *late* A.S.C. 24Mar.98
Rainsford, Bt. Col. S. D., *C.B.*,ret. pay *late* h.p. 18Dec.03
Rainsford, Col. W. J. R., *C.I.E., F.R.O.S.I.* ret. pay, *late* A. M. O. 14Dec.03
Rainsford-Hannay, Hon. Brig.-Gen. F., *C.B., C.M.G.*, ret. pay *late* Staff (R.E.) 10Feb.12
Rainsford-Hannay, Col. R. W., ret. pay *late* Staff (R.A.) 10Oct.98
Rait, Lt.-Col. J. W. F., *M.B.*, ret. Ind. Med. Serv 28July17
Raitt, Maj.-Gen. *Sir* H. A., *K.C.I.E., C.B.*, ret. pay 4Sept.12
Raitt, Lt.-Col. H. G. B., ret. Ind. Army 10Mar.09
Ralph, Maj. A. J., ret Ind. Army 8June07
Ralston, Lt.-Col. J., Qr.-Mr.ret. pay *late* Worc. R. 3June19
Rambaut, Maj. B. R. R., ret. pay *late* R.G.A. (*Empld. R.G.A.*) 1May17
Ramsay, Lt.-Col. H. L., ret Ind. A.C. 23Feb.00
Ramsay, Lt.-Col, *Sir* J., *K.C.I.E., C.S.I.*, ret. pay, *late* Ind. Army 9Sept.08
Ramsay, Maj.-Gen. *Sir* J. G., *K.C.B.*, ret. Ind. Army 17May10
Ramsay, Hon. Brig.-Gen. W. A., ret. pay, *late* Grouped Regtl. Dist. 10Feb.12
Ramsay Maj. W. J., Qr.-Mr. ret. pay *late* R. Art 16Nov.17
Ramsden, Lt.-Col. H., *C.M.G.*, ret pay, *late* R.H.A. 28Feb.19
Ramsden, Col. H.F.S.,*C.B.E.*, ret. Ind. Army (*Field Controller of Military Accounts, Ind. Exp. Force*) 10Sept.01
Ramsden, Lt.-Col. J. V., *C.M.G., D.S.O.*, ret. pay *late* R. Art. 18Apr.19
Ramsden, Lt.-Col. W. C., ret. Ind. Army 8June87
Ramzan Khan, Subadar, Hong Kong-Singapore Bn. R.G.A. 6Oct.15
Rance, Hon. Maj G., Qr.-Mr. ret. pay *late* R. War. R. 1Jan.03
Randall, Hon. Maj. J R., Dep. Commy. of Ord., ret. A. Ord. Dept. 1July17
Randall Chaplain (1st Class) *Rev.* W. S., *B.A.* ret. pay *late* A. Chaplains' Dept. 29Sept.03
Randolph, Maj. A. F., *C.M.G., D.S.O.*, ret. pay, *late* Middx R. (*Hon. Lt.-Col. Spec. Res.*) 21Dec.01
Randolph, Maj. C. F., ret. pay *late* Lan. Fus. 18Oct.02
Randolph, Maj. F A., ret. pay *late* R.G.A., *p.a.c., g.* (*Civil Emplt. Apr. 16*) 30Oct.01

Non-Effective Officers

Ranken, Bt. Col. G. P., ret. Ind. Army
(temp. Lt.-Col 9 Bn. L'pool R.) 6June07
Ranking, Lt.-Col. G. S. A., M.D., Ind. Med Serv.
(Ben.) 31Mar.95
Ranksborough, Hon. Maj.-Gen. J. F., Lord,
C.V.O., C.B., ret. pay (Hon. Col. 5 Bn.
Leic. R.) (Extra Equerry to Queen
Alexandra {7 May 10
{8 Mar. 01) 11Mar.08
Rannie, Matron Miss M. L., R.R.C., ret.
pay late Q A.I.M.N.S. 29June03
Ransom, Lt. Col, J. M., ret Ind. Army (Spec.
Appt.) 26Sept.09
Ransome, Hon. Capt. R. S., O.B.E., Qr.-Mr. ret
pay late R.W. Fus., t.a. 20Feb.05
Raphael, Lt. C. E., ret pay, late h.p. 28 Nov.17
Rapkin, Lt. R. G., ret. pay late R.A. 12July19
Rasbotham, Maj. D. A., ret. pay, late h.p. 14June14
Rathborne, Lt.-Col. H. R., Staff Paymr. ret. A. P.
Dept. 1sDec.98
Rattigan, Maj. H. W., ret. pay late K.O. Sco.
Bord. 11May16
Ratton, Surg.-Maj. J. J. L., M.D., ret. Ind. Med.
Serv 30 Sept.79
Rattray, Bt. Col. R. H.. ret. Ind. Army 30 Jan.07
Rattray, Temp. Lt. S., ret. pay late 9 Bn.
Oxf. & Bucks. L.I. 18Jan.15
Raven, Maj. A. W. N., ret. Ind. Army 21Dec.07
Raven, Maj. J. C. H.,ret. pay late Conn.Rang. 8Feb.10
Raven, Hon. Col N. R., Dep. Commy.-Gen. of
Ord. ret. O.B. Dept. 30Nov.81
Ravenhill, Col. R. H. G., ret. pay late h.p. 6Jan.94
Ravenhill, Hon. Brig.-Gen. F. T., C.M.G.,
ret. pay late R.A. 2Nov.19
Ravenshaw, Lt.-Col. C. W., ret. Ind. Army 8May91
Ravenshaw, Maj. H. A., ret. Ind. S.C. 24Mar.96
Raves, Lt.-Col. B. A., ret. pay late Staff
for R.E. Serv. 27Aug.15
Rawlings, Maj. F. G., Commy. ret. Ind. Army
Dept. 1July17
Rawlins, Maj. R. W., ret. pay late North'n R.
(Empld. 3 Bn., North'n R.) 2June11
Rawnsley, Bt. Col. C., C.M.G., C.B.E., D.S.O.,
ret. pay late h.p. A.S.C. 10Feb.04
Rawnsley, Col. G. T., C.B., C.M.G., ret. pay,
late h.p. 1Mar.15
Rawson, Col. H.E., C.B., ret. pay late h.p., R.E. 29Nov.00
Rawstorne, Lt.-Col. G. A. L. ret. R. Mar. 22June94
Ray, Lt.-Col. G. G. O'N., Staff Paymr., ret.
pay A.P. Dept. 4Sept.09
Raye, Col. D. O'C., M.D., ret. Ind. Med. Serv. 2Apr.94
Rayhill, Capt W., ret. pay, late R. Ir. Fus. 19Feb.20
Raymer, Hon. Capt. R., Inspr. of Army Schools
ret. pay 18Feb.01
Raymond, Maj. E. H. B., D.S.O., ret. pay late
R. Scots 1Sept.15
Raymond, Col. F., C.I.E., F.R.C.V.S., ret. Ind.
Civil Vety. Dept. 14Dec.08
Raymond, Maj G., M.B., ret. pay late R.A.M.C. 5Feb.99
Raymond, Bt. Lt.-Col. H. E., ret. pay,
late York R., e. [L] 3June19
Raymond, Chaplain (1st Class) Rev P. F.,
M.A., K.H.C., late A. Chaplains' Dept. 8Jan.02
Raymond, Lt.-Col. R.W. ret. pay late A.V.C. 25May06
Rayner, Capt. C., ret. pay, late R.G.A. 31Dec.17
Rayner, Surg.-Lt -Col. R., M.B., ret. pay, late
R. H. G. 3Jan.06
Rayner, Maj. W. B. F., D.S.O., ret. pay late
R. Fus. 1Sept.15
Rea, Maj J., ret. pay late K.O. Sco. Bord. 18Oct.02
Read, Hon. Brig.-Gen. H., C.B., u.s.l Ind. Army 24Aug.12
Read, Hon. Maj. J. W. Qr.-Mr. ret. pay late
R.A. 1July16
Read, Hon. Capt. R., Commy. ret. Ind. Army
Dept. 16Oct.96
Read, 2nd Lt. S. A., ret. pay, late h.p. 12Apr.17
Reade, Maj. A. R., ret. pay late Welsh R. 14Apr.98
Reade, Maj. E. R., ret. pay late E. Lan. R.
(Gov. Dartmoor Prison, {26 May 13
{4 Apr 03) 30Oct.02
Reade, Lt.-Col. W. L., ret. pay late R.A.M.C. 30July01
Reader, Hon. Capt. W. C. Dep. Commy. r
Ind. Army Dept. (Rl. Wt. 29Nov.97) 2Nov.01

Ready, Lt.-Col. B. T., O.B.E., ret. pay, late
Extra regimentally empld. 27Apr.17
Reay, Hon. Brig.-Gen. C. T., C.B., ret. pay
late h.p.(Spec. Appt.) 28Apr.17
Rebeiro, Hon. Capt. S., Sen. Asst. Surg. ret. Ind.
Sub. Med. Dept. 12Feb.97
Reckitt, Lt.-Col. J. D. T., ret. pay late
R.A.M.C. 29July02
Reddick, Capt. H. L., ret. pay late R.F.A. 14Feb.08
Reddle, M. A) J. M., ret. pay late Worc. R. 14Feb.08
Reddie, Lt. R. A., M.C., ret. pay late 16 Lrs.
[l] (for Spec. Res.) (Capt. 3 Bn. Norf. R.) 14Jan.03
Redfern, Capt. C. C., ret. pay late Ches. R. 10Feb.05
Redfern, Capt. P. Y., ret. pay late R.G.A.
(Empld. R.G.A.) 13Apr.99
Redmond, Lt. J., M.C., ret. pay, late R. Ir.
Rif. 18Aug.18
Redstone, Hon. Maj. J. H., Qr.-Mr. ret. pay,
late R. Berks. R. 22Mar.17
Reed, Capt. R. W., ret. pay late N. Lan.R. 1Jan.17
Reeks, Lt.-Col. J. A., O.B.E., ret. pay late
Notts. & Derby R. 5Aug.14
Rees, Capt. H., M.B.E., ret. pay, late R.A.
(Dist. Remt. Offr.) 29Sept.19
Rees, Hon. Lt. T., Asst. Commy of Ord. ret.
pay late A. Ord. Dept. 3June02
Rees, Capt. W.H., ret. pay, late Conn. Rang.16Jan.17
Rees-Webbe, Maj M.. O. N., ret. pay late
North'n R. (Empld. 2 Bn. North'n R.) 5Sept.16
Rt. Reeves, Hon. Lt.-Col. F., ret. pay late h.p. 21July14
Reeves, Maj. F. S. ret. pay. late h.p. 12 Nov.13
Reeves, Maj. W., Commy. ret. Ind.
Army Dept. 1July17
Reger, Lt.-Col. F. P., Qr.-Mr. ret. pay late R.
Ir. Regt. 1Jan.19
Reid, 2nd Lt. A., M.C., ret.pay, late Sco. Rif. 17May18
Reid, Maj. C. C., ret. Ind. Army 10July01
Reid, Hon. Col, C E., ret. pay late R. (Mad.) A. 27July86
Reid, Bt. Col. F. M., D.S.O., ret. pay late High.
L.I. 22Nov.98
Reid, Hon. Capt. J., Sen. Asst. Surg. ret. Ind.
Sub. Med. Dept. 26Sept.98
Reid, Surg. J., ret. Ind. Med. Serv. 27July71
Reid, Col. J. H. E., ret, pay late h.p. 1July04
Reid, Hon. Maj. J. J., Qr.-Mr. ret. pay late
Disch. Depot 1July17
Reid, Col. L. B., C.S.I., ret. Ind. Army 1May07
Reid, Lt.-Col. P. L., O.B.E., ret. pay, late I.
Gds. 11Dec.19
Reid, Maj. W., Qr.-Mr. ret. pay, late R.E. 23Apr.14
Reilly, Col. C. C., C.B., ret. pay late A. Med.
Serv. 23Apr.14
Reilly, Maj. C. W., ret. pay late R.A.M.C. 27July93
Reilly, Lt.-Col. E. W., ret. Ind. Med. Serv. 1Apr.92
Reilly, Lt.-Col. J., ret. pay late A. Vety. Dept. 7Apr.97
Reilly, Hon. Maj. J., Qr.-Mr. ret. pay late A.S.C.1Jan.08
Reilly, Bt. Col. J. A. H., ret. pay late A.S.C. 10Feb.04
Reilly, Lt.-Col. R. E. D., ret. Ind. Army 31Aug.98
Reilly, Hon. Maj. T., Dep Commy. ret. Ind.
Army Dept. 1July17
Reilly, Hon. Capt. T., M.B.E., Qr.-Mr., ret.
pay late R.F.A. (Empld. R.F.A.) 1July17
Reilly, Maj.A.Y., M.B., ret. pay, late R.A.M.C. 5Feb.99
Reiss, Maj. E. L., ret. pay, late 6 D.G. 9Nov.15
Rennick, Lt.-Col. A. de G u.s.l. Ind. Army 6July99
Rennick, Col. R. H. F., ret. Ind. Army 5Oct.92
Rennie, Lt.-Col. S. J., C.I.E., ret pay late
R.A.M.C. (Lt.-Col. and Hon. Col. Ind.
Vols.) 30July01
Renny, Bt. Col. A. MacW., ret. Ind Army 11Sept.03
Renny, Bt. Col. G. B., ret. Ind. Army 10Feb.04
Renny, Hon. Maj.-Gen, S.M., C.S.I., C.I.E.,
ret. Ind. Pens., late R.A. 25Mar.20
Renny-Tailyour, Bt. Col. H. W., ret. pay
late R.E. 12Aug.99
Renton, Lt.-Col. R. R., ret. Ind. Army 30Jan.10
Renwick, Maj. C. H., ret. pay late Norf. R. 25Apr.15
Reporter, Lt.-Col. J. M., ret Ind. Med. Serv. 1Oct.97
Retallick, Lt.-Col. J. M. A., ret. Ind. Army 10Nov.01
Rettie, Lt. A., ret. pay late R.A. 26June19

Rew, Maj. C. E. D. O., ret. pay, late W.I.R.
 Temp. Lt.-Col., Spec. empld.) 10 Aug.06
Reynolds, Col. A. R., ret. pay, *late* R.E 7Mar.12
Reynolds, Capt. C. W., ret. pay. *late* R.G.A. 12Dec.19
Reynolds, Bt. Col. F. R., ret. pay *late* R.E 14July03
Reynolds, Capt. H., ret. pay *late* h.p. 28Jan.20
Reynolds, Capt. H. L., Dep. Commy.
 ret. Ind. Army Dept. 1July17
Reynolds, Maj. J. C., ret. pay *late* Welsh R. 14Apr.97
Reynolds, Lt.-Col.J.H. *M.B.*, ret. A.Med.Staff 1Apr.80
Reynolds, Maj. P. G., *D.S.O.*, ret. pay *late* h.p.
 (Instructional Duties) 22Aug.02
Reynolds, Lt.-Col. S.L., *O.B.E.*, ret. pay *late*
 A.S.C. 15Mar.19
Reynolds Hon.Maj.T.,Qr.-Mr rst. pay *late* A.S.C.18Oct.02
Reynolds, Hon. Capt. T., Qr.-Mr. ret. pay *late*
 Devon R. 7Jan.92
Reynolds, Maj. T. G. C., ret. pay *late* R. Innis.
 Fus. 29Oct.00
Rhodes, Capt. B. M., ret. pay *late* R.A. 1Apr.99
Rhodes. Maj. E., *D.S.O.*, ret. pay *late* R. Berks. R. 30Aug.93
Rhodes, Maj. H. V., *O.B.E.*, ret. pay *late*
 Notts. & Derby. R., s. 1Sept.15
Rhodes, Lt.-Col. J. H. A., ret. pay *late* R.A M C. 5Feb.01
Rhodes, Lt.-Col. J. P., *D.S.O.*, ret. pay *late*
 R.E. 9Jan.20
Rhodes, Lt.-Col. W. T. B., ret. pay *late* Welsh
 R. 12Jan.18
Rhubottom, Hon. Capt. R., Commy. ret.
 Ind. Army Dept. 14Nov.04
Riach, Bt. Col. M. S., ret. pay *late* Cam'n. Highrs.
 3Apr.09
Riall, Maj. M. B. B., *O.B.E.*, ret. pay *late* W.
 York R. 1Sept.15
Riall, Maj. R. V. S., ret. pay *late* E. York R 1May84
Ricardo, Hon. Brig.-Gen. A. St. Q., *C.M G.,
 C.B.E. , D.S.O.*, ret. pay *late* R. Innis Fus. 29 Jan.19
Ricardo Col. F. C., *C.V.O.*, ret. pay *late* h.p. 1Jan.03
Ricardo, Col. H., *C V.O.*, ret. pay, *late* h.p. 29Jan.88
Ricardo, Maj. H. W. R., ret. pay *late* 17 Lrs.
 (Gent.-at-Arms) 12July99
Riccard, Capt. C. B. J., ret. pay *late* R. Dub.
 Fus. *(Lt.-Col. ret. T.F.) (Lt.-Col. Comdt.
 Vol Bn.)* 21Oct.99
Rice. Maj. H. A. H., ret. Ind. Army 16July08
Rice, Hon.Maj.-Gen. H. C. P., ret. Ben.S.C. 1Feb.98
Rice, Maj. H. R., ret. pay *late* Essex R. 8Jan.08
Rice. Maj.-Gen. *Sir* S. R., *K.C.M.G., C.B.*
 [F], ret. pay, *late* R.E. 18Feb.15
Rich, Maj. *Sir* A. E. F., *Bt.*, ret. pay, *late* h.p.
 *(temp. Lt.-Col. in Army) (Inspr. of Effec-
 tives)* 9Aug.02
Rich, Col. H. H., ret. pay, *late* Staff 4Dec.12
Richard, Capt. L. F., ret. pay *late* R.G A. 8Aug.16
Richards, Lt.-Col. A. C., *O B.E.*, ret. pay *late*
 Hamps. R. 12Jan.20
Richards, Maj. A. W. M., ret. pay *late* 2 Dns. s. 18Oct.02
Richards, Capt. C., D.S.O., ret. pay *late* Worc.
 R. [I] *(Capt. 3 Bn. E. Surr. R.)* 20June00
Richards, Capt. C. H., ret. pay *late* h.p. 9Aug.19
Richards, Lt.-Col. E. W., ret. Ind. Army 5July10
Richards, Hon. Capt. F., Commy. ret. Ind. Army
 Dept. 2Jan.04
Richards, Hon. Maj. F.C.B., Asst. Commy. Gen. of
 Ord. ret. O. S. Dept. 8Jan.88
Richards, Matron *Miss* G. M., *C.B.E.,
 R.R.C*, ret pay, *late* Q.A.I.M.N.S. 14Mar.04
Richards, Maj. G. W., ret. pay *late* R. Berks R. 8Jan.03
Richards, Capt. H. M , *O.B.E.*, ret. pay *late*
 R W. Fus. *(Empld. Serv. Bns. R.W. Fus.)* 4Mar.97
Richard , Maj. J., ret. pay *late* R.G A 30 Oct.19
Richards, Maj J.R.H.,ret.pay *late* R.W.Surr R. 11May92
Richards, Lt -Col. M. C., ret. pay *late* Wilts.
 R 18Dec.19
Richards, Maj. W. G., *M.B.*, ret. Ind Med.
 Serv. 29July08
Richardson, Col. A. F. G., Hon. Capt. ret. pay *late* Regtl.
 Dist. 27Mar.01
Richardson, Lt.-Col. A. J., *D.S.O.*, ret. pay
 late E. York R., *p.s.c. (Empld. 8 Bn. S.
 Lan. R.)* 15Aug.07
Richardson, Lt.-Col. C. W., *O.B.E.*, ret. pay
 late R.G.A., *g*. 25May09

Richardson, Hon. Maj. F., *O.B.E.*, Qr.-Mr. ret.
 pay *late* R.H.A. *(Cav. Record Office)* 1July17
Richardson, Lt.-Col. F.B.W., ret. Ind. Army 11May04
Richardson, Lt. G., ret. pay *late* K.R. Rif. C. 1July17
Richardson, Maj. G. C., *D.S.O.*, *M.C.*, ret.
 pay *late* R.A. 9Sept.16
Richardson, Lt.-Gen. *Sir* G. L. R., *K.C.B., C.S.I.,
 C.I.E.*, ret. Ind Army [R] 28Oct.06
Richardson, Lt. H., ret. pay *late* Dur. L.I. (for
 Spec. Res) *(Capt. 3 Bn. Durh. L.I.)* 12June03
Richardson, Maj. H. J. R. St. G., ret. pay, *late*
 L'pool R. 16Jan.91
Richardson, Lt.-Col. J., *D.S.O.*, ret. pay
 late High. L.I. [I] 13Nov.14
Richardson, Hon. Maj. J., *O.B.E.*, Qr.-Mr. ret.
 pay *late* Bedf. R. 24July18
Richardson, Maj.-Gen. J. B., ret. pay, Col. Comdt.
 R.A. 22May96
Richardson, Hon. Maj. J. T., *M.C.*, Qr.-Mr.
 ret. pay *late* Norf. R. 1Jan.18
Richardson, *Sister Miss* M. E., ret. pay, *late*
 Q.A.I.M.N.S. 15Aug.05
Richardson, Col. *Sir* W. D., *K.C.B.*, ret. pay
 late Staff (A.S.C.) [R] 24Feb.97
Richardson, Maj. W.K., ret. pay *late* Ches. R. 21Apr.92
Richardson-Drummond Hay, Bt. Col.J.A.G.,
 ret. pay *late* C. Gds. 29Nov.06
Richardson-Griffiths, Lt.-Col. C. du P., *D.S.O.,
 O.B.E* , ret. pay *late* Glouc. R. 20Nov.14
Richings, Maj. J., Qr.-Mr. ret. pay *late*
 R. Ir. Regt. 1July17
Richmond, Hon. Maj. G.M., ret. pay *late* Bord R. 9Nov.83
Rickards, Maj. A. W. L., ret. pay *late* R. Scots 14Aug.91
Rickards, Maj. E., ret. pay *late* 4 D.G. 8Aug.08
Rickards, Capt. F. S. H., ret. pay *late* R. Dub
 Fus. *(Spec. Appt.)*. 4May87
Ricketts, Lt.-A., ret. pay *late* h.p. 15Mar.15
Ricketts, Hon. Maj. J. T., Qr.-Mr. ret. pay
 late R.F.A. 1July17
Ricketts, Maj L. H., ret. Ind. Army 8Dec.06
Ricketts, Capt. T. F. W., ret. pay *late* h.p
 *(Empld. under Lunacy Dept., Lord
 Chancellor's Office, Ireland, 1 Jan. 03)* 26Oct.93
Ricketts, Lt.-Col. W. S P., *M.B.*, ret. Ind. Med.
 Serv. 30Mar.09
Rickman, Capt. A. W., *D.S.O.*, ret. pay *late*
 North'd Fus. (for Spec. Res.) *(Lt.-Col. ret.
 Spec. Res.)* 22Apr.01
Rickman, Maj. G. E., *O B.E.* ret. pay, *late* R.
 W. Fus. 2Dec.15
Riddell, Bt. Col. W. C., ret. pay *late* h.p 7June88
Riddell, Maj. W. H., *M.C., M.B.*, ret. Ind.
 Med. Serv. 27Jan.19
Riddiford, Lt. A. E , ret. pay, *late* h.p. 1July17
Rideout, Col. F. C. W., ret. Ind. Army 4June07
Ridge, Capt J. S. B., ret pay *late* R.A 1July17
Ridgeway, Col, *Rt. Hon. Sir* J. W., *G.C.B., G.C.M.G.,
 K.C.S.I.*, ret. Ind. Army [F] 2Mar.85
Ridgeway, Col. R. K., *O.B.*, ret. Ind. Army,
 p.s.c. 8Jan.98
Ridgwell, Lt. C. H., ret. pay *late* R.A. 27June18
Ridler, Hon. Lt.-Col. J., Ridg.-Mr. ret. pay
 late A.S.C. 1Jan.18
Ridley, Hon. Brig.-Gen. C. P., *C.B.*, ret pay,
 late h.p. 24Aug.12
Ridley, Maj. E. K., ret. pay *late* Dorset R. 14Nov.00
Ridley, Col. H. M., ret. pay *late* 7 Hrs 29Nov.00
Rigby, Maj. G. C., ret. pay *late* Wilts. R. 22June07
Rigg, Bt. Col. R. A., ret. pay *late* R.A., *p.a.c.* 19Apr.02
Riley, Maj. C. B., ret. Ind. Army 2Jan.15
Riley, Lt. J., ret. pay *late* h p. 20Oct.16
Rimington,Lt. M.B., ret. Ind. Army 21Apr.02
Rimington, Lt.-Gen. M.F., *C.B., C.V.O.* [F],
 ret. pay *late* 6 Dns. [R] 23July19
Rind, Bt.Col. A. T.S.A., *C.M.G.*,ret.Ind.S.C. 20Oct.96
Ringe, Maj. R. H., ret.Ind.Civil Vety. Dept. 5Oct.98
Riordan, Col. W. E., ret. pay *late* R.A.M.C. 15Apr.95
Rippon, Lt.-Col. G., ret. Ind. Army *(Lt.-Col.
 8 Bn. L'pool R.)* 1June04
Rishworth, Hon. Lt.J.R.,Asst. Commy. ret.
 Ind. Army Dept. 16Oct.08
Risk, Col. E. J. E., ret. pay *late* h.p. 9Mar.11
Ritchie, Bt. Maj. B., *O.B.E.*, ret. pay *late*
 15 Hrs. [F] *s*. 1Jan.18

Non-Effective Officers

Ritchie, Capt. C. O.,ret.pay *late* S.Staff. R. 16Dec.01
Ritchie, Capt. R.W.,*M.C.*,ret.pay*late* R.A. 19Sept.19
Ritson, Bt. L..-Col. R. G. [F] ret. pay *late* 6 Dns. 1Jan.18
Rivaz, Col. V., *C.B.*, u.s.l. Ind. Army 8June90
Rivers, Lt. S., ret. pay *late* R I. Rif. 1Jan.17
Rivers-Moore, Maj. C. N., ret. pay *late* R.E. 6Jan.20
Rivett-Carnac, Col. E. H., ret. Ind. Army [F] 29May05
Rivett-Carnac, Capt. P. K., ret. Ind. Army 1Sept.15
Rivett-Carnac, Bt. Col. P. T. ret. pay *late* W. Rid.R. 10Feb.04
Roach, Hon. Capt. H. R., Sen. Asst Surg. ret. Ind. Sub. Med. Dept. 4Feb.07
Roache, Capt. H. L., ret. pay *late* R.A. 21Dec 14
Roache, Hon. Maj. J. M., Dep. Commy. of Ord., ret. A Ord. Dept. 18Oct.62
Robbins,Maj. G.B.,ret.pay*late*Arg.& Suth'd Highrs. (*Hon. Lt.-Col. late Mila.*) 17Sept.90
Roberts,Lt.-Col.A.E.,*M.B.*,ret.Ind.Med.Serv. 1Oct.07
Roberts, Bt. Col. A N., *C.o.E.*, ret. pay *late* A.S.C. 10Feb.04
Roberts, Lt.-Col. A. S. ret. Ind. Army 20Feb.88
Roberts, Hon. Capt. C. G., Sen. Asst. Surg. ret. Ind. Sub. Dept. 1Apr.00
Roberts, Hon. Capt. C. J., Qr.-Mr. ret. pay *late* L'pool R. 4Apr.10
Roberts, Maj. D. W., ret. pay *late* R F.A. 18Oct.17
Roberts, Lt. E. P., *M.C.*, ret. pay *late* R. Suss. R. 1July17
Roberts, 2nd Lt. F. J., ret. pay *late* h.p. 28Sept.14
Roberts, Hon. Capt. H., Sen. Asst.Surg.ret. Ind. Sub. Med. Dept. 29Apr.97
Roberts, Bt. Col. H. R., *C.B.E.*, ret. pay *late* h.p. 17Feb.00
Roberts, Hon. Maj.-Gen. J., ret. Ben. S.C. 28Sept.88
Roberts, Hon.Maj J.A., Commy. of Ord.ret. 18Oct.62
Roberts, Lt. J. C.., ret. pay, *late* h.p 9 Oct.15
Roberts, Lt.-Col. *Sir* J R., *Knt., C.I.E., M.B., F.R.C.S.* 31Mar.08
Roberts, Maj. L S., ret. pay *late* A.S.C. 16Junel9
Roberts, Lt.-Col. M. B., *O.B.E.*, ret. Ind. Army [l] 23May11
Roberts, Lt.-Col. M. B., *g*, [L] ret. pay *late* h.p. 25Nov 12
Roberts, Lt.-Col. S. N., r.f.p., *late* h.p. 28Dec.92
Roberts, Lt.-Col. W. E., ret. pay *late* h.p. 18Jan.89
Roberts, Dep. Surg.-Gen. W. H., *M.D.*, ret, Ind. Med. Serv. 1July88
Robertson, Hon. Capt. A., Senr. Asst. Surg. ret. Ind. Sub. Med. Dept. 31Mar.11
Robertson, Hon. Maj. A. P. Commy. of Ord. ret. A. Ord. Dept. 30July17
Robertson, Bt. Lt.-Col. C. C., *D.S.O.*, ret. pay *late* R.F.A. 1Jan.18
Robertson, Lt.-Col. *Sir* D., *K.C.S.I.*, u.s.l., Ind. Army 8Aug.91
Robertson, Hon. Capt. D., Sen. Asst. Surg. ret. Ind. Sub. Med. Dept. 5June07
Robertson, Capt. F. J. T. W., Dist. Offr. ret. pay *late* R.A. 14May04
Robertson, Capt. G., ret. pay *late* R. Sc. Fus. 1Jan.18
Robertson, Col. H. M., ret. pay *late* h.p. 29May90
Robertson, Chaplain (2nd Class) Rev. J., *D.S.O., D.D.*, ret. pay *late* A. Chaplains Dept. (*Chaplain, 1st Class, Terr. Force*) 29Nov.00
Robertson, Capt. J., *M.C*, ret. pay*late* R.G.A.10Dec.17
Robertson, Maj. J. A., ret. pay *late* R.A. 26Sept 88
Robertson, Lt.-Col. J. C., ret. pay *late* h.p. 11July18
Robertson, Capt. R., *M.B.*, ret. Ind. Med. Serv. 30June18
Robertson, Capt. *Hon.* R. B. F., ret. pay *late* 21 Lrs. (for Spec. Res.) (*Capt. 21 Lrs. Spec. Res.*) s. 19Oct.01
Robertson, Lt.-Col. W., *O.B.E.*, Qr.-Mr., ret. pay *late* Gord. Highrs. 3June17
Robilliard, Hon. Maj. C. D. H., ret. R. Mar. 1Oct.77
Robin, Lt.-Col. N. E., ret. Ind. Army 6May11
Robinson, Lt.-Col. B. W., *M.C.*, ret. pay, *late* h.p. 21Dec.18
Robinson, Maj. C. L., ret. pay *late* Lan. Fus. (*Hon. Col. Spec. Res.*) 25Sept.01
Robinson, Hon. Brig.-Gen. C. T., ret. pay *late* Staff (R.A.) s. 14July14
Robinson, Maj.-Gen. C. W., *C.B.*, ret. pay p.s.c, 2Nov.94
Robinson, Surg. E. L., ret. Ind. Med. Serv. 31Mar.77
Robinson, Capt. *Sir* F. V. L., *Bt.*, ret. pay *late* North'n R. (for Spec. Res.) (*Capt. 3 Bn. North'n R.*), s. 21Aug.09

Robinson, Col. F.W., ret. pay *late* h.p. *p.s.c.* 19Aug.97
Robinson, Maj. F. W. T., *D.S.O.*, ret. pay *late* h.p. 17Dec 02
Robinson, Surg. Lt.-Col. G. S., ret. pay *late* S.Gds. 6Mar.00
Robinson, Surg.-Gen. G. W., *C.B.* ret. pay *late* Dep. Dir. of Med. Serv. 15Mar.11
Robinson, Maj. G. W., ret. pay *late* R. Innis. Fus. [l] 1Sept.15
Robinson, Hon. Capt. H., Dep. Commy. ret. Ind. Army Dept. (*Rl. Wt.* 29 Nov. 97) 20May98
Robinson, Capt. I. P., ret pay *late* h p. 7Nov.17
Robinson, Hon. Maj. J., Qr.-Mr. ret. pay *late* R. Innis. Fus. 11July17
Robinson, Lt.-Col. P. G., *D.S.O.*, ret. pay *late* R.A. 18Oct.15
Robinson, Hon. Maj. T. M. Staff Paymr. ret. A.P. Dept. 11Aug.19
Robinson, Hon. Capt. W., Qr.-Mr. ret. pay *late* R.A. 9Sept.95
Robinson, Hon. Brig.-Gen. W. A., *C.B., C.M.G.*, ret. pay *late* h.p. 5July19
Robinson, Capt W. E., *M.B.E.*, ret. pay *late* L'pool R. 28Dec.19
Robinson, Hon. Capt. W. H., Sen. Asst. Surg. ret. Ind. Sub. Med. Dept. 22Nov.04
Robinson, Lt.-Col. W. H., ret. pay *late* h.p. 27Apr.11
Robley, Hon.Maj.-Gen. H. G., ret. pay *late* Arg. and Suth'd Highrs. 7June87
Robson, Bt. Col. H. D., ret pay *late* R. W. Surr. R. 29Sept.05
Robyns, Bt. Col. J. W., ret. R. Mar. 10Feb.04
Roche, Lt.-Col. B. R., *O.B.E.* ret. pay, formerly Bedf. & Herts. R. 22Sept.15
Roche, Col. H. J., *C.B.*, ret. Ind. Army 4Nov.14
Roche, Capt. M. J., *M.C., M.B.*, ret. Ind. Med. Serv. 1Sept.15
Roche, Hon. Maj. R. J., Qr.-Mr. ret. pay *late* Norf. R. 18Oct.02
Roche, Hon. Maj.-Gen. T. H. de M., *D.S.O.*, ret. R. Mar. [R] 2Oct.08
Rochfort-Boyd, Bt. Col. C. A., *C.M.G.*, ret. pay *late* h.p. R.E. 5Aug.00
Rocke, Lt.-Col. W. L., ret. pay *late* Wilts. R. (*Lt.-Col.and Hon. Col. ret. Spec. Res.*) (*Comdt. Retnf. Camp*) [F] 20Sept.14
Rodgers, Hon. Lt. J., Dep. Asst. Commy. ret. Ind. Army Dept. 27Apr.85
Rodick Lt.-Col. R. P. B., ret. pay *late* R. Fus. 28Nov.97
Rodney Brown, Maj. W. M., ret. Ind. Army 21Dec 07
Rodrigues, Hon. Capt. A. P., Sen. Asst. Surg. ret. Ind. Sub. Med. Dept. 1Apr.05
Rodrigues, Maj. A. R. G., Sen. Asst. Surg. ret. Ind. Sub. Med. Dept. 2Apr.18
Rodwell, Hon. Brig.-Gen. E. H., *C.B.*, ret. Ind. Army, *p.s.c.* 21May19
Rodwell, Lt. E H., ret. Ind. Army 18Apr.17
Rodwell, Bt. Col. R. M., ret. pay *late* R.H.A. (*Empld. R.A.*) 1Nov.09
Roe, Hon. Brig -Gen. C. H., *C.M.G., C.I.E*, ret. pay (ind. Pens.) 15Oct 19
Roe, Lt.-Col. E. A. H., *M.B.*, ret. A. Med. Staff 24May89
Roe, Hon. Maj.-Gen. E. C B., ret. R. Mar. 19Nov.16
Roe, Col. R. B., ret. Ind. Med. Serv. 30Apr.11
C. Roe, Hon. Dep. Surg.-Gen. W. C., Brig. Surg. ret. Med. Dept. 11Nov.80
Roe, Bt. Lt.-Col. W. E., ret. pay *late* R.A.S.C. 3June18
Roffey, Hon. Capt. L. J., Commy. ret. Ind. Army Dept. 31Jan.97
Rogers, Lt. A.C C., h.p. *late* Ind. Army 21Apr.05
Rogers, Maj. C. P., *F.S.I.*, Inspr. of Works, ret. Staff for R.E. Services 12Jan.14
Rogers, Maj. C. R., ret. pay *late* h.p. [F] 12Aug.85
Rogers, Capt. E., ret, pay *late* h.p. 15Jan.17
Rogers, Bt. Col. G. W., *D.S.O.*, ret. Ind. S.C. 29Sept.96
Rogers, Col. G. W. N., ret. pay *late* h.p [R] [F] 18Nov.86
Rogers, Lt.-Col. H. S., *C.M.G., D.S.O.*, ret. pay *late* R.E. [F] 19Mar.19
Rogers, Bt. Col. *Sir* J G., *K.C.M.G., D.S.O., M.B.* ret. A. Med. Staff [F] 1Jan.19
Rogers, Capt. J. P., ret. pay *late* R.A. 1July79
Rogers, Lt.-Col. T. P., ret. pay *late* Yorks. L.I. (*Temp. Lt.-Col. 4 Bn. D. of Corn.L.I.*) 19July10
Rogers, Hon. Lt. T. E., Dep. Asst Commy. ret. Ind. Army Dept. (*Rl. Wt.* 29Nov.97) 1Nov.97
Rogerson, Col. W., ret. pay *late* Shrops. L.I. 21June89

Non-Effective Officers

Roland, Lt. R. F., *M.C.*, ret. pay *late* R. Innis. Fus. — 28Feb.19
Rolfe, Lt. F. W., ret. pay, *late* R.A. — 30Oct.18
Rolfson, Hon. Maj. J., Qr.-Mr. ret. pay *late* G. Gds. — 1July17
Rolland, Hon. Brig.-Gen. S. E., u.s.l. Ind. Army — 24Aug.12
Rollo, Maj. W. K., *M.C.*, ret. pay, *late* York. R. — 5Jan.16
Rolls, Maj. E. J., Qr.-Mr., ret pay *late* R.E. — 3June19
Rolph, Capt. (Dist. Offr.) C. T., ret. pay *late* R.A. (*Maj. ret. T.F. Res.*) — 7Dec.01
Rolt, Hon. Brig.-Gen. S. P., *C.B.*, ret. pay *late* h.p. — 22Sept.19
Rombulow-Pearse, Lt.-Col. A. E., h.p. ret. R. Mar. — 19Oct.18
Romer, Lt.-Col. M., *O.B.E.*, ret. pay *late* S. Gds. — 25July19
Romilly, Col. F. W., *C.B., D.S.O., C.V.O.*, ret. pay *late* h.p., *p.s.c.* [R] [F] (*Empld. Min. of Munitions*) — 10Feb.04
Ronald, Maj. J.J., *D.S.O.*, ret. pay *late* High. L.I. (*empld.* 56 Trng. Res. Bn.) — 1Sept.15
Roney-Dougal, Capt. G. B., ret. pay, *late* Som. L.I. (*Empld. c. of W. Camp.*) — 10May99
Rooke, Col. A. S., *O.B.E.*, ret. Ind. Army — 31Oct.19
Rooke, Lt.-Col. B. P. S., ret., ind. Army — 4Feb.20
Rooke, Maj. G. H. J., ret. pay *late* Leins. R. — 20Dec.05
Rooke, Col. H. D., ret. pay *late* h.p. — 20May89
Rooke, Col. H. W, ret. pay *late* Staff (*late* R.A.) — 29Sept.93
Rooks, Hon. Maj. T., Qr.-Mr. ret. pay *late* A.S.C. — 2Aug.17
Roome, Maj. F. McI., ret. pay *late* S. Lan. R. (*Comdt.*) — 27May99
Roome, Lt.-Col. H. N., ret. Ind. Army — 3Sept.10
Rooney, Col. J. P., *F.R.C.S.I.*, ret. pay *late* R.A.M.C. — 8July96
Rooney, Capt. (Dist.Offr.)O.,ret.pay *late* R.A. — 6Jan.15
Roos-Keppel, Lt.-Col. *Sir* G O., *G.C.I.E., K.C.S.I.* ret. Ind. Army [L] — 25Aug12
Roper, Hon. Brig.-Gen. A. W., *C.B., C.B.E.* ret, pay, *late* R.E. — 5Jan.20
Rorke, Hon. Lt. J., Qr.-Mr. ret. pay *late* Welsh R. — 24June94
Rose, Lt.-Col, A.G., *O.B.E* , Qr.-Mr., ret pay *late* R.A.S.C. — 3June18
Rose, Lt. A. M., Asst. Commy. ret. Ind Army Dept. — 23June17
Rose, Lt.-Col. A. S., *M.D.*, ret. pay *late* R.A.M.C. — 5Feb.01
Rose, Maj. C., ret. pay *late* A.V.C. — 2Sept.06
Rose, Col. H., ret. Ind. Army (*Lt.-Col. T.F. Res.*) — 11May07
Rose, Lt.-Col. H., *C.M.G.* [F] ret. pay *late* R. Highrs., s. — 24May10
Rose, Maj. J., *M.B.E.*, ret. pay, *late* R.G.A. — 10Feb.20
Rose, Col. J. M., *D.S.O.*, ret. R. Mar. Art., *p.s.c.* — 1July19
Rose, Hon. Capt. W. J., Ridg.-Mr. ret pay *late* 4 Hrs. — 31July05
Roskell, Capt. W. J., ret. pay *late* York. R. (*Maj. ret. Spec. Res.*) — 18Feb.05
Ross, Lt. A., *M.M.*, ret. pay *late* High. L.I. — 19Aug.19
Ross, Hon. Col. A. E., ret. pay *late* 5 Ft. — 31Oct.77
Ross, Col. C., *C.B., D.S.O.*, ret. pay *late* h.p., *p.s.c.* [t] — 4Oct.01
Ross, Capt C. E., ret. Ind. S.C. — 6Feb.96
Ross, Surg.-Col. G. C., ret. Ind. Med. Serv. — 1Jan.94
Ross, Lt.-Col. H. D., *O.B.E.*, ret. pay *late* Rif. Brig. (*Record Office*) — 1Jan.18
Ross, Hon. Lt.-Col J. C., Staff Paymr. ret, A.P. Dept. — 10Mar.88
Ross, Col. J. L., ret. pay *late* Regtl. Dist. [R] — 10Sept.94
Ross, Lt. J. W., ret. Ind. S.C. — 29Jan.88
Ross, Hon. Capt. P., Commy. ret. Ind. Army Dept. — 2Jan.04
Ross, Maj. *Sir* R., *K.C.B., K.C.M.G., F.R.S., F.R.C.S.*, ret. Ind. Med. Serv. (*Col. T.F.*) — 2Apr.93
Ross, Maj. R., Commy. ret. Ind. Army Dept. — 21Sept.17
Ross, Maj. T., *M.D., D.C.M.*, Qr.-Mr. ret. pay, *late* S. Gds. — 1Jan.19
Ross, Maj. T. C., ret. pay *late* High. L.I. — 25Apr.03
Ross, Maj. T. M., Qr.-Mr., ret. pay, *late* 2 Dns. — 20Feb.16
Ross, Hon. Maj. W., *O.B.E.*, Qr.-Mr., ret. pay *late* Oxf. & Bucks. L.I. (*Empld. Recg. Duties*) — 1July17

Ross, Hon. Brig.-Gen., *Sir* W. C., *K.B.E., C.B., C.M.G.*, ret. pay *late* h.p., *t.a.* — 25Feb.19
Ross, Hon. Brig. Surg. W. G., *M.D.*, Surg.-Lt.-Col. ret. A. Med. Staff. — 18Apr.85
Ross, Col. W. H., u.s.l. Ind. Army — 23Dec.82
Ross, Lt. W. R., ret. Ind. Army — 22Apr.98
Ross of Bladensburg, Lt. Col. E. J. T., ret. pay *late* R.E — 1Oct.00
Ross of Bladensburg, Lt.-Col. *Sir* J. F. G., *K.C.B., K.C.V.O.*, ret. pay *late* h.p , *p.s.c.* — 27July96
Rosser, Chaplain (1st Class) *Rev.* C. A., *M.A.*, ret. pay *late* Chaplains' Dept. — 12Apr.91
Ross-Hume, Maj. A., *O.B.E.*, ret. pay, *late* Sco. Rif. — 13June18
Ross Johnson, Hon. Maj.-Gen. C. M., *C.B., C.M.G., D.S.O.*, ret. pay *late* R.A. [L] — 1June19
Ross-Johnson, Lt.-Col. H., ret. pay *late* L'pool R. — 4Apr.16
Rotheram, Col. W. H., ret. pay *late* h.p. — 8Mar.18
Rothwell, Maj. E., ret. pay, *late* R. Lanc. R. — 1July17
Roupell, Capt. G. C. K. P., ret. pay *late* E. York R. — 17May79
Rouse, Lt.-Col. A. H. T., ret. Ind. Army — 20Nov.19
Rouse, Col. R. C. B., *D S.O*, ret. pay, *late* Staff — 15June14
Routh, Maj. A. L., ret. pay *late* R.G.A. — 30Dec.15
Routh, Lt.-Col. W. R., ret. pay *late* h.p., *p.s.c.* — 9June99
Routleff, Hon. Capt. W. J., Dept. Commy. ret. Ind. Army Dept. — 14Aug.89
Row, Lt.-Col. E. R., ret. Ind Army, s. — 22Jan.07
Rowan, Col. H. D., *M.B.*, ret. pay *late* A. Med. Serv. [F] — 1Mar.15
Rowan-Hamilton, Hon. Lt.-Col. (Mila.) G., Adjt. ret. pay *late* 3 Bn. R. Ir. Rif. — 19Dec.91
Rowcroft, Maj.-Gen. G. C., u.s.l. Ind. Army — 17Aug.90
Rowcroft, Bt.-Col. G. F., *D.S.O.*, ret. Ind. Army (*temp. Maj. Ind. Med. Serv.*) — 6June07
Rowden, Maj. H. W, ret. pay *late* Wilts R. — 8Aug.94
Rowe, Bt. Col. O., ret. pay *late* R.A. (*President Area Quartering Commee.*) — 17July04
Rowe, Lt.-Col. R., ret. A. Vety. Dept. (*Empld. A. Vety. Dept*) — 18Oct.02
Rowe, Hon. Lt.-Col. V. F., ret. pay *late* R.E. — 23Aug.91
Rowe,Hon.Maj. W.A. S., Qr.-Mr. ret. R. Mar. — 12Nov.95
Rowe, Lt -Col. W. E., ret. pay *late* R.W. Kent R. (*temp. Lt.-Col. in Army*) — 12Apr.17
Rowe, Capt. W. F. H, ret. pay *late* R.A. — 11Nov.19
Rowland, Hon. Maj. M. C., *C.M.G.*, Qr.-Mr. ret. pay *late* R. Dub. Fus. (*S.A. Defence Force*) — 28June07
Rowlandson, Bt.-Col. J., ret. pay *late* h.p. — 26June01
Rowlandson Col. M. A., u.s.l. Ind. Army[F] — 20Aug.88
Rowley, Lt.-Col. C. A., *D.S.O.*, ret. pay *late* h.p. — 28Sept.19
Rowley, Col. C. R., ret. pay *lat* h.p. — 17Sept.80
Rowley, Hon. Brig.-Gen. F. G. M., *C.B., C.M.G., D.S.O.*, ret. pay *late* Staff — 27Aug.19
Rowley, Lt. F. P., ret. Ind. Army — 18June58
Rowley, Hon. Lt.-Col. *Sir* G. C. E., *Bt.*, ret. pay *late* h.p. — 14Jan.85
Rowley, Bt Lt.-Col. (Dist. Offr.) J., ret. pay *late* R.A. — 3June19
Rowley, Lt.-Col, Hon. W. C., ret. pay *late* R.A. (*Gent-at-Arms*) — 15May15
Rowley, Maj. (Dist. Offr.) W. H., ret. pay *late* R.A. — 10Aug.12
Rowney, Lt.-Col. W., *M.D.*, ret. pay *late* R.A.M.C. (*Empld. R.A.M.C.*) — 5Feb.01
Rowsell, Lt. G. W. N., ret. pay *late* h.p. — 11Sept.19
Royds, Lt.-Col. A. H., *O.B.E.*, ret. pay *late* S. Gds. — 19Nov.19
Royle, Lt. J. R. E. I., *C.I.E* , ret. Ind. Army — 15June62
Ruck, Hon. Lt.-Col. A. A., ret. pay *late* L'pool R. (*Chief Constable, Carnarvonshire*) — 9June86
Ruck, Hon. Capt. J., Commy. ret. Ind. Army Dept. — 8July11
Ruck, Col. O. E., ret. pay *late* h.p. R.E. — 7Oct.04
Ruck, Maj.-Gen. R. M., *C.B., C.M.G.*, ret. pay *late* Staff (R.E.) — 15Apr.08
Ruck-Keene, Lt.-Col. H. L, *D.S.O., O.B.E.*, ret. pay *late* Oxf. & Bucks. L.I — 25Aug.19
Ruck-Keene, Hon. Maj.-Gen. J. E., ret. pay *late* h.p. [F] — 1Oct.82
Rudd, Lt.-Col. H., *O.B.E.*, Inspr. of Ord. Mach. 1st Class, ret. A. Ord. Dept. — 1Jan.18

Non-Effective Officers

C. M. Ruddell, Hon. Maj.-Gen. J. A., ret. pay late h.p. [F] 21June85
Rudge, Maj. S., ret. pay late h.p. 8June83
Ruckin, Hon. Brig.-Gen. W. C E., C.M.G., D.S.O., A.D.C. ret. pay late R A. 10Jan.20
Rudyerd, Maj. R. B., ret. pay late R. Ir. Rif. 18Oct.02
Rugge-Price, Lt.-Col. C. F., ret. pay late R.A. 30Oct.14
Ruggles-Brise Maj.-Gen. Sir H. G., K C M.G., C.B., M.V.O., ret. pay, p.s.c., e, [U] [F] 3June17
Rule, Hon. Capt. W., Commy. ret. Ind. Army Dept. 14May07
Rumney, Lt. T., ret pay ate R A. 1July17
Rundall, Bt. Col.F. M., C.B., D.S.O., O.B.E., u.s.l., Ind. Army 8June02
Rundle, Maj. A. T. C., ret. pay late Shrops. L.I. 1Sept.15
Rundle, Bt. Col. G. R. T., C.B., ret. pay late R.F.A., g. 13Feb.08
Rundle, Gen. Sir H. M. L., G.C.B., G.C.M.G., G.C.V.O.,D.S O., ret.pay late R.A., q.s. [R] 2Aug.07
Rupert, Hon. Capt. G., Qr.-Mr. ret. pay late 13 Hrs. 22Aug.02
Rusbridger, Capt. S. H., ret. pay late R. W. Surr. R. 15Feb.86
Ruse, Capt. J., ret. pay late Ct. Bn. R.E. 22Apr.05
Rushton, Lt.-Col. H. W., D.S.O., ret. pay late h.p. (Ind. Pens.) 30 Oct. 14
Russel, Lt.-Col. A. R. P., ret. Ind.Med.Serv. 30Sept.09
Russell, Col. A. F., C.M.G., M.B., ret pay late Dep. Dir. of Med. Services 2Nov.11
Russell, Col. B. B., ret.late h.p. (R.E.) (Ind. Pens.) 1Oct.07
Russell, Lt.-Col. Hon. B. J., D.S.O., ret. pay late R.H.A. 21June19
Russell, Lt.-Col. C., ret. pay late R.A. (Empld.) 10Apr.92
Russell, Maj. C., ret. pay late R. Suss. R., s. 29May95
Russell, Col. C. J., ret. pay late R.E. 31Dec.90
Russell, Lt.-Col. E. G., ret. Ind. Med. Serv. 21Dec.96
30Mar.92
Russell, Hon. Capt. F., Paymr. ret. A.P. Dept. 11Sept.82
Russell, Col. G. A., ret.pay late R.(Ben.) A. 1Apr.87
Russell, Maj. G. B., M.B., ret. pay late R.A. Med. Corps 2Aug.96
Russell, Bt. Lt.-Col. H. T., ret. pay late R,G.A. [F] 3June19
Russell, Maj.(Dist. Offr.)J.,ret pay late R.A. 1Apr.02
Russell, Lt. J. A.. re _ pay late Essex R. 29Oct.19
Russell, Matron Miss M., R.R.C., ret. pay late Q.A.I.M.N.S. 16Oct.85
Russell, Hon. Maj.-Gen. Str M.W.,K.C.M.G., C.B., late R.A.M.C. 26Dec.17
Russell, Capt. N. H. C., D.S.O., ret. pay late 4 Thrs (for Spec. Res.) (Maj. 5 Bn. Leins. R.) (Capt. Worc. (Hrs.) Yeo.) 15Feb.10
Russell, Capt. S. W. W., ret. pay late R.A. 11Jan.20
Russell, Capt. V. E., ret. pay late Glouc. R. 1Feb.84
Russell, Lt. W. J., ret. pay late h.p. 12Sept.17
Russell, Hon. Maj. W. J. D., Paymr. ret. A.P. Dept. 27Dec.84
Rustam, Hormasji Cama, Lt.-Col. ret. Ind. Med. Serv. 31Mar.00
Ruth, Hon. Capt. G., Qr.-Mr. ret. pay late Bord. R. 10May99
Rutherford, Maj. A. H., ret. pay late R. Dub. Fus. 25Feb.09
Rutherford,Col. C.,C.B.,C.M.G.,F.R.C.V.S., ret. pay late A. Vety. Corps 17Mar.07
Rutherford, Col. J., ret. Ind. Army 4Aug.89
Ruttledge, Lt.-Col. A., ret. pay late h.p. 13June94
Ruttledge, Col. W. F., ret. A. Med. Staff 18Oct.02
Ruxton, Maj. U.FitzH., ret pay late Worc.R. (1st Class Resdt.,N. Prov.,Nigeria { 1Jan.14, 6Feb,01) 26 Oct. 15
Ryall, Lt.-Col. E. C., ret. Ind. Army 1Jan.09
Ryan, Hon Brig.-Gen. C. M., C.M.G.,C.B.E., D.S.O., ret. pay late h.p. 29Aug.19
Ryan, Chaplain (1st Class) Rev. E., ret. pay late A. Chaplains' Dept. [R.C.] 29Nov.00
Ryan, Hon. Lt.-Col. E. H., r.f.p. late R. (Ben.) A. 30Dec.78

Ryan, Lt.-Col. H. T., D.S.O., F.R.C.V.S., ret. pay, late R.A.V.C. 4Dec.19
Ryan, Hon. Capt. P. J., Dep. Commy. ret. Ind. Army Dept. 1Aug.82
M. Ryan, Hon. Maj.-Gen. V., ret. pay late N. Staff. R. 18Mar.82
Ryde, Maj. F. E., ret. pay late W.I.R. 22Dec.97
Ryder, Lt.-Col. D. G. R., ret. pay late K. R. Rif. C. 18Oct.02
Ryder, Hon. Maj. J. J., Qr-Mr. ret. pay late Worc. R. 28Mar.15
Ryder, Lt.-Col. W. I., ret. Ind. Army 9Aug.10
Rynd, Lt.-Col. F. C., ret. Ind. Army 22Jan.07
Rynd, Capt. G. O., ret. pay late Manch. R. 24Jan 98

Sabine, Capt. F. W., ret. pay late h.p. 21May18
Sadler, Maj. H. M.B.E., Ridg-Mr. ret. pay late R.A.S.C. 4Jan.18
Sage, Bt. Col. C. A. R., ret. Ind. S.C. 8July98
St. Aubyn, Lt. E. G., ret. pay late K.R. Rif. O. (for Spec. Res.) (Capt. K.R. Rif. C., Spec. Res.) 25Apr.05
St. Aubyn, Lt.-Col. G. S., O.B,E., ret. pay late K. R. Rif. C. 28June18
St. Clair, Col. J. L. C., O.B., C.M.G., ret. pay late h.p., p.s.c. [R] 24June99
St. Clair, Bt. Col. W. A. E., C.M.G., ret. pay late E R. 10Feb.04
St. Clair-Ford, Brig. B. St. C., ret. pay late E. York. R. 17Sept.04
St. Hill, Lt.-Col. W. H., ret. pay late 19 Ft. 24June79
St. John, Maj. B. T., ret. pay late h.p. 18Sept.15
St. John, Col. C. W. R., ret. pay late R.E. 10Dec.07
St John, Hon. Brig.-Gen. G. F. W., C.B., ret. pay [R] 20June18
St. John, Lt -Col. Hon. R. T., ret. pay, late Durh. L.I. 18Oct.19
M. St. Leger, Col. H. H., D.S.O., ret. pay late h.p. 1July85
St. Levan, Hon. Brig.-Gen. J. T., Lord, C.V.O., C.B., ret. pay, late G. Gds. & Regtl. Dist. (Hon. Col. Corn. R.G.A.) (Spec. Appt.) 1Jan.17
M. St. Maur-Wynch, Col. H. St. M., u.s.l. Ind. Army 12June82
St. Paul, Lt.-Col. C. H., ret. pay, late Rif. Brig. 16Dec.91
St. Quintin,Hon Lt.-Col. A. N., Asst. Commy.-Gen. of Ord., ret. Naval Ord. Dept. (Naval Ord. Dept.) 23Dec.92
Salaman, Brig. Surg.-Lt.-Col. S. M. M.D., ret. Ind. Med. Serv. 7May94
Salkeld, Col. C. E. ret. Ben. S.C. 8June90
Salmon, Maj. J. N. ret. pay late R.G.A. (Spec. Appt.) 1Apr.02
Salmon, Maj. L. E. A ret. pay, late R.A.M.C. 5Feb.04
Salmon, Capt. L. M. B., ret. pay, late h.p. 26Feb.15
Salmon Bt. Col. W. H., u.s.l Ind Army 12Jan.96
Salmon, Maj. W. H., ret. pay late K R. Rif. O (temp. Hon. Lt.-Col. Empld.) [L] 25Jan.00
Salmond, Maj.-Gen. Str W., K.C.B., ret pay, Col. Comdt. R.E. [R] [F]. 27May98
Salt, Lt.-Col. Sir T. A., Bt., ret. pay late 11 Hrs. [F] 20Nov.16
Saltmarshe, Bt. Col. P., ret. pay late R.G.A. 6Oct.02
Salvage, Lt. H., ret. pay late h.p. 8Jan.18
Salvage, Lt.-Col. J. V., M.D., ret. pay late R.A.M.C. 28Julyo6
Salvesen, Maj. C. E., ret. pay late R.E. 9Apr.00
Sammut, Lt. H., ret. pay late R. Malta Art. [L] 11Aug.97
Sampson, Hon. Capt. J., Sen. Asst. Surg., ret. Ind. Sub. Med. Dept. 21Mar.00
Sampson-Way, Hon. Maj.-Gen. N. F. C.B., Col Comdt. ret. R. Mar. [R] 8Sept.95
Samson, Hon. Lt. R. R., Qr.-Mr. ret. pay late R.E. 23Dec.99
Samuel,Lt.-Col. H. S., Staff Paymr. ret. A. P. Dept. 23Aug.15
Samut, Col. A., C.B., C.M.G., Ord. Offr. (2nd Class), ret. A. Ord. Dept. [L] (temp. Col. & Ord. Offr. 1st Class) 29July15
Samways, Capt. G., ret. pay late R.A. 13Dec19
Sandars, Bt. Lt.-Col. E. C., C.M.G., ret. pay late R.F.A. 1Jan.17
Sandbach, Maj.-Gen. A. E., C.B., D.S.O., ret. pay, late R.E., p.s.c. 26Oct,14

Non-Effective Officers

Sandeman. Bt. Col. J. E., u.s.l. Ind. Army 29Aug.93
Sandeman, Maj. M. G., ret. pay, *late* Arg. & Suth'd Highrs. 1Sept.15
Sandeman, Maj. V. S., ret. pay, *late* 6 Dns. 29Nov.00
Sandeman, Capt. W. W., *M.B.E.*, ret. pay *late* Sea. Highrs 15May08
Sanders, Surg.-Maj. E., ret. Ind. Med Serv. 1Apr.31
Sanders, Hon. Brig.-Gen. G. H., *C.B., C.M.G., D.S.O.,* ret. pay, *late* h.p. 14Dec.19
Sanders, Maj. G. W. G., ret. pay *late* DevonR (*Lt.-Col, ret. T.F.*) 26Aug.03
Sanders, Maj. R. M., ret. pay *late* Worc. R. (*Empld. 5 Bn. Worc. R.*) 21Dec.01
Sanderson, Col. W. D., *C.M.G., D.S.O.,* ret pay *late* h.p. 14Sept.18
Sandford, Col. R. M. F., ret. pay *late* Staff. (R. E.) 1July85
Sandham, Maj. G. B., ret. pay *late* 8. Staff. R. 2May94
Sandiford, Lt.-Col. J. O. G., *M.D.,* ret. pay *late* R.A.M.C. 31July00
Sandilands, Hon. Lt. A., Dep. Asst. Commy. ret. Ind Army Dept. 1Aug.99
Sandilands, Hon Brig.-Gen. H. G., *C.B.,* ret. pay *late* R.A. 21Sept.19
Sandilands, Bt. Col.P.O. ret. pay *late* A.S.C. 7Nov.09
Sands, Lt. E. S., *M.C.* ret. pay *late* R G.A. 1July17
Sandwith, Lt.-Col. E. R., ret. Ind. Army 28Apr.02
Sandwith, Maj. L., ret. pay *late* 8 Hrs. 29Nov.00
Sandwith, Maj. R. L., *C.M.G.,* ret. pay *late* Leic.R. 18Jan.99
Sandys, Maj. C. U., ret. pay *late* R. Ir. Fus. 12Mar.02
Sandys, Lt.-Col E. S., *D.S.O ,* ret. pay *late* R.E. 1Nov.19
Sandys-Lumsdaine, Lt.-Col. F. M., ret. pay *late* High. L.I. (*Hon. Lt.-Col, ret. T.F.*) 13June19
Sanford, Maj. E. A., ret. pay *late* K. R. Rif. C. 21Apr.86
Sanford, Hon. Maj. C.H.,Staff Paymr. ret. A.P. Dept. 2May89
Sangster, Maj. T. A. G., *M.B.E.,* ret. pay *late* Leins R. (*Empld. Min. of Labour*) 22Nov.02
Sankey, Bt. Col. A.R.M. ret. pay *late* R.E. 10July06
Sankey, Maj. C. C., ret. pay *late* R.F.A. 1Sept.99
Sankey, Lt.-Col. C. E. P., *D.S.O.,* ret. pay *late* R.E. 25Feb.20
Sankey, Capt. M.H.P.R., *C.B.,*ret.pay *late* R.E.,s. 8Jan.85
Sapsed, Lt. J., ret. pay, *late* R.G.A. 15Feb.17
Sapte, Col. D., ret. pay *late* h.p. 4Oct.11
Sapte, Maj. F., *D.S.O.,* ret. pay *late* Midd'x R. 20July01
Sapte, Maj. H. L., ret. pay *late* R. Suss. R. 6Aug.90
Sarel, Lt. W. G. M., ret. pay *late* North'd Fus. (for Spec. Res.) (*Capt. 5 Bn. Rif. Brig.*) 19May04
Sargeant Openshaw, Hon. Lt.-Col. F. O., Staff Paymr. ret. A.P. Dept. 1Nov.87
Sargent, Maj. A., Commy. of Ord., ret. pay *late* R A.O.C. 8Dec.14
Sargent, Hon. Maj.-Gen. H. N., *C.B.,C.B.E., D.S.O.* [F], ret. pay, *late* R.A.S.C. 16Oct.19
Sarkies, Lt.-Col. C. J., *M.B.,* ret. Ind. Med. Serv. 29Sept.03
Sartorius, Maj.-Gen. E. H. *C.B.,* ret. pay, Col. S Lan. R. *p.s.c.* [F] 1Apr.99
Sarzano, Maj. F. J. *Marq. of,* ret. pay *late* 5 Lrs. 1Mar.93
Satterthwaite, Col. B. A., ret. pay *late* h.p. 1May01
Satterthwaite, Hon. Col. J. H.,ret. pay *late* R.E. 23Nov.87
Saulez, Lt.-Col. E., ret. Ind. Army 28Nov.17
Saumarez, Lt.-Col. R. J., *C.M.G.,* ret. R. Mar. 1July19
Saunder, Matron *Miss* G. E., ret pay *late* Q.A.I M.N. 27Dec.93
Saunders, Hon. Maj. A. J. ret. pay *late* h.p. 1July81
Saunders, Capt E A., *D.S.O.,* ret. pay *late* R.A. (*Empld. R.G.A.*) 9Apr.00
Saunders, Hon. Capt. F., Commy. ret. Ind. Army Dept. 23Apr.06
Saunders, Hon. Surg.-Capt. F. W., Sen. Apoth. ret Ind. Sub. Med. Dept. (Ben.)(*Rl. Wt.*19July90) 18Jan.90
Saunders, Maj. G. F. C., *D.S.O.,* ret. pay *late* Bedf. R. 1Sept.13
Saunders, Hon. Maj. J., Commy. of Ord., ret. pay *late* A. Ord. Dept. 19Sept.01
Saunders, Col. M. W., ret. pay *late* h.p. R.A. *q.s.* 13July00
Saunders, Maj. O. E. M., ret. pay *late* 5 D,G. 18Feb.11
Saunders, Maj. (Dist. Offr.) R., ret. pay *late* R.A. (*Capt. ret. Terr. Force*) (*Capt. T.F. Res.*) 28Sept.05
Saunders, Lt.-Col. W. P., ret. pay *late* h.p. 30Oct.14
Savage, Maj. A. R. B., ret. pay *late* R.F.A. (*Empld. R.F.A.*) 20July03
Savage,Col. G. R. R., *C.V.O.,* ret. pay *late* h.p. R.E. 24Jan.99
Savage, Hon. Capt. G. T., Qr.-Mr. ret. pay *late* R. Ir. R. 4Dec.88
Savage, Bt. Col. H. C., ret. pay *late* h p. 25Nov.00
Savage, Col. J. W., ret. pay *late* Staff (R.E) 6Aug.95
Savage, Hon. Maj. W. H., Qr.-Mr. ret. pay *late* A.S.C. 28June16
Savi, Lt.-Col. T. B. B., ret. pay *late* R.E. (*Ind. Pens.*) 8Dec 88
Savile, Bt. Col. G. W. W., *D.S.O., C.B.E.,* ret. pay *late* h.p. 27May08
Savile, Maj. R. V., *C.B.E ,* ret. pay *late* h.p. [F] e.a. (*Empld. under Sudan Govt..* 19Mar.09) (*temp. Lt.-Col. in Army*) 1Sept.15
Savile, Hon. Brig.-Gen. W. C., *C B., D.S.O.,* ret. pay, *late* Staff (R.A.) [F] (*Empld. under Ministry of Munitions, Ord, Ctee.*) 4July14
Saville, Bt. Lt.-Col. R. C., ret. pay *late* Durh. L.I. 3June18
Savona. Maj. W., *M.B.E.,* ret. pay *late* R. Malta Art. [I] 21July97
Saw, Maj. F. A., *M.B.,* ret. pay, *late* R.A.M.C. 30Jan.98
Saw, Hon. Capt H., Dep. Commy. ret. Ind. Army Dept. (*Rl. Wt.* 29Nov.97) 21Jan.95
Saward, Maj.-Gen. M. H., u.s.l. R. (Ben.) A., Col. Comdt. R.A. (*Hon. Col. R. Guernsey and R. Alderney Miln.*) 23June96
Sawyer, Col. C. E., *C.B.E ,* ret. pay *late* N. Lan. R. 3Nov.15
Sawyer, Maj.-Gen. R. H S., *C.B., C.M.G., M.B.,F.R.C.S.I.*[F],ret.pay,*late*R.A.M.C. 1Mar.15
Sawyer, Lt. W., ret. pay, *late* Suff. R. 28May19
Sawyer, Lt.-Col. W . H., ret. pay *late* N. Staff. R., *p.s.c* 18Oct.02
Saye and Sele, Hon. Maj. G. C., *Lord,* ret. pay *late* R. Sc. Fus. (*Hon. Col. Mila*) (*Hon. Col. 3 Bn. R. Sc. Fus.*) 5Dec.00
Scaife, Col. H. B., ret. pay, *late* h.p. 19July11
Scallon, Gen. *Sir* R. I., *G.C.B., K.C.I.E., D.S.O.,* ret Ind. Army [R] 30June17
Scanlan, Lt.-Col. A. De C., *C.M.G.,* ret. pay *late* R.A.M.C. (*Guildford*) 31Jan.05
Schalch, Col. V. A., *C.B.,* ret. Ind. Army 29May99
Schletter, Bt. Col. P., *C.B ,* ret. pay *late* h.p. [I] 10Feb04
Schneider, Maj. R. P. C., ret. Ind.Army 25Aug.04
Schofield, Lt.-Col. H., ret. pay *late* Welsh R. 30Dec.08
Schofield, Lt.-Col. H. N., ret. pay *late* R.H.A. (*Gent.-at-Arms*) 27Mar.18
Scholefield, Capt. H., ret. pay, *late* R A. 15Nov.19
Scholes, Bt. Col. H. S., ret. pay *late* York & Lanc. R. 1July07
Schooling, Capt. J., ret pay, *late* R. Art. 19Feb.19
Schreiber, Hon. Brig.-Gen. A. L., *C.B., C.M.G., D.S.O.,* ret. pay *late* R.E. 8Jan.20
Schulyer, Capt. E. E. S., ret,pay *late* W, York R. (*Gov. Portland Prison*) 24Jan 82
Sclater-Booth, Hon. Brig -Gen. *Hon.* W. D., *C.B., C.M G., D.S.O.,* ret. pay,*late* Comdt. (*Remt. Serv.*) 27Nov.19
Scoffield, Capt. J., ret. pay *late* R.A. 23Nov.19
Scoones, Maj. F. T. F. ret pay *late* R. Fus. 16Mar.01
Scotland, Lt.-Col. D. W., *M.B.,* ret. Ind. Med. Serv. 10Sept.06
Scott, Lt. A. E., ret. pay *late* h.p. 8Feb.18
Scott, Bt. Col. *Sir* B., *K.C.I.E.,* ret. pay *late* h.p. R.E. (*Ind. Pens.*) 31Dec.00
Scott, Col. C. B. H., *C.M.G.,* ret. pay *late* A. Med. Serv. 1Mar.15
Scott, Lt.-Col. C. A. R., ret. pay *late* h.p. [L] 3May19
Scott, Hon. Col. C. H. S., ret. Ben. S.O 17Aug.80
Scott, Bt. Col. C. I., *C.M.G.,* Staff. Paymr., ret. pay *late* A.P. Dept. 1Jan.17
Scott,Lt.C.L., ret.pay *late* Oxf. & Bucks L.I 9Nov.04

Non-Effective Officers

Scott, Maj.-Gen. D. A., *C.V.O.*, *C.B.*, *D.S.O.*, ret. pay, late R.E. (*Hon. Col. Eng. & Riy. Staff Corps*) 8Sept.02
Scott, Bt. Col. E. R., ret. pay late h.p. (*Lt.-Col. ret. T.F.*) 11Nov.05
Scott, Bt. Col. E. W. W. ret. pay, late R.A.S.C. 3June16
Scott, Hon. Lt.-Col F. T. H., ret. R. Mar. 5Aug.09
Scott, Lt.-Col. G., *C M.G.*, *M.B.*, ret pay, late R.A.M.C. 28July06
Scott, Maj. G. B. ret pay late Leins. R 8May16
Scott, Lt.-Col. H., *M.B.*, ret. A. Med. Staff 30Sept.94
Scott, Lt.-Col. H. L., ret. pay late h.p. 17Jan.19
Scott, Capt. H. M., ret. pay late R.A 17Dec.19
Scott, Maj. H. W., ret. pay late Lan. Fus. (*Empld. 15 Trng. Res Bn.*) 15Oct.94
Scott, Lt.-Col. J., *M.B.*, ret. Ind. Med. Serv. 1Apr.02
Scott, Hon. Maj.J., Qr.-Mr., ret.pay late R.F.A. 24July17
Scott, Hon. Capt. J., Dep. Commy. ret. Ind. Army Dept. 4July10
Scott, Lt.-Col. J. A., ret. pay, A.S.C. (*hon.*) 11Dec.88 15Aug.85
Scott,Hon.Maj.J.J.,Qr.-Mr.,ret.pay late Arg. &Suth'dHighrs.(*Adjt.&Qr.-Mr.Q.V.Sch*). 19Sept.15
Scott, Maj. J. S. R. ret. pay late 8 Hrs. 17Aug.92
Scott, Capt L. B., ret. pay late N. Staff. R. [F] (*temp.-Lt.-Col. A.O.D.*) 9Jan.95
Scott,Maj.L.F.,ret.paylateOxf.&Bucks.L.I. 21May19
Scott, Hon. Maj. R., Qr.-Mr. ret. pay late R.A.M.C. 17May16
Scott, Maj. R., ret. Ind. Army 1Sept.15
Scott, Maj. R. A., ret. pay late 2 D.G. (*Maj. ret. T.F. Res.*) 2May94
Scott, Capt. S. R.,*M.C.*, ret. pay late R.G.A. 4Feb.20
Scott, Col. T. A., u.s.l. Ind. Army 13June87
Scott, Maj. T. A., ret. pay late Arg. & Suth'd Highrs. 13Apr.01
Scott, Maj. T. J., Commy., ret. Ind. Army Dept. 1July17
Scott, Col. W., u.s.l. Ind. Army 12Mar.90
Scott, Bt. Col. W. A., *C.B.*, ret. pay llate h.p. 14Dec.03
Scott, Maj. W. T. W., ret. pay late Bedf. R. 30Jan.03
Scott-Elliot, Bt. Col. A., ret. pay late h.p. 8Mar.08
Scott-Kerr, Hon. Brig -Gen.|R., *C.B.*,*D.S.O.*, *M.V.O.*, ret pay 22Mar.19
Scott-Moncrieff, Maj -Gen. *Sir* G.K., *K.C.B.*, *K.C.M.G.*, *C.I.E.*, late E.R. (ret. pay) 10Oct.12
Scott-Moncrieff, Lt.-Col. W. E., *M.B.*,*F.R.C.S. Edin.*, Ind. Med. Serv. 28July14
Scott-Murray, Maj. B. H., ret. pay late B. Gds. 11Jan.99
Scott-Watson.Capt.W.,ret.pay late Essex R. 27Feb.84
Scovell, Lt.-Col. G. J. S., *C.B.E.*, ret. pay, late Cam'n Highrs. 30Apr.19
Scragg, Lt. A.. ret. pay, late K.R. Rf.C. 4Oct.17
Scratchley, Capt. V. H. S.,*O.B.E*, *D.S.O.*, ret. pay, late h.p. (*Spec. Emplt. Home Defence*) 22Oct.98
Scrimshaw, Capt. G., ret. pay late R G.A. 2Jan.20
Scroggie, Hon. Capt. W. R., Sen. Asst. Surg. ret. Ind. Sub. Med. Serv. 14Sept.92
Scudamore, Maj. C. P., *C.B.*,*C.M.G.*, *D.S.O.*, ret. pay late R. Sc. Fus., *q.s.* [F]. 20May98
Scudamore. Hon. Brig.-Gen. W V. ret. I a/ late E.R. 21Jan.20
Seagram,Hon.Lt.-Col.J.H.S.,ret.paylateDerby.R. 3Sept.84
Seale. Lt. S. A.. ret.pay, late h.p. 28Nov 85
Sealey, Maj. H. G. ret. Ind. Army 17Oct. 15
Sealy, Lt.-Col. C. W. H., ret. Ind. Army 17July92
Sealy. Capt. J McQ., ret. pay late R.F.A.[L] 26Apr.06
Seaman,Brig.Surg.-Lt.-Col.A.Bret.Ind.Med.Serv 20Oct.94
Seaman, Hon. Maj. J. T., Qr.-Mr. ret. pay late W. Rid. R. [R] 5Sept.03
Seamark, Lt,F., ret. pay late Som. L I. 1July17
Searight, Maj H F., *D.S.O.*, ret. pay late 1 D.G. 9Oct.09
Searicht. Lt. J. G. L., *O.B.E.*, ret. pay late h.p. 29Nov.99
Searle, Bt. Col. A. E. S., ret. Ind. Army 7Mar.08
Searle, Maj.-Gen. A. T., u.s.l. Ind. Army 8Oct.90
Searle, Lt. C., ret. pay late R.A. 19Sept.17
Searle, Lt.-Col. P. C., ret. Ind. Army 11Feb.14
Sears, Col. J. W., ret. pay late h.p. 30Oct.12
Seccombe, Hon. Brig.-Gen. A. K., *C.B.*, *C.M.G.*,*D.S.O.* [F], ret. pay late R.A.S.C. 15Nov.19
Seccombe, 2nd Lt. P., ret. pay late h.p. 4Dec.16
Secker, Maj. W. H., ret. pay late 14 Hrs. 20Sept.19
Seckham, Capt. D. T., *D.S.O.*, ret. pay late Lan. Fus. (*Maj. 4 Bn. S. Staff R.*) (*temp. Lt.-Col. 7 (Serv.) Bn. S. Staff. R.*) 20June00
Seddon, Col. T. Y., ret. Ind. Army 9June16

Sedgewick, Capt. J., *M.C.*, ret. pay late Durn. L.I. 30Jan.20
Sedgwick, Maj. F. R., *D.S.O.*, ret. pay late R.F.A., [I] (*temp.Lt.-Col. R.F.A.*) 5Oct.12
Sedgwick, Capt. H.,ret.pay late Manch R. 25Jan.20
Sedley, Hon. Lt.-Col. F, (*Marquis della Taftia*), ret. pay late 8 Ft. 1July81
Seed, Hon. Lt. H. J., Inspr. of Army Schools ret. pay 4May95
Seel, Lt. E. J.,ret. pay late York. & Lanc. R. 13Jan.18
Seigne, Maj. J. W., ret. R.M.L.I. 2Sept.18
Segrave, Lt H. O'N. de H., ret. pay late h.p. 15Feb.15
Seligman, Hon. Brig.-Gen. H. S., *C.M.G.*, *D.S.O.* [F] ret. pay late R.H.A. 16Nov.19
Sellar, Maj. T. B., *C.M.G.*, *D.S.O.*, ret. pay late K.O. Sco. Bord. [F] 15Jan.08
Sellar, Lt.-Col. W. D., ret. pay late K. O. Sco. Bord. 10Nov.09
Sellens, Lt. P., ret. pay late R.A. 19Dec.18
Sellens, Hon. Capt. S. H., Dep. Commy. ret. Ind. Army Dept. 21Mar.11
Selman, Hon. Lt. B., Asst. Commy. ret. Ind. Army Dept. 6Nov.17
Selwyn, Col. C. H., *C.B.*, ret. Ind. Army, *r.s.c.* [L] 20Jan.14
Sempill, Capt. J., *Lord*, ret. pay late R. Highrs. (*Hon. Col. High. Div. T. & S. Col.*, *A.S.C.*) 1Apr.91
Semple, Lt.-Col. *Sir* D., *Knt.*, *M.D.*, ret. pay late R.A.M.C. 3Feb.03
Senior,Col.T.P.,*C.B.*,ChiefPaymr.ret.A.P.Dept. 1Nov.87
Seppings, Bt. Col. T. J. ret. pay late h.p. 19July98
Serjeantson, Maj. C. M., *O.B.E.*, ret. pay late h.p., *t.a.* (*Empld. Recg. Duties 4 Aug.* 14) 1Sept.15
Seton, Maj. A. St. J., ret. pay late L'pool R 18Oct.02
Seton, Bt. Col. *Sir* B. G., *Bt.*, late I.M.S 30June13
Seton, Maj. C. H., ret. pay late Worc. R. 11Apr 06
Seton, H. J., ret. pay late h.p. 2July90
Seton, Maj. W., ret. pay late Leins. R. 1Dec.92
Seton-Christopher, Capt. A. O., ret. pay late Sea. Highrs. 25Mar.89
Settle, Lt.-Gen. *Sir* H. H., *K.C.B.*, *D.S.O.*, ret. pay late R.E., *p.s.c.* [R] [F] 11Apr.08
Seville, Capt. A. G. W., ret. pay, late h.p. 18Sept.17
Sewell, Maj. J. H., ret. pay late Norf. R., *p.s.c.* 5Sept.90
Sexton, Maj. J. J. O'B. ret. Ind. Army 25Aug.04
Sexton, M. J., *C.B.*, *M.D.*, ret. pay late R.A.M.C. 1Mar.17
Seymore, Hon. Capt. I. W., Dep. Commy. ret. Ind, Army Dept. 4Mar.12
C. H. Seymour, Hon. Gen. *Sir* W. H., *K.O B.*, ret. pay, Col. 2 D.G. 1Jan.85
Shadforth, Maj. G.A., ret. pay late R. Dub. Fus. 7June94
Shadwell, Col. L. J., *O.B.E.*, ret. pay formerly Lan. Fus., *p.s.c.* 8Oct.17
Shakerley, Maj. E. A., ret. pay late D. of Corn. L.I. (*Empld. 3 Bn. D. of Corn. L.I.*) 8Apr.05
Shakespear, Hon. Capt. G. J., Qr.-Mr. ret. pay late R.A. 14 Apr.96
Shakespear. Maj.-Gen.G.R.J.,u.s.l.Ind.Army[R] 7Sept.99
Shakespear, Lt.-Col. J., *C.M.G.*, *C.I.E.*, *D.S.O.*, ret. Ind. Army 22Jan.07
Shakespear, Lt.-Col. W. F., ret. Ind. Army (*Capt. T.F. Res.*) 9Aug.07
Shamban Chandra Nandi, *M.B.*, Lt.-Col. ret. Ind. Med. Serv. 2Oct.00
Shand, Lt. J. L., ret. pay late h p. 5May19
Shandley, Lt.-H., *M.C.*, ret. pay late R.G.A. 3July18
Shanks Capt.W.J.,ret.pay late R Dub.Fus. 22June18
Sharman, Lt.-Col. E. H., ret. Ind. Med. Serv.30Jan.13
Sharp, Lt.-Col. A.G.G., ret.paylateLeins. R 28Sept.19
Sharp, Maj. F. W., *D.S.O.*, ret. pay late A.V.C. 20Mar.02
Sharp, Capt J. H., ret. pay late R.G.A. 3Nov.17
Sharp, Capt. W., *M.C.*, ret. pay late h.p. 10Sept.18
Sharpe, Lt.-Col. E. J.,ret. pay late Midd'x R., *p.s.c.* 15Nov.17
Sharpe, Hon. Maj. J. H., Dep. Commy. ret. Ind. Army Dept. 26Feb.84
Sharpe, Surg. W., *M.D.*, ret. Med. Dent. 10Oct.68
Shattock, Maj. A., ret. pay late R.A. 5Oct.19
Shaw, Maj.-Gen. D.G.L., ret. Ind. Army 20Mar.14
Shaw, Col. E., u.s.l. Ind. Army 12Dec.87
Shaw, Hon. Col. E. W., ret. Mad. S.O. 26Apr.83
Shaw, Col. F. S. K., *C.B.E.*, ret. pay late Hamps. R. 14Aug.19
Shaw, Col. G. J., ret. Ind. Army (*Comdt. Ind. Mil. Depôt*) 1Apr. 17
Shaw, Maj. H. S., ret. Ind. Army 10Nov.09

Non-Effective Officers

Shaw, Maj. J., ret. pay late Sco. Rif. (Empld. 1 Garr. Bn. N.Staff. R.) 11Jan 99
₰. Shaw, Hon.Lt.-Col. J. H., ret. paylate h.p. 29Oct.81
Shaw, Capt. R. J., ret. pay late R.G.A. 11Dec.17
Shaw. Maj. R. L.. ret. pay late R. Dub. Fus. 1Jul,81
Shaw-Hamilton, Bt. Maj. R. o. H. ret. pay late h.p. 1Jan.18
Shawe, Lt.-Col. C., C.B.E., ret. pay late Rif. Brig. 24June19
Shawyer, Hon. Capt. A. C., Ridg-Mr. ret. pay, late 6 Dns. (temp. Capt. in Army) v. 28Dec.02
Shea, Col. H. J. F., ret. pay late h.p. R.A. 4July86
Shead, Capt. S. C., ret. pay late h.p. 19Mar.19
Shearburn, Lt.-Col. A. D., O.B E., Qr.-Mr. ret. pay late R. E. 1Dec.19
Sheehan, Lt.-Col. P. E. C., Staff Paymr. ret. pay late A. P. Dept. 29Nov.04
Shekleton, Hon. Brig.-Gen. H. P., C.B., C.M.G., ret. pay R] 1Apr.18
Sheldrake, Bt. Col. E. N., C.B.E., ret. pay, late G. Gds. 3June18
Shelley, Maj. A. D. G., rot. pay late R.E. (Ind. Pens.) 9June99
Shelton, Lt. C. H., ret. pay late R.A. 10Nov.17
Shephard, Lt.-Col. C. S., D.S.O., ret. pay late R. Fus. (empld. Labour Corps) 12Feb.16
Shepherd Col. C. E., u.s.l. Ind. Army 9Dec.90
Sheppard, Lt.-Col. C. H., ret. Ind. S.C 1Mar.88
Sheppard, Hon. Maj. C. L., Qr.-Mr. ret. Naval Ord. Dept. 1Jan.03
Sheppard, Hon. Brig.-Gen. H. C., C.B., C.M.G., D.S.O., ret. pay late R.A. 15June19
Sheppard, Capt. T. M., ret pay late R.G.A. 5May13
Sherard, Bt. Col. R. W., ret. Ind. Army 5June07
Sherer, Col. L. C., ret. pay late n.p. [F] 6June12
Sheringham, Col. A. W., ret. pay late Regtl. Dist. 14May95
Sherlock, Hon. Maj. E. T., ret. pay late R. Highrs. 20Oct.85
Sherman, Hon. Capt. H. M., Sen. Asst. Surg. Ind. Sub Med. Dept. 2Dec.06
Sherman, Hon. Capt. W., Qr.-Mr. ret. pay late K. R. Rif. C. 3May12
Sherrard, Bt. Col. C. W., ret. pay late h.p. R.E. 12Aug.89
Sherwood, Bt. Lt.-Col. O. C., D.S.O., Ord. Offr. 3rd Class ret. A. Ord. Dept. 29Nov.00
Sherwood, Capt. W T, ret. pay late R G.A 3May18
She well, Maj. A. M. M., ret, h.p. R.M.L.I. 5June19
Shewell, Maj. E. W., ret. pay late R. Ir. Fus. 18Dec.14
Shewell, Maj. H. W. M.. ret. pay late R.A. 6Feb.96
Shewen, Hon.Brig.-Gen. M. T., ret. Ind.Army 6June17
Shillito, Capt. T. C, ret. pay late h.p. 11 Oct.17
Shine, Col. J. M. F., C.B., M.D., ret. pay late A. Med. Serv. 1Mar.15
Shipley, Hon Brig. Gen. C. T., C.B., ret. pay late Staff 20Dec,19
Shippard, Maj. W. O. C., ret. pay late R.A. 18Sept.22
Shirley, Lt.-Col. W. C.M.G., ret. Ind. Army (Empld. 28 Bn. Lond. R.) 5Feb.13
Shone, Lt.-Gen. Sir W T.. K.C.B., D.S.O., ret. pay (Col. Comdt. R.E.) [R] 19Dec.03
Shore, Hon. Brig.-Gen. O. B. S. F., C.B., C.I.E., D.S.O., ret Ind. Army,p.s.c.[L][F] 30Oct.19
Shore, Lt.-Col. R., M.D., ret. Ind. Med. Serv. 29Sept.03
Shorland, Lt. G. E., ret. pay late High. L I. 27Dec.18
Snort, Hon. Brig. Gen. A. H., C.B., C.M.G., ret. pay late R.A. 19 Oct.19
Short, Maj. F. J., ret. A. Vety. Dept. 24 Jan.00
Short, Capt. F. W., M.C., ret pay late R.A. 24 Jan.20
Short, Lt.-Col. & Qr.-Mr. J. B., ret. pay late R.A.M.C. [F] 3June17
Short, Maj. P. H., D.S.O., ret. pay late Glouc. R. (Asst. Dist. Commr., N. Terr. Gold Coast, { 30 Aug. 11 { 29 Feb. 08) 1Sept.15
Shortland, Col. H. B., ret. pay late R. (Mad.) A. 10Dec.88
Shortland, Lt.-Col. T.G., ret.pay late E. York. R.18Oct.02
Shortt, Capt. F. de S., ret. pay late R. Sc. Fus. 12Nov 96
Shortt, Maj. S. D., ret. pay late Norf. R. 6Dec.97
Shrimpton, Lt. J., ret. pay late R.G.A. 22Jan.18
Shrimpton, Lt. T. E., ret. pay late R.G.A. 31July18
Shubrick, Lt.-Col.C. L., ret. R. Mar. 16June19
Shunker, Hon. Lt. E. L., Sen. Asst. Surg. ret Ind. Sub. Med. Dept 18Aug.04
Shute, Bt. Col. A. B., ret. pay late R.G. 28Oct.05

Shute, Col. G. E., ret. pay late Chief Eng. W Comd. 10Feb.04
₰. Sibthorpe, Hon. Maj.-Gen. L. H., ret. Bo. S.C. 2Feb.85
Siddans, Hon. Capt. W., Qr.-Mr., ret. pay late A.S.C. 1July17
Siddons, Staff Nurse Miss A. S., ret. pay late Q.A.I.M.N.S. 1Mar.06
Sidney. Bt. Col. Hon. A., ret. pay late R.F.A. 10Feb.09
Sidney, Capt. P., re . R. Mar. 10Dec.7l
Silcock, Lt.-Col. A. M.D., ret. Ind.Med.Serv..s. 2Apr.01
Sill, Capt. J. S., ret. pay late h.p. 17Feb.15
Sill, Col. J. W., ret. pay late h.p (R.E.) 3June03
Silverthorne, Maj. J. W. B. O.E.E., ret pay, late York R. 8Oct.02
Silvester, Hon. Capt. G. F., Commy. ret. Ind. Army Dept. 17Feb.19
Sim, Col. G. H., C.B., C.M.G., ret. pay late h.p. (R.E.) 1Oct.03
Simmonds, Lt. G., ret. pay late h.p. 31May16
Simmonds, Lt. J., ret. pay late R.G.A. [F] 21Apr.19
Simmonds, Capt. F. R., ret. pay late R.A. 10Oct.87
Simmonds, Lt.-Col. W. A., ret. Ind. Med. Serv. 31Mar.92
Simmonds, Capt. W. A., D.C M., ret. pay late S. Staff. R. 10Mar.20
Simmons, L. C., ret. pay late Linc. R. 1July17
Simms, Capt. H., ret. pay late h.p. 1Jan.17
Simon, Maj. H. S. r. [L] ret. pay, late D. of Corn. L.I. 4Sept.12
Simon, Hon. Capt. J. R., Sen. Asst. Surg., ret. Ind. Sub. Med. Dept. 15Apr.04
Simonds, Lt.-Col. C. B., D.S.O., ret. pay late R.G A., g. [F] 1May17
Simpson, Maj. A. E., ret. pay late Manch. R. 17Jan.90
Simpson, Surg.-Gen. Sir B., K.C.I.E., M.D., ret. Ind. Med. Serv. [R] 29Mar.80
Simpson, Hon. Capt. B., Commy. ret. Ind. Army Dept. 15Mar.05
Simpson, Lt.-Col. C. H., ret. pay late h.p. 14Sept.84
Simpson, Bt. Col. C. N., D.S.O., ret. pay late h.p. R.A. 16Feb.19
Simpson, Maj.-Gen. C. R., C.B., ret. pay, Col. Linc R. p.s.c. [L] 23June11
Simpson, Bt. Maj. E. H., O.B.E., M.C., ret. pay late L'pool R.) (for Spec. Res.) (Capt. 4 Bn. L'pool R.) 3June17
Simpson, Col. H. C. C. D., C M.G., ret. paylate h.p. R.A. (Spec. Appt.) 9Mar.04
Simpson, Lt.-Col. J., O.B.E., Qr.-Mr. ret. R. Mar. 1Jan.20
Simpson, Capt. R., ret. pay late h.p. 18Nov.17
Simpson, Col. R. J. S., C.B., C.M.G., M.B., ret. pay formerly R.A.M.C., s. 11Sept.12
Simpson, Maj. W., Qr.-Mr. ret. pay late R. Fus., t.a. 3June19
Simpson-Baikie,Hon.Brig.-Gen.Sir H A.D., K.C.M.G., C.B., ret. pay late h.p., p.s.c. [L] [F] 3Feb.20
Sims, Capt. G. E., ret. pay late R.E. 4Oct.19
Simson, Capt. E., O.B.E., ret. Ind. Army 18Jan.14
Sinclair, Hon. Maj. A. S., Dep. Commy. ret. Ind. Army Dept. 13May87
Sinclair, Surg.-Gen. D., C.S.I., M.B., ret. Ind. Med. Serv. (Mad.) 11Oct.99
Sinclair, Col. H. M., C.B., C.M.G., ret. pay late Chief Eng. Sco. Comd., p.s.c. 21Dec.03
Sinclair-Wemyss, Maj. R. D., O.B E., ret. pay late Gord. Highrs. 18July99
Sinfield, Maj. T., M.B.E., Ridg-Mr., ret. pay late R.A.S.C. 29Nov.15
Singer, Lt.-Col. G. H., Staff Paymr. ret. A. P. Dept. 14Dec.97
Singleton, Lt.-Col. R. O., ret. pay late High L I. 29Nov.90
Singleton, Hon. Capt. W. J., Commy. ret. Ind. Army Dept. 30June06
Sinnott, Maj. H. C., ret. pay late R.War.R. 18Sept.15
Sitwell, Capt. F. H. S., ret. pay late Durh. L.I. (Empld. Serv. Bns. K. R. Rif. C.) 27Aug.90
Sitwell, Hon. Brig.-Gen. W. H., C.B., D.S.O. ret. pay, late Staff [R] 16Mar.18
Skeaf, Hon. Capt. W. H., Dep. Commy. ret. Ind. Army Dept. 1Oct.08
Skeffington Smyth, Lt.-Col. G. H. J., D.S.O., ret.pay late h.p. [F] (Bt. Lt.-Col. ret. A. Motor Res.) 13May19
Skeffington Smyth, Lt.-Col. (temp. Lt.-Col.) R. C. E., D.S.O., ret. pay, late C. Gds. [l] s. 5Aug.14

Non-Effective Officers

Skelley, Hon. Capt. S., Qr.-Mr. ret. pay, *late Shrops. L. I.* 5 June 05
Skelton, Maj. E. G., ret. pay *late* h.p. 1Sept.15
Skene, Lt.-Col. P. G. M., *O.B.E.*, ret. pay 18July19
Skey, Col. F. E. G., ret. pay *late* h.p. (R.E.) 4Dec.12
Skidmore, Hon. Lt. J. H., Qr.-Mr. ret. pay *late G. Gds.* 11May10
Skinner, Hon. Maj.-Gen. B. M.,*C.B.,C.M.G., M.V.O.*, ret. pay *late* R.A.M.C. 25Apr.18
Skinner, Col. F. St. D., ret. pay, *p.s.c.* [F] 12 Aug. 06
Skinner, Col. G. J. *S.O.*, u.s.l. Ind. Army 16Sept.89
Skinner, Col. M. W.,ret pay *late* R.E. 8Aug.00
Skipwith, Col. F. G., *C.M.G.*, ret. pay *late R. War. R.* 27Nov.19
Skipwith, Lt -Col. P. A., ret. pay *late* R.F.A. 15Nov.19
Skirving, Lt.-Col. D. S., ret. pay *late* A.S.C. 1Nov.91
C. A. Skoulding, 1st Cl. Vety. Surr. J. B. W., ret. A. Vety. Dept 21Aug 67
Slade, Lt. G., ret. pay *late* h.p. 9June15
Sladen, Hon. Brig.-Gen. G. C., *C.B., C.M.G., D.S.O., M.C.* [F] ret. pay *late* Rif. Brig. 5Nov.19
Sladen, Hon. Lt.-Col. J., Maj. ret. pay *late* R. A., *p.a.c.* 8Apr.82
Slaney, Hon. Maj. C. W., *O.B.E.*, Qr.-Mr. ret. pay R. Mar. (*Sec. to Inspr.-Gen., Chatham Hospital*) 1Aug.05
Slaney, Hon., Lt.H., Asst. Commy., ret. Ind Army Dept. 31Jan.04
Slatter, Lt. R. H. J., ret. pay *late* R.A. 23 Oct.17
Slaughter, Surg.-Gen. W. B., ret. pay 21June05
Slee, Bt. Col. P. H., *C.M.G.*, ret. pay *late* R.F.A. 11Dec.07
Sleigh, Capt. E. H., ret. pay *late* 5 Lrs. (for Spec. Res.) (*Capt. 5 Lrs. Spec. Res.*) (*Empld. 6 Res. Regt. of Cav.*) 15Feb.13
Slessor, Capt. A. K., ret. pay *late* Notts. & Derby. R. (*Maj. T.F. Res.*) 11Apr.94
Slessor, Lt.-Col. H., *O.B.E.*, ret. R. Mar. Art. (*Recg. Staff Offr.*) 1Apr.19
Sloggett, Lt.-Gen. *Sir* A. T., *K.C.B., K.C.M.G., K.C.V.O., F.R.C.S.* [F] ret. pay *late* A. Med. Serv. 1June14
Sloman, Hon. Brig.-Gen. H. S., *C.M.G., D.S.O.*, ret. pay, *late* h.p. 2Sept.18
A. Small, Col. W. G., *C.B.*, Staff Paymr.ret.A.P. Dept. 23July03
Smalley, Maj. H. D., ret. pay *late* R.A. 4Aug.09
Smallwood, Lt. T., ret. pay *late* E. York. R. 12Dec.16
Smart, Col. A. W., ret. *formerly* Pub. Wks. Dept., India (R.E.) (*Ind. Pens.*) 10July97
Smart, Maj.E. de S., ret. Ind. S.C., s. 23Oct.00
Smeaton, Lt.-Col. C. O., *C.M.G.*, ret. pay *late* h.p. 11Apr.11
Smee, Lt.-Col. W. H. T., ret. pay *late* h.p 1July88
Smiles, Hon. Capt. O. J., Dep. Commy. ret. Ind. Army Dept. 3Jan.04
Smith, Hon. Maj. A., Qr.-Mr. ret. pay *late* Suff. R. 19Aug.06
Smith, Maj. A., ret. Ind. S.C 3Dec.91
Smith, Hon. Capt. A., Qr.-Mr. ret. pay *late* R.Scots 8Oct.12
Smith, Maj. A. E., *M.C.*, ret. pay *late* R.A., g. 1May17
Smith, Lt.-Col.A.G.,Staff Paymr.,ret.A.P.Dept. 1Apr.06
Smith, Lt.-Col. A. G. B., *D.S.O.*, ret. pay *late* h.p. 25Aug.14
Smith, Lt.-Col. A. W., Qr.-Mr. ret. pay *late* 1 an. Fus. 3June18
Smith, Hon. Capt. C., Commy ret. Ind Army Dept. (*Rl. Wt.* 29 Nov. 97) 31Jan.04
Smith, Hon. Maj. C. E., Qr.-Mr. ret. pay *late* A.S.C. 1July17
Smith, Maj.-Gen. *Sir* C. H., *K.C.M.G., C.B.*, ret. pay [R] [F] 1Aug.00
Smith, Hon. Capt. C.J., Qr.-Mr. ret. pay *late* R. Berks. R. 3Aug.92
Smith, Bt. Col. C. M., ret. pay *late* h.p.,R.A. 21 Dec.95
Smith, Lt. (Dist. Offr.) C. W. ret. pay *late* R.A. (*Temp. Capt.*), *l.c.* 10Nov.04
Smith, Hon. Capt. D. N., Ridg-Mr. ret. pay *late* 15 Hrs. [R] 8June82
Smith, Capt. E. C. E., *M.C.*, ret. pay late h.p. 1June16
Smith, Lt.-Col. E. O., *C.M.G.*, ret. pay *late* h.p. 15June13
Smith, Maj. E. P., ret. pay *late* R.F.A. 8June04

Smith, Bt.-Col. E. P. B., ret. pay *late* A.S.C. 22June98
Smith, Maj. E. S., ret. pay *late* N. Lan. R. 1June09
Smith, Lt. F., *D.C.M.*, ret. pay *late* Midd'x R. 26Aug.18
Smith, Hon. Maj.-Gen. *Sir* F., *C.B., K.C.M.G., F.R.C.V.S.*, ret. pay *late* A. Vety. Serv. [F] 15Oct.07
Smith, Bt.-Col. F., *C.B., C.M.G., D.S.O.*, ret. pay, *late* R.A.M.C. 4Sept.12
Smith, Surg.-Maj. F. C., ret. Ind. Med. Serv. 30May.00
Smith, Maj. F. J., *M.C.*, ret. pay *late* R.A. 11Nov.19
Smith, Chaplain (1st Class) *Rev.* G., ret. pay *late* A. Chaplains' Dept. 10Feb.00
Smith, Hon. Brig. G. B., *C.B.*, ret. pay *late* R. Art. 2 Feb. 19
Smith. Capt. G. E., *O.B.E.*, ret. pay *late* E. York. R. 18Dec.17
Smith, Lt.-Col. G. H., ret. pay *late* N. Staff. R. 20Mar.19
Smith, Lt.-Col. G. O., r.f.p. *late* R. Ir. Fus. [F] 12Aug.95
Smith, Maj.-Gen. G. de H., *O.B.E.*, ret. Ind. Army (*Maj. Sco. Horse*) (*Remount Service*) 29Nov00
Smith, Hon. Capt. H., Dep. Commy. ret. Ind. Army Dept. 16Sept.82
Smith, Hon. Capt. H., Qr.-Mr. ret. pay *late* H.G.A. 4Nov.08
Smith, Hon.Maj.H.,Qr.-Mr. ret. pay*late*R.A. 3Nov.17
Smith 2nd Lt. H. C., ret. pay *late* R.A. 6Oct.15
Smith, Lt.-Col. H. d'A., ret. pay *late* h.p. 9Aug.15
Smith, Lt.-Col. H. L., *D.S.O.*, ret. pay *late* E. Surr. R. 21June07
Smith, Brig. Surg.-Lt.-Col. J., ret. Ind.Med Serv.12Oct.90
Smith, Hon. Capt. J., Dep. Commy. ret. Ind Army Dept. (*Rl. Wt.* 29 Nov. 97) 12May06
Smith, Hon. Lt. J., Qr.-Mr. ret. pay *late* W. York R. 17May93
Smith, Maj.-Gen. J. B., u.s.l. Ind. Army 3Mar.95
Smith, Capt. J. B., ret. pay *late* h.p. 6Apr.17
Smith, Lt.-Col. J. C. C.,*O.B.E., M.B.*, ret. Ind. Med. Serv. 31Mar.99
Smith, Col. J. G., ret. Ind. Army 21Sept.01
Smith, Maj. J. G., ret. pay *late* R.W. Kent R. 26July82
Smith Hon. Capt. J. H., Dep. Commy. ret. Ind. Army Dept. 27Feb.00
Smith, Lt. J. H., ret. pay *late* R.A. 8Aug.16
Smith, Capt. J. L., ret. pay *late* R.A. (*Maj. ret. Terr. Force.*) (*Temp. Maj. R.F.A.*) 24Aug.89
Smith, Maj. J. M., Commy., ret. Ind Army Dept. 27July11
Smith, Maj. O. A., ret. Ind Army 24July04
A. Smith, Lt.-Gen. O. L., u.s.l. Ind. Army 1July92
Smith, Capt. P., ret. pay *late* h.p. 29Aug.18
Smith, Bt.Col. P. H. ret. pay *late* h.p. 19May94
Smith, Lt.-Col. R. A., ret. pay *late* h.p. 11Feb.11
Smith, Lt. R. H. V., ret. pay *late* h.p. 27Apr.18
Smith, Lt.-Col. R. A., *C.M.G., D.S.O.*, ret. pay *late* Leins. R. 19Mar.20
Smith, Hon. Capt. S., Dep. Commy. ret. Ind. Army Dept. (*Rl. Wt.* 29 Nov. 97) 25June94
Smith, Capt. Sidney, ret. pay, *late* Manch. R. 30 Oct.18
Smith, Lt., S. B., ret. pay *late* h.p. 3Jan.18
Smith, Maj.-Gen. *Sir* S. C. U., *K.C.M.G., C.B.*, ret. pay *late* R.A., *g.* [l] [F] 1Jan.17
Smith, Bt. Col. S. G. D., *M.B.E.*, ret. pay *late* Ind Ord, Dept. (*Ind. Pens.*) 14July06
Smith, Maj. (Dist. Offr.) S. T., ret. pay *late* R.A. (*Empld. R.A.*) 30Oct.04
Smith, Hon. Maj. T., Dep. Commy. ret. Ind. Army Dept. 27Mar.98
Smith, Col. T. H., ret. Ind. Army 9June07
Smith, Lt.-Col. T. P. C., ret. pay *late* R. W. Kent R. 21Mar19
Smith Maj T.S. ret. pay *late*W.Rid.R. (*Empld.* 18Mar.08
A. Smith, Hon. Maj.-Gen. W., ret. pay *late* h.p. R.A. 11Jan.87
Smith, Hon. Capt. W., Commy. ret. Ind. Army Dept. 2Jan.04
Smith, Capt. W., ret. pay *late* R.W. Surr. R. 1Aug.17
Smith, Capt. W., Qr.-Mr. ret. pay *late* North'd Fus. 25Aug.16
Smith, Lt. W., ret. pay, *late* h.p. 18July18
Smith, Lt. W., ret. pay *late* R.A. 18June19
Smith, Lt. W. Walter, *M.C.*, ret. pay *late* R.G.A. 30July18
Smith, Col. W. A., *C.B., C.M.G.*, ret. pay *late* Staff (R.A.) *p.s.c.* [F] 10Feb.04
Smith, *Hon.* Maj.-Gen. W. E. B., *C.B., C.M.G.*, (ret. pay) 25Mar.19

Non-Effective Officers

Smith, Col. W. G., ret. Ind. Army — 11Aug.89
Smith, Lt.-Col. W. H. ret. pay *late* h.p — 4Oct.92
Smith, Maj. W. H. Commy. ret. Ind. Army Dept. — 1July17
Smith, Lt.-Col. W. N. ret. R. Mar. — 1Apr.19
Smith, Surg.-Lt.-Col. W. P., ret. A.Med. Staff — 3Sept.83
Smith(Col. W.W M., *C.B E.*, ret. pay *late* Staff (R.A.), *v.s.c.* [R] (*L' -Col. 3 Wessex Brig. R.F A*.) — 8June98
Smith-Bingham, Hon. Brig.-Gen. O. B. B., *C.M.G.*, *D.S.O.*, ret. pay *late* Staff — 1Mar.20
Smith-Rewse, Col. H. W., *C.B.*, *C.V.O.*, ret. pay *late* Staff (R.E.), *q.s., t.a.* — 4Apr.02
Smithers, Lt.-Col. H. O. H. ret. pay *late* h.p. — 12Mar.20
Smithett, Maj. H. C. E., *O.B.E*, ret. pay *late* York & Lanc. R. — 1July04
Smithson, Maj. A. E., *M.B.*, ret. pay, *late* R.A.M.C. — 29July02
Smithson, Hon. Brig.-Gen. W.C., *C.B.E.*, *D.S.O.*, ret. pay *late* h.p. — 14Aug.17
Smyly, Lt.-Col. F.P., *O.B.E.*, ret. pay *late* Bord. S. Wales — 1June19
Smyly, Maj. R. J., ret. pay *late* N. Lan. R. — 1Sept.15
Smyth, Maj. A. C., ret. R. Mar. — 8Dec.87
Smyth, Hon. Maj. B., *M.V.O.*, *O.B.E.*, Qr.-Mr., ret. pay *late* R. Hib. Mil. Sch. — 1Jan.03
Smyth, Bt. Col. E. W., *C.B.*, ret. Ind. Army — 28Dec.93
Smyth, Brig -Surg.-Lt.-Col. F. A., ret. Ind. Med. Serv. — 12Jan.95
— 10ct.89
Smyth, Lt.-Col. R. F., ret. pay *late* R.A. — 15Dec.89
Smyth, Col. J., *M.D.*, *K.H.P*, ret. Ind. Med. Serv. — 7June11
Smyth, Bt. Col. O. S., *D.S.O.*, ret. pay *late* h.p., R.A. (*Envld.*) — 31Dec.02
Smith, Hon. Brig.-Gen. R. N., *C.B.E.*, *D.S.O.*, ret. pay *late* Staff — 30Oct.19
Smyth, Bt. Col. S. G., ret. pay *late* R.A. — 29Jan.97
Smyth, Hon. Capt. T., Qr.-Mr. ret. pay *late* Glouc. R. — 19Nov.00
Smyth, Maj. T. G. H., ret. pay, *late* E. York R. — 5Sept.15
Smyth, Col. V. S., ret. pay *late* W.I.R. — 9Jan. 19
Smyth, Lt.-Col. W. C., ret. pay *late* R.E. (Ind Pens.) — 30 Oct.14
Smythe, Lt.-Col. G. F. A., *F.R.C.S. Edtn.*, ret. pay *late* R.A.M.C. — 6Mar.00
Smythe, Bt. Col. H. H., ret. pay *late* h.p., *p.s.c.* (*Empld. Depôt R. W. Surr. R.*) — 25Jan.06
Smythe, Lt.-Col. I. W T. S., Staff Paymr. ret. A. P. Dept. — 4Aug.03
Smythies, Maj. R. H. R. ret. pay *late* S. Lan. R. — 25Jan.99
Snatt, Hon. I1i], S.A., Qr.-Mr. ret. pay *late* Worc. R. (*Empld. R.A.F.*) — 1July11
Snee, Hon. Lt. M., Asst. Commy. ret. Ind. Army Dept. — 19Jan.04
Snell, Lt.-Col. F. W., ret. Ind. Army — 23Jan.95
Snelling. Capt G., ret. pay *late* R.A. — 15June18
Snook. Maj. F., *M.C.*, *D.C.M.*, ret. pay *late* E. York R. — 17Feb.20
Snow, Lt.-Col. E. G., ret. pay *late* N. Staff. R. (t) — 7Apr.10
Snow, Lt.-Col. H. W., *C.M.G.*, *D.S.O.*, ret. pay *late* R.W, Kent. R. [F] — 8May19
Snow, Lt.-Gen. Sir T. D'O., *K.C.B.*, *K.C M.G.*, ret. pay (Col. Som. L.I.) *p s.c.* [F] — 1Jan.18
Soady, Hon. Brig.-Gen. G. J. FitzM., *C.M.G.*, ret. Ind. Army — 15May19
Soames, Capt. A. G., *O.B.E*, ret. pay *late* C. Gds. (*s.c.*) — 4Feb.15
Solbé, Lt.-Col. C. E De L., ret. Ind. Army — 16Nov.13
Soltau-Symons, Maj. L. C., *D.S.O.*, ret. pay *late* Durh. L.I. — 1Sept.15
Somers, Capt W. V., Inspr. of Army Schs., ret. pay *late* Army Schs. — 1July17
Somerscales, Capt. F. J., *M.C.*, ret. pay (for Spec. Res.), *late* R.G.A. (*Capt. Spec. Res.*) — 3Nov.17
Somerset, Capt. Hon. A. C. E., ret. pay *late* Rif. Brig. — 30Oct.87
Somerset, Hon. Col. H. G. E., ret. pay *late* h.p. (*Mil. Knt. of Windsor*) — 27Sept.82
Somervell, Capt. E., ret. pay *late* York R. (*Hon. Maj. ret. Spec. Res.*) — 28July95
Somerville, Bt. Col. T. C. F., *M.V.O.*, ret. pay *late* Comdt. R. Mil. Sch. of Music — 26June19
Somerville-Large, Lt.-Col. B. W., *F.R.C.S. Edin.*, ret. pay *late* R.A.M.C. — 4Feb.97

Soote, Capt. C. S., ret. pay *late* E. York R. (*Temp. Maj. Depôt York R.*) — 15June98
Sopper, Lt.-Col. F. W., ret. pay *late* 18 Hrs. — 16Nov.19
Sorabshaw Hormaji Dantra, Lt.-Col. ret. Ind. Med. Serv. (Ben.) — 1Mar.96
Sotheron-Estcourt, Capt. T. E., ret. pay *late* h.p. — 4Nov.11
Southam, Hon. Capt. T., Dep. Commy, ret. Ind. Army Dept. (*Rt. Wt. 29 Nov. 97*) — 8Nov.01
Southey, Lt.-Col. H. H., ret. Ind. Army — 5Feb.13
Southey, Maj. J. H. W., *O.B.E.*, ret. pay *late* R. Berks. R. (*Record Office*) — 17Jan.03
Spaight. Bt. Col. W. F., ret pay *late* R.E. — 15June89
Spalding, Maj. C., Qr.-Mr. ret. pay *late* A.S.C. — 90ct.17
Span, Maj. F. H., ret. pay *late* D. of Corn. L.I. — 1Sept.15
Sparke, Capt P. R., Qr.-Mr. ret. pay *late* A.S.C. — 1July17
Sparke, Lt. W. J., ret. pay *late* Som L.I. — 1Nov.18
Sparkes, Col. J. G., ret. pay *late* h.p. — 6Jan.94
Sparkes, Capt. T. G., Asst. Commy. ret. Ind. Army Dept. — 1July17
Sparks, Lt.-Col. E.T.B., ret. pay *late* N.Staff. R. — 18Jan.88
Sparling, Lt.-Col. J. P., ret. Ind. Army — 28Feb.00
Sparrow, Lt.-Col. H. F., ret. pay *late* E.Kent R. — 6Nov.91
Sparshott, Maj. A. E., ret. R. Mar. — 1Jan.85
Spear, Maj H B., pay, *late* Glouc. R. — 3May17
Spearman, Capt. C.E., ret. pay, *p.s.c. late* R. Muns. Fus. — 8July93
Spedding, Hon. Maj. C.G., Commy. ret. of Ord., ret. pay *late* A. Ord. Dept. — 13Nov.10
Spence, Maj. A. E. C., *M.B.*, ret. pay *late* R.A.M.C. — 2Aug.96
Spence, Lt. H. B., ret. pay *late* North'd Fus. (for Spec. Res.) (*Capt. 3 Bn. W. York. R.*) — 18Mar.05
Spence, Hon. Capt. J., Dep. Commy. ret. Ind. Army Dept. — 16Mar.88
Spence, Capt. P. A. F., ret. pay *late* h.p. — 24May02
Spence, Lt.-Col. R. G. I., Qr.-Mr. ret. pay *late* R.G.A. — 1Jan.18
Spencer, Maj. A.C.D., ret. pay *late* R.Ir. Rif. — 5Oct.01
Spencer, Col. A. G., ret. pay *late* h.p. — 21Apr.90
Spencer, Maj. A. W. B. [F] ret. pay *late* 13 Hrs. (*temp. Lt.-Col. Tank Corps*) — 25Sept.12
Spencer. Capt. C., ret. pay *late* R.A. — 5Nov.19
Spencer, Lt.-Col. C.F.H., ret. pay *late* h.p. — 23Sept.93
Spencer, Bt. Lt.-Col. C. G., *M.B.*, *F.R.C.S.*, ret. pay *late* R.A.M.C. — 1Jan.18
Spencer, Lt.-Col. D.B., ret. Ind. Med. Serv. — 31Mar.00
Spencer, Maj. E., ret. pay *late* High. L.I. — 3Apr.89
Spencer, Capt. E.C., ret. pay *late* h.p. — 1Nov.15
Spencer, Surg F. H., *M.D.*, ret. Med. Dept. — 30Sept.73
Spencer, Lt. Col. H., *O.B.E.*, ret. *late* R.A., o. (*Spec. Appt.*) — 1Jan.18
Spencer, Lt. Col. L. D., ret. pay *late* K.O. Sco. Bord. — 14Oct.19
Spencer, Col. M., *C.M.G.*, Ord.Offr., 2nd Class, ret. pay, *late* R.A.O.C., *p.a.c.*, [L] [F] — 26Dec.19
Spencer, Surg.-Lt.-Col. T.C.H., ret. Ind. Med. Serv. — 1Oct.89
Spencer, Col. T E., ret. Ind. Army — 29July98
Spender, Bt. Lt.-Col. W. B., *M.C.*, ret. pay *late* R.G.A., *p.s.c.* [L] (*temp. Lt.-Col. in Army*), s. — 3June17
Spens, Hon. Col. A. T., ret. Bo. S.C. — 30Sept.81
Spens, Maj.-Gen.J., *C.B.*, *C.M.G.*, ret. pay [R] — 1Dec.06
Spens, Maj. L. T., ret. pay *late* E. Kent R. — 30Nov.85
Speranza, Col. W. S., ret. pay *late* h.p. — 9May17
Spicer, Capt. J.J.N., ret. pay *late* R.H.Gds. — 30June81
Spiller, Hon. Lt.-Col. D.C.O., Staff Paymr. ret. A. P. Dept. — 26July89
Spilling, Col. J. K., ret. pay *late* h.p. — 29Sept.89
Spilsbury, Maj. E. C., ret. pay *late* R.E. (Ind. Pens.) — 12July92
Spinks, Lt.-Col. C. W., *D.S.O.*, *O.B.E*, [F] ret. pay *late* R.A. — 1Nov.19
Spivey, Lt. C. H. H , *M.B.E.*, ret. pay *late* S. Gds. — 24Jan.17
Splaine, Lt. Col. W. Y., Qr.-Mr. ret. pay *late* Durh. L.I. — 10Mar.00
Splane. Hon. Capt. G. G., Commy. ret. Ind. Army Dept. — 20Nov.94
Spottiswoode, Col.A.A., ret. pay *late* h.p. [F] — 22Dec.08
Spottiswoode, Col. R.C D'E., ret. pay *late* h.p. (Ind. Pens.) — 10Oct.89
Spragge, Hon. Lt.-Col. B. E., *D.S.O.*, ret. pay *late* Yorks. L I. (*Gent.-at-Arms*) (*Lt.-Col. ret. T.F. Res.*) — 6Nov.00

Non-Effective Officers

Spraggett, Hon. Maj. B. N., Qr.-Mr. ret. pay *late* Glouc. R. — 1Jan.03
Sprague, Lt.-Col. L. C., ret. pay *late* R. Ir. Rif., *p.s.c.*, [L] — 15Feb.20
Sprake, Capt. S., ret. pay *late* Hamps. R. — 27Apr.17
Spratt, Lt.-Col. A. G., ret.pay *late* Devon. R. 13Mar.16
Spratt, Col. E.J.H., ret. pay *late* Regtl. Dist. 2Mar.95
Spratt, Maj. F., ret. pay *late* R. Art. — 7Nov.17
Spratt Bowring, Col. F. T. N., *C.B.*, ret *formerly* R.E. (*Ind Pens.*), *q.s.* — 18May98
Springall, Lt.-Col. J. W., Qr.-Mr, *O.B.E.*, *D.C.M.* [F] ret pay *late* E. York. R. — 15July19
Springate, Lt. A. E., *M.B.E.*, *D.C.M.*, ret. pay *late* R A. — 1July17
Spret, Bt. Col. Sir R. A., *Bt.*, *C.M.G.*, ret. pay *late* h.p. — 10Feb.04
Spurgin, Col. J. H. ret. pay *late* h.p. — 1July99
Spurrell, Lt.-Col.R. J., ret. pay, *late* 5 Lrs. 12May15
Squire, Capt. F. G., *late* R A. — 19Feb.20
Squire, Maj.W. P., ret. pay *late* R.A.M.C. — 30Jan.98
Squirrell, 2nd Lt. W. C., ret. pay *late* h.p. 28Sept.17
Squires, Hon. Maj. J., *late* R. Mar. — 13Mar.18
Stables, Maj. A., *M.B.*, ret. pay *late* R.A.M.C. 31Jan.97
Stacey, 2nd Lt. C. H., ret. pay *late* Midd'x R. 30July18
H. Stack, Col. C. E., u.s.l. Ind. Army — 31Oct.85
Stack, Maj. *Sir* L. O. FitzM., *K.B.E*, *C.M.G.*, ret. pay *late* h.p. [F] (*e.a.* 2 Mar. 10) (*temp. Maj.-Gen.*) — 20Oct.09
Stacpoole, Lt.-Col. G. W. R., *D.S.O.*, *O.B.E.*, ret. pay, *late* S. Staff. R. — 20Apr.19
Staff, Maj. F. W., Qr.-Mr. ret. pay *late* R A.S.C. — 25May13
Stafford, Lt. E., *M.B E*, ret. pay *late* h.p. 1July17
Stafford, Maj. E. H. W. H., ret. pay *late* R.E. (*Empld. R.E.*) — 6Aug.04
Stafford, Bt. Col. H. L. C. H., ret. pay *late* R.E. (*Maj. ret. T.F. Res.*) — 9June07
Stafford, Hon. Brig. Surg. P. W., Surg.-Maj. ret. A. Med. Staff — 11Feb.85
Stafford, Hon. Brig.-Gen. W. F. H., *C.B.*, ret. pay *late* b.p. (*R.E.*) [R] — 5Oct.12
Staggs, Hon. Capt. V. J., Sen. Asst. Surg. ret. Ind. Sub. Med .Dept. (Mad.) — 15Apr.01
Stainfield, Capt. G. A., ret. pay *late* Extra regimentally empld. — 3Mar 20
Stainforth, Bt. Col. R. F. W., ret. pay *late* h.p 13June75
Stainforth, Bt. Col. L. C. H., ret. Ind Army 24Aug.07
Stainforth, Col. R. T., ret.A. Ord. Dept — 18Oct.02
Stair, Lt.-Col. J., *Earl of D.S.O.*, ret. pay *late* h.p. (*King's Bodyguard for Scotland*)25Sept.19
Stalkartt, Maj. C. E. G., *M.D.*, ret. pay *late* R.A.M.C. (*Empld. R.A.M.C.*) — 28July03
Stamer, Maj. *Sir* L., *Bt.*, ret. pay *late* 16 Lrs. (*Lt.-Col. ret. T.F. Res.*) — 28Jan.99
Stamfordham, Lt.-Col. *Rt. Hon.* A. J., *Lord, G.C.B., G.C.I.E., G.C.V.O., K.C.S.I., K.C.M.G., I.S.O.*, ret. pay *late* h.p. (R.A.) (*Extra Eq. to the King*) (*Priv. Sec. to the King*) 22July93
Stamminus, Maj. T. H., Qr.-Mr. ret. pay *late* R.H.A. — 3June19
Stammers, Lt.-Col. G E F., *O.B.E.*, ret. pay *late* A. Med. Serv. [F] — 11Mar.15
Standbridge, Col. E. B., ret. pay *late* R. A., *p.a.c.*, *g.* — 9Dec.98
Standen, Maj. J. D., ret. pay *late* R. Ir. Fus. 9Jan.89
Standen, Lt.-Col. R. H. F., ret. pay *late* A.S.C., *e.* (*Empld. A.S.C.*) — 21Jan.13
Standing, Hon. Maj. E. S., Qr.-Mr. ret. pay *late* R.E. — 1July17
Stanley, Lt. A., ret. pay *late* R.A. — 28June18
Stanley, Maj. E. T. ret. A. Ord. Dept. (*empld. Lab. Corps*) — 24Apr.95
Stanley, Col. G., *C.R.*, ret. pay *late* A.S.C. — 15June00
Stanley, Lt.-Col. *Hon.* O. H., *D.S.O.*, ret. pay *late* R.H.A. — 27June19
Stanley, 2nd Lt. S., ret. pay *late* R A. — 24June18
Stanley, Maj. T. A., ret. pay *late* R.A.S.C. — 1Apr.17
Stanley-Creek, Col. E. S., ret. pay *late* Regtl. Dist., *p.s.c.* — 26May90
Stanley-Jones, Maj. W. J., *O.B.E.*, ret. pay *late* Ses. Highrs. — 1Jan. 20
Stannard, Hon. Capt. E., Rid.-Mr. ret. pay *late* R.A. — 25Nov.84
Stannus, Maj. G. W. J. Fitz G., *O.R.E.*, ret. pay *late* 20 Hrs. (*Maj. ret. Terr. Force*) (*temp. Maj.1 Co. of Lond.* (Midd'x Hrs.)) 9Sept.03
Stansfeld, Col. J. R., *C.B.*, *C.B.E.*, ret. pay *late* h.p , *p.a.c.* — 29Nov.15
Stansfeld, Maj. W. B., ret. pay *late* W.I.R. (*Empld. Depôt B.W.I.R.*) — 1Oct.97
Stanton, Bt. Col. C J., ret. pay *late* R. Fus. 3Sept.09
Stanton, Col. E. A., *C.M.G.*, ret. pay *late* h.p. [I] [F] (*Spec. Appt.*) — 1Nov.16
Stanton, Hon. Brig.-Gen. F. H. G., ret. pay *late* R. A., *p.s.c.* [l] — 1June19
Stanton, Hon. Brig.-Gen. F. W. S., *D.S.O.*, ret. pay, *late* R.G.A. — 5Dec.18
Stanton, Maj.-Gen. *Sir* H. E., *K.C.M.G.*, *C.B., D.S O ,* ret pav *late* R.A. , *p.s.c.* 3June15
Stanton, Bt.-Maj. H. J. C., *M.V.O.*, ret. pay *late* K.O. Sco Bord. (*War Office*) — 1Jan.18
Stanton, Capt. R. W. S., ret. pay *late* Yorks. L.I. *s.* — 22Mar.02
Stanuell, Lt -Col. H. S. McC., *C.M.G.*, ret.pay *late* Staff — 6May05
Staples, Hon. Maj. A. G., Dep. Commy. of Ord., ret. A. Ord. Dept. (*Empld. A O.D.*) 1Aug.17
Staples, Brig.-Surg. Lt.-Col. F. P., ret. A. Med. Staff — 20Sept.87
Starkey, Lt.-Col. J. H., ret. pay *late* h.p. — 12Feb.19
Starkey. Lt.-Col. L. K., ret. only *late* 4 Hrs.29Nov.00
Starr, Col. W. H. *C.M.G.*, *C.B.E.*, ret. pay *late* A. Med. Serv. — 1Mar.15
Statham, Chaplain (2nd Class) *Rev.* S. P. H., *B.A.*, ret. pay *late* A. Chaplains' Dept. (*Chaplain. Wandsworth Prison*), { 20 Feb. 14 { 17 Dec. 02} 17Oct.98
Staunton, Lt.-Col. G., ret. pay *late* Gord. Highrs. (*Spec. empld.*) — 14Dec.07
Staunton, Hon. Capt. M. J., Commy. ret. Ind. Army Dept. — 11Feb.05
Staveley, Hon. Brig.-Gen. W. C., *C.B.*, ret. pay *late* h.p., *g*. — 15Mar.19
Stavert, Hon. Brig.-Gen. T. H. ret. pay *late* h.p. — 25Apr.17
Steavenson, Maj. J. L., ret. pay *late* h.p. — 13Oct.89
Stedman, Capt S. J., ret. pay *late* R.G.A. 31Dec.17
Steel, Col. J. F. ret. pay *late* R. (Ben.) E — 1July85
Steele, Lt. C. H., ret. pay *late* Glouc. R. — 4Apr.16
Steele, Capt. G. A., Inspr. of A rmy Sch., ret pay, *late* Army Schools [F] — 1July17
Steele, Bt. Col. L. L., ret pay *late* h.p. — 10Feb.04
Steele Lt.-Col. St. G. L., *C.B.* [L] ret. Ind. Army — 11May04
Steele, Lt.-Col. W. H., *M.D.*, *F.R.C.S.I.*, ret. A. Med. Staff — 20Oct.86
Steele, Hon. Capt. W. H., Commy. ret. Ind. Army Dept. — 1Apr.04
Steer, Lt. H. E., *M.C.*, ret. pay *late* h.p. (*Recg. Duties*) — 4June16
Steevens, Maj.-Gen. *Sir* J., *K.C.B.*, *K.C.M.G.*, Prin Ord. Offr. ret. A. Ord. Dept. [R] [F] (*Empld. R.A.O.D.*) — 29June18
Stenhouse, Maj. J. L., ret. pay *late* R.G.A. 30Oct.15
Stephen, Col. A., *M.B.*, ret. Ind. Med. Serv. 19May94
Stephen, Lt.-Col. A. J., ret. pay *late* W. York. R. — 12Oct.14
Stephen, Hon. Lt. J., Asst. Commy. ret. Ind. Army Dept. — 14Aug.89
Stephen Hon. Brig.-Gen. R. C., *C.B.*, ret. pay *late* h.p. — 11Feb.19
Stephens, Surg-Lt.-Col. A. E. R., ret. Ind. Med. Serv. — 31Mar.93
Stephens, Lt. B. T., ret. pay *late* R.G.A., *o.* (for Spec. Res.) (*Capt. Cork R.G.A., Spec. Res.*) (*War Office*) — 31July05
Stephens, Bt. Maj. E. B., ret. R. Mar. — 24June89
Stephens, Maj. G. E. B., ret. pay *late* Rif. Brig. — 28Nov.14
Stephens, Maj. G. R., ret. pay *late* h.p. — 27May09
Stephens, Maj. R., ret.pay *late* Oxf. & Bucks. L.I. — 6June18
Stephens, Hon. Capt. W., Qr.-Mr. ret. pay *late* R.G.A. — 6Apr.02
Stephenson, Sister *Mrs.* A., ret. pay *late* Q.A.I.M.N.S. — 17Feb.03
Stephenson, Lt.-Col. C. M., ret. pay *late* h.p. 3Dec.10
Stephenson, Lt. M. H., ret. pay *late* Notts. & Derby. R. — 16Sept.19
Sterling, Maj.-Gen. J. B., ret. pay [F] — 19Aug.96
Steuart, Lt. C. B., ret. pay *late* h.p. (*Capt. 3 Bn. R. Sc. Fus.*) — 1July07
Stevens. Capt. A., Qr.-Mr. ret. pay *late* R.A.S.C. — 1July17
Stevens, Capt. B. F., ret. pay *late* W.I.R. — 10June86
Stevens, Maj. C., ret. Ind. S.C. (*Spec. Appt.*) 1Nov.96
Stevens, Col. C. F., ret. Ind. Army — 19Apr.05
Stevens, Col. C. F., *C.M.G.*, ret. pay *late* h.p. 5Mar.15
Stevens. Maj. C. J., Commy. of Ord., ret. pay *late* R.A.O.C. — 16Oct.14
Stevens, i t. E., ret. pay, *late* Shrops. L.I. — 13Nov.17
Stevens, Bt. Col. F. E., ret. pay *late* A.S.C. — 24Mar.98
Stevens, Maj, G., *M.C.* ret pay, *late* R.G.A. 1July17
Stevens, Hon. Brig.-Gen. G. B., u.s.l. Ind. Army — 8Aug.17
Stevens, Col. G.M., ret. pay *late* Staff (R.A.) — 7Nov.98

Non-Effective Officers

Stevens, Capt. H. F., *M.C.*, ret. pay, *late* E. Kent R.   30Sept.19
Stevens, Capt.H.G., Inspr. of Army Schools, ret. pay *late* Army Schools   1July17
Stevens, Bt.-Maj. H. W., *D.S.O.*, ret. pay *late* S. Wales Bord.   1Jan.18
Stevens, Hon. Lt.-Col. J., Ridg.-Mr. ret. pay *late* R.F.A.   3June17
Stevens, Lt.-Col. M., ret. Ind. Army   5Dec.09
Stevens, Hon. Capt. T., Qr.-Mr. ret. pay *late* R.G.A.   25July01
Stevens, Lt.-Col. M. W., u.s.l. Ind. Army   27Dec.87
Stevens-Nash, Maj. C. G. E., ret. pay *late* h.p. (R.A.) *g*.   11Apr.11
Stevenson, Hon. Brig.-Gen. E. H., *C.M.G., D.S.O.*, ret. pay, *late* R A.   14Oct.19
Stevenson, Bt. Col. F., *C.B.*, ret. Ind. Army (*Maj. T.F. Res.*)   8Feb.09
Stevenson, Surg.-Gen. H.W., *C.S.I.*, ret. Ind. Med. Serv. [R]   11Jan.09
Stevenson, Lt.-Col. J., *M.B., F.R.C.S.Edin.*, ret. pay *late* R.A.M.C.   4Aug.98
Stevenson, Col. R., *C.M.G.*, ret. pay *late* h.p.   4Apr.96
Stevenson, Maj.-Gen. T. R., *C.B.*, ret. pay, Col., R. Ir. Fus   23May93
Stevenson, Hon. Maj.-Gen. W. F., *C.B. M.B., R.H.S.*, ret. pay, *late* R.A.M.C. (*Empld. R.A.M.C.*)   16July13
Stevenson, Capt. W. H., ret. pay, *late* High. L.I.   15Dec.86
Stevenson-Hamilton, Maj. J., ret pay *late* 6 Dns.   29Nov.00
Steward, Maj. O. H. D'A., ret. pay *late* R. Highrs. (*Temp. Maj.* 8 (Serv.) Bn. R. Highrs.)   1Sept.18
Steward, Maj. R. H., *O.B.E.*, ret. pay *late* Wilts. R.   19Mar.06
Stewart, Surv. Lt.-Col. A. K.,ret. Ind. Med. Serv.31Mar.96
Stewart, Bt. Col. B., *D.S.O.*, ret. pay *late* R. Muns. Fus.   23July08
Stewart, Col. D. S., *C.B.*, ret. pay *late* h.p.   27May04
ffl. Stewart, Hon. Maj.-Gen. C., *C.B.*, ret. Ben. S.C.   31Oct.87
Stewart, Col. G. G., ret. pay *late* h.p   14Aug.85
Stewart, Maj. G. P., ret. pay *late* R. Innis. Fus. (*Empld.* 6 *Serv. Bn. R. Innis. Fus.*)   6May00
Stewart, Maj. J., *O.B.E.*, ret.pay late R.E.   28Feb.99
Stewart, Lt.-Col. J., *D.S.O.*, ret. pay *late* R. Highrs.   28Sept.19
ffl. Stewart, Maj.-Gen. J. C., *C.B.*, u.s.l. Ind. Army [R]   29Oct.95
Stewart, Lt.-Gen. J. M., u.s.l. Ind. Army   10Feb.94
Stewart, K., *late* 2nd Lt. 4 Bn. Yorks. L.I. (T.F.) (ret. pay)   3June18
Stewart, Matron Miss L. M., *C.B.E., R.R.C.*, 1et pav, *late* Q.A.I.M.N.S.   17Feb.03
Stewart, Maj.-Gen. Sir N. R., *Bt., C.B.*, ret. Ind. Army [R]   30Sept.00
Stewart, Maj. N. St. V. R., *D.S.O.*, ret. pay, *late* 18 Hrs.   18Feb.14
Stewart, Capt. P., *M.C.*, Qr.-Mr. ret. pay, *late* High. L.I   25Aug.17
Stewart, Bt. Lt.-Col. R., ret. pay *late* D. of Corn. L.I. (*Gent. at Arms*)   3June18
Stewart, Maj. R.S.,ret.pay,late L'pool R. [L]   17Feb.04
Stewart, Col. T. B., ret. pay *late* A.S.C.   29Nov.00
Stewart, Maj. W. FitzA., ret. Ind. Army   38Sept.10
Stewart, Hon. Brig.-Gen. W. R., *C.B., C.B.E.*, ret. pay, *late* R.A.   19Aug.19
Stewart-Liberty, Lt. (*temp. Capt.*) J., *M.C.* ret. pay (temp.) *late* Oxf. & Bucks. L.I.(T.F.)   20Jan.17
Stewart-Mackenzie, Bt. Col. J. A. F. H., ret. pay *late* h.p. (*Hon. Col.* 4 Bn. Sea. Highrs.)   15Dec.84
Stewart-Wynne, Hon. Maj. O., Qr.-Mr. ret. pay *late* Manch. R.   16Oct.04
Stiell, Maj. D., *M.D.*, ret. pay *late* R.A.M.C.   5Feb.99
Stirke, Hon. Col. R. F., r.f.p. *late* Welsh. R.   14Apr.86
Stirling, Hon. Brig.-Gen. A., ret. pay *late* Sea. Highrs.   19Sept.16
Stirling, Col. Sir G. M. H., Bt., *C.B.E., D.S.O.*, ret. pay *late* Essex R.   23Jan.20
Stirling, Hon. Brig.-Gen. J. W., *C.B., C.M.G.*, ret. pay, *late* R.F.A.   16July18
Stirling, Maj. W. F., *D.S.O., M.C.*, ret. pay *late* R. Dub. Fus. [F] (*Spec. Appt.*)   8Jan17

Stirling, Capt. Sir W. G., *Bt.*, ret. R.A. (Perm. Annuity)   1Jan.79
Stisted, Bt. Col. C. H., ret. pay *late* Som. L.I. (*Empld.* 8 Bn. Shrops. L.I.)   8Nov.09
Stisted, Maj. C. H., ret. pay *late* R. Scots. (*Empld. Depôt, R. Scots.*)   21June95
Stobart, Bt. Lt.-Col. G. H., *C.B.E., D.S.O.*, ret. pay *late* R.F.A.   1Jan.18
Stock, Maj. H. A., ret. pay *late* Wilts. R.   14Dec.98
Stock, Hon. Col. H J., ret. Bo.   15May87
Stock. Col. T., *C.M.G.*, ret. pay *late* h.p., s.   16May02
Stockdale, Lt.-Col. G. H. W., ret. pay *late* h.p. R.E.   16July04
Stockdale, Hon. Brig. Gen. H. E., *C.B., C.M.G., D.S.O.*, ret. pay   18Apr.19
Stocker,Col. M.E.C., ret. pay *late* R.A.   30Aug.81
Stockley, Hon. Brig.-Gen. A. U., *C.M.G.*, ret. pay, *late* R.A.   30Oct.19
Stockley Col:C.M.,*C.B.*,ret.pay *late* Regtl. Dist. 20Aug.88
Stockley, Col. H. W.. ret. pay *late* R. (Bo.)   1July85
Stockley, Col. J. C., Chief Paymr..ret. A.P. Dept 29Nov.09
Stockley, Bt. Col. V. M., ret. Ind. Army (*Empld.* 29 (Res.)Bn. North'd Fus.)   6May04
Stockton, Lt. H. V., ret pay *late* h.p.   1July17
Stockwell, Hon. Maj.-Gen. G. C. I., *D.S.O.*, ret. pay *late* h.p   25Sept17
Stockwell, Capt. H. C., *O.B.E.*, ret. pay *late* High. L.I.   6Dec.01
Stoker, Capt. R. J. G., ret. pay, *late* Durh. L.I.   2June09
Stoker, Lt.-Col. R.N., ret. Ind. Med. Serv.   30Sept.94
Stokes, Hon. Brig.-Gen. A., *C.B., C.M.G., D.S.O.*, ret. pay *late* h.p. (*late R.A.*)   2Sept.18
Stokes, Lt.-Col. A. H., *M.B.*, ret. A. Med. Staff   10Oct.83
Stokes, Hon. Capt. G. J., Commy. ret. Ind. Army Dept.   1Apr.03
Stokes, Lt.-Col. H. H., *M.B.*, ret. pay *late* R.A.M.C   9July96
   30 Mar.92
Stokes, Maj. R. H., ret. pay *late* A.S.C.   1Apr.89
Stokes, Bt. Lt.-Col. W. A., ret. *late* R.E. (Ind. Pens.) *s*.   1Jan.17
Stokoe, Lt.-Col. T. R., *D.S.O.* ret. pay *late* h.p.   17Apr.16
Stone, Hon. Capt. C., Dep. Commy. ret. Ind. Army Dept.   15Mar.91
Stone, Hon. Capt. F., Qr.-Mr. ret. pay *late* Rif. Brig.   21Aug.99
Stone, Hon. Brig. Gen. F. G., *C M G*., ret. pay *late* Staff,*p.s.c.*   4Jan.14
Stone, Bt. Col. G. R., ret. pay *late* h.p.   4Feb.99
Stone, Col. L. G. T., *C.M.G.*, ret. pay *late* R. Fus. [F]   2Sept.19
Stone, Hon. Brig.-Gen. P. V. P., *C.M.G., D.S.O.*, ret. pay *late* Norf. R. [F]   17Mar.20
Stone, Hon. Capt. (*Mila.*) W. H., Adjt. ret. pay *late* S. Glouc. Mila.   23Oct.75
Stone, Lt.-Col. W. H., ret. Ind. Army   16Nov.13
Stonhouse-Gostling, Maj. C. H., ret. pay *late* R. Scots   29Nov.98
Stopford, Lt.-Gen. Hon. Sir F W., *K.C.M.G., K.C.V.O., C.B.*, ret. pay, *p s.c.* [F]   10Sept.09
Stopford, Hon. Maj.-Gen. Sir L A. M., *K.C.V.O., C.B.*, ret. pay, *p.s.c.* (*l*)   10Sept.07
Stopford, Col. W. H. J., ret. Ind. Army   11Feb.86
Stopford Sackville, Bt. Maj. L. C., *D.S.O.*, ret. pay *late* Rif. Brig.   1Jan.19
Storey, Maj. F. B., ret. pay *late* E. Surr. R (for Spec. Res.) (Capt. (*temp. Maj.*) 3 Bn. R. W. Surr.R.)   6Oct.17
Storrar, Capt. J. S., *M.C.*, ret. pay *late* R.A.   25Feb.20
Storrey, Lt. P. R. R. S., ret. pay *late* Notts. & Derby R.   5Feb.19
Story, Capt. R., ret. pay *late* h.p. (*Hon. Lt.-Col. Mila.*)   6May82
Stotherd, Lt.-Col. E. A. W., ret. Ind. Army   5Feb.13
Stott, Hon. Lt. C. W. Qr.-Mr. ret. pay, *late* h.p. 1Oct.09
Stott, Lt. H., *M.C.*, ret. pay. *late* h.p.   1Feb.19
Stowe, Lt. H. H., *M.M.*. ret. pay *late* R.A.   29May18
Stoyle, Capt. A., ret. pay *late* R.A.   1Apr.18
Stoyle, Hon. Maj. G. H., Commy. ret of Ord., ret. A. Ord. Dept. (*Empld. A.O.D.*)   3Sept 08
Stoyle, Maj. W., *M.C.*, Qr.-Mr. ret. pay *late* R.E.   1Jan.18
Stoyte, Lt.-Col. J., ret. pay *late* h.p.   8Jan.90
Stracey, Lt.-Col. E. H. D., ret. pay, *late* Norf. R.   28Mar.19

Non-Effective Officers

Stracey, Maj.-Gen. H. H. D., ret. pay — 7 Mar. 94
Stracey, Hon. Lt.-Col. H. R., ret. pay *late* 98 Ft. 23Sept. 5
Stracey-Clitherow, Capt. C. E., ret. p y *late* 8. Gds. 29 Aug. 35
Stracey-Clitherow, Bt. Lt.-Col. J. B., *C.B.E.*,
 ret. pay *late* 8. Gds (*Col. ret. Terr. Force*)
 (*Hon. Col. E. Rid. of York. Yeo.*) 3June18
Strachan, Hon. Maj. D., Qr.-Mr. ret. pay, *late*
 High. L.I. (*Hon. Maj. ret. Terr. Force*) 22Aug.02
Strachan, Lt.-Col. E. A., ret. pay *late* R.
 Innis. Fus. 23July15
Strachan, Col. J. A., ret. pay *late* Regtl. Dist. 23Oct.99
Strachey, Capt. B., h.p. Ind. Army 30Jan 97
Strachey, Lt.-Col J., *M.V.O.*, ret. Ind. Army 2July05
Strachey, Col. R. J., *C.M.G.* (ret. pay) 19July11
Straghan, Hon. Maj. J., ret. R. Mar. 5July79
Strahan, Lt.-Gen. C., u.s.l., Col. Comdt. R.
 (Ben.) E. 28Apr.01
Straker, Maj. J. A., ret. pay *late* h.p. 27Nov.19
Strang, Maj. H. B., ret pay, *late* R.A., s. 22Aug.02
Strange, Qr.-Mr. J., ret. A. Med. Staff 1July30
 7Aug. 91
Strange, Lt. J. A., ret. pay *late* h p. 1July17
Strange, Hon. Brig.-Gen. R. G., *C.I.E.*, ret.
 pay *late* R.A. 9Dec.19
M. Strange, Hon. Maj.-Gen. T. B., ret. pay *late*
 B.A. 21Dec.81
Stratton, Hon Col. J. H., ret. pay *late* h.p. R.A 10June35
Stratton, Lt.-Col. W. C. R., *C.I.E.*, ret. Ind.
 Army 26July07
Streeter, Capt. J. W., ret. pay *late* 3ord. R. 23July19
Streatfeild, Bt. Col. Sir H., *K.C.V.O., O.B.,
 C.M.G.*, ret. pay late h.p. (*Hon. Col. Kent
 Cyclist Bn.*) (*Extra Eq. to the King*)
 (*Equerry to Queen Alexandra*, 7 May10) 10Feb.04
Street, Lt.-Col. A., *O.B.E.*, ret. pay *late*
 R.A.S.C. 18Aug.16
Street, Maj. A., *M.C.*, ret. pay *late* R.G.A. 18Feb.20
Street, Capt. R., ret. pay *late* 20 Hrs. 15Dec.04
Street, Lt. H., ret pay, *late* h.p. 8Aug.16
Street, Lt. M. E., ret pay *late* h.p. 9June15
Streeten, Capt. S. S., ret. pay *late* h.p. 21Oct.09
Strettell, Capt. A. D., ret. Ind. S.O. 4Mar.98
Stretton, Capt. W. L., ret. pay *late* R. Sc. Fus.
 (*Hon. Maj. ret. Spec. Res.*) 1Apr.95
Strickland, Maj. E. S., ret. pay *late* R. Dub. Fus. 5Mar.00
Strickland, Lt. T. G., ret. pay *late* Essex R.
 for Spec. Res., s. (*Capt. 20 Hrs., Spec. Res.*) 7May04
Stringer, Col. F., ret. pay *late* h p., *p.s.c.* 18Oct.02
Strong, Maj. J. D., ret. Ind. Army 17 Oct.17
Strong, Maj. N. B. G., ret. Ind. Army 18June10
Strong, Hon. Brig.-Gen. W., *C.B., C.M.G.*,
 ret. pay, *late* R.A. 14June19
Stuart, Maj.-Gen. *Sir* A. M., *K.C.M.G., C.B.*,
 ret. pay *late* R.E. [F] 3June16
Stuart, Lt.-Col. A. P. D. C., ret. Ind. Army
 (*Empld. 21 (Serv.) Bn. North'd. Fus.*) 7Dec.13
Stuart, Hon. Brig.-Gen.B.F.B., *C.B., C.M.G.*,
 ret. pay *late* h.p. 23Sept.19
Stuart, Hon. Brig.-Gen. D. M., *C.B.E.*, ret.
 pay *late* Extra Regimentally Empld. 9 Oct.19
Stuart, Maj. G. R. C., *C.B.*, ret. pay *late* E.Lan.
 R., *t.a.* 17Feb.08
Stuart, Lt.-Col. H. C., *D.S.O.*, ret. pay *late*
 High. L.I., *i.c.* 29 Mar.19
Stuart, Lt.-Col H. R. ret. pay *late* h.p 2July90
Stuart, Lt.-Col. J. R., *M.B.* ret. pay, *late*
 R.A. M.C. 3Feb.03
Stuart, Maj.-Gen. *Sir* R. C. O., *K.C.S.I.*, ret.
 pay *late* R.A., *f.* 26Oct.15
Stuart, Maj.R.E., ret. pay *late* R.G.A., *g.* 5Apr.08
Stuart, Lt.-Col. R. P., ret. pay *late* N.
 Staff. R. 25Mar.20
Stuart, Hon. Lt.-Col. T. M., Paym. ret.A. P. Dept.9June86
Stuart-Wortley, Capt. J., ret.pay *late* Sco. Rif.
 [F] (*temp. Maj. 5 Bn. S. Staff. R.*) 23Oct.15
Stubbs, Lt.-Col. A. G. B., Staff Paymr. ret.
 A.P. Dept. 26Sept.16
Stubbs, Lt. G., ret. pay *late* S. Staff. R. 28May19
Stubbs, Hon. Capt. H., *M.B.E.*, Qr.-Mr. ret.
 pay A.S.C. 16May17
Stubbs, Hon. Capt. W., Qr.-Mr. ret. pay *late*
 R.H.G. (*Maj. ret. T.F.*) 27Nov.05
Studdy, Col. R. W., ret. pay *late* Manch. R. 13Mar.90
Studdy, Col. T. J. C. A., ret. pay *late* R. (Ben.)
 A. 11May38

Studley, Hon. Capt. H., Qr.-Mr. ret. pay *late*
 R. Highrs. (*Qr.-Mr. & Hon. Capt. 7 Bn.
 R. Highrs.*) 25Oct.09
Sturges, Bt. Col. W. E., ret. pay *late* h.p. 10Feb.04
Sturmer, Lt.-Col. A. J., ret. Ind. Med. Serv. (Mad.)
 31Mar.95
Sturt, Hon. Maj. F., Qr.-Mr. ret. pay *late* Som. L.I.
 14Aug.14
Style, Hon. Brig.-Gen. R. C.,ret, pay *late* h.p. 12Apr.17
Suart, Hon. Brig.-Gen. W. H., *C.M.G.*, ret.
 pay *late* Staff R.A.(*Instnl. Duties 25 Apr.16*) 10Feb.12
Sudds, Lt.-Col. W. B., *C.B.E.*, Chief Inspr.
 of Ord. Machinery, ret. pay *late*
 R.A.O.C. 27Aug.15
Suffield, Bt.-Col. C. C., *Lord, C.B., M.V.O.*,
 ret. pay *late* S. Gds. (*Yeo. of Gd.*) 10 Feb.04
Sugden, Lt.-Col. A. M., Staff Paymr., ret.
 pay *late* A. Pay Dept. 10 May09
Sugg, Capt. B., ret. pay *late* Coast Bn., R.F. 19Nov.99
Sullivan, Bt. Col. G. D. F., ret. pay, *late* 4 D.G. 11Mar.00
Sulivan, Hon. Maj. M., Qr.-Mr., ret. pay *late*
 A.S.C. 3Aug.17
Sullivan, Maj. H. A., ret. pay *late* A.V.C. 18Apr.07
Sullivan, Lt. H. R. F., ret. pay *late* h.p. 14Mar.15
Sullivan, Lt. J., ret. pay, *late* h.p. 1Oct.15
Sullivan. Col. R. E., ret. Ind. Army 21Feb.13
Sullivan-Tailyour, Lt.-Col. R. E., ret. Ind.
 Army (*l*) 23Jan.04
Summerhayes, Asst.-Surg. H. ret. Ind. Med. Serv.
 —July87
Summers, Hon. Capt. J. S., Sen. Asst.-Surg.
 ret. Ind. Sub. Med. Dept. 16Dec.06
Summers, Lt. G., ret. pay, *late* h.p. 14Nov.16
Sunderland, Col. M. S. J., *D.S.O.*, ret. pay *late* h.p.
 15June39
Sunderland, Lt. S. J., ret. pay *late* h.p. 1July17
Sunderland, Lt. W., *M.C.*,ret. pay *late* 7 D.G. 15July16
Supple, Col. J. F., *C.B.*, ret. pay *late* R.A. M.C.
 [R] 29May98
Surtees, Hon. Brig.-Gen. H. C., *C.B., C.M.G.,
 M.V.O., D.S.O.*, ret. pay *late* h.p., *p.s.c.*
 [L] [F] (*Hon. Col. 4 Bn. Durh. L.I.*) 12Apr.17
Sutcliffe, Hon. Capt. J., Qr.-Mr. ret. pay
 late High L I. 21Nov.16
Suther, Gen. C. C, ret. R. Mar. Art., *p.s.c.* 23Sept.39
Sutherland, Maj. A., ret. pay *late* Arg. &
 Suth'd Highrs. [F] 25Aug.05
Sutherland,Dep. Surg.-Gen. P, W. ret. Ind. Med.
 Serv. 18Dec.83
Sutton, Lt. A. F. R., *M.M.*, ret. pay *late*
 Devon R. 10May 19
Sutton, Bt. Col. H. G., ret. Ind. Army,
 (*temp. Lt.-Col 21 Bn. Rif. Brig.*) 6Feb.08
Swabey, Lt.-Col. L.W., ret. pay *late* R.A.M.C. 5Feb.01
Swain, Maj. G. A., *M.C.*, ret. pay *late* h.p. 22Jan.20
Swain, Hon Lt. W. H., Qr.-Mr. ret. pay *late*
 N. Staff. R. 3June08
Swaine, Bt. Col. A. T., ret. pay *late* h.p. (*Maj.
 ret. T.F.*) 10Feb.04
Swaine, Col. C. E., *C.B.*, ret. pay *late* h p. [F]
 [R] 19Nov.95
Swaine, Lt.-Col. C. L., *M.D.*, ret. Ind. Med.
 Serv. (*Empld. R.A.M.C.*) 31Mar.96
Swaine, Lt.-Col. E. E., ret. pay *late* h.p., *p.s.c.* 10Oct.02
Swaine, Maj.-Gen. *Sir* L V., *K.C.B., C.M.G.*,ret. pay,
 Col Comdt. Rif. Brig. [R] [F]. 6Aug.96
Swainson, Hon. Surg.-Lt. E., Sen. Asst. Surg. ret. Ind.
 Sub. Med. Dept. (Ben.) (*Rt. Wt. 12 Mar. 94*) 29Aug.73
Swan, Hon. Lt.-Col. F. L., ret. pay *late* E. Surr. R.
 19Oct.00
Swan, Hon. Capt. W., Commy. of Ord. ret. A.
 Ord. Dept. 22Sept.97
Swan, Capt. W. J., ret. pay *late* R.A. 15Feb.20
Swan, Maj.-Gen. W. T., *C.B., M.B.*, ret. pay
 late A. Med. Serv. 26Dec.17
Swann, Maj. H., ret. pay *late* h.p.ol R 21May.90
Swann, Maj.-Gen. J. C., *C.B.*, ret. Ind. Army,
 t.a. 21Mar.08
Swanson, Hon. Maj. D., Qr.-Mr. ret. pay *late* High
 L.I. 2Dec.91
Swanton, Hon. Maj.-Gen. J. H., ret.
 R M L.I. 1Sept.19
Swanzy, Lt. S. L., ret. pay, *late* h.p. 11Ju 19

3**

Non-Effective Officers

Swayne, Col. C. H., *D.S.O.* ret. pay late R.A.M.C. 5Nov.02
Swayne, Lt.-Col. E. H., *O.B.E.*, ret. pay, late Som. L.I. 27Nov.13
Swayne, Bt. Col. *Sir* E. J. E., *K.C.M.G., C.B., C.B.E.*, ret. Ind. Army (*Spec. Appt.*) 18Aug.05
Swayne, Col. H. G. C., *C.M.G.*, ret. *formerly* R.E. (*Ind. Pens.*) [F] 31Dec.09
Sweeney, Capt. J. D., Commy. ret. Ind. Army Dept. 8Apr.11
Sweeney, Hon. Lt. P., Dep. Asst. Commy. ret. Ind. Army Dept. (*Rl. Wt.* 29 Nov. 97) 20May98
Sweeny, Lt.-Col. T. H., *C M.G., F.R.C.S.I.*, ret. Ind. Med. Serv. 30Sept.98
Sweetman, Lt.-Col. M. J., *O.B.E.* [F] ret. pay, late extra regimentally empld. 1Mar.14
Sweetnam, Maj. S. W., ret. pay late R.A.M.C. 28July06
Sweny Hon. Col. G. A., ret. pay late R. Fus. 98ept.95
Swete, Lt.-Col. C. D., ret. Ind. S.C. 25June97
Swetenham, Bt. Col. R. A., *C.B.*, ret. Ind. Army 29Aug.93
Swettenham, Maj. G. K., *C.B.E., D.S.O.*, ret. pay late R. Ir. Fus. (*Maj.* 3 Bn. R. Ir. Fus.) (*Temp. Lt.-Col.* 5 Bn. R. Ir. Rif.) 29Aug.06
Swift, Maj. R. M. P., ret. pay late R. Dub. Fus. 24Oct.07
Swinburne, Maj. T. R., ret. R. Mar. Art. 2July92
Swinerd, Lt. C. St. G., ret. pay, late R.G.A. 30Apr.19
ft. Swiney, Col. G. C., ret. pay late h.p. 1July95
Swiney, Lt.-Col. G. W. B. ret. Ind. Army 26Aug.02
Swinhoe, Col. C., u.s.l. Ind. Army 27July85
Swinley, Maj.-Gen. G., *O.B.*, ret. pay late R (Ben.) A. 7Nov.95
Swinscow, Lt. W. A. K., ret. pay, late h.p. 7Oct.17
Swinton, Lt.-Col. A., ret. pay late R. (Ben.) A. 1Jan.89
Swinton, Capt. A. J., ret. pay late h.p. [l] 2June12
Swinton, Hon. Maj.-Gen. E. D., *C.B., D.S.O.*, ret. pay, late R.E. [L] [F] 14May19
Swinton, Capt. G. H. T., ret. pay late Bedf. R. 1Aug.84
Swinton Skinner, Col.E., u.s.l Ind. Army 29Aug.90
Swire, Lt. Col. H., Staff Paymr. ret. A.P. Dept. 17Mar.03
Sydenham, Bt. Col. G. S., *Lord, G.C.S.I. G.C.M.G., G.C.I.E.*, ret. pay late h.p. R.E. 1Apr.98
Sykes, Lt.-Col. A., *C.B.E.*, Qr.-Mr. ret. pay, late R. Ir. Fus., *f.c.* 15Apr.18
Sykes, Capt. H. P., ret. pay late 2 D.G. (*Lt.-Col. Denbigh Yeo.*) 10Mar.97
Sykes, Lt.-Col. J., ret. Ind. Med. Serv. 18Oct.99
Sykes, Lt.-Col. W. A., *D.S.O., M.B.*, ret. Ind. Med. Serv. 1Apr.02
Sykes, Lt.-Col. W. H., ret. pay late R.E. (*Hon. Lt.-Col. Vols.*) 1 Oct 02
Sylvester, Lt.-Col. G. H., *F.R.C.S.*, ret. pay late R.A.M.C. 31July00
ɃC. Ƌ. ft. Sylvester, Asst. Surg. H. T., *M.D.*, ret. Med. Dept. [F] 3Mar.54
Symes, Bt. Lt.-Col. G. S., *C.M.G., D.S.O.*, ret. pay late h.p. [F] 3June17
Symon, Lt.-Col. W. C., *C.M.G.*, ret. pay late R.A. [F] 2Mar.19
Symonds, Bt. Lt.-Col. G. D., ret. pay late R.F.A. *p.s.c.* [L] [F]. s. 1Jan18
Symons, Hon. Brig.-Gen. A., *C.M.G.*, ret. pay, *p.s.c.* [L] 3June17
Symons, Hon. Maj. J. H., ret. R. Mar. (*Annuity*) 23Oct.14
Symons, Brig. Surg. J. T. M., *M.D.*, ret. A. Med. Staff 31July33
Symons, Hon. Capt. T. C., Qr.-Mr. ret. pay late R.E. 27Aug.90
Syms, Capt. C., ret. pay, late R.A. 11Nov.19
Synge, Maj. *Sir* F. R. M., *Bt.*, ret. pay late S. Lan. R. 8Nov.93
Synge, Lt.-Col. R. F. M. F. M., ret. pay late High. L.I. 18Oct.02
Synnott, Bt. Lt.-Col. W.T., *D.S.O.*, ret. pay late R.A. 1Jan.19
ft. Szczepanski, Maj.-Gen. H. C. A., u.s.l. Ind. Army 10Dec.97

Tabor, Maj. A. M., ret. pay late 3 Hrs. 6June06
Tabor, Lt.-Col. J. M., ret. pay late R.A. 31Mar.97
ft. Tabuteau, Col. T. R., u.s.l. Ind. Army 11Dec.87
Tacchi, Maj. G., Commy. ret. Ind. Army Dept. (*Empld. A.S.C.*) 1July17
Tagart, Maj. F. D., ret. pay late 18 Hrs. (*Maj. ret. T.F. Res.*) 1Aug.90

Tagart, Hon. Maj.Gen *Sir* H.A.L.,*K.C.M.G., C.B., D.S.O.*, ret. pay late h.p., *p s.c* [L] [F] 18Mar.19
Tait, Hon. Col. J. S., ret. pay late h.p. 30Nov.86
Talbot, Lt.-Col. *Sir* A. C., *K.C.I.E.*, u.s.l. Ind. Army 15Jan.93
Talbot, 2nd Lt. A. H., ret. pay late h.p. 6Feb.17
Talbot, Lt.-Col. *Lord* E. B., *D.S.O., G.C.V.O.*, ret. pay late h.p. 17June00
Talbot, Lt.-Col. F. G., *D.S.O.*, ret. pay late Rif. Brig. 24Oct.19
Talbot, Lt. G. E. P., ret. pay late h.p. 1Apr.16
Talbot, Maj. G. J. F., *D.S.O.*, ret. pay late R.G.A. 20Mar.95
Talbot, Maj. G. R. FitzR., ret. pay late R.H.A., *g* (*Hon. Maj.ret. Mila.*)(*Hon. Col. R.F.A.*) (*T.F.*) 16Nov.15
Talbot, Maj.-Gen. H. L. [F], ret. R. Mar. Art. 24Sept.14
Talbot, Col. J. S., ret. pay late h.p. 10Feb.04
Talbot, Bt. Col. Hon. M. G., *C.B.*, ret. pay late h.p. R.E., *p.s.c.* [F] (*Empld. under Sudan Govt.* 18 Feb. 16) 29Nov.00
Talbot, Maj.-Gen. *Hon. Sir* R. A. J., *K.C.B.*, ret. pay, Col. 3 D.G. [R] [F] 20July98
Talbot, Capt. R. F. C., *M.D., F.R.C.S.I.*, ret. Ind. Med. Serv. 18Sept.05
Talbot, Hon. Capt. W. J. C., Qr.-Mr. ret. pay late R.A.M.C. 18Nov.09
Talbot-Ponsonby, Maj. E. F., ret. pay late R.H.A. 16Nov.15
Tallent, Hon. Surg.-Capt. H., Sen. Asst. Surg. ret. Ind. Sub. Med. Dept. (Mad.) (*Rl. Wt.* 12 Mar. 94) 7Dec.96
Tallents, Maj. P. F., ret. pay late Lan. Fus. 5Oct.92
Tancred, *Sir* T. S., *Bt.* (Lawson) see Lawson-Tancred, *Sir* T. S., *Bt.*
Tandy, Col. H. S., u.s.l. Ind. Army [R] 29Aug.93
Tandy, Hon. Capt. J., Qr.-Mr. ret. pay late R.A.M.C. 16Apr.04
Tanner, Hon. Brig.-Gen. C. O. O., ret., Ind. Army [F] 30Sept.19
Tanner, Maj. H. O'S. F, ret. pay late 19 Hrs (*Empld. Remt. Serv.*) 14May15
Tapp, Lt.-Col. H A., ret. pay late h.p. 2Sept.96
Tapp,Lt.-Col. J.H.W., ret. pay late R.F.A., *s.* 5Aug.15
Tardrew Capt. C. G., ret. pay, late Oxf.& Bucks. L I. 4Nov.19
Tarleton, Hon. Lt.-Col.J.H.,ret.pay late h.p.13Sept.84
Tarry, Bt. Lt.-Col. G. G., ret. pay late Leic. R. 1Jan.17
Tarte, Lt.-Col. B. R. K., ret. pay late E. Kent R. 9Feb.16
Tarte, Hon. Col. W. J., ret. pay late h.p. (also Bt. Lt.-Col. Adjt. ret. pay late 1 V.B. R. War. R. 1 Nov 70) 1July81
Tatchell, Lt.-Col. E., *D.S.O.*, ret. pay late Linc. R. 28June16
Tatam, Col. W. J., *C.M.G., C.B.E.*, ret. pay late R.A.V.C. 8July19
Tate, Col. A. E., *C.M.G., C.S.I.*, ret. pay late R.A.M.C. 21Dec.12
Tate, Col. G. W. *C.M.G., D.S.O., M.B.*, ret. pay, *e.s* A. Med. Serv. 26Dec.17
Tate, Maj. J. F. F., ret. pay late K.R.Rif.C., *s.* 1Sept 15
Tatham, Brig -Gen A. G., *C.B* , ret. R.Mar. Art. 25 Oct.19
Tatham, Bt. Col. C. J. W., *O.B.E.*, ret. pay late R.A.M.C. 3June17
Tatham, Lt.-Col. O. F., ret. pay late R. Sc. Fus. 5Aug.15
Tatham, Hon. Col. W. J., ret. pay late h.p., R.A. 14Aug.86
Tattersall, Capt. J. C. de V., ret. pay late 2 D.G. [F] 3Dec.82
Tawke, Lt.-Col. A. C., ret. pay late D. of Corn. L.I. 19Oct.02
Tawney, Maj. C. J., ret. pay late E. York. R. 28Feb.12
Tayler, Maj. W. F. C., ret. Ind. Army 30Jan.07
Taylor, Lt.-Col. A. FitzW., ret. Ben. S.C. 12Nov.95
Taylor, Capt. A. G. [F] ret. pay late R.A. 8Aug.16
Taylor, Capt. A. H., *M.B.E.*, ret. pay, late extra regimentally empld 14Feb 20
Taylor, Hon. Brig.-Gen. A. H. M., *D.S.O.*, ret. pay late h p. 18Mar.19

Non-Effective Officers

Taylor, Hon. Brig.-Gen. A. W., ret. pay late h.p. — 18Sept.18
Taylor, Lt.-Col. A. W. N., C.S.I., ret. Ind. Army — 13Feb.12
Taylor, Maj. C. A., ret. pay late E. Surr R. — 11Nov.86
Taylor, Capt. C. H., ret. pay late York & Lanc. R. (temp. Maj. 2 Garr. Bn. Yorks. L.I.) — 12May02
Taylor, Temp. Capt. C. H., ret. pay late 2 Bn. Lond. R. (T.F.) p.s. — *3Sept.14 / 26Jan.07
Taylor, Hon. Capt. D., Qr. Mr. ret. pay late North'n R. — 6Apr.08
Taylor, Lt. D. L. H., ret. pay late h.p. — 15Oct.15
Taylor, Lt.-Col. D. J. O., ret. Ind. Army Corps — 22June05
Taylor, Col. E., C.B., ret. pay, ate Vety. Corps — 20Jan.15
Taylor, Col. E. F., ret. pay late h.p. (R.E.) — 6Dec.1'
Taylor, Col. E. T., ret. pay late h.p. — 12Oct 08
Taylor, Col. Lt. F., Asst. Commy. ret. Ind. Army Dept. (Rl. Wt. 29 Nov. 97) — 3June97
Taylor, Maj. F. E. V., ret. pay late Notts. & Derby R. (Ord. Fact.) — 4Aug.92
Taylor, Hon. Lt.-Col. F. H., ret. pay late R.A. — 21Sept.87
Taylor, Bt. Maj. F. H., h.p. Ind. Army. — 20May98
Taylor, Hon. Maj. F. N. I., Staff Paymr. ret. A. P. Dept. — 1Apr.83
Taylor, Col. F. P. S., C.M.G. [F] ret. pay, late R.A.S.C. — 23Oct.15
Taylor, Hon. Capt. G., Commy. ret. Ind. Army Dept. — 23Nov.13
Taylor, Maj. G. A. C., ret. Ind. Army (Empld. Serv. Bns. R. War. R.) — 21Sept.07
Taylor, Capt. H., M.B.E., ret. pay. late R.E. — 20Dec.19
Taylor, Bt. Col. H. d'A. P., C.M.G., ret. pay late Glouc. R. [F] s — 25July09
Taylor, Lt.-Col. H.N., D.S.O., ret. Ind. Army — 1June04
Taylor, Hon. Lt.-Col. J. E., M.C., Qr.-Mr. ret. pay late High. L.I. — 2Aug.19
Taylor, Maj. M., ret. pay late R.G.A. — 7Feb.00
Taylor, Capt. O. A. A., ret. pay late h.p. — 12Nov.90
Taylor, Bt. Col. P. B., C.B.E., ret. pay late R.H.A — 4June05
Taylor, Lt. P. D., ret. pay late Midd'x R. — 2Nov.18
Taylor, Hon. Col. P. T. H., ret. pay late R. (Ben.) A. [F] — 9Apr.86
Taylor, Capt. R., Qr.-Mr., ret. pay late R.A. — 1July17
Taylor, Col. R. F., ret. Ind. Army — 9Dec.89
Taylor, Capt. T., ret. pay. late h.p. — 10Dec.18
Taylor, Hon. Maj. W., Qr.-Mr. ret. pay late Sco. Rif. — 17Aug.15
Taylor, Lt. W., ret. pay. late h.p. — 4May15
Taylor, Hon. Capt. W. H., Qr.-Mr. ret. pay late D. of Corn. L.I. — 29Nov.00
Taylor, Lt. W. H., ret. pay late R. Lanc. R. — 8June19
Taylor, Maj. W. H. F., ret. pay late R.G.A. (War Office) — 23Sept.92
Taylor, Lt.-Col. W. J., M.B., ret. pay late R.A.M.C. — 1Mar.15
Teale, Maj. E. J. J., ret. pay late h.p. — 16Dec.96
Tebbutt, Lt. R. T., ret. pay late R.A. — 16Nov.18
Teeling, Capt. B. L. C., O.B.E., ret. pay late A.S.C. (for Spec. Res.) [l] (Maj.A.S.C.Spec. Res.) — 23Oct.09
Telfer, Hon. Maj. J. W., ret. pay late 4 Ft. — 6Mar.80
Temple, Col. C. P., D.S.O., ret. pay late Staff — 14July90
Temple, Col. E., ret. Ben. S. C. — 15May86
Temple, Col. J. A., u.s.l. Ind. Army — 19Dec.90
Temple, Lt.-Col. Sir R. C., Bt., C.B., C.I.E., ret. Ind. Army — 4Jan.97
Temple, Lt. R. D., D.S.O., ret. pay late K. R. Rif. C. (for Spec. Res.) (Capt. 5 Bn. Worc. R.) — 24Sept.01
Templer, Maj. C. R., ret. Ind. Army — 11Aug.00
Templer, Bt. Col. H., O.B.E., ret. Ind. Army — 28Oct.07
Templeton, Hon. Maj. J., Qr.-Mr. ret. pay late Linc. R. — 18Oct.02
Templeton, Maj.G.,ret. pay Qr.-Mr. R. Ir. Rif. — 1July17
Tennant, Col. C. U., ret. Ind. Army — 26Nov.08
Tennent, Maj. T. H., O.B.E., Qr.-Mr. ret. pay late R.E. — 1July17
Ternan, Maj. H. A. B., O.B.E., ret. pay late E. Kent R. (Sp. empld.) — 18Sept.15
Ternan, Lt.-Col. H. B., ret. Ind. Army — 22Feb.94
Ternan, Col. R. R. B., ret. pay late h.p. A. P. Dept., q.s. — 7July02
Ternan, Hon. Brig.-Gen. T. P. B., C.B., C.M.G., D.S.O., ret. pay late Staff [F] — 1June17
Terry, Hon. Maj.-Gen. A. F., ret. pay late K. R. Rif. C. — 1July87
Terry, Col. A. H., ret. pay late h.p., e. — 4Oct.11
Terry, Lt. H., ret. pay, late h.p. — 27Apr.18
Terry, Maj. H. A., ret. pay late Oxf. L.I. — 22Dec.94
Teversham, Bt.-Col. R. K., D.S.O., O.B.E., u.s.l. Ind. Army — 10Sept.04
Tew, Lt.-Col. H. S., C.M.G., ret. pay late E. Surr. R. — 21June15
Thackeray, Col. Sir E. T., K.C.B., ret. pay late R. (Ben.) E. — 25Nov.84
Thackeray, Capt. H. J., ret. pay late High. L.I. — 30Aug.99
Thackeray, Maj. M., ret. pay late S. Staff. R. (Resdt. Magistrate, Ireland, 12 Mar. 96) — 11Feb.91
Thackwell, Col. C. G. R., C.B., D.S.O., ret. Ind. Army — 1May07
Thackwell, Maj. C. J., D.S.O., ret. pay late 18 Hrs. — 14May15
Thackwell, Col. E. L. R., Chief Paym. ret. pay late A.P. Dept. — 18Oct.07
Thackwell, Hon. Brig.-Gen. O. M. R., ret. pay late R.E. (Ind. Pens.) — 15Sept.17
Thackwell, Hon. Maj. W. P., ret. pay late R. Highrs. — 28Feb.86
Thatcher, Maj. G. G., ret. pay late R.A. g. (Capt. Som. R.H.A.) (Lt.-Col. R.F.A.) (Maj. R.G.A.) — 16Nov.15
Theobald, Hon. Lt.-Col. C. E., ret. pay late 20 Ft. — 7July80
Theobald, Lt.-Col. H. C. W., D.S.O., ret. pay, late Manch. R. — 24Oct.19
Thiele, Lt.-Col.O.W.,M.B.,ret. pay late R.A.M.C. — 30July01
Thistlethwayte, Maj. E. W., ret. pay late K. R. Rif. C. (Lt.-Col. ret. Spec. Res.) — 23Mar.98
Thomas, Maj. A. W. N., ret. pay late 20 Hrs. — 9Sept.91
Thomas, Maj.-Gen. C. F., ret. Ind. Army — 3July99
Thomas, Lt. C. I. L., ret. pay late h.p. — 16Aug.16
Thomas, Lt.-Col. D. B., O.B.E., ret. pay late Ones. n. — 14Oct.19
Thomas, Hon. Lt.-Col. E. A., ret.pay late 7 D.G. — 28July86
Thomas, Hon. Brig.-Gen. E. A. D'A., C.M.G., ret. pay late h.p. — 12Apr.17
Thomas, Hon. Maj. E. C., Qr.-Mr. ret. pay late D. of York's R. Mil. School — 1Jan.09
Thomas, Col. E. H., ret. Mad. S.C. — 16Aug.88
Thomas, Lt. F., ret. pay, late R.A. — 9June15
Thomas, Col. F. H. S., C.B., ret. Ind. Army — 23Oct.12
Thomas, Gen. Sir F. W.,K.C.B., ret. R. Mar. (R.I.) [F] — 20Nov.89
Thomas, Lt.-Col. G. T., ret. Ind. Med Serv. (Mad.) — 31Mar.95
Thomas, Maj. G. T. H., F.R.C.S.Edin., ret. pay late R. A.M.C. — 3Feb.95
Thomas, Maj. H. E., ret. pay late Suff. R. — 8Jan.16
Thomas, Bt. Col. H. K. D., u.s.l. Ind. Army — 10Feb.99
Thomas, Lt.-Col. H. St. G., D.S.O., ret. pay, late Ind.Army — 16May09
Thomas, Lt. J. A., ret. pay late Leic. R. — 9Jan.16
Thomas, Maj. J. W., Inspr. of Army Schools, ret. pay — 1July17
Thomas, Matron Miss M., R.R.C., ret. pay late Q.A.I.M.N.S — 1July80
Thomas, Col. R. M. B., u.s.l. Ind. Army — 6Jan.89
Thomas, Capt. R. P., ret. pay late R. Ir. Fus. (Empld. Depot Lan. Fus.) — 2Aug.90
Thomas, Capt. S. A., M.B.E., ret. pay late R.G.A. — 29Mar.18
Thomas, Lt. S. C., ret. R. Mar. — 18Sept.85
Thomas, Maj. W., Commy. ret. Ind. Army Dept. — 21Sept.17
Thomas, Lt.-Col. W.F.,M.D.,ret.Ind.Med.Serv. — 31Mar.99
Thompson, Col. A. K., Dep. Commy. of Ord.,ret. pay late A. Ord.Dept. — 1July17
Thompson, Col. A. G., C.M.G., D.S.O., M.B., ret. pay late A. Med. Serv. — 13Sept.18
Thompson, Lt.-Col. A. G., ret. pay late 6 Dns. — 17Sept.95
Thompson, Hon. Maj. B. H., Qr.-Mr. ret. pay late R.E. (Temp. Maj. R.E.) — 1Nov.16
Thompson, Maj.-Gen. C. W., C.B., D.S.O., ret. pay late Staff (Col. W. Afr. Regt.), p.s.c. [l] — 1Jan.16

Non-Effective Officers

Thompson, Bt. Col. D. M., ret. Ind. Army — 14Jan 09
Thompson, Maj. E. G., *M.V.O.*, ret. pay *late* 17 Lrs. [F] s. — 4Feb.11
Thompson, Bt. Lt.-Col. H. A., *O.B.E.* (ret. pay *late* 3 D.G. (*District Remt. Offr.*) — 1Jan.17
Thompson, Lt.-Col. H. A. H., ret. Ind. Army — 5Feb.13
Thompson, Bt. Lt.-Col. H. J., ret. pay *late* W.I.R. — 3June19
Thompson, Hon. Maj. J., Commy of Ord. ret. pay *late* A. Ord. Dept. — 24July05
Thompson, Capt. J. A. R., ret. pay *late* h.p. — 1Nov.90
Thompson, Lt.-Col. L. C. F., ret. pay *late* h.p. — 16Jan.91
Thompson, Capt. N. G., Paymr. ret. pay *late* A.P. Dept. — 29Dec.99
M. Thompson, Capt. P., h.p. R. (Ben.) A. (Ind. Regns.) — 1May64
Thompson, Col. R., ret. pay *late* R. (Mad.) E. (Ind. Pens.) — 2Mar.85
Thompson, Col. R., *C.B.*, ret. pay *late* h.p. (R. R.), t.a. — 10ct.00
Thompson, Maj. R. G., *M.D.*, ret. pay *late* R.A.M.C. — 30May97
Thompson, Lt. Col. R. W., *D.S.O.*, N. Lan. R., p.s.c. [L] — 1June10
Thompson, Maj. S. E. W., ret. pay *late* 4 Hrs. — 22Nov.15
Thompson, Hon. Maj. T., Qr.-Mr. ret. A. Med. Staff. — 18Oct.02
Thomrson Hon. Capt. W., Sen. Asst. Surg. ret. Ind. Sub. Med. Dept. — 15Apr.01
Thompson, Col. W. A., ret. Ind. Army — 3June07
Thompson, Hon. Brig.-Gen. W. A. M., *C.B.*, *C.M.G.*, ret. pay *late* h.p., p.s.c. — 10July19
Thompson, Col. W. H., ret. pay *late* h.p. — 9Dec.85
Thompson, Capt. W. P., ret. pay *late* R. Innis. Fus. (for Spec. Res.) (*Maj. 3 Bn. R. Innis. Fus.*) — 13Jan.07
Thompson, Capt. W. T. F., ret. Ind. Army — 22Jan.07
Thomsett, Lt.-Col. R. G., ret. pay *late* R.A.M.C. 30Sept 93
Thomson, Hon. Brig.-Gen. A. G., *C.B.*, *C.M.G.*, ret. pay [R] — 8Feb.19
Thomson, Maj. C., *M.B.*, ret. Ind. Med. Serv. (*Maj. R.A.M.C. T.F.*) — 29Jan.06
Thomson, Hon. Brig.-Gen. C. B., *C.B E.*, *D S.O.*, ret. pay *late* R.E., p.s.c., [F] [L] — 4Sept.18
Thomson, Lt.-Col. C. F., ret. pay *late* h.p., p.s.c. — 5May93
Thomson, Col. C. W., ret. pay *late* Staff (R.A.) — 29Sept.93
Thomson, Maj. D. B. ret. Ind. Army — 10July01
Thomson, Lt. E. L., ret. pay *late* Norf. R. (for Spec. Res.) — 12May08
Thomson, Lt.-Col. G. S., *M.B.*, ret. Ind. Med. Serv. — 31Mar.08
Thomson, Maj.-Gen. (hon.) H., *C.B.*, ret. pay *late* A. Vety. Serv. — 15 Oct.02
Thomson, Lt.-Col. H., *M.D.*, ret. Ind. Med. Serv. — 29Sept.03
Thomson, Maj. H. M., ret. pay *late* h.p. (*Arg. & Suth'd Highrs.*) — 1Sept.16
Thomson, Hon. Capt. J., Qr.-Mr. ret. A. Med. Staff 9June87
Thomson, Maj. J. A. S., ret. pay *late* York. R. — 15Mar.94
Thomson, Lt. J. L., ret. pay *late* h.p. — 31Aug.17
Thomson, Capt. J. W. D., ret. pay *late* 21 Lrs. — 29May01
Thomson, Lt-Col. M. T., ret. Ind Army — 1Feb.05
Thomson, 2nd Lt. R. J. T., ret. R. Mar. — 29Sept.14
Thomson Bt. Col. S. J., *C.I.E.*, *C.B.E.*, ret. Ind. Med. Serv. (*Empld. R.A.M.C.*) — 1Jan.18
Thomson, Lt.-Col. W. B., ret. pay *late* R.A.M.C. 29July02
Thomson, Col. W. D., *C.M.G.*, ret. Ind. Army 1May07
Thorburn, Hon. Lt.-Col. O. J., ret. pay *late* R. Ir. Rif. — 5Nov.84
Thorne, Lt.-Col. A. D., ret. pay *late* R.Lanc.R.1Oct.14
Thorne, Hon. Maj. C. H., Qr.-Mr., ret. pay *late* 3 D.G. — 5Aug.11
Thorne, Lt.-Col. J. F. V., ret. pay *late* h.p. — 19Aug.14
Thorne, Lt. T. B. H., ret. pay *late* h.p (*Temp. Lt.-Col. 6 Bn. N. Staff. R.*) — 29Mar.01
Thorne, Hon. Capt. W., Qr.-Mr. ret. pay *late* Bord. R. — 24Mar.07
†Thorneycroft, Maj.-Gen. A. W., *C.B.*, ret. pay [R] — 25Sept.06
Thornhill, Lt.-Col. Sir H. B., *K.C.I.E.*,*C.M.G.*, ret. Ind. Army. — 23Apr.99
Thornhill, Lt.-Col. W. H., *M.D.*, ret. Ind. Med. Serv. — 1Oct.07

Thornley, Hon. Maj R. W., Qr.-Mr. ret. pay *late* A.S.C. — 27Oct.16
Thornton, Lt.-Col. C. E., *C.M.G.*, ret. Ind. Army — 14Sept.13
Thornton, Maj. C. E., *O.B.E.*, ret. pay *late* North'd Fus. — 8May19
Thornton, Capt. C. F., ret. pay *late* h.p. (*Maj. 4 Bn. Wilts.R.*) — 6Jan06
Thornton,Maj. F.S.,ret. pay *late* Rif.Brig., p.s.c 9Nov.92
Thornton, Hon. Maj. (Vols.) G. T., vD, Adjt. ret. pay *late* 9 Lanark R.V.O. — 5Nov.79
Thornton, Bt. Col. S. V., ret. pay *late* R.G.A. — 25May07
Thornycroft, Capt. C. M., *C B E.*, *D.S.O.*, ret. pay *late* Manch R. (for Spec. Res.) (*Maj. 3 Bn. Manch. R.*) — 5Feb.03
Thorold, Bt. Col. H. D., *C.B.E.*, ret. pay *late* W.Rid.R. (*Asst. to Brig.-Gen. i/c Admin,*) 30Nov.07
Thorold, Hon. Maj.-Gen. R. G., ret. pay *late* R.E. — 19Oct.86
Thorold, Lt.-Col. Maj. W. G., ret. Ind. Med. Serv. (Ben.) 1Apr.98
Thoroton, Bt. Lt.-Col. C. J., *C.M.G.*, ret. R.M L.I. [F] — 3Oct.16
Thorp, Lt.-Col. J. C., *D.S.O.*, *O.B.E.*, Ord. Offr. 2nd Class, ret. pay *late* A. Ord. Dept., p.s.c. — 1Aug.06
Thorpe, Maj. A , Qr.-Mr., ret. pay *late* Bedf. & Herts. R. — 22Jan.13
Thowless, Hon. Maj. E., Qr.-Mr. ret. pay *late* R.A.M.C. — 24Dec.05
Thoyts, Bt. Col. H. N. M., ret. pay, 8 Hrs. 19Oct.08
Thresher, Lt.-Col. J. H., *C.M.G.*, ret. pay, *late* Rif. Brig. [F]. — 30Apr.19
Threshie, Maj. R. A. [F] ret. pay *late* Welsb R. 8Mar.95
Thring, Lt.-Col. E. C., ret. pay *late* A.S.C. 1Apr.10
Thring, Lt.-Col. R. H. D., ret. Ind. Army — 22Jan,07
Thrupp, Lt.-Col. F. M., ret. pay, *late* h.p. 16Oct.15
Thuillier Col. Sir H., *K.C.I.E.*, ret. pay *late* R (Ben.) E. — 7Oct.87
Thuillier, Hon. Brig.-Gen. W., *C.B.E.*, ret. Ind. Army — 9Oct.17
Thurburn. Maj. A. H., ret. pay *late* R. Sc. Fus. (*Temp. Maj.* 9 (*Serv*) *Bn.R. Sc. Fus.*) 22Sept.14
Thurburn, Col. J. W., *O.S.I.*, ret. *formerly* Pub. Wks. Dept , India (R.E.) (Ind. Pens) — 20May98
Thurlow, Hon. Lt.-Col. E. H., ret. pay *late* K. R. Rif. C — 3Aug.87
Thurlow, Hon. Capt. E. T., Qr.-Mr. ret. pay *late* A.S.C. — 15Dec.17
Thwaite, Capt. P., Rid.-Mr., ret. pay *late* 14 Hrs. — 1July17
Thwaytes, Col. H J., Chief Paymr. ret. pay *late* A.P. Dept. — 16Mar.08
Thwaytes, Capt. T., ret. pay *late* h.p. — 1Jan.17
Thynne, Maj.-Gen. *Sir* R. T., *K.C.B.*,ret. pay [R] [F] — 8July95
Tibbits, Maj. W., *M.B.*, ret. pay *late* R.A.M.C. — 29Oct.05
Tickell, Lt.-Col. E. J., *D.S.O.*, ret. pay *late* h.p. [L] — 9Feb.09
Tidbury, Lt.-Col. J., *O.B.E.*, *M.D.*, ret. A. Med. Staff — 3Feb.98
Tidswell, Hon. Brig.-Gen. E. C., *C.B.*, *D.S.O.* [F] ret. pay *late* h.p. — 12May19
Tidy, Lt.-Col. F. J. r., ret. pay *late* h.p., p.s.c. 4Mar.91
Tiernen, Capt. B. S., ret. pay, *late* Devon R. 16Dec.19
Tigar, Hon Maj. J., Qr.-Mr. ret. pay *late* S. Wales Bord. — 18Oct.02
Tighe, Lt.-Col. M. A., ret. Ind. Army (*Comdt. Vol. Bn.*) — 30July07
Tilbury, Maj. E. J., Qr.-Mr. ret. pay *late* R.A.M.C. — 30Jan.20
Tillard, Maj.-Gen. J. A., *C.B.*, ret. pay *late* R. (Ben.) A. [R] — 23Nov.90
Tilley, Maj. W. F., ret. pay *late* R.E. (Ind. Pens.) — 19Apr.08
Tillotson, Hon. Lt.-Col. L, ret. pay *late* R.A. (*Hon. Col. ret. Mila.*) — 5Mar.87
Tilly, Lt.-Col. J. C., ret. pay *late* Bedf. R. 18Oct.02
Tillyer-Blunt, Maj. J. S., ret. pay *late* Buff, R. 8June85
Tilney, Maj. H. J., ret. pay *late* 14 Hrs. (*Empld.* 13 *Res. Regt. of Cav.*) — 9Feb,09
Tilney, Lt.-Col. N. E., *C.B.E.*, *D.S.O.*, ret. pay *late* R.A. — 29Aug.15
Timbury, Capt. L. M., ret. pay *late* D. of Corn. L.I. — 18Jan.20
Timmis, Capt. J. W ret. pay *late* Lan. Fus. 10Jan.00

Non-Effective Officers

Tindle, Capt. J., ret. pay, *late* Durh. L.I. 30May19
Tinker, Bt. Lt.-Col. E., ret. pay *late* R.A. 1Jan.18
Tipping, Capt. F. W., *M.B.E.*, ret. pay, *late Oxf. & Bucks L.I.* 29Nov.19
Tippinge, Capt. V. G., ret., pay *late* R. Scots 13Feb.84
Tisdall, Lt. A. J., ret. pay *late* Ind. Army 22Apr.15
Tisdall, Bt. Col. A. L., *C.M.G.*, ret. pay *late Staff, p.a.c. (Dist. Remt. Offr.)* 3June19
Titmas, 2nd Lt. H. E. C., ret. pay *late* h.p. 6Jan.15
Tivey, Lt. W. H., Asst. Commy. ret. Ind. Army Dept. 3Jan.18
Tizard, Lt.-Col. H. E., ret. pay *late* h.p. 11Mar.13
Tobin, Bt.Col. F J., *D.S.O.*, ret. pay *late* R. Ir. Rif. (*In comd. Cadet Bn. 15 Feb. 16*) 21July07
Tobin, Hon. Brig.-Surg. R., ret. A. Med. Staff (*Sec. to Board of Superintendence, Dublin Hospitals, & Inspr. of Anatomy for Ireland*) 29July85
Tod, Maj. A. G. W., ret. pay *late* Ches. R. 22Apr. 03
Tod, Maj. G. R., ret. pay *late* Sea. Highrs. (*Col. ret. T.F.*) 19July99
Todd, Col. F. J., ret. pay *late* R. Ir. Fus. [F] 21Sept.86
Todd, Lt.-Col. G. E., *O.B.E.*, ret. pay, *late Welsh R.* [F] 28Jan.20
Todd. Capt. H., *M.C., D.C.M., M.M.*, ret. pay, *late* Arg. & Suth'd Highrs. 7Jan. 20
Todd, Col. O., *C.B.E., M.B.*, ret. pay *formerly R.A.M.C.* 4Apr.06
Todd, Hon. Capt. T., Dep. Commy. ret. Ind. Army Dept. 27May95
Todd, Hon. Surg.-Lt. T., Sen. Apoth. ret. Ind. Sub. Med. Dept. (Mad.) (*Rl. Wt. 19 July 90*) 11Mar91
Toker, Maj.-Gen. Sir A. C., *K.C.B.*, u.s.l. Ind. Army [R] [F] (*Instnl. Duties*) 9May97
Tolhurst, Lt A. E., ret. pay *late* R A. 25Dec.17
Tolson, Col. W., ret. pay *late* h.p. [R] 6Aug.18
Tom, Hon. Lt.-Col. W. H. V., ret. R. Mar. 26Jan.84
Tomblings, Lt.-Col. E. G., Ridg.-Mr. ret. pay *late* Remount Estabt. [R] 4May19
Tomes, Surg.-Lt.-Col. A., *M.D.*, ret. Ind.Med.Serv. 31Mar.96
Tomkins, Gen. W. P., *C.I.E.*, u.s.l., Col. Comdt. R. (Ben.) E 1Apr.98
Tomlin, Maj M. H., ret. pay *late* York R. (*Chief Constable, Metropolitan Police, 5 Dec. 12*) 26June02
Tomlin Money-Shewan, Maj. R. E., *O.B.E.*, ret. *late* R.E. Ind. Pens.) [L] (*Maj. R.F.A., T.F.*) s. 21Feb.03
Tomlinson, Lt.-Col. W. W. ret. A. Med.Staff 30Sept.85
Tompkins, Lt. G. H., ret. pay, *late* h.p. 23July16
Tompkins, Hon. Capt. J. J.,Qr.-Mr. ret. pay *late* S. Wales Bord. 26Nov.89
Tompson, Col. H. W., *C.M.G.*, ret. pay *late Hamps.* R. 18Mar.19
Toms, Bt. Col. F. B. R., ret. pay *late* R.G.A.,g. 1Jan.07
Tonge, Maj. W. O., *D.S O.*, ret. pay *late* Norf. R. (*Bt. Col. Spec. Res.*) 1Jan.17
Toogood, Hon. Lt.-Col. S. H., ret. pay *late* R.A. 98Sept.82
Toomey, Maj. P., Sen. Asst. Surg. ret. Ind. Sub. Med. Dept. 2Apr.18
Toone, Capt. A. H. J., ret. pay, *late* R.G.A. 3Nov.17
Torbett, Maj. F. H. E., ret. pay, *late* N. Lan. R. 1Sept.15
Tordiffe, Capt. S. H. W., ret. pay, *late* Wilts. R. 9Oct.99
Torkington, Bt. Col. H., ret. pay *late* h.p. R.A. 12Oct.95
Torkington, 2nd Lt. J., ret. pay *late* h.p. 5June17
Tothill, Bt. Col. F. W. G., ret. pay *late* h.p. (R. A.) g., s. 1Aug.09
Tottenham, Lt.-Col. F. St. L., ret. pay *late* h.p. 2Mar.92
Tottenham, Maj. P. J. L., ret. pay, *late* S. Staff. R. 26Dec.01
Tottenham, Lt.-Col. R.I.., ret. Ind. Army 9May11
Tough, Capt. C. C., *M.C.*, ret. pay, *late* Worc. R. 14Feb.20
Tower, Bt. Col. G. A., ret. pay *late* h.p. R.E. 10Feb.04
Tower, Capt. W. M., ret. pay, *late* 3 Hrs. (for Impl. Yeo.) (*Maj. Lanark Yeo.*) s. 14July98
Towers, Hon. Capt. G., Qr.-Mr. ret. A. Med. Staff 2July88
Towers, Maj. W. H., Dist. Offr., ret. pay, *late* R.A. 18Dec 19
Towers-Clark, Maj. A., ret. pay *late* Midd'x R. 21Feb.94
Townley, Hon. Col. D., ret. pay *late* 75 Ft. 30Mar 81
Towns, Capt. A., ret. pay, *late* h.p. 1Apr.17
Townsend, Bt. Lt.-Col. C. H., ret. pay, *late* h.p. [F] (*War Office*) 11Jan.19

Townsend, Maj. E. N., *D.S.O.*, ret. pay, *late* W. Rid. R 6Mar.12
Townsend, Lt. P. D., ret. pay, *late* R.A. 1July17
Townsend, Lt.-Col. S., *M.D.*, ret. pay *late R.A.M.C.* 5Feb.01
Townsend, Capt. W., ret. pay *late* R.A. 6Sept.19
Townshend, Maj. E. ret. pay *late* R.E. 19Nov.97
Townshend, Col. F. T., ret. pay *late* h.p. [F] 18Nov.86
Townshend, Col. G. R., ret. pay *late* h.p. (R.A.) p.a.c., g. 16July04
Towse, Capt. E. B. B., ret. pay *late* h.p. (Gent.-at-Arms) (*Spec. Appt.*) 20May96
Towse, Lt.-Col. H. B., ret. pay *late* 2 Dns. 8July19
Towsey, Hon. Brig.-Gen. F. W., *C.M.G., C.B.E., D.S.O.*, [F] ret. pay *late* Staff 1Nov.19
Tracey, Bt. Col. A., ret. pay, *late* h.p. R.A., g. (*Lt.-Col. (Bt. Col.) (T.F. Res)* 10Jan.05
Tracey, Maj. L., ret. pay *late* A.S.C. 11Dec.88
Tracy, Lt.-Col. W. M., *O.B.E.*, Ord. Offr. 3rd Class ret. A., Ord. Dept., s. 10Dec.14
Trafford, Maj. W. L., *M.B., F.R.C.S.*, ret. pay Ind. Med. Serv. 26Jan.14
Traill, Bt. Maj. T. B., *D.S.O.*, ret. pay, *late* R. Sc. Fus. 1Jan.18
Traill, Lt.-Col. W. S, *D.S.O.*, ret. pay, *late* R.E. (Ind. Pens) 1Aug.18
Trant, Capt. J. F., ret. pay *late* h.p. (*Hon. Maj. ret. Mila.*) 5Mar.02
Trapani, Lt.-Col. A., *M.V.O.*, ret. pay *late* R. Malta Art., g. 25Nov.09
Trask, Capt. F., ret. pay, *late* R.W. Kent. R. 21Nov.17
Travers, Bt. Lt.-Col. G. A., ret. pay *late* R.E., 3June17
Travers, Hon. Brig.-Gen. J. H. du B., *C.B. C.M.G.*, ret. pay 1Apr.19
Travers-Smith, 2nd Lt. R.M. ret pay *late* h.p. 15Sept.15
Traylen, Lt. H. G., ret. pay, *late* Wilts. R. 11July18
Traynor, 2nd Lt. J. ret. pay, *late* h.p. 21May18
Tredcroft, Hon. Maj. (Mila.) C. L., Adjt. ret. pay *late* 3 Bn. R. W. Surr. R. 23Mar.78
Tredgold, Maj. J. A. T., ret. pay *late* A.S.C. 1Apr.33
Tredgold, Maj. W. L., ret. pay *late* W. I. R. 18Oct.02
Tredennick, Hon. Maj.-Gen. J. R. K., ret. pay *late* h.p. 26May86
Tree, Capt. D , *M.C.*, ret. pay *late* R.A. 18Sept.19
Treeby, Maj. H. P., *D.S.O.*, ret. pay *late* E. Surr. R. 24Mar.96
Trefusis, Maj. G. R., ret. pay *late* N.Lan.R. 18Sept.15
Tregear, Maj.-Gen. Sir V. W., *K.C.B.*, u.s.l. Ind. Army 12Aug.97
Treherne, Maj.-Gen. Sir F. H., *K.C.M.G., F.R.C.S* Edin., ret. pay *late* A. Med. Serv. [F] 1Mar.15
Tremayne, Capt. H. A., ret. pay, *late* h.p. 1June97
Tremayne, Lt -Col. J. H., ret. pay *late* 13 Hrs. (*Lt.-Col. ret. T.F.*) [F] 7Apr.19
Trench, Bt. Col. F. A. Le P., *C.B., C.B.E.*, ret. pay, *late* A S.C. 1Apr 03
Trench, Capt. J. R., *late* 6 Bn. L'pool R. (ret. pay) 10Ct.05
Trench, Hon. Col. Hon. W. Le P., *C. V.O.*, ret. pay *late* R. E. 8Nov.79
Trent, Capt. F. H., ret. pay *late* E. Lan.R. 29Nov.00
Treowen, Hon. Maj.-Gen. I. J. C., *lord*, ret. pay *late* h.p., *p.s.c.* [R] [F] (*Hon. Col. 3 Bn. Mon. R.*) 17Apr.12
Tresham, Hon. Surg.-Capt. D. J., Sen. Apoth. ret. Ind. Sub. Med. Dept. (Ben.) [F] *Rl. 19 July* 90) 1Sept.85
Trevelyan, Hon. Lt.-Col. W. R., ret. No. S.C. 21May83
Trevor, Bt. Lt.-Col. A. W., *Lord*, ret. pay *late* 1 L.G. 5May94
Trevor, Hon. Col. F. R., ret. Mad. S.C. 9Oct.87
Trevor, Surg.-Gen. Sir F. W., *K.C.S.I., C.B., M.B.*, ret. pay *late* P.M.O., India 29June06
Trevor, Col. G. H., *C.S.I.*, u.s.l. Ind. Army 12June88
Trevor, Maj. H., ret. Ind. Army 22Jan.01
Trevor, Capt. H.B.C., ret. pay *late* W.York R. (*Spec. Appt.*) 1Sept.92
Trevor, Col. H. O., ret. pay *late* A. Med.Serv. 28Oct.11
Trevor, Maj. P. C. W., Ord. Offr. 3rd Class ret. A. Ord. Dept. 1Feb.05
Trevor-Boothe, Maj. A. L., ret. pay *late* 4 Hrs. 20May05
Trewin, Lt. A. B., ret.pay *late* Essex R. (for Spec. Res.) (*Lt Essex R. Spec. Res.*) [L] (*Asst. Dist. Commr., Uganda, 15 July 14*) 27Nov.09
Tribe, Lt.-Col. C. W., ret. A. Ord. Dept. 21Nov.19
Tribe, Maj. J. C., *O B.E.*, ret. pay, *late* R.G A. 26Mar.20

Non-Effective Officers

Trim, Capt. R. W., ret. pay *late* Wilts R. — 1Jan.93
Tringham Lt. L. W. H., ret. pay *late* 21 Lrs. (for Spec. Res.) (*Capt. 21 Lrs. Spec. Res.*) — 5Sept.06
Triscott, Hon. Brig.-Gen. C. F., *C.B., C.M.G., D.S.O.,* ret. pay *late* R.A., *q.s.* — 26Apr.16
Triscott, Hon. Lt.-Col. J. H. R., Asst. Commy.-Gen. of Ord. ret. O.S. Dept¶ — 3Aug.85 / 3Aug.90
Tristem, Maj H., *O.B.E.,* Commy. of Ord., ret. pay, *late* R.A.O.C. — 1July17
Tristram, Maj. C. E., ret. Ind. Army — 5Mar.09
Tristram, Maj. L. S. B., ret. pay *late* h.p. — 23Apr.17
Tristram, Maj. M. H., ret. pay, *late* 12 Lrs., *r.c.* — 11Jan.05
Trollope, Capt. R. B., ret. pay *late* h.p. — 1July17
Troops, Capt. A., ret. pay *late* Notts. & Derby. R. *(Empld. Recg. Duties)* — 13Nov.19
Trotman, Lt.-Col. W. M. F., Staff Paymr. ret. A. P. Dept — 18Oct.04
Trotter, Lt. A. S., *M.C.,* ret.pay *late* Bedf.R. — 4June18
Trotter, Hon. Brig.-Gen. G. F., *C.B., C.M.G., C.B.E., D.S.O., M.V.O.,* ret. pay *late* G.Gds.19Dec.18
Trotter Maj.-Gen. *Sir* J K., *K.C.B., C.M.G.,* ret. pay, *p.s.c* [R] — 24July06
Trotter Hon. Lt.-Col. J. M. ret. Ben. S.C. — 8July84
Trotter Lt.-Col. R. F., ret. Ind. Army (*Comdt., Lines of Communication*) — 8Dec.95
Trotter, Maj. W.J., ret. pay *late* R.A.M.C. (*Naas*) — 5Feb.99
Troup Hon. Maj. W. B., r.f.p. *late* R.(Ben.) A. 16Nov.74
Trousdale, Maj. R. C., *D.S.O.,* ret. pay *late* S. Lan. R. — 8Jan.16
Trousdell. 2nd Lt. A. J., *M.C.,* rets. pay *late* h.p. — 11Dec.09
Trout, Maj. J. C., *O.B.E.,* ret. pay. *late* R. Sc. Fus. — 24Feb.20
Trower, Bt. Col. C. V., *C.M.G.,* ret. pay *late* h.p. [F] — 9June04
Trower, Lt. Col. F. E., ret. pay *late* h.p. — 21July85
Troyte-Bullock, Bt. Lt.-Col. C. J., *D.S.O.,* ret. pay *late* Som. L.I. — 1Jan.18
Trueman, Maj. H. J. H., ret. Ind. Army — 1Sept.15
Truscott, Lt. J., *late* Cd. of Corn. L.I. — 1July17
Trusler, Hon. Maj. J., Rdg.-Mr. ret. pay, *late* R.H.A. — 24Nov.03
Trutwein, Hon. Surg.-Capt. E., Sen. Asst. Surg. ret. Ind. Sub. Med. Dept. (Mad.) (*Rl. Wt.* 12 Mar. 94) 12Mar.94
Trydell, Maj. A. S., ret. Ind. Civil Vet. Dept. 3June06
Tucs, Hon. Col. J. J., Chief Paymr. ret. A.P. Dept. 7June91
Tucker, Capt. A. C., ret. pay *late* Durh. L.I. (*Hon. Maj. ret. Spec. Res.*) — 6Aug.99
Tucker, Lt.-Col. A. N., *O.B.E.,* Qr.-Mr. ret. pay *late* R.E. [F] — 1Jan.17
Tucker, Lt.-Gen. *Sir* C., *G.C.B., G.C.V.O.,* ret. pay, Col. S. Staff. R. [R] — 26June08
Tucker, Hon. Capt. G. Qr.-Mr. ret. pay *late* R.E. 1Apr.96
Tucker, Maj.-Gen. L.H.E., *C.I.E.,* ret. Ind. Army 11Feb.99
Tucker, Lt. W., ret. pay *late* R.A. — 18Oct.18
Tuckey, Bt. Col. T. B. A., ret. pay *late* R.A. (*York Castle*) — 1Jan.18
Tudor. Hon. Brig.-Gen. E. A. T., *C.M.G.,* ret. pay. *late* h.p. — 19Feb.20
Tudway, Hon. Brig.-Gen. R. J., *C.B., C.M.G., D.S O.,* ret. pay, *late* h.p. [R] — 11Apr.17
Tuffle, Lt. J. R., *M.C.,* ret. pay, *late* R.A. — 1Mar.18
Tufnell, Hon. Col. A., ret. pay *late* 60 Ft. — 7Jan.80
Tufnell, Lt.-Col. G. M., ret. pay *late* h.p. — 1Feb.15
Tufnell, Lt.-Col. H. R., ret. pay, *late* Glouc. R. — 7Mar.15
Tufnell, Capt. N. C. A. De H., ret. pay *late* S. Lan. R. — 20Feb.59
Tugham, G. E., *late* 2nd Lt. Camb. R. (ret. pay)
Tuite, Bt. Col. M. A., ret. Ind. Army — 1May07
Tuke, Maj. M. L., ret. pay *late* R. E. — 16Apr.96
Tull, Hon. Capt K, Qr.-Mr. ret pay *late* A.S.C. — 25May08
C. Tulloch, Hon. Maj.-Gen. *Sir* A. B., *K.C.B., C.M.G.,* ret. pay *late* h.p. (*Col. Welsh R.*) *p.s.c.* [R] [F] — 3Nov.94
Tulloch, Lt.-Col. D. F., *D.S.O.,* ret. pay, *l* ite h.p. — 1Aug.16
Tulloch, Maj. H., *C.B.,* h.p R (Mad. E. (Ind. Regns.) — 5July72
Tulloch, Maj.-Gen. J. W. G., *C.B.,* ret. Ind. Army [F] — 1May08
Tulloch, Maj. T. G., ret. pay *late* R.G.A. (*Emplá, under Ministry of Munittions*) — 1May17
Tulloh, *Miss* L. W, *Matron, R.R.C.,* ret.pay *late* Q.A.I.M.N.S. — 11Jan.05
Tulloh, Capt. R. H. W., ret. A. P Dept. — 10Mar.94

Tunnicliffe, Hon. Capt. C., Sen. Asst. Surg. ret.'Ind Sub. Med. Dept. — 7June07
Tupman, Hon. Lt.-Col. H. L., ret. R. Mar. — 27Sept.80
Tupper, Bt. Col. J. S. ret. pay *late* h.p. — 31Aug.97
Tuberville, Hon. Col. J. P., ret.Mad. S.C. — 25Feb.83
Turkington, Hon.Capt.W.H., Asst.Commy., ret. Ind. Army Dept. — 1July17
Turnbull, Col. C. F. A., ret. pay *late* Regtl. Dist. — 1July99
Turnbull, Surg.-Maj.-Gen. F. S., *M.D., K.H.S.* ret. Ind. Med. Serv. [R] — 26Feb.93
Turner, Col. A. H., *C.B.,* u.s.l. Ind. Army — 18Sept.91
Turner, Capt. A. H., ret. pay, *late* 3 Hrs. — 29Feb.20
Turner, Col. A. H. P., ret. pay *late* h.p. (R.A.) *p.a.c.* — 21Dec.04
Turner, Col. A. L. M., *C.B.E.,* ret. *late* Ind. Ord. Dept. (R. A.) (Ind. Pens.) — 31July06
Turner, Maj. A.S., ret. pay *late* R. Berks R. — 30Apr.11
Turner, Hon. Capt. E., Ridg.-Mr., ret. pay *late* 6 D.G. — 29July01
Turner, Maj. C., ret.pay *late* R. Berks. R. — 22May01
Turner, Lt. C., ret. pay, *late* R. Lanc. R. — 1July17
Turner, Maj.C.H ,Dist.Offr.ret.pay *late* R.A. 10Oct.14
Turner, Lt.-Col. E., ret. pay *late* Staff — 1Apr.04
ft. Turner, Lt.-Col. F. C.. ret. pay *late* h.p. — 8May91
Turner, Lt.-Col. F. C., *C.M.G.,* ret. pay, *late* h.p., *p.s.c.* [L] — 17Feb.12
Turner, Maj. F. G., ret. pay, *late* R.E. — 17Aug.14
Turner, Col. F. M., ret. pay *late* h.p. R.A. — 10Dec.98
Turner, Maj. G., ret. pay *late* S. Wales Bord. (*Lt.-Col. T.F. Res.*) — 18Oct.02
Turner, Hon. Brig.-Gen. G. H., ret. Ind. Army [L] (*Spec. Appt.*) — 8Aug.17
Turner, Hon. Lt. G. J., Asst. Commy. ret. Ind. Army Dept. — 4Mar.07
Turner, Lt.-Col. G. R., ret. pay *late* 3 Hrs. (for Spec. Res.) (*Capt. 3 Bn. E. Kent R.*) — 19Sept.08
Turner, Maj. G. W., ret. pay *late* Yorks. L.I. (*Hon. Lt.-Col. ret. Mila.*) — 1July88
Turner, Maj. H. A. A., ret. R. Mar. — 1July81
Turner, Hon. Capt. J.D., Dept. Commy. of Ord. ret. A. Ord. Dept. — 6Apr.02
Turner, Maj.-Gen. J. G., *C.B* [R], ret. Ind, Army — 5Feb.14
Turner, Hon. Maj. J. W., Commy. ret. Ind. Army Dept. — 8Nov.12
Turner, Hon. Brig.-Gen. M. N., *C.B., C.M.G., C.B.E.* [F], ret. pay *late* Staff — 26Oct.19
Turner, Hon. Brig.-Gen. P. A., *C.M.G.,* ret. pay, *late* h.p. — 27Feb.20
Turner, Asst. Surg. R., ret. Med. Dept. — 17Apr.55
Turner, Lt.-Col. W., *C.M.G.,* ret. pay *late* R.A.M.C. — 31Jan.05
Turnour-Fetherstonhaugh, Lt.-Col. *Hon.* K., ret. pay *late* K. R. Rif. C. — 7Jan.94
Turton Maj. H. M., ret. Ind. Army (*Emplds, 3 Bn. Sco, Rif.*) — 18June10
Turton, Lt.-Col. W. H., *D.S.O.,* ret.pay *late* R.E. 10Oct.02
Tuson, Col, G. E., *D.S.O.,* ret. pay, *late* 16 Lrs., *s.* — 24 Apr.19
Tuson, Hon. Brig.-Gen. H. D., *C.M.G.,* ret. pay *late* h p., *p.s.c.* [l] — 5Mar.19
Tuttle, Capt. F. *D.C.M.,* Qr.-Mr., ret. pay, *late* E. Berks. R. — 25Aug.17
Tweddell, Maj, F., ret. Ind. Army *p.s.c.* — 23Aug.02
ft. Tweddell, Col. F., ret. Ind. Army — 2Mar.85
Tweddell, Lt.-Col. H., ret. Ind. Army — 5Feb.13
Tweedie, Maj. G. S., ret. pay, *late* R. Scots [R] — 14Aug.12
Tweedie Col. J. L., *D.S.O.,* ret. pay *late* h.p. [R] — 11June88
Twemlow, Maj.-Gen. E. D'O. ret. pay *late* R. (Bo.) E. — 1Apr.95
Twigg, Maj. H. J. R., *M.B.,* ret. Ind. Med. Serv. — 27July10
Twigg, Hon. Brig.-Gen. R. H., *C.B.,* ret. Ind. Army — 10May19
Twiss, Maj. E. K., *D.S.O.,* ret. Ind. Army (*s.c.*) — 24July18
Twiss, Lt.-Col. G. E., *C.M.G., F.R.C.S.I.,* ret. pay *late* R.A.M.C. — 5Feb.01
Twyford, Col. L. T. C., ret. pay *late* h.p. — 30Oct.12
Twynam, Col. P. A. A., *C.B.,* ret. pay *late* h.p. *p.s.c.* [R] [F] — 1July81
Twynam, Maj. T. MacG., ret. pay *late* High. L.I. — 8May16
Twyne, Lt-Col. B. B., ret. pay *late* h.p. — 1May90
Tyacke, Lt.-Col. G., ret. pay *late* R.G.A. — 31Dec.15
Tyacke, Lt.-Col. R. H., ret. pay *late* h.p. — 19Nov.88
Tydeman, Maj. E. J., Commy. ret. Ind. Army Dept. — 1July17

Tye, Capt. C. H., ret pay *late* 6 Dns. 26May83
Tyers, Bt. Lt.-Col. S., ret. R. Mar. 24June91
Tyers, Hon. Lt. T., Asst. Commy., ret. Ind. Army Dept. 1May90
Tylden, Hon. Brig.-Gen. W., ret. pay *late* h.p. R.A. 24Aug.12
Tylden-Pattenson, Maj. A. H., *D.S.O.*, ret. pay *late* E. Kent R. (*Empld. E. Kent R.*) 18Oct.02
Tyler, Hon. Brig.-Gen. A. M., *C.M.G ,D.S.O.*, ret. pay *late* Staff, *p.s.c., g.* 21Apr.19
Tyler, Maj. F., Qr.-Mr. ret. pay *late* Notts. & Derby. R. 4Aug.12
Tyler, Maj. F. C., ret. pay *late* R.A., *g.* (*Maj.- Instr. in Gunn.*) 16Nov.15
Tyler, Lt. H., ret. pay, *late* h.p. 9Apr.17
Tyler, Bt. Col. H. E., ret. pay *late* B. E. 8Sept.04
Tyler, Bt. Col. J. O., ret. pay *late* h.p. R.E. 6Sept.05
Tyler, Maj.-Gen. T. B., *C.B., C.S.I.*, ret. pay, Col. Comdt. R.A. [R] 1May06
Tyler, Maj. W. E. S., ret. pay *late* S. Lan R. 28Feb.04
Tyndale-Biscoe, Lt.-Col. A. S., ret. pay *late* R.F.A. 14Dec.06
Tyndale Biscoe, Hon. Brig.-Gen. J. D. T., *C.B.*, ret. pay *late* Staff 17Oct.19
Tyrrell, Col. C. R., *C.B., O.B.E.*, ret. pay *formerly* R A.M.C. 9Sept.12
Tyrrell, Lt.-Gen. F. H., u.s.l. Ind. Army 1Aug.94
Tyrwhitt, Maj. *Hon.* R., ret. pay *late* R.G.A. 1Dec.97
Tyrwhitt-Walker, Lt.-Col. J., ret. pay *late* R. Garr. R. 18Oct.02

Ulyett, Hon. Capt. J. H., Commy. ret. Ind. Army Dept. 18Jan.05
Umfreville, Lt.-Col. H. K., *D.S.O.*, ret. pay *late* W. Rid. R. 8Feb.19
Umfreville, Capt. S. C., ret. pay *late* W. Rid.R.,s. 2Mar.91
Uncle. Lt. A. G., ret. pay *late* R.A. 1July17
Underhill, Maj. O., *OBE*, ret. pay *late* h.p. 26Apr.19
Underwood, Capt. A. W., Commy. ret. Ind. Army Dept. 6Oct.08
Underwood, Maj. J. W., ret. pay *late* 4 Hrs. (*Empld. Remounts*) 18Feb.05
Unett, Capt. J. A., *D.S.O.*, ret. pay *late* E. York R. 2Apr.98
Uniacke, Lt.-Col. C. J., ret. pay *late* A.S.C. Dec.86
   hon. 6Mar.85
Uniacke, Maj. J. B., ret. pay *late* L'pool. R. 8Sept.17
Unwin, Bt. Col. G. B., *D.S.O.*, ret. Ind. Army 25May04
Unwin, Lt.-Col. R. B., ret. pay *late* Suff. R. 16July19
ℍ. Unwin, Hon. Col. W. H., ret. Ben. S.C. 1Aug.84
Upcher, Maj.-Gen. R., *C.B., D.S.O.*, ret. pay, Col. Durh. L.I. 6July98
Upendra Nath Mukerji, *M.B.*, Lt.-Col., ret. Ind. Med. Serv. (Ben.) 1Oct.04
ℍ. Upperton, Maj.-Gen. J., *C.B.*, u.s.l. Ind. Army [F] 20Sept.94
Upperton, Maj. S., ret. pay *late* S. Lan. R. 22Aug.02
Urmston. Bt. Lt.-Col. A. G. B., *D.S.O.*, ret. R. Mar. (*Spec. Appt.*) 2May00
Urmston, Col. E. B., *C.B.*, ret. pay *late* h.p., *p.s.c.* 6June05
Urmston, Capt. H. N., ret. Ind. Army, 23May15
Urquhart, Maj. E.W. L., ret. pay *late* 2 D.G., *s.* 1Apr.09
Urquhart, Maj. W. A., ret. pay *late* R. A., *p.a.c.* 20Sept.91
Usborne, Maj. T. M., ret. pay *late* R.F.A. 9Oct.01
Usher, 2nd Lt. J. B., ret. pay *late* h.p. 26Aug.03
Usmar, Hon. Capt. G. A., Qr.-Mr. G. A., ret. pay *late* R.A. 26Sept.98
Ussher, Lt. A. L., ret. pay *late* h.p. 19Oct.78
Ussher Bt -Col. A. V., *C.M.G,*, ret. pay *late* Sco. Rif. (*Comdt. Cadet Bn.*) 1Jan.19
Utermorlic Lt.-Col. R. J. G., Paymr. ret. A.P. Dept. 18Oct.02
Uzielli, Col. T. J., *D.S.O.*, *M.C.*, ret. pay *late* B. Lanc. R. [F] 10Aug.19
Vagg, Lt. H. R., ret. pay, *late* Som. L.I. 1July17
Valder, Maj. C. H., Qr.-Mr. ret. pay *late* R.G.A. (*Empld. R.F.A.*) 3June19
Vallance, Lt. J., ret. pay *late* h.p. 28Nov.18
Vallance, Maj. J. D., ret. Mad. S.C. 12Dec.69

Van Cortland Maj. A. J. R., ret. pay *late* 3 Hrs. 10Aug.92
Vandeleur, Hon. Lt.-Col. D. R., ret. pay *late* 30 Ft. 23June80
Vander Byl, Maj. C. F., ret. pay, *late* 16 Lrs. 1June19
Van de Weyer, Maj. B. G., ret. pay *late* S. Gds. 1Jan.12
Van Geyzcl, Lt.-Col. J. D., *M.B.*, ret. Ind. Med. Serv. 2Oct.00
Vanrenen, Lt.-Col. A. J. H., ret. Ind. Army 10Mar.00
Vanrenen, Maj. D. H., ret. Ind. Army 1Sept.15
Vans Agnew, Maj. E. L., ret. pay, *late* York R. 29July06
Vans-Agnew, Lt.-Col. J., *O.B.E.*, ret. Ind. Army (*Lt.-Col. ret. T. F. Res.*) 13Aug.05
Vansittart. Bt. Col. E., *D.S.O.*, u.s.l. Ind. Army 10Sept.06
Vansittart, Lt. H., h.p. *late* R. Mar. Art. 16Dec.68 (R.E.) 1Apr.09
Van Straubenzee, Col. A. H., ret. pay *late* h.p. (R.E.) 1Apr.09
Van Straubenzee. Maj. B. W. S., ret. pay *late* S. Wales Bord. 23July02
Van Straubenzee, Hon, Brig.-Gen. C. H. C., *C.B., C.B.E.*, ret. pay *late* Staff 20June19
Vasey, Hon. Maj. C. J., *O.B.E.*, Inspr. of Army Schools, ret. pay 1July17
†Vassallo, Hon.Lt. N., Qr.-Mr.- ret. pay *late* R. Malta Art. 4Aug.95
Vassar-Smith, Maj. C. M., ret. pay *late* Shrops. L.I. 5Jan.16
Vaughan. Sister *Miss* B. S., ret. pay Q.A.I.M.N.S. 1July89
Vaughan, Hon. Lt.-Col. E. H., ret. pay *late* Devon R. 18Nov.85
Vaughan, Maj. E. N. E. M., *D.S.O.*, ret. pay *late* G. Gds. 15July15
Vaughan. Bt. Col. H. B., ret. Ind. Army 25Oct.05
Vaughan, Col. H. R., *C.B.E.*, ret. pay *late* h.p. 2June13
Vaughan, Hon. Maj.-Gen. J., *C.B., C.M.G., D.S.O.*, ret. pay *late* Staff, *p.s.c.* [1] [E] 1Mar.20
Vaughan, Maj. P. B., ret. Ind. S.C. 13Aug.99
Vaughan,Capt.P.E.,*D.S.O.*,ret.pay *late* Worc.R. (*Maj. 6 Bn, Worc. R.*) (*Inspr. Inspn. Staff*) 18Dec.01
Vaughan-Arbuckle, Lt.-Col. B., ret. pay *late* R. (Ben.) A. 21July87
Vaughan-Lee, Bt. Col. A. V. H., *M.V.O.*, ret. pay *late* R. H. G. 7Oct.08
Vautin, Hon. Lt. H. C., Asst. Commy. ret. Ind. Army Dept. 20Dec.89
Vavasour, Lt. H. P. A., ret. pay *late* h.p. 25July19
Vaz, Hon. Capt. A. J. B., Sen. Asst. Surg. ret. Ind. Sub.-Med. Dept. 18Mar.16
Veal, Capt. C. L., ret. pay *late* Welsh R. 29Nov.04
Venables, Lt.-Col. E. F., ret. pay, *late* R.W. Kent R. 2Sept.18
Ventham, Lt. J. W., ret. pay *late* R.G.A. 8Aug.16
Ventris, Maj.-Gen. F., *C.B.*, ret. pay, Col. Essex R., *p.s.c., q.s.* [R], *s.* 17Oct.03
Vera-O'Sullivan, Hon. Capt. T. M., Dep. Commy. ret. Ind. Army Dept. 20Nov.90
Vereker, Bt. Lt.-Col. C. G., ret. pay *late* R.A., *g.* [L] 3June19
Vereker, Lt. Hon. J. E. P., ret. pay *late* R.A. 18Mar.15
Verelst, Col. C. V., ret. pay *late* h.p. 14July90
Verner, Capt. *Sir* E. W., *Bt.*, ret. pay *late* h.p. 22Sept.97
Verner, Hon. Maj.-Gen. T. E., *O.B.E.*, ret. pay *late* Staff [R] 5Apr.02
Verner. Bt. Col. W.W.C., ret. pay *late* h.p., *p.s.c.* 10Feb.94
Vernon, Col. G. W., ret. pay *late* h.p. 26July94
Vernon-Harcourt, Maj. B. F., ret. pay *late* Welsh R. 18Sept.15
Verschoyle, Bt. Col. J. H., ret. pay 10Feb 04
Versturme-Bunbury, Lt.-Col. H. P., ret. pay, *late* R. Scots 14Aug.08
Vetch, Lt.-Col. H. C., ret. pay *late* h.p. 1Mar.93
ℍ. Vibart, Col. E. D. H., u.s.l Ind. Army 4Sept.84
ℂ. Vibart, Hon. Maj.-Gen. H. C., r.f.p., Norf. R. 20Aug.84
Vickers Capt. C., ret. Ind. Army 10July01
Vickers, Lt.-Col. G. E. *D.S.O.*, Qr.-Mr.-, ret. pay *late* Manch. R. 3June18

† With local and temporary rank.

Non-Effective Officers

Vidal, Maj. L. H., ret Ind. S.C. 1May93
Viegas, Hon. Capt. J. M., Sen. Asst. Surg.,ret. Ind. Sub. Med. Dept. 15Oct.09
Vigar, Lt. T. F., ret. pay *late* B.A. 25May19
Vigne, Lt.-Col. R. A., *C.M.G., C.B.E.*, ret. pay *late* R.F.A. (*Dist. Remt. Offr.*) 21July07
Vigor, Maj. F. G., ret. pay *late* D. of Corn. L. I. 1July91
Vigors, Maj. C. H., *O.B.E.*, ret. pay *late* h.p. 13Aug.04
Vigors, Maj. P. U. W., *D.S.O.*, ret. pay *late* Devon R., l.c. 9May02
Villiers, Capt. C. H., ret. pay *late* R.H.G. [F] (*Gent.-at-Arms*) (*Lt-Col., T.F. Res.*) 22Dec.94
Villiers-Tuthill, Lt.-Col. P. B., *M.D., F.R.C.S.I.*, ret. A. Med. Staff 4Feb.97
Vince, Capt A. H., ret. pay *late* W.I.R 5Mar.20
Vince, Hon. Maj. W., Qr.-Mr. ret. pay *late* Norf. R. [R] 1Mar.08
Vincent, Col. A. C. Fitz H., *C.M.G.*, ret. pay *late* h.p. (*Comdt., Ceylon Vols.*) 18Oct.02
Vincent, Lt.-Col. A. G., *C.B.E.*, ret. R. Mar. 21Apr.19
Vincent, Bt. Maj. E., ret. pay *late* Wilts. R. 22Aug.02
Vincent, Hon. Capt. H., Qr.-Mr., ret. pay, *late* R.G.A. 20Jan 07
Vincent, Capt. R. D., ret. pay *late* R. Dub. Fus. 9Feb.86
Vincent, Lt. W. S., *M.C.*, ret. pay *late* R. Lanc. R. 4Apr.19
Vine, Lt. A., *M.M.*, ret. pay, *late* Leic. R. 13Aug.18
Vines, Bt. Col. C. J., ret. pay *late* h.p. 25July05
Vivian, Bt. Col. F. G., ret. Ind. Army (*Spec. Appt.*) 13Jan.02
Vizard, Hon. Brig.-Gen. R. D., *C.B.E.*, ret. pay *late* Manch. R. 7Oct.17
Voisey, 2nd Lt. J. E., ret. pay *late* R.F.A. 21Oct.17
Von Donop, Lt.-Col. P. G., ret. pay *late* R.E. (*Chief Inspg. Offr.of Railways, Bd. of Trade,* {1 July 13 {4 July 99) 23Nov.97
Von Donop, Maj.-Gen. *Sir* S. B., *K.C.B., K.C.M.G.,* ret. pay *late* R.A., g. [F] 26 Oct. 14
von Essen Moberly, Maj. C., ret. pay *late* 11 Hrs. 29Sept 19
Von Stieglitz, Capt. F. L., ret. pay *lats* Conn. Rang. 17Dec.14
Vost, Lt.-Col. W., *M.B.*, ret. Ind. Med. Serv. 31Mar.07
Vowell, Maj. H. A., ret. pay *late* W. York R. 20Mar.95
Voyle, Hon. Lt.-Col. F. R. C., ret. Ben. S.C. 1Mar.85
Voyle, Lt.-Col. H.E., ret. pay, *late* E.Lan.R. 17Feb.08
Vyle, Capt. F. J., ret. pay *late* R.A. 19Aug.19
Vyvyan, Bt. Col. *Sir* C. B., *Bt., C.B., C.M.G.,* ret. pay, *late* Kent R., *p.s.c.* 11Sept.04
Vyvyan, Capt. H. R., ret. pay *late* Devon. R. 14Nov.92
Vyvyan, Maj. R. W. C., ret. pay *late* R. Garr. R. 11Feb15

Wace, Lt. D. C., ret. Ind. Army (*temp. Capt. A. Cyclist Corps*) 5Nov.07
Wace, Lt.-Col. E. C., *D.S.O.*, ret. pay *late* h.p. (R.A.) 18May02
Wace, Maj.-Gen. R., *C.B.*, ret. pay, Col. Comdt. R.A. 31Jan.02
Waddell, Lt.-Col. L. A., *C.B., C.I.E., M.B.*, ret. Ind. Med. Serv. 31Mar.00
Waddington, Hon. Maj.-Gen. T., ret. Bo. S.C. 31Dec 81
Waddy, Lt.-Col. J. M. E., ret. pay *late* h.p. (*temp. Maj. 4 Bn Som. L.I.*) 14June94
Wade, Maj. G. A., *M.D., F.R.C.S.I.*, ret. pay, *late* R.A.M.C. 5Feb.99
Wade, Lt.-Col. H. A. L. H., ret. pay *late* R.A., *p.s.c., e.* [L] (*Empld. R.V.A., T.F.*) 31May19
Wade, Lt.-Col. H. M., ret. pay *late* h.p. 26Oct.92
Wade, Lt.-Col.J.M.,ret.,*late* R.E.(Ind.Pens.) 31Dec.06
Wade, Hon. Surg.-Capt. W., Sen. Asst. Surg. ret. Ind. Sub. Med. Dept. (Ben.) (*Rl. Wt.* 12 Mar. 94) 18June88
Wade, Col. W. B., *C.B.*, Chief Paymr. ret. A. P. Dept. 7Apr.97
Wade, Hon. Maj. W. J., Qr.-Mr. ret. pay *late* A.S.C. 29May16
Wade-Dalton, Lt.-Col. F. L., ret. pay *late* h.p. 1July88
Wade-Dalton, Lt.-Col. H. D., ret. pay *late* Midd'x R. 18Sept.10
Wadeson, Ma .-Gen. F. W. G., *C.B.*, ret. Ind. Army 28 Oct. 15
Wadham, Hon. Maj. W., Qr.-Mr. ret. pay *late* Rif. Brig. 1Jan.03
Wadling, Hon. Lt.-Col. J. C., ret. pay *late* 5 Ft. 15Jan.19
Wadner, Capt. T., ret. pay *late* K.R. Rif. C. 1Jan.17
Wager, Hon. Capt. E. B., Qr.-Mr. ret. pay, *late* R.F.A. 9Oct.07

Watles, Lt.-Col. W. E. ret pay *late* R.G A., f. 29Dec.15
Waite, Lt.-Col. R. W., Ridg. Mr., ret. pay *late* R. Mil. Coll. (*Mil. Knt. of Windsor*) 1Jan.19
Waiton, Capt. C .ret. pay *late* Durh. L I. 5Mar.20
fit. Wake, Col. A. J.. ret. pay *late* R. (Ben.) A. 8Dec.83
Wake, Lt.-Col. E. St. A., *C.M.G.*, ret. Ind. Army 6Feb.10
Wakefield, Maj. H. P., Qr.-Mr., ret. pay *late* R.A.M.C. 23June15
Walby, Maj. G., ret. pay, *late* R. Art. 6Apr.19
Walcott, Col. E. S., *C.B.,* TD, ret. Ind. Army (*Hon. Col. 6 Bn. Devon R.*) 2Mar.85
Waldegrave, Capt. F. S., Dep. Commy. ret. Ind. Army Dept. 3June15
Walden, Hon. Capt. G. H., Commy. ret. Ind. Army Dept. 23Apr.06
Walden, Capt. R. F., ret. pay, *late* R, Art. 14Mar.19
Waldron, Hon. Maj. C., Qr.-Mr. ret. pay, *late* R.E. (*Record Office*) 3June17
Waldron, Hon. Brig.-Gen. F., *C.B.*, ret. pay *late* Staff (R.A.) *p.s.c.* 10Feb12
Waldron, Bt. Col. H. F. K., ret. Ind. Army 5Dec.07
Waldron, Maj. P. J., ret. pay *late* 15 Hrs. 12June93
Waldron, Hon. Capt. R. J., Qr.-Mr. ret. R. Mar. Art. 27May02
Wales, Hon. Brig. Surg. J., Surg.-Maj. ret. Med. Dept 19Mar.81
Walker, Hon. Maj. C., Qr.-Mr. ret. pay *late* R. 1Apr.94
Walker, Maj. C. E. FitzG., ret. pay *late* S. Wales Bord. 1Feb.06
fit. Walker, Col. D. C., ret. pay *late* h.p. R.E. 1July85
Walker, Capt. D. G., ret. pay *late* h.p. 19Nov.18
Walker, Capt. E., et. ret. pay *late* R.A. 5Sept19
Walker, Maj. E. J. H., ret. pay *late* Manch. R. 4Mar.05
Walker, Lt.-Col. E. S. F., ret. pay *late* R.A. (Ind Pens.) (*Empld. R.F.A.*) 1May08
Walker, Lt.-Col. F., Qr.-Mr., ret. pay *late* Gds. Depôt 3June18
Walker, Hon. Maj., Qr.-Mr. ret. pay *late* R.A. 19Nov.14
Walker, Capt. G. L., ret. pay *late* Arg. & Suth'd Highrs. 1Feb.88
Walker, Gen. G W., *u.s.l.* R. (Mad.) E., Col. Comdt. R.E. 29Nov.85
Walker, Hon Capt. H. D., Sen. Asst. Surg.ret. Ind. Sub. Med. Dept. 13July00
Walker, Hon. Lt.-Col H J. O. ret. pay *late* R.A. 14Dec.87
Walker, Capt. H. M., ret. pay *late* 1 L G. (*Maj. R.H.A., T.F.*) 6Dec.95
Walker, Bt. Lt.-Col. H. S., ret. pay *late* Sco. Rif., *p.s.c.*, [F] 8July99
Walker, Capt. H. W., Qr.-Mr., ret. pay *late* North'n R. 1July17
Walker, Capt. J., ret. pay *late* R.G.A. 3Nov.17
Walker, Hon. Lt. J., Asst. Commy. ret. Ind. Army Dept. (*Rl. Wt.* 29 Nov. 97) 1July97
Walker, Hon. Lt.-Col. J. E., ret. pay *late* R. (Bo.) A. 18Oct.82
Walker, Lt.-Col. J. D. G., *D.S.O., O.B.E.*, ret. pay *late* R. Highrs. 6Apr.19
fit. Walker, Maj.-Gen. J.G.D.,u.s.l. Ind. Army 12Sept.97
Walker, Bt. Col. J. N., u.s l. Ind. Army 20July97
Walker, Lt.-Col. M., ret. Ind. Pens. *late* R.G.A. 1Oct.09
Walker, Bt. Col. P. G., ret. Ind. Army 5June07
Walker, Capt. R. H., ret. pay *late* h.p. 31July11
Walker, Hon. Capt. S. Mc A., Commy. of Ord., ret. A. Ord. Dept. 22Sept.97
Walker, Lt T., ret. pay *late* Cam'n Highrs. 10Ct.15
Walker, Hon. Maj. W., Inspr. of Army Schools ret. pay 1July17
Walker, Lt. W. E., ret. pay *late* h.p. 1Jan.13
fitC Walker, Maj.-Gen. W. G., *C.B.*, ret. Ind. Army 1Jan.16
Walker, Lt.-Col. W. R., ret. pay *late* A.V.C. (*Hon. Lt.-Col. ret. T.F.*) 5Aug.14
Walkey, Col. R., ret. pay *late* Staff(R.A.) *p.a.c.* 29Aug.93
Walkley, Hon. Maj. D., Qr.-Mr. ret. pay *late* Ches. R. (*Maj. ret. T.F.*) (*Empld. Recg. Duties*) 1Jan.17
Wall, Hon. Lt.-Col. E. J., Qr.-Mr. ret.pay*late* R.E. 3Jan.17
Wall, Hon. Maj M., Qr.-Mr. ret. pay *late* R Fus. 15Feb.19
Wall, Maj. M. D., ret. pay *late* R.G.A. (*R.F.A. Spec. Res.*) 1May17

Non-Effective Officers

Wall, Maj. R. R. B., ret. pay *late* R.F.A. (*Empld. R.F.A.*) — 16Nov.15

Wall, Hon. Capt. S.A., Sen. Asst. Surg., ret. Ind. Sub. Med. Dept. — 1Feb.04

Wallace, Hon-Gen. A., *C.B.*, ret. Ind Army [R.] — 3May11

Wallace, Col. F. J. A., ret. pay *late* h.p. — 19July85

Wallace, Hon. Capt. G., Qr.-Mr. ret. pay, *late* S. Lan. R. — 10Oct.07

Wallace, Lt. G., ret. pay *late* Suff. R. — 9Mar.18

Wallace, Maj. G. B., ret. pay *late* Essex R. — 8Jan.16

Wallace, Hon. Maj. J., Qr.-Mr. ret. pay *late* North'd Fus. — 28Mar.15

Wallace, Lt.-Col. N. W., *C.M.G.*, ret. pay *late* h.p. (*Hon.Col.ret. Impl. Yeo.*) — 24Jan.86

Wallace, Hon. Capt. R., Qr.-Mr., ret. pay *late* North'd Fus. — 29Sept.90

Wallace, Hon. Capt. T., Qr.-Mr. ret. *late* Glouc. A.S.C. — 14Feb.05

Wallace, Lt.-Col. W. B., *C.M.G.*, ret. pay, *late* h.p. (Suff. R.), *p.s.c.* — 7Jan.12

Wallace, Bt. Col. W.R.P., ret. pay. *late* Glouc. R. [F] (*Lt.-Col. 6 Bn. Lan. Fus.*) (*Empld. 10 Bn. Oxf. & Bucks. L.I.*) — 1Jan.18

Wallace-Dunlop, Maj. A., ret. Ind. Army — 30Jan.04

Wallbach, Hon. Capt. D., Qr.-Mr. pay *late* extra Reg'tl. emplt. — 12Sept 03

Waller, Capt. C., ret. pay *late* R.A. — 15Jan.20

Waller, Hon. Lt. D., Sen. Asst. Surg. ret. Ind. Sub. Med. Dept. — 3May03

Waller, Hon. Col. E. A., ret. pay, *late* h.p R.E. (Ind. Pens.) — 10Feb.04

Waller, Bt. Col. J. D. H., ret. pay late Ind. Ord. Dept. (Ind. Pens.), *f.* — 12July07

Waller, Maj.-Gen. J. E. ret. Ind. Army — 1Aug.94

Waller, Bt. S., *C.V.O.*, *O.B.E.*, ret. pay *late* Staff (R.E.)[R] [F] (*Hon. Col. ret. Vols.*) — 31Dec.95

Waller, Capt. S. E. W., ret. pay *late* R. Fus. — 1Jan.17

Wallerstein, Hon. Brig.-Gen. F. E., *C.B.*, ret. pay, *late* h.p. — 6May17

Wallington, Bt. Col. C. D., ret. pay *late* Lan. Fus. — 28Sept.04

Wallis, Maj. H. R., ret. Ind. Army — 30Oct.06

Walpole, Maj. S. H., ret. pay *late* Rif. Brig. — 4Jan.17

Walsh, Maj. E., Qr.-Mr., ret. pay *late* R.A.S.C. — 17July11

Walsh, 2nd Lt. H., ret. pay *late* h.p. — 27Oct.16

Walsh, Hon.-Lt. J., Qr.-Mr., ret. pay, *late* A.S.C. — 23Aug.99

Walsh, Lt.-Col. J. G. R., *O.B.E.*, ret. pay *late* R. Berks. R. — 29Nov.19

Walsh, Lt.-Col. J. H. T., ret. Ind. Med. Serv.(Ben.) 1Apr.04

Walsh, Hon. Maj. J. P., Qr.-Mr. ret. pay *late* A.S.C. — 27Sept.14

C. Walsh, Capt. L. P., ret. R.A. (Perm. Annuity) — 3Jan.62

Walsh, Lt.-Col. T. A., *D.S.O.*, ret. pay *late* Som. L.I. — 28Nov.19

Walshe, Lt.-Col. R. E., *C.M.G.*, ret. pay *late* h.p. — 16Oct.15

Walter, Maj. F. E., *M.V.O.*, *D.S.O.*, ret. pay *late* R.A. — 13Mar.85

Walter, Lt.-Col. F. E., ret. pay *late* Norf. R. — 5June19

Walter, Hon. Maj. J. A., Qr.-Mr. ret. pay *late* Midd'x R. — 19Mar.05

Walter Bt. Col. R. L, ret. pay late h.p.(*Lt. Col. T. F. Res.*) — 26June06

Walter, Lt. T., ret. pay *late* R.A. — 27Dec.17

Walters, Maj. H. de L., ret. pay *late* R.G.A., *g.* (*Temp. Lt.-Col. R.H. & R.F.A.*) (*Maj. R.G.A.*) — 20Aug08

Walters, Maj. L., Commy. ret. Ind. Army Dept. — 1July17

Walters, Lt.-Col. P., *O.B.E.*, ret. pay *late* Essex R. — 16Nov.19

Walters, Col. W. B., *C.B.*, *F.R.C.V.S.*, ret. A. Vety. Dept. [R (*Col. T.F. Asst. Dir. of Vety. Serv.*) — 18Oct 02

Walton, Col. B. W., ret. pay *late* R.E. (Ind. Pens.) — 25July09

Walton, Maj. G. F., ret. pay *late* A.S.C. — 9June04

Walton, Capt. J. G., ret. pay *late* extra regimentally empld. — 15Jan.20

Fl. Walwyn, Hon. Col. J. H., r.f.p. *late* h.p. — 8Sept.86

Wapshare, Lt.-Col. A., ret. Ind. Army — 28Oct.91

Warburton, 2nd Lt. H. E., ret. pay, *late* h.p. — 4Feb.18

Warburton, Hon. Capt. W., Qr.-Mr. ret. pay *late* R.E. — 2June99

Ward, Lt.-Col. A. C., ret. pay *late* R. E. — 5Dec.87

Ward, Lt.-Col. A. E., ret. Ind. S.C. — 21Nov.91

Ward, Col. C. B. R., *J.A.G.*, ret. pay *late* h.p. (L) — 1Oct.09

Ward, Col. C., Chief Paymr. ret. A. P. Dept. — 11July00

Ward, Hon. Lt. C., Qr.-Mr. ret. pay *late* R.A.M.C. — 6June15

Ward, Lt.-Col. E., *M.B.E.*, ret. pay *late* R.G.A., *p.a.c.* (*Inspn. Staff*) — 15Dec.98

Ward, Capt. E., ret. pay *late* h.p. — 1Jan.17

Ward, 2nd Lt. E., ret. pay, *late* Suff. R. — 5Aug.18

Ward, Maj. E. F., *D.S.O.*, ret. pay *late* K. R. Rif. C. — 18Jan.17

Ward, Col. Sir E. W. D., Bt., *K.C.B.*, *K.C.V.O.*, ret. pay *late* A.S.C., (*late Permt. Under Sec. of State for War*) (*Hon. Col. 2 Lond. Div. T. & S. Col.*) — 34Mar 98

Ward, Lt.-Col. F. H., ret. pay *late* R.F.A. — 21July02

Fl. Ward, Maj.-Gen. F. W., *C.B.*, u.s.l, R, (Ben.) A., Col. Comdt. R.A. — 25May95

Ward, Lt.-Col. G. J., ret. Ind. Army — 2July10

Ward, Lt.-Col. G. B. C., *D.S.O.*, ret. pay *late* S. Wales Bord. — 12Dec.19

Ward, Maj. G. L. S., ret. Ind. Army, *s.* — 3May08

Ward, Hon. Col. J., ret. Mad. S.C. — 30Mar.87

Ward, Hon. Maj. J., *O.B.E.*, Qr.-Mr. ret. pay, *late* R. Dub. Fus. (*Recg. Duties*) — 2Nov.10

Ward, Lt.-Col. L. B., ret. A. Med. Staff — 31Mar.94

Ward, Lt.-Col. L. E. S., *C.M.G.*, *D.S.O.*, ret.pay *late* Oxf. & Bucks. L.I. — 30Apr.19

Ward, Lt.-Col. M. C. P., *C.B.E.*, ret. pay, *late* R. Art., *p.s.c.* [1] [F] — 30Oct.19

C. Ward, Bt. Col. R. L., ret. pay *late* Sco. Rif. — 2Dec.86

Ward, Maj. T., *C.M.G.*, ret. pay *late* 2 D.G. (*Hon. Brig.-Gen. T.F. Res.*)[F] — 20Nov.03

Ward, Hon Col. T., *O.B.E.*, Qr.-Mr. ret. pay *late* R.A. [R] — 3June19

Ward, Bt. Col. T. R. R., ret. pay, *late* W. York R. — 7Mar.09

Ward Hon. Col. W., ret. pay *late* R. (Bo.) A.[F] 18June85

Ward, Lt.-Col. W. ret. Ind. Army — 11May05

Ward, Capt. W. A., *M.C.* ret. pay *late* Ches R. — 30Mar.20

Ward, Rev. W. J., *late* Chaplin. to the Forces 1st Class (ret. pay) — 10Oct.10

Ward, Bt. Col. W. W., ret. pay *late* h.p. — 29Apr.00

Warde, Maj. C. E., *O.B.E.*, ret. pay *late* 4 Hrs. (*Hon. Col. Impl. Yeo.*) — 1July82

Warde, Lt.-Col. H. M. A., ret. pay *late* h.p. (*Chief Constable, Kent*) — 25Oct92

Warde, Lt.-Col. H. N., ret. Ind. Army — 6Feb.10

Warde, Maj. St. A. B., ret. pay *late* R.A.(*Chief Constable, Hampshire*) — 1Nov.90

Warden, Lt.-Col. A. W., ret. Ind. Army — 2Feb.10

Warden, Lt.-Col. C. W., ret. pay *late* Midd'x R (*Lt.-Col. R. Def. Corps*) — 29Nov.00

Fl. Warden, Hon. Lt.-Col. F., ret. pay *late* 106 Ft. — 31Oct.77

Wardle, Capt. T. E., *M.C.*, ret. pay *late* h.p. — 13June19

Wardrop, Col. D., *C.B.*, *C.V.O.*, *M.B.*, ret. pay *late* R.A.Med.Coll. (*House Gov. and Med. Supdt., Osborne Convalescent Home*) — 14 Aug.07

Wardroper, Col. E., ret. pay *late* h.p., *p.s.c.* — 14Dec.90

Ware, Capt. E. W. ret. pay *late* R.G.A. — 11Dec.17

Ware, Lt. H. B., ret. pay *late* h.p. — 1July17

Ware, Lt. P., ret. pay *late* R.G.A. — 1July17

Waring, Col. H., Ord. Offr. 1st Class ret. pay *late* R.A.,O.C., *p.a.c.* — 8 Dec.14

Warner, Dep. Commy. B. L., ret. Commt. & Trans. Dept. — 1Feb.17

Warner, Maj. C. A. S., ret. pay *late* 17 Lrs. — 22Oct.02

Warner, Lt. E. G., ret. pay *late* h.p. — 24Apr.01

Warner, Maj. E. H. L., ret. pay *late* York R. (*Record Office*) — 30Oct.14

Warner, Capt J. J., ret. R. Mar. — 11Apr.19

Warner, Lt.-Col. R. H. L., ret. pay *late* h.p.,*p.s.c.* [i] 1Apr.08

Warner, Bt. Lt.-Col. W. W., ret. Ind. Army [F] — 3June16

Warrand, Capt. A. R. B., ret. pay *late* Sea. Highrs. (*Hon. Col. ret. Terr. Force*) — 4Sept. 89

Warren, Gen. Sir C., *G.C.M.G.*, *K.C.B.*, ret. pay, Col. Comdt. R.E. [R] [F] — 24Feb. 04

Warren, Maj. G. E., *D.S.O.*, ret. pay *late* Bord. R. — 29 Oct.14

Warren, Hon. Maj. G. O., Asst Commy. Gen. of Ord. ret. O. S. Dept. — 28Sept.06

Warren, Lt. L., ret. pay *late* h.p. — 28Mar.19

Warren, Maj. R. F., ret. Ind. Army — 10July01

Warren, Lt.-Col. W. L., ret. pay *late* h.p. — 22Nov.17

Warrener, Hon. Capt. J., *O.B.E.*, Qr.-Mr. ret. pay *late* R. Fus. Lond. R. (*Qr.-Mr. & Hon. Maj. 2 Bn. Lond. R.*) — 7Mar.16

Warry, Capt. B. A., *O.B.E.*, ret. pay *late* h.p. — 1Dec.95

Warwick, Lt.-Col. C. S., ret. pay, *late* Devon R. — 30Dec.14

Warwick, Lt.-Col. H. B., ret. pay *late* North'd Fus.(*Empld. Comd. Depôt*) — 5Mar.19

Waterfield, Lt.-Col. A. C. M., *M.V.O.*, ret. Ind. Army, *p.s.c.* [i] — 1Jan.19

Waterfield, Maj. B.C., ret. Ind. Army, *s.* — 18Sept.06

Waterhouse, Capt. C. F., ret. pay *late* Sea. Highrs. [1] — 31Oct.01

Non-Effective Officers

Waterhouse, Maj.-Gen. J., u.s.l. Ind. Army 27June99
Waterhouse, Lt. R. D., *C.M.G.*, ret.pay *late* h.p. 27Aug.01
Waters, Hon. Maj. **F. G.**, Dep.Commy. of Ord., ret. A. Ord. Dept. 2Aug.17
Waters, Lt.-Col. G., ret. Ind. Med. Serv. 31Mar.96
Waters, Capt. H. W. P., ret. pay *late* h.p. 30June96
Waters, Lt.-Col. R., *C.B.*, *M.D.*, ret. A. Med. Staff 19Jan.80
Waters, Hon. Brig.-Gen. W. H.-H., *C.M.G.*, *C.V.O.*, ret pay *late* h.p. (R.A.) *p.s.c.* [L] [F] (*Spec. Appt.*) 10Feb.12
Wathen, Maj. E. O., *O.B.E.*, ret.pay *late* Staff, *s*. 6June03
Watkins, Bt. Col. C. B., *C.B.*, ret. pay *late* R.H.A. (*Empld. R.A.*) 12Sept.06
Watkins, Lt.-Col. J., ret pay *late* N. Staff. R. 18Oct.02
Watkins, Hon. Maj. J., Qr.-Mr. ret. pay *late* R.A.M.C. 23Mar.16
Watkis, Gen. Sir H. B. B., *K.C.B.*, ret. Ind. Army, *p.s.c.* [R] 1Oct.17
Watling, Lt.-Col. F. W., *C.B.E.*, *D.S.O*, ret. Ind. Pens. *late* R.E., *p.s.c.* [L] 12Aug.15
Watson, Lt.-Col. A. C., ret. Ind. Army 25Aug.12
Watson, Hon. Brig.-Gen. A. G., ret. pay *late* h.p. (*Spec. Appt.*) 8Aug.17
Watson, Maj. A. O. C., *M.B.*, ret. pay *late* R.A.M.C. 5Feb.99
Watson, 2nd Lt. G., ret. pay, *late* h.p. 21Nov.16

Watson, Maj. G. F., ret. Ind. S.C. 28Oct.9?
Watson, Lt.-Col. G. H., ret Ind. Army (*Spec. Appt.*) 11Sept.02
Watson, Lt.-Col. G. H., ret. pay *late* 3 D.G. (*Remount Service*) 15Aug.19
Watson, Maj I. W., ret. pay *late* Arg. and Suth'd Highrs. 18Sept.15
Watson, Hon. Lt. J., Asst. Commy. ret. Ind. Army Dept. (*Rl. Wt.* 29 Nov. 97) 7Jan.92
Watson, Hon. Brig.-Gen. J. E., *C.B.* (ret. pay) 15Jan.18
Watson, Lt.-Col. J. K., *C M.G.*, *C.B.E.*, *D.S.O.*, *C.V.O.*. ret. pay *late* K.R. Rif. C., *q.s.* [F] 18Dec.19
Watson, Maj. R. K., ret. pay *late* Leic. R. 1July88
Watson, Bt. Col. R. S., ret. pay *late* h.p., R.A., *p.a.c.* 5Sept.01
Watson, Lt. S. A., *late* 3 Bn. Mon. R. (ret. pay)
Watson, Maj. T.E., *M.B.*,ret. Ind. Med. Serv. 29Jan.07
Watson, Maj.-Gen. W. A., *C.B.*, *C.M.G.*, *C.I.E.*, ret. Ind. Army *p.s.c.* 7Sept.15
Watson, Hon. Brig.-Gen. W. M., ret. pay *late* h.p. 11Dec.18
Watson-Kennedy, Lt.-Col. T. F. A., ret. pay, *late* h.p. 16Nov.98
Watt, Maj. A., Commy. ret. Ind. Army Dept. 1July17
Watt, Capt. A. H., *M.C.*, ret. pay, *late* 3 D.G. (for Spec. Res.) (*Maj. S. Irish Horse*) 20Oct.08
Watt, Capt. D. Y., ret. pay, *late* 17 Lrs. 17Oct.09
Watt, Maj. R, E. ret. pay *late* Oxf. & Bucks L.I. (*T.F. Record Office*) 23Oct.19
Watton, Capt. G., *M.B.E.*, ret. pay *late* R.G.A. 3Nov.17
Watts, Hon. Brig.-Gen. C. N., ret. pay *late* h.p., *p.s.c.* 8Aug.17
Watts, Lt A. T., ret. pay *late* R.G.A. 15Apr.18
Watts, Hon. Surg. Capt. G. A., Sen. Asst. Surg., ret Ind.Sub. Med. Dept. (Mad.) (*Rl. Wt.* 12Mar.94) 12Jan.95
Watts,Maj. H., Commy. ret. Ind. Army Dept. 16Oct.18
Watts, Lt.-Gen. *Sir* H. E., *K C.B.*, *K.C.M.G.*, ret. pay *late* Staff [F] 14Feb.20
Watts, Lt. J., ret. pay *late* Worc. R. 27Dec.18
Watts, Col. J. B., ret. Ind. S.C. 20June96
Watts, Lt.-Col. P. W., ret. pay *late* h.p. 29Apr.91
Watts, Hon Capt. R., ret. pay *late* R. Mar. 16May17
Watts, Maj. W. B., ret. pay *late* W. I. R 18Oct.02
Waudby, Maj. C., ret pay *late* h.p. 2June19
Wauhope, Bt. Col. R. A., *C.B.*, *C.M.G.*, *C.I.E.*, ret. pay *late* h.p. R.E. (Ind. Pens.) (*Ord. Survey*, 27 *Aug* 14) 8Aug.09
Wavell, Hon. Maj.-Gen. A. G., *O.B.*, ret. pay *late* Staff, *p.s.c.* [R] 7Nov.02
Way, Capt. H. J., *D.S.O.*, ret. pay *late* N. Staff. R. [F] (*Lt.-Col. ret. Spec. Res.*) 16Oct.99
Way, Lt. N. H., ret. Mad. S.C. 13June74
Way, Lt.-Col. L., ret. pay, *late* R.A M.C. 8June12
Waycott, Maj. E. W. J., ret. pay *late* R.A. 3 Oct.14
Waylen, Maj. H., *M.C.*, ret. pay *late* Wilts.R.21Mar.20
Waymouth, Maj. C. S. H., ret. pay *late* Dorset R., *e*. 5July11

Wayne, Capt. A. S., Qr.-Mr., ret. pay *late* R.A.S.C. 12Aug.17
Wayne, Maj. H. G. W., ret. pay late E. York. R. 17Oct.14
Weallens, Bt. Col. W., ret. pay *late* h.p. 15June08
Weatherley, Lt. E. F., ret. pay *late* R.G.A. 1Apr.18
Webb, Capt. A., ret. pay *late* b D.G. 13Mar.20
Webb, Col. C. A., ret. pay *late* A.M.O. 18Sept.05
Webb, Maj. D., ret. pay. *late* A.S.C. 20Sept.99
Webb, Lt.-Col. E. A. H., Staff Paymr., ret. A.P. Dept. 27Feb.00
Webb, Lt.-Col. G. A. C., *D.S.O.*, ret. pay *late* h.p. [F] 1Jan.18
Webb, Lt. H., ret. pay *late* h.p. 30Oct.17
Webb, Hon. Capt. H. L., Qr.-Mr. ret. pay *late* 1 Dns. 8May90
Webb, Maj. H. N., ret. Ind. S.C. 8July89
Webb, Hon. Maj. H. S., *M.B.E.*, Qr.-Mr., ret. A. Med. Staff 18Oct 02
Webb, Capt. H. W. T., *M.C.*, ret. pay *late* h.p. 23July15
Webb, Maj. P., *O B.E.*, Commy. of Ord., ret. pay *late* R.A.O.C. 1July17
Webb, Capt. S. E. D., ret. pay *late* h.p. 14June99
Webb, Capt. T. M., ret. pay *late* N. Staff. R. 11Jan.96
Webb, Hon. Maj. W., Qr.-Mr. ret. pay *late* R. Highrs. 18Oct.02
Webb, Lt. W., ret. pay *late* h.p. 9June15
Webb, Hon. Maj. W. A., Qr.-Mr. ret. pay *late* E. Lan. R. (*Qr.-Mr. and Hon. Maj.* 4 *Bn. Dorset R.*) (*War Office*) (*Spec. Appt.*) 10Apr.04
Webb, Col. W.E., *M.D.*, ret.pay *late* R.A.M.C. 23May02
Webb, Hon. Capt. W. E., *D.S.O.*, Qr.-Mr. ret. pay *late* K. O. Sco. Bord. (*Qr.-Mr. & Lt.-Col.* 14 *Bn. Lond. R.*) 8June20
Webb, Capt W. T., Qr.-Mr. ret. pay *late* R.A. 22Dec.16
Webber, Maj. H. H., ret. pay *late* R.A. 11July16
Webber, Col. J. W., ret. pay *late* h.p. 11Feb.89
Webber, Maj. O. T. O'K., ret. pay *late* R.E. (*Empld. R.E.*) (*Asst. Suptg. Eng. General Post Office*) 30Oct.14
Webber, Bt.-Col. R. S., ret. pay *late* R. W. Fus. [F] (*Gent.-at-Arms*) 3June17
Webster, Matron Nurse *Miss* C., ret. pay *late* Q.A.I.M.N.S. 7Apr.08
Webster, Maj. C. D., ret. Ind Army 1Sept.15
Webster, Lt.-Col. C. G., *F.R.C S, Edin.*, ret. Ind. Med. Serv. 29Jan.15
Webster, Capt. E. W., Asst. Inspr. of Armourers ret pay *late* R.A.O.C. 2Jan.19
Webster Hon Maj. (Vols.) J. M., Adjt. ret. pay *late* 1 Bedf. R.V.C. 1Aug.84
Webster, Lt. - Col. S. W., ret. pay *late* 6 D.G. 1Jan.20
Webster, Lt.-Col. T., ret. Ind. Army 14Oct.08
Wedderburn, Bt. Lt.-Col. A. S., ret. pay *late* R.F.A. 29Nov.00
Weedon, Col. F. F., ret. pay (*late R.E.*) Ind. Pens. 1July16
Weeks, Capt. W., *D.C.M.*, ret. pay *late* Welsh R. 27Nov.19
Weel s, Maj. W. G., Commy. of Ord., ret. pay *late* R.A.O.C. 18Feb.18
Wegg-Prosser, Maj. J.F.,ret.pay*late*Rif.Brig. 30Dec.91
Weigall, Maj. G. E., ret pay *late* R.G.A. 9Oct.97
Weir, Maj. A. V., ret. pay *late* R. Ir. Rif. 21July06
Weir, Lt. E. W. B., ret.pay *late*R.Ir.Regt. 6Apr.07
Weir, Hon. Brig.-Gen. H. G., ret. pay *late* h.p. R.A. 8Aug.17
Weir, Maj. J., Qr.-Mr. ret. pay *late* R.F.A. (*Empld. Recg. Duties* 5 *Aug.* 14) 16Aug.19
Weir, Col. P. A., *M.B.*, ret. Ind. Med. Serv. 26Oct.05
Weir, Lt.-Col. R. R., *M.B.*, ret. Ind. Med. Serv. 30Sept.02
Welby, Lt.-Col. *Sir* A. C. E., *K.B.E.*,ret. pay *late* 2 Dns. 5July92
Welch, Col. G. O., *C.B.*, ret. pay *late* h.p. (A.S.C.) 7Sept.04
Welch, Maj. H. C., ret. pay *late* R.A.V.C. 10July15
Welchman, Bt. Col. E. W. St. G., *C.B.*, ret., Ind. Army 10Feb.04
Welchman, Maj. F. D., ret. Ind. S.C. 30Nov.90
Weld, Lt.-Col. A. E., ret. pay, *late* R.A. Med. Corps 1Mar.15
Weldon, Col. F., u.s.l. Ind. Army 26Sept.85
Weldon, Capt. F. H., *D.S.O.*, ret.pay *late* Notts. & Derby. R., *q.s.* (*Hon. Maj. ret. Spec. Res.*) 28Nov.96
Weldon, Qr.-Mr. W., ret. pay *late* Durh. L.I. 7July82

Non-Effective Officers 109

Weller, Maj. A. T., ret. Ind. S.C. 2Nov.96
Wellings, Lt.-Col. B. W., ret. A. Med. Staff 30Sept.94
Wellington, Col. A. C., *Duke of*, K.G., G.C.V.O., ret. pay *late* h.p. 1Aug.81
Wells, Lt. C. H., ret. pay *late* R.G.A. 27Nov.18
Wells, Hon. Surg. Lt. H., Sen. Asst. Surg. ret. Ind. Sub. Med. Dept. (Mad.) (*Rl. Wt.* 12 Mar. 94) 4Mar.93
Wells, Lt. H., ret. pay, *late* R.A. 1July17
Wells, ⸸ t. H. D., ret. pay *late* Midd'x R. 1Nov.18
Wells, Maj. J., ret. pay, *late* R. Art. 12 Sept.14
Welman, Lt.-Col. A. P., ret. pay. *late* h.p. 15 Oct. 09
Welman, Lt.-Col. H., *O.B.E.*, ret. Ind. S.C. 31July17
Welman, Maj. H. B., ret. pay *late* Leins. R. 31July02
Welman, Bt. Lt.-Col. H.L., ret. pay *late* h.p. (*War Office*) 1Jan.18
Wemyss, Lt -Col. D. G., ret. pay *late* h.p. 7Aug.08
Wemyss, Maj. R. E. F., ret. pay *late* R.F.A. (*Lab. Corps*) 16Nov.15
Wentworth, Maj. G. E. W., ret. pay *late* Lan. R. 26Oct.01
Wentworth, Lt. G. W., ret. pay *late* Norf. R. 6Sept.15
Were, Maj. H. H., *D.S.O.*, ret. pay *late* E. Lan. R. 23Sept.05
Werndley, Hon. Lt. A., Qr.-Mr. ret. pay *late* A.S.C. 12Dec.03
West, Capt. A. A., ret. Ind. Army 8June00
West, Lt. E. a., ret. pay *late* Midd'x R. 16Nov.17
West, Maj. E. E., ret. pay *late* 5 Lrs. 5July16
West, Hon. Capt. J., Dep. Commy. of Ord., ret. pay, *late* h.p. 8Dec.14
West, 2nd Lt. S. J., ret. pay (*temp.*) *late* 3 Bn. R.W. Surr. R. 12Dec.14
West, 2nd Lt. S. R., ret. pay *late* h.p. 12Apr.18
Westby, Hon. Maj.-Gen. B. C., ret. pay *late* Bedf. R. 1July87
Westcott, Col. S., *C.B.*, *C.M.G.* ret. pay *late* R.A.M.C. 20Mar.12
Westcott, Lt. W. F., *D.C.M.*, ret. pay *late* h.p. 1July17
Westerman, Capt. J. F., ret. pay *late* h.p. (R.A.) 13Oct.99
Western, Col. J. S. E., *C.B.E.*, ret. Ind. Army, *p.s.c.* (*Empld. R. Def. Corps*) 12Feb.07
Westlake, Bt. Col. A. P., *D.S.O.*, ret. Ind. Army 29Nov.03
🐎 Westmacott, Maj.-Gen. *Sir* R., *K.C.B.*, *D.S.O.*, u.s.l. Ind. Army [R] 20June99
Westmacott, Lt.-Col. R.F., ret.pay*late*Lan.Fs.18Oct.02
Westmorland, Lt.-Col. H G., ret. pay *late* Hamps. R. 17June19
Westmorland, Hon. Col. I. P., ret. pay *late* R. (Ben.) E. 8Feb.84
Westmorland, Maj. P.T., *C.M.G.*,*D.S.O.*.ret. pay*late* R. War. R. (*Lt.-Col. T.F. Res.*) (*temp. Brig.-Gen.*) s. 22Dec.97
Weston, Maj. A., ret. pay *late* 5 Lrs. 13June88
Weston, Hon. Capt. E., Sen. Asst.-Surg. ret, Ind. Sub. Med. Dept. 5June07
Weston,Lt. Col.G.E., ret. pay *late* R.A.M.C. 30July01
Weston, Capt. G. W., ret. pay *late* R.A. 10Apr.18
Weston, Lt. (Dist. Offr.) H., ret. pay *late* R.A. 17Apr.01
Weston, Hon. Capt. J. T., Sen. Asst.-Surg., ret. Ind. Sub. Med. Dept. 1Jan.03
Weston, Lt.-Col. R. N., *C.M.G.*, *O.B.E.*, ret. pay *late* Manch. R. 19Dec.19
Weston,Maj. T. B., ret. pay *late* 20 Hrs. 1July88
Weston, Hon. Capt. W. A., Sen. Asst.-Surg., ret. Ind. Sub. Med. Dept. 1Nov.00
Weston, Lt. W. C., *M.C.*, ret. pay *late* R. Berks. R. 10Nov.18
Westropp, Col. G. R. C., *C.B.*,ret. Ind. Army 1June07
Westropp, Hon. Brig.-Gen. H. C. E., ret. pay *late* Manch. R. 11Apr.17
Westwood,Hon.Capt.T.,ret.Ind.ArmyDept. 6Sept.07
Wetherall, Maj. J. A. C., *O.B.E.*, ret. pay *late* North'n R. *t.a.* 15Sept.15
Wetherall. Bt. Col. W. A., *O.B.E.*, u.s.l. Ind. Army 30Jan 96
Wethered, Capt. O. S., T.F. Res., *late* 6 Bn. Welsh R. (T.F.), ret. pay (*temp.*) 4Nov.14
Wetherell, Lt.-Col. R. W. M., ret. pay *late* h.p. 1July85
Wetherell, Capt. W. E. M., *O.B.E.*, ret. pay *late* Bedf. R. 15May01
Whaite, Col. T. du B., *C.B.*, *C.M.G.*, *M.B.*, ret. pay *late* A. Med. Serv. 1Mar.15
Whale, Capt. P. M., ret. pay *late* h.p. 1Feb.19

Whalley, Lt.-Col. R., ret. pay *late* h.p. 10May93
Whatman, Bt. Lt.-Col. W. D., *C.M.G.*, ret. pay *late* h.p. 9Sept.06
Wheatley, Col. H. S., *C.B.*, u.s.l. Ind. Army 24Oct.00
Wheatley, Hon. Brig.-Gen. L. L , *C.M.G.*, *D.S.O*, ret. pay *late* Argy. & Suth'd Highrs. 17Mar.20
Wheatley, Hon. Brig.-Gen. P., *C.B.*, *C.M.G.*, *D.S.O.*, ret. pay *late* R.A. 16Aug.19
Wheeler Maj. A., Qr.-Mr., ret. pay *late* R A.M.C. 23June15
Wheeler, Hon. Lt. A., Asst. Commy. ret. Ind. Army Dept. 4Aug.07
Wheeler, Lt. Lt.-Col. E., ret. R. Mar. Art. 12Sept.94
Wheeler, Hon. Capt. G., Commy. ret. Ind. Army Dept. (*Rl. Wt.* 29 *Nov.* 97) 4Oct.04
Wheeler, Maj. H. L, *C.B.*, *D.S.O.*, ret. pay *late* Hamps. R., *t.a.* 28Apr.15
Wheeler, Col. J. L., Ord. Offr., 1st Class, ret. A. Ord. Dept. 14Mar.01
Wheeler, Maj. L. J., Qr.-Mr. ret. pay *late* 6 D.G. 1July17
🐎 Wheeler, Maj.-Gen. P., u.s.l. Ind. Army 17Aug.90
🐎 Wheeler,Hon.Maj.-Gen.R.,ret.Ben.S.C. 31Dec.87
Wheler, Bt. Col. C. S., ret. Ind. Army 20Nov.03
Wheler, Hon. Lt.-Col. F. H., ret. pay *late* N. Lan. R. 14Dec.87
Whiffin, Maj. G. G.,*O.B.E.*,ret.pay*late* R.W. Surr. R. 29Nov.00
Whishaw, Lt.-Col. E. R., ret pay *late* h.p. 27Dec.17
Whistler, Capt. F., ret. pay *late* High. L I. 3Feb.92
Whistler, Capt. T. G., ret. pay *late* Hamps. R. 17Aug.91
Whiston. Surg. Bt. Col. P. H., ret. pay *late* I. Gds. [F] 3June19
Whitaker, Bt. Col. O. H. T., *M V.O* , ret. pay, *late* Yorks. L.I. 19July05
Whitaker, Lt.-Col. O. J., ret. pay *late* York & Lanc. R. 27Aug.84
Whitaker,Capt.H.J.W.,ret. pay, *late* Hamps.R. (*Empld. Recg. Duties* 4 *Aug.* 14) 19Feb.98
Whitbread, Hon. Lt. A., Comp. Asst. Commy, ret. Ind. Army Dept. (*Rl. Wt.* 29 *Nov* 97) 17Mar.01
Whitbread, Capt. R., ret. pay *late* h.p. 18Sept.15
Whitcombes, Lt. C. H., *M.C.*, ret. pay *late* R.A. 1July17
Whitcombe, Lt.-Col. E. G. R., ret. Ind. Med. Serv. 31Jan.11
White, Maj. A. F., ret. pay *late* Welsh R. 12Dec.92
White, Bt.Col.A.W.,ret. pay *late* h.p. R.A.,*p.a.c.* 11Jan.96
White, Lt. C. H., ret. pay *late* R.G.A. 1 Oct.18
White, Hon. Brig.-Gen. E. D., *C.M.G.*, ret. pay *late* Staff 8Feb.20
White, Bt.Col. F., *D.S.O.*, ret. pay *late* R. Mar. [F]*D.C.O.* 11Apr.06
White, Maj. F., ret. pay *late* E. Surr. R. 14Jan.01
White, Maj. F. H., Qr.-Mr. ret. pay, *late* S. Staff R. (*Recg. Duties*) 18Feb.15
White, Col. G. A., ret. pay *late* h.p. 17Jan.87
White, Hon. Brig -Gen. G. F., *C.B.*, *C.M.G.*, *C.I.E*, ret. pay *late* Staff. K. [F] 21Oct.19
White, Maj. G. E., *M.C.*, Commy., ret. Ind. Army Dept. 27Sept.17
White, Lt.-Col. G. F., ret. pay *late* Yorks, L.I. 26Mar.90
White, 2nd Lt. H., ret. pay *late* h.p. 3Mar.17
White, Hon. Maj. H. E., Qr.-Mr. ret. pay *late* R. W. Fus. 18Oct.02
White,Lt.-Col. H. L. E.,ret. pay*late* R.A.M.C. 6Mar.00
White, Hon. Maj.-Gen. H. S. N., *C.B.*, *M.V.O.*, ret. pay *late* R. Marines 6May18
White, Lt.-Col. H. S., ret. pay *late* R.F.A. 12Sept.08
White, Lt. H. W., ret. pay, *late* R.G.A. 19Aug.18
🐎 White, Hon. Maj. J., Qr.-Mr. ret. pay *late* Prov. Cav. Depôt 1June87
White, Hon. Maj. J., Qr.-Mr ret. R. Mar 27May02
White, Col. J. G., *C.M.G.*, ret. pay *late* Staff, *v.s.c.* 18Sept.02
White, Capt. J. H. L., ret pay *late* North'd Fus. 20Mar.91
White, Capt. J. J., ret. pay *late* Shrops. L.I. 8June98
White, Lt. M. B., ret. pay *late* h.p. (*Capt. Rif. Brig., Spec. Res.*) 18Dec.00
White, Capt. (*prov.*) O. W., ret. Ind. Army 27July07
White, Hon. Capt. S. C., Sen. Asst. Surg. ret. Ind. Sub. Med. Dept. 12Apr.93
White, Lt.-Col. S. R. L., *D.S.O.*, ret. pay *late* h.p. 23May1
White, Hon. Maj. T. J., Dep. Commy. of Ord. ret. A. Ord. Dept. 1July1

Non-Effective Officers

White, Col. T. P., ret. pay *late* Staff. 3May88
White, Lt -Col. W. E., ret. Ind. Army 12June11
White, Maj. W. F., ret. pay *late* Ches. R. 1Dec.19
White, Hon. Brig.-Gen. W.L., *C.B.,C.M.G.*, ret. pay *late* Inspr. of R.G.A., *p.s.c., g.* [R] 21Mar.13
White. Capt, W. L. B., Inspr. of Army Schs., ret. pay *late* Army Schs. 1July17
White, Hon. Brig.-Surg., W. O'B., ret. R. A. Med. Staff 25Apr.86
Whitehead, Lt.-Col. E. L'E., *D.S.O.*, ret. pay *late* R.G.A. [L] 1May17
Whitehead, Hon. Lt.-Col. G. W., ret. Mad. S.C. 27Nov.87
Whitehead, Maj.-Gen. *Sir* H. R., *K.C.B., F.R.C.S.*, ret. pay *late* A. Med. Serv. *(President War Office Med. Board)* [F] 21Jan.09
Whitehead, Capt.T. L,, Qr.-Mr. ret. pay *late* R.E. 3Nov.10
Whitehorn, Hon. Maj. J. C. B., Qr.-Mr. ret. pay *late* R.A.M.C. 1July83
Whitehouse, Capt. B , ret. pay *late* N. Lan. R. 15Aug.17
Whitestone, Lt.-Col. C. W. H., *M.B.*, ret. pay *late* R.A.M.C. 13 Feb.17
Whitewood, Lt. W., ret. pay *late* R.G.A. 13Feb.13
Whitfield, Maj. G. D., ret. A. Vety. Dept. 15Feb.19
Whitla, Hon. Dep. Surg.-Gen. G., Brig. Surg. ret. Med. Dept. 1Apr.98
Whitla, Maj. V. G., *O.B.E.*, ret. pay *late* 3 Hrs. 1Feb.83
Whitlam, Maj. G., ret. pay *late* R A 15Oct.98
Whitley, Hon. Capt. W. T., Qr.-Mr. ret. pay *late* R.G.A. (*Capt. ret. Terr. Force*) (*Hon. Maj. ret. Vols.*) 24Dec.19
Whitley-Owen, Maj. G., ret. pay *late* R A. (*Hon. Col. Spec. Res.*) 20Feb.92
Whittall, Bt. Col. F. V., ret. Ind. Army 1Apr.91
Whittingham,Capt.C.H.,*C.M.G.,D.S.O.*,ret.pay *late* Durh.L.I. [F] 15Aug.07
(*Slavery Suppression Dept., Egypt*) { 1June08
(*temp. Lt.-Col. in Army*) 12June02}
Whittle, Hon. Maj. E. C., Inspr. of Army Schools, ret. pay 23 Oct. 14
Whitty, Lt.-Col. M. J., *M.D.*, ret. pay *late* R.A.M.C. (*Empld.*) 1July06
Whitwell, Lt.-Col. R. R. H., *M.B.*, ret. Ind. Med. Serv. (Ben.) 28July06
Whitworth, Hon. Capt. A. W., Paymr. ret. A.P. Dept. 31Mar.00
Whylock, Capt. J. G. H., ret. pay *late* Glouc. R. 18June83
Whyte, Lt. W. P. T., ret. pay *late* Conn. Rang. (for Spec.Res.) (*Capt. 3 Bn. Conn. Rang.*) 18May94
Whyte, Bt. Col. C. W. F., ret. Ind. Army 23Feb.07
Whyte, Lt.-Col. J. F., ret. Ind. Army [L] 12June09
Whyte.Lt.-Col. W.H.,*D.S.O.*,ret.pay *late* b.19Nov.19
Wickham, Hon. Maj. A. F., Commy ret. Ind. Army Dept. (*Empld.*) 9Apr.08
Wickham, Lt.-Col. W. H. E. ret. pay *late* h.p. 1Feb.83
Wickham, Col. W. J. R., *C.B.*,ret.Ind.Army 10Feb.04
Wicks, Capt. F. J., *M.C.*, ret. pay *late* R G A. 2Nov.17
Wicks. Lt.-Col. W. H. C., *D.S.O., O.B.E.*, ret. pay *late* Sea. Highrs. 9Nov.'9
Widdicombe, Lt.-Col. F. S., ret. pay *late* Ind. Army 29Aug.11
Widdrington, Hon. Brig.-Gen. B. F., *C.M.G., D.S.O.*, ret. pay *late* K.R. Rif. C. [F] 2Apr.19
Widnell, Lt. H. E. R., ret. pay, *late* h.p., Sea. Highrs. 17June16
Wiehe, Bt. Col. F. G. A., ret. pay *late* h.p., s. 23July98
Wienholt, Capt. E. A., ret. pay *late* 1 D. Gds. 17Dec.12
Wigan, Maj. D. G., ret. pay, *late* h.p. 1Sept.15
Wiggin, Hon. Brig.-Gen. E. A.,*D.S.O.*, ret. pay *late* 13 Hrs. (*Col. Terr. Force*) [F] 1May17
Wight, Dep. Commy. of Ord. and Hon. Capt. J. (ret. pay), *late* h.p. 2Apr.13
Wigram, Maj. H. R., ret. pay *late* K.O. Sco. Bord. 8Mar.99
Wikeley, Hon. Brig. Surg. C. E., Surg.-Maj. ret. Med. Dept. 2Feb.84
Wilberforce-Bell, Hon.Capt. H., Qr.-Mr.ret. pay, *late* 15 Hrs. (*Mil. Knt. of Windsor*) 18Oct.03
Wilbond,Hon.Capt.J.,Qr.-Mr.ret.pay,*late* R.A. 11June91
Wilbond, Hon. Capt. J. H., Commy. ret. Ind Army Dept. 29Sept.02
Wilbraham, Bt. Lt.-Col.R. J., ret. pay *late* D. of Corn. L.I. 1Jan.19
Wild, Capt. (Dist.Offr.) A.J.,ret.pay *late* R.A. 25Feb.16

Wild, Hon. Dep. Commy. Gen. & Col. H. J., Asst. Gen. ret Commt. & Trans. Staff 1Nov.86
Wildey, Hon. Capt. R. S., Dep. Commy. ret. Ind. Army Dept. 1Dec.94
Wildig, Hon. Capt. T., Qr.-Mr. ret. pay *late* Shrops. L.I. (*Qr.-Mr. & Maj. 7 Bn. Welsh R.*) 23Apr.12
Wilding, Lt.-Col. C. A., *C.M.G.*, ret. pay, *late* h.p. 12Oct.14
Wiley, Capt. A., ret. pay *late* h.p. 28Nov.83
Wilken, Hon.Maj. J., Ridg.-Mr.ret.pay*late* R.A. 16Aug.97
Wilkie, Maj. A.B.[L] ret. pay *late* R.Suss.R. 1Sept.15
Wilkie, Col. D., *M.B.*, ret. Ind. Med. Serv. [R] 2Apr.04
Wilkieson. Bt. Col. C. B., ret. pay *late* R.E. (Ind. Pens.). 1Jan 18
Wilkieson. Maj. C. W., ret. Ind. Army 10July01
Wilkin, Rev. S. W. W., Chaplain 1st class, ret. pay *late* A. Chaplains Dept. 1 Oct.07
Wilkin, Maj., W. H., ret. pay *late* Notts & Derby R. 1Sept.15
Wilkins, Capt. C. F., ret. pay *late* h.p. 8July19
Wilkins, Lt.-Col. E. G. R., ret. Ind. Army [l] 31July09
Wilkins, Lt.-Col. H. St. C., *p.s.c.* [l] ret. pay *late* h.p. 5Nov.14
Wilkins, Lt. T., *M.C.*, ret. pay, *late* h.p. 1July17
Wilkins, Col. T. J. H., ret. Ind. Med. Serv. 30June03
Wilkins, Maj. W.. Qr.-Mr., ret. pay *late* Glouc. R 1July17
Wilkinson, Lt. C. G., ret. pay *late* R, Muns. Fus. 11Jan.19
Wilkinson, Lt.-Col. E., *F.R.C.S.*, ret. Ind. Med. Serv. 28July11
Wilkinson, Matron Miss E. A., ret. pay *late* Q.A.I.M.N.S. 5Nov.03
Wilkinson, Maj.E.B., ret.pay*late* Linc.R., *q.s.* (F) (*temp. Brig.-Gen.*) (*Remount Service*) 16Nov.98
Wilkinson, Bt. Lt.-Col. E. G.. ret R. Mar. 1Feb.99
Wilkinson, Maj. F. A., ret. pay, *late* R. Fus 6Apr.98
Wilkinson, Capt. H., *M.C.*, ret. pay *late* N. Lan. R. 17Jan.20
Wilkinson, Hon. Capt. J. E., Dep. Commy. ret. Ind. ArmyDept.(*Empld. 7Bn. R. Lanc. R.*) 1Feb.13
Wilkinson, Hon. Brig-Gen. M. G., *C.B., C.M.G., M.v.O.*, ret. pay *late* Staff (*temp. Brig.-Gen.*) s. 8Jan.18
Wilkinson, Maj. *Sir* N R., *Knt., C.V.O.*, ret. pay *late* C. Gds. [F](*Ulster King of Arms, 4 Feb.*08) 3June16
Wilkinson, Maj. T. H. Des. V., *D.S.O.*, ret. pay *late* Rif. Brig. 5Sept.97
Willans, Bt. Maj. R. H. K., ret. pay *late* A.S.C. 1Mar.02
Willcock, Lt.-Col. S., *O.B.E.*, ret. pay *late* Manch. R. [F] 10Aug.15
Willcocks, Lt.-Col. A. J., *M.D.*, ret. Ind. Med. Serv. 30Sept.93
Willcox,Capt J.W.W.,ret pay *late* R.G.A 8Nov.17
Willes, Maj. C. E., *C.M.G.*, ret. pay *late* R.W. Fus. (*Lt.-Col. ret. Vols.*) (*temp. Lt.-Col.*), s. 28June18
Willes, Maj. G. F, ret. Ind. S.C. 24June97
Williams, Surg.-Lt.-Col. A. H., *M.B.* ret. Ind. Med. Serv. 30Mar.92
Williams, Hon. Capt. A. H., Commy. ret. Ind. Army Dept. 18Mar.05
Williams, Capt. B. C. W., ret. pay *late* York. R. 27Apr.98
Williams, *Hon.* Brig.-Gen. C., *C.B.* (ret. pay)12 May 18
Williams, Maj. C. H.. ret. Ind Army 10Nov.04
Williams,Hon.Capt. C J., Qr.-Mr. ret. pay, *late* h.p. 1July17
Williams, Maj. C L, *M.D.*, ret.Ind. Med. Serv. (*temp. Maj. R.A.M.C.*) 30Sept.01
Williams, Maj. C. S., ret. Ind. Army 6Feb.02
Williams, 2nd Lt. D. M. B., ret. pay, *late* Shrops. L.I. 7Apr.16
Williams, Lt. E.. *M.C.*, ret. pay *late* R.G.A. 29Apr.05
Williams, Maj. E. M., ret.pay *late* R.A.M.C. (*Empld.*) 29Apr.05
Williams,Maj.E.McK.,ret.pay*late*R.A.M.C. 31Jan.03
Williams, Capt. E. S., ret. pay *late* h.p. (*temp. Maj. 8 Bn. D. of Corn L.I.*) 8May95
Williams, Maj.-Gen. *Sir* G , *K.C.I.E., C.B.*, ret. pay *late* R.E. (Ind. Pens.) 1Jan.17
Williams, Hon. Maj. G., Qr.-Mr. ret. pay *late* Oxf. L.I. 6Jan.03
Williams, Bt. Col. G. A., ret. Ind. Army 31Mar.06
Williams, Maj. G. T., ret. pay *late* 11 Hrs., s. 29Sept.08
Williams, Maj. H. B. O., ret. pay *late* h.p. 25Apr.03

Non-Effective Officers

Williams, Col. H. D., *C.M.G.*, ret. pay *late* Regtl. Dist. — 6Mar.99
Williams, Maj. L. O., ret. pay *late* 11 Hrs. *(Hon. Lt.-Col. ret. Spec. Res.)* *(Maj.ret.Terr.Force)* 25Oct.02
ft. Williams, Col. M., ret. pay *late* h.p. — 1July85
Williams, Maj.M.S., ret. pay *late* E. Kent R. — 5Jan.19
Williams, Bt. Col. O., ret. pay *late* Suff. R. — 1Apr.96
Williams, Hon. Brig.-Gen. R. B., *C.B.*, ret. pay *late* h.p., *p.s.* . — 1Feb.18
Williams, Hon.Maj.R.C.W., *O.B.E.*,Qr.-Mr. ret. pay *late* R.G.A. *(Temp. Maj. R. Art.)* 1Jan.17
Williams,Hon.Lt.-Col.R.H.,ret. pay *late* R.E. 28May84
Williams, Maj. S., Dep. Commy. of ,Ord., ret. pay *late* R.A.O.C. [F] — 3Mar.20
Williams, Hon. Brig.-Gen. S. F., *C.M.G.*, ret. pay *late* h.p. — 17Dec.19
Williams, Maj. W., Commy. ret. Ind. Army Dept. — 27Sept.17
Williams, Hon. Capt. W. A., Sen. Asst. Surg., ret. Ind. Sub. Med. Dept. (Ben.) 2June00
Williams, Lt. W. A., ret. pay, *late* h.p. 22 Aug.15
Williams, Col. W B.. ret. pay, *late* Regtl. Dist. 19Mar.98
Williams, Maj. W G. (Dist. Offr.), ret. pay *late* R.A. — 9Sept.17
Williams, Col. W. H., *C.M.G.*, ret. pay *late* h.p. R.A., *f*. — 10Feb.04
Williams-Freeman, Maj. F. C. P., *D.S.O.*, ret. pay *late* R. War. R. 18Sept.15
Williams-Hepworth, Hon. Maj. E. W. G., ret. pay *late* h.p. — 16Oct.80
Williamson, Lt. C., *M.C.*, ret. pay *late* Essex R. — 30 ulv19
Williamson, Col. C V W. ret. Ind. Army 27Jan.05
Williamson, Col. J. F., *C.B.*, *C.M.G.*, *M.B.*, ret. pay *formerly* R.A.M.C. [R] 20Nov.03
Williamson, Lt.-Col. J. G., ret. A. Med. Staff 1Apr.91
Williamson, Hon. Lt. J. H., Sen. Asst. Surg. ret. Ind. Sub. Med. Dept. 5June07
Williamson, Lt.-Col. M., *O.B.E.*, ret. Ind. Army — 8May13
Williamson, Hon. Maj. R. C., *M.B.E.*, Qr.-Mr. ret. pay, *late* Arg. & Suth'd Highrs. 1July17
Williamson, Col. R. F., *C.B.*, r.f.p., *late* h.p. 17May86
Williamson,Hon.Maj.S.H.,*D.C.M.*,Qr.-Mr., ret. pay *late* E. Lan. R. 1July17
Willington, Maj. J. A., Paymr., ret. pay *late* A.P. Dept. — 17June01
Willis, Maj. A., ret. pay *late* R.F.A. 30Oct.14
Willis, Capt. C. B. d'A. ret. pay, *late* R.A. 5Dec.8¹
Willis, Lt.-Col. C. H., ret. R. Mar. 16Aug.19
Willis, Hon. Maj H., Qr.-Mr. ret. pay *late* Essex R. — 1July17
Willis, Maj. H. de L., ret pay, *late* R.M.L.I. 6June17
Willis, Hon. Maj H. R. J., *M.B.E.*, Ridg.-Mr. ret. pay *late* 7 D.G. — 10Apr.01
Willis, Col. J. L. N., u.s.l. Ind. Army 13Nov.88
Willis, Capt. T. W., ret. pay *late* h.p. 16Mar.17
Willis, Hon. Capt. W. J., Qr.-Mr. ret. pay *late* R.W. Kent R. 23Apr.12
Willmott, Hon Capt. E. H. B., Dep. Commy. ret. Ind. Army Dept. 5Apr.06
Willmott, Bt. Lt.-Col. W. A., ret. pay, *late* North'd Fus. 22Aug.02
Willoughby, Bt.Col. *Hon.*C. H. C., ret. pay *late* h.p. — 15Mar07
Willoughby,Maj.-Gen. J. F., ret. Ind. Army [R]19Apr.96
Willoughby, Lt.-Gen. M.W., *C.S.I.*, u.s.l. Ind. Army [R] — 9Dec.93
Willoughby, Lt.-Col. R. F., ret. pay *late* Staff. 20Feb.93
Wills, Lt.-Col. S. R., ret. pay *late* R.A.M.C. 30May05
Wilmer, Lt.-Col. A. H., ret. Ind. Army 6Oct.02
Wilmer, Col. J. R., u.s.l. Ind. Army 22June89
Wilmer, Bt. Capt. W., ret. Ben. S.C. 3July72
Wilmot Lt. E. R. E., ret. Ind. Army 31Jan.35
Wilmot-Sitwell,Bt.Maj.D.. ret pay,*late* R.Ir.Rif. 2Oct.01
Wilsey, Hon. Capt. H. W., Commy. ret. Ind. Army Dept. — 18Jan.07
Wilshaw, Matron *Miss* S. L., *R.R.C.*, ret. pay, *late* Q.A.I.M.N.S. 5Mar.07
Wilson, Hon Lt. A., ret. pay *late* Arg. & Suth'd Highrs — 19Aug.18
Wilson, Capt. A. C., ret. pay *late* h.p. 5Oct.03
Wilson, Capt. A. C., ret. pay, *late* 2 Dns. 3Feb.20
Wilson, Lt.-Col. A. W. M., ret. pay, *late* W.Afr.R. (*Empldd. Brit. W.I.R.*) 14Aug.07

Wilson, Col. C. E., ret. pay, *late* h.p. 4Oct.11
Wilson, Maj. C. E., *C.M.G.*, *C.B.E.*, *D.S.O.*, ret. pay *late* h.p. [F] e.a. (*temp. Lt.-Col.*) 22Aug.02
Wilson, Lt.-Col.C.H., ret. pay *late* h.p. 23Dec.16
Wilson, Bt. Col. C H. L. F., *C.B.E.*, ret. *late* Ind. Ord. Dept. (R.A.) (Ind. Pens.) 14July09
Wilson, Maj. C. W. *D.S.O.*, ret. pay *late* K.R. Rif. C., *p.s.c.* 9Aug.05
Wilson, Bt. Lt.-Col. E. E. B. Holt, *C.M.G.*, *D.S.O.*, ret. pay *late* R.E., [F] s. 1Jan 18
Wilson, Lt.-Col. E. M., *C.B.*, *C.M.G.*, *D.S.O.*, ret. pay *late* R.A.M.C. 30July01
Wilson, Lt.-Col. F. A., *C.B.*, ret. pay *late* R.E., Ind. Pens. 25Sept.11
Wilson, Capt. F. W. C., ret. pay *late* R.A. 24Dec.19
Wilson, Lt.-Col. G., *M.B.*, ret. pay *late* R.A.M.C. 2Feb.04
Wilson, Hon. Capt. G., Sen. Asst. Surg., ret. Ind. Sub. Med. Dept. 15June00
Wilson, Maj. G. A., ret. pay (*temp.*) *late* 6 Bn. Gord. Highrs. 8Sept.14
Wilson, Bt. Lt.-Col. G. T. B., *D.S.O.*, ret. pay *late* High. L.I. (*Lt.-Col. ret. Spec. Res.*) [F] 1Jan.18
Wilson, Lt. H., ret. pay, *late* h.p. 9Feb.18
Wilson, Temp. 2nd Lt. H. D. W., ret. pay, *late* B.F.C. 19Nov.15
Wilson, Capt. H. J., Asst. Paymr. ret. pay *late* A.P. Dept. 28Apr.18
Wilson, Hon. Maj. J., ret. pay *late* 90 Ft. 23Jan.78
Wilson. Maj J., *O.B.E.*, Qr.-Mr. ret. pay, *late* R A.M.C. 3June17
Wilson, Capt. J. A., ret. pay *late* R. Fus. 18June19
Wilson, Hon. Capt. J C., Qr.-Mr. ret. pay Shrops. L.I. 23July00
Wilson, Lt.-Col. J. F., ret. Ind. Army 10Sept.01
Wilson, Bt Col J. G. Y., *C.B.E.*. ret. pay *late* A.S.C. 24Mar.98
Wilson, Maj. J. R., ret. pay *late* R.F.A. (*Empld. R.F.A.*) 14Nov.00
Wilson, Sister *Miss* J. W., ret. pay, *late* Q.A I M.N.S. 1July95
Wilson, Matron *Miss* M., R.R.C., ret. pay, *late* Q.A.I.M.N.S. 26Dec.15
Wilson, Maj. *Sir* M. R.H., *Bt.*, *C S.I.*, *D.S.O.*, ret. pay, *late* 10 Hrs. (*Lt.-Col.* 1 Co. of Lond. Yeo.) 7May08
Wilson, Maj, P. A., *M.C.*, ret. pay *late* R.W. Kent R. 18Sept.15
Wilson, Hon. Lt.-Col. R. H. F. W., *D.S.O.*, ret. pay *late* 10 Hrs., *p.s.c.* 10July01
Wilson, Bt. Lt.-Col. R.S., ret. pay *late* Lan. Fus. [F] e.a. (*Empld. under Sudan Govt.*, 28 *May* 13) 3June18
Wilson, Hon. Maj. T., Commy. ret. Ind. Army Dept. (*Empld. A.O.D.*) 1July17
Wilson, Lt.-Col. T., *O B.E.*, Qr.-Mr. ret. pay, *late* R.A.S.C. 21Jan.20
Wilson, Hon. Capt. W., Commy. ret. Ind. Army Dept. 1Apr.02
Wilson, Capt. W., *D.C.M.*, ret. pay *late* Leic. R. 2Oct.19
Wilson,Surg.-Gen. *Sir* W. D., *K.C.M.G.*, *M.B.*, ret. A. Med. Staff [R] 3Oct.98
Wilson-Farquharson, Lt.-Col. D. L., *D.S.O.*, ret. pay *late* R, Highrs. 18Jan.18
Wiltshire, Hon. Lt. C., Asst. Commy. ret. Ind. Army Dept (*Rl. Wt.* 29.*Nov.*97) 22Nov.00
Wimberley, Lt.-Col. C. I., ret. Ind. Army 29July08
Winch, Lt.-Col. A. B., *O.B.E.*, ret. pay *late* 2 Dns. 4May19
Windle, Col. R. J., *M.B.*, ret. pay, *late* R.A.M.C. 1Mar.15
Window, Lt. A., ret. pay *late* h.p. 8Aug16
Windross, Maj. M., Sen. Asst. Surg. ret. Ind. Sub. Med. Dept. 2Apr.18
Windrom, Lt.-Col. F., Dist. Offr. ret. pay, *late* R.A. 13Nov.14
Windrum, Hon. Maj. J. M., Qr.-Mr. ret. pay *late* Extra regimentally empld. 2July19
Wingate, Col. A.W.S., *C.M.G.*, ret. Ind.Army 24Aug.08
Wingate, Col. G., *C.I.E.*, u.s.l. Ind. Army 28Sept.01
Wingfield, Lt.-Col. J. M., *O.B.E.*, *D.S.O.*, ret. pay *late* C.Gds. 1May19
Wingfield, Lt.-Col. *Rev.* W. E., *D.S.O.*, ret. pay *late* R.F.A., *g.* [L] 18Sept.19
Wingfield, Maj. W. J. R., ret. pay *late* 19 Hrs. 4Oct.11

Non-Effective Officers

Wingfield-Digby, Capt. W. R., ret pay *late* Rif Brig (*Maj. ret. Spec. Res.*) — 7Apr.00
Wingfield-Stratford, Hon. Brig.-Gen. C. V., *C.B.*, *C.M.G.*, ret. pay *late* Chief Eng. Irish Comd. — 10Feb.12
Winn, Lt.-Col. J., ret. pay *late* R.E. (*Inspr. of Prisons and Sec. to Prison Bd., Home Office* { 25June13 / 1Aug.08}) — 4Nov.04
Winslow, Lt.-Col. L. F. F., ret. pay *late* R.A.M.C. — 1Mar.15
Winstanley, Maj. R. N., ret. pay *late* E.Surr.R. — 10 Oct.03
Winter, Lt.-Col. B. E., Staff Paymr. ret. A. P. Dept. — 22Jan.06
Winter, Maj. F. C., ret. pay *late* Essex R. — 22Apr18
Winter, Maj. F. J., ret. pay *late* R.A. — 18Oct.09
Winter, Lt.-Col. H. E., ret. pay, *late* R.A.M.C. — 8June17
Winter, Col. S H., *C.M.G.*, ret. pay *late* A.S.C. — 17Nov.99
Winter, Lt.-Col. T. B., ret. pay, *late* R.A.M.C. (*Empld. R.A.M.C.*) — 2Feb.04
Winter, Bt. Col. W R., ret. pay *late* A.S.C. — 15June06
Wintour, Lt.-Col. E., ret. Ind Army — 14Sept.13
Wintour, Hon. Maj.-Gen. F., *C.B., C.B.E., p.s.c.* (ret. pay) [R] — 31Mar.18
Winward, Lt. B., ret. pay *late* h.p. — 1Jan.17
Winwood, Lt.-Col. W. Q., *C.M.G., D.S.O., O.B.E.* [F] ret. pay *late* Extra regimentally employed — 1Sept.14
Wisder. Maj. T. **F. M.**, ret. pay *late* **R. Suss. R** (*Gov. Lincoln Prison*, { 25June13 / 18Sept.04}) — 6Nov.16
Wise, Capt. A., ret. pay *late* Conn. Rang. (*Spec. Appt.*) — 21Mar.13
Wise, 2nd Lt. A. G., ret. pay *late* h.p. — 7Nov.16
Wise, Capt. W. O. H., ret. R. Mar. Art. — 1Sept.15
Wise, Hon. Capt. W. T., Commy., ret. pay *late* A. Ord. Dept. — 22Nov.02
Wisely, Capt. G. A. K. ret. pay *late* R.E. *p.s.c.* — 8Jan.96
Wiseman, Hon. Capt. C. S., Dep. Commy ret. Ind. Army Dept. — 28Aug.91
Wiseman, Hon. Lt. F., Asst. Commy. ret. Ind. Army Dept. (*Rl. Wt. 29 Nov 97*) — 30June08
Wiseman, Capt. F A. J. B , *O.B.E* ret. pay, *late* R.A. — 24Mar.18
Wiseman-Clarke, Lt.-Col. C. C., *O.B.E* , ret. pay *late* R.G.A. — 15Dec.08
Wishart, For Maj. G. B., Qr. Mr. ret. pay *late* Sco. Rif [R] — 22Aug.02
Witherby Maj. B., ret. pay *late* h.p. — 28Mar.16
Withers, Capt. A. R., ret. Ind. Army, s. — 1Apr 09
Withers, Lt.-Col. S. H., *C.M.G., M.B.*, ret. pay *late* R.A.M.C — 25Feb.14
Wodehouse, Lt. A. H., ret. pay *late* R. Dub. Fus. (for Spec. Res.) (*Capt. 5 Bn. R. Dub. Fus.*) — 4Feb.05
Wodehouse, Bt. Col. A. P., ret. pay *late* h.p. — 1Dec.97
Wodehouse, Maj. *Sir* E. R., *K.C.B., K.C. V.O.,* re . pay *late* R.A. (*Asst. Commr., Metropolitan Police*, 1 Oct.02) — 28Nov.85
Wodehouse, Gen. *Sir* J H., *G.C.B., C.M.G.,* ret. pay, Col. Comdt. R.A. [R] [F] — 19June11
Wodehouse, Col. K.R.B., ret. pay *late* High. L.I. — 15Feb.89
Wogan-Browne, Lt.-Col. F. W N., ret. pay *late* h.p., *p.s.c. s.* — 14 July 08
Wolfenden, Lt. J. C. (ret. pay) *late* h.p. — 7Oct.17
Wollett, Lt. F. G., *M.C , D.C.M.*, ret. pay *late* S. Lan. R — 2Oct.18
Wolley-Dod, Bt. Lt.-Col. A. H., ret. pay *late* R.G.A., *p.a.c.* — 3June18
Wolley-Dodd, Hon. Brig.-Gen. O. C , *C.B., D.S.O* , ret. pay *late* Staff, *p.s.c.* [1] — 30Dec.19
Wolrige-Gordon. Maj. H. G., ret. pay *late* Cam'n Highrs. (*Maj. ret. Spec. Res.*) (*Empld.* 10 (*Serv.*) *Bn. R. Highrs.*) — 3Apr.02
Woirige-Gordon, Bt. Col. J. G., *C.M.G.*, ret. pay *late* Arg. & Suth'd Highrs. (*Hon. Col.* 5 *Bn. Gord. Highrs.*) — 8Mar.06
Wolrige-Gordon, Bt. Lt.-Col. W. G., ret. pay *late* R. Highrs. — 1June18
Lt. Wolseley, Gen. *Sir* G. B., *G C.B.*, ret. pay [R] [F] — 6May06
Wolseley, Lt.-Col. J. F., ret. pay *late* R. Lanc. R. — 1Oct.14
Wolseley, Lt. W. A., ret. pay, *late* h.p. — 14Dec.16
Wolseley-Jenkins, Bt. Col. O.B.H.,ret.pay *late* h.p.[F] — 7Feb.07
Wolsey, 2nd Lt. E., *D.C.M.*, ret pay *late* h.p. — 9 Apr.18
Wolsey, Lt. H., *M.C* , ret. pay, *late* R.A. — 1July17
Wood, Lt. A., ret. pay, *late* R.G.A. — 1July17
Wood, Bt. Col. A. H., *C.B.,E.*, ret. pay *late* h.p. — 8Feb.05

Wood, Maj. A. H., ret. pay *late* Sco. Rif. (*Empld. R.F.A.*) — 1Sept.15
Wood Maj. A. V. L., *D.S.O.*, ret. pay *late* h.p. (*Empld.* 6 *Res.Regt. of Cav.*) — 19Oct.05
Wood, Lt.-Col. C. B., *D S O*, ret. pay *late* Sco. Rif. — 18Oct.02
Wood, Maj. C. E., ret. Ind. Army — 25Aug.04
Wood, Maj. C. E. W., ret. pay *late* N. Staff. R. — 1Mar.93
Wood, Bt. Col. C. K., *O.B.E.*, ret. pay *late* h.p. R.E., *t.a.* — 29Nov.00
Wood, Capt. C. S., ret.pay *late* E. York. R. — 12Dec.99
Wood, Lt.-Col. D. E., *C.B.*, ret. pay, *late* Staff, s.29Nov.00
Wood, Maj.-Gen. *Sir* E., *K.C.B.*, ret. pay *late* R.E., *g.s.* [R] [F] — 22Aug.02
Wood, Col. E. Fitz G. 'M., *D.S.O.*, ret. pay *late* 1 Dns., *p.s.c.*[1] (*Lt.-Col. Lond. Brig. R.G.A.*), *t.a.* — 1Jan.18
Wood, Capt. E. J.,ret. pay *late* R.A. — 5Sept.19
Wood, Lt.-Col. E. J. F., ret. Ind. Army — 1Jan.99
Wood, Capt. F. L., h.p. *late* Ind.Army — 3May01
Wood Lt.-Col. G. B. G., *D.S.O.*, ret. pay *late* Lan. Fus. — 18Jan.20
Wood, Capt. H. F., ret. pay *late* 9 Lrs. (for Spec. Res.) (*temp. Maj.* 9 *Lrs. Spec. Res.*), *f.c.* 25Apr.06
Wood, Col. H. St. L., *C.B.E., D.S.O.*, ret. pay *late* h.p., *p.s.c.* (*Spec. Appt.*) — 25Dec.06
Wood Maj. H.W.W., ret. pay, *late* W. Rid. R. — 23Jan.04
Wood, Gen. *Sir* J. B., *K.C.B.*, ret Ind. Army [F] — 7June17
Wood, Maj. J. E., *M.C.*, ret. pay *late* R.A. — 12July19
Wood, Surg.-Lt.-Col. J. J., ret. Ind. Med. Serv. — 10Oct.08
Wood, Bt. Col. M. C., ret. pay *late* h.p. — 8 Aug.96
Wood, Hon. Lt.-Col.O.R., ret. R. Mar. — 98Sept.82
Wood, Hon. Brig.-Gen. P. R., *C.B.., C.M.G.* ret. pay *late* Staff [F] — 18Dec.19
Wood, Brig. Maj. R., ret. pay *late* h.p. — 1Sept.15
Wood, Lt. R., ret pay *late* W. Rid R. — 13Oct.18
Wood, Lt. R. B. M., ret. Ind. Army, *s.* — 23Oct.00
Wood, Lt.-Col. T., ret. pay *late* R.A. [F] — 10ct.87
Wood, Hon, Brig.-Gen. T. B., *C.M.G.* ret. pay *late* R.A.,*p.s.c.* [1] — 1Dec.19
Wood, 2nd Lt. W., ret. pay *late* h.p. — 12Mar.16
Wood, Col. W. A., *C.B.E.*, ret. pay *late* R.A.V.C. — 1Aug.19
Woodcock, Hon. Maj.-Gen. C. S., *r.f.p. late* R. (Ben. A. — 1Aug.79
Woodcock, Maj. H. S., ret. pay, *late* R.F.A. — 1Apr.02
Woodcock, Lt.-Col. W.H.B., *M.C.*, ret. Ind. Army — 19Oct.09
Woodford, Maj.E.F.,ret.pay *late* York & Lanc. R. 23Dec.99
Woodham, Hon. Capt. L., Qr.-Mr. ret. pay *late* L'pool R. — 27June10
Woodham, Maj. W. R., ret. pay *late* North'n R. — 20Feb.07
Woodhead, Lt. A., *M.C.*, ret. pay *late* North'd Fus. — 17Oct.18
Woodhouse, Col. H., u.s.l. Ind Army — 16July88
Woodhouse, Bt. Col. H.O., ret. Ind. S.C. — 15Sept.97
Woodhouse, Maj.-Gen. *Sir* T. P., *K.C.M.G., C.B.*, ret. pay, *late* R.A.M.C. — 14July14
Woodland, Col. A. L., *O.B.*, ret. pay *late* Infantry Record Office — 31Oct.00
Woodley, Lt.-Col. E. J., ret. pay *late* York & Lanc. R. — 13June19
Woodmass, Capt. M. G. E., ret. pay, *late* 19Hrs. (*Empld.* 14 *Res. Regt. of Cav.*) — 21May01
Woodriff, Lt. D. T., h.p. *late* R. Mar. — 7May59
Woodrow, Bt. Col. T. H. J., ret. pay *late* R.G.A. — 7Nov.03
Woods, Lt.-Col. A. E., *C.S.I.*, ret. Ind. Army — 22Oct.07
Woods, Maj. A. N., ret. pay, *late* R.G.A. (*Empld. R.G.A.*) — 1May17
Woods, Lt.-Col. C. R., *M.D., F.R.C.S.I.*, ret. pay *late* R.A.M.C. — 31July00
Woods, Bt. Col. H. C. M., ret. pay *late* h.p. R.A. — 21Dec.00
Woods, Lt. J., ret. pay, *late* R.G.A. — 24Nov.18
Woods, Lt. J., ret. pay *late* Som. L.I. — 1July18
Lt. Woods, Hon. Lt.-Col. J. A., *r.f.p. late* 102 Ft. (*Ind. Pens.*) — 24Feb.77
Woods, Maj. J. A., ret. A. Vety. Dept. — 24Mar.91
Woods, Maj. R. J., Qr.-Mr., ret. pay *late* R.G.A. — 1Jan.19
Woodward, Maj.-Gen. *Sir* E. M., *K.C.M.G., C.B.*, ret. pay (Col. Leic. R.), *p.s.c.* [F — 1Jan.16
Woodward, Col. W. F. ret. pay *late* R.Berks R.28Nov.09
Lt. Woodward, Col. W. W., ret. pay *late* Durh. L. I. 29Oct.88
Lt. Woodward, Col. W. W., ret. pay *late* R. (Bo.) A. — 10ct.81
Woolbert, Lt.-Col. H. R., *M.B., F.R.C.S.*, ret. Ind. Med. Serv. — 10Oct.05
Woolger, Lt. H., ret. pay *late* Sco. Rif. — 14Dec.18
Woolger, Hon. Maj. J., Qr.-Mr. ret. pay *late* Sco. Rif. — 8May10

Non-Effective Officers

Woollam, Lt W. A., ret. pay, *late D. of Corn. L.I.* 1Nov.18
Woolcombe, Lt.-Gen. *Sir* C. L., *K.C.B.*, *K.C.M.G.*, ret. pay (*Col. K.O. Sco. Bord.*) [F] 3Dec.13
Woolcombe, Hon. Maj. R., ret. R. Mar. Art. 17Sept.77
Woollett, Lt.-Col. W. C., Staff Paymr. ret. pay *late A. P. Dept.* 13Jan.08
Woolley, Lt.-Col. H., Qr.-Mr., ret. pay *late R.A.M.C.* 3June19
Woolright, Maj. H. H., ret. pay, *late Midd'x R.* 27May01
Woolrych, Bt. Lt.-Col. H. S., res. pay, *late L'pool R.* 1Jan.18
Wootton, Capt. W. T., (ret. pay), *late h.p.* 1June17
Worgan, Col. S. D., *C.B.E.*, Staff Paymr. ret. pay *late A.P. Dept.* 5Feb.20
Worlledge, Bt. Col. J.F., u.s.l. Ind. Army[L] 10Feb.04
Wormald, Lt.-Col. F. W., *D.S.O.*, ret. pay *late h.p.* (*Remt. Serv.*) 21Dec.15
Worrall, Lt.-Col. S. H., *D.S.O.* [F] ret. pay *late Bedf. R.* 1Apr.19
Worship, Lt.-Col. V. T., *D.S.O.*, ret. pay *late R. Muns. Fus.* 23May15
Worsley, Lt.-Col. F. P., *D.S.O.*, ret. pay *late W. York. R.* 7Apr.19
Worsley, Lt.-Col. H. G., ret. pay *late K.O. Bord.* 18Oct.02
Worsley-Gough, Lt.-Col. H. W., *C.M.G.*, ret. pay *late Conn. Rang.*[L] (*hon.Lt.-Col., ret.T.F.*) 5Sept.16
Wort, Maj. C. H. J., Qr.-Mr., ret. pay, *late R.W. Surr. R.* 1July17
Wortabet, Lt.-Col. H. G. L., *M.D.*, ret. Ind. Med. Serv. 31Mar.99
Wortham, Lt.-Col. C., ret. pay *late K.R. Rif. C.* 18Oct.02
Worthington, Bt. Lt.-Col. H., ret. R. Mar. Art. 10ct.14
Worthington, Hon. Maj. H. R., ret. pay *late h.p.* 1July81
M. Worthington-Wilmer, Hon. Lt.-Col. L., ret. pay *late 12 Ft.* 1July81
Wragg, Lt. A., ret. pay *late L'pool R.* 17Dec.89
Wragg, Lt.-Col. W., Qr.-Mr., ret. pay *late 1 L.G.* 1Jan.19
Wratislaw, Maj. J. M. R., ret. pay, *late Conn. Rang.* 1Sept.15
Wray, Lt.-Col. J. W., *C.B.E.*, ret. Ind. S.C. 12Nov.96
Wren, Maj. E. C., ret. pay *late Devon R.* 2Oct.10
Wreford-Brown, Maj. W. N., ret. pay, *late Essex R.* (*Spec. Appt.*), 16May06
Wrey, Maj. R. C., ret. pay *late Devon R.* 24Dec.15
Wright, Bt. Lt.-Col. A., *C.B.E.*, ret. pay *late R.A.M.C.* (*Empld. R.A.M.C.*) 1Jan.18
Wright, Lt. A., ret. pay *late 4 D.G.* (for Spec. Res.)(*Capt.4D.G.Spec.Res.*)(*Empld.4D.G.*) 29July05
Wright, Hon. Brig.-Gen. A. J. A., *C.B.*, ret pay *late Staff* 10Feb.12
Wright, Maj. O. E., ret. pay *late h.p.* 18May86
Wright, Lt.-Col. C.V.R., *D.S.O.*, ret. pay *late S. Wales Bord.* 30Apr.16
Wright, Lt.-Col. E. L., u.s.l. Ind. Army, 11May04
Wright, Chaplain (1st Class) *Rev. F. G.*, ret. pay *late A. Chaplains' Dept* 7Apr.05
Wright, Capt. F. L., ret. pay, *late h.p.* 6Apr.98
Wright, Lt.-Col. F. W., *D.S.O.*, ret. Ind. Med. Serv. (Ben.) [F] 1Apr.93
Wright, Col. G., *C.B.E.*, *D.S.O.*, ret. pay *late h.p.* (R.A.) 13July07
Wright,Bt. Col. H., *C.M.G.*,*D.S.O.*, [F] ret.pay, *late Gord. Highrs.* 14Dec.96
Wright, Capt. H. A. S., ret. pay *late R. Fus.* 6Apr.98
Wright, Maj.-Gen. H. B. H., *C.B.*, *C.M.G.*, ret. pay *late R.E.* [F] 3June19
M. Wright, Col. H. C., u.s.l. Ind. Army. 4Apr.85
Wright, Maj. H. C., ret. pay *late R. Ir. Fus.* 2Nov.11
Wright, Lt.-Col. H. O. F., ret. R. Mar. 18Oct.02
Wright, 2nd Lt. J., ret. pay *late R.A.* 13Dec.14
Wright, Capt. J., ret. pay, *late R.A.* 23Nov.19
Wright, Capt. J., Qr.-Mr. ret. pay *late Notts. & Derby. R.* 6Oct.16
Wright, Hon. Capt. J. H., Qr-Mr. ret. pay *late R.E.* 5May04
Wright, Maj. K. O., ret. pay *late Bedf. R.* 1Sept.15
Wright, Sister *Miss M.*, ret. pay *late Q.A.I.M.N.S.* 20June89
Wright, Col. R. W., *C.M.G.*, *M.B.*, ret. pay *late A. Med. Serv.* 1Mar.15
Wright, Hon. Maj. T. H., Qr.-Mr. ret. pay *late R.A.* 1July17
Wright, Col. W.C.[F], ret. pay *late North'd Fus.* 2Oct.19
Wright, Hon. Lt.-Col.W. F.,Asst.Commy.-Gen. of Ord.,ret.NavalOrd.Dept.(*Empld. A.O.D.* 8Oct.95

Wrisberg, Capt. W., ret. pay *late R.G.A.* 5Apr.15
Wroughton,Maj. A.C.,ret. pay *late S.Lan.R.* 8May16
Wyatt, Lt.-Col. H. J., *F.R.C.S.I.*, ret. pay *late R.A.M.C.* 4Aug.03
Wyatt, Lt. W. J., ret. pay *late h.p.* 1July17
Wyld, Capt. W. H., ret. pay *late 16 Lrs.* 14June76
Wylde, Lt.-Col. E. D., ret. pay *late h.p.* 30 Oct.14
Wylde-Browne, Capt. G.H., ret. pay *late N. Lan. R.* 1May96
Wyllie, Lt.-Col. F., ret. Ind. Army 22Feb.05
Wyllie, Lt.-Col. J. A., ret. Ind. Army [L] [F] 10Sept.02
Wyllie, Lt.-Col. R. J. H., ret. Ind. S.C. 4Aug.89
Wylly, Bt. Col. H. C., *C.B.*, ret. pay *late h.p.* [J] 10Feb.04
Wyncoll, Bt. Col. C. E., *C.B.*, ret. pay *late A.S.C.* (*Empld. under Board of Agriculture*) 10Feb.04
Wyndham, Lt.-Col. C. W., ret. pay *late h.p.* 10Jan.86
Wyndham, Col. G. P., *C.B.*, *M.V.O.*, ret. pay *late h.p.*,*p.s.c.* [l] 29 Oct.05
Wyndham, Bt. Lt.-Col. W. F. G., *M.V.O.*, ret pay *late K.R. Rif. C.* [L] 1Jan.17
M. Wyndowe, Dep.-Surg.-Gen S. J., *M.D.*, ret. Ind. Med. Serv.
Wyndowe, Capt. W. T., ret. pay *late North'n R.* [*l*] (*temp. Maj. Ches. R.*) 2June03
Wynell-Mayow, Maj. M., ret. pay *late R.A.* 8Sept.96
Wynell Mayow, Maj. R. S. L., ret. pay *late N. Lan. R.* 20Feb.10
Wynford, Lt.-Col. P. G., *Lord*, ret. pay, *late H.H.A.* 24May16
Wynn, Hon. Maj. A., Qr.-Mr. ret. pay *late K R. Rif. C.* (*Hon. Maj. ret. Terr. Force*) 1Jan.03
Wynne, Gen. *Sir* A. S., *G.C.B.*, q.s. [R] [F] 19June11
Wynne, Hon. Capt. F. A., Sen. Asst. Surg. ret. Ind. Sub. Med. Dept. 20Apr.05
Wynne Finch, Maj. G., ret. pay *late K.R. Rif. C.* 5Jan.16
Wynne, Hon. Brig.-Gen. J. G. E., ret. pay *late h.p.* 19July18
Wynter, Hon.Lt.-Col. A. L., ret. pay *late K. O. Bord.* (Ind. Pens.) 23Sept.85
Wynter, Hon. Brig.-Gen. F. A., *C.M.G.*, *D.S.O.*, ret. pay *late R.A.* 26Nov.19
Wynyard, Capt. E. G., *D.S.O.*, *O.B.E.*, ret. pay *late Welsh R.* 19Mar.90
Wynyard, Bt. Col R., *M.V.O.*, ret. pay, *late R.A.* {1Apr 96 / 29May04
Wyon, Lt.-Col. H. T., ret. A. Ord. Dept. 29July95
Yaldwyn Lt. Col. P. J. M., Staff Paymr. ret. A. Pay Dept. 31Jan.01
Yale ,Col. J. C., *D.S.O.*, ret. pay *late h.p.* 7Mar.05
Yallop, Maj. J., Dep. Commy. of Ord. ret. A. Ord. Dept. 11Nov.19
Yarde-Buller, Hon. Brig.-Gen. *Sir* W., *K.B.E.*, *C.B.*, *M.V.O.*, *D.S.O.*, ret. pay *late Staff,p.s.c.* [*l*] [F] 1July19
Yardley, Lt.-Col. A. J., Qr.-Mr., ret. pay *late Wilts. R.* 4Dec.19
Yardley, Col. J. W., *C.M.G.*, *D.S.O.*, ret. pay *late 6 Dns.* (*Dist. Remount Offr.*) 17Apr.19
Yate, Lt.;Col. A. C., u.s.l. Ind. Army 22Sept.02
Yate, Col. C. E., *C.S.I.*, *C.M.G.*, u.s.l. Ind. Army [F] 13Jan.01
Yate, Lt.-Col. F. H., ret. Ind. Army 22Jan.04
Yate, Bt. Col. G. W., ret. Ind. Army 10Feb.06
Yates, Col. C. M., *M.V.O.*, *C.B.E.*, *M.C.*, ret. pay *late L'pool R.* [F] 25Feb.20
Yates, Col. H. T. S., ret. pay, *late Staff* (R.A.) q.s. (*Capt T.F. Res.*) 25Dec.96
Yates, Lt. H. W., ret. pay, *late 3 Bn.W. Rid. R.* 3Mar.15
Yates, Lt.-Col. R. P., ret.pay *late S. Wales Bord.* 30Oct.19
Yates,Hon.Capt.T.,Qr.-Mr. ret. pay *late Ches.R.*19Nov.91
Yeadon, Lt.-Col. A. P., *M.C.*, Qr.-Mr. ret. pay *late Cam'n Highrs.* 1Jan.18
Yeatman, Maj. C., Qr.-Mr. ret pay. *late 1 L.G.* 1July17
Yeilding, Col. W. R., *C.B.*, *C.I.E.*, *D.S.O.*, ret. Ind. Army 7Sept.04
Yeoman, Hon. Capt. W.H., Qr.-Mr. ret. pay, *late W. Rid. R.* 20Oct.16
Yerbury, Lt.-Col. J. W., ret. pay *late h.p.* 22June93
Yolland, Bt. Col. W., ret. pay *late R.E.* (*Empld. R.E.*) 21Nov.06
York, Hon. Lt.-Col.W. F., Qr.-Mr. ret. pay *late Conn. Rang.* 18Oct.02

Yorke, Col. F. A., *O.B.E.*, ret. pay, *late* Staff (R.A.) (*Empld.*) 13Aug98
Yorke, Lt.-Col. *Sir* H. A., *Knt.*, *C.B.*, ret. pay *late* R.E. 6Aug94
Younan, Lt.-Col. A. C., *M.B.*, ret. Ind. Med. Serv. 10ct.05
Young, Lt.-Col. A. D., *C.M.G.*, ret. pay *late* R.H.A. 9Dec.08
Young, Lt.-Col. A. S. W., ret. pay *late* R.A.M.C. 4Aug.98
Young, Col. C. A., *C.B.*, *C.M.G.*, ret. pay *late* A. Med. Serv. 1Mar.15
Young, Maj.-Gen. C. F. G., ret. Ind. Army 21Sept.12
Young, Lt.-Col. C. H., ret. pay *late* h.p. 22Mar.10
Young, Bt. Col. C. L, ret. pay *late* h.p. R.E. 1July02
Young, Capt. C. W., ret. Ind. S.C. 28Feb.85
Young, Col. E. A., ret. Ind. Army 15Dec.99
Young, Surg. Lt.-Col. E. W., ret. Ind. Med. Serv. (*Empld. R.A.M.C.*) 30Sept.96
Young, Maj. F. B., ret. pay *late* Ches. R. (*Empld. Ches. R.*) 25Nov.14
Young, Maj. F. H., ret. pay, *late* R.G.A. (*Garr. Adjt.*) 31Dec.03
Young, Lt.-Col. F. P., *K B.E.*, *C.I.E.*, ret. Ind. Army 28Aug.10
Young, Capt. F. W., ret. pay *late* h.p. 24Aug.19
Young, Col. G., u.s.l. Ind. Army 20Aug.88
Young, Col. G. G., u.s.l. Ind. Army 13June86
Young, Maj. H. G. S., ret. pay *late* 19 Hrs. 23June00
Young, Lt.-Col. H. H., ret. Ind. Army 27Aug.96
Young, M.j. H. F., ret. Ind. S.C. 27Feb.89
Young, Lt.-Col. J., *M.B.*, ret. Ind. Med. Serv. 24Oct.97
30Mar.02
Young, Maj.-Gen. J. C., *C.B.*, ret. pay, Col. R. Suss. R., *p.s.c.* 4Feb.10
Young, Lt.-Col. J. H., ret. Ind. Army 1May04

Young, Hon. Lt. J. J., Dep. Asst. Commy. ret. Ind. Army Dept. (*Rl. Wt.* 29 Nov. 97) 23Oct.94
Young, Hon. Dep. Commy. Gen & Hon. Col. *Sir* J. S., *Knt.*, *C.V.O.*, Asst. Commy. Gen. ret. Commt. & Trans. Staff (F) 26Feb.87
Young, Hon. Capt. J. W. L., Dep. Commy., ret. Ind. Army Dept. 24July11
Young, Col. T. H. B., ret. Ind. S.C. 25June88
Young, Maj. T. S., ret. Ind. Army 23May03
Young, Lt.-Col. W. H., ret. Ind. S.C. [I] 29May99
Young, Lt.-Col. W. H. *D.S.O.*, ret. pay *late* York R. 15May15
Young, Lt.-Col. W. H. W., ret. pay *late* Leic. R., *p.a.c.* 2Jan.20
Younge, Lt.-Col. G. H., *F.R.C.S.I.*, ret. pay *late* R.A.M.C. 30July01
Younger, Col. J., ret. pay *late* h.p: R.A. (*Hon. Col. Unattd. List, Spec. Res.*) 30Nov.90
Youngerman, Lt.-Col. E. P., ret. Ind. Med. Serv. (Mad.) 10ct.01
Younghusband, Lt.-Col. *Sir* F. E., *K.C.S.I.*, *K.C.I.E.*, ret. Ind. Army 10May08
Yourdi, Lt.-Col. J. R., *O.B.E.*, *M.B.*, ret. pay *late* R.A.M.C. 30July01
Yule, Col. J. H., *O.B.*, ret. pay *late* h.p. [R] 20May98
Yunge-Bateman Maj. G. M., ret. pay *late* R.F.A. 4Dec.99
Zalnoor Allee Ahmed, *M.D.*, Lt.-Col. ret. Ind. Med. Serv. (Ben.) 10ct.92
Zavertal, 2nd Lt. L., *M.V.O.*, Bandmr. ret. pay *late* R.A. 28Dec.98
Ziegler, Maj. C. H., ret. pay *late* R.G.A. 1May17
Ziegler, Lt. C. L., *D.S.O.*, ret. pay, *late* R.F.A. (for Spec. Res.) (*Maj. R.F.A.*) s. 23Dec.06
Zigomala, Maj. P. J., ret. pay *late* 19 Hrs. 17July19

THE KING'S BODY GUARD OF THE YEOMEN OF THE GUARD.

(INSTITUTED 1485)

Uniform—Scarlet. *Facings*—Blue Velvet.

Agents—Messrs. Cox & Co.

Name	Late Regiment.	Date of Appointment.	Name.	Late Regiment.	Date of Appointment.
Captain.			**Exons.**		
Hylton, H. G H., *Lord*	—	18May18	de Sales La Terrière, Lt.-Col. and Hon. Col. F. B., *late* 7 Bn. R. Fus., Capt. ret. (F)	18 Hrs.	8Jan.02
Lieutenant.			MacRae, Maj. C. W., ret. pay (*Res. of Off.*)	R. Highrs.	4May06
Hennell, Lt.-Col. Comdt. and Hon. Col. *Sir* R., *Knt.*, *C.V.O.*, *D.S.O.*, *O.B.E.*, *late* 1 V.B. Midd'x R. (Lt.-Col. ret. Ind. Army)	Bo. Inf.	2Dec.01	Wray, Col. J. C., *C.M.G.*, *M.V.O.*, T.F. Res. (Hon. Brig. Gen. in Army) Maj. ret. (*Res. of Off.*)	R. A.	6Mar.08
			Lascelles, Lt. Col. G. R., *late* 7 Bn. R. Fus., Hon.Lt.-Col., ret. pay (*Res. of Off.*)	R. Fus.	6Apr.12
Ensign.			**Clerk of Cheque and Adjutant.**		
Elliot, Maj. *Sir* E. H., *Knt.* *M.V.O.*, ret. pay	R. A.	16Mar.08	French, Capt. H., *C.V.O.*, ret. pay	2 L.G.	6Mar.08

… Gentlemen-at-Arms 115

HIS MAJESTY'S BODY GUARD OF THE HON. CORPS OF GENTLEMEN-AT-ARMS.

(ESTABLISHED IN THE YEAR 1509.)
Uniform—Scarlet. *Facings*—Blue velvet.
Agents—Messrs. Cox & Co.

NAME.	LATE REGIMENT, &c.	DATE OF APPOINTMENT.
Captain.		
Colebrooke *Rt. Hon.* E. A., *Lord*, C.V.O.	—	27June11
Lieutenant.		
Oldham, Hon. Col. Sir H. H., *Knt.*, K.C.V.O., ret. pay	Cam'n Highrs	25June91
Standard Bearer.		
Fletcher, Lt.-Col. Sir H. A., *Knt.*, C.V.O., ret. Ind. Army	Ben. Cav.	—
Gentlemen-at-Arms.		
Waller J. H., *Esq.*, M.V.O.	*late* Lt. 28 Ft.	24Aug.70
C. Mildmay, Hon. Lt.-Col. H. A. St. J., M.V.O., ret.	Rif. Brig.	16Oct.85
Gore, Hon. Col. C. C., M.V.O., ret. pay	R. Ir. Rif.	27Jan.87
Hume, Lt.-Col. and Hon. Col. C. W. *late* 3 Bn. R. W. Kent R., Bt. Maj. ret.	Rif. Brigade	9Jan.88
Davidson, Hon. Lt.-Col. C. M. ret. pay	R. Muns. Fus.	5May89
Kelsey, Col. W. F., ret. pay	Sea. Highrs.	1Jan.90
Keppel Lt.-Col. and Hon. Col. E. G., *late* 3 V.B. Norf. R., Hon. Lt.-Col. ret. pay	Manch. R.	17July94
Liddell, Capt. A.F., M.V.O., ret.	R.A.	27July95
Brooke-Hunt, Lt.-Col. R. H., ret. pay	Sea. Highrs.	10Feb.96
Rowley, Hon. Lt.-Col. *Hon.* W. C., ret pay	R.A.	1Jan 99
Lloyd, Hon Col. W. N., C.B., M.V.O., Ches. Brig. R.F.A., Maj. ret. pay	R.A.	1Jan.99
Spragge, Hon. Lt.-Col. B. E. D.S.O., ret. pay	Yorks. L. I.	19Mar.00
Mitford, Col. W. K., C.M.G. *late* Midd'x Impl. Yeo., A.D.C.	8 Hrs.	1Dec.00
Burn, Col. (*Terr. Forcs*) C. R. 2 Co. of Lond. Yeo., Lt.-Col. ret. pay, A.D.C.	1 Dns.	1Dec.00
MacRae-Gilstrap Hon. Maj. J., *late* 3 Bn. R. Highrs. Lt.-Col. ret.	R. Highrs.	5Mar.01
Scott, Hon. Lt.-Col. W. A., *late* 3 Bn. R. Highrs.	Cam'n Highrs.	1Nov.02
Durand Col. A. G. A., C.B., C.I.E. r.f.p., p.s.c.	Central Ind Horse.	1Jan.03
Howard, Lt.-Col. and *Hon.* Col. H. R. L., C.B., *late* Denbigh Impl. Yeo. *and* Ches. (Rly. Bn.) R.E. (T.F) Lt.-Col. ret.	16 Lrs.	1Jan.03

NAME.	LATE REGIMENT, &c.	DATE OF APPOINTMENT.
Gentlemen-at-Arms—*contd.*		
TowseCapt. E.B.B.,ret.pay	Gord. Highrs.	1Jan.03
Newton, Hon. Brig.-Gen. J. W. M., ret. pay, Hon. Lt.-Col. *late* 2 Co. of Lond. Imp. Yeo.	R.A.	25Apr.03
Ricardo, Maj H. W. R., ret. pay	17 Lrs.	13May03
Paget, Bt. Col. A. de B. V.,ret. pay	Durh. L.I.	30Nov.05
Maitland, Hon. Col. F. C., Visct., O.B.E., City of Lond. Yeo. (*Hon Capt. in Army*)	S. Gds.	22Dec.03
Milner, Maj. E., ret. pay (*Res. of Off.*)	S. Gds.	6May05
Gore-Browne, Bt. Col. H ret. pay (*Lt.-Col. Res. of Off.*)	K. R. Rif. C.	6May05
Agnew, Col. Q. G. K., D.S.O., M.V.O., *late* 3 Bn. R. Sc. Fus., Maj. ret. pay.	Manch. R.	30Apr.06
Villiers, Lt.-Col. C. H., TD, T.F. Res., Capt. ret. pay	R. H. G.	1May07
Schofield, Lt.-Col. H.N., ret. pay (*Res. of Off.*)	R.A.	2May11
Mitford, Hon. Maj.-Gen. B. R., C.B., C.M.G., D.S.O ret. pay, p.s.c. [L]	E. Surr. R.	5Mar.12
Campbell, Lt.-Col. C. F., C.I.E., O.B.E., ret. Ind. Army (*Extra Eq. to the King.*)	11 Lrs.	3May12
Gascoigne, Hon. Brig.-Gen. E. F. O., C.M.G., D.S.O., ret. pay (*Res. of Off.*) q.s.	G. Gds.	11Oct.13
Webber, Bt. Lt.-Col. R. S., ret. pay (*Res. of Off.*)	R. W. Fus.	2May14
Carleton, Hon. Brig.-Gen. F. M., D.S.O., ret. pay (*Res. of Off.*), p.s.c.	R. Lanc. R.	19Mar.19
Stewart, Bt. Lt.-Col. R., ret. pay	D. of Corn. L.I.	18Mar.19
Maxwell, Maj. A. G., O.B.E., ret. Ind. Army	6 Cav.	18Mar.19
Pollen, Lt.-Col. S. H., C.M.G.	Wilts. R.	18Mar.19
Potter,Capt. C. C. H., O.B.E. [F], 10 Hrs. Spec. Res.	10 Hrs.	18Mar.19
Fergusson, Col. W. J. S., C.M.G..ret.pay (*Res.of Off.*)	1 D.G.	3June19
Home, Hon. Brig.-Gen. A. F., C.B., C.M.G., D.S.O., ret. pay. (*Res. of Off.*)	11 Hrs.	4July19
Clerk of Cheque and Adjutant.		
Gore, Bt. Col. St. J. C., C.B., C.B.E.,ret. pay	5 D.G.	Mar.20
Sub-Officer.		
Scott, Hon. Lt.-Col. W. A., *late* 3 Bn. R. Highrs.	Cam'n Highrs.	19Feb.12

THE KING'S BODY GUARD FOR SCOTLAND.

ROYAL COMPANY OF ARCHERS.

ORGANISED IN THE YEAR 1676, (RE-CONSTITUTED 1703.)

Uniform—Green. *Facings*—Green Velvet.

Name.	Regiment, &c.	Date of Appointment.	Name.	Regiment, &c.	Date of Appointment.
Captain-General.			**Brigadiers.**		
Rosebery, Hon. Col. Rt. Hon. A. P., *Earl of*, K.G., K.T., VD.	10 Bn. R. Scots	10Dec.14	Newlands, Hon. Col. J. H. C., *Lord*, Low. Divl. R.E.		29June10
			✗Roxburghe, Lt. H.J., *Duke of,* K.T., M.V.O.	Res. of Off. late R.H.G.	7June11
			Lamington, Lt.-Col. C.W.A.N., *Lord*, G.C.M.G.,G.C.I.E.,TD, (Hon. Col. C'Wealth Mil. Forces)	Lanark Yeo.	17June12
Captains.			Wood, P. F., *Esq.*	..	13June13
Balfour of Burleigh, *Rt. Hon.* A. H., *Lord*, K.T.,G.C.M.G. G.C.V.O.	late Capt. Highland Borderers Lt. Inf. Mila.	18June15	Rollo, Lt.-Col. and Hon Col. (Hon. Lt.-Col. in Army) W. C. W., *Lord*, C.B.	3 Bn. R. Highrs.	5June14
Polwarth, W. H., *Lord* ..	"	24May17	Balfour, C. B., *Esq.* ..		18June15
Aberdeen, Hon. Col. Rt. Hon. J. C., *Marq. of*, K.T., G.C.M.G., G.C.V.O.	1 Highl. Brig. R.F.A.	2July18	✗Maitland Hon. Col. F. C., *Visct.*, O.B.E. (Gent.-at-Arms)	City of Lond. Yeo.	18June15
Buccleuch and Queensberry, J. C., *Duke of*, K.T.	late Lt. R.N.	10June19	Montagu-Douglas-Scott,Hon. Col. *Lord* H. F. (Temp. Lt.-Col. (temp. Col.) Labour Corps)	3 Bn. R. Scots	18June15
			Waldie-Griffith, Hon. Col. *Sir* R. J., *Bt.*, TD.	4 Bn. K.O.Sco. Bord.	24May17
Lieutenants.			Gladstone, Capt. *Sir* J. R., *Bt.*, D.L., J.P.	late C. Gds	2July18
Breadalbane, Col. Rt. Hon. G., *Marq of*, K.G., A.D.C.	Highl. Cyclist Bn.	24May17	Maxwell, *Sir* J. S., *Bt.*	—	10June19
Saltoun, Hon. Brig.-Gen. A. W.F., *Lord*, C.M.G.	late Res. of Off. (*formerly* G. Gds.)	2July18	✗Home, Lt.-Col. C. C. A., *Earl of* (Hon. Col 3 Bn. & 4 Bn. Sco. Rif.)	Lanark Yeo. [T.F.]	10June19
Hutchison, J. T., *Esq.* ..	"	10June19	Stair, Lt.-Col. J. J., *Earl of*, D.S.O.	ret. pay.	10June19
Elphinstone, S. H., *Lord*	"	10June19			
			Adjutant.		
			✗Gordon-Gilmour, Hon. Brig.-Gen. R. G., C.B., C.V.O., D.S.O.,ret. pay (*Brigadier*)	late G. Gds.	2July09
Ensigns.					
✗Richmond and Gordon, Col. C. H., *Duke of*, K.G., G.C.V.O., C.B., A.D.C.	3 Bn. R. Suss. R.	2July18	**Surgeon.**		
✗Gordon-Gilmour, Hon. Brig.-Gen. R. G., C.B., C.V.O., D.S.O., ret. pay (*Adjutant*)	late G. Gds.	10June19	Fleming, R. A., *Esq.*, M.D. ..	..	16June16
Dalrymple, Hon. Lt.-Col. Hon. H. H.	late 3 Bn. R. Sc. Fus.	10June19	**Chaplain.**		
Mar and Kellie, Hon. Col. W J. F., *Earl of* K.T.	7 Bn. Arg. & Suth'd Highrs	10June19	Gordon, Chaplain (1st Class) *Rev. Hon.* A., M.A.	ret. Terr. Force.	17June12

VICTORIA CROSS, ORDERS OF KNIGHTHOOD, &c.

A LIST OF MILITARY RECIPIENTS OF THE "VICTORIA CROSS."

(Containing the names of Officers still serving, of Officers retired, and of Warrant and Non-commissioned Officers and Privates drawing the VC Annuity.)

All Officers holding the decoration of the "Victoria Cross" *who have left the Service*, shall send a Notification to the Secretary of the War Office of their being alive on the 1st January and 1st July of each year.
If such Notification due on the 1st January be not received at the War Office by the 1st April, and that due on the 1st July by the 1st October, it will be concluded that the Officer is deceased, and his name will be removed from the Army List.

Adams, Maj.-Gen. Sir R. B. K.C.B., ret. Ind. Army [L]
Addison, Rev. W. R. F., Hon. Chapl. to the Forces, 4th Class.
Adlam, Capt. T. E., late Serv. Bns. Bedf. & Herts. R.
Alexander, Col. (temp. Brig.-Gen.) E. W., C.B., C.M.G.
Allen, Capt. W. B., D S.O., M.C., M.B., R.A.M.C
Amey, Lance-Corpl. W., 18 Bn. R. War. R.
Angus, Lance-Corporal W., 8 Bn. High L.I.
Archibald, Sapper Adam, R.E.
Axford, Lance-Corporal T. L., M.M., Aust. Imp. Force
Aylmer. Lt.-Gen. Sir F. J., K.C.B.
Babtie, Hon. Lt.-Gen. Sir W., K.C.B., K.C.M.G., M.B.
Bamford, Bt. Maj. E., D.S.O., R. Mar.
Barrett, Lt. J. C., 5 Bn. Leic. R.
Barron, Corporal C., Can. Inf.
Barter, Lt. F., M.C., 3 Bn. R.W. Fus.
Bassett, 2nd Lt. C. R. G., N.Z. Mil. Forces
Batten-Pooll. Capt. A. H., 3 Bn. R. Muns. Fus.
Bees, Private W. (discharged)
Beesley, Private W., Rif. Brig.
Belcher, Lt. D. W., 9 Bn. Lond. R.
Bell, Private D. (discharged)
Bell, Lt. (temp. Maj.) F. W., Res. of Off.
Bellow, Capt. E. D., late Brit. Col. Regt.
Bennett, Temp. Lt. E. P., M.C., Worc. R.
Bent, Drummer S. J., E. Lan. R.
Bisdee, Maj. J. H., O.B.E., Aust. Mil. Forces.
Bishop, Capt. W.A., D.S.O., M.C., Can. Local Forces
Bissett, Lt. W. B., 6 Bn. Arg. & Suth'd Highrs.
Blackburn, 2nd Lt. A. S., 10 Bn. S Austrln. Inf
Bloomfield, Capt. W. A., S. Afr. Def. Force.
Boisragon, Col. G. H., Ind. Army
Booth, Capt. F. C., Res. of Off.
Borella, Lt. A. C., M.M., Aust. Imp. Force
Borton, Lt.-Col. A. D., C.M.G., D.S.O., ret. pay Res. of Off.)

Boulter, Temp. Lt. W. E., 7 Bn. North'n R.
Boyd-Rochfort, Lt. G. A., S. Gds. Spec. Res.
Bradley, Hon. Capt. F.H., S. Afr. Def. Forces (late R.A.)
Brereton, Private A.,Man. Regt.
Brooks, Coy. Serjt.-Maj.E., Oxf. & Bucks. L.I.
Brooks, Lance-Serjt. O., 3 Bn. C. Gds.
Brown, Corporal W. E., D.C.M., Aust Imp. Force
Brown-Synge-Hutchinson, Col. E. D., C.B., ret. pay
Bryan, Lance-Corporal T., North'd Fus.
Buchanan, Hon. Capt. A., M.C., late 4 Bn. S. Wales Bord.
Buckingham, Private W., Leic. R.
Buckley, Serjt. M. V., Aust. Imp. Force.
Burges, Bt. Lt.-Col. D., D.S.O., h.p.
Burman, Serjt. W. F., Rif. Brig.
Burt, Corporal A. A., Herts. R.
Butler, Private W. B., W. York. R.
Bye, Serjt. R., W.Gds.
Byrne, Private T. (discharged on pension)
Caffrey, Private J., York & Lanc. R.
Caldwell, Sergt. T., 12 Bn. R. Sc. Fus.
Calvert, Serjt. L., M.M., Yorks. L.I.
Campbell, Bt.-Col. J. V., C.M.G., D.S.O., A.D.C.
Carmichael, Serjt. J., N. Staff. R.
Carroll, Private J., C'wealth Mil. Forces
Carton de Wiart, Bt. Lt.-Col. (temp. Brig.-Gen.) A., C.B., C.M.G., D.S.O., 4 D.G.
Cartwright, Private G., Aust. Imp. Force
Cator, Serjt. H., E.Surr.R.
Chafer, Private G. W., E. York. R.
Chaplin, Col. J. W., C.B., ret. pay
Chatta Singh, Sepoy, 9 Inf.
Chrichton, Private J., N.Z. Mil. Forces.
Christian, Private H., R. Lanc. R.
Christie, Lance-Corporal J. A., Lond. R.
Clark-Kennedy, Capt. W. H., C.M.G., D.S.O., Can. Local Forces.
Clarke, Sergt. J., Serv. Bns. Lan. Fus.
Clarke, Private L., Can. Inf.
Clements, Corpl. J. J (discharged).

Cloutman, Maj. B.M.,M.C., T.F. Res.
Cobbe, Maj.-Gen. (temp. Lt.-Gen.) Sir A. S., K.C.B., K.C.S.I., D.S.O., 32Pioneers p.s.c., A.D.C.
Coffin, Col. (temp. Brig.-Gen.) C., C.B., D.S.O., R.E., p.s.c. [L] [F]
Collins, Corporal J., R.W. Fus.
Coltman, Private W. H., D.C.M., M.M., 6 Bn. N. Staff. R.
Colvin, Lt. H., Ches. R.
Colvin, Lt.-Col. J. M. C., R.E., p.s.c., q.s.
Congreve, Lt.-Gen. Sir W. N., K.C.B., M.V.O.
Cooper, Temp. 2nd Lt. E., Serv. Bns. K.R. Rif. C.
Coppins, Corporal F. G., Man. Regt.
Cosgrove, Corpl. W., R. Muns. Fus.
Costello, Bt.-Col. E. W., C.M.G., C.V.O., D.S.O., 22 Punjabis, p.s.c.
Cotter, Lance-Corporal (Acting Corporal) W.R., 6 Bn. E. Kent R.
Counter, Private J. T., L'pool R.
Coury, Lt. G. G., 3 Bn. S. Lan. R.
Coverdale, Temp. 2nd Lt. C. H., 1 Bn. Manch. R.
Cox, Private C., Bedf. R.
Craig, Lt. J. M., 4 Bn. R. Sc. Fus.
Crandon, Private H. G. (Army Reserve).
Creagh, Gen. Sir O'M., G.C.B., G.C.S.I., ret. Ind. Army.
Crean, Capt. T. J., D.S.O., ret.
Crichton, Private J., N.Z. Mil. Forces.
Crimmin, Col. J., C.B., C.I.E., vD., ret Ind. Med Serv.
Cross, Private A. H., M.G. Corps.
Crowe, Lt. J., Worc. R.
Cruickshank, Private E., Lond. R.
Cunningham, Private J., E. York. R.
Currey, Private W. M., Aust. Imp. Force.
Curtis, Serjt. A. E. (discharged on pension).
Curtis, Serjt. H. A., R. Dub. Fus.
Dalziel, Driver H., Aust. Imp. Force
Daniels, Lt. H., M.C., Rif. Brig.
Danaher, Serjt. J. (discharged on pension).
Dancox, Private F. G., Worc. R.
Darwan Sing Negi, Naik 39 Garhwal Rif.

Davey. Corporal P., M.M., Aust. Imp. Force
Davies, Corpl. J., R.W.Fus.
Davies, Corporal J. T., S. Lan. R.
Dawson, Temp. 2nd Lt. J. L. R.E.
Day, Corporal S. J., Suff. R.
Daykins, Corpl. J. B., 4 Bn. York & Lanc. R.
Dean, Temp. Lt. D. J., Serv. Bns. R.W. Kent R.
Dinesen, Lt. T., Quebec R.
Dobson, Lance-Corporal F. W., C. Gds.
Doogan, Private J. (discharged on pension).
Dorrell, Capt. G. T., R.F.A.
Douglas. Bt.-Col. (temp. Col. H. E. M., C.M.G., D.S.O., R.A.M.C.
Downie, Serjt. R., R. Dub. Fus.
Doxat, Hon. Maj. A. C., late 5 Bn. K R. Rif. C.
Doyle, Co.-Sergt.-Maj. M., M.M., R. Muns. Fus.
Drain, Driver J. H. C., R.F.A.
Dresser, Private T., York.R.
Duffy, Private J., R. Innis. Fus.
Dunmore, Maj. A. E., Earl of, D.S.O., M.V.O., ret. pay
Dunsire, Private R., 13 Bn. R. Scots.
Dunstan, Corporal W., C'wealth Mil. Forces
Durrant, Lance-Corporal E. (discharged on pension).
Dwyer, Private E., E. Surr. R.
Dwyer, Serjt. J. J., C'wealth Mil. Forces.
Edwards, Serjt. A., Sea. Highrs.
Edwards, Private F. J., Midd'x R.
Edwards, Private T. (late Army Reserve).
Edwards, 2nd Lt. W., late Yorks. L.I.
Egerton, Corporal E A., Notts. & Derby. R.
Elcock, Lance-Corporal R. E., M.M., 11 Bn. R. Scots.
Engleheart, Serjt. H. (discharged on pension).
English, Capt. C., R.A.S.C.
Erskine, Acting Serjt. J., Sco. Rif.
Evans, Co. Serjt.-Maj. G., 18 Bn. Manch. R.
Evans, Maj. (temp. Brig.-Gen.) L. P., C.M.G., D.S.O., R. Highrs. p.s.c.
Farmer, Capt. D. D., 10 Bn. L'pool R.
Farmer, Corporal J. J. (discharged on pension).
Faulds, Lt. W. F., S. Afr. Inf.

5

Victoria Cross

Finch, Serjt. N. A., R.Mar.
Findlater, Piper G. (discharged).
Findlay, Capt. G. de C. E., M.C., R.E.
Finlay, Lance-Corporal D., R. Highrs.
Firth, Serjt. J (discharged).
Fitzpatrick, Private F. (discharged).
Flawn, Private T. (*late* Army Reserve).
Fleming-Sandes, Lt. A.J.T. *late* Serv. Bns. E. Surr. R
Forbes-Robertson, Capt. J., *D.S.O., M.C.*
Forshaw, Capt. W. T., Ind. Army
Foss, Bt. Lt Col C. C., *D.S.O.*, Bedf. R , *p.s.c.*
Foster, Corpl. E., E.Surr.R.
Fowler, Colour-Serjt. E. (discharged)
Freyberg, Bt. Lt.-Col. B. C., *C.M.G., D.S.O.*, R. W. Surr. R., *p.s.c.*
Frickleton, Lance - Corporal S., N.Z.Mil. Forces
Frisby, Lt. C. H., C. Gds. Spec. Res.
Fuller, Lance - Corporal W., Welsh R.
Fuller, Lance - Corporal W. D., G. Gds.

Garforth, Corporal C. E. 15 Hrs.
Geary, Capt. B. H., 4 Bn. E. Surr. R.
Gee, Capt. R., *M.C.*, ret pay.
Gobind Singh, Dafadar, Ind. Cav.
Godley, Private S. F. R. Fus.
Good, Corporal H. J., Quebec Regt.
Gordon, Lance-Corporal B. S., *M.M.*, Aust. Imp. Force.
Gordon, Bt. Col. W. E., *C.B.E.*, h.p., *A.D.C.*
Gordon, Lance - Serjeant W. J. (discharged).
Gorle, Lt. R.V. *late* R.F.A.
Gort, Maj. J. S. S. P. V., Visct., *D.S.O., M.V.O., M.C.*, G. Gds., *p.s.*.
Gosling, Serjt. W., R.F.A.
Gourley, Temp. 2nd Lt. C. E., *M.M.* R.F.A
Graham, Maj. J. R. N., T.F. Res.
Grant, Bt . Col. C. J. W., ret Ind Army.
Grant, Maj. J. D., Gurkha Rif., *p.s.c*
Grant, Serjt. J. G., N.Z. Mil. Force.
Greaves, Corporal F., Notts. & Derby. R
Greenwood, Lt.-Col. H., *D.S.O., M.C.*, *late* Serv. Bns. York. L.I.
Gregg, Serjt. W., *D.C.M., M.M.*, Rif. Brig.
Grieve, Capt. R. C., Aust. Imp. Force.
Grimbaldeston, Serjt. W. H., 4 Bl Sco. Bord.
Grimshaw, Lt.J.,Lan. Fus.
Grogan, Lt.-Col. G. W. St.G., *C.B.,C.M.G.,D.S.O.*, Worc. R. [L]

Haine, Lt. R. L., *M.C.*, Hon. Art. Co.

Hall, Corporal A. C., Aust. Imp. Force.
Halliday, Lt.-Col. L. S. T., *C.B.*, R. Mar., *p.s.c.* (*l*)
Halliwell, Lance-Corporal J., Lan. Fus.
Halton, Private A., R. Lanc. R.
Hamilton, 2nd Lt. J., C'wealth Mil. Forces
Hamilton, Private J. B., High. L I
Hampton, Colour-Serjt. H. (discharged on pension).
Hanna, Lt. R., Can Local Forces.
Hansen, Bt. Maj. P. H., *D.S.O., M.C.*, Linc. R., *p.s.c.*
Harlock, Serjt. E G., R.F.A.
Harvey, Capt. F. M. W., *M.C.*, Can. Local Forces.
Harvey, Private J., Lond.R.
Harvey, Private N., R. Innis. Fus.
Harvey, Private S., York & Lanc. R.
Hayward, Lt. R. F.J., *M.C.*, Wilts. R.
Heaton, Corpl. W. (discharged)
Heaviside, Private M., Durh. L. I.
Hedges, Temp. Lt. F. W, Serv. Bns. Bedf. & Herts. R.
Henderson, Trooper H. S., *late* Bulawayo Fd Fce
Herring, Temp. Lt. A. C., R.A.S.C
Hewitson, Lance-Corporal J., R. Lanc. R.
Hewitt, 2nd Lt. W. H., S. Afr. Def. Force.
Hill, Private A., R.W.Fus.
Hill-Walker, Maj. A. R. ret. pay.
Hogan, Serjt. J., Manch.R.
Holland, Maj. E. J., 13 Can Dns.
Holland, Capt. J. V., 3 Bn. Leins. R.
Holmes, Lt. F.W., York.R.
Holmes, Private T. W., Mtd. Rif.
Hore-Ruthven, Lt.-Col. Hon. A. G. A., *C.B., C.M.G., D.S.O.*, W. Gds., *p.s.c.*
Howell, Corpl. G. J., C'wealth Mil. Forces.
Howse, Surg.-Gen. Sir N. R., *K.C.B., K.C.M.G.*, C'wealth Mil. Forces
Hudson, Bt. Maj. C. E., *D.S.O., M.C.*, Notts. & Derby R., ret. pay.
Huffam, Lt. J. P., 5 Bn. W. Rid. R.
Hughes, Private T., Conn. Rang.
Hull, Private (Shoeing-Smith) C., 21 Lrs.
Hunter, Corporal D. F., High. L.I.
Hutcheson, Capt. B. S., *M.C.*, Can. A.M.C.
Hutchinson, Private J., Lan. Fus.
Hutt, Private A., R. War. R.

Ind, Corporal Shoeing-Smith A. E. (discharged on pension).

Ingram, Lt. G. M., *M.M.*, Aust. Imp. Force.
Inkson, Lt.-Col. E. T., *D.S.O.*, R.A.M.C
Inwood, Private R. R., C'wealth Mil. Forces
Jacka, Capt. A., *M.C.*, C'wealth Mil. Forces.
Jackson, Serjt. H., E. York. R.
Jackson, Private W., Austrln. Inf.
James Lt. H., *M.C.*, Worc. R.
James, Temp. Capt. M. A., *M.C.*, 8 Bn. Glouc. R.
Jarvis, Lance - Corporal C. A., R.E.
Jensen, Private J. C., C'wealth Mil. Forces.
Jerrard, Lt. A., *late* 5 Bn. S. Staff. R.
Johnson, Maj. D. G., *D.S.O., M.C.*, S. Wales Bord.
Johnson, Temp. 2nd Lt. J., Serv. Bns. North'd Fus.
Johnson, Serjt. W. H., 5 Bn. Notts. & Derby. R.
Johnston, Temp. Maj. R., *late* Capt.Impl.Lt.Horse.
✠ Jones, Lt.-Col. A.S., *late* 13 Ft.
Jones, Serjt. D., L'pool R.
Jones, Private T., Ches. R.
Joynt, Capt. W D , Aust. Imp. Force.

Kelly, Capt. H., *M.C.*, *late* Serv. Bn. W. Rid. R.
Kenny, Private T., N. Lan. R.
Kenny, Private T., 13 (Serv.) Bn. Durh. L.I.
Kenny, Private T. J. B., C'wealth Mil. Forces.
Kenny, Drummer W., Gord. Highrs.
Ker, Lt. A. E., 3 Bn. Gord. Highrs.
Kerr, Capt. G. F., *M.C., M.M.*, 1 Cent. Ont. Regt.
Kerr, Private J.C., Can.Inf.
Keyzor, Lt. L., C'wealth Mil. Forces
Khudadad, Sepoy, 129 Baluchis
Kenioss, Private C. J., Can. Inf.
Kirby, Maj. F. H., *O.B E.*, Qr.-Mr.
Knight, Temp. Capt. A. J., Serv Bns Notts & Derby. R.
Knight, H J., *late* Temp. Capt.Serv.Bn. Manch.R.
Konowal, Corporal F., Can. Inf.
Knox, Temp. Lt.C L., R.E.
Kulbir Thapa, Rifleman, 3 Gurkha Rif.

Laidlaw, Piper D., 7 Bn. K.O. Sco. Bord.
Lala, Lance Naik, 41 Dogras
Lauder, Private D. R., R. Sc. Fus.
Lawrence, Bt. Maj. B. T. T., 18 Hrs.
Lawson, Private E. (discharged).
Leach, Lt. J., ret. pay.
Leak, Private J., Austrl'n Inf.
Le Quesne, Lt.-Col. F. S., ret. pay.

Lewis, Private H. W., Welsh R
Lister, Serjt. J., Lan. Fus.
Lloyd, Maj.-Gen. O. E. P., *C.B.*, ret. pay.
Lodge, Bombardier I. (discharged).
Loosemore, Private A., W. Rid. R.
Lowerson, Serjt. A.D., Aust. Imp. Force.
Luke, Driver F., R.F.A.
✠ Lyster, Lt.-Gen. H. H., *C.B.*, u.s.l.Ind. Army.
McAulay, Serjt. J., *D.C.M.*, S. Gds.
McBeath, Lance-Corporal R. Sea. Highrs.
McCarthy, Lt. L. D., Aust. Imp. Force.
McDougall, Serjt. S. R., C'wealth Forces.
MacDowell, Maj. T. W., *D.S.O.*, Can.Local Forces.
McIntosh, Private G., Gord. Highrs.
Macintyre, Temp. Lt. D. L., Serv. Bns. Arg. & Suth'd Highrs.
Mackay, Capt. J. F., Arg. & Suth'd Highrs.
McKean, Capt. G.B., *M.C., M.M.*, Corps of Mil.Accts.
McNair, Temp. Capt. E. A.
McNally, Serjt. W., *M.M.*, 8 Bn. York. R.
McNamara, Lt. F. H., C'wealth Mil. Forces.
McNamara, Corporal J., E. Surr. R.
McNess, Lance-Serjt. F., S. Gds.
Maling, Capt. G. A., *M.B.*, *late* R.A.M.C.
Mansel-Jones, Bt. Lt.-Col. C., *C.M.G., D S.O.*, ret. pay
Mariner, Private W., K.R.Rif.C.
Marling, Col. *Sir* P. S., *Bt.*, *C.B.*, ret. pay.
Marshall, Lt.-Col. W. T., Qr.-Mr., ret. pay.
Martin, Capt. C.G., *D.S.O.*, R.E.
✝Martin - Leake, Surg.-Capt. A., *F.R.C.S.*, Ind. Vols.
Masters, Private R. G., R.A.S.C
Masterson, Maj. J. E. I., ret. pay.
Maufe, Capt. T. H. B., R.G.A.
May, Private H., Sco. Rif.
Mayson, Corporal T. F., R. Lanc. R.
Meekosha, Capt. S., Corps of Mil. Accts.
Mellish, Rev. E. N., *M.C.*, Hon. Chaplain to the Forces, 4th Class.
Melliss, Maj.-Gen. *Sir* C. J., *K.C.B., K.C M.G.*, Ind. Army,
Melvin, Private C., R. Highrs.
Merrifield, Sergt. W., *M.M.*, Cent. Ont. Regt.
Metcalf, Lance-Corporal W H., *M.M.*, Man. Regt.
Miles, Private F. G., 5 Bn. Glouc. R.
MirDast, *I.O.M.*, Jemadar, 55 Rif.

---

† Also awarded Clasp to Victoria Cross.

Victoria Cross

Moffat, Private M., Leins. R
Molyneux, Serjt. J., R. Fus.
Moon, Lt. R. V., C'wealth Mil. Forces.
Moore, Lt. M. S. S., Hamps. R.
Mott, Serjt. E. J., Bord. R.
Mountain, Serjt. A., W. York. R.
Moyrey, Lance-Serjt. J., 1. Gds.
Mugford, Lance-Corporal H., M.G. Corps.
Mullane, Serjt.-Maj. P. (discharged on pension).
Mullin, Serjt. G. H., M.M., Can. Inf.
Murray, Lt.-Col. H. W., C.M.G., C'wealth Mil. Force
Murray, Lance-Corporal J. (discharged on pension).
Myles, Lt. E. K., D.S.O., Worc. R.
Neame, Bt. Maj. P., D S.O., R.E., p.s.c.
Neeley, Lance-Serjt. T., M.M., 8 Bn. R. Lanc. R.
Nesbitt, Capt. R. C., B.S.A. Police.
Newland, Capt. J. E., C'wealth Mil. Forces.
Nicholson, Private H. J., N.Z. Mil. Forces
Nickerson, Bt. Col. temp. Col.) W.H.S., C.B., C.M.G., M.B., R.A.M.C.
Nunney, Private C. J. P., D.C.M., M.M., E. Ont. Regt.
Nurse, Temp.Lt.G.E.,R.A.
Ockenden, Serjt. J., R. Dub. Fus.
O'Kelly, Lt. C. P. J., M.C., Man. Regt.
O'Leary, Lt. M., Conn. Rang.
O'Meara, Private M., Austrln. Inf.
O'Neill, Serjt. J., M.M., Leins. R.
Onions, 2nd Lt. G., late Serv. Bns. Rif. Brig.
Ormsby, Serjt. J. W., K.O. Sco. Bord.
O'Rourke, Private M. J., Can. Local Forces.
Osborne, Private J. (late Army Reserve)
Parker, Serjt. C. (discharged on pension).
Pattison, Private J. G., Can. Local Forces
Peck, Lt.-Col. C.W., D.S.O., Man. Regt.
Peeler, Lance-Corporal W., C'wealth Mil. Forces.
Phillips, Temp. Capt. R.E., 9 Bn. R. War. R.
Phipps-Hornby, Col. (temp. Brig.-Gen.) E. J., C.B., C.M.G.
Pitts, Lance-Corporal J., (Army Reserve).
Pollard, Lance-Corporal J., D.C.M., Hon. Art. Co.
Pollock, Lt. J. D., late Serv. Bns. Cam'n Highrs.
Potts, Private F. W. O., Berks. Yeo.
Poulter, Private A., W. Rid. R.
Price-Davies, Col. (temp. Maj.-Gen.) L. A. E., C.M.G., D.S.O., p.s.c.

₥. Probyn, Gen. Rt. Hon. Sir D. M., G.C.B., G.C.S.I., G.C.V.O., I.S.O., u.s.l.Ind. Army (Extra Eq. to the King.)
Procter, Private A. H. L'pool R.
Quigg, Private R., R. Ir. Rif.
Ramsden, H. E., late Lt., Johannesburg Mtd. Rif.
Rana, Rifleman K., Gúrkha Rif.
Ratcliffe, Private W., S. Lan. R.
Rayfield, Private W. L., Brit. Columbia Regt.
Raynes, Acting Serjt. J. C., R.F.A.
Readitt, Private J., S. Lan. R.
Reed, Maj.-Gen. H. L., C.B., C.M.G., R.A., p.s.c. [l]
Rees, Serjt. I., S. Wales Bord.
Rees, Bt. Lt.-Col. L. W. B., O.B.E., M.C., A.F.C.
Reid, Capt. O. A., 4 Bn. L'pool R.
Rendle, Bandsman T. E., D. of Corn. L.I.
Reynolds, Temp. Capt. H., M.C., 12 Bn. R. Scots.
Reynolds, Lt.-Col. J. H., M.B., ret. pay.
Richards, Serjt. A., Lan. Fus.
Richardson, Serjt. A. H. L (discharged).
₥. Richardson, Private G. (discharged on pension).
Ricketts, Private T., New-foundl'd Regt.
Ridgeway, Col. R. K., C.B., ret. Ind. Army, p.s.c.
Ripley, Corporal J., R. Highrs.
Ritchie, Drummer W., Sea. Highrs.
Roberts, Bt. Maj. F. C., D.S.O., M.C., Worc. R.
Robertson, Lance-Corporal C. G., M.M., R. Fus.
Robertson, Lt -Col. W., O.B.E., Qr.-Mr., ret. pay
Robson, Private H. H., R. Scots.
Rogers, Hon. Lt. J., late C'wealth Mil. Forces.
Room, Private F. G., R. Ir. R.
Roupell, Capt. G. R. P., E. Surr. R.
Ruthven, Serjt. W., Aust. Imp. Force.
Ryan, Private J., Aust. Imp. Force.
Ryder, Private R., Midd'x R.
Sadlier, Lt. C. W. K., Aust. Imp. Force.
Sage, Private T. H., Som. L.I.
Sanders, Temp. 2nd Lt. G., M.C. Serv. Bns. W. York R.
Sartorius, Maj.-Gen. E.H., C.B., ret. pay, Col. S. Lan. R., p.s.c.
Saunders, Serjt. A. F., 9 Bn. Suff. R.
Schofield, Lt.-Col H. N., ret. pay (dies. of Off.) (Gent.-at-Arms.)
Scott, Qr.-Mr.-Serjt. R., Perm. Staff, Bn. Manch. R.

Scrimger, Maj. F. A. C., Can. Local Forces.
Shahamad Khan, Nalk. Punjabis.
Shankland, Lt. R., Can. Local Forces.
Sharpe, Acting Corporal C., Linc. R.
Shaul, Serjt. J. (discharged on pension)
Shepherd, Rifleman A. E., K.R Rif. C.
Sherwood - Kelly, Lt.-Col. J., C.M.G., D.S.O., late Serv. Bns. Norf. R.
Simpson, Corporal W., Linc. R.
Sinton, Bt. Maj. J. A., M.B., Ind. Med. Serv.
Smith, Gunner A. (late Army Reserve).
Smith, Bt. Col (temp. Brig.-Gen.) C. L., D. of Corn. L.I.
Smith, Corporal E., D.C.M., Lan. Fus.
Smith, Actg. Corpl. I., Manch. R.
Smith, Serjt. J., Perm. Staff Jersey Mila.
Smith, Private J., 3 Bn. Bord. R.
Smyth, Capt. J.G., 15 Sikhs.
Smyth, Maj.-Gen. Sir N.M., K.C.B
Somers, Serjt. J., R. Innis. Fus.
Spackman, Serjt. E., Bord. Fus.
Statton, Serjt. P. C., M.M., Aust. Imp. Force.
Steele, Lance-Serjt. T., Sea. Highrs.
Stone, Gunner C. E., M.M., R.F.A.
Storkey, Capt. P. V., C'wealth Mil. Forces.
Stringer, Private G., Manch. R.
Sullivan, Corporal A P., 45 Bn. R. Fus.
Sykes, Private E., North'd Fus.
₵. ₥. Sylvester, Asst. Surg. H.T., M.D., h.p.
Symons, Lt. W. J., C'wealth Mil. Forces.
Tandey, Private H., D.C.M., M.M., 5 Bn. W. Rid. R.
₥. Thackeray, Col. Sir E. T., K.C.B., ret. pay, late R (Ben.) E.
Thomas, Private J., N. Staff. R.
Tombs, Lance-Corporal J., L'pool R.
Tollerton, Private R., Cam'n Highrs.
Towers, Private J., Sco. Rif.
Towse, Capt. E. B. B., ret. pay (Gent.-at-Arms).
Toye, Lt. A. M., M.C., Midd'x R.
Train, Corporal C. W., Lond. R.
Traynor, Serjt. W. B. (discharged).

Turrall, Private T. G., Worc. R.
Upton, Corporal J., Notts. & Derby. R
Veale, Private T. W. H., Devon. R.
Vickers, Private A., R. War. R.
Vickers, Lt. (temp. Capt.) C. G., 7 Bn. Notts. & Derby R.
Vickery, Lance-Corporal S. (discharged).
Walker, Maj.-Gen. W. G., C.B., ret. pay.
Wallace, Temp. Lt. S.D.T., R.A.
Wark, Maj. B. A., D.S.O., Aust. Imp. Force.
Ward, Private C. (discharged).
Wassall, Private S. (late Army Reserve).
Waters, Temp. Maj. A. H.S, D.S.O., M.C., R.E. R. W. Fus.
Weale, Lance-Corporal H., R. W. Fus.
Weathers, Lance-Corporal L. C., Aust. Imp. Force.
Welch, Lance-Corpl. J., R. Berks. R.
West, Lt. F. M. F., M.C., 4 Bn. R. Muns. Fus.
Wheeler, Maj. G. C., 9 Gurkha Rif.
White, Bt. Maj. A. C. T., M.C., Temp. Capt. Serv. Bns. York. R.
White, Private J., R.Lanc.R.
White, Temp. Lt. W. A., M.G. Corps.
Whittield, Private H., Shrops. L.I.
Whitham, Private T., C. Gds.
Whittle, Serjt. J. W., C'wealth Mil. Forces.
Wilcox, Lance - Corporal A., Oxf. & Bucks. L.I.
Wilkinson, Private A., 5 Bn. Manch. R.
Williams, Private J. (late Army Reserve).
Williams, Co. Serjt.- Maj. J. H., D.C.M., M.M., 10 Bn. S.W. Bord.
Willis, Maj. R. R., Lan. Fus.
Wilson, Private G., High. L.I.
Wood, Corporal H. B., M.M., S. Gds.
Wood, Private W., 10 Bn. North'd Fus.
Woodall, Corporal J. E. Rif. Brig.
Woodcock, Private, T., I. Gds.
Woods, Private J. P., Aust. Imp. Force.
Woolley, Capt. G. H., M.C., 9 Bn. Lond. R.
Wright, Bt. Col. (temp. Brig.-Gen.) W. D., C.M.G., D.S.O., R W. Surr. R., p.s.c. [l]
Wyatt, Lance-Corporal G. H., 3 Bn. C. Gds.
Wylly, Maj. G.G.E., D.S.O., Corps of Guides, p.s.c.
Young, Private J. F., Quebec R.
Young, Private T., Durh. L.I.
Zengel, Serjt. L., M.M., Sask. Regt.

5*

KNIGHTS OF THE MOST NOBLE ORDER OF THE GARTER.

THE SOVEREIGN.

H.R.H. Edward Albert Christian George Andrew Patrick David, *Prince of Wales*, and *Duke of Cornwall*, *G.C.M.G., G.C.V.O., G.B.E., M.C.*, Col., *Personal A.D.C. to the King.*

H.R.H. Arthur William Patrick Albert, *Duke of Connaught and Strathearn*, *K.T.,K.P.,G.C.B., G.C.S.I., G.C.M.G., G.C.I.E.,G.C.V.O.,G.B.E.*, Field-Marshal, *Personal A.D.C. to the King.*

H.R.H. Prince A. F. P. A. of Connaught, *K.T.,G.C.M.G. G.C.V.O., C.B.*, Maj. *Personal A.D.C. to the King.*

His Imperial Majesty Yoshihito, Emperor of Japan, Field Marshal.

His Majesty Alfonso XIII., King of Spain, *G.C.V.O.*, Gen., Col.-in-Chief 16

His Majesty Haakon VII., King of Norway, *G.C.B., G.C.V.O.*, Hon. Col. Norf. Yeo.

His Majesty Christian X., King of Denmark,*G.C.B., G.C.V.O.*, Col.-in-Chief E. Kent R.

His Majesty Albert I., King of the Belgians, Col.-in-Chief 5 D.G.

Bath, Col. T. H., *Marq. of, C.B., TD*, late R. Wilts. Yeo.

Beauchamp, Hon. Col. *Rt. Hon.* W., *Earl, K.C.M.G.*, 2 S. Mid. Brig. R.F.A. and 5 Bn. R. Suss. R.

Bedford, Col. H.A., *K.B.E., A.D.C., Duke of*, late 19 Midd'x V.R.C.Hon.Lt. Col in Army).

Breadalbane, Col. *Rt Hon.* G., *Marq. of*, Highl. Cyclist Bn., *A.D C. (King's Body Gd. for Scotland).*

Crewe, *Rt. Hon.* R. O. A., *Marq.of* late Lt. 1 W.York Yeo. Cav.

Curzon of Kedleston, *Rt. Hon.* G. N., *Earl, G.C.S.I., G.C.I.E.*, late Hon. Col. 1 Cinque Ports V.R.C.

Derby, Hon. Col. *Rt. Hon.* E. G. V.,*Earl of,G.C.V.O., C.B.*, 4 Bn. Manch. R., &c. (*temp. Lt.-Col. in Army*).

Devonshire, Hon. Col. *Rt. Hon.* V. C. W., *Duke of, G.C.M.G.,G.C.V.O.*, 5 Bn. Notts. & Derby. R.

Durham, Hon.Col., *Rt. Hon.* J. G., *Earl of, G.C.V.O.*, vD, 8 Bn. Durh. L.I.

Hardinge, Hon. Col. *Rt. Hon.* C., Lord, *G.C.B., G.C.S.I., G.C.M.G., G.C.I.E.,G.C.V.O.,I.S.O.*, Ind. Vols.

Lansdowne, Hon. Col., *Rt. Hon.* H. C. K., *Marq. of, G.C.S.I., G.C.M.G., G.C.I.E.*, R. Wilts.Yeo.

Lincolnshire, Hon. Col. *Rt. Hon.* C. R., *Marq. of, G.C.M.G.*, late 3 Bn. Oxf. L.I.

Londonderry, Hon. Col. *Rt. Hon.* C. S. H., *Marq. of, M.V.O.*, R.F.A. (T F.) (*Bt. Lt.-Col. Res. of Off.*)

Marlborough, Hon. Col. *Rt. Hon.* C. R. J., *Duke of*, TD, 3 Bn. Oxf. & Bucks L.I. (*Lt.-Col. late Oxf. Yeo.*)

Portland, Hon. Col. R. *Hon.* W. J. A. C. J., *Duke of, G.C.V.O.*, 4 Bn. Notts & Derby R.

Richmond and Gordon, Col. C. H., *Duke of, G.C.V.O., C.B.*, 3 Bn. R. Suss. R., A.D.C. (*King's Body Gd. for Scotland*).

Rosebery, Hon. Col., *Rt. Hon.* A P., *Earl of, K.T.*, vD, 10 Bn. R. Scots (*King's Body Gd. for Scotland*).

Rutland, Hon.Col. H.J.B., *Duke of*, 3 Bn. Leic. R.

Salisbury, Hon. Maj.-Gen. *Rt. Hon.* J. E. H., *Marq. of, G.C.V.O.,C.B.,TD*, 4 E. and 4 Bn. Essex R., *A.D C.*

Selborne, Hon. Col. *Rt. Hon.* W. W., *Earl, of, G.C.M.G.*, 3 Bn. Hamps. R (*Hon. Lt.-Col. in Army*)

Spencer, Hon.Col.*Rt.Hon.* C. R., *Earl, G.C.V.O.*,vD, 4 Bn. North'n R.

Wellington, Col.**A.C.**, *Duke of, G.C.V.O*

OFFICER OF THE ORDER

Secretary   Dawson, **Bt. Col.** *Sir* D, F, R., *G.C.V.O., C.M.G.*, ret. pay, p.s.c.

KNIGHTS OF THE MOST ANCIENT AND MOST NOBLE ORDER OF THE THISTLE.

THE SOVEREIGN.

H.R.H. Arthur William Patrick Albert, *Duke of* Connaught and Strathearn, *K.G., K.P., G.C.B., G.C.S.I., G.C.M.G., G.C.I.E., G.C.V.O., G.B.E.* Field Marshal, *Personal A.D.C., to the King.*

H.R.H. Prince A.F.P.A. of Connaught, *K.G.,G.C.M.G., G.C.V.O., C.B.,* Maj., *Personal A.D.C. to the King.*

Aberdeen, Hon. Col. *Rt. Hon. J. C., Marq. of, G.C.M.G., G.C.V.O.,* 1 Highl. Brig. R.F.A. (*King's Body Gd. for Scotland*).

Atholl, Bt. Maj. J. G., *Duke of, C.B., D.S.O., M.V.O.,*TD (*Lt.-Col. Comdt. ∩ Hon. Col. Sco. Horse Yeo.*)

Balfour of Burleigh, *Rt. Hon.A.H.,Lord,G.C.M.G., G.C.V.O., late*Capt. Highland Bord. Lt. Inf. Mila. (*King's Body Gd. for Scotland*).

Buccleuch and Queensberry, J. C., *Duke of* (*King's Body Gd. for Scotland*).

Erroll, Hon. Maj.-Gen. C. G., *Earl of, C.B.*

Haig, Field-Marshal D., *Earl, G.C.B., O.M., G.C.V.O., K.C.I.E., p.s.c.*

Hamilton of Dalzell, Capt. G. G., *Lord, C.V.O., M.C.*

Kinnaird, A. F., *Lord, late* Hon. Col. Tay Div. R.E. (Vols.) Sub. Min.

Lovat. Col. S. J., *Lord, K.C.M.G., K.C.V.O., C.B., D.S.O.,*TD, Lovat's Scouts Yeo., *A.D.C.*

Mar and Kellie, Hon. Col. W. J. F., *Earl of,* 7 Bn. Arg. & Suth'd Highrs (*King's Body Gd. for Scotland*).

Montrose, Hon. Brig.-Gen. D. B. M. R., *Duke of, late* 3 Bn. Arg. & Suth'd Highrs., *A.D.C.*

Rosebery, Hon. Col. *Rt. Hon. A. P., Earl of, K.G.,* VD, 10 Bn. R. Scots (*King's Body Gd. for Scotland*).

Roxburghe, *Hon. Lt.* H. J., *Duke of, M.V.O.* (*King's Body Gd. for Scotland*).

Zetland, Hon. Col. *Rt. Hon.* L., *Marq. of,*3 Bn.York R.

KNIGHTS OF THE MOST ILLUSTRIOUS ORDER OF ST. PATRICK.

THE SOVEREIGN.

H.R.H. Arthur William Patrick Albert, *Duke of* Connaught and Strathearn, *K.G., K.T., G.C.B., G.C.S.I., G.C.M.G., G.C.I.E.,G.C.V.O., G.B.E.,* Field-Marshal, *Personal A.D.C., to the King.*

Arran, Bt. Maj. *Rt. Hon.* A. J. C., *Earl of,* ret.

Bandon, Hon. Col. J. F., *Earl of,* Cork R.G.A., Spec. Res.

Castletown, Hon. Col. *Rt. Hon.* B. E. B., *Lord, C.M.G., late* 4 Bn. Leins. R.

Cavan, Lt.-Gen. F. R., *Earl of, G.C.M.G., K.C.B., M.V.O.*

Dunraven, and Mountearl, Hon. Col. *Rt. Hon.* W. T., *Earl of C.M.G.,* 3 Co. of Lond. Yeo. (*Hon. Capt. in Army.*)

Enniskillen, Hon. Co L. E., *Earl of,* 4 Bn. R. Innis. Fus.

French, Field-Marshal *Rt Hon.*J.D.P.,*Visct.,G.C.B., O.M.,G.C.V.O., K.C.M.G.*

Gosford, Hon. Col. A. B. S., *Earl of,* 3 Bn. R. Ir. Fus.

Granard, Hon. Lt.-Col. *Rt. Hon.*B.A.W.P.H.,*Earl of, G.C.V.O.*

Iveagh, Hon. Col. E. C., *Earl of, G.C.V.O.,* Unatt. List.

Meath, Hon. Col. *Rt. Hon.* R., *Earl of,* 5 Bn. R. Dub. Fus.

Ormonde, Hon. Col. *Rt. Hon.* J. E. W.T., *Marq. of,* 4 Bn. R. Ir. Regt.

Powerscourt, Capt. M. R., *Visct.,M.V.O.,*late I.Gds. Spec. Res.

Shaftesbury, Hon. Brig.-Gen. A. A. C., *Earl of K.C.V.O., C.B;E.,* Col. Res. of Off.

KNIGHTS GRAND CROSS, KNIGHTS COMMANDERS AND COMPANIONS OF THE MOST HONOURABLE ORDER OF THE BATH.

Recipients of Orders, whose names appear in this list, but who hold no rank in the Regular Army, Royal Marines, Special Reserve, Militia, Yeomanry, Territorial Force or Volunteers, or in the Forces of the Oversea Dominions and Colonies, must send a notification to the Secretary of the War Office of their being alive on the 1st January and the 1st July each year.

If such notification due on the 1st January be not received at the War Office by the 1st April and that due on the 1st July by the 1st October, it will be concluded that the Recipient is deceased, and his name will be removed from the Army List.

THE SOVEREIGN.

GREAT MASTER OF THE ORDER.

Prince of the Blood Royal:
Field-Marshal H.R.H. Arthur William Patrick Albert, *Duke of* Connaught and Strathearn, *K.G., K.T., K.P., G.C.S.I., G.C.M.G., G.C.I.E., G.C.V.O., G.B.E., Personal A.D.C. to the King.*

MILITARY KNIGHTS GRAND CROSS (G.C.B.).

His Majesty Albert I., King of The Belgians, *K.G.,* Col. in Chief 5 D.G.

Allenby, Field-Marshal E. H. H., *Visct. G.C.M.G., p.s.c.* [L]

Barrett, Gen. *Sir* A. A., *K.C.S.I., K.C.V.O.,* 𝔄.𝔇.𝔈.

Barrow, Gen. *Sir* E. G., *G.C.S.I.*

Blood, Gen. *Sir* B.

Byng, Gen. J. H. G., *Lord, K.C.M.G., M.V.O., p.s.c.*

Clarke, Gen. *Sir* C. M., *Bt., G.C.V.O.*

Cowans, Gen. *Sir* J. S. *G.C.M G., C.B. (Civil). M.V.O.,* Col. Glouc. R., *p.s.c.*

𝔇𝔈Creagh, Gen. *Sir* O'M., *G.C.S.I.*

Egerton, Field-Marshal *Sir* C. O., *D.S.O.*

Foch, Field-Marshal F., *O.M. (hon.)*

French, Field-Marshal *Rt. Hon.* J. D. P., *Visct., K.P., O M., G.C. V.O., F.R.C.P.*

Greaves, Gen. *Sir* G. R., *K.C.M.G.*

Grenfell, Field-Marshal *Rt. Hon.* F.W., *Lord, G.C.M.G., q.s.*

Haig, Field-Marshal D., *Earl, K.T., O.M., G.C.V.O., K.C.I.E.,* Col. R H. Gds., *p.s.c.*

Hamilton, Gen. *Sir* B. M., *K.C.V.O., p.s.c.*

Hamilton, Gen. *Sir* I. S. M., *G.C.M.G., D.S O., q.s.*

ℜ. Harrison, Gen. *Sir* R., *C.M.G., p.s.c.*

ℭ. Higginson, Gen. *Sir* G. W.A.

Horne, Gen. H S, *Lord, K.C.M.G.*

Hunter, Gen. *Sir* A., *G C V.O. D.S.O.* 𝔄.𝔇.ℭ.

Hon. Lt.-Gen. *H.H.* Maharaja *Sir* Piratap Singh, Bahadur of Jodhpur, *G.C.S.I., G.C.V.O., A.D.C. (hon.)*

Keogh, Lt.-Gen. *Sir* A, *G C.V.O , C H., M.D., F.R.C.P.*

Lyttelton, Gen. *Rt. Hon. Sir* N. G., *G.C.V.O.*

MacKinnon, Gen. *Sir* W. H., *K.C.V.O.*

Maxwell, Gen. *Sir* J. G., *K.C.M.G., C.V.O., D.S.O.*

Methuen, Field-Marshal P. S., *Lord, G.C.M.G., G.C.V.O.*

Miles, Lt.-Gen. *Sir* H. S. G., *G.C.M.G., G.B.E., C.V.O., p.s.c.*

Monro, Gen. *Sir* C. C., *G.C.S.I., G.C.M.G., p s.c., A.D.C.*

Paget, Gen. *Rt. Hon. Sir* A. H., *K.C.V.O.*

Plumer, Field-Marshal H. C. O., *Lord, G.C.M.G., G.C.V.O., p.s.c.*

𝔙ℭ.ℜ. Probyn, Gen. *Rt. Hon. Sir* D. M., *G.C.B. (Civil), G.C.S I., G.C.V.O., I.S.O. (Extra Eq. to the King).*

Rawlinson, Gen. H. S., *Lord, G.C.V.O., K.C.M.G., p.s.c.,* 𝔄.𝔇.ℭ.

Robertson, Gen. *Sir* W. R., *Bt., G.C.M.G., K.C.V.O., D.S.O., p.s.c.* [L], 𝔄 𝔇.ℭ.

Rundle, Gen. *Sir* H. M. L., *G.C.M.G., G.C.V.O., D.S.O., q.s.*

Scallon, Gen. *Sir* R. I., *K.C.S.I., D,S.O.*

Sclater, Gen. *Sir* H. C., *G.B E.*

Smith-Dorrien, Gen. *Sir* H. L., *G.C.M.G., D.S.O., p.s.c.*

Tucker, Lt.-Gen. *Sir* C., *G.C.V.O.*

Wilson, Field Marshal *Sir* H. H., *Bt., D.S.O., p.s.c.*

Wingate, Gen. *Sir* F. R., *G.C.V.O., G.B.E., K.C.M.G., C.B. (Civil), D.S.O., q.s.* [L].

Wodehouse, Gen. *Sir* J.H., *C.M.G.*

ℜ. Wolseley, Gen. *Sir* G.B.

Wynne, Gen. *Sir* A. S., *q.s.*

CIVIL KNIGHTS GRAND CROSS (G.C.B.).

His Majesty Haakon VII., King of Norway, *K.G., G.C.V.O., Hon.* Col. Norf. Yeo. *(hon.)*

His Majesty Christian X., King of Denmark, *K.G., G.C.V.O.,* Col.-in-Chief E Kent R. *(hon.)*

Hon. Gen. *His Majesty* ChowfaMahaVajiravudh, King of Siam, *G.C.S.I., G.C.V.O. (hon.)*

Athlone, *Hon.* Brig.-Gen. A. A F. W. A. G., *Earl of, G.C.V.O., C.M.G., D.S.O. (Personal A.D.C. to the King.)*

Brade, *Sir* R. H., *late* Sec. of the War Office.

Cambridge, Lt.-Col. A. C. A. A. E. G. P. L. L., *Marq. of, G.C.V.O., C.M.G., Personal A.D.C. to the King (Hon.* Col. 8 Bn. Lond. R.*), ret. pay*

Chalmers, *Hon.* Col. *Sir* R., *late* Ceylon Vols.

Hon. Gen. *His Excellency Maharaia Si* Chandra Shamsher Jang, *G.C.V.O. Bahadur Rana, G.C.S.I., (hon.)*

Dudley, Lt.-Col. *(Hon. Maj. in Army) Rt. Hon.* W. H., *Earl of, G.C.M.G., G.C.V.O.,* TD, T.F. Res.

Esher, *Hon.* Col. R. B., *Visct., G.C.V.O.,* 5 Bn. R. Fus., and 6 Lond. Brig. R.F.A.

Geddes, *Hon.* Maj.-Gen. *Rt. Hon. Sir* E. C., *G.B.E., K.C.B., ret.*

Hankey, Temp. Lt.-Col. *Sir* M. P. A.

Hardinge, *Hon.* Col. *Rt. Hon.* C., *Lord, K.G., G.C.S.I., G.C.M.G., G.C.I.E., G.C.V.O., I.S.O.,* Ind. Vols.

𝔙ℭ.ℜ. Probyn, Gen. *Rt. Hon. Sir* D. M., *G.C.B. (Mil.), G.C.S.I., G.C.V.O., I.S.O. (Extra Eq. to the King).*

Ridgeway, Col. *Rt. Hon. Sir* J. W., *G.C.M.G., K.C.S.I.*

Stamfordham, Lt.-Col. *Rt. Hon.* A. J., *Lord, G.C.I.E., G.C.V.O., K.C.S.I., K.C.M.G., I.S.O (Extra Eq. to the King).*

Orders of Knighthood, &c.

MILITARY KNIGHTS COMMANDERS (K.C.B.).

Adair, Gen. *Sir* W. T., *p.s.c*
C. Adams, Maj.-Gen. *Sir* R.B. [L]
Alderson, Lt.-Gen. *Sir* E. A. H., *p.s.c*
Altham, Lt.-Gen. *Sir* E. A., *K.C.I.E., C.M.G.,* (Col. R. Scots) *p.s.c*
Anderson, Lt.-Gen. *Sir* C.A. *K.C.I.E., A.M.*
Aston, Hon Maj -Gen. *Sir* G G., *D.S.C., A.D.C.*
Atkins, Maj.-Gen. A. R. C., *C.M.G.*
C. Aylmer, Lt.-Gen. *Sir* F. J.
Babington, Hon. Lt.-Gen. *Sir* J.M., *K.C.M.G.*
C. Babtie, Hon. Lt.-Gen. *Sir* W., *K.C.M.G., V.C.*
Baden-Powell, Lt.-Gen. *Sir* R. S. S., *K.C.V.O.*
Bainbridge, Maj.-Gen. *Sir* E. G T., *p.s.c., q.s.*
Barker, Maj Gen. *Sir* G.
Barnes, Maj.-Gen. *Sir* W. R., *D.S.O.*
Barrow, Maj.-Gen. G. de S., *K.C.M.G. p.s.c.* [L]
Barter, Hon Lt.-Gen. *Sir* C.St.L., *K.C.M.G., C.V.O. p.s.c* [L]
Bayly, Maj.-Gen. *Sir* A. W. L., *K.C.M.G., C.S.I., D S O., p.s.c.*
Belfield, Lt.-Gen. *Sir* H. E., *K.C.M.G., K.B.E., D.S.O., p.s.c.*
C. Bengough, Maj.-Gen. *Sir* H. M., *p.s.c*
Bethune, Lt -Gen. *Sir* E. C., *C.V.O., p.s.c*
Hon. Maj.-Gen. *H.H.Maharaja Raj Rajeshwar Siromani Sri Sir* Gunga Singh, *Bahadur*, of Bikaner, *G.C.S.I., G.C.I.E., G.C.V.O., A.D C. (hon.)*
Birdwood, Gen. *Sir* W. R., *G.C.M.G., K.C.S.I., C.I.E., D.S.O.,* 出出印, *q.s.*
Birkbeck, Maj.-Gen. *Sir* W. H., *C M G., p.s.c.*
Bols, Maj.-Gen. *Sir* L. J. *K.C.M G., D.S.O., p.s.o* [L]
Bower, Maj.-Gen. *Sir* H.
Bowly, Hon. Maj.-Gen. *Sir* A. A., *Knt., K.C.M G K.C.V.O., F.R.C.S., R.A.M C (T.F.)*
Brabazon, Hon. Maj.-G n. *Sir* J. P., *C V O., q.s.*
M. Bradshaw, Surg.-Maj.-Gen. *Sir* A. F., *K.H.P.*
Braithwaite, Lt.-Gen. *Sir* W. P., *p.s.c. l*]
Briggs, Lt.-Gen. *Sir* C. J., *K.C.M.G.*
Brooking, Maj.-Gen. *Sir* H. T., *K.C.S I., K.C.M.G.*
Browne, Lt.-Gen. *Sir* G. F., *D.S.O.*
Bruce, Maj.-Gen. *Sir* D., *Knt., C.B. (Civil), F.R.S., M.B., F.R.C.P.*
Bulfin, L -Gen. *Sir* E. S., *C.V.O., q.s.*
Bullock, Lt -Gen. *Sir* G. M., *p s c.*
Bunbury, Maj.-Gen. *Sir* H N.
Burstall, Temp. Maj.-Gen. *Sir* H. E., *K.C.M.G.,* Can. Local Forces, *p.s.c., A.D C.*
Burtchaell, Lt.-Gen. *Sir* C. H., *C.M.G., M.B., K.H.S.*
Bushman, Maj.-Gen. *Sir* H. A.

Butler, Maj.-Gen. *(temp. Lt.-Gen.) Sir* R. H. K., *K.C.M.G. p.s.c.* [l]
Callwell, Hon. Maj.-Gen. *Sir* C. E., *p s.c.* [L]
Campbell, Gen. *Sir* F., *D.S.O.*
Campbell, Maj.-Gen. *Sir* D. G. M.
Campbell, Lt.-Gen. *Sir* W. P.
Capper, Maj.-Gen. *Sir* J. E.
Cavan, Lt.-Gen. F. R., *Earl of, K.P., G.C.M.G., M.V.O.*
Chapman, Gen. *Sir* E. F., *p.s.c.*
Chauvel, Col. *Sir* H. G., *G.C.M.G.*, Aust. Mil. Forces.
Chetwode, Gen. *Sir* P. W., *Bt., K.C.M.G., D.S.O.*
Clayton, Hon. Lt.-Gen. *Sir* F T., *K.C.M.G.*
C. Clery, Maj.-Gen. *Sir* C. F., *K.C.M.G., p.s.c.*
C. Cobbe, Lt.-Gen. *Sir* A.S., *K.C.S.I., D.S.O., p.s.c.*
C. Congreve, Lt. - Gen. *Sir* W. N., *M.V.O.*
Couper, Maj.-Gen. *Sir* V.A.
Cox, Lt.-Gen. *Sir* H. V., *K.C.M.G., C.S.I.,* Col. 69 Punjabis.
Davies, Lt.-Gen. *Sir* F. J., *K.C.M.G., K.C.V.O., p.s.c* [L]
De Brath, Lt.-Gen. *Sir* E., *C.I.E. p.s.c.*
De Lisle, Lt.-Gen. *Sir* H. De B., *K.C.M G., D.S.O., p.s.c,* [l]
Dixon, Hon. Brig.-Gen. *Sir* H. G.
Dobell, Maj.-Gen. *Sir* C.M., *C.M.G., D.S O. p.s.c.* [l]
Donovan, Maj.-Gen. *Sir* W.
Dorward, Maj.-Gen. *Sir* A R. F., *D.S.O.*
Du Cane, Lt.-Gen. *Sir* J. P.
Duck, Vety.-Col. *Sir* F.
Dundonald, Lt.-Gen. D. M. B. H., *Earl of, K.C.V.O.*
C. Dunne, Gen. *Sir* J. H
C. Edwards, Lt.-Gen. *Sir* J.B., *K.C.M.G.*
Egerton, Lt.-Gen. *Sir* R.G. *K.C.I.E.*
Elles, Lt.-Gen. *Sir* E. R., *G.C.I.E., p.s.c.*
Elliot, Lt.-Gen. *Sir* E L, *K.C.I.E., D.S.O.*
Eustace, Maj. - Gen. *Sir* F. J. W.
Evans, Gen. *Sir* H. M.
Evatt, Maj.-Gen. *Sir* G.J.H *M.D.*
Ewart, Lt -Gen. *Sir* H P. *Bt., G.C.V.O. (Extra Eq. to the King).*
Ewart, Lt.-Gen. *Sir* J S ,*p.s c*
Fanshawe, Lt.-Gen. *Sir* E. A.
Fanshawe, Maj.-Gen. *Sir* R., *D.S.O., p.s.c.,* [l].
Feilding, Maj.-Gen. *Sir* G. P. T., *K.C.V.O., C.M.G., D.S.O.*
Fergusson, Lt.-Gen. *Sir* C., *Bt., K.C.M.G., D.S.O., K.C.M.G., D S O.*
Foote, Temp. Maj. *Sir* R. F. O., *C.M.G. (Admiral ret. R. N.)*
Forestier-Walker, Maj.-Gen. G. T., *p.s.c,* (L)

Fowke, Lt.-Gen. *Sir* G. H., *K.C.M.G.*
Fraser, Maj.-Gen *Sir* T., *C.M.G.-p.s.c.*
Freyer, Hon. Col. *Sir* P, J. *M.D.*
Furse, Lt.-Gen. *Sir* W. T., *D.S.O., p.s.c.* [L]
M. Gatacre, Maj.-Gen. *Sir*J.
Geddes, Hon. Brig.-Gen. *Sir* A. C., TD Bt. Lt.-Col. Unattached List (T.F.)
Geddes, Hon. Maj.-Gen Rt Hon. *Sir* E. C., *G.C.B.* (Civil), *G.B.E.,* ret, pay.
Gellibrand, Capt. J., *D.S.O.,* ret, pay.
Glasgow, Bt.'Lt.-Col. T. W. *C M G., D.S.O.*, Aust. Imp. Forces
Godley, Lt.-Gen. *Sir* A. J., *K.C.M.G.*
Goodwin, Lt.-Gen. *Sir* T. H. J. C., *C.M.G., D.S.O., K.H.S.*
Gordon, Maj.-Gen. *Hon. Sir* F., *D.S.O., p s.c.*
Gorringe, Maj.-Gen. *Sir* G. F., *K.C.M.G., D.S.O., q.s*
Gough, Lt.-Gen. *Sir* H. De la P., *G.C M.G., K.C.V.O.,* p.s.c. [l]
Graham, Maj.-Gen. *Sir* R. C., *K.C.M.G., p.s.c,*
Graham, Maj.-Gen. *Sir* T.
Grove, Maj.-Gen *Sir* C., *p.s.c.*
Grover, Gen. *Sir* M. H. S., *K.C.I.E.* [L].
Gubbins, Lt -Gen *Sir* W L, *M.V.O., M.B.*
Haking, Lt.-Gen. *Sir* R. C. B., *K.C.M.G., p.s.c.*
Haldane, Lt.-Gen. *Sir* J. A. L., *D.S.O., p.s.c.* [l]
Hamilton, Maj.-Gen. *Sir* E. O. F.
Hamilton, Surg.-Gen. *Sir* H., *M.D.*
Hamilton-Gordon, Lt.-Gen. *Sir* A., *p.s.c.,*
Hanbury-Williams, Maj.-Gen. *Sir* J., *K.C.V.O., C.M.G.,* ret. pay.
Harrington, Maj.-Gen. *Sir* C. H., *D.S.O., p.s.c.*
Harper, Lt.-Gen. *Sir* G M. *D.S.O., p.s.c.* [l]
Hawkes, Maj. - Gen. *Sir* H. M. P., *C.S.I.*
Heath, Maj.-Gen. *Sir* C. E., *C.V.O.*
Henderson, Lt.-Gen. *Sir* D., *K.C.V.O., D.S.O., p.s.c.*
Heneker, Maj.-Gen. W. C. G., *D.S.O.*
Hickie, Maj.-Gen. *Sir* W. B., *p.s.c.* [l]
Hobbs, Temp.Maj.-Gen.*Sir* J. J. T., *K.C.M.G.,* VD Aust. Mil. Forces.
Holland, Lt.-Gen. *Sir* A. E. A., *K C M.G., D.S.O., M.V.O., q.s., g.*
Holt, Maj.-Gen. M. P. C., *K.C.M.G., D S O.*
Hoskins, Maj.-Gen. *Sir* A. R., *C.M.G., D.S.O., p.s c., q.s.*
Howard, Maj.-Gen. *Sir* F., *K.C.M.G.*

M. Howse, Lt.-Col. Hon. Col. *Sir* N. R., *K.C.M.G.*, Aust. Mil. Forces.
Hudson, Lt.-Gen. *Sir* H., *K C.I.E*
Hull, Maj.-Gen. C. P. A., *p.s.c.*
Hunter-Weston, Lt.-Gen. *Sir* A. G., *D.S.O., p.s.c.* [L]
Hutton, Lt. - Gen. *Sir* E. T. H., *K.C.M.G., p.s.c.*
Ironside, Maj -Gen. *Sir* W. E., *C.M.G., D.S.O.,p.s.c.* [L]
Jacob, Lt -Gen. *Sir* C. W., *K.C.M.G.*
Jennings, Gen. *Sir* R. M.
Jeudwine, Maj.-Gen. *Sir* H. S., *g.*
Kavanagh, Hon. Lt.-Gen. *Sir* C. T. McM., *K.C.M.G., C.V.O., D.S.O.*
Keary, Lt.-Gen. *Sir* H. D'U., *K.C.I.E., D.S.O.*
Keir, Lt.-Gen. *Sir* J. L., *p.s.c., g.*
Kiggell, Lt.-Gen. *Sir* L. E., *K.C.M.G., p.s.c,*
Kirkpatrick, Maj.-Gen. *Sir* G. M., *K.C.S I., p.s.c.*
C. Knowles, Maj.-Gen. *Sir* C B., *p.s.c.*
Knox, Lt.-Gen. *Sir* C E.
Lake, Lt.-Gen. *Sir* P. H. N., *K.C.M.G., C.B. (Civil), p.s.c.*
Lambton, Maj.-Gen. Hon. *Sir* W., *C.M.G., C.V.O., D.S.O., p.s.c.*
Lane, Maj.-Gen. *Sir* R. B., *K.C.V.O. q.s.*
Lawford, Maj.-Gen. *Sir* S. T. B.
Lawrence, Gen. *Hon. Sir* H. A., *p.s.c.*
Lawson, Lt.-Gen. *Sir* H M., *p.s.c.*
C. Leach, Maj.-Gen. *Sir* E.
Lee, Lt.-Gen. *Sir* R. P., *C.M.G.*
Lindsay, Maj.-Gen. *Sir* W. F. L., *D.S.O., g.*
Lloyd, J t -Gen. *Sir* F., *G.C.V.O., D.S.O.*
Loomis, Col. *Sir* F. O. W., *C M G., D.S.O.,* Can. Local Forces.
Luckin, Hon. Maj. -Gen. *Sir* H. T., *C.M.G., D.S.O., late* S. Afr. Overseas Forces.
Lynden-Bell, Maj.-Gen. *Sir* A. L., *K.C.M.G., p.s.c.* [L]
McCalmont, Maj.-Gen. *Sir* H., *C.V.O.*
McCracken, Lt.-Gen. *Sir* F W N., *D.S.O., p.s.c.*
MacDonell, Maj. - Gen. A. C., *C.M.G., D.S.O.,* Can. Local Forces.
M. Mackenzie, Col. *Sir* A. R.D.
Mackenzie, Maj.-Gen. *Sir* C. J., *p.s.c.* [l]
McLeod, Maj.-Gen. *Sir* D. J. S., *K.C.I.E., D.S.O.*
MacMunn, Maj.-Gen. *Sir* G.F., *K.C.S.I., D.S.O., p.s.c., q.s.*
Macready, Gen. *Sir* C. F. N., *G.C.M.G., C.B. (Civil)*
Magill, Col. *Sir* J., *M.D.*
Mahon, Lt.-Gen. *Rt Hon. Sir* B.T., *K C V O., D.S.O.*
Mansfield, Maj.-Gen. *Sir* H.
Marshall, Lt.-Gen. *Sir* W. R., *G.C.M.G., K.C.S.I.,*

MILITARY KNIGHTS COMMANDERS (K.C.B.)—contd.

Martin, Lt.-Gen. Sir A. R.
Maxse, Lt.-Gen. F. I., C.V.O., D.S.O., q.s. [L]
Maxwell, Lt.-Gen. Sir R.C. K.C.M.G.
May, Maj.-Gen. Sir E. S., C.M.G. (l)
Maynard, Col.(temp. Brig.-Gen. Sir C. C. M., C.M.G., D.S.O., p.s.c. [I]|
꼳. Mellis, Maj.-Gen. Sir C. J., K.C.M.G. [L]
Mercer, Col. (temp. Maj.-Gen.) Sir D., A.D.C.
Meyrick, Hon. Col. Sir T. C., Bt., 3 Bn. Shrops. L. I.
Milne, Lt.-Gen.(temp.Gen.) Sir G. F., G.C.M.G., D.S.O, p.s.c. [l]
Monash, Temp. Maj.-Gen. Sir J., G.C.M.G., VD. Aust. Mil. Forces.
Money, Maj.-Gen.SirA.W., K.B.E., C.S.I., p.s.c.
Morland, Lt.-Gen. Sir T. L. N., K.C.M.G., D.S.O., p.s.c., Col. Suff. R.
꼳. Morris, Com.-Gen. Sir E.
Mortimer, Col. Sir W. H.
Mulcahy, Maj.-Gen. (hon.) Sir F. E.
Murray, Gen. Sir A. J., G.C.M.G., C.V.O., D.S.O., p s.c. [l]
Nicholls, Gen. Sir W. C.
Nicholson, Maj.-Gen. Sir C. L., C.M.G., p.s.c.
Nixon, Gen. Sir J. E., G.C.M.G.
Otter, Maj.-Gen. Sir W. D., C.V.O., VD, ret.Can. Local Forces.
Owen, Gen. Sir J. F., p.s.c.

Paris, Maj.-Gen. Sir A., p.s.c. [L], ret. R. Mar.
Parsons, Lt. Gen. Sir L. W., g.
Pearson, Gen. Sir A. A.
Pease Dep. Commy.-Gen. & Hon. Col. Sir T.
Pereira, Maj.-Gen. C. E. C.M.G.
Peyton, Maj.-Gen. Sir W. E., K.C.V.O., D.S.O., p.s.c.
Phayre, Lt.-Gen. Sir A.
Pinney, Maj.-Gen. Sir R. J., p.s.c.
Pole-Carew, Hon. Lt. Gen. Sir R., C.V.O.
Powell, Maj.-Gen. Sir C. H [D]
Pulteney, Lt.-Gen. Sir W. P., K.C.M.G., K.C.V.O., D.S.O.
Ramsay, Maj.-Gen. Sir J. G.
Richardson, Lt.-Gen. Sir G. L R., C.S.I., C.I.E.
Richardson, Maj.-Gen. Sir W. D.
Robb, Maj.-Gen. Sir F. S. G.C.M.G., K.C.V.O., p.s.c.
Robertson, Maj.-Gen. Sir P. R., C.M.G.
Rosenthal, Bt. Lt -Col. Sir C., C.M.G., D.S.O., Aust. Mil. Forces.
Russell, Col. (temp. Maj.-Gen.) Sir A.H., K.C.M.G., N.Z. Mil. Forces
Rycroft, Maj.-Gen. Sir W. H., K.C.M.G., p.s.c.
Salmond, Bt. Col. Sir J M., C.M.G., C.V.O., D.S.C.
Salmond, Maj.-Gen. Sir W.
Scott, Maj.-Gen. Sir A. B. D.S.O.

Scott-Moncrieff, Maj.-Gen. Sir G. K., K.C.M.G., C.I.E.
Settle, Lt.-Gen. Sir H. H. D.S.O., p.s.c.
Shaw, Lt.-Gen. R. Hon. Sir F. C.
Shone, Lt.-Gen. Sir W. T. D.S.O.
Shute, Maj.-Gen. Sir C. D. K.C.M.G., p.s.c.
Sloggett, Lt.-Gen. Sir A. T., K.C.M.G., K.C.V.O., F.R.C.S.
Smith, Maj.-Gen.SirH.G..g.
꼳Smyth, Maj.-Gen. Sir N. M.
Snow, Lt.-Gen.SirT. D'O., K.C.M.G., Col. Som. L.I., p.s.c.
Steevens, Maj.-Gen. Sir J., K.C.M.G.
Stephens, Maj. Gen. Sir R. B., C.M.G. [L]
Strickland, Maj.-Gen. Sir E. P., C.M.G., D.S.O.
Swaine, Maj.-Gen. Sir L. V., C.M.G.
Sykes, Bt. Col. Sir F. H., G.B.E., C.M.G., p.s.c. l
Talbot, Maj.-Gen. Hon. Sir R A J.
꼳. Thomas, Gen. Sir F. W.
Thynne, Maj.-Gen. Sir R. T.
Toker, Maj.-Gen. Sir A. C.
Townshend, Maj.-Gen. Sir C. V. F., D.S.O.
Tregear, Maj. Gen. Sir V. W.
Trenchard, Maj.-Gen. Sir H. M., Bt.,D.S.O., A.D.C., Col. R. Sc. Fus.
Trotter, Maj. -Gen. Sir J. K., C.M.G., p.s.c.

꼳. Tulloch, Hon. Maj.-Gen. Sir A. B., C.M.G.
꼳Turner, Lt.-Gen. Sir R. E. W., K.C.M.G., D.S.O., Can. Local Forces
van Deventer, Hon. Lt.-Gen. J. L., C.M.G.
von Donop, Maj.-Gen. Sir S. B., K.C.M.G., g.
Walker, Maj.-Gen. Sir H. B., K.C.M.G.,D.S.O.
Ward, Col. Sir E. W. D., Bt., K.C.V.O., G.B.E., late Perm. Under-Sec. of State for War.
Watkis, Gen. Sir H. B. B., p.s.c.
Watson, Temp. Maj.-Gen. D., C.M.G., Can. Local Forces.
Watts, Hon. Lt. Gen. Sir H. E., K.C.M.G.
꼳. Westmacott, Maj.-Gen. Sir R., D.S.O.
Whigham, Maj.-Gen. Sir R. D., K.C.M.G., D.S.O., p.s.c. [l]
Whitehead, Maj.-Gen. Sir H. R.
Willcocks, Gen. Sir J., G.C.M.G., K.C S I.,D.S.O., Col. N. Lan. R., q.s.
Williams, Maj.-Gen. Sir H. B., D.S.O., p.s.c. [L]
Wilson, Maj.-Gen. Sir A.
Wilson, Lt.-Gen. Sir H. F. M., K.C.M.G.
Wood, Maj.-Gen. Sir E., q.s.
Woollcombe, Lt.-Gen. Sir C. L., K.C.M.G.
Wools-Sampson, Hon. Col. (Army) Sir A., Lt.-Col. ret. Natal Local Forces.
Woon, Gen. Sir J. B.

CIVIL KNIGHTS COMMANDERS (K.C.B.)

Allbutt, Hon. Col. Sir T. C., M.D., F.R.S. & Hon. Divn. R A.M.C., Lt.-Col. late 1 E. Gen. Hosp.
Allen, Col. Hon. Sir J., TD N.Z. Mil. Forces.
Anstice, Hon. Col. Sir J. A., TD, VD. 4 Bn. Shrops. L.I.
Anstice, Hon. Col. Sir R. H., High. Divl. Eng., R. E. (Maj. ret. pay)
Beatson,Col.Sir G.T.,K.B.E., M.D., VD, late Asst. Dir., A Med. Serv. (T.F.).
Cave, Col. Sir T. S., C.B.E., TD, VD, 4 Bn. Hamps. R. hamberlain, Col. Sir N. F, FltzG., K.C.V.O., C.B. (Mil.)
Creedy, Sir H. J., C.V.O. Sec., of the War Office.
Creswick, Hon. Col. Sir N VD, late W. R.Yorks V.A C
Crichton, Col. Hon. Sir T G L., VD, A.D.C (Hon. Lt.-Col. ret. pay
Crutchley, Maj.-Gen. Sir C., K.C.V.O., q.s.
Cubitt, Sir B. B., Asst. Sec. of the War Office.
Currie, J. T., Esq., late War Office.
Dartmouth, Hon. Col. Rt. Hon. W. H., Earl of, VD, 5 Bn. S. Staff. R. & N. Mid. Divl Train.
Davidson, Bt. Col. Sir A. K.C.V.O., C.B. (Mil.), (Extra Eq. to the King).

Fleetwood Wilson, Rt. Hon. Sir G. D. A., G.C.I.E., K.C.M.G., late Dir.-Gen. of Army Finance,War Office.
Flynn, Sir J. A. late Dir, of Army Accounts, War Office.
Fortescue, Col. H. F., Earl TD, R. N. Devon Yeo. A.D.C.
Frank, Sir H., Dir.-Gen. of Lands, War Office.
Gibson, Sir H. J., late Asst. Dir. of Army Finance, War Office.
Hadden, Maj.-Gen. Sir C. F., p.a.c.
Harris, Sir C., Asst. Fin. Sec., War Office.
Hay, Hon.Col. (Hon.Lt.-Col in Army) Sir G. J., C.M.G , late Lt. Col. 3 Bn. W. York. R.
Helme, Hon. Col. Sir G. C. C.M.G., 6 Bn. W. York R.
Hill, Hon. Col. Sir W. A., lateLt -Col. 3 Bn. Glouc. R
Holden, Hon. Brig.-Gen. Sir H. C. L., g.
Hughes, Hon. Lt. -Gen. Hon. Sir S., Maj.-Gen. Can. Local Forces.
Kenyon, Maj. Sir F. G. Inns of Court O T C.
Lee of Fareham, Hon. Col. A. H., Rt. Hon. Lord, G.B.E., Res. of Off.

Legard, Hon. Col. Sir J. D., Unattd. List, p.s.c.
Lloyd, Hon. Col. (Hon. Lt.-Col. in Army) Sir M. G., late 3 Bn. R. R. Regt.
Longmore, Lt.-Col. Sir C. E., T.F.Res.,TD, VD (Lt.-Col.& Hon. Col. late 1 Bn. Herts R.)
Lunham, Hon. Col. T. A., late Lt.-Col. Cork R.G.A. (Mila).
MacDonald, Col. Rt. Hon. Sir C. M., G.C.M.G., G.C.V.O., K.C.B. (Mil.)
McHardy, Hon.Lt.-Col. Sir A. B.
꼳. Maclean, Hon. Col. Sir F.D., Bt., late W. Kent Yeo. Cav.
Murray, Hon. Col. Sir C. W., p.s.c.
Newsholme, Lt.-Col. Sir A., M.D.,San. Serv. R A.M.C.
Norton Griffiths,Maj.Sir J., D.S.O., 2 Regt. K. Ed. Horse.
Olivey, Chief Paymr. and Hon. Col. Sir W. R.
Philipps, Hon. Maj.-Gen. Sir I., D.S.O. (Lt.-Col. & Hon. Col. ret. T.F.), p.s.c.
Pilkington, Maj. Sir H.
Ponsonby, Bt.-Col., Rt. Hon. Sir F. E.G., K.C.V.O, (Extra Eq. to the King.)

Raban,Bt.Col. Sir E.,K.B.E.
Ramsay, Sir M. G., late Lt. 1 Cadet Bn. R.W. Surr. R.
Rolleston, Col. Sir L., D.S.O., TD, Notts. (S. Notts Hrs.) Yeo.
Ross, Col. Sir R., K.C.M.G., F.K.S., F.R.C.S., T,F,Res, ret. pay
Ross of Bladensburg, Lt.-Col. Sir J. F. G., K.C.V.O.
Scarbrough, Col. (T.F.) (temp. Maj. Gen. in Army) A. F. G. B., Earl of, VD, A.D.C.
Smith, Hon. Lt.-Col. Sir H. late 3 Brig.East Div., R.A.
꼳. 꼳. Thackeray, Col. Sir E T., C.B. (Mil.)
Vivian, Col. Sir A. P., VD, 7 Bn. Welch R.
Walker, Lt.-Col. Sir H. A., Eng. & Rly. S. Corps
Warren, Gen. Sir C., G.C.M.G.
Watts, Hon. Col. Sir P., late Lt.-Col. 1 Northbn. Brig. R.F.A. [F]
Watts, Hon. Col. Sir W.,C.B. (Mil.), VD, late Lt.-Col. 3 Bn. Welsh R.
Wodehouse, Maj. Sir E. F., K.C.V.O.
Wolfe Barry, Lt.-Col. & Hon. Col. Sir J. W., VD. M.Inst. C.E., M.I. Mech. E., late Eng. and Rly. S.O.

Orders of Knighthood, &c. 125

MILITARY COMPANIONS (C.B.)

H.R.H. Prince A. F. P. A. of Connaught, K.G., K.T., G.C.M.G., G.C.V.O., Bt. Lt.-Col., Personal A.D.C. to the King.
Abbott, Hon. Brig.-Gen. H. A.
Adamson, Col. H. M., M.B.
Abdy. Hon. Brig.-Gen. A. J., C.B.E.
Adam, Hon. Maj.-Gen. F. A.
Adye, Maj.-Gen. Sir J., K.C.M.G., p.s.c.
Albemarle, Col. (Hon. Lt Col. in Army), A. A. C., Earl of, K.C.V.O., vD, 5Bn. Norf. R., A.D.C.
Aldridge, Lt.-Col. A. R., C.S.I., C.M.G., M.B.
ℳAlexander, Bt. Col. (temp. Brig.-Gen.) E. W. C.M.G.
Alexander, Col. (temp. Maj.-Gen.) H. L., C.M.G., D.S.O., p.s.c.
Alexander, Hon. Brig.-Gen. (Bt. Lt.-Col. T.F. Res.) W., C.M.G., D.S.O., TD.
Allen, Hon. Brig.-Gen. (temp. Brig.-Gen.) A. J. W., p.s.c.
ℳ. Anderson, Gen. H. C.
Anderson, Maj.-Gen. L. E.
Anderson, Bt. Col. (temp. Brig.-Gen.) N.G., C.M.G., D.S.O., p.s.c.
Anderson, Maj.-Gen. W. H., p.s.c. [L] [F]
Anley, Hon. Brig.-Gen. F. G., C.M.G.
Anley, Col. H. A., f.
Antill, Col. J. M., C.M.G., Aust. Mil. Forces.
Appelbe, Hon. Brig.-Gen E., C.M.G.
Archdale, Hon. Brig.-Gen. H. J., C.M.G.
Ardee, Hon. Brig-Gen L. Le N., Lord.
Armitage, Hon. Brig.-Gen. E. H., g.
Armstrong, Brig.-Gen. C. J., C.M.G., Can. L cal Forces.
Armstrong, Col J. C., C.M.G.
Armstrong, Col. (temp. Brig.-Gen.) St. G. B., C.M.G., p.s.c. [L]
Ashby, Col. G. A.
Ashmore, Col. E.B., C.M.G., M.V.O., p.s.c.
Aspinall, Lt.-Col. C. F., C.M.G., D.S.O., p.s.c.
Asser, Lt.-Gen. Sir J. J., K.C.M.G., K.C.V.O., q.s.
Atherton, Bt. Col. T. J., C.M.G.
Atkinson, Bt. Col. (temp. Brig.-Gen.) B., C.M.G., p.s.c., g. [L]
Atkinson, Maj.-Gen. E. H. de V., C.M.G., C.I.E.
Atkinson, Hon. Brig.-Gen. F. G.
Austin, Col. H. H., C.M.G D.S.O., R.E.
Austin, Bt. Col. (temp. Brig.-Gen.) J.G., C.M.G., e
Aylmer, Bt. Col. E. K. G.
Baddeley, Col. C. E. C.M.G.

Bagnold, Col. A. H., C.M.G.
Bainbridge, Lt.-Col. N. B., C.M.G., D.S.O., o.
Baindridge, Col. P. A., C.M.G., p.a.c.
Baird, Lt.-Col. A. W. F., C.M.G., D.S.O., p.s.c. [l]
Baldock, Maj Gen. T. S., p.s.c
Balfour, Lt.-Col. A., C.M.G., M.D., F.R.C.P. late R.A.M.C.
Balfour, Hon. Brig.-Gen. Sir A. G., K.B.E.
Ballance,Hon.Col.Str C.A., K.C.M.G., M.V.O., M.B., F.R.C.S. late R.A.M.C.
Ballance, Col. (temp.Brig.-Gen.) Sir H. A., M.D., F.R.C.S., K.B.E., T.F.Res.
Ballard, Col. (temp. Brig.-Gen.) C.R., C.M.G., p.s.c. [l]
Banfield, Col. R. J. F., p.s.c
Bannatine - Allason, Maj.-Gen. R., C.M.G.
Banon, Hon. Brig.-Gen. F. L., p.s c [l]
Barber, Bt. Lt.-Col. G. W, C.M.G., D.S.O., Aust. Mil. Forces.
Barefoot, Col.G.H., C.M.G
Barling, Lt.-Col. Sir H. G., Bt., C.B.E., F.R.C.S., R.A.M.C. (T.F.)
ℳ. Barnes, Col. O.
Barratt, Maj.-Gen. W. C., C.S.I., D.S.O.
Barrett, Col. H. W.
Barrett, Lt.-Col. Sir J.W., K.B.E., C.M.G., M.D
Bartholomew, Bt. - Col. (temp. Brig.-Gen.) W. H., C.M.G., D.S.O., p.s.c.
Barton, Maj.-Gen. Sir G., K.C.V.O., C.M.G., p.s.c.
Bates, Hon. Brig.-Gen Sir C. L., K.C.M.G., D.S.O., TD (Lt.-Col. & Hon. Col. late North'd Yeo.)
Batson, Bt. Col H.
Beach, Bt. Col. W. H., C.M.G., D.S.O.
Beatson, Col. C. H.
Beatson, Hon. Maj.-Gen. F. C., p.s.c.
Beckett, Hon. Brig.-Gen. C. E., p.s.c.
ℳ. Beckett, Col. S.
Beckwith, Col. (temp.Brig.-Gen.) A. T., C.M.G., D.S.O, e.
Bedford, Maj.-Gen. Sir W. G. A., K.C.M.G., M.B.
Beevor, Hon. Col. W. C., C.M.G., M.B.
Begg, Lt - Col. C. M., C.M.G., N.Z. Mil. Forces.
Bell-Smyth, Col. J. A., C.M.G., p.s.c.
Bennett, Bt. Lt.-Col. H.G., C.M.G., D.S.O., Aust. Mil. Forces
Benson, Col. (temp. Brig.-Gen.) R. P., C.M.G
Benson, Col. W. G. S.
Bertie, Bt. Col. H. M.
Bessell-Browne, Col.(temp. Brig.-Gen.) A. J., C.M.G., D.S.O., VD, Aust Mil. Forces.

Bethell, Col. (temp. Maj. Gen.) H. K., C.M.G., O.V O., D.S.O., p.s.c.
Beveridge, Col. (temp. Brig.-Gen.) W. W. O., D.S.O., M.B.
Be·es, Hon. Brig.-Gen. P. S., C.M.G. S. Afr. Def. Force.
Beville, Lt.-Col. C. H.
Bewicke-Copley, Hon. Brig.-Gen. Sir R. C. A. B., K.B.E., p s c. [l]
Beynon, Maj.-Gen Sir W. G. L., K.C.I.E., D.S.O.
Bigge, Hon. Brig.-Gen. T. A. H., C.M.G.
Bingham, Maj.-Gen. Hon. Sir C.E., K.C.M.G., C.V.O. Col. 2 L. Gds.
Bingley, Maj.-Gen. A. H., K.C.I.E.
Birch, Bt. Col. E. M., C.M.G., D.S O., p.s.c, [l]
Birch, Lt.-Gen. Sir J. F. N., K.C.M.G., A O C.
Bird, F. D., M.B., F.R.C.S., late Temp. Lt. Col.
Bird, Col. (temp. Maj.-Gen.) W. D., C.M.G., D.S.O., p.s.c. [l], A.D.C.
Birkett, Col. H. S., Can. Local Forces.
Birrell, Col. E. T. F., C.M.G., M.B.
Birtwistle, Col. A., C.M.G., D.S O, TD [T.F.]
Biscoe, Lt.-Gen. W. W.
Blackader, Maj.-Gen.C.G., D.S.O. [l], A.D.C.
Blackburn, Col. J. E.
Blackburne, Hon. Col. R. I., 3 Bn.S. Lan. R.
Blackburne, Col. R. J., C.M.G., C.I.E., D.S.O. M.D., F.R.F.P.S.
Blacklock, temp. Lt.-Col. C. A., C.M.G., D.S.O.
Blagrove, Bt. Col. H. J., C.B.E.
Blair, Col. (Hon. Lt.-Col. in Army) F.G., C.M.G., TD, Leic. Yeo, A.D.C.
Blamey, Bt. Lt.-Col.(temp. Brig.-Gen.) T. A., C.M.G., D.S.O., Aust. Mil. Forces
Bland, Col. E. H., C.M.G.
Bland, Bt. Col. W. St. C., C.M.G.
Blenkinsop, Maj.-Gen. L. J., D.S.O.
Blewitt, Maj.-Gen. W. E., C.M.G., C.B.E., g.
Blomfield, Maj.-Gen. C. J., D.S.O.
Blundell, Bt. Col. J. E.
Blunt, Col. E.
Boileau. Lt.-Col. G. H. C.M.G., D.S.O.
Bond, Hon. Maj.-Gen. Sir F G., K.B.E., C.M.G.
ℳ. Bonham, Hon. Col. J.
Bookey, Col J. T. B.
Boome, Bt. Col. E. J., C.M.G [l], ret. Ind. Army R.F.A.(T.F.)
Borradaile, Col. G. W.
Borton, Bt. Col. C. E
Bourke, Maj.-Gen. G. D., C.M.G.

Bowes, Hon. Brig.-Gen. W. H., C.M.G., p.s.c., [L]
Bowles, Maj.-Gen F., g
Bowles, Hon. Brig.-Gen.H.
Bowman-Manifold, Bt.Col. (temp.-Brig.-Gen.) Sir M. G. E. K.B.E., C.M.G., D.S.O., p.s.c. [L]
Boyce, Maj.-Gen.Sir W. G. B., K.C.M.G., D.S.O.
Boyd, Maj. F. D., C.M.G., M.D., F.R.C.S., R.A.M.C. (T F.)
Boyd, Maj.-Gen. G. F., C.M.G., D.S.O., D.C.M., p s.c., Col. Leins. R.
Boyd, Bt Col. J. A.
Boyle, Hon. Brig.-Gen. R. C. C.M.G.
Boys, Col.(temp.Brig.-Gen.) R. H. H., D.S.O.
Bradford, Hon. Maj.-Gen. Sir J. R., K.C.M.G., C.B.E., F.R.S., M.D., T.F. Res.
Bradley, Hon. Brig.-Gen. C. E.
Bradshaw, Maj.-Gen. L.J.E.
Braithwaite, Col. W. G., C.M.G., D.S.O.
Brake, Col. (temp. Brig.-Gen.) H. E. J., C.M.G., D.S.O.
Brand, Bt. Col. C. H., C.M.G., D.S.O.,Aust. Mil. Forces.
Brander, Bt. Col. H.R.,p.s.c
Bray, Maj.-Gen. Sir C. A., K.C.M.G.
Bray, Col. H, A., C.M.G.
Brazier-Creagh, Col. G. W., C.M.G.
Breeks, Col. (temp. Brig.-Gen.) R. W.
Brereton. Hon. Brig.-Gen. E. F., D.S.O.
Bridge, Hon. Brig.Gen. Sir C. H. K.C.M.G.
Bridges, Maj.-Gen. (temp. Lt.-Gen.) G. T. M., K.C.M.G., D.S.O., p.s.c. [l]
Bridgford,Col. (temp.Brig.-Gen. R.J., C.M.G., D.S.O.
Bright, Col. (temp. Brig.-Gen.) R. A.
Brinckman. Hon. Col. Sir T. F., Bt., 3 Bn. E. Kent R. (Lt.-Col. T.F. Res.)
Brittan, Maj.-Gen. C. G., ret. R. Mar.
Broadbent, Bt. Lt.-Col. E. N., C.M.G., D.S.O.
Broadbent, Col. J. E.
Broadfoot, Bt. Col. A.
Brock, Col. H. J., C.M.G. D.S.O
Brockman, Bt. Lt.-Col. E. A. D., C.M.G., D.S.O., Aust. Mil. Forces.
Bromhead, Col. Sir B. P., Bt.
Bromhead, Col. C. J.
Brooke, Col. H. F., C.M.G. C.B.E.
Brooke, Hon. Brig.-Gen. L. G.
Brooke-Popham, Bt. Col. H. R. M., C.M.G., D.S.O., A.F.C., p.s.c.
Brooker, Col. P. E., C.M.G.,

Orders of Knighthood, &c.

MILITARY COMPANIONS (C.B.)—*contd*

Brown, Col. (*temp. Brig.-Gen.*) W. B.
Brown, Bt. Col. F. J.
Brown, Lt.-Col. W. H., *D.S.O.*
⛨Brown-Synge-Hutchison, Col. E D.
Browne, Maj.-Gen. E. G., *C.M.G.*
Browne, **Maj.-Gen. G. F.,** *D.S.O., p.s.c.*
Browne, Bt. Col. G. H. S.
Browne, Col. R. S., VD, Aust. Mil. Forces.
Browne, Hon. Brig.-Gen. S. D., *C.B.E.*
Brownlow, Bt. Col. C. C.
Brownlow, Maj.-Gen. W. V.
Bruce, Col. A. McO.
Bruce, Bt. Col. Hon. C. G., *M.V.O.*
Bruche, Bt. Col. J. H., *C.M.G.*, Aust. Imp. Force.
Brutinel, Brig.-Gen R., *C.M.G., D.S.O.*, Can. Local forces.
Buchanan, Hon. Lt-Col. G.S., *M.D., late* R.A.M.C.
Buchanan, Hon. Brig.-Gen. K. J.
Buckland, Maj.-Gen. *Sir* R. U. H., *K.C.M.G., A.D.C.*
Buckle, Maj.-Gen. C. R., *C.M.G., D.S.O.*
Buckley, Bt. Col. B. T., *C.M.G., p.s.c.* [L].
Budworth, Maj.-Gen. C E. D., *C.M.G., M.V.O.* [L]
Buist, Col. H. J. M., *C.M.G., D.S.O., M.B.*
Bunbury, Hon. Brig Gen V.T., *C.M.G., D.S.O.*
Bunbury, Maj.-Gen. W. E., *p.s.c.*
Burgess, Capt. (*temp. Brig.-Gen*) W. L. H., *C.M.G.*) *D.S.O.*, Aust. Mil. Forces.
Burghard, Temp. Col. F. F., *M.D., F.R.C.S.* (Capt. 4 Lond. Gen. Hosp.)
Bur..-Murdoch, Hon. Maj.-Gen. J.F., *C.M.G., C.B.E., p.s.c.*
Burnage, Lt.-Col. G.J., VD, C'wealth Mil. Forces
Burnet-Stuart, Maj.-Gen. J. T., *C.M.G., D.S.O., p.s.c.a.* [l]
Burnett, Hon. Brig.-Gen C. K., *C.M.G.*
Burnett - Hitchcock, Maj.-Gen. B. F., *D.S.O., p.s.c.* [l]
Burney, Hon. Brig.-Gen. H. H., *C.B.E., p.s.c.*
Burney, Hon. Brig.-Gen. P. de S., *C.M.G.*
Burrowes, Lt.-Col. A St. G.
Burt, Lt.-Col. A., *C.M.G., D.S.O., A.M.*
Burton, Maj. - Gen. B., *C.M.G.*
Burton, Col. E. B.
Bush, Bt.-Col. H. S., *C.M.G.*, R A.O.D., *e o*.
Bush, Hon. Brig.-Gen.J.E.
Buston, Hon. Brig.-Gen. P. T., *C.M.G., D.S.O.*
Butcher Maj.-Gen. *Sir* G J, *K.C.M G.*
Butler, Maj.-Gen. E. R. C., *C.M.G., F.R.C.V.S.*

Butler, Hon. Brig. Gen. W. J. C
Byrne, Hon. Brig.-Gen. J A., *K.B.E.*
Byron, Bt. Col. J., *C.M.G., e.*

Caldecott, **Maj.-Gen. F. J.**
Cailey, Hon. Brig.-Gen. T. C. P., *C.B.E., M.V.O.*
Cameron, Col. (*temp. Brig.-Gen.*) A. R., *C.M.G., p.s.c.*
Cameron, Capt. *Hon*. C. St. C., ret.
Cameron, Lt.-Col. E. C.
Cameron, Bt. Col. N.J.G., *C.M.G., p.s.c.*
Campbell, Hon. Brig.-Gen. D.
Campbell, Col. H. M., *C.M.G.*
Campbell, Col. (*temp. Maj.-Gen.*) J., *C.M.G., D.S.O., p.s.c.,l.*
Campbell, Col. M. S. C., *C.I.E., A.M.*
Campbell, Col. *Sir* R. N., *K.C.M G., C.I.E., M.B.*
Cannan, Bt. Col. J. H., *C.M.G., D.S.O.*, Aust. Mil. Forces.
Cannot, Hon. Brig.-Gen. F. G. E., *C.M.G., D.S.O.*, l, [L].
Carey, Col. C. G. S., *C.M.G.*
Carnegy, Maj.-Gen. P. M.
Carr, Col. E. E., *C.B.E.*
Carr, Maj.-Gen. H., *M.B.*
Carruthers, Col. R. A., *C.M.G.*
Carter, Hon. Brig.-Gen. C. H. P, *C.M.G., C.B E*
Carter, Col. D. C., *C.M.G*
Carter, Maj.-Gen. *Sir* E. E., *K.C.M.G., M.V.O., p.s.c., e.*
Carter, Hon. Brig.-Gen. F. C., *q.s.*
Carter, Bt.-Lt.-Col. R. M., *F.R.C.S.*
Carter - Campbell, Col. (*temp.Brig.-Gen.*) G.T.C., *D.S.O.*
Carthew-Yorstoun, Bt. Col. A. M.
⛨Carton de Wiart, Bt.-Lt.-Col. (*temp.Brig.-Gen.*) A., *C.M.G., D.S.O.*
Cartwright, Col. C M, *C.M.G*
Cartwright, Col. (*temp. Brig.-Gen.*) G. S., *C.M.G.*
Cassels, Maj.-Gen. R.A., *C.S.I., D.S.O., p.s.c.*
Casson, Hon. Brig.-Gen H G , *C.M.G.*
Caunter, Hon. Brig.-Gen. J E., *C.B.E., p.s.c.*
Cayley, Col. D. E., *C.M.G.*
Cayley, Maj.-Gen.*Sir*W. de S., *K.C.M.G.*
Challenor, Lt.-Col. E L., *C.M.G., D.S.O.*
Chamberlain, Col. *Sir* N F. Fitz.G., **K.C.B.** (*Civil*), *K.C.V.O.*

Chambers, Lt.-Col. J. C., VD, ret. T.F.
⛨Chamier, **Maj.-Gen.** F. E A., *C.I.E.*
Champion de Crespigny, Lt.-Col (*temp. Brig.-Gen.*) C. R., *C.M.G., D.S.O.*
⛨Chaplin, Col J. W.
Chapman, Hon. Brig.-Gen. A. J., *C.M.G., C.B.E, p.s.c.*
Chapman, Bt. Col. H. A.
Chapman, Col. L. J., *C.M.G.*
Charles, Col. (*temp. Brig.-Gen.*) J. R. E., *C.M.G., D.S.O., p.s.c.*
Charlton, Bt. Lt.-Col. L. E O., *C.M.G., D.S.O., p.s.c.*
Chaytor, Col. (*temp. Maj.-Gen.*) E. W. C., *K.C.M.G.*, TD, N.Z. Staff Corps, *p.s.c., A.D.C.*
Chichester, Maj.-Gen. *Sir* A A., *K.C.M.G., C.B., p.s.c.*
Child,Maj. (*hon Brig.-Gen in Army*) *Sir* S. H., *Bt., C.M.G., D.S.O., M.V.O.*, Res. of Off.
Childe, Bt. Col. R. B. W.
Childs, Col. (*temp. Maj.-Gen.*) *Sir* B. E. W., *K.C.M.G.*
Cholmondeley, Hon. Brig.-Gen. H. C., *C B E., late* 1 Lond. V.R.C. (Hon. Lt.-Col. in Army).
Chopping, Bt. Col. A., *C.M.G.*
Chown, Hon. Maj.-Gen. E.
Christian, Hon. Brig.-Gen. G., *C.I.E., D.S.O.,* [l]
Christie, Col. H. W. A., *C.M.G.*
Christopher,Maj.-Gen.L. W. *p.s.c.*
Churchill,Col.A.G., *C.B.E., p.s.c.*
Churchward, Col. P. R S.
Clarke, Lt.-Col. *Sir* T E., *K.C.M.G.*
Clay, Lt.-Col. B. G., *C.M.G., D.S.O.*
Clayton, Bt.Lt.-Col (*temp. Brig.-Gen.*) *Sir* G. F., *K.B.E., C.M.G.*
Cleeve, Col. S. D.
Clery, Bt.-Col. C. B. L., *Brig.-Gen. J.A., M.B.*
⛨Clifford, Lt.-Gen. R. O.
Climo, Maj.-Gen. S. H., *D.S.O.*
Clive, Col. (*temp. Brig.-Gen.*) G. S., *C.M.G., D.S.O., p.s.c.* [L]
Close, Col. G. D
Clough, Bt.-Col. A. H. B., *M.V.O.*
Clowes, Lt.-Col. P. L.
Coates, Col. W., *C.B.* (*Civil*) VD, *late* T.F. Res.
Cobbold, Lt.-Col. E. C.
Cochrane, Hon. Brig.-Gen. W. F. D., *q.s.*
Cockerill, Bt. Col G. K., 7 Bn.R. Fus. (Maj. ret. pay)(*Res. of Off.*) *p.s.c.* [l]
Codrington, Lt.-Gen. *Sir* A E., *K.C.V.O., p.s.c.*
Clifford, *D.S.O.*, R.E., *p.s.c.* [L].

Cole, Col. E. H., *C.M.G.*, ret. Ind. Army
Collard, Temp. Lt.-Col. C. E., R. Mar. (Maj. Res. of Off.)
Colleton, Hon. Brig.-Gen. *Sir* R. A. W., *Bt.*
Collingwood, Bt. Col. C. G.
Collinson, Lt.-Col. H., *C.M.G., D.S.O., M.B., F.K.C.S.*, R A.M.C. (T.F.)
Collyer, Hon. Brig.-Gen. J. J., *C.M.G., D.S.O.*, S. Afr. Def. Force.
Colville, Col. A. E. W., *p.s.c.*
Colvin, Hon. Brig.-Gen. G. L., *C.M.G., D.S.O.*
Colvin, Hon. Brig.-Gen R.B., *C.B., M.P. (Civil)* ID *late* Essex Yeo.
Combe, Maj.-Gen. B. A.
Compton, Hon Brig.-Gen. C. W., *C.M.G.*
Connolly, Col. B. B., **M.D.**, *F.R.C.S I.*
Conway-Gordon, Col. L., *p.s.c.*
⛨Cook, **Maj.-Gen. H.**
Cook, Maj.-Gen. J.
Cooke, Bt. Col. (*temp.Maj.-Gen.*) H. F., *D.S.O.*
Cookson, Maj.-Gen. G. A., *C.M.G.*
Cooper, Col.(*Hon. Maj.-Gen.*) C D.
Cooper, Hon. Maj.-Gen. E. J., *D.S.O., M.V.O.*
Cooper, Hon. Maj Gen. R. J., *C.V.O.*
Corkran, Col. (*temp. Brig.-Gen.*) C. E., *C.M.G., p.s.c.*
Corker, Maj.-Gen. T. M., *M.D., K.H.P.*
Cory, Maj.-Gen. G. N., *D.S.O., p.s.c*
Courtenay, Hon. Col. A. H., *late* Lt.-Col. 4Bn. Sco. Rif. (*Hon. Lt.-Col. in Army.*)
Courtney, Lt.-Col. R. E., VD, Aust. Mil Forces
Cowan, Col. J. H.
Cowie, Maj.-Gen. C.
Cowie, Hon. Brig.-Gen. C. H , *C.I.E.*
Cowper, Maj. - Gen. M., *C.I.E.*
Cox, Col. C. F., *C.M.G., D.S.O.*, Aust. Mil. Forces
Cox, Col. F. W. H., *C.I.E.* (*temp. Brig.-Gen.*)
Coxen, Bt. Col. W. A., *C.M.G., D.S.O.*, Aust. Mil. Forces.
Coxhead, Hon. Brig.-Gen. J A.
Cradock, Lt.-Col. M., *C.M.G., late* King Ed. Horse (Capt. ret.)
Crampton, Hon. Brig.-Gen. F. H., *C.M.G.*
Craster, Col. S. L., *C.I.E.*
Craufurd, Col. G. S. G., *C.M.G., C.I.E., D.S.O., p.s c., A.D.C.*
Crawford, Col. R.
Creagh, Maj.-Gen. A.G., *p.s.c.*
Cree, Maj.-Gen. G., *C.M.G.*
Crewe, Col. *Hon. Sir* C. P., *K.C.M.G.*, ret. Cape Local Forces.

Orders of Knighthood, &c.

MILITARY COMPANIONS (C.B.)—*contd*

C. Crimmin, Col. J., *C.I.E.*, VD.
Cripps, Col. A. W.
Crocker, Col. S. F.
Croker. Maj.-Gen. H. L., *C.M.G.*
Crole Wyndham, Col. W.G., *p.s.c.*
Crompton. Hon Col. R. E. B., *M. Inst. E. E., M. I. Mech. E.*, Lond. Elec. R.E. (*Hon. Maj. in Army.*)
Crooke-Lawless, Surg.-Lt.-Col. Sir W. R., Knt., *C.I.E., C.B.E., M.D.*
Crookshank, Col. Sir S. D'A., *K.C.M.G., C.I.E., D.S.O., M.V.O.*
Crowe, Hon. Brig.-Gen. J. H. V., *p.s.c.* [L]
Crozier, Temp. Brig.-Gen. F. R., *C.M.G., D.S.O.*
Cubitt, Maj.-Gen. T. A., *C.M.G., D.S.O.*, R.A., *p.s.c., g.*
Culling, Surg.-Gen. J. C.
C. A. Cumberland, Hon. Maj.-Gen. C. E.
Cuming, Lt.-Col. H. B., *late Lab. Corps.*
Cumming, Lt.-Col. C. C., *M.B., R.A.M.C.*
Cummins, Col. S. L., *C.M.G., M.D.*
Cunliffe, Hon. Brig.-Gen. F. H. G., *C.M.G.*
Cunliffe-Owen, Hon. Brig.-Gen. C., *C.M.G.*
Cunningham, Hon. Brig. Gen. G.G., *C.B.E., D.S.O., q.s.*
Currie, Col. (*temp. Brig.-Gen.*) A. C., *C.M.G., g.*
Currie, Bt. Col. T.
Curry, Hon. Brig.-Gen. M. C., *C.B.E. D.S.O.*
Curteis, Hon. Brig.-Gen. F. A., *C.M.G., g*
Curtis, Maj.-Gen. Sir R. S., *K.C.M.G., D.S.O.*
Curtoys, Hon. Maj.-Gen., C. E. E.
Custance, Hon. Col. F. H., 3 Bn. Norf. R.
Cuthbert, Maj.-Gen. G. J., *C.M.G.*

Dalgety, Col. R. W.
Dalgleish, Lt.-Col. R., *late 3 Bn. Leic. R. Vol. Regt.*
Dallas, Maj.-Gen. A. G., *C.M.G., p.s.c.* [l]
Dalrymple, Maj.-Gen. W. L. *p.s.c.*
Dalrymple-Hay, Hon.Brig.-Gen. J. R. M., *D.S.O.*
Daly, Col. (*temp. Brig.-Gen.*) A. C., *C.M.G., p.s.c.* [l]
Daly, Lt.-Col. F. A. B., *M.B., F.R.C.S.I.*
Dalzell, Hon. Brig.-Gen. Hon. A. E.

Davidson, Bt. Col. Sir A., *K.C.B., K.C.V.O.* (Civil) (*Extra Eq. to the King.*)
Davidson, Hon. Brig.-Gen. C. S.
Davidson. Maj.-Gen. Sir J. H., *K.C.M.G., D.S O.*, *p.s.c.*
Davies, Col. (*temp. Brig.-Gen.*) C. H., *C.M G., D.S.O.*
Davies, Col. (*temp. Maj Gen.*) H. R.
Davies, Col. T. A. H., *D.S.O*
Davison, Maj.-Gen. K. S.
Davy, Lt.-Col. (*temp. Col.*) Sir H., *K.B.E., M.D., R.A.M.C.* (T.F.)
Dawkins, Hon. Brig.-Gen. H. S., *p.s.c., g.*
Dawnay, Hon. Maj. Gen. G. P., *C.M.G., D.S.O., M.V.O., p.s.c.*
Dawson, Hon. Maj.-Gen. B. E., Lord, *G.C.V.O., G.B.E., M.D.* (Capt. T. F. Res.)
Dawson, Hon. Brig.-Gen. Sir D. F. R., *G.C.V.O., C.M.G.*
Dawson, Col. H. L., *C.V.O*
Dawson,Hon.Brig-Gen.R.
Deane, Bt. Col. G W
de Candolle, Hon. Maj.-Gen. R.
Deedes, Bt. Col. (*temp. Brig.-Gen.*) C. P., *C.M.G., D.S.O., p s c.*
Delaforce Col. E. F., *C.M.G*
Delamain. Maj.-Gen. Sir W. S., *K.C.M.G., D.S.O.*
Delavoye, Hon Brig.-Gen. A. E., *C.M.G., D.S.O.*
Delmé-Radcliffe, Col. (*temp. Brig.-Gen.*) Sir C., *K.C.M.G., C.V.O., p.s.c.* [L]
Dennis, Col. M. J. C.
Denny, Col. M. C.
De Pree, Col. H.D., *C.M.G., D.S.O., p.s.c.* [L]
Derby, Hon. Col. Rt. Hon. E.G.V., *Earl of, K.G., G.C.V.O.*, 4 Bn. Manch. R., &c. (*temp. Lt.-Col. in Army.*)
Derham, Hon. Brig.-Gen. F. S.
de Rougemont. Hon. Brig.-Gen. C.H., *C.M.G., D.S.O., M.V.O., p.s.c.*
Deverell, Maj.-Gen. C. J., *p.s.c.*
Dewar, Lt.-Col. T. F.
Dick, Hon. Brig.-Gen. A. C. D., *C.M.G.*, 4 Bn. Arg. & Suth'd Highrs.
Dick, Col. Sir A. R., *K B E., C.V.O.* [L]
Dickie, Hon. Maj.-Gen. J.E. *C.M.G.* [L]
Dickson, Hon. Maj.-Gen. J. B. B. *C.M.G.*
Dobbie, Col. W. H.
Dodgson, Col. C. S., *C.M.G.* [L]
Donald, Maj.-Gen. C. G.
Donegan, Lt.-Col. J. F.

Donne, Col. H.R.B., *C.M.G., p.s.c.*
Doran, Maj.-Gen. B.J.C., *q.s.*
Doran, Hon. Brig.-Gen. W. R. B., *D.S.O., p.s.c.*
Dorling, Col. L., *C.M.G., D.S.O.*
Douglas, Maj.-Gen. Sir W., *K.C.M.G., D.S.O., p.s.c.*
Douglas, Hon. Brig.-Gen. W. C., *D.S.O., late Lt.-Col.* 3 Bn. Seo. Rlf.
Dowell, Hon. Brig.-Gen.A. J. W., *C.M.G.*
Downe, Hon. Brig.-Gen. H. R., Visct., *K.C.V.O., O.I.E., C.M.G., p.s.c.* [l]
Drake, Hon. Brig.-Gen. B. F.
Drummond. Maj.-Gen. L. G., *C.B.E., M.V.O.*
Dudgeon, Col. (*temp.Maj.-Gen.*) F. A., *h.p.*
Duff, Bt. Col. C. E.
Duffus, Lt.-Col. E. J.
Duncan, Col. F. J., *C.M.G., D.S O* [L]
Duncan, Maj.-Gen. J., *C.M.G., D.S.O., p.s.c.* [L], *p.s.c.*
Dunlop, Col. J. W., *C.M.G.*
Dunsterville, Col. K. S., *f.*
Dunsterville, Maj.-Gen. L. C., *C.S.I.* [L]
Durand, Col.A. G.A., *C.I.E., p.s.c. (Gent.-at-Arms)*
Durell, Col. A. J. V., *h.p.*
Dyce, Col. G. H. C.
Dyer, Maj. H. M., *C.M.G., D.S.O., Can. Local Forces.*
Dyer, Col. (*temp. Brig.-Gen.*) R. E. H.

Eames, Bt. Lt.-Col. W., *L'E., Aust. Mil. Forces*
Eardley-Wilmot, Maj.-Gen. R.
Earle, Col. M., *C.M.G., D.S.O., p.s.c.*
Eason, Lt.-Col. H. L., *C.M.G., M.D. late R.A.M.C.*
Eassie, Bt. Col. F., *C M G., D.S.O.*
Eastwood, Col. J. C. B., *C.M.G.*
Edge, Maj.-Gen. J. D., *M.D., F.R.C.S.I.*
Edwardes, Col. (*temp. Brig.-Gen.*) S.M., *C.M.G., D.S.O., Ind. Army.*
Edwards, Hon Maj.-Gen. (*temp. Brig.-Gen.*) A. H. M., *M.V.O.*
Edwards. Hon. Brig.-Gen. G. T. G.
Edwards, Hon. Brig.-Gen. J. B., *D.S.O.*
Edwards, Hon. Brig.-Gen. W. F. S., *C.M.G., D.S.O.* (Lt.-Col. Res. of Off.) [l]
Edwards, Hon. Brig.-Gen. W.R., *C.M.G., M.D.*
Egerton, Maj.-Gen. G. G. A.
Elkington, Hon.Brig.-Gen. R. J. G., *C.M.G., D.S.O., g.*
Ellenborough, Col. H. C., Lord
Ellershaw, Lt.-Col. A., *C.M.G., D.S.O.*
Elles, Bt. Col. (*temp.Brig.-Gen.*), Sir H. J., *K.C.M.G., D.S.O., p.s.c.*

Elliott, Bt. Col. H. E., *C.M.G., D.S.O., Aust. Mil. Forces.*
Ellington, Bt. Col. E. L., *C.M.G., C B.E., p.s.c.*
Ellis, Col. O. C., *C B.E.*
Ellison, Maj.-Gen. Sir G. F., *K.C.M.G., p.s.c.*
Elmsley, Temp. Brig.-Gen. J. H., *C.M.G., D.S.O., Can. Local Forces, p.s.c.*
Elmslie, Hon. Brig.-Gen. F. B., *C.M.G.*
Elsmie, Bt. Col. (*temp. Brig.-Gen.*) A M. S., *C.M.G., p.s.c.* [l]
Embury, Temp Brig.-Gen. J. F. L., *C.M.G.*, Can. Local Forces.
Erroll, Hon. Maj.-Gen. C. G., *Earl of, K.T.*
Erskine, Hon. Brig.-Gen. J.F., *C.M.G., M.V.O.*
Eustace, Maj.-Gen. A. H., *C.B.E., D.S.O.*
Evans, Lt.-Col. C., *C.M.G., D.S.O., p.s.c.*
Evans, Bt. Col. (*temp. Brig.-Gen.*) E., *C.M.G., D.S.O.*
Evans, Bt. Col. E S.
Evans, Hon.Maj -Gen. T.J P.
Evans, Col. (*temp. Brig.-Gen.*) U. W., *C.M.G.*
Even, Bt. Col. G. E.
R. Everett, Col. E., *D.S.O.*
Everett, Col. H. J., *K.C.M.G., p.s.c.* [l]
Ewart, Maj.-Gen. Sir R. H., *K.C.M G., C.I.F., D.S.O., ret. Ind. Army*
Ewlank, Col. W., *C.I.E., p.s.c.*

Fair, Lt. Col. F. K., *p.s.c.* [L]
Fairbrother, Hon. Brig.-Gen. W. T.
Fairholme, Col. W. E., *C.M.G., M.V O., p.s.c.* [L]
Fane, Maj.-Gen. Sir V. B., *K.C.I.E.*
Fanshawe, Maj.-Gen. Sir H. D., *K.C.M.G.*
Fargus, Hon. Brig.-Gen. H., *C.M.G., D.S.O.*
Farmar, Col. (*temp. Brig.-Gen.*) G. J., *C.M.G. p.s.c.*
Farrington, Col. M. C.
Fasken, Maj.-Gen. C. G. M.
Fasken, Col. W. H.
Fasson, Col. D. J. M., *C.M.G., p.s.c.* [L]
Fawcett, Maj.-Gen. W. J., *M.B.*
C. Feilden, Maj.-Gen. H. B.
R. Feilden, Col. H. W., *C.M.G.*
Fell, Bt. Col. M. H. G., *C.M.G.*
Fell, Hon. Brig.-Gen. R. B., *C.B.E.*
Fendall, Hon. Brig.-Gen. C. F., *C.M.G., D.S.O.*
Fenton, Hon. Brig.-Gen. A. B.
Ferrier, Maj.-Gen. J. A., *D.S.O.* [l]
Festing, Bt. Col. F. L., *C.M.G.*

E

Orders of Knighthood, &c.

MILITARY COMPANIONS (C.B.)—*contd.*

Fetherstonhaugh, Maj.-Gen R. S. R.
Finn, Hon. Brig.-Gen H
Firth, Col. *Sir* R. H., *K.B.E., F.R.C.S.*
Fisher, Col. J. [L]
FitzGerald, Hon. Brig.-Gen. H. S., *q.s*
FitzHugh, Hon. Maj.-Gen. A.
Foot, Hon. Brig.-Gen. R.M., *C.M.G., D.S.O.,* (Lt.- ol. Res. of Off.) (*Lt.-Col. ret. T.F.*)
Foott, Bt. Col. C. H., *C.M.G., p.s.c.*, Aust. Mil. Forces.
Forbes, Col. A., *C.M.G., e., f.*
Forbes, Hon. Brig.-Gen. W. E. G.
Ford, Maj.-Gen. *Sir* R. *K C.M.G., D.S.O.*
Ford, Maj.-Gen. R W., *K.C.M.G., D.S.O., p.s.c.*
Forrest. Col. J. V., *C.M.G., M.B.* [L
Forster, Maj.-Gen. J. B.
Fortescue, Hon. Brig.-Gen. *Hon.* C. G.. *C.M.G , D.S.O., p.s.c.*
Fortescue, Hon. Brig.-Gen. F A., *C.M.G.,p.s.c.*
Foster, Col. (*temp. Maj.-Gen.*) G. La F., Can. Local Forces.
Foster, Bt. Maj. W. J., *C.M.G., D.S.O.,* Aust Mil Forces
Fowle, Col. J., *C.M.G*
Fowler, Maj.-Gen. C. A., *D.S.O.*
Fowler, Col. (*temp. Maj.-Gen.*) F. J., *D.S.O.*
Fowler, Maj.-Gen *Sir* J S., *K.C.M.G., D.S.O.,p.s.c.* [*l*]
Fowler-Butler, Lt.-Col. N.
Fox, Hon. Brig.-Gen. R F., *D.S.O.*
Franks, Maj -Gen. G. McK., *p.s.c.* [*l*]
Fraser, Col. (*temp. Brig.-Gen.* L D., *C.M.G., g.* [L]
Fraser, Maj. Gen T., C.B., *C.M.G., p.s.c.* [L]
Freeland, Lt.-Col. (*temp. Maj.-Gen.*) H. F. E. *K.C.I.E.,M.V.O.,D.S.C.*
Freeth, Col. G. H. B., *C.M.G., D.S.O., p.s.c.*
French, Gen. A.
Friend, Maj.-Gen. L B *K.B.E.*
Frith, Hon. Brig.-Gen. H. C. [L]
Fry, Maj.-Gen. C. I.
Fry, Maj.-Gen. W., *O.V.O.*
Fuller, Bt. Col. F. G., *C.M.G., p.s.c.* [*l*]
Fullerton, Col. A., *C.M.G., M.D., F.R.C.S.I.* (*late R.A.M.C.*)

Gaisford, Hon. Brig.-Gen. R. B., *C.M G., p.s.c.*
Galloway, Maj. *Sir* J. *K.B.E., M.D., F.R.C.P. F.R.C.S,* R. A.M.C. (T F.

Gallwey, Col. E. J.
Gallwey, Maj.-Gen.*Sir* T. J., *K.C.M.G. M.D*
Gamble, Hon. Brig.-Gen. R N., *D.S.O., p.s.c.* [*l*]
Game, Col. P. W., *D.S.O., p.s.c.*
Gardiner, Bt. Lt.-Col.B.C.
Gardiner, Hon. Maj.-Gen. H. L., *g.*
Garratt, Hon. Brig.-Gen. *Sir* F K., *K.C.M.G., D.S.O.*
Gartside-Tipping, Lt Col. R. F.
Gathorne-Hardy, Maj.-Gen. *Hon.*, J. F., *C.M.G, M.B.*
Gay, Hon. Brig.-Gen. *Sir* A. W., *K C.M.G., D.S.O. p.s.c.*[*l*]
Geddes, Lt.-Col. G. H.
Geddes, Col. R. J., *D.S.O., M.B.*
Geoghegan, Lt. Col. S., *p.s c* [L]
Gerrard, Maj.-Gen. J J., *C.M.G., M.B., K.H.P., p.s.c.* [L]
Gibb, Temp. Col. (*temp. Brig.-Gen.*)*Sir* A., *K.B.E., late* R. Mar.
Gibbard, Col. T. W., *C.B.E., M.B* , *K.H.S.*
Gibbs, Lt.-Col. J. A. C.
Giblin, Hon. Col. W. W., Aust. Mil. Forces.
Gideon, Bt. Col. J. H.
Gillespie, Col. (*temp.Brig.-Gen.*) E. C F., *C.M.G*
Gillman, Maj.-Gen. W., *K.C.M.G.,D.S.O., p.s.c.*
Gilpin, Hon Brig -Gen. F C A., *C.B.E*
Girdwood, Col.(*temp,Brig.-Gen.*) E. S., *C.M.G.*
Gleichen, Maj.-Gen. *Lord* A. E W., *K.C.V.O., C.M.G., D.S O., p.s.c.* [L] (*Extra Eq. to the King*).
Glubb, Maj.-Gen.*Sir* F. M., *K.C.M.G., D.S.O.*
Godby, Hon. Brig.-Gen C., *C.M.G., D.S.O.*
Godfray, Hon. Brig.-Gen. J. W., *C.V.O., C.B.E., p.s.c., A.D.C.*
Godfrey - Faussett, Col. (*temp. Brig.-Gen.*) *C.M.G.*
Goold-Adams, Col. *Sir* H. E F., *K.B.E., C.M.G., g.*
Gordon, Col. (*temp. Brig.-Gen.*) H., *C.M.G., D.S.O.*
Gordon, Lt.-Col. (*temp. Brig.-Gen.*) J. L. R.
Gordon, Brig.-Gen. J. M., O'wealth Mil Forces
Gordon, Bt. Col. L. A.
Gordon, Hon. Brig.- Gen. L. A. C., *C.S.I.*
Gordon, Hon. Brig.-Gen. L. G. F., *D.S.O., g.*
Gordon-Gilmour,Hon.Brig.-Gen. R. G., *C.V.O., D.S.O.* (*King's Body Gd. for Scotland*)
Gordon-Hall, Col. F. W. G., *M.B.*, ret. pay, late *R.A.M.C.*
Gore,Bt. Col. St J C.,*C.B.E.* (*Gent.-at-Arms*).
Gorges, Hon. Brig.-Gen. E. H., *C.B.E.,D.S.O.*

Gough, Maj.-Gen. H S, *C.M.G.*
Graham, Col.M. D.,*C.M.G., C.V.O., A.D.C.*
Grainger, Surg.-Gen. T., *M.D.*
Grant, Hon. Col. E. J., late Lt.-Col. 3 Bn. R. Scots.
Grant, Col. H. G., *q s*
Grant, Maj.-Gen. P. G., *C.M.G.* [L]
Grant, Col. S.C.N. *C.M.G., C.B.E.* [*l*]
Gray, Maj. *Sir* H. McI. W., *K.B.E., C.M.G., M.B., F.R.C.S.* Edin., R.A.M.C. (T.F.)
Gray, Maj.-Gen. W. du G.
Green, Bt.-Col. H. C. R., *C.M.G., D.S.O.*
Greenly, *late* Maj.-Gen. W. H., *C.M.G., p.s.c.* [L] (Col. 21 Lrs.)
Greg, Col. E. W., VD, T.F. kes. (Maj. ret. Mila.)
Gregory, Bt. Col. C. L. *C.M.G., p.s.c.*
Grey, Hon. Maj.-Gen. W. H., *C.M.G., late* R.E.
Grier, Hon. Brig.-Gen. H D., *D.S.O.*
Griesbach, Temp. Brig.-Gen. W. A., *C.M.G. D.S.O.*,Can.Local Forces
Griffith, Hon. Brig.-Gen. C. R. J., *C.M.G., D.S.O.*
Grimwade, Bt. Col. H. W., *C.M.G.,* Aust. Mil. Forces.
Grogan, Hon. Brig.-Gen. E G., *C.B.E*
Œ.Grogan, Lt. - Col. G. W. St G., *C.M.G., D.S.O.* [L]
Grove, Hon. Brig.-Gen. E A. W. S., *C.B.E., p.s.c.*
Guinness, Hon. Brig.-Gen H. W N., *p.s.c*
Gunn, Temp. Maj. J. A, *O.B.E., M.D.*, Cau. Local F.ces.
Gunning, Maj. *Sir* C. V. Bt., *C.M.G.*
Gwatkin, Col. F. S.
Gwynn, Bt. Col. C. W., *C.M.G., D.S.O., p.s.c., e*.

Hacket - Thompson, Hon. Brig.-Gen. F., *C.B.E.*
Haig, Col. (*temp. Brig.-Gen.*) N. W., *C M.G.*
Haig, Lt.-Col. P. B.. *M.B.*
Hale, Col. T. W., *C.M.G., C.B.E.*
Œ.Halliday, Lt. - Col. L. S. T., R Mar., *p.s.c.*
Hall, Hon.Brig.-Gen.L.M.M
Hallowes, Lt.-Col. (*temp. Col.*) F W., *C.I.E.*

Hambro, Col. (*temp.Brig.-Gen.*, P. O., *p.s.c.*
Hamilton, Bt. Col. G. H. C.
Hamilton, Col. P. D., *C.M.G., g*.
Hamilton,Col.(*temp.Brig.-Gen.*) W G., *C.S.I.,D.S.O., p.s.c.*
Hammersley, Maj.-Gen. F., *p.s.c.*
Hammond, Col. P.H.,*p.s.c.*
Hampden, Hon Brig.-Gen. T. W., *Visct., C.M.G.* (Col. Terr. Force.)
Handcock, Lt -Gen. A.G
Harding - Newman, Bt. Col. J. C., *C.M.G.,* Essex R., *p.s.c*
Hardy, Maj.-Gen. T. H.
Hare, Col. R. H., *C.M.G., D.S.O., M.V.O., p.s.c., g.* [L]
Hare, Maj.-Gen. *Sir* S. W., *K.C.M.G.*
Harford, Col. H. C.
Harkness, Bt. Col. H. D'A.
Harman, Col. (*temp. Brig.-Gen.*) A. E W., *D.S.O.*
Harness, Maj.-Gen. A.
Harris, Hon. Brig.-Gen. R. H. W H.
Harrison, Bt. Lt.-Col.E.G., *D.S.O.*
Harvey, Col. R.N., *C.M.G., D.S.O.*
Harward, Bt. Col. A.J.N.
Hastings, Maj.-Gen. E. S., *D.S.O.*
Hathaway,Hon-Maj.-Gen.H.G.
Hawes Bt. Col. B. R., *p.s.c*
Hay, Maj.-Gen. E., O., Col. Comdt. R. A.
Haynes, Col. U. E.
Hayter, Bt. Col. R. J. F. *C.M.G., D.S.O., p.s.c.* [*l*]
Hazleton, Capt. P. O., *C.M.G., e.*
Headlam, Maj.-Gen. *Sir* J. E. W.,*K.B.E.*,*D.S O., g*.
Heane, Bt. Maj., *C.M.G., D.S.O.,* Aust. Mil. Forces
Hearson, Maj. (*temp. Brig.-Gen.*) J. G., *D.S.O.*
Heath, Maj.-Gen. G. M., *K.C.M.G., D.S.O., p.s.c., e.*
Heath, Bt. Col. H. H. R.
Heath-Caldwell, Maj.-Gen. F. C., *p.s.c.*
Heathcote, Bt. Lt.-Col. C. E., *C.M.G., D.S.O.*
Heathcote-Drummond-Willoughby, *Hon.* C. S., *C.M.G.,* Hon. Brig.-Gen. (Col. T.F. Res.(Maj. ret. pay)
Hedley, Col. *Sir* W. C., *K.B.E., C.M.G*
Heffernan, Col. N. B., *p.a.c., g.*
Hegan, Col E., *p.s.c.* [L]
Hehir, Maj.-Gen.P.,*C.M.G., C.I.E., M.D., F.R.C.S.* Edin.
Hemming, Hon. Maj.-Gen. F. W., *q.s.*,

Orders of Knighthood, &c.

MILITARY COMPANIONS (C.B.)—*contd.*

Henderson, Temp. Lt.-Col. (*temp. Brig.-Gen.*) *Sir* B. H., *K.C.M.G.*, R.E.
Henderson, Hon. Maj.-Gen. *Sir* R. S. F., *K.C.M.G.*, *M.B.*
Hendry, Col. (T.F.) P. W., VD (*Hon. Brig.-Gen. in Army*) (Capt. ret.).
Hennessy, Lt.-Col. J., *C.M.G.*, *M.B.*
Henry, Lt.-Gen. G.
Herbert, Col. E. W., *C.V.O.*
Herbert, Maj.-Gen. L. *C.V.O.*
Herbert, Col. (*temp. Brig. Gen.*) L. N. [l]
Heron, Hon. Brig.-Gen. *Sir* T., *K.B.E.*
Herringham, Hon. Maj.-Gen. *Sir* W. P., *Knt.*, *K.C.M.G.*, *M.D.*, *R.A.M.C.*
Hibbert, Hon. Brig.-Gen G. L., *C.M.G.*, *D.S.O.*
Hickman, Hon. Brig.-Gen. H. O. D.
Hickman, Col. T. E., *D.S.O.*, *q.s.*
Hicks, Hon. Brig.-Gen. H. T.
Hickson, Hon. Brig.-Gen. R.A.
Hickson, Col. (*temp. Maj. Gen.*) *Sir* S., *K.B.E.*, *M.B.*
Hickson, Col. S. A. E., *C.M.G.*, *p.s.c.*, *q.s.*
Higgins, Bt. Col. J. F. A., *D.S.O.*, *A.F.C.*, *q.*
Bigginson, Col. (*temp. Brig.-Gen.*) H. W., *D.S.O*
Hildebrand, Bt. Col. A. B. R., *C.M.G.*
Hill, Hon. Brig.-Gen. A. W.
Hill, Brig.-Gen. C.
Hill, Hon. Brig.-Gen. F.F., *C.M.G.*, *D.S.O.*
Hill, Brig.-Gen. F. W., *C.M.G.*, *D.S.O.*, Can. Local Forces.
Hill, Col. H. C. de la M., *C.M.G.*
Hill, Maj.-Gen. J., *D.S.O.*
Hilliam, Brig.-Gen. E., *C.M.G.*, *D.S.O.*, Can. Local Forces.
Hinde, Col. J. H. E.
Hinge, Col. H. A., *C.M.G.*, *D.S.O.*
Hippisley, Col. R. L.
Hipwell, Bt. Col. A. G
Hoare-Nairne, Col. E. S., *C.M.G.*, *p.s.c.* [l]
Hobbs, Maj.-Gen. P. E. F., *C.M.G.*
Hobday, Hon. Maj.-Gen. T. F.
Hodgson, Maj.-Gen. H. W., *K.C.M.G.*, *C.V.O.*
Hogg, Maj.-Gen. G. C.
Holdich, Bt. Col. *Sir* T.H., *K.C.M.G.*, *K.C.I.E.*
Holdsworth, Hon. Brig.-Gen. G. L., *C.M.G.*
Holland, Maj.-Gen. H. W.
Holland-Pryor, Bt. Col (*temp. Brig.-Gen.*) P., *C.M.G.*, *D.S.O.*, *M.V.O.*
Hollond, Bt. Col. (*temp. Brig.-Gen.*) S. E., *C.M.G.*, *D.S.O.*, *p.s.c.*
Holman, Maj.-Gen. H. C., *C.M.G.*, *D.S.O.*, *p.s.c.* [l]

Home, Hon Brig.-Gen. A. F., *C.M.G.*, *D.S.O.* (*Gent. at Arms*)
Hope, Col. L. A.
Hordern, Col. (*temp. Brig. Gen.*) G. V., *C.M.G.*, *p.s.c.*
Hotham, Hon.Brig.-Gen.J. H. K., *D.S.O.*
Hore-Ruthven, Lt.-Col *Hon.* A. G. A., *C.M.G.*, *D.S.O.*, *p.s.c.*
Hore-Ruthven, Col. (*temp Brig.-Gen.*), *Hon* W. P. (*Master of Ruthven*) *C.M.G.*, *D.S.O.*, *p.s.c.*, *e*.
Hornblow, Hon. Brig.-Gen. F. H.
Horrocks, Col. *Sir* W. H., *K.C.M.G.*, *M.B.*
Horwood, Hon. Brig.-Gen.*Sir* W. T. F., *D.S.O.*, ret. pay
Res. of Off.
Hotham,Hon.Brig.-Gen.J. H. K., *D.S.O.*
Howard, Lt.-Col. and Hon. Col. H. R. L., *late Denbigh* Impl. Yeo. *and* Ches. (Rly. Bn.) R.E. (T.F. (Lt-Col, ret.) (*Hon. Col. Denbigh Yeo.*) (*Gent.-at Arms*).
Hudson, Col. (*temp. Brig. Gen.*) T. R. C., *p.s.c.* [L]
Huggins, Lt.-Col. P. G., *D.S.O.* [L]
Hughes, Maj.-Gen. C. F.
Hughes, Col. E., *C.M.G.*
Hughes, Col. F. G., VD, Aust. Mil. Forces
Hughes, Temp. Maj.-Gen. G. B., *C.M.G.*, *D.S.O.*, Can. Local Forces.
Hughes-Hallett, Col. J. W., *C.V.O.*, *D.S.O.*
Hulton, Bt. Col. F. C. L.
Humphreys, Hon. Brig.-Gen. G., *C.M.G.*, *D.S.O.*
Hunter, Hon. Maj.-Gen. Sir H. A. W., *Bt.*, *p.s.c.*
Hunter, Temp. Col. G. G., *C.M.G.*
Hunter, Maj.-Gen. J. G.
Hunter. Col. W., M.D., *F.R.C.P.* T.F. Res.
Hunter-Blair, Maj.-Gen. W. C., *C.M.G.*
Hussey, Hon. Brig.-Gen. A. H., *C.M.G.*
Hutchison, Col. (*temp. Brig.-Gen.*) A. R. H., *C.M.G.*, *D.S.O.*, R. Mar.
Hutchison, Col. (*temp. Brig.-Gen.*) *Sir* R. K., *K.C.M.G.*, *D.S.O.*, *p.s.c.*
Hutchinson, Col. F. P. [L] ret. Ind. Army

Inglefield, Maj.-Gen. F.S., *D.S.O.*, *p.s.c.* [L]
Irvine, Bt. Lt.-Col. A. E., *C.M.G.*, *D.S.O.*
Irwin,Col.(*temp.Maj.-Gen.*) *Sir* J. M., *K.C.M.G.*, *M.B.*
Isherwood, Lt.-Col. A. V., VD, T.F. Res.

Jack, Temp. Lt.-Col. (*temp. Brig.-Gen.*) A., *C.M.G.*, *C.B.E.*, R.E.
Jackson, Col. (*temp. Maj. Gen*) H.C., *C.M.G.*, *D.S.O.*, *p.s.c.*
Jackson, Hon. Brig.-Gen. C. M. Jackson, Dep Surg. Gen. *Sir* R. W., *Knt.*
Jackson, Col. (*temp. Brig.-Gen.*) *Sir* R. W. M., *K.C.M.G.*, *K.B.E.*
James, Hon. Brig.-Gen. C. H. L., *C.M.G.*
James, Col. H. M.
James, Lt.-Col. H. L.
James, Maj.-Gen. W. B., *C.M.G.*, *D.S.O.*, *p.s.c.*, *e*.
Jeffcoat, Bt. Lt.-Col. A. C.
Jeffreys, Maj.-Gen. G. D., *C.M.G.*
Jeffreys, Maj.-Gen. H. B., *C.M.G.*, *p.s.c.*
Jeffreys, Hon. Brig.-Gen. P. D., *O.B.E.*, *p.s.c.*
Jencken, Maj.-Gen. F. J., *C.M.G.*
Jenour, Hon. Brig.-Gen. A. S., *C.M.G.*, *D.S.O.*
Jerome, Bt. Col. R. J. W., *C.M.G.*
Jessel, Col. *Sir* H. M., *Bt*, *C.M.G.* (*Hon. Maj. ret.* Impl. Yeo.)
Jocelyn, Col. J. R. J., *p.s.c.*, *p.a.c.*
Johnson, Col. E. P.
Johnson, Hon. Maj.-Gen. F. F., *C.B.E.*
Johnson, Hon. Brig.-Gen. *Sir* H. A. W., *Bt.*, *p.s.c.*
Johnson, Hon. Brig.-Gen. R. F., *C.M.G.*, *C.B E*, *p.s.c.*
Johnston, Lt.-Col. C. A., *D.S.O.*, *M.B.*
Johnston, Lt.-Col. G. J., *C.M.G.*, VD, Aust. Mil. Forces.
Johnston,Col.H. H., *C.B.E.*, *M.D.*
Johnston, Maj.-Gen. J. T. *p.s.c.*, *q.* [L]
Johnston, Hon. Brig.-Gen. T. K. E.
Johnstone, Maj.-Gen. J. R
Joly de Lotbinière, Hon Maj.-Gen. A, C. de L., *C.S.I.*, *C.I.E.*
Jones, Lt.-Col. F. W. C., *M.B.*
Jones, Col. H. B.
Jones, Hon. Maj.-Gen. L., *C.M.G.*
Jones, Col. L. C., *C.M.G.*, *M.V.O.*, *p.s.c.* [l]
Jones, Hon. Brig.-Gen. M. Q., *C.M.G.*
Jones, Temp. Col. *Sir* R., *Knt.*, *K.B.E.*, *F.R.C.S.* Edin., TD.
Jones, Col. T. P., *C.M.G.*, *M.B.*
Jopp, Hon. Brig.-Gen. J.
Julian, Maj.-Gen. O. R. A., *C.M.G.*, *C.B.E.*

Kay, Bt. Col. W. H., *D.S.O*
Kays, Hon. Brig.-Gen. H. F.

Keble, Col. A. E. C., *C.M.G.*, *D.S.O.*
Kelham, Hon. Brig.-Gen. H. R.
Kell, Bt. Lt.-Col. *Sir* V. G. W., *K.B.E.* [L]
Kellett, Col. (*temp. Maj.-Gen.*) R. O., *C.M.G.*
Kelly, Bt. Col. A. J.
Kelly, Maj. Gen. F. H
Kelly, Col. H. E. T. *C.M.G.*, *g.*
Kelly, Bt. Col. J. G.
Kelly, Bt. Maj. R. E., *M.D.*, *F.R.C.S.*, *R.A.M.C.* (T.F.)
Kemball, Maj.-Gen. *Sir* G. V., *K.C.M.G.*, *D.S.O.*, *p.s.c.*, *g.*
Kemp, Hon. Brig.-Gen. B. C., *C.M.G.* [l]
Kennedy, Hon. Brig.-Gen. H.
Kenny, Maj.-Gen. W. W., *M.B.*, *F.R.C.S.I.*
Kentick, Bt. Lt.-Col. G.E. R., *C.M.G.*, *D.S.O.*, *p.s.c.*
Kenyon, Hon. Maj.-Gen. E. R., *C.M.G.*
Kenyon, Bt. Col. (*temp. Brig.-Gen.*) L. R., *p.a.c.*
Kenyon Slaney, Maj.-Gen. W. R.
Kerr, Bt. Col. M. A.
Ketchen, Maj.-Gen. H. B. D., *C.M.G.*, Can. Local Forces.
Keyser, Col. F. C.
Kidston-Kerr, Col. A. F.
Kincaid, Col. W. F. H. S., *q.s.*
Kincaid-Smith, Hon.Brig.-Gen. K. J., *C.M.G.*, *D.S.O.*, R.A.
King, Col. (*temp. Brig.-Gen.*) A. D'A., *C.M.G.*, *D.S.O*
King, Hon. Brig.-Gen. *Sir* C. W., *Knt.*, *C.M.G.*, *M.V.O.*
King-King, Hon. Brig.-Gen. J G., *D.S.O.*, *p.s.c.* [l]
Kinloch, Bt. Col. *Sir* D. A., *Bt.*, *M.V.O.*
Kirby, Col. A. D., *C.M.G.*
Kirke, Bt. Col. (*temp. Brig.-Gen.*) W. M. St. G., *C.M.G.*, *D.S.O.*, *p.s.c.*
Kirkpatrick, Col. R., *C.M.G.*, *M.D.*
Kirkpatrick, Hon. Brig.-Gen. W. J.
Kirwan, Col. (*temp. Brig.-Gen.*) B. R., *C.M.G.*, *g.*
Kitson, Maj.-Gen. *Sir* G.C., *K.C.V.O.*, *C.M.G.*, *p.s.c.*
Knaggs, Col. H. T., *C.M.G.*, *M.B.*
Knapp, Col. K. K., *C.M.G.*
Knight, Maj.-Gen. W. C., *K.C.I.E.*, *C.S.I.*, *D.S.O.*, *p.s.c.* [L]
Knox, Bt. Col. (*temp. Maj.-Gen.*) A. W. F., *C.M.G.*, *p.s.c.* [l]
Knox, Bt. Col (*temp. Brig.-Gen.*) H. H. S., *D.S.O.*, *p.s.c.*
Koe, Maj.-Gen. F. W. B., *C.M.G.*

Orders of Knighthood, &c.

MILITARY COMPANIONS (C.B.)—*contd.*

Lake, Hon. Brig.-Gen. N. M.
Lambart, Hon. Brig -Gen. E. A. (*l*)
Lambert, Col. E P., *C.M.G.*
Lambert, Col. (*temp.Brig.-Gen.*) T. S., *C.M.G.*, *p.s.c.* [l]
Lamont, Bt. Col. J. W. F., *C.M.G., D.S.O.*
Lamrock, Col. J., VD, Aust Mil. Forces.
Landon, Maj -Gen. Sir F. W. B., *K.C.M.G.*
Landon, Maj.-Gen. H. J. S., *C.M.G.*
Lane, Temp. Col. Sir W. A., Bt., *M.B., F.R.C.S.*
Lang, Bt. Lt.-Col. B. J., *C.M.G., D.S.O., p.s.c.*
Lassetter, Col. H. B., *C.M.G.,* Aust. Mil. Forces.
Law, Hon. Brig.- Gen. R. T. H.
Lawrence, Hon. Brig.-Gen. (*temp. Brig.-Gen.*) R. C. B., *C.M.G., p.s c.*
Lawrence, Lt.-Col. T. E., *D.S.O., late* Gen. List.
Lawrence, Col. Sir W. R. Bt., *G.C.I.E., G.C V.O.* ret
Lawrie, Col. (*temp. Brig.-Gen.*) C. E., *D.S.O.*
Laye, Maj.-Gen. J. H., *C V O*
Leach, Col. (*temp Brig.-Gen.*) H. E. B., *C.M.G., C.V.O.*
Leach, Hon. Brig.-Gen. H. P., *C.B.E., D.S.O.*
Leader, Maj.-Gen. H. P.
Lean, Hon. Maj.-Gen. K. E.
Leane, Capt. R. L., *C.M.G., D.S.O., M.C.,* Aust. Mil. Forces.
Le Breton-Simmons, Col. G. F. H.
Lecky, Maj.-Gen. R. St. C., *C.M.G.*
Legge, Hon. Col. (*temp Maj.-Gen. in Army*) J.G. Aust. Mil. Forces.
Leishman, Maj.-Gen. Sir W. B., *K.C.M.G., F.R.S., M.B., F.R.C.P., K.H.P.*
Le Mesurier, Col. F. A.
Leslie, Maj.-Gen. G. A. J., *C.M.G.*
Lessard, Maj.-Gen. F. L., Can. Local Forces.
Lesslie, Bt.-Col. (*temp Brig.-Gen.*) W. B., *C.M.G., p.s.c.* [L]
Leverson, Col. G.F., *C.M.G., p.s.c.*
Leverson, Col. J. J., *C.M.G., p.s.c*
Lewin, Hon. Brig. - Gen. A. C., *C.M.G., D.S.O., A.D.C.*
Lewin, Bt. Lt.-Col. E. O., *C.M.G., D.S.O.*
Lewis, Hon. Brig.-Gen. D. F.
Lewis, Bt. Col. D. F.
Lewis, Col. F. G., *C.M.G.,* VD, Terr. Force.
Liddell, Maj.-Gen. Sir W. A., *K.C.M.G.*
Lindsay, Temp. Maj.-Gen. W. B., *C M G., D.S.O.,* Can. Local Forces

Little, Hon. Brig - Gen M.O., *C B E*
Livingstone, Maj.-Gen. Sir H. A. A., *K.C.M.G.*
Lloyd, Hon. Brig.-Gen. A. H. D., *C.M.G., M.V.O.*, TD.
Lloyd, Hon. Brig.-Gen. F.C.
Lloyd, Bt. Maj. H. W. *C M.G., D.S.O.,* Aust. Mil. Forces.
Lloyd, Maj.-Gen. O E. P.
Lloyd, Maj. W. N., *M.V.O.* (Hon. Col. *R.F.A.*) (T.F.)
Loch, Maj.-Gen. E. D., Lord, *C.M.G., D.S.O., M.V.O., p.s.c.*
Logan, Hon. Brig.-Gen. D. F. D., *C.M.G.*
Logan, Col. R., N.Z. Mil. Forces.
Logie, Maj.-Gen. W. A., Can. Local Forces
Long, Hon. Brig.-Gen. Sir A., *K.B.E. C.M.G., D.S.O.*
Long, Maj.-Gen. S. S.
Longe, Col. F. B.
Longley, Maj.-Gen. Sir J.R., *K C.M.G.*
Loomis, Col. F. O. W., *C.M.G., D.S.O.,* Can.Local Forces
Lousada, Bt. Col. F. P.
Lovat, Col. S. J., Lord, *K.T., K.C.M.G., K.O.V.O., D.S.O.,* TD, Lovat Scouts
Yeo., *A.D.C.*
Lovett, Maj.-Gen. B., *C.S.I.*
Low, Temp. Col. V. W. *M.D., F.R.C.S.* (Capt. 3 Lond. Gen. Hosp.)
Lowe, Hon. Maj.-Gen. W H. M.
Lowth, Bt. Col. F. R.
Lowther, Col. Sir H. C., *K.C.M.G., C.V.O., D.S.O.*
Luard, Col. (*temp. Brig.-Gen.*) C. C., *C.M.G.*
Lucan, Col. (*Hon. Brig.-Gen. in Army*) G. C., *Earl of,* Res. of Off.
Lucas, Hon. Col. (Army) A. G., *M.V.O.,* VD.
Lucas, Col. F. G., *C.S.I., D.S.O.*
Lucas, Col. T. J. R., *M.B.*
Luce, Hon. Maj. - Gen Sir R. H., *K.C.M.G., M.B. F.R.C.S.*, VD, T.F. Res.
Ludlow, Hon. Brig.-Gen. E. R. O., *C.B.E., p.s.c.*
Ludlow, Hon. (Hon. Brig.-Gen. in Army) W. R. *C.B.* (Civil) TD, VD, T.F. Res.
Lumley, Hon. Brig.-Gen. F. D., *C.B.E.*
Lushington, Hon. Brig.-Gen. S., *C.M.G.* (l)
Luther, Hon. Brig.-Gen. A. J.
Lyle, Hon. Brig.-Gen. G. S. B., *g.*
Lynden-Bell, Col. E. H. L., *M.B.*
Lyon, Bt. Lt.-Col. C. H., *C.M.G., D.S.O., p.s.c.*
Lyons-Montgomery, Col. H. F.
Lyster, Lt.-Gen H. H., *V.C.*
Macauley, Hon. Brig.-Gen. Sir G. B., *K.C M.G., K.B.E.*

MacBrien, Brig.-Gen. J. H., *C.M.G., D.S.O.,* Can. Local Forces.
MacCall, Hon. Maj.-Gen. H. B.
Macan. Col. T. T.
McCay, Temp. Maj.-Gen. Hon. Sir J W., *K.C.M.G.,* VD, Aust. Mil. Forces
McClintock, Hon. Brig.-Gen. W. K.
McComb, Col. R. B.
Macdonald, Col. Sir M., *K.C.M.G.*
Macdonald, Maj.-Gen. S., *C.M.G., M.B., K.H.P.*
McDonnell, Temp. Col. Hon. A., *C M G,* Can Local Forces. (l)

McDonnell, Bt. Col. J.

Macdonogh, Lt.-Gen. Sir G. M. W., *K.C.M.G., p.s.c.* [L]
McDougall, Bt.Lt -Col. R., *C.M.G., O.B.E., D.S.O., C.I.E.*
MacEwen, Col. D. L., *C.M.G., p.s.c.*
MacEwen, Hon. Brig.-Gen. M. L.
MacFarlan, Col. (*temp. Brig.-Gen.*) F. A.
Macfarlane, Hon. Brig.-Gen. D. A., *D.S.O.*
Macfie, Col. A. L. (T.F. Res.)
MacGregor, Col. H.G., *p.s.c.* VD
MacGeorge, Col. H. K.
McGrigor, Maj.-Gen. C. R., *C.M.G., p.s c.* (l)
McHardy, Bt. Col. (*temp. Brig.-Gen.*) A. A., *C.M.G., D.S.O., p.s.c.*
Macintyre, Hon. Maj.-Gen. D. C. F.
McKay, Col. H. K., *C.I.E.*
Mackay, Col. Hon. J. A. K., C'wealth Mil. Forces
McKenzie, Brig.-Gen. Sir D., *K.C.M.G., D.S.O.,* VD, S. Afr. Def. Forces.
Mackenzie, Hon. Col. F. F., *late Lt.-Col.* 5 Bn. Lan. Fus.
Mackenzie, Lt.-Col. G. B., *C.M.G., D.S.O.*
Mackenzie-Kennedy, Maj.-Gen. Sir E. C. W., *K.B.E. M.V.O., M.B.,* T.F. Res.
Mackintosh, Col. D. J., *C.M.G.*
Mackintosh, Col. G., *C.B.E.*
McLachlan, Col. (*temp. Maj.-Gen.*) J. D., *C M.G., D.S.O., p.s.c.* [L]
Maclagan, Col. R. S., *C.S.I., C.I.E.*
Maclean, Hon. Maj.-Gen. C.S., *C.I.E.*
Macleod, Col. R. L. R., *C B.E., M.B.*
MacLeod, Bt. Col. R. W.
McMunn, Col. J. R., *C.M.G.*
MacNab, Col. A. J., *C.M.G., F.R.C.S.*
MacNeece, Maj. Gen. J. G.
McNicoll, Bt Lt.-Col. W. R., *C.M.G., D.S.O.,*Aust Mil. Forces.
Maconchy, Hon. Brig.-Gen. E. W S K., *C.M.G., C.I.E., D.S.O.*

Macpherson, Maj.-Gen. Sir W. G., *K.C.M.G., M.B.,* ret. A. Med. Serv.
Maddocks, Col. W. R. N., *C.M.G., D.S.O., p.s.c.,* q.
Maher, Hon. Maj.-Gen. Sir J., *K.C.M.G.*
Mahon, Maj.-Gen. R. H., *C.S.I., p.a.c.*
Main, Col. T. E., *C.M.G.*
Maitland, Maj.-Gen. P. J.
Makins, Col. E., *D.S.O., p.s.c.* [l]
Malcolm, Col. E. D.
Malcolm, Hon. Brig.-Gen. H. H. L., *C.M.G., D.S.O.*
Malcolm, Maj.-Gen. N., *D.S.O., p.s.c.* [L]
Malcolmson, Hon. Maj.-Gen. J. H. P., ret. pay
Mance, Bt. Lt.-Col. H.O., *C.M.G., D.S.O.*
Malleson, Maj.-Gen. W., *C.I.E.*
Manifold, Maj.-Gen. C. C., *C.M.G., M.B., K.H.P.*
Manning, Hon. Brig.-Gen. Sir W. H., *K.C.M.G., K.B.E.*
Marchant, Col. Comdt A. E., *A.D.C.*
Marden, Maj. Gen. T. O., *C.M.G., p.s.c.*
Marescaux, Temp. Col. G. C. A., *C.M.G.*
Marindin, Col. (*temp.Brig.-Gen.*) A. H., *D.S.O., p.s.c.* [L]
Markwick, Col. E. E, *O.B.E.*
Marling, Col. Sir P. S., Bt.
Marrable, Hon. Brig.-Gen. A. G., *p.s.c.*
Marshall, Bt. Col. F. J., *C.M.G., D.S.O., p.s.c.*
Marshall, Lt.-Col. H. J. M., *C.M.G, late* R.E.
Marshall, Hon. Brig.-Gen. J W A
Marshall, Hon. Brig.-Gen. T. E., *C.M.G.*
Martin, Hon. Brig.-Gen. H.
Martyn, Hon. Brig.-Gen. A., *C.M.G.*
Massie, Bt. Col. (*temp. Brig.-Gen.*) R. H., *C.M.G.*
Massy, Col. E. C., *C.M.G., D.S.O.*
Massy, Col. H. S.
Masters, Col. A.
Matheson, Maj.-Gen.T.G., *C.M.G.*
Mathew, Maj.-Gen. Sir C M. *K C.M.G., D S.O.*
Matthews, Hon. Brig.-Gen. F. B., *D.S.O.*
Maunsell, Hon. Brig.-Gen. F. G., *C.M.G.* [L]
Maunsell, Surg.-Gen. T.
Maurice, Maj.-Gen. Sir F. B., *K.C.M.G.*
Mawhinny, Lt.-Col. R.J.W.
Maxwell, Hon. Brig.-Gen. J. McC., *D.S.O.*

Orders of Knighthood, &c.

MILITARY COMPANIONS (C.B.)—contd.

May, Bt. Col. H. A. R., VD, ret. (T.F.)
May, Bt. Col. (temp. Maj.-Gen.) R. S., C.M.G., D.S.O., p.s.c. [l]
May, Col. W. A.
Maybury, Hon. Brig.-Gen. Sir H. P., K.C.M.G., late R.E.
Mayne, Bt. Col. G. N.
Mayne, Col. R. O. G.
Mayo Robson, Maj. (temp. Col.) Sir A. W., Knt., K.B.E., C.V.O., F.R.C.S., D.Sc., 3 Lond. Gen. Hosp.
Meek, Col. J., M.D.
Mellor, Hon. Brig.-Gen. J. G. S., C.M.G.
Mercer, Maj.-Gen Sir H. F. K.C.M.G.
Metcalfe, Hon Brig. Gen. F. E., C.M.G. D.S.O.
Meyrick, Col. F. O., C.M.G., Res. of Off.
Meyrick, Insp.-Vet.-Surg. J. J. F.R.C.V.S.
Micklem, Col. H. A., C.M.G., D.S.O., ret. pay (Res. of Off.)
Mildren, Hon. Brig.-Gen. W. F., C.M.G., D.S.O. (Col. T.F. Res.)
Miles, Col. (temp. Brig.-Gen.) P. J., C.M.G.
Mills, Hon. Brig.-Gen. G. A.
Mills, Dep. Com.-Gen. of Ord. & Hon. Col. H. J.
Minchin, Hon. Maj.-Gen. F. F., p.a.c.
Minchin, Col. W. C.
Mitchell, Lt.-Col. C. H., C.M.G., D.S.O., Can. Local Forces.
Mitford, Hon. Maj.-Gen. B. R., C.M.G., D.S.O., p.s.c. [L] (Gent.-at-Arms)
Molesworth, Hon. Brig.-Gen. E. H.
Money, Col. O. G. C.
Money, Hon. Brig.-Gen. G. L. O., D.S.O., q.s.
Money, Maj.-Gen. H. O.; ret. R. Mar.
Monkhouse, Bt. Col. W. P., C.M.G., M.V.O.
Montague-Bates, Bt. Lt.-Col. (temp. Brig.-Gen F. S., C.M.G., D.S.O.
Montagu-Stuart-Wortley, Maj.-Gen. Hon. Sir A. R., K.C.M.G., D.S.O., p.s.c. [L]
Montagu-Stuart-Wortley, Hon. Maj. - Gen. Hon E. J., C.M.G., M.V.O. D.S.O., p.s.c., q.s.
Monteith Bt. Col. J.
Montgomery, Maj.-Gen. A. A., K.C.M.G., p.s.c. [l]
Montgomery, Bt. - Col. H. H. de F., C.M.G., p.s.c., e. [l]
Montgomery, Maj.-Gen. Sir R. A. K., K.C.M.G., D.S.O., p.s.c., g.
Moody, Bt.Col.R.S.H., p.s.c.
Moore, Hon. Maj.-Gen. J., K.C.M.G., F.R.C.V.S.

Moore, Bt. Col. M. G.
Moore, Hon. Lt.-Col. (Army) R. St. L.
Moores, Maj.-Gen. S. G. C.M.G.
Morgan, Col. C. K., C.M.G. M.B.
Morgan, Bt. Col. (temp. Brig.-Gen.) Sir H. G., K.B.E., C.M.G., D.S.O.
Morris, Col. (temp. Brig Gen.) E. M., C.M.G.
Morris, Col. (temp. Brig. Gen.) G. M., D.S.O. [L]
Morris, Col. Sir W. G., K.C.M.G., p.s.c.
Morrison, Brig.-Gen. E W. B., K.C.M.G., D.S.O., Can. Local Forces.
Mott, Hon. Maj Gen. S. F.
Moulton, Hon. Brig.-Gen. E. A., C.M.G.
Moynihan, Hon. Maj.-Gen. Sir B. G. A., K.C.M.G., M.B., F.R.C.S., T.F. Res.
Muir, Col. O. W., C.I.E.
Mullally, Maj.-Gen. Sir H., K.C.M.G., C.S.I.
Mullens, Maj.-Gen. R. L., p.s.c. [l]
Mullins, Lt.-Col. G. J. H.
Murray, Bt. Col. A. M., M.V.O.
Murray, Lt.-Col. C. F. T., M.V.O.
Murray, Hon. Maj.-Gen. R H., C.M.G., q.s.
Murray, Col. V., K.B.E., C.M.G.
Muspratt, Hon. Brig.-Gen. F. C., C.M.G., ret. Ind. Army.
Myles, Col. Sir T., Knt., M.D., F.R.C.S.I.

Nanton, Col. (temp. Brig.-Gen.) H. C., C.I.E.
Napier, Maj.-Gen. W. J. C.M.G., g.
Nash, Temp. Maj. - Gen. Sir P. A. M., K.C.M.G.
Nason, Bt. Col. F. J. C.M.G., D.S.O.
Neeld, Lt.-Col. Sir A D., Bt., M.V.O.
Newall, Col. S., ret. N.Z. Mil. Forces.
Newbigging, Bt. Col. W. P. E., C.B., D.S.O.
Newenham, Col. H. E. B.
Newland, Maj.-Gen. F. R., K.C.M.G., M.B.
Nicholson, Hon. Brig.-Gen. G. H., C.M.G.
Nicholson, Col. J. S. C.M.G., C.B.E., D.S.O.
Nickerson, Bt. - Col. W. H. S., C.M.G., M.B.
Nicol, Hon.Brig.-Gen. L.L., C.M.G.
Nicolls, Col. E. G., C.M.G., g.
Norie, Col. (temp. Brig.-Gen.) C. de M., C.M.G., D.S.O., p.s.c. [l]
North, Hon. Brig.-Gen. B. N., M.V.O., g 3 Bn. R. Lanc. R. (Hon. Lt.-Col. in Army)

North, Col. E., F.R.C.S., Edin.
Northey, Maj.-Gen. Sir E., K.C.M.G., A.D.C.
Nugent Maj.-Gen. G. S. W., D.S.O., p.s.c.
Nugent, Bt. Col. R A. C.M.G.

O'Brien, Hon. Brig.-Gen. E. D. J., C.B.E.
O'Connor, Col. A. P. F.R.C.S.I.
O'Connor, Lt.-Col. P. F.
O'Donnell, Maj.-Gen. Sir T. J., K.C.I.E., D.S.O.
O'Dowda, Col. J. W., C.S.I., C.M.G., p.s.c.
Ogilvie, Col. T., junr., C.M.G., TD, Terr. Force.
Ogle, Hon. Maj.-Gen. F. A
O'Grady, Lt.-Col. J. de C.
Ogston, Bt. Lt.-Col. C., C.M.G. D.S.O., p.s.c.
O'Hara, Col. J.
O'Keeffe, Maj.-Gen. Sir M W., K.C.M.G., M.D.
Oldfield, Col. (temp. Brig-Gen) L.C.L., C.M.G D.S.O.
O'Leary, Hon. Brig.-Gen. T. E, C.M.G., C.B.E.
Ollivant, Bt. Col. J. S., C.M.G., D.S.O., e.
Olver, Bt. Lt.-Col. (Actg. Col.) A., C. M. G., F.R.C.V.S.
O'Malley, Bt. Col. W. A. D'O.
Ommanney, Hon. Brig.-Gen. A. E.
O'Nial, Surg.-Gen. J.
Onslow, Maj.-Gen. G. T., ret. R. Mar.
Onslow, Maj. - Gen. Sir W. H., K.C.M.G., g.
Openshaw, Lt.-Col. T. H., C.M.G., M.B., F.R.C.S., TD., R.A.M.C. (T.F.)
Osborn, Lt.-Col (temp. Col.) W. L., C.M.G., D.S.O.
Osmaston, Lt.-Col. C. A. FitzH., C.B.E.
Ouseley, Hon Brig.-Gen. R. G., C.M.G., D.S.O., g.
Ovens, Hon.Brig.-Gen. G. H.
Owen, Col. (temp. Brig.-Gen.) H. M., M.V.O.
Oxley, Hon. Brig.-Gen. R. S., C.M.G., p.s.c. [l]

Paget, Bt. Col. H., D.S.O., p.s.c.
Pain, Hon. Brig. - Gen. G. W. H., K.B.E.
Palin, Col. G. W., C.I.E.
Palin, Maj.-Gen. P. C., K.C.M.G.

Palmer, Col. (temp. Brig.-Gen.) C. E. C.M.G., D.S.O.
Palmer, Lt.-Col. (Hon. Brig.-Gen. in Army) G.L., TD, ret. T.F.
Panet Bt.Col. (temp. Brig.-Gen.) A. E., C.M.G., D.S.O.
Panet, Brig.-Gen. H. A., C.M.G., D.S.O., Can. Local Forces.
Parker, Col. F. J.
Parker, Lt. R. G., C.M.G., D.S.O., p.s.c.
Parker, Hon. Brig.-Gen. St. J. W. T., C.M.G
Parsons, Col. (temp. Brig.-Gen.) C. McN
Parsons, Maj.-Gen. Sir C. S. B., K.C.M.G.
Parsons, Maj.-Gen. Sir H. D. E., K.C.M.G.
Pasteur, Lt.-Col. W., C.M G., M.D., F.R.C.P., R.A.M.C. (T.F.)
Patch, Col. R.
Paul, Col. E. M. C.B.E. [L]
Payne, Maj.-Gen. R. L. D.S.O.
Peck, Maj.-Gen. A. W., C.M.G.
Pedley, Hon. Brig.-Gen. S. H.
Peebles, Hon. Brig.-Gen. E. C., C.M.G., D.S.O.
Pelle, Hon Col. S. P.
Pelly, Bt. Lt.-Col R. T., C.M.G., D.S.O.
Penrose, Hon. Brig.-Gen. C.
Penton, Maj.-Gen. A. P., C.M.G. C.V.O., p.a.c.
Perceval, Hon. Brig.-Gen. C. J., C.M.G., D.S.O., p.s.c. [L]
Perceval, Maj.-Gen. E. M., D S O., p.s.c.
Percy, Col. S. J., C.M.G., D.S.O., p.s.c.
Pereira, Hon. Brig.-Gen. G. E., C.M.G., D.S.O.
Perkins, Hon. Col. A. E. J., C.M.G., g.
Perreau, Col. A. M., C.M.G.
Perry, Col. (temp. Maj.-Gen.) H. W., K.C.M.G., C.S.I.
Peterkin, Col. A. M., M.B.
Peterson, Col. F. H., D.S.O. [l]
Petrie, Hon. Brig.-Gen. R. D.
Phear, Col. A. G., M.D., F.R.C.P.
Phelps, Col. A., R.A.S.C.
Phillips, Col. (temp. Brig.-Gen.) G. F., C.M.G.
Phillips, Hon. Brig.-Gen. H. de T., C.M.G.
Phipps Hornby, Hon. Brig.-Gen. E. J., C.M.G., M.D., TD., R A.M.C.(T.F.)
Pickard, Lt.Col. R., C.M.G., D.S.O., M.B., F.R.C.S., K.H.S.
Pilcher, Col. E. M., C B E.
Pilcher, Maj.-Gen. T. D., p.s.c. [L]
Pink, Hon. Brig.-Gen. F. J., C.M.G., D.S.O., q.s.
Pipon, Hon Maj.-Gen. H.
Pirie, Maj.-Gen C. P. W.

MILITARY COMPANIONS (C.B.)—contd.

Pitman, Col. (*temp. Brig.-Gen.*) T. T., *C.M.G.*
Pitt-Taylor, Bt. Col. W.W., *C.M.G., D.S.O., p s.c.*
Poë, Lt.-Col. Sir W. H., *Bt.* H., *C.M.G., C.B.E., p.s.c.*
Poett, Hon. Maj.-Gen. J. H., *C.M.G., C.B.E., p.s.c.*
Pollard, Col. (*temp. Brig.-Gen.*) J. H. W., *C.M.G., p.s.c.* [l]
Pollock, Maj.-Gen. J. A. H., *C.M.G., D.S.O.*
Ponsonby, Maj.-Gen. J., *C.M.G., D.S.O.*
Poole, Hon. Maj.-Gen. Sir F. C., *K.B.E., C.M.G., D.S.O.*
Pope, Lt.-Col. H., Aust. Mil. Forces.
Portal, Hon. Brig.-Gen. B. P., *D.S.O.*
Porter, Maj.-Gen. R, *C.M.G., M.B.*
Porter, Hon. Brig.-Gen. T. C.
Porter, Col. T. W., ret. N.Z Mil. Forces.
Potts, Hon. Brig.-Gen. F., *C.M.G., g.*
Powell, Maj. (*temp. Brig.-Gen.*) E. W. M., *D.S.O.*, ret. pay (Res. of Off.)
Powell, Col. (*temp. Brig.-Gen.*) S. H. [l].
Pratt, Bt. Col. A. S., *C.M.G.*
Prendergast, Col. C. G.
Prentice, Lt.-Col. R. E. S., *C.M.G., D.S.O.*
Preston, Lt.-Col. J. E., *D.S.O.*
Price, Bt. Col. B.G., *C.M.G., D.S.O.*
Price, Col. (*temp. Brig.-Gen.*) C. H. U., *D.S.O.*
Price, Lt.-Col. (*temp. Brig.-Gen. in Army*) W., *C.M.G., C.B.E.*, VD, Postal Sec., R. E. Spec. Res. (*Hon. Maj. in Army*)
Prichard, Hon. Brig.-Gen. G. S., *D.S.O.*
Primrose, Capt. A., Can. Local Forces.
Pringle, Maj.-Gen. (*hon.*) Sir R., *K.C.M.G., D.S.O.*
Pulley, Bt. Col. C.

Queripel, Hon. Vety. Col. A. E.

Quill, Lt.-Col. B. C.
Quill, Surg.-Gen. R.H., *M.B.*
Quirk, Col. J C., *D.S.O., q.*

Radcliffe, Maj.-Gen. P. P. de B., *K.C.M.G., D.S.O., p.s.c.* [L]
Radford, Bt. Col. O. C., *C.I.E.*
Rainey - Robinson, Col R. M., *C.M.G.*
Rainsford, Col. M. E. R.
Rainsford, Bt. Col. S. D.
Raitt, Maj.-Gen. Sir H. A., *K.C.I.E.*, ret. pay.
Ramsay, Col. (*temp. Brig.-Gen.*) F. W., *C.M G., D.S.O.*
Ranksborough, Hon. Maj.-Gen. J. F., Lord, *C.V.O.*

Rattray, Bt. Col. C., *C S.I.*, Ind. Army, *p.s.c.*
Rawnsley, Col. G. T., *C.M.G.*
Rawson, Col. H. E.
Read, Hon. Brig.-Gen. H.
Reade, Maj.-Gen. R. N. R., *C.M G., p.s.c.* [L]
Ready, Maj.-Gen. F. F., *C.S.I., C.M G., p.s.c., e.*
Reay, Hon. Brig.-Gen. C.T.
Reece, Hon. Surg.-Col. R. J., *M D.*, Hon. Art.Co.
Reed, Maj.-Gen. H. L., *C.M.G., p.s.c.* [L]
Reilly, Col. C. C.
Rennie, Brig.-Gen. R., *C.M.G., M.V.O., D.S.O.*, Can. Local Forces.
Renny-Tailyour, Col. T. F. B. *C.S.I.*
Rice, Maj.-Gen. Sir S. R., *K.C.M.G.*
Richardson, Lt.-Col. (*temp. Brig.-Gen.*) G. S., *C.M.G., C.B.E.*, N.Z. Mil. Forces., *p.s.c., g.*
Richmond & Gordon, Col. C. H., *Duke of*, *K.G., G.C.V.O.*, 3 Bn. R. Suss. R., *A.D.C.* (*King's Body Gd. for Scotland*), Ridgeway, Col. R. K., *p.s.c.*
Ridgway, Col. (*temp Brig.-Gen.*) R. T. I.
Ridley, Hon. Brig.-Gen. C. P.
Ridout, Col. (*temp. Maj.-Gen.*) D. H., *K.B.E., C.M.G.*
Rimington, Hon. Maj.-Gen. J. C., *C.S.I.*
Rimington, Hon. Brig.-Gen. M. F., *C.V.O.*
Ritchie, Maj. Gen. A. B., *C.M.G.*
Rivaz, Col. V.
Roberts, Col. H. L., *M.V.O.* [l]
Roberts, Col. J. A., Can. Local Forces.
Robertson, Bt. Lt.-Col. (*temp. Brig.-Gen.*) J. C., *C.M.G., D.S.O.*, Aust. Mil. Forces.
Robertson, Col. J. P.
Robin, Maj.-Gen. Sir A.W., *K.C.M.G.*, N Z. Mil. Forces.
Robinson, Maj.-Gen. C. W., *p.s.c.*
Robinson, Surg.-Gen. G.W.
Robinson, Lt.-Col. G. W. *K.C.M.G., D.S.O., p.s.c.* [l]
Robinson, Col. O. L., *C.M.G., K.H.P.*
Robinson, Lt. Col. P. M., *C.M.G.*
Robinson, Col. S. C. B. *D.S.O., p.s.c.*
Robinson, Bt. Col. S. W., *D.S.O.*
Robinson, Hon. Brig.-Gen. W. A., *C.M.G.*
Robinson, Maj.-Gen. W. H. B., *K.H.S.*
Roche, Col. H. J
Roddy, Col. H. H.
Rodwell, Col. E. H., *p.s.c.*
Rolt, Hon. Brig.-Gen. S. P. H. N., *C.B.E., D.S.O.*
Romer, Maj.-Gen. C. F., *C.M.G., p.s.c., s.D.S.*
Romilly, Col. F. W., *C.V.O., D.S.O., p.s.c.*

Ronaldson, Col. R. W. H.
Roper, Hon. Brig. Gen. A. W., *C.B.E.*
Ross, Col. C., *D.S.O. p.s.c.* [l]
Ross, Col. R. J., *C.M.G., p.s.c.* [l]
Ross, Hon. Brig.-Gen. Sir W. C., *K.B.E., C.M.G.*
Ross-Johnson, Hon Brig.-Gen. C. M., *C.M.G., D.S.O.* [L]
Rotton, Col. J. G., *C.M.G.*
Rouse, Col. H., *D.S.O.*
Rowell, Col. J., VD, ret. Aust. Mil. Forces.
Rowland, Col. T.
Rowley, Hon. Brig -Gen. F.G.M., *C.M.G., D.S.O.*
Ruggles - Brise, Maj.-Gen. Sir H. G., *K.C.M.G., M.V.O., p.s.c., e.* [l]
Rundall, Bt. Col. F. M., *D.S.O., O.B.E.*
Rundle, Bt. Col. G. R. T.
Russell, Maj.-Gen. Sir J. J., *M.B.*
Russell, Hon. Maj. Gen. Sir M. W., *K.C.M.G.*
Ruston, Lt.-Col. (*temp. Capt. in Army.*) Col.) R. S.
Rutherford, Col. C., *C.M G F.R.C.V.S.*
Ryan, Col. and Hon. Surg.-Gen. C. S., *K.B.E., M.B.*
Ryrie, Lt.-Col. G. de L., *K.C.M.G.*, VD, Aust. Mil. Forces.

Sadlier-Jackson, Bt. Col. L. W. de V., *C.M.G., D.S.O.*
St. Clair, Col. J. L. C., *C.M.G., p.s.c.*
St. John, Hon. Brig.-Gen. G F. W.
St. Levan, Hon. Brig.-Gen. J. T., Lord, *C.V.O.*
Salisbury, Hon. Maj.-Gen. Rt. Hon. J.E.H., Marq. of, *K.G., G.C.V.O.*, TD, 4 E. Anglian Brig R.F A. and 4 Bn. Essex R., *A.D.C.*
Salmond, Col. W. G. H., *C.M.G., D.S.O., p.s.c.* [l]
Sampson-Way, Hon. Maj.-Gen. N. F.
Samut, Lt.-Col. (*temp. Col.*) A., *C.M.G.* [L]
Sandbach, Maj.-Gen. A. E., *D.S.O., p.s.c.*
Sanders, Hon Brig.-Gen. G. H., *C.M.G., D.S.O.*
Sandilands, Hon. Brig.-Gen. H. G., *g.*
Sandilands, Bt. Col. J. W., *C.M.G., D S.O., p.s.c.* [l]
Sandys, Col.W.B.R., *C.M.G.*
Sargent, Hon. Maj.-Gen. H. N., *C.B.E., D.S.O.*
Sartorius, Maj.-Gen. E. H., *p.s.c.*
Savile, Hon. Brig.-Gen. W. C., *D.S.O.*

Sawyer, Maj. Gen. R. H. S., *C.M.G., M.B., F.R.C.S.I,* [L]
Schalch, Col. V. A
Sclater-Booth, Hon. Brig.-Gen. Hon. W. D., *C.M.G., D.S.O.*
Schreiber, Hon. Brig.-Gen. A. L., *C.M.G., D.S.O.*
Scott, Maj.-Gen. D. A., *C.V.O., D.S.O.*
Scott, Col. P. C. J., *e.* [l]
Scott, Hon. Brig.-Gen. (*temp. Brig.-Gen.*) R. K., *C.M.G., D.S.O.*
Scott, Maj.-Gen. T. E., *C.I.E., D.S.O.*
Scott, Bt. Col. W. A.
Scott - Kerr, Hon. Brig.-Gen. R., *C.M.G., M.V.O., D S.O.*
Scudamore, Hon. Brig.-Gen. C. P., *C.M G., D.S.O.*
Seccombe, Hon. Brig.-Gen. A. K., *C.M G. D.S.O.*
Seely, Hon. Maj.-Gen. Rt. Hon. J. E. B., *C.M.G., D.S.O.*, TD, T.F Res.(Hon. Capt. in Army.)
Sellheim, Col. V. C. M., *C.M.G.*, Aust. Mil.Forces.
Selwyn, Hon. Brig.-Gen. C. H., *p s.c.* [L]
Seton, Bt. Col. Sir B.G., *Bt.*
Sexton, Col. M. J., *M D.*
Shakespear, Col. L. W.
Sharp, Col. A. D., *C.M.G.*
Shea, Maj.-Gen. J. S. M., *K.C.M.G., D.S.O., p.s.c., q.s.*
Shekleton, Hon. Brig.-Gen. H. P., *C.M.G., p.s.c.*
Sheppard, Hon. Brig.-Gen. H. C., *C.M.G., D.S.O.*
Sheppard, Maj. Gen. S. H., *D.S.O., p.s.c.*
Shine, Col. J. M. F., *M.D.*
Shipley, Hon. Brig.-Gen. C. T.
Shore, Hon. Brig.-Gen. O. B. S. F., *C.I.E., D.S.O., p.s.c.* [L]
Short, Hon. Brig.-Gen. A. E., *C.M.G.*
Shoubridge, Maj.-Gen. T. H., *C.M.G., D.S.O., p.s.c.*
Sillem, Maj.-Gen. Sir A. F., *K.C.M.G., p.s.c., q.s.*
Sim, Col. G. H., *C.M.G.*
Simms, Rev. J. M., *C.M.G., D.D., K.H.C.*, Chaplain to the Forces (1st class).
Simpson, Maj.-Gen. C. R., *p.s.c.* [L]
Simpson, Col. R. J. S., *C.M.G., M.B.*
Simpson - Baikie, Hon. Brig.-Gen. Sir H. A. D., *K.C.M G., p.s.c.* [l]
Sinclair, Col. H. M., *C.M.G., C.B.E., p.s.c.*
Sinclair, Hon. Col. T., *M.D., F.R.C.S., late R.A.M.C.*
Sinclair MacLagan, Maj.-Gen. E. G., *C.M.G., D.S.O.*
Sitwell, Hon. Brig -Gen. W. H., *D.S.O., p.s.c.*

Orders of Knighthood, &c.

MILITARY COMPANIONS (C.B.)—*contd.*

Skinner, Hon. Maj.-Gen. B. N., *C.M.G., M.V.O.*
Skinner, Col. (*temp. Brig.-Gen.*) P. C. B., *C.M.G., D.S.O., p.s.c.*
Sladen, Hon. Brig.-Gen. G. C., *C.M.G., D.S.O., M.C.*
ᵯ. Small, Col. W. G.
Smeaton, Lt.-Col. C. O.
Smith, Hon. Lt.-Col. (*Army*) A.F.E., *late Impl.Yeo.*[L]
Smith, Maj.-Gen. Sir C. H., *K.C.M.G.*
Smith, Capt. E. H., Aust. Mil. Forces.
Smith, Hon. Maj.-Gen. Sir F., *K.C.M.G., F.R.C.V.S.*
Smith, Bt. Col. F., *C.M.G., D.S.O.*
Smith, Hon. Brig.-Gen. G. B.
Smith, Col. G. B., *C.M.G.*
Smith, Col J. B., *M.B., K.H.P.*
Smith, Col. S. B.
Smith, Maj.-Gen. Sir S. C. U., *K.C.M.G., g.* [l]
Smith, Capt. S. M., *M.B., F.R.C.S., R.A.M.C.* (T F.)
Smith, Col. W. A., *C.M.G., p.s.c.*
Smith, Maj.-Gen. W. D.
Smith, Hon. Brig.-Gen. W. E. B., *C.M.G.*
Smith, Col. W. H. U., *C.B.E., D.S.O., p.a.c.*
Smyth, Col. C. C.
Smyth, Bt. Col. E. W.
Smyth-Osbourne, Bt. Lt.-Col. G. N. T., *C.M.G., D.S.O., p s.c.* [l]
Solly-Flood, Maj.-Gen. A., *C.M.G., D.S.O., 4 D.G., g.s.o.*
Somerset, Hon. Brig.-Gen. C. W., *C.M.G., M.V.O.*
Spens, Maj.-Gen. J., *C.M.G.*
Spratt-Bowring, Col. F. T. N., *q.s.*
Stafford, Hon. Brig.-Gen. W. F. H.
Stanford, Temp. Col. Hon. W. E. M., *C.M.G., O.B.E.*, ret. Cape Local Forces.
Stanistreet, Col. (*temp. Maj.-Gen.*) Sir G. B., *K.B.E., C.M.G., M.B.*
Stanley, Col. G.
Stanley Clarke, Bt. Col. H. C., *C.M.G., D.S.O.*
Stansfeld, Col. J. R., *C.B.E., e.*
Stanton, Maj.-Gen. Sir H. E., *K.C.M.G., D.S.O., p.s.c.*
Starr, Col. W. H., *C.M.G., C.B.E., R.A.M.C.*, ret. pay.
Staveley, Hon. Brig.-Gen. W. C., *g.*
Steele, Col. St. G. L. [L]
Steele, Col. J. McC., *C.M.G., D.S.O.*
Stephen, Hon. Brig.-Gen. R. C.
Stephenson, Maj.-Gen. T. E., *p.s.c.* [L]
Stevenson, Bt. Col. A. G., *C.M.G., D.S.O.*
Stevenson, Bt. Col. F.
Stevenson, Maj.-Gen. T. R
Stevenson, Hon. Maj.-Gen. W. F., *M.B., K.H.S.*
Stewart, Col. D. S.

ᵯ. Stewart, Hon Maj.-Gen. G.
ᵯ. Stewart, Maj.-Gen. J. C. M., *K.C.M.G.*
Stewart, Maj.-Gen. Sir J. M., *K.C.M.G.*
Stewart, Temp. Col. Sir J. P., *K.C.M.G., M.D., F.R.C.P.* (Capt. 4 Lond. Gen. Hosp.)
Stewart, Hon. Lt.-Col J W., *C.M.G.,* Can. Local Forces.
Stewart, Maj.-Gen. Sir N.R., *Bt.*
Stewart, Hon. Brig.-Gen. W. E., *C.B.E.*
Stirling, Bt. Col. J. W., *C.M.G.*
Stock, Col. P. G., *C.B.E., M.B., S.*, Afr. Def. Forces.
Stockdale, Col. (*temp. Brig.-Gen.*) H. E., *C.M.G., D.S.O.*
Stockley, Col. C. M.
Stockwell, Bt. Lt.-Col. (*temp. Brig.-Gen.*) C. I., *C.M.G., D.S.O., p.s.c.*
Stokes, Hon. Brig.-Gen. A., *C.M.G., D.S.O.*
Stopford, Lt.-Gen. Hon. Sir F. W., *K.C.M.G., K.C.V.O., p.s.c.* [l]
Stopford, Hon. Maj.-Gen. L. A. M., *K.C.V.O., p.s.c.* [l]
Strick, Col. (*temp. Brig.-Gen.*) J. A., *D.S.O.*
Strong, Hon. Brig.-Gen. W., *C.B.*
Stuart, Maj.-Gen. Sir A. M., *K.C.M.G.*
Stuart, Hon. Brig.-Gen. B. F. B., *C.M.G.*
Studd, Bt. Col. H W., *C.M.G., D.S.O., p.s.c.* [l] s.
Suffield, Bt. Col. C., Lord, *M.V.O.*
Sullivan, Col. E. L., *C.M.G.*
Supple, Col. J. F.
Surtees, Hon. Brig.-Gen. H. C., *C.M.G., D.S.O., M.V.O., p.s.c.* [L]
Sutton, Lt.-Col. A., *C.M.G.*, Aust.Mil. Forces.
Sutton, Maj.-Gen. A. A., *D.S.O.*
Sutton, Col. H. C., *C.M.G., C.B.E.*
Swabey, Col. W. S., *C.M.G., C.B.E., e.*
Swain, Lt.-Col. J., *C.B.E., M.D., F.R.C.S.*
Swaine, Col. C. E.
Swann, Maj.-Gen. W.T., *M.B., K.C.M.G., C.I.E., D.S.O.*
Swann, Maj.-Gen. J. C.
Swayne, Bt. Col. Sir E. J. E., *K.C.M.G., C.B.E.*
Swetenham, Bt. Col. R. A.
Swiney, Col. (*temp. Brig.-Gen.*) A. J. H., *C.S.I.*
Swinley, Maj.-Gen. G.
Sykes, Lt.-Col. (*temp. Brig.-Gen.*) Sir P. M., *K.C.I.E., C.M.G.*
Symonds, Col. Sir C. J., *K.B.E., M.D., F.R.C.S., T.F.* Res.
Tagart, Hon. Maj.-Gen. Sir H. A. L., *K.C.M.G., D.S.O., p.s.c.* [L]
Talbot, Bt. Col. Hon. M. G., *p.s.c.*

Tancred, Bt. Col. T. A., *C.M.G., D.S.O.*
Tanner, Hon. Brig.-Gen. W. E. C., *C.M.G., D.S.O., p.s.c., late* S. Afr. Def. Force.
Tarver, Bt. Col. W. K., *C.M.G., e.*
Taylor, Col. E. F.
Taylor, Hon. Brig.-Gen. R. H. B.
Taylor, Temp. Col. W., *M.B., F.R.C.S.I.*
Ternan, Hon. Brig.-Gen. T. P. B., *C.M.G., D.S.O.*
Thacker, Bt.-Col. H. C., *C.M.G., D.S.O.*, Can. Local Forces.
Thacker, Col. P. E., *C.M.G.*, Can. Local Forces, *p s.c.*
ᵯᵯ. Thackeray, Col. Sir E. T., *K.C.B.* (*Civil*).
Thackwell, Col. C. G. R., *D.S.O.*
Thom, Col. G. St. C., *C.M.G., C.B.E., M.B.*
Thomas, Col. F. H. S., ret Ind. Army.
Thompson, Maj.-Gen. C. W. *D S O., p.s.c.* [l]
Thompson, Maj.-Gen. Sir H. N., *K.C.M.G., D.S.O., M.B.*
Thompson, Hon. Brig.-Gen. W. A. M., *C.M.G., p.s.c.*
Thomson, Hon. Brig.-Gen. A. G., *C.M.G.*
Thomson, Maj.-Gen. (hon.) H.
Thomson, Maj.-Gen. J., *C.M.G., M.B.*
Thomson, Bt. Col. (*temp. Brig.-Gen.*) Sir W. M., *K.C.M.G., M.C.*
Thorburn, Temp. Col. Sir W., *K.B.E., C.M.G., M.D., F.R.C.S., T D* (Lt.-Col. Western Gen. Hosp.
Thorneycroft, Maj.-Gen. A. W.
Thuillier, Maj.-Gen. H. F., *C.M.G.*
Thurston, Col. H.S., *C.M.G., C.B.E.*
Thwaites, Maj.-Gen. W., *K.C.M.G., p.s.c.* [l]
Tidswell, Hon. Brig.-Gen. E. C., *C.B., D.S.O.*
Tighe, Lt.-Gen. Sir M. J., *K.C.M.G., C.I.E., D.S.O.*
Tillard, Maj.-Gen. J. A.
Tooth, Hon. Col. H. H., *C.M.G., M.D.* (Col. T. F. Res.)
Topping, Col. (*Terr.Force*) T. E., *C.M.G., D.S.O., TD.*
Travers, Hon. Brig.-Gen. J. H. du B., *C.M.G.*
Trench, Lt.-Col. F. A. Le P, *C.B.E.*
Treowen, Hon. Maj.-Gen. I.J.C., Lord, *C.M.G., p.s.c.*
Trevor, Surg.-Gen. Sir F. W., *K.C.S.I., M.B*
Trimble, Lt.-Col. and Hon. Col. C. J., *C.M.G., VD.*, ret. T.F., Hon. Col. R.F.A. (T.F.).

Trimnell, Lt.-Col. (*temp Col.*) W D. C., *C.M.G., e., f.*
Triscott, Hon. Brig. Gen. C. P., *C.M.G., D.S.O., q.s.*
Trotman, Hon. Col. C. N., *A.D.C.*
Trotter, Hon. Col. C. W., *TD, T.F. Res.*
Trotter, Hon. Brig.-Gen. G. F., *C.B.E., C.M.G., D.S.O., M.V.O.*
Tubby, Temp. Col. A. H., *C.M.G., M.B., F.R.C.S.* (Lt.-Col. R.A.M.C., T.F.)
Tudor, Brig.-Gen. H. H., *C.M.G.* [L].
Tudway, Hon. Brig.-Gen. R. J., *C.M.G., D.S.O.*
Tulloch, Col. (*temp. Brig.-Gen.*) J. A. S., *C.M.G., p.s.c.* (l).
Tulloch, Lt. Col. J. B. G., *C.M.G., p.s.c.,* 1l]
Tulloch, Maj.-Gen. J. W. G.
Tunbridge, Col. W. H., *C.M.G., C.B.E.*, Aust. Mil. Forces.
Turner, Col. A. H.
Turner, Bt. Col. (*temp. Brig.-Gen.*) A. J., *C.M.G., D.S.O., p.s.c.*
Turner, Maj.-Gen. J. G.
Turner, Col. M. N., *C.M.G., C.B.E.*
Turner, Maj. W. A., *M.D., R.A.M.C.* (T.F.)
Tuxford, Col. G. S., *C.M.G., D.S.O.*, Can. Local Forces.
Twigg, Hon. Brig.-Gen. R. H.
Twiss, Col. (*temp. Brig.-Gen.*) J. H., *C.B.E.*
Twynam, Col. P. A. A.
Tyler, Col. J. A., *C.M.G.*
Tyndale Biscoe, Hon. Brig.-Gen. J. D. T.
Tyrrell, Col. C. R., *C.B.E.*

Uniacke, Maj.-Gen. H. C. C., *K.C.M.G.*
Upcher, Maj.-Gen. R., *D.S.O*
ᵯ. Upperton, Maj.-Gen. J.
Urmston, Col. E. B., *p.s.c.*
Valentia, Hon. Col. A., *Visct.*, *M.V.O.*, Oxf. Yeo. (Hon. Col. *in Army*)
Vandeleur, Col. R.S., *C.M.G*
Van Straubenzee, Maj.-Gen. C. C., *C.M.G.*
van Straubenzee, Hon. Brig.-Gen. C.H.C., *C.B.E.*
Vaughan, Hon. Brig.-Gen. J., *C M G., D.S.O., p.s.c*
Vaughan, Maj.-Gen. L. R., *D.S.O., p.s.c.*
Vaughan, Col. (*temp. Brig.-Gen.*) R. E.
Ventris, Maj.-Gen. F., ret. pay (*Res. of Off.*)
Verner, Hon.Maj.-Gen.T.E.
Vialls, Capt. H. G.
Vincent, Lt. Col. B., *C.M.G., p.s.c.*
Vincent, Col. H. O., *C.M.G., g.*
Vyvyan, Bt. Col. Sir C. B., *Bt., C.M.G., p.s.c.*

Orders of Knighthood, &c.

MILITARY COMPANIONS (C.B.)—contd.

Wace, Bt. Lt.-Col. (*temp. Brig.-Gen.*) E. G., *D.S.O.*, *p.s.c.* [L]
Wace, Maj.-Gen. R.
Waddell, Lt.-Col. L. A., *C.I.E.*, *M.B.*
Wadeson, Maj.-Gen. F. W. G.
Waghorn, Bt. Col. W. D., *C.M.G.*, R. E.
Walcott, Col. E. S., TD.
Waldron, Hon. Brig.-Gen. F., *p.s.c.*
Walker, Maj.-Gen. W. G.
Wallace, Maj.-Gen. A.
Wallace, Maj.-Gen. Sir C. S., *K.C.M.G.*, *late* A. Med. Serv.
Wallace, Lt.-Col. & Hon. Col. R. H., *C.B.E.*, *late* 5 Bn. R. Ir. Rif.
Wallack, Col. E. T., *C.M.G.*, Aust. Mil. Forces
Wallerston, Hon. Brig.-Gen. F. E.
Walsh, Lt.-Col. R. K., *C.M.G.*, *D.S.O.*
Walter, Maj.-Gen. J. MacN., *C.S.I.*, *D.S.O.*, *p.s.c.*
Walters, Col. W. B.
Walton, Lt.-Col. (*temp. Brig.-Gen.*) W.C., *C.M.G.*
Wanless-O'Gowan, Col. R.
Wapshare, Lt.-Gen. R., *C.S.I.*
Ward, Maj.-Gen. F. W.
Ward, Col. (*temp. Brig.-Gen.*) H. D. O., *C.M.G.*
Ward, Temp. Lt.-Col. J., *C.M.G.*
Wardrop, Maj.-Gen. A. E., *C.M.G.*
Wardrop, Col. D., *C.V.O.*, *M.B.*
Ware, Temp. Maj.-Gen. Sir F. A. G., *K.B.E.*, *C.M.G.*
Watchorn, Col. E. T., VD, ret. Aust. Mil. Forces.
Waters, Lt.-Col. R., *M.D.*
Watkins, Bt. Col. C. B.
Watson, Col. Sir H. D., *K.B.E.*, *C.M.G.*, *C.I.E.*, *M.V.O.* (*Extra Eq. to the King*)
Watson, Col. J. E.
Watson, Maj.-Gen. W. A., *C.M.G.*, *C.I.E.*, *p.s.c.*

Watson, Lt.-Col. W. W. R., VD, Aust. Mil. Forces.
Watts, Bt. Col. C. D. R., *C.M.G.*, e.
Watts, Hon Col. Sir W., *K.C.B.* (Civil), VD, *late* Lt.-Col. 3 Bn. Welsh R.
Wauhope, Bt. Col. R. A., *C.M.G.*, *C.I.E.*
Wavell, Hon. Maj.-Gen. A. G., *p.s.c.*
Webb, Bt. Col., A. L. A., *K.B.E.*, *C.M.G.*
Webb-Bowen, Bt. Col. T. I., *C.M.G.*
Wedgwood, Temp. Lt.-Col. R. L., *C.M.G.*
Welch, Col. G. O.
Welch, Col. M. H. E., *C.M.G.*, *p.s.c.* [l]
Welchman, Bt. Col. E. W. St. G.
Weller, Bt. Lt.-Col. B. G., *D.S.O.*, R. Mar.
Wellesley, Col. (*temp. Brig.-Gen.*) R. A. C., *C.M.G.*
Westcott, Col. S., *C.M.G.*
Western, Maj.-Gen. W. G. B., *K.C.M.G.*, *p.s.c.* [L]
Westropp, Col. G. R. O.
Whaite, Col. T. Du B., *C.M.G.*, *M.B.*
Wheatley, Col. H. S.
Wheatley, Hon. Brig.-Gen. P., *C.M.G.*, *D.S.O.*
White, Maj.-Gen. (*temp. Maj.-Gen. in Army*) C. B. B., *K.C.M.G.*, *D.S.O.*, Aust. Mil. Forces, *A.D.C.*, *p.s.c*
White, Hon. Brig.-Gen. G F., *C.M.G.*, *C.I.E.*
White, Col. (*temp. Maj.-Gen.*) G. H. A., *C.M.G.*, *D.S.O.*
White, Hon. Brig.-Gen. Hon. R., *C.M.G.*, *D.S.O.*, ret. p.s.c.
White, Lt.-Col. (*temp.Brig.-Gen.*) W. A., *C.M.G.*, *p.s.c.* [l]
White, Hon. Brig.-Gen. W. L., *C.M.G.*, *p.s.c.*, o.
White, Bt. Col. W. W., *C.M.G.*
White-Thomson, Col. Sir H. D., *K.B.E.*, *C.M.G.*, *D.S.O.*

Whitley, Col. E. N., *C.M.G.*, *D.S.O.*, TD (T.F.)
Wickham, Col. W. J. R.
Widdicombe, Lt.-Col. G. T.
Wigan, Hon. Brig.-Gen. J. T., *C.M.G.*, *D.S.O.*, T.F Res.
Wigram, Bt. Col. (*temp. Brig.-Gen.*) K., *C.B.E.*, *D.S.O.*, *p.s.c.*
Wilberforce, Col. Sir H. W., *K.B.E.*, *C.M.G.*
Wilken, Gen. M.G., *C.M.G.*, *M.V.O.*, *C.M.G.*
Wilkinson, Maj.-Gen. Sir P.S., *K.C.M.G.*
Willcox, Col. W. H., *C.M.G.*, *M.D.*, *F.R.C.P.*, T.F. Res.
Williams, Hon. Brig.-Gen. C.
Williams, Hon. Brig.-Gen. Sir G., *K.C.I.E.*
Williams, Hon. Brig.-Gen. R. B., *p.s.c.*
Williamson, Col. J. F., *C.M.G.*, *M.B.*
Williamson, Col. R. F.
Williamson, Oswald, Col. (*temp. Brig.-Gen.*) O. C., *C.M.G.*
Willis, Col. (*temp. Brig.-Gen.*) E. H., *C.M.G.*
Willoughby, Col. M. E., *C.M.G.*, Ind. Army
Wilson, Col. (*temp. Brig.-Gen.*) C. S., *C.M.G.*, *D.S.O.*
Wilson, Lt.-Col. F. A.
Wilson, Col. F. M., *C.M.G.*
Wilson, Maj.-Gen. J. B., *C.M.G.*, *M.D.*
Wilson, Maj. L. C., *D.S.O.*, Aust. Mil. Forces
Wilson, Col. S. H., *C.M.G.*, *p.s.c.* [l]
Wingfield-Stratford, Hon. Brig.-Gen. C. V., *C.M.G.*
Winter, Lt.-Col. O. de l'E., *C.M.G.*, *D.S.O.*
Winter, Col. s. H., *C.M.G.*
Wintour, Hon. Maj.-Gen. F., *O.B.E.*, *p.s.c.*
Wisdom, Bt. Lt.-Col. E. A., *C.M.G.*, Aust. Mil. Forces.
Wolley-Dod, Hon. Brig.-Gen. O. C., *D.S.O.*, *p.s.c.* [l].
Wood, Lt.-Col. D. E.

Wood, Lt.-Col. Sir J. L., *K.B.E.*, *C.M.G.*, ret.
Wood, Hon. Brig.-Gen. P. R., *C.M.G.*
Woodhouse, Maj.-Gen. Sir T. P., *K.C.M.G.*
Woodland, Col. A. D.
Woodward, Maj.-Gen. Sir E. M., *K.C.M.G.*, *p.s.c.*
Woodyatt, Maj.-Gen. N. G., *C.I.E.*
Worthington, Bt. Col. Sir E. S., *Knt.*, *K.C.V.O.*, *C.M.G.*
Wray, Col. J. C., *C.M.G.*, *M.V.O.*, TD, T.F. Res., (Yeo. of Ga.)
Wright, Temp. Col. Sir A. E., *Knt.*, *K.B.E.*, *F.R.S.*, *M.D.*, *F.R.C.S.I.*
Wright, Hon. Brig.-Gen. (*temp. Brig.-Gen.*) J. A.
Wright, Maj.-Gen. H. B. H., *C.M.G.*
Wright, Lt.-Col. W. C., Res. of Off.
Wrigley, Hon. Brig.-Gen. C. C., *p.a.c.*
Wroughton, Col. J. B., *C.M.G.*, e.
Wylde, Col. C. F., Can. A. M.C.
Wyllie, Hon. Col. A. K., 8 Bn. W. Rid R.
Wylly, Bt. Col. H. C. [l]
Wyncoll, Bt. Col. C. E.
Wyndham, Col. G. P., *M.V.O.*, *p.s.c.* [l]

Yarde-Buller, Col. Hon. Sir H., *K.B.E.*, *M.V.O.*, *D.S.O.*, *p.s.c.* [l]
Yarr, Maj.-Gen. Sir M. T., *K.C.M.G.*, *F.R.C.S.I.*
Yeilding, Col. W. R., *C.I.E.*, *D.S.O.*
Young, Col. C. A., *C.M.G.*
Young, Maj.-Gen. J. C., *p.s.c.*
Young, Maj. R., *C.M.G.*, *D.S.O.*, N.Z. Mil. Forces.
Younghusband, Maj.-Gen. Sir G. J., *K.C.M.G.*, *K.C.I.E.*, *p.s.c.*
Younghusband, Col. L. N., *C.M.G.*, Ind. Army.
Yule, Col. J. H.

CIVIL COMPANIONS (C.B.)

Anderson, Maj. T. A. H., TD, T. F. Res.
Angus, Hon. Col. W. M., VD, *late* 1 Newc.-on-Tyne R.G.A. (Vols.)
Atholl, Bt. Maj. J. G., Duke of, *K.T.*, *D.S.O.*, *M.V.O.*, TD (Lt.-Col. Comdt. & tion. Col. Sco. Horse Yeo.)

Baldwin, Maj. J. G., Res. of Off., *p.s.c.* [L]
Balfour, Capt. C. B., *late* 2 V.B. K.O. Sco. Bord. (Capt. ret.)
Barclay, Lt.-Col. & Hon. Col. R., *late* 3 Bn. Wilts. R.
Barlow, Col. Sir H. W. W., Bt., *C.M.G.*, *p.a.c.*
Bath, Col. T. H., Marq. of, K.G., TD.
Battersby, Hon. Maj.-Gen. T.P.
Bearcroft, Hon. Col. E. H., *late* Lt.-Col. 6 Bn. Worc. R.

Bell, Sir R., Bt., H
Bell, Sir J., Bt., *late* Col. Lanark V.R.C.
Bingham, Maj.-Gen. Hon. Sir F. R., *K.C.M.G.*
Birch, Col. de B., *M.D.*, VD, T.F. Res.
Blake, Hon. Col. A. M., VD, *late* 1 V.B. Bedf. R.
Blake, Hon. Col. Sir F. D. Bt., N. Cyclists Bn. (Hon. Col. Unattd. List Spec. Res.) (Hon. Col ret. Mila.
Blake, Hon. Col. M. C. J., *late* 3 Bn. Conn. Rang.
Blenkinsop, Maj.-Gen. A. P., *C.M.G.*
Blumberg, Bt. Col. (*temp. Brig.-Gen.*) H. E. [L]
Bradney, Lt.-Col. & Hon. Col. J. A., TD, *late* 2 Bn. Mon. R.
Bridport, Hon. Col. A. W. A. N., *Visct.*, *late* W. Somerset Yeo. Cav.
Brooke, Lt.-Col. L. G.

Bruce, Surg.-Gen. Sir D., *Knt.*, *K.C.B.* (Mil.), *F.R.S.*, *M.B.*, *F.R.C.P.*
Bulkeley, Lt.-Col. & Hon. Col. C. R., *late* 4 Bn. Oxf. L.I.
Burton, Lt.-Col. G. K., VD, *late* 1 V.B. Norf. R.

Campbell, Hon. Col. F., VD, *late* Lt.-Col. Comdt. 1 Arg. & Bute R.G.A. (Vols.)
Campbell, Bt. Col. (*temp. Brig.-Gen.*) G. M., *A.D.C.*
Campion, Hon. Col. W. H., VD, *late* 4 Bn. R. Suss. R.
Carleton, Hon. Brig.-Gen. (*temp. Brig.-Gen.*) F.R.C., *p.s.c.*
Carson, Maj.-Gen. J. W., Can. Local Forces.
Carte, Col. T. E.
Castleman-Smith, Lt.-Col. E. C., Bn. Dorset. R.

Cave-Browne-Cave, Sir T. Knt. (*late Dep. Acct. Gen. War Office*)
Cavendish, Hon. Col. Rt. Hon. Lord R. F., *C.M.G.*, 4 Bn. E. Lanc. R. (Lt.-Col. *late* 5 Bn. E Lanc. R.)
Chermside, Hon. Lt.-Gen. Sir H. C., *G.C.M.G.*
Cheyne, Hon. Col. Sir W. W., Bt., *M.B.*, *F.R.C.S.*, 4 Lond. Gen. Hosp.
Clark, Hon. Lt.-Col. Sir J. R. A., Bt., *C.M.G.*, *F.R.C.S Edin.*
Clarke, Lt.-Col. & Hon. Col. S. R., *late* 3 Bn. R. Suss. R.
Cleeve, Hon. Maj.-Gen. W. F., e.
Close, Col. Sir C. F., *K.B.E.*, *C.M.G.*
Coates, Col. W., *C.B.* (Mil.), VD, *late* T F. Res.
Coghlan, Hon. Col. C., VD, 1 W. Rid. Brig., R.F.A
Collard, Hon. Maj.-Gen. A. S., *C.V G.*

Orders of Knighthood, &c.

CIVIL COMPANIONS (C.B.)—contd.

Colvin, Lt.-Col. & Hon. Col. C. H., *D.S.O., late* 3 Bn. Essex R.
Colvin, Hon. Brig.-Gen. R. B., *C.B. (Mil.)* TD, *late* Essex Yeo.
Cooper, Hon. Brig.-Gen. A. S., *C.M.G.*
Cooper-Key, Maj. A. McN. C., Res. of Off.
Corcoran, J. A., *Esq.*, War Office.
Cordeaux, Maj. H. E. S., *C.M.G.*
Cowans, Gen. *Sir* J. S., *G.C.B., (Mil) G.C.M.G., M.V.O.* Col. Glouc. R. p.s.c.
Cranston, Hon. Brig.-Gen. *Sir* R., *K.C.V.O., C.B.E.*, †D, VD, *late* Comdg. Lothian Brig.
Crosbie, Lt.-Col. & Hon. Col. H., *late* 3 Bn. Manch. R. (Maj. ret. pay).
Cubitt, Lt.-Col. & Hon Col. *Hon.* H, TD, *late* Surr.Yeo.

Dalbiac, Lt.-Col. & Hon. Col. P. H., TD, *late* 2 Lond. Divl. T. & S. Col.
Dalyell, R., *Esq., late* War Office.
Dannreuther, *Sir* S., *Knt.*, War Office
Darwin, Lt.-Col. & Hon.Col. C.W., *late* 3 Bn Durh. L. I. (Lt-Col. ret. pay).
Dauntesey, Bt Lt.-Col. *(temp. Lt.-Col.)* W. B., *C.B.E.*
Davies, Bt. Col. G. F., *C.M G., C.B.E., e.*
de Burgh, Col. U. G. C.
De la Bère, H. D., *Esq., late* Dir. of Contracts, War Office.
Denison, Hon. Brig -Gen H., *C B E*., TD, *late Lt.-Col* Notts (Sher. Rang.) Yeo.
Denny, Hon. Col. J. McA., VD, 9 Bn. Arg. & Suth'd Highrs. (*Hon. Col. ret. Vols.*)
Dudgeon, Lt.-Col. & Hon. Col. R. F., VD, *late* 5 Bn. K. O. Sco. Bord.
Dunne, Rt. Col. W., *C.B.E.*
Durand, Lt.-Col. *Sir* E. L., Bt.

Edelsten, Lt.-Col. & Hon Col. J. A., VD, T.F. Res.
Edgewad-Johnstone, Capt. W. (*Lt -Col. ret. Mila.*)
Edis, Hon. Col. *Sir* R. W., *K.B.E.*, VD, 28 Bn.Lond.R.
Edmonds, Hon. Brig.-Gen. J. E., *C.M.G.,* p.s.c. [L]
Edwards, Col. Fitz. J. M., *C.M.G.,D.S.O.,*p.s.c.d.,*A.D.C.*
Edwards, Lt.-Col. & Hon. Col. H. J., *O.B.E.*, Unattd. List, Terr. Force.
Elliot, Lt.-Col. & Hon. Col. *late* Kent R.F. Res.A. A. Med. Serv. (T.F.)
Elliston, Col. G. S., VD, *late* A. Med. Serv. (T.F.)
Emery, Col. *(temp. Brig.-Gen.)* W. B., *C.M.G.*
Errington, Bt. Lt.-Col. F. H. L, VD, Inns. of Court O.T.C.

Erskine, Hon. Col. H. A., *C.M.G., C.B.E.,* TD, VD, Northb'n Divl. Train.
Ewan, Lt.-Col. & Hon. Col. T. G., VD, *late* Lanc. & Ches. R.G.A.
Exham. Bt. Col. S. H., *C.R.E.*
Fawcett, H. H., *Esq.*, War Office.
Fellows, Hon. Col. R. B., 4 Bn. Bedf. R.
Fisher, Col. F. T., p.a.c.
FitzGeorge, Col. *Sir* A.C.F., *K.C.V.O.*
Fitzgerald, Lt.-Col. B
FitzGerald, Temp. Capt. *Hon.* G. C. J. S.
Foljambe, Lt.-Col. G. S., VD, T.F. Res (*Lt.-Col. ret. T.F.*)
Forbes, Hon Brig.-Gen. *Sir* A. W., *K.B.E.*
Franks, Lt.-Col. *Sir* K. M. St. A., *Knt., M.D.,* 8. Afr Def. Forces
Freud, Bt. Col. G, 3 Bn. W.Yorks. R. (Lt.-Col. ret pay) (*Mil. Knt. of Windsor*).
Galway, Col. G.E.M., *Visct.*, TD, Hon.Col.Notts (Sher. Rang.) Yeo., *A.D.C.*
Gildea, Hon.Col.*Sir* J., *Knt., K.C.V.O.*, 4 Bn. R. War. R,
Giles, Col. P. B., *F.R.C.S.*
Gill, Col. W. S., VD, *late* R.E. (T.F.)
Glanusk, Hon. Col. and Lt. Col. J. H.R., *Lord C.B.E., D.S.O.*, Brecknock Bn. S. Wales Bord.
Glen-Coats, Hon. Col. *Sir* T. G., Bt., VD, Q.O.R. Glasgow Yeo. and 6 Bn. Arg. & Suth'd Highrs.
Godman, Hon. Col. A. F., VD, 4 Bn. York R.
Goold-Adams, Maj. *Sir* H.J., *G.C.M.G.*
Greig, Lt.-Col & Hon. Col. J. W., VD, 14 Bn. Lond. R.
Guinness, Hon. R. E. C., *C.M.G., late* Capt. 1 Lond. V.R.C.
Gwatkin, Col. *(temp. Maj.-Gen.)* W. G., *K.C.M.G.,* p.s.c.
Hall, Hon. Col. H. S., VD, *late* Lt.-Col. 2 V.B. Oxf. L.I.
Hamilton, Hon. Col. *Sir* W. A. B., *K.C.M.G., late* Lt.-Col. Lothians and Berwick Impl. Yeo.
Hammond, Hon. Brig.-Gen D.T., *C.B.E., late* 4 Bn. Conn. Rang.
Handley, Bt. Lt.-Col. A., ret. pay (*Res. of Off.*)
Hansford, Capt. B., Labour Corps
Hardinge,Col.(*Hon. Lt.-Col. in Army) H. C., Visct., late* 6 Bn. Rif.Brig.,*A.D.C.*
Harrington, Lt.-Col. *Sir* J L., *K.C.M.G., K.C.V.O.*
Harris, Col. G. R. C., *Lord*, *G.C.S.I., G.C.I.E.,* TD, *A.D.C.,* 4 Bn. E. Kent R.
Hart, Hon.Col.(*temp.Lt.-Col. in Army*) C. J., *C.B.E.,* TD, VD, 5 Bn. R. War. R,

Hart, Maj. H. C., *C.M G, D.S.O.,* N.Z. Mil. Forces.
Harvey, *Sir* H.P., *K.C.M.G., late* War Office.
Hayes-Sadler, Lt.-Col. *Sir* J *K.C.M.G.*
Heath, Maj -Gen. C. E., *K.C.B. (Mil.), C.V.O.*
Hellard, Col. R.C.
Hemming, Lt.-Col. N. M.
Henry,Lt.-Col. V. *late* 5 Bn. R. Fus., Lt.-Col. ret. pay (*Res. of Off.*)
Hickman,Maj.-Gen.H.P.,*g*
Hill, Hon. Col. J., *late* Lt. *Col. in Army.*)
Hoare, Sir R. H., Bt., VD, T. F. Res., (*Lt.-Col. ret. T.F.*)
Hobart, *Sir* R. H., Bt., *K.C.V.O., late* War Office.
Horniblow, Col. F.
Hughes, Hon. Col. E. T., VD, *late* Lt.-Col. 2 Kent R.G.A. (Vols.)
Hughes, Lt.-Col. & Hon. Col. J. A., *C.B.E.,* VD, *late* Welsh Divl. R.E.
Irvine, Hon. Col. H., 3 Bn. R. Innis Fus.
Irwin, Hon. Col. J. S., *late* Lt. Col. Mid-Ulster R.G.A. (Mila.)

Jackson, Bt. Col. H. W. *K.B.E.*
Jackson Hon. Maj.-Col. *Sir* L. C., *K.B.E., C.M G.*
James, Lt.-Col. H E R. *C.M.G., O.B.E., F.R.C.S*
Jeans, Hon.Maj.-Gen. C.G.
Johnston, Col. W., VD, *late* Johnson, Lt.-Col. D. A., *K.C.M.G.*
Jones, Maj.-Gen. R. O.

Kearns, Col. T. J., *C.M.G.,* TD, 1 Lond. Divl. T. & S. Col., R.A.S.C.
Kennaway, Hon. Col. Rt. *Hon.Sir* J.H., Bt., VD, 4 Bn. Devon R,
Kennedy, Maj. F. M. E., V.W.Som. Yeo. *(Maj.ret.pay)*
Kent, Hon. Col. H. V.
La Brooy, J. T., *Esq.,* Civil Asst. to Chief Supt. Ord. Factories
Lake, Lt.-Col. & Hon. *Sir* P. H. N., *K.C.B. (Mil.), K.C.M.G.,* p.s.c.
Langdon, Lt.-Col. & Hon. Col. H., TD, VD, *late* Lanc Fort. R.E. (*Maj. and Hon. Col. Lanc. Fort. R.E.*)
Langhorne, Col. H. S., *C.M.G.,* f.
Laurie, Lt.-Col. & Hon. Col. O. V. E., *D.S O.,* ret. Spec. Res. (Lt.-Col. T.F.)
Leith, Capt. H. G., *C.B.E.*, North'd Yeo.
Lelean, Lt.-Col. P. S., *C.M.G.,F.R.C.S.*
Lemmon, Hon. Col. (*Army*) T. W., Hon. Col. 3 Bn., E. Surr. R.
Le Rossignol, Col. A. E., *M.I.E.E., M. Inst. C.E.,*TD, Terr. Force.

Le Roy-Lewis, Col. H., *C.M.G., D.S.O.,* TD, *late* Brig.Comdr.,1 S.W. Mtd. Brig. (*Hon. Lt.-Col. in Army*)
Lewis, Hon. Col. S. R., VD, *late* 4 Midd'x V.R.C.
Lindsay, Lt.-Col H. E. M., R. Mon. R.E. (Maj. ret. pay)
Lloyd, Col. R. O. ret. pay
Ludlow, W. R., *C.B., late* Hon. Col. (*Military*)(Hon. Brig.-Gen. in Army), TD, VD, T.F. Res.
Lugard Bt. Col. Rt.Hon. Sir F. J. D., *G.C.M.G., D.S.O.*
Lynn-Thomas, Temp. Hon. Col. *Sir* J., *K.B.E., F.R.C S., E.A.M C.* (T.F.)
Lyon, Lt.-Col. R.E., VD, T.F. Res. (*Lt.-Col. & Hon. Col. ret. T.F.*)

MacAdam, Col. W.
McAnally, H. W. W., *Esq., late* War Office.
Macartney, Lt.-Col. J. W. M., ret. pay
McCalmont, Hon. Col. *C.B.E., late,*Lt.-Col.5 Bn.R. War. R. (*Capt. Res. of Off.*)
Macdonald, Hon. Col. J. A., *late* 3 Bn. Cam'n Highrs.
Macdonald, Maj.-Gen. *Sir* J. R. L., *K.C.I.E.*
Macdonnell, Chief Paym. and Hon. Col. W
Mackenzie, Col. *Sir* R C., *K.B.E.*, VD, *late* Terr. Force.
Macready, Maj.-Gen. *Sir* C F. N., *G.C.M.G., K.C.B. (Mil.)*
Makins, Hon.Maj.-Gen.*Sir* G. H., *G.C.M.G.,F.R.C.S.*
Martel, Col. *(temp. Brig.-Gen.)* C P.,p.a.c.
Masefield, Hon Col. R.T.,VD, *late* Lt.-Col. 2 V.B. Shrops. L.I.
Maude, Hon.Col. F. N., *late* Lt.-Col. Hamps. R.E. (Vols) p.s.c.
Mellis, Hon. Col. W. A., VD, 6 Bn. Gord. Highrs. (*Hon. Col. ret. T.F.*)
Mellish, Lt.-Col. (Vols.) H., VD, Maj. *late* 8 Bn. Notts & Derby. R.
Mellor, Col. J. E.,*late* 9 Bn. Manch. R.
Mends, Hon. Brig.-Gen. H. R., ret. pay (Hon.Col. 7 & 8 Bns. W. York. R.)
Midwinter, E. C., *C.M.G., C.B.E., D.S.O.. late* Capt.
Milne, Lt.-Col. & Hon. Col. G., VD, T.F. Res.
Mitchell, Hon. Col. T., VD, 5 Bn. E. Lan. R.
Monk Bretton, J. W., *Lord*, *late* Maj. Suss. Yeo.
Montgomery, Maj.-Gen. R. A., *C.V.O.*, p.s.c.
Moore, Lt.-Col. & Hon. Col. E. J., VD, T.F. Res.
Murray, Bt. Lt.-Col. *Sir* M D., *K.C.V.O.*
Nunburnholme, Hon. Col. *(Army),* C. H. W., *Lord, D.S.O.*
Nuthall, Hon. Brig.-Gen. C. E., *C.M.G.*

CIVIL COMPANIONS (C.B.)—contd.

O'Donovan, Hon. Col. M. W. (The O'Donovan), 4 Bn. R. Muns. Fus.
Ogilvie, Col. Sir A. M. J., K.B.E., vd., late R.E. (T.F.)
Oldfield, Hon. Maj.-Gen. J. R. H., Res. List, R. Mar.
Ord, Hon. Col. F. C., vd, late Lt.-Col. 1 S. Mid Brig. R.F.A.
Oswald, Col. St.C., ret. pay

Parker, Lt.-Col. and Hon. Col. J. W. R., late 3 Bn. E. Lan. R. (Hon. Lt.-Col. ret. pay)
Parkes, Maj. H. R., T.F. Res.
Peacock Maj. F. W., TD, Derby Yeo.
Pearson, Hon. Col. M. B., vd, late R.G.A. (Vols).
Pedley, A. C., Esq., I.S.O., late War Office.
Perkins, Hon.Col. A. T., late Lt.-Col. 3 Bn. Welsh R (Hon. Lt.-Col. in Army)
Perrott, Lt.-Col. & Hon. Col Sir H. C., Bt., late 3 Bn E. Kent R.
Perry, W. P., Esq., Dir. of Finance, War Office.
Phipps, Lt.-Col. C. E., p.s.c.
Plunkett, Lt.-Col. G. T.
Plymouth, Hon. Col. Rt. Hon. R.G., Earl of, G.B.E, 8 Bn. Welsh R.

Raglan, Hon.Col. (Hon. Maj. in Army) G. Fitz R. H., Lord, G.B.E., R. Mon. R.E.
Rainsford-Hannay, Hon. Brig.-Gen. F., C.M.G.
Reddie, Maj. J. M.
Redman, Bt. Lt.-Col.(temp. Col.) A. S.
Rollo, Lt.-Col. & Hon. Col. W. C. W., Lord, late 3 Bn. R. Highrs. (King's Body Gd. for Scotland)
Ruck, Maj.-Gen. R. M. C.M.G.

Sankey, Capt. M H. P. R. Satterthwaite, Col. E., vd, Unattd. List (T.F.)
Scobie, Lt.-Col. and Hon. Col. (temp. Lt.-Col. in Army) M. J. G., vd, late 1 Bn. Hereford R.
Seaman, Col. E. C., C.M.G. Senior, Col. T. P.
Serjeant, Lt.-Col. and Hon. Co. (Hon. Lt.-Col. in Army) Sir W. C. E., Knt., late 5 Bn. Rif. Brig.
Seymour, Col. (temp. Brig.- Gen.) Sir E. H., K.B.E., C.M.G., f.
Shaw, Col. Sir A. McI., Knt., vD
Shaw-Stewart, Hon. Col. Sir H., Bt., 5 Bn. Arg. & Suth'd Highrs.
Shipley, Lt.-Col. (temp. Brig.-Gen.) C. O., late 3 Bn. E. Surr. R.
Smith-Rewse, Col. H. W., C.V.O., q.s.

Squire, Hon. Col. J. E., M.D., vD, late Lt.-Col. Lond. Cos. R.A.M.C. (Vols.)
Stenning, Lt.-Col. J. F., C.B.E., TD, Unattd. List (T.F.)
Stephenson Hon. Col. F. L., M.B., vD, late Woolwich Cos. R.A.M.C. (Vols.)
Stevenson, Col. J., VD, 8 Bn. High. L I., A.D.C.
Storr, Lt.-Col. C. L., p.s.c.
Story, Hon. Col. W. F., late Lt.-Col. 3 Bn. High. L. I. T.F. Res.
Stott, Lt.-Col. W. H., TD, T.F. Res.
Stradbroke, Col. (Terr. Force) G. E. J. M., Earl of, C.V.O., C.B.E., vD, A.D.C.
Streatfeild, Bt. Col. Sir H., K.C.V.O., C.M.G. (Extra Eq. to the King.)
Stuart, Maj. G. R. C. Mont. Yeo.
Swinton, Bt. Col. (temp. Maj.-Gen.) E.D., D.S.O. [l]

Tatham, Brig-Gen. A. G., ret. R. Mar.
Taylor, Col. E.
Temple, Lt.-Col. Sir R. C., Bt., C.I.E.
Thompson, Col. R.
Thomson, Temp. Col. Sir C., K.B.E.
Treves, Hon. Col. Sir F., Bt., G.C.V.O., F.R.C.S., Wessex Div. R.A.M.C.
Tufnell, Hon. Brig.-Gen. L. C. G.,

Tulloch, Maj. H.
Tyler, Maj.-Gen. T.B., C.S.I.
Warner, Lt.-Col. & Hon. Col. (Hon. Capt. in Army) Sir T. C. T., Bt., late 3 Bn. Oxf. & Bucks L.I.
Webb, Hon. Col. W. G., late Bn. S. Staff. R.
Wheeler, Maj. H. L., D.S.O.
White, Hon. Maj.-Gen. H. S. N., M.V.O.
White, Hon Col W.L., vD, R.G.A. (T.F.) (Lt.-Col. & Hon. Col. ret. Vols.)
Widdows, A. E., Esq., War Office.
Wigram, Lt.-Col. C., C.S.I., C V.O., p.s.c. (Eq. to the King.)
Williams-Wynn, Hon. Col. Sir H. L. W., Bt., TD, Mont. Yeo.
Wilson, Lt.-Col. E. M., C.M.G., D.S.O.
Wingate, Gen. Sir F. R., G.C.B. (Mil.), G.C.V.O., G.B.E., K.C.M.G., D.S.O., q.s. [L]
Wintour, U. F., Esq., C.M.G., late Dir. of Contracts, War Office.
Woodward, Lt.-Col. & Hon. Col. J. H., vD, late Bn. Glouc. R.
Wortham, Bt. Col. (temp. Col.) P. W. T. H., e.o.
Wyndham-Quin, Hon. Col. W. H., D.S.O., late Lt.- Col. Glam. Yeo.
York, Lt.-Col. Sir H A., Knt.

OFFICERS OF THE ORDER.

Chancery of the Order - - - - Lord Chamberlain's Office, St. James's Palace.

Dean - - - - - Dean of Westminster.
King of Arms (Honorary):
Registrar and Secretary (Comptroller of the Lord Chamberlain's Office for the time being) } Dawson, Bt. Col. Sir D. F. R., G.C.V.O., C.M.G., ret. pay, p.s.c
Gentleman Usher of the Scarlet Rod - Murray, Col. Sir O. W., Knt., K.C.B., ret. pay, p.s.c.

ORDER OF MERIT.

THE SOVEREIGN.

Foch, Field-Marshal F., G.C.B.
French, Field-Marshal Rt. Hon., J. D. P., Visct., K.P., G.C.B., G.C.V.O., K.C.M.G.
Haig, Field-Marshal D., Earl, K.T., G.C.B., G.C.V.O., K.C.I.E., p.s.c.

OFFICERS OF THE ORDER.

Chancery of the Order - - - - Lord Chamberlain's Office, St. James's Palace, S.W.

Registrar and Secretary · Legge, Hon. Col. Hon. Sir H. C., K.C.V.O., ret pay (Eq. to the King)

Orders of Knighthood, &c.

KNIGHTS GRAND COMMANDERS, KNIGHTS COMMANDERS, AND COMPANIONS OF THE MOST EXALTED ORDER OF THE STAR OF INDIA.

Recipients of Orders, whose names appear in this list, but who hold no rank in the Regular Army, Royal Marines, Special Reserve, Militia, Yeomanry, Territorial Force, or Volunteers, or in the Forces of the Oversea Dominions and Colonies, must send a notification to the Secretary of the War Office of their being alive on the 1st January and the 1st July each year.

If such notification due on the 1st January be not received at the War Office by the 1st April and that due on the 1st July by the 1st October, it will be concluded that the Recipient is deceased, and his name will be removed from the Army List.

THE SOVEREIGN.

KNIGHTS GRAND COMMANDERS (G.C.S.I.).

Hon. Gen. *His Majesty Chowfa Maha Vajiravudh, King of Siam, G.C.B., G.C.V.O. (hon)*

Field - Marshal *H. R. H. Arthur Wm. Patrick Albert, Duke of Connaught and Strathearn, K.G., K.T., K.P., G.C.B., G.C.M.G., G.C.I.E., G.C.V.O., G.B.E., Personal A.D.C. to the King (extra)*

Ampthill, Bt.-Col. O. A. V., *Lord, G.C.I.E., ret.*

Barrow, Gen. *Sir E. G, G.C.B.*

Hon. Maj.-Gen. *H. H. Maharaja Raj Rajeshwar Siromani Sri Sir Gunga Singh, Bahadur, of Bikaner, G.C.I.E. G.C.V.O., K.C.B., A.D.C.*

Hon. Gen. *His Excellency Maharaja Sir Chandra Shamsher Jang, Bahadur Rana, G.C.B., G C.V.O.*

O'Creagh, Gen. *Sir O'M., G.C.B.*

Jurzon of Kedleston, Rt. *Hon. G. N., Earl, K.G., G C.I.E., late Hon. Col. 1 Cinque Ports V. R. C.*

Hon. Lt. - Gen. *H. H. Sir Madho Rao Scindia, Bahadur, Maharaja of Gwalior, G.C.V.O., G.B.E., A.D.C.*

Hardinge, Hon. Col. *Rt. Hon. C. Lord, K.G., G.C.B., G.C.M.G., G.C.I.E., G.C.V.O., I.S.O. Ind.Vols.*

Harris, Col. G. R. O., *Lord, G.C.I.E., C.B., VD, 4 Bn. E Kent K., A.D C. (Extra).*

Hewett, Hon. *Sir J. P., C.I.E. late Hon. Col. Ind Vols.*

Hon Lt.-Gen. *H.H. Asaf Jah Muzaffar-ul-Mamalik Nizam-ul-Mulk Nizam - ud Daula Nawab Mir Sir Usman Ali Khan, Bahadur, Fath Jang, of Hyderabad, G.B E.*

Hon. Maj.-Gen. *Saramadi-Rajaha-i-Hindustan Raj Rajindar Sri Maharajadhiraja Sir Sawai Madho Singh, Bahadur, of Jaipur, G.C.I.E., G.C.V.O ,G.B.E.*

Hon. Lt.-Gen. *H.H. Maharaja Sir Pratap Singh, Bahadur, Jodhpur, G.C.B., G.O.V.O., A.D.C.*

Hon. Lt.-Col. *H. H. Maharaja Sir Jagatfit Singh, Bahadur, of Kapurthala.*

Hon. Lt.-Gen. *H. H. Maharaja Sir Pratap Singh, Indar Mahindar Bahadur, Sipar-i-Saltanat, of Kashmir, G.C.I.E , G.B.E.*

Hon. Col. *H. H. Sir Shahu Chhatrapati, Maharaj, G.C.I.E., G.C.V.O., Maharaja of Kolhapur.*

Hon. Lt.-Col.*H.H.Maharao Sir Umed Singh, Bahadur of Kotah, G.C.I.E., G.B.E.*

Lansdowne, Hon. Col. *Rt. Hon. H. C. K. Marq. of K.G., G.C.M.G., G.C.I.E., Wilts. Yeo.*

Lawley Temp. Hon. Col. *Hon. Sir A., G.C.I.E., K.C.M.G.*

MacDonnell, *Rt. Hon. A. P., Lord, K.C.V.O., late Hon. Col. Ind. Vols.*

Monro, Gen. *Sir C. C., G.C.B., G.C.M.G., p.s.c., 지·巴·ⓒ.*

Hon. Col.H.H. Sri*Sir Krishnaraja Wodiar, Bahadur-Maharaja of Mysore, G.B.E.*

Pentland, Hon. Col. *Rt· Hon. J., Lord, G C.I.E., Ind. Vols. late Capt. 5 Lrs.*

D𝕮.Probyn,Gen.*Rt.Hon. Sir D. M.,G.C.B.,G.C.V.O., I.S.O. (Extra Eq. to the King).*

Hon. Lt.-Col. *H. H. Sir Venkat Raman Singh, Bahadur, Maharaja of Rewa.*

Sydenham, Bt. Col. G. S. *Lord, G.C.M.G., G.C.I.E., G.B.E.*

Willingdon, Hon. Col. F., *Lord, G.C.I.E., G.B.E., Ind. Vols., Maj. late Suss. Yeo.*

KNIGHTS COMMANDERS (K.C.S.I.)

Adamson, Hon. Col. *Sir H.,* Ind. Vols.
Hon. Lt.-Col. *H. H. Sir Sawai Jey Singh, Bahadur, G.C.I.E., Maharaja of Alwar.*
Baillie, Maj.*Sir* D. C., *late* Ind. Vols.
Barnes, *Sir* H. S., *K.O,V.O., late* Hon. Col. Ind. Vols.
Barrett, Gen. *Sir* A. A., *G.C.B.,K.C.V.O., 지·巴·ⓒ.*
Bayley, Hon. Col. *Hon. Sir O.S., G.C.I.E., I.S.O.,* Ind. Vols.
Hon. Lt. - Col. *H. H. Maharaja Sir Bhavsinhji Takhtsinhji, Maharaja of Bhavnaga.*
Birdwood, Gen. *Sir* W. R., Bt., *G.C.M.G., K.C.B., C.I.E., D.S.O.,* q.s., 지·巴·ⓒ.
Brooking, Maj.-Gen. *Sir* H. T., *K.C.B., K.C.M.G.*
Burrard, Col. *Sir* S. G.
Campbell, *Sir* J. S., *C.I.E., late* Lt.-Col. Ind. Vols.
Colvin, Hon. Col. *Hon. Sir* E. G., Ind. Vols.
U𝕮Cobbe, Lt.-Gen. *Sir A. S., K.C.B., D.S.O., p.s.c.*
Cox, Lt.-Col. *Sir* P. Z., *G.C.I E., K.C.M.G.*
Craddock, *Hon. Sir* R. H., *late* Hon. Col. nd. Vols.
Daly, Lt.-Col *Sir* H., *K.C.I.E.*

Dunlop-Smith Lt.-Col. *Sir J. R, K.C V O., C.I.E.*
Earle, Hon. Col. *Hon. Sir* A., *K.C.I.E.,* Ind. Vols.
Fraser, Hon. Col. *Hon. Sir* S. M., *C.I.E.,* Ind Vols.
Fryer, *Hon. Sir* F. W. R. *late* Hon. Col. Ind. Vols.
Fuller, Temp. Maj. *Sir* J. B., *C.I.E. late* Hon. Col. Ind. Vols.
Gait, Lt.-Col. *Sir* E. A., *C.I.E.* Ind. Vols.
Gillan,*Sir* R. W., *late* Capt. Ind. Vols.
Hammick, *Hon. Sir* M., *C.I.E., late* Hon. Col. Ind. Vols.
Hare, *Hon. Sir* L., *C.I.E., late* Hon. Col. Ind. Vols.
Holland, Maj. *Sir* T. H., *K.C.I.E., late* Unattd.
List (T.F.)
Hooper, Hon. Col. *Sir* W. R., *K.H.S.*
Hon. Lt.-Col. *H.H. Maharaja Daolat Singhi of* Idar.
Hon. Lt.-Col. *H. H. Maharaja Sir Ranbir Singh, Bahadur, of* Ind, *G.C.I.E.*
Jitendra Narayan Bhup Bahadur, *H.H. Maharaja of Cooch Behar,* Hon. Lt. Ind. Vols.
Kirkpatrick, Maj.-Gen. G .M., *K.C B., p.s.c.*

Hon. Lt.-Col. *H.H. Umdae Rajahae Baland Makan Maharajadhiraja Sir Madan Singh, Bahadur, of Kishangarh, K.C.I.E.*
La Touche, *Hon. Sir* J. D. *late* Hon. Col. Ind. Vols.
Hon. Lt.-Col. *H.H. Nawab Sir Ahmad Ali Khan, Bahadur Nawab of Maler* Kotler.
MacMunn, Maj.-Gen. *Sir* G.F., *K.C.B., D.S.O., p.s.c., q.s.*
Marshall, Lt.-Gen. W. R., *G.C.M.G., K.C.B.*
Martindale, *Hon.Sir* A.H T., *late* Hon. Col. Ind. Vols.
Melliss, Col. *Sir* H.
Miller, *Hon. Sir* J. O., *late* Hon. Col. Ind. Vols.
Morison, Lt. *Sir* T., *K.C.I.E., C.B.E.,* 1 Bn. Camb. R.
Morison, Temp. Maj. *Sir* W., *C.M.G.*
Muir-Mackenzie, *Sir* J. W. P., *late* Hon. Col. Ind. Vols.
Nawanagar, Hon. Lt.-Col. *H.H. Jam Shri Ranjitsinji Vibhaji, Jam of, G.B.E.*
𝕮 Newmarch, Maj.-Gen. *Sir* O. R.
O'Dwyer, Hon. Col. *Hon. Sir* M. F., *G.C.I.E.,* Ind. Vols.
Porter, *Hon. Sir* L. A. S., *late* Lt.-Col. Ind. Vols.

Hon. Col. *H. H. Raja Sir Sajjan Singh, Bahadur of* Ratlam.
Ridgeway Col. *Rt. Hon. Sir* J. W., *G.O.B., G.O.M.G.*
Rivaz, *Sir* O. M., *late* Hon. Col. Ind. Vols.
Robertson, Hon. Col. *Hon. Sir* B., *K.C.M.G., C.I.E.,* Ind. Vols.
Robertson, Lt.-Col. *Sir* D.
Roos-Keppel, Lt.-Col. *Sir* G. O., *G.C.I.E.* [L]
Hon. Lt.-Col. *H. H. Raja Sir* Amar Parkash, *Bahadur, of* Sirmur.
Stamfordham, Lt.-Col. *Rt. Hon. A.J., Lord, G.C.B., G.C. I.E., G. C. V.O., K.C.M.G., I.S.O. (Extra Eq. to the King.)*
Stuart, Maj.-Gen. *Sir* R. C. O., *f.*
Trevor, Surg.-Gen. *Sir* F. W., *C.B., M.B.*
Willcocks, Gen. *Sir* J., *G.C.M.G., K.C.B., D.S.O.,* Col. N. Lan. R., *q.s.*
Wynne, Hon. *Sir* T. R., *K.C.I.E.,* VD, *late* Col. Comdt. Ind, Vols,
Young, *Hon. Sir* W. M., *late* Hon. Col. Ind. Vols.
Younghusband, Lt.-Col. *Sir* F. E., *K.C.I.E.*

137

COMPANIONS (C.S.I.)

Aldridge, Lt. Col. A. R., *C.B., C.M.G., M.B.*
Anderson Temp Maj A.J.
Aplin, Lt.-Col. S. L.
Archer, Lt.-Col. C., *C.I.E.*
Bannerman. Maj.-Gen. W. B., *M.D.*
Barratt, Maj.-Gen. W. C., *C.B., D.S.O.*
Bayly, Maj.-Gen. Sir A. W. L., *K.C.B., K.C M G., D.S.O., p.s.c.*
Beatson-Bell, Maj. Hon. Sir N. D., *C.I.E.*, Ind. Def. Force.
Bhopal, Hon. Maj. Sahibzada Haji Haiz Obeidullah Khan, *of*
Bilaspur; Temp. Hon. C pt. *H. H. Raja Sir* Bije Chand *of, K.C.I.E.*
Bray, Temp. Brig.-Gen. *Hon. Sir* E. H.
Broun, Hon. Col., *Hon.* J.A., VD, *late* Ind. Vols.
Burnham, J. C., *late* Capt. Ind. Vols.
Campbell, Col. W. N. *C.M.G., D.S.O.*
Carey, Maj. *Sir* B. S., *K.C.I.E.*, VD, *late* Ind. Vols.
Cassels, Maj.-Gen. R. A., *C.M.G., D.S.O., p.s.c.*
Cleghorn, Surg.-Gen. J. *M.D., K.H.S.*
Cobb, Hon. Col. Hon. H. V., *C.I.E.*, Ind. Vols.
Cole, Lt.-Col. H. W. G., *O.B.E.*
Cox, Lt.-Gen. *Sir* H. V., *K.C.B., K.C.M.G.*, Col. 69 Punjabis.
Cruickshank, A. W., *late* Maj. Ind. Vols.
Curtis, Capt. G. S., Ind. Vols.
Dallas, Lt.-Col. C. M,
Dane, *Hon. Sir* L. W., *G.C.I.E., late* Hon. Col. Ind. Vols.
Des Voeux, Lt.-Col. H., Ind. Army.
Dew, Lt.-Col. A. B., *C.I.E.*
Douglas, Lt. Col. M. W., *C.I.E.*
Du Boulay, Lt.-Col. *Sir* J.H., *K.C.I E.*, Ind. Vols.
Dunsterville, Maj.-Gen. L., *C.B.* [L]
Eliott, Lt.-Col. F. R.
Ferard, H. C., *C.I.E., late* Capt. Ind. Vols.
Finnis, Col. H., *C.B.E.*
Forbes, Capt. A., *late* Lymington Cadet Corps

Fraser, Maj.-Gen. T., *C.B., C.M.G.*, R.E.
Gabriel, Maj. E. V., *C.M.G., C.V.O., C.B.E* , Ind. Vols. *(temp. Lt.-Col. in Army).*
Giffard, Maj.-Gen. G. G., *K.H.S.*
Goad, Col. H.
Gordon, Col. L. A. C., *C.B.*
Gracey, Col. T.
ft. Grey, Col L J. H.
Gurdon, Lt.-Col. P. R. T.
Haig, Lt.-Col. T.W., *C.M.G.*
Jialley, Maj. *Hon.* W. M., *C.I.E.*, Ind. Def. Force.
Hamilton, Col. *(temp. Brig.-Gen.)* W. G., *C.B., D.S.O., p.s.c.*
Harriott, G. M., *C.I.E.*, VD, *late* Maj. Ind. Vols.
Harris, Surg.-Gen. G. F. A., *M.D., F.R.C P.*
Harrison, Bt. Lt.-Col. A. H. P.
Harrison, Col. T. A.
Hawkes, Maj.-Gen. *Sir* H. M. P., *K.C.B.*
Hopwood, Bt. Col. H. R., *p.s.c.*
Hormasjee, Eduljee Banatvala, Col., *K.H.S.*
Hose, Lt.-Col. J. W., Ind. Vols.
Howell, Temp. Lt.-Col. E. B.
Hughes, Temp. Lt.-Col. *(temp.,Brig.-Gen.)* R. H. W., *C.M.G., D.S.O.*
Hunter, Lt.-Col. J. M.
Hutchinson, Lt.-Gen. H. D. *C.B.E.*
Hutchinson, Lt.-Col. J. B.
Impey, Lt.-Col. L., *C.I.E.*
Irwin, *Hon.* G. R.
Isaacke, Bt Col *(temp. Brig.-Gen.)* H., *C.M.G., p.s.c.* [l]
Jacob, Lt.-Col. H. F.
Johnson, Hon. Maj.-Gen. F. E., *C.M.G.*, *D.S.O*
Joly de Lotbinière, Hon. Maj.-Gen. A. C. de L., *C.B., C.I.E.*
Kaye, Lt.-Col. C., *C.I.E., C.B.E.*
Kennedy, Lt.-Col. W. P.
Knight, Maj.-Gen. W. C., *K.C.I.E., C.B., D.S.O., p.s.c.* [L]
Knox, Lt.-Col. S.G., *C.I.E.*

Lambagraon, Hon.Lt.-Col. Hon. Jai Chand, Raja of
Lawrence, Hon. Col. *Hon.* H. S., Ind. Def. Force
Levinge, Hon. *Sir* E. V., *K.C.I.E. late* Capt. Ind. Vols.
Lindsay, Lt.-Col. B., *late* Ind. Vols.
Loch, Bt. Col. *(temp.Brig.-Gen.)* S. G., *D.S.O., p.s.c.*
Lovett, Maj.-Gen. B., *C.B.*
Lucas, Col. *(temp. Brig.-Gen.)* F. G., *C.B., D.S.O.*
Lucas, W. H., *late* Hon. Col. Ind. Vols.
Maclagan, Col. R. S., *O.B., C.I.E.*
McLeod, Hon. Brig.-Gen. A. L., VD, *late* Ind. Vols.
McMahon, Lt. - Col. *Sir* A. H., *G.C M.G.,G.C.V.O., K.C.I.E.*
Macnabb, Lt.-Col. D. J. C.
Mactaggart. Col. O., *C.I.E., M.B.*
Mahon, Maj.-Gen. R. H., *C.B., p.a.c.*
Marlow, Col. B. W., *C.I.E.*
Maxwell, Lt.-Col. H. St. P.
Merk, W. R. H., *late* Maj. Ind. Vols.
Moberly, Col. *(temp. Brig.-Gen.)* F. J., *D.S.O., p.s.c.*
Money, Maj.-Gen. *Sir* A. W., *K.C.B., K.B.E., p.s.c.*
Montagu, Hon. Brig.-Gen. J. W. E., *Lord*, *K.C. .E.*, VD, *late* 7 Bn. Hamps. R. *(Lt.-Col. & Hon. Col. T.F. Res.)*
Montgomery, Lt.-Col. J.A.L., *C.B.E.*
Mullaly, Maj.-Gen. *Sir* H., *K.C.M.G* , *C.B.*
Nepean, Col. *(temv. Brig.-Gen.)* H. E. C. B., *C.M.G.*
Norton, Bt. Col. *(temp. Brig.-Gen.)* C. E. G., *A.D.C.*
O'Dowda, Col. J. W., *C.B., C.M.G., p.s.c.*
Perry, Col. *(temp. Maj.-Gen.)*H.W., *K.C.M.G.,C.B.*
Prideaux, Lt.-Col. F. B., *C.I.E.*
Pyne, *Sir* T. S., *Knt.*, *late* Lt. 8 (Serv.) Bn. Yorks. L.I.

Ramsay, Lt.-Col. *Sir* J., *K.C.I.E.*
Rattray, Bt. Col. C., *C.B., p s.c.*
Ready, Bt. Col. F. F., *C.B , C.M.G., D.S.O., p.s.c., e.*[l]
Reid, Col. L. H.
Renny, Hon. Maj.-Gen. S. M., *C.I.E.*, ret. Ind. Pens.
Renny-Tailyour, Col. T. F. B., *C.B.*
Richardson, Maj.-Gen. C. W. G., *p.s.c.* [L]
Richardson, Lt.-Gen. *Sir* G. L. R., *K.C.B., C.I.E.*
Rimington, Maj.-Gen. J. C., *C.B.*
Saunders, Lt.-Col Hon. A. L., VD, *late* Ind. Vols.
Sinclair, Surg.-Gen. D., *M.B.*
Sirmur, Hon. Lt.-Col. Bir Bikram Singh, *Rai, Kumar of, C.I.E.*
Slacke, Maj. *Hon.* F. A., Ind. Vols.
Sorsbie, Col, R. F., *C.I.E.*
Stevenson, Surg.-Gen. H. W.
Swiney, Col. *(temp. Brig.-Gen.)* A.J.H. *C.B.,C.M.G.*,
Tate, Col. A. E., *C.M.G*
Taylor, Lt.-Col. A. W. N.
Thurburn, Col. J. W.
Trevor, Lt.-Col. A. P., *C.I.E.*, [l]
Trevor, Col. G. H.
Tyler, Maj. Gen. T. B., *C.B.*
Walsh, Capt. E. H. C., Ind. Vols.
Walter, Maj.-Gen. J. MacN. *C.B., D.S.O., p.s.c.*
Wapshare, Lt.-Gen. R. *C.B.*
White, W. H., *late* Hon. Maj. Ind. Vols.
Wigram, Lt.-Col. C., *C.B., C.V.O., C.B.E. (Eq. to the King).*
Willoughby, Lt.-Gen. M.W., *C.I.E.*
Wilson, Maj. A. T., *C.M.G., C.I.E., D.S.O.* [l]
Wilson, Lt.-Col. *Sir* M. R. H., *Bt., D.S.O.*, T.F. Res. (Maj. ret. pay.)
Woods. Lt.-Col. A. E.
Yate, Col. C. E., *C.M.G.*
Younghusband, A. D., *late* Hon. Col. Ind. Vols.
Younghusband, Temp. Maj. R.E.

OFFICERS OF THE ORDER.

Chancery of the Order   Lord Chamberlain's Office, St. James's Palace, S.W.

Secretary .. .. .. McMahon, Lt.-Col. *Sir* A H., *G.C.M.G., G.C.V.O., K.C.I.E., C.S.I.*, Supern List Ind. Army *(In India.)*

Registrar (Comptroller of the Lord Chamberlain's Office for the time being.)   Dawson, Bt. Col, *Sir* D. F R., *G.C.V.O., C.M.G* , ret. pay, *p.s.c.*

… 139

KNIGHTS GRAND CROSS, KNIGHTS COMMANDERS AND COMPANIONS OF THE MOST DISTINGUISHED ORDER OF SAINT MICHAEL AND SAINT GEORGE.

Recipients of Orders whose names appear in this list, but who hold no rank in the Regular Army, Royal Marines, Special Reserve, Militia, Yeomanry, Territorial Force or Volunteers, or in the Forces of the Oversea Dominions and Colonies, must send a notification to the Secretary of the War Office of heir being alive on the 1st January and the 1st July each year.
If such notification due on the 1st January be not received at the War Office by the 1st April and that due on the 1st July by the 1st October, it will be concluded that the Recipient is deceased, and his name will be removed from the Army List.

THE SOVEREIGN.

GRAND MASTER AND FIRST OR PRINCIPAL KNIGHT GRAND CROSS.

Col. H.R.H. Edward Albert Christian George Andrew Patrick David, *Prince of* Wales, and *Duke of* Cornwall, K.G., G.C.V.O., G.B.E., M.C. (*Personal A.D.C. to the King*.)

KNIGHTS GRAND CROSS (G.C.M.G.)

Field - Marshal H.R.H. Arthur William Patrick Albert, *Duke of* Connaught and Strathearn, K.G., K.T., K.P., G.C.B., G.C.S.I., G.C.I.E., G.C.V.O., G.B.E., *Personal A.D.C. to the King*

H.R.H. Prince A. F. P. A. of Connaught, K.G., K.T., G.C.V.O., C.B., Bt. Lt.-Col. *Personal A.D.C. to the King*

Aberdeen, Hon. Col. Rt. Hon. J. C., *Marq.* of, K.T., G.C.V.O., 1 Highl. Brig. R.F.A. (*King's Body Gd. for Scotland*).

Allenby, Field Marshal E.H.H., *Visct.*, G.C.B., p.s.c. [L]

Balfour of Burleigh, Rt. Hon. A. H., *Lord*, K.T., G.C.V.O., late Capt. Highland Bord. Lt. Inf. Mila. (*King's Body Gd. for Scotland*).

Birdwood, Gen. Sir W. R., Bt., K.C.B., K.C.S.I., C.I.E., D.S.O., q.s., 𝔄.𝔇.ℭ.

Blake, Hon. Col. Sir H. A., *late* Ceylon Vols.

Cavan, Lt.-Gen. F. R., *Earl of*, K.P., K.C.B., M.V.O.

Chauvel, Col. Sir H. G., K.C.B., Aust. Mil. Forces.

Chelmsford, Capt. Rt. Hon. F. J. N., *Lord*, G.B.E., 4 Bn. Dorset R.

Chermside, Hon. Lt.-Gen. Sir H. C., C.B.

Cowans, Gen. Sir J. S., G.C.B., C B.(Civil,) M.V.O. Col. Glouc R., p.s.c.

Currie, Lt.-Gen. Sir A. W., K.C.B., Can. Local Forces

Denman, Hon. Col. (*Army*) Rt. Hon. T., *Lord*, G.C.V.O.

Devonshire, Hon. Col. Rt. Hon. V. C. W., *Duke of*, K.G., G.C.V.O., 5 Bn. Notts. & Derby R.

Dudley, Lt.-Col. (Hon. Maj. in Army) Rt. Hon. W. H., *Earl* of, G.C.B., G.C.V.O., TD, T.F. Res.

Goold-Adams, Maj. Sir H.J., O.B.

Gough, Lt.-Gen. Sir H. De la P., K.C.B., K.C.V.O., p.s.c. [l]

Grenfell, Field Marshal Rt. Hon. F. W., *Lord*, G.C.B., q.s.

Hamilton, Gen. Sir I.S.M., G.C.B., D S.O.

Hardinge, Hon. Col. Rt. Hon. C., *Lord*, K.G., G.C.B., G.C.S.I., G.C.I.E., G.C.V.O., I.S.O., Ind. Vols.

Islington, Hon. Lt.-Col. Rt. Hon. J. P., *Lord*, D.S.O., *late* R. Wilts. Yeo. (Hon. Lt. in Army.)

Kintore, Col. Rt. Hon. A. H. T., *Earl of, late* 3 Bn. Gord. Highrs., A.D.C.

Lamington, Lt.-Col. C. W. A. N., *Lord*, G.C.I.E., TD, Lanark Yeo., Hon. Col. Aust. Mil. Forces. (*King's Body Gd. for Scotland*)

Lansdowne, Hon. Col. Rt. Hon. H. C. K., *Marq. of* K.G., G.C.S.I., G.C.I.E., R. Wilts Yeo.

LeHunte, Hon. Col. Sir G. R., Aust. Mil. Forces

Lincolnshire, Hon. Col. Rt. Hon. C. R., *Marq. of*, K.G., late 3 Bn. Oxf. L.I.

Liverpool, Lt.-Col. Rt. Hon. A. W. de B. S., *Earl of*, G.B.E., M.V.O., 5 Bn. Lond. R. (Maj. ret. pay)

Lugard, Bt. Col. R¹. Hon. Sir F. J. D., C.B., D.S.O.

Macready, Gen. Sir C F. N., K.C.B., C.B. (Civil)

McMahon, Lt.-Col. Sir A. H., G.C.V.O., K C.I.E., C.S.I.

Makins, Hon. Maj.-Gen. Sir G. H., C.B., F.R.C.S.,

Marshall, Lt.-Gen. Sir W. R., K.C B., K.C,S I.

Methuen, Field-Marshal P.S, *Lord*, G.C.B., G.C.V.O.

Miles, Lt.-Gen. Sir H.S.G., G.C.B., G.B.E. C.V.O., p.s.c

Milne, Lt. - Gen. (*temp. Gen.*) Sir G. F., K.C.B., D.S.O., p.s.c. [l]

Monash, Temp. Maj.-Gen. Sir J., K.C.B., Aust. Mil. Forces.

Monro, Gen. Sir C. C., G.C.B., G.C.S,I., p.s.c., 𝔄.𝔇.ℭ.

Murray, Gen. Sir A. J., K.C.B., C.V.O., D.S.O., p.s.c. [l]

Nathan, Bt. Lt.-Col. Rt. Hon. Sir M.

Nixon, Gen. Sir J. E., K.C.B.

Plumer. Field Marshal H. C. O., *Lord*, G.C.B., G.C.V.O. p.s.c.

Ranfurly, Hon. Col. Rt. Hon. U. J. M., *Earl of*, N. Z. Mil. Forces.

Ridgeway, Col. Rt. Hon. Sir J. W., G.C.B., K.C.S.I.

Robertson, Gen. Sir W. R., Bt., G.C.B. K.C.V.O., D.S.O., p.s.c. [L] 𝔄.𝔇.ℭ.

Rundle, Gen. Sir H. M. L., G.C.B., G.C.V.O., D.S.O., q.s.

Selborne, Hon. Col. Rt. Hon. W.W., *Earl of*, K.G., 3 Bn. Hamps. R. (Hon. Lt.-Col. in Army).

Smith-Dorrien, Gen. Sir H. L., G.C.B., D.S.O., p.s.c.

Strickland, Maj. G.B., *Count della Catena*, K.O. Malta Regt. of Mila. (Hon. Col. Aust. Mil. Forces.)

Sydenham, Bt. Col. G. S., *Lord*, G.C.S.I., G.C.I.E., G.B.E.

Tennyson, Hon. Col. Rt. Hon. H., *Lord*, Aust. Mil. Forces.

Warren, Gen. Sir C., K.C.B.

Willcocks, Gen. Sir J., K.C.B., K.C.S.I., D.S.O., Col. N. Lan. R., q.s.

Young, Hon. Col. Sir A.H., K.B.E., Malay States Vol. Rif.

KNIGHTS COMMANDERS (K.C.M.G.)

Abdul Jalil Nasruddin Shah, H.H. *Sultan of Perak,* Straits Settlements.
Adye, Maj.-Gen. Sir J., C.B., p.s.c.
Anderson, Capt. (Hon. Brig. - Gen.) Sir R. M. McC., Aust. Mil. Forces
Anson, Maj.-Gen. Sir A. E.H
Asser, Lt.-Gen. Sir J. J., K.C.V.O., C.B., q.s.
Atkins, Col. J., M.B., F.R.C.S., ret.
Babington, Maj.-Gen. Lt.-Gen. Sir J. M., K.C.B.
Babtie, Hon. Lt.-Gen. Sir W., K.C.B., M.B.
Bailey, Sir A., late Hon. Col. Transvaal Vols.
Ballance, Hon. Col. Sir C. A., C.B., M.V.O., M.B., F.R.C.S., late R.A.M.C. (T.F.))
Barron, Maj.-Gen. Sir H., C.V.O., g.
Barrow, Maj.-Gen. G. de S., K.C.B., p.s.c. [l]
Barter, Hon. Lt.-Gen. Sir C. St. L., K.C.B., C.V.O., p.s.c. [L]
Bates, Hon. Brig.-Gen. Sir C.I., C.B., D.S.O., TD (Lt.-Col. & Hon. Col. late North'd Yeo.)
Bayly, Maj.-Gen. Sir A. A., K.C.B., C.S.I., D.S.O., p.s.o
Beauchamp, Hon. Col. Rt. Hon. W., Earl, K.G., 2 S. Mid. Brig. R.F.A. and 5 Bn. R. Suss. R.
Bedford, Maj.-Gen. Sir W. G. A., C.B., M.B.
Belfield, Lt.-Gen. Sir H.E., K.C.B., K.B.E., D.S.O., p.s.c.
Bingham, Maj.-Gen. Hon. Sir C. E., C.B., C.V.O., Col. 2 L Gds.
Bingham, Maj.-Gen. Hon. Sir F., C.B. (Civil)
Birch, Lt.-Gen. Sir J. F.N., C.B., A.D.C.
Bois, Maj.-Gen. Sir L. J., K.C.B., D.S.O., p.s.c. [L]
Bourke, Maj.-Gen. Sir G D., C.B.
Bowlby, Hon. Maj.-Gen. Sir A.A., K.C.B., K.C.V.O., F.R.C.S., 1 Lond. Gen. Hosp.
Boyce, Maj.-Gen. Sir W. G. B., C.B., D.S.O.
Bradford, Hon. Maj -Gen. Sir J. R., C.B., F.R.S., M.D., T.F. Res.
Bray, Maj.-Gen. Sir C. A., C.B.
Bridge, Hon. Brig.-Gen. Sir C. H., C.B.
Bridges, Maj.-Gen. (temp. Lt.-Gen.) G. T. M., C.B., D.S.O., p.s.c. [l]
Briggs, Lt.-Gen. Sir C. J., K.C.B.
Brown, Maj. Sir R. H.
Brunker, Maj.-Gen. Sir J. M. S.
Buckland, Maj.-Gen. Sir R. U. H., C.B.
Burns, Col. Hon. J., Aust. Mil. Forces.

Burstall, Temp. Maj.-Gen. Sir H. E., K.C.B., Can. Local Forces, p.s.c., A.D.C.
Butcher, Maj.-Gen. Sir G. J., C.B.
Butler, Maj.-Gen. (temp. Lt.-Gen.) Sir R. H. K., K.C.B., p.s.c. [l]
Byng, Gen. Sir J. H. G., Lord G.C.B., M.V.O., p.s.c.

Cameron, Hon. Col. Sir D. C., Can. Local Forces
Cameron, Maj. Sir M. A.
Campbell. Col. Sir R. N., C.B., C.I.E., M.B.
Campbell, Maj.-Gen. Sir W., K.C.B., D.S.O., p.s.c. [l]
Cardew, Col. Sir F., p.s.c.
Carmichael, Hon. Col. T. D., Lord, G.C.S.I., G.C.I.E., Ind. Vols.
Carter, Maj.-Gen. Sir E. E., C.B., M.V.O., p.s.c., e.
Carter, Maj.-Gen. Sir J. T. S., C.B.
Cayley, Maj.-Gen. Sir W. de S., C.B.
Chancellor, Lt.-Col. Sir J R., D.S.O., p.s.c. [L]
Chaytor, Gen. (temp. Maj.-Gen.) E. W. C., C.B., TD, N.Z. Mil. Forces, p.s.c., A D C
Chetwode, Lt.-Gen. Sir P. W., Bt., K.C.B., D.S.O.
Cheylesmore, Maj.-Gen. H. F., Lord, K.C.V.O.
Chichester, Maj.-Gen. Sir A. A., C.B., D.S.O., p.s.c.
Childs, Col. (temp. Maj.-Gen.) Sir B. E. W., C.B.
Clarke, Maj. Sir F. J., Comdg Barbados Vol. Force
Clarke, Lt.-Gen. Sir T. E., C.B.
Clayton, Hon. Lt.-Gen. Sir F. T., K.C.B
Clery, Maj.-Gen. Sir C. F., K.C.B., p.s.c.
Cox, Lt.-Gen. Sir H. V., K.C.B., C.S.I., Col. 69 Punjabis
Cox, Lt.-Col. Sir P. Z., G.C.S.I., K.C.I.E.
Crewe, Col. Hon. Sir C. P., C.B., ret. Cape Local Forces
Crookshank, Col. Sir S. W. J.
Curtis, Maj.-Gen. Sir R.S., C.B., D.S.O.
Cussack-Smith, Col. Sir T. B. R.F.A. (T.F.)

Daniell, Maj.-Gen. J. F., p.s.c.
Davidson, Maj.-Gen. Sir J. H., C.B., D.S.O., p.s.c.
Davidson, Hon. Col. Sir W. E., 1 Newf'd Regt.
Davies, Lt.-Gen. Sir F. J., K.C.B., K.C.V.O., p.s.c. [l]
Davies, Sir L. H., Hon. Lt.-Col. Can. Local Forces
Dawson, Hon. Maj.-Gen. B. E., Lord, G.C.V.O., C.B., M.D. (Capt. T.F. Res.)
Delamain, Maj.-Gen. Sir W.S., C.B., D.S.O.

De Lisle, Lt.-Gen. Sir H. de B., K.C.B., D S.O., p.s.c. [l]
Delmé - Radcliffe, Col. (temp. Brig.-Gen.) Sir C., C.B., C.V.O., p.s.c. [L]
Douglas, Maj.-Gen. Sir W., C.B., D.S.O., p.s.c.

Edwards, Lt.-Gen. Sir J. B., K.C.B.
Elles, Col. (temp. Brig.-Gen.) Sir H. J., C.B., D.S.O., p.s.c.
Ellison, Maj.-Gen. Sir G. F., C.B., p.s.c.
English, Col. Sir T. C., M.B., F.R.C.S., T.F. Res.
Everett, Col. H. J., (C.B., C.M.G., p.s c. [l]
Ewart, Maj.-Gen. Sir R.H., C.B., C.I.E., D.S.O., A.D.C. ret. Ind. Army

Falconer, Hon. Col. Sir R. A., Can. Local Forces
Fanshawe, Maj.-Gen. Sir H. D., C.B.
Fergusson, Lt.-Gen. Sir C., Bt., K.C.B., D.S.O., M.V.O.
Fleetwood Wilson, Rt. Hon. Sir G. D. A., G.C.I.E., K.C.B., late Dir. Gen. of Army Finance, War Office.
Ford, Maj.-Gen. Sir R., C.B. D.S.O.
Ford, Maj.-Gen. Sir R. W., C.B., D.S.O.
Fowke, Lt.-Gen. Sir G. H., K.C.B.
Fowler Maj.-Gen. Sir J. S., C.B., D.S.O., p.s.c. [l]
French, Maj.-Gen. Sir G. A. **French,** Field-Marshal Rt. Hon. J. D. P., Visct., K.P., G.C.B., O.M., G.C.V.O.

Gallwey, Maj.-Gen. Sir T. J., C.B., M.D.
Galway, Lt.-Col. Sir H. L., D.S.O.
Garratt, Hon. Brig.-Gen. Sir F. S., C.B., D.S.O.
Garrod, Temp. Col. Sir A.E., M.D., p.s.c., F.R.S. (Lt.-Col. R.A.M.C. (T.F.)
Gascoigne, Maj.-Gen. Sir W. J.
Gay, Hon. Brig.-Gen. Sir A.W., C.B., D.S.O. p.s.c. [l]
Gillman, Maj.-Gen. W., C.B., D.S.O., p.s.c.
Girouard, Bt. Col. Sir E. P. C., D.S.O.
Glubb, Maj.-Gen. Sir F. M., C.B., D.S.O.
Godley, Lt.-Gen. Sir A.J., C.B., p.s.c.
Gorringe, Maj.-Gen. Sir G. F., K.C.B., D.S.O., q.s.
Graham, Maj.-Gen. Sir E. R. C., K.C.B.
Greaves, Gen. Sir G. B., G C.B.
Gwatkin, Col. (temp. Maj.-Gen.) W.G., C.B., p.s.c.

Haddon-Smith, Sir G. B., late Lt.R. GuernseyMila.
Haking, Lt.-Gen. Sir R. C. B., K.C.B., p.s.c.

Hamilton, Hon. Col. Sir W. A. B., C.B., late Lt.-Col. Lothians and Berwick Impl. Yeo.
Hare, Maj.-Gen. Sir S W., C.B.
Harrington, Hon. Lt.-Col. Sir J. L., K.C.V.O., C.B.
Harris, Hon. Col. Sir D., vD, S. Afr. Def. Forces
Harvey, Sir H. P., C.B., late War Office.
Hayes-Sadler, Lt.-Col. Sir J., C.B.
Heath, Maj.-Gen. G. M., C.B., D.S.O., p.s.c., e.
Henderson, Temp. Lt.-Col. (temp. Brig.-Gen.) Sir B. H., C.B.
Henderson, Hon. Maj.-Gen. Sir R.S.F., C.B., M.B.
Hendrie, Col Hon. Sir J. S., C.V.O., Can. Local Forces.
Herringham, Hon. Maj.-Gen. Sir W. P., Knt., C.B., M.D., R.A.M.C.
Hobbs, Temp. Maj.-Gen. Sir J. J. Talbot, K.C.B., vD, Aust. Mil. Forces.
Hodgson, Maj. Sir F. M., ret. Gold Coast Vols.
Hodgson, Maj. - Gen. H. W., C.B., C.V.O.
Holdich, Bt. Col. Sir T. H., K.C.I.E., C.B.
Holland, Lt.-Gen. Sir A. E. A., K.C.B., D.S.O., M.V.O., q.s., g.
Holt, Maj.-Gen. M. P. C., K.C.B., D.S.O.
Horne, Gen. H. S., Lord, G.C.B.
Horrocks, Col Sir W. H., C.B., M.B.,
Howard, Maj.-Gen. Sir F., K.C.B.
Howse, Lt.-Col. & Hon. Col. Sir N. R., K.C.B., Aust. Mil. Forces
Hutchison, Col. (temp. Brig. - Gen.) R, C.B., D.S.O., p.s.c.
Hutton, Lt.-Gen. Sir E. T. H., K.C.B., p.s.c.

Irwin, Col. (temp. Maj.-Gen.) Sir J. M., C.B., M.B.

Jackson, Col. (temp. Brig.-Gen.) Sir R. W. M., K.B.E., C.B.
Jacob, Lt.-Gen. Sir C. W., K.C.B.
Jekyll, Bt. Col. Sir H.
Johnston, Col. Sir D.A., C.B.
Kavanagh, Hon. Lt.-Gen. Sir C. T. M<M., K.C.B., C.V.O., D.S.O.
Kemball, Maj.-Gen. Sir G.V., C.B., D.S.O., p.s.c., g.
Kiggell, Lt.-Gen. Sir L.E., K.C.B., p.s.c.

Lagden, Sir G. Y., late Hon. Col. Transvaal Vols.
Lake, Lt.-Gen. Sir P. H. N., K.C.B., p.s.c.
Landon, Maj.-Gen. Sir F. W. B., C.B.
Lawley, Temp. Hon. Col. Hon. Sir A., G.C S.I., G.C.I.E.
Laycock, Lt.-Col. Sir J.F., D.S.O., R.H.A. (T.F.) TD,

Orders of Knighthood, &c.

KNIGHTS COMMANDERS (K.C.M.G.)—*contd.*

Leishman, Maj.-Gen. *Sir* W. B., *Knt., C.B., F.R.S., M.B., F.R.C.P., K.H.P.*
Leuchars, Bt. Col. G., *D.S.O.*, S. Afr. Def. Forces
Lewis, Capt. Hon. *Sir* N. E., Aust. Mil. Forces.
Liddell, Maj.-Gen. W. A., *C.B.*
Lister, Col. *Sir* W. T., *M.B., F.R.C.S., late* R.A.M.C.
Livingstone. Maj.-Gen.*Sir* H. A. A., *C.B.*
Longley, Maj.-Gen.*Sir* J.R., *C.B.*
Lovat, Col. S. J, *Lord, K.T., K.C.V.O., C.B., D.S.O.,* TD, Lovat's Scouts Yeo., *A.D.C.*
Lowther, Hon. Maj.-Gen. *Sir* H. C., *C.B., C.V.O., D.S.O., q.s.* [L]
Luce, Hon. Maj.-Gen.*Sir* R. H., *C.B., M.B., F.R.C.S., VD,* T.F. Res. *(Hon. Col. R.A.M.C. (T.F.))*
Lynden-Bell, Maj.-Gen. *Sir* A. L., *K C.B., p.s.c.* [L]

Macauley, Hon. Brig.-Gen. *Sir* G. B., *K.B.E., C B.*
McCay, Temp. Maj.-Gen. Hon. *Sir* J. W., *K.B.E., C.B.,* VD, Aust. Mil. Forces
Macdonald, Col. *Sir* M., *C.B.*
Macdonogh, Lt.-Gen. *Sir* G. M. W., *C.B., p.s.c.* [L]
McKenzie, Brig.-Gen. *Sir* D., *O.B., D.SO.,* vD, S. Afr. Def. Forces.
Macpherson, Maj.-Gen. *Sir* W. G., *C.B., M.B.*
Maher, Hon. Maj.-Gen. *Sir* G., *C.B.*
Manning, Hon. Brig.-Gen. *Sir* W. H., *K.B.E., C.B.*
Mathew, Maj.-Gen. *Sir* C. M., *C.B., D.S.O.*
Matthews, *Sir* W., *late* Lt.-Col. Eng. & Rly. S. C.
Maudesley, Hon. Maj. H. C., *C.B.E.*, Aust. Mil. Forces.
Maurice, Maj.-Gen. *Sir* F. B., *C.B., p.s.c.* [L]
Maxwell, Gen. *Sir* J. G., *G.C.B., C.V.O., D.S.O.*
Maxwell, Lt.-Gen. *Sir* R.C., *K.C.B.*
Maybury, Hon. Brig.-Gen. *Sir* H. P., *C.B., late* R E Y℃
Melliss, Maj.-Gen. *Sir* C. J., *K.C.B.* [L]
Mercer, Maj.-Gen. *Sir* H. F., *C.B.*
Mills, Hon. Col. *Sir* J., N Z. Mil. Forces.
Montagu-Stuart-Wortley, Maj.-Gen. Hon. *Sir* A. R., *C.B., D.S.O., p.s.c.* [L]
Montgomery, Maj.-Gen. A., *C.B., p.s.c.* [l]

Montgomery, Maj.-Gen.*Sir* R. A. K, *C.B., D.S.O., p.s.c., g.*
Moore, Hon. Maj.-Gen. J., *C.B , F.R.C.V.S.*
Moore, Lt.-Col. Hon. *Sir* N. J., Aust. Mil. Forces.
Morland, Lt.-Gen. *Sir* T. L. N., *K.C.B , D.S.O., p.s.c.,* Col. Suff. R.
Morris, Col. *Sir* W. G., *F.R.C.S., D.S.C.*
Morrison. Brig.-Gen. E.W. B., *C.B., D.S.O.,* Can. Local Forces.
Moynihan, Hon. Maj.-Gen. *Sir* B. G. A., *Knt., C.B., M.B., F.R.C.S.,* T.F. Res.
Mullaly, Maj.-Gen. *Sir* H., *C.B., C.S.I.*

Nash, Temp. Maj.-Gen. *Sir* P. A. M., *C.B.*
Newland, Maj.-Gen. *Sir* F. R., *C.B., M B.*
Northey, Maj.-Gen. *Sir* E. *C.B., A.D.C.*

O'Brien, Bt. Lt.-Col. C. R. M., ret. pay.
O'Keefe, Maj.-Gen. *Sir* M. W., *C.B., M.D.*
Onslow, Maj.-Gen. *Sir* W. H., *C.B., g*

Palin, Maj.-Gen. P C., *C.B*
Parsons, Maj.-Gen. *Sir* C. S. B., *O.B.*
Parsons, Hon. Maj.-Gen. *Sir* H. D. E., *C.B.*
Perley, Hon. Lt.-Col., *Hon. Sir* G. H., Can. Local Forces.
Perry, Col. *(temp. Maj.-Gen.)* H. W., *C.B., C.S.I.,*
Pike, Maj.-Gen. *Sir* W. W., *D.S.O., F.R.C.S.I.*
Pinching, Maj. *Sir* H. H.
Pringle, Rt. Hon. *Sir* J., *late* Capt. Jamaica Local Forces.
Pringle, Hon. Maj.-Gen. *Sir* R., *C.B., D.S.O.*
Pulteney, Lt.-Gen. *Sir* W. P., *K.C.B., K.C.V.O., D.S.O.*

Radcliffe, Maj.-Gen. P. P. de B., *C.B., D.S.O., p.s.c.* [L]
Rawlinson, Gen. H. S., *Lord, G.C.B., G.C.V.O., p.s.c.,* A.D.C.
Rice, Maj. Gen. *Sir* S. R., *C.B.*
Robb, Maj.-Gen. *Sir* F. S., *K.C.B., K.C.V.O., p.s.c.*
Robertson, Hon. Maj.-Gen. Hon. *Sir* B., *K.C.S.I., C.I.E.,* Ind. Vols.
Robin, Maj.-Gen. *Sir* A. W., *C.B., N.Z. Mil. Forces.*

Robinson, Maj. *Sir* T. B., *K.B.E.,* ret. Aust. Mil. Forces.
Rogers, Bt. Col. *Sir* J. G., *D.S.O., M.B*
Ross, Col. *Sir* R., *K.C.B., F.R.S., F.R.C.S.*
Ruggles-Brise, Maj.-Gen. *Sir* H. G., *C.B., M.V.O., p.s.c., e.* [l]
Russell, Col. *(temp. Maj.-Gen.) Sir* A. H., *K.C.B.,* N.Z. Mil. Forces.
Russell, Hon. Maj.-Gen. *Sir* M. W., *C.B.*
Rycroft, Maj.-Gen. *Sir* W. H., *K.C.B., p.s.c.*
Ryrie, Lt.-Col. G. de L., *C.B.,* VD, Aust. Mil. Forces.

Salmond, Lt.-Col. *(temp. Maj.-Gen.)* W. G. H., *C.B., D.S.O., p.s.c* [l]
Scott-Moncrieff, Maj.-Gen. *Sir* G. K., *K.C.B., C.I.E.*
Shea, Maj.-Gen. J. S M., *C.B., D.S.O., p.s.c., q.s.*
Sherwood, Col. *Sir* A. P., *M.V.O.,* Can. Local Forces
Shute, Maj.-Gen. *Sir* C. D., *K.C.B., p.s.c.*
Sifton, Hon. Col. *Sir* C. K.C., Can. Local Forces.
Sillem, Maj.-Gen *Sir* A.F., *C.B., p.s.o., g. s.*
Simpson-Baikle, Hon. Brig.-Gen. *Sir* H. A. D., *C.B., p s.c.* [L]
Sloggett, Lt.-Gen. *Sir* A T., *K.C.B., K.C.V.O., F.R.C.S.*
Smith, Maj.-Gen. *Sir* C. H., *C.B.*
Smith, Hon. Maj.-Gen. *Sir* F., *C.B., F.R.C.V.S.*
Smith, Lt.-Col. *Sir* G.
Smith, Maj.-Gen. *Sir* S. C. U., *C.B., g.* [l].
Snow, Lt.-Gen. *Sir* T. D'O., *K.C.B.,* Col. Som. L.I., *p.s.c.*
Stamfordham, Lt.-Col. Rt. Hon. A. J., *Lord, G.C.B., G.C.I.E., G.C.V.O., K.C.S.I., I.S.O. (Extra Eq. to the King.)*
Stanley. Cap Hon. *Sir* A. L Ches. Yeo.
Stanton, Maj.-Gen. *Sir* H. E., *C.B., D.S.O., p.s.c.*
Steevens, Maj.-Gen. *Sir* J., *K.C.B.*
Stewart, Maj.-Gen. *Sir* J. M., *C.B.*
Stewart, Temp. Col. *Sir* J. P., *C.B., M.D., F.R.C.P.* (Capt R.A.M.C. (T.F.)
Stopford, Lt.-Gen. Hon. *Sir* F. W., *K.C V.O., O.B., p.s.c.*
Stuart, Maj.-Gen.*Sir* A.M., *C.B*
Swayne, Bt. Col. *Sir* E. J. E., *C.B., C.B.E.*

Tagart, Hon. Maj.-Gen. *Sir* H. A. L., *C.B., D.S O., p.s.c.* [l]
Thompson, Maj.-Gen. *Sir* H. N., *C.B., D.S.O., M.B.*
Thomson, Bt. Col. *(temp. Brig.-Gen.) Sir* W. M., *C.B., M.C.*
Thwaites. Maj.-Gen. W., *C.B., p.s.c.* [L]
Tighe, Lt.-Gen. *Sir* M J., *C.B., C.I.E., D.S.O.*
Treherne, Maj.-Gen. *Sir* F. H., *F.R.C.S. Edin.*
Turner, Lt.-Gen. R. E W., *K.C.B., D.S.O.,* Can. Local Forces.

Uniacke, Maj.-Gen. H. C. C., *C.B.*

von Donop, Maj.-Gen. *Sir* S. B., *K.C.B., g.*

Walker, Maj.-Gen. *Sir* H. B., *K.C.B., D.S.O.*
Wallace, Maj.-Gen. *Sir* C. S., *C.B., late* A. Med. Serv.
Ward, Hon. Col. Rt. Hon. *Sir* J. G., *Bt.,* N.Z. Mil. Forces.
Watts, Hon. Lt.-Gen. H.E., *K.C.B.*
Weigall, Lt.-Col. W. E. G. A., T.F. Res. (Hon. Maj. ret. Spec. Res.)
Western. Maj.-Gen. W. G. B., *C.B., p.s.c.* [L]
Whigham, Maj.-Gen. *Sir* R. D., *K.C.B., D.S.O., p.s.c.* [l]
White, Maj.-Gen. *(temp. Maj.-Gen. in Army)* C. B. B., *C.B., D.S.O.,* Aust. Mil. Forces, *p.s.c., A.D.C.*
Wilkinson, Maj.-Gen. *Sir* P. S., *C.B.*
Wilson, Hon. Col. *Sir* D., VD, Trinidad. L.L.V.
Wilson, Lt.-Gen. *Sir* H. F. M., *K.C.B.*
Wilson, Surg.-Gen. *Sir* W.D., *M.B.*
Wingate, Gen. *Sir* F. R., *G.C.B., G.C.V.O., G.B.E., D.S.O., q.s.* [L]
Woodhouse, Surg.-Gen.*Sir* T. P., *C.B.*
Woodward, Maj.-Gen. *Sir* E. M., *C.B., p.s.c.*
Woolcombe, Lt.-Gen. C.L., *K.C.B.*
Yang di Pertuan Besar of the Negri Sembilan *H.H. Sir* Tunku Mohamed, Straits Settlements.
Yarr, Maj.-Gen. *Sir* M T., *C.B., F.R.C.S.I.*
Younghusband, Maj.-Gen. *Sir* G. J., *K.C.I.E., C.B., p.s.*

COMPANIONS (C.M.G.)

Abbott, Bt. Col. L. H., p.s.c.
Abercrombie, Temp. Lt.-Col. C. M.
Acland, Capt. H. T. D., B.E., F.R.C.S., N.Z. Mil. Forces.
Acland-Troyte, Bt Lt.-Col. G.J., D.S.O.
aCourt Repington, Lt.-Col. C., p.s.c.
Adams, Maj. N. P., N.Z. Mil. Forces.
Adamson, Lt.-Col. (temp. Col.) J. G.
Addison, Bt. Lt.-Col. G. H., D.S.O.
Adlercron, Hon. Brig.-Gen. R. L., D.S.O.
Agar, Col. E. [L].
Ainslie, Lt.-Col. H. S., ret. pay
Airey, Lt.-Col. (temp. Col.) R. B., D.S.O., e.
Aitken. Bt. Lt.-Col. J. J, D.S.O.
Alderman, Capt. W. W., D.S.O., Aust. Mil. Forces
Aldridge, Lt.-Col. A. R., C.B, C.S.I., M.B.
Alexander, Maj. D. H.
De Alexander, Bt. Col. (temp. Brig.-Gen.) E. W., C.B.
Alexander.Col. (temp.Maj.-Gen.) H. L., C.B., D.S.O., p.s.c.
Alexander, Bt. Lt.-Col. (temp. Brig.-Gen.) W., C.B., D.S.O., TD, 6 Bn. R. Highrs.
Allanson, Bt. Lt.-Col.C.J. L.,C.I.E., D.S.O , p.s.c.
Allardyce, Lt -Col. J. G.B., D.S.O
Allen, Bt. Lt.-Col. E.
Allen, Lt.-Col. (local Col. in Army) H. M., D.S.O., 7 Bn. R. Highrs. (Lt.-Col. ret. Ind. Army)
Allen, Col. J. W., 4 Bn. L'pool R.
Allen-Williams,Temp.Maj. A. J.
Allgood, Lt.-Col. (temp. Brig.-Gen.) W. H. L., D.S.O.
Allhusen, Lt.-Col. F. H., D.S.O., T.F. Res.
Allsop, Maj. W. G., D.S.O., Aust. Mil. Forces.
Alston, Bt. Lt.-Col. (temp Brig.-Gen.) F. G., D.S.O.
Altham, Lt.-Gen. Sir E. A., K.C.B., K.C.I.E., Col. R. Scots., p.s.c.
Amyot, Lt.-Col. J. A., Can. A.M.C.
Anderson, Col. A. T., g.
Anderson, Maj. D. F., D.S.O.
Anderson, Rev. F. I.,M.A., Chaplain to the Forces (1st Class).
Anderson, Lt.-Col. H. S.

Anderson,Lt.-Col.J.,D.S.O.
Anderson, Capt. J. H., C.B.E., Aust. Mil. Forces
Anderson, Bt. Col. (temp. Brig.-Gen.) N. G., C.B., D.S.O., p.s.c.
Anderson, Lt.-Col. R. J. P., D.S.O.
Anderson, Ma¹. S. B., D.S.O., Can. Local Forces
Anderson, Lt -Col. W. B., D.S.O., Can.Local Forces
Anderson, Bt. Col. W. Christian.
Andrew, Col. (temp. Brig.-Gen.) A. W.
Andrews, Temp. Maj. A.T.
Andrus, Lt.-Col. T. A.
Anley, Bt. Col. B. D.,L.G., D.S.O., p.s.c.
Anley, Hon. Brig.-Gen. F. G., C.B.
Annesley, Bt Col. A. S. R., ret. Ind. Army.
Annesley, Lt.-Col. W. H., D.S.O., Res. of Off.
Anthony, Bt.Lt.-Col. (actg Col.) W. S.
Antill, Col. J. M., C.B., Aust. Mil. Forces.
Appelbe, Hon. Brig.-Gen. E. B., C.B.
Arbuthnot, Lt.-Col. A. G., D.S.O.
Arbuthnot, Col. Sir D., Bt., D.S.O., ret. pay, late Lt.-Col. R.A.
Archdale, Hon. Brig.-Gen. H. J., C.B.
Archer, Lt.-Col.(temp.Col.) S. A.
Archer-Shee, Lt.-Col. M., D.S.O., Res. of Off.
Armes, Lt. - Col. R. J., p.s.c., e.
Armitage, Bt Lt.-Col. C. C., D.S.O, p.s.c.
Armitage, Capt. C. H., D.S.O., ret.
Armour, Temp. Capt. D J., F.R.C.S., R.A.M.C Spec. Res.
Armstrong, Bt. Lt.-Col. B. H.O.
Armstrong,Brig.-Gen.C.J., C.B., Can. Local Forces
Armstrong, Lt.-Col. E., D.S.O., ret. pay
Armstrong, Lt. G. E., Can. Local Forces
Armstrong, Lt.-Col. J. A., C.B.E.,Can. Local Forces
Armstrong, Lt.-Col. J. C., C.B.
Armstrong, Col. (temp. Brig.-Gen.) St. G. B., C.B., p.s.c. [L]
Armytage, Lt.-Col. Sir G. A., Bt., D.S.O.
Arthur,Lt.-Col.J.M.,D.S.O. TD, R.E. (T.F.)
Ashmore, Col. E., B. C.B., M.V.O., p.s.c.
Ashton, temp. Maj. E. C., Can. Local Forces.
Askwith, Col. H. F.
Aspinall, Lt.-Col. (temp, Brig.-Gen.) C. F., C.B. D.S.O., p.s.c.

Asser, Bt. Lt.-Col. V., D.S.O.
Atcherley, Hon. Maj.; Gen. L. W., C.V.O., q.s.
Atherton, Bt. Col. T. J., C.B.
Athill, Maj. F. R. I.
Athlone, Hon. Brig.-Gen. A. A.F.W. A. G.,Earl of, G.C.B., G.C.V.O., D.S.O. (Personal A.D.C. to the King.)
Atkins, Maj. Gen. A. R. C., K.C.B.
Atkinson,Bt. Col. B., C.B., p.s.c., g. [L]
Atkinson, Maj.-Gen. E. H. de V., C.B., C.I.E.
Attenborough, Lt.-Col. J., TD, T.F. Res.
Austen, Bt. Col. A. R.
Austin, Bt. Col. H. H., C.B., D.S.O., p.s.c. [L]
Austin, Bt. Col. (temp. Brig.-Gen.) J. G., C.B., e., f.
Aytoun, Maj. (temp. Col.) A., C.B.E , D.S.O.

Babington, Col. S. C.
Baddeley, Col. C. E., C.B.
Bagnall-Wild, Maj. R. K., C.B.E.
Bagnold, Col. A. H.,C.B.
Bailey, Hon. Brig.-Gen. V. T., D.S.O., ret. pay.
Baillie Lt. - Col. D. G., D.S.O., TD, 2 Lovat's Scouts Yeo
Bainbridge,Lt.-Col. N. B., C.B., D.S.O., o.
Bainbridge, Col. P.A.,C.B., p.a.c.
Bainbridge, Bt. Col. W F., D.S.O., p.s.c.
Baird, Col. A. W. F., C.B. D.S.O., p.s.c. [L]
Baird, Bt. Lt.-Col. H. B. D., D.S.O.,p.s.c.
Baird, Maj. J. L., D.S.O., T.F. Res.
Baker, Maj. Gen. A. S., p.a.c.
Baker-Carr,Temp. Lt.-Col. C. D. A. B. S., D.S.O.
Bald, Maj. J. A.
Baldrey, Maj. F. S. H., F.R.C.V.S.
Balfour,Temp.Lt.-Col. A., C.B., M.D., F.R.C.P.
Balfour, Lt.-Col. & Hon. Col. J. E. H., D.S.O., late R. 1 Devon Yeo. (Lt.-Col. late Res. of Off.)
Ballard, Col. C. R., C.B., p.s.c. [l]
Banbury, Hon. Brig. Gen. W. E.
Banister, Bt. Col. F. M.
Bannatine-Allason, Maj.-Gen. R., C.B.

Barber, Bt. Lt.-Col. G. W., C.B., D.S.O., C'wealth Mil. Forces.
Barefoot, Col. G. H., C.B.
Barham,Lt.-Col. A. S., VD, (Lt.-Col. & Hon. Col. ret. Vols.)
Barker, Hon. Col. W. F., D.S.O., late Lt.-Col. Transvaal Vols.
Barling, Temp. Col. S. G., M.B., F.R.C.S., A. Med. Serv (Lt.-Col. R.A.M.C. (T.F.))
Barlow, Col. Sir H. W W., Bt., C.B., p.a.c., ret. pay
Barnes, J. F. E., late Maj. Natal Local Forces
Barnett, Lt.-Col. G. H , D.S.O.
Barratt, Capt. A. S., M.C.
Barrett, Lt.-Col. Sir J. W., K.B.E., C.B., M.D.
Barron, Col. N. G., D.S.O., g.
Barron, Col.W. N., M.V O., late R.A.M.C.
Barrow, Lt.-Col. H. P. W., D.S.O., O.B.E.
Barry, Qr.-Mr. & Lt.-Col. J.
Barry, Col. S. L., C.B.E., D.S.O., M.V.O., Terr Force (Maj. Res. of Off.)
Bartholomew, Bt. Lt.-Col. A. W., C.B.E., D.S.O.
Bartholomew, Lt.-Col. H. J., D.S.O.
Bartholomew, Bt. Col. (temp. Brig.-Gen.) W. H., C.B., D.S.O., p.s.c.
Barton, Maj. C. W., D.S.O
Barton, F. R.,late Capt. [F]
Barton, Maj.-Gen. Sir G., K.C.V.O., C.B., p.s.c.
Bass, Col. P. de S.
Bate, Col. A. L. F.,ret. pay
Bate, Bt. Lt.-Col. T. R. F.
Bateman, Hon. Brig.-Gen. B. M.
Bateman-Champain, Lt.-Col. (temp. Brig.-Gen.) H.F.
Bateson, Bt. Lt.-Col. J. H., D.S.O.
Bathurst, Hon. Col. S. H., Earl, 5 Bn. Glouc. R.
Batt, Lt.-Col. W. E., TD, R.F.A. (T.F.)
Bayley, Lt.-Col. G. E., D.S.O.
Bayliffe, Col. A. D., TD, Terr. Force.
Beach, Col. T. B., C.B.E.
Beach, Col. W. H., C.B., D.S.O.
Beadon, Lt.-Col. (temp. Col.) L. R., D.S.O. [l]
Beall,Lt.-Col.E M.,D.S.O., 4 Bn. L'pool R.
Beattie,Hon.Maj.Rev. W., Can. Local Forces.
Beatty, Lt.-Col. G. A. H., D.S.O.
Beatty, Col. L. N.
Becke, Bt. Lt.-Col.J.H.W., D.S.O., A.F.C.

Orders of Knighthood, &c.

COMPANIONS (C.M.G.)—contd.

Beckwith, Col.(*temp.Brig.-Gen.*) A. T., *C.B.,D.S.O., e.*
Beddington, Lt.-Col. E. H. L., *D.S.O.,M.C., p.s.c.* [*l*]
Beddy, Bt. Lt.-Col. P. L., *D.S.O.*
Beeston, Hon. Col. *Hon.* J L., VD, Aust. Mil. Forces.
Beevor, Hon. Col. W. C., *C.B., M.B.*
Begg, Lt.-Col. C. M., TD, N.Z. Mil. Forces.
Belfield, Temp. Maj. W. R.A.S.C.
Belk, Lt.-Col. W., *p.s.c.*
Bell, Temp. Lt.-Col. A. H., *D.S.O.*,Can.Local Forces.
Bell, Lt. Col. E.
Bell, Capt. F. C., Can. Local Forces.
Bell, Lt.-Col. H. S., *C.B., D.S.O.*, TD, *late* R. F. A. (T.F.)
Bell, Lt.-Col. J. W., VD, *ret.* Cape Local Forces.
Bell, Lt.-Col. M. H. L., TD, 4 Bn. York. R.
Bellingham, Bt. Lt.-Col. E. H. C. P., *D.S.O.*, R Scots.
Bell-Smyth, Col. (*temp. Brig.-Gen.*) J. A., *C.B., p.s.c.*, h p.
Bence-Lambert, Hon. Col. (*Hon. Lt.-Col. in Army*) G. L., *late* Lt.-Col. 3 Bn. Conn. Rang. (*temp. Maj. ret.* T.F. Res.)
Bendall, Lt.-Col. F. W. D., *late* 8 Bn. Midd'x R.
Benett, Maj. H. C.
Bennett, Hon. Lt. - Col. A. J., *D.S.O.*, VD, Aust. Mil. Forces
Bennett, Bt. Lt.-Col. H.G., *C.B., D S.O.*, Aust. Mil. Forces
Benson, Col. (*temp. Brig.- Gen.*) R. P., *C.B.*
Benson, Maj.-Gen.T., Can. Local Forces.
Bent, Bt. Col. A. M., *C.B.E.*
Bent, Capt. C. E , *D.S.O.*, Can. Local Forces.
Bentinck, Lt.-Col. W. G., *Baron, C.B.E., D.S.O.*, ret. pay [*l*]
Berkeley, Bt.Lt.-Col.C.R., *D.S.O., O.B.E.*
Bernard, Lt.-Col. D. J. C. K., *D.S.O., p.s.c.*
Bernard, Bt. Col. *Sir* E., *K.B.E., q.s.* [L]
Bernard, Lt.-Col. (*actg. Col.*) J. F., *D.S.O., e., f., g.* [L]
Berrange, Hon. Brig.-Gen. C. A. L., *D.S.O., late* S. Afr Def. Forces.
Bessell Browne, Col. (*temp. Brig.-Gen.*) A. J., *C.B., D.S.O.*, VD, C'wealth Mil. Forces.

Bethell, Lt.-Col. A. B. *D.S.O.*
Bethell, Col. E. H., *D.S.O. p.s.c.*
Bethell, Hon. Brig.-Gen. H. A. [*l*]
Bethell, Bt. Col. (*temp. Maj.-Gen.*) H. K., *C.B., C.V.O., D.S.O., p.s.c.*
Betty, Bt. Lt.-Col. P. K., *D.S.O.*
Beves, Col. P. S., *C B.*, S. Afr. Def. Force.
Bewes, Bt. Lt.-Col. A. E.
Bewley, Col. A. W.
Beynon, Hon. Brig.-Gen. H. L. N., *p.s.c.* [*l*]
Bickford, Hon. Brig.-Gen. E., *g.*
Bickford, Temp. Col. H.C., Can. Local Forces, *p.s.c.*
Biddulph, Bt. Co H., *D.S.O.*
Biggar, Col. (*temp. Maj.- Gen.*) J. L , Can. Local Forces.
Bigge, Hon. Brig.-Gen. (*temp. Brig.-Gen.*) T. A. H., *C.B.*
Bigham, Lt.-Col. Hon. C C., *C.B.E., Res. of Off.*
Bilton, Lt.-Col. L. L., 8 Bn. Worc. R.
Bingham, Lt.-Col. C. E. M., *D.S.O., p.s.c , e.*
Birch, Bt. Col. E. M., *C.B., D.S.O., p.s.c* [*l*]
Bird, *Rev.* J. T., *M.A.* [P] Chapl. to the Forces, 1st Class.
Bird, Col. (*temp,Maj.-Gen.*) W. D., *C.B., D.S.O., p.s.c.* [*l*] *A.D.C.*
Birkbeck, Maj. - Gen. *Sir* W. H., *K.U.B. p.s.c.*
Birkin, Lt.-Col. C. W., TD, 7 Bn. Notts & Derby R.
Birrell, Col. E. T. F., *C.B., M.B.*
Birtwistle, Col. A., *C.B., D.S.O.*, TD, Terr. Force,
Black, Col. J. C. L.
Blackbourne, *Rev.*J.,*M.A.*, ret. pay.
Blackham, Col. R. J., *C B., C.I.E., D.S.O., M.D., F.R.F.P.S.*
Blacklock, Temp. Lt.-Col., C. A., *C.B., D.S.O.*
Blackwell. Bt.-Col. W. R.
Blair, Lt.-Col. A. S., TD, *late* T.F. Res.
Blair, Col. E. McL.
Blair, Col. (*Hon. Lt.-Col. in Army*) F. G., *C B.*, TD, Leic. Yeo., *A.D.C.*
Blair, Bt. Lt.-Col. (*temp.*) J. M., *D.S.O., p.s.c.*
Blair-Imrie, Temp. Maj. H. F., *O.B.E.*, 5 Bn. R. Highrs.
Blake, Bt. Col. (*temp. Brig.-Gen.*) W. A.,*D.S.O.*
Blakeney, Lt.-Col. H. N., *D.S.O.*
Blakeney, Maj. (*temp.Col.*) R. B. D., *D.S.O.*
Blakeway, Col. J. P.

Blamey, Bt.-Lt.-Col. T. A., *C.B., D.S.O.*, Aust. Mil. Forces, *p.s.c.*
Bland, Col. E H., *C B.*
Bland, Col. W. S T. C., *C.B., g.*
Blane,Hon.Brig.-Gen.C.F. Bishop, Maj.-Gen. A. P., *C.B.*
Blenkinsop, Maj.-Gen. A. P., *C.B.*
Blennerhassett, Lt. - Col. B. M.
Blewitt, Maj.-Gen. W. E. *C.B., C.B.E., g.*
Bliss, Col. E. W., *D.S.O.*
Blunt, Lt.-Col. W. E. O. C.
Blyth, Lt.-Col. C. F.T.,TD, T.F. Res.
Board, Maj. A. G., *D.S.O.*
Bodle, Hon. Brig.-Gen. W. (Lt.-Col. B.S.A. Police.)
Body, Bt. Lt.-Col. K. N., *O.B.E.*
Boileau, Lt.-Col. G. H., *C.B., D.S.O.*
Bond, Bt.-Lt.-Col. C. E., *D.S.O.,* R.Suss.R.)
Bond, Temp. Hon. Col. C, J., *F.R.C.S.*
Bond, Hon. Maj.-Gen. *Sir* F. G., *K.B.E., C.B .*
Bonham-Carter, Bt. Col. C., *D.S.O., p.s.c.*
Boome, Bt. Col. E. H.,*C.B.*, ret. Ind. Army [*l*]
Borrett, Bt. Lt.-Col. O.C. *D.S.O., A.D.C.*
Borthwick, Lt.-Col. F. H., *D.S.O.,* 5 Bn. R.W. Fus.
U. C. Borton, Lt.-Col.A.D., *D.S.O.,* 22 Bn. Lond. R.
Borton, Bt. Lt. - Col. (*temp. Brig.-Gen.*) A. E., *D.S.O., A F C*
Bottomley, H., *late* Lt.-Col. Transvaal Vols.
Bourke, Maj. N. J. D.
Bousfield, Lt.-Col. H. D., *D.S.O.*,TD, 7 Bn. W. York. R.
Bousfield, Lt.-Col. H. R., *ret.* Natal Local Forces.
Bowdler, Bt Lt.-Col. B. W. B., *D.S.O., p.s.c.* [L]
Bower, Temp. Maj. R. L., Hon. Maj.*late* 7 Bn. K. R. Rif. C.
Bowes, Hon. Brig.-Gen. W. H., *C.B., p.s.c.* [L]
Bowker, Lt.-Col. W. J., *D.S.O.* [*l*].
Bowle - Evans Lt.-Col. (*temp Col.*) C. H., *C B.E., M.B*
Bowman - Manifold, Bt. Col. (*temp. Brig.-Gen.*) M. G. E., *K.B.E., C.B., D.S.O., p.s.c.* [L]
Boyce, Col. H. A., *D.S.O., e.* [L]
Boyd, Maj.(*temp.Col.*)F. D., *C.B., M.D.,* 2 Sco. Gen. Hosp.
Boyd, Maj.-Gen. G. F., *C.B.,D.S.O.,D.C.M., p.s.c,* (Col. Leins. R.)
Boyd, Maj. H. A., *D.S.O.*

Boyd-Moss, Lt.-Col. L. B., *D.S.O.*
Boyle, Hon. Brig.-Gen. R, C., *C.B.*
Bradley, Lt.-Col. F. G. R, C.B.
Bradley, Maj. R. A.
Braine, Bt. Lt.-Col. H. E. R. R., *D.S.O., p.s.c.*
Braithwaite, Col. W. G., *C.B., D.S.O.,p.s.c.*
Brake, Col. *temp. Brig.- Gen.*) H. E. J., *C.B., D.S.O.*
Brakenridge, Bt. Col. F. J.
Brand, Bt. Col.C.H., *C.B., D.S.O.*, Aust Mil. Forces.
Brand, Bt.Lt.-Col. *Hon*.R., *D.S.O.,* 5 Bn. Rif. Brig.
Brandon, Bt. Lt.-Col. O. G., *D.S.O.*
Bray, Col H. A., *C.B.*
Bray, Lt.-Col. (*temp.Brig.- Gen.*) R. N., *D.S.O.*
Brazier-Creagh, Col. G. W.
Bremner, Col. A. G.
Bridges, Lt.-Col. F. D
Bridges, Lt.-Col.G., *D.S.O;*
Bridges, Lt.-Col. L. F.
Bridgford,Col.(*temp.Brig.- Gen.*) R. J., *C B.*, *D.S.O.*
Brierley, Lt.-Col. G. T., *D.S.O., g.*
Briffa, Lt.-Col. (*Hon. Col.*) A.
Bright, Maj. R. G. T., *e.*
Brighten, Bt. Lt.-Col. E. W., *D.S.O.,* TD, Bedf. & Herts. R.
Brind, Bt. Col. (*temp. Brig.-Gen.*)J.E.S.,*D.S.O. p.s.c.*
Brittlebank, Lt.-Col. J. W. F. *late* R.A.V.C.
Broadbent, Bt. Lt.-Col. E. N., *C.B., D.S.O.*
Brock, Bt. Lt.-Col. A. W. S., *D.S.O.*
Brock, Col. H. J., *C.B.*
Brockman, Bt. Lt. - Col. E. A. D., *C.B., D.S.O.*, C'wealth Mil. Forces.
Bromley-Davenport, Hon, Col. W., *C.B.E., D.S.O.*, TD, Staff Yeo. (Lt.-Col. T.F. Res.)
Brooke, Lt.-Col. (*temp. Brig.-Gen.*) C, R.I., *D.S.O.*
Brooke, Lt.-Col. E. W. S., *D.S.O.* [L]
Brooke, Col. H. F., *C.B., C.B.E.*
Brooke, Hon. Brig.-Gen. L. G. F. M., *Lord, M.V.O.,* Hon. Col. 8 Bn. Essex R. (*Hon. Lt.-Col. late* T.F. *Res.*)
Brooke-Popham, Bt. Col. H. R. M., *C.B., D.S.O., A.F.C., p.s.c.*
Brooker, Col. E. P., *C.B.*
Brough, Bt.Lt.-Col.(*temp. Brig.-Gen.*) A., *C.B.E., D.S.O.*

Orders of Knighthood, &c.

COMPANIONS (C.M.G.)—*contd.*

Browell, Col. W. B , *g.*
Brown, Bt. Lt.-Col. P. W., *D.S.O., e.*
Brown, Lt.-Col. R. T., *D.S.O., M.D.*
Browne, Bt. Lt.-Col. C. G., *D.S.O.*
Browne, Bt. Lt.-Col. C. M., *D.S.O.*
Browne, Maj.-Gen. E. G., *C.B.*
Browne, Bt. Lt.-Col. J. C., *D.S.O.*
Browne, Bt. Lt.-Col. J. G., *D.S.O., p.s.c.*
Brownlow, Col. C. W., *C.B.E., D.S.O.*
Brownlow, Lt.-Col. d'A. C , *C.I.E.*
Bruce, Col. G. T., *D.S O*, TD, Terr. Force.
Bruce, Bt. Col. T., *D.S.O.*
Bruce-Porter, Col. Sir H. E. B., *K.B.E.*, Terr. Force.
Bruche, Bt. Col. J. H.,*C.B.*, Aust. Mil. Forces.
Brunker, Hon. Brig.-Gen. C. M., *D.S.O.*
Brutinel,Temp. Brig.-Gen. R., *C.B., D.S.O.*, Can. Local Forces.
Bryan, Bt. Col. H., *D.S.O.*
Bryant, Bt. Lt.-Col. F. C., *C.B.E., D.S.O.*
Buchanan, Bt. Lt.-Col. K.G.,*D.S.O., p.s.c.*
Buchanan - Dunlop, Bt. Lt-Col., H. D., *D.S.O., e*
Buckle, Lt.-Col. A. W. B.
Buckle, Maj.-Gen. C. R. *C.B., D.S.O.*
Buckley, Bt. Col. B. T., *C.B., p.s.c.* [L]
Budworth, Maj.-Gen. C. E. D., *C.B., M.V.O.,* [L]
Buist, Col. H. J. M., *C.B., D.S.O., M.B.*
Bulkeley, Temp. Lt.-Col. H. C.
Bullen-Smith, Hon. Brig.-Gen. G. M., *D.S.O.*
Buller, Maj. J.D., *D.S.O., e.*
Bunbury, Hon. Brig.-Gen. V. T., *C.B., D.S.O.*
Burder, Bt. Col. *(temp. Brig.-Gen)* E. S.
Burdon, J. A., *late* Bt. Maj. (2nd in Comd. Barbados Vol. Force)
Burgess, Capt.*(temp.Brig.-Gen.)*W.L.H.,*C.B.,D.S.O.*, Aust. Mil. Forces.
Burn, Bt. Lt.-Col. H. P., *D.S.O.*
Burne, Lt.-Col. N. H. M., *D S.O.*, S. Afr. Def.Force.
Burnett, Hon Brig.-Gen. C. K., *C.B.*
Burnett, Bt. Col. J. L. G., *D.S.O.*
Burnett-Stuart, Maj.-Gen. J. T., *C.B., D S.O.,p.s.c.*[l]

Burney, Lt.-Col. *(temp. Brig.-Gen.)* P. de S., *C.B*
Burn-Murdoch, Hon. Maj.-Gen. J. F., *C.B., C.B.E., p.s.c.*
Burrard, Col. W.D., Terr. Force*(Hon Col,ret,Mila)*
Burrowes, Col A. R., *D.S.O., p.s.c.* [l]
Burrows, Bt. Col. E. A., *C.B.E.*
Burt. Lt.-Col. A., *C.B.. D.S.O., A.M.*
Burtchaell, Lt.-Gen. C. H., *K.C.B., M.B., K.H.S.*
Burton, Maj.-Gen. B., *C.B.*
Bush, Bt. Col *(temp. Col.)* H. S., *C.B., e., o.*
Bush, Bt. Col J. P., *C.B.E.*, TD, 2 S. Gen. Hosp
Bushe, Hon. Brig.-Gen. T. F., *p.a.c.*
Buston, Hon. Brig.-Gen. P. T., *C.B., D.S.O.*
Buswell, Col. F. R.
Butler, Lt.-Col. A. T., ret. pay.
Butler, Maj.-Gen E. R. C., *C.B., F.R.C.V.S.*
Butler, Col. Hon. L. J. P. *D S O., p.s.c.*
Butler, Bt. Lt.-Col., S. S., *D.S.O.*
Butter, Capt. A. E, Sco. Horse Yeo.
Butterworth, Bt. Lt.-Col. *(temp, Col*.)R.F.A., *D.S.O.*
Buxton, Bt. Lt.-Col. J. L., *D.S.O.*
Buzzard, Lt.-Col. C. N., *D.S.O.*
Byass, Bt. Col. H. N.
Byrne, Bt. Col. F. J.
Byron, Bt. Col., *C.B., e.*
Byron, Hon. Col. J. J., *D.S.O.*, ret. Aust. Mil. Forces, *g.*

Cabot, Hon.Lt.-Col.*(temp. Brig. - Gen.)* H., *late* R.A.M.C.
Caddell. Bt. Lt.-Col. H. M., *D.S.O.*
Caddy, Maj. H. O., *D.S.O.*, Aust. Mil. Forces.
Cahill, Maj. W. G., VD, Aust. Mil. Forces.
Cahusac, Col. W. F.
Cairns, Lt.-Col. *(temp. Col. in Army)* W. D., *Earl,* 5 Bn. Lond. R.
Callender, Lt.-Col. D. A.
Cambridge, Lt.-Col. A C. A. A. E. G. P. L., *Marq. of,G.C.B.,G.C.V.O. Personal A.D.C. to the King* (Hon. Col. 8 Bn. Lond. R.)
Cameron, Hon.Brig.-*Gen.*)A. K., *C.B.*
Cameron, Hon. Maj.-Gen. D. R.
Cameron of Lochiel, Lt.-Col. *late* Lt.-Col. 3 Bn. Cam'n Highrs. (Capt. *late* G. Gds.)

Cameron, Temp. Lt.-Col. E. A., *D.S.O.*, 9 Bn. E. Surr. R.
Cameron, Col. K., Can. A.M.C.
Cameron, Bt. Col. N. J. G., *C.B.*, *p.s.c.*
Campbell, Maj. A., *D.S.O.*, [l]
Campbell, Col. H. M., *C.B.*
Campbell, Col. *(temp. Maj.-Gen.)* J., *C.B., D.S.O., p.s.c., e.*
ᵭC.Campbell, Lt. - Col. J. V., *D.S.O., A.D.C.*
Campbell,Col.*(temp.Brig.-Gen.* L. W. Y.
Campbell, Lt.-Col. N. St. C., *D.S O.*
Campbell, Col. W. N., *C.S.I., D.S.O.*
Cannan, Bt. Col. J. H., *C.ᴍ., D.S.O.*, Aust Mil Forces
Canning, Lt.-Col. A., *late* 5 Bn. Leins. R., Maj.ret. pay *(Res. of Off.)*
Cannot, Hon. Brig.-Gen. F. G. E., *C.B., D.S.O., e* [L]
Carden, Col. L. P.
Cardew, Lt.-Col. G. A., *D.S.O.*
Carey,Lt.A.B.,,*D.S.O.*,Can. Local Forces
Carey,Col. G. G. S., *C.B.*
Carey, Col. H. C.
Carey,Bt. Col.H. E.,*D.S.O.*
Carey, Col. O. W.
Carlebach, Lt.-Col. & Hon. Col. P , TD, 2 Bn. Lond. R.
Carmichael, Temp. Lt.-Col. J. F. H., *C.B.E.*
Carpenter, Lt.-Col. C. M., *D.S.O.*
Carr-Ellison, Bt. Col. R.H
Carroll, Hon. Brig.-Gen. J. W. V., *D.S.O.*
Carruthers, Col.R.A., *C.B.*
Carter, Bt. Col. A. H.
Carter, Bt. Col. B. C. M.,*C.B.*
Carter, Hon. Brig.-Gen C. H. P., *C.B., C.B.E.*
Carter, Col. D. C., *C.B.*
Carter, Bt. Col. W. G.
Carey. Lt.-Col. A. B., *D.S.O.*,2 Cent, Ont. Regt.
ᵭCarton de Wiart, Bt. Lt.-Col. *(temp. Brig.-Gen.)* A., *C.B., D.S.O.*
Cartwright, Col.C. M.,*C.B.*
Cartwright, Col. *(temp. Brig.-Gen.)* G. N., *D.S.O.*
Cartwright, Col. *(temp. Brig.-Gen)* G. S., *C.B.*
Cary-Barnard, Maj. C. D V., *D.S.O.*
Case, Bt. Lt.-Col. H. A., *D.S.O.*
Casgrain, Maj. P. H. du P.
Cass, Bt. Lt.-Col. W. E.H., Aust. Mil. Forces.
Casson, Hon. Brig.-Gen. H. G., *C.B.*
Castle, Maj. R. W., *D.S.O., g.*

Castletown, Hon. Col. *Rt. Hon.* B. E. B., *Lord, K.P., late* 4 Bn. Leins. R.
Catly, Bt. Lt.-Col. T. C., *D.S.O., p.s.c.*
Caulfeild, Hon. Brig.-Gen. J.E.W.S.
Caulfield, Col.*(temp. Brig.-Gen.)* C. T.
Cavaye, Bt. Col. A. H. B.
Cavendish, Brig.-Gen. A. E. J., *p.s.c.*
Cavendish, Lt.-Col. F. W. L. S. H., *D.S.O., p.s.c.*
Cavendish, Hon. Col., *Rt. Hon. Lord* R. F., *C.B.*, 4 Bn. R. Lanc.R.(Lt.-Col. *late* 5 Bn.R. Lanc. R.)
Cayley, Col. D. E., *C.B.*
Challenor, Lt.-Col. E. L., *C.B., D.S.O.*
Chamier, Col. G. D., *g.*
Chamier, Maj. J. A., *D.S.O.,O.B.E.*
Chamney, Maj. (*Hon. Maj. in Army*) H., VD, Ind. Vols.
Champion de Crespigny, Lt.-Col. *(temp. Brig.-Gen.)* C R., *C.B., D.S.O.*
Chance, Hon. Brig.-Gen. O. K., *D.S.O.,p.s.c.*
Chapman, Hon.Brig.-Gen. A. J., *C.B., C.B.E.,* *p.s.c.*
Chapman, Col. L. J., *C.B.*
Chapman, Lt.-Col. R., *D.S.O.*, TD, R.F.A. (T.F.)
Charles, Bt. Lt.-Col. E.M, S., *D.S.O.*
Charles, Col. *(temp. Brig.-Gen.)* J. R. E., *C.B., D.S.O., p.s.c.*
Charles, Bt. Lt.-Col. N. K., *D.S.O.,p.s.c.*
Charlesworth, Bt. Col. H.
Charleton, Bt. Lt. - Col. L. E. O., *C.B.,D.S.O.,p.s.c.*
Charlton, Bt.Col. C. E. C. G., *D.S.O.*
Charrington, Hon. Col. F., *late*Lt.-Col. 4 Bn.S. Staff R.
Charrington, Lt.-Col. Bt. H., *D.S.O.*, ret. pay *(Res. of Off.)*
Charteris, Lt.-Col. J., *D.S.O., p.s.c.* [L]
Charteris, Bt. Lt.-Col. N. K., *D.S.O., p.s.c.*
Chatterton, Lt.-Col. F. B. M., *C.B.E., e.*
Chaytor-White Lt.-Col.J., *M.D.*
Cheape, Hon. Brig.-Gen. G. R. H., *D.S.O., M.C.*
Chenevix-Trench, Maj.L., *D.S.O.* [l]
Chesney,Col. H. F.
Chilcott, Hon. Col. G. H., VD, ret. Vols.

Orders of Knighthood, &c.

COMPANIONS (C.M.G.)—*contd.*

Child, Hon. Brig.-Gen. Sir S. H., *Bt.,C.B.,D.S.O.,M.V.O.,late R.F.A.*(T.F.) (*Maj. Res. of Off.*)
Chirnside, Capt. J.P., *O.B.E., ret.* Aust. Mil. Forces.
Chisholm, Temp.Col.H.A., *D.S.O.,*Can.Local Forces.
Chitty, Col. W. W.
Chopping, Bt. Col. A., *C.B*
Christian, Hon. Brig.-Gen. S. E., Aust. Mil. Forces.
Christie, Capt. A., *D.S.O.* (*Res. of Off.*)
Christie, Col. H. W. A., *C.B.*
Church, Lt.-Col.(*temp.Col.*) A. J. R.
Church, Col. G. R. M., *C.B.E.,*
Clark, Maj. C. A. G., *D.S.O.* (Lt.-Col. ret. T.F.)
Clark Lt.-Col.(*temp.Brig.-Gen.*) C. W., *g., ret. pay.*
Clark, Bt. Lt.-Col. G. C. S., *vD,ret.* Cape Local Forces.
Clark, Temp. Lt.-Col. J. A., *D.S.O.*, Can. Local Forces.
Clark, Bt. Lt.-Col. J. A. M.
Clark, Hon. Lt.-Col. *Sir* J. R. A., *Bt., C.B., F.R.C.S. Edin.*
Clark, Capt. R. P., *D.S.O., M.C.,* Can. Local Forces.
Clark, Lt.-Col. W. E., *D.S.O.*
Clarke, Lt.-Col. *Sir* E. H. St. L., *Bt. D.S.O., ret.*
Clarke, Lt.-Col. G. V., *D.S.O.,* City of Lond.Yeo.
Clarke, Col. J. L. J., *p.s.c.* [l].
Clarke, Bt. Lt.-Col. (*temp. Col.*) R G., *D.S.O.*
Clarke, Lt.-Col. R. J., *D.S.O., TD, 4* Bn. M. Berks. R.
Clarke. Col. T. H. M., *C.B.E., D.S.O., M.B.*
Clark - Kennedy, Capt. W. H., *D.S.O.,* Can. Local Forces
Clarkson, Lt.-Col.B.St.J., *D.S.O.*
Clay, Bt. Lt.-Col. B. G., *C.B., D.S.O.*
Clay, Lt.-Col. H. S., *M.C.,* Res. of Off.
Clayton, Lt.-Col. E. R., *D.S.O.,p.s.c.*
Clayton, Bt. Lt.-Col.(*temp. Brig.-Gen.*) G. F., *K.B.E., C.B.*
Clayton, Lt.-Col. W. K., TD, *R.A.M.C.* (T.F.)
Clements, Col. R. W., *D.S.O., M.B.*
Clemson, Col. W. F., *D.S.O.,*
Clifford, Lt.-Col. C., VD, TD, T.F. Res.
Clifton, Lt.-Col. P. R., *D.S.O.,* T.F. Res.
Clive, Col. (*temp Brig.-Gen.*) G. S., *C.B., D.S.O., p.s.c.,* [L]
Close, Col. *Sir* C.F., *K.B.E., C.B.*
Close, Lt.-Col. L. H.
Cobbe, Bt. Col. H. H., *D.S.O.*
Cobham, Hon. Brig.-Gen. H. W., *D.S.O., ret.*

Cochrane, Bt. Col. (*temp. Brig.-Gen.*) J. K., *p.s.c.*
Coffin, Col. Campbell, *p.s.c.*
Coghill, Bt. Col. C. E.
Cohen, Maj. H. E., *D.S.O.,* Aust. Mil. Forces.
Cohen, Lt.-Col. J. W., *D.S.O.,* TD, 16 Bn. Lond. R.
Coke Bt. Col. (*temp.Brig.-Gen.*) E. S. D'E., *D.S.O.,* Fitz-E.
Coke, Bt. Lt.-Col. J. D'E. Fitz-E.
Cole, Col. E. H., *C.B.*
N. Ir. Horse.
Cole, Maj. J. H. M., *Visct.,* N. Ir. Horse.
Cole-Hamilton, Lt.-Col. C. G., *D.S.O.*
Coleridge, Bt. Col. J. F. S. D., *D.S.O., p.s.o.*
Coles, Bt. Col. A. H., *D.S.O.*
Coles, Col. M. C.
Collen, Bt. Lt.-Col. E. H. E., *D.S.O., ret. pay (Res. of Off.) p.s.c.* [l]
Collett, Temp. Maj. E. J., Serv. Bns. Midd'x R.
Collett, Lt.-Col. H. B., *D.S.O., vD,* Aust. Mil. F.
Collett, Temp. Lt.-Col. J. H., TD, 4 Bn. North'n R.
Collingwood, Bt.Col.C.W., *D.S.O.*
Collins, Col. D. J., *M.D.*
Collins, Temp.Capt. G. P., *K.B.E.,R.A.S.C.*
Collins, Bt. Lt.-Col. Hon. R. H., *D.S.O., p s.o.*
Collins, Col. R. J., *I.S.O., vD,* N.Z. Mil. Forces
Collins, Bt. Lt.-Col. R. J., *D.S.O.,* R. Berks. R., *p.s.c.* [L]
Collins, Col. Hon. W. E., *M.B., M.R.C.S.,* N.Z. Mil. Forces.
Collinson, Lt.-Col.H.,*C.B., D.S.O., M.B., F.R.C.S., R.A.M.C.* (T.F.)
Collis, Maj. R. H., *D.S.O.,* Pembroke Yeo., Capt. ret.
Collyer, Col. J. J., *C.B., D.S.O.,* S.Afr. Def.Force
Colomb, Col. G. H. C.
Colquhoun, Temp. Col. M.A., *D.S.O.,* Can. Local Forces.
Colston, Bt. Lt.-Col. Hon. E. M., *D.S.O., M.V.O.*
Colvin, Hon. Brig.-Gen. G. L., *C.B., D.S.O., late* Gen. List.
Commings, Bt. Lt.-Col. P. R. C., *D.S O.*
Compton, Hon.Brig.-Gen. C. W., *C.B.*
Comyn, Lt.-Col. E. W., *D.S.O.*
Comyn, Bt. Lt.-Col. L. J., *D.S.O.*
Congdon, Hon. Col. A.E.O.
Coningham, Lt.-Col.(*temp. Brig.-Gen.*) F. E., *D.S.O.*
Connor, Bt. Col. (*temp. Col.*) J. C., *M.B.*
Conolly, Maj. E. M.
Cooke, Lt.-Col. (*temp. Col.*) A. F.
Cooke, Lt.-Col. B. H. H., *C.B.E., D.S.O., p.s.c.* [L]

Cooke-Collis, Bt. Lt Col. (*temp Brig.-Gen.*) W. J. W., *D.S.O.*
Cooke-Collis, Col. W., *late* 6 Bn. K. R. Rif. C., *q.s., A.D.C.*
Cookson, Maj.-Gen. G. A., *C.B.*
Cookson, Col. P. B., *O.B.E.,* Terr. Force (Maj. ret. pay, Res. of Off.)
Cooper, Hon. Brig.-Gen. A. S., *C.B.*
Cooper, Col. H., *C.B.E.,p.s.c*
Cope, Bt. Lt.-Col. T. G., *D.S.O., p.s.c.*
Copeman, Col. C. E. F., TD, Terr. Force.
Copeman, Maj. H. C., *D.S.O.*
Cordeaux, Maj. H. E. S., *C.B.*
Corder, Temp. Maj. A. A., *C.B.E.*
Corkran, Col. C. E., *C.B., p.s.c.*
Cormack, Hon. Brig.-Gen J. D., *C.B.E., ret.*
Cornish-Bowden, Lt.-Col. J. H. T., *D.S O.,*
Costello, Bt. Col. (*temp. Brig.-Gen.*) E.W., *C.V.O., D.S.O., p.s.c.*
Cotterill, Lt.-Col. J. M., *M.B., F.R C.S.,* R.A.M.C. (T.F.)
Cotton, Bt. Col. A. S., *D.S.O.*
Courtney, Col. E. A. W., *C.B.E., e.*
Cowie, Col. (*temp/Brig.-Gen.*) A. H.
Cowper, S., *late* Maj. Cape Local Forces.
Cox, Col. C. F., *C.B., D.S.O.,* Aust. Mil. Forces.
Cox, Lt. Col St. J. A.
Coxen, Bt. Col. W. A., *C.B., D.S.O.,* Aust. Mil. Forces.
Cradock, Lt.-Col. M., *C.B., late* 2 K. Ed. Horse.
Craig, Col. J. F.
Craig, Lt.-Col.R.A., *C.B.E., p.a.c., f.*
Craigie Halkett, Bt. Lt.-Col. H. M., *D.S.O.*
Crampton Hon.Brig.-Gen. F.H., *C B.*
Craske, Lt.-Col. J. A., *D.S.O.*
Crauturd, Col. G. S. G., *C B., C.I.E., D.S.O., p.s.c., A.D.C.*
Crawford, Col. A., *p.s.c.* [l]
Crawford, Lt.-Col. G. S., *M.D.*
Crawford, Lt.-Col J. H.
Creagh, Col. A. H. D., *M.V.O.*
Cree, Maj.-Gen. G., *C.B.*
Critchley, Lt.-Col. (*temp. Brig.-Gen.*) A. C., *D.S.O.,* L.S. Horse.
Crocker, Bt. Lt.-Col. H.E., *D.S.O.*
Croft, Hon. Brig.-Gen. H P., TD, 6 Bn Bedf. & Herts. R.
Croft, Bt. Lt.-Col. (*temp. Brig.-Gen.*) W.D., *D.S.O., p.s.c.*

Croker, Maj.-Gen. H. L., *C.B.*
Crooke, Lt.-Col. C. D. P. D., *D.S.O.*
Crosbie, Temp. Lt.-Col. J, D., *D.S.O.*
Crosse, Lt.-Col. C. R., *M.V.O.*
Crossley, Temp. Lt.-Col. A. W., *C.B.E., R.E.*
Crossman, Bt. Lt.-Col. G L., *D.S.O.*
Crowe, Col. M. A. C., *p.a.c.*
Crozier, Bt. Lt.-Col. B. B., *D.S.O., p.s.c.*
Crozier, Temp. Brig.-Gen. F. P., *C.B., D.S.O.*
Cruddas, Maj.H.M., *p.s.c., O.B.E.*
Cubitt, Maj. Gen. T. A., *C.B., D.S.O., p.s.c., g.*
Cuffe, Bt. Lt.-Col. J. A. F., *D.S.O., p.s.c.* [l]
Cullen, Lt.-Col. E. H. S., *D.S.O., M.V.O.*
Cummins, Maj. H. A., *M.D.*
Cummins Bt. Col. H.A.J., *p.s.c.*
Cummins, Col. S. L., *C.B., M.D.*
Cunliffe, Hon.Brig.-Gen.F. H. G., *C.B.*
Cunliffe-Owen, Hon.Brig.-Gen. C., *C.B.*
Cunliffe-Owen, Lt.-Col. F., *p.s.c.* [l]
Currie, Col. A, C., *C.B., g.*
Currie, Bt. Col. (*temp. Brig.-Gen.*) R. A. M., *D.S.O., p.s.c.*
Currie, W. L., *late* Maj. Nesbitt's Horse.
Curteis, Bt. Lt.-Col. C. S. S., *D.S.O.*
Curteis, Hon. Brig.-Gen. F. A., *C.B., g.*
Curtis, Col. E. G., Maj. ret. pay (*Res. of Off.*)
Cusins, Lt.-Col. A. G. T.
Cutbill, Bt. Lt.-Col. E. H. L , *D.S.O.*
Cuthbert, Maj.-Gen. G. J., *C.B.*
Cuthbert, Lt.-Col. T. W., *D.S.O.,* T.F. Res.
Cuthbertson, Col. E. B., *M.V.O.,* Terr. Force, Capt. ret. pay (*Res. of Off.*)

Da Costa, Bt. Col. E. C., *D.S.O.*
Dale, Col. (*temp. Brig.-Gen.*) G. A., 19 Punjabis [l]
Dallas, Lt.-Col. (*temp.Col.*) A. E., *O.B.E.*
Dallas, Maj.-Gen. A. G., *C.B., p.s.c.* [l]
Dalrymple, Temp. Maj. J., *O.B.E.,* R.A.M.C.
Daly, Col. A. C., *C.B., p.s.c.* [l
Daly, Lt. P. J., *D.S.O.,* Can. Local Forces.
Dansey, Bt. Lt.-Col. C. E., T.F, Res.
Dansey, Bt. Lt.-Col. F. H., *D.S.O., e*
Darell, Bt. Col. W. H. V., *D.S.O., p.s.o.*
Darling, Col. C. H

COMPANIONS (C.M.G.)—contd.

Darlington, Lt.-Col. H. C., TD, 5 Bn. Manch. R.
Davey, Lt.-Col. Hon. H. S. [l]
Davey, Rev. J. P., Temp. Chapl. to the Forces, 1st Class.
Davidson, Bt. Col. E., p.s.c.
Davidson, Lt.-Col. J. R., 10 Bn. L'pool R., TD.
Davidson, Bt. Lt.-Col. P., D.S.O., M.B.
Davidson, Bt. Col. S. R.
Davidson - Houston, Hon. Lt.-Col. (Hon. Capt. in Army) W. B., late 5 Bn. R. Muns. Fus.
Davies, Col. (temp. Brig.-Gen.) C. H., C.B., D.S.O.
Davies, Bt. Lt.-Col. C. S., D.S O.
Davies, Bt. Col. G. F., C.B., C B E., e.
Davies, Lt.-Col. H.
Davies, Hon. Lt.-Col. P. G.
Davies, Bt. Lt.-Col. W. E., D.S.O., p.s.c.
Davies, Bt. Col. (temp. Brig.-Gen.) W. P. L., D.S.O., p.s.c.
Davies, Temp. Maj. W. T. F.,D.S.O.,M.D.,R.A.M.C.
Davies-Colley, Temp. Col. R.
Davis, Col. E. G., Can. Local Forces.
Davis, Maj. H.J.N., D.S.O., p.s.c.
Davson, Lt.-Col. H. M., R.F.A.
Davy, Col. C. W.
Davy, Maj. P. C. T., M.B., R.A.M.C.
Dawnay, Hon. Maj.-Gen. G.P.,C.B.,D.S.O.,M.V.O., p.s.c.
Dawnay, Bt. Lt.-Col. Hon. J., D.S.O., late Norf. Yeo. (Capt. ret.)
Dawson, Hon. Brig.-Gen. Sir D. F. R., G.O.V.O., C.B., p.s.c.
Dawson, Hon. Brig.-Gen. F. S., D.S.O., late S. Afr. Overseas Forces, A.D.C.
Dawson, Lt.-Col. H. J., D.S.O., Can.Local Forces
Day,Rev.E.R., C B E.,M.A., Chaplain to the Forces (1st Class)
Dealy, Col. (temp. Brig.-Gen.) J A., D.S.O
Deane, Maj. J.
deBerry, Bt. Col. (temp. Brig.-Gen.) P P E., e.
de Brett, Bt. Col. (temp. Brig.-Gen.) H. S., D.S.O., p.s c. [L]
Deedes, Lt.-Col. C. P., C.B., D.S O., p.s.c.
Deedes, Bt. Lt.-Col. (temp. Brig.-Gen.) W H., D S O. [L]
de Falbe, Col. V. W., D.S.O.
de Havilland, Temp. Lt.-Col. T. L., D.S.O., 1 Bn. R. Guernsey L.I. (Maj. S Afr. Def. Force)
deJoux, Maj. J. S. N. [L]
Delaforce, Col. E. F., C.B.
Delano-Osborne, Bt. Col. O. H., p.s.c.

Delap, Lt.-Col. G. G., D.S.O.
De la Voye, Hon. Brig.-Gen. A.E., C.B., D.S.O., e.
De Lisle, Col. G. de S.
Dene, Bt. Lt.-Col. A. P., D.S.O.
Denison, Brig.-Gen. S. J. A., Can. Local Forces.
Dent, Lt.-Col. B.C., D S O , F.R.C.S., late R.A.M.C.
Denyer, Capt. S. E., M.D.
De Prée, Col. H. D., C.B., C B E., p.s.c.
de Rougemont, Hon.Brig.-Gen. C. H., C.B., M.V.O., D.S.O., p.s.c.
de Sataé, Lt.-Col. H V. B., D.S.O., R.F.A.(T.F.)
De Sausmarez, Bt. Col.C., D.S.O.
de Smidt, Maj. E. M., e., o.
Des Vœux, Lt.-Col. H. B.
de Winton, Hon. Brig.-Gen. C.
Dick, Hon. Brig.-Gen. A. C. D., C.B., 4 Bn. Arg. & Suth'd Highrs.
Dick, Maj. J. A.,Aust. Mil. Forces.
Dick, Bt. Lt.-Col. R. N., D.S.O., p.s.c.
Dick-Cunningham, Bt.Lt.-Col. (temp. Brig.-Gen.) J K., D.S.O., p.s.c.
Dickie, Hon. Maj.-Gen. J, E., C.B.
Dickson, Temp. Lt.-Col. E., C.B.E., R.A.S.C., ret. pay [L]
Dickson,Hon. Maj.-Gen. J B. B., C.B
Dickson, Bt. Col. (temp. Brig.-Gen.) W. E. R., C.I.E. [l]
Dill, Bt. Col. J. G., p.s.c (temp. Brig.-Gen.)
Dillon,Bt.Lt.-Col. E. Fitz. G., D S O , p s c [L]
Dixon, Temp. Lt.-Col. F. A., D S O , R.A.
Dixon, Lt.-Col. W.
Dobbie, Bt. Col. W. G. S., D.S.O., p.s.c. [l]
Dobell, Maj.-Gen. Sir C.M., K.C.B., D.S.O., p.s.c. [l]
Dodds, Lt.-Col. T. H., D.S.O., Aust.Mil. Forces
Dodgson, Col.(temp.brig. Gen.) C. S., C.B. [L]
Done, Hon. Brig.-Gen. H. R., D.S.O.
Donne, Col. H R B., C.B.
Dooner, Bt. Lt.-Col. W. D., O.B.E., R.A.O.C. p.s.c., e.
Dorling, Col.L.,C.B.,D.S.O., Dorman, Surg.-Gen. J. C., M.B
Douglas, Col. A. P.
Douglas, Lt.-Col. C. G., M.C., M.D., late R.A.M.C.
H. C. Douglas, Bt.Col. H.E. M., D.S.O.
Douglas, Maj.-Gen. J. A., C.I.E. [L]
Dowding, Bt. Lt.-Col. H.C. T., p.s.c.
Dowell, Hon. Brig.-Gen. A. J. W., C.B.
Dowell, Col. G. C., ret. pay
Dowell, Hon. Brig.-Gen. G. W., C.B.E.

Downes, Hon. Lt.-Col. M. F. †Maj.-Gen. ret. Aust. Mil. Forces)
Downes, Bt. Col. R. M., Aust. Mil. Forces.
Downing, Col. C. M. H.
Drake, Lt.-Col. W. H.
Drake-Brockman, Col. (temp. Brig.-Gen.) D. H.
Draper, Capt. D.C., D.S.O., Can. Local Forces.
Drew, Bt. Lt.-Col. B. C. H., C B E., p.s.c
Driscoll, Hon. Lt.-Col. D. P., D.S.O., late R. Fus.
Drogheda, 2nd Lt. R. C. P., Earl of
Drummond, Lt.-Col. H.H. J. W., ret. T.F (Lt.-Col. & Hon. Col. ret. Impl. Yeo.)
Drummond, Bt. Lt.-Col. Hon.M. C.A.. D.S.O.,p.s.c.
Du Boulay, Hon. Brig.-Gen. N. W. H., p.s.c.
Dudgeon, Col.L.S., C.B.E., F.R.C.P., late R.A.M.C.
Dudley, Bt. Lt.-Col. G. de S., e.o.
Duffus, Lt.-Col. F. F., e.
Dugan, Col. (temp. Brig.-Gen.) W J., D.S.O.
Dugdale, Col. A., D.S.O., TD, ret. (T.F.)
Duke, Maj.A.C.H.,D.S.O.,e
Duncan, Col. F. J., C.B., D.S.O. [L]
Duncan, Maj.-Gen.J., C.B., D.S.O., p.s.c., e [L]
Duncan, Col. M. M., VD, T.F. Res.
Duncannon, 2nd Lt. V. B., Visct.,T.F. Res.
Dunlop, Col. J. W., C.B.
Dunn, Col. H. N., D.S.O., M.B.
Dunraven and Mountearl, Hon. Col. Rt. Hon. W. T., Earl of, K.P., 3 Co. Lond Yeo. (Hon. Capt. in Army)
Dunsterville, Col. A. B. C.B.E.
Durrant, Bt. Maj. J.M. A., D.S.O., VD, Aust. Mil. Forces.
Dyas, Bt. Col. J. R., p.s.c. [l] ret. pay.
Dyer, Maj. H. M., C.B., D.S.O.,Can.LocalForces.

Eardley-Wilmot, Bt. Col. A., g.
Earle,Col. M., C.B., D.S.O., p.s.c.
Earle, Bt. Col. (temp. Col) R. G., D.S.O.
Eason, Lt.-Col. H. L., C.B., M.D., late R.A.M.C.
Eassie, Col. F., C.B., D.S O.
East, Col. C. C.
Eastwood, Col. J. C. B., C.B.
Eden, Col. A. J. F., D.S.O.
Eden, Maj S. H., D.S.O.
Eden,Lt.-Col.W. R., D.S.O.

Edmonds, Hon. Brig.-Gen J. E., C.B., p.s.c. [L]
Edwards, Col. (temp. Brig.-Gen.) S. M., C.B., D.S.O.
Edwards, Lt.-Col. (temp. Brig.-Gen.) C. V., D.S.O.
Edwards, Col. Fitz J. M., C.B.,D.S.O., p.s.c., A,D.C.
Edwards, Col. R. F.
Edwards, Lt.-Col. R. M.
Edwards, Lt.-Col. W. E., p.s.c., R.A.
Edwards, Hon. Brig.-Gen. W. F. S., C.B., D.S.O.(Lt.-Col. Res. of Off.)
Edwards, Maj.-Gen. W. R., C.B., M.D.
Egan, Col. M. H., C.B.E.
Eley, Col. (Terr. Force) E. H., D.S O , TD.
Elgin and Kincardine,Lt.-Col. (temp. Col.) E. J., Earl of, R.G.A. (T.F.)
Elgood, Maj. (temp. Lt.-Col.) P. G.
Elkington, Hon. Brig.-Gen. R. J. G., C.B., D.S.O., g.
Ellershaw, Lt.-Col. A., C.B., D.S.O.
Ellington, Bt. Col. E. L., C.B., C.B.E., p.s.c.
Elliot, Lt.-Col. (temp, Moj.-Gen.) H. M., g.
Elliott, Maj. C. H., D.S.O., Aust. Mil. Forces
Elliott, Bt. Lt.-Col. G. C., E., D.S.O.
Elliott, Bt. Col. H. E., C.B. D.S.O., Aust. Mil. Forces.
Ellis, Lt.-Col. C. I., M.D., R.A.M.C. (T.F.)
Elmsley, Temp. Brig.-Gen. J. H., C.B., D.S.O., Can. Local Forces, p.s.c.
Elmslie, Hon. Brig.-Gen. F. B., C.B.
Elsmie, Col. (temp. Brig.-Gen.) A. M. S., C.B., p.s.c. [l]
Embury, Temp. Brig.-Gen. J. F. L., C.B., Can. Local Forces
Emery, Col. (temp. Brig.-Gen.) W. B., C.B.
England, Lt.-Col. A., D S O., R.A.S.C. (T.F.)
English, Hon. Brig.-Gen. F. P., D.S.O.
Ensor, Bt. Col. H., D.S.O., M.B.
Erskine, Hon. Col. (temp. Col. in Army) H.A., C.B., C.B E , TD, VD, Northb'n Divl. Train.
Erskine, Col. (temp. Brig. Gen.) J. F., C.B., M.V.O.
Essell, Maj. (temp. Col. in Army) F. K.
Esson, Temp. Lt.-Col. J. J., N. Z. Mil. Forces.
Etherington, Maj. F., Can. Local Forces.

Orders of Knighthood, &c.

COMPANIONS (C.M.G.)—*contd.*

Evans, Lt.-Col. C., *C.B., D.S.O., p.s.c.*
Evans, Bt. Col. (*temp. Brig.-Gen.*) E., *C.B., D.S.O., A.D.C.*
Evans, Hon. Brig.-Gen. H. J., ret. pay.
Evans, Bt. Lt.-Col. L., *D.S.O.*
ӪⒸ Evans, Maj. (*temp. Brig.-Gen.*) L. P., *D.S.O., p.s.c.*
Evans, Col. P., *M.B.*
Evans, Col. (*temp. Brig.-Gen.*) U. W, *C.B.*
Evans, Lt.-Col. W., *D.S.O.*
Evans, Bt. Lt.-Col. W. K., *D.S.O.*
Everett, Lt.-Col. C. W., *R.A.O.C.*
Exeter, Col. W. T. B., *Marq. of*, Terr Force.

Fagan, Bt. Col. (*temp. Brig.-Gen.*) E. A., *D.S.O.*
Fairchile, Lt.-Col. (*Actg. Col.*) D. C., *e.o.*
Fair, Lt.-Col. J. G.
Fairclough, Col. (*Hon. Lt. in Army*) B., *D.S.O., late* 4 Bn. S. Lan. R.
Fairfax, Col. B. C., Res. of Off.
Fairholme, Col. W. E., *C.B., M.V.O., p.s.c.* [*L*]
Fairtlough, Maj. E. C. D'H., *D.S.O.*, Unattd List
Falkner, Bt. Lt.-Col. E. F., *D.S.O., p.s.c.*
Fane, Lt.-Col. C., *D.S.O.*
Fanshawe, Lt.-Col. (*temp. Col.*) R. W.
Fargus, Col. H., *C.B., D.S.O.*
Farmar, Col. (*temp. Brig.-Gen.*) G. J., *C.B. p.s.c.*
Farmar, Bt. Lt.-Col. H. M., *D.S.O., e.*
Farquharson, Col. H. D., *p.s.o.*
Fasson, Col. D. J. M., *C.B., p.s.c.* [*l*]
Faux, Col. A., *TD, VD, late* 7 Bn. Lond. R.
Fawcus, Bt.-Col. H. B., *D.S.O., M.B.*
Feilding, Maj.-Gen. *Sir* G. P. T., *K.C.B., K.C.V.O., D.S.O.*
Feilding, Lt.-Col. (*temp. Col.*) W. G. C.
Fell, Bt. Col. M. H. G., *C.B.*
Fendall, Hon. Brig.-Gen. C. P., *C.B., D.S.O.*
Fenwick, Col. H. T., *M.V.O., D.S.O.*
Ferguson, Lt.-Col. A. C. *D.S.O.*
Ferguson, Col. J. D., *D.S.O.*
Ferguson, Col. N. C., *M.B.*
Fergusson, Lt.-Col. H. C., Res. of Off. (Maj. ret. pay).
Fergusson, Col. W. J. S. (*Gent.-at-Arms*)
Fernyhough, Bt.Col.,H.C., *D.S.O., e., o.*
Festing, Hon. Brig.-Gen. F. L., *C.B.*
Fielding, Bt. Lt.-Col. R. E. A., *Visct., D.S.O.*
Fife, Lt.-Col. R. D'A. *D.S.O., late* Serv. Bns.
Finch-Hatton, Hon. Brig.-Gen. E. H., *D.S.O.*
Finlaison, Lt.-Col. (*temp. Brig.-Gen.*) J.B., R. Mar.
Finlayson, Lt.-Col. R. A. ret.Cape Local Forces (*Lt.-Col. ret. T.F.*)
Finlayson, Bt. Col. R. G., *D.S.O.*
Fiset, Maj.-Gen. *Sir* E., *Knt., D.S.O.*, Can. Local Force.
Fisher, Lt.-Col. B. D., *D.S.O., p.s.c.*, 17 Hrs.
Fisher, Bt. Lt.-Col. J. L., *D.S.O., p.s.c.*
Fitton, Col. G. W
FitzGerald, Col. G. A., *D.S.O.*
Fitzmaurice, Lt.-Col. *Sir* M., *Knt., M. Inst. C.E., M. I. Mech. E., Eng. Rly. S.C.*
Fitzpatrick, Hon. Col. W. F. J., Aust. Mil. Forces,
Fitzwilliams, Lt.-Col. C. L.
Fitzwilliams, Capt. D. C. L., *M.D., F.R.C.S., R.A.M.C.* (T.F.)
Fleming, Rev. H. J., *M.A.*, Chaplain to the Forces (2nd Class).
Flick, Lt.-Col. C. L.,*C.B.E., late* 6 Bn. Devon R.
Folger, Col. K. C., *D.S.O*, Can. Ord. Corps.
Foot, Hon. Brig.-Gen. R. M., *C.B., D.S.O.* (Lt.-Col. ret. T.F.) (*Lt.-Col. Res. of Off.*)
Foote, Temp. Maj. *Sir* R. F. O., *K.C.B.* (Admiral *R.N. ret.*)
Foott, Bt. Col. C. H., *C.B.,* Aust. Mil. Forces, *p.s.c.*
Forbes, Col. A., *C.B., e., f.*
Forbes, Capt. F. W. D., *D.S.O.*, Aust.Mil.Forces.
Ford, Lt.-Col. C. H.
Ford, Maj. F. S. L., Can Local Forces.
Forde, Lt.-Col. B., *M.B.*
Forde, Bt. Col. L.
Forman, Lt.-Col. A. B., *D.S.O.*
Forman, Lt.-Col. D. E., *D.S.O.*
Forrest, Lt.-Col. J., *O B.E*
Forrest, Col. J. V., *C.B., M.B.* [*L*]
Forrest, Rev. W., Chaplain to the Forces, 2nd Class.
Forster, Bt. Lt.-Col. D., *D.S.O., p.s.c.*
Forsyth, Lt.-Col. J. A. C., *D.S.O.*
Forsyth, Temp. Brig.-Gen. J. K., Aust. Mil. Forces.
Fortescue, Hon. Brig.-Gen. Hon. C. G., *C.B., D.S.O., p.s.c.*
Fortescue, Hon. Brig.-Gen. F. A., *C.B., p.s.c.*
Forwood, Lt.-Col. *Sir* D. B., *Bt.*
Fosbery, Maj. W. F. W., *O.B.E., late* R. Def. Corps.
Foster, Col. A. J., *C.B.E.,* Terr. Force (Lt.-Col.*late* Res. of Off.)
Foster, Bt. Lt.-Col. H. N., *e.*
Foster, Bt. Maj. W. J.,*C B., D.S.O.*, Aust. Mil. Forces.
Fotheringham, Maj.-Gen. J. T., Can. Local Forces.
Foulkes, Bt. Col. C. H., *D.S.O.*
Fowle, Col. J., *C.B.*
Fowler, Lt.-Col. *Sir*J. K., *K.C.V.O., M.D., F.R.C.P., R.A.M.C.*(T.F.)
Francis, Maj.N ,N.Z.,Mil. Forces
Franklin, Bt. Lt.-Col. H. S. E., *D.S.O.*
Fraser, Capt. C., *O.B.E., M.C.*
Fraser, Bt. Lt.-Col. G. F., *D.S.O.*
Fraser, Col. H. F., *D.S.O., e.*
Fraser, Hon. Lt.-Col. J. R.
Fraser, Maj. J. W.,*O.B.E.* (Capt. 4 Bn.Sea.Highrs.)
Fraser, Col. (*temp. Brig.-Gen.*) L. D., *C.B., g.* [L]
Fraser, Maj.-Gen. *Sir* T., *K.C.B., p.s.c.*
Fraser, Maj.-Gen. T., *C.B., C.S.I., p.s.c.* [*L*]
Frayer, Col. G. S.
Freeman, Col. E. C., *M.D.* T.F. Res. (Maj. ret. pay)
Freestun, Bt. Lt.-Col. W. H. M., *D.S.O.*
Freeth,Col. H. B., *C.B., D.S.O., p.s.c.*
French, Bt. Col. C. N., *p.s.c.* [*l*]
French, Col. G.A.
ӪⒸFreyberg, Bt. Lt.-Col. B. C., *D.S.O., p.s.c.*
Freyer, Lt.-Col. S. F., *M.D.*
Frith, Bt. Col. G.R.,*D.S.O., p.s.c.*
Fry, Lt.-Col. P. G., *D.S.O., R.E.* (T.F.) *TD,*
Fuller, Col. (*temp. Brig.-Gen.*) C. G., *D.S.O., p.s.o.* [*L*]
Fuller, Bt. Col. F. G., *C.B., p.s.c.* [*l*]
Fullerton, Temp. Col. A., *C.B., M.D., F.R.C.S.*
Fulton, Lt.-Col. D.,*C.B.E.,* Aust. Imp. Force.
Furnivall, Lt. Col. C. H

Gabriel, Temp. Lt.-Col. E. V.,*C.S.I.,C.V.O.,C.B E.*
Gaisford, Hon. Brig.-Gen. R. B., *C.B., p.s.c.*
Galbraith, Lt.-Col. W. C., 2 Lond. Divl. Train.
Gale, Hon. Brig.-Gen. H. R., *q.s.*
Gallie, Bt. Col. (*temp. Col.*) J S., *D.S.O.*
Galloway Lt.-Col. F. L., *p a.e., g*
Garner, Lt.-Col. C., *C.B.E., M.B.*
Garner, Lt.-Col. W., *TD, T.F. Res.*
Garraway, Maj. E. C. F.,*late* S. Afr. Constaby.
Garstin, Hon. Brig.-Gen. A. A.
Gascoigne, Hon.Brig.-Gen. E. F. O., *D.S.O., q.s.* (*Gent.-at-Arms*)
Gask, Maj. G. E., *D.S.O., F.R.C.S., R.A.M.C.*(T.F.)
Gates, Hon. Temp. Brig.-Gen. G. H., *D.S.O.*
Gathorne - Hardy, Maj.-Gen. Hon. J. F., *C.B., D.S.O., p.s.c.* [*l*]
Gaudet, Col. F. M., Can. Local Forces
Gaussen, Lt.-Col. J. R., *C.I.E., D.S.O.*
Gayer-Anderson, Bt. Lt.-Col. T G., *D.S.O.*
Gerrard, Maj.-Gen. J. J., *C.B , M.B. K.H.P.*
Gethin, Lt.-Col. R. W. St. L., *D.S.O., p.s.c., s.*
Gibb, Bt. Col. (*temp. Brig.- Gen.*) E., *C.B E., D.S.O*
Gibbon, Col. C. M.,*p.s.c.*
Gibbon, Col. (*temp. Brig-Gen.*) J. A.
Gibson, Lt. T., *D.S.O.,* Can. Local Forces.
Gibsone,Temp. Lt.-Col.W. W. P., *D.S.O., O.B.E.,* Can. Local Forces.
Giles, Bt. Lt.-Col. E. D., *D.S.O., p.s.c.*
Gill, Bt. Lt.-Col. G. H., *D.S.O*
Gill, Lt.-Col. H. D., *D.S.O.*
Gillam, Bt. Col. R. A., *D.S.O.*
Gillespie, Col. (*temp. Brig.-Gen.*) E. C. F., *C.B., e.*
Gillson, Hon. Brig.-Gen. G., *D.S.O.*
Girdwood, Bt.- Col. A. C., *D.S.O., p.s.c.*
Girdwood, Col. (*temp. Brig.-Gen.*) E S., *C.B*
Gisborne, Lt.-Col. L. G., *late* 4 N. Mid. Brig., *R.F.A.*
Glasgow, Bt. Col. A. E., *D.S.O.*
Glasfurd, Lt.-Col. A. I. R., *D.S.O.*
Glasgow, Bt. Lt.-Col.T.W., *K.C B, D.S.O.,*Aust. Mil. Forces.
Glasgow, Bt. Lt. - Col. W, J. T.
Glasier, Temp. Maj. F., *C.B.E.,*Bedford (*Maj. ret. Nigeria Forces*)

COMPANIONS (C.M.G.)—contd.

Gleichen, Maj.-Gen. Lord A. E. W., K.C.V.O., C.B., D.S.O., p.s.c. [L], (Extra Eq. to the King.)
Gloster, Hon. Brig.-Gen. G. M., ret. pay
Glover, Lt.-Col. W. R., D.S.O., TD, 1 Bn. Lond.R.
Glyn, Col. G. C., D.S.O., M.V.O., TD, Terr. Force
Glynn, Lt.-Col. (temp. Col.) T. G. P.
Godby, Hon. Brig.-Gen. C., C.B., D.S.O.
Goddard, Lt.-Col. H. A., D.S.O., Aust. Mil. Forces.
Godfrey, Bt.Lt.-Col. W. W.
Godfrey-Fausset, Bt. Col. (temp. Brig-Gen.) E. G., C.B.
Godman, Maj. A.L., D.S.O.
Godwin, Bt.-Col. C. A. C., D.S.O., p.s.c.
Goff, Col. A. H. S.
Gogarty, Lt.-Col. H. E., D.S.O., p.s.c.
Goloney, Bt. Lt.-Col. G. F. B., D.S.O.
Goodman, Col. G. D., D.S.O., VD, Terr. Force.
Goodwin, G. A., late Maj. Rly. Pioneer Regt.
Goodwin, Lt.-Gen. Sir T. H. J. C., K.C.B., D.S.O., K.H.S.
Goodwin, Lt.-Col. W. R., D.S.O., late Serv. Bns. R. Ir. Rif.
Goold-Adams, Col. Sir H. E. F., K.B.E., C.B., g.
Gordon, Bt. Lt.-Col. E. S., D.S.O., ret. pay
Gordon, Hon. Col. E. H. H., D.S.O.
Gordon, Lt.-Col. G. H., D.S.O., g.
Gordon, Col. (temp. Brig.-Gen.) H., C.B., D.S.O.
Gordon, Hon. Maj. J., Aust. Mil. Forces
Gordon, Hon. Lt.-Col. M. H., C.B.E., M.D., late R.A.M.C.
Gordon, Col. P. C. H.
Gordon, Col. W. A., C.I.E., D.S.O., 6 Bn. Worc. R.
Gordon, Lt.-Col. W. F. L., D.S.O.
Gordon-Hall, Bt. Lt.-Col. G. C. W., D.S.O., p.s.c. [l]
Gordon-Lennox, Hon. Brig.-Gen. Lord E. C., D.S.O., M.V.O.
Gorton, Col. (temp. Brig.-Gen.) R St. G., p.s.c. [i]
Gosset, Lt.-Col. A. B.
Gosset, Bt.-Col. F. W., D.S.O., p.s.c.
Gough, Lt.-Col. A. P. G., O.B.E., D.S.O. (Hon. Lt.-Col. ret. Impl. Yeo.)
Gough, Maj.-Gen. H. S., C.B.
Graham, Col. H. McW.
Graham, Col. L.
Graham, Col. M. D., C.B., C.V.O., A.D.C.
Granger, Lt.-Col. T. A., M.B.
Grant, Maj.-Gen. P. G., C.B. [L]

Grant, Col. S. C. N., C.B., C.B.E. [l]
Grant, Lt.-Col. W., D.S.O., M.B.E., Aust.Mil.Forces.
Grant-Dalton, Capt. E.F., p.s.c.
Graves, Temp. Capt. R.W., O.B.E.
Gray, Lt. Col. C. O, V., D.S.O, p.s.c.
Gray, Bt. Col. (temp. Brig.-Gen.) F. W. B., D.S.O.
Gray, Maj. Sir H. McI. W., K.B.E., C.B., M.B., F.R.C.S., Edin., R.A.M.C. (T.F.)
Gray, Lt.-Col. J. A. S., D.S.O., late Gen. List.
Gray, Col. W. L., M.B., ret. pay
Grazebrook, Lt.-Col. G.C., D.S.O., e.
Green, Bt. Col. A. F. U., D.S.O., p.s.c.
Green, Col. B. C., TD, Terr. Force.
Green, Bt. Col. H. C. R., C.B., D.S.O.
Green. Bt. Lt.-Col. (temp. Brig-Gen.) W. G. K., D.S.O.
Green-Wilkinson, Hon. Brig.-Gen. L. F., D.S.O., ret. pay (Res. of Off.), p.s.c., q.s.
Greene, Hon. Col. (Army) Hon. E. M., Lt.-Col. ret Natal Local Forces
Greenley, Temp. Maj. W.A., D.S.O., R.A.S.C.
Greenly, late Maj.-Gen. W. H., C.B., D.S.O., p.s.c. [L]
Greer, Lt.-Col.(temp.Brig.-Gen.) F. A., D.S.O.
Greer, Hon.Lt.-Col.(Army)J. C.B., p.s.c.
Gregson, Lt.-Col. H. G. F. S., e., o.
Greig, Col. F. J.
Grenfell, Hon. Brig.-Gen. H. M., M.V.O.
Grey, Rt. Maj. R., K.B.E., O.V.O.
Grey, Hon. Maj.-Gen. W. H., C.B.
Gribbon, Lt.-Col. W. H., C.B.E., p.s.c. [l]
Griesbach, Temp. Brig.-Gen. W.A., C.B., D.S.O., Can. Local Forces.
Griffin, Lt.-Col. C.J., D.S.O.
Griffith, Hon. Brig.-Gen. C. R. J., C.B., D.S.O.
Griffith, Bt. Lt.-Col. T. W., M.D., R.A.M.C. (T.F.)
Griffiths, Bt. Lt.-Col. C. T., O.B.E., Aust.Mil.Forces.
Griffiths, Lt.-Col. J., M.D., F.R.C.S., TD, R.A.M.C. (T.F.)
Griffiths, Hon. Lt.-Col. T., C.B.E., D.S.O., Aust. Mil. Forces.
Grigg, Lt. E.W.M., C.V.O., D.S.O., M.C., Gds. Spec. Res.

Grimston, Hon. Brig.-Gen. S. B., ret. Ind. Army
Grimwade, Bt. Col. H. W., C.B., Aust. Mil. Forces
Grogan, Col. Sir E. I. B., Bt., D.S.O., p.s c. [L]
Grogan, Lt.-Col. G. W. St. G., C.B., D.S.O. [L]
Grove, Col. R. P.
Grove, Bt. Lt.-Col. T. T., D.S.O., p.s.c. [L]
Groves, Col. J. E. G., TD, Terr. Force
Groves, Maj., P. R. C., D.S.O.
Grubb, Bt. Col. A. H. W., D.S.O.
Grubb, Bt. Lt.-Col. H. W., D.S.O., p.s.c.
Guard, Lt.-Col. F. H. W., D.S.O.
Gudgeon, Lt.-Col. W. E., TD, ret. N.Z. Mil. Forces.
Guggisberg, Hon. Brig.-Gen. F. G., D.S.O.
Guinness, Hon. R. E. C., C.B., late Capt. 1 Lond. V.R.C.
Gulland, Maj. G. L., M.D., R.A.M.C. (T.F.)
Gunn, Maj. J. A., D.S.O., Can. Local Forces.
Gunning, Maj. Sir C. V., Bt., C.B.
Guy, Bt. Lt.-Col. R. F., D.S.O.
Gwyn-Thomas, Lt.-Col. (temp. Brig.-Gen.) G., D.S.O., p.s.c.
Gwynn, Bt. Col. C. W., C.B., D.S.O., p.s.c., e.
Gwynn, Lt.-Col. (temp. Col.) W. P.
Gwynne, Dep. Chapl. Gen. Rt. Rev. Bishop L. H., C.B.E., D.D.
Gwynne, Col. R. J., Can. Local Forces.

Hadow, Maj. (temp Lt.-Col.) A. L.
Haig, Bt. Col. H. A. B., C.V.O. (Extra Eq. to the King.)
Haig, Bt. Lt.-Col. A, G., D.S.O
Haig, Col. (temp. Brig.-Gen.) N. W., C.B.
Haig, Lt.-Col. T. W, C.S.I.
Haldane, Lt.-Col. C. L., D.S.O. [l]
Hale, Col. C. H., D.S.O.
Hale, Col. T. W., C.B., C.B.E.
Hall, Lt.-Col. D. K. E., D.S.O., 3 Bn. Dorset R.
Hall, Col. E. F.
Hall, Maj. G., M.D., R.A.M.C. (T.F.)
Hall, Maj. G. C. M., C.B.E., D.S.O.

Hall, Lt.-Col. J. H. D.S.O.
Halse, Bt.-Col.S.C.,p.a.c.,f.
Hambro, Col. (temp. Brig.-Gen.) P. O., C.B., p.s.c.
Hamerton, Lt.-Col. A. E., D.S.O.
Hamilton, Hon. Capt.A.L., Can. Local Forces.
Hamilton, Lt.-Col. C. L. C., D.S.O., p.s.c.
Hamilton, Bt. Lt.-Col. E. G., D.S.O., M.C.
Hamilton, Lt.-Col. G. C., D.S.O., e.
Hamilton, Lt.-Col. J. A, M.B., F.R.C.S. Edin.
Hamilton, Col. P. D., C.B., g.
Hamilton, Col. R. S., D.S.O., e., f.
Hammerton, Maj. G. H. L., D.S.O., TD, R.A.M.C. (T.F.)
Hampden, Hon. Brig.-Gen. T. W., C.B., Visct. (ret. pay) (Col. Terr. Force).
Hanbury, Lt.-Col. and Hon. Col. L. H., VD, 7 Bn. R. War. R.
Hanbury, Bt. Lt.-Col. P. L. (temp Brig.-Gen.), D.S.O., p.s.c.
Hanbury-Williams, Maj.-Gen. Sir J., K.C.B., K.C.V.O., ret. pay
Hannay, Bt. Col. R. S., D.S.O
Hansard, Col. A. C., g.
Haran, Temp. Maj. J. A.
Harboard, Lt.-Col. (temp. Brig.-Gen.) C. R., D.S.O.
Harding, C., D.S.O., late Maj., 2 Regt. King Ed. Horse.
Harding, Lt.-Col. M. F. [l]
Harding-Newman, Bt. Col. E., D.S.O, g.
Harding-Newman, Bt. Col. J. C., C.B., p.s.c.
Hardy, Col. E. G., Res. of Off.
Hare, Bt. Col. F. S. C.
Hare, Col. R. H., C.B., M.V.O., D.S.O., p.s.c., g. [L]
Hare, Lt.-Col. (temp. Brig.-Gen.) R. W., D.S.O., p.s.c., q.s.
Harington, Bt. Lt.-Col. (temp. Brig.-Gen.) J., D S.O.
Harman, Col. (Terr.Force) A. R., D.S.O., Maj. ret. pay (Res. of Off.)
Harrison, Col. C.E., C.V.O., M.B., F.R.C.S., T.F. Res., (Lt.-Col. ret. pay)
Harrison, Bt.Col. C.E.,C.B. C.B.E.
Harrison, Col. (temp.Brig.-Gen.) G. H.
Harrison, Lt.-Col. N.,D.S.O., late S. Afr. Det. Force,
Harrison, Gen. Sir R., G.C.B., p.s.c.
Harrison, Hon. Brig. Gen. R. A. G.

Orders of Knighthood, &c. 149

COMPANIONS (C.M.G.)—*contd.*

Harrisson, Temp. Lt.-Col. G. H., *D.S.O.*
Hart, Maj. H., *C.B. D.S.O.*, N.Z Mil. Forces.
Hartigan, Bt.-Col. *(temp. Co'.)* J. A., *D.S.O.*, *M.B*
Hartigan, Maj. M. M., *D.S.O.* ret.(Lt.-Col.S. Afr. Def. Force)
Hart-Synnott, Lt.-Col. A. H. S, *D S O, p s c.* [¹]
Harve , Lt.-Col.*(temp Col.)* D., *C B E.*, *M.D.*
Harvay, Bt. Lt.-Col. F. H., *D.t.O., p.s.c*
Harvey, Maj. G A. D.
Harvey, Col. G. S. A., *K.B.E., Pasha*, Comdt. Cairo City Police Force, *late* Lt. R. Highrs.
Harvey, Col. R. N., *C.B., D.S O.*
Haskard, Bt. Lt-Col. J. McD, *D.S.O., p.s.c.* [¹]
Haslegrave, Lt.-Col. H. J., TD, I'. F. Res.
Hassell, Maj. R De B. *(Hon. Lt.-Col. late Kent R.F. Res. A.)*
Hasted, Col. A. W.
Hatch, Capt. G. P.
Hatherton. Col. *Lord* E.G.P.
Hawker, Lt.-Col. *(temp. Col.)* C. J., *O.B.E.*
Hawkes, Lt.-Col. C. St L. G., *D.S.O.*
Hawkins, Maj. T. H.
Hawksley, Col. W. F.
Hawksley, Lt.-Col. *(temp. Brig.-Gen)* R. P. T., *C.M.G., D.S.O.*
Hawtrey, Bt. Lt.-Col. H.C., *D.S.O.*
Hay, Bt. Lt.-Col. C. J. B., *D.S.O. p.s.c.* [L]
Hay, Hon. Col. *(Hon. Lt.-Col. in Army) Sir* G J, *K.C.B., late* Lt.-Col. 3 Bn. W. York R
Hayes, Lt.-Col. R. H
Haynes, Col. A.. ret. pav
Haynes, Lt.-Col. K. E, *C.B.E., g.*
Hayter, Bt. Col. R. J. F., *C B., D.S.O., p.s.c.* [U
Hayward, Hon.-Maj. W.T. *H.B.E.*, Aust. Mil. Forces
Heywood. Bt. Lt-Col. A. H. W., *D.S.O* [L]
Hazelton, Col. P.O., *C.B., e.*
Head Lt.-Col. A. S, *F.R C.V.S. (Res. of Off.)*
Headlam, Lt.-Col. H. R., *D.S.O., p.s.c.*
Healey, Hon. Col. O., *late Lt Col.3 Bn 8 Wales Bord.*
Healey, Col.C.W.R., *C. R. E.*
Heane, Bt. Mat. J., *C.B., D.S.O.*, A ist. Mil. Forces
Heath, Col. E.
Heath, Lt.-Col. F. W., ret. pay
Heath, Bt. Lt.-Col. R. M., *D S.O.*
Heathcote, Bt. Lt.-Col. C. E., *C B., D.S O.*
Heathcote – Drummond-Willoughby, Hon. Brig.-Gen. *Hon.* C. S., *C.B. (Col. T. F. Res.) (Maj. ret. pay).*

Hedley, Col. *Sir* W. C., *K.B.E., C.B.*
Hehir, Maj.-Gen. P., *C.B., C.I.E.,M.D.,F.R.C.S.Edin*
Helme, Hon Col. *Sir* G. C., *K.C.B.,* 6 Bn. W. York R
Helmer, Col. *(temp. Brig Gen.)* R. A., Can. Local Forces.
Hemming,Maj.-Gen. E. H.
Hemming Maj.-Gen , T. D, R., Can. Local Forces.
Henderson, Lt.-Col. A., 9 Bn. Durh. L.I. (Capt. Res. of Off.)
Henderson, Bt. Lt.-Col. W. A., *D S O.*, Aust. Mil Forces.
Henley, Hon. Brig.-Gen. *Hon.* A. M., *D.S.O., p s.c.*
Hennessy, Lt.Col. J., *C.B., M.B.*
Hennessy, Col., J. P. C.
Henvey,Lt.-Col. R., *D.S O., p s.c.* [¹]
Hepburn, Lt-, B. R., Can. Forestry Corps.
H pburn, Lt.-Col. *(h m. Surg. Col.)* D., *M.D.*, vD, R.A.M.C. (T.F.)
Herbert, Hon. Brig.-Gen. E. A, *M.V.O.*, ret. pay
Herbert, Col. *(temp. Brig.-Gen.)* E. S., *C.B.E.*
Herbert, Hon. Brig.-Gen. O. C, *M.C.*
Herbert, Bt. Maj *(temp. Col)* P. L. W., *C B E.*
Herbert, Bt Lt.-Col. W N , *D.S.O , p.s.c.*
Heriot - Maitland, Col. J.D., *D.S.O.*
Heron, Capt A. R, *D S O.* Aust. Mil. Forces
Herrick,Lt.-Col. H., *D.S.O.*, vD, 4 Bn. E. Suss. R.
Herrod, Lt.-Col. E. E., *D.S.O.*, Aust Mil Forces
Hertzberg, Col. H. F. H., *D.S.O., M.C.*, Can. Local Forces
Hesketh, Lt.-Col. J. A., *D.S.O.*,Can.LocalForces.
Hewitt, Lt.-Col. E. V. O. *O.B.E.,D.S.O.* Res. of Off.
Hewlett, Bt. Lt.-Col. E., *D.S.O., n.s.c.*
Hext, Col. L. J
Heywood, Lt.-Col. C. P., *D.S.O.,p.s.c.*
Hibbert, Hon Brig.-Gen. G. L., *C.B., D.S.O.*
Hickie, Bt. Lt.-Col. C J., *D.S.O* [¹]
Higgins, Bt. Lt.-Col. C. G. *D S O* [¹]
Higgins, Bt. Lt.-Col. T. C. R.
Higginson, Hon. Brig.-Gen. C.P., *D.S.O., p.s.o., q.s.*
Hildebrand, Bt Col. A. B. R., *C.B., D.S.O.*
Hildyard, Bt. Col. *(temp. Brig., Gen.)* R. J. T., *D.S.O., p.s.c.*
H ldvard, Hon. Brig.-Gen H. C. T., *D.S.O.*, ret. pay *(Res. of Off.)*
Hill. Lt.-Col. D. J. J., *D.S.O., R.A.O.C., s.*
Hill, Hon. Brig.-Gen. F. F.. *C.B., D.S.O.*

Hill, Brig.-Gen. F W., *C.B., D.S.O.*, Can. Local Forces
Hill, Bt. Lt.-Col. F.W. R., *D.S.O. O.R E., o*
Hill, Col., H. C. de la M., *C.B.*
Hill, Lt.-Col. H.W., *D.S.O., g.*
Hill, Bt. Lt.-Col. W.P. H., *D.S.O., p.s.c.*
Hills, Maj. E. H., *C.B.E.*
Hinde Bt.Col. A., *p s c*
Hine-Haycock, Maj. V. R., *D.S.O.*
Hinge, Col. H. A., *C.B., D.S.O.*
Hirst, Lt.-Col. E. A. *late R.F.A.* (T.F.)
H tchins, Bt. Col. C. H. M., ret. Ind. Army.
Hoare, Maj. *(temp. Brig.-Gen.)* C G., *C.B.E.*
Hoare, Hon.Brig -Gen. R., *D.S.O.*, ret pay
Hoare, Capt. *Sir* S. J. G., *Bt*, T B². Res.
Hoare Nairne, Col, E. S., *C.B., p.s.c.* [¹]
Hobbs,Maj.-Gen. P. E. F., *C.B.*
Hobbs, Bt. Col. R.F.A., *D.S.O ,* R.E. [¹], *p.s.c.*
Hobday, Col. E. A. P., *q.s*
Hobday, Temp. Maj. F. T. G., *F.R.C V S.*
Hobkirk, Lt.-Col. C. J., *D.S.O.* [L]
Hobson, Lt.-Col. G. W., *D.S.O.*
Hodgetts, Col. C. A., Can. Local Forces.
Hodgins, Maj.-Gen. W. E., Can. Local Forces)
Hodgson, Lt.-Col. B. T., vD, 4 Bn. E. Suss. R.
Hogg, Bt. Lt.-Col. C. C, H.
Hogg, Hon. Brig.-Gen. R. E. T., *C.I.E.*, ret. Ind Army.
Holborow, Col. *Hon.* W. R., vD, *ret* Aust.Mil.Forces
Holbrooke, Bt. Col. *(temp. Brig. Gen.)* P. L., *D.S.O., C.B.*
Holden, Bt. Lt.-Col. C.W., *D.S.O.*
Holdsworth, Bt. Col. G. L., *C.B.E., D.S.O.*
Holford, Maj. J. H. E., *D.S.O.* Notts. (Sher. Rang.) Yeo
Holland-Pryor, Bt.-Col P., *C.B., D.S.O., M.V.O.*
Holland, Bt. Col. S. E., *C.B., D S O , p.s.c.*
Holman, Maj.-Gen. H. C., *C.B., D.S.O., p.s.c.* [L]
Holmes, Lt.-Col. G. M., *C.B.E., M.D.*, *late* R.A.M.C.
Holmes, Bt. Lt.-Col. H. G., *C.B.E.*
Holmes, Maj. R. H. *F.R.C.V.S.*
Holt, Bt. Maj. F.V., *D.S.O.*
Holt Wilson, Bt. Lt.-Col. E. E. B., *D.S.O.*
Home, Hon. Brig.-Gen. A. F., *C B , D.S.O., p s.c.*, ret. pay (*Gent. at-Arms*)

Hood, Lt.-Col. *Hon.* N. A., *D.S.O.*, Res. of Off.
Hooper, Lt.-Col. A. W., *D.S.O.*
Hopkinson, Capt. H. C. B., *C.B.E.*, ret. pay [L]
Hordern, *Rev.* A. V. C., *C.B.E.*, Chaplain to the Forces (1st Class)
Hordern, Col. *(temp. Brig.-Gen.)* G. V., *C.B., p.s.c.*
Hore-Ruthven, Lt.-Col. *Hon.*A. G. A.,*C.B.,D.S.O., W*, Gds., p.s.c.
Hore-Ruthven Bt. Lt.-Col. *Hon.* C. M., *D.S.O. p.s.c.*
Hore-Ruthven, Col. *(temp. Brig.-Gen.) Hon.* W. P., *C.B , D.S.O., (Master of Ruthven), p.s.c., e*
Hornby, Bt. Col. M. L., *D.S.O.* [L]
Horne, Lt.-Col. E. W., *C.B.E.*, 3 Bn. Sea.Highrs. *(Hon. Col. ret. sped. Res.)*
Hosie, Lt.-Col., A., *M.D.*
Hoskins, Maj.-Gen. *Sir* A. R., *K.C.B., D.S.O., d.s.o., q.s.*
Houghton - Gastrell, Hon. Col., *Sir* W. H., *Kt., late* R.A.S.C.
Houison-Craufurd, Lt.-Col, J. A , *C.B.E.*, ret. Ind. Army.
Howard, Bt. Lt.-Col. W. *D S O ,* p.s.c.
Howard, Bt. Lt.-Col. H. C. L., *D.S.O , p.s.c*
Howard-Vyse, Bt. Lt.-Col. R. H., *D.S.O.,p.s.c.*
Howel Jones, Lt.-Col. W., *D.S.O.*
Howell, Bt.Lt -Col.G.L.H, *D.S.O.*
Howell, Lt -Col. H. A. L. Howorth, Lt.-Col. H. G., *p.a.o., g.*
Hubback, Col. A. B., *D.S.O.*, Terr. Force.
Huddleston, Bt. Lt.-Col. H J., *D.S.O., M.C.*
Hudleston, Col. W. E., *C.B.E., D.S.O.*
Hudon, Lt.-Col J. A. G., *ret*, Can. Local Forces
Hudson, Lt.-Col. A. R., *D.S.O.* [¹]
Hudson, Lt.-Col. C. T. *late* Ind. Med. Serv.
Hudson, Bt. Lt.-Col. P., *D.S.O.*
Hughes, Bt. Col. A. J., *g.*
Hughes, Col. E., *C.B.*
Hughes, Temp. Maj.-Gen. G. B., *C.B., D.S.O.*, Can Local Forces
Hughes, Bt. Lt.-Col. J. G., *D.S.O.*, N.Z. Mil. Forces.
Hughes, Temp. Lt.-Col. *(temp Brig.-Gen.)* R. H. W., *C.S.I., D.S.O.*
Hugo, Lt.-Col. *(temp. Col.)* E V, *M.D., F.R.C.S.*
Hulke, Lt.-Col. L. I. B.
Humby, Lt.-Col. J. F., *D.S.O.* Hon Capt *(Army), late* Maj 3Bn.R 1c. Rif.

6

Orders of Knighthood, &c.

COMPANIONS (C.M.G.)—*contd.*

Hume, Temp. Col. W. E., M.B. (Lt.-Col. R.A.M.C. (T.F.)
Humfrey, Maj. R. E., M.B.
Humphreys, Bt.Col.(temp. Brig.-Gen.) E. T., D.S.O., p.s.c. [l]
Humphreys, Col. (temp. Brig.-Gen.) G., C.B., D.S.O.
Hunt, Bt. Col. F. W., C.B.E.
Hunt, Temp. Maj. J. P., D.S.O., D.C.M.
Hunter, Bt. Lt.-Col.(temp. Brig.-Gen.) A. J., D.S.O., M.C, p.s.c.
Hunter, Bt. Col. C. G. W., D.S.O.
Hunter, Hon. Maj.-Gen. G. D., C.B., D.S.O.
Hunter, Temp. Col. G.G., C.B.
Hunter-Blair, Maj.-Gen. W. C., C.B.
Hurley, Hon. Lt.-Col. L. J.
Hurley, Capt T. E. V., Aust. Mil. Forces
Huskisson, Col. W.
Hussey, Hon. Brig.-Gen. A. H., C.B.
Hutchinson, Lt.-Col. F.P., D.S.O., g.
Hutchinson, Maj, H. M., D.S.O. [l]
Hutchison, Col. (temp. Brig.-Gen.) A. R. H., C.B., D.S.O., R. Mar.
Huxtable, Hon. Lt.-Col R.B., D.S.O., vD, Aust. Mil. Forces.

Incledon-Webber, Bt. Lt.-Col. A. B., D.S.O.
Ing, Lt.-Col. G. H. A., D.S.O.
Ingham, Lt.-Col. C. St.M., D.S.O.
Ingles, Bt. Lt.-Col. (temp. Brig-Gen.) J. D., D.S.O.
Inglis, Bt. Col. H. A., g.
Inglis, Maj. J., D.S.O.
Ironside, Maj.-Gen. Sir W. E., K.C.B., D.S.O., p.s.c.[L]
Irvine, Bt. Lt.-Col. A. E., C.B., D.S.O.
Irvine, Lt.-Col. F. S., D.S.O., M.B.
Irvine, Bt. Lt.-Col. R. A., D.S.O., Unattd. List (temp. Col. in Army)
Irwin, Col. De la C. T., ret, Can. Local Forces
Isacke, Bt. Col. (temp. Brig.-Gen.) H., C.S.I. p.s.c. [l]

Jack,Temp. Lt.-Col. (temp. Brig.-Gen.) A., C.B., C.B.E., R.E.
Jack, Bt. Lt.-Col. E. M., D.S.O.
Jack, Col. R. R. H, C.B.E.
Jackson, Lt.-Col. E. S., D.S.O., Res of Off.
Jackson, Bt. Col. G. H. N., D.S.O., p.s.c.
Jackson, Col. (temp. Brig.-Gen.) H. C., C.B. D.S.O., p.s.c.
Jackson, Hon. Maj.-Gen. L. C., K.B.E., C.B.
Jackson, Bt. Lt.-Col. L. C., D.S.O., p.s.c.
Jackson, Bt. Maj. R. E., D.S.O., Aust. Mil. Forces
Jackson,Col. S.C.F., D.S.O. [L]
Jacob, Col. A. Le G., C.I.E., D.S.O.
Jaffray, Rev. W. S., C.B.E., Chaplain to the Forces (1st Class)
James, Col. Hon. Brig.-Gen, C. H. L., C.B.
James, Lt.-Col. H. E. R., C.B., O.B.E., F.R.C.S.
James,Col.,M. R. de B.
James, Bt. Lt.-Col. R. E. H., C.B.E., D.S.O., p.s.c.
James, Col. W. R. W., g.
Jardine, Bt. Lt.-Col. J. B., D.S.O.
Jarvis, Rev. A C. E., M.C, Chaplain to the Forces (2nd Class).
Jarvis, Hon. Maj. A. M., C.B.E., ret. Lord Strathcona's Corps.
Jarvis, Col. A. W., M.V.O. TD, ret. (T.F.) (Hon. Lt.-Col. in Army).
Jarvis, Hon. Maj. C. G., ret
Jebb, Lt.-Col. G.D., C.B.E., D.S.O., p.s.c.
Jeffcoat, Bt. Lt.-Col. A. C., C.B., D.S.O. p.s.o., s.
Jeffreys, Maj. Gen. G. D., C.B.
Jeffreys, Maj.-Gen. H. B., C.B., p.s.c.
Jelf, Bt. Lt.-Col. R. G., D.S.O
Jelf, Bt. Lt.-Col. W. N., D.S.O.
Jellett, Bt.Lt.-Col. J. H., g.
Jenkins, Lt.-Col. F. ret. pay.
Jenkins, Temp. Lt.-Col. R. H., D.S.O., Serv. Bns. R. Fus
Jenkins, Hon. Brig.-Gen. N. F., C.B.E. (late Capt. Bord. R.)
Jenner, Bt. Lt.-Col. A.V. D.S.O.
Jenner, Lt.-Col., L. C. D., D.S.O.
Jenour, Hon. Brig.-Gen. A.S., C.B., D.S.O., g.
Jerome, Bt. Lt.-Col. H. J. W., C.B.
Jess, Bt. Lt.-Col. C. H., D.S.O., Aust. Mil. Forces
Jesse, Maj. (temp.Col.) J.L., D.S.O.
Jessel, Col. Sir H. M., Bt., C.B., (Hon. Maj, ret. Impl. Yeo.)

Jeudwine, Maj. W. W., M.D.
Johnson, Bt. Lt.-Col. C.R., D.S.O.
Johnson, Col. (temp. Maj.-Gen.) F. E., C.S.I., D.S.O., ret. pay
Johnson, Hon. Brig.-Gen. R. F., C.B., O.B.E. v.s.c.
Johnson, Lt. - Col. R. M., D.S.O., p.s.c.
Johnston, Lt.-Col. F. G. D., D.S.O., TD, R.F.A (T.F.)
Johnston, Lt.-Col. G. J., C.B., VD, Aust. Mil. Forces
Johnston, Bt. Col. (temp. Brig-Gen.) G.N., D.S.O., g.
Johnston, Lt.-Col. J. L. VD, Aust. Mil. Forces
Johnston, Bt. Col. P. H., M.D.
Jones, Lt.-Col. (Hon Lt. in Army) C. H., TD, 5 Bn. Leic. R.
Jones, Surg.-Gen. G. C., Can. Local Forces.
Jones, Hon. Brig.-Gen. L., C.B.
Jones, Col. L. C., C.B. M.V.O., p.s.c. [l]
Jones, Lt.-Col. L. E., D.S.O., W. Ont. Regt.
Jones, Lt.-Col. L. M., D.S.O.
Jones,Hon.Brig.-Gen.M.Q.
Jones, Col. T. P., C.B., M.B.
Jones, Bt Lt.-Col. W. D., ret. pay, p.s.c.
Jordan, Lt.-Col. R. P., D.S.O.
Josselyn, Lt.-Col. (temp. Col.) J., D.S.O , O.B.E., TD, 6 Bn, Suff. R.
Joubert de la Ferte, Bt. Lt. Col. P. B., D.S.O. [L]
Jourdain,Lt.-Col. H. F. N.
Jowsey, Hon. Col. T., VD, ret. N.Z. Mil. Forces.
Julian, Maj.-Gen. O. R. A., C.B., C.B.E.
Jury, Lt.-Col. E. C., M.C., p.s.c.

Karslake, Bt. Col. (temp. Brig.-Gen.) H., D.S.O., p.s.c.
Kay, Lt.-Col. W. M., T.F. Res.
Kaye, Col. R. A., g.
Kays, Hon.Brig.-Gen.W.S. A. O. L., 3 Bn. High. L.I.
Kazanjian, Temp. Hon. Maj. V. H
Kearns, Col. T. J., C.B.,TD, R.A.S.C. (T.F.) (Hon. Capt. ret pay)
Kearsley, Bt. Col. (temp. Brig.-Gen.) R. H., D.S.O., p.s.c.
Keatinge, Rt. Rev Bishop W., Chaplain to the Forces (1st Class)
Keble, Col. A. E. C., C.B., D.S.O.
Keen, Lt.-Col. J. F., TD, R.E (T.F.)
Kellett, Col. (temp. Maj.-Gen.) R. O., C.B.

Kelly, Bt. Col.(temp.Brig.-Gen.)F. P. C., D.S.O.
Kelly, Lt.-Col C R., D.S.O, C.B., g.
Kelly, Col. H. E. T., D.S.O.
Kelly, Bt. Lt.-Col. P.J.V., D.S.O.
Kelly, Maj. T., R.E. Spec. Res.
Kemmis, Lt.-Col. & Hon. Col.W.,M.V.O.Unatt. List
Kemp, Hon. Brig.-Gen. G. C., C.B. [l]
Kempster, Lt.-Col. H. W., late R.A.S.C Spec. Res
Kendall, Lt.-Col E. A., Aust. Mil. Forces.
Kennedy, Maj.-Gen.(temp. Brig.-Gen.) A. A., p.s.c.
Kennedy, Bt. Col. (temp. Brig.-Gen.) H. B P. L., D.S.O.
Kennedy, Bt. Col. J., D.S.O.
Kennedy,Bt.Col.,ret. pay.
Kennedy,Bt.Col.A.H.,D.S.O.
Kenrick, Bt. Lt.-Col. G. E. R., C.B., D.S.O., p.s.c.
Kensington, Col H.,Lord, D.S.O., Terr. Force(Hon. Col. R.G.A. (T.F.;)
Kentish, Bt.Lt.-Col. R. J., D.S.O.
Kenwood, Temp. Hon. Lt.-Col, H. R., M.B. (Maj. R.A.M.C. (T.F.)
Kenyon, Hon. Maj.-Gen. E. R., C.B.
Keppel, Hon. Lt.-Col. Hon. Sir D. W. G., G.C.V.O., C.I.E., VD late 12 Midd'x V.R.C. (Extra Eq. to the King)
Ker, Bt. Col. C. A., C.B.E., D.S.O., p.s.c.
Kerrich, Lt.-Col. W. E.
Kerrison, Maj. (Hon.Lt.-Col. in Army) E. R. A., O.B.E., p.s.c. (Temp. Lt.-Col. 6 Bn. Norf. R.)
Ketchen, Maj.-Gen. H. B. D., C.B., Can. Local Forces.
Keyes, Bt. Lt.-Col. (temp. Brig.-Gen.) T. H., C.I.E. [L]
Riddle, Col. F., M.B.
Kilkelly, Surg. Lt.-Col. C. R., M.V.O., M.B.
Kincaid-Smith,Hon.Brig.-Gen. K. J., C.B., D.S.O., ret. pay.
Kindersley, Lt. - Col. A. O. L., 3 Bn. High. L.I.
King, Hon. Brig.-Gen. A. D'A., C.B., D.S.O.
King, Hon. Lt.-Col. A. J., D.S.O.,Fife & Forfar Yeo. q.s.
King, Col. E. J., TD, Terr. Force,
King, Hon. Maj. F. T., M.B., N.Z Mil. Forces
King, Hon. Brig.-Gen. Sir C. W. Knt., C.B., M.V.O.
King, Maj. W. B. M., D.S.O., Can,*LocalForces
Kinsman, Lt.-Col.G.R.V., D.S.O., g.

COMPANIONS (C.M.G.)—contd.

Kirby, Col. A. D., *C.B.*
Kirby, Col. S. R., *p.s.c.*
Kirkcaldy, Brig.-Gen. J., *D.S.O.*, Man. Regt.
Kirke, Bt.Col.(*temp.Brig.-Gen.*) W. M. St. G., *C.B., D.S.O., p.s.c.*
Kirkpatrick, Lt.-Col. A. R. Y., *D.S.O.*
Kirkpatrick, Col. R., *C.B., M.D.*
Kirkwood, Bt. Col., C. H. M., *D.S.O.*
Kirkwood, Temp. Lt.-Col. J. G., *D.S.O.*, Serv. Bns. K.R. Rif. C.
Kirwan, Col. (*temp. Brig.-Gen.*) B. R., *g.*
Kitson, Maj.-Gen. *Sir* G. O., *K.C.V.O., C.B., p.s.c.*
Knaggs, Col. H. T., *C.B., M.B.*
Knaggs, Bt. Col. M. H., *c., o.*
Knapp, Col. K. K., *C.B.*
Knatchbull, Hon. Brig.-Gen. G. W. C.
Knight, Bt. Col. H. L., *D.S.O., p.s.c.*
Knollys, Maj. L F.
Knott, Lt.-Col. J. E., *D.S.O.*, late Serv. Bns R. Innis. Fus.
Knox. Bt. Col.(*temp. Maj.-Gen.*) A. W. F., *K.C.B., p.s.c.* [1]
Knox, Lt.-Col. G. S.
Knox, Hon. Brig.-Gen. H. O., *C.I.E., C.B.E.*
Koe, Maj.-Gen. F. W. B., *C.B.*
Kyle, Lt.-Col. R., *D.S.O.*, late Serv. Bns. High. L.I.

Laffan, Bt. Col. H. D., *p.s.c.* [1]
Lake, Col. H. W., late R.A.O.C.
Lamb, Bt. Col. C. A., *M.V.O.*
Lamb, Temp. Col. H. H.
Lambarde, Lt.-Col. F. F., *D.S.O.*, ret. pay (*Res. of Off.*)
Lambert, Col. (*temp. Brig.-Gen.*) E. P., *C.B.*
Lambert, Bt. Col. T. S., *C.B., p.s.c.* [1]
Lambton, Maj.-Gen. *Hon. Sir* W., *K.C.B., C.V.O., D.S.O., C.B.S.*
Lamont, Bt. Col. J. W. F., *C.B., D.S.O.*
Lamotte, Hon. Brig.-Gen. F. G. L.
Landon, Maj.-Gen. H.J.S., *C.B.*
Landry, Col. (*temp. Brig.-Gen.*) J. P., Can. Local Forces
Lane, Hon. Brig.-Gen. H. E. B.
Laing, Bt. Col. Lt.-Col. B. J., *C.B., D.S.O., p.s.c.*
Langham, Col. F. G., *vD.* T.F. Res.
Langhorne, Col. H. S., *C.B., f.*
Lang-Hyde, Lt.-Col. J. I., *O.B.E.*

Langman, Maj. A. L., N. Som. Yeo.
Larymore, Maj. H. D.
Lasseter, Col. H. B., *C.B., E., D.S.O.*, Aust. Mil. Forces.
Lauder, Bt.-Col. W. B., A.P. Dept.
Lawrence, Lt.-Col. G. H.
Lawrence, Hon. Brig.-Gen. H. D., *p.s.c.*
Lawrence, Hon Brig.-Gen. R. C. B., *C.B.*, ret. pay, *p.s.c.*
Laws, Temp. Maj. H. W, *D.S.O.*, R.E.
Lawson, Col. (*temp. Brig.-Gen.*) A. *p.s.c., q.s.*
Layh, Maj. H. T. C, Aust. Mil. Force.
Lea, Lt.-Col. H. F., *D.S.O.*, Res. of Off.
Lea, Lt.-Col. P.G.P., *D.S.O.*
Leach, Col. (*temp. Brig.-Gen.*) H.E.B., *C.B., C.V.O.*
Leach, Bt. Col. K. P., N. Mid. Divl. Ammn. Col. (Maj. ret. pay) *p.a.c.*
Leahy, Maj. T. B. A., *D.S.O., o.*
Leake, Lt.-Col. J. W.
Leane, Capt. R. L., *D.S.O., M.C.*, Aust. Mil. Forces.
Leckie, Maj. J. E. *C.B.E., D.S.O.*, Can. Local Forces
Leckie, Maj.-Gen. R. G. E. Can. Local Forces
Lecky, Maj.-Gen. R. St. C., *d.*
Ledingham, Lt.-Col.J.C.G., *M.B.* late R.A.M.C.
Lee, Col. G. L., *D S.O.*, C'wealth Mil. Forces.
Lee, Lt.-Col H R., *D.S.O.*, ret. pay. (*Res. of Off.*)
Lee. Maj.-Gen. *Sir* R. P., *K.C.B.*
Lee, Bt. Lt.-Col. R. T., *D.S.O., p.s.c.*
Leeds, Lt.-Col. T. L., *D.S.O.*
Lees, Lt.-Col.C. H. B., *p.s.o.*
Leetham, Lt.-Col. *Sir* A., *Knt.*, late R. Mon. R.E.
Legard, Col. D. A., *D.S.O., p.s.c.* [1]
Legg, Col. T. P., *M.B., F.R.C.S.*, late R A M.C.
Legge, Hon Col. J.G., *C.B.* Aust. Mil. Forces. [F]
Legge, Bt. Col. W. K., *D.S.O., p.s.c.*
Leggett, Hon. Brig.-Gen. A. H., *D.S.O.*
Leicester, Col. T. W., *Ea of G.O.V.O., A.D.C.*
Leisk, Maj. J. R., late S. Afr. Def. Force.
Lelean, Lt.-Col. P. S., *C.B., F.R.C.S.*
Le Roy-Lewis, Col. H., *C.B., D.S.O.*, TD, late Brig. Comdr. 1 S. W. Mtd. Brig. (*Hon. Lt.-Col. in Army*).
Leslie, Lt.-Col. A. S., TD, Sco. Horse Yeo.
Leslie, Maj.-Gen. G. A. J., *C.B.*
Leslie, Bt. Col. (*temp. Brig.-Gen.* W. S., *D.S.O., p.s.c.*

Lesslie, Bt. Col. W. B., *C.B.*
Lethbridge, Bt. Col. E. A. E., *D.S.O.*
Leverson, Col. G. F., *C.B., p.s.c.* [L]
Leverson, Bt. Col. J. J., *C.B., p.s.c.*
Leveson-Gower, Lt.-Col. C., *C.,O.B.E.,T.F.Res.*(Maj. ret. (nd. Army).
Leveson-Gower, Hon Brig.-Gen. P., *D.S.O.*
Lewes, Hon. Brig.-Gen. C. G., *D.S.O*
Lewes, Lt.-Col. P. K., *D.S.O., g.*
Lewin, Hon. Brig.-Gen. A. C, *C.B., D.S.O.*, 3 Bn. Conn. Rang. (Bt. Col. late 19 Hrs. *A.D.C.*
Lewin, Bt. Lt.-Col. E. O., *C.B., D.S.O.*
Lewin, Bt. Col. H. F. E.
Lewis, Col. F. G., *C.B.*, TD, Terr. Force.
Lewis, Lt.-Col. G. A., TD, T.F. Res.
Lewis, Maj. J., VD, S. Afr. Def. Forces.
Lewis, Bt. Col. P. E., *D.N.O., p.s.c.*
Liddell, Lt.-Col. A. R., *D.S.O., e.*
Liddell, Bt. Lt.-Col. C. G., *C.B.E., D.S.O., p.s.c.*
Liddell, Maj. J. S., *D.S.O.*
Lindsay, Maj. (*actg. Col.*) C. H., *D.S.O., M.D.*, 1 W. Lan. Div. Fd. Amb.
Lindsay, Bt. Lt.-Col. G. M., *D S O*
Lindsay, Col. H. A. P., *C.B.E.*
Lindsay, Temp. Maj.-Gen. W. B., *C.B., D.S.O.*, Can. Local Forces.
Lister, Col. J. F., *M.I.E.E.*, TD, Terr. Force.
Little, Bt. Col. A. G.
Little, Col. C. B.
Littlewood, Bt. Col. H., *F.R.C.S.,R.A.M.C.*(T.F.)
Liveing, Lt.-Col. C. H., *D.S.O., p.s.o.*
Livesay, Col. R. O'H., *D.S.O., p.s.o.*
Livingstone, Bt. Col. G., 3 Bn. Lond. R.
Livingstone - Learmonth, Maj. F. L. C., Res. of Off. (Lt.-Col. R.F.A.) (T.F.)
Livingstone - Learmonth, Bt. Col. (*temp. Brig.-Gen.*) J. E. C., *D.S.O.*
LLoyd, Hon. Brig.-Gen. (*temp. Brig.-Gen. in Army*) A. H. O., *C B., M.V.O.*,TD Shrops. Yeo.
Lloyd, Bt. Lt.-Col. (*temp. Col. in Army*) F. L. *C.B.E.*
Lloyd, Lt.-Col. (*temp. Brig.-Gen.*) H. G., *D.S.O.*
Lloyd, Bt.-Maj. H.W., *C.B., D.S.O.*, Aust. Mil. Forces
Lloyd, Hon. Lt.-Col. *Sir* J. H. S., *K.B.E.*

LLoyd, Lt.-Col. (*temp. Col.*) L. N., *D.S.O.*
Lloyd, Lt.-Col. T. O.
Loch, Maj.-Gen. E. D., *Lord, C.M.G., M.V.O., D.S.O., p.s.c.*
Loch, Bt.Col.G. G., *D.S.O*
Lodge, Lt.-Col. F.C., *D.S.O.*
Logan, Hon. Brig.-Gen. D. F. H., *C.B.*
Logan, Bt. Col. F. D., *D.S.O., p.s.c.*
Long, Hon. Brig.-Gen. *Sir* A., *K.B.E. C.B., D.S.O.*
Long, Hon. Col. W., Unatt. List.
Long, Lt.-Col. W. J., h p.
Longbourne, Bt. Lt.-Col. F. C., *D.S.O.*
Longcroft, Bt. Lt.-Col. (*temp.Brig.-Gen.*)C.A.H., *D.S.O.*
Longmore, Col. J. C. G., *D.S.O.*
Loomis, Col. *Sir* F. O. W., *K.C.B., D.S.O.*, Can. Local Forces
Lord, Lt.-Col. J. E. C., *D.S.O.*, Aust. Mil. Forces
Loring, Lt.-Col.W., *D.S.O*
Lougheed, Lt.-Col. S.F., *M.D.*
Lowis, Lt.-Col. P.S., *D.S.O.*
Luard, Col. (*temp. Brig.-Gen.*) C.C., *C.B*
Lubbock, Bt. Col. (*temp. Brig.-Gen.*) G., *D.S.O.*
Lucas, Col. (*temp. Brig.-Gen.*) C. H. T., *D.S.O., p.s.c.*
Lucey, Lt.-Col. W., *D.S.O., R.F.A.*(T.F.)
Luck, Lt.-Col. B. J. M., *D.S.O., g.*
Luck,Temp.Lt.-Col. C. M., *D.S.O.*
Luckock, Bt. Lt.-Col. R M., *D.S.O., p.s.c.*
Ludlow-Hewitt, Bt Maj. (*temp. Brig.-Gen.*) E. R. *D.S.O., M.C.*
Luhrs, Maj. H., 5 Bn. North'd Fus.
Luker, Bt. Lt. - Col. R., *M.C., p.s.c.*
Lukin, Hon. Maj.-Gen. *Sir* H.T., *K.C.B., D.S.O.*, late S. Afr. Overseas Forces.
Lumley, Hon. Brig.-Gen. (*temp. Brig.-Gen.*) *Hon.* O.V.G.A.
Lushington, Hon. Brig.-Gen. S., *C.B.* (?), re. pay.
Luxton, Bt.-Maj. D. A., *C.B.*, Aust. Mil. Forces.
Lyddon, Lt.-Col. W. G., *p.a.c., g.*
Lyell, Temp. Lt.-Col. D., *C.B.E., D.S.O., s.*
Lynn-Thomas, emr. Hon. Col. *Sir* J., *K.B.E., C.B., F.R.C.S.*
Lyon, Bt. Lt.-Col. C. H., *C.B., D.S.O., p.s.c.*
Lyon, Col. (*temp. Brig.-Gen.*) F., *D.S.O., p.s.c,*

COMPANIONS (C.M.G.)—contd.

MacBrien, Brig.-Gen. J. H., *C.B., D.S.O.,* Can. Local Forces
McCall, Bt. Lt.-Col. H.W., *D.S.O.*
MacCarthy, Hon. Brig.-Gen. M. J.
MacCarthy-Morrogh, Lt.-Col. D. F., 4 Bn. R. Muns. Fus.
Macartney, Lt.-Col. H. D K., *D.S.O.,* Aust. Mil. Forces
McCheane, Lt.-Col. (*temp. Col.*) M. W. H., *C.B.E., c., f*
McClintock, Bt. Lt.-Col. R. L., *D.S.O.*
McCrea, Col. (*temp. Brig.-Gen.*) A. C.
McCuaig, Lt.-Col. G. E., *D.S.O* ,Can. Local Forces
McCubbin, Lt.-Col. T., ret. Natal Local Forces.
McCulloch, Lt.-Col. R. H. F., *D.S.O* [l]
McDonald, Col. C. J., *M.D.*
Macdonald, Bt. Lt.-Col. C. R., *p.s.c.*
McDonald, Capt. H. F *D.S.O.,*Can.Local Forces.
Macdonald, Maj.-Gen. S., *C.B., M.B.*
McDonald, Lt.-Col. S., *D.S.O.,*5Bn.Gord.Highrs.
McDonnell, Temp. Col. Hon. A., *C.B.,* Can.Local Forces [l]
Macdonell, Maj.-Gen. A. C., *K.C.B., D.S.O.,* Can Local Forces.
McDouall, Bt. Lt.-Col. R., *C.B., C.B.E., D.S.O.*
McDougall, Lt-Col. (*temp. Col.*) A. J., *M.B.*
MacDowell, Temp.Lt.-Col. C. C., *D.S.O., R.A.* (Maj. Res. of Off.)
MacEwen, Col. D. L., *C.B., p.s.c.*
MacEwen, Maj. N. D. K., *D.S.O.*
Macfarlane, Lt.-Col. G. J., S. Afr. Def. Forces.
Macfarlane, T. J. M., *late* Lt.-Col. Transvaal Vols.
McGlinn, Lt.-Col. J. P., *C.B.E., VD,* Aust. Mil Forces
Macgregor, Temp. Maj. J.
McGrigor, Maj.-Gen. C. R. R., *C.B., p.s.o.* [l]
McHardy, Bt. Col. (*temp. Brig.-Gen.*) A. A., *C.B., D.S.O., p.s.c.*
McInerney, Hon. Lt.-Col. T. M., Aust. Mil Forces
McInnis, Lt.-Col. E. B.
McIntosh, Lt.-Col. A. M., *M.B., F.R.C.S.Edin., TD, R.A.M.C.(T.F.)*
Mackay, Capt. I. G., *D.S.O.,*Aust.Mil. Forces
Mackay, Lt. Col. W. B., *M.D., TD, late R.A.M.C.* (T.F.)

McKean, Bt. Col. A. C., *q.s.*
McKee, Maj. S. H., Can. Local Forces
MacKelvie, Maj. T., 4 High. Brig., R.G.A.
Mackenzie, Bt.-Col. A. F., *M.V.O., late* 3 Bn. Sea. Highrs. (Maj. ret. pay).
Mackenzie, Lt.-Col. C., *D.S.O.*
Mackenzie, Lt.-Col. G. B., *C.B., D.S.O., g.*
Mackenzie, Bt Lt.-Col. J. H., *D.S.O., p.s.c.*
McKenzie, Lt.-Col. R. P., *M.B.,* S. Afr. Def. Forces
Mackey, Lt.-Col. H. J. A., *M.V.O., D.S.O.*
MacKinnon, Maj. A. D., *O.B.E., late* Gen. List
McKinnon, Lt.-Col. (*actg. Col.*) W. T. M., Can. A.M.C.
McLachlan, Col. J. D., *C.B., D.S.O., p.s.c.* [L]
Maclachlan, Bt. Col. T. R.
MacLaren, Col. M., Can. Local Forces.
McLaughlin, Maj. L. T., *D.S.O* ,Can.Local Forces
Maclean, Rev. A. M., *B.D., TD,* Chaplain, 2nd Class (T.F.)
McLean, Maj. C. W. W., *D.S.O.*
McLeish, Col. D., *C.B.E., VD, ret.*Aust. Mil. Forces
Macleod, Bt.Lt.-Col.(*temp. C l.*) C.W., *D.S.O.*
MacLeod, Lt.-Col. J. N., *C.I.E., M.B., F.R.C.S.Edin.*
MacLeod, Lt. - Col. N., *D.S.O., late* Serv. Bns. Cam'n Highrs.
McLoughlin, Col. G. S., *D.S.O., M.B.*
McMahon, Col. B. W, L.
McMaster, Lt.-Col. and Hon. Col. J. M., *TD, VD,* T.F. Res.
McMicking, Hon. Maj. (Army) G., *late* Hon. Art. Co. (late C. L. I. Vols.)
MacMullen, Bt. Col. C.N., *D.S O., p.s.c.*
McMullen, Lt.-Col. O. R., *TD,* Maj. ret. (T.F.) *late* R.A.
McMunn, Col. J. R., *C.B.*

Macnab, Col. A. J., *C B., F.R.C.S.*
Macnaghten, Maj. (*hon. Lt -Col.*) C. M., Aust. Mil. Forces
Macnaghten, Bt. Col. E.B., *D.S.O., g.*
McNalty, Bt. Lt.-Col. A. G. F., *C.B.E.*
McNamara, Bt. Col. A. E., *D.S.O., p.s.c.*
McNaughton, Brig.-Gen. A. G. L., *D.S.O* ,Can. Fd. Art.
McNicoll, Bt Lt-Col. W. R., *C.P., D.S.O.,* Aust. Mil. Forces

Maconchy, Hon. Brig.-Gen. E. W. S. K., *C.B., C.I.E., D.S.O.*
Macphail, Col. A., *D.S.O.,* Can. Eng.
Macpherson, Bt.Col. A.D., *D.S.O.*
McPherson, Lt.-Col. D.W. Can. Local Forces.
Macpherson, Rev. E. G. F., *C.B.E.. B.A.,* Chaplain to the Forces (1st Class).
McVittie, Bt.Lt.-Col.R.H., *C B.E., e., o.*
McWhae, Capt. D. M., *C.B.E.,*Aust.Mil. Forces
Mackworth, Bt. Lt.-Col. H. L., *D.S O* [l]
Madocks, Col. W. R. N., *D.S.O., p.s.c., q.s.*
Magan, Temp. Maj. A.T.S.
Magniac, Bt. Lt.-Col. C. L., *C.B.E.*
Main, Col. T. R., *C.B.*
Mainwaring, Hon. Maj. Gen. R. B.
Mair, Lt - Col. (*temp. Brig.-Gen.*) G. T., *D.S.O.*
Mair, Lt.-Col. R. J. B.
Maitland,Bt.Lt.-Col. E.M., *D.S.O., A.F.C.*
Maitland-Makgill-Crichton, Bt. Lt.-Col. H. C , *D.S.O., p.s.c.*
Majendie, Lt.-Col. B. J., *D.S.O.,* K.R. Rif. C.
Malcolm, Hon. Brig.-Gen. H. H. L., *C.B., D.S.O.*
Mance, Bt. Lt.-Col. H. O., *C.B., D.S.O.*
Mangles, Bt. Col. R. H., *D.S.O., p.s.c.*
Manifold, Maj.-Gen. C. C., *C.B., M.B., K.H.P.*
Manifold, Bt. Col. J F., *g.*
Mansel-Jones, Bt. Lt.-Col. C., *D.S.O.*
Marden, Maj.-Gen. T. O., *C.B., p.s.c.* [l]
Marescaux, Temp. Col. G. C. A., *C.B.* (*Rear Admiral ret. R.N.*)
Margesson,Bt. Maj.(*temp. Col.*) E. W.
Marriott Dodington, Hon. Brig.-Gen. W., *p.s.o.*
Marsh, Bt. Lt.-Col. F. G., *D.S.O., p.s.c.* [L]
Marsh, t. Lt.-Col. J. T., R.A.S.C.
Marshall, Hon. Capt F., Aust. Mil. Forces
Marshall, Bt. Col. F. J., *C.B., D.S.O., p.s c.*
Marshall, Lt.-Col. H. J. M., *C.B.*
Marshall, Capt. K. R., *D.S.O.,* Can. Local Forces
Marshall, Hon. Brig.-Gen. T. E., *C.B.*
Marshall, Lt.-Col.W.L.W., *late* R.A.M.C.
Martin Col. C. B., *M.B.*
Martin, Bt. Maj. E. C. deR., *D.S.O., M.C.*

Martin, Lt.-Col. E. E., *C.B.E., F.R.C.V.S.*
Martin, Bt. Lt.-Col. E. F., *C.B., D.S.O.,* Aust. Mil. Forces
Martin, Bt. Lt.-Col. G. H., *D.S.O., O.B.E., p.s.c.*
Martin, Lt.-Col.(*temp.Col.*) H. G.
Martin, Lt.-Col. J. F., *C.B.E., M.B.*
Martin, Lt.-Col. R. E., *TD,* T.F. Res.
Martin, Lt.-Col. T. M., Aust. Mil. Forces
Martineau, Lt.-Col. and Hon. Col. E., *TD, VD,* 6 Bn. R. War. R.
Marton, Lt.-Col. R. O., *D.S.O., g.*
Martyn, Hon. Brig.-Gen. A., *C.B*
Martyn, Maj.A.M., *D.S.O.,* Aust. Mil. Forces
Mason MacFarlane, Col. (T F) D. J., *C.B.E. TD.*
Massie, Bt. Col. (*temp. Brig.-Gen.*) R. H., *C.B.*
Massy, Col. E. C., *C.B., D S O*
Massy, Bt. Col. G.
Massy, Bt. Col. W. G.
Massy-Westropp, Hon. Col. J., *late* Lt.-Col. 5 Bn. R. Muns. Fus.
Matheson, Maj.-Gen. T. G., *C.B.*
Mathew-Lannowe, Lt.-Col. E B , *D.S.O., p.s.c*
Matthew, Col. J. S., *D.S.O., TD,* Terr. Force
Maud, Bt. Col. P., *C.B.E., p.s.c*
Maud, Bt. Lt.-Col. W. H., *late* 3 Bn. Som. L.I.
Maude, Maj. A. H., *D.S.O., R.A.S C.* (T.F.)
Maule,Lt.-Col.H.N.St.J., *R.A., e.*
Maunsell, Hon. Brig.-Gen. F. G., *C.B,* [L]
Maunsell, Lt.-Col. F. R., *C.B.E., p.s.c.*
Maunsell, Bt. Col. G. W.
Maurice, Col. G. T. R.
Maxwell, Lt. - Col. A., *D.S O, TD,* 8 Bn. Lond. R.
Maxwell, Bt. Col. L. L.
May, Maj.-Gen. *Sir* E. S., *K.C.B.*
May, Bt. Col. (*temp Maj-Gen.*) R. S., *K.C.B., D.S.O., p.s.c.* [l]
May, Temp. Maj. T. J., R.F.A.
Maynard, Col.(*temp Brig.-Gen.*) *ir* C.C.M., *K.C.B., D.S.O., p.s.c.* [l]
Mayne, Bt.-Col. C. R. G., *D.S.O* [l]
Meares, Maj. M., *D.S.O.,o.*
Mears, Lt.-Col. T. I. N., *D.S.O.*

Orders of Knighthood, &c.

COMPANIONS (C.M.G.) — contd.

Meek, Maj. A. S.
Meighen, Col. F. S., Can. Local Forces.
Mellor, Maj. A., *D.S.O.*
Mellor, Hon. Brig.-Gen. J. G. S., *C.B.*, Res. of Off.
Melvill, Temp. Lt.-Col. C. W., *C.B., D.S.O.*, N.Z. Mil. Forces, *p.s.c.*
Melville, Col. C. H., *M.B* ret. pay
Mercer, Col. (Hon. Capt. in Army) E. G., TD., Terr. Force.
Metcalfe, Hon. Brig.-Gen. F. E., *C.B., D.S.O.*
Metcalfe, Col.(*temp.Brig.-Gen.*) S. F., *D.S.O., g.*
Mewburn, Maj.-Gen. Hon. S. C., Can. Local Forces
Meynell, Lt.-Col. G., *p.s.c.* [l]
Meyrick, Col. F. C., *C.B.*, Res. of Off.
Micklem, Col. H. A., *C.B., D.S.O.* ret. pay (Res. of Off.)
Micklem, Maj. R.
Midgley, Hon. Lt.-Col. S., *D.S.O.*, Aust. Mil. Forces.
Midwinter, E. C., *C.B, C.B.E., D.S.O., late* Capt
Mildren, Hon. Brig.-Gen. W. F., *C.B., D.S.O.* (Col. T.F. Res.)
Miles, Maj. C. G. N., *D.S.O.*, Aust Mil. Forces, *p.s.c*
Miles, Col. (*temp. Brig.-Gen.*) P. J.
Millard, Maj. R. J., *C.B E.*, Aust. Mil. Forces.
Miller, Hon. Col. D., *I.S.O.*, VD, Aust. Mil. Forces.
Milligan, Lt. (*hon. capt.*) S. L., *D.S.O.*, Aust. Mil. Forces.
Mills-Roberts, Lt -Col. R. H., *F.R.C.S. Edin.*, TD, *late* R.A.M.C
Milman, Hon. Brig.-Gen. L. C. P., *o.*
Milne, Temp. Lt.-Col. A. D.
Milner, Hon. Brig. Gen. G. F., *D.S.O.*
Milne-Redhead, Lt.-Col. & Hon. Col. R. H., *late* 3 Bn. E. Lan. R.
Milne-Thomson, Maj. (*temp. Col.*) A., 3 Wessex Fd. Amb.
Mitchell, Hon. Col. C. H., *C.B., D.S.O.*, Can. Local Forces.
Mitchell, Lt.-Col. J. D., *late* 22 Bn. Durh. L.I.
Mitchell, Lt.-Col. W. J., *D.S.O.*
Mitford, Hon. Maj.-Gen. B. R., *C.B., D.S.O., p.s.c.* [L] (*Gent.-at-Arms*)
Mitford, Col. W. K., *late* Midd'x Impl. Yeo., *A.D.C.* (*Gent.-at-Arms*)
Mockler, Bt. Col. P. R.

Moens, Bt. Lt.-Col. (*temp. Col.*) A. W. H. M., *D.S.O., p.s.c.*
Moffat, Capt. R. U.
Molesworth, Col. A. L.
Molesworth, Lt.-Col. H. E., *D.S.O.*
Molesworth, Bt. Col. R. P. *D.S.O.*
Moline, Lt.-Col. F. H.
Moncreiffe, Col. Sir R. D., Bt., VD, 6 Bn. R. Highrs., *A.D.C.*
Moncrieff, Hon. Col. A. B., Aust. Mil. Forces.
Money, Hon Brig. - Gen. N. E., *D.S.O.*, TD, T.F. Res.
Money, Bt. Col. R. C., *C.B E.*
Monkhouse, Bt. Col. W. P., *C.B., M.V.O.*
Montague, Maj. F. F., Can. Local Forces
Montague, Lt.-Col. P. J., *D.S.O., M.C.*, Man. Regt.
Montague-Bates, Bt. Lt.-Col. (*temp. Brig.-Gen.*) F. S., *C.B., D.S.O.*
Montagu Douglas Scott, Lt.-Col. Lord H. A., *D.S.O.*, Res. of Off.
Montagu - Stuart - Wortley, Maj.-Gen. Hon. E. J., *C.B., M.V.O., D.S.O.*, ret. pay, *p.s.c., q.s.*
Montgomery, Bt. Lt.-Col. H. F., *D.S.O., p.s.c.*
Montgomery, Bt. Col. H. M. de F., *C.B., p.s.c., g.* [L]
Montgomery-Smith, Lt.-Col. E. C., *D.S.O.*, R.A.M.C.(T.F.)
Moon, Lt.-Col. A., *O.B.E.*, Aust. Mil. Forces
Moore, Lt.-Col. A., ret. Ind. Army.
Moore, Col. C. D. H., *D.S.O., p.s.c.*
Moore, Lt.-Col. C. H. G., *D.S.O.*
Moore, Lt.-Col. D. T., *D.S.O.*, Aust. Mil. Forces
Moore, Lt.-Col. G. A., *D.S.O., M.D.*
Moore, Bt. Lt.-Col. H. T. G., *D.S.O.*
Moore, Lt.-Col. (*temp. Col.*) M., *D.S.O., e.*
Moores, Col. C. F., *D.S.O., D.S.O., e.* [l]
Moores, Maj.-Gen. S. G., *C.B.*
Moorhouse, Maj. H. C., *D.S.O.*
More, Lt.-Col. R. H., *C.B.E.*, Res. of Off.
Morgan, Col. C. K., *C.B., M.B.*
Morgan, Rev. E. M., Chaplain to the Forces (1st Class).
Morgan, Col. F. J., *C.B.E.*
Morgan, Col. (*temp. Brig. Gen.*) Sir H. G., *K.B.E., C.B., D.S.O.*
Morgan, Bt. Lt.-Col. (*temp. Brig.-Gen.*) R. W., *D.S.O.*
Morgan-Owen, Bt. Lt.-Col. L. I. G., *D.S.O.*

Morison, Temp. Maj. Sir W. T., *K.C.S.I.*
Morphett, Bt. Lt.-Col. G. C., *D.S.O.*
Morphew, Col. E. M., *D.S.O.*
Morris, Bt. Col. A.H., *D.S.O* (*Lt.-Col. Can. Local Forces*).
Morris, Bt. Col. temp. Brig.-Gen.) E. M., *C.B.*
Morris, Lt.-Col. G. A., *D.S.O.*, S. Afr. Def. Forces.
Morrison, Col. F.S., *D.S.O.*, Can. Local Forces, *p.s.c.*
Morton, D. S., *late* Temp. Lt.-Col., VD.
Moss, Maj. (*acting Col.*) K L , *M C*
Moss-Blundell. Col. F. B., *D.S.O.*, TD, Terr. Force.
Mould, Col. W. T.
Moulton - Barrett, Hon. Brig.-Gen. E. A., *C.B.*
Mountsteven Hon.Col. .H., 3 Bn. Devon R.
Moxon, Col. (Hon. Lt. in Army) C. C., *D.S.O.*, TD, T.F. Res.
Moysey, Maj.-Gen. C. J.
Mill, Lt.-Col. T., *M.B., F.R.C.S.*, N.Z. Mil. Forces
Mudge, Lt.-Col. A.
Munby, Bt. Lt.-Col. J. E., *D.S.O., p.s.c.*
Munn, Lt.-Col. R. G.
Murray, Maj. Hon. A. C., *D.S.O.*, 2 Regt.K.Ed.B rse.
Murray, Lt.-Col. (Hon. *Capt. in Army*) C. C., TD, T.F. Res.
Murray, Maj. C. D., ret. Vols.
Ɋ C Murray, Bt.-Col. H. V., *D.S.O., D.C.M.*, Aust. Mil. Forces.
Murray, Hon. Maj.-Gen. R. H., *C.B., q.s.*
Murray, Col. V., *K.B.E., C.B.*
Murray, Bt. Lt.-Col. W A., *D.S.O.*
Muspratt, Hon. Brig.-Gen. F. C., *C.B.*, ret. Ind. Army.

Napier, Lt.-Col. Hon. H. D. [L]
Napier, Col. Hon. J. S.
Napier, Bt. Lt.-Col. V. M. C., *D.S.O., p.s.c.* [l]
Napier, Maj -Gen. W. J., *C.B. g.*

Nash, Col. L. T. M.
Nason, Bt. Col. F. J., *C.B., D.S.O.*
Nathan, Maj. W. S. [l]
Needham, Bt. Col. H., *D.S.O., p.s.c.*
Neilson, Lt.-Col. J. B., *D.S.O., late* 5 Bn. High. L.I.
Neilson, Bt. Lt.-Col. W. G., *D.S.O., p.s.c.*
Nepean, Col. (*temp. Brig.-Gen.*) H. E. C. B., *C.S.I.*
Newall, Bt. Maj. C L. N., *C.B.E, A.M*
Newbigging, Bt. Col. W. P. E., *C.B., D.S.O.*
Newcombe, Bt. Col. (*temp. Brig.-Gen.*) H. W., *D.S.O., g.*
Newham, Lt.-Col. H. B. G., *M D.*, *late* R.A.M.C.
Newman, Bt. Col. (*temp. Brig.-Gen.*) C. R., *D.S O., p.s.c.*
Newmarch, Col. B. J., VD Aust. Mil. Forces
Newsome, Col. A. C. *C.B.E.*
Nichol, Col. (*temp. Surg.-Gen.*) C E., *D.S.O., M.B.*
Nicholson, Maj.-Gen. Sir C L, *K.C.B., p.s.c.*
Nicholson, Lt. Col.E.J.H., *D.S.O,* Aust. Mil Forces.
Nicholson,Hon Brig.-Gen. G. H., *C.B.*
Nicholson, Col. G. H. W
Nicholson, Col. J. S., *C.B., C.B.E., D.S.O.*
Nicholson, Bt. Lt.-Col. O. H. L., *D.S.O., p.s.c.*
Nicholson, Bt. Lt.-Col. W. N., *D.S.O , p.s.c.*
Ɋ C Nickerson, Bt. Col. (*temp. Col.*) W.H.S., *C.B., D.S.O.*
Nicolls, Col. E. G., *C.B., g.*
Nightingale, Bt. Col.(*temp. Brig.-Gen.*) M. R. W., *C.I.E.*, *D.S.O.* [l]
Nisbet, Bt. Lt.-Col. T., *D.S.O.*
Nixon, Capt. J. A., *M.D., F.R.C.P., R.A.M.C.(T.F.)*
Nolan, Lt. Col. A. B.
Noott, Lt. - Col. C. C., *D.S.O., g.*
Norcott, Bt. Col. C. H. B.
Norman, Bt. Lt.-Col. C.C., *D.S.O.*
North, Lt.-Col. E. B., *D.S O.* [l]
Northey, Lt -Col.H. H.
Norie, Col. (*temp. Brig.-Gen.*) C. E. de M., *C.B., D.S.O., p.s.c.* [l]
Norrington, Hon. Lt.-Col. R. L.
Norton, Lt.-Col. C. E.
Norton, Hon. Brig.-Gen. C. B., *D.S.O.*
Nugent, Col. R. A., *C.B.*
Nuthall, Hon. Brig.-Gen C. E., *C.B., C.M.G.*

Orders of Knighthood, &c.

COMPANIONS (C.M.G.)—*contd.*

O'Callaghan, Col. D. M.
Odlum, Temp. Brig.-Gen. V. W., *C.B., D.S.O.,* Can. Local Forces.
O'Gorman, Bt. Col. (*temp. Gen.* H.), *p.s.c.*
O'Donnell, Hon. Brig-Gen. H., *p.s.c.*
O'Dowda, Bt. Col. J. W., *C.B., C.S.I., p.s.c.*
Ogg, Lt.-Col. W. M.,*D.S.O., p.s.c.* [L]
Ogilvie, Col. E. C., *C.B E.*
Ogilvie, Bt. Lt.-Col. G., *p.a.c.*
Ogilvie, Col. T., jun., *C.B.,* TD, Terr. Force
Ogilvie, Bt. Col. (*temp. Col.*) W. H., *M.B.*
O'Gorman, Lt.-Col. P. W., ret. Ind. Army
O'Grady, Lt.-Col. (*temp. Col.*) S. de C., *D.S.O.,* M B.
Ogston, Bt. Lt.-Col. C., *C.B., D.S.O., p.s.c.*
O'Hara, Bt. Lt.-Col. E. R., *D S O*
Oldfield, Lt.-Col. (*temp. Col.*) C G., *C.B.E.*
Oldfield, Col. (*temp. Brig.- Gen.*) L. C L., *C.B., D.S.O.*
Oldman, Col. (*temp. Brig.- Gen.*) R. D. F., *D.S.O.*
O'Leary, Hon. Brig.-Gen. T. E., *C.B., C.B.E.*
Oliver, Col. (T.F.) C. P. *M.D., K.H.P.,* TD, T.F. Res.
Oliver, Bt. Col. L. G.
Ollivant, Bt. Col. J. S., *C.B., D.S.O.*
Olver, Bt. Lt.-Col. A., *C.B., F.R.C.V.S.*
O'Meara, Lt.-Col. W. A. J., *p.s.c.* [l]
Onslow, Lt.-Col. C. C., *C.B.E., D S O.*
Onslow, Lt.-Col. G. M. M., *D S O.,* Aust. Impl Force.
Openshaw, Lt.-Col. T. H., *C.B., M.B., F.R.C.S.,* TD, R.A.M.C. (T.F.)
Oppenheim, Maj. L. C. F., ret. pay.
Ormond, Brig.-Gen. D. M., *D.S.O.,* Alberta R.
O'Rorke, Maj. F. C., *F.R.C.S.I.*
Orpen, R. N. M., *late* Maj., Orpen's Horse.
Orpen-Palmer, Bt.Lt.-Col. (*temp. Brig.-Gen*) H. B. H., *D.S.O.* [l].
Osborn, Lt.-Col. (*temp. Col.*) W. L., *C.B., D.S.O.*
Osborne, Maj. H. C., Can. Local Forces.
O'Shee, Lt.-Col. R. A. P.
Osler, Col. S. H., *D.S,O.,* Can. Eng.
O'Sullivan, Col. D., *F.R.C.S.I.*
Ouseley, Hon. Brig.-Gen. R. G., *C.B., D.S.O., q., f.*
Ovens, Hon. Brig.-Gen. R. M
Owen, Lt.-Col. C. H. W., *D.S.O.*
Owen, Lt.-Col. C. R. B., *p.a.c.*

Owen, Bt. Lt.-Col. C. S., *D.S.O.*
Owen, Lt.-Col. C. W., *C.I.E.*
Owen, Maj. R. C. R., *O.B.E.*
Owen, Lt.-Col. R. H., Aust. Mil. Forces.
Oxley, Hon. Brig.-Gen. R. S., *C.B., p.s.c* [l]

Page, Lt.-Col. S. H., TD, R.F.A. (T.F.)
Paget, Temp. Lt.-Col. W., *D.S.O.*
Paine, Lt.-Col. A. I., *D.S.O.*
Painter, Hon. Brig.-Gen. A. C., ret pay.
Pakenham, Bt. Lt.-Col. G. de la P. B., *D.S.O.*
Pakenham, Hon. Col. H. A., 11 Bn. R. Ir. Rif. (Capt. ret.) (Hon. Maj. in Army)
Paley, Bt. Col. A. T., *D.S.O., p.s c.*
Palmer, Lt.-Col. (*temp. Col.*) A. Z., Can. Local Forces.
Palmer, Col. C. E., *C.B., D.S.O.*
Palmer, Col. H. I. E.
Palmer, Lt-Col. W. L.
Panet, Bt. Col. A. E., *C.B., D.S.O.*
Panet, Brig.-Gen. E. de B., *D.S.O.,* Can. Art.
Panet, Brig.-Gen. H. A., *C.B., D.S.O.,* Can. Local Forces.
Pank, Lt.-Col. C. H.,*D.S.O.,* TD, 7 Bn. Midd'x R.
Pares, Surg.-Lt.-Col. B.
Parker, Hon.Brig.-Gen. A.
Parker, Lt.-Col.-H. W. M.
Parker, Hon. Brig.-Gen. J. L.
Parker, Col. R. G., *C.B., D S O., p.s.c.*
Parker, Hon. Brig.-Gen. St. J. W. T., *C.B.*
Parker, Maj. W. M., *c, C.B.E.,* N.Z. Mil. For es.
Parkes, Lt.-Col. W. H., *C'wealth* Mil. Forces.
Parnell, Col. J. W., *P'ar.,* Bt. Col. H. O
Parry, Lt.-Col. (*temp. Col.*) W.
Parry-Evans, Rev. J. D. S., Chaplain to the Forces (2nd Class)
Parsons, Lt.-Col. A. W., *D.S.O.*
Parsons, Lt.-Col D., *D.S.O., e.*
Parsons, Col. J. L. R., *D.S.O.,* Sask. Regt.
Parsons, Lt.-Col W. Forster, *D.S.O.*
Partridge, Temp. Col. S. G., *C.B.E.*
Pasteur, Temp. Col. W., *C.B., M.D., F.R.C.P.* (Lt.-Col.R.A.M C.(T.F.))

Patch, Col. F. R., *D.S.O.*
Paterson, Lt.-Col. P. J., *D.S.O.* [l]
Paterson, Brig.-Gen. R. W., *D.S.O.,* Fort Garry Horse.
Paton, Maj.-Gen. G.
Paton. Col. J., VD, C'wealth Mil. Forces.
Paul, Maj. D., *C.B.E.,* Inspr. of Ord. Machinery (1st Class)
Payne, Bt. Col. A. V.
Payne, Col. H. C. B.,*C.B.E.*

Paynter, Lt.-Col. (*temp. Brig.-Gen.*) G. C. B., *D.S.O.*
Peacock,Lt.-Col.P.,R.Mar.
Peacocke, Col. W., *p.s.c.*
Pearce, Maj. F. B.
Pearce-Serocold,Col.(*temp. Brig.-* -en.) E., *p.s c.* (*l*)
Pearse Serocold, Bt.-Col. O., VD, T.F. Res.
Pearless, Bt. Col. C. W. *D.S.O., p.s.c.* [L]
Pearse, Hon. Brig.-Gen. T. H. F.
Pearson, Temp.Col.G.S.H
Pearson, Lt.-Col. W. B., *C.B.E*
Peck, Maj.-Gen. A. W., *C.B.*
Peck, Bt. Col. H. R., *D.S.O.*
Peck, Lt.-Col. J. H., *D.S.O.,* Aust Mil. Forces.
Peel, Maj. A.
Peel, Lt.-Col. E. J. R., *D.S.O.*
Peebles, Hon. Brig.-Gen. E. C., *C.B., D.S.O.*
Peirs, Lt.-Col. H. J. C., *D.S.O.,* late Serv. Bns. R. W. Surr. R.
Pelly, Bt. Lt.-Col. R. T., *C.B., D.S.O.*

Pennington, Temp. Maj. H. S. W., *D.S.O.*
Penny, Lt.-Col. (*temp. Col.*) F. S, *D.S.O., M.B.*
Penrose, Hon. Brig.-Gen. C., *C.B.*
Penton, Maj.-Gen. A. P., *C.B., C.V.O., p.a.c.*
Perceval, Hon. Brig.-Gen. C. J., *C.B., D.S.O., p.s.c.* [L]
Percival, Bt. Lt.-Col. (*temp. Col.*) H. F. P., *C B.E., D.S.O.* [L]
Percy, Col. J. S J., *C.B., D.S.O., p.s.c.*
Pereira, Maj.-Gen. C. E., *K.C.B.*
Pereira, Bt. Col. G. E., *C.B., D.S.O.*
Perkins, Col. A. E. J., *C B, g.*
Perkins, Lt.-Col. W. J, VD, *late* 5 Bn. R.W. Surr. R. (Lt.-Col., Hon. Col. ret. T.F.)
Perreau, Col. A. M. *C.B.*
Perreau, Maj. C. N
Perry, Lt.-Col. F.F., *C.I.E., F.R.C.S.*

Petre, Lt.-Col. H.C., *O B E.*
Phillips, Bt. Lt.-Col. B. H.
Phillips, Col. L. F., *D.S.O., C.B.E., p.s.c.* [l]
Phillips, Col. (*temp Brig.- Gen.*) G. F., *C.B.*
Phillips, Hon. Brig-Gen. H. de T., *C.B.*
Phillips, Col (*temp. Brig.- Gen.*) O. F., *D'S.O.,* Aust. Impl. Force.
Phillips,Lt.-Col.P.,*M.V.O.*
Phillips, Lt.-Col. T. R.
Phipps-Hornby, Hon. Col.Brig.-Gen. E. J., *C.B.*
Pickard, Col. R., *C.B.,M.D.,* Terr. Force
Pickering, Bt. Lt.-Col. C. J., *D.S.O., e.*
Pickwoad, Bt. Col. E. H.
Picot, Maj. F. S.
Pigott, Lt.-Col,G.E., *D.S.O.*
Pilkington, Lt.-Col. C. R., T.F. Res. (Hon. Lt. *in Army*)
Pilkington, Lt.-Col. (Hon. Lt. *in Army*) L. E., TD, T F. Res.
Pink, Hon. Brig.-Gen. F. J., *C.B., D.S.O., q.s.*
Pirrie, Bt Col. F. W., *C.I.E.*
Pitcairn, Temp. Lt.-Col. G. S.
Pitcher, Bt. Col. D. Le. G., *C.B.E., D.S.O.*
Pitchford, Temp. Lt.-Col. H. W.
Pitman, Col. T. T., *C.B.*
Pitt, Col. W.
Pitt-Taylor, Bt. Lt.-Col. (*temp. Brig.-Gen.*), W. W., *C.B., D.S.O., p.s.c.*
Place, Bt. Lt.-Col. C. O., *p.s.c.* [L]
Plomer, Bt. Col. W. H. P.
Plugge, Lt.-Col. A., N.Z. Mil. Forces.
Pocock, Col. H. I.
Poe, Col. J., *D.S.O., M.B.*
Poett, Hon. Maj.-Gen. J. H., *C.B., C.B.E., p.s.c.*
Pollard, Lt.-Col., G.C., *D S.O., R.E.* (T.F.)
Pollard, Col. ((*temp. Brig.- Gen*) J. H. W., *C.B., D S O.; p.s.c.* [l]
Pollard-Lowsley, Bt. Lt.- Col, H. de L., *C.I.E., D.S.O.*
Pollen, Lt.-Col. S. H. (*Gent. at Arms*)
Pollok-McCall, Col. J. B. *D.S.O.* (T.F.) Maj. ret. pay [l].
Pollok-Morris, Bt. Col. W. P. M., *D.S.O.*
Polson, Col. Sir T. A., *K.B.E.,* TD, ret. T.F.
Ponsonby, Maj.-Gen. J., *C.B., D.S.O.*
Poole, Col. A. J.
Poole, Hon. Maj.-Gen. Sir F. C., *K.B.E., C.B., D.S.O.*
Poole, Col. G.R., *D.S.O.*
Pope, Lt.-Col. E.W., Nova Scotia Regt.
Pope, Lt.-Col. W. W.

Orders of Knighthood, &c.   155

COMPANIONS (C.M.G.)—*contd.*

Popham, Bt. Lt.-Col. R. S., D.S.O.
Porteous, Bt. Lt.-Col J. J.
Porter, Bt. Col.(*temp. Brig.-Gen.*) C. L., D.S.O.
Porter, Maj.-Gen R., C.B., M.B.
Potter, Lt.-Col. C. F., D.S.O., p.s.c
Potter, Bt. Lt.-Col. H. C., D.S.O
Potter, Lt-Col. H. R., N.Z. Mil. Forces.
Potts, Hon. Brig.-Gen. F., C B., g.
Potts, Maj. E. T., D.S.O., M D.
Powell, Maj. (*temp Brig.-Gen.*) E.W.M., C.B., D.S.O.
Powell, Col. H. A., Aust. Mil Forces
Powell, Lt.-Col. P. W. B., D.S.O.
Prain, Lt.-Col. *Sir* D., *Knt.*, C.I.E., F.R.S., M B
Pratt, Bt. Col. A. S., C.B.
Prendergast, Hon. Brig.-Gen. D. G
Prentice, Lt.-Col. R. E. S., C.B., D.S.O.
Preston, Col. D'A. B., g.
Pretorious, Temp. Lt. P. J., D.S.O., E. Afr. Divn.
Price, Col. A. J
Price, Bt. Col. B. G., C.B., D.S.O
Price, Bt. Col. B. G., C.B., D.S.O.
Price, Bt. Col. (*temp. Brig.-Gen.*) C. U.
Price, Temp Lt.-Col. G. B., M.D.
Price, Bt. Col. G. D.
Price, Lt.-Col. *Sir* R. H., K.B.E., S. Afr. Def Forces.
Price, Lt.-Col. T. H. F., D.S.O.
Price, Bt. Lt.-Col. T. R. C., D.S.O., p.s.c.
Price, Lt.-Col. (*temp. Brig.-Gen. in Army*) W., C.B., C.B.E., VD, Postal Sec., R.E.Spec.Res.(*Hon.Maj. in Army*)
Vℓ, Price-Davies, Col. (*temp.Maj.-Gen.*) L. A E., D S O., p.s.c.
Pridmore, Col. W. G., M.B.
Priestley, Maj. H. E.
Pritchard, Bt. Col. (*temp. Brig.-Gen.*) A. G.
Pritchard, Bt. Col. C. G., D.S.O.
Pritchard, Bt. Col. H. L., D.S.O.
Pritchard, Col. S. A. M., S. Afr. Def. Force
Profeit, Col. C. W., D.S.O., M.B.
Prout, Lt.-Col. W. T., O.B.E., M.B., late R.A.M.C.
Pryce, Bt. Col. H. E. ap R., D.S.O., p.s.c.
Puckle, Maj. F. K.
Purdon, Lt.-Col. D. W.
Pym, Col. F. H. N., O.B.E., Res. of Off.

Queripel, Bt. Lt.-Col.L.H., D.S.O.
Quirk, Lt.-Col. D., D.S.O., *late* Serv. Bns. Yorks. L. I.

Rabett, Lt.-Col. R. L. R., C'wealth Mil Force s.
Radcliffe, Lt.-Col. F. W., C.I.E., C.B.E., n.s.c.
Radcliffe, Lt.-Col P. J.
Rainey-Robinson, Col. R. M., C.B.
Rainsford - Hannay, Hon. Brig.-Gen. F., C.B.
Rainsford-Hannay,Lt.-Col. F., D.S.O., p.s c.
Ralston, Lt.-Col. A. W., D.S.O., C'wealth Mil. Forces.
Ralston, Lt.-Col. J. L., D S O.,Nova Scotia Regt.
Ramaciotti, Col. G., VD Aust. Mil. Forces.
Ramsay, Col. C. W. P., Can. Local Forces.
Ramsay, Col. F. W., C.B., R F s
Ramsay - Fairfax, Temp Lt.-Col. W. G. A., D.S.O.
Ramsden, Lt.-Col. J. V., D.S.O.
Ramsden-Jodrell, Lt.-Col. H
Randolph, Maj. A. F., D S O. (*Fon. Lt.-Col., ret. Spec. Res.*)
Rankin, Lt.-Col. A. C., Can. A.M.C.
Rankin, Bt. Col. C. H., D.S.O.
Ranking, Lt.-Col. G. S. A., M.D., R.A.M.C. (T.F.)
Ratcliff, Lt. Col. R. F., VD, 6 Bn. N. Staff. R.
Ravenhill, Hon.Brig.-Gen. F. T.
Ravenhill, Lt.-Col. H. S.
Ravenshaw, Col. (*temp. Brig.-Gen.*) H. S. L.
Raw, Hon.Lt.-Col.N.,M.D.
Rawlins, Bt. Col. S. W H., D.S.O., p.s.c.
Rawlinson, Temp. Lt.-Col. A., C B E, D.S.O., R.G.A.
Rawlinson, Rev. B. S., O.B E., Temp. Chaplain to the Forces (2nd Class).
Rawnsley, Bt. Col. C., C.B.E., D.S.O.
Rawnsley,Col. G. T. C.B.,Terr. Force
Raymer, Col. R. R., D.S.O., L.
Reade, Maj.-Gen. R. N. R., C.B., p.s c.[L]
Ready, Maj.-Gen. F. F., C.B., C.S.I., D.S.O, p.s.c., s. [l]
Reddie, Lt.-Col. A. J., D.S.O.
Redl, Lt Col. E. A. F., C.I.E. L]
WReed, Maj-Gen. H. L, C.B., p.s.c. [l]
Rees, Bt. Lt.-Col. H. C., D.S.O.
Regan, Col. J. L., Can. A.P.C.
Reid, Maj. A. D., K.B E., (*late* Capt. R.A.M.C., T.F.)
Reid, Col. F. A., Can. Local Forces
Reid, Bt. Lt.-Col. H. G., D.S.O., e.
Rennie, Lt.-Col. G. A. P., D.S.O.

Rennie, Col. G. S., Can. A.M.C.
Rennie, Brig.-Gen. R, C.B., Local Forces.
Renny, Bt. Col. (*temp. Brig -Gen.*) L. F., D.S.O., p.s.c.
Riach, Bt.-Col. W., M.D.
Ricardo, Hon. Brig -Gen. (*temp. Brig.-Gen.*) A. St. Q., D.S.O.
Richards, Lt.-Col.H.A.D., D.S.O.
Richards, Col O., D.S.O., M.D. F R.C.S.
Richardson, Lt.-Col. G. S., C.B., C.B.E., N.Z. Mil. Forces, p.s.c., g.
Richey, Temp. Maj. G. H. M., D S O., Serv. Bns. R F s
Richmond, Temp. Lt.-Col. W. S.
Ricketts, Capt. A., M.D., R.A.M.C. (T.F) (*Hon. Capt. in Army*).
Riddell, Bt.Lt.-Col.E. P. A., D.S.O.
Ridout, Col. (*temp. Brig.-Gen.*) D. H., K.B.E., C.B.
Riggall, Lt.-Col. H. W., D S O, Aust. Imp. Force.
Riley, Bt. Lt.-Col. R. F., D.S.O., p.s.c.
Rind, Bt. Col. A. T. S A
Ritchie, Maj.-Gen. A. B., C.B.
Ritson, Lt.-Col W.H., *late* 6 Bn. North'd Fus, VD.
Robertson, Bt. Lt. - Col. A, B., D.S.O., p.s.c.
Robertson, Lt.-Col. C. L.
Robertson, Temp. Lt.-Col. H.
Robertson, Hon. Lt.-Col. J., M.D., *late* R A M.C.
Robertson, Bt. Lt.-Col. (*temp. Brig.-Gen.*) J. C., C.B., D.S.O., Aust. Mil, Forces.
Robertson, Lt.-Col. (*temp. Col.*) J.C., C.B.E., C.I.E., M.B.
Robertson, Maj.-Gen.P.R., K.C.B.
Robinson, Maj. J. P. B., D.S.O. p.s.c.
Robinson, Lt.-Col. M. B., T.F. Res.
Robinson, Col. O. L., C.B., K.H.P.
Robinson, Lt.-Col. P. M., C.B.
Robinson, Hon. Brig. Gen. W. A., C.B.
Robinson Embury, Lt.-Col R. P., *late* R F.A. (T.F.) (Bt. Maj. ret.)
Robson, Lt-Col. J. C., D.S O., TD,VD, *late* R G.A.(T.F.)
Roch,Lt.-Col. H. S., D.S.O., C. A.
Rochfort- Boyd, Bt. Col. C. A.
Rocke, Temp.Lt.-Col.W.L. (Hon. Col. ret.Spec.Res.)
Roe, Hon. Brig.-Gen. C. H., C.I.E.
Rogers, Lt.-Col. H. S., D S O.
Rogers, Bt. Lt.-Col. (*temp. Brig.-Gen.*) H. S., D.S.O.

Rogers, Lt. Col. J. B., D.S.O., M.C., 1 Cen. Ont. Regt.
Rollo, Temp. Brig.-Gen.G., D.S.O
Rome, Bt. Lt.-Col. C. S., D.S.O.
Romer, Maj.-Gen. C F., C.B., p.s.c., A.D.C.
Roocroft, Lt -Col. & Hon. Col. W. M., VD, *late* R.A.M.C. (T.F.)
Rooke, Bt, Col. E. H., D.S.O.
Rose, Lt.-Col. H.
Rose, Bt. Lt.-Col. R.A. DeB., D.S.O
Rosenthal, Bt. Lt.-Col C., K.C.B., D.S.O., Aust. Mil. Forces.
Ross, Brig.-Gen.A., D.S.O., Sask. Reg.
Ross, Brig.-Gen. A. E., C.B., Can. Local Forces.
Ross, Bt. Lt.-Col. A. M., D.S.O.
Ross. Brig.-Gen. J. M., D.S.O., Brit. Col. Regt.
Ross, Col. R. J., C.B., p.s.c. [l]
Ross, Hon Brig - Gen. *Sir* W. C., K.B E., C.B.
Ross-Johnson, Fon. Brig. Gen. C. M., C.B., D.S.O.
Roth, Col. R. E., D.S.O., C'wealth Mil. Forces.
Rotton, Col. J. G., C.B.
Rowan-Robinson, Lt.-Col (*temp. Brig.-Gen.*) H., D S O., p.s.c. [L]
Rowland, Col. M. C., S.Afr.Def.Force (Qr.-Mr. & Maj. ret. pay)
Rowley, Hon. Brig.-Gen. F. G. M., C B., D.S.O.
Roy, Col. J. W. G.
Royston, Hon Brig- Gen. (*Army*) J. R., D.S.O., *late* Border Mtd. Rif.
Ruck, Maj.-Gen. R. M., C B.
Rudkin, Hon. Brig.-Gen. W. C. E., D.S.O., A.D.C.
Rumbold, Lt.-Col. W.E., g.
Rundall, Lt.-Col. C. F., D.S.O. [l]
Rundle, Lt.-Col.(*temp.Col.*) F. P., D.S.O.
Russell, Col. A. F., M.B.
Russell, Lt.-Col. (*temp. Brig -Gen.*) Hon. A. V. F., M.V.O., p.s.c. [L]
Russell, Bt. Lt.-Col. R. T., p.s.c
Russell, Maj. (*temp. Col.*) W. K., D.S.O.
Rutherford, Col. C., C.B.
Ruttan, Brig.-Gen. H. N., Can. Local Forces.
Ryan, Ho'. Brig.-Gen. C. M., C.B.E., D.S.O.
Ryan, Bt. Lt.-Col. E., D.S.O.
Ryan, Col., & Hon. Surg. Gen. C.S., K.B.E., C.B. Aust. Imp Force.
Ryder, Bt. Col. F. J.

COMPANIONS (C.M.G.)—contd.

Sackville-West, Maj.-Gen. Hon. Sir C. J., K.B.E., p.s.c. [l]
Badleir-Jackson, Bt. Co. (temp. Brig.-Gen.) L. W. de V., C.B., D S O.
St. Clair, Col. J. L. C., C.B., p.s.c.
St. Clair, Bt. Col. W. A. E.
St. John, Lt.-Col. E. F., D.S.O., p.s.c.
St. Leger, Lt.-Col. (temp. Col.) S. E., D.S.O.
Salsbury, Lt.-Col. A. G., D.S.O., Aust Imp. Force.
Salmon Col. G. N., D.S.O.
Salmond, Bt. Col. Sir J. M., K.C.B., C V O., D.S.O.
Salt, Bt. Col. H. F., D.S.O., p s.o.
Saltoun, Hon. Brig.-Gen. A. W. F., Lord
Samson, Bt. Lt.-Col. L. L. R. [L]
Samut, Lt.-Col. A., C.B. [L]
Sandall, Col. (T.F.) T. E., TD,
Sandars, Bt.-Lt.-Col. E. G.
Sanders, Lt.-Col. G, A. F., p.s.c.
Sanders, Lt.-Col. G. E., D.S.O., Can. Local Forces
Sanders, Hon. Brig.-Gen. G. H., C.B., D.S.O
Sanderson, Col. W. D., D.S.O.
Sandilands, Bt. Lt.-Col. H. R., D.S.O. (S.).
Sandilands, Bt. Col J. W., C.B., D.S.O., p.s.c. [l]
Sandwith, Mat. R. L.
Sandys, Col. W. B. R., C.B
Sanford, Hon. Col. E. C. A., late Lt.-Col. 3 Bn. Wilts.R. [L]
Sangster, Lt.-Col. P. B.,Terr. Res.
Sargent, Temp. Lt.-Col. P. W. G., D.S.O., M.B., F.R.C.S.
Sassoon, Capt. Sir P. A. G. D., Bt., R.E. Kent Yeo.
Saunders, Maj. C.H., p.a.c.
Saumarez, Maj. R. J., ret. R. Mar.
Savage, Col. W. H.
Sawyer, Maj.-Gen. R. H. S., C.B., M.B., F.R.C.S.I. [L]
Sayce, Lt.-Col. G. E., TD, T.F. Res.
Scafe, Bt. Lt.-Col. W. E., D S O , p.s.c.
Scanlan, Lt.-Col. A. de C.
Schofield, Hon. Lt.-Col. F. W.
Scholefield, Col. G. P., C B E
Schreiber, Hon. Brig.-Gen. A. L., C.B., D.S.O.
Schwikkard, E. A. O. (late Local Maj.).
Sclater-Booth, Hon. Brig-Gen. Hon. W. D., C.B., D.S.O.
Scobell, Bt. Lt.-Col. S. J. P., D.S.O., p.s.c.
Scothern, Lt.-Col. A. E., D.S.O., late Serv. Bns. Notts. & Derby. R.

Scott, Col. B. H., ret. pay
Scott, Bt. Col. C. I.
Scott, Col. C. W., D.S.O., p.a.c.
Scott, Hon. Lt.-Col. Rev. F.G., D.S.O., Can. Local Forces.
Scott, Lt.-Col. G., M.B.
Scott, Hon. Brig.-Gen. R. K., C.B., D.S.O., f.
Scott, Col. W. A., Can. A.M.C.
Scott, Lt.-Col. W.H., D.S.O., C'wealth Mil. Forces.
Scott-Kerr, Col. R., C.B., D.S.O., M.V.O.
Scudamore, Hon. Brig.-Gen. C. P., C.B., D.S.O., q.s.
Seagram, Lt.-Col. T. O., D.S.O.
Seccombe, Hon. Brig.-Gen. A. K., C B., D.S.O.
Sedgwick, Lt.-Col. F. R., D.S.O. [l]
Seely, Hon Maj.-Gen. Rt. Hon. J. E. B., C.B.
Seligman, Hon. Brig.-Gen. H. -., D S O.
Sellar, Maj. T. B , D.S.O.
Sellheim, Col. V. C. M., C.B., Aust. Mil. Forces
Sergison Brooke, Lt.-Col. B. N., D.S.O., p.s.c.
Sewell, Lt.-Col. E. P., D.S.O., M.B.
Sewell, Bt. Lt.-Col. H. S., D.S.O., s.
Sewell, Bt. Col. J. W. S.
Seymour, Col. (temp. Brig.-Gen.) Sir E. H., K.B.E., C.B., f.
Shairp, Bt. Lt.-Col. A. [l]
Shakespear, Lt.-Col. J., C.I.E., D.S.O.
Shanahan, Col. D. D., D.S.O.
Shannon, Lt.-Col. (temp. Brig.-Gen.) L. W., Can. Local Forces
Shannon, Maj. W. J., D.S.O.
Sharman, Maj. C. H. L., C.B.E., Can. Local Forces
Sharp, Col. A. D., C.B. (Terr. Force)
Shaw-Stewart, Lt.-Col. B. H., D.S.O., R.F.A.
Shekleton, Hon. Brig.-Gen. H. P., C.B., p.s.c.
Shelley, Lt.-Col. (temp. Col.) B. A. G.
Sheppard, Bt. Col. G. S.
Sheppard, Hon Brig.-Gen. H. C., C.B., D.S.O.
Sheppard, Maj.-Gen. S. H., C.B., D.S.O., p.s.c.
Sherer, Lt.-Col. J. D., D S O., g.
Sheridan, Temp. Maj. P. C.
Sherwood-Kelly, Lt.-Col. J., D.S.O., late Serv. Bns, Norf R.
Shewell, Lt.-Col. E. F., D.S.O.

Shinkwin, Maj. (temp. Col.) R. S., D.S.O., e.
Shipley, Lt.-Col. (Hon. Capt. in Army) R. B., TD, T.F. Res.
Shirley, Lt.-Col. H. J., M.D., F.R.C.S., TD, late R A.M.C.
Shirley, Hon. Lt.-Col. W.
Shoolbred, Lt.-Col. R., TD, T.F. Res.
Short, Hon. Brig.-Gen. A. H., C.B.
Shoubridge, Maj.-Gen. T. H., C.B., D.S.O., p.s.c.
Shute, Lt.-Col. J. J., D.S.O., TD, 5 Bn. L'pool R.
Sim, Col. G. H., C.B.
Simms, Rev. J. M., C.B., D.D. Chaplain to the Forces (1st Class) (with rel. precedence as Maj.-Gen.)
Simpson, Temp. Maj. A.
Simpson, Bt. Lt.-Col. H.C., D.S.O., g.
Simpson, Col. H. C. C. D.
Simpson, Col. k. J. S., C.B., M.B.
Simpson, Col. W. G., D.S.O., T.F. Res. (Capt. ret.)
Sims, Brig.-Gen. R. F. M., D.S.O., Can. Local Forces
Sinclair, Col. H. M., C.B., C.B.E., p.s.c.
Sinclair, Maj. M., M.B.
Sinclair-MacLagan, Maj.-Gen. E. G., C.B., D.S O.
Singer, Bt. Col. (temp. Brig.-Gen.) C. W., D.S.O.
Singleton, Bt. Lt.-Col. H T. C., D.S.O.
Sinnott, Col. E. S., M. Inst. C.E., VD., T.F.
Skeen, Maj.-Gen. A., p.s.c., A.D.C.
Skinner, Hon. Maj.-Gen. B. M., C.B., M.V.O.
Skinner, Col. (temp. Brig.-Gen.) P.C.B., C.B., D.S.O., p.s.c.
Skipwith, Lt.-Col. F. G., ret. pay (Res. of Off.)
Skirving, Capt. A. A. S., M.B., F.R.C.S. Edin., 2 Sco. Gen. Hosp.
Sladen, Col. (temp. Brig.-Gen.) D. R., D.S.O.
Sladen, Hon. Brig.-Gen. G. C., C.B., D.S.O., M.C., ret. pay.
Slater, Lt.-Col. J. W., VD, T.F. Res.
Slaughter, Bt. Col. R. J., D.S.O.
Slavter, Col. E. W., D.S.O., M.B
Slee, Bt. Col. P. H
Sloan, Lt.-Col. J.M., D.S.O., M.B.
Sloman, Hon. Brig.-Gen. H. S., D.S.O., p.s.c., ret. pay [L]
Smart, Brig.-Gen. C. A., Can. Local Forces.
Smith, Lt.-Col. M. E. O.
Smith, Bt. Col F., C.B., D.S.O.

Smith, Col. G. B., C.M.G.
Smith, Bt. Col. G. E., D.S.O.
Smith, Lt.-Col. G. McI. C., M.B.
Smith, Temp. Col. J. A.
Smith, Col. K., C'wealth Mil. Forces
Smith, Lt.-Col L. F., M.B.
Smith, Col. R., D.S.O., C'wealth Mil. Forces.
Smith, Lt.-Col. S. B.
Smith, Col. W. A., C.B., p.s.c.
Smith, Col. W. D., D.S.O.
Smith, Col., W. E. B., C R.
Smith - Bingham, Hon. Brig.-Gen. O. B. B., D.S.O.
Smithells, Temp. Lt.-Col. A.
Smyth, Lt.-Col. R. R., D.S.O.
Smyth-Osbourne, Bt. Lt.-Col. G. N. T., C.B., D.S.O., p.s.c. [l]
Smythe, Maj. R. C., D.S.O.
Snell, Col. A. E., D.S.O., Can. Local Forces
Snow, Lt.-Col. H. W., ret. pay (Res. of Off.)
Soady, Hon. Brig.-Gen. G. J. Fitz M.
Solly-Flood, Maj.-Gen. A., C.B., D.S.O., p.s.c.
Solly-Flood, Bt. Col. R. E., D.S.O.
Soltau, Temp. Col. A. B., C.B.E., TD, M.D., A. Med. Serv. (Col. Terr. Force)
Somerset, Hon. Brig.-Gen. C. W., C.B., M.V.O.
Somerville, Lt.-Col. G. C., D.S.O., C'wealth Mil. Forces, p.s.c.
Somerville, Col. J. A. C., C.B.E. [l]
Souter, Lt.-Col. H. M. W., D.S.O.
Southey, Col. W. M.
Southwell, Rev. Canon H. K., M.A., VD, Chaplain, 1st Class (T.F.)
Spain, Lt.-Col. G. R. B., TD, T.F. Res.
Sparks, Col. H. C., D.S.O., M.C.
Spalding, Col. W. W., ret. C'wealth Mil. Forces.
Sparrow, Col. R., D.S.O.
Spedding, Lt.-Col. E. W
Spence-Jones, Col. C. J. H , D.S.O., TD, (Terr. Force Capt. ret.)
Spencer, Bt. Lt.-Col. (temp. Brig.-Gen.) J. W. A. D.S.O., p.s.c.

Spencer, Col. M., p.q.s. [L]

Orders of Knighthood, &c.

COMPANIONS (C.M.G.)—contd.

Spens, Maj.-Gen. J., *C.B.*
Spooner, Bt. Lt.-Col. A. H., *D.S.O.*
Spring, Bt. Lt.-Col. F. G., *D.S.O., p.s.c.*
Sprot, Bt. Col. Sir A., *Bt.*
Stack, Lt.-Col. C. S.
Stack, Maj. (*temp. Maj.*) Sir L. O. FitzM., *K.B.E.*
Stacy, Lt.-Col. B. V., *D.S.O.*, Aust. Imp. Force.
Stallard, Lt.-Col. S. F., *D.S.O.*
Stanford, Temp. Col. Hon. W. E. M., *C.B., O.B.E.,* ret. pay Cape Local Forces.
Stanistreet, Col. (*temp. Maj.-Gen.*) Sir G. B., *K.B.E., C.B., M.B.*
Stanley, Hon. Brig. Gen. Hon. F. C., *D.S.O.*
Stanley, Lt.-Col. *Hon.* G. F.
Stanley, Col. J., C'wealth Mil. Forces
Stanley-Clarke, Bt. Col. H. C., *C.B., D S.*.
Stansfeld, Bt. Col. (*temp. Brig.-Gen.*) T. W., *D.S.O.*
Stanfield, Lt. - Col. W. *D.S O.*, Aust. Imp. For.e.
Stanton, Bt. Lt.-Col. E. A. [l]
Stanuell, Lt.-Col. H. S. McC.
Stapleton, Bt. Lt -Col. F. H., *p.s.c.*
Starling, E. H., *M.D., late* Lt.-Col., *R.A.M.C., F.R C.P., F.R.S.*
Starr, Col. W. H., *C.B., C.B.E.*
Statham, Col. J.C.B., *C.B.E*
Steavenson, Lt.-Col. C. J.
Steel, Bt. Col. R.A., *C.I.E. p.s.c.* [l]
Steele, Col. (*temp. Brig.-Gen.*) J. McC., *C.B., D.S.O.*
Steele, Lt.-Col. W. L.
Stephen, Bt. Lt.-Col. C. M. *o., e.*
Stephens, Maj.-Gen. Sir R. B., *K.C.B., p.s.c.* [l]
Stephenson, Lt.-Col. A., *D S.O., M.C., late* Serv. Bns. R. Scots.
Stephenson, Hon. Maj. A. E., VD, *late* 4 V.B. E Surr. R.
Stern, Lt.-Col. A.G., *K.B.E.*, M.G Corps.
Steves, Lt.-Col .A, B., *D.S.O.*, C'wealth Mil, Forces
Stevens, Col. C. F
Stevens, Bt. Lt.-Col. G. A. *D.S.O.*
Stevens, Lt.-Col.N.M.C.[L]
Stevenson, Bt. Col. A. G., *C.B., D.S.O.*
Stevenson, Hon. Brig.-Gen. E. H., *D.S.O.*
Stevenson, Lt.-Col. G. I., *D.S.O.*, C'wealth Mil. Forces
Stevenson, Col. R.
Steward, Hon. Lt.-Col. G., *K.B.E.,* VD, Aust. Mil Forces.
Stewart, Lt.-Col. A. F, *O.B.E.*
Stewart, Col. (*temp. Prig.-Gen.*) C,G., *D.S.O., p.s.c.* [l]

Stewart, Bt. Col. I., *D.S.O., p.s.c.* [l]
Stewart. Col. (*temp. Brig.-Gen.*) J. C., *D.S.O.,* Aust. Imp. Force
Stewart, Hon. Lt.-Col, J. W., *C.B.,* Can. Local Forces.
Stewart, Bt. Lt.-Col. W. M., *D.S.O., p.s.c.*
Stirling, Bt. Col. J. W., *C.R.*
Stirling, Lt.-Col. W., *D.S.O*
Stock, Col. T.
Stockdale, Col. H. E., *C.B., D.S.O.*. ret. pay.
Stockley, Lt.-Col., A. U.
Stockwell, Bt. Lt.-Col. (*temp. Brtg.-Gen.*) C. I., *C.B., D.S.O., p.s.c.*
Stokes, Hon. Brig. - Gen. A., *C.R., D.S.O. g.*
Stone, Lt.-Col.E. L., Can. A.M.C.
Stone, Hon. Brig.-Gen. F. G., *p.s.c.*
Stone, Bt. Col. L. G. T., ret. pay Res. of Off.)
Stone, Hon. Brig -Gen P V. P., *D S O.*, ret. pay
Storrs, Temp. Lt.-Col. (*tem o. Col.*) R., *C.B.E.*
Strachey, Col. R. J , *p s.c.*
Streatfield, Bt. Col. Sir H., *K.C V O., C.B.*
Strickland, Maj.-Gen. E. P, *K.C.B., D.S O.*
Strong, Hon Brig.-Ge.1. W., *C.B.*
Stroud, Col. (*temp. Brig. Gen.*) E J , R. Mar.
Stuart, Hon. Brig. - Gen B. F B., *C.B.*
Studd, Bt. Col. H. W., *C.B., D.S.O., p.s.c.* [l].
Sturdee, Lt.-Col. A. H., VD, C'wealth Mil. Forces.
Suart, Hon. Brig.-Gen. W. H.
Sugden, Lt.-Col. F. W., *D.S.O.,* 4 Bn. W. Rld, R.
Sullivan, Col. E. L., *C.M.G.*
Surtees, Hon. Brig. Gen. H.C., *C R., M.V.O.* D.S.O., *p.s.c.* [L].
Suther, Lt.-Col. P., *D.S.O. g. p.s.c.*
Sutton, Lt.-Col. A., *C.B.,* Aust. Mil. Forces.
Sutton, Col. (*temp. Brig.-Gen.*) H. C., *C.B.*
Swabey, Col. W. S., *C.B., C.B.E. e.*
Swain, Lt.-Col. G. L. D., VD, Local Forces, Trinidad and Tobago.
Swaine, Maj.-Gen. Str L. V., *K.C R.*
Swan, Hon. Col. C.A., 3 Bn. Linc, R.
Swayne, Col. H. G. C.
Sweeny, Lt.-Col. T. H., *F.R.C.S.I.*
Sweet, Lt.-Col. E. H., *D.S.O.*
Sweny, Bt. Lt.- ol. (*tem . Br'g.-Gen*) W. F., *D.S.O.*
Swiney, Col. (*temp. Brig. Gen.*) A. J. H., *C.B., C.*.I
Swinton, Lt.-Col. C. W., *D.S.O.*
Sykes, Col. C. A., *D.S.O.*
Sykes, Bt. Col. Sir F. H., *G.B.E., K.C.B., ret. p.s.c.* [l]

Sykes, Lt.-Col. (*temp.Brig.-Gen.*) Str P. M., *K.C I.E., C.B.*
Symes, Maj. G. S., *D.S.O.*
Symon, Lt.-Col. W. C., Res of Off.
Symons, Hon. Brig.-Gen. A., *p.s.c.* [l]
Symons, Bt. Lt.-Col. C. B. O., *D.S.O.*

Tancock, Lt.-Col. O. K.
Tancred, Bt. Col. T. A. *C.B., D.S.O.*
Tandy, Bt Col.E.N ,*D.S.O. p.s.c.*
Tanner, Bt. Lt.-Col. F. C., *D.S O.* [l] *p.s.c.*
Tanner, Hon. Brig.-Gen. W. E. C., *C.B., D.S.O., late* S. Afr. Def. Force, *p.s.c.*
Tarbet, Hon. Lt.-Col. A. F. *D.S.O., late* Maj. 3 Bn. S. Lan R
Tarver, Bt. Col.W.K., *C.B. e.*
Tatam, Lt.-Col W. J., *C.B.E*
Tate, Col. A. E., *C.S.I.*
Tate, Col. G. W., *D.S.O., M.B.,* 1 et. pay.
Taylor, Lt.-Col. A. J., *D.S.O.,* S. Afr. Def.Forces
Taylor, Col. F. P. S
Taylor, Bt. Col. (*temp. Brig.-Gen.*) H. D'A.
Taylor, Bt. Col. (*temp. Brig.-Gen.*) M. G , *D.S.O., p.s c.*
Taylor, Lt.-Col. R. O. B., *C.I.E., p.s.c.*
Taylor, Lt.-Col. S.S., *D.S.O.,* S. Afr Def. Force
Temperley, Bt. Lt.-Col. A. C., *D.S.O., p s.c.*
Tempest, Bt. Col. R. S., *D.S.O.*
Temple, Bt. Lt.-Col. (*temp Brig.-Gen.*) F. U.
Templer, Col. (*temp Col.*) C. F., *C.I.E.*
Ternan, Hon. Brig.-Gen. T. P. B., *C.B., D.S.O., o.8*
Tew, Lt.-Col. H. S. [L]
Thacker, Bt. Col, H. C., *CB., D.S.O.,* Can. Local Forces.
Thacker, Col. P. E., *C.B.*, Can Local F rces, *p.s.o*
Thackeray, Lt.-Col. E. F., *D.S.O., late* S. Afr. Def. Force
Thom, Col G. St. C., *C.B., C.B.E., M.B.*

Thomas, Hon. Brig.-Gen. E. A. D'A.
Thomas, Col. H. M. *D.S.O., g.*
Thompson, Col. A. G., *D.S.O., M.B.*
Thompson, Maj. R. J. C., *D.S.O.*
Thompson, Bt. Lt.-Col. R. L. B., *D.S.O.*
Thompson, Hon. Brig.-Gen. W. A. M., *C.B., p.s.c.*
Thompson, Lt.-Col. W. G. *D.S.O.*
Thomson, Bt. Lt.-Col., A.G., *D.S.O , p.s.c.*
Thomson, Col. A. G., *C.B.*
Thomson, Lt.-Col. G. R., *M.B. late* S. Afr. Def. Fo:ce.
Thomson, Col. H. A., *M.D., F.R.C.S.Edin.,* T.F. Res.
Thomson. Maj.-Gen. J., *C.B., M.B.*
Thomson, Bt-Col. N. A., *D.S.O., e.*
Thomson, Lt.-Col. R. G., *D.S.O.* [L]
Thomson, Lt.-Col. W. D., ret. Ind. Army.
Thorburn. Lt.-Col. Sir W., *K.B.E., C.B., M.D., F.R C., TD, R.A.M.C.* (T.F.)
Thorne, Maj. A. F. A. N., *D.S.O.*
Thornhill, Bt. Lt -Col. C. J., M , *D S O* [L]
Thornhill, Lt.-Col. Sir H. B., *K.C.I.E.*
Thornton, Lt.-Col. C. E.
Thornton, Maj. (*temp. Col.*) L. H., *D.S.O.,* 6 Bn. Rif. Brig. (Capt. ret.)
Thoroton, Bt. Lt.-Col. C. J.
Thorp, Lt -Col. A. H., *D.S.O., g.*
Thorpe, Lt.-Col. E. J. de S. *D.S.O.* [l].
Thorpe, Bt. Col. G., *D.S.O., C.B.E.*
Thresher, Lt.-Col J. H., ret. pay (*Res. of Off.*)
Thuillier, Maj. Gen. H. F. *C.B.*
Thunder, Bt. Lt.-Col. S. H. J., *D.S.O., M.C.*
Thurston, Col. H. S., *C.B., C.B E.*
Thynne, Col. U. O., *D.S.O., TD,* Terr. Force
Tisdall, Bt. Col. A. L., *p.a.c.*
Tivey, Col. (*temp. Brig.-Gen.*) E., *C.B., D S.O.,* VD, Aust. Imp. Force.
Tod, Col. J. K., *p.s.c.* [L]
Todd, Lt.-Col. (*temp Col.*) C. C.
Todhunter, Bt. Lt.-Col. H. W., *o.*
Toller, Lt.-Col. (*temp. Col.* H. B.
Tomkins, Lt.-Col. H. L., *D.S.O.*

COMPANIONS (C.M.G.)—contd.

Tomkins, Lt. S. C., *M.B.E.*, ret. T.F.
Tompson, Col. H. W.
Tompson, Bt. Lt.-Col. R. H. D., *D.S.O.*, *p.s.c.*, *g.* [1]
Tooth, Hon. Col. H.H., *C.B.*, *M.D.* (Col. T.F. Res.)
Topping, Col. T. E., *C.B., D.S.O.*, TD, Terr. Force.
Tovey, Lt.-Col. G. S., *D.S.O.*
Towsey, Hon. Brig.-Gen. F. W., *C.B E., D.S.O.*
Toynbee, Bt. Maj. G. E., *C.B.E.*
Traill, Bt. Lt.-Col. W. H., *D.S.O., p.s.c.*
Travers, Bt. Lt.-Col. G. A.
Travers, Hon. Brig.-Gen. J. H. du B., *C.B.*
Travers, Col. J. O., *D.S.O.*
Treble, Hon. Col. G. W., Lt.-Col. T.F. Res. (*Hon. Lt.-Col. in Army*).
Treffry, Lt.-Col. (*Hon. Capt. in Army*) E., *O.B.E.*, Hon. Art. Co.
Trefusis, Hon. Col. Hon. J. S., *late* 4 Bn. Devon. R.
Tremblay, Brig.-Gen. T. L., *D S O.*, Can. Local Forces
Trent, Col. G. A., *D.S.O.*
Treowen, Hon. Maj.-Gen. I. J. C., *Lord*, *C.B.*, *p.s c*.
Tresidder, Capt. T. J
Trevor, Bt. Lt.-Col. H. E., *D.S.O.*
Trew, Maj. E. F., *D.S.O.*, *p.s.c.*
Trimble, Lt.-Col. and Hon Col. C. J., *C.B.*, VD, ret. T.F. (Hon. Col. 2 W. Lan. Brig. R.F.A.) (*temp. Lt.-Col. R.A.M.C.*
Trimnell, Lt.-Col. (*temp. Col.*) W. D. C., *C.B.*, *e., f.*
Triscott, Hon. Brig.-Gen. C. P., *C.B., D.S.O.*, *q.s.*
Trotter, Hon. Brig.-Gen. G.F., *C.B., C.B.E., D.S O.*, *M.V.O.*
Trotter, Maj.-Gen. *Sir* K., *K.C H.*, D.S.C.
Trower, Bt. Col. C. V.
Troyte-Bullock, Lt.-Col. E. G., TD, Dorset Yeo.
Tubby, Temp. Col. A. H., *C.B., M.B., F.R.C.S.* (Lt.-Col. 4 Lond. Gen. Hosp.)
Tuck, Lt.-Col. G. L. J., *D.S.O.* late Serv. Bns. Suff. R. (Cap , Unattd. List T.F.)
Tudor, Hon. Brig.-Gen. E. A. T.
Tudor, Maj. Gen. H. H., *C.B.* [L]
Tudway, Hon. Brig.-Gen. R. J., *C B., D.S.O.*
Tufnell, Bt. Col. A. W., *p.s.c.* [l]
Tufnell, Temp. Lt.-Col. L. G. (Rear-Admiral, ret. R.N.)
Tulloch, Hon. Maj.-Gen. *Sir* A.B., *K.C.B., p.s.c.*
Tulloch, Col. (*temp. Brig.-Gen.*) J. A. S., *C.B., p.s.c.* [l]
Tulloch, Bt. Col. (*temp. Brig.-Gen.*) J. B. G., *C.B.*, *p.s.c.* [l]

Tunbridge, Col. W. H., *C.B., C.B.E.*, Aust. Mil. Forces.
Turnbull, Col. (T.F.) (*Hon. Capt. in Army*) J., VD,
Turner, Bt. Col. (*temp. Brig.-Gen.*) A. J., *C.B., D.S.O., p.s.c.*
Turner, Bt. Col. E. V., *D.S.O.*
Turner, Lt.-Col. F. C., *p.s.c.* [L]
Turner, Bt. Lt.-Col. J. E., *D.S O., p.s.c.*
Turner, Bt. Col. M. N., *C.B.E.*
Turner, Hon. Brig.-Gen. P. A.
Turner, Lt.-Col. R. B., *D.S.O.* (Maj. ret.)
Turner, Bt. Lt.-Col. R. G., *D.S.O., F.R.C.S.*, Ind. Med. Serv.
Turner, Lt.-Col. W.
Turton, Bt.-Col. R. D
Tuson, Col. H. D., *p.s.c.* [l]
Tuxford, Col. G. S., *D.S.O., C.B.*, Can. Local Forces.
Tweedie, Lt.-Col. W. J. B., Arg. & Suth'd Highrs
Tweedmouth, Bt. Lt.-Col. D. C., *Lord*, *M.V.O., D.S.O.*
Twidale, Lt.-Col. W. C. E., *D.S.O.*, *o.e.*
Twiss, Lt.-Col. F. A., *D.S.O., M.V.O., g.*
Twiss, Lt.-Col. G. E., *F.R.C.S.I.*
Tyler, Hon. Brig.-Gen. A.M., *D.S.O., p.s.c., g.*
Tyler, Col. J A., *B.*
Tyndale, Bt. Lt.-Col. W. F. *D.S.O., M.D.*
Tytler, Col. H. C., *D.S.O.*

Ussher, Bt. Col. A. V

Umfreville, Col. P., *C.B.E.*
Umfreville, Lt.-Col. R. B., *D.S.O.*

Valadier, Hon. Maj. A. C., *K.B.E.*
Vandeleur, Col. R. S., *C.B*
van Deventer, Hon. Lt.-Gen. J. L., *K.C.B.*
Van Straubenzee, Maj.-Gen. C. C., *C.B.*
Vaughan, Lt Col. (*temp. Brig.-Gen.*), E., *D.S.O.*
Vaughan Bt. Col. E. J. F., *D.S.O.*
Vaughan, Hon. Brig.-Gen. J., *C.B., D.S.O., p.s.c.* [l]
Vaux, Lt.-Col. E., *D.S.O.*, VD, T.F. Res.
Vawdrey, Col. G., *C.B.E., e.*
Venning, Bt. Lt.-Col. W. K., *M.C*, *p.s.c.*
Vesey, Col. (*temp. Maj.-Gen.*) I. L. B., *D.S.O., p.s.c.*
Vickery, Bt. Lt.-Col. C. E., *D.S.O.* [L]
Vigne, Lt.-Col. R. A., *C.B.E.*
Villiers, Maj. E. F., *D.S.O.*
Vincent, Col. A. C. Fitz H
Vincent, Lt.-Col. B., *C.B., p.s.c.*
Vincent, Col. H. O., *C.B., g.*
Viney, Bt. Maj. H. G., *C.B.E*, *D.S O.*, Aust. Mil. Forces
Vivian, Lt.-Col. V., *D.S.O., M.V.O., p.s.c.*
Vyvyan, Bt. Col. *Sir* C. B., Bt., *C.B., p.s.c.*

Wade, Capt. H., *D.S.O., M.D., F.R.C.S.* Edin. *R.A.M.C.* (T.F)
Waechter, Hon. Col. *Sir* H., Bt., R.F.A. (T.F.) (2nd Lt. T.F. Res.)
Waghorn, Col. W. D., *C.B.*
Wagstaff, Bt. Col. C. M., *C.I.E., D.S.O., p.s.c.*
Wainewright, Lt.-Col. A. R., *D.S.O.*
Wake, Temp. Maj. C. St. A.
Wake, Lt.-Col. E. St. A.
Wake, Bt. Lt.-Col. *Sir* H., Bt., *D.S.O., p.s.c.*
Waley-Cohen, Temp. Lt. Col. C.
Walker, Temp. Lt.-Col. B. J., *D.S.O.*, Serv. Bns. R. Suss R.
Walker, Bt. Lt.-Col. H. A., *D.S.O., p.s c.*
Walker, Hon. Brig.-Gen. J. W., *D.S.O.*, TD, R.F.A (T.F.)
Wall, Col. E. W.
Wall, Lt.-Col. F.
Wallace, Bt. Lt.-Col. D., *C.B.E., M.B., F.R.C.S.* (Edin.), 2 Sco. Gen. Hosp.
Wallace, Hon. Col. N. W, *late* Lt.-Col. 4 Co. of Lond. Impl. Yeo
Wallace, Lt.-Col. (*temp. Col.*) B. F. H., *p s c*
Wallace, Lt.-Col. W. B., *p.s.c.*
Wallack, Col. E. T., *C.B.*, Aust. Mil. Forces.
Waller, Bt. Lt.-Col. R. L.
Wallington, *Sir* E. W. *K.C.V.O., late* Lt. 3 Bn. Oxf. L.I.
Walsh, Lt.-Col. M. R., *M.C., p.s.c.*

Walsh, Bt. Lt.-Col. (*temp. Brig.-Gen.*) R. K., *C.B., D.S.O.*
Walshe. Bt. Col. F. W. H., *D.S.O., p.s.c.*
Walshe, Lt.-Col. H. E., ret. pay
Walters, Lt.-Col. H. de L., *D.S.O.*
Walthall, Bt. Col. E. C. W. D., *D S O*
Walton, Col. (*temp. Brig.-Gen.*) W. C., *C.B.*
Wanless-O'Gowan, Col. R., *C.B.*
Warburton, Lt.-Col. W.M., *D.S.O., g.*
Ward, Col. B. R. [L]
Ward, Lt.-Col. H., *D.S.O., g.*
Ward, Col. (*temp. Brig.-Gen.*) H. D. O., *C.B.*
Ward, Temp. Lt.-Col. J., *C.B.*, 25 Bn. Midd'x R.
Ward, Maj. J., *D.S.O.*, *R.A.M.C.* (T.F.)
Ward Lt.-Col. (*temp. Brig.-Gen. in Army*) J. W., *D.S.O.*, TD, R.F.A. (T.F.)
Ward, Lt.-Col. L. E. S., *D.S.O.*, ret. pay (Res. of Off.)
Ward, Hon. Brig.-Gen. T., T.F. Res.
Wardrop, Maj.-Gen. A. E., *C.B.*
Ware, Temp. Maj.-Gen. *Sir* F.A.G., *K.B.E., C.B*, Warren, Maj. (*Hon. Lt. in Army*) P., *C.B.E.*, Postal Sect., R.E. Spec. Res.
Waterhouse, Lt. R. D., ret. pay
Waters, Hon. Brig.-Gen. W. H. H., *C.V.O., p.s.c.* [L]
Watkins, Rev. O. S., *C.B.E.*, Hon. Chaplain to the Forces (1st Class).
Watson, Lt.-Col. A. A., *D.S.O.*, VD, *R.A.M.C.,* Spec. Res.
Watson, Bt. Col. C. F., *D.S.O., p.s.c.*
Watson, Temp. Hon. Lt.-Col. *Sir* C. G., *K.B.E., F.R.C.S.* (Capt. T.F. Res.)
Watson, Temp. Maj.-Gen. D., *K.C.B.*, Can. Local Forces.
Watson, Col. *Sir* H. D., *K.B.E., C.B., C.I.E., M.V.O.* (*Extra Eq. to the King*).
Watson, Maj. H. F., *D.S.O.*, Notts. & Derby. R.
Watson, Bt. Lt.-Col. H. W. M., *D.S.O.*
Watson, Lt.-Col. J. K., *C.V.O., D.S.O., q.s.*
Watson, Lt.-Col. S. W., *D.S.O.*, Can. M.G. Corps.
Watson, Maj.-Gen. W. A., *C.B., C.I.E.*
Watson, Col. W. W. R., *C.B.*, VD, Aust. Imp. Force
Watts, Bt. Lt.-Col. C. D. R., *C.B., e., f.*
Wauchope, Bt. Col. (*temp. Brig.-Gen.*) A. G., *C.I.E., D.S.O.*
Wauhope, Bt. Col. R.A., *C.B., C.I.E.*
Wavell, Col. A. P., *M.C., p.s.c.* [L]

Orders of Knighthood, &c.

COMPANIONS (C.M.G.)—*contd.*

Wear, Col. A. E. L., *M.D.*, Terr. Force.

Webb, Lt.-Col. A. H., *D.S.O., g.*

Webb, Bt. Col. A. L. A., *C.B.*

Webb Bowen, Capt. H. E., *D.S.O., A.M.S.Mech.E., A.M.S.E.E., R.E, (T.F.)*

Webb-Bowen, Bt. Col. T. I. *C.B.*

Webber, Bt. Col. N. W. *D.S.O., p.s.c.*

Weber, Lt.-Col. W. H. F., *D.S.O., p s.c., [l]*

Wedgwood, Temp. Brig.-Gen. R. L., *C.R.*

Weir, Lt.-Col. (*temp.* Brig.-Gen.) G. A., *D.S.O., p.s.c.*

Weir, Maj. J. G., *C.B.E., R.F.A. (T.F.)*

Welch, Col. M. H. E., *C.B., p.s.c. [l]*

Wellesley, Col.(*temp.*Brig.-Gen.) R. A. C., *C.B.*

Wells, Rev. G. A., Can. Contgt.

Wells, Bt. Col. (*temp.* Brig.-Gen.) J. B., *D.S.O., p.s.c.*

Wenyon, Col. C. M., *C.B.E., M.B., late R.A.M.C.*

West, Lt.-Col. J. W., *M.B.*

Westcott, Col. S., *C.B.*

Westley, Maj. J. H. S. *D.S.O.*

Westmorland, Lt.-Col. P. T., *D.S.O.,* T.F. Res. R. (Maj. ret. pay.)

Weston, Temp. Maj. E. A., *O.B.E.*

Weston, Lt.-Col. R. S., *O.B.E.*

Wethered, Lt.-Col. F. O., vD, 6 Bn. R. War. R.

Wethered, Maj. H. L., *D.S.O., o.*

Wethered, Bt. Lt.-Col. J.R., *D.S.O., p.s.c.*

Wetherell, Lt.-Col. R. M.

Whaite, Col. T. Du B., *C.B., M.B.*

Whatman, Bt. Col. W. D.

Wheatley, Hon. Brig.-Gen. L. L., *D.S.O.*

Wheatley, Lt.-Col. P., *C.B., D.S.O.,* ret. pay.

White, Col. A. T., vD, Aust. Mil. Forces.

White, Hon. Brig.-Gen. E. D.

White, Bt. Lt.-Col. (*temp.* Brig.-Gen.) F. A. K. *D.S.O.*

White, Hon. Brig.-Gen. G. F., *C.B., C.I.E.*

White, Col. (*temp. Maj.-Gen.*) G. H. A., *C.B., D.S.O.*

White, Bt Maj. H. F., *D.S.O.,* Aust. Mil. Forces.

White, Col. J. G., *p.s.c.*

White, Temp. Lt.-Col. J.H.

White, Hon. Brig.-Gen. Hon. R., *C.B., D.S.O., p.s.c.*

White, Lt.-Col. (*temp.* Brig.-Gen.) W. A., *C.B., p.s.c.* [l]

White, Hon. Brig.-Gen. W L., *C.B., p.s.c., g.*

White, Bt. Col. W. W., *C.B.*

Whitehead, Bt. Lt.-Col. J., *D.S.O., p s.c.*

White-Thomson, Col. Sir H. D., *K.B.E., C.B., D.S.O.*

Whitley, Col. E. N., *C.B., D.S.O.,* TD, Terr. Force

Whitmore, Lt.-Col. F. H. D. C., *D.S.O.,* Essex Yeo.

Whittingham, Capt. C. H., *D.S.O.*

Whitton, Lt.-Col. F. E., *p.s.c.* [l]

Wickham, Lt.-Col. (*Hon. Maj. in Army*) H., late T.F. Res.

Widdrington, Hon. Brig.-Gen. B. F., *D.S.O.*

Wigan, Hon. Brig.-Gen. J. T., *C.B., D.S.O.,* T. F. Res.

Wilberforce, Col. *Sir* H. W., *K.B.E., C.B.*

Wilding, Lt.-Col. C. A.

Wilkinson, Lt.-Col. A. C., *D.S.O.*

Wilkinson, Lt.-Col. C. W., *D.S.O.*

Wilkinson, Hon. Brig.-Gen. M. G., *C.B., M.V.O.*

Willan, Bt. Lt.-Col. F. G., *D.S.O.*

Willcox, Col. W. H., *C.B., M.D., F.R.C.P.,* T.F. Res.

Willcox, Lt.-Col. W. T.

Willes, Maj. C. E. (*Lt.-Col. ret. Vols.*)

Willey, Maj. F. V., *C.B.E.,* TD, Notts. (Sher. Rang.) Yeo.

Williams, Lt.-Col. E. G.

Williams, Bt. Lt.-Col. G. C., *D.S.O., p.s.c.*

Williams, Lt.-Col. (*temp.* Brig.-Gen.) G. M.

Williams, Col. H. D.

Williams, Bt.-Lt.-Col. L. G., *D.S.O.*

Williams, Bt. Lt.-Col. O. De L., *D.S.O.*

Williams, Maj. R. C., *D.S.O.*

Williams, Col. R. E., Aust. Mil. Forces.

Williams, Hon. Brig.-Gen. S. F.

Williams, Lt. (*hon. capt.*) T. R., *D.S.O.,* Aust. Mil. Forces.

Williams, Maj.-Gen. W. de L., *D.S.O., p.s.c.*

Williams, Col. W. H.

Williams-Drummond, Lt. Col. F. D., T.F. Res.

Williamson, Col. J. F., *C.B., M.B.*

Williamson-Oswald, Col. (*temp. Brig.-Gen.*) O. C., *C.B.*

Willis, Col. (*temp. Brig.-Gen.*) E. H., *C.B.*

Willoughby, Col. M. E., *C.B., p.s.c.* [L]

Wilson, Maj. A. T., *C.S.I., C.I.E., D.S.O.* [l]

Wilson, Bt. Maj. (*temp. Col.*) C. E., *C.B.E., D.S.O.*

Wilson, Col. C. S., *C.B., D.S.O.*

Wilson, Lt.-Col. E. M., *C.B., D.S.O.*

Wilson, Maj.-Gen. E. W. Can. Local Forces.

Wilson, Bt. Col. (*temp.* Brig.-Gen.) F. A., *D.S.O.*

Wilson, Col. F.M., *C.B.*

Wilson, Lt.-Col. (*temp. Col.*) F. W., *F.R.C.V.S.*

Wilson, Lt.-Col. *Hon* G.G., *D.S.O.,* TD, E. Rid. of York. Yeo.

Wilson, Maj.-Gen. J. B., *C.B., M.D.*

Wilson, Maj. L. C., *C.B., D.S.O.,* Aust. Mil. Forces.

Wilson, Bt. Col. L. M., *D.S.O., p.s.c.*

Wilson, Temp. Lt.-Col. L. O., *D.S.O.,* Res. of Off.

Wilson, Temp. Maj. N., *D.S.O., R.E.*

Wilson, Bt. Col. S. H., *C.B.*

Wilson, Temp. Maj. W. G.

Wiltshire, Lt. A. R. L., *D.S.O., M.C.,* Aust. Mil. Forces.

Wimberley, Col. C. N. C., *M.B.*

Windsor, Lt.-Col. A. H., 11 Bn. Lond. R.

Wingate, Col. A. W. S.

Wingfield, Bt. Lt.-Col. Hon. M. A., *D.S.O., p.s.c.*

Wingfield-Stratford, Hon. Brig.-Gen. C. V., *C.B.*

Winser, Hon. Brig.-Gen. C. R. P., *D.S.O.,* Res. of Off.

Winsloe, Col. A. R., *D.S.O.*

Winsloe, Bt. Lt.-Col. H. E., *D.S.O.*

Windsor, Clive, Bt. Lt.-Col. G., *p.s.c.*

Winter, Bt. Col. C. B., *D.S.O.* [L]

Winter, Lt.-Col. O. de l'E., *C.B., D.S.O.*

Winter, Col. S. H., *C.B.*

Winterbotham, Bt. Lt.-Col H. St. J. L., *D.S.O.*

Wintour, U. F., *Esq., C.B.,* Dir. of Contracts, War Office.

Winwood, Lt.-Col. W. Q., *D.S.O., O.B.E.*

Wisdom, Bt. Lt.-Col. E. A., *C.B., D.S.O.,* Aust. Mil. Forces.

Wise, Capt. P. K., *D.S.O.*

Witham, Hon. Col. J.K.M., late Lt.-Col. 3 Bn. K.O. Sco. Bord.

Withers, Lt.-Col. S. H., *M.B.,* ret. pay.

Withycombe, Col. W. M., *D.S.O.*

Wodehouse, Gen. *Sir* J. H., *G.C.B.*

Wolrige-Gordon, Bt. Col. J. G.

Wood, Lt.-Col. (*Hon. Capt. in Army*) C. E. vD, 5 Bn. W. York. R.

Wood, Bt. Col. C. M. A., *D.S.O., p.s.c.*

Wood, Temp. Lt.-Col. E. A., *D.S.O.,* ret.

Wood, Lt.-Col. *Sir* J. L., *K.B.E., C.B.* ret.

Wood, Hon. Brig.-Gen. P. R., *C.B.*

Wood, Hon. Brig.-Gen. T. B., *C.B.E., p.s.c.* [l]

F

COMPANIONS (C.M.G.)—contd.

Woodall, Lt.-Col. (temp. Col.) F.
Woodhead, Lt.-Col. H., VD, S. Afr. Def. Forces.
Woodifield, Col. A. H., O.B.E., e.o.
Woodroffe, Bt. Lt.-Col. (temp. Brig.-Gen.) C. R., C.B.E. [l]
Woods, Lt.-Col. P. J., D.S.O.
Woodwark, Col. A. S., C.B.E., M.D.
Wooldridge, Lt.-Col. (temp. Brig.-Gen.) W. H.
Worsley-Gough, Lt.-Col. H. W. [L]
Wortham, Bt. Lt.-Col. H. C. W. H., D.S.O.
Worthington, Col. E. B., Can. L'cal Forces
Worthington, Bt. Col. Str E. S., Knt., K.C.V.O., C.B.

Woulfe-Flanagan, Maj. E. M., D.S.O.
Wray, Rev. F. W., Chaplain to the Forces, 1st Class C.B.E., Aust. Mil. Forces.
Wray, Col. J. C., C.B. M.V.O., TD, T.F. Res. (Hon. Brig.-Gen. in Army) (Bt. Lt.-Col. Res. of Off) (Yeo. of Gd.)
Wright, Bt. Col. H., D.S.O.
Wright, Maj.-Gen. H. B. H., C.B.
Wright, Capt. (temp. Col.) R. P., D.S.O., Can. Local Forces
Wright, Col. R. W., late A. Med. Corps.

Wright, Bt. Col. (temp. Brig.-Gen.) W. D., D.S.O., p.s.c. [l]
Wroughton, Lt.-Col. J. B., C.B., e.
Wylie, Capt. D. S., C.B.E., N.Z. Mil. Forces.
Wynne, Lt.-Col. H. E. S. D.S.O.
Wynter, Hon. Brig.-Gen F. A., D.S.O.
Wynter, Bt.-Maj. H. D, D.S.O., Aust. Mil. Forces.

Yardley, Col. J. W., D.S.O.
Yate, Col. C. E., C.S.I.

Yatman, Bt. Col. C.D., D.S.O.
Yeomian, Rev. A. R., M.A., Chaplain to the Forces (2nd Class) [l]
Yorke, Lt.-Col. (temp. Brig.-Gen.) R.M., D.S.O., Glouc. Yeo.
Young, Lt.-Col. A. D.
Young, Col. C. A., C.B.
Young, Bt. Col. E. D. [L]
Young, Col. F. de B., p.s.c.
Young, Bt. Col. J. M., D.S.O., e.
Young, Maj. R., C.B., D.S.O., N.Z. Mil. Forces.
Younghusband, Col. L. N., C.B.

OFFICERS OF THE ORDER.

Chancery of the Order .. The Colonial Office.

Prelate .. .. .. Montgomery, Rt. Rev. H. H., D.D., late Bishop of Tasmania.

Chancellor .. .. .. Lansdowne, Hon.-Col. Rt. Hon. H. C. K., Marq. of, K.G., G.C.S.I., G.C.M.G., G.C.I.E., R. Wilts Yeo.

Secretary .. .. .. Fiddes, Sir G. V., G.C.M.G., K.C.B.

King-of-Arms .. .. Ommanney, Sir M. F., G.C.M.G., K.C.B., I.S.O.

Registrar .. .. .. Read, Sir H. J., K.C.M.G., C.B.

Gentleman Usher of the Blue Rod .. .. Hamilton, Hon. Col. Sir W. A. B., K.C.M.G., C.B., late Lt.-Col. Lothians and Berwick. Impl. Yeo.

KNIGHTS GRAND COMMANDERS, KNIGHTS COMMANDERS AND COMPANIONS OF THE MOST EMINENT ORDER OF THE INDIAN EMPIRE.

Recipients of Orders, whose names appear in this list, but who hold no rank in the Regular Army, Royal Marines, Special Reserve, Militia, Yeomanry, Territorial Force or Volunteers, or in the Forces of the Oversea Dominions and Colonies, must send a notification to the Secretary of the War Office of their being alive on the 1st January and the 1st July each year.

If such notification due on the 1st January be not received at the War Office by the 1st April and that due on the 1st July by the 1st October, it will be concluded that the Recipient is deceased and his name will be removed from the Army List.

THE SOVEREIGN.

KNIGHTS GRAND COMMANDERS (G.C.I.E.).

Field - Marshal H.R.H. Arthur William Patrick Albert, *Duke of* Connaught and Strathearn, K.G., K.T., K.P., G.C.B., G.C.S.I., G.C.M.G., G.C.V.O., G.B.E., A.D.C., *Personal A.D.C. to the King (extra)*.

Hon. Lt.-Col. H. H. Sir Sawai Jey Singh, *Bahadur*, K.C.S.I., *Maharajar of Alwar*.

Ampthill, Bt. Col. O. A. V., *Lord*, G.C.S.I., ret.

Hon. Maj.-Gen. H.H. Maharaja Raj Rajeshwar Stromani Sri Sir Gunga Singh Bahadur, of Bikaner, G.C.S.I., G.C.V.O., K.C.B., A.D.C.

Bayley, Hon. Col. *Hon.* Sir C. S., K.C.S.I., I.S.O., Ind. Vols

Carmichael, Hon. Col. T. D., *Lord*, G.C.S.I., K.C.M.G., Ind. Vols.

Cox, Lt.-Col. *Sir* P. Z., K.C.S.I., K.C.M.G.

Curzon of Kedleston, *Rt. Hon.* G. N., *Earl*, K.G., G.C.S.I., *late Hon. Col.*, 1 Cinque Ports V.R.C.

Dane, *Hon.* Sir L. W., C.S.I., *late Hon. Col. Ind. Vols*.

Elles, Lt.-Gen. *Sir* E. R., K.C.B., p.s.c.

Fleetwood Wilson, *Rt. Hon.* Sir G. D. A., K.C.B., K.C.M.G., *late* Dir. Gen. of Army Finance, War Office.

Hardinge, Hon. Col. *Rt. Hon.* C., *Lord*, K.G., G.C.B., G.C.M.G., G.C.S.I., G.C.V.O., I.S.O., Ind. Vols.

Harris, Col. G. R. C., *Lord*, G.C.S.I., C.B., TD, 4 Bn. E. Kent R., A.D.C.

Hon. Maj.-Gen. H.H. Sir Saramad-i-Rajaha-i-Hindustan Raj Rajindar Sir Maharajadhiraja Sir Sawai Madho Singh, *Bahadur*, of Jaipur, G.C.S.I., G.C.V.O., G.B.E.

Hon. Lt.-Col. H.H. Maharaja Sir Ranbir Singh, *Bahadur of Jind*, K.C.S.I.

Hon. Lt.-Gen. H. H. Maharaja Sir Pratap Singh, Indar Mahindar Bahadur, Sipar-i-Saltanat, of Kashmir, G.C.S.I., G.B.E.

Hon. Lt.-Col. H.H. Mir Sir Imam Baksh Khan Talpur *of* Khairpur.

Hon. Col. H. H. Sir Shahu Chatrapati Maharaj, G.C.S.I., G.C.V.O., Maharaja of Kolhapur.

Hon. Lt.-Col. H.H. Maharao Sir Umed Singh, *Bahadur Maharao of Kotah*, G.C.S.I., G.B.E.

Lamington, Lt.-Col. C. W. A. N., *Lord*, G.C.M.G., TD, Lanark Yeo., Hon. Col., Aust. Mil. Forces. (*King's Body Gd. for Scotland*).

Lansdowne, Hon. Col. *Rt. Hon.* H. C. K., *Marq. of*, K.G., G.C.S.I., G.C.M.G., R. Wilts. Yeo.

Lawrence, Col. Sir W. R., Bt., G.C.V.O., C.B., ret.

Lawley, Temp. Hon. Col. *Hon.* Sir A., G.C.S.I., K.C.M.G.

Lloyd, Capt. *Sir* G. A., D.S.O., War. Yeo.

Hon. Maj.-Gen. H.H. Maharajadhiraja Sri Sir Bhupindar Singh, Mahindar Bahadur, *Maharaja of Patiala*, G.B.E.

O'Dwyer, Hon. Col. *Hon.* Sir M. F., K.C.S.I., Ind. Vols.

Pentland, Hon. Col. *Rt. Hon.* J., *Lord*, G.C.S.I., Ind. Vols. *late* Capt. 5 Lrs.

Hon. Col. H.H. Nawab Sir Muhammad Hamid Ali Khan, *Bahadur*, *of* Rampur, G.C.V.O., A.D.C.

Ronaldshay, Hon. Col., *Rt. Hon.*, L. J. L. D., *Earl of*, Ind. Vols.

Roos-Keppel, Lt.-Col. Sir G. O., K.C.S.I. [L]

Stamfordham, Lt.-Col. *Rt. Hon.* A. J., *Lord*, G.C.B., G.C.V.O., K.C.S.I., K.C.M.G., I.S.O. (*Extra Eq. to the King*).

Sydenham, Bt. Col. G. S., *Lord*, G.C.S.I., G.C.M.G., G.B.E.

Willingdon, Hon. Col. F., *Lord*, G.C.S.I., G.B.E., Ind. Vols., Maj. *late* Suss. Yeo.

KNIGHTS COMMANDERS (K.C.I.E.).

Altham, Lt.-Gen. *Sir* E. A., K.C.B., C.M.G., p s.c.

Anderson, Lt.-Gen. Sir C.A., K.C.B., A.M.

Hon. Capt. H.H. Rana Ranjit Singh of Barwani.

Beynon, Maj.-Gen. Sir W. G. L., C.B., D.S.O.

Bilaspur, Temp. Hon. Capt. H.H. Raja Sir Bije Chand *of*, C.S.I.

Bingley, Maj.-Gen. A. H., C.B.

Buchanan, Hon. Brig. Gen. Sir G. C., Kt.

Buchanan, Lt.-Col. W. J., M.D.

Burt, Col. Comdt. *Hon.* Sir H. P., VD, Ind. Vols.

Carey, Maj. Sir B. S., C.S.I., VD, *late* Ind. Vols.

Daly, Lt.-Col. SirH., K.C.S.I., D'U., K.C.B., D.S.O.

Du Boulay, Lt.-Col. Sir J. H., C.S.I., Ind. Vols.

Earle, Hon. Col. *Hon.* Sir A., K.C.S.I., Ind. Vols.

Egerton, Lt.-Gen. Sir R. G., K.C.B.

Elliot, Lt.-Gen. Sir E. L., K.C.B., D.S.O., *late* Ind. Army.

Freeland, Lt.-Col. (*temp. Maj.-Gen.*) H. F. E., C.B., M.V.O., D.S.O.

Grover Gen. *Sir* M. H. S., K.C.B. [L]

Haig, Field-Marshal D., *Earl*, K.T., G.C.B., O.M., G.C.V.O., p.s.c.

Hon. Capt. Raja Sir Hari Singh.

Holdich, Bt. Col. *Sir* T. H., K.C.M.G., C.B.

Holland, Maj. *Sir* T. H., K.C.S I., *late* Unattd. List. T.F.

Hudson, Lt.-Gen. *Sir* H., K.C.B.

Hon. Maj. H.H. Sir Fakhrud-Daula Nawab Muhammad Iftikhar Ali Khan, *Bahadur*, *Saulat Jang*, of Jaora.

Jenkins, *Hon.* Sir L. H., *late* Hon. Col. Ind. Vols.

Keary, Lt.-Gen. *Sir* H. D'U., K.C.B., D.S.O.

Hon. Lt.-Col. H.H. Umdae Rajahae Rajand Makan Maharajadhiraja, Sir Madan Singh, *Bahadur of Kishangarh*, K.C.S.I.

Knight, Maj. Gen. W. C., C.B., C.S.I., D.S.O., p.s.c. [L]

Levinge, Hon. Sir E. V., C.S.I., *late* Capt. Ind. Vols

Macdonald, Maj.-Gen. Sir J. R. L., C.B.

McLeod, Gen. Sir D. J. S., K.C.B., D.S.O.

McMahon, Lt.-Col. Sir A. H., G.C.M.G., G.C.V.O., C.S.I.

Hon. Sir Malik Umar Hyat Khan, M.V.O., Hon. Maj.

Montagu, Hon. Brig.-Gen. J. W. E., *Lord*, C.S.I., VD, *late* 7 Bn. Hamps. R (Lt.- Col. & *Hon. Col. T. F. Res.*)

Morison, Lt. Sir T., K.C.S.I., C.B.E., Camb. R.

Hon. 2nd Lt. Meherban Malojirao Vyankatrav Raje Ghorpade, *alias* Nanasaheb Chief of Mudhol,

Muhammad Ali Beg, *Nawab Sir*, Afsar-i-Jang, Afsar-ud-Daula, Afsar ul-Mulk, M.V.O., *Bahadur*, Hon. Lt.-Col.

Nepal, Gen. Babar Shumshere Jung Rana Bahadur, *of*

O'Donnell, Maj.-Gen. Sir T. J., C.B., D.S.O., M.B.

Ottley, Col. *Sir* J. W.

Hon. Capt. Meherban Sir Parashramrav Ramchandrarai *alias* Bhansaheb Patwardhan, *of Jamkhandi*.

Hon. Maj. *Raja* Sir Baldeo Singh, of Poonch.

Raitt, Maj.-Gen. *Sir* H. A., C.B.

Ramsay, Lt.-Col. *Sir* J., C.S.I.

Scallon, Gen. *Sir* R. I., G.C.B., D.S.O.

Scott, Bt. Col. *Sir* B.

Simpson, Surg.-Gen. Sir B., M.D.

Spring, *Sir* F. J. E., *late* Maj. Ind. Vols.

Sykes, Lt.-Col. (*temp. Brig.-Gen.*) Sir P. M., C.B., C.M.G.

Talbot, Lt.-Col. *Sir* A. C. Thornhill, Lt.-Col. Sir H. B., C.M.G.

Thuillier, Col. *Sir* H. R.

Vane, Maj.-Gen. *Sir* V. B., C.B.

Hon. Capt. Raj. Saheb *Sir* Amarsinghji Banesinghji (*Raj. Saheb of Vánkáner*).

White, Hon. *Sir* H. T., *late* Hon. Col. Ind. Vols.

Williams, Maj.-Gen. *Sir* G., C.B., ret. Ind. Army.

Wynne, *Hon.* Sir T. R., K.C.S.I., VD, *late* Col. Comdt. Ind. Vols.

Younghusband, Lt.-Col. Sir F. E., K.C.S.I.

Younghusband, Maj.-Gen. *Sir* G. J., K.C.M.G., C.B., p.s.c.

Orders of Knighthood, &c.

COMPANIONS (C.I.E.).

Acworth, H. A., *late* Maj. Ind. Vols.
Adamson, Lt.-Col. C. H. E.
Alcock, Lt.-Col. A.W., *M.B.*
Alderman, Capt. R. E., *O.B E.*
Alexander, Bt. Lt.-Col. E. C., *D.S.O.*, p.s.c.
Allanson, Bt. Lt.-Col. C. J. L.,*C.M.G.,D.S.O.*, p.s.c.
Anderson, Maj. J., *M.B.*
Anderson, Maj. W. M., *M.D.*
Archer, Lt.-Col. C., *C.S.I.*
Atkinson, Maj.-Gen. E. H. de V., *C.B.*, *C.M.G.*

Babington, Col. D. M.
Bagshawe, Temp. Maj. E. L., *D.S.O.*, *O.B E.*,*R.E.*
Bagshawe, Lt.-Col. F. W.
Bailey, Maj. F. M.
Balfour, Capt. F.C.C.,*M.C.*, 6 Bn. North'd Fus.
Bannerman, Lt.-Col. A. D'A. G., *C.V.O.*
Barnard, A. B., *late* Temp. Maj.
Barnardo,Bt.Lt.-Col.F.A. F., *O.B.E.*, *M.D.*, *F.R.C.S.* Edin.
Barratt, Col. H. J.
Barrett, Maj. C C. J.
Barron, Capt. C. A., Ind. Vols.
Barry, Lt.-Col. C. C. S.
Bate, Col. T. E. L., *C.B.E.*
Bawa Jiwan Singh,Lt.-Col.
Bayley, Lt.-Col. E. C.
Bayley, Capt. V., Ind. Vols.
Beadon, Lt.-Col. H. C.
Beatson-Bell, Maj. Hon. Sir N D., *C.S.I.*, Ind. Def. Force.
Beer, Hon. Col. J. H. E., VD, Ind. Vols.
Bell, Col. G. J. H., *M.B.*
Benn, Lt.-Col. R. A. E.
Berkeley,Temp.Maj. A.M.
Berkeley, Maj.-Gen. J. C.
Betham. Col. (*temp. Brig. Gen.*) R.M.
Beville, Lt.-Col. F. G.
Bickford, Lt.-Col. F. W.
Biernacki, Lt.-Col. R. K., *I.S.O.*, Ind. Vols.
Birdwood, Gen. *Sir* W. R., Bt., *G.C.M.G.*, *K.C.B.*, *K.C.S.I.*, *D.S.O.*, q.s., **A.D.C.**
Black, Bt. Col. W. C., p.s.c. [L]
Blackham, Col. R. J., *C.B.*, *C.M.G.*, *D.S.O.*, *M.D.*, *F.R.F.P.S.*
Blakeway, Lt.-Col. D. B.
Boileau, Lt.-Col. E. R. P. [L]
Bosham, Capt. A., Ind. Vols.
Bourke, Lt.-Col. J. J.,*M.B.*
Bowen, Lt.-Col. (*temp. Col.*) H. W., *D.S.O.*
Bowers, Lt. (*temp. Col.*) P. L., *M.C*, Ind. Army Res. of Off.
Boxwell, Maj. A.
Brown, Maj. H. C., *M.B.*
Browne, Col. S. H., *M.B.*
Browne, Surg.-Gen. W. R., *M.D.*
Browning, Lt.-Col. W. B.
Brownlow, Lt.-Col.d'A. C., *C.M.G.*

Ballard,Temp. Capt. R.W.
Burden, Lt.-Col. (*temp. Col.*) H., *F.R.C.S.*
Burjorjee Dorabjee Patel, Hon. Lt., Khan Bahadur, Ind. Vols.

Cadell, Lt.-Col. P. R., VD, *A.D.C.* Ind. Def. Force
Calvert, Lt.-Col., J.T.,*M.B.*
Cameron, Lt.-Col. H. A.
Cameron, Temp. Maj. J. G. P.
Campbell, Maj. A. Y. G., Ind. Vols.
Campbell, Lt.-Col. C. F., *O.B.E.* (*Extra Eq. to the King*) (*Gent.-at-Arms*.)
Campbell, *Sir* J. S., *K.C.S.I.*,*late* Lt.-Col. Ind. Vols.
Campbell, Col. M. S. C., *C.B.*, ret. Ind. Pens.
Campbell, Lt.-Col. R H., Ind. Vols.
Campbell, Col. *Sir* R. N., *K.C.M.G.*, *C.B.*, *M.B.*
Campbell, Maj. W. L.
Carey, Lt. - Col. W. L. J. [l]
Carpendale, Bt.Maj.F. M.
Carr-Hall, Maj. R. E.
Carter Lt.-Col. G. L.
Caruana, Col. A J.
Ct. Chamier, Maj.-Gen. F. E. A., *C.B.*
Chapman, Lt.-Col. P. F., *M.B.*, Ind. Med. Serv.
Chatterton, Col. F. W.
Chenevix Trench, Lt.-Col. G. F.
Christian, Hon. Brig.-Gen G., *C.B.*,*D S O.*[l]
Christopher, Maj. M. C. de L.
Christophers, Maj. S. R., *O.B.E.*
Church. Maj.-Gen. T. R
Clemesha, Lt.-Col. (*temp. Col.*) W. W., *M.D.*
Clerici, Temp. Maj, C. J. E., *O.B.E.*, R E.
Cleveland, Col. H. F.
Clibborn, Lt.-Col. J.
Clogstoun, Temp. Lt. H. C., Labour Corps.
Clutterbuck, Lt.-Col.P. H., VD, Ind.Vols.
Cobb, Hon. Col. *Hon*. H. V., *C.S.I.*, Ind. Vols.
Cook, Hon. Brig.-Gen. H. R. [L]
Cooper,Hon.Col.*Sir* W. E., Knt., Ind. Vols.
Cotter, Lt.-Col. H. J., *D.S.O.*
Cowie, Hon. Maj.-Gen. C. H., *C.B.* ret pay.
Cowper, Maj,-Gen. M.,*C.B.*
Cox. Col. F. W. H., *C.B.*
Craster, Col. S. L., *C.B.*, ret. pay.
Crauford, Col. G. S. C., *C.B.*, *C.M.G.*, *D.S.O.*, p.s.c., *A.D.C.*
Crichton, Lt.-Col. R. T.
McCrimmin, Lt.-Col. J., VD,
Crooke-Lawless, Surg. Lt.-Col. *Sir* W R., Knt., *C.B.*, *C.B.E.*, *M.B.*
Crookshank, Col. *Sir* S. D'A., *K.C.M.G.*, *C.B.*, *D.S.O.*, *M.V.O.*
Crossley,Bt. Lt.-Col. H. J.

Crosthwaite, Lt. H. R., Ind. Vols.
Cunliffe, Maj. J. B., Ind. Vols. (Temp. Capt. R.G.A.)

Darley,Lt.-Col.J.R.,*D.S.O.*
Davern, Temp. Lt. F. B
De Brath, Lt.-Gen. *Sir* E., *K.C.B.*, p.s.c.
Dempster, Maj. *Hon*. F. E., Ind. Vols.
Dennys, Col. G. W. P.
Dennys, Lt.-Col. H. T., *K.B.E.*, ret.
Desaraj, Urs., *M.V.O.*, Col. Mysore Imperial Service Lrs. (*Hon.Lt.-Col. in Army*)
Dew, Lt.-Col. A. B., *C.S.I*
Dickson, Capt. H. R. P.
Dickson, Lt.-Col. (*temp. Col.*) J. H.
Dickson, Bt. Col. (*temp. Brig.-Gen.*), W. E. R., *C.M.G.*
Dobbs, Lt.-Col. C. F., *D.S.O.*, p.s.c.
Dockrill, Temp. Capt. (*temp. Col.*) W. R.
Donald, Maj. J., Ind. Vols.
Douglas, Maj. G. S.
Douglas, Maj.-Gen. J. A., *C.M.G.*[L]
Douglas, Lt.-Col. M. W., *C.S.I.*
Downe, Hon. Maj.-Gen.H R., Visct., *K.C.V.O.*, *C.B.*
Drew, Col. (*temp. Brig.-Gen.*) A. B. H.
Duff, Lt.-Col. A. A., 8 Bn, Gord. Highrs.
Duff, Col. G. M., ret. Ind. Army
Dundee, Col. W. J. D.
Dunlop,Hon.Col.R.W.L., *D.S.O.*, VD, Ind. Vols. (Temp. Lt.-Col., R.A.)
Dunlop-Smith, Lt.-Col. *Sir* J. R., *K.C.S.I.*, *K.C.V.O.*
Durand, Col. A.G.A., *C.B.*, p.s.c. (*Gent.-at-Arms*).

Edward-Collins, Maj C. E
Ellis, Col. W. M.
Elwes, Lt.-Col. F. F., *M.B.*
Evans, Col. G. H., *C.B.E.*
Ewart, Maj.-Gen.*Sir* R. H., *K.C.M.G.*, *C.B.*, *D.S.O.*, *A.D.C.*, ret. Ind. Army
Ewbank,Col.W.,*C.B.*,p.s.c.

Farmer, Col. J., *F.R.C.V.S.*
Ferard, H. C., *C.S.I.*, *late* Capt. Ind. Vols.
ffrench-Mullen, Lt.-Col. J. L. W.
Filgate, Lt.-Col. T. R., VD, Ind. Vols.
Findlay, Maj. J., *M.B.*
Finney, *Sir* S., Knt., *late* Lt.-Col. Ind. Vols.
Flynn, Lt. J. D.,Ind.Vols.
Foulkes, Lt.-Col. T. H., *F.R.C.S.*
Fraser, Hon. Col. *Hon*. *Sir* S. M., *K.C.S.I.*, Ind. Vols.
Fremantle, Lt.-Col. S. H., Ind. Vols.
Frenchman, Lt.-Col. E. P. Ind. Vols.
Fry, Lt.-Col. A. B., *D.S.O.*, *M.B.*, Ind. Med. Serv.

Fuller, *Sir* J. B., *K.C.S.I.*, *late* Hon. Col. Ind. Vols.
Gait, Lt.-Col. *Sir* E. A., *K.C.S.I.*, Ind. Vols.
Gaussen, Lt.-Col. J. R., *C.M.G.*, *D.S.O.*
Gee, Lt. Col. F. W.
Geoghegan, Lt.-Col F. E.
Gervers, Lt.-Col. F. R. S.
Girdhar Singh, Lt.-Col., Bharatpur Imperial Service Troops.
Gilbert, Lt -Col.L E.,*M.B.*
Gilchrist, Maj. W. F. C., p.s.c.
Giles, Col. R., *late* Hon. Col. Ind. Vols.
Gillespie, Maj. R. St. J.
Gillett, Maj. E. S.
Gillitt, Maj. W., *M.D.*
Ginlette,Lt.-Col. G.H. D., *M.D.*
Gleadow-Newcomen, Hon Col. A. H., VD, *late* Ind.Vols.
Godfrey, Lt.-Col. S. H. [L]
Goodbody, Lt.-Col. C. M., *D.S.O.*
Goodfellow, Bt. Lt.-Col. N. G. B.
Gordon, G. G., VD, *late* Hon. Col. Ind. Vols.
Gordon, Bt. Col. J. C. F.
Gordon, Lt.-Col. R. F. C.
Gordon, Lt.-Col. W. A., *C.M.G.*, *D.S.O.*, 6 Bn Worc. R.
Gough, Lt.-Col. H. A. K.
Graham, Hon. Chaplain Rev. J. A.,*D.D.*,Ind.Vols.
Graham, Lt.-Col. J. D., *M.B.*
Greenstreet, Lt.-Col. B. H., *O.B.E.*, *late* Gen. List
Greig,Lt.-Col.E.D.W.,*M.B.*
Greig, Lt.-Col. J. G.
Grey, Lt.-Col. & Hon. Col. A., VD, *late* Ind. Vols.
Grice, Hon. Col. W. T., VD, Ind. Vols.
Griffith, Maj. R. E. H.
Gurdon, Lt.-Col. B. E. M., *D.S.O.*

Haider Ali Khan, Lt.-Col. Kashmir Imperial Service Troops.
Hailey, Lt.-Col. *Hon.* W. M., *C.S.I.*, Ind. Vols.
Hall, Maj. E. G.
Halliday, Maj. *Sir* F. L., Knt., *M.V.O.*, T. F. Res., *late* Maj. Ind. Vols.
Hallowes, Col. F. W., *C.B.*
Hamilton, Lt.-Col. R.E.A.
Hamilton, Bt. Lt.-Col. W.H.,*D.S.O.*
Hammick, *Hon. Sir* M *K.C.S.I.*, *late* Hon. Col. Ind. Vols.
Hanafin, Maj. J. B., *F.R.C.S.I.*
Hare,*Hon. Sir* L.,*K.C.S.I.*, *late* Hon. Col. Ind. Vols.
Harriott, G. M., *C.S.I.*,VD, *late* Maj. Ind. Vols.
Hathi, Lt.-Col.E ,Imperial Service Troops.
Hay,Lt.-Col. W. N.,*D.S.O.*, p.s.c.[L]
Hehir, Maj.-Gen. P., *C.B.*, *C.M.G.*, *M.D.*, *F.R.C.S.* Edin.

Orders of Knighthood, &c.

COMPANIONS (C.I.K.)—*contd.*

Henderson, *Hon.* R. H., *late* Hon. Capt. Ind. Vols.
Henry, Lt.-Col. *Sir* W. D., *Knt.*, vp, Ind. Vols.
Herdon, Lt.-Col. H. E, *p.s.c.*
Heron, Maj. D, *M.B. F.R.C.S, Edin.*
Hewett, *Hon. Sir* J. P., *G.C.S.I., late* Hon. Col. Ind. Vols.
Hewitt, Maj. D. R.
Hickley, Lt.-Col. V. N., vp, Ind. Vols.
Hignell, 2nd Lt. *Hon.* S. R., Ind. Vols.
Hildyard-Morris, Acting Maj. R. W.
Hill, *Hon.* Maj. T. H.
Hirsch, Maj. L., *F.R.C.S. Edin.*
Hodding, J., vp, *ate* Col. Ind. Vols.
Hodgkinson, Lt.-Col. C.
Hogg, Bt. Lt.-Col. R. E. T., *C.M.G.*, Ind. Army.
Holdsworth, Lt.-Col. J. J., vp, *late* Ind Vols.
Holford, Bt. Lt.-Col. *Sir* G. L., *K.C.V.O., C.B.E. (Extra Eq. to the King)*
Holland, Maj. R. E., Ind. Def. Force
Holloway, *Hon.* Maj.-Gen. B., ret. Ind. Army, *p.s.c.* [L]
Hope, Lt.-Col. A. V. W.
Howell, Temp. Lt.-Col E. B., *C.S.I.*
Howell-Jones, Bt. Lt.-Col J. H., *D.S.O.*
Howson, Maj. G., *M.C.*
Huddleston, *late* Temp Capt. G., vp., Hon. Lt.-Col. *late* Ind. Vols.
Hughes-Buller, R.B., *late* Capt. Ind. Vols.

Igulden, *Hon.* Brig.-Gen. H. A.
Impey, Lt.-Col. L., *C.S.I.*
Irvine, Lt.-Col. A. A.
Izat, Lt.J., Ind. Army Res. of Off.

Jackson, Col. J., *M.B.*
Jacob, Lt.-Col. A. L., *O.B.E.*
Jacob, Col. A. Le G., *C.M.G., D.S O.*
James, Lt.-Col. C. H.
James, Maj.-Gen. W. B. *C.B., M.V.O.*
Jameson, Lt.-Col. J. B., *M.B.*, ret Ind. Med.Serv.
Jennings, Hon. Brig.-Gen. H. A. K., ret. Ind. Army, *f.*
Jeffery, Bt. Lt.-Col. W. H., *late* Ind. Vols.
Jessop, Hon. Col. C. T., vp, *late* Ind. Vols.
Jolly, Capt. G. G., *M.B.*
Joly de Lotbinière, *Hon* Maj.-Gen. A. C. de L. *C.B , C.S.I.*
Jones, Lt.-Col. R. G.

Kaye, Lt.-Col. C., *C.S.I., C.B.E.*
Keen, Lt.-Col. W. J.
Keene, Maj. C. J., vp, *late* Ind. Vols.
Kemball, Lt.-Col. C. A. [L]
Kennedy, Chapl. Col. W. M.
Kennion, Lt.-Col. R. L.
Keogh, Lt.-Col J.B., *D.S.O.*
Keppel, *Hon.* Lt.-Col.*Hon. Sir* D. W. G., *G.C.V.O., C.M.G.,* vp,*late* 12 Midd'x V.R.C. *(Extra Eq. to the King)*
Keys, Lt. Col. W. D. A., *M.D.*
Keyes, Bt. Lt.-Col. (*temp.*) T, H., *C.M.G* [L]
Khan Muhammad Akbar Khan, Capt. Native Ind. Land Forces.
King, Col. W. G., *M.B.*
Kirby, Col. N.
Knox, Hon. Brig.-Gen. H. O., *C.M.G., C.B.E.*
Knox, Lt.-Col. S. G., *C.S.I.*

Lane, Col. C. T.
Lane, Lt.-Col. F. C.
Lane, Lt.-Col.W.B., *C.B.E. C.B.E., M.B.*
Lawrence-Archer, Lt.-Col. (*temp. Col.,*) J. H.
Leachman, Bt. Lt.-Col. G. E., *D.S.O.*
Leigh, Lt.-Col. H. P. P.
Le Mesurier, Maj. H. G.
Levett-Yeats, Lt. Col. G. A., vp, Ind. Vols.
Lewis, Temp. Brig -Gen. L. W.
Liston, Lt.-Col. W. G., *M.D.*
Lloyd, Maj. C. G., *M.C.*
Lloyd, Lt.-Col. FitzW., vp, Ind, Vols.
Loch, Lt.-Col. G. H.
Lorimer, Maj. D. L. R.
Low, Lt. C. E., Ind. Vols.

McConaghey, Lt.-Col. A., ret. Ind. Army.
McConaghey, Lt.-Col. F.
McCormick, Lt. - Col. A. R. C.
MacDermott, Lt. J. W., Ind. Army Res. of Off.
MacIlwaine, Bt. Maj. A. G. J.
McKay, Col. H. K , *C.B.*
MacKenna, Lt.-Col. J., Ind. Vols.
Mackenzie, Maj. C. F.
Mackenzie, Col. E. L., *D.S.O.*
Mackenzie, Maj. J.
Maclagan, Col. R. S., *C.B., C.S.I.*
MacLaughlin, Lt.-Col. A. J. M., vp, *late* Ind. Vols.
M. Maclean, Maj. - Gen. C. S., *C.B.*
Maclean, Maj. G. G. C.
MacLeod, Lt.-Col. D. N., *C.M.G., M.B., F.R.C.S. Edin*
Maconchy, Hon. Brig.-Gen. E. W. S. K., *C.B., C.M.G., D.S.O.*
Macpherson, Capt. *Hon. Sir* D. J., *Knt., late* Ind. Vols.
Macpherson, Temp. Lt.-Col. G.
Macrae, Hon. Col. A. W., vp, Ind. Vols,
Macrae, Temp. Maj. R.S.F. *O.B.E.*
Mactaggart, Lt.-Col. C., *C.S.I , M.B.*
Macwatt, Col. R. C., *M.B., F.R.C.S.*
Maddox, Lt.-Col. R. H., *M.B.*

Mahon, Temp. Lt.-Col. H. J. ·
Malleson, Maj.-Gen. W. *C.B.*
Marlow, Col. B. W., *C.S.I.*
Marrs, Temp. Capt. R.
Marshall, Maj.-Gen. G. F. L.
May, Maj. W. S. R., *p.s.c.* [L]
Meade, Lt.-Col. M. J.
Melt, Lt.-Col. F. O. N., *M.B.*
Merewether, Lt. - Col. J. W. B.
Miller, Capt. H. ret Ind, Army
Minchin, Lt.-Col. A. B.
Moens, Temp. Hon. Lt.-Col. S. M., *C.B.E.*
Molesworth, Col. W. *C.B.E., M.B.*
Mollison, Maj. E. J.
Money, Lt. - Col. (*temp. Brig.-Gen.*) E. D., *C.V.O., D.S.O.*
Moore, 2nd Lt. P. L., Ind. Vols.
Muir, Col. C. W., *C.B.*
Muirhead, Hon. Col. A., Ind. Vols.
Munro, Maj. D., *M.B., F.R.C.S. Edin.*
Murray, Maj. G. B.
Murray, Maj. H.
Murray, Maj. J. H.,¡*M.D.*
Murray, Maj. S. G. C.
Muspratt-Williams, Lt.-Col. C. A.

Nalder, Temp. Maj. L. F.
Nanton, Col. (*temp. Brig.-Gen.*) H. C., *C.B.*
Natha Singh, Maj.-Gen. Jind Imperial Service Troops.
Nauth, Col. B.
Needham, Maj. R. A., *D.S.O., M.B.*
Nethersole, Lt.-Col. F. R.
Newman, Lt.-Col. E. A. R., *M.D.*
Nighlingale, Bt. Col. (*temp. Brig.-Gen.*) M. R. W., *C. M.G., D.S.O.* [L]
Noel, Capt. E.W. C., *D.S.O.* [l]
Nugent, Lt.-Col. C. H. H.

O'Brien, Lt.-Col. A. J., *C.B.E.*
O'Connor, Lt.-Col. W. F. T. *C.B.E.*
Ogg, Col. G. S.
O'Grady, Bt. Col. (*temp. Brig.-Gen.*), H. de C., *p.s.c.*
Oldham, W.B., *late* Lt.-Col. Ind. Vols.
O'Meara, Lt.-Col. C. A. E.
O'Neill, Maj. P. L.
O'Rorke, Temp. Capt. G. MacK., *M.B.E.*
Owen, Lt.-Col. C W., *C.M.G.*

Paddon, Bt. Lt.-Col. S. S. W.
Paige, Maj. C. P., 109 Inf.
Palin, Col. G. W., *C.B., late* Ind. Army
Palmer, Lt.-Col. F., Eng. and Rly. S. C.
Park, *Rev.* W. R., *O B.E., late* Temp. Chapl. to the Forces, 4th Class
Parkin, Lt.-Col. H.

Peacocke, Col. T. G.
Pearson, Lt. J. R., Ind. Def. Force
Peart, Maj. C. L., *p.s.c.*
Pease, Col. H. T
Pelle, Bt. Col. S. C. F.
Perry, Lt.-Col. F. F., *C.M.G., F.R.C.S.*
Philson, Col. S. C.
Pigott, Hon. Col. R.E.P., vp, Ind. Def. Force
Pipon,Temp. Capt. P.J.G., *M.C.*
Pirrie, Bt. Col. F.W., *C.M.G.*
Pollard-Lowsley, Bt. Lt.-Col. H. de L., *C.M.G. D.S.O.*
Pooran Singh, Maj.-Gen. KapurthalaImperialService Troops.
Poore, Col. R. M., *D.S.O.*
Pope, Lt.-Col. A. W. U., vp, Ind. V.
Porch, Bt. Lt.-Col. E. A., *M.C.*
R. Porteous, Col. C. A.
Porter, Maj. W. N., vp, (*Hon.Maj. late Ind.Vols.*)
Prain, Lt.-Col. *Sir* D., *Knt., C.M.G., F.R.S., M.B.*
Prescott, Maj. H. C.
Prideaux, Lt.-Col. F. B., *C.S.I.*
Pulford, Col. R. R.
Pye, Maj. W. E.

Qadir, Temp. Hon. Lt. Baksh Khan.
Quinton, Col. (*temp.Brig.-Gen.*) F. W. D.

Radcliffe, Lt. - Col. F. W., *C.M.G., C.B.E., p.s.c.*
Radcliffe, Col. N. R., *D.S.O.*, Terr. Force, Capt. ret. pay (*Res. of Off.*)
Radford, Bt. Col. C. G., *C.B.*
Radnor, Col. (*temp. Brig.-Gen. in Army*) J., *Earl of C.B.E.*, vD, T.F. Res.
Rainsford, Col. W. J. R., *F.R.C.S.I.*
Ramsay, Lt.-Col. A. D. G., *O.B.E.*
Rawlins, Lt.-Col. A.K., *C.B.E., D.S.O.*
Raymond, Col. F., *F.R.C.V.S.*
Raymond, Maj. M. C., *M.C., C.M.G.* [L]
Real, Lt.-Col. E. A. F., *C.M.G.* [L]
Rennie, Lt.-Col. S. J. (*Lt.-Col. & Hon. Col. Ind. Vols.*)
Renny, [Hon. Maj.-Gen. S. M., *C.S.I.*, ret. Ind. Pens.
Reynolds, Temp. Capt. L. W., *M.C.*
Rice, Lt.-Col. S. M., *p.s.c*
Rich, Maj.E. T.
Richardson, Lt.-Gen. *Sir* G. L. R., *K.C.B., O.S.I.*
Risaldar-Maj,Muhi-ud-din Khan, Sardar Bahadur, 31 Lrs.
Rivett - Carnac, Col. J. H., vp, Ind. Vols.
Roberts, Lt.-Col. *Sir* J. R., *Knt., M.B., F.R.C.S.*, ret. Ind. Med. Serv.
Robertson, Hon. Col. Hon. *Sir* B., *K.C.S.I., K.C.M.G.*, Ind. Def. Force

COMPANIONS (C.I.E.)—contd.

Robertson, Lt.-Col. (temp. Col.) J. C., C.M.G., C.B.E., M.B.
Roe, Hon. Brig.-Gen. C. H., C.M.G.
Rogers, Lt.-Col. Sir L., Knt., M.D., F.R.C.P., F.R.C.S.
Rose, Bt. Col. (temp. Brig.-Gen.) J. L.
Royle, Lt. J. R., E. I.
Ryder, Col. C. H. D., D.S.O. [l]

St. John, Lt.-Col. H. B.
St. John, Bt. Col. (temp. Brig.-Gen.) R. S., D.S.O., p.s.c.
Salmond, Comdr. H. McK. R.I.M.
Sams, Temp. Lt.-Col. H.A., R.E.
Sardar Khan, Khan Bahadur, Subadar Major late Hong Kong Regt.
Scott, Temp. 2nd Lt. J.
Scott, Temp. Hon. Lt. J., M.B.E.
Scott, Maj. N. E. H.
Scott, Maj.-Gen. T. E., C.B., D.S.O.
Scott-Moncrieff, Maj.-Gen. Sir G. K., K.C.B., K.C.M.G.
Scroggie, Maj. W. R. J.
Senior, Col. H. W. R., D.S.O., p.s.c. [L]
Shakespear, Lt.-Col. J., C.M.G., D.S.O.
Shore, Hon. Brig.-Gen. O. B. S. F., C.B., D.S.O., p.s.c. [L]
Simpson, Lt.-Col. J. H., Ind. Vols.
Sirmur, Hon. Lt.-Col. Bir Bikram Singh, Raj Kumar of, C.S.I.
Smith, Lt.-Col. C. A.
Smith, Lt.-Col. H., M.D.
Smith, Lt.-Col. H. A., M.B.
Sorsbie, Col. R. F., C.S.I.
Spence, Lt.-Col. (temp. Col.) A. H. O., C.B.E. [l]
Sprawson, Lt.-Col. C. A., M.D.
Stanyon, Hon. Col. H. J., VD, Ind. Vols.

Steel, Bt. Col. R.A., C.M.G., p.s.c. [l]
Stephens, Capt. B. J. B., Ind. Vols.
Stephenson Lt.-Col. J., M.B.
Stevenson, Maj. W. D. H., M.B.
Stewart, Capt. F. H., Ind. Def. Force.
Stewart, Lt.-Col. H.
Stockley, Lt.-Col. (temp. Brig.-Gen.) H. R.
Stokes, Bt. Lt.-Col. C. B., D.S.O., O.B.E.
Strange, Hon. Brig.-Gen. R. G.
Stratton, Lt.-Col. W. C. R., D.S.O., ret. Ind. Army.
Streatfeild, H. C., late Lt. Ind. Vols.
Sutherland, Lt.-Col. D. W., M.D.
Sutherland, Lt.-Col. W. D., M.D.
Swan, Maj. J. G. G., M.B.
Swinton, Lt.-Col. F. E.
Synge, Maj. M., D.S.O., c.

Taylor, Lt.-Col. R. O'B., C.M.G., p.s.c. [L]
Tegart, Lt. C.A., Ind. Vols.
Temple, Lt.-Col. Sir R. C., Bt., C.B.
Templer, Bt. Col. (temp. Brig.-Gen.) C. F., C.M.G.
Thomson, Bt. Col. S. J., C.B.E.
Thorburn, Maj. H.H., M.B.
Tighe, Lt.-Gen. Sir M. J., K.C.M.G., C.B., D.S.O.
Trench, Maj. A. H. C.
Tomkins, Gen. W. P.
Trevor, Lt.-Col. A. P., C.S.I. [l]
Tucker, Maj.-Gen. L. R. E.
Turner, J. A., M.D., late Temp. Capt. R.A.M.C.
Tyler, Temp. Capt. H. H. F. M.

Vale, Capt. S. D., R.I.M.
Volkers, Temp. Capt. R. C. F.

Waddell, Lt.-Col. L.A., C.B., M.B.
Waddington, Maj. C. W., M.V.O., Ind. Def Force (Capt. Ind. Army Res. of Off.)
Wagstaff, Bt. Col. C. M., C.M.G., D.S.O., p.s.c.
Wagstaff, Maj. C.L., O.B.E., 2 Lt. Inf. [L]
Walker, Lt.-Col. G. K., O.B.E., F.R.C.V.S.
Walker, Lt.-Col. Sir J. L., Knt., VD, late Ind. Vols.
Wallinger, Temp. Maj. J. A., D.S.O.
Walter, Maj. E.
Walton, F. T. G., late Capt. Ind. Vols.
Ward, Temp. Maj. (temp. Col.) J.C., D.S.O., M.B.E., R.E.
Ware, Lt.-Col. F. C. W.
Watney, Col. C. N., TD, 4 Bn. R.W. Kent R.
Watson, Col. Sir H. D., K.B.E., C.B., C.M.G., M.V.O. (Extra Eq. to the King).
Watson, Lt.-Col. J. W.
Watson, Maj.-Gen. W. A., C.B., C.M.G., p.s.c.
Wauchope, Bt. Col. (temp. Brig.-Gen.) A.G., C.M.G., D.S.O.
Wauhope, Bt. Col. R. A., C.B., C.M.G.
Wenden, H. C. E., late Col Ind. Vols.

White, Maj. F. N., M.B.
White, Hon. Brig.-Gen. G.F., C.B., C.M.G.
Whitty, Lt. J. T., Ind. Vols.
Wilkinson, Capt. W. H. J.
Willis, Maj. G. H., M.V.O.
Willoughby-Osborne, Lt.-Col. A de V.
Wilson, Bt. Lt.-Col. A. T., C.M.G., D.S.O. [l]
Wilson, Lt. D. W., Ind. Army Res. of Off.
Wilson-Johnston, Bt. Lt.-Col. W. E., D.S.O., p.s.c.
Windham, Lt.-Col. C. J.
Wingate, Col. G.
Withers, Temp. Maj. E. C.
Wodehouse, Lt.-Col. F. W.
Woodall, Maj. H.W., 4 Bn. Dorset. R.
Woodyatt, Maj.-Gen N.G., C.B.
Wright, Lt.-Col. & Hon. Col. W. B., C.B.E., VD, Ind.Vols. (temp. Capt. in Army.)
Wynch, Hon. Maj. L. M., C.B.E., ret. late Lt.-Col. Ind. Vols.

Yasin Khan, Hon. Capt. Subadar Major Sardar Bahadur.
Yates, Maj. J. A., D.S.O., Inf.
Yeilding, Col. W. R., O.B., D.S.O.
Young, Lt.-Col. F. P., K.B.E., ret.
Young, Lt.-Col. (temp Brig.-Gen.) H. A., C.B.E. f.
Young, Maj. H. N.

OFFICERS OF THE ORDER.

Chancery of the Order .. Lord Chamberlain's Office, St. James's Palace, S.W.

Secretary .. .. McMahon, Lt.-Col. Sir A. H., G.C.V.O., K.C.I.E., C.S.I., Supern. List. Ind. Army (in India)

Registrar, Comptroller of the Lord Chamberlain's Office for the time being .. .. Dawson, Bt. Col. Sir D.F.R., G.C.V.O., C.M.G., ret. pay, p.s.c.

Orders of Knighthood, &c.

KNIGHTS GRAND CROSS, KNIGHTS COMMANDERS, COMMANDERS AND MEMBERS OF THE 4th AND 5th CLASSES OF THE ROYAL VICTORIAN ORDER.

Recipients of Orders, whose names appear in this list, but who hold no rank in the Regular Army, Royal Marines, Special Reserve, Militia, Yeomanry, Territorial Force, or Volunteers, or in the Forces of the Oversea Dominions and Colonies, must send a notification to the Secretary of the War Office of their being alive on the 1st January and the 1st July each year.

If such notification due on the 1st January is not received at the War Office by the 1st April and that due on the 1st July by the 1st October, it will be concluded that the Recipient is deceased, and his name will be removed from the Army List.

THE SOVEREIGN.

HONORARY KNIGHTS GRAND CROSS (G.C.V.O.)

His Majesty Alfonso XIII., King of Spain, *K.G.*, Gen., Col.-in-Chief 16 Lrs.
His Majesty Haakon VII., King of Norway, *K.G., G.C.B.*, Hon. Col. Norf. Yeo.
His Majesty Christian X., King of Denmark, *K.G., G.C.B.*, Col.-in-Chief E. Kent R.
His Majesty Chewlata Maha Vajiravudh, King of Siam, *G.C.B., G.C.S.I.*, Hon. Gen.

KNIGHTS GRAND CROSS (G.C.V.O.)

Col. *H.R.H.* Edward Albert Christian George Andrew Patrick David, *Prince of Wales and Duke of Cornwall*, *K.G.*, *G.C.M.G.*, *G.B.E.*, *M.C.* (*Personal A.D.C. to the King*).

Field-Marshal *H.R.H.* Arthur William Patrick Albert, *Duke of Connaught and Strathearn*, *K.G., K.T., K.P., G.C.B., G.C.S.I., G.C.M.G., G.C.I.E., G.B.E.*, *Personal A.D.C. to the King*

Bt. Lt.-Col. *H.R.H. Prince Arthur Frederick Patrick Albert of Connaught*, *K.G., K.T., G.C.M.G., C.B.*, *Personal A.D.C. to the King*.

Aberdeen, Hon. Col. Rt. Hon. J. C., *Marq. of*, *K.T., G.C.M.G.*, 1 Highl. Brig. R.F.A. (*King's Body Gd. for Scotland*).

Annaly, Hon. Col. L., *Lord*, North'n Yeo.

Athlone, Hon. Brig.-Gen. A.A.F.W.A.G., *Earl of*, *G.C.B., C.M.G., D.S.O., Personal A.D.C. to the King.*

Balfour of Burleigh, Rt. Hon. A. H., *Lord*, *K.T., G.C.M.G.*, late Capt. Highland Bord. Lt. Inf. Mila. (*King's Body Guard for Scotland.*)

Hon. Maj.-Gen. H. H. Maharaja Raj.Rajeshwar Siromani Sri Sis Gungha Singh Bahadur of Bikaner, *G.C.S.I., G.C.I.E., K.C.B.*

Cambridge, Lt.-Col. A. C. A.A.E.G.P.L.L., *Marq. of, G.C.B., C.M.G., Personal A.D.C. to the King* (Hon. Col. 8 Bn. Lond. R.) ret. pay

Carisbrooke, Capt. A. A., *Marq. of*

Hon. Gen. His Excellency Maharaja Sir Chandra Shamsher Jang Bahadur Rana, *G.C.B., G.C.S.I.*

Charles, Lt.-Col. (temp. Surg.-Gen.) Sir R. H., *M.D., F.R.C.S.I.*

Churchill, Maj. V.A.F.C., *Visct.*, Oxf. Yeo.

Clarke, Gen. Sir O. M., *Bt.*, *G.C.B.*

Dawson, Hon. Maj.-Gen. B.E. *Lord, K.C.M.G., C.B., M.D.*, A Med.Serv.(Capt. T.F. Res.)

Dawson, Hon. Brig.-Gen. Sir D. F. R., *C.B., C.M.G., p.s.c.*

Derby, Hon. Col. Rt. Hon. E. G. V., *Earl of*, *K.G., C.B.*, 4 Bn. Manch. R., &c. (temp. Lt.-Col. in Army).

Devonshire, Hon. Col. Rt. Hon. V. C. W., *Duke of*, *K.G., G.C.M.G.*, 5 Bn. Notts. & Derby. R.

Ducie, Hon. Col. Rt. Hon. H. J., *Earl of*, 2 V.B Glouc. R.

Dudley, Lt.-Col. (*Hon. Maj. in Army*) Rt. Hon. W. H., *Earl of*, *G.C.B., G.C.M.G.*, TD, T.F. Res.

Durham, Hon. Col. Rt. Hon. J. G., *Earl of*, *K.G.*, VD, 8 Bn. Durh. L.I.

Esher, Hon. Col. R.E., *Visct., G.C.B.*, 5 Bn. R. Fus. and 6 Lond. Brig. R.F A.

Ewart, Maj.-Gen. Sir H. P., *Bt., K.C.B.* (*Extra Eq. to the King.*)

French, Field-Marshal Rt. Hon. J. D. P., *Visct., K.P., G.C.B., O.M., K.C.M.G.*

Granard, Hon. Lt.-Col. Rt. Hon. B. A. W. P. H., *Earl of, K.P.*

Hon. Lt.-Gen. *H.H. Sir* Scindia, *Bahadur*, Madho Rao, *Maharaja of* Gwalior, *G.C.S.I., G.B.E., A.D.C.*

Haig, Field Marshal D., *Earl, K.T., G.C.B., O.M., K.C.I.E., p.s.c.*

Hardinge, Hon. Col. Rt. Hon. C., *Lord*, *K.G., G.C.B., G.C.S.I., G.C.M.G., G.C.I.E., I.S.O.*,Ind.Vols.

Howe, Capt. R. G. P., *Earl*, VD, late Leic. Yeo

Hunter,Gen.Sir A., *G.C.B., D.S.O., A.D.C.*

Iveagh, Hon. Col. E. C., *Earl of*, *K.P.*, Unatt. List.

Hon. Maj.-Gen. H.H. Saramad - i - Rajaha-i-Hindustan Raj Rajindar Sri Maharajadhiraja Sir Sawai Madho Singh, *Bahadur, of Jaipur, G.C.S.I., G.C.I.E , G.B.E.*

Hon. Lt.-Gen. H.H. Maharaja Sir Pratap Singh, *Bahadur of* Jodhpur, *G.C.B., G.C.S.I., A.D.C.*

Keogh, Lt.-Gen. Sir A., *G.C.B., C.H., M.D., F.R.C.P.*

Keppel, Hon. Lt.-Col. Hon. *Sir* D. W. G., *C.M.G., C.I.E.*, VD, late 12 Midd'x V.R.C. (*Extra Eq to the King*).

Hon. Col. *H. H. Sir* Shahu Chhatrapati, *Maharaj, G.C.S.I., G.C.I.E., Maharaja of* Kolhapur.

Lawrence, Col. Sir W. R., *Bt.*, *G.C.I E., C.B.*, ret.

Leicester, Col. T. W., *Earl of, C.M.G., A.D.C.*

Lloyd, Lt.-Gen. Sir F., *K.C.B., D.S.O.*

Lyttelton, Gen. Rt. Hon. Sir N. G., *G.C.B.*

McMahon, Lt.-Col. Sir A.H., *G.C.M.G., K.C.I.E., C.S.I.*

Methuen, Field-Marshal P. S., *Lord*, *G.C.B., G.C.M.G.*

Mountbatten, Capt. *Lord* L. A. L. h.p.

Plumer, Field - Marshal H. C. O., *Lord*, *G.C.B., G.C.M.G, p.s.c.*

Portland, Hon. Col. Rt Hon. W. J. A. C. J., *Duke of, K.G.*, 4 Bn Notts. & Derby. R

SC. Ft. Probyn, Gen. Rt. Hon. Sir D. M., *G.C.B., G.C.S.I., I.S.O.* (*Extra Eq. to the King.*)

Hon. Col. *H.H. Nawab Sir* Muhammad Hamid Ali Khan, *Bahadur*, of Rampur, *G.C.I.E., G.C.V.O.*

Rawlinson, Gen. H. S., *Lord*, *G.C.B., K.C.M.G., p.s.c., A.D.C.*

Richmond and Gordon, Col. C. H., *Duke of, K.G., C.B.*, 3 Bn. R. Suss. R., *A.D.C.* (*King's Body Gd. for Scotland*).

Rundle, Gen. Sir H M. L., *G.C.B., G.C.M.G., D.S.O., q.s.*

Salisbury, Hon. Maj.-Gen. Rt. Hon. J. E.H., *Marq. of, K.G., G.C.B.*, TD, 4 E. Anglian Brig. R.F.A., and 4 Bn. Essex R., *A.D.C.*

Spencer, Hon. Col. Rt. Hon. C. R., *Earl, K.G.*, VD, 4 Bn. North'n R.

Stamfordham, Lt.- Col. Rt. Hon. A. J., *Lord, G.C.B., G.C.I.E., K.C.S.I., K.C.M.G., I.S.O.* (*Extra Eq. to the King.*)

Talbot, Lt.-Col. Rt. Hon. *Lord* E. B., *D.S.O.*

Treves, Hon. Col. Sir F., *Bt., C.B., F.R.C.S.*, Wessex Div. R.A.M.C.

Tucker, Lt.-Gen. Sir C., *G.C.B.*

Wellington, Col. A. C., *Duke of, K.G.*

Westminster, Lt.-Col. & Hon. Col. H.R.A., *D.S.O., Duke of* Chester Yeo.

Williams, Hon. Col. Sir J., *Bt., M.D., R.A.M.C.* (T.F.)

Wingate, Gen. Sir F. R., *G.C.B., G.B E., K.C.M.G, D.S.O., q.s.*, [L]

Orders of Knighthood, &c.

KNIGHTS COMMANDERS (K.C.V.O.)

Albemarle, Col. (*Hon. Lt. Col. in Army*) A. A. C., *Earl of*, C.B., VD, 5 Bn. Norf. R., A.D.C.

Asser, Lt.-Gen. *Sir* J. J., K.C.M.G., C.B., q.s.

Baden-Powell, Lt.-Gen. *Sir* R. S. S., K.C.B.

Barlow, Lt.-Col *Sir* T., Bt., M.D., 3 Lond. Gen. Hosp.

Barnes, *Sir* H. S., K.C.S.I., late Hon. Col. Ind. Vols.

Barrett, Gen. *Sir* A. A., G.C.B., K.C.S.I., A D C

Barton, Maj.-Gen. *Sir* G., C.B., C.M.G., p.s.c.

Bell, Maj.-Gen. *Sir* J. A.

Beresford, *Lord* M. T. De la P., *late* 7 Hrs. (*Extra Eq. to the King*)

Bowlby, Hon Maj.-Gen. *Sir* A. A., *Knt.*, K.C.B., K.C.M.G., F.R.C.S., 1 Lond. Gen. Hosp. ret.

Butler, Capt. *Sir* T. D., late Oxf. & Bucks. L.I.

Campbell, Capt. *Sir* W.D.S.

Chamberlain, Col. *Sir* N.F. Fitz G., K.C.B.

Cheylesmore, Maj.-Gen. H. F., *Lord*, K.C.M.G.

Codrington, Lt.-Gen. *Sir* A. E., C.B., ret. pay, p.s.c.

Cranston, Hon. Brig.-Gen. *Sir* A. C., C.B.E., TD, VD, *late* Comdg. Lothian Brig.

Crutchley, Maj.-Gen. *Sir* C., K C B., q.s.

Davidson, Bt. Col. *Sir* A., K.C.B. (*Extra Eq. to the King*).

Davies, Lt.-Col. *Sir* F. J., K.C.B., K.C.M.G., p.s.c. [L].

Denman, Hon. Col (*Army*) *Rt. Hon.* T., *Lord* G.C.M.G.

Downe, Hon. Maj.-Gen. H. R., *Visct*., C.B., C.I.E.

Dundonald, Lt.-Gen. D. M. B. H., *Earl of*, K.C.B.

Dunlop - Smith, Lt. - Col. *Sir* J. R., K.C.S.I., C.I.E.

Fellowes, Maj. *Rt. Hon. Sir* A. E., K.B.E., *late* 3 Bn. Norf. R.

Fielding, Maj. - Gen. *Sir* G. P. T., K.C.B., C.M.G.

Fitz George, Col. *Sir* A. C. F., C.B.

Fitzwilliam, Bt. Lt.-Col. W. C. de M., *Earl*, C.B.E., D.S.O., p.s.c. L] (*Extra Eq. to the King*).

Fowler, Lt.-Col. *Sir* J. K., C.M.G., M.D., 3 Lond. Gen. Hosp.

Gildea, Hon. Col. *Sir* J., *Knt.*, C B., 4 Bn. R. War. R.

Gleichen, Maj.-Gen. *Lord* A. E. W., C.B., C.M.G., D.S.O., p.s.c. L] (*Extra Eq. to the King*).

Godlee, Col. *Sir* R. J., Bt., M.B., F.R.C.S., *late* Lt.-Col. 3 Lond. Gen. Hosp.

Gough, Lt.-Gen. *Sir* H, De la P., G C.M.G., K.C.B., p.s.c.

Gould, Lt.-Col. *Sir* A. P., C.B.E., M.B., F.R.C.S., 3 Lond. Gen. Hosp.

Hamilton, Gen. *Sir* B. M., G.C.B., p.s.c.

Hanbury - Williams, Maj.- Gen. *Sir* J., K.C.B., C.M.G., ret. pay.

Harewood, Hon. Col. H.U., *Earl of*, TD, *late* York. Hrs. Yeo. A.D.C.

Harrington, Hon. Lt.-Col. *Sir* J. L., K.C.M.G., C.B.

Henderson, Lt.-Gen. *Sir* D., K.C.B., D.S.O., p.s.c.

Hobart, *Sir* R. H., Bt., C.B., late War Office.

Holford, Bt. Lt.-Col. *Sir* G.L., C.I.E., C.B.E. (*Extra Eq. to the King*).

Kenyon, Col. L., *Lord*, TD, *late* Shrops. Yeo., A.D C

Kitson, Maj.-Gen. *Sir* G.C. C.B., C.M.G., p.s.c.

Knollys, Col. *Sir* H., p.s.c

Lane, Maj.-Gen. *Sir* R. B. K.C.B., q.s.

Leach, Maj.-Gen. *Sir* J.

Legge, Hon. Col. Hon. *Sir* H. C. (*Eq. to the King*).

Lipton, Hon. Col. *Sir* T. J., Bt., 6 Bn. High. L. I.

London, Rt. Hon. and Rt. Rev. A.F., *Lord Bishop of*, D.D., LL.D. Chapl. 1st Class (T.F.)

Lovat, Col. S. J., *Lord*, K.T., K.C.M.G., C.B., D.S.O., TD, Lovat's Scouts Yeo., A.D.C.

Lyttelton-Annesley, Lt.-Gen. *Sir* A. L.

MacDonnell, *Rt. Hon. Sir* *Lord*, G.C.S.I., late Hon. Col. Ind. Vols

Mackinnon, Gen. *Sir* W. H, G.C.B.

Mahon, Lt.-Gen. *Rt. Hon.* *Sir* B. T., K.C.B., D.S.O.

Marshall, Hon Col. *Sir* H. B., *Knt.* 4 Bn. Lond. R.

Murray, Bt. Lt.-Col. *Sir* M. D., C.B.

Nott-Bower, *Sir* J. W., *Knt.* late Capt. 5 W. York Mila.

O'Callaghan, Maj.-Gen. *Sir* D. D. T.

Ogston, Hon. Col. *Sir* A., M.D., LL.D., High. Div., R.A.M.C. (T.F.)

Oldham, Hon. Col. *Sir* H. H., *Knt.* (Gent.-at-Arms).

Paget, Gen. *Rt. Hon. Sir* A. H., G.C.B.

Peyton, Maj.-Gen. *Sir* W. E., K.C.B., D.S.O., Col. 15 Hrs., p.s.c.

Ponsonby, Bt. Lt.-Col. *Rt. Hon. Sir* F. E. G., K.C.B (*Extra Eq. to the King*).

Pulteney, Lt.-Gen. *Sir* W. P., K.C.B., K.C.M.G., D.S.O.

Rigby, Lt.-Col. (*temp. Col. Sir* H.M., M.B., F.R.C.S. (*Bt. Lt.-Col. R.A.M.C.*) (T.F.)

Robb, Maj.-Gen. *Sir* F. S., K.C.B., K.C.M.G., p.s.c.

Robertson, Gen. *Sir* W. R., Bt , G.C.B., G.C.M.G., D.S.O., p.s.c. [L] A D C

Ross of Bladensburg, Lt.- Col. *Sir* J. F. G., K.C.B.

Savile, Hon. Col. J. S., *Lord*, 4 Bn. W. Rid. R.

Shaftesbury, Hon. Brig.- Gen. A. A. C., *Earl of*, K.P., C.B.E. (Col. Res. of Off.)

Shepard, Rev. Canon E., D.D., Chaplain 4th Class, T.F.

Shrewsbury and Talbot C. H. J., *Earl of*, Hon. Maj.

Sloggett, Lt.-Gen. *Sir* A.T., K.C.B., K.C.M.G., F.R.C.S.

Somerleyton, Hon. Col. (*Hon. Lt.-Col. in Army*) *Rt. Hon.* S. B., *Lord*, late Norf. R F. Res. A.

Stopford, Lt.-Gen Hon. *Sir* F.W., K.C.M.G., C.B., p.s.c.

Stopford, Hon. Maj.-Gen. *Sir* L. A. M., C.B., ret. pay, p.s.c. L]

Streatfield, Bt. Col. *Sir* H., C.B., C.M.G. (*Extra Eq. to the King*).

Strong, Hon. Col. *Sir* T.V., *Knt.*, late 1 Lond. Brig. R.F.A.

Vane Tempest, Lt. - Col. *Lord* H. L. H., late 2 Durh. R. G. A. (Vols.)

Wallington, *Sir* E. W., C.M.G., late Lt. 3 Bn. Oxf. L.I.

Ward, Col. *Sir* E. W. D., Bt., G.B.E., K.C.B., late Permt. Under Sec. of State for War.

Ward, Temp. Capt. (bt. Maj.) Hon. *Sir* J. H., late 2nd Lt. Worc. Yeo. (*Extra Eq. to the King*)

Wentworth - Fitzwilliam, Capt. Hon. *Sir* W. C. (*Crown Eq. to the King*).

Wodehouse, Maj. *Sir* E. F., K.C.B.

Worthington, Bt. Col. *Sir* E. S., *Knt.*, C.B., C.M.G.

Orders of Knighthood, &c.

COMMANDERS (C.V.O.)

Allan, Hon. Lt.-Col. Sir H. M., *Knt.*, Can. Local Forces.
Atcherley, Hon. Maj.-Gen. L. W., *C.M.G.*, *q.s.*

Bannerman, Lt. - Col. A. D'A. G., *C.I.E.*
Barclay, Col. H. A., TD, *late Norf. Yeo.*, *A.D.C.*
Baring, Hon. Brig.-Gen. Hon. E., *C.B.E.*
Barron, Maj. - Gen *Sir* H., *K.C.M.G.*, *g.*
Barter, Hon. Lt.-Gen. *Sir* C. St.L., *K.C.B.*, *K.C.M.G.*, *p.s.c.* [L]
Bethell, Col. (*temp. Maj.-Gen.*) H. K., *C.B.*, *C.M.G.*, *D.S.O.*, *p.s.c.*
Bethune, Lt.-Gen. *Sir* E. C. *K.C.B.*, *p.s.c*
Bingham, Maj.-Gen. *Hon. Sir* O. E., *K.C.M.G.*, *C.B.*
Boulton, Capt. *Sir* H. E., *Bt.*, *C.B.E.*, T.F. Res.
Brabazon, Hon. Maj.-Gen. *Sir* J. P., *K.C.B.*, *q.s.*
Broadwood, Hon. Brig.-Gen. A.
Bulfin, Lt.-Gen. *Sir* E. S., *K.C.B.*, *q.s*

Campbell, Hon. Brig.-Gen. J. H.
Capper, Col. W. B.
Carington, Col. *Hon.* R. C. G., *D.S.O.*, Aust. Mil. Forces.
Carter, Lt.-Col. G., ret. pay.
Cecil, *Hon.* Col. *Lord* W., *late Lt.-Col. 4 Bn. Linc. R.*
Coke, Hon. Brig.-Gen. E. B., *g.*
Colebrooke, *Rt. Hon.* E. A., *Lord*, Capt. Gent.-at-Arms.
Collard, Hon. Maj.-Gen. A. S., *C.B.*
Cooper, Hon. Brig.-Gen. R. J., *C.V.O.*
Costello, Bt. Col. (*temp. Brig.-Gen.*) E. W., *C.M.G.*, *D.S.O.*, *p.s.c.*
Creedy, *Sir* H. J., *K.C.B.*, Sec. of the War Office.
Cresswell, Hon. Col. G. F. A., VD, *late Lt.-Col. 5 Bn. Norf. R.* (Maj. T. F. Res.)

Dawson, Col. H. L., *C.B.*
Dawson, Maj.-Gen. V. J.
Delme-Radcliffe, Col.(*temp. Brig. - Gen.*) *Sir* C., *K.C.M.G.*, *C.B.*, *p.s.c* [L]
Denbigh and Desmond, Col. R. R. B. A., *Earl of*, TD, Hon. Art. Co., *A.D.C*
Dick, Col. *Sir* A. R., *K.B.E.*, *C.B.*
Dugdale, Lt.-Col. F., TD ret. T.F. (*Extra Eq. to the King*).

Fife, Lt.-Col. and Hon. Col *Sir* A. G., *Knt.*, *late Montgom. Yeo. Cav.*
FitzGerald, Lt.-Col. G. J.
FitzGerald, Capt. *Sir* M., *Bt.* (*Knight of Kerry*)
Fletcher, Lt.-Col. H. A. (*Gent.-at-Arms*).
Fludyer, Col. H.
Fortescue, Hon. Maj. *Hon.* J. W., *late N. Devon Yeo. Cav.*
French, Capt. H. (*Yeo. of Gd.*)
Fry, Maj.-Gen. W., *C.B.*

Gabriel, Maj. E. V., *C.S.I.*, *C.M.G.*, *C.B.E.*, Ind. Vols. (*temp. Lt.-Col. in Army*)
Godfray, Hon. Brig.-Gen. J. W., *C.B.*, *C.B.E.*, *p.s.c.*, *A.D.C.*
Gordon-Gilmour, Hon. Brig. Gen. R. G., *C.B.*, *D.S.O.* (*King's Body Gd. for Scotland*).
Graham, Col. M. D., *C.B.*, *C.M.G.*, *A.D.C.*
Greville, Hon. Lt.-Col *Hon.* A. H. F., *late War Impl. Yeo.* (*late Lt.-Col. Essex Yeo.*) (*Extra Eq. to the King*).
Grey, Bt. Maj. R., *C.M.G*, *K.B.E.*
Grigg, Lt. E. W. M., *C.M.G.*, *D.S.O.*, *M.C.*, G. Gds. Spec. Res.

Haig, Hon. Lt.-Col. A. B., *C.M.G.*, (*Extra Eq. to the King*).
Hamilton of Dalzell, Capt. G. G., *Lord*, K.T., *M.C.*
Hansell, Temp. Capt. H. P.
Harrison, Bt. Col. C. M., *C.M.G.*, *M.B.*, *F.R.C.S.*
Heath, Maj.-Gen. *Sir* C. E., *K.C.B.*
Henderson, Lt.-Col. Hon. H. G., T.F. Res.
Hendrie, Col. *Hon. Sir* J. S., *K.C.M.G.*, Can. Local Forces.
Hennell, Lt.-Col. and Hon. Col. *Sir* R., *Knt.*, *D.S.O.*, *O.B.E.*, *late* 1 V.B. Middl'x R. (Lt.-Col. ret. Ind. Army)(*Yeo. of Gd.*)
Herbert, Maj.-Gen. L., *C.B.*
Hodgson, Maj.-Gen. H.W., *K.C.M.G.*, *C.B.*
Horton - Smith - Hartley, Capt. P., *M.D.*, 1 Lond. Gen. Hosp.
Hughes-Hallett, Col. J. W., *O.B.*, *D.S.O.*

Kavanagh, Hon. Lt.-Col. *Sir* C. T. McM., *K.C.B.*, *K.C.M.G.*, *D.S.O.*
Kenmare, Hon. Col. V. C., *Earl of* 8 Bn. L'pool R.
Knowles, Lt.-Col. Comdt. *Sir* L., *Bt.*, ret. T.F.

Lambart, Hon. Lt.-Col. *Sir* G. F. W., *Bt.*, *late* 5 Bn. Leins. R.
Lambourne, Hon. Col. *Rt Hon.* A. R. M., *Lord*, Unattd. List.
Lambton, Maj.-Gen. Hon. *Sir* W., *K.C.B.*, *C.M.G.*, *D.S.O.*
Laye, Maj.-Gen. J. H., *C.B.*
Leach, Col. (*temp. Brig.-Gen.*) H. E. B, *C.B.*, *C.M.G.*
Lowther, Col. *Sir* H. C., *K.C.M.G.*, *D.S.O.*, *q.s.* [L]

McCalmont, Maj.-Gen. *Sir* H. K.C.B.
MacNachtan, Col. N. F., ret. Can. Local Forces
Martin, Capt. J. E. B., *D.S.O.*
Mason, Lt.-Col. P. L., Can. Local Forces
Maxse, Lt.-Gen. F. I., *K.C.B.*, *D.S.O.*, *q.s.* [L]
Maxwell, Gen. *Sir* J. G., *G.C.B.*, *K.C.M.G.*, *D.S.O.*
Mayo Robson, Maj. (*temp. Col.*) *Sir* A. W., *Kt.*, *K.B.E.*, *C.B.*, *F.R.C.S.*, *D.Sc.*, R.A.M.C.(T.F.)
Miles, Lt.-Gen *Sir* H. S. G., *G.C.B.*, *G.C.M.G.*, *G.B.E.*, *p.s.c.*
Money, Lt.-Col. (*temp Brig.-Gen.*) E. D., *O.I.E.*, *D.S.O.*
Montgomery, Maj.-Gen. R. A., *C.B.*, *p.s.c.*
Morris, Maj. C. A., *M.B.*, *F.R.C.S.*, R.A.M.C.(T.F.)
Murray, Gen. *Sir* A. J., *G.C.M.G.*, *K.C.B.*, *D.S.O.*, *p.s.c.* [l]

Nation, Bt. Lt.-Col. J. J. H., *D.S.O.*, R.E.

Penton, Maj.-Gen. A. P., *C.B.*, *C.M.G.*, *p.s.c.*
Pitkeathly, Temp. Col. J. S., *C.B.E.*, *D.S.O.*
Playfair, Hon. Brig.-Gen. G. J., *Lord*, TD.
Pole-Carew, Hon. Lt.-Gen. *Sir* R., *K.C.B.*

Ranksborough, Hon. Maj.-Gen. J. F., *Lord*, *C.B.*

Ricardo, Col. F. C.
Ricardo, Col. H.
Rimington, Hon. Lt.-Gen. M. F., *C.B.*
Romilly, Col. F. W., *C.B.*, *D.S.O.*, *p.s.c.*
Ryle, Rt. Rev. H. E., *D.D.*, Dean of Westminster, Chaplain, 4th Class, T.F.

St. Levan, Hon. Brig.-Gen. J. T., *Lord*, *C.B*
Salmond, Bt. Col. *Sir* J. M., *K.C.B.*, *C.M.G.*, *D.S.O.* *D.L.*
Sankey, Col. H. S., VD
Savage, Col. G. R. R.
Scott, Maj.-Gen. D. A., *C.B.*, *D.S.O.*
Shackleton, Maj *Sir* E. H., *Kt.*

Smith-Rewse, Col. H. W., *C.B.*, *q.s.*
Stradbroke, Col. (*Terr. Force*) G. E. J. M., *Earl of*, *C.B.*, *C.B.E*, VD, *A.D.C.*

Taylor Smith, Chaplain General, Rt. Rev. Bishop J., *D.D*
Trench, Col. F. J. A., *D.S.O.*, *p.s.c.*, *g.* [L]
Trench, Hon. Col. *Hon.* W. Le P.

Waller, Col. S., *O.B.E.*
Wardrop, Col. D., *C.B.*, *M.B.*
Waters, Hon. Brig.-Gen. W. H. H., *C.M.G.*, *p.s.c.* [L]
Watson, Lt.-Col. J. K., *C.M.G.*, *C.B.E.*, *D.S.O.*, *g.s.*
Weldon, Lt.-Col. *Sir* A. A., *Bt.*, *D.S.O.*, *late* 4 Bn. Leins. R.
Wigram, Col. C., *C.B.*, *C.S.I.*, *p.s.c.* (*Eq. to the King*).
Wilkinson, Maj. *Sir* N. R., *Knt.*
Williamson, Very Rev. A. W., *D.D.*

Young, Hon. Col. & Hon. Dep. Comm. Gen, *Sir* J. S., *Knt.*

MEMBERS 4th CLASS (M.V.O.)

Adams-Connor, Capt. H. G.,
Agnew, Col. Q. G. K., *D.S.O., late* 3 Bn. R. Sc. Fus., Maj., ret pay (*Gent.-at-Arms*).
Allenby, E. A., *late* Temp. Lt.-Col. (Rear-Admiral ret. R.N.)
Anson, Temp. Lt.-Col. *Hon.* G. A., 3 N. Mid. Brig., R.F.A.
Anstruther - Thomson, Bt. Col. C. F. St. C., *D.S.O.*
Arthur, Temp. Capt. (*Hon. Lt. in Army*) Sir G.C.A., *Bt.*
Ashburner, Bt. Lt.-Col. L. F., *D.S.O., p.s.c.*
Ashmore, Col. E. B., *C.B., C.M.G., p.s.c.*
Atholl, Bt. Maj. J. G., Duke of, *K.T., C.B., D.S.O., TD* (*Lt.-Col. Comdt. & Hon. Col Soc. Horse Yeo.*)
Atkinson-Clark, Capt. B. F., *O.B.E.*
Atthill, Hon. Capt. A.W.M., *O.B.E.* (*temp. Maj. R.A.S.C.*)

Baillie, Maj. & Hon. Col. I. E. B., *VD, ret.* T. F.
Baird, Capt. Sir D., *Bt.,* Res.
Baker-Carr, Maj. R. G. T.
Ballance, Hon. Col. Sir O.A.,*K.C.M.G.,C.B.,M.B. F.R.C.S. late* R.A.M.C. (T.F.)
Bamber, Col. C. J.
Barclay, Hon.Col. H. G., VD, *late* Lt.-Col. 4 Bn. Norf. R. (*Maj. ret. T.F.*)
Bardswell, Temp. Capt. N. D., *M.B.*
Barker, Maj. J. S.
Barlow, Hon. Col. J., VD, 8 Bn. Manch. R. (Maj. T. F. Res.)
Barron; Col. W. N., *C.M.G., late* R.A.M.C.
Barry, Col. S. L., *C.M.G., C.B.E., D.S.O.,* (*Maj. Res. of Off.*)
Batt, Lt.-Col. R. C., *C.B.E.*
Bird, Bt. Col. S., *p.s.c.*[L]
Bliss, Lt.-Col. J. A., *D.S.O.*
Blythswood, Maj. A. D., Lord, Res. of Off.
Bonham, Maj. E. H., ret. pay
Boyle, Capt. J.
Bramston Newman, Capt. R. G. O.
Brassey, Lt.-Col. E. H., ret. pay.
Brinton, Bt. Lt.-Col. J. C., *D.S.O.*
Brooke, Hon. Brig.-Gen. L. G. F. M., Lord, *C.M.G.,* Hon. Col. 8 Bn.Essex R. (Hon Lt.-Col. *late* T.F. Res.)
Bruce, Bt. Col. *Hon.* C. G., *C.B.*
Budworth, Maj.-Gen. C. E. D., *C.B., C.M.G.* [L]
Buist, Lt.-Col. A. H.
Buxton, Maj. L. G., *M.C.*
Byng, Gen. J. H. G., Lord, *G.C.B., K.C.M.G., p.s.c.*

Calley, Hon. Brig.-Gen. T. C. P., *C.B., C.B.E.*
Campbell, Maj. H., *D.S.O.*
Campbell, Hon. Brig.-Gen. W. Mack., *C.B.E.*
Carey, Col. (*temp. Maj.-Gen.*) C. W., *C.B.E.*
Carnegy, Bt. Col. C. G.
Carruthers, Maj. J., *D.S.O.*
Carter, Maj.-Gen. Sir E. E., *K.C.M.G., C.B., p.s.c., e.*
Cartwright, Temp. Capt. V. A.
Cavan, Lt.-Gen. F.R., K.P., *K.C B.,* Earl of
Cavendish, Bt. Col. *Hon.* W. E.
Champion, Lt.-Col. J. F., ret. T. F.
Chapman, Hon. Col. D.P.,ret. pay.
Chapman, Bt. Col. F. H.
Chater. Col. V.
Churston Maj. J. R. L., Lord., *O B.E.*
Clarke, Bt. Col. C., *O.B.E.*
Clough, Bt. Col. A. H. B., *O. B. D.S.O.*
Cochrane, Col. T. H., *O.B.E.*
Colborne, Lt.-Col. & Hon. Col., *Hon.* F. L. L., ret. Terr. Force, Bt. Maj. ret. pay.
Congreve, Lt.-Gen. Sir W. N., *K.C.B.*
Cooper, Hon. Maj.-Gen. E. J., *C.B., D.S.O.*
Cottingham, Bt. Maj. E. R
Cowans, Gen. Sir J. S., *G.C.B., G.C.M.G., C.B.* (Civil), Col. Glouc R. *p.s.c.*
Creagh, Col. A. H. D., *C.M.G.*
Crichton, Bt. Lt.-Col. *Hon.* G. A. C.
Cromer, Lt. R. T., Earl of G. Gds. Spec. Res. (Eq. to the King).
Crookshank, Col. Sir S.
D'A., *K.C.M.G., C.B., C.I.E., D.S.O.*
Crosse, Lt.-Col. C. R., *C.M.G.*
Cullen, Lt.-Col. E. H. S., *C.M.G., D.S.O.*
Cuthbertson, Col. E. B., *C.M.G.,* T.F. (Capt. ret. pay)

Day, Maj. H. E., *D.S.O.*
de Courcy-Ireland, Capt G. B., *M.C. late* Serv. Bn. K. R. Rif. C.
Dennistoun, Maj. I. O.
de Rougemont,. Hon Brig.-Gen. C. H., *C.B., C M.G., D.S.O., p.s.c.*
Desarai Urs, *C.I.E.,* Col. Mysore Imperial Service Lrs. (*Hon. Lt.-Col. in Army*)
Dickson, Lt.-Col. G. A. H., *late* S. Afr. Def. Forces (Hon. Maj. *late* 5 Bn. Worc. R.)
Drummond, Maj.-Gen. L. G., *O.B., C.B.E.*
Dugdale, Bt. Maj. J. G., *D.S.O., M.C.*
Maj. H. H. *Prince* F. V.
Duleep Singh, *TD,* Norf. Yeo

Duncan, L. L., *Esq., O.B.E.,* War Office
Dundas, Capt. Sir H.H.P., *Bt.,* T.F. Res.
Dunmore, Maj. A. E., *D.S.O.,* Earl of
Edmeades, Hon. Lt.-Col. J. F., *late* W Kent Imp.Yeo.
Edwards, Hon. Maj.-Gen. (*temp. Brig.-Gen.*) A. H. M., *C.B.*
Ellesmere, Hon. Col. J. F. G. S., Earl of, *late* E.Lan. Divl. T.&S.Col, R.A.S.C.
Elliot, Maj., Sir E. H., *Knt.* (Yeo. of Gd.)
Erskine, Col. (*temp. Brig.-Gen.*) J. F., *C.B., C.M.G.*
Fairholme,Col. W. E.,*C.B., C.M.G., p.s.c.* [L]
Fenwick, Col.H. T.,*C.M.G., D.S.O.*
Fergusson, Lt.-Gen. Sir C., *Bt., K.C.B., K.C.M.G., D.S.O.*
Ffolkes, Rev. F. A. S., *B.A.,* Chapl. 2nd Class (T.F.)
Fletcher, Maj. E. F., *D.S.O.,* ret. pay
Forbes, Maj. *Hon.* D. A., *D.S.O.,* R.A.
Francis, J. L., *late* Lt.-Col. & Hon. Col. K.O. Malta Mila.
Freeland, Lt.-Col. (*temp. Maj.-Gen.*) H. F. E, *K.C.I.E., C.B., D.S.O.*
Freeth, Hon. Lt.-Col. W. Fyers, Maj. H. A. N., 5 Bn. Rif. Brig. (Capt. ret.)
Glyn, Col. G. C., *C.M.G., D.S.O.,* TD, Terr. For e.
Godley, Hon. Brig.-Gen. F. C.
Gordon, Maj.A. A., *C.B.E.,* ret.
Gordon, Maj. D. F.
Gordon-Lennox, Hon. Brig.-Gen. Lord E. C., *C.M.G., D.S.O.,* ret. pay.
Gore, Hon. Col. C. C. (*Gent.-at-Arms*).
Grant, Hon. Col. A. B., VD, 4 Lew. (How.) Brig., R.F.A.
Grant, Rev. A. R. H, *M.A.* Chapl. 4th Class (T.F.) ret. pay *p.s.c.* [L]
Grant, Maj. R.F.S., *D.S.O., C.B.E.*
Granville, Capt. D., *O.B.E.*
Grenfell, Hon. Brig.-Gen. H. M., *C.M.G.*
Gubbins, Lt.-Gen. Sir W. L., *K C.B.,* S.S.O.
Halliday, Maj. Sir F. L. *Knt., C.I.E.,* T. F. Res. *late* Maj. Ind. Vols.
Hamilton, Capt. Lord C. N., *D.S.O.*
Hamilton, J. G., *late* Hon. Col. Transvaal Vols.
Hankey, Lt.-Col. J. C. G. A., *C.B.E.* [L]
Hare. Col. R. H., *C.B.* [L]
Hare, Hon.Lt.-Col. Sir T. L. *Bt., late* Norf. R. F. Res
Harvey, Bt.-Maj. C. O., *M.C.*

Hawarth, Maj. R.
Hawes, Bt. Lt.-Col. C. H.
Heathcote, Capt. G. S., *O.B.E.,* 8 Bn. Notts. & Derby, R.
Heneage, Maj. G. C. W., *D.S.O.*
Herbert, Hon. Brig.-Gen. E. A., *C.M.G.,* ret. pay
Hermon-Hodge, Bt.Lt.-Col. Hon. R. H., *D.S.O., late* Res. of Off.
Heywood, Capt. M. B, *D.S.O.,* North'd Yeo.
Holland, Lt.-Gen. Sir A. E. A., *K.C.B., K.C.M.G., D.S.O., q.s.g.*
Holland, Lt.-Col G. L., ret. Ind. Army.
Holland - Pryor, Bt. Col. (*temp. Brig.-Gen.*) P., *C.B., C.M.G., D.S.O.*
Hudson, Bt. Maj.,H. C. H.
Hughes, Bt. Maj. F. St. J., *O.B.E.*
Hume. Lt.-Col. and Hon. Col. C. W. *late* 3 Bn. R.W. Kent R.
Hunloke, Maj. P., *late* Bucks. Yeo. (*Hon. Capt. in Army*)
Hunn, Hon. Capt. S. A., *O B.E., M.C,* Aust, Mil. Forces.
Hutton-Riddell, Capt. G., 16 Lrs Res. Res.
Irvine. Capt. C. A. L., *O.B.E.*
Jackson, Hon. Brig.-Gen. Sir T. D., *Bt., D S.O.*
James, Lt.-Col. A. H. C., *D.S.O.*
James, Maj.-Gen. W. B., *C.B., C.I.E.*
Jarvis, Col. C A W., *C.M.G.,* TD, ret, (*T.F.*) (Hon. Lt.-Col. in Army)
Jennings, Hon. Co', E. L. F., *late* Lt.-Col. Kent R. G. A. (Mila). (Hon. Lt.-Col. in Army).
Johnston, Lt.-Col & Hon. Col. J. W., VD, *late* 1 Fife R.G.A. (Vols.).
Jones, Col. L. C., *C.M.G., p.s.c.* [L]
Keighley, Lt.-Col. V. A. S., *D.S.O.*
Kemmis, Lt.-Col. and Hon. Col. W., *C.M.G.,* Unatt. List.
Kennedy, Hon. Col. J. M., VD., 5 Bn. K.O. Sco. Bord.
Keppel, Maj. *Hon.* G., Res. of Off.
Kerry, Lt -Col. H. W. E., Earl of, *D.S.O.,* Res. of Off.
Kilkelly, Surg. Lt.-Col. C. R., *C.M.G., M.B.*
King, Hon. Brig. Gen. Sir C. W., *Knt., C.B., C.M.G.*
King, G. K., *Esq.,* War Office.
Kinloch, Bt. Col. Sir D. A., *Bt., C.B.*
Lamb, Bt. Col. C. A., *C.M.G.*
Lanesborough, Maj. (*Lt.-Col. T.F.Res.*) C J.B., Earl of
Laurie, M., *late* Capt. Ind Vols.
Legg, Capt. G. E. W., Res. of Off.

Orders of Knighthood, &c. 169

MEMBERS 4th CLASS (M.V.O.)—*contd*

Legh, Capt. Hon. P. W., O.B.E.
Levita, Lt.-Col. C. B., C.B.E., Res. of Off., g.
Leyland, Maj. F. B.,D.S O.
Liddell, Capt. A. F., ret.
Lindsay, Bt. Col. W. C, 3 Bn. R. Dub. Fus
Liverpool, Lt.-Col. Rt.Hon. A. W. de B. S.. Earl of, G.C.M.G., G.B.E., 8 Bn. Lond. R. (Maj. ret. pay).
Lloyd, Hon. Brig.-Gen. A. H. O., C.B., C.M.G., TD, Shrops. Yeo.
LLoyd, Hon. Col. W. N., C.B., Ches. Brig. R.F.A., Ma!. ret. pay (*Gent.-at-Arms*).
Loch, Maj.-Gen. E. D.,Lord, C.B.,C.M.G., D.S.O., p s.c.
Londonderry, Hon. Col. C. S. H., Rt. Hon. Marq. of, K.G., 3 Northb'n Brig. R.F.A. & 4 Bn. R. Ir. Rif. & 3 Bn. Durh. L.I. (Bt. Lt.-Col. Res. of Off.)
Lucas, Hon. Col. (*Army*) A. G., C.B., VD.
Lygon, Lt.-Col Hon. R., late T.F. Res.

McBarnet, Lt.-Col. A. E., D.S.O., late Sco. Horse Yeo.
Macfarlane, Hon. Col. J., VD, late Lt.-Col. 1 Lanark V.R.C.
Mackenzie, Bt. Col. A. F., C.M.G., late 3 Bn. Sea. Highrs. (Maj. ret. pay)
Mackenzie Rogan, Lt.-Col. J., Mus. Doc., Dir. of Music.
MacKintosh, Col. D. J.,C.B., M.B.,A. Med. Serv.(T.F.)
Malcolm, Lt.-Col. P., D.S.O.
Hon.Sir Malik Umar Hyat Khan, K.C.I.E., Hon. Capt. Suss. Yeo. (*Maj. Res. of Off.*) (*Hon. Maj. in Army*).
March, Lt.-Col. C. H., Earl of, D.S O.,T.F. Res.(*Maj. Res. of Off.*)
Marriott, Hon. Brig.-Gen. J., C.B.E., D.S.O.
Maxwell, Bt. Maj. G. A. P., D.S.O., M.C.
Mears, Lt.-Col. C. D.
Measures,H.B. Esq.,C.B.E., F.R.I.B.A., late Dir. of Barrack Construction War Office.
Michie, J., Esq.
C. Mildmay, Hon. Lt.-Col. H. A. St. J. (*Gent.-at-Arms*).
Milner, Capt. M. H., D.S.O., ret.
Molyneux, Capt. Hon R. F., late Res. of Off.
Monkhouse, Bt. Col. W. P., C.B., C.M.G.
Montagu - Stuart - Wortley, Maj.-Gen. Hon. E.J., C.B., O.M.G.. D.S.O., late ret. pay, p.s.c., q.s.

ℜ. Moorsom, Hon. Lt.-Col. H. M.
Muhammad Ali Beg, Nawab Sir Afsar - i - Jang, Afsar - ud - Daula, Afsar- ul - Mulk, K.C.I.E., Bahadur. Hon Lt.-Col.
Murray, Bt. Col. A, M , C.B.
Murray, Lt.-Col. C. F. T., C.B.

Neeld, Lt.-Col Sir A D., Bt., C.B.
Newington, Bt. Maj C.
Nicholas, Hon. Capt. J.,Rdg. Mr.
Norman, Bt. Col. (temp Brig.-Gen.) C. L., D S.O., p.s.c.
North, Hon. Brig.-Gen. B. N., C.B., 3 Bn. R. Lanc. R. (*Hon. Lt -Col. in Army*).
Northumberland, Bt. Lt - Col.A. I.,*Duke of*, C B.E., (*Hon. Col. 3 Bn. R. W. Surr. R.*)

O'Brien, Hon.Lt.-Col. Hon. M., D.S.O.
Owen, Col. H. M., C.B.

Park, Hon. Col. J. S.. VD late Lt.-Col. Sco. Comd. Tel. Cos. R.E.
Park, Hon. Ool W U., VD, late Col. 1 V.B. Arg. & Suth'd Highrs.
Paulet, Maj. C. S., ret.
Pembroke & Montgomery, Lt.-Col. R., Earl of, ret. pay
Pennington, Lt.-Col.(temp Brig.-Gen.) A.W.
Phillipps, Bt. Col.-Col. P., M.C.
Poock, Lt.-Col. and Hon. Col. J. A., VD, late 1 E. Ang. Brig., R.F.A.
Portal, Lt.-Col. W. R., D.S.O., ret.
Pryce-Jones, Bt. Lt.-Col. H. M., D.S.O., M.C., C. Gds.

Rennie, Brig.-Gen.R.,C.B., C.M.G.,D.S.O.,Can. Local Forces.
Reyne, Capt. G. van R.
Ricketts, Lt.-Col. (temp. Col.) P E , D.S.O.
Riddell, Col. J. S., C.B.E., M.B., TD, late A. Med. Serv.(T.F.)
Roberts, Maj. H. C.,D.S.O.
Roberts, Col. H. L., C.B. [1]

Roy, Maj. J. E. G., D.S.O. S. Afr. Def. Forces.
Ruggles-Brise, Maj.-Gen. Sir H. G., K.C.M.G., C.B., p.s.c., e. [1]
Russell, Maj. (*temp. Brig.-Gen.*)Hon.A.V.F.,C.M.G., p.s.c.[L]

St. Clair, Hon. A. J. M. (*Master of Sinclair*), Res. of Off.
C. Sandeman, J. G., Esq., late Gent.-at-Arms.
Scott, Temp. Capt. W. C.
Scott-Kerr, Hon. Brig.-Gen. R., C.B., C.M.G., D.S.O., ret. ray.
Seymour, Maj. R. H. (*Eq. to the King*).
Sheppard, Temp. Maj. E. G., TD
Sherwood, Col. Sir A. P., K.C.M.G., Can. Local Forces
Simmons, Capt. F. K., M.C., High. L.I.
Skinner, Hon. Mai.-Gen. B. M., C.B., C.M.G.
Smith, Capt. A. L. F., 9 Bn. Hamps. R.
Smith, Rev. Canon C., M.A., Chaplain (2nd Class)T.F.
Somerset, Hon Brig.-Gen. C.W., C.B.,C.M.G.
Somerville, Lt.-Col. T.C.F., ret. pay.
Spitta, Capt. H. R. D., 4 Lond. Gen. Hosp., R.A.M.C. (T.F.)
Standford, Lt.-Col. W., D.S.O., VD, S. Afr. Def. Forces
Stanton, Bt. Maj. H. J. C.
Stavers, Temp. Capt. J., O.B.E., R.A.S.C.
Strachey, Lt.-Col J.
Stretton, Hon. Lt.-Col. A J., Qr-Mr. (Sen. Dir. of Music)
Suffield, Bt. Col. C., Lord, C.B.
Surtees, Hon. Brig.-Gen. H. C.,C.B.,C.M G.,D.S.O., p.s.c. [L]
Symes, Hon. Col. G. P., VD, late Lt.-Col. 1 Dorset R.G.A. (Vols.).

Teuma Castelletti, Capt. J., Contino, K.O. Malta Regt. of Mita
Thompson, Maj. E. G.
Thornton, Lt. H. C., 6 Bn. Rif. Brig.
Thresher, Lt.-Col. J. H., C.M.G., ret. pay (*Res. of Off.*)
Thwaites, Temp. Capt. N. G. C.B.E, M.C., R.A.S.C.
Trapani, Lt.-Col. A., g.
Trotter, Bt. Col. A. R., D.S.O
Trotter, Hon. Brig.-Gen. G. F.,C.B.,C.M.G.,C.B.E., D.S.O.
Tweedmouth, Bt. Lt.-Col. D. C., Lord, C.M.G., D.S.O.

Twiss, Lt. - Col. F. A. C.M.G., D.S.O.
Tyrwhitt, Rev. Hon. L. F., O B E., Hon.Chapl.to the Forces, 2nd Class.

Urquhart, Hon. Col. R, VD, late Lt.-Col. 3 V.B. Sea. Highrs.

Valentia, Hon. Col. A., Visct., C.B., TD, Oxf. Yeo. (*Hon. Col. in Army*)
Van de Weyer, Capt. (*Hon. Capt. in Army*) W. J. B., 3 Bn. R. Berks. R. (*Hon. Maj. ret. Mtla.*)
Vaughan-Lee, Bt. Col. A. V. H.
Vivian, Lt.-Col. Hon. O. R. D.S.O., TD, 6 Bn. Welch R.

Waddington, Maj. C. W., C.I.E , Ind. Def. Force.
ℜ. Waller, J. H., Esq., Gent.-at-Arms.
Walsh, Hon. Capt. G. H. W., late Imp. Yeo.
Walsh, Temp.Capt.Hon.R.
Walter, Maj. F. A.
Waterfield,Bt. Col.A.C.M., p.s.c., ret. Ind. Army [1]
Watson, Hon. Col. Sir H. D., K.B.E., C.B., C.M.G., C.I.E. (*Extra Eq. to the King*)
Way, Bt. Lt.-Col. B. G. V., C.B.E.
Whitaker, Bt. Col. C. H. T.
White, Hon. Maj.-Gen. H. S. N., C.B.
Wilkinson, Hon. Brig.- Gen. M. G., C.B., C.M.G.
Willis, Maj. G. H., C.I.E.
Wood, Rev. J., D.D., late Hon. Col. Harrow School Cadet Corps.
Wray, Col. J. C., C.B., C.M.G., TD T.F. Res. (*Hon. Brig.-Gen. in Army*) (*Bt. Lt.-Col. Res. of Off.*) (*Yeo. of Gd.*)
Wyatt, Hon. Maj. T. H., L.S.O, VD, late 19 Midd'x V.R.C.
Wylie, Lt.-Col. J. S., S. Afr. Def. Forces
Wyndham, Col. G. P., C.B., p.s.c. [1]
Wyndham, Bt. Lt.-Col. W, F. G. [L]
Wynyard, Bt. Col. R.

Yarde Buller, Col. (*temp, Brig.-Gen.*) Hon. Sir H., K.B.E.,C.B. D S O.,p.s.c.
Yates, Hon. Col. C. M., C.B E., M.C.
Young, Temp. 2nd Lt. George, R. Mar.

MEMBERS 5th CLASS (M.V.O.).

Arbuthnot, Maj. J. B., e.
Aubrey-Fletcher, Bt. Maj. H. L., *D.S.O.*
Austen, Temp. Lt. H., R.E.
Bagwell, Bt. Maj. J., *M.C.*, 3 Bn. Norf. R. (Capt. ret. pay).
Bamber, H. K., *late* Capt. Surr. Brig. Co., Home Cos. Divl. T. & S. Col.
Barnard, Temp. Lt. E. A., Serv. Bns. E. Lan R
Batt, Maj. F., Qr.-Mr., R. Berks. R.
Bourne, Maj.A.G.B., *D.S.O. p.s.c*,
Brett, Lt.-Col. *Hon*. M. V. B., *O.B.E.*, T.F. Res.
Cavendish, Capt. R. H. V., *late* G. Gds.
Child, Hon. Brig.-Gen. *Sir* S. H., *Bt*., *C.B., C.M.G., D.S.O., late* R.F.A. (T.F.)
Clarke, Lt-Col. A. E. S., *D.S.O.*
Cockaday, Hon. Lt.-Col. G. L., ret. pay.
Colston, Bt. Lt.-Col. *Hon.* E. M., *C.M.G., D.S.O.*
Crawley, Bt. Lt. - Col. R. P., *D.S O., O.B.E., e.*
Dawnay, Hon. Maj.-Gen. G. P., *C.B., C.M.G., D.S.O., p.s.c.*
Dawson, Lt. G. S. T.
Dyke, Lt.-Col. J. S., *O.B.E.*, Qr.-Mr.
Elwes, Maj. H. C., *D.S.O.*, S. Gds., Spec. Res., Capt. ret.
FitzHugh, Capt. T. C., *D.S.O., p.s.c.* [L]
⊕⊄Gort, Maj. J. S. S. P. V., *Visct*., *D.S.O., M.C., p.s c*
Green, Hon. Capt. B. S., Musical Director, ret. pay.
Hall, Hon. Lt.-Col. C. W. H., Dir. of Music.
Halliday, Capt. F. C. T., Ind. Vols.
Hewson, Hon. Capt. (*Army*) L. L. (*late* S. Irish Horse)
Hickey, Maj. D., Ridg.-Mr.
Holmes, Bt. Lt -Col. H., R., R. Guernsey Milia.
Johnson, Maj. H. C.
Kemble, Capt. H. L., *ret.* Spec. Res.
Knight, Capt. A., T.F.Res.
Ingrouille, Temp. Lt. N.
Linton, Capt. H., *M.C., late* Shrops. l., I. Spec. Res.
MacGill, Maj. C. G. H., TD, 5 Bn. Lond. R.
Mackenzie, Maj. *Sir* V. A. F., *Bt., D.S.O.*
Mackey, Lt.-Col. H. J. A., *C.M.G., D.S.O.*
Melville, W., *Esq., M.B E.*, War Office
Miller, Maj. G. J., Musical Dir., *Mus. Bac.*
Mirza Umrao Beg, Hon. Capt., Risaldar-Major, *Sardar Bahadur*.
Morrell, Bt. Maj. J. F. B., *D.S.O.*
Morris, Hon. Lt -Col. J., VD, *late* Eng. & Rly. S.C.
Okeover, Capt. H. E., 6 Bn. Notts. & Derby. R.
Organ, Maj. C., Qr.-Mr.
Parkinson, Maj. C. C.
Powerscourt, Capt. M. R., *Visct* , *K.P., late* I. Gds. Spec. Res.
Roxburghe, Hon. Lt. H. J. *Duke of K.T.* (*King's Body Gd. for Scotland*)
Seymour, Maj. E., *O.B.E. D.S.O.*
Simms, Temp. Lt. H., R.E.
Simpson, Maj. L., *M.C.*
Smyth, Maj. B., *M.B.E.*, Qr.-Mr.
Sommer, 2nd Lt. J., Bandmr.
Sotheby, Capt. H. G., *D.S.O.* 4 Bn. Arg. & Suth'd Highrs.
Stretton, Lt. C. E., Dir. of Music
Tegart, Lt. C. A., *C.I.E.*, Ind. Vols.
Thomson, W., *late* Maj. Eng. & Rly. S.C.
Turnbull, Hon. Col. *Sir* R., *Knt*., Western Sig. Cos., Lt.-Col. Eng. & Rly. S.C.
Tyer, Temp. Lt. A. A., R.A.
Vivian, Bt. Lt. - Col. V. *C.M.G, D.S.O., p.s.c.*
Weller-Poley, Capt. E. H., Suss. Yeo. (Lt.Res.of Off.)
Williams, Capt. A., Dir. of Music, *Mus. Doc.*,
Williams, Capt. R., R.E.
Zavertal, 2nd Lt. L., Bandmr.

OFFICERS OF THE ORDER

Chancellor . . The Lord Chamberlain.

Secretary . Ponsonby, Bt. Lt.-Col. Rt. Hon. Sir F. E. G., *K.C.V.O., C.B* ret. pay (*Maj. Res. of Off.*) (*Extra Eq. to the King*).

Registrar . . Bryant, F. M., *Esq., M.V.O., I.S.O.*

Orders of Knighthood, &c.

KNIGHTS GRAND CROSS, DAMES GRAND CROSS, KNIGHTS COMMANDERS, DAMES COMMANDERS, COMMANDERS, OFFICERS AND MEMBERS OF THE MOST EXCELLENT ORDER OF THE BRITISH EMPIRE.

Recipients of Orders, whose names appear in this list, but who hold no rank in the Regular Army, Royal Marines, Special Reserve, Militia, Yeomanry, Territorial Force or Volunteers, or in the Forces of the Oversea Dominions and Colonies, must send a notification to the Secretary of the War Office of their being alive on the 1st January and the 1st July each year.

such notification due on the 1st January be not received at the War Office by the 1st April and that due on the 1st July by the 1st October, it will be concluded that the Recipient is deceased and his or her name will be removed from the Army List.

THE SOVEREIGN.

GRAND MASTER OF THE ORDER.

Prince of the Blood Royal:
Col. H.R.H. Edward Albert Christian George Andrew Patrick David, *Prince of* Wales, and *Duke of* Cornwall, K.G., G.C.M.G., G.C.V.O., M.C. (*Personal A.D.C. to the King*).

MILITARY KNIGHTS GRAND CROSS (G.B.E.)

Sclater, Gen *Str*. H. C., *G.C.B.*, Col. Comdt. R.A.
Sykes, Bt. Col. *Sir* F. H., *K.C.B.*, *C.M.G.*, ret

CIVIL KNIGHTS GRAND CROSS (G.B.E.)

Field - Marshal H.R.H. Arthur William Patrick Albert, *Duke of* Connaught and Strathearn, K.G., K.T., K.P., G.C.B., G.C.S.I., G.C.M.G., G.C.I.E., G.C.V.O., *Personal A.D.C. to the King*.

Chelmsford, Capt. *Rt. Hon.* F. J. N., *Lord*, G.M.M.G., 4 Bn. Dorset. R.

Ellis, Lt.-Col. *Sir* W. H., *M.I.C.E.*, Eng. Staff Rly. Corps.

Geddes, Hon. Maj.-Gen. *Rt. Hon. Sir* E. C., *G.C.B.* (Civil), *K.C.B.*, ret.

Hon. Lt.-Gen. *H. H. Sir* Madho Rao Scindia, *Bahadur, Maharaja of* Gwalior, *G.C.S.I., G.C.V.O., A.D.C.*

Hon. Lt.-Gen. *H.H. Asaf Jah Muzaffar-ul-Mamalik Nizam-ul-Mulk Nizam-ud-Daula Nawab Mir Sir* Usman Ali Khan, *Bahadur, Fath Jang of* Hyderabad, *G.C.S.I.*

Hon. Maj.-Gen. *Saramad-i-Rajaha-i-Hindustan, Raj-Rajindar Sri Maharajadhiraja Sir* Sawai Madho Singh, *Bahadur of* Jaipur, *G.C.S.I., G.C.I.E., G.C.V.O.*

Hon. Lt. Gen. *H.H. Maharaja Sir* Pratap Singh, *Indar Mahindar Bahadur, Sipar-i-Saltanat, of* Kashmir, *G.C.S.I., G.C.I.E.*

Hon. Lt.-Col. *H.H. Maharao Sir Umed Singh, Bahadur of* Kotah, *G.C.S.I., G.C.I.E.*

Hon. Col. *H.H. Sri Str Krishnaraja* Wodiar, *Bahadur Maharaja of* Mysore, *G.C.S.I.*

Lee of Fareham, Hon. Col. A. H., *Rt. Hon. Lord*, *K.C.B.*, Res. of Off.

Liverpool, Maj. *Rt. Hon.* A. W, de B. S., *Earl of*, *G.C.M.G*, *M.V.O.* Res. of Off. (*Lt.-Col. 7.F. Res*)

Miles, Lt.-Gen. *Sir* H. S. G., *G.C.B.*, *G C.M.G.*, *C.V.O*, Col.R.Muns.Fus., p.s.o.

Hon. Maj.-Gen. *H.H. Maharajadhiraja Sri Sir* Bhupindar Singh, *Mahindar Bahadur, Maharaja of* Patriala, *G.C.I.E.*

Nawanagar, Hon. Lt.-Col. *H H. Jam Shri. Ran itsinji Vibhaji Jam of*, *K.C.S.I.*

Peel, Lt.-Col. *Rt. Hon.* W. R. W., *Visct.*, T.F. Res.

Plymouth, Hon. Col. *Rt. Hon.* R. G., *Earl of*, *C.B.*, 3 Bn. Welch R.

Raglan, Hon.Col.G.FitzR. H., *Lord*, *C.B.*, R. Mon. R E.

Sydenham, Bt. Col. G. S., *Lord*, *G.C.S.I.*, *G.C.M.G.*, *G.C.I.E.*

Ward, Col. *Sir* E. W. D., *bt.*, *K.C.B.*, *K.C.V.O.*, R.A.S C. (T.F.)

Willingdon, Hon. Col. F., *Lord*, *G.C.S.I.*, *G.C.I.E.*, Ind. Vols., Maj. *late* Suss. Yeo.

Wingate, Gen. *Sir* F. R., *G.C.B.,G.C.V.O ,K.C.M.G., C.B.*(*Civil*), *D.S.O.*, q.s.[L]

MILITARY DAMES GRAND CROSS (G.B.E.)

Becher, *Dame* E. H., *R.R.C.*, Matron-in-Chief, Q.A.I.M.N.S.
Browne, *Dame* S. J., *R.R.C.*, Matron-in-Chief T. F. Nursing Serv.
McCarthy, *Dame* E. M., *R.R.C.*, Matron-in-Chief, ret pay.

CIVIL DAMES GRAND CROSS (G.B.E.)

THE QUEEN.
QUEEN ALEXANDRA.
H.R.H. the *Princess* Louise, *Duchess of* Argyll, *C.I., R.R.C., V.A.*, Col.-in-Chief Arg. & Suth'd Highrs.

MILITARY KNIGHTS COMMANDERS (K.B.E.)

Balfour, Hon. Brig.-Gen. Sir A. G., C.B.
Ballance, Col. Sir H. A., C.B., M.C., F.R.C.S., T.F. Res.
Bedford, Col. H. A., *Duke of*, K.G., *late* 3 Bn. Bedf. R., A.D.C.
Belfield, Lt.-Gen. Sir H.E., K.C.B., K.C.M.G., D.S.O., ret. pay (*Res. of Off.*) (Col. W. Rid. R.) p.s.c.
Bewicke - Copley, Hon. Brig.-Gen. Sir R. C. A. B., C.B., p.s.c. [l].
Bond, Hon. Maj.-Gen. Sir F. G., C.B., C.M.G.
Bowman-Manifold, Bt.Col. (*temp Brig.-Gen.*) M. G. E., C.B., C.M.G., D.S.O., p.s.c. [L].
Brown, Col. Sir G. McL., Can. Local Forces.
Browne, Col. Lord A. H.
Bruce-Porter, Col. Sir H. E. B., C.M.G., R.A.M.C. (T.F.)
Clayton Bt. Lt -Col. (*temp Brig.-Gen.*) G. F., C.B., C.M.G., ret. pay (*Res. of Off.*)
Collins, Temp. Capt. (*temp. Col.*) G. P., C.M.G.
Davy, Temp. Col. Sir H., M.D., Lt.-Col. R.A.M.C. (T.F.)
Dick, Col. Sir A. R., C.B., C.V.O. [L].
Edis. Hon. Col. Sir R. W., C.B., VD 2s Bn. Lond R.
Firth, Col. Sir R. H., C.B., F.R.C.S., ret. pay.
Forbes, Hon. Brig.-Gen. Sir A. W., C.B.
Friend, Maj.-Gen. Rt. Hon. L. B., C.B.
Galloway, Maj. Sir J., C.B., M.D., F.R.C.P., F.R.C.S., R.A.M.C. (T.F.)

Goold - Adams, Col. Sir H. E. F., C.B., C.M.G., O.
Gray, Maj. Sir H. McI. W., C.B., C.M.G., M.B., F R.C.S., Edin., R A.M.C. (T.F.)
Headlam, Maj.-Gen. Sir J. E. W., C B., D.S.O.,q.
Hedley, Col. Sir W. C., C.B., C.M.G.
Heron, Hon. Brig.-Gen Sir T., C.B, ret. pay
Hickson, Hon. Surg.-Gen. Hon. Maj.-Gen., Sir S., C.B., M.B, ret pay.
Jackson, Col. (*temp. Brig.-Gen.*) Sir R. W. M., K.C.M.G., C.B.
Jackson, Hon. Maj.-Gen. Sir L. C., C.B., C.M.G.
Jones, Temp. Maj.-Gen. Sir R., Kt., C.B., F R.C.S., E in. TD (Maj R.A.M.C. (T.F.))
Kell, Bt Lt.-Col. (*temp. Col.*) Sir V. G.W., C.B. [L]
Lloyd, Hon. Lt.-Col. Sir J. H. S., C.M.G.
Long, Hon Brig.-Gen. Sir A., C.B, C.M.G., D.S.O.
Lynn Thomas, Temp. Hon. Col. Sir J., C.B., C.M.G., F.R.C.S.
Macaulay, Hon. Brig.-Gen. Sir G. B. K.C.M.G., C.B.
McCay, Maj.-Gen. Hon. Sir J. W., K.C.M G., C.B., VD, Aust. Mil Forces.
Mackenzie, Col. Sir R. C., C.B., VD, *late* Unattd. List (T F.)
Mackenzie-Kennedy, Maj.-Gen. Sir E. C. W., C.B.
Mayo, Robson. Temp. Col. Sir A. W., Knt., C.B., C.V.O., F.R.C.S., B.Sc. (Maj. R.A M C (T.F.))

Money, Maj.-Gen. Sir A. W., K.C.B., C.S.I., p.s.c.
Morgan, Bt.-Col. (*temp Brig.-Gen.*) Sir H. G., C.B., C.M.G., D.S.O
Mott, Bt. Lt.-Col. Sir F. W., M.D., F.R.C.P., F.R.S. (R A M C (T.F.))
Murphy, Lt.-Col. Sir F. S., Knt., R.A.M.C. (T.F.)
Murray, Hon. Surg.-Gen. Hon. Maj.-Gen., Sir V., C.B., C.M.G.
Pain, Hon Brig. - Gen. G. W. H., C.B., ret. pay.
Poole, Hon. Maj.-Gen. Sir F. C., C.B., C.M.G., D.S.O.
Power, Lt.-Col. Sir D'A., M.B., F.R.C.S., R.A.M.C. (T.F.)
Price, Lt.-Col. Sir R. H. C.M.G., S.Afr. Def. Forces.
Raban, Hon. Brig.-Gen. Sir F., K.C.B, ret. pay
Reid Lt.-Col. A.D., C.M G., *late* R.A.M.C., (T.F.)
Rhind, Lt.-Col. Sir T. D., TD, T.F. Res
Ridout, Col. (*temp. Maj.-Gen.*) D. H., C.B , C.M.G.
Ross, Hon. Brig -Gen. Sir W. C., C.B., C.M,G., ret. pay.
Ryan,Col. & Hon Surg.Gen. J. S., C B., M.B., Aus. Imp. Force.
Sackville West, Maj.-Gen. Hon. Sir C. J. C.M.G. p.s.c. [l]
Seymour, Col. (*temp. Brig.-Gen.*) Sir E. H., C.B., C.M.G., T.F.
Stanistreet, Col. (*temp. Maj.-Gen.*) Sir G.B., C B., C.M.G., M.B.

Sinclair, Lt.-Col. Sir W A. F. L. H., ret.
Stiles, Col. Sir H. J., Knt., M.B., F.R.C.S., Edin., Bt. Lt.-Col. T.F. Res.
Symonds, Col. Sir C. J., C.B., M.D., F.R.C.S., T.F. Res.
Thorburn, Lt.-Col. Sir W., C.B., C.M.G., M.D., TD, F.R.C.S., R.A M.C. (T.F.)
Thornton, Temp. Lt -Col. Sir E. N., S. Afr. Def. Force.
Thornton, Hon. Lt.-Col. (*temp. Maj.-Gen.*) H. W., R.E. (T.F.)
Valadier, Hon. Maj. A. C., C.M.G.
Wallace, Hon. Col. Sir J.
Ware, Temp. Maj.-Gen. Sir F. A. G., C.B., C.M.G.
Watson, Capt. Sir C. G., C.M.G., F.R.C.S., T.F. Res.
Watson, Col. (Sir H. D., C.B., C.M.G., C.I.E. M.V.O. (*Extra Eq.* to the King)
White - Thomson. Col. Sir H. D., C.B., C.M.G., D.S.O.
Wilberforce, Col. Sir H. W., C.B., C.M.G.
Wood, Lt. Col. Sir J. L., C.B., C. M.G., ret
Woodhead, Bt. Col. Sir G. S., M.D., VD, R.A.M.C. (T.F.)
Wright, Col. Sir A. E., Knt., C.B., M.D., F.R.C.S.I., F.R.S., *late* A.M.S.
Yarde-Buller, Col. Hon. Sir H., C.B., M.V.O., D.S.O., p s.c. [l].

CIVIL KNIGHTS COMMANDERS (K.B.E.)

Adams, Lt.-Col. Sir A. R., VD, Straits Settlements.
Barrett, Temp. Lt.-Col. Sir J. W., C.B., C.M.G., M.D.
Beauson, Col. Sir G. T., K.C.B., M.D., VD, *late* Asst. Dir. A. Med. Serv. (T.F.)
Bernard, Bt. Col. Sir E. E., C.M.G. [L]
Bledisloe, Capt. C., Lord R. Mon. R.E.
Brown, Lt. Sir A. W., 3 Bn. Manch. R.
Byrne, Hon. Brig.-Gen. J. A., C.B.
Byron Peters, Sir L., *late* War Office.
Cantlie, Hon. Surg. Col. Sir J., M.B., F.R.C.S., VD, R.A.M.C. (T.F.)
Close, Col. C. F., C.B. C.M.G.
Connell, Sir R. L., *late* War Office.
Craig, Temp. Maj. A. T.

Dennys, Lt.-Col., H. T., C.I.E., ret.
Fellowes, Maj. Rt. Hon. Sir A. E., K.C.V.O., *late* 3 Bn. Norf. R.
Ferguson, Sir J., *late* War Office.
Hon. Maj. H H. Maharaj-roshadhiraja Sumer Singh, *Bahadur Maharaja of Jodhpur*.
Gibb, Temp. Col. Sir A., *late* R.Mar.
Goldfinch. Sir A. H. *late* War Office
Guthrie, Lt. Sir C. T. R. S., G. Gds. Spee. Res.
Hadcock, Lt.-Col. Sir A.G., TD, *late* Northb'n Brig. R.F.A.
Harvey, Col. G. S. A. *Pasha*, C.M.G., Comdt. Cairo City Police Force, *late* Lt. R. Highrs.
Henn, Sir S. H. H., *late* War Office.

Holbrook, Hon. Col. Sir A. R., VD, ret. Vols.
Horne, Temp. Lt.-Col. Sir R. S., R.E.
Jackson, Bt.-Col. H. W., C.B.
Livesey, H., *late* Temp. Lt.-Col. (*temp. Col.*) R.E.
Manning, Hon. Brig.-Gen. Sir W. H., K.C.M.G., C.B.
Mansell, Lt.-Col. Sir J. H., ret. pay, p.a.c.
May, Sir G. E., War Office,
Nathan, Bt. Col., Sir F. L., Knt., p.a.c.
Ogilvie, Col. Sir A. M. J., C.B., VD., *late* R.E. (T.F.)
Orpen, Temp. Lt. W. R.A.S.C.
Polson, Col. Sir T.A., C.M.G., TD, ret. T.F.
Robinson, Maj. Sir T. B., K.C.M G., ret. Aust. Mil. Forces.

Spicer, H. H., *Esq.*, War Office.
Stack, Maj. (*temp. Maj.-Gen.*) Sir L. O. Fitz M., C.M.G.
Stern, Lt.-Col. A.G., C.M.G.
Steward, Hon. Lt.-Col. G., C.M.G., VD, Aust. Mil. Forces
Steward, Col. R. K., TD, *late* Lanark (Q.O.R. Glasgow) Yeo.
Sykes, Sir C., *late* War Office
Thomson, Temp. Col. Sir C., Knt., C.B.
Welby, Lt.-Col. Sir A. C. E.
Young, Hon. Col. Sir A. H., C.M.G., Malay States Vol. Rif.
Young, Lt.-Col. F. P., C.I.E., ret.

MILITARY DAMES COMMANDERS (D.B.E.)
Leach, *Dame* F. E. V., Chief Controller, W.A.A.C.
Oram, *Dame* G. E., R.R.C., Principal Matron, Q.A.I.M.N.S.

Orders of Knighthood, &c.

MILITARY COMMANDERS (C.B.E.)

Abbott, Bt. Col. H. E. S., D.S.O.
Abdy, Hon. Brig.-Gen.A.J., C.B.
Abercrombie, Temp. Lt.-Col. C. M., C.M.G., Labour Corps.
Abraham, Lt.-Col. J J., D.S.O., M.D., F.R.C.S., late R.A.M.C.
Acland, Capt. H. T. D., C.M.G., F.R.C.S., N.Z. Mil. Forces.
Acworth, Lt.-Col. (temp. Col.) L. R., e.o.
Adair, Col. (temp. Brig.-Gen.) H. R., p a.c.
Adams, Col. J G., Can. A.M.C.
Adams, Col. G. G.
Adams, Bt. Lt.-Col. L. C., p.s.c.
Adamson, Lt.-Col. & Hon. Col. R. H., TD, R.G.A (T.F.)
Addle, Temp. Capt. J. H.
Ainsworth, Lt.-Col. W. J., D.S.O.
Airey, Lt.-Col. H. M., late R. Mar.
Alexander, Col. J. D., D.S.O., M.B.
Alexander, Hon. Brig.-Gen. C. H.
Alford, Rev. Canon J. G., M.A., TD, VD, Chapl. 1st Class T.F.)
Allen, Bt. Lt.-Col. A. H., o R.A.S.C., TD
Allen, Temp. Maj. E. W., R.A.S.C., TD
Almond, Rev. J. McP., C.M.G., Can. Chapl. Serv.
Anderson, Bt. Col. E. B.
Anderson, Lt.-Col. J. D., l e R.A.S.C.
Anderson, Capt. J. H., C.M.G., Aust. Mil. Forces
Angell, Col. F. J.
Ardee, Hon. Brig.-Gen. R. Le N., Lord, C.B
Armstrong, Col. J. A., C.M.G., Can. A.D.C.
Armstrong, Hon. Brig.-Gen. T. G. L. H.
Armstrong-Jones, Lt.-Col Sir R., Knt., M D., F.R.C.P., F.R.C.S., late R.A.M.C.
Arnold, Bt. Col.A.J.,D.S.O.
Arnold, Bt. Lt.-Col. H. F., D.S.O.
Aytoun, Maj. A., C.M.G., D.S.O.
Badock, Bt. Lt.-Col. G E., D.S.O.
Bagnall-Wild, Maj. (temp Brig.-Gen.) R. K., C.M.G., ret. pay (Res. of Off.)
Bagshawe, Bt. Lt-Col. H. V., D.S.O.
Bailey, Col. A. J., TD, Terr. Force
Bailey, Bt. Lt.-Col J. H.
Baird, Hon. Brig.-Gen. E. W. D.
Baker, Bt. Lt.-Col. J., e.o.
Baker, Bt. Lt.-Col. J. R., D.S.O.
Barclay, Capt. R. L., Norf. Yeo.
Baring, Bt. Lt.-Col. Hon E., C.V.O., ret. pay (Res. of Off.)
Barker, Temp Lt.-Col F. G., (Lt.-Col. ret. Spec. Res.)
Bartling, Lt.-Col. Sir H G., Bt., C.B., F.R.C.S., R.A.M.C. (T.F.)
Barnard, Bt.Lt.-Col. (temp. Col.) F. A., O.I.E., M.D., F R C.S. Edin.
Barnes, Lt.-Col. G. E., ret. R. Mar

Barnes, H C.E., Esq (with rel. precedence as Lt -Col
Barnett, Temp. Maj. A. G.
Barrett, Hon. Col. D. L., ret. pay.
Barrett-Lennard, Lt.-Col. J., ret.
Barry, Col. S. L., C.M.G., D.S.O.,M.V.O. Terr.Force
Barry, Lt.-Col. T. D. C.
Barstow, Lt.-Col. (temp. Brig. Gen.) H.
Bartholomew, Bt. Lt -Col. A. W., C.M.G., D.S.O.
Barton, Col. A. Y, p.a.c.
Bateson, Rev. J. H., Hon. Chapl. to the Forces, 1st Class
Batt, Capt. R. C., M.V.O., ret. pay (Res. of Off.)
Baylay, Col. F.
Bailey, Bt. Lt.-Col. A. G., D.S.O., p.s.c.
Bayley, Lt.-Col. S. F., ret. Ind. Army
Beach, Col. T. B., C.M.G.
Beadon, Bt. Lt.-Col. R. H.
Beatty, Maj. W. D., A.F.C., TD, T.F. Res. (Hon. Col. Staff, Yeo.)
Beauchamp, Temp. Maj. Sir F., Bt. R.A.S.C.
Becher, Hon. Maj.-Gen. A. C. ret. pay
Beckett Lt.-Col. (temp. Brig.-Gen. in Army) W. T., C., D.S.O., T F. Res.
Begbie, Col. F. W.
Belfield. Maj. S., ret. pay.
Benet, Lt.-Col. H. V.
Benson, Temp. Col. F.
Bent, Col. A. M., C.M.G.
Bentinck, Maj. W. G., C.M.G., D.S.O.,ret. pay [l
Bernard, Lt.-Col. W. K.
Beveridge, Col. (temp. Brig.-Gen.) W. W. O, C.B., D.S.O., M.B.
Bicket Temp. Lt.-Col.W.N.
Bickerstaffe - Drew, Rev Monsignor F., ret. pay
Bigham, Lt.-Col. Hon. C. C., C.M.G., Res. of Off.
Billinton, Lt.-Col. L., late R.E.
Birdwood, Lt.-Col. G. C. McD., ret. Ind. Army.
Blachford, Lt.-Col. J. V., late R A M.C.
Blackden, Hon. Brig.-Gen. L. S.
Blackett, Lt.-Col. W. C., TD, late T.F. Res.
Blagrove, Bt. Col. H. J., C.B.
Blakeney, Col. W. E. A.
Blandford, Col. L. J., M.D., R.A.M.C. (T.F.)
Blewitt, Maj.-Gen. W. E., C.B., C.M.G.
Bliss, Lt.-Col. (temp. Col.) C. R., D.S.O.
Blore, Lt.-Col. F. R.
Blount, Capt. E. A., Staff for R.E Servs.
Blunt, Maj. (temp. Col. in A my) C E G., D.S.O., ret. pay (Res of Off.)
Blunt, Lt.-Col. C. J.
Blyth, Lt.-Col. J, 3 Bn. Oxf. & Bucks. L.I.
Boase, Bt. Lt.-Col. G. O., p.a.c.
Bogle-Smith, Col. S., C B.
Bolton, Bt. Lt.-Col. C. A., p.s.c.
Bond, Bt. Lt.-Col. C. R. A.
Bond, Lt.-Col. (temp. Col.) J. H. R., D.S.O.
Bonomi, Bt. Col. J. I., ret. Res. of Off.
Booker, Lt.-Col. G. E. N., Res. of Off.
Bosworth, Capt. S. M., Quebec R.

Bowen, Lt.-Col. A. W. N., D.S.O.
Bowle - Evans, Lt. - Col. (temp Col.) C. H., C.M.G., M.B.
Bowley, Maj. W. A. T., M.C.
Boyd, Col. M. A., ret. pay.
Boyle, Capt. Hon. J. D., D.S.O.
Bradford, Hon. Maj.-Gen Sir J. R., K.C.M.G., C.B., F.R.S., M.D., T.F. Res.
Braithwaite, Temp. Lt.-Col. F. P., D.S.O., M.C., R E.
Branson, Maj. W. P. S. M.D., F.R.C.P., late R.A.M.C.
Brereton, Bt. Lt.-Col. F. S.
Bridges. Col. J. W., Can. Local Forces
Brockbank, Temp. Lt.-Col. J.G., D S.O., Tank Corps
Bromilow, Col. W.
Bromley Davenport, Lt.-Col. W., C.M.G., D.S.O., TD, T.F. Res. (Hon. Col. Staff. Yeo.)
Brooke, Lt.-Col. H. F., C.B., C.M.G.
Brooke, Bt. Col. R. G. D S O., ret. pay. (Res. of Off.) p s.c.
Broomaan-White, Maj. C. N., late Serv. Bns. Rif. Brig
Brough, Bt. Lt.-Col. (temp. Brig.-Gen.) A., C.M.G., D.S.O.
Brown, Hon.Lt.-Col. E. R., Can. Local Forces
Brown, Bt. Lt.-Col. W, G.C.
Browne, Bt. Col. A. W., ret. pay.
Browne, Temp. Lt.-Col. Philip Henry
Browne, Hon. Brig.-Gen. S. D., C.B.
Brownlow, Col. C W., C.M.G., D.S.O., ret. pay.
Bruce, Maj. (temp. Brig.-Gen.) C D., ret. pay.
Bryant, Bt. Lt.-Col. F. C., C.M.G., D S O.
Buchan, Lt.-Col. C. F., late T.F. Res.
Buckle, Capt. C., R.G.A. (T.F.)
Buckley, Temp. Lt.-Col. G. A. M., D.S.O.
Buell Lt.-Col. W. S.. Can. Local Forces
Buller, Bt. Maj. W. T. M.
Burch, Bt. Lt-Col. W. E. S., ret. pay
Burdon, Col. R., VD, ret.
Burgess, Temp. Lt. - Col. T.G.C
Burke, Lt-Col B.B., D.S.O
Burn-Clerk-Rattray, Col. P. R.
Burn-Murdoch, Hon. Maj.-Gen. J F., C.B., C.M.G., ret pay, p s.c.
Burne, Col. R. O.
Burnett, Col. C S., D.S.O., Res. of Off.
Burney, Hon. Brig.-Gen. H. E., C.B, ret. pay
Burrell, Temp. Lt.-Col. Sir M. R., Bt.
Burrows, Bt. Col. E. A. C.M.G., ret. pay
Burrows, Col. H., M.B., F.R.C.S., T.F Res
Bush. Bt.-Col. J. P., C.M.G., TD, R.A.M.C. (T.F.)
Butler, Col. H. H.
Bythell, Col. W. J., ret. pay

Cadell, Lt.-Col. H. E.
Cadogan, Capt. G. O., Earl, late 3 Bn. Suff. R.
Caithness, Capt. N. McI., Earl of, 5 Bn. Gordon Hghts.
Callender, Lt.-Col. E M., M D., TD, R.A.M.C. (T.F)
Calley, Hon. Maj. - Gen. T. C. P. C.B., M.V.O., ret. pay
Calvert, Lt.-Col. J., M.D., R.A.M.C. (T.F)
Cameron, Maj. C. A., D.S.O., RA [L]
Campbell, Col. G. P.
Campbell, Lt.-Col. J. H., D.S.O.
Campbell, Bt. Lt.-Col. Hon R. A., ret. pay (Res. of Off.)
Campbell. Bt. Lt.-Col.R.M.
Campbell, Hon. Brig.-Gen. W. MacL., M.V.O.
Canny, Bt. Lt.-Col. J. C. M., D.S.O.
Carden, Rev. J., M.C. Temp. Chapl. to the Forces, 1st Class
Cardew, Bt. Col. G. H., D.S.O.
Carey, Col. (temp. Maj.-Gen.) C. W., M.V.O.
Carless, Temp. Col. A, M.B., F.R.C.S. (Maj. R.A.M.C. (T.F.))
Carleton, Hon. Brig.-Gen. M. L., ret. pay
Carr, Col. E. E, C.B. ret. pay
Carter, Hon. Brig.-Gen. C. H. P., C B., C.M.G.
Carter, Bt. Col. E. A. F., ret. pay.
Cathcart, Lt.-Col. C. W., M.B.,F.R.C.S., R.A.M.C. (T.F.)
Carmichael, Maj. J. F. H.
Caulfeild, Hon. Brig.-Gen. F. W., ret. Ind. Army.
Caunte, Hon. Brig.-Gen. J. E., C.B.
Champion De Crespigny, Lt.-Col. G H., ret pay
Chance, Temp. Col. Sir A., F.R.C.P., F.R.C.S.
Chapman, Hon. Brig -Gen. A. J., C B., C.M.G., p.s.c.
Chatterton, Lt.-Col. F. B. M., C.M.G.
Cholmondeley, Hon. Brig. Gen. H C., C.B.
Choyce, Col. C. C., M D., F.R.C.S., late R.A.M.C.
Church, Col. G. R. M., C.M.G.
Churchill, Col. A. G., C.B, p.s.c.
Churchward, Rev. M. W., M.A., Chapl. to the Forces, 1st Class
Clark, Temp. Capt. (temp. Col.) D'A. M.
Clarke, Temp. Maj. H., R E.
Clarke, Col. T. H. M., C.M.G., D.S.O., M.B
Clarke, Temp. Maj. W. G., R E.
Clay, Temp. Capt. E C.
Clay, Maj. H., D.C.M., Qr.-Mr.
Clay, Col. J., M.B., F.R.C.S., A. Med. Serv. (T.F.)
Cleeve, Lt.-Col. C. H., ret. pay (Res. of Off.)
Clerke, Maj A R. H., p a.c.
Clifford, Hon. Col. E T. VD, R.E. (T.F.) (Hon. Col. ret. T F.)
Clifford, Hon. Brig.-Gen. W. R., ret. pay.

Orders of Knighthood, &c.

MILITARY COMMANDERS (C.B.E.)—*contd.*

Cloete, Col. E. R. H. J.
Cobb, Temp. Maj. H. F.
Cochrane, Maj. R. C., F.R.C.V.S.
Cockburn Hon. Brig.-Gen. G., D.S.O. ret. pay
Cole, Col. H. C., ret. pay
Coleridge, Bt. Col. H. F., D.S.O., ret. pay.
Collard, Lt.-Col. (*temp* Col.) A. L.
Collard, Col. A. W., ret, pay
Colvin, Lt.-Col. F. F., ret. pay,
Combe, Col. L.
Compton, Col. *Lord* D J.C.
Conway-Cordon, Col.G.,ret. pay.
Conyers, *Miss* E. A., R R C, Matron-in-Chief,A.A.N.S.
Cook, Lt.-Col. H. R., *late* R.A.M.C.
Cooke, Lt.-Col. B. H. H., C.M.G., D S O., p.s.c., [1]
Cooke, Lt.-Col. C. E. A., ret. pay. T.F.
Cooper, Col H., C.M.G., ret. pay.
Cooper, Temp. Maj. L. N., D.S.O.
Cooper, Lt.-Col. R. H., *late* R.A.M.C.
Corbett, Temp. Maj. R. L., R.A.O.C.
Cordeaux, Temp. Lt.-Col. (*temp. Col.*) E. K., Labour Corps.
Cormack, Hon. Brig.-Gen. J. D., C.M.G., ret.
Cornwall Bt. Lt.-Co'. J. H. M., D.S.O., M.C. [L]
Cornwallis, Temp. Maj. K. D.S.O.
Cottell, Bt Col. R. J. C.
Coulson, Temp. Maj. B. J. B., Serv. Bns., R.O. Sco Bord.
Coulson F. M., *late* Bt. Lt.-Col., A.P. Dept
Courtney, Col. E. A. W., C.M.G., e.
Couper, Temp. Lt.-Col J. D C. R.E.
Cousins, Capt. A.G., 24 Bn. Lond. R.
Cowie, Maj. H E C.,D.S.O. ox, Maj. E. W., 16 Bn. Lond. R
Craig, Lt.-Col. M., M D., F.R.C.P., *late* R A.M.C.
Craig, Lt.-Col. R.A.,C.M G., p.s.c.
Crampon, Bt. Col. P J.R.
Cranford, Lt.-Col. R L., F.R.C.V.S.
Cranston. Hon Brig.-Gen *Sir* R , K.C.V.O., C.B , TD, VD.
Craster, Lt.-Col. E. H. B., hp.
Cripps, Capt. *Hon.* L. H., 4 Hrs. Spec Res.
Crisford, Capt G.N., ret
Crofton-Atkins, Col. C. R.
Croil, Maj. D. G., Aust. Mil. Forces.
Crookham, *Rev.* W. T. R., TD, Chapl., 1st Class (T.F.)
Crosse, *Rev.* A J W., B.A., TD, Chapl 1st Class (T.F.)
Crossley, Temp. Lt.-Col. W., O.M.G., R.E.
Cunningham, Bt. Lt.-Col. A. B., D.S.O.
Cunningham, Hon. Brig.-Gen. G. G., C.B., D.S.O., ret. pay.
Curry, *Hon.* Brig.-Gen. M.C.,C.B ,D.S.O.,ret. pay.

Daniel. Maj. C. J., D.S.O.
Daniell, Hon. Brig.-Gen F. F. W., ret. pay.
Dansey-Browning, Col. G.
Dashwood, Lt.-Col. E. W. ret. pay.
Daubeney, Hon. Brig.-Gen. E K., D.S.O.
Daubeny, Lt.-Col. R. E.
Dauntesey, Bt. Lt.-Col. R. B., C.B., ret. R Mar.
Davidson, Bt. Maj. E. H. M.C.
Davidson, Col S.
Davies, Bt,Col.(*temp,Brig-Gen.*) G. F.,C.B.,C.M.G.,e. h.p.
Davis. Lt,-Col. C.H.,D.S.O., vd, Aust. Mil Forces
Davy, *Miss* L., *late* Chief Controller Q.M.A.A.C.
Dawnay, Bt. Maj. A. G. C., D.S.O., p.s.c.
Dawson, Col. A. C., late 1 V.B. Norf. R.
Day, *Ven.* Archdeacon, C. V. P., M.A., Chapl. to the Forces, 4th Class. TD.
Day,Rev.E R.,C.M.G.,M A, R.A.S.C. (T.F.)
Chapl. to the Forces, 1st Class.
Deane, Bt.-Col. R. W., ret. pay.
de Hoghton, Lt.-Col. *Sir* J H., ret. pay.
de Jersey, Bt. Col. W G. ret, pay.
Denison, Hon. Brig.-Gen. H..C.B , TD,
Dennistoun, Col. R. M. Can Gen. List.
Derrick, Col. G. A., vD, Strat s Settlements.
deWatteville, Bt. Lt.-Col. H.G. p s c. [L]
de Wolff, Temp. Capt.C.E., R.A O.C.
Dickson, Temp. Lt.-Col. E., C.M.G.
Dobbin, Lt.-Col. W. J. K. ret. Ind. Army.
Doran, Lt.-Col J C. M., D.S.O
Douglas, Bt. Lt.-Col. R. V., p.s.o.
Dwell, Hon. Brig. Gen. G. W., C.M.G., ret. pay
Dowle, Hon. Lt.-Col. L. A. Can. Gen. List.
Drake, Bt. Lt.-Col. F. R.
Drake, Bt. Col. H. D. p s c.[l]
Drew, Bt. Lt.-Col. B. C. H., C.M.G., p.s.c.
Drummond, Maj.-Gen. L G., C, R, M.V.O.
Drury,Hon. Lt.-Col. W. P., ret. R. Mar.
Dudgeon, Col. L.S ,C.M.G., F.R.C.P., *late* R.A.M.C.
Duff, Capt. (*temp. Col.*) C. de V.-S. Afr. Def. Forces
Dumble, Maj. W. C
Dunfee, Lt.-Col. V., vD, T F. Res (*Lt.-Col. & Hon. Col ret. T F*)
Dunne, Bt. Col. W., C.B., ret. pay.
Dunsterville, Col. A .B., C.M.G., ret. pay.
Dunwoodie, Miss L B., R.R.C., Lady Supt, Q A I M N S., India.
Dwyer, Capt E. M C., Qr.-Mr.(*temp. Capt. R.A.S.C.*)
Eames, Bt. Lt.-Col. W.U'E., C B., Aust. Mil Forces
Earl, Lt. A., R.G.A. Spec. Res.

Easton, Maj. P. G., D.S.O.
Edmondson, Lt.-Col. J. H., Qr.-Mr., ret. pay.
Edwards, Lt.-Col. & Hon. Col. H. J., C.B., TD, T.F. Res.
Egan, Col M. H., C M.G., p.a.c.
Eliot, Bt. Lt -Col. N., p.s.c.
Ellington, Bt.-Col. E. L., C.B., C.M,G., p.s.c.
Elliott, Hon. Brig.-Gen. G. S. McD. [L]
Elliott, Col. T. R., D.S.O., M.D., *late* R.A.M.C.
Elliott, Bt. Lt.-Col. W., D.S.O.
Ellis, Col C. C., C.B., ret pay.
Elmslie, *Miss* C. D., R.R.C., Matron Q.A.I.M.N.S. Res.
Elsner, Lt.-Col. (*temp. Col.* O W. A., D.S.O.
English-art, Bt. Lt.-Col. E. L.
Erskine, Hon. Col. H. A., C.B., C.M.G., TD, VD, R.A.S.C. (T F.)
Eteson, Lt.-Col. (*temp. Col.*) H. C. W., ret. pay.
Etheridge, Lt.-Col. C. de C., D.S.O., ret pay
Eustace, Maj. Gen. A. H., C.B., D S O.
Evans, Col G. H., C.B., C.I.E.
Exham, Lt.-Col. S. H.,C.B.

Falconer, Capt. A. W., D.S.O., M.B., R.A.M.C. (T.F.)
Fallis, Hon. Capt.Rev. G.O., Chapl. Can. Local Forces.
Falls, I.t.-Col. H. M., 3 Bn. N. Staff. R.
Farmer, Maj. G. D., Can. Local Forces.
Farquharson,Bt.Lt.-Col.A. S.L., Unattd. List (T F)
Fayrer, Lt.-Col. *Sir* J., Bt., M.D., F.R.C.S. Edin., ret. (T.F.)
Fegan, Col M. F.
Fell, Hon. Brig.-Gen. R.B., C.B., ret. pay
Fenwick, Bt. Maj. J. R., F.R.C.S., R.A.M.C.(T F.)
Ferrar, Bt. Lt.-Col. H. M., ret. pay
Fetherstonhaugh, Lt.-Col. W.S. Can. Local Forces.
Finch, Lt.-Col. H. W. E., D S O.
Findlay, Bt.-Col. H
Finnis, Col. H., C.S.I.
Fisher-Rowe, Col. H. M. (T.F. Res.)
Fitzmaurice, Lt.-Col. R., D.S.O
Fitzpatrick, Bt. Lt.-Col. (*temp. Brig.-Gen*) E. R. D.S.O.
de M., Earl, K.C.V.O., D.S.O., R.H.A. (T F.)
Fleming, Bt. Lt.-Col.(*temp. C 1.*) J. G., D.S.O.
Flick, Lt.-Col. C. L., C.W G. (*Lt.-Col. late* 6 Bn. Devon. R.), Can. Local Forces.
Foley, Col. F. W., D.S.O.
Follett, Lt.-Col. H. S., Res. of Off.
Ford, Bt. Lt.-Col. R. V. T.
Foster, Temp. Maj. A. B., Terr. Force
Foster, Col. A. J., C.M.G.
Foster, Bt. Lt.-Col. (*temp. Col.*) H. N., C.M.G., e.

Foster, Col. *Sir* W. Y., Bt.
Fowle, Col. T. E., p.s.c. [1]
Francis, Temp. Maj. C. J. H. W., R E.
Frankau, Bt. Maj. C. H. S., R A.M.C. (T.F.)
Fraser, Temp. Col. F., F.R.C.S., A. Med Serv
Fraser, Lt.-Col. & Hon. Col J. P., TD, T.F. Res.
Fraser, Lt -Col. T., D.S.O.
French, Lt.-Col. H., M D., F.R.C.P., *late* R.A.M.C.
Frith, Bt. Lt.-Col. C. H.
Frost, Bt. Maj. (*tempBrig.-Gen.*) F. D., M.C.
Fulton, Lt.-Col. D., C.M.G., Aust. Imp. Force.

Gabriel, Temp. Lt.-Col. E. V., C.S.I., C M.G., C.V.O.
Gardner, Lt.-Col. C.J. H., ret. pay(*Res. of Off.*)
Garner, Col. C., C.M.G., M.B. ret.
Garrett, Col. A. N. B., TD, Terr. Force
Garrow, Temp. Maj. R. G.
Gaskell, Hon. Col. J., TD, VD, R.A. (T.F.)
Gattie, Temp. Capt. V. R. M.
Gauntlet, Capt. E. G., D.S.O., M.B., F.R.C.S. (T F. Res.),
Geddes, Lt.-Col. G.H.,C.B., ret. pay
Gemmell, Bt. Col. A. B., R.A.M.C. (T.F.)
Gibb, Bt. Col. (*temp. Brig.-Gen.*) E, C.M.G., D.S.O.
Gibb, Maj. R. C., ret. pay (*Res. of Off.*)
Gibbard, Col T. W., C.B., M.B., K.H.S.
Gilbert, Hon. Brig.-Gen. A. R., D.S.O.
Giles, Temp. Lt.-Col. G. H. (*Capt. S. Afr. Def. Force*)
Gill. Temp. Capt. J. H. W., R.E.
Gill, Capt. N. J., M.C.
Gillies. Maj. H. D., F.R.C.S., *late* R.A M.C.
Gilpin, Hon. Brig. Gen. F. C. A , C.B., ret. pay.
Glanusk, Hon. Col. J. H. R., *Lord*, C.B., D.S.O. (*Lt.-Col. ret. Spec. Res.*)
Glaister, Temp. Maj. F. B., C.M.G., R.E.
Godfray, Hon. Brig.-Gen. J. W., C.B , C V.O., ret. pay p.s.c., A D C.
Goldsmith, Lt.-Col. G. M., M B
Goldsmith, Maj. P. G., Can. Local Forces.
Goligher, H. G., *Esq.* (*with ret precedence as Brig.-Gen.*)
Golightly, Col. R. E., D S O. (*Lt.-Col. T.F. Res.*)
Goodall. Temp. Lt.-Col. E., M.D. F.R.C.P., R.A.M.C.
Gordon, Lt.-Col. M. H., C.M.G.,M.D.,*late* R.A.M.C
B.C.Gordon, Bt. Col. W. R., A,D.C.
Gordon - Steward, Hon. Brig.-Gen. C. S., ret. pay.
Gore, Bt. Col St. J. C., C.B. (*Gent-at-a 'ms*)
Gorell, Temp. Capt. (*temp. Col*) R.G., *Lord*, M C
Gorges, Hon. Brig.-Gen E. H., C.B., B.S.O.

Orders of Knighthood, &c.

MILITARY COMMANDERS (C.B.E.)—*contd.*

Gough, Lt.-Col. A. P. G., *C.M.G., D.S.O.,* ret. pay.
Gould, Lt.-Col. Sir A. P., *K.C.V.O., M.B., F.R.C.S.,* R.A.M.C. (T.F.)
Graham, Lt.-Col. C. P., *D.S.O.*
Graham, Temp. Capt. G. M. A.
Graham, Bt. Lt.-Col. R. B.
Grant, Lt.-Col. Sir A., *Bt., D.S.O.,* late T.F. Res. (*Capt. ret. pay*)-
Grant, Col. S. C. N., *C.B. C.M.G.* [*l*]
Grattan, Col. H. W., *D S.O.*
Grattan, Bt. Col. O'D. C., *D.S.O.*
Gray, Maj. A. M. H., *M.D.,* R.A.M.C. (T F.)
Greaves, Hon. Col. J. E. 6 Bn. R. W. Fus.
Green, Col. S. F. St. D., *M.D.*
Greenly, Maj. J. H. M, Hereford, R.
Greg, Maj J R., T.F. Res.
Greg, Lt.-Col. R. A., 3 Bn. Ches. R.
Gretton, Capt. J., vD, Res. of Off. (*Lt.-Col. & Col. ret. T.F.*)
Gribbon, Bt. Lt.-Col. W H., *C.M.G., p.s.c.* [*l*]
Griffiths, Hon. Lt.-Col. T. *C.M.G., D.S.O.,* Aust Mil. Forces.
Grogan, Hon. Brig.-Gen. E G., *C.B.*
Grove, Hon. Brig.-Gen. F A. W. S., *C.B.,* ret. pay. *p.s.c.*
Guest, Capt. *Rt.* Hon. F. E. *D.S.O.*
Gwynne, Rt. Rev. Bishop L. H., *C.M.G., D.D.,* Temp. Chapl. to the Forces, 1st Class.
Gwynne-Vaughan, *Mrs.* H. C. L., *D.Sc.,* Chief Comt W.A.A.C.
Hacket-Thompson, Hon. Brig.-Gen. F., *C.B.*
Hackett, Col. R. I. D. *M.D.,* ret. pay.
Hale, Col. T. W., *C B., C.M.G.*
Hall, Maj. E. M., *C.M.G., D.S.O.,* Res. of Off.
Hall, *Ven.* Archd. H. A., Temp. Chapl. to the Forces (1st class).
Hall, Maj. Sir J. R., *Bt.* R s. of Off. [*l*]
Hambro, Bt.-Lt.-Col. H. E., ret. pay.
Hamilton-Cox, Col. A. F.
Hammond, Hon. Brig. Gen. D. T., *C.B.,* late 4 Bn. Conn. Rang.
Hammond, Bt. Lt.-Col. (*temp. Brig.-Gen.*) F. D., *D.S.O.*
Hankey, Maj. J. C. G. A., *M.V.O.,* ret. pay (*Res. of Off.*).
Harding, Lt.-Col. W., *M.D., late R.A.M.C.*
Hare, Bt. Lt.-Col. C. T. M., *p.s.c.*
Harper, Lt.-Col. J. R. T. D., R.A.M.C. (T.F.)
Harris, Bt. Col. G. N. A.
Harris, Capt H. S., *late* Gen. List.
Harrison, Bt. Col. C. E C. B., *C.M.G.*
Harrison, Bt. Lt.-Col. L. K., *M.B.,* R.A.M.C. (T.F.)
Hart, Hon. Col. C. J., *C.B.,* TD, vD, 5 Bn. R. War. R. (Hon. Col. ret. T.F.)
Hart, Lt.-Col. H. T., *g.*
Hartley, Temp. Maj. H., *M.C., R.E.*
Hartshorn, Maj. S., ret.

Harvey, Lt. Col. (*temp col.*) D., *C.M.G., M.D.*
Harvey, Lt.-Col. F. G., *D.S.O.* (*Lt.-Col. S. Afr. Def. Force*)
Hawker, Lt.-Col. (*temp. Col.*) C. J., *C.M.G.*
Hawkins, Lt.-Col. H. P., *M.D.,* R.A.M.C. (T.F.)
Hay, Lt.-Col. (*actg. Col.*) G. L., *D.S.O.*
Hayes, Lt.-Col. E. C.
Haynes, Lt.-Col. K. E. *C.M.G., y.*
Healey, Col. C.W R.,*C.M.G*
Heaton - Ellis, Lt. - Col C. H. B., *late* Bn. Bedf. R.
Helber, Lt.-Col. G. G , S. Afr. Def. Force
Helliwell. Temp. Maj. J. P. Fus
Helyar, Hon. Brig.-Gen A. B.
Henderson-Scott, Bt. Maj A. M., *p.s.c.* [L]
Henniker, Lt.-Col. (*temp. Col.*) A M, R.E.
Hepburn-Scott, Hon.-Col Hon W G., Master of Polwarth, vD, 8 Bn. R. Sc ts.
Herapath, Bt. Lt.-Col. L.
Herbert, Col. E. S., *C.M.G.*
Herbert, Bt. Maj. (*temp. Col.*) P L W., *C.M.G.*
Hercy, Temp. Capt. F.H.G. ret.
Herring Cooper, Bt. Lt. Col. W. W., *D.S.O.*
Hesketh, Lt.-Col. R. J. I., *D.S.O., p.a.c.*
Hetherington, Capt T G.
Hezlet, Bt. Lt.-Col. R. K., *D.S.O., p.a.c.*
Hicks, Temp. Lt.-Col M., R.A.S.C.
Hickson, Maj. G. R. S.
Higgs, Lt.-Col.F.W., *M.D.,* R.A.M.C. (T.F.)
Hill, Lt.-Col. C. R., *late* 16 Bn York & Lanc. R.
Hill, Lt.-Col. F. R., TD, R.F.A. (T.F.)
Hill, Lt.-Col. R. M., *late* R.G.A. (Spec. Res)
Hill, Lt.-Col. W. de M., *late* R.A.M.C.
Hills, Maj. E. H., *C.M.G.,* ret. pay.
Hoadley, *Miss* J., *R.R.C.,* Matron Q.A.I.M.N.S., ret. pay.
Hoare, Lt.-Col. (*temp. Brig.-Gen.*) C G., *C.M.G.*
Hoare, Bt. Lt.-Col. G. L.
Hobbins, Capt. T. P., R.E. Spec. Res.
Hodgson, Lt.-Col. G., *late* Gen. List (*Maj. S. Afr. Def. Force*)
Hodsdon, Maj. J. W. B., *M.D., F.R.C.S.Edin.,* R.A.M.C. (T.F.)
Holden, Rev. A. T., Chapl. Aust. Imp. Force.
Holford, Bt. Lt.-Col. Sir G. L., *K.C.V.O., C.I.E.,* ret. pay (*Extra Eq. to the King*)
Holmes, Lt.-Col. G. M., *C.M.G., M.D., late* R.A.M.C.
Holmes, Bt. Lt.-Col. (*temp. Brig.-Gen.*) H. G., *C.M.G.,* ret. pay.
Home, Bt. Col. J. M., *p.s.c.* [L]
Home, Bt. Col. R. E., *D.S.O.*
Homfray, Bt. Lt.-Col. J. R. H., ret. Mar.
Houlson-Craufurd, Lt.-Col. J. A., *C.M.G.*
Hooley, Lt.-Col. C. V., *late* R.A.S.C.
Hooper, Bt. Maj. H. U., R.E. (T.F.)

Hopkinson, Capt. H. C. B. *C.M.G.,* ret. pay [L]
Hordern, Rev. A V. C., *C.M.G.,* Chapl. to the Forces, 1st Class.
Horniblow, *Miss* E. H., *late* Chief Controller *q., f*
Horne, Bt. Col. (*temp. Col.*) F. W., *C.M.G.,* 3 Bn Sea. Highrs. (*Hon. Col. ret.* Spec. Res.)
Hoskyn, Bt. Lt.-Col. J. C. M., *D.S.O.*
Howard, Col. F. J. L., *D.S.O.*
Howe, Bt. Col. R. C. A., ret. pay.
Howell, Temp. Maj. W. R., *D.S.O.,* 2 Garr. Bn. R.W Fus
Hudleston, Col. W. E., *C.M.G., D.S.O.*
Hudson-Kinahan,Maj.G.F. *M.D., F.R.C.P.* R.A.M.C.
Hughes, Temp. Maj. A.M., *D.S.O.* (*Col. S. Afr. Def. Force*)
Hulton Maj. J.M., *D.S.O.,* [*l*]
Hume, Hon. Brig.-Gen. J. F., ret. pay.
Humphrys, Hon. Brig.-Gen. C. V. ret. pay.
Hunt, Bt. Col.F. W., *C.M.G*
Hunt, Bt. Col. G. M. V. ret. pay.
Huntingford, Maj. W. L.
Huskinson, Maj. W. G., *D.S.O.*
Hutchison, Lt.-Col. R.S.
Hyde, Lt.-Col, D.O., *D.S.O., M.B.*
Hyde, Maj. J. R., Can. Local Forces.
Ingram, Lt.-Col. J.O'D., *D.S.O.*
Iremonger, Col. E. A., ret.
Isham, Col. R. H., *late* R.E.
Jack, Temp. Lt-Col. (*temp Brig.-Gen.*) A., *C.B.,* U.M.G., R.E.
Jack, Lt.-Col. H. R. R., *C.M.G.*
Jackson, Bt. Lt.-Col. G. S., *D.S.O.,* TD, 7 Bn. North'd Fus.
Jaffray, Rev. W. S., *C.M G.,* Chapl. to the Forces, 1st Class
James, Temp. Maj. F., R.A.S.C.
James, Bt. Lt.-Col. R.E.H., *C.M.G., D.S.O., p.s.c.*
James, Rev. *Canon* S. R., M.A , vD, Chapl. 1st Class (T.F.)
Jarvi ,Hon.Maj.A.M. *junr., C.M.G.,* ret. Lord Strathcona's Corps.
Jebb, Lt.-Col. (*temp. Brig.-Gen.*) G. D., *C.M.G., D.S.O., p.s.c.*
Jenkins, Hon. Brig.-Gen. N. F., *C.M.G. (late* Capt I. Bord. R.)
Jellicoe, Bt. Lt.-Col. (*temp. Brig.-Gen.*) R.C., *D.S.O., e.*
Jenney, Maj., A. O.
Jennings, Lt.-Col. E., 6 Bn. R. Fus.. (*Capt. ret*)
Jennings, Col. R., *M.D.*
Jerrard, Lt.-Col. A. G. A., 3Bn. Som L.I. (*Capt. ret.*)
Johnson, Hon.-Maj.-Gen. F. *O.B.*
Johnson, Temp. Maj. P.H., *D.S.O.,* Tank Corps.
Johnson, Col. R. A., TD, Terr. Force
Johnson, Hon. Brig.-Gen. R. F., *C.B., C.M.G., p.s.c.*
Johnson, Lt.-Col. W. R., 7 Bn Essex R.
Johnston, Temp. 2nd Lt. E.R., R.E.

Johnston, Col. H. H , *C.B., M D.,* ret. pay.
Johnston, Col. O. M., ret pay
Johnston, Lt.-Col. W. J.
Johnston, Bt. Lt.-Col. W. H., *g., f*
Jolly, *Mrs.* J. V. D., *late* Asst. Cont., Q.M.A.A.C.
Jones, *Miss* B. I., R.R.C., Matron,Q.A.I.M.N.S.
Jones, Temp. Lt -Col. C V., R.A.S.C.
Jones-Milton, Bt. Col. G. 3 Bn. S. Staff R.
Joseph, Capt. F. L.
Joyce, Bt. Lt.-Col. P. C.° *C.B., C.M.G.*
Julian, Maj.-Gen. O. R. A., *C.B., C.M.G.*
Kaye, Lt.-Col. C., *C.S.I., p.s.c.*
Keane, Lt.-Col. R. H., *late* T.F. Res.
Keay, Temp. Lt.-Col. J., *D.S.O.*
Keddie, Lt.-Col. (*temp. Col.*) H. W. G., *D.S.O., e f.*
Kelly, Col. F., *M.D.,* TD, A. Med. Serv. (T.F.)
Kemp, Lt.-Col. Sir K. H., *Bt.,* 3 Bn. Nor. R. (*Hon. Col. retd. Spec. Res.*)
Kempton, Bt. Maj. C L., 10 Bn Lond. R.
Kennard, Bt.-Col. H. G. H., ret. pay (*Res. of Off.*)
Kenyon Slaney, Lt.-Col. F, G.
Ker, Bt. Col. (*temp. Brig.-Gen.*) C.A., *C.M.G., D.S.O., p s o.*
Kidd, Lt.-Col. H. A., *late* R.A.M.C.
Kimber, Lt.-Col. E. G., *D.S.O.,* TD, 18 Bn. Lond. R.
King, Bt. Col. C. D., ret. pay.
Kirk, Lt.-Col. J. C.
Kirkpatrick, Lt.-Col. I., *C.M.G.*
Kisch, Bt. Maj. F.H., *D.S.O.*
Knott, Rev. A E. *D.S.O.,* Temp. Chapl. to the Forces, 1st Class
Knox, Hon. Brig.-Gen. H. O., *C.M.G., C.I.E.,* ret.pay.
Koe, Hon. Brig.-Gen. L. C. P., *C.B., D.S.O.*
Kyffin-Taylor, Hon. Brig.-Gen. G., vD, Col. *late* R.F.A. (T.F.)
Lane, Bt Col. S. W., ret. pay.
Lane, Lt.-Col. W. B., *C.I.E*
Lang, Col. G. B.
Langey, Bt. Col. J. P., ret. pay.
Lardner-Clarke, Temp. Col. J. de W.
Larken, Lt.-Col. E., T.F. Res.
Larking, Bt Maj. R. N.W., ret. pay (*Res. of Off*)
Laughton, Maj. J. V., Qr.-Mr., 21 Lrs.
Learoyd, Bt. Col. C. D.
Leach, Hon. Brig.-Gen. H. P., *C.B , D.S.O.*
Leather, Lt.-Col. K. J. W. 4 Bn. Durh. L.I.
Lecky, Lt.-Col J G.
Lees, Lt Col. C A., R.A.M.C. (T.F.)
Legard, Bt. Lt.-Col. A. D., 5 Bn. York. R.
Legge, Bt. Lt.- ol. (*temp. Brig.-Gen.*) R. F., *D S O., e.*
Leith, Capt. R. W. G., *C.B.,* North'd Yeo.
Leland, Bt. Lt.-Col.F.W.G., *C.B.*
Le Marchant, Hon. Brig.-Gen. E. T., Res. of Off.
Lemonius, Lt Col. G. M., *late* Dock Bns. L'pool R.

Orders of Knighthood, &c.

MILITARY COMMANDERS (C.B.E.)—*contd.*

Leslie, Bt. Maj. N. R. A.D., Bt.
Levita, Lt. Col. C. B., *M.V.O.*, Res. of Off.
Lewis, Bt. Lt.-Col. H. A.
Lewtas, Lt.-Col. J., *M D.*, (Ben.)
Liddell, Bt. Lt.-Col. C. G., *C.M.G , D.S.O., p.s.c.*
Lindsay, Temp. Capt. A.D.
Lindsay, Capt. E. C., *M.B., F.R.C.S., late* R A.M.C.
Linssay, Col. H. A. P., *C.M.G.*
Little, Hon. Brig.-Gen. M O., ret. pay.
Livingstone-Learmouth Mrs. A M.
Lloyd, Bt Lt.-Col. (*temp Col.*) F. L., *C.M.G.*,
Lloyd, Hon. Brig.-Gen S. E. M., ret. pay.
Lloyd Carson, Lt. Col. C. J., 3 Bn. E. Lan. R.
Longmore, Col. J. C. G. *C.M.G. D.S.O.*
Lord, Temp. Lt.-Col. J. R., *M.B.*, R.A.M.C.
Loscombe, Bt. Col. A. R.
Lowry, Col. J., ret. pay
Ludlow, Hon. Brig.-Gen E. R. O., *C.B., p.s.c.*, ret. pay.
Luff, Bt. Lt.-Col. A. P., *M.D.*, R.A.M.C. (T.F.)
Luke, Lt.-Col. (*temp. Brtg. Gen.*) T. M., *D.S.O.*
Lumley, Hon. Brig.-Gen. F. D., *C B.*
Lyell, Temp. Lt. Col. D. *C.M.G., D.S.O.*, R.E.
Lyle, Bt. Col. H. T., *D.S.O.*, ret. pay.
Lynch, Bt. Lt.-Col. D., ret. pay.

McCalmont, Temp. Lt.-Col. B C., *C B.* (Hon. Col. ret. *Milu*)
McCandlish, Bt. Lt.-Col. P. D., *D.S.O.*, ret. pay (*Res. of Off.*)
Macartney - Filgate, Lt. A. R. P., 3 Bn. R.W. Fus.
McCheane. Lt.-Col. (*temp. Col.*) M. W. H., *C.M.G., e.f*
McClymont, Rev. J. A., *D.D* , vD, Hon. Chaplain to the Forces, 1st Class.
Mc Jlymont, Lt.-Col. R. A., *D.S.O.*
MacCormac, Maj. H.,*M.B., late R.A.M.C.*
Mat Cullah, Lt.-Col. A., *late R.A S.C.*
MacDonald, Hon. Capt. Rev. J. H., Can. Chapl.
McDouall, Lt.-Col. (*temp.-Brig.-Gen.*) R., *C B., C.M.G., D.S.O.*
McFerran, Lt.-Col. E. M G , 4 Bn. R. Ir. Rif.
MacGeagh,Bt.Maj.R.D.F., 5 Bn. Lond. R.
McGlinn, Lt.-Col. J. P., *C.M.G.*, v D Aust. Mil. Forces

McGwire, Bt. Lt.-Col. J. *C,M.G.*, ret. pay
Mackay, Rev, P R., Temp Chapl. to the Forces, 1st Class,
Mackie, Temp. Maj. R. *D.S.O.* (*Hon Lt.-Col. ret Mlux.*)
Mackintosh of Mackintosh, Hon. Col. A. D., 3 Bu Cam'n Highrs. (*Hon. Col. ret. Miln.*)
Mackintosh, Col. G., *C.B.*, ret. pay.
Mackworth, Capt. J. D. *M., M.B.*
MacLean, Maj. (*temp. Col.*) A. C. B.
McLean, Col. J. R.
McLean, Col. W. R. J., TD r. t.
Macleod, Col. R. L. R., *C.B , M.B.*
McLeish, Col. D , *C.M.G.*, V D., Aust. Mil Forces
McNalty, Bt. Lt.-Col. A. G P., *C.M.G*
McNish, Lt.- ol. (*temp Col.*) G. T.D., T. F. Res.
Macpherson, Rev. E. G. F., *C.M.G.*, Chapl. to the Forces, 1st Class
Macrae, Temp. Maj. R S. E. A., *C.I E*
McVittie, Bt. Lt.-Col. (*Actg. Col.*) R. H., *C.M.G., e.o*
McWhae, Capt. D. M., *C.M.G.*, Aust. Mil. Forces
Madoc. Temp. Lt.-Col. H. W.
Magniac, Bt. Lt.-Col. C. L., *C.M.G.*
Mainwaring. Maj. W.R.K., Denbigh Yeo.
Man, Bt. Lt.-Col. H. W., *D.S.O., e.o.*
Marindin. Bt. Lt.-Col. C C., *D.S O , p.s.c.*
Markham, Col. C. J., ret. pay
Markwick, Col. E. E., *C.B.*
Mariott, Hon. Brig.-Gen. J., *D.S.O., M V.O.*, ret. pay
Marsh. Bt. Col. F., *F.R.C.S.*, R.A.M.C (T.F.)
Marshall, Maj. E. S., *M.C.*, late R.A.M C.
Martin, Lt.-Col. (*temp. Col.*) E. E. *C.M.G*, F.R.C.V.S.
Martin, Lt.-Col. J. F., *G.M.C., MB.*
Marwood, Hon. Brig.-Gen. H.
Mason - MacFarlane, Col (T.F.) D. J., *C.M.G.*, TD
Massy, Bt. Col. P. H. H. ret. pay (L)
Masters, Rev. T. H., Hon Chapl. to the Forces, 1st Class.
Matthews, Lt.-Col. and Hon. Col. V., VD, *late* Lond. Co. R.A.M.C. (Vols.)
Maud,Temp. Col. H.,*D.S O.*
Maud, Bt. Col, (*temp. Brig.-Gen.*) P., *C.M.G.*, ret. pay (*Res. of Off.*)
Maudesley, Hon. Maj. H. C., *K.C.M.G.*, Aust. Mil. Forces.

Maunsell, Lt.-Col. F. R., *D.S.O.*
Maurice. Lt.-Col. D. B, *D.S.O.*
Meeres, Col. C. S., *p.a.c.*
Meldon, Lt -Col. J. A.,4 Bn. R. Dub. Fus.
Mellor, Lt.-Col. R R., TD, T.F. Res.
Melville. Maj. E. P. A., h.p. Ind. Army
Metcalfe-Smith, Lt.-Col. B.
Messer, Lt.-Col. A. A., *D.S.O., late* Gen. List.
Middleton, Bt. Col. W C., ret. pay
Mitwood, Lt.-Col. H.
Millard, Maj R J., *C.M.G.*, Aust. Mil. Forces.
Miller, Hon. Brig.-Gen. A. D., *D.S O.*
Miller, Maj. C. H., *late* R.A.M.C.
Miller,Lt.-Col E. D.,*D S.O.*, *C.M.G .D.S.O.*
Miller, Col. D., *C.M.G.*, Pemb Yeo. (Capt. Res. of Off.)
Miller, Rev. J. H., *M A.*, Temp. Chapl., 1st Class (T.F.)
Miller, Bt. Col. (*temp. Col.*) H. de B., *D S O., p a.c.* [l]
Mills, Lt.-Col. G. E., *late* R.A.M.C.
Mitchell-Innes, Temp.Maj. E. A.
Molesworth, Col.W.,*C.I.E., M.B.*
Money, Bt. Col. R. C. *C.M G.*
Montagu, Col. E., ret. pay *T.F.* Res.
Moody, Lt.-Col. A. H., T.F. Res.
Moore, Col. A. T.
Moore, Maj. F. H., *D.S,O., p.s.c.*
Moore. Maj. H. A., *M,C.*
Moore, Bt. Col. R. R. H., *M.D.*, ret. pay
Moore, Bt. Maj. T. C. R.
Moore-Lane, Col. W.
Morcom, Temp. Maj. R K., R.E.
More,Lt.-Col. R.H., *C.M.G.*, Res. of Off.
Morgan, L... - Col. (*temp. Col.*) A. B.
Morgan, Col. F. J. *C.M.G*
Morison, Lt. Sir T. *K.C.S.I.*, *K.C.I.E.*, Camb. R.
Morley, Bt. Lt.-Col. L C., Hamps. R.
Mornement,Temp. Lt.-Col. E., R.E.
Morris, Col. A. H.
Morris, Lt -Col. R. J., *late* R.A.M.C.
Morton, Bt. Lt.-Col. E.
Morton, Lt.-Col. J. H., *D.S.O., M.B.*
Moullin, Bt. Col. C W. M., *M.D., F.R.C.S.*, R.A.M.C. (T.F.)
Mount, Maj. A H. L
Munro, Col. L., ret. pay
Murphy, Rev. W., Temp Chapl. to the Forces, 1st Class
Murray, Lt.-Col. (*temp. Col.*) E. M.
Murray-Smith, Bt. Lt.-Col. A., ret. pay

Myers. Lt.-Col., C. S., *M.D.*, F.R.C.S., *late* R.A.M.C.
Neilson, Hon. Maj. H. J., *M D*
Neilson, Maj. J.F., *D.S.O.*, 10 Hrs.
Nelson, Hon. Brig.- Gen E. F., ret. pay
Nelson, Col. P. R., *la e* Gen. List.
Neve, Lt.-Col. (*temp. Col.*) R. J.
Newall, Bt. Maj. C. L. N., *C.M.G., A.M.*
Newland, Col. E. W., ret. pay
Newsom, Col. A. C , *C.M G.*
Niblett, Temp. Maj. H., *D.S.O.*, R.A.S.C.
Nichols, Col. J. C., N.Z. Mil. Forces.
Ni holson, Col. J S., *C.B., C.M.G . D.S.O.*
Nicoll, Lt.-Col. P. S., TD, 5 Bn. R. Highrs.
Noblett, Bt Lt Col. L. H., ret. pay (*Res. o' Off.*)
Northen, Bt. Lt.-Col. A., *D.S O*
Northumberland, Maj. A G., *Duke of, M.V.O.*, Res. of Off.
Nugent, Bt. Lt -Col. W. V., *D.S O.*
Nussey, Hon. Brig.-Gen. A. H. M., *D.S.O.*

Oakes, Bt. Lt.-Col. (*temp Col.*) R.
O'B ien, Hon. Brig.-Gen. E. D. J., *C.B.*, ret. pay
O'Carroll, Col J. F., *M.D.*, F.R.C.P.I., *late* A. Med. Serv.
O'Donoghue, Bt. Lt.-Col. M. E., ret. Ind. Army
Ogilvie, Bt. Lt.-Col. E. C, *C.M.G.*
Oldfield, Lt.-Col C. G., *C.I.E.*
O'Leary Col. (*temp. Brig.-Gen.*) T. E., *C.B.; C.M.G.*
Oliver, Maj. W. J. (Hon. Col. ret. Spec. Res.)
Oliver, Rev. R. J. D. Chapl. to the Forces, 1st Class.
O'Meagher, Col. J. K.
Onslow, Lt.-Col. C. C., *C.M.G., D.S.O*
Oram. Lt.-Col. H. K., *late* 3 Bn. Manch. R.
Ormond, Bt. Maj. A. W., F.R.C.S. R.A.M,C. (T.F.)
Orr, Maj. F. G., R.F.A. (T.F.)
Osborne, *Miss* R., *R.R.C.*, Matron, Q.A.I.M.N.S.
Osmaston, Lt.-Col. C. A. Fitz H. *C.B.*
Ostrehan, Lt.-Col. F. G. R.
O'Sullivan, Col. D., *C.M.G.*, F.R.C.S.I., ret. pay.
O'Sullivan, Bt. Lt.-Col. H. D. E.
Owen, Temp. Maj. W. H., R.E.
Owens, Bt. Col. R. L, 3 Bn. R. Ir. Regt. (*Maj. ret. pay*)

Orders of Knighthood, &c.

MILITARY COMMANDERS (C.B.E.)—*contd.*

Pallin, Maj. (temp. Col.) W. A., D.S.O., F.R.C.V.S.
Parish, Bt. Lt.-Col. W.
Parkes, Lt.-Col. W. H., C.M.G., N.Z. Mil. Forces.
Parr, Bt. Lt.-Col. C., ret. pay, Res. of Off.
Parry, Bt. Lt.-Col. H. J., D.S.O., ret. pay, Res. of Off.
Parry, Lt.-Col. & Hon. Col L. E. S., D.S.O., TD, ret. T.F.
Parsons, Col. J. H., D.Sc., M.D., F.R.C.S., late R.A.M.C.
Partridge, Temp. Col. S.G., C.M.G.
Paterson, Col. S., ret. pay.
Paul, Hon. Lt.-Col. D., C.M.G.
Paul, Col. E. M., C.B. [L]
Paul, Bt. Lt.-Col. W. R., g
Payne, Col. H. C. B., C.M.G.
Peacock, Rev. C. A., Chapl. to the Forces 2nd Class (temp. Chapl., 1st Class).
Pearce, Lt.-Col. C. H., TD, 5 Bn. York. R.
Pearson, Col. G. T., TD Terr. Force.
Pearson, Lt. Col. W. B., C.M.G.
Peel, Temp. Lt.-Col. H. H. (Lt.-Col. and Hon. Col. ret. Spec. Res.)
Perceval, Col. C. C.
Percival, Bt.Lt.-Col. (temp. Col.) H. F. P., C.M.G., D.S.O. [L]
Percy, Col. Lord W. R., D.S.O., late G. Gds. Spec. Res.
Perkins, Col. E. K., VD, late 2 V.B. Hamps R.
Perkins, Lt.-Col. W. R., late Gen. List
Perry, Maj. E. M., F.R.C.V.S., TD, B.A.V.C. (T.F.)
Peterkin, Maj. C. D., 4 Bn. Gord. Highrs.
Peto, Capt. G. K., R.Wilts. Yeo.
Philips, Col. (temp. Brig.-Gen.) L. F., C.M.G., D.S.O., p.s.c. [L].
Phillips, Bt. Lt.-Col. G. F., D.S.O.
Phillips, Bt. Lt.-Col. G. I.
Picot, Lt.-Col. H. D.
Picton, Col. R. E.
Pike, Lt.-Col. C. J., 3 Bn. D. of Corn. L.I.
Pilcher, Col. E. M., C.B., D.S.O., M.B., F.R.C.S., K.H.S.
Pinhorn, Col. H. Q., ret.
Pitcher, Bt. Col. D. Le G., C.M.G., D.S.O.
Pitkeathly, Temp. Maj. (temp. Col.) J. S., C.V.O., D.S.O.
Playfair, Lt.-Col. F. H. G., 6 Bn. Hamps. R. (Ma. ret. pay)
Plunkett, Lt.-Col. (temp Brtg-Gen.) E. A., p.s.c.[L]
Poett, Hon. Maj.-Gen. J. H., C.B., C.M.G., ret. pay, p.s.c

Pollock, Col. C. E., D.S.O. [L]
Pollock, Bt. Col. E., R. Jersey Mils.
Pollok, Maj. R. V., D.S.O.
Potter, Bt. Lt.-Col. J. A., 4 Bn. Leic. R.
Poulton, Lt.-Col. A. F., ret. pay.
Powell, Bt. Col. D. [L]
Powell, Hon Col. J. L. G., TD, VD.
Powell, Bt.Lt.-Col.P.L.W., D.S.O.
Prendergast, Col. T. J. W., ret. pay.
Price, Lt. Col. (temp.Brig. Gen. in Army) W., C.B., C.M.G., VD, R.E. Spec. Res.
Prichard, Maj. H.C., Glam Yeo. (Hon. Lt.-Col. ret Impl. Yeo.)
Pringle, Col. D., N.Z. Mil. Forces.
Prynne, Col. H. V., D.S.O., F.R.C.S.
Pulling, Rev. E. H., ret pay.
Purdon Temp. Maj. R., Labour Corps
Purvis, Lt.-Col. J. S.

Radcliffe, Maj. F. W., C.M.G., C.I.E., p.s.c.
Radnor, Col. J., Earl of, C.I.E., TD T F. Res.
Rainey, Lt.-Col. J. W., Res. of Off.
Rait, Miss H. A. M., R.R.C., Nursing Sister, Q.A.I.M.N.S.
Ramsbottom-Isherwood,C R., late Temp. Lt.-Col.
Ramsden. Col. H. F. S.
Raper, Lt.-Col. H. S., late Gen. List
Ratsey, Temp. Maj. (temp. Col.) H. E., D.S.O
Rawlins, Lt.-Col. A. E., C.I.E., D.S.O.
Rawlinson, Temp. Lt.-Col. A., C.M.G., D.S.O
Rawnsley, Bt. Col. C., C.M.G, D.S.O.
Reed, Temp. Maj. J. A. W., R.A.S.C
Reid, Lt.-Col. F. J., D.S.O., e.
Remnant, Lt.-Col. Sir J. F., Bt., late R.A.S.C.
Rendell, Lt.-Col. W. F., Newf'd. Contgt.
Reynolds, Temp. Lt.-Col. (temp.Col) R. P. N., R.E.
Rhodes, Bt. Maj. (temp Brig.-Gen.) G. D., D.S.O.
Ricardo, Bt. Lt. Col. (temp. Col.) A. St. Q., C.M.G., D.S.O.
Rice, Hon. Brig.-Gen. C. E., D.S.O., T.F. Res.
Richards, Miss G.M., R.R.C., Matron, Q.A.I.M.N.S., ret. pay
Richardson, Lt.-Col. (temp. Brig.-Gen.) G. S., O.B., C.M.G., N.Z. Mil. Force.
Riddell, Col. J. S., M.V.O., M.B., TD, late A. Med. Serv., T.F.

Riddell, Lt.-Col. (temp Col.) E. V. D., D.S.O., p.s.c.
Roberts, Bt. Col. A. N., ret. pay.
Roberts, Bt. Col. H. R., ret. pay.
Robertson, Capt. H. M., Can. Local Forces.
Robertson, Temp. Capt. (bt. Maj.) (temp. Col.) J., R.E.
Robertson, Lt.-Col. (temp. Col.) J. C., C.M.G., C.I.E., M.B.
Robertson, Maj. S.G., Can Local Forces.
Rolland, Lt.-Col. C. E. T., p.s.c
Rolleston, Temp. Lt. Col. L. W., M.B., R.A.M.C.
Roper, Hon. Brig.-Gen. A. W., C.B.
Rose, Lt.-Col. E. A., late R.A.S.C.
Rowe, Lt.-Col. W. H. C., late R.A.S.C.
Rows, Hon. Lt.-Col R. G., M.D., late R.A.M.C
Rudd, Lt.-Col T. W.
Rudolf, Capt. R. D., Can. Local Forces.
Russell, Bt. Lt. Col. R. E. M., D.S.O.
Ruttan, Lt.-Col. C. M., Can. A.S.C.
Ryan, Hon. Brig. Gen. C. M., C.M.G., D.S.O.

Saint, Capt. C. F. M., M.D., F.R.C.S., R.A.M.C.,(T.F.)
Sanson Bt. Lt.-Col. L. R., C.M.G.[L]
Sargent, Hon. Maj. Gen. H. N., C.B., D.S.O
Satow, Maj. H. R., late Gen. List
Savage, Bt. Lt.-Col. M B., D.S.O.
Savile, Bt. Col. G. W. W., D.S.O.
Savile, Maj. R. V., ret. pay (Res. of Off.)
Sawyer, Col. C. E., ret. pay.
Sayer, Temp. Lt.-Col. M.B
Scarle, Temp. Lt. Col., D.S.O., Tank Corps.
Scholfield, Col. G. P., C.M.G.
Schuster, Lt.-Col. G. E, M.C., T.F. Res.
Scovell, Lt.-Col. G. J. S.
Selby, Rev. W. J., TD, Chapl. 1st Class (T.F.)
Shaftesbury, Col. (T.F.) (Hon. Brig.-Gen.inArmy) A.A.C., Earl of K.P., K.C.V.O. (Col. Res of Off.)
Shakerley, Hon. Col. Sir W. G., Bt. TD, late 7 Bn. Ches. R. (Hon. Col. ret. T.F.)
Sharman, Maj. C. H. L., C M.G., Can.Local Forces
Sharman- Crawford, Col. R. G., late 3 Bn. R. Ir. Rif.
Shaw, Col. F. S. K.
Shawe, Lt.-Col. C., ret. pay (Res. of Off.)

Sheen, Col. (T.F.) A. W., M.D
Sheldrake, Bt. Col. E. N.
Sherren, Col. J., F.R.C.S., late R.A.M.C.
Short, Temp. Lt.-Col. E. W. G.
Shute, Bt. Maj. C. A.
Shuttleworth, Bt. Lt.-Col. D. I., D.S.O., p.s.c.
Silver, Lt-Col. J. P., D.S.O., M.B.
Simon, Bt. Col. M. St. L.
Simpson, Temp. Lt.-Col. A. M.D., R.S.M.C.
Simpson, Temp. Lt.-Col. L. S., D.S.O., R.E.
Sinclair, Lt.-Col. H. M., C.B. C.M.G., p.s.c.
Skinner, Col. F. St. D., C.M.G.
Sleeman, Lt.-Col. J. L., N.Z. Mil. Forces
Smalman, Bt. Lt.-Col. A. B., D.S.O., M.D.
Smith, Miss A. B., R.R.C., Principal Matron, Q.A.I. M.N.S.
Smith, Rev. C. W., D.S.O., Temp. Chapl. to the Forces, 1st Class.
Smith, Col. Hon. G. J., N.Z. Mil Forces
Smith, Lt.-Col. P. C., M.D., R.A.M.C. (T.F.)
Smith, Lt. Col. S. E., 6 Bn. Gloucester Reg.
Smith, Col. W. H. U., C.B., D.S.O., p.a.c
Smith, Col. W. W. M., p.s.c
Smith-Neill, Maj. J. W., late Res. of Off.
Smithson, Hon. Brig.-Gen. W. C., D.S.O., ret. pay.
Smyth, Hon. Brig.-Gen. R. W., D.S.O
Snowden-Smith, Bt. Maj. R. T.
Soltau, Temp. Col. A. B., C.M.G., TD, M.D., F.R.C.S., R.A.M.C. (T.F.)
Somerville, Lt.-Col. J.A.C., C.M.G. [l]
Southar, Hon. Maj. H. S., M.B., F.R.C.S., late R.A.M.C.
Sparshott, Miss M. E., R.R.C.
Spears, Bt. Lt.-Col. (temp. Brig.-Gen.) E. L., M.C. [L]
Spence, Lt.-Col. (temp. Col.) A. H. O., C.I.E. [l]
Spencer, Col. (T.F.) C. L., D.S.O., TD
Spiller, Lt.-Col. L. W., 3 Bn. Wilts. R.
Stansfeld, Col. J. R., C.B., p.a.c.
Stansfield, Temp Hon. Lt.-Col. T. E. K., M.B., R.A.M.C.
Starr, Maj. F. N. G., M.D., late R.A.M.C.
Starr, Col. W. H., C.B., C.M.G.
Statham, Col. J. E. B., C.M.G.

Orders of Knighthood, &c.

MILITARY COMMANDERS (C.B.E.)—*contd.*

Stenning, Lt.-Col. J. F., C.B., TD, Unattd. List (T.F.)
Stephenson, Lt. Col. R., D.S.O., late Serv. Bns. S. Staff. R.
Stevens, Maj F. A. D., *late* Serv. Bns. Bedf. & Herts. R. (*Maj. ret. Spec. Res.*)
Steward, Bt. Lt.-Col. G. R. V., D.S O. [L]
Stewart, Rev. F. W., M.A., Chapl. to the Forces, 2nd Class
Stewart, Lt. J., Can. Local Forces
Stewart, Miss L. M., R.R.C., Matron *late* Q.A.I. M.N.S.
Stewart, Bt Lt.-Col. P. A. V., D.S.O., p.s.c.
Stewart-Dick-Cunynham, Temp. Lt.-Col. Sir W., Bt.
Stewart, Hon. Brig.-Gen. W. R., C.B.
Stirling, Col. Sir G. M. H. Bt., D.S.O.
Stobart, Bt. Lt.-Col. G. B., D.S.O., ret. pay.
Stock, Col. F. G. B., C.B., M.B., late S. Afr. Def. Force.
Stomm, Capt. P. W. J. A., ret.
Stone, Rev. H. C. B., M.A., Temp. Chapl. to the Forces, 2nd Class
Stoney, Maj. (temp. Col.) R. D. S.
Stordy, Temp. Lt.-Col. (actg. Col.) R. J., D S O., R.A.V.C.
Storrs, Temp. Col. R. C. M.G.
Storrs, Temp. Col. R., C.M.G.
Story, Capt. R. D., 5 Bn. Midd'x R
Stracey-Clitherow Bt. Lt. Col. J. B., ret. pay (Lt. Col. ret. T.F.) (Hon. Col E. Rid. of York. Yeo.)
Stradbroke, Col. (Terr Force) G. E J. M., Earl of, C.B., C.V.O., VD., A.D.C
Stredinger, Lt.-Col. G., D.S.O.
Strutt, Lt.-Col. E. L., D.S.O., 3 Bn. R. Scots.
Stuart, D. M. *late* Lt.-Col. R. Sc. Fus.
Sudds, Lt.-Col. W. B., Insp. of Ord. Mach., ret. pay.
Sulivan, Lt.-Col. E. F., *late* Res. of Off.
Sutherland, Temp. Col. J. D.
Swabey, Col. W. S., C.B., C.M.G., e.
Swain, Maj. J., C.B., M.D., F.R.C.S.R.A.M.C.(T.F.))
Swayne, Bt. Col. Sir E J.E., K.C.M.G., C.B., ret Ind Army.
Swettenham, Maj. G. K., D.S.O., ret. pay (Res. of Off.)
Swettenh am, Lt.-Col. W. A. W.
Sykes, Lt.-Col. A., Qr.-Mr.

Tait, Lt.-Col. J. S., Brit. Col. Regt.
Talients, Capt. S. G., 1 Gds. Regt. Res.
Tate, Col. R. W., N.Z. Mil. Forces
Tate, Temp. Maj. R. W., Unattd. List. (T.F.)

Tatham, Lt.-Col. W. J., C.M.G.
Taylor, Bt. Lt.-Col. B.H W.
Taylor, Hon. Lt.-Col. C. N., VD, T.F. Res.
Taylor, Bt. Maj. G. B. O. [I]
Taylor, Lt. Col. H. B., VD, *late* R.E.
Taylor, Col. H. B., VD, *late* 2 Vol. Bn. Notts. & Derby. R.
Taylor, Bt. Col. P. B.
Taylor, Lt.-Col. R. J. F.
Tee, Capt. J. H. S., TD, R.A.S.C. (T.F.)
Templer, Lt.-Col. W. F.
Thom, Col. G. St. C., C.B., C.M.G., M.B.
Thomas, Bt. Lt.-Col. R A., p.a.c.
Thompson, Miss E. M., Asst. Chief Controller Q.M.A.A.C.
Thomson, Hon. Brig.-Gen. C. B., D.S O., p.s.c. [L]
Thomson, Lt.-Col. D. G., M.D., R.A.M.C.
Thomson, Bt. Col. S. J., C.I.E.
Thornycroft, Capt. C. M., D.S.O., ret. pay.
Thorold, Lt.-Col. H. D., ret. pay.
Thuillier, Hon. Brig.-Gen W., ret. pay.
Thurston, Col. H. S., C.B., C.M.G.
Thurston, Miss M., R.R.C., N.Z. Mil Forces.
Thwaites, Temp. Capt. N. G., M.V.O., M.C., R.A.S.C.
Tilney, Lt.-Col. N. E, D.S.O., ret. pay.
Todd, Maj. A. G., D.S.O.
Todd, Capt. G. M., Can Local Forces.
Todd, Col. O., M.B., ret pay
Towle, Temp. Capt. Sir F. W., Knt.
Towsey, Hon. Brig.-Gen. F, W., C.M.G., D.S.O.
Toynbee, Bt. Maj. G. E., C.M G.
Travels, Bt. Lt.-Col (actg Col.) H. C., D.S.O., p.a.c., e.
Tremaine, Bt. Lt.-Col. R., ret.
Tremlett, Lt. Col. C. P., 4 Bn. Devon. R.
Trench, Bt. Col. F. A. Le P., C.B., ret. pay.
Trevor, Temp Maj. (temp. Col.) P. C. W., R.A.O.C.
Trotter, Miss E. M., *late* Asst. Ch. Controller Q.M.A.A.C.
Trotter, Lt.-Col. G. F., C.B., C.M.G., D.S.O., M.V.O., ret. pay (Res. of Off.)
Truman, Temp. Maj. E. D.
Tucker, Lt.-Col. W. K., T.F. Res.
Tuckey, Rev J G W., K.H.C., Chapl. to the Forces, 1st Class.
Tunbridge, Col. W. H., C.B., C.M.G., VD, Aust. Mil. Forces.
Turnbull, J. H., M.D., *late* Comt. of Med. Serv. Q.M.A.A.C.
Turner, Col. A. L. M., ret. pay.
Turner, Hon. Brig.-Gen. M N., C.B., C.M.G.
Twiss, Col. J. H., C.B.
Twiss, Bt. Lt.-Col. W, L, O., M.C., p.s.c. [L]

Tyrrell, Col. C. R., C.B., ret. pay.

Umfreville, Col. P., C.M.G.

Vandeleur, Bt. Lt.-Col. H. M., p.a.c., g.
Van Straubenzee, Hon. Brig.-Gen C. H. C., C.B., 3 Bn. Lan. Fus.
Vaughan, Col. H. R.
Vawdrey, Col G., C.M.G., e.
Vesey, Maj. Hon. O. E., R.E. Kent Yeo.
Vigne, Lt.-Col. R.A., C.M.G.
Villiers, Lt. C. W., D.S.O.
Villiers-Stuart, Bt.Lt.-Col. (temp. Brig.-Gen.) W. D.
Vincent, Maj. A. G., ret. R. Mar.
V'ncent, Temp. Lt.-Col W. J. N., M.D., R.A.M.C
Viney, Bt. Maj. H. G., C.M.G., D.S.O., Aust Mil'a)
Vischer, Maj., H., ret.
Vizard, Hon. Brig.-Gen R.D.

Wace, Maj. S. C.
Wadley, Bt. Lt.-Col. E. J. H.
Wait, Lt.-Col. (temp. Col.) H. G. K., D.S O.
Wakefield, Hon. Col. Sir C C., Bt., R G A, (T.F.)
Wakeneld, Rt. Rev. H. R. Hon. Chapl. 1st Class (T.F.)
Walker, Lt.-Col. F. S., P.R.C.S.
Wallace, Col. R. H., C.B. *late* 5 Bn R. Ir. Rif.
Wansbrough, Temp. Maj T. P., R.A.S.C.
Ward, Col. G. A., N.Z. Mil Forces.
Ward, Lt.-Col. M. C. P., ret. pay.
Ward, Temp. Col. W. R. Can. Gen. List
Waring. Bt. Col HJ., M.B., F.R.C.S., R.A.M.C. (T.F.)
Warren, Maj. (actg. Col. P., C.M.G., R.E. Spec. Res.
Warren, Bt. Maj. (temp. Col.) T. R. P.
Warren, Bt. Lt.-Col. (temp. Col.) W. R., D.S.O.
Waterhouse, Miss A. M., R.R.C., Nursing Sister, Q.A.I.M.N S.
Watkins, Lt.-Col. (temp. Col.) F. M.
Watkins, Temp. Maj. O.F., D.S.O., E. Afr. Trans. Corps
Watk ns, Bt. Maj. H. G., C. Gds. Spec. Res.
Watkins, Rev. O. S., C.M.G., Temp. Chapl. to the Forces, 1st Class.
Watling, Lt.-Col. F. W., D.S.O., p.s.c. [L] ret pay
Watney, Col. (T.F) F. D., TD, (Lt.-Col. & Hon. Col. ret. T.F.)
Watson, Lt.-Col. J. K., C.M.G., C.V.O., D.S.O., ret. (Res. of Of .)
Way, Bt. Lt.-Col. B. G. V., M.V.O.
Webber, Maj. H. A. W.
Webb-Johnson, Capt. A. E., D.S.O., M.B., F.R.C.S., R.A.M.C. (T.F.)
Weir, Maj. J. G., C.M.G., R.F.A., (T.F.)
Wenyon, Col. C. M., C.M.G., M.B., *late* R. Mar.

Western, Col. J. S. E., ret Ind. Army, p.s.c.
Westmacott, Col. C. B., A.D.C.
Westmacott, Bt. Col. F.H., F.R.C.S., TD, R.A.M.C. (T.F.)
Westmorland, Lt.-Col. A. M. J., Earl of, A.D.C.
Wheler, Maj. G. C. H., *late* Gen. List.
Whittaker, Lt.-Col. A. E, TD, T.F. Res. (Capt ret.)
Whitlock, Col. G. F. A.
Wickham, Temp. Lt.-Col. (temp. Brig.-Gen.) J. A., R.E.
Wigram, Col. K., C.B., D.S.O., p.s.c.
Wilkinson, Lt.-Col. G.A.E., D.S.O., *late* R. Def. Corps (Lt.-Col. & Hon. Col. ret. Mil'a)
Wilkinson, Lt.-Col. H. B., Des V., D.S.O., p.s c.
Willey, Maj. F. V., C.M.G., TD Notts. (Sher. Rang.) Yeo.
Williams, Lt.-Col. A. C.
Wilson, Maj. (temp. Col. in Army) C. E., C.M.G., D.S.O., ret. pay (Res. of Off..
Wilson, Bt. Col. C. H. L. F.
Wilson, Lt.-Col. F. W. E., Can. A.M.C.
Wilson, Miss G. M., R.R.C., Principal Matron A.A.N S.
Wilson, Lt. Col. J. G. Y., ret. pay.
Wintour, Hon. Maj.-Gen. F., C.B., p.s.c.
Wise, Lt.-col H. E. D., 3 Bn. Notts. & Derby R.
Wood, Bt. Col. A. H.
Wood, Col. H. St. L., D.S.O., ret. pay.
Wood, Hon. Brig.-Gen. T. B., C.M.G., p.s.c. [I]
Wood, Col. W. A., ret. pay (Res. of Off.)
Woodroffe, Bt. Lt.-Col. (temp. Brig.-Gen.) C. R., C.M.G. [I]
Woodwark, Col. A. S., O.M.G., M.D., *late* A.M.S.
Worcester Rt. Rev. E. H., Lord Bishop of, TD, Hon. Chapl. 1st Class (T.F.)
Worgan, Col. S. D.
Workman, Hon. Capt. Rev. W. T., M.C., Can. Local Foeces.
Wraith, Lt.-Col. E. A., R.A.M.C. (T.F.)
Wray, Rev. F. W., C.M.G., Chapl. to the Forces, Aust. Mil. Forces.
Wray, Lt.-Col. J. W.
Wright, Bt. Lt.-Col. A.
Wright, Col. G., D.S.O., ret. pay
Wright, Temp. Capt. W. B., C.I.E., VD.
Wylie, Capt. D. S., C.M.G., N.Z. Mil. Forces.

Yates, Col. C. M., M.V.O., M.C.
Young, Col. A., VD, T.F Res.
Young, Temp. Lt.-Col. D. D.
Young, Lt.-Col. (temp Brig.-Gen.) H. A., C.I.E.
Young, Temp. Maj. (temp. Col.) P. C., R.E.

CIVIL COMMANDERS (C.B.E.)

Aldington, Lt.-Col. C., Eng & Rly. Staff Corps.
Ashley, Temp. Hon. Lt.-Col. F

Bain, Maj. D., VD, *late* 1 Vol.Bn.Notts. & Derby. R.
Barry, Lt.-Col. A. J., TD, R.E. (T.F.)
Bate, Col. T. E. L., *C.I.E.*
Beattie, Bt. Maj. A. E., *M.C.*
Beavis, A. B., *Esq.*
Beith, Temp. Capt. J. H., *M.C.*
Belcher, Temp. Maj. E. A.
Benthall, Maj. J. L., TD, T.F. Res
Beyts, Col. W. G.
Boulton, Capt. *Sir* H. E Bt., *C.V.O.*, T.F. Res.
Bromhead, Lt.-Col. A. C., T.F. Res.
Brunskill, *Mrs.* C. L., *late* War Office.
Burney, Temp. Hon. Capt. S. B.

Capel, Temp. Capt. A.
Cave, Col. *Sir* T. S., *K.C.B.*, TD, VD, 4 Bn. Hamps. R.
Chalmers Watson, *Mrs.* A. M., *M.D*, *late* Chief Controller W.A.A.C.
Chandos-Pole-Gell, Hon. Brig.-Gen. H. A. (*Hon. Col., R.A., T.F.*)
Clarke, J. Percy, *Esq.*, Dep Dir. of Inland Waterways and Docks, War Office.
Cobb, H. M., *Esq.*, War Office.
Colchester Wemyss, Capt. M.F., T.F. Res.
Collard, Maj. A. S., *late* Gen List.
Cooke, Maj. C. J. B., Eng. & Rly. Staff Corps.
Cooper, J. A., *Esq.*, *late* War Office.
Cornwallis, Maj. and Hon. Col. F. S. W., TD, T.F. Res.
Cox, Maj. E. C., Eng. & Rly. Staff Corps.
Crooke-Lawless, Surg.-Lt.-Col. *Sir* W. R., *Knt. C.B.*, *C.I.E.*, *M.D.*

Daniel, Maj. E. Y.
Drower, J. E., *Esq.*, Actg. Asst. Dir. of Army Contracts War Office
Duncombe, Hon. Col. C. W. E., TD, late Yorks. Hrs. Yeo.

Elliott, Lt.-Col. A. C.
Eve, Lt. A. S., Can. Local Forces.

Fielden, Maj. R. M.
FitzPatrick, Temp. Hon. Lt.-Col. H. L.
Fol'ows, Temp. Maj. H.
Foster, Maj. W. L., *D.S.O.*

Garrett, Lt.-Col. F., TD.
Gordon, Maj. A. A., *M.V.O.* ret.
Goschen, Hon. Col. G. J., Visct., VD, *late* 5 Bn. E Kent R.
Green, Hon. Capt. J. A H., *late* 7 Bn. Notts. & Derby. R.
Grierson. Maj. W. W. *M Inst. C.E.*, Eng. & Rly. Staff Corps.
Guise, Temp. Hon. Maj. A. V. L.

Huggett, J., *Esq.*
Hughes, Lt.-Col. and Hon. Col. J. A., VD, *late* Welsh Divl. R.E.

Jamieson. S. W., *Esq.*, *late* Private Sec. to the Dep. Sec. of State for War,
Jenkins, Capt,

Knowles, F., *Esq.*, War Office.

Lee, Hon. Maj.-Gen. H. H
Lloyd-Still, *Miss* A., *R.R.C.*, T.F. Nursing Serv.

McCall, Capt. C. W. H., *late* 10 Bn. L'pool R.
McLellan, Temp. Lt.-Col. W., R. Mar.
MacMillan, T., *Esq.*
Marsh, Col. W., VD, *late* 5 Bn. Som. L.I.
Measures, H. B., *Esq.*, *M.V.O.*, *F.R.I.B.A.*, *late* Dir. of Barrack Construction, War Office.
Midwinter, E. C., *C.B. C.M.G.*, *D.S.O.*, *late* Capt. R.E.
Mitchell, Temp. Hon. Maj. R.
Moens, Temp. Lt.-Col. S. M., *C.I.E.*
Moncrieff. Temp. Lt.-Col. J. M.
Monfries, Temp. Capt. C. B. S.
Montgomery, Lt.-Col. J. A L., *C.S.I.*
Morgan, Lt.-Col. C. L., *M. Inst. C.E.*, Eng. & Rly. Staff Corps.
Morison, Lt. *Sir* T., *K.C.S.I.*, *K.C I.E.*, Camb. R.

Neylan, D., *Esq.*, Chief Accountant War Office.

O'Brien, Lt.-Col. A. J., *C.I.E.*
O'Keefe, J. G, *Esq.*, Acct. War Office.
Oldershaw, Hon. Col. W. J. N., ret. Aust. Mil. Forces.

Paget, Temp. Maj. E W.
Parsons, Maj. E. H. T.
Paul, Hon. Lt.-Col. D., *C.M.G.*, R.A.O.C.

Reid, Lt.-Col. H., VD, *late* 1 Lanark R.E. (Vols.)
Roberts, G. H, Esq., *M.Inst. C.E.*, *M.I. Mech. E.*, Supdt. Mechanical Engineering Dept., Woolwich Arsenal.

Scott, Maj. F. F., Eng. & Rly. Staff Corps.
Silburn, Temp. Lt.-Col. P. A. B., *D S O*
Smith, Lt L. G. H., 2 Co. of Lond. Yeo.
Smith, Col W. W. M., *p.s.c.*
Stanley, Temp. Hon. Lt.-Col. J. H.
Stobart, Capt. H. M., *D.S O.*, T.F. Res.
Strange, Lt.-Col. E. F., TD, T.F. Res.

Tempest, Lt.-Col. P C., *M. Inst. C.E.*, Eng. & Rly. Staff Corps.
Thompson, Lt.-Col. C. P.
Thompson, *Rev.* G. H., Chalp., 3rd Class T.F.)
Thomson, Col. W. G., VD.

Walker, Bt. Lt.-Col. H. S., *p.s.c.*
Wallace, Bt. Lt.-Col. D., *C.M.G.*, *M.B.*, *F.R.C.S.* (*Edin.*), 2 Sco. Gen. Hosp.
Ward, Lt.-Col. E. L,
Watson, Lt. Col. A., *M. Inst. C.E.*, Eng. & Rly. Staff Corps.
Watson, Maj. H. A., Eng. & Rly. Staff Corps.
West, Maj. G. F. P., Eng. and Rly. S. Corps.
Wil'iams Drummond, Lt.-Col., F. D.
Williamson, Temp. Lt.-Col. (*temp. Brig.-Gen. in Army*) F. H., R E. Spec. Res.
llson, 2nd Lt. T. O., T.F. Vols.
Wynch, ret. Hon. Maj. L. M., *C.I.E.*, *late* Lt.-Col. Ind. Vols.

MILITARY OFFICERS (O.B.E.)

Abbott, Capt. W. G., *late* R.A.S C.
Ablett, Temp.Lt.C.A.,R.E.
Abrahams, Maj. A., *late* R.A.M.C.
Acton, Temp. Lt. W. C., R.A.O.C.
Adair, Maj. A. C., *e*.
Adam Maj. R. F., *D.S.O.*
Adams, Maj A., *D.S.O.*
Adams, Temp. Lt. E. P., R.E.
Adams, Capt. H. C., T.F. Res.
Adams, Temp. Maj. J. B. F
Adams, Temp. Capt. J. C
Adams, Lt. J. H, R.G.A. (T.F.)
Adams, Temp. Capt. J. L., R.E.
Adams.Temp. Capt. K. L., R E.
Adams, Temp. Lt. T. H., R.E.
Adams, Maj. W. H., Inspr. 1st Class R.A.O.C.
Addenbrooke, Lt.-Col. J. S., *A.R.Inst.B.A.*, Suptg. Inspr. of Works.
Addington. Capt. J. G., *Lord*. TD Bucks. Bn. Oxf & Bucks. L.I.
Addison-Smith, Maj. C. L., 3 Bn. Sea. Highrs.
Adey, Capt. J. K., Aust. Mil. Forces
Adye-Curran, Lt.-Col. W. J. P., R.A.M.C.
Ahern, Maj. M. D.
Aherne, Maj. D.
Ainley. Temp. Lt. R.
Aires, Maj. R. M., *M.C.*
Aitken, Maj. J. A. H , *M.B.*, R. A.M.C. (T F)
Akers, Maj. W S., *late* K. Afr. Rif.
Alba i Uff. Capt. S., *late* R.A.S.C.
Albrecht, Capt. V. S.–*M.C.*
Alderman, Capt. R. E., *C.I.E.*
Aldersan, Temp. Lt. J. R.
Aldersun, Lt. W. F., Can. Local Forces
Aldham, Temp. Lt. M. S.
Aidworth, Capt. T. P., *p.s.c*, 3 Bn. R.W. Kent R.
Alexander, Maj. A. C. B.[l]
Alexander, Maj. H. M., *D.S.O.*
Alexander,Capt. J. U. F. C.
Alexander. Lt.-Col. R. D T., *D.S.O.*, T.F. Res
Alexandre, Temp. Lt. P. G., Serv. Bns. York. R.
Alford, Lt. S E., *M.C.*, R.F.A. Spec. Res.
Alkin, Capt. R. L., 4 Bn. E. Lan. R
Allan, Lt.-Col. B., TD, *late* R.G.A. (T.F.)
Allan, Lt. N., R.A.M.C. (T.F.)
Allan, Maj. W. D.
Allan, Maj. W. M., Qr.-Mr. Mar.
Allard, Temp. Capt. P., R. Mar.
Allard. Lt. W., R.E. (T.F.)
Allardice, Capt. W. McD. o 3 Bn. Sea. Highrs.
Allcard, Temp. Capt. R., R.E.
Allen, Capt A., *late* Gen List
Allen, Capt. C. H., *M.B.*, *F.F.C.S.*, R.A.M.C. (T.F.)

Allen, Capt. F. J., *M.C.*, *late* R.A.M.C.
Allen, Temp. Capt. F. J.
Allen, Capt, J.; Can. Local Forces
Alleyne, Maj. F. C.
Allin, Maj. H. C., R.A.S.C.
Alston, Capt. J. S.
Alwood, Lt.-Col. W. A., ret pay
Ambrose. Maj. J. G., *M.C.*, *late* R.E.
Ames, Maj. W. R.
Anderson, Temp. 2nd Lt. A., R.G.A.
Anderson, Temp. Capt. A. R., R.A.S C.
Anderson, Maj. D. I., *M.B.*, *late* R.A.M.C.
Anderson. Maj. F. E.
Anderson, Temp. Capt. F. H. M.
Anderson, Lt. F. W. G., Can. Local Forces
Anderson, Temp. Maj. J. N., A.P. Dept.
Anderson, Lt. N., 5 Bn. Lond. R.
Anderson, Capt. N. G., R.A.S.C. (T.F.)
Anderson, Lt. R. C. A., Aust. Mil. Forces
Anderson, Maj. R. D., *late* R. Def. Corns.
Anderson, Temp. Capt. R. D., *D.S.O.*
Anderson, Maj. R. G., *F.R.C.V.S.*, To, R.A.V.C. (T.F.)
Anderson, Temp. Capt. T A. I.
Anderson, Maj. W., *M.B.*, *F.R.C.S. Edin.*, *late* R.A. *M.C.*
Anderson-Pelham, Temp. Capt. A., R.A.
Anderson–Pelham, Hon. Maj. C. H., *late* North'n Yeo. (*Capt. Res. of Off.*)
Andrew, Temp. Capt. G. L., *M.C.*, *late* Gen. List
Andrew, Lt.-Col. G. R. H., *M.D.*, *F.R.C.S.*, R.A.M.C. (T.F.)
Andrews, Lt.-Col. A. E.
Andrews, Maj. F. L., *D.C.M.*, Rdg. Mr., 7 Hrs.
Andrews, Mai G. H.
Andrews, Temp Capt. N.
Angus, Temp. Capt. H. W.
Angus, Maj. W. B. G., *M.C.*, *late* R.A.M.C.
Anne, Capt. G. C.
Anscombe, Capt. R. S.
Anson, Maj. E. St G.
Anwyl-Passingham, Maj. A. M. O. A.(l)
Anwyl-Passingham, Maj R. T.
Appleby, Temp. Maj. (*Bt. Lt.-Col.*) K. A.
Appleton, Miss E. E. Act. Sister, Q.A.I M. N.S. Res.
Appleyard, Maj. G. C.
Arbuth o', Bt. Maj. M. A., 3 Bn. Sea. Highrs.
Archdale, Rev. M., Temp Chapl. to the Forces, 4th Class (*Hon. Chapl. to the Forces*, 3rd C(a s)
Archer, Maj. B. H., 18 Bn. Lond. R.

Archer, Lt. J. O., R.F.A. Spec. Res.
Archer, Maj. S. F A.
Argles. Temp. Capt. G. A E., R.A.S C.
Aris, Temp. Capt. A. F.
Arkle, Maj. J. S., *M.B.*, *late* R.A.M.C.
Armitage, Bt. Maj. C. L., *D.S.O.*
Armitage, Capt. P. M., R.F.A. (T.F.)
Armour,Temp.Lt.-Col G.D.
Armstrong, Capt. F. H. C.
Armstrong, Capt. F. L., Can. Local Forces
Armstrong, Temp. Maj. G., *M.O.*
Armstrong, Temp. Capt. G M., R.A.O.C.
Armstrong, Maj. J. A.
Armstrong,Capt. S. J., *M.C.*
Armstrong, Capt. N. A. D., Man. Regt.
Arneill. Lt. L., R.F.A (T.F.)
Arnold Bt. Maj A.C., *M.C.*
Arnold, Hon Lt.-Col. F. R., ret. Naval Ord. Dept.
Arnot, Capt. W.
Arnott, Maj. E. W., T.F. Res.
Arthur, Hon. Capt. H. R.
Arthur Capt. J. S., R.A.M.C. (T F.)
Ascott, Capt. W.. R.A.V.C. (T.F.)
Ascott, Capt. W. H., Dep. Comsy. of Ord.
Ash, Temp. Lt. E.
Ash. Capt. H. G., *M.C.*, 17 Bn, Lond. R.
Ashford, Capt. F. H., Qr.-Mr.
Ashton, Maj. C. C. G.
Ashwell, Temp. Lt.-Col. H.G., *late* R.A.M.C.
Aspinall, Lt.-Col. H. H. H., Lt. 4 Bn. R. Sc. Fus.
Aston, Tomp. Maj. R. G.
Atchley, Temp. Maj. C. A., R.E.
Atherton, Lt.-Col. G. B., R.A.S C (T.F.)
Atherton, Maj. S., *late* R.A.S.C.
Atkin, Lt. E., R.A.
Atkinson, Temp. Lt. A., R.E.
Atkinson, Temp. Maj. E. W., *D.S.O.*
Atkinson,Maj.J., *D.S.O.*, TD, R.A.S.C. (T.F.)
Atkinson, Capt. T. J. D. R.A.S C.
Atkinson-Clark, Maj. H.F., *M.V.O.*
Atter, Capt. H. F., 4 Bn Yorks. L.I.
Atthill, Temp. Maj. A. W. M, *M.V.O.*, R A S.C.
Attwood,Temp. Capt. R.G.
Auchinleck, Bt. Lt.-Col. C. J. E., *D.S.O.*
Audus, Maj. H. J. F., Qr. Mr., ret. pay
Auld, Capt. S. J. M., *M.C.*, 4 Bn. R. Berks. R.
Auld, Lt.-Col. W.
Austin, Temp. Capt. A. E., Serv. Bns. Rif Frig.
Averre, Temp. Maj. W. J., K. Afr. Def. Forces.

Avern, Lt. J. W. E., 5 Bn R.W. Surr. R,
Awcock, Capt. C. H.
Aylward, Capt. W., Qr.-Mr. R.A.S.C.
Aylwin, Lt. W. E., Qr.-Mr.
Babonan, Maj. A. F., *M.B.*
Bacon, Maj., C. R. K.
Bacon, Temp Capt. C. W.
Badcock, Bt. Lt.-Col. G. H.
Badger, Maj. T. R.
Bagnall, Lt.-Col. R., *late* Gen. List
Bagnall, Temp. Lt. R. D,
Bagshawe, Temp. Maj. E. L., *C.I.E.*, *D S.O.*
Bailey, Temp. Maj. A. C., R.E.
Bailey, Capt. J. C. M., *M.D.*, *late* R.A.M.C.
Bailey, P. J., *D.S.O.*
Baily, Maj. C. A., 8 Bn. Essex R.
Baines, Maj. E. G. G. T.
Baird, Maj. A. H., R. Def. Corps
Baird, Maj. R. E. W., 3 Bn. High. L.I.
Baird, Maj. W. M., TD, 9 Bn.Arg.& Suth't Highrs.
Baker, Temp. Capt. A. F.
Baker,Capt. F., 5 Bn. R.W. Fus.
Baker, Temp. Maj. H.
Baker, Maj. H. C., *late* S. Afr. Def. Forces
Baker, Lt. J. S., 3 Bn, Leins. R.
Baker, Capt. R. L.
Baker, Maj. W. B.
Baker-Carr, Maj. H. B.
Bakewell, Temp. Capt. G. V., *M.B.*
Baders, Maj. D. V. M., *M.C.*
Baldwin, Lt. J. E. A., *D.S.O.*
Bale, Temp. Maj. F. H., R.A.S.C.
Balfour, Maj. E. W. S., *D.S.O.*, *M.C.*, *p.s.c.*
Balfour, Temp. Maj. H.H., S Afr. Def. Forces.
Balfour, Lt. Hon. J. M., T.F. Res.
Balfour, Temp. Maj. N. H., R.A.S.C.
Ball, Temp. Capt. A. W. C., R.E.
Ball, Capt. E., Qr.-Mr.
Ball, Capt. E. P.
Ball, Temp. Capt. G. J.
Ball, Temp. Capt. H. S.
Ball, Lt. J. C., *D.S.O.*, Can. Local Forces
Ballantyne, Maj. D., 8 Bn R. Scots.
Ballard, Temp. Lt. G. A.
Balleine, Rev. A. H., *late* Temp. Chapl. to the Forces (4th Class)
Bally, Maj. E. D.
Balston, Maj. T., *M.C.*, *late* Serv. Bns Gloue. R.
Bamford, Lt.-Col. H.W. L., *M.C.*, S. Afr. Contgt.
Bamford. Lt. Col P., TD, 10 Bn. Manch. R.
Bamford. Capt. R. M.
Bamfield, Capt. G..
Bangor, Lt.-Col. M. R. C., *Visct.*, ret. pay (*Res. of Off.*)(*Lt. Col ret Sp.ec Res.*)

Orders of Knighthood, &c. — 181

MILITARY OFFICERS (O.B.E.)—*contd.*

Bankhead-Browne, Capt, A. E., 4 Bn. N. Staff. R.
Bannatyne, Lt.-Col. G. A., M.D., F.R.C.P., late R.A.M.C.
Barber, Maj. T., Qr.-Mr, Herts. R.
Barham, Lt.-Col. & Hon Col. T. F., VD, late 2 V.B. Som. L.I.
Baring, Temp. Capt. Hon. H.
Baring, Maj. T. E., Rifl. Brig. e.
Baring-Gould, Temp. Capt. E. S., R.A.S.C.
Barker, Maj. C. A.
Barker, Capt. F. A., M.B.
Barker, Capt. F. B.
Barker, Capt. N. L., R.E. (T.F.)
Barkley, Capt. T. Y., R.A.M.C. Spec. Res.
Barkshire, Maj. C. R., Inspr. of Works.
Barmby, Capt. A. J. W.
Barnard, Lt.-Col. & A. J. C (Maj. S. Afr. Def. Force)
Barnes, Maj. F P., D.S.O., 7 Bn. Lond. R.
Barnes, Maj. H. D., TD, 7 Bn. Lond. R.
Barnes, Maj. L E., p.s.c.
Barnes, Rev. S. R., Chapl. 3rd Class (T.F.)
Barnfield, Capt. A. S., Glouc. Yeo.
Barnsley, Maj. G.
Barrell, Maj. W. H., R.G.A. (T.F.)
Barrett, Capt. H. S., 6 Bn. L'pool R.
Barritt, Capt W
Barron, Lt.-Col. C. A. rD. R.A.S.C.
Barron, Bt. Lt.-Col. F.W., p.s.o., g.
Barron, Temp. Lt. J. B. M.C., Serv. Bns., Worc. R.
Barron, Temp. Capt. (Bt.-Maj.) N. MacK., R.E.
Barron, Temp. Capt. S. N. M.C., R.E.
Barrow, Lt.-Col. H. P. W., C.M.G., D.S.O., R.A.M.C.
Barry, Capt. J. H., late R.A.S.C.
Barstow, Capt. T. C. E.
Bartels, Miss O., Dep. Asst. Ch.Controller Q.M.A.A.C.
Bartholomew,Col. A.G., TD, T. R. Res.
Bartholomew, Lt.-Col. W. B., Suptg. Inspr. of Works, ret. pay.
Bartlett, Lt. E. G., M.C., Yorks. L.I.
Bartlett, Temp. Lt. Horace J.
Bartlett, Rev. R., Hon. Chapl. to the Forces, 3rd Class.
Barton, Maj. B. C., late R.A.S.C.
Barton, Temp. Capt. C. P.
Barton, Bt. Maj. R. J. F.
Bartrum, Capt V. A., R.A.V.C.
Ba hford,Temp.Capt. E. F., M.D.
Bashford, Temp. Maj. H. J. L.
Bass, Maj. W., late Qr.-Mr. Gen. List (T.F.) (Maj. & Qr.-Mr, ret. pay)

Bassett, Maj. F. M.
Bassett, Maj. J. R , D.S.O.
Bastard, Lt.-Col. W. E. P., TD, R.E. (".F.)
Batchelor, Temp. Capt. A.
Bates, Capt. H. T., M.B., R.A.M.C. (T.F.)
Bates. Maj. M., M.D., F.R.C.S., late R.A.M.C
Batho, Temp. Capt. G. W. H., R.G.A
Batson, Lt. H. M.
Batten, Hon. Col. H. C. G., 3 Bn. Dorset. R.
Batty, Temp. Capt. E. D.
Bavin, Lt. A. J. W
Bawden, Temp. Capt. F. H.
Baxter, Temp. Capt. A.
Baxter, Maj. C.B., TD, M.B., F.R.C.S., R.A.M.C. (T.F.)
Raxter, Capt. D.C., Qr.-Mr.
Baxter, Temp. Lt. G., R.E
Baxter, Capt. L. D. M., Can. Local Forces
Bayley,Lt.-Col.A.R.,D.S.O
Baynes, Temp. Maj. (Bt. Lt.-Col.) D. D., Lab. Corps
Bazett, Capt. H. C., M.C., M.B., F.R.C.S., R.A.M.C., Spec. Res.
Beacham, Capt. R. W., M.C., North'n R.
Beachcroft, Lt. P. M., R.G.A. Spec. Res.
Beal. Temp. Capt. R.E.B. M.C., R.A.S.C
Beale, Capt. B. P., M.C., Res. of Off.
Beale, Lt. W. W., late Welsh Horse Yeo.
Beales, Maj. W. L., 4 Bn. R. Innis. Fus.
Beall, Bt. Maj. F. W.
Beamish, Temp. Capt. W. R. de la C , K.E.
Beard, Capt. S. T., Temp. Qr.-Mr.
Beasley, Temp. Maj. H. O. C., Lab. Corps
Beasley, Temp. Maj. M., R.E.
Beatson, Temp. Lt.-Col. L. F.
Beaufort, Capt. V. A., M C R., o. [L]
Beaumont, Maj. E. G. E., late R.A.S.C.
Beaumont, Lt.-Col. G L ret. Mar.
Beaumont, Maj. H.
Beaumont, Maj. H. G. Qr.-Mr. (ret. pay)
Beaver, Temp. Maj. R.H., M.D., R.A.M.C.
Beavis, Capt.,P.E. late R.A.
Bebb, Temp. Capt. R. H.
Beckett, Temp. Capt. C. S.
Beckett, Rev. M. T., Hon. Chapl. to the Forces (3rd Class).
Beddoes, Bt. Maj. C. E. W., 3 Bn. Glouc. R.
Bedingfield, Lt.-Col. H. H.
Begbey, Lt.-Col. H.
Behrens, Temp. Capt. E. C., R.A.S.C.
Belchem, Capt. O. K., M.C., Qr -Mr.
Bell, Maj. A. H., D.S.O. [L]
Bell, Bt.-Maj A. I.
Bell, Lt.-Col. C. C. F., D.S.O., late R A.S.C.
Bell, Lt.-Col. C. T.
Bell, Maj. C. V. M.
Bell, Hon. Capt. G., Aust. Mil. Forces

Bell, Temp. Maj. G. G., R.E.
Bell Capt. H., R.E. (T.F.)
Bell Lt.-Col. M. G. E., 6 Bn. Rif. Brig. (Capt. ret. pay) (Res. of Off.)
Bell, Capt. M. J., 9 Bn. High. L.I.
Bell Lt.-Col. R. C., D.S.O. ret Ind. Army.
Bell, Capt. R. J., M.C, late S. Afr. Def. Forces
Bellamy, Maj. H.M., D.S.O M.C., 4 Bn. Linc. R.. T.F. Res.
Bell-Irving, Lt.-Col. A. D.S.O.
Bellamy, Bt. Maj. C. G. H., R.E. Spec. Res.
Bellwood, Capt. C. P., 3 Bn Leic. R., (Lt. ret. pay)
Belton, Capt. A., R. Fus. Spec. Res.
Bemrose, Capt. W. L., 5 Bn. Notts & Derby R.
Beney, Temp. Capt. A., R.A.S.C.
Bennett, Lt.-Col. A. E. H., Can. A.M.C.
Bennett, Maj. A. J. M., TD, T.F. Res.
Bennett, Temp. Capt. D. R., R.E.
Bennett, Temp. Maj. J., R.A.S.C. (Lt. & Qr.-Mr, R A M C (T.F.)
Bennett, Bt .Maj. N. C., M.C.
Bennett, Maj. T. E., D.S.O., R.A.S.C., c.
Bennett, Capt. T. W., Qr.-Mr.
Beanett, Lt.-Col. (temp. Col.) W., D.S.O.
Bennette, Capt. B. J. T., ret.
Benskin, Maj. J., D.S.O.
Benson, Maj. G. A., D.C.M., Qr.-Mr,
Benson, Lt. H., R.F.A. Spec. Res.
Benson, Bt. Capt. R. H
Benson, Temp. Maj. W. J. P., Serv. Bns. N. Staff. R.
Bentley, Capt. H. R
Bentley, Capt. W. J., Can. Local Forces
Bentwich, Temp. Lt. N. de M., M.C.
Benzie, Lt.-Col. R. M., TD, 5 Bn. ˙co Rif.
Beor, Maj. B. R. W.
Beresford,Temp.Maj,G.W., F.R.C.S., R.A.M.C.
Beresford Maj. J. P., late 3 Bn. R. Berks. R.
Berkeley, Bt. Lt.-Col. C R C.M.G., D.S.O.
Berkeley, Maj. R. E. G.
Berlandina, Temp. Capt. H. H., M.C., R.E.
Bernard, Temp Lt.-Col. J., R.A.S.C. (Bt. Lt.-Col. R. Mar.)
Bernard, Temp. Lt. O. F., M.C.
Bernays, Rev. S. F. L., Temp Chapl to the Forces (4th Class.)
Berrow, Maj. J., Qr.-Mr.
Berry. Rev. R. S. B., Temp Chapl. to the Forces (4th Class).

Berry, Maj. W. S. S., lat R.A.M.C
Berryman, Lt.-Col. H. A.
Besant, Temp. Capt. R. E. Serv. Bn. Sea. Highrs
Best, Maj A., D.C.M., late Serv. Bns Lan. Fus.
Best, Temp. Capt. S. P.
Berth.n, Bt. Lt.-Col. C. P.
Betts, Lt.-Col H. H., late R.E.
Beveridge, Capt. T. B., 5 Bn. Arg. & Suth'd Highrs.
Beverley, Capt. S., ret. pay
Bevis, Temp. Maj. C. B.
Bewick, Lt. C., M.C., S. Gds. Spec. Res.
Biddulph, Capt. A. J., M.C. ret.
Biddulph, Lt.-Col. M.
Bigg, Capt. W. C.
Bigge. Lt.-Col. G. O.
Bigg-Wither,Bt. Maj H.S.
Biggs, Bt. Lt. Col. C. W.
Biggs, Capt. J. J. E., R.A.M.C. (T.F.)
Bilderbeck, Capt. W. J. H., Paymr.
Bingham, Lt.-Col. Sir A.E. Bt., VD, T.F. Res.
Bingham, Maj. W. H. [L]
Binney, Temp. Lt. A. T.
Binns, Temp. Maj. C. E.
Binny, Lt.-Col. S. M., Staff Paymr.
Birch, Lt.G. R., Can. Local Forces
Birch, Lt.-Col. L. H. P., late R.F.A.
Birch, Temp. Capt. M.
Birch. Maj. W. K.
Bird, Temp. Maj. A. G.
Bird, Maj.L.W.,D.S.O., h.p.
Bird, Capt. R. M., late Gen List
Bird, Temp. Capt. R. T. W.
Birkin, Maj. P. A., T.F. Res.
Birks,Capt. F.M.,R.A.S.C. (T.F.)
Birks, Hon. Maj. G. W., Can. Contgt.
Birt, Lt.-Col. A. W., 4 Bn. W. York. R.
Bisdee, Maj. J. H., Aust. Mil. Forces
Bishop, Temp. Capt. C. A., R.A.S.C.
Bishop, Lt.-Col. J. G., 3 Bn. Mon. R.
Bispham, Temp. Capt. J. W.
Black, Capt. A. C., late 7 Bn. R. Scots
Black, Maj. G. S.
Black, Temp. Lt. H. C., R.E., Spec. Res.
Black, Capt. N., Singapor Fd Amb. Co
Blackburn, Hon. Capt. C. B., Aust. Mil. Forces
Blackburn, Temp. Maj. L. O. G.
Blackburn, Maj. T., late Serv. Bns. K.O.S.B.
Blackman, Maj. W. S., ret. pay.
Blackshaw, Temp. Capt. G. N.
Blackwell, Capt. H.
Blades, Temp. Maj.J., R.E.
Blair-Imrie, Capt. Hew Francis, C.M.G., 5 Bn. R. Highrs.

6**

Orders of Knighthood, &c.

MILITARY OFFICERS (O.B.E.)—contd.

Blake, Capt. A. L., 5 Bn. Som. L.I.
Blake, Capt. C. F., late R.A.S.C.
Blake, Maj. H. H.
Blake, Lt.-Col. W. L. F. kes. of Off.
Blakemore, Maj. E. W.
Blaker, Lt.-Col. W. F., D.S.O. [L]
Bland, Capt. M G., A.M.I.C.E., A.M'I.E.E R.F. (T.F.)
Blenkarne, Temp. Capt. H. M.
Blew, Miss N., R.R.C. Sister Q.A.I.M.N.S.
Bliss, Temp. Capt. W. E
Block, Temp. Capt. I. J., M.B., S. Afr. Def. Force
Block, Capt. B. A. L., late A.P. Dent.
Blois, Temp. Maj. E. W.
Blomefield, Temp. Maj. W., R.E.
Bloomburgh, Local Capt. J. H.
Blundell. Lt.-Col. C. W., TD, R G.A. (T.F.)
Blundell - Hollinshead-Blundell, Lt. C. L.
Blowey, Capt. H. F. T.
Blumberg, Maj. H. D'A., TD, late R.A.M.C. (T.F.)
Blunt, Maj. G. C. G., D.S.O.
Blyth, Maj. J. D., Res. of Off.
Boag, Maj. H., Qr.-Mr.
Body, Lt.-Col. J., D.S.O., TD, 5 Bn. E. Kent R.
Body, Bt. Lt.-Col. K. M., C.M G., o.
Boggs, Capt. A. B.
Bolam, Bt. Lt.-Col. R. A., M.D., R.A.M.C. (T F.)
Bonar, Temp. Lt. H. H., R.A.S.C.
Bond, Miss M. M.
Bond. Temp. Maj. W. C.
Bone, Mat. T.
Bonham Carter, Maj. I. M.
Bonner, Temp. Capt. S. A., R.E.
Bonnyman, Temp. Maj. F. J. C., Serv. Bns. S. Lan. R.
Booth, Maj. W. H., D.S.O., R.F.A. (T.F.)
Boothby, Capt. F. S. E.
Booty, Capt. L. B., late Gen. List
Boraston, Lt. J. H., C.B., R.F.A., (T.F.)
Borden-Turner, Temp. Lt. D.
Borrie, Capt. D. F., ret
Bostock Lt J.
Bostock, Temp. Maj. J. E.
Bostock, Capt. T. H. G., T.F.Res.
Bosworth, Temp. Capt. L, O., M.C.
Boulter, Capt. E. C., Qr.-Mr.
Boulton, Capt. J. A., Temp. Qr.-Mr. 25 Bn. Midd'x R.
Bourne, Lt.-Col. F., Qr.-Mr. R.A.S.C. (T.F.)
Bourne, Lt. T. R. A., R.A.S.C. (T.F.)
Bourne, Lt.-Col. W. Fitz. G.
Bourne, Bt. Lt.-Col. W. K., p.s.o.
Boutflower, Bt.-Maj. G.
Bovey, Maj. W., Can. Local Forces
Bovill, Maj. C.

Bowater, Lt. N. J., R.A.S.C. (T.F.)
Bowden, Temp. Maj. J.
Bowden, Capt. J. S., R.A.V.C. (T. F.)
Bowen, Temp. Capt. A. S., R.A.O.C.
Bowen, Capt. J. B., Pemb.
Bowen, Lt.-Col. J F., late Serv. Bn. R. Berks. R.
Bower, Capt. L. T. Dorset R. Spec. Res.
Bower Ismay, Temp. Capt. C.
Bowers, Lt.-Col. M.
Bowhay, Capt. A. B.
Bowles, Capt. E., late S. Afr. Overseas Forces.
Bowles, Lt.-Col. L. T.
Bowman, Capt. G. E.
Bown, Temp. Capt. H., Serv. Bns. S. Lan. R.
Bownass, Temp. Capt. W E., M.C.
Bowra, Lt. E. V.
Bowring, Maj. E. L, D.S.O.
Bowron, Capt. H., late R.A.S.C
Bowyer, Lt. A. W., 4 Bn. E. Surr. R.
Boyce, Maj. C. J.
Boyd, Temp. Capt. A.
Boyd, Rev. A. H., M.C., Temp. Chapl. to the Forces, 2nd Class.
Boyd, Maj. A. O., e.
Boyd, Capt. C. K., R.A.S.C. (T.F.)
Boyle, Capt. H. E. G., R.A.M.C. (T.F.)
Boyle, Temp. Maj. J. H.
Boyle, Lt.-Col. M., M.B., ret. pay.
Boyle, Capt W., TD., R.E. (T.F.)
Boys, Temp. Capt. H. A.
Brabazon, Maj. Hon. C. M. P., ret. pay.
Bradbury, Temp. Maj. W. P.
Bradley, Maj. C. R. S.
Bradley, Temp. Capt. James L.
Bragg, (Capt.) W. L., M.C., R.F.A. (T.F.)
Braid, Lt.-Col. A. R.
Bramall, Maj. H., 7 Bn. Lan. Fus.
Bramhall, Maj. C.
Bramley, Lt. P. B.
Brammall, Capt. L. H.
Brander. Temp. Capt. J. M., R.A.S.C.
Branson, Temp. Lt F.H.E., R.A.O.C.
Bray, Rev. A. E., Temp. Chapl. to the Forces, 3rd Class.
Bray, Maj. E. A., M.C.
Braybrooke, Temp. Inspr. of Ord. Mach. 3rd Class, H. G., R.A.O.C.
Breadmore, Temp. Maj. R. G., R.A.S.C.
Breakey, Maj. A. J., g. [l]
Bremner. Maj. J. M. G., M.B.,TD.,R.A.M.C. (T.F.)
Bremridge, Temp. Maj. R. H., M.B., R.A.M.C.
Brennan, Capt. F. R. E. D., 1 Camb. R.
Brennan, Capt. W., Qr.-Mr.

Brereton. Rev. E.H., Temp. Chapl. to the Forces (4th Class).
Bressey, Temp. Capt. C. H., R.E.
Brett, Lt.-Col. Hon. M. V. B., M.V.O., T.F. Res.
Brewin, Capt. H. ret. pay.
Brewis, Capt. R. D., 5 bn. R. W. Kent. R.
Brice, Temp. Capt. A. V.
Bridcut, Temp. Lt. S. H.
Bridges, Capt. A. B. H.
Bridges, Lt.-Col. E. J., F.R.I.B.A., Suptg. Insp. of Works.
Bridgwater, Maj. H. N., D.S.O., TD., 5 Bn. Norf. R.
Briercliffe, Capts. R., M.B., R.A.M.C. (T.F.)
Brierley, Lt.-Col. E. C. D.S.O.
Brierly, Capt. (Bt. Maj.) J. L. late Gen. List
Brierley, Temp. Maj. N.H., R.E.
Briggs, Capt.A.E., R.A.S.C. (T.F.)
Briggs, Bt. Col. G. E.
Briggs, Bt. Maj. H. S.
Briggs, Tempt. Capt. W.R
Briggs, Temp. Maj. W. W.
Brighten, Temp. Maj.C.W
Brightman, Temp. Capt. C. J., R.A.S.C.
Brightman, Lt.-Col. E. W.
Brightman, Lt. J. H., 15 Bn. Lond. R.
Brinckmann, Maj. R.
Brinson, Temp. Maj. H.N., D.S.O., Lab. Corps
Bristed, Temp. Maj. R. B.
Brister, Temp. Capt. J. F.
Bristow, Temp. Lt. F. A., Serv. Bns. Durh. L.I.
Brittan, Lt.-Col. R., D.S.O., ret. pay ((Hon. Col. ret. Spec. Res.)
Britten, Lt. W. A., Paym.
Britten, Capt. W. E.
Broad, Capt. G. L., M.C., R E. (T.F.)
Broadley, Capt. P.J., ret.
Brock, Temp. Ma. W., Serv. Bns. Devon. R.
Bromilow, Temp.Maj.,B.H.
Bromley Davenport, Lt. H. R.
Brook, Maj. T. F.
Brooks, Temp. Capt. J. C., R.A.O C.
Brosman, Rev. J. B., Temp. Chapl. to the Forces, 4th Class.
Broster, Maj. L.R., M.B., late R.A.M.C.
Brothers, Lt. O. F., Can. Loca Fo ces
Brougham, Temp. Capt. J. H. C.
Broughton, Maj. G. D., p.s.o.
Brown, Temp. Capt. Adam, M.B.
Brown, Maj. Alexander, M.C., D.C.M., Qr.-Mr.
Brown, Temp. Lt. Alwin
Brown, Lt.-Col. A. E.
Brown, Lt. A. G., late R.F.A.
Brown, Temp. Capt. A. J. S., Serv. Bns. R Fus.

Brown, Hon. Col. A. R. Forces
Brown, Capt. C, Can.Local Forces
Brown, Capt. C. T.
Brown, Hon. apt. F.A.W.
Brown, Capt. F. L.
Brown, Temp. Capt. F. R., M.B., R.A.M.C.
Brown, Capt. G.A.M., R.E. (T.F.)
Brown, Maj G. M., late Serv. Bns. Suff. R.
Brown. Temp Lt. G. S.
Brown, Maj.H., R.E.(T F.)
Brown, Rev. H.
Brown, Capt. H. B., R.G.A. (T.F.)
Brown, Temp. Lt. J. B. F.
Brown, Temp. Capt. J. C., R E.
Brown, Temp. Capt. J. H., D S O
Brown, Temp. Capt. J. P., R.A.S C.
Brown, Temp. Maj. M. W. R.A S.C.
Brown, Cap. P. G., Can. Local Forces
Brown. Capt. R. C., late R.A.M.C.
Brown, Lt. T., M.C., Welsh Hose. Yeo.
Brown, Lt. V., Unattd. List (T.F.)
Brown, Capt. W., M.D., R.A.M.C. (T.F.)
Brown, Rev. W. J.
Browne, Capt. C. E., M'C.
Browne, Temp. Maj. D.R.H.
Browne, Capt. F. J., late 25 Bn. Midd'x R.
Browne, Capt. G. W., 4 Bn. R. War. R.
Browne. Temp. Maj. T. B., R.A.S.C.
Browning, Capt. L., M.C.
Brownrigg, Rev. E. G., M.A., Temp. Chapl. to the Forces (3rd Class)
Bruce, Lt.-Col. A., Qtr.-Mr. R.A.M.C.
Bruce, Hon. Lt.-Col. A. C.
Bruce, Maj. John, R.A.M.C. (T.F.)
Bruce. Capt. G. R., R.A.M.C. Spec. Res.
Bruen, Capt. W., M.C.
Bruggy, Bt. Maj. S., D.S.O., Aust. Mil. Forces
Brunskill, Lt.-Col. J. H., D.S.O., M.B.
Brunton, Temp. Lt. G.
Bryans, Temp. Capt. M.
Bryant, Lt.-Col. A. R., TD, 4 Bn. Essex R.
Bryant, Lt. G. H., R.F.A. Spec. Res.
Bryant, Temp. Capt. R. F.
Bryce, Temp. Capt. F.
Buchanan, Lt.-Col.M.K.G., late 3 and 4 Bns. Sco. Rif.
Buchannan, Lt. G. H.. Bord.
Brecknock. Bn. S.W. Bord.
Buckland, Temp. Maj. L.
Buckland-Cockell, Temp. Capt. A. S., M.C.
Buckley, Maj. E. D. H.
Buckley, Hon. Maj. E. J.
Buckley, Temp. Capt. P.B., M.C., R.A.M.C.
Buckmaster, Temp. Maj. H. S. G., late Bucks. Bn. Oxf. & Bucks. L.I.

Orders of Knighthood, &c.

MILITARY OFFICERS (O.B.E.)—*contd.*

Bucknall, Temp. Capt R.
Bucknall, Temp. Capt. W. B., Serv. Bns. W. York R.
Bucknill, Lt. T. A. T., Surr. Yeo.
Buffham, Temp. Maj. L.W., R.A.O.C.
Bugden, Capt. W. D.
Bull, Lt.-Col. F. J., TD, T.F.Res.
Bullen, Temp. Capt. W. H. C.
Buller, Capt. F. E., *M.C.*
Bullock, Capt. C. L., 6 Bn. Rif. Brig.
Bulman, Lt. J. J., *M.C.*,R E.
Bunce, Lt. W. L., 3 Bn. L'pool R.
Burch, Hon. Maj. F., Qr.-Mr. ret. pay.
Burchell, Lt J. M.
Burdon,Temp.Maj. E. G. G.
Burdon, Lt.-Col. W. B. C., T.F. Res.
Burge, Capt. C. G.
Burgess, Capt. J. F., Can. Local Forces.
Burke, Maj. D, J. G., 3 Bn. D. of Corn. L.I.
Burke, Capt. E. A., Quebec R.
Burlace, Temp. Capt. L. B.
Burland, Lt. L.
Burlton, Capt. L. H. B., *M.C.*, R.A.S.C.
Burn, Maj. A. H.
Burn, Col. C. R., *A.D.C* (*Lt.-Col. & Hon. Col. ret. Impl. Yeo.*) (*Hon. Col.* 2 *Co. of Lond. Yeo.*) Lt.-Col. ret. pay (*Gent. at Arms.*)
Burn, Temp. Capt. E. W.
Burn, Maj. R. N.
Burn, Temp. Capt. R. W., R.A.S.C.
Burn, Temp. Capt. W. G.
Burnand, Lt.-Col. M. B., Trng. Res. (*hon. Lt.-Col. Spec. Res.*)
Burnand, Capt. R. F., *late* 6 Bn. North'd Fus.
Burn-Callander, Lt. C., Montgom. Yeo.
Burne, Lt.-Col. N. A. K.
Burnell-Nugent, Bt. Lt.-Col. F. H., *D.S.O.*
Burnett, Maj. A. E.
Burnett, Maj. J. C., *D S O.*
Burnett, Lt.-Col. L. T., 4 Bn. Lond. R.
Burnett - Hitchcock, Maj. H. W. G.
Burrell, Lt.-Col. C. W. W., TD, T.F. Res.
Burrowes, Maj. L. A. (ret pay) (*Res. of Offr.*)
Burstall, Temp. Capt. E. B.
Burt, Temp. Capt. R. S.
Burt-Marshall, Bt. Maj. D. B., *D.S.O.*
Burtenshaw, Temp. Maj. A., *M.C.*, R.A.M.C.
Burton, Temp. Maj. E. G., R.A.S.C.
Burton, *Miss* H., *R.R.C.*, Matron, Q.A.I.M.N.S.R.
Burton, Maj H.E., ret.pay.
Burton, Temp. Lt.-Col. (*temp. Col.*) H. W.
Burton, Maj. P. C., ret.
Burton, Maj. R. B. S., Man. Regt.
Burton, Temp. Maj. S. C.

Burton, Capt. W. A., 4 Bn. York and Lanc. R.
Burton-Baldry, Capt. W. B., T.F. Res.
Bury-Barry, Temp. Lt. J. R.
Bushell, Maj. C. W.
Bussell Temp. Maj. A. C.
Bustard, Maj. F., T.F. Res
Butcher, Capt. T. A., R.A.M.C. Spec. Res.
Butler, Capt. A. C. P., K.R. Rif. C.
Butler, Temp. Lt.-Col. F. N., R.E.
Butler, T mp. Capt. F. W. *M.D.*
Butler, Capt. H. B. B., R.A.S.C.
Butler, Capt J. R. M., Sco. Horse Yeo.
Butler, Temp. Maj. *Sir* R. P., *Bt.*
Butler, *Rev.* R. U.. Temp. Chapl. to the Forces (3rd Class)
Butter, Capt. C. A. J., Sco. Horse Yeo.
Butter, Temp. Capt. F. S.
Butters,Temp. Capt. O. A., Serv. Bns. Wilts. R.
Butterworth, Capt. A. B.
Buttorworth, Lt.-Col. J., *late A. P. Dept,*
Buxton, Lt. V.
Byam, Maj. W.
Byrne, Capt. R., *M.C.*, Qr.-Mr.
Byrne, Maj. G. R.
Byrne, Lt.-Col. R. M., ret.
Cable, Temp. Lt.-Col. J. F.
Cabuche, Capt. H. L., 13 Bn. Lond. R.
Caddington, Maj. T. G. A. Rdg. Mr.
Cadge, Temp. Capt. C. R.
Cairns, *Rev.* J., VD, Temp. Chapl. to the Forces, 3rd Class.
Cairns, Capt. J., *late* R.A.M.C.
Calder, Temp. Lt. G., R.A.O.C.
Caldwell, Bt. Col: A. L.
Caldwell, Temp. Maj. M.A.
Callaghan, Lt. J. A., 3 Bn. S. Lan. R.
Calverley, Maj. E. L., *late* Res. of Off.
Cameron, *Miss* A. B., *R.R.C.*, Sister, Q.A.I.M.N.S.
Cameron,Capt. C. S., *M.C.*, Qr.-Mr. S. Afr. Def. Force
Cameron, Maj. D. C., *p.o.s.* [l]
Cameron, Temp Lt. John J., *D.S.O.*, R.E.
Camp, Temp. Lt. E. W., Lab. Corps
Campbell, Lt. A.
Campbell, Capt. A. C. C., R.A.S.C. (T.F.)
Campbell, Temp. Maj. A.S.
Campbell, Lt. Col. C. F., *C.I E.*, ret. Ind. Army (*Gent.-at-Arms*)
Campbell, Lt.-Col. C. V., Can. For. Corps.
Campbell, Capt. Duncan. *late* R A.V.C.
Campbell, Temp. Capt. F. E. A.
Campbell, Capt. I. P. F., *late* 9 Bn. Hamps. R.
Campbell, Temp. Lt. J. C.
Campbell, Capt. J. M. H., R.A.M.C. Spec. Res.

Campbell, Maj. J. MacK., *M.C.*
Campbell, Temp. Capt. L. G.
Campbell, Capt. M. H. A.
Campbell, Capt. R. N. B.
Campbell, Temp. Lt. Thomas
Campbell, Lt. W. L.
Campden, Maj. A. E. J. N., *Visct.*, 5 Bn. Glouc. R.
Candy, Maj. C., *late* Gen. List
Cane, Capt. A. S., *D.S.O.*, *M.D.*
Canham, Lt. E. K. *late* R.E.
Cannon, Temp. Maj. P. C.
Cannon, Temp. Maj. W. B, R.A.S.C.
Cansdale, Temp. Maj. C.
Cantrell-Hubbersty, Maj. W. P. C., Res. of Off.
Carden, Maj. E. D.
Cardew, Maj. F. G.
Cardwell, Bt. Maj. C. A., Oxf. & Bucks. L.I. Spec. Res. (Capt. ret.)
Cardwell, Capt. W. A., *M.B.*, *late* R.A.M.C.
Carew, Lt. F. J., Can. Local Forces
Carey, Maj. W. H., ret. pay (*Res. of Off.*)
Carkeet-James, Capt.,E.H., R.A.M C.
Carleton, Bt. Lt.-Col. *Hon.* D. M. P., *late* Gen. List
Carlyle. Lt.-Col. T.
Carmichael. Maj. J. C. G.
Carmichall,Temp. Lt. J. D.
Carolin, Maj. G. I ret, pay
Carpenter, Capt. H., *M C.*, Maj. S. Afr. Def. Force
Carr, Capt. C.
Carr, Maj. F. T. F., T.F. Res.
Carr, Bt. Maj. L., *D.S.O.*, Gord. Highrs.. *p .c.*
Carrick, Temp. Maj. (Bt. Lt.-Col.) C. E. A. F S. *Earl of*, R.A.S.C.
Carrington, Capt. N. L., 3 Bn. Wilt. R.
Carrington, Capt W., 3 Bn. York. L.I.
Carroll, Temp. Capt. P. A., R.A.V.C.
Carroll, Hon. Capt. W., Can. Local Forces
Carruthers, Capt. F. E.
Carruthers, Capt. J. H. De W., *M.C.*, *p.s.c.*
Carruthers, Temp. Maj. R. J., *D.S.C.*, R.E.
Carson, Capt. D. S., 8 Bn. Sco. Rif.
Carstairs, Maj. A. J. H.
Carter, Capt. E. P., 4 Bn. R. Berks. R.
Carter, Lt.-Col. E. P
Carter, Temp. Capt. E. W. A.
Carter, Temp. Maj. G. F.
Carter, Temp. Lt.-Col. G. J.
Carter, Maj. G. V., Dorset Yeo.
Carter, Capt. J. F.
Carter, Capt. J. L. G.
Carter, Lt.-Col. T. M., TD, *late* R.A.M.C. (T.F.)
Carter, Temp. Capt. W. T., Serv. Bns. S. Staff. R.
Cartwright, Temp. Capt. E. R., R.E.

Cartwright, Lt. R. B., Temp. Staff Paymr.
Carty, Lt.-Col. S. W., *M.C.*, *late* R.A.S.C.
Cary, Bt Maj. *Hon.* L P.[l]
Case, Capt. A., Temp. Qr.-Mr. 6 Bn. S. Wales Bord.
Cash, *Rev.* W. W., *D.S.O.*, T mp. Chapl. to the Forces (2nd Class)
Cassel, Temp. Capt. Louis.
Cassells, Lt. G. H., *C.M.G.*, Can. Local Forces
Cassera, Temp. Capt A.A.
Castellan, Maj. V. E., TD, R.F.A. (T.F.)
Castle, Capt. L. J., *M.C.*
Cathcart, Maj. G. E.
Cator, Bt. Lt.-Col. R.
Causton, Maj. E. P. G., *late* R.A.M C.
Causton, Lt.-Col. J., *late* R. Mar.
Cautley, Maj. H. L., 3 Bn. Suff. R.
Cauvin, Temp. Lt. S. W. V.
Cavanagh, Temp. Capt. H. J.
Cazenove, Maj. P. Herts. Yeo.
Chadwick, Temp. Capt. A. W., 11 Bn. Hamps. R.
Challis, Temp. Maj. O., R.A.M C.
Chambers, Temp. Capt. F., *F.R.C.V.S.*
Chambers, *F?v.* F. H., Hon. Chapl. to the Forces, 4th. Class.
Chambers,Temp.Maj. H.T
Chambers, Maj. R. A., *M.B.*
Chambers, Temp. Lt. S. A.
Chamier, Lt.-Col.W. St. G.
Chance, Temp. Lt.-Col. E. W., 13 Bn. Bedf. & Herts. R.
Chance, Maj. Maurice, *late* 13 Bn. Bedf. & Herts. R.
Chandler, Temp. Maj. A. F. N.
Chandler, Temp. Capt. C. J. G., R.A.O.C.
Chaplin, Maj. H. S., *late* R.A.O.C.
Chaplin, Lt.-Col. R. S.
Chapman, Temp, Maj. C.L.
Chapman, Maj. E. H., T.F. Res.
Chapman, Maj. G. J., *F.S.I.*, *Assoc. M. Inst. C. E.*, Insp. of Works.
Chapman, Temp. Capt. G. P., *M.C.*, Serv. Bns. R. Fus.
Chapman, Capt. J. D., TD, Qr.-Mr., R.A.M.C. (T.F)
Chapman, Maj. (Dist. Offr.) J. T., ret pay
Charles, Maj. R., *F.R.C.S.I.*, *late* R.A.M.C.
Charley, Temp Lt. L. W., Serv. Bn. R. War. R.
Charnock, Lt. R., *M.C.*, 5 Bn. L'pool R.
Charteris, *Rev.* W. C., *M.C.*
Chassar, Capt. W. C., Aust. Mil. Forces.
Chatterly, Lt.-Col. F. M., TD, 6 Bn. R. War. R.
Cheales, Temp. Maj. R. D.
Chellew, Maj. T. J., TD, R.G.A. (T.F.)
Chenevix-Trench, Capt. R., *M.C.*,

6***

Orders of Knighthood, &c.

MILITARY OFFICERS (O.B.E.)—*contd.*

Cheriton, Capt. W. G L., 19 Bn. Hamps R.
Chesney, Capt. D.
Chesterman, Capt. C. C., R.A.M.C. Spec. Res.
Chettle, Maj. H. F., ret.
Chetwynd, Capt. A H. T., M.C., Derby. Yeo.
Chevens, Temp. Capt. H. G., R.A.O.C. (Capt. S. Afr. Def. Force).
Chichester, Maj. Hon. A. C. S., D.S.O.
Chichester, Lt.-Col. J. B., *Earl of*, T.F. Res.
Chichester, Lt.-Col. W. R.
Chignell, Temp. Capt. R., R.A.S.C.
Child, Capt. A. D., M.B., R.A.M.C. Spec. Res.
Child, Capt. A. J., M.C., R.A.M.C. (T.F.)
Child, Capt. G. A., R.A.M.C. (T.F.)
Chirnside, Capt. J. P., C.M.G., ret. Aust. Mil. Forces.
Cholmondeley, Capt. *Lord* G. H., M.C., R.H.A. (T.F.)
Chown, Lt. S. G., Can. Local Forces.
Christie, Lt.-Col. James, *late* 17 Bn. Sco. Rif.
Christie, Capt. J. J., Temp. Qr.-Mr.
Christie, Temp Capt L. R
Christopher, Maj. S. R., C.I.E., M.B.
Chubb, Temp. Capt. H. E., R.A.S.C.
Church, Maj. E. J., Can. A.S.C.
Churchill, Maj. H. F., ret. pay (Res. of Off.)
Churston, Lt.-Col. J. R. L., *Lord*, M.V.O., Res. of Off.
Chute, *Rev.* A. W., Hon. Chapl. to the Forces, 4th Class
Chute, Temp. Maj. M. L.
Clapham, Maj. D., D.S.O., g
Clapshaw, Maj. A., Qr.-Mr.
Clarence, Capt. A. A., Hamps. Yeo.
Clark, Maj. A. J., 23 Bn. Lond. R.
Clark, Bt. Maj. G.
Clark, Temp. Lt. H. B., M.C.
Clark, Temp. Maj. H. J.
Clark, Temp. Capt. J. R.
Clark, Temp. Maj. L. M.
Clark, Col. R., VD, *late* 5 Bn. R. Scots.
Clark, Inspr. of Ord. Machinery & Lt.-Col. R.L., D.S.O.
Clark, Maj. W. H. D., Qr.-Mr., Gen. List. (T.F.)
Clarke, Maj. A. J., M.C., D.C.M.
Clarke, Temp. Capt. A. M., Serv Bus. Glouc. R.
Clarke, Bt. Col. C., M.V.O
Clarke, Capt. C. H., 4 Bn. S. Lan. R.
Clarke, Bt. Maj. G., 8 Bn. Notts. & Derby. R.
Clarke, Temp. Lt. J. B

Clarke, Capt. J. E., Qr.-Mr. 5 Bn. R. Suss. R.
Clarke, Maj. R. C., M.C.
Clarke, Maj. R.C., R.A.M.C. (T.F.)
Clarke, Lt.-Col. W. J., *late* Gen. List.
Clauson, Capt. G. L. M., ret.
Clay, Temp. Capt. F. S.
Clay, Maj. W. H. C., 5 Bn. Notts. & Derby. R.
Clayton, Maj. E.
Clayton-East, Maj. G.F.L., R.G.A. (T.F.)
Cleeve, Maj. C. E., *late* R.A.S.C.
Clegg, Capt. S. J., M.B., T.F. Res.
Clemens, Bt. Maj. L. A., M.C.
Clements, Mrs. D., *late* Unit Administrator, Q.M.A.A.C.
Clements, Maj. E. C., R.A.M.C. (T.F.)
Clements, Maj. T., Qr.-Mr.
Clerici, Temp. Maj. C.J. E.
Cleveland, Maj. A.J , M.D., *late* R.A.M.C.
Cliff, Capt. A., 8 Bn Worc. R.
Clifford, Capt. E. S., D.S.O., Can.Local Forces
Clifford, Temp. Maj. W. H.
Clifton, Bt. Maj. A. J.
Clifton, Temp. Maj. E. H.
Clifton, Rev. E. J., Temp. Chapl. to the Forces, 4th Class.
Cline, Capt. J. G., Can. Local Forces.
Clive, Maj. H., TD, 5 Bn. N. Staff. R.
Clogstoun, Temp. Lt. H. C., C.I.E.
Close, Lt.-Col. F. M., h.p
Clouston, Temp. Lt. N. S.
Clover, Temp. Maj. E., *late* R.A.S.C.
Clowes, Miss E R., *late* Unit Administrator, Q.M.A.A.C.
Coales, Temp. Capt. H. W., M.C.
Coates, Temp. Capt. C. G.
Coates, Capt. E. C., Res. of Off.
Coates, Temp. Lt. J. M. S.
Coates, Capt. T., Qr -Mr.
Coates, Bt. Lt.-Col. T. S., M.B.
Cobb, Maj. C.
Cobden, Maj. G. G.
Cochrane, Col. T. H., M.V.O.
Cochrane, Capt. W. P., ret.
Cockburn, Capt. C. B., R.A.S.C.
Cockburn, Maj. D., TD, *late* 9 Bn. Arg. & Suth'd Highrs.
Cockburn, Maj. E. R., ret. pay (Res. of Op.)
Cockburn, Temp. Capt. W. G., Dep. Commy. of Ord.
Cockburn, Maj. R.
Cocke, Temp. Capt. T. D.
Cockerell, Lt. Col. F. P., M.C., ret.
Coddington, Bt. Lt.-Col H. A., D.S.O.

Codrington, Maj. G. R., D.S O., Leic. Yeo.
Coghlan, Temp. Lt. D.
Cohen, Maj. Sir H. B., Bt., 4 Bn. R.W. Kent R.
Coke, Maj. B. E. [1]
Coker, Maj. L. A.
Colchester-Wemyss, Maj. J. M.
Coldwell, Maj. R. C.
Cole, Maj. A. du P. T., M.C.
Cole, Tenp. Lt.-Col. H. L.
Cole, Lt -Col. (*Temp. Col.*) H. W. G., C.S.G.
Cole, Lt.-Col. J. A., 3 Bn Linc. R.
Coleman, Capt.A.H., M.B., *late* R.A.M.C.
Coleman, Maj. R. E., 10 Bn. Midd'x R.
Coleman, Lt.-Col. T. E., Suptdg. Insp. of Works.
Coleridge, Maj. P. L.
Coles, Maj. L. W.
Colin-Yorke, Temp. Maj W. D.
Collas, Temp. Maj., F. J., M.C., R.F.A. (Capt. B. Jersey Mi a.)
Colley, Capt. W. H., 3 Bn. York. R.
Collier, Temp. Maj. E. A., R.A.S.C. (T.F.)
Collier, Maj. M. C., TD, R.A.S.C. (T.F.)
Collings Wells, Maj. R. P., D.S.O.
Collingwood, Temp. Capt. B. J., M.D., R.A.M.C.
Collins, Capt. A. F. St. C., M.C., R.A.S.C.
Collins, Maj. C. H. G.,
Collins, Rev. E. H., Temp. Chapl. to the Forces (3rd Class)
Collins. Lt. F., M.C., *late* 8. Afr. Def. Corps.
Collins, Capt. H. M.
Collins.Lt -Col M.A., M.D., *late* R.A M C.
Collison, Temp. Maj. P. L.
Colquhoun, Capt. A. H., *late* R.A.O.C.
Colquhoun, Lt. V. A., R.F.A. (T.F.)
Coltman, Temp. Capt. E. S.
Colville, Maj. C. R., 6 Bn. K. R. Rif. C.
Colville, Lt. C. P., Can. Local Forces.
Colville, Lt.-Col. C. E., *late* 6 Bn. R. Highrs.
Collyer, Lt.-Col. A.A., Staff Paymr.
Colyer, Capt. C. G., *late* R.A.M.C.
Combe, Temp. Maj. J. S.
Complin, Lt. E. C., Can Local Forces
Compton, Maj. C. W. McG.
Conacher, Temp. Maj. C. L.
Condon, Temp. Maj. G. H. E., R.E.
Connan, Maj. J. C.
Conner, Maj. D. G.
Coningham, Maj. A. E., M.C.
Constable, Capt. C. E., M.C., *late* 2 Regt. K. Ed. Horse.
Conway-Brown, Maj. G., *late* R.E.

Cook, Lt.-Col. Hon. Col. J., VD, T.F. Res.
Cook, Maj S.G., TD, Hunts. Cyclists Bn.
Cook, Temp. Capt. V. C.
Cook, Temp. Maj. W. E.
Cook, Capt. W. L.. T.F. Res.
Cooke, Maj. C F.
Cooke, Bt. Maj. I. A. S., 4 Bn. Conn. Rang.
Cooke. Lt.-Col. M. A., R.A.M.C.(T.F.)
Cooke, Capt. P. A., M.C., ret.
Cooke, Lt.-Col. R. J.
Cooke. Temp. Capt. W. E. H.
Cookson, Col. P.B., C.M.G., Terr. Force (Lt.-Col. ret. pay Res. of Off.)
Coombs, Temp. Capt. F. M.
Cooney, Lt. R. C., 3 Bn. R. 8c. Fus.
Cooper, Maj. E. N. FitzG. De R., M.C., R.F.A.(T.F.)
Cooper, Temp. Capt. G. A. C., R.E.
Coop r, Maj. G. B. A.
Cooper, Maj. H., Commy. of Ord.
Cooper. Lt. H. O., R.F.A. Spec. Res.
Cooper, Capt. H. S., M.C., Can. Local Forces.
Cooper, Temp. Maj. R.W., M.C.
Cooper, Temp. Maj. R. W. R.E
Cooper, Maj. V. B. D.
Cooper, Temp.Maj. W.L.E.
Cope, Hon. Capt. T. F., Qr. Mr.
Coplans. Capt. M., D.S.O., M.D., R.A.M.C. (T.F.)
Corbet, Temp. Lt. F. W.
Corbett, Maj. D.M., M.B., R.R.C., Sister Q.A.I.M. N.S.
Cordeaux, Maj. W. W. (Hon. Lt.-Col. ret. T.F.)
Corder, Temp. Maj. A. A., C.M.G.
Cordner, Temp Lt E. J. O'C., R.A.S.C.
Corfield, Maj. F. A., D.S.O.
Corke, Capt. R. P., 22 Bn. Lond. R.
Corkery, Lt.-Col. M. P.
Corking, Capt. J W., Qr.-Mr. R.A.M.C. (T.F.)
Corner. Capt. W., M.B., R.A.M.C. Spec. Res.
Cornett, Hon. Capt. A. D. Chapl.Can. Local Forces.
Cornish - Bowden, Temp. Capt. R. K.
Corrall, Lt. G. E.
Cory, Maj. E. J. T., M.D., R.A.M.C. (T.F.)
Cossey, Temp.Capt.H.J.M.
Cottle, Lt. P. J., M.C., R.E. (T.F.)
Cotton, Capt. P. V., 9 Bn. Midd'x R.
Cotton, Capt. V. E., R.F.A. (T.F.)
Cotton, Maj.W. E. L., M.C., 8 Bn. Worc. R.
Coulon, Lt. F.
Coulson, Temp. Capt. T.

Orders of Knighthood, &c.

MILITARY OFFICERS (O.B.E.)—contd.

Couper, Maj. P. T. D., late Unattd. List (T.F.)
Court, Temp. Capt. S. H., R.E.
Cousins, Temp. Capt R. W.
Coutts, Lt.-Col. M., Res. of Off.
Couturier, Rev. F., M.C., Temp. Chapl. to the Forces 3rd Class
Cowan, Lt., D. J., M.C., late Serv. Bns. Conn. Rang
Cowan, Temp. Maj. E. T., Lan. Fus.
Cowan, Col. H. J., Can. Local Forces.
Cowan, Maj. J., R.E. (T.F.)
Cowan, Temp. Lt. P. H.
Coward, N. A., M.D., late Temp. Capt. R.A.M.C.
Cowley, Bt. Col. J. W.
Cowling, Capt. J., 22 Bn Lond R.
Cowper, Maj. L. I.
Cox Lt. A., R.G.A. Spec. Res.
Cox, Lt. H. B., R.G.A. (T.F.)
Cox, Capt. H. J. H. h.p.
Cox, Maj. J. J., M.D., F.R.C.S., T.F. Res.
Cox, Temp. Lt.-Col. P. A.
Cox, Maj R. W., TD, 9 Bn. Lond. R.
Cuxhead, Lt.-Col. T. L. D.S.O.
Coxon Maj. A. W.
Coy, Temp. Capt. F., Lab. Corps.
Crabbie, Capt. J. E., 6 Bn. R. Highrs.
Crabtree, Hon. Maj. E. G. late R.A.M.C.
Cragg, Capt. W. J., Qr.-Mr. 4 Bn. Lond. R.
Craig, Capt. A. M., R. Mar K., M.D., late R.A.M.C.
Craig, Temp. Capt. C. Mc
Craig Temp 2nd. Lt. H.M.
Craig, Capt. J. G. late R.A.M.C.
Craig, Temp N. L., D.S.O.
Craig, Capt. T., R.A.V.C. (T.F.)
Craik, Maj G T., Temp. Commy of Ord.
Crailsham, Maj. H. R.
Cran, Capt. P. McL., R.E. Spec. Res.
Crane, Lt.-Col.C. P., D.S.O., ret.
Crane, Capt. L. F.
Crane, Maj. R. E., late 3 Bn. N. Lan. R.
Craster, Lt. A. K. G., 3 Bn. E. Surr. R.
Craster, Bt. Lt.-Col. J. E. E., R.E.
Craven, Hon. Maj. A.
Craven, Lt.-Col. J., late 15 Bn. S. Lan. R.
Craven, Capt. Hon. R.C., 3 Bn. R. Sc. Fus.
Craven, Capt. W.G.R., Earl of, ret.
Crawford, Maj. J. M. M., F.R.C.S.I.
Crawford, Capt. S. C. R., 5 Bn. E. Surr. R.
Crawley, Maj. C., Qr.-Mr.
Crawley, Bt. Lt.-Col. R. P., D.S.O., M.V.O., e.
Creagh, Lt.-Col. E. C.

Creagh, Mrs. E. R., R.R.C. (Matron S. Afr. Def. Force).
Cremetti, Maj P. E., ret.
Crerar, Maj. R., 1 Bn. Lond. R.
Crewe, Temp. Capt. F., Temp. Qr.-Mr. Serv. Bns. N. Staff. R.
Crichton, Bt. Maj. G. K., M.C., R.A.S.C. (T.F.)
Criswell, Temp. Capt. W.
Critchlow, Maj. J., Inspr. of Works.
Crockett, Capt. L. W., late Gen. List.
Crocker, Lt.-Col. A. A., 3 Bn. Essex R.
Croft, Capt. T., late Gen. List.
Croker. Capt. C.
Crompton, Capt. J., ret., Ind. Army.
Crook, Maj. A., Qr. Mr.
Crosby, Lt. R. D., M.C.
Crosskey, Lt -Col. C., VD. R.A.S.C. (T.F.)
Crossley, Maj. E., late 11 Hrs. Spec. Res.
Crossman, Maj. R. F., late Ge . List.
Crosthwaite, Capt. A. T., late R.A.S.C. (T.F.)
Crosthwaite, Temp. Capt. W. H.
Crow, Temp. Capt. A. D.
Crowe, Maj. H. A., late R.A.V.C.
Crowe, Temp. Lt. J. J., R.E.
Croydon, Capt. G.
Cruddas, Maj. H. M., C.M.G.
Cruikshank, Capt. J. W., 3 Bn. Durh. L.I.
Cruickshank, Maj. P. H., g. R. S., R.A.S.C.
Cruickshank, Temp. Maj. R. S., R.A.S.C.
Cruickshank, Rev. W. W. Temp. Chapl. to the Forces (4th Class)
Crump, Lt.-Col. E. A., TD, T.F. Res.
Crump, Temp. Maj. E. H., R.E.
Crutchley, Lt.-Col. E T, T. F. Res
Cuckow, Capt. P. E., Res. of Off.
Cumberbatch, Bt. Maj. H. C., C.M.G. p.s.c.
Cumberland, Temp. Capt. T. D., M.B., late R.A.M.C.
Cumberlege, Lt.-Col. (temp Col.) A. F.
Cumberlege, Maj. B.S., late R.A.S.C. Spec. Res.
Cumberlege, Maj. C. B., D.S.O.
Cuming, Lt.-Col. R. J., D.S.O.
Cumming, Lt. J. F.
Cunningham, Rev. C. B. K. Chapl. to the Forces (4th Class)
Cunningham, Lt.-Col. F.G., Qr.-Mr
Cunningham, Maj. J. F., late R.A.M.C.
Cunningham, Lt.-Col. P.H.

Cunynghame, Capt. Sir P. F., Bt., Res. of Off.
Curling, Maj. J.
Curran, Temp. Maj. C. J.
Currie, Bt. Maj. P. J. R., M.C.
Cursiter, Lt.S., 7 Bn.Sco.Rif.
Curtis, Temp Capt.C.M.D., Serv. Bns. S. Wales Bord.
Curwen, Capt. J. S., 3 Bn N. Lan. R.
Cuthbertson, Temp. Maj. J. E. M., R.A.S.C.
Cutting, Capt. F., Qr-Mr. R. E.
Cuyler, Maj. Sir C., Bt.

Dadson, Capt. R. T., 17 Bn. Lond. R.
Dailley, Temp.Lt. W. G. B., R.A.O.C.
Dainton, Capt. S. H. G., R.E. Spec. Res.
Daldy, Maj. A W., Ind Army
Dale, Maj. C. H., 4 Bn. R. R.A.S.C.
Dale, Capt. J., M.B., R.A.M.C. (T.F.)
Dale, Maj. W. H., Qr.-Mr.
Dale, Capt. W. J.
Dalgleish, Capt. W. B., late Gen. List.
Dallas, Lt.-Col. (temp. Col.) A. E., C.M.G.
Dalrymple, Temp. Maj. J., C M.G
Daly, Temp. Capt. C. C. de B., M.B, R.A.M.C.
Daniel, Temp. Maj. W., R.E.
Daniell, Capt. H. A., 18 Bn. Lond. R.
Daniell, Maj J.A.S., D S.O
Daniell, Maj. J. C.. T.F. Res.
Daniels, Bt. Maj. A. M.
Daniels. Temp. Maj. L. S., R.E.
Dansey, Lt.-Col. E. M.
Darby, Temp. Capt. A. W., Labour Corps
Darley, Maj. H. R., D.S.O.
Darley-Waddilove, Capt., G E, 3 Bn. North'd Fus
Dartnell, Bt. Lt.-Col. G.B. A. P.
Dashwood, Temp. Maj., A. P.
Daubuz, Maj. C., M.C.
Daukes, Capt. S. H., M.B., R.A.M.C (T F)
Dauncey Lt.-Col.T. H. E
Davenport, Lt. C. M., R.F.A. Spec. Res.
Davids, Capt. M., T.F. Res.
Davidson, Temp. Capt. C. K.
Davidson, Capt. H. S., M.B., F.R.C.S., late R.A.M.C.
Davidson Temp. Lt. J., R.E. Spec. Res.
Davidson, Capt.; J. McF., late Labour Corps

Davidson, Capt. N. G. W., F.R.C.S., late R.A.M.C.
Davies, Maj. C. R., Aust. Mil. Forces
Davies, Rev. D., Temp. Chapl. to the Forces (4th Class)
Davies, Maj. E. O., 2 Bn. Lond. R.
Davies, Capt. Ernest J., late Labour Corps
Davies, Temp. Maj. F. F. C.
Davies, Capt. H. C., late R.E.
Davies, Capt. J., Asst. Commy. of Ord., R.A.O.C.
Davies, Temp. Capt. J. E.
Davies, Maj. J. H., 5 Bn. Ches. R.
Davies, Capt. L W., M.D., late R.A.M.C.
Davies, Maj. R. L., M.B., late R.A.M.C.
Davis, Lt. A. H., M.C., R.A.
Davis, Capt. B. F. R.
Davis, Capt.B.L., R.A.M.C. (T F.)
Davis, Col. C.
Davis, Maj. C. T.
Davis, Temp. Capt. F. G., R.A.S.C.
Davis, Temp. Capt. L S., R.A.S.C.
Davis, Temp. Lt. S. A., D.S.O.
Davison, Maj. C. G., S.Afr. Oversea Forces.
Davison, Capt. D. A.
Davison, Capt. W. H., M.B., T.F. Res.
Davy, Capt. G. H., M.B., late R.A.M.C.
Dawes, Maj. H. H., R. E. Kent Yeo.
Dawson, Maj. F.D., Commy. Ind. Army Dept.
Dawson, Lt. J. K. B., A. Cyclist Corps.
Dawson, Hon. Lt.-Col. W. R., M.D., late R.A.M.C.
Day, Rev. A., (Hon.) Chapl. to the Forces (4th Class)
Day, Lt. B., Glam. Yeo.
Day, Temp. Capt. C. R. J., R.A.S.C.
Day, Maj. E.
Day, Lt.-Col. R. W., D.S.O.
Day, Capt W. L. M., late R A M C
Dayer-Smith, Maj. P. W., TD, R.A.V.C (T.F.)
Daynes, Lt. W. H., Qr.-Mr.
Deakin. Rt. Hon.
Dean, Maj.A.C.H., D.S.O., g, R.A.M.C
Dean, Lt.-Col. R., late S. Afr. Def. Forces.
Dearnley, Capt. W.N., Qr.-Mr.
Deas, Capt. P. B., R.A.S.C. (T.F.)
Dease, Maj C, K.
de Bathe, Lt.-Col. M. J., late Labour Corps.
de Bavay, Temp. Capt. A J.C., R.A.S.C.
Debenham, Temp. Maj. F, Serv. Bns. Oxf. & Bucks. L.I.

MILITARY OFFICERS (O.B.E.)—contd.

de Carrara-Rivers, Temp. Lt. A. J., R.A. [L]
DeChair, Bt. Maj. G. H. B., M.C.
de Dombasle, Lt. G. C. St. P., Can. Local Forces
de Falbe, Lt.-Col. C.E.G.W., T. F. Res.
De Freitas, Temp. Capt. J. M., Serv. Bns Glouc. R
De Hochepied Larpent, Maj. L. W. P.
De la Bère, Lt.-Col. H. P.
De la Cour, Maj. G., M.B.
Delany, Lt. W.
Delmege, Temp. Capt. J. A.
Delmé-Radcliffe, Maj. S.A., ret. Ind. Army
Denham, Lt.-Col., H. A.
Dennis, Lt. Col. B. R., M.B.
Denniston, Temp. Capt. J. D.
Denny, Maj. W.A.C,p,s.c.,e.
Dennys, Maj. G. T.
Dent, Capt. A., M.C., R.A.S.C. (T.F.)
de Paravicini, Lt.-Col.,P.C. F., T.F. Res.
de Paula, Temp. Maj. F. R. M.
de Pencier, Hon. Lt.-Col Rev. A. V., Can. Chapln. Serv.
de Poix, Capt. R.B.C.M.T., 4 Bn. Norf. R.
De Putron, Miss A. M., late Deputy Controller Q.M.A.A.C.
de Rothschild, Maj. L. N., T.F. Res.
Derry, Maj. A., D.S.O.
de Salis, Maj H. J. N., R.E. Spec. Res.
Des Clayes, Maj. C., late R.A.S.C.
de Segundo, Maj. C. S., M.B., VD, T.F. Res.
de Soissons, Temp. Capt. L. E. J. G. de .C.
de Soissons, Lt. P A. de S. C., 3 Bn. Bord. R.
Des Voeux, Lt.-Col. H., lat Lab. Corps
de Trafford, Temp. Capt. R. E.
Devas, Rev. F. C., late Chapl. to the Forces (3rd Class)
Devas, Rev. P. D., Chapl. to the Forces (3rd Class)
de Vic Carey, Lt. - Col. L. A., ret.
Devine, Capt. H., M.D late R.A.M.C.
Devine, Temp. Maj.J.,R.E.
Devine, Maj. J. A., D.S.O., M.D., late R.A.M.C.
Dewar, Lt. M. B. U., R.E. (T.F.)
Dewhurst, Lt. N., R.F.A. (T.F.)
Dewing, Lt.-Col. R. H.
Dewing, Lt.-Col. S. H., TD, late 6 Bn. Norf. R.
De Witt, Capt. F., late R.A. (T.F.)
De Woolfson, Maj. A. A.F., late R.E.
Dibben, Maj. C. R., rst.
Dickerson, Maj. F. N., late Lab. Corps.
Dickie, Maj. W.S., F.R.C.S., late R.A.M.C.

Dickinson, Temp. Capt. G. J., Temp. Qr.-Mr.
Dickinson, Temp. Lt. J.
Dickinson, Maj, J. E., Qr.- Mr. R. Jersey Mila.
Dickinson, Capt. R.F O.T., M.B.
Dickinson, Temp. Capt W. H.
Dickinson, Capt W. M. K.
Dickson, ʰ aj. R. M., M.D.
Dickson. Maj. W.
Diggle, Temp. Capt. F. H., M.B., F.R.C.S. late R.A M.C.
Dike, Hon. ᴸ t. E. H., Qr. Paymr.
Dill, Temp. Maj. T. M., R.G.A.
Dimmer, Hon. Lt.-Col. J. F.,R.A. (t
Dimmock, Capt. H. L. F., R.A.S.C.
Dimmock, Lt.-Col. H. P.
Dimock, (Captain, J. F.D., T.F Res.
Dinwiddie, Capt. M., D.S.O., M.C.
Dittman, Capt. W. E., R.G.A.(T.F.)
Dix, Maj. R. M.
Dixon, Capt. A. T., late Serv. Bns. D. of Corn. L.I.
Dixon, Maj. C. J., Qr.-Mr.
Dixon, Temp. Maj. E. T, R A
Dixon, Temp. Capt. F. F, R.A
Dixon, Lt. G. S., 4 Bn. E. Kent R.
Dixon, Capt. H., ret. pay (Res. of Off.)
Dixon, Capt R G., M.B., R.A.M.C. (T.F.)
Dixon, Temp. Maj. S.W., e, o,
Dixon, Maj. W. C., D.S.O.
Dixon-Spain, Lt. J. E., R.F.A. Spec. Res.
Dobb, Capt. H. R.
Dobbin, Capt. R. S., late R.A.M.C.
Dobbs, Lt.-Col. C. R., h.p., p.a.c. [L]
Dobson, Maj. A. E. A., R.E.
Dobson, Capt. G. W. [l],
Dockrell, Maj G. S., late Serv Bns. Rif. Brig.
Dod, Temp. Capt. F. S., R.A.S.C.
Dodds, Temp. Lt. A. F., R.A.O.C.
Dodds, Maj. J., late R.A.O.C.
Dodgson, Temp. Capt. A. D.
Dodsworth, Capt. B., ret. (T.F.)
Doidge, Temp. Maj, H. F. R.A.S.C.
Doig, Maj. C. P., D S O
Donald. Capt. W. H., ret.
Donaldson, Maj. A. W. H., late R.A.M.C.
Donovan, Capt. T., M.C
Donnelly. Maj. J. W., Aust. Imp. Force.
Dooner, Bt. Lt.-Col. W. D. C.M.G., p a.c , e.
Dopping-Hepenstal, Maj. D.
Douglas, Capt. A. S. G.
Douglas, Capt. G. R. P., M.C., High. Cyclist Bn.

Douglas-Campbell, Capt. A., 4 Bn. Arg. & Suth'd Highrs.
Douglass, Rev. F. W., M.C., Temp. Chapln. to the Forces (4th Class),
Douglass, Maj. J. H., M.D.
Douthwait, Capt. W. B., Qr.-Mr., 5 Bn. York & Lanc. R.
Dove Temp. Capt. P. W., M.B.. R.A.M.C.
Dowling, Lt.-Col. T., TD, R.A.S.C. (T.F.)
Down, Maj. H. W. M., Paymr.
Down, Lt. J. E., Aust Mil Forces.
Downie, Temp. Capt. F.H., Serv. Bns. Welsh R.
Downing, Lt -Col. H J., D.S.O.
Dowson, Lt. O. F., R.A.S.C. (T.F.)
Doyle, Capt. J. B. H.
Drake. Maj. J. H., M.C., TD, Herts. Yeo.
Drake. Capt. W. B.
Draper, Maj. C. F., late Ind. Army
Drayson, Col. A. P., TD, Terr. Force.
Drew, Bt. Maj F. G.
Drew, Lt.-Col. J. S , 7 Bn., Midd'x R.
Drew, Maj. T. M.
Dreyer, Hon. Lt. C. A. G., late R.A.M.C.
Driberg, Capt. J. D., M.C., late R.A.M.C.
Drummond, Capt. C. A. F
Drury, Temp. Capt. T., Labour Corps.
Duberly, Capt. M. R. W.
Du Breul, Lt.-Col. F. A. Res. of Off.
DuCane, Temp. Maj. C. G.
Dudding, Maj. T. S.
Dudfield, Capt S. R. O., M B., R.A.M.C.(T.F.)
Dudgeon. Temp. Capt.A.F.
Dudley, Temp. Capt. H.W., R.E.
Duffield, Capt. E. W., 8 Bn. Hamps. R,
Du Frayer, Temp. Maj. A. H., S. Afr. Def. Force
Duffy, Capt. T. A.
Duggan. Lt.-Col. M. J., Qr.-Mr. ret. pay
Duhnault, Capt J. R. J., Can. A.V.C.
Duke, Maj. B. L., D.S.O.
Duke, Capt. E., Res of Off.
Duke, Temp. Capt. H. L.
Dukes, Maj. C. E., M.B., late R.A.M.C
Dulmage, Lt.-Col. A., Can. Local Forces.
Dun, Bt. Maj. G., 4 Bn. K.O. Sco. Bord.
Dunbar, Capt. H. J., M.C., F R.C.S. Edin., R.A.M.C. (T.F.)
Dunbar, Bt. Maj. L., M.B.
Dunbar. Temp. Maj. R. M., M C., S. Afr. Def. Forces.
Duncan, Rev. G. S , Hon Chapl. to the Forces 4th Class.
Duncan, Lt. D. B.
Duncan, Maj. H. C., D.S.O., p.s.c,

Duncan. Rev. J., Hon. Chapl. to the Forces (3rd Class)
Duncan, Maj. J. M., M.D., R.A.M.C. (T.F.)
Duncan, Maj. W., M.B., R.A.M.C. (T.F.)
Duncombe-Anderson,Capt. W. A. T.F. Res.
Dundas, Maj. A. C. [l].
Dundas. Lt.-Col. P. H., D.S O., p.s.c.
Dunlop, Temp. Lt. C., D.S.O., Serv.Bns Sco.R f.
Dunlop, Capt. W., M.B., R.A.M.C. Spec. Res.
Duulop, Capt. W. G., M.C., R.H.A. (T.F.)
Dunn, Capt. R. C.
Dunn, Maj. W. J., M.B.
Dunnett, Rev. G. V., Hon. Chapl. to the Forces, 4th Class.
Dunnett, Rev. W. A., Temp. Chapl. to the Forces (1st Class).
Dunscombe, Maj. N. B., T.F. Res. (Lt.-Col. ret, Ind. Army
Dunsheath, Temp. Capt. P.
Dunstan, Capt. A. E., Qr.- Mr. &
Dunsterville, Capt. A. G., Arg. & Suth'd Highrs.
Du Plat Taylor, Maj. G. P.
Durham, Temp. Maj. F. R., M.C., R.E.
Durham, Temp. Capt. J. A. R., Serv. Bns. Gord Highrs.
Duthie, Maj. A. M., D.S.O., R.A,
Dutton, Maj. R. M. L., M.C.
Dyas, Temp. Capt. R. S. V.
Dyer, Bt. Maj, J. F.
Dyke, Lt. -Col. J.S., M.V.O., Qr.-Mr.
Dykes, Temp.Capt.K., M.C.
Dymock, Maj. A., e, o.
Dyson, Lt.-Col.H.B., D.S.O. [l].
Dyson, Maj. W., M.D., R.A.M.C. (T.F.)

Eady, Maj. F. W. E.
Eager Capt. R., M.D., R.A.M.C. (T.F.)
Eales, Capt. W. J., T.F. Res.
Earchman Capt. A., D.S.O., Can. Local Forces.
Eardley-Wilmot, Maj. H.
Eardley - Wilmott, Temp. Capt. F., ret.
Earle, Maj. A. T., late 4 Bn. L'pool R.
Earp, Temp. Maj. L. T. J., R O.A.C.
Earwaker. Temp. Capt. R P., R.A.S.C.
Easby, Miss N., R.R C., M.M., Sister in Charge Q.A.I.M.N.S. Res.
Eastman, Capt. E. G., late Garr. Bn. Midd'x R

Orders of Knighthood, &c.

MILITARY OFFICERS (O.B.E.)—*contd.*

Eastwood, Capt. F. N., M.C., 22 Bn. Lond. R.
Eatherley, Lt. W., R.G.A., Spec. Res.
Eaton, Capt. B. J.
Eaton, Capt. H. R., 7 Bn Manch. R.
Eaton, Lt.-Col. W. A., ret. pay
Echlin, Lt. J. E. O. B., R.E (T.F.)
E'den, Maj. R. P. S., la e 3 Bn. Lan. Fus.
Edington, Temp. Maj. H., R.A.S.C.
Edington, Temp. Capt. W. R.A.S.C.
Edmonds, Temp. Maj. C. H. W., R.E.
Edser, Capt. E., Qr.-Mr., R.A.M.C.
Edwardes-Ker, Temp. Capt. D. R., R.E.
Edwards, Bt. Lt.-Col. F. W. L.
Edwards, Temp. Maj. H. M. Serv. Bns. Worc. R.
Edwards, Capt. J. A., *late* R.A.V.C.
Edwards, Maj. L. C., o.
Edwards, Rev. N. W. A., M.C., Temp. Chapl. to the Forces (3rd Class)
Edwards, Capt. T. H., *late* R.A.O.C.
Edwards, Lt. W. B., M.C., 6 Bn. Worc. R.
Eggar, Capt. T. M., 14 Bn Lon'. R.
Egginton, Col. J., TD T.F. Res.
Ehrmann, Maj. A. R.A.M.C. (T.F.)
Eldred, Capt. A. G.
Eldridge, Lt. E J. M, 5 Bn. L'pool R.
Elgee, Lt. Col. S. C., *late* R A M C.
Elgood, Capt. L. A., M.D., *late* 5 Bn. R Highrs.
Eliot. Temp. Hon Lt.-Col G. E. C.
Elkan, Lt.-Col. C. J., D.S.O.
Elkins, Lt. W. H
Ellery, Maj. C. L., 8 Bn Hamp. R.
Elles, Col. A. W., p.s.c. [L]
Elliott, Capt. J. B., 6 Bn. Rif. Brig.
Elliott, Maj. S., 4 Bn. Lond. R.
Ellis, Lt A, W. M., Can. Local Forces.
Ellis, Bt. Maj. G. W., R.A.M.C. (T F)
Ellis, ' apt. H. C., 5 Bn. Midd'x R.
Ellis, Temp. Maj. J. L.
Ellis, Maj. P., Qr.-Mr.
Ellis, Maj. R. S., M C .
Ellis, Bt. Lt.-Col. W. F.
Ellison, Capt. C. T.
Ellwood, Capt. A. A., D.S.O., M.C., 4 Bn. Linc R.
Elmslie, Bt. Maj. R. C., F.R.C.S., R.A.M.C. (T.F.)
Elton, Lt.-Col. H. A., F S.I., Suptdg. Insp. of Works.
Elwes, Capt. F. G. R., 5 Bn. Glouc. R.
Elwes, Temp. Capt. W. B.

Elworthy, Capt. R.R., M.D T.F. Res.
Elworthy, Capt. W. R.
Emley, Maj. M. W., TD R.E. (T.F.)
Emmet, Temp. Maj. E. A.
Emmett Lt.-Col. J. J. C., *late* S. Afr. Def. Force
Engineer, Temp, Hon, Maj. S. K., Ind. Med. Serv.
England, Maj. P. R., *late* R S C.
English, Col. C. E.
English, Maj. W., Qr.-Mr.
Enuls, Rev. A D. L., M.A., Chapl. to the Forces, 2nd Class
Ensor Maj. F. C.C., p a.c
Erlebach, Lt. C. W., Can. Local Forces.
Errington, Capt. J. T., TD 4 Bn Bord. R.
Erskine Murray, Temp Capt. R. A., R.E.
Erwin, Temp. Capt. H., R.A.O.C.
Espley, Lt. A. J., 5 Bn. E. Lan. R.
Esslemont, Mrs. D. L., la e Dep. Asst. Ch. Contr, Q.M.A.A.C.
Etches, Maj. C. E., Res. of Off.
Etherington-Smith; Capt H. L., *late* R.A.M.C.
Euan-Smith, Temp. Maj. C. M., M.C., R.A.
Evans, Temp. Maj. A., M C.
Evans, Capt. A. H., M.D., F.R C.S., R.A.M.C. (T.F.)
Evans, Maj. A. K., M.C.
Evans, Capt. C. H. S.
A M.(I.E.E., R.K. (T.F.)
Evans, Maj. D. H., Res. of Off.
Evans, Capt. H. M. G.
Evans, Maj. J.
Evans, Temp. Maj. W. M. M.C., R.E.
Evans, Capt. W. R.
Evans, Maj. W. R., Qr.-Mr. R.E.
Evans, Temp. Maj. W. S. R.A.S.C.
Evans, W. S., *late* Capt. Welch R.
Everest, Maj. W. G. R.
Everett, Capt. R. C., 2 Regt K. Ed. Horse.
Everidge, Capt. J., F.R.C.S., R.A.M.C. (T.F.)
Everitt, Maj. S. O., Res. of Off.
Ewart, Temp. Lt. E. A.
Ewart, Temp. Maj. G. V., R.A.S.C.
Ewing, Miss I. M., *late* Contr?, Q.M.A.A.C.
Exham Maj. H.
Ezecriel, Hon. Maj. J., Dep. Commy., ret. I.A. Dept.

Fagan, Capt. C. H. J., R.A.M.C. (T F.)
Fail, Lt.-Col F.
Fairbairn, Maj. D. A.

Fairbairn, Temp. Capt. J. R., Serv. Bns. Durh. L.I.
Fairbank, Maj. H. A. T., D.S.O., F.R C.S., R.A.M.C. (T.F.)
Fairholme, Capt. E. G. R. *late* R.A.V.C.
Fairley, Capt. N. H., Aust Mil. Forces
Faithfull, Capt. G. F. H.
Falkner, Lt.-Col. H. G., TD R.A.M.C (T.F.)
Fane. Lt. F. N.
Fanshawe, Maj. L. A., D.S.O., o.
Fargus, Maj. N. H. S., D.S.O.
Faris, Maj J. G.
Farmer, Temp. Capt. H. E
Farquhar, Temp. Maj. F. K.
Farquharson, Cant. C. W.
Farrell, Rev. B., Hon. Chapl., 4th Class
Farrell, Maj G. V
Farrer, Lt. E. R. R., M.C., R.A.S.C. Spec. Res.
Farrow, Temp. Capt. F.D., R.E.
Fasson, Maj. T.W., R.A.O.C.
Fawcett, Temp. Capt. E G. D., R.A.O.C.
Fawcus, Lt.-Col. A., S. Afr. Def. Force
Fawcus, Temp. Lt.-Col. J. S., Labour Corps
Fearenside, Temp. Maj. E., D.S.O., Serv. Bns. Manch. R.
Felden, Capt E L. C.
Felling, Mrs. G. M , *late* Dep. Controller Q.M.A. A.C
Fellowes, Maj. (Dist. Offr.) C. G., ret. pay
Fenn, Temp. Lt. E. R., R.E.
Fenner, Temp. Maj. R. L.
Fenton, Temp. Maj. S. G., R.A.S.C.
Ferguson, Maj. A. R., M.D., *late* R.A.M.C.
Ferguson, Capt. D., 4 Bn. Sea Highrs.
Ferguson, Rev. F., M.A., Temp. Chapl. 3rd Class
Ferguson, Lt.-Col. J . R. A.
Ferguson, Capt. M. du B., *late* R.A.M.
Ferguson, Maj. S. C.
Ferguson, Temp. Capt. (bt. maj.) W., R.E. Spec. Res.
Fernie, Lt.-Col. R., *late* R.A.
Ferrey, Capt. C. E. C., R.A.M.C. (T.F.)
Ferrier, Lt. C. U. G., Yorks Hrs. Yeo.
Ffooks, Temp. Capt. W. A.
Field, Capt. C. S.
Field, Lt. E. E., 5 Bn. D. of Corn. L.I.
Field, L. R. E.
Field, Rev. W., Temp. Chapl. to the Forces, 3rd Class
Field, Lt.-Col. W. F., S. Afr. Def. Force
Figg, Capt. C. A., Qr.-Mr. R.A.M.C.
Finch, Bt. Maj. L. H. K., D.S.O.

Finch, Maj. W. R. E. H, 3 Bn. Manch R.
Fincken, Maj. V.S T., M.C., re *.
Findlay, Lt.-Col. R. J.
Findlay, Maj. W. H. de la T. d'a., D.S.O., Can. Local Forces.
Finlayson, Temp. Capt. W, T . R.A.M.C.
Findley, Capt. H. B., Can. Local Forces
Finlay, Lt.-Col. F. D., p.s c.
inney, Lt. W. J., Can. Local Forces.
Finnis, Capt. H. C., Ind. Army
Fish, Temp. Capt. C., Temp. Inspr. of Works.
Fish, Temp. Maj. P. H., R.A.S.C.
Fisher, Capt. C. J., D.S.O., 1) Bn. Midd'x R.
Fisher, Hon. Maj. C. S.
Fisher, Bt. Lt.-Col. C. T., D.S.O., e.o.
Fisher, Hon. Capt. G. W., Can. Y.M.C.A.
Fisher, Maj. O. S.
Fisher, Maj. W. H., M.D., R.A.M.C. (T.F.)
Fitch, Rev. E. A., Chapl. to the Forces, 1st Class
Fitch, Maj. V. F., TD R.F.A. (T.F.)
FitzGerald, Capt. A., e.
Fitzgerald, Maj. G. W., M.D., R.A.M.C. (T.F.)
Fitzgerald, Rev. J. C., Temp Chapl. to the Forces, 3rd Class
Fitzgerald, Lt. M. E. W., R.E. (T.F.)
Fitzgerald, Maj. T. P., Qr-Mr
Fitzjohn, Bt. Maj. G. N., Worc. R. Spec. Res.
Fitzwarrenne - Despencer- Robertson, Temp. Capt. (Bt. Maj.) J. A. St. G., Serv. Bns. R.W. Fus.
Fleischl, Temp. Maj. W., R.A.O.C.
Fleming, Capt. B. H. F., 6 Bn Midd'x R.
Fleming, Maj. H. S., ret. pay (Hon. Col., et Mtla.)
Fleming, Col. J. G., VD, *late* 6 V.B Gord. Highrs.
Fleming, Maj. J. R. S.
Fleming, Maj. W. E., M.C., R.E. Spec. Res.
Fletcher, Maj. A. K., *late* T.F. Res.
Fletcher, Lt.-Col. H. R., TD, 5 Bn. Norf. R.
Fletcher, Col. W. B., p.s.c.
Flew, Lt. E. H., Paym. Ir. Regt.
Flinn, Lt. W. H., 3 Bn. R. Ir. Regt.
Flock, Lt. H. C., R.A.S.C. Spec. Res.
Flood, Capt. C. B., T.F. Res.
Flook, Capt. W. B.
Flowers, Capt. C., R.F.A, (T.F.)
Flowers, Capt. S., M.C., TD, R.F.A. (T.F.)
Fl nn, Rev. W. J., Temp. Chapl. to the Forces, 4th Class.

Orders of Knighthood, &c.

MILITARY OFFICERS (O.B.E.)—*contd.*

Fogg, Capt. H. G. H., *M.C.*, Qr.-Mr.
Foley, Temp. Maj. G. R. E., Serv Bns. R. Ir. Regt
Foley, *Miss* M. G. C. *R.R.C.*, *M.M.*, Sister - in - Chief, Q.A.I.M.N.S.
Foley, Maj. P. T., 3 Bn. R. Muns. Fus.
Foley, Capt. W. B., *M.B.*, R.A.M.C. Spec. Res.
Fooks, Lt. P. E. B., R.G.A. (T.F.)
Foot, Temp. Lt. R. W., *M.C.*, R.A.
Foran, Maj. R., *late* Temp. St ff Paym
Forbes, Maj. *Hon.* B. A.
Forbes, Capt. C., *M.B.*, *late* R.A.M.C. (T.F.)
Forbes, Col. R. F., *D.S.O.*
Forbes, Temp. Capt. W. W.
Ford, Maj. G. N., 14 Bn. Lond. R.
Ford, Capt. J. T., 3 Bn. Hamps. R.
Ford, Temp. Maj. S. W., Labour Corps.
Fordham, Lt. J. G., Can. Local Forces.
Foreman C. W.
Formby, Temp. Capt. H C.
Forrest, Lt. D., ret.
Forrest, Lt.-Col. J., *C.M.G.*, ret. pay.
Forsdick, Hon. Capt. E. T., Dep. Commy. of Ord.
Forsdick, Lt.-Col. W. H., Qr.-Mr.
Forster, Maj. C. M., R.E. (T.F.)
Forwood, Lt. H.
Fosbery, Maj. W. F. W., *C.M.G.*, *late* R. Def. Corps.
Foster, Capt. A. N., *F.R.C.V.S.*, R.A.V.C.(T.F.)
Foster, Temp. Capt.C.La T, Lab. Corps
Foster, Temp. Capt. D., R.A.S.C.
Foster, Temp. Capt. E., R.A.S.C.
Foster, Maj. F. B., *late* R.A.S.C.
Foster, Capt. F. K., 5 Bn. Glouc. R.
Foster, Lt.-Col. J. G., *M.B.*, R.A.M.C.
Foster, Temp. Maj. J. V.
Foster, Maj. (*temp. Col.*) M. G., *M.D.*, R.A.M.C. (T.F.)
Foulerton, Bt. Maj. A. G. R., *F.R.C.S.*, R.A.M.C. (T.F.)
Fowler, Col. C. E. P., *F.R.C.S.*
Fowler, Capt. R., Aust. Mil. Forces.
Fowler, Lt.-Col. G C. O.
Fox, Temp. Maj C. H.
Fox, Temp. Lt. F., R.A.
Fox, Temp. Lt. H. A.
Fox, Temp. Capt. J.
Fox, Lt.-Col. J. J., Qr.-Mr. R. Ir. Regt.
Fox, Maj. R. M. D.
Fox, Lt. T. L
Fox, Lt. W., R.E. (T.F.)
Fox, Lt. W.
Frampton, Temp. Capt. H F., Labour Corps.
Franklin, Maj. C., Qr.-Mr. R. Mar,

Franklin, Maj E., TD, R.A.V.C. (T.F.)
Franklin, Capt. F., *late* R.A.S.C.
Franklin. Maj. G. D., *M.B.*, *M.C*
Fraser, Maj. C., *C.M.G.*, 4 Bn. Sea. Highrs.
Fraser, Maj. P. B., *D.S.O.*
Fraser, Capt. T. L., *M.B.*
Frazer, Temp. Maj. G. W., R.A.S.C.
Frederick, Capt. *Sir* C. E., St. J., *Bt.*, North'n Yeo.
Freel, Lt.-Col. J., Qr.-Mr.
Freeman, Maj. M., 6 Bn. Worc. R.
Freer, Maj. H. B., *late* R.A.S.C.
Fremantle, Lt.-Col. F. E., TD, *M.B.*, *F.R.C.S*, *F.R.C.P.*, R.A.M.C. (T.F.)
Freiligrath, Maj. O. T. E., *late* R.A.S.C.
Froglev, Temp. Maj. W. J., R.A.S.C.
Frood, Maj. T. M., *R.A.M.C.*
Frost, Maj. A. T., *M.B.*, *late* R.A.M.C.
Frost. Lt. G. M., 4 Bn. Ches R.
Frost, Capt. W. A., *M.B.*
Fry, Capt. W. A. Le R., Aust. Mil. Forces.
Frye, Bt. Maj. C. C., *F.I.C.*, R.A.M.C. (T.F.)
Fryer, Maj. C. R.
Fulcher, Lt.-Col. G. A., Qr.-Mr.
Fulford, Temp. Maj. H. E., R.A.S.C.
Fuller-Acland - Hood, Lt.-Col. A
Fulton, Capt. J. S., *M.C.*
Furber, Maj. R.
Furlong, Lt. D. W., *M.C.*
Furlong, Capt. G. J. S., *M.B.*, R.A.M.C. Spec. Res.
Furlong, *Rev.* H., Temp. Chapl. to the Forces, 4th Class.

Gabb, Capt. S. A., *M.C.*
Gabe, Maj. H. W., *late* R.A.M.C.
Gadban, Temp. Capt. V. J., Labour Corps.
Gadsby, Capt. P.
Gagnon, Maj. J. T. E., Can. Local Forces.
Gair, Capt. C.J.D., R.A.M.C (T.F.)
Gair, Lt.-Col. S., 6 Bn. Sea Highrs.
Gaitskell, Bt. Maj. H. W., p.a.c.
Galbraith, Maj. J. P.
Gales, Maj J. R., *late* 3 Bn. Durh. L.I.
Galloway, Maj. J. M., TD R.F.A. (T.F.)
Galtrey, Capt. S., ret.
Galwey, Maj. W. R., *M.C.*, *M.B.*
Gamble. Maj H., *F.R.C.V.S*
Game, Temp. Capt. H. C.
Gammon, Temp. Lt. F. L.
Gammon, Capt J.C., I.A.R.
Gamon, Maj. H. P., 5 Bn. N. Staff. R.
Gandy, Maj. H. G., *D.S.O.*

Gardner, Temp. Maj. F.W., *D.C.M.*
Gardner, Temp. Capt. FitzR.
Gardner, Temp. Lt. G H
Gardner, Temp. Capt. J.C., R.A.S.C
Gardner, Lt. J. C.
Garnier, *Rev.* T. V., Temp Chapl. to the Forces, 4th Class
Garratt, Maj. C. H.
Garratt, Lt.-Col L C.
Garrett, Maj. Aff.
Garrett, Lt.-Col. F. C., *late* N. Cyc. Bn.
Garrett, Lt.-Col. J. R.
Garraway, Maj. F. H., *M.C.*, 11 Bn. Lond. R.
Garson, Capt. H. L., *M.C.*, R.A.M.C. Spec. Res.
Garstin, Temp. Maj R. H.
Garton, Lt.-Col. W. G. A., Qr.-Mr
Gatehouse, Temp. 2nd Lt H., R.A.S.C.
Gates, Lt.-Col. E. A., *M.D.*, *late* R.A.M.C.
Gault, Lt.-Col. A. H., *D.S.O.*, Can.Local Forces.
Gaunt, Capt. A., 5 Bn. W. York. R.
Gaunt, Bt. Lt.-Col. C. R., *D.S O*., ret. pay.
Gavin, Maj. F. J., 5 Bn. R.W. Fus. (Lt.-Col. ret. pay)
Gaye, Temp. Maj. A. S., R.A.S.C.
Gaye, *Rev* Preb. H. C., *Hon.* Chapl. to the Forces, 3rd Class
Geddes, Temp. Capt. A, E. M., R.E.
Geddes, Lt.-Col. R. W, *late* Serv. Bns. R Lanc R
Geddes, Lt. W. J., R.F.A. Spec. Res.
Geddes, Maj. W. L., *late* Labour Corps.
Gedye, Temp. Maj. N G., R.E
Geipel, Lt. K. S., *late* R.E.
Gemmell, Lt.-Col. W. A. S., *D.S.O.*, R.H.A. (T.F.)
Maj., ret. pay (*Res. of Off.*)
George, Temp. Capt. C. D. V., R.E.
George, Capt. Fitz. R., Quebec. R.
George, Temp. Capt. W.H. R.E.
Gervers, *Mrs.* D. M., Contr. Q.M.A.A.C.
Gibb, Maj. W. M., *late* Tank Corps.
Gibbon, Maj. E., *M.B.*
Gibbon, *Rev.* H. H., *M.A.*, Chapl., 2nd Class (T.F.)
Gibbon, Maj. T. H., *M.D.*
Gibbons, Capt. G F P., R.A.M.C. Spec. Res.
Gibbons, Temp. Lt. O. T. B., M.G. Corps.
Giblett, Maj. R. H., *late* R.A.S.C.
Gibson, Maj. A C V., p.a.c.
Gibson, Capt. A. K., *M.C.*, 4 Bn. Oxf. & Bucks. L.I.
Gibson, *Miss* J., *late* Dep. Contlr., Q.M.A A.C.

Gibson, Maj. O. K., Can· Local Forces.
Gibson, Capt. R. E., *M.B.*
Gibson, Lt. T. C., I Gds.
Spec. Res.
Gibsone, Temp. Lt.-Col. W. W. P., *C.M.G.*, *D.S.O.*, Can. Local Forces.
Giffard, Maj. J.
Giffard, Capt. W. L.
Giffin, Capt. W. H. D., R.A.S.C. (T.F.)
Gifford, Maj H. L., e
Gilbert-Cooper, Lt.-Col. W. N. R,
Gilchrist, Capt. A. J., *M.C.*, M. S., R.A.M.C. Spec. Res.
Gilchrist. Temp. Capt. N. S., *M.D.*
Giles, Capt. A. H.
Giles, Maj. G. D., *late* R.F.A. (T F)
Giles, Capt. H. L., 4 Bn. Norf R.
Gill, Temp. Maj. E. W.
Gill, Capt. J. G., *D.S.O.*, *M.C.*, *M.B.*
Gill, Temp. Capt. W. B.
Gillam, Maj. V. A.
Gillespie, Maj. H. E.
Gillies, Maj. A. B., Can Local Forces.
Gillies, Capt. J. A. K., *late* R. Def. Corps.
Gilligan, Lt.-Col. (*temp. Col.*) G. G., *D.S.O.*, 3 Bn. Arg. & Suth'd Highrs.
Gilling, Lt.-Col. H. T., TD, *late* R.F.A. (T.F.)
Gillman. Capt H.
Gilpin. Maj. G., Qr.-Mr.
Gimbert. Capt. W. B.
Gimingham, Temp. Capt. C. T., R.E.
Gittings, Lt. T. A.
Glasby, Capt. W. G.
Gleeson, Lt.-Col. A. F., Qr.-Mr.
Glover, Capt. E. N., *late* R.A.M.C.
Glover, Capt. I. A., *M.B.*, *late* R.A.M.C.
Gluckstein, Temp. Capt. M., R E.
Glynn, Lt.-Col. (*temp. Col.*) T. G. P., *C.M.G*
Glynne-Jones, Capt. R., Brecknock Bn. S. Wales Bord.
Goad, Capt. H. E., *late* Gen. List.
Goddard, Capt. E. N., *M.C.*, Ind. Army.
Goddard, Lt.-Col. F. A. D'O., ret. pay (*Res. of Off.*)
Godley, Capt. F. W. C.
Godding, Col. J., TD. Terr. Force.
Godfery, Capt. M. V. S.
Godfray, Maj. J. C. L., *M.C.*
Godley, Lt.-Col. Alf ed Davis, *late* 2 V.B. Oxf. & Bucks. L I.
Godman, Lt. - Col. E. S., Res. of Off.
Godwin, Temp. Capt. G., Labour Corps.
Godwin-Austen, Bt. Maj A. M., *M.C.*
Goff, Temp. Capt. H. S. T., R.A.S.C.

MILITARY OFFICERS (O.B.E.)—contd.

Goffin, S. F. H., *Esq.*
Gold, Temp. Lt.-Col. E., *D.S.O., R.E.*
Goldie, Maj. K. O.
Goldingham, Maj. R. E. D.
Goldney, Maj. H. W., *M.C*
Goldsmith, Maj. F., T.F. Res.
Golla, Capt. F. L., *M.B.*, R.A.M.C. (T F.)
Gonsalves, Temp. Maj. G., R.A.S.C.
Good, Temp. Lt.-Col. T. S., R.A M C.
Goodall. Lt - Cok R. M., *M.D., late* R.A.M.C.(T.F.)
Goodall, Capt. J. R., Can. Local Forces.
Goodchild, Temp. Capt. T P
Goodden, Bt. Maj. R. B [L]
Gooderidge, Capt. R. A.
Goodwin, Capt. A., *late* R.A M C.
Goodwin, Temp. Lt. E.
Goodwin, Temp Capt G., Temp. Qr.-Mr, R.E.
Goodwyn, Maj. J. H.
Goolden, Temp. Capt W. H. L.
Gordon, Temp. Capt. A. de R., *D S O.*
Gordon, Capt. C. F., *M.C.*
Gordon, Maj. E. I. D.
Gordon, Capt. G., T.F. Res.
Gordon, Temp. Capt. G. M., *M.C.*, R.E.
Gordon, Capt. H. F. A.
Gordon, Capt. J. de la H., *M.C.*
Gordon, Lt.-Col. P. J. ret. Ind. Army
Gordon, Maj. R., *D.S.O.*, ret.
Gordon - Forbes, Temp. Capt. B. F. A., R A O.C.
Gore, Temp. Capt. C. H.
Gore, Maj F. L., Ind.Army.
Gore-Langton, Maj. F. W.
Gorrie, Capt. H. J., R.A M C. (T.F.)
Goschen, Maj. W. H. N., ret. Vols.
Gosling, Col. G., TD, Terr. Force
Gosling, Maj. W. R, *late* Serv. Bns. Welch R.
Gotto, Temp. Capt. R. P. C.
Gough, Temp. Maj. A. T., *M.C.*, R.A.
Gould, Temp. Lt. W.
Goulden, Capt. C. B., *late* R.A.M.C.
Goulding, Maj. E. S., TD, Qr.-Mr. 6 Bn. L'pool R.
Gover, Lt. W. C., R.G.A. Spec. Res.
Gracie, Maj. F., *M.B.*, R.A.M.C. (T.F.)
Graham, Maj. C. F. O., Res of Off.
Graham Temp. Capt.C. R.
Graham. Lt.-Col D J,*M.D., F.R.C.P.*, R.A.M.C.(T.F.)
Graham, Capt. D. L., *M.B.*
Graham, Capt. H. J., 3 Bn. Dorset R.
Graham, Capt. J. W., *late* Gen. List.

Graham, Temp. Capt. J. W., R.E.
Graham. Lt. V H., Can. Lord., ret
Graham, Capt W. T., *M.B.*
Grange, Maj. C. D'O., *M.B., F.R C.S.*, *late* R.A.M.C.
Grant, Maj. Andrew, *M B* R.A.M.C.
Grant, Maj. J. F.. *M.B.*
Grant, Capt. K. C.
Grant, Temp. Col. R. C., *D.S.O.*
Grant, Capt. S. C., TD, Herts. Yeo.
Grant, Lt.-Col. W. F. N., TD *late* 6 Bn. Essex R.
Grant, Lt.-Col. W. G.
Grant-Peterkin, Capt. M. J., 3 Bn. Cam'n Highrs.
Granville. Maj. C., 3 Bn. Devon. R.
Grapes, Temp. Maj J.
Grassett, Capt. G. W.
Graves, Maj. C. A. H., 6Bn. Midd'x R.
Graves, Temp. Capt. R.W., *C.M.G.*
Graveson, Maj. H.
Gray, Maj. A. C. H., *M.B.*
Gray, Maj. A. M., TD, T.F. Res.
Gray. Maj. J., R.A.M.C. (T.F.)
Gray, Temp. Lt J A., R.E.
Gray, Maj. R. W.
Gray-Donald, Temp. Maj. G.
Greaves, Capt. F. L. A., *F.R.C.S.*, R.A M C. (T.F.)
Green, Capt. D. H., *M.C.*, R.E. Spec. Res.
Green, *Rev.* E. W., *M.A.*, Chapl. to the Forces, 4th Class.
Green, Temp. Maj. F. A.
Green, Maj. J., Qr.-Mr , ret. pay.
Green, Bt. Lt.-Col J. A. *M.C.*, S. Afr. Def. Forces.
Green, Capt. T., Qr.-Mr Serv. Bns. Dorset. R.
Green, Temp. Maj. W. R. R.A.O.C.
Greene, Capt. W. A., *M.C.*, Bucks. Bn. Oxf. & Bucks. L.I.
Greenhill, Maj, F. W.
Greenslade, Lt. C.
Greenstreet, Lt.-Col. R. H., *C.I.E., late* Gen. List.
Greenwell, Capt. C. O., 3 Bn. Durh. L I.
Greenwell, Temp. Capt. P.
Greer, Lt. A. U., 4 Bn. York. R.
Greet. Temp. Capt. C. A Temp. Qr.-Mr.
Greg, Temp. Capt. A. H., *M.B., F.R.C.S.*, R.A.M.C.
Gregg, Temp. Capt. J., R.A.V.C.
Gregory, Hon. Col. A., *F.S.I.*, Chief Inspr. of Works
Gregory, Capt. F. M., TD, R.A.S.C.(T.F.)
Gregson, Maj. L. M.
Grehan, Maj. F., Qr.-Mr. ret. pay.
Greig, Maj. A. D , *M.C.*
Greig, Temp. Capt. K. C.

Gresson, Temp. Lt. R. H.
Greville, Maj. C. B. F., Lord., ret
Grierson, Capt. E. M., Qr.- Mr. R.A M C (T.F)
Grieve, Temp. Maj. R. A.
Griffin, Capt. A. C., R.E Spec. Res.
Griffin, Temp. Capt. E. C., Serv. Bns R. Berks. R.
Griffith, Capt. G. R., 4 Bn. R. W. Fus.
Griffith, Temp. Capt. L. W. Spec. Res.)
Griffith-Jones, Maj. M. P., ret.
Griffiths, Lt.-Col. C.
Griffiths, Bt. Lt.-Col. C. T., *C.M.G.*, Aust. Mil. Forces.
Griffiths,Temp.Capt. N.M., R.A.S.C.
Grigson, Lt. T. R., *A.M. Inst. C. E.* R.E. (T.F.)
Grimsdick, Capt. J. D, Man. Regt.
Grimshaw, Capt. W. E., *late* R.G.A., Spec. Res
Grindley, Capt. H. E., R.F.A. (T.F.)
Grinsell, Capt. G. H., R.A.S.C. (T F.)
Gripper, Lt.-Col. B. J., VD, T.F. Res.
Groom, Maj. E. A. H., *late* Lab. Corps.
Griss, Lt.-Col. J. E., Ridg. Mr.
Grubb, Maj. J. J., Qr -Mr
Grylls, Maj G., *p.a.c.*
Guays, Temp. Capt F. L.
Gubbins, Maj. S., *D.S.O.*
Gubbins, Capt. M. N. T., *M.C.*
Guerin, Maj, C. J., Qr.-Mr.
Guinness, Capt. O. C.
Grumbley. Temp. Maj. D. W., *I.S.O.*, R.E.
Gunn, Maj. J. A., *C.B., M.D.*, Can. Local Forces.
Gunnell, Lt. D., 4 Bn. R.W. Surr R.
Gunter, Bt. Lt.-Col. C. P.
Gurley, Maj J. H.
Gurney, Temp Capt. J. C.
Guthrie, Lt.-Col. R. L., *late* Trng. Res. Bn.
Guthrie Bt Maj. R. L., *M.D.*, R.A.M.C. (T F.)
Guy, Capt. E. M., North'd Yeo.
Gwatkin, Capt. A. J., ret
Gwynne. Temp. Capt. F. W. D.
Gwyn-Williams. Capt. R. H., *M.C., late* R.W. Fus.
Gyngell, Maj. G., Qr.-Mr.

Hackett, Maj. P., Qr.-Mr. ret. pay.
Hacking, Temp. Capt. A.

Hacking, Capt. D. H., *late* R.A.S.C.
Haddon, Lt.-Col. A., VD, *late* Unattd. List (T.F.)
Haddon, Temp Lt. R. C.
Hadrill, Temp Capt. H. C.
Hagan, *Rev.* E J., Hon. Chapl. to the Forces, 4th Class.
Haggitt, Maj E. D.
Haig, Lt.-Col,D P., 1 Garr. Bn. Sco. Rif. (Lt.-Col. ret. Spec. Res.)
Haig, Temp. Capt. J. A. R A S C.
Hake, Lt -Col. H. E. TD., 7 Bn. R. War. R.
Hailes, Bt. Lt.-Col A. H.
Haines, Capt. H. R.
Haldane, Capt. H. C., Loth. & Bord. Horse Yeo.
Hale,Lt.W.C.,*M.C.*,R F A (T.F.)
Hales, *Rev.* J. T., Chapl. to the Forces, 2nd Class.
Halford, Lt.-Col. M. F., *p s.c.* [l]
Hall, Lt.-Col. A. N., T.F. Res.
Hall, Maj. B. A. M.
Hall, Maj, D., Qr.-Mr.
Hall, Capt. G. L.
Hall, Maj. G. L., R.E.
Hall, Capt. H. G. L.
Hall, Lt -Col. J., ret. (T. F.)
Hall, *Rev.* J. T , Temp. Chapl. to the Forces, 4th Class.
Hall, Temp. Maj. L. J.
Hall, Maj. N. M., *late* R.E.
Hall, Capt. R.
Hall, Capt. S. L.
Hall, Temp. Capt V C. R.E. Spec. Res.
Hall, Temp. Capt. W. H.
Halligan, Capt. J. T.
Halliwell Capt. W. A., R.A.S.C. (T.F.)
Hallsworth, Lt. H. M., O.T.C.
Halsey, Lt.-Col. W. J., *late* 4 Bn. Bedf. & Herts. R.
Hambleton, Lt. H. A.
Hamill, Capt. J. M., R.A.M.C. (T.F)
Hamilton, Temp. Capt. A., R.A.S.C.
Hamilton, Lt.-Col. A. G., R.A.M.C. (T.F.).
Hamilton, Capt. C. M. B., 3 Bn. Notts. & Derby. R. (*Hon. Maj. ret Spec.Res.*)
Hamilton, Ma . F. A.
Hamilton, Maj. N. C., *D.S.O.*
Hamilton, Temp. Capt. R. J , Gen. List.
Hamilton, Capt. W. L., Aust. M l. Forces.
Hamlett, Capt. H. W., R.F.A. (T.F.)
Hamlin, Maj. R. J.
Hamlyn,Temp.Capt.R.A., R A.S C
Hammersley-Smith Maj, R. H.
Hammond, Hon. Maj. W. C.T. *late* R Mar.

Orders of Knighthood, &c.

MILITARY OFFICERS (O.B.E.)—contd.

Hanbury, Maj. E. E.
Hanbury, Temp. Maj. G. H. B., R.A.S.C.
Hanbury, Rev. G. S., Hon Chapl. to the Forces, 4th Class.
Hanbury Tracy, Maj. E. T. H.
Hancock, Capt. T. W., R.A.M.C. (T.F.)
Hancock, Capt. W. V. G., R.G.A. (T.F.).
Handley, Temp. Capt. A.
Hankey, Maj. G. F. P., ret. pay (Res. of Off.)
Hanna, Lt. W. G. C., 4 Bn. Sea. Highrs.
Hannay, Maj. C. G., late R.A.S.C
Hannon, Temp. Capt. N J., R.A.S.C
Hanson, Bt. Lt.-Col. J R.
Hanson, Temp. Lt.-Col. P. R., Can. Local Forces.
Harbinson, Temp. Maj. W. D., R.A.O.C.
Harding, Temp. Lt. A. G. R.A.O.C.
Harding, Capt. C. R., late I. Gds. Spec. Res.
Harding, Temp. Capt. E.H. (Capt. S. Af. Def. Force)
Harding, Capt. R. O. B.
Harding, Col. P. E, M.C., T.F. Res
Harding Capt. R. S., 5 Bn. N. Staff R.
Hardisty, Maj. W. F. J.
Hardy, Lt. C.N.M., Paymr.
Hardy, Temp. Maj. F. B., R.A.S.C.
Hardy, Temp. Capt. H. A., Can. A.S.C.
Hardy, Capt. W.
Hare, Temp. Lt. R. G. P., R.A.O.C.
Harewood, Rev. E. J. Temp. Chapl. to the Forces, 4thClass.
Hargreave, Capt. W. B., 5 Bn. Suff. R.
Hargreaves, Lt. L. A., R.A.S.C (T.F.)
Harker, Rev. T. A., Temp. Chapl. to the Forces, 3rd Class.
Barlow, Maj. G. H., Qr. Mr.
Barnett, Capt. E. St. C.
Harper, Capt. A. D., ret T.F.
Harper, Maj. R. T., late R.A.V.C.
Harpham, Temp. Maj. H. D., Labour Corps.
Harpur, Temp. Maj. W. L., R.E.
Harris, Temp. Capt. A. J.
Harris, Lt.-Col. C. S.
Harris, Capt. E. R., 2 Co. of Lond. Yeo.
Harris, Temp. Maj. E. V. R.E.
Harris, Maj. G. A., D.S.O Unattd. List (T.F.)
Harris, Temp. Capt. G. S. R.A.S.C.

Harris, Capt. J. R., R.A.M.C. Spec. Res.
Harris, Temp. Capt. L. J., RE
Harris, Maj. W. R., late Qr-Mr., Gen. List (T.F.)
Harrison, Temp. Maj. F. M.C.
Harrison, Temp. 2nd Lt. F., Lab. Corps
Harrison, Temp. Maj. F. E., R.E.
Harrison, Lt. H., M.C., 3 Bn. R. Ir. Regt.
Harrison, Lt. H. C. W., Aust. Mil. Forces.
Harrison, Lt. J. S., R.F.A. (T.F.)
Harrison, Lt.-Col. W. E., R.E. (T.F.)
Harrison, Maj. W. L., F.R.C.V.S.,R.A.V.C.(T.F.)
Harstone, Lt. J. B., D.S.O., Can. Local Forces.
Hart, Lt.-Col. E. J., T.F Res.
Hart, Temp. Maj. G. M.C., R.E
Hart, Maj. K. E., M.C., Res. of Off.
Hart-Cox, Maj. E. W., Temp. Staff Paymr.
Hartcup, Maj. W. R. M.
Hartley, Maj. (temp. Brig.-Gen.) H., M.C.
Hartley, Lt. A. P., 6 Bn. Ches. R.
Hartley, Capt. J. N. J., M.B., F.R.C.S. Edin., late R.A.M.C.
Hartshorn, Capt. A. H., TD, Qr-Mr. R.A.M.C. (T.F.)
Hart-Synot, Capt. R. V., D.S.O., R. Guernsey Mila.
Harty, Lt. W., Can. Local Forces.
Harvey, Capt. F. B.
Harvey, Temp. Lt. P. E., R.E.
Harvey, Maj. R. B., late S. Air. Def Force
Harvey, Temp. Maj. R. O.
Harvey, Capt. R. B. L.
Harward Capt. R. B.
Haslam, Capt. T. W., Aust. Mil Forces.
Hassall, Maj. O
Hastie, Capt. S. H., M.C., 4 Bn. High. L.I.
Hastings, Col. J.H ,D.S.O., TD, late Terr. Force.
Hazard, Lt. G. F., O.S.C.
Haughton, Maj. H. W., D.S O. Bucks. Yeo. (Maj. ret. pay.)
Haultain, Capt. W. F. T. M.C., M.B., R.A.M.C. Spec. Res.
Hawkes, Temp. Maj. J. A., R.E.
Hawkins, Temp. Capt. G. R.A.S.C.
Hawkins, Temp. Maj. H.
Hawkins, Capt. H. J. C.
Hawks, Maj G. A.
Hawksworth, Capt. J. L. I.

Haworth, Hon. Col. F., TD, VD., 7 Bn. Lan. Fus.
Hay, Maj. A. K., D.S.O., p.s.c.
Hay, Capt. J. G., D.S.O., ret. pay
Hay, Capt. P. S., late Gen. List.
Hayden, Lt.-Col. F. A., D.S.O.
Bayes, Surg. Capt. G. S. C.
Hayley, Maj. S. T., D.S.O, p.q.c., e.
Hayter, Temp. Maj. G. W., R.A.S.C.
Hayes, Capt. F. B.
Haythorne, Miss W. S. late Deputy Chief Controller Q.M.A.A.C.
Hayward, Hon. Maj. W. T., C.M.G., Aust. Mil.Forces
Hazard, Temp. Maj. C. J.
Head, Capt. G.
Headlam, Capt. C. M., D.S.O., Bedf. Yeo.
Headley, Lt. A. W. A., R.E. (T.F.)
Heard, Lt.-Col. S. F., Paymr.
Hearn, Capt. F. G., R.A.S.C. Spec. Res.
Hearn, Lt.-Col. M. L.
Hearne, Capt. E.
Heaslop, Maj. A. C., M.C.
Heasman, Temp. Maj. A. E.
Heathcote, Capt. G. S., M.V.O., 8 Bn. Notts. & Derby. R.
Heatley, Temp. Capt. T.G., R.A.V.C.
Heaton, Capt. T. B., M.B., R.A.M.C. Spec. Res
Hebb, Maj. J. H., M.B., late R.A.M.C.
Hele, Capt. T. S., M.D., R.A.M.C. (T.F.)
Hellyer, Capt. F. E., 9 Bn. Hamps. R.
Helps, Capt. R P. A., M.C.
Hely-Hutchison, Lt.-Col. C. R., late R. Fus.
Henderson, Capt. Hon. A., R. Wilts. Yeo.
Henderson, Capt. A. K., R. Wilts. Yeo.
Henderson, Capt. G M. H., M.C.
Henderson, Capt. H. P.
Henderson, Maj. J. A, D.S.Q.
Henderson, Lt. J. G., M.C., R.E. Spec. Res.
Henderson, Maj. J. S., 8 Bn. Arg. & Suth'd Highrs.
Henderson, Temp. 2nd Lt. K. G.
Henderson, Lt. M. B., M.C., R.F.A. (T.F.)
Hendry, Temp. Capt. A W., M.B , R.A.M.C.
Heneage, Lt.-Col. Hon. G. E.

Henley, Hon. Capt. F. Le L., D.S.O., Aust. Mil. Forces.
Hennell, Lt.-Col and Hon. Col. Sir R., Kt., C.V.O., D.S.O., late I V.B., Midd'x R. (Lt.Col.ret. Ind.Army. (Yeo. of Gd)
Hennessy, Maj G R. ret.
Henry, J L.-Col. A. S., late 20 Bn. Sco Rif.
Heppel, Capt. H. M.
Hepworth, Capt. F. A., F.R.C.S., R.A.M.C. (T.F.)
Herbert, Capt. E. D. A., late R.G.A. Spec. Res
Herbert, Lt.-Col. E. R., TD, Hunt. Cyc. Bn.
Herbert, Lt. H., Can Local Forces.
Herbert, Lt.-Col. H. C.
Herbertson, Temp. Lt. J. J. W.
Herchmer, Lt. W. S., Can. Local Forces.
Herdman, Temp. Capt. A.G.
Herne, Lt.-Col. A. C., late T.F. Res.
Heron, Maj. G. W , D.S.O.
Herrick, Temp. Capt. W., R.A.S.C.
Herridge, Maj. G. J
Herron, Temp. Capt. R. C., R.A.S.C.
Herschell, Lt.-Col. A., M.C., late R. E.
Hervey, Capt. G. C.
Heseltine, Capt. C. ret. (Lt.-Col. ret. Mila.)
Heslop, Maj. A. H., D.S.O., M.B
Heurtley, Maj. W., ret.
Heuvel, Hon. Maj. Count F. V., late Gen. List.
Hewer, Temp. Capt. J. R.
Hewett, Lt.-Col. E. V. O., C.M.G., D S.O.
Hewitt, Maj. A. C.
Hewitt, Maj. A. S., D.S.O.
Hewitt, Temp. Maj. J. T., Spec. List.
Hewson, Capt. F. L.
Heycock, Col. C. H.
Heyde, Temp. Lt. D. R.E., Spec. Res.
Heymann, Bt. Maj. F. A.
Heywood, Temp. Lt. N., R.A.S.C.
Heywood, Bt. Maj. T. G. G.B.J
Heyworth-Savage, Bt. Lt.-Col. C. F.
Hibbard, Maj. T., TD, R.A.V.C. (T.F.)
Hibbert, Temp.Lt. G., M.C., Serv. Bn. Lan. Fus.
Hickes, Temp. Maj. E. W.
Hickes, Maj. L. D., M.C.
Higgin-Birkett, Capt. M., 3 Bn. Lan. Fus. (Hon. Maj. ret. Spec. Res.)
Higgins, Temp. Capt. C. M., M.C.
Higgins, Maj. J. E. I., M.C., late 13 Bn. Lond. R.
Higgins, Lt.-Col. J. T., Qr-Mr.
Higgins, Maj. T. T , M.B., F.R.C.S, late R-A

Orders of Knighthood, &c. 191

MILITARY OFFICERS (O.B.E.)—*contd.*

Higgins, Temp. Maj. W. G., R.A.S.C.
Higgs, Capt. H. J., *A.M.*, R.E. Spec Res.
Higson, Maj. F.
Hiles, Capt. M., 4 Bn Wilts. R.
Hiley, Capt. W. E.
Hill, Capt. A. V., Cambs.R.
Hill, Maj. F. G., Antrim R.G.A.
Hill, Bt. Lt -Col. F. W. R., *C.M.G., D.S.O.*, o
Hill, Temp. Capt. G. B., R.A.S.C.
Hill, Maj. H.. Can. A.P.C.
Hill, Maj. H. J., *D.S.O., late R.E.*
Hill, Hon. Maj. H. L. G.
Hill, Temp. Capt. J., R.A.V.C.
Hill, Maj. J. A., R.A.S.C. (T.F.)
Hill, Maj. J. E., 5 Bn. Bedf. & Herts. R
Hill, Capt J. S. B., *M.C.*, Bucks. Bn. Oxf. & Bucks. L.I.
Hill, Temp. Maj L. E., *M.C.*, R E.
Hill, Maj. L. R. [L]
Hill, Temp. Maj. R. D. F., R.A.S.C.
Hill, Maj. T. M.
Hillary, Lt. M. J., *D.S.O.*, Aust. Mil. Forces
Hilleary, Maj. E. L., TD, 1 Lovats Scouts Yeo.
Hilliard, Capt. J. J.
Hills, Bt. Lt. Col. C. E , *e*
Hills, Temp. Capt. R. P., *M.C.*, K.O. Sco. Bord.
Hillyard, Capt. J. W.
Hilton, Capt. R. S.
Hincks, Capt H., 3 Bn. York & Lanc. R.
Hind, Temp. Capt. A. M.
Hinde, Lt.-Col. A. B.
Hinde, Maj. H. T. L
Hinde, Capt. H. W
Hindley, 2nd Lt. F.L., N.Z. Mil. Forces
Hindlip, Temp. Capt. C A., *Lord*
Hindmarsh, Temp.Lt.H.H. Serv.Bns. K.O. Sco. Bord
Hine, Hon. Maj. T. G. M., *M.D., late R.A.M.C.*
Hine, Temp Lt. W., Serv. Bns. S. Wales Bord.
Hines, Temp. Maj. J T., *M.C*, R.E.
Hingston, Temp. Capt. A. J., R.E.
Hippisley, Maj. A.
Hipwell, Rev. R. S., Temp. Chpl. to the Forces, 4th Class.
Hitchcock, Lt. P. A., *M.C.*, R.E., (T.F.)
Hitchings, Temp. Capt O T.
Hoare, Temp. Capt. C. E., S. Afr. Def. Forces
Hoare, Maj. H.
Hoare Temp. Maj. H, N., *D.S.O.*
Hobart, Maj. C. V. C., *D.S.O.*
Hobart, Bt. Maj. P. C. S., *D.S.O., M.C.*
Hobbs, Maj. R. A., 2 Bn. Mon. R.
Hobson, *Rev.* E. J., Temp. Chpl. to the Forces, 4th Class.

Hodge, Maj. R. T. K.
Hodgkinson, Temp. Capt, H. D.
Hodgkinson, Lt.-Ool. R F. B. TD, T.F. Res.
Hodgson, Capt. P. K. 4th Yeo
Hodgson, Lt. W.
Hodgson, Lt. W. E., 6 Bn. R Scots.
Hoffnung-Goldmih, Lt. C. J., 9 Lrs. Spe . Res.
Hogarth, Maj. L. B., *late ed. List*
Hogg, Capt. *(temp. Lt.-Col.* A. W., N.Z. Mil. Forces
Hogg, Capt. R. H., N Z Mil. Forces.
Holden, Maj. A. H. S.
Holden, Temp. Lt. N. E.
Holden, *Rev* P. G., Hon Chpl. to the Forces, 4th Class.
Holdich, Lt.-Col. T. W TD, T.F. Res
Holdich, Lt. W. J., 5 Bn. W. York. R.
Holdsworth, Capt. J. E.
Holdsworth, Maj. J. J., *late* A. Pay Dept.
Holford, Capt. C. F., *D.S.O.*, Res. of Off.
Holgate, Capt. M. J., *M.B.*
Holland, Capt. H. W., *D.S.O.*, TD, Inns of Court O.T.C.
Holland, Temp. Capt. K. G., R.A.S.C.
Holland, Temp. Lt. R. W. R A O.C.
Holland, Temp. Capt. T. S.
Holland, Temp. Lt. V. B. R.A.
Holland, Temp. Capt. W.
Holley, Capt. G., *late* t'emp. Qr.-Mr.
Holliday, Bt.Lt.-Col.J C H
Hollond, Lt. H. A., *D.S.O.*, R G.A. (T.F.)
Holloway,Temp. Maj. A. J. R.E.
Hollway, *Miss* E. B., *M.B., B.S*
Holman, Temp. Lt. B. W., R.E.
Holme, Maj. A. S. [L]
Holmes, Lt. B , Qr. Mr.
Holmes. Temp. Capt. D. C Tank Corps.
Holmes, temp. Maj. M. G., R.A.S.C
Holmes, Temp. Lt.-Col. R. B. W.
Holmes, Temp. Capt. R. V.
Holmes, Capt. S. E., R.A.V.C. Spec. Res.
Holmes-Brown, Lt. A. E., R.G.A., Spec. Res.
Home, Maj. G., *M.D.*, N.Z. Mil. Forces.
Home, Lt.-Col. G. A. S., *D.S.O.*, Res. of Off.
Home, Temp. Maj. W. E., *M.D.*. R.A.M.C.
Homer, Capt. J. L.
Hon°, Capt. T. N.
Honey, Capt. W. J., T.F. Res.
Hood, Maj. G. A. A., *Visc., late p.s.c. [L], ret. pay.*
Hooper, Capt. C. F. ♠
Hooper, Temp. Capt. H.R., R.E
Hooper, Temp. Capt. W.D.

Hope, Maj. C. W. M., *late* R.A.M.C.
Hope, Lt.-Col. Sir J. A., Bt., Res. of Off.
Hope, Bt. Maj. P. M., 4 Bn. Bord. R.
Hope-Johnson, Lt.-Col. C. S., Res. of Off.
Hopkin, Capt. F. R.A.V.C. (T.F.)
Hopkins, Bt. Maj. G. R. p.s.c.
Hopkins, Maj. L. E., *D.S.O.*
Hopkins, Maj. P.A., 13 Bn. Lond. R.
Hopkins, Capt. R. B.
Hopkins, Temp. Capt. T.H., R.E.
Hopkinson, Capt. M. S., *late* A.P.D.
Horlick, Lt.-Col. J. N., *M.C.*
Horn, Capt. D. A., *late* R.A.S.C.
Horn, Temp. Capt. P S., R.A.S.C.
Hora, Rev. E. De J Temp. Chapl to the Forces, 4 Class.
Horn, Bt. Maj R. V. G., *D.S.O , M.C.*
Hornabrook, Rev. J. O., Temp Chapl. to the Forces, 4th Class
Horner,Hon.Maj J. FitzL. *late* 3 Bn Devon. R.
Hornidge, Temp. Capt. E S., R.A.S.C.
Horsfield, Maj. G. W., TD, R.G.A., (T.F.)
Horton, Temp. Capt. S. C., R.A.S.C.
Hosken, Capt C. C., *late* S. A'r Overseas Forces.
Hosken, Capt. W. L. *late* Serv. Bns. D. of Corn. L I.
Hossack, Lt. J. D., 3 Bn. Sea. Highrs.
Houghton, Capt. R. J., Ches. Yeo.
Houston, Temp. Hon. Maj. T., *M.D., late* R.A.M.C.
How, Capt. E. A., 20 Bn. Rif. Brig.
Howard, Capt. A. H., *M.C.*, Yorks. Hrs. Yeo.
Howard, Lt C H., Aust. Mil. Forces
Howard, Maj. C. H. St. L.
Howard, Temp. Capt. H.K. R.A.S.C.
Howard. Capt. W., Asst. Conny of Ord.
Howard-Jones, Lt. G. H., ret. T. F.
Howe, Capt. W. T.
Howell, Maj. H. G., *D.S.O*
Howell, Maj. H. L, *M.C.*
Howell, Capt. N., *late* R.F.A. Spec. Res.
Howells, Temp. Capt. W. A., Serv. Bn. R.W. Fus.
Howgrave-Graham, Capt. H M., 9 Bn. Hamps. R.
Howie, Capt. A. M., *late* R.A.M.C.
Hoyle, Lt.-Col. E, R.A.S.C. (T.F.)
Hoyle, Lt. E. J., R.E. (T.F.)
Hubbard, Temp. Lt. J. F.
Hubbard, Temp. Capt. R. K., R.A.S.C.
Huck, Maj. J., 5 Bn. Bord. R.

Hudson, Temp. Lt.-Col. C, Hudson. Temp. Capt. (Bt. Maj.) E. J.
Hudson, Maj. R. C., T.F. Res.
Hudson, Maj. R. C., R.A.S C. (T.F.)
Hue-Williams, Lt.-Col. R. G., T.F. Res.
Huffam, Maj. W. T. C., 3 Bn. W. York R.
Hughes, Maj. C. G. E. [L]
Hughes, Capt. E. C., F.R.C.S., R.A M.C. (T.F.)
Hughes, Capt. E. J.
Hughes, Maj. E. L., *D.S.O.*
Hughes, Bt. Maj. F. St. J., *M.V.O.*
Hughes, *Rev.* B. Hon. Chapl. to the Forces. 4th Class.
Hughes, Lt. R , R.A.S.C. (T F.)
Hughes, Temp. Capt. W. B., *M.C.*, R.A.S.C.
Hughes-Jones, Temp. Maj. J.T. R A O C
Hughman, Capt. G. S.
Hugo, Temp. Capt F., *M.C.*
Hulbert, Maj. T. E.
Hull, Maj. C. R I., *D.S.O.*
Hull; Temp. Capt G. B.G., R.E.
Humphreys,* *Miss* E. C., R.R.C., Matron Q.A.I.M.N.S.
Humphreys, Temp. Maj. H. H , *M.C.*, R.A.S.C.
Humphreys, Temp. Hon. Capt. P. H. I.
Humpnreys, Lt.-Col. W., VD, T.F. Res.
Hunkin, Rev. J. W., *M.C.*, Hon. Chapl. to the Forces, 2nd Class.
Hunn, Hon. Capt. S. A., *M.V.O., M.C.*, Aust. Mil. Forces
Hunson, Maj. R. E., R.A. S.C. (T.F.)
Hunt, Maj. F. F., *D.S.O.*
Hunt, Maj. T. E.C., *D.S.O.*, e [L]
Hunter. Lt. A.
Hunter, Maj C S., *D.S.O.*
Hunter, Lt. E. A., R.A S C., (T.F.)
Hunter, Maj. H. P., *late* R.G.A.
Hunter, Bt. Lt.-Col. J. T.F. Res.
Hunter Lt.-Col. M., TD, T.F. Res.
Hunter, Capt. R. G. P.
Huntington, Bt. Maj. H. F. S.
Hunton, Bt. Maj. T. L.
Hurd, Hon. Capt. W. B., Can. Y.M.C.A.
Hurst,Temp. Lt.-Col. A. R., *D.S.O., M.C.*
Hurst,Temp. Lt.G.T., *D.S.O.*
Huskinson, Col. C. J., TD, Terr. Force
Hussey,Temp.Lt.A.V., R.E.
Hutchinson, Maj. J. L. McK., Res. of Off.
Hutchinson, Maj. T. M., *D.S.O.*
Hyatt, Lt. P. T., 4 Bn. Som. L.I.
Hyman, Lt. A. W., Aust. Mil. Forces
Hynes, Maj. B. M.

G

Orders of Knighthood, &c.

MILITARY OFFICERS O.B.E.)—contd.

Ilchester, Capt. G. S. H., Earl of, Res. of Off.
Impson, Lt. H. J., M.C.
Ince, Maj. E. H. P. B., late R.A.S.C.
Inch, Capt. T. D., M.C., M.B., Res. of Off.
Ingilby, Lt. Col. J. N. M., ret.
Inglis, Maj. A. F.
Inglis, Capt. A. R.
Inglis, Temp. Capt. C. E., R.E.
Inglis, Capt. J., R.A.M.C. (T.F.)
Inglis, Lt. W. C., Can. Local Forces.
Ingpen, Temp. Capt. A. I., Chapl. to the Forces, 4th class.
Ingraine, Temp. Lt. B. S., M.C., R.A.
Ingram, Maj. C. R., D.S.O.
Ingram, Capt. E. M. B.
Ingram, Hon. Maj. F. M. TD, late Unattd. List (T.F.)
Innes, Temp. Capt. A., R. Mar.
Innes, Temp. Capt. R. Mc G.
Inns, Temp. Maj. J., R.A.S.C.
Inskip, Temp. Capt. A. C., Labour Corps.
Inskipp, Temp. Maj. P. S.
Inwood, Capt C. H., M.C. Qr.-Mr.
Irby, Lt.-Col L. P., ret.
Iremonger, Lt. E. L., Sco. Horse Yeo.
Irvine, Capt. C. A. L., M.V.O., ret. pay
Irving, Lt. J. D., M.C., 3 Bn. W. York. R.
Irwin, Maj. A. W., A. D.S.O., M.C.
Isaacs. Lt. I. B., R.A.S.C (T.F.)
Isaac, Maj. T. A., TD, R.E (f.F.)
Ivory, Temp C pt, H. F. R.A.S.C.

Iacobsby Lt.-Col. J., S. Afr Def Force.
Jacomb, Capt. F. B. W.
Jaggard, Temp. Capt. G., R.A.S.C.
Jagger, Capt. H. C., R.A.V.C. (T.F.)
James, Capt A. G., ret.
James, Lt. D. C., 5 Bn Worc. R.
James, Lt.-Col. E. L. H., e, o.
James, Capt. E. S., Aust. Mil. Forces.
James, Lt.-Col. H. E. R., C.B., C.M.G., F.R.C.S.
James. Rev. P. W. Hon. Chapl. to the Forces, 4th class.
Jameson, Maj. A., ret.
Jameson, Capt. D. N. late R A.S.C.
Jameson, Temp. Capt. G. L., R.E.
Jamieson, Temp. Capt A. H. M., R.A.
Janes, Capt. E., Qr.-Mr.
Jardine, Capt. J., M.D., F.R.C.S. Edin., late R.A.M.C.
Jardine, Maj. W., TD, 8 Bn. R. Scots.
Jardine, Capt. W. C., M.B., late R.A.M.C.
Jarvis, Maj. C. F. C., 3 Bn. Linc. R. (Capt ret. pay)
Jarvis, Capt. O. D., M.B.
Jarvis, Temp. Lt. T. S. W., Serv. Bns. Manch. R.
Jarvis, Capt. W. B., late Leic. R. (T.F.)
Jay, Temp. Maj. W. C. P. ayne, Temp. Maj. A. A., D.S.O., M.C.
Jeff, Capt. R. H., 5 Bn. E. York. R.
Jefferson, Temp. Capt. H., R.A.S.C.
Jeffery, Lt. R.
Jefferys, Lt. A. H., M.C., 7 Bn Midd'x R.
Jeffrey, Temp. Maj. G. R., S. Afr. Def. Force.
Jeffreys, Hon. Brig-Gen. P. D., C.B., p.s c.
Jeffries, Capt. L W., D.S.O., Aust. Mil. Forces.
Jelley, Lt.-Col. R. F.
Jellicorse, Maj. H.

Jenkins, Capt. G. J., M.B. F.R.C.S., R.A.M.C. (T.F)
Jenkins, Lt.-Col. J. A., late 17 Bn. E. Yorks. R.
Jenner, Maj. L. W., late R.A.S.C.
Jennings, Maj. G. L., R. North - West Mounted Police.
Jennings, Lt. L., North'd Yeo.
Jennings, Temp. Capt. P. J.
Jenison, Maj. P. H. R., Res. of Off.
Jepp, Lt.-Col. S. J. M.
Jessiman, Temp.Maj. G.G.
Jessop, Temp. Maj. B., R.E.
Jickling, Maj. C. M., 3 Bn. Norf. R.
Joel, Temp. Capt. H. C., R.A.O.C.

John, Capt. J. C., M.R.
John, Maj. N. S., ate R.A.S.C.
Johns, Capt. F. N.
Johnson, Lt. A., M.C.
Johnson, Temp. Maj. A. A.
Johnson, Lt.-Col E. D. TD, R.A.V.C. (T.F.)
Johnson, Maj. F. W., M.B., R.A.M.C. (T.F.)
Johnson, Capt. H. B., M C., Asst. Comy. of Ord., R.A.O.C.
Johnson, Maj. H.C. M.V.O. C.J.
Johnson, Capt. R., M.B F.R.C.S., R.A.M.C. (T.F.)
Johnston, Lt.-Col. B. C., ret, pay (Res. of Off.).
Johnston, Lt. B. J., Can. Local Forces.
Johnston, Capt. J., 6 Bn. R. Scots
Johnston, Temp. Capt. R. G., Temp. Qr.-Mr. R.A.M.C.
Johnstone, Maj. B. A., ret. Ind. Army.
Johnstone, Mat. D. P.
Jolliffe, Temp. Capt. A. H.
Jollye, Maj, G. H.
Jones, Temp. Maj. H. D.
Jones, Rev. Albert, Hon. Chapl. to the Forces, 4th Class.
Jones, Rev. B. D., Hon. Chapl. to the Forces, 4th Class, ret.
Jones, Maj. B. F., TD, Qr.-Mr., 7 Bn. R. War. R.
Jones, Lt. C., R.A.S.C. (T.F.)
Jones, Capt. C. G. P.
Jones, Capt. E. W., R.E. (T.F.)
Jones, Mrs. G. A., late Controller Q.M.A.A.C.
Jones, Temp. Capt. G. F.
Jones, Temp. Capt. H. C.
Jones, Maj. H. J., Inspr. 2nd Class, R.A.O.C.
Jones, Maj. H. L.
Jones, Temp. Lt. J. R.A.O.C.
Jones, Capt. J. A., M.B., F.R.C.S., Edin., late R.A.M C.
Jones, Capt. J. H., R.A.V.C. (T.F.)
Jones, Capt. J. L. C., R.A.V.C. (T.F.)
Jones, Lt. L. F., Can. Local Forces.
Jones, Temp. Maj. P. W. E.
Jones, Maj. S. W.
Jones, Maj. T. W. H., ret. Ind. Army
Jones, Capt. W., Asst. Commy. of Ord.
Jones, Lt. W E.
Jones, Maj, W. H.
Iopp, Lt.-Col. J. S. M.
Jordan, Temp. Lt. H. G., R.E.
Joscelyne, Maj. F. P., M.C., late R.A.M.C.
Joseph, Temp. Hon. Maj. E. M.
Josselyn, Lt.-Col. (temp. Col.) J., G.M.C., D.S.O., TD, 6 Bn. Suff. R.

Joy, Capt. H. A., Qr.-Mr.
Joyce, Capt. T. A.
Judd, Temp. Maj. B. C.
Judd, Capt. H. A., 2 Regt. K. Ed. Horse
Judson, Temp. Lt.-Col. D.
Junp, Lt. Col. W. A., Res. of Off.
Juriss, Lt. M , M.C., late 7 Bn. Lond. R.
Jury, Capt. A.E., R.A.M.C. (T.F.)
Justice, Maj. P W., p.s.c.

Kane, Capt. J. L. K.
Kaulbach, Bt. Lt -Col. H. A.
Kauntze, Maj. B. C.
Kay, Temp. Capt. H. D. Serv. Bns, Ches. R.
Keane, Capt. C. G. G.
Kearn, Temp. Lt. A. W.
Keays, Capt. C. A.
Keegan, Lt. M., M.M.
Keenan, Lt. A. H., D.S.O., M.C., 4 Bn R. Highrs.
Keene, Capt J. J., Qr.-Mr.
Keene, Lt.-Col. T. M., TD, T. F. Res.
Keep, Temp. Capt. T. B., R.A.S.C.
Keith, Temp. Lt. G., R.A.O.C.
Keith, Maj. G. T. E., D S O.
Keiler, Maj. R. H., D.S.O.
Kellett, Mai. J. A.
Kelley, Maj., F. A., late R. Def. Corps
Kelly, Lt. R. C., 4 Bn. Lond. R.
Kellner, Temp. Lt.-Col. P. T. R., D.S.O.
Kelly, Lt, A. L., 6 Bn. K.R. Rif. C.
Kemble, Maj., P. B.
Kemmis-Betty, Lt.-Col. W. R. P., late R. Berks. R.
Kemp, Temp. Capt. E S.
Kemple, Maj. J. H., Rdg.-Mr
Kendall, Rev. G., Temp. Chapl. to the Forces, 3rd Class.
Kendall, Bt. Maj. J., Aust. Mil. Forces.
Kendall, Maj. J.
Kendle, Maj. J K., ret. pay (Res. of Off.)
Kennedy, Lt.-Col. A. A., D.S.O. TD, 5 Bn. Sco. Rif.
Kennedy, Capt. J. M. B., ret.
Kennedy, Maj. R. F., late R A.M.C.
Kennedy, Capt. T. F., M.B.
Kennedy, Maj. W. N. W., M.B., R.A.M.C. (T.F.)
Kennington, Capt. A, J., D.C.M., Qr.-Mr. T F., Gen. List
Kensington. Maj. G B.
Kent, Maj. L. M.
Kent, Temp. Lt. W. F., H., R.E.
Kenworthy, Temp. Maj. J. K.
Keppel, Capt. J. J. G., R.A.V C Spec. Res.
Ker, Temp. Maj. H. T.

Orders of Knighthood, &c. 193

MILITARY OFFICERS (O.B.E.)—contd.

Kerr, Capt. C., *M.B.*, R.A.M.C. (T.F.)
Kerr, Temp. Capt. N. M., Serv. Bn. R. Ir. Regt.
Kerr, Lt. R., *D.S.O.*, Aust. Mil Forces.
Kerr, Temp. Capt. W. L. C., R.A.S.C.
Kerrison, Lt.-Col. E. R. A., *C.M.G.*
Kettle, Temp. Lt. H. P.
Key, Lt.-Col. R. E., *late* Bn. York and Lanc. R.
Kidby, Temp. Maj. E.W.B.
Kidd, Maj. A. E., TD, *M.B.*, R.A.M.C. (T.F.)
Kidd, Maj. J. D., *M.C.*, *M.B.*
Kitley, Temp. Maj. A. J. R.A.S.C.
Kidson, Capt. E., *late* R.E.
Kilby, Lt. J. W., R.E (T.F.)
Kimmitt, Lt.-Col. R. R., TD, 18 Bn. Lond. R.
Kindersley, Temp. Maj. G.
King, Lt. A. L., 3 Bn. R. Suss. R.
King, Capt. C., *late* R.A.M.C.
King, Maj. D. B., *M.B.*, *late* R.A.M.C.
King, Capt. F., *D.S.O.*
King, Capt. L. H. B., *late* Gen List
King, Maj. L. N, F. I.
King, Rev. T. J., Aust. Mil. Forces.
King, Capt. W. B. R., 7 Bn. R.W. Fus.
King, Temp. Capt. W. H. O., Temp. Qr. Mr. M.G Corps
King, Capt. W. H., 3 Bn. Conn. Rang. (*Capt. ret.*)
Kingston, Capt. J. R., R.E. (T.F.)
Kingston, Hon. Lt.-Col. W. B.E., *M.Inst. C.E.*
Kinloch, Rev. M. W., Hon, Chapl. to the Forces, 3rd Class.
Kinnersley, Temp. Capt. W. H., R.A.S.C.
Kinsman, Bt. Maj. W. A C., *D.S.O.*
Kirby, Maj. E. B., R.F.A. (T.F.)
McKirby, Maj. F. H., Qr.-Mr.
Kirby, Bt. Maj. W. L. C., *D.S.O.*
Kirk, Col. A. E., VD, Terr. Force.
Kirkland. Capt. J., *late* R.A.O.C.
Kirkness, Lt.-Col. L. H. *D.S.O.*
Kirkpatrick, Bt. Lt.-Col. C., *p.s.c.*
Kirkwood, Maj. A. S.
Kirkwood, Lt.-Col. A. T.
Kirkwood, Maj. T. W., Ind Army.
Kirkwood Capt. W. L., Aust. Mil. Forces.
Kirsop, Lt. A. K., 6 Bn. North'd Fus.
Kitson, Lt. A. K., R.A.S.C. (T.F.)

Kitson, Temp. Maj. A. W., R.A.S.C.
Kitson, Lt.-Col. H. V., R.A.S.C. (T.F.)
Kitson, Temp. Maj. P. H., R.A.S.C.
Kitson, Capt. W. F. C., R.A.S.C. (T.F.)
Kittoe, Lt.-Col. M. F. M. S., TD, T.F. Res.
Knight, Maj. C. D.
Knight, Capt. C. L. W. M., *D.S.O.*
Knight, Capt. E., *M.B.*, R.A.M.C. (T.F.)
Knight, Capt. J. St. P., Newf'd Contgt.
Knight Capt. R. C., S. Afr. Def. Force.
Knight, Temp. Capt. W. C., Serv. Bns. Linc. R.
Knight-Bruce, Temp. Capt. J. C. L.
Knights, Capt. A. J. H., TD, Qr.-Mr. R.A.M.C. (T.F.)
Knott, Maj. G. P.
Knowles, Temp. Capt. E.O.
Knowles, Maj., J. *p.s.c.* [1]
Knowling, Capt. A. E G *late* R.A.S.C.
Knox, Lt.-Col J S., *p.s c*
Knudsen, Temp. Capt. O. J., Serv. Bns. Manch. R.
Knuthsen, Hon Maj. L. F., *M.D., late* R.A.M.C.
Knyvett, Rev. C. F., Temp Chapl. to the Forces, 4th Class.
Kohan, Lt. C. M., R.F.A. (T.F.)
Krabbe, Capt. C. B., *late* T.F. Res.
Krabbe, Capt. C. F., T.F. Res.
Kuhne, Temp. Maj. C. H., *D S O.*, R.A.S.C.

Lace-Pritchard. Mrs. J., *late* Contr. Q.M.A.A.C.
Lacroix, Lt. L., Can. Local Forces.
Laidlaw, Temp. Lt. J. B., R.E.
Lake, Maj. B. L., *D.S.O.*
Lake, Temp. Capt. E.
Lamb, Maj. C C
Lamb, Maj. D. O. W.
Lamb, Temp. Capt. M. H. M., *M.C.*
Lambert, Temp. Maj. B., R.E.
Lambert, Capt. F. J., 9 Bn. Durh. L I.
Lambert, Lt.-Col G. H., TD, T.F. Res.
Lambert, Lt.-Col. J. H. (J.), Lambert, Temp. Maj. T. E., R.A.S.C. (Capt. 3 Co. of Lond. Yeo.)
Lambert, Lt. W. C., Notts. (Sher. Rang.) Yeo,

Lambton. Bt. Lt.-Col. G C., *D.S.O.*
Laming, Maj. H. T., *D.S.O.*
Landau, Temp. Capt. H.
Lander, Capt. A., ret.
Landon, Capt. A. H. W., *M C.*, R. Can. R.
Landry, Lt. P. A., Can. Local Forces.
Lane, Maj. F. B.
Lane, Capt. H. A., 18 Bn. Lond. R.
Lang, Temp. Capt. J., R.E. Spec. Res.
Lang, Capt. J. A. M.
Lang-Hyde, Lt.-Col. J. I., *C.M.G.*
Langdale, Lt.-Col. P., T.F. Res. (Capt. ret. pay.)
Langley, Capt. A. E., Qr.-Mr., R.A.M.C.
Langman, Capt. T. W., 5 Bn Welch R.
Langton, Temp Maj. T.M
Langworthy-Parry, Lt.-Col. P. E., *D.S.O.*, TD, 9 Bn. Lond. R.
Lapsley, Maj, W., *M.B*
Larken, Maj. E., Linc.Yeo.
Larter. Lt. P. J.
Lascelles, Lt.-Col. E., *late* Serv. Bns. Rif. Brig. (S.C.)
Lasceiles Lt.-Col. G. R.
Lash, Temp. Maj. I. R. de W., R.A.O.C.
Lash, Lt. J. F., Can. Local Forces
Laskey, Temp. Maj. W. W., R.A.S.C.
Latham, Temp. Maj. J. I., R.E.
Lathbury, Maj. E. B.
Laurie, Temp. Capt. D. S., R.E.
Laurie, Capt. R. D., *M.B.*, *late* R.A.M.C.
Laverton, Lt.-Col. H. C.
Laverton, Lt.-Col. H. S.
Law, Capt. R. W. R., *M.C.*
Lawder, Maj. C. E.
Lawrance, Maj. K. E.
Lawrence, Temp. Capt. A., R.A.O.C.
Lawrence, Capt. C. J. R., R.A.V.C.
Lawrence, Temp. Maj. E. H. T., Res. of Off.
Lawrence, Maj. F. G., *D.S.O.*
Lawrence, Maj. H. M., *D.S.O.*
Lawrence, Capt. J. H.
Laws, Lt. F. C. V.
Lawson, Temp. Capt. E. E L., Temp. Qr.-Mr. Notts. & Derby. R.
Lawson, Temp. Maj. E. St. J.
Lawson, Maj. F. B.
Lawson, Temp, Maj. J. H., R.E.
Lawson, Capt. W. D.
Lawton, Capt. F. D. H. B., Aust. Mil. Forces.
Leach, Maj. R. E. H., *MD*, *late* R.A.M.C.
Leahy, Lt.-Col. H. G., *D.S.O.*, G.
Leake, Temp. Maj. C. L., *M.C.*

Leamy, Maj. A., Commy. of Ord.
Learmont, Hon. Capt. J., Bldg.-Mr.
Leask. Temp Capt. J. B.
Leatham, Temp. Capt. N. C., R.A.S.C.
Leathes, Maj. C. de M., 5 Bn. R. Ir. Rif.
Leathes, Maj. H. de M., *late* Gen. List (*Hon. Maj. ret. Spec. Res.*)
Leche, Lt. J. H., 12 Lrs. Spec. Res.
Ledward, Temp. Lt.-Col. H., VD.
Lee, Maj. A. N., *D.S.O.* 7 Bn. Notts. & Derby. R.
Lee, Capt. H. B., Qr.-Mr. R.A.M.C.
Lee, H. N., *Esq* (*with rel. precedence as Maj.*)
Lee, Maj. J. R., *M.D.*, *F.R.C.S.* (*Edin.*), *late* R.A.M.C.
Lee-Evans, Capt. G., *late* Serv. Bns., Manch. R.
Lees, Maj. G., R A O C
Lees, Lt.-Col. R. L., *D.S.O.*, VD, 6 Bn. Lane. Fus.
Lees, Maj. T. O. H., *A.F.C.*, Res. of Off.
Leese, Lt.-Col. N., *D.S.O.*, *late* R.A.S.C.
Lefebure, Lt. V., 3 Bn. Essex R.
Lefroy, Temp. Capt. L. M., Serv. Bn. R. Ir. Regt.
Legg, Lt. C. H., R.A.S.C. (T.F.)
Leggat, Lt.-Col. G. L., *M.B.*, *late* R.A.M.C.
Leggett, Maj. E.J., Commy. of Ord.
Leggett. Col. R. A. L., *D.S.O.*
Legh, Maj. F. B., *M.C.*
Legh, Capt. Hon. P. W., *M.V.O.*
Leigh, Capt. G. H., 13 Bn. Lond. R.
Leighton, Capt. T. W., *M.B.* R.A.M.C. (T.F.)
Leith, Maj. A. R.
Leman, Maj. G. E.
Leman, Capt. H. C., 21 Bn. Lond. R
Le Mesurier, Temp. Capt. A. G.
Lempriere, Capt. L. R *M.B., late* R.A.M.C.
Lennox, Rev. J. C. F., *la e* S. Afr. Def. Force.
Lenox-Conyngham, Maj. W. A., (*Lt.-Col, late T.F. Res.*)
Leon, Temp. Capt. J.
Leresche, Capt. P. V., R.A.S.C. (T.F.)
Le Rossignol, Maj. H. S., R., Jersey Mils.
Leslie, Temp. Lt.-Col. B. R.E.
Leslie, Maj. R. W. D.
Leslie. Maj. S. G., *p.a.o.*, o, Spec. Res.
Lessing, Lt. E. A., G Gds. Spec. Res.
L'Estrange, Capt. H. R.
Lethaby, Hon. Maj. T,

Orders of Knighthood, &c.

MILITARY OFFICERS (O.B.E.)—*contd.*

Lethbridge, Col. R. T. M.
Lethbridge, Lt.-Col. S.
Lever, Maj. H. R.
Leveson-Gower, Hon. Col. C. C., *C.M.G.*, R.A.F. (T.F.) (Lt.-Col. T.F. Res.) (*Maj. ret. Ind Army*)
Levey, Bt. Maj. J., *D.S.O.*
Lewer, Maj. A. J., 11 Bn Lond. R.
Lewis, Maj. E. T., *late* Gen. List.
Lewis, Temp. Capt E. W., R.A.S.C.
Lewis, Maj. G. E., *late* R.A.S.C.
Lewis, Temp. Lt. J. C., R.A.S.C.
Lewis, Maj. L. C.
Lewis, Rev. P., Temp. Chapl. to the Forces, 1st Class.
Lewis, Capt. T. P., *late* R.A.M.C.
Lewis, Capt. W. H. P., Glam. Yeo.
Ley, maj. A. E. H.
Ley, Maj. C. H.
Lickman, Maj. H. S., Qr.-Mr.
Liddall, Maj. E. M.
Liddle, Temp. Capt. D. M. P., R.A.S.C.
Lightfoot, Temp, Capt. E.
Lightfoot, Capt. L. J.
Limb, Temp. Capt. F.
Lindesay, Maj. F. S.
Lindsay, Maj. J. H., Can. Local Forces.
Lindsay, ¡Lt. N. J., Can. Local Forces.
Lindsay, Capt. P., *M.C., late* R.G.A.
Lindsay, Maj. W. G., *late* Gen. List.
Lindsay, Capt. W. S., *late* R.A.M.C.
Lindsell, Capt. R. S.
Lindsell, Maj. W.G., *D.S.O., M.C., p.s.c.*
Lindsey, Rev. C. E. C., Hon. Chapl. to the Forces, 3rd Class.
Lindsey, Rev. J. C. F., Temp. Chapl. to the Forces.
Link, Hon. Maj. W. C., ret. Ind Army Dept.
Linklater, Capt. G. J., *M.B., R.A.M.C.* (T.F.).
Linlithgow, Lt.-Col. V. A. J., *Marq. of, late* 10 Bn. R. Scots.
Linton, Capt. G. P., *M.C., TD,* 7 Bn. High. L I.
Lipsett, Maj. E. R., *late,* R.A.S.C.
Lister, Temp. Capt. (Bt. Maj.) F. V.
Little, Capt. C. J. H., *M B* Bn. Lond. R.
Little, Maj. D'A. H., *TD* *e*6 Bn. Lond. R.
Little, Bt. Lt.-Col. J.
Litton, Maj. M. W.
Livesey, Temp. Capt. E. F. C.
Livingstone, Capt. J. S., Qr.-Mr. 7 Bn. Midd'x R.
Livingstone, Lt. R. H., 4 Bn. S. Staff. R.
Llewellin, Temp. Lt. C. H. *D.C.M.,* R.E
Llewellyn, Temp. Lt.-Col. A

Lloyd, Capt. A. A., *D.S.O.*
Lloyd, Lt.-Col. C., TD, R.G.A. (T.F.)
Lloyd, Lt.-Col. E. H.
Lloyd, Lt.-Col. G. W. D. B.
Lloyd, Capt. J. D. S., *M.C.,* TD, T.F. Res.
Lloyd, Maj. L. H.
Lloyd, Temp. Maj. T. H.
Lobley, Lt. O. R., Can. Local Forces.
Lock, Temp. Capt. A., R.A.S.C.
Lockhart, Temp. Lt. N. C., *late* R.A.
Lockie, Maj. A., *late* Qr.-Mr. T.F. Gen. List.
Lodge, Temp. Capt. T., Serv. Bns. R. W. Surr. R
Lodge. Capt. T A., 24 Bn. Lond. R.
Logan, Lt. Col. F. C. L.
Logan, Capt. *l.t.* F. R., *M C.*
Logan, Bt. Lt.-Col. R. H.
Logan, Maj. W., TD, R.A.V.C. (T.F.)
Logan-Bell, Temp. Capt. J. R. A.S.C.
Lomer. Maj. S. F. McI., *late* K. R. Rif. C.
Long, Capt. G. H., 5 Bn Suff. R.
Long, Maj. (Dist Offr.) M. J.
Long, Capt. S. H., R E Spec. Res.
Long, Temp. Capt. W., R.E.
Long, Maj. W. E., Res. of Off.
Longden, Capt H. J. L., Iuspr. of Army Schools
Longdin, Temp. Capt. H.W.
Longridge, Capt. T. E.
Lord, Capt. H. H., R.A.V.C. (T.F.)
Lorimer, Capt. J. V., R.A.S.C. (T.F.)
Lorine, Temp. Capt. P., *M.D.,* R A M.C
Lough, Maj. R. D. H., *D.S.O.*
Loughborough, Maj A. H. Lovatt, Maj. H. L. B., *M.C, late* 6 Bn. 8. Staff R.
Loveridge, Temp. Lt C. H. Loverock, Capt. R. C., *D.S.O.*
Low, Temp. Maj. A. A., R.E.
Low, Maj. C. F. G., *o.*
Low, Capt. J. L., Qr.-Mr.
Low, Capt. J. L., 5 Bn. Gord Highrs.
Low, Capt. P. D., 3 Bn. Conn. Rang.
Lowe, Miss A. M., Dep. Controller Q.M.A.A.C.
Lowe, Maj(s. S. J., *D.S.O.,* *p.s.c.* (L]
Lowe, Capt. S. P., *late* R.A.S.C.
Lowe, Lt.-Col. T. E., TD, T.F. Res.
Lowry, Maj. F. J. S., ret. Ind. S.C.
Lowther Clark, Temp. Maj. M. H.
Loyd, Capt. R. L., *M.C,*
Lucas, Capt. C. A., 18 Inf.
Lucas, Capt. C. A. C.
Lucas, Temp. Capt. R. H., *M.C., R.A.M.C.*

Lucas, Maj. R. H., R.A.S.C.
Lucas, Maj. T. L. W.
Lucie-Smith, Temp. Capt. J. A., Se.v. Bn R. Dub. Fus.
Luck, Capt. S. I., *late* R.E.
Ludlow, Capt. F. B., *M.C.,* Corps of Mil. Accts
Ludlow - Hewitt, Capt A., *late* R.A.S.C.
Lumb, Capt. N P L., *M.B., late* R A M.C.
Lumley, Capt. D. O., ret.
Lumsden, Temp. Lt. R. L. Tank Corps.
Lund, Temp. Lt. G. P., *M.C.,* Serv Bns. York, R.
Luscombe, Temp. Lt.-Col. G A
Lyall, Lt. P. D. L., Can. Local Forces
Lyall, Lt. W. J.
Lyde, *Miss* E. M., *R.R.C.* Matron Q.A.I.M.N.S.
Lyle, Lt.-Col. A. A., 10 Bn. Lond. R.
Lyle, Capt, A.N., R.E.Spec. Res
Lyle, Temp. Lt.-Col. J. C. V., *D.S.O., M.C.,* Labour Corps.
Lyle, Temp. Capt. O , Serv. Bns. High. L I.
Lynde, Temp. Maj. G. S., R.E.
Lyndon, Rev. C. H. P. Temp. Chapl. to the Forces, 4th Class.
Lynn, Temp. Maj. W. D.
Lyon, Lt. K., R.F.A. Spec. Res.
Lyons, Temp. Mat. H. E.
Lyons, Capt. T., Qr.-Mr.
Lytton, Temp. Maj. Hon. N. S.
Lywood, Lt. O. G. W. G.

Macadam, Temp. Lt. T. G., R.E (T.F.)
MacAlpine, Lt. C. D. H., Can. Local Forces.
McAlpine, Temp. Capt. R. J., *M.C.*
McArthur, Lt.-Col. C. J. E A.
MacArthur Capt.D. H. C., *M.D.*
McArthur, Lt.-Col. J., T.F Res.
McArthur, Capt. W. J., Qr.-Mr., T.F. Gen. List.
McArthur, Capt. W. P., *D.S O., M.D., F.R.C.P.I.*
McAughey, Capt. J., Can. R E.
Macaulay, D. *late* Temp. Lt.-Col. R.A.M.C.
Macauley, *Miss* E. L, Acting Sister Q.A I M N.S.
McBride, Capt. L. G., *M.C.*
McCammon, Maj. F. A., *M.C., M.B,*
McClellan. Capt. F. E., *late* Midd'x. R.

McCliment, Rev. R. J., Temp. Chapl. to the Forces, 4th Class.
McClure, Capt. G. B., Res. of Off.
McColl. Capt. H. E., *M.B., R.A.M.C.* Spec. Res
McColl, Temp. Capt. H. H.
McColl, Maj. J. T., *M.C.,* Aust. Mil. Forces.
McCormack, Lt. C. A. V., Can. Local Forces.
McCormack, Temp. Maj. M., *M C.,* Serv. Bns. R.W. Surr. R.
McCosh, Capt. R., *M.C.,* Lanark Yeo.
McCracken, Capt. F. de C., R A.S.C. Spec. Res.
McCrindle, Capt. J. R., *M.C.,* 7 Bn. Gord Highrs.
McCullough, Temp. Capt. R. S.
McDermott, Hon. Maj. J., ret. Ind. Army.
McDermott, Lt.-Col. T., *M.B.*
McDermott, Lt W.
Macdiarmid. Temp. Hon Lt.-Col. *P.,M.D.,R.A.M.C.*
Macdona, Maj. C. L.
Macdonald, Maj. A., *late* R.E.
Macdonald, Maj. A, E, 4 Bn, Cam. Highrs.
Macdonald, Temp. Capt. A. G., *M D ,* R.A.M.C.
McDonald, Temp. Capt. C. J. I.., Serv. Bns, R. Sc. Fus.
Macdonald, Maj. D.
McDonald, Temp. Lt. D.
Macdonald, Temp. Capt.F. C., *M.B., late* R.A.M.C.
M'Donald, Lt.-Col. G. F. H., 6 Bn. Essex R.
MacDonald. Temp. Lt. I. T. A.
McDonald, 2nd Lt. J., 3 Bn. K.O.S. Bord.
MacDonald, Maj. J. A., Res. of Off
McDonald, Temp. Maj. J. H., La our Corps.
Macdonald. Maj. J. R., Res. of Off.
MacDonald. Maj. R., *M.D., late* R.A.M.C.
Macdonnell, Capt. A. M., R.A.S.C. Spec. Res.
MacDonnell, Temp. Maj. M. S.
MacDougall, Temp. Maj. F. G., R.E.
M*a*cDougall, Maj. I., S. Afr. Oversea Force.
McDougall, Maj. J. McI., *VD, late* 4 High. (Mtn.Co.) Brig., R.G.A.
McDougall, Lt.-Col. W. A., *D.S O , F.t.C V.S.*
McDowell, Temp. Capt. A., R E.
McDowell, Temp. Capt. A., *C.M.G., late* R A.M.C.
McDowell, Maj. S. J., *la e* A.P. Dept.
McElwaine, Capt E. J. D.
MacEwan, Lt. A. K., *R.F.A.* (T.F.)
McEwen, Maj. J., Insp. of Works.

Orders of Knighthood, &c.

MILITARY OFFICERS (O.B.E.)—*contd.*

McEwen, Capt. R. J., Can Local Forces
Mackwen, Capt. W., late R.A.M.C.
McFall, Lt.-Col. A. W. C., late 3 Bn. Yorks. L.I.
Macfarlane, Capt. F. A. J., D.S.O., D.C.M., 14 Bn. Lond. R.
Macfie, Temp. Capt. R. B., M.B., F.R.C.S. Edin., R.A.M.C.
MacGillivray, Lt. G. L. Can. Local Forces
McGillivray, Lt. P. C., Can. Local Forces
McGowan, Temp. Capt. J. A.
McGreer, Hon. Capt. Rev. A. H., M.C., Can. Local Forces
MacGregor, Bt Maj. A. S) M., M.D., R.A.M.C.(T.F.)
Mac Gregor, Capt. J. St. C R F.A. Spec. Res.
McGrigor. Capt. A. M. Glouc. Yeo.
McGrigor, Maj. D. B., M.B.
McGugan, Capt. D., M.C., Manch Regt.
McGuinness, Temp. Lt. C. H.
McGwire, Temp. Capt. B. A., R.A.V.C.
McGwire, Capt. G. P., 4 Bn. W. Rid. R.
McGuire, Temp. Maj. M.
McHugh, Rev. D., Temp. Chapl. to the Forces, 4th
McHutchon, Lt. E. G., R.E. (T.F.)
MacHvenna, Temp. Capt J., R.A.V.C.
MacIndoe, Capt. J. D., M.C.
MacIndoe, Capt. R. H. F., Aust. Mil Force.
Macintosh, Capt. W. C., Sask. Regt.
McIntyre, Capt. P., R.A.V.C.(T.F.)
MacKay, Maj W. M., M.B., TD., R.A.M.C. (T.F.)
Mackay, Capt. R. W., 7 Bn Gord. Highrs.
McKay. Temp. Maj. W. K., late R. Mar.
Mackenzie. Capt. A., R A V.C. (T.F.)
MacKenzie, Capt. A. D., R.E. (T.F.)
MacKenzie, Maj. C., late R.A.M.C.
Mackenzie, Maj. C. M, D.S.O., 13 Bn, Lond. R.
Mackenzie, Capt. E. F. W., M.C., M.B.
Mackenzie, Capt. E. M. C. late R. Mar.
Mackenzie, Maj. J. W., M.D., R.A.M.C. (T.F.)
MacKenzie, Maj. K.D., e Can. Local forces
MacKenzie, Lt. T. R., Can. Local forces
Mackenzie Temp. Capt. W., Lab. Corps.
MacKenzie, Maj. W. S., D.S.O., o.
McKergow, Lt.-Col. R. W. Late Sussex Yeo
McKerrell, Lt.-Col. R. L'E.
Mackie, Maj. F. P., M.B., F.R C.S.

McKilligin, Lt. R. S., M.C., R.E. Spec. Res.
Mackinnon, Maj. A. D., C.M.G., late Gen. List.
Macklin, Temp. Capt. A H.M.C., M.B. R.A. & C
McLachlan, Maj. J., late R.E.
McLachlan, Capt. J. W.F., Cam'n Higurs.
MacLaren, Temp. Capt.G., R.A.S.C
Maclear, Capt. R., M.C. R. Guernsey Mila.
McLellan, Temp.Capt.C.A MacLeod, Temp. Maj. A. G., D.S.O., R.A.S.C.
MacLeod, Rev. A., Temp Chapl. to the Forces, 3rd
McLeod, Capt. J. W., M.B., late R.A.M.C.
McLeod, Temp. Lt. L. F.
McLeod. Bt. Maj, M.
McLoughlin, Maj M. W. D.S.O., S. Afr. Def.Forces
MacMahon, Maj. G. P. R
McMahon, Maj. Sir H. W., Bt., D.S.O.
McMahon, Lt.-Col. K. E.
MacMahon, Maj. N. C. M., K.F.A (T F.)
McMaster, Capt. P. G. W. Co., M.B., Ind. Med. Serv
Macmillan, Lt. - Col. A., R.G.A. (T.F.)
MacMillan, Capt. A, late R.A.M.C.
Macmillan. Rev. J. V., Hon. Chapl. to the Forces 3rd Class
McMunn, Bt. Lt.-Col. A. McMurray, Lt. W. H., M.C., Can. Local Forces
McMurtrie, Capt. B F., late R.F.A. Spec. Res.
McNab, Maj. R. C., late R.A.O.C.
McNaughton, Bt. Maj. W., M.B., R.A.M.C.
McNeice, Capt. A. C. D., S. Afr. Def. Force.
Maconachie, Capt. C. O., M.C., late R.A.V.C.
MacOwan, Tem Capt.N.J.
Macphail, Maj. H. D., M.D., la e R.A.M.C.
McPherson, R v D.G., Hon. Chapl. to the Forces, 4th Class.
Macpherson, Capt. E R.
Macpherson, Capt. M. M., T.F. Res.
Macphie, Maj. J. J., T.F. Res.
MacQueen Capt. L. H., late R.A.V.C.
MacQueen, Maj. R.H., late R A S.C.
Macrae, Lt.-Col. D. M. E., R.A.S.C.
Macrae, Maj. 1. M.
Macready, Bt. Maj. G. N., D.S.O., M.C, [l]
McRitchie, Temp. Maj. C. B., R.E.
McSheehy, Capt. O. W. D.S.O., M.B.
McSwiney, Maj. J. C.
McTurk, Maj. A. G., M.C.,2 T.F. Res.
MacVey. Temp. Capt. T.
Madan, Temp. Capt. K. R., Ind. Med. Serv.

Maddick, Temp. Hon. Maj. E. D.
Madge, Capt. Q., late R.A.M.C.
Magill, Maj. H. P.
le Mahe, Maj. F.H., C.M., de C. de la B., Prince, R.F.A.
Mahoney, Temp. Capt. D., Temp. Qr.-Mr.
Mainwaring, Rev. J., Hon Chapl. to the Forces, 4th Class.
Maitiand, Lt.-Col. F. C., Vi=o., late 3rd Garr. Bn North'd Fus. (Hon. Col. City of Lond. Yeo.)
Maitland-Jones, Capt. A. G., M., late R.A.M.C.
Major, Temp. Capt. W.R., R.E.
Makalua, Temp. Maj. M. J. M.
Malan, Bt. Lt.-Col. L. N.
Malcolm, Maj. P. W
Maler Kotler, Hon. Lt. Nehr, Mohammad Khan, Bahadur of
Malet, Capt. H. C., D.S.O., ret. (Lt.- Col. ret. Spec. Res.)
Malet. Maj R. J.
Malhotra, Temp. Capt. R Co., M.B., Ind. Med. Serv
Malim, Temp. Maj. E. J., M.G. Corps.
Mailins, Lt.-Col. J.R., M.B
Malvon, Capt. F. H.
Manley, Maj. J. C. M.
Manley, Maj. W. E.
Mann, Temp. Maj. A. E.
Mann, Temp. Capt. H. A., M.C., R.E. Spec. Res.
Mann, Capt. P. R. 11 Bn. Lond. R.
Manners, Temp. Capt. C. M., R.E.
Manners-Howe, Temp.Maj. T.H.
Manning,Local Capt. A P., M C., Ind. Mel. Co.
Manning, Bt. Maj. C.H.E., D.S.O., Aust. Mil. Forces
Mansbridge, Capt. H., R.F.A. (T.F.)
Mansell, Capt. R. B., 4 Bn Glouc. R.
Mansford, H. late Temp. Capt.
Marchant, Capt. W. F., TD, 20 Bn. Lond. R.
Marians, Maj. R. I., 2 Bn Lond. R.
Marks, Temp. Maj. E. S.
Marks, Temp. Maj. J. B., Serv. Bns. R. Berks. R.
Marlow, Temp. Capt. A. L., Labour Corps.
Marples, Temp. Capt. M. E., R.A.S.C.
Marr, Capt. D. M., M.B., R.A.M.C. (T.F.)
Marr. Capt. H., M.C.
Marriott. Temp. Maj. D. J.
Marriott, Temp Capt. H.
Marriott, Capt. S. W.
Marriott, Maj. W. M., late Serv. Bns., K.R. Rif. C.
Marrio t - Dodington, Lt.-Col. E. T., F. Res.
Marsack, Temp. Lt.-Col. E. L., VD (Lt.-Col & Hon. Col. ret. T.F)

Marsden, Maj. C. H.
Marsden, Temp. Lt. J.
Marsden, Maj. J. H. F., TD, 5 Bn. Notts. & Derby. R.
Marsden, Temp. Maj. W. M.
Marsh, Maj C.H., D.S.O.
Marsh, Maj. O. de B., M.B., late R.A.M.C.
Marshall, Lt A J. ret.T.F.
Marshall, Temp. Lt. C. A., R.A.S.C.
Marshall, Capt. F. H. J
Marshall, Capt. G., R.A.M.C. Spec. Res.
Marshall, late Capt. G. S.
Marshall, Capt. H. E., late S. Afr. Overseas Forces.
Marshall, Lt. H. J. C., R.E. (T.F.)
Marshall, Temp. Capt. H. W., R.E.
Marshall, Capt. J. C., M.D., R.A.M.C. (T.F.)
Marshall, Capt. L. R.H. P., M.D.
Marshall, Maj. M. H., TD, R.A.S.C. (T.F.)
Marsham, Bt. Lt.-Col. Hon. R. H.
Marten, Capt. L. H., 9 Bn. Lond. R.
Martin, Maj. C. J., M.B., R.A.M.C. (T.F.)
Martin, Capt. C. J., M.C., TD.
Martin. Bt. Lt.-Col. G. H., C.M.G., D S O., p.s.c.
Martin, Temp. Maj. H., R.E.
Martin, Capt. H. W., Can A.M.C.
Martin, Maj. W. L., M.B., TD., T. F. Res.
Martyn, Col. A. W., D.S.O., R.A.M.C. (T.F.)
Martyn, Maj. S., M.B., R.A.M.C. (T.F.)
Mascall, Maj. M. E., D.S.O., Maskell, Lt. Col. W. E.
Mason, Maj. A. S., 6 Bn. Devon R.
Mason, Lt.-Col. A. W., F.R.C.V.S., TD, ret. T.F.
Mason, Temp. Maj. J. E., R.A.S.C.
Mason, Temp. Maj. J. H., Serv. Bns. Middx R.
Mason, Temp. Capt. L. M.C., R.A.
Mason, Temp. Capt. R. W., R.A.S.C.
Mason, Temp. Capt. S., S. Afr. Def. Force
Massey, Maj. C. M. H., Res. of Off.
Massie, Temp. Capt. R., F.R.C.S., R.A.M.C.
Masterson, Lt. W.
Mastes, Capt. F. H., TD, A.M.L.E.E., R.E. (T.F.)
Matchett, Lt.-Col. H.G.K., Res. of Off.
Matner, Capt. W. H., R.E. (T.F.)
Matners, Lt.-Col. D., D.S.O., V.C.M.
Matheson. Temp. Capt. R. G., R.E.
Matheson, Capt. I. McL. A., Loth. & Bord. Horse Yeo.

MILITARY OFFICERS (O.B.E.)—contd.

Mathew, Temp. Lt. F. A H., M.C, R.E.
Matthews, Maj. D.S., ret. pay (Res. of Off.)
Matthews, Temp. Maj. E., 1 Garr. Bn. Ches. R.
Matthews, Capt. E. J., T.F. Res.
Matthews, Capt. F. M.
Mathews, Maj. H. E., 4 Bn. R. Suss. R.
Matthews, Capt.H..ret. pay
Matthews, Capt. L. W
Matthews, Capt W. J. R., Res. of Off.
Mathias, Maj. J. H.
Mathias, Temp. Lt.-Col. O. L.
Mathieson, Capt. W.
Mattinson, Bt. Maj. A. B., M.C.,F.R.C.V.S.,R.A.V.C. Spec. Res.
Mattocks, Capt. R. M., late Gen. List.
Maturin Maj. H. G.
Maude, Bt. Maj. C. G., D.S.O., M.C.
Maude, Temp. Maj. C. R., M.C.
Maude, Maj. R.E., T.F. Res.
Maund, Capt. E. R.
Maunsell, Maj. C. H. W.
Maunsell, Temp. Capt. O. S., R.A.M.C.
Maunsell, Temp. Lt. R. J. (T.F.)
Maurice, Maj. L. C.
Mawby, Lt. A. W. M., R.E. (T.F.)
Mawson, Temp. Maj. W. W., Serv. Bns. Leic. R.
Maxted, Temp. Capt. C. S.
Maxwell, Maj. A.G. (Gent-at-Arms.)
Maxwell, Maj. C. H., TD, 7 Bn. R. Highrs.
Maxwell, Maj. E. B., M.C. 5 Bn. Bord. R.
Maxwell, Bt. Maj. E. C., M.C.
Maxwell, Maj. P. A.

May, Temp. Lt.-Col. A. H., R.E.
May, Capt. A. J., late R.E.
May, Temp. Maj. N. B. R.A.O.C.
Maycock, Temp. Capt. A. H., R.A.S.C.
Mayer, Temp. Capt. G.
Maynew, Lt.-Col. M. J., A. Motor Res.
Maynard, Maj. G.D., S.Afr. Def. Force.
Mayor, Temp. Maj. E. W., Serv. Bns. W. Rid. R.
Mead, Temp. Maj. C., R.A.S.C.
Meade, Capt. H. E., 7 Bn. R. Fus.
Meadows, Lt.-Col. G. S., TD, 5 Bn. D. of Corn. L.I.
Meagher, Maj. D. J.
Meagher, Capt. H. L., TD, R.F.A. (T.F.)
Meares, Maj. H. P., Res of Off.
Measham, Temp. Capt. R. J. R., R.E. Spec. Res.
Medcalfe, Temp. Capt. J. C., R.A.O.C.
Medhurst, Lt. C. E. H., M.C.

Medley, Temp. Capt. (Bt. Maj.) E. A., R.A.S.C.
Mellis, Lt. - Col. C. W., TD, T.F. Res.
Mellor, Maj. J. S., M C.
Mellsop, Capt. J. A., Qr.-Mr.
Melville, Maj. E. P. A.
Melville, Capt.G. D., M.C., Welsh R.
Menzies, Maj.R., T.F.Res
Mepham, Capt. C. E., Asst. Commy. of Ord.
Meredith, Maj. H. C., TD, Shrops. Yeo.
Merriman Temp. Maj. F. B, Mr., S. Afr. Overseas Forces.
Merritt, Lt -Col. Ca., Qr - Mr., S. Afr. Oversea Forces.
Messel, Lt.-Col. L. C. R., T.F. Res.
Messiter. Lt.-Col. C. B., D S O.
Metcalfe,Temp. Maj. J. N., D.S.C.
Metford, Lt.-Col. F. K. S., TD, VD, T.F. Res.
Methuen, Lt. L. H., M.C.
Metivier Temp. Capt. H. V. M., R.A.V.C.
Metson, Capt. G., 19 Bn. Lond. R.
Mewburn, Capt. F. H., Can. Local Forces.
Meynell, Lt. E. C., M.C., R.F.A. (T.F.)
Meynell, Temp. Capt. R. A. L.
Michie, Capt. H. M., Sco. Horse Yeo
Michôd, Lt.-Col. P. D.
Middleton, Maj. E. M.
Middleton, Maj. W.
Milburn, Hon. Col. C. H., VD., late 2 Bn. North'n Brig., R.F.A.
Milburn, Lt.-Col. T. A., TD. 5 Bn. Bord. R.
Mildred, Lt.-Col.S , D.S.O., ret. pay.
Miles, Lt.-Col. Sir C. W., Bt., ret. pay.
Miles, Maj. Rev. F. J., D.S.O., Aust. Mil. Forces.
Miles-Cadman, Rev. C. F., Temp. Chapl. to the Forces, 4th Class
Millar, Maj. G. McG., M.B.
Millar, Rev. P. C., Hon Chapl. to the Forces, 4th Class
Miller, 2nd Lt. A.. Unattd. List (T.F.)
Miller, Temp Capt. A. T., M.G. Corps.
Miller, Maj. F. E.
Miller, Capt. J. A. T.
Miller, Temp. Capt. J. R.A.V.C.
Miller, Capt. W. D., M.B. S., Afr. Def. Force.
Millican, Lt.-Col. H. C., TD, R.A.S.C. (T.F.)
Milligan, Maj. E. T. C., V.D., late R.A.M.C.
Millman, Temp. Maj. F. H.
Millman, Temp.Lt. W.H.F, M.B.S., Temp. Capt. E.
Mills, Lt. E. J., 5 Bn. Ches. R.
Mills, Capt. G. H., R.A.S.C. (T.F.)

Mills, Maj. H. P., late S. Afr. Def. Force
Mills, Maj. J. J., Inspr. 1st Class, R.A.O.C.
Mills, Lt. W. H., Can. Local Forces.
Milman, Capt. H., Res. of Off,
Milne, Rev. J. L., Hon Chapl. to the Forces, 4th Class.
Milne, Lt.-Col. C., M.B.
Milne. Lt.-Col. G. W., late R.A.M.C.
Milne-Hendesson, Temp. Maj. T. M. S., R E.
Milward, Lt. Col H.D., h.p.
Milward, Lt. R. S., T.F. Res.
Minty, Maj. T. W., ret. Ind. Med Serv.
Mirrlees, Maj. A. J., TD, T.F. Res.
Mitchell, Temp. Lt.-Col. A. B., R.A.M.C.
Mitchell Capt. C., D.S.O.
Mitchell Capt. F. B., 4 Bn. E. Lan. R.
Mitchell, Temp. Capt. J. M., M.C., Serv. Bns. E. Surr. R.
Mitchell, Capt. J. P., M.D., R.A.M.C., Spec. Res.
Mitchell, Capt. L. M. V., M.B., R.A.M.C. (T.F.)
Mitchell, Lt.-Col. P., M.D., R.A.M.C. (T.F.)
Mitchell, Rev. P. R., M.A., Chapl. to the Forces, 2nd Class.
Mitchell, Lt. R. G., 7 Bn R. Scots.
Mitchell, Lt.-Col. S., 9 Bn. Manch. R.
Mitchell, Maj. W.. M B.
Mocatta, Maj. V. E. [1].
Moggridge, Maj. H. W., 2 Co. of Lond. Yeo.
Mohamed, Effendi Shahin, Bimbashi, D.S.O.
Mohammed, Bey Wifki, El Kaimaham, Lt.-Col.
Mohr, Maj. G. M., M.C., late Serv. Bns. Notts. &
Derby R.
Moillet, Maj. H.M.K., late R.E.
Moir, Temp. Capt. G., F.R.C.V.S.
Mold, Temp. Capt. L. E., R.E.
Molloy, Lt.-Col. G. M. p.s.c.
Molony, Capt. B. C., Herts Yeo.
Molony, Maj F. A.
Molony, Capt J. B. de W., M.B.
Molony, Rev. J. P., M.C., Chapl. to the Forces, 4th Class.
Monck-Mason, Maj. G. N. G.
Monckton-Arundell, Bt Lt.-Col. Hon. G. V. A., D.S.O.
Moncrieff, Capt. R. M., 6 Bn. R. Highrs.
Money, Temp. Capt. K. R., Serv. Bns. K.R. Rif. C.
Money, Maj. R.
Monier-Williams, Capt. G. W., M.C., 12 Bn. Lond. R.

Monier-Williams, Temp. Maj. R. T.
Monro, Maj. J. D.
Montagu - Douglas - Scott, Lt.-Col. Lord G. W., late Loth. & Bord. Horse.
Montagu, Capt. F. J. O., M.C.
Montagu, Capt. St. J. E.
Montagu Lt. V, C., Hon. Art. Co.
Montague - Douglas-Scott, Hon. Col. Lord H. F., ret. Spec. Res.
Montague, Temp. Capt. C. E.
Montague, Maj S. F., p.a.c. 9 Bn. Hamps. R. [1]
Montefiore, Capt., L. N., D.S.O.
Monteith, Capt. H. G., D.S.O.
Monteith, Maj. J. B. L.
Montgomerie, Maj. V. R.
Montgomery, Maj. J. T.
Mood, Capt. J. M., M.C.
Moody, Capt. E. T., 7 Bn. Middx. R.
Moon, Bt. Lt. - Col. A. C.M.G., Aust. Mil. Forces.
Moon, Lt.J., 6 Bn. L'pool R.
Moore. Maj. A. W., M.B., R.A.M.C. (T.F.)
Moore, Maj. F., D.S.O.
Moore, Temp. Capt. G. J., M.C., S. Afr. Def. Force
Moore, Maj. H. F. B. S.
Moore, Capt. H. W.
Moore. Capt. J., M.C., Qr.-Mr. R.A.S.C.
Moore, Temp. Capt.J.S. H.
Moore, Capt. J. Y.
Moore, Capt. R. F., late R.A.M.C.
Moore, Temp. W., 4 Bn. Lond. R.
Moore, Lt.-Col. W. G., Kent Cyclist Bn.
Moores, Maj. F. G. G.
Moorhead, Capt. C. A., Can. Local Forces.
Moran, Capt. J. W., R.A.S.C. Spec. Res.
More. Lt.-Col. P. St. C., M.B.
Moreland, Temp. Capt. (Bt. Maj.) H.
Morgan, Temp. *Capt. B. D. C.
Morgan, Temp. Maj. K. P. V., R.A.S.C
Morgan, Temp. Lt. S. H., R.E.
Morgan, Capt. T. H., T.F. Res.
Morgan, Temp. Capt. G. U. R.E.
Morgan-Grenville, Capt. Hon. H. N., R.E.
Morgans Temp. Maj. G. E., R.E.
Morison, Temp. Capt. E
Morland, Lt.-Col. A. [1]
Morrell, Temp Capt. A. C., M.C.
Morrell, Capt. H., late R.A.S.C
Morris, Bt. Maj. E. L, M.C.

Orders of Knighthood, &c.

MILITARY OFFICERS (O.B.E.)—*contd.*

Morris, Maj. F., *M C*, R.A.O C.
Morris, Maj. G. P.
Morrison, Capt. J. F., *late* R.A.O.C.
Morrison, Capt. J. T., *late* R.A.M.C
Morrison, Temp. Capt. N. Can. Local Forces.
Morrison, Capt. W. G., F. (*Res of Off.*)
Morrison-Bell, Lt-Col. E. F. (*Res of Off.*)
Morrow, Maj J. S., *M D., late R.A M.C*
Morse. Maj. T. R.. *late* R.A.M.C.
Morsley, Bt. Maj. J. W.
Morten, Temp. Lt.-Col. R. L. A. E., R.A.S.C.
Mortimer, Temp. Capt. F. G. C.
Mortimer, Temp. Capt. L.
Morton, Maj. C. A., *F R.C.S* R.A.M.C. (T.F.)
Morton, Capt. E R. M.
Morton, Temp. Capt. H. S.
Morton-Clarke, Temp. Lt J T., R.A.S.C.
Morwood, Temp. 2nd Lt. A., R.E.
Moss, Lt. K. N., R.E. (T.F.)
Moss-Blundell, Maj. B. S., *D.S.O.*
Moth, *Rev.* J. C., Chapl. to the Forces, 2nd Class.
Motherwell, Capt. G. B. L., 4 Bn. R. Sc. Fus.
Mould, Capt. J. A., Qr.-Mr. T.K Gen. List
Moulton, Maj. J. C. TD *late* e Bn. Wilts.;R.
Mount, Maj. A. H. L.
Mowbray, Lt.-Col. J. A. C., Can. A.P.C.
Moxon, Maj, F. H., *M.B., late* R.A.M.C.
Moxon, Lt.-Col. H. W., *F.S.I.*, Suptdg. Inspr. of Works
Mudge, Capt. A. E P.
Mudie, 2nd Lt. R. F., T.F. Res.
Muggeridge, Temp. Capt. C. E., *M C*
Muir, Capt. A. H. H.
Muir, Temp. Capt. G., R.E. Spec. Res,
Muir, Capt, J., *M.B.*, R A.M.C. (T.F.)
Muir, Lt.-Col. R. B., T.F. Res.
Muir, Maj. W. W.
Mulholland, Capt. Hon. C. H. G., *D.S.O.*
Mulligan, Capt. W. P., *M.B.*
Mullings, Maj. J R.
Mullins, Temp. Maj. J. F., Lab. Corps
Mullins, *Rev.* W., Hon. Chapl. to the Forces, 4th Class.
Mumford, Maj. W.G., *M.B., F.R.C.S., late* R.A.M.C.
Mundy, Temp. Maj. R. G, R.A.S.C.
Munn, Capt. L., *late* R.E.
Munro, Maj. E. B., *M.D.*
Munro,Temp.Capt.J.McV. Can. A.M.C.
Munroe, Lt.-Col. H. E., R.A.M.C.
Murdoch. Temp. Maj. R., R A.S.C.

Murley, *Rev.* J. R. de C O'G., Temp. Chapl. to the Forces, 4th Class.
Murphy, Capt. J.
Murphy, Maj. J., *late* R.F.A.
Murphy, *Rev.* T. C., *late* Hon. Chapl. to the Forces, 4th Class.
Murray, Lt.-Col A. S., 6 Bn. N. Staff. R., Maj ret. pay (*Res of Off.*)
Murray, Capt. E. G. D. *late R.A.M.C.*
Murray, Lt. K. A., Can. Local Forces.
Murray, Maj. P. M., *M.C. late* Se . Highrs.
Murray,Maj.R.W.,*F.R.C S.* R.A.M C., (T.F.)
Murray, Temp Capt.S.,*M B* Fus.
Murray, Maj. W.
Murray, Temp. Maj. W. R.A.S.C. (T.F.)
Murray Capt W. A., *M.B., late R.A M C.*
Murray, Capt. W. A. K., 6 Bn. High. L.I.
Murray, Maj. W. C. *MB*, TD, R.A.M.C., (T.F.)
Musgrave, Maj. B., 12 Bn N. Lan. R. (*Capt. ret.* (*T.F.*))
Musgrave, Temp. Capt) W. N., R.A.S.C.
Musker, Capt. H., Suff. Yeo
Myatt, Lt. A. E., Can.Local Forces.
Myddleton, Lt.-Col. C. W.
Myles, Lt.-Col. C. D., *M.B.*
Myles, Lt. W. A , 3 Bn S. Lan. R.

Nairn, Lt. D. G., *late* R.A.S.C. (T.F.)
Napier, Capt. A. L.
Napier, Temp. Capt, C. J. *late* R.A.S.C.
Napier, Lt.-Col. J. S. *M.C., M.B.*, R.A.M.C.
Nash, Capt. R. P.,R.A.M.C T.F.
Nasmith, Capt. G. W.. 7 Bn. Manch. R.
Nason, Maj. H. H. W. *D.S.O.*, ret. pay
Nathan, Capt. E. J,
Naylor, *Rev.* C. S., Temp. Chapl. to the Forces, 4th Class
Neale, Capt. J. A., Aust. Mil. Forces.
Neale, Maj. W. W. R.
Neame, Maj. A. L. C.
Neate, Capt. A., Qr.-Mr. Som. L.I.
Neate, Temp. Lt. F. H., R.E.
Neave, Maj. C. A., Res. of Off.
Needham,Capt. A. O.,*M.C.*, 7 Bn. Lan. Fus
Needham Lt -Col. J. E., *late* Lab. Corps
Needham, Col. J.G. *D.S.O.*, TD, R.A.S.C. (T.F.)
Neighbour, Capt. G. W., TD, 2s Bn. Lond. R.
Neil, Temp. Capt. G. L., R.A.M.C.

Neill,Capt. J.
Nellson, Capt. G. C., *M.B. late* R.A.M.C.
Nellson, Capt. R. B. S.
Nelson, Capt. C. G.
Neish,Capt. C. G.
Nelson, Maj. A. S., ret.
Nelson, Hon. Lt.-Col. H.
Nelson, Capt. J. H., *M.D., F.R.C.S.Edin.*
Nelson, Bn. Lt.-Col. temp, *Col.*) J.O.
Nelson, Temp. Col. P. R.
Nelson, Lt -Col. W., *late* Sco. Rif.
Neobard, Temp. Capt. H J. C.
Nesbitt, Temp. Capt. G., *M.C.*, Serv. Bns. North'd Fus.
Nesbit-Dufort, Lt. C. J. T.F. Res.
Neville, Temp. Lt. M. M., R.A.S.C.
New, Maj. C. E., 3 Bn. E Surr. R.
Newbery, Temp. Capt. J. W. T., *M.C.*, R.A.
Newbold, Col. A. W.
Newbold, Temp. Maj. W. R .
Newcombe. Capt. H. K., Can. Local Forces
Newell, Temp Lt.-Col. F. W. M. *D.S.O.*
Newell.Maj. L.M.,R.A.S.C. (T.F.)
Newell, Maj. S. M., *D.S.O.*, TD, R.E. (T.F.)
Newey! Capt. F., *M.B.*, in'e R.A.M.C.
Newham. Maj. W. H.. *late* R.A.S.C.
Newland. V. M., *M.C., late* Temp. Maj.
Newman, Temp. Capt. F. H., Qr.-Mr., Serv. Bns.R. W. Surr. R.
Newman, Capt. J. C., *M.B., F.R.C.S.*, R.A.M.C. (T.F.)
Newman, Maj. R. E. U., *M.C., M.B.*, R.A.M.C.
Newman, Temp. Capt. V. C., R. Mar.
Newsome, Temp. Capt. C. T., R.A.S.C.
Newton, Maj. H. K., *M.P., late* R.A.S.C.
Newton, Maj. S. G .
Newton, Maj. T. C., *D.S.O.* ret.
Newton-King, Capt. F. J., R.E.
Nevill, Maj. C. C. R., *D S.O.* I.A. Dept.
Niblett, Temp. Capt H. E. N , *D.C M.*, Temp. Qr.-Mr.
Nicholas. Hon. Lt. - Col. E. H. *late* R.A.M.C.
Ni h a s, Maj. J.
Nic o s, Temp. Lt. S. W R. E.
Nichol s,Temp.Capt.T. C., (R E.
Nic l, Capt. C. C., *late* A.O.C.
N l, Capt. E. McK.
N , Maj. E. A., Inspr. W orks
Nicholls, Maj. G. B. T., *late* R.A.O.C.
Nicholls,Temp.Capt. J. E.

Nicholson, Temp Maj. H. S., Labour Corps
Nicholson, Maj. R. B., *M.C*
Nicholson, Maj. T. B.
Nicholson, Maj. S. W., *M.C., late* R.F.A.
Ni ol, Temp. Lt. G., R E. Spec. Res.
Nicol. *Rev.* G. E., Chapl.
Nicol, Capt. J. V.D., 7 Bn. Lond. R.
Nicol, Capt. R. J., 4 Bn. Arg. & Suth'd Highrs.
Nicoll,Capt F. A. B.,3 Bn. R. Suss. R.
Nicolle, Capt. J. M., 3 Bn. S. Staff. R
Nind, Temp. Capt. H. J., R.G.A.
Nix, Hon. Maj. C G. A., T.F. Res.
Noble, Capt. B. W., Hon. Art. Co.
Noble. Capt. R.
Noel. Lt. *Hon.* C. H. F.
Noel, Capt. K. H.
Noon, Maj. C. *F.R.C.S., late R.A.M C.*
Norbury, Maj. F. H., R.A.S.C. (T.F)
Norman. Maj. E. H.,*D.S O.*
Nornabell, Maj. H. M., *D.S.O .,p.s.c.* [L]
North, Lt.-Col. E., TD, R.E., (T F.)
Northcott. Capt. H. J., R.A.S.C. Spec. Res.
Northen Capt. F., R. Def. Corps
Northover, Lt. H. R., *M.C.*, Can. Local Forces.
Norwood. Temp. Maj. C. J., R.A.S.C.
Nottidge, Maj. G.,R.E.
Nugent, Lt.-Col. G. R. H. R.E.
Nye, Lt. A. F., *late* A.P. Dept.

Oakley, Lt. J. G., 7 Bn. Hamps. R.
Oates,Temp.Capt.William, R.E.
Obree, Maj. A. E., ret I.A. Dept.
O'Brien, Capt. J.
O'Brien, *Rev* T, F., Temp. Chapl. to the Forces, 4th Class.
O'Bryen, Lt.-Col. C. W. [L]
O'Callaghan,*Rev.* J.,Temp. Chapl. to the Forces, 4th Class
Odell, Temp. Lt. O. F.
Odlum, Capt. B. A.
O'Donel, Maj. M. B. H.
O'Donnell, Lt.-Col. J., *late* Qr -Mr., T.F. Gen. List
O'Farrell, *Rev.* F., Temp. Chapl. to the Forces, 3rd Class.

Orders of Knighthood, &c.

MILITARY OFFICERS (O.B.E.)—contd.

Ogg, Maj. A. C., *D.S.O.*, p.s.c.
Ogier, Capt. L. l'H. R., R, Jersey Mila.
Ogilvie, Capt. A. G., R.F.A. (T.F.)
Ogilvie, Bt. Lt.-Col. A. TD, R.E.(T.F.)
Ogle, Maj. A. B.
O'Gorman, Hon Capt. *Rev.* J. J. Can. Local Forces.
O'Grady, Capt. R. L., *late* Gen List
O'Hara, Capt. E., Qr.-Mr. R.A.M.C.
O'Kelly, Capt. J. W.
Olden, Capt. G. W., Qr.-Mr., T.F. Gen. List.
Oldfield, Temp. Maj. J. W., *M.C.*
Oldham, *Rev.* I. M. S.. Chapl. to the Forces, 4th Class.
Oliver, Temp. Capt. E. V., R.A.O.C.
Oliver, Maj. M. W. B., *late* R.A.M.C.
Olley, Capt. A. E., *late* R.G.A. Spec. Res.
Olivant, Lt. R. C., R.F.A. (T.F.)
Ommanney, Capt. W. M. Local Forces.
O'Neill, Maj. A., *lat* R.A.M.C.
O'Neill, Capt. C, S., *M.D., late* R.A.M.C.
Onslow, Col R. W. A. Earl of
Oppenheim, Lt.-Col. R W
Orange-Bromehead, Capt. F. E.
Orde-Browne, Capt. G. St. J., *late* Gen. List.
O'Reilly, *Rev.* J., Chapl. to the Forces, 4th Class.
Orford, Lt.-Col. H J., S Afr. Def. Force
Orford, Lt. W. O.. R.F.A. (T.F.)
O'Riordan, Lt. H. M., 3 Bn R. Muns. Fu-.
Orme, Capt. F. G., T.F. Res.
Ormiston. Capt T. MacL. R.A.M.C. (T.F.)
Ormsby-Johnson, Bt. Maj G A.C , *M,C.*
Orpen, Maj. A. S., *late* Gen List.
Orr, Maj. H., Can. A.M.C.
Osborne, Lt.-Col. G. H., *late* Qr.-Mr 6 Bn. E. Surr R.
Osborne, Maj. J. W., Qr.-Mr.
Osler, Temp. Capt. J. B., R.A.S.C.
Osman, Hon. Lt.-Col A H., T.F. Res.
Ostler, Lt. F. E., R.A.S.C.
O'Sullivan, Maj. (Dist. Offr.) P.
Oswald, Temp. Maj., C. P.
Oswald, Lt.-Col. R. J. W., R.A.M.C. (T.F.)
Outram Temp. Capt. (*Bt Maj.*) F. D., R E
Ovans, Capt. C. P. J.
Overell, Temp. Maj. F. W., S Afr Def. Forces
Owen, Maj. A. L., *M.C.*
Owen, Temp. Capt. B. M. *M.C.*, R.E.

Owen, Maj. H. C., *M.C.*, 5 Bn. Midd'x R.
Owen, Temp. Maj. R,
Owen, Capt. R. C. R., *C.M.G.*
Oxley, Maj. F. J., TD R.A.M.C. (T.F.)

Packard, Capt. J. T., Qr.-Mr. R.A.M.C.
Packe, Maj. E. C., *D.S.O.*
Packe, Maj. F. E.
Packer, *Rev.* G. F., Temp. Chapl. to the Forces, 4th Class.
Packford, Temp. Lt. C. W.
Paddey, Temp. Maj. J. E.
Padfield, Capt F.H., 28 Bn. Lond. R.
Page, Maj. F. W., Aust. Mil. Forces.
Palin, Lt.-Col. R. H.
Palmer, Capt. A. C., *late* R.A.M.C.
Palmer, Temp. Maj. A. J., Tank Corps
Palmer, Temp Lt. C. E., R E.
Palmer, Lt. C. R., Can. Local Forces.
Palmer, Maj. C. W. G., 7 Bn. Hamps. R.
Palmer, Capt. E. H., *late* R.A.O.C.
Palmer, Capt E.H.B., E Afr. Prot?. Force.
Palmer, Temp. Maj. H. J. L., R.A.O.C
Palmer, Maj J. H. G., [l]
Palmer, Capt. L. E.
Palmer, Capt. V. T. D., 5 Bn. Pom. L.I
Pam, Maj. A., ret.
Pam, Lt.-Col , E., *late* R.E.
Pardoe, Capt. E P. H.
Parisotti, *Rev* ., Temp Chapl. to the Forces, 3rd Class.
Park, *Rev.* W. R., *C.I.E. late* Temp. Chapl. to the Forces, 2nd Class.
Parker. Capt. A. S., 5 Bn. Suff R.
Parker, Temp. Maj. B. W. R.A.S.C.
Parker, Temp. Capt. C. P.
Parker, Maj. E. A., *M.C., D.C.M.*, Qr.-Mr. R W Fus.
Parker, Maj. E. C., *late* L. R.A.S.C.
Parker, *Miss* F.M., *late* Dep. Controller Q.M.A.A.C.
Parker, *Rev.* J., Hon. Chapl. to the Forces, 4th Class.
Parker, Capt. L. C., Aust. Mil. Forces.
Parker, Capt. R. D., *M.D.*, S. Afr. Def. Force.
Parker, Temp. Capt. R. F.
Parker, Lt. S. J., 5 Bn. R. Fus.
Parker, Capt. *Sir* W. L., *Bt.* 9 Bn Hamps. R.
Parkes, Temp. Capt. W. A., R.A.S.C.
Parkhouse, Temp. Lt.-Col. J. B.
Parkhouse, Temp. Lt. S. E.

Parkin, Maj. F. H.
Parkin, Bt. Maj. H. D., *M.C.*
Parkinson, Capt J C. C., Inns of Court O.T.C
Parkinson, Lt.-Col. P. G.
Parks, Maj. E. W., TD R.A.V.C. (T.F.)
Parks, Temp. Lt.-Col.J.H., *D.S.O.*
Parkyn. Bt. Maj. H. G., 5 Bn. Rif. Brig.
Parmiter, Maj. C. L.
Parr, Capt. C.W C., Malay States Vol. Rif.
Parr, Capt. S. C , Temp. Qr.-Mr.
Parry, Capt. A. H.
Parry. Maj. E. C. M.
Parsons Temp Lt.-Col. C. T., *M.D.*, R.A.M.C.
Parsons, Col. F. G., *D.S.O., late* 4 Bn. Wilts. R.
Part, Lt.-Col. D. C.
Partridge, Temp. Capt. E. H. W., R.A.S.C.
Paske, Maj. E. L.
Patchett, Temp. Capt. A, N., R A S C.
Paterson, Maj. L., *M.D.*, Newf'd Contgt.
Paterson, Capt. M. W., *M.C.*, R.A.M.C. Spec. Res.
Patterson, Maj. D. W. *M.D* , R.A.M.C. (T.F.)
Patterson, Capt. H. D., *late* Gen. List.
Pattinson, Temp. Maj. H., *M.C.*, R.E.
Paul, Capt. H. W. M. *M.C.*
Pauli, Lt.-Col. J. R., TD 5 Bn. ? om. L.I
Pauncefort-Munday, Maj. H.C.. T.F. Res.
Pawle, Capt. H.
Paxman, Capt. W., *late* 5 Bn. Lond. R.
Payne, Maj. C., Qr.-Mr.
Peach, Temp Maj. B. N., R.F.A
Peach, Lt L. T., R.A.S.C. Spec. Res.
Peachy, Lt.-Col. W. E., *late* Labour Corps.
Peacocke, Lt.-Col, G. T., ret. pay (*Res. of Off.*)
Peake, Maj. E. G., *late* R E
Peake, Col. W. K. (T.F.), Maj. ret. pay (*Res. of Off.*)
Pearce, Temp. Capt. E. O., R.E.
Pearce, Maj. J. W., Qr.-Mr.
Pearce, Lt. J., K. O. Sco. bord.
Pearce, Maj. W., Qr.-Mr. R E. (T.F.)
Pearce, Temp. Capt. W. G. J., 1 Garr. Bn., Worc R.
Pearsall, Temp. Capt. S. J., temp Qr-Mr Serv. Bns Notts. & Derby. R.
Pearson. Capt. S. L.
Pearson, Temp Capt. C. E. Local Forces.
Pearson, Lt. G. L., Can Local Forces
Pearson, Lt. Col. H. F. A. R.A.M.C.
Pearson, Temp. Maj. J. B., R E

Pearson, Lt.-Col.
M B , F.R.C.S., *late* S. Afr. Def. Force.
Pearson, Maj. R. S., *late* York Hrs. Yeo. *Maj. late Res. of Off.)*
Pearson, Temp. Capt. R. W., R.A.S.C.
Pease, Capt. E. H., 4 Bn. York. R.
Peatt, Capt. E.S. W.
Peattie, Temp. Lt. D. M., Labour Corps.
Peck, Lt. R. R. H.
Pedley, Maj. O. H., p.s.c. [l]
Peebles, Capt. A. C., R.E. (T.F.)
Peel, Bt. Maj. R., 16 Bn. Lond. R.
Pellereau, Capt. J. C. E.
Pellew, Capt. E. I. P., *late* R.A.M.C.
Pemberton, Capt. E. G., *M.C.*, War. Yeo.
Pemberton. Temp. Capt. F. S., *M.C.*
Penhale, Capt. R. H., R.A.V.C. (T.F.)
Penhorwood, Lt.-Col. S. L., *M V O.*, Can. Local Forces.
Penketh, Maj J., Qr.-Mr.
Penn, Temp. Lt. H.A.
Pennefather, Temp. Capt. J. B.
Penny, Capt. C. J., R.A.M.C. Spec. Res.
Penrose, Maj. E. S., 3 Bn. Essex R.
Pepper, Maj. A. L., *M.C.*, ret. (*Capt. S. Afr. Def. Force.*)
Pepper, Commy. and Hon. Maj. H., Ind. Army Dept.
Pepper, Maj. T. O., *late* R.E.
Perceval, Temp. Capt. (*Bt. Maj.*) F. W., R.A.O.C.
Percy-Smith. Maj. D. C., *D.S.O.*
Perkins, Maj. A. A., TD *late* 7 Bn. Welsh R.
Perkins Temp. Capt. W., H, R.E.
Perkins, Capt. W. J., *M.C.*, 5 Bn. R.W. Surr. R.
Perrier, Capt. J. W.
Perrin, Capt. E. C., 4 Bn. Ches R.
Perry, Maj. H. M. J.
Pry-Knox-Gore, Capt. A. E.
Peters, J. W. P., *D.S O.*, ret
Peterson, Maj. G. L,
Petre, Lt.-Col. H.O., *C.M.G.*
Peyton, Maj. W, DcM., *M.B., late* R.A.M.C.
Phillips, Temp. Capt. C. C., R.G.A.
Phillips, Bt. Maj. C, E. S.
Phillips, Temp. Capt. C. K.
Phillips, Lt. E. W., R.G.A. (T.F.)
Phillips, Lt.-Col. G. P. A., Res. of Off.
Phillips, Maj. J. R. P., *late* R.A.M.C.
Phillips, Maj. P., *late* S. Afr. Def. Force
Phillips, Capt. R., *M.D.*, R.A.M.C. (T.F.)

Orders of Knighthood, &c.

MILITARY OFFICERS (O.B.E.)—*contd.*

Phillips, Lt.-Col. T. B., ret
Phillips, Maj. W. A., 3 Bn R.W. Surr. R.
Phillips, Capt. W. J., Qr.-Mr.
Phillipson, Temp. Maj. J. R.E.
Philpot, Capt. A. J., *late* R.E.
Phipps, Temp. Capt F. R., R.E.
Picken, Capt. A., *M.C., M.B.,* R.A.M.C. Spec. Res.
Pickett, Maj. A. C., *late* R.A.M.C.
Pickin, Lt. W. D.
Pierce, Capt. W. R., *M.D.,* T.F. Res.
Pierpoint, Maj. H. W., *F.R.C.S*
Pigott, Temp. Maj. H. L.
Pigott, Capt. J. G. G., *late* R.A.M.C.
Pigott, Capt. St. J. R.
Pigott, Lt.-Col. W. G., *late* Rif. Brig.
Pike, Maj. M. H., *M.C. lat-* Gen List.
Pillers, Capt. R. K., 3 Bn. North'n R.
Pillow, Capt. F. W., ret. (Qr.-Mr. and Capt Unattd. List T.F.)
Pim, Maj. J.
Pinder, Lt. F. W. S.
Pine, Capt. C.
Pinniger, Capt. A. E., *late* R.A.M.C.
Pirie, Capt. D. V.
Pirie, Maj. W. R., *M.B.,* R A M C. (T.F.)
Pitt, Temp. Capt. G., Temp. Qr.-Mr. Serv. Bas. Manch. R.
Pitt, Maj. G. N., *M.D.,* R.A.M.C. (T.F.)
Pitts, Temp. Capt. J., *M.C.*
Plant, Capt. E. C. P., *D.S.O.,* Aust. mil. Forces
Platts, Capt. M. G., *M.C.,* R E Spec. Res.
Playfair, Bt. Maj. C. M., *p.d.c.*
Playfair, Lt. T. A. J., *D.S.O.,* Aust. Mil Forces
Playford, Capt. E. F.,Aust. Mil. Forces
Plews, Capt. H., Qr.-Mr., 5 Bn. R. Suss. R.
Plucknett, Temp Lt. F., Labour Corps.
Plunkett, Capt. J. J.
Pocock, Capt. J. C.
Pocock, Temp. Capt. S. E., R.A.M.C.
Poignant, Temp. Maj. A.J. A., *M.C.* Serv. Bns. W. York R
Pole, Maj. W. T., Ches. R
Pollard, Lt.-Col. A.E. St. V.
Pollock, Capt. A. J. C.
Pollock, Lt.-Col. E. H., TD, R.A.S.C. (T.F.)
Pollok, Maj. A. B.
Pollok-Morris, Bt. Lt.-Col. T. A., *p.s.c.*
Pomeroy, Maj. *Hon.* R. L., Res. of Off.
Poole, Maj. F. G., *DSO,* [L]
Poole, Maj. H. R, *D.S.O.*
Poole, J. S., *D.S.O., late* Capt. K.R, Rif. C.
Pooler, Capt. J. R., *M.B.,* R.A.M.C. (T.F.)

Pooles, Temp. Capt. M., R.A.S.C.
Pope, Capt. A. N.
Pope, Capt. S. F., 6 Bn. Devon. R.
Porteous,Temp,Maj. P. G., R. G., R E.
Porter, Capt. H. C. V.
Porter, Capt. J. D., 6 Bn R. W. Fus.
Porter, Capt. M. D.
Postlethwaite, Maj. F. J. M.
Potter, Maj. B. H., *M.C.*
Potter, Bt. Maj. C. C. b., 10 Hrs. (*Gent. at Arms*)
Potter, Temp. Lt. F. T., *M.C*, R.A O C.
Potter, Capt. T., *D.C.M.,* Qr.-Mr. Arg. & Suth'd Highrs.
Potter, Maj. T. J.
Potts, Bt. Maj. C., Unatt. List T.F.
Poulton, Capt. F. C., *late* Temp. Insp.of Ord. Mach.
Powell, Maj. G. R. Welsh Horse Yeo. (*Hon. Lt.-Col. ret. Mtia.*)
Powell, Maj. H. H.
Power, Capt. R. P.
Pownall, Lt. Col. A., TD, 20 Bn. Lond. R.
Poyser, Temp. Capt. J., R.A.S.C.
Prater, Capt. G, Temp. Qr.-Mr.
Pratt, Lt. J. D., 4 Bn Gord. Highrs.
Pratt, Capt. M. P.
Preedy, Capt. C.
Prescott, Lt.-Col. J. J. W., *D.S.O.*
Prescott-Roberts,Maj P.A.
Prescott-Westcar, Maj. C. H. B., E. Kent. Yeo.
Preston, Lt.-Col. E E [J.]
Preston, Lt.-Col. W. J. P., *D.S.O.*
Pretty, Lt -Col. W. T., TD, T.F. Res.
Pretvman, Bt. Maj. G. F., *D.S.O.*
Prewer, Maj. (Dist. Offr.) W. H. R., R.A
Price, Temp. Maj. C. W., Tank Corps.
Price, Temp. Maj. F., R.A.S.C.
Price, Capt. W D., 9 Bn Hamps. R.
Price, Maj. W. E., T.F.
Prickett, Temp. Lt. F. C *M.C.,*Serv Bns.Durh. L I.
Pridden, *Miss* E. M., *late* Dep. Controller, Q.M.A.A.C.
Pridham, Bt. Lt.-Col. G R., *D.S.O.*
Priestley. *Miss* B. A., *late* Unit Admr., Q.M.A A C
Priestly. Maj. W., 7th Bn., Durh. L.I.
Primrose, Capt. A. F., R.E. (T.F.)
Prince Capt. C. E., West Cumb. Yeo.
Pringle, Lt.-Col. C. A. [L]
Pringle, Lt.-Col. S. S.,*late* R.A.M.C.
Prior, Lt.-Col. H. A. S. *D.S.O., late* Trng. Res.Bn.

Prismall,Capt. E., *late* T.F. Res, (*Hon. Lt.-Col. Can. Local Forces*)
Pritchard, Capt. J. M., 5 Bn R. W. Kent R.
Pritchard, Temp. Maj. R. G., R.E.
Probert, Col. W. G., Terr. Force
Proctor, Temp. Maj. E, R.E.
Prothero, Temp. Maj. A H., *M.C.,* R.A.S.C.
Protheroe-Smith. Maj. H. B.
Prout, Lt. - Col. W. T., *C.M.G.,M.B. late*R.A.M.C.
Prunell, *Rev.* W. A., Hon. Chapl. to the Forces, 4th Class
Prust, Temp. Maj. R. B.
Pryce, Temp. Capt. W. H.
Prvce, Capt. W. J. D., *D.C.M.,* Qr.-Mr.
Pryce-Jones, Maj. A. W., 16 Bn. Yorks. L.I.
Pugh, Temp. Capt. G. W., R.A.O.C.
Pugh, Lt. W. J., 6 Bn. R. W. Fus.
Puller, Maj.G.D., TD, 6 Bn R. Highrs.
Pullar, Capt. J. L., 4 Bn. R. Highrs.
Pullman, Capt. G. C., 6 Bn. E. Surr. R.
Puntis, Temp. Maj. W. E. (*Maj. S. Afr. Def. Force*)
Purdie, *Rev.* A. B., Temp. Chapl. to the Forces, 3rd Class
Purser, Maj. A. W., *M.C*
Purser, Maj. F. C., *M.D. lat*. R.A.M C.
Purves, Temp. Maj. T. F., R.F.
Pyle, Lt.-Col. G. E. A., 24 Bn. Lond R.
Pym, Maj. C. E., Suff. Yeo.
Pym, Col. F. H. N.,*C.M.G.,* ret. pay (*Res of Off.*), *p.s c*
Pyne, Capt. F. D., *A M.I.E.E., A.M.I. Mech. E.,* R.E. (T.F.)

Quilter, Capt. E. C., 4 Bn. Suff. R.
Quirke, Lt. R. F., R,G.A. Spec. Res.

Rabagliata, Temp. Capt. D. S. R.A.V.C.
Radcliff, Capt. A. S., R.A.S.C. Spec. Res.
Rae, Maj. J. G.

Raffles, Capt. S. C., 3 Bn· R. W. Fus.
Rahilly, Maj. J.M.B., *M.B.,* R.A.M.C.
Raikes, Capt. K. C., Mon. R.
Raikes, Capt. R. C. M.
Raikes, Lt. W. O., 2 Bn. E. Kent R.
Rainsford-Hannay, Capt. D.
Rainsford, Capt. G., *late* Labour Corps
Raley, Lt.Col. W. E., *late* York & Lanc. R.
Ramage, Temp. Capt. W., R.A.S.C.
Ramsay, Capt. G. C., *M.B., late* R.A.M.C. (T.F.)
Ramsay, Capt. J., *M.D.,* R.A.M.C. (T.F.)
Ramsay, Maj. J. G., *D.S.O.,* Cam'n Highrs.
Ramsay, Maj. R. A., *late* 16 Bn. Yorks. L.I.
Ramsbotham, Temp. Maj. H., *M.C.*
Ramsbottom, Temp. Lt. J.
Ramsden. Temp Capt.E.
Ramsey, Temp. Capt. A. D,
Randell, Temp. Capt. A. S.
Rankin, Capt. F. P.
Rankin, Capt H C D., *M.B.*
Rann, Maj. A. E., *M.C.,*S. Afr. Def. Force.
Ransome, *Hon.* Capt. R. S., Qr.-Mr.
Raper, Temp. Maj. E. C., Labour Corps
Ratcliffe, Capt. C. J., Glouc. Yeo.
Ratcliffe,Temp. Capt. H. J.
Rathbone, Capt. C. A., 3 Bn. S. Lan. R.
Raven-Hart, Temp. Capt. R. J. M., Serv.Bn Suff.R.
Ravenscroft, Capt. J. A.
Raw, *Rev.* A. E., Temp. Chapl. to the Forces, 3rd Class.
Rawlins, Temp. Capt. H. St. G., R.A.S.C.
Rawlinson, *Rev.* B. S., *C,M.G.,* Temp. Chapl. to the Forces, 1st Class.
Rawson, Bt. Maj. G. G., *M.C.*
Raymond, Maj. E. L.,19Bn. Rif. Brig.
Raymond, Temp. Maj. H., *M.C.*
Raymond, Temp. Capt. H. P., R.A.S.C.
Rayner, Capt. A. E., *M.D., late* R.A.M.C.
Read, Capt. A. H.
Read, Lt. G. J., *late* 4 Bn. N Staff. R.
Read, Maj. H., Can. Local Forces.
Read, Maj. P. A. O., TD, 5 Bn. N. Lan. R.
Reader, Capt. E. J. W, Qr.-Mr. 5 Bn. R. W. Surr. R.
Ready, Lt.-Col. B. T.
Rean, Capt. W. H., R.E. Spec. Res.
Reavell, Lt.-Col. G., TD, 7 Bn. North'd Fus. (T.F.)

MILITARY OFFICERS (O.B.E.)—contd.

Reckitt, Temp. Lt. C. E. H., R.E.
Redfern, Temp. Capt. A. E., M.C.
Redman, Capt. H.G., 4 Bn. Wilts. R.
Redman, Capt. S. G., 5 Bn. North'd Fus.
Reed, Lt. T. M., Hon. Art. Co.
Reed-Lewis, Lt. W. J. D.
Reeks, Lt.-Col. J. A.
Rees, Maj. B. T., 1 Bn. Mon. R.
Rees, Maj. H.
ⒸⒺ Rees, Bt. Lt.-Col. L. W. B., A.F.C.
Rees, Capt. W. A., M.D., F.R.C.S., late R.A.M.C.
Rees-Mogg, Temp. Maj. G. B. C., R.A.V.C.
Reeves, Capt. P. J.
Reid, Lt. Col. P. L., ret. pay.
Reid, Maj. W. C.
Reilly, Maj. B. R.
Rendall, Temp. Maj. T. S.
Rendel, Maj. R. M.
Rendle, Capt. W., late Tank Corps.
Renouf, Capt. C. P., Tank Corps
Renton, Capt. W. C., Qr. Mr. R.A.M.C.
Renwick, Capt. J., late R.A.M.C.
Revillon, Temp. 2nd Lt. J. W., R.E.
Reyneil, Rev. A. J., late Temp. Chapl. to the Forces, 4th Class
Reynolds, Temp. Capt. E. B., R.A.V.C.
Reynolds, Bt. Lt.-Col. E. H., Aust. Mil. Forces p.s.c.
Reynolds, Capt. H. J. B., R.A.S.C. (T.F.)
Reynolds, Maj. L. G. S., 8 Bn. Lond. R.
Reynolds, Temp. Lt.-Col R. P. N.
Reynolds, Lt.-Col. S. L.
Reynolds, Capt. W. C. N., Res. of Off.
Reynolds, Capt. W. P. K., R.A.S.C. (T.F.)
Rhodes, Maj. H. V.
Rhodes, Temp. Maj. S. M., ret.
Riach, Lt. A. R., R.A.S.C. (T.F.)
Riall, Maj. M. B. B.
Riccard, Maj. J. S.
Rice, Temp. Maj. H. H.
Rich, Maj. T., A.M.I.E.E., TD, R.E. (T.F.)
Richards, Lt.-Col. A. C., ret. pay (Res. of Off.)
Richards, Capt. F. H. M., Serv. Bns. R.W. Fus.
Richards, Maj. J. C. F.
Richards, Lt. M. J.
Richards, Capt. S. C., Can. A.V.C.
Richards, Rev. S. W. L., Temp. Chapl. to the Forces, 4th Class.
Richardson, Lt.-Col. C. W., g.

Richardson Lt.-Col. E. H., ret.
Richardson, Temp. Capt. F., Temp. Qr.-Mr. R.A.M.C.
Richardson, Capt. F., Can. Local Forces.
Richardson, Capt. Mr. ret. pay.
Richardson, Capt. H., M.C., TD, R.E. (T.F.)
Richardson, Hon. Maj. J., Qr.-Mr., ret. pay
Richardson, Lt.-Col. P. W., VD, ret. T.F
Richardson, Capt. T. W.
Richardson, Lt. W. A., Can. Local Forces.
Ricnardson-Griffiths Lt.-Col. C. du P., D.S.O.
Richmond, Capt. A E.
Richmond, Maj. J. D., D.S.O., M.B.
Richmond, Capt. F. H., R.A.M.C. (T.F.)
Rickett, Capt. G. R., M.L., R.A.M.C. (T.F.)
Rickman, Capt. A. P. W.
Riddell, Maj. B., M.D., R.A.M.C. (T.F.)
Ridgway, Lt. R. E., late R.G.A. (T.F.)
Ridings, Maj. C., D.S.O.
Ridley, Capt. G. W., 4 Bn. R. Suss. R.
Ridley, Maj. Hon. J. N., North'd Yeo.
Ridley, Maj. R. C., late R.A.S.C.
Pixby, Maj. J. C. A., M.B., late S. Afr. Overseas Forces.
Rigden, Maj. W. P., TD, T.F. Res.
Ring, Maj. J. S. H., Ind. Army.
Ripley, Temp. Capt. E. G., R.A.S.C.
Ritchie, Bt. Maj. B.
Ritchie, Maj. M. B. H., D.S.O., M.B.
Ritchie, Capt. R. L., M.B.
Ritchie, Maj. T. C., M.D., late R.A.M.C.
Ritchie, Maj. W., R.F.A. (T.F.)
Ritchie, Capt. W. T., M.D., R.A.M.C. (T.F.)
Ritson, Maj. C. W.
Rivers, Capt. W. S., Qr.-Mr. R.A.M.C. (T.F.)
Roaf, Capt. J. R., Can. Local Forces.
Roberts, Maj. A. H., D.S.O.
Roberts, Dr. A. M. Contr. Med Servs., Q.M.A.A.C.
Roberts, Maj. A. N. S., R.W. Surr. R.
Roberts, Capt. C. C. G., 16 Bn. Lond. R.
Roberts, Temp. Maj. G. D.
Roberts, Maj. G. F., R.F.A. (T.F.)
Roberts, Lt.-Col. H. B., p s c, [L]
Roberts, Maj., H. D., late R.A.S.C.

Roberts, Rev. H. G., Temp. Chapl. to the Forces, 4th Cla-s.
Roberts, Capt. H. W. [l]
Roberts, Maj. J. E. H., M.B., F.R.C.S. late R.A.M.C.
Roberts, Maj. N., M.D., late R.A.M.C.
Roberts, Maj. R., 4 Bn. R. W. Fus.
Roberts, Temp. Capt. R. G.
Robertson, Capt. R.A.M.C. (T.F.)
Robertson, Lt. A. C., R.A.S.C. (T.F.)
Robertson, Capt. A. L., M.B.
Robertson, Temp. Capt. C J. T., M.C., R.A.O.C.
Robertson, Bt. Lt.-Col. F. W.
Robertson, Capt. F. W., Bn. R. Scots.
Robertson, Capt. H.G., M.B.
Robertson, Maj. H. M. M.C.
Robertson, Capt. J. W., M.B., R.A.M.C.
Robertson, Maj. K. S.
Robertson, Maj. M., M.C., ret.
Robertson, Maj. R. A. H.
Robertson, Capt. R C., late R.A.M.C.
Robertson, Lt.-Col. T. A.
ⒸⒺ Robertson, Lt.-Col. W., Qr.-Mr. ret. pay
Robertson, Lt. W. A., Can. Local Forces.
Robinson, Maj. A. C.
Robinson, Capt. A. F., 19 Bn. Lond. R.
Robinson, Temp. Maj. C. E., R.A.
Robinson, Temp. Lt.-Col. C. W., Can. Local Forces.
Robinson, Capt. C. W., Aust. Mil. Forces.
Robinson, Lt.-Col. E., TD, R.E. (T.F.)
Robinson, Maj. H., F.R.C.S., late R.A.M.C.
Robinson, Maj. W. P., D.S.O.
Robson, Maj. A., 9 Bn. Hamps. R.
Robson, Temp. Maj. E Labour Corps.
Roche, Lt.-Col. B. R.
Rockett, Capt. H. C., late R.A.V.C.
Roddam, Lt.-Col. R. J., ret. Spec. Res.
Roderick, Maj. H. B., M.D., R.A.M.C. (T.F.)
Rodgers, Temp. Capt. F.M., M D., R.A M C.
Rodick, late Temp. Lt. W. R.
Rodliffe, Asst. Commy. of Ord. and Capt. T.
Rodwell, Capt. F. J., TD, 4 Bn. Suff. R.
Roeber, 2nd Lt. W. C. T., M.C., 15 Bn. Lond. R.
Rogers, Lt.-Col. C. H., Can. Local Forces.

Rogers, Capt. H. W. L., 4 Bn. R. Ir. Rif.
Rogers, Temp. Lt. L. C., R.A.O.C.
Rogers, Lt. T. L.
Rogerson, Capt. J. E., late T.F. Res.
Rolleston, Maj. A. G.
Rolling, Maj. B. I., D.S.O. R.E. (T.F.)
Rollinson, Capt. H. D., M.D., R.A.M.C. Spec. Res.
Rome, Lt. S. G., M.C.
Romer, Temp. Capt. C. R. R.
Romer, Lt.-Col. M., ret. pay (Res. of Off.)
Romer, Lt. R. W., R.F.A. Spec. Res.
Ronald, Temp. Capt. G., S. Afr. Def.
Ronald, Capt. R S., R.A.S.C. (T.F.)
Ronan, Temp Capt. W. J., M.B., R.A.M.C.
Rook, Maj. W. R, TD, 7 Bn. Notts. & Derby. R.
Rooke, Col. A. S.
Rooke, Capt. J. W., R. Wilts. Yeo.
Roose, Capt. G. U. B., 16 Bn. Lond. R.
Roscoe, Capt. H., R.G.A. T.F.
Rose, Lt.-Col. A. G., Qr.-Mr.
Rose, Capt. I. St. C.
Roseveare, Temp. Maj. L., R.E.
Ross, Capt. A., 4 Bn. Cam'n Highrs.
Ross, Maj. C., p.a.c.
Ross, Capt. C. T., Qr.-Mr. R.A.M.C. (T.F.)
Ross, Temp. Lt. D., R.E. Spec. Res
Ross, Maj. E. H.
Ross, Capt. F. McK., M.C., late S. Afr. Overseas Forces.
Ross, Lt.-Col. H. D., ret. pay (Res. of Off.)
Ross, Hon. Maj. W., Qr. Mr.
Ross, Maj. W. D.
Ross, Temp. Capt. W. J., R E.
Ross-Hume, Maj. A.
Rost, Lt.-Col. E. R.
Rostron, Maj. P. S., late R.H.A.
Roth, Maj. A. A., la t R A.O.C.
Rothschild, Temp. Capt. S. H., late R.A.S.C.
Rothwell, Maj.W E., D.S.O
Rountree, Capt. A. N., R.A.S.C.

Orders of Knighthood, &c.

MILITARY OFFICERS (O.B.E)—contd

Rouse, Capt. A. C., late R.A.S.C.
Routh, Maj. J. R., Can. Local Forces
Rowan, Maj. R. H., R.E. (T.F.)
Rowbotham, Temp. Capt. F., R.A.O.C.
Rowden, Temp. Maj. A. R
Rowden, Temp. Capt. E. G.
Rowe, Capt. H. G., R.F.A. (T.F.)
Rowe, Temp. Maj. W. H. C.
Rowell, Capt. C., late North'd. Fus.
Rowell, Capt. W. H., M.D., R.A.M.C. (T.F.)
Rowlands, Capt. R. P, M.B., F.R.C.S., R.A.M.C. (T.F.)
Rowlandson, Maj. H. W. (L)
Rowling, Temp. Maj. A. L.
Roxby, Capt. F. M., 4 Bn N. Staff. R.
Royds, Lt.-Col. A. H.
Royds, Maj E., T.F. Res.
Royle, Capt. E. R, late Gen. List (T.F. Res.)
Ruck, Capt. R. C.
Ruck-Keene, Maj. H. L., R.Highrs.
Rudd, Lt.-Col. H., ret. A. Ord. Dept.
Rudkin, Maj. H. E.
Rule, Temp. Capt. J. A., Serv. Bns., Devon. R.
Rummins, Lt. H.
Rundle, Maj. C. R.A.M.C. (T.F.)
Randall, Bt. Col. F. M., C B., D.S.O.
Rush, Sergt.-Maj. F. C., D.S.O., Can. Local Forces
Rush, Maj. J. -., Commy. Ind. Army Dept.
Russell, Temp. Capt. E. C.
Russell, Capt. E. G. R.A.S.C. Spec. Res.
Russell, Capt, H H. A.
Russell, Maj. H. W., M.D.
Russell, Lt.-Col. Hon V A. F. V., 5 Bn Bedf. & Herts. R.
Russell, Capt. W. S. K., 4 Bn. R. Suss R.
Rutherford, Capt. P. T., R.A.M.C. (T.F.)
Rutherford, Temp. Capt Z. R., R.A.V.C.
Ruttledge, Maj. T. G. M.C.
Ruxton, Temp. Maj. R. M. C., Labour Corps.
Ryan, Capt. P. M., late R.A.S.C.
Ryan, Rev. W., Temp. Chapl. to the Forces. 3rd Class.

Sale, Temp. Maj. A. B. M.C, Serv. Bns. R. War. R.
Sallis, Maj. D., TD, Qr.-Mr. 8 Bn. Worc. R
Salmon, Hon. Maj. I., ret.

Salmond, Capt. R. W. A., M.D., R.A.M.C. (T.F.)
Sampson, Maj. H. H., MC., M.B., F.R.C.S., late RAMC
Samuelson, Maj. C. H., T F Res.
Sandars, Temp. Capt. E. T.
Sandeman, Maj. A. P.
Sanders Miss G. L., late Contr. Q.M.A.A.C.
Sanders, Maj. S. G., Ridg. Mr.
Sanderson, Lt.-F.R ,R.F.A., (T.F.)
Sandes, Maj. C. W. W.
Sandes, Bt. Lt.-Col. T. L., M.D., S. Afr. Def. Force.
Sandison, Capt. J. F. W. M C., M.B., R.A.M.C. Spec. Res
Sandon, Temp. Capt. J. F.
Sands, Lt. R. W. P.
Sanford, Lt.-Col G. B. R. 1 Devon. Yeo.
Sanguinetti, Maj. W. R., M.C., late R.E.
Sarchet, Rev. W. H., M.C., Temp. Chapl. to the Forces, 2nd Class.
Sarjeant, Lt. L. J., 3 Bn. R. Highrs.
Sarson, Hon. Col J R. late 1 V.B. Leic. R.
Sassoon, Capt. A. M., M C. Satchwell, Temp. Maj. E., R.A.S.C.
Satterthwaite, Maj. C. R. Satow. Temp. Maj. G.F.H., M. G. Corps.
Saunders, Maj. A A., T.F. Res.
Saunders, Maj. E H., D S O.
Saunders, Capt. E. V., Qr.-Mr.
Saunders, Temp. Capt G. M., R.E.
Saunders, Temp. Capt. J.A., R.A.S.C.
Saunders, Capt. P. T. R.A.V.C Spec. Res.
Saunders-Knox-Gore, Lt.-Col. W A. G.
Saunders-O'Mahoney, Bt. Maj. U. C.
Savile, Maj. C. R. U., D.S.O.
Saville-Farr, Temp. Capt. ret.
Sayer, Maj G. W., F S.I., Insp. of Works.
Sayers, Maj. R. C., o,
Scale, Maj. J. D., D.S.O. L]
Scawin, Maj. R. W., late R.A.M.C.
Schank, Hon. Capt. H. A., late 3 Bn. Lancs. Fus.
Schofield, Maj. W. E
Scholes, Temp. Capt. W. N.
Scholtz, Temp. Capt. E. K., R.A.S.C.
Scholand, Temp. Lt. R. F. J., R.E.
Schwabe. Temp. Capt. C.P. R.E., Spec. Res.
Sclater, Capt. F. A., M.C., R.E., Spec. Res.
Scorgie, Temp.Lt.-Col N.G.
Scotland, Temp. Capt. A.P.
Scott, Capt. D. C.
Scott, Capt. D. J, M.C., M.D., R.A.M.C. (T.F.)
Scott, Maj. E. L., M.C., Uganda Trans. Corps.

Scott, Temp. Lt. F., R.E.
Scott, Capt. l. B. W
Scott, Capt. Qr.-Mr. & Maj. ' ., D.C.M., 7 Bn. Manch. R.
Scott, Maj. J. C., D S O.
Scott, Capt. J. H., Sco Horse Yeo
Scott, Maj. J. P., R.G.A. (T.F.)
Scott, Temp. Capt. Hon. M.
Scott, Temp. Maj. M. B., F.R.C.S.
Scott, Lt P A., 3 Co. of Lond. Yeo.
Scott, Maj. R. H., D.S.O.
Scott-Harden, Temp. Lt.-Col. H. S.
Scratchley, Lt.-Col. V. H. S., D.S.O., late T.F. Res.
Stratton, Capt. E.W. H. B. R. 1 Devon. Yeo.
Scruby, Capt. F. S., Camb. R.
Scruby, Maj. W. S. J.
Scully, Capt., V. M. B., D.S.O.
Seale, Temp. Maj. E. W., R.E.
Sealy, Capt. P. T.
Searight, Lt.-Col. J. G. L., late R. Def. C.
Seccombe, Maj. J. W. S.
Selby, Capt. E. J., late R.A.M.C.
Selby-Lowndes, Maj. W., jun., TD, Bedf. Yeo.
Sellers, Rev. H. G.. Temp Chapl. to the Forces, 4th Class.
Sells, Temp Lt. M.P.,R.E.
Selous, Lt. W. B., R. G.A., Spec. Res.
Sellwood, Temp. Maj. F. G. M.C., R.A.S.C.
Semple, Maj. R., M D.
Serjeant, Temp. Lt.-Col. T. H.
Serjeantson, Maj. C. M.
Seth-Smith, Capt. K. J., ret.
Sewell, Capt. D A D.
Sewell, Capt. J., Qr.-Mr. R.A.S.C.
Seymour, Maj. E., D.S.O., M.V.O.
Seymour, Maj. E. F. E., D S.O.
Seymour, Lt L., Herts R. Chapl. 3rd Class, R.A. [L]
Seys, Maj. R. C., D.S.O., [L]
Shackleton, Capt. A. G. Qr.-Mr., 2 Bn. Lond. R.
Shackleton, Temp. Hon. Maj. Sir E. H., Knt, C.V.O.
Shackleton, Temp. Capt H.P., M.B., late R.A.M.C.
Shaddick, Rev. H. G. H. Ch. D. Chapl. 3rd Class, R.A.
Shadforth, Capt. H. A.
Shadwell, Col. L, J.
Shairp, Maj. H. F., Ind. Army
Shannon, Maj. J., Qr.-Mr.

Shannon, Rev. W. F., B.A Sen. Chapl., Aust. Mil. Forces.
Sharp, Capt. A. T., 5 Bn. Leic. R.
Sharp, Maj. F.
Sharp, Lt.-Col. G. E.
Sharp, Capt. R., R.E. (T.F.)
Sharp, Bt. Maj. W., R.E. (T.F.)
Sharpe, Bt. Maj. A. G. M. D.S.O.
Sharpe, Lt.-Col. G.W., 5 Bn. R. Lanc. R.
Sharples, Lt. F. D , R.A.S.C. (T.F.)
Shaw, Maj. A. G., M.C., 4 Bn. E. York. R.
Shaw, Temp. Maj. F. A. Labour Corps.
Shaw, Lt. J. H. M., ret.
Shaw, Capt. P., Lan. Hrs.
Yeo.
Shaw, Lt. R., late 12 Bn. R. Innis. Fus.
Shaw, Temp. Maj. T. A., R.E.
Shearburn, Maj. A. D., Qr.-Mr.
Sheath, Capt. W. A. S., 8 Bn. L'pool R.
Sheedy, Capt. T., R.A.M.C. (Spec. Res.)
Shelmerdine, Bt. Maj. F. ., Res. of Off.
Shepherd, Bt. Col. W. C., TD, 4 Bn. Essex R.
Sheppard, Lt. E. W., M.C.
Sheppard, Miss H M., late Dep. Controller. Q.M.A.A.C.
Sherer, Lt.-Col. J C.
Shilson, Temp. Maj. B. W.
Shilton, Temp. Capt. F. W.
Shine, Maj. E. P. F., Ind. Army
Shingleton, Temp. Maj. L
Shipp, Lt. F. E.
Shoetensack, Maj E. L., late R.A.O.C.
Shore, Capt. G. W. R.A.M.C. (T.F.)
Short, Maj. O. M., TD, R.E. (T.F.)
Shorto, Maj. H. G., TD, R.A.S.C. (T.F.)
Sidebottom, Temp. Capt. J. K., R.E.
Sidgwick, Maj. H. C., M.B.
Sidney, Capt. E. H., Dep. Commy. of Ord.
Sigrist, Capt. F., Dep. Commy. of Ord. R.A.O.C.
Sikes, Temp. Capt. C.W.B., R.A.V.C.
Silley, Maj. E. C., late Gen. List
Silverthorne, Maj., J. W. B.
Slime, Maj. W. M., Malacca Vol. Rif.
Simmonds, Temp. Capt. R.
Simonds, Hon. Col. R. H., VD, l te Unattd. List (late) Vols.
Simonson Lt. P. W., Aust. Mil. Forces.
Simpson, Col. (Terr. Force) A. P., TD,

MILITARY OFFICERS (O.B.E.)—contd.

Simpson, Bt. Lt.-Col. A. W.W., 5 Bn. Manch. R. *M.C.*
Simpson, Bt. Maj E H., *M.C.*
Simpson, Lt.-Col. G. C. E., *M.B., F.R.C.S., T.F. Res. Brig.*
Simpson, Lt.-Col. J., ret. R. Mar. (*Hon. Maj. & R.A.S.C., Qr.-Mr. Res. of Off.*)
Simpson, Temp. Maj. S. G., R.A.S.C.
Simpson, Temp. Capt. W. S., S. Afr. Def. Force.
Sims, Lt.-Col. J. H. L., TD, *late* N. Lan. R.
Simson, Maj. A. F. R. Mar.
Simson, Lt.-Col H.
Simson, Capt. R.
Simson, Capt. R., 4 Bn. R. Scots.
Sinclair, Capt. D. B., T.F. Res.
Sinclair, Maj. W.
Sinclair-Wemyss, Maj, R.D
Singer, Maj. C. A., *late* R.E.
Singh, Temp. Hon. Maj. D. E. R., I.M S.
Singlet n, Temp. Capt, H., Serv. Bns. R. Ir. Fus.
Sinkins n, Capt. A. P. Le M., 5 n R. Fus.
Sisson, Temp. Capt. H. A., R.E.
Skaife, Maj E O. [L]
Skeats, Maj. T. G., Qr.-Mr.
Skene, Maj. P. G. M.
Skinner, Maj. A. B., *D.S.O.*
Skinner, Lt. D. C., Can Local Forces.
Skinner, Maj. E. W., *late* R.A.M.C.
Slaney, Hon. Maj. C. W., Qr.-Mr. ret pay
Sleight, Maj. E., TD, T.F. Res.
Slesor, Lt.-Col H., ret. pay.
Sloper, Capt. J. S., *M.B.*
Slowan, Capt. W. J. M. *M.D., R.A.M.C.* (T.F.)
Smart. Lt. T. F. M., 7 Bn. North'd Fus.
Smellie, Temp. Lt.-Col. J. H.
Smellie, Lt. W. T., 6 Bn. Arg. & Suth'd Highrs.
Smethurst, Lt.-Col. W. W., R.F.A. (T.F.)
Smith, Capt. A., *late* Lanc. R.
Smith, Maj. A. A., Can. Local Forces.
Smith, Maj. A. E., *M.C.*, Res. of Off.
Smith, Temp. Lt. A. G., R.E.
Smith, Temp. Capt. (*B¹. Maj.*) A. H., 25 Garr. Bn. Midd'x R.
Smith, Temp. Capt. Alan R.
Smith, Temp. Capt. A. W.
Smith, Capt. A. W., Camb R.
Smith, Temp. Lt. A. W.
Smith, Lt ol. B. G., ret.
Smith, Maj. C. E., *late* A.P.D.
Smith, Maj.C.G.R., A.P.D *F.R.C.S.*
Smith, Capt. C. W., *M.B., F.R.C.S., Edin., late* R.A.M.C.
Smith, Temp. Maj. D. J.
Smith. Temp. Maj. D. R., *M.C.*, R.A.O.C.
Smith, Capt. E. P. A. *M.C., M.B*
Smith, Lt. E. R., 5 Bn. Rif. Brig.
Smith, Temp. Maj. F. H.
Smith, Temp. Capt. F P., Serv. Bns R, Lanc. R.
Smith, Capt. G. E, ret. pa, T.F.
Smith, Col. G. F., VD, ret. T.F.
Smith, Temp. Capt. G. L. ret.
Smith, Maj. G. R. De H.
Smith, Maj. G. W.
Smith, Maj. G. W., *late* R.A.M.C.
Smith, Lt. H. C., *M.C.* R.E. (T F).
smith, Maj H. E., *D.S.O.*
Smith, Temp. Maj. I. C. V., R.A.S.C.
Smith, Temp. Lt. James, R.E. Spec. Res.
Smith, Lt -Col. J. C. C., *M.B.*
Smith, Maj J. W., Qr.-Mr Shrops. L.I.
Smith, Temp. Capt. L. H. of Off.
Smith, Maj. M. O,
Smith, Temp. Maj. P. A., R. Mar.
Smith, Bt. Maj. R. H. (T.F.)
Smith, Capt. S., R.A.S.C.
Smith, Capt. S., R. Malay States Vol. Rif
Smith, Maj. S. A., *D.S.O., late R.A.M.C.*
Smith, Lt.-Col. S. B., *D.S.O., M.D.*
Smith, Capt. S. J., Qr.-Mr.
Smith, Lt. S. W.
Smith, Temp. Maj V.
Smith, Lt.-Col. (*Temp. Col.*) W. F.
Smith, Temp. Capt. W.S.
Smith, Temp. Capt. W.. Asst. Comy. of Ord R.A.O.C.
Smithers, Capt. H., 4 Bn. R.W. Kent R.
Smithett, Maj. H. C. E.
Smithwick, Maj. S. G.
Smyly, Maj. F. P.
Smyly, Maj. R. J.
Smyth, Maj. B., *M.V.O.* Qr -Mr.
Smyth, Capt. B. O.
Smyth, Maj H. E., *D S O.*
Smythe, Maj. H. A., *late* R.A.S.C.
Smythe, Lt. P. C., 6 Bn. R. Highrs.
Snelling, Temp. Capt. L F., R.A.O.C.
Snepp, Maj J W.
Soames, Capt. A. G., ret. pay.
Soames, Temp. Lt. G.
Soames, Temp. Maj. W. F.
Solomon, Lt.-Col. H. J., *late* R.A.S.C.
Somers, Maj. J. P., ret. T.F.
Somerset, Temp. Capt S.
Somervell, Temp. Maj. S. C., R.A.S.C.
Somervell, Capt. D. B., 9 Bn. Midd'x R.
Somerville, Maj. T. V., *M.C., late* R.A.M.C.
Sorley, Capt. G M., 3 Bn. Lond. R.
South, Maj. T., 8 Bn. Midd'x R.
Southampton, Maj. C. H. F., *Lord, late* 4 Bn. C., *M.D*, R.A M.C.
Southee, Capt E A., *late* R.A S.C
Southon, Maj, C. E., *M.B.* R.A S.C.
Southey, Maj., J. H. W.
Sowerby, Capt. E. C., 4 Bn. Suff. R.
Spafford, Lt. A. O., R.E. (T.F.)
Spafford, Capt. P. L.
Spalding, Maj. W. B.
Sparrow, Maj W. A., R.E (T .)
Sparrow, Maj. W. G., Qr.-Mr. R Mar.
Speed, Capt. D. C. L.
Speed, Temp. Capt. R. H., R.A.S.C.
Speke, Capt. H. B., 4 Bn. North'd Fus.
Spence, Maj. R. B.
Spencer, Bt. L .-Col. H.
Spencer, Temp. Lt. - Col. H. R., R.E.
Spencer, Maj. W. G., *M.B.*
Spencer, Maj. W. G., *M.B., F.R.C.S., R A.M.C., T.F.*
Spens, Temp. Lt. A. B., R.A.S.C.
Spens, Maj. J. I., T.F. Res.
Spens, Capt. W. P., 5 Bn. R.W. Surr. R.
Spink, Hon. Lt. B. J. W., Can. Local Forces, *D.S.O.*
Spinks, Lt.-Col. C. W., *D.S.O.*
Spittaler, Maj. A., *M.B.*
Spoor. Capt.S.G., R.A S C (T.F.)
Sprague. Lt. D. E., Can. Local Forces.
Spranger, Temp. Maj. F. J.
Spratley, Capt. T. J., Qr.-Mr., R.A.M.C.(T.F.)
Spread, Capt. E. J. W., *M.C.*, N. Lan R.
Springhall Lt.-Col. J. W., *D.C.M.*, Qr.-Mr. E. York. R., ret.
Sproule, Lt.-Col. H., *late* Mil. Forces
Sproule. Capt. J. C.
Spry, Maj. D. W. B., Can. Local Forces.
Spurling, Temp. Maj. D.
Spurrier, Temp. Maj. G. S. *D.S.O.,* R.A.S.C.
Spurway, Temp. Maj. J. E.
Spyer, Temp. Capt G.
Squires, Capt. T. L., T.F. Res.
Stacke, Capt. H. H.
Stack, *Rev.* J., Temp. Chapl. to to the Forces, 2nd Class.
Stacpoole, Lt.-Col. G.W.R., *D.S.O.*, ret. pay (*Res. of Off.*)
Stacy, Capt. V. O., Aust. Mil. Forces.
Stafford, Maj. P. B.
Stafford, Temp. Capt. W., R.A.S.C.
Stainforth, Temp. Lt. R. H
Stalker, Temp. Lt. J., R.E.
Stallard, Capt. R. H.
Stallard, Capt. S., *D.S.O.*, 17 Bn Lond. R.
Stamberg, Temp. Maj. A. C., *M.D* , R.A M.C.
Stammers, Lt. F. G.
Stamp, Lt.-Col. C. G.E.F.
Stamp, Lt. A. F.
S andage, Capt. H. E., *late* R.A S.C.
Standish, Temp. Maj. W. P., Gen. List.
Standish-White, Maj. R., *F.R.C.S.I., late* R.A.M.C.
Stanf rd. Temp. Maj. F. O., R.E
Stanford, Temp. Maj. W., R.A.
Stanhope, Capt. C. L. *late* Gen List
Stanley, Temp Lt. E. R., Serv. Bns. S. Staff. R.
Stanley Temp. Maj. J. tanley, Maj. R. V. S., *late* R A S.C.
Stanley-Jones, Maj. W. H
Stannard, Lt. F. C., *D.C.M.* R.F.A. (T.F.)
Stannus Lt.-Col. G W. I. FitzG., 1 Co. of Lond. Yeo.
Stansfeld, Lt.-Co . C. G.
Stanton, Maj. R. W. S., Res. of Off.
Stapylton, Lt -Col. M. J., Res. of Off.
Starkey, Temp. Capt. D.
Starkey. Temp. Maj. H. J.
Starkey, Capt. H. S. C., R.A.M.C.
Starr, Temp. Lt. F. J.
Statham, Maj R. S. S. *M.D., late* R.A.M.C.
St. Aubyn, Bt. Maj. G. S.
Stavers. Temp Capt. John, *M.V.O.*, R.A.S.C.
Stearns, Lt. C. E., 5 Bn. K.R. Rif. C.
Steel, Capt. F., 3 Bn. Essex R.
Steel, Temp. Lt. G., R.E.
S eel, Capt. J. V.
Steel, Capt. T. H., Aust. Mil. Forces
Steele, Maj. C. E. B.
Steele, Capt. G., North'n Yeo.
Steele, Maj. H. S, *late* Serv. Bn Worc. R.
Stenning, Lt.-Col. H. A. T. D., T.F. Res.
Stephen. Maj. G. A., 6 Bn. Gord. Highrs.
Stephen, Lt.-Col. G. N , *late* R.A.M.C
Stephens, Maj. F. T., *M.C., late* Gen. List.
Stephens, Lt. H. S., Hon. Art. Co.
Stephens, Maj. L. N
Stephenson, Capt. B., *M.C.*, R. 1 Devon. Yeo.
Stephenson, Maj. J., ret.
Stephenson, Maj. S. G., *late* Serv. Bns. Glouc R
Stericker, Bt. Maj. N., Sco Horse Yeo.
Stern, Capt. F. C., *M.C.*, 2 Co. of Lond. Yeo.

Orders of Knighthood, &c. 203

MILITARY OFFICERS (O.B.E.)—contd.

Sterndale-Bennett, Maj. J.
Steveni, Temp. Capt. (bt. maj.) L., M.C.
Stevens, Capt. (Dist. Offr.) E.J.
Stevens, Maj. J., 4 Bn. W. Yorks. R.
Stevens, Temp. Capt. (bt. maj.) L., M.C.
Stevens, Temp. Capt. T. A.G.
Stevenson, Temp. Lt. B. J.
Stevenson, Capt. G. H., M.C., M.B., R.A.M.C. Spec. Res.
Stevenson, Maj. H. D. M., M.C.
Stevenson, Bt. Maj. J., R.E. (T.F.)
Stevenson, Temp. Insp. of Ord. Mach. & Maj. Robert, M.C., R.A.O.C.
Steward, Lt.-Col R. N.
Stewart, Temp. Maj. A. G. B., R.A.O.C.
Stewart, Lt.-Col. A. B. S., TD, R.A.M.C. (T.F.)
Stewart, Lt.-Col. A. F, C.M.G.
Stewart, Lt.-Col. C., late High. L.I.
Stewart, Capt. C. R., late R.A.M.C.
Stewart, Temp. Maj., D MacI., R.E.
Stewart, Miss G., late Unit Admr. Q.M.A.A.C.
Stewart, Maj. G. H.
Stewart, Maj. H. A., D.S.O.
Sewart, Maj. J.
Stewart, Temp. Lt. J., Serv. Bns. R. Sc. Fus.
Stewart, Capt. J. A., 6 Bn. High. L.I.
Stewart, Capt. P. D., Can. Local For es.
Stewart, Temp. Capt. P P J., M.B., F.R.C.S.Edin., R.A.M.C.
Stewart, Bt. Maj. R. N., M C
Stewart, Capt. V. B., 5 Bn. High. L.I.
Stewart, Temp Capt. W H. B., R.E.
Stewart, Maj. W. A.
Stewart, Capt. W. H., Qr.-Mr., 8 Bn. Manch. R.
Stewart-Bam, Lt.-Col. Sir P. C. van B., Knt., 7 Bn. Lond. R.
Stickinckls, Capt. R. W. E., R.A.M.C. (T.F.)
Stiffe, Lt.-Col. A. F. E
Still, Hon. Lt. J., Can. Local Forces
Stlorett, Maj, A. N., M.C. Can. A.S.C.
Stirling, Rev. J. F., Hon. Chapl. to the Forces, 3rd Class.
Stirling, Capt. P. D., M.C., Res. of Off.
Stirling Capt. W. late R.A.M.C.
Stoble, Temp. Capt. H. R. Gen. List.
Stoble, Capt. W., R.A.M.C. (T.F.)
Stockwell, Maj H. C., ret pay (Res. of Off.)
Stoddard, Capt. G.

Stokes, Capt A., D.S.O., M.D., F.R.C.S.I., late R.A.M.C.
Stokes, t. Lt.-Col. C. B., C.I E.. D.S.O., p s.o. [L]
Stokes, Capt. G. E., 15 Bn. Lond. R.
Stokes, Capt. H. late R.A.M.C.
Stokes, Capt. H. F.
Stoke, Temp. Capt. L. E. S., R.A.
Stokes, Temp. Maj. (Temp. Col.) R. S. G., D.S.O., M.C. R.E.
Stokes, Maj. W. N., D.S.C.
Stokes-Roberts, Capt. A E., M.C.
Stone, Maj. A. G., M.C.
Stone, Temp. Lt. P. A., R. A.S.C.
Stoneham, Capt. H F,
Stopford, Temp. Capt. J R. N., Visc., Gen. List
Storey, Capt. A. T. T., 3 Bn. S. Lan. R.
Storey, Capt. J. C., Aust. Mil. Forces.
Storey, Temp. Maj. R
Storr, Temp. Capt. F. H.
Stothert, Maj. W., R.A.V.C (T.F.)
Stott, Capt. J. R., M.B. late R.A.M.C.
Stott, Lt.-Col. H., T.F Res.
Stott, Capt. W. H., late R.A.M.C.
Stourton, Temp. Lt. H M. J., R.A.S.C.
Stout, Temp. Lt. P. W., D.S.O.
Stow, Temp. Maj. D. F., R.A.S.C.
Stow, Temp. Capt. G., R.E.
Stoyle, Temp. Lt. W., R.F.A.
Strachan, Temp. Capt. E F, M.C., Serv. Bns. Lan Fus.
Stradling, Lt. A. H., 5 Bn Gord. High.
Strahan, Capt. G. C.
Strathern, Capt J., M.D., F.R.C.S., R.A.M.C. (T.F
Streatfield Temp Maj. G F. S., D.S.O. R.E.
Street, Lt.-Col. A. (Maj. Res. of Off.)
Street, Capt. C. J. C., M.C. R.G.A. Spec. Res.
Strickl nd, Maj. G. T
Strong, Maj. R. H., M.B., late R.A.M.C.
Stronghlll, Miss M. A. R.R.C., Senior Trai g. Sister Q A I.M.N S. for India
Struben, Temp Capt. R H.. Gen. List
Stuart, Temp. Maj. E. J.
Stuart, Maj. F. J., M.B., late R.A.M.C.
Stuart, Temp. Maj. J.
Stuckey, Capt. E. J., M.B late R.A.M.C.
Sturdee. Lt. V. A., D.S.O., Aust. Mil. Forces.
Suffern, Lt.-Col. A. C., M.D., late R.A.M C
Sulivan, Capt. L. M. P., TD, 1 Bn. Lond. R.

Sullivan, Maj. G. K., M.C
Summons, Capt. W. E. Aust. Mil. Forces
Sumner, Maj. O., late R.E.
Sunderland, Maj. B. G. E. Surtees, Capt. R L, 3 Bd Shrops. L I. (Capt. Res. of Off.)
Sutcliffe, Maj. W. G., F.R.C S., R.A.M.C. (T.F.)
Sutherland, Capt. A. H. C., M.C.
Sutherland, Capt. B. M., Aust. Mil. Forces.
Sutherland, Temp. Lt.-Col J., D.S.O.
Swan, Temp. Maj. R. A., Serv. Bn. Essex R.
Swan, Maj. R. H. J., M.B. F.R.C.S., late R.A.M.C.
Swann Lt. E. E., 5 Bn Essex R.
Swanzy, Temp. Lt. F. H., R.A.O.C.
Swayne, Lt.-Col. E. H.
Swayne. Capt. R. W., M.B. R.A.M.C (T.F.)
Sweeny, Capt. S. F. C., Res of Off.
Sweeting, Capt. H. C., 5Bn. K.R. Rif. C.
Sweetman, Capt. G. D. Assoc. M.Inst. C.E., Temp. Inspr. of Works.
Sweetman, Lt.-Col. M. J.
Swinbourne, Capt. C. A., l te Serv. Bns. N. Lan. R.
Swinburne, Capt. J. K., Can. Local Forces.
Swindells, Temp. Maj. F. M.
Sydney-Turner, Temp. Maj. C. G. R., D.S.O.
Sykes, Capt. A. C., D.S.O.
Sykes, Rev. F. M., Hon Chapl. to the Forces, 3rd Class
Sykes, Maj. G. A., F.R.C.S. (T.F.)
Sykes, Temp. Capt. S. W M.C.
Symes, Capt. J., 6 Bn Devon R.
Symes, Temp. Capt. (Bt Maj. K. P.
Symes, Lt.-Col. W., Qr.-Mr., R. Mar.
Synnott, Temp. Maj. P.J.I. R.A.
Syson, Capt. A. E. (Temp. Maj. R. Mar.)

Tagg, Temp. Lt.-Col. G. J., R.E.
Tait, Capt. W. I., 5 Bn. Suff. R.
Tamblyn, Lt.-D S. D.S.O., Can. Local Forces.
Tandy, Maj. M. O'C. D.S O.
Tangye, Temp. Capt. R T.G.
Taperell, Capt. B. T. R.A.S.C. Spec. Res.
Taplin, Hon. Capt. C. Q., Aust Mil. Forces.
Tapp, Lt. A. G. R. S., M.C., R.F.A., Spec. Res.

Tapp, Capt. H. A., M.C.
Targett, Lt. H., R.W. Surr. R.
Tarran, Maj. W., TD, Qr.-Mr., T.F. Gen. List
Tate, Lt.-S. M. Can. Local Forces.
Tatham, Bt. Col. C. J. W.
Taunton, Lt. J. W. L.
Tayler, Temp. Maj. H.P.B., D.S.O.
Tayleur, Lt.-Col W., late T.F. Res.
Taylor, Temp. Capt. A J., R.A.S.C.
Taylor, Capt. A. W., M.C., Qr.-Mr. W. York. R
Taylor, Temp. Capt. B. W., R A
Tylor, Temp. Maj. C. G., R.A.S.C.
Taylor, Lt.-Col. C H R., TD, 4 Bn. Essex R.
Taylor Capt. O. R., M.B., late R.A.M.C.
Taylor, Temp. Capt. D. C. M C, M.B., F.R.C.S., R.A.M.C.
Taylor, Capt. D. P., Qr.-Mr. R.A.M.C.
Taylor, Maj. E. C., F.S.I., Inspr. of Works.
Taylor, Capt. E. S., M.B., T.F. Res
Taylor, Maj. G., late R.A.M.C.
Taylor, Lt.-Col. G. C., M.D., R.A.M.C. (T.F.)
Taylor, Lt. H. L., R.A.S.C.
Taylor, Rev H. M. S., Temp. Chapl. to the Forces 4th Class.
Taylor, Capt. J., F.R.C.S., R.A.M.C. (T.F.)
Taylor, Maj. J., F.R.C.S.E., late R.A.M.C
Taylor Maj. J. V., C.I.E., late R.E.
Taylor, Lt. R. A. G., M.C.
Taylor, Capt. R. C.
Taylor, Maj. T. A. H., M.C., Can Rly. Serv. (Capt. ret. pay) [L]
Taylor, Maj. W. J., Can. Local Forces.
Taylor-Young, Hon. Capt. H. C., Aust. Mil. Forces.
Teasdale, Temp. Capt. G. A. J., R.F.A.
Tebay, Temp. Capt. F. H., R. A.
Tee, Capt. C. C., M.C.
Teeling, Maj. B. L. C., R.A.S.C. Spec. Res.
Tegg, Temp. Lt. C.
Teichman Derville, Temp. Maj. M., R.A.S.C.
Temperley, Capt. C. E., M.C.
Temperley, Capt. H.W. V., Fife & Forfar Yeo.
Temperley, Maj. R., TD ret. T.F.
Temple, Maj. T
Temple, Bt. Lt.-Col. R. C.
Templer, Bt. Col. H., ret. Ind. Army.
Tennant, Lt. A. K, 6 Bn. R. Sus. R.
Tennant, Temp Lt. E W D,
Tennant, Lt.-Col. H. L., p.s.c., c.

MILITARY OFFICERS (O.B.E.)—contd.

Tennent, Maj H. M., *late* R.A.S.C.
Tennent, Maj. T. H., Qr.-Mr.
Ternan, Maj. H. A. B., ret. pay (*Res. of Off.*)
Terry, Maj. C. E.
Tew, Temp. Capt. C. N.A., R.E.
Teversham, Bt. Col. R. K., *D.S O.*
Thackeray, Capt. J. M., 3 Bn. Suff. R.
Thackwell, Maj. N. E. O.,*g.*
Thatcher, Capt. R. S., *M.C.*, 3 Bn. Som. L. I.
Theakston, Temp. Lt. F., R.E.
Theobald, Lt.-Col. C. E, *late* R.A.S.C.
Thomas, Temp. Capt. B. H., R.A.S.C
Thomas, Lt. C. C., Can. Loca Forces.
Thomas, Maj. D. B., ret. pay.
Thomas, *Miss* E., *late* Cont. of Admin., Q.M.A.A.C.
Thomas, Capt. F. H. H., TD Qr.-Mr., T.F. Gen. List.
Thomas, Capt. G. P.
Thomas, Maj. H. J. P., *l te* R G.A. (T.F.)
Thomas, Temp. Maj. L., Gen. List.
Thomas Temp. Lt. P. E., R.E.
Thomas, *Rev.* R. A., Temp. Chapl. to the Forces, 3rd Class.
Thomas, Temp. Maj. R. J., R.E.
Thomas, Temp. Lt. S. A., R.E.
Thomas, Capt. T. C., *M.C.*, *late* Labour Corps.
Thomas, Temp. Capt. T. M. C., *M.C.*, Serv. Bns. Suff. R.
Thompson, Temp. Maj. A. H. J.
Thompson, Maj. A. M., Singapore Vols.
Thompson, Maj. C. H. F. *D.S.O.* 5 Bn. Lond. R.
Tho npson, Temp. Lt.-Col E., R.E.
Thompson, Lt.-Col. G., TD, 13 Bn. Lond. R
Thompson, Maj. H. A
Thompson, Lt. J. B., 5 Bn. Bord. R.
Thompson, Lt. J. F., 3 D.G. Spec. Res.
Thompson, *Miss* J. G., Deputy Administrator Q.M.A.A.C.
Thompson, Capt J. J., Can. Local Forces.
Thompson, Temp. Lt. J. J., R.E.
Thompson, Maj. J. P.
Thompson, Temp. Capt. M.S.
Thompson,Temp. Lt. R. E. R.A.S.C.
Thompson, Temp. Capt. W. W., Temp. Qr.-Mr. Serv. Bns. Lan. Fus.
Thomson, Temp. Capt. A. L.

Thomson,Capt.D.,*M.B.*,ret.
Thomson,Temp. Capt. H. C. S., R.A.S.C.
Thomson, Temp. Lt. J. P., Brit. W I R
Thomson,.Capt. J R. K., *late* R.A.M.C.
Thomson, Maj. W. G. Newfoundland Contgt.
Thorburn, Maj. W.. TD, T.F. Res.
Thorne Capt. W. C., R.E. (T.F.)
Thorns, Temp. Capt. L. M.C.
Thornton, Temp. Lt B. A.
Thorogood, Capt. P. W. 15 Bn. Lond. R.
Thorold, *Rev.* E. H., *M.A.*, Chapl. to the Forces, 3rd Class.
Thorp, Capt. E., *late* R.A.M.C.
Thorp, Maj. G., h.p.
Thorp, Lt.-Col. J. C., *D.S.O.*
Thorpe, Capt. J. H., 6 Bn Manch. R.
Thrale, Capt. P. R. A., R.A.F.C. (T.F.)
Tickell, Temp. Maj. R. E., Gen. List.
Tidbury, Lt.-Col. J., *M.D.*
Tidswell, Bt. Maj. E. S. W., *D S.O.*
Tillard, Temp. Maj. E.
Tillard, Capt. J. A. S., *M.C.* *late* R.A.S.C.
Tillerav, Capt. W. A. J., *late* R.A.S.C.
Tillyard, Capt. E. M. W. 4 Bn. R. Lanc. R.
Tillyard, Bt. Maj. G. E.
Timewell, Lt. Col. H. A., Newf'd Contgt.
Tims, Temp. Maj. H. W. M., *M.D.*
Tinkler, Lt. F. U. J., *M.C.*, Aust. Mil. Forces.
Tinkler, Temp. Capt. L. M., *M.C.*, Serv. Bns York. R.
Tinner, Hon. Lt. S. J., Can. Local Forces.
Tipping, Temp Lt. W. J.
Tizard, Lt. C., *M.C.*, 3 Bn. R. Berks. R.
Tobin, Maj. H. W., *D.S O.*, p.s.c
Tod, Maj. A. C., R.F.A (T.F.)
Tod, Capt. A. G., Qr.-Mr. (T.F.)
Tod, Temp. Capt. M. N.
Todd, Maj. A. T., *M.B.*, *late* R.A.M.C.
Todd, Maj E. E. E.
Todd, Lt.-Col. G. E.
Todd, Capt. S., ret.
Tomkinson, Lt. G. S., *M.C.*, 7 Bn. Worc. R.
Tomkinson, Maj. H., TD, Worc. Yeo.
Tomlin, Lt.-Col. M, J. B., 21 Bn. Lond. R. (T.F.)
Tomlin - Money - Shewan, Maj. R. E.. R.F.A. (T.F.)[L]
Tomlinson, Maj. F., *M.C.* Qr.-Mr.
Toms, Bt. Maj. C. B., Gen. List.
Toogood, Maj. A. S., R. War. R.
Toogood, Temp. Lt.-Col F. S., *M.D.*, *late* R.A.M.C.

Toohill, Capt. T., Qr.-Mr. R.A.S.C
Toppin, Temp. Maj. H., Serv. Bns., R. Ir. Regt.
Torrie, Maj. C. J., *D.S.O.*
Tosswell. Capt. L. R. R.A.M.C. (T F.)
Tosswell, Temp. Lt. F. S.
Towne, Lt.-Col. E. C. L., *late* Labour Corps.
Towner, Capt. H. W.
Townshend, Capt..F. H. E. *M.C.*,
Townsend, Temp. Lt. P. H., R.A.S.C.
Tracy Temp. Capt. C. D., Serv. Bns. R. Lanc. R.
Tracy, Lt.-Col. William Maxwell
Trask, Temp. Capt. C. J. L.
Travers, Lt.-Col. W. L., *late* R.E.
Tredennick, Maj. J. P., *D.S.O.*
Treffry, Lt.-Col. E., *C.M.G.*, Hon. Art. Co
Trelawny, Bt. Lt.-Col. J. E. S.
Treves, Maj. F. B., *M.B.*, R.A.M C. (T.F.)
Treves, Maj. W. W., *M.B.*, *F.R.C.S.* *late* R.A.M.C.
Trew, Maj. R. J. F.
Tribe, Temp. Capt. F. N.
Tribe, Maj. J. C.
Tribe, Temp. Lt.-Col. P. C. E., *M.B.*, R.A.M.C.
Tringham, Bt. Lt.-Col. (*temp. Col.*) A. M, *D.S.O.*
Tripp, Maj. H. E. H , *la'e* R.A.S.C.
Tristem, Maj. H., ret. pay.
Tritton, Temp. Maj. C. N.
Trotter, Maj. J. F. A., *late* R.F.A. Spec. Res.
Trout, Maj. J. C.
Troutbeck, Lt. J. M. 11 Bn. Lond. R.
Trueman, Maj. A. P. H.
Truscott. Temp. Maj. R F.
Tucker, Lt.-Col. A. N.
Tucker, Capt. C. E., Asst. Comm. of Ord.
Tucker, Maj. F. G., TD 6 Bn. Lond R.
Tucker, Capt. R. J., vD, Bermuda V.R.C
Tudor, Bt.-Maj. C. L. St. J., *M.C.*
Tudor, Temp. Capt. G., Labour Corps.
Tudor, Maj. (*temp. Col.*) L. H.
Tudsbery, Lt. F. C. T., 9 Bn, Midd'x R.
Tuke, Lt. S. J. M.
Tulloch,Maj.William John, ret.
Tully, Temp. Capt. C L D.
Tupman, Lt.-Col. John Arthur, R. Mar.
Turbett, Lt. E. A. W., Can. Local Forces.
Turnbull, Lt.-Col T. E., vD, 23 Bn. Rif. Brig.
Turner, Temp. Capt. F. G., *M.C.*

Turner, Temp. Capt. J E.
Turner, Temp. Capt. J. L. R.A.S.C.
Turner, Capt. M. T., *M.C.*. 3 Bn. R. Suss. R.
Turner, Temp. Lt. P. W.
Turney, Temp. Hon. Capt. F.
Turney, Capt. H. G., *M.D.*, *F.R C S.*, R.A.M.C. (T.F.)
Tweedie, Capt. F. F., *late* R.E.
Tweedie, Maj. H. C., *D.S.O.*
Twist, Hon. Lt. T., Can. Local Forces.
Twitchin, Lt N. E. R F.A. Spec Res
Tyler, Maj. F. C., *g.*
Tyler, Lt.-Col. R. E.
Tylor, Temp. Lt. G. C., R.F.A.
Tyrrell, Maj A. C. L.,*p.s.c.*
Tyrrell, Maj. R. B.
Tyrwhitt, *Very Rev. Canon Hon.* L. F., *M.V.O.*, Hon. Chapl. to the Forces, 2nd Cl.

Underhill, Maj. O.
Uniacke, Maj. C. D. W.
Unsworth, Temp. Capt. R. L., R.A.S.C.
Unwin, Maj. T.B., *M.B.*
Upton, Temp. Capt. T. H., R.E.
Upjohn, Capt. W. G. D., Aust. Mil. Forces.
Ure, Temp. Capt. J. H.
Urquhart, Capt. A. L., *M.B.*
Urwick, Capt. L. F., *M.C.*, Worc. R. Spec Res
Urwin, Maj. J. J., *M.B.*
Usher, Capt, C. M.
Usmar, Lt.-Col. G. H., *late* S. Afr Def. Force.
Utton, Sergt.-Maj. F. W., Can. Local Forces.

Vacy-Ash, Maj. W. M., *late* R.A.S.C.
Valon, Capt. A. R. *M.C.*, Inspr of Ord. Mach.,2nd Class
Vallange, Hon. Capt. C. V. W. N. C., *M.C.*, R.A.
Vallat, Temp. Maj. F. W.
Vallentin, Lt.-Col H. E., *D.S.O.*
Van den Bergh, Hon. Maj. H. E., ret.
Van der Byl, Lt.-Col.V.A.W 1st Cape Coloured Labour Bn.
Vanderfelt, Capt. S. G., *late* R.A.S.C.
van Grutten, Temp. Lt. W. N. C., *M.C.*, R.A.
Vansagnew, Lt.-Col. J.
Varley, Capt. J., Temp. Qr.-Mr., R.A.M.C.

Orders of Knighthood, &c. 205

MILITARY OFFICERS (O.B.E.)—*contd.*

Vasey, Hon. Maj. Charles James.
Vaughan, Lt.-Col. A. O. *D.S.O., late* Labour Corps
Vaughan, Maj. C. J., R. Mon. R.E.
Vaughan, Temp. Maj. G. M., R.E.
Veal, Capt F.,Qr.-Mr. *late* 5¦Bn. W, York. R.¦
Vella, Lt.-Col. A., R. Malta Art., *g.*
Vellacott, Capt.C.N.,*M.B.*, *F.R.C.S., late* R.A.M.C.
Venn, Capt. H. W. S., W. Kent Yeo.
Venour, Capt. C. M. H.
Vercoe, Lt. E.
Verel, Capt. R., *M.B., F.R.C.S., R.A.M.C.,* (T.F.)
Verney, Capt. R. H.
Verschoyle, Capt. H. P. C.
Verschoyle-Campbell, Capt. W. H. McN., *M.C., p.a c., s.*
Vessey, Lt.-Col. G. H. B., *late* R.E.
Viccars, Maj. J. E., *D.S.O.*, 4 Bn. Leic. R.
Vick, Capt. R.M.,R.A.M.C. (T.F.)
Vickerman, Capt. P. S., *M.B., F.R.C.S., R.A.M.C.* Spec. Res.
Vickress,Temp.Maj. W. H., *D.S.O.,* R.A.S.C.
Vidal, Lt, F. P.
Vigers, Lt. T. W., *M.C.,* R.E. (T.F.)
Vigors, Maj. C. H.
Villiers. Maj. A.
Villiers, Lt. C W., *D.S.O.*
Vincent, Capt. F. C., *late* Gen. List.
Vincent, Lt.-Col. F. L.
Vincent, Temp. Maj. S., Lab. Corps.
Vincent, Lt. W., *M.C.,* R.A.S.C.(T.F.)
Vivian, Maj. G. N., ret.
Vyvyan, Maj. P. H. N. N., *M.C.*

Wackrill, Maj. W. F., *late* R.E.
Waddington, Lt. W. J., Qr.-Mr.
Waddy, Capt. A. C., *late* R.F.A. Spec. Res.
Wagstaff, Maj. L. C., *C.I.E.* [L]
Wagstaffe, Capt. W. W., *M.B., F.R.C.S., R.A.M.C.* Spec. Res.
Wainwright, Lt. E. M.
Wakefield, Capt. H. S., 8 Bn. Afr. Def. Force
Wakeham, Temp. Capt. F.
Wakelin, Maj. A. B
Wakelin,Lt. W.J G.,5 Bn. R. Sc. Fus.

Waldron, Capt. E. J.
Waley, Capt. E. G. S. 16 Bn. Lond. R.
Walker, Capt. Archibald, Qr.-Mr.
Walker, Maj. C. B., *e.*
Walker, Temp. Capt. K. MacA., R.F.A.
Walker, Temp. Lt. G.,*M.C.*, R. K.
Walker. Maj. G. C., *M.C.,* R.E. (T.F.)
Walker, Lt.-Col. G. K. *C.I.E.,F.R.C.V.S.*
Walker, Maj. J., *D.C.M.,* Qr.-Mr.
Walker, Capt. J. B., *late* R.A.V.C.
Walker, Lt.-Col. J. D. G., *D.S.O.,* ret. pay (*Res. of Off.*)
Walker Maj. N. D.,*M.B.*
Walker, Temp. Hon. Maj. N. O.
Walker. Rev. R. E., Temp. Chapl.to the Forc s, 4th Class
Walker, Lt. T. M., Can, Local Forces
Walkey, *Rev.* F. J., *M.C.,* Temp. Chpl. to the Forces, 2nd Class
Walkley, *late* Temp.Maj.D, *M.D.,* S. Afr. Def. Force
Wall, Lt.-Col. A. C.
Wall, Temp.Capt. C. P. B., *M.D.,* S. Afr. Def. Force
Wallace, Bt. Maj. C. J., *D.S.O., M.C.*
Wallace, Maj. F. T., 7 Bn R. Highrs.
Wallace, Capt. J , *M.B.,TD.* T F Res.
Wallace, Hon. Capt. J. H., Can. Local Forces
Waller, Lt.-Col. E.
Waller, Temp. Maj. E. H., R.A.S.C
Wallinger, Temp. Capt. W. A.
Wallington, Capt. C. T., Asst. Commy. of Ord.
Wallis, Temp Lt. Col. H. C., R.A.S.C.
Wallis-Jones. R. J., TD R.F.A. (T.F.)
Walmsley, Capt. G.
Walshe, Maj. F. M. R., *M.D., late* R.A.M.C.
Walsh, Lt.-(ol J G. R.
Walter, Maj. A. E.
Walter. Capt. A. S., *late* Gen. List.
Walters,Maj. A.,5 Bn. D. of Corn. L. I.
Walters, Lt.-Col. R. F.
Walthall, Temp. Capt. H. D D., R.A.S.C.
Walton, Capt. G.
Walton, Temp Maj. G. L, R.E.
Walwyn, Capt. M. C. L. T., *D.S.O., M.C.*
Wanliss Lt -Col. C.
Warburg, Capt. Oscar Emanuel, ret., Spec Res.
Ward, Maj. B. S. (l) *p.s.o., e.*
Ward, Bt. Lt.-Col. H. C. S., *M.C.*
W-rd, Maj. H. E., 3 Bn. E. Kent R.
Ward, Maj. J , Qr.-Mr
Ward, Temp. Maj. J. C.
Ward, Maj J. D., *late* A.P.D.

Ward,Capt. *Hon.* R A., *late* Gen. List.
Ward, Maj. T., Qr.-Mr.
Warde, Col. *Sir* Charles Edward. *Bt.*, ret. T.F.
Warde, Temp. Cant. F. A
Warden,Capt J.W., *D.S.O.,* Can. Local Forces
Wardrop, Maj. D R., *late* A.P.D.
Ware, Capt. S. W. P., R.E (T.F.)
Waring, Lt.-Col. E. H.
Warner, Lt.-Col. C. E., TD Kent Cycl. Bn.
Warner, Temp Maj. C. P., (*Qr.-Mr, ret. p^y.*)
Warner, Hon. Capt. *Rev* D. V., Ca" Local Forces
Warnock, Capt. J., *M.D., late* R.A.M.C.
Warraud, Maj.D. G., 3 Bn. Sea. High.
Warre, Temp. Maj. F. W. *M.C.*
Warren, *Rev.* C. B., Hon. Chapl.to the Forces, 4th Class
Warren, Temp. Lt. D. B. R.E.
Warren, Temp emp. Capt. P. R. R.E.
Warren, Capt. W. R. V., *M.C.*
Warrener, Maj. John, Qr.- Mr., 2 Bn. Lond. R.
Warren-Lambert, Temp. Maj. A., R.A.S.C.
Warry. Maj. B. A.
Warton, Maj. C. P. F.
Waters, Maj W. J.
Waters, Maj. R. S.
Wathen, Maj E. O.
Watney. *late* Temp. Maj. E. A. W.
Watson, Capt. A. P.,*M.B., F.R.S.C.,* TD*, R.A.M.C.* (T.F.)
Watson, Maj. C. S. M. C. *D.S.O.*
Watson, Lt. D. H., T.F. Res.
Watson, Capt E C.
Watson, Maj. F. C.,*M.C.*
Watson, Capt. G. L., TD., 7 Bn. R. Scots.
Watson, Bt. Maj. J., *M.C.,* Commy. of Ord.
Watson, Maj. J. R., Asst. A P.D.
Watson, Capt. W. D.,*M.C.*
Watson,Temp. Capt. W.F., R.A.S.C.
Watson, Capt. W L.
Watt, Capt. W. O., Aust. Mil. Forces
Wattleworth, Lt. J P., R.F.A. (T.F.)
Watts, Maj. H., TD , 5 Bn. Ches. R.
Watts, Temp. Capt. (bt. Maj.) J. H.
Watts, Lt.-Col. L., VD,T.F. Res.
Watts, Capt. R. J., Worc. Yeo.
Way, Lt. F. R., R.A.S.C. (T.R.)
Wayne, Temp Capt,F. W., R.E. Spec. Res.
Weatherall, Capt. N. E.
Webster, Temp. Lt. F. C., R.A.O.C.
Webster Lt. N. E., *M.C.*, 7 Bn. Notts. & Derby. R.

Webb, Maj. E.C.,*F.R.C.V.S.*
Webb, Lt.-Col. F. E. A., R.A.M C. (T.F.)
We b, Temp. Maj. G.R.H., R E.
Webb, Temp. Capt. J. M., 2 K.E. Horse
Webb, Capt. J. R. D.
Webb, Commy. of Ord. & Maj. P.
Webb, Maj. R. E.
Webb, *Rev.* S. L., Chapl to the Forces, 4th Class
Webber. Temp Lt. R. G Spec List
Webb-Peploe, *Rev.* H. M., *M.A.,* Chapl.to the Forces (2nd Class)
Webster, Capt. *Sir* A.F.W. E., *Bt.*
Webster, Temp Lt., F. C., R.A.O.C
Webster, Capt. G. F. A., Asst. Commy. of Ord., R.A.O.C.
Webster. Lt. H. W., Can Local Forces
Wedd, Bt. Maj, A. P. W.
Wedderburn. Capt. E. M., *late* R.E.
Weekes, Maj. H. E.
Weekes, Capt. H H., ret.
Weekes, Lt.-Col. H. W., *D.S.O.*
Wehner, Maj. A. F. P., *g.* [L]
Weir, Temp. Maj. P.
Weir, Maj. R. Y., T.F. Res.
Welchman,Capt. G.deV.,*g.*
Welchman, Maj. S. C.
Wellbourne, Maj. C. de M.
Wellesley Lt.-Col. C. G., ret.
Wellings, Maj. E. V., ret.
Wells, Capt. A. G., *D.C.M.* Qr.-Mr R.A.S.C.
Wells, Capt. J. D., *M.B.* R.A.M.C. (T.F.)
Wells, Bt. Maj. C A..3 Bn Hamps. R.
Wells, Maj. N. S., *M.B.*
Welman, Maj. H.
Welsh, Maj. D. T., 3 Bn. York. & L nc. R.
Wesley, Maj. F. W., *M.D., late* R.A.M.C.
West, Lt.-Col. C. J., *M.D., late* R.A.M.C.
West, Lt.-Col. R.M., *D.S.O., M D.* R.A.M.C. (T.F.)
West. Temp. Capt. S. E. L (Spec. Res.)
Westbury, Lt. F. N., R.E. (Spec. Res.)
Westcott. Lt.-Col. G., *late* 16 Bn Sco. Rif.
Westmacott, Temp Capt. R.G.
Westmacott, Temp. Maj. T. H. (*Maj. Calcutta Lt. Horse*
Weston, Lt.-Col. R. S., *C.M.G.*
Westropp, Capt. R. G., *late* R.A.
Wetherall, Maj.. J. A. C.
Wetherell, Maj. W. E. M
Weyman,Capt. E. C., Can. Local Forces
Wharton Maj. R. G., Qr.- Mr. R. Mar.
Wharton, Lt.-Col. W.H.A., TD, VD, *late* T.F. Res.
Wheatley,Temp. Lt. H. H., *M.C.,* R.E.

MILITARY OFFICERS (O.B.E.)—contd.

Wheeler, Temp. Maj. C., R.A.S C.
Wheeler, Col. C. A., late R.E. Spec. Res. (Maj. ret. T.F.)
Wheeler, Rev. H. W., Hon. Chapl. to the Forces. 4th Class
Wheeler, Temp. Lt. R. L, R.E.
Wheeler, Maj. S. G. de C.
Wheelwright, Capt. F. L., 3 Bn. Yorks L.I.
Wheelwright, Capt. T. H., ret.
Whelan, Lt.-Col. J. F. D.S.O., M.B.
Whiffen, Capt. S. W. R.A.S.C. (T F.)
Whiffin, Maj. G. G.
Whigham, Capt W. K, 6 Bn. N Staff. R.
Whinney, Maj. H. F., D.S.O.
Whitaker, Bt. Maj. A, M 4 Bn. Yorks. R.
Whitaker, Temp Capt. G. B.
Whitamore, Maj. V. N.
White, Maj. C. F., M.B
White, Capt. C. H., late R.A.S.C.
White, Maj. E. E., late R.A.S.C.
White, Temp. Lt.-Col. F W., M B., R.A.M.C.
White, Temp. Maj. The Hon. Francis William.
White, Temp. Capt. G. G.
White.Temp Maj. H.H R., D.S.O., Serv. Bns. R. Fus.
White, Lt J., R.E. (T.F.)
White, Temp Capt. J. C., M.C.
White, Capt. J. S., M.B.
White, Maj. M. F, M.B.
White, Bt. Maj. M. Fitz G G., D.S.O.
White, Hon. Lt.-Col. Robert Fortescue Moresby, V.D., ret T.F.
White, Lt. S. J., M.C., Aust. Mil. Forces.
Whitehorne. Capt. A. C
Whitehead, Capt. H. M., 7 Bn. Notts & Derby R.
Whitehead, Temp. Capt. J., Serv. Bns Notts. & Derby R.
Whitehouse, Capt. J. H.
Whiteley, Capt. C. C. O., 23 Bn. Lond. R.
Whiteley, Lt. Hon. R. G., R.G.A. (Spec. Res.)
Whitfield. Maj. R. I , D.
Whiting, Capt. M. H., late R.A.M.C.
Whitla, Maj. V. G.
Whitty, Lt. G. J., M.C., Res. of Off.
Wickersham, Capt. J., Qr.-Mr. R.A.M.C.
Wicks, Temp. Capt. (Bt, Maj.) G. H.
Wicks, Lt.-Col. H. W. C., D.S O.
Widderson, Temp. 2nd Lt A. J.
Wiggins, (Commy. of Ord.) Maj. C.
Wightman, Lt. H. C., R.E. (T.F.)
Wigley, Lt.-Col. G. A., TD, 7 Bn. Notts & Derby R.

Wilberforce, Capt. A, R. G. R. Suss R.
Wildman, Maj. S. B., Qr.-Mr.
Wildy. Capt. H. A., 25 Bn., R.N. Devon Yeo.
Wiley, Capt. T. P., R.E (T F.)
Wilford. Maj. E. E. D.S.O. R.A.S.C.
Wilkie, Temp. Maj. R. R.A.S.C.
Wilkins, Temp. Lt. N. R A O C.
Wilkinson, Capt. K. D., M.B., R.A.M.C. (T.F.)
Wilkinson, Temp. Capt. N.. R.E., R.A.S C.
Wilkinson, Rev. R. B., Temp. Chap. to the Forces, 4th Class.
Wilks, Temp. Capt. F. S. R.A.S.C.
Wilks, Temp. Maj. J. E. R.A.S.C.
Willcock, Lt.-Col. S.
Willcocks, Capt, G. C., M.C Aust. Mil. Forces.
Willett, Maj. L H., late 1 Bn. R. Highrs.
Williams, Temp. Capt A. T. F Res.
Williams, Lt. A. D., R.G.A. (T.F.)
Williams. Temp. Maj. A D. J. B.
Williams, Maj. A.F.B., late T.F Res.
Williams, Temp. Hon. Capt. A. H.
Williams, Temp. Lt. A. H., R.A.O.C.
Williams, Temp. Lt. A. H. R.A.S.C.
Williams, Maj. A. T, R.A.S.C. (T.F.)
Williams, Temp. Maj. C.E., M.C., R.E.
Williams, Capt. E. U., late R.A.M.C.
Williams, Temp. Lt. F H., M.C., R E
Williams, Temp. Lt. H., R.E.
Williams, Capt. H. B., R A.V.C.
Williams, Lt. H. C., R.A.S.C. (T.F.)
Williams, Capt J. C., 4 Bn. R.W. Surr. R.
Williams, Bt. Maj. R., D.S.O., Aust. Mil. Forces.
Williams, Maj. R. C. W., Qr.-Mr. ret. pay.
Williams, Capt. R F, late R.E.
Williams, Temp. Capt. R. J., R.A.S C.
Williams, Maj. S. W., ret.
Williams, Maj. V. D. S.
Williams, Bt. Maj. W. d'E.
Williams, Maj. W. E. R. M.B.
Williams Freeman, Maj. A. P., D.S.O., o.b.
Williamson, Capt G. W., M.C., 3 Bn. Manch R.
Williamson. (Lt.-Col. M., ret. pay.
Williams-Till, Lt.-Col. P. W., 5 Bn. Durh. L.I.
Willmot, Capt. A. N.
Willoughby, Miss B. J., R.R.C., Nurs. Sister, Can. Local Forces

Willoughby, Lt -Col. F., VD late T.F. Res.
Wills, Maj. E. V
Wills, Maj. ir G.A.H., Bt., R.N. Devon Yeo.
Willson,Capt C., late R.F.A. (Maj, ret. 1. F.)
Willson. Temp. Commy. of Ord. Maj. H. S , R.A.O.C.
Wilson, Capt A., M.C., M.B., R.A.M.C. Spec. Res.
Wilson, Temp. Lt. Andrew, R.E.
Wilson, Capt. Andrew K A.
Wilson, 'emp. C pt. A. E. R.A.S.C.
Wilson, Temp Capt. A. M. R.A.S.C.
Wilson Maj. C. P., Aust. Imp. Force.
Wilson, Bt. Lt.-Col. G. H A , Unatt. List (T.F)
Wilson, Capt. C. S , 3 Bn to the Forces, 4th class. Suff. R
Wilson, Temp. Lt.-Col. (temp. Col.) E. A. M C.
Wilson. Maj. F. B., Brit. Col. Regt.
Wilson. G., late Maj. Unattd. List (T.F.)
Wilson, Temp. Capt. G.G. R.G A (T.F.) (Maj. ret. pay) (Res. of Off.)
Wilson Lt.-Col. H., R A S.C. (T F)
Wilson. Mat. H. B.. M.D., late R.A.M.C.
Wilson,Temp.Capt.Horace B., R.A.M.C.
Wilson, Lt.-Col. H C B 4 Bn. York & Lanc. R.
Wilson. H. M., TD, late Lt. Col. Ches Yeo.
Wilson, Maj. J., Qr.-Mr ret. pay.
Wilson, Capt. J. A., M.B., late R A M.C.
Wilson. Temp. Capt. J. R M., R.E.
Wils n, Temp. Maj. J. S. O.E.
Wilson, Senior Nursing Sister, Miss, J. S. R., R.R.C., Q.A.I.M.N.S R,
Wilson, Rev. J. P., Temp Chapl. to the Forces (4th Class).
Wilson, Rev. P. H., Temp Chapl. to the Forces, 4th Class.
Wilson, Capt. R. M., Ches. Yeo.
Wilson, Lt.-Col.T., Qr.-Mr Bn. Lond. R.
Wilson, Bt. Maj. W. C., D.S.O., M.C.
Wilshire.Maj.H W.,D.S.O., M.B., late R.A.M.C.
Winch, Lt.-Col. A. B., ret. pay (Res. of Off.)
Winch, Temp. Capt. S. B., R A O C.
Windeatt, Maj. G. E., 6 Bn. Devon R.
Wir.der, Capt. F. A., late R.A.M.C.
Winfield, Maj. F. B., late R.A.M.C.
Wingate, Maj. G. F. R.
Wingfield, Temp. Lt.-Col. J. M., D.S.O.
Winnett, Lt.-Col. A. W., Can. Dental Corps.

Winnfrith, Rev. D. P., Chapl to the Forces, 3rd Class.
Winter Bt. Col. W. R.
Winwood, Lt.-Col. W. Q., C.M.G., D.S.O.
Wise, Temp. Capt. C. W., R.A.S.C.
Wiseman, Capt. F. A. J. B.
Wiseman-Clarke, Lt.-Col. C. C.
W oakes, Temp. Capt. W. J. P.
Wolfe-Barry, Temp. Lt. K A.
Wolff, Temp. Lt.-Col. H.P., Labour Corps
Wolff, Temp Lt. M. A, Can. Local Forces.
Wolstenholme, Cant. T.B., M.B., R A.M.C. (T.F.)
Wood,Rev. A.,Temp.Chapl. to the Forces, 4th class.
Wood, Maj. A. L. S., T.F. Res.
Wood, Bt. Col. C. K.
Wood, Temp. Maj. D.
Wood, Lt.-Col. E. D.S.O. [1]
Wood, Lt.-Col. & Hon. Col. E. FitzG. M., D.S.O., R.A.M.C.
Wood, Capt. F. T. H.,M.B., R.A.M.C. (T F.)
Wood, Temp. Capt.G., M.C., Serv. Bn. Ches R.
Wood, Capt. G. J.
Wood, Capt. J. E., 7 Bn. W. Rid R.
Wood, Capt. J. H., late R.A.O.C.
Wood, Maj. J. L.
Wood, Capt. J. W., 19 Bn. Rif. Brig.
Wood, Miss M., R.R C., Sister-in-Chief, Q.A,I.M N.S.
Wood, Temp. Capt. W. L., R.E.
Woocock, Maj. G. C.
Woodger, Lt. J. S.
Woodhouse, Temp Maj. B., R.A.S.C.
Woodhouse, Lt. H. J.S.,ret.
Woodhouse, Bt. Lt.-Col. P. St. J. R.
Woodifield, Co. A. H., C.M.G, c o.
Woodley, L..Col.E. J. (Res. of, Off.)
Woodroffe, Capt. N. F., 9 Bn. Lond. R.
Woodruffe, Maj. J. S., D.S.O.
Woods, Temp. Col. H.
Woods, Maj. J. C., M.D., late R.A.M.C.
Woods Maj. L. D., late R.A.M.C.
Woods, Bt Maj. R. J.
Woodward, Lt F. W.
Woodward, Capt. V. J., ret.
Woolf, Capt. E. S.
Wooll, Capt. E., Ches. Yeo
Woollcombe, Rev. E. P, Temp. Chapl. to the Forces. 4th Class.
Woollcombe, Capt. M. L,
Woolley, Temp. Maj. I. W., R.A.S.C.
Woollett, Maj. S. W., ret.
Woolrych, Temp. Capt. S. H. C.

Orders of Knighthood, &c.

MILITARY OFFICERS (O.B.E.)—*contd.*

Woosnam, Temp. Capt C. E., R.A S.C.
Wordie, Maj. W, R.A.S.C. (T.F.)
Worliedge, Capt. J. P. G.
Worsdell, Bt. Maj. G. B.
Worssam, Temp. Lt. C. A., R.A.O.C.
Wort, Capt. W. E., R.A.O.C
Worth, Temp. Maj. R., M.B.
Worthington, Maj. F., D S.O., M.B.
Wortley, Capt. E. D., late R.A.M.C.
Wringuam, Lt.-Col W., M.D., late R.A.M.C.
Wright, Temp. Capt. A. J., R.A.O.C.
Wright, Lt. C. S.. M.C., R.E. (T.F)
Wright, Hon. Lt.-Col. E.C.
Wright, Temp. Maj. E. T. L., D S.O., R.A.S.C.
Wright, Maj. H. L., 4 Bn North'd R.
Wright, Temp. Maj. J., R.E
Wright, Capt. J. H., R.A.V.C. (T.F.)
Wright, Maj. M. B., M.D., ret.
Wright, Maj. S., D.C.M, Qr.-Mr.
Wyatt, Lt.-Col. A., TD, 6 Bn. Hamps. R
Wyatt Maj. F. J. C.. M.C.
Wyatt, Lt -Col. J. R., TD, T.F. Res.
Wyatt, Temp. Maj. P. H.
Wyatt, Temp. Maj. T. C., R.A.S.C.
Wyley, Capt. D. H. Fitz-T., M.C., R.F.A. (T.F)
Wyley, Maj. J. D. N., Res. of Off.
Wylie, Capt. H.
Wyncoll, Capt. H. E. F., M.C.
Wyndham Quin, Hon. Maj. C. F. T., ret. T.F.
Wynne, Bt. Maj. O. E.
Wynyard, Capt. E. G. D.S.O.
Wyoyard, Hon. Lt.-Col. R. D., ret. Mila.

Yates, Maj.A. St J., M.C
Yates, Temp. Capt. J. H., R.A.V.C.
Yeatman, Capt. C., Aust. Mil. Forces
Yellowlees, Capt. H., late R.A.M.C.
Yelverton, Rev. E. E., Temp. Chapl. to the Forces, 4th Class.
Yerburgh, Capt. R. G. C.
Yetts, Maj. W. P., late R.A.M.C.
Yorke, Col. F. A.
Yorke Lt. J.

Yorke, Temp. Capt. N. L. R.A.S.C.
Youden, Lt.-Col. W. A., TD, 7 Bn. High. L.I.
Young, Capt. E. W. G., M.C., M.B., late R.A.M.C.
Young, Capt. F. H., late R.A.M.C.
Younger, Lt.-Col. J. H., 7 Bn. Arg. & Suth'd Highrs.
Yourdi, Lt.-Col. J. R., M.B
Young, Temp. Capt. J. R.
Young. Maj. R. A. B,
Young, Rev. S. D., D.S.O., Temp. Chapl. to the Forces, 3rd Class.
Young, Capt. T. D. R.A.V.C. (T.F.)
Young, Temp. Capt. W. A., R.E.
Young. Capt. W. G. P., late Shrops. Yeo.
Yule, Temp. Lt. C. B.
Yule, Capt. J. S.

CIVIL OFFICERS (O.B.E.)

Abrahams, Temp. Hon. Maj. A. C.
Akerman, Temp. Lt. J. C.
Alpin, Lt.-Col. W. G. P., M.D., ret. Ind. Med. Serv.

Balgarrie, Capt. W., M.B., F.R.C.S., late R A.M.C.
Balme, A. H., Esq., War Office
Barber, Temp Lt. R. A., R.E.
Barnes, J. B., Esq., War Office
Basset, Lt.-Col. W. F.
Bayley, Lt.-Col. E. C. C.I.E.
Beard, J. J., Esq., Acting Chief Accountant, War Office.
Bell, Lt.-Col. C. T., ret. pay late 4 V.B Essex R.
Beningfield, Col. J. W., VD,
Berne, Capt. J. L.
Blythen. Capt. S., 3 Bn. York & Lanc. R.
Booth, E., late Temp. Capt. Bradfield, Maj. E. W. C., M.B , F.R.C.S.Edin.
Brand, E. M., Esq., Ordnance Factories.
Broke-Smith, Maj. P.W.L., D S.O.
Bruce, Maj. C. E.

Chamier, Maj. J. A., D.S.O.
Champion, Maj. S.S.,5 Bn. Glouc. R.
Chenevix-Trench, Maj. R. H.
Clutterbuck, Maj. L. St. J. R., p.a.c.
Cockburn, Temp. Maj. G. E., R.E.
Coldstream, Lt.-Col. J. C.
Coleman, Col. G. H., VD late 2 V.B. Essex R.,
Concanon, Lt.-Col. and Hon. Col. R. J., TD, T.F. Res.
Crawford, Lt.-Col. J. M., M.B.
Crosthwaite, Maj. C. G.
Cunnington, Capt. F. J., ret.
Curry, Maj P. A., late Serv. Bns. Oxf. & Bucks. L.I.

Davies, Maj. W. H. S., ret.
Davis, Capt. K. R., T.F. Res.
de Capell Brooke, E. G., Esq., War Office.
Diggins, Capt. A., TD, T.F. Res.
Dorman. Temp. Capt. B. L.
Drury, G. H., Esq., War Office
Duncan, L. L., Esq.,M.V.O., War Office.

Elliot, Capt. F. B., late Serv. Bns. R. Berks. R.
Evans, Hon. Maj. H., T.F. Res.

Feiling, Capt. K. G., 3 Bn. R. Highrs.
Ferrar, Maj. M. L.
Finlayson, Hon. Capt. D.
Foord-Kelcey, W., Esq.
Fowler, R. C., Esq., War Office.
Fowler, Temp. Capt. R. H.
Frazer, Lt.T., late T.F. Res.
Freeman, R., Esq., War Office.
Freeth, Capt. F. A., T.F. Res.

Garvice, Maj. C., D.S.O. Res. of Off.
Gibbs, H., Esq., War Office
Goddard, Maj. C. E., M.D. TD, T.F. Res.
Gordon, Lt.-Col. H. E., late Lanark Yeo.
Granville, Capt. D.
Gielg, Maj. W. B.
Grimwood, Hon. Lt.-Col. J., D.S.O.

Hambly, G. F., Esq..Actg. Asst. Dir. of Army Contracts.
Harris, Maj. T. G. M.
Hartley, H., Esq, War Office.
Hartley, R. F., Esq., B.Sc., A.M.I.C.E., A.M.I.M.E., Cont., S.A.A. Factories,Woolwich Arsenal.
Heale, Maj. R. J. W.
Hearsey, Lt.-Col. H. H. Y., ret.
Hebert, Maj. C.
Hill, Maj C. H., T. F, Res.
Hingston, Maj. C. A. F.
Hinks, P. J., Esq., F.I.C., F.C.S., Cont. of Filling Factories, Woolwich Arsenal.
Holliday, Maj. L. B., TD, 5 Bn. W. Rid. R.
Holmes, W., Esq , War Office.
Huddleston, Lt.-Col. H. B., VD, Ind. Def. Force.
Hudleston, F. J., Esq., War Office.
Hunt, Lt.-Col. F. D.
Hutchinson, Maj. W. G.

Jacob, Lt.-Col. A. L., C.I.E.

Keane, Maj. R. H., T. F. Res,
Keyte, Capt. V. J., ret.
King, H. S., Esq., Actg. Accountant War Office.

Kingston, G. H., Esq., Actg. Asst. Dir. of Army Contracts, War Office.

Langridge Temp. Hon. Maj. F. B.
Lewis, Col. H., late R. 1 Devon. Impl. Yeo.
Linton, Col. C.
Loch, Maj. E. C.
Long, 2nd Lt. E. E.
Lugard, Maj. E. J., D.S.O.

McBain, A. R., Esq., Actg. Asst. Principal War Office
McKey, Capt. C
McNab, Temp. Capt. W. J.
Macphail, Capt. D. R , 5 Bn. S. Lan. R.
Macpherson, Maj. D. I.
Major, A. F., Esq., Actg. Principal War Office
Mansfield, Temp. Capt. R. S.
Maplesden, C. W., Esq., late Asst. Dir. of Barrack Construction War Office
Marr, Maj. J. L., TD, R.G.A. (T.F.)
Mayne, Maj. O.
Money, Capt W. S. E.
Montefiore, Maj. C. E.
Moore, H., Esq., B.Sc, Research Dept., Woolwich
More, J. F., Esq., War Office
Moresby, W. H., Esq., War Office
Muir, Temp. Maj. J. E.

Norbury, Temp. Hon. Capt. L E. C.

O'Meara, Lt.-Col. E. J., F.R.C.S.
Oudin, Miss E. J., War Office.

Pinkney, Capt. S. R., TD, ret.

Ramsay, Lt.-Col. A. D. G., C.I.E.
Rees, Maj. D. V., TD.
Riley, E. J., Esq., Asst. Dir. of Army Contracts, War Office.

Roads, Miss E. M., Controller of Typists, War Office.
Roberts, Lt.-Col. M. B., ret. Ind. Army [l]
Ross, Maj. H., M.B., F.R.C.S.I.

Sackett, Rev. A. B., Temp. Chapl. to the Forces, 4th Class.
Salcombe, Temp. Hon. Capt. E. W.
Sanders, 2nd Lt. P. A., T.F. Res.
Shaw, G. E., Esq., War Office
Smyth. Temp. Capt. F. W.
Somers, Capt. F., T.F. Res.
Spaight, J. M., Esq., War Office
Stanford, Temp Col Hon. W. E. M., C.B.. C.M G., ret. Cape Local Forces
Stapley, F. R., Esq., Actg Acct. War Office
Stemp. Maj C H., Eng. & Rly. Staff Corps
Stevens, Capt. L C.,R.F.A. (T.F.)
Stevenson, Miss M. M., Dep. Asst. Chief Controller Q.M.A.A C
Stockings, Temp. Maj. A.F,
Stott, Capt. H., M.B.
Stow. Hon Maj. H. V., VD, late 1 Lond. R.G.A. Vols.
Studd, J. E. K., Esq,
Symonds, Lt Col. T. H., Ind. Med. Serv.

Thompson, Lt.-Col. F.S.C., M.B.

Van der Meulen, Sir F. A., Knt., late War Office.
Venables, H. A., Esq., I.S.O., late War Office

Wakeling, Temp. Capt. T. G.
Waller, Col. S., C.V.O.
Wavman. Temp. Capt. M.
Wetherall, Col, W. A.
Wheatley, Maj. M. J.
Wheeler, Lt.-Col. and Hon. Col. E. V. V., TD, ret. T.F. Gen. List.
Willis, Capt. C. A., late Gen. List
Wilson, Hon Capt. H. A. F., late R.A.M.C.
Woolcock, W. J. U., Esq. late War Office.
Worthington, F. V., Esq., War Office.
Wylde, Maj. L. F. G. S,

MILITARY MEMBERS (M.B.E.)

Abbot-Anderson, Capt. L. G., 28 Bn. Lond. R.
Abdul Samad Shah, Capt., Ind. Army
Acheson, Capt. J., Qr.-Mr.
Ackers, *Miss* I.M., *late* Unit Admin Q.M.A.A.C
Adair, Temp. Insp. of Wks. & Lt. F. R., Staff for R.E Serv.
Adams, Lt. H. W., *late* R.A.S.C.
Adams, Maj. R. F., Qr.-Mr
Adamson, Capt. G., Qr.-Mr.
Adcock, Temp. Lt. F.
Adcock, Lt. F. H., R.F.A. (T.F.)
Adkins, Lt. G., *late* T.F. Res.
Adler, Capt. H. M., *late* R.A.S.C.
Ainslie, Lt. E. M. L., 8 Bn Midd'x R.
Aitchison, Temp. Capt. G.
Aitchison, Lt. R. S., R.A.S.C. (T.F.)
Akhurst, Capt. W H., Qr.-Mr.
Albany, Lt. S. C., Herts. Yeo.
Alcock, Temp. Lt. C. W., Serv. Bns. E. Surr. R.
Alden, Lt. A. R., 11 Bn. Lond. R.
Aldom, Temp. Capt, H.R.S.
Allan, Temp. Capt, J. C.
Allan, Lt. J. L., R.F.A. (T.F.)
Allan, Temp. Lt. W.
Allandye, Lt. K. J., Fijian Labour Corps.
Allen, Temp. Lt. C. E., 6 Res. R. of C
Allen, Lt. C. W E., *M.C.*
Allingham, Temp. Lt. G. C
Allnatt, Capt. A. E., R Innis. Fus. (Spec. Res.)
Alston, Capt. R. A., 3 Bn. North'n R.
Amey, Capt. F.
Anastasi, Temp. Capt. J., *M.D.*, R.A.M.C.
Anderson, Maj. A., T.F Res.
Anderson, Co. Sergt.-Maj. H., 16 Bn. York. & Lancs. R.
Anderson, Capt. H. A., Newf'd Contgt.
Anderson, *Miss* M. A., *late* Unit Admin. Q.M.A.A.C.
Anderson, *Miss* M. G., *late* Dep. Admin. Q M.A.A.C
Anderson, Temp. Hon. Lt. P
Anderson, Asst. Paymr. & Capt. R. W,
Anderson, Temp. Lt. T. P., R.A.S.C.
Anderson, Capt. W. J. S., Res. of Off.
Andrewes, Lt. C. J.
Andrews, Lt. E. C. H. N.
Annable-Dainton, Temp. Capt. W. C., Serv. Bns W. York. R.

Anson, Temp. Maj. G. W., *M.C.*, Serv. Bns N. Lancs. R.
Appleby Temp. Lt G. E. (T.F.)
Arbuthnot, Capt. L.G., *late* Gen. List.
Arland, Lt. J. A., *late* Gen. List.
Armitage, Temp. Lt. W. C.
Armitstead, Lt T., *late* Serv. Bns. W. Rid R.
Armstrong. Capt. C., *M B.*, R A.M.C. (Spec. R.s.)
Armstrong, Lt. G. W,
Armstrong, Capt. T. E. S., ret.
Arundell, Temp. Lt. J. H.
Ash, Temp. Lt. F. C.
Ashcroft, Lt. W.
Ashton, Lt. J. H., Qr.-Mr.
Ashton Capt. R.. Qr.-Mr
Aspinall, *Miss* G. H., *late* Unit Admin. Q.M.A.A.C
Aston, Capt. T., N. *late* Ir. Horse
Atherton, Lt. W. T. F., R.F.A Spec. Res.
Atkins, Staff Serjt.-Maj C. H., R.A.S.C.
Atkins, Capt. H. A., Qr.-Mr., *late* Staffs. Yeo.
Atkinson, Capt. A. G., R.A.M.C. (T.F.)
Atkinson *Miss* M. W ,Unit. Admin. Q.M.A.A.C
Attenborough, Lt. E., R E. Spec. Res.
Atwell, Capt, W., N Z. Mil. Forces
Auger, Hon. Capt. A. R., Can. For. Corps.
Austin, Lt B. H., *late* R F A
Axten, Temp. Capt. E. H., R.E.
Ayden, Lt. A. J., *late* A.P.D.
Azevedo, Temp. 2nd Lt. A. E., R.E.

Backhaus, Lt. F., 6 Bn. W. Rid. R.
Bacon, Capt. J., T.F. Res.
Baddeley, Lt. H.
Bagot. Lt. C. G. S., Can. Local Forces
Bailey, Temp. Capt. J., R.E.
Bailey, Hon. Maj. W. E.
Bailie Capt. G. B., Qr -Mr.
Baillie, Lt. R., Qr.-Mr
Baines, Lt. G. N., 5 Bn. W. Yorks. R.
Baker. Staff Serjt. Maj. E F., R.A.S.C.
Baker, Capt. F. B., Res. of Off.
Baker, Lt. F. P., 6 Bn, W. Rid. R.
Baker, Qr.-Mr. & Capt. J.
Baker-Munton, Lt. H. M., *M.C.*, *late* R.F.A., Spec. Res.
Balbi, Maj. H. A.. ret. pay (*Res. of Off.*)

Baldwin, Temp. Capt. W J., Temp. Qr.-Mr.
Ball, Lt. F. C., R.F.A (T.F.)
Ball, Capt. S. A., *late* 13 Bn. Lond. R.
Balls, Lt. W. D. C., 7 Bn. North'd Fus.
Bampfield, Temp. Capt, L. A.
Bampton, Temp. Capt, J. A. H.
Banger, Lt. J. H. A., Qr.-Mr.
Banks, Temp. Lt. T. R.
Bannatyne, Temp. Lt. A. G., R.A.S.C.
Bannerman, Temp. Lt, G. F., Serv. Bns. S. Staff. R, ret.
Bannon, Hon. Lt. J. J., Qr.-Mr.
Barbary, Capt. J. E. T., R.A. (T.F.)
Barber, Lt. C. G.
Barber, Temp. Capt. G. H., R.A.V.C.
Barber, Lt. J.
Barbier, Actg. Sister *Miss* I. E. M., R.R.C., Civil Hospital Reserve.
Barker, Lt. E. C., 4 Bn. Shrops L I.
Barker, Capt. H., Qr.-Mr. 5 Bn. Yorks. L.I.
Barker, Lt. J. P., R.F.A. Spec. Res.
Barker, Lt. L. W., *M.C*, 4 Bn. E. Kent R.
Barnaby, Lt. H. O., R F A (T F.)
Barnes, Lt. D., Aust. Mil. Forces.
Barnes, Lt. J C. L., Hon. Art. Co.
Barnett, Lt. E. E., North'd Yeo.
Barnett, Lt. G. A., Herts Yeo.
Barnett, Lt. R., Aust. Mil. Forces
Barnfield, Capt. W. G., *late* A. P. Dept.
Barr, Lt. C. N., R.G.A. Spec. Res.
Barraclough, Temp. Lt, J. G., Serv. Bns. R. Fus.
Barras, Capt. H. W., Antrim R.G.A.
Barratt, Lt. A. W., 4 Bn. Shrops. L.I.
Barrington, Temp. Lt. H C., R.A.S.C.
Barron, Qr.-Mr. & Lt.-Col. A.
Barrow, Temp. Lt. C.
Barry, Lt. J. L.
Barry, Capt. L. C., R.F.A. (T.F.)
Bartle, Capt. E. W., *late* Terr. Force
Barton, Capt. G., *late* Serv. Bn. R. Ir. Rif.

Batcheldor, Capt. W., Qr.-Mr. T.F. Gen. List.
Batchelor, Temp. Insp. o Wks. & Capt. R. G., Staff for R.E. Serv.
Bateman, Temp. Capt. F. G.
Battle, Lt. W. S., R.A.S C. (T.F.)
Batty, Qr -Mr. & Lt. G. H.
Baxter, Temp. Lt. H. G., Serv. Bns. R. Irish R.
Bayes, Co. Serjt.-Maj. S. H., R.E.
Bayley, Capt. B. C., R.E. (T.F.)
Beale, Capt. A. O. R., *M.C.*, Res of Off.
Beale, Temp. Lt. G. S., Serv. Bns. R. Kent R.
Bean, Lt. R. C., Suss. Yeo
Beattie, Capt. A J , *M.C.*
Beattie, Temp. Capt. E. A., Temp. Qr.-Mr.
Beatty, Temp. Lt H. J., S. Afr. Def. Force.
Beazley, Capt. A. T.
Beecroft, Temp Capt. A. E.
Beer. Lt. A. J., Qr.-Mr. 24 Bn. Lond. R.
Beesley, Maj. L. H., ret.
Beeton, Capt. T. G., Qr.-Mr., T.F.
Belchamber, Temp. Lt. D. F.
Bell, Lt. L., *late* Serv. Bns. Welch R.
Bellaney, Hon. Maj. D. E.
Benn, Capt. E. H., ret.
Benn, Lt. W., Asst. Insp. of R.E. Mach.
Bennett, Lt. A., Oxf. & Bucks. L.I.
Bennett, *Miss* A. M., Dep. Admin. Q.M.A.A.C.
Bennett, Temp. Lt. T. P., Labour Corps.
Benson, Capt. J. J. C.
Benson, Temp. Capt. T. G.
Bentley, Temp. Capt. R., Serv. Bns. R. Ir. Rif.
Bentliff, Surg. Lt.-Col. P. B., Jersey Med. Corps.
Beresford, Temp. Lt. H. E., R.E.
Beresford-Peirse, Capt. A. C. P. de la P., 5 Bn Durh. L.I.
Bernays, Capt. G. C. A., *la* R.E.
Berry, *Miss* M.A., *late* Asst Controller, Q.M.A.A.C.
Berry, Lt. W. J., 4 Bn Wilts. R.
Beszant, Temp. Capt. W G. W., R.G.A.
Bevan, Staff Serjt. - Maj. M., R.A.S.C. (T.F.)

Orders of Knighthood, &c.

MILITARY MEMBERS (M.B.E.)—contd.

Beynon, Capt. J., late R.A S.C.
Bingham, Lt. C. F., Temp. Qr.-Mr. Serv. Bns. Glouc R.
Binnie, Temp. Lt. J. B., Temp. Qr.-Mr. Serv. Bns. Gord. Highrs.
Binns, Capt. F., Asst. Paymr.
Birch, Lt. W. L, D.S.O., 6 Bn. W. York. R.
Bird, Lt. O. J., 5 Bn. York & Lanc. R.
Birrell, Lt. E., A.M.I. Mech.E., R.E. (T.F.)
Birse, Temp. 2nd Lt. A. H. Labour Corps.
Bishop, Lt A.G., late Serv. Bns. Worc. R.
Bishop, Temp. Capt. J. E., Temp. Qr.-Mr.
Bishop, Temp. 2nd Lt. R.O
Bishop, Lt. S., R.G.A. (Spec. Res.)
Bisset, Rev. M. E. Temp. Chapl. to the Forces (4th Class)
Black, Lt. Alexander, late R.E.
Black, Capt. G. B., Can. For. Corps
Black, Temp. Lt. G. M. Serv. Bns. R. Sc. Fus.
Blackburn, Rev. B. R., Temp. Chapl. to the Forces 4th Class
Blackburn, Capt. W. J., ret.
Blackwell, Lt. C. P. (T.F Res.)
Blackwood, Lt. E. D., late R E.
Blaikie, Capt. T. H. C., T.F. Res.
Blair, Capt. A., Asst. Insp. of Armourers
Blair, Lt. J. M., 5 Bn. E Surr. R.
Blair-White, Temp. Lt. A.
Blake, Lt. G. S., 4 Bn. N. Staff. R.
Blake, Temp. Lt. W. B.
Bland, 2nd Lt A., late Gen. List.
Blay, Qr.-Mr. & Capt. J. A
Bleck, Lt. G. S., Loth. & Bord. Horse Yeo.
Blennerhassett, A. (Maj. ret. Mila.)
Bliss, Lt. T. S., M.C., R.E. (T.F.)
Blomfield, Capt. S. T., Qr.-Mr. (T.F.) Gen. List.
Bloor, Hon. Capt. F. R., M.C.
Blunt, Lt. H. P. 3 Bn. R War. R.
Bogie, Capt. R.
Boland, Capt. S., ret. pay.
Bolton, Lt. F. H.
Bond, Temp. Lt. C. H. C.
Bonnyman, Lt. J. A., 4 Bn Welch R.
Booth, Lt. A. N., R.F.A. Spec. Res.

Bosustow, Temp. Lt. J. C. Serv. Bns. D. of Corn. L.J.
Bosworth, Capt. J. T., N.Z. Mil. Forces
Botha, Temp. Capt. G. M., S. Afr. Def. Force.
Both, Miss O., late Unit Admin. Q.M.A.A.C.
Botterill, Gunner F. O. R. Mar.
Bottomley, Temp. Maj. C. F., S. Afr. Def. Force.
Bowen, Temp. Capt. F. H., S. Afr. Def. Force.
Bowers, Maj. J., Qr.-Mr.
Bowes-Robinson, Temp. Capt. C., R.A S.C.
Bowhill, Capt T., F.R.C.V.S., late R.A V.C.
Bowles, Temp. Capt. E., S. Afr. Def. Force.
Boyle, Capt. C. H. B., ret.
Boys, Capt. H. C.
Bradbury, Temp. Capt. G. R.
Bradford, Temp. Lt. J., Serv. Bns. Hamps. R.
Bradshaw, Capt. S. G.
Brady, Lt. S. E. J., 3 Bn. Lond. R.
Brand, Capt. E. B., late R.A.S.C.
Brand, Temp. Lt. S. H.
Brash, Temp. Paymr. & Capt. E. L.
Bratby, Lt. G. H., R.G.A. (T.F.)
Bratby, Lt. S. H., R.A.S.C (T F)
Brears, Temp. Lt. R.A.S.C.
Breton, Lt. N., ret.
Brett, Temp. Capt. J. V.
Brett, Lt. Hon. O. S. B., 16 Bn. Lond. R.
Brewis, Lt. T. S.
Brewitt, Temp. 2nd Lt C.P.,1 Garr. Bn. Suff. R.
Brewster, Sub-Conductor W. T., R.A.O.C.
Bridges, Temp. Lt. F. T., R.E.
Bright, Lt. H. N.
Brise, Capt. E.G.I., Qr-Mr.
Britton, Lt. W. P., Qr.-Mr.
Broad, Capt. A. N., Unattd. List (T.F.)
Broad, Lt. F.
Broadbent, Temp. Capt. J. S.
Broadway, Lt. E. E.
Brock, Capt. W. S. R., ret. (T.F.)
Brockbank, 2nd Lt. C. J.
Brodie, Capt. H. C., Qr.-Mr.
Brodie, Maj. R., TD, R.A.M.C. (T F.)
Brook. Lt. L. T., Serv. Bns. Lines. R.
Brooke, Lt. J. R. I., R.G A. (T.F.)
Brooks, Lt. G. T. A., late R.D.C.
Brooks, Temp. Lt. H. A.
Brooks, Lt. J. R., ret.
Broome, Capt. L. E.
Broomhall, Temp. Lt. H.G. R.A.S.C.

Brough, Lt. F. A., R.F.A. (T.F.)
Broughton, Lt. C.H., Insp. of R.E. Mach.
Brown, Lt. A. C., R.A.S.C. (T.F.)
Brown, Capt. A. G., I.M S.
Brown, Lt. A. T., 6 Bn. Essex R.
Brown, Capt. A. W., late 6 Bn. W. York. R.
Brown, Lt. C. N., R.G.A. (T.F.)
Brown, Capt. D. A. G., late R.A.S.C.
Brown, Capt. E.
Brown, Capt. E. K.
Brown, Lt. Frederick, R.F.A.
Brown, Hon. Capt. G. T., Qr.-Mr. Can. A. Med. Corps
Brown, Temp. Lt. G. W.
Brown, Temp. Lt. G. W. S., Serv. Bns. Rif. Brig.
Brown, Miss H. G. R., late Unit Admin. W.A.A.C.
Brown, Temp. Capt. L.
Brown, Miss P. W., late Unit Admin. Q.M.A.A.C.
Brown, Temp. Capt. Stanley, M.B., R.A.M.C.
Brown, Miss S. N., late Unit Admin. Q.M.A.A.C.
Brown, Capt. W., Qr.-Mr. T.F. Gen. List.
Browne, Lt. C. J., late Serv. Bns. K.R. Rif C.
Browning, Lt. H., 5 Bn. Hamps. R.
Bruce, Lt. I. R. C. G. M.
Bruce-Clarke, Capt. W. R., 14 Bn. Lond. R.
Bruno, Lt. H. A. B.
Bruty, Temp. Capt. W. G.
Bryan, Temp Lt. G. M. E.
Bryan, Lt. T. E.
Bryant, Lt. W. E. G.
Bryson, Temp. Lt. C.
Buchan, Temp. 2nd Lt. A. Bn.
Buchanan, Lt. J. F.
Buckner, Temp. Capt. J. S., R.E.
Budd, Temp. Capt. C., Temp. Qr.-Mr.
Budge, Lt. J. W., ret.
Bugler, Temp. Lt. W. T. H., R.A.S.C.
Bull, Armt. Serjt.-Maj. W., R.A.O.C.
Bullivant. Lt. H. E., R.F.A. Spec. Res.
Bullock, Temp. Lt. F. H.W.
Bullock, 2nd Lt. H. C. S.
Bullock, Lt. H. M., S. Gds. (Spec. Res.)
Bullock, Lt. J. W.
Bulmer, Staff Sergt.-Maj. N., R.A.S.C.
Bulteel, Lt. W. B., Sco Horse Yeo.
Bundock, Temp. Lt. C., Temp. Qr.-Mr.
Burgess, Lt. R. A.
Burgoyne, Lt. C., E. Rid. of York. Yeo,
Burke, Temp. Capt. H. St. G., R.A.S.C
Burns, Capt. E. J., ret. pay
Burrage, Lt. D. A., 8 Bn. Midd'x R
Burrage, Lt. H. J., R. Mar. ret.

Burrows, Lt. A.
Burrows, Capt. J. D.
Burt, Lt. R. E. 8 Bn. Notts.
Burt, Lt. W.L. 8 Bn. Essex R.
Busby, Co. Serjt -Maj. T.F. R.E. Spec. Res.
Burton, Rev. H. J., Temp. Chapl. to the Forces, 4th Class.
Butler, Capt. E. N., R.A.M.C. (T.F.)
Butler, Capt. G. G., late R.A.M.C.
Butler, Temp. Capt. J. B., R.A.M.C.
Butler, Capt. J. D.
Butters, Temp. Lt. J. W.
Buxton, Temp. Lt. C. H., R.A.O C.

Cable, Miss N. E, late Unit Admin. Q M.A.A.C.
Cadoux, Temp. Lt. B. T.
Cahill, R.Q.M.S. A., R.A.S.C.
Cairns, Lt. D., High. Cyc. Bn.
Caldicott, Capt. C. H., M.B., R.A.M.C. (T.F.)
Caldwell, Capt. W. J., S. Afr. Def. Forces.
Cale, Temp. Lt. W. F., Serv. Bns. W. York. R.
Calvey, Capt. C, Qr.-Mr.
Cameron, Capt. A. D., 8 Bn. Sco. Rif.
Cameron, Gunner J., R Mar
Cameron, Capt. T. D., Qr.-Mr. R.A.M.C. (T.F.)
Cameron, Temp. Lt. W. Serv. Bns. Sea. Highrs.
Camfield, Capt. C. N., Qr -Mr.
Campbell, Capt. C. C., Aust. Mil. Forces.
Campbell, Lt. D. B., Can. l ocal Forces.
Campbell, Lt. D. G., Temp. Qr.-Mr., Serv. Bns. Som. L.I.
Campbell, Lt. F. H.
Campbell, Capt. H. J., ret. pay.
Campbell, Lt J., R.E. (T.F.)
Campbell, Lt. M., 5 Bn. R.W. Kent R.
Campbell, Temp. Lt. M.
Campey, Qr.-Mr. & Maj, T. E.

Orders of Knighthood, &c. 211

MILITARY MEMBERS (M.B.E.)—contd.

Campion-Coles, Temp. Lt. J. M., Serv. Bns. N. Staff. R.
Cannan, Lt, A. C.
Capon, Temp. 2nd Lt. H. W. T., 6 Res. Regt. of Cav.
Capstick, Temp. Capt. H. P., M.C., Serv. Bns. Ches. R.
Carden, Temp. Capt. J. V., R.A.S.C.
Carey, Staff Serjt.-Maj. A. J., R.A.S.C.
Carey, Miss H. M., late Unit Admin. Q.M.A.A.C.
Carlisle, Temp. Lt. W., Temp Qr.-Mr.,Serv. Bns. North'd Fus.
Carpenter, Temp. Capt. G. O. H
Carr, Hon. Maj. J., Qr.-Mr.
Carr, Staff Sergt. Maj., J. W R.A.S.C.
Carrington, Temp. Maj. S. J. N., R.E.
Carse, Lt. J, late R.D.C.
Carswell, Lt. J. E. I., late A. Ord. Dept.
Carter, Temp. Capt. C. F. B., R.A.S.C.
Carter, Temp Capt. T. B., Qr.-Mr.
Carthew-Yorstoun,Lt.M.A.
Cary, Temp. Lt. R. T. O., Serv. Bns. Midd'x R.
Cash, Temp. Serjt.-Maj. S., R.E.
Cassels, Lt J. H., Q.O. R. Glasgow Yeo.
Catherall, Lt. J. E.
Cavaye, Capt. R. J., 3 Bn. Camn. Highrs.
Cemlyn-Jones, Capt. E. W., 6 Bn. R.W. Fus.
Challice, Supt.-Clerk S.
Chambers, Lt. G. K. R.G.A. Spec. Res.)
Chandler, 2nd Lt. F. J., R.G A. (T.F.)
Chandler, Capt. H. E.
Chandler, Capt. J. M., 6 Bn. Notts. & Derby. R.
Chapman, Miss M. L., Asst Admin.Q.M.A.A.C.
Charlesworth, Temp. Lt. W.
Charlton, Lt. C. J., Can. Focal Forces.
Charnand, Temp. Lt. F. C.
Chase, Miss L. M., late Unit Admin. Q.M.A.A.C.
Cheeswright, Lt. F. G. 4 Bn. R W. Surr, R.
Chenery, Cdr. B., R.A.O.C. Afr. Def. Force
Chester-Master, Temp. Lt. A. G., R.A.S.C.
Chesterton, Capt. H.

Chidson, Lt, L. H., 4 Bn. E, Surr. R.
Chidson, Capt. M. R.
Child, Capt. C. H.
Childs, Lt. E., R.A.
Christian, Temp. Lt. C., R.E.
Christison, Temp. Capt F. H.
Christison, Lt. McC., late R. Highrs.
Christopherson, Lt. K. W Kent Yeo.
Circuitt, Temp. Capt. G. F. L.
Clapham, 2nd Lt. A. E., late R.A.S.C.
Claridge, Capt. J. W. L., R.F.A. (T.F)
Clark. Temp. Capt. H. C. R.A.S.C.
Clark, Lt. H. G , 13 Bn Lond. R.
Clark, Col. Sir J. M., Bt., VD., late 7 Bn. R. Scots.
Clark, Lt. J. M., 6 Bn. Sea. Highrs.
Clark, Temp. Maj. L. S, R.A.S.C. (Lt. ret. pay)
Clark, Temp. Lt. M. H.
Clark, Lt.-Col. W. J., p.s.o.
Clark, Temp. Lt. W. M
Clarke, Capt. D. A., 5 Bn. S. Staff. R.
Clarke, Qr.-Mr -Serjt.E.H. R.A.M.C. (T.F.)
Cla-ke, Miss E M. late Unit Admin. Q.M.A.A.C.
Clarke, Lt. F., late RA.
Clarke, Lt. H, 3 Bn. N. Staff. R.
Clarke, Lt. H. F.
Cl rke, Lt. I. J., R.E. (T.F.)
Clay, Lt. E., 6 Bn Lond. R.
Clay, Miss L. B., late Unit Admin Q.M.A.A.C.
Claye Staff - Serjt. - Maj. F. W., R.A.S.C.
Clayton, Temp. Lt. N. W. M.C.
Clegg, Miss E. T., late Dep Cont. Q.M.A.A.C.
Clegg, Lt. T. H., M.C., late Serv. Bns. Manch. R.
Clements, Lt F. J., Temp. Qr.-Mr., R.E.
Clements, Temp. Lt. W. J., Qr.-Mr., Serv. Bns. Rif. brig.
Clemishaw, Temp. Lt. J.
Clout, Capt. C. W., 2o Bn Lond. R.
Clover, Capt. F. W.
Clucas, Capt. A. H., 6 Bn W. York. R.
Coates, Qr.-Mr.-Serjt. E. Rif. brig.
Cobb, Temp. Lt. H. P., R A.S.C.
Coghlan, Lt. E. M. E.
Coghlan, Temp. 2nd Lt. G. E., R.E.
Coghlan, Capt. G. S., S. Afr. Def. Force
Cokayne, Lt. T.
Colam, Temp. Capt. R. L.
Colbeck, Capt. P., 7 Bn. North'd Fus.

Cole, Temp. Capt. D. H., R.A.S C.
Cole, Maj. F. W., late 5 Bn. Glouc. R.
Cole, temp. Lt, H. R. C., late Tank Corps
Cole, Temp. Lt. L. A. C., R.A.S.C.
Coles, Lt. H. V., Can. M.G. Corps.
Coley, Qr.-Mr. & Maj. W.
Colley, Temp. Sergt.-Maj. H. J., R.A.
Collins, Miss G. M., late Unit Admin.,Q.M.A.A.C.
Collins, Serjt.-Maj. T., R.E.
Collins, Maj. W. H., Qr. Mr., ret. pay.
Colman, Capt. J. L., A.I.F
Colquhoun, Lt. E. E., 5 Bn. Bedf. & Herts R,
Colquhonn, Capt. J.C., late Gen. List.
Combe, Capt. H. A. B. ret.
Combes. Lt. P. M., R.G.A Spec. Res.
Combes, Lt. W. J., Qr.-Mr. R.A.
Coney, Temp. Lt. C. F., 8 Afr. Oversea Forces.
Connell, Staff-Serjt.-Maj. J., M.V., R.A.S.C.
Connery, Capt. W. L., Qr.-Mr.
Connolly, Temp. Lt. H. F.
Cook, Serjt -Maj. P. F., R.A.M.C
Cooksey, Capt. F. R., late Gea. List.
Cooper, Capt. A. E.
Cooper, Temp. Maj. B. R.
Cooper, Temp. 2nd Lt. C. A., R.E.
Cooper, Lt. F. J., Temp. Qr.-Mr.
Cooper, Hon. Maj. H. Commy. of Ord.
Cooper, Temp. Lt. R. T., R.E.
Cooper, Temp. Maj. S. E., R.E.
Cooper, Capt. T., ret.
Cope, Lt. N. H., 5 Bn. W. York R.
Cordeaux, Capt. M. C. D., M.C., R.G.A. (T.F.)
Corner, Capt A., Qr.-Mr.
Corner, Miss S., late Quarter-Mistress W.A.A.C.
Corrie, Temp. Lt. W. E., E. Afr. Prote. Force.
Cosgrave Capt. F. J., Qr.-Mr. R.E. Kent Yeo.
Cosgrove, Capt. T. P., Temp. Qr. Mr.
Costello, Temp. Lt. G. A.
Cottle, Lt. J , Qr. - Mr., R.A.M.C. (T.F.)
Cotton, Temp. 2nd Lt. H. (T.F.)
Coulter, Lt P A., 4 Bn. R.W. Kent R.

Cousens, Temp. Lt. A. B. R.A.S.C.
Court, Temp.Capt. H.D.H. T.F.
Coutts, Temp. Capt. C.
Cowan, Capt. A. H., ret. T.F.
Cowan. Maj. H.G., D.C.M., Qr.-Mr.
Cowan, Maj. P. J, T.F. Res.
Cowley, 2nd Lt. E., R. Guernsey Mila.
Cox, Capt. G., Qr. - Mr. R.E.
Cox, Capt. K T., late Serv. Bns. R. W Surr. R.
Coyle, Sergt.-Maj. J , Army Schoolmaster
Coyne, D., late Lt. R.F.A. Spec. Res.
Coyne, Maj. (Dist. Off.) R.
Crabbe, Lt. S. C., late R.A.S.C.
Craft, Qr.-Mr. & Capt.S. L., Quebec R.
Craig, Lt. G., late T.F. Res.
Craig, Supt.-Clerk W.J. R., R.E,
Crane, Capt. J. H., M.D., R.A.M.C (T.F.)
Crankshaw, Capt. E. N. S., R. Fus.
Cranmer, Capt. A. T., 8 Bn. Midd'x R.
Crauston, Temp Lt. T.
Crapper, Capt. H. S., ret.
Crawford, Temp. Capt A.
Crawford, Lt. J., 5 Bn. Sco. Rif.
Cree, Lt. H. F., 3 Bn. E. Kent R.
Cresswell, Capt. H. P., ret.
Creswell, Temp. Lt. K. A. C.
Cripps, Lt. G. W., Can. Rly. Servs.
Cripps, Maj. H. R., ret.
Crocker, Lt. G. G., 6 Dns. Spec. Res.
Croft (H. H B., S. Afr. Oversea Forces
Crome. Lt. H., Aust. Imp Force
Crombie, Temp. Lt. C. R.
Crosbie, Temp. Capt. W. M., R.E.
Cr ss, Lt. A. G., M.C., 6 Bn Sea. Highbrs.
Cross, Capt. C. G., T.F. Res.
Crosse. Lt. J. F., late R Def. Corps
Crossley, Temp. Lt. G. H., R.A.S.C.
Crothers, Capt. W. G. M., 3 Bn. Suff. R.
Crotty, Temp. Capt. T.
Crowden, Capt. H. C. Temp. Qr-Mr., 1 Garr. Bn. R. Ir. Fus.
Cudmore,Temp. Lt. F. W., Temp. Qr.-Mr.
Cullen, Capt. W. J., late Serv. Bns. Leins. R.
Cumming, Capt. P., ret.
Cunliffe, Temp. Capt. N.
Curry, Lt. E.
Cursley, Temp. Lt. S.

MILITARY MEMBERS (M.B.E.)—contd.

Curtis, Mrs. A., late Unit. Admin., Q.M.A.A.C.
Curtis, Miss A., Unit Admin., Q.M.A.A.C.
Curtis, Lt. J. D. C., M.C., 3 Bn. R. Lanc. R.
Curtis, Capt. W. A., Temp. Qr.-Mr. R.A.S.C.
Cutler, Temp. Lt. R. V., M.C.

Dabell, Capt. W. B., M.C., Qr.-Mr., W. Gds.
Dalglish, Miss G., late Dep. Admin. Q.M.A.A.C
Dalton, Temp. Hon. Lt. E. A. L
Daly, Staff Nurse A., Q.A.I.M.N.S.R.
Daly, Temp. Lt. O. B.
Dann, Capt. W. S., late Unattd. List. T.F.
Danson, Temp. Lt. T., R.A.O.C.
Darby, Maj. J. E., ret. pay, Qr.-Mr.
Dashwood, Capt. S. L., R.E.(T.F.)
Davidson, Temp Capt A. S., R.E.
Davies, Temp. Capt. A. T S. Afr. Oversea Forces.
Davies, Temp Lt. C. B.
Davies, Temp Lt. D. O.
Davies, Lt. J. T
Davies. Temp. Capt. R. L., R.A.S.C.
Davies, Temp. Lt. S.
Davies, Temp. Lt W. T., 3 Garr Bn. R.W. Fus.
Davis, Temp. 2nd Lt. E. C. H.
Davis, Co.-Serjt.-Maj. J., ret. pens.
Davis, Capt. R. late R.E.
de Barcayle, Lt.H.S., S.Afr. Def. Forces.
Deedes, Lt. J. G., R.E. (T.F.)
de Lisle, Rev. H. F., Chapl. S. Afr. Def. Force

Denby-Jones, Temp. Capt. E., R.A.S.C.
Dening, Miss G., late Unit Admin. Q.M A.A.C.
Denison, Lt. A. A., M.C.
Denny, Lt. W. B. V., R. S.C.(T.F.)
de Robeck, Lt. J. H. E.
Desmond, Lt. A. E., R.E (T.F.)
De St. Croix, Temp. Capt. L. L., R.A.S.C.
De Tuyll, Lt. F. C. O.
Dew, Lt. R. F., R.E. (T.F.)
Dew, Capt. W. J.
de Wet, 2nd Lt. N. J. S. Afr. Def. Force.
Dicker, Capt. A. S. H., late 3 Bn. R. Suss. R.
Dicker, Temp. Lt. G. C. H.
Dillon, Temp. Lt. R.
Dilworth, Lt. C., Res. of Off.
Dingle, Qr.-Mr. Serjt.H.J., 4 Bn. Wilts. R.
Dinsdale, Temp. Lt. T.E.C
Dobson, Temp. Lt., W. F., R.E.
Dodds, Lt. T. E.
Doggrell, Capt. E.
Doherty, Lt. F. C., late 5 Bn. Essex R.
Dolmage, Temp. Capt. (Hon. Maj. r.t. Mila.) F. A. E., Gen. List.
Donald, Capt. G. R., T.F. Res.
Donkin, Temp. Lt. H. J., R.E.
Dorrington, Temp. Lt. F.J R.A.O.C.
Douglas, Temp. Lt. J. T.
Douglas, Capt. R. D. A. M.D., S. Afr. Def. Force
Douglas-White, Lt. C. F. 3 Bn. Arg. & Suth'd Highrs.
Dowdell, Staff Qr.-Mr.- Serjt. G. J., A.P.C.
Drake, Lt. T., Herts. Yeo.
Drayson, Capt. T., Qr.-Mr Serv. Bns. Glouc R.
Dredge, Lt. A. E. M. R.A.S.C.(T.F.)
Driver, Temp. Capt. G. O. H., Can Local Forces.
Drysdale, Temp. 2nd Lt. J. S., Serv. Bns., Sco. Rif.
Duarte, Serjt.-Maj. E. T., R.F.A.
Duckett, Lt. W. K., R.E. (T.F.)
Duckworth, Lt. F. R. G., R.F.A. Spec. Res.
Dudley, Capt. C. R., 3 Bn. S. Lan. R.
Dudley, Lt. E. J. S., Can Local Forces

Duggan, Lt. H. V. N., Can. Local Forces.
Du.on, Temp. Lt. A L.
Duley, Capt. C. C., Newf'd Contgt.
Dunbar, Capt. W. R., Qr.- Mr.
Duncan, Lt. C.
Duncan, Temp. Lt. G. A.
Duncan, Capt. G. W., M.C. ret.
Duncan, Capt. Thomas, Temp. Qr.-Mr.
Dundas, Mrs B, late Unit. Admin. Q.M.A.A.C.
Donell, Temp. Lt. A. G. R A.S.C.
Durbridge, Lt. W., R.F.A. (T.F.)
Duthie. Staff Nurse B. E., T.F.N.S.

East, Temp. Lt. A. W., Lab. Corps
Eastick, Capt. A., Qr.-Mr. H. C., R.E.
Eccleston, Temp. 2nd Lt. R.E.
Ecroyd, Temp. Capt. F. T.
Eden, Lt. G. M., R.A.S.C. (T.F.)
Edge, Lt. A. B., ret.
Edkins, Temp. Capt. B. H. H., M.C.
Edwards, Capt. C. J. North'd Fus. Spec. Res.
Edwards, Mrs. H. M., Dep. Cont Q.M.A.A.C.
Edwards, Miss T. L., Dep Admin. Q.M.A.A.C.
Edwards, Lt. W.
Edwards, Temp. Capt. W. M., Lab. Corps
Egan, Lt. W., Temp. Qr.- Mr. Serv. Bns. R. Jr Regt
Eldred, Mrs. E. F., late Unit Admin. Q.M.A.A.C.
El.y, Temp. Capt. H. G., R E
Eliot, Capt. J. A. R., late A.P. Dept
Elkin, Miss C. E., late Asst. Admin Q.M.A.A.C.
Elliott, Temp. Lt. J. H., Temp. Qr.-Mr.
Elliott, Temp. Lt. M. L. F., Serv. Bns. Glouc R.
Ellis, Capt. A. E. P.
Ellis, Lt. F. R., 7 Bn. Durh L.I.
Ellis, Temp. Lt. Harry C, R.A.S.C.
Ellis, Temp. Lt. R.
Ellis, Capt. N. N., late S. Afr. Def. Force.
Ellison, Maj. W. R.
Ellison, Maj. W. R., 4 Bn. York & Lanc. R.
Elmore, 2nd Lt. P., late R.A.S.C.
Elsworthy, Capt. A. L.
Emerson, Lt. T. W., late T.F. Res.
Englefield, Lt. W., Hamps. R.

Erby, Temp. Lt. H. W., R.A.O.C.
Eustace, Temp. Lt. A. V. 4 Bn. R.W. Surr. R
Evans, Lt. B. S., M.C., late R.F.A.
Evans, Lt. E. R., late R.F.A.
Evans, Capt. F., R.A.M.C. (T.F.)
Evans. Temp. Capt. G. W.W.
Evans, Maj. H. J. A., ret. pay
Evans, Lt. R. E., R.E. (T.F.)
Evans, Capt. S. E., late T.F. Res.
Evans, Temp. Lt. W. J., R.A.O.C.
Evatt, Capt. J. W., Lan. Fus.
Everett, Lt. C. F. G., 9 Bn. Hamps. R.
Everett, Temp. Maj. R. M., Serv. B-s. N. Lan. R.
Everett, Temp. Lt. R. T.
Everson, Temp, Lt. T. H., R.A.S.C.
Ewen, Temp. Lt. D., Lab. Corps
Eyre, Lt. J. B. G. Gds Spec. Res.
Eyre, Lt. R P. H.
Eyres, Temp. 2nd Lt. C. L

Fagan, Lt. C. W., M.C., 5 Bn. Bord. R.
Fairbairn. Miss E. B. late Asst. Admin. Q.M.A.A.C.
Fairbairns, Miss M. E., late Comdr. Q.M.A.A.C.
Fairbrother, Capt. W. G., Inspr. of Army Schools.
Farmer, Temp. Lt. F. M.
Farmer, Lt. F.
Farnham, Suptg. Clerk S., R.E.
Farquhar, Rev. Henry, T./C.F., 4th Class
Farraday, Qr.-Mr. & Maj.W.
Farrance, Lt. H. W.
Farrell, Lt. J. R.
Faulkner, Temp. Lt. H. R., Serv. Bns. E. Surr. R.
Fawcett, Supt. Clerk W., G. Gds.
Fawdry, Lt. T.
Fawsitt,Temp Lt. H.H.M., Serv. Bns. Hamps. R.
Fenn, Sub.-Cdr. S. A., R.A.O.C.
Fenning, Lt. R. W., R.E., (T.F.)
Fenton, Temp Lt. C.,Serv. Bns. York. R.

Orders of Knighthood, &c.

MILITARY MEMBERS (M.B.E.)—*contd.*

Fenton, Temp. Capt. J. G.
Fenton-Jones, Hon. Col. W. F., 10 Bn. Lond. R.
Fenwick, Maj. E. G., ret
Ferguson, Temp.Lt.A.P.J., Can. Local Forces
Ferguson, Temp. 2nd Lt. J.
Fergusson, Capt. J. C., *M.C., late R.A.M.C.*
Fetherston Lt H. B., *M.C.*
Field, *late Temp. Capt.* D.
Field, Temp. Lt. E. A.
Field, Lt. E. H., *M.C. R.F.A. (T.F.)*
Field, Capt. W. S.
Fieldhouse, Co.-Serjt.-Maj. A., 41 Bn. W. York R.
Fielding, Lt. W. H., R.E. (T.F.)
Filmer, Lt. W. G. H., 4 Bn. E. Kent R.
Finch, Temp. Lt. G. I.
Finlay, Capt. H. W., *late* 13 Bn. Lond. R.
Fish, Temp. Lt. G. D., Serv. Bn, R. Ir. Rif.
Fisher, Lt. C. F. U., T.F. Res.
Fitchett, Temp. Capt. W. G., Qr.-Mr. R.A.M.C.
Fitzgerald, Staff Sgt.-Maj F., ret. pens.
FitzGerald, Cap'. J. S. N., *M.C.*
FitzSimon, Temp. Lt. S. E. S., Serv. Bns. R. Ir Rif.
Fitzwater,Staff-Sergt.-Maj. W.G., R.A.S.C.
Flannery, Capt. H. F., R.H.A. (T.F.)
Fleming, Capt. G. B., *M.B., R.A.M.C. (T.F.)*
Fleming, *Rev.* M. J., Late Temp. Chapl. to the Forces 4th Class.
Fletcher, Lt. J. W., 25 Bn. Rif. Brig.
Flint, Capt. A. W., *late R.A.S.C.*
Fludder, Temp. Lt. G.
Fooks, Lt. P. E. B., R.G.A. (T.F.)
Footner, Capt. B. M., R.A.M.C. (T.F.)
Forbes, Lt. J. G. A., Temp. Qr-Mr. R.A.M.C.
Ford, Temp. Lt. H. S.
Ford, Temp. Lt. T., R.E.
Forrest, Capt. R., 5 Bn. Bedf. & Herts. R.
Forsdyke, Temp. Lt. A. V. W., R.A.S.C.
Forster, Lt. E. S., *late* Gen. List
Forster, Temp. Maj. F. N., R.E.
Forster, Temp. 2nd Lt. E. H., R.E.
Foster Melliar,Temp.Capt. J. K.
Foster, *Miss* C. P., *late* Unit Admin. Q.M.A.A.C.
Foster, Temp. Lt. J. E.
Foster, Temp. Lt. W.
Fowler, Lt. C. H., R.F.A. (T.F.)
Fox, Serjt.-Maj. J. B., R.G.A.

Fox, Capt. W. H., Qr-Mr. Can. Local Forces
Frampton, Temp. Lt. N. P.
Francis, *Miss* A. E., *late* Dep. Admin. Q.M.A.A.C.
Francis, Temp. Lt. A. E.
Franks, Lt. R. K., N. Som. Yeo.
Fraser, Maj. A. G., ret. pay, Res. of Off.
Fraser, Temp. Lt. G A. Serv. Bn. K.O. Sco. Bord.
Fraser, Temp. Lt. J. J., R.A.S.C.
Freegard, Lt. C. G., 5 Bn. Sea. Highrs.
Freeman, Lt.G.H., R.G.A. Spec. Res.
Freeman, Lt. P. T., R.E.
Freestone Capt. S., *M.C.* Qr.-Mr. Essex R.
Frew, Temp. Capt. H., *late* S. Afr. Def. Forces.
Frood, *Miss* M. S., *late* Area Controller, W.A.A.C.
Frost, Lt O H, *M C.*
Frost, Maj. R. H., Qr.-Mr.
Froude, Capt. C. W.
Fry, Lt. D. G., 4 Bn. Glouc.
Fry, Maj. J. J., Can. A.S.C.
Fry, Capt. W., Temp. Qr.-Mr.
Fryer, Temp. Lt. S. E.
Fuge, Capt. W. V. G.
Fulcher, Lt. E. W. P., 3 Bn. Norf. R.
Fuller, Temp. Capt. C., R.E.
Furler, Capt. H.J., Qr.-Mr. R.A.M.C. (T.F.)

Gale, Temp. Lt. F. R., R.A.O.C.
Gale, Temp. Capt. H. A., R.E.
Gales, Capt. J. R., 3 Bn Durh. L.I.
Gallie, Serjt.-Maj. Sydney, R.A.M.C.
Gann, Temp. Capt. E. H. Temp. Qr.-Mr. R.A.M.C.
Gardiner, Lt. E. C., 3 Bn. Devon. R.
Garton, Temp. Maj. W. L R.A.S.C.
Gatliff, Capt. G. G., R.E.
Gattie, Lt. B. B.
Gamage, Lt. C. M., R.E. (T.F.)
Gardiner-Hill, Temp.Capt. H.
Gardner, Lt. R. L., 10 Bn. Manch. R.
Garnier, Capt. A. P., *M.C.,* North'd Fus.

Garside, Staff Sergt -Maj. C., *M.C.,* R.A.S.C.
Gault, Lt. W. J., Can. Local Forces
Gedge, Capt. D. V, T.F. Res.
Gee, Lt. G. A., *M.C.*
George, Capt. Richard Westropp, Temp. Inspr. of Works Staff for R.E. Serv.
George, Lt. W. O., 5 Bn. Welch R.
Gerard, Lt. C. E., *late* Serv.Bns.Gord. Highrs.
Gethin, R. G., *late* Temp. Capt.(*Hon.Maj.ret.Spec Res.*)
Gibb Maj. A. D.
Gibbs, Lt. G. Y., R.A.S.C. (T.F.)
Gibson, Lt. F. E., *late* R.A.
Gibson, Temp. Lt. G. E., Can Local Forces
Gibson, Temp. Lt. J. B. R.A.S.C.
Gibson, Capt. J. G., Hon. Art. Co.
Gibson, *Miss* J. M. F., *late* Cont. Q.M.A.A.C.
Gibson, Temp. Lt. J. M.
Gielgud, Temp. Lt. L. E.
Gilchrist, *Miss* E. MacF. Asst.Admtr., Q.M.A.A.C.
Gilchrist, Lt. H. T.
Gill, *Mrs.* L.I.,UnitAdmin Q.M.A.A.C.
Gillam, Lt. V.
Gillespie, Temp. Lt. W. E
Gilliard, Capt. W. T., Qr.-Mr.
Gingold, Lt. F. M., *late* A.P. Dept.
Gladwell, Temp. Lt. A. L.
Glason, Lt J A., 4 Bn. Lan. Fus.
Glencross, Lt. J., 5 Bn. North'd Fus.
Goate, Temp.Lt. E. E., R.E.
Goble, Serjt.-Maj. W. R., R.F.A.
Goddard, 2nd Lt. E.
Godfray, Capt. M., TD. City of Lond. Yeo.
Godfrey, Temp Lt. A. P.
Godinho, Temp. Capt P. X., Ind. Med. Serv.
Godsell, Capt. J. S. P.
Goggin, Capt. J., A P. Dept.
Goldman,Maj.C.S.,R.G.A (T.F.)
Goldman, Temp. Lt. J I R.A.S.C.
Goldsmith Lt F, *M.M.*
Goodall, Temp. Lt. F. H., R.E.
Goode, Lt. T. C.
Gooderham, Lt.G.F.R. *late* M.G. Corps
Goodwin, Capt. A., Qr.-Mr. R.A.S.C.
Goodyear, Temp. Lt. G. M. G. Corps
Gordon, Capt. A. D., Qr.- Mr. Sask. Regt.
Gordon,*Miss* L.M.,Quarter- Mistress Q.M.A.A.C.
Gorman, Qr.-Mr. & Maj. G. R.A.S.C.
Gough, Temp. Lt. H. J., R. E.
Gough, Capt. R. T., Qr.- Mr.

Gout, Capt. E. R. A. J.,ret.
Gow, Maj. P. G , ret, T.F.
Gower, Temp. Lt. J. F.
Gower, Temp. Capt. J. R., Temp. Qr.-Mr. Serv. Bns. Welch R.
Graham, Temp. Lt. C.
Graham, Capt. J., *D.C.M.,* Qr.-Mr.
Graham Barrow, *Mrs.* J., Senior Unit Admtr. Q.M.A.A.C.
Graham-Wigan, Temp. Lt. A. J.
Grainger, Lt C., *M.C.,* Temp. Qr.-Mr.
Grant,Temp.Capt.Andrew, *M.B.,* R.A.M.C.
Grant, Temp. Capt. D. L, *C.M G.*
Grant, Temp. 2nd Lt. L. I., *M.M.,* R.E.
Grant, Lt.-Col. W., *C.M.G., D.S.O.,* Aust. Mil Forces.
Gray, Temp. Capt. E.C.G., R.A.S.C.
Gray, Temp. Lt. H. C.
Gray, Temp. Lt. G.
Grayson, *Rev.* J. W.,Temp. Chapl. to the Forces, 3rd Class.
Greaves, Temp. Capt. W., Temp. Qr.-Mr. R.A.M.C.
Green, Temp. Capt. G. G., *C.M G.*
Green, Capt. J., *M.D.,* R.A.M.C. (T.F.)
Green, Lt. L. H., 3 Bn. S. Wales Bord.
Green, Capt. R., *late* R.A.S.C.
Green, Temp. Capt. W., Temp. Qr.-Mr.
Green, Capt. W. H., Qr.- Mr., T.F. Gen. List
Greenlees, Lt. R. W., R.G.A. (T.F.)
Greenwell, Maj. B. E., T.F. Res.
Greenwood, Capt. C. S.
Gregory, Capt. A. L., *M.C.,* 3 Bn. Dorset R.
Greig, Capt. J. I., *M.B. late* R A.M.C.
Gretton, Temp. 2nd Lt. R. H.
Grey, Capt. P.
Grice, Lt. C., R.G.A. Spec. Res.
Griffin, Capt. A. J., Qr.-Mr.
Griffith, Capt. G. D.
Griffiths, Lt. D. J., 6 Bn. Welch R.
Griffiths, Qr. - Mr - Serjt. W. C., R.E.
Groome, Capt. A. W. W., Norf. Yeo.
Groome, Temp. Capt. W., R.A.M.C.
Grubb, Qr.-Mr. & Maj. J. J., R.E.
Gull, Qr.-Mr. Serjt. A. H., R.E.
Gummer,Temp.Capt. P. E.
Gunn,Qr.-Mr.-Serjt.J., Sea. Highrs.
Gunther, Lt. F. A. T.F. Res.
Gutteridge, Temp. Lt. L., M.G. Corps.
Guy, Capt. P. C., *late* Gen List.
Gwatkin, Capt. R. D. S., *late R.F.A.*

6****

214 Orders of Knighthood, &c.

MILITARY MEMBERS (M.B.E.) — *contd.*

Hack, *Rev.* R., Temp. Chapl. to the Forces, 4th Class
Hacker, Temp. Lt. D. W. S., R.A.
Hacker, 2nd Lt. W. H. R.E. (Spec. Res.)
Hahn, Temp. Lt. A., Temp. Qr. Mr.
Hales, Capt. W.
Hall, Lt. B. J. L., R.E. (T.F.)
Hall, Capt. E., Qr.-Mr.
Hall, Temp. Lt. G. F.
Hall, Lt. H. S. G., Aust. Mil. Forces.
Hall, Temp Lt P. S., R.A.S.C.
Halliday, Temp. Lt. C.W., R.E.
Halloran. Temp Capt. W. J., Qr.-Mr., 1 Garr. Bn Ches. R.
Hamilton, Lt. F. T., R.E. (T.F.)
Hamilton-Grierson, Lt. P. F., 5 Bn. R. Sc. Fus.
Hamilton-Smith, Lt. N., R.G.A. Spec Res
Hampton, Temp. Lt. C. S., *M.C.*, Temp. Qr.-Mr. Welsh R.
Hampton, Lt. T., *D.C.M.*, Temp. Qr.-Mr.
Hanbury, Lt. N., *late* C. Gds. Spec. Res.
Hancock, Lt. F., ret.
Handley Read, Temp. Lt. E. H., M.G.C.
Handy, Temp Lt. W.
Hanna, Temp. Maj. A. L.
Hanney, Capt. M. J., Asst Paymr.
Hanscombe, Temp. Lt S. W.
Harbottle, Temp. Lt. D. L. R.A.S.C.
Harcher, Qr.-Mr. Serjt. E. E., R.A.S.C.
Harcourt-Brown, *Miss* M., *late* Dep. Admin. Q.M.A.A.C.
Harding, Temp. Capt. H.H.
Harding, Lt.-Col. J. S. G.
Harding, Capt. R. A. C., R.F.A. (T.F.)
Harding, Lt. W. J. D., ret.
Hardman, Hon. Lt. W., Can. Local Forces.
Hardwick, Temp. Lt. F., R.E. Spec. Res.
Hardy, Maj. H.S., *M.C.*
Hardy, Temp. Lt. V.
Harford, *Miss* W. M. B., *late* Unit Admin. Q.M.A.A.C.
Hargroves, Capt. W. R., Qr.-Mr.
Harley, Temp. Lt. E. W. J., R.A.O.C.
Harman, Temp 2nd Lt. E. Serv. Bns Rif. Brig.
Harmer, Capt. R.F., 5 Bn. Gord. Highrs.
Harold, Staff Serjt. Maj. J., *D.C.M.*, R.A.S.C.
Harper, Temp. Capt. J. S., R.E.
Harpur, Capt. J. L., ret.
Harries, Temp. Lt. E. B.

Harrington, Capt. G., *late* Qr.-Mr. R. Mar.
Harris, Lt. C. P., 4 Bn. Wilts. R.
Harris, Capt. E. D., S. Afr. Def. Forces.
Harris, Sqdn. Serjt-Maj. F. G., R.A.S.C.
Harris, Capt. H. B., S. Afr Oversea Forces
Harris, Qr.-Mr. S. W., Capt. 4 Bn. R. Ir. Regt
Harrison, Staff Serjt. Maj G., *D.C.M.*, R.A.S.C.
Harrison, Lt. J. L., *late* R.A.O.C.
Harrison, Temp. Capt L. C., Inspr. of Works and Staff for R E. Serv.
Harrison, Lt. W.J., R.G.A. Spec. Res.
Hartington, Capt. E. W. S. C., *Marq. of*, Derby Yeo. *(Hon. Col. 6 Bn. No'ts. & Derby R.)*
Hartley, Lt. R.W., R.A.S.C. (T.F.)
Hartnell, Qr.-Mr. Serjt. W. G., Som. L.I.
Harvey, 2nd Lt. A. M., 5 Bn. Devon R.
Harvey, Maj. L. J. M.
Harvey, Capt. N. C., T.F Res.
Harvey. Lt. W., *late* R.A.S.C
Harwood, Capt. A. Qr.-Mr. Unit. Admin. Q.M.A.A.C.
Haskins, *Miss* E. M., *late* Unit Admin. Q.M.A.A.C.
Hatch *Miss* E F., *lite* Unit Admin. Q.M.A.A.C.
Hatch, Temp. Lt. W. A.
Haviland, Lt. R. H., 4 Bn Durh. L.I
Haviland, Capt. W. P., 8 Bn. Arg. & Suth'd Highrs. A. S., R.A.O.C.
Hawkes, Temp Lt. C., *M.C.*
Hawkins, Temp. Lt. A. G. J.
Haws, Capt. A H., Qr.-Mr. Sco. Horse Yeo.
Hay. *Miss* C, N. late Unit Admin. Q.M.A.A.C.
Hay, Temp. Lt. W. R.
Hayes, Capt D., Qr.-Mr.
Hayes, Lt. E G.
Hayes, Temp. Capt. G. F. L., Temp. Qr -Mr,
Haynes, Lt. G. W.
Hayter, Capt. J.
Hayward, Hon. Maj. P. C. G., Essex Yeo.
Haywood, Temp Lt H., Temp. Qr.-Mr., Lab. Corps.
Hay'ood, Temp. Lt. N. A., Lab. Corps.
Headwards, Temp. Lt. H., R.E.
Healey, Capt. H.
Heard, Lt. C. C., 5 Bn. L'pool R.
Hearn, Capt. G. H. S *D.C.M.*, Qr.-Mr. (T.F.)
Heath, Capt. H. C. S.
Heath, Temp. Lt R. J. R.A.S.C.
Heath, Capt. S. J., *M.C.*
Heath, Maj. T. A., Qr.-Mr

Heath, Lt. W. H., *M C.*, 7 Bn. Hamps. R.
Hedges, Temp. Capt. H. E. Suff. R.
Hedley. Temp. Capt. T, Qr.-Mr. R.A.M.C.
Hedley, Temp Lt. T. F.
Heeley, Lt. H. N., *M.C.*, *late* S. Afr. Oversea Forces
Helden, Temp. Capt. F., R.E.
Hellyer, Capt. E. P., *late* A.P. Dept.
Henderson, Temp. Lt. C. H
Henderson, Temp. Lt. W. S. Lab. Co ps.
Hendry, Maj. J., Unatt'd List. (T F.)
Henley, Lt. F. A. H. R.A.S.C. (T.F.)
Hensey, Capt. J. O., S. Afr Def. Force
Henshall, Capt. L., *late* 4 Bn S. Lan. R.
Henshaw, Temp. Capt. T., R.A.S.C.
Herbert, Temp. Capt G, R. S.C.
Heseltine, Capt. C. P., *late* 16 Bn. Worc. R.
Hesketh, Capt. W. H., Qr. 6 Bn. Glouc. R.
Hetherington, Temp. Hon. Lt. G
Hewett, Lt. C. A., Man. R
Hext Lt A. C., E. Rtd. of York. Yeo.
Heyer, Temp. Capt. G.
Heyworth, *Miss* B. H. G., *late* Unit Admin Q.M.A.A.C.
Hickey, Temp. Lt. J., 1 Res. Regt of Cav.
Hickie, Capt. H., *M.C.*, Qr.-Mr.
Hicks, Staff Qr.-Mr. Serjt A. S., R.A.O.C.
Hicks, Maj. J. M.
Hide, Capt L., 15 Bn. Lond. R.
Higgins, Capt. A. H., 4 Bn. North'n R.
Biggins, Capt. C. H. P., *late* 18 Bn. Lon'i R.
Higgins, Capt. R H. C.
Higham, Lt., F. D
Higson, Temp. 2nd Lt. P. J., R.E.
H gson, Capt. W., ret. Temp. Qr.-Mr.
Hill, Temp. Capt. A., Temp. Qr.-Mr.
Hill, Capt. E. E., *D.C.M.*, Linc. Yeo.'
Hill, Serjt. Maj. F., 14 Hrs
Hill, Lt. G. A., *M.C.*, 4 Bn. Manch. R.
Hill, Lt. G. L. W., R.G.A. Spec. Res
Hill, Capt. L. S., Norf Yeo
Hill, Capt. R., *late* Gen. List.
Hill, Capt. R. C., ret.
Hill, Temp. Lt. T. E.
Hills, Temp. Capt. H.
Hinchcliffe, Temp. Capt. A. L'pool R.
Hind, Lt. L. G., 6 Bn Manch. R.
Hindell, Capt. H. G., *late* R.E.
Hingston, *Miss* C. L., Dept. Admin. Q M.A.A.C.
Hinks, Temp. Lt. E., R.A.O.C.

Hinton, Lt. W. H.
Hitchcock, Lt. L. H., 6 Bn. Suff. R.
Hobbs, *Miss* I. D., *late* Unit Admin. Q.M A.A.C.
Hobson, Lt. B.
Hodgen, Capt. G. W.
Hodgson, Temp. Lt. C. E., Serv. Bns. R. War R.
Hodson, Lt. L. P., *late* Gen. List.
Hofman, Capt. A., Qr.-Mr.
Hogan, Lt T.
Hogg, Lt. W., ret.
Hoile, Temp. Qr.-Mr. & Capt. G. V.
Holden, Maj. E. F., ret. pay, Res. of Off.
Holden, Temp. Lt. F.
Holder, Temp. Lt A E., R.A.S.C.
Holland, Temp. Capt. E. S., Serv. Bns. R.W. Kent R.
Holland, Capt. F., *late* 10 Bn. L'pool R.
Hollidge, Lt. A., R.A.S.C. (T.F.)
Holman, Lt. J. G., *M.C.*, 6 Bn. Glouc. R.
Holme. Temp. Lt. C. G.
Holmes, Temp. Lt. A. E., R.A.S.C.
Holmes, Maj. H. J., *M C.*
Holt, Temp. Capt. A. H. E. L., R.E.
Holyworth, Staff Serjt.-Maj. M., R.A.S.C.
Honey, Capt. H. C., *late* Gen. List.
Hopcraft, Lt. H. D., 4 Bn. Oxf. & Bucks L.I.
Hopperton, Temp. 2nd Lt. H. E., R.E.
Hope, Capt. A. C.
Hopkins, Lt. F. A., ret.
Hopkins, Temp. Lt. J. B.
Hopkinson, Capt. A. H.
Hopkinson, Temp. Lt. H., *late* R.A.S.C.
Horan, Lt. P., 5 Bn. Durh. L.I.
Horne, Lt. H. S., ret.
Horner, Lt, H.
Horton, Capt. V. G., ret. T.F.
Hoskins, Lt. W. E., Temp. Inspr. of Works, Staff R.E. Serv. Bns.
Houghton, *Mrs.* E., Unit Admin. Q.M.A.A.C.
Houghton, Lt. W. J., S. Afr. Def. Force.
Howard, 2nd Lt. A. T. S., *late* Gen. List.
Howard, Temp. Lt. S. C.
Howell, Maj. O. A., TD, 3 Co. of Lond. Yeo.
Howlett, Capt. J. F., Qr. Mr
Howley, Capt. J., Newf'd Congt.
Hoyland, Maj. H A D, *late* Gen. Gen. List.
Huddart, Maj. A. H.
Hudson, Temp. Capt. A., R.E.
Hudson, Lt. C., 4 Bn. Yorks. L.I.
Hudson, Lt. R. C., Sco. Horse Yeo.

Orders of Knighthood, &c. 215.

MILITARY MEMBERS (M.B.E.)—*contd.*

Hudson, Temp. Lt. W.
Huggard, Capt *R. v.* Richard, ret.
Hughes, 2nd Lt. J. A., *late* A.P.S.S.
Hughes, *Rev.* L. G , Temp. Chapl. to the Forces, 3rd Class
Humberseth, Lt. J. J., S. Afr. Def. Force.
Hume, Maj. H. B. T.
Humphreys, Capt. T., Qr.-Mr.
Humphries, Temp. Lt. H. H., Can. Local Forces
Humphries, Temp. Lt. H. J., Serv. Bns. Oxf. & Backs. L I.
Humphreys, Temp. Capt. R.A.
Humphreys, Lt. R. H., Derby Yeo.
Hunt, Capt. H. C., Qr.-Mr.
Hunt, Capt. R. N.
Hunt, Serjt.-Maj. T., R.A
Hunter, Temp. Lt A. P., R.E.
Hunter, Capt. J. F. S., R.E. (T.F.)
Hunter-Blair, Maj. R. S.
Hurry, Lt. S. C., *late* R.E.
Hussey, Capt. H. A.
Hutcheson, Capt. J., Qr.-Mr., Can. Local Forces
Hutchings, Capt. W. F., *late* 23 Bn. Lond. R.
Hutchinson, *Miss* A. L., *late* Unit Admin Q.M.A.A.C.
Hutt. Temp. Lt. A.
Huyshe, Temp. Capt. R.R., R.A.S.C.
Hyde, *Mrs.* E. V., *late* Unit Admin. Q.M.A.A.C.

Ibbitson, Lt. G.
Imrie, Lt. G. B., R.E. (T.F.)
Ince, Temp. Maj. B. S.
Inglis, Temp Lt H. M. B., Can. Local Forces
Innes, Lt. C. S., R.E. (T.F.) 9 Bn. Durh. L.I.
Innes, Capt. J. O., *M.C.*, 9 Bn. Durh. L.I.
Ionides, *Miss* H. E., *late* Unit Admtr., Q M.A.A.C
Irby, Temp. Lt. G. H. B.
Ireland, *Miss* B., *late* Dep Asst. Chief Controller, Q.M.A.A.C.
Ireland, Temp. Lt. J. A., R.A.S.C.
Irons, Dep. Commy. of Ord Capt. T. W.
Irvine, Capt. L. H., ret., T.F.
Irwin, Lt. S., Aust. Mil. Forces
Isaac, Lt. W. R. V., *M.C.*, Qr.-Mr.

Isaac-Woodgate, Temp. Lt. F. C., R.F.A.
Ives, Qr.-Mr. & Lt. W.H.M.

Jabotinsky, Lt. V, *late* Gen. List
Jackling, Temp. Lt. P., M G. Corps.
Jackman, Temp. Lt C.G J
Jackson, Temp. Capt. F. M.
Jackson, Lt. L. E. S., T.F Res.
Jagger, Temp. 2nd Lt. W. R.A.S.C.
Jamieson, Bt.-Maj E.C. K., S. Afr. Def. Force.
Jamison, Temp. Capt. R E., Labour Corps
Janson, Temp. Lt. F. E., R.A.O.C.
Jardine, Temp. Lt J., R E
Jarrett, Staff Qr.-Mr. Sergt. H., R.A.S.C.
Jay, Lt. S., *late* Serv. Bns. K.R. Rif. C.
Jeal, Temp. Lt. J., R.A.S.C, Suff. R.
Jenkins, Lt. R., 6 Bn Welsh R.
Jenks, Temp. Lt. H. W., Serv. Bns. Bedf. & Herts. R.
Jessap, Lt C T., 4 Bn Linc. R.
Joanes, Temp. Lt. W.
Johns, Temp Lt. F., R.A.O.C.
Johns, Temp. Capt. W. A. R.E.
Johnson, Temp. Lt. A. W. Ches. R.
Johnson, Capt. C., 5 Bn. Ches. R.
Johnson, *Miss* D. M., *late* Dep. Admin. Q M.A.A.C.
Johnson, Temp. 2nd Lt E. A.
Johnson, Capt. H. S.
Johnson, Capt. R., *M.D.*, *late* R.A.M.C.
Johnson, Temp. Lt. S. R.E
Johnson, Lt. W. J., S. Afr Oversea Force.
Johnston, *Mrs.* A. E. B., Unit Admin. Q.M.A.A.C.
Johnstone. Lt. J. H. L. - V. M.
Jones, Lt. A. M.
Jones, Lt. B. A. R., 4 Bn. Ches. R.
Jones, Temp Lt. F. H., R.E.
Jones, Bn., *late* R. Def. Corps.
Jones, Temp. Capt. H. C..
Jones, Lt. H. C. F.
Jones, Capt. J., *late* A.P. Dept.
Jones, Lt. K. C. J., *M C.*, 3 Bn. Bedf. & Herts. R.
Jones, *Miss* M., *late* Dep Admin. Q.M.A.A.C.
Jones, Capt. O , *late* Serv. Bns. R.W. Kent R.
Jones, Capt. R., Qr.-Mr.
Jones, Capt. R., 5 Bn Sco Rif.

Jones, Temp. Lt. R. V.. Serv. Bns. S. Staff R.
Jones, Capt. T., Qr.-Mr.
Jones, Lt. T. C, R F.A (T.F.)
Jones, Lt. W., R.G.A.
Jones, Lt. W. E. T. R.G.A Spec Res
Jones. Temp. Lt. W. H, Can. A.S.C.
Joslin, Lt. E. W., 11 Hrs.
Joyce, Lt. E. P., *late* R.A.S.C.
Joyce, Lt. F. M., *M.C.*, R.F.A. (T.F.)
Joyce, Comdr. S., ret. pens.
Judge, Hon. Lt.-Col. W., Qr.-Mr.

Kavanagh, Capt. H. R.
Kauntze, Temp. Lt W H.
Keefe, Lt. E.
Keeping, Capt. H B., *late* R.A.S.C.
Keer, Lt. R. W. C., 6 Bn Suff. R.
Keery, Capt. W. J., *late* Qr.-Mr. 6 Bn. Notts, & Derby. R.
Keevil, Temp. Capt. A., 6 Bn. R. Muns. Fus.
Keltley, Lt. C. H.
Kekewich, Lt. S., h.p.
Kelly, *Miss* E. S., R.R.C. (Sen. Lady Supt. Q.A.M N.S.)
Kelly, Lt. T.
Kemper, Lt. J.
Kendal, Temp. Lt R. G., R E.
Kennedy. Maj. C. M., F.R.C.S , *late* R.A.M.C. ret.
Kennedv, Temp. Capt. D. N., R.A.S.C.
Kennedy, Lt. D. N., *late* R. Def. Corps.
Kennedy, Lt. H. G.
Kennedy, Lt. W.S., R.F.A. (T.F.)
Kennedy-Cochrane-Patrick Capt. J., 4 Bn. R. Sc. Fus.
Kenny, Lt. L., *late* R.F.A.
Keany Temp. Lt. V. R. R.E. Spec. Res.
Kenny-Levick, Temp. Lt. S. Afr. Def. Force
Keough, Qr.-Mr. & Capt. F.
Kerr, Temp. Capt. E. R A.O.C.
Kerry, Capt. A. H. G., *late* R.E.
Killby, Capt. W. W.
Kilvert, Temp. Lt. C. R., Temp. Qr.-Mr. Serv. Bns. York. & Lanc. R.
Kimber, Gunner E., R Mar.
Kimberley, Serjt.-Maj. H. S. Afr. Def. Force
Kimberley, Lt. H. W., *late* 18 Bn. Lond. R.
King, Qr.-Mr. Mr. Serjt. G. W., R.E.
King, Lt. M.
Kingdom, Sergt.-Maj. A. A., Serv. Bns. Bedf. R.

Kinghorn, Temp. Lt. D. C. R.A.S.C.
Kingsberry, Lt. W. H.
Kingston, Temp. 2nd Lt. A.T
Kingston, Capt. C., Qr.-Mr. R A M C.
Kininmouth. Lt. A. M., 4 Bn Ches R.
Kinnersly, Capt. G. E., *late* R.A.M.C.
Kinross, *Miss* A. M , *late* Unit Admin. Q M.A.A.C.
Kirkby, Temp. Capt. E.W.
Klixpatrick, Hon. Capt. R Qr.-Mr. Can. A. Med. Corps
Kitching. Lt. D. W., *late* R.A.S.C.
Kitching, Capt. H. E., 5 Bn. Durh. L I.
Klein, Temp. Lt. A. B. L., Serv. Bns. Norf. R.
Knapp, Lt. E. C., *late* Serv. Bns Som. L. I.
Knight, Lt. A.
Knight, Temp. Lt. A. J., Temp. Qr.-Mr. Serv. Bns. D. of Corn. L I.
Knobbs. Lt. A. R., S. Afr. Def. Forces
Knollys, Capt. *Hon.* E. G. W. T., 16 Bn. Lond. R.
Kuna Chandra Sen, Temp. Hon. 2nd Lt., R.E.

La Fontaine, Capt. E. L., ret.
La Fontaine, Temp. Lt. F. C.
Lagerwall, Capt. F. A., S. Afr. Oversea Forces.
Laman, Capt. E. K, *M.C.*, Qr.-Mr.
Lambert, *Miss* M. C., *late* Quarter-Mistress Q.M.A.A.C.
Lambert, Lt. R.U., R.F.A.
Lance, Capt. W. H. C. A., S. Afr. Def. Force
Landon, 2nd. Lt. J. W., R.E.
Lane, *Mrs.* M., *late* Unit Admin. Q.M.A.A.C.
Langmead, 2nd Lt, H. F., 9 Bn. Lond. R.
Langridge, Capt. E. J , Qr.-Mr.
Langston. Temp. Capt. W., Temp. Qr.-Mr. R.A.M.C.
Lanigan-O'Keefe Capt. F. S.
Lapham, Qr.-Mr. & Maj. R.J.
Laracy, Lt. P. J., 3 Bn. R. Ir. Regt.
Laurie, Temp. Maj. H.
Laurie, Capt. R. H. St. B., *late* R.A.S.C.
Laurie, Capt. W., Qr.-Mr. R.A.S.C.
Lavery, Capt. A.

Orders of Knighthood, &c.

MILITARY MEMBERS (M.B.E.)—*contd.*

Lawler, Temp. Lt. R. E.
Lawrence, Capt. F. H.
Lawrence, Qr.-Mr. & Capt. J.
Lawson, Lt. J. B., R E. (T.F.)
Leapingwell, Maj. L. A., *late* R.E.
Leaver, Capt. G., *late* T.F. Res.
Lee, Lt.A.V., 3 Bn. Ches.R.
Lee, Lt. E. A., Aust. Mil. Forces.
Lee, Lt. J. D., 3 Bn. D. of Corn. L.I.
Lee, Maj. G., ret. pay
Leese, Temp. Maj. C.
Legge, Temp. Capt. E. A., *D.C.M.*
Leigh-Bennett, Capt. E. P., 28 Bn. Lond. R.
Le Mesurier, Maj. E. P., 1 Bn. R. Jersey Mila.
Leneghan, *Miss* M., Quarter-Mistress Q.M.A,A.C
Leonard, 2nd Lt. G. S., 9 Bn. Lond. R.
Leonard, Lt. T. G., R.G.A. (T.F.)
Le Roy, Condr. D., R.A.O.C.
Leslie, Temp. Capt. C. W., R.A.S.C.
Leslie-Melville, Capt. *Hon.* D. W., 2 Lovat's Scouts Yeo.
Leverett, Qr.-Mr. Serjt. F W., R. Fus.
Leveson - Gower, Temp. Capt. C. O., R.A.S.C.
Levy, Serjt. - Maj. J., R.A.M.C.
Lewarn, Temp. Condr. H. S., R.A.O.C.
Lewis, Temp. Lt. F.
Lewis, Capt. O. W. H., T.F. Res.
Leycester, Lt. P. W.
Lightfoot, *Miss* H., *late* Unit Admin. Q.M.A.A.C.
Lindop, Capt. P.
Lindsay, Temp. Maj. A. D.
Lindsay, Lt. A. S., *M.C.*, Fife & Forfar Yeo.
Lindsay, H. R., *late* Temp. 2nd Lt Sco. Rif.
Lindsay-Smith, Capt. L., *late* R.A.O.C.
Ling, Temp. Lt. H. W .22 Bn. R. Fus.
Lippold, Capt. A. A., Qr.-Mr., R.A.M.C. (T.F.)
Lisle, Temp. Lt. A.
Lister, Temp. Lt. G.
Lister, Lt. W., 3 D.G.
Litchfield, Temp. Maj. J. W.
Lithiby, *Miss* B. E., *late* Unit.Admtr.,Q.M.A.A.C. Qr.-Mr.
Littlehales, Lt. J,T.,R.F.A. (T.F.)
Littlejohns,Temp.Lt.A.E.
Lloyd, *Miss* A. M. H., Dep. Admin. Q.M.A.A.C.
Lloyd, *Mrs.* E. V., Dep Contr. Q.M.A.A.C.
Lloyd, Capt. H. A., *late* Gen. List.
Lock, Temp. Lt. J. S.

Long, Lt. R. C., R.G.A. Spec Res
Long, Maj. W., *M.C.,* ret.
Longbotham, Capt. C. R., ret.
Longworth, Temp. Capt. E. V.
Lord, Temp. 2nd Lt. G. J., *M.M.,* Serv. Bns. Norf. R.
Lorimer, *Miss* C. G., *late* Unit Admin. Q.M.A.A.C
Loudon, 2nd Lt. T., *late* R.A.S.C.
Lovatt, Temp. Capt. J. V. S., R, Mar.
Loveridge, Temp. Lt. F.
Lovett, Staff Qr.-Mr. Serjt. W. E., R A.S.C
Lowe, Capt. A. H., R.G.A.
Lowe, Capt. W. H.
Lucas, Lt. R. W. O., R.E. (T.F.)
Lucas, Temp. Lt. W., R.A.S.C.
Lucy, Capt. J. C. H., *late* R.A.S.C.
Ludovici. Lt. A. M., R.F.A. Spec. Res.
Lumley, Capt. C. H., *late* Serv. Bus. S. Lan. R.
Lumsden,Lt.C.E.,R.A.S.C. (T.F.)
Lush, Temp. Lt. H.
Lutwyche, *Mrs.* M. R., *late* Dept. Min Q.M.A.A C.
Luxton. Temp. Lt. W. J., Serv. Bns. R.W. Fus.
Lynott, Temp. Lt. M. J., R.A.S.C.
Lyon, Temp. Lt. F. H.
Lyon, *Miss* V. D. A., *late* Dep. Admin. Q.M.A.A.C.

McAlister.Lt.D. A.,R.H.A. (T.F)
McAvoy, Capt.J., Bedf. R.
McCarthy, 2nd Lt. H.
McClellan, Capt. C. W., Qr.-Mr.
McClintock - Bunbury, Temp.Lt. *Hon.* T. L.
McColl, *Miss* H. S., *late* Unit Admtr. Q.M.A.A.C.
McCormick, Temp. Lt. H C. G., R.A.S.C.
McCrae, Lt. J.
McCullagh, Temp. Lt. F., Serv. Bns. R. Ir. Fus.
McCulloch, Sqdn. S.M. J. Smith, R.A.S.C.

MacDonald, Capt. A.
MacDonald, Capt. A. F. T.F. Res.
McDonald,Temp. Capt. C. J. L.
MacDonald Temp. Lt. E. W. C., R.A.O.C.
Macdonald, Temp. Lt. R., Serv Bns. L'pool R.
McDonald. Maj J., Qr.-Mr. ret. pay.
McDonald. Capt. J., R.A.O.C.
McDonald, Temp. Capt. R. P
McDougall, Lt. A., R.E. (T F.)
McEacharn,Capt N.B.W., 5 Bn. K.O.S. Bords.
McGevor,Qr.-Mr. & Capt.J. Mc illivray, Temp. Lt. C., Serv. Bns. Rif. Brig.
MacGilvray, Lt. T. C. R., 4 Bn Arg. & Suth'd Highrs.
MacGuire, Temp. Lt. E. R M., Serv. Bns. Midd'x R.
McIntyre, Capt. D., *M.B.,* R.A.M C. Spec. Res.
McIver. Temp. Capt. W.
MacKay, *Miss* C. F.N., *late* Unit Admin. Q.M.A.A.C.
Mackay, Lt. R. J., *D.S O.*, Yeo.
Mackay, Lt. J. E., Suss.
Mackenzie, Maj. M., *late* R.G.A.
McKechnie, G., *late* Temp Hon. Lt.
McKerchar, Temp. 2nd Lt J.
McLachlan, Hon. Lt. A., Can. Local Forces
McLaren. Temp. Capt. D., S. Afr. Def. Forces.
McLaren, Lt. J. W., T.F. Res.
McLaren, Capt. R., *late* A.P. Dept.
McLean, Bt. Mat. A., Inns of Court O.T.C.
MacLean, Temp. Capt. C. A., '11 Bn. Arg. & Suth'd Highrs.
McLeish, Temp. Lt. J.,R.E
Macleod, Capt. J. K.
McMahon, Lt. A. J.
McMullen, Temp Capt.J., R.E.
McMullen, Temp Lt. W.A.
McNair, Temp. 2nd Lt. M. B.
MacNeill, *Rev.* J. H. H., *M.A., late* Temp. Chapl. to the Forces, 3rd Class.
McPherson, Hon. Capt. D. C.
MacPhail,Capt.A. M., *late* 3 Bn. R. Berks. R.
Macro-y, Lt. A. J. C., R.F.A. (T.F)
MacTavish, Lt. H. J., *M.C.*, R.F.A. Spec. Res.
Maddams, Temp. 2nd Lt. W. S.
Madden, Lt. G R., *late* R.A.S.C.

Maile, Condr. A. C. W., R.A.O.C.
Mallett, Temp. Lt. F. C., R.A.S.C.
Mallett,Ca ot.T. R.,Qr.-Mr. 22 Bn. Lond. R.
Malyn, Temp. Lt. D. P.
Mander, Lt. A., *late* Serv. Bns. Worc. R.
Manico, Temp. Lt. A., R.A.S.C.
Mann, *Miss* G., *late* Dpty-Admtr. Q M.A.A.C
Mann,Capt. J. H., Res. of Off.
Mann, Lt. T. C. (*A.M Inst. C E.*) R.E. (T.F.)
Mansell, Capt. R. A.
Manseth, Temp. Capt W A., S Afr. Def Force
Mansfield, Temp. Capt. J. W., Qr.-Mr.
Manton, Qr.-Mr.-Serjt. J. Oxf & Bucks L.I.
Manwell. Lt. D. T. W. Aust. Mil. Forces.
Marchant, Lt. F. J.
Marks, Lt. H. E., 5 Bn. D. of Corn. L.I.
Mars, Lt. L. J., York. Hrs. Yeo.
Marsha!l. Capt. F. W., Newf. Contgt.
Marshall, Lt. G S., 9 Bn. Durh. L I.
Marshall, Temp. Lt. R. R., Serv. Bns. Cam'n Highrs.
Marson, Capt. T. B., 3 Co. of Lond. Yeo.
Marsden, *Miss* E., *late* Unit. Admin. Q.M.A.A.C.
Martin, Condr. A. W., R.A.O.C.
Martin, Temp. Lt. G. C., R.A.S.C.
Martin, Capt. G. W., Qr.-Mr.
Martin, Lt. H., R.F.A. (T.F.)
Martin, Capt. J. N. *late* R.A.M.C.
Martin, Lt. J. W., 3 Bn. R. Sc. Fus.
Martin, Capt. R., *M.C.,* R.A.
Martine, Temp. Lt. W. R., 1 Garr. Bn. High L.I,
Mashiter, Lt. T., Qr.-Mr.
Mason, Temp. Lt. A.M.W., 13 Garr. Bn. S. Staff. R.
Mason, Lt. H. G , R.G.A. Spec. Res.
Massey, Maj. E. E., *late* R A.S.C.
Massy-Westropp, Lt. J. F. R.
Mas ers, Lt. D. M., R.G.A. (T.F.)
Matcham, Lt. S. H. E. Ont. Regt.
Matheson, Maj. F. W., Unattd. List (T.F.)
Mathews, Temp. Lt. C. B.
Mathews, Temp. Lt. E. F. Serv. Bns. Shrops. L.I.
Mathews, Cdr. G. A., *M.C.,* R.A.O.C.
Matthews, Lt. C. N., *late* 15 Bn. Lond. R.
Matthews, Temp. Lt. N. L., R.A,

Orders of Knighthood, &c.

MILITARY MEMBERS (M.B.E.)—*contd.*

Matthews, Capt. W. R., *late* Lab. Corps.
Maton, Qr.-Mr.&Lt.W.H.G. Horse.
Mayes, Lt. E.
Mayes, Lt.-Col. H. G., L.S. Horse.
Meadows, Temp. Lt. H.G., R.A.O.C.
Mellonie, Temp. Capt. T.C
Melhuish, Lt. J. B., 4 Bn. Leic. R.
Melles, Lt. R. E., R.G.A. Spec. Res.
Mende, Temp. Lt. N. E., Serv. Bns Lan Fus.
Mercer, Temp. Lt W.
Meredith, Capt. H. A., ret. T.F.
Merrett. Temp. Capt. F.G., R.E.
Merrick, Serjt.-Maj.F.,R.E.
Merry, Capt. E. J., 5 Bn. Welch R.
Merry, Lt. H. E., 6 Bn. S. Staff. R.
Metcalfe, Maj. H. F., Qr.-Mr, R. Fus.
Metcalfe, Temp. Capt. H W, K., R.A.S.C.
Metcalfe, Temp. Capt. P. Mr.
Michie, Temp. Lt. A., Qr.-Mr.
Middlemass, Miss A. L., *late* Asst. Admin. Q.M.A.A.C.
Middleton, Lt. E., R.F.A. Spec. Res.
Middleton, Capt. F. G., Asst. Inspr. of R.E. Mach.
Middleton, Capt. G., Inspr. of Army Schools, ret. pay
Middleton, Capt G. M., 5 Bn. North'd Fus.
Mildren, 2nd Lt. W., T.F. Res.
Miles, Temp. Maj. A. G., R.E.
Miles, Capt. C. J., R.E. Spec. Res.
Mill, Temp. Capt. J. S. T., R.E.
Millard, Temp. Serjt.-Maj C. J., R.A.S.C.
Miller, Lt F. W.
Miller, Temp. Lt. J. C., R.A.O.C.
Milliken Temp. Lt. E. N., R.A.S.C.
Mills, Miss E. M., *late* Unit Admin. Q.M.A.A.C.
Mills. apt. H. S., *B.A.*, *L.C.P.*, Inspr. of Army Schools
Milne Miss I. S., *late* Dep Admin Q.M.A.A.C.
Milton, Temp. Maj. J. C., Serv Bns. E. Lan R.
Minett, Capt. F.C..T.F.Res · erv.Bns,Bedf.&Herts.R
Minns, Lt. A., 4 Bn. Som L.I.
Minter, Lt. G. A., R.A S C. (T.F.)
Mirehouse, Lt. H. W.
Mitchell, Lt. A. H., *M.C*.
Mitchell, Capt. J , Qr.-Mr.
Mitchell, Miss M K A E Unit.Admin. Q.M.A.A C
Mitchell Lt W. A. J., T.F. Res
Mitchell, Temp. Capt. W. B.
Moberly, Temp. Lt. J. E.
Mockett, Capt. V., 4 Bn. E. Kent R.
Moir, Capt. A. P., T.F.Res.
Molyneux, Temp. Capt. G., R.A.S.C.

Molyneaux, Rev. F. M., Hon. Chapl. to the Forces, 4th Class
Moncrieff, Temp. Capt. M.
Monk, Lt.J.B.,Hon.Art.Co.
Monks, Temp. Capt. T. V. D., Serv Bns. R. Highrs.
Montgomerie. Temp. Lt. W.
M'oney, Lt. C. D., *M.C.* Res. of Off.
Moor, Miss M., *late* Unit Admtr. Q.M.A.A.C.
Moore, Lt. C. A. St. G., R.E. (T.F.)
Moore, Lt. H. F., Aust. Mil. Forces.
Moore, Maj H. M., *M.C* *late* R.A.S C.
Moore, Temp. Lt. J. S., Temp. Qr.-Mr., R.A.M.C
Moore, Capt. R. W., *late* 4 Bn. Norf. R.
Moore, Capt. W. A., 5 Bn Rif. Brig.
More, Temp. Lt. T., Serv Bns. Cam'n Highrs.
Moreton, Lt. A E.
Morgan, Qr.-Mr.-Serjt. A. R., R.E.
Morgan, Miss C. M., *late* Unit.Admin. Q.M.A.A.C. (T.F.)
Morgan, Capt. G. B., *late* Gen. List.
Morgan, Temp. Lt. H.
Morgan, Lt. J. S.
Morgan, Capt. P. S. R.A.V.C. (T.F)
Morgan, Capt. P. R., ret.
Morgan, Temp. Maj S C., Serv. Bns. S.W. Bord.
Morgan, Capt. W., Qr. Mr
Morgan, Lt. W.H., R.A.S.C. (T.F.)
Morrey, Lt. P., R.E. (T.F.)
Morris, Temp. Lt. A. J. Serv. Bns. E. Suss. R.
Morris, E., Army Schoolmaster.
Morris, Lt. F. M., 6 Bn. Ches. R.
Morris, Capt. F. M. A., Qr.-Mr.
Morris, Lt. H. S., *late* C. Gds., Spec. Res.
Morris, Rev. P. J , Hon. C.F , 4 Class.
Morris, Lt. R. H., *late* Serv. Bns. R.W. Fus.
Morris,Capt.W H.,Qr.-Mr. 4 Bn. E Berks R.
Morris, Temp. Lt. W. H., R.A.S.C.
Mort, Capt.J.W., Qr.-Mr., T.F. Gen. List.
Morton, Temp. Capt. A., · erv.Bns,Bedf.&Herts.R
Morton, Lt J D M., 5 Bn. York & Lanc. R.
Morton, Temp. Capt. R. C., R.E.
Moses, Capt. J H G , Qr.-Mr., Yorks Dns. Yeo.
Moss, Temp.Lt. F. W., *M.C*
Mottram, Lt. F. H., R.E. (I F.)
Moutray-Read, Temp. Lt. H. A.
Muirhead, Capt. J. C.,T.F. Res
Mullan, Capt. H. F. *late* R.A.M.C.
Mullan, Rev. Father J., *M.C*, Ecclesiastical Estab,

Mumford. Capt. H. G., 20 Bn. Lond. R.
Munday, Maj. A., Qr.-Mr. ret. pay (*Res. of Off.*)
Munday, Lt. W. T.
Munford, Temp. Serjt-Maj A. J., R.E.
Murgatroyd, Mrs.D.S., *late* Dep. Admtr. Q.M.A.A.C.
Murphy, Maj. F. P. S., 8 Bn. L'pool R.
Mu'rray. Lt. J. E., Aust. Imp. Force
Musgrave, Temp. Lt A. S. G.
Musgrave, Lt, F. P., Suss. Yeo.

Nairn, Capt. G. A S., 9 Bn. L'pool R.
Naish Capt. F. C. P., *late* R.E.
Napier, Temp. 2nd Lt. J.R., *M.C.*, *M.M.*
Nares, Temp. Lt R. L. I.
Narracott. Miss I. F., *late* Unit Admin., Q.M.A.A.C
Nash, Lt. F. J., A P Dept
Nash Capt. W., 4 Bn. R W Kent R.
Nathan, Temp. Lt. S. J.
Neale, Miss C., Unit Admin. Q.M.A.A.C.
Neame Lt. G. A., *late* Gen. List
Neame, Lt. T. A., ret.
Nelson, Maj. D., *D.C M.*, Qr. Mr., *late* Loth.& Bord. Horse Yeo.
Nelson, Temp. 2nd Lt. J., R.A.S.
Newman, Temp. Lt. J. C.
Newport, Temp. Lt G. C. Temp. Qr.-Mr. Serv. Bns. R. Fus.
Newton, Lt. G F., *late* R.A vias, Lt. H. J,
Nicholl, Lt. E. McK.
Nicholson, Lt. M., R.F.A. (T.F.)
Nichr Ison, Temp. Capt. N., R.A.S.C.
Nicholson, Capt. W. H., Qr.-Mr., ret pay.
Nicolls, Miss H. S., *late* Dep.Admin., Q.M.A.A C
Nightingale, Capt.T. G.H., Qr.-Mr.
Nightingale, Lt. W. M., *late* Gen. List.
Noble, Lt. C., Suff. Yeo.
Northcote, Lt. H. P., 4 Bn. W. York. R.
Nowitsky, Temp. Lt. V.
Noyes, Capt. E. B.
Nye, Miss V. M., *late* Dep Admin. Q.M.A.A.C.

Oakl y, Capt. E H., S. Afr. Oversea Forces Unit
Oakes-Jo es, Temo. · apt H . Serv. Bns R. Fus.
Oakley Ca t H. L , ret.
Oates, Temp. Lt F., R E,
Oborn. Capt. J., Temp. Qr.-Mr , Mach.Gun Corps.
Odell, Lt. E. S., 6 Bn. N. Staff. R.
Ogilvie, Capt.A. G., R.F.A. (T.F.)

O'Gorman, Temp. Hon. Lt R, J. M. G.
O'Kelly, Capt. E. J., ret,
Oliphant, Capt.A.J., Labour Corps
Oliver. Lt. R., *D.C.M.*, *late* Qr.-Mr. 4 Bn. E. York. R.
O'Meara, Temp. Lt. M. A., R.A.S.C.
Openshaw, Capt. G.A., *late* Serv. Bns. R. Lanc. R.
Orchard, Lt. E. H., R.G.A. Spec. Res.
Ord, Lt. B., Devon. R
Orloff, Temp. 2nd Lt. E., R E.
O'Rorke, Temp. Capt. G. MacK., *C I.E.*
Orr, Lt. G., R.A.S.C. (T.F.)
Oet, Temp. Lt. H. J.
Ottley, Temp. Capt. R. B H. R.A.S.C.
Ottman, Miss A. G., Asst. Admin., Q.M.A.A.C.
Ovens, Miss J. B. W., *late* Asst. Admin. Q M A A C
Owen, Capt. R. T. T., Res. of Off
Owens, Temp. 2nd Lt. J. H., R.E.

Paddle. Capt. A., *late* Lab. Corps.
Paddon, 2nd Lt. J. L., *late* R.A.S.C.
Padfield, Temp. Capt C. J. C., 25 Garr. Bn. Midd'x R.
Page, Co. Serjt.-Maj. G.A., Labour Corps.
Page, Capt. H. J , *late* R.F.A S ec. Res.
Palin, Miss H., *R.R.C.*, Matron, T.F. Nursing Serv
Pallis, Temp. Lt. A.
Palmer, Maj. B. O.
Pa mer, Mrs. E. A., *late* Unit.Admin., Q.M.A.A.C.
Palmer, Temp. Capt. E. H.
Palmer, Capt G., Qr.-Mr.
Palmer, Lt. H. L., 6 Bn. Lan. Fus.
Palmer, Temp. Qr.-Mr. & Capt. W.
Panther, Lt. G. W.
Paramor, Temp. Capt.F.R. R.A.S.C.
Parker, Temp. Lt. C. A., Serv. Bns. R Fus.
Parker, Temp. Lt. H. C., R.E.
Parker, 2nd Lt. H. L , *late* Serv. Bns. Cam. Highrs.
Parker. Temp. Lt. J.
Parker, Staff Qr.-Mr.-Serjt J. J., R.A.S.C.
Parker. Temp. Capt. T. M., R.A.V.C.
arker, Capt. W. W., T.F. Res.
arkes, Mrs. D. P., *late* Unit Admin., Q.M.A.A.C.
Parr, Qr.-Mr. Serjt. W. H., R.A.M.C.
Parry, Capt. W. F. V., *late* Labour Corps
Parsley, Lt. W., *M.C*
Parsons, Capt. W H., Qr.-Mr.
Partington, Capt.J. R. *late* (T.F.)

Orders of Knighthood, &c.

MILITARY MEMBERS (M.B.E.)—*contd.*

Partington, Temp. Lt. T., R.A.S.C.
Passmore, Maj. H., ret.
Patrick, Lt. J. McD., Qr.-Mr, 3 Bn. Cam'n Highrs.
Patterson, Lt. D. H., late Oversea Forces.
Patten, Lt. A. S., T.F. Res.
Pattle, Temp. Capt. R. J. H., S. Afr. Def. Force.
Pattinson, Lt. E. H., R.A.S.C. (T.F.)
Payne, Capt. G.
Payne, Sub. Cdr. T., R.A.O.C.
Peacock, Lt H. K., R.G.A., Spec. Res.
Pearce, Lt. H. C., late 3 Bn. Lond. R.
Pearsall, Temp.Lt. R.M.S., Serv. Bns. L'pool R.
Pearse, Temp. Lt R.
Pearson, Temp. Capt. H. J., R.A.S.C.
Peart, Lt. C.
Peck, Lt. V. N.
Peddie, 2nd Lt J. R., Unated List (T.F.)
Pegg, Temp. Maj. T. E., R.A.S.C.
Pegrum, Maj. A. W., late R.A.O.C.
Pellatt, Lt H. F. M., M.C., 3 Bn. R. Ir. R.
Pelly, Lt. E., late R.A.S.C.
Pender, Capt. W. S.
Penman, Temp. Lt. V. R., R.A.S.C.
Pennefather, Temp.2nd Lt. E. C.
Peppercorn, Lt. G.A., M.C., A. M. Inst. C.E., R.E. (T.F.)
Perch, Temp. Serjt.-Maj. W. J., R.A.M.C. (T.F.)
Percival, Temp. Capt. A. P., Serv. Bns. S.W. Bord.
Percival, Lt. P. M., late Gen. List.
Perkins, Temp. 2nd Lt H. D.
Perkins, Temp. 2nd Lt. J., R.E.
Perkins, Capt. L.A., ret.
Perry, Hon. Lt. J. C., Can. Local Forces.
Perryer, Lt. H. W.
Phelps, Temp. Lt. S.A.R., R.E.
Pheysey' Temp. Capt, F.C.
Philps, Temp. Capt. H. V. Spec. Res.
Phillips. Lt. E.T.A., R.G.A Spec. Res.
Phillips, l t. H. L., R.F.A. Spec. Res.
Phillips, Temp. Capt. H. S., R.E.
Phillips, Lt. J. C. J., R.A.S.C.
Phillips, Capt. W. A., 13 Bn. Lond. R.
Philpotts, Miss L. L.E.G., late Unit Admin., Q.M.A.A.C.
Phipp-, Temp. Capt. H.C., R.A.S.C.
Phipps, 2nd Lt. P. C., 18 Bn. Lond. R.
Photiades, Lt. N. J., late Gen. List
Picken, Temp. 2nd Lt. R.N.
Pickering, Lt. E. F. S.
Pickering, Temp. Capt. J R., R.A.S.C.
Pigé-Leschallas, Capt. H., ret.
Pilkington, Temp. Lt. D. F., R.A.S.C.
Pinder, Lt A W. late R.A.S.C.

Pinsent, Temp. Capt. A., R.E.
Plant, Maj. D. T., late R. Mar.
Platt, Capt. C. B. M., ret.
Platt, Lt. O. G., M.C., 5 Bn. Yorks. L.I.
Platt, Capt S. F.
Pleydell-Bouverie, Maj. H. 5 D.G.
Plowman, Temp. Capt. W. A., Labour Corps
Pocock, Capt. E. J.
Pollard, Lt. P., 4 Bn. N. Lan. R.
Pollock, Lt. D.W., late R.E
Pomeroy. Temp. Lt. A.W.J.
Pontin, Capt. W. J. H., Temp. Qr -Mr. R.A.M.C.
Poole, Capt. R. W., late Gen. List (T.F.)
Popplestone, W. G., late Temp. Capt.
Porter, Lt. E., D.C.M., Som' L.I.
Porters, Temp. Lt. R. H.
Post, Lt. D. S., T.F. Res.
Post, Capt. G. H. D., late R.A.S.C.
Powell, 2nd Lt. F. J. B.
Powell, Lt. T. P. P., Montgom. Yeo.
Powell, Lt. W. M., 4 Bn. Leins. R.
Power, Capt. F. T.
Power, Temp. Lt. G. H., Serv. Bns. R. War. R.
Power, Temp. Capt. G. T.
Praeger, Capt. I. P., Temp Qr.-Mr.
Pragnell, Temp. Lt. D. W. A., R.A.S.C.
Prime, Capt. F. C.
Pring, Capt. J. N, late R.A.O.C.
Prioleau, Maj. L. H., ret. pay.
Procter, Capt. R. C., 17 Bn. Lond. R.
Proud, Temp.Lt W., Temp, Qr.-Mr. Gen. List.
Pyke, Capt. W. T., T.F.Res.

Quartley, Lt. A. G., N.Z. Mil. Forces.
Quick, Lt. A., TD, late R. Def. Corps.
Quinn, Capt. J. J., Qr.-Mr

Rackham, Lt. G. J., late Gen. List.
Rain, Maj. A. E, M.C.
Raitt, Lt. A. M., R.F.A. (T.F.)
Ramsbottom, Capt. J., M.B., late R.A M.C.
Randall, Lt. R. W. K.
Rankin, Temp. Lt. W.R.T., R.A.S.C.
Rapley, Lt.S., Temp. Inspr of Works.
Ratcliffe, Temp. Lt. C. P.
Raven, Temp. 2nd Lt. N.V.
Rawlinson, Lt. A. R.
Rayner, Asst. Commy. of Ord. and Capt. G. H.
Rayner, Staff Serjt.-Maj. H., M.C., R.A.S.C.
Rayner, Temp. Capt. O. T.
Rayner, Lt. W. J.
Raynor, Capt. R. O., 19 Bn. Lond.

Rea, Temp. Lt. D., Serv. Bns. Suff. R.
Read, Lt. A., 13 Bn. Lond. R.
Read, Lt. S., M.C., 5 Bn. Lond. R.
Redlich, Lt. S., R.G.A (Spec. Res.)
Reed, Temp. Lt B. N., R.A.O.C.
Reed, Lt. G. W. R.A.S.C. (T.F.)
Reed, Capt. T., late Gen. List (T.F.)
Reeder, Temp. Capt. R. J., Temp. Qr-Mr.
Rees, Capt. H.
Reeves, Capt. E. C.
Reeves, Lt. J. H., R.G.A., Spec. Res. (l)
Regan, Supt. Clerk, P. R., M.M., R.E.
Reid, Lt. I. W.
Reid,Temp. Lt. J.,R.A.O.C.
Reilly, Capt. T., Qr.-Mr.
Rendel, Temp 2nd Lt. W. V.
Renfrew, Temp. Lt. R.
Rennet, Bt. Lt.-Col. D. M.D., R.A.M.C. (T.F.)
Rennick, Commy. & Hon. Maj. D., Ind. Army Dept
Rennie, Temp, Capt. A. G
Rennie, Lt. G., ret,
Reynard, Lt. E. H., R. Malta Art. [G]
Reynish, Temp, Capt. J. B., R.E.
Reynolds, Mrs. M. M., late Unit Admin. Q.M.A.A.C.
Reynolds, Temp. Capt. P. G., R.A.S.C.
Reynolds, Temp. Lt. W. D Can. Local Forces.
Rice, Hon. Lt. W. H.,
Richards, Temp. Lt. P. S.
Richardson, Lt. R. M.
Richardson, Capt. C. S., 5 Bn. R. Suss. R.
Ricketts, Capt.J.,late R.E.
Riddell, (apt. D. E., 5 Bn R. War. R.
Ridding, Temp. Capt. R.
Rideal, Temp. Lt. E.
Ridley, Capt. E. R.
Rigby, Temp. Lt. R. S. M., M.G. Corps.
Ripley, Lt. H. S., R.E. (T P)
Rishworth, Maj. A. H., ret. Vols.
Ritchie, Temp. Qr.-Mr. & Capt. J., M.B.
dix, Capt. D. G.
Ro erts, Co. Serjt.-Maj G. J., R.A.S.C.
Roberts, Capt. G. W. P., late R A.S.C.
Roberts, Temp. Lt. N. S., Serv. Bns Rif. Brig.
Roberts, Regtl. Serjt.-Maj T. V. W., M.C., 2 Bn. S Lan. R.
Robertson, Lt. A. McC, R.F.A. (T.F.)
Robertson, Capt. A. S., late R.E.
Robertson, Lt. F. W., Unit Admr. Q.M.A.A.C.
l'obins, Lt. V. G., late R E
Robinson, Lt. B., late R.A.S.C.
Robinson, Lt. G. W., Man. R.
Robinson, Temp. Lt. H., R.G.A.
Robinson, Temp. Lt. P. G, A.P. Dept.
Robinson, Lt-Col. R. H. St. C. C., 5 Bn. R. Dub. us.

Robinson, Capt. W. E.
Robinson, Temp. Lt. W. H.
Robson, Lt. T. B., R.G.A (T.F.)
Roche, Capt. A, L.
Roddis, Lt. E., late R.E
Rogers, Caps A. G., late L'pool R.
Rogers, Temp. Lt. Gilbert N, Staff. R.
Rogers, Capt. G. W., 3 Bn. Qr.-Mr.
Rogers, Capt. H. G., M.C., R.A.S.C.
Rogers, Miss L. M., Dep, Admr., Q.M.A.A.C.
Rogers. Temp. Lt. W. A., R.A.S.C.
Rolfe, Temp. Capt. C. B., R.A.S.C.
Romilly, Lt. H. A.
Rose, Temp. Lt. H. O., R.E.
Rose, Capt. N. F., late M.G. Corps
Rose, Lt. T. W., M.C., 5 Bn. R. Suss. R
Rosling, Temp. 2nd Lt. C., R.E.
Ross, Temp. Capt. A. L., R.A.S.C.
Ross, Temp. Lt. A. J., S. Afr. Def. Force.
Rossiter, Capt. F. N. C., M.C.
Rouse, Lt. W. S., late Gen. List.
Rowbottom, Temp. Lt. W. W. B.
Rowe, Maj. C. W., Hunts, Cyc Bn.
Rowe, Capt. G. R., Qr.-Mr. R.A.S.C.
Rowe, Temp. Capt. J. S., R.A.S.C.
Rowe, Temp. Capt. W. A., R.A.S.C.
Rowlands. Temp. Lt. A., A Cyclist Corps
Rowlatt, Capt. C. J., late Gen. List.
Rowlatt, Lt. F. G., R.E. Kent Yeo.
Rowlatt, Temp. Lt. J. H., R.A.S.C.
Rowley, Capt. C. D., late R.G.A.
Rudden, Temp. Capt. B., Brit. W.I. Regt.
Ruffle, Qr.-Mr. & Capt. W. H.
Rush, Temp. Qr.-Mr. & Capt. W.
Rushton, Temp. Lt L.
Rushworth, Miss M., late Unit Admin., Q.M.A.A.C.
Rust, Capt. P., late 23 Bn. Loud. R.
Ryan, Capt. W. J. & Qr.-Mr.
Rycroft Lt. A
Rycroft, Maj. F.

Sadler, Ridg.-Mr. & Capt H.
Sainsbury, Lt. E. J., late R.G.A Spec. Res.
Sainsbury, Miss F. G., late Unit Admr. Q.M.A.A.C.
Salmon, Temp. Lt. R. M
Sample, Capt. L., M C., late R E.
Sampson, Lt. H., late R War. R. (T.F.)
Sardberg, Miss . M., le te Unit Admr., Q.M.A.A.C.
Sandelson, Capt. D. L., late A.P. Dept
Sandeman, Maj. W. W.
Sandercock, Lt. A., R.G.A. (T.F.)

Orders of Knighthood, &c.

MILITARY MEMBERS (M.B.E.)—*contd.*

Sangster, Maj. T. A. G.
Saul, Lt. J., R.G.A. (T.F.)
Saunders, Temp. Capt. F.
Saunders, Capt. H. F., Unattd. List (T.F.)
Saunders, Temp. Capt. H. H.
Saunders, *Miss* M., Asst Admin. Q.M.A.A.C.
Savona, Maj. W., R. Malta Art. (l).
Saward, Temp. Capt. F. R., R.E.
Schaverine, Temp. 2nd Lt S., 43 Garr. Bn. R. Fus.
Scholes, Lt. G. E., R.E. (T.F.)
Scott, Lt. A. F., Linc. Yeo.
Scott, Temp. Hon. Lt. E. E. R.A.V.C.
Scott, *Mrs* F. M., *late* Asst Admin. Q.M.A.A.C.
Scott Capt. G.A., *late* Glouc. Yeo.
Scott, Temp. Hon. Lt. J., C.I.E.
Scott, Capt, K. S. M., B.Sc. R.E. (T.F.)
Scott, *Miss*, M., Unit Administration, Q.M.A.A.C.
Scott, Qr.-Mr. Serjt. W., R.A.M.C.
Scott, Lt. W. N., 4 Bn Linc. R.
Scrimgeour, Temp. Capt J.
Scrivener, Temp. Lt. H. S., R.A.S.C.
Scudamore, Temp. Lt. W. G., Insp. of Wks. & Staff for R.E. Serv.
Searle, Capt. A. M., R.E. (Spec. Res.)
Sebag-Montefiore, Lt. G.
Seeley, *Rev.* J., Temp Chapl. to the Forces, 4th Class.
Sellers, Lt. H., Temp. Qr.-Mr., Serv. Bns. High.L.I.
Semmons, Lt. F. J., R.G.A Spec. Res.
Sergeant, Capt. A. J., Qr.- Mr. R.E (T.F.)
Serjeant, Lt. H. L., R.E (T.F.)
Seybold, Temp. Lt. J. C. Can. A.S.C.
Shallis, Temp. Maj. B., R.E.
Shannon, Temp. Capt. R., R.G.A.
Sharland, Lt. E. J., 4 Bn D. of Corn. L.I.
Sharles, Temp. Lt. F. F.
Sharp, Qr.-Mr. & Capt. W., R.A.S.C.
Sharpe, Capt. F. W., D.C.M., Temp. Qr.-Mr. R.A.M.C
Shaw, Temp. Lt. J. W., Qr.-Mr Serv. Bn. R. Fus.
Shaw, Temp. Lt. R. F. Tank Corps
Shean, Maj. W., Qr.-Mr.
Shearwood, Capt. T., Temp. Qr.-Mr.
Shedden, Lt. W. St. J., R.A.S.C. (T.F.)
Sheedy, Capt. F. J., ret.
Shefford, Temp. Capt. A. D. E.
Shelmerdine, Capt. H. N., M.C., R.F.A. (T.F.)
Shelton, Temp. Capt. H. G., R. of S.C.O.
Shepherd, Lt. C., Qr.-Mr. W. Rid R.
Shepherd, Staff Serjt.-Maj. P. W., R.A.S.C.
Sherlock, Lt. D, T. J., 3 Bn R. Ir. Regt.
Shield, Capt. J. G.

Shields, Maj. O. C. G., M.B., *late* R A.M.C.
Shilstone, Maj. W. R., o.
Shore, Lt. A. G., 3 Bn. R. Dub. Fus.
Shorney, Lt. F. W., Temp. Qr.-Mr.
Short, Capt. J.
Shoulder, L. H.
Showell, Lt. C. F., *late* R.G.A. Spec. Res.
Shreeve, Temp. Lt. A. W., Temp Qr.-Mr.
Shurmur, Temp. Lt. S. E. R.A.S.C.
Silverwood-Cope, Capt. A. L., 3 Bn. E. Kent. R.
Simpson, Temp. Capt G. H.
Simpson, Qr.-Mr. & Capt. H., M.C.
Simpson, Lt. M. M.
Sinclair, Lt. R. J., 5 Bn K.O.S.B.
Sinfield, Capt A., Qr.-Mr. R.A M.C. (T.F.)
S'nfield, Maj. T., Ridg. Mr.
Singer, Lt. D. C., Temp. Qr.-Mr. R.E.
Sinnatt, Capt F.S., Unattd List (T.F.)
Skelton, Lt. A., W. Kent Yeo.
Skinner, Temp. Lt. H. F.
Sladden, 2nd Lt R. J.
Slater, Temp. Lt. J.A., R.A
Slaughter, Temp. Lt. E.W. Temp Inspr. of Ord Mach.
Slayter, Lt. J. H., Can Local Forces
Small, Temp. Serjt.-Maj G. J., Lond. R.
Small, Temp. Lt. V., Serv Bns. Sco. Rif.
Smith, Lt. A. G., M.C.
Smith, Temp. Lt. C.E.B.M., Serv. Bns., Notts. & Derby R.
Smith, Lt. C. F. T.
Smith, Temp. Capt. C. P
Smith, Capt. C. W. G., Qr.-Mr
Smith, Batty. Serjt.-Maj D., R.A.
Smith, Capt. D. W., Qr.-Mr.
Smith, Lt. D. W., 8 Bn Durh. L.I.
Smith, Qr.-Mr. Serjt. E. A. R.A M.C.
Smith, Temp. 2nd Lt., E.P.
Smith, Temp. Maj. F., 19 Garr. Bn. Hamps. R.
Smith, Mechanist Serjt.- Maj. F. R., R.A.S.C.
Smith, Capt. G., Aust. Mil Forces.
Smith, Temp. Capt. G. C.
Smith, Temp. Lt. G. H. G., R.E. Spec. Res.
Smith, Temp. Lt. H. H. R.A.S.C.
Smith, Lt. H. J.
Smith, Temp. Capt. H. S., R.E.
Smith, Temp. Lt. J., Temp Inspr. of Ord. Mach.
Smith, Temp. Lt. J. A.
Smith, Capt. J. H., 4 Bn. R Scots.
Smith, Capt. J. W., Qr.-Mr.
Smith, *Miss* M. A., *late* Uni Adm., Q.M.A.A.C.
Smith Capt. R. A., *late* 5 Bn. R. Highrs.
Smith, Temp. Capt. R. M, R.E.

Smith, Lt. R. W.
Smith, Maj. S. C. K., ret.
Smith, Temp. Supt. Clerk S. G., D.C.M., R.E.
Smith, Bt. Col. S. G. D.
Smith, Hon. Lt. S. O., Can. Local Forces
Smith, Capt. T., Qr.-Mr., R.E.
Smith, Temp. Lt. T.
Smith, Temp. Lt. T. H., R.E.
Smith, Capt. T. J., Qr. Mr. 8 Bn Midd'x R.
Smithson, Temp. Capt. E.
Smyth, Maj. F W.
Smythe, Temp. Maj. F.A.E., Ont. Regt.
Snelgar. Temp. Lt. J. T., Serv. Bns. Wilts. R.
Solly, Capt. W., Temp. Qr.-Mr.
Solomon, Capt. J., Temp Qr.-Mr. Serv. Bns. R. Suss. R.
Somerville, Lt. G. A.
Sorensen, Capt. M., Aust Mil. Forces
Sorrell, Lt. H. A. G., C Gds., Spec. Res.
Sowman, Lt. N. D.
Spall, Lt. L A., Hereford R.
Spear, Temp. 2nd Lt. R. W. R.E.
Spence, Capt. A., M.C., Qr.-Mr.
Spence, Temp. Maj. J. C., 20 Bn. Sco. Rif.
Spence, Temp. Capt. L. J., M.B., R.A.M.C.
Spencer, Temp. Lt. G. T. L., Serv. Bns. R. War. R.
Spencer, Capt. H., M.C. Temp. Qr.-Mr. Serv. Bns R. Fus.
Spillane, Amt Q.-M.-S. R., R.A.O C.
Spinks, Temp Capt E G., R.A.O.C.
Spinney, Temp. Capt T.G. Serv. Bns. Worc. R.
Spittal, Temp. 2nd Lt. J.K.
Spivey, Lt. C. H. H.
Spooner, *Rev.* H., M.C., Junr. Chapl. Ecclesiastical Estab.
Spring, Capt. G. R.
Springate, Lt. A. E., R.A.
Spurling, Lt. C. G.
Squire, Capt. W. E., Qr. Mr.
Stafford, Lt E
St. Clair-Ford, Temp Capt. L., R.A.S.C.
Stallan, Lt. H. A., R.A.
Stanhope, *Miss* C., *late* Unit Admin. Q.M.A.A.C.
Stanley, Capt. H. V., M.C.
Stanton, Rdg. Mr. & Capt F. W.
Stapleton, Qr.-Mr. Serjt F., I an. Fus.
Starkey, *Mrs.* M., *late* Unit Admin. Q.M.A.A.C.
Stead, Temp. Lt. N., S Afr Def. Force.
Steele, Lt. M., R.A.
Steele, Lt. T., 4 Bn. Welch R.
Steen, Temp. Capt. R. D.

Steer, Temp. Serjt.-Maj G. P., R.A.M.C.
Steggall, Capt. R. E., Qr. Mr. Gen. List (T.F.)
Stelling, Lt. C. D., *late* Lond. R.
Stephen, Lt. H. B. T., 7 Bn. Sco Rif.
Stephens, Temp. Lt. J. K., R. E.
Stephens, Lt. S. F., *late* R.F.A., Spec. Res.
Stephens, Temp. Lt. R., R.E.
Stericker, Temp. Capt. J., R.E.
Sterndale, *Miss* H. A., *late* Asst. Admin. Q.M.A.A.C.
Stevens, Temp. Lt. Gordon.
Steward. Lt. C. A. C., M.C., 3 Bn. R.W. Fus.
Stewart, Temp. Maj. A. M., R.E.
Stewart, Temp. Lt. J. H. G., R.E. Spec. Res.
Stillwell, *Miss* G. E. A., Asst. Admin. Q.M.A.A.C.
Stirling, Lt. G. C. F.
Stirling, Capt. H. W., ret.T.F.
Stirling, Maj. J., *late* T.F. Res.
Stirling, Capt. J., 2 Lovat's Scouts Yeo.
Stitt, *Miss* I., *late* Asst. Admr. Q.M.A.A.C.
Stodart-Walker, Maj. A., M.B., F.R.C.P., *late* R.A.M.C.
Stoddard, Temp. Lt. E. A.
Stoddard, Lt. J. W., 5 Bn. W. York. R.
Stokes, Temp. 2nd Lt. W H., D.C.M., M.G. Corps.
Stone, Temp. Lt. L. N.
Stoodley, Lt. F.
Storey, Lt. J. W., T.F.Res.
Stovell, Temp. Lt. F., R E. Spec. Res.
Strachan, Lt. C. J., 5 Bn. R. Suss. R.
Strang, Temp. Lt. W., Serv. Bns. Worc. R.
Strange, Condr. J., R.A. O.C.
Stratton, Lt. J.P., R.A.S.C. (T.F.)
Streeter, *Mrs.* G. M. H., Quarter Mistress Q.M.A.A.C.
Stribling, Temp. Lt. W. J. L., R.A.S.C.
Strina, Temp. Lt G L., R.A.S.C.
Stringer, Temp.Capt.H.A.
Stringer, Lt. H. L., R.E. (T.F.)
Stuart, Capt D R., *late* S. Afr. Def. Forces.
Stubbs, Capt. H., Qr-Mr.
Sturdy, Lt. A. E., Leic. R.
Sturges, Capt. C., Qr.-Mr. Oxf. Yeo.
Suffield, Temp. Lt. W. J.
Sutherland, Temp. 2nd Lt. J., S. Afr. Def. Force.
Sutton, Capt. A. F., Aust. Imp. Force.
Sutton, *Miss* C. M., *late* Unit Admin, Q.M.A.A.C.
Sutton, *Miss* E. E., *late* Unit Admin. Q.M.A.A.C.
Sutton, Temp. Lt. T. J., Temp Qr.-Mr., R.A.V.C.
Sutton, Temp. Lt. E. P. F., R.A.S.C.
Swallow, Lt. T. A., R.G.A. (T.F.)

Orders of Knighthood, &c.

MILITARY MEMBERS (M.B.E.)—*contd.*

Swn, Maj. T. A., *late* Gen List.
Swinerd, Lt. H. J., Qr.-Mr.
Swinstead, Temp. Lt. N. H., R.E.
Swoffer, Lt. F. A., 7 Bn Midd'x R.
Symington, Capt. R., *late* R.F.A. Spec. Res.

Tallby, Lt. M., Temp. Inspr. of Ord. Mach.
Tait, Capt. A. F., Qr.-Mr.
Talbot, ᵢ emp. 2nd Lt, J.H., R.E.
Tanner, Lt. G, R.F.A (T.F.)
Taylor, Capt. A. H.
Taylor, Temp. Capt. E. D., R.A.S.C.
Taylor, Temp. Lt. E. McK., R.A.S.C.
Taylor, Capt. F., Qr.-Mr.
Taylor, Temp. Lt., F., *ℓ.O.*M., R.A.S.C.
Taylor, Capt. G. F., 4 Bn R. Lanc. R.
Taylor, Cpt. H., ret. pay
Taylor, Capt. K D., 6 Bn Essex R.
Taylor, ᵢt. L. E., ret.
Taylor, ᵢemp. Lt R. A., M.C., Temp. Qr.-Mr.
Templeton, Temp. ᵢt. A., Serv. Bns R. Highrs
Thane, Capt. C. S., ret.
Thesiger, Lt. *Hon.* P. M R.E. Kent Yeo.
Thom, Serjt.-Maj. F. W., Can. A.M.C.
Thomas, Capt. A.H., *M.B. late* R.A.S.C.
Thomas, I t G. H.
Thomas, Lt. H. H., R.F.A. Spec. Res.
Thomas, Capt. H. M.
Thomas, ᵢapt. S. A.
Thomas, Temp. Lt. W. B., ᵢan A P C
Thompson, Temp. 2nd Lt E. H.
Thompson, Lt H W., 9 Bᵢ Mi d'x R
Thompson, Temp. Lᵢᵢ. J D.
Thompson, Capt. R. R., ᵢan A.P.C
Thomson, Ca t A. R.
Thos n, T mp. l.t. A. L. Rᵢ. C.
Thomson, Capt. ᵢ, M., l t Sᵢ. ᵢfr. ᵢversea Forces.
Thomson, *ᵢiss* E.,*ate* Unit Admin Q.M.A.A.C.
Thomson Lt. F. C., Sco. Horse Yeo
Thomson, Maj. K. J., *late* R E.
Thornbery, Lt. S. R., R.A.S.C. (T.F.)
Thorᵢe, Maj. F. J., *M B. late* R.A.M.C.
Thornton, Temp. Lt. D. C., R.E.
Thornton, 2nd Lt. W. T., 7 Bn. Durh. L.I.
Thorp, Temp. Lt. H. J., R.E.
Thorpe, Maj. A., Qr.-Mr. *late* Bedf R.
Thorpe, Capt. W. B., Qr.-Mr.
Thuillier, Temp. Capt. E., Temp Qr.-Mr R.A.M.C.
Tibts, Lt. E H., Qr.-Mr. R.A.M.C. (T.F.)
ᵢdridge, Lt. J. H.

Tilley, Lt. H.
Tims, Capt. E. G. T., Qr.-Mr., Gen. List, (T.F.)
Tindall, Staff Serjt.-Maj. R., R.A.S.C.
Tipping,Capt.F.W.,ret.paᵢ
Tisley, Temp. Capt F. W., R.E.
Titchener, Capt. H. S., Asst. Comy. of Ord.
Tobin. ᵢemp. Lt. F. M., R.A.S.C.
Tod, Temp. Capt. (*bt. Maj.*) D. I.
Tod, Lt. F. L. M., R.A.S.C (T F.)
Todd, Lt. A., *late* R.F.A.
Todd, *Miss* E. M. E., Q.A.I.M.N S
Tofft, Hon. Capt. W. H., Aust. Mil. Forces
Tollemache,Temp Lt.C.H., ᵢerv. Bᴜs. Midd'x R.
Tomkins, Lt. S. C., *C.M.G*, ret. ". F.
Tᵢmlinson, Temp Lt. D. H., Can. Local Forces
Toms Capt. William, *late* 16 Bn. S. Lan. R.
Tomson, Temp Lt H. G., Serv. Bns. Sᴜff R.
Tonkinson, Temp. Capt. J., Temp. Qr.-Mr. R.A.M.C.
Tookey, Lt. F. E. F.
Topliᵢs, Capt. J., *D.C.M.* Qr -Mr.
Townley, Temp Capt.H.A
Travers, Lt. S. S., J., 5 Bn. R. Russ. R.
Travill, Capt. R., *late* R A.O C.
Treanor, Temp. 2nd Lt F. J.
Trees, Capt. R P , Qr.-Mr. 5 Bn. N. Lan R.
Trenam, Lt R., *M.C.*
Trippas, Qr.-Mr. Serjt M., Riᵢ Brig.
Tro ter, Lt. P. C. W. Gds Spec. Res.
Troutridge, Lt. T. St. V. W.
Truhshaw, Lt. A. R., ᵢ F A. (ᵢ F.)
Tucker, Lt. W. E., *late* S. Afr. Def. Force.
Tᵢfnelᵢ, Maj. W. F., ret Maj. ret. Mila.)
Tulloch, Lt. H. T., R.F A Spec. ᴿes.
Tunks, Capt. G. P. D'A G H S. Afr. Def. Force
Turk. Lt. A. E., 7 Bn., Essex. R.
Turnbull, Temp. Capt. T. M., R.A.S.C.
Turrer, l t A. C., R.A.S.C. (T.F.)
Turner, Capt. A. C.
Turner, Temp. Capt. B. W., R.E.
Turner, Temp. Lt. F., S. Afr. Def. Force
Turner, *Miss* I. A., *late* Unit.Admin.Q.M.A.A.C.
Turner, l.t. S. A., 8 Bn. L'pool R.
Tweed, Capt. J. R N.
Twine, Capt. F. P., *M.C.*, *late* 5 Bn. R. Suss. R.
Twining, Temp. Lt. S. H.
Tyler, Lt. F. M., Temp. Qr. Mr. R.E.

Tyndale, Capt. H. E. G., Unattd. l.ist (T.F.)
Tᵢson, Lt. W., 8 Bn Essex R.
Tytherleigh, Temp. Lt. A. H.

Underwood, 2nd Lt. R. E.
Upham, 2nd Lt. J. A. A., R. Guernsey L.I.
Upton, Lt. N. R.
Urquhart, Lt. C. E.
Urmson, Capt. G. A., *late* Rᵢ A S.C.
Utterton. Lt. A., R.A.S.C.

Vanneck, Lt. A. P., *late* R.G.A. Spec. Res.
Vansittart, Capt. R. A.
Van Tyen, Lt. M. S. J. C., 8. Afr. Def. Forces.
Vardon, Lt. E. J., 5 Bn. R. Surr. R
Vassᴜe. Temp. Capt. F. C. Temp. Qr.-Mr.
Ve n, Temp. 2nd Lt. T. W. Can. Local Forces
Verge, Capt. L. A. F.
Vernon, Capt. E. C., *late* R.E.
Vernon, Lt. R. H., 3 Bn. Dorset R.
Voss, Temp. Capt. C., 1 Garr. Bn. Notts. & Derby. R.

Waddingham, Lt. G., Aust. Mil. Forces
Wade, Temp. Capt. G. B. R.E.
Wager, Serjt.-Maj. E. C., R. ᵢ.A.
Waghorn, Capt. H.C., 21 Bn. Lond. R.
Waldᵢck, Lt. C. W., *late* Serv. Bn . Bedf. R.
Wald on, Temp. Maj. C R.E (*Qr.-Mr. & Maj. ret pay*)
Wᵢale, Lt. W. A., 4 Bn Sea. Highrs.
Walford, Temp. Lt. H.N., R.A.S.C.
Walker, Lt. A. H., R.F A (T.F.)
Walker, Maj. F. B., *M.C. late* S. Afr. Def. Force.
Walker. Temp Capt. G.B M.C. Temp. Qr.-Mr.
Walker, Staff Serjt.-Maj. J H . S. Afr. Def. Force.
Walker Capt. J., 5 Bn W Rid R.
Walker, *Rev.* J R. Temp. Chapl. to the Forces (1st Class)
Walker, Temp. Lt. R. H., R.E.
Walker, Temp. Capt. S. Asst. Commy. of Ord.
Walker, Hon. Capt. W. L.I.
Walker, Lt. W., 7 Bn. High L.I.
Wallace, Lt. R. S., *late* Gen. List.
Walsh, Temp. Lt. A.
Walter. Capt. W. K., 3 Bn York R.
Walters, Capt. J. D., Qr.-Mr.
Walton, Lt. C, G., R E. (T.F.)

Warburton, Lt. P., *late* R.G.A. (T.F.)
Ward, Capt. A. I., *late* Serv. Bns. Durh. L.I.
Ward, Lt. T., Bord. R., Spec. Res.
Ward, Lt.-Col. E., *p.a.c.*
Ward, ᵢemp. Maj. (*temp. Col.*) J. C., *C I.E. D.S.O.*, R.E
Wardell, Lt. J. S. M.
Wardroper, Cᵢpt. A. K., 5 Bn. North'd Fus.
Wark, Serjt.-Maj. H., R.F.A.
Warner, Capt. P, F., *late* Unattd. l.ist (T.F.)
Warren, Capt. C. A. R., 3 Bn. A. & S. Highrs.
Warren, Temp. Lt. D. C. R., R.A.S.C.
Warren, Temp. Lt. H. W. Spec. Res.
Warrior, *Miss* E.M.,*late*Dep. Controller, Q.M.A.A.C.
Waters, Maj. G F. W., *late* R E.
Watkins, Hon. Lt. J. H., Can. Local Forces
Watkins, Temp. ᵢ apt. P. J.
Watkins, Capt. W. J., Qr.-Mr.
Watling, Lt. J. B, R.E. (T.F.)
Watson, Capt. A. M., Qr.-Mr.
Watson, Lt. E. B. K., 8 Bn. Lond. R.
Watson, Temp. Capt. F. W., Serv. Bn. E, Kent R.
Watson, Maj. L, J. F., ret. (T.F.)
Watson, Temp. Capt. N. S. O . R E
Watson, Temp. 2nd Lt. V. V.
Watson, Lt. W., *late* A. Cy. Corps.
Watson, Temp. Lt. W. C., 4 Res. Regt. of Cav.
Watson, Temp. Maj. W., S. Afr. Def. Force.
Watt, Temp. Capt. J., S. Afr Def. Forces.
Watt, Lt. W. Mc.I., 6 Bn. R. Highrs.
Watton, Capt G,
Watts, Lt. F. M. I., Res. of Off.
Wauchope, Temp. Capt. D, ᵢebb, Temp. Serjt. Maj. B , R.E.
Webb, Temp. Lt. C. C. W., R.A.S.C.
Webb, Capt. F. J., Qr.-Mr.
Webb, *Miss* G. V., *late* Dep. Admin., Q.M.A.A.C.
Webb, Capt. H. E., *late* R.E.
Webb, Maj. H. S., Qr.-Mr. Can. Local Forces
Webb, Temp Lt S. G., Can. Local Forces
Webb, Capt. T., Qr.-Mr.
Wᵢbster, Lt. J. H., *M.C.,* Qr.-Mr.
Wedderspoon, Temp. Lt. A. A., R.E.
Weightman, Lt. R., Can. A S.C.
Weir, Lt. D. A., 6 Bn. E. Surr. R.
Wᵢir, Temp. Maj. T. D., R.E.
Wells, Lt. H. B., R.F.A. (T.F.)

MILITARY MEMBERS (M.B.E.) – contd.

Wells, Temp. Capt. R.C.O., R.A.S.C.
Wells, Temp. Capt. S. W., R.A.S.C.
Welsford, Miss E. J., late Unit Admin., Q.M.A.A.C.
Welsh. Bandmaster J. G., R. Mar.
West, Co.-Serjt.-Maj. C., Lab. Corps.
West, Capt. W. G., TD, 28 Bn, Lond. R.
Westcott, Temp. Lt. G. H., R.A.S.C.
Whatley, Capt. N., late Unattd. List (T.F.)
Wheeler, Capt. R. C., R.A.V.C. Spec. Res.
Whidborne, Lt. C. S. L.
Whistler, Lt. G. F., M.C.
Whitaker, Hon. Maj. B., late Gen. List.
Whitaker, Temp. Capt. H. B.
Whitaker, Capt. R.
Whitbourn, Qr.-Mr.-Serjt. E., R.A.S.C.
White, Capt. C. C. S.
White, Temp. Maj. B. G. R.E.
White, Capt. J. Qr.-Mr.
White, Staff Serjt.-Maj. R. W., R.A.S.C.
Whitehead, Capt. W., ret.
Whitfield, Capt. F. E. B., 3 Bn. Welch R.
Whittaker, Temp. Capt. L., Temp. Qr.-Mr.
Whittaker, Maj. W. E. de B., ret.
Whitteridge, Capt. P. C.
Whittington, Capt. W.
Whittle, Lt. F. G., R.A.S.C. (T.F.)
Whitworth, Capt. C. W., TD, 5 Bn. W. York. R.
Whyte, Lt. C. C.
Wigham-Richardson, Temp Capt. W.
Wiles, Temp. Capt. H. H., Lab. Corps
Wilkie, Capt. J.B., M.B., F.R.C.S. Edin., late R.A.M C.
Wilkins, Capt. D. A.
Wilkinson, Temp. Lt. H, C.W.
Wilkinson, Actg. Maj. R. J.

Willes, Lt. H. R.G.A. Spec. Res.
Willett, Temp. Lt. H.
Williams, Temp. Capt. A. A
Williams, Lt. A. J.
Williams, Temp. Lt. C., R.E.
Williams, Capt. C. S. late R.A.S.C.
Williams, Temp. Capt. F.T. Serv. Bns. W. York. R.
Williams, Capt. H, late R.A.S.C.
Williams, Lt. J., M.C.
Williams, Temp. Maj. J. M. R.E.
Williams, Temp. Capt. L.
Williams, Temp. Lt. L. L. M.C., R.E.
Williams, Temp. Lt. P. A.
Williams, Qr.-Mr.-Serjt. R., Cam'n Highrs.
Williams, Lt. R., late Serv Bns. R. Lanc. R.
Williams, Lt. R. B., R.E. (T. F.)
Williams, Temp. Lt. R.D. R.E.
Williams, Temp. Lt. W.F. R.E.
Williams, Temp. Lt. W. H. T.F.N.S.
Williamson, Qr.-Mr. & Maj. R. C.
Willicott, Capt. G. F. W. M.C., Qr.-Mr.
Willis, Lt. C. H. S., 28 Bn. Lond. R.
Wills, Hon. Maj. H. R, J. Ridg. Mr.
Willmott, Temp. Lt. F. W.
Willsher, Capt. J. W., Qr.-Mr.
Willsher, Temp. Suptg Clerk J. E., R.E.
Wilman, Temp. Lt. E. A.
Wilson, Miss A. P., late Unit Admr., Q.M.A.A.C.
Wilson, Lt. C. E.
Wilson Temp. Capt. J.
Wilson, Lt. R., R.F.A. (T.F.)
Wilson, Temp. Lt. R.J.C., R.A.S.C.
Wilson, Temp. 2nd Lt S. D. M.
Wilson, Capt. W. R., Qr.-Mr.

Wilson, Lt. W. W., Can. l ocal Forces.
Winch, Lt. A. B., 4 Bn. R.W. Kent R.
Windrum, Capt. J. M., Qr.-Mr. R. Guernsey Mil.
Winstanley, Temp. Capt H. P., R.A.S.C.
Witney, Capt. J. H., late R.A.O.C.
Witthans, Lt. G., late Serv. Bns. Norf. R.
Witts, Lt. J. T., 3 Bn. Glouc. R.
Witty, Lt. C. H., 5 Bn. York. & Lanc. R
Wolff, Capt. J. D., late R.G.A. Spec. Res.
Wombell, Temp. Capt. T.
Wombwell, Lt. F., Qr.-Mr.
Wood, Capt. A., late 3 Garr. Bn. North'd Fus.
Wood, Miss E. F., late Unit Admr., Q.M.A.A.C.
Wood, Temp 2nd Lt H. J. Serv. Bns. Bord. R.
Wood, Temp. Lt. L. S.
Woodall, Lt. J. D., M.C.
Woodford, Miss I. C.. Sister T.F.N.S.
Woodiwiss, Hon. Capt. E. S., Qr.-Mr. Can. Local Forces.
Woodlock, Lt. D. W. F., late S. Afr. Def. Force.
Woodruff, Capt. C. R., R A M C. (T.F.)
Woods. Qr.-Mr.-Serjt. J. A. I., S W. Bord.
Woodward, Temp. Capt. W. H.
Wooler, Temp. Lt. L. S., R.F.A.
Woolley, Temp. Capt. R. G.
Woolway, Temp. Capt. C. G., R.E.
Woosley, Temp. Capt. E. H., R.A.O.C.
Wootton, Capt. H., Hunts. Cyc. Bn.
Woutton, Temp. Capt. H. A.
Wormald, Rev. R. L., Temp. Chapl. to the Forces, 4th Class.
Worthington, Capt. J. R., late Serv. Bns. L'pool R.
Wotherspoon, Temp. Capt. J. A., R E.
Wray, Qr.-Mr, Serjt. J. J., ret. pens.

Wrench, Temp. Hon. Lt. C. C.
Wright, Capt. C., R.A.O.C.
Wright, Temp. 2nd Lt D. W.
Wright, Maj. F. T.
Wright, Temp. Capt. S. A., R. A.S.C.
Wright, Maj. T. K 6 Bn W. Rld. R .
Wykeham Martin, Temp. Maj. R. F., R E.

Yarrow, Lt. G. E., 6 Bn. North'd Fus. (T.F.)
Yates, Staff Serjt.-Maj. A.J., R.A.S.C.
Yorwerth, Temp. Capt T. J., R.A.S.C.
Young, Temp. Lt. B. J.
Young, Lt. C., late R.A.V.C.
Young, Mrs. C. E., late Unit Admin. Q.M.A.A.C.
Young, Lt. C H., 3 Bn. Som, L.I.
Young, Temp. Lt. F. W., Labour Corps.
Young, Capt. Harry Robert, T.F. Res.
Young, Capt. R. H., 3 Bn. R. War. R.
Young, Temp. Lt. R. L.
Young, Lt. W, M., late Gen. List
Yule Capt. J. S., R.F.A. (T.F.)

CIVIL MEMBERS (M.B.E.)

Abraham, Capt, J. C.
Adcock, F., *Esq.*, War Office
Addington, *Miss* M. F., War Office.
Aldridge, W. F., *Esq.*, War Office
Allan, A. B., *Esq.*, War Office.
Anderson, *Miss* D. K., War Office
Andrews, Hon. Capt. H. L. H., *late* R.A.S.C.
Arbery, 'Hon. Maj, J. Commy. Ind. Army Dept.
Arnold, Hon.Temp.Capt.A.
Ascroft, Hon. Lt. R. W., *late* R.A.S.C.
Ayres, H. J., *Esq.*, War Office

Backhouse, *Miss* E. F., War. Office.
Baily, Capt. R. E. H., Hereford R.
Baker, A. H., *Esq.*, War Office
Barlow, H. A., *Esq.*, War Office.
Barnett, Temp. Maj. A. G.
Barns, S. A., *Esq.*, War Office
Barrington, *Sir* C. B., *Bt.*
Batger, *Mrs.* J. M., War Office
Beard, Temp. Hon. Lt. J. J.
Beddow, *Miss* M. G., War Office.
Bennett, W. R. *Esq.*, War Office.
Beresford, Hon. Lt. J. B., *late* R.A.S.C
Bishan, Singh Kathart Hon. Capt. *Sardar Bahadur*
Borland, R. G., *Esq.*, War Office
Bowman, A. T., *Esq.*, War Office.
Bratby, Lt. S. H., R.A.S.C (T.F.).
Brill *Miss* G. M., War Office.
Brodie, A. W., *Esq.*, War Office.
Bryning, *Miss* E. J., War Office.
Burden, Hon. Capt. A. E. ret.
Burrow, L. A., *Esq.*, War Office.

Campbell, J. A. W., *Esq.*, Acting Accountant, War Office.
Candler, H., *Esq.*, *late* War Office.
Cavan, S. E., *Esq*, War Office.
Claughton, H., *Esq.*, War Office.
Colledge, Capt. F. W., T.F. Res.
Collier, W., *Esq.*, War Office.
Cooksey, H. J., *Esq.*, War Office.
Cooper. J., *Esq.*, War Office
Corbett, Maj. E. R. T. (Hon. Maj. *ret. Spec. Res.*)
Coward, R. L., *Esq.*, War Office

Crowe, Temp. Hon. Lt.G.G.
Devasahayam, Hon. Capt. *Sardar Bahadur*.
Edge, Capt. P. G., 28 Bn. Lond. R.
Elliott, *Miss* M. B., War Office
Finch, *Miss* M. I., War Office.
Firth, J. W., *Esq.*, War Office.
Foreshew, E., *Esq.*, War Office.
Fremantle, Maj. J. M., 3 Co. of Lond. Yeo.

Gander, Temp. Lt. B. V.
Gann, E.T., *Esq.*, War Office
Giffard, T. A. W., *Esq.*, War Office
Girling, *Miss* M., War Office
Gooch, Qr.-Mr. & Lt. H.
Goodwin, W., *Esq.*, War Office
Gorman, Qr.-Mr. & Capt. J. T
Grey, C.W., *Esq.*, War Office
Grimbly, J. T. *Esq.*, War Office
Grose, F., *Esq.*, War Office.
Grose, W. C., *Esq.*, War Office.

Hamilton, *Miss* E. M., War Office.
Hamper, Capt. J. R., Brit. W.I. Regt.
Hankins, A. E., *Esq.*, War Office.
Hanton, Temp. 2nd Lt. P. K., R.E.
Hon. Capt. Hanwant Singh Risaldar-Major, *Sardar Bahadur.*
Hardman, J., *Esq.*, War Office.
Harris, W. T. H., *Esq.*, War Office.
Hart-Cox, G., *Esq.*, Ordnance Factories.
Harvie, C. F., *Esq.*, War Office.
Hawes, C. H., *Esq.*, War Office.
Hawkins, A. E., *Esq.*, War Office.
Haylock, E. E., *Esq.*, War Office.
Heap, *Miss* I. E. M. C., War Office.
Hebron, A. E., *Esq.*, D.C.M., War Office.
Hetherington, W. C., *Esq.*, Q.M.A.A.C.
Hilton, G. G., *Esq.*, War Office.
Hore, *Miss* A., War Office.
Houston, Hon. Maj. A. McL., Can. Gen. List
Humphreys, *Miss* E. L. S., War Office
Huxter, *Miss* M. K., War Office.

James, H. M., *Esq.*, War Office
Jeffrey, E. J., *Esq.*, War Office
Jones, D. M., *Esq.*, War Office
Joyner, Temp. Capt. C. B.

Ker, L. B., *Esq.*, War Office

Latham, G., *Esq.*, D.C.M., War Office.
Lomax, *Miss* E. A., War Office.
Lucas Maj. T. L. W.
McCarthy, I. J. J., *Esq.*, War Office
McGuinness, *Miss* E. T., War Office.
McGuinness, *Miss* M. J., War Office.
Mannering, A. J., *Esq.*
Manning, A. J., *Esq.*, War Office
Martinelli, A., *Esq.*, War Office.
Mason, Maj. H., ret.
Matthews, Capt. B. G., Aust. Imp. Force.
Mayne, W., *Esq.*, Acting Accountant, War Office.
Meaby, W. A., *Esq.*, War Office.
Medcalf, Temp. 2nd Lt. H.
Melville, J. M., *Esq.*, War Office.
Melville, W., *Esq.*, M.V.O, War Office
Michell, J. D., *Esq.*, War Office.
Morgan, R. U., *Esq.*, War Office.
Morse, Capt. L. G. R., A.M.I.E.E., R.E. (T.F.)
Mortimore, Temp. Capt. C. C., Sco. Rif. (attd.)

Nicholson, Temp.Capt.J.S
Novis, Lt. W. H

O'Reilly, A., *Esq.*, *late* War Office.
Oxburgh, Qr.-Mr.&Lt. G.S.

Page, R. P., *Esq.*, War Office.
Painting, *Miss* H., War Office.
Pawson, H. A. J., *Esq.*, War Offics.
Payne, *Miss* L., War Office
Peyton, G. W., *Esq.*, War Office.
Pitman, A. J., *Esq.*, War Office.
Pitt, *Miss* N. F., War Office.
Pratt-Barlow, *Mrs.* L. M. K., Unit. Administration
Price, J. B., *Esq.*, D.C.M War Office.

Quenn, J. J., *Esq.*, War Office.

Reader, T., *Esq.*, War Office.
Reynolds, *Miss* E. M., War Office.
Riordan, T. M., *Esq.*, War Office
Robinson, T. I., *Esq.*, War Office.
Rodgers, Hon. Maj. R. T.
Rose, Maj. J., R.G.A.
Ross, Capt., J. M., M.B., F.R.C.S. Edin., R.A.M.C. (T.F.)
Ruegg, Hon. Maj. A T.

Sage, A. M. B., *Esq.*, War Office
Shaw, *Miss* E. M., War Office.
Sharpe, Maj. G. W., 5 Bn. R. Lanc. d.
Sheppard, J. T., *Esq.*, War Office
Sidebottom, S., *Esq.*, War Office.
Skipwith, R. E., *Esq.*, War Office.
Smith, Maj. F. J., Can. Contgt.
Spencer, Maj. W. A., ret. Vols.
Stafford, J., *Esq.*, War Office.
Stanley, Capt. W. B.
Stewart, E. P., *Esq.*, War Office.
Stoughton, *Miss* M. E., War Office.
Strevens, *Miss* I., War Office.
Sydenham, Capt. L. G., T.F. Res.

Taylor, P., *Esq.*, War Office.
Taylor, Maj. T., Commy. I. A. Dept.
Thirkell, W., *Esq.*, War Office.
Thorne, Hon. Maj. T.
Trathan, W., *Esq.*, War Office
Tremlett, Local Capt. F. T. G
Turner, A. F. F., *Esq.*, War Office
Turner, Capt. H. M. S., R.A.M.C. (T.F.)

Usher, Hon. Lt. A. R., ret. Brit. Honduras Local Forces.
Venables, *Miss* M., War Office
Vigo, Temp. Hon. Capt. B. W.

Wainwright, Hon. Col. C. R., TD., 9 Bn. Manch. R.
Walden, W. H., *Esq.*, Asst. Insp. of Med. Supplies, A.Med. Serv.
Ward, Temp. Maj. *(temp. Col.)* J. C., *C.I.E., D.S.O.*, R.E.
Weaver, Temp. Hon. Lt. C. H.
Wellington, Capt. R., *M.C., late* R.F.A. Spec. Res.
Weston, H. G., *Esq.*, War Office
Whitten, G. J., *Esq.*, War Office.
Whittle, Lt.-Col. H. J., ret. Mila., *late* 3 Bn. E. York R.
Whitworth, Temp. Hon. Lt. G. B.
Wilford, E. C., *Esq.*, War Office.
Wilkinson, H. W. J., *Esq.*, War Office.
Williamson, *Miss* R. M. W., War Office
Willis, C., *Esq.*, War Office
Wood, *Miss* F. M., War Office.
Wood, Hon.Lt. T. *late* Gen. List
Woodyear, *Miss* I., War Office.
Worth, Hon. Capt. W. P., *late* Gen. List

ORDER OF THE BRITISH EMPIRE—*contd.*

OFFICERS OF THE ORDER.

Chancery of the Order ..	Lord Chamberlain's Office, St. James's Palace.
Prelate..	London, Rt. Hon. & Rt. Rev. A. F., *Lord Bishop of*, K.C.V.O., D.D., LL.D.
King of Arms	Paget, Gen. Rt. Hon. Sir A. H., G.C.B., K.C.V.O., Col. E. Kent. R.
Registrar	Dawson, Bt. Col. Sir D. F. R., G.C.V.O., C.B., C.M.G., ret. pay, p.s.c. (*ex-officio*)
Secretary	Troup, Sir C. E., K.C.B. (*ex officio*).
Gentleman Usher of the Purple Rod	Kenyon, Maj. Sir F. G., K.C.B., Inns of Court O.T.C.

MEMBERS OF THE ORDER OF THE COMPANIONS OF HONOUR.

Recipients of Orders, whose names appear in this list, but who hold no rank in the Regular Army Royal Marines, Special Reserve, Militia, Yeomanry, Territorial Force or Volunteers, or in the Forces of the Oversea Dominions and Colonies, must send a notification to the Secretary of the War Office of their being alive on the 1st January and the 1st July each year.

If such notification due on the 1st January be not received at the War Office by the 1st April and that due on the 1st July by the 1st October, it will be concluded that the Recipient is deceased and his or her name will be removed from the Army List.

THE SOVEREIGN

Burnham, Lt.-Col. H. L. W., *Lord*, TD, T.F. Res. (*Hon. Col. Bucks. Yeo.*)

Keogh, Lt.-Gen. Sir A., G.C.B., G.C.V.O.,M.D., F.R.C.P.

Perrott, Lt.-Col. & Hon. Col. Sir H. C., Bt., C.B., *late* 8 Bn. E. Kent R.

Smuts, Hon. Lt.-Gen. Rt. Hon. J. C.

OFFICERS OF THE ORDER.

Chancery of the Order .. .. Lord Chamberlain's Office, St. James's Palace.

Secretary and Registrar .. ..

H

COMPANIONS OF THE "DISTINGUISHED SERVICE ORDER."

Recipients of Orders, whose names appear in this list, but who hold no rank in the Regular Army, Royal Marines, Special Reserve, Militia, Yeomanry, Territorial Force, or Volunteers, in the Forces of the Oversea Dominions and Colonies, must send a notification to the Secretary of the War Office of their being alive on the 1st January and the 1st July each year.

If such notification due on the 1st January be not received at the War Office by the 1st April, and that due on the 1st July by the 1st October, it will be concluded that the Recipient is deceased, and his name will be removed from the Army List.

THE SOVEREIGN.

COMPANIONS (D.S.O.)

Abbey, Temp. Maj. J., *M.C.* R.F.A.
Abbott, Maj. F. B., 6 Gurkha Rif.
Abbott, Bt. Col. H. E. S., *C B E.*, ret. pay.
à Beckett, Capt. M. H., Chapl. to the Forces, 3rd Class.
Abell, Temp. Capt. R. L., *M.C., R.F.A.*
Abercromby, Lt. - Col., Sir G. W., *Bt.*, R. Highrs.
Abraham, Lt.-Col. J. J., *O.B.E , M.D., F.R.C.S.,* late R.A.M.C.
Abson, Maj. J., *F.R.C.V.S.,* ret. (T.F.).
Acland, Bt. Maj. A. N., *M.C.,* D. of Corn. L.I.
Acland Troyte, Bt. Lt.-Col G. J., *C.M.G.,* K.R.Rif.C.
Acton, Maj. W. M., R. Ir. Regt.
Adair, Maj. H. S., Ches. R.
Adam, Maj. R. F., *O.B.E.,* R.A.
Adam, Maj. W., TD, 7 Bn. Worc. R.
Adams, Maj. A., *O.B.E.,* ret. pay (*Res. of Off.*)
Adams, Lt.-Col F., 20 Horse.
Adams, Maj. H. R., R.G.A..*g.*
Adams, Rev. J. E., *M.C.,* Temp. Chapl. to the Forces, 4th Class.
Adams Maj. R. J., R.A.
Adamson, Capt. A. S. A.M., Can. Local Forces.
Adamson, Temp. Maj. J.E., M.G. Corps.
Adderley, Lt.-Col. A. C., R.A.M.C.
Addison, Bt Lt.-Col.G. H., *C.M.G.,* R.E.
Adler, *Rev.* M., *B.A.,* Chapl. 3rd Class (T.F.)
Adlercron. Capt. G. R. I. 8 Hrs.
†Adlercron, Hon. Brig.-Gen. R. L., *C.M.G.,* ret. pay
Agar, Lt.-Col. J. A.S , late Serv.;Bns. R. War. R.
Ager, Lt.-Col. F. G., TD, T.F. Res.
Agg, Bt. Lt.-Col. F. J. G., ret. pay
Agnew, Maj J.,TD,5 Bn.Arg. & Suth'd Highrs.

Agnew, Capt. K. M., *M.C.,* R.F.A.
Agnew, Col. Q. G. K., *M.V.O.,* late 3 Bn. R. Sc. Fus., Maj. ret. pay (*Gent.- at-Arms*)
†Ahern, Maj. D., R.A.M.C.
Aherne, *Rev.* D., Hon. Chapl. to the Forces, 3rd Class.
Aikins, Maj. G.H., Sask. R.
Ailesbury, Maj. G. W. J.C., *Marq. of,* TD, 1 Co. of Lond. Yeo.
Ainslie, Maj.C.M.,R.A.S.C.
Ahrens, Capt. C., *M.C.,* Aust. Imp. Force.
Ainsworth, Bt. Lt.-Col R. B., R.A.M.C.
Ainsworth, Lt.-Col. W. J. *O.B.E.,* h.p.
Airey, Lt.-Col. (*temp. Col.*) R. B., *C.M.G.*, R.A.S.C., *e*
Aitken, Bt. Lt.-Col. J. J., *C.M.G.,* R.A.V.C.
Aitken, Maj. N. W., *M.C.,* R.G.A.
†Akerman, Maj. W. P. J., *M.C.,* R.F.A.
†† Alban, Bt, Maj. C.E.R.G., L'pool R.
Alderman, Capt. W. W., *C M G.,* Aust.Mil. Force s.
Alderson, Maj. C., 7 Bn. Lan. Fus.
Alderson, Capt. E., *M.B.,* A.R.M.C. (T.F.)
Alderson, Maj. F. J., Can. Fd. Art.
Aldous, Lt.-Col. F. C., T.F. Res.
Aldworth, Capt. T. P., *O.B.E.,* 3 Bn.R.W.Kent R.
Aldworth, Capt. W., Essex R.
Alexander, Bt. Col.A. deV. ret. Ind. Army
Alexander, Hon. Lt.-Col. C. T., *late* 7 Bn. Lan. Fus.
Alexander, Bt. Lt.-Col. E C., *C.I.E.,* 55 Rif., *p.s.c.*
Alexander, Bt. Col. (*temp. Maj.-Gen.*) H.,ret. pay
Alexander, Capt. Hon. H. C., 5 Lrs.
Alexander, Col. (*temp Brig.-Gen.*) H. L., *C.B., C.M G , p.s.c.*
Alexander, Maj. H. M., *O.B.E.,* Ind. Army, *e.*
Alexander, Maj. Hon. H. R L. G., *M.C*, 1r. Gds
Alexander, Lt.-Col. H. S., 44 Inf.
Alexander, Capt. J. D., *M.B.* N.Z. Mil. Forces.
Alexander, Temp. Maj. J. H., *M.C.,* R.E.
Alexander, Bt. Col. J. W. TD, T.F. Res.

Alexander, Maj. Sir L.C W. *Bt.,* 23 Bn. Lond. R.
Alexander, Lt.-Col. R. D T., *O.B.E.,* TD, T.F. Res.
Alexander, Capt. R. O., Can. Local Forces, *p.s.c*
Alexander, Bt. Lt.-Col. (*temp. Brig.-Gen.*) W., *C B , C.M.G.,* TD, 6 Bn. R. Highrs.
Alexander, Maj. W.D.,R.A.
†Alexander, Maj. W. N. S., Conn. Rang.
Alexander, Capt. Hon. W. S. P., I. Gds.
Allan, Capt. A. C., *M.C.,* Cam'n Htghrs
Allan, Maj. J. G., R.E. (T.F.)
Allan, Lt.-Col. P. S., ret. pay, Res. of Off., *p.s.c.*
Allanson, Bt.Lt.-Col C.J.L, *C.M.G , C.I.E.,* 6 Gurkha Rif., *o.s.c.*
Allardyce, Lt. J., 14 Bn. Lond. R.
†Allardyce, Lt.-Col. J. G.B., *C.M G.,* R.A.
†Allason, Bt. Lt.-Col. W. Bedf. & Herts. R.[L]
Allcard, Lt.-Col H., R.F.A.
Allden, Capt. S. G.,R.A.S.C.
Alldridge, Capt. C. D., R.G.A. (T.F.)
Allen, Temp. Capt. A. G., *M.C*
Allen, Lt.-Col. C., TD, R.F.A., (T.F.)
Allen, Lt.-Col. C. W., W. Ont. R.
Allen, Temp. Maj. D. C., Tank Corps
Allen, Maj. H., R.A.
Allen. Bt. Maj. H. A., R. Innis. Fus.
Allen, Bt. Maj. H. I., N Staff. R.
Allen, Lt.-Col. (*local Col.*) H. M., *C.M.G.,* 7 Bn. R. Highrs., Lt.-Col. ret. Ind. Army
Allen, Lt.-Col. L. A., TD, R.A.S.C. (T.F.)
Allen, Lt. L. R., 3 Bn. Notts and Derby. R.
Allen. Maj. M. V., Can. Local Forces.
Allen, Lt.-Col. R. F., ret. Hamps. R. *p.s c.*
†Allen, Maj. S. S., *C.M.G.,* N.Z. Mil. Forces.
Allen, Capt. W B., *M C., V.C.,* R.A.M.C.
Allen, Lt.-Col. W. J., *late* Serv. Bns. R.Ir.R.

Allerton, Capt. C., *late* Serv. Bns. Notts. & Derby. R.
Alletson, Temp. Maj. G. C.
Allfrey, Capt. E. M., R. Berks. R.
Allfrey, Bt. Lt.-Col. H. I. R., *M.C.,* Som. L.I.
Allgood, Lt -Col. (*temp. Brig.-Gen.*)W.H.L.,*C.M.G.*
Allhusen, Lt Col F. H., *C.M.G.,* T.F. Res. (Maj. ret. pav)
Allsop, Maj. W. G., *C.M.G.* Aus tr. Mil. Forces.
Allsup, Maj. E. S., R.A.
Alpine, Temp. Maj. W. M.
Alston, Bt. Lt.-Col. (*temp. Brig.-Gen.*) F. G., *C.M.G.,* S. Gds.
Alston, Capt. L. A. A. *M.C.,* R. W. Fus.
Altham, Maj. H. S., *M.C., late* 5 Bn. K. R. Rif. C.
Alves, Bt. Lt.-Col. H. M. J., R.A.
Ambrose, Temp. Lt. C. F. N., Tank Corps.
Amos, Hon. Maj. H. G. M., *late* 3Bn. Norf. R. (Capt. ret. pay),
Amphlett, Maj. C. G., ret. pay
Amy, Maj. A. C., *M.D.,* R.A.M.C.
Anderson, Lt. A. A., Can. Local Force s
Anderson, Capt. A. E. D., *M.C.,* 3 Bn. K.O. Sco. Bord.
Anderson, Maj A.S.K.,*M.C., M.B.,* late R.A.M.C.
Anderson, Maj. B. E. 59 Rif , *p.s.c.* [L]
Anderson, Temp. Maj. C., *M.C.,* 15 Bn. R. Scots.
Anderson, Maj. C. A., Manch. R.
Anderson, Maj. C. A., S. Afr. Def. Force.
Anderson. Bt. Lt.-Col. C. F., R E [L]
Anderson, Maj. D. F. *C.M.G.,* E. York. R.
Anderson, Lt.-Col. E. L. B., ret. pay
Anderson, Maj. E. P., R.E.
†Anderson, Capt. F., *M.C.,* R. Highrs.
Anderson, Bt.Maj. F.,*M.C., C.M.G.,* Sea. Highrs.
Anderson. Lt. G. H. G., *M C.,* Rif. Brig.
Anderson, Capt. H., *M.C.,* 3 Bn. R. Ir. Regt.
††Anderson, Lt.-Col. J., *C.M.G.,* 6 Bn. Highb. L.I.
Anderson, Qr.-Mr. & Capt. J., ret. pay

† Also awarded Bar to Distinguished Service Order
†† Also awarded 2nd Bar to Distinguished Service Order.

Orders of Knighthood, &c.

COMPANIONS (D.S.O.)—contd.

Anderson, Maj. J., *M.B.*, late R.A.M.C.
Anderson, Bt. Lt.-Col. J. F. H., 31 Lrs.
Anderson, Maj. L., *M.C., M.B., late* R.A.M.C.
Anderson, Bt. Col. (temp. Brig.-Gen.) N. G., *C.B., C.M.G.,* R.A.S.C., p.s.c.
†Anderson, Maj. P., Can. Local Forces.
Anderson, Maj. P. C., *M.C.*, Res. of Off.
Anderson, Capt. R. D, *O.B.E.,* E. Afr. Trans. Corps.
Anderson, Lt.-Col. R. J. P., *C.M.G.,* 11 Hrs.
Anderson, Maj. S. B. *C.M.G.,* Can. Local Forces.
Anderson, Hon. Brig.-Gen. S. M. ret pay.
Anderson, Maj. T. V. Can Local Forces.
Anderson, Lt. W., *M.C.,* 6 Bn. North'd Fus.
Anderson, Lt.-Col. W. B., *C M.G.,* Can.Local Forces.
Anderson, Lt.-Col. & Hon Col. (temp. Col. in Arm.) W. C., Hon. Lt.-Col. ret
Anderson, Capt. W. H. K., Can. Local Forces.
Anderson, Lt. W. M. Aust. Mil. Forces.
Anderson-Morshead, Bt. Maj. R. H., Devon. R.
Andrew, Bt. Col. F. A., 128 Pioneers
Andrew, Temp. Maj. W C., M.G. Corps
Andrewes, Bt.Lt.-Col.F.E., R.G.A., *g.*
Andrewes, Capt. W., Can. Local Forces,
Andrews, Capt. J. O., R.A.V.C.
Andrews, Lt. J. O., *M.C.,* R. Scots.
Andrews,Temp Lt.-Col. R. J, *M.C.,*17 Bn. Welsh R.
Andrews, Tem p. Lt. S. A., *M.C.,* Serv. Bns. R. Suss. R.
Andros, Maj R. C., Can' Local Forces.
Angel, Temp. Capt. T. L, Dorset R
Angell, Capt. J., *M.C.,* Dorset R
Angus, Temp. Maj. A. W.
Angwin, Maj. A. S., *M.C.,* R.E. (T.F.).
Anley, Bt. Col. B. D. L. G., *C.M.G.,* R. Lanc.R., p.s.c
Anley, Lt.-Col.(*temp.Brig.-Gen.*) W B., R.A.
†Annand, Maj. F. W. G., Aust. Mil. Forces.
Annesley, Bt. Lt.-Col. C. R. T., R.A.S.C.
Annesley, Lt.-Col. W. H., *C.M.G.,* Res. of Off.
Anstey, Bt. Lt.-Col. E. C., R.A., p.s.c.
Anstruther, Capt. P. N., *M.C.,* R.W. Kent R.

Anstruther, Maj. R. A., R.F.A.
Anstruther-Thomson, Bt. Col. C. F. St. C., *M.V.O.,* ret. pay.
Aplin,Temp. Maj. H., 6 Bn. R.F.A. (T.F.)
Aplin, Bt. Col. P. J. H., Ind. Army [L]
Appleyard, Capt. S. V. Aust. Mil. Forces.
Applin. Lt.-Col. R. V. K. *O.B.E.,* 14 Hrs
Apsley, Capt. A. A., *Lord, M.C.,* Glouc. R.
Apthorp, Maj. S. E., 96 Inf. Co., R.E.
Arbuthnot, Lt.-Col. A. G., *C.M.G.,* R.F.A.
Arbutnnot, Col. (*temp Brig.-Gen.*) Sir D, Bt. *C.M.G.*
Archambault, Capt.J.P.U., *M.C.,* Can. Local Forces
Archdale, Maj. A.S., R.F.A.
Archer, Maj. H., R.A.
Archer Houblon, Maj. R. R.A
Archer-Shee, Lt.-Col. M. *C.M.G.,* Res. of Off.
Archibald, Bt. Maj G. K. R.A.S.C.
Archibald, Maj. R. G., *M.B.,* ret.
Ardagh, Capt. G. H., ret.
Argyle, Bt. Lt.-Col. E. P., R.A.V.C
Aris, Lt. C. J., 16 Lrs.
†Armitage, Bt. Lt.-Col. C. C., R.A., p.s.c.
Armitage, Capt. C. H., *C.M.G.,* late Res. of Off.
Armitage, Bt. Maj. (*Army*) C. L, *O.B E,* late 6 Bn. Worc R., Capt. ret. pay (*Res. of Off.*)
Armitage, Rev. R., *M.A.,* Chaplain to the Forces (1st Class) ret. pay.
Armitage, Temp. Maj. T.W. S. Afr. Def. Forces.
Armitage, Capt. W.A., 3 Bn. York & Lanc. R.
Armstrong, Temp Maj. C. L., *M.C.,* Serv. Bns.W. York. R.
Armstrong, Lt.-Col. E., *C.M G.,* ret. pay.
Armstrong, Bt. Col. G. D. ret. pay.
Armstrong, Col. O. C., ret. Ind. Army
Armstrong, G. W., late Temp. Capt. R.A.M.C.
Armstrong, Bt. Maj. W. F., *M.C.,* R.A.
Armytage, Lt.-Col. *Sir* G. A., Bt., *C.M.G.,* K.R. Rif. C.
Arnold, Bt. Col. A. J., *C.B.E.,* ret. pay, q.s.
Arnold, Maj. B. M., R.G.A. (T.F.)
Arnold, Temp. Lt. C. B., Tank Corps.
Arnold. Maj. F. G., Can. A.S.C.
Arnold, Bt. Lt.-Col. H. T., A.P. Dept.

Arnold, Temp. Maj. J. E., R.A.S.C.
Arnold, Temp. Maj. W. Tank Corps.
Arnold-Forster, Maj. F.A., R.F.A. (T.F.)
Arnott, Maj. R., R.A.
Arrowsmith-Brown, Maj. J. A., R.E.(T.F.)
Arthur, Lt.-Col. B., *late* M.G. Corps
Arthur, Lt. C. G., Can. Local Forces.
Arthur, Lt.-Col. J. M, *C.M.G.,* TD, 1 Low. Fd. Co., R.E.
Arthur, Maj. L. F., Ind. Army, p.s.c. [L].
Arthey, Lt.-Col W., h.p. *C.M.G.*
Ashwanden, Lt.-Col. S. W. L., TD , R.F.A. (T.F.)
Ash, Maj. E. A., 5 Bn. Midd'x R.
Ashburner. Maj. H. W., 106 Pioneers
Ashburner, Bt. Lt.-Col. L. F., *M.V.O.,* R, Fus. p.s.c.
Ashcroft, Temp. Maj. A. H., Serv. Bns. S. Staff R.
Ashmore, Capt. E. J. C., *M.C.,*10 Gurkha Rif.
Ashton, Lt.-Col. F. E., ret. pay.
Ashton, Temp. Capt. H. G. G., W. Gds.
Ashwell, Capt. A. L., 8 Bn. Notts. & Derby. R.
Aspinall, Lt.-Col. (*temp. Brig.-Gen.*) C. F., *C.B. C.M.G.,* h.p., p.s.c.
Aspinall, Hon.Lt.-Col.E.L., 3 Bn. York. R., Capt. ret. (*temp. Lt.-Col,*11 Bn.York. R.)
Asser. Bt. Lt.-Col. E. V., *C.M.G.,* R.A.
Astell, Capt. S. C. G. F., ret. pay.
Aston,Rev. B , Hon. Chapl. to the Forces, 4th Class, S. Afr. Def. Force.
Atchison, Maj. C. E., Shrops. L.I.
Athlone, Hon. Brig.-Gen A. A. F. W. A. G., *Earl of, G.C.B., G.C.V.O., C.M.G. (Personal A.D.C. to the King).*
Atholl, Bt. Maj. J. G., *Duke of, K.T., C.B., M.V.O.,* TD (*Lt.-Col. Comdt. & Hon. Col. Sco. Horse Yeo.*),
Atkin, Capt. B. W., *C.* Manch. R.
Atkin-Berry, Temp. Capt. H. C., *M.C.*
Atkinson, Maj. E. W., *O.B.E.,* R. Innis. Fus.
Atkinson, Maj. G. M., K.R. Rif. C.
Atkinson, Bt. Maj. G. P., *M.C.,* N. Lan. R.
Atkinson, Maj. J., *O.B.E.,* TD, R.A.S.C. (T.F.)
Atkinson,Temp. Maj.J.D., 13 Bn. L'pool R,

Aubrey-Fletcher, Bt. Maj H. L., *M.V.O.,* G. Gds.
Auchinleck, Bt. Lt.-Col. C.J.E., *O B.E.,*62Punjabis
Austen, Maj. E. E., 28 Bn. Lond. R.
Austin, Bt. Col. H. H., *C.B., C.M.G.,* h.p., p.s.c. [L]
Avery, Maj.L.A., R.A.M.C.
Axe, Lt.-Col. H. J., ret.pay.
Aylen, Maj.E.V., R.A.M.C.
Aylward, Maj. R. N., *M.C., late* R.E,
Aylwin-Foster, Capt. E. W. F., R.A.S.C.
Aytoun, Maj. (*temp. Col.*) A., *C.M.G., C.B.E.,* ret. pay,

Babington, Lt.-Col. M. E., R.A.M.C.
Babington, Lt.-Col. S. C., *C.M.G.,* h.p.
Bachtold, Hon. Capt. H., *M.C.,* Aust Mil. Forces.
†Backhouse.Lt.-Col.(*temp.*) (*Hon. Capt. in Army*) M. R. C., TD., North'd Yeo.
Badcock, Col. (*temp. Brig.-Gen.*) F. F., Ind. Army.
Badcock, Bt. Lt.-Col. G. E., *C.B.E.,* R.A.S.C.
Baddeley, Temp Maj. W. H., *M.C.,* Serv. Bns. E. Surr. R.
Badenhorst, Maj. L. P. J., S. Afr. Def. Force.
Badham, Capt. B. H., R Sc. Fus.
Badham-Thornhill, Bt.Lt.-Col. G., R.A. [L].
Badham, Maj. J. F., Worc. R.
Bagallay,Bt. Maj.R.R.C., *M.C.* I. Gds.
Bagge, Maj. (*Hon. Capt. in Army*) R. L., late 3 Bn. Norf. R.
Bagnall, Maj. C. L., 9 Bn. Durh. L.I.
Bagnall, Maj. H. G., R.A.
Bagot, Maj. *Hon.* W. L., ret. E. L., *C.I.E.,O.B.E.,R.E.*
Bagshawe, Temp. Maj. V., *C.B.E.,* R.A.M.C
Bahr, Maj. P. H., *M.D., late* R.A.M.C.
Bailey, Capt. A. H., ret. pay.
Bailey, Lt. C.E., *M.C.,* Can. Local Forces.
Bailey, Lt.-Col. E. A. H., R.F.A. (T.F.)

† Also awarded Bar to Distinguished Service Order.

COMPANIONS (D.S.O.)—contd.

Bailey, Maj. F. W., TD, R.A.M.C. (T.F.)
Bailey, Maj. H., TD, late 4 Bn. E. Lan R
Bailey, Lt J B., Can. Local Force
Bailey, Lt.-Col. J. H., ret. pay.
Bailey, Col. P. J., O.B.E., ret. pay.
Bailey, Maj. P.J., C'wealth Mil. Forces.
Bailey, Bt. Lt.-Col. (Hon. Brig.-Gen.) V T., C.M.G., ret. pay.
Bailey, Temp. Lt. W. G., M.C., Serv. Bn s. Suff. R.
†Bailey, Bt. Maj. Hon. W R., G. Gds.
Baillie,Hon.Lt.-Col.(Army A. C. Bt. Col., late 2 Lovat's Scouts Yeo.
Baillie, Lt.-Col. D. A., C.M.G., TD, 2 Lovat's Scouts Yeo
Baillie, Bt. Lt.-Col. (temp. Col.) H. F., Sea. Highrs., p.s.c. [l]
Baillie, Maj. J. A., Hamps. R.H.A.
Bainbridge, Lt.-Col. N. B., C.B., C.M.G., R.A.O.C., o.
Bainbridge, Bt. Col. W. F., C.M.G., 54 Sikhs, p.s.c.
Baines, Rev. C. F., M.A., ret. pay.
†Baines, Capt. C. S., Oxf. & Bucks. L.I.
Baines, Lt.-Col. E. F. E. Ind. Med. Serv.
Baines, Maj. J. C., 4 Bn. Leic. R.
Baird, Lt. Col. A. W. F., C.B., C.M.G., 8. Ir. Regt p.s.c. [L]
Baird, Bt. Lt. Col. H. B. D., C.M.G., 12 Cav., p.s.c.
Baird, Capt. R. H. C., ret pay.
Baird, Maj. J. L., C.M.G., T.F. Res.
Baker, Maj. A. B. L., TD, Bucks. Bn. Oxf. & Bucks. L.I.
Baker, Lt.-Col. B. G. late Gen. List.
Baker, Lt. C. W., M.C., Leic. R.
Baker, Capt. E. E. F., M.C., 5 Bn. Midd'x R.
Baker, Lt. E. G. P., M.C., Can. Local Forces.
Baker, Lt.-Col. E. M. R. Fus.
Baker, Bt. Lt.-Col. J. M., O.B.E., S.Afr.Inst.Def.Forces.
Baker, Hon. Maj. R., Qr. Mr. ret. pay.
†Baker, Lt.-Col. Sir R. L., Bt., Dorset Yeo.
Baker, Bt. Maj. W H. G., 31 Lrs.
Baker-Carr, Temp. Lt. Col. C. D'A. B. S., C.M.G.
Bald, Bt.Lt.-Col.P.R., R.E.
Baldwin, Col. (temp. Brig.-Gen.) G. M., Ind. Army.
Baldwin, Lt. J.E.A.,O.B.E., 8 Hrs.
Baldwin, Temp. Maj. J. Y., A. Cyclist Corps.
†Baldwin, Lt.-Col. R. H., E. Surr. R.

Balfour, Lt.-Col. A. M., T.F. Res. (Maj. ret. pay)
Balfour, Maj. E. W. S., M.C., 5 D.G., p.s.c.
†Balfour, Lt.-Col. G. B., 4 Bn. R. Lanc R.
Balfour, Lt.-Col. and Hon. Col. J. E. H., C.M.G. late R. 1 Devon Yeo.
Balfour, Lt. W. M., Can. Local Forces
Ball, Lt.-Col. C. J. P., M.C., R.A.
Ball, Lt. Col. G. H., 5 Bn. S. Staff. R.
Ball, Lt. J. C., O.B.E., Can Local Forces
Ball, Maj. K. M., R.F.A.
Ball, Maj. L. P., 5 Lt. Inf.
Ballantine-Dykes, Maj. F H., S. Gds
Ballard, Maj. J. A., R.A
Ballingall, Maj. H. M. R.A.
Balston, Maj. G. R., R A.
Bamberger, Lt.-Col. A. P. W., R.A.S.C.(T.F.)
Bamfield, Lt.-Col. H. J. K. Ind. Med. Serv.
B◊Bamford, Bt. Maj. E., R. Mar.
Bamford, Temp. Maj R.C., Serv. Bns W. York. R.
Bankier, Lt. A. M., M.C., W. Gds.
Banks, Bt. Lt.-Col. H.J.A. R.A.O.C., o.
Banks, Temp. Lt.-Col. T. M., M.C., Serv. Bns. Essex R.
Bannerman, Bt. Lt.-Col. J. A. M., R. War.R., p.s.c
Barber, Maj. C. H., M.B , Ind. Med. Serv.
Barber, Lt.-Col. G. W. , B., C.M.G., Aust. Mil Forces.
Barber, Lt. H. G., Can. Local Forces.
Barber, Temp. Capt. P. S., M.C.
Barber, Hon. Maj. R. F., R.A.O.C.
Barber, Maj. T. P., TD, late Notts. Yeo.
Bare, Capt. A R., M C. N. Lan R.
Barff, Temp. Maj W H., Serv. Bns. Ches. R.
Barge, Maj. K., M.C., 17 Cav.
†Barker, Temp. Maj. A., M.C., R.F.A.
Barker, Bt.Lt.-Col. E.F.W., Yorks. L.I.
Barker, Capt. E. H., M.C., K.R. Rif. C.
Barker, Col. F. E. L., h.p.
Barker, Bt. Lt.-Col. (temp. Brig.- Gen.) M. G. H., Linc. R., p s.c.
Barker, Lt.-Col. W. A. J., late 8 Bn. S. Staff. R.
Barker, Hon. Col. W. F., C.M.G., Lt.-Col. late Serv. Bns. R. Suss. R., late Lt.-Col. Transvaal Vols.
Barkley,Capt. J.,R.A.M.C. (T.F.)
Barley, Bt. Maj. L. J., Sco. Rif., Spec. Reserve
Barlow, Bt. Lt.-Col. C. W., ret. pay,

Barlow, Lt. J. E , M.C., W. York. R.
Barlirop, Lt. E. W., 3 Bn. Essex R.
Barnard, Temp. Maj E., 7 Bn. Glouc. R.
Barnard, Bt. Maj. W. G. F., 3 Bn. E. Kent R.
Barnardiston, Lt.-Col. E. R.E.
Barnardiston, Maj. S.J.B., Suff. R.
Barne, Maj. W B G, p s c.
†Barnes, Lt.-Col. A. C., late Serv. Bns. Durh. L I
Barnes, Temp. Lt. D T , Serv. Bns. Oxf. & Bucks. L.I.
Barnes, Maj. F. P., O.B.E., R.A.S.C.
Barnes, Maj.-Gen. R.W.R., K.C.B.
Barnett, Lt.-Col. G. H., C.M.G., ret. pay.
Barnett, Capt. W. H. L., 4 Bn. Bedf. & Herts. R.
Barnwell, Maj. A. S., late R.F.A. Spec. Res.
Barnwell, Capt. J., M.C., Leins. R
Barr, Maj. E. H., ret.
Barratt, Maj.-Gen. W. C., C.B., C.S I., Ind. Army.
Barrington, Maj. J. F., R.A.
Barrington, Capt. Hon. R. E. S., Sco. Horse Yeo.
Barrington Ward, Temp. Maj. R McG., M.C.
Barrington-Ward, Lt.-Col. V. M., late R.E.
Barron, Col. N. G., C.M.G.
Barron, Maj. R M., Ind. Med. Serv.
Barron,Maj.T.A.,R.A.M.C. (T.F.)
Barrow, Lt.-Col. H. P. W., C.M.G , O.B.E., R.A.M.C.
Barry, Capt. A. G., M.C., Man h. R.
Barry, Rev. F. R., Hon. Chapl. to the Forces, 3rd Class.
Barry, Capt. J H., M.C., R.A.M.C.
Barstow, Capt. (J. N., M.C., R.F.A T.F.)
Barstow, Maj. W. A. T., M.C., R.F.A.
Barter, Capt. H., R.F.A. (T.F.)
Bartholomew, Bt. Lt.-Col. A. W., C.M.G., R.F.A.
Bartholomew, Lt. Col. H. J., C.M.G., h.p.
Bartholomew, Col.(temp Brig.-Gen.) W. H , C.B , C.M.G., R.A., p.s.c.
†Bartlett, Maj. A. J. N., Oxf. & Bucks. L.I.
Bartlett, Lt.-Col. B. S., R.A.M.C.
Barton, Lt.-Col. B. J., Res. of Off.
†Barton, Maj. C. W., C.M.G., North'n R.
Barton, Bt. Col. M. C., ret. pay.
Barton, Maj. N. A. D., ret. pay.

†Barton,Lt.-Col. P.,R.F.A., g.
Barton, Maj. R. L., R.A.
Barton, Maj. W. H., R.A.S.C., e.
Basovi, Lt. J., Can. Local Forces.
Bassett, Maj. J. C., R.G.A.
Bassett, Maj. J. R., O.B.E., R. Berks. R.
Bassett. Maj. T. P., R.E.
†Bastard, Maj. R., Linc. R.
Bastow, Maj. H. V., York. R.
†Batchelor, Maj. V. A., R.F.A., [L].
Batcheler, Temp. Maj. W. M., M.C., R.E.
†Bate, Capt. J P., M.C., 8 Bn. Worc. R.
†Bateman, Lt.-Col. C. M., TD, 6 Bn. W. Rid. R.
Bateman, Bt. Maj. H. H., M.C., R.E.
Bateman, Lt.-Col. H. R., R.A.M.C.
Bates, Capt. A. G., M.C., R.F.A.
Bates, Lt.-Col A. S., TD, 5 Bn. Lond. R.
Bates, Lt. C., M.C., 4 Bn. S. Staff. R.
Bates, Hon. Brig.-Gen. Sir C.L., K.C.M.G., C.B., TD (Lt.-Col. & Hon. Col. late North'd Yeo.)
Bates, Maj. C. R., M.C., late Res. of Off.
Bateson Bt. Lt.-Col. J. H. C.M.G., R.A.
Bath, Capt. J. A., R. Mar.
ɯather, Capt. E. J., R.F.A.
Batten, Col. F. G., Ind. Army.
Batten, Maj. H. C. C., 3 Bn. Dorset. R.
Batten, Maj. J. B., ret. pay, Capt. 5 Bn. R. Fus.
Batten Pool, Capt. J. A., M.C., 5 Lrs.
Battershill, Temp. Lt. L. W., M.C., M.G. Corps.
Battine, Lt.-Col. R. St. C., 21 Cav. p.s.c. [L].
Battye, Bt. Lt. -Col. B. C., R.E.
Battye, Bt. Lt -Col. I. U., Corps of Guides.
Battye, Lt.-Col. W R., M.B., F.R.C.S., Ind. Med. Serv.
Baudains, Lt. G. La C., M.C., 9 Bn. Lond. R.
Baugh, Hon. Maj. G. J., l. te R.E.
Baugh, Capt. R. S., C. Gds., Spec. Res.
Bauld. Lt. R., M.C., 5 Bn. Lan. Fus.
Bauld, Maj. W. A. G., Can. A.M.C.
Bawden, Maj. V. C., late 17 Bn. Lond. R.
Baxter, Maj. G. L., Cam'n Highrs.
Bayard, Hon.Brig.-Gen. R.
Bayford, Maj. E.H., 18 Hrs.
Baylay, Lt.-Col. A. C., Res. of Off.
Baylay, Maj. E. J. L., R.A.
Bayley, Maj. A. F., R.A.
Bayley, Bt. Lt.-Col. A. G., C.B.E.,Oxf. & Bucks.L.I., p.s.c.
Bayley,Lt.-Col.(temp.Brig.-Gen.) G. E., C.M.G., York & Lanc.R.

† Also awarded Bar to Distinguished Service Order.

Orders of Knighthood, &c.

COMPANIONS (D.S.O.)—*contd.*

Bayley, Lt.-Col.(*Hon. Lt. in Army*) H., 6 Lond. Brig., R.F.A.
Bayley, Bt. Lt.-Col, L. S., R.A. [L].
Bayliss, Maj. V., *M.C.*, E. Surr. R.
Bayly Lt.-Col. A. R. *O.B.E.*, R A.
Bayly, Maj.-Gen. *Sir* A. W. L., *K.C.B., K.C.M.G., C.S.I.*, ret. Ind. Army *p.s.c.*
Bayly, Maj. E. A. T., R. W. Fus.
Bayne-Jardine, Maj C. W., *M.B.*, R.A.
Bayne-Jardine, Temp. Lt. T. E., R.A.S.C.
Baynes-Reed, Hon. Maj. *Rev.* W. L., Can. Chapl. Dept.
Baynham, Capt. C.T., R.A
Bazin, Lt. A. T., Can. Local Forces.
Bazley-White,Capt.R.B.L., R.W. Kent R.
Beach, Bt. Col. W. H. *C.B., C.M.G.*, R.E.
Beadon, Lt.-Col. *(temp. Col.)* L. K., *C.M.G.*, R.A.S.C. [*l*].
Beale, Maj. H. Y., ret. pay
Beale - Browne, Lt. - Col. D. J.E., h.p.
Beall, Maj. E. M., *C.M.G*, 4 Bn. L'pool R.
Beaman, Capt. A. A. H., 1 Lrs.
Beaman, Maj. W. K., R.A.M.C.
Be ird, Lt.-Col. G. J. A., l te Serv. Bns. Norf. R.
Beardsmore, Maj. R. H., VD, Aust. Mil. Forces.
Bearn, Capt. F. A., *M.C., M.B.*, R.A.M.C. Spec. Res.
Bearne, Maj. L. C., *A.M.*, R.A.S.C.
Beasley, Maj., J. H. M., R.G.A., *g*.
††Beasley,Maj.R.L ,Glouc. R
Beasley,Temp. Capt. W.H., R.E.
†Beatty, Lt.-Col. G. A. H., *C.M.G.*, 9 Horse
†Beauman, Bt. Lt.-Col. A. B., 8 Staff. R.
Beaumont, Temp. Maj. K. M., R.A.S.C.
Beavan, Lt. F. E, Welsh Horse Yeo.
Beavis, Maj. L. E., A.I.F.
Beazeley, Maj. G. A., R.E.
Becher, Maj. C. M. L., R. Ir. Rif.
Becher, Lt.-Col. G.A., sCav.
Becher, Lt.-Col. H. W., ret. pay *(Res. of Off.)*.
Becher, Capt. L. E., R.E.
Beck, Bt. Lt.-Col. E. A., R. Sc. Fus.. *p.s c.*
Beck, Capt. E. W. T., *M.C.*, R. Fus.
Beck, Capt. W. T., N. Z. Mil. Forces.
Becke, Bt. Lt.-Col. J. H.W., *C.M.G., A.F.C.*, Notts. & Derby. R.
Beckett, Lt.-Col. *(temp. Brig.-Gen.)*W.T.C.,*C.B.E.*, T.F. Res.
Bockley, Maj T. H., R.A.

Beckwith, Col. *(temp. Brig.-Gen.)* A. T., *C.B., C.M.G.*, h.p., *e*.
Beckwith, Maj. W. M., ret. pay
Beckwith - Smith, Capt M. B., *M.C.*, C. Gds.
Beddington, Lt -Col. E. H. L., *M.C.*, ret., *p.s.o.* [*l*].
Beddy, Bt. Lt. Col. B. S., R.A.S.C.
Beddy, Bt. Lt.-Col. P. L., *C.M G.*, 51 Sikhs.
Bedingueld, Capt. H., R.A.M.C.
Beecroft, Temp. Maj. C. T., C., R.A.S.C.
Beeman, Maj. S. W., ret. pay
Beevor, Maj. M., E Kent R.
Begbie, Capt. R. P. G., *M.C.*, R.A.
Beharrell, Temp. Lt.-Col. *Sir* J. G., *Knt.*
Balth, Maj. D., Aust. Imp. Force
Belfield, Lt.-Gen. *Sir* H E., *K.C.B., K.C.M.G., K.B.E.*, ret. pay.
Belgrave, Bt. Lt. - Col. H. D., R.W. Kent. R.
Belgrave, Bt. Lt.-Col. J. D., R.A., *p.s.c.*
Bell, Temp. Lt.-Col A H. *C.M.G* ,Can. Local Forces.
Bell, Maj. A. H., *O.B.E.*, R.E. [L].
Bell, Lt.-Col. C. F., *O.B.E.*, *late* R A.S.C.
Bell, H S., *C.M.G.*, TD, *late* N orth'n Yeo.
Bell, Lt.-Col. 1 Northb'n Brig. R.F.A.(*Hon.Lt.in Army*).
Bell, Bt. Lt Col. J. G., *M B.*, R.A.M.C.
Bell, Lt. J. J. J., *M.C., C.M.G., O.B.E.*, Welch R.
Bell, Maj. J. S., *M C*, Worc. R.
Bell, Capt. M. C., *M.C.*, R. Fus.
Bell, Capt. P. G., Can. Local Forces.
Bell, Lt.-Col. R. C., *O.B.E.*, ret. Ind. Army.
Bell, Maj. W. C. H., ret. pay *(Res. of Off.)*.
Bell, Maj. W. J. E., *M.B.*, R.A.M.C.
Bell-Kingsley, Capt. H. E. W., 4 Gurkha Rif.
Bellamy, Lt.-Col. C. V., *late* R.E.
Bellamy Ma'. H. M., *O.B.E., M.C.*, T.F Res.
Bellamy, Maj., R., R. Suss. R.
Bellew, Capt. F. D., *M.C.*, Som. L.I.
Bellingham, Bt. Lt. Col. E. H. C. P., *D.S.O.*, R. Scots.
Bell-Irving, Lt.-Col. A., *O.B.E.*, ret. pay.
†Benfield, Capt. K. V. B., *M.C.*, R.A.
Benké, Capt, A, C, H., *M.C.*, 15 Bn. Lond. R.
Benn, Capt. W., *D.F.C.*, 1 Co. of Lond. Yeo.
Bennett, Hon. Lt.-Col. A J., *C.M.G.*, Aust. Mil Forces.
Bennett, Maj.C.C.,E.Ont.R, *C.M.G.*, R.F.A
Bennett, Maj. C. H., ret. pay.

Bennett, Maj. G. M., *late* 8. Afr. Def. Force.
Bennett, Bt. Lt.-Col. H. G., *C.B., C M.G.*, Aust. Mil. Forces.
Bennett, Lt. J., *M.C.*, 9 Bn. High. L.I.
Bennett, Maj. T. E., *O.B.E.*, R.A.S.C.
Bennett,Lt.-Col.W.,*O.B.E., M.B.*, R.A.M.C.
Bennewi h, Maj. J. A., *late* Tank Corps.
Benskin, Maj. J., *O.B.E.*, R.E.
Bensly, Temp. Maj. W. J., Brl W.I. R.
Benson, Maj. C. B., ret. pay.
Benson, Lt. C. E., G. Gds. Spec. Res.
Benson, Capt. F. M, Can. Local Forces.
Benson, Maj. H. W., ret. pay.
Benson Maj. R., R.A.
Benson, Capt. R. L., *M.C.*, 9 Lrs.
Benson, Bt. Lt.-Col. W. M.B., R.A M.C. [L].
Benson, Lt.-Col. W. A. TD., T.F. Res.
†Bent, Capt. C. E., *C.M.G.* Can. Local Forces.
Bentinck, Bt Maj. *Lord* C. C., ret. pay.
Bentinck, Lt.-Col. W. G., *Baron.* *C.M.G., O.B.E.*, ret. pay [*l*]
Benyon, Capt. H. S., *M.C.*, North'n Yeo.
†Benzie, Temp. Lt.-Col. R., 12 Bn. S. Wales Bord.
Beresford-Peirse, Maj. N. M de la P., R.F.A.
Berkeley, Bt. Lt. Col. C.R., *C.M.G., O.B.E.*, Welch R.
Berkeley, Bt.Lt.-Col. R. S., N, Lan. R.
Berkley, Maj. J., ret. pay. (Temp. Lt.-Col. R.F.A.)
Bernal, Lt.-Col. *Hon. Capt. in Army*) G. H. W., 4 Bn. Notts. & Derby. R.
Bernard, Bt. Lt.-Col. D. J. C. K., *C.M.G.*, Rif. Brig.
Bernard, Lt.-Col. (*Actg Col.*) J. F., *C.M.G.*, A. Ord Dep.
Bernard, Capt. R. P. St. V., *M.C.*, 6 Gurkha Rif [*l*]
Beners, Col. E. A., D.p.
Berrange, Hon. Brig. Gen. C. A. L., *C.M.G.*
Berrell, Lt. J. S. T., 7 Bn. Lond. R.
Berridge,Temp.Capt.F.R., *M.C.*, Serv. Bns. North'n R.
Berryman, Bt. Maj.E.R.P., 39 Rif.
Berryman, Lt. F. H., Aust. Mil. Forces.
Bertie, Temp. Maj. *Hon.* A. N., *M.C.*, 11 Bn. Rif. Brig.
Bessell Browne, Col. *(temp. Brig.-Gen.)* A. J., *C.B., C.M.G.*, VD, Aust. Mil Forces.
Bethell, Lt.-Col. A. B., *C.M.G.*, R.F.A
Bethell, Col. E.H., *C M.G.*, ret. pay, *p.s.c.*

Bethell, Bt. Col. *(temp.) Maj.-Gen.)* H. K., *C.B., C.M.G., C.V.O.*, 7 Hrs., *p.s.c.*
Betts, Qr.-Mr. & Capt. J. *C.M.G.*, R.E.
Beuttler, Bt. Maj., V O., A.S.C.
Bevan, Lt.-Col. E. B., Res. of Off.
Beveridge, Col. *(temp. Brig.-Gen.)* W. W. O., *C.B., M.B.*
Beverley, Temp. Capt. R., *M.V.O.*, S. Afr. Def. Corps.
Bewsher, Capt. F. W., *M.C.*, 5 Bn. Lond. R.
Bewsher, Lt.-Col. W. D., ret. pay (*Res. of Off.*)
Beynon, Maj.-Gen. *Sir* W. G. L., *K.C.I.E., C.B.*, Ind. Army.
Bharucha, Capt. P. B., *F.R.C.S.*, Ind. Med. Serv.
Bibby, Maj. A. H., R.F.A. (T.F.)
Bibby, Temp. Maj. J V.
†Bickerdike, Maj. R., 1 Quebec R.
Bickerdike, Maj. R. B., R.F.A. (T.F.)
Bickerton, Capt. R. E., *M.B.*, 2 Lond. Fd. Amb. R.A.M.C. (T.F.)
Bicknell, Maj. H. P. F., Midd'x R.
Bidder, Maj. H. F., 3 Bn. R. Suss. R.
Bidder, Bt. Lt.-Col. M. McU., *A.M.I.C.E.*, 2 Lond. Sig. Co.R.E.
Biddulph, Bt. Col. H., *C.M.G.*, R.E.
Biddulph, Lt.-Col. H., h.p.
Bigg-W ither, Temp. Maj. H. G., Serv. Bns. D. of Corn. L.I.
Biggs,Maj.G.T.,R.E.(T.F.)
Biggs,Col. H. V., ret. pay.
Bignell, Capt. F. L., Aust. Mil. Forc s.
Bignell, Maj. R. L., 43 Dogras.
Bingay, Maj. H. L., R.E.
Bingham,Lt.-Col. C. H. M., *C.M.G.*, R.A.S.C., *p.s.o.,e. p.s.c.*
Bingham, Capt. D. A., 10 Bn. L'pool R.
Bingham,Capt. *Hon.* J. D. Y., 15 Hrs.
Bingham, Bt. Maj. R. C., Res. of Off.
Bingham, Lt.-Col. S., *late* S rv. Bns. N. Lan. R.
Binney, Maj. E. V., R.E.
Blon, Temp. 2nd Lt. W. R., Tank Corps.
†Birch, Lt.-Col. A. G., 2 Lond. Div. R.E.
Birch, Lt.-Col. A.H.C., ret. pay.
Birch, Bt. Col. E. M., *C.B., C.M.G.*, R.A., *p.s.c.*
Birch, Lt.-Col. J. G., *late* Gen. List.
Birch, Temp. Maj. J. M., 6 Bn. S. Lan. R.
Birch, Maj. P. Y., R.A. [*l*]
Bird, Bt. Lt.-Col. A. J. G., R.E.
Bird, Bt. Maj. C A., R.E.
Bird, Bt. Lt.-Col. E. B., 8 Wessex Rd. Amb. R.A.M.C. (T.F.)
Best, Lt. A. J., R.E (T.F.)

† Also awarded Bar to Distinguished Service Order.
†† Also awarded 2nd Bar to Distinguished Service Order.

227

Orders of Knighthood, &c.

COMPANIONS (D.S.O.)—contd.

Bird, Temp. Maj. J. W., 6 Lond. Fd. Amb., R.A.M.C.
Bird, Temp. Maj. L. G., Lan. Fus. (attd.)
Bird, Maj. L W., O.B.E., h p.
Bird, Maj. M.G., late 8 Bn. Lan. Fus.
Bird, Rev. R., Temp. Chapl. to the Forces, 4th Class.
Bird, Bt. Col. S. G., ret. pay.
Bird, Temp. Maj. T. G. R. E,
Bird, Lt. & Hon. Capt. T. H., Aust. Mil. Forces.
Bird, Col. (temp. Maj.-Gen.) W. D., C.B., C.M.G., p.s.c. [l], A.D.C.
Birds, Lt. S. B., M.C., Can. Local Forces.
Birdwood, Gen. Sir W. R., Bt. G.C.M.G., K.C.B., K.C.S.I., C.I.E., Ind.Army q.s., 金田仓
Birkbeck, Capt. B., M.C., C. Gds. Spec. Res.
Birkbeck, Maj. G., Aust. Mil. Forces.
Birkett, Maj. G. H., S. Wales Bord.
Birkett, Bt. Lt.-Col. R. M., R. Suss. R.
Birkin, Hon. Lt.-Col. (Army) E. L., late Maj. Notts. (S. Notts. Hrs.) Impl. Yeo.
Birley, Bt. Maj. B. L., R. Lanc. R.
Birley, Capt. N. P., M.C., 3 Bn. S. Staff. R.
Birney, Bt. Lt.-Col. C. F., R.E.
†Birt, Lt.-Col. C. W. H., late 8 Bn. Bord. R.
Birtwistle, Col. A., C.B., C.M.G., TD, Terr. Force.
Birtwistle, Maj. W., R F A (T.F.)
Bisdee, Capt. T. E., M.C., D. of Corn. L.I.
Bishop, Capt. (Hon. Capt. in Army) F. E., 3 Bn. Bedf. & Herts. R.
†V€Bishop, Capt. W. A., M.C., D.F.C., Can. Local Forces.
Bishop, Hon. Maj. W. S. G., ret. pay
Bissett, Bt. Maj. F. W. L., M.C., D. of Corn. L.I.
Bittleston, Maj. K. G., R.F.A. (Lt ret. pay)
Black, Temp. Maj. A. MacG., 14 Bn. North'd Fus.
Black, Bt. Lt.-Col. C. H. G., 12 Lrs., p.s.c.
Black, Maj. R. B., M.B., ret. pay (Res. of Off.)
Blackader, Maj.-Gen. C.G., C.B. [L], A.D.C.
Blackburn, Bt. Maj. C. O., ret. pay
Blackburn, Temp. Maj. E. D., M.C., Tank Corps.
Blackburn, Capt. J. C., M.C., W. York R.
Blackburne, Bt. Lt.-Col. G. H., 5 D.G.
Blackburne, Rev. H. W., M.C., M.A., Chapl. to the Forces, 1st Class.
Blacker, Maj. F. St. J., ret. pay.
Blacker, Capt. N. V., M.C., E. York R.
Blacker, Bt. Lt.-Col. S. W., ret. pay (Res. of Off.)

Blackham, Col. R. J., C.B., C.M.G., C.I.E., M.D., F.F.P.S.
†Blacklock, Temp. Lt.-Col. C. A., C.B., C.M.G.
Blacklow, Capt. A. C., Aust. Mil. Forces.
Blackstock, Lt. G. G., Cav. Local Forces.
Blackwall, Lt.-Col. J.E., TD, 8 Bn. Notts. & Derby. R.
Blackwood, Bt. Lt.-Col. A. P., Bord. R. [L]
Blackwood, Capt. F. H., Linc. R.
†Blackwood, Capt. W., M.B., T.F. Res.
Blades, Hon. Maj. W. W., ret. pay
Blair, Col. A., p.s.c.
Blair, Maj. J. F., Can. Army Dental Corps
Blair, Bt. Lt.-Col. (temp Brig.-Gen.) J. M., C.M.G., Gord. Highrs., p.s.c.
Blair, Capt. P. J., 9 Bn. R. Scots
Blake, Maj. N. J. R., ret. pay, TD, 5 Bn. E. Kent R.
Blake, Temp. Maj. T. J. E., Serv. Bns. R. Fus.
Blake, Bt. Col. (temp. Brig.-Gen.) W. A., C.M.G., Wilts. R., e.
Blakeney, Lt.-Col. H. N. C.M.G., Midd'x R.
Blakeney, Maj. (temp. Col.) R. B. D. C.M.G., ret. pay
Blaker, I t.-Col. W. F., O.B.E., R.A. [L]
Blakeway, Hon. Maj. T. W., late R.A.S.C.
Blakiston-Houston, Bt. Lt.-Col. J., 11 Hrs., p.s.c.
Blamey, Bt. Lt.-Col. E. H., R.A.S.C.
Blamey, Lt.-Col. T. A., C.B., C.M.G., Aust. Mil. Forces.
Bland, Capt. C. F., 8 Bn. Essex R.
Blande, Temp. 2nd Lt. A., Serv. Bns. R. Fus.
Blandy, Bt. Lt-Col. L. F., R.E.
Blaney, Capt. J. A. H., S. Afr. Def. Force.
Blatherwick, Lt.-Col. T., M.C., 6 Bn. Manch. R.
Blencowe, Bt. Lt.-Col. E. P., R.A.S.C., e.
Blenkinsop, Hon. Maj.-Gen. L. J., C.B.
Blennerhassett, Temp. Cap. W. L R. P.S.
Blewitt, Bt. Maj. G , M.C., Oxf. & Bucks. L I., p s.c
Blewitt, Capt. R., R.F.A.
Bligh, Lt.-Col. Hon. N. G., Res. of off.
Bliss, Col. F. W., C.M.G.
Bliss, Lt.-Col. J. A., M.V.O., 64 Pioneers.
†Block, Maj. A., R.F A
Blomfield, Maj.-Gen. C. J., ret. pay, C.B., Col. Lan. Fus.
Blomfield Lt. R. G., 5 D.G.
Blore, Lt.-Col. H. R., K.R. Rif. C., p.s.c.
Blount, Bt. Lt.-Col. G. P. C., R.A.M.C.
Blount, Capt. H., R. Mar. M.C., R.A.
Blount-Dinwiddie, Bt. Maj. J., R.A.S.C.
Blum, Maj. Q. M., 8 Bn. Manch. R.

Blunt, Bt. Lt.-Col. A. St. J., ret. pay (Res. of Off.)
Blunt, Maj. (temp. Col.) C. E. G., O.B.E. C.B.E., re . pay (Res. of Off.)
Blunt, Maj. G. C. G., A.S C.
Boak, Maj. H. E., Can. Local Forces, r.s.c.
Boal, Capt. R., R.E.
Board, Maj. A. G., C.M G., S. Wales Bord.
Board, Lt. A. V., M.C., 3 Bn. Essex R.
Boardman, 2nd Lt. H., L'pool R.
Boddam-Whetham, Capt. A. C., 4 Bn. Arg. & Suth'd Highrs.
Boddam-Whetham, Maj. S. A., M.C., R.A.
Boddington, Capt. H. W., West & Cumb. Yeo.
Bode, Maj. L. W., ret. pay, p.s.c. [L]
Bodington, Lt. J. R., M.C., 5 Bn. Lan Fus.
†Body, Lt.-Col. J., O.B.E., TD, 5 Bn. E. Kent R.
Body, Capt. O. G., R.F.A.
Boger, Lt.-Col. D. C., ret. pay.
Bogle, Maj. J. S., Corps of Guides, Ind Army
Boileau, Lt.-Col. G. H., C.B., C.M.G., R.E.
Bois, Bt. Lt.-Col. J. A., M.C., E. Lanc. R.
Boland, Capt. S. B., Aust Mil. Forces.
Bolitho, Maj. E. H. W., ret. pay
Bols, Maj.-Gen. Sir L. J., K.C.B., K.C.M.G., Dorset R., p.s.c [L]
Bolton, Capt. H. W., R.W. Surr. R.
Bomford, Lt. L R, M.C., 8 Bn Worc. R.
Bond, Bt. Lt.-Col. (temp. Brig.-Gen) C. E., C.M.G., R. Suss. R.
Bond, Bt. Lt.-Col. E. L., R.G.A., g.
Bond, Maj. G. M., Yorks. L.I.
Bond, Maj. G. W., Ind. Army.
Bond, ft.-Col. (temp. Col.) J. H. R., O.B.E., R.A.M.C.
Bond, Capt. L. W., Aust, Mil. Forces.
†Bond, Lt.-Col. R. C., ret pay.
Bond, Capt. R.L., M.C., R.E.
Bonham, Lt,-Col. C. R., R E. [l]
Bonham-Carter, Bt. Maj. A. L., K.R. Rif. C.
Bonham - Carter, Bt. Col. C., C.M.G., R. Dub. Fus., p.s.c.
Bonn, Maj., W. B. I., M.C., Leic. Yeo.
Bonus, Bt. Lt.-Col. W. J., ret. pay, p.s.c.
Boon, Qr.-Mr. & Hon. Capt. G., ret. pay.
Booth, Maj. E. B., M.D., R.A.M.C.
Booth, Temp. Capt P. D., R.A.M.C.
Booth, Maj. R. M. St. J., North'd. Fus.
†Booth, Maj. T. M., Gord. Highrs. [L]

Booth, Maj. W. H., O.B.E. ret. pay.
Borden, Lt.-Col. A. H., Can. Local Forces.
Borradaile, Hon. Brig.-Gen. H. B., ret Ind. Army [L]
†Borrett, Bt. Lt.-Col. O. C., C.M G., R. Lanc. R., A.D.C.
Borrow, Maj. E., late Serv. Bn. Durh. L.I.
Borthwick, Capt. E. K., M.C., ret.
†Borthwick, Lt.-Col. (temp. Brig.-Gen.) F. H., C.M.G., 5 Bn. R.W. Fus.
Ø€Borton, Lt.-Col A D., C.M.G., 22 Bn. Lond. R. (Lt.) ret. pay (Res. of Off.)
Borton Capt. (temp Brig.-Gen.) A. E., C.M.G., S. Highrs.
Borwick, Maj. G. O., TD, Surr. Yeo
Borwick, Lt -Col. M., ret. pay
Borwick, Lt. T. F., Aust. Mil. Forces.
Bosanquet, Capt. W. S. B., C. Gds. Spec. Res.
Boscawen, Lt -Col. Hon. M. T., M.C., Res. of Off.
Boshell, Capt. F. S., M.C., Qr.-Mr. R. Berks. R.
Bostock, Temp Capt. L., 7 Bn. North'n R.
Boswell, Capt. H. E., M.C., late Serv. Bns. Worc. R
Botelder, Bt. Col. F. W., ret. pay, p.s.c.
Botha, P. S. G., late Lt.-Col. S. Afr. Def Force.
Boucher, Lt.-Col. R. H., late 7 Bn. Hamps. R.
Boulton, Maj. A. H.
Boulton, Maj. C. P., late 4 Bn. Bedf. R.
Bourchier, Bt. Lt.-Col. R.M. H., R.F.A.
Bourdillon, Bt. Maj. L G., M.C., R.A.M.C.
Bourke, Lt.-Col. E. A., R.A.M.C.
Bourke, Lt.-Col. H. B., ret. pay.
Bourne, Maj. A. G. B., M.V.O., R. Mar., p.s.c.
Bourne, Lt.-Col. D. K., late Serv. Bns. Welch R.
Bourne, Maj. G. H., Aust. Mil. Forces.
Bousfield, Maj. (Hon. Lt. in Army) H. D., C.M.G., TD, 7 Bn. W. York. R.
Bouwer, Temp. Lt.-Col. B.D. (Lt.-Col. S. Afr. Def. Force).
Bowden, Temp. Maj. A.H., M G. Corps.
Bowdler, Bt. Lt-Col B.W. B., C.M.G., R.E., p.s.c.[L]
Bowell, Lt. R. H., 4 Bn. Leic. R.
Bowen, Lt.-Col. A. L., 4 Bn. Welch R.
Bowen, Lt.-Col. A. W. N., C B.E., R.A.M.C.
Bowen, Maj. F.O., R. Ir. Regt
Bowen, Maj. G. C., late R. Def. Corps. (Capt. ret. pay.)
Bowen, H. J. ap O., late Capt. Kimberley Lt. Horse (Capt. ret. pay)

† Also awarded Bar to Distinguished Service Order.
†† Also awarded 2nd Bar to Distinguished Service Order,

Orders of Knighthood, &c.

COMPANIONS (D.S.O.)—*contd.*

Bowen, Maj.H.R., Essex R.
Bowen, Lt.-Col. H. W., C.I.E., R.A.
†Bowen, Capt. (*Lt.-Col. in Army*) W.A., Res. of Off.
Bower, Bt. Lt.-Col. C. E. S., R.A.
Bowes, Qr.-Mr. and Lt.-Col. W., ret. pay
Bowie, Lt. D. B., Can. Local Forces
Bowie, Bt. Maj. J. D., M.B., R.A.M.C.
Bowker, Lt.-Col. W. J., C.M.G., Som L.I. [l]
Bowles, Maj. J. de V., R.A.
Bowman, (Capt. G.H.," P F.C., M.C., 3 Bn. R.War. R.
Bowman, Temp. Capt. J. T., M.D., late R.A.M.C.
Bowman-Manifold, Bt.Col. (*temp. Brig.-Gen.*) M. G. E., K.B.E., C.B., C.M.G., R.E., p.s.c. [L]
Bowring, Capt. E.L., O.B.E., Worc. R.
Bowser, Temp. Maj. H. A., R.A.
Bowyer, Temp. Maj. C. H., 23 Bn. R. Fus. (*Lt. S. Afr. Def. Force*).
††Boyall, Bt. Lt.-Col. A.M., W. York R.
Boyce, Bt. Lt.-Col. C. E., R.A.
Boyce, Capt. G. J., Can. Local Forces
Boyce, Col. H. A., C.M.G., b.p., p.s.c. [L]
Boyce, Maj. - Gen. Sir W. G. B., K.C.M.G., G. B., ret. pay
Boyce, Maj. W. W., R.A.M.C.
Boyd, Maj.-Gen. G.F., C.B., C.M.G., D.C.M., R. Ir. Regt.,p.s.c.(*Col, Leins R.*)
Boyd, Maj. H. A., C.M.G., R.F.A.
†Boyd, Bt.Maj. J. D., R.W. Surr. R.
Boyd, Maj. S., R.E.
Boyd-Moss, Lt.-Col. L. B., C.M.G., S. Staff. R.
Boyd-Rochford, Capt. H., M.C., 21 Lrs.
Boylan, Capt. E. T. A.G., R.F.A.
†Boyle, Capt, C. R. C., Oxf. & Bucks. L.I.
Boyle, Capt. H. K., 8 Bn. W. York R.
Boyle, Bt. Maj. Hon. J. D., C.B.E., Rif. Brig.
Boys, Col. (*temp. Brig.- Gen.*) R. H. H., C.B.
Boys, Lt. S., *late* 5 Bn. Durh. L.I.
Brabant, Capt. G. A., ret. Cape Local Forces.
Brace, Capt. H. F., M.C., 15 Hrs.
Bradbrooke, Capt. G. H., M.C., Can. Local Forces
Bradfield, Maj. R.H., M.C., 1 Lent. Ont. Rogt.
Bradford, Lt.-Col. E. A., re. pay, p.s.c.
Bradford, Capt. T. A., Res of Off.
Bradish, Maj. F. L., R.A.M.C.
Bradley, Lt.-Col. C. G., 5 Bn. Yorks. L.I.

Bradley, Bt. Maj. E. de W. H. M.C., Yorks. L.I.
Bradley, Bt.Lt.-Col. R.W., 8 Wales Bord.
Bradley, Lt.-Col S. G. L., M.C., D.C.M., 16 Bn. Lond. R.
Bradley-Williams. Capt. W. P, Yorks. L.I.
Bradshaw, Lt.-Col. F. E., ret. pay (*Res. of Off.*)
Bradshaw, Capt. W. P A., S. Gds.
Bradstock, Temp. Maj. F. R., M.C.
Bradstock, Temp. Capt.G., R.A.
Brady, Maj. G. C. J., TD, *lat* R.F.A. (T.F.)
Brady, Temp Maj. I. G. C., M.C., Serv. Bns. North'd Fus.
Brady, Lt -Col. J. B., *late* 6 Bn. K.R. Rif. C.
Braine, Bt. Lt.-Col. H. E. R. R., C.M.G., R. Muns. Fus., p.s.c.
Braithwaite, Temp. Lt. A. N., M.C., Serv. Bns. W. Yor R.
Braithwaite, Temp. Lt.- Col. F. P., C.B.E., M.C.
Braithwaite, Hon. Maj. J.
Braithwaite, Temp. Capt. J. C., M.C., Serv. Bns. W. York. R.
Braithwaite, Col. W. G., C.B., C.M.G., p.s.c.
Brake, Col. (*temp. Brig Gen*) H. E. J., C.B., C.M.G.
Brancker, Maj. H. R., R.A., g.
Brand, Bt. Lt.-Col. C. H., C.M.G., C.B., Aust. Mil. Forces.
Brand, Maj. D. E., 5 Bn. High. L.I.
Brand Bt. Maj. J. C., M.C., C. Gds.
†Brand, Bt. Lt.-Col. Hon. R., D.S.O., C.M.G., 5 Bn. Rif. Brig.
Brandon, Lt.-Col. O. G., R.E.
Bransbury, Lt.-Col. H. A., R.A.M.C.
††Branson, Lt.-Col. D. S., M.C., 4 Bn. York & Lanc. R.
Brassey, Capt. E. P., M.C., *late* C. Gds. Spec. Res.
Bratton, Capt. A. B., M.C., 3 Bn. N Lan. R,
Bray, Lt.-Col. G. A. T., ret. pay
Bray, Lt.-Col. R. N., C.M.G., W. Rid. R.
Brazenor, Maj. J. A., Aust. Mil Forces
†Brazenor, Maj. W., Aust. Mil. Forces.
Breading, Maj. G. R., Res. of Off.
Brearley, Lt. N., M.C., A.F.C., 3 Bn. L'pool R.
Brebner, Capt. C.S., M.D., T.F. Rns.
Breckon, Lt.-Col. J., ret. pay
Brennan, Lt.-Col. E. T., M.C., A.I.F.

Brereton, Capt. D. L., Durh. L.I.
Brereton, Hon. Brig.-Gen. B. F., C.B.
Brett, Capt. G. A., M.C., 23 Bn. Lond. R.
Brett. Bt. Maj. R. J.. Oxf. & Bucks. L.I.
Brettingham-Moore. Capt, H. M., Aust. Mil. Forces
Brewill, Lt.-Col. A. W., VD, 7 Bn. Notts. & Derby. R
†Brewis, Capt. G. S., Welch R.
Breytenbach,Lt.-Col. J.H., S. Afr. Def. Forces.
Brickwood,Temp.Capt. R., Serv. Bns. Rif Brig
Br idge, Maj. C. E. D., M.C., R.A., p s c
Bridge, Maj. R. E.A., Ind. Army
Bridge, Lt.-Col. W. B. C., ret. pay (*Res. of Off.*)
Bridgeman, Lt. Col. Hon. H. G. O., M.C., ret. pay
Bridges, Lt.-Col. A. H., 116 Mahrattas, p.s.c. [l]
Bridges, Lt.-Col. E. C. P., *late* S Staff. R. (Capt. ret. pay)
Bridges, Lt.-Col.G.,C.M.G., *late* R.F.A.
Bridges, Temp. Lt.-Gen. G. T. M., K.C.M.G., C.B., 4 Hrs., p.s.c. [l]
Bridges, Capt. J. V., Worc. R.
Bridgford, Col. (*temp. Brig. Gen.* R. J., C.B., C.M.G. Shrops. L.I.
Bridgewater, Maj. H. N., O.B.E, TD, 5 Bn. Norf. R.
Brierley, Lt.-Col. E. C., O B E., ret. pay (*Res. of Off.*)
Brierley, Lt.-Col. G. T., C.M.G., R.G.A., g.
Brierly. Maj. S. C., 5 Bn. W. Rid. R.
Briggs, Lt.-Col. E., R.E. (T.F.)
Briggs, Temp. Maj. R., M.C., R.E.
Brighten, Bt.Lt.-Col.E.W., C.M.G., TD, Bedf. & Herts. R.
†Brighten, Lt.-Col. G. S., T.F. R+s.
Brims, Temp. Maj. R . W., M.C., R.E.
Brind, Bt. Col. (*temp. Brig.-Gen.*) J. E. S., C.M.G., R.A., p.s.c.
Brind, Capt. V. C., M.C., R.F.A.
Brindley, Capt. J., M.C., E. York. R.
Brink, Bt.Lt.-Col.A. J. E., S. Afr. Def. Force.
Brink, Maj. O., S. Afr. Def. Force.
Brink, Temp. Capt. G. E.
Brinson,Temp Maj. H.N., O. B.E., Labour Corps
Brinton, Bt. Lt.-Col. J. C., M.V.O., ret. pay
Briscoe, Maj. F. E., *late* Serv. Bn, York. R.
Briscoe, Maj. G. S., Worc. R.

Briscoe, Maj. J. E., M.C., S. Afr. Def. Force.
Brittan,Hon Col.R., O.B.E. Lt.-Col. *late* 4 Bn. Notts & Derby. R (Capt. ret. pay)
Britton, Maj. A. H. D., *late* R.A.S.C.
Britton, Hon. Maj. E J.J., A.M.I. Mech.E., A. Ord. Dept.
Broad, Bt. Lt.-Col.C.N.F., R.A., p.s.c.
Broadbent. Bt Lt.-Col. E. N., C.B., C.M.G., K.O. Sco. Bord.
Brock, Maj.A.W.S., C.M.G., Leic R.
Brock, Col. H. J., C.B., C.M.G.
Brock, Capt. H. Le M., R. War. R.
Brockbank, Capt. J. G., C.B.E., R.A.S.C. Spec. Res.
Brockman, Bt. Lt.-Col. A. D., C.B., C.M.G., Aust. Mil. Forces.
Brockman.Temp.Lt.W.J., Serv. Bns. Lan Fus.
Brocklebank, Maj. J. J., Sco. Horse Yeo.
Brocklebank, Maj R.H.B., 3 Lrs.
Brock - Williams, Capt. D. D., Serv Bns. Welch R.
Broderick, Capt. R. A., M.C., M.B., R.A.M.C. (T.F)
Brodie, Temp. Capt. P. T., M.C.
Brodie of Brodie, 2nd Lt. (*Hon. Capt. in Army*) I. A. M., M.C., T.F. Res. (*Maj. ret. T.F.*)
Broke-Smith, Maj. P.W.L., O.B.E., R.E.
*Bromilow, Maj D. G., 14 Lrs
Bromley Davenport, Hon. Col. W., C.B.E., C.M.G., TD, Staff. Y-o. (*Hon. Lt.- Col. in Army*).
†Brook, Lt.-Col. F., M.C., T.F. Res.
Brook, Capt. R. J., Can. Local Forces.
†Brooke, Maj. A. C., R.A.
†Brooke, Maj. A.F.,R.A.[L] p s.c,
†Brooke, Lt.-Col. C. R. I., C.M.G., Yorks. L.I.
Brooke, Lt.-Col. E. W., h p, C.M.G., R.A. [L]
††Brooke, Capt. G. F., Res. of Off.
†Brooke. Bt. Lt. - Col. G. F. H., M.C., 16 Lrs.
Brooke, Maj. N. P., Leins. R. [L]
Brooke,Bt.Col.R G., O.B.E., ret. pay, n.s.c. [T]
Brooke. Bt. Maj. R. W., M C , Yorks. Dns. Yeo.
Brooke-Popham Bt. Col. H. R. M., C.M.G., C.B., A.F.C., Oxf. & Bucks. L.I., p.s.c.
Brooks, Maj. A., Can. Local Forces
Brooks, Temp. Maj. H. J., M.C.
Brooks, Lt. J. J., Aust. Mil. Force .

† Also awarded Bar to Distinguished Service Order.
†† Also awarded 2nd Bar to Distinguished Service Order.

Orders of Knighthood, &c.

COMPANIONS (D.S.O.)—*contd.*

Brooks, Bt. Maj. R. A. D., R. Mar.
Broome, Bt. Maj. R. H., *M.C.*, Wilts. R.
Brough, Bt. Lt.-Col. A., *C.M.G., O.B.E.*, R.E.
Broughton, Lt.-Col. L.H.D. Res of Off.
Brousson, Maj. F., R.A.
Brown, Maj. A. B. D. A.I.F.
Brown, Capt. A. J., R.A.M.C. Spec. Res.
Brown, Maj. C.T., W.Lanc. Divl. R.E.
Brown, Maj. D., R.F.A. (T.F.)
Brown, Rev. F. E., Temp. Chapl. to the Forces, 3rd Class.
Brown, Maj. F. L., S. Afr. Def. Forces.
Brown, Maj. G. H. J., *M.B., R.A.M.C.*
Brown, Bt. Maj. G. L., Midd'x R.
Brown, Bt. Maj. H. B., Leic. R.
Brown, Maj. H. D. L., R.A.
†Brown, Bt. Maj. H. R., ret. (temp. Maj. 5 Bn. Cam'n Highrs.) (Lt.-Col. 3 Bn. Cam'n Highrs.)
Brown, Maj. H.R.S., Res. of Off.
Brown, Lt.-Col. J., TD, 4 Bn. North'n R.
Brown, Temp. Maj. J. C., R.A.S.C.
Brown, Temp. Capt. J. H., *O.B.E.*
Brown, Maj. J. H. I., Can. Local Forces.
Brown, Bt. Maj. J. N., 7 Bn. Manch. R.
Brown, Maj. J. P., *M.B.*, R.A.M.C. (T.F.)
Brown, Temp. Maj. K. A., 10 Bn. Devon R.
Brown, Capt. L. N. F., R.G.A.
Brown, Hon. Lt. Col. O., *M.I.Mech.E.*, ret. pay.
Brown, Bt. Lt.-Col. P. W., *C.M.G.*, Gord. Highrs., *e.*
Brown, Capt. R., Sask. Regt.
Brown, Lt.-Col. R. T., *C.M.G., M.D.*, R.A.M.C.
Brown, Capt. V. C., R. Mar.
Brown, Lt.-Col. W.E., *M.C.*, late Serv. Bns. Welsh R.
Brown, Lt.-Col. W. H., *C.B.*, 103 Lt. Inf.
Brown, Lt. W. J., Aust. Mil. Forces.
Brown, Capt. W. R., R.G.A. (T.F.)
†Brown, Lt. W. R., Can. Local Forces.
Browne, Bt. Lt.-Col. A. D. M., R. Lanc. R.
Browne, Lt.-Col. A. P., ret. Ind. Army.
Browne, Capt. B. W., *M.C.*, Can. Local Forces.
Browne, Bt. Lt.-Col. E., R.A.V.C.
Browne, Lt.-Gen. Sir A. G. F., *K.C.B.*, ret. Ind. Army.
Browne, Bt. Lt.-Col. G. G., *C.M.G.*, R.A.M.C.

Browne, Bt. Lt.-Col. C. M., *C.M.G.*, R.E.
Browne, Temp. Lt.-Col. G. E. A., *M.C.*, 10 Bn. D. of Corn. L.I.
Browne, Maj.-Gen. G. F. *C.B.*
Browne, Maj. H. H. G., 5 Bn. Som. L.I.
Browne, Capt. H. S., *M.C.*, R.F.A.
Browne, Bt. Lt.-Col. J. C., *C.M.G.*, R.A.S.C.
Browne, Bt. Lt.-Col. J. G., *C.M.G.*, 14 Hrs., p.s.c.
Browne, Maj. W. H., *late* 7 Bn. R. Fus.
Browne, Bt. Lt.-Col. W. T. R., R.A.S.C.
Browne-Clayton, Lt.-Col. R. C., ret. pay Res. of Off.
Brownell, Maj. H. P., Aust. Mil. Forces.
Browne-Mason, Lt.-Col. H. O. B., R.A.M.C.
Browning, Temp. Maj. C.E., 8 Bn S.Wales Bord.
Browning, Lt. F. A. M., G. Gds.
Browning, Temp. Capt H. C., *M.C.*, Serv. Bns. Bedf. & Herts R.
Browning, Maj. J. C., *late* R.F.A. (T.F.)
Brownlee, Maj. J. I., *M.B.*, S. Afr. Def. Forces.
Brownlow, Maj. C. A. L., R.F.A.
Brownlow, Col. C. W., *C.M.G., C.B.E.*, R.A.
Brownlow, Bt. Maj. G. J., Rif. Brig.
Brownrigg, Bt. Lt.-Col. W. D. S., Notts. & Derby. R.
Browse, Lt.-Col. G., *M.D.*, Ind. Med. Serv.
Bruce, Maj. A. G., R. Sc. Fus.
Bruce, Bt. Lt.-Col. G. D., 61 Pioneers, p.s.c.
Bruce, Col. G. T., *C.M.G.*, TD, Terr. Force.
Bruce, Bt. Lt.-Col. K. H., Gord. Highrs. [L]
Bruce, Lt.-Col. R. TD, *late* 7 Bn. Gord. Highs.
Bruce, Bt. Col. T., *C.M.G.*, R.A.
Bruce, Capt. W. F., *M.C.*, R.E. (TF)
Brudenell-Bruce, Maj. R. H., Norf. R. (S.C.)
Bruggy, Bt.Maj. S., *O.B.E.*, Aust. Mil. Forces.
Brunker, Hon. Brig.-Gen. C. M., *C.M.G.*, ret. pay.
Brunskill, Lt.-Col. J. H., *O.B.E., M.B.*, R.A.M.C.
Brunton. Lt.-Col. J., *M.C.*, *late* Serv. Bns. North'd Fus.
Brutinel, Temp. Brig.-Gen. R., *C.B., C.M.G.*, Can. Local Forces.
Bryan, Bt. Col. H., *C.M.G.*, ret. pay (Res. of Off.)
†Bryant, Capt. C. M..7 Hrs.

Bryant, Bt. Lt.-Col. F. C., *C.M.G., C.B.E.*, R.A.
††Bryce, Capt. E. D., E. Lan. R.
Bryden, Bt. Lt.-Col. R. A., R.A.M.C.
Buchan, Capt. D.A., R.F.A.
Buchan, Lt. J. I., R. Highrs.
Buchanan, Capt. E. J. B., R.E.
Buchanan. Capt. J. N., *M.C.*, *late* G. Gds. Spec. Res.
Buchanan, Bt. Lt.-Col K. G., *C.M.G.*, Sea. Highrs., p s.c.
Buchanan-Dunlop, Bt. Lt.-Col. H. D., R.W. Kent R., *e.*
Buckland, Maj. G. C. B., 8 Gurkha Rif, p.s.c.
Buckland, Maj. G. N., R.G.A.
Buckle, Maj.-Gen. C. R., Fus.
†Buckley, Lt.-Col. A., 5 Bn. L'pool R.
Buckley, Temp. Lt.-Col. G. A. M., *O.B.E.*
Buckley, Temp. Maj. J. *M.C.*
Buckley, Capt. W. P., D. of Corn. L.I.
Bucknall, Maj. L. C., North'n Yeo.
Buddle, Maj. G. A., *M.C.*, *late* R.E.
Budgen, Bt. Lt.-Col. W. N., R.A.
Buist, Col. H. J. M., *C.B., C.M.G., M.B.*
Bulkeley, Temp. Lt.-Col. H. C., *C.M.G.* (Hon.Maj. *late* 4 Bn. W. York. R.)
Bull, Temp. Maj. P. C., 8 Bn. Suff. R.
Bullen, Lt.-Col. S. D., R.A.
Bullen-Smith, Hon. Brig.-Gen. G. M., *C.M.G.*, ret. pay.
Buller, Maj. J. D., *C.M.G.*, R.A.S.C., *e.*
Buller, Maj. J. H. G., 57 Rif.
Bulloch, Maj. R. A., R. Highrs.
Bullock, Temp. Maj. A. B., 2 W. Rid. Brig. R.F.A.
†Bullock, Temp. Maj. L. N. F. W., *M.C.*, 19 Hrs.
Bullock, Marsham, Maj. F. W., *M.C.*, 19 Hrs.
Bulman, Bt. Col. F., ret. pay [L]
Bulstrode, Maj. C. J., R.H.A., (T.F.)
Bulteel, Capt. J. C., *MC.*, Bucks. Yeo.
Bunbury, Maj. R. S., R.G.A., *g.*
Bunbury, Hon. Brig.-Gen. V. T., *C.B., C.M.G.*, ret. pay.
Bunce. Lt. H., *late* S. Afr. Def. Force.
Bundock, Capt. H. C., Aust. Mil. Forces.
Bunker, Capt. S. W., *M.C.*, Can. R. Fus. Spec. Res.
Burden, Lt. H. J., *D.F.C.*, Can. Local Forces.
Burdett, Bt. Lt.-Col. A. B., York & Lanc. R. [i]

Burdett, Lt.-Col. J. C., *M.C.*, *late* Serv. Bns. Leic. R.
Burdon, Maj. C. W., R.A.
BC Burges, Bt. Lt.-Col. D., h p.
Burgess, 2nd Lt. A., ret. pay.
Burgess, Bt. Maj. C. R., *O.B.E.*, S. Afr. Def. Force
Burgess, Capt. R., *M.C.*, R.A.M.C. (T.F.)
Burgess, Capt. (*temp.Brig.-Gen.*) W. L. H., *C.B., C.M.G.*, Aust. Mil. Forces.
Burke, Col. B. B., *C.B.E.*, R.A.M.C.
Burke, Capt. E. T., *M.B.*, R.A.M.C. Spec. Res.
Burke, Bt. Lt.-Col. H. F., R.G.A.
Burke, Maj. J., *M.C.*, *D.C.M.*, Qr.-Mr. R. Dub. Fus.
Burke, Lt. T. F., 6 Bn. Sco Rif.
Burkhardt, Maj. V. R., R.F.A. [L]
Burland, Lt.-Col. W. W., Can. Local Forces.
Burn, Bt. Lt.-Col. H. P., *C.M.G.*, Gord. Highrs.
Burnaby, Temp. Lt.-Col. H. B., 11 (Serv.) Bn. R.W. Surr. R. (*Hon. Capt. Impl. Yeo.*)
Burnand, Maj. N. G., Leins. R.
Burnard, Maj. C. F. R., War. R.
†Burne, Maj. A.H., R.F.A.
Burne, Lt.-Col. N. H. M., *C.M.G.*, S.Afr.Prote.Force
Burne, Maj. S. F., R.F.A.
Burnell, Capt. C. D., 5 Bn. Lond. R.
Burnell-Nugent, Bt. Lt.-Col. F. H., *O.B.E.*, Rif. Brig.
Burnett, Capt. A. H., 72 Punjabis
Burnett, Capt. C. S., *O.B.E.*, Res. of Off.
Burnett, Maj. J. O., *O.B.E.*, ret. pay.
Burnett, Maj. J. C., W. Rid. R.
†Burnett, Bt. Col. J. L. G., *C.M.G.*, Gord. Highrs.
Burnett, Maj. P., Can. Local Forces.
Burnett,Temp. Bns. S. Staff. R.
Burnett Hitchcock, Maj.-Gen.B. F., *C.B.*, Notts. & Derby. R., p.s.c. [L]
Burnett-Stuart, Lt. G. R., ret. pay (Maj. R.F.A. Spec. Res.)
Burnett-Stuart, Maj.-Gen. J. T., *C.B., C.M.G.*, Rif. Brig., p.s.c. [l]
Burney, Bt Lt.-Col. A. E. C., *M.C.*, R.A.
Burnside, Bt. Lt.-Col. F. R., 3 Hrs.
Burns-Lindow, Lt.-Col. I. W., S. Irish Horse, Capt. ret.
†Burnyeat, Capt. R. W., R.F.A. (T.F.)

† Also awarded Bar to Distinguished Service Order.
†† Also awarded Second Bar to Distinguished Service Order.

Orders of Knighthood, &c.

COMPANIONS (D.S.O.)—*contd.*

Burrard, Maj. G., ret. pay.
Burrard, Col. H. G., *A.D.C., e.*
Burrell, Maj. S., North'd Hrs. Yeo.
Burritt, Maj. R., Can. Local Forces.
Burroughes, Capt. H. N., *M.B.,* R.A.M.C. (T.F.)
Burrowes, Col.A.R.,*C.M.G. p.s.c.* [*l*]
Burrows, Lt. M. B., *M.C.,* 5 D.G.
Burston, Capt. S. R., *C.B.E.,* Aust.Mil.Forces.
†Burt, Lt.-Col. A., *C.B., C.M.G., A.M.*
Burt, Temp. Maj. A. E., 8 Bn. Oxf. & Bucks. L.I.
Burt, Capt. C. S.,S.Staff.R.
Burton, Bt. Lt.-Col. C., R.A.S.C.
Burt-Marshall, Bt. Maj. D. B., *O.B.E.,*Sea. Highrs.
Busfeild, Maj. J. A., Res. of Off.
Bush, Temp. Maj. H. F., R.A.S.C.
Buston, Hon. Brig.-Gen. P.T ,*C B.,C.M.G.,*ret.pay.
Butchart, Maj. H. J., Sco. Horse Yeo.
Butchart, Maj. J. A., R.A.
Butcher, Lt.-Col H. C., Res. of Off.
Butler, Capt. A. G., Aust. Mil. Forces.
Butler, Maj. C. P., Aust. Mil. Forces.
Butler, Maj. (Hon. *Lt.-Col*) H. N., Aust. Mil. Forces.
Butler, Col. Hon. L. J. P., *C.M.G., p.s.c.*
Butler, Bt. Lt.-Col. P. R., R. Ir. Regt.
Butler, Temp. Capt. Hon. R. T. R. P.,*M.C.,* R.A.
Butler, Lt.-Col. S. G., R.A.M.C.
Butler, Bt. Lt.-Col. S. S., *C.M.G.,* S. Staff. R.
Butler, Maj. *Hon.* T. P. P., R.A.
Butler, Maj. W. M., 2 Regt. K.Ed,Horse.
Butler-Bowden, Maj. W. E. I., D. of Corn. L.I.
Buttenshaw, Maj. A. S., Can. Ord. Corps.
Butterfield, Maj. E., Ind. Army.
†Butterworth, Bt. Lt.-Col. (*temp. Col*) R. F. A., *C.M.G.,* R.E.
Buxton, Maj. A., TD, Essex Yeo.
Buxton, Maj. I., Norf. Yeo.
Buxton, Bt. Lt.-Col. J. L., *C.M.G.,* Rif. Brig.
Buxton, Lt.-Col. R. V., T.F. Res.
Buzzard, Lt.-Col. C. N., *C.M.G.* ret. pay
†Buzzard, Lt.-Col. F. A., R.A., *p.s.c., g.*
Bye, Temp. Capt. W. R. G, *M.C.,* Serv. Bns. R.W. Surr. R.
Byrne, Capt.G. C., Aust. Mil. Forces.

Byrne, Maj. H. F., R.A.O.C., *e.o.*
Byrne, Maj. H. R., A.I.F.
Byrne, Bt. Lt.-Col. J. D., R.A.
Byrne, Bt. Lt. L. C., *M.C.,* R. Dub. Fus.
Byron, Hon. Col. J. J., *C.M.G.,* ret. Aust. Mil. Forces.
Byron, Lt.-Col. R., *late* 5 Bn. K. R. Rif. C. (Maj. ret. pay.
Cade, Lt. - Col. D. D., C'wealth Mil. Forces.
Caddell,Bt. Lt.-Col. (*temp Col.*) H. M., *C.M.G.,* R.A.S.C.
Caddy, Maj. H. O., *C.M.G.,* Aust. Mil. Forces.
Cadell, Maj. J.G.,45Slkhs, *p.s c.*
Cahill, Maj. R. J., *M.B.,* R.A.M.C.
Cahusac, Capt. C. F., 36 Horse
Cairnes, Temp. Lt.-Col. J. E., R.F.A.
Cairnes, Bt. Maj. T. A. E., 7 D.G.
Caldecott, Bt. Maj. A. H., R. Ir. Regt.
Caldecott, Maj. E. L., R.G.A.
Calder, Temp. Lt. A.,Tank Corps.
Calder, Capt. H. M., *M. B.,* 5 Lond. Fd. Amb. R.A.M.C. (T.F.)
Caldwell, Lt.-Col. A. F. S., *late* Serv Bn. N. Lan R.
Call, Maj. F., R. Ir. Regt.
Callaghan, Temp. 2nd Lt. M. A.
Callam, Maj. A., *M.B.,* R.A.M.C. (T.F.)
Callow, Lt. G., Notts & Derby R.
Calvert, Bt. Lt.-Col. C. A., Surr. Yeo. (Capt. *late* 1 Dns.)
Cameron, Capt. A. D., *M.C.,* Can. Local Forces.
Cameron, Lt.-Col. A. G., Can. Local Forces.
Cameron, Lt. A. L., *M.C.* R.A.
Cameron,Maj.C A.,*C.B.E.,* R.A. [L]
†Cameron, Temp. Lt.-Col. E. A., *C.M.G.,* 9 Bn. E. Surr. R.
Cameron, Capt. F., *M.B.,* N.Z. Mil. Forces.
Cameron, Capt. G. L., Can. Local Forces.
Cameron, Maj J. A., Can. Local Forces.
Cameron,Maj.J.B., R.G.A. (T.F.)
Cameron, Capt. J. F. C., *M.C., late* Tank Corps.
Cameron, Lt.-Col. J. J., *M.C., late* Serv. Bns. S. Staff. R.
Cameron, Bt. Lt.-Col. J.S., R. Suss. R.
Cameron, Bt. Lt.-Col.O.S., R.A.
Cammell, Capt. G. A., R.F.A.

Campbell, Maj. A., *C.M.G.,* R.E. [*l*]
Campbell, Capt.A. J., ret. pay.
Campbell, Lt.-Col. A. J., 75 Inf.
Campbell, Col. C. C., ret Ind. S.C.
Campbell, Temp. Maj. C. R., R.E.
Campbell, Maj. D. E., North'd Yeo.
Campbell, Lt. E., Aust. Mil. Forces.
Campbell. Rev. E. F., *B.A., M.C.*
Chapl. to the Forces, 3rd Class.
Campbell, Capt. E. F., K.R. Rif. C.
Campbell, Gen. *Sir* F., *K.C.B.,* Ind. Army.
Campbell, Maj. G. A., R.A.S.C.
Campbell, Capt. G. F., R.A.
†Campbell. Lt.-Col. H., *O.B.E.,*13 Bn. Lond. R.
Campbell, Maj. H.,*M.V.O.,* Corps of Guides.
Campbell, Maj.*Hon.* I. M., 2 Lovat's Scouts Yeo.
Campbell, Col. (*temp. Maj.-Gen.*) J., *C.B., C.M.G., p.s.c., e.*
†Campbell, Bt. Maj. J. A., Suff. R.
†Campbell, Lt.-Col. *Str* J. B. S., *Bt., late* Serv. Bn. R. Scots
Campbell, Maj J. D., R.E.
Campbell, Lt.-Col. J. H., *C.B.E.,* R.A.M.C.
Campbell, Maj. J.H.,*M.B.,* R.A M.C.
Campbell, Capt.J.O., *M.C.,* R.A.
ⓢ©Campbell, Bt. Col. J. V., *C.M.G., A.D.C.*
Campbell, Lt.K.A.,G.Gds. Spec. Res.
Campbell, Maj. K. G., R.A., *g.*
Campbell, Temp. Capt. K. J. R.
Campbell, Hon. Col. M. D., *late* Lt.-Col., 4 Bn. Arg. & Suth'd Highrs.
Campbell, Lt. - Col. N. St. C., *C.M.G.,* R.F.A.
†Campbell, Maj. R.,Cam'n Highrs.
Campbell, Capt R., 3 Bn. Arg. & Suth'd Highrs.
Campbell, Bt. Lt.-Col. (*temp. Col.*) R. B., Gord. Highrs.
Campbell, R. O.,*late* temp. Lt.-Col. 13 Bn. R. Welsh Fus.
Campbell, Temp. Maj. R. W., Serv. Bns. R. Scots (*Hon. Maj. ret. Spec. Res.*)
Campbell, Maj.-Gen. *Sir* W., *K.C.B., K.C.M.G., p.s.c.,* [*l*]
Campbell, Maj. W., Ind. Army
Campbell, Capt. W. K., *M.C., M.B.,* R.A.M.C.

Campbell, Maj. W. M., *M.C.,* Suff. R.
Campbell, Col. W. N., *C.S.I., C.M.G.,* ret. Ind. Army.
Campion, Maj. D. J. M., R.A.
Campion, Maj. W. R., TD, 4 Bn. R. Suss. R.
Cane, Capt. A. S., *O.B.E., M.D.,* R.A.M.C.
Cane, Capt. E. G. S., R.A.M.C.
Cangley, Temp. Lt. F. G., *M.C.*
Cannan, Bt. Col.J.H.,*C.B., C.M.G.,* Aust. Imp.Force
Cannot, Hon. Brig.-Ger. F. G. E., *C.B., C.M.G.* [*l*] ret. pay.
Canny, Bt. Lt.-Col. (*temp Col.*) J. C. M., *C.B.E.,* R.A.S.C.
Cantile, Lt.-Col.G.S., Can. Local Forces.
Cantrell-Hubberstv, Maj. G. A. J., TD, Notts. (S. Notts. Hrs.) Yeo.
Cape, Lt.-Col. H. A., 5 Lrs.
Capell,Hon.Lt -Col. A. E., *late* Rhodesian Regt.
Capper, Lt -Col. A. S., 39 Horse
Carbery, Temp. Capt. M., *M.C ,* R.F.A.
Carden, Maj. A. D., R.E.
Carden, Temp. Capt. D'A. V., R.F.A.
†Cardew, Lt.-Col. G. A., *C.M.G.,* ret. pay
Cardew, Bt. Col G. H., *C.B.E* , ret. pay
†Carey, Lt.-Col. A. B., *C.M.G.,* R.E.
Carey, Lt. A. B., *C.M.G.,* Can. Local Forces.
Carey, Rev. D. F.,*M.A.,* Chapl. to the Forces, 1st Class.
Carey,Bt.-Col.(*temp.Brig.-Gen.*) H E., *C.M.G.,* R.A.
Carey, Maj. J. L. R., R.G.A., *g.*
Carey, Bt. Lt.-Col. W. L. de M., R.E.
Carew, Maj. G. A. L., ret.
Carington, Col. *Hon.*. R. U. G., *C.V.O.,* Aust. Mil. Forces.
Carleton, Bt. Maj. C. A. S., Welch R.
Carleton, Hon. Brig.-Gen. F. M., ret. pay, *p.s.c.* (*Gent. at Arms*)
Carleton,Maj. G. A. ret.pay.
Carleton, Lt.-Col. H. A., 90 Punjabis
Carleton, Hon. Brig.-Gen. L. R., ret. pay, *p.s.c.*
Carlisle, Capt. J. C. D., *M.C.,*15 Bn. Lond. R.
Carlisle, Maj. T. H., *M.C.,* R.A.
Carlisle, Temp. Lt.-Col. T. H., *M.C.,* R.E.
Carlisle, Maj. T. R. M., R.A., [*l*]
Carlton,Bt. Lt.-Col. H. D., R. Scots.
Carlyon, Maj. T., R.F.A.

† Also awarded Bar to Distinguished Service Order.

COMPANIONS (D.S.O.)—contd.

Carmichael Capt. D., *M.C.*, Can. Local F rces.
Carmichael, Maj. G. I., *A.F.C.*, R.A.
Carmichael, Temp. Lt. J., Serv. Bns. High. L.I.
Carnegy, Lt.-Col. G. P. O., 7 Lrs.
Carnegy, Capt. U. E. C., *M.C.*, 3 D.G
Carnwath, Capt. T., *M.B.*, T.F. Res.
Carpenter, Lt.-Col. C. M., *C.M.G*, R.E.
Carpenter, Capt. G. G, Suff. R.
Carr, Temp. Maj. A. E., *M.C.*, Tank Corps.
Carr, Capt.,B. A., R.G.A., (T.F.)
Carr, Lt.-Col. C. C., *O.B.E.*, ret. pay.
Carr, Temp Maj. G., *M.C.* M.G. Corps.
Carr, Lt.-Col. G. A. B., TD, T.F. Res
Carr, Lt.-Col. H. A. Worc. R.
Carr, Maj. H. G., R.G.A.
Carr, Bt. Maj. L. *O.B.E.*, Gord. Highrs., *p.s.c.*,
Carr, t. (*Hon. Capt*) R. B., Aust. Mil. Forces
Carr-Harris, Capt. F. F., *M.C. M.D.,late* R.A.M.C.
Carrington, Bt.-Lt.-Col. C. R. B. R.A.
Carrington, Lt. C. W., G. Ges. Spec. Res.
Carrington, Maj. R H., R.H.A.
Carroll, Lt.-Col. F F., *M.B* J. W.V., *C.M.G.,*
Carroll, Hon Brig.-Gen
Carruthers, Maj. J., *M.V.O.*, R.F.A.
Carson, Temp. Maj. E. H., *M.C*, Tank Corps
Carter, Capt. C. R., R. Lanc. R.
Carter, Maj. E.G.W , R.A. Mil. Forces.
Carter, Lt. H. G., Aust. Mil. Forces.
Carter, Maj. H. St. M., *M.D.,* R.A.M.C.
Carter Capt. L. A. L. R.A.S.C.
Carter, Maj. L J., ret. pay.
Carter, Maj. T.H. H., *late* 5 Bn R. War. R
Carter, Capt. W., *M.C.*, Wilts. R
†Carter, Bt. Maj. W. H., *M.C.*, R. War. R.
†Carter - Campbell, Col. (*temp. Brig.-Gen*) G. T. C., *C.D.*
VC Carton de Wiart, Bt. Lt.-Col. (*temp. Brig.-Gen.*) A., *C.B., C.M.G.,* 4 D.G
Cartwright, Temp.Maj.C., *M C* , serv. Bns. York & Lanc. R.
Cartwright, Hon. Capt. (*Army*) F. L., *late Lord Strathconas Corps* (Maj. Can. Mila.)
Cartwright, Col. (*temp. Brig.-Gen.*) G. N., *C.M.G.*

Cartwright, Temp. Maj. V. H. R. Mar.
Cartwright, Maj. J. R., Devon. R.
Carwithen, Maj. S., R.A.
†Cary-Barnard, Bt. Lt.-Col. C.D.V., *C.M.G.*, Wilts. R.
Case, Bt. Lt.-Col. H. A., *C.M.G.*, Dorset R.
†Casement, Maj. F., *M.B.*, R.A.M.C.
Cash, Rev. W. W., *O.B.E.*, Temp. Chapl. to the Forces, 2nd Class
Cass, Maj. C H. D., ret. pay.
Cass, Lt. E. E. E., *M.C.*, Yorks. L I.
Cassels, Temp. Maj. F., Serv. Bns. R. Suss. R.
Cassels, Lt.-Col. G. R., 103 Rif., *p.s.c.*
Cassels, Maj.-Gen. R. A., *C.B., C.S.I.*, Ind. Army, *p.s.c.*
Casson, Bt. Lt.-Col. W. F. S., 27 Lt. Cav., *p.s.c.*,
Castle, Maj. R.W., *C.M.G.*, R.G.A., *g.*
Cator, Col. (*temp. Brig-Gen.*) A. B. R.
Cattell, Lt.-Col. G. L., Ind Army
Catty, Bt. Lt.-Col. T. C., *C.M.G.*, 69 Punjabis, *p.s.c.*,
Caulfeild, Bt Col. G. N., ret. Ind. Army.
Cave, Capt. W. S., 4 Bn, Hamps. R.
ave-Browne, Capt. W., *M.C.*, R.E.
Cavendish, Capt. F. G., *M.C.*, Leins R.
Cavendish, Lt.-Col. F. W. L. S. H., *C.M.G.*, 9 Lrs., *p.s.c.*
Cazalet, Maj. C. H. L. ret
Cazalet, Capt. G. L., *M.C.*, R. Fus.
Ceall, Maj. R. E., 21 Lrs.
Chadwick, Lt. F. *M.C.*, 5 Bn. K. R.R.C.
Chadwick, Lt R. N., *late* Serv. Bns Welsh R.
Challenor, Lt.-Col. E. L., *C.B., C.M.G.*, Leic. R.
Challinor, Hon. Lt.-Col. W. F., *late* 2 N. Mid. Brig R.F.A.
Chalmer, Bt. Maj. F G., *M.C.*, S. Highrs., *p.s.c.*,
Chamberlayne, Maj. E. T..TD, War. Yeo.
Chambers, Bt. Lt.-Col. P R., 10 Lrs., *p.s.c.*
Chambers, Capt. R. W., Aust. Mil. Forces.
Chamier, Maj. J.A., *C.M.G*, *O.B.E.*, 33 Punjabis.
Champion, Lt.-Col. C. C., *late* Serv. Bns. S. Lan. R.
Champion de Crespigny, Lt.-Col. C. R., *C.B., C.M.G.*, S. Gds.
Chance, Temp Maj. K. M., Serv. Bns. Bord. R.
Chance, Hon. Brig.-Gen. O. K., *C.M.G.*, *p.s.c.*, ret. pay.

Chancellor, Lt.-Col. Str J. R., *K.C.M.G.*, R.E., *p.s.c.*, [L], ret. pay
Chandler Maj. W. K., Manch R.
Chauner, Maj G.,14 Slkhs.
Channer, Maj.G.K., Temp. h.p. List Ind Army.
Chaplin, Bt. Col. J. G., Sco. Rif.
Chapman, Maj. G. A. E., 3 Bn. E. K nt R. (Lt. ret. pay).
Chapman, Lt G.P., *M.C.*, R.F.A. Spec. Res.
Chapman, Capt. M. T., R.A.S.C.
Chapman, P., *late* Capt. R. Fus.
Chapman, Lt.-Col. R., *C.M.G.*, TD, 4 Northbn. Brig., R.F.A.
Chapman, Temp. Maj. W. A., R E.
Chapple, Temp. Maj. F. J., R.G.A. (Maj. N. Mid. R.G.A., T.F.)
†Chappell, Maj. W. F., 7 D.G.
Charles, Maj. E. E., R.G.A.
Charles, Bt. Lt. - Col. E. M. S., *C.M.G.*, R.E.
Charles, Col. (*temp. Brig -Gen.*,) J. R. E., *C.B.*, *C.M.G.*, R.E., *p.s.c.*
Charles, Bt.Lt.-Col. W G., *C.M.G.*, Essex R., *p.s.c.*
Charlton, Bt. Lt. A. H., 6 Bn. N. Staff. R.
Charlton, Lt. B., Can. Local Forces.
Charlton, Bt. Col. C. E. C. G., *C.M.G.*, R.H.A.
Charlton, Bt. Lt.-Col. F H., S., Lan. R.
Charlton, Bt. Lt.-Col. L E. O., *C.B.*, *C.M.G.*, Lan. Fus., *p.s.c.*
Charrington, Temp. Lt.-Col. R.S., *C.M.G.*,6 Mach Gun Corps (Lt. Col.,Res. of Off.).
Chart, Maj. S., 12 Bn. Lond. R.
Charteris, Bt. Col. J., *C.M.G.*, R.E., *p.s.c.*
Charteris, Bt. Lt.-Col. (*temp. Col.*) N. K., *C.M.G.*, R. Scots, *p.s.c.*
Chase, Bt. Maj.A.A., R.
Chater, Bt. Maj. A. R. *D.S.O.*, R. Mar.
Chatterton, Lt. - Col. G. D. L., 66 Punjabis.
Chaworth-Musters, Maj. J. N., Notts. (S. Notts. Hrs.) Yeo.
Chaytor, Bt. Lt.-Col. C. A., Yorks. L.I.
Cheadle, *late* Temp. Capt. H , *M.C.*, E Surr. R. (Lt 8. Afr. Def. Force).
†Cheape, Hon. Brig.-Gen. H F. N., *C.M.G.*, *M.C.*
Cheesewright, Col. (*Terr. Force*) W. F., TD,

Cheetham, Capt. G., *M.C.*, R.E. [L]
Chell, Temp. Capt. R. A., *M.C.*
Chenevix-Trench, Bt. Maj. J. F., North'd Fus.
Chenevix - Trench, Maj. L., *C.M.G.*, R.E. [*l*]
Chesney, Maj. C. H. R., R.E.
Chetwode, Lt.-Gen. Sir P. W., Bt., *K.C.B., K.C.M.G.*
Chevallier, Temp. Capt. P. T., *M.C.*
Chichester, Maj.-Gen. Str A.A., *K.C.M.G.,C.B., p.s.c.*, ret. p.y.
Chichester, Maj. Hon. A, C. S., *O.B.E.*, G. Gds.
Chichester-Constable, Bt.Maj.R.C.J., Rif. Brig.
Chick, Lt F. *late* Serv. Bns. R.W. Fus.
Child, Hon. Brig.-Gen. Sir S. H., Bt., *C.B., C M G., M.V.O.*, *late* R.F.A. (T.F.) / (Maj. Res. of Off.)
†Child-Villiers, Maj. Hon. A. G., Oxf. Yeo.
†Chipp, Lt. W. F., *M.C.*, Hereford R.
Chisholm, Bt. Maj. A., Aust. Mil. Forces.
Chisholm, Temp. Col. H. A., *C.M.G.*, Can. Local Forces.
Cholmeley, Capt. R. S., W Rid. R.
Cholmondeley,Temp. Maj. H. R.,Serv.Bns.Devon.R.
Chope, Maj. A. J. H., 2 Gurkha Rif.
†Christian, Lt.-Col. C. E., *M.C.*, S. Afr. Def. Forces (*Capt. Res. of Off.*).
Christian, Hon. Brig.-Gen. G., *C.B., C.I.E.*, [*l*] ret. pay
Christian, Maj. W. F., R.G.A.
Christie, Capt. A., *C.M.G.*, Res. of Off.
Christie, Maj. G. J. H.,h.p Res. of Off.
Christie, Lt J. R., 6 Bn. Gord. Highrs.
Christie-Miller, Capt. G., *M.C.*, Bucks. Bn. Oxf. & Bucks. L.I.
Christophers, Temp. Maj. E., Serv. Bn. North'd Fus.
Church, Lt. A. G., *M.C.*, R.G.A. Spec. Res.
Church, Capt. D. R., 4 Bn. North'n R.
Church, Temp. Capt.J.A., *M.C.*, R.E.
Church, Maj. L. H., TD, R.A.S.C. (T.F.)
Churchill, Maj. J. S. S., TD, Oxf. Yeo.
Churton, Maj. W. A. V., TD, 5 Bn. Ches. R.
Chute, Hon. Lt.-Col. P.T., ret. pay.
Clapham, Maj. D., *O.B.E.*, R.A.
Clare, Temp. Maj. J. W.S., R.A.S.C.

† Also awarded Bar to Distinguished Service Order.

Orders of Knighthood, &c.

COMPANIONS (D.S.O.)—*contd.*

Clare, Lt.-Col. O. C., M.C., late 5 Bn. E. Lan. R.
Clark, Capt. A. N., M.C., 8 Bn. Durh. L.I.
Clark, Lt.-Col. C. A., late S. Afr. Def Forces.
Clark, Lt. C. A., M.C., E. Surr. R.
Clark, Lt.-Col. C. A. G., C.M.G., T.F. Res. (Maj. ret. pay).
Clark, Bt. Lt.-Col. C. H., R.A.
Clark, Temp. Maj. C. W., M.C., Tank Corps.
Clark, Temp. Capt. F. W., M.C., R.E.
Clark, Maj. H. V., TD, R.F.A. (T.F.) (Maj. ret. T.F.)
††Clark, Temp. Lt.-Col. J. A., C.M.G., Can. Local Forces.
Clark, Lt.-Col. J. W., VD, Aust. Mil. Forces.
Clark, Capt. P.L., late Serv. Bns. R. Suss. R.
Clark, Temp. Capt. P. W., M.C., R.E.
Clark,Lt.-Col.R., R.A.S.C. (T.F.)
Clark, Hon. Lt.-Col. R. L., O.B.E., Chf. Insp. of Ord. Mach.
Clark, Capt. R. P., C.M.G., M.C., Can. Local Forces.
†Clark, Lt.-Col. W. C., late Serv. Bns. R. W. Surr. R.
Clark, Lt.-Col. W. E., C.M.G., R.F.A.
Clark, Capt. W. G., 4 Bn. Lond. R.
†⦿⦿Clark-Kennedy, Capt W. H., C.M.G., Can. Local Forces.
Clarke, Lt. A. D. C., M.C., R.F.A. Spec. Res.
Clarke, Lt.-Col. A. E. S., M.V.O., Res. of Off.
Clarke,Bt.Lt.-Col.A. L. C., p.s.c. (L], h.p.
†Clarke, Bt. Maj. B. C. S., Worc. R.
Clarke, Capt. C., M.B. F.R.C.S., R.A.M.C.
Clarke, Maj. C. S., Afr. Def. Force.
Clarke, Maj. C. J., R.E
Clarke, Lt.-Col. D. H., M.C., late 13 Bn Durh L.I.
Clarke, Lt.-Col. Sir E. H. St. L., C.M.G., ret.
Clarke, Capt. E. P., 4 Bn. Suff. R.
Clarke, Maj. F. A. S., 10 Bn. Lond. R.
†Clarke, Maj. F. F., Can. Local Forces.
Clarke, Lt.-Col. G. V., C.M.G., City of Lond Yeo.
†Clarke, Lt.-Col. H. T., 8 Bn. Worc. R.
Clarke,Maj.M.F.,Ches.R.
Clarke, Bt.-Lt.-Col. M. O., R. Fus., p.s.c.
Clarke, Lt.-Col. P. S., M.B., S. Afr. Def. Forces.
Clarke, Bt. Lt.-Col. (temp. Col.) R. G., C.M.G., R. W Surr. R.
Clarke, Lt.-Col. R. J., C.M.G., TD, 4 Bn. R. Berks. R.

Clarke, Col. T. H. M., C.M.G.,C.B.E., M.B., ret. pay.
Clarkson, Maj. A. B., M.C., 6 Bn. W. Rid. R.
Clarkson, Lt.-Col. B. St. J., C.M.G., ret. pay.
Clarkson, Temp. Lt. W B., R.A.
Claudet, Lt. G. F., M.C., R.F.A.
†Clay, Bt. Lt.-Col. B. G., C.B., C.M.G., 7 D/G.
Clayton, Bt. Maj. A. R., Aust. Mil. Forces.
Clayton, Lt.-Col. E. A. R., C.M.G., Oxf. & Bucks L. I., p.s.c.
Clayton, Temp. Maj.G. N., 18 Bn. L pool R.
Clayton, Lt.-Col. G. S.,late Serv. Bns. L'pool R.
Clayton, Lt.-Col. M. C., Camb. R.
Clayton, Capt. W. B., R.A.S.C. (T.F.)
Cleaver, Temp. Maj. D.W., R.G.A.
Clegg, Lt.-Col. H. N. M., late Denb. Yeo.
Clegg, Maj. N. B., late R.A.S.C.
Clegg-Hill, Bt. Lt.-Col. Hon. C. R., ret. pay.
†Cleghorn, Temp. Maj. G. M., 15 Bn. High. L.I.
Clements, Col. R. W., C.M.G., M.B.
Clements, Maj. S. U. L., 4 Bn. R. Ir. Fus.
Cleminson, Maj. C. R. D., R-s. of Off.
Clemson, Maj. W., Dorset. R.
†Clemson, Col. W. F., C.M.G.
Clendining, Temp. Maj H., Serv. Bns. R. Ir. Rif.
Clerk, Capt. A. G., M.C., Herts. R.
Clerke, Maj. A. W., late Ge . List.
Clifford, Maj. E. C., M.C., 5 Bn. W. Rid. R.
Clifford,Capt E.S.,O.B.E., Can. Local Forces.
Clifford, Capt. R. C., M.C.
Clifton, Lt.-Col. P. R., C.M G., T.F. Res.
Climo, Maj. - Gen. (temp. Brig.-Gen.) S. H., C.B., Ind. Army
Cline, Maj.G.A.,Can.Eng.
Clive, Bt. Col. (temp. Brig.- Gen.) G. S., C.B., C.M.G., G. Gds., p.s.c. [L]
Clough, Temp. Maj. J., M.C. Tank Corps.
Clouston, Temp. 2nd Lt. J., M.M., R.A.
Clowes, Lt. C. A., M.C., Aust. Mil. Forces.
Clowes,Maj.E.W., Res.of Off.
Clowes, Lt.-Col. G. C. K., TD, 14 Bn. Lond. R.
Clowes, Capt. H. M., 14 Bn. Lond. R.
Clowes, Lt. N., M.C., Aust. Mil. Forces.
Clutterbuck, Maj. N. S., R. Mar.
Coates, Lt.-Col. H. W. U., ret. pay.

Coates, Lt.-Col. P. L., TD, T.F. Res.
Coates, Hon. Brig.-Gen R. C., ret pay.
Coats, Lt.-Col. S., 6 Bn. Arg. & Suth'd Highrs.
Cobb,Capt.E.C.,North'nR
Cobb, Capt. W. G., M.B., late R.A.M.C.
⦿⦿Cobbe, Lt.-Gen. Sir A. S., K.C.B., K.C.S.I., p.s.c. Local Forces.
Cobbe, Bt.- Col. H. H., C.M.G.,13 Lrs.
Cobbe, Maj I.S., R G.A., o. R.G.A. (T.F.)
Cobbold, Maj. F. A. W., R.G.A. (T.F.)
Cobbold, Hon. Lt.-Col. R. P., (Lt. Col Res. of Off.)
Coby, Lt. A. H., D.F.C., Aust. Mil. Forces.
Cobham, Bt. Lt.-Col. temp. Brig.-Gen.) H. W., C.M G., ret. Ind. Army.
Cochran, Bt Lt.-Col.G.W., 81 Pioneers.
Cochrane, Lt.-Col. C. W., TD, R.A.S.C. (T.F.)
Cochrane, Lt.-Col. (temp. Col.) E. W W., M.B., R.A.M.C.
Cochrane, Lt.-Col. J. E. . J., Res. of Off.
Cochrane, Capt. Hon. T. G. F., R. Highrs. Spec. Res.
Cock, Capt. W. C., S. Afr Def. Forces
Cockburn,Hon. Brig.-Gen. G., C.B.E., ret. pay.
Cockburn, Capt. G. E. G., M.C., R. Ir. Fus.
Cockburn, Bt. Lt.-Col. J.B., R. W. Fus.
Cockburn, Capt. W., M.C, N. Som. Yeo.
Cockcraft, Bt. Lt.-Col. L W. La T., R.F.A.
Cockeram, Lt. A., Can Local Forces.
Cockhill, Lt. J. R., M.C., 5 Bn. W. Rid. R.
Cockram, Temp. Capt. F. S., Serv. Bns. Midd'x R.
Coddington, Bt. Lt. Col H. A., O.B.E.
Codrington, Maj. G. R., O.B.E., Leic. Yeo.
Coffey, Maj. R., R.A.M.C. (T.F.)
†Ⓑ.Ⓒ. Coffin, Col. (temp. brig.-Gen.) Clifford, C.B., R.E., p.s.c.) [L].
Cogan, Capt. L. D. B., R A M C. (T.F.)
Coghlan, Lt Col.F.T.,Can. Local Forces.
Cohen, Maj. H. E., C.M.G., Aust. Mil. Forces.
Cohen,Lt.-Col. (Hon. Lt. in Army) J. W., C.M.G., TD, 16 Bn. Lond. R.
Cohen, Capt L., M.C., late S. Afr. Def. Forces.
Coke, Capt. Hon. E., M.C., 5 Bn. Rif. Brig.
Coke, Bt. Col. (temp. Brig.- Gen.) E. S. D'E., C.M.G., K.O. Sco. Bord.
Coke, Capt. Hon. R., late 8. Gds. Spec. Res.
Coker, Temp. Maj. H. O., Serv. Bns. K R. Rif. C.

Colam, Capt. S. d'E., M.C., 3 Bn. Gord. Highrs.
Colan, Capt H. N., 67 Punjabis.
Colan, Lt.-Col. W. R. B., 67 Punjabis.
Colbeck, Bt. Lt.-Col. B.B., R.G.A.
Coldwell, Capt. W. G. A., Northn. R.
Cole, Lt.-Col. F. M, Can. Local Forces.
†Cole-Hamilton, Lt.-Col. O. G, C.M.G., Res. of Off.
Cole-Hamilton, Capt. H. A. W., York & Lanc. R.
Coleman, Bt. Lt.-Col. G. B., R.A.S.C.
Coleman Lt. P. G., W. Gds Spec. Res.
Coleman, Lt. T. R., M.C , Can. Local Forces.
Coleridge, Bt. Col. H. F., C B E., ret. pay.
†Coleridge, Bt. Col. J. F. S D., C.M.G., 8 Gurkha Rif., p.s.c.
Coles,Bt. Col. A. H., C.M.G., ret. pay.
Coles, Maj. W. H., late Serv. Bns. Midd'x R.
Collacott, Hon. Lt.-Col. J. R., R.A.O.C.
Collard, Bt. Lt.-Col. A.M., D. of Corn. L.I.
Collas, Bt. Lt.-Col. W. J., J., S. Staff. R.
Collen, Bt. Lt.-Col. E. H. E.,C.M.G., ret. pay,p.s.c.[L]
Collett, Maj. G. F., Res. of Off.
Collett, Lt.-Col. H. B., C.M G., Aust. Mil. Forces.
†Colley, Temp. Maj. F., 9 Bn. York. & Lanc. R.
Collier, Lt.-Col. B. W., ret pay.
Collier, Temp. Lt. E. V., Can. Local Forces.
Collings, Col. G. D., ret. pay.
Collings-Wells, Maj. R. P., O.B.E., ret. pay.
Collingwood, Bt. Col. C.W., C M G., R.A., g.
Collings, Lt.-Col. A. E., late Gen. List (Hon. Capt. C'wealth Mil, Forces)
†Collins, Bt. Lt.-Col. D. S., R.E.
Collins, Maj E.R., E.Lan.R.
Collins, Capt. H.S., h.p.
Collins, Maj. L. P., 4 Gurkha Rif.
Collins, Rev. R. F., Chaplain to the Forces (1st Class) ret. pay [L]
Collins, Temp.Capt. R. F., M.C., Serv. Bns. R. Fus.
Collins, Bt. Lt.-Col. Hon. R. H., C.M.G., R. Berks. R., p.s.c.
Collins, Bt. Lt.-Col. R. J., C.M.G., R. Berks. R., p.s.c. [L]
Collins, Temp. Maj.W. A., R.A.S.C.

† Also awarded Bar to Distinguished Service Order.
†† Also awarded 2nd Bar to Distinguished Service Order.

Orders of Knighthood, &c.

COMPANIONS (D.S.O.)—*contd.*

Collins, Col.W. F., ret. pay.
Collins, Hon. Capt. W. H., Aust. Mil. Forces.
Collinson, Lt.-Col. (*temv. Col.*) H., *C.B.*, *C.M.G.*, *M.B.*, *F.R.C.S.*, 2 W. Rid. R.A.M.C.
Collis, Maj. R. H., *C.M.G.*, Pembroke Yeo., Capt. ret.
Collison, Lt.-Col.& Bt. Col. C. S., *late* 5 Bn. Midd'x R. (Lt.-Col. ret. pay)
Collum, Bt. Lt.-Col. H. W. A., R.A.S.C.
Collum, Maj. J. A., 26 Cav. [L].
Collyer, Col. J. J., *C.B.*, *C.M.G.*, S. Afr.Def. Force
Colman, Lt. P. E., *M.C.*, Can. Local Forces.
Colquhoun, Bt. Maj. A. G. C., Arg. & Suth'd Highs.
Colquhoun, Maj. D., N.Z. Mil. Forces.
†Colquhoun, Lt.-Col. *Sir* I., *Bt.*, Res. of Off.
Colquhoun, Capt. J. C., ret. pay (*Res. of O T.*)
Colquhoun, Maj. M. A., *C.M.G.*, Can. Local Forces.
Colston, Bt. Lt. - Col. Hon. E. M., *C.M.G.*, *M.V.O.*, G. Gds.
Colt, Lt.-Col. H. A., *M.C.*, *late* Serv. Bns, Glouc. R.
Colvile, Maj. A M.,R.A.[I].

Colvile, Hon. Brig.-Gen. G. N., ret. pay.
Colville, Lt. - Col. J. R., R.F.A., *g*.
Colvin, Lt.-Col. and Hon. Col. O. H., *C.B.*, *late* 3 Bn. Essex R
Colvin, Hon. Brig.-Gen. G. L., *C.M.G.*, Can. Res. List.
†Combe, Lt.-Col.H., 5 D G
Combe, Capt. H. C. S., R.H.G.
Combe, Bt. Lt.-Col. S. B., *M.C.*, 47 Sikhs.
Comber, Capt. H. G., Unattd. List (T.F.)
Combs, Capt. H. V., *M.C.*, Bucks. Bn.Oxf.& Bucks L. I.
Commings, Bt. Lt.-Col. P. R. C., *C.M.G.*, S. Staff R.
Common, Capt. L. A., R.F.A (T.F.)
Compton-Smith, Bt. Maj. G. L., 12 Bn. R.W. Fus.
Comyn, Lt.-Col. E. W., *C.M.G.*, h.p.
Comyn, Bt. Lt.-Col. (*temp. Col.*) L. J., *C.M.G.*, Conn. Rang.
Concanon, Lt.-Col. E G., TD, 18 Bn. Lond. R (*Hon. Lt in Army*)
Conder, Maj. G., R.A.V.C.
Congreve, Bt. Maj. C. R., Durh. L. I.
Congreve, Maj. F. L., *M.C.*, R.A.
Coningham,Lt.-Col. (*temp. Brig.-Gen.*) F. E.,*C.M.G.*, 10 Gurkha Rif.
Conlan, Temp. Maj. V D R., R.A.S.C.
Connell, Lt. H. J., *M.C.*, Aust. Mil. Forces.
Conran, Maj. W. D. B.,R.E.

Coningham, 2nd Lt. A., *M.C.*, R.F.C. Spec. Res.
Connell, Maj. J. C. W., K.O. Sco. Bord.
†Connolly,Temp. Lt. C. E., Can. Local Forces.
Conolly, Temp.Capt. L. A., *M.C.*, R.A.
Connor, Rev. J. M., *M.A* Chapl. to the Forces, 4th Class.
Connor, Bt. Lt.-Col F. P., *F.R.C.S.*, Ind. Med. Serv
Conrick, Capt. H. V. P., Aust. Mil. Forces.
†Constantine, Maj. C, F., Can. Local Forces.
Conway, Maj. J. A., *M.C.*, *M.D.*, *late* R.A.M.C.
Conway, Bt. Lt.-Col. J. M. H., *F.R.C.S.I.*, R.A.M.C
Cook, Col. C. C., ret. Ind. Army.
Cook, Lt. F. A., *M.C.*, 4 Bn. York & Lanc. R.
Cook, Temp. Maj. F. C. *M.C.*, R.E.
Cook,Lt. G. H.,Can. Local Forces.
Cooke, Lt.-Col. A. St. J. *late* Capt. Res. of Off.
Cooke, Lt.-Col. B. H. H., *C.M.G.*,*C.B.E.*,p.s.o. [L]
Cooke, Maj. E. D. M. H., R.A.
Cooke, Maj. G. S. C., R.E
Cooke, Col. (*temp. Maj. Gen.*) H. F., *C.B.*, Ind. Army.
Cooke,Lt.J., *M.C.*,W.Rid.R.
Cooke, Temp. Maj. J. C, *M.C.*
Cooke, Capt. R. C., *M.C.*, *late* R.A.M.C.
Cooke, Bt. Maj. T. F. V. R. Mar.
Cooke, Lt. W. F., Can Local Forces.
Cooke-Collis, Bt. Lt.-Col. (*temp. Brig.-Gen.*) W. J N., *C.M.G.*, R. Ir. Rif.
Cooke-Hurle, Col. E. F. Terr Force Maj. ret. pay (*Res. of Off.*)
Cookes, Maj. D., R.F.A (T.F.)
Coombs, Lt. A. G., *late* R.G.A.
Coop, Rev. J O., *M.A.*, TD., Chapl. 1st Class (T.F.)
Cooper, Lt. A. R., G. Gds. Spec. Res.
Cooper, Capt. A. R., *late* Serv. Bns. Worc. R.
Cooper, Temp. Maj. A. L., R.E.
Cooper,Maj.C.G.A., R.F.A
Cooper, Hon. Maj.-Gen. E. J., *C.B.*, *M.V.O.*, h.p.
Cooper, Bt. Lt.-Col. (*temp. Col.*) F.S., Suff. R.
Cooper, Maj. G. S., R.F.A.
Cooper, Temp. Lt.-Col. J. R.A.S.C.
Cooper, Temp. Maj L. N., *C.B.E.*, R.E.
Cooper, Capt. R. A. *late* Hamps. Yeo.
Cooper, Lt.-Col. W. G. 34 Horse.
Cooper,Capt.W.M., R.A.
Coote, Lt. C. R., 4 Bn. Glouc. R.
Coote-Brown, Temp. Lt. Col. W., 12 Bn. R. Suss.R.
Cope,Capt.A.H.,Devon.R.

†Cope, Bt. Lt.-Col. (*temp. Brig.-Gen.*) T. G., *C.M.G.*, R. Fus., *p.s.c.*,
Copeland,Capt. R. R., *M.C.*, R.F.A.
Copeman, Maj. H. C., *C.M.G.*, ret. pay. (*Lt.-Col. 4 Bn. Suff. R.*)
Coplans, Capt, M., *O.B E.*, *M.D.*, 3 Lond. Fd. Amb. R.A.M.C.
Coppinger, Lt.-Col. W. V., *M.D.*, Ind. Med. Serv.
Corballis, Capt. E. R. L., R. Dub. Fus.
Corbett, Maj. C.U., Shrops. Yeo (Lt. ret.)
Corbett, Maj. G. R. de la C., R.A.
Corbett, Lt. G. R. J., C. Gds. Spec. Res.
††Corfe, Temp. Lt -Col. A. C, Serv. Bns. S. Wales Bord.
Corfield, Capt. F. A., *O B E.*, R.A.S.C.
Corfield, Temp. Maj. G. F. C., R.E.
Corlette, Bt. Lt.-Col. J. M. C., *C.M.G.*, Aust. Mil. Forces.
Ko ces.
Cornes, Maj. H., R.F.A., *g*
Cornish, Maj. A. W. D., *M.C.*, 6 Gür ha Rif.
Corni ih-Bowden, Lt.-Col. J. H. T., *C.M.G.*, h.p.
Cornwall, Temp. Maj. C.E.
Cornwall, Bt. Lt.-Col. J. H. M., *C.B.E.* *M.C.*, R.F.A., *p.s.c.* [L]
Cornwall, Temp. Lt.-Col. J. K., Can. Local Forces.
Cornwallis, Temp. Maj.K., *C.B.E.*
Corrie, Lt.-Col. W F. T. R.A., *p.a.c.*,*g*.
Corrigan, Lt. C. A., Can. Local Forces.
Corry, Maj. J. B., R.E.
Corry, Hon. Brig -Gen. N. A. L., ret. pay.
Corsan, Capt. R. A., *M.C.*, R.F.A. (T.F.)
Cory, Maj.-Gen. G.N., *C.B.*, R. Dub. Fus., *p.s.c.*
Cosens, Bt. Maj. G. P. L. 1 Dns.
†Cosgrave, Lt L. V. M., Can. Local Forces.
Cosgrave, Lt. J. R., *M.C.*, B., R.A.
Cossart, Bt. Lt.-Col. A. R. R., R.A.
¤.¢. Costello, Bt. Col. (*temp. Brig.-Gen.*) E. W., *C.M.G.*, *C.V.O.*, 22 Punjabis, *p.s.c.*
Costin, Bt. Maj. E. B., W. York. R.
Cotgrave, Bt. Lt.-Col.T. S., R.A.S.C.
'ottee, Lt. H., R.F.A.
Cotter,Maj.E.B.,R.G.A.,o.
Cotter, Lt.-Col. H. J., *C.I.E.*, R.A.
Cotton, Temp. Lt.-Col. A. E., Serv. Bns. S. Wales Bord.
Cotton, Bt.Col.A.S., *C.M.G.*, R.F.A.
Cotton, Temp. Maj. R. E., Serv. Bns. York. R.
Cottrell, Capt. A. F. B., R.F.A.

Cottrell, Hon. Capt. J., *D.C.M*, ret. pay
Cottrell, Bt. Lt.-Col. R. F, R.G.A.
Couchman, Col. G. H. H., ret. pay.
Couchman, Maj. H. J., *M.C.*, R.E.
Coulson, Lt. - Col. J., h.p., *c*.
Coulson,Lt -Col. R. N., TD, 8 Bn. Sco. Rif.
Coulter, Hor. Lt.-Col. G., Aust Mil. Forces.
Courage, Bt. Col. A., *M.C.*, Tank Corps.
Courage,Lt.-Col. M. R. F., *late* R A. (*Lt.-Col. Res. of Off.*)
Courtice, Bt. Lt.-Col. J. G., R.A.O.C., *o*. [L]
Courtney, Maj. F. H., R.G.A.
Cousens, Bt. Lt.-Col. R. B. R.A.,*p.s c.*
Coussmaker, Lt. Col. L. J., *M.C.*, R E. (T.F.)
Coutts, Capt. D. D., Aust. Mil. Forces.
Cowan, Maj. A. J., R.F.A. (T.F.)
Cowan, Lt.-Col. B. W., ret. Can. Local Forces (Temp. Lt.-Col. 33 Bn. R. Fus.)
Cowan, Capt. I.C., *M.C.*, ret. pay.
Cowan, Maj. S. H., R.E.
Cowan-Douglas, Capt. J. R., *M.C*, High. L.I.
Cowell,Capt. E. M., *M.D.*, *F.R.C.S.*, R.A.M.C. Spec. Res.
Cowey, Maj. R. V., R.A.M.C.
Cowie,Maj. H. E. C., *C.B.E.*, R.E.
Cowie, Surg.-Maj. R. M., ret. *pay.*
Cowie, Temp. Capt. W. N., *M.C.*, R.A.
Cowlamd, Maj. W. S., Unattd. List (T.F.)
Cowley, Capt. V. L. S., *M.C.*, R. Ir. Rif.
Cowling, Temp. Lt. H. E, *M.C.*, *late* Serv. Bns, North'd Fus.
Cowper, Maj. M. G., E. York R.
Cox, Bt-Lt.-Col. C. E., R.A.S.C.
Cox, Col. C. F., *C.B.*, *C.M.G.*, VD, Aust. Mil. Force s.
†Cox, Bt. Lt.-Col. C. H. F., R.F.A. [L]
Cox, Maj. E. H., *M.B.*, R.A.M.C. (T.F.)
Cox, Lt.-Col. (*temp. Col.*) E.H., ret. pay.
Cox, Bt. Lt.-Col. F. T., R.A.S.C. (T.F.)
Cox, Lt. H. W. D., Can. Local Forces.
Cox, Temp. Maj. I. R.
Cox, Bt. Maj. P. G. A., R. Dub. Fus, (Lt.-Col. ret. pay (*Res. of Off.*)
Cox, Lt.-Col. W. T., TD, *late* R.F.A. (T.F.)
Coxen, Bt Col. W. A., *C.B.*, *C.M.G.*, Aust.Mil.Forces
Coxhead, Lt. - Col. T. L., *O.B.E.*, ret. pay.
Coysh, Hon. Lt.-Col.W. H., *late* R.E.

---

† Also awarded Bar to Distinguished Service Order.
†† Also awarded 2nd Bar to Distinguished Service Order.

Orders of Knighthood, &c. 235

COMPANIONS (D.S.O.)—*contd.*

Cracroft, Lt.-Col. H., R.A.S.C., *o.*
Craddock, Hon. Maj. S. W. K., *late* Capt. 2 Regt. K. Ed. Horse.
Craddock, Capt. W. M., *M.C.,* 20 Bn. Lond. R.
Cragg, Temp. Maj. W. G., 6 Bn. N. Lan. R.
Craig, Temp. Maj. A. H., *M.C.,* 13 Bn. R. Scots.
Craig, Maj. C. S., *M.C.* Can. Local Forces.
Craig, Lt. D., G. Gds. Spec. Res.
Craig, Capt. N.L., *O.B.E.* R.A.S.C.
Craig-Brown, Bt. Lt.-Col. E., Cam'n Highrs., *p.s e.* [*l*]
††Craigie-Halkett, Bt. Lt.-Col. H. M., *C.M.G.,* High. L.I.
Craig-McFeely, Lt. Col. C. M., *M.C.,* R. Dub. Fus.
Craik, Maj. J., ret. Ind. Army.
Crake, Maj. R. H., K.O. Sco. Bord.
Cram, Lt.-Col. P. McF., 4 Bn. Cam'n Highrs.
Cramer - Roberts, Maj. M. T., 4 Gurkha Rif.
Crampton, Maj. J., *M.C.,* late Serv. Bn. York & Lanc. R.
Crane, Lt.-Col. (Hon. Capt. in Army), C. P., *O.B.E.,* ret.
Cranston, Bt.Lt.-Col. W.J., N. Staff. R.
Craastoun, Maj. C. J. E., TD, Lanark Yeo.

Craske, Lt.-Col. J., *C.M.G.,* ret. pay.
Craster, Maj. G., 6 Cav. *p.s.c.*
Craufurd, Col.G. S. G.,*C.B., C.M.G.,C.I.E., p.s.c.,A.D.C.*
Craufurd, Bt. Lt.-Col. R. Q., R. Sco. Fus., *p.s.c.*
Craven, Lt.-Col. A. J., R.E.
Craven, Bt. Lt.-Col. W. S. D., *R.F.A., g.*
†Crawford, Temp. Col. E W., Corps of Mil. Accts.
†Crawford, Maj. I. L., Saskatchewan R
Crawford, Temp. 2nd Lt. J., 11 Bn. Rif. Brig.
Crawford, Maj. J. D., *M.C.,* 89 Punjabis.
Crawford, Capt. J. K., 1 Cent. Ont. Regt.
Crawford, Lt.-Col. J. N., R. Innis. Fus.
Crawford, Capt. J. R. M., *M.C.,* R.E. (T F.)
Crawford, Bt. Lt.-Col. R.D., R.A., *g.*
Crawford, Lt.-Col. V. J., R.A.M.C.
Crawford, Temp. Maj. W L., *VD,* 20 Bn. Lan. Fus.
Crawfurd,Lt.-Col. R. B. J., ret. pay.
Crawhall, Rev. Canon T. E., *M.A.,* Chapl. 1st Class (T.F.)

Crawley, Bt. Lt.-Col. R. P., *O.B.E., M.V.O.,* R.A.S.C. *e.*
Crawley-Bovey, Bt. Maj. M., *M.C.,* D. of Corn. L.I
Crawshaw, Maj. C. M., *M.C., late* K. O. Sco. Ford. Spec. Res.
Crawshay, Maj. C. H. R., h.p
Crawshay, Maj. H, ret. pay (Res. of Off.)
Creagh, Maj. P. H., Leic R.
*g*C Crean, Capt.T. J., ret.
Crerar, Lt.-Col. H. D. G., Can. Local Forces.
Cressingham, Lt.-Col. H., Bedf. & Herts R.
Creswell, Bt. Lt.-Col. E. F., R.A., *g.*
Crewe-Read, Lt.-Col. R. O. 7 Bn. R W. Fus.
Crichton, Temp Lt.-Col. A. G. M. M., *M.C., late* 5 Bn. Cam'n Highrs
Crichton, Lt.-Col. C. W. H., h.p.
Crichton, Capt. Hon. J. A., ret.
Cripps, Maj. C.W., R.F.A.
†Cripps, Maj. Hon. F. H., Bucks. Yeo.
Cripps, Maj. F. W. B. Glouc. Yeo.
Cripps, Capt H.H. R, R. Fus.
Crisp, Maj. A. P., A.I F
Critchley, Brig.-Gen. A.C. *C.M.G.* Can. Local Forces.
Critchley - Salmonson, Capt. A. C. B., R. Muns. Fus.
Crockett, Capt. N. R. *M.C.,* R. Scots
Crocker. Lt.-Col. B. E., Welch R.
Crocker,Bt. Lt.-Col. H. E., *C.M.G.,* Essex R. [*l*]
Crocker, Temp. Lt. J. T., *M.C.,* M.G. Corps.
Crockett. Temp. Lt.-Col. B. E., Serv.Bns. Hamps' R.
Croft, Maj. D. W., *M.C. late* Serv. Bns. S. Wales Bord.
†††Croft,Bt, Lt.-Col.(*temp. Brig.-Gen.*)W.D., *C.M.G.,* Sco. Rif., *p.s.c.*
Crofton, Lt.-Col. C. M., R.F.A.
Crofton, Lt -Col. *Sir* M. G., Bt., ret. pay. *(Res. of Off.)*
Crofton.Maj.M.R.H.,R.A *C.B.,C.M.G.,R.A.,g.,p.s.c.*
Crofts, Lt. - Col. L. M., R.W, Surr. R.
Croly, Lt.-Col. W. C., R.A.M.C.
Crombie, Lt. G. L., Aust. Imp. Force
Crombie, Maj. J. F., TD, R.A.M.C. (T.F.)
Crompton, B., *late* Lt.-Col. Natal Local Forces.
Crompton-Roberts, *Lt.-Col.* H. R., ret. pay.
Cronshaw, Maj. A. E., TD, 5 Bn. Manch. R.
Crook, Lt.-Col. F. J. F., *late* Serv. Bns. Lan Fus.
Crookenden, Bt.-Col. A., Ches. R. *p.s.c.* [L].

Crookenden, Maj. J., E. Kent R.
Crookshank,Col.*Str* S D'A. *K.C.M.G., C.B., C.I.E., M.V.O.,* R.E.
Cropper, Temp. Maj. C. H., *M.C.,* R.E.
Crosbie, Temp. Lt.-Col. J. D., *C.M.G.*
Crosbie, Bt Lt.-Col. J. P. G., Rif. Brig., *K.C.M.G.*
Crosbie, Maj. W. McC., R. Muns. Fus.
Crosfield, Hon. Lt.-Col. G. R., T.F. Res.
Cross, Capt. E. G. K., ret. pay.
Cross, Temp. Lt F. N., Serv. Bns. L'pool R.
Cross, Maj. J. A., Can. Local Forces.
Crosse, Rev. E. C., *M.C.,* Hon. Chapl. to the Forces (3rd Class.)
†Crosse, Bt. Maj. R. B., Oxf. & Bucks. L.I.
Crosse,Maj.W.C.,R.A S.C.
Crossing, Temp. Capt. W L., M.G. Corps.
Crossman, Maj. F. L. M., *M.C.* R.A.
Crossman, Bt. Lt.-Col, G. L., *C.M.G.,* W. York R.
Crosson, Capt.W. F., 5 Bn. Hamps. R.
Cr.sthwaite, Capt. J. D., *M.C.,* 1 Bn. Lond. R.
Crouch, Bt. Maj. E., *D.C.M.,* D. of Corn. L.I.
Crouch, Lt. T. A., *M.C.,* 4 Bn. R. Ir. Fus.
Croughan, Lt. J. P., Aust. Imp. Force
Crow, Capt. P., *late* Unattd List (T F.)
Crowder, Lt. W. H., R.F.A. (T.F.)
Crowther, Lt.-Col. H. E., C'wealth Mil. Forces.
Crowther, Lt.-Col. W. E. L. H., Aust. Imp. Force.
Crozier, Bt. Lt.-Col B. B., *C.M.G., R.F.A., p.s.c.*
Crozier, Temp. Brig.-Gen. F. P, *C.B., C.M.G.*
Cruddas, Maj. B., North'd Fus.
Cruickshank, Capt. A. J., R E.
Cruickshank, Maj. A. L., R.G.A.
Crump, Lt.-Col. J. A., 4 Bn. N. Lan. R.
Cubbon, Temp. Maj J. F., *M.C.,* R.E.
Cubitt, Maj.-Gen. T A, *C.B., C.M.G., R.A.,g.,p.s.c.*
Cuffe, Lt.-Col. J. A. F., *C.M.G.,* R. Muns. Fus., *p.s.c.* [*l*]
Cullen, Lt.-Col. E. H. S. *C.M.G., M.V.O.,* 34 Pioneers.
Cullum, G-O., *late* Lt. Cape Local Fo ces
Cumberlege, Maj. C. B., *O.B.E.,* Bedf. & Herts.R.
Cumberledge,Capt,G.F.J., *M.C.,* Res. of Off.
Cumine, Temp. Maj, G. J. G.G., M.G. Corps. (*Capt. Res. of Off.*)
Cuming, Lt.-Col. R. J., *O.R.E.* 48 Pioneers

Cumming, Bt. Col. H R. h.p., *p.s.c.* [*l*]
Cummins, Lt.-Col. C. E., *late* Serv. Bns. R. Suss.R.
Cummins,Bt. Lt.-Col.E.J., R.G.A., *g.*
Cuminghame, Lt.-Col. E, W. M. R.A.
Cuninghame, Bt. Lt.-Col. *Sir* T. A. M., Bt., Rif. Brig., *p.s.c.*
Cuninghame, Maj. W. W. S., 2 L.G.
Cunningham, Bt. Lt.-Col. A. B., *O.B.E.,* R.E.
Cunningham, Maj. A. G., *M.C.,* R.F.A
Cunningham, Temp. Maj. B. S. R., R.A.S.C.
Cunningham, Maj C. C., 12 Pioneers, *p.s.c.*
Cunningham F.W M., *M.D. late* Capt., R.A.M.C.
Cunningham, Hon. Brig.-Gen. G. G., *C.B., C.B.E.,* ret. pay, *q.s.*
Cunningham, Bt. Lt.-Col. H. T., R.A., *p.a.c.*
Cunningham, Capt J. A., Res. of Off.
Cunningham, Lt. J. C., *late* Serv. Bns. Oxf. & Bucks L.I.
Cunningham, Bt. Lt.-Col. J. S., Midd'x R.
Cunningham, Maj. T. L., *late* Serv. Bns.R.Highrs.
Cunningham, Lt.-Col. W. H., N.Z. Mil. Forces.
Cunningham - Cunningham,Maj.T.,R.G.A.,*o. e.*
Curell, Maj. W. B., Lan. Fus.
Curling, Bt. Lt.-Col. (*temp. Brig.-Gen.*) B. J., K. R. Rif. C., *p.s.c.*
Curling, Bt. Maj. R. R., R.A.
Curran, Maj. E., *M.C.,* R.F.A.
Currie,Lt.-Col.I.B.F.,R.A., S. Afr. Def. Force.
Currie, Capt. J., *late* S. Afr. Def. Force.
Currie, Lt.-Col. P., *C M G* C'wealth Mil. Forces
Currie, Lt -Col. R. A. M., *C.M.G.,* Som. L.I., *p.s.c.*
Currie. Capt. S. G., *M.C.,* P.P.C L I.
†Currin, Lt.-Col. R. W., *late* York & Lanc. R.
Curry, Hon. Brig.-Gen. M. G., *O.B., C.B.E.,* ret. pay.
Curteis,Bt.Lt.-Col. C.S.S., *C.M.G.,* R.G.A.
††Curtis,Lt.-Col. H. M. C., T.F. Res.
Curtis, Bt. Maj. H. O., *M.C.,* K.R. Rif. Corps.
Curtis,Maj.-Gen. *Sir* R. S., *K.C.M.G., C.B.,* ret. pay
Cutbill, Bt. Lt. - Col. R.H.L., *C.M.G.,* R.A.S.C.
Cuthbert, Lt.-Col. T. W., *C.M.G.,* T.F. Res.
Cutling, Temp. Maj. R. H. *M.C.* M.G. Corps.
Cutcliffe, мaj. A. B., Can. A.V.C.

Da Costa, Bt. Col. E. C., E. Lan. R.
†Dakeyne, Capt. H. W., E War.

---

† Also awarded Bar to Distinguished Service Order.
†† Also awarded 2nd Bar to Distinguished Service Order.
††† Also awarded 3rd Bar to Distinguished Service Order

COMPANIONS (D.S.O.)—contd.

Dalby, Bt. Lt.-Col. (temp. Col.) T. G., K. R. Rif. C.
Dale, Temp. Capt. F. R., M.C., Serv. Bns., Welch R.
Dalmeny, Lt. A.E.H.M.A Lord., M.C., Res. of Off.
Dalrymple-Hay, Hon. Brig. Gen. J. R. M., C.B., ret pay.
Daltry, Capt. H. J., N.Z. Mil. Forces.
Daly, Maj. D., M.C., R.A.
Daly, Lt.-Col. J, F., TD, 6 Bn. High. L.I.
Daly, Bt. Maj. L. D., Leins. R., p.s o.
Daly, Lt. P. J., C.M.G., Can. Local Forces.
Dammers, Maj. G. M., M.C., T.F. Res.
†Danby, Lt. Col. S., M.C., late Serv. Bn. Manch. R.
Dane, Maj. J. A., R.F.A Spec. Res. (Lt. ret pay).
Danford, Bt. Lt. - Col. B. W. Y., R.E.
Daniel, Maj. C. J., C.B.E., ret. pay
Daniel, Capt. J. A., M C., Welch R.
†Daniel, Temp. Maj. T.W., M.C., 10 Bn. Notts. & Derby R.
Daniell, Maj. F. W., ret. Ind. Army (temp. Col. in Army).
Daniell, Maj. J. A. S., O.B.E., 14 Sikhs.
Daniell, Maj. W. A. B., R.H.A. (T.F.)
Danielsen, Lt.-Col. F. G., T.F. Res. [L]
Danielsen, Maj. J. W., R.E. (T.F.)
†Dann,Bt.Lt.-Col.W.R.H., Bedf. & Herts R.
Dansey, Bt. Lt.-Col. F. H., C.M.G., Wilts. R., e.
Dansey, Temp Maj. H. W. G.
d'Apice, Bt. Lt.-Col. J. E. F., R.A., g.
Darby, Maj. H., T.F. Res.
D'Arcy, Maj. J. I., R.A.
Dare, Maj. (hon. Lt.-Col.) C. M. M., Aust. Mil. Forces.
Darell, Lt.-Col. H. F., Res. of Off.
Darell,Maj. Sir L.E.H M., Bt., h.p.
Darell, Bt. Col. W. H. V., C.M.G., C. Gds., p.s.c.
Darley, Capt. C. G., 14 Hrs.
Darley, Maj. H. R., O.B.E., Res. of Off.
Darley, Lt.-Col.J.R.,C.I.E., 119 Inf.
Darling, Lt. (hon. Capt.) H. F., Aust. Mil. Forces
Darling, Capt. J. C., 20 Hrs.
Darling, Capt. J. M., B., F.R.C.S. Edin., R.A.M.C., Spec. Res.
Darlington, Maj. A. J., R.E.
Darwall, Bt. Lt.-Col. R.H., R. Mar.

Darwin, Capt. C. J. W., C. Gds.
Daubeney, Hon. Brig.-Gen. E. K., C.B.E., ret. pay
†Daubeny, Maj. G. B., R.A.
Daunt, Lt.-Col. R. A. C., R. Ir. Rif.
Davenport, Lt.-Col. (temp. Brig-Gen.) S., 4 Bn. Glouc. R.
Davenport, Maj. W. A., M.C., W. York. R.
Davey, Maj. J. E., Can. Local Forces.
David, Capt. M., R. Mon. R.E.
David, Lt.-Col. T. J., TD, R.H.A. (T.F.)
†Davidge, Maj. G. M. C., Worc. R.
Davidson, Bt. Lt.-Col. A. E. R.E.
Davidson, Capt. A.N.,3 Bn. Gord. Highrs.
Davidson, Maj. C. G. F. M.C., R.A.
Davidson, Bt. Col. C. J. L., ret. pay.
Davidson, Bt. Maj. D. S., R. Sc. Fus.
Davidson, Capt. F. H. N., M.C., R.A.[l]
Davidson, Temp. Maj. G., R.A.S.C.
Davidson, Maj.G.H.,ret.pay
†Davidson, Lt.-Col. H. A., M.B., R.A.M.C.
Davidson, Lt.-Col. I.,M.D., Ind. Med. Serv. [L]
Davidson. Maj.-Gen. Sir J. H., K.C.M.G., C.B., p.s.o.
Davidson, Maj. L. E. O., R.F.A
Davidson, Bt. Lt.-Col. P., C.M.G., M.B., R.A.M.C.
Davidson, Lt-Col. P. V., late R. War. R.
†Davidson, Maj. T., TD, R.F.A. (T. F.)
Davidson, Lt.-Col. T. St. C., ret. pay.
Davie, Lt.-Col. J H M., 34 Horse.
Davie, Hon. Brig.-Gen. K. M., ret. pay, p.s.c. [l]
Davies, Maj. A. H., TD, R.F.A. (T.F.)
Davies, Temp. Maj. A. R., M.C., R.E.
Davies,Maj.C.E.,R.War.R.
Davies, Col. (temp. Brig.-Gen.) C H., C.B. C.M.G., Ind. Army
Davies, Lt.-Col. C. M., ret. pay, p.s.c.
Davies, Bt. Lt.-Col. C. S., C.M G., Leic. R.
Davies, Capt. H. W., M C., 8 Bn. Worc. R.
Davies, Lt.-Col. J. E. H., late R.A.M.C.
Davies, Temp. Maj. J. W. L., M.C. R.E.
Davies, Capt. P. M., e.
††Davies, Maj. R. D., Can. Local Forces.
Davies, Temp. Maj. R. Howell, R.E.
Davies, Col. T. A. H., O.B., ret. pay

Davies, Lt. T. H., M.C., R.E. (T.F.)
Davies, Bt. Lt.-Col. W.E., C.M.G. Rif. Brig.
Davies,Bt.Col.(temp.Brig.-Gen.), W. P. L., C.M.G., R.A., p.s.c.
Davies, W. T. F., C.M G.,late Lt.-Col., Transvaal Vols.
Davies-Evans, Maj. D. W. C., TD, Pemb Yeo.
Davis,Lt.-Col.C.H.,C.B.E. VD, Aust. Mil. Forces.
Davis, Lt. F., 3 Bn. S. Staff R.
Davis, Maj.H.J.N., C.M.G., Conn. Rangers, p.s.c.
Davis, Temp. Lt. S. A., O.B.E
Davis, Maj. W. E., Can. Rly. Serv.
Davis, Maj. W. H., M.C., late M.G. Corps
Davison, Capt. D. S., 2 Lrs.
Davson, Maj. H. J. H., 82 Punjabis
Davson, Lt.-Col. H. M., C.M.G., R.H.A.
††Dawes, Bt. Maj. G., M.C., S. Staff R.
Dawes, Bt. Lt.-Col. G. W. P., A.F.C., R. Berks R.
Dawes, Capt. H. F., M.C., R. Fus.
Dawnay, Bt. Maj. A. G. C., O.B.E., C. Gds., p.s.c.
Dawnay, Lt.-Col. G.P., C.B., C.M.G., M.V.O., Res. of Off., p.s.c.
Dawnay, Bt.-Lt.-Col. Hon I., late Norf. Yeo., Capt. ret.
Dawson, Bt. Maj. A. L. Aust. Mil. Forces
Dawson, Lt. F., M.C.,Tank Corps.
†Dawson, Hon. Brig.-Gen F. S., C.M.G., late S. Afr. Overseas Force, A.D.C.
Dawson, Temp Capt. G. de H., M.C., R.A.M.C.
†Dawson, Lt.-Col. H. J. C.M.G.,Can.LocalForces.
Dawson,Capt.H.K., M.D., R.A.M.C. (T F.)
Dawson, Lt.-Col. J., late 6 Bn. Gord. Highrs.
Dawson, Capt. W., M.B., late R.A.M.C.
Day, Maj. F. R., Norf R.
Day, Maj. H. E., M.V.O., R.E.
Day, Bt.-Lt.-Col. J., R.E.
Day, Maj. N. A. L., R.A. Ind. Army
Day, Temp. Lt.-Col. R.W., O.B.E.
Dayrell, Maj. W. S., ret. Ind. Army
†Deacon, Lt.-Col. H.R.G., Conn. Rang.
Deacon, Lt. W. J., R.A.
Deakin, Capt. E. B., 5 Bn. Essex. R.
Deakin, Lt.-Col. F. F., T.F. Res. (Capt. ret. pay.)
Deakin, Lt.-Col. G., late Serv. Bns. R. War. R,

Dealy, Col. (temp. Brig.-Gen.) J. A., C.M.G.
Dean, Maj. A. C H., O.B.E., R.G.A., g.
Dean, Capt. E. T., Aust. Mil. Forces.
Dean, Maj. H. G., 4 Bn. Linc. R.
Deane, Lt.-Col. D., Ind. Army.
†Deane Drummond,Temp. Lt.-Col. J. D., M.C., M.G. Corps.
†Dear, Capt. H. J., 17 Bn. Lond. R.
Dearden, Lt. J. F., M.C., h.p.
Debenham, Lt. G. A., M.C., Norf. R.
de Brett, Bt. Col. (temp. Brig.-Gen.) H. S., C.M.G., R.A., p.s.c. [L]
de Burgh, Maj. E., Horse, v.s.c.
De Butts, Capt. F.C., M.C., 5e Rif.
de Castilla, Capt. J., ret. Aust. Mil. Forces
de Castilla. Maj. J. S. R., S. Afr. Def. Forces.
Decies, J. G. H. Lord, late Lt.-Col. S. Irish Horse, Maj. ret. pay.
de Courcy, Maj. Hon. M, W. R., 32 Pioneers
de Crespigny, Maj. (Hon. Col.) C.T.C., Aust. Mil. Forces.
Deedes, Bt. Col. C. P., C.B., C.M.G.; Lt.-Col.h.p., p.s.o.
Deedes, Bt. Lt.-Col. W. H., C.M.G., Bt. Lt.-Col. K. R. Rif. C. [L]
de Falbe, Col. V. W., C.M.G
de Foublanque, Capt. P., R.E.
deGrey,Bt.Maj.G.,Norf.R.
de Havilland, Temp. Lt.-Col. T. L., C.M G., 1 Bn. R. Guernsey L.I. (Maj. S. Afr. Def. Force)
de Hoghton, Capt. G. M.C., Yorks. L.I.
De la Bère, Hon.Maj.R.N., late 3 Bn. R. Lanc. R. (Hon. Capt. in Army) (Capt. Res. of Off.)
Delacombe, Lt.-Col. A., A.P. Dept.
Delahaye, Bt. Maj. J. V., M C, R.F.A.
Delamain, Maj.-Gen. Sir W. S., K.C.M.G., C.B., Ind. Army
De la Motte, Maj. R. B., Ind. Army.
Delap,Lt.-Col.G.G.,C.M.G., R.A.M C
Delap, Maj. J. O. K.,T.F. Res
de la Perrelle, Bt. Lt.-Col. J. N., M.C., 6 Bn. R. Rus.
de la Poer Beresford, Temp. Lt.-Col. M. J. B., 4 Bn. S. Wales Bord. (Lt.-Col. ret. pay)
De la Pryme, Bt. Lt.-Col. P. C., R A.S.C.

† Also awarded Bar to Distinguished Service Order.
†† Also awarded 2nd Bar to Distinguished Service Order.

Orders of Knighthood, &c.

COMPANIONS (D.S.O.)—*contd.*

De la Pryme, Capt. W. H. A., W. York R. (Temp. Lt.-Col 9 Bn. Suff. R.)
de Laessoe, Temp. Maj. H. H., *M.C.*
De la Voye, Hon. Brig.-Gen. A. E., *C.B., C.M.G.*, ret. pay, *e.*
De Lisle, Lt.-Gen. H.de B., *K.C.B., K.C.M.G.*, p.s.c. [I]
Delmé-Murray, Maj. G. A.
Delmé-Radcliffe, Maj. A., 105 Lt. Inf. [L].
de Low, Capt. H. S., Aust. Mil. Forces
Delphin, Temp. Capt. L., *M.C.*, R.E.
de Miremont, Capt. G. E. R., *M.C.*, R.W. Fus.
de Montmorency, Temp. Maj. H. G. F. E., R.F.A.
†Dempster, Lt.-Col. J. F., Res. of Off.
Dendy, Maj. M. H., *M.C.*, R.A.
Dene, Bt. Lt.-Col. A. P., *C.M.G.*, D. of Corn. L.I.
Dene, Lt.-Col. H., *late* W. Gds. Spec. Res
†Denehy, Lt. (*hon. capt.*) C. A., Aust. Mil. Forces.
Denham, Lt.-Col. H. K., Aust. Mil. Forces.
Denhams, Maj. H. A., R.G.A. (T.F.)
Denis de Vitre, Lt.-Col. P. T., R.E.
Denison, Maj. E. B., *M.C.*, K.R.R. Rif. C.
Denison, Bt. Lt.-Col. G. W., R.E.
Denison, Maj. W. W., Can. Local Forces.
Denison-Pender, Bt. Maj. H. D., *M.C., late* 2 Dns.
Denniss, Maj. C. E. B., R.F.A.
Donnelston, Lt.-Col. J. G., ret. pay.
Denny, Maj. E. W., ret. pay (*Res of O.T.*)
Dent, Lt.-Col. B.C., *C.M.G.*, Leic. R.
†Dent, Capt. J.R. C., *M.C.*, R Innis. Fus.
†Dent, Capt. L. M.E., Oxf.& Bucks L.I.
Dent, Bt. Lt.-Col. W., 103 Inf., *p.s.c*
Denton, Maj. J. S., Aust. Mil. Forces.
de Pass, Lt. G. E.. 4 D. G.
de Pentheny-O'Kelly, Maj. E. J., R.W. Fus.
De Prée, Col. (*temp. Brig.-Gen.*) H. D., *C.B., C.M.G.*, p.s.c. [L]
deQuetteville, Temp. Capt. R. G., *M.C.*, 7 Bn. York. R
Derham, Maj. F. P., Aust. Mil. Forces.
de Rougemont, Hon. Brig.-Gen. C. H., *C.B., C.M.G., M.V.O.*, ret. pay, p.s.c.
Derry, Maj. A., *O.B.E.*, Welch R.
†Derviche-Jones, Capt. A. D. *M.C.*, R. Lanc. R.
de Salis, Maj. E. A. A. Worc. R.

de Satagé, Temp. Lt.-Col. H. V. B., *C.M.G.* 4 N. Mid. Brig. R.F.A. (Maj. 3 N. Mid. Brig. R.F.A.) (*Hon. Capt. in Army*)
De Sausmarez, Bt. Col (*temp. Brig.-Gen.*) C., *C.M.G.*, R.G.A.
Deshon, Col. C. J., ret. pay.
Desmidt, Temp. Maj. E. O., R.E.
D'Esterre, Maj.P.O.E., h.p. R.A.O.C.
Devas, Rev. F., *O.B.E.*, Temp. Chapl. to the Forces (2nd Class).
Devine, Maj. J. A., *O.B.E., M.D., late* R.A.M.C.
Devonshire, Lt. W. P., Aust. Mil. Forces.
Dew, Capt. J. F., *M.C.*, 3 Bn. Sco. Rif.
Dewar, Lt. R., 4 Bn. Manch R.
Dewing, Bt. Maj. R. H., *M.C.*, R.E.
de Winton, Lt.-Col. R.S., R G.A.
Di'din, Capt. E. J., Aust. Mil. Forces.
Dick, Lt. A., Aust. Mil. Forces.
Dick, Lt.-Col.D.H.A., 3 Bn. R.Sc. Fus. (Maj. ret. pay) (*Lt.-Col. 14 Bn. High. L.I.*)
Di k. Temp. Lt. H. W., Serv. Bns. W. York. R.
Dick, Bt. Lt.-Col. R. N., *C.M.G.*, R. Suss. R., p.s.c.
Dick, Capt. T. S., R. Mar.
Dick-Cunyngham, Bt. Lt.-Col. (*temp. Brig.-Gen.*) J. K., *C.M.G.*, Gord. Highrs., p.s.c.
Dickenson, Rev. L. G., Temp. Chapl. to the Forces.
Dickie, Capt. D.. *M.B., F.R.C.S.*, R.A.M.C. (T.F.)
Dickins, Col. V. W. F., *VD*, (*Lt. late Res. of Off.*)
Dickinson, Bt. Maj. D. P., *M.C*, Welch R.
Dickinson, Lt. G. F., Aust. Mil. Forces.
Dickinson, Maj. N. H. C., C., ret. pay.
Dickinson, Lt. R. S. W., *late* C. Gds. Spec Res.
Dickson, Capt. C. H., Can. Local Forces.
Dickson, Lt.-Col. M. R., *late* Serv. Bns. Arg. & Suth'd Highrs.
Dickson, Maj V. H., TD, R.F.A. (T.F.)
Digan, Lt. Col. A. J., 3 Bn. Conn. Rang.
Digby, Capt. A. K., R.F.A.
Digby, Capt. Hon. E. K., *M.C.*, C. Gds
Digby-Wingfield-Digby, Maj. F. J. B., Dorset Yeo.
Diggle, Maj. J.N., ret. pay
Diggle, Maj. W. H., *M.C.*, G. Gds., p.s.c.
Diggles, Maj. J. M., T.F. Res.
Dill, Bt. Col. (*temp. Brig.-Gen.*) J. G., *C.M.G.*, Leins. R., p.s.c.
Dillon, C. T F., *late* Capt. Worc R

Dillon, Bt. Lt.-Col. E. Fitz G., *C.M.G.*, R. Muns. Fus., p.s.c. [L]
Dingwall, Temp. Lt.-Col. K., 39 Trng. Res. Bn.
Dinwiddie, Capt. M., *O B.E., M.C.*, Gord.Highrs
Dippie, Temp. Maj. H., 14 Bn. Worc. R.
Ditcham, Temp. Lt.-Col. H. G., Lab. Corps.
Ditmas, Lt.-Col. F. I. L., *M.C.*, Res. of Off.
Dive, Bt. Maj. G. H., R.A.M.C.
Dixon, Temp. Lt.-Col. F. A., *C.M.G.*, R.F.A.
Dixon, Lt. R. D., Aust. Mil. Forces.
Dixon, Maj. R. S., *M.C.*, *late* Res. of ff.
Dixon, Maj. W. C., *O.B.E.*, R.A.O.C.
Dixon-Nuttall, Maj.W F., *TD*, W. Lan. Div'l R.E.
Doake, Temp. Capt.R.L.V., *M.C.*, Serv. Bns. Bedf. & Herts. R.
Dobbie, Bt. Lt.-Col. W G. S., *C M G.*, R.E., p.s.o. [L]
Dobbie, Lt. W. H., Can. Local Forces.
Dobbin, Maj. A. W., R.A.
Dobbin, Bt. Lt.-Col. H. T., D. of Corn. L.I.
Dobbin, Lt.-Col. L. G. W., North'n R.
Dobbs, Bt. Lt.-Col. C. F., *C.I E.*, 94 Inf., p.s c
†Dobbs, Bt. Lt.-Col. R. C., R. lr. Fus.
Dobell, Maj.-Gen. C. M., *K.C.B., C.M.G.*, p.s.c. [I]
Dobson, Bt. Lt.-Col. A. C., R.E.
Dobson, Capt. F. G., *M.B*, R.A.M.C. (T.F.)
Dobson, Maj. J. H., S. Afr. Def. Force.
Dodd, Maj. W. T., R.E.
Dodds, Lt.-Col. T. H., *C.M.G.*, Adjst Mil.Forces
Dodge, Temp. Maj. J. B., *D.S.C.*, Serv. Bns. Suff. R.
Dodgson, Maj. H B., ret.pay
Dodgson, Bt. Lt.-Col. R. C., ret. pay.
Dods, Capt.(*hon. Lt.-Col.*)J. E., *M.C.*,Aust Mil.Forces
Doig, Lt.-Col. C.P., *O.B.E.*, ret. pay.
Doig, Maj. P., R.G.A.(T.F.)
Dolphin, Capt.E. J., 20 Bn. Lond. R.
Dolphin, Maj. H. C., ret. pay (*Res. of Off.*)
Don, Maj. J. A., h.p.
Donald, Lt. A. S., Can. Local Forces.
†Donaldson, Capt. A. S., Can. Lccal Forces.
Donaldson, Temp. Lt.-Col. J., 19 Bn. R. Scots (*late Lt. Col. Transvaal Vols.*)
Donaldson, Lt. (*hon. Capt.*) R. J., Aust. Mil. Forces.
Donaldson, Maj. R. L. M., Can. Local Forces.
Donaldson - Hudson, Bt. Maj. R. C., T.F. Res.
†Done, Hon. Brig.-Gen. H. R., *C.M.G.*, ret. pay.
Done, Bt. Lt.-Col. R. J., R.E.

Donkin, Temp Maj. F. L., R.F.A.
Donnelly, Lt. J. B., Can. Local Forces.
Donnelly, Bt. Lt.-Col T., R.G.A.
Donovan, Capt. C. O., *M.B., late* R.A.M.C.
Donovan, Maj. S. J., R.A.S.C.
Dooner, Temp.Capt. H.B., *M.C.*
Dopping - Hepenstal, Lt., Col. M. E., 1 Gúrkha Rif.
Doran, Bt. Lt.-Col. J. C. M., *C.B.E.*, R.A.S.C.
Doran, Hon. Brig.-Gen. W. R. S., *C.B*, p.s.c., ret. pay.
Dore, Maj. A.S.W., 7 Bn. Worc. R.
Dorling, Bt. Lt.-Col. F. H., Manch. R., p.s.c.
Dorling, Col. L., *C.B.*, *C.M.G.*, A.P. Dept.
Dorman, Maj. E. M., *M.C.*, 4 D G.
Dorman, Maj. L. C., Worc. R.
Dorrien-Smith, Maj. A A. 6 Bn. Rif. Brig. (Capt. ret. pay)
Dorrieu-Smith, Maj. E. P., ret. pay, p.s.c.
Dorward, Maj.-Gen. Sir A. R F., *K.C.B.*, ret. pay
Doughty, Maj. E. C., ret. pay.
†Doughty, Capt. E.S., Can. Local Forces.
Douglas, Col. H. E. M., *C.M.G.*, R.A.M.C.
Douglas, J. S. G., *late* Capt. Brabant's Horse.
Douglas, Temp. Maj.J.W., North'b'n Div'l Eng., R.E.
Douglas, Maj. N. A., *M.C.*, Hon. Art. Co.
Douglas, Maj. S. W., ret. pay.
Douglas, Maj.-Gen. *Sir* W., *K.C.M.G.*, *C.B.*, p.s.c.
Douglas, Hon. Brig.-Gen. W. C., *C.B*, *late* Lt.-Col. 3 Bn. Sco. Rif.
Douglas-Jones, Bt. Maj. S. D., *M.C.*, R.G.A.
Douie, Bt. Maj. F McC., *M.C.*, R.E.
†Dowden, Capt. C.H., *M.C.*, K.R.Rif. C.
†Dowding, Lt.-Col. C. C., *M.C., late* Serv. Bns. Welsh R.
Downes, Maj. O. C., Rif. Brig.
Downes, Lt. J. W., *M.C.*, Shrops. Yeo.
Downey, Temp. Maj. J. A., Serv. Bns. Durh. L.I.
Downey, Lt.-Col. M. H., Aust. Mil. Forces.
Downie, Capt. J., *M.B.*, R.A.M.C. (T.F.)
Downing, Lt.-Col. H. J., *O.B.E.*, ret. pay.
Dowse, Lt.-Col. R. A., Aust. Mil. Forces.
Dowsett, Lt.-Col. (*actg. Col.*) E. B., R.A.M.C. (T.F.)
Doyle, Capt. E. C., R.A.V.C.

† Also awarded Bar to Distinguished Service Order.

Orders of Knighthood, &c.

COMPANIONS (D.S.O.) - contd.

Doyle, Maj. I. P., ret. Ind Med. Serv. (Mad.)
Doyle, R. D., late Maj Transvaal Vols.
Draffen, Maj. F.G.W., h.p.
Drage, G., late Lt.-Col. Hereford R. (Maj. ret R.Mar.) L]
†Drage, Lt. Col. G., ret (Maj. ret. Ind. Army).
Drage, Hon Lt.-Col. w. H., Qr.-Mr. ret pay
Drake, Lt.-Col. R. G., ret. pay (Res. of Off.), p.s.c.[L]
Drake-Brockman, Capt.G. P. L., M.C., Bord. R.
Drake-Brockman, Lt.-Col R. E., late R.A.M.C.
†Draper, Capt. D. C., C.M.G.,Can.Lo al Force's
Dresser, Maj. H. B., R.F.A. Spec. Res.
Dresser, Maj.P. B., R.F.A
Drew, Bt. Lt.-Col. C. D., ret. pay.
Drew, Capt. C. F., Sco. Rif.
Drew, Maj. C. M., M.B., R.A.M.C.
Drew, Maj. F. W. M., S. Lan. R.
Drew, Lt.-Col. G. B., ret [a.v.]
Drew, Lt.-Col. H. R. H., North'd R.
Drew, Maj. J. S., M.C., Cam'n Highrs. p.s.c.
Dreyer, Bt. Col. J. T., R.A., g.
Driscoll, Hon. Lt.-Col. D. P., C.M.G. late R. Fus
Driver, Maj. A., M.C., 6 Bn. W. Rld. R.
Driver, Temp. Capt. H., M.C., 7 Bn. Bedf. R.
Drumgold, Lt. A., 3 Bn. R. W. Kent R.
Drummond, Bt. Lt.-Col. Hon. M. C. A., C.M.G., R. Highrs., p.s.c.
Drummond, Lt. W. S. G., R.A.S.C., Spec. Res.
Drury, Temp. Lt-Col R. C., R.A.
Drynan, Maj. W. B., late York & Lanc.R. (attd.)
Drysdale, Capt. A. E., M.C., 47 Sikhs.
†Dubuc, Capt. A. E., Can. Local Forces.
Ducat, Lt.-Col. A.D., M.B., TD, R.A.M.C. (T.F.)
Duck, Capt. F. P., S. Staff. R.
Duckett, Lt.-Col., S., Res. of Off.
Duckworth, Lt.-Col., late S. Staff. R.
Dudgeon, Bt. Lt.-Col. (temp Brig.-Gen.) R. M., M.C., Cam'n Highrs.
Dudley, Temp. Capt. G.V., MC, R.A.
Dudley-Ward, Maj. C. H., M.C.,late W. Gds.
Duff, Bt. Lt.-Col. G. B., ret. pay
Dufferin & Ava, Capt.F.T. Marq. of, la e G. Gds. Spec.Res. (Capt.ret.pay.
Dugan, Col. (temp. Brig.- Gen.) W. J.
Dugdale, Col. A, TD, ret T.F
Dugdale, Bt. Maj. J. G., M.V.O., M.C., Res of Off.
Dugdale, Maj. W. M., Montgm. Yeo.

†Duggan, Capt. B. O. C., Aust. Mil. Forces
Duggan, Maj. H. J. G., M.C., late Serv. Bns. N Lan R.
Duguid, Lt. A. F., Can. Local Forces.
Duguid - McCombie, Lt.- Col. W. M., 2 Dns.
Dulgan, Maj. (temp. Lt- Col.) J. E., N.Z. Mil Forces. p.s.c.
Duka, Capt. A.T, rat. Aust. Mil. Forces (Maj. late R.A.M.C.)
Duke, Maj. A.C.H.,C M.G, ret. pay (Res. of Off.)
Duke, Maj. B. L., O.B.E., R.A.
Duke, Bt. Maj J. P., M.C., R. War. R.
Duke, Temp. Capt. R. N., M.C.
Duly, C., late Temp. Capt. 11 Bn. Worc. R.
††Dumbell, Bt. Lt.-Col. C.H., Notts. & Derby R.
Dun, Capt. T. I., M.C., M.B., R.A.M.C.
Dunbar, Maj. B. H. V., M.D., R.A.M.C.
Dunbar, Maj. J. C., R.A. Maitland, R.A.
Duncan, Temp. Capt. C. Gloue. R.
Duncan, Bt. Maj. D., M.C., C.M.G.[L]
Duncan, Col. F. J., C.B., C.M.G. [L]
Duncan, Maj. H. A., Arg, & Suth'd Highrs.
Duncan, Bt. Lt.-Col. H.C., O.B.E., 9 Gurkha Rif., p.s.c
Duncan, Maj -Gen. J., C.B., C.M.G., R. Sc. Fus., p.s.c., e. [L]
Duncan Lt. Col. J. F., T.F. Res.
††Duncan, Lt.-Col. K., W. Rld. Brig. R.F.A.
Duncan, Bt. Maj. W. E., M.C., R.A.
†Duncan,Temp.Lt.W.J.C., M.C
Duncanson, Capt. A E., Can. Local Forces.
Dundas, Lt.-Col. F.C., ret. pay, p.s.c. [L]
Dundas, Maj. J.C., R.F.A., p.s.c., g.
Dundas, Lt.-Col. P. H., O.B.E., 6 Jat. L. I., p.s.c Gurkha Rif.
Dundas, Maj, W. L., 3 Gurkha Rif.
Dunkerton, Maj. N. E, R.A.M.C.
Dunlop, Capt. A. T., Aust. Mil. Forces.
Dunlop, Temp. Lt. C., O.R.E., Serv. Bns. Sco Rif.
Dunlop, Bt. Lt.-Col. F. P., Worc. R. p.s.c. [L]
Dunlop, Lt. J., R.F.A Spec. Res.
Dunlop, Temp. Lt.-Col. R. W. L., C.I.E., R.F.A. (Lt.-Col. and Hon. Col. Bombay Vol. Rif.)
Dunlop,Bt. Lt.-Col.W.B., Ind. Army.
ⱰⱰDunmore,A.E.,M.V.O., Earl of, ret. pay (Res. of Off.)
Dunn, Maj. E. G., R.Ir. Rif., p.s.c

Dunn, Col. H. M., C.M.G., M.B., R.A.M.C.
Dunn, Temp. Capt. J. B., M O., Serv. Bns. High L I.
Dunn, Capt. J. C, M.C., M.D., late R.A.M.C.
Dunn, Lt. P. D. W., M.C. Lan. Fus.
Dunne, Maj. J. S., F.R.C.S.I., R.A.M.C.
Dunning, Maj. M., M.B., R.A.M.C. (T.F.)
Dunningham, Lt. P., Aust. Mil Forces.
Dunnington-Jefferson, Lt.- Col. J. A., ret. pay.
Dunsdon, Maj. G. E., R G ., (T.F.)
Dunsford, Lt.-Col. F. P. S., 2 Lt.Inf.
Dunsterville, Maj. K. F., R.A. g.
Dunwoody, Lt.J.M.,D.C.M., Can. Local Forces.
Du Plat-Taylor, Maj. St.J. L. H, ret. pay
duPort, Lt.-Col. O. C., ret. pay (Res. of Off.)
Du Pre, Maj.F. J., 3 Hrs TD, R.E. (T.F)
Durand, Bt.-Col. H.M. ret. pay (Res.of Off.) p s.c
Durham, Temp. Maj, C. G., R.E.
Durie, Mat. T. E., M.C., R.F.A.
Durnford, Bt. Lt.-Col. (temp Col.) G. E, J., R.E.
Durrant, Lt. A. W., 28 Bn. Lond. R.
Durrant, Bt. Maj. J. M. A., C.M.G.,Aust. Mil.Forces.
Duthie, Maj. A. M., O B.E., R.A.
Duthie, Lt. A. M., M.C., 4 Bn. Lond. R.
Duthie, Lt. N. A., D.S.O., N. Z. Mil. Forces.
Dutton, Maj. J. H., ret.
Dutton, Lt.-Col. R. B., TD, R.E.(T.F.)
Dwyer, Capt. A. J., Aust. Mil. Forces.
Dwyer-Hampton, Lt.-Col. B. C., ret. pay, p.s.c. [L].
Dyer, Maj. B. A. S., R.A.S.C.
Dyer, Maj. G. N., R.W. Surr. R.
†Dyer, Ma'. H. M., C.B., C.M.G.,Can Local Forces
Dyer, Maj. H. R., 35 Hrse.
Dyer, Lt. R. J., Aust. Mil. Forces.
Dyke, Lt.-Col. (temp. Col.) P. H., 130 Baluchis.
Dymott, Maj. G. L., T.F Res.
Dyson, Lt.-Col. H. B., O.B.E., R Scots '(l)
Dyson, Lt.-Col. L. M., ret. pay (Res. of Off.)

Eadie, Maj.J. I., 97 Inf. [L]
Eagles, Maj. C. E. C., R. Mar.
Eames, Capt. C. W., M.D., R.A.M.C.(T.F.)
Earchman,Capt.A., O.B.E., Can. Local Forces.
Eardley-Wilmot, Maj. T., York & Lanc. R.
Earle, Capt E. G., R.F.A
Earle, Bt.-Col. F. W., Hamps. R.
Earle, Lt.-Col. Sir H., Bt., ret. pay.

Earle, Col. M., C.B..C.M.G., p.s.c.
Earle, Bt. Lt.-Col. (temp. Col.) R. G., C.M.G., R.E.
Earnshaw, Lt. P., M.C., Can Local Forces.
Eassie, Col. F., C.B., C M G, R.A.V.C.
Eastham, Capt. A., Can. M.G. Corps
Eastmead, Lt -Col. C. S., 3 Gurkha Rif. [L]
Easton, Lt.-Col. F. A., R.G.A.
Easton, Maj. P. G., C.B,E., R.A.M.C.
Eastwood, Hon. Col. H. de C., ret. pay.
Eastwood, Bt. Maj. T. R., M.C., Rif. Brig.
Eaton, Temp. Capt. (temp. Col.) A. E., R.E.
Eaton, Lt. Hon. F. O. H., G. Gds.
Eaves, Lt -Col. F., T.F. Res.
Ebeling, Maj. G., C'wealth Mil. Forces.
Eberle, Maj. G. S. J. F., R.E. (T.F.)
Eccles, Lt.-Col.C.J.,16 Lrs,
Eddis, Bt. Lt.-Col. B. L., R.E.
Eddowes, Lt. H. M., late R.E.
Eden, Col. (temp. Brig.- Gen.)A. J.F., C.M.G.,Oxf. & Bucks. L.I.
Eden, Bt. Lt.-Col. S. H., C.M.G., R. Highrs.
Eden, Lt. - Col. W. R., C.M.G., R.F.A.
Edgar, Bt. Lt.-Col. (temp. Col.) D. K., R.E.
Edgett, Temp. Col. C. E , Can. R.A.V.C.
Edgeworth, Maj. K. E. M.C., R.E.
Edgley, Maj. J. M., C'wealth Mil. Forces.
Edinborough, Lt. S. B., M,C., Linc. R.
Edlmann, Temp. Maj. F. J. F.
Edmeades, Maj. W. A., R.A., g.
Edmond, Maj. J. H., R.A.
Edmunds, Maj. C. T., R.A.M.C.
Edwardes, Col. (temp.Brig.- Gen. M., O.B., C.M.G., 102 Gren.
Edwardes, Lt.-Col. J. G., Ind. Army
Edwards, Temp. Maj. C E., M O., Serv. Bns. R. Fus.
Edwards, 2nd Lt. C. G., 7-8 Bn. W. York R.
††Edwards, Lt.-Col. C. M., Can. Local Forces.
Edwards, Lt.-Col. C. V., C.M.G., York. R.
Edwards, Maj. C. W., R.A.S.C.
Edwards, Bt. Maj. F. H., M.C., Bedf. & Herts. R.
Edwards, Col. Fitz J. M., C B , C.M.G., Ind. Army, p.s.c., A D C.
Edwards, Maj. G. B., R.A.M.C.
Edwards, Maj. G. J., M.C., 4 Bn. C. Gds
Edwards, Maj. H. I. P., Suss. Yeo.
Edwards, Maj. H. M., R.E.

† Also awarded Bar to Distinguished Service Order.
†† Also awarded 2nd Bar to Distinguished Service Order.

Orders of Knighthood, &c. 239

COMPANIONS (D.S.O.)—contd.

Edwards, Capt. H. W., *M.C.*, 5 Bn. R. War. R.
Edwards, Temp Maj. J., Serv. Bns. R. W. Fus.
Edwards, Hon. Brig.-Gen J. B., *C.B*, ret. Ind. Army.
Edwards, Temp. Maj. R. P., R.A.S.C.
Edwards, Capt. S. B., *late* S. Afr. Def. Forces.
Edwards, Lt. W. A., 4 Bn. Notts. & Derby. R.
Edwards, Hon. Brig.-Gen. W. F. S., *C.B., C.M.G.*, Res. of Off.
Edye, Capt. J H M., *M.C.*, York & Lanc. R.
Eeles, Maj C. A., R.F.A.
Egan, Maj. W., *M.B.*, R.A.M.C.
Egerton, Capt. A. F., ret.
Egerton, Field Marshal Sir 0., *G.C.B.*
Egerton, Capt. C. H., *M.C.* R.E. [L].
Egerton, Lt. E. H. D., *M.M.*, Aust. Imp. Force.
Egerton-Warburton, Capt. G., Ches. Yeo.
Eiloart, Capt. H. A., *M.C.*, 1 Bn. Lond. R.
Eldridge, Lt. W. J., *M.C.*, R.A.
Eley, Capt. D. R.A., Suff. R.
Eley, Col. (Terr Force) E. H., *C.M.G.*, TD.
Eley, Maj. W. G., ret. pay (Res. of Off.)
Elger, Maj. E. G., 3 Bn. Som. L.I.
Elgood, Maj. G., ret. pay
Ellice, Capt. E. C., ret.
Eliott, Lt.-Col. F. A. H. (*Lt.-Col. in Army*)
Eliott, Maj. R. H., R.F.A.
El Kaim, Abd el Mawid Bey Ferid., Egypt. Army.
El Kaim, Mohammed Bey Amien., Egyptian Army.
Elkan, Lt.-Col. C. J., *O.B.E.*, Res. of Off.
Elkington, Temp. Capt. C. G., Serv. Bns. Glouc. R.
Elkington, Lt.-Col. J. R., ret. pay.
Elkington, Hon. Brig.-Gen. R. J. G., *C.B., C.M.G., g*, ret. pay
†Elkins, Lt.-Col. W. H. P., R. Can. Horse Art.
Eller, Maj. J. H. P., Aust. Imp. Force
Ellershaw, Lt.-Col. A., *C.B., C.M.G.*
Elles, Bt.Col. (*temp. B*tg.-Gen.*) Sir H J., *K C.M.G., C.B., K.E., p.s.c.*
Elliot, Maj. B. N., R. Mar
Elliot, Lt.-Gen. Sir E., *K.C.B., K.C.I.E.*, ret.Ind. Army.
†Elliot, Lt.Col. E. H. H., ret. pay.
Elliot, Temp. Lt. - Col. F. A. H.
Elliot, Capt. W. D. R., Ches. R.
Elliot, Hon. Col. W. H. W., *M.B.*, ret. Ind. Med. Serv.
Elliott, Lt. A., *M.C.*, *late* Serv. Bns. Lan. Fus.
†Elliott, Lt.-Col. C. H., *C.M.G.*, C'wealth Mil. Forces.

Elliott,Bt. Lt.-Col. G.C.E., *C.M.G.*, R.E.
Elliott, Col. (temp. Brig-Gen.) H. E., *C.B., C.M.G.* C'wealth Forces.
Elliott, Capt. L. W., Aust. Imp. Force.
Elliott,Capt. N.M., R.H A. (T.F.)
†Elliott, Maj. O. A., Can. Dental Corps.
Elliott, Col. T. R., *C.B.E., M.D., late* R.A.M.C.
Elliott, Bt. Lt.-Col. W., *C.B.E.* R.A.S.C.
†Ellis, Maj. A. J., Bord. R.
Ellis, Lt. C. G. R , *M.C.*, 5 Bn. W. Rid. R.
Ellis, Maj. D. S ,Can. Eng.
Ellis, Lt. L. F., R.F.A., Spec. Res.
Ellis, Lt, L. F., *M.C.*, W Gds. Spec. Res.
Ellis, Maj. S. G. V., Ind. Army.
Ellwood, Capt.,A.A., *M.C.*, 4 Bn. Linc. R.
El Mir (Col.) Mohammed Sadek Yehya, Egypt. Army
El Miralia (Col.) Beshir Kambal (Bey), Egypt. Army.
Ellitt,Maj. T.F.,E.Ont.R.
Elmsley, Brig.-Gen. (temp Maj.-Gen.) J. H., *C.B, C.M.G.*, Can. Local Forces, *p s.c.*
Elphinstone - Dalrymple, Bt. Lt.-Col. Sir F. N., *Bt.*, R.A.
Elsner, Lt.-Col. (*temp.Col.* O.W.A.,*C.B.E.* R.A.M.C.
Elton, Lt. C. A. A., 6 Bn. R. War. R.
Elvery, Capt. P. G. M., *M.C.*, R.A.M.C.
Elwes, Capt. H.C., *M.V.O.* (G. Gds. Spec. Res. (Capt. ret.)
Elwes, Lt.-Col. L. E. O., ret. pay.
Emerson, Maj. H. H. A., *M.B.*, R.A.M.C.
Emerson,Capt.N.Z.,ret.pay.
Eminson, Capt. R. F., *M.B., late* R.A.M.C.
Emmet, Maj.R., War. Yeo.
England, Lt. - Col. A., *C.M.G.*, R.A.S.C. (T.F.)
England Bt. Maj. N. A., 6 Bn W. Rid. R.
English, Lt.-Col E. R. M., ret. pay.
English, Hon. Brig. Gen. F. P., *C.M.G.*, ret. pay
English-Murphy, Temp. Lt. W. R.*M.C.*, Serv.Bns. S. Staff. R.
Enslin, *late* Temp. Brig.-Gen. B. G. L., S. Afr. Def. Force.
Ensor,Bt.-Col H., *C.M.G., M.B.* R.A.M.C.
Entwisle, Capt. F., *M.C.*, Ind. Army.
Erskine, Bt. Lt.-Col A.E., R.F.A.
Erskine, Bt. Lt.-Col J. D., B., ret. pay (*Res. of Off.*)
Erskine, Maj Sir T. W. H. J., *Bt.*, ret. pay.

Erskine-Murray, Maj. A., R.A.
Escombe, Capt. W. M. L., 20 Bn. Lond. R.
Estridge, Temp. Maj. C.L., 9 Bn. W. York. R. (Lt.-Col. Res. of Off.)
Etchell, Temp. Maj. T., *M.C.*, 26 Bn. R. Fus.
Etheridge, Lt -Col. O. de O., *C.B.E.*, ret. pay.
Etheridge, Maj. F., 7 Rajputs
Eton, Maj. E., TD, 8 Lond Brig. R.F.A.
Eugster, Lt.-Col. O. L., Hon. Art. Co. (L).
Eustace, Maj.-Gen. A H., *C.B., C.B.E.*, Ind Army
Eustace, Bt. Lt.-Col. F. R. H., R.E.
Eustace, Hon. Lt.-Col. H. M., ret. pay.
Evans. Maj. A. A., *M.C.*, A.I.F.
Evans, Maj. A. P., K.R. Rif. C.
Evans, Lt.-Col. C., *C.B., C.M.G.*, R.A.M.C., *p.s.c.*
Evans, Bt.-Col. C. R., R.A.M.C.
Evans,Maj.D.E., C'wealth Mil. Forces.
Evans,Bt Col (*temp.Brig.-Gen.*) E., *C.B., C.M.G., A.D.C.*
Evans, Lt.-Col. E. G., R.A.S.C.
Evans, Maj. F. E., 17 Bn. Lond. R.
Evans, Maj. F. H. F., *late* 4 Bn. R Lanc R.
Evans, Hon. Lt.-Col. F. S., *late* R.F.A.
Evans, Maj. F. S., *late* 9 Bn. Lipool R.
Evans, Maj. G. F., R.E.
Evans, Capt. I. T., *M.C.* Cor s. of Mil. ects.
Evans, Maj. J., *M.D.*, TD, R.A.M.C.(T.F.)
Evans,Lt.-Col.J.,TD,2 Bn. Mon. R
Evans, Bt. Lt.-Col. L., *C M.G.*, R.E.
†**Evans**, Maj. (*temp. Brig.-Gen.*) L. P., *C.M.G.*, R. Highrs., *p.s.c.*
Evans, Rev. L. V., Temp. Chapl. to the Forces (4th Class.)
Evans Maj. T. C. C., A I F.
Evans, Lt.-Col. W., *C.M.G.*, R.F A
Evans, Bt. Lt.-Col. W. H., R.E.
Evans,Maj.W J., 1 Gurkha Rif.
†Evans, Bt. Lt.-Col. W.K., *C.M.G.*, Manch. R
Evans, Capt. W. M., *late* 3 Bn. S. Wales Bord.
Evans-Gwynne, Maj. A.H., R.A., *p s c.*
Evatt, Col. E. J. R., *M.B.*, R.A M C (T.F.)
Evatt, Hon. Brig.-Gen J. T. ret. Ind Army
Evelegh, Bt. Maj. E. N., *M.C.*, R.E.
Eveleigh, Ma'. W. J., Can. Cav.
Everard, Maj. C J .R.A., *g*

Everett, Col. E., *C.B.*, ret. pay.
Everett, Bt. Maj. M., R.E.
Everingham, Qr.-Mr. & Lt.-Col. A'E., R. Scots.
†Eves, Maj. T. S., *M.B.*, R.A.M.C.
Evill, Lt -Col.C.A.,TD,1Bn. Mon. R.
Ewald, Maj. F. C. T., N. Staff. R.
Ewart, Maj. C., Can. Rly. Troops
Ewart, Temp. Maj. J. K., R.A.S.C.
Ewart, Maj. C. N., ret. pay (Res of Off)
Ewart, Bt. Lt.-Col. R. F., Ind. Army.
Ewart, Maj.-Gen. *Sir* R H., *K.C.M.G., C.B., C.I.E.*, ret. Ind. Army, *A.D.C.*
Ewer, Maj. G. G., 7 Bn. Essex R.
†Ewing,Maj.R. L. H.,*M.C.*, Quebec R.
†Ewing,Lt -Col W.T.,7 Bn. R Scots.
Exham, Bt. Lt.-Col. F. S., R.A.O.C., *e. o.*
Eyre,Lt.-Col M.S., ret.pay
Eyres, Temp. Lt -Col. C. J., R.G.A. (Rear Admiral ret. R.N.)
Fagan, Maj. B. J. 17 Inf.
†Fagan, Bt. Col. (*temp. Brig.-Gen.*) E. A., *C.M.G.*, 36 Horse.
Fahey, Rev. Father J., Chaplain, 4th Class, C'wealth Mil. Forces.
Fahral (Effendi) El Bimbashi (Maj.) Ahmed Egypt. Army.
Fair, Hon. Maj. C. H., (*Capt.T.F. Res.*)
Fair, Maj C H., Rhodesia Police.
Fair, Lt.-Col. J. G., *C.M.G.*, ret. pay
Fairbank,Temp.Lt.-Col.H. A. T., *O.B.E., F.R.C.S.*, R.A.M.C.(Maj R.A.M.C. T.F.)
Fairbank, Maj. H. N.,*M.C.*, R.A.
Fairclough, Col. B., *C.M.G.*, TD, *late* 4 Bn. S. Lan. R.
Fairclough, Capt. Eric., 4 Bn. S. Lan. R.
Fairtlough, **Maj.** E. O. D'H. O.M.G., Unattd. List.
Fairtlough, Maj. E. V. H., *M.C.*, R.A.
Fairweather, Temp. Maj. H., R.E.
Fairweather, Lt.-Col. J. M., S. Afr. Def. Forces.
Falcon, Lt.-Col. C.G., R.E.
Falconer, Lt.-Col. A. W., *C.B.E., M.B., late* R.A.M.C. (Capt. R.A.M.C. (T.F.)
Falkner, Maj. A. H., R.A.M.C.(T.F.)
Falkner, Bt. Lt.-Col. F. F., *C.M.G.*, R.A.S.C., *p.s.c.*
Falkner, *Rev.* T. F., *M.A.*, Chaplain to the Forces (Ist Class) ret.
Falle, Maj. P. V. Le G., R.A.S.C. [L].

† Also awarded Bar to Distinguished Service Order.

Orders of Knighthood, &c.

COMPANIONS (D.S.O.)—contd.

Falwasser, Capt. A. T., R.A.M.C. (T.F.)
Fane, Lt.-Col. C., *C.M.G.*, 12 Lrs.
Fane, Bt. Lt.-Col. J., Giouc. R.
Fanning, Maj. R. E., Aust. Mil. Forces.
Fanshawe, Maj. L. A., *O.B.E.*, R.A., o.
Fanshawe, Maj.-Gen. Sir R., *K.C.B., p.s.c.* [*l*] ret. pay
Farfan, Bt. Lt. Col. A. J. T., R.G.A.
Fargus, Bt. Col. H., *C.B., C.M.G.*, D. of Corn. L.I.
Fargus, Maj. N. H. S., *O.B.E.*, R. Scots.
Farmar, Bt. Lt.-Col. H.M., *C.M.G.*, Lan. Fus., *e*.
Farnham, Maj. A. K., *Lord*, R. Ir. Horse.
†Farquhar Lt.-Col. J., R.A., *p.s.c.*
Farquhar, Lt.-Col.M.G.,Sco. Horse Yeo.
Farquhar, Maj. W. A., R. Sc. Fus.
Farquhar, Maj. W. G., Aust. Mil. Forces
Farr, Lt.-Col. W. P., Aust. Mil. Forces *p.s.c.*, 4 Cav.
Farran, Surg.-Maj. C., TD, W. Som. Yeo.
Farrar, Temp. Maj. A. D M., Serv. Bn. R. W. Fus.
Farrar, Maj. Sir G. H., *Bt.*, ret. Cape Local Forces.
Farrar, Capt. J. P., ret. Capt. Local Forces.
Farrell, Lt.-Col. J., Aust. Imp. Force
Farrell, Capt. J. A. J., 5 Bn. Leins. R.
Farrell, Capt. V. J., *M.C.*, 5 Bn. Leins. R.
Farrington, Lt. W. B., 3 Bn. Notts. & Derby R.
Faulkner, Temp. Maj. G. A., R.F.A.
Faviell, Maj. W. F. O., Worc. R.
Fawcett, Maj. H. H. J., R.A.M.C.
Fawcett, Lt.-Col. P. H., R.G.A.
Fawcett, Maj. R. F. M., ret. pay
Fawcus, Maj. A. E. F., *M.C.*, 7 Bn. Manch R.
Fawcus, Bt. Col. H. B., *C.M.G., M.B.*, R.A.M.C.
Fawkes Temp. Capt. R. B., *M.C.*, Serv. Bns. North'n R.
Fayle, Lt. Col. R. J, L., ret. pay.
Fearenside, Temp. Maj.E., *O.B.E.*, 17 Bn. Manch. R.
Fearman, H. D., *late* Capt. Can. Local Forces.
Fearon, Bt. Lt.-Col. P. J., R.W. Surr. R.
Feary, Temp. Capt. S., R.E.
Feilden, Maj. G. O., ret pay
Feilding, Maj.-Gen.Sir G P. T., *K.C.B., K.C.V.O., C.M.G.*, C. Gds.

Feilding, Capt. R. C., C. Gds. Spec. Res.
Feilding, Bt. Lt.-Col. R. E. A., *Visct.,C.M.G.*, C. Gds., Spec. Res.
Fellowes, Bt. Maj. R. T., *M.C.*, Rif. Brig. *p.s.c*
Feltham, Capt. J. A. P., Transvaal Vols.
Fendall, Hon. Brig.-Gen. O. P., *C.B., C.M.G.*, ret. pay.
Fenn, Bt. Maj. A. A., R. Fus.
Fenn, Lt.-Col. H. F., *late* Se v. Bns. Lan. Fus.
Fenning, Capt. E. G., E. Afr. Trans. Corps.
Fenton, Maj. G. V., R E.
Fenwick, Col. H. T., *C.M.G.*, *M V.O.*, ret. pay.
Ferguson, Bt. Maj. F. A., R.E.
Ferguson, Lt.-Col. G. A., C'wealth Mil. Forces.
Ferguson, Maj. H. C., Can. Local Forces.
†Ferguson, Lt-Col. H. C., de L., Res. of Off., H n Capt. (Arn. y) Hon. Maj., *late* 4 Bu. Norf. R.
Ferguson, Capt. J. D., *C.M.G.*
Fergusson, Lt.-Col. A. C., *C.M.G.*, R.A., *g*.
Fergusson, Lt.-Gen. Sir C. *Bt., K.C.B., K C.M.G. M V.O.*
Fergusson, Bt. Lt.-Col. V. M., R.A., *p.s.c.*
Fernie, Temp. Lt.-Col. F. H., Tank Corps.
Fernyhough, Bt. Col. H. O. *C.M.G.*, R.A.O.C., *e., o*.
Ferrand, Bt Maj. S. H., *M.C.*, K.R. Rif. C.
Ferrers, Maj. E. B., Sco. Rif
†Ferrers-Guy, Capt. M. C., Lan. Fus.
Ferres, Maj. H. D. G.,*M.C.*, Aust. Imp. Force
Ferrier, Maj.-Gen. J. A., *C.B.* [*l*] ret. pay.
Fessenden, Bt. Lt.-Col. H., R.A.S.C
†Festing, Capt. H. E., Bord. R.
Festing, Maj. M. C., R. Mar., *p.s.c.*
Fethers, Lt.-Col. W. K., C'wealth Mil. Forces.
Fetherston. Temp. Capt. G., *M.C.*, S.A.
Fetherstonhaugh, Lt.-Col. W. A., 8 Cav., *p.s.c.*
Few, Lt.-Col. R. J., 5 Bn. R.W. Surr. R.
Fewtrell, Lt.-Col. A. C., Aust. Mil. Forces
ffrench, Lt.-Col. W. R. R., *M.C.*, Aust. Mil Forces
Fiaschi, Col. T. H., Aust. Mil. Forces.
Fi-ld, Lt.-Col. C. D.,75 Inf M.G. Forces
Field, 2nd Lt. E., *late*
Fielden, Capt. H., ret. pay.
Fielding, Temp. Maj. A. E. B., R.E.

Fielding, Lt.-Col. T. E., *M.B.*, R.A.M.C.
Fife, Lt.-Col. R. B., R.G.A.
Fife, Lt.-Col. R. D'A., *C.M.G. late* Serv. Bns. p. y.
Fifoot, Capt. E. L.
Filsell, Maj. H. S., R. War. R.
Finch, Maj G.F.C., R.G A.
Finch. Lt.-Col. H. W. E., *C B E.*, h.p.
†Finch, Bt. Maj. L. H. K., *O.B.E.*, Ches. R.
Finch Hatton, Hon. Brig.-Gen. E. H., *C.M.G.*, ret. p.y.
Finlater, Capt. A., *M.D.*, Lond. Mtd. Brig. Fd. Ambulance
Findlay, Lt.-Col. J., *C.B.*, N.Z. Mil. Forces.
Findlay, Rev. J L. O. B., Chapl. to the Forces (2nd Class)
†Findlay, Col. J. M., Terr. Force
Findlay, Lt.-Col. W. H. de la T. d'A., *O.B.E.*, Can. Local Forces.
Finlay, Maj. D, ret. Med. Serv.
Finlay, Maj. R. F., 58 Rif.
Finlayson, Bt. Col. R. G., *C.M.G.*, R.A.
Finlayson, Maj. W. T., Ind. Med Serv.
Finn, Maj. E., *late* Serv. Bns. W. York. R.
Firman, *late* Temp. Lt-Col. R. B. (Hon. Lt-Col, *late* Impl. Yeo.)
Firth, Lt.-Col. R. N., Gurkha Rif.
Fiset, Maj.-Gen. Sir E., *Knt.*, Can. Local Forces
Fishe, Maj. A. F. B., R.G.A.
†Fisher, Bt. Lt.-Col. B. D., *C.M G.*, 17 Lrs., *p.s.c.*
Fisher, Lt. - Col. C. A., R.A.O.C., *e,a*.
Fisher, Capt. C. J., *O.B.E.*, 10 Bn. Midd'x R.
Fisher, Maj. D. L., *M.B.*, R.A.M.C. (T.F.).
Fisher,Capt. D. R. D.,R.A.
Fisher, Lt.-Col. J., *M.B.*, ret. Ind. Army
Fisher, Bt. Lt.-Col. J. L. *C.M.G.*, R. Fus., *p s.c.*
Fisher, Capt. J. M., *M.C.*, 5 Bn. York & Lanc. R.
Fisher, Maj. J. T., R.E.
Fisher, 2nd Lt. T. D., *M.C.*, 5 Bn. Lan. Fus.
FitzGerald, Temp. Lt.-Col. A. S., 10 Bn. Sco. Rif.
FitzGerald, Maj. C. R. L., 126 Baluchis.
Fitzgerald, Lt. E. G. A., 2 Gds.
†F tzgerald,Lt.-Col. FitzG. G., R.A.M.C
FitzGerald, Col. G. A., *C.M.G.*, ret. pay (*Res. of Off.*)
FitzGerald, Lt.-Col. M. J, *C.M.G.*, R.F.A.
FitzGerald, Lt.-Col. P. D., *p.s.c.* [*l*] h.p.

Fitzgerald, Bt. Lt.-Col. P. F., Shrops. L.I.
Fitzgerald, Maj. R. F., *C'wealth* Mil. Forces.
FitzGibbon, Maj. F.,R.F.A.
Fitzherbert, Capt. E. H. *M.C.*, R A.S.C.
FitzHugh, Capt. T. C., *M.V.O.*, Res. of Off.,*p.s.c.* (L)
†FitzJohn, Maj. T., Worc. R.
Fitzmaurice Lt.-Col. R., *C.B.E.*, h.p.
Fitzpatrick, Bt. Lt.-Col. (*temp. Brig.-Gen.*) E. R., *C.B.E.*, N. Lan. R.
Fitzpatrick, Bt. Maj. N.T., *M.C.*, R.E.
FitzWilliam, Bt.Lt.-Col.W. O. de M.. *Earl, K.C.V.O., C.B.E.*, W. Rid. R.H.A.
Lt. - Col. 3 Bn. Oxf. & Bucks. L.I.) (*Hon. Capt. in Army*)
Flanagan, E. B., *late* Lt. Ind. Army.
Fleischer, Lt. S. R., *M.C.*, 3 Bn. E. Lan. R.
Fleming, Lt.-Col. A. N., *M.B., F.R.C.S. Edin.*, Ind. Med. Serv.
Fleming, Lt.-Col. F., TD, R.F.A. (T.F.)
Fleming, Bt. Lt.-Col. G., Som. L.I.
Fleming,Bt.Lt.-Col.(*temp. Col.*) J. G., *C.B.E.*, R.E.
Fleming, Temp. Lt. J. G. , G., *M.C.*
Fleming, Capt. P. B., R.A.S.C.
Fletcher, Maj. A. F., *M.V.O.*, ret. pay.
†Fletcher, Bt. Lt.-Col. E. K., R. Mar.
Fletcher, Maj. H. P., 1 Co. of Lond. Yeo.
†Fletcher. Capt. J.H.,*M.C.*, R.A.M.C.
Fletcher, Hon. Capt. (*Army*) W., *M.B., late* R.A.M.C. (Mila.)
Flint, Capt. E. C. M., Suff. Yeo.
Flower, Maj. H. J., *M.C.*, ret. pay.
Floyd, Capt. A. B., Res. of Off.
Fluke, Lt. W.G.,S.Staff.R.
Foggie, Lt. - Col. W. E., *M.D.*, R.A.M.C. (T.F.)
Foley, Col. F. W., *C.B.E.*, h.p.
Folger, Col. K. C., *C.M.G.*, Can. Local Forces
Foljamb e, Lt.-Col. Hon. G. W. F. S., ret. pay (*Res. of Off.*).
Follett, Bt. Lt.-Col. F. B., *M.C.*, R. War. R.
Follett, Bt. Lt.-Col. R. S., Rif. Brig.
Foord, Maj. A. G., Manch. R.
†Foord, Bt. Lt.-Col. W. P. S., Glouc. R.
Foot, Brig.-Gen. R. M., *C.B., C.M.G.*, Res. of Off. (Lt.-Col. ret. T.F.).
Foot, Maj. S. H., Res. of Off.

† Also awarded Bar to Distinguished Service Order.

Orders of Knighthood, &c. 241

COMPANIONS (D.S.O.)—contd.

Footner, Maj. F. L. T. D., 4 Bn. Hamps. R.
Forbes, Lt.-Col. A. M. H., ret. pay.
Forbes, Lt., *late* Capt. Field Intell. Dept., S. Africa
Forbes, Maj. *Hon.* D. A., *M.V.O.*, R.A.
Forbes, Lt. E. C., S. Afr. Def. Forces.
Forbes, Maj. E. E., Ind. Army.
Forbes, Lt.-Col. F. W. D., *C.M.G.*, C'wealth Mil. Forces.
Forbes, Lt.-Col.(*temp.*) H., TD, 5 Bn. Gord. Highrs. (*Hon.Lt. in Army*)
Forbes, Maj. J. R.-I. F., 3 Bn. R. Sc. Fus. (Capt. ret.)
Forbes, Lt.-J., Sea Highrs.
Forbes, Lt.-Col. J.F., Res. of Off.
Forbes, Maj. J. L., *M.C.*, R.A.
Forbes, Maj. J. W., Can. Local Forces.
†Forbes, Lt. R., *M.C.*, 5 Bn. R. Highrs.
†Forbes, Col. R. F., *O.B.E.* ret. pay
Forbes, Bt. Lt.-Col. R. R., Arg. & Suth'd Highrs.
†⁂C. Forbes - Robertson, Capt. J., *M.C.*, Bord. R.
Ford, Lt.-Col. E., Can. Local Forces.
Ford, Maj. *Gen. Sir* R., *K.C.M.G.*, *C.B.* ret. pay.
Ford. Maj.-Gen. *Sir* R. W., *K.C.M.G.*, *C.B.* ret. pay.
†Ford. Bt.-Maj. V. T. R., York & Lanc. R.
Forde, Temp. Maj. G. M., *M.C.* Serv.Bns.R.Ir.Fus.
Ford-Hutchinson, Lt. Col. G. H., ret. pay
Ford-Young, Temp. Maj. A , R.E.
Forestier-Walker, Lt.-Col. C. E., ret. pay [L]
Fore-tier-Walker, Lt.-Col. (*Hon. Capt. in Army*) R. S., R. Mon. R.E.
Forman, Lt.-Col. A. B., *C.M.G.*, R.H.A.
Forman, Lt.-Col. D. E. *C.M.G.*, R.A.
Forrest, Maj. T. B., T.F.R.A.M.C
Forrest, Lt.-Col. T. H., *M.B.*, 15 Mid. Mtd, Brig. Fd. Amb.
Forrest, Lt.-Col. W., *late* 3 Bn. Welsh R.
Forrester, Maj. T., *late* M. G. Corps.
Forster, Bt Maj. A. L., R.M. Art.
Forster, Bt. Lt. - Col. D., *C.M.G.*, R.E., p.s.c.
Forsyth, Lt.-Col. J. A. C., *C.M.G.*, R.F.A.
Forsyth, Maj.W. H., *M.B.*, R.A.M.C
Forte, Maj. H A N., ret. pay.
Fortescue, Maj. C., *M.C.*, C'wealth Mil. Forces.
Fortescue, Hon. B ig-Gen. *Hon.* C. G., *C.B.*, *C.M.G.*, p.s.c. ret. pay.
†Forth, Maj. N. B. DeL., *M.C.*, Manch. R.
Fortune, Bt. Lt.-Col. V. M., R. Highrs.

⁂C Foss, Bt. Lt.-Col. C. C., Bedf. & Herts. R., p.s.c.
Foster, Maj. A. H. B., R. Lanc. R.
Foster, Maj. H. W. A., Can. Local Forces.
Foster, Lt.-Col. J. R., ret. pay.
Foster, Maj. M. A., *late* T.F. Res. (ret. pay) [L]
Foster, Maj. P. J., R.War. R.
Foster, Bt.Lt.-Col. R.F.C., R. Mar., p.s.c.
Foster, Maj. R. T., Notts. & Derby. R.
Foster, Temp. Maj. T., Serv. Bns. R. Suss. R.
Foster, Lt.-Col. W. J., *C.B.*, *C.M.G.*, C'wealth Mil. Forces.
Foster, Maj. W. L., *C.B.E.*, Res. of Off.
Foster, Capt. W. M A., 10 Lrs.
Foster, Temp. Capt. W. N. R.A.S.C.
††Foster, Lt.-Col. W. W., Can. Local Forces.
Foulis, Temp. Maj. D. A., 10 Bn. Sco. Rif.
Foulkes, Bt.Lt.-Col. C. H., *C.M.G.*, R.E.
Foulkes, Maj. J. F., Can. A.S.C.
Foulkes' Maj. J. S., *late* Serv. Bns. Manch R.
Fowler, Maj. C., *late* R.F.A. (T.F.)
Fowler, Maj.-Gen. C. A., *C.B.*, 22 Punjabis.
Fowler, Col. (*temp. Maj.-Gen.*) F. J., *C.B.*
Fowler, Maj. H. G. C. S. Wales Bord. [L]
Fowler, Maj.-Gen. *Sir* J. S., *K.C.M.G.*, *C.B.*, R.E., p s.c. [l]
Fox, Capt. A. M. ret. pay.
Fox, Maj. C. V., S. Gds.
Fox, Temp. Maj. G.
Fox, *Rev.* H. W., Hon. Chapl. to the Forces, 3rd Class.
Fox, Hon Brig. Gen. R. F., *C.B.*, ret. pay.
Foxton, Capt. J. A., 5 Bn. W. York. R.
Frame, Capt. A. C., 9 Bn High. L.I.
Francis, Lt.-Col. F. H., C'wealth Mil. Forces
Francis, Maj. J., R.E. (T.F.)
Francis, Lt.-Col. M. J., Can. Local Forces.
Francis, Lt. R., *M.C.*, Norf. R.
†Francis, Bt. Col. (*temp. Brig.-Gen.*) S. G. W., York. R.
Frankau,Bt. Maj.C. H S., *C.B.E.* , *M.B.*, *F.R.C.S.*, R.A.M.C. (T.F.)
Frankland, Maj. A. P., ret pay [L]
Frankland, Temp. Maj. E. R.
Franklin, Bt. Lt.-Col. H. S. E., *C.M.G.*, 15 Sikhs.
Franklin, Lt.-Col. W. H., ret.
†Franklin, Temp. Maj. W. V., Serv. Bns. S. Wales Bord.

Franklyn, Capt. G. E. W., *M.C.*, R.A.
Franklyn, Bt. Maj. H. E., *M.C.*, York. R., p.s.c.
Franks, Capt. K. F., 117 Mahrattas.
†Fraser, Maj. A. D., *M.C.*, *M.B.*, R.A.M.C.
Fraser, Temp. Maj. A. J., R.A.S.C
Fraser, Maj. A. N., *M.B.*, 1 Lovat's Scouts. Yeo.
Fraser, Capt. *Hon.* A.T.J., 1 Lovat's Scouts. Yeo.
Fraser. Maj. D , *M.C.*, TD, R.H.A. (T.F.)
Fraser, Maj. D. W., Can. Rly. Troops.
Fraser, Lt. F. H., *M C*. W. Rid. R.
Fraser. Bt. Lt.-Col. G. I., *C.M.G.* Cam'n Highrs.
Fraser, Maj. H., R.F.A. (T.F.)
Fraser, Maj. H. C., 4 Bn. Yorks. L.I.
Fraser. Col R. F., *C.M.G.*, h.p., e.
†Fraser, Bt. Maj. J. A., *D.C.M.*, D. of Corn. L.I.
Fraser, Capt. J.D., Ind. Army.
Fraser, Maj. J. E., Aust. Mil. Forces.
Fraser, Capt. J. H. P., *M.C.*, *M.B*., R.A.M.C. (T.F.)
Fraser, Lt.-Col. J. J., Can. A.M.C.
Fraser, Temp. Maj. N. W., *late* Labour Corps
Fraser, Maj. P. B., *O.B.E.* R.A.S.C.
Fraser, Lt.-Col. T., *C.B.E.* *M.B.*, R.A.M.C. (T.F.)
Fraser, Bt. Maj. *Hon.* W., *M.C.*, Gord. Highrs.
Fraser, Lt.-Col. W. A., Aust Mil. Forces.
Fraser, Lt. W. A., Aust. Mil Forces.
Fraser. Bt. Maj. W. A. K., *M.C.*, 39 Horse.
Fraser-Mackenzie, Capt E. R. L., *M.C.*, R.H.A (T.F.)
Fraser-Tytler, Maj J. F., TD, 1 Lovat's Scouts Yeo.
†Fraser Tytler, Maj. N., Inverness-shire R.H.A.[*l*]
Frazer, Col (Terr. Force F. A., TD.
Frazer, Bt. Maj. W. P. B., R. Innis. Fus.
Freeland, Lt.-Col. (*temp. Maj.-Gen.*) H, F. E. *K.C.I.E.*, *C.B.*, *M.V.O.*, R.E.
Freeman, Capt. C. R., *M.C.*, North'd Fus.
Freeman, Lt.-Col. N. M., C'wealth Mil. Forces.
Freeman, Bt. Maj. W. R., *M.C*, Manch. R.
Freer, Capt. N.W.W ,*M.C.*, R.F.A.
Freestun, Bt. Lt.-Col W. H. M , *C.M.G.*, Som. L.I.
Freeth, Col. G. H. B., *C.B.*, *C.M.G.*, p.s.c.
Freeth, Temp.Lt.-Col. J.C.
French, Maj. A. H., R. Mar.
French, Bt. Maj. B. R., R. Muns. Fus.

French, Temp. Maj. *Hon.* E. G., Serv. Bns., York. R.
French, Hon. Capt. *Rev.* F. L., Can. Chapl. Serv.
French, Maj. J. P., Sask. R.
French, Temp. Lt.-Col. W., *M.C.*, Serv Bns. R.Highrs.
Frend, Capt. J. R., 3 Bn. Leins. R.
Frere, Maj. *Sir* B. C. A., Bt. ret.
Frere, Lt. J.G , *M.C.*, Suff R.
Frewen, Hon. Lt.-Col. L., *late* 8 Bn. K.R. Rif. C.
††⁂C Freyberg, Bt. Lt.-Col. B. C., R. W. Surr. R., p s.c.
Friend, Maj. R. S. I., E. Kent R.
Frisby, Lt.-Col. L. C., *M.C.*, T.F. Res.
Frith, Bt. Col. G. R., *C.M.G.*, R.E., p.s.c.
†Frizell, Bt. Lt.-Col. C. W. , *M.C.*, R. Berks. R. (T.F.)
Frost, Lt.-Col. J.M., R.F.A (T.F.)
Frost, Lt.-Col. R. W., Can. Local Forces.
Fry, Lt Col. A. B., *M.B.*, *C.I.E.*, Ind. Med. Serv.
Fry,Lt.-Col.H.K., C'wealth Mil. Forces.
Fry, Lt.-Col. P. G., *C M.G.*, TD, Wessex Divl. R.E.
Fulbrook- Leggatt, Bt. Maj. C. St. Q. O., *M.C.*, R. Berks. R.
Fuller, Bt. Col. (*temp. Brig-Gen.*) C. G., *C.M.G.*, R.E., p.s.c. [L]
Fuller, Bt. Col. J. F. C., Oxf. & Bucks. L.I., p.s.c.
Fuller, 2nd Lt. J. S., C. Gds., Spec. Res.
Fuller, Hon. Brig.-Gen. R. W., ret. pay.
Fuller, Maj. W F., R. Wilts. Yeo.
Fullerton, Maj. J. C., R.F.A.
Fulton. Maj. C.G., R.F.A. (T.F.)
Fulton, Maj. H., R.A.M.C. (T.F.).
Fulton, Lt.-Col. H. A., Wore. R.
†Furber, Capt. C. T., K. O. Sco. Bord.
Furber, Maj. R. I., C'wealth Mil. Forces.
Furneaux, Maj. C. H., R.A.S.C.
Furness, Lt.-Col. C. C., R.F.A. (T.F.)
Furnivall, Lt.-Col. W., R.F.A.
†Furse, Maj. R. D., 1 Regt. K. Ed. Horse.
Furse, Lt.-Gen. *Sir* W. T., *K.C.B.*, p.s.c. [L] ret. pay
Furze, E. K. B., R. W. Surr. R.
Fyers, Lt H A. F., *late* R.E.

Gadd, Bt.Maj. H R. ,*M.C.*, Suff. R.
Gage, Hon. Brig.-Gen. M. F., ret. pay

† Also awarded Bar to Distinguished Service Order.
†† Also awarded 2nd Bar to Distinguished Service Order.

Orders of Knighthood, &c.

COMPANIONS (D.S.O.)—*contd.*

Galley, Temp. Maj. J.H., E. Afr. Prote. Forces.
Gain, Lt. R. S., 11 Bn. Lond. R.
†Gairdner, Maj. E. D., *M.B., R.A.M.C.* (T.F.)
Galbraith, Maj. E. D., 55 Rif.
Galbraith, Capt. J. E. E., R. Fus.
Gale, Maj. H. D., *M.C., R.A.*
†Gale, Maj. H. J. G., R.A.
Gale, Bt. Maj. R., *M.B., R.A.M.C.*
Gallagher, Lt.-Col. A. E. Res. of Off. (*Hon. Lt. in Army*).
Gallagher, Hon. Maj. M., Uganda Rly.
Gallaher, Capt. A., *M.C.*, 4 D.G.
Gallie, Bt.-Col. (*temp. Col.*) J. S., *C.M.G., R.A.M.C.*
Galloway, Maj. A. G., *R.A.S.C. e.*
Galloway, Maj. L., R G A
Galloway, Maj. R. C., R.F.A.
Galloway, Capt. R. W., *M.B., R.A.M.C.*
Galway, Lt.-Col. Sir H. L. *K.C.M.G.,* ret. pay
Galwey, Lt.-Col. C. E., ret. pay
Gamble, Hon. Brig.-Gen. R. N., *C.B., p.s.c.,* ret. pay [l]
Game, Bt. Col. (*temp. Brig.-Gen.*) P. W., *C.B., R.A., p.s.c.*
Gammell, Capt. J. A. H., *M.C., R.A.*
Gandy, Maj. H.G., *O.B.E., R.E.*
Garden. Temp. Maj. J. W., *M.C.,* M.G. Corps.
Garden, Lt.-Col. J. W. TD, R.F.A. (T.F.)
Gardiner, Maj. H., W. Rid. R.
Gardiner, Lt.-Col. R., 53 Sikhs., *p.s.c.* [l]
Gardner, Maj.J.A.,R.G.A.
†Gardner, Lt.-Col. W. R., *M.B.,* R.A.M.C.Spec.Res.
Garforth, Maj. W., *M.C.,* R.E.
Garland, Bt. Col. E. A. C. ret. pay.
Garnett, Bt. Lt.-Col. W. B., R.W. Fus.
Garland, Maj. F. J., *M.B., R.A.M.C.*
Garner, Lt.-Col. A. C., Can. Rlys. Serv.
Garnsworthy,Temp 2ndLt. R., Serv. Bns. Devon. R.
Garrard, Lt. F. B., Hon. Art. Co.
Gatratt, Hon. Brig.-Gen. *Sir F,* S., *K.C.M.G., C.B.,* ret. pay.
Garratt, Capt. L. F., *M.C.,* R.A.
Garrod, Temp. Lt. E. S., *M.C., D.C.M.,* Tank Corps
Garsia, Lt.-Col. H. G. A., ret. pay.
Garsia, Bt. Lt.-Col. V. C., *M.C.,* Hamps. R., *p.s.c.* [l]
Garson, Bt. Col. H. E., R V.
Garthwaite, Temp. Capt. A ., *M.C.* 6 Bn Wilts. R.

Gartlan, Bt. Maj. G. I., *M.C.,* R. Ir. Rif.
Gartside,Bt.Maj.L.,High. L.I.
Garvice, Maj. C., *O.B.E.,* ret. pay.
Garwood, Bt. Lt.-Col. H. P., R G A
Garwood, Lt.-Col.,J.R., ret. pay.
Gascoigne, Lt.-Col. C. C. H. O., *late* Serv. Bns. Sea. Highrs.
Gascoigne, Hon. Brig.-Gen. E F O., *C.M.G.,* ret. pay, *g.s (Gent.-at-Arms)*
Gascoigne, Lt.-Col. F. A. de L., Can. Local Forces
Gascoigne, Maj. L., h.p.
Gascoigne, Hon. Capt. R. F T., *late* Lt.-Col. York Hrs. Impl. Yeo. (*Hon. Lt.-Col in Army*)
Gask, Maj. G. E., *C.M.G., F.R.C.S.,*R.A.M.C.(T.F.)
Gerard, Capt. C. R.,G.Gds.
German, Maj. G., TD, 5 Bn. Leic. R.(Lt.-Col.ret.T.F.)
Gerrard, Lt. W. D., Sco. Horse Yeo.
Gethin, Lt.-Col. R. W. St. L., *M.G.,* R.A., *p.s.c.* o.
Gettins, Capt. J. H. R.A.S.C. (T.F.)
Gibb, Bt. Col. (*temp. Brig.-Gen.*) E., *C.M.G.,*R.A.S.O.
Gibb, Bt. Col. J. H. E., ret. pay.
Gibbens, Capt C., *M.C., D.C.M., late* Durh. L.I.
Gibbon, Bt. Lt.-Col. J. H., R.F.A.
Gibbon, Maj. W. D., *M.C.* Unattd. List (T.F.)
Gibbons, Lt.-Col. T., TD, 5 Bn. Essex R.
Gibbs, Maj. A. J., *M.C.,* R.F.A.
Gibbs, Maj.H.E.,R.A.V.C.
Gi bs, Capt. L. M., *M.C.,* C. Gd.
Giblin, Maj. L. F., *M.C.,* A.I.F.
Gibson, Capt. A. J., *M.B.,* R.A.M.C. Spec. Res.
Gibson, Maj. B. D., 4 Bn. North'd Fus.
Gibson, Maj. G. H. R, Can. A.M.C.
Gibson, Temp. Maj. Joseph, R.A.S.C.
Gibson, Maj. L., TD, 6 Bn R. Highrs.
Gibson, Maj. T., *C.M.G,* t Quebec R,
Gibson, Lt.-Col. W , *M.C., late* Serv.Bns.W.York.R.
Gibson, Maj. W. R., TD R.A.S.C. (T.F.)
Gibsone, Hon. Col. D. H., *late* R.E.
Gibsone, Lt. - Col. W. W P , *C.M.G., O.B.E.,* Can. Local Forces.
Gidley, Maj. C. de B., R.F.A.
Giffard, Bt. Lt.-Col. G. J., R.W. Surr. R., *p.s c.*
Giffard, Bt. Col. W. C., *late* R.A.M.C.
Giffin, Lt. W. C. D., *M.C.,* 3 Bn. R. Ir. Regt.
Gilbert, Hon. Brig.-Gen. A.R., *C.B.E.,* ret. pay.

Gellibrand, Col. (*temp Maj.-Gen.*) J., *K.C.B.,* C'wealth Mil. Forces. *p.s.c.* [L] Capt. ret. pay (*Res. of Off.*)
Gelsthorpe, Capt. A. M., 8 Bn. Durh. L.I.
Gemmell, Temp. Maj. J. S. , *M.C.* Serv. Bns. Manch. R.
Gemmell, Lt.-Col.W. A. S. , *O.B.E.,* R.F.A. (Maj ret. pay)
Genet Lt.-Col. H. A., Can. Local Forces.
Gent, Capt. G. E. J., *M.C,* 3 Bn. D. of Corn. L.I.
Gentles, Lt.-Col. N., Sask. Regt.
Geoghegan, Bt. Lt.-Col. N. M. 89 Punjabis
†Gepp, Bt. Lt.-Col. E. C., 3 Bn. D.ofCorn.L.I.,*p.s.c.* (*Lt. ret. pay*)

Gilbert, Lt.-Col. G. E. L., ret. Ind. Army
Gilchrist, Lt. H. G., *M.C.,* R.E. (T.F.)
Gilday, Lt.-Col. A. L. C., Can. A.M.C.
Giles, Temp. Lt. A. H. A., *M.C.,* Serv. Bn. Leic. R.
Giles, Bt. Lt.-Col. E. D., *C.M.G.,* 35 Horse. *p.s.c.*
Giles, Maj. F. G., C'wealth Mil. Forces.
Giles, Maj. F. L. N., R.E.
Giles, Maj. S. K. H., R.A.S.C.
Giles, Bt. Lt.-Col. V., R.E. [L]
Gill, Lt.-Col.D. H., *C.M.G.,* R.F.A.
Gill, Maj. F. G., 24 Bn Lond. R.
Gill, Bt. Lt.-Col. G. H., *C.M.G.,* R.A.S.C.
Gill, Rev. H. V., *M.C.,* Hon. Chapl. to the Forces, 3rd Class.
Gill,Lt.-Col. J. G., *O.B.E.,* R.A.M.C.
Gill, Capt. J. G., *M.C., M.B.,* R.A.M.C.
Gill, Hon. Maj. J. H., *late* Labour Corps.
Gill, Temp. Maj. R. H., 11 Bn. North'd Fus.
Gillam, Temp. Maj. J. G., R.A.S.C.
Gillam, Bt. Col. R. E., *C.M.G.,*R.E.
Gillam,Maj. W. A.. Bord. R.
Gillatt, Maj.J.M.,R. Scots.
Gillespie, Bt. Maj. E., R. Mar.
Gillespie, Hon. Maj. R. J., *late* R.A.
Gillespie, Bt. Maj. R. H., Leic. R.
Gillet, Bt. Lt.-Col. C. R., R.G.A., *g.*
Gilliat, Hon. Lt.-Col. J. B., TD, T.F. Res. (Hon. Maj. *late* Herts. Yeo.) (*Hon. Capt. in Army*)
Gillibrand, Maj. A., R.A.S.C. (T.F.)
Gilligan, Lt.-Col. (*temp. Col.*) G. G ,*O.B.E.*, 4 Bn Arg. & Suth'd Highrs.
Gillilan, Capt. E. G., C. Gds. Spec. Res.
Gillman, Maj.-Gen. W. *K.C.M.G., C.B., R.A., p.s.c*
Gillmore, Lt.-Col. E. T. B., Can. Fd. Art.
Gillson, Hon. Brig.-Gen. G., *C.M.G.,* ret. pay
Gillson,Bt.Lt.-Col.R. *M.T.,* Wilts. R.
Gillum,Maj.W.W.,R.A.[l].
Gilman, Lt.-Col. F., Can. Local Forces.
Gilmore, Temp. Capt. G. H., *M.C.,* Serv. Bns. R. Suss. R.
†Gilmour, Lt.-Col. J., Jun., T.F. Res.
Gilmour, Capt. J., Res. of Off.
Gimson, Capt. E. C., *M.B.,* late R.A.M.C.
Gipps, Temp. Lt.-Col. A. G. P., *F.R.C.S.,*R.A.M.C.
Girdlestone, Rev. F. S., Hon. Chapl. to the Forces (2nd *Class*)

† Also awarded Bar to Distinguished Service Order.
†† Also awarded 2nd Bar to Distinguished Service Order.

Orders of Knighthood, &c. 243

COMPANIONS (D.S.O.)—contd.

†Girdwood, Bt.-Col. (temp. Col.) A. O., C.M.G., North'd Fus., p.s.c.
Girdwood, Lt.-Col. R. L., S. Afr. Def. Force.
Girouard, Bt Col.Sir E.P.C., K.C.M.G., ret. pay.
Glanusk, Hon. Col. and Lt.-Col. J. H. R., Lord, C.B., C.B.E., Brecknock Bn. S. Wales Bord.
Glanville, Hon. Brig.-Gen. F., ret. pay.
Glascodine, Lt. R. K., M.C., 20 Bn. Lond. R.
Glasfurd, Lt.-Col. A. I. R., C.M.G., 46 Punjabis, p.s.c.
Glasgow, Bt. Col. A. E., C.M.G., R. Suss. R.
Glasgow, Col. T. W., K.C.B., C.M.G., C'wealth Mil Forces.
Gleichen, Maj.-Gen. Lord A. E. W., K.C.V.O., C.B., C.M.G., p.s.c. [L] (Extra Eq. to the King) ret. pay.
Glen, Temp. Capt A., M.C., R.E. Spec. Res.
Glendinning, Maj. A. S. E., late R.E.
Glendinning, Bt. Maj. R. J., R.A.
Glennie, Capt. E. A., R.E.
Glover, Bt. Maj. G. de C. M.C., S. Staff. R.
Glover, Lt. G. W., 6 Bn. Rif. Brig.
Glover, Maj. H. J. H., C'wealth Mil. Forces.
Glover, Col. R. F. B., ret. pay.
Glover, Lt.-Col. W. R., C.M.G., TD, 1 Bn. Lond.R.
Glubb, Maj.-Gen. Sir F M., K.C.M.G., C.B., ret. pay
Glyn, Col. G. C., C.M.G., M.V.O., TD (T.F.)
Glyn, Temp. Capt. R. FitzG., R.A.S.C. (Lt. Res of Off.)
Glynton, Maj. G. M., 3 Girkha Rif., p.s.c.
Goater, Temp. Maj. W. H. G., M.C., 10 Bn. York. R. (2nd Lt. R.W. Kent R.)
Godby, Hon. Brig.-Gen. C., C.B., C.M.G.
Goddard, Maj. C. J., C'wealth Mil. Forces.
Goddard, Lt.-Col. G. H., R.A.M.C.
Goddard, Lt.-Col. H. A. C.M.G., C'wealth Mil. Forces.
Godden, Maj. H. T., ret. pay [I]
Godfrey, Hon. Lt.-Col. W., late Welsh R. (attd.)
Godkin, Lt.-Col. S. R., F.R.C.S.I., Ind. Med. Serv.
Godman, Maj. A. L., C.M.G., York. R.
Goiman, Lt.-Col. S. H., ret. pay.
Godsell, Bt. Maj. K. B., M.C., R.E.
†Godwin, Bt. Col. C. A. C., C.M.G., 23 Cavy p.s.c.
Goff, Maj. T. C., R.A. [L]
Gogarty, Lt.-Col. H. E., C.M.G., h.p., p.s.c.

Going, Lt.-Col. J., h.p.
Gold, Temp. Lt.-Col. E., O.B.E., R.E.
Goldberg, Capt. H. W., M. G. Corps.
Goldfrap, Capt. H. W., M.C., 108 Lt. Inf. [L]
Goldie, Maj. E. C., Can. Eng.
Golding, Capt. J., R.A.M.C. (T.F.)
Goldney, Bt. Lt. - Col. G. F. B., C.M.G. R.E.
Goldsmith, Maj. G. E., R.A.S.C.
Goldsmith, Bt. Lt.-Col. H. D., D. of Corn. L.I., p.s.c. [l]
Goldthorp, Capt. R. Heward 4 Bn, W. Rid. R.
Golightly, Col. R. E., C B E., ret. (Lt.-Col. R. Def. Corps)
Gollan, Capt. H. R., M.C., Aust. Imp. Force
Gooch, Temp. Maj. H. M.C., R.E.
Goodall, Lt. T., M.C., 5 Bn. W. Rid. R.
Goodbody, Lt. Col. C. M., C.I.E., Ind. Med. Serv.
†Gooderson, Lt.-Col. V. E., late Serv. Bns. High. L.I.
Goodeve, Maj. L. C., Can Local Forces, p.s.c.
Goodland, Temp. Maj H T. Serv. Bns. R. Berks. R.
Goodman, Col. (T.F.) G.D C.M.G., VD
Goodman, Maj. H. R., R.-Ir. Rif.
Goodwin, Bt. Lt. - Col G. J. P., R.E. [l]
Goodwin, Bt. Lt.-Col. H. Midd'x R.
Goodwin, Lt.-Gen. Sir T H. J. C., K.C.B., C.M.G., K.H.S.
†Goodwin, Lt.-Col. W. R., C.M G., late Serv. Bns. R. Ir. Rif.
Goodwin, Bt. Col. W. R. P., R.A.M.C.
Goodwyn, Maj. H. E., ret. pay.
Goodwyn, Maj. P. C. W., E. Lan. R.
Gordon, Capt. A. D., M.C R. Berks. R.
Gordon, Temp. Capt. A. de R., O.B.E., R.A.V.C.
Gordon, Capt. A. F. L., M.C., I. Gds.
Gordon, Rev A. M., M.C., Can. Chapl. Serv.
Gordon, Bt. Lt. - Col A. R. R. G., R. Ir. Regt., e.
Gordon, Lt.-Col. Lord D. G., late Serv. Bns. Gord. Highrs.
Gordon, Maj. D. H., 34 Sikhs.
Gordon, Bt. Col. E. B., C.M,G , ret. pay
Gordon, Hon. Lt.-Col. E H. H., C.M.G.
Gordon, Maj.-Gen. Hon. Sir F., K.C.B., ret. pay, p.s.c.
Gordon, Lt.-Col., F. L., late Serv. Bns. R. Ir. Rif.
Gordon, Lt.-Col. G. C. D., ret. p y.

Gordon, Maj. G. G. S. C'wealth Mil. Forces.
Gordon, Lt.-Col. G. H., C.M.G., R.F.A.,g.
Gordon, Col. (temp. Brig.-Gen.) H., C.B., C.M.G.
Gordon, Lt.-Col. H. D. L., Can. Local Forces.
Gordon, Bt. Col. H. W., R.E.
Gordon, Col. J. H., C.B., u.s.l., Ind. Army
Gordon, Maj. J. K., R F A.
Gordon, Bt. Col. L. G. F. C.B., ret. pay, g
Gordon, Hon. Brig.-Gen Hon. Capt. (Army) R., O.B.E., Maj. late Aust. Mil. Forces
(Capt. ret. pay).
Gordon, Bt. Col. S. V., ret Ind. S C
Gordon, Maj. W., R.G.A.
Gordon, Capt. W., M.C., Gord. Highrs.
Gordon, Lt.-Col. W. A., C I.E., C.M.G., 6 Bn. Worc. R.
Gordon, Lt.-Col. W. F. L. C.M.G., Norf. R.
Gordon - Gilmour, Hon Brig.-Gen. R. G., C.B., C.V.O., ret. pay (King's Body-Gd. for Scotland).
Gordon-Grav, Capt. G. M.C., 8 Afr. Fd. Art.
Gordon-Hall, Bt. Lt.-Col G. C. W., Yorks. L.I., p.s.c. [l].
Gordon - Lennox, Hon. Brig.-Gen. Lord E. C., C.M.G., M.V.O., ret. pay
Gore-Browne, Lt.-Col. E., 8 Bn. Lond. R.
Gore-Browne, Bt. Lt.-Col. S. R.A.[l]
Gore-Langton, Capt. G.W., M.C., 18 Hrs.
Gorges, Hon. Brig.-Gen. E. H., C.B., C B E., ret. pay.
G rie, Maj. H. V., ret. pay
Gorringe, Maj -Gen. Sir G. F., K.C.B., K.C.M.G., q.s.
††Gort, Maj. J. S. S V. V. Vsct., M.V.O., M.C., G. Gds., p.s.c.
††Goschen, Bt. Lt.-Col. A. A., R.A., p.s.c.
Gosling, Lt.-Col. S. F., Res. of Off.
Gosset, Bt. Col. F. W., C.M.G., R.F.A., p.s.c.
Gostling, Lt.-Col. (temp. Col.) E. V., R.A.M.C. (T.F.)
Gotto, Capt. C. H., M.C., Devon. R.
Goudge, Rev. T. S., B.A., Chaplain to the Forces, 2nd Class, ret. pay.
Gough, Lt. - Col. A. P. G., C.M.G., C.B.E., ret. pay, q.s. (Hon. Lt. - Col., late Denbigh Hrs. Impl.Yeo.)
Goulburn, Hon. Brig.-Gen C E., ret. pay
Gould, Temp. Capt. A. E., M.C., R.E.
Gould, Maj. G., 2 Lrs.
Gould, Maj. P. R. Ir. Fus.
Gourlay, Maj. C. A., M.D., Ind. Med. Serv.
Gourlay, Capt. H. I., M.C., R.E.

Gourlie, Maj. J., 38 Horse.
Gover, Maj. C. R., R.A.
Gover, Maj. J. M., M.B., R.A.M.C. (T.F.)
Gow, Maj. A. late Gen. List.
Gow, Capt. P. F., M.B., Ind. Med. Serv.
Gowans, Hon. Lt.-Col. J., Maj. Res. of Off.
Gowlland, Maj. E.L.,M.B., late R.A.M.C.
Gracey, Capt. G. F. H., late Gen. List
Gracey, Capt. R. L., R.E. (T.F.)
†Greame, Maj. J. A., R.E.
Graham, Maj. C., North'n R.
Graham, Bt. Lt.-Col. C. A. L., R.G.A.
Graham, Lt. C. J., M.C., 4 Bn. Lond. R. (s.c.)
Graham, Lt.-Col. C. P., C.B.E., ret. pay
Graham, Bt. Lt.-Col. Lord D. M., p.s.c.
Graham, Rev. E. M., C., Can. Chapl. Serv.
Graham, Bt. Maj. F. R. W. M.C., R. Ir Rif.
Graham, Capt. G., Alberta R., M.C., R.F.A. [l]
Graham, Maj. H. B., M.C., M.B., R.A.M.C.
Graham, Bt. Col. H. W G., ret. pay, p. .c.
†Graham, Lt.-Col. J. M. A., late 3 Bn. R. Lanc. R.
Grahm, Bt. Maj. M, 16 Lrs., p.s.c.
Graham, Capt. O. B., Rif. Brig.
Graham, Maj. R. C. D., R.G.A.
Graham, Maj. R. G., 5 Bn. York. R.
Grahame, Lt.-Col. J. C., High. L I.
Granet, Maj. G. E. A., M.C. [l], R.A.
Grange, Capt. G. R., M.C., R.E. (T.F.)
Grant, Lt.-Col. Sir A., Bt., C.B.E., late T.F. Res. (Capt. ret. pay.)
Grant, Maj. A., Man. Regt.
Grant, Bt. Lt.-Col. A. K., R.W. Kent R., p.s.c.
Grant, Maj. A. s., ret. pay.
Grant, Bt. Col. C. J. C., C. Gds., p.s.c.
Grant, Lt.-Col. D. H. F., ret. pay
Grant, Lt.-Col. E., late 1 Lovat's Scouts Yeo.
Grant, Bt. Lt.-Col. G. P., 103 Pioneers, p.s.c.
Grant, Bt. Lt.-Col H. F. L. R.G.A., p. .c. [l]
Grant, Bt. Maj. I. C., Cam'n Highrs.
Grant, Lt.-Col. J. P., 3 Bn. Sea Highrs., Capt. ret.
Grant, Lt.-Col. P. Forces, g.
Grant, Bt. Lt.-Col R. Def. Forces, g.
Grant, Maj. R.F.S., M.V.O., ret. pay, p.s.c. [l]
†Grant, Lt. - Col. W. C.M.G., M.B.E.,Aust.Mil. Force.
Grant-Dalton, Maj. D., C.M.G., W. York. R.

† Also awarded Bar to Distinguished Service Order.
†† Also awarded 2nd Bar to Distinguished Service Order.

COMPANIONS (D.S.O.)—*contd.*

†Grant-Dalton, Capt. S, A.F.C., York. R.
Grant-Suttie, Maj. H. F., M.C., R.A.
Grant-Thorold, Lt.-Col. R. S.
†Granville, Maj. B., War Yeo.
Granville, Lt.-Col. C. H., C'wealth Mil. Forces.
Grasset, Bt. Maj A E., M.C., R.E.
Grassie, Lt. J., h p.
Grassie, Lt.-Col. W., Can. Local Forces.
Grattan, Col. H. W., O.B.E., R.A.M.C.
Grattan, Hon. Brig.-Gen O'D. C., C.B.E., ret. pay.
Graves, Capt. P. H., 3 Bn. Essex R.
Gray, Lt.-Col. C. L. R., R.A.
Gray, Bt. Lt.-Col. C. O. V., C.M.G., ret. pay, p.s.c.
Gray, Lt. E., M.C., Durh. L.I.
Gray, Bt.-Col. (*temp. Brig.-Gen.*) F. W. B., C.M.G., 57 Rif.
Gray, Capt. H. P. T., 4 Bn Sea. Highrs.
Gray, Lt.-Col. J. A. S., C.M.G., *late* Gen. List
Gray, Temp. Capt. J. E. B., Serv. Bns. Rif. Brig.
Gray, Capt. J. N., Inns of Court O.T.C.
Gray, Maj. W., R.A.S.C. (T.F.)
Gray, Capt W. E., M.C., Rif. Brig.
Gray, Bt. Lt.-Col. W. K., R., M.C., R.A.
Graystone, Temp. Capt. F. R., M.C., R.A.
Grazebrook, Lt.-Col. G. C., C.M.G., R. Innis. Fus., e.
Greatwood, Maj. F. W., Linc. R.
Greaves, Lt. H., 3 Bn. Notts. & Derby R.
Greaves, Capt. S. S., M.C., R.A M.C. (T.F.)
Grech, Lt.-Col. J., R.A.M.C.
Green, Bt. Col. A. F. U., C.M.G., R.A., p.s.c.
Green, Lt.-Col. A. L. B., Hereford R.
Green, Capt. A. McW., S. Afr. Med. Corps.
Green, Lt.-Col. C. J. S., M.C., T.D., 7 Bn. Lond. R.
Green, Lt.-Col. E. W. B.
Green, Bt. Col., C.B., H.C. R., C.M.G., K. R. Rif. C.
Green, Bt. Lt.-Col. *(temp. Brig.-Gen.)* H. W., E Kent R.
Green, Lt.-Col. J. E., E. Lan. R.
Green, Lt. L. L., M.C., 6 Bn. Rif. Brig.
Green, Bt. Maj. S. H., M.C., W. York R.
Green, Hon. Maj. T. A., C'wealth Mil. Forces, *late* Surg. Maj. Transvaal C's.
Green, Capt. T. A., M.D., R.A.M.C. (T.F.)
Green, Lt.-Col. T. H. M., ret. pay
††Green, Bt. Lt.-Col. W., R. Highrs.

Green, Bt, Lt.-Col. *(Temp. Brig.-Gen.)* W. G. K., C.M.G., 36 Horse
Green, Maj. W. W., M.C., R.A.
Green Wilkinson, Bt. Col. L. F., C.M.G., ret. pay *(Res. of Off.)* p.s.c., q.s.
Greene, Maj. E. A., Can. Fd. Art.
†Greene, Maj. J., 7 D.G.
Greene, Maj. J., R.A., *late* R.A.M.C.
Greene, Maj. L., M.C., *late* S. Afr. Overseas Forces.
Greene, Lt.-Col.(*Hon.Lt.-in Army*) W. E., TD, T.F. Res. *(Lt.-Col. ret. T.F.)*,
Greener, Capt. H., B. S. A. Police.
Greenfield, Maj. T. W. B., Res. of Off.
Greenhough, Temp. Lt.-Col. F. H., R.E.
†Greenlees, Lt.-Col. J. R. C., M.B., *late* R.A.M.C.
Greenley,Temp.Maj.W.A., C.M.G., R.A.S.C.
Greenly, *late* Maj.-Gen. W. H., C B., C.M.G., p.s.c.[L]
Greenshields, Maj. D. J., M.C., R.F.A.
Greenshields, 2nd Lt. D. MacK., 9 Bn. High. L.I.
Groenway, Maj. H., C'wealth Mil. Forces.
Greenway, Bt. Lt.-Col. T. C., 5. Wales Bord
Grenwell, Bt. Lt.-Col. W. B., Durh. L.I.
Greenwood, Lt.-Col. C. F. H., TD, 22 Bn. Lond. R.
Greenwood, Lt. G. B., 6 Bn. Notts. & Derby R.
†Greenwood, Lt.-Col. H., M.C., *late* Serv. Bns. Yorks. L.I.
Greenwood, Capt. W. F., M.C., *late* Serv. Bns. York. R.
Greer, Lt.-Col. *(temp. Brig.-Gen.)* F. A., C.M.G., R. Ir. Fus.
Greer, Lt.-Col. W. D., Can. A.S.C.
Gregg, Maj. R. H., M.C., *late* Serv. Bns. R. Fus.
Gregg, Capt. W. T. H., R. Ir. Fus.
Gregorie, Bt. Lt.-Col. H. G., R. Ir. Regt
Gregory, Maj. F. C., TD, 4 Bn. Ches. R.
Gregory, Maj. M., M.C., R.A.
Grice-Hutchinson, Maj. C. B., R.A.
Gregson, Maj. G. K. R.A.
Greig, Temp. Lt. Col. J. McG., Serv. Bns., W. York. R.
Grellet, Temp. Maj. R. C., Serv. Bns. York R.
Grenfell, Maj. A. M., TD, Bucks. Yeo.
Grosson, Lt.-Col. T. T., York & Lanc. R.
Greville, Capt. C. H., G Gds.
Greville, Capt. G. G. F. F., Leins. R.
Grey, Bt. Maj. R., G. Gds.
Gribble, Maj. H.C., R.F.A. (T F.)
Gribbon, Capt. H. H., Hamps. R.

Grier, Hon. Brig.-Gen. H. D., C.B., ret. pay.
Grierson, 2nd Lt. K Macl., M.C., Manch R.
Grierson, Capt. W. A., 5 Bn. N. Lan. R. [t]
†Griesbach, Brig.-G.n. W. A., C B., C.M.G., Can. Local Forces.
Griffin Lt.-Col. A. E. Can. Rly. Serv.
†Griffin, Lt.-Col. C. J., C.M.G., Lan. Fus.
Griffin, Capt., C.J. A.,M.B., R.A.M.C. Spec. Res.
Griffin, Lt.-Col. C. F. G., ret. Ind. Army.
Griffin, Temp. Capt. E H., M.C., M.D., R.A.M.C.
Griffin, Capt. H. L., ret.
Griffin, Capt. J. A. A., Linc. R.
Griffin,Rev. J.W.K.,Chapl. to the Forces, 4th Class.
Griffin, Maj. P G.,R.F.A.
Griffith, Bt. Maj. A. L. P., R.F.A.
Griffith, Hon. Brig.-Gen. C. R. J., C.B., C.M.G.
Griffith,Lt.-Col.D. M.
Griffith, Temp. Lt.-Col. E. W., R.A.
Griffith, Lt.-Col. G. R., ret. pay.
Griffith, Lt.-Col. J. J., F.R.C.V.S., Res. of Off.
Griffith-Williams, Capt.E. L. G., M.C., R.F.A.
†Griffiths, Capt. A. H., D. of Corn. L.I.
Griffiths, Maj. J. L., 5 Bn. Leic. R.
Griffiths, Col. T., C.M.G., C.B.E., C'wealth Mil. Forces.
Grigg, Lt. E.W.N., C.M.G., M.C., C.V.O., G. Gds.
Grigg, Maj. S.T., M.C., W. York. R,
Grigor, Lt.-Col. R. R., N.Z. Mil. Forces.
Grimwade, Temp. Capt. *(Bt. Maj.)* H.N., M.C.
Grimwood, Maj. F. K., 17 Bn. Lond. R.
Grimwood, Hon. Lt.-Col. J., O.B.E., *late* 7 Bn. S. Wales Bord.
Grinling, Capt. E. J., M.C., 4 Bn. Linc. R.
Grinlington, Maj. J. L., R.A., q.
Grogan, Col. Sir E. I. B., Bt.,C.M.G., h.p., p.s.c.[L]
Grogan, Hon. Lt.-Col. G. M., *late* 5 Bn. R. Ir. Regt. *(Maj. ret. pay (Res. of Off.))*
†ƚƚGrogan, Maj. G. W. St. G., C.B., C.M.G., Worc. R. [1]
Groom, Capt. H. L. R, J., M.C., 5 Bn. R. War. R.
Grose, Lt.-Col. D. C. E., R.A.S.C., e.
Gross, Bt. Lt.-Col. *(temp. Col.)* E. F., S. Wales Bord. p.s.c.
†Grosvenor, Maj. Hon. F. E., M.C., Brit. Columbia R.
Ground, Temp. Capt. T. L., Som. L.I.
†Grounds, Temp. Lt. G. A., Tank Corps.

Grove, Lt.-Col. E. W., ret pay.
†Grove, Bt. Lt.-Col. T. T., C.M.G., R.E., p.s.o. [L]
Grover, Lt. A., M.C., Bedf. & Herts R
Groves, Capt. E. J., M.C., S. Gds.
Groves, Maj. P. R. C., C.M.G., Shrops. L.I.
Groves-Raines, Maj. R. G. D., E. Kent R.
Grubb, Bt. Col. A. H. W., C.M.G., R.E.
Grubb, Bt. Lt.-Col. H. W., C.M.G., Bord. R., p.s.c.
Grute, Hon. Maj. J. A., R.A.O.C.
Guard, Lt.-Col. F. H. W., C.M.G.
Gubbins, Maj. S., O.B.E., R. Fus.
Guest, Capt. *Rt.Hon.*F.E., C B E., Res. of Off.
Guggisberg, Hon. Brig. Gen. F. G., C.M.G., ret. pay.
Guild, Maj. A. M., High Cyc. Bn.
Guild, Bt. Maj. J. R., Glouc. R.
Guinness, Lt. E. C., R. Ir. Regt.
Guinness, Rev. P.W.,M.C., Maj., B.A., Chaplain to the Forces (3rd Class)
†Guinness, Lt.-Col. Hon. W. E., TD, T.F. Res. (Hon. Capt. in Army)
Gunn, Maj. A. D, 110 Lt. Inf.
Gunn,Bt. Lt.-Col. F. B. L. G., M.C., R.G.A.
Gunn, Lt.-Col. *(temp. Col.)* J. A., C.M.G., Can. Local Forces.
Gunn, Lt.-Col. J. N., Can. A.M.C.
Gunner, Capt. F. H. S. Staff. R.
Gunter, Lt.-Col.*(temp.Col.)* F E., M.B., ret. pay.
Gunning, Bt. Lt.-Col. G. H., 2l Cav.
Gunter, Maj. A. C., R.A.
Gurdon, Lt.-Col. B. E. M., C.I.E., Supern. List. Ind. Army.
†Gurney, Lt.-Col. C. H., *late* Serv Bns. E.York.R.
Gurney, Maj .T. C., ret. pay
Gush, Temp. Maj. H. W., M.C., 12 Bn. North'dFus.
Gütorbock, Capt. P. G. J., M.C., 4 Bn. Glouc. R.
Guy, Temp. Maj. O. V., M.C., Tank Corps.
Guy, Bt. Lt.-Col. R. F., C. s.G., Wilts. R.
Gwatkin, Maj. F., M.C., 18 Lrs.
Gwyn-Thomas, Lt.-Col. G., C.M.G., 2 Lrs. p.s.c.
Gwynn, Bt. Col.C.V.,C.B., C.M.G., R.E., p.s.c., e,
Gwynn, Temp. Maj. K. D. H., 10 Bn. R. Fus.
Gwynn, Maj. R.S., S.Wales Bord.
Gwynne, Lt.-Col. R. V., *late* Sussex Yeo.
Gwynne Jones, Lt. A., W. Gds.
Gwyther, Maj. G. H., h.p.
Gyles, Maj. R. W., M.C., Sask. R.

---

† Also awarded Bar to Distinguished Service Order.
†† Also awarded 2nd Bar to Distinguished Service Order.

Orders of Knighthood, &c. 245

COMPANIONS (D.S.O.)—*contd.*

Habgood, Capt. A. H. M.B., R.A.M.C. Spec. Res.
†Hacking, Lt. A., M.C., 8 Bn. Notts. & Derby. R.
Hadow, Lt.-Col. R.W., ret. pay Res. of Off.
Hagarty, Maj. W. G., Can. Local Forces.
Haig, Bt. Lt.-Col. A. G., C.M.G., R.G.A.
Haig, Bt. L.-Col. C. H., Leic. R.
Haig, Maj. J., 2 Co. of Lond. Yeo.
††Haig, Bt. Lt.-Col. R., 6 Bn. Rif. Brig., Capt. ret. pay.
Haig, Maj. W., M.B., R.A.M.C. (T.F.)
Haig, Maj. W. de H., R.E.
Haigh, Lt.-Col. B., late R.A.S.C. (T.F.)
Hailes, Maj. W. A., C'wealth Mil. Forces.
Haines, Maj. L. E., Can. Local Forces.
Haining, Bt. Lt.-Col. R.H. R.A., e.
Haldane, Lt.-Col. C. L., C.M.G., 6 Gūrkha Rif. [l]
Haldane, Lt.-Gen. Sir J. A. L., K.C.B., p.s.c. [l]
Hale, Col. O. H., C.M.G.
Hale, Lt.-Col. G. E., ret pay.
Hales, Rev. J. P., Temp. Chapl. to the Forces, 2nd Class.
Hall, Temp. Maj. C. H. T. B., Motor Machine Gun Serv.
Hal , Maj. C. R., R. Muns. † us.
Hall, Lt.-Col. D. K. E., C.M.G., 3 Bn. Dorset R. (Bt. Lt.-Col. Res. of Off.)
Hall, Capt. D. M. B., C. Gds.
Hall, Lt.-Col. E., TD, 6 Bn. Not s. & Derby. R.
Hall, Maj. E. C., R.F.A
Hall, Lt.-Col. F., late R.F.A.
Hall Maj G C M , C.M.G., C.B.E. Res. of Off.
Hall, Maj. G. W., Can. A.M.C.
Hall, Capt H. F., R.F.A. (T.F.)

Hall, Capt. H. R., M.C., R.A.
Hall, Temp. Capt. H. S. H., Serv. Bns. R. Fus.
†Hall, Lt.-Col. J. H., C.M.G., Midd'x R.
Hall, Temp. Capt. J. H., M.C.
Hall, Lt.-Col. M. H., late Bn. S. Lan. R.
Hall, Capt. P. A., M.C., Bucks. Bn. Oxf. & Bucks. L.I.
Hall, Maj. P. de H., M.C., R.E. (T.F.)
Hall, Temp. Lt.-Col P. S., late Serv. Bns. W. York. R.
Hallard, Maj. H. R., A.I.F.
††Halliday, Maj. W. J. F., R.A.
Hallowes, Maj. R. C., M.B., R.A.M.C.
Hallsmith, Lt. G., 5 Bn. Suff. R.
Hallward, Lt. B. M., 2 Bn. Rif. Brig.
Halt-Dempster, Bt. Col R. E., ret. pay, p.s.c.
Hamer, Maj. M. A., M.C., 129 Bal. Cdn. p.s.c.
Hamersley, Maj. H. St. G., R.A.S.C.
Hamerton, Lt.-Col. A E., C.M.G., R.A.M.C.
Hamersley, Maj. H. St. G., R.A., g.
Hamilton, Comdr. A., R. Ind. Mar.
Hamilton, Lt. Col. C. L. C., C.M.G., R.A., p.s.c.
Hamilton, Capt. Lord C.N., M.V.O., G. Gds.
Hamilton, Bt.-Maj. C.S.P., R.A.M.C.
Hamilton, Maj. E. G., C.M.G., M.C., Conn. Rang.
Hamilton, Lt.-Col. G. C., C.M.G., G. Gds., e.
Hamilton, Maj. G. M, T.F. Res.
Hamilton, Bt. Lt -Col. (temp. Col.) G. T., R.F.A.
Hamilton, Capt. H. W. R., M.C., R.E.
Hamilton. Gen. Sir I.'S. M., G.C.B. G.C.M.G., ret. pay Col. Cam'n High'rs, q.s.
Hamilton, Maj. J., A.I.F.
Hamilton, Maj. J. A., R.A.S.C.
Hamilton, Lt.-Col. J. G. H., Gord. Highrs.
Hamilton, Bt. Maj. J. M., W. York R.
Hamilton, Lt. J. S., 7 Bn. W. York R.
Hamilton, Maj. N. C., O.B.E., R.A.S.C. (Lt.-Col. N.Z. Mil. Forces).
Hamilton, Col. R. S., C.M.G., R.A.O.C., e.f.
†Hamilton, Bt Lt.-Col. S W. S., R.E.
Hamilton, Col.(temp. Brig.-Gen.) W. G., C.B., C.S.I , p.s.c., ret. pay.
Ba milton, Bt. Lt.-Col. W. H., C.I.E., Ind. Med. Serv
Hamilton-Browne, Hon Maj. H., late N. S. Wales Contgt. (Maj. ret. pay).

Hamilton Stubber, Maj. R., Household Cav. (Capt. ret. pay).
Hammerton, Maj. G, H. L., C.M.G., TD, R.A.M.C. (T.F.)
Ha mick, Bt. Lt.-Col. R.T., R.A.
Hammill, Capt. L., M.C., 5 Bn. S. Lan. R.
Hammond, Bt. Lt.-Col. F. D., C.B.E., R.E.
Hammond, Capt. F. S., 11 Bn. Lond. R.
Hammond. Maj.R.C., R.E.
†Hamond, Capt. P., M.C., ret. pay (Res. of Off.)
Hampson, Temp. Maj. G., Tank Corps.
Hampton, Maj. H. S., Lord, Worc. Yeo.
†Hanafin, Bt. Lt.-Col. P. J., R.A.M.C.
Hanbury, Bt. Lt.-Col. P. L., C.M.G., Shrops. L.I., p.s.c.
†Hanbury-Sparrow, Bt. Maj. A. A. H., M.C., R. Berks R.
Hance, Temp. Maj. H. M. M.C. (2nd Lt. Res. of Off. Ind. Army)
Hancock, Lt.-Col. C., late Serv. Bns. Glouc. R.
Hancock, Lt.-Col. M. P., R. Fus.
Hancox, Lt.-Col. S. H., C'wealth Mil. Forces
Hand, Capt. W. C., M.C., l te R.G.A.
Hands, Maj. P. A. M., M.C., late S. Afr. Def. Force.
Hankey, Lt.-Col. E. B., Worc. R.
Hankey, Capt. S. R. A., ret. pay.
Hanley, Capt. H. A. O., M.C., Midd'x R.
Hanna, Lt.-Col. J. C., R.A., g.
Hannah, Maj. R. W., M.C., l te R.F.A. Spec. Res.
Hannay, Lt.-Col. (temp. Brig.-Gen.) C. C., Dorset R
Hannay, Lt.-Col. G. M., ret. pay (Res. of Off.)
Hannay, Bt. Col. R. S., C r.G., R.A.M.C.
⁋⁋Hansen, Bt. Maj. P. H. M.C., Linc. R., p s.c.
Hanson, Lt.-Col. E. G., Can. Fd. Art.
Hanson, Lt.-Col F.S., M.C., 7 Bn. R. War. R.
Hanson, Lt.-Col. H. E., TD, late 2 Northbn. Brig. R.F.A. (Maj. 2 Northbn. Brig. R.F.A.)
Happold, Capt. F. C., late Serv. Bns , N. Lan. R.
Harbord, Lt.-Col. (temp. Brig.-Gen) C. R., C.M.G., 3) Lrs..
Harbord, Capt. E. R., M.C., late 3 Bn. Ches. R. (Hon. Capt. in Army)
Harbord, Maj. H.W., Can. Local Forces.

†Harbottle, Lt.-Col. C. C., 1 Cent. Ont. Regt.
Harbottle, Maj. F., Aust. Mil. Forces.
Harcourt. Lt. A. C., M.C., R. Berks R.
†Harcourt, Lt. H.G., M.C., R. Dub. Fus.
Harcourt-Vernon, Maj. G. C., Fitz H., M.C. Res. of Off.
Hardcastle, Lt.-Col. E. L. R.A., g.
Hardcastle, Bt. Lt.-Col. R. N., Manch. R.
Hardie, Temp. Maj. C. C. A., R.E.
Hardie, Maj. J. L., O.B E., C'wealth Mil. Forces.
Hardie, Capt. S. J. L., 6 Bn. Arg. & Suth'd Highrs
Hardiman, Temp. Capt. E. H. M., M.C., S. Afr. Def. Force.
Harding, C., C.M.G., late Maj. 2 Regt. King Ed. Horse.
Harding, Maj. D. L., F.R.C S.I., R.A.M.C.
Harding, Maj. G., R.A.S.C.
Harding, Temp. Lt.-Col. G. R., R.E.
Harding Newman, Bt. Col. (temp. Brig.-Gen.) E., C.M.G., R.F.A.
Hardinge, Maj. T. S. N., R.A., g.
Hardman, Lt.-Col. R. S., ret. pay.
†Hardress Lloyd, Temp. Lt.-Col. J.
Hardy, Capt. C., 12 Bn. Lond. R.
Hardy, Lt.-Col. C. H. W., Aust. Mil. Forces .
Hardy, Maj. E. J., 2 Dns.
Hardy, Capt, J. L., M.C.
Hardy, Maj. S. J., 2 Dns.
Hare, Maj. J. W., R.A.
Hare, Col. R. H., C.B., C.M.G., M.V O., p.s.c., g. [L]
Hare, Bt. Lt.-Col. (temp. Brig.-Gen.) R. W., C.M.G., Norf R., p.s.c., q.s.
Hare-Bowers, Capt. D. A., M.C., S. Afr. Def. Forces
Harington, Maj.-Gen. Sir C. H., K.C.B., L'pool. R., p.s.c.
Harington, Capt. F. J., W. York R.
Harington, Bt. Maj. H. D. M.C., W. York. R.
Harington, Bt. Lt.-Col. J., C.M.G. Rif. Brig.
†Harker, Lt.-Col, T.H., 6 Bn. K. R. Ric. C.
Harkness, Temp. Maj. R. B , Serv. Bns Welch R.
Harley, Bt. Lt.-Col. A. B., 121 Pioneers
Harman, Col. (temp. Brtg.-Gen.) A. E. W., C.B.

† Also awarded Bar to Distinguished Service Order.
††Also awarded 2nd Bar to Distinguished Service Order.

Orders of Knighthood, &c.

COMPANIONS (D.S.O.)—contd.

Harman, Capt. A. L., *M.C.*, R.A.
Harman, Maj.A.R.,*C.M.G.*, ret. pay (*Res. of Off.*) Col. (T.F.)
†Harman, Bt. Col. C., Leins. R.
Harman, Maj. F. de W., Norf. R.
Harman, Maj. (*temp. Brig.-Gen.*) G. M. N., Rif. Brig.
Harman,Capt. H. A. A. F., 4 Bn. S. Staff. R.
Harmar, Maj. C. D'O., R. Mar.
Harold, Temp. Maj. (*temp. Col.*) A. E., R.E.
Harper, Lt.-Gen. *Sir* G. M., *K.C.B., p.s.c.*
Harper, Lt. R.R.,C'wealth Mil. Forces
Harrazin, Maj. A. E. A., Br. W.I.R.
Harris, Maj. A., 3 Lond. Brig. R.F.A.
†Harris, Maj. A.E.F., R. Berks. R.
Harris, Lt.-Col. C B. M., *F.R.C.V.S.*, ret. pay.
Harris, Capt. D. R., C'wealth Mil. Forces.
Harris, Maj. E. M., Can. A.S.C.
Harris, Maj. E. T., *M.B*., Ind. Med. Serv
Harris, Temp. Lt. F. E., Serv. Bns. Devon R
Harris, Maj. G.A., *O.B.E.*, Unattd. List (T.F.)
Harris, Maj. N. C., *M.C*, Aust. Imp. Force
Harris, Bt. Lt.-Col. O. M., *R.F.A.*
Harris, Capt. T. B., R.E.
Harris-St. John. Lt.-Col. C. E St. J., 16 Lrs.
Harris-St. John Maj. W., ret. pay
Harrison, Temp. Lt. A. N., Serv. Bns. Lan. R.
Harrison,Temp.Maj. A.L., M.G. Corps.
Harrison, Maj. C. P., *M.C.*, R.F.A. (T.F.)
Harrison, Bt. Lt.-Col. E. G. *C B*., ret. pay
Harrison, Temp. Maj. G. A., *M.C*, R.E.
Harrison, Bt Lt.-Col. G. H., Bord. R.
Harrison, Capt. G. L., R. W. Surr. R.
Harrison, Bt. Maj. H. C., R. Mar. (Temp. Maj. S. Afr. Contgt.)
Harrison, Bt. Lt.-Col. J. M. R., R.A., *p.s.c*.
Harrison, Maj. J. S. N., Som. L.I.
Harrison, Bt.-Col. L. W., *M.B.*, ret. pay
Harrison, Bt. Maj. M. C. C., *M.C.* Ir. Regt.
Harrison, Lt.-Col. N., *C.M.G., late* S. Afr. Prote. Forces,
Harrison Lt.-Col. (*Hon. Lt.-Col. in Army*) T. E., TD, T.F.Res.
Harrison, Lt.-Col. W. H., Can. Fd. Art.
Harrison, Capt. W. R. E., *D.S.O* R.A.

Harrison-Topham, Maj. T., ret. pay
Harrisson, Temp. Lt.-Col. G. H., *C.M.G.*, R.E.
Harstone,Maj.J B.,*O.B.E.*, (Jan. Local Forces.
Hart, Capt. C. H., *M.C*, R.A.S.C
Hart, Lt. E. A. E., *M.C*, R.A.
Hart, Bt. Lt.-Col. E. G., Ind. Army.
Hart,Lt.G A.,*M.C.*,R.F.A.
Hart, Lt.-Col. H., *C.B.*, *C.M.G.*, N.Z. Mil. Forces.
Hart, Lt.-Col. H. P., *late* 7 Bn. K.O.Sco. Bord.
†Hart, Lt.-Col. L.H.P., TD, 4 Bn. Line. R.
Hart, Maj. O., R.F.A.
†Hart, Bt. Lt.-Col. R. S., Notts & Derby. R.
†Hart-Synnott, Hon. Brig.-Gen. A. H. S., *C.M.G*..ret pay, *p.s.c.* [L]
Hart-Synnott,Capt.R.V.O., O B E. 2 Bn. R. Guernsey Mila.
Harter, Bt. Maj. J.F., *M.C.*, R. Fus.
Hartigan, Bt. Col. (*temp. Col.*) Maj J A., *C.M.G., M.B*., R.A.M.C.
†Hartigan, Maj. M. M., *C.M.G.*, ret. (*Lt.-Col. S. Afr. Def. Force*).
Hartland Mahon, Lt.-Col M. C. J.. R.F A.
Hartley, Maj. A. F., 11 Lrs.
Hartley, Temp. Capt. D. R. C., R.F.A.
Hartley, Lt.-Col. J. C., *late* Serv Bns. R. Fus. (Capt. ret.)
Hartwell, Capt. J. R., 4 Gurkha Rif.
†Harty, Maj. T. E., R.A.M.C.
Harvey,Lt. A., *M.C.*, 6 Bn. L'pool R.
Harvey, Maj. C. D., Notts. & Derby R.
Harvey,Maj.C.G.S.,R.F.A.
Harvey, Lt.-Col. F. G., *C.B.E.* (*Lt.-Col. S. Afr. Def. Force*)
Harvey, Bt. Lt.-Col. F. H., *C.M.G.*, York R., *p.s.c.*
Harvey, Maj. G. H., E., R.A.S.C., *e*.
Harvey, Col. J., Terr.Force
Harvey, Capt. J., ret. pay (Hon.Maj.ret.Spec.Res.)
Harvey, Bt. Col. (*Hon. Lt. Col. in Army*) J. R., TD T.F. Res.
Harvey, Temp. Capt. M. M.,*M.C.*, 15 Bn. Notts. & Derby R.
Harvey, Col. R N., *C.B.*, *C.M.G*
Harvey, Lt.-Col. V. V., Can. Local Forces.
Harvey, Maj. W. J. S., R.A.M.C.
Harvey, Hon. Lt.-Col,W.L., ret. pay.
Harvey - Kelly, Bt. Maj. C. H. G. H.,127thLt Inf.
Harwood, Maj. R., C'wealth Mil. Forces.

Haselden, Hon. Maj. F., *M.C., late* S. Afr. Def. Forces.
Haseldine, Bt. Lt.-Col. R. H., L'pool R.
Haskard, Bt. Lt.-Col. J. McD., *C.M.G.*, R. Dub. Fus.,*p.s.c.* [i]
Haslam, Lt.-Col. P. L. C., 18 Hrs.,ret.
Hassell,Lt. J.,*M.C.*,Yorks L I.
Hassell, Lt. L. L., *M.C.*, S. Staff. R.
Hasted, Capt. J. O. C., Durh. L.I.
Hastings, Maj. Gen. E. S. *C.B.*, Supern. List Ind. Army.
Hastings, Col. J. R., *O.B.E.*, TD, *late* Terr. Force (*Lt.-Col. ret. T.F.*)
Hastings, Maj. T. W. C. N., Manch. R.
Hastings.Bt.Lt.-Col.W.H., 92 Punjabis.
Hatch, Maj. H. C., 1 Cent. Ont. R.
Hatchell, Bt. Col. H. M., ret. pay.
Hatfield, Maj. E. R., ret. pay, *g*.
Hattersley-Smith, Maj.W. P. A., R.A.
Haughton, Maj. E. J. H., 105 Lt. Inf.
Haughton. Maj. H. W. *O.B.E.*, Bucks. Yeo.(Maj. ret. pay)
†Hawes, Maj.C.H.,*M.V.O.* 23 Cav.
Hawes, Maj. C. M., 20 Punjabis
Hawes, Bt. Lt.-Col. G. E., *M.C.*, ret. pay
Hawes, Capt. L. A., *M.C.*, R.A.
Hawkes, Lt.-Col. C. St. L. G., *C.M.G.*, R.A.
Hawkes, Lt.-Col. C. O., ret. *M.C., late* Serv. Bns.R.Ir. Regt.
Hawkes, Lt.-Col. W. C.W., 106 Pioneers.
Hawkins, Temp.Lt -Col.C. F., *M.C.*, Tank Corp.
Hawkins, Bt.-Maj. E.B.B., W. York. R.
Hawkins, Lt. E. F. S., R.A.S.C. Spec. Res.
Hawkins, Maj. H. D., *late* R.G.A. Spec. Res.
Hawkins,Capt. R. C.,Hon. Art. Co.
Hawksley, Lt.-Col. (*temp. Brig.-Gen.*) R. P. T., *C.M.G.*, R.E.
Hawley, Maj. W. G. B. I., 23 Cav.
Haworth, Maj. R., *M.V.O.*, Lan. Fus.
Hawthorn, Lt.-Col. F., *M.D*, R.A.M.C. (T.F.)
Hawthorn, Bt. Col. (*temp. Col.*) G. M. P., L'pool R.
Hawtrey, Bt. Lt.-Col. H. C., *C.M.G.*, R.E.
Hay, Lt.-Col. A. A. B., *M.C.*, R.F.A. Spec. Res.
Hay, Maj.A.K.,*O.B.E.*,R.A. *p.s.c*.
Hay, Bt. Lt.-Col. C. J. B., C M G , Corps of Guides, *p.s.c.* [L]

Hay, Capt. G. H., R.Scots.
Hay, Bt. Lt.-Col. G. L., *C.B.E.*, R.A.O.C., *o*.
Hay, Capt. J. G., *O.B.E.*, ret. pay.
Hay, Bt. Lt.-Col. (*temp. Col.*) R. B., R.G.A.
Hay, Lt.-Col. R., S. ret. pay, 129 Baluchis
Haybittel, Lt. L. McG., R.F.A.
Hayden, Lt.-Col. F. A., *O.B.E.*, ret. pay.
Haydon, Lt.-Col. W. P., Ind. Army
Hayes,Capt. G., Durh.L.I.
Hayes, Lt.-Col.J., R.A.S.C.
Hayes,'Bt. Maj. J.H., Res. of Off.(*Capt.Shrops. Yeo.*)
Hayfield,Temp.Capt.C.D., 7 Bn. E. Kent R.
Hayhurst- France. Capt. G.P.H., *M.C.*, K.R.Rif.C.
Hayley, Lt.-Col. S. T., R.A.O.C. *p.a.c.*, *e*.
Hayley, Maj.W. B.,R.H.A.
Hayley Bell, Temp. Maj. F., 10 Bn. R.W. Surr. R.
Haymes, Lt.-Col. R. L., ret. pay, *g*.
Hayne, Maj. S. S.,North'n R.
Hayter, Bt. Lt.-Col. H. R., R.A.S.C.
Hayter, Bt. Col. R. J. F., *C.B.*, *C.M.G.*, Ches. R. *p.s.c.* [l]
Hayward, Capt. C. R., W Som Yeo.
Hayward,Hon. Maj.G.W., Ridg.-Mr. ret. pay
Haywood, Bt. Lt- Col. A. H. W., *C.M.G*., R.A. [L]
Haywood, Maj. A. N., Qr.-Mr. ret. pay
Hazlerigg,Maj.T.,R.A.S.C.

Head, Lt.-Col.A.E.M.,R.A.
Head, Lt.-Col. C. O., ret. pay (*Res. of Off.*)
Headlam, Capt. C. M., *O.B.E.*, Bedf. Yeo.
Headlam, Bn. Col. (*temp. Brig.-Gen.*) H. R.,*C.M.G*, York & Lanc. R., *p.s.o.*
Headlam, Maj.-Gen. *Sir* J. E. W., *C.B.*, *g*.
Healing, Maj. N. C., *M.C.*, R.A
Heane, Col. (*temp. Brig.-Gen.*) J., *C.B*, *C.M.G*., Aust. Mil. Forces.
Hearle,Maj.A.B.,R.G.A.,*g*.
Hearn,Lt.-Col.C.R., R.E.
Hearne,Lt.-Col.(*temp.Col.*) W. W.,Au t. Mil. Forces.
Hearson, Maj.(*temp.Brig.-Gen.*) J G., *C.B*, R.E.
Heath, Capt. C. P., R.G.A
Heath,Col.E.C.Terr Force
Heath, Maj-Gen. G. M., *K.C.M.G.*, *C.B.*, *p.s.c.*, *e*.
Heath, Bt. Lt.-Col. R. M, *C.M.G.*, Midd'x R.
†Heath, Maj. G. N., 7 Bn, Ches. R.
Heath, Capt. J. T., *M.C.*, R.E.
Heathcote,Bt.Lt.-Col.C.E. *C.B.*, *C.M.G*., Yorks. L.I.
Heathcote, Capt. R. E. M., 3 Bn. R. Scots.

† Also awarded Bar to Distinguished Service Order.

Orders of Knighthood, &c. 247

COMPANIONS (D.S.O.)—contd.

Heather, Capt. V. G.,R.A.
Heaton, Temp. Capt.D.R.
Heaton,Temp Lt. H.,*M.C*., Serv. Bns. Durh. L.I.
Hebbert, Capt. H. E., *M.C.*,R.E.
Hebblethwaite, Capt. A. G., R.A.M.C. (T.F.)
Heddle, Temp. Capt. M., *D.S.O.*,R.G.A.
Hedges, Capt. K. M. F., R.A.S.C.
Hedley, Lt. J. C., *M.C.*, R.W. Surr. R.
Hedley, Maj. W., R.G.A. (T.F.)
†Heelas, Maj. P. G. B., R.F.A.
Heenan, Lt.-Col. C. R., *late* S. Afr. Def. Forces.
Hefferman, Temp. Maj. J. G. P., *M.C.*, Serv. Bns. R Dub. Fus.
Heilbron, Capt. I. M., R.A.S.C.(T.F.)
Helm, Capt C., *M.C.*, R.A.M.C.
†Helme, Maj. E., Glam. Yeo.
Hely-Hutchinson, Lt.-Col. R. G., R. Fus.
Hemelryk, Maj. E. V., R.F.A.(T.F.)
Hemming, Lt.-Col. H. S. J. L., *late* S. Afr. Def. Forces,
Hemphill, Capt. R., *M.B.*, R.A.M C.
Hempson, Temp. Capt. C. D., Suff. R. (*attd*.)
Hemsley, Maj. C., 64 Pioneers
Hemsley, Maj.H. N., *M.C.*, ret.
Henchley, Maj., A. R., *M.D.*, R.A.M.C. (T.F.)
Henderson, Maj. A. D., *late* Serv. Bns. Norf. R.
Henderson, Lt.. C. E., 10 Bn. Lond. R.
Henderson, Lt.-Gen. *Sir* D., *K.C.B.*,*K.C.V.O.*,*p.s.c*
Henderson, Temp.Lt. E.J , *M.C.*,Serv.Bns E.Lan.R.
Henderson, Capt. G. D., *M.C.*, *late* Serv. Bns. R. W. Surr. R.
†Henderson, Capt. G. S., *M.C.*, Manch. R.
Henderson, Col. H. M., vd., TD., Terr. Force.
Henderson,Maj.H.E.,R.A. *O.B.E.*,ret.
Henderson, Maj. J. A., *O.B.E.*,ret.
Henderson, Maj. K., 39 Rif.,*p.s.c*
Henderson, Capt. M., 4 Bn. Sea. Highrs
Henderson, Bt. Lt.-Col. M., R. Scots.
Henderson, Maj. N. G. B., R. Highrs.
Henderson, Lt.-Col. (*temp. Col.*)P.H.,*M.B.*,R.A.M.C.
Henderson, Bt. Lt.-Col. R. W., 17 Cav.
Henderson, Lt.-Col W. A., *C.M.G.*,Aust.Imp.Force.
Henderson-Roe,Capt.C.G., *M.C.*, 3 Bn. R. W. Kent R.
Hendry, Col. W. B., Can. Local Forces.
Heneage,Maj.A.P.,R.F.A.
Heneage,Maj.A.R.,ret. pay.
Heneage, Maj. G. C. W., *M.V.O.*, ret. pay (*Res. of Off.*)

Heneage, Maj. *Hon*. R. G., ret. pay.
Henegan, Lt.-Col. J., ret. Ind. Army.
Heneker,Maj.-Gen W.C.G· *K.C.B.*
Henley, *Hon*. Brig.-Gen. *Hon*. A. M., *C.M.G.*, ret. pay, *p.s.c*.
Henley, Lt.-Col. F. Le L., *O.B.E.*,Aust.Imp.Force
Henneli Lt.-Col. and Hon. Col. *Sir* R., *Knt*., *C.V.O.*, *O.B.E.*, *late* l V B Midd'x R. (Lt -Col.ret. Ind Army). (*Yeo. of Gd.*)
Hennessy, Maj. P., *M.C.*, Worc. R.
Hennessy, Lt. R. G., *M.C.*, Bord. R.
Henziker-Gotley, Temp. Maj G. R., M.G. Corps.
Henning, Lt.-Col. P.W.B., h.p.
Henri, Lt. P. R , *M.C.*, 3 Bn Lond. R.
Henry, Maj. M., C'wealth Mil. Forces.
Henshall, Capt.L.S., 4 Bn S. Lan. R.
Henvey, Lt.-Col.R., *C.M.G.*, R.A., *p s c* (*L*)
Hepburn, Maj. W. C., *late* l Bn. Mon. R.
Hepper, Lt.-Col. L. L., R.G.A.
Herapath, Hon. Lt.-Col. E., ret. pay.
Herbert, *late* Lt.-Col. C., Supern. List, Ind. Army
Herbert,Bt. Lt. Col. G.M., Dorset R.
Herbert, Lt.-Col. L. W., 3 Bn. S. Lan. R. (Capt. *late* Welsh R.)
Herbert, Col. P. T. C., ret. pay (*Res. of Off.*) Maj R.F.A.
†Herbert,Bt.Lt.-Col (*temp. Brig.-Gen.*)W. N., *C.M.G.*, North'd Fus. *p.s.c*.
Herbert-Stepney,Hon.Lt.- Col. C. R., *late* temp Lt.-Col. 16 Bn. Notts. & Derby R.(Capt. ret. pay)
Herd, Hon. Lt. H. J., *late* 7 Bn. R. Highrs.
Heriot, Lt.-Col. G. M., ret. R. Mar.
Heriot-Maitland Col. J. D., *C.M.G.*
Herklots,Maj.A.,R.A.S.C., e
Hermon, Capt. J. V., *late* Ches. Yeo.
Hermon-Hodge, Maj Hon. R. E. U , Oxf. Yeo.
Hermon-Hodge Bt. Lt.-Col. R. H., *M.V.O.*, *late* Res. of Off.
Heron,Lt.-Col.R.A.,*C.M.G*. C'wealth Mil. Forces
Heron, Maj. G. W., *O.B.E.*,R.A.M.C.
Herrick, Lt.-Col. H., Can. E., *O.R.G.A*
Herrick, Capt. R. de S. B., Ind. Med. Serv.
Herrick, Capt. R. L. W., Ind. Army.
Herring Temp. Lt. E. F., *M.C.*, R.A.

Herring, Col. S. C. E., *C.M.G.*,Aust. Imp.Force.
Herring-Cooper, Bt.Lt.-Col. W. W., *C.B.E*., R.A.S.O.
Hervod, Lt.-Col. E. E., *C.M.G*., C'wealth Mil. Forces.
Hertzberg, Col. H. F. H., *C.M G*., *M.C.*, Can. Eng.
Hervey, Lt.-Col. C. L., Can. Rly. Serv.
Hervey-Bathurst,Capt. *Sir* F. E. W., *Bt*., ret. pay (*Res. of Off.*)
Heseltine, Bt Lt.-Col. J. E. N., K. R. Rif. C.
Heselton, Capt. J. L.,*M.C.*, Worc. R.
H sketh, Maj. (*Hon. Lt.in Army*) G., 5 Bn. N. Lan. R.
Hesketh, Maj. J. A, *C.M.G.*,Can.LocalForces.
Hesketh, Maj. W., 12 Cav.
Hesketh-Pritchard, Hon. Maj. H. V.,*M.C.*
Heslop, Maj. A. H.,*O B.E.*, *M.B.*,R.A.M.C.
Heslop, Maj., G. G., A.I F
Heslop, Capt. T. B., 6 Bn Durh. L.I.
†Hessey, Hon. Brig.-Gen W. F., ret. pay (*Res. of Off.*)
Hetherington, Maj. C. G., R.G A.
Hewetson, Lt.-Col. H., R.A.M.C.
Hewett, Lt.-Col. E. V. O., *C.M.G.*, *O.B.E.*, ret. pay (*Res. of Off.*)
Hewett, Maj. G., 48 Pioneers.
Hewett, Maj. M. S.. Ind. Army.
Hewitt,Maj. A. S., *O.B.E.*, R.W. Kent R.
Hewitt, Maj. C. C., *M.C.*, R Innis Fus.
†Hewitt, Maj. *Hon*. E. J., Dorset R.
Hewitt, Temp. Maj. R. P., R.A.S.C.
Hewlett,Bt.Lt.-Col.(*temp. Brig.-Gen.*) E., *C.M.G.*, Devon R., *p.s.c*.
Hewson,Capt. F. B., *M.C.* 4 Bn. York & Lanc. R.
Hext, Maj. G. T. B., Ind. Army.
Heygate, Lt.-Col. A. K., Ind. Army
Heyland,Capt. H. M., 6Bn. K.R. Rif. C.
Heyman, Capt. A. A. I., Can. Local Forces.
Heywood, Lt.-Col. C. P., *C.M.G.*, W Gds., *p.s.c*.
Heywood,Lt.-Col.*Sir* G.P., *Bt*., TD, T.F. Res.
Heywood, Capt. M. B., *M.V.O.*, North'd Yeo.
Heywood-Lonsdale, Lt.-Col. H. H., TD, Shrops. Yeo.
Heywood-Lonsdale, Maj. J P H , TD, Shrops. Yeo.
Hezlet, Lt.-Col. J O., R.G.A Spec. Res.
Hezlet, Bt. Lt.-Col R. K., *C.B.E.*, R.A., *p.a c*.
Hibbert, Maj. A., *M C* Can. Enz.
Hibbert, Lt. C. B., *M.C.*, 6 Bn K.R. Rif. C.

Hibbert, Hon. Brig.-Gen. G. L.,*C.B*., *C.M.G.*, ret. pay.
Hibbert, Maj. O. Y., *M.C.*, R.W. Kent R.
Hickey, Lt. P. F. B., Ind. Army, Res. of Off.
Hickie, Maj. H. W., 84 Punjabis.
Hickley, Temp. Maj. C. M., R.E.
Hickling,Maj. C.L.,R.G.A.
Hickling, Temp. Maj. H. C. B., *M.C.*,R.E.
Hickman, Hon. Brig.-Gen. T. E., *O.B.*,ret.pay, *q.s.*
Hicks, Lt.W.E.,*M.C.*,R.A.
Hickson, Maj. L. H., R.W. Kent R.
Hickson, Hon. Brig.-Gen. S. A. E., *C.B*. ret. pay, *p.s.c.*, *q.s*.
Higginbottom, Lt.-Col. T. A., TD, R.F.A. (T.F.)
†Higgins, Bt. Lt.-Col. C. G., *C.M.G*., Oxf. & Bucks. L.I. (*l*).
Higgins,Capt. E. L., *M.C.*, 1 Bn. Lond. R.
Higgins, Bt. Col. J. F. A., *C B*., *A.F.C.*, R.F.A., *g*.
Higginson, Hon. Brig.-Gen. U. P., *C.M.G*., *p.s.c*., *q.s*, ret. pay.
†Higginson, Col. (*temp. Brig.-Gen*.) H. W., *C.B*.
Hildebrand, Bt. Col. (*temp. Col.*) A.B.R., *C.B. C.M.G*., R.E.
Hildreth, Maj. H. C., F.R.C.S.,*Edin*., R.A.M.C.
Hildyard, Hon. Brig.-Gen. H. C. T., *C.M.G.*,ret. pay.
Hildyard,Bt. Col. R. J. T., *C.M.G.*, R.W. Kent R., *p.s.c*
Hill, Bt. Lt.-Col. B. A., R.A.O.C., *p.a.c*.
Hill, Lt.-Col. C. H., Can. Local Forces.
Hill, Maj. C. R., R.F.A.
Hill, Lt.-Col. C. R., Saskatchewan R.
Hill, Maj., C. W., W.I.R.
Hill, Lt.-Col. (*temp. Col.*) D. J. J., *C.M.G.*, R.A.S.C., *e*., *o*.
Hill, Maj. E.,TD, Essex Yeo.
Hill, Bt. Lt.-Col. E. F. J., *M.C.*, R.E.
Hill, Lt.-Col. E. R., R., h p.
Hill, Hon. Brig.-Gen F. F., *C.B.*,*C.M.G.*, ret. pay.
Hill, Temp Maj. F. R., 20 Bn Midd'x R.
Hill, Brig.-Gen. F. W., *C.B*. *C.M.G*., Can. Local Forces.
Hill. Bt. Lt. Col. F W. R., *C.M.G.*,*O.B.E.*.R.A.O.C.,*o*.
Hill,Lt. G.A ,*M.C.*,M.B.E., 4 Bn Manch.-R.
Hill, Maj. G. E. M, R. Lan. R.
Hill, Maj. G. N., R.G.A.
††Hill, Bt. Lt.-Col. G. V.W., R. Ir. Fus.
Hill, Bt. Maj. *Sir* H B., *Bt*., ret. pay (*Res. of Off.*)
Hill, Lt.-Col. H. C., 103 Lt Inf.
Hill, Maj. H. J., *O.B.E.*, R.E.
Hill, Lt.-Col. H.W., *C.M.G*., R.A., *g*.
Hill, Maj. H. W. D., 16 Cav.
Hill. Maj.-Gen. J., *C.B*., ret. Ind. Army

† Also awarded Bar to Distinguished Service Order.
†† Also awarded 2nd Bar to Distinguished Service Order.

COMPANIONS (D.S.O.)—contd.

Hill, Lt. J. C. H., 7 Bn. Worc. R.
Hill, Temp. Maj. L. C., M.C., R.E.
†Hill, Lt.-Col. M. V. B., M.C., late 5 Bn. R. Fus.
Hill, Maj. R. C. E., R.E.
†Hill, Bt. Maj. R. McC., M.B., late R.A.M.C.
Hill, Maj. R. R., R.A., p.s.c.
Hill, Lt.-Col. W. J. M., Res. of Off.
Hill, Bt. Lt.-Col. W. P. H., C.M.G., R. Fus., p.s.c.
Hillary, Lt. M. J., C'wealth Mil. Forces
Hill-Dillon, Bt. Maj. S. S., R. Ir. Rif.
†Hilliam, Brig.-Gen. E., C.B., C.M.G., Can. Local Forces.
Hillman, Maj. D., Can. Rly. Ser.
Hills, Maj. F. B., R.G.A. (T.F.)
Hilton-Green, Bt. Maj. H. F. L., M.C., Gloucs. R.
Hime, Lt.-Col. H. C. R., M.B., R.A.M.C.
Hind, Capt. H. W., M.C., Ind. Army
Hindhaugh, Lt.-Col. S., G.A., A.I.F.
Hine Haycock, Maj. V. R., C.M.G., ret. pay (Res. of Off.)
Hinge, Col. H. A., C.B., C.M.G.,
Hingley, Temp. Lt.-Col. A. N., M.C., Serv. Bns. Middx R.
Hitch, Lt.-Col. A. T., late Serv. Bns. Linc. R.
Hitchin, Capt. H. E., M.C., late Serv. Bn. Durh. L.I.
Hitchins, Lt.-Col. C. F., 3 Bn. R.W. Kent R.
Hitchins, Bt. Maj. E. N. F., M.C., W. Rid. R.
Hoare, Maj. A., M.C., late R.A.
†Hoare, Maj. C. H., W. Kent Yeo.
Hoare, Lt.-Col. E. G., Res. of Off.
Hoare, Temp. Maj. H. M., O.B.E., R.A.S.C.
Hoare, Maj. L. L., R.A.O.C., e., o.
Hoare, Hon. Brig.-Gen. R., C.M.G., ret. pay.
Hobart, Lt.-Col. C. V. C., O.B.E., late 8 Bn. Hamps. R. (Maj. ret. pay).
Hobart, Maj. J. W. L. S., M.C., N. Staff. R.
Hobart, Bt. Maj. P. C. S., O.B.E., M.C., R.E., p.s.c.
Hobbins, Capt. W. A., 7 Bn. Lan. Fus.
Hobbs, Temp. Maj. H. F., M.C., Serv. Bns. Welsh R.
Hobbs, Bt. Col. R. F. A., C.M.G., R.E., p.s.c.
Hobday, Lt. H., M.C., R.F.A.
†Hobday, Lt. R. E., W. York. R.
Hobkirk, Lt.-Col. C. J., C.M.G., ret. pay [L]
Hobson, Hon. Capt. F. G., late W. York. R.
Hobson, Temp. Maj. H. R., R.A.S.C.
Hobson, Lt.-Col. R. W., C.M.G., Res. of Off.

Hodder, Maj. A. E., M.B., T.F. Res.
Hodgens, Maj. S. F., C'wealth Mil. Forces
Hodge, Lt. A., M.C., 7 Bn. Manch. R.
Hodgins, Capt. A., R.A.S.C.
Hodgins, Lt.-Col. F. O., Can. Local Forces.
Hodgins, Capt. J. R., F.R.C.V.S., R.A.V.C.
Hodgkin, Bt. Maj. H. S., 4 D.G.
Hodgson, Maj. E. C., Ind. Med. Serv.
Hodgson, Maj. G. C., 32 Pioneers
Hodgson, Capt. H. J., Chas. R.
Hodgson, Bt. Lt.-Col. P. E., R.E.
Hodgson, Bt. Lt.-Col. W T., 1 Dns.
Hodnett, Temp Lt. H., Serv. Bns L'pool R.
Hodsoll, Temp. Maj. (Bt. Lt.-Col.) F., R.A.S.C.
Hodson, Capt. E. A., Rif. Brig.
Hodson, Lt.-Col. G. C., Can. Local Forces.
Hodson, Temp Maj. W., M.C., 7 Bn. R.W. Kent R.
Hogg, Maj. C. M. T., 4 Gurkha Rif., p.s.c.
†Hogg, Maj. P. G. H., R.E.
Hogg, Temp. Lt. S. R., M.C., Serv. Bns. R. Fus.
†Hoggart, Maj. J. W., M.C., ret. pay
Holbech, 1 t. L., M.C., G. Gds. Spec Res.
Holbrook, Bt. Lt.-Col. A. E., R.A.S.C.
Holbrooke, Maj. B. F. R., 124 Inf.
Holbrooke, Bt. Col. P. L., C.M.G., R.G.A.
Holcroft, Capt. C. W., 8Bn. Worc. R.
†Holden, Bt. Lt.-Col. C. W., C.M.G., R.A.M.C.
Holden W.n. Lt.-Col. E.C.S., rp, late Derby Yeo. (temp. Maj. Derby Yeo.)
Holden, Capt. W. C., M.C., R.A.
Holderness. Maj. H., 1 Gurkha Rif.
Holdich, Bt. Lt.-Col. G. W. V., R.A., p s.c. [L].
Holdich, Bt. Col. (temp. Brig.-Gen.) H. A., 5 Rif., p.s.c.
Holdsworth, Lt.-Col. A. A., Aust. Mil. Forces
Holdsworth, Hunt, Lt.-Col. W. H., R.G.A., g.
Holford, Capt. C. F., O.B.E., ret. pay, (Res. of Off.)
†Holford, Maj. J. H. E., C.M.G., Notts. (Sher. Rang.) Yeo.
Holland, Lt. - Gen. Sir A. E. A., K.C.B., K C.M.G., M.V.O., ret. pay, q.s., g.
Holland, Temp. Maj. H. M., R.A.
Holland, Capt. H. W., O.B.E., TD, Inns of Court O.T.C.
Holland, Bt. Lt -Col. J. E. D., M.C., ret. pay
Holland, Lt.-Col. L., Sea Highrs., p.s.c.

Holland, Maj. R. T., M.C., R.A.
Holland-Pryor, Bt. Col. (temp. Brig.-Gen.) P., C.M.G., C.B., M.V.O., Ind. Army
Hollins, Bt. Lt.-Col., C.E., Linc. R.
Hollond, Lt. H. A., R.G.A. (T.F.)
Hollond, Bt. Lt.-Col. (temp. Brig.-Gen.) S. E., C.B., C.M.G., p.s.c.
Holman, Maj.-Gen. H. C. B., C.M.G., 16 Cav., p.s.c [L]
Holman, Maj. R. C., C'wealth Mil. Forces.
Holmden, Surg.-Maj. F. A., M.B., B.S.A. Police (temp. Maj. R.A.M.C.)
Holme, Maj. H. L., R.A. [L]
Holme, Maj., R.C. R.A. [T.F.]
Holmes, Temp. Lt. B.
Holmes, Rev. C. F. J., Chapl. 3rd. class (T.F.)
†Holmes, Bt. Lt.-Col. W. G., R.W. Fus.
Holmes à Court, Bt. Lt.-Col. R. E., Shrops. L. I.
Holm Patrick Capt H.W. Lord, M.C., 16 Lrs. Spec. Res.
Holness, Maj. H. J., R.A.V.C.
Holt, Capt. A. V., R Highrs
Holt, Bt. Maj. F. V., C.M.G., Oxf. & Bucks. L.I.
Holt, Lt. G. W., M.C. R.F.A.
Holt, Maj.-Gen. M. P. C., K.C.B., K.C.M.G.
Home, Lt.-Col. G. A. S., O.B.E., ret. pay (Res. of Off.) (Lt -Col. E. Afr. Frote. Forces)
Home, Bt Col. A. F., C B., C.M.G., ret. pay, p.s.c. (Gent -at-Arms).
Home, Bt. Col. H. R. E. C. B. E., R.G.A., n.a.c.
Homer, Temp. Maj. E. E., F., M.C., R.E.
Homer-Dixon, Lt.-Col. T. F., Can. Local Forces.
†Hone, Lt.-Col. P. F., U C., late Serv. Bns. Midd'x R.
Honywill, Lt. A. J., M.C., 3 Bn. Devon R.
Hood, Lt.-Col. F. J. C., late 12 Bn. York & Lanc. R.
Hood, Temp. Capt. J. R., M.C., Serv. Bns. Bord. R.
Hood, Maj. Hon. N. A., C.M.G., ret. pay (Res. of Off.)
Hook, Maj. G. B., Trans vaal Vols.
Hooper, Lt.-Col. A. W., C.M.G., R.A.M.C.
Hooper, Lt.-Col. B. O., M.C., Can. Local Forces.
Hooper, Maj. J. C., Shrops. L.I.
Hooper, Maj. R. G., ret. pay L.I.
Hope, Maj. J. A., Can. Local Forces.
Hope, Bt. Lt. Col. J F R., K.R. Rif. C.
Hope, Maj. J. N., R.A.F.
Hope, Lt.-Col. J. W., R.A., p.s.c.
Hope, Temp. Lt. P. A., Serv Bns R Fus

Hopkins, Maj. L. E., O.B.E., R.E.
Hopkins, Maj. R. S., M.C., E. York. R. [L]
†Hopkinson, Maj. J. O., M.C., Sea. Highrs.
Hopley, Capt. F. J. V. B., late G. Gds. Spec. Res.
†Hopwood, Maj. A. H., Linc. R., p s.c.
†Hore-Ruthven, Lt -Col. Hon. A. G. A., C.B., C.M.G., W. Gds., p.s.c.
Hore-Ruthven, Bt. Lt.-Col. Hon. C. M., C.M.G., R. Highrs., p.s.c.
Hore-Ruthven, Col. (temp. Brig.-Gen.) Hon. W. P. (Master of Ruthven), C.B., C.M.G., p.s.c., e,
Horn, Bt. Maj. R. V. G., O.B.E., M.C., R. Sc. Fus.
Hornby, Maj. C. B., h.p.
Hornby, Bt. Col. M. L., C.M.G., h.p.
Horne, Lt E W., Devon R.
Hornor, Lt. B. F., 3 Bn. Norf. R.
Hornsby-Wright, Lt -Col. G. J., 15 Bn Essex R.
Horsfall, Capt. A. H., M.R., 2 N Gen. Hosp.
Horsfield, Maj. R. N., TD, R.F.A., (T.F.)
Horslay, Temp. Maj. B. H., Serv Bns. Yorks. L.I.
Horton, Bt. Lt.-Col. C. W., R.A.S.C.
Horton, Lt. T., M.C., R. A.
Horwood, Hon. Brig.-Gen. W. T. F., C.B., Bt. Lt.-Col. Res. of Off.
Hoskins, Maj.-Gen. Sir A.R., a C.B., C.M.G., N.Staff.R., p.s.c., q.s.
Hoskyn, Bt. Lt.-Col. J C. M., C.B.E., 44 Inf.
Hossie, Temp. Maj. D. N., R.F.A.
†Hotblack, Capt. F. E., M.C., North'n R.
Houghton, Maj. (temp. Col.) G. J., R.A.M.C.
Houghton, Lt.-Col. (temp. Col.) J. W. H., M.B., R.A.M.C.
House, Temp. Maj. H. W., M.C.
Houser, Maj. M. H. N., R.F.A., (T.F.)
Houston, Maj. J. W., M.B., R.A.M.C.
Hovell. Lt.-Col. H. de B., ret. pay.
Hovil, Maj. R., R.A.
Howard, Lt A. C., M.C., R.E T.F.)
†Howard, Maj. C. A., K.R. Rif. C.
Howard, Capt. C. A. L., 32 Lrs.
H ward, Col F J. L., O B E,
Howard, Capt. G. R., Essex R. Spec. Res.
Howard, Bt. Col. G. W. C. M G., Essex R., p.s.c.
†Howard, Bt. l t.-Col. H. C. L., C M G 16 Lrs., p.s.c.
Howard, Capt. S W., Conn. Rang.
Howard, Bt. col T. N. S., M. W. York. R.

† Also awarded Bar to Distinguished Service Order.

Orders of Knighthood, &c.

COMPANIONS (D.S.O.)—*contd.*

Howard, T. W. J. W., late Lt., Thorneycroft's Mtd. Inf. (Lt. ret. pay)
Howard, Capt. W. J. H., L'pool R.
Howard-Bury, Lt. C. K., ret. pay.
Howard-Vyse, Bt. Lt.-Col (*temp.* Brig.-Gen.) R. G. H., *C.M.G., R.H.G., p.s.c.*
Howatson, Temp. Lt. G., R.E.
Howell, Bt. Lt.-Col. F. D. G., *M.C.,* R.A.S.C.
Howell, Maj. H. G., *O.B.E.,* R.E.
Howell, Hon. Maj. J. A., *M.C.,* late 10 Bn. Ches. R.
Howell, Temp. Maj. (*temp. Col.*) W.R., *C.B.E.*, 2 Garr. Bn. R.W. Fus.
Howell-Evans, Lt.-Col. H. J., T.F. Res.
Howell-Jones, Bt. Lt.-Col. J. H., *C.I.E.,* R.A.O.C., *p.s.c.*
Howell-Jones, Lt.-Col. W., ret. pay.
Howell-Price, Lt.-Col. O. G., *M.C.,* C'wealth Mil. Forces.
Howes, Capt. S., *M.C.,* 21 Lrs.
Howitt, Capt. H. G., *M.C.,* T.F. Res.
Howitt, Temp. Maj. T. C., 7 Bn. Leic. R.
Hawkins, Lt.-Col. (*temp. Col.*) C. H., *C.B.E.,* TD, R.A.M.C. (T.F.)
†Howlett, Maj. R., *M.C.,* R. Fus.
†Hoy, Maj. C. N., S. Afr. Def. Force.
Hoysted, Bt. Lt.-Col. D. M. FitzG., R.E.
Hubback, Col.A.B., *C.M.G.,* Terr. Force.
Hubbard, Rev. H. E., *M.C.,* Temp. Chapl. to the Forces, 4th Class
†Huddleston, Bt. Lt.-Col. H.J., *C.M.G.,M.C.,* Dorset R:
Hudgell, Capt. G., Norf. Yeo.
Hudleston, Capt. I. R., R.A.M.C.
Hudleston, Col. W. E., *C.B E., C.M.G.*
Hudson, Lt.-Col. A. R., *C.M.G.,* R.A. (*l*).
Hudson, Lt.-Col. O., Ind. Med Serv.
†⊕⊂Hudson, Bt.Maj. C.E., *M.C.,* Notts. & Derby R.
Hudson, Temp. Maj. (*temp. Lt.-Col.*) H. H., *M.C.,* late 11 Bn. W. York R.
Hudson, Qr.-Mr. & Maj. J. T. H., TD, 7 Bn. Midd'x R.
Hudson, Maj. N., R.G.A.
†Hudson, Lt.-Col. N. B., *M.C.,* late Serv. Bns. R. Berks. R.
Hudson, Bt. Lt.-Col. P., *C.M.G.,* L'pool R.
Hudspeth, Temp. Maj. H. M., *M.C.,* R.E.

Huggins, Bt. Maj. H. W., *M.C.,* R.F.A.
Huggins, Lt.-Col. P. G., *C.B.,* ret. Ind. Army [*L*].
Hughes, Temp. Maj. A. M., *C.B.E.,* Lab Corps, (*Col. S. Afr. Forces.*)
Hughes, Capt. B., *M.B.,* F.R.C S., R.A.M.C. (T.F.)
Hughes, Maj. (*temp. Col.*) E. L., *O.B.E.,* North'n R.
Hughes, Maj. E. W., *M.C.,* 6 Bn. Lond. R.
Hughes, Lt.-Col. F. A. Aust. Mil. Forces.
Hughes, Col. G. A., *M.B.,* ret. pay.
Hughes, Maj.-Gen. G. B., *C.B., C.M.G.,* Can. Local Forces.
Hughes, Bt. Lt.-Col. G. W G., R.A.M.C.
Hughes, Bt. Maj. H. B. W., R.E.
Hughes, Temp. Maj. H.F., R.A.S.C.
†Hughes, Capt. H. L. G., *M.C.,* late R.A.M.C.
Hughes, Lt.-Col. J. G., *C.M.G.,* N.Z. Mil. Forces.
Hughes, Temp. Lt.-Col. (*temp.* Brig.-Gen.) R. H. W., *C.S.I., C.M.G.,* R.E.
Hughes, Capt. W., *M.C.,* 6 Bn. Lond. R.
Hughes-Hallett, Col. J. W. *C.B., C.V.O.,* late Serv. Bns.
Hugo, Lt.-Col. J. H., Ind. Med. Serv.
Hulke, Hon. Brig.-Gen. W. B., ret. pay (*Res. of Off.*).
Hull, Maj. C. R. I., *O.B.E.,* R.A.S.C.
Hull, Bt. Maj. H. C. E., R. W. Surr. R.
†Hulseberg, Lt.-Col. H., 127 Lt. Inf.
Hulton, Maj. H.H., R.F.A.
Hulton, Maj. J. M., *C.B.E.,* R. Suss. R. [*l*]
Humble, Lt.-Col. (*temp.Col.*) B. M., *C.M.G.,* Can. Local Forces.
Humby, Lt. H. J. B., *M.C.,* R.G.A. Spec. Res.
Humby, Lt.-Col. J. F., *C.M.G.,* ret. Hon. Capt. (*Army*) late Maj. 3 Bn. R. Ir. Rif.
Hume, Capt. J. E., Conn. Rang.
Hume, Maj.W.V.,S.Lan.R.
Hume-Spry, Maj. C. A. N., R.A.
Hume-Spry, Maj. L., W. York. R., *p.s.c.*
Hume-Spry, Maj. W. E., Ind. Army.
Humphrey, Maj. A. E., Can. Cyclist Corps
Humphrey, Rev. F., Hon, Chapl. to the Forces, 3rd Class
Humphreys, Maj. A. S., ret. pay
Humphreys, Bt. Col. E. T., *C.M.G.,* Leins. R., *p.s.c.*[*l*].

Humphreys, Col. G., *C.B., C.M.G.*
Humphreys, Maj. G. N., R.A.S.C.
Humphris, Lt.-Col. J. F, Aust. Mil. Forces. (8 Australia).
Humphrys, Capt. H. J., *M.C.,* 7 Bn. R. Highrs.
Hunkin, Temp. Maj. S. L. 16 Bn. R.W. Fus.
Hunnybun, Maj. K.,Hunts. Cyclist Bn.
Hunt, Temp. Maj. A. F.
Hunt, Maj. E. W., *M.C.,* S. Afr. Imp. Force.
Hunt, Maj. F. E, *O.B.E.,* 29 Lrs.
Hunt, Maj. G. V., R.A.S.C.
Hunt, Maj. H.R.A., 25 Punjabis, *p.s.c.*[*l*].
+Hunt, Temp.Lt.-Col., J.P., *C.M.G.,* Lab. Corps.
Hunt, Lt. R. A., Aust. Imp. Force
Hunt, Maj. R. N., *M,B.,* R.A.M.C.
Hunt, Maj. R. S., 1 D.G.
Hunt, Maj. T. E. C., *O.B.E.,* R. Berks R., *e.* [*L*]
Hunter, Gen. Sir A. G.C.B., G.C.V.O., Col. R. Lanc. R. 𝔄.𝔅.ℭ.
Hunter, Bt. Lt.-Col. (*temp.* Brig.-Gen.) A. J., *C.M.G., M.C.,* K.R. Rif. C., *p.s.c.*
Hunter, Lt.-Col. C. F., 4 D.G.
Hunter, Bt.-Col. C. W., *C.M.G.,* R.E.
Hunter, Capt. C.S., *O.B.E.,* ret. pay.
Hunter, Maj. F. F., Ind. Army
Hunter, Hon. Maj.-Gen. G. D., *C.B., C.M.G.,* ret. pay.
Hunter, Maj. H. B., late R.A.S.C.
Hunter, Bt. Lt.-Col. H. N. A., R.W. Surr. R., *p.s.c.*
Hunter, Maj. J.,
Hunter, Lt. J. W., North'd Fus. Spec. Res.
+Hunter, Capt. R. D., Sco. Rif.
Hunter-Weston, Lt.-Gen. Sir A. G., *K.C.B.,p.s.c* [*L*]
Huntington, Temp. Maj. (*Hon. Capt. in Army*) A. W., T.F. Res.
Huntington, Temp. Capt. R. H., 8 Bn. Som. L.I.
Hurry, Lt.-Col. G., Aust. Mil. Forces.
Hurst, Temp. Lt.-Col. A. R., *O.B.E.,* R.F.A.
Hurst, Temp. Maj. G. T., *O.B.E.* (*Maj. S. Afr. Def. Force*)
Huskisson,Temp.Capt.G *, M.C.,* R.F.A.
Huskisson, Maj. W. G., *C.B E.,* R.A.S.C.
Hutchens, H. J., *late* Temp. Capt. R.A.M.C. *late* Capt. Aust. Mil. Forces.
Hutchenson, Capt. J., *M.C.,* 6 Bn. Gord. Highrs.

Hutchin, Maj. A. W., Aust. Mfl. Forces, *p.s.c.*
Hutchins, Bt. Lt.-Col. S., R.A.S.C.
Hutchinson, Col C. A. R., Ind. Army, *p.s.c.*
Hutchinson, Maj. E. L., Aust. Mil. Forces.
Hutchinson, Maj. E. M., R.A. [L]
Hutchinson, Lt.-Col. F. P., *C.M.G.,* ret. pay, *g.*
Hutchinson, Maj. H. M., *C.M.G.,* Conn. Rang. [*l*]
Hutchison, Maj T. M., *O.B.E.,* R.A.S.C.
Hutchison, Col. (*temp.* Brig.-Gen.) A. R. H., *C.B., C.M.G.,* R. Mar.
+Hutchison, Capt.C. R. M., *M.C.,* R.F.A.
Hutchison, Capt. G. S., *M.C.,* 3 Bn. Arg. & Suth'd Highrs.
Hutchison, Bt. Lt.-Col. H. O., *M.C.,* R.A.
Hutchison, Col. (*temp.* Brig.-Gen.) R., *K.C.M.G., C.B., p.s.c.*
Hutchison,Maj.R.O.,*M.C.,* Fife & Forfar Yeo.
Huth, Maj. P. O., ret. pay;
Hutson, Capt. H. F. W., *O.B.E.,* R.E.
Huttenbach, Capt. N. H., *M.C.,* R.F.A.
Hutton, Maj. G. F., ret. pay,
Hutton, Maj. V. M., *late* R.A.S.C.
Huxtable, Temp. Capt. C. H. A., *M.C.,* R.F.A.
Huxtable, Col. R. B., *C.M.G.,* C'wealth Mil. Forces.
Hyde, Lt.-Col. D. O., *C.B.E., M.B.,* R.A.M.C.
Hyman, Maj. E. M., Aust. Imp. Force.
Hynes, Lt.-Col. E. T.
Hynes, Bt. Maj. (*temp. Col.*) G.B., R.A.
Hynes, Capt. J. T., *M.M.,* Aust. Imp. Forces
Hyslop, Lt.-Col. H. H. G., Arg. & Suth'd Highrs.
Hyslop, Lt.-Col. J., VD, S Afr. Def. Forces.

Ibbs, Maj. T. C., *late* Qr.-Mr. 1 Bn. Lond. R.
Ievers, Bt. Lt.-Col. O., *M.B.,* R.A.M.C.
Iles, Bt. Lt.-Col. F. A., R.E. [L]
Iles, Lt.-Col. H. W., ret pay, *g.*
Illingworth, Temp. Capt. R. L., *M.C.,* 16 Bn. Notts. & Derby R.
Imbert Terry, Maj. C. H. M., Devon R.
Imbert Terry, Maj. H. B., *M.C.,* R.A
+Impey, Bt. Lt.-Col. G.H., R. Suss. R.

† Also awarded Bar to Distinguished Service Order.

Orders of Knighthood, &c.

COMPANIONS (D.S.O.)—*contd.*

Im Thurn, Capt. B. B. von B., *M.C.*, Hamps. R.
Inches, Lt.-Col. E. J., TD, T.F. Res.
Incledon-Webber, Bt. Lt.-Col. A. B., *C.M.G.*, R. Ir. Fus.
†Ing, Lt.-Col. G. H. A., *C.M.G.*, 2 D.G.
Ingham, Lt. - Col. C. St. M., *C.M.G.*, R.A.
Ingham, Capt. J. F. M., *M.C.*, R. Muns. Fus.
Ingleby, Maj. C. J., late 4 Bn. E. York R.
Inglefield, Maj.-Gen. F. S., *C.B*, ret. pay, *p.s.c.* [L]
Inglefield, Bt. Lt.-Col. L. D., R.A.S.C.
Ingles, Maj. C. J., 1 Cent. Ont. Regt.
Ingles, Bt. Lt.-Col. (temp. Brig.-Gen.) J. D., *C.M.G.*, Devon. R.
Inglis, Maj. C. E., R.G.A.
Inglis, Lt. H. J., *M.C.*, 3 Bn. S. Wales Bord.
Inglis, Maj. J., *C.M.G.*, Cam'n Highrs.
Inglis, Temp. Maj. R., K.R. Rif. C. (attd.)
Inglis, Maj. T. S., T.F. Res.
†Ingpen, Bt. Lt.-Col. P. L., W. York. R.
Ingram, Maj. C. R.,*O.B.E.*, R.W. Kent R.
Ingram, Maj. J. M., R.A.
Ingram, Lt.-Col. J. O'D., *C.B.E.*, ret. pay
※☆ Inkson, Lt.-Col. E. T., R.A.M.C., *t*.
Inkson, Lt. N. L., Ind. Army Res. of Off.
Innes, Hon. Lt.-Col. J. A., *late* Suss. Yeo.
†Innes, Maj. S. A., R. Highrs.
Innes, Capt. W. K. (Res. of Off.)
Innes-Kerr, Capt. *Lord* A. R., R.H.G.
Inskip, Bt. Maj. R. D., *M.C.*, 59 Rif.
Ironsides, Lt.-Col.P.D.,*late* Serv. Bns. Midd'x R.
Ireland, Temp. Maj. G., S. Afr. Def. Force.
Iremonger, Bt. Lt. - Col. H. E. W., R. Mar.
†Irons, Lt.-Col. A. I., *late* Serv. Bns. Midd'x R.
Ironside, Maj.-Gen. *Sir* W. E., *K.C.B., C.M.G.*, R.A., *p.s.c.* [L] h.p.
Irvine, Bt. Lt.-Col. A. E., *C.B., C.M.G.*, Durh. L.I.
Irvine, Maj. A. E. S., R.A.M.C.
Irvine, Maj. F. S., *C.M.G., M.B.*, R.A.M.C.
Irvine, Bt. Lt.-Col. R. A., *C.M.G.*, 3 B. Lan. Fus.
Irvine-Fortescue, Maj. A., *M.B.*, R.A.M.C.
Irving, Maj. L. E. W., Res. of Off. Can. Mila.
†Irwin, Lt.-Col. A., 5 Bn. North'd Fus.
††Irwin, Bt. Maj. A. P. B., E. Surr. R.
Irwin, Temp. Lt. J. B., *M.C.*,Serv.Bns.R.Lanc.R.

Irwin, Maj. J. M., Aust. Imp. Force
Irwin, Temp. Lt. N. L. C.
†Irwin, Bt.Maj.(*temp.,Col.*) N. M. S., Essex R.
Irwin, Rev. R. J. B., *M.C.*, *M.A.*, Hon. Chaplain to the Forces, 1st Class.
Irwin, Capt. R. S., R. Highrs.
Isaac, Bt. Maj. A. G. F., *M.C.*, R. Berks R. (s.c.)
Isaac, Maj. T. W. T., Glouc. R.
Isacke, Maj. C. V., A. P. Dept.
Islington, Hon. Lt.-Col., *Rt. Hon.) J.P., Lord, G.O.M.G.* late R. Wilts. Yeo. (Hon. *Lt. in Army*)
Ives, Hon. Lt. O. M., late Aust. Mil. Forces.
Ivey, Capt. T.H., R.Ir. Rif.
Izar, Bt. Lt.-Col. W. R., R.E.
Izod, Bt. Lt.-Col. P., *late* R.A.S.C.

Jack, Bt. Lt.-Col. E. M., *C.M.G.*, R.E.
Jack, Capt. F. C., *M.C.*, R.F.A. (T.F.)
†Jack, Bt. Lt.-Col. J. L, Sco. Rif.
Jackson, Capt. A. H. K., *M.C.*, R. War. R.
†††Jackson,Bt.Maj.A.N.S., N. Lan. R.
Jackson, Maj. B., TD, 4 Bn. York. R.
Jackson, Lt.-Col. B. A., *M.C.*, *late* Serv. Bns. Lanc. R.
Jackson, Maj. C. H. I., R. Sc. Fus.
Jackson, Lt. D. B. M., 4Bn. Sea. Highrs.
††Jackson, Bt. Maj. E. D., K.O. Sco. Bord.
Jackson, Maj. E. S., *C.M.G.*, ret. pay, Res. of Off.
Jackson, Maj. F. A., Ind. Army
Jackson, Temp. Maj. F. W.,R.A.S.C.
Jackson, Maj. F. W., R.F.A., Spec. Res. (Lt. ret. pay)
†Jackson, Bt. Col. (temp. Brig.-Gen.) G. H. N., *C.M.G.*, Bord. R., *p.s.c.*
†Jackson, Bt.Lt.-Col. G. S., *C.B.E.*, TD, 7 Bn. North'd Fus.
Jackson, Col. (*temp. Maj.-Gen.*) H.C., *C.B., C.M.G., p.s.c.*
Jackson, Hon. Brig.-Gen. H. K., *C.B.*, ret. pay.
Jackson, Maj. H. S., R.A.
Jackson, Lt. H. S., 5 Bn. W. Rid. R.
Jackson, Bt. Col. (temp. Brig.-Gen.) H. W., 90 Punjabis.

Jackson, Bt. Lt.-Col., L.C. *C.M.G.*, R.E., *p.s.c.*
Jackson, Capt. M.H., *M.C.*, 29 Lrs.
Jackson, Capt. R. D.,*M C.*, R.E.
Jackson, Maj. R. R. B., R.A.S.C.
Jackson, Lt.-Col. R. E., *C.M.G.*, C'wealth Mil. Forces.
Jackson,Temp.Capt.,R.N.
Jackson, Col. S. O. F., *C.M.G.*, Hamps. R. [L]
†Jackson, Hon. Brig.-Gen. *Sir* T. D., *Bt.*, *M.V.O.*, ret. pay
Jackson, Bt. Lt.-Col. V. A., ret. pay, *p.s.c.*
Jacob, Maj. A. L.B.,R.G.A.
Jacob, Col. A. Le G., *C.M.G., C.I.E.*, Ind. Army
Jacob, Lt.-Col. W. H. B., R.A., g. [l]
Jacques, Col. H. M., Can. Local Forces.
James, Lt.-Col. A. H. C., *M.V.O.*, S. Staff. R.
James, Lt.-Col. B. C., *late* Serv. Bns. Devon R.
†James, Temp. Maj. C. K., 6 Bn. Bord. R.
†James, Lt.-Col. C. P., Arg. & Suth'd Highrs.
James, Capt. E., Linc. R.
James, Lt.-Col. L., 1 Regt. K. Ed. Horse.
James, Bt. Lt.-Col. R. E. H., *C.M.G., C.B.E.*, ret. pay, *p.s.c.*
James, Lt.-Col. T. B. W., Aust. Mil. Forces.
†James, Lt.-Col. W. E., A.I.F.
James, Temp. Lt. W. G., Serv. Bns. Yorks. L.I.
James, Temp. Capt. W.H., R.A.V.C.
Jameson, Temp. Capt. F. R. W.,*M.C.*,R.E.
Jameson, Capt. J.H., Ind. Army
Jameson, Capt. T. H., R. Mar.
Jameson, Lt.-Col. W.K.E., R.F.A. [*l*]
Jamieson, Lt. J. P., 5 Bn. Midd'x R.
Janion, Temp. Capt. C. W., Serv. Bns. E. Surr. R.
†Janson, Temp. Maj. J. T., 7 Bn. Yorks. L.I.
†Jardine, Capt.C.A.,*M.C.*, R.F.A.
Jardine, Lt. - Col. J. B., *C.M.G.*, 5 Lrs.
Jardine, Maj. W., Transvaal Vols.
Jarrett, Capt. A. V., York & Lanc. R.
Jarrett, Maj. C., TD, 10 Bn. Midd'x R.
Jarvis, Maj. (Hon. *Lt. in Army*) E. H., 4 Bn. R. Innis. Fus.
Jarvis, Col. F. W., TD (T.F.)
†Jarvis, Lt.-Col. T. McL., *late* Serv. Bns. K.R. Rif. C.
Jatar, Lt. N. S., Ind. Med. Serv.

Jay, Temp. Maj. C. D., M.G. Corps.
Jayne Temp. Maj. A. A., *O.B.E., M.C.*, R.E.
Jebb,Lt.-Col. G. D., *C.M.G., C.B.E.*,Bedf. & Herts.R., *p.s.c*
Jebb, Lt.-Col. J. H. M., 4 Bn. Manch.R.,Lt.-Col.,ret.pay
Jeffcoat, Bt. Lt.-Col. A. O., *C.B., C.M.G.*, R. Fus., *p.s.c.*, e.
Jefferies, Maj. H. St. J., Worc. R.
Jefferson,Maj.H.A., 5 Bn. R. W. Fus.
Jeffreys, Maj. J. W., Durh L.I.
Jeffreys, Maj. R. G. B., R. Dub. Fus.
Jeffries, Lt.-Col. L. W., *O B.E.*, C'wealth Mil Forces.
Jeffries, Capt. W. F., 3 Bn. R. Dub. Fus.
Jelf, Bt. Lt.-Col. R. G., *C.M G.*, K.R.Rif. C.
Jelf, Bt. Lt.-Col. W. W., *C.M.G.*, R.F.A.
Jellicoe, Bt. Lt.-Col.(*temp. Brig. - Gen.*) R. C., *C.B.E.*,R.A.S.C., *e*.
Jellicoe, Maj. R. V., Res. of Off.
Jenkin, Bt. Lt.-Col. F. C., R.A.
Jenkins, Maj. E. V., W. Rid. R.
Jenkins, Maj. F., Res. of Off.
Jenkins, Maj.H.H.,*C.M.G.*, S. Afr. Def. Force.
Jenkins, Maj. J. S., Can. Local Forces.
Jenkins, Maj. M. I. G.
Jenkins, Maj. P. W., Devon. R.
Jenner, Bt. Lt.-Col. A. V., *C.M.G.*, ret. pay.
Jenner, Lt.-Col. L. C. D., *C.M.G.*, ret. pay (*Res. of Off.*)
Jenner, Bt. Lt.-Col. *Sir* W. K., *Bt.*, ret. pay *p.s.c*
Jennings, Lt.-Col. J. W., ret. pay.
Jennings, Lt.-Col. W., R.G.A.
Jennings-Bramly, Lt.-Col. A. W., ret. pay.
Jenour, Hon. Brig.-Gen. A. S., *C.B., C.M.G.*, ret. pay, *g*.
Jerram, Maj. C. F., R.Mar., *p.s.o.*
Jervis, Bt. Maj. E. C. S., Res. of Off.
Jervis, Hon. Lt.-Col. Hon. St. L.H., *late* 3 Bn. Norf. R. (Maj. ret. pay) (Temp. Lt.-Col. Comdg. 69 Trng. Res. Bn.)
Jervis, Maj. N. G. M., R.F.A.
Jervois, Capt. J.A., *M.C.*, York.L.I.
Jess, Lt.-Col. C. H., *C.M.G.*, Aust. Mil. Forces.
Jesse, Maj. (*temp.Col.*) J. L., *C.M.G.*, R.A.S.C.

† Also awarded Bar to Distinguished Service Order.
†† Also awarded 2nd Bar to Distinguished Service Order.
††† Also awarded 3rd Bar to Distinguished Service Order

Orders of Knighthood, &c.

COMPANIONS (D.S.O.)—contd.

†Jewels, Lt.-Col. C. E., M.C., late Serv. Bns. Lan. Fus.
Johns, Temp. Maj. H. W., R.E.
Johns, Temp. Maj. W. G., Serv. Bns. K.R. Rif. C.
Johnson, Maj. A.B., Linc. R.
Johnson, Hon. Capt. (Army A E., late Impl. Yeo. (Lt.-Col. Res. of Off.)
Johnson, Lt.-Col. A.V., h.p, R.A.M.C.
Johnson, Maj. B., M.B., R.A.M.C.
Johnson, Temp. Maj. B. S., R.A.S.C.
Johnson, Bt. Lt.-Col. C. R., C.M.G., K.E.
†◎Johnson, Maj. D. G., M.C., S. Wales Bord.
Johnson, Lt.-Col. E.P.,]W. Lan. Brig., R.F.A.
Johnson, Col. (temp. Maj.-Gen.) F. E., C.S.I., C.M.G., ret. pay.
Johnson, Bt.Lt.-Col. F. E., R.A.S.C.
Johnson, Maj. F. S. B., ret. pay Res. of Off.
Johnson, Bt. Lt.-Col. F W. E., R. Ir. Fus.
Johnson, Lt.-Col F.W.F., 6 Bn. Suss. R.
Johnson, Hon. Capt. G. E. A., R.A.O.C.
Johnson, Lt-Col. H., TD 5 Bn. N. Staff R.
Johnson, Lt.-Col. H. A., R.A.S.C.
Johnson, Capt. H. H., 6 Bn. R. Suss. R.
Johnson, Maj. J. G T., Derby Yeo.
Johnson, Lt.-Col. J. T., M.D., R.A.M.C.
Johnson, Capt, K. A., Hamps. R.
Johnson, Maj. M. E. S., 48 Prs., p.s.c.
Johnson, Temp. Maj. P.H., O.B.E., Tank Corps
Johnson, Temp. Capt. R. B., 2 Res. Regt. of Cav., late Capt. 6 Dns.
Johnson, Bt. Lt.-Col. R. H., R.A. p.s.c.
Johnson, Lt.-Col. R. I. B., Res. of Off.
Johnson, Lt.-Col. (temp. Brig.-Gen.) R, M., C.M.G., R.A., p.s.c.
Johnson, Capt. S. G., M.O., S. Staff. R.
Johnson, Bt.Lt.-Col. V.N., Glouc. R.
Johnson, Lt.-Col. W. R., C.B.E., 7 Bn. Essex R.
Johnson, Capt. W. W., M.C., 2 Cent. Ont. Regt.
†Johnston. Maj. A. C., M.C., Worc. R.
Johnston, Lt.-Col. C. A., C.B., M.B., Ind. Med. Serv.
Johnston, Lt.-Col. C. E., M.C., 7 Bn. Lond. R.
Johnston, Maj. G. E., TD, 6 Bn. Sea. Highrs.
Johnston, Lt-Col. F. C. late R.A.

Johnston, Lt.-Col.(Hon. Lt. in Army) F. G. D., C.M.G., TD, 1 Northb'n Brig. R.F.A.
†Johnston, Lt.-Col. G. C., M.C., Brit. Columbia R.
Johnston, Temp. Maj.G.F., M.C., R.E.
Johnston, Bt. Col. (temp. Brig.-Gen.) G. N., C.M.G., R.A., g.
Johnston, Lt.-Col. H., late Serv. Bns. Ches. R.
Johnston, Lt.-Col. and Hon. Col. H. J., late 3 Bn. W. Rid R.
Johnston, Temp. Lt. H.R. Serv. Bns. R. Lanc. R.
Johnston, Maj. J.H., R.A.
Johnston, Maj. P. D. C., 8 Rajputs.
Johnston, Maj. R., 4 Cav.
Johnston, Maj. (temp. Lt.-Col.) R. H., Linc. R.
Johnston, Hon. Lt.-Col. W. H. H., M.C., late 12 Bn. Midd'x R.
Johnston, Temp. Maj. W. M. P., R.A.
Johnston, Maj. W. W. S., M.C., C'wealth Mil. Forces.
Johnstone, Bt. Lt.-Col. B., R.W. Kent R.
Johnstone, Hon. Brig.-Gen., F. B., h.p.
Johnstone, Capt. G. H., R.F.A.
Johnstone, Hon. Col. M. G., 3 Bn. Yorks. L.I. (Lt.-Col. ret. pay).
Jolcey, Bt. Lt.-Col. Hon. H. E., ret. pay
Joll, Maj. H. H., M.C., R.A.
Joly de Lotbiniere, Bt. Col. H. G., R.E.
Jones, Lt.-Col. A., M.C., M.D., late R.A.M.C.
Jones, Maj. A. N. G., 36 Horse[1]
Jones, Temp. Capt. B. M.
Jones, Lt.-Col. C. G., late Serv. Bns. Bord. R.
Jones, Capt. C. La T. T., M.C., R.E.
Jones Bt. Lt.-Col. C. R., R.A.O.C., o.
Jones, Lt. D A., M.C., late Gen. List
Jones, Maj. D. C., R.E.
Jones, Lt.-Col. H. J., ret. Ind. Army.
Jones, Lt.-Col. H. P., R.F.A. (T.F.)
Jones, Bt. Lt.-Col. J. H., M.C., R.A., g.
Jones, Bt. Maj. H. L., 13 Hrs.
Jones, Capt. J. W., M.B., Ind. Med. Serv.
Jones, Capt. K. W., M.D., R.A.M.C. Spec. Res. (Capt. 3 E. Lan. Fd. Amb. R.A.M.C.)
†Jones, Lt.-Col. L. E., C.M.G., Can. Local Forces.
Jones, Lt.-Col. L. M., C.M.G L'pool R.
Jones, Maj. R. C. R., L'pool R.
Jones, Temp. Maj. R. H., M.C., Serv. Bns. Hamps. R.

†Jones, Maj. T. P., Can. Local Forces.
Jones, Bt. Lt.-Col. W. A. F., R.F.A.
Jones, Bt. Maj. W. L., ret. pay
Jones, Maj. W. T. C., R. Mar.
Jopp, Maj. A. H. K., C'wealth Mil. Forces.
Jordan, Bt. Lt.-Col. R. P., C.M.G., Glouc. R.
Joseph, Lt.-Col. R. H., TD, 1 Lond. Divl. R.E.
Joubert de la Ferte, Bt. Lt.-Col. P. B., C.M.G., R.A. [L]
Josselyn, Temp. Col. J., C.M.G., O.B.E., TD., 6 Bn. Suff. R.
Jourdier, Bt. Maj. M. J. A., E. Suss R.
Joyce, Temp. Maj. J., M.C., M.G. Corps.
Joyce, Bt. Lt.-Col. P. C., C.B E., Conn. Rang.
Jucksch, Capt. A.H., M.C., 2 Cent. Ont. Regt.
Jukes, Bt. Maj. A. H., 9 Gurkha Rif.
Jupe, Temp Maj. P. W., Serv. Bns. High. L.I.

Kane, Lt -Col. A. H., R.A.
†Kappele, Lt.-Col. D.P., Can. A.M.C.
Karslake, Bt. Col. (temp. Brig.-Gen.) H., C.M.G., R.A., p s.c
Kavanagh Hon. Lt.-Gen. Sir C. T. McM., K.C.B, K.C.M.G., C.V.O., ret. pay
Kavanagh, Maj. E. J., M.C., M.B., R.A.M.C. (T.F.)
Kay, Temp. Lt. - Col. D. A. H., M.G. Corps,
Kay, Rev. D. M., Temp. Chaplain to the Forces. 3rd Class.
Kay, Capt. J. K., R.W. Kent R.
Kay, Lt, P. C., M.C., 7 Bn. Midd'x R.
Kay, Maj. T., M.B., TD, R.A.M.C. (T.F.)
Kay, 2nd Lt. W., M.C., 3 Bn. Manch. R.

Kay, Lt.-Col. W. E., A.I.F.
Kay, Bt. Col. W. H., C.B., R.H.A.
Kaye, Lt.-Col. H. S., M.C., ret. pay
Keane, Maj. G. J., M.D., ret.
Keane, Lt.-Col. Sir J., Bt., ret. pay. (Res. of Off.)
Kearsey, Maj. A. H. C., 10 Hrs., p.s.c.
†Kearsley, Capt. E. R. R. W. Fus.
Kearsley, Bt. Col. (temp. Brig.-Gen) R. H., C.M.G., 5 D.G., p.s.c.
Keary, Lt.-Gen. Sir R. D'U., K.C.I.E., C.B., Ind. Army.
Keatinge, Maj. O. J. F., 6 Bn. N. Staff. R.
Keble, Col. A. E. C., C.B., C.M.G.
Keddie, Lt.-Col.(temp. Col.), H. W. G., O.B.E., R.A.O.C., e.f.
Keegan, Lt.-Col. H. L. W. Ont. Regt.
Keelan, Lt.-Col. H.P.,121st Pnrs.
Keen, Bt. Lt.-Col. F. S., 45 Sikhs, p.s.c.
Keen, Col. (T.F.) S., TD.
Keenan, Lt. A. H., O.B.E., M.C., 4 Bn. R. Highrs.
Keene, Capt. G. G., R.A.
Keep, Maj. L. H., late Serv. Bns. Bedf.& Herts. R.
Keet, Capt. H. G., M.C., 5 Bn. L'pool R.
Keighley, Lt.-Col. V. A. S., M.V.O., 18 Lrs;
Kelly, Bt. Col. (temp. Brig.-Gen.) F. P. C., C.M.G., 125 Rif.
Keir, Capt. D. R., 7 Bn. R. Highrs.
Keith, Maj. G. T. E., O.B.E., R. Lanc. R.
Keller, Maj. R. H., O.B.E., ret. pay.
†Kellett, Capt., J. P., M.C., 2 Bn. Lond. R.
Kellner Temp. Lt.-Col. P. T. R., O,R.E., R.E.
Kelly, Lt.-Col C. R., C M.G., R.G.A.
Kelly, Bt. Lt.-Col. E. H., M.C., R.E., p.s.c.
Kelly, Bt. Lt.-Col. G. C., K.R. Rif. C. [L]
†Kelly, Maj. H. B., M.B., R.A.M.C.
Kelly, Lt. J. D., R.A.S C., h.p.
Kelly, Maj. J. U., Wilts. R., h.p.
Kelly, Bt. Lt.-Col. P. J V., C.M.G., 3 Hrs.
Kelly, Lt.-Col. T. B., F R.C.S., Edtn., Ind. Med. Serv.
Kelly, Temp. Maj. T. J., M.C., Serv. Bns. Manch. R.
Kelly, Maj. W. D. C., M.B., R.A.M.C.
Kelly, Maj. W. H., R.E.
Kelly, Bt. Lt.-Col.W.M.F., R.A.S.C.
Kelsall, Lt.-Col. H. J., h.p., g.

† Also awarded Bar to Distinguished Service Order.

Orders of Knighthood, &c.

COMPANIONS (D.S.O.)—*contd.*

Kelsall, Maj. R., *M.B.*, Ind. Med. Serv.
Kelsall, Bt. Lt.-Col. T. E., R.E.
Kemball, Maj.-Gen. *Sir* G. V., *K.C.M.G., C.B., p.s.c., g.,* ret. pay.
Kemble, Capt. A. E., h.p.
Kemble, Maj. H. M., R.A.
Kemmis, Maj. A. W. M., 10 Lrs.
Kemp, Lt. F. G., *M.C.*, 1 Cent. Ont. R.
Kemp, Lt.-Col.W. F., Can. Local Forces.
Kempson, Maj. G. C. D., E. Lan. R.
Kempster, Hon.Brig.-Gen. F. J., ret. pay.
Kempster, *Rev.* I.T., Temp. Chaplain to the Forces, 3rd Class
Kempthorne, Maj. G. A., R.A.M.C.
Kempthorne, Capt. H. N., Res. of Off.
†Kemp-Welch, Capt. M., *M.C.*, R.W. Surr. R., *p.s.c.*
Kendrick, Bt. Maj. E. H., R. Dub. Fus.
Kendrick, Temp. Lt. F. A., *M.C.*, Serv. Bns, S. Staff. R.
Kennedy, Lt.-Col. (*Hon.Lt. in Army*) A. A., *O.B.E.*, TD, 5 Bn. Sco. Rif.
Kennedy, Lt.-Col. A. C., R.A.
Kennedy, Maj. A. J. R., R.F.A.
Kennedy, Temp.Maj.D. S., R.A.S.C.
Kennedy, Lt. H., Alberta R.
Kennedy, Bt. Col. (*temp. Brig.-Gen.*) H. B. P. L. *C.M.G.*, K.R. Rif. C.
Kennedy, Bt. Col. J., *C.M.G.*, Arg. & Suth'd Highrs.
†Kennedy, Bt. Maj. J., *M.C.*, R. Highrs.
Kennedy, *Rev.* J. J., C'wealth Mil. Forces
Kennedy, Maj. M.R.,*C.M.G.*, ret. pay.
Kennedy, Maj. N., TD, Ayr. Yeo.
Kennedy, Maj. R. S., *M.C., M.B.*, Ind. Med. Serv.
Kennedy Temp. Maj. W.
Kennedy - Cochran-Patrick, Maj. W. J. C., *M.C.*, Res. of Off.
Kennedy-Craufurd-Stuart, Temp. Lt.-Col. C., R. Mar., Maj. 127 Inf.
Kenney, Bt. Col. A. H. *C.M.G.*, ret. pay
Kennington, Temp. Maj. J., *M.C.*, Serv. Bns.Linc. R.
Kenrick, Bt. Lt.-Col. G. E. R., *C.B., C.M.G.,* R.W. Surr. R., *p.s.c.*

Kensington, Bt. Lt-Col. E. C., *M.C.*, 130 Baluchis, *p.s.c.*
Kensington, Col. H., *Lord, C.M.G.*,Terr. Force (*Hon. Col. R.G.A. (T.F.)*)
Kent, Lt. A. E., *M.C.*, 3 Bn. Leic. R
Kent, Maj. J., R.F.A. (T.F.)
Kentish, Maj. L. W., *late* 5 Bn. R. Fus.
Kentish. Bt. Col. R. J., *C.M.G.*, R. Ir. Fus.
Kenyon, Maj.H.E.,R.G.A.
Keogh, Lt.-Col. J. B., *C.I.E.*, 32 Lrs.
Ker, Col. O. A., *C.M.G., O.B.E.*, R.A., *p.s.c.*
Ker, Lt.-Col. R. F., *M.C., late* Serv. Bns. K.O. Sco. Bord.
Kerans, Maj. C. G. L., Ind. Med. Serv
Kerans, Maj. E. T. J., Worc. R.
Kerby, Lt. A. M., *M.C.*, R.F.A., Spec. Res
Kerr, Capt. C., *M.C.*, Res. of Off.
Kerr, Capt. F. R., *M.B.*, R.A.M.C., Spec. Res.
Kerr, Hon. Lt.-Col. J. C. M., T.F. Res.
Kerr, Maj. R., *O.B.E.*, C'wealth Mil. Forces.
Kerrick, Capt. W. A. Fitz G., *M.C.*, R.E.
Kerry, Lt.-Col. H. W. E. *Earl of*, *M.V.O.*,Res. of Off.
Kersey, Hon. Maj. (*Army*) H. M., TD, Maj. ret T.F
Kershaw, Temp. Maj. J. V.,1 Bn. E. Lan. R.
Kershaw,Bt. Lt.-Col. S.H. North'd Fus.,*p.s.c.*
Kettlewell, Bt. Col. E. A., ret. Ind. Army.
Kettlewell, Temp. Capt. L., Serv. Bns. Wilts. R.
†Kewley, Bt. Maj. E. R., *M.C.*, Rif. Brig.
Keys, Temp. Maj. P. H., *M.C.*, R.E.
Keyser, Temp. Maj. A. G. M,G. Corps.
Keyworth, Bt. Col. R. G., R.H.A.
Kidd Maj. B. G. B., 125 Rif.
Killam, Maj. G.K., Man.R. S. Lan. R.
Killick, Lt. A. H., *M.C., C.M.G.*, R.F.A., *g.*
Kilmer, Capt. C. E., Can Local Forces.
Kilner, Maj. C. H., ret. pay (*Res. of Off.*)
Kilpatrick, *Rev.* G. G. D., Can. Chapl. Serv.
Kilvert, Maj. R. E., R.Mar.
Kimber, Lt.-Col. E. G., TD, *C.B.E.*, 13 Bn. Lond. R.
Kincaid - Smith, Bt.-Col. J., *C.B., C.M.G.*, R.A.
Kindell, Capt. F. P., *M.C.*, R.F.A. (T.F.)

Kindersley, Maj. J. B., *M.C.*, Res. of Off.
King, Hon. Brig.-Gen. A. D'A., *C.B., C.M.G.*, ret. pay
King, Hon. Lt.-Col. A. J. *C.M.G.*, Fife and Forfar Yeo., Maj. ret. pay, *q.s.*
King, Maj. C. E., Can. Forestry Corps.
†King, Lt.-Col. C. F., *M.C., late* Gen List
King, Lt. C. H. D., *M.C.*, K.R. Rif. C.
†King, Bt. Maj. D. M., *M.C.* L'pool R., *p.s.c.*
King, Capt. F., *O.B.E.*, 4 Hrs.
†King, Lt.-Col. G. E., *late* 7 Bn. E. York. R.
King, Maj. G. H., R.A.
King, Temp. Capt. G. W., *M.C.*, R.A.
King, Lt.-Col. H. J., *late* 10 Bn. Yorks. L.I.
King, Temp. Maj. J. R., R.A.S.C.
King, Lt. M., *late* C. Gds. Spec. Res.
King, Capt. M. H., *M.C.*, 4 Bn. W. Rid. R.
King, Hon. Lt. O. W. R.A.O.C.
King, Brig.-Gen.W. B. M., *C.M.G.*, Can. Art.
King, Lt.-Col. W. D. V. O., *late* Serv. Bns. North'd Fus.
King, Lt. W. H., Can. Local Forces.
King-Harman, Bt.Lt.-Col. W. A.
King-King, Hon. Brig.-Gen. J. G., *C.B.*, ret. pay *p.s.c.* [l]
Kingsford. Temp. Capt. G. N., *M.C.*, R.E.
Kingsford, Maj. G. T., TD, R.E. (T.F.)
Kingsmill, Lt.-Col.A.deP., *M.C.*, Res. of Off.
Kingsmill, Lt.-Col. W. B., 1 Cent. Ont. Regt.
Kingstone, Capt. J. J., *M.C.*, 2 D.G.
Kininmouth, Maj. J. C., C'wealth Mil. Forces.
Kinloch, Maj. G., *late* R.G.A.
Kinnear, Lt.-Col, W., R.F.A. (T.F.)
Kino, Maj. A. R., ret. pay.
Kinsman,Lt.-Col. G. R.V., *C.M.G.*, R.F.A., *g.*
Kinsman, Bt. Maj. W. A.O., *O.B.E.*
Kirby, Maj. H., R.A.V.C.
Kirby, Maj. H. A., *M.C.*, R.G.A.
Kirby, Bt. Lt.-Col. J. T.,, Ind. Army.
Kirby, Maj. M. T.,C'wealth Mil. Forces (Victoria).
Kirby, Bt. Maj. W. L. O., *O.B.E.*, 12 Lrs.
Kirk, Bt.-Lt.-Col. J. W. C., D. of Corn. L.I.

Kirkby, Maj. H. A., Lan. Fus.
Kirkby, Capt. W. W., H.D.
†Kirkcaldy, Lt.-Col. J., *C.M.G.* (*temp. Brig.-Gen.*), Man R.
Kirke, Maj. E. St. G., R.E.
Kirke, Lt.-Col. K. St. G., h.p., *o.*
Kirke, Bt. Col. (*temp.Brig.-Gen.*) W. M. St.G., *C.B., C.M.G.*, R.A., *p.s.c.*
Kirkland, Maj. T., R.A.
Kirkness, Lt.-Col. L. H., *O.B.E.*, ret.
Kirkpatrick, Lt.-Col. A. R. Y., *C.M.G.*, ret. pay.
Kirkpatrick. Lt. Col. G. H., Br. Columbia R.
Kirkpatrick, Maj. H. P., ret. pay.
Kirkpatrick, Maj. W., ret. Ind. Army.
†Kirkup, Capt. P., *M.C.*, 8 Bn. Durh. L.I.
Kirkwood, Bt. Col. C.H.M., *C.M.G.*, ret. pay.
Kirkwood, Temp. Maj. J. G., *C.M.G.*, Serv. Bns. K.R. Rif.C.
Kirkwood,Hon.Maj. J. H. M., *late* Household Bn.
Kirkwood, Temp. Maj. J. R. N., R.E.
Kisch, Bt. Maj. F. H. *C.B.E.*, R.E.
Kitchin, Maj. C., Midd'x R
Kitchin, Temp. Lt.-Col. C. E., 4 Bn. S. Wales Bord. (Bt. Lt.-Col. ret. pay).
Kitching, Capt. C. H., Worc. R., Spec. Res.
Kitson, Lt.-Col. C. E., R.W. Kent R.
Kitson, Capt. *Hon.* R. D., *M.C.*, 7-8 Bn. W. York.R.
Knapman, Temp. Maj. L., *D.C.M.*, R.A.S.C.
Knapp, Maj. E., S. Afr. Def. Forces.
Knight, Maj. A. E., *M.C., M.B.*, ret. R.A.M.C.
Knight, Capt. C. F., *M.B., late* R.A.M.C.
Knight, Temp. Lt.-Col. C. L. W. M., *O.B.E.*, R.F.A. (Capt ret.).
Knight, Lt. E. S., 12 Bn. Lond. R.
Knight, Bt. Col. (*temp.Brig.-Gen.*) H. I.,,*C.M.G.*, R. Ir. Fus., *p.s.c.*
Knight, Temp. Lt. R. C., *M.V.*
Knight, Maj.-Gen. W. C., *K.C.I.E., C.B., C.S.I.*, Ind. Army, *p.s.c.* [L].
Knightley, Lt. P. F., 5 Bn. R.W. Fus.
Knolles, Maj. R. M., R.A.
Knollys, Maj. D. E., 19 Punjabis.
Knothe, Capt. H., *M.C.*, R.A.S.C., Spec. Res.

† Also Awarded Bar to Distinguished Service Order.
†† Also Awarded 2nd Bar to Distinguished Service Order.

Orders of Knighthood, &c.

COMPANIONS (D.S.O.)—contd.

Knott, Rev. A. E., O.B.E., Temp. Chapl. to the Forces, 1st Class.
Knott, Lt.-Col. J. E., C.M.G., late Serv. Bn. R. Innis. Fus.
†Knowles, Lt.-Col. G., 2 Lrs.
Knox, Maj. E. F., 36 Sikhs.
Knox, Temp. Maj. F. P., R.A.S.C.
Knox, Bt. Col. (temp. Brig.-Gen.) H. H. S., C.B., p.s.c.
†††Knox, Temp. Maj. R. S., 10 Bn. R. Innis. Fus.
Knox, Capt. R. U. E., late Serv. Bns. Suff. R.
Knox, Lt.-Col. R. W., M.B., Ind. Med. Serv.
Knyvett, Maj. C. L., M.C., R.F.A.
Knyvett, Temp. Maj. F. B., D.C.M., R.F.A.
Koebel, Maj. F. E., 51 Sikhs (L).
Koebel, Maj., F. O., N. Staff. R.
Koen, Lt.-Col. J. J., S. Afr. Def. Force.
Koster, Capt. R. H., Res. of Off.
Kreft, Maj. C. J., S. Afr. Def. Force.
Kreyer, Bt. Maj. H. S., York. R.
Kreyer, Maj. J. A. C., 28 Lt. Cav.
Kuhne, Temp. Maj. C. H., O.B.E., R.A.S.C.
Kyle, Lt.-Col. E. R., C.M.G., late Serv. Bn. High. L.I.
Kyngdon, Maj. W. F. R., R.G.A.
Kyrke, Maj. H. V. V., R.W. Fus.

Lacon, Capt. Sir G. H. U., Bt., 4 Bn. R. War. R.
La Fleche, Lt. L. R., Can. Local Forces.
La Fontaine, Temp. Capt. S. H., M.C.
Laing, Capt. J S., S. Afr. Def. Forces.
Laing, Bt. Maj. N. O., 4 Hrs.
†Laing, Lt.-Col. R., M.C., ret. pay.
Laing, Maj. S. van B., 76 Punjabis
Lainson, Maj. A. J., ret. Spec Res. (Capt. ret. pay.)
Laird, Capt. H. G. C., 101 Grenadiers.
Laird, Lt.-Col. J., TD, T.F. Res.
Laird, Bt.-Col. K. M., Arg. & Suth'd Highrs., p.s.c.
Laithwaite, Lt. A., 17 Bn. Lond. R.

Lake, Capt. B. C., K.O. Sco. Bord.
Lake, Maj. B. L., O.B.E., R.A.V.C.
Lake, Capt. R. D., North'n R.
Lakin, Capt. M, L., M.C., 11 Hrs., Spec. Res. (Capt ret. pay).
Lamb, Capt. A. J. R., 2 D.G.
Lamb, Lt.-Col. H. J., Can. Local Forces
Lamb, Capt. H. L., 14 Bn. Lond. R.
Lamb, Maj. R. M. R., ret pay
Lambarde, Lt.-Col. F. F., C.M.G., ret. pay (Res. of Off.)
Lambart, Hon. Lt. R.
Lambert, Hon. Maj. R., late 3 Bn. Wilts. R. (Capt. ret. pay.).
††Lambert, Maj. (temp. Brig.-Gen.) W. J., 29 Lrs.
Lambert, Hon. Lt.-Col. W. M., R. Mar.
Lamberton, Capt. J R., M.C., 9 Bn. High. L.I.
Lambkin, Capt. E. C., M.B, R A, M.C,
Lambton, Hon. Brig.-Gen. Hon. C., ret. pay.
Lambton, Capt. C., Lanark R.A.M.C.
Lambton, Bt. Lt.-Col. G. G., O.B.E., Worc. R.
Lambton, Maj.-Gen. Hon. Sir W., K.O.B., C.M.G., C.V.O., p.s.c.
Laming, Maj. H. T., O.B.E., ret. pay.
Lamonby, Temp. Maj. I. W., R.E.
Lamonby, Maj. L., TD, 4 Bn Bord. R.
Lamond, Lt. J., M.C., R. Scots.
Lamont, Bt. Col. J. W. F., O.B., C.M.G., R.H.A.
Lamotte, Temp. Maj. G. M. L., R.E. Spec. Res.) (Maj. ret. Mila.)
Lamotte, Bt. Maj. L., R. Suss. R.
Lampen, Maj. F. H., N.Z. Mil. Forces.
Lance, Lt. E. C., Som. L.I.
Landen, Qr.-Mr. & Lt.-Col. A.
Lander, Capt. C. L., M.C., M.B., R.A.M.C. (T.F.)
Landon, Maj. C. R. H. P., 35 Horse.
Landon, Temp. Maj. C. W. R.A.S.C.
La don, Lt.-Col. J. W. B. T.F. Res.
Landsberg, Capt. H. J., R.F.A. (T.F.)
Lane, Capt. J. B., Aust. Imp. Force.
Lane, Maj. R. H., R F A (T.F.)
Lang, Lt. Lt.-Col. B. J., C.B., C.M.G., Arg. & Suth'd Highrs., p.s.c.
Lang, Lt. E. C., M.B., R.A.M.C.

Lang, Lt.-Col. G. G., h.p.
Langdon, Lt.-Col, F. J., ret. pay (Res. of Off.)
Langdon, Lt.-Col. J. F. P., ret. pay (Res. of Off.).
Langford, Temp. Maj. C. R.A.S.C.
Langford, Maj. E. G. R.F.A.
Langhorne, Bt Lt.-Col. A. P. Y., M.C., R.A., p.s.c.
Langhorne, Bt. Lt.-Col. J. A. D., R.A.
Langley, Maj. A. W., M.C., R.G.A.
Langley, Lt.-Col. E. J. F., late Hon. Capt. C'wealth Mil. Forces.
Langrishe, Maj. J. du P., M.B., R.A.M.C.
Langstaff, Lt.-Col. J. W., R.A.M.C.
Langton, Bt. Lt.-Col. J. H., 4 Bn. R.W. Fus.
Langworthy-Parry, Lt.-Col. P. E., O.B.E., TD, 9 Bn. Lond. R. (Maj. ret. T.F.)
Lanyon, Bt. Lt.-Col. O. M., Cape Local Forces.
Larcom, Maj. Sir T. P., Bt., R.A.
Lardner-Burke, Capt. H.F., M.C., S Afr. Def. Force
Large, Capt. S. D., M.C., R.A.M.C.
Larmour, Maj. F. C., R.A.O.C.
Lascelles, Bt. Maj. Hon. E.C., M.C., 5 Bn. Rif. Brig.
Lascelles, Capt. H. G. C., Visct., Res of Off.
Last, Hon. Lt.-Col. A. J., ret. pay
Latch, late Lt. A. R., Tank Corps.
Latham, Maj. A., 1st Gurkha Rif.
†Latham, Bt. Maj. F., Leic. R.
Lauder, Capt. J. La F., M.C., R.A.M.C.
Laurie, Lt.-Col. & Hon. Col. C. V. E., C.B., ret. Lt.-Col. T.F., ret. Spec. Res.
†Laurie, Bt. Maj. J.E., Sea. Highrs.
Laurie, Lt.-Col. P. R., ret. pay.
Laurie, Lt.-Col. R. M., TD, R.F.A. (T.F.)
Lauth, Maj. J. F. R., S. Afr. Def. Force.
Lavie, Bt. Lt.-Col. H. E., Durh. L.I
Law, Maj. F.W.B., TD, T.F. Res.
Law, Lt.-Col. J.P., Devon. R.
Law, Bt. Lt.-Col. W. H. P., R.A.S.C.
Lawless, Temp. Capt. F., 18 Bn. L'pool R.
Lawless, Maj. W. T., Man. Regt.
Lawrance, Capt. S. N., C'wealth Mil. Forces.
Lawrence, Maj. C. T., R.F.A.
Lawrence, Bt. Maj. E.L.G., M.C., Worc. R.
Lawrence, Maj. F. G., O.B.E., S. Wales Bord.

Lawrence, Maj. G., R.F.A (T.F.)
†Lawrence, Maj. H. M., O.B.E., Sco. Rif.
Lawrence, Lt. T. B., M.C., D.C.M., Gord. Highrs.
Lawrence, Lt.-Col. T. E., C.B., late Gen. List.
Lawrie, Col. (temp. Brig.-Gen.) C. E., C.B.
Laws, Lt.-Col., B., Can p.s.c.
Laws, Temp. Maj. H. W., C.M.G., R.E.
Lawson, Bt.-Maj. A. B., 11 Hrs.
Lawson, Capt. E. F., M.C., Bucks. Yeo.
Lawson, Maj. F. W., C'wealth Mil. Forces.
Lawson, Maj. J., C'wealth Mil. Forces.
Lawson, Temp. Capt. L. H., M.C., Serv. Bns. W. York. R.
Lawson, Bt.-Col. (Hon. Lt.-Col. in Army) Hon. W. A. W., ret. T.F.
Lawton, Lt.-Col. T. E., ret. pay
Laycock, Lt.-Col. Sir J. F., K.C.M.G., TD, Notts. R.H.A. (Hon. Capt. in Army).
Layton, Lt.-Col. A. B., TD, 4 Bn. S. Lan. R.
Layton, Hon. Maj. E., late Arg. & Suth'd Highrs. attd.)
Layton, Capt. T. B., M.D., R.A.M.C. (T.F.)
†Layh, Lt.-Col. H. T. C., C'wealth Mil. Forces.
Lea, Lt.-Col. H. F., ret. pay (Res. of Off.)
Lea, Lt.-Col. P. G. P., C.M.G., R.A.S.C., e.
Leach, Hon. Brig.-Gen. H.P., O.B., C.B.E., ret. pay.
Leachman, Br. Lt.-Col. G. E., C.I.E. R. Suss R.
Leaf, Temp. Maj. H. M., R. Mar.
†Leah, Maj. T. C., R.G.A.
Leahy, Maj T. B. A., R.A.O.C.
Leahy, Bt. Maj. T. J., M.C., R. Dub. Fus.
Leahy, Lt.-Col. A. I., ret. pay.
†Leane, Lt.-Col. R. L., M.C., C.M.G., C'wealth Mil. Forces.
Leaning, Maj. A., R.A.V.C.
Learmonth, F. L., Hon. Lt. C'wealth Mil. Forces.
†Leask, Lt.-Col. T. McC., Can. A.M.C.
Leatham, Maj. B. H. York. R.
Leatham, Maj. R. E. K., W. Gds.
Leather, Col. (T.F.) F. H., TD
Le Butt, Temp. Lt.-Col. R., M.G. Corps.
Leckie, Maj., (temp. Col.) J. E., C.M.G., C.B.E., 16 Car. Inf (Hon. Lt. in Army)
Leckie, Capt. V. C., R.A.V.C.
Lecky, Maj. C. S., C'wealth Mil. Forces.

---

† Also awarded Bar to Distinguished Service Order.
†† Also awarded 2nd Bar to Distinguished Service Order.
••• ††† Also awarded 3rd Bar to Distinguished Service Order.

COMPANIONS (D.S.O.)—contd.

Lecky, Bt. Col. F. B., ret. pay, *g.*
Lecky, Maj. M. D., K.G.A., *g.*
Ledgard, Temp. Capt. G., *M.C.*, R.E.
Ledgard, Temp. Maj. W. R., R. Mar.
Lee, Maj. A. N., O.B.E., TD, 7 Bn. Notts. & Derby R.
Lee, Lt. C. H., *M.C.*, 3 Bn. Gord. Highrs.
Lee, Maj. G., *M.C.*, E. Kent R.
Lee, Col. G. L., *C.M.G.*, C'wealth Mil. Forces.
Lee, Maj. G. M., *M.C.*, ret. pay (*Res. of Off.*)
Lee, Maj. H. B., *M.C.*, C'wealth Mil. Forces.
Lee, Maj. H. H., Sco. Rif.
Lee, Lt.-Col. H. R., *C.M.G.*, ret. pay (*Res. of Off.*)
Lee, Lt.-Col. J., ret.
Lee, Maj. J. E., *M.C.*, Aust. Imp. Forces
Lee, Temp. Lt. J. H., Serv. Bns. K.R. Rif. C.
Lee, Bt. Lt.-Col. R. T., *C.M.G.*, R. W. Surr. R., *p.s.c.*
Lee, Capt. S. S., R.A. [L].
Lee-Warner, Maj. H. G., *M.C.*, R.F.A.
Leech, Bt. Lt.-Col. A. G., R.F.A.
Leech, Temp 2nd Lt. W. F., *C.M.G.*, 59 Rif.
Leeds, Lt.-Col. T. L., *C.M.G.*, 59 Rif.
Lees, Capt D., *M.B.*, late R.A.M.C.
Lees, Bt. Lt.-Col. E. F. W., R.E.
Lees, Bt. Maj. Sir J. V. E., Bt., *M.C.*, K.R. Rif. C.
Lees, Lt.-Col. R. L., O.B.E., 6 Bn. Lan. Fus.
Leese, Temp. Maj. N., O.B.E., R.A.S.C.
Leese, Lt. O. W. H., C. Gds.
Le Fevre, Maj. A. T., Can. Local Forces.
Lefroy, Maj. H. P. T., *M.C.*, R.E.
Legard, Col. D'A., *C.M.G.*, h.p., *p.s.c.* [l]
Leggat, Capt. A., *M.B.*, R.A.M.C. (T.F.)
Legge, Lt.-Col. (temp. Brig.-Gen.) R. F., O.B.E., e A.I.F.
Legge, Maj. R. G., *M.C.*, W. K., *C.M.G.*, h.p., *p.s.c.*
†Leggett, Hon. Brig.-Gen A. H., *C.M.G.*, Lt.-Col. ret. pay *Res. of Off.*)
Leggett, Bt. Maj. E. H. M., ret. pay.
Leggett, Col. R. A. C. L., O.B.E., ret. pay (Res. of Off.).
LeGrave,Rev. W., Chaplain to the Forces (1st Cl.), ret.
Leighton, Maj. G. E., Quebec R.
Leipolat, Temp. Maj. J. G. W. (*Maj. S. Afr. Def. Force*)
Leitch, Maj. J. W. *M.B.* R.A.M.C. (T.F.)

Leland, Bt. Lt.-Col. (temp. Col.) F. W. G., C.B.E., R.A.S.C.
Leland, Capt. H. J. C., S. Staff. R.
Le Maistre, Lt.-Col. (temp.) F. W., C'wealth Mil. Forces.
Lembcke, Bt. Maj. C. E., *M.C.*, York. & Lanc. R.
Leman, Capt. J. F., Worc. R.
Lemon, Lt.-Col. F. J., late W. York. R.
Lemmon, Maj. C. H., R.A.
Le Messurier, Maj. F. N., Aust Imp. Force.
Leney, Capt. C., R.G.A. (T.F.)
Lennon, Lt. J. A., *M.C.*, 3 Bn. W. Rid.-R.
Lentaigne, Maj. E. C., 4 Gurkha Rif.
Leonard, Capt. C. F., Can. Local Forces.
Leonard, Lt.-Col E I., Can Lt. Horse.
Leonard, Rev. M. P. G., Hon. Chapl. to the Forces, 4th Class.
Leonard, Lt.-Col. T. M. R., ret.
le Pelley, Lt. Col. E. C., R.A., *g.*
†Le Prevost, Lt.-Col. A. P. H., late Serv. Bn. K.R. Rif. C.
Leslie, Maj. J., *M.C.*, late 12 Lrs.
Leslie, Bt. Col. W. S., *C.M.G.*, 31 Punjabis, *p.s.c.*
Letcher, Rev. O. J., Hon. Chapl. to the Forces, 1st Class.
Lethbridge, Bt. Col. E. A. Def. Forces.
Lethbridge, Temp. Lt.-Col. F.W., Serv.Bns. W.Rid.R.
Leuchars, Bt. Col. G., K.C.M.G., S. Afr. Def. Forces.
Levey, Bt. Maj. J. Gord. Highrs.
Leventhorpe, Capt. G. S., R.F.A.
Leverson, Bt. Maj. G.R.F., North'd Fus.
Leveson, Hon. Lt.-Col. C. H., ret. pay.
Leveson - Gower, Hon. Brig.-Gen. P., *C.M.G.*, ret. pay.
Levy, Temp. Maj. W. H., R.A.S.C.
Lewer, Maj. L.W., R.F.A., *g.*
Lewers, Lt.-Col. H. B., O.B.E., Aust. Imp.Force.
Lewes, Hon. Brig.- Gen. C. G., *C.M.G.*, ret. pay.
Lewes, Maj. P. K., *C.M.G.*, R.A., *g.*

Lewin, Hon. Brig.-Gen. A. C., C.B., *C.M.G.*, late 3 Bn. Conn. Rang., Bt. Col. late 19 Hrs., *A.D.C.*
Lewin, Bt. Lt.-Col. E. O., C.B., *C.M.G.*, R.A
Lewis, Hon. Brig.-Gen B. G., C.B., ret. pay.
†Lewis, Temp. Maj. D., *M.C.*, York. & Lanc. R. (attd.)
Lewis, Maj. E. A., N. Mid. Divl. Sig. Co. R.E.
Lewis, Bt. Lt.-Col. F., ret. pay.
Lewis, Bt. Lt.-Col. H. L., R.E.
Lewis, Capt. H. V., *M.C.*, 129 Baluchis.
Lewis, Temp. Maj. J. E., Tank Corps.
Lewis, Temp. Maj. L. H., *M.C.*, 11 Bn. E. Lan. R.
Lewis, Temp. Maj. N. A., *M.C.*, 23 Bn. R. Fus.
Lewis, Bt. Col. P. E., *C.M.G.*, R.A., *p.s.c.*
Lewis Maj R.F., R.A.M.C.
Lewis, Maj. W. A., 3 Bn. Mon R.
Lewis, Bt. Lt.-Col. W. H., *M.C.*, R.G.A.
Ley, Temp. Lt.-Col. E. M., Serv. Bns. K.R. Rif. C.
Liardet, Maj.C.F.,TD, R.A.
Lidbury, Maj. D. J., Postal Sect., R.E. Spec. Res.
Liebenberg, Maj. F. B., *M.V.O.*, 7 Hrs.
Liddell, Lt.-Col. A. R., Def. Forces.
Liddell, Bt. Lt.-Col, C. G., *C.M.G.*, ICB.E., Leic. R., p.s.c.
Liddell, Bt. Maj. G. W., *C.M.G.*, Rif. Brig.
Liddell, Capt. H., *M.C.*, 7 Bn. North'd Fus.
Liddell, Maj. J. S., ret. pay, Som. L.I.
Liefeldt, Maj. T. E., S. Afr. Def. Forces.
†Ligertwood, Capt. C. E., *M.D.*, late R.A.M.C.
Lightbody, Lt.-Col. R., R.F.A. (T.F.)
Lightstone, Capt. H., *M.C* R.A.M.C. (T.F.)
Likeman, Bt. Maj. J. L., Suff. R.
Lilley, Capt. H. A., York. R.
Lilley, Hon. Capt. J. L., C'wealth Mil. Forces (Victoria) (Capt. ret. pay).
Lillie, Capt. C. McE., C'wealth Mil. Forces.
Lilly, Capt. C. O., Dorset R.
Lincoln. Temp. Maj. P. L., *M.C.*, Serv. Bns. North'd Fus.
Lind, Maj. A. G., 58 Rif.
Lind, Maj. E. F., Aust. Imp. Force.
Lindeman, Tem. Maj. C. L.
Lindesay, Lt.-Col. G.W.G., ret. Ind. Army.

Lindsay, Maj. (actg. Col) C. H., *C.M.G.*, *M.D.*, R.A.M.C. (T.F.)
Lihdsay, E. L., late Capt.
Lindsay, Bt. Maj. G. H. M., K.O. Sco. Bords. (s.c.)
Lindsay, Bt. Lt.-Col. G. M., *C.M.G*, Rif. Brig.
Lindsay, Lt.-Col. J. H., T.F. Res.
Lindsay, Maj. M. E., 7 D.G.
Lindsay, Maj.-Gen. W. B., C.B., *C.M.G.*, Can. Eng.
Lindsay, Maj.-Gen. Sir W. F. L., K.C.B., *g.*, ret. pay.
Lindsell, Maj.W.G.,O.B.E., *M.C.*, R.A., *p.s.c.*
†Lindsey, Maj. C. B., Can. Local Forces.
Lindsey-Renton, Maj. R. H., 9 Bn. Lond. R.
Linfoot, Lt. H. A., *M.C.*, 7 Bn. Ches. R.
Ling, Maj. C. G., *M.C.*, R.E.
Ling, Maj. R. W., *M.C.*, R.A.
Lings, Maj. H. C., 8i Bn. Manch. R.
Linton, Bt. Maj F. H. Welch R.
Lintott, Capt. A. L., 4 Bn. Lond. R.
†Lister, Capt. C., *M.C.*, North'n R.
Lister, Maj. E. G., Aust. Imp. Force.
Lister, Lt.-Col. F., *C.M.G.*, *M.C.*, Can. Local Forces.
Lister, Bt. Lt.-Col. F. A., Can. Local Forces.
Lister, Bt. Lt.-Col. F. H., R.A., *p.s.c.* [l]
†Little, Bt. Lt.-Col A. C., 20 Hrs.
Little, Lt.-Col. C. H., Som. L.I.
Little, Maj. R.A., Aust. Imp. Force.
†Little, ⁑ t. Maj. W. B., *M.C.*, E. Lan. R.
Littlejohns, Maj. A. S., R.A.M.C.
Littleton, Lt. Hon. C.C.J., 7 Bn. Midd'x R.
Liveing, Lt.-Col. C. H., *C.M.G.*, R.F.A., *p.a.c.*
Livens, Capt. W. H., *M.C.*, R.E. Spec. Res.
Livesay, Col. R. O'H., *C.M.G.*, *p.s.c.*
Livingstone - Learmonth, Bt. Col. J. E. C., *C.M.G.*, R.F.A.
Llewellyn, Bt. Lt.-Col. (temp. Brig.-Gen.) E. H., ret. pay (Res. of Off.)
Llewellyn, Lt.-Col. H., T.F. Res.
Lloyd, Capt. A. A., O.B.E., R.
Lloyd, Bt. Lt.-Col. C. R., Ind. Army.
†Lloyd, Maj. E. C., R. Ir. Regt.

† Also awarded Bar to Distinguished Service Order.
†† Also awarded 2nd Bar to Distinguished Service Order.

Orders of Knighthood, &c. 255

COMPANIONS (D.S.O.) - contd.

Lloyd, Capt. E. G. R., Res. of Off.
†Lloyd, Bt. Maj. E. P., Linc. R.
Lloyd, Lt. - Gen. Sir F., G.C.V.O.,K.C.B.,Col.R.W. Fus.
Lloyd, Capt. G., R.A.V.C.
Lloyd, Capt. Sir G. A., G.C.I.E., War. Yeo.
Lloyd, Maj. H., ret. pay
Lloyd, Lt.-Col. (temp. Brig.-Gen.) H. G., C.M.G., R.F.A.
Lloyd, Lt.-Col. H. W., C.B., C.M.G., C'wealth Mil. Forces.
LLoyd, Capt. H. W. C., M.C., Wilts. R.
Lloyd, Bt. Lt.-Col. J. H., 3 Bn. R. Lanc. R., Capt. ret. pay (Res. of Off.)
††Lloyd, Lt.-Col. L., late 12 Bn. Suff. R.
LLoyd, Lt.-Col. (temp. Col.) L. N., C.M.G., R.A.M.C.
Lloyd, Maj. O. F., Conn. Rang.
Lloyd, Bt Lt.-Col. R. A., Ind. Med. Serv.
Lloyd, Capt. R. C., M.C., TD, Denbigh Yeo.
Lloyd, Maj. R. G. A., Res of Off. [L]
Lloyd, Capt. T. W., 4 Bn. L'pool R.
Lloyd, Lt. W. J., M.C. 7 Bn Lan. Fus.
Loch, Maj.-Gen.E.D., Lord, C.B., C.M.G., M.V.O., p.s.c.
Loch, Capt. E. E., High. L.I.
Loch, Bt. Col. G.G.,C.M.G., R. Scots.
Loch, Bt. Col. S. G., C.S.I., R.E.
Lock, Col. F. R.E.,ret. Ind. Army.
Lock, Lt. J. M. B., Res. of Off.
Lockett, Bt. Lt.-Col. W. J., 11 Hrs.
Lockhart, Maj. J. F. K., R.A.
Lockhart, Lt.-Col. R. N., R.A.
Lockhart - Jervis, Temp. Maj. B. C., R.E.
Lockwood, Maj. A. L., M.C., M.D., late R.A.M.C.
Lodge, Lt.-Col. F. C., C.M.G., Norf. R.
Logan, Lt.-Col. D. D., M.D., late R.A.M.C.
Logan, Bt. Col. F. D., C.M.G., R.A., p.s.c.
Loggie, Lt. O. M., M.C., R.G.A (T.F.).
Lomas, Temp. Lt.-Col. K. T., R.E.
Lomax, Capt. C. E. N., Welch R.
Lomer, 2nd Lt. G., Hon. Art. Co.

Long, Hon. Brig.-Gen. Sir A., K.B.E., C.B., C.M.G., ret. pay.
Long, Bt. Maj. A. de la Gord. Highrs.
Long, Capt. S. H., Durh. L.I.
Longbottom,Maj.T , 7-8Bn W. York R.
Longbottom, Lt.-Col. W. 12 Bn. N. Lan. R.
Longbourne, Bt. Lt.-Col F. C., C.M.G., R.W. Surr. R.
Longcroft, Bt. Lt.-Col. (temp. Maj. Gen.) C. A. H. A., C.M.G., A.F.C.
Longden, Maj. A. R., R.G.A. (T.F.)
Longden, Lt.-Col. A. B. 38 Dogras.
Longhurst, Temp. Capt. T. L., R.A.S.C.
Longman, Capt. H. K. M.C., Res. of Off.
Longmore, Bt. Lt.-Col. C. M., R.A.
Longmore, Col. J. C. G., C.M.G.
Longridge, Lt. -Col. T., ret. pay [l]
Longstaff, Lt-Col. R., ret. pay.
Longueville,Capt.F., M.C. C. Gds.
Looker, 2nd Lt. A. W.,1 Bn. Camb. R.
†Loomis, Maj.-Gen. Sir F. O.W., K.C.B.,C.M.G.,Can. Local Forces.
Lorch, Maj. A. E., M.C., S. Afr. Def. Forces.
Lord, Capt. A. J., M.C., late 6 Bn. R. Fus.
Lord, Lt.-Col. F. B., R.A.S.C., e.
Lord, Lt.-Col. J. E. C., C.M.G., C'wealth Mil. Forces.
Lorenzo, Maj. F. M. de F., C'wealth Mil. Forces.
Loring, Lt.-Col. W., C.M.G., R.G.A.
Lough, Capt. J. R. S., M.C., B it. Columbia Regt.
Lough, Maj. R. D. H., O.B.E., R. Mar.
Lovat, Col. S. J., Lord, K.T.,K.C.M.G., K.C.V.O., C.B., TD, Lovat's Scouts Yeo., A.D.C.
†Love, Lt. S. G., M.C., R.A. (T.F.)
Loveday, Bt. Lt.-Col.F.W., R.G.A., p.s.c.
Lovelace, Maj. L. F., Earl of. ret.
Lovemore, Lt. R. B., 3 Bn. Lond. R.
Loverock, Capt. R. C., O.B.E., Oxf. & Bucks. L.I.
Low, Maj. C. J., TD, 14 Bn. Lond. R.

Low, Maj. N., R.A.M.C
Low, Lt.-Col. R. B., ret. Ind. Army.
Low, Maj. S., 2 Lond.R.G.A.
Low, Temp. Capt. W. R., M.C., 17 Bn. K.R. Rif. C.
Lowcock, Maj. A., M.C., late R.F.A.
Lowe. Lt. C. E. B., M.C., R.G.A. (.F.)
Lowe, Maj. S. J., O.B.E., R. Fus., p.s.c. [L].
Lowe, Lt T. A., M.C., R. Ir. Regt.
Lowe Temp Lt.-Col.W.D., M.C., 11 Bn. E. Lan. R.
Lowis, Lt.-Col. P. S., C.M.G., R.A.
Lowry, Capt. T. M., M.C., 3 Bn. D. of Corn. L.I.
Lowsley, Lt.-Col. M. M. R.A.M.C.
Lowndes, Maj. J. G., ret. pay (Res. of Off.).
Lowther, Lt.-Col. Sir C B., Bt., North'n Yeo.
Lowther, Capt. G. F., M.C., Aust. Imp. Force.
Lowther, Col. (temp. Maj.-Gen.) Sir H.C., K.C.M.G., C.V.O., p.s.c. [L]
Lowther, Capt. J. G., M.C., ret.
Loyd. Capt. H. C., M.C., C. Gds.
Luard, Col. A.J.H.,ret. pay R.E.
Luard, Maj. E. B., Shrops. L.I.
Luard, Temp. Maj. L. D., R.A.S.C.
Luard, Bt. Lt.-Col. T. B , R. Mar.
Lubbock, Bt. Col. (temp. Brig.-Gen.) G., C.M.G., R.E.
Luby, Capt. M., M.C., R.E.
Lucas, Col. (temp. Brig.-Gen.) C. H. T., C.M.G., p.s.c.
Lucas, Temp. Capt. C. R. R. Lanc. R. (attd.)
Lucas, Col. F. G., C.B., C.S.I., Ind. Army.
Lucas, Bt. Lt.-Col. L. W., M.C., E. Kent R.
Lucas, Maj. M. H., 37 Lrs.
Lucas, Maj. W. R., M.C, T.F. Res.
Lucey, Lt.-Col. W. F., 1 W Rid. Brig. R.F.A.
Luck, Lt -Col. B. J. M., C.M.G., R.G.A.
Luck, Temp.Lt.-Col. C. M., C.M.G., R.E.
Luckock, Bt. Lt.-Col. R.M., R. Lanc. R., p.s.c.
Ludgate, Maj. W., R.A.V.C.

Ludlow-Hewitt, Bt. Maj. (temp. Brig. Gen.) E. R., M.C., C.M.G., R. Ir. Rif.
Lugard, Maj. E. J., O.B E., ret. Ind. Army.
Lugard, Bt. Col. Rt. Hon. Sir F.J.D.,G.C.M.G., C.B., ret. pay.
Luke, Lt.-Col. T.M.,C.B.E., R.A.
Lukin, Hon. Maj.-Gen. Sir H. T., K.C.B., C.M.G., late S. Afr. Def. Forces.
Lukin, Lt. Col.(temp.Brig.-Gen.) R. C. W., 9 Horse.
Lumb, Bt. Lt.-Col. F. G. E., M.C., 39 Rif.
Lumley-Smith, Maj. T. G. Lt , ret. pay.
Lumsden, Maj. W.F., R.A..
††Lumsden, Bt. Maj.W. V., M.C., Arg. & Suth'd Highrs.
Lund, Bt.Maj.O.M.,R.F.A.
Luxmoore, Bt. Lt.-Col. N., Devon R.
Luxmoore-Balt, Capt. R. E. C., D.C.M., W. Gds. Spec. Res.
Luxton, Lt.-Col. D. A., C.M.G., C'wealth Mil. Forces.
Lyall, Temp. Maj. E., R.E.
Lyall, Maj. R. A., Supern. List, Ind. Army.
Lyell, Temp. Lt.-Col. (temp. Col.) D., C.M.G., C.B.E., R.E.
Lyle, Capt. H., Can. Local Forces.
Lyle, Bt. Col. H.T., C.B.E., ret.pay.
Lyle, Lt. J. C. V., M.C., O.B.E.,S.Afr.Def. Forces.
Lyle, Capt. J. M., M.C., High. L.I.
Lynas, Capt. W. J. D., M.C., Aust. Imp. Force.
Lynch, Maj. C. St. J., R.E.
Lynn, Lt. A. C., Yorks. L.I.
Lynn, Maj. E. F., M.C., Can. Eng.
Lynn, Capt. G. R., M.B., Ind. Med. Serv.
Lyon, Maj. A.,T,D late 4 Bn. Gord. Highrs.
Lyon, Bt. Lt.-Col. C A . R.G.A.
Lyon, Bt. Lt.-Col. C. D. G., R.A.
Lyon, Bt. Lt.-Col. C. H. C.B., C.M.G., N. Staff. R., p.s.c.
Lyon, Col. (temp. Brig. Gen.) F., C.M.G., p.s.c. [L]
Lyon, Maj. P., N. Staff. R.
Lyster, Lt.-Col. F. S.
Lyttleton, Bt. Maj., A. G Welch R.
Lyttleton, Capt. O., M.C., Res. of Off.

¹ Also awarded Bar to Distinguished Service Order.
†† Also awarded 2nd Bar to Distinguished Service Order.

Orders of Knighthood, &c.

COMPANIONS (D.S.O.) — contd.

Massdorp, Maj. L. H., late S. Afr. Def. Force.

Maben, Temp. Maj. H. C., M.C., 14 Bn. Worc. R.

Maberly, Bt. Col. C.E., ret. pay.

McAlester, Maj. W. H. S., M.C., 2 Gurkha Rif.

McAllister, Bt. Lt.-Col E. J., R.A.S.C.

McAllum, Maj. S. G., M.D., R.A.M.C Spec. Res.

Macalpine-Leny, Bt. Lt.-Col R. L.,16 Hrs ,p.s.c.(l)

Macalpine-Leny, Bt. Lt.-Col. W. H., R.F.A.

MacAndrew, Capt. H., late Res. of Off.

Macartney, Lt.-Col. G. W., Aust. Imp. Force.

†McArthur, Lt -Col. J. Aust. Imp. Force.

MacArthur, Capt. W. P., O.B.E., M.D., F.R.C.P.I., R.A.M.C.

Macaulay, Maj. N. H., Can. Fd. Art.

Macaulay, Bt. Lt.-Col. R. K. A., R.E.

McAvity, Lt.-Col. T. M., Can. Local Forces.

McBarnet, Maj. A. E., M.V.O., ret. Ind. Army (Lt. Col., late Sco. Horse Yeo.)

†MacBrien, Brig -Gen. J. H., C.M.G., Can. Local Forces, p.s.c.

McCall, Bt. Lt.-Col. H. W., C.M.G., York. R.

McCall, Bt. Lt.-Col. R. L., M.C., Cam'n Highrs.

McCallum, Capt. E. E. N., Can. Local Forces.

MacCallum, Temp. Maj. H.

McCallum, Maj. J. D. M., late Serv. Bns. R. Ir. Rif.

MacCallum, Maj. W. P., M.C , Aust. Imp. Force.

McCalmont, Lt.-Col. R. C. A., h.p.

McCandlish, Bt. Lt.-Col.P D., C.B.E., ret. pay (Res. of Off.).

McCann, Maj. W. F. J., M.C., Aust. Imp Force.

McCarthy, Maj. J.J., D.S.O., M.C., Rhodesia Police.

McCarthy, Capt. W. H. L., M.C., late R.A.M.C. Spec. Res.

†McCarthy-O'Leary, Capt. H. W. D., M.C., R. Ir. Fus.

McCay, Capt. R. C., Ind. Army

McClaughry, Capt. E. J., D.F.C., Aust. Imp. Force.

McClaughry, Maj. W. A., M.C., D.F.C., Aust. Imp. Force.

Maclean, Temp. Capt. I. C., M.C., M.D., R.A.M.C.

†MacClellan, Bt. Lt.-Col. G. P., R.A.

McCleverty. Capt. G. M., M.C., 2 Gurkha Rif.

McClintock, Maj. A. G., 5 Lrs.

McClintock, Maj. R. L. C.M.G., R.E.

McClintock, Bt. Lt.-Col R. S., R.E., p.s.c.

†McClintock, Maj. S. R. Gord. Highrs.

McClure, Temp. Capt. I. H.

McClure, Maj. W., 4 Bn. S. Lan. R.

McClymont, Lt.-Col. R. A., C.B.E., ret. pay.

McCombe, Lt.-Col. G., Can. Local Forces.

McCombe, Maj. J. S., M.B., R.A.M.C.

McCombie, Lt. H., M.C., 7 Bn. Worc. R.

McConaghy, Bt. Lt.-Col. J. G , 25 Cav.

McConnel, Capt. D. F., R.F.A.

McConnel, Bt. Maj. J.K., M.C., 20 Hrs.

MacConnell, Maj. A. L., TD 9 Bn. Arg. & Suth'd Highrs.

McConnell, Lt.-Col. W. A., Can Rly. Serv.

McCormack, Maj. P. J., C'wealth Mil. Forces.

†McCormick, Capt. H. B., Res. of Off.

McCormick, Hon. Lt. H. B., late C'wealth Mil. Forces.

McCormick, Hon. Lt. J., C'wealth Mil. Forces (late Lt. Tasmanians).

McCormick, Lt. J. H., Can. Local Forces.

MacCormick, Maj. K., N.Z. Mil. Forces.

McCowan, Maj. W. H., Cam'n Highrs.

McCormick, Rev. W. P. G., Hon. Chapln. to the Forces, 1st Class.

McCracken, Maj.-Gen. (temp. Lt.-Gen.) Sir F. W. N., K.C.B., p.s.c.

McCracken, Maj. W., 7 Bn. Arg. & Suth'd Highrs.

McCrae, Lt.-Col. Sir G., Knt., VD, T.F. Res.

McCrae, Maj. J., N.Z. Mil. Forces.

McCready, Temp. Maj. T. R., M.C., R. Mar.

McCrostie, Capt. H. C., late Tank Corps.

McCuaig, Maj. D. R., Can. Local Forces.

†McCuaig, Lt.-Col. J. E., C.M.G., Can. Local Forces.

McCudden, Maj. J. H., M.C., 21 Cav.

McCullagh, Capt. A.G.H., M.B., T F. Res

McCullagh, Capt. H R., Durh. L.I.

McCullagh, Capt. W. McK. H., M.C., M.B., R.A.M.C. Spec. Res.

††McCulloch, Maj. A J., 14 Hrs., D.C.M., p.s.c.

McCulloch, Lt.-Col. R.H.F., C M.G., R.G.A. [L]

MacDermott, Capt. G. A., M.C., 4 Bn High. L.I.

McDiarmid, Maj. J. I. A., R.G.A.

Macdonald, Temp. Lt.-Col. A. C., R.E.

Macdonald, Maj. A. G., R. Berks. R., p.s.c.

McDonald, Col. A. W., TD Terr. Force. (Hon. Capt in Army).

†Macdonald, Capt. C. L., T.F. Res.

Macdonald, Maj. D. R., M.C., R.A.

††MacDonald, Capt. E. W., M.C., Can. Local Forces.

Macdonald, Bt. Maj. H., 11 Lrs., p.s.c.

McDonald, Brig.-Gen. H F., C.M.G., Can. Local Forces.

MacDonald, Maj. H. S., M.C., R.F.A.

†McDonald, Lt.-Col. J. A., Can. Local Forces.

Macdonald, Lt. J. A., M.C., R.F.A., Spec. Res.

MacDonald, Lt.-Col. J. B L., Can. Rly. Serv.

McDonald, Maj. J. H., M.C., Aust. Imp. Force.

Macdonald, Maj. (Hon. Lt in Army) K. L., T.F. Res.

McDonald, Hon. Capt. P., C'wealth Mil. Forces.

Macdonald, Lt.-Col. R. H., M.C , Can. A.M.C.

Macdonald, Maj. R. W., Supern. List, Ind. Army

††McDonald, Lt.-Col. S., C.M.G., 5 Bn. Gord. Highrs.

Macdonald, Temp. Maj. J. L. A., R. Scots. (attd.)

Macdonald, Lt.-Col. R. J., h.p., g., f.

Macdonald, Capt. T. W. Bord. R.

Macdonell, Maj.-Gen. A. C., K.C.B., C.M.G., Can.Local Forces.

Macdonell, Brig.-Gen. A. H., C.M.G., Can. Local Forces, p.s.c.

Macdonell, Capt. I. H., High. L.I. (Hon. Capt. in Army).

McDonnell, Lt.-Col. E., M.B , R.A.M.C.

McDouall, Bt. Lt.-Col. R., C.B., C.M.G., C.B.E., E. Kent R.

McDougall, Capt. A., 1 Co. of Lond. Yeo.

Macdougall, Capt. A. I., M.C., 5 Lrs.

McDougall, Maj. K. H., Can. For. Corps.

McDougall, Maj. W. A., O.B.E., F.R.C.V.S., ret. pay (Res. of Off.)

Macdowell, Capt. C. C., C.M.G., Res. of Off.

†C MacDowell, Maj. T. W., Can. Local Forces.

McEnroy, Capt. P , M.C., Leins. R.

MacEwan, Maj. J. A., Man. Regt.

McEwen, Lt. A. B., Can. Local Forces.

MacEwen, Maj. N. D. K., C M.G., Arg. & Suth'd Highrs.

Macfarlan, Maj. J. B., R.G.A.

Macfarlane, Rev. A., late Temp. Chapl. to the Forces, 3rd Class.

Macfarlane, Hon. Brig.-Gen. D. A., C.B.

Macfarlane, Capt. F. A. J., O.B.E., D.C.M., 14 Bn Lond. R.

McFarlane, Maj. G. W., Can. Local Forces.

Macfarlane, Maj. H. E., M.C., 19 Hrs., p.s.c.

††MacFarlane, Maj. R. A., Can. Local Forces.

Macfarlane, Maj. W., Q.O.R. Glasgow Yeo.

Macfie, Maj. C., ret. pay.

Macfie, Capt. T. G., M.C., late S. Afr. Def. Forces

Macfie, Lt.-Col. W. C., ret. pay.

McGhee, Maj. A.S.P., R.A.

McGillycuddy, Bt. Lt.-Col. R. K., 4 D.G.

McGilp, Maj. C., N.Z. Mil. Forces.

McGowan, Maj. T., R.F.A.

†McGrath, Bt. Lt.-Col. A. T., R.A., p.s.c.

Macgregor, Bt. Lt.-Col, P. A., ret. pay.

McGregor, Maj. R. S., C'wealth Mil Forces.

MacGregor, Lt.-Col. W.W., ret. pay (Res. of Off.)

McGuffin, Lt.-Col. C. F., Can. Local Forces.

---

† Also awarded Bar to Distinguished Service Order.
†† Also awarded 2nd Bar to Distinguished Service Order.

Orders of Knighthood, &c. 257

COMPANIONS (D.S.O.)—contd.

McHardy, Bt. Col. (temp Brig.-Gen.) A. A., C.B., C.M.G., R.A., p.s.c.
McHarg, Bt. Lt.-Col. A. A., R.E. (t)
McIllree, Lt. J. R., Can. Local Forces.
MacIlwaine, Capt. A. H., M.C., R.F.A.
Macintosh, Maj. C. L. S., C'wealth Mil. Forces.
McIntosh, Maj. J. A., W. Ont. Regt.
MacIntyre, Lt.-Col. D. E., M.C., Can. Local Forces.
Macintyre, Maj. H. R., M.C., M.D., late R.A.M.C.
McIver, Capt. K. I., M.C., R.A.
†McKaig, Lt.-Col. J. B., 6 Bn. L'pool R.
MacKay, Maj. Daniel, M.C., late R.A.
Mackay, Lt.-Col. J. D.
†Mackay, Lt.-Col. (temp Brig. Gen.) E. J., C.M.G., C'wealth Mil. Forces
McKay, Lt. R. J., M.B.E., M.C., Arg.&Suth'd Highrs.
McKean, Maj. F. T., Can. A.S.C.
McKechnie, Maj. D. W., Can. A.M.C.
McKee, Hon. Capt. J., late 19 Bn. R. Ir. Rif.
MacKendrick, Lt-Col. W. G., Can. Eng.
McKenna, Capt. J. C., 16 Rajputs, p.s.c.
MacKenzie, Lt.-Col. A.G., N.Z. Mil. Forces.
Mackenzie, M J. A. K., M.C., Aust. Imp. Force.
Mackenzie, Lt.-Col. C., C.M.G., 13 Bns.
McKenzie, Temp Capt. C., M.C., 11 Bn. E. Lan. R.
Mackenzie, Maj. C. M., O.B.E., 13 Bn. Lond. R.
McKenzie, Brig.-Gen. Sir K.C.M.G., C.B., V. D., S. Afr. Def. Forces.
Mackenzie, Maj. D. F., M.D., R.A.M.C.
Mackenzie, Maj. D. S, A.I.F.
Mackenzie, Bt. Maj. D. W A. D., Sea. Highrs.
Mackenzie, Capt. E. D., S. Gds.
Mackenzie, Col. E. L., C.I.E., h.p.
Mackenzie, Capt. F. E., M.C., 4 Bn. R. Scots.
Mackenzie, Lt.-Col. (temp Brig.-Gen.) F. W., R.A.
Mackenzie, Lt.-Col. F. W., R.A.
Mackenzie, Lt.-Col. G. B., C.B., C.M.G., R.G.A, g.
Mackenzie, Capt H. G. G., M.D., R.A.M.C.(T.F.)
Mackenzie, Maj. H. J., 31 Sikhs.
Mackenzie, Lt. I. R., S. Afr. Def. Forces.
Mackenzie, Maj. J. A., Can. Local Forces.
Mackenzie, Bt. Lt.-Col. J. H., C.M.G., R. Scots. p.s.c.
Mackenzie, Maj. J. M., R. Scots.
††Mackenzie, Maj. J. P., Can. Local Forces.
McKenzie, Maj. K. A., C'wealth Mil. Forces.
McKenzie, Maj. K. McL., R.A.V.C.
Mackenzie, Lt.-Col. K. W., M.C., M.B., late R.A.M.C.
Mackenzie, Capt. L. de A. M.C., Gord. Highrs.
McKenzie, Maj. L. E., C'wealth Mil. Forces.
MacKenzie, Lt.-Col. L. H., Nova Scotia Regt.
Mackenzie, Maj. R. C., Quebec R.
Mackenzie. Maj. R. H., M.C., TD, R.E. (T.F.)
MacKenzie, Bt. Lt.-Col. T. C., R.A.M.C.
Mackenzie, Bt. Maj. Sir V. A. F., Bt., M.V.O., S. Gds.
Mackenzie.Capt.W , M.B., late R.A.M.C.
Mackenzie, Maj. W. S., O.B.E., R.A.O.C., o.
Mackenzie, Lt.-Col.W.K.S., C'wealth Mil. Forces.
McKessack, Lt.-Col. P, M.B. R.A.M.C.
Mackesy, Lt.-Col. J. P., R E., p.s.c.
Mackesy, Bt. Lt.-Col. P. J., M.C., R.E.
Mackey, Lt.-Col. H. J. A., C.M.G., M.V.O., R.F.A.
Mackie, Bt. Lt.-Col. E. F., Can. Local Forces, Hon. Capt. (Army) late Lord Strathcona's Corps.
Mackie, Capt.G., R.A.M.C. (T.F.)
McKie, Lt.-Col. J., M.B., TD, R.A.M.C.(T.F.)
Mackie, Hon. Lt.-Col. J., O.B.E. (temp. Maj, in Army), late 3 Bn. K.O. Sco. Bord.
Mackie, Hon. Capt. J. C., R.A.S.C.
McKillip, Maj. T. H., Can. Local Forces.
McKillop, Maj. A., Aust. Imp. Force.
McKimm, Temp. Maj. D. S. A., M.C., 6 Bn Shrops. L.I.
MacKinnon, Maj. D. A Can. Local Forces.
Mackinnon, Lt.-Col. (temp. Col.) J., R.A.M.C. (T.F.)
Ma:kinnon, Lt.-Col.L.,jun., TD, 4 Bn. Gord. Highrs.
Mackintosh, Bt. Lt.-Col. E. E. B., R.E.
Mackintosh, Lt.-Col. J. B., R.A.
MacKintosh, Maj. J. K., R.A.S.C. (T.F.)
MacKintosh, Temp. Maj. S. H., Serv. Bns. North'd Fus.
Mackintosh, Maj. W. A. D., C., R.G.A.
Mackworth, Bt. Lt.-Col. H. L., C.M.G., R.E. [L]
McLachlan. Col (temp. Maj.-Gen.) J. D., C.B, C.M.G., Cam'n Highrs., p.s.c. [L]
McLachlan, Temp. Capt. T., M.C., Serv. Bns. North'd Fus.
Machlachlan, Temp. Capt. W. K., 11 Bn. North'd Fus.
McLagan, Maj. D. C., TD, 5 Bn/ R. Scots.
MacLaren, Brig.-Gen.C.H., C.M.G.,Can. Local Forces
McLaren, Capt. H., M.C., R.E. (T.F.)
MacLaren, Maj. K., ret.pay
McLarty, G. A., M.B., late Temp. Capt. R.A.M.C.
††McLaughlin, Lt.-Col. L. T., C.M.G., Can. Local Forces.
Maclaverty, Maj. C. F. S., R.A.
McLean, Hon. Maj. A. A., C'wealth Mil.Forces(N.S. Wales).
††McLean, Lt.-Col. C. W. W., C.M.G., R.F.A.
Maclean, Bt.-Lt.-Col. C. A. H., Arg. & Suth'd Highrs.
McLean, Maj. C. H., 1st Cent. Ont. Regt.
McLean, Maj. C. W., ret.pay.
†MacLean, Maj. F. S., C'wealth Mil. Forces.
Maclean, Bt. Lt.-Col. H. D. N., K.O. Sco. Bord.
McLean,Maj.J.B.,C'wealth Mil. Forces
MacLean, Maj. N. B., Can. Art.
McLeish, Maj. R. S., Aust. Imp. Force.
McLellan, Lt. J., M.C. R.E. (T.F.)
McLennan, Lt. B, Can. Local Forces.
McLennan, Bt. Capt. F., M.B., R.A.M.C.
MacLeod, Temp. Maj.A.G., O.B.E., R.A.S.C.
Macleod, Bt. Lt.-Col (temp. Col.) C. W., C.M.G., R.A.S.C.
MacLeod, Capt. D., M.C., 4 Bn. N. Staff R.
McLeod, Gen. Sir D. J. S., K.C.B., K.C.I.E., ret. Ind. Army.
McLeod, Maj. D K. Corps of Guides.
Macleod, Lt.-Col. D. McL M.C., S. Afr. Prote. Force.
†MacLeod, Maj. G. W., Can. Local Forces
MacLeod, Lt. J. P. G. Sask. R.
MacLeod, Lt.-Col. J. S., 8 Bn. Durh. L.I.
MacLeod,Bt.Lt.-Col. M.N, M.C., R.E.
MacLeod, Capt. M. W. M., R.G.A.
Macleod, Maj. N., 15 Sikhs, p.s.c.
MacLeod, Lt.-Col. N., C.M G., late Serv. Bns. Cam'n Highrs.
McLeod, Maj. N. M., M.C., R.F.A.
Macleod, Capt. R., M.C., R.F.A.
Macleod, Maj. R.D.C., 19 Lrs.
McLeod, Lt.-Col. T. J., 7 Gürkha Rif.
McLoughlin, Col. G. S., C.M.G., M.B.
McLoughlin, Maj. M. W., O.B.E., S. Afr. Def. Force.
McMahon,Temp.Maj.F.R., M.C., Can. Local Forces
McMahon, Maj. Sir H. W., Bt., O.B E., ret. pay.
McMaster, Maj. R. M., C'wealth Mil. Forces.
McMicking, Bt. Col. H., hp., p.s.c., q.s.
MacMichael, late Temp. Capt. H. A.
McMicking, Capt. N., M.C., R. Highrs.
McMillan, Lt.-Col. A., Can. Local Forces
McMillan, Capt. A., Can. Local Forces.
McMillan. Lt. A., M.C., Sea. Highrs.
MacMillan, Capt. J., M.C., M.R., R.A.M.C. (T.F.)
MacMillan. Maj. R. J. A., R.G.A. (T.F.)
McMordie, Lt.-Col. S. P., Can. Local Forces.
Macmullen, Bt. Col. C. N., C.M.G., 15 Sikhs, p.s.c.
McMullen, Bt. Maj. D. J., R.E.
MacMunn, Maj.-Gen. Sir G. F., K.C.B., K.C.S.I., p.s.c., q.s.
McMurdo, Capt. A. M., ret. [F]
McMurty, Maj. A. O., Can. Fd. Art.
Macnaghten, Lt.-Col. B., ret. pay.
Macnaghten,Bt. Col.(temp. Brig.-Gen.) E. B., C.M.G., R.F.A., g.
MacNaghten, Lt. R. F., Man. Regt.
McNamara, Bt. Capt. (temp. Brig.-Gen.) A. E., C M.G., R.W. Surr. R., p.s.c.
McNaught, Capt. G. S., Ches. R.
McNaughton, Lt. - Col. A. G. L., C.M.G., Can. Fd. Art.
McNaughton, Capt. F. L., R.A.M.C. Spec. Res.
McNee, Capt. J. W., M.B., R.A.M.C. Spec. Res.
MacNeece, Capt. W. F., D.F.C., R.W. Kent R.
McNeil, Lt. A., C'wealth Mil. Forces.
McNeile, Lt.-Col. D. H., 19 Lrs. [L]

† Also awarded Bar to Distinguished Service Order.
†† Also awarded 2nd Bar to Distinguished Service Order.

COMPANIONS (D.S.O.)—contd.

McNeill, Col. A. J., Terr. F rce, Bt. Maj., ret. pay (*Res. of Off.*)
McNeill, Capt A. N. R., *M B.*, R.A M.C.
McNicoll, Lt.-Col. W. R., *C B.,C.M.G.*, C'wealth Mil. Forces.
Maconchy, Hon. Brig -Gen E. W. S. K., *C.B., C.M.G. C.I.E.,* ret. Ind. Army.
Maconchy, Capt. F. C., ret pay.
McParland, Lt.-Col. J. F., Can. Fd. Art.
Macphail, Lt. - Col. A., *C.M.G.*, Can. Local Forces.
McPherson, Temp.Capt.A., Serv. Bns. High. L.I.
Macpherson, Bt.Col. (*temp. Brig.-Gen.*) A. D., *C.M.G.*, Cam'n Highrs.
Macpherson, Maj. A. D. *M.C.*, R.F.A.
Macpherson, Maj. J., 124 Inf.
M'P herso n, Maj. J., R.F.A. (T.F.)
MacPherson, Capt. J. R., E. Ont. Regt.
McQueen, Maj. J. A., *M.C.*, R E.
McQueen, Lt.-Col. J. D., Can Local Forces.
†McQueen, Bt. Maj. N., 3 Bn. Arg. & Suth'd Highrs.
Macquoid, Lt.-Col. (*temp. Brig.-Gen.*) C. E. E. F. K., 4 Cav.
McRae, Maj. H. St. G. M., 45 Sikhs, *p.s.c.*
Macrae, Maj. J. C., 19 Punjabis, *p.s.c.*
†Macrae,Bt. Maj. J. N.,Sea. Highrs.
Macready, Bt. Maj. G. N., *O.B E.,M.C.,* R. «. [l]
Macready, Capt. J., Bedf. & Herts R.
MacRoberts, Temp. Maj N. de r'., *M.C.*, 13 Bn. R. Suss. R.
Macrory, Hon. Lt. - Col. F. S. N. *late* 10 Bn. R. Innis. Fus.
McSheehy, Capt. O W., *O.B.E., M.B.*, R.A.M.C.
McSloy, Maj. J. I.. Can. Fd. Art.
McSwiney, Capt. H. F. C., 3 Gurkha Rif.
†McTaggart, Bt. Lt.-Col. M. F., 5 Lrs. (Temp. Lt. Col. 5 Bn. Gord. Highrs)
Mactavish, Capt. D., 3 Bn Gord. Highrs., ret. pay
†McVean, Lt.-Col. D. A. D., 45 Sikhs.
McVittie, Maj. C. E., ret. pay (*Res. of Off.*)
MacWatt, Capt. S. L., *M.C.*, R.A.
McWatters, Bt. Lt. - Col. H. C., 24 Punjabis, *p.s.c.*
Madden, Rev. A., *M.C.*, Can. Chapl. Serv.
Madden, Temp. Capt J.G., Serv. Bns. Manch. R.

Madocks, Col. W. R. N., *C.B., C.M.G.*, h.p., *p.s.c.*, q.s.
Magee, Lt.-Col. F. C., Can. Local Forces.
Magenis, Capt. G. C., C'wealth Mil. Forces.
Magill, Capt. E., *M.B.*, R.A.M.C. Spec. Res.
Maginn, Lt. J. F., 5 Bn. Lond. R.
Magniac, Maj. M., Lau. Fus., *p.s.c.*
Maguire, Col. F. A., A.I.F.
Mahaffy, Capt. K. A., Can. Local Forces.
Mahar, Temp. Lt. T. B. J., *M.C.*, Serv. Bns., K.R Rif. C.
Mahon, Maj. A. E., 55 Rif.
Mahon, Capt. B., Mac. M., *M.C.*, Ind. Army
Mahon, Lt.-Gen. *Rt. Ho*n Str B T., *K.C.B.,K.O.V.O.,* Col. 8 Hrs.
Mahon, Col. *Sir* W. H., *Bt., late* Lt.-Col.4 Bn. W.York. R. (*Hon. Maj. in Army*)
Mahoney, Maj. M. J., *M.D., TD,* R.A.M.C.
Main,Bt.Lt.-Col.A.K.,R.A.
Maingny, Maj. R. F., R E. [L]
Mainprise, Lt.-Col. C. W., R.A.M.C.
Mair, Maj. B. V., Manch. R.
Mair, Lt.-Col. (*temp. Brig.-Gen.*) G. T., *C.M.G.*, R.A.
Mairis, Bt. Lt.-Col G. B. de M., York. R., *p.s.c.*
Maitland, Capt. A. E., *M.C.*, Essex R
Maitland, Bt. Lt.-Col. C. A. S., Gord. Highrs.
Maitland, Bt. Lt -Col.E M, *C.M.G., A.F U.,*Essex R.
Maitla d, Maj. G. R., 14 Lrs, *p.s.c.*
Maitland, Maj. R. C. F. R A.
Maitland, Lt. W. E., 5 Bn. Gord. Highrs.
Maitland-Dougall, Bt. Maj. W E., *M.C.*, R.F.A.
Maitland-Edwards,Lt.-Col. G., *late* R E.
Maitland Makgill Crichton, Bt. Lt.-Col. H. C., R Sc. Fus., *p.s.c.*
Majendie, Lt.-Col. B. J., *C.M.G.*, K.R. Rif. C.
Majendie, Maj. V. H. B., Som. L.I.
Major, Col. C. T., *C.B.E.,* N.Z. Mil. Forces.
Makgill - Crichton - Maitland, Maj. F. L., Gord. Highrs.
Makgill-Crichton-Maitland Maj. M E., G.Gds.
Makin, Maj. E. L., Wilts. R., *p.s.o*
Makins, Col. E., *C.B.*, *p.s.c.* [l]
Malcolm, Col. G. A., TD, Terr. Fo.ce (*Col. in Army*).

Malcolm, Hon. Brig.-Gen. H. H. L., *C.B.*, *C.M.G.*, ret. pay
Malcolm, Maj. J. A., *late* S. Afr. Def. Force.
Malcolm, Maj.-Gen N.,*C.B.*, Arg. & Suth'd Highrs., *p.s.c* [L].
Malcolm,Lt.-Col.P.,*M.V.O.*, ret. Ind. Army.
Malet, Lt.-Col. H. C., *O.B E., late* 8 Hrs. Spec. Res. (Capt. ret. pay).
Mallinson, Temp. Maj. S.S., *M.C.*, R.E.
Mallinson, Bt. Lt. - Col. H., Yorks. L.I.
Mallock, Lt.-Col. T. R., h.p.
Maltby, Capt. P. C., *A F.C.*, R. W. Fus.
Maltby, Bt. Lt.-Col. H. W. R.A.O.C., e., o.
Mance, Bt. Lt.-Col. H. O., *C.B., C.M.G.,* R.E.
Mandleberg, Temp. Maj L. C., *M.C.*, Serv. Bns. Lan. Fus.
Mangles, Bt. Col. R. H., *C.M.G* R. W. Surr. R., *p.s.o.*
Mangles, Maj. W. J., ret. pay
Manhard, Maj. W. E., War. R.
Manifold, Bt. Maj. J. A., *M.B.*,R.A.M.C.
Manley. Maj. E. N., R E.
Mann, Bt. Lt.-Col. (*temp. Brig. Gen.*) G. D., R.A.
Mann, Capt. H. N., *M.C.*, 18 Bn. Lond. R.
Mann, Maj. W. E., R.A.
Manners, Capt. C. M. S., *M.C.*,104 Rif.
Manning, Lt.-Col. C. H. E., *O.B.E.,* C'wealth Mil. Forces.
Mansel, Bt. Col. A.,ret.pay.
Mansel-Jones, Bt. Lt.-Col. C., *C.M.G*, ret. pay.
Mansfield, Capt. W. H. C., Shrops. L.I
Mantell, Col. P. R., ret. pay.
Manton. Temp. Col. L., R.E. [l]
Manton, Maj. R. F., C'wealth Mil. Forces.
Maplestone, Maj. P. A., C'wealth Mil. Forces.
March, Maj. B. O., *M,C.*, R.F.A. Spec. Res.
March, Lt.-Col. C. H., *Earl of, M.V.O.,* T.F. Res. (*Maj. Res. of Off.*)
Marchant, Bt. Lt.-Col. (*temp Brig.-Gen.*) T. H. S., 18 Hrs.
Marchment, Maj. A. F., *M.C.,* 1 Bn. Lond. R.
Marden, Bt. Lt.-Col (*temp. Col.*) A. W., ret. pay.
Mardon, Lt.-Col A C., TD, R. N. Devon Yeo.
Marfell, Maj. W. L., Aust. Imp. Force.

Margetts, Capt. C. F. M., Dorset R.
Margolin, Temp. Lt.-Col. E. L., 39 Bn. R. Fus.
Marindin, Col. (*temp.Brig. Gen.*) A. H., *C.B., p.s.c.* [L]
Marindin, Bt. Lt.-Col.C.C., *C.B.E.,* R.G.A., *p.s.c.*
Mark, Capt. A. W. D.,*M.C., late* Serv. Bns. North'd Fus.
Marks, Lt.-Col. D. G., *M.C* C'Wealth Mil. Forces
Marks, Bt. Lt.-Col. W. O., R.A.S.C.
Marper, Capt. G., Aust. Imp. Force
Marr, Maj. C. W. C., *M.C.*, Aust. Imp. Force.
Marr, Capt. F. A., *M.C.*, Camb. R.
Marr, Temp. Capt. J. H., R E.
Marrack, Capt. J. R., *M.C.*, *M.B., late* R.A.M.C.
Marriner, Maj. B. L., R.F.A.
Marriott, Lt-Col.E.W.P.V., ret. pay.
Marriott, Maj. G. B., R. War. R.
Marriott, Hon Brig.-Gen. J., *C.B.E.,M.V.O.,*ret.pay.
Marriott. Bt. Maj. J. C. O. *M.C.,* North'n R.
Marriott, Bt. Maj. R. A., ret. pay, R. Mar. Art.
Marriott, Maj. R.G.A., ret. pay.
Marryat, Lt.-Col. J. R., *M.C.,* R.F.
Marryatt, Maj. R., R A.
Marryatt, Lt. R. H., 5 Bn. Worc. R.
Marsden, Lt.-Col. T. R., C'wealth Mil. Forces.
Marsh, Maj. C. H., *O.B.E.,* 18 Lrs.
Marsh, Bt. Lt.-Col. F. G., *C.M.G.,* Ind Army, *p.s.c.* [L].
Marsh, Lt.-Col. H. E., h.p., g.
Marsh, Lt.-Col. J. F. H., T.F. Res.
Marshall, Maj. A., 28 Cav.
Marshall, Capt.A.,C'wealth Mil. Forces.
Marshall, Capt. A. R., *M.C.*, R.E. Spec. Res.
Marshall, Maj. C. C. R. Lanc. R.
†Marshall, Capt. C. F. K., *M.C.*, R.F.A.
Marshall, Maj. E. H., R.F.A.(T.F.)
Marshall, Lt. F. A. J. R., *M.C.,* E. Kent R.
Marshall, Bt. Col. F. J. *C.B., C.M.G.,*Sea. Highrs., *p.s.c.*

---

†Also awarded Bar to Distinguished Service Order.

Orders of Knighthood, &c.

COMPANIONS (D.S.O.)—*contd.*

Marshall, Rev. G. H., Hon.Chapl. to the Forces, 4th Class.
Marshall, Hon. Maj. H.A., R.A.O.C.
Marshall, Maj.H.S., R.G.A.
Marshall, Capt. J. D., *M.B.*, late R.A.M.C.
Marshall, Maj. J. S., 35 Sikhs.
Marshall, Lt.-Col. K. R., *C.M.G.*, Can. Local Forces.
††Marshall,Lt.-Col.N.,*M.C.*, C'wealth Mil. Forces.
Marston, Capt. G. S, *M.C.*, R.E. Spec. Res.
Marston, Maj. J. E., *M.C.*, R.A.
Martel, Bt. Maj. G. LeQ. *M.C.*, R.E.
Martelli, Bt.-Col. *(temp. Col.)* H. de C., R.A., *p.s.c.*
Martin, Lt. B. W. J. H., *M.C.*, R.F.A. Spec. Res.
✠Martin, Capt. C. G., R.E.
Martin, Lt. C. K. C., Can. Fd. Art.
Martin, Lt.-Col. C. R. late Serv. Bns. K.R. Rif C.
Martin, Capt. C. W, 8 Bn. R. War. R.
Martin, Temp. Lt.-Col. E. B., R.E.
Martin, Capt. E. C. de R., *C.M.G., M.C.*, Yorks. L.I.
Martin, Lt.-Col. *(temp. Brig.-Gen.)* E. F., *C.B. C.M.G.*, C'wealth Mil. Forces.
Martin, Capt, E. S. D., *M.C.*, 5 D.G.
Martin, Maj. E. T., R.A.
Martin, Bt. Lt.-Col. G. H. *C.M.G., O.B.E.*, K.R. Rif C., *p.s.c.*
Martin, Capt. G. N. C., *M.C.*, R.F.A.
Martin, Temp. Capt. H., R F.A
Martin, Maj. H. G. R.F.A.
Martin, Maj. J., *M.C.*, 94 Inf.
Martin, Maj. J. R. B., *C.V.O.*, ret. pay.
Martin, Temp. Maj. J.G, *M.C.*, Serv. Bns. N. Staff. R.
Martin, Capt. J. H., *M.C.*, R. Lanc. R.
Martin, Hon. Maj. J. McC., late R.A.M.C.
Martin,Bt. Maj. K.J., R.E. [L]
Martin, Lt.-Col. L. T., Can Rly. Serv.
Martin Capt. O.
Marton, Lt.-Col. R. O., *C.M.G., R.G.A., g.*
Martyn, Maj.'A. M., *C.M.G.*, Aust. Imp. Force.
Martyn Col. A. W., *O B.E.*, ret. pay
Martyn, Maj. D. B., *M.C.*, New Bruns. Regt.

Martyn, Maj. M. C., *M.C.*, 8 Bn. Notts & Derby R.
Martyr, Bt. Lt.-Col. C. G., ret. pay
Mascall, Maj. M. E., R.G.A.
Mason, Lt.-Col. C. C. C'wealth Mil. Forces.
†Mason, Maj. D. H.C., Can. Local Forces.
Mason, Lt.-Col. D. J., TD, R.F.A. (T.F.)
†Mason, Lt.-Col. G. K. M., late 14 Hrs.
Mason, Temp. Maj. H. F., R.A.
Mason, Lt. H. L, *M.C.*, Aust. Imp. Force.
Mason, Temp. Capt. J. *M.C*, R.E.
Mason, Lt-Col. N. F., TD 4 Bn. Suff. R.
Massereene and Ferrard, Maj. A. W. J. C., *Visct.*, N. Ir. Horse.
Massey, Capt. F. G., *M.C.* N.Z. Mil. Forces.
Massie, Lt.-Col. A. E., Can. Local Forces.
Massie, Maj. R. F., Can. Fd. Art.
Massy, Maj. C. W., *M.C.*, R.F.A.
Massy, Col. E. C., *C.B., C.M.G., h.p.*
Massy, Maj. H. R. S., *M.C.*, R.F.A., *p.s.c.*
Massy, Maj. S. D., 29 Punjabis.
Master, Lt.-Col. A. G.
Master, Maj. G., R.E.
Masters, Capt. A. C., *M.C.*, S. Wales Bord.
Masters, Maj. G., R.F.A.
Masters, Maj. J.,16 Rajputs
Masterson,Capt. T. S.
Matcham, Col. W. E. *O B E.*, ret. pay
Mat er, Temp. Maj J H. R E.
†Mathers, Lt.-Col. D., *O B.E.*, E. York R.
Matheson Lt.-Col. A., late R.E. Spec. Res.
Matheson Maj. G. McL., *M.C., M.M.*, Nova Scotia Regt.
Matheson. Capt. J. C. Mcl., h.p.
Matheson, Lt. N. W., *M.C.* R.F.A. (T.F.)
Matheson, Lt. W. M., *M.C.* R.F.A.
Mathew, Maj.-Gen. *Sir* C M., *K.C.M.G., C.B., A.* Ord. Dept.
Mathew Lannowe, Maj. B. H. IL., 2 D.G.
Mathew Lannowe, Bt. Lt.-Col. E. B., *C.M.G., R.W.* Surr. R., *p.s.c.*
Mathews. Lt. F. A' V. D., *M.C.*, R.E.(T.F.)
Mathias, Temp. Capt. F. M., Serv. Bns. Welch R.
Mathias, Capt. L. W. H., 128 Pioneers

Mathias,Maj.T.G.,Welch R
Matson, Lt.-Col. T., C'wealth Mil. Forces.
Matthew, Col. J.S., *C.M.G.*, TD., Terr Force.
Matthews, Capt. A. B., *M.C.*, R.E.
Matthews, Bt. Lt.-Col. C. L., Durh. L.I.
Matthews, Lt.-Col. E.A.C., *M.B.*, Ind, Med. Serv.
Matthews, Hon. Br.g.-Gen. F. B., *C.B.*, ret. pay
Matthews, Lt.-Col. J., R.A.M.C.
Matthews, Maj. L. W., Aust. Imp. Force.
Matthews, Maj. R. C., ret. pay.
Matthews, Lt.-Col. W. H., 19 Bn. Lond. R.
Matthews, Temp. Lt.-Col. *(ac'g. Col.)* W. R.,TD,*M.B.*, R.A.M.C. (T.F.)
Maturin, Lt.-Col. J. W. H. R.A.S.C.
†Maturin, Bt. Lt.-Col. R. G. R.F.A.
Maud, Temp. Maj. *(temp. Col.)* H., *C.B.E.*
Maude, Maj. A. H., *C.M.G.*, R.A.S.C. (T.F.)
Maude, Bt. Maj. C. G., *O.B.E., M.C.*, R. Fus.
Maude, Maj. E. A., 26 Punjabis.
Maude, Temp. Capt. R. W. R.F.A., *p.s.c.*
Maughan, Bt.Lt.-Col. F.G Durh. L.I.
Maughan, Maj. J. M. C'wealth Mil. Forces.
Maughan, Maj. J. St. A., R.A.M.C.
Maule, Lt H. P. G., *M.C.*, Hon. Art. Co.
Maule, Temp. Capt. W. H. F., 7 Bn. N. Lan. R.(*Capt. N. Lan. R.*)
Maule, Temp. Maj. W. J.
Maund,Lt.A.C.,Man.Regt.
Maunder, 1 t-Col. H A, *C.M.G.*, R.A.S.C.
Maurice, Lt.-Col. D. B., *O.B.E.*, ret. pay.
Maurice, Capt. G. K., *M.C.*, R.A.M.C. (T.F.)
Maurice-Jones, Lt. K. W. R.A.
Maxfield. Maj. W. E., Sask. R.
Maxse, Lt.-Gen. F. I. *K.C. J., C V O., q.s.* [L]
Maxwell, Maj. A., *C.M.G.*, TD, 8 Bn. Lond. R.
Maxwell, Temp. Capt. A., Serv. Bns. R. Fus.
Maxwell, Capt. A. M., *M.C.*, C'wealth mil. Forces.
Maxwell, Lt.-Col. D. L., late Sco. Horse Yeo.
Maxwell, Bt.-Maj. G. A P. *M.V.O., M.C.*, R.E.
Maxwell, Gen. *Sir* J. G., *G.C.B., K.C.M.G., C.V.O.*, Col. R. Highrs.
Maxwell, Hon. Brig.-Gen. J. McC., *C.B.*, ret. pay.

Maxwell, Lt.-Col. R. D. P., *late* 2 Garr. Bn. R. Muns Fus.
Maxwell, Maj. W. F., R.E.
Maxwell-Scott, Bt. Col. W. J., Sco. Rif., *D.s.c.*
May, Maj. E. R. H., *late* Serv, Bn E. Ir. Rif.
May,2nd Lt. H., *M C*, R.F.A.
May, Maj. J. C., E. Surr. R.
May, Maj. L., *M.C.*, Aust. Imp. Force.
May, Bt. Col. *(temp. Maj.-Gen.)* E. S., *K.C.B.*, R. Fus., *p.s.c.* [l]
Mayall, Temp. Capt. R. C., *M.C*, Serv. Brs. North'd Fus.
Maycock, Maj. F. W. O., Suff. R.
Maynard, Col. *(temp. Brig.-Gen.)* Sir C. M., *K.C.B., C.B., C.M.G., p.s.c.* [l]
Maynard, Maj P. G. W., ret. pay.
Mayne, Bt.Maj.A.G.O.M., 13 Lrs.
Mayne, Bt. Col. C. R. G., *C.M.G.*, High. L.I. [l].
Mayne, Lt.-Col. H. B., R.G.A., *g.*
Mead, Maj. S., R.A., *g.*
Meade, Bt.-Lt.-Col. G. W., *M.C.*, R.F.A.
Meade-Waldo, Maj. E R., Rif. Brig.
Meaden, Maj. A. A., R.A.M.C.
Meadows, Maj. R. T., *M.D.*, late R.A.M.C.
Meadows, Maj. S. M. W., R.A.M.C.
Meares, Capt. A. ret. pay
Meares, Bt. Lt.-Col. C. F., R. Ir. Fus.
Meares, Maj. H. M. S., *late* R.E.
Meares, Lt.-Col. M., R.A.O.C., *C.M.G., o.*
Mears, Lt.-Col. E. L., h.p.
Mears, Lt.-Col. T. I. N., *C.M.G.*, R.A.S.C.
Medcalf. Capt. F. G. C'wealth Mil. Forces.
Medill, Maj. P. M., R.F.A.
Medlicott, Maj. H. E., 3 Horse.
Meeke, Rev. H. C., *M.A.*, Chapl. to the Forces, 2nd Class
Meikle. Lt. - Col. J. H. *l.te* R.F.A. (T.F.)
†Meiklejohn, bt. Lt.-Col. J. R., Bord. R.
Meiklejohn, Bt. Lt.-Col. R F, R. War. R., *p.s.c., e.* [l]
Meinertzhagen,Bt. Lt.-Col. R., R. Fus., *p.s.c.*
Meldon, Maj. P. A., R.F.A.
Meldrum, Temp.Capt. D.
Melhuish, Bt.-Lt.-Col. M. H., Ind. Med Serv.
Mellard, Capt., R. R.A.V.C.
Mellonie, Temp. Capt L. W., *M.C.*
†Mellor, Maj. A., *C.M.G.*, R.F.A.

† Also awarded Bar to Distinguished Service Order.
†† Also awarded 2nd Bar to Distinguished Service Order.

COMPANIONS (D.S.O.)—contd.

Melvill, Lt.-Col. (temp. Brig.-Gen.) C. W., C.B., C.M.G., N.Z., Mil. Forces.
Melvill, Bt. Lt.-Col. T. P., 17 Lrs.
†Menzies, Lt.-Col. A, H., TD 9 Bn. High. L.I.
Menzies, Temp. Lt.-Col. G. F., 14 Bn. Durh. L.I. (Maj. ret. pay)
†Menzies, Lt.-Col. J., 9 Bn High. L.I.
Menzies, Temp. Capt. J. McK., M.C., R.A.
Menzies, Bt. Maj S. G., M.C., 2 I.G.
Menzies-Anderson, Lt.-Col. W., M.C., lat 6 Bn. High. H.I.
Meredith, Maj. A. P. O., Can. Local Forces.
Meredith, Lt.-Col. J. B., C'wealth Mil. Forces.
Meredith, Capt. J. C., R.G.A.
Meredith, Maj. W. R., R. Innis. Fus., p.s.c.
Merriman, Lt.-Col. A.D.N., R. Ir. Rif.
Merriman, Lt.-Col. R. G. ret pay.
Messer, Lt.-Col. A. A., C B E., late Gen. List
Messiter, Lt.-Col. C. B., O.B.E., 9 Bn. N. Lan. R., Maj. ret. pay (Res. of Off.)
Metcalfe, Maj. C H F. 5 Bn. Bedf. & Herts. R.
†Metcalfe, Hon. Brig.-Gen. F. E., C.B., C.M.G.
Metcalfe, Lt.-Col. F. H., R.A., g.
†Metcalfe, Capt. H. C., ret. pay
Metcalfe, Col. (temp. Brig.-Gen.) S F., C.M.G., g.
Methuen, Lt.-Col. A. J., TD late Serv. Bns. K.R. Rif C. (Maj. S. Rhodesian Vols.)
Methuen, Capt. H. C., M.C. Cam'n Highrs.
Mearling, Lt.-Col. H. F. V., M.C., Can. M.G. Corps.
Meyer, Capt. H. M., M.C. Bord. R.
Meynell, Lt.-Col. F. H. L., R.F.A. (T.F.)
Michelmore, Lt. W. G., M.C., R.E. (T.F.)
Michie, Maj. D. K.
Micklem, Temp. Maj. C. R. Mar.
Micklem, Col. H. A., C.B., C.M.G. ret. pay.
Micklem, Hon. Brig.-Gen. J., M.C., ret.
Middlemast, Maj. E. L., Fort Garry Horse.
Middleton, Lt.-Col. F., TD, R.F.A. (T.F.)
Middleton, Maj. S. A., Aust. Imp. Force.
Middleton, Bt. Lt.-Col. W. H., Hamps R.
Midgley, Lt.-Col. S. C.M.G., C'wealth Mil. Forces.

Midwinter, E. C., C.B., C.M.G., C.B.E., late Capt. R.E. [F]
Miers, Capt. H. J., 2 Bn. Mon. R.
Mieville, Maj. A. L., M.C., Can Eng.
Milburn, Lt. B., M.C., C.Gds.
Mildred, Bt. Lt.-Col. S., O.B.E., ret. pay
Mildren, Hon. Brig.-Gen W. F., C.B., C.M.G., (Col. T F. Res.)
Miles, Temp. Maj. A. T., M C
Miles, Lt.-Col. C. G. N., C.M.G., C'wealth Mil. Forces, p.s.c.
Miles, Bt. Maj. E. G., M.C., K. O. Sco. Bord.
Miles, Rev. F. J., O.B.E., C'wealth Mil. Forces.
Miles, Capt. L. G., R Highrs.
Milford, Maj. E., 76 Punjabis
Milford, Maj. E. J., Aust. Imp. Force.
†Milford, Maj. K. E., R.A.F.
Millar, Maj. C. R., R.A.M.C.
Millar, Capt. J., M.C., R Highrs.
Millar, Maj J. McI., M.C., Nova Scotia R.
Millar, Maj. J. W. J., late Notts. & Derby. R.
Millar, Lt.-Col. W. J., TD. 5 Bn. K.O. Sco. Bord.
†Millar, Lt.-Col. L. H., 1 Cent. Ont. R.
Miller, Temp. Lt. A. B., Serv. Bns. S. Staff. R.
Miller, Hon. Brig.-Gen. A. D., C.B.E., ret. pay, q.s.
Miller, Maj. A. P., M.C. Can. Local Forces
Miller, Temp. Maj. C. F., 6 Bn. D. of Corn. L.I.
†Miller, Lt.-Col. E. D., C.B.E., Pemb. Yeo., Capt. Res. of Off.
Miller, Maj. G. R., R.A.
†Miller, Capt. G. S., 4 Bn. R War R
Miller, Maj.G.W., TD M.B., R.A.M.C. (T.F.)
Miller, Lt. G. W., M.C. L'pool R.
Miller, Bt. Col. (temp. C l) H. de B., C.B.E., R.A., p.a c. [l]
Miller, Bt. Lt -Col. H.G.B., M.C., R.Sc. Fus.
Miller, Capt. John, M.C., R.A.M.C. (T.F.)
Miller, Capt. J. A., 2 Bn. Lond. R.
Miller, Temp. Lt.-Col. J. S, R.G.A.
Miller, Temp. Capt. L. C., R.G.A.
Miller, Maj. L. W., 1 Cent. Ont. Regt.
Miller, Temp. Capt. R. M., R.A.M.C.
Miller, Capt. S., M.C., M.B., R.A.M C. Spec. Res.
Miller, Bt. Lt.-Col. W., Midd'x R.

Miller, Capt. W. A., M.C., M.B., R.A.M.C. Spec. Res.
Miller, Rev. W. H. L., B.A., Chapl. to the Forces, 3rd Class.
Milligan, Maj. H. L., Can. Local Forces.
Milligan, Lt.-Col. J., 2 Lon. Brig. R.F.A.
Milligan, Temp. Capt. J. W.
Milligan, Lt.-Col. S. L., C.M.G., C'wealth Mil. Forces.
Millis, Lt. C H G., M.C., Notts. & Derby. R.
Millner, Capt. G. E., M.C., 24 Bn. Lond. R.
Mills, Capt. A. L. S., Can. Local Forces.
†Mills, Bt. Lt.-Col. A. M., 18 Lrs.
Mills, Maj. (Hon. Capt. in Army) Hon. E. J., T.F. Res.
Mills, Lt.-Col. F., 6 Br. R.W. Fus.
Mills, Temp. Lt-Col. G. P.
Mills, Lt.-Col. J. E., Can. Local Forces
Millward, Lt.-Col. W. C., late Serv. Bns. R. Suss. R.
Milman, Maj. O. R; E., R.A.
Milne, Maj. E. O., C'wealth Mil. Forces.
Milne, Lt.-Gen. (temp.Gen.) Str G.F., G C.M.G., K.C.B., Col. Comdt. R.A., p.s.c. [l]
Milne, Maj T., 55 Rif.
Milnec, Hon. Brig.-Gen. G. F., C.M.G., ret. pay.
Milner, Capt. M. H., M.V.O., ret.
Milner-White, Rev. E. M, Temp. Chapl. to the Forces, 4th Class.
Milsom, Maj. C.F., ret. pay.
Milward, Bt. Lt.-Col. C.A., 53 Sikhs, p.s c.
†Milward, Bt.Lt.-Col.H.M. Notts. & Derby R.
Minagall, Qr.-Mr. & Maj. C.F., C'wealthMil.Forces.
Minchin, Lt.-Col. O. F., Supern. List, Ind. Army.
Minchin, Lt. F. F., M.C., Man. Regt.
Minchin, Lt. J. B., M.C. Aust Imp. Force.
Minchin, Lt. T. W., G Gds. Spec. Res.
Minet, Temp Lt.-Col. E. C. T., M.C., M.G. Corps.
Minns, Capt. A. N., M.C., R.A.M.C.
Minogue, Maj. M. J., M.C., E. Surr. R.
Minshall, Temp Col. T. H.
Minshull Ford, Bt. Lt.-Col. (temp., Brig.-Gen.) J. R. M., M.C, R.W.Fus. [l]
Mitchell, Maj. A., R.G.A.
Mitchell, Maj. A., Aust. Imp Force
†Mitchell, Lt.- Col. A. M., TD, T.F. Res.
Mitchell, Capt. C., O.B.E., G. Gds.

Mitchell, Maj. C. C., M.C., late R.A.
Mitchell, Lt.-Col. C. H., C.B., C.M.G., Can. Local Forces.
Mitchell, Lt.-Col. D., C.M.G., late 22 Bn. Durh. L.I.
Mitchell, Brig.-Gen. J. H., Can. Local Forces.
Mitchell, Maj. P. R., R.A.
Mitchell, Maj. R., TD, High. Divl. R.E.
Mitchell, Bt Maj. T. J., M.B., R.A.M.C.
Mitchell, W. E. C., late Capt. Railway Pioneer Regt.
Mitchell, Capt. W. G. S., A.F.C., M.C., High. L.I.
Mitchell, Lt.-Col. W. J., C.M.G., 12t Inf.
Mitford, Hon. Maj.-Gen. B. R., C.B., C.M.G., 1st. pay, p.s.c. [L] (Gent-at-Arms).
Mitford, Maj. J. P., 98 Inf
Mobbs, Temp. Lt.-Col. E. R., 7 Bn. North'n R.
Moberly, Bt. Lt.-Col.A H., R.A., g.
Moberly, Bt. Lt.-Col B. R., R.E., p.s.c [l]
Moberly, Col. (temp Brig.-Gen.) F. J., C.S.I., Ind. Army, p.s.c
Moberly, Temp. Maj. M., Egn.Camel Trans. Corps.
Moberly, Lt. W. H., 4 Bn. Oxf. & Bucks. L.I.
†Modera, Bt. Maj. F. S., M.C., R. Fus.
Moens, Bt. Col (temp. Ol.) A, W. H. M., C.M.G., 52 Sikhs, p.s.c.
Moffatt, Capt G. B., late R.A.M.C.
Moffatt, Lt.-Col. H. A., S. Afr. Def. Force.
Moffatt, Temp. Capt. F. J. C., Gord. Highrs. (attd.).
Moffitt, Lt.-Col. F. W., Essex R., p.s.c. [L]
Moir, Lt.-Col. A. J. G. R. Ir. Rogt., p.s.c.
Moir, Capt. J. H., M.C., M.D., late R.A.M.C.
Moir, Bt. Lt.-Col. J.P., R.E.
Moir, Capt. M. E., R.A.
Moir, Capt. R. G., M.C., Arg. & Suth'd Highrs
Molesworth, Maj. E. A., ret. pay
Molesworth, Lt.-Col. H. E., C.M.G., R.A.
Molloy, Maj. L. G. S., T.F. Res.
Molony, Lt.-Col. T. O. W., ret. pay, p.s.c.
Molony, Lt.-Col. W. B., late Serv. Bns., R. Lanc. R.

† Also awarded Bar to Distinguished Service Order.

Orders of Knighthood, &c. 261

COMPANIONS (D.S.O)—contd.

Molony, Maj. W. W., h.p.
Molyneux, Lt.-Col. G. M. J., VD, S. Afr. Def. Force.
Molyneux-Seel, Maj. E. H., ret pay
Monck - Mason, Lt.-Col. R. H., ret pay
Monckton, Arundell, Maj. Hon. G.V.A ,O.B.E., t L.G.
Money, Lt - Col. (temp. Brig.-Gen.) E. D., C.I.E., O.V.O., Gurkha Rif.
Money, Maj. E. F. D., 4 Gurkha Rif.
Money, Hon. Brig.-Gen. G. L. O., C.B., ret. pay, q.s.
†Money, Hor. Brig.-Gen. N. E., Maj. T.F. Res., C.M.G., TD, (Hon. Capt. in Army)
Monier-Williams, Bt.-Maj. C. V., M.C., 5 Bn. York & Lanc. R.
Montagu, Temp. Capt. Hon. I., R. Mar.
Montagu Douglas Scott, Bt. Lt.-Col. Lord F. G., h.p.
Montagu Douglas Scott, Lt. Col. Lord H. A., C.B., Res. of Off.
Montagu-Stuart-Wortley, Maj.-Gen. Sir Hon. A. R., K.C.M.G., C.B., p.s.c. [L]
Montagu - Stuart Wortley, Maj.-Gen. Hon. E. J., C.B., O.M.G., M.V.O., ret pay p.s.c., q.s.
Montague, Lt.-Col. P. J., C.M.G., M.C., Man. Regt.
Montague-Bates, Bt. Lt.-Col. (temp. Brig.-Gen.) F. S., C.B., C.M.G., R. Surr. R.
Monteith, Capt. H. G., O.B.E., R.A.M.C.
Montford, Capt. I. C., Rif. Brig., Spec. Res.
Montgomery, Bt Maj. B. L., R. War. R.
Montgomery, Bt. Lt.-Col H F. C.M.G., R. Mar., p.s c.
Montgomery, Lt.-Col. J. W. V., S. Afr. Def. Force.
Montgomery, Maj.-Gen. Sir R. A. K., K.C.M.G., C.B., ret. pay, p s.c., q.
Montgomery, Temp. Maj. T. H., R.A.S.C.
Montgomery, Temp. Capt W. A., 9 Bn. R. Ir. Rif.
Montgomery-Smith, Lt.-Col.(actg Col.)E.C.,C.M.G., TD, R.A.M.C. (T.F.)
Moodie, Lt. P. A., 9 Bn. High. L.I.
Moodie, Lt.-Col. W. R., Can. Rly. Serv.
Moore, Col. C. D. H., C.M.G., p.s.c.
Moore, Lt.-Col. (temp. Col.) C.H.G., C.M.G., Ind.Army
Moore, Rev. C. W. G., Temp. Chapl. to the Forces, 3rd Class.
Moore, Maj.D.H., C'wealth Mil. Forces.
Moore,Lt.-Col.D.T.,C.M.G., C'wealth Mil. Forces.
Moore, Maj. E. D., TD, E. Rid. of York. Yeo.

Moore, Temp. Capt. E. H., M.B., R.A.M.C.
Moore, Maj. E. H. M., R.A.M.C.
Moore, Maj. F., O.B.E., R. Fus.
Moore, Maj. F. H., C.B.E., R. Berks. R., p.s.c.
Moore, Temp. Capt. F. W., M.C., R.E.
Moore, Col. G. A., C.M.G., M.D.
Moore, Maj. H. D., 130 Baluchis.
Moore, Capt. H. E., M.C., R.E., Spec Res.
Moore, Bt. Lt.-Col. H. T. G., C.M.G., R.E.
†Moore, Bt. Maj. L. G., K. R. Rif. C.
Moore, Lt.-Col. (temp.Col.) M., C.M.G., R.A.S.C., e.
Moore, Hon. Lt. T. M., C'wealth Mil. Forces (N.S. Wales).
Moore, Maj. W. A., R.G.A [l]
Moore, Bt.-Col. W. H., R.A., p.s.c. [l]
Moore-Gwyn, Capt. H. G., M.C., Rif. Brig.
Moores, Col., C. F., C.M.G., h.p., p.s.c., s. [l]
Moorhouse, Maj. (Hon. Capt. in Army) H., TD, 4 Bn. Yorks. L.I.
Moorhouse, Lt.-Col. W. N., Can. M.G.C.
†Morant, Lt.-Col. H. H. S., Durh. L.I.
Mordaunt, Bt. Lt.-Col (temp.Col.) O. C.,Som.L.I.
Mordy, Maj. A. G., Man. Regt.
More, Maj. J. C., 51 Sikhs.
Moreton, Capt. P. C. R., R. Mon. R.E.
Morgan, Hon.-Lt.-Col. (Vols.) A.H., Maj. ret.A.Med.Staff
Morgan, Maj. B. E , 93 Inf.
Morgan, Maj. C. R. F., R.A.S.C.
Morgan, Lt. C. W., M.C., 5 Bn. Welch R.
Morgan, Maj. D. W., late Labour Corps
Morgan, Maj. F. A. S., R.G.A.
Morgan, Capt. F. J., M.C., late Serv.' Bns. Norf. R.
Morgan, Capt. H. de R., E. Kent R.
Morgan,Bt.Col.(temp.Brig. Gen.) Sir H. G., C.B., O.B., C.M.G., ret. pay.
Morgan, Maj. M. H. L., 62 Punjabis [L]
†Morgan, Bt.Lt.-Col. (temp. Brig.-Gen.) R. W., C.M.G., R.A
Morgan, Capt. W. D., M.C., Spec. Res.
Morgan Grenville - Gavin, Bt. Maj. Hon. T. G. B., M.C., Rif. Brigade.
Morgan-Owen, Bt. Lt.-Col. L. I. G., C.M.G., S. Wales Bord., p.s.c.

Morgan- Owen, Lt.-Col. M. M., Unattd. List (T.F.)
Moriarty, Temp.Capt. O. E., R.F.A.
†Moriarty, Capt. O. N., R.G.A.
Moriarty, Maj. T. B., R.A.M.C.
Morin, Maj. A. H., Ind. Army (Res. of Off.)
Morland, Lt.-Gen. Sir T. L. N.,C.B.,K.C.M.G., p.s.c. (Col. Suff. R.,)
Morland, Maj. W. E. T., M.C., Oxf. & Bucks. L I.
Morl-t, Lt. Col. C., Aust Imp. Force.
Morley, Maj. L. St. H., Notts. & Derby. R.
Morlidge, Capt. A., 4 Bn. North'd Fus.
Morphett, Bt. Lt.-Col. G. C., C.M.G., R. Suss. R.
Morphew,Col. E.M., C.M.G., R.A.M.C.
Morphy, Maj. J. A., W. Ont. R.
†Morrell, Bt.-Maj. J. F. B., M V.O., R. l anc R.
Morrice, Bt. Lt.-Col. L. E., ret pay
Morris, Capt. A., R. Fus.
Morris, Bt. Col. A. H., C.M.G., ret. pay.
Morris, Maj. C. E., Corps of Guides
Morris, Capt. C. H , M.C., Midd'x R.
Morris, Maj. C. O., Ind. Army
†Morris, Capt. C. R. M., M.B., R.A.M.C.
Morris, Maj. E. R., Can. M.G.C.
Morris, Capt. E. W., Conn. Rang.
Morris, Lt.-Col., G. A., C.M.G., S. Afr. Def. Force.
Morris, Col. (temp. Brig.-Gen.) G. M., C.B., ind. Army [L]
Morris, Maj. G. W. S, R.F.A. (Capt. ret. pay) o.
Morris, Temp. Maj. J., M.G. Corps.
Morris, Bt. Lt.-Col. J. H., R.A.S.C.
Morris,Maj.R.J. S.Staff.R,
Morrisey, Maj. T. S., Can. Local Forces.
Morrison, Brig.-Gen. R. W. B., K.C.M.G., C.B., Can, Fd. Art.
Morrison, Col. F.S., C.M.G., Can. Local Forces.
Morrison, Temp. Maj. J. A., G. Gds. (Capt. Res. of Off.)
Morrison, Capt. W. M.C., D.C.M., Gord. Highrs.
Morrison, Capt. W. K., M.B., R.A.M.C.
Morrison - Scott, Temp. Maj. R. C. S., R. Mar.
Morse, Maj. R. V., C'wealth Mil. Forces.
Morshead,Maj. H.T., R.E.
Morshead, Lt.-Col. L. J., C'wealth Mil. Forces

Morstead,Temp.Capt.(bt Maj.) O. F., M.C.
Mort, Lt. - Col. G. M., 8 Hrs.
Morter, Lt.-Col. S. P., T.F. Res.
Mortimore, Bt. Lt.-Col. C. A., R.F.A.
Mortimore, Maj. C. R., h.p.
Morton, Lt.-Col. H., M.C., ret. pay.
Morton, Lt.-Col.(temp.Col.) H. M., C.B.E., M.B., R.A.M.C.
Morton, Maj. W. A., Aust. Imp. Force.
Moseley, Lt.-Col. A. H., C'wealth Mil. Forces.
Mosley, Bt. Lt. Col. H. S., R.A.V.C.
M..sley, Maj. W. H., M.C., Wilts R. [L]
Moss, Lt. D. W., M.C., R A.
Moss, Temp. Capt W., 8 Bn. Linc. R.
Moss-Blundell, Maj. B. S., O.B.E., York. R.
Moss-Blundell, Col. F. B., C.M.G., TD, Terr. Force
Mossop, Temp. Maj. A. J. Serv. Bns. Oxf. & Bucks. L.I.
Mostyn - Owen, Lt. - Col. R. A., Res. of Off.
Mothersill, Maj. G.S., Can. A.M.C.
Mouat, Maj. G. E. D., 6R Lt. Inf.
Moulton - Barrett, Maj. A. L., Dorset. R.
†Moulton-Barrett, Lt.-Col. E. M., North'd Fus.
Moultrie, Lt.-Col. H. C., R.G.A., g.
Mousley, Lt.-Col. J. H., A.M.I.E.E., TD, E. Lan. Divl. R.E.
Mowat, Capt. A. L., M.C., 4 Bn. W. Rid. R.
Mowatt, Maj. C. R. J., North'n R.
Moxon, Capt. (Hon. Lt. in Army) C. C., C.M.G., TD, T.F. Res.
Moxon, Capt. C. S., 5 Bn. W. Rid. R.
Mozley, Temp. Capt. B.C., Serv. Bns. Dorset R.
Mozley, Bt. Lt.-Col. E, N., ret. pay.
Mudie, Bt. Lt.-Col. T. C., R. Scots, p.s.c.
Muir, Temp. Capt. A. W., M.C., Serv. Bns. North'd Fus.
Muir, Lt. J., 5 Bn. R. Scots.
Muir, Lt.-Col. J. B., 4 Bn. R. Highrs.
Muirhead, Bt. Lt.-Col. J. A., 1 Lrs., p.s.c.
Muirhead, Maj. J., R., Aust. Imp. Force.
Muirhead, Lt. J. S., M.C., R.E. (T.F.)
†Muirhead, Bt. Lt.-Col. M., R.F.A. [l]
Mulholland, Capt. H n., C. H. G., O B.E., h.p.
Muller, Lt. Col. J , M.C. Welsh R.
Mulligan, Maj. E. N., C'wealth Mil. Forces

† Also awarded Bar to Distinguished Service Order.

Orders of Knighthood, &c.

COMPANIONS (D.S.O.)—*contd.*

Mullins, Capt. A. G., *late* S. Afr. Def. Force
Mulqueen, Maj. F. J., *M.C., late* R.E.
Mulvey, Hon. Maj; J. J., *late* S. Afr. Def. Force
Munby, Maj. A. M., Bord. R.
Munby, Bt. Lt.-Col. J. E., *C.M.G.,* Yorks L.I., *p.s.c.*
Mundy, Capt. P. R. M, *M.C.,* S Wales Bord.
Munro, 2nd Lt. A., 4 Bn.Sea Highrs.
Munro, Capt. D.C.D., *M.C., D.C.M.,* Gord. Highrs.
Munro, Maj. E. J., C'wealth Mil. Forces
Munro, Lt.-Col. W. A., Can. Rly. Serv
Murchison, Capt. K. D., *M.B.,* R.A.M.C., Spec. Res.
Murdie, Lt.-Col. R., Can. Local Forces.
Murdoch, Lt.-Col. C., R.E., T.F. Res.
Murdoch, Lt.-Col. T., Aust. Imp. Force.
Muriel, Temp. Maj. J. C., 9 Bn. R Innis. Fus. *M.C.* ret. pay.
Murphy, Maj. C. F. de S., *M.C.* ret. pay.
Murphy, Temp. Maj. J. J., R.A.S.C.
†Murphy, Maj. J. L., 3 Bn. Manch. R.
Murphy, Maj. L., R.A.M.C
†Murphy, Lt.-Col. T. J. F., Can. A.M.C.
Murphy, Maj. W. H., TD, 18 Bn. Lond. R. (*Lt. Res. of Off.*)
Murphy, Lt.-Col. W. R., ret. Ind. Med. Ser.
Murrav, Maj. *Hon.* A. C., *C M.G.,* 2 Regt. King Ed. Horse.
Murray, Maj. A D., R.A., *p.s.c., g., C.M.G*
†urray, Gen. *Sir* A J., *K.C.B., G.C.M.G., C.V.O.,* Col.R. Innis. Fus., *p.s.c.,* [*l*]
Murray, Bt. Lt.-Col. B. E., Shrops. L.I.
Murray, Bt. Maj. C. A. G. O., K.O. Sco. Bord.
Murray, Maj. C. M., *M.B., late* S. Afr. Overseas Forces
†Murray, Temp. Maj. D. Serv. Bns. Manch. R
Murray, Capt E. M., *M.C.,* Corps of Guides
Murray, Hon.Lt.-Col.(*Army*) *Sir* E. R., *Bt., late* Impl Yeo.
†⚜Murray,Lt.-Col. H. W., *C.M.G.,* C'wealth Mil. Forces.
Murray, Capt. J., *late* Sery. Bns R. Scots
†Murray, Lt.-Col. J., TD, Sco. Horse Yeo.
Murray, Lt.-Col. J. A. S. R.A.O.C., *o.*
Murrray, Maj. J. J., *M.C.,* Aust. Imp. Force.
Murray, Maj. K. D., S., 59. Rif., *p.s c*
Murray, Lt.-Col. L., ret pay, Res. of Off.
†Murray,Lt -Col. R.E.,Brit. S. Afr. Police.

Murray, Col. S. J.
Murray,Maj. S. W., *D.C.M.,* ret. pay.
Murray, Lt.-Col., T. D., TD, 8 Bn. Hamps. R.
Murray, Capt. T. D., *M.C.,* Leins. R.
Murray, Temp. Maj. W., *M.C,* Serv Bns.-High L.I.
Murray,Bt. Lt.-Col. W. A., *C.M.G ,* R.A.
Murray, Lt.-Col. W. G., ret. pay.
Murray, Lt.-Col. W. G. P., 21 Punjabis, *p.s.c.*
Murray, Temp. Maj. W. H., Serv. Bns. Sco. Rif.
Murray-Lyon, Maj. D. M., *M.C.,* High. L.I.
Murray-Smith,Lt.-Col. W. S. Afr. Def. Force.
Murray-Threipland,Col.W.
Murray-White,Capt. R. S., Sco. Horse Yeo
Murrow, Maj. H. L., R.A.
Musgrave, Bt.-Col. A. D., L.I.
Musgrave, Maj. E. C., *late* 12 Bn. K.R. Rif. C.
Musgrove, Maj. G. H., 1 Cent. Ont. Regt
Muspratt, Bt.Lt.-Col. S. F 12 Cav., *p.s c.*
Musson, Capt. E. L., *M.C.,* Manch. R.
Myburgh, Capt. P. S., *M.C.,* R.A.
⚜Myles, Lt. E. K., Worc. R.
††Naden, Lt. F., *M.C.,* 7 Bn. Ches. R.
Nagle, Temp. Lt. W. J., *M.C.,* Serv Bns. Suff. R.
Naismith, Capt. J. O., R.F.A., Spec. Res.
Naismith, Lt.-Col. W. J., *M.D., F.R.C.S.,* TD, *late* R.A.M.C.(T.F.) (*Hon.Maj in Army*)
Nall, Maj J., R.F.A.(T.F.)
Nanson,Temp. Capt. G. G., *M.C.,* R.A.
Naper, Maj. L. A. D., R.F.A.
Napier, Bt. Lt.-Col. V. M. C., *C M.G.,* R.A., *p.s.c.* [*l*]
Napier-Clavering, Bt. Maj N. W., R.E.
Nash, Lt. Lt.-Col. E. J. M., *late* R A.S.C.
†Nash, Bt.-Lt.-Col. H. E. P., R. Scots.
Nash, Rev. R. H. [L] Chapl. to the Forces, 2nd Class
Nasmith, Bt. Maj. R., *M.C* High. L.I.
Nason, Bt. Col. F. J., *C.B., C.M.G.,* ret. pay.
Nason, Lt.-Col. H H. W., *O.B.E.,* 2 Bn. R. Guernsey Mila. (Maj. ret pay).
Nation, Bt. Lt.-Col. J.J.H., *C.M.G.,* O.R.E.
Naunton, Temp. Capt. H. P.,Serv.Bns.E.Surr.R.
Naylor, Bt. Maj R. F. B., *M.C.,* S. Staff. R.
Neal, Hon Maj H V J, *M.C,* *late* 3 Bn. Sco. Rif
⚜Neame, Bt. Maj.P., R.E *p.s.c.*

Needham, Bt. Col. H., *C.M.G.,* Glouc. R., *p.s.c.*
Needham, Col. J. G., *O.B.E.,* TD, Terr. Force
Needham, Maj,R.A., *C I.E., M.B.,* Ind. Med Serv.
Needham, Bt. Lt.-Col. R. M. B., Suff. R.
Neeland, Lt.-Col. R. H., 1 Cent. Ont. R.
Neely, Lt.-Col. G. H., *M.C.,* T.F. Res.
Neeves,Temp.Lt.-Col.H.H *M.C.,* 23 Bn. North'd Fus.
Negus, Temp. Lt.-Col. R. E., 9 Bn. Brit. W.I.R.
Neill, Col. D. F D., VD, Res. of Off. (*Lt.-Col. & Hon. Col. ret. T.F.*)
Neill, Temp. Maj E. S., Serv. Bns. R. Fus.
Neill, Maj. F. A., R.E (T.F.)
Neill, Lt.-Col. R. B., *late* Res. of Off.
Neilson, Lt.-Col. J. B., *C.M.G., late* 5 Bn High Cape Police.
Neilson, Maj. J. F., *C.B.E* 10 Hrs.
Nellson, Maj. W., Brit. Columbia Regt
Neilson,Lt.-Col. W, 4 Hrs C.M.G., Arg. & Suth'd Highrs., *p.s.o.*
†Nelles, Lt.-Col. L. H. *M.C.,* 1 Cent. Ont. Regt.
Nelson, Maj. C., 15 Hrs.
Nelson, Capt.G.E., ret.pay.
†Nelson, Lt.-Col. H., Bord. R.
Nelson, Maj. J. W., R.W. Kent R.
Nepean, Lt. H. D. H. Y., 5 G4rkha Rif.
Nesbitt, Capt. C. W., *late* R A.S.C.
Nevile, Maj. G. C., ret pay
Nevill Maj. C. U. R. *O.B.E ,* R. War R.
Nevill, Lt.-Col. R. A., R.E. (T.F.)
Neville, Bt. Col. W. C., ret. pay
Newbigging, Bt. Col. W P. R., *C.B., C.M.G.*
Newbold, Temp. Lt.-Col. C. J., R.E.
Newbold, Lt. Col. T. C., TD, 5 Bn. Notts. & Derby. R.
Newcombe, Maj. E. O. A., ret. pay (*Res. of Off.*)
Newcombe, Bt. Lt.-Col. S. F., R.E.
Newcome, Bt. Col. (*temp. Brig.-Gen.*), H. W., *C.M.G.,* R.F.A., *g.*
Newell, Lt.-Col. (*Hon. Lt. in Army*) E. M., TD, E. Rid. Fort R E.
Newell, Temp. Lt.-Col. F W. M., *O.B.E.,* R.E.
Newell,Bt. Lt.-Col. S. M., *O.B.E.,* TD, W. Sig. Cos. R.E. (T.F.) (Temp. Maj. R.E.)
Newington, Col. H. A. H., T.F. Res.
Newland, Maj. A. E., R.F.A.

Newland, Lt.-Col. H. S. C'wealth Mil. Forces
Newman, Bt. Col. (*temp. Brig.-Gen.*) C. R., *C.M.G.,* R.A., *p.s.o.*
Newman, Lt -Col. T. G. W., TD, *late* 6 Bn. Lond. R.
Newnham, Lt.-Col. C. C., 6 Cav., *p.s.c.*
Newstead, Lt. B. R., *M C.,* North'd Fus.
Newth, Capt. A L. W., *M.C ,* 4 Bn. Glouc. R.
Newton, Lt.-Col. F. G., *C.B.E.,* Aust. Imp. Forces
Newton, Capt. H., 5 Bn. Notts. & Derby R.
Newton, Capt. H. L., R.F.A.(T.F.)
Newton, Capt. P. I., R.A.
Newton, Maj. T. C., R.F.A. [L]
Neylan, Lt.-Col. J. N., *late* Cape Police.
Niblett, Temp. Maj. H., *C.B.E.,* R.A.S.C.
Nichol, Col. (*temp. Surg.-Gen.*) C. E., *C.M.G., M.B.,* ret. pay.
Nicholl, Lt.-Col. D. Fitz R., ret. pay, *g.*
Nicholl, Maj. H. I., ret. pay, *p.s.c.*
Nicholls, Maj. E. P., R.F.A. (T.F.).
Nicholls, Temp. Capt. F., *M.C.,*Serv. Bns. Manch. R.
Nicholls, Maj. W. A., R.A.
Nicholson,Lt.-Col. E.J.H., *C.M.G.,* C'wealth Mil. Forces
Nicholson, Maj. F.L., *M.C.,* 37 Dogras.
Nicholson,Capt. H. B., ret. pay (*Res. of Off.*)
Nicholson. Col. J. S., *O.B., C.M.G., C.B.E.,* hp.
Nicholson, Bt. Lt.-Col. O. H. L., *C.M.G.,*W. York. R., *p.s.c.*
Nicholson, Lt. R., *M.C.,* R A.
Nicholson, Maj. St. J. R., R.A., *g.*
Nicholson, Bt. Lt.-Col. W. N., *C.M.G.,* Suff. R., *p s.o*
Nickalls, Lt.-Col. C. P., R.F.A (T.F.)
Nickalls, Maj. P. W., North'n Yeo.
Nicol, Capt. G. G., 4 Bn. Gord. Highrs.
Nicolls, Capt. E. A. J., *M.C.,* E. Suss. R.
Nicol Smith, Bt. Lt.-Col. A. G., R.A.S.C. (T.F.)
Nightingale, Bt. Col. (*temp. Brig.-Gen*) M. R. W., *C.I.E., C.M.G.,* 5 Gurkha Rif. [L]
Nimmo,Maj.J.S.,R.A.V.C.
Nisbet, Capt. D., *M.C.,* 5 Bn. S. Lan. R.
Nisbet, Bt. Col. F. C., Glouc. R.
Nisbet, Bt.-Lt.-Col. T., *C.M.G.,* 28 Cav.
Nissen, Temp. Capt. P. N., R.E.

† Also awarded Bar to Distinguished Service Order
†† Also awarded 2nd Bar to Distinguished Service Order.

Orders of Knighthood, &c.

COMPANIONS (D.S.O.)—*contd.*

Niven, Bt. Lt.-Col. O. C. R.A., *g*.
Nixon, Maj. C. H. F., 91 Punjabis.
Nixon, Maj. Sir C. W., Bt., R.A.
Nixon, Maj. E. J., *M.C.* R.G.A.
Nixon, Maj. F. B., ret. pay.
Nixon, Bt. Lt.-Col. J. A., R. Lanc. R.
Noakes, Maj. S. M., R.F.A.
Noble, Maj. N. D., R.E.
Noblet, *Rev.* J. J., Temp. Chapl. to the Forces (4th Class)
Nockolds, Hon. Capt. H., *M.B.*, *late* R.A.M.C.
Noedl, Capt. L., *M.C.*, Aust. Imp. Forces.
Noel, Capt. E. W. C., *C.I.E.*, Ind. Army [T.]
Noel, Maj. H. E., R.F.A. (T.F.)
Noott, Lt.-Col. C. C., *C.M.G.*, R.A., *g.*
Norcock, Temp. Maj. H. L., R.A.S.C.
Norie, Col. (*temp. Brig.-Gen.*) C. E. de M., *C.B., C.M.G.*, 2 Rif., p.s.c. [I]
Norie, Maj. F. H., ret. Ind. Army
Norman, Bt. Lt.-Col. C. C., *C.M.G.*, R.W. Fus.
Norman, Bt. Col. C. L., *M.V.O.*, Corps of Guides, p.s.c.
Norman, Maj. E. H., *O.B.E.*, R.W. Kent R.
Norman, Hon. Capt. (*Army*) M. C.
Norman, Maj. R. H., *M.C.*, Aust. Imp. Forces (s.c.)
Norman, Bt.-Col. W. H., 11 Lrs., p.s.c.
Norman, Bt. Col. W. W. ret. Ind. Army.
Normand, Maj. S. R., R.G.A., *g.*
Nornabell, Maj. R. M., *O.B.E.*, R.F.A.
Norrie, Temp. Maj. C. M., R.E.
Norrie, Capt. C. W. M., *M.C.*, 11 Hrs.
Norrie, Lt.-Col. E. C., C'wealth Mil. Forces
Norrington, Lt.-Col. H. L. W., ret. pay.
Norris, Lt.-Col. R. J., ret. pay
Norris, Maj. S. E. L'pool R.
Norsworthy, Maj. S. C., Can. Local Forces.
North, Maj. C. B., *M.C.*, *late* R.E.
North, Lt.-Col. E. B., *C.M.G.*, R. Fus. [e]
North, Bt. Lt.-Col. H. N., R.E.
North, Bt. Lt.-Col. O. H., Lan. Fus.
North, Capt. P. W., ret. pay (*Res. of Off.*) [L]
Northampton, Capt. W. B., *Marq. of*, R.H.G.
Northcote, Maj. A. F., Devon. R.
Northcote, Lt. R., *late* M.G. Corps.
Northen, Lt. - Col. A., *O.B.E.*, R.A.S.C.
Norton, Bt. Lt.-Col. A. E., Brit. W.I.R.

Norton, Maj. A. E. M., of Off.
Norton, Hon. Brig.-Gen. C. B., *C.M.G.*, ret. pay Res. of Off.
Norton, Maj. E. F., *M.C.*, R.A.
†Norton, Lt.-Col. G P., 5 Bn. W. Rid. R.
Norton Griffiths, Maj. *Sir* J., *K.C.B.*, 2 Regt., K. Ed. Horse.
†Nosworthy, Bt. Maj. F. P., *M.C.*, R.E.
Notley, Temp. Lt.-Col. W. K.
Notman, J. P., 6 Bn. Sea. Highrs.
Nugee, Capt. G. T., *M.C.*, R.A.
Nugent, Capt. J. F. H., 28 Punjabis.
Nugent, Maj.-Gen. O. S. W., *C.B.*, R.A., *g.*
Nugent, Bt. Lt.-Col. W. V., *C.B.E.*, R.A.
Nunburnholme, Hon. Lt. (*Army*) C. H. W. *Lord*, *C.B.* (*late* Maj. 2 V.B. E. York. R.)
Nunn, Temp. Capt. R. L., R.E.
Nunn, Maj. (*temp. Lt.-Col.*) T. H. C., R.W. Kent R., p.s.c.
Nussey, Hon. Brig.-Gen. A. H. M., *C.B.E.*, *late* S. Afr. Overseas Forces.
†Nutt, Temp. Maj. A. V., 14 Bn. York & Lanc. R.
Nutt, Lt.-Col., H. J., TD, T.F. Res.
Nutt, Temp. Maj. N. H., Tank Corps
Nuttall, Lt.-Col. C. M., R.A.

Oakden, Temp. Lt. T. H., *M.C.*, 8 Bn. Bord. R.
Oakley, Maj. (*temp. Brig.-Gen.*) R., Sco. Rif.
Oakman, Lt. W. G. C. Gds. Spec. Res.
Oates, Lt. A., *M.C.*, Ind. Army.
Oates, Lt. J. S. C., *M.C.*, 8 Bn. Notts. & Derby R.
Oates, Lt.-Col, W. C., Capt. ret. pay (*Res. of Off.*) T.F. Res.
O'Brien, Temp. Lt.-Col. (*temp. Col.*) H. E., R.E.
O'Brien, Hon. Lt.-Col., *Hon.* M., *M.V.O.*, ret. pay.

O'Carroll, Maj. A D., *M.B.*, R.A.M.C.
O'Connell, *Rev.* M., Hon. Chapl. to the Forces, 3rd Class.
O'Connor, Temp Capt. C. B., 6 Bn. N. Lanc. R.
O'Connor, Temp. Maj. (*temp. Col.*) J. L., *O.B E.*, R.A.S.C.
†O'Connor, Bt. Maj. R. N., M C., Sco. Rif.
Odam, Capt. W. T., TD, Res. of Off.
†Oddie, Lt -Col. W., TD, 5 Bn. W. York. R.
†Odlum, Brig -Gen. V. W., *C.B., C.M.G.*, Can. Local Forces.
O'Donahoe, Maj S. J., Brit. Columbia R.
O'Donnell, Temp. Capt. A. B., Serv. Bns. R. War. R.
O'Donnell, Maj. *Sir* T J., *K.C.I.E., C.B.*, ret. pay
O'Donoghue, Temp. Maj. R. J. L., R.A.S.C.
O'Farrell, Maj. M., ret. C'wealth Mil. Forces.
Ogg, Maj. A. C., *O.B.E.*, 7 Rajputs, p.s.c.
Ogg, Lt.-Col. W. M., *C.M.G.*, R.A., p.s.c. T.
†Ogilby, Lt. R. J. L., Res. of Off.
Ogilvie, Lt.-Col. A. T., Can. Fd. Art.
††Ogilvie, Lt.-Col. S. S., *late* Serv. Bns., Wilts. R.
Ogilvy, Bt. Lt.-Col. D., R.E.
Ogilvy, Lt. Hon. L. G, 3D, T. F. Res.
Ogle, Maj. E. C., W.I R
Ogle, Bt. Lt.-Col. N., 67 Punjabis, p.s.c.
O'Gorman, Temp. Maj. B.
O'Gorman, Lt.-Col. C. J., R.A.M.C.
O'Grady, Maj. D. de C., R.A.M.C.
O'Grady, Lt.-Col. (*temp. Col.*) S. de C., *C.M.G.*, *M.B.*, R.A.M.C.
Ogston, Bt. Lt.-Col. C., *C.B., C.M.G.*, Gord. Highrs., p.s.c.
O'Hara, Bt. Lt.-Col. E. R., *C.M.G.*, R.A.S.C.
O'Kelly, Lt.-Col. A. N., *late* 2 Regt. K. Ed. Horse.
O'Kelly, Capt. H. K., ret. pay.
Oldfield, Bt. Lt.-Col. (*Temp. Col.*) A R., R.A O.C., *o.*
Oldfield, Col. (*temp. Brig-Gen.*) L. C. L., *C.B., C.M.G.*
Oldfield, Bt. Maj. R. W., *M.C.*, R.A.
Oldham, Bt. Lt.-Col. F. H. L., R.F.A.
Oldham, Col. (*temp. Col.*) G. M., ret. pay.
Oldman, Bt. Col. (*temp. Brig.-Gen.*) R. D F., *C.M.G.*, Norf. R.
Ollivant, Bt.Col. J. S., *C.B., C.M.G.*, R.F.A., *e.*

Olver, Hon. Maj. E. A., Qr.-Mr., E Ont. Regt.
O'Neill, Maj. E. M., *M.B.*, R.A.M.C.
O'Neill, Hon. Col. W. H. S., *late* Lt.-Col., 3 Bn. R. Dub. Fus., Maj. ret. pay.
Onslow, Lt.-Col. C. C., *C.M.G., C.B E.*, h.p.
Onslow, Lt.-Col. G M. M., *C.M.G.*, C'wealth Mil. Forces.
Oppenheim, Maj. A. C., K.R. Rif. C.
Ord, Capt. G. L., W. Ont. R.
Ordish, Maj. H., A.I.F.
Organ, Bt. Lt.-Col. C. A., R.A.S.C.
Ormerod, Temp. Lt.-Col. G. M., R.A
†Ormond, Lt.-Col. (*temp. Brig.-Gen.*) D. M., *C.M.G*, Can. Local Forces.
Ormrod, Capt. M S., K.R.R.C.
Ormsby, Bt. Col. G. J. A., *M.D.*, R.A.M.C.
Ormsby, Lt.-Col. T., ret. pay.
Ormston, Temp. Maj. E. W., R.E.
O Reilly, Capt. C. J., *M.C.*, *M.D.*, Res of Off.
O'Reilly, Lt. E. J. M., *M.C.*, 3 Bn. R. Ir. Regt.
O'Reilly-Blackwood, Maj. E. H., *M.C.*, R.A.
Ormston, Temp. Maj. T., S. Afr. Def. Forces.
O'Rorke, Capt. J. M. W., 16 Cav., p.s.c.
Orpen-Palmer, Bt. Lt.-Col. H. B. H., *C.M.G.*, R. Ir. Fus. [l]
Orpen-Palmer, Maj. R. A. H., Leins. R.
Orr, Bt. Col. G. N., 11 Lrs. p.s.c.
Orr, Maj. J. B., Norf. R.
Orr, Capt. J. B., *M.C., M.B.*, R.A.M.C.
Orr, Maj. M. H., ret. pay.
Orr, Maj. N.C., Sea. Highrs.
Orr-Ewing, Hon.Brig.-Gen. *Sir* N. A., *Bt.* ret. pay.
Osborn, Col. L. J., VD, Terr Force.
Osborn, Lt.-Col. (*temp.Col.*) W. L., *C.B., C.M.G*
Osborne, Bt. Maj. E. A., R.E., p.s.c.
Osborne, Maj. G.F.F., R.E.
Osborne, Maj. H. P., Middx R., p.s.c.
Osborne, Capt. L. A., *M.C.*, *late* Serv. Bns., Som. L.I.
Osborne, Bt. Maj. R, H., *M.C.*, 20 Hrs., p.s.c.
†Osburn, Maj. A. C., R.A.M.C.
O'Shaughnessy, Lt. C. L., 3 Bn. S. Lan. R.
O'Shea, Qr.-Mr. & Lt.-Col. T., *late* 9 Bn. Lond. R., Qr.-Mr. & Maj. ret. pay.
Osler, Lt.-Col. (*temp. Col.*) S. H., *C.M.G.*, Can. Local Forces.

---

† Also awarded Bar to Distinguished Service Order.
†† Also awarded 2nd Bar to Distinguished Service Order.

COMPANIONS (D.S.O.)—contd.

Osmond, Capt. C. F., Hon. Art. Co.
Ostrorog, Temp. Lt.-Col. S. J., R.A.
O'Sullivan, Maj. J. J., N. Rhodesia Police.
Oswald, Maj. K. A., 4 Bn. R. W. Suss. R.
Ottley, Lt.-Col. G. F., ret. pay.
Ouseley, Hon. Brig.-Gen. R. .., C.B., C.M.G., ret. pay, g, f.
Outerbridge, Maj. L. C., 1 Cent. Ont. Regt.
Overton, Lt.-Col. G. C. R. ret. pay (Res. of Off.)
Ovey, Lt.-Col. D., ret. pay.
Ovey, Lt.-Col. R. L., Oxf. & Bucks. L. I.
Owen, Hon. Maj. A. D., R.A.S.C.
Owen, Lt.-Col. C. H. W., C.M.G., R.G.A.
Owen, Bt.-Col C. S., C.M.G., R.W. Fus.
Owen, Maj. D. C., Midd'x R.
Owen, Temp. Maj. G.
Owen, Capt. H. B., ret.
Owen, Bt. Maj. L. C., R.E.
Owen, Lt.-Col. S. L., R.E.
Owen, Lt.-Col. W. L., M.C., 2 Bn. L'pool R.
Owen-Lewis, Maj. A. F., late 4 Bn. Lan. Fus. (Maj. ret. pay).
Owston, Maj. L. V., 3 D.G.
Oxenham, Hon. Maj. M.H. late M.G. Corps
Ozanne, Bt. Lt.-Col. H., R. Mar.

Pace, Temp. Maj. T. G., R.A.S.C.
Packe, Maj. E. C., O.B.E., R. Fus.
Packe, Maj. (Hon. Lt. in Army) W. V. R.F.A. Spec. Res.
Pagan, Bt. Lt.-Col. A. W., Glouc. R.
Page, Bt. Lt.-Col. C. A. S., M.C., Midd'x R., p.s.c.
Page, Temp. Maj. C. N., 10 Bn. Notts. & Derby R.
Page, Capt. C. M., M.B., F.R.C.S., R.A.M.C., Spec. Res.
Page, Capt. G.F., Lan. Fus.
†Page, Lt.-Col. L F., Can. Local Forces.
Page, Bt Lt.-Col. L. M. S., R.A.S.C.

Pager, Bt. Maj. B. C. T., M.C., Oxf. & Bucks. L.I.
Paget, Temp. Lt.-Col. C. W., C.M.G., R.E.
Paget, Bt. Col. H., O.B., ret pay, p.s.c.
Paget-Tomlinson, Capt W., 7 Hrs.
Paige, Temp. Lt. C. J. M. M.C., Serv. Bns. R. W. Surr. R.
Pain, Maj. J. H, F., Aust Imp. Force.
Paine, Lt.-Col. A.I., C.M.G.
Paine, Maj. D. D., A.I.F.
Painter, Capt. G. W. A., R.G.A.
Pakenham, Bt. Lt.-Col. B. de la P. B., C.M.G., Bord. R., p.s.c.
Paley, Bt. Lt.-Col. (temp. Col.) A. T., C.M.G., Rif. Brig., p.s.c.
Pallant, Maj. H. A., M.C., late R.A.M.C.
Pallant, Bt. Lt.-Col. S. L., R.A.M.C.
Pallin, Maj. S. F. G. R.A.V.C.
Pallin, Maj. (temp. Col.) W. A., C.B.E., F.R.C.V.S., R.A.V.C.
Palmer, Lt. A., 6 Bn. North'd Fus.
Palmer, Capt. A. E. G., M.C., York. R.
Palmer, Lt.-Col. A. J., TD, Glouc. Yeo.
Palmer, Col. C. E., C.B., C.M.G., h.p.
Palmer, Lt.-Col. H. R. h.p.
Palmer, Capt. H. W. T., R.E. [l]
Palmer, Capt. J. M., R. Mar.
Palmer, Rev. R., M.C., Temp. Chapl. to the Forces, 2nd Class
Palmer, Lt.-Col. R. H., Can. Local Forces. R.A.
Palmer, Maj. R. L., M.C. R.A.
Palmes, Maj. G. C., ret. pay.
Palmes, Capt. G. L., Labour Corps.
Panet, Bt. Col. (temp. Brig. Gen.) A. E., C.B., C.M.G., R.E.
Panet, Brig.-Gen. E. de B., C.M.G., Can. Local Forces. p.s.c., g
Panet, Brig.-Gen. H. A., C.B, C.M.G., R. Can. Art.
Pank, Lt.-Col. C. H., C.M.G., TD, 7 Bn. Midd'x R.
Pannall, Lt.-Col., M.C., R. W. Surr. R.
Panton, Bt. Maj. H. F., M.C., M.B., R.A.M.C.
Papillon, Temp. Lt.-Col. P. R., 13 Bn. Essex R.
Parbury, Maj.K., late R.F.A.
Pardoe, Maj. F. L., K. R. Rif. C.
Pardoe, Maj. T.K., Worc. R.
Pares, Surg, Lt.-Col. B., C.M.G., R H.G.
Pargiter, Bt. Maj. L. L., Midd'x R.
Parish, Capt. F. W., M.C., K.R. Rif. C.

Park, Maj. J. D., R.E. (T.F.)
Park, Capt. M. E., R. Highrs.
Park, Temp. Capt. G. W. A., 13 Bn. K. York. R.
Parker, Temp. Capt. A. C.
Parker, Bt. Maj. F. M. W., C'wealth Mil. Forces.
Parker, Maj. H., 4 Bn. N. Lan R.
Parker, Maj. H. S. W., Aust. Imp. Force
Parker, Col. R. G., C.B., C.M.G., h.p., p.s.c.
Parker, Lt.-Col. W., TD, 24 Bn. Lond. R.
Parker, Capt. W. A., 5 Bn. Sco. Rif
Parker, Maj. W. M., C.M.G., R.A.S.C.
Parker, Lt.-Col. W. N., M.D., late R.A.M.C.
Parker-Jervis, Lt.-Col. W. S. W., ret. pay.
Parkes, Temp. Maj. W., M.C., Serv. Bns. Glo.c R.
Parkin, Lt.-Col. F. L., 5 Bn. Yorks. L.I.
Parkin, Maj. J. F., 113 Inf.
Parkinson, Capt. G. S., R.A.M.C.
Parkinson, Maj. T. W., York & Lanc. R.
Parks, Maj. E. J., M.C., Aust. Imp. Force.
Parks, Lt.-Col. J.H., O.B.E., Can. Local Forces.
Parminter, Bt. Maj. R. H. R., M.C., Manch. R.
Parr, Maj. V. H., M.C., late Serv. Bns. R. Innis. Fus.
Parry, Lt.-Col. D. B, 18 Bn Lond. R. (Capt late 3D.G.)
Parry, Bt. Lt.-Col. H. J. C.B.E., M.B., ret. pay
Parry, Maj. J.L.R., Alberta Regt.
Parry, Lt.-Col. and Hon. Col. L. E. S., C.B.E., TD, ret T.F. (Hon. Capt. in Army).
Parry, Maj. R. A., late 4 Bn. R. W. Fus.
Parry, Lt.-Col. T. H., 5 Bn. R.W. Fus.
†Parson, Maj.G., Rhodesian Def. Force.
Parsons, Maj.A.W., C.M.G., 19 Hrs.
Parsons, Maj. B. E. T., 4 Bn. Hamps. R.
Parsons, Bt. Lt.-Col. C., ret. pay (Res. of Off.)
Parsons, Lt. - Col. D. C.M.G., h.p., e.
Parsons, Col. F. G., O.B.E. late 4 Bn. Wilts. R. (Lt.-Col late 3 Bn. R. W. Surr. R.) (Hon. Maj. in Army)
Parsons, Maj. H. M., C'wealth Mil. Forces.
Parsons, Col. J. L. R., C.M.G., Can. Local Forces.
Parsons, Lt. J. S., R.E., (T.F.)

Parsons, Lt.-Col. W. F. C.M.G. R.F.A
Parsons, Maj. W. F., ret. pay (Res. of Off.)
Partridge, Lt. - Col. L., Brecknock Bn. S. Wals R. Bord. (Capt. late 3 D.G.)
Pascoe, Maj.J.S., R.A.M.C.
Paske, Hon. Lt.-Col. G F., 3 Bn. Oxf & Bucks L.I.
Patch, Col. F. R., C.M.G.
Paterson, Temp. Maj. A., A A., M.C., R.F.A.
†Paterson, Bt. Maj. A. G., M.C., K.O. Sco. Bord.
Paterson, Lt.-Col. A. T., M.C., Aust. Imp. Force.
Paterson, Maj. A. W. S., Som. L.I.
Paterson, Maj. D., R.F.A.
Paterson, Bt. Col. (temp. Col.) E.
Paterson, Temp. Maj. G R. S., M.C., Serv. Bn. K.O. Sco. Bord.
Paterson, Maj.P.J., C.M.G., R.F.A [l]
Paterson, Brig.-Gen. R.W., C.M.G., Can. Local Forces.
Paterson, Bt. Lt.-Col. T. G. F., M.B., Ind. Med. Serv.
Pateshall, Maj, H. E., ret. pay (Res of Off.)
Paton, Maj. I. V., ret. pay.
Paton, Maj. M. P., M.C., M.B., late R A.M.C.
Patterson, Capt. A. F. I., R.A.M.C.
Patterson, Maj. J., R.G.A.
Patterson, 2nd Lt. J., Unattd. List, late Vols.
Patterson, Hon Lt.-Col. (Army) J. H., late Essex Yeo. (Lt. Col. late Serv. Bns. R. Fus.)
Patterson, Temp. Lt. J.W., R.E.
Patterson, Lt.-Col. W. R., Can. Local Forces.
Pattisson,Maj. J. H., Essex R.
Paul, Capt. J. K., C'wealth Mil. Forces.
Paul, Maj. J. R. A. H., h.p.
Paul, Temp. Lt.-Col. J W. B., Labour Corps
Paulin, Lt.-Col. S., Can. A.M.C.
Paull, Hon. Lt.-Col. J. H.
Pauncefort - Duncombe, Maj. Sir E. P. D., Bt., Bucks. Yeo.
Paxton, Maj. A. N., M.C., R.E. [L]
Payne, Temp. Maj. F. G., M.G. Corps.
Payne, Temp. Maj. H. G., Labour Corps.
Payne, Capt. J. E. L., M.C., late Serv. Bns.,W. Rid. R.
Payne, Maj. L. H., C'wealth Mil. Forces.
Payne, Maj.-Gen. R. L., C.B., ret. pay, Col. Som. L.I.

† Also awarded Bar to Distinguished Service Order.
†† Also awarded 2nd Bar to Distinguished Service Order.

Orders of Knighthood, &c.

COMPANIONS (D.S.O.)—*contd.*

Payne, Maj. R. L., Conn. Rang.
Payne, Maj. D. W., *M.C.*, R.G.A., Bt. Lt.-Col.
†Paynter, Lt.-Col. G. C. B., *C.M.G.*, S. Gds.
Paynter, Maj. W. P., R.A.
†Peacocke, Lt.-Col. W. J., *late* Serv. Bns. R. Innis. Fus.
Pearce, Maj. L. F., *M.C.* Can. M.G. Corps.
Pe•l, Lt.-Col.W.E.,R.F.A., (T.F.)
Peard, Capt. C. J., 8 Bn. Nom. L.I.
†C. Pearkes. Lt.-Col. G.R., *M.C*, 2 Cent. Ont. Regt., *p.s.c.*
Pearless, Bt. Col. C. W., *C.M.G.*, S. Wales Bord. *p.s.c.* [L]
Pearse, Lt. R. G , 3 B`, Notts. & Derby. R.
Pearse, Lt.-Col. S. A., ret. Ind. Army.
Pearson, Capt. A. G., 3 Bn. R. Berks. R.
Pearson, Temp. Lt. B. L.. *M.C.*, Serv. Bns. York. R.
Pearson, Lt.-Col. H.D., ret. pay
Pearson, Col H. L., TD, *late* R.E.
Pearson,Temp. Maj. J. H., *M.C.*, 12 Bn. Notts. & Derby R.
Pearson,Temp.Maj. N. G., *M.C.*, 6 Bn. S. Wales Bord.
Pearson, Lt.-Col. T. W., TD, R.F.A. (T.F.)
Pearson, Bt. Lt.-Col. V. L N., Midd'x R.
Pearson, Maj. W. J , *M.C.*, *M.B.*, *late* R A M.C
Pease, Maj. E. R., Can. Local Forces.
Pease, Capt. F. H., Durh L.I.
Pease Watkin, Maj. E. H. P., R.A.
Pearson, Capt. H. L., R F.A.(T.F.)
Peberdly, Lt. C. E. V. K. *M.C.*, 4 Bn. W. York. R.
Peck, Capt. C. H., *M.C.*, R.F.A.
†C. Peck, Lt.-Col. C. W. Can. Local Forces.
Peck, Lt.-Col. E. G., TD, 2 W. Rid. Brig., R.F.A., *C.M.G.*, R.A.
Peck, Bt. Col. F. R., *C.M.G.*, R.A.
Peck,Lt.-Col J H., *C.M.G.*, C'wealth Mil. Forces.
Peck, Bt. Lt.-Col. S. C., R.A., *p.s.c.*
Peddle, Lt. T A., Linc. R.
Pedler, Temp. Maj. G. H., *M.C.*, S. Afr. Def. Force.
Peebles,Lt.-Col.A. S.,Suff.R
Peebles, Ho . Brig.-Gen. E. C., *C.B.*, *C.M.G.*, ret. pay.
Peebles, Bt. Maj. H. W., Res. of Off.
†Peebles, Lt Col W. C., TD, T.F. Res.
Peek, Capt. *Sir* W., Bt., R. 1 Devon. Yeo.
Peel, Maj. B.G.,81 Pioneers.

†Peel, Col.E. J. R., *C.M.G.*, h.p.
Peel, Temp. Lt. E. T., *C.B.E.*, R.A S.C. [L].
Peel, Lt J., ret. pay.
Peel, Lt.-Col. *Hon.* S. C., TD, Bedf. Yeo.
††Peel, Temp. Maj. W. R., 6 Bn. York. R.
Pegler, Temp. Capt. S. J., 11 Bn. Rif. Brig.
††Peirs, Lt.-Col. H. J. C., *C.M.G.*, *late* Serv. Bn. R.W. Surr. R.
Peirson, Capt. G., *M.C.*, *late* Gen. List
Pelham, Maj. *Hon.* D. R., H., Res. of Off.
Pelling, Temp. Maj. A. J., *M.C.*, R.E.
Pelly, *Rev.* D. R., VD, Temp. Chapl. to the Forces, 3rd Class.
Pelly, Temp. Maj. E. G., *M.C.*, R.A.S.C.
Pelly, Bt. Lt.-Col J. S., ret. pay.
†Pelly, Bt. Lt.-Col. R. T. · *C B.*, *C.M.G.*, N. Lan. R.
Peltzer, Temp. Maj. A., Serv. Bns. E, Lan. R.
Pemberton, Capt. G. H., *M.C.*, Res. of Off.
Pemberton, Maj. R. T. R.A.S.C. (T.F.)
Pemberton, Maj. S., *M.C.*, R.E.
Pendavis, Lt. H. V., Oxf. & Bucks. L.I.
Penhale, Lt.-Col. J. J., Can. Fd. Art.
Penn, *Hon.* Capt. B. H., R.A.O.C.
Pennant, D. H., *late* Temp. Capt. R.A.M.C.
Pennell, Lt. R., K.R. Rif.C.
Pennington, Temp. Maj. H. S. W., *C.M.G.*, R.A.S.C.
Pennington, 2nd Lt. R., 7 Bn. Linc. R.
Penny, Lt.-Col. *(temp. Col.)* F. S., *C.M.G.*, *M.B.*, R.A.M.C.
†Pennycuick,Capt. J A.C., R.E.
Pennymore, *Hon.* Capt. P. G., TD, *late* 2 Bn. Mon. R. (Temp. Capt. & Hon. Maj. 2 Bn. Mon. R.)
Pense, Maj. H. E , *M.C.*, E. Ont. Regt.
Penton, Maj. B.C., 25 Punjabis *p.s.c*
Penton, Col. R. H , ret. pay.
Pepler, Maj. E., Can. Eng.
Peploe, Capt. H., R.W. Kent R.
Pepys, Maj. G. L., 57 Rif., *p.s.c.* [L]
Pepys, Maj. W., Res. of Off.
Perceval, *Hon.* Brig.-Gen. C J., *C.B.*, *C.M.G.*, R.G.A., *p.s.c.* [L]
Perceval, Capt. C. P. W., R.F.A.
Perceval, Maj.-Gen. E. M., *C.B* , *p.s.c.*
†Perceval, Bt. Maj. A. E., *M.C.*, Essex R.
Percival, Capt. E., *M.C.*, *M.B.*, R A.M.C.

Percival, Bt. Lt.-Col.(*temp. Col.*) H F P., *C.M.G.*, *C.B.E.*, *C.B.*, R.A.S.C. [L].
Percy, Col. J. S. J., *C.B.*, *C.M.G.*, p.s.c.
Percy, Col. *Lord* W. R., *C.B.E.*, *late* G. Gds.,Spec. Res.
Percy-Smith, Maj. D. C. *O.B.E.*, Midd'x. R
Pereira, Maj. A. B. P., R.A.S.C.
Pereira. Bt. Col. G. E., *C.B.*, *C.M.G.*, ret. pav.
Perkins, Lt.-Col. A. E., C'wealth Mil. Forces
Perkins, Hon. Maj. A. T., *late* 3 Bn. Welsh R.
Perkins,Bt. Lt.-Col. G. F., Hamps. R., p.s.c [l]
Perkins, Temp. Capt. R. R., *M.C.*, Serv. Bns.Welch R.
Perry, *Hon.* Capt. (*Army*) A. C., *late* Capt. 6 Bn. Manch R.
Perry, Rt. Maj. B. H. H., *M C*, R. Scots.
Perry, Lt.-Col. E. L., Ind. Med. Serv.
†Perry, Lt.-Col. K M., Can. Local Forces, p s c.
Perry, Lt.-Col. S. L.,*M.C.*, Aust. Imp. Forces.
Persse, Capt. R., *M.C.*, S. Staff. R.
Pery-Knox-Gore, Bt. Lt. Col, A. F. G., R.A.S.C.
Pery, Maj. *Hon.* E. C., City of Lond.Yeo.
Pery-Knox-Gore, Maj. I. C., *M.C.*, R A.
Peter, Lt.-Col. F. H., *M.C.*, *late* E. Fus.
Peters, Col. C. A., Can. A.M.C.
Peters, M:j.J.W.P.,*O.B.E.*, ret.
††Peterson, Maj. A. J., *late* R.A.
²Peterson, Col. F H., *C.B.*, ret Ind. Army [l]
Petre, Temp. Capt. H. A., *M.C.*
Petre, Bt. Maj. R. L., *M.C.*, S.Wales Bord
Petrie, Lt Col C. L R., ret. pay Res. of Off.
Petrie, Lt. D. P.,3 Bn. Sco. Rif.
Petrie, Maj. P. C., *M.C.*, R.F.A. (T.F)
Petty, Lt.-Col. W., *late* Serv. Bns. Sea. Highrs.
Pepys,Lt.C.,*M C.*,Devon R.
Peverell, Capt. T. H., *M.C.*, *late* 4 Bn. Sea. Highrs.
Peyton, Capt. T. H., *M.D.*, T.F Res.
Peyton, Maj.-Gen. *Sir* W. E., *K.C.B* ,*K.C.V O.*, *v.s.c*
Phelan, Maj. E. C., *M.C.*, *M.B.*, R.A.M.C.
Phelan, Maj. F. R., *M.C*, Quebec R.
Philip, Temp. Capt. G. M., *M.C.*, 12 Bn. North'd Fus.
Philips, Bt. Lt.-Col. J L., R.A.
Pitilips, ` Lt.-Col. L. F., *C.M.G.*, *C.B.E.*, *p.s.c.* [l] h.p

Phillips, Hon. Maj.-Gen. *Sir* I., *K.C.B.*, ret. pay (Lt.-Col. & Hon. Col. *late* Pemb.· Yeo.) p.s.c
Phillimore, Bt. Lt.-Col. R. H., R.E.
Phillips, Temp. Maj. A. E., Serv. 'Bns R.W. Kent R.
Phillips, Capt. C. G., *M.C.*, W. York. R.
Phillips. Capt. E., *M C* , *M.B.*, R.A.M.C.
Phillips, Maj. E. C. M., Herts R.
Phillips, Maj. E. S., R.A.
Phillips, Temp. Maj. F., *M.C*
Phillips, Maj. F. A., T.F. Res.
Phillips, Bt.-Col.F. R., R.G.A., g.
Phillips, Bt.-Col. *(temp. Col.)* G. F., *C.B.E* , D. of Corn. L.I.
Phillips, *Hon.* Maj. H. J. V. *late* 3 Bn. S. Wales Bord. (*Hon. Capt. in Army).*
Phillips, Maj. H. P., *M.C.*, Anst. Imp. Force.
Phillips, Capt. N. C., *M.C.*, 3 Bn. N. Lan R.
Phillips, Lt.-Col. O. F., *C M.G.*, C'wealth Mil. Forces.
Phillips, Maj. W.E., *M.C.*, Res. of Off.
†Philpots, Maj. D., Can. Local Forces.
Phipps, Lt.-Col. C. F., R.G.A.
Phipps, Lt.-Col. H. R., R.F.A.
Phipps, Lt.-Col. J. H., C'wealth Mil. Forces.
Phipson,Capt. E.S., *M.B.*, Ind. Med. Serv.
Phythian - Adams, Temp. Lt.-Col.W.J.,*M.C.*
Pickard, Maj. J. A. A., R.E. Spec. Res.
Pickering, Lt.-Col. C.J., *C.M.G.*, W. Rid. R., s.
Pickering, Lt.-Col. E. W., R.F.A.(T.F.)
Pickford, Capt. P., *M.C.*, 4 Bn. Oxf. & Bucks. L.I.
Pidsley, Capt. W. G., *M.C.*, 21 Bn. Lond. R.
Piercey, Capt. J G , Can. Local Forces
Pierson, Maj. C. E., ret. pay.
Pigg, Temp. Lt. N. R., *M.C.*, Serv. Bns. North'd Fus.
Piggott, Lt. Col.-F. S. G., R.E., *p.s.c.* [L].
Pigot, *Hon.* Brig.-Gen. R. *M.C.*, ret. pay
Pigott,Lt.-Col.G.E., *C.M.G.*, h.p.
Pike, Maj.-Gen. *Sir* W. W., *K.C.M.G.*, *F.R.C.S.I.*, ret. pay
Pilcher, Col. E. M., *C.B.*, *O.B.E.*, *M.B.*, *F.R.C.S.*, R.A.M.C., *K.H.S.*
Pilcher, Bt. Maj. W. S., G. Gds.
Pile, Bt.-Lt.-Col. F. A., *M.C.*, R.A.

---

† Also awarded Bar to Distinguished Service Order.
†† Also awarded 2nd Bar to Distinguished Service Order.

Orders of Knighthood, &c.

COMPANIONS (D.S.O.)—*contd.*

Pilkington, Maj. F. C., 15 Hrs.
Pilkington, Maj. G. R., 5 Bn. S. Lan. R.
†Pilkington, Lt.-Col, W. N., 5 Bn. S. Lan. R.
Pilson, Bt. Maj. A.F.,ret,pay
Pim, Capt. D. C., *M.B.*, R.A.M.C., Spec. Res.
Pink, Hon. Brig.-Gen. F. J., *C.B., C.M.G., q.s.*
Pinkney, Col. E. W. R., *TD.*, Terr. Force
Pinsent, Capt. J. R., R.E.
Pinwill, Bt. Lt.-Col. W R., L'pool R. *p.s.c., e.*
Piper, Temp. Maj. S. H., Serv. Bns. Notts. & Derby. R. (2 Lt. Unattd. List T.F.)
†Pipon, Maj. R. H., *M.C.*, R. Fus.
Pitcher, Bt. Col. D. Le G. *C.M.G.,* Ind. Army.
Pitkeathly, Temp. Col. J S., *C.V.O., C.B.E.*
Pitman, Capt. C. R. S., 27 Punjabis.
Pitman, Capt. J. D., Can. Ord. Corps.
†Pitts, Capt.A.T.,R.A.M.C. Spec. Res.
Pitt-Taylor, Bt. Lt.-Col W.W.,*C.B.*,Rif.Brig.,*p.s.c.*
Place, Bt. Lt. Col. C. O., *C.M.G.,* R.E., *p.s.c.* [L]
Place, Temp. Capt. C. G M., *M.C.,* Serv. Bns. E. Surr. R.
Planck, Temp. Maj. O. B. F., A.S.C.
†Plant, Maj.E.C.P.,*O.B.E.,* C'wealth Mil. Forces.
Platt, Bt. Maj. W., North'd Fus., *p.s.c.*
Playfair, Capt. G. S. O., *M.C.,* R.E.
Playfair, Maj. T. A. J., *O.B.E.,* C'wealth mil. Forces.
Pleydell-Bouverie, Lt.-Col. Hon. S., *TD,* 4 Home Cos. Brig. R.F.A.
Pleydell-Nott, Capt. J. G L., R.A.S.C. Spec. Res.
Pleydell Railston, Bt. Lt.-Col. H. G. M., Rif. Brig.
Plimpton, Bt. Maj. K. A., B. York. R.
Plumer, Maj. T. H., R.G.A., Spec. Res.
Plummer, Lt.-Col. E. W., h.p., *e.*
Plummer, Maj. M. V., Can. Fld. Art.
††Plunkett, Bt. Maj. J. F., *M.C.,D.C.M.*, R. Dub.Fus.
Pocock, Lt.-Col. P. F., 120 Inf.
Poe, Col. J., *C.M.G., M.B.,* R.A.M.C.
Poë, Temp. Maj. J. H. L., Br. W.I.R.
Poë, Bt. Lt.-Col. W. S., R. Mar.
Pollard, Capt. A. M., R.A.M.C.

Pollard, Capt. C.A.,8 Lond. Brig. R.F.A.
Pollard, Lt.-Col. G. C., *C.M.G.,* North'bn Fd. Co., R.E.
Pollard, Bt. Col. (*temp. Brig.-Gen.*) J. H. W., *C.B., C.M.G.,* h.p., *p.s.c.* [*l*]
Pollard - Lowsley,Bt. Lt.-Col. H. de L., *C.M.G., C.I.E.,* R.E.
††Pollitt, Lt.-Col. G. P., *late* R.E.
Pollock, Col. C. E., *C.B.E.,* R.A.M.C.[L].
Pollock, Maj. H. A., 5 Bn. R.A., *p.s.c.*
Po'lock, Lt.-Col. J. A., ret. pay
Pollock, Temp Maj. W., R.A.
Pollok, Capt. R. V., *C.B.E.,* G. Gds.
Pollok-McCall, Col. J. B, *C.M.G.,* Terr. Force
Pollok Morris, Bt. Col.W.P. M.,*C.M.G.,* ret. pay
Polson, Maj. D., *late* N.Z. Mil. Forces
Pomeroy, Lt.-Col. E. J., W.I.R.
Ponsonby, Capt. D. G., 34 Pioneers.
Ponsonby, Maj. H. C., *M.C.,* K.R. Rif. C.
Ponsonby, Maj.-Gen. J., *C.B., C.M.G.*
Ponsonby, W. R., *late* Temp. Capt.
Poole, Hon. Maj.-Gen. *Sir* F. C., *K.B.E., C.B., C.M.G.,* ret. pay.
Poole, Maj. F. G., *C.M.G., O.B.E.,* Midd'x R. [*I*]
Poole, Lt.-Col. G. R., *C.M.G.,* R. Mar.
Poole, Maj. G. S., W. Som. Yeo
Poole, Maj. H R., *O.B.E., R.G.A., g.*
Poole, Maj. I. M. C., Ind. Army.
Poole, J. S., *O.B.E., late* Capt. K.R. Rif. C.
Poole, Capt. L. T., *M.C., M.B.,* R.A.M.C.
Poole, Lt. R., *M.C., late* S. Afr. Def. Forces.
Poore, Col. R. M., *C.I.E.*
Pope, Lt. E B., Glouc. R.
Pope, Maj. F., ret. pay
Pope, Bt. Lt.-Col. S. B., 58 Rif., *p.s.c.*
Pope, Bt. Maj. V. V., *M.C.,* N. Staff R.
Pope-Hennessy, Bt. Col. L. H. R., *p.s.c.* [*I*]
Popham, Bt. Lt.-Col. E. L., 26 Cav.
Popham, Temp. Maj. F. J. Serv. Bns. N. Lan. R.
Popham, Maj.G.L., R.F.A.
Popham, Bt. Lt.-Col. R. S., *C.M.G.,*Notts. & Derby R.
†Porch, Bt.-Maj. C. P., ret. pay (*Res. of Off.*)

Portal, Hon. Brig.-Gen. B. P., *C.B.,* ret. pay.
Portal, Capt. J. L. Oxf. & Bucks. L.I.
Portal, Maj. M., ret.
Portal, Lt.-Col. W. R., M.V.O., ret.
Porteous, Temp. Capt. N., *M.C.,* R.E.
Porter, Maj. C. G., Can. Local Forces
Porter, Bt. Col. (*temp. Brig.-Gen.*) C L., *C.M.G.,* E. Kent R.
Porter, Maj. F.J.W.,ret. pay
Porter, Bt. Maj. H. A. ret. pay
Porter, Bt. Lt.-Col. H.C.M., K.R. Rif. C.
†Porter, Capt. J. H., 6 Bn. N. Staff R.
Poston, Maj. W. J. L, R.F.A.
Pott, Capt. D., *M.C.* 13 Lrs.
Pott, Maj. E. H., 1 Lrs.
Potter, Bt. Lt.-Col. C. F., R.A., *p.s.c.*
†Potter, Lt.-Col. (*Hon. Lt. in Army*) C K., *C.M.G., M.C., TD* 5 Bn. N. Lan. R.
Potter, Bt. Lt.-Col. H. B., E. Kent R.
Potter, Bt.-Col. H. C., *C.M.G.,* R. War R.
Potter, Lt. J. W., 5 Bn Notts. & Derby R.
Potter, Lt.-Col. W. A., N. Mid. Divl. Supply Col. R.A.S.C.
Pottinger, Maj., E. C., ret.
Potts, Maj. E. T., *C.M.G., M.D.,* R.A.M.C.
Potts, Temp. Capt. J.
Pountney, Lt.-Col. F. S., T.F. Res.
Poupore, Maj. A. G., Can. Local Forces.
Powell, Col. A. ff., h.p R.A., *g.*
Powell, Maj. A. H., C'wealth Mil. Forces.
Powell, Maj. D. W., North'n R.
Powell, Maj. E. B., Rif. Brig., *p.s.c.*
Powell, Bt.-Col. E. E., R.A.M.C.
Powell, Bt. Lt.-Col. (*temp, Brig.-Gen.*) E. W. M., *C.B., C.M.G.,* ret. pay.
Powell, Lt. G., 7 Bn. Notts. & Derby R.
Powell, Maj. H. E., T.F. Res.
†Powell, Bt. Col. (*temp.Col.*) J., *M.B.,* R.A.M.C.

Powell, Maj. J. E., R.A.M.C.
Powell,Bt. Lt.-Col. P.L.W., *O.B.E.,* Welch R.
Powell, Maj. R. ff., R.F.A.
Powell, Maj. R. M., *late* R.A.
Powell, Temp. Maj. R. N., R.G.A.
Powell, Lt.-Col. W. B., *C.M.G.,* 7 Gurkha Rif.
Powell, Lt. W. H., R.A.
Power, Maj J. J., C'wealth Mil. Forces.
Power, Temp. Maj. M. S., S. Afr. Prote. Force.
Power, Bt Lt.-Col. R. E. E. Kent R.
Power, Maj. (*Hon. Lt. in Army*) W. S., *late* T.F. Res.
Pownall, Maj. H. R., *M.C.,* R.A.
Poynter, Maj. A. V., Res. of Off.(*Hon. Maj. in Army*)
Poyntz, Bt. Lt.-Col. H. S., Bedf. & Herts. R.
Poyser, Temp. Maj. K. E.
Pragnell, Lt.-Col. G. S. T., Can. Local Forces.
Pragnell, Bt. Lt.-Col. T. W., 4 Hrs.
Prance, Maj.R.C.,R.F.A., *g.*
Pratt, Bt. Lt.-Col. A. G., Essex R.
Pratt, Maj. A. W., 2 Cent. Ont. Regt.
Pratt, Capt. D. H., *M.C.,* R. Ir. Regt.
Pratt, Maj. G. McD., York & Lanc. R.
Pratt, Maj. H R. E., 5 Sikhs.
Pratt, Maj. M., ret. pay.
Pratt, Temp. Maj. O. S., 19 Bn. Midd'x R.
Pratt, Maj. R. E. B., R.E.
Prechtel, Col. A. F., TD (Terr. Force)
Preedy, Bt. Maj. F., *M.C.,* R.E.
Prendergast, Capt. N. H., Corps of Gds.
Prentice, Lt.-Col. R. E. S., *C.B., C.M.G.,* High. L.I.
Prentis, Lt.-Col. W. S., 89 Punjabis
Prescott, Temp. Maj.A.E., R.E.
Prescott, Lt.-Col. J. W., *O'.B.E.,* R.A.M.C.
Prescott-Decie, Col. (*temp. Brig.-Gen.*) C.
Prescott-Westcar, Maj. W. V. L., Rif. Brig.

---

† Also awarded Bar to Distinguished Service Order.
†† Also awarded 2nd Bar to Distinguished Service Order.

Orders of Knighthood, &c. • 267

COMPANIONS (D.S.O.)—contd.

Preston, Maj. C. O. D., R.F.A. [l]
Preston, Lt. E. E., M.M. Quebec Regt.
Preston, Capt Sir E. H., Bt., M.C., R. Suss R.
Preston, Lt. J., 4 Bn. Sco. Rif.
Preston, Lt.-Col. J. E., C.B.e n.s.l. Ind. Army.
Preston, Bt. Lt.-Col. N. P. R., R.F.A.
†Preston, Maj. Hon.R.M.P., Hen. Art. Co.
Preston, Lt.-Col. W. J. P., O.B.E., Ind. Army.
Preston White, Lt.-Col. R. P., late Serv. Bn. Som.L.I.
†Pretorius, Temp. Lt. P. J., C.M.G., E. Afr. Divn.
Prettejohn, Capt. N. K., late R.E.
Pretyman, Bt. Maj. G. F., O.B.E., Som. L.I
Price, Bt. Col. B. G., C.B., C.M.G., R. Fus.
Price, Col. (temp. Brig.-Gen.) C. H. V., C.B., Ind. Army.
Price, Temp. Maj. (bt. Lt.-Col.) I. H.
Price, Maj. O. L., R.G.A.(l C.M.G., 18 Inf., p.s.c.
Price, Lt.-Col. R. B., M.B., R.A.M.C.
Price, Lt.-Col. T. H. F., C.M.G., D. of Corn. L.I.
Price, Lt. T. R., M.C., North'n R.
Price, Bt. Lt.-Col. T. R. C., C.M.G., W. Gds., p.s.c.
🅲 Price - Davies, Col (temp.Maj.-Gen.) L. A. E., C.M.G., p.s.c.
Price-Williams, Capt. H., M.C., R.F.A.
Prichard, Hon. Brig.-Gen. C. S., C.B.
Prichard, Bt. Lt.-Col. W. C. H., R.E.
Prickett, Bt. Lt.-Col. C. H., R.E.
Prideaux, Maj. H. H., M.C., late 3 Bn North'd Fus
†Prideaux-Brune, Bt. Maj. D. E., Rif. Brig.
Pridgeon, Qr.-Mr. & Lt.-Col. A.F., ret. pay. O.B.E., R.E.
Pridham, Bt. Lt.-Col. G.R. R.E.
Pridie, Temp. Capt. E. D., 6 Bn. k. Lanc. R.
Priestley, Capt. J. H., Unattd. List (T.F.)
Priestman, Bt. Maj. J. H. T., M.C.,Linc. R. p.s.c.[1]
Prince, Maj. P., Shrop. L.I.
Prince, Maj. P. E., R.E.
Pring, Temp. 2nd Lt. B. V., Serv. Bns. Yorks. L.I.
Pringle, Lt.-Col. H. G., R.A., p.s.c. [l]
Pringle, Maj.-Gen. (hon.) Sir R., C.B., K.C.M.G., ret. pay,
Pringle, Maj. R. N., M.C., S. Afr. Def. Force
†Prior, Col. (T.F.) B. H. L., TD.
Prior, Bt. Maj. G. E. R., M.C., Devon. R.

Prior, Lt.-Col. H. A. S., O.B.E., late 226 Trng. Res. Bn.
†Prior, Maj. J. H., R.E. Spec. Res.
Prior, Lt. M. C'wealth Mil. Forces.
Prior-Wandesforde, Lt. F. C. R., R.F.A.
Pritchard, Bt.-Col. C. G., C.M.G., R.A.
Pritchard, Bt. Col. H. L., C.M.G., R.E.
Prittie, Maj. Hon. H. C. O'C., ret. pay.
Probyn, Lt. H. M., 5 Bn. R. War. R.
Probyn, Lt.-Col. P. J., M.B., R.A.M.C.
Prockter, Lt. P.W., R.A.S.C. (T.F.).
Proctor, Maj. A. H., Ind. Med. Serv.
†Profeit, Col. C. W., M.B.
Prower, Lt.-Col. J. M., Can. Local Forces
Prowse, Lt.-Col. W. B., Can. Local Forces.
Pryce, Temp. Capt. C. ap R., R.F.A.
Pryce, Bt. Col. H. E ap R., C.M.G., 18 Inf., p.s.c.
Pryce-Jones, Bt. Lt.-Col. H. M., M.V.O., M.C , C Gds.
Pryer, Bt. Maj. A. A., R.A.V.C.
Prynne, Col. H. V., C B E., F.R.C.S., ret. pay.
Pryyr, Lt. T., Ind. Army Res. of Off.
†Pryor, Bt. Maj. W. M., Herts. R.
Puckle, Temp. Maj. B. H., Mach. Gun Corps.
Puddicombe, Ma' T. P. M.B., R.A.M.C. (T.F.)
Pugh, Lt.-Col. D. C., TD, T.F. Res.
Pudsey, Maj. D., ret. pay [l]
Pugh, Hon. Maj. H. O., late Welsh Horse Yeo.
Pugh, Capt. M. P., M.C., Serv. Bns. R. Berks. R.
Pullen, Maj. E. F., Can' Rly. Serv.
Pullman, Maj. A. H., Res. of Off.
Pulteney, Lt. - Gen. Sir W. P., K.C.B., K.C.M.G., K.C.V.O , ret. pay
Purcell, Temp. Col. (temp. Brig.-Gen.) J. F.
Purdon, Maj. W. B., M.C., M.B., R.A.M.C.
Purdy, Lt.-Col. J. S., Aust. Imp. Force
Purey Cust, Maj. R. B. M.C., R.F.A.
Purser, Lt.-Col. L. M. M.B., R.A.M.C.
-urser, Lt. - Col. M. C'wealth Mil. Forces
Purves, Maj. R. B., M.B., F.R.C.S. Edin., R.A.M.C. (T.F.).
Purvis, Maj. E. R., West Ont. R.
Purvis, Temp. Lt.-Col. J. H., 12 Bn. High. L.I. (Bt. Maj. ret. pay.)

Puttick, Lt.-Col. E., N.Z. Mil Forces,
†Pye-Smith, Lt.-Col. C. D., M.C., M.B., F.R.C.S., late R.A.M.C.
Pye, Maj. K. W., ret. pay.
Pym, Rev. T. W., Temp. Chapl. to the Forces, 4th Class.
Pyman, Temp. Maj. G. L., M.C., 8 Bn. York. L I
Pyne, Maj. F. S., R.F.A.

Quayle-Dickson, J., late Capt. Field Intell. Dept.
Queripel, Bt. Lt.-Col. L.H., C.M.G., R.A.
Quibell, Capt A. H., late 8 Bn. Notts. & Derby. R.
Quirk, Lt.-Col. D., C.M.G., late Serv. Bn. York. L.I.
Quirk, Col. J. O., O.B., ret. pay, q.s.

Radcliffe, Col. N. R., C.I.E., Terr. Force, Capt. ret. pay (Res. of Off.)
Radcliffe, Maj.-Gen. P. P. de B., K.C.M.G., C.B., R.A., p.s.c. [L]
Radclyffe, Temp. Capt. C. R., R.A.S.C.
Radford, Maj. E. G., C'wealth Mil. Forces.
Radford, Temp. Lt N. H., M.C., Serv. Bns. R.W.Fus.
Rae, Capt. J., R.A.V.C. Spec. Res.
Rae, Lt.-Col. W., Can. Local Forces.
Radice, Maj. A. H., Glouc. R.
Rae, Maj. G. B. L., 10 Bn. L'pool R.

Raikes, Lt. D. T., M.C., 3 Bn. S. Wales Bord.
††Raikes, Bt. Lt.-Col. G. T., S. Wales Bord.
Raikes, Maj. L. T., R.F.A.
Raikes, Capt. W. T., M.C., 3 Bn. S. Wales Bord.
Raimes, Maj. A. L., 5 Bn. Durh. L.I.
Rainsford-Hannay, Capt. A. G., R.E.
Rainsford-Hannay, Lt.-Col. F., C.M.G., R.A., p.s.c.
Rainsford-Hannay, Maj. J., R.W. Surr. R.
Rait Kerr, Capt. R. S., M.C., R.E.
Ralph, Lt. - Col. A. C. 4 Rajputs.
Ralph, Lt.-Col. E. M C'wealth Mil. Forces.
Ralston, Lt.-Col. A. W. C.M.G., C'wealth Mil. Forces.
Ralston, Brig.-Gen. G. H., Can. Local Forces.
†Ralston, Lt.-Col. J. L., C.M.G., Can. Local Forces
Ralston, Bt. Lt.-Col.W. H , M.C., 47 Sikhs
Rambaut, Capt. G. M. R.F.A.(T.F.).
Ramsay, Col. F. W., C.B., C.M.G.
Ramsay, Bt. Lt.-Col. H. A., R.A., p.s.c., g.
Ramsay, Maj. J. G., O.B.E., Cam'n Highrs.
Ramsay, Lt. K. A., Can. Rly. Serv.
Ramsay - Fairfax, Temp. Lt.-Col. W. G. A., C.M.G.
†Ramsbottom, Lt. - Col. G. O., 7 Bn. Lan. Fus.
Ramsden, Capt. A. G. F., R.F.A. Spec. Res.
Ramsden, Lt.-Col. J. V., C.M.G , ret. pay.
Ramsden, Lt.-Col. R. E., R.F.A., g.
†Ramsden, Bt. Maj. V. B., M.C., S. Wales Bord.
Randall, Maj. E. A. H., A.I.F.
Randolph, Maj. A. F., C.M.G., ret. pay (Res. of Off.) (Hon. Lt.-Col., Spec. Res.)
Rankin, Bt. Col. C. H., C.M.G., h.p.
†Rankin, Maj. J. S., Sas.R.
Rankine, Lt. - Col. N., C'wealth Mil. Forces.
†Ransome, Bt. Lt.-Col. A. L., M.C., Dorset. R., p.s.c.
Ranson, Col. W., F.R.C.S, Edin., T.F.
Rapson, Bt. Maj. G. F. E., Wilts. R.
Rasch, Bt. Maj. E. C., G. Gds.
Rashleigh, Maj. P., R.A.

† Also awarded Bar to Distinguished Service Order.
†† Also awarded 2nd Bar to Distinguished Service Order.

COMPANIONS (D.S.O.)—contd.

Rashleigh, Maj. R. N., M.C., R.A.
†Ratcliffe, Capt. W. C., North'n R.
Rathbone, Maj. R. E. F., R.E.
Ratsey, Temp. Maj. (temp. Col.) H. E., C.B.E., R.E.
Rattray, Maj. P. M., late Sco. Horse Yeo.
Rawlense, Capt. M., R.E.
Rawlings, Lt.-Col. A. K., C.I.E., O.B.E., 24 Punjabis.
Rawlins, Bt. Col. S. W. H., C.M.G., R.A., p.s.c.
Rawlinson, Temp. Lt-Col. A., C.M.G., C.B.E., R.A.
Rawnsley, Bt. Col. C., C.M.G., C.B.E., ret. pay.
Rawson, Maj. C. D., R.G.A.
Ray, Maj. M. B., M.D., TD, R.A.M.C. (T.F.)
Ray, Maj. R. A., R. Lanc. R.
Raymer, Col. (Hon. Lt. in Army) R. R., C.M.G., Terr. Force
Raymond, Maj. E. D., M.C., 30 Lrs.
Raymond, Temp. Maj. E. H. B., R. Scots (Maj ret. pay.)
Rayner, Lt.-Col. F., TD, T.F. Res.
Rayner, Maj. W. B. F., R. Fus.
Raynor, Capt. C. A., M.C., 48 Prs.
Raynsford, Maj. R. M., Leins. R
Rea, Maj. C P.
Rea, Capt. J. G. G., North'd Yeo.
Read, Lt.-Col. G. A., C'wealth Mil Forces.
Read, Temp. Lt. H. E., M.C., 10 Bn. York. R.
Read, Lt. H. S., M.C., 20 Bn. Lond. R.
Read. Maj. J. J., 1 N. Mid. Brig. R.F.A
Read, Capt. R. V., M.C Essex R.
Reade, Temp. Maj. A., M.C., 10 Bn. Ches. R.
Readman, Maj. J. J., 2 Dns.
Ready, Maj-Gen. F. F., C.B., C.S.I., C.M.G., h.p., p.s.o.c.
Ready, Lt. J. M., M.C., R. Berks. R.
Reason, Lt.-Col. C. H., Can. A.M.C.
Reay, Hon. Maj. T., late Serv. Bns. North'd Fus.
Rebsch, Maj. W. K., 92 Punjabis.
Reddie, Lt.-Col. A. J., C.M.G., S. Wales Bord.
Redfern, Capt. J. G., 4 Bn. E. York R.
Redmond, Capt. W. A., I. Gds., Spec. Res.
Reed, Maj. A. E., Aust. Imp. Force
Reed, Bt. Lt.-Col. C., R.A., t.
Rees, Lt.-Col. E. T., M.C., late 7 Bn. Norf. R.

Rees, Bt. Lt.-Col. H. C., C.M.G., Welch R.
††Rees, Bt Lt-Col. Jr G., Welsh Ho·se Yeo.
Rees, Lt. T. W., M.C., 73 Inf.
Rees-Mogg, Maj. R. J. R. Ir. Regt.
Reeve, Capt. J. T. W., Rif. Brig.
Reeves, Maj. R. C., R.F.A.
Reid, Hon. Lt.-Col. A., VD, la/e 1 V.B. Midd'x R. (Hon. Capt. in Army)
Reid, Maj. A. K., M.C. 9 Bn. High. L.I.
Reid, Capt. C., 4 Bn. Gord. Highrs.
Reid, Maj. C. S., R.E.
Reid, Maj. D. E., C'wealth Mil. Forces.
Reid, Temp. Lt. D. W., M.C.
Reid, Lt.-Col. F. J., C.B.E., R.A.S.C., e.
Reid, Bt. Col. F. M., ret. pay.
Reid, Capt. G. E., Can. Local Forces
Reid, Capt. G. R. M., 4 Bn. Arg. & Suth'd Highrs.
Reid, Maj. H. A., C'wealth Mil. Forces.
Reid, Temp. Maj. H. A., M.C., R.E.
Reid, Bt. Lt.-Col. H. G., R.A.S.C., e.
Reid, Capt. J. G., Can. Rly. Serv.
Reid, Lt. N, M.C., R.F.A. Spec. Res.
Reid, Lt. N. S., M.C., Bucks. Bn. Oxf. & Bucks. L.I.
Reid, Bt. Lt.-Col. W. R., R.F.A.
Reid-Kellett, Temp. Maj. A., M.C., Serv. Bns. S. Wales Bord.
Reilly, Bt. Maj. H. L., 82 Punjabis.
Rendell, Lt. H.T., R.A.S.C., Spec. Res.
Rennie, Lt.- Col. (temp. Brig.-Gen.) G. A. P., C.M.G., K. R. Rif. C.
Rennie, Ma J. G., ret. pay (Res. of Off.)
Rennie, Brig.-Gen. R., C.B., C.M.G., M.V.O., Can. Local Forces.
Rennie, Lt.-Col. W. B., M.C., ret.
Rennison, Maj. A. J., Ind. Army.
Renny, Bt. Col. L. F., C.M.G., p.s.c.
Renny Tailyour, Maj. J. W., R.A.
Rettie, Lt.-Col. W. J. K., h.p.
†Revell Temp. Maj. J. W., R E.
Rewcastle, Lt. G. L D., M.C., R.G.A. Spec. Res.
Reyne, Capt. G. van R., M.V.O., 76 Punjabis.
Reynolds, Maj. A. B., 12 Lrs.

Reynolds, Maj. C. H., M.C., R.A.
Reynolds, Capt. D. W., York. & Lanc. R.
Reynolds, Lt.-Col. Str J. P., Knt, R V. *, (T.F.)
Reynolds, Bt. Lt.-Col. L.L. C., Bucks. Bn. Oxf. & Bucks. L.I.
†Reynolds, Maj. P. G., ret. pay
†Rhoades, Maj. W., M.C., Quebec Regt.
Rhodes, Maj. K., ret. pay
Rhodes, Hon. Lt. F. W., late K. Afr. Rif.
Rhodes, Temp. Brig.-Gen. (temp. Col.) G. D., C.B.E.
Rhodes, Lt.-Col. J. P., ret. pay
Rhodes, Lt.-Col. S., TD, 5 Bn. York & Lanc. R.
Ricardo, Lt.-Col. (temp. Brig.-Gen.) A. St. Q., C.M.G., C.B.E., ret. pay.
Ricardo, Lt.-Col. H.G., ret.
Ricardo, Lt.-Col. W. F., R.H. Gds.
Rice, L'.-Col. B. A. McH., 6 Gurkha Rif.
†Rice, Hon. Brig.-Gen. C. E., C.B.E., Maj. T.F. Res.
Rice, Maj. G. D., S. & T. Corps.
Rice-Jones, Temp. Lt. A.P., R.E.
Rich, Bt Lt. Col. C E F., late 3 Bn. Linc. R. (Maj. Res. of Off.)
Richards, Maj. B. O., ret. pay (Capt. 3 Bn. E. Surr. R. [I]
Richards, Capt. C. E. M., M.C., E. Lanc. R.
Richards, Capt. D. J. R., M.C., R.A.
Richards, Capt. F. H., R.F.A.
Richards, Temp. Capt. F. W., M.C., R.E.
Richards, Lt.-Col. H. A D., C.M.G., R A.S.C.
Richards, J. F. G., M.B., lateTemp. Capt.R.A.M.C.
Richards, Col. O., C.M.G., M.D., F.R.C.S., late R.A.M.C.
Richards, S., late Capt. Kimberley Town Guard.
Richardson, Lt.-Col. A. J., ret. pay (Res. of Off.)
Richardson, Temp. Maj. A. N., M.G. Corps.
Richardson, Lt.-Col. A. R., 2 Bn. Lond. R
Richardson, Bt. Maj. A.W. C., Bedf. & Herts. R., p.s.c.
†Richardson, Maj. G. C., M.C., Ind. Army.
Richardson, Maj. (actg. Col.) H., M.D., R.A.M.C. (T.F.)
Richardson Hon. Lt.-Col J., ret. pay [I]
†Richardson, Lt.-Col. J. J., 13 Hrs.

Richardson, Lt.-Col. M. E 20 Hrs.
Richardson - Griffiths, Maj. O. du P., O.B.E., ret. pay.
Richey, Maj. F. W., R.A.
Richey, Temp. Maj. G H.M., C.M.G., Serv. Bns. R. Fus. (temp. Lt.-Col. 4 Bn. S. Lan. R.)
Richmond. Capt. G. W., R.E. Spec. Res.
Richmond, Maj. J. D., M.B., O.B.E., R.A.M.C.
Richmond, Temp. Lt. L., Serv. Bns. Ches. R.
Rickards, Maj G. A., M.C., R.A.
Ricketts, Lt.-Col. (temp. Col.) P.E., M.V.O., 13 Lrs.
†Rickman, Lt.-Col. A. W., late 3 Bn. North'd Fus. (Capt. ret. pay.)
Rickwood, Temp. Maj. H. J., Serv. Bns. S. Lan. R.
Riddel, Maj. D. O., M.B., R.A.M.C.
Riddell, Maj. A., 74 Punjabis
Riddell, Maj. C. C., C'wealth Mil Forces
††Riddell, Bt.Lt.-Col. E. P. A., C.M.G., Rif. Brig.
Riddell, Lt.-Col. (temp. Col.) E.V.D., R.A., p.s.o.
Riddell, Maj. J. B., R.F.A., o.
Riddell, Lt.-Col. R. B., R.G.A.
Riddell-Webster, Bt. Maj. T. S., Sco. Rif, p.s.o.
Riddick, Maj. J. G., R.E. (T F)
Rideal, Capt. J. G. E., 5 Bn. York & Lanc. R.
Ridgway, Capt. T., M.C., 4 Bn. S Lan. R.
Ridings, Maj. C., O.B.E., R. Innis. Fus.
Ridler, Capt. R. H., 25 Bn. Lond. R.
Ridley, Temp. Lt.-Col. B. W., M.C., Serv. Bns. Durh. L.I.
Ridley, Lt. C. A., M.C., R. Fus.
Ridley, Lt.-Col. J. C. T. E. C., C'wealth Mil. Forces.
Ridout, Bt. Lt.-Col. J. Y. H., R.A.
Riendon, Bt. Lt.-Col. W. R., Can. Fd. Art.
Rigby, Lt.-Col. W., Res. of Off.
††Rigg, Maj. E. H., Yorks. L.I.
Rigg, Temp. Lt.-Col. W. G., R.E.
Riggall, Capt. A. H., C'wealth Mil. Forces.
Riggall, Maj. H. W., C.M.G., C'wealth Mil. Forces.
††Riley, Lt.-Col. H. J., Can. Local Forces
Riley, Bt. Maj. H L., Rif. Brig.
Riley, Bt. Lt.-Col. R. F., C.M.G., p.s.c.
Ripley, Lt.-Col. B., Can. Rly. Serv.
Risley, Maj. C. G., 18 Lrs.

† Also awarded Bar to Distinguished Service Order.
†† Also awarded 2nd Bar to Distinguished Service Order,

Orders of Knighthood, &c.

COMPANIONS D.S.O.—contd.

Rispin, Maj. D. E. A., W. Ont. R.
Ritchie, Maj. M. B. H., O.B.E. M.B., R.A.M.C.
Ritchie, Capt. N. M., M.C., R. Highrs.
Ritchie, Maj. T. F., Som. L.I.
Ritchie Maj. T. F., M.B., R.A.M.C.
Ritchie, Maj. W. B., S. Lan. R.
†Ritson, Maj. J. A. S., M.C., 8 Bn. Durh. L.I.
Ritzema, Te n o Lt.-Col. T. F., R.A. (Maj. T.F. Res.)
Rivis, Maj. T. C. L., R.A.S.C., e.
Roberton, Temp. Capt. T. B. W., Serv. Bns. North'd Fus.
Roberts, Bt. Lt.-Col. A. H., O.B.E., R.A.S.C., e.
Roberts, Bt. Lt.-Col. E. A., Ind. Med. Serv.
¶Roberts, Bt. Maj. F. C., M.C., Worc. R.
Roberts, Maj. F. E. R.A.M.C.
Roberts, Maj. G., M.C., late R.A.
Roberts, Lt. M., M.C., R. Suss R.
Roberts, Maj. H. C., M,V.O., ret.
Roberts, Temp. Capt. J. P., M.C., M.G. Corps
Roberts, Capt. P. T., C'wealth Mil. Forces
Roberts, Maj. S. R. H., Aust. Imp. Force.
Roberts, Maj. W. B., 101 Grenadiers [l].
Roberts, Maj. W. H., M C., R.E.
Robertson, Maj. A., High. Divl. Sig. Co., R.E.
Robertson, Bt. Lt.-Col A. B., C.M.G., Cam'n Highrs., p.s.c.
Robertson. Capt. B. H., M.C. R.E.
Robertson, Lt.-Col. C. C., ret. pay (Res. of Off.)
Robertson, Col. C. McL., TD (T.F.)
Robertson, Temp. Lt. D. W., M.C., Serv. Bns. K.R. Rif. C.
Robertson, Maj. F. A., Can. Art.
Robertson, Maj. F. M. B., h p
††Robertson, Bt. Maj. G. McM., N. Staff. R.
Robertson, Maj. G. R. G., TD, R.F.A. (T.F.)
Robertson, Maj. H. C. H'' C'wealth Mil. Forces.
Robertson, Rev. J., D.D., Chaplain to the Forces (2nd Class), ret. pay (Chaplain. 1st Class, T.F.)
Robertson, Col. (temp. Brig.-Gen.) J. C., C.B., C.M.G., C'wealth Mil. Forces.
Robertson, Maj. J. J., TD, 5 Bn. Sea. Highrs.

Robertson, Capt. J. R., Bedf. & Herts. R.
Robertson, Maj. N. R., Can. Eng.
Robertson, Capt. R. T. C., M.B., R.A.M.C. Spec. Res.
Robertson, Bt. Col. W., R.E., p.s.c
Robertson, Maj. W. C., R.G.A.
Robertson, Gen. Sir W. R., Bt., G.C.B., G C.M.G., K.C.V.O., Col. 2nd Dns., p.s.c. (L) ⓐⒸ
Robertson-Eustace. Capt. R. W. B., late Mila.
Robins, Maj. T. M., City of Lond. Yeo.
Robinson, Bt. Lt.-Col. A. C., R.A.S.C.
Robinson, Temp. Lt. A. C. H., 7 Bn. Yorks L.I.
Robinson, Lt.-Col. B. B., late Serv. Bn. Yorks. L.I.
Robinson, Maj. D. G. 46 Punjabis, p.s.c.
Robinson, Temp. Lt. D. L., R. Mar.
Robinson, Hon. Lt.-Col. E. H., R.A.O.C.
Robinson, Temp. Maj. E. H., M.C., 7 Bn. Shrops. L.I.
Robinson, Capt. F. L., M.C. R, Innis. Fus.
†Robinson, Capt. F R., Innis. Fus.
Robinson, Maj. F. W. T., ret. pay.
Robinson, Rev. G. L., Temp. Chapl. to the Forces (4th Class).
Robinson, Capt. G. St. G., M.C., North'n R.
†Robinson, Lt.-Col. H. A., late 32 Bn. R Fus.
Robinson, Maj. J. A. P., R.G.A.
Robinson Maj. J. P. B., C.M.G., R. Dub. Fus., p.s.c.
Robinson, Lt. L., R.E (T.F.)
Robinson, Maj. L. J W., R.A.
Robinson, Lt.-Col. P. G., ret. pay.
Robinson, Bt. Col. S. W., C.B., R.A.
Robinson, Lt -Col. T. C., TD, 4 Bn. E. Lan. R.
Robinson, Maj. T. T. H., M.B., R.A.M.C.
Robinson, Maj. W. P., O.B.E., R.A.S.C.
Robson, Maj. J. C , R.F.A. (T.F.)
Robson, Lt.-Col. L., C.M.G., TD, VD, late Durham R.G.A.
Roch, Lt.-Col H. S., C.M.G., R.A.M.C.
Rochfort, Capt. R. A., M.C. R. War. R.
Roche-Kelly, Maj. E , R. Ir Regt.
Rocke, Maj., C. E. A. S., I. Gds.

Rodd, Maj. W. J. P., R A.O.C.
Roddick, Lt. J. A., M.C., 10 Bn. L'pool R.
Roderick, Temp. Lt. W. D., M.C., Serv. Bns. R. Fus.
Rodger, Lt.-Col. T. H., vD, ret. Cape Local Forces (Lt.-Col. S. Afr. Def. Force)
Rodgerson, Capt. A. P., 39 Rif.
Rodocanachi, Capt. T. E., M.C., Oxf. & Bucks, L.I. (attd. (Lt. 3 Bn. Hamps. R.)
Roe, Maj. C. D., 4 Gurkha Rif.
Roe, Maj. W. F., TD R.A.M.C. (T.F.)
Roffey, Maj. M. H., late Tank Corps.
Rogers, Temp. Capt. A. L., R.F.A.
Rogers, Capt. C. R. de W., Leins. R.
Rogers, Maj. H., M.B., R.A.M.C.
Rogers, Hon. Lt.-Col. H. H., ret.
Rogers, Temp. Maj. H. P. Serv. Bns R. Fus.
Rogers, Bt. Lt.-Col. H. S., C.M.G., Shrops. L.I.
Rogers, Lt.-Col. (temp. Brig.-Gen) H. S., C B E. C.M.G., ret. pay (Res. of Off.)
Rogers, Lt.-Col. J. B., C.M.G., M.C., Can. Local Forces
Rogers, Bt. Col. Sir J. G., R.C.M.G. M.B., ret. A. Med. Staff.
Rogers. Lt.-Col J. M., late 2 Co. of Lond. Yeo (Maj. ret.)
†Rogers, Lt.-Col. J. S, Y. M.B., TD, R.A.M.C. (T.F.)
Rogers, Lt.-Col. R. P., Can. Eng.
Rogers, Temp. Maj. V. B. C.M.G., R.R.A.
Rogers, Bt. Lt.-Col. W. L Y., R.F.A.
Rogers-Tillstone, Lt. E. M., M.C, R.F.A. Spec. Res.
Rolland, Bt. Col. A., R.E.
Rolleston, Col., Sir L., K.C.B. TD, Notts. (S. Notts. Hrs.) Yeo.
Rolling, Maj. B. I., O.B.E., 2 Low. Fd. Co., R.E.
Rollo, Temp. Brig.-Gen. G., C.M.G.
Rolls, Lt.-Col. N. T., late Serv. Bn. R. W. Surr. R.
Rolls, Capt. S. P. A., M.C., Dorset R.
Rolston, Lt.-Col. J. M., Can. Eng.
†Romanes, Bt. Lt.-Col. J. G. P., R. Scots.
†Rome, Lt.-Col. C. L., 3 D.G.
Rome, Bt. Lt.-Col. C. S., C.M.G., 11 Hrs.
Romilly, Bt. Lt.-Col. B. H. S., S. Gds.
Romilly, Col. F. W., O.B., C.V.O. ret. pay, p.s.c.
Ronald, Capt. H Aust. Imp. Force.
Ronald, Maj. J. J., ret. pay.

Roney, Dougal, Maj. A. R., M.C., R.A.
Rooke, Maj. C, P, 5 Bn. Midd'x R.
Rooke, Bt Lt.-Col. E. H., C.M.G. R.E
Roper, Maj. E. R., M.C., late R.F.A.
Rorie, Bt. Lt.-Col. (temp. Col.) D., M.D., TD, R.A.M.C. (T.F.)
Rorke, Lt.-Col. H. V., late Can. Local Forces
Roscoe, Bt. Maj. B. W., Can. Local Forces
Rose. Maj. A. M., M.B., R.A.M.C.
Rose, Hon. Lt.-Col. Sir H. A., Knt. late 15 Bn. R. Scots.
Rose, Temp. Lt.-Col. J. G., S. Afr. Def. Forces.
Rose. Lt.-Col. J. M., R Mar., p.s.c.
†Rose, Bt. Lt -Col. R. A. De B., C.M.G., Worc. R.
Rosenthal, Maj.-Gen. C., K.C.B., C.M.G., A.I.F.
†Rosher, Temp. Lt.-Col. J. B., M.C., M.G. Corps.
†Ross, Lt.-Col. temp. Brig.-Gen.) A., C.M.G., Can Local Forces
Ross, Bt. Lt.-Col. A. C., 20 Horse.
Ross, Bt. Lt.-Col. A. M., C.M.G., W. York. R.
Ross, Col. O., C.B., ret. pay p.s.c. (l)
Ross, Maj. G. W., Ind. Army.
Ross, Capt. H.C.E., S. Gds.
Ross, Maj. J., Can. Local Forces.
Ross, Maj. J. A., Can. Local Forces.
†Ross, Brig.-Gen. J. M., C.M.G., Can. Local Forces.
Ross, Lt.-Col. L., Can. Local Forces.
†Ross, Bt. Lt.-Col. R. C., 6 Jat L.I.
Ross, Capt. R. K., M.C., R.W. Surr. R.
Ross, Lt.-Col. T. G., C'wealth Mil. Forces.
Rossi-Ashton, Temp. Maj. C. G., Tank Corps.
Ross-Johnson, Hon, Brig.-Gen. C. M., C.B., C.M.G., ret. pay [L]
Ross-Skinner, Capt. H., M.C., High. L. I.
Roth, Col. R. E., C.M.G., C'wealth Mil. Forces
Rotherford, Temp. Capt. R. W., M.C.
Rothschild, Temp. Maj. G. F., M C., Serv. Bns. R. Suss. R.
Rothwell, Maj. R. S., R.A.
Rothwell, Maj. W. E., O.B.E., R. Innis. Fus.
Roupell, Hon. Lt.-Col. E.P.S., late Milford Haven Div. Sub. Min. R.E. (Mila.)

† Also awarded Bar to Distinguished Service Order.
†† Also awarded 2nd Bar to Distinguished Service Order.

COMPANIONS (D.S.O.)—*contd.*

Rouse, Col. H., *C.B.*, ret.pay.
Routh, Maj. G. M., R.A.
Row, Maj. S. G., C'wealth Mil. Forces.
Row, Maj. W. B., R.G.A.
Rowan, Lt. G., 7 Bn. R. Highrs.
Rowan, Maj. P. S., Wilts. R., *p.s.c.*
Rowan-Hamilton, Capt. G. B., *M.C.*, R. Highrs., *p.s c.*
Rowan-Robinson, Bt. Lt.-Col. (*temp. Brtg.-Gen.*) H., *C.M.G.*, R.A., *p.s.c.* [L]
Rowan-Robinson, Bt. Lt.-Col. J. R., Ind. Army.
†Rowbotham, Lt.-Col. J. *M.C.*, late 8 Bn. High. L.I.
Rowcroft, Lt.-Col C. H., 9th Horse.
Rowcroft, Bt. Col. G. F., ret Ind. Army.
Rowe, Maj. R. H., *M.C*, R.A.
Rowland, Temp. Maj. R. H., Serv. Bns. R.W. Surr. R.
Rowlands, Lt H., *M.C.*, 2 Bn. Lond. R.
Rowlandson, Bt. Lt.-Col. M. G. D., 38 Dogras, *p.s.c.* [L]
Rowlette, Temp. Capt. L., *M.*, *M.C.*, R.A.M.C.
Rowley, Lt.-Col. C. A., ret pay.
Rowley, Hon. Prig.-Gen. F. G. M., *C.B.*, *C.M.G.*, S. Afr Def. Forces
Roy, Maj. J E G., *M.V.O.*, S. Afr Def. Forces
Royle, Temp. Maj. R. G.
Royston, Hon. Brig.-Gen. (*Army*) J. R., *C.M.G.*, late Border Mtd. Rif.
Royston-Pigott, Maj.W. M. R.A.S.C.
Ruck, Maj. O. L., 54 Sikhs.
Ruck-Keene, Maj. H L., *O.B.E.*, Oxf & Bucks. L. I, late R.A.
Rudkin, Lt.-Col. C. M. C. late R.A.
Rudkin, Maj. G. F., R.A.M.C.
Rudkin, Hon. Brig.-Gen. W. E C., *C.M.G.*, ret. pay, *A.D.C.*
Ruel, Maj. W. G., Ind. Army.
Rundall, Lt.-Col. C. F., *C.M.G.*, R.E. [*l*]
Rundall, Bt Col F. M., *C.B. O.B.E.*, u. s. l. Ind. Army.
Rundle, Bt. Lt.-Col. (*temp. Col.*) F. P., *C.M.G.*, R.E.
Rundle, Gen. *Sir* H. M. L., *G.C.B., G.C.M.G., G.C.V.O.*, *q.s* , ret pay.
Runge, Temp. Capt. C.H. S., *M C.*
Rush, Maj. F. C., *O.B.E.*, New Bruns. R.
Rushbrooke, Capt. W.P.H., North'd Fus.

Rushton, Lt.-Col. H. W., R.A.S.C.
†Russell, Lt. A., R.E.
Russell, Temp. Capt. B. A., Glouc. R. (attd.)
Russell, Col. B. B., ret. pay. R.F.A., Maj. ret. pay.
Russell, Lt.-Col. *Hon.* B. J., *C.B.E.*, R.E.
Russell, Maj. C. B., Can. Eng.
Russell, Capt. G. B., Wilts. R.
Russell, Maj. G. G., K. Ed. Horse.
Russell, Maj. H. D., R.A.S.C., *e*.
Russell, Lt.-Col. H. J., h.p., *e*. [*l*]
Russell, Capt. N. H. C., ret. pay, Maj. 5 Bn. Leins. R.
Russell, Bt.Lt.-Col. R.E.M. *C.B.E.*, R.E.
Russell, 2nd Lt. R. T., Ind Army, Res. of Off.
Russell, Lt. V. C., *M.C.*, Suff. R.
Russell, Maj. W. C. P., R.A
Russell, Maj. W. K., *C.M.G.*, R.E.
Russell, Hon. Maj. W. M. (*Hon. Maj. ret. Spec. Res.*)
Russell-Brown, Bt. Lt.-Col. C. R.E.
Rust, Maj. W. T. C., TD, T.F. Res.
Ruston, Temp. Maj. A. H., M.G. Corps
Rutherford.*late* Capt N.C. *M.B., F.R.C.S.*, R.A.M.C. (T.F.)
Rutherford, Lt.-Col. N.J.C., *M.B.*, R.A.M.C
Ryalls, Capt. H. D., late Serv. Bns., Ches. R.
Ryan, Capt. A. W., R.G.A
Ryan, Capt. C. F. M. N., R.E. Spec. Res.
Ryan, *Hon.* Brig.-Gen. C M., *C.B.E., C.M.G.*, ret. pay.
†Ryan, Bt. Maj. D. G. J., Gurkha Rif.
Ryan, Maj. E. J. W., 2 Cent. Ont. Regt.
Ryan, Bt. Lt.-Col. E. *C.M.G.*, R.A.M.C.
Ryan, Lt.-Col. H. T., *F.R.C V.S.*, ret. pay.
Ryan, Bt. Lt.-Col. R. S., R.A. [L]
Rybot, Maj. N V L., 76 Punjabis.
Rycroft, Maj. A. R. H., TD, W Kent Yeo.
Rycroft, Bt Maj. J. N O., *M.C.*, R. Highrs.
Ryder, Col. O. H. D., *C.I.E.*, [*l*]
Rynd, Maj F F., R.G.A [L]
Byrie, Maj. H. S., Aust. Imp. Force.
Sadleir-Jackson, Bt. Col. (*temp. Brig.-Gen.*) L. W. de V., *C.B., C.M.G.*, 9 Lrs.

Sadler, Temp. Maj. A. R.E.
Sadler, Maj. H. K., *M.C.*, R.F.A.
Sadler, Lt.-Col. R.M., *M.C.*, Aust. Imp. Force
Sagar, Temp. Capt. A. L., Serv. Bns. K.R. Rif. C.
St. Aubyn, Capt. (*temp Brig.-Gen.*) E. G. x, R. Rif. C. Spec. Res. (Lt ret. pay)
St. Clair, Maj.G.J.P., R.A
St. Clair, Maj. W. H. C'wealth Mil. Forces.
†St. John, Lt.-Col. E. F., *C.M.G.*, R.A., *p.s.c.*
St. John, Capt. F. O., *M C.*, R. Scots
St. John, Bt. Col (*temp. Brig.-Gen.*) R. S., *C.I.E.*, 20 Inf., *p.s c.*!
†St.John, Maj.W.E., Bucks. Yeo.
St. St. Leger, Col. H. H., ret pay
St. Leger, Lt.-Col. (*temp. Col.*) S. E., *C.M.G.*
Sale, Capt. G. G., *M.C.*, late R E
Sale, Capt. J. C., *M.C.*, late R.A.M.C.
†Salisbury, Lt.-Col. A. G. *C.M.G.*, C'wealth Mil. Forces.
Salkeld, Maj. H. Y., 2 Lrs.
Salmon, Hon. M. B., S. Wales Bord.
Salmon, Col. G. N., *C.M.G.*, h.p.
Salmond, Bt. Col *Sir* J M. *C.B., C.M.G., C.V.O.*, R. Lanc. R.
Salmond, Lt.-Col. (*temp. Maj.-Gen.*) W. G. H. *K.C.M.G., C.B.*, R.A., *p.s.c.* [*l*]
Salt, Bt. Col. H. F., *C.M.G.*, R.A., *p.s.c.*
Salt, Maj. *Sir* T. A., *Bt.*, ret. pay
Sampson, Maj. B., Aust. Imp. Force
†Sampson, Maj. F. C., *M.B.* R.A.M.C.
Sampson, Bt.Maj G. E., R. Innis. Fus.
Sampson, Maj.P., R.A.M.C
Samuel, Maj. F. A., late Serv Bns. R.W. Fus.
†Samuel, Maj. F. D., TD, 3 Bn. Lond. R.
Samuel, Maj. H. T., R.A.M.C (T.F.)
Sandars, Maj. S. E., *M.C.*, 6 Bn. R. Fus.
Sanders, Lt.-Col. W. H., *M.C.*, Aust. Imp. Force *C.B., p.s c.*, ret pay.
Sandeman, Maj. G. R., *M.C.*, Bord. R.
Sanders, Lt.-Col. G. E., *C.M.G.*, VD, Can. Local Forces.

Sanders, *Hon.* Brig.-Gen. G. H., *C.B., C.M.G.*, h.p.
Sanders, Lt. H J., *M C.*, 24 Bn. Lond. R.
Sanders, Temp. Maj. R. E., A.S.C.
Sanders, Maj. W. O. S. R.A., *g*.
Sanderson, Maj. A., *M.C.*, Aust. Imp. Force
Sanderson, Bt. Maj. A. E., Oxf. & Bucks. L.I.
Sanderson, Col. W. D., *C.M.G.*. ret .pay
Sandes, Maj. E.W.C., *M.C.*, R.E.
Sandford, Maj.A. B., A.I.F.
†Sandford, Bt. Lt.-Col. D. A., R.A., *g*.
Sandilands. Bt. Lt.-Col. H. R., *C.M.G.*, North'd Fus.
Sandilands, Bt. Lt.-Col. J. W., *C.B.,C.M.G.*,Cam'nHighrs., *p.s c.* [*l*]
Sandilands, Maj P., R. Mar.
Sandilands, Maj. V. C., Sco. Rif.
Sando, Lt.-Col. L. C., A.I.F.
Sandys, Bt. Lt.-Col. E. S., ret .pay.
Sanford, Maj G. A., 20 Hrs.
Sangmeister, Lt.-Col.F.A.W. Natal Local Forces
Sangster, Lt.-Col. P. B., *C.M.G.*, 2 Lrs.
†Sankey, Lt.-Col. C. E. P., ret. pay
Sapte, Maj. F., ret. pay.
Sargeaunt, Capt. P. R., R.G.A.
Sargent, Maj. A. E. E., *M.C.*, Ind. Army.
Sargent, *Hon.* Maj.-Gen. H. N., *C.B., O.B.E.*, ret. pay.
Sargent, Bt. Lt.-Col. J., Lan. Fus.
Sargent, Lt. P. W. G., *C.M.G., M.B., F.R.C.S.*, R.A.M.C. (T.F.)
Sarson, Maj. E. V., R.F.A.
Saunders, Maj. C., Dorset.
Saunders, Capt. E. A., ret. pay
Saunders,Maj. E. H., *O.B.E.*, Ind Army.
Saunders, Maj. G. F. C., ret. pay,
Saunders, Bt. Lt.-Col H.C., TD, Home Cos. Divl. Sig. Co., R.E.
Saunders, Maj J. L., N.Z. Mil Forces
Saunders, Capt. M., 36 Sikhs [L]
Saunders, Maj. R. G. F., late R.A.S.C.
Saunders, Maj. R P.,*M.C.*, 1 Cent. Ont. Regt.
Saunders-Knox-Gore, Bt. Lt.-Col. W. A. C., K.R. Rif. C.

† Also awarded Bar to Distinguished Service Order.

Orders of Knighthood, &c.

COMPANIONS (D.S.O.)—contd.

Savage, Bt. Lt.-Col. A. J., R.E.
Savage, Maj. G. T., R.A S.C.
†Savage, Maj. H. M., Can. Fd. Art.
Savage, Bt. Lt.-Col. M. B., C.B.E., S. Staff. R.
Savage, Maj. P. J., C'wealth Mil. Forces.
Savage, Lt.-Col V. W., Aust. Imp. Force
Savile, Maj. C. R. U., O B E.. R. Fus.
Savile, Bt. Col. G. W. W., C.B.E., ret. pay.
Savile, Maj. L. W., R.A.
Savile, Hon. Brig.-Gen. W. O., C.B., ret. pay
Savill, Lt.-Col. S. R., M.C., 16 Bn. Lond. R
Savory, Lt.-Col. A.K. M. C. W., late Serv. Bns. E. York. R.
†Sawyer, Maj. G. H., R. Berks. R.
Sawyer, Lt.-Col. H. T., R.A.V.C.
Sawyer, Temp. Maj. L., late York & Lanc. R. (attd.)
Saye, Temp. Maj. K. N., R.E.
Sayer, Maj. A. C., M.C., Suss. Yeo.
Sayer, Bt. Maj. A. P., R.E.
Sayer, Capt. H., M.C., T.F. Res.
Scaife, Maj. A. J. P., R.G.A (T.F.)
Scaife, Bt. Lt.-Col. W. E. C M.G., Devon. R., p.s.c.
Scaife, G. S. G., Temp. Capt. Devon R.
Scale, Maj. J. D., O.B.E., Ind. Army [L]
Scales, Lt. J. L., M.M., C'wealth Mil. Forces.
Scallon, Gen. Sir R. I., G.C.B., K.C.I.E., ret. pay
Scammell, Lt.-Col. A. G., ret. T.F.
†Scanlan, Maj. J. J., A.I.F.
Scarlett, Lt.-Col. H. A., late Norf. R. (Lt.-Col. Res. of Off.)
Scarlett, Bt Lt.-Col. Hon. H. R., R.F.A.
Scarlett, Lt.-Col. J. A., R.A.
Sceales, Bt.-Lt.-Col. G. A. McL., Arg. & Suth'd Highrs
Schomberg, Bt.-Maj. H. St. G., E. Surr. R.
†Schomberg, Bt. Lt.-Col. R. C. F., Sea. Highrs
Schreiber, Hon. Brig.-Gen. A. L., C.B., C.M.G., ret. pay.
Schreiber, Bt. Maj. E. C. A., R.F.A.
Schuster, Maj. L.R., L'pool R., p.s.c.
Sclater, Lt.-Col. J., Brit. Columbia R.
Sclater-Booth, Col. (temp. Brig.-Gen.) Hon. W. D., C.B., C.M.G.
Scobell, Bt. Lt.-Col S. J. P., C.M.G, Norf. R., p.s.c.
Scoones, Capt. G. A. P., M.C., 2 Gurkha Rif.

Sothern, Lt.-Col. A. E., C.M.G., late Serv. Bns. Notts & Derby. R.
Scott, Lt.-Col. A., M.C., 7 Bn Arg. & Suth'd. Highrs. (s.c.)
Scott, Maj.-Gen. Sir A. B., K.C.B.
Scott, Lt.-Col. A. F. S.
Scott, Lt.-Col. C. A. R., late Res. of Off.
Scott, Capt. C. B., late D. of Corn. L.I.
Scott, Bt. Lt.-Col. C.W., C.M.G., R.F.A., p.s.c.
Scott, Maj.-Gen. D. A, C.B., C.V.O., ret. pay
Scott, Capt. E., M.B., late R.A.M.C.
Scott, Hon. Lt.-Col. Rev. F. G., C.M.G., Can. Chapl. Serv.
Scott, Col. (T.F) F. W. A.
Scott, Maj. G., 6 Bn Lan. Fus.
Scott, Maj. G. B., 27 Punjabis.
Scott, Lt.-Col. G. J., late City of London Yeo.
Scott, Bt. Lt.-Col. H. L., M.C., 1 Gurkha Rif., p.s.c.
†Scott, Bt. Lt.-Col. H. St. G. S., 4 Gurkha Rif.
Scott, Bt. Maj. J., M.B., Ind. Med. Serv.
Scott, Maj. J., R.A.
Scott, Maj. J. C., O.B.E., Arg. & Suth'd Highrs.
Scott, Capt. J. M., 7 Bn. Arg. & Suth'd Highrs.
Scott, Maj. J. W. L., R.A.M.C.
Scott, Lt.-Col. M. A., Can. M.G. Corps.
Scott, Maj. R. H., O.B.E.
Scott, Hon. Brig.-Gen. R. K., C.B., R. I. O C.
Scott, Maj.-Gen. T. E., C.B., C.I.E. Ind Army
Scott, Maj. T. Henry, M.C., M.B, R.A.M.C.
Scott, Capt. W.. M.C., 3 Bn. R. Ir. Fus.
Scott, W., late Capt Damant's Horse.
Scott, Temp Maj W. D., M.C. 16 Bn. High. L.I.
†Scott, Lt.-Col. W. H., C.M.G., C'wealth Mil. Forces.
Scott, Maj. W. J. R., C'wealth Mil. Forces.
Scott - Elliott, Maj. W. R.A.S C., e.
Scott-Kerr, Hon. Brig.-Gen. R., C.B., C.M.G., M.V.O., ret. pay.
Scratchley, Lt.-Col.V.H.S., O.B.E., late T.F.Res.(Capt. ret. pay).
Scrimgeour, Capt. G. C., M.C., R.F.A. (T.F.)
Scudamore, Hon. Brig.-Gen. C. P., C.B., C.M.G., ret. pay, q.s.
Scully, Rev. V., Temp. Chapl. to the Forces, 4th Class.
Scully, Capt. V. M. B., O.B.E, Bord. R.
Seagram, Lt.-Col. T. O., C.M.G, h.p.

Seagrim, Maj. A. H., Leins. R. [L]
Searight, Maj H. F., ret. pay, Res. of Off.
Searle, Temp. Maj. (temp. Col.) F., C.B.E., Tank Corps.
Seath, Bt. Maj. G H., R. Mar.
Sebag-Montefiore, Maj. T. H., M.C., R.F.A.
Sebastian, Temp. Lt. E. G. E. Kent R.
Seccombe, Hon. Brig.-Gen. A. K., C.M.G., ret pay.
Seckham, Lt.-Col. & Hon. Col. B. T., late 4 Bn. S. Staff. R.
Seckham, Maj. D. T., 4 Bn. S. Staff. R. (Capt. ret pay).
Sedgwick, Bt.Lt.-Col. F. K., C.M.G., R.A. [l]
Seely, Hon. Maj.-Gen. Rt. Hon. J. E B., C.B., C.M.G., m, Col. T.F. Res. (Hon Capt. in Army).
Segrave, Maj. O'N., late Lab. Corps (Hon.Maj.late Impl. Yeo.)
††Segrave, Bt. Lt.-Col. W. H. E., High. L.I., p.s.c.
Selby, Bt. Lt.-Col. C. W., M.C., R.F.A. [l].
Seligman, Hon. Brig.-Gen H. S., C.M.G., ret. pay.
Sell, Hon. Capt. (Army) E. C., late Impl. Yeo.
Sellar, Maj. T. B., C.M.G., ret. pay.
Selmes, Maj. J. C., C'wealth Mil. Forces.
Semmens, Maj. J. N., Man. Regt.
Senior, Maj. E., 5 Bn. W. Rid. R.
Senior, Col. H. W. R., C.I.E., Ind. Army.
Sergison - Brooke, Lt.-Col. (temp Brig.-Gen.) B. N., C.M.G., Gds., p.s.c.
Seeth-Smith, Maj. H. G., R.A.S.C., p.s c.
Seton-Browne, Lt.-Col. O. L S., 55 R.
Settle, Lt. - Gen Sir H. H., K.C.B., ret. pay, p.s.c.
Sewell, Lt.-Col. E. P., C.M.G., M.B., R.A.M.C.
†Sewell, Bt. Lt.-Col. H. S., C.M.G., 7 Hrs.
†Seymour, Lt.-Col. A. G., 10 Hrs.
Seymour, Maj. C. H. N., K.R. Rif. C.
Seymour, Maj. E., O.B.E., M.V.O., G. Gds.
Seymour, Maj. E. F., R. Dub. Fus.
†Seymour, Lt.-Col. H. C., G. Gds.
Seymour, Maj. V. H., M.C., Res. of Off.
Seys, Maj. R. C., O.B.E., R.G.A. [L]
Shadwell, Capt. W. G. A. R. Mar.
Shakespear, Capt. A. T., M.C., R.E.
Shakespear, Lt.-Col. J., C.M.G., C.I.E., ret. Ind. Army.

Shanahan, Capt. M., C'wealth Mil Forces.
Shanahan, Col. D. D., C.M.G., h p.
Shannon, Temp. Maj. W. B., Serv. Bns. York. R. (Maj. Res. of Off.)
†Shannon, Maj. W. J., C.M.G., 16 Lrs.
Sharland, Maj. A. A., E. Lan. R.
Sharp, Maj. F. W., ret. pay.
Sharp, Lt. R. R., M.C., R.F.A., Spec. Res.
Sharpe, Bt. Maj. A. G. M., O.B.E., R. Berks. R.
Sharpe, Maj. C. S., York. & Lanc. R.
Sharpe, Capt G. L., 5 Bn. W. Rid. R.
Sharpe, Maj. W. J., Can. Local Forces
Sharpe, Temp. Maj. W. McC., R A
Shaw, Temp. Capt. A. D. McI., Serv. Bns. R. Sc. Fus.
Shaw, Lt.-Col. A. L. B., 8 Bn Lan. Fus.
Shaw, Capt. C. A., Res. of Off.
Shaw, Lt.-Col. C. G., C'wealth Mil. Forces
Shaw, Maj. D. P., Serv. Bns. Dorset R.
Shaw, Maj. F. V., M.C., late R.A.
Shaw, Lt. Col. and Hon. Col. (Hon. Maj. in Army) Sir F. W., Bt., late 5 Bn. R. Dub. Fus.
Shaw, Maj. G. D. A., h.p.
Shaw, Maj. H. M. D., 1 Gurkha Rif.
Shaw, Lt.-Col. J. A., Can. Local Forces.
Shaw. Temp. Capt. J. T., Serv. Bns. York. R.
†Shaw, Lt.-Col. L. D., M.B., late R.A.M.C.
Shaw, Maj. R. M., M.C., late R.F.A. (T.F.)
Shaw, Maj. R. M., M.C., R.F.A. (T.F.)
Shaw, Temp. Maj. W. R.A.S.C.
Shaw, Maj. W. M., R.A.
Shaw-Stewart,Lt.-Col.B.H., C.M.G., R.A.
Shea, Maj. A. G., 51 Sikhs.
Shea, Surg.-Maj. A. W , TD, 6 Bn. Notts. & Derby. R.
Shea, Maj. H. F., M.B., R.A.M.C.
Shea, Maj.-Gen. J. S. M., K.C.M.G., C.B., Ind. Army, p.s.c., q.s.
†Shearer, Maj. G. W., Can. Fd. Art
Shearman, Capt. C. E. G., M.C., Bedf. & Herts. R.
Shearman, Capt. T., 5 Bn. Yorks. L.I
Shebbeare, Temp. Maj. R. A., R.A.S.C.
Shedden, Lt. J. A., M.C., 7 Bn. Sco. Rif.
Sheehan, Bt. Lt.-Col. G. F., R.A.M.C.

† Also awarded Bar to Distinguished Service Order
†† Also awarded 2nd Bar to Distinguished Service Order.

Orders of Knighthood, &c.

COMPANIONS (D.S.O.) *contd.*

Sheepshanks, Lt - Col. A. C., Unattd. List(T.F.) 12 Cav.
Sheepshanks, Capt. R. H., 12 Cav.
Sheffield, Capt. W. G. F., 5 Bn. Midd'x R.
Shekleton, Capt. A., R. Muns. Fus.
Sheldon, Capt. C. D., R.E., Spec. Res.
Sheldon, Capt. J., *M.C.*, *late* Notts. & Derby. R.
Shellard, Capt. E., TD, 4 Bn. Glouc. R.
Shellshear, Lt.-Col. J. L., C'wealth Mil. Forces.
Shelton, Bt. Lt.-Col. R. *R.A.S.C.*
Shephard, Hon. Lt.-Col. C. S., *late* 4 Bn. Som. L.I., Maj. ret. pay.
Shepherd, Maj. C. 1., 53 Sikhs.
Shepherd, Bt. Maj. G. J. V., R.E.
Shepherd, Maj. W. K. O., *late* R.F.A. (T.F)
Sheppard, Capt. E., *M.C.*, G. Gds.
Sheppard, Maj. E. G., *M.V.O., A.M.I.E.E.*, TD, R.E. (T.F.)
Sheppard, Hon. Brig.-Gen. H. C., *C.B., C.M.G.*, ret. pay.
Sheppard, Lt. J. J., *M C.*, 19 Bn. Lond. R.
Sheppard, Lt -Col. P.; *R.F.A.*
Sheppard, Maj. R. O., *R.A.O.C.*, o.
Sheppard, Maj-Gen. S. H., *C.B., C.M.G., R.E., p.s.c.*
Sheppard, Bt.Lt.-Col.W.T., *R.A.O.C.*
Sherbrooke, Bt. Maj. R. L., Notts. & Derby. R.
Sherer, Lt.-Col. J. D., *C.M.G., R.A.*
Sheringham, Maj. A. T., 121 Pioneers.
Sheringham. Lt.-Col. C. J. de B., *M.C.*, *late* Serv. Bns. Som. L.I.
Sherlock, Bt. Lt. - Col. D. J, C. E., *R.F.A.*
Sherman, Temp. Maj. E.C., *R.A.S.C.*
Sherston, Capt. J. R. V., *M.C.*, 11 Lrs.
Sherston, Hon. Col. W. M., (*Lt.-Col. T. F. Res.*) *late* Lt.-Col. N Som. Yeo., Capt., ret.
Sherwood, Bt.Lt.-Col. O. C., ret. pay.
Ṽ&Sherwood-Kelly, Lt.-Col. J., *C.M.G.*, *late* Serv. Bns Norf. R.
Shewan, Maj. H. M., R. Dub. Fus
Shewell, Lt.-Col. E. F., *C.M.G., R.A.*
Shiel, Maj. F. R. A., *R.F.A.* (T.F.)
Shinkwin, Maj. (*temp. Col.*) I. R. S., *C.M.G., R.A.S.C.*, e.

Shone, Lt.-Gen. *Sir* W. T. *K.C.B.*, Comdt. R.E.
Shore, Maj J L, Ches R.
Shore, Hon. Brig.-Gen. O B S F., *C.B., C.I.E., p.s.c,* (L), ret. pay.
Shorland, Temp. Lt. J. W., Serv.Bns. Hamp.R
Shorrock, Lt. J., Aust. Imp. Force
Short, Maj. P. H., ret. pay
Shortose, Capt. W. J. T, S. Staff. R.
Shoubridge, Lt.-Col. C. A G ,112 Inf.
Shoubridge, Maj.-Gen. T. H., *C.B., C.M.G. p.s.c.*
Shute, Lt.-Col. J. J., *C.M.G* TD, jun., 5 Bn. L'pool R.
Shuter, Bt. Lt.-Col. R. G. R. Ir. Fus.
Shuttleworth, Bt. Lt.-Col. D. I., 8 Gurkha Rif. *p.s.c.*
Sidgwick, Hon. Maj. (*Hon. Lt. in Army*) C. K. D., Ind. Vols.
Sidney, Maj. H., TD, North'd Yeo.
Sifton, Maj. C., jun., Can Fd. Art,
Sifton, Maj. W. V., 1 Cent. Ont. Regt.
Silburn, Lt.-Col. P. A. B. *C.B.E., late* S. Afr. Def. Forces.
Sills, Maj. J. H., E. Ont. R.
Silver, Lt.-Col. (*temp. Col.*) J. P., *C.B.E., M.B.*
Sim,Bt. Maj.G. E. H., *M.C., R.E.*, p.s.c.
Simcox, Temp. Maj. C. T. Serv. Bns Devon R
Sime, Temp. Lt. A. W. H., *M.C.*, M.G. Corps.
Simmons, Temp. Maj. S A., *M.C.*, Ches. R. (attd.)
Simmons, Temp. Capt. W. G., *M.C.*, Serv. Bns. R.W. Surr. R.
Simner, Lt.-Col. P. N. *late* 10 Bn. W. York. R.
Simonds, Lt.-Col. C. B., ret. pay, *g*.
Simpson,Maj.A.F.,Sask.R.
Simpson, Bt. Col. C. N., ret. pay.
Simpson, Lt.-Col G. S., TD, 4 Low. Brig., R.F.A.
Simpson,Bt. Lt.-Col. H.C., *C.M.G., R.F.A., g.*
Simpson, Capt. J. G., *M.C.*, Cam'n Highrs.
Simpson, Temp. Lt.-Col. S. B., *C.B.E., R.E.*
Simpson, Maj. F. J., TD, *F.R.C.V.S.,R.A.V.C.*(T.F.)
Simpson, C.pt W., *M.C., D.C.M.*, Qr.-Mr K.O. Sco. Lord.
Simpson, Maj. W. A. J., *M.C., R.A.*
Simpson, Col. W. G., *C.M.G.*, T.F. Res. (Capt. ret.)
Sims, Brig.-Gen. R.F.M., *C.M.G* Can.Local Forces, *p.s.c*

Sinclair, Hon. Capt. (*Army*) *Sir* J. R. G., *Bt.*, VD, *late* Hon. Col. 1 Caithness R.G.A. (Vols.)
Sinclair, Rev. P., *M.A.*, Chapl. 2nd Class (T.F.).
Sinclair. Lt.-Col. W. C. C., 4 Bn. R. Scots.
Sinclair-Maclagan, Maj.-Gen. E. G., *C.B*
Sinclair Tnomson, Bt. Lt.-Col. A E M., Essex R.
Singer, Bt. Col. (*temp. Brig.-Gen.*) C. W., *C.M.G.*, R.E.
Single, Maj. C. V., Aust. Imp Force.
ingleton, Bt. Lt. - Col. H. T. C., *C.M.G.* High L.I
Sitwell, Hon. Brig.-Gen. W. H., *C.B., p.s.c*, ret.pay
Skefffington Smyth, Capt. G. H. J., ret. pay
Skeffington - Smyth, Maj. R. C. E, ret. pay (*Res of Off.*)
Skeill, Temp Capt. A. P., Serv. Bns. R. Sc. Fus.
Skelton, Bt. Lt.-Col. D. S., *R.A.M.C.*
Shey, Temp. Capt. C. O., *M.C.* 8 Bn. R. Fus.
Shiner, Lt. H., *M.C., R.A.*
Skinner, Maj. A. B.,*O.B.E.*, 5 Cav.
Skinner, Bt. Lt.-Col. E. J., *R.F.A.*
Skinner, Qr.-Mr. & Maj. E. W.
Skinner, Col. G. J., u.s.i. Ind. Army
Skinner, Capt. H. T., 29 Punjabis
Skinner, Col. (*temp. Brig.-Gen.*) P. C. B., *C.B C.M.G., p.s.c.*
Skinner, W. B., *M.B. late* Lt.-Col. S. Afr. Def. Force,
Skirrow, Temp. Maj. A. G. W.
Sladden, Capt. C. E., Unattd. Lt. (T.F.)
Slade, Capt. A. J., *M.C.*, Alberta Regt.
Slade, Capt. H. A., *M.C.*
Sladen, Maj. D. B. C., R.A.
Sladen, Col. (*temp. Brig.-Gen.*) D. R., O.M.G.
†Sladen, Hon. Brig.-Gen G. C., *C.B., C.M.G.*, *M.C.*, ret. pay.
Slane, Lt.-Col. J. C. F., VD, C'wealth Mil. Forces.
Slaney, Maj. T. B., Aust. Imp. Force
Slater, Temp. Lt. H. A., Serv. Bns. Notts. & Derby R.
Slater, Lt. H. E., C'wealth Mil. Forces
Slater, Capt. J. M., 4 Bn. R. Scots.
Slaughter, Bt. Lt.-Col.R.J., *C.M.G., R.A.S.C.*, *e*.
Slayter, Col. E. W., *C.M.G.*, *M.B., R.A.M.C.*
Slingsby, Maj. T. W., 22 Cav.
Sloan, Temp. Capt. A. T., *R.F.A.*

Sloan, Bt. Col. J M., *C.M.G*
Sir J. R. G., *Bt.*, VD, *late* *M.B., R.A.M.C.*
Sloggett. Maj. A. J. H., Rif. Brig.
Sloman, Hon. Brig.-Gen. H. S., *C.M.G.*, ret. pay *p.s.c.*, [L]
Smales, Bt. Lt.-Col. W. C., *R.A.M.C.*
Small, Temp. Lt E. A.
Smalley, Temp. Mat E.
Smallman, Maj. A. B., *C.B.E., M.D.,IR.A.M.C* [I] Aust. Imp. For e.
Smeathman, Capt. L. F., *M.C.*, Herts. R.
Smellie, Hon. Lt.-Col. J. H. S., *C.M.G.*, Rly. Corps. Uganda.
†Smeltger, Lt. A. S., *M.C.*, E. Kent R.
Smiles, Temp. Lt.-Col. W. D., M.G. Corps.
Smit, Lt.-Col. B. J. J., S.Af. Def. Force.
Smith, Lt. A. E., *M.C.*, R F A. (T.F.)
Smith, Capt. A. F., *M.C.*, C. Gds.
Smith, Lt.-Cbl. A. G. B., ret. pay (*Res. of Off.*)
Smith, Lt. A. J., *D.C.M.*, Bord. R.
Smith, Lt.-Col. B. A., *M.C.*, TD, 8 F n. (otts. & L'erby. R.
Smith, Temp. Lt. C. F., *late* Capt. Driscoll's Scouts (Capt. ret. pay).
mith, Rev. C. W., *C.B.E.*, Temp. Chapl. to the Forces, 1st Class.
Smith, Maj. C. W. J., 29 Punjabis.
Smi'h, Maj. D. K., *R.F.A.* (T.F.)
Smith, Bt. Col. F., *C.B., C.M.G.*, ret. pay
Smith, Lt. Col. F. W., *D.C.M.*, *L.te* Serv. Bns. Welsh R.
Smith, Bt. Col. G. E., *C.M.G., R.E.*
Smith,Col. E, S., TD, Terr. Force.
Smith, Maj. G.M., *M.C.*, S m. L.I., [L]
Smith, Capt. H., *late* 4 Bn. E. York R.
Smith, Lt.-Col. H. B., R.A.
pay.
†Smith, Maj. H. C. H.,Sco. Rif.
Smith, Maj. H. D. St. A., Can. Eng.
Smith, Capt. H. F. E., Bn. K. R. Rif. C.
Smith, Bt.-Lt.-Col. H. H., 9 Inf.
Smith, Lt.-Col. H. L., ret. pay.
S m i t h , Lt.-Col. H. M., Shrops. L.I
Smith, Lt.-Col. H. R. W. M., *R.F.A.*
Smith, Bt. Lt.-Col. H. W., R. W. Surr. R.
Smith, Bt. Lt.-Col. H. W. T., R.A.

† Also awarded Bar to Distinguished Service Order.

COMPANIONS (D.S.O.)—contd.

Smith, Maj. J. G., TD, 6 Bn. Sea. Highrs.
Smith, Col. L. A., h.p.
Smith, Bt. Lt.-Col. L. K., R. Scots.
Smith, Rev. Canon M. L., late Temp. Chapl. to the Forces, 4th Class.
†Smith, Col. R., C.M.G., C'wealth Mil. Forces.
†Smith, Lt.-Col. R. A., M.C., late Serv. Bns. E. E.Surr.R.
Smith, Lt. R. K., M.C. 8 Bn. Wilts. R.
Smith, Maj. S., A.F.C., 3 E. Ang. Brig., R.F.A.
Smith, Maj. S., M.C., late R.F.A. (T.F.)
Smith, Capt. S. A., O.B.E., Can. Local Forces.
Smith, Lt.-Cr1 S. B., O.B.E., M.D., R.A.M.C.
Smith, Capt S. C. W., 3 Bn. N. Lan. R.
Smith, Capt. T. O., 5 Bn. E.Surr.R.
Smith, Lt.-Col. W., C'wealth Mil. Forces.
†Smith, Lt. W. C., M.C., 6 Bn. K. R. Rif. C.
Smith, Col. W. D., R.A.V.C
Smith, Capt. W. G., R. E.
Smith. Col. W H U., C.B., C.B.E., R.A.O.C., p.s.c.
Smith, Col. W. McK., TD, Terr. Force
Smith Capt. W. S., R.F.A., (T.P.)
Smithard, Capt. R. G., M.C. Shrops. L.I.
Smith - Bingham, Hon. Brig.-Gen. O. B. B., C.M.G., ret. pay
Smith - Dorrien, Gen. Sir H. L., G.C.B., G.C.M.G., Col. Notts. & Derby R., p.s.c.
Smithson. Hon. Brig.-Gen. W. O., C.B.E., ret. pay
Smyth, Lt.-Col. G. A., h.p.
†Smyth, Bt. Lt.-Col. (temp. Brig.-Gen.) G. B. F., R.E. p.s.c. [L]
Smyth, Maj. G. J. W., R.E.
Smyth, Bt. Maj. G. O. S., M.C., R.A.
Smyth, Lt.-Col. H., h.p.
Smyth, Maj. H. E., O.B.E., R.A.O.C., p.a.c.
Smyth, Bt. Col. O. S., ret. pay
Smyth, Hon. Brig.-Gen. R. N., C.B.E.
Smyth, Lt.-Col. R. R., C.M.G., ret. pay
Smyth, Lt.-Col. T., S. Afr. Med. Corps.
Smyth, Capt V. G., R.A.
†myth, Temp. Capt. W., M.C., R.E.
Smyth-Osbourne, Bt. Lt-Col. G. N. T., C.B. C.M.G., Devon R., p.s.c. [L]
Smythe, Maj. R. B., N.Z. Mil. Forces.
Smythe, Maj. R. C., C.M.G., R. Innis. Fus.
Smythe, Maj. R.E., M.C., Can. Local Forces

Snape, Maj. J., M.C., late Linc. R.
Snell, Col. A. E., C.M.G., Can. Local Forces.
Snepp, Temp. Maj. E., R.A.S.C.
Snow, Lt.-Col. H.W., C.M.G., ret pay.
Snowdon, Maj. H. S. K., R.G.A.
Soames, Maj. A A., K.R Rif.C.
†Sole, Bt. Maj. D. M. A. Bord. R.
Solly-Flood. Maj.-Gen. A., C.B., C.M.G. 4 D.G., p.s.c.
Solly-Flood, Bt. Col. R. E., C.M.G., kif. Brig.
Soltau-Symons, Maj. L.C., ret. pay.
Somers, Capt. A. H. T., Lord, M.C., 1 L G
Somerset, Lt. H. R. S. F. de V., C. Gds.
Somerset, Lt. Hon. N. F., M.C., Glouc. R.
Somerville, Lt.-Col. G. C., C.M.G., C'wealth Mil. Forces, p.s.c.
Somervile, Maj. J. A. H. B., R.A.
Somerville, Maj. H. F., Rif. Brig.
Somerville, Capt. R. S., M.C., C'wealth Mil. Forces.
†Somerville, Bt. Lt.-Col. W. A. T. B., R Lanc. R.
Somerville, Maj. W. J., late R.E.
Sommerville, Maj. J. A., N.Z. Mil Forces
Somerville-Smith, Temp. Lt. H., M.C., R.A.
Sopper, Maj. E., M.C., 17 Lrs.
Sorel, Temp. Lt.-Col. W L., R.A.S.C.
Sotheby, Capt. H. G., M.V.O., 4 Bn. Arg. & Suth'd Highrs.
Souter, Temp. Lt.-Col. H. M.W., C.M.G., Dorset. Yeo. (Maj. 14 Lrs.)
Southam, Col.(T.F.) L.A.C., TD
Southey, Maj. M. V., Aust. Imp. Force.
Soutry, Bt. Lt.-Col. T. L. B., R. Ir. Rif.
Sowerby, Lt.-Col. and Hon. Col. (Hon. Capt. in Army) H. J., late 4 Bn Durh.L.I. (Lt.-Col. T.F. Res.)
Sowrey, Lt. F., A.F.C., M.C., R. Fus.
Spaight, Maj. T H L., R.A.
Span, Lt.-Col. H. J. B., Welch R
††Sparkes, Lt.-Col. W.M.B., R.A.M.C.
Sparks, Lt.-Col. H. C. C.M.G., M.C., T.F. Res.
††Sparling, Lt.-Col. A. W. Can. Local Forces
Sparling, Lt.-Col. H. C., Can. Local Forces

Sparrow, Col. R., C.M.G.. h.p
Speeding, Maj. J. H., R.G.A
Speir, Temp. Lt. - Col. K R. N., R.E.
Spence, Col. G. O., TD, Terr. Force
Spence-Jones, Col. C. J. B., C.M.G., TD, Terr. Force (Capt. ret.)
Spencer, Capt. A. V., 3 Bn. Oxf. & Bucks. L.I.
Spencer, Col. C. L. TD, R.A.
Spencer, Maj. F. E., M.C., R.A.
Spencer, Temp. Lt G E., M.C., Serv. Bns. Yorks. L.I.
Spencer, Temp. Lt. J., M.M., Serv. Bn . R. Fus.
Spencer, Bt Lt.-Col. J. A. W., C.M.G., Rif. Brig., p.s.c
Spencer, Maj. R. A., R.F.A.
Spencer-Phillips, Capt. J. C., R.A.S.C. (T.F.)
Spencer Smith, Maj. G. M., R.F.A.
Spencer-Smith, Temp. Capt. M., M.C.
Spender, Bt. Lt.-Col. W. B., M.C, ret. pay (Res. of Off.) p.s.c. [L]
†Spens, Lt.-Col. H. B., 5 Bn. Sco. Rif.
Speyer, Capt. A. W., ret.
Spicer, Lt. F. F. F., 12 Lrs.
Spicer, Temp. Capt. L. D., M.C.
†Spiller, Lt.-Col. D. W. L., R.A.
Spinks, Lt.-Col. C. W., O.B.E, ret. pay
Spittle, Temp. Maj. G. H. R.E.
Spong, Capt. C. A. T., R.A.
Spong, Maj. C. S., F.R.C.S., late R.A.M O.
†Spooner, Bt. Lt.-Col. A. H., C.M.G., Lan. Fus.
Spooner, Capt. C.C., Essex R.
Sporwers, Lt. A., M.C., 2 Bn. E. Lan. R.
Spragge, Hon. Lt.-Col. B. E., ret. pay. (Genz.-at-Arms) (Lt.-Col. T.F. Res.)
Sprenger, Temp. Maj L. F., M.C., S. Afr. Def. Forces
Spreull, Maj. A., R.A.V.C. (T.F.)
Spring, Bt. Lt. Col. F. G., C.M.G., Linc. R., p.s.c.
Spring, Maj. T. C., Hamps. R., p.s.c.
Sprot, Maj. A W. R., Arg. and Suth'd Highrs.
Spurrell, Temp. Maj. W. J., M.C., 9 Bn. Norf. R.
Spurrier, Temp. Maj. G. S., O.B.E., R.A.S.C.
Squires, Maj. E. K., M.C., R.E.
Stable, Capt. R. H., 122 Inf.
Stack, Maj. W. A., A.I.F.
Stacpoole, Lt.-Col. G. W. R., O.B.E., ret. pay (Res. of Off.)

†Stacy, Lt.-Col. B. V., C.M.G. C'wealth Mil. Force
Stafford, Hon. Maj. F. E., Lord, late Staff. Yeo. Cav. (Hon. Maj. in Army), late Hon. Lt.-Col. 3 Bn R Lanc R.
†Stafford, Lt.-Col. R. S. H., M.C., late 6 Bn. K. R. Rif. C.
Stair, Lt.-Col. J. J., Earl of, ret. pay
Stallard, Lt-Col. C. F., M.C., late Serv. Bns. Middl'x R.
Stallard, Capt. S., O.B.E., 17 Bn. Lond. R.
Stallard, Lt.-Col. S. F., C.M.G., R.A.
Stamford, Hon. Capt. A. R., R.A.O.C.
Stanbrough, Maj. L. K., R.G.A.
Standford, Lt. - Col. W., M.V.O., VD, S. Afr. Def. Forces
Standing, Rev. G., M.C., Temp. Chapl. to the Forces (1st Class).
Stanford, Lt. A W., M.C., R.F.A. Spec. Res.
Stanhope, J. R., Earl, M.C., late Maj. 4 Bn. R.W.Kent R. (Capt. Res. of Off.)
Stanley, Lt.-Col. Hon. A.F., 2 L.G. (Lt.-Col. Gds. M.G.R.)
Stanley, Lt.-Col. F., R.F.A. [L]
Stanley, Hon. Brig.-Gen. Hon F C., C.M.G., Res. of Off.
St'anley, Maj. F. E. C., TD, R.F.A. (T.F.)
Stanley, Bt Lt-Col. Hon. F. W., Res. of Off. (Maj. Lan. Hrs. Yeo.)
Stanley, Temp. Lt. J. L., W. York R. (attd.)
Stanley, Lt.-Col. Hon. O. H., ret. pay (Res. of Off.)
Stanley, Maj. R. A., A.I.F.
Stanley, Temp. Maj. W.A., M.G. Corps.
†Stanley Clarke, Maj. A. C. L., Sco. Rif.
Stanley Clarke, Bt. Col. H. C., C.B., C.M.G., R.F.A.
Stansfield, Lt. Col. W., C.M.G. C'wealth Mil. Forces.
Stansfeld, Bt. Col. (temp. Brig.-Gen.) T W., C.M.G., York. R.
Stanton, Hon. Brig.-Gen. F. W. S., ret pay
Stanton Maj. H. A. S.
Stanton, Maj. - Gen. Sir H E., K.C.M.G., C.B., p.s.c., ret. pay
†Stanway, Bt. Lt.- Col. W. H., R.W. Fus.
Staveley, Capt. R., R.F.A.
Stapleton, Capt. J. H., C'wealth Mil Forces Res. of Off.
Stayner, Capt. R. W., M.C., Sask. R.

† Also awarded Bar to Distinguished Service Order.
†† Also awarded 2nd Bar to Distinguished Service Order.

Orders of Knighthood, &c.

COMPANIONS (D.S.O.)—*contd.*

Stebbing, Maj. N. A., R.A.
Stedall, Capt. L. P., City of Lond. Yeo.
Steel, Lt.-Col. F. M., Can. Local Forces.
Steel, Lt. M. R., *M.C.*, 3 Bn North'd Fus.
Steele, Col (*temp. Brig. Gen.*) J. McC., *C B., C.M.G*, C Gds.
Steele, Temp. Maj. W. J., R.E.
Steevenson, Maj. J. R., R.A.V.C.
Stein, Lt.-Col. O. F., G. Gds. Spec. Res.
Stennett, Lt.-Col. H. M., N. Rhodesia Police.
Stephen, Maj. J. H., R.A.M.C. (T.F.)
Stephens, Maj. F. A., R.A.M.C.
Stephenson, Lt.-Col. A., *M.C.*, 16 Bn. late R. Scots
Stephenson, Lt. Col. H. K., ‡vD, T F. Res.
Stephenson, Capt. M. B., *M.C.*, late 3 Bn. E. York. R.
Stephenson, Lt.-Col. R. *C B.E., late* 9 Bn. S. Staff R.
Stephenson - Fetherstonhaugh, Capt. A. J., *M.C.* 6 Bn. Worc. R.
Stericker, Maj. A. W., D. of Corn. L.I.
Steven, late Temp. Lt. J. F. *M.B., R.A.M.C.*
Stevens, Lt.-Col. A. B. *C.M.G*, C'wealth Mil Forces.
Stevens, Maj. A. C. J., R. E
Stevens, Maj. C. M. H., R.A
Stevens, Bt. Lt.-Col. G. A. *C.M.G*, R. Fus.
Stevens, Maj. H. L., Welch R
Stevens, Bt. Lt.-Col. H. R. G., R.A., *p.s.c.* [L]
Stevens, Maj. H. W., ret. pay (*Res. of Off.*)
Stevens, Lt.-Col. L. M. Worc. R.
Stevenson, Bt. Col. A. G. *C.B., C.M G*, R.E.
Stevenson, Lt. D. F., *M.C., late* Notts. Yeo.
Stevenson, Hon. Brig.-Gen. E. H., *C.M.G*, R.A.
Stevenson, Maj. G. H. *M.B.*, R.A.M.C.
Stevenson, Lt.-Col. G. I., *C.M.G*, Aust. Imp. Force
‡Stevenson, Lt.-Col. H. L., Fort Garry Horse.
Stevenson, Lt.-Col F. P. H. *late* 3 Bn. K.O. Sco. B.
Stevenson, Capt. R., N Z Mil. Forces.
Stevenson, Maj. W. S., *M.C.*, late Serv. Bns. Arg. & Suth'd Highrs.
Steward, Capt. C. K., *M.C* S. Wales Bord.
Steward, Bt. Lt.-Col. G. R V., *C.B.E.*, R. Innis. Fus. [L]
Steward, Capt. S. J., *M.D.*, R.A.M.C. Spec. Res.
Stewart, Lt.-Col. A. C., Corps of Guards.

Stewart, Lt.-Col. A. F., Ind. Army.
Stewart, Capt. A. J., 4 Bn R. Highrs.
Stewart, Bt. Col. B., ret. pay
Stewart, Col. (*temp. Brig. Gen.*) C. G., *C.M.G., p.s.c.* [l]
Stewart, Lt.-Col. D. B., h.p *M.D., late* R A.M.C.
Stewart, Maj. H. A., *O.P.E.*, R.A.S.C.
Stewart, Maj. H. A., Can A.S.C.
Stewart, Capt. H. W. V., R Sc. Fus.
Stewart, Bt. Col. I., *C.M.G* Sco. Rif., *p.s.c.* [l]
‡Stewart, Lt.-Col. J., ret pay, Res. of Off.
Stewart, Lt., Lt. J., High. L.I. Spec Res.
†Stewart, Lt.-Col. J. C., *C.M.G*, C'wealth Mil Forces.
Stewart, Lt.-Col. J. C., Can Fd. Art.
Stewart, Lt.-Col. J. C., Can. *M.C.*, Serv Bns R. Ir. Rif
Stewart, Bt. Col. (*temp. Brig.-Gen.*) J. H. K., 3S Garhwal Rif., *p.s.c.*
Stewart, Temp. Capt. J. L. *M.C., M B., R.A.M.C.*
Stewart, Lt.-Col. J. N. Y., C'wealth Mil. Forces.
Stewart, Maj. N. St. V. R., R.A.S.C.
Stewart, Bt Lt.-Col P. A. V., *C.B.E.*, K.O Sco. Bord., *p.s.c.*
Stewart, Capt. P.D., 3S D. G
Stewart, Capt. W. E. L., ret. pay, late Maj. Pembroke Yeo.
Stewart, Bt. Lt.-Col. W. A. *C.M.G* Cam'n Highrs.
Stewart, Capt. W. P. High. L.I.
Stewart-Richardson, Maj N G., N. Ir. Horse.
Steyn, Temp. Capt. P. Serv. Bns. Bedf. & Herts. R.
Stickney, Capt. J. E. D., *M.C.*, 4 Bn. York & Lan R.
Stidston, Maj. C. A., *M.D.*, T.F. Res.
Stilwell, Lt.-Col. W. B., 4 Bn. Hamps. R.
‡Stillwell, Maj. W. D., R.A.
Stirke, Temp. Maj. H. K., Serv. Bns. R. Dub. Fus.
Stirling, Capt. A. D., *M.B.*, R.A.M.C.
Stirling, Col. Sir G. M. H., Bt., *C.B.E.*, ret. pay.
Stirling, Lt.-Col. J. A., *M.C., late* S. Gds. Spec Res.
Stirling, Lt. - Col. W. *C M G., R.A., g.*
Stirling, Maj. W. A., *M.C* R.A.
†Stirling, Maj. W. F., *M.C.*, ret. pay.

Stirling-Cookson, Capt. C. S., *M.C.*, K.O Sco. Bord.
Stitt, Lt. W. H., *M.C.*, R. Dub. Fus.
Stobart, Bt. Lt -Col. G. H. *C.B E.*, ret. pay
Stobart, Capt. H.M., *C.B.E.*, T.F. Res.
Stockdale, Capt. G.V., *M.B.* R.A.M.C. Spec. Res.
Stockdale, Col. H. E., *C.B., C.M.G*
Stockings, Maj. G. M., *late* Serv. Bns. Yorks. L.I.
Stockley, Capt. C. H., *M.C.*, 66 Punjabis.
†Stockley, Bt. Col. E. N., R E.
Stocks, Temp. Capt. J. L.
Stockwell, Bt Lt.-Col. (*temp. Brig -Gen.* C. I., *C.B., C.M.G., R. W Fus*, *p s.*
†Stockwell, Maj. C.V., Can. Fd. Art.
Stockwell, Hon. Maj.-Gen. G. C. I., *p.s.c.* [l] ret. pay
Stokes. Hon. Brig.-Gen. A *O.B.E., C.B., C.M.G., g.*, ret. pay.
Stokes, Capt. A., *M.D. F.R.C.S.I. late R A.M.C.*
Stokes, Maj. A. W., *M.C.* R E
Stokes, Bt. Lt.-Col. C. B., *C.I.E.*, 3 Horse. *p.s.c.* [L]
Stokes, Maj. H. W. P., R.A.S.C.
Stokes, Bt. Maj. J. G., *M.C.*, 19 Bn. Lond. R.
Stokes, Temp. Maj R. S.G., *O.B.F., M.C.*, R.E.
Stokoe, Lt.-Col. T. R., ret pay.
Stone, Temp. Maj. C. R., *M.C*
Stone Maj. J.H., R.A.O.C., *o.*
Stone, Hon. Brig.-Gen. P.V. P., *C.M.G.*, ret pay
Stone, Capt. R. G. W. H. *M.C.*, R.E.
Stone, Temp. Capt. W. A. C., *M.C.*, R.F.A.
Stoney, Capt., G. J. L., *M.C.* Worc. R.
Stoney, Bt. Maj. H. H., N. Staff R.
Stooks, Maj. C. S., 5 Lt. Inf
Stopford Sackville, Bt. Maj L. C., ret. pay.
Stordy, Temp. Maj. R. J. *C.B.E.*, R.A.V.C.
Storey, Temp. Maj. C. E., *late* Tank Corps.
†Storey, Maj. H. I., Devon R
Stork, Capt. E. S., *M.B.* T. F. Res.
Storrie, Lt. W., 4 Bn High. L. I.
†Story, Temp. Maj. P. F., R.E.
Stourton, Bt. Lt.-Col. Hon. E. P. J., Yorks. L.I. *p s c* [l]
Stout, Temp. Capt. P. W. *O.B.E.*

Stranack, Bt. Lt.-Col. C. E., R.A., *p.s c.*
Strange, Maj. F. G., Berks. Yeo.
Strange, Temp. Capt. J. S., *M.C.*, Serv. Bns. Welch R. *C.B E.* ret. pay
Strange, Capt. L. A., *M.C., D F.C.*, Dorset R.
Stratton, Temp. Maj. (bt. Lt.-C l.) F. J. M., R.E. (Capt Unattd. List (T.F.)
Streatfeild, Temp. Maj., G E. S., *O.B.E.*, R.E.
Streatfeild, Lt.-Col. H. S. J., 25 Bn. Lond. R.
Street, Temp. Capt. A. H., R.A.
Street, Maj F., Aust. Imp. Force
Street, Bt. Lt.-Col. H., Devon R.
Stretch, Temp. Maj. E. A., Serv Bns. R. W. Fus.
Strevens, Bt. Maj. H., *M.C.*, R. War. R.
Strick, Col. (*temp. Brig.-Gen.*) J. A., *C.B.*
Strickland, Maj.-Gen. E. P., *C.B., C.M.G*, Col. *C.B.E., R.A.S.C., e.*
Striedinger, Lt.-Col. O., *C.B.E., R.A.S.C., e.*
Stringer, Capt. C. H., R.A.M.C.
Strong, Bt. Lt.-Col. A. D., 10 Lrs.
Strong, Bt. Lt.-Col G. M., Can. Local Forces.
Stronge. Capt. H. C. T., *M.C.*, E. Kent R. [l]
Strover, Maj. N. R., R.G.A.
Strudwick, Lt. S. G., *M C.*, R.F.A. Spec. Res.
Strutt, Lt.-Col. E. L., *C.B.E.*, 3 Bn. R. Scots.
Stuart, Lt. B., R.A.
Stuart, Lt.-Col. E. M., Aust. Imp. Force
Stuart, Lt. G. F., 5 Bn. W. York R.
Stuart, Lt.-Col. H. C., ret. pay.
Stuart, Maj. K., *M.C.*, Can. Eng.
Stuart, Lt. W., Loth. & Bord. Horse Yeo.
†Stubbs, Bt. Lt.-Col. G. C., Suff. R.
Stubbs. Capt. J. W. C., *M C., M.B., R.A.M.C.*
Studd, Bt. Col. H. W., *C.B., C.M.G., p.s.c.* [l], *s.*
Studd, Maj. M. A., *M.C.*, R.A.
Studdert, Bt. Maj. R. H. *M.C.*, R.F.A.
Sturdee, Lt.-Col. V. A. H., *O.B.E.*, C'wealth Mil. Forces.
Sturges, Maj. C. H. M., R.G.A.
Sturrock, Maj. W. D., *M.D.*, R.A.M.C. (T.F.)
Sturt, Maj. M. A. S., *late* R.A.S.C.
Styles, Maj. A. G., Can. Local Forces

† Also awarded Bar to Distinguished Service Order.

Orders of Knighthood, &c. 275

COMPANIONS (D.S.O.)—contd.

Sugars, Capt. H. S., *M.C., M.B., l te* R.A.M.C.
†Sugden, Lt.-Col., *Hon.Lt. in Army*) R. E., *C.M.G.*, 4 Bn. W. Rid. R.
Sullivan, Bt. Lt.-Col. G. A., Oxf & Bucks. L.I.
Summerhayes, Maj. J O., R.A.M.C. (T.F.)
Summers,Temp.Lt.-Col.F., *D.S.C.*, Tank Corps.
Summers, Temp. Maj. F., *M C.*, R.E.
Sumpter, Capt. G., *M.C* R.A. [L]
Sunderland, Col. M. S. J., ret. pay.
Surtees, Hon. Brig.-Gen. H.C.,*O.B.,C.M.G.,M.V.O.,* ret pay, *p.s.c.* [L] (*Hon. Col 4 Bn. Durh. L.I.*)
Sutcliffe, Capt. A. W.,*M.C.,* 3 Bn. Bord. R.
Sutcliffe, Maj R. D , 3 Bn. Lond. R.
Suther, Lt.-Col. P., *C.M.G.* R.A , *G.*
Sutherland, Maj. A. O, 22 Punjabis.
Sutherland, Lt.-Col. D. M., W. Ont. Regt.
Sutherland, Lt. Col. H. H., R. Highrs.
Sutherland, Temp. Capt. H. W., Serv. Bns. K.O. Sco. Bord.
Sutherland,Temp.Lt.-Col. J., *O.B.E.,* R.E.
Sutherland, Maj. R. O., 14 Lrs.
†Sutherland, Temp. Maj. T. D.,*M.C.*, 6 Bn. Linc. R.
Sutton, Maj-Gen. A.A.,*C.B*
Sutton, Capt. B. E., *M.C.,* 3 Bn. Hamps. R.
Sutton, Maj. F., R.G.A.
Sutton, Capt. G. W., 8 Bn. Lan. Fus.
Sutton, Bt. Maj. W. M., *M.C.,* Som. L.I.
Sutton-Nelthorpe, Bt Maj. O., *M.C.,* Rif. Brig.
Svensson, Lt.-Col. R , *M.C., M B., late* R.A.M.C.
Swan, Maj. W. G., Can Rly, Serv
Swann, Temp. Maj. H. L., R. , R.A.S.C.
Swanston, Lt.-Col. C. C., 34 Horse, *p.s.c., q.s.*
Swayne, Col. C. H. ret pay
Swayne, Bt. Lt.-Col. O. B. R.G.A.
Sweeny, Maj. R. L. C., *M.C.,* Ind. Army.
Sweet, Lt.-Col. E. H., *C.M.G.*, 2 Gurkha Rif.
Sweet, Temp. Maj. F., Serv. Bns. R.W. Fus.
Sweet, Capt. R., *M.B.,* Ind. Med. Serv.
Sweet, Capt. R. T., Ind Army
Sweny, Bt. Lt.-Col. W. F., *C.M.G.,* R. Fus.
Swettenham, Maj. G. K. *C.B.E.,* ret. pay (Maj.) 3 Bn. R. Ir. Fus.
Swift, Brig.- Gen. A. E., Can. Local Forces.
Swinton, Lt.-Col. C. W., *C.M.G.,* R.G.A.

Swinton, Bt. Col. (*temp. Maj.-Gen.*) E. D., *C.B.,* R.E. [?]
Sword, Maj. D. C., Sco. Rif
Sydenham, Lt.-Col. E. V., *TD*, 5 Bn. R. War. R
Sydney-Turner,Bt. Lt.-Col. C. G. R., *O.B.E.*,R.A.S.C., e.
Syer, Maj. J. N., Can. Fd. Art.
Sykes, Capt. A. C., *O.B.E.,* R.E.
Sykes, Temp. Maj. A. R., *M.C.,* Serv. Bn. L'pool R.
Sykes, Col. C. A., *C.M.G.,* n.p.
Sykes, Capt. C. H., 6 Bn. R. Fus.
*Sykes, Bt. Lt.-Col F B., R.A
Sykes, Lt.-Col. W. A., Ind. Med. Serv.
Syme, Maj. G. A., *M.C* late R.E.
Symes, Bt. Lt.-Col. G. S., *C.M.G.,* ret. pay.
Symes-Thompson, Maj. A. W., h.p
Symon, Lt. J. A., 4 Bn. Cam'n Highrs.
Symonds,Temp.Lt. Col.G., *O.B.E*
Symons, Bt. Lt.-Col. C. B. O., *C.M.G.,* R.E.
Synge, Maj. M.,*C.I.E.,* Ind. Army.
Synnott,Bt Lt -Col. W. T., ret. pay (*Res. of Off.*)
Taberer, Lt. T. C. M., *M.C.*
Tabuillan, Maj. G. G., R.A.M.C.
Tagart, Hon Maj.-Gen.*Sir* H. A. L., *K.C.M.G., C.B., p.s.c.* [L], ret. pay (*Res. of Off*)
Tagg, Bt. Maj. E. J. B., Durh. L.I.
Tait, Capt. J., 8 Bn. R. Scots.
Talbot, Bt. Lt.-Col. D. H., *M.C.,* 17 Lrs
Talbot, Lt.-Col. Rt. Hon. Lord E. B. *G.C.V.O. M V.O.,* ret. pay.
Ta'bot. Lt.-Col. F, G., ret. pay (*Res. of Off.*)
Talbot,Hon.Lt.-Col.G.J.F., ret. pay.
Tallents, Maj. G. E., Lan. Fus.
Tallents, Maj. H., T.F. Res.
Tamblyn, Maj. D. S., Can. A.V.C.
Tamplin, Lt.-Col. R. J. A., *late* Serv. Bns., R Ir. Fus
Tancred, Bt. Col. T. A., *C.B., B.M.G.,* R.A.
Tandy, Bt. Col. E. N., *C.M.G.,* R.G.A., *p.s.c.*
Tandy,Maj.M.O'C.,*O.B.E.,* R.E.
Tanner, Temp. Maj. A. G., *M.C.,* Serv. Bns R. Fus.
Tanner Bt. Lt.-Col. F. C., *C.M.G.*, R. Scots [?], *p.s.c*
Tanner, Maj.G.,*TD*, 7 Bn.W. Rid. R.

Tanner, Hon. Brig.-Gen. W. E. C., *C.B., C.M.G., late* S. Afr. Def. Forces, *p.s.c.*
Tapley, Bt. Lt.-Col. J. J. B, R.A.V.C.
Tapp, Lt—Col. J. H. W., ret, pay (Res. of Off.)
Tarbet, Hon. Lt.-Col A. F., *C.M.G.,* Maj. *late* 3 Bn. S Lan, R.
Tarleton, Maj. F. R., R. Highrs.
Tarver, Bt. Col. A. L., 124 Inf., *p.s.c.*
Tassie, Maj. L. G , Aust. Imp. Force
Tatchell, Capt. E., ret.pay.
Tate. Capt. A. W., 3 Bn R. Highrs.
Tate, Col. G. W., *C.M.G., M.B.,* ret. pay.
Tattersall, Lt. E. H. h.p.
Tattersall, Rev. T. N., *late* Temp. Chaplain to the Forces, 2nd Class.
Tatham, Hon Maj. F. S., *late* S. Afr. Def. Force.
Taunton, Maj A. J. S., Can. Local Forces.
Tayler, Maj. F. L., 42 Regt S. Lan, R.
Tayler, Temp. Maj. H.P.B, *O.B.E*
Tayleur, Capt. C. L. O., R.F.A.
Taylor, Temp. Lt. A. C.
Taylor, Hon. Brig.-Gen. A. H. M., ret. pay (*Res. of Off.*)
Taylor, Lt.-Col. A. J, *C.M.G.,* S.Afr. Def. Force.
Taylor, Bt. Lt.-Col. C. L., S. Wales Bord.
Taylor, Bt Maj. C. W. H. 3 Bn., R.W. Kent R.
Taylor, Capt. D. Pritchard, B. B., R.A.M.C.
Taylor, Lt. F. A., Can. Cav.
Taylor, Maj. F. G., Can Local Forces.
Taylor, G. J. S., R.F.A.
Taylor, Temp. Maj. G. V. *M.C.,* Serv. Bns. Rif.Brig.
Taylor, Lt. H , Aust. Imp. Force
Taylor, Lt. H. B., Aust. Imp. Force.
Taylor, Maj. H. J., Durh. L.I.
Taylor, Lt.-Col. H. J. C., C'wealth Mil. Forces.
Taylor, Lt.-Col. H. N., ret. Ind. Army
Taylor, Maj. J., *M.B., E.I.F.*
Taylor, Lt.-Col J A C., *M.C.,* 10 Bn. Manch R.
Taylor, Maj. L M. M.C. *TD* 4 Bn. Yorks. L.I.
Taylor, Maj. L. R. E. W. R.A.
Taylor, Bt. Col. (*temp. Brig.-Gen.*) M. G., *C.M.G* R.E., *p.s.c.*
Taylor, Maj. M. R., *M.D.,* R.A.M.C.
Taylor, Maj. N C., 92 Punjabis.
Taylor, Capt. R. S., *M.B., F.R.C.S.(Edin.),* R.A.M.C. (T.F.)

Taylor, Lt.-Col. S. S., *C.M.G.,* S.Afr. Def. Force.
Taylor, Bt. Maj. T. E. H., *M.C.,* R. Ir. Regt.
Taylor, Lt. Col. T, G., Res. of Off.
Teale, Temp. Maj. J. W., R.E.
Teall, Maj. G. H., Linc. R.
Tebbutt, Lt.-Col. A. H., C'wealth Mil. Forces.
Teichman, Capt. O., *M.C.,* T.F. Res.
Telfer-Smollett, Capt. A. P. D., *M.C ,* High, L I.
Temperley, Capt. A., 6 Bn. North'd Fus.
Temperley, Bt. Lt.-Col A C. *C.M.G.,* Norf. R., *p.s.c.*
Temperley, Lt.-Col. E., *TD*, 6 Bn. North'd Fus.
Tempest, Lt. E. V., *M.C.,* 6 Bn. W. York. R.
Tempest, Bt. Col. R. S., *C.M.G.,* S. Gds.
Temple, Col. O. P., ret. pay
Temple, Bt.-Lt.-Col. (*temp. Col.*) R. D., ret. pay.
Templeton, Lt.-Col. C. P., Can. Local Forces.
Tenison, Maj. W. P. C., R.A.
Tennant, Capt. J., 5 Bn S. Lan, R.
Tennant, Lt.-Col. J. E., *M.C.* Res. of Off.
Tennant, Lt. M. F., S. Gds Spec. Res,
Ternan, Hon. Brig.-Gen T P. B., *C.B. C.M.G.,* ret. pay, *q.s.*
†Terrot, Bt.-Lt.-Col. C. R., 7-8 Bn. W. York R.
Tetley, Lt.-Col. C. H., *TD*, 8 W. York R.
Tetley, Maj. F. E., 4 Bn. Linc. R.
Teversham, Bt. Col. R. K. *O.B.E.,* u.s.l. Ind. Army.
Thacker, Brig.-Gen. H. C., *C.B., C M G.,* Can. Fd. Art.
Thackeray. Lt.-Col. C. B., R.F.A., e.
Thackeray, Lt.-Col. E. F., *C.M.G., late* S.Afr. Def. Force.
Thackeray, Bt. Lt.-Col. F. S., *M.C.,* High L.I.
Thackwell, Col. C. G. R., *C.B.,* ret. pay.
Thackwell, Maj. C. J., ret. pay
Thatcher, Maj. G. G., h.p.
Thellusson, Maj. Hon. H. E., R.F.A.
Theobald, Maj. A. C. L E.I.F.
Theobald,Lt.-Col. H. C. W., ret. pay.
Thesiger, Lt. Col. Hon. E. R., *TD*, T.F. Res.
Thesiger, Hon. Capt. (*Army*) Hon. W. G., *late* Capt. Impl. Yeo.
Thewles, Bt. Lt.-Col. H. A., E. Kent R.
Thin, Lt.-Col. E. G, *TD,* 10 Bn. L'pool R.
Thom, Temp. Maj. (*bt. Lt.-Col.*) J G.,*M.C.*, 8 Bn Gord. Highrs.
Thom, Maj. J. H., R.G.A.
Thomas, Lt. A. E. W., *M.C.,* 4 Bu. R W. Kent R.

† Also awarded Bar to Distinguished Service Order.

COMPANIONS (D.S.O.) - contd.

Thomas, Maj. A. F., Manch. R.
Thomas, Maj. A. N., M.B., Ind. Med. Serv.
Thomas, Maj. B., late Serv. Bns. Glouc. R.
Thomas, Qr.-Mr. and Maj. G. C.
Thomas, Capt. G. I., M.C., R.F.A.
Thomas, Col. H. M., C.M.G., h.p., g.
Thomas, Lt.-Col. H. St. G., ret. Ind. Army.
Thomas, Capt. J. H., M.B., R.A.M.C. (T.F.)
Thomas, Temp. Maj. L. R. R.A.S.C. (Lt. Unattd. List T.F.)
Thomas, Maj. R. H., R.E.
Thomas, Lt.-Col. S. F., late Serv Bns. Shrops. L I
Thomas, Temp. Maj. W. L., M.C., Brit. W.I.R.
Thomas-Evelyn, Maj. C. J., late Serv. B s. Manch. R.
Thompson, Capt. A. E., M.C., M.D., late R.A.M.C.
Thompson, Bt. Lt.-Col. A F., R.A.
Thompson, Col. A. G., C.M.G., M.B.
Thompson, Lt.-Col. A. J., R.G.A.
Thompson, Capt A.J., M.C., S. Gds. Spec. Res.
Thompson, Temp. Lt. C. E., M.C., Serv Bns S. Lan. R.
Thompson, Maj. C. H. F., O.B.E., 5 Bn. Lond. R.
Thompson, Maj. - Gen. O. W., C.B., ret. pay, p.s.c.
Thompson, Maj. E. V., Can. Fd. Art.
Thompson, Lt. G. E., 15 Bn. Lond. R.
Thompson, Maj.-Gen. Sir H N., K.C.M.G., C.B., M B
Thompson, Maj. J. C. G., TD, R.F.A. (T.F.)
Thompson, Maj. J.G., M.C., 7 Bn. L'pool R.
Thompson, Lt -Col. J. T. C., 1 Cent. Ont. R.
Thompson, Lt.- Col. R., Yorks. Dns. Yeo
Thompson, Maj. R. J. C., C.M.G., R.A.M.C.
Thompson, Bt. Lt.-Col. R L. B., C.M.G., R.E.
Thompson, Maj. R.M., M.C., C'wealth Mil. Forces.
Thompson, Lt.-Col. R. W., ret pay, p.s.c. [L]
Thompson, Maj. S. J, 25 Mtd. Brig. R.F.A.
Thompson, Lt. T. A. L., M C., 4 Bn. North'd Fus.
Thompson, Lt. W. D. B., M.C., 9 Bn. Durh. L.I.
Thompson, Maj. W. G., M.B., R.A.M.C.
Thompson, Lt.-Col. W. G., C.M.G., R.F.A.
Thompson, Lt.-Col. W. J., S. Afr. Def. Force
Thompson, Temp. Maj. W. L., M.C., Brit. W.I.R.
Thompson, Lt.-Col. W. M., R.E
Thompson, Lt. W. W., M.C., Can. Local Forces.
Thomson, Temp. Maj. A.C., R.E.
Thomson, Bt. Lt.-Col.A.G. C.M.G., 58 Rif., p.s.c.
Thomson, Lt.-Col. A. H. G., 30 Punjabis.
Thomson, Capt. A. L., R. Suss. R.
Thomson, Hon. Brig.-Gen. C. B., C.B.E., ret. pay, p.s.c. [L]
Thomson, Maj. C. G. R.A.M.C.
Thomson, Maj. C.P., M.D., h.p.
Thomson, Maj. D., M.C., Res. of Off.
Thomson, Maj. E. L., 3 Bn. York. & Lanc. R. (Lt. ret. pay.)
+Thomson, Capt. G., M.C., York. L.I.
Thomson, Temp. Maj. G., Serv. Bns R Ir. Rif.
Thomson, Lt.-Col. H. G., 2 Wessex Brig. R.F.A.
Thomson, Lt -Col. H. W., M.D , TD, R.A.M.C. (T.F.)
Thomson, Maj. J. F., N. Staff. R.
Thomson, Maj. J. N., M C., R.A.
Thomson, Bt. Lt.-Col. N. A., C.M.G., Sea. Highrs., e.
Thomson, Lt.-Col. R. G., C.M.G., R.F.A. [L]
Tho burn, Lt.-Col. W., 8 Bn. R. Scots.
†Thorne, Maj. A. F. A. N., C.M.G., R. Gds.
Thorneycroft, G.E.M., R.A.
†Thornhill, Bt. Lt.-Col. C. J. M., C.M.G., 6 Inf.[L]
Thornley, Maj. J. H., Can. Local Forces.
Thornthwaite,Maj.F.,M.C., Aust Imp. Force.
Thornton, Maj. (temp. Col.) L. H., C.M.G., 6 Bn. Rif. Brig. (Capt. ret.)
Thornton, Bt. Lt. - Col. (actg. Lt.-Col.) W. B., R. Berks. R.
Thorneycroft, Maj. C. M., C.B.E., 3 Bn. Manch. R. (Capt. ret. pay).
Thorp, Lt.-Col. A. H., C.M.G. 3 R.G.A.
Thorp, Bt. Lt.-Col. (temp. Col.) H. W. B. Yorks. L.I., p s c.
Thorp, Lt.-Col. J. C., ret. pay, p.s.c.
Thorpe, Lt. Col. E. J. de S., C.M.G , Bedf. & Herts. R. [L]
†Thorpe, Bt. Col. (temp. Brig.- Gen.) G., C.M.G., Arg. & Suth'd Highrs.
Thorpe, Lt.-Col. H., TD, Notts. (Sher. Rang.) Yeo
Thunder, Bt. Lt.-Col. S. H J.,C.M.B.,M,C.,North'n R.
Thurlow, Bt. Lt. - Col E. G. L., Som. L.I., p.s.c.
Thurston, Maj. L. V., R.A.M.C.
†Thwaytes, Capt. H. D. Dorset R.
Thynne, Col. U. O., C M.G., TD, Terr. Force.
Tickell, Lt.-Col. E. J.,ret. pay [L]
Tidswell, Hon. Brig.-Gen. E.C., C.B., ret. pay.
Tidswell, Bt. Maj. E. S. W., O.B.E. Leic. R.
Tighe, Lt.-Gen. Sir M. J., K.C.M.G., C.B., O.I.E.
Tillard, Lt. Col. A. B., 1 Gurkha Rif.
Tillard, Maj. E. D., R.E.
Tillie, Temp. Lt.-Col. W.K., M.C., M.G. Corps.
Tillotson, Temp. Lt. J. E , M.C., Serv. Bns. W. York. R.
Tilly, Capt. J. C., M.C., W. York. R,
Tilney, Lt.-Col. L. E., VD, C'wealth Mil. Forces.
Tilney, Lt.-Col. N. E. ., O.B.E , ret. pay.
Tilney, Col. R. H., TD. (Terr. Force)
Timbrell, Maj. T., Ind. Army.
Timins, Rev. F. C., Temp. Chaplain to the Forces, 3rd Class.
Tivey, Col. E., C.B., C.M.G., C'wealth Mil Forces.
Tobin, Bt.-Col. F. J., ret. pay.
Tobin, Maj. H. W., O.B.E., 128 Pioneers, p.s.c.
Tod, Temp. Lt. D., M.G. Corps.
Todd, Maj. (temp. Col.) A. G., O.B.E., R.A.V.C.
Tolerton, Capt. R. H., M.C. 23 Bn. Lond. R.
†Toll, Lt.-Col. F. W., C'wealth Mil. Forces.
Tollemache, Maj. Hon. D P., 7 Hrs., p.s.c.
Tollemache, Bt. Maj. E. D. H. M.C., C. Gds.
Toller, Lt.-Col. W. S. N., 5 Bn. Leic. R.
Tollworthy, Lt. F. G., M.C., 1 Bn. Lond. R.
Tomes, Maj. C. T., M.C., R. War. R., p.s.c.
Tomkins, Lt.-Col. H. L., C.M.G., 28 Punjabis.
†Tomkinson, Lt -Col. F. M., 7 Bn. Worc. R.
†Tomkinson, Lt.-Col. H.A., 1 Dns.
Tomkinson, Maj. W., Aust. Imp. Force.
Tomlin, Bt. Maj. J.L., R.E.
Tomlinson, Capt. L. W., late S. Afr. Def. Forces.
Tomlinson, Bt. Maj. P S , R A,M.C.
Tomony, Maj. D. M., M.B., S. Afr. Def. Forces.
Tompson, Bt. Lt.-Col. R. H. D., C.M.G., R.A., p.s.c., g. [l]
Tong, Temp. Capt. T. B., 9 Bn. R. Lanc. R.
Tonge, Bt.-Col. W. C., 3 Bn. Norf. R., Maj. ret. pay.
†Tonson Rye, Maj. H. B., R. Muns. Fus.
Toogood, Lt.-Col. C., Linc. R.
Toogood, Temp. 2nd Lt. C. G., Serv. Bns Glouc. R.
Toop, Lt. F. H., Glouc. R.
Topping, Col. T. E., C.B., C.M.G., TD, Terr. Force.
Torkington, Maj. O. M., Sco. Rif.
Torr, Bt. Maj. W. W. T., M.C., N. Yorks. R.
†Torrens, Temp. Lt.-Col. G L., 10 Bn. Lan. Fus (Capt. Lan. Fus.)
Torrie, Maj. C. J., O.B.E., 30 Punjabis
Tortise, Temp. Maj. H. J., 7 Bn. R.W. Surr. R.
Tovell, Maj. R. W., Aust. Imp. Forces.
Tovey, Lt.-Col.G.S., C.M.G., R.F.A.
Townsend. Maj. E. N., ret.
Townsend, 2nd Lt. F. O., Ind. Army Res. of Off.
Townsend, Hon. Maj J N., late 8 Bn. R. War. R.
Townsend, Maj. M. D., R.F.A.
Townshend, Maj.-Gen. Sir O V. F., K.O.B.
Towsey, Hon. Brig.-Gen. F.W.,C.M.G., C.B.E , ret. pay
Tozer, Maj. C. J., C'wealth Mil. Forces.
Tracy, Maj. G. C., D. of Corn. L.I.
Traill, Maj.E.F.T.,R.A.S.C., R.A.
Traill, Maj. H. E. O'B., R.A.
Traill, Capt. J. C. M. M.C., C'wealth Mil. Forces.
Traill, Maj. R. F., Worc R.
Traill,Bt.Maj.T.B.,ret.pay.
Traill, Lt.-Col. W. H., C.M.G., E. Lan. R.
Traill, Lt.-Col. W. S., ret. pay
Travers, Bt. Lt.-Col. H. C., C.N.E., R.A.O.C., p.a.c., e.
Travers, Col. J. O., C.M.G., h p.
†Travers, Lt.-Col. R. J. A., C'wealth Mil. Forces.
Tredennick, Temp. Maj. J. P., O.B.E., R. Dub. Fus.
Treeby, Maj. H. P., ret. pay.
Treharne, Capt. D. E., R.F.A. (T.F.)
Treleaven, Maj.,G.W.,M,C., Can. A.M.C.
Treloar, Lt. G. D., M.C., C. Gds. Spec. Res.
Tremblay, Lt.-Col. (temp. Brig.- Gen.) T. L., C.M.G., Can. Local Forces.

---

† Also Awarded Bar to Distinguished Service Order.
†† Also awarded 2nd Bar to Distinguished Service Order.

Orders of Knighthood, &c. 277

COMPANIONS (D.S.O.)—contd.

Tremeer, Maj. O. A. C., late Cape Colonial Forces.
Trench, Capt. C. F., 7 Lrs.
Trench, Col. F. J. A., C.V.O., ret. pay, p.s.c. [L]
Trenchard, Col. Sir H. M., Bt., K.C.B., R. Sc. Fus., A.D.C.
Trent, Col. G. A., C.M.G.
Trestrail, Temp. Maj. A. E. Y., Serv. Bns. Ches. R.
Trevor, Bt. Lt.-Col. H. E., C.M.G., Yorks. L.I.
Trevor, Lt.-Col. (temp Col. W H., E. Kent R. [L]
Trew, Maj. E. F., C.M.G., R. Mar., p.s.c
Trew, Maj. W. M., C'wealth Mil. Forces.
Trimble, Maj. J.B.O., M,C, E. York. R.
Tringham, Bt. Lt.-Col. A. M., O.B.E., R.W. Surr. R.
Tripp, Lt. D. O., 3 Bn. N, Lan. R.
Tripp, Maj. W H. L., M,C. R. Mar.
Trist, Capt. L. H., M,C, Linc. R., Spec. Res.
Triscott, Hon. Brig.-Gen. C. P., C.B.,C,M.G., q.s.
Trobridge, Temp. Maj. F. G.
Trollope, Capt. H. C. N., M.C., Suff R.
Tron, Rev. M., M.C., Temp. Chapl. to the Forces, 4th Class.
Trotter, Bt. Col. A. R., M.V.O., h.p (Temp. Col. Gds. M.G.R.)
Trotter, Capt. C. T., Can. Eng
Trotter, Hon. Brig.-Gen. G. F.,C,B.,C,M.G.,C.B.E., M.V.O. ret. pay.
Trotter, Maj. H. L., Can. Eng
Troup, Lt.-Col. A. G., R.A.S.C. (T.F.)
Trousdale, Maj. R. C., R.A., ret. pay.
Trousdell, Capt. A. J.,M,C. 3 Bn. R. Ir. Fus. 2nd Lt. Res. of Off)
Trower, Maj. R. G., M,C, late R.E.
Troyte-Bullock, Lt.- Col. C. J., ret. pay (Res. of Off.)
Truman, Bt. Lt.-Col. C.M., 12 Lrs.
†Tuck, Capt. G. L. J., C.M,G., Unattd. List (T.F.), Lt.-Col. late Serv. Bns. Suff. F.
Tuckey, Lt. E. C., R.F.A. Spec. Res.
†Tudor, Lt.-Col. L. P. O., Can. Local Forces.
Tudway, Hon. Brig.-Gen R. J., C.B., C.M.G.
Tufton, Maj. Hon. J.S. R., 3 Bn. R. Suss. R.
Tuke, Maj. G. F. S., R.A.
Tullock, Maj. E., M.C., late R.E.
Tulloch, Lt.-Col. D. F., ret. pay.
Tulloch, Bt. Lt.-Col. R. M. G., R.W. Kent R. p.s.c.

Turnbull, Lt.-Col. D. O., late R.A.V.C.
Turnbull, Maj. G. O., 26 Punjabis.
Turnbull, Maj. J. A., R.A.M.C.
Turnbull, Capt. W. McG., N.Z. Mil. Forces.
Turner, Maj. A C., R.A.M.C (T.F.)
Turner, Capt. A. C. F., M.B., R.A.M.C. (T.F.)
Turner, Bt. Lt.-Col. A G., R.E.
Turner, Lt.-Col. A. G. B., ind. Army.
Turner, Bt.- Col. (temp. Brig.-Gen.) A. J., C,B., C.M.G., R.A., p.s.c.
Turner, Maj. A. M., 1 D.G.
Turner, Maj. C. E., TD, Glouc. Yeo.
Turner, Lt.-Col. C. H., R.A.M.C
Turner, Capt. E. G., R.A.V.C.
Turner, Bt. Col. E. V., C.M.G., R.E.
Turner, Capt. F. C., Can. Mila.
Turner, Maj. G. F. B., R.A, p.a.c
Turner, Maj. J. C., 3 Bn. Leic. R.
Turner, Bt.-Col. J. E., C,M G., sco. Rif., p.s.c.
Turner, Bt. Lt.-Col. J. F., R.E.
Turner, Lt.-Col. J. R., TD, 4 Bn R. Sc. Fus.
†Turner, Lt.-Col R., 3 D.G., late Spec. Res.
Turner, Bt. Maj. R. A., M.C., R.E.
Turner, Lt.-Col. R. B., C,M,G. (Maj. S. Afr. Def. Force)
‡‡Turner, Lt.-Gen. Sir R. E. W.. K.C.B., K.C.M.G., Can. Local Forces.
Turner, Lt. - Col. R. G., C.M.G.,F.R.C.S.,Ind.Med. Serv.
Turner, Maj. R. L., Man. R.
Turner, Maj. R. V., Durh. L.I.
Turton, Lt.-Col. W. H., ret. pay.
Turford, Brig.-Gen. G. S., C.B , C.M.G., Can. Local Forces
Tuson, Col. G. E., ret. pay.
Tweed, Maj. L. T., Can. Eng.
Tweedie, Maj. D. K., R.F.A.
Tweedie, Maj. H. O , O.B.E., N. Staff. R.
Tweedie, Col. J. L., ret. pay.
†Tweedie, Maj. J. L. F., Glouc R.
Tweedmouth, Bt. Lt.-Col. D.C., Lord, C.M.G.,M.V.O., R.H.G. (Temp. Lt.-Col. Gds M.G.R.)
Twemlow, Hon. Col F., late Lt.-Col. 4 Bn. N. Staff R. (Maj. ret. T.F.)
Twidale, Lt.-Col. W. C. E., C.M.G., R.A., g.e.

Twiss, Lt. - Col. C. C. H. late Serv. Bns. E. York R.
Twiss, Maj. E. K., ret. Ind. Army.
Twiss, Lt.-Col. F. A., C.M.G., M.V.O., R.G.A., g.
Twiss, Maj. H. W. F., Ind. Army [L]
Twisleton-Wykeham-Fiennes, Maj. N. I E.
Tylden-Pattenson, Maj. A.H. ret. pay.
Tylden-Pattenson, Bt. Lt.- Col. E. C., R.E
Tylden-Wright, Maj. W. R., 3.Hrs.
Tyler, Hon. Brig.-Gen. A. M., C.M.G., p.a.c., g., ret. pay.
Tynan, Lt. J., Wilts. R.
Tyndall, Maj. H. S., 40 Pathans
Tyndale, Bt. Lt.-Col. W. F., C,M,G., M,D., R.A.M.C.
Tyrrell, Maj. G. M., 5 Lrs
†Tyrrell, Capt. W., M.B., M,C., R.A.M.C.
Tyrrell, Bt. Lt.-Col. W. G., R.E.
Tyrwhitt, Maj. F. St. J., Worc. R. [L].
Tysoe, Lt. T. W., M.C., late Serv. Bn. Bedf. & Herts. R.
Tytler, Col. H. C., C.M,G., Ind. Army.

Ubsdell, Maj. T. R., Res. of Off.
+Ulrich, Maj.T. F., C'wealth Mil. Forces.
Umfreville, Lt.-Col. H. K., V.R.
Umfreville, Lt.-Col. R. B., C.M.G., late 8 Bn. Glouc. R.
Underwood, Maj. J. P. D., N. Lan. R.
Unett, Capt. J. A., ret. pay.
Uniacke, Temp. Capt. (Hon. Capt.) (Army) A. G., late 3 Co. of Lond. Yeo.
Uniacke, Temp. Maj. E. W. P., 8 Bn. R. Ir. Fus. (Lt.-Col late 2 Regt. King Ed Horse) ‡(Hon. Capt in Army.)
+Uniacke, Bt. Maj. G. L., Res. of Off.
Unthank, Maj. J. S., Durh. L.I.
Unwin, Bt. Col. G. B., ret pay
Upcuer, Maj.-Gen. R., C.B., ret. pay.
Upton, Temp. 2nd Lt. W., Serv. Bns. Wilts. R.
Urmston, Bt. Lt.-Col. A. G. B , 52 Trng. Res. Bn. (Bt. Lt.-Col. ret. R. Mar.)
+Urquhart, Lt.-Col. H. M., M.C., Can. Local Forces.
Urquhart, Lt. J. A. B., R.G.A. (T.F.)

Urwick, Maj. F. D., TD, 5 Bn. Som. L.I.
Utterson, Capt. A. T. Le M., Leic. R.
†Utterson-Kelso, Capt. J.E., M.C., R. Sc. Fus.
Uzielli, Col. T. J.. M.C., ret. pay,

Vallentin, Lt.-Col. H. E., O.B.E., h.p.
Vallings, Rev. G. R., Hon. Chapl. to the Forces, 2nd Class
Vandeleur, Lt.-Col. C. B.
van der Byl, Maj. J., 8 Hrs.
Van der Kiste, Maj. F. W R.G.A.
Vandelun, Bt. Lt.-Col. T. R., R. Ir. R.
Vandersluys, Maj. C. H., Can. Local Forces.
Vanderwater, Maj. R., Can. Local Forces.
Vanier, Maj. G. P., M.C., Quebec R.
Vanrenen, Lt.-Col. G. N., Rajputs
Vansittart, Bt. Col. E., u.s.l. Ind. Army.
van Someren, Lt.-Col. W. V. L., M.C., late Serv. Bn. R. Fus.
van Someren, Maj. W. W., Ind. Army [L]
†Van Straubenzee, Maj. A. W., R.F.A.
Van Velden, Lt.-Col. D. O., ret.
Vaughan, Capt. E. W., C,M,G., M.C., M.B., R.A.M.C.
Varley, Capt. O., M.C., Corps of Mil. Accts.
Varwell, Maj. E. H., TD, Wessex Divl. Sig. Co., R.E. [L]
Vaughan, Lt.-Col. A. O., late Lab. Corps.
Vaughan, Lt.-Col. E., Manch. R.
Vaughan, Lt.-Col. E., Ind. Army
Vaughan, Bt. Col (temp. Brig.-Gen.) E. J. F., C.M.G., Devon R.
Vaughan, Capt. E.N.E.M., ret. pay (Res. of Off.)
Vaughan, Hon. Brig.-Gen. J., C.B., C,M,G., [L] ret. pay.
Vaughan, Maj -Gen. L. R., C.B. 7, Gürkha Rif., p.s.c.
Vaughaa - Williams Lt.- Col. H. W. S. Afr. Def. Force (Capt. Res. of Off.)
Vaux, Lt.-Col. E., C.M.G., vD, T.F. Res. (Hon. Capt. in Army)

---

† Also awarded Bar to Distinguished Service Order.

Orders of Knighthood, &c.

COMPANIONS (D.S.O.)—*contd.*

Vellacott, Maj. P. C.
Venables, Maj. J. D., R.W. Fus.
Venning, Bt. Lt.-Col. F. E W., 31 Punjabis.
Ventry, Lt.-Col. F. R. W., *Lord*, ret.
Vercoe, Capt. H. R., N.Z. Mil. Force.
Verey, Temp. Capt. H. E.
Verney, Temp. Lt.-Col. Sir H. C. W., *Bt.*
Verney, Maj. L. M., *F.R.C.V.S.*, R.A.V.C.
Vernon, Lt. A. J., *M.C.*, R Ir. Fus.
Vernon, Bt. Lt.-Col. H. A., K.R. Rif. C.
Vernon, Lt.-Col. H. V., C'wealth Mil. Forces.
Vernon, Maj. L. D., R.F.A.
Vesey, Col. (*temp. Maj.-Gen.*) I. L. B., *C.M.G.*, *p.s.c.*
Vibart, Capt. N. M., *M.C.*, R.E.
†Vicary, Capt. A. C., *M.C.*, Glouc. R
Vicars, Lt. D. O., Can. Local Forces
Viccars, Maj. J. E., *O.B.E.*, 4 Bn. Leic. R.
Vickers, Qr.-Mr. & Lt.-Col G. E., ret. pay.
Vickers, Maj. S., R.F.A. (T.F.)
Vickers, Maj. W., A.I.F.
†Vickery, Bt. Lt.-Col. C. E., *C.M.G.*, R.F.A. [L]
Vickress, Temp. Maj. W. H., *O.B.E.*, R.A.S.C.
Vidal, Maj. A. C., R.A.M.C.
†Vignoles, Lt.-Col. W. A., *late Serv. Bns. 'North'd Fus.*
Vigors, Capt. M. D., *M.C.*, 9 Horse.
Vigors, Maj. P. U. W., ret. pay.
Villiers, Lt. C. W., *C.B.E.*, C. Gds., Spec. Res.
Villiers, Maj. E. F., *C.M.G.*, R. Suss. R.
Villiers, Temp. Capt. E., Serv. Bn. High. L.I.
Villiers, Maj. P. F., Can. Local Forces.
Villiers-Stuart, Bt.Lt.-Col. J. P., 55 Rif., *p.s.c.*
Villiers-Stuart, Maj. P., R. Fus. *e.*
Vince, Capt. W. B., *M.C.*, 8 Bn. Lond. R.
Vinen, Maj. H. N., Glouc. R.
Viner, Temp. Maj. E. Serv. Bns. Manch. R.
Viney, Maj. C. F. B. (*Maj. S. Afr. Def. Forces*)
Vipan, Hon. Cap. (*Army*) O., Ma, *late 3 Bn. E. Kent R.*
Vipond, Lt.-Col. C. W., Can. A M C.
Vivian, Maj. G.C.B., *Lord*, R., 1 Devon Yeo. (*Lt. Res. of Off.*)
Vivian, Lt.-Col. Hon. O. R., *M.V.O.* TD, 6 Bn. Welch R.
Vivian, Bt. Lt.-Col. V., *C.M.G.*, *M.V.O.*, G. Gds., *p.s.c.*

Vowles, Capt. A. S., Ind. Army.
Wace, Bt. Col. E. C, ret. pay.
Wace, Bt. Lt.-Col. (*temp. Brig.-Gen.*) E. G., *C.B.*, R.E., *p.s.c.* [L]
Waddy, Capt. R. H., Som L.I.
Wade, Capt. E. W., *M.B.*, R.A.M.C.
Wade, Temp. Col. H., *M.D.*, *C.M.G.*, *F.R.C.S. Edin.*, R.A.M.C.(*Capt.R.A.M.C.*) (T.F.)
Wade, Col. H.O., T. F. Res.
Wade, Lt.-Col. T. S. H., h.p. [L]
Wadley, Bt. Lt.-Col. E. J, *C.B.E.*, R.A.V.C.
Wadsworth, Maj. W. R., *M.C.*, Aust. Imp. Force
Waggett, Maj. E. B., *M.B.*, R.A.M.C. (T.F.)
Wagstaff, Bt. Lt.-Col. C. M., *C.M.G.*, *C.I.E.*, R E., *p.s.c.*
Wainewright, Lt.-Col A. R., *C.M.G.*, R.F.A.
Wait, Lt.-Col. (*temp. Col.*) H. G. K., *O.B.E.*, R.E.
Waite, Maj. F., N.Z. Mil. Forces.
Waite, Lt.-Col. W. C. N., *M.C.*, C'wealth Mil.Forces
Waithman, Bt. Lt.-Col R. H., R. Suss. R.
Wake, Bt. Lt.-Col. Sir H. B., *C.M.G.*, K.R. Rif. C, *p.s.c.*
Wakefield, Temp. Lt. N., R.A.
Wakefield, Maj. T. M., R.G.A. [i]
Walby, Lt. H. C., *M.C.*, 4 Bn. N. Staff. R.
Walch, Maj. G. C., R.F.A., *g.*
Walford, Maj. J. C.,R.F.A.
Walkem, Maj. H. C., Can. Local Forces.
Walker, Bt. Maj. A., T.F. Res.
Walker, Temp Lt.-Col. B. J., *C.M.G.*, 8 Bn. R Suss R.
Walker, Col. C. E., TD, Terr. Force.
Walker, Maj. C. E., *M.C.*, R.A.
Walker, Bt. Lt.-Col. C. W. G., 37 Dogras, *p.s.c.*
Walker, Capt. F. W., *late 4 Bn. Lond. R.*
Walker, Bt.-Col. (*temp. Brig.-Gen.*) G., R.E.
Walker, Capt. G. G., *M.C.*, *late R.G.A.*
Walker, Maj. G. H. (*late Capt. N.Z. Local Forces*).
Walker, Bt. Lt.-Col. H. A., *C.M.G.*, R. Fus., *p.s.o.*
Walker, Maj.-Gen. Sir H.B., K.C.B., K.C.M G.
Walker, Maj. H. W., R.A.
Walker, Lt.-Col. J., C'wealth Mil. Forces.
Walker, Lt. Col. J., T.F. Res.
†Walker, Lt.-Col. J., 4 Bn W. Rid. R.
Walker, Maj. J. B., R.A. [L]
Walker Lt.-Col. J. D. G., *O.B.E.*, ret. pay.

Walker, Temp. Lt. J. McC., Serv. Bns. R. Highrs.
Walker, Temp. Maj. J. T., *M.C.*, R.A.
Walker, Hon. Brig.-Gen. J. W., *C.M.G.*, TD, R.F.A. (T.F.)
Walker, Capt. M. G. E., R.A.
Walker, Capt. P. L. E, 7 Hrs.
Walker, Maj. S. J., A.I.F.
Walker, Temp. Maj. T. H., TD, R.F.A.
Walker, Maj. T. M., R.F.A. (T.F.)
Walker, Temp. 2nd Lt. V D., *M.M.*, M.G. Corps.
Walker, Capt. W. H., R.A.V.C.
Wallace, Maj. C. H., R.F.A.
Wallace, Bt. Maj. C. J., *O.B.E.*, *M.C.*, High. L.I.
Wallace, Maj. C. W., 22 Punjabis.
Wallace, Maj. E. C. L., 30 Punjabis.
Wallace, Capt. F. C., *M.C.*, 5 Bn. R. Ir. Rif.
Wallace, Capt. G. P., S.Afr. Def. Force.
Wallace, Hon. Lt.-Col. H. R.
Wallace, Maj. J. T., *M.C.*, R.A.
Wallace, Temp. Capt. R.B., *M.C.*, *M.B.*, R.A.M.C.
Waller, Major H. W. L., *M.O.*, R.A.
Waller, Temp. Capt. J. H. de W., R.E.
Waller, Maj. R. de W., 108 Inf.
Waller, Capt. R. J. R., R.A.
Wallinger, Maj. E. A., h.p. [l]
Wallinger, Temp. Maj. J. A., *C.I.E.*
Walmesley, Maj. C. T. J. G., *M.C.*, Berks. Yeo.
Walsh, Capt. C. H., *M.C.*, Conn. Rang.
Walsh, Bt. Maj J., North'd Fus.
Walsh, Maj., R. H., *M.C.*, R.A.
Walsh, Bt. Lt.-Col (*temp. Brig.-Gen.*) R. K., *C.B.*, R.F., R. Sc. Fus.
Walsh, Lt. R. S., *M.M.*, 4 Bn. Gord. Highrs.
†Walsh, Lt.-Col. T. A., ret. pay.
Walshe, Bt. Col. F. W. H., *C M G.*, R.A., *p.s.c.*
Walshe, Capt. S. J. A. H., *M.B.*, R.A.M.C.
Walstab, Lt.-Col. J., C'wealth Mil. Forces
Walter, Lt.-Col. F. E., *late ret. pay* (*Res. of Off.*)
Walter, Maj.-Gen.J.MacN., *C.B.*, *C.S.I.*, *p.s.o.*
Walters, Lt.-Col. H. de L., *C.M.G.*, R.G.A.

Walthall, Bt. Col. E. C. W D., *C.M.G.*, R.A.
Walton, Bt. Lt.-Col. C., R.E.
Walton, Capt. L. A., *M.C.*, *late Serv. Bns. Welsh R.* (T.F.)
Walwyn, Maj. C. L. T., *O.B.E.*, *M.C.*, R.A.
Walwyn, Maj. F. J., R.W Fus.
Wannell, Lt.-Col. G. E., *late Serv. Bns. W. Rid. R.*
Warburton, Capt. A., *M.C.*, 6 Bn L'pool R.
Warburton, Maj. W M., *C.M.G.*, R.F.A., *g.*
Ward, Lt.-Col. A. 30 Punjabis.
Ward, Lt.-Col. A. B., *M.B.*, *late S. Afr. Overseas Forces*
Ward, Lt.-Col. A. L., T.F. Res.
Wa d, Maj. C. P., S. Afr. Def. Force
Ward, Temp. Lt. C. W., 7 Bn. Wilts R.
Ward, Maj E. B., D. of Corn. L.I.
Ward, Lt -Col. E. F., *late K.R. Rlf. C.* (*Maj. ret. pay Res. of Off.*)
Ward, Lt.-Col. G. B. C., ret. pay, *e.*
Ward, Lt.-Col. H., *C.M.G.*, R.F.A., *g.*
Ward, Maj. H. M. A., TD, R.G.A. (T.F.)
Ward, Maj J., *C.M.G.*, R.A.M.C. (T.F.)
Ward, Temp. Maj. (*temp. Col.*) J. C., *C.I.E.*, *M.B.E.*, R.E.
Ward, Capt. J. H., *M.C.*, *M.B.*, R.A.M.C.
Ward, Lt. R., *M.C.*, 9 Bn. Manch. R.
Ward, Capt. R. O., *M.C.*, R.F.A. (T.F.)
Warde-Aldam, Bt. Lt.-Col. W. St. A., C. Gds.
Wardell, Hon. Maj. H., *late R.W. Surr. R.* (attd.)
Warden, Lt.-Col. H. F., R.W. Surr. R.
†Warden, Lt.-Col. H. L., *late Serv. Bns. E. Surr. R.*
Warden, Lt.-Col. J. W., *O.B.E.*, Can. Local Forces.
Warder, Lt. R. O., R.F.A., Spec. Res.
Wardle, Capt. E. V. L., *late Capt. York. R.*
Wardle, Capt. M. K., *M.C.*, Leic. R.
Ware, Lt.-Col. F. B., Can. Local Forces
Ware, Maj. G. W. W., *M.B.*, R.A.M.C.

† Also awarded Bar to Distinguished Service Order.

Orders of Knighthood, &c.

COMPANIONS (D.S.O.)—contd

Waring, Col. A. H., h.p. (L.)
Waring, Bt. Lt.-Col. H. A., R.W. Kent R.
Waring, Bt.Lt.-Col.J., R.A.
✠ⓒWark, Maj. B. A., A.I.F
Warner, Bt. Maj. E. C. T., M.C., S. Gds.
Warner, Maj. K. C. H., Kent Cyclist Bn.
Warre, Lt.-Col. H. C., h.p., p.s.c., q.s.
Warren, Maj. G. E., ret. pay.
Warren, Maj. L. E., R.F.A.
Warren, Bt.-Col. (temp.) W. R., C.S.E., R.F.A.
Warrender, Maj. H. V., 15 Bn. Lond. R.
Warrens, Maj. E. R. C., T.F. Res.
Warton, Maj. R. B., R.A.
Warwick, Maj. M. B., R.A.O.C.
Warwick, Maj. P. H., TD, Notts. (S. Notts. Hrs.) Yeo.
Wass, Lt. A. E., M.C., 4 Hrs.
Wassell, Lt.-Col. C. C., C'wealth Mil. Forces
Waterhouse, Lt.-Col. T. F. T. D., 6 Bn. S. Staff. R.
Waterlow, Col. J. F., T.F. (Hon. Capt. in Army)
Watermayer, Capt. J. H. H. Cape Local Forces.
✠ⓒWaters, Temp. Maj. A. H. C., M.C., R.E.
Waters, Lt.-Col. J. D., late Serv. Bns. R. Fus.
Waterworth, Maj. G. F., R. War. R.
Watkin-Williams, Capt. P. L., F.R.C.S., Edin., late R.A.M.C.
Watkins, Lt.-Col. C. H. Ind. Med. Serv.
Watkins, Temp. Capt. G. D., M.C., R.A.M.C.
Watkins, Temp. Lt. J. W., M.C., Serv. Bns. Lan. Fus.
Watkins, Temp. Maj. O. F., O.B.E., E. Afr. Trans. Corps.
Watkins, Maj. P. S., R.E.
Watling, Lt.-Col. F. W. C.B.E., R.E., p.s.c. (L.) ret. pay.
Watson, Lt.-Col. A. A., C.M.G., R.A.M.C. Spec. Res.
Watson, Maj. A. C., 7 Hrs.
Watson, Capt. A. W. H., M.C., late Gen. List.
Watson, Bt. Col. C. F., C.M.G., R.W. Surr. R., p.s.c.
✝Watson, Hon. Lt.-Col. C. N., late 20 Bn. L'pool R.
Watson, Maj. C. S. M. C., O.B.E., R.E
✝Watson, Lt.-Col. C. V., Aust. Imp. Force
Watson, Maj. D. P., M.B., R.A.M.C.
Watson, Lt.-Col. D. S., 5 Bn. Som. L.I.

Watson, Maj. E. V., R.A.
Watson, Lt. g. F., Welsh Divl. Eng., R.E.
Watson, Maj. H. F., C.M.G., Notts. & Derby R.
Watson, Capt. H. F., M.C., A.I.F.
Watson, Capt. H. N. G., R.A.S.C.
✝Watson, Bt. Lt.-Col. H. W. M., C.M.G., K. R. Rif. C.
Watson, Lt.-Col. J. K., C.M.G., C.V.O., C.B.E., ret. pay (Res. of Off.), q.s.
Watson, Capt. R. A., M.C., R.A.
Watson, Maj. R. H. M., R.A.
Watson, Bt. Maj. R. M., R. Dub. Fus.
Watson, Lt.-Col. S., M.C., Res. of Off.
Watson, Maj. S. H., M.C., Aust. Imp. Force
Watson, Maj. S. T., R.W. Surr. R.
Watson, Lt.-Col. S. W., C.M.G., Can. Local Forces.
Watson, Capt. W., Bord. R.
Watson, Temp. Maj. W. H. L., D.C.M., Tank Corps.
Watt, Bt. Lt.-Col. A. F., TD, York. Hrs. Yeo.
✝Watt, Lt.-Col. D. M., 2 Gurkha Rif., p.s.c.
Watt, Capt. J. A., O'wealth Mil. Forces (S. Australia)
Watts, Lt.-Col. B., R.A.M.C
Watts, Capt. R. A. B. P., Som. L.I.
Wauchope. Bt. Lt. - Col. (temp. Brig.-Gen.) A. G., C.M.G., C.I.E., R. Highrs
Wauchope, Lt.-Col. D. A., TD, T.F. Res. (Hon. Lt. in Army)
Wauhope, Bt. Lt.-Col. G. of Lond. Yeo.
Way, Lt.-Col. B. I., 4 Bn. N. Staff. R. (Capt. ret. pay) (Res. of Off.)
Way, Capt. G. O., 4 Bn. N. Staff. R.
Way, Maj. J., M.C., R.G.A.
Way, Capt. L. F. K., R.A.M.C.
Wayman, Lt.-Col. H. R. B., late Serv. Bns. North'd Fus.
Wayte, Maj. A. B., Notts. & Derby R.
Weatherby, Maj. J. T., Oxf. & Bucks. L.I., p.s.c.
Weaver, Maj. C. Y., Alberta Regt.
Webb, Lt.-Col. A. H., C.M.G., R.G.A., q.
Webb, Maj. E. N. M.C., Aust. Imp. Force
Webb, Bt. Lt.-Col. G. A. C., ret. pay, Maj. Res. of Off.
Webb, Temp. Maj. M. E., M.C., R.E.

Webb, Lt.-Col. R. H., M.C., W. Ont. R.
Webb, Lt.-Col. W. E., Qr.-Mr., ret. pay.
Webb, Maj. W. F. P. 22 Punjabis.
Webb-Bowen, Capt. H. E., C.M.G., A.M.I.Mech.E., A.M.I.E.E., R.E. (T.F)
Webb-Bowen, Maj. (temp. Brig.-Gen.) W. I., Midd'x R.
Webb-Johnson, Temp. Maj. A. E., M.B., C.B.E., F.R.C.S., R.A.M.C. (Capt. R.A.M.C. (T.F.)
Webber, Bt. Col. N. W. C.M.G., R.E., p.s.c.
Weber, Maj. W. H. F. C.M.G., R.A., p.s.c. (L)
Webster, Bt. Maj. J. A., 8 Bn. Lond. R.
Webster, Col. W., late Can. Local Forces.
Wedd, Maj. W. B., M.C., 1 Cent. Ont. Regt.
Wedgbury, Temp. Lt. E. M.C., D.C.M., M.M., Serv Bns. Glouc. R.
Wedgwood, Maj. G. H., York & Lanc. R.
Wedgwood, J. C., late Temp. Maj.
Weekes, Lt.-Col. H. W. O.B.E., R.E.
Weeks, Maj. R. M., M.C., Res. of Off.
✝Weir, Capt. D. L., M.C., Leic. R.
Weir, Lt.-Col. (temp. Brig.- Gen.) G. A., C.M.G., 3 D.G., p.s.c.
Weir, Lt.-Col. J G., Can. M.G.C.
Weir, Lt. - Col. S. P., C'wealth Mil. Forces.
Weisberg, Maj. H., TD, City of Lond. Yeo.
Welch, Lt.-Col. H. L. St. V., C'wealth Mil. Forces.
Welch, Lt.-Col. J. B St. V., C'wealth Mil. Forces.
Welch, Lt. R. H., R. Lanc R.
Weldon, Lt.-Col. Sir A. A. Bt., C.V.O., late 4 Bn. Leins. R.
Weldon, Maj. E. S., Dorset. R.
Weldon, Hon. Maj. F. N., late 4 Bn. Notts. & Derby R., ret. pay, q.s.
Weldon, Maj. H. W., Leins R.
Weldon, Bt. Lt.-Col. K. C., R. Dub. Fus.
Wells, Maj. A.G., R.A.M.C.
Wells, Maj. B. C., 4 Bn. Essex R.
Wells, Lt. G. K., M.C., K.R. Rif. C.
Wells, Bt. Col. (temp. Brig.-Gen.) J. B., C.M.G., N. Lan. R., p.s.c.

Wells, Bt. Lt.-Col. L. F., A.M.I.C.E., TD, R.E. (T.F.)
Wells-Hood, Temp. Maj. W. M. G. Corps (attd.)
Welsh, Maj. W. M. M. O'D., M.C., R.A.
Wemyss, Bt. Maj. H. C. B., M.C., R.E. (l)
Were, Maj. H. H., ret. pay (Res. of Off.)
Wernicke, Maj. F. P., M.B., Ind. Med. Serv.
✝West, Lt.-Col. A. H. D., R.A.
West, Maj. F. G., R.A.
West, Lt.-Col. R.M., O.B.E., M.D., R.A.M.C. (T.F.)
West, Temp. Lt. R. R. F.
✝Western, Bt. Maj. B.C M. E. Lan. R.
Westlake, Bt. Col. A. P., ret. pay.
Westley, Maj. J. H. S., C.M.G., York. R.
Westmacott, Hon. Maj. G. P., late (attd.) North'd Fus.
Westmacott, Capt G. R., (Res. of Off.)
ft. Westmacott, Maj.-Gen. Sir K., K.C.B., u.s.l., Ind. Army.
Westminster, Lt.-Col. and Hon. Col. H. R. A., Duke of, G.C.V.O., Ches. Yeo.
✝Westmorland, Capt. H.C., Hamps. R.
Westmorland, Lt. - Col. P. T., C.M.G., T.F. Res. (Maj. ret. pay)
Weston, Bt. Lt.-Col. J. L., R.A.S.C
✝Weston, Hon. Brig.-Gen. S. V. P., M.C., late Serv. ✝ ns. R. Berks R.
✝Weston, Maj. W. J., R.A.M.C.
Westrop, Temp. Maj. S. A., M.C., M.G. Corps.
Westropp, Lt.-Col. F. M., R.E.
Wetherall, Capt. H. E. de R., M.C., Glouc R.
Wethered, Maj. H. L., C.M.G., R.A O.C.
Wethered, Bt. Lt.-Col J.R., C.M.G., Glouc. R., p.s.c.
Wetherill, 2nd Lt. W. A., Serv. Bns. R. Berks R.
✝Weynon, Temp. Lt.-Col. H J., 8 Bn. R.W.Kent R.
Whait, Lt.-Col. J. R., TD, M.B., R.A.M.C. (T.F.)
Whalley, Maj. F., M.B., R.A.M.C. (T.F.)
Whalley, Bt. Lt.-Col. P. R. Worc. R.
Whatton, Capt. S. M. H., M.C., R.A.
Wheal, Lt. S., E. Lan. R.
Wheatley, Maj. C. M.
✝Wheatley, Hon. Brig.-Gen. L. L., C.M.G., ret. pay.

---

† Also awarded Bar to Distinguished Service Order.
†† Also awarded 2nd Bar to Distinguished Service Order.

Orders of Knighthood, &c.

COMPANIONS (D.S.O.)—contd.

Wheatley, Brig.-Gen. P., C.B., C.M.G., R.A., ret. pay.
Wheatley, Maj. W. P. R., Ind. Army.
Wheeldon, Temp. Lt. F. L., Serv. Bns M. Lan. R.
Wheeler, Temp. Lt.-Col. C., 7 Bn. Oxf & Bucks. L.I.
Wheeler, Maj. H. L., C.B., ret. pay.
Whelan, Lt - Col. J. F., O.B E, M.B., R.A.M.C.
Wheldon, Temp. Maj.W.P., 14 Bn. R. W. Fus.
Whetham, Lt.-Col. P., late Serv. Bn. R. Scots.
Whetherley, Bt. Lt.-Col. W. S., 19 Hrs., p.s.c.
Whigham, Maj.-Gen. Sir R. D., K.C.B., K C.M.G., p.s.c. [l]
Whigham, Maj. R.D., K.O. Sco. Bord.
Whitney, Maj. H. F., O.B.E., R. Fus.
Whistler, Lt. A. H.,D.F.C., Dorset R.
Whitaker, Capt. A. P. D., R.A.S.C.
Whitaker, Lt. H. C., Brit. Col Regt.
Whitcombe, Maj. R. H.,VD, R.A.S.C.
White, Capt. A., 4 Bn. E. Surr. R.
White, Hon. Maj. A. C., late Yorks. L.I. (attd.)
White, Bt. Lt.-Col. A. K. G., R.F.A.
White, Maj.-Gen. (temp. Maj.-Gen.inArmy)C.B B., K.C.M.G.,C.B., Aust.Imp. Forces. p.s.c., A.D.C.
White, Maj. C. R., M.B., R.A.M.C. (T.F.)
White, Lt.-Col. C. R., 3 Bn. York. R.
White, Maj. D, A., Can. Fd. Art.
White, Bt. Maj. E. S., R.A.S.C.
White,Bt.Col. F.,ret.R.Mar
White, Bt. Lt.-Col. F. A, R, C.M.G., R.E.
White, Maj.G. F C., R.A.
White, Col. (temp. Brig. Gen.) G. H. A., C.B. C.M.G.
White, Temp. Capt. H., M.C., Serv. Bns. R. Ir. Regt.
White, Maj. H. A. D., C'wealth Mil. Forces.
White, Capt. H. B. H., R.W. Kent R.
White, Lt.-Col. H. F., C.M.G., C'wealth Mil. Forces.
White,Temp.Maj.H.H.R., O.B.E.,Serv. Bns. R. Fus.
White, Brig.-Gen. J. B., Can. Forestry Corps.
White, Capt. J. D., M.C., 8 Bn. Midd'x R.
White, Bt. Lt.-Col. J. R., R.E.
White, J. R., late Capt. Gord. Highrs.

White, Bt. Maj. M. FitzG, G., O.B.E., R.E.
White, Temp. Lt. N. B., M.C.
White, Bt. Msj. O. W., Dorset R.
White, Hon. Brig.-Gen. Hon. C B., C.M.G.,ret. p.s.c.
White,Maj.R.K.,R.A.M.C.
White, Maj. R. L., R. W. Kent R.
White, Lt.-Col. S. R. L., ret. M.C., Serv. Bns. High
White, Temp. Maj. W., M.C., Serv. Bns. High L.I.
White, Temp. Maj. W. L., R.A.
White, Bt. Lt.-Col. W. N., R.A.S.C. [l]
White-Thomson, Col. Sir H.D.,K.B.E.,C.B., C.M.G.
Whitham, Lt.-Col. J. L., C.M.G.,Aust.Imp.Forces.
Whitehead, Temp. Capt'. C. M., M.C.,Serv. Bns R Lanc. R.
Whitehead, E. K., late Capt. Transvaal Vols.
Whitehead, Lt. - Col. E. L'E., ret. pay.
†Whitehead, Temp. Maj. H. F., Serv. B s. North'd Fus.
Whitehead, Bt. Lt.-Col. J., C.M.G.,1Brahmans,p.s.c.
Whitehead, Lt.-Col. J. H., S. Afr. Def. Force.
Whitehead, Hon, Lt.-Col. J. J., Late 17 Bn. Manch. R.
Whitehead, Temp. Capt. T. H., M.C.,Serv.Bns., R. Fus.
Whitehead, Maj. W. J., Bn. Lond. R.
Whitehouse, Lt.-Col. P H., TD, 8 Bn. R. War. R.
Whiteley Maj. P, S. Afr. Def. Corps.
Whitfeld, Lt.-Col. L. C., C'wealth Mil. Forces.
Whitfield, Rev. J., Temp. Chapl. to the Forces, 4th Class.
Whitley, Col. E. N., C B., C.M.G.,TD, Terr. Force.
Whitmarsh, 'I emp. Capt. A J., M.C., Serv. Bns. E Kent R.
Whitmore, Lt.-Col. F. H. D.C., C.M.G., Essex Yeo.
Whitridge, Maj. M. W., ret.
Whittall, Temp. Lt. H.
†Whittall, Lt.-Col. P. F., Res. of Off.
Whitting, Maj. E. Le G., M.C., R.G.A.
Whittingham, Capt. C. H., C.M.G., ret. pay (Res. of Off.)
Whittington, Temp. Maj. A. R., R.A.S.C.
Whitty, A., Qr.-Mr., & Lt.-Col. Worc. R.
Whitty, Bt. Maj. N. I., R.W. Kent R.
Whitwell, Lt. M., M.C., R.E. (T.F.)
Whitworth, Lt. H., Yorks. L.I.

Whyte, Capt. R., M.C., 14 Bn. Lond. R.
Whyte, Lt.-Col. W. H., ret. pay. (Res. of Off.)
Wickens, Maj. R. C., N.Z. Mil. Forces.
Wickham, Bt. Lt.-Col. C. G., Norf. R.
Wickham, Capt. J. C., R.E.
†Wickham, Lt.-Col. T. E. P., R.F.A.
Wicks, Lt.-Col. H. W. C., O.B.E , late Sea. Highrs.
Widdrington, Hon. Brig.- Gen. B. F., C.M.G., ret. pay.
Wieck, Maj. G. F. G., C'wealth Mil. Forces.
†Wienholt, Temp. Maj. W. H. M., 9 Bn. N. Lan. R.
Wigan. Hon. Brig.-Gen. J. T., C.B., C.M.G., T.F. Res.
Wiggin, Bt. Lt.-Col. E. A., ret. pay. (Res. of Off.)
†Wiggin, Maj.W. H., Worc. Yeo.
Wighton, Bt. Lt.-Col. E., R.G.A., g.
Wigram, Bt. Col. K., C.B , C.B.E., 2 Gurkha Rif., p.s.c.
Wilberforce, Lt.-Col. H.H., R.A.S.C. (T.F.)
Wilterforce,Capt.W.,M.C., R.W. Kent R.
Wilbraham, Maj. B. H., R.E.
Wilcox, Maj. E. A. C., Man. Regt.
Wild, Bt. Lt.-Col. W. H. North'd Fus.
†Wildblood, Bt. Lt.-Col. (temp. Brig.-Gen.) E H., Leins. R.
Wilde, Maj. L. C., TD, 10 Bn. Manch. R.
Wilde, Lt. R. C., M.C., 9 Bn. L'pool R.
Wiles, Lt. H. J., Aust. Imp. Force.
Wiley,Capt. C. J., 4 Bn. R. Ir. Rif.
Wilford, Maj. E. E.,O.B.E., 30 Lrs.
Wilgar, Lt.-Col.W.P., Can. Local Forces.
Wilkens, Maj J., S. Afr. Prote. Forces.
Wilkins, Lt. C. F., M.C. Ir. Rif.
Wilkinson, Lt.-Col. A. J., C.M.G., R.G.A.
Wilkinson, Capt. A. M., 9 Bn, Hamps. R.
Wilkinson, Maj. C. R., 52 Sikhs.
Wilkinson, Lt.-Col. C. W. C.M.G., R.E.

Wilkinson, Lt.-Col. G.A. E C.B.E., R. Def. Corps.
Wilkinson, Maj.G. H., Ind. Army.
Wilkinson, Bt. Lt.-Col. H. B. Des. V., h.p., p.s.c.
Wilkinson, Temp. Maj. H. T. D., 5 Bn. W. Rid. R. (Capt. ret.)
Wilkinson, Temp. Maj. H V., M. G. Corps
Wilkinson, Capt. J. S., M.C., Notts. & Derby. R.
Wilkinson, Maj. R., Gloucr. R.
Wilkinson, Maj. T. H. Des V., ret. pay.
Wilkinson, Temp. Capt. W D., M.C., Serv. Bns. York R.
†Wilkinson, Bt. Lt.-Col. W. T., K. O. Sco. Bord
Wilks, Temp. Capt. G. L., R. War.
Will, Maj. R. R., late R.F.A., (T.F.)
Willan, Bt. Lt.-Col. F. G., C.M.G., K.R. Rif. C.
Willan, Capt. G. T., 2 Home Cos. Fd. Amb., R.A.M.C.
Willan, Bt. Lt.-Col. R. H., M.C., K R Rif. C.
Willans, Capt. H., M.C. (Res. of Off.)
Willans,Lt.-Col.T.J..57 Rif.
Willcocks, Gen. Sir J., G.C.M.G., K.C.B., K.C.S.I., Col. N. Lan. R., q.s.
Willcocks, Maj. J. L., M.C. R. Highrs.
Willcox, Capt. H. B D., M.C., Notts. & Derby. R.
Willett, Maj. F. W. B., R. Suss. R.
Williams, Lt.-Col. A. E., late 4 Bn. R. War R.
Williams, Bt. Maj. A. E., M.C., S. Wales Bord.
Williams, Maj. A. J., R.A.V.C.
Williams, Maj. A. F. C., 31 Lrs.,p.s.c.
Williams, Maj. A. S., R.A.M.C.
Williams, Capt. C. R., M.C., R. Muns. Fus.
Williams, Maj. E. H. W., 10 Hrs.
Williams, Col. E. J., Can. Local Forces.
Williams, Lt.-Col. E. M., C'wealth Mil. Forces.
Williams, Lt. F. S., R.E. (T.F.)
Williams, Maj. G. A. S., 4 Bn. S. Staff. R.
Williams, Temp. Lt.-Col. G. C., C.M.G., R.E., p.s.c.
Williams, Temp. Lt.-Col. G. N. (Maj. S. Afr. Def. Force.)
Williams,Maj. G W.,M.C., late R E.
Williams, Lt.-Col. H. A., Ind. Med. Serv.
Williams, Maj.-Gen. Sir H. B., K.C.B., p.s.c. [L]

† Also awarded Bar to Distinguished Service Order.

Orders of Knighthood, &c.

COMPANIONS (D.S.O.) – contd.

Williams, Lt.-Col. H. J., 1 D.G.
Williams, Maj. H. J., C'wealth Mil. Forces.
Williams, Temp. Maj. H. L., *M.C.*, 9 Bn. R. W. Fus.
Williams, Maj. J., ret.
Williams, Maj. J. C. M. 3 W. Lanc. Brig., R.F.A.
Williams, Capt. J. H., 10 Gurkha Rif.
Williams, Bt. Lt.-Col. L.G., *C.M.G.*, 5 Cav.
Williams, Bt. Col. O. De L., *C.M.G.*, R.W. Fus.
Williams, Lt.-Col. P., *O.B.E*, Aust. Imp. Force.
Williams, Rev. R. C. L., *B.A.*, Chapl. to the Forces 3rd Class.
Williams, R., *late* Maj. W. Gds.
Williams, Maj. R. C., R.F.A.
Williams, Maj. A. T., *C.M.G., C.I.E., C.S.I.*, Ind. Army[1]
Williams, Temp. Maj. R. D., Serv. Bns. Welch R.
Williams, Capt. R. J., *late* 9 Bn. Welsh R.
Williams, Capt. R. L., *M.C.*, *late* R.A.M.C.
Williams, Temp. Maj. S. H., R.F.A.
Williams, Maj. S. J., *late* R.A.V.C.(T.F.)
Williams, Capt. T. G., *M.C.*, 7 Bn. L'pool R.
Williams, Maj. T. I. C., C'wealth Mil. Forces.
Williams, Lt.-Col. T. R., *C.M.G.*, C'wealth Mil. Forces.
Williams, Bt. Lt.-Col. V. P. B., 4 Cav.
Williams, Maj. Gen. W. de L., *C.M.G.*, Hamps. R., *p.s.c.*
Williams, Bt. Maj. W. E. Midd'x R.
Williams-Freeman, Maj. A. P., *O.B.E.*, D. of Corn. L.I.
Williams-Freeman, Maj. F. C. P., ret. pay (*Res. of Off.*)
Williamson, Capt. A. J., *M.D.*, R.A.M.C. (T.F.)
Williams-Thomas, Maj. F. S., *TD*, Worc. Yeo.
Williams-Wynn, Col. R. W. H. W., *TD*, *late* Montgomery Yeo. (*Hon. Capt. in Army*)
Willis, Bt.Lt.-Col. E S.C., 58 Rif.
Willis, Maj. G. C. W., 21 Lrs.
Willis, Maj. H. G., *M.C., M.B.*, *late* R.A.M.C.
Willis, Maj. M. H. S., Suff. R.
Willis, Lt. Col. S. G. R., R.F.A., [1]
Willis, Qr.-Mr. & Maj. W J., C'wealth Mil. Forces.
Willison, Lt. A. C., *M.C.* Notts. & Derby. R.
Willock, Col. (T.F.) F. G. (Lt.-Col. ret. T.F.)
Willoughby, Bt. Lt.-Col D. V., 1 Brahmans.
Willoughby-Osborne, Maj. D'A., R.F.A.

Willsallen, Maj. T. L., C'wealth Mil. Forces.
Wilson, Capt. E. R.G.A.
Willyams, Capt E. N, D. of Corn. L.I.
Wilmer, Bt.Lt.-Col. E.R.G., R.F.A.
Wilmer, Bt. Lt.-Col. G. H., *M.C.*, Essex R.
Wilson, Maj., A. D., Can. Local Forces.
Wilson, Temp. Lt.-Col. A E., R.F.A.
Wilson, Bt.Lt.-Col.A. E. J., Som. L.I.
Wilson, Lt.-Col. A. H. H., *h.p., p.s.c.* [1]
Wilson, Bt. Lt.-Col. A. K., R.A.S.C.
Wilson, Lt.-Col. A. M., Aust. Imp. Force.
Wilson, Bt. Maj. A. R. G., Arg. & Suth'd Highrs
Wilson, Bt. Maj. B. T., R.E.
Wilson, Bt. Maj. (*temp. Col.*) C. E., *C.M.G., C.B.E.* ret. pay.
Wilson, Capt. (*Hon. Lt. in Army*) O. H. A. *late* E. Rid. of York Yeo. (Lt. E. Rid. of York Yeo.)
Wilson, Col. C. S., *C.B., C.M G.*
Wilson, Maj. C. W., ret. pay, *p.s.c.*
Wilson, Maj. D. C., R.F.A.
Wilson, Temp. Maj. E. B., Serv. Bns. Yorks. L.I.
Wilson, Bt. Lt.-Col. E. E. B. Holt, *C.M.G.*, ret. pay.
Wilson, Lt.-Col. D. H., ret.
Wilson, Lt.-Col. E.M., *O.B., C.M.G.*, ret. pay.
Wilson, Lt.-Col. F., *TD*, E, Anglian Divl. R.E.
Wilson, Bt.-Col. *temp Brig.-Gen.*) F. A., *C.M.G.*, R.F.A.
Wilson, Capt. F. O'B., E, Afr. Mtd. Rif.
Wilson, Lt.-Col. Qr. Mr. G., R. Lanc. R.
Wilson, Lt.-Col. *Hon.* G. G. *C.M.G.*, *TD*, E. Rid. of Yorks. Yeo.
Wilson, Lt.-Col. G. T. B., *late* 4 Bn. Arg. & Suth'd Highrs. (Bt. Lt.-Col. ret. pay) (*Res. of Off.*)
Wilson, Lt.-Col. H. D B., *late* R.F.A. (T.F.)
Wilson, Lt.-Col. H. G., *TD* 5 Bn. Linc. R.
Wilson, Field Marshal Sir H. H., *Bt., G.C.B.*, Col. R. Ir. Rif., *p.s.c.*
Wilson, Maj. H. H., *late* Notts. (Sherwood Rang. Yeo. (*Hon. Capt. in Army*
Wilson, Lt.-Col. H. M., Rif. Brig., *p.s.c.*
Wilson, Maj. H. R., R.F.A (T.F.).
Wilson, Maj. H. T., R.A.M.C.
Wilson, Lt.-Col. J. A., † Gurkha Rif.
Wilson, Lt.-Col. J. T. R., *TD*, 5 Bn. R. Scots.

Wilson, Col. (*temp. Brig.-Gen.*) L. C., *C.B , C.M.G.*, Aust. Imp. Forces.
Wilson, Bt Col. L. M., O., *C.M.G.* (Maj. ret.) Res. of Off.
Wilson, Lt.-Col. *Sir* M. R. H., *Bt., C.S.I.* T.F. Res (Maj.ret.pay (*Res of Off.*)
Wilson, Temp. Maj. N., *C.M.G.*, R.E.
Wilson, Maj. N. M., 7 Gurkha Rif.
Wilson, Temp. Capt N.Y., *M.C.*, Serv. Bns. North'd Fus.
Wilson, Bt.Lt.-Col. P H., R.A.
†Wilson, Capt. P. N. W. *M.C.*, R. Fus.
Wilson, Maj. P. P., 7 Bn Durh. L.I.
Wilson, Maj. R. A., N.Z. Mil. Forces.
Wilson, Bt. Lt.-Col. R. C., *M.C.*, 14 Mahrattas.
Wilson, Maj. R. E., R.G.A.
Wilson, Temp Maj. R. G., H.
Wilson, Hon. Lt.-Col. R. H. F. W., Capt. ret. pay.
Wilson, Capt. T. N. F., *M.C.*, K R. Rif. C.
†Wilson, Bt. Maj. W. C. *O.B.E., M.C.*, Leic. R.
Wilson, Maj. W. D., Can. Fd. Art.
Wilson, Maj. W. E., 5 Bn. Essex R.
Wilson, Temp. Maj. W.H., R.F.A.
Wilson, Temp. Capt W.T. *M.C.*, R.E.
Wilson-Charge, Maj. J. A 8 Bn. R. War. R.
Wilson - Farquharson, Maj. D. L., ret. pay.
Wilson-Fitzgerald, Capt. F. W., *M.C.*, 1 Dns.
Wilson-Johnston, Bt. Lt.-Col. W.E, *C.I.E.*, 36 Sikhs, *p.s.c.*
Wiltshire, Lt.-Col. A. R.L *C.M.G., M.C.*, A.I.F.
Wiltshire, Temp. Maj. W., W., *O.B.E., M.D.*, R.A.M.C.
Winder, Maj. J. H. R. *M.D.*, R.A.M.C.
Winder, Bt. Lt.-Col. W. G., R.A.M.C.
Wingate, Lt.-Col. B. F. R.A.M
Wingate, Gen *Sir* F. R. *G.C.B., G.C.V.O., G.B.E., K.C.M.G. q.s.* [L]
Wingate, Bt. Lt.-Col. G. H. F., R. Scots.
Wingfield, Maj. J M., *O.B.E.*, ret. pay.
Wingfield, Bt. Lt.-Col. *Hon.* M A., *C.M.G.*, Rif. Brig., *p.s.c.*
Wingfield, Maj. Rev. W. E., R.F.A. (Lt.-Col. ret. pay) [L], *g.*

†Winser, Hon. Brig.-Gen. C. R. P., *C.M.G.*
Winsloe, Col. A. R., *C.M.G.*, h.p.
Winsloe, Bt. Lt.-Col. H. E., *C.M.G.*, R.E.
Winter, Bt. Col C. B., *C.M.G.*, 112 Inf. [L]
†Winter, Lt.-Col. E. A., *M.C.*, *late* 23 Bn. R. Fus.
†Winter, Lt.-Col. O. del'E., *C.B., C.M.G.*, R.A.
Winterbotham, Bt. Lt.-Col. H. St. J. L., *C.M.G.*, R.E.
Winterbottom, Capt. A. D., *late* Res. of Off.
Winterscale, Bt. Lt.-Col. C. F. B., Shrop. L. I.
Wintle, Lt.-Col. C. K. H., 96 Inf.
Winwood, Lt.-Col. W. Q., *O.B.E., C.M.G.*, ret. pay.
Wisdom, Col. E. A., *C.B., C.M.G.*, C'wealth Mil. Forces.
Wisdom, Capt. F. A., *M.C.*, Aust. Imp. Force.
Wise, Lt. - Col. J., *M.C.*, Nova Scotia Regt.
Wise, Capt. P. K., *C.M.G.*, R. War. R.
Wishart, R., *late* Capt. Johannesburg Mtd. Rif.
Witham, Capt. A., R.A.
Witham, Lt.-Col. J. L., *C.M.G.*, Aust. Imp. Force.
Withers, Capt. R.B., R.G.A.
Withycombe, Col. W. M., *C.M.G.*, h.p.
Witts, Temp. Maj. E. F. B., 9 Bn. Glouc. R.
Witts, Capt. F. H., *M.C.*, I. Gds.
Witts, Bt. Maj. F. V. B., *M.C.*, R.E.
Wolfe - Murray, Bt. Maj. R. A., *M.C.*, Gord. Highrs.
Wolff, Maj. A. J., R.E.
Wollaston, Maj. F. H. A. Rif. Brig.
Wolley-Dod, Hon. Brig.-Gen. O. C., *C.B.*, ret. pay, *p.s.c.* [1]
Wood, Maj. A. V. L., ret. pay.
Wood, Lt.-Col. C. B., ret. pay
Wood, Lt.-Col. C. M. A., *C.M.G.*, h.p., *p.s.c.*
Wood, Hon. Lt.-Col. C P. B., *late* 3 Bn. R. Scots.
Wood, Lt.-Col. E., *O.R.E.*, R.A.S.C. [1]
†††Wood, Temp. Lt.-Col. E. A., *C.M.G.*
Wood, Hon. Col. E. FitzG. M., *O.B.E*, Lond. Brig. R.G.A., Maj. ret. pay, *p.s.c.* [1]
Wood, Col. (*temp. Col.*) E. J. M., Ind. Army
Wood, Lt.-Col. G. B. G., ret. pay
Wood, Maj. H.R., *late* Serv. Bns. Welsh R.

† Also awarded Bar to Distinguished Service Order.
†† Also awarded 2nd Bar to Distinguished Service Order.
††† Also awarded 3rd Bar to Distinguished Service Order.

Orders of Knighthood, &c.

COMPANIONS (D.S.O.)—contd.

Wood, Col. H. St. L., *C.B.E.*, ret. pay.
Wood, Maj. J., *TD*, R.A.M.C. (T.F.)
Wood, Bt. Maj. J. B., *M.C.*, 8 Bn. Gord. Highrs.
Wood, Lt. L., R.F.A.
Wood, Capt. P., *late* 5 Bn. Durh. L.I.
Wood, Capt. W. F., *M.B.*, R.A.M.C., Spec. Res.
Wood, Maj. W. S., Can. Local Forces.
Woodcock, Lt.-Col. F. A., *late* R.F.A.
Woodcock, Maj. J. B. H., Pemb. Yeo.
Woodcock Bt. Lt.-Col. W. J., Lan. Fus.
Woodgate, Capt. A. B., *M.C.*, E. Lan. R.
Woulfe Flanagan, Maj. E. M. W., E. Surr. R.
Woulfe Flanagan, Bt. Col. R. J., h.p. [*l*],
Woodhouse, Lt.-Col. H. K. S., T.F. Res.
Woodhouse, Maj. J. D. F., 14 Hrs.
Woodhouse, Maj. P. R., *M.C.*, *M.B.*, *late* R.A.M.C
Woodley, Maj. (*temp. Col.*) R. N., R.A.M.C.
Woodman, Capt. H. E., C'wealth Mil. Forces.
Woodruffe, Maj. J. S., *O.B.E.*, E. Suss. R.
Woods, Temp Capt. A. G., *M.C.*, Tank Corps.
Woods, Rev. A. W., Can. Chapl.
Woods, Maj. B. J., R.A.S.C.
Woods, Lt.-Col. H.K., Tank Corps.
Woods, Maj. M., 4 Bn. S. Lan. R.
Woods, Lt.-Col. P.J., *C.M G*, *late* Serv. Bns. R. Ir. Rif.
†Woods, Lt.-Col. P. W.. *M.C.*, C'wealth Mil. Forces.
Woods, Capt. W. T., *M.C.*, 5 Bn. Manch R.
Woodside, Lt.-Col. W. A., R.A.M.C.
Woodward, Lt.-Col. (*temp. Col.*) F. W., N. Lan. R.
Woolcock, Lt.-Col. A. R., C'wealth Mil. Forces.
Woolmer, Maj. E., *M.C.*, 6 6 Bn. Lan. Fus.
Woon, Maj. E. W., *M.C.*, S. Afr. Def. Force.
Wootten, Lt.-Col. H. E., *late* Serv. Bns. Bord. R.
Wotten, Maj. G. F., C'wealth Mil. Forces, *p.s.c.*
Wordsworth, Maj. R. J., 8 Bn. Notts & Derby R.
Worgan, Bt.-Lt.-Col. R.B., 20 Horse.
Wormald, Lt.-Col. F. W., ret. pay
Worrall, Bt. Lt.-Col. P. R., *M.C.*, Devon R.

Worrall, Maj. S. H., Bord R.
Worship, Lt.-Col. V. T., ret. pay.
†Worsley, Lt.-Col. F. P., ret. pay, (*Res. of Off.*)
Worsley, Capt. R. H. W., K.O. Sco. Bord.
Worsley, Capt. S. J., *M.C.*, N. Staff. R.
Worsnop, Lt.-Col. C. B., Brit. Col. Regt.
Wortham, Bt. Lt.-Col. H. C W. H., *C.M.G.*, R. Ir. Fus
†Worthington, Maj F., *O.B.E.*, *M.R.*, R.A.M.
Worthington-Wilmer, Maj. G. R., Sco. Rif.
Woulfe - Flanagan, Maj. E. M. W., E. Surr. R.
Woulfe Flanagan, Bt. Col. R. J., h.p. [*l*],
Wraith, Lt.-Col. (*actg. Col.*) E. A., *C.B.E.*, R.A.M.C. (T.F.)
Wrathall, Capt. W. P., *M.C.*, 6 Bn. R. Highrs.
Wray, Lt. E. M. G., 4 Bn. Essex R.
Wray, Maj. H. C., R.F.A.
Wray, K. M. *late* Capt. C'wealth Mil. Forces
Wright, Lt. A, *M.C.*, 2 Bn. Lond. R.
Wright, Capt. A. J., *M.C.*, *late* Urattd. List (T.F.)
Wright, Capt. A. R., *M.B.*, R.A.M.C.
Wright, Lt. - Col. B. A., Manch. R.
Wright, Maj. C. V. R., ret. pay.
Wright, Temp. Maj. E.T.L., *O.B.E.*, R.A.S.C.
Wright, Lt.-Col. F. W., *M.B.*, ret. Ind. Med. Serv.
Wright, Col. G., *C.B.E.*, ret. pay.
Wright, Bt. Maj. G. M. H., *M.C.*, R. Ir. Fus.
Wright, Bt. Col. H., *J.*, *C.M.G.*, ret. pay.
Wright, Maj.H., *R A.S.C.*
Wright, Maj. H. L., R.E
Wright, Lt.-Col. N. I., 7 Bn. North'd Fus.
Wright, Capt. P. L., *M.C.*, Bucks. Bn. Oxf. & Bucks. L.I.
Wright, Col. R. P., *C.M.G*, Can. Local Forces.
Wright, Capt. S. C., R.F.A (T.F.)
Wrights, Capt. T. J., *F.R.C.S.(Edin.)*, R.A.M.C. (T.F.)
◎ Wright, Bt. Col. (*temp. Brig.-Gen.*) W. D., *C.M.G.*, R.W. Surr. R., *p.s.c.*
Wright, Bt. Maj. W. G., R.A.M.C.
Wright, Maj. W. O., 5 Bn. R. Lanc. R.

Wrighton, Lt. E., 4 Bn North'd. Fus.
Wroughton, Lt.-Col. A.O.B. R.A.M.C.
Wyatt, Capt. E. R. C., 106 Pioneers *p.s.c.*
Wyatt, Lt.-Col. G. N., R.A. [*l*]
Wyatt, Bt. Lt.-Col. (*temp. Brig.-Gen.*) L. J., N. Staff. R.
Wyld, Bt. Maj. J. W. G., *M.C.*, Oxf. & Bucks. L.I.
Wylie, Capt. J. P., Notts. & Derby. R.
◎ ☰ Wylly, Maj. G. G. E., Corps of Guides, *p.s.c.*
Wyman, Capt. R., N.Z. Mil. Forces
Wymer, Maj. H. J. de C., Hamps. R.
Wyndham, Lt. - Col. Hon. E. S., 1 L.G.
Wyndham-Quin, Lt.-Col. & Hon. Col. W. H., *O.B.*, *late* Glam. Yeo.
Wynford, Lt.-Col. P. G. Lord, ret. pay (*Res. of Off.*)
Wynne, Lt.-Col. H. E. S., *C.M.G.*, R.A.
†Wynne, Capt. R. O., 3 Bn. Bedf. & Herts. R.
Wynne-Edwards, Temp. Capt. R. M., *M.C.*, Serv. Bns. R. W. Fus.
Wynter. Lt.-Col. C. P, 52 Sikhs.
Wynter, Hon. Brig.-Gen. F.A., *C.M.G.*, ret. pay.
Wynter, Lt.-Col. H. D., *C.M.G.*, A.I.F.
Wynter, Bt.-Lt.-Col. H. W., R.F.A., *p.s.c.*
Wynter, Capt. J. R., 52 Sikhs
Wynyard, Maj. E.G., *O.B.E.*, *late* Lab. Corps (Capt ret. pay.)

Yale, Col. J. O., ret. pay.
Yalland, Capt. R. R., Leic. R.
Yarde-Buller, Col. (*temp. Brig.-Gen.*) Hon. Sir H., *K.B.E.*, *C.B.*, *M.V.O.*, *p.s.c.*, [*l*]
Yardley, Capt. J. H. R, R. Innis. Fus., Spec. Res.
Yardley, Col. J. W., *C.M G*, ret. pay.
Yates, Maj. C. McG., R.A., *e.*
Yates, Bt. Lt.-Col. H. P. S. Wales Bord.
Yates, Maj. J. A., *C.I.E.*, 103 Mahratta L.I.
Yates, Temp. Capt. R., *M.C.*, R.E.
Yates, Maj. R. J. B., 22 Cav
Yates, Capt. W. T., C'wealth Mil. Forces.

Yatman, Bt. Lt.-Col., A.H., Som. L. I.
Yatman, Bt. Lt.-Col. C., *C.M.G.*, North'd Fus. [*l*]
Yeilding, Col. W. R., *O.B., C.I.E.*, ret. Ind. Army.
Yonge. Lt.-Col. P. C., 5 Bn Essex R.,
Yool, Maj. G.A , S. Staff. R
York, Lt.-Col. R. L., R.F.A (T.F.)
Yorke, Maj. P. G., R.A.
Yorke, Lt.-Col. R. M., *C.M.G.*, Glouc. Yeo.
Young, Lt.-Col. B., *late* S. Afr. Def Forces.
†Young, Capt. C. E., Austln. Imp. Force.
Young, Maj. H. G., *M.C.*, R.F.A.
Young, Lt.-Col. (*temp. Brig.-Gen.*) H. G., 10 Lrs.
Young, Temp. Capt. H. G., Can. A.M.G.
Young, Capt. J., *M.B.*, *F.R.C.S.*, R.A.M.C. (T.F.)
Young, Temp. Maj. J. A., *M.C.*, R.F.A
Young, Maj. J. D., *M.C.*, Man. Regt.
Young. Temp. Capt. J. D. S., *M.C.*, Serv. Bns. Arg. & Suth'd Highrs.
Young. Capt. J. H., *M.C.*, Arg. & Suth'd. Highrs.
Young, Temp. Lt. J. H. B., *M.C.*, Serv. Bns. Ches. Regt.
Young, Bt.-Col. J. M., *C.M.G.*, R.A.S.C.
Young, Maj. J. M., R Lanc. R.
Young, Temp. Lt. K., Linc. R.
Young, Maj. (*temp. Brig.-Gen.*) R., *C.B.*, *C.M.G.*, N.Z. Mil. Forces.
Young, Rev. S. D., *O.B.E.*, Temp. Chapl. to the Forces. 3rd Class.
Young. Temp. Capt. T. F., *M.C.*, R E.
Young, W. A., *M.B.*, *late* Temp. Capt. R.A.M.C.
Young, Lt.-Col. W. H., ret. pay,
Young, Maj. W. McK., C'wealth Mil. Forces.
Younger, Maj. A. A. S., R.F.A.
Younger, Lt.-Col. J., jun., TD, Fife & Forfar Yeo.
Yuill, Temp. Maj. H. H., *M.C.*, R.E.

Ziegler, Maj. C. L., R.A. (Lt. ret. pay).

Secretary and Registrar .. .. *Sir* H. J. Creedy, *K.C.B.*, *C.V.O.* *War Office, S.W.*

† Also awarded Bar to Distinguished Service Order.

COMPANIONS OF THE IMPERIAL SERVICE ORDER.

Recipients of Orders, whose names appear in this list, but who hold no rank in the Regular Army, Royal Marines, Special Reserve, Militia, Yeomanry, Territorial Force, or Volunteers, or in the Forces of the Oversea Dominions and Colonies, must send a notification to the Secretary of the War Office of their being alive on the 1st January and the 1st July each year.

If such notification, due on the 1st January, be not received at the War Office by the 1st April, and that due on the 1st July by the 1st October it will be concluded that the Recipient is deceased, and his name will be removed from the Army List.

THE SOVEREIGN

COMPANIONS (I.S.O.)

Anscomb, Maj. A. M., VD, Ind. Vols.
Bayley, Hon. Col. Hon. Sir C. S., G.C.I.E., K.C.S.I., Ind. Vols.
Bean, L. C. D., VD, late Lt.-Col. Ind. Vols.
Biernacki, Lt.-Col. R. K., C.I.E., Ind. Vols.
Bird, Hon. Col. F. D., VD Ind. Vols.
Bird, Capt. J. W. F., S. Afr. Def. Forces.
Brown, Capt. J., late Gambia Local Forces.
Collins, Col. R. J., C.M.G., VD, N.Z. Mil. Forces.
Corney, Hon. B. G., late Surg.-Maj. Fiji Local Forces.
Cuscaden, Temp Capt. W. A., late Capt. R. Dub. City Mila.
Davies, Lt.-Col. E. C., VD, Ceylon Vols.
Davison, F. C., Esq., late War Office.
Deering, W. H., Esq., F.I.C., F.C.S., late Chemist to War Office.
Duff, Lt.-Col. B. M., VD, ret. Cape Local Forces.
Eccles, Hon. Maj. D., VD. late, 12 Midd'x R.V.C.
Evans, W., Esq., late War Office.
Goulding, Col. H. R., VD, late Ind. Vols.
Grünwald, S. M., late Capt. 15 Bn. Lond. R.
Gumbley, Temp. Maj. D. W., O.B.E., R.E.
Hamilton, Temp. Lt J.A., R.E.
Hardinge, Hon. Col. Rt. Hon. C., Lord, K.G., G.C.B., G.C.S.I., G.C.M.G., G.C.I.E., G.C.V.O., Ind. Vols.
Hawkins, Hon. Maj. W., VD, Ind. Vols.
Luker, Maj. F., VD, Ind. Vols.
Lundy, R. G., Esq., War Office.
Macdonald, Maj.-Gen., Sir D. A., Knt., C.M.G., Can. Local Forces.
Madley, Col. L. G., VD, ret. C'wealth Mil. Forces.
Maflin, Hon. Maj. G. H., VD, late Ind. Vols.
Marshall, Capt. G. W., Ind. Vols.
Miller, Hon. Col. D., C.M.G., VD, C'wealth Mil. Forces
Outtrim, Lt.-Col. F. L., VD, ret. C'wealth Mil. Forces.
Pedley, A. C., Esq., C.B.. late War Office.
HG. M. Probyn, Gen. Rt. Hon. Sir D. M., G.C.B., G.C.S.I., G.C.V.O. (Extra Eq. to the King).
Robertson, Col. D., N.Z. Mil. Forces.
Robertson, Hon. Maj. J.
Ronayne, Col. T., N.Z. M Forces.
Rudolf, R. de M., Esq., late War Office.
Sharp, Hon. Maj. J.R.P., VD, late 2 V.B. Hamps. R.
Smeeton, S. P., late Capt. Jamaica Local Forces.
Stamfordham, Lt. - Col. Rt. Hon. A. J., Lord, G.C.B., G.C.I.E., G.C.V.O., K.C.S.I., K.C.M.G. (Extra Eq. to the King).
Thompson, Capt. J. C., T.F. Res.
Travis, H., Esq., M.I.Mech. E., M. Inst.N.A., Supdt. Eng. & Constructor of Shipping, R. Arsenal.
Venables, H. A., Esq., O.B.E., late War Office.
Williams, H. O., Esq., War Office.
Wyatt, Hon. Maj. T. H., M.V.O., VD, late 19 Midd'x V.R.C.

OFFICER OF THE ORDER.

Secretary and Registrar (Ex-Officio Companion of the Order) } Reynard, R. F., Esq. .. .. .. Home Office, S.W.

THE MILITARY CROSS.

Recipients whose names appear in this list, but who hold no rank in the Regular Army, Royal Marines, Special Reserve, Militia, Yeomanry, Territorial Force, or Volunteers, or in the Forces of the Oversea Dominions and Colonies, must send a notification to the Secretary of the War Office of their being alive on the 1st January and the 1st July each year.

If such notification due on the 1st January be not received at the War Office by the 1st April, and that due on the 1st July by the 1st October, it will be concluded that the Recipient is deceased, and his name will be removed from the Army List.

Col. H.R.H. Edward Albert Christian George Andrew Patrick David, *Prince of Wales and Duke of Cornwall*, K.G., G.C.M.G., G.C.V.O.,G.B.E.(*Personal A.D.C. to the King*), Col. W. Gds., Col. in Chief D. of Corn. L.I. (Col. in Chief R. Wilts Yeo.)

†Aarons, Capt. D. S., C'wealth Mil. Forces.

A'Beckett, Lt. H. E., C'wealth Mil. Forces.

Abbey, Temp. Lt. A. W., D.C.M., R.E.

Abbey, Temp. Maj. J., D.S.O., R.F.A.

Abbott, Rev. W. H., Temp. Chaplain to the Forces (4th Class)

Abbott, Lt. A. L., R.E. (T.F.)

†Abbott, Capt. C., R.F.A. (T.F.)

Abbott, Lt. C. B. M., *late* Serv. Bns., Hamps. R.

Abbott, Lt. C. J. F., Hon. Art. Co.

Abbott, Lt. C. S., Norf. R.

Abbott, Temp. Capt. F. D., R.F.A.

Abbott, Temp. Lt. G. R., 15 Bn. Durh. L.I.

Abbott, Capt. G. W., 7 Bn. R. War. R.

Abbott, Capt. H. H. B., Can. Local Forces.

Abbott, Capt. J. F., 8 Gurkha Rif.

Abbott, Lt. J. P., R.F.A. Spec. Res.

Abbott, Maj. R. S., 38 Horse.

Abbott, Capt. W. F., Can A.M.C.

Abbott, Lt. W. H., *late* R.F.A.

Abbott, Capt. W. H., Can. Fd. Art.

Abbott, Maj. W. N., N.Z. Mil. Forces.

Abbotts, Lt., G. D. M., 3 Bn. Notts. & Derby. R.

Abbotts, Temp. Capt. R. W Tank Corps.

Abdel Kerim Effendi Hussein, Egyptian Army.

Abdel Latif Effendi Rushdi Turfu, Egyptian Army.

Abdulla Adam Gabul (Effendi) El Mulazim Awal, Egyptian Army.

Abell, Temp. Capt. N., R.F.A.

Abell, Temp. Capt. R. L., R.F.A.

Abercrombie, Capt. A. R., D.S.O., R. W. Surr. R.

Abercrombie, Lt. P. J., Aust. Imp. Force.

Abercromby, Lt. R. A., 8 Gds.

Abernethy, Temp. Lt. R. C.

Abey, Capt. C., C'wealth Mil. Forces.

Ablett, Temp Lt. E. V. W., A. Cycle Corps.

Ablewhite, Temp. Capt. W. M.

†Ablitt, Capt. B. R., 5 Bn. W. York. R.

Abraham, Lt. A. R. H., R.A.O.C.

Abraham, Capt. C. E. S., 8 Lan. R.

Abraham, Temp. Capt. E. C., M.B., R.A.M.C.

Abraham, Lt. J. G., 6 Bn. Welch R.

Abraham, Lt. L., 1 Co. of Lond. Yeo.

Abraham, Temp. Capt. R., M.M., Serv. Bns. R. Innis. Fus.

Abrahams, Lt. F., R.F.A. (T.F.)

Abrams, Lt. N. C., 3 Bn Essex R.

Absolon, Temp. 2nd Lt. A. G., M.G. Corps.

Acarnley, Temp. 2nd Lt. A. J., Serv. Bns. W. Rid. R.

Acheson, Lt.-Col. A. C., M. B., Visct., Res. of Off.

Acheson, Lt. J., Can. Local Forces.

Acheson, Capt. M. K., M.D., *late* R.A.M.C.

Achilles, Temp. Lt. H. M., R.F.A.

Ackerley, Temp. 2nd Lt. R. F., Serv. Bns. Lan. Fus.

Ackerley, Lt. R. O., 3 Bn. S. Wales Bord.

Ackland, Capt. C. M., Sask. R.

Ackroyd, Maj. C H., Yorks. L.I.

Ackroyd, Temp. 2nd Lt. E. N., Serv. Bns. Rif. Brig.

Acland, Maj. A. N., D.S.O., D. of Corn. L.I.

Acland, Lt. A. W., Res. of Off.

Acland, Maj. L. G. D., O.B.E., N.Z. Mil. Forces.

Acland, Temp. Capt. L. H. P., R. Eng.

Acland, Capt. W. H. D., R.1 Devon. Yeo.

Acland Hood, Capt. F. P., C. Gds.

Acland-Troyte, Capt. H. W. R., 1 Devon Yeo.

Acraman, Qr.-Mr. & Maj. W. E., D C.M., G. Gds.

Acton, Capt. E. L. L., Leins. R.

Acton, Temp. 2nd Lt. J. J., 11 Bn. S. Lan. R.

†Adair, Lt. A. H. S., G. Gds. Spec. Res.

Adair, Temp. Lt. E. P., R.E.

Adair, Capt. J. V., R. Ir. Horse

Adam, Lt. E. C., 6 Bn. L'pool R.

†Adam, Lt. G., R.E. (T.F.)

Auam, Lt. G. A. F., TD, Sco. Horse Yeo.

Adam, Lt. G. D., R.F.A. (T.F.)

Adam, Capt. G. M., M.B., *late* R.A.M.C.

Adam, Lt. J. N., 3 Bn. R. Highrs.

Adam, 2nd Lt. M., 5 Bn. R. Sc. Fus.

Adam, Capt. R., 7 Bn, Gord. Highrs.

Adam, Temp. Lt. R. P., Mach. Gun Corps.

Adam, Temp. Capt. T. W., R.E.

Adam, Capt. W. A., Can. Local Forces.

Adam, Capt. W. E., M.D., R.A.M.C.

†Adams, Temp. Lt. A. D., 6 Bn. Bord. R.

Adams, Lt. B., *late* 25 Bn. North'd Fus.

Adams, Capt. C. C., R.E.

Adams, Temp. 2nd Lt. E. A., 8 Bn. R. Lanc. R.

Adams, Capt. E. S. R., R.E. Spec. Res.

Adams, Temp Lt. F., Serv. Bns. R. Ir. Rif.

Adams, Temp. Capt. F., Serv. Bns. Suff. R.

Adams, Lt. F. H., ret. pay.

Adams, Temp. Lt. F. S. J., M. G. Corps.

†Adams, Temp. Lt. G. B., R.F.A.

Adams, Temp. Maj. G. C., 5 Bn. R. Innis. Fus.(Capt. R. Innis. Fus.)

Adams, Lt. G. H., C'wealth Mil. Forces.

Adams, 2nd Lt. H., R.F.A. Spec. Res.

Aoams, Temp. Lt. H. C., R.A.S.C.

Adams, Lt. H. M., 8 Bn. Worc. R.

Adams, Capt. J., M.B., R.A.M.C. Spec. Res.

Adams, Lt. J., Manch Regt.

Adams, Rev. J. E., D.S.O., Temp. Chaplain to the Forces (4th Class).

Adams, Lt. J. H., 2 Cent. Ont. Regt.

Adams, Temp. Lt. L. G. J., Serv. Bns. Hamps. R.

Adams, Capt. L. H., *late* R.G.A. Spec. Res.

Adams, Lt. O. H., R.G.A., Spec. Res.

Adams, Lt. R., Can. Fd. Art.

Adams, Capt. R. E. C., E Surr. R.

Adams, Lt. R. J. O., *late* Serv. Bns. D. of Corn. L.I.

Adams, Lt. T., Ind. Army.

Adams, Lt. T. H. W., R.F.A. (T.F.)

†Adams, Temp. Lt. T. J., 9 Bn. R. Innis. Fus.

Adams, Capt. W. C., *late* Serv. Bns. R. Berks. R.

Adams, Maj. W. D., Can. Local Forces.

Adams, Lt. W. J., 3 Bn. Devon. R.

Adams, Temp. Lt. W. T., Serv. Bns. E. York. R.

Adamson, Temp. Lt. C., R.E.

Adamson, Lt. D. F., 7 Bn. R. Highrs.

Adamson, Lt. G. F., 7 Bn. Midd'x R.

Adamson, Lt. J., 4 Bn. Notts. & Derby. R.

Adamson, Capt. J., R.A.O.C. (T.F.)

Adamson, Temp. 2nd Lt. R., serv. Bns. Conn. Rang.

Addenbrooke, Temp. Capt. E. H., Serv. Bns. Glouc. R.

Addenbrooke, Temp. Lt. H. St. V., R.E.

Addenbrooke-Prout, Temp. Capt. R.

Addington, Temp. lt. R. N., 5 Bn. Oxf. & Bucks L.I.

Addis, Qr.-Mr.-Serjt. J. T., 20 Hrs.

Addis, Maj W. R., M.B., *la e* R.A.M.C.

Addisou, Temp. Lt. B. W., Serv. Bns. Lan. Fus.

†Addison, Lt. D., 4 Bn. Sea. Highrs.

Addison, Temp. Lt. J., 9 Bn. R. Highrs.

Addison, Lt. J., R E.(T.F.)

Addison, Capt. P., S. Afr. Def. Force.

Addison, Temp. 2nd Lt. R., E. Lan R. (attd.)

Addison, Lt. W., D.C.M., 4 Bn. R. Highrs.

Addy, Maj. C., ret. pay.

Addy, Temp. Lt. J. F., Serv. Bns. Shrops. L.I.

Addy, Lt. J. V., 7 Bn. L'pool R.

Adendorff, Lt. F. L., R.E. (T.F.).

Adiam, 2nd Lt. A. G., R.G.A. Spec. Res

Adiand, 2nd Lt. F. A., Ind. Army Res. of Off.

Adler, Maj. F. B., *la*'*e* S. Afr. Overseas Forces.

Adler, Temp Lt. S, Serv. Bns. Ches R

Adshead, Lt. F. H., *late* R.F.A. (T.F.)

Adshead, Capt. H., 7 Bn. Worc R.

†Adshead, Temp. Lt. H. J., 10 Bn. Linc. R.

Adshead, Lt. M. S., Ches. R.

Adshead, Lt. P. H., Gord. Highrs.

Affleck, Capt. J. E., Can. Local Forces.

Affleck, Lt. J. M., 7 Bn. North'd Fus.

Afford, Lt. J., York. R.

Agar-Robartes, Lt. Hon. A. G., G. Gds. Spec. Res.

Agar-Robartes, Maj. Hon. A.V., *late* G. Gds; Spec. Res.

†Agassiz, Capt. C. D. S., M.B., Spec. Res. R.A.M.C. (T.F.)

† Also awarded Bar to Military Cross.

Orders of Knighthood, &c.

THE MILITARY CROSS—*contd.*

Agate, Temp. Capt. H. St. A., R.A.M.C.
Agate, Temp. Lt. J. W. C., R.F.A.
Ager, Capt, F. C., *late* Serv. Bns. L'pool R.
Agius, Lt. A. J. J. P., 3 Bn. Lond. R.
Agius, Maj. A. V. L. B., 3 Bn. Lond. R.
Aglionby, Rev. J. O., *late* Temp. Chapl. to the Forces, 4th Class.
Aglionby, Rev. W. H., Temp. Chapl. to the Forces, 4th class.
Agnew, Lt. E. M., 3 Bn. Arg. & Suth'd Highrs.
Agnew, Lt. F. V., 2 Regt. K. Ed. Horse.
Agnew, Lt. J., 7 Bn. Lan. Fus.
Agnew, Capt. K. M., R.F.A.
Agnew, 2nd Lt. L. L. C'wealth Mil. Forces.
Agnew-Wallace, 2nd Lt. J. A., Arg. & Suth'd Highrs.
Ahern, Temp. Lt. W. P., *D.C.M.*, 12 Bn. North'd Fus.
Ahmed Ibrahim (Effendi) El Mulazim Awal Egyptian Army.
Ahrens, Capt. C., *D.S.O.*, C'wealth Mil. Forces.
Aiers, Co. Serjt.-Maj. G. A., G. Gds.
Aikenhead, Capt. D. F., R.F.A.
Aikman, Maj. J. H., *M.B.*, *late* R.A.M.C.
†Aikman, Lt. J. S., 8 Bn. Arg. & Suth'd Highrs.
Aikman, Capt. W. W., R.F.A. (T.F.)
Ainge, Lt. D. A L., 3 Bn R.W. Fus.
Ainger, Capt. F. S., Serv. Bns. E. Surr. R., ret.
Ainger, Lt. G. D., Yorks. L.I.
Ainley, Lt. J. R., E. York. R.
Ainsborough, Lt. F. J., Can. Art.
Ainsley, Capt. A. C., R.A.M.C. (T.F.)
Ainsley, Lt. E. E, R. A.
Ainslie, Temp. 2nd Lt. C. B., Mach. Gun Corps.
Ainslie, Temp. Capt. C. M., R.E.
Ainslie, W., *MD., F.R.C.S. Edin.*, *late* Temp. Capt. R.A.M.C.
Ainsworth, Lt. B. L., 8 Wales Bord.
†Ainsworth, Temp. Capt. G. W., Serv. Bns. N. Lan. R.
Ainsworth, 2nd Lt. N. J., 5 Bn. Worc. R.
Ainsworth, Lt. R. B., 5 Bn. Durh. L.I.
†Ainsworth, Lt. T., 9 Bn Manch. R.
Aird, 2nd Lt. J., R.F.A. (T.F.)
Aird, Lt. J. R., G. Gds.

Airey, Lt. J. C., 10 Bn. R. Scots.
Airey, Capt. R. M., *O.B.E.*, A.S.C.
Airlie, Lt. J. M., Can. Local Forces.
Aitchison, Lt. J.M., 1 Cent. Ont. Regt.
Aitchison, Lt. W., R.F.A.Spec. Res.
Aitken, Maj. A. A., Can. Local Forces.
Aitken, 2nd Lt. A. B., Ind. Army Res. of Off.
Aitken, Lt. A. McL., Albetta Regt.
Aitken, Capt C. F., Ind. Army.
Aitken, Temp. Maj. F., R.F.A.
†Aitken, Capt. G. G., Can. Fd. Art.
Aitken, Temp. Lt. I. W. 6 D.G.
Aitken, Lt. J., Durh. Fort. R.E.
Aitken, Temp. 2nd Lt. J., Serv. Bns. Sea. Highrs.
Aitken, 2nd Lt. J. D., 3 Bn. Yorks. L.I.
Aitken, Temp. Lt. J. W. R.E.
Aitken, Maj. N. W., *D.S.O.*, R.G.A.
Aitken, Lt. P. L., Aust. Imp. Force.
Aitken, Lt. R. B., Lanark Yeo.
Aitken, Lt. R. S., *A.F.C.*, *late* R.G.A. (T.F.)
Aitken, Maj. W., N.Z. Mil. Forces.
Aitken, Lt. W., Sea. Highrs.
Aitken, Lt. W., ret.
Aitkenhead, Hon. Lt. J. D., *late* Ind. Army Res. of Off.
Aitkens, Lt. L. J B., Can. Local Forces, ret.
Aitkens, Lt. O. St. P., W. Ont. Regt.
Aiton, Lt. R. S., R.F.A. Spec. Res.
†Aizlewood, Capt. J. A., 4 D.G.
Akerman, Temp. Maj E. J. B.
Akerman, Lt. J. P., Som. L.I.
Akerman, Maj. W. P. J., *D.S.O.*, R.A.
Alabaster, Maj. A. S., 5 Bn. R. War. R.
Alan-Williams, Capt. A. C. War. Yeo.
Aland, Capt. R.C., C'wealth Mil. Forces.
Ala Singh, Subadar, 107 Pioneers.
†Alaway, Temp. Maj. H. G., R A.O.C.

Alban, Temp. Capt. T. F. W. S., R.E.
Albery, Maj. I. J., 3 Co. of Lond. Yeo.
Albinson, Temp. 2nd Lt. A., *M.M.*, Tank Corps.
Albon, Lt. C. J., Nova Scotia Regt.
Albrecht, Capt. V. A., *O.B.E.*, Manch R.
Alcock, Lt. E. D., 9 Bn. Midd'x R.
Alcock, Lt. F., 4 Bn. Glouc. R.
Alcock, Temp. Lt. R., Serv Bns Leic. R.
Alcock, Lt. W. P., 15 Hrs.
Alderson, Temp. Lt. C. R., R.E.
Alderson, Lt. E. W., 10 Bn. Midd'x R.
Alderson, Temp. Capt. V.C.
Alderton, Lt. B., R.F.A. (T.F.)
Alderton, Maj. W. H., *late* R.A.M.C.
Aldous, Temp. Capt. G. J., R.A S.C.
Aldous, Lt. J. R. T., R.E.
Aldrich, Lt. H. A., 3 Bn. Suff. R., ret.
Aldridge, Lt. D. W., R.E. (T.F.)
Aldridge, Bt. Maj. E. A., R.A.M.C.
Aldridge, Lt. W. C., Aust. Imp. Forces.
Aldworth, Maj. A. A., *late* Serv. Bns. Leic. R.
Aldworth, Lt. C. H. J., 9 Bn. Hamps. R.
Aldworth, Lt.-Col'. J. N., TD, 4 Bn. R. Berks. R.
Alexander, Lt. A. C., 8 Bn. Lond. R.
Alexander, Lt. A. G. E., Yorks. L I.
Alexander, Lt. B.J., Midd'x R.
Alexander, Maj. C., 81 Pioneers.
Alexander, Bt. Maj. C. A. M., R. Innis. Fus.
Alexander, Temp. Lt. C. B., Serv. Bns Arg. & Suth'd Highrs.
Alexander, Lt. D., R.G.A. Spec. Res.
Alexander, Temp. Capt. D. C., *M.B.*, *late* R.A.M.C.
Alexander, Temp. Capt. D. R., R.A.M.C.
Alexander, Lt. E., *D.C.M.*, R. Dub. Fus.
Alexander, Temp. Capt. E. D., R.E.
Alexander, Capt. G. A., 5 Bn. R.W. Fus.
Alexander, Hon. Capt. G. J., *late* R.A.
Alexander, Maj. G. M., Can. Local Forces.
Alexander, Capt. G.W. A., Gord. Highrs.
Alexander, Hon. Lt. H. D., *late* Cam'n Highrs.

Alexander, Maj. *Hon.* H. R. L. G., *D.S.O.*, I. Gds.
Alexander, 2nd Lt. J., 5 Bn., R. Lanc. R.
Alexander, Lt. J. C., 7 Bn. Lan. Fus.
Alexander, Lt. J. C. K., 8 Bn. W. York R.
Alexander, Temp. Maj. J. H., *D S O., R.E.*, Capt. S. Afr. Def. Force.
Alexander, Bt. Maj. M., Rif. Brig.
Alexander, Lt. N. G. A., G Gds Spec. Res.
Alexander, Lt. R., R.G.A. Spec. Res.
Alexander, Maj. R. G., ret. Ind. Army.
Alexander, Temp. Capt. R. H., *M.B.*, R.A.M.C.
Alexander, Lt. E. R., R.F.A. (T.F.).
Alexander, Temp.Capt. U., Serv. Bns. North'd Fus.
Alexander, Capt. W. B., *late* R.F.A. (T.F)
Alford, Capt. E. F. R., *late* R.A.M.C.
Alford, Lt. E. R., N. Lan. R.
Alford, Lt. S. E., *O.B.E.*, R.F.A Spec. Res.
Ali Effendi, M. Tani Sabaihi, Egyptian Army.
Alim-Sher, Acting Subadar Ind. Army.
Alington, Lt. N. S., Ind. Army
Ali Islam (Effendi) El Yuzbashi, Egyptian Army.
Alker, Lt. F., 5 Bn. N. Lan. R.
Allam, Lt. F. W., 4 Bn. R. war. R.
Allan, Lt. A., 8 Bn. Sco. Rif.
Allan, Capt. A. C., *D.S.O.*, Cam'n Highrs.
Allan, Lt. A. W., Can. M.G. Corps.
Allan, Capt. D. B., 7 Bn. R. Scots.
Allan, Lt. D. C. N. U., 6 Bn. Sea. Highrs.
Allan, Lt. E. B., *late* R.G.A. Spec. Res.
Allan, Lt. E. B., 5th Bn. Lan. Fus.
Allan, Temp. Capt. F. L., Serv. Bns. North'd Fus.
Allan, Temp. lt. G. (Lt. S. Afr. Def. Force).
Allan, Lt. G. J., R.E. (T.F.)
Allan, Capt. H.T., C'wealth Mil. Forces.
Allan, Temp. Capt. I. D., Serv. Bns., Welch R.
Allan, Qr.-Mr. & Capt. J., 7 Bn. Sea. Highrs.
Allan, Lt. J., R.F.A. (T.F.)
Allan, Lt. J. W., Aust. Imp. Force.
Allan, 2nd Lt. R., 5 Bn. N. Lan. R.
Allan, Lt. R.J , Ind. Army.

† Also awarded Bar to Military Cross.

THE MILITARY CROSS—*contd.*

Allan, R. M., *M.B., late* Temp. Capt. R.A.M.C.
Allan, Lt. R. W., R.A.
Allan, Lt. T., 3 Bn. High. L.I.
Allan, Lt. T., 3 Bn. High. L.I.
Allan, Capt. T. C., 22 Bn. Lond. R.
Allan, Temp. Capt. W. N., 9 Bn. Gord. Highrs.
Allan, Temp. 2nd Lt. W.S., 9 Bn. North'd Fus.
Allardice, Lt. J. T., 5 Bn. R. Highrs.
Allardyce, Lt. G. L., 7 Bn. Gord. Highrs.
Allardyce, Capt R.M.,6 Bn Arg. & Sath'd Highrs.
Allasson, Lt. H. W., 3 Bn. E. Surr. R.
Allaway, Lt. H. P., 6 Bn. N. Staff. R.
Allibeney, Lt. W., *late* 18 Bn Durh. L.I.
Allibon, Lt. C. J., Nova Scotia Regt.
Allchin, Temp. Lt. G. C., R.E.
Allcott, Temp. 2nd Lt. F., Serv. Bns. Lan. Fus.
†Allday, Temp. Lt.F. C. A., Tank Corps.
Allden, Temp. 2nd Lt. J., Tank Corps.
Alldridge, Qr.-Mr. & Maj. J. H., Rif. Brig.
Allen, 2nd Lt. A., R.G.A., Spec. Res.
Allen, Lt. A., 7 Bn. Worc. R.
Allen, Temp. Capt. A. A.
Allen, Temp. 2nd Lt. A. G., *D.S.O.*, 13 Bn. R. Fus.
Allen, Temp. 2nd Lt. A.H., N. Staff. R.
Allen, Temp. Lt. A. H. C., Serv. Bns. Devon. R.
Allen, Temp. Lt. A. L., Serv. Bns. Bedf. & Herts. R.
Allen, Temp. Maj. A. M., 20 Bn. North'd Fus.
Allen, Capt. A. N.,C'wealth Mil. Forces.
Allen, Lt. B. R. E., Man. Regt.
†Allen, Maj. C. A., *late* Serv. Bn. R. Suss. R.
Allen, Lt.-Col. C.G.,A.S.C. (T.F.)
Allen, Temp. Capt. C. K., 13 Bn. Midd'x R.
Allen, Lt. C. W. E., *M.B.E.*, R.F.A.
Allen, Maj. D. F., *late* R.F.A.
†Allen, Lt. D. R. *late* R.F.A. Spec. Res.
Allan, Lt. E., R.G.A.
Allen, Batt. Sergt. Maj. E., R.G.A.
Allen, Temp. Maj. E. M., Serv. Bns. Hamps. R.
Allen, Temp. Lt. E. R., R.E.
Allen, Capt. F. J., *O.B.E., M.B., late* R.A.M.C.
Allen, Temp. Lt. G. R., R.E.
Allen, Batty. Serjt.-Maj. G. W., Can. Fd. Art
Allen, Capt. G. W. D., *late* 4 Bn. L'pool R.

Allen, Temp.Capt.G.W.G., Tank Corps.
Allen, Lt. H.C., 2 Northumbrian Brig. R.F.A.
†Allen, 2nd Lt. H. G., *late* M.G. Corps.
Allen,Temp. Lt. J.B., M.G. Corps.
Allen, Capt. J. F. W., E. Kent R.
Allen, Lt. J. H., R.G.A. (T.F.)
†Allen, Capt. J. H., Aust. Imp. Force.
Allen, Temp. 2nd Lt. J. J., M.G. Corps.
Allen, Capt. J. S., *Jun.*, R.G.A. (T.F.)
Allen, Lt. K. O., R.E. (T.F.)
Allen, Lt. L. W., 6 Bn. R. War. R.
Allen, Lt. L. St.J., C'owealth Mil. Forces.
Allen, Capt. N. B., 1 Cent. Ont. Regt.
Allen, Lt. R.A.M.C., C'wealth Mil. Forces.
Allen, Lt. R. E. T., Res. of Off.
Allen, Maj. R. F. C., R.A.
Allen, Maj. R. H., R.A. [l]
Allen, Temp. Capt. S.
Allen, Lt. T. H., ret. pay.
Allen, Lt. T. W., Serv. Bns. Ches. R.
Allen, 2nd Lt. V. W., S. Afr. Def. Forces.
†ⓌAllen, Capt. W. B., *D.S.O., M.B.,* R.A.M.C.
Allen, Temp. Lt. W. P., M. G. Corps.
Allenback, Lt. A. A., Nova Scotia Regt.
Allerton, Lt. A. R., *late* 8 Bn. L'pool R.
Allerton, Lt. G. T., *late* R.G.A. Spec. Res.
Allett, Lt. J. R., *late* Serv. Bns. W. York. R.
††Alley,Temp.Capt.G.O.F., *M.B.,* R.A.M.C.
Alley, Maj. S., Terr. Force Res. [L]
†Allfrey,Capt.C.W., R.H.A.
†Allfrey, Lt. E. M., 6 Bn. K.R. Rif. C.
Allfrey, Maj. H. I. R., *D.S.O.*, Som. L.I.
Ali Effendi Zaka, Yuzbashi, Egyptian Army.
Allin, Maj J. F., *late* M.G. Corps.
Allin, Temp. Capt. J. R. P., R.A.M.C.
Allinson, Temp. Lt. H., Serv. Bns. North'd Fus.
Allinson, Temp. Capt. R. C., R A.V.C.
Allison, 2nd Lt. A. W., ret. pay
Allison, Temp. 2nd Lt. E., 8 Bn. R. Lanc. R.
Allison, Capt. G. F., R.A.M.C.
Allison, Capt. H. C., Cam. A.M.C.
Allison, Lt. H. W., 24 Bn. Lond. R.
Allison, Capt. L. G., R.E., Spec. Res.
Allison, Lt. T. A. B., 6 Bn. Durh. L.I.
Allison, Hon. Lt. T. B., *late* 9 Bn. R. Highrs.

Allkins, Lt. A. W., M.G. Corps.
Allmand, Maj. A. J., T.F. Res.
Allnutt, Capt. E. B. R.A.M.C.
Allport, Lt. R. E. H., R.F.A. Spec. Res.
Allsop,Lt.B.G.K.,R.A.S.C. (T.F.)
Allsop, Capt. L. T., Aust. Imp. Force.
Allsopp, Co. Sergt.-Maj. F., N. Lan. Regt
Allsopp, Capt. W. H., Can. Local Forces.
Allum, Lt. C. E., 4 Bn. Ches. R.
Allum, Lt. H. G., *late* Army, Res. of Off.
†Allwright, Lt. H. T., *D.C.M.*, R. Scots.
†Almack,Lt.C.W. ret. pay.
Almond, Temp. Lt. E. A. R.F.A.
Alnwick, Temp. Lt. H., 11 Bn. W. York. R.
Alport, Capt. F., Can. Eng.
Alsop, Lt. F. C., R.F.A. Spec. Res.
Alsop, Capt. G. P. R. 3 D.G. (*Lt. Res. of Off.*)
Alston, Capt. G. R. G., *late* R.F.A.
Alston, Capt. L. A. A., *D.S.O.*, R.W. Fus.
Alston, Bt. Maj. W. H. S., Rif. Brigade.
Alston, Capt.W.N.R., 4 Bn K.O. Sco. Bord.
Altamont, Lt. V. de B., *Earl of*, 2 Dns.
Altham, Lt. A. C., 3 Bn. Lan. Fus.
Altham, Maj. H. S., *D.S.O., late* 5 Bn. K.R. Rif. C.
Alton, Lt. E. H., Unattd. List (T.F.)
Altownyan, *late* Capt. E.H. R., *M.B., late* R.A.M.C.
Altree, Lt. E. R.F.A.
Amar Singh Thapa, *Sardar Bahadur*. Subadar Maj. W. Gurkha Regt.,
Ambler, Capt. G. *late* Serv. Bns. R. Suss. R.
Ambler, Temp. Lt. H. L., R.F.A.
Ambler, Temp. 2nd Lt N.P., Serv. Bns. W. York. R.
Ambrose, Maj. J.G., *O.B.E., late* R.E.
Ambrose, Lt. R. D., 104 Rif. ret.
Ambrose, Capt. W. G., W. J., M. G. Corps.
Ambrose, Co. Serjt.- Maj. W.J., M.G. Corps.
Amery, Maj. G. D., *late* Hamps. R. (attd.)
Ames, Lt. G., R.F.A.(T.F.)
Ami Lal, Jemadar, 3 Skinners Horse.
†Amon, Temp. Capt. H., 11 Bn. R. Suss. R.
Amos, Temp. Lt. E. C., 6 Bn. S. Wales Bord.
Amos, Lt. E. F. C., R.E (T.F.)
Amos, 2nd Lt. G., *late* Serv. Bns. Bord. R.
Amos, Lt. S. L., 5 Bn. R. Dub. Fus.
Amos, Temp. Lt. W. R. M.G. Corps.

Amour, Temp. Lt. J., R.F.A.
Amphlett, Temp. Maj. C. E., Mach. Gun Corps (Motor).
Amphlett, Maj. E. M., Can. Local Forces.
Amsdon, Lt. L. E., 6 Bn. Essex R.
Amy, 2nd Lt. H. T., R. Jersey Mila.
†Ancott, Capt. J. S. McE., 8 Bn. Sco. Rif.
Anderson, Lt. A., Cam'n Highrs.
†Anderson, Lt A A., *D.C.M.* 2 Cent. Ont. Regt.
Anderson, Lt. A E., 8 Bn. Lan. Fus.
Anderson, Capt. A. E. D., *D.S.O.*, 3 Bn. K. O. Sco. Bord.
Anderson, Co.-Serjt.-Maj. A.G., 4 Bn Gord. Highrs.
†Anderson, Capt. A. L., Can. Local Forces.
Anderson, Lt. A. M., *late* Serv. Bns. R. Ir. Rif.
†Anderson, Maj. A. S. K., *D.S.O.,M.B., late* R.A.M.C.
Anderson, Lt. A. W., C'wealth Mil. Forces.
Anderson, Lt. B., C'wealth Mil. Forces.
Anderson, Temp Maj. C., *D.S.O.*, 15 Bn. R. Scots.
Anderson, Capt. C., Aust. A.M.C.
Anderson, Temp. Capt. C. B., 7 Bn Sea. Highrs.
Anderson, Temp. Lt. C. G. W.
Anderson, Lt. C. J., R.G.A. Spec. Res.
Anderson, Temp. Lt. C. O. D., Mach. Gun Corps (Motor).
Anderson, Lt. C P., R.F.A. Spec. Res.
†Anderson, Temp. Lt. D., M.G. Corps.
Anderson, Lt. De B., Can. Local Forces.
Anderson, Temp. Capt. D, C., 3 Garr. Bn. Bedf. R., Herts. R.
†Anderson, Lt. D. D., 3 Bn. E. York R.
Anderson, Temp. Capt. D. MacK., Serv. Bns. Welch R.
Anderson, Co. Sergt.-Maj. E., 16 Bn. Lan. Fus.
Anderson, Temp. Lt. E. C.
Anderson, Lt. E. E., *late* I. Gds. Spec. Res.
Anderson, Temp. Capt. E. J., Serv. Bns. Oxf. & Bucks. L.I.
Anderson, Maj. E. S., C'wealth Mil. Forces.
Anderson, Temp. Lt. E. S., Serv. Bns. Manch. R.
Anderson,Capt. F., *D.S.O.*, R. Highrs.
Anderson, Maj. F., *D.S.O.*, Sea. Highrs.
Anderson, Capt. F., Aust. Imp. Force.
Anderson, Capt. F. A., *M.B., late* R.A.M.C

† Also awarded Bar to Military Cross. †† Also awarded 2nd Bar to Military Cross.

Orders of Knighthood, &c.

THE MILITARY CROSS—contd.

Anderson, Capt. F. J., *M.B.*, Ind. Med. Serv.
Anderson, Temp 2nd Lt. F. W., R.E. Spec. Res.
Anderson, Lt.G., Ind.Army
Anderson, Temp. Maj. G. R., 5 Bn. R. Berks. R.
Anderson, Lt. G. B., R.F.A. (T.F.)
An erson, Temp. Lt. G. F., R.E.
Aaderson, Lt. G.F., 5 Bn. K R Rif. C.
Anderson, Capt. G. H., 18 Hrs. Spec. Res. (Capt. ret. pay.)
†Anderson, Lt. G. H. G., *D.S.O.*, Rif. Brig.
Anderson, Lt. G. L., S. Afr Def. Force.
†Anderson, Capt. G. W., Nova Scotia R.
Anderson, Capt.H., *D.S.O.*, 3 B . t Ir. Regt.
Anderson, Temp. Regtl Sergt.-Maj., H., A.C.C.
Anderson, Co. Serjt -Maj. Henry, Midd'x R.
Anderson, Qr.-Mr. & Capt. H. J , R.A.M.C.
Anderson, 2nd Lt. H. R., 9 Bn. L'pool R.
Anderson, Temp. Lt. I., Sea. Highrs.
Anderson, Co. Serjt.-Maj. J., Can. Local Forces.
Anderson, Temp. Lt. J.
Anderson, Lt. J. A., C. Gds. Spec. Res.
Anderson, Lt. J. A., 5 Bn. Sco. Rif.
Anderson, Capt., J. A., Nova Scotia Regt.
†Anderson, Temp. Capt. J. E., R.E.
Anderson, Qr.-Mr. & Capt. J. E. B., 5 Bn. L'pool R.
Anderson, Temp. Lt. J. McC., Serv. Bns. R. Fus.
Anderson, Capt. J. McK., 109 Inf.
Anderson Lt. J. M., 5 Bn. W. Yo k. R.
Anderson, Capt J. R., Aust Imp. Force.
Anderson, Lt. J. S., R.F.A. (T.F.)
Anderson, Maj. J. S. S., *D.S.O.*, C'wealth Mil. Forces.
Anderson, Capt. K., 4 North'bn Brig. R.F.A.
Anderson, Capt. K. A. N., Sea. Highrs.
†Anderson, Lt. K. G., 2 Bn. Lond. R.
Anderson, Lt K. S., Aust Imp. Force.
Anderson, Temp. Lt. L., Mach. Gun. Corps
Anderson, Maj. L., *D.S.O.*, *M B*, late R.A.M.C.
Anderson, Lt. L. R D., R.F.A. Spec. Res.
Anderson, Temp.Lt. M. L., M. G. Corps.
Anderson, Capt. M. R.
†Anderson, Maj. P. C., *D.S.O.*, Res. of Off.
Anderson, Temp. 2nd Lt. R., Tank Corps.
Anderson, Lt R.A., Sco Rif.
Anderson, Lt. R. C., R.E. (T.F.)
Anderson, Lt. R. C., Ind. Army
†Anderson,Lt.R. C. B., Arg. & Suth'd High.
Anderson, Temp. Qr.-Mr. & Capt. R. J.
Anderson, Temp. 2nd Lt. R. J., Serv. Bns. K.R. Rif. C.
Anderson, Capt. R. P., *M.B.*, R.A.M.C. (T.F.)
Anderson, Temp. Capt. R. R., Cam'n Highrs.
Anderson, Capt. R. W, T.E. (T.F.)
Anderson, Lt. S., ret. pay.
Anderson, Temp. Capt. S. G., R.E.
Anderson, Capt. S. T. S., Spec. Res.
Anderson, Lt. T., *D.C.M.*, Aust. Imp. Forces
Anderson, Capt., T., ret.
Anderson, Lt. T., R.G.A., Spec. Res.
Anderson, Lt. T. C., Fort Garry Horse.
Anderson, Capt. T. R., R.F.A.
††Anderson, Lt. W., R.F.A. (T.F.)
Anderson, Lt. W., *D.S.O.*, 6 Bn. North'd Fus.
†Anderson, Lt. W., 4 Bn. North'd Fus.
Anderson, Temp. Capt. W., R.A.
Anderson, Capt.W., *D.C.M.*, TD, 14 Bn. Lond. R.
Anderson, Lt.W., Can Cav.
Anderson, Temp. Capt. W. R.A.V.C.
Anderson, Lt. W. B., 3 Bn. High L I.
Anderson, Lt. W. K., Can. Local Force.
Anderson, Lt. W. M. D., 7 Bn. Sco. Rif.
Anderson, Lt. W. T., C'wealth Mil. Forces
Anderson, Maj. W. T., Res of Off.
Anderson, Rev. W. W. Temp Chapl. to the Forces, 4th Class
Anderton, Lt. A., R.F.A. (T.F.)
Anderton, Capt. A. C. R.E., (T F.)
Anderton, Capt. C. A., 6 Bn. Manch. R.
Anierton, Qr.-Mr & Capt J. E. H., R.A.M.C. (T.F.)
Anderton, Capt. W. D., *M B*, R.A.M.C. Spec. Res.
Andreae de Roubaix, Lt. S. A. G., late R.F.A. Spec. Res.
Andrell, Lt. A .K., R.F.A., Spec. Res.
†Andrell, Lt. C. W., R.F.A. Spec. Res.
Andrew, Lt. E., Ches. R.
†Andrew, Lt. J. W., 5 Bn R. Sco. Fus.
\ndrew, Lt. R. A., Fife & Forfar Yeo.
†Andrew, Lt. R. B. W. G., 15 Bn. Lond. R.
Andrew, Lt.-Col. R. H., late Gen. List
†Andrew,Hon.Lt.T. F., late R. Highrs.
Andrew, Lt. T. S., R.F.A. Spec Res.

Andrew, Temp. Capt. W. C., *D.S.O.*, M.G. Corps.
Andrew, Lt. W. H., D. of Corn. L.I.
Andrew, *Rev.* W. S., Temp. Chapl. to the Forces, 4th Class
Andrewartha, Lt. R. V., Aust. Imp Force.
Andrewes, Capt. C. L., 3 Lrs.
Andrews, Lt. A. E., Quebec Regt.
Andrews, Lt. A., 8 Bn. Notts & Derby R.
Andrews, Lt. A., R.G.A. Spec. Res
Andrews 2 d Lt. A. C. late Serv. Bns. R. W Surr. R.
Andrews, Lt. C. W., la e R.E.
Andrews, Lt. D. M , 1 Cent. Ord. Regt.
Andrews, Lt. E. G., 5 Bn. R. Fus.
Andrews, Temp. Lt. E. W., Tank Corps.
Andrews, Lt. G. D.,4 Bn. Hamps. R.
Andrews, Lt. H., R.F.A. (T.F.)
Andrews Capt. H. A., 3 Dogras.
Andrews, Bt. Maj. H. W., Leins. R.
Andrews, *Rev.* J., Hon. Chapl. to the Forces. 4th Class.
Andrews, Capt. J. A., *M.B.*, late R.A.M.C.
Andrews, Lt. J. C., Can. Local Forces.
Andrews, Capt. J. C., T.F Res. R.
†Andrews, Lt. J. O., *D.S.O.*, R. Scots.
Andrews,Rev. L. M., Temp. Chapl. to the Forces, 3rd Class.
Andrews, Lt. L, 5 Bn. R. Lanc. R.
Andrews, Lt. L. W., 4 Bn Durh. L.I.
Andrews, Temp. 2nd Lt. M. M. E., Serv. Bns. R. Lan. R.
Andrews, Lt. R., 1 Quebec R.
Andrews, Temp. Lt. Col. R. J., *D.S.O.*, 17 Bn. Welsh R.
Andrews, Lt. R. L., T.F Res.
Andrews, Lt. R. W., R.F.A.
Andrews, Temp.Capt.R.S., 10 Bn. Arg. & Suth'd High's
Andrews, Hon. Maj. R. W. late R.A.S.C.
†Andrews, Temp. Lt S. A., *D.S.O.*, 12 Bn. E. Suss. R.
Andrews, Lt. W. P., late R.E.
Angas, Maj. L.L.B., Res. of Off
Angel, Capt. A., ret. pay
Angel, Capt. F., Aust.Imp. Force.
Angel, Capt. W., *M.M.*, late Serv. Bns. R. Berks. R.
Angell, Capt. J, *D.S.O.*, R.F.A.
Angier, Temp. Maj. H. A. M. G. Corps.
Angle,Temp. and Lt. A. A., R.F.A
Anglesea-Sandels, Temp. 2nd Lt. C. A., R.F.A

†Anglin, Capt. C. G., Can Local Forces.
Anglin, Lt. W. A. I., Can. Fd. Art.
Angus, . Maj. E G., 4 Northb'n Brig. R.F.A
Angus, Lt. G. R., 6 Bn. Durh. L.I.
Angus, Capt. J. A., 3 Bn Yor & Lanc. R.
Angus, Capt. K. F., R.G.A. (T.F.)
Angus,Temp.Maj.W.B.G., *O.B.E.*,*M.B.*,lateR.A.M.C.
Angwin, Maj. A S., *D.S.O.*, R.E (T.F.)
Angwin,2nd Lt.B., C'wealth Mil. Forces.
Anketell- ones, Lt S. W., R.A.
Annand, Lt. A. W., 3 Bn. Gord. Highrs.
Anne, Maj. H. O. C., R.A.
Annesley, Capt. F. D., R.A.M.C.
Annesley, Lt. R. T., 6 Bn. L'pool R.
Annett, Qr.-Mr. & Lt. G. S., late R.A.M.C.
Anns,Temp.Capt. K., Serv. Bns. E. Surr. R.
Ansell, Temp. Capt. W. H., R.E.
Ansley, Capt. S. S., R.F.A (T.F.)
Anson, Lt. F., G. Gds.
Anson, Capt. G. H., Staff Yeo.
Anson, Temp. Maj. G. W. *M.B.E.*, Serv. Bns. N.Lan. R.
Anson, Lt. J. G., R.F.A. (T.F.).
Anscombe, Temp. Capt. A. W., Serv. Bns. R.W. Fus.
Anstee, Lt. G. A., Bedf. & Herts R.
Anstey, Temp 2nd Lt R H., Serv.Bns.Glouc.R.
Anstruther, Capt. P. N., *D.S.O.*, R. W. Kent R.
Anstruther, Capt. R. E., R. Highrs.
†Anthon, Lt. D. H., *D.S.O.*, C'wealth Mil. Forces.
†Anthony, Temp. Capt. D. B.
Anthony, Lt. G. H., 5 Bn. Devon. R.
Anthony, Lt.J., 5 Bn. R.W. Fus.
Antill, Lt. H. B., 5 Bn. R. W. Kent. R.
Antill, Capt R. M.
Anton, Temp. Lt. C. S., R.F.A.
Anton, Capt. N., 7 Bn. Arg. & Suth'd Highrs.
Antrobus, Capt. P H., I.
Antrobus, 2nd Lt. P. R., R.E.
Antrobus, Capt. R. H., R.F.A.
Apletre, Maj. R. C., R.F.A.
Aplin, Hon. Lt. F. G., late Hamps. R.
Apperley, Capt. W. H. W., R. Suss. R.
Apperson, Temp. Maj. G.J., 13 Bn R. Ir. Rif.
Apperson, Lt. J. McK., Man. R
Ap leby, Lt. A. W., 4 Bn. York R.
Appleby, Lt. H., late Serv. Bns. S. Staff. R.

† Also awarded Bar to Military Cross,   †† Also awarded 2nd Bar to Military Cross.

Orders of Knighthood, &c.

THE MILITARY CROSS—contd.

Appleby, Lt. H N., R.F.A. (T F.)
Applegate, Capt. S. W., late N. Som. Yeo.
Appleton, Temp.Capt.A.J., R.A.S.C.
Appleton, Temp. 2nd Lt. J., Serv. Bns. Yorks. L.I.
Appleton, Lt. J. H., late Res. Regt. of Cav.
Appleyard, Rev. E., Can. Local Forces.
Appleyard, Temp. Capt. E. E.
Appleyard, Temp. Capt. H., R.A.S.C.
Apsley, Capt. A. A., Lord, D.S.O., Glouc. Yeo.
Apte, Temp. Capt. V. K., Ind. Med. Serv.
Arbuthnott, Lt. R. K., R. Highrs.
Arbuthnot, Capt. R. W. M., R.F.A. Spec. Res.
Archambault,Capt. J.P.N., D.S.O., Quebec R.
Archbold, Temp. Lt. K.
Archdale, Lt. R. N., late 19 Hrs.
Archer, Lt. B., 5 Bn. Essex R.
Archer, Temp. Capt. C., 12 Bn. W. Yorks. R.
Archer, Capt. C. A., C'wealth Mil. Forces.
Archer, Lt. E. J., Aust. Imp. Force
Archer, Lt. E. W., 8 Bn Durh. L.I.
†Archer, Temp. Lt. F., M.M., Lab. Corps.
Archer, Lt. H. C., ret. pay
Archer, Lt. H. de B., R.F.A. (T.F.)
Archer, Maj. R. A., R.F.A.
Archer, Capt. R. S., R.F.A. (T.F.)
Archer, Lt. W. 6 Bn Notts. & Derby R.
Archibald, Temp. Lt. A D., Serv. Bns. K.O. Sco. Bord.
Archibald, Lt. D., 7 Bn. R. Highrs.
Archibald, 2nd Lt. D., Serv. Bns. late N. Lan. R.
Archibald, Temp. Lt. J., D.C.M.
Archibald, Capt. J. W., M.C., R.A.M.C. (T.F.)
Archibald, Temp. Lt. M.T., Tank Corps.
Archibald, Capt. R. R., M.B., late R.A.M.C.
Archibald, Capt. S. C. M., R.F.A.
Archibald, Lt. T. T., 6 Bn. Arg. & Suth'd Highrs.
Arculus, Temp. Lt. C., M.G. Corps.
Ardagh, Temp. Lt. L. V., R.F.A.
Ardagh, Capt. R. W., R.F.A.
Argent, Temp. Capt. J. T., R.E.
Argles, Lt. C. A. C., 4 Bn. North n R.
Argles, Temp. Lt. F., Serv. Bns Bord. R.

Argo, Capt. G. A. E., M.B., R.A.M.C.
Argue, Capt. H. H., Can. R.
Arkle, Lt. B., 10 Bn. L'pool R.
Arkless, Capt. O. P., Alberta R.
Arkwright, Capt. C. G., 4 Bn. North'd Fus.
Arkwright, Temp. Capt. E. F. W., S. Gds. (Lt. S. Gds. Spec. Res.)
Armbrister, Lt. C.E., M.M., W Ont Regt.
Armes, Temp. Lt. I. F., R.E.
Armitstead, Capt. R. B 6 Bn. W. York. R.
Armitstead, Temp. 2nd Lt. F., Serv. Bns. E. Lanc. R.
Armit, Lt E. N., Aust Imp. Force
Armitage, Hon.Capt. F.G., Can. Y.M.C.A.
†Armitage, Lt G., T.F. Res.
Armitage, Lt. H.G , R.F.A. (T.F.)
Armitage, Co. Serjt.-Maj. J. H., North'd Fus.
Armitage, Lt. V. H., 6 Bn. Notts. & Derby. R.
Armitage, Capt. W. P., 7 D.G. Spec. Res.
Armour, Co. Sergt.-Maj. R., R. Fus.
†Armstrong, Temp. Lt. A. A., M.M., 19 Bn. North'd Fus.
Armstrong, Capt. A. C., C'wealth Mil. Forces.
Armstrong, Temp. Lt. A L., R.E.
†Armstrong, Temp. Lt. A. H.H.
Armstrong, Lt. B.M , 9 Bn. R. Scots.
Armstrong, Lt. B. MacV., 2 Regt. K. Ed. Horse.
Armstrong, Temp. Capt. B. W., R.A.M C.
Armstrong, Lt. C. D., R E. Spec. Res.
†Armstrong, Temp. Maj. C. L., D.°.O., 11 Bn. W. York. R.
Armstrong. Capt. C. M., Quebec R.
Armstrong, Hon. 2nd Lt. C. S., late 8 Bn. Lond. R.
Armstrong, Capt. D. C., N.Z. Mil. Forces.
Armstrong, Temp. Capt. E. J., 19 Bn. Midd'x R.
Armstrong, Lt. F. E, Aust. Imp Force
Armstrong, Lt. G.B., 6 Bn. North'd Fus.
Armstrong, Lt. G. F., Can Local Forces
Armstrong, Temp. Lt.-Col. G G., O.B.E.
Armstrong, Maj. G. J., W., late Serv Bns. York. R.
Armstrong, Capt. G. P., M.D., late R.A.M.C.
Armstrong, Lt. H., 5 Bn North'd Fus.
†Armstrong, Maj H.S., late 4 Bn. Bedf & Herts. R.
Armstrong, Capt. H.W.R., 6 Bn. E. Surr. R.
Armstrong, Suptg. Clerk J., R.E.

Armstrong, Temp. Lt. J.
Armstrong, Lt. J. A., S. Staff. R,
†Armstrong, Lt. J A., 5 Bn. L'pool R.
Armstrong, Capt. J. C., R.A.S.C.
Armstrong,Temp.2ndLt. J. G.,Serv. B . R. Dub. Fus.
†Armstrong, Lt. J. R., 9 Bn. Durh. L.I.
Armstrong, Temp. 2nd Lt. G S., Serv. Bns. R. Dub. Fus.
Armstrong, Lt. R. F., Can. Eng
Armstrong, Capt. S. J., O.B.E , R.E.
Armstrong, Temp. 2nd Lt. W., Serv. Bns. R. Innis. Fus.
†Armstrong. Capt. W. F., D.S.O., R.G.A.
Armstrong, Maj W. L.
Armstrong, Co. Serjt.-Maj. W. T., L'pool R.
Armytage, Lt. C E. T., C'wealth Mil. Forces.
Armytage, Lt. C.N., R.F.A. Spec. Res.
Armytage, Capt. H. W. H., R.F.A.
Arnaud, Temp. Lt. A L., Tank Corps.
Arnaud. Lt. J. N., R.W. Kent R.
Arnell, Capt. G. W., 8 Bn. R. War. R.
Arnett, Maj. C. W., late R.A.O.C.
Arney, Lt. G. W., R. Lanc. R.
Arnold, Bt. Maj A. C., O.B.E., Midd'x R.
Arnold, Capt. A. E., late Tank Corps.
Arnold, Temp. Lt. A. M., Serv. Bns. M. G. Corps.
Arnold, Lt. C. A., R.G.A. Spec. Res.
Arnold, Lt. C. J., ret. pay.
Arnold, Lt. F., late R.F.A.
Arnold, Lt. F. C. H., late 3 Bn. Leins. R.
Arnold, Temp. Lt. F. J., Tank Corps
Arnold, Lt. F. L., .10 Bn. L'pool R.
Arnold, Lt. G. B., 3 Bn. Essex R.
Arnold,Capt.H.C.,late R.A. Ses. Highrs.
Arnold, Lt. L., R.F.A.
Arnold, Lt. L. G., 4 Bn Leic. R.
Arnold Temp. Lt. M., Serv. Bns. Lan. Fus
Arnold, Temp. Lt. N. A., Serv. Bns. R. Dub. Fus.
Arnold, Lt. P., 7 Bn. Midd'x R.
Arnold, Lt. T. F., D.C.M., M.M., Aust. Imp. Force.
Arnold, Lt. W. N., R.F.A.
Arnold-Forster, Lt. M. N., G. Gds Spec. Res.
Arnott Temp. Lt C. R., M.G Corps.
Arnott, Lt. J. F., 3 Bn. Wilts. R.

Arnsby, Lt. W. S., 20 Bn. Lond. R.
Arrindell, Lt. C. D. S. M., Ind. Army Res. of Off.
Arrindell, Capt. W.A.E. M., late Serv Bns. R. War. R.
Arris, Temp. Capt. W. J., 13 Bn. Durh. L I.
Arrol,Capt. A. T., TD 9 Bn. Arg. & Suth'd Highrs. [1]
Arrowsmith, Lt. C. F., 8 Bn L'pool R.
Arrowsmith, Lt. G. H., late N. Lan. R.
Arrowsmith. Rev. W. L., Hon. Chapl to the Forces, 4th Class
Arsla Khan, Subadar-Major, Bahadur 57 Rif.
Arter, Temp. Capt. E., R.A.S.C.
Arthur, Temp. Lt. C. G., R.F.A.
Arthur, Capt. D. S., 8 Bn. Sco. Rif.
Arthur, 2nd Lt. F. P., 3 Bn. L'pool R.
Arthur, Lt. J. S., R.A.
Arthur, Lt. W., Unatt'd List T.F.
Arthurs, Lt. R., Can. Local Forces.
Artis, Temp. Lt. W. J., M.G. Corps.
Artis, Lt. F. K., R.F.A. Spec. Res.
Artis, Temp. Lt. W. J., M G. Corps.
Artus, 2nd Lt. H H., R.E.
Arundell, Lt. F. D., ret.
Asbury, Lt. C. H., 3 Bn. S. Staff. R.
Ascoli, Lt. P. H. D., 2 D.G. Spec. Res.
Ascough, Capt. M. T., R.A.M.C. (T.F.)
Aserman, Lt. C., R G.A.
Ash, Co.-Serjt.-Maj. F. E., L'pool R.
Ash, Temp. Capt.F.G.,R.E.
Ash, Capt. H. G., 17 Bn. Lond. R.
Ash, Capt. J. B. W., 7 Bn R. War. R.
Ash,Temp. 2nd Lt.J.G. O., R.A.S.C.
Ash, Capt. R. C., M.B., R.A.M.C. (T.F.)
Ashard, Lt. F. W., late Ses. Highrs.
Ashby, Capt. C., 7 Bn. Midd'x R.
†Ashby, Capt. C. E., 18 Bn. Lond. R.
Ashby, Lt. E. E., Bedf & Herts. R.
Ashby, Lt. G. W., D. of Corn. L.I.
Ashby lt J., C. Gds Spec. Res.
Ashby, Rev. P. O., M.A., Chapl.. 4th Class (T.F.)
Ashby, Temp.2ndLt. W.H., Serv. Bn. Bedf. & Herts. R.
Ashcroft, Temp. 2nd Lt. E. H., 12 Bn. L'pool R.
†Ashcroft, Lt. R. B., ret. Spec. Res.
Ashcroft, Lt. R. G. B., Aust. Imp. Forces.

† Also awarded Bar to Military Cross.

Orders of Knighthood, &c. — 289

THE MILITARY CROSS—contd.

Ashcroft, Temp. Lt R. L., Serv. Bns R. Lanc. R
Ashdown, Capt. A. J., late R.F.A. Spec. Res.
†Ashdown, Lt. C. F., 19 Bn. Lond. R.
Ashdown, Maj. C. F., late Serv. Bns. Norf. R.
Ashdowne, Lt. K., 3 Bn. Essex R.
Ashe, Lt. C. E., late Serv. Bns. Leins. R.
Ashe, Temp. 2nd Lt. C. V. Serv. Bns. S. Wales Bord.
Ashe, Lt. R. B., C'wealth Mil. Forces.
Ashenden, Lt. H. C. R.F.A. (T.F.)
Asher, Temp. Capt. W. J., 12 Bn. Notts & Derby R.
Ashford, Lt. A. B., 24 Bn. Lond. R.
Ashford, Lt. C., 6 Bn. S. Staff. R.
Ashford, Temp. Lt. J. R., 6 Res. Regt. of Cav.
Ashforth, Temp. Capt G. W., W. York. R. (attd.)
Ashley, Lt. F. E., R.G.A. Spec. Res.
Ashling, Lt. L., 7 Bn. Hamps. R.
Ashmead-Bartlett, Capt. P. A. B., 11 Bn. Lond. R.
Ashmole, Temp. Capt. B., Serv. Bns. R. Fus.
Ashmore, Capt. E. J. C., D.S.O., 10 Gurkha Rif.
†Ashpitel, Lt. G. F., 5 Bn. R.W. Surr. R.
Ashton, Lt. F., R.F.A. Spec. Res.
Ashton, Lt. G., R.F.A. Spec. Res.
Ashton, Temp. Maj. G. F., Labour Corps.
Ashton, Lt. H., R.F.A. Spec. Res.
Ashton, Temp. Lt. J. P., M.G. Corps.
Ashton, Lt. L. C., 5 Bn L'pool R.
Ashton, Capt. P., Hereford R.
Ashton, Lt. P., D. of Corn. L.I.
Ashton, Temp. 2nd Lt. W., Serv. Bns. Beaf. & Herts. R.
Ashton, 2nd Lt. W. P. B., 4th Bn. Welch R.
Ashwell, Lt. G., late Tank Corps.
Ashwell, Capt. H. F., late Serv. Bns. R. Fus.
†Ashwell, Temp. Capt. T. G. L., Serv Bns Rif.Brig.
Ashworth, Temp. 2nd Lt. C., Serv. Bns. Yorks. L.I.
Ashworth, 2nd Lt. H. H., 5 Bn. E. Lan. R.
Ashworth, Temp. Lt. J. E., Serv. Bns. Lan. Fus.
Ashworth, Temp. 2nd Lt T., Serv. Bns. W. Rid R.
Askew, 2nd Lt. H. de B., 6 Bn. Midd'x R.
Askew, Qr.-Mr. & Capt. S. H., 2 Bn. Mon. R.
Askham, Lt. S. G., 4 Bn. Lond. R.
Askin, Capt. R. C. de V., Corps of Mil. Accts.
Askwith, Lt. L F., Can. Lt. Horse.
Askwith, Capt. L. H., late Notts. Yeo.
Aslat, Capt. E. K. G., late R.G.A. Spec. Res.
Aslin, Lt. W. H., 3 Bn. R.W. Surr.
Aspinall, Lt. A. E., R.G.A. Spec. Res.
Aspinall, Lt. K. I., 6 Bn. Norf. R.
Aspland, Lt. G. D., R.E. (T.F.)
Aspland, Lt. V. L., R.E.
Asprey, Temp. Lt. P. R., Serv. Bns. E. Kent R.
Assig, Capt. H. L., 3 Bn. Manch. R.
Astbury, Lt. A., R.F.A. Spec. Res.
Astbury, Rev. H. S., Hon. Chaplain to the Forces (4th Class).
Astle, Lt. S., 6 Bn. Ches. R.
Astley, Capt. A.G., R. Fus Spec. Res.
Astley, Lt. P. R., 1 L.G.
Aston, Temp. Capt. A. M. R., Bord. R.
Aston, Lt. A. V., R.F.A. (T.F.)
Aston, Capt. C. J., R.E.
Aston, Capt. E. N., R.A.
Aston, Lt. H. S., 4 Bn. Wilts R.
Atchley, Lt. R. St.G. R.A. R.F.A Spec Res.
Atherton, Capt. J. S., R.A.M.C. (T.F.)
Atherton, Capt. W. J., Can. Local Forces.
Atkin, Capt. B. G., D.S.O., Manch. R.
Atkin, Lt. G. R., Camb. R.
Atkin, Lt. H. C., 3 Bn. York R.
†Atkin, Lt. I C R., C'wealth Mil. Forces.
Atkin, Lt. J., 5 Bn. Yorks. L.I.
Atkin-Berry, Temp. Capt H. C., D.S.O.
Atkin-Berry, Lt. H. G., R.E. (T.F.)
Atkins, Temp. Lt. A. H., R.A.
Atkins, Temp. Lt. E. A., R.G.A.
Atkins, Lt. E. R., R.F.A. (T.F.)
Atkins, Lt. G. V., 2 Cent. Ont. Regt.
Atkins, Maj. G. W., 25 Punjabis.
†Atkins, Lt. O. I., L'pool R.
Atkins, Capt. R. G., M.B., R.A.M.C.
Atkins, Lt. W. F., R.F.A.
Atkinson, Lt. A., 8 Bn. Midd'x R.
Atkinson, Temp. Lt. A., Serv. Bns. W. York R.
Atkinson, Temp. Lt. A. F. D., Serv. Bns. York. & Lanc. R.
Atkinson, Temp Lt. A. P., Serv. Bns. Midd'x R.
Atkinson, Capt. B. S., C'wealth Forces.
Atkinson, Capt. C., late R.F.A.
Atkinson, Lt. C. C., Staff.
Atkinson, Capt. C. F., Can. A.M.C.
†Atkinson, Temp. Lt. C. H., R.A.
Atkinson, Lt. C. H., Nova Scotia R.
†Atkinson, Temp. Capt. C. S., 17 Bn. Lan. Fus.
Atkinson, Lt. E. A., late N. Ir Horse.
Atkinson, Hon. Lt. E. W., late Durh. L.I. (attd.)
Atkinson, Lt. G. C. L., C Gds. Spec. Res.
Atkinson, Temp. Lt. -.N.W. M.G. Corps.
Atkinson, Capt. G. P., D.S.O., N. Lan. R.
Atkinson, Temp. Capt. H., Serv. Bns. North'd Fus (T.F.)
Atkinson, Lt. J. C., R.E. (T.F.)
Atkinson, Capt. J.V., Essex R.
Atkinson, Capt. K. P., R.A
Atkinson, Lt. L. C., R.F.A. Spec. Res.
Atkinson, Lt. L. V., R.F.A. Spec. Res.
Atkinson, Lt. P. Y., 5 D.G. Spec. Res.
Atkinson, Co. Serjt.-Maj. R., Bord. R.
Atkinson, Lt. R., R.F.A. (T.F.)
Atkinson, Lt. R. H., 3 Bn. S. Staff. R.
Atkinson, Capt. R. L., 5 Bn. R.W. Surr. R.
Atkinson, Lt S L. E. H., R.F.A Spec Res.
Atkinson, Lt. T. D., R.F.A.
Atkinson, Lt. T. H., Can. Fd. Art.
Atkinson, Lt. W. T. S. R.F.A. Spec. Res.
Atki son-Fleming, Temp Capt.F.C.,M.B.,R.A.M.C.
Atlee, Maj. H. B., M.D., late R.A.M.C.
Atma, Singh, Subadar, 72 Punjabis.
Atwood, Lt. J. P. C., Can. Local Forces.
†Attewell, Temp. Lt. O. P., Serv. Bns. R. Fus
Attey, Lt. G. A., late Serv. Bns. R.W. Kent R.
Atto, Lt. H. L., 1 Quebec R.
†Attwood, Capt. N. G., late 10 Bn. R. Fus.
Attwood-Owen, Hon. Lt. P. L., Qr.-Mr. S. Afr. Def. Force.
Attwood - Owen, Temp. Capt. R. L., 1 Garr. Bn. R. Muns. Fus.,(late Capt. E. Afr. Local Forces).
Attwooll, Lt. J. M., late Serv. Bns. R.W. Fus.
Atwell, Lt. H. F., R.F.A. Spec. Res.
Aubrey, Maj. H. A. R., Shrops. L.I.
Aubrey, Capt. I., R.A.M.C. Spec. Res.
Audas, Capt. R. S., ret. pay
Auden, Hon. Capt. J. L., late 6 Bn N. Staff. R.
Audette, Lt. J. de G., Can. Local Forces
Audland, Lt. E. G., R.F.A.
Augerand, Temp. Capt. B. H. G., R.E.
††Auld, Capt. J. C., Can. Local Forces.
Auld, Lt P H., C'wealth Mil. Forces.
Auld, Lt. S. J. M., O.B.E 4 Bn. R. Berks. R.
Auret, Capt. A. J., late R.E
†Austin, Lt. A. E., K.R.Rif. C.
Austin, Temp. Lt. A. G., Serv. Bns. Wilts. R.
Austin, Temp. Lt. A. H., 11 Bn. R. War. R.
Austin, Lt. A. W., R.A.
Austin, Temp. Lt. C. E., Serv. Bns. K. R. Rif. C.
Austin, Lt. E. W., R.F.A. Spec. Res.
Austin, Temp. Capt. F. C., Serv. Bns. Welch R.
Austin, Lt. H. K., 4 Bn. Som. L.I.
Austin, Lt. J. F. L., R.F.A.
Austin, Lt. J. P., late R.E.
Austin, Temp. Lt. P., 7 Bn. Cam'n Highrs.
Austin, Capt. R. A., R.A.M.C.
†Austin, Temp. Capt. W., 8 Bn. R. Highrs.
Austin, Lt. W. B., R.G.A. Spec. Res.
Austin, Lt. W. M., 3 Bn. Wilts. R.
Auten, Lt. G., Durh. L.I.
†Auton, Lt. G.V., D.C.M, Wilts. R.
Avard, 2nd Lt. D. H., C'wealth Mil. Forces.
Avelin, Lt. A. P., R. Berks. R.
Aveling, Rev. F., Temp. Chapl. to the Forces (4th Class).
Aveling, Capt. T., R.G.A. (T.F.)
Avens, Lt. G. W., M.M., 16 Bn. Lond. R.
Averill, 2nd Lt. L. C. L., N.Z. Mil Forces
Avery, Lt. J. K., Aust. Imp. Force
Avery, Temp. Lt. N. B., Serv. Bns. R.W. Surr. R.
Avins, Lt. H. E., 3 Bn. Hamps. R.
Avis, Lt. P. S., R.E. (T.F.)
Awdry, Lt. E. P., 10 Hrs. Spec. Res.
Axten, Temp.Lt. C., R.F.A.
Axten, Serjt.-Maj. S., D.C.M R.A.S.C.
Ayers, Lt. F. R., Welch R.
Ayers, Lt. P. S., R.F.A. (T.F.)
Ayers, Lt. W. C., R.F.A. (T.F.)
Aykroyd, Capt. H. H., 4 Bn. W. Rid. R.
Ayles, Temp. Lt. J. A., R.E.
Aylett, Temp. Lt. E. R. C., Serv. Bns. North'd R.
Aylmer, Maj. G., Ind. Army
Aylmer, Temp. Capt. J., Serv. Bns. R. Fus.
Aylmer, Capt. J. W., 4 D.G.
Ayward, Lt. J. A. S., R.E. Kent Yeo
Aylward, Lt. D., Ind.Army (Res. of Off.).
Aylward, Maj. R. N., D.S.O., late R.E.
Aylwin, Maj. B. E., late R.A.S.C.
Aylwin, Temp. Capt. W E., Serv. Bns. Bedf. & Herts. R.
Ayscough, Temp. Lt. A. H., 17 Bn. R. Fus.
Ayton, Lt. M. C., 4 Bn. Suff. R.
Azab, Selim (Effendi) El Mulazim Awal, Egyptian Army

† Also awarded Bar to Military Cross.   †† Also awarded 2nd Bar to Military Cross.

THE MILITARY CROSS—contd.

Babb, Rev. L. J. W., Temp. Chapl. to the Forces (3rd Class).
Babb, Capt. R., Can. M.G. Corps.
Babbage, 2nd Lt. A., 6 Bn. Glouc. R.
Babbage, Lt. P. L., R.A.
Babbage, Lt. A. E. H., Can. Fd. Art.
Babbitt, Temp. Lt. M..Serv. Bns. North'd Fus.
Baber, Capt. J. B., 16 Bn. Lond. R.
Babington, Capt. G., N. Som. Yeo.
Babington, Temp. Capt. M., R.E.
Babington, Lt. P., 9 Bn. Hamps. R.
Bache, Temp. Capt. E., Serv. Bns S. Staff. R.
Bachtold, Maj. H., D.S.O., C'wealth Mil. Forces.
Back, Lt. C. W., 3 Bn Norf R
Backeberg, Lt. H. W., late S. Afr. Def. Forces.
Backham, Lt. A. C., late Serv. Bns. Line R.
Backhouse, Temp. Lt. G. E., M.G. Corps.
Backhouse, Lt R. J., late Serv. Bns. W. Rid. R.
Backshall, Temp. 2nd Lt. C. J. Serv. Bns. K. R. Rif. C.
Bacon, Lt. D. C., 20 Bn. Lond. R.
Bacon, Lt. E. F., R.E.(T.F.)
Bacon, Temp. Lt. G. D., M.G. Corps
Bacon, Capt. H. E. C., 3 Bn Sco. Rif.
Bacon, Lt. N. F., Ind. Army
Badcock, Hon. Capt. A. H., Temp. Dep. Commy. of Ord., R.A.O.C.
Badcock, Staff Serjt.-Maj. B. W., R.A.S.C.
Badcock, Capt. R.D., R.F.A. (T.F.)
†Badcock, Capt. V. E., M.D., late R.A.M.C.
Baddeley, Temp. Capt. L. A., R.A.S.C.
Baddeley, Maj. R. J. H., 15 Lrs.
†Baddeley. Temp. Capt. W. H., D.S.O., 8Bn.R.Suss.R.
Baden. Lt. B., late Serv. Bn. Worc. R.
Badenoch, Lt. R. E., 7 Bn. R Highrs.
Badgley, Capt. J. M. C., (Unattd. List (T.F.)
Badham, Lt. G.A.C., R.G.A Spec. Res.
Badham, Capt. L.C., Conn. Rang.
Baerlein, Capt. O. F., R.A.S.C. Spec. Res.
Bage, Co. Serjt.-Maj. H., 6 Bn. York. R.
Baggallay, Bt. Maj R R. C., D.S.O., I. Gds.
Bagge, Maj. H. P., T.F.Res.
Bagley, 2nd Lt. G. N., R.F.A. Spec. Res.
Bagnall, Lt. A. E., 5 Bn. York. & Lanc. R.
Bagnall, Maj. C. L., D.S.O., 9 Bn. Durh. L.I.

Bagnall, Lt S. A., R.F.A. (T.F.)
Bagot, Lt. G. E. K., Conn. Rang.
Bagshaw, Temp. Capt. H. S., Serv. Bns. Manch. R.
Bagshaw, Temp. Lt. J. F., D.C.M., Serv. Bns. De on. R.
Bagshaw, Temp. Lt. K., Serv. Bns. Manch. R.
†Bagshaw, Capt. W. B., 9 Bn. Manch. R.
†Baguley, Capt. G. F. R., late Serv. Bns. Suff. R.
Bagwell, Bt. Maj. J., M.V.O., 3 Bn. Norf. R. (Capt. ret. pay).
Bahtia. Temp. Lt. S. L., Ind. Med. Serv.
Bailey, Co. Sergt.-Maj. A., Glouc. R.
Bailey, Lt. A. C., 3 Bn. E Lan. R.
Bailey, Lt. A. J., R.F.A Spec. Res.
Bailey, Temp. Lt. A. R., Serv.Bns Bedf.&Herts.R.
Bailey, Capt. B. F., late R.A.M.C.
Bailey, Capt C., late Serv. Bns. R. Fus.
†Bailey, Lt. C.E., D.S.O., Can. Local Forces.
Bailey, Rev. C. H., Temp. Chapl. to the Forces, 4th Class.
Bailey, Temp. Lt. C. H., R. Mar.
Bailey, Lt. D. B., R.A.
Bailey, Lt. E. B., late R.G.A.
Bailey, Lt. F. F., Qr.-Mr., 6 Bn. Lond. R.
Bailey, Capt G. D., Leins R.
Bailey, Lt. H., 4 Bn. N. La R.
Bailey, Temp Lt., S. Af Def. Force.
Bailey, Lt. J. M., City of Lond. Yeo.
Bailey,Temp. 2nd Lt. J. M., Serv. Bns. North'n R.
Bailey, Temp. Lt. J. V. M., R.A.O.C.
Bailey, Lt. J.W., R.E.(T.F.)
Bailey, Temp. Capt. K. H., Tank Corps
Bailey, Capt. K. V., 8 Bn. Manch. R.
Bailey,Capt. L.D., R.A.M.C. (T.F.)
Bailey, Capt. M. A., late R.F.A. Spec. Res.
Bailey, Maj. P. H. H., 34 Pioneers.
Bailey, Lt. R., Can. Local Forces.
†Bailey, Lt. R., 5 Bn. W. York. R.
Bailey, Rev. R. C. S., Hon. Chapl. to the Forces (4th Class)
Bailey, Temp. Lt. R. L., M.G. Corps.
Bailey, Lt. T., R. Fus.
Bailey, Capt. T. J., ret. pay
Bailey, Capt. V. H., R.F.A. (T.F.)
Bailey, Temp. Lt. W. C., 2 Res. Regt. of Cav.

††Bailey, Temp. 2nd Lt. W. G., D.S.O., Serv. Bns. Suff. R.
Bailey, Temp 2nd Lt. W. G., Ind. Army
Bailhache, Lt. C. H., 3 Bn. Sc. Fus.
Baillarge, Lt. L. W., Can. Local Forces.
Baillie, Lt. D., A. Cyclist Corps.
Baillie, Capt. Hon. G.E.M., R.H.A. (T.F.)
Baillie, Lt. J., 9 Bn. High L.I.
Baillie, Lt. Hon. V. A. W B. C. S. Gds. Spec. Res.
Bailleu, Hon. Lt. H. L., late R.G.A. Spec. Res.
Bailleu, 2nd Lt. R. F., C'weal h Mil. Forces.
Baillon, Lt. J. A., 8.Staff.R
Bain, Lt. A. A., R.G.A.(T.F.)
Bain, Lt. A. D., 4 Bn. R. Sc. Fus.
Bain, Maj. A. M. R., Res. of Off.
Bain, Lt. A. R., 7 Bn. Arg. & Suth'd Highrs.
Bain, Capt. & Hon. Maj. C. W. C., T F. Res.
Bain, Lt. D., 6 Bn R. Scots
Bain, Temp. Lt. F., 6 Bn. Cam'n Highrs.
Bain, Lt. F. W., 4 Bn. Gord Highrs.
Bain, Lt. J., 4 Bn. Sea. Highrs.
Bain, Temp. 2nd Lt. K. S, Serv. Bns. W. Rid. R.
Bain,Temp. Capt. L., 10 Bn. R.W. Surr. R.
Bain, Capt. L. W., M.B., late R.A.M.C.
Bain, Temp. Capt. W. G., R.A.
Bain, Temp. 2nd Lt. W. M., M.G. Corps.
Bainbridge, Temp. Capt. A. H., 8 Bn. N. Staff. R.
Bainbridge,Capt D.,57 Rif
Baines, Lt.A.S., R.E.(T.F.)
Baines, Lt. C., R.E. (T.F.
Baines. Temp. Lt. F., 9 Bn. N. Lan. R.
Baines, Temp. Capt. G.P., Serv. Bns. Durh. L.I.
Baines, Capt. J. H., R.F.A (T.F.)
Baines, Capt. M. B., M.D., late R.A.M.C.
Baines, Lt. N., Hon.Art.Co
Baines, Capt. R. H., 121 Pioneers.
Bainton, Temp. Capt. H. W. E., R.A.S.C.
Baird, Capt. A., Can. Con
Baird, Lt. C. D., 4 Bn. R Sc. Fus.
†Baird, Lt. D. M. K., R.F.A. Spec. Res.
Baird, Lt. H. T., late R.E.
Baird, I. R. A., 1 te 2nd Lt. Serv. Bns. R. Berks. R.
Baird, Co. Serjt.-Maj. J., R. Highrs.
Baird, J. B., M.B., late Temp. Capt. R.A.M.C., 4 Bn. Bedf. & Herts. R.
Baird, Lt. J. O., R.E. (T.F.)
Baird, Lt. J. R, Aus. Imp Force.
Baird, Temp. 2nd Lt. M. Serv. Bns. Yorks. L.I.

Baird, Capt. R. D., Rif. Brig.
Baird, Temp. 2nd Lt. T., Serv. Bns. North'd Fus.
Baird, Temp. Capt. W., 12 Bn. Yorks. L.I.
†Baird, Lt. W. J., R.G.A. Spec. Res.
Baird, Temp. Lt. W. J. S., R.F.A.
Baird-Smith, Lt. F., 5 Bn. Sco. Rif.
Baker, Serjt.-Maj. A., R.A.M.C.
Baker, Lt. A., 5 Bn. York & Lanc. R.
Baker, Temp. Lt. A. C., Serv. Bn-. N. Lan. R.
Baker, Capt. Capt. A. E., Can. M.G. Corps.
†Baker, Temp 2nd Lt. A.G., Tank Corps.
Baker, Temp. Lt. A. H., Tank Corps.
Baker, Capt. A. W.
Baker, Capt. C. A., S.Wales Bord.
Baker, Capt. C. H. N., Ind. Med. Serv.
Baker, Lt. C. W., D.S.O., Leic. R.
†Baker, Temp. Capt. D.M., R.F.A.
Baker, 2nd Lt. E. A., R. Suss. R.
†Baker, Capt. E. E. F., D.S O., 5 Bn. Midd'x R.
Baker, Lt. E. G., 3 Bn Dorset R.
Baker, Maj. E.G.P., D S.O., Brit. Columbia R.
Baker, Maj. F., Qr.-Mr. N. Staff. R.
†Baker, Lt. F. C., 2 Bn. Lond. R.
Baker, Lt F. D., R. I. Devon. Yeo.
Baker, Temp. Capt. F. H., Serv. Bns. Som. L.I.
Baker, Temp. Lt. G. B. Serv. Bns., R.W. Kent.R.
Baker, Lt. G. B. A., R. Berks. R.
Baker, 2nd Lt. G. H., late Serv. Bns. Leic. R.
Baker, Temp. Capt. G. L. V., R.A.S.C.
Baker, Capt. G. T., R.A.M.C.
Baker, Lt. H. A., R.E.
†Baker, Capt. H.A., R.F.A.
Baker, Temp. Capt. H. C., R.A.
Baker, Lt. H. C., R.A.S.C
Baker, Temp. Capt. H. L., Som. L.I.
Baker, Lt. J., Serv. Bns. R.F.A.
Baker, Temp. Lt. J., Serv. Bns. S. Staff. R.
Baker, Lt. J. G., late Lt.R.F.A.
Baker,Temp. 2nd Lt. J.L., 9 Bn. North'd Fus
Baker, Lt. J. W., R.A.
Baker, Lt. L. J., Suff. R.
Baker, Temp. Lt. N. B., M. G. Corps
Baker, Temp. Lt. P., 11 Bn. R. Fus.

† Also awarded Bar to Military Cross.
†† Also awarded 2nd Bar to Military Cross,

Orders of Knighthood, &c.

THE MILITARY CROSS—contd.

Baker, Temp.Lt.R.J., Serv. Bns. R. Fus.
Baker, Lt. R. P., 3 Bn. R.W. Kent R.
Baker, Lt. T. G., ret. pay. R.F.A. Spec. Res.
Baker, Co. Serjt.-Maj. W., R. War. R.
Baker, Temp. Lt. W. A. N., Serv. Bns. Shrops. L.I.
†Baker, Lt. W. E., 5 Bn. R. Lanc. R.
Baker, Lt. W. G., Serv. Bns. Som. L.I.
Baker, Temp. Capt. W. G., R E.
Baker, 2nd Lt. W. S., Ind. Army Res. of Off.
Baker, Temp. Lt. W. V., M.G. Corps.
Baker-Munton, Lt. H. M., M.B.E., late R.F.A. Spec Res.
Balbernie, Capt. A. G., R. W. Kent R.
Balchin, Co. Serjt.-Maj A. W., D.C.M., 11 Bn. R Fus.
Bald, Capt. E. H. C., Res. of Off.
Baldcock,Co.Serjt.-Maj. A., Rif. Brig.
Baldero, Maj. D. V. M., O B.E., Suff. R.
Balding, Lt. A. S., R. Fus.
Balders, Capt, R. E., Nova Scotia Regt.
Baldock, Temp. Lt. A. H., R.A.S.C.
Baldock, Lt. E. S., C'wealth Mil. Forces.
Baldock, Temp 2nd Lt. H., Serv. Bns. Essex R.
Baldry, Co.-Serjt.-Maj. P. W.,M.M.,7 Bn. E. Kent R.
Baldwin, Lt. A. E., M F A Spec. Res.
Baldwin, Lt. C. L., R.A.
Baldwin, 2nd Lt E., D.C.M., late Serv. Bns L'pool R.
Baldwin, Lt. E. W., R. Fus.
Baldwin, Lt. F. J., 7 Bn. W. York. R.
†Baldwin, Lt. G., W. Ont.
Baldwin, Co. Serjt.-Maj. H. T. H., M.M., R W. Fus.
Baldwin, Maj. M. C., 1 Gurkha Rif.
Baldwin, Serjt.-Maj. R. A., Essex R.
Baldwin, Capt. S. G., Can A.M.C.
Bale, Lt. W., ret. pay.
Bales, Lt. P. G., 4 Bn. W. Rid. R.
Balfe, Lt. L. N., Can. Local Forces
Balfour, Temp. Capt. A. C., 18 Bn. High. L.I.
Balfour, Capt. A. R., Loth. & Bord. Horse Yeo.
Balfour, Capt. E. W. S., D.S.O., 5 D.G., p.s.c.
Balfour, Capt., F. C. C., C.I.E , 6 Bn.North'd Fus.
†Balfour, Capt. H.H., K.R. Rif. C. Spec. Res.
Balfour, Temp. Capt. M., R.F.A.

†Balfour, 2nd Lt. P. M., R.F.A.
Balfour, Bt. Maj. T. H., M.B., R.A.M.C.
Balk, Lt. T. O., 7 Bn. R. War. R.
Ball, Capt. A.,late Linc. R.
Ball, Lt. A. C., R G.A. Spec. Res.
Ball, Capt A. E., 8 Bn. Worc. R.
Ball, Lt. C. J. P., D.S.O., R.A.
Ball, Capt. C. T., late Serv. Bns. Hamps. R.
Ball, Temp. Lt. C. W. R., Mach. Gun Corps
Ball. Temp. Lt. E. R.,Serv. Bns. Midd'x R.
Ball, Capt. F., E. Lan. Divl. Train. R.A.S.C.
Ball, Temp. Capt. F. L., M., R E.
Ball, Capt. G. F., 7 Bn. North'd Fus.
Ball, Lt. G. H., R.G.A. Spec. Res.
Ball, Lt. G. H., 5 Bn. S. Staff R.
Ball, 2nd Lt. H. F., T.F Res.
Ball, Co. Serjt.-Maj. H. J., 11 Bn. R. Suss. R.
Ball, Capt. J. A. E., late R.E.
Ball, Lt. J. J , 6 Bn Lond.
Ball, Qr.-Mr. & Capt. J.T., 16 Bn. Manch R
Ball, Capt. L. M.B., R.A.M.C. (T.F.)
Ball, Lt. R. C., 5 Bn. R.W. Surr. R.
Ball, Lt. R. H., 6 Bn. Glouc. R.
Ball, Capt. S. C., 5 Bn. R. Lanc. R.
Ball, Lt. T. H 5 Bn. Leic. R.
Ball, Temp. 2nd Lt. W A , Serv. Bns Leic. R.
Ball 2nd Lt, W. M. G., Dorset R.
Ball, Lt. W. T., 8 Bn. L'pool R.
Ballantyne, Capt. J., 8 Bn High. L.I.
Ballantyne, Lt. T., 5 Bn K.O. Sco. Bord.
Ballard, Lt. F. L., R.F.A. Spec. Res.
Ballard, Temp. 2nd Lt. O. A. M.G. Corps.
Ballard, Lt. P. A., Aust. Impl. Force.
Ballard, Capt. R. P., M.B., R.A.M.C. Spec. Res.
Balleine, Rev. R. W., Hon. Chapln. to the Forces, 3rd Class, ret.
Ballingail, Capt. A. M.
Ballingall, Capt. D. C. G., M.B., R.A.M.C.
Ballingall, Temp. Lt. T. P., M.G. Corps (Motor)
Balls, Temp. Lt. E.G., R.E.
Balls, Temp. Lt. W. P., R.F.A.
Bally, Rev. H. S., Hon. Chapln.to the Forces (4th Class).
Balmain, Capt. D. H., W. Ont. R.

Balmford, Co.-Serjt.-Maj. D. C., 12 Bn. E. York. R.
Balmforth, Lt. C. E., 4 Bn. L'pool R.
Balmforth, Capt. H. B. late Serv. Bns. N. Lan. R.
Balston, Maj. T., O.B.E., late Serv. Bns. Glouc. R.
Baly, Lt.F. J., R.F.A. T.F.
Bamberger, Capt. H. T. 5 Bn. Midd'x R.
Bambridge, Temp. Lt. G. A., R.E.
Bainbridge. Lt H. G., R.E. (T.F.)
Bambridge,Lt. G.L. St.C., I. Gds. Spec. Res.
Bambrough, 2n 1 Lt. H., R.G.A. Spec. Res.
Bamford, Capt. A. J.
Bamford, Temp. Capt. H. M., R E.
Bamford, Lt.-Col. H. W.M., O.B.E.,S.Afr. Def. Forces.
Bamforth, Capt. F., 7 Bn. W. Rid. R.
Bampfield, Lt. J. McW., 6 Bn. Rif. Brig.
Bampton, Temp. Lt. L. S., Serv. Bns Notts & Derby R.
Bancroft, Lt. E., D.C.M., late E. Ian. R.
Bancroft, Temp. Lt. E. N., R.E.
Bancroft, Temp. Capt. H., R.F.A.
††Band,Capt.P. C., E. Ont.
Bane, Temp. Capt. L. A., 12 Bn. L'pool R.
Banfield, Capt. C. R.A.
Banfield,Lt E.L.,R Ir Fus.
Bangham, Lt. D. H. 3 Bn. L'pool R.
Sanham, Temp. Lt. M., Serv. Bns., W. Rid. R.
†Banham, Rev. V. G., Hon. Chapl. to the Forces, 4th Class.
Bankier, Capt.A.M., D.S.O., Arg. & Suth'd Highrs.
Bankier, Capt. D. S., Can. M G. Corps.
†Banks, Temp. 2nd Lt. A., 7 Bn. Cam'n Highrs.
Banks, Lt. C. C., 5 Bn. R. W. Fus.
Banks, Lt. D. H., R.G.A. (T.F.)
Banks, Lt. G., R.F.A. Spec. Res.
Banks, Lt. H., 2 Cent. Ont Regt.
Banks, Lt. H. K., R.F.A. (T.F.)
Banks, Capt. H. R., Can. Eng.
Banks, Temp. Lt. R. H., 6 Bn Shrops. L.I.
Banks,Temp.Lt.-Col.T.M., D.S.O.,Serv.Bns. Essex R.
Baningan, C., M.B. late Temp. Capt. R.A.M.C.
Bannan, Lt. W. T., alberta Regt.
Bannell, Temp. 2nd Lt. G., 8 Bn. R. Suss. R.
Bannerman, Temp. Lt. D. H., R.E.
Bannerman, 2nd Lt. J. D.C.M., late Cam'n Highrs

Bannerman, Lt. R. R. B., 4 Bn. R.W. Surr. R.
Bannerman, Temp. Lt. W., Serv. Bns. Durh. L I.
Bansall,Temp.Capt. J. W., R.E.
Banting, Lt. A. D., R.G.A. Spec. Res.
Banting, Capt. F. G., Can. A.M.C.
†Banwell, Lt. G. E., 5 Bn. Leic. R.
Bapty, 2nd Lt. P. S., Ind. Army Res. of Off.
Barber, Lt A , 6 Bn. Notts. & Derby. R.
Barber, Capt. B. H.,K. Ed, Horse
Barber (emp. Capt. C. A.
Barber, Capt.C.S.,C'wealth Mil. Forces.
Barber, Temp. Lt. E. C., late R.F.A.
Barber, Temp. Lt. E. W., M.G. Corps.
Barber, Lt. F., D.C.M., Can. Eng.
Barber, Capt. F. J. N., R.F.A.
Barber, Lt. H. D., R.F.A., Spec. Res.
Barber, Capt. J. R., res. (T F.)
Barber, Capt.L., late Herts. R.
Barber, Lt. L. W., M.B.E., 4 Bn. E. Kent R.
Barber, Hon. 2nd Lt. N. K. late Ches. R. (attd.)
†Barber, Temp. Capt. P. S., D.S.O., 6 Bn. Dorset. R.
Barber, Capt.J.H.,R.A.S.C.
Barber, Capt. R.,ret pay.
Barber, Lt. R. H., C'wealth Mil. Forces
Barber, Bt. Lt.-Col. W. D., K.R. Rif. C.
Barbour, Capt.J.H.,R.A.S.C.
Barbour, Lt. D., 8 Bn. Arg. & Suth'd Highrs.
Barbour, Qr.-Mr. Serjt. J., 9 Bn. R. Ir. Fus.
Barclay, Lt. C. G., C. Gds. Spec. Res.
Barcley, Temp. Lt. C. H. R.E.
Barclay, Co. Serjt.-Maj D. D.C.M., 9 Bn. R. Highrs.
Barclay, Lt. E. D., late Serv. Bns. Worc. R.
Barclay, Temp. Lt. G. L., 15 Bn. Lan. Fus.
Barclay,Capt.H.B.,R.F.A. (T.F.)
Barclay, Rev. H. G., late Temp. Chapl. to the Forces (4th Class).
Barclay, Temp. Lt. J R., 14 Bn. High. L.I.
Barclay, Lt. N. McE., R.E.
Barclay-Clay T., Qr. Mr. Can. A.M.C.
Barclay, Capt. W., M.B., R.A.M.C. Spec. Res.
Bareldy, Lt. W. J., 19 Bn. Lond. R.
Barclay,Temp. Maj. W. K.
Barclay-Milne, Maj. J., R.F.A. (T.F.)
Barden, Capt. A. H., C'wealth Mil. Forces.

† Also awarded Bar to Military Cross.   †† Also awarded 2nd Bar to Military Cross.

Orders of Knighthood, &c.

THE MILITARY CROSS—*contd.*

Bardsley, Lt. A., 12 Bn. N. Lan. R.
Bardsley, Lt. D. C. G., *late* 3 Bn S. Staff. R.
Bardsley, Temp. 2nd Lt. E. H., W. York. R.
Bardsley, Temp. Lt. J., Serv. Bns. R. Fus.
Bardsley, Temp. Lt. R. J., R.F.A.
Bare, Capt.A.R., *D.S.O.*, N. Lan. R.
Barefoot, Capt. G. W. N., R.W. Fus.
Baeham, Lt. A. G., R. Mar.
Barfoot. Temp.Capt.W.M., 5 Bn E. Surr. R.
Barford, Lt. E. J., R.G.A. Spec. Res.
Barge. Capt. A., *D.S.O.*, 17 Cav.
Barham, Lt. C., 6 Bn. Notts. & Derby. R.
Barham, Temp. Capt. J. F., R.A.S.C.
Barham, Lt. S. R., R.F.A.
Baring-Gould, Temp. Lt. E. A.
Bark, Capt. E., *late* Serv. Bns. W. Rid. R.
Barkas, Lt. G. de G., 1 Bn. Lond. R.
Barker, Temp. Maj. A., *D.S.O.*, R.F.A.
Barker, Qr.-Mr. & Capt. A., *D.C.M.*, Yorks. L.I.
Barker, Lt. A. H. *late* Serv Bns. Hamps. R.
Barker, *Rev.* A G., Temp. Chpl to the Forces, 4th Class
Barker, Temp. Capt. A. S., Serv.Bns. D. of Corn.L.I.

Barker, Lt. A. T., 9 Bn. L'pool R.
Barker, Temp. Lt. A. T., R.E.
Barker, Qr.-Mr. & Capt. E. A., 5 Bn. York & Lanc. R.
Barker, Temp. 2nd Lt. C. R., Tank Corps.
Barker, Capt. E.H., *D.S.O.*, K.R. Rif. C.
†Barker, Temp. Lt. F.,M.G. Corps.
Barker, Lt. F. C., 21 Bn. Lond. R.
Barker, 2nd Lt. F. E., (ret. pay).
Barker, Capt. F. G., Hereford R.
Barker, Co. Serjt.-Maj. F. W., 9 Bn. Norf. R.
Barker, Capt. G., *late* Camb. R.
Barker, Lt. G. H., *late* 4 Bn Hamps. R.
Barker, Capt. H., *M.B.E.*, Qr.-Mr. 5 Bn. York. L.I.
Barker, Co. Serjt.-Maj. H., 6 Bn. W. York. R.
Barker, 2nd Lt. H. G., G. Gds. Spec. Res.
arker, Temp. Lt. J.,M.G. Corps.
Barker, Lt. J. B., *late* Serv. Bns. Manch. R.
Barker, Capt. J. M., R. Anglesey R.E.
Barker, Lt. J. S., *late* 6 Bn. Lan. Fus.

Barker, Temp. Lt. J. W., 13 Bn. Manch. R.
Barker, Lt. J. W., 6 Bn L'pool R.
Barker. Capt. L. E. S., Aust. Imp. Force
Barker, Lt. R. F., Serv. Bns. Worc. R.
Barker,Lt. R.G.,Res.of Off.
Barker, Lt. W H., 3 Bn. Leins. R.
Barker, Temp. Lt. W. P., W. York, R.
Barker, Temp. Lt. W. R., 4 Bn. S. Wales Bord.
Barker-Benfield, 2nd Lt. T. F., R.G.A.
Barker-Mill, Temp. Capt. J. H. V., M.G. Corps.
Barkley, Lt. J. H., W. Ont. Regt.
Barklie, 2nd Lt. R., 3 Bn. R. Lanc. R.
Barkworth, Temp. 2nd Lt. H., 9 Bn. S. Staff. R.
†Barkworth, Temp. Capt. R. C., 32 Trng. Res. Bn.
Barkworth, Lt. S. J., *M.M.*, 4 Bn. Lond. R.
Barlow, Capt. A. E., Ind. Army.
Barlow, Lt. C. M., R.F.A.
Barlow, Capt. D. L., C'wealth Mil. Forces
Barlow, Temp. Lt. F. C., Serv. Bns. Som. L.I.
Barlow, Lt. F.L.T., W.Gds.
Barlow, Co-Serjt.-Maj. H., 6 Bn Shrops. L.I.
Barlow, Capt. H. B. D., C'wealth Mil. Forces

Barlow, Lt. J. E., *D.S.O.*, 3 Bn. Yorks. R.
Barlow, 2nd Lt. R. M., 5 Bn. Lan. Fus.
Barlow, Capt. W. N. C., 30 Punjabis
Barltrop, Lt. A. B., Ind. Army.
Barltrop, Lt. A. H. *late* Serv. Bns. W. York. R.
Barnard, Maj. C.W., *Lord*, West. & Cumb Yeo.
Barnard, Lt. C. W., Leic. Yeo.
Barnard, Temp. Capt. G. C., R.E.
Barnard, Lt. R. T., 2 D.G.
Barnard, Lt. T. T., C Gds
Barnard, Capt. V. H., 6 D.G.
Barnard, Lt. W., 3 Bn. K. O. Sco. Bord.
Barnard, Lt. W., 5 Bn. Durh. L.I.
Barnard, Maj. W. J., *late* R.F.A. (T.F.)
Barnden, Lt. V. G., Aust. Imp. Force.
Barnekon, Temp. 2nd Lt. E. F. R., Serv. Bns. R. Sc. Fus.
Barnes, Lt. A. D., 23 Bn. Lond. R.
Barnes, Capt. A. F., 5 Bn. Glouc. R.

Barnes, Capt. B., 15 Bn. Lond. R.
Barnes, Capt. C. W., R. War. R.
Barnes, Temp. 2nd Lt. E., Serv. Bns. W. York. R.
Barnes, Temp. Qr. Mr &Lt. F.
Barnes, Capt. F. M., R.A.M.C. Spec. Res.
Barnes, Lt. G. R., Can. Local Forces
Barnes, Temp. Lt. H., Serv Bns. E. an. R.
Barnes, Hon Lt. H. B., *late* 13 Bn. York & Lanc.
Barnes, Lt. H. F., R.G.A., Spec. Res.
Barnes, Maj. H.K., R.H.A., ret. pay.
Barnes, Lt. J. A. L., 4 Bn. Ches. R.
†Barnes, Lt. J. R., R.F.A. Spec. Res.
Barnes, Temp. Lt. L., R.A. 6 Bn. K.R. Rif.-C.
†Barnes, Capt. L. J., *late* Lanc. R.
Barnes, Lt. L. W., C'wealth Mil. Forces
Barnes, Temp. Lt. P. R., Serv. Bns. W. York. R.
Barnes, Lt. R. C., 4 Bn. York & Lanc. R.
Barnes, Capt. R. J., Postal Sect., R.E. Spec. Res.
Barnes, Rev. R L., Temp. Chpl. to the Forces, 4th Class
Barnes, Temp. Lt. T. P., Labour Corps
Barnes, Capt. W. G., R.A.V.C. (T.F.)
Barnes, 2nd Lt. W. G., 6 Bn. N. Staff. R.
Barnett, *late* Capt. A., Serv. Bns. R. Ir. Rif.
Barnett, Lt. B. L., R.E. (T.F.)
Barnett, 2nd Lt. C. E., 16 Bn. Lond R.
Barnett, Maj. D. H., Can. Local Forces.
Barnett, Lt. F., 3 Bn. R. Scots.
Barnett, Temp. Lt. F.E.W., R.E.
Barnett, Temp. Lt. F. S.G., R.F.A.
Barnett, G., *late* Temp. Capt. R.A.S.C.
Barnett, Lt. G. A., R. Hghrs.
Barnett, Capt. J. C. L., *late* 4 Bn. Oxf. & Bucks. L.I.
Barnett, Lt. L. W., Aust. Imp. Force
Barnett, Lt. R.A., 28 Bn. Lond. R.
Barnett, Temp. 2nd Lt. W., 12 Bn. W. York. R.
Barnett, Capt. R.A., 28 Bn. Lond. R.
Barnfather, Capt. P., *late* Serv. Bns Middx Res
†Barnley, Capt. G. W. W., R.G.A (T F.)
Barnsley, Maj. D. G., T.F. Res.
Barnsley, Bt. Maj. R. E., R.A.M.C.
Barnum, Lt. H. G., Can. Local Forces.

Barnwell, Capt. J., *D S.O.*, Leins. R.
Baron, Lt. F. O., *late* 5 Bn. S. Lan. R.
Baron, Temp. Lt. W., Serv. Bns. York. R.
†Barr, Lt A H. G., S. Afr. Gen. List
Barr, Temp. 2nd Lt. A. J., 23 Bn. R. Fus.
Barr, Lt. B. M., R.F.A.
Barr, 2nd Lt. D., 5 Bn. R. Sc. Fus.
Barr, Temp. 2nd Lt. D. R., Serv. Bns. Bord. R.
Barr, Lt. E. N. D., *late* R.F.A. Spec. Res.
Barr, 2nd Lt. F. S. V., 8 Bn Sco. Rif.
Barr, Temp. Lt. R., M.G. Corps.
Barr, Lt. W., R.G.A. Spec. Res
Barraclough, Lt. H. A., K. Aust. Imp. Force
Barraclough, Lt. J. A., R. Lanc. R.
Barraclough, Lt. W., 6 Dns.
Barradell, Capt. T., Qr.-Mr., R.A.M.C. (T.F.)
Barran, Capt. H. B., 1 W. Rid. Brig. R.F.A.
Barratt, Capt. A.S., *C,M.G.*, R.A
Barratt, Capt. J., *late* Manch. R.
Barratt, Lt. J. M., 8 Bn. Lond. R.
Barratt, Temp. Lt. S. T., M.G. Corps
Barratt, Lt. T. W., R.E. (T.F.)
†Barrell, Maj. E. G., *late* M.G. Corps.
Barrett, Temp. Lt. A. A., Serv. Bns. R. Berks. R.
Barrett, Capt. A. M., R. Berks. R., Spec. Res.
Barrett, Hon. Maj. B. B., ret. pay.
Barrett Temp. Lt. E. R., Serv. Bns R Dub. Fus.
Barrett, Lt F P., Yorks. Dns Yeo
Barrett, Temp. Bnd Lt. G., Serv. Bns. Essex R.
Barrett, Capt. H., *late* R.A.M.C.
Barrett, Capt. H. M., Can. A.M.C.
Barrett, Temp. 2nd Lt. J. G., 9 Bn. N. Lan. R
Barrett, 2nd Lt. H. J., R.F.A. Spec. Res.
Barrett, Lt. H. T., Nyasaland Fd. Force.
Barrett, Lt. K. V., 3 Bn. Welch R.
Barrett, Lt. W. N.,12 Bn. Lond. R.
Barrett, Qr.-Mr. & Capt. W. R. M.,T.F. Res.
†Barrett, Temp. Lt. W. W., M.G.C.
Barrington, 2nd Lt. C. E., R.F.A.
Barrington Foote, Lt. R. C., R.F.A. Spec. Res.
Barrington-Ward, Temp. Maj. R. McG., *D S O.*
Barroll, Lt. A., *late* M.G.C.
Barron, Capt. A. H. D., Ind. Army.

† Also awarded Bar to Military Cross.

Orders of Knighthood, &c.

THE MILITARY CROSS—*contd.*

Barron, Lt. A. M., 7 Bn. Gord. Highrs.
Barron, Capt. B., ret.
Barron, Temp. Lt. G. D., Serv. Bns. Conn. Rang.
Barron, Temp. Lt. E.A.W., 1 Res. Regt. of Cav.
Barron, Co.-Serjt.-Maj. F. J., R.W. Fus.
Barron, Lt. J., R.F.A.
†Barron, Maj. J. B., *O.B.E.*
Barron, Lt. J. D., 6 Bn. R. Scots
Barron, Lt. R. 5 Bn. N. Staff. R.
Barron, Temp. Maj. S. N., R.E.
Barron, Capt. W. P., *A.M. Inst. C.E.,* High. Divl. R.E.
Barrow, Temp. Lt. C. F., R.E.
Barrow, Capt. H. E., 6 Bn L'pool. R.
Barrow, Capt. I. M., Can A.M.C.
Barrow, Lt. T. H., 22 Bn. Lond. R.
Barrowcliff, Capt. A. M., 5 Bn. Leic. R.
Barroclough, Capt. H E., *D.S.O.*, N.Z. Mil. Force.
Barrowman, Temp. Lt. R.S., Serv. Bns. R. Innis. Fus.
Barry, Capt. A. G., *D.S.O.*, Manch. R.
Barry, Lt. A. L., New Bruns. R.
Barry, Capt C. C., 3 Bn. Leins. R.
Barry, Temp. Lt. D., Lab. Corps.
Barry, Lt. F. FitzR., 3 Bn. Leins. R.
Barry, 2nd Lt. F. P., 5 Bn. Lond. R.
Barry, Temp. Maj. F. R., R.F.A.
Barry, Capt. G., C. Gds.
†Barry, Capt. J. E., Can. A.M.C.
Barry, Capt. J. H., *D.S.O.*, R.A.M.C.
Barry, Lt. M., Essex R.
Barry, Lt. P. R. J., *late* Res. of Off.
Barry, Lt. L. R. McC. 4 Bn. R. Ir. Regt.
Barstow, Capt. A. E., 15 Sikhs.
Barstow Lt. J. A., Highrs.
Barstow, Capt. J. N., *D.S.O.*, R.F.A. (T.F.)
Barstow, Maj. W. A. T., R.H.A., *D.S.O.*
†Barter, Lt. F., 3 Bn. R.W. Fus.
Barter, Lt. H. B., 1 Bn. Lond. R.
Barter, Capt. P. L., Sask. Regt.
Bartholomew, Temp. Qr.-Mr. & Capt. B., 9 Bn. N. Lan. R.
Bartholomew, Lt. C., 8 Gds. Spec. Res.
Bartholomew, Temp. Lt. F. W., M.G. Corps.
Bartholomew, G. G., *M.B.*, *late* Temp.Capt. R.A.M.C.
Bartholomew, Capt. J., 3 Bn. Gord. Highrs.

Bartholomew, Temp. Capt. R., Serv. Bns. R.W. Kent R.
Bartholomew, Lt. W., Quebec Regt.
†Bartlett, Maj. B. F., *late* R.A.M.C.
Bartlett, Capt. C. E. C., *A.M.*, S. Staff. R.
Bartlett, Lt. E. A., R.G.A. Spec. Res.
Bartlett, Temp. Lt. E. F. P., Serv. Bns. Hamps. R.
†Bartlett, Lt. E. G., Yorks. L.I.
Bartlett, Lt. H. S., *late* R.F.A. Spec. Res.
Bartlett, Lt. H. W., 19 Bn. Lond. R.
Bartlett, Lt. J. R., 3 Bn. Bord. R.
Bartlett, Lt. R. C., *R.A.*
Batchelor, Batty. Serjt. Maj. T. G., R.F.A.
Bartlett, Temp. Lt. S M. G. Corps.
Bartlett, T. W., *late* Lt. R.G.A.
Bartley, Temp. Lt. F. D., *D.C.M.*, 13 Bn. L'pool R
Barton, Maj. B. H., *M.D.*, *late* R.A.M.C.
Barton, Capt. B. K., R.F.A. (T.F.)
Barton, Temp. Lt. C. T., R.F.A.
Barton, Lt. E. C., Worc. R.
Barton, Lt. F. C., 4 Bn. R. War. R.
Barton, Temp. Capt. G. H. R., Tank Corps.
Barton, Temp. Capt. G. S.
Barton, Lt. H. D. M.G. Corps.
Barton, Lt. H. R., 3 Hrs.
Barton, Lt. J. S., R.F.A. (T.F.)
Barton, Capt. J. W., *late* Serv. Bns. Manch. R.
Barton, Capt. M. H., R.A.M.C. (T.F.)
Barton, Capt. P. G., R. Fus.
Barton, Lt. W.. Dorset. R.
Bartram, Lt. R. A., Sco. Horse Yeo.
Bartram, Capt. R. D, Aust. Imp. Force.
Barwell, Temp. Maj. N. F., Oxf. & Bucks. L.I. (attd.)
Barwick, Serjt.-Maj. J., S. Gds.
Basden, Temp. Lt.-Col. E. D., Mach. Gun Corps.
Baseden, Capt L., 24 Bn. Lond. R.
††Baskett, Temp. Lt. R., 18 Bn. K.R. Rif. C.
Baskett, 2nd Lt S. S., *late* R.G.A. Spec. Res.
Basnett, Lt. C. P., R.F.A. Spec. Res.
Bass, Lt. F. T., R.F.A. Spec. Res.
Bass, Temp. Lt. G. R., M.G. Corps.
Bass, 2nd Lt. W. L., 5 Bn. Leic. R.
Bassett, Lt. D. D., R F.A. (T.F.)
Bassett, Lt. F., 6 Bn. N. Staff. R.

Basset, Bt. Maj. R. A. M, R.W. Surr. R.
Bassett, 2nd Lt. T., 5 Bn. N. Staff. R.
Bassett. Lt. W.E., C'wealth Mil. Forces.
†Bassingthwaighte, Temp. Capt. C. P., 9 Bn. Norf. R.
Bastick, Temp. 2nd Lt N. D., Serv. Bns. R.W. Fus.
Batcheldor, Lt. W., Leic. R.
Batchelor, Lt. D H., 10 Bn R. Scots.
Batchelor, Lt. E. C., R F.A.
Batchelor, Lt. H. V., R. Berks. R.
Batchelor, Capt. M., ret.
Batchelor, Temp. Capt S., R.A.M.C.
Batchelor, Batty. Serjt. Maj. T. G., R.F.A.
Batchelor, Temp. Maj. W. M., *D.S.O.*, R.E. Spec. Res.
Bate, Capt. C. B., *D.C.M.*, Can. Eng.
Bate, Lt. E., Aust. Imp. Force.
Bate, Capt. E. E. H., *late* 2 Bn. Lond. R.
Bate, Rev. E. Y., *M.A.*, Chapl. to the Forces, 4th Class.
Bate, Lt. H. B., *late* 7 Bn. Worc. R.
Bate, Lt. H. R., 6 Bn. Manch. R.
†Bate, Capt. J. P., *D.S.O.*, 8 Bn Worc. R.
†Bate, Lt. R. E. de B., 5 Bn. York & Lanc. R.
Bateman, Qr.-Mr. & Capt. A. F., R.A.S.C.
Bateman, Lt. C. H., 4 Bn. Arg.& Suth'd Highrs.
Bateman, Lt. C. H., R.G.A. Spec. Res.
Bateman, Capt. H. H., *D.S.O.*, R.E.
†Bateman, Lt. R. A., 6 Bn. Manch. R.
Bateman, Temp. Capt. R. W., 24 Bn. Manch. R.
Bateman, Lt. S. T., *M.M.*, 7 Bn. Worc. R.
Bateman, Lt. W. H., R.E. (T.F.)
Bateman, 2nd Lt. W. H. *M.M.*, *late* Serv. Bns. Essex R.
Bates, Lt. A., 4 Bn. E. Lan. R.
†Bates, Capt. A. G., *D.S.O.*, R.F.A.
Bates, Lt. A. S. G., *late* Serv. Bn. Leic. R.
Bates, Capt. B. A., *late* 3 Bn. York & Lanc. R.
Bates, Lt. C., *D.S.O.*, 4 Bn. S. Staff. R.
Bates, Maj. C R., *D.S.O.*, *late* Res. of Off.
Bates, Capt. D. H., D. of Lanc. Own Yeo
Bates, Lt. E. G., 3 Bn. North'd Fus.
Bates, Temp. Lt. E. M., M.G. Corps.

Bates, Capt. F.A., *A.F.C* Denbigh Yeo.
Bates, Lt. F. P., Bucks. Bn. Oxf. & Bucks. L.I.
Bates Capt. G. G., 15 Bn Lond. R.
Bates, Lt. H. M. R.F.A (T.F.)
Bates, Maj. J. V., *late* R.A.M.C.
Bates, Lt. R. A. R F.A Spec. Res.
Bates, Lt. S., 9 Bn. Rif. Brig.
Bateson. Lt. D. L., 6 Bn. K.R. Rif. C
Bateson, Lt. T. S., 4 Bn. R. Lanc. R.
Bateson, Lt. W. L., R.E. (T.F.)
Bath, Maj. R., TD, T.F. Res.
Bathgate, W. D., *late* Temp. Capt R.A.M.C.
Batno, Capt. & R., R.A.M.C. Spec. Res.
Bathurst, Maj. C., *late* W. Rid. R.
Bathurst, Temp. Lt. W. J., Serv Bns. Ches. R.
Batley, Rev. W. Y., Hon. Chapl. to the Forces, 4th Class.
Batt, Capt. J. D., *late* R.A.M.C.
Batten, Capt. J.F., R.F.A.
Batten, 2nd Lt. P. W., 5 Bn. R. Suss. R.
V & Batten-Pooll, Capt. A. H., 3 Bn. R. Muns. Fus.
Batten Pooll, Capt. J. A., *D.S.O.*, 5 Lrs.
Batters, Lt. W. P., R.A.S.C. (T.F.)
Battersby, Co. Serjt.-Maj. E., Leic. R.
Battersby, Temp. Lt, L. H., Tank Corps.
Battersby, Lt. N. C., R.F.A. Spec. Res.
Battershill, Temp. Lt. F. L., *D.C.M.*, Lab. Corps.
Battershill, Temp. Lt. L. W., *D.S.O.*, M.G. Corps.
†Battiland, Lt. J., *M.M.* ret. pay.
†Battishill, Lt. P. H., 4 Bn. W. York. R.
Battle Capt. E. E., York & Lanc. R.
Battle, Lt. T. H. N., R.G.A. Spec. Res.
Batty, Lt. F. G., 3 Bn. York. R.
Batty, Temp. Lt. T. H., Serv. Bns. E York R.
Batty, Lt. W. A., *late* Serv. Bns. Durh. L.I.
Batty, Temp. Capt. W. R., Serv. Bns. Manch. R.
Battye, Capt. C. F., R.W. Kent R.
Battye, Capt. P. L. M., W. Gds.
Batty-Smith, Lt. H. L., 3 Bn R. Sc. Fus.
Batyer, Lt. R. J.. 28 Bn. Lond. R.
Bauchop, Temp. Lt. J. B., *D.S.O.*, M.G. Corps
Baudains, 2nd Lt. G. La C., *D.S.O.*, 9 Bn. Lond. R.
†Bauld, Lt. R., *D.S O.*, 5 Bn. Lan. Fus.

† Also awarded Bar to Military Cross. †† Also awarded 2nd Bar to Military Cross.

Orders of Knighthood, &c.

THE MILITARY CROSS—*contd.*

Bavin, Lt. C., Shrops. L.I.
Bavin, Temp. Capt. J. D., R.A.
Bavister, Lt. H. B., R.F.A.
Bawa Harkishan Singh, Ind. Med. Serv. (T.F.)
Bawden, Lt. E. L., R G.A., Spec. Res.
†Baxendale, Lt. J., *late* M.G. Corps.
Baxenden, Temp. 2nd Lt. J., Serv. Bns. Sco. Rif.
Baxter, Co. Serjt-Maj. A. J., Lond. R.
Baxter, Temp. Capt. C. W., Serv. Bns. S. Lan. R.
Baxter, Temp. Capt. C. W., *late* Ind. Med. Serv.
Baxter, Lt. D., Glouc. R.
Baxter, Lt. D., 5 Bn. R. Highrs.
Baxter, Temp. 2nd Lt. E. S., Tank Corps.
Baxter, Temp. Capt. G. W., R.A.
Baxter, Maj. H. H., R.F.A.
Baxter, Capt. J., W. Ont. Regt.
Baxter, Temp. Lt. J. T. L., Tank Corps.
Baxter, Temp. Lt. R., Serv. Bns. S. Staff. R.
Baxter, Lt. R. T., R.F.A.
Baxter, Qr.-Mr. & Maj. R. T., R Muns. Fus.
Baxter, Capt. W. H., 5 Bn. E. Lan. R.
Baxter, Capt. W. J., 2 Cent. Ont. Regt.
Bayes, Qr.-Mr. & Lt. W. L., 6 Bn. E. War. R.
Bayley, 2nd Lt. A. E. S., 3 Bn. North'n R.
Bayley, Lt. C. D., R.F.A.
Bayley, Lt. F. A., 7 Bn. L'pool R.
†Bayley, Capt. J. H., R.A.M.C.
Bayley, Lt. J. J., R G.A. Spec. Res.
Bayley, Temp. Capt. P., R.A.S.C.
Baylis, Temp. 2nd Lt. R. H., Serv. Bns. R. W. Surr. R.
†Baylis, Temp. Lt. R. V., M.G. Corps.
Bayliss, Capt. H. V., *D.S.O.*, E. Surr. R.
†Bayliss, Capt. P., *late* 3 Bn. R. Scots.
Bayly, Capt. H. W., R.A.M.C. (T.F.)
Bayly, Capt. L. J., R.G.A.
Bayly, 2nd Lt. P. F. B., Ind Army Res. of Off.
Bayly, Lt. W. G., 3 Bn. R. Lanc. R.
Bayman, Qr.-Mr. & Maj. F. J., R.A.S.C.
Bayman, Lt. J. W., S. Afr. Def. Force.
Bayne-Jardine, Capt. C. W., *D.S.O.*, R.F.A.
Baynes, Capt. W E. C., *late* C. Gds Spec. Res.
†Baynes, Smith, Capt. H. W., T.F. Res.
Baynham, Temp. Lt. A. G., Tank Corps.

†Bayzand, Lt. G., C. Gds. Spec. Res.
Bazeley, Capt. E. T., Austrl'n Imp. Force.
Bazell, Lt. F. R., R.H.A. (T.F.)
Bazett, Lt. F. D., 3 Bn. R. Berks. R.
Bazett, Capt. H. C., *O.B.E., M.B., F.R.C.S., R.A.M.C.*
†Bazey, Lt. R. K., C'wealth Mil. Forces.
Bazley-White, Lt. J., ret. T.F., *late* Lt. W. Kent Impl. Yeo.
Bazeley, Temp. Lt. C. H., 24 Trng. Res. Bn. Serv. Bns. Essex R.
Beach, Temp. Lt. A. J., Serv. Bns. Essex R.
Beach, Temp. Lt. H. J., ret. *O.B.E.*, North'n R.
Beacock, Lt. V. A., 5 Bn. R Fus.
Beadel, Lt. C. W., 6 Bn. K.R. Rif. C.
Beadle, Capt. C. W., *M.M*
Beadle, Capt. J. C., R. E. Kent Yeo.
Beadon, Temp. Capt. F.S., Serv. Bns. Durh. L.I.
Beadon, Lt. H. D., York R.
Beadon, Maj. V., Ghurka Rif.
Beal, Temp. Capt. A., R.F.A. Spec. Res.
Beal, Temp. Maj. L. F., 6 Bn. Bedf. & Herts. R.
Beal, Lt. R., R.F.A. Spec. Res.
Beal, Temp. Capt. R. E. B., *O.B.E., R.A.S.C.*
Beale, Capt. A. O. R., *M.B.E.*, Res of Off.
Beale, Capt. B. P., *O.B.E.*, Res. of Off.
Beale, Temp. Lt. B. S., Tank Corps.
Beale, Lt. N. S., *late* 4 Bn. E. Surr. R.
†Beale, S. J. A., *M.B.*, *late* Temp. Capt. R.A.M.C.
Beale, Temp. Lt. T., Serv. Bns. N. Staff. R.
Beall, Capt. J. R., *late* Serv. Bns. S. Lan. R.
Beam, Lt. R., 1 Cent. Ont. Regt.
Beames, 2nd Lt. R., 8 Bn. Lond. R.
Beamish, Capt. D. W., R.A.M.C.
Beamish, Temp. Capt. C. F. K., Afr. Rif.
Beamish, Lt. F. N. H., 3 Bn. R. War. R.
Beamond, Capt. W. R. M., Aust. Imp. Force.
Bean, Lt. A., 1 Cent. Ont. Regt.
Beard, Temp. Capt. A.G.W., R.A.S.C.
Beard, Temp. Capt. A. J., Serv. Bns. Essex R.
Beard, Capt. B. J. L., *late* Gen L'st
Beard, Lt. E. C., R. Ir. Regt.
Beard, Temp. Lt. F. G., M.G. Corps.
Beard, Maj. J. R. S. G., C'wealth Mil. Forces.

Beard, Co. Serjt-Maj. W. J., 6 Bn. High. L.I.
Beardsley, Maj. H. L., *late* 8 Bn. Leic. R.
Bearn, Capt. F. A., *D S.O., M.B., R.A.M.C.*, Spec. Res.
Beart, Lt. C. W., Durh L.I.
Beasley, Temp. Capt. J. N., Sikhs.
Beaton, Temp. Lt. G. M., R.A.
Beattie, Bt. Maj. A. E., 14 Bn. High. L.I.
Beattie, Bt. Maj. A. E., *C.B.E.*, R.W. Surr. R.
Beattie, Capt. A. J., *M.B.E.*, R.G.A.
Beattie, Lt. C. H., R.F.A.
Beattie, Rev. E. H., Hon. Chapl. to the Forces, 3rd Class.
Beattie, Lt. G., Quebec Regt.
Beattie, Temp. 2nd Lt. H. W., Essex R. (attd.)
Beattie, Temp. 2nd Lt. J. M., 10 Bn. Arg. & Suth'd Highrs.
Beattie, Lt. R. H., 1 Cent. Ont. Regt.
Beattie, Capt. S. H., North'n R.
Beattie, Capt. W. A., *late* Serv. Bn. R. Ir Fus.
Beatty, Hon. Capt. C. C., *late* R.A.M.C.
Beatty, Lt. H. C., Can. Fd. Art.
Beatty, Lt. H.S., Hamps. R.
Beatty, Lt. J. G., Can, Fd. Art.
Beauchamp, Temp. 2nd Lt. G. R., Serv. Bns. Wilts R.
Beaufort, Capt. V. A., *M.B.E.*, Res of Off.
Beaufoy, Capt. E, R. H.. 17 Bn. Lond. R.
†Beaumont, Maj. G., *late* 4 Bn. Yorks. L.I.
Beaumont, Lt. H. C. C., Can. Local Forces.
Beaumont, Temp. Capt. H. S., Serv. Bns. N. Lan. R.
Beaumont, Lt. H. W. H., R F.A. Spec, Res.
Beaumont, Temp. Lt. J. S.
Beaumont, 2nd Lt. J. W., 5 Bn. York & Lanc. R.
Beaumont, Lt. N. E., 6 Bn. Ches. R.
Beaumont, Capt. O. A., *late* R.A.M.C.
Beaumont, Capt. Hon. W. H. C., 2 L.G.
Beaumont, Lt. W. S., R.E. (T.F.)
Beaumont, Lt. W. V., 5 Bn. R. Dub. Fus.
Beaumont-Nesblitt, Capt. F. G., G. Gds.
Beaver, Capt. E., Aust. Imp. Force.
Beaver, Capt. P. S. L., Wilts. R.
Beaver, Lt. R. H., R.F.A.
Beaver, Lt. W G., Man.Regt.
Beavers, Batty. Serjt.-Maj. H. W., R.F.A.
Beavis, 2nd Lt. J. S., C'wealth Mil. Force.
Beavis, Temp. Lt. M. J., R.A.

Beazley, Lt. F. F., 3 W. Lan. Brig. R.F.A.
Beazley, Maj. J. G. B., 6 Bn. L'pool R.
Beazley, Temp. Lt. S. G., R.E. (attd.)
Beazley, Bt. Maj. W. E., R.A.
Bebbington, Lt. B., *late* R.A.
†Becher, Capt. A. W. B., Yorks. L.I.
Becher, Lt. E. O , R.F.A.
Becher, Lt. H. St. J. C., R.F.A. Spec. Res.
Beck, Temp Lt. D. M. H.
Beck, Capt. E. W. T. *D.S.O.*, R. Fus.
Beck, Sergt.-Maj. *D.C.M.*, R. War. R.
Beck, Lt. J. B., C. Gds. Spec. Res.
Beck, Lt. T. High. L.I.
Becke, Temp. Lt. A.H., Serv. Bns. North'd Fus.
Beckerleg, Lt. A., R.E. (T.F.)
Beckerleg, Hon. 2nd Lt. V.C., *late* 6 Bn. D. of Corn. L.I.
†Beckerson, Temp. Lt. R. E.
Beecekett, Capt. A.C., *D.C.M.*, ret. pay
Beckett. Lt. C. G., *late* Norf. R.
Beckett, Capt. C.T., R.F.A.
Beckett, Temp. Maj. G., R.A.
Beckett, Lt. G. A., 6 Bn. Manch. R.
Beckett, Lt. J. R., 4 Bn. N. Lan. R.
Beckett, Maj. R. A., T.F. R s
Beckett, Serjt.-Maj. W., R.A.V.C.
Beckett, Lt. W., *D.C.M.*, Bord. R.
Beckett, Lt. W. A., 3 Bn. S. Lan. R.
Beckett, Temp. 2nd Lt. W. C., Serv.Bns. Shrops.L.I.
Beckham, Lt. J., R.F.A.
Beckingham, Capt. C. W., R.F.A. (T.F.)
Beckingham, Lt. H., North'n R.
Beckley, Co. Serjt. - Maj. R. F., K.R. Rif. C.
Beckley, Lt. V. A., R.G.A. Spec. Res.
Beckly, Temp. 2nd Lt. W. E., R. E.
Beckwith, Lt. E., R. Fus.
Beckwith-Smith, Capt. M. B., *D.S.O.*, C. Gds.
Bedale, Capt. F. S., *M.B.*, R.A.M.C. (T.F.)
Beddes, Lt. S., C'wealth Mil, Forces
Beddington, Lt.-Col. E. H. L., *D.S.O.*, ret., *p.s.c.* [l]
Beddome, Capt. J. B., Quebec R.
Beddow, Temp. Lt. A. E., Tank Corps.
Beddows, Capt. E. C., R.A.M.C.

†Also awarded Bar to Military Cross.

Orders of Knighthood, &c. 295

THE MILITARY CROSS—contd

Beddows, Capt. W. J., R.F.A. (T.F.)
Bedford, Lt. A., 8 Bn. Notts. & Derby. R.
Bedford, Temp. Lt. F. H., 14 Bn. North'd Fus.
Bednall, Lt. C. N., R.F.A. (T.F.)
Bednall, Lt. H. J., R.F.A. (T.F.)
Bedson, Serjt.-Maj. G. D., R. Highrs.
Beecroft, Temp. Lt. J. E., Tank Corps.
Beedham, Capt. N. H., late Serv. Bns., Notts & Derby R.
Bedwell, Lt. F. C. W., York. R.
Bedwell, Lt. J. R., R.G.A. (T.F.)
Bee, Temp. Lt. I. R., Serv. Bn. W. York. R.
Beech, D. C. M., late Capt. 20 Hrs.
Beech, Temp. Lt. E. B., Serv. Bns. Welch R.
Beech, Lt. R. F., 4 Bn. North'n R.
Beechman, Temp. Lt. F. J., M.G. Corps
Beechman, Lt. N. A., 5 Bn. E. Surr. R.
Beecroft, Capt. F. S., late Serv. Bns. E. Surr. R.
Beer, Temp. 2nd Lt. A. G., Serv. Bns. Shrops. L.I.
Beer, Temp. Maj. R. G., R.E.
†Beer, Lt. S. G., 12 Bn. Lond. R.
Beeseley, Lt. H., 5 Bn. Lan. Fus.
Beesley, Temp. 2nd Lt. E., Serv. Bns. L'pool R.
Beeson, Lt. N. W., R.F.A. (T.F.)
Beetham, Lt. G. C., 5 Bn. York & Lanc. R.
Beetham, Lt. R. F. R., N.Z. Mil. Forces.
Beesley, Temp. 2nd Lt. G. W., Serv. Bns. Leic. R.
Beesley, Lt. R. G. G., 5 Bn. Norf. R.
Beesley, Temp. Lt. R. N., R.E.
Beeton, Temp. Lt. A. E., R.E.
Begbie, Capt. R. P. G., D.S.O., R.G.A.
Begg, Temp. Capt. G. D., 6 Bn. R. Sc. Fus. (Capt. Res. of Off.)
†Begg, Capt. M. G., 6 Bn. Rif. Brig.
Begg, Temp. Capt. R. C., M.B., late R.A.M.C.
Begus, Lt. G. A., 13 Bn. Lond. R.
Beggs, Temp. Lt. S. P., R.E.
Begley, Capt. E. R., late R. Afr. Def. Forces.
Behrendt, Temp. Lt. O., R.E.
†Behrens, Lt. E. B., R.A.
Beiers, Lt.-Col. H. M., C'wealth Mil. Forces.
Belby, Lt. R. B., Yorks. Dns. Yeo.
Beith, Capt. A. V., late R.F.A. Spec. Res.

Beith, Temp. Capt. J. H., C.B.E., Mach. Gun Corps.
†Belanger, Capt. P. B., M.D., late R.A.M.C.
Belchem, Qr.-Mr. & Capt. O.K., O.B.E., R. W. Surr R.
Belcher, Lt. A. E. I., York. R.
Belcher, Lt. E., C'wealth Mil. Forces.
Belcher, Capt. W. B., late 3 Bn. R. Berks. R.
Belcher, Temp. Lt. W. H., R.E.
Bell, Lt. A. C., R.F.A. Spec. Res.
Bell, Capt. A. H. M., Res of Off.
Bell, Lt. A. W., R.F.A. (T.F.)
Bell, Lt. C. C., R.A.S.C. (T.F.)
Bell, Capt. C. W., ret.
Bell, Capt. D., M.B., R.A.M.C.
Bell, Temp. Lt. D. A., 15 Bn. R. Scots.
Bell, Lt. D. C., 9 Bn. Midd'x R.
Bell, Lt. D. H., Res. of Off. R.A.
Bell, Temp. Capt. D. J., R.E.
Bell, Lt. D. J., late Mach. Gun Corps.
Bell, Lt. D. W., Worc. R. (Lt. Worc. R.)
Bell, Lt. E., 8 Staff. R.
Bell, Capt. E., Surr. Yeo.
Bell, Lt. E. L., late 6 Bn. North'd Fus.
Bell, Temp. Capt. F., R.E.
Bell, Temp. Lt. F., M.G. Corps
Bell, Capt. F. A., R.E. (T.F.)
Bell, Temp. Capt. F. G., M.D., F.R.C.S., R.A.M.C.
Bell, Temp. Lt. G. B., M.G. Corps
Bell, Lt. G. F., R.F.A. Spec. Res.
Bell, Bt. Maj. G. H., 8 Lan. R.
Bell, Capt. H., 5 Bn. R. Lanc. R.
Bell, Lt. H. G., R.G.A. (T.F.)
Bell, Capt. H. J., Surr. Yeo.
Bell, 2nd Lt. H. K., R.F.A. Spec. Res.
Bell, Capt. H. L., 1 Bn. Lond. R.
Bell, Lt. H. L. 1 Bn. Lond. R. Spec. Res.
Bell, Lt. H. S., R.F.A. Spec. Res.
†Bell, 2nd Lt. H. W., 7 Bn. R War. R.
Bell, Maj. J., late Serv. Bns. N. Staff. R.
Bell, 2nd Lt. J., 5 Bn. L'pool R.
Bell, Rev. J. A. H., Hon. Chapl. to the Forces, 4th Class.
Bell, Co. Serjt.-Maj. J., K.O. Sco. Bord.
Bell, Regt. Qr.-Mr.-Serjt. J., K.O. Sco. Bord.
†Bell, Capt. J. A., M.B., R.A.M.C. (R.F.)
Bell, Capt. J. A., 7 Bn. Durh. L.I.

Bell, Capt. J. C., 7 Bn. R. Scots
Bell, Lt. J. D., Res. of Off.
Bell, Maj. J. David, late R.F.A. (T.F.)
Bell, Lt. J. D'A., R.F.A. Spec. Res.
Bell, J. G., late Temp. Lt., M.B., R.A.M.C.
Bell, Lt. J. H., 3 Bn. Hamps. R.
Bell, Lt. J. H., 4 Bn. Notts. & Derby R.
Bell, Lt. J. H. F., late Serv. Bns., N. Lan. R.
Bell, Lt. J. J. J., D.S.O., R.F.A.
Bell, Lt. J. N., 6 Bn. Welch R.
Bell, Capt. J. S., D.S.O., Can. Local Forces.
Bell, Lt. K. N., R.G.A. (T.F.)
Bell, Capt. K. P., R.F.A
Bell, Capt. L. C., C'wealth Mil. Forces
Bell, Capt. L. C., Ind. Army.
Bell, Capt. L. G. R. J. H., R.A.
Bell, Capt. M. C., R. Fus., D.S.O.
Bell, Lt. O. A., R.G.A.
Bell, Capt. O. B., late 3 Bn York & Lanc R.
Bell, Lt. O. L., 7 Bn Notts & Derby R.
Bell, Capt. P., 6 Bn. Welsh R.
Bell, 2nd Lt. P. C., R.F.A. Spec. Res.
Bell, Temp. Lt. P. H. Tank Corps.
†Bell, 2nd Lt. R., 3 Bn. Bord. R.
Bell, R. D., late Temp. Capt. R.A.M.C.
†Bell, Temp. Capt. R. H., 6 Bn. Oxf. & Bucks. L.I.
Bell, Capt. R. J., O.B.E., late S. Afr. Def. Force.
Bell, Capt. R. R. W., ret. pay
Bell, Temp. Capt. S. S., Serv. Bns., W. York. R.
Bell, Maj. T. H., Can. Local Forces.
Bell, Co. Serjt.-Maj. W., R. Lanc R.
Bell, Temp. 2nd Lt. W., Serv Bns. W. York. R.
Bell, Lt. W. C., R. Fus.
Bell, Capt. W. I., R.E., Spec. Res.
Bell, Temp. Lt. W. J., R.E.
Bell, Capt. W. R., late Serv. Bns. R. Ir. Rif.
†Bell-Irving, Capt. A. D.
Bellamy, Hon. Lt. F., late Durh. L.I.
Bellamy, Maj. H. M., O.B.E., D.S.O., T.F. Res.
Bellamy, Temp. Lt. L.C.F., R.E.
Bellamy, Lt. M., R.A.
Bellanti, Rev. L. E., Hon. Chapl. to the Forces, 4th Class.
Bellasis, Temp. Lt. B. M., 9 Bn. Glouc. R.

Bellerby, Capt. J. R., 8 Bn W. York R.
Bellerson, 2nd Lt. A., S. Staff. R.
Bellew, Lt. B. B., S. Ir. Horse.
Bellew, Capt. F. D., D.S.O., Som. L.I.
Bellgrove, Lt. R., late Serv. Bn. R.W. Surr. R.
Bellhouse, Lt. R. L., Res. of Off.
Bellingham, Capt. A. M., R. Ir. Rif.
Bellingham, 2nd Lt. J., late R.F.A.
Bell-John, Capt. H., S. Afr. Def. Forces.
Bellman, Lt. J. F., 3 Bn. R.W. Kent R.
Beloe, Capt. G. C., 5 Bn. Glouc. R.
Belsham, Capt. S. J., 5 Bn. Midd'x R.
Belt, Temp. Capt. C. B., M.B.E., 13 Bn. R. Ir. Rif.
Belt, Lt. E. A. B., C. Gds. Spec. Res.
Benbow Rowe, Capt. O. S., Serv. Bns. Shrops. L.I.
Bence, Temp. Lt. E. W. J., R.A.
Bence-Jones, Lt. P. R., R. Mon. R E.
Bence-Trower, Temp. Maj. E., 5 Bn. S. Wales Bord.
Bendall, Capt. P. M., T.F. Res.
Benest, Lt. C. J., R.F.A. Spec. Res.
Benest, Temp. Lt. H. G., R.F.A. (Lt. R. Jersey Art. Mila.)
Benett-Stanford, Capt. V., R.F.A.
Benfield, Capt. K. V. B., D.S.O., R.G.A.
Benfield, Temp. Lt. W. T 10 Bn. S. Wales Bord.
Benford, Lt. J. H. F., 7 Bn. Essex R.
Bengough, Bt. Maj. L., Ches. R.
Benham, Maj. G. C., 8 Bn. Essex R.
Beningfield, Lt. J. E., R.F.A. Spec. Res.
Benjamin, Temp. Capt. R. N., Serv. Bns. R. Fus.
Benjamin, Lt. T. J., 3 Bn. Glouc. R.
Benkè, Capt. A. C. H., D.S.O., 15 Bn. Lond. R.
Benn, Lt. F. W., New Bruns Regt.
Bennet, Rev. E. A., Temp. Chapl. to the Forces, 4th Class.
Bennett, Qr.-Mr. & Capt. A., R.A.M.C.
Bennett, Capt. A., ret.
Bennett, Capt. A. D., 19 Punjabis.
Bennett, Lt. A. G., R.F.A. (T.F.)
Bennett, Temp. Lt. C. F., M.G. Corps.
Bennett, Co. Serjt.-Maj. E, L.C.M., R. Sc. Fus.

† Also awarded Bar to Military Cross.

Orders of Knighthood, &c.

THE MILITARY CROSS—contd.

Bennett, Lt. E. L., *D.C.M.*, 5 Bn. R. Lanc. R.
Bennett, Lt. E. N. W., R.F.A. (T.F.)
✠ Bennett, Temp. Lt. E. P., Serv. Bns. Worc. R.
Bennett, Lt. E. R., S. Gds. Spec. Res.
Bennett, Hon. Lt. E. W. Bennett. Lt F. E., 3 Bn. Notts. & Derby R.
Bennett, Capt. F. L. P. G., *M.B.*, R.A.M.C.Spec.Res.
Bennett, Qr.-Mr. & Capt. G., 4 Bn. E. Lan. R.
Bennett, Temp. 2nd Lt. G., Serv. Bns. Wilts. R.
Bennett, Lt. G. G. M., 4 Bn. R. Ir Rif.
Bennett, Temp. Serjt.-Maj. H., 22 Bn. Manch R.
Bennett, Lt. H. B., 5 Bn. R. Lanc. R.
Bennett, Temp. Lt. H. E., 5 Bn. Cam'n Highrs.
Bennett, Capt. H. G., 4 Bn. Oxf. & Bucks. L I.
Bennett, Lt. H.J.,N.Lan.R.
Bennett, Lt. H. S., *late* Serv. Bns. K.R. Rif. C.
Bennett, Temp. Capt. J., R.F.A.
Bennett, Lt. J., *D.S.O.*, 9 Bn. High. L.I.
Bennett, Capt. J. G., *M.B.*, R.A.M.C. Spec. Res.
Bennett, Lt. J. M., Can. Local Forces.
Bennett, Temp. Lt.J.T.M., Serv. Bns. R. Innis. Fus.
Bennett, Lt. J. W., *late* Serv. Bns. Lan. Fus.
Bennett, Temp. Lt. J. W., Serv. Bns. Manch. R.
Bennett, Temp. Lt. L. D., 14 Bn. Lond. R.
Bennett, Bt. Maj. N.C., *O.B.E.*, Arg. & Suth'd Highrs.
Bennett, Temp. Capt. P. L. T., R A.M.C.
Bennett,Capt.R.,R.E.Spec. Res.
Bennett, Serjt.-Maj. R., C'wealth Mil. Forces.
✝Bennett, Temp. Lt. R. E., R.F.A.
Bennett, Bt. Maj. R. H. E., Som. L.I.
Bennett, Temp. Capt. Stewart G., R.E.
Bennett, Sergt.-Maj. S. J., 1 Cent. Ont. Regt.
Bennett,Lt.T.,North'd Fus.
✝Bennett, Lt. V., Norf. R.
Bennett,Temp.Lt.W., R.E.
Bennett, Capt. W. G., *late* R.F.A. Spec. Res.
Bennett, Lt. W. J., R.F.A. Spec. Res.
Bennett, Temp. Lt. W. J., of Off., Ind. Army.
Bennett, Lt. W.R.M., Res. of Off., Ind. Army.
Bennett, Lt. W. S., Aust. Imp. Force.
Bennetts, Lt. C. A., Aust. Imp. Force.

Bennetts, Lt. M., Welch R
Bennie, Lt. D., Sco. Horse Yeo.
Bennie, 2nd Lt. P., R.F.A. Spec. Res.
Benson, Temp. Lt. E. W., Serv. Bns. Bedf. & Herts. R.
Benson, Lt. F. R., Shrops.
Benson,Capt.G.F.,*late* R.E.
Benson, Capt. J. I., Shrops. Yeo.
Benson, Temp. Lt. J. S., 9 Bn. R. Fus
Benson, Lt. J. W. H., Ind. Army Res. of Off.
Benson, Capt. R. C., W. Rid. Brig. R.F.A.
Benson, Capt. R. L., *D.S.O.*, 9 Lrs.
Benson, Lt. T. N., 5 Bn. Glouc. R.
Benstead, Lt. C. G., 8 Bn. Lond. R.
Benstead, Lt. C. R., R. G.A. Spec. Res.
Bensted, Capt. H. J., R.A.M.C.
Bent, Lt. H. K. R., *late* R.F.A. Spec. Res.
Bent, Lt. P. S, R.G.A., Spec. Res.
Bentinck, Lt. G. A., 9 Bn. R. Scots.
Bentley, Lt. A., 4 Bn. Norf. R.
Bentley, Temp. 2nd Lt. A. E., M.G. Corps.
✝Bentley,Temp. Capt. A.J., 8 Bn. Bord. R.
Bentley, Lt. A. W., R.F.A. Spec Res.
Bentley, Temp. Lt.F.,M.G. Corps.
✝Bentley, Temp. Capt. G. W. H., 8 Bn. E. Lan. R.
Bentley, Temp. Lt. J. L. B., R.F.A.
Bentley, Lt. M. E., R.G.A. Spec. Res.
✝✝✝Bentley,Capt. P., 5 Bn. Yorks. L.I.
Bentley, Temp. Maj. P.H., Tank Corps.
✝Bentley, Temp. Lt. T. F., R.E. (Temp. Lt. R.F.A.)
Bentley, Temp. Lt. W. G., N Staff. R. (attd.)
Benton, Lt. F. C., 6 Bn. Manch. R.
Benton, Capt. I., *late* R.A.
✝Benton, Lt. N. M., R.F.A. Spec. Res.
Benton, Capt. W. B., 105 Lt. Inf.
Bentwich, Temp. Lt. N. de M., *O.B.E.*, R.A.S.C.
Benwell, Lt. H. A., 22 Bn. Lond. R.
Benyon,Capt.H. S., *D.S.O.*, North'n Yeo.
Benzecry, Temp. Lt. A., M.G. Corps.
Benzie, 2nd Lt. A., 14 Bn. Lond. R.
Benzimra, Temp. Lt F. J., Serv Bns Dorset. R.
Beresford, Capt. G.de la P., *late* R.E.
Beresford,Capt. G. de la P., 10 Lrs.

Beresford,Temp.Lt.W. M., R.E.
Beresford, Capt. W. R. De La P., Aust. Imp. Force.
Berger, Lt. C. C., 3 Bn. R.W. Kent R.
Berger, Lt. S. J. D., 8 Bn. No.15, & Derby. R.
Berghoff, Lt. H., Serv. Bns. York. R.
Bergin, 2nd Lt. C. J., 3 Bn. R Dub. Fus.
Berkeley, Capt. F. G. J., Hamps. R.
Berkeley, *Rev.* H. P., Hon. Chapl. to the Forces, 3rd Class.
Berkeley. *Rev.* O. J., Hon. Chapl. to the Forces, 4th Class.
Berkeley. Lt. R. C., 5 Bn. Rif. Brig.
Berlandina, Temp. Capt. H. H., *O.B.E.* R.E.
Berliner, Lt. A., R.G.A. Spec. Res.
Berliner, Lt. P. B., 7 Bn. Lond. R.
Bernard, Lt.-Col. A. E., Res. of Off.
Bernard, Capt. C. A., R.A.M.C.
Bernard, Temp. Lt. O. P., *O.B.E.*, R.E.
Bernard, Capt. R. P. St. V., *D.S.O.*, 6 Gurkha Rif. (I.)
Bernays, Lt. G. V., 5 Bn. W. Rid. R.
Bernays, Lt. J.S.N., Leic.R.
Berne, H. C., *late* Lt. Leins. R.
✝Berner, Capt. A., W. Ont. Regt.
Berney, Capt. *Sir* T. R., *Bt.*, 4 Bn. Norf. R.
Berney-Ficklin,Capt.A. T. McI., *late* Serv. Bns. York. R.
Berney-Ficklin, Lt. H. P., M., Norf R.
Berra, Temp. Lt. N. E., M.G. Corps.
Berrange, Temp. Capt. E. B. B., 10 Bn. R.W. Surr.R.
Berrett, Temp. Lt. L. G., Serv. Bns. Rif. Brig.
✝✝Berridge, Temp. Capt. F. R., *D.S.O.*, 7Bn.North'n R.
Berridge, Lt. G. A. O., R.F.A. Spec. Res.
Berriman, 2nd Lt. F. P., C'wealth Mil. Forces.
Berrisford, Temp. Maj. E.A., R.E.
Berry, Capt. D. W., *M.B.*, R.A.M.C. (T F.)
Berry, 2nd Lt. G. C., 4 Bn. Essex R.
Berry, 2nd Lt. G. E., Brecknock Bn.,S.Wales Bord.
Berry, Lt. J. H., R.F.A. (T.F.)
✝Berry, Lt. T. W., R.F.A Spec. Res.
Berryman, Lt. E. J.,*D.C.M.*, ret. pay.
Berryman, Lt. W.O., 12 Lrs.

Bertie, Temp. Maj. *Hon.* A. M., *D.S.O.*, 11 Bn. Rif. Brig.
Bertie, Temp. Lt. A. W., R.F.A.
Besant, Lt. T. L., 3 Bn. R. War. R.
Besch, Lt. R. C. F., 28 Bn. Lond. R.
Bessant, Lt. J. A., R.E.
✝Bessell, Capt. J., *late* Dorset. R.
Best, Temp. Capt. A. F., Bns, Manch R.
Best, Temp. Lt. D.A., Serv. Bns. R.
Best, Lt E., R.E. (T.F.)
Best, Lt. G. B.,11 Bn.Lond. R.
Best, Temp. Capt. J., 1 Garr. Bn. Yorks. L.I.
Best, Capt. J. A., R.A.S.C. (T.F.)
Best, *Rev.* J. K., Chapl. to the Forces, 4th Class (T.F.)
Best, Lt. L. W. H., R.E. (T.F.)
Beswick, Lt. A. H., 3 Bn. E. Kent R.
✝Beswick, Temp. Maj. R. K., Serv. Bns. Lan. Fus.
Bethell, Maj. A. P. L., *late* Serv. Bns. Gord. Highrs.
✝Bethell, Temp. Lt. D. J. S. Gds.
Bethell, Lt. L. W., *late* R.F.A. Spec. Res.
Bethune, Lt. H. W., C'wealth Mil. Forces.
Bettany, Lt. A. E., Serv. Bns. N. Staff R.
Bettington,Lt. J.B.,Shrops. L I
Bettinson, Temp. 2nd Lt. H. R., M.G. Corps.
Betts, Batt. Serjt.-Maj. E. H., R.G.A.
Betts, Co. Serjt.-Maj. H., *D.C.M.*, Camb. R.
Betts, Temp. Capt. J. V., R.E.
Betts, Lt. R. N., 7 Bn. L'pool R.
Betty, Lt G. MacM., 3 Bn. Bedf. & Herts. R.
Bevan, Lt. E. C., R.F.A. Spec. Res.
Bevan, Lt. G., *late* 3 Bn. Welsh R.
Bevan, Capt.J.H.,Herts R. (T.F.)
Bevan, Lt. J. M., R.F.A. (T.F.)
Bevan, Temp. Capt. O. C., R.E.
Bevan, Lt. T. P. M., G. Gds. Spec. Res.
Bevan,Temp. 2nd Lt.W.G., Serv. Bns. R. War. R.
Bevan, Lt. W. V., Aust. Imp. Force.
Beveridge, Capt. A. J., *M.B.,* R.A.M.C
Beveridge,Capt.G., R.F.A., Spec. Res.
Beveridge, Capt. J. K., Can. Local Forces.
Beveridge, Lt. J. P., 7 Bn. R. Highrs.

✝ Also awarded Bar to Military Cross.   ✝✝ Also awarded 2nd Bar to Military Cross.
✝✝✝ Also awarded 3rd Bar to Military Cross.

Orders of Knighthood, &c.

THE MILITARY CROSS—contd.

Beveridge, Lt. W. W., Quebec Regt.
Beverland, Capt. J.H., M.B., R.A.M.C. Spec. Res.
Beverley, Lt. F., late R.G.A. Spec. Res.
Beverley, Temp. Capt. R., D.S.O., S. Afr. Def. Corps.
Beves, Capt. T. H., Bord. R.
Bevington, Lt. C., 4 Bn. Welch R.
Bevington, Maj. H. V., T.F. Res.
Bevis, Capt. S. W., late R.F.A.
Bewicke, Lt. C., O.B.E., S. Gds. Spec. Res.
Bewicke, Capt. W. P., ret.
Bewicke-Copley, Lt. R. G. W., K.R. Rif. C.
Bewley, Capt. B. J., R.G.A.
Bewsher, Capt. F.W., D.S.O., 5 Bn. Lond. R.
Beyers, Capt. G. A., S. Afr. Def. Corps.
Boynton, Temp 2nd Lt. T., Serv. Bns. R.W. Fus.
Beyts, Temp. Capt. C. F., Mach. Gun Corps.
Bhagat Singh, 2nd Lt. Ind Arm
Bhagwan Singh, Hon. Capt. *Sardar Bahadur*.
Bhatia, Temp. Capt. S. L., Ind. Med. Serv.
Bhikham Singh, Subadar, Ind. Army.
Bhim Sing Thapa, 2nd Lt. Ind. Army
Bibby, Qr.-Mr.-Serjt. H., Lan. Fus.
Bichan, Lt. W.T., R. Scots.
Bicker, Lt. A. W., R.A.
Bicker-Caarten, Lt. V. H., *late* Bedf. Yeo
Bickerdike, Temp. Lt. K. C., Serv. Bns. Wilts. R.
Bickers, Lt. G. H., R.F.A.
Bickerstaffe, Temp. 2nd Lt. T. S., M.G. Corps.
†Bickersteth, Lt. J. B., *late* Res. of Off.
Bickersteth, Rev. K. J. F., Temp. Chapl. to the Forces, 3rd Class.
Bicket Capt. T. B., *late* R.F.A. (T.F.)
Bickford, Lt. A., C'wealth Mil. For. es.
Bickford, Rev. F. P., Hon. Chapl. to the Forces, 3rd Class
Bickford-Smith, Temp. Capt. W. N. V., 4 Bn. S. Wales Bord.
Bicknell, Bt. Maj. A., 5 Bn. Glouc. R.
†Bicknell, Lt. C.G , R.A. R.G.A.
Bicknell, Temp. Capt.C.R., R.G.A.
Bicknell, Lt. R. A. W., G. Gds. Spec. Res.
†Biddle, Maj. E., *late* R.A.M.C.

Biddle. Co. Serjt.-Maj. W., D.C.M., M.M., Glouc. R.
Biddlecomb, Lt. S. C., R.F.A.
†Biddulph, Capt. A. J., O.B.E., ret.
Biddulph, Lt. F. J., R.E.
Biddulph, Lt. L. H., C'wealth Mil. Forces.
Biden, Temp. Lt. L. T. G. V., R. War. R. (Lt. R. War. R. Spec. Res.).
Biden, Capt. W. M., M.B., R.A.M.C. Spec. Res.
Bidwell, Temp. Lt. E., Serv. Bns. Rif. Brig.
†Biggam, Capt. J., M.B., R.A.M.C.
Biggar, Lt. C. L. P., *late* 12 Bn. Hamps. R.
Biggar, Lt. L. H., Quebec R.
Biggar, Lt. W. M., R.F.A. (T.F.)
Bigger, Temp. Capt. W.K., R.A.M.C.
Biggs, Temp. Capt. A. C. B., *late* R.A.M.C.
Biggs, Temp. Maj. C. W., 19 Bn. L'pool R.
Biggs, Lt. J. C., 5 Lrs.
Biggs, Capt. K., R.A.M.C. Spec. Res.
Biggs, Lt. M. C., N. Som. Yeo.
Bignell, Capt. G. N., 29 Punjabis.
Bigwood, Capt. M.S., 7 Bn. Worc. R.
Bigwood, Temp. Lt W.
Biles, Lt. A.W., R.E.(T.F.)
Biles, Capt. C. L., C'wealth Mil. Forces.
Bilham, Lt. D. G. R., 7 Bn. W. Rid. R.
Bilham, 2nd Lt. E. A. J., R.E. (T.F.)
Billington, Temp. Lt. E., Serv. Bns. Ches. R.
Billman, Capt. E. S., Can. Local Forces.
Billyard-Leake, Lt.C.R., h.p.
Bilney, Lt. A. A. H., *late* R.A.S.C.
Bilsborough, 2nd Lt. H. J., 4 Bn. W. York. R.
Bilsland, Capt. A. S., 8 Bn. Sco. Rif.
Bilson, Lt. A. O., C'wealth Mil. Forces.
Bilson, Temp. Lt. C. F., R.E.
Binder, Lt. C. H. L., C'wealth Mil. Forces.
Bindloss, Capt. E. H., *late* R.F.A.
Binet, Temp.2nd Lt. R. O., Serv. Bns. Rif. Brig.
Binge, Capt. J. W., *late* Serv. Bn. D. of Corn. L.I.
Bingham, Temp. Lt. E. G., 9 Bn. York. R.
Bingham, Hon. Lt. E. G., Ind. Army.
Bingham Lt. E. S., R.W. Surr. R.
Bingham, Maj. G., T.F. Res.

Bingham, Lt. *Lord* G. C. P., C. Gds.
Bingham, Lt. G. E., Aust. Imp. Force.
Bingham, Lt. R. H., R.F.A.
†Bingham, Maj. W. J., Alberta Regt.
†Bigham-Hall. Temp. Lt. V. B., Serv.Bns Glouc.R.
Bingle, Capt. T., 2 Cent. Ont. Regt.
Bingley, Temp. Capt. S. N., R.F.A.
Binney, Lt. E. A., R.F.A. (T.F.)
†Binnie, Temp. Maj. W. B., 9 Bn. R. Highrs.
Binns, Capt. A. L., 5 Bn. Linc. R.
Binns, Capt. P., C'wealth Mil. Forces.
Binns, Capt. P. C., *late* 12 Bn. Yorks L.I.
Binns, Capt. P. V., Can Eng.
Binns, Temp. Lt. R. E., R.E.
Binns, Capt. W. J., Aust. Imp. Force.
Birbeck, Lt. E. G., N. Staff. R.
Birbeck, Lt. L. S., 5 Bn. W. York. R.
Birch, Temp. Lt. A. H., R.A.
Birch, Lt. A. W. F. C., Res. of Off.
Birch, Temp 2nd Lt. D. R., Tank Corps.
Birch, Lt. H. T., R.A.
Birch, Maj. J. B., C'wealth Mil. Forces.
Birch, Rev. O.W. ,*late* Temp. Chapl. to the Forces, 4th Class.
Birch, Temp. Lt. P. V., R. War. R.
Birch, Lt. W. R., *late* 1 Dns. Spec Res.
Birch, Capt.W.S.,R.A.M.C.
Birch-Jones, Capt. A. F., 5 Bn. Worc. R.
Birchanan Lt. B. O., 3 Bn. Hamps. R.
Bircham, Lt. H. T., 6 Bn. Durh. L.I.
Birchall, 2nd Lt. A. H., 7 Bn. Durh. L.I.
Bird, Lt. A. E., 7 Bn. Sco. Rif.
Bird, Lt. B. R., C'wealth Mil. Forces.
Bird, Temp. Capt. C. B., Serv. Bns. K.O. Sco. Bord.
Bird, Maj. C. St. J., *late* R.E.
Bird, Lt. D., R.A.
Bird, Capt. D. G., 8 Bn. Lan. Fus.
Bird, Lt. E. L., 4 Bn. Glouc. R.
Bird, Lt. E. T., 21 Bn. Lond. R.
Bird, Capt. F. G., Can Eng.
Bird, Capt. G. A., M.B. *late* R.A.M.C.
Bird, Maj G. F., M.B., *late* R.A.M.C.

Bird, Temp. Lt. G. S., R.A.S.C.
Bird, Lt. H. D., Serv. Bns. R. Fus.
Bird, Lt. L. A., R.F.A. Spec. Res.
Bird, Temp. Lt. L. W.
Bird, Lt. O., W. Gds. Spec. Res.
Bird, Capt. P. C., 5 Bn. Gord. Highrs.
Bird, Lt. W. H., N. Staff. R.
Birds, Maj. S. B., D.S.O., Can. Local Forces.
Birdwood, Lt. H. B., Midd'x R.
Birger, 2nd Lt. J E., 6 Bn. Midd'x R.
Birkbeck, Capt. B., D.S.O., C. Gds. Spec. Res.
Birkbeck, Maj.H. A., Norf. Yeo.
Birkbeck, Capt. R. I. V., Rif. Brig.
Birkett, Lt. C. E., *late* 3 Bn. Mon R.
Birkett, Lt. C. E. W., K.R. Rif. C.
Birkett, Capt. G. E., *late* R.A.M.C. Spec. Res.
Birkett, Temp. Lt. H., Mach. Gun Corps.
Birkett, Lt. L. H., Can. Eng.
Birkin, Lt. W. N., Ind. Army.
Birley, Capt. N. P., D.S.O., 3 Bn. S. Staff. R.
Birley, Temp. Capt. O. H. J.
Birnie, G. A., M.B., *late* Temp. Capt. R.A.M.C.
Birnie, Maj. R. K., M.B., R.A.M.C.
Birnie, Lt. W., 5 Bn. Sea. Highrs.
Birrell, Temp Lt H., R.E.
Birrell, Lt. S. H., C'wealth Mil. Force.
Birrell, Lt. W., E. Kent R.
Birrie, Temp. 2nd Lt. E. D'A., 8 Bn. Bord. R.
Bir Singh, Subadar Ind. Army.
Bir Singh, Subadar, 15 Sikhs.
Birt, Maj. V. S., T.F. Res.
Birtles, Lt. E. G., 5 Bn. E. Surr. R.
Birtles,Temp. Capt.G.B.P. R.E.
Birtles, Temp. Lt. J. C., M.G. Corps.
Birtwistle, Lt. A. E., R.F.A. (T.F.)
Bischoff, Capt. T. H., *late* R.F.A. Spec. Res.
Biscomb, Lt. J. W., R.E. (T.F.)
Bisdee, Capt. T. E., D.S.O., D. of Corn. L.I.
Bishop, Temp. Lt. A. H R.E.

† Also awarded Bar to Military Cross.

Orders of Knighthood, &c.

THE MILITARY CROSS—*contd.*

Bishop, Capt. C. B. J., R.A.
Bishop, Lt. C. V., Can. Fd. Art.
Bishop, 2nd Lt. E. L., 6 Bn. Worc. R.
Bishop, Lt. F. C., 14 Bn. Lond. R.
Bishop, Temp. Lt. G., R.E.
Bishop, Lt. L. E., 7 Bn. Lond. R.
Bishop, Capt. P. D., late Gen. List
Bishop, Capt. P. S., Res. of Offr.
Bishop, Lt. T., Glouc. R. ret.
Bishop, 2nd Lt. W., R.F.A. (T.F.)
V⊂Bishop, Capt. W. A., D.S.O., Can. Local Forces.
Bishop, 2nd Lt. A. E., R.F.A. (T.F.)
Bisset, Capt. A. G., M.B., late R.A.M.C.
Bisset, Lt. E., 5 Bn. North'd Fus.
Bisset, Maj. W., late High. Divl. R.E.
Bisset, Capt. W., M.B., R.A.M.C.
Bissett, Capt. D. A., Sask. Regt.
Bissett, Bt. Maj. F. W. L., D.S.O., D. of Corn. L.I.
Bittles, Temp. Capt. L. F., Serv. Bns. Essex R.
Bizley, Capt. W. F., late Serv. Bns. R. Berks. R.
Black, Lt. A., 2 Cent. Ont. Regt.
Black, Lt. A. G., 4 Bn. Linc. R.
Black, Capt. A. W., 7 Bn E. Ont. Regt.
†Black, Temp. Maj. C. K., 7 Bn. E. Kent R.
†Black, Capt. C.S.P., M.B., 2 Low. Fd. Amb., R.A.M.C. (T.F.)
Black, Lt. D., D.C.M., 5 Bn. W. Rid. R.
Black, Lt. D. V., E. York. R.
Black, Lt. F. G., 5 Bn. Midd'x R.
Black, Lt. H. A., W. Ont. Regt.
Black, Lt. J., I. Gds. Spec. Res.
Black, Temp. Lt. J. A., Tank Corps
Black, Lt. J. McK., late Serv. Bns. High. L.I.
Black, Lt. J. B., Sask. R.
†Black, Lt. J. R., R. Scots.
Black, Lt. J. R., 5 Bn. Sea. Highrs.
Black, Lt. L. G., 1 Quebec R.
Black, N., M.B., late Temp. Capt. R.A.M.C.
Black, Capt. N. D., Can. A.M.C.
Black, Lt. R., C'wealth Mil. Forces.
Black, Lt. R. J., N.Z. Mil. Forces.
Black, Lt. R. P., R.G.A. Spec. Res.
Black, Temp. Lt. W., 7 Bn. Cam'n Highrs.
Black, Temp. Capt. W. C.
G.
†Black, Lt. W. I., 4 Bn. R. Dub. Fus.
Blackadder, Lt. R. J., R.G.A. (T.F.)
Blackader, Lt. K. G., Quebec Regt.
Blackborow, Lt. B. A., R.F.A. Spec. Res.
†Blackburn, Lt. C. A., R.G.A. Spec. Res.
Blackburn, Capt. C. H. (ret. pay)
Blackburn, Temp. Maj. E. D., D.S.O., Tank Corps.
Blackburn, Capt. J. C., D.S.O., W. York R.
Blackburn, Capt. J. H., M.B., R.A.M.C. (T.F.)
Blackburn, Capt. J. H. J., 6 D.G.
Blackburn, Lt. T., 3 Bn. Ches. R.
†Blackburn, Temp. Maj. W. H., R.E.
Blackburne, G. M. I., late 5 Bn. Worc. R.
Blackburne, Rev. H. W., D.S.O., M.A., Chaplain to the Forces (2nd Class).
Blacker, Lt. C. P., G. Gds., Spec. Res.
Blacker, Capt. N. V., D.S.O., E. York R.
Blacker, Capt. W. F., 36 Horse.
Blackett, Temp. Capt. G. H., Serv. Bns. North'd Fus.
Blackett, Capt. G. R., N.Z. Mil. Forces.
Blackett, Lt. L. A., 6 Bn. K.R. Rif. C.
††Blackey, Lt. J. A., R.F.A. Spec. Res.
Blackford, Temp. Lt. F.W. E., 7 Bn. Shrops. L.I.
Blackhurst, Lt. S., 7 Bn. Lond. R.
Blackie, Lt. W., 5 Bn High. L.I.
Blacklaws, Lt. C. G., 5 Bn. Gord. Highrs.
†Blackledge, Capt. G. G., 6 Bn. L'pool R.
Blackledge, Temp. Capt. R. D., 14 Bn. High. L.I.
Blackley, Lt. F., R. Wilts. Yeo.
Blackley, Temp. Lt. W. M.M., Serv. Bns. High. L.I.
Blackman, Lt. J. R., C'wealth Mil. Forces.
Blackman, Capt. L. A., Aust. Imp. Force.
Blackman, 2nd Lt. M. G. L., Hereford R.
Blackmore, Temp. Lt. C. W. P., R.F.A.
Blackmore, 2nd Lt. F. W., Bucks. Bn. Oxf. & Bucks. L.I.
Blackton, Lt. W. R., 4 Bn Liec. R.
Blackwell, Lt. D., 14 Bn. Lond. R.
Blackwell, Lt. F. V., 4 Bn. W. Rid. R.
Blackwell, Co. Serjt.-Maj. J., R. War. R.
†Blackwell, Lt. J. H., 4 Bn. Bedf. & Herts. R.
Blackwell, Capt. L., 8.Afr. Def. Force.
Blackwood, Rev. D. B., M.A., Chapl. 4th Class, Aust. Imp. Force.
Blackwood, Temp. Lt. G. G., 8 Bn. Sea. Highrs.
Blackwood, Bt. Maj. H. F., York. R.
Blackwood, Capt. R. C., 3 Bn. R. Scots.
Blackwood, 2nd. Lt. W. T., 8 Bn. R. Scots.
Bladen, Lt. G. W., M.M., late E. York. R.
Bladen, Lt. W. N., 5 Bn. N. Staff. R.
Blagden, Temp. Lt. A. B., Serv. Bns. Linc. R.
†Blagrove, Lt. P., R.F.A. Spec. Res.
Blain, Capt. T. R., Lan. Fus.
Blain, Lt. W. N., late Gen. List.
Blaine, Capt. G., 3 Bn. Som. L.I.
Blainey, Capt. A. R., R.F.A.
Blair, Lt. A. E., 3 Bn. R. Highrs.
Blair, Temp. 2nd Lt. A. N., Lan. Fus.
Blair, Lt. A., 7 Bn Cam'n Highrs.
Blair, Lt. A. W., 7 Bn. High. L.I.
Blair, Lt. C., Can. M.G. Corps.
Blair, Lt. D., R.F.A. Spec. Res.
Blair, Rev. D., Temp. Chapl. to the Forces (4th Class).
Blair, Lt. G. N., North'd Fus.
Blair, Capt. J. H., Can. A.M.C.
Blair, Lt. T., R.G.A. (T.F.) & Suth'd Highrs.
Blair, Lt. W. R., 7 Bn. Arg'y & Suth'd Highrs.
Blais, Lt. E. O., Quebec R.
†Blake, Lt.-Col. A. J., late R.A.M.C.
Blake, Capt. C. E., late 3 Bn. North'd R.
Blake, Capt. D. J., R.F.A. (T.F.)
Blake, Lt. G., 1 Cent. Ont. Regt.
Blake, Capt. G. H., R.A.S.C. (T.F.)
Blake, Lt G. S., R.F.A. (T.F.)
Blake, Capt. H. A., Can. Local Forces.
Blake, L., M.B., late Capt. R.A.M.C.
Blake, Lt. L. L., late R. E.
Blake, Lt. L. W., C'wealth Mil. Forces.
Blake, Capt. R. H., R.E. (T.F.)
†Blake, Temp. Lt. S. G., Serv. Bns. Glouc. R.
Blake, Capt. T.R.H., M.B., late R.A.M.C.
Blake, Lt. W. H., Aust. Imp. Force.
Blake, Lt W. M., Aust. Imp. Force.
Blakeborough, Temp. Lt. J. F., 3 Res. Regt. of Cav.
Blakeley, Lt. T. S., 5 Bn. R. Lanc. R.
Blakemore, Temp. 2nd Lt. E. J., Serv. Bns. R. War. R.
Blakeney, Capt. H. E. H., R. Suss. R.
Blakeney, Lt. H. W., R.E.
Blaker, Temp. 2nd Lt. C., Serv. Bns. R. Suss. R.
Blaker, Lt. E., H., R.A.
Blaker, Temp. Lt. H. R., Tank Corps.
Blaker, Lt. R. N. R., late 6 Bn. Rif. B.ig.
Blakesley, Temp. Capt. G. F., R.E.
†Blakey, Lt. E. V., 4 Bn. W. Rid. R.
Blakey, Lt. J. F., 9 Bn. Durh. L.I.
†Blakey, Lt. S. H., 24 Bn. Lond. R.
Blakiston, Temp. Lt. A. F., R.F.A.
Blaksley, Lt. J. H., Dorset Yeo.
†Blamey Capt. K. T., 8 Bn. Lan. Fus.
Blanch, Temp. Lt. A.T.H., R.E.
Blanchard, Lt. H. C. A., 21 Bn. Lond. R.
Bland, Lt. A. J. T., late R.F.A. Spec. Res.
Bland, Temp. Lt. E. M.
Bland, Lt. G. H., Ind. Army.
Bland, Lt. J., 3 Bn. Ches.R.
Bland, Lt. J. C., late Res. of Off.
Bland, Temp. 2nd Lt. R., Serv Bns. North'n R.
Bland, Maj. V. S., T.F. Res. Gds.
Bland, Serjt.-Maj. W., W. Gds.
Blandy, Lt. O. R., 2 Cent. Ont. Regt.
†Blandy, Capt. R., 9 Gurkha Rif.
Blanford, 2nd Lt. A. W., Ind. Army Res. of Off.
Blanford, Maj. P. T., 84 Punjabis.
Blanksby, Lt. W. J., Derby Yeo.
Blashki, E. P., M.B., late Temp. Capt. R.A.M.C.
Blatherwick, Lt.-Col. T., D.S.O., 6 Bn. Manch. R.
Blayney, Capt. O. G., 6 Bn. North'd Fus.
Bleach, Lt. H. A., R.F.A.
Bleaden, Capt. C. L., late Serv. Bns. Durh. L.I.

† Also awarded Bar to Military Cross.

Orders of Knighthood, &c.

THE MILITARY CROSS—contd.

†Bleakley, Maj. A. D., late Serv. Bns. Manch. R.
Bleakley, Serjt.-Maj. G., R. Innis. Fus.
Blench, Lt. H. C., R.G.A. Spec. Res.
Blencowe, Capt. A. J. W., Lan. Fus.
Blenkarn, Lt. F. J., C'wealth Mil. Forces
Blenkin, Temp. Lt. J. N., 12 Bn. Yorks L.I
Blenkinsop, Temp. Lt. W., Serv. Bns. North'd Fus.
Blennerhassett, Lt. G. N., 4 Bn. R. Ir. Fus.
Bletcher, Lt. T., 10 Bn. Manch. R.
Bletsoe, Lt. T. H., late R.F.A. Spec. Res.
Blewitt, Bt. Maj. G., D.S.O., Oxf. & Bucks. L.I , p s.c.
Blezard, Capt. W., ret. pay.
Blincowe, Temp. 2nd Lt. F. W., Serv. Bns. E. Surr. R.
Bliss, Capt. M. F., late R.A.M.C.
Bliss, Lt. T. S., M.B.E., R.E. (T.F.)
Block, 2nd Lt. P. H., 3 Bn. Glouc. R.
†Blofeld, Lt. R. M., 22 Bn. Lond. R.
Blomenstock, Temp. Lt. L. M., R.A.
Blomfield, Temp. Lt. A. J., Serv. Bns. R. Fus.
Blomfield, Capt. C. J., C'wealth Mil. Forces.
Blomfield, Lt. E. H. N., Mil. Forces.
Blomfield, Lt. R. H., C'wealth Mil. Forces.
Blond, Co. Serjt.-Maj. P. T., Worc. R.
Blood, Capt. W. E. B., R.E.
Bloom, Capt. A., M.D., late R.A.M.C.
Bloomer, Temp. Lt. G. H., Serv. Bns. Rif. Brig.
Bloomer, Lt. H. S., 6 Bn. Manch. R.
Bloomfield, Maj. A., late Devon R.
Bloor, Temp. Lt. A. N., Serv. Bns. Leic. R.
Bloor, Capt. F. R., M.B.E. R.A.O.C.
Bloor, Lt. J., M.M., 6 Bn. Notts. & Derby R.
Bloor, Temp. Lt. R. P., R.F.A.
Blore, Temp. 2nd Lt. D., Serv. Bns. Lan. Fus.
Blore, Capt. W. R., M.B., R.A.M.C. Spec. Res.
Blount, Capt. C. H. B., R.W. Surr. R.
Blow, Temp. Maj. J. E., R.E.
Blow, Lt. S.G., 1 Bn. Mon. R.
Blow, Capt. W. L., late Serv. Bns. York. R.
Blowen, Temp. Capt. F. E. V., Serv. Bns. Ches. R.

Blowers, Temp. Lt. A. H., Tank Corps.
†Bloxam, Rev. J. F., Hon. Chapl. to the Forces, 3rd Class
Bloxham, Temp. Capt. V. W., Serv. Bns. S. Wales Bord.
Bloye, Lt. W., R.G.A. Spec. Res.
††Bluck, Capt. T., late R.W. Fus.
Bluett, Lt. D., Hon. Art. Co.
†Bluett, Hon. Capt. R.P.N. B., late R.A.M.C.
Blumer, Capt. G. A., Aust. Imp. Force.
Blundell, Lt. D. R., 20 Bn. Lond. R.
Blundell, Lt. L., R.G.A. Spec. Res.
Blundell, Lt. T. H., late M G. Corps.
Blundell, Lt. V. R., R.F.A. Spec. Res.
Blunden, Temp. Lt. E. C., 11 Bn. R. Suss. R.
Blunt, Capt. W. S., R.E.
Blyde, Lt. H. C., Berks. Yeo.
Blyth, Capt. A. C., 5 Bn. Norf. R.
Blyth, Lt. B. O., late R.A.S.C.
Blyth, Temp. Lt. D, R.F.A.
†Blyth, Lt. S., 3 Bn. R. Scots.
Blythe, Maj. W. A., late R.A.
Boag, Temp. Lt. J., 6 Bn. R. Sc. Fus.
Boag, Capt. J. H., M.B., R.A.M.C.
Board, Lt. A. V., D.S.O., 3 Bn. Essex R.
†Boardman, Lt. H., D.S.O. L'pool R.
Boase, Lt. L. C., C'wealth Mil. Forces.
Boase, Temp. Lt. T. S. R., Serv. Bns. Oxf. & Bucks. L.I.
Boast, Lt. C. E., Northb'n Divl. R.E.
Boast, Qr.-Mr. & Maj. S. I., D.C.M., S. Lan. R.
Boatswain, Temp. 2nd Lt. A., R.A.S.C.
Bobby, Temp. Lt. P. A., Serv. Bns. Oxf. & Bucks. L.I.
†Boccard, Capt. C. A., C'wealth Mil. Forces.
Bock, Lt. A. A., C'wealth Mil. Forces.
Boddam, Temp. Lt. P., E.T.C., C'wealth Mil. Forces.
Boddam-Whetham, Maj. S. A., D.S.O., R.F.A.
Boden, Capt. A. P., Res. of Off.
†Boden, Lt. J. B., R.F.A., (T.F.)
Boden, Temp. 2nd Lt. R.G. Serv. Bns. Lan. Fus.

†Boden, Capt. T. L., late Midd'x R.
†Bodington, Lt. J. R., D.S.O., 5 Bn Lan. Fus.
Bodley, Capt. A. L., R.A.M.C. (T.F.)
Bodley, Capt. J. R. C., 6 Bn. K.R. Rif. C.
Bodley, Capt. R. V. C., K.R Rif. C. [l].
†Body, Lt. M. M. I., R.F.A. Spec. Res.
Body, Capt., R. S., ret. pay.
Boehm, Lt. W. R., 1 Cent. Ont. Regt.
Boger, Temp. Lt. E., 11 Bn. D. of Corn. L.I.
Bogle, Capt. J. M. L., R.E. (T.F.)
Boilard, 3rd Class Asst. Surg. E. H., Ind. Sub Med. Dept.
Boileau, Temp. Lt. C. M., Ind. Army.
Bois, Bt. Lt.-Col. J., D.S.O., R. Lanc. R.
Boissier, Temp. Capt. G.D., 7 Bn. Oxf. & Bucks. L.I.
Bolam, Temp. Lt. T., R.E.
Bolam, Temp. Lt. W., Serv. Bns. North'd Fus.
†Boland, Lt. W., C'wealth Mil. Forces.
Bold, Lt. A. L. D., 7 Bn. Lond. R.
Bold, Rev. J. M., Temp Chapl. to the Forces (3rd Class.
Boldero, Temp. Lt. W. G., M. G. Corps.
Bolingbroke, Temp. Capt. R. C., 8 Bn. Suff. R.
Bollam, Temp. Maj. C., R.E.
Bolland, Serjt.-Maj. A, late R.A.M.C.
Bolland, Temp. Lt. L. G. S., 1 Garr. Bn. Gord. Highrs.
Bolland, Capt. P. D., late 3 Bn. Welsh R.
Bollington, Temp. Capt. J., 7 Bn. N. Staff. R.
Bolsover, Capt. G., R.G.A Spec. Res.
Bolton, Capt. A. C., R. Sc. Fus.
Bolton, Capt. C. L., R.A.
Bolton, Temp. Capt. C.O., 12 Bn. R. Suss. R.
Bolton, Lt. E. J., 3 Bn. Dorset R.
Bolton, Temp. 2nd Lt. F., Serv. Bn Lan. Fus.
Bolton, Lt. F. C., 3 Bn. Yorks. L.I.
Bolton, Lt.-Col. G. G. H., 5 Bn. E. Lan. R.

Bolton, Capt. J. G., Aust Imp. Force.
Bolton, Temp. Lt. L. G., M.G. Corps.
†Bolton, Temp. Capt. R., Serv. Bns. W. Rid. R.
Bolton, Lt. R. R., late R.F.A. Spec. Res.
Bomford, Lt. J. F., 8 Bn. Worc. R.
†Bomford, Capt. L. R., D.S.O., 8 Bn. Worc. R.
Bonar, Lt. A. J. M., Herts. Yeo.
Bonar, Lt. A. W. T., Sea. Highrs. (attd.) (2nd Lt. Sea. Highrs.)
Bonar, Lt. D.D.M., R.G.A. (T.F.)
Bonar, Lt. D. W., Aust. Imp. Force.
Bond, Rev. B. K., Chapl. to the Forces, 4th Class.
†Bond, Temp. Maj. B. W., Serv. Bns. Conn. Rang.
Bond, Lt. C. M., R. Sc. Fus.
Bond, Lt. E. FitzG., R.G.A. Spec. Res.
Bond, Temp. Lt. E. R. P., R.F.A.
Bond, Capt. G., C'wealth Mil. Forces.
Bond, Lt. G. A., 3 Co. of Lond. Yeo.
†Bond, Lt. G. D., 5 Bn. L'pool R.
Bond, Capt. G. F. D., D.S.O., Sask. Regt.
Bond, Temp. 2nd Lt. G. H., York & Lancs. R.
Bond, Lt. H., R.G.A., Spec. Res.
Bond, Temp. Lt. H. F., R.A.S.C.
Bond, Temp. 2nd Lt. H. G., 9 Bn. E. Kent R.
Bond, Capt. I. R. B., Suff. R.
Bond, Capt. K. H., Ind. Army
Bond, Temp. Capt. L. C., Tank Corps.
Bond, Lt. R. C. M., R.F.A. Spec. Res.
Bond, Capt. R. L., D.S.O., R.E.
Bond, Temp. 2nd Lt. S. H., A. Cyclist Corps.
Bond, Temp. Lt. S. S.
Bond, Lt. T. G., R.F.A. (T.F.)
†Bond, Co. Serjt.-Maj. T.J., R. Fus
Bond, Temp. Lt. W. H., 6 Bn. Som. L.I.
Bond, Lt. W. N., R.G.A. Spec. Res.
Bone, Maj. C. E., late R.F.A.
Bone, Lt. E. W., 6 Bn. R. Fus.
Bone, Capt. F. H., late 6 Bn. Wilts. R.
Bone, Temp. Lt. F. T. F., M.G. Corps.

† Also awarded Bar to Military Cross.   †† Also awarded 2nd Bar to Military Cross.

THE MILITARY CROSS—contd.

Bone, Capt. H , R.A.V.C.
Bone, Temp.Capt.W.D.M., 6 Bn. Linc. R.
Bone, Capt.W. S., C'wealth Mil. Forces.
Bones, Maj. S. R., Res. of Off.
Bonfield, Capt. J. P., Can. A.M.C.
Bongard, 2nd Lt.·A., N.Z. Mil. Forces.
Boniface, Temp. Lt. M., ·erv, Bns. Conn. Rang.
Bonn, Lt. A. G., Can Rly. Serv.
Bonn, Maj. W. B. L., D.S.O., Leic. Yeo.
Bonnar, Lt. M. C., *M.M.* Aust. Imp. Force.
Bonner, Lt. L. G., R.F.A.
Bonnin, Lt. G. M., R.F.A.
Bonnyman, Temp. Lt. J.
Bonsall, Co. Serjt -Maj. A., Ches. R.
Bonser, Co. Serjt.-Maj. A., Shrops. L.I.
Bonsor, Lt. G. L., *late* 6 Bn. W. York. R.
Bonsor, Lt. R. C., W. Gds. Spec. Res.
Bontor, Lt. A. A., R.F.A.
Boocock, Lt. W., W. Rid. R.
Booham, Capt. D. M., *M.B.*, *late* R.A.M.C.
Booker, Lt. W., N. Irish Horse.
Booker, Capt G W., Can. Eng.
Bookless, Lt. J.T., *late* 4Bn. Cam'n Highrs.
Bool, Lt. A. L., Aust. Imp. Forces.
Boon, Lt. E. G. F., R.G.A. Spec. Res.
Boon, Lt. H.F., 1 Bn. Lond. R.
Boord, Lt. O. L., R.F.A.
Boorman, Lt. D. S., 4 Bn. Lond. R.
Boosey, Capt. C. E., 1 Co. of Lond. Yeo.
Boot, Temp Lt. W. A., Serv. Bns. York R.
Boot Temp. Lt. W. R., R. Lanc. R.
Booth, Lt. A., 17 Bn. Lond. R
Booth, Temp. Lt. A., Serv Bn. Manch. R.
Booth, Mech. Serjt.-Maj. A. C., R.A.S.C.
Booth , Lt. A. J., R.G.A.
Booth, C. H., *late* Temp. Capt R.A.M.C.
Booth, Capt. C V., Bord. R
Booth, Lt. E. H., C'wealth Mil. Forces.
Booth, 2nd Lt. E. L., Serv. Bns. Worc. R.
Booth, Lt. E. W., S. Staff. R.
Booth, Capt. G. L, 7 Bn. W. York R.
Booth, Lt. H., 3 Hrs. Spec. Res.
Booth, Lt. H., 8 Bn. Lond. R.
Booth, Rev. J. J., C'wealth Mil. Forces.

Booth, Capt. N.G., C'wealth Mil. Forces.
Booth, Lt. S. P. B., 7 Bn. North'd Fus.
Booth, Capt. T., ret.
Booth, Lt. T. J., 6 Bn Lond. R.
Boothby, Capt. R. S., E. Lan. R.
Bootland, 2nd Lt. F. R., *late* 5 Bn. Manch. R.
Bootle-Wilbraham, Lt. A. G., R. Anglesey R.E.
Bootle-Wilbraham, Lt. L. C. Gds.
Borain, Temp. Capt. C. E. 11 Bn. K. R. Rif. Corps (Capt. S. Afr. Def. Force)
Boraston, Lt. C. A., Low. Divl. R.E.
Bordars, Lt. W. H., R.F.A.
Boreham, Serjt.-Maj. A.M., R, W. Fus.
Boret, Lt. J. A., *A.F.C.*, 4 Bn. R. W. Surr. R.
Borger, Lt. S. H. C., *late* Tank Corps.
Borns, Lt. G. W. M., R.E. (T.F.)
Borradaile, Capt. C. H. A., R.A.
Borradaile, Lt. L. D , *late* 20 Bn. Lond. R.
Borradale, Lt. J. F., 4 Bn North'd Fus.
Borrie, Temp. Lt. E. F., R.E.
Borrow, Temp. 2nd Lt. J. T., Tank Corps.
Borthwick, Lt. C. N., *late* R.F.A. Spec. Res.
†Borthwick, Temp. Capt E. K., *D.S.O.*
Borthwick, 2nd Lt. G., 9 Bn. R. Scots.
Borthwick, Lt. J. H., Aust. Imp Force
Borthwick, Lt.W. G., 5 Bn Sco. Rif.
Borwick, Lt. H. B., C'wealth Mil Forces.
Borwick, Temp. Lt. W. H., R.F.A.
Bosanquet, Lt. A. R., R. Lanc. R.
Boscawen, Lt.-Col. Hon. M. T., *D.S.O.*, Res. of Off.
Boshell, Qr.-Mr & Ca*p*t. F. S., *D.S.O*., R. Berks. R.
Boss, Capt. T. H., Ind. Army
Bossence, *Rev.* I. E., Chanl 4th Class, C'wealth Mil. Forces.
Bost, Capt. G. W., R.E.(T.F.)
Bostock, Lt. A., R.F.A., Spec. Res.
Bostock, 2nd Lt. A. S., 6 Bn. Essex R.
Bostock, Temp. Lt. F.E.H., R. A
Bostock, Hon. Capt. H. T., *late* 6 Bn. N. Staff. R.

Bostock. Lt. J. K., Res. o Offrr.
Bostock , Capt. L. C. Manch. R.
Bostock, Temp. Lt. M. G., Serv. Bns. Welsh R.
†Bostock, Maj. N. S., T. F Res.
Bosvile, Lt. T. J. B., Rif. Brig.
Boswell, Capt.H. E., *D.S.O.*,
Boswell, Capt. P. R., *late* R.A.M.C.
Bosworth. Temp Capt. L. O., *O.B.E.*
Rotha, Capt. C. T. L., E. Afr. Prote. Force.
Botha, Temp. Capt. L. (Capt E.Afr. Def.Force).
Bothwell, Lt.C.T., *late* R.A.
Bothwell, Lt. J. R., *late* M.G Corps.
†Bott, Lt. A. J., R.G.A. Spec. Res
Bott, Lt. N. A., *D.C.M., M.M.,* Suff. R.
Botterill, Temp. Lt. G. V., Tank Corps.
Botterill, Lt. W.R., R.F.A.
Botting, Capt. C. H. B., *late* 11 Bn. York R.
Bottomley, Lt. F., R.G.A. Spec. Res.
†Bottoms, Temp. Lt. 'G., 16 Bn. K.R. Rif. C.
Boucher, Lt. C. W. L., 20 Bn. Lond. R.
Boucher, Maj. H. E., *late* Lt. R.F.A. (T.F.)
Boucher, Capt, W.E., 7 Bn. Worc R.
Bouchier, *Rev.* A., Temp Chapl. to the Forces, 4th Class.
Bouchier, Lt. C. B., R. Muns. Fus.
Bouchier, Lt T. L., R.G.A. Spec. Res
Boughey, Lt. W. T., 5 Bn Midd'x R.
†Boughton, Temp. Lt. E. M. W., R.E.
Boughton, Lt. J., 3 Bn. North'd Fus.
Boulger, Temp. Regl. Serjt.-Maj. H. W., R.E.
Boulnois, Capt. P. K., R.E.
†Boult, Temp. 2nd Lt. P., Tanks Corps.
Boult, Lt. P. S., R.G.A. (T.F.)
Boult, Temp. Lt. P. T. O., Serv. Bns. R. Fus.
Boultbee, Temp. Lt. B. St. J.
Boulter, Temp. Capt. F. C., R.F.A.
Boulter. Temp. 2nd Lt. S., Tank Corps.
Boulton Lt. E. H. B., R.F.A. (T F.)
Boulton, Lt. S. E., 3 Bn. Man. R.
Boulton, Capt. S. W., R.G.A.(T.F.)
Boulton, Temp. Lt. T. C., M.G. Corps.

Boumphrey, Temp. Lt. D., M. G. Corps.
Bounds, Qr.-Mr & Capt. J. H., R.A.M.C. (T.F.)
Bourdas, Lt A. F., R.F.A. (T.F.)
Bourdillon. Bt. Maj. L. G., *D.S.O.*, R.A.M.C.
Bourgeault, Lt. E., Can. Local Forces.
Bourke, Capt. J., *h.p.*
Bourke Capt. J F., R.A.M.C.
Bourne, Lt. H, *late* R E.
Bourne, Lt. H. G., R.E. (T.F.)
Bourne, Temp. Capt. J F., 5 Bn. North'n R.
Bourne, Lt. J. F, 5 Bn. S. Staff R.
†Bourne, Lt. K. M., 8 Lan. R.
Bourne, Lt. W. A. R., R.E (T.F.)
Bourne-Price, Temp. Capt. T., R.A.M.C.
Bourque, Lt. A. L, Can. Local Forces.
Bousfield, Lt. F. H., *D.C.M*., Durh. L.I.
†Bousfield, Temp. Lt J K., R.E.
Boustead, Lt. H., S. Afr. Def. Force.
Boustead, Temp. Lt. P. M. N. 14 Bn. Hamps. R.
Boutall, Lt. W. J., 4 Bn. Lond. R.
Bouttell, Temp. Qr -Mr. & Lt, P.
Bovill, Maj. A. C. S., *late* 9 Lrs.
Bowater, Lt. N. V., R.F.A. (T.F.)
Bowater, Capt. W., R.A.M.C.
Bowden, Temp. 2nd Lt. A. W., Serv. Bn. Manch. R.
Bowden, Capt. E.C., *late* R.A.M.C.
Bowden, Capt. G., S. Afr. Def. Force.
Bowden, Capt. G. E., N. Lan. R.
Bowden, Batty. Serjt.-Maj. G. F., R.F.A. (T.F.)
Bowden, Capt. G. J., Aust. Imp. Force.
Bowden, Lt. N. H., Lord Strathcona's Horse.
†Bowdery, Lt. C. D., Durh. L.I.
Bowditch, Lt. H., R.F.A. (T.F.)
Bowditch, Lt.W. G., *D.C.M.*, 9 Bn. Lond. R.
Bowell, Lt. E. B., 4 Bn. Suffolk R.
Bowen, Maj. A P., Shrops. L.I.
Bowen, Maj. E. C., 6 Dns.
Bowen, Lt. G. S., Kent Cyclist Bn.
Bowen, Bt. Maj. H. L., York L.I.
Bowen, Temp Lt J., R.E.
Bowen, Temp. Capt. J. A. G., Serv Bns. Suff. R.

† Also awarded Bar to Military Cross,

Orders of Knighthood, &c.

THE MILITARY CROSS—contd.

Bowen, Lt. P. R., 5 Bn Welch R.
Bowen, Temp. Capt. R. E., 6 Bn. Conn. Rang.
Bowen, Maj. R. L., *late* Serv. Bn. K.R. Rif. C.
Bowen, Lt. R. W., 5 Bn. Glouc. R.
Bowen, Lt. T. L., R.G.A., Spec. Res.
Bowen, Capt V.D , C'wealth Mil. Forces.
Bowęr, Lt., E. W., *late* S. Afr. Def. Force.
Bower, Temp. Lt. F. G., Serv. Bns. Midd'x R.
Bower, Maj. G. A. H., 7 Bn. Midd'x R.
Bower, Lt. H. R., R.F.A.
Bower, Lt. I., 3 D.G. Spec Res.
Bower, Lt. S. R., 4 Bn. North'n R.
Bower, Capt. T. C., Hon. Art. Co.
Bowerbank, Maj. G. S., D.S.O., s., Can. Local Forces.
Bowerbank, Lt. W., North'd Fus.
Bowerman, Lt. C. D., R.A.
Bowerman, Temp. Lt. E. G., Serv. Bns. R. War. R.
†Bowers, Temp. Capt. E G., 11 Bn. North'd Fus.
Bowers, Capt. J. F F., Ind. Army.
Bowers, Lt. (*temp. Col.*) P.L., C.I.E., Res. of Off. Ind. Army.
Bowes, Capt. C. S., *late* 3 Bn. Dorset R.
Bowes, Temp. Lt. R. E., R.F.A.
Bowie, Temp. Lt. A.H., R.E.
Bowker, Lt. A. E. B., 10 Bn. Midd'x R.
Bowker, Temp. Lt. H. A., Serv. Bns. W. York. R.
Bowker, Capt. L. C. B., 14 Bn. Lond. R.
Bowker, Lt. T., *late* M.G. Corps.
Bowkett, Temp. Capt. E. F.
†Bowkett, Lt. T.H., R.F.A.
Bowlby, Temp. Maj. H. S., 7 Bn. R. Suss. R.
Bowler, Lt. J. H., *late* Rif. Brig.
†Bowler, Lt. L. W., H., 22 Bn. Lond. R.
Bowler, Lt. W. E., 17 Bn. Lond. R.
Bowles, Lt. A. C., Can. Local Forces.
Bowles, Lt. F. H., Glouc. R.
Bowles, Lt. R. H. D., 4 Bn. R. Berks. R.
Bowles, Temp. Lt.W., Serv. Bn. E. Lan. R.
Bowley, Temp. Lt. E. L., R.A.
Bowling, Lt. T. B. U., Aust. Imp. Force.
Bowly, Maj. W. A. T., C.B.E., R. War. R.
†Bowman, Lt. A. M., 7 Bn. Worc R.
Bowman, Lt. A. M., 6 Bn. High. L.I.
Bowman, Temp. Maj. C. F., R.A.S.C.
Bowman, Capt. F. W., *late* Gen. List.

†Bowman, Capt., G. H., D.S.O., 3 Bn. R. War. R.
Bowman, Lt. G. W., *late* R.F.A. Spec. Res.
Bowman, Temp. Capt. H., Serv. Bns. York. R.
Bowman, Co. Serjt.-Maj. T., R. Highrs.
Bowman, Temp 2nd Lt. T W. Lab. Corps.
Bowmer, Temp. 2nd Lt. J. S., 21 Bn. North'd Fus.
Bowmer, Lt. W. H., 3 Bn. Notts. & Derby R.
Bown, Lt. A. M., R.F.A. (T.F.)
Bown, Capt. F. T., 1 Quebec R.
Bown, Lt. H. G. F., W. Som. Yeo.
Bownass, Temp. Capt. W. E., O.B.E., R.F.A.
Bowring, Lt. J. R., R.A.
Bowstead, Co. Serjt.-Maj. G. B., R.E. Spec. Res. (Postal Sect.)
Bowstead, Lt. J., R.G.A. Spec.Res.
Bowtell, Co. Serjt.-Maj. F. G., M.G. Corps.
Bowyer, Capt. G. E. W. Bucks. Bn. Oxf. & Bucks. L.I.
Bowyer, Lt. H. T., *late* Serv. Bns. Linc. R.
Box, J. H., M.B., *late* Temp. Capt R.A.M.C
Box Lt. K. J., 3 Bn. Yorks. L.I.
Box, Temp. Lt. T., Serv. Bns. L'pool R.
Boxall, Lt. L. G., Aust. Imp. Force.
Boxall, Capt. P., R.A.S.C.
Boxall, Temp. Capt. R., Tank Corps.
Boxer, Lt. H. M., Linc. R.
Boxwell, Capt. H., R.G.A.
Boyce, Temp. Lt. T. W.
Boyd, Capt. A., 6 Bn. Sea. Highrs.
Boyd, Rev. A. A., O.B.E., Chapl. 3rd Class (T.F.) Temp. Chaplain to the Forces (4th Class).
Boyd, Capt. A. W., 7 Bn. Lan. Fus.
Boyd, Maj. C. A., M.D., *late* R.A.M.C.
Boyd, Temp. Lt. D. F., R.F.A.
Boyd, Bt Maj. E. R. H., 3 Bn. R Scots.
Boyd, Temp. Lt. F. J., M.G. Corps.
Boyd, Lt. J., Can. Rly. Serv.
Boyd, Lt. H. J., C'wealth Mil. Forces.
Boyd, Maj. J., Qr.-Mr., C. Gds.
†Boyd, Lt. J., R E. (T.F.)
Boyd, Lt. J C., *late* R.F.A. Spec. Res.
Boyd, Maj. J. E. M., R.A.M.C.
Boyd, J. R. M.D., *late* Temp. Lt. R.A.M.C.

Boyd, Co. Serjt.-Maj. N. M., 8 Bn. Arg.& Suth'd Highrs
Boyd, Capt. O. T., 5 Cav.
Boyd, Rev. R. McN., Temp. Chapl. to the Forces, 4th Class
†Boyd, Lt. W. A., 8. Gds.
Boyd, Lt. W. A., M.M., Notts. & Derby R.
Boyd-Rochfort, Capt. H. D.S.O., 21 Hrs.
Boyer, Lt. J. McL., Can. Fd. Art.
Boyers, Capt. H., M.B., *late* R.A.M.C.
Boyes, Lt. E., C'wealth Mil. Forces.
Boyes, Maj. H. H. W., *late* R.E.
Boyes, Hon. Capt. J. E. W., *late* R E.
Boyes, Maj. J. F. C., R.F.A. (T.F.)
Boyes,Temp.Lt.N.F.,Serv. Bns. Som. L.I.
Boyes, Temp. 2nd Lt. R. J., Serv. Bns. R. Suss. R.
Boylan, Capt. E T A. G., D.S.O., R.F.A.
Boylan, Capt J., C'wealth Mil. Forces
†Boyle, Capt. A. R., Arg. & Suth'd Highrs.
Boyle, Lt. C. N. C., 5 Bn. Rif. Brig.
Boyle, Lt. H. MacC., R. Ir. Fus.
Boyle, Temp. Capt. J., R E.
Boyle, Lt. J. E., 4 Bn. Oxf. & Bucks. L.I.
Boyle, Temp. Capt. L. C., R.E.
Boyle, Lt. R. C., W Som. Yeo.
Boyle, Temp. Capt. R. M., Serv. Bns. R. Innis. Fus.
Boyle, Capt. S., 4 Bn. R. Berks. R.
Boyle, Temp. Capt. S. F., M.D., R.A.M.C.
Boys, Temp. Maj. E., 8 Bn York R.
Boys, Bt. Maj. E. J. de C., Linc. R.
Boys, Temp. Maj. E. J. E., R.E.
Boyson, Lt. J. C., C. Gds. Spec. Res.
Boyton, Lt. C. H. L., R.F.A. Spec. Res
Boyton, Lt. J. L., 5 Bn. Leic. R.
Bozman, Temp. Lt. E. F., Serv. Bns. R.W. Kent R.
Brabazon, Temp. Lt. J. H., R.A.
Brabazon, Lt. R. E. Fitz G., R. Innis. Fus.
Braby, Lt. F. C., 8 Bn. Lan. Fus.
Brace, Temp. Maj A. G., R.E.
Brace, Capt. H F., D.S.O., 15 Hrs.
Brace, Lt. R. B., 6 Bn. Notts. & Derby R.
Brace, Capt T., *late* S. Afr. Overseas Forces.
Brace, Temp. 2nd Lt. W. H., D.C.M., Serv. Bns. Welch R.
Bracecamp, Temp. Lt. F. W., R.F.A.

Bracewell, Temp. 2nd Lt. C.C., Lan. Fus. (attd.)
Brächi, Lt. M., R.E. (T.F.)
Brachi, Hon. Maj. P., *late* R.G.A. (T.F.)
Brack, Capt. J., Aust. Imp. Force.
Bracken, Lt. H., I.Gds.
Bracken, Capt. R. J., 6 Bn. R. W. Fus. [I].
Brackenbury, 2nd Lt. D. E., R.F.A. S ec. Res.
Brackenridge, Temp. Lt, W., M.G. Corps.
Bradbery, Lt. C., R.G.A (T.F.)
Bradbeer, Temp.Lt.F.B.J., Tank Corps.
Bradbrooke, Maj. G. H., Can. Local Forces.
Bradburn, Capt. F. L., Can. Local Forces.
Bradbury, Lt. G. E., 5 Bn. S. Staff. R.
Bradbury, Lt. H., York. R.
Bradbury, Regtl. Serjt.-Maj. A. H., 6 Bn. R, War. R.
Bradbury, 2nd Lt. J C. I., *late* 5 Bn. York & Lanc.R.
Bradbury, Lt. P., Welsh R.
Bradbury, Qr.-Mr. & Capt. S., S. Staff. R.
Bradbury, Rev. V. R., C'wealth Mil. Forces.
Braddick, 2nd Lt. J. A., 2 Bn. Lond. R.
Braddock, Temp. Capt. J., R., R.F.A.
†Bradfield, 2nd Lt. E. C., *late* M.G. Corps.
Bradfield, Maj. M. R. H., D.S.O., Can. Local Forces.
Bradford, 2nd Lt. B., C'wealth Mil. Forces
Bradford, Lt. H. V., D.C.M., R.A.
Bradford, Lt. J. E. S. P., W. Rid. R.
Bradford, Temp. 2nd Lt. R., Serv. Bns. R. Fus.
Bradford, Temp. Lt. S. V., Serv. Bns. North'd Fus.
Bradley, Lt. A., Ches. R.
Bradley, Lt. A. E., M.M., ret. pay
Bradley, Capt. C. H., R.E. Spec. Res.
†Bradley, Capt. E. J.,M.B., R.A.M.C. Spec. Res.
Bradley, Bt. Maj. E. de W. H., D.S.O., Yorks. L.I.
Bradley, Capt. E. M., Aust. Imp. Forces.
†Bradley, Lt. E. V. H., Yorks. L.I.
Bradley, Temp. Lt. H. A., R.A.S.C.
Bradley, Lt.H.J., C'wealth Mil. Forces.
Bradley, Lt. J. H. 8 Bn L'pool R.
Bradley, Capt. J. R., R. Suss. R. *late* Serv. Bns.
Brailey, Lt. P., North'n Yeo.
Bradley, Lt. P. J., 9 Bn, Manch. R.
Bradley, Capt. R. L., 22 Bn. Lond. R.

† Also awarded Bar to Military Cross.

THE MILITARY CROSS—contd.

Bradley, Lt.-Col. S. G. L., D.S.O., D.C.M., 16 Bn Lond. R.
Bradley. Temp. Lt. W. J., Serv. Bns. Glouc. R.
Bradnock, Lt. B. O., R.G.A. Spec. Res.
Bradshaw, Lt. A. V., R. Berks. R.
Bradshaw, Temp. Lt. H., R.G.A.
Bradshaw, Le H. M. E., Hamps. R.
Bradshaw, Capt P., Temp. Qr.-Mr. Serv. Bns. Wilts. R.
Bradshaw, Lt. T. W., 4 Bn. Arg. & Suth'd Highrs
Bradshaw, Temp. Capt. V. A., Serv. Bns. W. J., Can.
Bradshaw, Lt. W. J., Can. Fd. Art.
†Bradstock, Maj. F. M., D S.O., S. Afr. Def. Force
Bradstock, Temp. Maj. G., D.S.O., R.F.A
Bradstock, Maj. J., S. Wales Bord.
Bradwell, Temp. 2nd Lt. S. D. M., Serv. Bns. Notts. & Derby. R.
Brady, Temp. Capt. B. C., Serv. Bns North'd Fus.
Brady, Temp. Maj. J.G.U., D.S.O., 9 Bn. North'd Fus.
Brady, Lt. J., Ches. R.
Brady, Rev. K. R., Temp. Chapl. to the Forces, 4th Class.
Brady, Lt. M. L., Quebec Regt.
Braganza, F. B. A., Asst. Surg. (3rd Class) Ind. Sub. Med. Dept.
Bragg. Lt. B. A., Aust Imp. Force.
Bragg. Lt. F. C., R.G.A. Spec. Res
Bragg, Capt. W. L., O.B.E., R.H.A. (T.F.)
Bragge, Lt. O. C., Dorset Yeo.
Braham, Capt. G. N., F.R.C.S. Edin., late R.A.M.C.
Braime, Lt. G., 6 Bn. N. Staff. R.
Brain, Lt. G. M. S., Aust Imp. Force.
Braithwaite, Temp. Lt. A. H., D.S.O., Serv. Bns. W. York. R.
Braithwaite, Temp. Lt.-Col. F., D.S.O., R.E.
Braithwaite, Temp. Capt. J. C., D.S.O., Serv. Bns. W. York. R.
Braithwaite, Capt. W. H., 7 Bn. W. York. R.
Brake, Co. Serjt.-Maj. W. F., R.A.S.C.
Bramley, Co. Serjt.-Maj. J., D.C.M., Yorks. L.I.
Bramley-Moore, Capt. S., late R.A.S.C., Spec. Res.
Brampton, Lt. D. N., 5 Bn. Midd'x R.
Bramwell, Lt. F., late R.F.A.
Branch, Temp. Lt. A. C., R.E.
Branch, Temp. Maj. C. D., R.E.
Brand, Temp. Lt H F., R.E. Shrops. L.I.
Brand, Bt. Maj. J. C., D.S.O., C. Gds.
Brand, Lt. R. A., S. Gds S 'ec. Res.
†Brandish, Maj. E., ret. pay R.E.
†Brandle, Temp. 2nd Lt. S., Tank Corps.
†Brandrick, Temp. Lt. H., M.G. Corps.
Brandt, Temp. Capt. W. E., Serv. Bns. Notts. & Derby. R.
Braufill, Maj. C. A., Derby. Yeo.
Branham, 2nd Lt. H., 3 Bn Man·h. R.
Brannon, Lt. C. W., 8 Bn Hamps. R.
Branson, Lt.-Col. D. S., R. D.S.O., 4 Bn. York & Lancs. R.
Branson, Temp Lt. V. C., Serv. Bns. R Suss. R.
Brash, Lt. G. T., R.G.A. Spec. Res.
Brash, Capt. J. C., M.B., R.A.M.C. Spec. Res.
Brasier-Creagh, Capt. E. B., R.F.A.
Brass, Capt. D. J.
Brassey, Capt. E. C., 22 Bn. Lond. R.
Brassey, Capt. E P., D S.O., late C. Gds. Spec. Res.
Brassey, Lt. H. R., R.F.A Spec. Res.
Brassey, Lt. I. G., R.F.A Spec. Res.
Brassington, Lt. E. E., late M.G Corps.
Bratton, Capt. A. B., D.S.O 3 Bn. N. Lan. R.
Bray, Maj. E. A., O.B.E., E York. R.
Bray, Lt. E. J., R.F.A. (T.F.)
Bray, Maj. F. E., TD, 5 Bn. R.W. Surr. R.
Bray, Temp. Lt. G., R.E. (Capt. R E. T.F.)
Bray, Capt. N. N. E., 18 Lrs.
Bray, Lt W., Glouc. R.
Brayne, Maj. F. L., late Gen. List.
Brayshay, Lt. J., R.F.A. Spec Res
Brazel, Temp. Capt. C. H., R.E.
Brazier, Temp. Capt. F. J., Lab. Corps.
Brazier, Capt. W. R., R.G.A.
Breach, Temp. Lt. A. D., 1 Garr. Bn. Worc. R.
Brealy, Temp. Lt. S. G., M.G. Corps.
Brearley, Lt. N., D.S.O., A.F.C 3 Bn. L'pool R.
Brechin, Temp. Capt. M., R.A.
Brechin, Capt. W. A., M.B., Notts. & Derby. Mtd. Brig. Fd. Amb.
Bredell, 2nd Lt. P. C., late S. Afr. Def. Force.
Breeden, Capt. F. J., 5 Bn. R. War. R.
Breen, Temp. Lt. T.
Breffit, Capt. G. V., R.A.O.C.
Bireldfjord, Temp. Lt. M. A. S., M.G. Corps.
Bremner, Capt. A., M.B late R.A.M.C.
Bremner, Maj. A. D. St. G R.E.
Bremner, Capt. C. E. U., 29 Punjabis.
Bremner, Temp. Lt. C. J., Serv. Bns. E. Kent. R.
Bremner, Maj. D. E., N.Z. Mil. Forces, p.s.c.
Bremner, Capt. H. G., C'wealth Mil. Forces.
Brennan, Capt. E F., T.F Res.
Brennan, Capt. C. M., R.A.M.C.
Brennan, Lt.-Col. E. T., D.S.O., C'wealth Mil. Forces.
Brennan, Capt. R., 3 Bn R. Ir. Fus.
Brent, Temp. Capt. R. W., Mach. Gun Corps
Brentnall, Capt. C. G., M.B., R.A.M.C. (T.F.)
Brentnall, Capt. C. P., R.A.M.C. (T.F.)
Brenton, Co. Serjt.-Maj. R., L., late R.E.
Brereton, Hon. 2nd Lt. D L., late R.E.
Brereton, Temp. Lt. T. W., 10 Bn R.W. Surr. R.
Bressey, Maj. F. M., Can. Local Forces
Bretherton, Capt. J. T., R. War. R
Bretherton, Lt. P. J., 5 Bn Glouc. R.
Brether on, Temp. Lt. W. Serv. Bns S. Lan. R.
Brett, Lt. C. A., 3 Bn. Conn. Rang.
Brett, Lt. D. A , Ind. Army Off.
Brett, Lt E. J., 3 Bn. Leln. R.
Brett, Lt. E. S., Alberta R.
Brett, Capt. G. A., D.S.O., 23 Bn. Lond. R.
Brett, Capt. R., Can. Local Forces.
Brett, Co. Serjt.-Maj. T. P., Lond. R.
Brew, Lt. H. R. C., R.F.A Spec. Res.
Brewer, Temp. Lt. A. Serv. Bns Worc. R.
Brewer, Lt. C. B., ret.
Brewer, Hon. Capt. E. B., late 7 Bn. Lond. R.
Brewer, Lt. H. H., Res. of Off.
Brewer, Capt. J. C., 90 Punjabis.
Brewerton, Lt, F. A., R.E. (T.F.)
Brewin, Capt. B. R., 6 Bn. W. Rid. R.
Brewin, Capt. C. N., R.G.A.
Brewin, Lt. J. V., North'n R.
††Brewin, Temp. Lt. S., Serv. Bn. Durh. L.I.
Brewis, Hon. Capt. J. M., R.A.O.C.
Brewis, Lt. R. R., 7 Bn. Lan. Fus.
Brewis, Lt. R. S., Ind. Army.
Brewitt, Lt. A. C., K.O. Sco. Bord.
Brewitt, Temp. Lt. G. W., R.F.A.
Brewster, Maj. F. A., Can. Eng.
Brewster, Capt. K. W., 6 Bn. R. Fus.
Brice, Capt. M. M. (ret. pay) [!]
Brice-Smith, Capt. H. F., late R.A M.C.
Brickmann, Capt. F. I. O., 119 Inf.
Briars, Lt. R., 5 Bn. S. Staff. R.
Bride, Lt. T., ret.
Bridge, Lt. A. D., C. Gds.
†Bridge, Capt. A. V., Serv. Bns. R, Ir. Regt., ret.
Bridge, Maj. C. E. D., R.A., p.s.c. [L]
Bridge, Lt. C. R., R.F.A.
Bridge, Capt. G. A. M.B., R.A.M.C., Spec. Res.
Bridge, Lt. J. B., Sask. Regt.
Bridge, Lt. J. T., 8 Bn. R. War. R., M M.
Bridgeford, Capt. W., C'wealth Mil. Forces.
Bridgeman, Lt. G. J. O., R.F.A. Spec. Res.
Bridgeman, Lt.-Col. Hon. H. G. O., D.S.O., ret. pay.
Bridgeman, Lt. H. C., Rif. Brig.
Bridgen, Lt. C. W., 20 Bn. Lond. R.
Bridger, Lt. S. J. A., late Serv. Bns R. Suss. R
Bridges, Capt. E. E., 4 Bn. Oxf. & Bucks. L.I.
Bridges, Lt.-Col. E. J., ret. pay
Bridges. Lt. F. J., Res. of Off.
Bridges, Lt. F. W., ret. pay
Bridgett, Temp. Lt. H. E., R.A.
Bridgwater, Lt. S. W., late R.F.A. Spec Res
Bridgwood, Lt. S. B., 5 Bn. N. Staff. R.
Brierley, Lt. H., Rif. Brig.
Brierley, Lt. H., R.F.A. Spec. Res.
Brierley, Capt. L. B., R.E. (T.F.)
Brierley, Capt. J., 7 Bn. W. Rid. R.
Brierley, Temp 2nd Lt W., Serv. Bns, Lan Fus.
Brierly, Lt. H. J. R., C. Gds.
Brierty, Lt. A. R., C'wealth Mil. Forces.
†Briffault, R., M.B., late Temp. Capt. R A M C
Briggs, Qr.-Mr. & Capt. A., 9 Bn. R. Innis. Fus.
Briggs, Temp. Lt. C. B., R.E.

† Also awarded Bar to Military Cross.
†† Also awarded 2nd Bar to Military Cross

Orders of Knighthood, &c. 303

THE MILITARY CROSS—*contd.*

Briggs, 2nd Lt. E.C., R.F.A. Spec. Res,
Briggs, Hon. Lt. E. H., *late* 8 Bn. Manch. R.
Briggs, Lt. F. A., 24 Bn Lond. R.
Briggs, Lt. H., *M.M.*, R.F.A.
Briggs, Lt. H. C., R.F.A. Spec. Res.
Briggs, Maj. J. A., Can. A.M.C.
Briggs, Lt. J. M., 3 Bn. Durh. L.I.
Briggs, Lt. L., R.E. (T.F.)
Briggs, Lt. L. S., Durh. L.I.
Briggs, Temp. Maj. R, *D.S.O., R.E.*
Briggs, Capt. T. A., Can. A.M.C.
Briggs, 2nd Lt. T. H.. 4 Bn. Yorks. L.I.
Bright, Lt. A. E. H., *D.C.M.*, 3 Bn. E. Surr. R.
Bright, Lt. B. H., 7 Bn Worc. R.
Bright, Lt. H., Essex R.
Bright, Temp. Lt. H. S., 7 Bn. R. Muns. Fus.
Brightwell, Temp. Capt A. J., Serv. Bns. W. York. R.
Brimacombe, Capt. V. C., 2 Cent. Ont. Regt.
Brimms. Bt. Lt -Col C. W., *T.D., R.A.* (T.F.)
Brims. Temp. Maj. R.W, *D.S.O. R.E.*
Brind, Capt. V. C., *D.S.O.*, R.F.A.
Brindley, Capt. F., *late* 6 Bn. Notts & Derby R.
Brindley, Capt. J., *D.S.O.* E. York. R.
Brindley, Lt. J. H., R.F.A. (T.F.)
Brindley, Capt. P. S., 3 Bn. R. War. R.
Brindley, Temp Maj. W. H., 10 Bn R. War. R.
Brindley, Temp. Lt. W. H., R.E.
†Brinkman, Temp.Lt.W.J., M.G. Corps.
Brinsley, Lt. H. G. W. R.G.A. Spec. Res.
Brinsmead, Maj. H. C., *O.B.E.*, C'wealth Mil. Forces.
Brinton, Lt. E., *M.M.*, R.A.
Brisbane, Lt. J. M., 4 Bn. R. Scots.
Brisco, Maj. C. A., *M.B.*, *late* R.A.M.C.
Briscoe, Maj. J. E., *D.S.O.* S. Afr. Def. Forces.
Briscoe, Lt. R. G., G. Gds. Spec. Res.
Brissenden, Lt. H., R.G.A.
Bristow, 2nd Lt. J. M., C'wealth Mil. Forces.
Bristow, Lt. L. G., Aust. Imp. Force.
Britcliffe. Capt. F., 5 Bn. E Lan. R.
Brittain, Lt. R. H., *late* 3 Bn. Linc. R.
Brittain, Lt. R. I.. Aust. Imp. Force.
Brittan, Capt. C. H., R.G.A.
Britten, Capt.C. R., G.Gds.
Britten, Lt. J. J., R.F.A. (T.F.)

Brittlebank, Lt. W. G., 3 Bn. Manch. R.
Brittnell. Temp 2nd Lt. F. W., Serv. Bns. Lan. Fus.
†Britton, Hon. 2nd Lt. A., *late* 7 Bn. R. Lanc. R.
Britton, Temp. Capt. H., Temp. Qr.-Mr. Serv. Bns. L'pool R.
Brittorons, Lt. F., Manch. R.
Broad, Capt. G. L., *O.B.E.*, E. Lan. Div. Sig. Co., R.E.
Broad, Lt. R N., *M.M.*, E. Serv. Bns. E. Lan R.
Ont. Regt.
Broadbent, Capt. A. V., 5 Bn. W. Rid. R.
Broadbent, Lt. C. V., 5 Bn. Lan. Fus.
Broadbent, Maj. E. R., 8 Hrs.
Broadbent - Temple, G., M.G. Corps.
Broadbent, Capt. J. A., C'wealth Mil. Forces.
Broadberry, Capt. E. W., 7 Bn. Essex R.
Broadbridge, Temp. Capt. M.G., Serv. Bn. Devon R.
Broadhurst, Temp. Capt. T., Serv. Bns. R. W. Fus.
Broadley, Qr.-Mr. & Capt. J., 7 Bn Durh. L.I.
Broadmead, Temp. Capt. P. M.
Broadway, Lt. J. H., 3 Bn Dorset R.
Broadwood, Capt. E. H. T., ret. pay.
Broadwood, Capt. J., R. Scots.
Broadwood, Lt. R. G., *late* R.G.A. Spec. Res.
Broatch, Temp. Capt. P., 23 Bn. North'd Fus.
Brock, Maj. A. E., *late* R.G.A. Spec. Res.
Brock, Lt. A. G., 3 Bn. E. Kent R.
Brock, Maj. B. de L., 126 Inf. *D.S.O.*, 16 Lrs.
Brock, Co. Sergt.-Maj. E. C., Essex R.
Brock, Serjt -Maj. R., Gord Highrs.
Brcadbank, Lt. F. A., 6 Bn. Manch. R.
Brockbank, Capt. G. R., T.F. Res
Brockhurst, Lt. C. E., York R.
Brockhurst, Lt. H. E., *late* 8 Bn. N. Staff. R.
Brocklebank, Temp. Capt. C. G., R.E. Spec. Res.
Brocklehurst, Lt. B., R.F.A. Spec. Res.
Brocklehurst, Capt. J. G., E. Lan. Divl. Train. R.A.S.C.
Brocklehurst, Capt. S., Qr.-Mr. K.O. Sco. Bord.
Brockman, Lt. J., R.F.A.
Brocks, Lt. A. W., Worc. R.
Broderick, Capt. R. A. *D.S.O., M.B.*, R.A.M.C. Spec. Res.
Brodie, Lt. A., R.F.A. Spec. Res.
†Brodie, Lt. B. C., Surr. Yeo.
Brodie, Temp. Maj. C. G.
Brodie, Lt. D. R., S. Gds. Spec. Res.
Brodie. Temp. 2nd Lt. J.L., 17 Bn. High. L.I.

Brodie, Temp. Capt. P. T., *D.S.O.*
Brodie of Brodie, 2nd Lt. A. M., *D.S.O.*, T.F. Res. *(Maj., ret., T.F.).*
Brodie, Temp. Lt. S. H., K.A.
Brodribb, Lt. A. E., 5 Bn. Leic. R.
Brokenshire, Lt. R. L., 3 Bn. Devon. R.
Bromfield, Lt. F. L, *late* Serv. Bns. E. Lan R.
Bromham. Temp. 2nd Lt. T. C. R., Serv. Bns. S. Wales Bord.
†Bromley, Temp. 2nd Lt. F. F., Tank Corps.
Bromley, Temp. Lt. F. H, Serv. Bns. Leic. R.
Brondrett, Temp. 2nd Lt. H., Serv. Bns. Manch. R.
Bronsdon, Lt. G. L., R.E. (T.F.)
Brook, Lt. C. H., *M.M.*, Br. Columbia R.
Brook, Lt. D. B., 4 Bn. R.W. Kent R.
Brook, Hon. Lt. D. G., *late* Notts & Derby R. (attd.)
Brook, Lt.-Col. F., *D.S.O.*, T.F. Res.
Brook, Capt. G. H., *late* 4 Bn. Yorks. L.I.
Brooke, Maj. A.H., 18 Lrs.
Brooke, Capt. A. S., 18 Inf.
Brooke, Capt *Sir* B. S., Bt., *late* 1 Hrs.
Brooke. Temp. Lt. C. B., M.G. Corps.
Brooke, Lt. E. H., 19 Hrs.
Brooke, Lt E. J. S L., 4 I·n Hamps. R.
Brooke, Lt. F. B., North'n Yeo.
Brooke, Bt. Maj. G. F. H., *D.S.O.*, 16 Lrs.
Brooke, Temp. Capt. H. J. Leic. R.
Brooke, Lt. J. R., 5 Bn. Ont. Regt.
Brooke. Lt. K. C., 1 Cent. Ont. Regt.
Brooke, Lt. P. A., R.F.A.
Brooke, Temp. Capt. R. St. C., Yorks. L.I. (attd.)
Brooke, Bt. Maj. R. W., *D.S.O.*, Yorks. Dns. Yeo.
Brooke, Capt. S., 4 Bn York. and Lanc R.
Brooke, Maj. W. H., 8 Bn. W. York R.
Brooke, Bt Maj. W. H., Yorks. L.I.
Brooke, Hon. Lt. W. R., *late* 5 Bn Durh. L.I.
Brooke-Hunt, Lt. G. L., Res. of Off.
Brooker, Lt. J. H., R.F.A. Spec. Res.
Brooker, 2nd Lt. S. P.. ret.
†Brookes, Lt. W. H., R.F.A. Spec. Res.
Brooking, Temp. Lt. G., R.A.S.C.
Brookling, Capt. H. W., *late* Serv. Bns. R. Fus.
Brooks, Lt. A. C., R.F.A. Spec. Res.
Brooks, Temp. 2nd Lt. A. S., R.A
Brooks, Lt. C. C., Can. A.M.C.

Brooks, Capt. C. H., Aus. Imp. Force.
Brooks, Temp. Capt. D. C. J., 9 Bn. R. Ir. Fus
Brooks, Serjt.-Maj. G. E., R.H.A.
Brooks, Temp. 2nd Lt. H., 13 Bn. K. R. Rif. C.
Brooks, Lt. H. C., R.F.A. (T.F.).
Brooks, Temp. Maj. H. J., *D.S.O.*
Brooks, Capt. H R. G., R.G.A. (T.F.)
Brooks, Lt. N. B., Ches. Yeo.
Brooks, Temp. 2nd Lt. R. C., Serv. Bns. R.W. Surr. R.
Brooks, Capt. T. M., Ches. Yeo.
Brooks, Temp. Lt. W. C., M.G. Corps
Brooks, Lt. W. J., R.F.A.
Brooks, Lt. W. R. B., 4 Bn. Oxf & Bucks. L.I.
Brooks, Bt. Maj. W. T., D. of Corn. L.I., *p.s.c.*
Brooks, Lt. W. V., 7 Bn. *late* 6 Bn. W. York. R.
Brooksbank, Capt. G E. J., *late* 6 Bn. W. York. R.
Brooksbank. Capt P., *late* Serv. Bn. K. R. Rif. C.
Broome, Lt. F. N., R F.A. Spec. Res.
Broome. Bt. Maj. R. H., *D.S.O.*, Wilts. R.
Broome. Lt. S. R., 6 Bn. Ches. R.
Broomfield, Lt. A. A., 5 Bn. R. Ir. Rif.
†Brophy, Capt. C. M., *late* R.A.M.C.
Brothers, Temp. Lt. L. C.
Brothers. Temp. 2nd Lt. L. D., R.A.S.C.
Brotherton, Lt. A. D., 3 Bn Sea. Highrs.
Brotherton, Qr.-Mr. & Lt. W. T., C. Gds.
Brough, Co. Serjt.-Maj. A., *D.C.M.*, 8 Bn.W.York. R.
Brough, Capt D S., *M.B.*, *late* R.A.M.C.
Brough. Temp. Capt. P. R. L., Serv. Bns. North'd Fus.
Brough, Lt. R. S. C., 1 Lovats' Scouts Yeo.
Brough, Capt. R. R., Man. Regt.
Broughall, H.S., *late* Temp. Lt. 7 Bn R Suss. R.
Broughton, Capt, D. B. R., C'wealth Mil. Forces.
Broughton, Temp. Capt. J. F., *M.B., late* R.A.M.C. (T.F.)
Brow, Temp. Lt. D. B ,R.E. (T.F.)
Brow, 2nd Lt. W L., *late* North'd Fus.
Browell, Lt. J. G., 1 North'n Brig. R.F.A.
Brown, Qr.-Mr. & Capt A., *O.B E.*, Dorset R.
Brown, Lt. A., *D.S.O.*, C'wealth Mil. Forces.
Brown, Temp. Lt. A., Serv. Bns. R. Ir. Rif.
Brown, 2nd Lt. A., 1 D.G. Spec. Res.

† Also awarded Bar to Military Cross.

Orders of Knighthood, &c.

THE MILITARY CROSS—contd.

Brown, Lt. A., 5 Bn. N. Lan. R.
Brown, Temp. 2nd Lt. A. B., Serv. Bns. Sea. Highrs.
Brown, Temp. Lt. A. C
Brown, Temp. 2nd Lt. A. E., 14 Bn. Hamps. R.
Brown, Lt. A. E., 3 Bn Som. L.I.
Brown, Lt. A. E., Ind. Army
Brown, Lt. A. F. R., Norf R. Spec. Res.
Brown, Lt. A. G., Fife & Forfar Yeo.
Brown, 2nd Lt. A. J., 6 Bn. R Suss. R.
Brown, T.mp. 2nd Lt. A. J., Serv. Bns. R. War. R
Brown, Lt. A. K., late Lab. Corps.
Brown, Temp. Lt. A. L., Serv. Bns. Sco. Rif.
Brown, Lt. A. M., G. Gds Spec. Res.
Brown, Lt. A. N., 6 Bn. Durh. L.I.
Brown, Temp. Capt. A.T., 10 Bn. W. York. R.
Brown, Temp. 2nd Lt. A. V., Serv. Bns. R. Snss. R.
Brown, Lt. B. L., R.G.A.
Brown, Lt. C., 3 Bn A. Berks. R.
Brown, Temp. Capt. C. B
Brown, Lt. C. E., R. Inn s. Fus.
Brown, Capt. C. K., Can. Rly. Serv.
Brown, Lt. C. McN. H., R.E. (T.F)
Brown, Temp. Capt. C. R., Essex R.
Brown, Lt. C. R., 6 Bn. R. Highrs.
Brown, Capt. C. Wilson, 3 Bn. R. Sc. Fus.
Brown, Lt. D., R.F.A. Spec. Res.
Brown, Lt. D., 1 Co. of Lond. Yeo
Brown, Lt. D. A., R W. Surr. R.
Brown, Maj. D. R., C'wealth Mil. Forces.
Brown Temp. 2nd Lt. E., Serv. Bns. Essex R.
Brown, Lt. E. B., 5 Bn. S Staff. R.
Brown, Lt. E. D., 6 Bn. North'd Fus.
†Brown, Temp. Capt. E. G., Tank Corps
Brown, Temp. Capt. F., Serv. Bns. Linc. R.
Brown, Temp Lt. F., 9 Bn. N. Lan. R.
Brow, Lt. F., N. Brunswi k R.
Brown, Lt.F.C.W., Leins. R.
Brown, Lt. F. E., 3 Bn. R. Dub. Fus.
Brown, Hon. Lt. F. G., late 8 Bn. Midd'x R.
Brown, Lt. F. H., ret. pay.
Brown, Co.-Serjt.-Maj. F.J M., Manch. R.
†Brown, Temp Capt. F. L., 17 Bn. K.R. Rif. C.
Brown, Lt. F. M., R.G.A. Spec. Res.
Brown, Capt. F. W., 4 Bn. Sea. Highrs.

Brown, Temp. Capt. G. A., Serv. Bns. North'd Fus.
Brown, Lt. G. C. M.. E. Kent R.
Brown, Lt. G. H., Ayr Imp. Force.
Brown, Lt. G. L., 3 Bn. K.O. Sco. Bord.
Brown, Capt. G.M., Herts. R.
Brown, Lt. G. M., late R.F.A. Spec. Res
Brown, Capt. G. S., M.B., late R.A.M.C.
Brown, Co.-Serjt. Maj. H., 5 Bn. Linc. R.
Brown, Temp. Lt. H., Serv. Bns. N, Lan. R.
†Brown, Temp. Lt. H. B., Serv. Bns. Wilts. R.
Brown, Lt. H. B., D.C.M., M.M., Aust. Imp. Force.
Brown, Capt. H. D., M.B., R.A.M.C. Spec. Res.
Brown, Lt. H. E D., C'wealth Mil. Forces.
Brown, Temp. Lt. H. F., Tank Corps.
Brown, Capt. H. G., la'e Mil. F.rces.
Brown, Temp 2nd Lt. H. G., Serv. Bn. York & Lanc R.
Brown, Lt. H. G., R.E. (T.F.)
Brown, Capt. H. J., late Serv. Bns. S. Wales Bord
Brown, Temp. Lt. H. J., Serv. Bns. E. Lan. R.
Brown, Temp. Maj. H. S., 8 Bn., R. W. Kent R.
Brown, Lt. J., 7 Bn Manch R.
Brown, Temp, 2nd Lt. J., 25 Bn. Nortn'd Fus.
Brown, Capt. J., | Qr.-Mr. 5 Bn. Sco. Rif.
Brown, Temp. Lt J., Tank Corps.
Brown, Lt. J., R.G.A. Spec. Res.
Brown, Maj. J. C., Res. of Off.
Brown, Lt. J. C., R.F.A. (T.F.)
Brown, Lt. J. E., Aust. Imp. Force.
Brown, Capt. J. H., 6 Bn Arg & Suth'd Highrs.
Brown, Capt. J. H. B., C'wealth Mil. Forces
†Brown, Lt. J.P., E. Surr. R.
Brown, Lt. J. R., 9 Bn High. L.I.
Brown, Lt. J. T., 4 Bn. Gord. Highrs.
Brown, Capt. J. V., M.B., late R.A.M.C.
Brown, Lt. J. W., Linc. R.
Brown, Capt. L. G., late R.A.M.C.
Brown, Capt. L. G., 14 Bn. Lond. R.
Brown, Maj. M., ret. pay
Brown, Capt. M. B., late Hon. Art. Co.
Brown, Capt. M. W., 7 Bn. R. Fus.
Brown, Lt. N., 4 Bn. Durh. L.I.
Brown, Lt. N. S., R.F.A. (T.F.)
Brown, Temp. Capt. O. M., R.E.

Brown, Co. Serjt.-Maj. P., Cam'n Highrs.
Brown, Lt. P. H. G., I. Gds.
Brown, Lt. P. H., Aust Imp. Force.
Brown, Hon. Capt. P.T., A. Ord. Dept.
Brown. Lt. P. W., Alberta Regt.
Brown. Lt. R., C'wealth Mil. Forces
†Brown Lt. R., R.W. Kent R.
Brown, Capt. R., 5 Bn. Arg. & Suth'd Highrs.
Brown, Lt. R., 5 Bn. R.W. Surr. R.
Brown, Lt. R., R.F.A Spec Res.
Brown, Temp. Lt. R., R.E.
Brown, Lt. R. A., 6 Bn. Arg. & Suth'd Highrs.
Brown, Temp. Capt. R. C., Serv. Bns. Rif. Brig.
Brown, Hon. 2nd Lt. R. D., late 13 Bn. R. Scots.
Brown. Lt. R. H., C'wealth Mil. Forces.
Brown, Temp. Lt. R. H N. Staff. R. (attd.)
Brown, Temp. Capt. R. S., Serv. Bns. High. L.I.
Brown, Maj. R. R., late R.F.A.
Brown, Lt, R. T., 2 Cent. Ont. Regt.
Brown, Capt. S., R.A.M.C.
Brown, Lt. S., ret. pay.
Brown, Lt. S., 6 Bn., North'd Fus.
Brown, Maj. S. C., late R.F.A
Brown, Lt. S. R., R.F.A. (T.F.)
Brown, Arm. Serjt.-Maj. S. W., R.A.O.C.
Brown, Lt. T., O.B.E., of Welsh Horse Yeo.
Brown, Lt. T., N.Z. Mil. Fo'ces.
Brown, Temp. Lt. T., Serv. Bns. R. Innis. Fus.
Brown, 2nd Lt. T. B., 4 Bn. R. Highrs.
Brown, Temp Capt T. B., Serv. Bns. R. Fus.
Brown, Capt. T. G., 4 Bn Conn. Rang.
Brown, Temp. Lt. T. G. 5 Bn., Cam'n. Highrs.
Brown, Lt. T. G., 6 Bn. W. Rid. R.
†Brown, Capt. V. C., C'wealth Mil. Forces.
Brown, Lt. V. V., C'wealt' Mil. Forces
Brown, Maj. W., Can Local Forces.
Brown, Lt. W., 7 Bn Midd'x R.
Brown, Capt. W., l i'e Suff. R.
Brown, Temp. 2nd Lt. W. R., Serv. Bns. S. Staff. R
Brown, Capt. W. C., late Serv. Bns. Durh. L.I.
†Brown, Lt.-Col. W. E., D.S.O., late Serv. Bn. Welch R.
Brown, Lt. W. E., R.F.A. (T F.)
Brown, Temp. Lt. W. H., R.E.

Brown, Lt. W. J., 4 Bn S. Lan. R.
Brown, 2nd Lt. W. J., M.M. Aust. Imp. Force.
Brown, Temp.2nd Lt. W.L. 9 Bn. North'd Fus.
Brown, Temp. Lt. W. N., Gord. Highrs.
Brown, Temp Capt. W. R., R.F.A.
Brown Rev. W. R. A., Hon. Chapl. to the Forces, 4th class.
Brown, Temp. 2nd Lt. W. R.H , Serv. Bns. Som.L.I.
†Brown, Capt. W. T., M.B., late R.A.M.C.
Brown, Lt. W. W., R F A (T.F,)
Brown, Temp. Lt. W. H. L. 10 Bn. Ches. R.
Browne, Lt. A. G., 4 Bn. Norf. R.
Browne, 2nd Lt. A. G. C., 5 Bn. K.R. Rif. C.
Browne, Lt. A. G. W., 3 Bn Shrops. L.I.
Browne, Lt. B. J., M.M., late 9 Bn. R. Dub. Fus.
Browne, Maj. B. W., D.S.O., Can. Local Forces.
Browne, Lt. C. A., R.F.A. Spec. Res.
Browne, Capt. C. E., O.B.E., R.A.S.C.
Browne, Lt. C. J. D., R.G.A. (T.F.)
Browne, Temp. Maj. C. M., S. Afr. Def. Force.
Browne, Capt. D. G., la'e Tank Corps.
Browne, Lt. D. S., I. Gds. Spec Res
†Browne, Rev. F. M., Temp. Chapl. to the Forces, 4th Class.
Browne, Rev. G. E., Temp. Chapl. to the Forces, 4th Class.
Browne, Temp. Lt.-Col. G. E. A., D.S.O., 10 Bn. D. of Corn. L.I.
Browne, 2nd Lt. G. H., late R.E
Browne, 2nd Lt. G. S., C'wealth Mil. Forces.
Browne, Capt. H. A. E., late R.E.
Browne, Capt. H. E. P., late R.E.
Browne, Capt. H. M., 6 Bn. Lond. R.
Browne Lt. H. S., R.F.A. Spec. Res.
Browne, Capt H.S., D.S.O., R.F.A.
Browne, Capt H. St. J., TD, 4 Bn. North'n R.
†Browne, Capt. H.W., M.B., R.A.M.C.
Browne, Temp. Lt. J. C., R.F.A.
†Browne, Rev. J. O. R., Temp. Chapl. to the Forces, 4th Class.
Browne. Lt. K. K. G., 3 Bn. Essex R.
Browne, L., late Capt 4 Bn. R. Ir. Rif.
Bt. Maj. M., Midd'x R.
Browne, Temp. Lt. P. H., A. Cyc. Corps.

† Also awarded Bar to Military Cross

Orders of Knighthood, &c.

THE MILITARY CROSS—*contd.*

Browne, Lt. S. N., 4 Bn. Shrops. L.I.
Browne, Capt. T. L., *late* 10 Bn. North'd Fus.
Browne. Lt. V. F., R.A.
Browne, Capt. W.P., 1 Dns.
Browne, Lt. W. W., R.F.A
Browne - Wilkinson, Rev. A. R., Hon. Chapl. to the Forces, 4th Class.
Brownfield, Lt. W. R., 6 Bn. L'pool R.
Brownfield, Lt. H. O. N., Can. Fd. Art.
Brownhill, Lt.C.N., R.F.A
Browning, Capt. E. F, W. Som. Yeo.
†Browning, Temp. Capt. E. L., 9 Bn. S. Staff. R.
†Browning, 2nd Lt. F. E., 4 Bn. Glouc. R.
Browning, Temp. Capt H. C., *D.S.O.*, 7 Bn. Bedf. & Herts. R.
Browning, 2nd Lt. H. O., W. Rid. R.
Browning, Lt J. B., R.E. (T.F.)
Browning, Temp. Lt. J. S., Serv. Bn. W. Rid. R.
Browning, Capt. L., *O.B.E.*, R.F.A.
Browning, Lt. L. H., R.F.A.
†Browning, Lt. L. K., C'wealth Mil Forces.
Brownjohn, Lt.N.C.D R.E.
Brownlee, Temp. Lt. J., Serv. Bns. R. Fus.
Brownlie, Lt. A., 4 Bn K.O. Sco. Bord.
Brownlie, Temp. Capt.J.R. 9 Bn. Bord. R.
Brownlie, Temp. Lt. W. C., Gord. Highrs.
Brownlow, Temp. Lt. P.M. E., R.F.A.
Brownrigg, Temp. Lt. J. H., Serv. Bns North'd Fus,
Browse, Co. Serjt.-Maj. G. A., Sea. Highrs.
Brucass, Co. Serjt.-Maj. J Midd'x R.
Bruce, Lt. A. A., R.G.A., Spec. Res.
Bruce, Maj. A. L., ret. pay, Res. of Off.
Bruce, Capt. D., N.Z. Mil. Forces.
Bruce, Maj. E. C, *late* Tank Corps.
Bruce, Lt. G. B., 5 Bn. W. Rid. R.
Bruce, Capt. G. E., 53 Sikhs.
Bruce, Lt. G. Mcl. S., Linc. R.
Bruce, Temp. 2nd Lt. G. McK., Serv. Bns. Lan. Fus.
Bruce, Lt. H. E., 3 Bn. Leins. R.
Bruce, Lt. J., R.E. (T.F.)
Bruce, Capt. L C., *M.D.*, *F.R.C.P., Edin.* R.A.M.C. (T.F.)
Bruce, Lt. N. S., R.A.M.C. Spec. Res.
Bruce, Temp.Capt. Robert R.E.
Bruce, Lt. R. C., G. Gds. Spec. Res.
Bruce, Lt. R., R.E. 5 Gurkha Rif.
Bruce, Capt. R. W. O. J., 3 Bn. Shrops. L.I.
Bruce, Hon. Capt. S. M., *late* Worc. R.
Bruce, Capt. T. J., 16 Bn Lond. R.
Bruce, Capt. W. F., *D.S.O.*, 2 Lond. Divl. Sig. Co. (temp. Capt. R.E.)
Bruce-Gardyne, Lt. I. M., 5 Bn. R. Highrs.
Bruen, Capt. W., *O.B.E.*, Conn. Rang.
Brumble, 2nd Lt. W. J. 3 Bn. Norf. R.
Brumell, Capt. A. E. V., M.G. Corps.
Brumwell, Rev. P. M., Temp. Chapl. to the Forces, 4th Class.
Brunicardi, Lt. D. N., 3 Bn. R.W. Fus.
Brunker, Capt. F. W., 3 Wessex Fd. Amb. R.A.M.C.
Brunning, Temp. Lt. A. E., M.G. Corps.
Brunskill, Capt. B. A. S., 79 Inf.
Brunski l, Lt. G., 5 Bn. R. Suss R.
Brunskill, Bt. Maj. G. S., Shrops. L.I.
†Brunton,Lt.-Col.J.,*D.S.O.*, lat Serv. Bn. North'd Fus.
Brunton, Lt. L., C'wealth Mil. Forces.
Brunton, Lt. R. A., 7 Bn. Gord. Highrs.
Brunwin, Lt. A. H., *late* Serv. Bn R. Lanc. R.
Brunyate, Lt.W.M. W., *late* R. E.
Brush, Temp. 2nd Lt. G. W., Serv. Bns. Worc. R.
Bruton, Lt. F. J., C'wealth Mil. Forces.
Bryan, Maj C. W. G., *F.R.C.S., late* R.A.M.C.
Bryan, Bt. Maj. E. W., Welch R.
Bryan, Lt. J. L., 5 Bn. Manch. R.
Bryan, Temp. Lt. W. D., 18 Bn. High. L.I.
Bryan, Lt. W. H., Aust. Imp Force.
†Bryans, Capt. R., Shrops. L.I.
Bryant, Temp. Maj A.G., Tank Corps.
Bryant, Temp. Maj. B. G., Serv. Bns. Suff. R.
Bryant, Temp. Lt. C. L., (T.F.)
Bryant, Temp. Maj. F. Bryant, Lt. F. G., R.E.
Bryant, Lt. G. H., *O B.E.*, R.F.A Spec. Res.
Bryant, Temp. Lt. S., Serv. Bns. Glouc. R.
Bryant, Lt. T.H., *late* 3 Bn. North'n R.
Bryant, Temp. Maj. W. F. B., R.E.
Bryce, Temp. Lt. A., M.G. Corps.
Bryce, Temp Lt H. S.. Serv. Bns. R. Sc. Fus.
Bryce, Lt. J., 9 Bn. High. L.I.
†Bryce, Temp. Capt. M. S., *M.B.*, R.A.M.C.
Bryden, 2nd Lt. G. A., 5 Bn. York & Lanc. R
†Bryden, Temp. Capt. W. F., Serv. Bns. S. Lan. R.
Brydone-Jack, Lt. H. D., R.F.A. Spec. Res.
Bryham, Capt. A. L., 5 Bn. Manch. R.
Brymer, Capt G , R.G.A (T.F.)
Bryson, Maj. A. C., *M.B.*, late R.A.M.C.
Bryson, Temp. 2nd Lt. G. Serv Bns. Cam n Highrs
Bryson, Temp. 2nd Lt. H. P., Tank Corps.
Bryson, Temp. 2nd Lt. J., L'pool R.
Bryson, Temp. R. Ir. Rif Serv. Bns.
Bryson, Temp. Capt. J, G,. 15 Bn. R. Scots.
Bryson, Lt. O. C.. *D.F.C.*, *A M*, *late* Terr. Force
Bryson,Temp.Lt.W., M,G, Corps.
Buchan, Capt. T. O. M., R.W. Surr. R.
Buchan, Capt.W., C'wealth Mil. Forces.
☖Buchanan, Hon. Capt. A., *late* 4 Bn. S. Wales Bord.
Buchanan, Capt. A., *M.B.*, *late* R.A.M.C.
Buchanan, Temp. Capt. A., *late* Serv. Bns. R. Fus.
Buchanan, Temp. Lt., B.O. M., R.E.
Buchanan,Capt. E. P., Arg. & Suth'd Highrs.
Buchanan, Capt. F. L. A., S. Afr. Def. Force.
Buchanan, Lt. G., 8. Gds. Spec. Res.
Buchanan, Lt. J., 7 Bn High. L.I.
Buchanan, Capt. J. McA., 4 Low. Brig. R.F.A.
Buchanan, Capt. J. N., *D.S.O., late* G. Gds. Spec. Res.
Buchanan, Capt. K. G., R. Scots.
†Buchanan, Lt. M. C., New Bruns. Regt.
Buchanan, Lt. N. V., Can. Local Forces.
Buchanan, Temp. Capt.R., Serv. Bns. Sea. Highrs.
Buchanan, Maj. R. B., *late* M. G. Corps.
Buchanan, Lt. R. H., N.Z. Mil. Forces.
Buchanan, Lt. R. V. M., R.E.
Buchanan, Lt. W., 7 Bn. Arg. & Suth'd Highrs.
Buchanan, Temp. Lt. W., A Cyclist Corps.
Buchanan, Lt. W. G., R.F.A (T.F.)
Buchanan-Brown, Lt. M., E. Lan R.
Buchanan-Smith, Capt. W., ret.
Buck, Temp. Lt. E. M., Serv. Bns. R. Fus.
Buck, Rev. F. H., Can. Chapl. Serv.
Buck, Lt. H. S., R.F.A. (T.F.)
Buck, Temp. Capt. S. T., 8 Bn. R. Suss. R.
Buckell, Lt. J. H. W., *late* R.E.
Buckell. Temp. Lt. W. D. W , M.G Corps.
Buckingham, Co. Serjt.- Maj. E., 4 Bn. Oxf. & Bucks. L.I.
Buckingham, Capt. W. E., R.E.
Buckland, Capt. A. W. T., R.G.A.
Buckland, Maj. G. C. B., *D.S.O.*, 8 Gurkha Rif,*p.s.c.*
Buckland-Cockell, Temp. Capt. A. S., *O.B.E.*
Buckle, Lt. G. F., 9 Bn. L'pool R.
Buckler, Lt. A. J., Aust. Imp. Force.
Buckler, Lt. F., *late* Serv. Bns. S. Lan. R.
Buckley, Capt. C. D. M., *M.B.*, R.A.M.C.
Buckley, Lt. C. H., 21 Bn. R.F.A (T.F.)
Buckley, Temp Capt. G.B., R.A.M.C.
Buckley, Temp. Capt. Harry, 21 Bn. Manch. R.
Buckley, Temp. Capt. H., 12 Bn. Manch. R.
Buckley, Temp. Lt. H. A., 9 Bn. R. Innis. Fus.
Buckley, Temp. Capt. H. B., R.F.A. (Capt. R.F.A. Spec. Res.)
Buckley, Temp. Maj. J., *D.S.O.*
Buckley, Capt. J., *late* 7 Bn. W. Rid. R.
Buckley, Temp. Capt. J. W., R.F.A.
Buckley, Lt. J. W., C. Gds. Spec. Res.
Buckley, Temp. Lt. J. W , 15 Bn. W. York R.
Buckley, Qr.-Mr. and Lt. O., 7 Bn. W. Rid. R.
Buckler, Capt. P. B., *O.B.E.*, R.E.
Buckley, Temp Capt.R.M., R.E.
††Buckley, Temp. Lt. T., R. Mar.
Buckley, Lt. T., R.E. (T.F.)
†Bucknall, Bt. Maj., G.C., Midd'x R.
Buckwell, Temp. Lt. C. W., Serv. Bns. W. York. R.
Budd, Capt. A., *M B*., *late* R.A.M.C.
Budd, Capt. C. H., *M.B.*, R.A.M.C. (T.F.)
Buddell, Lt. A. E., *late* R.E.
Budden, Bt.Maj.F.H.,R.E.
Buddle, Maj. G.A., *D.S.O.*, *late* R.E.
Budenberg, Lt. C. F, *D.S.O.*, R.E. (T.F.)
†Budge, Capt. H. P., *late* Tank Corps.
Budge, Lt. J., 2 Lovat's Scouts Yeo.
Budgett, Temp. Capt. W. H., R.E.
Budhibal, Jemadah Thafsa, 3 Gurkha Rif.
Bugden, Capt. T. A. G. Gen Cist.
Bugler, Temp. Lt. E. F., Ind. Army.
Bujnowski,2nd Lt. A., *late* Serv. Bns. Sea. Highrs.
Bulcock, Temp. 2nd Lt. C. H., R.F.A. Spec. Res.

† Also awarded Bar to Military Cross.
†† Also awarded 2nd Bar to Military Cross.

HE MILITARY CROSS—contd.

Bulfin, Lt. E. F. J., York. R.
Bulkeley, Capt. H. I., R E.
Bull, Capt. C. E. S., 3 Bn Dorset R.
Bull, Temp. Capt. F. G., 23 Bn. R. Fus.
Bull, Lt. H., R.G.A.
Bull, Capt. H. C. H., late Yorks. L I. (attd.)
Bull, Temp. 2nd Lt., H. E. Serv. Bns. North'd. Fus.
Bull, Lt. J., Aust. Imp. Force.
Bull, Temp. Maj. J. C., 10 Bn. W. Rid. R.
Bull, Lt. K. R., 3 Bn. R. W. Kent R.
Bull, Lt. L. C., S. Staff. R.
Bull, Lt. P. A., Aust. Imp Force
Bull, Capt.R.O., Res. of Off.
Bull, Capt. S. A., M.D., late R.A.M.C.
Bull, Capt. W. E. H., R.A.M.C. (T.F.)
Bullen, Lt. E. R. W., R.G.A. Spec. Res.
Bullen, Temp. Lt. F. J. V., R E.
Bullen, Lt. G. L., Aust. Imp. Force.
Bullen, Lt. H. G., 5 Bn. S. Lan. R.
Bullen, Rev. J. W. Temp. Chaplain to the Forces 4th Class.
Bullen, Lt. T. C. 3 Bn North'd Fus.
Bullen-Smith, Lt. D. C., K.O. Sco. Bord.
Buller, 2nd Lt. E. T., D. of Corn. L.I.
Buller, Capt. F. E., O.B.E., R.E.
Buller, Lt. J. F., ret.
Buller, Capt. M. L., 4 Bn. K.R. Rif. Corps.
Bulley, Maj. C. P., 4 Bn. Hamps. R.
Bulloch, Temp. 2nd Lt. A. Serv. Bns. W York. R.
Bullock, Capt. A. E., M.B., R.A.M.C. (T.F.)
Bullock, Lt. A. E., late Serv. Bns. R. Fus.

Bullock, Lt. G. W., R.G.A Spec. Res.
Bullock, Temp. Lt. H. P. Serv. Bns. R. W. Surr. R.
Bullock, Temp. 2nd Lt. J. A., Serv. Bns., Worc. R.
Bullock, Temp. Capt. R B., Labour Corps.
Bullock, Co. Serjt.-Maj. S., R. Innis Fus.
Bullock, Temp. Capt. S. C., R.E.
Bullock, Lt. S. R., Staff Yeo.
Bullock, Batty. Serjt.-Maj. W., R.G.A.
Bullock Marsham, Maj. F. W., D.S.O., 19 Hrs.
Bulloughs, Capt. J. C. Gds. Spec Res.
Bullpitt,Temp Lt. J., M.G. Corps
Bullpitt, Temp. Capt. K. D., Tank Corps
Bulman, Lt. J. J., O.B.E., R.E.

Bulteel, Capt. J. C., D.S.O., Bucks. Yeo.
†Bumstead, Capt. L. B., 1 Cent. Ont. Regt.
Bunbury, Lt. E J., G. Gds. Spec. Res.
Bunce, Temp. Lt. H. E., R.E.
†Bunce, Temp. 2nd Lt. J. L. M.G. Corps.
Bundy, Lt. H. P., 7 Bn. Worc. R.
Bunker, Capt. S. W., D.S.O., Spec. Res.
†Bunn, Lt. V. W., Man. Regt.
Bunning, Lt. A. H., R.G.A.
Bunning, Lt. W. H., Ind. Army
Bunting, Lt. J. S. A., 3 Bn. York. R.
Bunyan, Lt. R. M., 3 Bn. Lond. R.
Burbidge, Temp. Lt. E. H., R.A.S.C.
Burbidge, Co. Serjt.-Maj. G., Camb. R.
Burbidge, Capt. G. C., Can. Local Forces.
Burbury, Lt. A., York. R.
Burbury, Bt. Maj. B. T York. R.
Burch, Capt. F. W., Ind Army
Burch, Temp. Lt. W. J., 10 Bn. R. Fus.
Buchell, Lt. J P. T. W, Gds. Spec. Res.
Burchell, Temp. Capt. L. D., R.A.S.C.
†Burchell. Lt. R., Nova Scotia Regt.
Burchnall, Temp. Capt. J. L., R.A.
Burd, Lt. J. M., R.F.A.
Burde, Capt. R. J., Can. Local Forces.
Burden, Lt. A. E. J., 3 Bn. R. W. Kent R.
Burden, Temp. Lt. H W., M.G. Corps.
Burder, Capt. C. V., T. F. Res.
Burdett, Capt. E. W., 48 Pioneers.
Burdett, Qr.-Mr. & Capt. F. W., R.A.S.C.
Burdett, Capt. H. A., late Serv. Bns. Essex R.
Burdett, Lt.-Col. J. C., D.S.O., late Serv.Bn.Leic. R.
†Burdett, Temp. Capt. J. W., 6 Bn. Leic. R.
Burdett, Lt. S. L., late 3 Bn. R. Suss. R.
Burdge, Temp. Lt. G. C. Serv. Bns. R. Innis. Fus.
Burditt, Lt. F. A., R.G.A. Spec Res.
Burditt, 2nd Lt. H., 4 Bn. North'n R.
Burdon, Lt. R. M., R. W. Surr. R
Burfield, Temp. 2nd Lt. W. E. G., Tank Corps.
Burford, Temp. Lt. W. A., R.E.
†Burgan, Capt. N., 2/4 Gurkha Rif.

Burge, Lt. C. E., 3 Bn. Yorks. L.I.
Burges, Lt. E. M. T., 3 Bn. Glouc R.
Burges, Capt. W., R.A.
Burgess, Temp Lt. A., R.E.
Burgess, Maj. E. J S. Afr. Def. Forces.
Burgess, Temp. Lt. F. C., R.F.A.
Burgess, Lt. G., R.F.A. Spec. Res.
Burgess, Lt. G. J., late 8 Bn. R. War. R.
Burgess, Lt. L. F., Aust. Imp Force.
Burgess, Temp. 2nd Lt. P. W., S. Staff. R. (attd.
Burgess, Capt. R., D.S.O., 1 Wessex Fd. Amb
Burgess, Qr.-Mr. & Lt. R D., 22 Bn. R. Fus.
Burgis, Lt. H. L., R.F.A. (T.F.)
Burgis, Rev. W. G., Temp. Chapl. to the Forces, 3rd Class.
Burgoyne, Maj. R M., R. Sc.Fus.
Burke, Lt. A. E., Aust. Imp. Force.
Burke, Lt. C. E., C'wealth Mil. Forces.
Burke, Lt. C. F., R.H.A (T.F.)
Burke Maj. E. L., C'wealth Mil. Forces.
Burke, Lt. F., R.F.A.
Burke, Temp. Capt. H. F., R.A.
Burke, Capt. H. J., late R.A.M.C.
Burke, Qr.-Mr. & Maj. J., D S O., R. Dub. Fus.
Burke, Maj. J., late R.A.S.C.
†Burke, Temp. Capt. M. C., M.D., late R.A.M.C.
Burke, Lt. P. T., Can. Local Forces.
Burke, Lt. R. E. W., 3 Bn. R. Ir. Regt.
Burke, Lt. U. B., Devon. R.
Burke, Lt. W. B., 3 Bn R. Ir. Regt.
Burke-Jacklin, Temp. Lt. H., late R.F.A.
Burke-Savage, Lt. I., late Serv. Bns. R. Dub. Fus.
Burkett, Temp 2nd Lt. A., M.G. Corps.
Burkett, 2nd Lt. G. T. W., R.F.C., Spec. Res.
Burkett, Capt. W. W., late City of Lond. Yeo.
Burkinshaw, Temp. 2nd Lt. W. L., Serv. Bns. Yorks. L.I.
Burkitt, Lt. R. F., R.G.A Spec. Res.
Burland, Capt. G. H., E. Ont. Regt.
Burlton, Lt. E. R. J., R.F.A. (T.F.)
Burlton, Lt. H. L. G., R.F.A.
Burlton, Capt. L. H. B., O.B.E., R.A.S.C

Burlton, Lt. W. E. N., S. Lan. R.
Burman, 2nd Lt. A. H., 5 Bn. Rif. Brig.
Burman,Temp Lt. W. F., Serv. Bns., Suff. R.
Burn, Capt. F. G., 7 Bn. Manch. R.
Burn, Capt. H. S., R.E. (T.F.)
Burn, Temp. Lt. L., Serv. Bns. Midd'x R.
Burn. Temp. 2nd Lt. M., Tank Corps.
Burn, Temp. Capt. W.A.F.
Burnaby, Rev. H. B. T., Temp. Chapl. to the Forces, 4th Class.
Burn-Callander, Capt. F., late R.F.A. Spec. Res.
†Burnay, Lt. C. F., 18 Bn. Lond. R.
Burndred, Temp. Capt. E. J., R.A.V.C.
Burne, Capt, F. O. N., 64 Pioneers.
Burne, Temp.Capt.H.H.A. R.F.A.
Burne, Lt. R.H., Ind. Army Res. of Off.
Burnell, Capt J. G., C'wealth Mil. Forces.
Burness, Temp. Capt. H. H. R.G.A.
†Burness, Capt. K. C., E. Ont. Regt.
Burnet, G., M.B., late Temp. Lt., R.A.M.C.
Burnet, Lt. J. B., 4 Bn. R. Sco. Fus.
Burnett, Lt. A. W. K., R.F.A.(T.F.)
Burnett, Temp. Capt. D., Serv. Bns. Ches. R.
Burnett, Capt. E. P. S., late 3 Bn. S. Staff. R.
Burnett, Capt. F. H., 5 Bn. Hamps. R.
Burnett, Lt. F. W., R.E. (T.F.)
Burnett, Lt. H J., Aust. Imp. Force.
Burnett, Lt. H. J., Aust. Inf.
Burnett, Lt. L. H, F., R, Innis. Fus.
Burnett, Maj. R. F. D., 42 Regt.
Burnett, Temp. Capt. R.P., D.S.O., 8 Bn. S. Staff. R.
Burnett,Qr.-Mr.&Capt.W., 5 Bn. L'pool R.
Burnett Brown, 2nd Lt. A. D., Bucks. Bn. Oxf. & Bucks. L.I.
Burnett, Temp. Maj. D. E., 9 Bn. Gord. Highrs.
†Burnett, Temp. Lt. F., R.E.
Burney, Maj. A. E. C., D.S.O., R.A.
Burney, Capt. E. E. N., R. Berks. R.
Burney, Capt. G. T., Gord. Highrs.
Burnham, Lt. A.E., 2 Cent. Ont. Regt.
Burnie, Capt. B. K., Aust. Imp. Force.
Burnie, Capt. J., 7 Bn. L'pool R.

† Also awarded Bar to Military Cross.

Orders of Knighthood, &c. 307

THE MILITARY CROSS—contd.

Burns, Co. Serjt.-Maj. A., R. Highrs.
Burns, Temp. Lt. D.. Serv Bns. K.O Sco. Bord.
Burns, Capt. E. L. M., Can. Local Forces.
B rns, Lt. F. G., Aust. Imp. Force.
Burns, Co. Serjt.-Maj. G., Can. Local Forces.
Burns, Lt. J. R., 6 Bn. Sco. Rif.
Burns, Lt. L. B. D., R.F.A, Ont. Regt.
Burns, Lt L. J. W., W Ont. Regt.
Burns, Rev. P. J., Temp Chapl. to the Forces, 4th Class.
†Burns, Temp. Lt. W., M G. Corps.
Burns, Lt W P., 5 Bn. E. Lan. R.
†Burns-Lindow, Capt. M. H. J., West. & Cumb. Yeo
Burnside, Capt. J. A., late 4 Bn. N. Lan R.
Burr, Lt. D. M., R.G A (T.F.)
Burnyeat, Capt. W. M. B., 1 Bn Mon R.
Burr, Temp. Capt. E. W., Serv. Bns. Glouc. R.
Burr, Temp. Lt. W. J. Serv. Bns. R. Fus.
Burrell, Lt. C. H. O. D., Leic. R.
Burrell, Hon. Maj. G. P., late 4 Bn. Hamps. R.
†Burrell, Capt. H. P., Can. Local Forces.
Burre l, Temp. Capt. J., Serv Bns. R W. Surr. R
Burrell, Lt. T. L., R.G.A. Spec. Res.
Burroughs, Lt. P. W., 24 Bn. Lond. R.
†Burroughs, Lt. T. E., 5 Bn. Lond R.
Burrow, Rev. R. F., Hon Chapl. to the Forces, 4th Class
Burrowes, Temp. Lt. A. E. Serv. Bns. R. Dub. Fus.
Burrowes, Temp. 2nd Lt. H. E., Serv. Bns., R. Ir. Fus.
Burrowes, Temp. Capt R.V., 11 Bn. Suff. R.
Burrows, Maj. A. C., late 5 Bn. Dorset R.
†Burrows, Lt. A. G., late R.E.
Burrows, Temp. Lt. B. Serv. Bns. Manch. R.
Burrows, Lt. E. C., 7 Bn. Essex R.
Burrows, Capt. E. J., 5 Bn. Manch. R.
†Burrows, Lt. G., C'wealth Mil. Forces.
Burrows, Lt. H. R., 8 Bn. W. York. R.
Burrows, Lt. L. F., Can. Local Forces
Burrows, Lt. M. B., D.S.O., 5 D.G.
Burrows, Capt. M. K., 5 Bn. Manch. R.
†Burrows, Temp. Capt. O.V., M.B., R.A.M.C.
Burrows, Temp. Lt. T. G. R., R.A.
†Burrows, Lt. W., C'wealth Mil. Forces
Bursey, Capt. T. F. McL., Ind. Army.
Bur Singh, Rissaldar, 16 Cav

Burston, Lt. G. K., R.F.A. Spec. Res.
Burt, Lt. F., War. Yeo.
Burt, Temp. Lt. G. G., Serv. Bns. Midd'x R.
Burt, Temp. Maj. H. F., R.F.A.
Burtenshaw, Temp. Maj. A., O B E., R.A.S.C.
Burton, Lt. A. G. L, late 3 Bn D of Corn. L.I.
Burton, Temp. 2nd Lt. C. R R.
Burton, Capt. C. F., R.A.M C
Burton, Lt. C. R., R.G.A. (T.F.)
Burton, Lt. F. W. S., late S. Afr. Def. Force.
Burton, Temp. 2nd Lt. G. H.
Burton, Capt. G. J. L., Unattd. list T.F.
Burton, Lt. G. C. N., R. Highrs.
Burton, Lt. J. A., 4 Bn. North'd Fus.
Burton, Temp Capt. J. A. G., M.B., R.A.M.C.
Burton, Hon. Lt. J. S. A., late 5 Bn. R. Berks. R.
Burton, Lt. L. F., M.M., 5 Bn. S. Staff R.
Burton, Capt N, Qr.-Mr., 5 Bn. R. Lanc. R.
Burton, Lt. P. A., R.F.A. Spec Res
Burton, Temp. Lt. R. G, M.G. Corps.
Burton, Temp. Lt. R. W. M.G. Corps.
Burton, Lt. T. H., R. Mar.
Burton, Hon. Lt T. M., late 9 Bn. High. L.I.
Burton, Lt. W. J., Sask. Regt.
Burton, Lt. W. O., 3 Bn. North'd Fus.
†Burt-Smith, Capt. B., 6 Bn. Lond R.
Bortt, Lt. G E., E. Ont. Regt.
Burtt, Lt. L. L., 15 Bn. Lond. R.
†Burwell, Capt. G. B., M.B., late R.A.M.C.
Bury, Capt. C. O. H., Herts Yeo.
Bury, Maj. W. E. G. L., Visct., S. Gds. Spec. Res. (Capt. ret. pay).
Busbridge, Lt. H: G. W., R.A.S.C.
Busby, Co. Serjt.-Maj. J. H., Shrops. L.I.
Busby, Lt. R. L., 8 Bn. Lan. Fus.
Busby, Temp. Lt. W. W., 13 Bn. Essex R.
Bush, Temp. Capt. H., 7 Bn. Shrops. L.I.
Bush, Temp. Lt. R. P., 11 Bn. Ches. R.
†Bush, Lt W. E., York R.
Bushby, Lt. N. H., C. Gds.
Spec. Res.
Bushe, Lt. W. F., 3 Bn. R. Highrs.
Bushell, Temp. Lt. A., R.E.
Bushill, Temp. Capt. E. J. N., Serv Bns R. War R.
Bushill, Capt. W. N., 7 Bn. R. War. R.
†Bushman, Lt. G. N., R.F.A. Spec. Res.
Busk, Lt. O. W., Suff. R.

Busk, Lt. E. W., R.F.A.
Buss, Co. Serjt.-Maj. R. L, 1 Bn. Lond R.
Bustard, Lt. G. F., ret. pay
Butchart, Hon. Capt. S.F., late 7 Bn. Arg. & Suth'd Highrs.
Butcher, Temp. Lt. A. G., M.G. Corps.
Butcher, Capt. A. H., 7 Bn. Worc. R.
Butcher, Lt. A. H. G., C. Gds., Spec. Res.
Butcher, Temp. Lt. A. L.
Butcher, Co. Serjt.-Maj. B. N., R. Suss. R.
Butcher, Temp. Capt. C. A., R.E.
Butcher, Lt. E. G., C'wealth Mil. Forces
Butcher, Lt. H., R.G.A. Spec. Res.
Butcher, R. W., Hon. Lt. late 5 Bn. Lan. Fus.
†Butcher, Temp. Lt. T. C., R.F.A.
Butcher, Lt. W. C., R.A
Butler, 2nd Lt. A. I., R.F.A. Spec. Res
Butler, Temp. Lt. A. T., Serv. Bns. Worc. R.
Butler, Maj. B H., 1 W. Rid. Brig. R F.A.
†Butler, Lt. C. H., Aust Imp. Force.
Butler, Maj. E. G., Qr.-Mr. W. York R.
But'er, Serjt.-Maj. F. D.C.M., Quebec R.
†Butler, F. J., late 4 Bn. Lan. Fus.
Butler, Temp. Maj. F. W.
Butler, Lt. H., R.G.A. Spec Res.
Butler, 2nd Lt. H. B. R.F.A. Spec. Res.
Butler, Lt. H. C., late R.E.
†Butler, Capt. H. W., K R Rif. C.
Butler, Lt. J., R. Ir. Fus.
Butler, Lt. J. A. W, 17 Lrs.
†Butler, Temp. 2nd Lt. J. W. Serv. Bns., Essex R.
Butler, Temp. 2nd Lt. L. G., 11 Bn Essex R.
Butler, Lt. L G., R. E. (T.F.)
Butler, Bt. Maj. R B., 30 Lrs.
Butler, Temp. Capt. Hon. R. T. B. F., D.S.O., Tank Corps.
Butler, Lt. S. C., Aust. Imp. Force.
Butler, Lt. S. L, C'wealth Mil. Forces.
Butler, Lt. S. R., 4 W. Rid. Brig. R.F.A.
Butler, Temp. 2nd Lt. W., Serv. Bns. Yorks. L.I.
Butler, Capt W R., 3 Bn. Bord. R.
Butler, Lt W G., Bucks Bn. Oxf. & Bucks. L.I.
Butler, Capt. W. H., late R.A.M.C.
Butler-Stoney, Maj. R.B., R.F.A
Butlin, 2nd Lt. B. G., Lan Fus.

Butlin, Temp. Lt. L R, M.G. Corps.
Butt, Temp. Lt. G. W. T., Serv. Bns. Shrop. L.I.
Butterell, Temp. Lt. R. D., M.G. Corps.
Butterfield. Lt. A. J., R.G.A Spec. Res
Butterfield, Lt. F. G., Can. Local Forces
Butterfield, Lt. J., Fort Garry Horse.
Butterfield, Hon. Lt. J.G., late R.F.A.
Butterfield, Temp. 2nd Lt. R S.
Butterick, Lt. F., late M.G. Corps.
Butteriss, Temp. 2nd Lt. W. G., Serv. Bns Leic. R.
Butters, Temp. 2nd Lt. U. E., Serv Bns. Yorks. L.I.
Butterworth, Capt A. 10 Bn. Manch. R.
Butterworth, Lt. A. H. 3 Bn. Welsh R.
†Butterworth, Lt.H.L., R.E.
Butterworth, Capt. B. M. G., R.G.A.
Buttfield, Lt. L. F., Bucks Bn. Oxf. & Bucks L.I.
Buxton, Squdn. Serjt.-Maj. B, 3 D.G.
†Buxton, Capt. D. G., late 6 Bn. W. Rid. R.
Buxton, Capt. C. E. V., R.H.A., Spec. Res.
Buxton, Capt. E. N., R.F.A. (T.F.)
Buxton, Maj. L. G., M.V.O., Res. of Off.
Buxton, Lt. M. B., 5 Bn, Norf. R.
Byard, Temp. 2nd Lt. B.C., Serv. Bns., B. Sarr. R.
Byass, Lt. E. R., N Staff. R.
Byass, Lt. F. W., 19 Hrs.
Byass Temp.Capt. R.A.S.C.
Bye, Lt. E.A., 20 Bn. Lond.R.
Bye, Temp. Capt. W. R. G., D.S.O., Serv. Bns. R W. Surr. R.
Byerley, Capt. A, M., late 10 Bn. Essex R.
Byers, Co. Serjt.-Maj. J.A., R. Ir. Rif.
Byers, 2nd Lt. T., 6 Bn. R. Highrs.
Bygott, Lt. J. F., S. Staff R.
Bygrave, 2nd Lt. G., 3 Bn. S. Staff. R.
Byham, Lt. G. R. G., 8 Bn Midd'x R.
Byrde, Temp. Capt. E. W., R.E.
Byrne, Lt. F. J., R.F.A. Spec. Res.
Byrne, Capt. G. G., Newf'd Contgt.
Byrne, 2nd Lt. J. L., 5 Bn. Sea. Highrs.
Byrne, Temp. Lt. J. O., 12 Bn. North'd Fus.
†Byrne, Lt. L. C., D.S O., R. Dub. Fus.
Byrne, Lt. R., City of Lond. Yeo.
Byrne, Qr.-Mr. & Capt. R., O.B.E., R. Dub. Fus.
†Byrne, 2nd Lt.R.E., R.F.A.
Bytheway, Co. Serjt.-Maj. F., S. Staff. R.
†Bywater, Lt. F. J., R.E. (T.F.)

† Also awarded Bar to Military Cross.

Orders of Knighthood, &c.

THE MILITARY CROSS—contd.

Cable, Capt. D., 6 Bn. R. Highrs.
Cable, Temp.Lt.F.W.,R.E.
Cable, Lt. J. B., 7 Bn. R. Higsrs.
Caddell, Maj. E D., M.B., R.A.M.C.
Ca'dick-Adams, Capt. C., 5 Bn. N. Staff. R.
Caddick-Adams, Temp. Capt. T. G., M.G. Corps.
Caddy, Temp. Lt. G. C., M G. Corps.
Caddy, Maj. J. P., Aust. Imp. Force
Caddy, Qr.-Mr. & Capt. T., L'pool R.
Cade, Lt.F.M.,R.F.A.(T.F.)
Cadell, Maj.C.A.E. R.F.A.
Cadle, Lt. R., R.A.
Caesar, Lt. J. H., Shrops L.I.
†Caesar Capt. R, T., M.D R.A.M.C. (T.F.)
Caffrey, Temp. Lt. L. J, Rif. Brig.
Cagney, Lt. A. F., M.M., Can. Fd. Art.
Cagney, P., late Temp. Lt. R.A.M.C.
Cahill, Lt. M., Aust. Imp Force.
Cahill, Lt. T. G., 3 Bn. R. Muns. Fus.
Cahusac, Capt. A. N., h.p.

Cahusac, Lt. E. B., 3 Bn. S. Staff. R.
Cail, Temp. 2nd Lt. J. M. Serv. Bns. N. Lan. R.
Caiger-Watson, Lt. G., R.W Fus.
†Caillard, Lt. F. C. V. D. Som. L.I.
Cains, Lt. J. L., Quebec Regt.
†Cains, Capt. N. S., Aust. Imp. Force.
Cairnes, Lt. F. H., R.F.A.
Cairns, 2nd Lt., C. R. 14 Bn. Lond. R.
Cairns, Lt. J., R.E. (T.F.)
†Cairns, Temp. 2nd Lt. J., Serv. Bns. K.O. Sco. Bord.
Cairns, Temp. Lt. J., Serv. Bns. N Lan. R.
Cairns, Capt. T. E., 7 Bn Arg. & Suth'd Highrs.
Calder, Lt. H. F. 4 Bn. R. Highrs.
Calder, Capt. H. M., D.S.O. M.B., R.A.M.C. (T.F.)
Calder, Lt. J., R.F.A. Spec. Res.
Calder, Capt. J., 1 Lovat's Scouts Yeo.
Calder, Maj. J. B., C'wealth Mil. Forces
Calder, Capt. R. L, Quebec Regt.
Calderwood, Temp. Capt. A.F., Serv.Bns.Durh.L.I.
Calderwood, Lt. R. G. M., 5 Bn. High. L.I.
Calderwood, Capt. S. C, C'wealth Mil. Forces
†Calderwood, Temp. Capt. W. T., R.E.

Caldwell, Capt. F., C'wealth Mil. Forces
Caldwell, Lt. J. M., 6 Bn. Arg. & Suth'd Highrs.
Caldwell, Lt. L. A., 6 Bn. Lan. Fus.
Caldwell, Capt. L V., late R.F.A. Spec. Res.
Caldwell, Capt. O. R., R.G.A. (T.F.)
Caldwell, Temp. Maj R. N., 4 Bn. S. Wales Bord.
Caldwell, 2nd Lt. S., 4 Bn. S. Staff. R.
Caldwell, Lt. W. B., Can. Eng.
Caldwell, Temp Lt. W. L. Serv Bns Lan. Fus.
Cald ell, Lt. W. T., late M.G Corps.
Cale, Lt. R. H., 3 Bn. R. W. Kent R.
†Caley, Lt. H. K., 4 Bn. Linc. R.
Calkin, Lt. J. R., New Bruns. Regt.
Callaghan, Maj. G. F., Conn. Rang.
Callaghan, Regtl. Serjt.-Maj. W., R. Muns. Fus.
†Callan, Lt. J., 4 Bn High. L.I.
Callander, Lt. C B., R. Muns. Fus.
Callear, Temp. Lt E., W. York. R.
Callen, Temp. Lt. J. A.
†Callender, Temp. Maj. G. H., Serv. Bns. Cam'n Highrs.
Callender, Co Sergt.-Maj. R. M., Loud. R.
Callingham, Lt. C. S., R.F.A. (T.F.)
†Calis, Lt. F. B., R.G.A. Spec. Res.
Callister, Lt. R.S., C'wealth Mil. Force.
Callow, 2nd Lt. G., D.S.O., Notts. & Derby. R.
Calow, Lt. G. R., R.G.A Spec. Res.
Calow, Capt. P. F., Aust. Imp. Force.
Calthrop, Bt. Maj. E. E., R.E.
Calton, Lt. P. A., late Gen. List.
Calver, Lt. C. S., late Serv. Bns. E. Surr. R.
†Calverley, Capt. H. S., Essex R.
Calvert, Co Serjt-Maj. A. 5 Bn. York & Lanc. R.
Calvert, Capt. A. C. H., late Serv. Bns. York & Lancs R.
Calvert, Maj. C. H., late R.F.A.
Calvert, Capt. E. E., late Serv. Bns. E. York. R.
Calvert, Lt. J. H., late R.F.A. Spec. Res.
Calvert, Lt. K. G., 1 Co. of Lond. Yeo.
†Calvert, Lt. N. T , R.F.A.
Calvert. 2nd Lt. T., 6 Bn. R. Highrs.
Calwell, Capt. W. M., late Serv. Bns. R. Dub. Fus.
†Cam, Lt. W., R.G.A

Camac, Rev. J. P., Hon. Chapl. to the Fo.ces, 4th Class.
Cambray, Lt. W. C., 2 Bn. Lond. R.
Cameron, Lt. A., R.E. (T.F.)
Cameron, Capt. A., M.B., R.A.M.C. (T.F.)
Cameron, Capt. A. C., 3 Bn. York & Lanc. R. (L'.ret. pay).
Cameron, Temp. Capt. A. C., 8 Bn Devon. R.
Cameron, Capt. A. D., D.S.O., Can.LocalForce.
Cameron, Capt. A. E., Can. Local Forces.
Cameron, Temp Capt.A.G., 11 Bn. Arg. & Suth'd Highrs.
Cameron, Lt. A. J., Can. Local Forces.
Cameron, Lt. A. L., D.S.O., R.F.A.
Cameron, Lt. A. M., R.E.
Cameron, Lt. A. O. L., Can. Local Forces.
†Cameron, Lt C. E., Aust. Imp. Force.
Cameron, Bt. Maj. D., Cam'n Highrs., p.s.c.
Cameron, Lt. D., R.F.A. Spec. Res.
Cameron, Capt. D., 2 Cent. Ont R.
Cameron, Capt. D. A., E. Ont. Regt.
Cameron, Capt. D. L., Man. Regt.
Cameron, Temp. Lt. D. McD., Serv. Bn. Sea. Highrs.
Cameron, Serjt.-Maj. D R. C'wealth Mil. Forces.
Cameron, Lt. F., R.A.M.C. Spec. Res.
Cameron, Lt.G.C., C'wealth Mil. Forces.
†Cameron, Capt. G. M., late R.A.M.C.
Cameron, Lt. G. S., Ind. Army (Res. of Off.)
Cameron,Lt.H.C.,E.Ont.R.
Cameron, Maj. H. G. L., D.S.O., C'wealth Mil. Forces.
Cameron, Co. Serjt.-Maj. J., 14 Bn. R. Highrs.
Cameron Lt. J., Cam'n. Highrs.
Cameron, Capt. J., late R. Fus.
Cameron, Lt. J. A., 1 Lovat's Scouts Yeo.
†Cameron, Temp. Capt. J. F. C., D.S.O., Tank Corps.
Cameron, Lt.-Col. J. J., D.S.O., late Serv Bns. 8. Staff. R.
Cameron, Capt J. W., ret.
Cameron, Temp. Caps. K., R.E.
Cameron, Lt. R. B., Can. Local Forces
Cameron, Capt, R.D., M.B., R.A.M.C., Spec. Res.
Cameron, 2nd Lt. R. D., Cam'n Highrs.
Cameron, Lt R E., Aust. Imp. Forces.

Cameron, Lt. R. M., 4 Bn Cam'n Highrs.
Cameron, Lt. T. S., R.F.A. spec. Res.
Cameron, Lt. T. W., Aust. Imp. Force.
Cameron, Capt. W, A., Can. Local Forces.
Cameron, Lt. W B. St G., late 3 Bn. R. Dub. Fus.
Cameron-Mitchell Lt J.B. C..R.E. (T.F.)
†Camm, Lt. F. J., 7 Bn. Essex R.
Cammack, Capt. C.
Camp, Lt. H. M., 1 Cent. Ont. R.
Camp, Capt. J.B., late Serv. Bn. Rif. Brig
Campbell, Hon. Lt. A., late Mach. Gun Corps.
Campbell, Lt.A., Ind.Army (Res. of Off.)
Campbell, - Capt. Angus, M B., late R.A.M.C.
Campbell, Lt. Andrew, R.F.A. Spec. Res.
Campbell, Capt. A., 4 Bn. Sea. Highrs.
Campbell, Capt. A. B., Can. Local Forces.
Campbell, Lt. A. D., R. E.
Campbell, Capt. A. E. O., C'wealth Mil. Forces.
Campbell, Temp. Lt. A. F., Serv. Bns.K.O Sco. Bord.
Campbell, Lt. A. G., 4 Bn. Sea. Highrs.
Campbell, Temp. Lt. A. H., R.E.
†Campbell, Lt. C., 4 Bn. K.O. Sco. Bord.
Campbell, Temp. Capt. C. (T.F.)
Campbell, Lt. C. H., R.E. (T.F.)
Campbell, Capt. C. L., Arg. & Suth'd Highrs.
Campbell, Capt. C. W., R.A.
Campbell, Temp. Capt. C. W., R.A.
†Campbell, Lt. D., ret.
Campbell, Hon. Capt. D., late 6 Bn. R. Ir. Rif.
†Campbell, Lt. D., Sea. Highrs.
Campbell, Capt. D., M.B., R.A.M.C. (T.F.)
Campbell, Temp. Lt. D., M.G. Corps.
Campbell, Lt. D. F., Sco. Rif.
Campbell, Lt. D. McL,. 1 Cent. Ont. Regt.
Campbell, Capt. D. S., late W. Kent Yeo.
Campbell, Temp. Capt. D. S., M.B., R.A.M.C.
Campbell, Lt. D. T., C'wealth Mil. Forces.
Campbell Lt E., R.F.A. (T.F.)
Campbell, Lt. E. A. F., late R.F.A.
Campbell, Lt. E. M., 1 Lovat's Scouts Yeo.
Campbell,Capt. F. C, G., 40 Pathans.

† Also awarded Bar to Military Cross

Orders of Knighthood, &c.

THE MILITARY CROSS—*contd.*

Campbell, Lt. G., R.F.A. (T.F.)
Campbell, Capt. G., Nova Scotia R.
Campbell, Maj. G. M., *M.B., late* R.A.M.C.
Campbell, Lt. G. S., Can. M. G. Corps
Campbell, Lt. G. O. L., 3 Bn. R. Suss. R.
Campbell, Capt.G.V., 5 Bn. Rif. Brig.
Campbell, Temp. Capt. H. R.
†Campbell, Temp. Lt. H., R.E.
Campbell, Capt.H.,R.G.A. (T.F.)
Campbell, *Rev.* H. C. M., Hon. Chapl. to the Forces (4th Class).
Campbell Capt. H. J., *M.B.E.*, ret. pay.
Campbell, Lt. H. McD., C'wealth Mil. Forces.
Campbell, Maj. J., *late* 29 Punjabis.
Campbell, Lt. J., R.F.A, Spec. Res.
Campbell, Capt. J., *M.B., late* R.A.M.C.
Campbell,Temp.Capt J.A., 10 Bn. High. L.I.
Campbell, Lt. J. C., R.A.
Campbell, Capt. J. F., Can. Local Forces.
Campbell, Lt.J.G.,Bord.R.
Campbell, Maj. J. McK., Res. of Off.
Campbell, *Rev.* J. McL., Hon.Chapl.to the Forces, 3 Class.
Campbell,Capt.J.O.,*D.S.O.,* R.F.A.
Campbell Lt. J. P., R.F.A. Spec. Res.
Campbell, Capt. J. S., *D.C.M.*, ret. pay
Campbell, Lt. K. J., C'wealth Mil. Forces.
†Campbell, Lt. K. W. D., 3 Bn. Arg. & Suth'd Highrs.
Campbell, Temp. Capt. L. G., R.G.A.
Campbell, Lt. Lindsay R., R.F.A.
Can.pbell, Capt. M. G. G., R.E.
Campbell,Capt. N.R.,7Bn. High. L.I.
Campbell, Capt. P. C., 4 Bn. Arg. & Suth'd Highrs.
Campbell, Temp. Lt. P. F., R.E.
Campbell, Lt. P. J., R.F.A. Spec. Res.
†Campbell, Capt. P. M., Ayr. Yeo.
Campbell, Capt. R. H., R. Mar.
Campbell, Lt. R. J., R.F.A.
Campbell, Temp. Lt. R. T. Serv. Bns. R. Ir. Rif.
Campbell, Lt. S., 5 Bn. High. L.I.
Campbell, Maj. S. B. B, *M.B., late* R.A.M.C.
Campbell, 2nd Lt. S. V 5 Bn. Bord. R.
Campbell, Lt. T., Norf. R

Campbell, Capt. T. H., *M.B.,late* R.A.M.C.
Campbell, Capt. *ao* W. A., *A., Bt.*, Fife and Forfar Yeo.
Campbell, Temp. Capt. W. D., R.A.S.C.
Campbell, Capt. W. K., *D.S.O., M B.,* R.A.M.C.
Campbell, Lt. W. J., Can. M.G. Corps.
Campbell, Temp. Capt. W. L., R.E.
Campbell, Maj. W. M. *D S.O*, Suff. R.
Campbell, Capt. W. P., 6 Bn. R. Highrs.
Campigli, Temp. Lt. G. M. E., 8 Bn. S. Wales Bord.
Campion, Lt. W. J., *la e* Serv. Bns.Bedf.&Herts R
Camplege, Temp. Lt. F. K.
Campsie, Temp. Lt. A.
Canaway, Lt. R. A., Aust Imp. F 'rce.
Candy, Temp. Lt. K. E. Lab. Corps.
Caney,2nd Lt C.,E.Kent R.
Cangley, Temp. Lt. F. G., *D.S.O.*
Canham, Temp. Lt. W. D., M.G. Corps.
Canney, Temp. Lt. E. E., 10 Bn. Durh. L.I.
†Canning, Temp. Capt. C. V., 9 Bn. Suff. R.
Canning, Lt. M. H., R.E (T.F.)
Cannings, Capt. E. W., W. York. R.
Cannon, Maj. H. C., Res of Off.
Cant, Temp. Lt. A. McG., M.G. Corps.
Cant, Temp. 2nd Lt. R. B., R.E.
Cantlie. Capt. N., *M.B.,* R.A.M.C.
Cantlon, Lt. F. H., Can Local Forces.
Canton, Lt. A. J., Brecknock Bn. S. Wales Bord.
†Cantwall,Capt. A W., *la e* Serv. Bn. Lan. Fus.
Cantwell, Co. Serjt.-Maj. G., Lond. R.
Canvin, Qr.-Mr. & Capt A. J., Bucks Yeo.
Caparn, Temp. Capt. E. T R.E.
Cape, *Rev.* A. T., Temp. Chaplain to the Forces *(4th Class.)*
Capel. Capt. E. A., 1 Bn Hereford R.
Capel, 2nd Lt. R. H., R.F.A. Spec. Res.
Capen, Lt. C. G., 4 Bn. K.O. Sco Bord.
Capev, Lt. E. P., R.G.A. Snec. Res.
Capstaff. Lt. E., R.G.A
†Capstick, Lt. E., 3 Bn L'pool R.
Capstick, Temp. Capt. H. P., *M.B.E.*, 8 Bn. Ches. R.
Carabine, Lt. T., 2 D.G. Spec. Res.
Carberry, Lt. A. A., 8 Bn. Manch. R.
Carbery, Capt. D. H. M., *D.F.C.*, R.F.A.
Carbery, Temp. Lt. M., R.F.A.
Carbutt, Lt. N. J. O., R.F.A.

Card, Lt. F. W. F., 1 D.G.
Carden, *Rev.* J., *C.B.E.* Temp. Chapl to the Forces, 4th Class.
Carden Roe, Bt. Maj. W. R. Ir. Fus.
Cardew,Temp. Maj. A. B., *M.B., F.R.C.S.Edin., late* R.A.M.C.
Cardew, Maj. H. S, 39 Rif. Brig.
Cardew, Capt. R. W., R.E.
Cardiff, *Rev.* E., H n. Chapl.to the Forces, 3rd Class.
†Carding, Capt. W. H., *late* Qr -Mr. 8 Afr Inf
Cardwell, Temp. Lt. G. E., 8 Bn. S. Wales Bord.
Cardwell, Lt. H. F., 3 Bn. Conn. Rang.
Cardwell, Temp. Capt. R. H., R.E.
Cardy, Capt. A. G., *D.C.M.*, ret. pay
Carew, Temp. Capt. H., Tank Corps
Carew. Garr. Serjt.-Maj. J. R. Ir. R.
Carew, Maj. R. J. H., *late* R. Dub. Fus.
Carew, *Rev.* W. H., *B.A.,* Chapl. 4th Class (T.F.)
Carey, Lt. J. W. M., Can. Inf.
Carey. Temp. Lt. M. J., Temp. Qr.-Mr. Serv. Bns. Rif. Brig.
Carey, Capt. L. J., Can. Local Forces
Carfrae, Maj. C. T., R.F.A
Cargill, Temp. 2nd Lt. D. C., Serv.Bns.Sea. Highrs
Carhart, Lt. E., 5 Bn. N. Staff. R.
Carhart, Temp. Lt. S., Brit. W.I.R
Jarkeet James, Capt. E. H., *O.B.E.*, D.of Corn.L.I.
Carles, Lt. C. W. T.F. Res
Carles, Temp. Lt. R. E., 6 Bn. Bedf R.
Ca-less, 2nd Lt. H., 5 Bn. R. Lanc R.
Carless, Capt. T. F. G., 5 Bn. Midd'x R.
Carless, Lt. W. J., 3 Bn Gord. Highrs.
Carleton, Serjt.-Maj. J. A., R. Scots.
Carlile, Lt. W. J., Rif. Brig.
Carlin,Lt. S., *D.F.C.,D.C.M.*, *late* R.E. (T.F.)
Carling, Lt. J. C., Can. Local Forces
Carling. Lt. W. H., Can. Local Forces
Carlisle, Capt. F. M. M., High. L.I.
Carlisle, Cant. J. C D., *D.S.O.*, 15 Bn. Lond. R.
Carlisle, R., *late* 2nd Ln. Welsh Horse Yeo.
Carlisle, Maj. T. H., *D.S.O.,* R.F.A.
Carlisle, Temp. Lt.-Col. T. H., *D.S.O.,* R.E.
Carlton, Capt. C. H., *M.B.,* R A.M.C. Spec. Res.
Carlyle, Capt. G , R.E. Spec. Res.
Carlyle, Capt. T., *late* 19 Bn. Lond. R.
Carman, Lt. A., Linc. R.
Carmichael, Capt. A. C., C'wealth Mil. Forces.

†Carmichael, Maj. D. *D S.O.*, Can.Local Forces
†Carmichael, Temp Lt. D., Serv. Bns. N. Lan. R.
Carmichael, Lt. D. M., R.F.A. Spec. Res.
Carmichael, Lt. G., Brit. Columbia Regt.
Carmichael, Temp. l t. J., *D.S.O.*, Serv. Bns. High. L.I.
Carmichael. Temp. Lt. W., Serv. Bn. R. Fus.
Carmichael, Capt. W. M., 4 Bn. R. Scots.
Carnan, Lt. J., 4 Bn. R. Sco Fus.
Carne, Capt. A. G., Aust. Imp. Force.
†Carne, Capt E. F., R.F.A.
Carnegy, Capt. U. E. C., *D.S.O.*, 3 D.G.
Carnelly, Temp. Lt. H., R.E.
Carnes, 2nd Lt. C., 4 Bn. E. York. R.
Carney, Capt. P., *M.B.,* R.A.M.C.
Carney, Col-Serjt.-Maj. T. P., *D.C.M.*, E. York. R.
Carnie, Lt. A. J. W., 6 Bn. Gord. Highrs.
Carnsew. Lt. C. N. T., Staff. Yeo.
Carolin, Lt. 2nd l t. C. G., R.E.
Carpendale, Lt. H. M. St. J. S. Wales Bord.
Carpenter, Lt. F., R.A.
Carpenter, Lt. G. E., R.E.
Carpenter, Lt. G. T., R.E. (T.F.)
Carpenter, Capt. H., *O.B.E.*, S. Afr. Def. Force
Carpenter, Lt. J. O., E. Surr. R.
Carpentier, Temp. Lt. R., R.F.A.
Carr, Temp. Maj. A. E., *D.S.O.,* Tank Corps.
Carr, Lt. A. M., C.G. Gds. Spec. Res.
Carr, Lt. A. R., R.G.A. Spec. Res.
Carr, Temp. Capt. D. L., R.A.
Carr, Capt. E.N., *late* 24 Bn. Lond. R.
Carr, Temp. Maj.G., *D.S.O.,* Mach. Gun Corps (Motor)
Carr, Temp. Capt. G., Serv. Bns. Shrops. L.I.
††Carr, Capt. G. D'R., R.A.M.C.
Carr, Capt. G. F., R.A.M.C.
Carr, Capt. J., *late* M.G. Corps
Carr, Qr.-Mr. & Lt. J., W. Rid. Cas. Clearing Stn.
Carr, Temp. 2nd Lt. J. F., R.G.A.
Carr, 2nd Lt.J.J.,E,Lan.R.
Carr, Lt. J. W., 24 Bn. Lond. R.
Carr, Lt. L., R.A.
Carr. Temp. Capt. L. A., *M.B.,* R.A.M.C.
†Carr, Lt. M., R. Sc. Fus.
Carr, Capt. P. W. K., Sea. Highrs.

† Also awarded Bar to Military Cross.   †† Also awarded 2nd Bar to Military Cross.

THE MILITARY CROSS—contd.

Carr, Lt. R., W. Lan Divl. R.E.
†Carr, Lt. R., D.C.M., R. Lan R.
Carr, Temp. Maj. R. N., Bn. Bord. R.
†Carr, Temp. Capt. T. S., R.F.A
Carr, Lt. W. A. C., R.F.A (T.F.)
Carr, 2nd Lt. W. B., D.C.M., Aust. Imp. Force.
Carr Archer, Temp. Lt. J., R E.
Carre, Temp. Lt. M. H., late Serv. Bns., R.W. Kent R.
Carr-Harris, Temp. Capt. F. F., D.S.O., M.D., late R.A.M.C.
†Carrick, Lt. C. B., North'd Fus., Spec. Res.
Carrick, Capt. R. S., Aust. Imp. Force.
Carrick, 2nd Lt. W. E., North'd R.
Carrie, Lt. P, R.F.A (T.F.)
†Carrigan, Lt. R. W., R.A
Carrington, Lt. C. E., 5 Bn. R. War. R.
Carrington, Capt. H. D.C.M., ret. pay
Carriogton-Sykes, Maj. M., R.G.A.
Carroll, Capt. A. L., late R.E.
Carroll, Capt. C. J., C'wealth Mil. Forces.
Carroll, Capt. C. K., late R.A.M.C.
Carroll, Capt. G., Aust.Imp Force.
Carroll, Capt. H. F, late R.E.
Carroll, Capt. H. H., C'wealth Mil. Forces.
Carroll, Lt. J., R. Ir. Fus.
Carroll, Capt. J. D., M.B., late R.A.M.C.
Carroll, Rev. W., Temp. Chaplain to the Forces, 4th class.
Carruthers, Capt. C. G., R. Dub. Fus.
Carruthers, Maj. J. H. De W., O.B.E., 39 Rif., p.s.c.
Carr-White, Capt. R. A., 31 Lrs.
Carse, 2nd Lt D A., M.M., R.F.A, Spec. Res.
Carse, Lt. G. M. D., 5 Bn Sea. Highrs.
Car-lake, Capt. W. B., 3 Bn. R.W. Surr. R.
†Carson, Capt. C. F., R.E.
Carson, Temp. Capt. C. G. 13 Bn. Essex R.
Carson, Temp Capt. E. F., Serv. Bns. Leic R.
Carson, Temp. Maj. E. H., D.S.O., Tank Corps.
Carson, F., M.B., lateTemp. Capt., R.A.M.C.
Carson, Capt. F. S., M.B., 2 Loud. San. Co., R.A M.C. (T.F.)
Carson, Lt. G., 3 Bn. L'pool R.
Carson, Lt. G. W., late Serv. Bns L'pool R.
Carson, Lt. J. B., W. Rid. R.H.A.
Carson, Capt. S. G., Sask.R.
†Carson, Lt. T., R.F.A.

Carson, Temp. Lt. W. R., Serv. Bns. R. Duo Fus.
Carstairs, Lt. C. C., late G. Gds. Spec. Res.
Carstairs, Lt. D.'L., Quebec Regt.
Carswell, Lt. H. G., 5 Bn. Sco. Rif.
Carswell, Temp. Lt. J. H., North'd Fus.
Carter, Lt. A. H., R. Lanc. R.
Carter, 2nd Lt. A. H. M.M., late Dorset. R.
Carter, Temp. Lt. A. N., M, G. Corps.
Carter, Temp. Lt. A. V.
†Carter, Temp. Lt. B. S., Tank Corps.
Carter, Ho., Capt. D. E., late R. A.M.C.
Carter, Co. Serjt.-Maj. E., Leic. R.
Carter, 2nd Capt. E. ret. pay.
Carter, 2nd Lt E. L., 5 Bn Som. L.I.
Carter, Temp. 2nd Lt. E. N., 9 Bn. Leic R.
Carter, Lt. E. P. Q., 5 Bn. R. War. R.
Carter, 2nd Lt. F. W. A., Shrops. L.I
Carter, Co Serjt.-Maj. G., R.A.S.C.
Carter, Lt. G. C., 4 Bn. Glouc. R.
Carter, Lt. G. W., Quebec Regt.
Carter, Lt. H. C., 6 Bn. S. Staff R
Carter. Temp. Capt. H. F
Carter, Temp. Maj H G., Serv. B·s., R W. Fus.
Carter, Lt H. W., 7 Bn. W Rid. R.
Carter, Lt. H. W., 4 Bn. R. W. Surr. R.
Carter, Temp. Lt. J. A., M.G. Corps
Carter, Lt. J. L., Ind. Army
Carter, Capt. L.L., C'wealth Mil. Forces
Carter, Lt. M.O., R.F.A Spec. Res.
Carter, Capt. P., 7 Bn Worc. R.
Carter, Capt R. B., M.B., late R.A.M.C.
Carter, Capt. R. H., 8 Bn Lond. R.
Carter, Lt. S. C., R.E. C'wealth Mil. Forces.
Carter, Qr.-Mr. & Lt. W., 6 Bn. North'n R.
Carter, Capt. W., D.S.O., Wilts. R.
Carter, Lt. W., R.G.A. Spec. Res.
Carter, Temp. Maj. W. G. R.E.
†Carter, Bt. Maj. W. H., D.S.O, R. War. R.
Carter, Lt. W. T., late Serv Bns. Bedf. & Herts. R.G.A. Spec. Res.
Cathcart, Capt. W B., M.B., R.A.M.C. Spec Res

Carthew, Temp. Capt R. C., 6 Bn. Bedf. R.
Cart'and, Capt. J., 8 Bn. R. War R.
Cartman, Capt. F. J., late 15 Bn. Durh. L.I.
Cartman, Capt. T., late Serv. Bns Manch. R.
Cartwright, Temp. Lt. A. H., Tank Corps.
Cartwright, Temp. Maj. C. D.S.O., 6 Bn. York & Lanc. R.
artwright Temp. Capt. E. C., 7 Bn. Som. L.I.
Cartwright, Capt. H. A, Middx R.
Cartwright, Capt. H. N., late 3 Bn. R. War. R.
Ca twright, Lt. I. R., 3 Bn. R.W. Fus.
Cartwright, Capt. J. R., R. Scots.
Cartwright. Temp. Lt. W., R.E.
Cartwright. Temp. Lt. W., O.B.E., late R.A.S.C.
Carus, Maj. F. X.S., R.F.A (T.F.)
Carus-Wilson Temp. Capt. C. C. R Mar.
Carus-Wilson, Capt. C. D., 1 Co. of Lond. Yeo.
Carus-Wilson, Capt. E., R.E. Spec. Res.
Carus-Wilson, Capt. L. C., R E.
Carvell, Capt. G. C., Can. Local Forces.
†Carver, Lt.G.S., N.Staff.R.
Carville, Temp. 2nd Lt. F. Serv. Bns.R.W. Kent R.
†Carvosso, Lt. J. H., Can. Local Forces.
Carter, Temp. Capt. H. F
Casewell, Maj. L. G., Can. Local Forces.
Casey, Capt. C. I . ret.
Casey, Lt. D.A., Res.of Off.
Casey, Qr.-Mr. & Lt. E., 12 Bn. R. Fus.
Casey, Capt. G. H., late R.G.A. (T.F.)
Casey, Maj. H. J., late C'wealth Mil. Forces.
Casey, Maj. R. G., D.S.O., 14 Bn. Worc. R.
Casey, Temp. Lt. T. W., C'wealth Mil. Forces.
Cash, Bt. Maj. J. N., R.E.
Cash, Temp. Capt. R. J.
Cashel, 2nd Lt G. U., R.G.A. Spec. Res
Cashman, Capt. W. P., C'wealth Mil. Forces.
Cashmore, Lt. G.E., R F A Spec Res
Cashmore, Lt. L.. 4 Bn Notts. & Derby. R.
Caskey Temp. 2nd Lt. J.A., Serv. Bns. R. Innis. Fus.
Caslon, Temp. Lt. C. A., R.A
Casper, Lt. C. F., R.G.A. (T.F.)
Cass, Lt. E. E. E., Yorks. L.I.
Cass, Lt W. D., 3 Bn. Lond. R.
Cassan, Rev. A. W. M, Temp Chapl. to the Forces, 4th Class.
Casselman, 2nd Lt. F. C., 3 Bn. Wilts. R.

Cassels, Lt. A., 6 Bn. Sco. Rif.
Cassels, Temp. Capt. G. R., R.E.
Cassels, Capt. G. T., Can. Local Forces.
Cassels, Lt. H., 8 Bn Notts. & Derby. R.
Cassels, Lt. J. S., R.Suss.R.
Cassels Lt. W. C., 7 Bn. Wore. R.
Casserly, Lt J. A., R.F.A.
Cassidy, Maj. C., M.B., R.A.M.C.
Cassidy, Lt. D. M., R.G.A.
Cassidy, Capt. D. S., M.D., late R.A.M.C.
Cassidy, Temp. 2nd Lt. J., Serv. Bns. Lan. Fus.
Cassie, Lt. J. R. B., 9 Bn. R. Scots.
Casson, Temp. Capt. L. T., R.E
Cassy Lt.-Col J.S.late Serv. Bn. Notts. & Derby R.
Castello, Lt. E. J., R.F.A.
Castello, Temp. Lt. S. M.
Caster, Lt. W. S., Hunts. Cyclist Bn.
Castle, Lt. A., R.F.A.
Castle, Maj. C. M., la'e Serv. Bn. R. Ir. Rif.
Castle, Capt. G. E., R.F.A. (T F.)
Castle, Lt. G. S., 4 Bn. Glouc. R.
Castle, Temp. Lt. H. G., R.E.
Castle, Capt. L. J., O.B.E., Res. of Off.
Castle, Lt. R. P., R.G.A. Spec. Res
Castle, Lt. A. H., C'wealth Mil. Forces.
Caswell, Temp. 2nd Lt. C. W., 6 Bn. N rth'n R.
Caswell, Capt. G.E., 18 Bn. North'd Fus.
Caswell, Capt. W. B., Can. Local Forces.
Catchpole, 2nd Lt. J. H., N.Z. Mil. Forces.
Cater, Temp. Lt. J. R., R.A
Cathcart, Capt. J. P. S., Can. Local Forces.
Cathcart, Temp. Capt. M., 5 Bn. North'n R.
Catling, 2nd Lt. T. L. F. W., R.F.A. Spec. Res.
Cato, Capt. E. T., Aust. Imp. Force
Caton, Capt. R. B., 4 Bn. Norf. R.
Cator, Capt. C. A. M., S. Gds. Spec. Res. (Lt. Res. of Off.) ret.
Cator, Lt. H. J., 2 Dns.
†Catron,Temp.Capt.J.E.T.
Catron, Capt. J. E.T., Ind. Army
Catt, 2nd Lt. A. W., R.W. Kent R.
Catt, Lt. E. W., R.F.A.
Cattell, Lt. A. G, 24 Bn. Lond. R.
†Cattell, Temp. Lt. J W., R.F.A.
Cattermole, Capt. A. C., Qr.-Mr. 13 Bn. Lond. R.
Cattermole, Co. Serjt.-Maj. G. E., 13 Bn. Essex R.

† Also awarded Bar to Military Cross.

Orders of Knighthood, &c. 311

THE MILITARY CROSS—contd.

Cattley, Temp. Maj. L. A., Serv. Bns. E. York. R.
Catto, Lt. K. J., 5 Hrs.
Catton, Lt. E. G., *late* 21 Bn. Lond. R.
Catty, Temp. Lt. G. F. G., R.F.A.
Caudell. Lt. C. H. J., Essex R.
Caudle, Capt. H. C. R., R.A.
Cauldwell, Capt. H., 1 Cent. Ont. Regt.
Caulfeild. Capt. W. S., Leins. R.
Caulfield, Hon. Capt. G., *late* 16 Bn. High. L.I.
†Cannter. Bt. Maj. J. A., L. Glouc. R
Causton, Capt. J. P., E. Kent R.
Cavanagh, Capt. A. L. Can. Eng.
Cave, Temp. Lt. A. W., Serv. Bns. High. L.I.
Cave, Lt. F. O., Rif. Brig.
Cave, Lt. H. W., R.F.A. (T.F.)
†Cave, Lt. J. W., Quebec Regt.
Cave, Bt. Maj. K. McC., ret. pay
Cave, Capt. T. W., R.F.A (T.F.)
Cave Browne, Capt. W. D.S.O., R.E.
Caven, Lt. J., R. Sc Fus.
Caven, Lt R. J., 7 Bn. High. L.I.
†Cavenagh, Capt. J. R., M.B., R.A.M.C.Spec.Res.
Cavenagh, Bt. Maj. T. F., R.F.A.
Cavendish, Capt. F. G., D.S.O., Leins. R.
Cavendish, Lt. R, V. C., Notts. & Derby. R.
†Cavers, Lt. J., 7 Bn. R. Scots.
Cavey, Lt. G. W., M.M., Quebec R.
Cavill. Lt. W. V., 3 Bn. W. York. R.
Cawley, Lt. J. D, R.F.A., Spec. Res.
Cawley, Lt. J. W., M.M., 4 Bn. R. Berks R.
Cawood, Lt. A. R., 4 Bn York. R.
Cawood, 2nd Lt. R. C, *late* S. Afr. Def. Force
Cawson, Temp. Capt. G., Serv. Bns. North'd Fus.
Cawthra, Temp. Lt H., R.E.
Cayford, Lt. S. B., Can. Fd. Art.
Cazalet, Capt G. L., D.S.O., R. Fus.
Cazalet, Temp. Lt. R. deB.
Cazalet, Capt. V. A., ret.
Cazenove, Capt. B. de L., 3 Bn. R. Scots.
Cazes, Lt. P. J.
Cecil, Temp.Lt.L.H., Serv. Bns. K.R. Rif. C.
Cecil-Smith, Lt. R P., 4 Bn. Som. L.I.
Celestin, Capt. L A. R.A.M.C.(T.F.)
Chabalie, Lt. H. J., Can. Local Forces.
†Chad, Lt T. E., R.Suss. R.
Chaddock, Capt. R. S., *late* 11 Bn. E. Lan. R.

Chads, Bt. Maj. H. F. Bord. R.
Chads, Capt. W. J., R.F.A.
Chadwell Temp. Lt. L. A., Serv. Bns. Linc. R.
Chadwick,Lt.A.B.,r.t pay
Chadwick, Rev. C. E., M.A., Chaplain to the Forces (4th Class)
Chadwick, Lt. C. T., R.G.A. Spec. Res.
Chadwick, Maj. E. W., R A.
Chadwick, Capt. F., M.B., R.A.M.C. (T.F.)
Chadwick, Lt. F., D.S.O., 5 Bn. K.R. Rif. C.
Chadwick, Lt. F. D., 3 Bn. W. Rid. R.
Chadwick. Capt. F. J. G, Can. M. G. Corps.
Chadwick, Capt. G. E., E. Lan. R. [l]
Chadwick, Temp. 2nd Lt. H., Serv. Bns Durh. L.I.
Chadwick, Temp. Capt. J. F., R.E.
Chadwick, Lt. L., M.M., Aust. Imp. Force
Chadwick, Lt. L.A., R.F.A. Spec. Res.
Chadwick, Lt. N., R.G.A. Spec. Res.
Chadwick, Capt. T., 4 Bn. Yorks. L.I.
Chadwyck-Healey, Lt. E. R., Res. of Off.
Chafe, Lt. E. R. A., Newf'd Contgt.
Chaffer, Lt. C. H., 4 Bn. Glouc. R.
Chaffer, Lt. R., 4 Bn. S. Lan. R.
Chaffers, Maj. N. B., 6 Bn. W. Rid. R.
Chaffey, Capt. G. E., Can Local Forces.
Chagnon, Lt., E. S., 2 Cent. Ont. Regt.
Chalk, Capt. C. L., *late* R.A.M.C.
Chalk, Capt. V. R., *late* Serv. Bns. Yorks. L.I.
Challen, Temp. Lt. J.B.R., Serv. Bns Midd'x R.
Challen, Lt. L. G. R., Aust. Imp. Force
Challen S. B., *late* Temp lt Serv. Bns. L.I.
Challenor, Lt. O. B., 4 Bn. R. Berks. R.
Challinor, Capt. J.M., 3 Bn. K.O. Sco. Bord.
Challis, Temp. Lt. L., 13 Bn. E. York. R.
Challoner, Capt. R., *late* Serv. Bns. N. Lan. R.
Challoner, Lt. R. L., Res. of Off.
Chalmer, Bt. Maj. F. S., D.S.O., R. Highrs., p.s o.
†Chalmers, Temp. Lt. A., 5 Bn. Cam'n Highrs.
Chalmers,Lt.A.C.,C'wealth Mil. Forces.
Chalmers, Temp. Lt. A. McD., M.G. Corps
Chalmers, Lt. J. A. G., 3 Bn. Suff. R.
Chalmers, Co. Serjt.-Maj. J.W., 6 Bn. Gord. Highrs.
Chalmers, Capt. L.P., Man. Regt.
Chalmers. Lt. P. G., Aust. Imp. Force.

Chalmers, Temp. Lt. R.M., R.E.
Chalmers, Temp. Capt. T. E. B., M.G. Corps.
†Chalmers, Lt. W., 8 Bn. Arg. & Suth. Highrs.
Chalmers-Park, Lt. J., *late* Serv. Bns. W. York. R.
†Chamberlain, Lt. C. H., 7 Bn. R. War. R.
Chamberlain, Lt. H. P. C'wealth Mil. Forces.
Chamberlain, Lt. L. L., Ind. Army
Chamberlain, Lt. R. P., R.E. (T.F.)
Chamberlain, Capt. W. B., Worc. Yeo.
hamberlayne, Lt. C. H L. F. M. T., S. Gds. Spec. Res.
Chamberlen, Rev. L. G. Hon Chapl. to the Forces, 3rd Class
Chamberlen, Lt. S. 6 Bn. Rif. Brig.
Chamberlin, Lt. Col. F. G., 7 Bn. Worc. R.
Chamberlin, Lt F L., 21 Bn. Lond. R.
Chambers, 2t A. S., G Gds. Spec. Res.
Chambers, Capt. B.I., R.E. Spec. Res.
Chambers, Lt. C., D.C.M., Notts. & Derby. R.
Chambers, Capt. C. R., *late* Serv. Bns. S. Lan. R.
Chambers, Capt. E. C. G., Can. Eng.
†Chambers, Capt.E.V., Can. Local Forces.
Chambers, Temp. 2nd Lt. F , Serv. Bns. K.R. Rif. C.
Chambers, Capt. F G (T.F.)
Chambers, Capt. G. H., Ind. Army.
Chambers, Capt. G. O. R.A.M.C.
Chambers, Temp 2nd Lt G. W. H., Serv. Bns Rif. Brig.
Chambers, Maj. H., ret. pay.
Chambers, Temp. Lt. R., R.F.A
†Chambers, Lt. L. B., 3 Bn. York & Lanc. R.
Chambers, 2nd Lt M. T., 4 Bn. Linc. R.
Chambers, Lt. P. E. H. 21 Bn. Lond R.
Chambers, Temp. Lt R.A.- Serv. Bns. R. Innis. Fus.
Chambers, Lt. T. G. S. R.G.A. Spec. Res.
Chambers, Lt. W., R.F.A. Spec. Res.
Chambers, Lt. W. F. H. Bord. R.
Chamier, Temp Lt. C., 6 Bn. Bedf. & Herts. R.
Chamier, Capt. E. A. C. D., 3 Bn. Linc. R.
Chamier, Capt. S. E., Res, of Off.
Chamier, Lt. S. H. D., W. York. R.
Chamley, Temp. Capt. A. C.
Champion, Lt. A., Yorks. L.I
Champion, Lt. B. A. R.F.A. (T.F.)
Champion de Crespigny. Maj. H., 56 Rif.

Champion de Crespigny, Lt. H. V., Suff. R.
Champneys, Lt. E. G. S., R.F.A.
Chance, Temp. Capt. C. C., M.B., R.A.M.C.
Chance, Lt. J., D.C.M., W. York. R.
Chance, Maj. N R L., R.F.A., Spec. Res.
Chance, Capt. R. J. F., ret. pay
Chancellor, Lt. G. W., 8 Bn. Lond. R.
Chand, Capt. H., Ind.Med. serv.
Chandler, Maj. A. L. P.F. Res.
Chandler, Capt. A. L., *late* R.A.S.C.
Chandler. Capt. C. C., 8 Bn. W. York. R.
Chandler, Hon. Lt. C. J., *late* R.F.A. Spec. Res
Chandler, Capt. F.C., M.B., R A M C. (T F.)
Chandler, Temp. Lt. F. E. R.E.
Chandler, Temp Lt F. P., Serv. Bns Midd'x R
Chandler, Capt. G. H., *late* 3 Bn. R. Dub. Fus.
Chandler, Temp Lt H. W. R., York & Lanc R.
Chandler, Lt. J.W , Devon. R.
Chandler. Lt. W. G., Suff. R.
Chandra Bahadur Karki, 2nd Lt. Ind. Army.
Chaney, Lt. G., Glouc. R.
Channer, Capt G.O. de R., 7 Gurkha Rif.
Channon, Lt. G. D., R.H.A (T.F.)
Chantrill, Temp. 2nd Lt. G. M.
Chaplin, Temp. Lt. C. J., *late* R.E.
Chaplin, Lt. H. A., 4 Bn. North'n R.
Chaplic, Capt. J C., Essex Yeo
Chapman, Temp. Lt. A., *late* Serv. Bns. Leins. R.
Chapman, Capt. A. A., N.Z. Mil Forces.
Chapman, Maj. A. B.. Can. R.
Chapman, Lt. A. L., 5 Bn. K.O. Sco. Bord
Chapman, Temp. Capt. A. R.
Chapman, Temp.Lt.Albert Rowland, Tank Corps
Chapman, Lt. A. S., *late* 12 Bn. Arg. & Suth'd Highrs.
Chapman, Lt. A T, M.M., Aust. Imp. Force.
Chapman, Lt. B. E., 5 Bn. Norf. R.
Chapman, Temp Capt. C. H., R.G.A.
Chapman, Temp. 2nd Lt. C.H., Serv. Bns. Essex R.
Chapman, Temp. 2nd Lt. E., Serv. Bns. Worc. R.
hapman, Lt. E. J., 4 Bn. Norf. R.
Chapman, Temp. Capt. E. J. C.
Chapman, Capt. E. R., *late* 4 Bn. E. Kent. R.

† Also awarded Bar to Military Cross.

THE MILITARY CROSS—contd.

Chapman, Temp. Lt F., W. Rid. R.
Chapman, Co. Serjt.-Maj F. S., R. Fus.
Chapman, Capt. G., R.F.A. (T.F.)
Chapman, Lt. G.P., D.S.O., R.F.A., Spec. Res.
Chapman, Temp. Capt. G P., O.B.E., Serv. Bns. R. Fus.
Chapman, Lt. H. R. G. L., 10 Bn. Lond. R.
†Chapman, Lt. J. G. J., R.F.A. Spec. Res.
Chapman, Lt. L. P., Can. Fd. Art.
Chapman, Co.-Serjt.-Maj. L. W., 6 Bn. North'n R.
Chapman, Lt. O. S., S. Afr. Def. Force.
Chapman. Lt. P., R.F.A., Spec. Res.
Chapman, Capt. R. J. M.D., R A M C, (T.F.)
Chapman, Capt. R. McL. ret.
†Chapman, Lt. S. W., R.E. (T.F.)
Chapman, Lt. T., 7 Bn. R War. R.
Chapman, Lt. T. B., M.M Sask. R.
Chapman, Lt. W.G., 12 Bn. Gloue. R.
Chapman, Temp. Capt W H., 11 Bn. E. York. R.
Chapman, Lt. W. R., late Serv. Bns. Durh. L I.
Chappell, Lt. A. F., R.G.A. Spec. Res.
Chappell, Lt. H. J., 17 Bn. Lond. R.
Chapple, 2nd Lt. F. J., late R.A.
Chapple, Maj. J. G., Temp I.O.M 1st Cl. R.A.O.C.
Chard, Lt. G. R., late Serv. Bns. Linc. R.
Chard, Capt. W. W., R Fus.
Charles, Capt. A. H., late R.G.A. Spec. Res.
Charles Lt. A. P., R. Fus.
Charles, Co. Serjt - Maj., G., 9 Bn. Welsh R.
Charles, Capt. L. B., Terr. Fo ce Res.
Charles, Temp Lt. N. H. H. Fd ce Res.
Charles, Capt. S. D., Linc Yeo.
Charleson, Lt. D. R., Can. Local Forces.
Charlesworth, Lt. A. K., Res. of Off.
Charlter, Temp. Lt. F. A., R. Fus.
Charlton, I t. A, H., 6 Bn. N. Staff. R.
Charlton, Temp Maj. G.H. Corps of Mil Accts.
†Charlton, Temp. Lt. J. W., 9 Bn. R Innis. Fus
Charlton, Maj. P., C'wealth Mil. Forces.
Charlton, Capt. W. D., late S. Afr. Def. Force.
Charman, Co. Serjt.-Maj A. R., D.C.M., M.M., 21 Bn. Lond. R.
Charney, Temp. Lt. H., Serv. Bns. E. Lan. R.

Charnley, Temp. Lt. F. H., 8 Bn. R. W. Fus.
†Charnock, Lt. R., O.B.E., 5 Bn. L'pool R.
Charnock, Lt. W. 4 Bn. Gloue. R.
Charrington, Capt.C.E.W., 4 Bn. S. Staff. R
rCharrington, Bt.Maj H.V. S., 12 Lrs.
Charrington, Lt. P. R. L. 6 Bn. Rif. Brig.
Chart, Temp. Lt. H. N., 6 Bn. Leic. R.
Charter, Hon. Lt. (*Maj) A. G., S. Afr. Def. Force.
Charter, Temp. Lt. C. W. Tank Corps.
Charter, Temp. Lt. F. E. R.A.
Charter, Capt. H. R., late R.E.
Charter, Capt. W. F., 7 Bn. Sco. Rif.
Charteris,Rev.W.C.,O.B.E. Temp. Chapl. to the Forces (2nd Class).
Chase, Temp. Capt. C. D., 16 Bn. R. Ir. Rif.
Chase, Capt. C. M. C., C'wealth Mil. Forces.
Chase. Rev. G. A., Hon Chaplain to the Forces (4th Class).
Chasey, Lt. L. C., Wessex Divl. R.E.
Chasse, Maj. H., D.S O. Quebec R.
Chassels, Lt. W., late 2 Dns. Spec. Res.
Chassereau,Temp. Capt. J. D., R.E.
Chester, Lt. M. C., 4 Bn. E. Kent R.
Chater, Capt. S. W., late M.G. Corps.
Chatfield,Lt. A L., R.F.A (T.F.)
Chatfield, Capt. H. L, Bord. R.
Chatfield,Capt. H.T..M.B. R.A.M.C. Spec. Res.
Chatterton, Lt. J., 7 Bn. Lond. R.
Chatterton, Lt. R., R.G A Spec Res
Chatterton, Temp. Lt. W., 15 Bn. Ches. R.
Chatwin, Lt. A. E., Can. Fd. Art.
Chaundler, Lt. P. R., 5 Bn. Bedf. & Herts. R.
Chaundy, Temp. Lt. H.M. Serv. Bns. Midd'x R.
Chavasse, Rev. C. M., Hon. Chapl. to the Forces, 2nd Class.
Chavasse, Temp. Capt. F. B., R.A.M.C.
†Chaworth-Musters, Lt D., R.F.A
Chaworth-Musters, Temp Capt. R.
Chaworth - Masters, Lt. R. H., Norf. R.
Chaytor, Maj.F. C.,R.F.A.
Chaytor, Bt. Maj. J. C., D.S.O., S. Staff. R.
Cheadle, Lt. H., D.S.O., S. Afr. Def. Forces.

Cheape, Hon. Brig.-Gen G. R. H., D S O., 1 D.G.
Checkland, Maj. B. H., 5 Bn. Notts. & Derby. R.
Checkley, Temp. Lt. J. W. Serv. Bns. Notts. & Derby R.
Cheek, Co. Serjt.-Maj. R., R.F.A Spec. Res.
Cheel, Temp. Lt. E. S., 10 Bn R. W. Kent R.
Cheeseman, Maj.H. E.,late R.A.
Cheesman, Maj. W. J. R., D.S.O., C'wealth Mil. Forces.
Cheeseman, Lt. W. J. W. Notts. & Derby. R.
Cheesman, Lt. E. J., 4 Bn Dorset. R.
Cheesmond, Capt. H., 4 Bn. North'd Fus.
Cheeseright, Temp.Lt.L.S., 8 Bn. North'n Fus.
Cheetham, Capt. G.,D.S.O., (L]
Cheetham Lt. T., late Serv Bns. Notts. & Derby R.
†Chell, Temp. Capt. R. A., D.S.O.
Chenery, Capt. E. J., Aust. Imp. Force.
Chenevix-Trench, Temp. Capt. A. S., R.E.
Chenevix-Trench, Capt. R., O.B.E , R.E. [1]
Chennells, Lt. L. M., Worc Yeo.
Cherry, Temp. Capt. A. J., R.E.
Cherry, Lt. B. V., K. R. Rif C.
Cherry, Lt. F. G. S. C'wealth Mil. Forces.
Cherry, Capt. J. P., Qr.-Mr Durh. L.I.
Cherry, Maj. M. H. J., late R.A.
†Cherry, Capt. R.E. M., W. York R.
Cherry, Maj. R. G., R.F.A.
Chesham, Capt. J C., Lord., Res. of Off.
Cheshire, Capt. F. L., Aust. Imp. Force.
Cheshire, Temp. Lt. H., Serv Bns L'pool R.
Cheshire, Temp. Maj. W. D., A.M., Serv. Bns. Lan. Fus.
Chesney, Temp. Capt. A. I.
†Chesney, Capt. W. McM., M.B., R.A.M.C.
Chester, 2nd Lt. A. J. B., Ind. Army Res. of Off.
Chester. Temp. Lt. G. B., M.G. Corps
Chester, 2nd Lt. H., R.G.A., Spec. Res.
Chester, Temp. Lt. H. D., Lab. Corps.
Chester, Temp. Lt. R. J., Serv. Bns. Notts.& Derby R.
Chesterton, Lt. A. K., 7 Bn. Lond. R.
Cheston, Temp Capt.J.A., Serv. Bns. R. Fus.

Chetham - Strode, Capt. R. W., 3 Bn. Bord. R.
Chetwynd, 2nd Lt.A. H. T., O B E., Derby. Yeo.
Chetwynd. Capt. G. R., D.C M., Can. Eng.
Chetwynd, 2nd I t. W. R. T., R.F.A Spec. Res.
Chevallier, Temp. Capt. P. T., D.S.O.
Chevers, Lt. N. M G. H., R. Ir. Regt.
Cheves, Temp. Capt. A. B. M.B., R.A.M.C.
Cheyne, Capt. D. G., M.D., R.A.M.C.
†Cheyne, Capt. J. L. 16 Lrs.
Chichester,Capt.A.O'N.C., Surr. Yeo.
Chichester,Temp.Lt. N. B., R.E.
†Chichester, Lt. R. A. A., Som. L.I.
Chichester - Constable. Capt. C. H. J., Res. of Off.
Chick, Capt. H. R., late Tank Corps.
Chicken, Lt. E. W., D C.M., M.M., late Serv. Bns. Bo d. R.
Childaw-Roberts, Lt. R. L., Res. of Off.
†Chidlow-Roberts, Capt. J. R , Notts & Derby R.
Chilcott, Lt. C. W., N.Z Mil. Forces.
Child, Capt. A., Unattd. List (T.F.)
Child, Capt. A. J., O.B.E., 28 Bn. Lond. R.
Child, Capt. W. J. G., late Serv. Bns. N. Staff. R
Chilton, Capt. T. C.,R.F.A.
Chilver, Lt. H. P., R.F.A. (T.F.)
Chilvers, 2nd Lt. J. E., 3 Bn. E. Kent R.
Ching, Lt. W. T. W., R.F.A., Spec. Res.
Chinnery,Lt. P. H.,R.F.A. (T.F.)
Chipman, Capt. J. H.,Can. Inf.
Chipman, Lt. M.R., Nova Scotia Regt.
Chipp, Capt. T. F., 8 Bn. Midd'x R.
Chipp, Lt. W. F., D.S.O., Hereford R.
Chipper, Capt. C., North'd Fus.
Chipperfield, Temp. Lt. S., J., M.G. Corps.
Chippindale, Hon. Lt. D., late R.F.A. (T.F)
Chippindale, Lt. H. A., R.F.A. (T.F.)
Chippindale, Lt. H. M., Yorks. Dns. Yeo
Chippindall, Capt. J. E., R.E
†Chirnside, Capt. W. S., 5 Bn. Bedf & Herts. R.
Chisholm, Lt. D. C., 3 Bn. North'n R.
Chisholm, Temp. Lt D J., R.E.
Chisholm, C pt. D. K. J., 114 Mahrattas.
Chisholm, Lt. F. T., Man. Regt.

† Also awarded Bar to Military Cross.

Orders of Knighthood, &c.

THE MILITARY CROSS—contd.

†Chisholm, Maj.H.A., Can. Local Forces.
Chittenden, Temp. 2nd Lt. P. S., Tank Corps.
Chitterden, Lt. H. F., 5 Bn. R. Suss. R.
Chitty, Temp. Lt. E. C R.E.
Chivers, Maj. C. W. U., D.S.O., Can. Eng.
Chivers, Lt. L. H., late M.G. Corps.
Chivers, Lt. N. M., 6 Bn Glouc. R.
Chivers, Co. Serjt. Maj. S. G., 8 Bn. Lond. R.
Chivers, Lt. S. N., R.G.A. Spec. Res.
Choate, Lt. P., late Serv. Bns. Midd'x R.
Chodak, Lt H. A., R.A.M.C. Spec. Res.
Choinier, Capt. E. C. S., late 3 Garr. Bn. R. W. Fus.
Cholerton, Capt. J. R., late Labour Corps.
Cholerton, Lt. W., late Qr.-Mr. Gen. List
Cholmondeley, Capt. Lord G. H., O.B.E., Notts. R.H.A.
Cholmondeley, Lt. H., C. Gds. Spec. Res.
Chomley, Lt. J. M. F. 5 Bn. D. of Corn. L.I.
Chorlton, Lt. J. T., 6 Bn. Ches. R.
Chown, Lt. J. S., 8 Bn. Lond. R.
Christian, Lt.-Col. E. D.S.O., S. Afr. Def. Forces (Capt. Res. of Off.
Christian, Lt. E. H., C'wealth Mil. Forces.
†Christian, Lt. F. F., C'wealth Mil. Forces.
Christian, Lt. J. C., Aust. Imp. Force.
Christian, Temp. Lt. J. H. S., R.E.
Christian, Temp. Capt. J. R., M.B., R.A.M.C.
Christian, Temp. Lt. S. B., Tank Corps.
Christie, Capt. A. H., late 4 Hrs. Spec. Res.
Christie, Capt. C., R.A.S.C. (T.F.)
Christie, Capt. C. M., R.A.
Christie, Temp. Maj. C. W.
Christie, Lt. E. W., R.F.A. Spec. Res.
Christie, Qr.-Mr. & Lt. G., D.C.M.
Christie, Capt. G. W., M.B., late R.A.M.C.
Christie, Temp. Lt. H. H. V., R.F.A.
Christie, Lt. H. R., Can. Eng.
Christie, J., late Capt. Unattd. List (T.F.)
Christie, Lt J., E. Ont. Regt.
Christie, Capt. J. F., Herts. R.

Christie, Lt. J. G. L., late 9 Bn. Arg. & Suth'd Highrs.
Christie, Lt. J. M., E. Ont. R.
Christie, Capt. R. C., 102 Grenadiers.
Christie, Temp. Capt. R. J. M., 13 Bn. R. Scots.
Christie, Capt. T. C., 4 Bn. Arg. & Suth'd Highrs.
Christie, Temp. Lt. T. L., 8 Bn. Sea. Highrs.
Christie, Temp. Capt. W., 11 Bn. R. Scots.
Christie-Miller, Capt. G. D.S.O., Bucks. Bn., Oxf. & Bucks. L.I.
†Christison, Capt. A. F. P., Cam'n Highrs. (2nd Lt. Unattd. List T.F.)
Christmas, Lt. E. S., 4 Bn. York & Lanc R.
Christopher, Lt.F.S., 5 Bn. Durh. L.I.
Christopherson, Temp. Capt., C. B., Serv. Bns. Welch R.
Christopherson, Lt. N., R.F.A. (T.F.)
Christopherson, Rev. N. C., Hon. Chapl. to the Forces, 4th Class.
Chrysler, Maj. G. G., Can. Local Forces.
Chrystal, Capt. J. M., late R.E.
Chrystal, Lt. J. G., 13 Hrs.
Chudleigh, Qr.-Mr. & Capt W. H., R.A.M.C.
Chunn, 2nd Lt. J. W., 16 Bn. Lond. R.
Church, Co. Serjt.-Maj. A. C., R.E
Church, Lt. A. G., D.S.O., R.G.A. Spec. Res.
Church, Temp. Lt. B. H., R.G.A.
Church, Co. Serjt.-Maj. E., Som. L.I.
Church, Maj. G. S., late R.F.A.
Church, Temp. 2nd Lt. H., R.E.
Church, Temp. Capt. J. A., D.S.O., R.E., p.s.c.
Church, Lt. J. G., 1 Cent. Ont. R.
Church, Temp. Capt. V. W. B., R.G.A.
Churcher, Capt. G. M., R.G.A.
Churchill, Lt. B. H., R.A.
Churchill, Maj. E. F., late R.E.
Churchill, Lt. G. F., 5 Bn. Glouc. R.
Churchill, Lt. H. S., M.M., Man. Regt.
Churchill, Bt. Maj. J. A., Durh. L.I.
Churchill, Lt. J. A. B., C'wealth Mil. Forces
Churchill, Temp. Lt. J. A. V., Tank Corps.
Churchill, Capt. L. P., Can. A.M.C.
Churchley, Lt. J., R.A. R.A.M.C. (T.F.)
Churchouse, Capt. W. K.
Chute, Capt. C. F., R.E. Spec. Res.
Chute, Temp. Maj. C. L.

Chute, Temp. Lt. L V., 6 Bn. R. Lanc. R.
Chuter, Capt. E., R.G.A
Chutter, Lt. J G., Can. Art.
Cinnamond, Lt. H. P., Res. of Off.
Clack, Co. Serjt.-Maj. F., D. of Corn. L.I.
Clague, Co. Serjt. - Maj., R. Ir. Regt.
Clague, Lt. W., ret.pay
Clancy, Lt. B. J., 3 Bn. R. Ir. Regt.
Clanwilliam, Capt. A. V. M., Earl of, Res. of Off.
Clapham, Temp. Lt. C. F., R.A.S.C.
Clapham, Lt. F. H., late Serv. Bns. R. Ir. Rif.
Clapham, Cap., J. W., 5 Bn. W. Rid. R.
Clapham, Lt T. B., late R.A.S.C.
Clapperton, Temp. Lt. H. I. Gord. Highrs.
Clapperton, Capt R. H., 5 Bn. Devon. R.
Clapperton, Temp. Capt. T., 7 Bn. E. Kent. R.
Clapperton, T., M.B., late Temp. Capt. R.A.M.C.
Clare, Temp. Lt. A. D., Serv. Bn. R. Berks. R.
Clare, Lt.-Col. O. C., D.S.O., late 5 Bn. E. Lan. R.
Clark, Capt. A. C., late R.E.
Clark, Lt. A. E. J., R.F.A.
Clark, Capt. A. G., M.B., late R.A.M.C.
Clark, Lt. A. H. B., 5 Bn. Worc. R.
Clark, Hon.Capt.A.J.,M.D., late R.A.M.C., Spec. Res.
Clark, Temp. Capt. A. MacK., M.B., R.A.M.C.
Clark, Capt. A. N., Inns of Cou't O.T.C.
Clark, Capt A. N., D.S.O., 8 Bn. Durh. L.I.
Clark, Lt. B. H. C., 3 Bn. R. Suss. R.
Clark, Lt. C. A., D.S.O., E Surr. R.
Clark, Rev. C.A., Hon. Chapl. to the Forces (4th Class.)
Clark, Lt. C. O., C'wealth Mil. Forces.
Clark, Temp. 2nd Lt. C. S., Serv. Bn. R.W. Surr. R.
Clark, Temp. Maj. C. W., D.S.O., Tank Corps.
Clark, Lt. E., 5 Bn. L'pool R.
Clark, Capt. E.G., R.A.S.C. (T.F.)
Clark, Lt. E. H. B., R.F.A. Spec. Res.
††Clark, Lt. E.J., Can Local Forces.
Clark, Capt. E. J., M.B., late R.A.M.C.
Clark, Lt. F. C., R.E. (T.F.)
Clark, Lt. F. C. C., R.G.A. Spec. Res.
Clark, Temp. Capt. F. W., D.S.O., R.E.
Clark, Capt. F W., M.B., late R.A.M.C.

Clark, Lt. G., Ayr. Yeo.
Clark, Temp. 2nd Lt. G., D.C.M., Serv. Bns, Leic.R.
Clark, Temp. Lt. G. A., R.E.
Clark, Lt. G. C. L., Aust. Imp. Force.
†Clark, Lt. G. E. P., M.G. Corps.
Clark, Lt. G. H., Brit. Columbia Regt.
Clark, Temp. Maj. G. W., Low. Divl. R.E.
Clark, Temp. Lt. G. W., Serv. Bns. E. York. R.
Clark, Temp. Capt. H., 24 Bn. Manch. R.
†Clark, Temp. Lt. H., 20 Bn. R. Fus.
Clark, Temp. Lt. H. B., O.B.E., R.A.S.C.
Clark Temp. 2nd Lt. H. M. Serv. Bn. Worc. R.
Clark, Lt. H. O., R.G.A. Spec Res
Clark, Capt. J., North'n R.
†Clark, Lt. J., Gord. Highrs.
Clark, Lt. J., 9 Bn. Arg. & Suth'd Highrs.
Clark, Lt. J. B., Alberta R.
Clark, Temp. Capt. J. C., Serv. Bns. Mi id'x R.
Clark, Lt. J. E., R.A.S.C. (T.F.)
†Clark, Capt. J. G. W., 16 Lrs.
Clark, Lt. J. P., 5 Bn. Sco. Rif.
Clark, Lt. L., R.F.A. Spec. Res.
Clark, Temp. Lt. L. L. S., R.A.S.C.
Clark, Lt. McD., R.F.A., Spec. Res.
Clark, Lt. N., T.F. Res.
Clark, Lt. N., M.M., 5 Bn. Sco. Rif.
Clark, Temp. Capt. P. W., D.S.O., R.E.
Clark, Lt. R. A., Aust. Imp. Force.
Clark, Lt. R. A. R., R.F.A
Clark, Hon. Lt. R. M., late R.E.
Clark, Lt.-Col. (temp. Brig.-Gen.) R. P., D.S.O., Can. Local Forces.
Clark, Temp. Lt. R. S., M.G. Corps
Clark, Temp. Lt. R. V., late 10 Bn. L'pool R.
Clark, Capt. R. W., late Serv. Bns. Notts. & Derby R.
Clark, Temp. Capt. S. H., 25 Bn. Midd'x R.
Clark, Lt. S. M., Aust. Imp. Force
Clark, Temp. Lt. T., R.E.

† Also awarded Bar to Military Cross.
†† Also awarded 2nd Bar to Military Cross,

THE MILITARY CROSS—contd.

Clark, Qr.-Mr. & Capt. W., 9 Bn. R. Highrs.
Clark, Lt. W., Shrops. L.I.
Clark, Hon. Capt. W. F., M.B. late R.A.M.C.
Clark, Lt. W. F., Can. Local Forces
Clark, Maj. W. I., C'wealth Mil. Forces.
Clark, Lt. W. W., Serv. Bn. R. Fus.
Clarke, Maj. A. C. K. S., 15 Lrs.
††Clarke, Lt. A. D. C., D.S.O., R.F.A. Spec. Res.
Clarke, Maj. A. E., Qr.-Mr. C'wealth Mil. Forces.
Clarke, Lt. A. E., R.F.A. Spec. Res.
Clarke, Lt. A. H., R.A.M.C.
Clarke, Lt. A. H., 4 Bn. E. Kent R.
Clarke, Temp. Maj. A. H. S., 7 Bn. Sea. Highrs.
Clarke, Maj. A. J., D.C.M., O.B.E., ret. pay.
Clarke, Lt. A. J. M. Glouc. R.
Clark, Temp. Capt. A.L.R., R.E.
Clarke, Capt. A. R. F., M.B., R.A.M.C.
Clarke, Hon. Lt. B. R. late Tank Corps.
Clarke, Capt. C., late Cam'n Highrs.
Clarke, Lt. C. A., 4 Bn. Lond. R.
Clarke, Lt. C. E., Aust. Imp. Force
Clarke, Temp. Capt. C.F.E., 9 Bn. Glouc. R.
Clarke, Hon. Lt. C. O. H., late R.A.
Clarke, Temp. Lt. C. V., Serv. Bns. S. Staff. R.
Clarke, Hon. Lt. C. W., late 6 Bn. L'pool R.
Clarke, Capt. D. A., late Can. Local Forces.
†Clarke, Lt.-Col. D. H., D.S.O., late 13 Bn. Durh. L.I.
Clarke, Lt. D. H., G. Gds. Spec. Res.
Clarke, Capt. E. G. H., E. Surr. R.
Clarke, Capt. E. H., R.E.
Clarke, Lt. E. R., 3 Bn. Conn. Rang.
Clarke, Lt. E. S., 3 Bn. R. Sc. Fus.
Clarke, Lt. F., late 3 Bn. N. Staff. R.
Clarke, Temp. 2nd Lt. F., Tank Corps
Clarke, Maj. F. C., Can. A.M.C.
Clarke, Lt. F. D., Devon. R.
Clarke, Lt. F. L., late 3 Bn. Lond. R.
†Clarke, Temp. Capt. F.O., M.D., R.A.M.C.
Clarke, Temp. Lt. G., Temp. Qr.-Mr.
Clarke, Lt. G., N. Staff. R. Spec. Res.
Clarke, Lt. G. A. C., R.G.A. Spec. Res.
Clarke, Lt. G. P., 5 Bn. Som. L.I.
Clarke, Capt. St. G. D., Can Local Forces.
Clarke, Temp. Lt. G. R. G., R.F.A.
†Clarke, Lt. G. S., R.F.A. Spec. Res.
Clarke, Rev. H. B., Can. Chapl. Serv.
Clarke, Temp. Lt. H. C., Serv. Bns. Notts. & Derby. R.
Clarke, Capt. H. F., 3 Bn. Lond. R.
Clarke, Lt. H. P., 5 Bn. R.W. Surr. R.
Clarke, Capt. H. W., late R. Mon. R. E.
Clarke, Lt. H. W., Can. Local Forces.
Clarke, Capt. H. W., 5 Bn. Linc. R.
Clarke, Hon. Capt. J., Can. Y.M.C.A.
Clarke, Batt. Serjt.-Maj J., R.A.S.C.
Clarke, Temp. Capt. J. P., R.F.A.
Clarke, Temp. Lt J. W. D.
Clarke, Lt. J. W. B., ret.
Clarke, Temp. 2nd Lt. L., Serv. Bns. R. Highrs.
Clarke, Capt. L. J., 22 Bn. Lond. R.
Clarke, Lt. N. T. M., R.F.A. Spec. Res.
Clarke, Temp. Lt. N. W., R.
Clarke, Lt. P. H., R.G.A. Spec. Res.
Clarke, Lt. P. S., Ind. Army Res. of Off.
Clarke, Maj. P. S., late R.A.M.C.
Clarke, Lt. R. A., C'wealth Mil. Forces.
Clarke, Maj. R. C., O.B.E., Ind. Army.
Clarke, Lt. R. F., Can. Local Forces.
Clarke, Lt. R. P., Can. Rly. Servs.
Clarke, Maj. S., D.C.M., ret. pay.
†Clarke, Capt. S., ret. pay.
Clarke, Temp. 2nd Lt. S., 7 Bn. K.R. Rif. C.
Clarke, Lt. S. A., 2 Cent. Ont. R.
Clarke, Lt. S. T. S., G. Gds Spec. Res.
Clarke, Temp. Lt. T., 7 Bn. R. Suss. R.
Clarke, Capt. T. C. M.B., 1 W. Lanc. Fd. Amb. R.A.M.C. (T.F.)
Clarke, Capt. T.E., R.A.S.C.
Clarke, Capt. T. G., C'wealth Mil. Forces.
Clarke, Temp. 2nd Lt.. T.S., Serv. Bns. R. Ir. R.
†Clarke, Capt. T. W., M.B., R.A.M.C., Spec. Res.
Clarke, Capt. V. S., R.W. Kent R.
Clarke, Lt. T. W., Can. Local Forces.
Clarke, Temp. Lt. W., Serv. Bns. W. Rid. R.
Clarke, Serjt.-Maj., W., L'pool R.
Clarke, Capt. W. A., 17 Bn. Lond. R.
Clarke, Lt. W. B., R.G.A.
Clarke, 2nd Lt. W. B., R.F.A.
Clarkson, Maj. A. B., D.S.O., 6 Bn. W. Rid. R.
Clarkson, Temp. Capt. E.J., R.E.
Clarkson, Temp. 2nd Lt. J. F., Serv. Bns. K.O. Sco. Bord.
Clarkson, Lt. R., 6 Bn. R. Scots.
Clarkson, Temp. Maj. R.H., R.G.A.
Clarkson, Temp. Lt. W. J., Serv. Bns. K.R. Rif. C.
Clarson, Lt. C. L., R.S. (T.F.)
Class, 2nd Lt. H. R., 5 Bn. R. War R.
Clatworthy, Lt. L. A., late R.A.S.C.
Claudet, Lt. G. F., D.S.O., R.F.A.
Clausen, Temp. Capt. R. J., M.B., R.A.M.C.
Claxton, Lt. E., R.A.
Claxton, late Temp. Capt. H.
Clay, Temp. 2nd Lt G. F., W. Yorks. R.
Clay, Co. Serjt.-Maj. J., Leic. R.
Clay, Lt.-Col. H. H. S., C.M.G. Res. of Off.
Clay, Temp. Lt. R. H., 6 Bn. Linc. R.
Clay, Lt. R. R., Hamps. Yeo.
Clay, Co Sergt.-Maj. S. R., G. Gds.
Clay, Capt. W. H., 6 Bn N. Staff. R.
Claydon, Lt. A. L., 3 Bn. S. Lan. R.
Claydon, Lt. J. H., late Serv. Bns. Bedf. & Herts. R.
Clayfield, Lt. D. N., R.F.A. Spec. Res.
Clayton, Lt. B., 5 Bn. York & Lanc. R.
Clayton, Temp. Capt. C., 15 Bn. Notts. & Derby. R.
Clayton, Temp. Maj. C. H., 5 Bn. Dorset R.
Clayton, Lt. C. L., Can. M.G. Corps.
Clayton, Capt. C. P., 3 Bn. Welch R.
Clayton, Temp. Capt. E. W., Serv. Bns. Midd'x R
Clayton, Lt. F. C., 6 Bn North'd Fus.
Clayton, Lt. G. E., R.F.A. (T.F.)
Clayton, Temp. 2nd Lt. H., Serv. Bns. Shrops. L.I.
Clayton, Temp. Capt. H. V. 12 Bn. Manch R.
Clayton, Rev. J. F., Hon. Chapl. to the Forces (4th Class.)
Clayton, Lt.-Col. J. G. B., S. Afr. Def. Force.
Clayton, Capt. N. W., M.B.E.
Clayton, Rev. P. T. B., Hon. Chapl. to the Forces, 4th Class.
Clayton, Lt. S. A., 7 Bn. Midd'x R.
Clayton, 2nd Lt. T., 3 Bn. Bord. R.
Clear, 2nd Lt. A. W., 6 Bn. R. W. Fus.
Clearihue, D. J. B., Can. Fd. Art.
Cleaver, Lt. A. E. T., R. Sc. Fus.
†Cleaver, Temp. Lt. C. T.
Cleaver, Temp. Lt. H. R., Tank Corps
Cleaver, Lt. M.F.T., R.F.A., Spec. Res.
Cleeve, Lt. F. C. F., R.F.A.
Cleeve, Capt. M. H., C'wealth Mil. Forces.
Clegg, Capt. C., Res. of Off.
Clegg, Lt. E. C., 3 Bn. Wilts. R.
Clegg, Lt. R., Serv. Bns. W. Yorks. R.
Clegg, Lt. T. H., M.B.E., late Serv. Bns. Manch. R.
Clegg, Lt. W. J., Yorks. Yeo.
Cleghorn, Temp. Capt. A. M., R.E.
Cleghorn, Temp. Maj. C.R., Serv. Bns. Midd'x R.
Cleland, Lt. J., late Cam'n Highrs.
Cleland, Lt. T. E., R.F.A. Spec. Res.
Cleland, Lt. L. W. H., Aust. Imp. Force.
Cleland, Hon. Capt. R., Asst. Paymr. A.P. Dept.
Cleland, Lt. W. N., late R.A.
Clelland, Lt. D., Can. Local Forces.
Clemens, Bt. Maj. L. A., O.B.E.
Clement, Temp. Capt. J.
Clements, Temp. 2nd Lt. E., Labour Corps
Clements, Lt. E., R. Suss. R.
Clements, Mech. Serjt.-Maj. G., R.A.S.C.
Clements, Lt. G. W., Ind. Army Res. of Off.
Clements, Temp. Lt H.C., M.G. Corps
Clements, Lt. J. R., Can. Eng.
Clements, Lt. T. E., R.F.A. (T.F.)
Clements, Temp. Capt. R. G. H., R.E.
Clements, Lt. W. G., R.F.A. (T.F.)
Clemo, Temp. Lt. F. A. 8 Bn. D. of Corn. L.I.
Clemson, 2nd Lt. E., 3 Bn. Suff. R.
Clerk, Maj. A. G., D.S.O., 1 Bn. Herts. R.

† Also awarded Bar to Military Cross.
†† Also awarded 2nd Bar to Military Cross.

Orders of Knighthood, &c. 315

THE MILITARY CROSS—contd.

Clerk, Capt. B. M., Can. Local Forces.
Clery, Lt. M. J., 3 D.G.
Clery, Capt. V.A. C., R.E.
Cleveland, Lt. E. A. M., 3 Bn. L'pool R.
Cleveland, Capt. L. A., C'wealth Mil. Forces.
Cleworth, Rev. T. H., late Temp. Chapl. to the Forces, 4th Class.
Clidero, Lt. H. A., 4 Bn. York. R.
Cliff, Lt. B., Sco. Rif.
Cliff, Co. Serjt.-Maj. J. P., 9 Bn. L'n Lan. R.
Cliffe, Co. Serjt.-Maj. C.R., R. Fus.
Clifford, 2nd Lt. A. G., C'wealth Mil. Forces.
Clifford, Lt. A. G., M.M., Linc. R.
Clifford, Temp. Capt. B., R.A.O.C.
†Clifford, Lt. C. J., Aust. Imp. Force.
Clifford, Capt. E.C., D.S.O. 3 W. Rid. Brig., R.F.A.
Clifford, Capt. E. M., R.E.
Clifford, Capt. R. C., D.S.O., Ind. Med. Serv.
Clifford, Lt. W. C., 4 Bn. R. W. Kent R.
†Clift, Temp. Lt. E. J. R., A.S.C.
Clift, Lt. F., Aust. Imp. Force.
Clift, Capt. J. Newf'd Contgt.
Clifton, Lt. C. J., Aust. Imp. Force
Clifton, Lt. F. W., 3 Bn. Linc. R.
Clifton, Lt. H. E., C'wealth Mil. Forces
Clifton, Capt. H. K., 1 Cent. Ont. R.
†Clifton, Temp. Capt. W.A., 11 Bn. Notts. & Derby R.
Clilverd, Temp. Lt. R. E., R.F.A.
Climpson, 2nd Lt. J., M.M., Aust Imp Force.
Clingan, Lt. G. F., Can. M.G. Corps.
Clingo, Lt. J. P., Linc. R.
Clinton Rev. J. J., Hon. Chapl. to the Forces, 3rd Class.
Clinton, Lt. L S., 20 Hrs.
Clist, Lt. H. A., R.F.A. Spec. Res.
Clist, Temp. Lt. L. F., 11 Bn. Ches. R.
Clitter, Capt. E W., late Serv. Bns., Midd'x R.
Clive, Lt. H. A., G. Gds. Spec. Res.
Clive, Lt. J. McC., Ind Army Res. of Off.
Clively, Temp. Capt. R. C., Tank Corps
Cloake, Hon. Capt. C. S., late 8 Bn. R. Berks. R.
Clode, Lt. C. M., Norf. R.
Cloete, Maj. H. D., 92 Punjabis.

Cloke, Lt. P. G., C'wealth Mil. Forces
Clokey, Temp. Maj. E. H., M.G. Corps.
Cloran, Lt. M. D., R.G.A. Spec. Res.
Close, Rev. C., Temp.Chapl to the Forces (4th Class)
Close, Lt. J. D., late R.F.A.. Spec. Res.
Close, Temp. Lt. W. H., R.E.
Clothier, Temp. Lt, C. E., Serv. Bns. Oxf. & Bucks. L.I.
Cloudesley, Temp. Lt. O., R.F.A.
Clough, Bt. Maj. A. B., R.S.
Clough, Lt. E., late 3 Bn. W. York. R.
Clough, Lt. H. W., M.M., Aust. Imp. Force
Clough, Temp. Maj. J., D.S.O., Tank Corps.
Clough, Temp.2nd Lt.L.G., M.G. Corps
Clough, Maj. R., TD, 6 Bn. W. York. R.
Clough, Capt. S. H., late 6 Bn. W. Rid. R.
Clouting, Temp. Lt. C. E.
§Cloutman, Maj. B. M. T.F. Res.
Clover, Lt. J. M., 4 Bn Essex R.
Clover, Lt. S., R.F.A.(T.F.
Clover, Lt. W. R. F., R.A.
Clowes, Maj. C. A., D.S.O., C'wealth Mil. Forces
Clowes, Lt. D. St. J., S. Afr. Def. Force
Clowes, Capt. M., R.H.A (T.F.)
Clowes, Maj. N., D.S.O., C'wealth Mil. Forces.
Clubb, Temp. Lt. H. J. R., R.A.S.C.
†Clucas, Temp. Lt. H. R., Serv. Bns. Bord. R.
Cluff, Temp. Capt. W. B., Def. R. Fus. (Lt. S. Afr Def. F'rce).
Clutterbuck, Lt. P. A., C Gds. Spec. Res.
†Clutterbuck, Lt. W. E., R. Sc. Fus.
†Clutton, Lt. A. H. J., R.F.A. Spec. Res.
Clyne, Capt. C., M.B. late R.A.M.C.
Clyne, Lt. H. R. N., Can Local Forces.
Clyne, J. M., Lt. late 17 Bn. Lond. R.
†Coad, Maj. C. N., M.B., late R.A.M.C.
Coad, Capt. E. H., R.F.A.
Coad, 2nd Lt. S., R.F.A. Spec. Res.
Coates, Capt. C. P., R Anglesey F.E.
Coates, Serjt. - Maj. H, Manch. R.
Coates, Temp. Lt. H. K., M.G. Corps.
Coates, Temp.Capt. H.W., O.B.E., R.E.
Coates, Capt. J. B., R.W. Surr. R.

Coates, Lt. J. C., 5 Gúrkha Rif.
Coates, Bt. Maj.N.,R.War. R.
Coates,Temp. Capt. N.W., 11 Bn. Notts. & Derby R.
Coates, Maj. S. B., 102 Grenadiers.
Coates, Capt. V. M., late R.A.M.C.
Coates, Lt. W.A., C'wealth Mil. Force
Coates, Lt. W. H C., R.F.A. Spec. Res.
Coates, Temp. Maj. W. N., R.G.A
Coatman. Lt. H. E., 2 Bn. Lond R.
Coats, Temp. 2nd E. Y., Mach. Gun Corps.
Coats, Capt. J. S., C. Gds.
Coats, Capt. M. D., S.Gds. Spec. Res.
Coats, Capt. W, J. J., 9 Bn. High. L.I.
Coatsworth, Maj. C. P., O.B.E.
Coatsworth, Capt. R. C., M.B., late R.A.M.C.
Cobb, Bt.Maj.F.R., Devon R.
Cobb, Lt. J. H. W., E Ont. R.
Cobb, Temp. Capt. M. L., R.E.
Cobb, l'te Lt. R. S., R. Mar R.F.A.
Cobb, Capt. R. S., late 5 Bn. R.W. Kent R
Cobb, Temp.2nd Lt. W. H., 8 Bn. E. Surr. R.
Cobb, Lt. W. T., S. Wales Bord.
Cobbett,Temp.Capt. H R., 24 Bn R. Fus.
Cobbold, Lt E A, M.M., 4 Bn R. Berks. R.
Cobbold, Temp. Maj. G. F., late 9 Bn. York & Lanc. R.
Cobby, Lt. M C.W.,R.G.A Spec. Res.
Cobham, Rev. E, Chapl E. Afr. Prote. Forces.
Cobley Lt. A. O. F., R.E (T.F)
Cobley, Lt. B. R., late Serv. Bns. Manch R.
Coburn, Lt. Capt. A. P., Aust Imp. Force.
Coburn, Lt. J., R G.A
Cochran, Capt. H. E., R Can Dns.
Cochran, Temp. Capt. P., R E.
Cochrane, Lt. E. F., R.F.A. Spec. Res.
Cochrane, Capt. H. A., Can. A.M.C.
Cochrane, Lt. H. J., R. Ir Rif.
Cochrane, Lt. J. A., 5 Bn R. Sco Fus.
Cochrane, J. L., M.B., late Temp. Capt. R.A.M.C.
Cochrane, Lt. W. G., 3 Bn R. Scots.

††Cochrane, Lt. W. R. R.F.A. (T.F.)
Cock, Capt. H. T., Can. Local Forces.
Cock, Capt. W. C., S. Afr. Def Force
Cockaday, Capt. W. G. C., R.A.
Cockburn,Temp. Lt. W. B., M.G. Corps
Cockburn, Temp. Lt. E., Serv. Bns. L'pool R.
Cockburn, Capt. G. E. G., D.S.O., R. Ir. Fus.
Cockburn, Lt. J. S., 19 Hrs.
Cockburn, Temp. Maj. R. S.
Cockburn, Capt. W., D.S.O., late N. Som. Yeo.
Cockeroft, Capt. H. M., late R.A.M.C.
Cooke, Capt. I. P., E. Ont. Regt.
Cocker, Temp. Lt. F. Serv. Bn. Yorks L.I.
Cockerell, Lt.-Col. F. P., O.B.E.
Cockerill, Capt. P. L., 16 Bn. Lond. R.
Cockerton, Lt. A. R. M., R.F A Spec. Res.
Cockett, Lt. C. A., R.F.A. Spec. Res.
†Cockhill, 2nd Lt. J. B., D.S.O., W. Rid. R.
Cockle, A. V., late Capt. R.F.A.
Cockrill, Lt. A. J., 2 D.G. Spec. Res.
Cocks, Temp. Lt. P. G., R.E.
Cocksedge, Lt. F. A., Norf. R
Cockshut, Temp. Capt. E S., Tank Corps
Cockshutt, Capt. C. G., Can. L. H.
Codd, Temp. Lt. C J. C., Mach. Gun Corps.
Code, Lt. R. R., M.M., New Brunswick R.
Codling, Lt. A. J., R.E. (T F.)
Codling, Batt Serjt.-Maj. E., R.F.A.
Codling, Temp. Capt.W.G., R.E.
Codrington, Capt. W. M., Res. of Off.
Codville, Maj. F. H, M., Can. Local Forces.
†Codyre, Lt. E. C., D. of orn. L.I.
Coe, Temp. 2nd Lt A. Serv. Bns. Worc. R.
Coe,Temp. 2nd Lt. A. B., R.E. Spec. Res.
Coe. Temp. Capt. E. H., R A.
Coe, Temp. Lt. E. H., R.E.
Coe, Lt. J., 4 Bn Suff. R.
Coe, Temp. Capt. T. P., 7 Bn.
Coggon, Qr.-Mr. & Capt. T. E., R.A.M.C.

† Also awarded Bar to Military Cross
†† Also awarded 2nd Bar to Military Cross.

10

THE MILITARY CROSS—contd.

Coghill, Capt. G. G., Aust. Imp. Force.
Coghlan, Lt. J. A., 3 Bn. R. Ir. Regt.
Cogland, Lt. T. W., Qr.-Mr. Sask. Regt.
Cohen, Capt. L., *D S.O.*
Cohen, Temp. Lt. M., R.E
Coke, Capt. *Hon.* E., *D.S.O.*, 5 Bn. Rif. Brig.
Coke, Lt. E., R.F.A. Spec. Res.
Coke, Capt. E. F., Can. Inf.
Coker, Lt. J. N., 4 Bn. Essex R.
Coker, Lt. W. A., 5 Bn. N. Lan. R.
Colam, Capt. S. d'E., *D.S.O.*, 3 Bn. Gord. Highrs.
Coldbeck, Maj. C. E., R.E.
Colbeck-Welch, Temp. Lt G. S. M., R.E.
Colbran, Temp. Lt. A. C., M.G. Corps
Colchester, Temp. Lt. G. V. R.E.
Coldicott, Capt. H. R. S., 21 Bn. Lond. R.
Coldwell-Smith, Capt. F. L., C'wealth Mil. Forces.
Cole, Maj. A. du P. T., *O.B.E.*, late Off.
Cole, Lt. A. H., Ind. Army
Cole, 2nd Lt. A. T., C'wealth Mil. Forces.
Cole, Capt. C. R. T., Aust. Imp. Force.
Cole, Lt. D. A. S. Fitz-R., 3 D.G.
Cole, 2nd Lt. E. St., R.F.C. Spec. Res.
Cole, Temp. Lt. G. J., Serv. Bn. Rif Brig.
Cole. Temp. Capt. G. W. J., 10 Bn. Ches. R.
Cole, Qr.-Mr. & Capt. H. A. C., R.A.M.C. (T.F.)
Cole, *Rev.* H. B., Hon. Chapl. to the Forces, 4th Class.
Cole, Co. Serjt.-Maj. J., W. York. R.
Cole, Capt. J. J. B., Rif. Brig.
Cole, Lt. T. H., R.F.A. Spec. Res.
Cole, Lt. T. S., R.E. Spec. Res.
Colebrook, Temp. 2nd Lt. F. H., R.E.
Colebrook, Temp. Lt. E. H., Serv. Bns. R. Surr. R.
†Coleby, Temp. Lt. G., 25 Bn. North'd Fus.
Cole-Hamilton, *Rev.* C., Temp. Chapl. to the Forces, 4th Class.
Coleman, Capt. A. L. E. F., *M.D., late* R.A.M.C.
Coleman, Capt. F., R.A.M.C. (T.F.)
Coleman, Lt. F., Aust. Imp. Force
Coleman, Lt. F. W., R.Fus.
Coleman, Temp. Lt. G. E., M.G. Corps
Coleman, Lt. G. H., 5 Bn L'pool R.
Coleman, Capt. H. C., *late* 9 Bn. R. Suss. R.
Coleman, Lt. L., R.F.A. (T.F.)
Coleman, Lt. R. H. S., 5 Bn. Essex R.
Coleman, Temp. 2nd Lt. R. W., R. War. R.
Coleman, Temp. Capt. 2nd Lt. S. C., Hamp. R. (attd.)
Coleman, Maj. T. R., *D.S.O.*, Can. Local Forces.
Coleridge, Temp. Capt. G. C. K., *late* Serv. Bns. S. Staff. R.
Coleridge, Hon. Capt. P. H., *late* Notts. & Derby. R. (attd.)
Coles, Capt. A., *late* R.E.
†Coles, Capt. A. E. M., *late* 4 Bn. Suff. R.
†Coles, Maj. A. G., *late* R.F.A.
Coles, Temp. Lt. D. J. R., R.A.S.C.
Coles, Maj. E. A., 15 Bn. Lond. R.
Coles Lt E. L., T.F. Res.
Coles, Lt. H. H. E. Q., *late* Serv. Bns. R. Ir. Fus.
Coleshill, Capt. W., *D.C.M., late* Manch. R.
Colfox, Maj. W. P., h.p.
Colgan, Lt. P. J., R.F.A.
Colhoun, Capt. J., 3 Bn. R. Innis. Fus.
†Colhoun W. A., *late* Capt. 4 Bn. R. Ir. Fus.
Colin, Lt. H., *late* Serv. Bn. Shrops. L.I.
Collard, Co. Serjt.-Maj. B., Welsh R.
Collas. Temp. Maj. F. J., *O.B.E.*, R.F.A. (Capt. R. Jersey Art. (Milla.))
Colle, Temp. Lt. E. C. K., Tank Corps.
Collen, Temp. Capt. F. D., Notts. & Derby. R. (attd.)
Collenette, Capt. C. B. R., *late* 18 Bn. Lond. R.
Collet, Lt. M. H., R. Mar.
Collett, Lt. H. A. H., I. Gds.
Collett, Co. Serjt.-Maj. J., Can. Local Forces.
Collett, Temp. Capt. J. C., R.E.
Collett, Lt. L. W., Aust. Imp. Force
Colley, *Rev.* E., Temp. Chapl. to the Forces, 4th Class.
Collier, Sqdn.-Serjt.-Maj. A., Hrs
Collier, Lt. A. A., *late* Labour Corps.
Collier, Capt. A. E., R.E. Spec. Res.
Collier, Capt. A. L., 3 Bn. Cam'n Highrs.
Collier, Lt. D. E., R.G.A. Spec. Res.
Collier, Lt. E. B., R.G.A. Spec. Res.
Collier, Lt. G. W., R. W. Surr. R.
Collier, Capt. H., 7 Bn. Manch R.
Collier, Capt. H. E., *M.B., late* R A.M.C.
Collier, Lt. S., 6 Bn. Ches R.
Collier, Capt. S. E., *late* Serv. Bn. Essex R.
†Collier, Lt. T. R., Aust. Impl. Force.

Collier, Capt. W., *late* Lab. Corps
Collier, Capt. W. T., *late* R.A.M.C.
Collin, Lt. C. de E., R.G.A. Spec. Res.
Gollin, Capt. G. A. S., R.F.C. (T.F.)
Collingbourne, Temp. Capt. A. W., Serv. Bns. R. Suss. R.
Collings, Lt. A., *late* Serv. Bn. R. Ir. Rif.
Collings, Capt. R., C'wealth Mil. Forces
Collingwood, Capt. C. J., *M.M.*, Aust. Imp. Force
Collingwood, Maj. D. M., Can. Eng.
Collingwood, Temp. Lt. J. S., R.G., R.E.
Collingwood, Temp. Capt. S., R.G.A.
Collingwood, Capt S. G., R.A.
Collins, Lt. A. E. G., R.E (T.F.)
Collins, Capt. A. F. St. C., *O.B.E.*, R.A.S.C.
Collins, Temp. 2nd Lt. A. H., M.G. Corps.
Collins, Capt. A. J., *D.S.O.*, C'wealth Mil. Forces.
Collins, Lt. C., 5 Bn. Linc. R.
Collins, Lt. C. V., R.F.A. (T.F.)
Collins, Capt. D. G., H.A.C.
Collins, Temp. Lt. E. G. W., 5 Bn. Wilts. R.
Collins, Capt. F., *O.B.E., late* S. Afr. Def. Forces.
Collins, Lt. F. C., R.A.
Collins, Maj. H. G., R.F.A.
Collins, Temp. Lt. H. J., Serv. Bns. R. War. R.
Collius, Lt. J., 7 Bn. Hamps R.
Collins, Maj. H. W., *late* R.G.A. Spec. Res.
Collins, *Rev.* I., Temp. Chapl. to the Forces, 4th Class.
Collins, Co. Serjt.-Maj. J., Essex R.
Collins, Lt. J., 7 Bn. Gord. Highrs.
Coll'ns, Lt. J. E., 24 Bn. Lond. R.
†Collins, Capt. J. G., Worc. R.
Collins Capt. J. R., R.G.A. (T.F.)
Collins, Lt. J. W., Gord. Highrs.
Collins, Capt. K. G. F., Dorset R.
Collins, Capt. P. H. C., York & Lanc. R.
Collins, Temp. Capt. R. F., *D.S.O.*, Serv. Bns. R. Fus.
Collins, Capt. S. H., 5 Bn. Spec. Res.
Collins, Lt. S. H., R.F.A. Spec. Res.
Collins, Lt. W. A., C'wealth Mil. Forces
Collins, Lt. W. H., Hamps. R.
Collins, Lt. W. J., *late* Serv. Fns. R. War. R.
Collins, Lt. W. M. W., Dorset R,

Collins, Capt. W.S., Quebec R.
Collinson, Lt. E. H., 4 Bn. E. Surr. Regt.
Collinson, Lt. H., Temp. Qr.-Mr. K. R, Rif. C.
Collis, 2nd Lt. H. C. C., R F.A Spec. Res.
Collis, Lt. W. J., 3 Bn. Leic. R.
Collison, Hon. Capt. E. O., *late* Asst. Commy. of Ord., R.A.O.C.
Collison, Lt. O. J., 7 Bn. L'pool R.
Colliver, Temp. Capt. A. H.
Colliver, Lt. E. A., R.A.S.C. (T.F.)
Colliver, Capt. E. J., Aust. Imp. Force
Colliver, Temp. Capt. H.W., R.F.A.
Collyer, Lt. G., R.E. (T.F.)
Colman, Maj. P. E., Can. Local Forces.
Colman, Lt. W. E. G., Aust. Imp. Force.
Colmer, Capt. G, 22 Bn. Lond. R.
Colquhoun, Lt. C. R., Aust. Imp. Force
Colquhoun, *Rev.* J. F, Chapl. to the Forces, 4th Class.
Colson, Lt. J. P., *M.M.*, W. Rid. R.
Colston, Temp. Lt. C. B., R.E
Colston, Lt. F. J., R.F.A. (T.F.)
Colt, Lt.-Col. H. A., *D.S.O., late* Serv. Bn. Gloue. R.
Colt-Williams, Hon. Lt. E. W. D., *late* R.A.S.C.
Coltar, Lt. E. V., 5 Bn. Yorks. L.I.
Coltart, Lt. A. T., Sco. Rif.
†Coltart, 2nd Lt. G. J. L., 4 Bn. R. Scots.
Coltart, Lt. J. S., 5 Bn. Sco. Rif.
Colton, Co. Serjt.-Maj. F., J. R. Scots.
Columbine, Serjt.-Maj. J. W. O., W. Rid. R.
Colvill, Lt. D. C., Oxf. & Bucks. L.I.
Colvill, Capt. F., ret. pay.
Colville, Temp. Lt. N. V., Serv. Bn. Arg. & Suth'd Highrs.
Colville. Temp Capt. W.T., Serv. Bns. Durh. L.I.
Colvin, Lt. A., 5 Bn. Essex R.
Colvin, Capt. A. E., C'wealth Mil. Forces.
Colvin, Lt. A. O., 12 Bn. Lond. R.
Colvin, Lt. J. F., 9 Lrs.
Colvin, Temp Lt J. McD., Serv. Bns. E. Lan. R.
Colvin, Lt. R., C'wealth Mil. Forces.
Colwell, Hon. Capt. *Rev.* T. C., Can. Local Forces.
Coman, Qr.-Mr. & Capt. F. A. W., Notts. & Derby, R.
†Combe, Capt. E. P., R. Scots.
Combe, Lt. R. E., R. War. R.

† Also awarded Bar to Military Cross.

THE MILITARY CROSS—contd.

Combe, Bt. Lt.-Col. S. B., D.S.O., 47 Sikhs.
Combs, Lt. H. V., D.S.O., Bucks. Bn. Oxf. & Bucks. L.I.
Comely, Capt. C., late 2 Mon. R.
†Comins, Maj. C. J., late R.A.
Comins, Capt. D., R.E.
Common, Temp. Lt. J. E., Serv. Bn. North'd Fus.
Comport, Temp. Maj. G. H., R.E.
Compson, Batty. Serjt.-Maj. A., R.G.A.
Compton, Lt. E. S., R.G.A. Spec. Res.
Compton, Maj. P. H., 6 D.G.
Compton, Lt. R., 4 Bn. S. Lan. R.
Comstock, Lt. G. W., Can. M.G. Corps.
Comyn, Maj. G. V., S. & T. Corps.
Comyns, Lt. A. P., 7 Bn. R W. Fus.
Conan, Temp. Maj. F., R.A.S.C.
Concannon, Lt. M. P., R.F.A.(T.F.)
Conder, Temp Capt A. F. R., M.D., R.A.M.C.
Conder, Lt. A. R., late Res. Regt. of Cav.
Conder, Capt. E., 5 Bn. Glouc. R.
†Condon, Lt. J. E. S., 3 Bn. R. Ir. Rif.
Cone, 2nd Lt. T. W., 5 Bn. L'pool R.
Coney, Lt. G. W., R.F.A. (T.F.)
Coneybeare, Lt. G. H. P., Quebec R.
Congreve, Maj. F. L., D.S.O., R.F.A.
Congreve, Capt. W. M., R.G.A. Spec. Res.
Conibeer, Temp. 2nd Lt. R. W., Serv. Bns. E. Surr. R.
Coningham, 2nd Lt. A., D.S.O., R.F.C. Spec. Res.
Coningham, Maj. A. E., O.B.E., R.E.
Conlin, Temp. Capt. J. F., R.F.A.
†Connell, Lt. E. S., R.A.
Connell, Capt. G. O., late R.A.M.C.
†Connell, Maj. H. J., D.S.O., C'wealth Mil. Forces.
Connell, Staff Serjt.-Maj. J., M.B.E., R.A.S.C.
Connell, Lt. J. W., 5 Bn. R.W. Fus.
Connell, Lt. R. M., R.G.A. (T.F.)
Connell, Lt. W. C., R.E. Kent Yeo.
Connery, Lt. A. W. F., 9 Bn. Manch. R.
Connery, Hon. Lt.-Col. M. H., Qr.-Mr. 9 Bn. Manch. R. (Qr.-Mr. & Hon. Maj. ret. pay).
Connock, 2nd Lt. C. O., S. Afr. Def. Forces.

Connolly, Temp. Capt. B. G. H., M.B., R.A.M.C.
Connolly, Lt. J. P., Can. M.G. Corps.
†Connolly, Temp. Capt. L. A., D.S.O, R.F.A.
Connolly, Capt. T., D.C.M., Qr.-Mr. R. Ir. Regt.
Connolly, Maj. V. L., M.B., late R.A.M.C.
Connolly Lt. W. P., 4 Bn. R. War R.
†Connor, Temp. Lt. E. S., R.F.A.
Conover, Lt. J. D., R.F.A. Spec. Res.
Conquer, Batty. Serjt.-Maj. E., S. Afr. Def. Forces.
†Confan, Lt. E. D., late Serv. Bns., R. Muns. Fus.
Conran, Lt. E. L., 21 Lrs.
Conran, Rev. M. W. T., Hon. Chaplain to the Forces, 4th Class.
†Considine, Temp. Lt. A. E., 13 Bn. R. Scots.
Constable, Capt. C. E., O.B.E. late 2 Regt. K.Ed., Horse
Constable, Maj. G. S., 4 Bn. R. Suss. R.
Constable, Lt. J. M., 4 Bn. Oxf. & Bucks. L.I.
Constable, Lt. G. A., late Serv. Bn. R. Innis. Fus.
Constable, Lt. T. H., M.M., late Serv. Bns. N. Lan. R.
Constable, Lt. W. B., R.F.A.
Constant, Capt. M.B., late Serv. Bns. York. R.
Constantine, Maj W. W., 4 Bn. York. R.
Conway, Rev. D., Temp. Chapl. to the Forces, 4th Class.
Conway, Lt. G. S., R.G.A. Spec. Res.
Conway, Co. Serjt.-Maj. J., 12 Bn. Manch. R.
Conway, Maj. J. A., D.S.O., M.D., late R.A.M.C.
Conway, Temp. Lt. T. D., M.G. Corps.
Conwell, Lt. W. H., C'wealth Mil. Forces
Conybeare, Lt. J. J., R.A.M.C. Spec. Res.
Conyers, Capt. C. G. A. J., C., R.A.M.C.
†Conyers, Lt. H. F., 6 Bn. W. Rid. R.
Coo, Capt. A. E. H., Man. R.
Coogan, Lt. M., 4 Bn. Arg. & Suth'd Highrs.
†Cook, Temp. Capt. A., Serv. Bns. K.R. Rif. C.
Cook, Lt. A. D., 6 Bn. Sea. Highrs.
Cook, Temp. Capt. A. E., R.F.A. (Lt. T.F. Res.)
Cook, Maj. A. G., M.B., late R.A.M.C.
Cook, Temp. Capt. B. W., R.E.
Cook, Temp. Lt. C. H., Serv. Bns. Norf. R.

Cook, Capt. C. H. C., Serv. Bns. Som. L. I.
Cook, Lt. D. A. G., R. Highrs.
Cook, Lt. E. A., 4 Bn. W. York. R.
Cook, Temp. Lt. E. A. L., R.F.A.
Cook, 2nd Lt. F. A., D.S.O., 4 Bn. York & Lanc. R.
Cook, Temp. Maj. F. C., D.S.O., R.E.
Cook, 2nd Lt. F. F., R.G.A. Spec. Res.
††Cook, Temp Lt. F. W., D.C.M., Serv. Bn. Suff. R.
Cook, Lt. F, W. E., R.A.
Cook, Lt. G. A., Aust. Imp. Force.
Cook, Capt. H., 22 Bn. Lond. R.
Cook, Capt. H. A., Aust. Imp. Force.
Cook, Capt. J., R.A.M.C. (T.F.)
Cook, Temp. 2nd Lt. J. S. Serv. Bns. R. Lanc. R.
†Cook, Lt. J. W., 7 Bn. L'pool R.
Cook, Lt. M., M.M., Man. Regt.
Cook, Lt. M. E., R.A.
Cook, R. F., late Lt. R.F.A. Spec. Res.
Cook, Lt. R. J., late 7 Bn. Lond. R.
Cook, Capt. S. C., Corps of Mil. Accts.
Cook, Lt. W. C., late E. Surr. R.
Cook, Temp. Capt. W. D., R.A.
Cook, Serjt.-Maj. W. J., C. Gds.
Cook, Lt. W. V., Glouc. R.
Cook-Watson, Temp. Lt. S. C., Serv. Bns. North'd Fus.
Cooke, Temp. Lt. A. C., M.G. Corps.
†Cooke, Tempt. Maj. B. K., 18 Bn. Glouc. R.
Cooke, Temp. Capt. C. H., 19 Bn. North'd Fus.
Cooke, Lt. C. H., 4 Bn. R. Berks. R.
Cooke, Lt. C. S. V., R.E.
Cooke, Lt. D. E., 8 Bn. R.F.A.
Cooke E. N., R.F.A. Spec. Res.
Cooke, Temp. Capt. E. R. C., R.A.M.C.
Cooke, Lt. E. S. W., ret. pay
Cooke, Rev. G. C. R., Temp. Chapl. to the Forces, 4th Class.
Cooke, Lt. G. H., R.G.A. Spec. Res.
Cooke, Capt. H., 6 Bn. Ches. R.
Cooke, Lt. H. J., C'wealth Mil. Forces.
Cooke, Rev. H. R., Temp. Chapl. to the Forces, 4th Class
Cooke, Lt. H. R., 3 Bn R. W. Surr. R.
Cooke, Lt. J., D.S.O., W Rid. R.

Cooke, Temp. Maj. J. C, D.S.O.
Cooke, Capt. J. G. M. B., R.G.A.
Cooke, Hon. Capt. J. H., late R.G.A.
Cooke, Maj. K. E., Can. Local Forces.
Cooke, Temp. Lt. M. J., 9 Bn. Norf. R.
†Cooke, Temp. Lt. O. H., 8 Bn. Yorks. L. I.
Cooke, Capt. P. A., O.B.E., ret.
Cooke, Lt. R., R.F.A. (T.F.).
Cooke, Lt. R. B., 7 Bn. Lond R
Cooke, 2nd Lt. R. C., Norf. R.
Cooke, Capt. R. C., D.S.O., late R.A.M.C.
Cooke, Lt. R. V. T., R.G.A. (T.F.)
Cooke, Lt. S. D., 5 Bn. E. Lan. R.
Cooke, Capt. S. T., 6 Bn Lond. R.
Cooke, Co.-Sergt.-Maj. T., M.M., 4 Bn. Lond. R.
Cooke, Lt. V. G., late 7 Bn. Midd'x R.
Cooke, Lt. W. E., Res. of Off.
Cooke, Capt. W. L., C'wealth Mil. Forces
Cooksley, Temp. Lt. F. R., 8 Bn. Som. L.I.
Cooksley, Lt. P. F. late M.G. Corps.
Cookson, Temp. 2nd L W., Serv. Bns. E. Lan. R.
Cookson, Temp. Capt. W J., R.E.
Cooley, Temp. Lt. C. B., R.E.
Coombe, Capt. G. A., 24 Bn. Lond. R.
†Coombes, 2nd Lt. J. C., 4 Bn. Oxf. & Bucks. L.I.
Coombes, Temp. Lt. W., D.C.M., Temp. Qr.-Mr. M.G. Corps.
Coombs, Qr.-Mr. & Capt. A., Rif. Brig.
Coombs, Capt. F. H., Can. Local Forces.
Coombs, Lt. W. H., 6 Bn. Glouc. R.
Cooney, A. J. M., late Lt. R.F.A.
Cooney, Lt. J., R.F.A. Spec. Res.
Coop, Lt. H., 6 Bn Notts. & Derby. R.
Coop, Lt. R. W., R.F.A., Spec. Res.
Coope, Temp. Capt. O., M. G. Corps.
Cooper, Temp. Lt. A., M.G. Corps.
Cooper, Lt. A. E., R.G.A.
Cooper, Capt. A. H., late Serv. Bns. Ches. R.
†Cooper, Temp. Lt. A. L., 13 Bn. Rif. Brig.
Cooper, Capt. A., R. Sc. Fus.
Cooper, Lt. A. S., L. S. Horse.

† Also awarded Bar to Military Cross.
†† Also awarded 2nd Bar to Military Cross.

Orders of Knighthood, &c.

THE MILITARY CROSS—*contd.*

Cooper, Temp. Capt. C. E. T., Serv. Bns. Sea. Highrs.
Cooper, Lt. C. G. T., R.E. (T.F.)
Cooper, Lt. Cyril H., North'd Fus.
Cooper, Lt. C. M., *late* 3 Bn. Durh. L.I.
Cooper, Co. Serjt.-Maj. D., 3 Bn. Lond. R.
Cooper, Lt. D. E., R.E. (T.F.)
Cooper, Capt. E. A., Temp. Qr.-Mr. Serv. Bns. W. York. R.
Cooper, Lt. E. N. Fitz-G. de R., *O.B.E.*, 8 Lond. Brig. R.F.A.
Cooper, Lt. E. P., *late* Serv. Bns. E. York. R.
Cooper, Temp. Capt. F., R.E.
Cooper, Temp. 2nd Lt. F., Serv. Bns. Manch. R.
Cooper, Temp. Capt. F. A., R.F.A.
Cooper, Serjt. Maj. F. L., R.F.A.
Cooper, 2nd Lt. F. M., 6 Bn. North'd Fus.
Cooper, Lt. F. S., R.A.
Cooper, Temp. 2nd Lt. F. T., Serv Bns. R.W. Kent R.
Cooper, Temp. Capt. G. A., 18 Bn. K.R. Rif. C.
Cooper, Maj. G. C., 121 Pioneers [L].
Cooper, Lt. G. M., S. Gds. Spec. Res.
Cooper, Lt. H., R. Fus.
Cooper, Capt. H., *late* R.F.A.
Cooper, Capt. H., *late* E. R. Ir. Regt.
Cooper, Co.-Serjt.-Maj. H. E., R. Ir. Regt.
Cooper, Temp. Capt. H. L., Serv. Bns. Worc. R.
†Cooper, Maj. H. S., *O.B.E.*, Can. Local Forces.
Cooper, Co-Serjt.-Maj. J., 7 Bn. R. War. R.
Cooper, Lt. J. H., 5Bn. Arg. & Suth'd Highrs.
Cooper, Lt. J. T., 4 Bn. E. Lan. R.
Cooper, Maj. K. E., 110 Bn. Inf.
Cooper, Temp. Lt. L. A. H., Serv Bns. R. War. R.
Cooper, Lt. L. E., 1 Bn. Lond. R.
†Cooper, Lt. M. C., 4 Bn. Oxf. & Bucks. L.I.
Cooper, Capt. M. C., R.A.M.C. Spec. Res.
Cooper, Temp. Lt. R., R.F.A.
†Cooper, Capt. R. F., R. Fus.
Cooper, Lt. R. G., 3 Bn. R. Suss. R.
Cooper, Temp. Capt., R.S.F. Serv. Bns. Ches. R.
Cooper, Temp. Maj. R. W., *O.B.E.*
Cooper, Temp. Lt. S., Serv. Bn. Notts. & Derby. R.
Cooper, Capt. S. R., 7 Bn. W. York R.
Cooper, Temp. Serjt.-Maj. T., R.A.
†Cooper, Lt. T. B., *M.M.*, 4 Bn. Lond. R.
Cooper. Capt. V. S., *D.S.O.*, Aust. Imp. Force.
Cooper, Temp. Capt. W., R.E.
Cooper, Bt. Maj. W., R.F.A. (T.F.)
†Cooper, Capt. W., *late* Serv. Bn. York. L.I.
Cooper, Temp. Capt. W., R.A.M.C.
Cooper, Capt. W. B., Can Rly. Serv.
Cooper, Temp. Lt. W. E., Serv. Bns. S. Wales Bord.
†Cooper, Temp. Capt. W. F., Serv. Bns. Devon. R.
Cooper, Capt. W. H., R.F.A. (T.F.)
Cooper, Capt. W. L., *late* Res. of Off
Cooper, Capt. W.M., *D.S.O.*, R.G.A.
Cooper, Lt. W. M., 4 Bn. Hamps. R.
Cooper, Lt. W. O., Aust Imp. Force.
Cooper, Capt. W. R. F., 1 D.G.
Cooper-Parry, Capt. P. C. C., *late* R.F.A.
Cooper-Willis, Capt. G. C., 20 Bn. Lond. R.
Coote, Temp. Lt. J. A. G. Serv Bns. Suff. R.
Cope, Temp. Lt. A. J. H., Serv. Bns. K.R. Rif. C.
Cope, Capt. C., 7 Bn. L'pool R.
Cope, Capt. C. E., *late* Serv. Bns. Oxf. & Bucks. L.I.
Cope, Serjt.-Maj. E., 5 Bn. Notts. & Derby. R.
Cope, Lt. G. A., R.G.A.
Cope, Temp. Lt. G. F., R.E. Serv. Bns. Aust. M.G. Corps.
Cope, Capt. J. V., *M.B.*, *late* R.A.M.C.
Cope, Capt. M. L., *late* Serv. Bn. Rif. Brig.
Copeland, Temp. 2nd Lt. J. H., 1 Bn. E. York. R.
Copeland, Capt. R., *D.S.O.*, R.F.A.
Copeman, Lt. C. N. C., Leic. R.
Copeman, Lt. H. D., N. Lan. R.
Copestake, Lt. T. A. B., R.F.A.
Copinger-Hill, Capt. H. T., 5 Bn. Suff. R.
Copland-Griffiths, Lt. F. A. V., W. Gds.
Copp, Lt. A. F., *late* 5 Bn. E. Surr. R.
Coppin, Temp. Lt. W. N., Mar. L.
Corballis, Lt. B. J., Som. L.I.
Corben, Temp. Lt. F. N., 13 Bn. E. Surr. R.
Corbett, Lt. P. E., Can. Local Forces.
Corbett, Maj. R. W., ret. pay.
Corbett, Lt. *Hon.* T. G. P. G. Gds, Spec. Res.
†Corbett, Bt. Maj. T. W., 9 Horse.
Corbett, Temp. Capt. V. D., 12 Bn. Midd'x R.
Corbett-Sullivan, Temp. Lt. E. P., R.A.O.C.
Corbitt, Lt. K. F., Can. (T.F.)
Corby, Capt. S. F., *late* 21 Bn. Lond. R.
Cordeaux, Capt. M. C. D., *M.B.E.*, R.G.A. (T.F.)
Corden, Capt. B. W., *late* 4 Bn. Ches. R.
Cording, Lt. L., Rif. Brig.
Cordingley, Lt. L., 4 Bn. W. Rid. R.
Cordon, Lt. C. I., Ind Army.
Cordwell, Temp. Lt. S. G., 9 Bn. Leic. R.
Corfe, Lt. D. B., Aust. Imp Forces.
Corfield, Capt. C. L., Camb. R.
Corfield, Temp. Capt. W. R. Serv. Bns. Ches. R.
Cork, Temp. Lt. C. H., Serv. Bns. K.R. Rif. C.
Corke, Temp. Lt. F., Serv. Bns. R.W. Kent R.
Corke, Lt. J., R.G.A. (T.F.)
Corke, Temp. Lt. N. M., Serv Bns R.W. Surr. R.
Corkery, Capt. E. D., Devon. R.
Corkey, Lt. I. W., *M.B.*, *late* R.A.M.C
†Corkill, Capt. T. F., *M.B.*, R.A.M.C Spec. Res.
Corley, Lt. J. A., *M.M.*, Manch. R.
Corliss, Maj C.C., C'wealth Mil. Forces.
Cormack, Temp. Lt. A. R., M.G. Corps.
Cormack, Temp Lt. G. S., Serv. Bns. Lan Fus.
Cormack, Capt. H. S., *M.B.*, *F.R.C.S.Edin.*, Ind. Med. Serv.
Cornelius, Lt. F. D., R.E. (T.F.)
Cornelius, Lt. W. N., R G.A., Spec. Res.
Corner, Temp Qr.-Mr. & Lt. F, 7 Bn. Bedf. R.
Corner, Temp. Lt. W. H., 9 Bn. North'd Fus.
†Cornes, Temp. 2nd Lt. J., Serv. Bns. North'd Fus.
Cornes, Temp. Lt. L. G. Serv. Bns. R. Suss. R.
†Cornforth, Capt. J. C., *late* G. Gds. Spec. Res.
Cornforth, 2nd Lt. M F B., 3 Bn. S. Staff. R.
Cornick, Lt. H. F., R.E. (T.F.)
Corning, Lt. D. P., 4 Bn. Ches. R.
Cornish, Maj. A. W. D., *D.S.O.*, 6 Gurkha Rif.
Cornish, Temp. Lt. G. M., G. Gds.
Cornish, Temp. Lt. P. A., Serv. Bns. Hamps. R.
Cornish, Capt. W. G., C'wealth Mil. Forces.
Cornish, Lt. W. H. E., *late* R.A.
Cornwall, Bt. Lt.-Col. J. H. M., *C.B.E.*, *D.S.O.*, R.A. *p.s.c.* [L]
Cornwall, Capt. W. F., *M.B.*, *late* R.A.M.C.
Cornwallis, Lt. F. W. M., 17 Lrs.
Cornwallis, Capt. W. S., 2 Dns.
Corp, 2nd Lt. B., W. York. R.
Corrall, Capt. W. R., E. Kent R.
Correll, Lt. C. E., 5 Bn. York. R.
Corrie, Lt. O. C. K., N. Som. Yeo.
Corrigall, Maj. D. J., *D.S.O.*, Can. Local Forces.
Corrigan, Co.-Serjt.-Maj. J., R. Lanc. R.
Corrigan, Temp. Lt. W. J., Serv. Bns. R. Lanc. R.
Corry, Temp. 2nd Lt. J. E., Serv. Bns R.W. Surr. R.
Corry, Lt. W. M. F., R.F.A. (T.F.)
Corsan, Lt. J. C., 6 Lond. Brig. R.F.A.
Corsan, Capt. R.A., *D.S.O.*, 6 Lond. Brig. R.F.A.
Corse-Scott, Capt. E. J., 2 Gúrkha Rif.
Corvan, Capt. B. J., *late* M.G. Corps.
Cory, Capt. H. C., R.F.A.
†Cory, Lt. W. M. B., C'wealth Mil. Forces.
Cory-Wright, Lt. R., *late* 3 Bn. R. War. R.
Cosbie, Capt. W. G., Can. Local Forces
Cosby, 2nd Lt. N. R. C., Ind. Army Res. of Off.
Cosgrave, Maj. A. K., *M.B.*, R.A.M.C.
Cosgrove, Capt. C., C'wealth Mil. Forces.
Cosgrove, Lt. L., Aust. Imp. Force.
Cossar, Lt. E., 5 Bn. K.O. Sco. Bord.
Cossar, Capt. G. C., *late* R.A.M.C.
Costello, Lt. F. G., Can. Local Forces.
Costello, Capt. J. M. A., *M.B.*, R.A.M.C. (T.F.)
Costello, Capt. T. J., *M.B.*, R.A.M.C. (T.F.)
Costigan, Capt. C. T., *D.S.O.*, Can. Local Forces
Costigan, Sub-Condr. F. R., R.A.O.C.
Costin, Capt. C. B., W. York. R.

† Also awarded Bar to Military Cross.

Orders of Knighthood, &c.

THE MILITARY CROSS—contd.

Costin, Lt. W. C., 6 Bn. Glouc. R.
Costobadie, Lt. H. C., Rif Brig.
Coston, Temp. 2nd Lt. I. E., Serv. Bns. North'd Fus.
Cotching, Temp. Capt. C. E., late 7 Bn. Sea. Highrs.
Cotching, Lt. E. G., 4 Bn. E Kent R.
Cottam, Lt. A. E., E. Surr. R.
†Cottam, Temp. Lt. H., 10 Bn. S. Wales Bord.
Cotten, Lt. L. J. L., Hamps. R.
Cotter, Temp. Capt. H. J., R.A.M.C.
Cotter, Rev. J. A., Hon. Chapl. to the Forces, 4th Class.
Cotter, Capt. J. L., 3 Bn. R Ir. Regt.
Cotter. Capt. R. K., R.F.A
Cotterill, Lt. H. S., Notts. (Sher. Rang.) Yeo.
Cotterill, Bt. Maj. L. D., ret.
Cottis, Lt. P. E., 4 Bn Linc. R.
Cottle, Lt. P. J., O.B.E., R.E. (T.F.)
Cotton, Lt. A. S., Aust. Imp. Force.
Cotton, Maj. C., late R.A.S.C. Spec. Res.
Cotton, Lt. F. T. H., 7 Bn. L'pool R.
Cotton, Maj. W.E.L., O.B.E., 8 Bn Worc. R.
Cotton-Swanston, Lt. W. L., Ind. Army
Cottrell, Capt. J. F., late Manch. R. (attd.)
Cottrell, Lt. T. M., R.E. (T.F.)
†Coubrough, Temp. Capt C. E. M., R.G.A.
Couch, Temp. Lt. G. R., Serv. Bns. R. War. R.
Couche, Temp. Lt. H. J., M. G. Corps.
Coucher. Lt. A., D.C.M., late Essex R.
Couchman, Lt. C. W., C'wealth Mil. Forces
Couchman, Maj. H. J., D.S.O., R.E.
Coughtrie, Temp. Capt. R., R.A.
Couillerd, Lt. A., Quebec R.
Coulcher, Lt. G. E B., R.E.
Couldrey, Temp. Lt. O., M. G. Corps.
Couldrey, Temp. Capt. V. H., 13 Bn. R. Suss. R.
Coulshaw, Temp. Lt. L., Serv. Bn Durh. L.I.
Coulson, Lt. K. H., 3 Bn. Yorks. L.I.
Coulson, Maj. R. T., late R.F.A.
Coulter, Lt. C. W., 3 Bn. R.W. Fus.
Coulter, Lt. F. J., R.A.
†Coulter, Co.-Serjt.-Maj. P., D.C.M., 15Bn.Ches. R.

Coulter, Lt. S., late 9 Bn. High. L.I.
Coulter, Temp. Lt. W. E., 6 Bn. Leins. R.
Counsell, Lt. R. R., New Bruns. R.
Conpe, Hon. Capt. J. W., Nova Scotia R.
Couper, 2nd Lt. J., late 4 Bn. R. Sco. Fus.
Couper, Capt. T. J., R.A.
Courage, Bt. Lt.-Col. A., D.S.O., Tank Corps.
Courage, Capt. Res of Off., A.D.G., late Lt. R.A
†Courage, Lt. P. M., 4 D.G
Coursey, Lt. E. B., R.G.A. Spec. Res.
Court, Capt. A. C., late R A.M.C. Spec. Res.
Court, Temp. Maj. A. E., S. Afr. Def. Forces.
†Court, Lt. C. V W., Worc R.
Court, Temp. 2nd Lt. G.R., Tank Corps
Court, Co. Serjt.-Maj.S.H., C. Gds.
Courtauld, Temp. Capt. J. S.
Courtauld, Temp. Capt S. L., M.G.C.
Courthope, Lt.-Col. G. L., TD, 5 Bn. R. Suss. R.
Courturier, Rev. F., O.B.E., Temp. Chapl. to the Forces, 3rd Class.
Cousens, Maj. G. B S., late R F.A.
Cousin, Lt. A., 18 Bn. Lond. R.
Cousins, Rev. A. E., Hon. Chapl. to the Forces, 4th Class
Cousland, Capt. K.H., R.F.A (T.F.)
Coussmaker, Lt.-Col. L. J., D.S.O., N. Mid. Div1. R.E.
Coutts, Temp. Lt. G., R.E
Coutts, Temp. Lt. H. G., Tank Corps.
Coutts, Rev. J. D., late Temp. Chapl. to the Forces, 4th Class.
Coutts, 2nd Lt. J. E., 5 Bn. Lan. Fus.
Coventry, Temp. 2nd Lt. A. G., Serv. Bns. North'd Fus.
Coventry, Co. Serjt.-Maj. C. R., 7 Bn. D. of Corn. L.I.
Covernton, Capt. R. H., late S. Afr. Overseas Forces
Covington, Lt. C. K., late 6 Bn. Notts. & Derby. R.
Cowan, Lt. A., R.F.A. Spec. Res.
†Cowan, Capt. A. C., 3 Bn R. Scots.
Cowan, Lt. A. J., Can. Local Forces

Cowan, Hon. Capt. C. S., late M.G. Corps.
Cowan, Lt. D. J., O.B.E., late Serv. Bns. Conn Rang.
Cowan, Lt. D. T., Ind. Army
Cowan, Temp. Capt. G., Serv-Bns. R. Scots.
Cowan, Lt. G. M., R.E (T.F.)
Cowan, Capt. H., R.A.S.C.
Cowan, Capt. I. C., D.S.O., ret.
Cowan, Lt. J., 5 Bn. R. Scots.
Cowan, Temp.Capt.W., R.E.
Cowan, Lt. W. A., R.G.A.
Cowan, Maj. W. McC. C., R.F.A.
†Cowan-Douglas, Capt J. R., D.S.O., High. L.I.
Coward, Temp. Capt. F. A., Serv. Bn. Bedf. & Herts. R.
Cowburn, Temp. Capt. B., 5 Bn. Bord. R.
Cowcher, Lt. T., 5 Bn. R.W. Fus.
Cowderey, Lt. F., late Serv. Bns. Midd'x R.
Cowell, Lt. N., R.G.A. Spec. Res.
Cowen, Capt. F. B., 7 Bn. North'd Fus.
Cowen, Capt. J. C., late 13 Bn. York & Lanc R.
Cowen, Capt. W. J., Fort Garry Horse.
†Cowen, Lt. W. J., 6 Bn, Notts. & Derby. R.
†Cowey, Maj N. K., late R.F.A.
Cowgill, Capt. J. I. W., 3Bn, Notts. & Derby. R.
Cowgill, Lt. J. V., 4 Bn. Notts. & Derby. R.
Cowie, Capt. A. H., Can. Local Forces.
Cowie, Temp. Regtl. Serg.-Maj. J., 13 Bn.R.Highrs.
Cowie, Temp. Lt. T. L., 7 Bn Wilts. R.
Cowie, Temp. Capt. N. B St. J., R.F.A.
Cowie, Temp. Lt. W. N., D.S.O., R.A.
Cowl, Rev. H. B., Temp. Chaplain to the Forces (4th Class.)
Cowl, Lt. J. M., 4 Bn. D. of Corn. L.I.
Cowles, Capt. E. P., late R.E.
Cowley, Temp. Capt. C., North'd Fus.
Cowley, Lt. C. J , 6 Bn. Welch R.
Cowley, Lt. T. E., Aust. Imp. Force.
Cowley, Capt. V. L. S., D S O , R. Ir. Rif.
Cowling, Lt. A. G., R.G.A. Spec. Res.
Cowling, Lt. H. E., D.S.O., late 11 Bn. North'd Fus.
Cowling, Capt. H. W., late Serv. Bn. E. York. R.

Cowlishaw, Lt. B. T., C'wealth Mil. Forces
Cowlishaw, Lt. R. F., 5 Bn. N. Staff. R.
Cownley, Temp. Lt., J. J., Serv. Bns. York R.
Cowper, Temp. Lt. C. R., Serv. Bns. E. Surr. R.
Cowper, Temp. 2nd Lt. S. A., Mach. Gun Corps.
Cowser, Temp. Maj. R. J., R.A.S.C.
Cowtan, Maj. A. L., T.F. Res.
Cox, Lt. A. H. G., 7 Bn. Notts. & Derby. R.
Cox, 2nd Lt. A. J., 6 Bn. Glouc. R.
Cox, Lt. C. E., 8 Bn Midd'x R.
Cox, Lt. C. H V., Leic. R.
Cox, Lt. C. R., C'wealth Mil. Forces.
Cox, Capt. D. A., Res. of Off.
Cox, Lt. E. D., R.F.A., Spec. Res.
Cox, Lt. E. R., Aust. Imp. Force.
Cox, Lt. E. W., late Serv. Bns. R.W. Fus.
Cox, Qr.-Mr. & Capt. F., Lan. Fus.
Cox, Lt. F. W., C'wealth Mil. Forces.
Cox, Lt. G. A., Bord. R.
Cox, Capt. G. C. A., late 6 Bn. Leic R.
Cox, Capt. G. S., late Br. W. Ind. R.
Cox, Capt. G. V., M.G. Corps.
Cox, Rev. H. C., Hon.Chapl. to the Forces, 4th Class.
Cox, Temp. Lt. J. D., R.F.A.
Cox, Lt. J. F. R., late Serv. Bns. Dub. Fus.
Cox, Co. Serjt.-Maj. J. H., Notts. & Derby. R.
†Cox, Temp. Lt. J. S., M.G. Corps.
Cox, Temp. Maj. J. W., M.G. Corps.
Cox, Bt. Maj. L. H., Glouc. R.
Cox, Lt. L. W., 6 D.G
Cox, Temp. Capt. L. W., R.A.S.C.
Cox, Temp. Lt. M. H., R.A.S.C.
Cox, Capt. M. N., W.Rid. R.
Cox, Qr.-Mr. & Capt. R., R.A.M.C.
Cox, Temp. 2nd Lt. R., Serv. Bns. Devon. R.
Cox, Bt. Maj. R. J. S., R. Innis. Fus.
Cox, Temp. Capt. R. M. 6 Bn. S. Wales Bord.
Cox, 2nd Lt. S. J., R.G.A. Spec. Res.
Cox, Lt. S J. S., Ind. Army
Cox, Serjt.-Maj. T., 23 Bn. Lond. R.
Cox, Temp. Lt. T. W.
Cox, Maj. W. E., Aust. Impl. Force.

† Also awarded Bar to Military Cross.

L

THE MILITARY CROSS—contd.

Cox, Hon.Capt. W. L. S., *late* 11 Bn. R. W. Surr. R.
Cox. Capt. W.M., R.A.M.C. (T.F.)
Cox, Co. Serjt.-Maj. W., S. Staff. R.
Coxe, Lt. K. H., Ind. Army Res. of Off.
Coxens, 2nd Lt. P., 5 Bn. S. Staff. R.
Coxhead, Temp.Capt. H.J., Tank Corps.
Coxhead, 2nd Lt. L. G., 3 Bn. R. Suss. R
Coxon, Co.-Serjt.-Maj. J., 9 Bn. W. Rid. R.
Coxon, Capt. S. H. N., 8 Bn. R. War. R.
Coxwell, Temp. Lt. E. C. Serv. Bns. Worc. R.
Coxwell-Rogers, Lt. C. M. P., Pemb. Yeo.
Coyle, Lt. J. P., 21 Bn Lond R.
Coyle, Temp. Capt. J. W., Inspr. of Ord. Mach. R.A.O.C.
Coyne, Capt. E. H., *M.B.*, R.A.M.C. (T.F.)
Coysh, Lt. A. W. H., *late* 3 Bn. D. of Corn. L.I.
Cozens, Lt. C. J., R.G.A. Spec. Res.
Cozens, Lt. F., R.W. Kent R.
Crabb, Co.-Serjt.-Maj. T H., R. Fus.
Crabbe, Maj. A. H., *late* 23 Bn. Lond. R.
Crabbe, Lt. C. E., Can. Local Forces.
Crabbe, Bt. Maj. J. G., 2 Dns.
Crabtree, Lt. C. P., *late* Serv. Bns. R.W. Fus.
Crabtree, Rev. H.G., Temp. Chapl. to the Forces, 4th Class
Crabtree, Lt. J. J., 5 Bn. N. Lan. R.
Crabtree, Lt. M., Can Local Forces.
Crabtree, Capt. N., *late* Serv. Bns W. York. R.
Crabtree. Lt. N., 7 Bn. W. Rid. R.
†Crabtree, Temp. 2nd Lt. R M., Serv. Bns. W York. R
Crabtree, Temp. Capt. W *M.B., Maj. late* R.A.M.C.
Cracroft - Amcotts, Maj W., *late* R.E.
Cracknell, Lt. L., R.F.A. (T.F.)
Craddock, Temp. Capt. L. R., R.G.A.
Craddock, Capt. W. M., *D.S.O.*, 20 Bn. Lond. R.
Cragg, Lt. J. C, *late* S. Afr. Inf.
†Craib, Lt. W. H., R.F.A. Spec. Res.
Craig, Capt. A., 6 Bn. Arg. & Suth'd Highrs.
Craig, Lt. A. C., *late* Serv. Bns. R. Scots.
Craig, Temp. Maj. A. H., *D.S.O.*, 13 Bn. R. Scots.
Craig, Capt. A. V., *M.B.*, *late* R A.M.C.
Craig, Maj. C. S., *D.S.O.*, Can. Local Forces.
†Craig, Maj. D. D., *late* R.A.M.C.
Craig, Lt. F., 3 Hrs.
Craig, Temp. 2nd Lt. G. R., E. Lan. R.
Craig, Capt. H. D C., 3 Bn High L.I.
Craig, Lt. H. G., *late* M G. Corps.
Cra'g, Temp Lt. J., Serv. R.
Craig, Capt. J. D., Man. Regt.
Craig, Temp. It. J. L., Serv. Bns. N. Staff. R.
Craig, Lt. J. L W., h.p.
Craig, Maj. J. R., *M.B., late* R.A.M.C.
Craig, Capt. L. C. A. Aust. Imp. Force.
Craig, 2nd Lt. N. S., 10 Bn. R. Scots.
Craig, Temp. Capt. R. J., B. W.I.R.
Craig, Temp. Capt. R. R., 11 Bn. Bord. R.
Craig, Temp. Lt. T., Serv. Bn. Arg. & Suta'd Highrs.
†Craig, Temp. Lt. T. B., 13 Bn. K.R. Rif. C.
Craig, Capt.T.D., *late* 5 Bn K.O. Sco. Bord.
Craig, Lt. V. F., R.E.
†Craig, Lt. W. A., 5 Bn. K.O. Sco. Bord.
Craig, Lt. W. H. P., T.F. Res.
Craighead, Temp.Lt.R. F., R.A.O.C.
Craigie, Capt. J. C., Res. of Off.
†Craigie, Cap'. R. C., *late* Serv. Bns. Shrops. L.I.
Craig-McFeely, Lt. N., *D.S.O.*, R. Dub. Fus.
Craigs, Capt. W. N., 7 Bn. North'd Fus.
Craik,Capt. G L.,T.F. Res
Craik, Temp. 2nd Lt. G. W. C.
Craik, Capt. T. E., 4 Bn. Yorks. L.I.
†Craik, Temp. 2nd Lt. W. ·., Serv. Bns. Bord. R.
Crail, Capt. H., A.S.C.
Crain, Lt. G. E., Res. of Off
Crain, Lt. H. T., Aust. Impl. Force
Craine, 2nd Lt. A. H., Bord. R.
Crake, Temp. Lt. F. W. Serv. Bn. Bedf.&Herts. R.
Cramb, Capt F. E., 4 Bn. Gord Highrs.
Cramer, Temp. 2nd Lt. J., Serv. Bns. Lan. Fus.
Crampton, Lt. A. J., Aust. Imp. Force.
Crampton, Lt. H., 6 Bn. Glouc. R.
Crampton, Maj. J., *D.S.O. late* Serv. Bn. York & Lanc. R.
Crampton, Lt. P., *late* 5 Bn. N. Lan. R.
Cran, Temp.Lt.C. F.,5 Bn., Wilts R.
Cran, Temp. Capt. C. R. Serv Bns.York &Lanc.R.
Cranage, Maj. H., Terr. Force Res.
Crandon, Temp. Lt. G. L., Serv. Bn. Suff. R.
Crane, Lt. E. A., R.E.
Crane, Temp. 2nd Lt, H. J., Serv. Bn. N. Lan. R.
Crang, Temp. Lt. K. F., Serv Bns. D. of Corn L.I.
Cranham,Lt G. V.,E. Surr. R.
Crank, Lt. H., 4 Bn. E Lan. R.
Cranston, Lt. S., 7 Bn. Sco. Rif.
Cranston, Lt. W. F., 4 Bn. R Sc. Fus.
Cranswick, Temp. 2nd Lt. A. N., 12 Bn. K.R. Rif. C.
Cranswick, Capt. C. T., *late* R.E.
Cranswick, Temp. Lt. J., Lab. Corps.
Cranswick, Lt. P., R.E., (T.F.)
Cranswick, Temp. Capt. S., 7 Bn. York. R.
Cranworth, Capt. B. F. Lord, Res. of Off.
Craven, Lt. A., 3 Bn. S. Lan. R.
Craven, Temp. Capt. A.W., Temp. Qr.-Mr. M.G Corps
Craven, Lt. G. E., 5 Bn. W. Rid. R.
Craven, Rev. G. L., Hon. Chapl. to the Forces (3rd Class.)
Craven, Capt. J. W., *M.B.*, R.A.M.C. (T.F.)
Craven, Lt. L A., N.Z. Mil. Fo ces.
Crawford, Capt. A., C'wealth Mil. Forces.
Crawford, Maj. A. E., Ind. Army.
Crawford, Lt A. S., 1 Lovat's Scouts Yeo.
†Crawford, Lt. C. O., Ind Army
Crawford, Capt. F., Lan. Fus.
Crawford, Capt. G. M., *late* Serv. Bns. R. Dub. Fus.
Crawford, Temp. Capt. H G., Serv. Bns. R. Scots.
Crawford, Cap. H. M. L., *M.D., late* R.A.M.C.
†Crawford, Maj. J., *late* R.A.M.C.
Crawford, Temp. Lt. J., *la e* Serv. Bns. R., Innis. Fus
Crawford, Temp. 2nd Lt. J. C., Wilts. R.
Crawford, Bt. Maj. (*temp. Col.*) J. D., *D.S.O.*, 89 Punjabis.
Crawford, Lt. J. F., T.F. Res.
Crawford, Capt. J. G., N.Z. Mil Forces.
Crawford, Capt. J. R. M., R.A.M.C.
Crawford, Capt. J. *D.S.O.*, R.E. (T.F)
Crawford, Capt. K. N., R E, N.Z
Crawford, Capt. P. McL., R. Scots
Crawford, Lt. R. B., Pemb. Yeo.
Crawford, Temp. 2nd Lt. T., R.A.S.C.
Crawford, Capt. T. M., *M.B.*, *late* R.A.M.C.
Crawford, Lt. V. R. W., R.G.A.
Crawford, Rev. W., Temp. Chapl. to the Forces (2nd Class).
Crawford, Capt. W., 4 Bn. Yorks. L.I.
Crawford-Clarke, Capt. R. W. B., R.G.A. Spec. Res
Crawford-Clarke, Lt. W. H., R.E. Spec. Res.
Crawhall, Temp. Maj. J. S., R E.
†Crawley, Rev. A. S., Temp. Chapl. to the Forces, 4th Class.
Crawley, Lt. F. C. J., T.F Res.
Crawley, Temp. 2nd Lt. H. C., Serv. Bns. R.W. Surr. R.
Crawley-Boevey, Bt. Maj. M. *D.S.O.*, D. of Corn.L.I.
Crawshaw, Capt. C. B. R., R.E. Spec. Res.
†Crawshaw, Temp. Capt. C. H., *D.S.O.*, 8 Bn. K.O. Sco.Bord. (Maj. *late* K.O. Sco. Bord. Spec. Res.)
Crawshaw, Capt. G., *M.R.*, R.A.M.C. (T.F.)
Crawshaw Lt. G. W.,10Bn. Manch. R.
Crawshaw, Temp. Lt., M A., M.G. Corps.
Crawshay, Lt. J W. L., w. Gds. Spec. Res.
Creagh, Capt. D.V., 7 Hrs. R.G.A.
Cream, Capt. R. T. C., R.G.A.
Creaser, Lt. F. G., *late* R.F.A Spec. Res.
Creasor, Capt. J. A., Can. Local Forces.
Creasey, Temp. 2nd Lt R. E. Serv. Bn. Linc. R.
Cree, Maj. D., R.E.
Cree, Maj. R. E., *M.B., late* R A.M.C.
†Creed, Lt. C.J., R.E., (T.F.)
Creed, Lt. T. P., 5 Bn. Leic. R.
Creek, Lt. F. N. S., 5 Bn. Durh. L.I.
Creery, Capt. A , R.G.A.
Creeth, Temp. Capt. G. W., R.E.
Cregan, Temp. Capt. G. T., *M.B.*, R.A.M.C.
Cregan, Temp. Capt. T. J. G., M.G. Corps
Creighton, Lt. A.,6 D.G.
Creighton, Capt. D. St. S., Can. Army Med. Corps
Creighton, Capt. H. A., Can. M.G. Corps
Creighton, Maj. W., Can. Local Forces
Creighton, Temp. Capt. W. R., R.A.S.C.
Crellin, Lt. A. M., 4 Bn. Notts. & Derby R.
Crellin, Temp. Capt. D., R.A.M.C.
†Crellin, Lt. J. F., 4 Bn. Notts. & Derby. R.
Cremer, Lt. E. W., 5 Bn. Rif. Brig.
Crerar, Lt. A. J., R. Can. Dns.
Cressall, Capt. P. E. F., *late* B.W.I. Regt.

† Also awarded Bar to Military Cross.
†† Also awarded 2nd Bar to Military Cross.

Orders of Knighthood, &c.

321

THE MILITARY CROSS—*contd.*

Creswell, Temp. Capt. F. L., R.A.
Cresswell, Capt. H. E., R A.M.C. Spec. Res.
Crews, Lt. F. H., 5 Bn. Lond. R.
Crichton, Lt.-Col. A. G. M., D.S.O., late 5 Bn Cam'n Highrs.
Crichton, Bt. Maj. G. K., O.B.E., 3 Lon. Divl. Train R.A.S.C.
Crichton, Lt. H. M., 10 Bn. R. Scots.
Crichton, Temp. Maj. R. H., Tank Corps.
Crichton, Lt. T. C., 5 Cav.
Crick, Temp. Capt. L. C., 6 Bn. Linc. R.
Cridland, Temp. Lt. B. E., Serv. Bns. Lan. Fus.
Crighton, Temp. Capt. C.A.
Cripps, Capt. B. U. S. Welch R.
Cripps Capt. E. T., Glouc. Yeo
Cripps, Temp. Maj. P. G. H., Tank Corps.
†Cripps, Lt. W., R.G.A.
Crisford, *Rev.* K. N., Hon. Chapl. to the Forces (4th Class).
Crisp. Lt. G. W., T.F. Res.
Crispin, Lt. G. C., R.F.A., Spec. Res.
Criswell, Capt. H., T.F. Res.
Criswick, Capt. W. G., *late* Serv. Bns. R. Fus.
Critchley, 2nd Lt. G. H., R.A.
Critchley-Salmonson, Capt. D. G. C., R. Sc. Fus.
Critchley-Salmonson, Bt. Maj. R. E., R. Fus.
†Critchlow, Temp.Capt.J., 9 Bn. Notts. & Derby. R.
Crit'all, Lt. H. P., *late* Serv. Bns. Midd'x R.
Croager, Temp. Lt. C. E. R., Mach. Gun Corps.
Crockatt, Lt. K. A., R.F.A., (T.F.)
Crockatt, Capt. N. R., D.S.O., R. Scots.
Crocker, Temp. Lt. J. T., D.S.O., M.G. Corps
Crocker, 2nd Lt. W. C., 4 Bn. Dorset R.
Crockford, Temp. Lt A. L.
Crockford, Bt. Maj. L. C., 6 Bn. R. War. R.
Croft, Lt. A. J., 3 Bn. Bord. R.
Croft, Capt. A. T., Nova Scotia. Regt.
Croft, Lt. C. W., M.M. C'wealth Mil. Forces.
Croft, Maj. D. W., D.S.O., *late* Serv. Bns. S. Wales Bord.

Croft, Lt. F. W., Aust. Imp. Force.
Croft, Sqdn. Serjt.-Maj. H., *D.C.M.* 5 D.G.
Croft, Hon. Capt. L. W., *late* 9 Bn. E. Lan. R.
Crofton, Bt. Maj. R., R.G.A.
†Crofton, Lt. R. C. M., R F.A.
Crofts, Lt. C. D., R.F.A. Spec. Res.
Crofts, Lt. S. W. F., 15 Bn. Lond. R.
Croker, Maj.G.N.,C'wealth Mil. Forces.
Croll, Lt. A. G., 4 Bn. Lond. R.
Croly, Capt. R. C., Can. Local Forces
Cromble, Lt. J. A., ret. pay (*Res. of Off*.)
Cromie, Lt. J., ret.
Cromie, Lt. P. B., Res. of Off.
Crone, Lt. H. C., R.E.(T.F.)
Croneen, Temp. Lt. S., R.A.S.C.
Cronin, Temp. Lt. H. F., R.E.
Cronin, Lt. J. A., New Bruns. Regt.
Cronin, Lt. W. L., R.G.A. Spec. Res.
Cronje, Capt. S. N., S. Afr. Def. Force.
Cronk, Capt. R. *agt.*, Ont. R.*agt*.
Cronk, Lt. G. E., 5 Bn. S. Staff R.
Cronk, Serjt.-Maj. L A, R.A.M.C
Cronshaw, Temp. 2nd Lt. L H., Tank Corps.
Crook, Lt. G. T., R.F.A. Spec. Res.
Crook, Lt. R. C., R.F.A. (T.F.)
Crooke, Lt. S. E, R.F.A (T.F.)
Crooks Lt. A. S. *late* S. Afr. Overseas Forces.
Crooks, Temp. 2nd Lt. J. E., Serv. Bns. Durh. L.I.
Crooks, Lt. S. T., E. Ont. Regt.
Crooks, 2nd Lt. T. R., C'wealth Mil. Forces
Croom-Johnson, Lt.A.C.R., R:F.A. (T.F.)
†Croom-Johnson, Lt. H., 5 Bn. Worc. R.
Cropper, Temp. Maj. C. H., D.S.O., R.E.
Crosbie, Maj. D. E., *late* R.A.M.C.
Crosbie, Lt. D F., *late* Tank Corps.
Crosby, Lt. J. S., 18 Bn. Lond. R.
Crosby, Lt. R. D., O.B.E., Linc. R.
Crosby, Temp. Capt. W. N., 12 Bn. York. R.
Crosby, Temp. Capt. W. P., 7 Bn. Norf. R.

Crosland, Capt. H. P., Berks. Yeo.
Crosland, Lt. L., R.G.A. Spec. Res.
Cross, Temp. Lt. A. C., M.G. Corps.
Cross, Temp. Capt. A. F., 9 Bn. R. W. Fus.
Cross. Lt. A. G., *M.B.E.*, 6 Bn. Sea. Highrs.
Cross, Temp. Maj. A. M., 12 Bn. Suff. R.
Cross, Capt. A. R., 3 Bn Gord. Highrs.
Cross, Temp. Lt. A. C., Mach. Gun Corps.
†Cross, Lt. C. N., R.F.A., (T.F.)
Cross, Capt. C. R., R.G.A.
Cross, Qr.-Mr. & Capt. F. C., R. Fus.
Cross, Temp. 2nd Lt. G.H., R.F.A.
Cross, Co -Serjt.-Maj.G.R., *M.M.*, 15 Bn. L'pool R.
Cross, Capt. H., Aust. Imp Force.
Cross, Temp. Lt. J. K., M.G. Corps.
Cross, Lt. L. D., R.F.A. (T.F.)
Cross, Lt. P. K., R.F.A Spec. Res.
Cross, Lt. S. H., 5 Bn. Lond. R.
Cross, Temp. Lt. W., M.G. Corps.
Cross, 2nd Lt. W. T., *late* Serv. Bns. Devon. R.
Crossby, Capt. W. E., R.A.S.C.
Crosse, Lt. A. E. S., 6 Bn. R. Fus.
†Crosse, Temp. Capt. A. J. G , 9 Bn. Norf. R.
Crosse, *Rev.* E. C., *D.S.O.*, Temp. Chapl. to the Forces, 3rd Class
Crosse, Lt. E. N., R. A.
Crosse, Lt. F. P., ret. pay 3 Bn. R. Fus.
Crosse, Lt. H. E., N.Z. Mil. Forces.
Crosse,Capt.S.S.,R.A M C.
Crosse, Capt. T. G., R. a.
Crossfield, Capt. E. A. K, 6 Gurkha Rif.
Crosskey, Hon. Lt.-Col. J. H., T.F. Res.
Crossland, Lt. C. R., 8 Bn. Lond. R.
Crossland, *Rev.* G. H., Temp. Chaol. to the Forces (4th Class.)
Crosland, Lt. M. E.,20 Bn. Lond. R.
Crossley, Capt. C., R.F.A. (T.F.)
Crossley, Lt. E., *late* Serv. Bns. Manch. R.
Crossley, Lt. F., 6 Bn. Manch R.
Crossley, Capt. Hon. F. S., 9 Lrs.
Crossley, Temp. Lt. W. E., Serv. Bns. N. Lan. R.
Crossman, Maj. F. L. M., D.S.O., R.F.A.
Crosthwait, *Rev.* W. F., Temp. Chapl. to the Forces (4th Class).
†Crosthwaite, Capt. J. D., D.S.O., 1 Bn. Lond. R.

Crothers, Lt. P. F., *late* M.G Corps
Crothers, Lt. V. B., R. Can. Dns.
Crouch, Lt. C. H., R.G.A.
Crouch, Capt. G. R., Bucks. Bn. Oxf. & Bucks. L I.
Crouch, Capt. H. A., R.A.M.C.
Crouch, Capt. H. W., C'wealth Mil. Forces.
Crouch, Lt. P., ret. pay 4 Bn. R. Ir. Fus.
Crouch, Temp. Lt. W. E., Serv. Bns. E. Surr. R.
Croucher, Lt. C. T., Can. Local Forces.
Croutcher, Co. Serjt.-Maj. J., 13 Bn. Rif. Brig.
Crow, Capt. P., *D.S.O.*, *late* Unattd. List (T.F.)
†Crow, Temn. Lt. W., Serv. Bns. Yorks. L.I.
Crowden, Lt. R. J. C.,4 Bn. Linc. R.
Crowder, Capt. A. E., *late* 3 Bn. S. Wales Bord.
Crowder, Temp. Lt. G. E., M.G. Corps.
†Crowder,Lt.P.C.*late* R E.
†Crowe, Lt. C. D., Can. Fd. Art.
Crowe, Lt. D. M., Bedf. & Herts R.
Crowe, Lt. H. G., R. Ir. Regt.
Crowe, Temp. Lt. H. N., M.G. Corps.
Crowe, Lt. R.M.,Sask.Regt.
Crowe, Capt. W. H. F., R.F.A.
Crowter, Lt. C., 21 Bn. Lond. R.
Crowther, Temp. Lt. D. E., Serv. Bns. Rif. Brig.
Crowther,Temp.2nd Lt.E. 16 Bn. W. York. R.
Crowther, Capt. G. A., *late* 3 Bn. York & Lanc. R.
Crowther, Capt. G. H., C'wealth Mil. Forces
Crowther, Temp. Lt. J. E. M., 13 Bn. E. Surr R.
Crowther, Temp. Lt. P., Tank Corps
Crowley, Lt. J., 5 D.G.
Croxford, Temp. Capt. L. J., Tank Corps
Croydon, Lt.-Col. A.C., *late* Serv. Bns. W. York. R.
Croydon, Lt. R. H., R.F.A. Spec. Res.
Crozier, Maj. H. C., R. Dub. Fus.
Cruden, Lt. A. 4 Bn. Gord. Highrs.
†Cruickshank, Capt. G. A., Brit. Columbia Regt.
Cruickshank,2nd Lt. H. G., *late* R.E.
Cruickshank, Maj. J. A., *M.B.*, Ind. Med. Serv.
Cruickshank, Capt. J. N., *M.B.*, *late* R.A.M.C.
Cruikshank, Lt. W. R., R. F A. (T.F.)
Crummack, Lt. E. E., *D.C.M.*, 4 Bn. York & Lanc. R.
Crump, Lt. C. A., *late* 19 Bn. Lond. R.

† Also awarded Bar to Military Cross.
†† Also awarded 2nd Bar to Military Cross.

THE MILITARY CROSS—contd.

Crump, Co.-Serjt.-Maj. G., *D.C.M.*, Worc. R.
Crust, Lt. E. W., 4 Bn. R. Berks. R.
Crute, Temp. Lt. W. Serv. Bns. Ches. R.
Cryer, Temp. Lt. J. B., 8 Bn. R.W. Kent R.
Crysdale, Maj. C. R., Can. Local Forces
Cubbon, Temp. Maj. J. F., *D.S.O.*, R.E.
Cubitt, Capt. C. C., *late* G. Gds., Spec. Res.
Cubitt, Capt. F. S., 4 Bn. Suff. R.
Cuckow, Temp. Capt. M. W., 7 Bn. R. Berks. R.
Cuddeford, Lt. E.J.,R.F.A. (T.F.)
††Cuddon, Lt. P.,Hamps.R.
Cudmore, Temp. Lt. J. H. W., R.F.A.
Culbert, Lt. W., Conn. Rang.
Cullen, Lt. A. C., 9 Bn. High. L.I.
Cullen, Lt. F. H. B., Res. of Off.
Cullen, Temp. Capt. H. E. D., 9 Bn. R. Staff. R.
Cullen, Rev. M., Temp. Chapl. to the Forces (3rd Class).
Cullen, Capt. P., *late* R. Dub. Fus.
Cullen, Lt. S. McL., 7 Bn. Sco. Rif.
Cullen, Temp. Lt. W. R., Serv. Bns. Sea. Highrs
Culliford, Temp. Lt. H. T., R.A.S.C.
Culliford, Lt. L. A. O., 2 Lond. Divl. R.E.
Cullimore, Lt. E. M., Aust. Imp. Force.
Cullinan, Capt. F. J. F., Res. of Off.
Cullinan, Temp. Lt. M. W. F., Serv.Bns.K.R. Rif. C
Cullinan, Lt. P. B., 3 Bn. Leins. R.
Culver, Capt. A. F., Can. Local Forces.
Culver, Lt. J. G., *late* Serv. Bns: Essex R.
Culverwell, 2nd Lt. D., *late* S. Afr. Def. Forces.
Culverwell, Capt. E. R., R.G.A.
Cumberbatch, Bt. Maj. H. C., *O.B.E.*, York. R., *p.s.c*
Cumberland, Temp. Lt.E., Serv. Bns. Norf. R.
Cumberledge, Capt. G. F. J., *D.S.O.*, Res. of Off.
†Cuming, Capt. H. W., C'wealth Mil. Forces.
Cumming, Lt. A. E., Ind Army.
†Cumming, Lt. D., 8 Bn Lan. Fus.
Cumming, Maj. H. E. Can. Local Forces.
Cumming, Lt. J. E.,R.F.A. (T.F.)
Cumming, Captt. R. B., S. Afr. Def. Forces

Cumming, Capt. R. S., *M.B.*, R.A.M.C.
Cumming, Lt. S. F. McD., R.F.A. (T.F.)
Cumming, Temp. Lt. T. E. M.G. Corps.
Cummins, Maj. A. G. *M.B.*, R.A.M.C.
Cummins, Capt. V. M., *M.B., late* R.A.M.C.
Cundall, Temp. Lt. H. A., Serv. Bns. S. Staff. R.
Cundle, Lt. R. B., 3 Bn K.O. Sco. Bord.
Cundy-Cooper, Capt. O. S., ret. pay.
Cuninghame, Lt. W. A. F., Aust. Imp. Force
Cunliffe, Temp. 2nd Lt. H. R., 19 Bn. Durh. L.I.
Cunliffe, Temp Lt. R. W. Serv. Bns. E. Lan. R.
Cunliffe, Capt. W. R., R.F.A. (T.F.)
Cunningham, Maj. A. G., *D.S.O.*, R.F.A.
Cunningham, Capt. A. J., Aust. Imp. Force.
Cunningham, Lt. A. P., 3 Bn. S. Lan. R.
Cunningham, Capt. A. T., *M.B., late* R.A.M.C.
Cunningham, Lt. H. D., R Can. Dns.
Cunningham, Lt. H. U., R Ir. Regt.
Cunningham, Capt. J. C., Arg. & Suth'd Highrs.
Cunningham, Lt. J. J. I., *late* 12 Bn. Lond. R.
Cunningham, Lt. J. McA., Gord. Highrs
Cunningham, Lt. R. C., 4 Bn. R. Highrs.
Cunningham, Maj. R. S., 10 Bn. L'pool R.
Cunningham, Lt. R. T., A. Cycle Corps.
Cunningham, Lt. St. C. U., R.F.A.
Cunningham, Co. Serjt.-Maj. T., Cam'n Highrs.
Cunningham, Lt. T. F., 4 Bn. R. Highrs.
Cunningham, Lt. W., *late* R.A.
Cunningham, Capt. W. B., 38 Dogras.
Cunninghame, Hon. Lt. R. J.
Cunnington, Lt. D. G. L., Alberta Regt.
Cunnison, Temp. Lt. T. J., R.F.A.
Cure, Lt. A. F. M. C., R.A
Curham, Lt. D. W., N.Z. Mil. Forces.
Curl, Lt. C., 5 Bn. E. Lan. R.
Curley, Lt. J., *late* Serv. Bns. R. Innis. Fus.
Curling, Temp. Capt. H.W., R.A.S.C.
Curling, Temp. Capt. R. D. K., R.E.
Curphey, Surg. Capt. A. G., *late* B.W.I.R.

Curran, Maj. E., *D S.O.*, *late* R.A.
Curran, 2nd Lt. E. J., 16 Bn. Lond. R.
Curran, Temp. Lt. J. A. P., R. Mar.
Curran, Capt. V., Can. Inf.
Curren, Capt. R. H., Can. Cav.
Currey, Temp. Lt. R. F.
Currie, Maj. A. D., 4 North'n Brig., R.F.A.
Currie, Lt. A. P., 9 Bn. High. L I.
Currie, Lt. D. H., Ind. Army
Currie, Lt. D. R. B. Scots.
Currie, Temp. Capt. E. B., R.E.
Currie, Maj. G. S., Can. Local Forces.
Currie, Maj. H. A., *late* Spec. Res.
Currie, Lt. J. C., R.F.A., Spec Res.
Currie, Lt. J. C., R.F.A.
Currie, 2nd Lt. J. H., 6 Bn. R. Scots
Currie, Capt. M., Can. Local Forces
Currie, Bt. Maj. P. J. R., *O.B.E.*, K.R. Rif. C.
Currie, Lt W., *M.M.*, E. Ont. Regt.
Currie, Lt. W. A.. R.F.A. Spec. Res
Currie, 2nd Lt.W. G., Linc. R.
Curror, Temp. Capt. A. L., 17 Bn. R. Scots.
Curry, Temp. Lt. C. W., M.G. Corps
Curry, J. T., *late* Temp. Lt. D.S.O., K.R. Rif. C.
†Cursons, Capt. G. N. A., Midd'x R.
Curteis, Capt. C. I., R.A.
Curties,Lt. G.S.L., R.F.A. (T.F.)
Curtis, Capt. A., C'wealth Mil. Forces
Curtis, Capt. A. C., 45 Sikhs.
Curtis, Lt. A. H., Rif. Brig
Curtis, Capt. A. R. W., 11 Hrs. Spec. Res.
†Curtis, Temp. 2nd Lt. C. M., Serv. Bns. R. Fus.
Curtis, 2nd Lt. C. N., 3 Bn. Shrops. L.I.
Curtis, Temp. Lt. F., M.G. Corps.
Curtis, Lt. G. S. C., *late* Serv. Bns. Yorks. L.I.
Curtis, Bt. Maj. H. O., *D.S.O.*, K.R. Rif. C.
Curtis, Lt. J. D. C.,*M.B.E.*, 3 Bn. R. Lanc. R.
Curtis, Temp. Capt. P. P.
Curtis, Lt. S. J., 5 Bn. N. Lan. R
Curtis, Lt. V., Can. Inf.

Curtis, Temp. 2nd Lt. W A., Serv. Bns. Dorset. R.
Curtis, Lt. W. B., Can. Local Forces
Curtis, Temp. 2nd Lt. W. H., M.G. Corps
Curtis, Temp. 2nd Lt. W. S., H.G., M.G. Corps
Cu tis, Lt. W. S. C., Som. L.I.
Cartois, Lt. J.R.W.,R.F.A.
Curzon-Hope, Lt. R., 3 Bn. Essex R.
Cushny, Maj. A. O., T.F. Res.
Cusins, Maj. A. F., R.E.
Cusler, Capt. W. E., Can. Local Forces
Cusworth, Temp. Lt E A., Serv. Bns. E. York. R.
Cusworth, Lt. H. R.G.A.
Cutbill, Capt. A. M., Suff. R.
†Cutbush, Lt. H., R.F.A.
Cut hbert, Lt. C. R., R.A.
Cuthbert, Lt. D. A. R., 4 Bn. K. O. Sco. Bord.
†Cuthbert, Capt. J., R.W. Fus.
Cuthbert, Temp. Lt. J., R.F.A.
Cuthbert, Lt. J. C., R.E. (T.F.)
Cuthbert Capt. J. P., 8 Bn. Sco. Rif.
Cuthbert, Capt. N. M., Aust. Imp. Force
Cuthbert, 2nd Lt. O., 5 Bn. Bedf. & Herts. R.
Cuthbert, Capt. R. F., 4 Bn. Oxf. & Bucks. L.I.
Cuthbertson, Temp. Lt D. C., R.A.S.C.
Cuthbertson, Lt. G. S., 19 Bn. Lond. R.
Cuthbertson, Co. Serjt.-Maj. J. T. Le P., R. Anglesey R.E.
Cuthbertson, Maj. M., ret.
Cuthbertson, Capt. R., *late* Serv. Bns. North'd Fus.
Cuthbertson, Capt. W., 5 Bn. K.O. Sco. Bord
Cuthbertson, Capt. W. R. D., Suss. Yeo.
Cuthell, Lt. J., *late* M.G. Corps
Cutler, Temp. Lt. E. C., 7 Bn. R. Suss. R.
Cutler, Qr.-Mr. & Lt. E. T., S. Gds.
Cutler, Temp. Lt. R. V., *M.B.E.*
Cutmore, Batt. Serjt.-Maj. F. T., R.F.A.
Cutting, Lt. J. D., Quebec R.
Cutting, 2nd Lt. R. H., *D.S.O.*, Devon. R.
Cutts, Temp. Lt. F. G., R.E.
Cutts, Lt. F. W., R.F.A.
Cuxson, Temp. Lt. S. G., Serv. Bns. S. Staff. R.

† Also awarded Bar to Military Cross.
†† Also awarded 2nd Bar to Military Cross.

Orders of Knighthood, &c.

THE MILITARY CROSS—*contd.*

Dabb, 2nd Lt. E. V., R.G.A. Spec. Res.
Dabell, Temp. Capt. A. H., R.F.A.
Dabell, Capt. W. A. R., *late* Serv. Bns. North'd Fus.
Dabell Capt. W. B., *M.B.E.*, Qr.-Mr. W. Gds.
Dabholkar, Temp. Capt. A. Y., Ind. Med. Serv.
Daboo, Temp. Capt. E. R., Ind. Med. Serv.
Daborn, Lt. C. W., R.G.A. (T.F.)
Dacombe, Lt. A., ret. pay.
Dacre, Lt. A., *late* 7 Bn. W. Rid. R.
Dadd, Temp. Lt. W., Temp. Qr.-Mr., Serv. Bns. R. War. R.
Dade, Lt. H. F., 3 Bn. Lond. R.
††Dadson, Lt. L., C'wealth Mil. Forces.
Daggar, Temp. Lt. T., R.E.
Dailey, Maj. G. C., N.Z. Mil. Forces.
Dain, Lt. C. H. R., R.E. (T.F.)
Dain, Temp. Lt. G. R., R.G.A.
Dain, Maj. J. E. R., *late* R.F.A. Spec. Res.
Daintree, Temp. Lt. H. S. Serv. Bns. E. Surr. R.
Dainty, Lt. A. J., R.F.A. Spec. Res.
Daish, Temp. Capt. T., R.E.
Dakers, Temp. Lt. C. H., Serv. Bns., R. Scots.
Dakin, Capt. E., *D.C.M.*, ret. pay
Dakin, Temp. Capt. E. L. V., R.E.
Dakin, Lt. G. F., 4 Bn. York & Lanc. R.
Dalbir, Gurung Subadar, 3 Gurkha Rif.
Dalby, Tamp. Capt. A. A., Tank Corps.
Dale, Lt. A. P., R.G.A. Spec. Res.
Dale, Capt. A.R., R.A.M.C. Spec. Res.
Dale, Capt. E. C. B., R.A.
Dale, Lt. F., K. O. Sco. Bord.
Dale, Temp. Capt. F. R., *D.S.O.*, Serv. Bns. Welch R.
Dale, Regtl. Sergt.-Maj. H. G., R.A.
Dale, Capt. J. W., *M.B.*, T.F. Res.
†Dale, Lt. L R.J.C., R.G.A.
Dale, Temp. Lt. P., Serv. Bns. R Sc. Fus.
Dale, Temp. Capt. P. F.
Dale, Temp. Capt. S., 7 Bn. R. Berks. R.
Dale, Lt. T., Alberta Regt.
Dale, Qr.-Mr. & Maj. W. H., *O.B.E.*, R.E.
Dale-Lace. Lt. L. E. C., Res of Off.
Daley, Capt. J. J., C'wealth Mil. Forces.

Dalgarno, Temp. Capt. J. H., Serv. Bns. Midd'x R.
Dalgas, Capt. A. E., *late* R.E.
Dalgleish, Co.-Sergt. Maj. R., 14 Bn. R. Ir. Rif.
Dalgleish, Lt. R. S., 10 Bn. R. Scots.
Dalglish, Capt. J. W., *M.B.*, R.A.M.C., Spec. Res.
†Dallas, Lt. A. S., R.F.A.
Dallas, Lt. J. C., Midd'x R.
Dalley, Temp. 2nd Lt. A U., 12 Bn. W. York. R.
Dalley, Temp. Capt. H. L., Serv. Bns. W. York. R.
Dallimore, Maj. F., *M.B.*, *late* R.A.M.C.
Dallinger, Capt. J. T., N.Z. Mil. Forces
Dallison, Temp. Lt. F. H., R.E.
Dallyn, Lt. G. M., 2 Cent. Ont. Regt.
Dalmeny, Lt. A. E. H. M. A. Lord, *D.S.O.*, Res. of Off.
Dalrymple, Lt. R. H., S. Gds. Spec. Res.
Dalrymple. Lt. W. B., 4 Bn. Sco. Rif.
Dalrymple-Hay, Lt. C. S., C'wealth Mil. Forces.
Dalton, Lt. C., R. Fus.
Dalton Co. Sergt.-Maj. H., 6 Bn., Arg. & Suth'd. Highrs.
Dalton. Temp. Capt. J., Serv. Bns. Bedf. & Herts. R.
Dalton, Temp. Lt. J. E., 6 Bn. Leins. R.
Dalton, Temp. Lt. J. T., Tank Corps.
Dalton, Lt. N. D., 5 Bn. Midd'x R.
Dalton, Temp. Capt. P., 12 Bn. Rif. Brig.
Dalton, Temp. Lt. R. C., 16 Bn Lond. R.
Daly, Lt. A. J., R.F.A. Spec. Res.
Daly, Maj. D., *D.S.O.*, R.G.A.
Daly, Rev. E., Hon. Chapl. to the Forces, 4th Cl.
Oaly, Serjt.-Maj. F. M., C'wealth Mil. Forces.
Daly, Co. Serjt.-Maj. J., E. York R.
Daly, Capt. T. D., R. W Fus.
Daly, Bt. Maj. V. A. H., W. York. R.
†Daly, Lt. W., 6 Lan. R.
Dalziel, Lt. A. H., Aust. Imp. Force.
Dalziel, 2nd Lt. E. G., R.F.A. Spec. Res.

Dalziel, Capt. G., *M.B.*, R.A.M.C., Spec. Res.
Damar Sing Gurung, Subadar, Gurkha Rif.
D'Ambrumenil, Temp. Lt. L., R.A.S.C.
†Damer, Temp. Capt. F. A., 5 Bn. Dorset. R.
Dammers, Maj. G. M., *D.S.O.*, T.F. Res.
Damon, Lt. C. A. I., *late* Serv. Bns. Glouc. R.
Damp, Lt. F. H. J., 4 Bn. Hamps; R.
†Danahy, Lt. W. T., Glouc. R.
Danby, 2nd Lt. E. L., R.F.A. Spec. Res
Danby, Maj. L. J., 19 Bn. Lond. R.
Danby, Temp. Maj. S., *D.S.O.*, 9 Bn. W. Rid. R.
Dancocks, Co.-Serjt.-Maj. H. G., Midd'x R.
Dandie, Lt. J. N., R.G.A.
l'Andria, Temp. Lt. A. V., R.E.
Dane, Maj. R., *late* Ind. Army.
Dane, Temp. Lt. R. S., Serv. Bns. R. Lanc. R.
Dane, Capt. W. S., 4 Bn. Sea. Highrs.
Danells, Lt B., Suss. Yeo.
Danger, Lt. C. I., 5 Bn. L'pool R.
Dangerfield, Temp. Lt. P. Mach. Gun Corps.
Daniel, Lt. F. R., R.F.A (T.F.)
Daniel, Temp. Lt. H. W., 13 Bn. R. Fus.
Daniel, Capt. J. A., *D.S.O.*, Serv. Bns. Welch R.
Daniel, Temp. Lt. O. T., Serv. Bns. R. War. R.
Daniel, Temp. Maj. T. W., *D.S.O.*, 10 Bn. Notts. & Derby R.
Daniel, 2nd Lt. V. E. T., R.F.A. Spec. Res.
Daniell, Temp. Lt. E., Serv. Bns. R. Lanc. R.
Daniell. Capt. H. E. B., 9 Bn. Durh. L.I.
Danielli, Lt. A. J. F., Bord. R.
Daniels, Rev. A. P., Hon. Chapl. to the Forces, 4th Class.
Daniels, Hon. Capt. E. C., *late* R.E.
Daniels, Co. Serjt.-Maj. F., 5 Bn. R. War. R.
Daniels, Lt. F. H., R.E (T.F.)
§§Daniels, Lt. H., Rif. Brig.
Daniels, Lt. H., R.G.A. Spec. Res.
Daniels, Batt. Serjt.-Maj. H. J., R.G.A.
Daniels, Lt. R. T., 6 Bn. S Staff. R.

Daniels, Lt. R. W., C. R.A.M.C., Spec. Res.
Danks, Capt. R. G., *late* Serv. Bns. R.W. Surr. R.
Dann, Capt. C. F., 28 Punjabis.
Dann, Temp. Lt. E. S., Serv. Bns. Welch R.
Dann, Temp. 2nd Lt. H. F., Serv. Bns. E. Yorks. R.
Dann, Lt. St. J., ret. pay
Dannatt, Lt. A., *M.M.*, R.F.A.
Dannatt, Temp. Capt. C., 9 Bn. York & Lanc. R.
Dansey, Temp. Lt. S. G.
Danson, Lt. J. R., 4 Bn. Ches. R.
Danvers, Rev. G C., Temp. Chapl. to the Forces, 4th Class.
Darby, Capt. A. C. C., R.F.A. (T.F.)
Darby, Lt. A. J., R.F.A. Spec. Res.
Darby, Lt. A. P., 5 Bn. Essex R.
Darby, Lt. A. R. M., 3 Bn. Lond. R.
Darby, Lt. B. G., R.F.A. (T.F.)
Darby, Lt. C. G., R.A.
Darby, Lt. G., R.F.A.
Darby, Maj. H. *late* Tank Corps.
Darby, Temp. Lt. H. H., Serv. Bns. Rif. Brig.
Darbyshire, Capt. B., 6 Bn. Notts. & Derby R.
Darbyshire, 2nd Lt. F., R.G.A. Spec. Res.
Darcus, Lt. R. J., 1 Cent. Ont. Regt.
D'Arcy, Capt. J. C., R.A.
D'Arcy, Capt. N. J., Can. Rly. Serv.
Dare, Temp. Capt. H., *late* R.F.A.
Dare, Bt. Maj. J., N.Lan. R.
†Dare, Temp. Capt. N. F., R.F.A.
Darell, Maj. G. M., C. Gds.
Dargie, Lt. D. M., R.G.A. Spec. Res.
Dargie, Temp. Lt. H., Serv. Bns. North'd Fus.
Dark, Capt. E. P., *M.B.*, *late* R.A.M.C.
Darke, Capt. S. J.,' *M.B.*, *late* R.A.M.C.
Darke, Maj. W. F., 7 Bn. Glouc. R.
Darley, Lt. R., R.F.A.
Darley, Lt. R. J., R.F.A.
Darley-Griffiths, Temp. Capt. O. S., N. Lan. R.
Darling, Lt. D., Can. Eng.
Darling, 2nd Lt. E., R.F.A.
Darling, Capt. F. B., C'wealth Mil. Forces.
Darling, Capt. J. W., *M.B.*, *late* R.A.M.C.
Darling, Lt. N. J., 4 Bn. North'n R.
Darling, Capt. S. G., *late* 9 Bn. R. Dub. Fus.

† Also awarded Bar to Military Cross.   †† Also awarded 2nd Bar to Military Cross

THE MILITARY CROSS—contd.

Darling, Capt. T., late 5 Bn. R. Scots.
Darling, Capt. W., M.B., F.R.C.S. Edin., R.A.M.C Spec. Res.
Darling, Lt. W., late Serv. Bns. E. Kent R.
†Darling, Capt. W. Y., late Gen. List.
Darlington, Lt. A. F. D., T.F. Res.
Darlington, Temp. Lt. P., Serv. Bns. Manch. R.
Darlington, Temp. Lt. W. E., R.E.
Darlot, Lt. O. H., T.F. Res.
Darnley, 2nd Lt. R. E., late R.A.S.C.
Darrington, Hon. Lt. S. late 8 Bn. Norf. R.
Darroch, Lt. A. S., 10 Bn. L'pool R.
Darroch, Lt. J., 10 Bn. L'pool R.
Dart, Capt. L. V., Ind. Army
Dartford, Capt. R. C. G., 19 Bn. Lond. R.
Darvall, Lt. L., York R.
Darwell, Bt. Maj. G., Bord. R.
Darwell, Capt. T. H., E. Surr. R.
Darwin, Lt. C. G., Unatt. List (T.F.)
Dashwood, Capt. V. E. C., R. Suss. R.
Dattajirao Khanvilkar, Jemadar, 110 Inf.
Daubeny, Lt. D. G., 6 Bn. Rif. Brig.
Daubuz, Maj. C., O.B.E., R.F.A.
Daunt, Capt. C. O. B., 38 Horse
Davenport, Temp. Maj. A. H., R.E.
Davenport, Lt. G. C., 6 Bn. E. Surr. R.
Davenport, Capt. H. H.
Davenport, Bt. Maj. J. S., Bedf. & Herts. R.
Davenport, Lt. P., 15 Bn Lond. R.
Davenport, Garr. Serjt.-Maj. V. H. S., D.C.M., Bord. R.
Davenport, Lt. W., 9 Bn. L'pool R.
Davenport, Maj. W. A., D.S.O., W. York. R.
Davey, Lt. A.L.S., C'wealth Mil. Forces.
Davey, Bt. Maj. C. F., late T.F. Res.
Davey, Capt. C. G. C., Gord. Highrs.
Davey, Capt. G. B., 10 Bn. L'pool R.
Davey, Lt. H. B., 6 Bn. N. Staff. R.
†Davey, Lt. L. A., 10 Bn. L'pool R.
Davey, Co. Serjt.-Maj. W. H., 20 Bn. Lond. R.
David, Temp. Lt. A. C. R., R.F.A.
David, Lt. E. A., Welch R.
David, Capt. E.J.C., Glam. Yeo

David, Capt. R. F., R.F.A. (T.F.)
David, Lt. S. G. M., late R.F.A.
David, Capt. W. E., M.B., late R.A.M.C.
Davidge, Lt. A. F., 12 Lrs.
Davidson, Temp. Capt. A., R.A.S.C.
Davidson, Capt. A. G., 10 Bn. L'pool R.
Davidson, Lt. A. M., R.A.M.C. Spec. Res.
Davidson, Capt. A. T., Can. Local Forces.
Davidson, Lt. A. W., 3 Bn. North'd Fus.
Davidson, Capt. B. F., Can. Local Forces.
Davidson, Temp. Lt. C. M.G. Corps.
Davidson, Temp. Lt. C. B., M.G. Corps.
Davidson, Maj. C. G. F. D.S.O., R.G.A.
Davidson, Lt. C. R., High L.I.
Davidson, Temp. Lt. D., R.E.
Davidson, Capt. D., M.B., R.A.M.C. (T.F.)
Davidson, Lt. D. N. F., R. Innis. Fus.
Davidson, Bt. Maj. D. S., C.B.E., D.S.O., R. Sc. Fus.
Davidson, Bt. Maj. E. H., O.B.E., Gord. Highrs.
Davidson, Capt. F.C., M.B., R.A.M.C.
Davidson, Temp. Lt. F. D., R.F.A.
†Davidson, Capt. F. H. N., D.S.O., R.F.A. [l]
Davidson, Lt. G. C., Sask. R.
Davidson, Lt G. H., Can. Fd. Art.
Davidson, 2nd Lt. G. S., R.F.A. Spec. Res.
Davidson, Lt. H., D.C.M., R.A.
Davidson, Lt. H. B., R.A.
Davidson, Lt. H. C., late M.G. Corps.
Davidson, Capt. H. J., M.B., R.A.M.C.
Davidson, Lt. J., 4 Bn. Sea. Highrs.
Davidson, Lt. J., C'wealth Mil. Forces.
Davidson, Lt. J., Brit Columbia Regt.
Davidson, Capt. J. A., late R.E.
Davidson, Lt. J. A., 4 Bn R. Suss. R.
Davidson, Temp. Lt. J. D., 8 1in. Rif. Brig.
Davidson, Capt. J. M., Aust. Imp. Force.
†Davidson, Maj. J. P., M.B., late R.A.M.C.
Davidson, Lt. J. R., Ind Army Res. of Off.
Davidson, Capt. J. W., 12 Cav.

Davidson, Lt. K. C., Gord. Highrs.
Davidson. Temp. Capt. L. F., Serv. Bns. S. Lan R.
Davidson, Lt. O. P., Aust Imp Force.
Davidson, Capt. R. A. Denbigh. Yeo.
†Davidson, Lt. W., 6 Bn. Gord. Highrs.
Davidson 2nd Lt. W., late Serv. Bns. Lan. Fus.
Davidson, Temp. Lt. W. W., R.E.
Davie, Temp. 2nd Lt. H. C , Serv. Bns. Sco. Rif.
Davie, Temp. Capt. J. M., Serv. Bns. R. Scots.
Davie, Lt. J. S., Can. Local Forces.
Davie, 2nd Lt. R., 8 Bn. Sco. Rif.
†Davie, Capt. T. M., M.B., late R.A.M.C. Spec. Res
Davies, Temp. Lt. A. C., Serv. Bns. Essex R.
Davies, Temp. Lt. A. E., Serv. Bns. R. War R.
†Davies, Lt. A. L., h.p.
†Davies, Temp. Capt. (Bt. Maj.) A. M.
Davies, Temp. Maj. A. R., D.S.O., R.E.
Davies, Lt. A. R., 20 Bn. Lond. R.
Davies, Rev. A. W., Temp. Chapl. to the Forces (4th Class)
Davies, Lt. B. E., E. Kent R.
Davies, Lt. B. V. S., 5 Bn. N. Lan. R.
Davies, Temp. Lt. C., Serv. Bns. Worc. R.
††Davies, Capt. C. B., late R.A.M.C.
Davies, Lt. C. G., 24 Bn. Lond. R.
Davies, 2nd Lt. C. H., late C. Gds. Spec. Res.
Davies, Lt. C.H.B.
Davies, Lt. C. T., late R.W. Fus.
Davies, Batt. Serjt.-Maj. D., R.G.A.
Davies, D., F.R.C.S., late Temp. Lt. R.A.M.C.
Davies, Lt. D., Unattd. List (T.F.)
Davies, Temp. Lt. D., Serv. Bns. Bedf. & Herts. R.
Davies, Lt. D. B., W. Gds. Spec. Res.
Davies, Lt. D. J., 5 Bn. R. Dub. Fus.
Davies, Lt. D. J., Pemb. Yeo.
Davies, Temp. Lt. D. J., Serv. Bns. R. W. Fus.
†Davies, Maj.D.L.,C'wealth Mil. Forces.
†Davies, Capt. D. L., late R.E.
Davies, Temp. Lt. D. M., Serv. Bns Welch R.
Davies, Lt. D. N., R.G.A. Spec. Res.
Davies, Lt. D. O., 5 Bn. R.W. Fus.

Davies,† Lt. D. W., 5 Bn. K.R.Rif.C.
Davies, Capt. E., late Serv. Bns. Welsh R.
Davies, Capt. E., Aust. Imp. Force.
Davies, Capt. E., late Serv. Bns. Yorks. L.I.
Davies, Capt. E. A., late S. Afr. Def. Forces.
Davies, Lt. E. A., late M.G. Corps.
†Davies, Lt. E. B., 8 Bn. Lond. R.
Davies, Lt. E. C., 5 Bn. D. of Corn. L.I.
Davies, Lt. E. E., Mon R. (T.F.)
Davies, Lt. E. F. G., 3 Bn, Devon R.
Davies, Capt. E. H., Can. Local Forces.
Davies. Lt. E. H., Aust. Imp. Force.
†Davies, Temp. Lt. E. T., R.E.
†Davies, Capt. E. L., C'wealth Mil. Forces.
Davies, Co. Serjt.-Maj. F., 22 Bn. Manch. R.
†Davies, Capt. F. E., Worc. R.
Davies, Lt. G. C., 6 Bn. R.W. Fus.
Davies, Capt. G. C. M., late R.A.M.C.
Davies, Lt. G. I., R.G.A. Spec. Res.
Davies, Lt. Gilbert H., R.E. (T.F.)
Davies, Maj. H., late 8 Bn. R. War. R.
Davies, Capt. H., R.E. (T.F.)
Davies, Lt. H., 4 Bn. R. W. Fus.
Davies, Temp. Capt. H. A., 8 Bn. R. W. Fus. (Lt. R.W. Fus.).
Davies, Lt. H. B., 2 Bn. Mon R.
Davies, Lt. H. B., 4 Bn. Shrops. L.I.
Davies, Lt. H. C., R.F.A. Spec. Res.
Davies, Temp. Lt. H. C., Serv. Bns. Leic. R.
Davies, Temp. Lt. H. C. S., Serv. Bns. S. Wales Bord.
Davies, Capt. H. D. K., 6 Bn. North'd Fus.
Davies, Temp. Lt. H.G.N., Serv. Bns. K.R. Rif. C.
Davies, Temp. Lt. H. H 23 Bn. North'd Fus.
Davies, Co. Serjt.-Maj. H. L., Midd'x R.
Davies, Temp. Capt. H.M., Serv. Bns. Welch R.
Davies, Temp. Lt. H. R , Serv. Bns. R.W. Fus.
Davies, Lt.–H. T., R.E. (T.F.)
Davies, Lt. H. V., 4 Bn. R.W. Fus.
Davies, Capt.H.W., D.S.O., 8 Bn. Worc. R.
Davies, Rev. I., Temp. Chapl. to the Forces, 4th Class.

† Also awarded Bar to Military Cross.
†† Also awarded 2nd Bar to Military Cross.

Orders of Knighthood, &c.

THE MILITARY CROSS—contd.

Davies, Lt. J., *M.M.*, 8 Bn. R. War. R.
Davies, Temp. Capt. J. D., Serv. Bns. Welch R.
†Davies, Temp. Maj. J. E., R.A.M.C.
Davies, Lt. J. E., Aust. Imp. Force.
Davies, Maj. J. H.
Davies, Temp. Lt. J. J., 11 Bn. W. York. R.
Davies, Temp. 2nd Lt. J.L., R.E.
†Davies, Temp. Lt. J. M., Serv. Bns. R.W. Fus.
Davies, Lt. J. P., R.F.A. Spec. Res.
Davies, Lt. J. R., R.G.A.
Davies, Capt. J. R. C., C'wealth Mil. Forces.
Davies, Lt. J. W., *late* 3 Bn. S. Lan. R.
Davies, Temp. Maj. J. W. L., R.E.
Davies, Temp. Capt. L. ap I., R.A.M.C.
Davies, Lt. L. E., 5 Bn. Ches. R.
Davies, Temp. Capt. L. H., *late* R.G.A.
Davies, Capt. L. W., C'wealth Mil. Forces.
Davies, Temp. Capt. M. H.
Davies, Temp. Lt. N. H.
Davies, Lt. O. G., R.A.
Davies, Capt. O. H., R.G.A.
Davies, Lt. O. P., R.G.A. Spec. Res.
Davies, Capt. P., *M.B.*, *late* R.A.M.C.
Davies, Capt P. H., R.A.
Davies, Temp. Lt. P. L., 20 Bn. Durh. L.I.
Davies, Lt. P. O., 4 Bn. R.W. Fus.
Davies, Temp. Lt. R. C., 16 Bn. Notts. & Derby. R.
Davies, Capt. R. G. M., *late* Lab. Corps.
Davies, Capt. R. G. R. 16 Lrs.
Davies, Temp. Lt. R. J., M.G. Corps
Davies, Maj. S., *late* R.E.
†Davies, Capt. S. J., Can Local Forces
Davies, Co. Serjt.-Maj. T., R.W. Fus.
Davies, Lt. T. C. B., R.E (T.F.)
Davies, Capt. T. H., ret. pay.
Davies, Temp. Capt. Lt. T. H., *D.S.O.*, R.E. (Lt. R.E. T.F.)
Davies, Lt. T. H., R.E. (T.F.)
Davies, Lt. T. T., 4 Bn. Welch R.
Davies, Temp. Lt. W., 9 Bn. R.W. Fus.
Davies, Lt. W. A., 9 Bn. Lond. R.
Davies, Lt. W. De A., *late* R.F.A. Spec. Res.
Davies, Hon. Capt. Rev. W. H., Can. Local Forces.

Davies, Rev. W. J. H. S., Hon. Chapl. to the Forces (4th Class).
Davies, Lt. W. N., 7 Bn. Durh. L.I.
Davies, Lt. W. L., C'wealth Mil. Forces.
Davies, Lt. W. R., R.F.A. (T.F.)
Davies, Capt W. T., 4 Bn. High. L.I.
Davies, Lt. W. T., *late* Serv. Bns. R.W. Surr. R.
Davies-Colley, Lt. G. A., 6 Bn. Manch. R.
Davin, Temp Capt. L. F.
Davis, Lt. A. G., 8 Bn. Arg. & Suth'd Highrs.
Davis, Lt. A. H., *O.B.E.*, R.G.A.
Davis, Lt. A. J., R.F.A. (T.F.)
Davis, Temp. Capt. A. K., R.E.
Davis, 2nd Lt. A. K., 11 Bn. R.W. Surr. R.
Davis, Capt. A. W., Can. Local Forces.
Davis, Capt. A. W., C'wealth Mil. Forces.
Davis, Maj. B. E., *late* 4 Bn. N. Staff. R.
Davis, Capt. C. E., Aust. Imp. Force.
Davis, Lt. C. H., C'wealth Mil. Forces.
Davis, Lt. C. T., Res. of Off.
Davis, Temp. Lt. D. C., M.G. Corps.
Davis, Lt. E., 4 Bn. Durh. L.I.
Davis, Trans. Serjt.-Maj. E. J., Can Local Forces.
Davis, Temp. Capt E. T.
Davis, Lt. F. C., Glouc. R.
Davis, Lt. G. E., A.S.C. (T.F.)
Davis, Lt. G. E., 5 Bn. R. Fus.
Davis, 2nd Lt. G. F., *late* R.A.
Davis, Lt. G. H., R.F.A.
†Davis, Lt. G. J., R.F.A. Spec. Res.
Davis, Co. Serjt.-Maj. H., 8 York. R.
Davis, Hon. Lt. H. A., *late* 15 Bn. Lan. Fus.
Davis, Temp. Capt. H. B., R.F.A.
†Davis, Capt. H. C., Can. A.M.C.
Davies, Lt. H. C. E., 1 Bn. Mon. R.
Davis, Lt. H. E., 23 Bn. Lond.R.
Davis, Lt. H. E., R.G.A. Spec. Res.
Davis, Capt. H.H., *F.R.C.S Edin.*, *late* R.A.M.C.
Davis, Lt. H. H., Aust Imp. Force.
Davis,Temp.Capt.H.J.V., R.A.S.C.

Davis, Lt. H. R., 2 Bn. Lond. R.
Davis, Lt. H. S., R.E (T.F.)
Davis, Temp. Capt. I. H.
Davis, Qr.-Mr. & Temp. Capt. J., R.A.M.C.
Davis, 2nd Lt. J., *late* Serv Bn. R. Fus.
Davis, Temp. Lt. J. E 9 Bn. R. Innis. Fus.
Davis, Temp. Lt. J. L, 10 Bn. North'd Fus.
Davis, Temp. 2nd Lt. J. S., R.A.S.C.
Davis, Temp. Capt. J. W., Serv. Bns. Welch R.
†Davis, Lt. J. W., R.F.A. Spec. Res.
Davis, Temp. Capt. L. B., Serv. Bns. K.R.R.C.
†Davis, Lt P. W., R.E (T.F.)
Davis, Temp. 2nd Lt. R.
Davis, Temp. Lt. R. C. Tank Corps.
Davis, 2nd Lt. R. G., 9 Bn. Midd'x R.
Davis, Temp. Lt. R. N., Serv Bns. Leic. R.
Davis, Lt. S., *l* Bn. Lond. R.
Davis, Temp. Capt. S. E., R.E.
†Davis,Lt.T.H.C., R.F.A. Spec. Res.
Davis, Lt. T. S., R.F.A. (T.F.)
Davis, Temp. Lt. W. C., 6 Bn. E. Kent R.
Davis, Lt.W.E., Glouc. R.
Davis, Maj. W. H., *D.S.O.*, *late* Mach. Gun Corps.
Davison, Temp. Lt. A. S., Serv. Bn. Durh. L.I.
Davison, 2nd Lt F. B., Serv. Bns. Durh L.I.
Davison, Temp. Serjt.-Maj H., *M.M.*, 6 Bn. Gord Highrs.
†Davison, Capt. H. B. B., R.F.A. (T.F.)
Davison, Lt. J. A., Rif. Brig.
Davison, Lt. R. C., 7 Bn Notts. & Derby. R.
Davison, Lt. R. W., *late* Serv. Bns. R. Ir. Rif.
Davison, Maj. T. H., *late* R.F.A.
Davy, Temp 2nd Lt. A., 10 Bn. R.W. Kent R.
Davy, Lt. C. K., 20 Hrs.
Davy, Temp. Capt. C. L., Mach. Gun Corps.
Davy, Lt. G., 8. Mid. Divl. Sig. Co. R.E.
Davy, Capt R. D., *M.B.*, R.A.M.C.
Davy, Lt. W. H., 7 Bn. W. Rid R.
Daw, Lt. H. S., 4 Bn. Lond. R.
Dawber, Temp. Lt. E. O., R.A.

Dawe, Lt. W. A., Can. Local Forces.
Dawes, Capt. A. S., Can Local Forces.
Dawes, Bt. Maj. G., *D.S.O.*, 8. Staff. R.
Dawes, Capt. H. B., Bedf. & Herts. R.
Dawes, Capt. H. F., *D.S.O.*, R. Fus.
Dawes, Capt. R. V., *late* R.A.
Dawes, Temp. Lt. A. H., Tank Corps.
Dawkins. Lt. J. J., R. War. R.
Dawnay, Temp. Capt. C. H., 6 Bn. York R.
Dawson, Lt. A., R.G.A. Spec. Res.
Dawson, Capt. A. M., Unattd. List (T.F.)
Dawson, Capt. E.F.S., R.E
Dawson, Lt. E. P., R.F.A. (T.F.)
†Dawson, Capt. F., 6 Bn. North'd Fus.
Dawson, Lt. F., *D.S.O.*, Tank Corps.
Dawson,Capt.F.C., *D.S.O.*, Serv. Bns. L'pool R.
Dawson, Temp. Lt F. H., Serv. Bns. L'pool R.
Dawson, Lt. G. A., 4 Bn. R. Lanc. R.
Dawson, Lt. G. B., R.F.A. (T.F.)
Dawson, Lt. G. C., 3 Bn. York & Lanc. R.
Dawson, Temp. Capt. G. de H., *D.S.O.*, R.A.M.C.
Dawson, Maj. G. F., *M.B.*, R.A.M.C.
Dawson, Lt. H. A., Can. Eng.
Dawson, Hon. H. B., *late* R.F.A. (T.F.)
Dawson, Maj. H. McM. Can. Local Forces.
Dawson,Temp. Maj. H. S., 19 Bn. North'd Fus.
Dawson, Temp. Capt. J., 8 Bn. Bord. R.
Dawson,Temp.Lt. J., Serv. Bns. Linc. R.
Dawson, Capt. J., R.E. (T.F.)
Dawson, Temp. Lt. J., Serv. Bns. N. Lan. R.
Dawson, Hon. Capt. J. McL., *late* A.V.C.
Dawson, L. M., *M.D.*, *late* Temp. Capt. R.A.M.C.
Dawson, Lt. M. H., Can. Local Forces.
Dawson, Temp. Lt. N. C., 16 Bn. R. Ir. Rif.
Dawson, Lt. S., R.F.A.
Dawson, Lt. T. G. L., R. Berks. R.
Dawson,Lt.W. B., *M.B.E.*, 3 Bn. R. Sc Fus.
Dawson,Temp.Lt.W.H.F.
Dawson, Capt. W. M. G., *late* R.E.
Dawson,Capt.W. R., 8 Bn. R. Scots.

† Also awarded Bar to Military Cross

THE MILITARY CROSS—contd.

†Day, Capt. A. E., *late* 9 Bn. Yorks. L.I.
Day, Lt. C. F., E. Ont. Regt.
Day, Lt. D., *late* Serv. Bns. Hamps. R.
†Day, Maj. E., Sask. Regt.
†Day, Temp. Capt. E. C., 8 Bn. Shrops. L.I.
Day, Capt. F. B., Can. A.M.C.
Day, Temp. Lt. G., R.E.
Day, Rev. H., Temp. Chapl. to the Forces, 4th Class
Day, Temp. Lt. H. A., Temp. Qr.-Mr. R. Mar.
Day, Temp. Maj. H. B., *M.D.*, R.A.M.C.
Day, Hon. Maj. J., T.F.Res. R. Scots.
Day, Capt. J., *M.M.*, *late* R.A.M.C.
Day, Temp. Lt. J. P.
Day, Bt. Lt.-Col. M. F., Yorks. L.I.
Day, Temp. Lt. M. S. D. R.E.
†Day, Temp. Capt. O. J., *M.B.*, *late* R.A.M.C.
Day, Lt. W. C, 10 Bn. Midd'x R.
Day, Temp. Maj. W. H., 5 Bn. S. Wales Bord.
Daykin, Capt. A. N., Can. Local Forces.
Deacon, Lt. D., R.G A.
Deacon, Temp. 2nd Lt. E. C., *D.C.M.*, 16 Bn. R. W. Fus.
Deacon, Lt. F. J., Aust. Imp. Force
Deacon, Temp. Capt. J. D., 7 Bn. Glouc. R.
Deacon, Temp. Capt. J. N., R.A.M.C.
Deakin, Capt. E. B., 5 Bn. Essex R.
Deakin, 2nd Lt. G., R.E.
Deakin, Capt. W. G., *late* Res. of Off.
Deal, 2nd Lt. W. J., *late* R.G.A. Spec. Res.
Dealing, 2nd Lt. E.F., *M.M.*, R.W. Fus.
Dealtry, Capt. C. M. E., R.A.M.C.
Dealtry, Lt. P., 5 Bn. R.W Fus.
Dean, Temp. Lt. A. C., R.E
Dean, Bt. Maj. A. G., 11 Bn S. Lan. R.
Dean, Lt. A. R., C'wealth Mil. Forces.
†Dean, Capt. A. W. H., *late* R.E.
Dean, Serjt.-Maj. D. E., R.A.M.C.
Dean, Lt. H. S., N. Ir. Horse.
†Dean, Maj. H V., *late* R.A.
Dean, Lt. J., *late* R.F.A (T.F.)
Dean, Lt. J. W., R.F.A. Spec. Res.
Dean, Lt. P., *D.C.M.*, Arg. & Suth'd Highrs.
Dean, Capt. R. H., Can. Fd. Art.
Dean, Lt. W., R.E. (T.F.)
†Dean, Lt. W. H., 2 W Rid. Brig. R.F.A.
Dean, Temp. Lt. W. J., *D.C.M.*, 19 Bn. North'd Fus.

Deane, Lt. C. A., Aust. Imp. Force.
Deane, Rev. C. B., Temp. Chapl. to the Forces, 4th Class.
Deane, Temp. Surg.-Capt. C. G., Br. W.I.R.
Deane, Temp. Capt. C. H., R.A.O.C.
†Deane, Capt. H. T., Can. Local Forces.
Deane, Lt. S. L. 5 Bn. Rif. Brig.
Deane, Lt.W., 4 Bn. Norf.R.
Deane-Drummond, Temp. Lt.-Col. J.D., *D.S.O.*, M.G. Corps.
†Deane - Freeman, Lt. W. R.F.A.
Deans, Temp. Lt. C., *M.D.*, Lanc. R.
Deans, Temp. Lt. F. W. Spec. Res.
Deans, Temp. Lt. S., 16 Bn R. Ir. Rif.
Dear, Lt. F. H., 4 Bn. R Suss. R.
Dear, Lt. H. E., R.G.A. Spec. Res.
Dear, Temp. Lt. R. R., Serv. Bns. Hamps. R.
Dearden, Lt. E., *M.M.*, Aust. Imp. Force.
Dearden, Temp. 2nd Lt. F., *M.M.*, Serv. Bns. Ches. R.
††Dearden, Lt. J. F., *D.S.O.*, h.p.
†Dearlove, Temp. Capt. L.J., R.A.
†DeLacy, Serjt.-Maj. J. C., 7 Bn. R. Ir. Rif.
Deas, Capt. A. T. O., 3 Bn. Arg. & Suth'd Highrs.
Deas, Lt. E., Sco. Horse Yeo
d'Easum, Rev. G. C., Can. Chapls. Dept.
De'Ath, Capt. G. D., R.E.
Deaton, Lt. A. J., 6 Bn. Glouc. R.
Debenham, Maj. A. M. G., 7 Bn. Lan. Fus.
Debenham, Lt. G. A, *D.S.O.*, Norf. R.
deBoer, Temp. Capt. H. S. R.A.M.C.
Debono, Temp. Lt. G. P., Serv. Bns. R. Berks. R.
de Brent, Capt. H. J., *late* R.A.M.C.
de Burgh, Capt.H.G., R.F.A.
de Burgh, J. W.,*late* Temp. Capt. York & Lanc. R.
De Butts, Lt. F. C., *D.S.O.*, 55 Rif.
DeChair, Bt. Maj. G. H. B., *O.B.E.*, R. Suss. R.
Deck. Lt. A. C., R.F.A. (T.F.)
+Decker, Lt. W. J., Brit. Columbia Regt.
de Cordova, Capt. V. L. R Lanc. R.
DeCoriolis,Lt.J.,QuebecR.
de Courcy, Capt. J. A. G., R.A.
De Courcy-Ireland, Capt. G. B., *M.V.O.*, *late* Serv. Bn. K. R. Rif. C.
de Cussans, Lt. A. C., N Rhodesia Police.
Deed, Lt. N. G., *late* R.F.A. Spec. Res.
Deed, Temp. Maj. S, C.
Deedes, Capt. R. B., 31 Punjabis.

Deer, Temp. Lt. J. H., 18 Bn. K.R.Rif.C.
†Deeves, Temp. Lt. T. W., 16 Bn. Midd'x R.
de Figueriedo, Lt. E., R.G.A. Spec. Res
de Gaury, Temp. Lt. G. S. H. R. V., Serv. Bns. Hamps. R.
deGruchy, Lt. H. E. B., 3 Bn. Shrops. L.I.
de Hamel, Capt. A., 4 Bn. S. Staff. R.
de Hoghton, Capt. G., *D.S.O.*, Yorks. L.I.
Deighton, Lt. F. M., R.F.A. Spec. Res.
Deighton, Capt. G. F. H., *late* Serv. Bns. York & Lanc. R.
deGeljer, Lt. E. N., G.Gds. Spec. Res.
De Jager, Capt. G. J. W., S. Afr. Def. Force.
de Jong, Maj. K., *late* Serv. Bns. R. Suss. R.
deJongh, Lt. L. A., R.F.A. Spec. Res.
de Kerk, Lt. H. B., S.Afr. Def. Force.
Dekin, Temp. Maj. G., 11 Bn. R. Fus.
Delacombe, Lt. R., G. Gds Spec. Res.
Delacour-Bles. Temp. Lt. J. M., M.G. Corps.
Delaforce, Lt. V. S. de F., R.F.A.
de Laessoe, Temp. Capt. H. H., *D.S.O.*
Delafield, Capt. M. E., *M.B.*, *late* R.A.M.C.
de la Hen, Rev. T. C., Temp. Chapl. to the Forces, 4th Class.
Delahaye, Bt. Maj. J. V., *D.S.O.*, R.F.A.
Delahey, Lt.W. A.,*late* R E.
Delamain, 2nd Lt. C. B. H., R.A.
Delamain, Temp. 2nd Lt. E. C., R.E.
de la Mare, Capt. A. G., Res. of Off.
De aney, Rev. J., Temp. Chapl. to the Forces, 4th Class
†de la Pasture, Maj. G. H.
de la Perrelle, Bt. Lt.-Col. J.N.,*D.S.O.*, 6 Bn. R. Fus.
D'Elboux, Lt. R. H., 4 Bn. E Kent R.
+del Court, Lt. S. F. W. M., Midd'x R.
de Lemos, C., *late* Lt. 5 Bn. Worc. R.
Dell, Temp 2nd Lt M. R., Serv. Bns. E. Surr. R.
Deluer, Temp. 2nd Lt. G., Serv. Bns. Leic. R.
Delph, Lt. L. W., *late* R.E.
Delphin, Temp. Capt. L., *D.S.O.*, R.E.
Delves, Temp. Lt.F., 15 Bn. Notts. & Derby R.
Delves - Broughton, Maj. W. E., Res. of Off.
Demaine, Temp. 2nd Lt H., R.E.

DeMaine, 2nd Lt. H. C. 7 Bn. W. Rid. R.
†de Miremont, Capt. G. E. R., *D.S.O.*, R.W. Fus.
de Monte, A N., Asst. Surg., 4th Cl. Ind. Sub. Med. Dept.
de Montezuma, Lt. J. M., *late* Res. Regt. of Cav.
Dempsey, Capt. D. J., Can. Rly. Serv
†Dempsey, Temp. Capt. G. B., 20 Bn. Manch. R.
Dempsey, Temp. Capt. J. A. D., R. Ir. Fus.
Dempsey, 2nd Lt. J. J., 4 Bn. Sco. Rif.
Dempsey, Lt. M. C., R. Berks. R.
Dempster, Lt. A. J. R., R. Highrs.
Dempster, Hon. Capt. D., *M.B.*, *late* R.A.M.C. Spec. Res.
Dempster, Temp. 2nd Lt J., R.A.S.C.
de Muth, O., *M.D*, *late* Temp. Capt. R.A.M.C.
Demuth, Temp. Capt W. E., Tank Corps.
Demuth, Temp. Lt. W. H. H., *late* Serv. Bns. K.R. Rif. C.
Denby, Temp. Capt. C. P., R.A.
+Dench, Lt. J. R., 5 Bn. Notts. & Derby. R.
†Dench, Lt. R. A., 3 Bn. Leins. R.
Dendy, Maj. M. H., *D.S.O.*, R.A.
Dendy, Temp. Lt N. H., R.A.
Deneby, Lt. F. P. G., Ind. Army
Denereaz, Lt. W. G., Bord. R.
Denham, Maj. R. I., R.E. (T.F.)
Dening, Bt. Maj. B. C., R. E. (l)
Dening, Capt. R., 18 Lrs.
Denison, Lt. A. A., *M.B.E.*, York & Lanc. R.
Denison, Maj. E.B., *D.S.O.*, K.R. Rif. C.
†Denison, Temp. Maj. H.A., 11 Bn. K.R. Rif. C.
Denison, Maj. P. B., *late* R.A O.C.
Denison-Pender, Bt. Maj. H. D., *D.S.O.* *late* 2 Dns.
Denley, Lt. W. E., Alberta R.
Denman, Lt. H. D., W. Som. Yeo.
Denman, Temp. Capt. R. H., R.A.
†Denne, Temp.Capt. W. H., 7 Bn. Wilts. R.
Denning, Lt. C. F., 3 Bn. R.W. Surr. R.
Denning, Lt. D. E., R.G.A. Spec. Res.
Denning, Lt. J. V., R.E. (T.F.)
Denning, Lt. L. R., R.F.A. Spec. Res.
Dennis, Lt. E. J., C'wealth Mil. Forces.

† Also awarded Bar to Military Cross.
†† Also awarded 2nd Bar to Military Cross.

Orders of Knighthood, &c. 327

THE MILITARY CROSS—*contd.*

Dennis, Lt. H. W., 4 Bn. Lond. R.
Dennis, Lt. J F., 7 Bn. Notts. & Derby. R.
Dennis, Temp. Lt. J. N., M.G Corps.
Dennis, Capt. M E., R.F.A.
Dennison, Temp. Lt. J S. A., Serv. Bns. Durh. L.I.
Denniston, Temp. Capt. K. R. F., R.F.A.
Denniston, Lt. L. H., N.Z. Mil. Forces.
Denny, Lt. A. C., 10 Bn. Midd'x R.
†Denny, Temp. Capt. E., M.C.,7Bn.D. of Corn.L.I.
Denny. Temp. 2nd Lt. H. B.,Serv.Bns.R.W.Surr.R.
Denny, Lt. J. L. P., 4 Bn. E. Surr. R.
Denny, Capt. W.J., C'wealth Mil. Forces.
Dennys, Lt. C. G., R.G.A. Spec. Res.
†Dennys, Capt. L. E., 54 Sikhs.
Denoon, Lt. W., C'wealth Mil. Forces.
Denovan, 2nd Lt. J. W. C., 5 Bn. Sco. Rif.
Densham, 2nd Lt. J. H. M.M.,4 Bn. R.W. Kent R.
Densmore. Capt. L. D., Can. A M.C.
Dent, Capt A., O.B.E., R.A.S.C. (T.F.)
Dent, Temp. Capt. F. S. A. Cycl. Corps.
Dent, Temp. Capt. G. M.G. Corps.
Dent, Capt. J. R.,C., D S.O. R. Innis. Fus.
Dent, Temp. 2nd Lt N., R.E.
Dent, Temp. Lt. R. A., 10 Bn. North'd Fus.
Dent, Temp. 2nd Lt. W. B., M.G. Corps.
Dent, Lt. W. H. S., G. Gds. Spec. Res.
Denton, Lt. G. M., R.E. (T.F.).
Denton, Temp. Capt. G. P., R.A.
Denton, Lt. H., R.G.A. Spec. Res.
Denton, Lt. P. H., R.E. (T.F.)
Denton, Lt. W. H., 1 Cent. Ont. Regt.
Denton-Samuel, Temp. Lt. E., Serv.Bns. Midd'x R.
Denton-Thompson, Temp. Lt. B. J., Serv. Bns. Manch. R.
Denvir, Lt. E. G. J., R.F.A.
Denyer. Maj. C. H., R.A.M.C.
†Denyer, 2nd Lt G. S. E., Shrops. L.I.
Denyer, Lt. J., R.G.A., Spec. Res.
de Paula, Temp. Maj. W. M., 13 Bn. Glouc. R.
Depper, Sergt.-Mjj. J., M.M.,Sack. Reyt.
dePret, Lt. J., 21 Lrs. [L]
de Quetteville, Temp Capt R. G., D.S.O., 7 Bn. York. R.

Derby, Temp. 2nd Lt. T. N., Serv. Bn. R Ir. Fus.
Derbyshire, Capt. F. W., Can. Local Forces.
Derbyshire, Temp. Capt. G., R.F.A.
Derbyshire, Lt. W., Can. Local Forces.
Derham, Capt. A. P., C'wealth Mil. Forces.
Derham-Reid, Capt. J. T.F. Res.
De Ritter, Lt. J R., late Serv. Bns. R. Fus.
d'Erlanger, Lt. R. F. E. R., ret.
Derlien, Temp. 2nd Lt. J. C., Serv. Bns. R. Fus.
De Rinzy, Lt. N. L. C., E. York. R.
Dermer, Lt. L. H., R.E. (T.F.)
de Robeck, Lt.B.L., R.F.A. Spec. Res.
de Rosse, Lt J. A., Ind. Army, Res. of Off.
Derry, Capt. D. E., M.B., late R.A.M.C.
Derry, Lt. R., D.C.M., E. Lan. R.
Derviche-Jones, Capt. A. D., D.S.O., R. Lanc. R.
Desborough, Temp. Lt. V., Fus
Desbrow. Capt. P D., R.A
de Salis, Lt. J. P. F., Res. of Off.
deSt. Legier, 2nd Lt. G. W., 6 Bn. Devon R.
de Sales La Terriere, Lt.-Col. H. M. B., late K.R. Rif C.
de Stacpoole, Capt. E. H. M, Leins. R.
de Snerinin, Lt. G. E., Can. Fd. Art.
Des Vœux. Capt. J. H., Res. of Off.
De Theirry, Temp. Capt. R L. H., Tank Corps.
de Thierry, Temp. Lt. J. L., Tank Corps
de Trafford, Lt. E., 3rd Bn. S. Staff. R.
de Trafford, Lt. G. R., R.F.A. Spec. Res.
de Trafford, Capt. H. E. C. Gds.
Deuchar, Temp. Lt. C., 13 Bn. North'd Fus.
Devallant, Lt. G F., 3 Bn Linc. R.
Devas, Lt. G. C., W. Gds., Spec. Res.
Devas, Rev. R., Hon. Chapl. to the Forces, 4th Class.
Deverish, Lt. H.A., Aust Imp. Force
De Vere, Lt. F. J., Aust. Imp. Force.
Devereaux., Temp. 2nd Lt. R. H. F., 8 Bn. Rif. Brig
†Deverall, Capt. E. V., late R.E.
Deverell, Bt. Maj. F.J., 8 Bn. Lond. R.
Devereux, Lt. W., late R.A.M.C.
de Villiers, Lt. G. P., R.F.A. Spec. Res.

De Vine, Rev. C. N., Temp. Chapl. to the Forces, 4th Class
Devine, Rev. W., B.A., B.D., Aust. Chapls. Serv
De Vine. Maj. W. B., late R.A.V.C.
Devil't, Lt. G. W., R.F.A.
Devlin, 2nd Lt. D., 3 Bn. R. Dub. Fus.
Devonald, Lt. F. R.F.A (T.F.)
Devonshire, Temp. Lt. C. Serv, Bns. Devon. R.
Devoy, Lt. J., R. Dub. Fus.
Dew, Capt. J. F., D.S.O., 3 Bn. Sco. Rif
Dew, Maj. J.W., M.B., late R.A.M.C.
Dewan Hakumat Rai, M.B., Capt. Ind Med Serv.
†Dewar, Lt. C. A., R.F.A.
Dewar, Maj. D. F., Can. Eng.
Dewar, Capt. J., 1 Lovat's Scouts Yeo.
Dowar. Capt. Hon. J., Sco. H rse Yeo.
Dewar, 'emp. Lt. W., Serv. Bus. Durh. L.I.
Dewar-Durie, Capt. R. N., O.B.E., late Gen. List
Dewey, Lt. H. G., R.F.A.
Dewey, Lt. N. S., Res. of Off.
Dewhurst, Lt. N., R. Muns. Fus
Dewhurst, Temp. Lt. R. C
Dewing, Lt. M. N., R.F.A.
Dewing, Bt. Maj. R. H., D.S.O., R.E.
de wolf, Capt. H. F., h.p.
de Wolf, Lt. T. C. M., Brit. Columbia R.
Dexter, Lt. J. Aust. Imp. Force
Dexter, Lt. N. L., late Serv. Bns. Notts. & Derby. R.
Dexter, Temp. Lt. R. M. R.F.A.
Dexter, Rev. W. E., D.S.O., M.A., Chapl. 4th Class, Aust. Imp. Force.
Dey, Temp. Capt. J., Sea. Highrs. (attd.)
Dhanlal Gurung, Jemadar, 5 Gurkha Rif.
Dhan Sing Negi, Subadar, 39 Garhwali Rif.
Dhirat Sing Pundir, Subadar 39 Gnarwal Rif.
Diamond, Temp. Lt H. V. Tank Corps.
Diamond, 2nd Lt. W. V., Aust. Imp. Force.
Dibb. Lt. G. R., R.F.A.
Dibben, Lt. H. T. L., 4 Bn. R.W. Kent R.
†Dibben, Lt. W. L., R. War. R.
†Dibdin, Lt. F. J. A., 3 Bn. R.A.S.C.
Dice, Lt F. C., ret.
Dick, Maj. A., M.B., late R.A.M.C.
Dick, Capt. C. K. G., R.A.M.C.

Dick, Capt. F. M., 6 Bn. Notts. & Derby. R.
Dick, Temp. Lt. H W., D.S.O., Serv. Bns. W. York. R.
Dick, 2nd Lt J. H., T.F. Res.
Dick, Temp. Lt R. C., R.E.
Dick-Cleland, Capt. T. S., late R.F.A.
Dickens, Lt. E. G., R.A.
Dickens, Lt J., Worc. R.
Dickens, Lt L. C., late Serv. Bns York. R.
Dickens, Capt. W. J., C'wealth Mil. Force.
Dickenson, Temp. Capt. E. N., Serv. Bns. K.R. Rif. C.
Dickerson, Temp. Lt. S., Labour Corps.
Dickeson, Lt. C. A., N.Z. Mil. Forces.
Dickie, Lt. E. P., 3 Bn, K.O. Sco. Bord.
Dickie, Capt. J. MacN., R. Dub. Fus.
Dickie, Lt. J. W. T., 5 Bn. K.O. Sco. Bord.
Dicke, Capt. R., Arg. & Suth'd Highrs.
Dickie, Temp. Capt. R., R.A.
Dickins, Lt. A. L. M., 7 Bn. Notts & Derby R.
Dickins, Lt. W. A., 8. Staff. R
Dickinson, Temp. Lt. A., M.G. Corps
Dickinson, Temp. Lt. A., Serv. Bns. York. R.
†Dickinson, Temp. Lt. A.F., R.E.
Dickinson, Capt. A.H., late C. Gds. Spec. Res.
Dickinson, Lt. A. S., Aust. Imp. Forces
Dickinson, Lt. C. O'B., R.G.A. Spec. Res.
Dickinson, Bt. Maj, D. P., D.S.O., Welch R.
Dickinson, Staff Serjt.-Maj. E., R.A.S.C.
Dickinson, Capt. E. J., Can. A.M.C.
Dickinson, Lt. F. G., late R.E.
Dickinson, Lt. F. L., M.M., New Bruns Regt.
Dickinson, Lt. F. P., 4 Bn. Leic. R.
Dickinson, Temp. Lt. H., Serv. sns. Glouc. R.
Dickinson, Lt. J. A., 10 Bn. L'pool R.
††Dickinson, Hon. Maj. J. H., T.F. Res.
Dickinson, Capt. J. R., late Serv. Bn. R. Lanc. R.
Di kinson, Temp Lt. S. J., Serv. Bns Som L I.
Dickinson, 2nd Lt S. L., R.F A. (T.F)
Dickinson, Lt. T. E., late Serv. B s. R Fus.
†Dickinson, 2nd Lt. V.W., R.F.A. (T.F.)
Dickinson, Temp. Lt. W., R.E.
Dickinson, Temp. Lt. W. C., M.G. Corps.

---

† Also awarded Bar to Military Cross.   †† Also awarded 2nd Bar to Military Cross.

THE MILITARY CROSS—contd.

Dickinson, Capt. W. V. D., S. Wales Bord.
Dickman, Temp. Lt. H. A., R.E.
Dicks, Temp. 2nd Lt. A. R. E.
Dicks, Temp. Qr.-Mr. & Capt. J., 14 Bn. High.L.I.
Dicks, Lt. N. E. V., 4 Bn. R. Ir. Fus.
Dickson, Lt. A. B., 5 Bn. K.O. Sco. Bord.
†Dickson, Lt. A. G., R.F.A. Spec. Res.
Dickson, Temp. Lt. A. L., R.A.O.C.
Dickson, Temp. Lt. A. McC., Serv. Bns. R. Ir. Rif.
Dickson, Maj. A. N., *M.D.*, Ind. Med. Serv.
Dickson, Lt. A. N., R.A.
Dickson, C., *M.D.*, late Temp. Capt., R.A.M.C.
Dickson, Temp. Lt. C., Serv. Bns. Cnes. R.
Dickson, Lt. C. W., Brit. Columbia R.
Dickson, D. McM., late Temp. Capt. R.A.M.C.
Dickson.Temp. Capt. E.A., 17 Bn. L'pool R
Dickson, Temp. 2nd Lt. E. G. H., *late* S. Afr. Def. Force.
Dickson, Lt. G. L., 8 Bn. High. L.I.
Dickson, Capt. I. D., *M.D.*, R.A.M.C. Spec. Res.
Dickson, Capt. J., 8 Bn. *late* R.A.M.C.
Dickson, Capt. J. H., 3 Bn. Conn. Rang.
Dickson, Lt. J. I. B., R.G.A. Spec. Res.
Dickson, Capt. J. W. E., 3 Bn. Sea. Highrs.
Dick-on, Lt. N. R., 6 Bn. S. Staff. R.
Dickson, Temp. Lt. T. A.
Dickson, Capt. T. C. H., 4 Bn. R. Dub. Fus.
Dickson, Lt.T.W., R.Jersey Mila.
Dickson, Temp. Capt. W. E., R.A.S.C., 1 Lond. Divl. Train, R.A.S.C.
†Dickson, Lt. W. E., 4 Bn. Lan. Fus.
Diespecker, Lt. L. C., R.F.A. Spec. Res.
†Digby, Capt. Hon. E. K., *D.S.O.*, C. Gds.
Digby, Staff Serjt.-Maj. W., R.A.S.C.
Digby-Jones, Lt. P. K., R. Fus.
Diggins, Lt. F. J., Leic. R.
Diggle, Capt. L. W., 9 Lrs.
Diggle, Rev. R. F., Hon. Chapl. to the Forces (4th Class)
Diggle, Maj. W. H., *D.S.O.*, G. Gds., *p.s.c.*
†Diggles,Maj. J.M., *D.S.O.*, T.F. Res.
Dill, Capt. R. W. G., *late* 1 L.G. Spec. Res.
Dill, Capt. V. R. C., Res. of Off.

Dillon, Temp. Capt. E. A. T., R.E.
Dillon, Temp. Capt. G. E., 7 Bn. Norf. R.
Dillon, Capt. H. R., Can. Local Forces.
Dillon, Lt. J. J., 4 Bn. Conn. Rang.
†Dillon, Capt. M. M., Can. Local Forces.
Dillon, Temp. Capt. N. M., Tank Corps
Dillon, Lt. T. F., *late* R.E.
Dillon Kelly, Capt. C. F., *late* R.A.M.C.
Dilloway, Temp. Lt. W., ⊥1 Bn. S. Lan. R.
Dilton, Lt.M.N., Can. M.G. Corps.
Dimoline, Lt.W.A., E.Surr. R.
Dimond, Lt. B, *late* Serv. Bns. E. York. R.
Dimond, Capt. R. V., C'wealth Mil. Forces.
Dimsdale, Capt. H. G. Can. Local Forces.
Dingle, Temp. Lt. G. V. T., Tank Corps
Dingley, Temp. 2nd Lt. G. J., Serv. Bns. R. Fus.
Dingley, Lt. P. N., 6 Bn. Worc. R.
Dingwall, Temp. Lt. A., 6 Bn. R. Sc. Fus.
Dingwall, Capt. J. A., *late* S. Afr. Def. Force.
Dinsdale, Temp. 2nd Lt. H. A., 8 Bn. Yorks. L.I.
Dinsmore, Capt. H., *late* Serv. Bn. K.R. Rif. C.
Dinwiddie, Temp. Lt. L. M., Serv. Bns. High. L.I.
Dinwiddie,Capt. M.,*D.S.O.*, Gord. Highrs.
Dinwoodie, Lt. H., 3 Bn. Dorset. R.
Dion, Temp. Lt. J., Serv. Bns. Rif. Brig.
Diplock, Temp. Lt. A. B., Serv. Bns. Lan. Fus.
†Dipnall, Lt. C. V., R.F.A., Spec. Res.
Dippie, Temp. Capt. H., 11 Bn. R. War. R.
†Disney, Temp. 2nd Lt. H. A., M.G. Corps.
Disney, Capt. S. C.W.,5 Bn. Linc. R.
Disney, Temp. Lt. H. L., R.E.
†Disselduff, Qr.-Mr. and Capt. J, 8 Bn. Arg. & Suth'd Highrs.
†Distin, Lt. C. W., R.F.A. Spec. Res.
Disturnal, Lt. G. F. A., R.E. (T F.)
Ditchbourne, Lt. G. L. Aust. Imp. Force.
Ditchburn, Temp. Lt. D., R.E.
Ditmas, Lt.-Col. F. I. L., *D.S.O.*, Res. of Off.
Dive, Capt.H.R., R.A.M.C. (T.F.)
d'Ivry, Temp. Lt. G. O., R.F.A.

†Dix, Capt. R. C. St. J., 25 Bn. Lond. R.
Dixey, Temp. Capt. A. G N., 20 Bn. Manch. R.
Dixon, 2nd Lt. A., 4 Bn. Ches. R.
Dixon, Capt. A. C., *late* Tank Corps
Dixon, 2nd Lt. B. E. C., R.E.
Dixon, Temp. Capt. (bt Maj.) C.E T., 7 Bn. Leic R.
Dixon, Lt. C. H., *D.F.C.*, Res. of Off.
Dixon, Temp. Capt. C. J., ⊥1 Bn. S. Lan. R.
Dixon, Lt. D. C., Quebec R.
Dixon, Temp. 2nd Lt. F., M.G. Corps
Dixon, Temp. Lt. F. E. R., R.E.
Dixon, Lt. G. F., 3 Bn. E. York. R.
Dixon, Capt. G. H. S., R.F.A. (T.F.)
Dixon, Lt. G. S., R.F.A (T.F.)
†Dixon, Capt. H. B. F., *M.B.*, 6 Lond. Fd. Amb., R.A.M.C.
Dixon, Lt. H. F., 3 Bn. K.O. Sco. Bord.
Dixon, Temp Lt. H. J., Serv. Bns. R. War R.
Dixon, Temp Lt. H. R., R.E.
Dixon, Lt. H. W., *late* R.G.A. Spec. Res.
Dixon, Lt. J. F. C., 4 Bn. Arg. & Suth'd Highrs
Dixon, Capt. J. G., 7 Bn. R.E.
Dixon, Temp. Lt. J. W., M.G. Corps
Dixon, Lt. M., R.E. (T.F.)
Dixon, Temp. Capt. O.
Dixon, Lt. R. F., R.G.A. (T.F.)
Dixon, Temp. Lt. R. M., R.E,
Dixon, Maj. R. S., *late* R.E. C'wealth Mil. Forces.
Dixon, Lt. R. W., R.G.A. Spec. Res.
Dixon, Temp. Capt. S. F. 19 Bn. R. War. R.
Dixon, Lt. T., 5 Bn. R. Lanc. R.
Dixon, Lt. V. G., *late* Serv. Bns. K.R. Rif. C.
Dixon, Temp. Lt. V. W. H., Serv. Bns. K.R. Rif. C.
Dixon, Temp.2nd Lt. W. A. 7 Bn. Wilts. R.
Dixon, Lt. W. A., Suff. R.
Dixon, Lt. W. G., C. Gds. Spec. Res.
Dixson, Lt. C. G. S., Man. Regt.
Doake,Temp.Capt. R.L.V., *D.S.O.*, 7 Bn. Bedf. & Herts. R.
Dobbie, Capt. G. S., Notts. & Derby R.
Dobbie, Lt. S. N., 7 Bn. Arg. & Suth'd Highrs.
Dobbs, Capt. C. E. S., R.A.S.C.
Dobbs, Lt J. E.. Midd'x R.
Dobbs,Capt. J. F. K., 5 Bn. Dub. Fus.

†Dobbyn, Temp. Lt. A. L., Serv. Bns., R. Ir. Fus.
Dobinson,Capt. E. W., *late* Serv. Bn. York. R,
Dobinson, Temp. Lt. H. Dobinson, Temp. Capt. H. H., Tank Corps.
*Doble, Temp. Lt. G. F., Serv. Bns. R.W. Kent R.
Doolo. Lt. F., Aust. Imp. Force.
Dobree, Lt. T. S., R.F.A.
Dobson, Temp. Lt. A. P., M.G. Corps.
Dobson, Temp. 2nd Lt. A. W., Serv. Bns. Glouc. R.
Dobson, Rev. B., Temp. Chapl. to the Forces (4th Class).
Dobson, Maj. D., N.Z. Mil. Forces.
Dobson, Batty. Serjt.-Maj. F. E., Can F.A.
Dobson, Lt. F. L., *late* S. Afr. Def. Force.
Dobson, Lt. G. D. R., 7 Bn. Durh. L.I.
Dobson, Lt. J., 5 Bn. Sco. Rif.
Dobson, Capt. P. W., Aust. Imp. Force.
Dobson, Lt. R., R. Lanc. R. Spec Res.
Dobson, Lt. R C., R.G.A. Spec. Res.
Dobson, Lt. R.W., R.F.A. (T F.)
Dobson,Lt. W., North'n R.
Dobson, Co. Serjt.-Maj. W. H., M.G. Gds.
Dobson, Lt. W. M., R.G.A. (T.F.)
Docharty, Capt. W. McK., *late* Serv. Bns. L'pool R.
Docker, Maj. E. N. B., Aust. Imp. Force.
Docker, Temp. Lt. H. G., Welch R.
Docking, Lt. W. N., 5 Bn. L'pool R.
Dodd, Maj. A. W., *D.S O.*, C'wealth Mil. Forces.
Dodd, Temp. Capt. E. L., R.F.A.
Dodd, Temp. 2nd Lt. G. H., Serv. Bns. W. York. R.
Dodd, Capt. J. F., *late* 12 Bn. Durh. L.I.
Dodd, Lt. K. S., R.E.(T.F.)
Dodd, Rev. R. P., Hon. Chapl. to the Forces (3rd Class), ret.
†Dodd, Lt. T., Durh. L.I.
Dodd, Temp. Lt. W., 12 Bn. Durh. L.I.
Dodd, Temp. Lt. W. H., Serv. Bns. North'd Fus.
Dodd, Temp. Lt. W. M., Serv. Bns. York & Lanc. R.
Dodd, Lt. W. P., 4 Bn. R. W. Fus.
Dodds, Lt. A. K., R.E. (T.F.)
Dodds, H. S., *late* Lt. R.F.A.
Dodds, Lt. J., 3 Bn. North'd Fus.
Dodds, Temp. 2nd Lt. L., Durh. L.I.

† Also awarded Bar to Military Cross.
†† Also awarded 2nd Bar to Military Cross.

Orders of Knighthood, &c.

THE MILITARY CROSS—*contd.*

Dodds, Lt. R., 1 Cent. Ont. Regt.
Dodds, Capt. R. H., *late* Serv. Bns. K.O. Sco. Bord.
Dodds, Temp. Lt. R. N., *D.C.M., M.M., R.E.*
Dodgson, Lt. P. H., 7 Lond. Brig. R.F.A.
Dods, Maj. J. E., *D.S.O.*, C'wealth Mil. Forces.
Dods, Capt. E. R. S., 102 Grenadiers.
Dodson, Temp. Lt. L.
Dodsworth, Temp. Maj. P. C., 18 Bn. North'd Fus.
Dodwell, 2nd Lt. E. G., 3 Bn. Bord. R.
Doe, Temp. Lt. G. W. A., 8 Bn. Devon. R.
Doe, Capt. H. S., Essex R.
Doggett, Lt. F. W., R.A.
Doherty, Temp. Capt. A. G.
Doherty, Co. Serjt.-Maj. F. J., C'wealth Mil. Forces.
Doherty, Hon. 2nd Lt. F. J., *late* R. Lanc. R.
Doherty, Lt. W. J., R.G.A., Spec. Res.
Doig, Temp. Lt. D. S., R.F.A.
Doig, Temp. Lt. K. H., Serv. Bns. R. Lanc. R.
Doig, Lt. P., R.E. (T.F.)
Doig, 2nd Lt. P. W. K, Aust. Imp. Force.
Doig, Lt. S, R.G.A. (T.F.)
Dolan, Rev. J. F., Temp. Chapl. to the Forces, 3rd Class.
Dolan Lt. J. J., R.Dub.Fus.
Dolby, Lt. G. N., 16 Bn. Lond. R.
Dollery, Temp. Regtl. Serjt.-Maj. A. G., 7 Bn. E. Lan. R.
Doilery, Lt. E. M., Aust. Imp. Force.
Dolleymore, Capt. E., *late* 6 Bn. R. Suss. R.
Dollimore, Temp. 2nd Lt. A. A., Serv. Bns. Norf. R.
Domeney, Capt. W. L. E., Aust. Imp. Force.
Dominy, Temp. Lt. P. G., R.E.
Domleo, Lt. S. J., Derby Yeo.
Domme. Temp. 2nd Lt. F. W. York. R. (attd.).
Dommett, Temp. Lt. H. H., R.E.
Dommett, Lt. J. A., 3 Bn. Som. L.I.
Domville, Temp. Capt. Sir C. L., *Bt* .8 Bn.K.R. Rif.C
Donald, Lt. A. G., 1 Cent. Ont. Regt.
†Donald, Lt. A. W., R.E.

Donald, Temp. Capt. D. A. *M.B., R.A.M.C.*
Donald, Capt. H., Can. M.G. Corps.
Donald, Temp. Lt. J., M.G. Corps.
Donald, Capt. J., Qr.-Mr. 3 D.G.
Donald, Capt. J. E., S. Afr. Def. Force.
Donald, Temp. Lt. R., 24 Bn. North'd Fus.
Donald, Capt. R., *M.D., late* R.A.M.C.
Donald, Lt. W., R.F.A.
†Donald, Capt. W., *M.B., R.A.M.C.*, Spec. Res.
†Donaldson, Lt. A., 3 Bn. Cam'n Highrs.
Donaldson, Temp. Lt. A. J.
Donaldson, Lt. G, F. S., Aust. Imp. Force.
Donaldson, Lt. G. S., Aust. Imp. Force.
Donaldson, Temp. Lt. J. C., M.G. Corps.
Donaldson, Temp. Capt. J. M., 16 Bn. K. R. Rif. C.
Donaldson, Lt. R. McK., Alberta R.
Donaldson, Lt. R. W., Can. Local Forces.
Doncaster, Temp. Lt. C.F., 17 Bn. R. Fus.
Done, Lt. W. E. P., 5 Bn. R. Suss. R.
Donkin, Lt. A. J., R.A.
Donkin, Temp. Lt. C. D. G., Serv. Bns. R.W. Surr. R.
Donkin, Temp. Capt H. A. L., Serv. Bns. R. Berks. R.
Donnan. Lt. J. R., Can. Local Forces.
Donnell, Lt. E. D., 3 Bn. R.W. Surr. R.
Donnelly, Temp. Lt. A., Serv. Bns. Durh. L.I.
Donnelly, Temp. Capt. F., R.E.
Donnelly, Maj. G. H., R.G.A.
Donnelly, Co. Sergt.-Maj. J., *D.C.M., M.M.*, Serv. Bns. Durh. L.I.
Donnithorne, V. H., *late* Temp. 2nd Lt. 11 Bn. Hamps. R.
Donohoe, Rev. F., Temp. Chapl. to the Forces (4th Class).
Donohue, 2nd Lt. J. C., C'wealth Mil. Forces.
Donovan, Lt. A. E., R.F.A.
Donovan, Lt. N. S., 4 Bn. R. War. R.
Donovan, Maj. T., *O.B.E.*
Doolan, Lt. E., R.A.S.C.
Dooner, Temp.Capt. H. B., *D.S.O.* (Capt. S. Afr. Def. Force)
Doouss, Temp. 2ndLt. F.J., 7 Bn. Suff. R.

Doré, Lt. G. W., 8 Bn. Hamps. R.
†Dore, Temp. 2nd Lt. J.W., 10 Bn. Yorks. L.I.
Dore, Capt. W. C. H., *late* Labour Corps.
Dore, Rev. P., *late* Chapl. (4thClass) N.Z. Mil.Forces.
Dorey, Lt. J. A., 4 Bn. R. War. R.
Dorling, Capt. L. H, G., R.F.A.
Dorman, Maj. E. M., *D.S.O.*, 4 D.G.
Dorman, Capt. M., *late* C. Gds.
Dorman-Smith, Lt. E. E., North'd Fus.
Dorricott, Co.-Serjt.-Maj. A., Midd'x R.
Dorrington, Lt. J. W. N., 6 Bn. K.R. Rif. C.
Dorrington, Lt. S. F., *late* Serv. Bns. North'n R.
Double, Serjt.-Maj. T., Can. Fd. Art.
Douët, 2nd Lt. C. F. M., R.F.A. Spec. Res.
Dougal, Capt. D., R.A.M.C.
Dougall, 2nd Lt. N., C'wealth Mil. Forces.
Dougan, Capt. F. R., *M B., late* R.A.M.C.
Doughty, Lt. W., 7 Bn. High. L.I.
Douglas, Lt. A., 3 Bn. Cam'n Highrs.
Douglas, Lt. A. F. S, Yorks. L.I.
Douglas,Temp.Capt. A.H., R.E.
†Douglas, Lt. C. B., 7 Bn. Manch. R.
Douglas, Temp. C. B. E., R.E.
Douglas, Lt. C. F. K., Can. Local Forces.
Douglas, Lt.-Col. C. G. *C.M.G.,M.D.,late*R.A.M.C.
Douglas, Temp Lt. C. R., R.A.O.C.
Douglas, Hon. Lt. C. S., *late* 15 Bn. Notts. & Derby R.
Douglas, Lt. D. McL., 6 Bn. North'd Fus.
Douglas, Capt. E., Can. A.M.C.
Douglas, Capt. F. E., *late* Serv. Bns. W. York. R.
Douglas, Temp. Lt. G. F., R.E.
†Douglas, Lt. G. F., Can. M.G. Corps.
Douglas, Temp. Lt. G. P.
Douglas, Capt. G. R. P. *O.B.E.*, High'd Cyclist Bn.
Douglas, Temp.Capt. G.V., 17 Bn. North'd Fus.
Douglas, 2nd Lt. I. V., R.G.A. Spec. Res.
Douglas. Capt. J. C., *late* Serv. Bns. R. Ir. Rif.

Douglas, Capt. J. H. M. Notts. & Derby. R.
Douglas, Lt. J. R., *late* R.A.O.C.
Douglas,Temp. Capt K.S., R.E.
Douglas, Maj. M. G.,*D.S.O.*, Hon. Art. Co.
Douglas,Temp. Maj. P. G., R.E.
Douglas, Co. Serjt.-Maj. P. S., Durh. L.I.
Douglas. Temp. Lt. R. B., Tank Corps.
Douglas, Temp. Lt. S. C., McK., Sea. Highrs.(attd.)
Douglas, Lt. W. L., 17 Bn. Lond. R.
Douglas, Temp. 2nd Lt. W. L., 11 Bn. R. Scots.
Douglas, Capt. W. R., *M.B.*, 1 E. Lan. Fd. Amb.
Douglas,Capt.W.S.,R.F.A. Spec. Res.
Douglas-Irvine, Capt. E.P., *late* R.A.
Douglas-Jones, Bt. Maj. S. D., *D.S.O.*, R.G.A.
Douglas - Stephenson, Lt. N., N. Lanc. R.
Douglas-Withers, Capt. H. H., S. Lan. R.
Douglass,Rev.F.W.,*O.B.E*, Temp. Chapl. to the Forces, 4th Class.
Douglass, Capt. L. E. 2 Cent. Ont. Regt.
Douglass, Maj. W. C., *late* R.A.M.C.
Donie, Bt. Maj. F. McC., *D.S.O.,* R.E.
Doull, Maj. J. A., *M.D., late* R.A.M.C.
Doune, Capt. F. D., *Lord*, Sco. Horse Yeo.
Doust, Lt. F. H., C'wealth Mil. Forces.
Dove, Lt. A. Le N., Can. Local Forces.
Dove, Temp. Maj. R. S., 13 Bn. Midd'x R.
†Dove, Lt. W. G., 3 Bn. R. W. Kent R
Dow, Lt. D. J., Ind. Army.
Dowdall, Lt. H. R.E.,(T.F.)
Dowden,Capt.C.H.,*D.S.O.*, K.R Rif. C.
Dowden, 2nd Lt. H. J., R.F.A. Spec. Res.
Dowdeswell, Lt. W. H., 4 Bn., Welch R.
Dowding, Lt.-Col. C. C., *D.S.O., late* Serv. Bn. Welch R.
Dowell, Lt. W., R.A.
Dowell, Temp. Lt. W. T., Serv. Bns. Leic. R.
Dower, Lt. T., *late* Tank Corps.

† Also awarded Bar to Military Cross.

THE MILITARY CROSS—contd.

Dowie, Temp. Lt. J. G., Serv. Bns., R. War R.
Dow and, L. G. R. 58 Rif.
Dowland, W., late Lt., Yorks. L.I.
Dowlauu-Ryan, Rev. F. Hon Chapl. to the Forces, 3rd Cl.
Dowley, Lt. A. E., 5 Bn E. Surr. R.
Dowling, Capt. B. S., C'wealth Mil. Forces.
Dowling, Lt. F. B. B., E. Surr. R.
Dowling, Lt. R. W., Aust Imp. Force.
†Dowling, Lt. W. J., R.A.
Dowling, Capt. W. J., a.B., R.A.M.C. Spec. Res.
Down, Maj. G. S., C'wealth Mil. Forces.
Downes, Temp. Lt. E., R.E.
Downes, Maj. G. S. J., late Mach. Gun Corps.
Downes, Lt. H., M.M., Aust. Imp. Force
Downes, Lt. H. C., Worc. R.
Downes, Lt. J. W., D.S.O. Shrops. Yeo.
Downes, Maj. O. C., D.S.O., Rif. Brig.
†Downes, Temp. Lt. R., Serv Bns. Lan. Fus
Downes, Capt. W. D., R. Suss. R.
Downey, Capt. F. J. late Serv. Ens. North'd Fus.
Downey, Lt. G. A., Can Fd. Art.
Downey, Lt. H. H., Aust. Imp. Forces.
Downey, Lt. J. T., Can. Local Forces.
Downie, Lt. J. C., 10 Bn. Midd'x R.
Downing, Lt. A. N., 6 Bn. R. War R.
Downing, Temp. 2nd Lt. H. G.
†Downing, Capt. R. G., C'wealth Mil. Forces.
Downing, Qr.-Mr. & Capt. S., Devon. R.
Downing, Lt. T., 7 Bn. R. Fus.
Downs, Lt. J., R.F.A. Spec. Res
Downs, Temp. Lt. J., Serv. Bns. Yorks. L.I.
Downs, Maj. W., Low Cam'n Highrs., p.s.c.
Downs, Co.-Serjt.-Maj. W G., K.O. Sco Bord.
Dowson, Lt. A., R.G.A. Spec Res
Dowson, Temp. Capt. A. O., 12 Bn. Rif. Brig.
†Dowse, Capt. J. C. A., M.B., R.A.M.C.
Dowson, Temp. Lt. S. H., Serv. Bns. R. War R.
Dowzer, Capt. T., F.R.C.S.I., late R.A.M.C.
Doyle, Lt. A. G., R.E.(T.F.)
Doyle, 2nd Lt. J., 6 Bn. K.B. Rif. C.
Doyle, Lt. J. E., 3 Bn Linc. R.
Doyle, Maj. J. S., M.B., late R.A.M.C.
Doyle, Lt. P. K., Leins. R.

Drader, Lt. H. C. F., 4 Bn North'd Fus.
Drake, Temp. Capt. A. H., Spec. Res.
Drake, Ser. Bns. Devon. R.
Drake, Lt. F. C., late Lt. ess. of Offr. ln Hrs.
Drake, Maj. F. V., late 11 Hrs.
Drake, Maj. J. H., O.B.E., TD, Herts. Yeo.
Drake, Lt. R. G. C., late 8 Bn. Som. L.I.
Drake, Lt. T. O. L., ret pay.
Drake, Temp. Lt. W.
Drake-Brockman, Capt. G., C'wealth Mil Forces.
Drake-Brockman, Capt. G. P L., D.S.O., Bord. R.
Drake-Brockman, Capt. W. H. G., R.G.A.
Drakeford, Lt. H., 7 Bn. Lond. R.
Drakes, Lt. B. H., T.F. Res.
Drakes, Lt. C. E., late R E.
Dransfield, Temp. 2nd Lt D. V., Serv. Bns. Notts & Derby. R,
Draper, Lt. A. J., 5 Bn. S. Lan. R.
Dra er. Lt. A. P., M.D., R.A.M.C
Draper, Temp. Lt. L. A., Mach. Gun Co.
Draper, Maj. W. B. Y., late R.E.
Drayson, Capt. FitzA., Bord. R.
Drayson, Co. Serjt.-Maj J., North'd Fu .
Drayton, Lt. F., late R.E.
Drayton, Lt. R., 3 Bn. Dorset R. (2nd Lt. 35 Trng. Res. Bn)
Drean, Temp. Lt R. S., Serv. B s R Innis. Fus.
Drennan Capt. J. S., R.F. .
Dresling, Capt. H G., late R.A.M.C.
Dresser, Temp. Lt. W., 6Bn. York. R.
Drew, Capt. C F, M.B. late R A.M.C.
Drew, Temp. Lt., D.L. McC., R A
Drew, Lt. W. D., Devon. R.
Drew, Maj., J. S., D S O Off.
Drew, Capt. P. F., late Serv. Bns. R. Suss. R.
Drewe, Capt. A. S., 3 Bn. Leic. R.
†Drewe, Lt. B., R.G.A., R.A.S.C
Drewery, Temp. Lt. D., 12 Bn. Durh. L.I.
Drewitt, Capt. F. D., late 9 Bn. Worc. R.
Driberg, Capt. J. D., O.B.E., late R.A.M.C.
Dring, Capt. M. W., A.S.C., Spec. Res.
Drinkwater, Lt. G. C., R.F.A. (T.F.)
Drinkwater, Temp. Lt. H. V., 16 Bn. R. War. R.
Drinnan, Capt. A. A., Can. Local Forces.

†Driscoll, 2nd Lt. J., R.Fus.
†Driscoll, Lt. T. A., R.F.A.
Driver, Temp. Maj. A., D.S.O., 6 Bn W. Rid. R.
Driv r, Capt. C. E., 6 Bn. Devon. R.
Driver, Capt. G. R., ret.
Driver, Temp. Capt. H., D.S.O., f Bn. Bedf. R.
Driver, Lt. H. F., Camb. R.
Driver, Lt. H. S., 3 Bn. R. Scots.
Drost, Lt. H. M., Can.M.G. Corps.
Drought, Temp. Capt. J. J.
Drought, Lt. J. S., R.G.A. Spec. Res.
Druce, Lt. A. F., Surr. Yeo.
Druce, and Lt. C G., 8 Bn. Notts. & Derby. R.
Druce, Lt. J. C., 4 Bn. E. Surr. R.
Druitt, Temp. Capt. C. E. H., M.G. Corps.
Drummond, Capt. F. B H., ret.
Drummond, Lt. F. H J., G.,Gds. Spec. Res.
Drummond, Temp. 2nd Lt. J. E., 9 Bn. R. Highrs.
Drummond, Capt. J. G. P., 19 Punjabis.
Drummond, Maj. J. H., C'wealth Mil. Forces.
Drummond, Capt. J. L., 3 Bn. R. Sc. Fus.
Drummond, Lt. L. C., Quebec Regt.
Drummond, Capt. W. Qr.-Mr. ret pay.
Drummond, Lt. W. M., 3 Bn. Cam'n Highrs.
Drummond Shiels, Lt. T., R.A.M.C.
Drury, Temp. Lt. A., M.G. Corps.
Drury, 2nd Lt. F., 7 Bn., Notts. & Derby. R.
Drury, 2 d Lt. G. G. de C., 3 Bn. R. Sc. Fus
Drury, Capt. K. K., R.D., R.A.M.C Spec. Res.
Drury, Rev. W., M.A., Chaplain to the Forces (2nd Class)
Dryden, Lt. E., Durh. L.I.
Dryden, 2nd Lt. E. G., 7 Bn. Lond. R.
Dryland, Lt. A. G., Res. of Off.
Drynan Temp. Capt. A. E., M B., R.A.M.C.
Drysdale, Capt. A.E., D.S.O., 47 Sikhs.
Drysdale, Capt. J. E., R.A.S.C
Drysdale, Lt. M. B., 8 Bn. Notts. & Derby. R
D'Souza, Temp. Capt. A. J., Ind. Med. Serv.
Duberly, Lt. E. H. J., G. Gds. Spec. Res.
Du Buisson, Capt. T. G. Rif. C.
Duchatel, Maj. C. F., C'wealth Mil. Forces.
Duchesnay, Lt. De St. D., Can. Fd. Art.
Duchesne, Lt. C. C., R.E.

Ducker, Lt. G., 5 Bn Yorks R.
Duckett, Lt. L., 12 Bn. Lond. R.
Duckett, Temp. 2nd Lt. R., Serv. Bns. W. Rid. R.
Duckworth, Serjt.-Maj. F., E. Lan. R.
Duckworth, Capt. J. E. H., T.F. Res.
Duckworth, Capt. R. H. F., R.E.
Duckworth, 2nd Lt. T. C., D.C.M., 5 Bn. R. War. R.
Duclos, Capt. V. E., Quebec
†Dudbridge, Lt. L., 5 Bn. Glouc. R.
Duddy, Lt. T. S., D.C.M., late Durh. L.I.
Dudeney, Lt E. A., late R.E. Kent Yeo.
Dudgeon, Capt. C. R., R.A. M.C.
Dudgeon, Lt. J. H., 2 Dns.
Dudgeon, Capt. M. F., 6 Dns.
Dudgeon, Maj.(temp. Brig.- Gen.) R.M., D.S.O., Cam'n Highrs.
Dudley, Temp. Lt. A. T., 8 Bn. York. R.
Dudley, Temp. Lt. F., M.G. Corps.
Dudley, Temp. Capt. G. V., D.S.O., R.G.A.
Dudley, Capt. S., Ind. Army
Dudley, Temp. 2nd Lt. S. G., Serv. Bns L'pool R.
Dudley, Lt. T., Can. M.G. Corps.
Dudley-Ward, Maj. C. H., D.S.O., late W. Gds.
Dudley-Waters, Lt. H., Can. Local Forces.
Dudie, Lt. J. R., R.F.A. (T.F.)
Duff, Temp. Lt. A. A. J., R.E.
Duff, Capt. A. C., R.E.
Duff, Lt. A. McG., late R.A.
Duff, Temp Lt. C. G., R.F.A.
Duff, Lt. C. G., R.F.A.
Duff, Capt. D. G., M.B., R.A.M.C. Spec. Res.
Duff, Lt.-Col. G. J. B., 5 Bn. Norf. R. (Capt. Res. of Off.)
Duff, Lt. I. A. J., 4 Bn. Dorset R.
†Duff, Lt. J. S., 3 Bn. E. Lan. R.
Duff, Temp. Lt. R. D., R.E.
†Duff, Capt. S. H., late Serv. Bns. Devon. R.
Duff, Lt. W. D., 8 Afr. Def. Forces.
Duff, Temp. Lt. W. H. Serv. Bns. R. Fus.
Duffes, Lt. A. P., R.G.A. (T.F.)
Duffett, Lt. N. G., 2 Cent. Ont. Regt.
Duffield, 2 Lt. C. A. W., 4 Bn. R.W. Kent R.
Duffield, Temp. Lt. G. H., Serv. Bns. Worc. R.
Duffield, Lt. J. E., Leins. R
†Duffin, Maj. J. T.
Duffin, Lt. W. M., late R.G.A.

† Also awarded Bar to Military Cross,

Orders of Knighthood, &c. 331

THE MILITARY CROSS—contd.

Duffitt, Lt. C., late R.E.
Duff-Taylor, Capt. S., 4 Bn. R Dub. Fus
Duffus, Capt. J. C., R.F.A. (T.F.)
Duffy, 2nd Lt. C.. R.W. Fus.
Duffy, Temp. Lt. W. J., Serv. Bns. Cam'n Highrs
†Dufton, Temp. Capt. E. S., 5 Bn. Cam'n Highrs.
Dufton, Capt. L. B., R.G.A. (T.F.)
Dugdale, Qr.-Mr. & Capt. H., 3 E. Lan. Fd. Amb.
Dugdale, Lt. N., R.G.A. (T.F.)
Dugdale, Bt. Maj. J. G., M.V.O., D.S.O., Res. of Off
Dugdale, Lt. T. G., 4 Bn. E. Lan. R.
Dugdale, Lt. W. G., Shrops. Yeo.
Duggan, Lt. C. E., 4 Bn. Leins. R.
†Duggan, Maj. H. J. G., D.S.O., late Serv. Bns. N. Lan. R.
†Dugmann, Temp. Capt. J., D.C.M., 8 Bn. Bord. R.
Dugmore, Lt. H. H., late Gen. Li t
Duguid, Temp. Capt. W., Tank Corps.
Duigan, Capt. D. F., N.Z. Mil. Forces.
Duigan, Capt. J., R.A.S.C. (T.F.)
†Duke, Lt. C. L. B., R.E
Duke, Bt. Maj. J. P., D.S.O., R. War. R.
Duke, Temp. Capt. R. N., D.S.O.
Duke, Capt. V. W. H., Ches. R.
Dulsing Subadar Thapa, 8 Gurkha Rif.
Dumaresq, Capt. H. J., C'wealth Mil. Forces.
Dumaresq, Temp. Maj. R. G. F., late M.G. Corps
Dumbeck, Temp. Lt. T. S., Serv. Bns. K.O. Sco. Bord.
Duminy, Lt. F. J. van H., late S. Afr. Prote. Forces
Dummere, Temp. Capt H. H., R.A.M.C.
du Moulin-Browne, Rev. F. S., Hon Chapl. to the Forces, 4th Class.
du Moulin-Browne, Rev. J. H., Chpl. to the Forces, 4th Class.
Dumper, C. F., R.G A Spec Res.
Dun, Capt. T. I., D.S.O., M.B., R.A.M.C.
Dunbar, Temp. Maj. Str A. E., Bt., Serv. Bns. W. York. R.
Dunbar, Bt. Lt.-Col. C. MacG., ret. pay (Res. of Off.).
Dunbar, Capt. G. A., Aust Imp. Force.
Dunbar, Co.-Serjt.-Maj. J., Gord. Highrs.
Dunbar, Lt. J. H., R.G.A. Spec. Res.

Dunbar, Temp. Lt. R., R.F.A.
Dunbar, Temp. Capt. R M., O.B.E., S. Afr. Def. Forces.
Duncan, Co. Serjt.-Maj. A., 10 Bn. Arg. & Suth'd. Highrs.
Duncan, Lt., A. Leins. R.
Duncan, Capt. A. G., R. Highrs.
†Duncan, Lt. B.W., S. Gds.
Duncan, Capt. C., M.B., late R.A.M.C.
Duncan, Capt. C. Moorhouse R.F.A.
Duncan, Temp. Capt C. Maitland, R.F.A.
Duncan, Capt. D., D.S.O., Gloue. R.
Duncan, Co.-Serjt.-Maj. D., Arg. & Suth'd Highrs.
Duncan, Lt. D A., late 4 Bn. R. Lanc. R.
Duncan, Lt. F. V. W., M.M., Aust. Imp. Force.
Duncan, Temp. Lt. G., R.E.
Duncan, Capt. G. A., late Serv. Bns. Lan. Fus.
Duncan, Capt. G. W., M.B.E., ret.
Duncan, Capt. H.S., R.F.A. (T.F.).
Duncan, 2nd Lt. J. A. A., late 3 Bn. York. R.
Duncan, Lt. J. G., 9 Bn. R. Scots.
Duncan, Lt. J. L., Can. Fd. Art.
Duncan, Lt. J. P., R.G.A. Spec. Res.
Duncan, Capt. K. A., late R.F.A Spec. Res.
Duncan, Lt. L., late 7 Bn. Gord. Highrs.
Duncan, Lt. L., 9 Bn. Lond. R.
†Duncan, Capt. L. S., late Serv Bn. R. Ir. Rif.
Duncan, Lt N., Dorset Yeo
Duncan, Lt. P C., 4 Bn. R. W. Surr. R.
Duncan, Capt. R., Can. Local Forces.
†Duncan, Capt. T., late R.A.M.C.
Duncan, Lt. T. B., 3 Bn. Sco. Rif.
Duncan, Lt. T. G., R.F.A. Spec. Res.
Duncan, Maj. W. B., h.p.
Duncan, Temp. Lt. W. B., Tank Corps.
†Duncan, Bt. Maj. W. E, D.S.O., R.A.
Duncan, Temp. Lt. W J C., D.S.O.
Duncan-Hughes, Capt. J. G., late R.F.A. Spec. Res.
Dundas, Maj. R. W., ret. T.F.
Dundee, Temp. 2nd Lt. A., 13 Bn. R. Ir. Rif.
Dundee, Temp. Capt. C., M.B., late R.A.M.C.
Dundon, Lt G. H., late R.E.

†Dunham, Capt. F. F., Can. Local Forces.
Dunham, Maj. F. H., 2 Cent. Ont. R.
Dunham, 2nd Lt. R.W. Surr. R.
Dunkerley, Lt. C. L., 4 Bn. R.W. Kent R.
Dunkerley, Lt. W., 5 Bn. E. Lan. R.
†Dunkerton, Lt. E. L. H., 5 Bn. York & Lanc. R.
Dunkley, Temp. Lt. C. H., R.E.
†Dunkley, Capt. C.S., Welch R.
†Dunkley, Temp. Capt. T. W. E., Serv. Bns. Manch. R.
Dunlevy, Lt. C., Lan. Fus
Dunley, Lt. O. L., 9 Bn Arg. & Suth'd Highrs.
Dunlop, Temp. Lt. A. A., Brit. W.I.R.
Dunlop, Maj. A. J., M.B., late R.A.M.C.
Dunlop, Maj. C. A. M., 37 Dogras.
Dunlop, Temp. Lt. D. H., R.E.
Dunlop, Lt. E., Aust. Imp. Force
Dunlop, Capt. E. McM., m.o., R.A.M.C. (T.F.)
Dunlop, Temp. Lt. G. H., Serv. Bns. E. Lanc. R.
Dunlop, Maj. G P. G., Can. Local Forces.
Dunlop, Capt. H. M., Can. Local Forces.
Dunlop, Capt. H. R., 4 Low. Brig. R.F.A.
Dunlop, Temp. Lt. J., Man. Regt.
Dunlop, Lt. J. D., 4 Bn. R. Scots. Fus
Dunlop, Capt. J. J., R.A.V.C Spec. Res.
Dunlop, Lt. J. J., Loth. & Bord. Horse Yeo.
Dunlop, Capt. J. K., 12 Bn. Lond. R.
Dunlop, Capt. J. L., M.B., late R.A.M.C.
†Dunlop, Temp. Capt. R. B., R.E.
Dunlop, Capt. W. A., 2 Cent. Ont. Regt.
Dunlop, Capt. W. G., O.B.E., R.H.A. (T.F)
†Dunlop, Capt. W.W., Brit. Columbia R.
Dunman, Temp. Capt. H. B.
Dunn, Lt. A., Aust. Imp Force
Dunn, Lt. A. F., lat R.F.A. Spec. Res.
Dunn, Capt. B. M., Welch R.
Dunn, Temp. Lt. C. P., M.G. Corps.
Dunn, Temp. Lt. E. B., R.E.
Dunn, Temp. Capt. F., R.A
Dunn, Temp. 2nd Lt. G. W., Cam'n. Highrs.
Dunn, Temp. Lt. J., Serv Bns. R.W. Fus.

†Dunn, Temp. Capt. J. B., D.S.O, 15 Bn. High. L.I.
Dunn, Capt. J. C., D.S.O., M.D., late R.A.M.C.
Dunn, Lt. P. D. W., D.S.O., Lan Fus.
Dunn, 2nd Lt T., R.F.A. Spec. Res.
Dunn, Lt. T., 7 Bn. Durh. L.I.
Dunn, Bandmr. W. J., K. R. Rif. C.
Dunne, Sub-Condr. J. Supply & Tran, Corps, Ind. Army.
Dunne, Capt. J., Qr.-Mr., 20 Bn. Lond. R.
Dunne, Lt. J. F. T., 4 Bn. R. Ir. Regt.
Dunne, Bt. Maj. L. R., 6 Bn. K.R Rif. Corps
Dunne, Temp. Lt. P., R.E.
Dunnett, Lt. F. W., R.F.A. Spec. Re.
†Dunnett, Lt. J. H., 4 Bn. W. Rid. R.
Dunnett, Temp. Lt. W. E., R.F.A.
Dunning, 2nd Lt. A. G. A., Res. of Off. Ind. Army.
Dunning, Temp. 2nd Lt. E., Serv. Bns R Sco. Fus.
Dunning, Hon. Capt. J. B., M.B., late R.A.M.C.
Dunphy Lt. G. A. L., 21 Bn. Lond. R.
Dunphy, Temp. Lt. K., Serv. Bn . Leins. R.
†Duns, Temp. Capt. W. 15 Bn. Notts. & Derby R.
Dunsford, Capt. G. St. J. Vis. t , Surr. Yeo
Dunsmore, Regtl. Qr.-Mr.-Serjt. W, High. L.I.
Dunsmuir, Capt. F. E., Res. of Off.
†Dunstall, Lt. W. L. P., late 24 Bn. R. Fus.
Dunstone Lt. W. P., R.A.
Dunton, Qr.-Mr. &Lt.-A. N., Sea. Highrs.
Dunton, Capt. A. W., late M.G. Corps.
Dunworth, Lt. D., C'wealth Mil. Forces.
Dunworth, Temp. Lt. P. J., Serv. Bns. R. Innis. Fus.
Du Pre. Lt. C. H., R.A.S.C. (T.F.)
Dupré, Lt. H. A., late R.E. (T.F.)
Duprez, Lt. A. A., C'wealth Mil. Forces.
†Dupuis, Capt. G. E. A., Can. Local Forces.
Durance, 2nd Lt. F. W., 4 Bn. Linc. R.
Durand, Capt. A. A. M., R.A.
Durand, 2nd Lt. P. F., Ind. Army Res. of Off.
Durauty, Lt. W. H., R.G.A. Spec. Res.
Durdin, Lt. A. B., C'wealth Mil. Forces.
Dures, Lt. G. H., 3 Bn. Sea. Highrs.
Durham, Temp. Maj. F.R. O.B.E., R.E.
Durham, Temp. 2nd Lt. G. P., 20 Bn. Manch. R.
Durham, Capt. J. G., late Serv. Bns. K.R. Fif. C.

† Also awarded, Bar to Military Cross.

THE MILITARY CROSS—contd.

Durie, Bt. Maj. J. A., R. Highrs.
Durie, Maj. T. E., D S O., R.F.A.
Durlacher, Capt. S. R., late Serv. Bns. Bord. R.
Durlacher, 2nd Lt. H. W., 1 Bn. Lond. R.
Durlacher, Hon. Lt. P. A., late M.G. Corps.
Durling, Temp. Lt. W., R.E.
Durnford, Rev. F. H., Chapl. 4 Class, C'wealth Mil. Forces.
Durnford, Lt. H. G. E., R.F.A., Spec Res.
Durrands, Lt. W. B., Suff R.
Durrans, Temp. Lt. H., Serv. Bns. Essex R.
Durrant, Temp. Lt. B. H., R.E.
Durrant, Maj. C. McD., late Serv. Bns. W. Rid. R.
Durrant, E. M., late Temp. Lt., Serv. Bns. Conn. Rang.
Durrant, Lt. H. T., late Serv. Bns. Hamps. R.
Durrant, Lt. R. T., R.F.A. Spec. Res.
Durst, Temp. Maj. W. H., 9 Bn. R Lanc. R.
Duruty, Temp. Lt. C. E., Serv. Bns. R. War R.
Durward, Capt. W. B., W. Ont. Regt.
Durward, Capt. W. S., ret. pay.
Dury, Lt. G. A. I., G. Gds. Spec. Res.
Duthie, Rev. A. G., Hon. Chapl. to the Forces, 4th Class, ret.
Duthie, Lt. A. M., ED.S.O., 4 Bn. Lond. R.
Duthie, Lt. D J., 6 Bn. R War. R.
Duthy, Temp. Lt. R. E. A. R.F.A.
duToit, Lt. G. J., late 10 S. Afr. Hrse.
Dutt, Temp. Capt. S., Ind. Med. Serv.
Dutton, Lt. A. G., R.F.A. Spec. Res.
†Dutton, Temp. Lt. C. F., Serv. Bns. S.Wales Bord.
Dutton, Maj. R. M. L., O.B.E., R.G.A.
Dutton, Lt. W. J., 4 Bn. Glouc. R.
Duval, Lt. L. M., Can.Local Forces.
du Verge, L., late Temp. Lt., R.A.M.C.
Dwa<e, Qr.-Mr.-Serjt. P.H., Serv. Bn., Linc. R.
Dwyer, Temp. Capt. E., C.B.E., R.A.S.C.
Dwyer, Capt. M., R.A.M.C., Spec. Res.
Dwyer, Maj. P., M.B., R.A.M.C.
Dyas, Capt. G.E., R.A.M.C.
Dyce, Maj., H. L., ret. Ind. Army.
†Dyde, Capt H.A., Alberta Regt.

Dyde, Temp. Lt. W. F., R.F.A.
Dyer, Maj. A J.L., Ches.R.
Dyer, Lt. C. S., 4 Bn. Glouc. R.
†Dyer, Capt. J. H., R.E.
†Dyer, 2nd Lt. R.H., R.F.A. Spec. Res.
Dyer, Lt.W., 2 Bn. Lond. R.
Dyer, Capt. W. F., late 20 Bn. Lond. R.
Dyer, Temp. 2nd Lt.W. G., 19 Bn. Durh. L.I.
Dyke, Lt. J. N., late Serv. Bn. R. Suss. R
Dykes, Temp. Capt. K., O.B.E.
Dykes, Lt. O., R.F.A. Spec. Res.
Dymond, Temp. Lt. G. W., 9 Bn. Ches. R.
Dymott, Capt. K.G., R.G A.
Dymore, Qr.-Mr. & Temp. Lt. H., 11 Bn. R. Scots.
Dyson, Temp. 2nd Lt. F.K
Dyson, Capt G. St. J. A., R.F.A.
Dyson. Lt. H., R.F.A.(T.F.)
†Dyson, Capt.W.G., R.F.A. Spec. Res.

Eachus, Temp. Capt. N., Serv. Bns. Ches. R.
Eade, Temp. Lt. C., M.G Corps.
Eadie, Lt. E., R.Innis.Fus.
Eady, Lt. W., R.G.A (T.F.)
Eagar, Temp. 2nd Lt. G. F. F., R.E.
Eagar, Capt. H. St. G. Linc. R.
Eagar, Capt. J. C., Can. A.M.C.
Eagles, Temp. Maj. A.C.H., R.A.O.C.
Eagles, Rev. J. E. Temp. Chapl. to the Forces 4th class
Eagles, Capt. V. T. W., late R.A.M.C.
Eakins, Lt. G. W., 4 Bn. R. Scots.
Eales, Capt. C. H. H., Ind. Army.
Eames, Temp. Lt. F., 12 Bn. S. Wales Bord.
Eames, Lt. H. P., R.E., (T.F.)
Eames, Capt. S. H. W., 19 Bn. Lond. R.
†Earle, Lt. A. E., 4 Bn. Yorks. L.I.

Earle, Co. Serjt.-Maj. B., W. Rid. R.
Earle, Lt. G. F., R.F.A. Spec. Res.
Earle, 2nd Lt. H. E., 3 Bn. R.W. Surr. R.
Earle, Capt. W. J., Aust. Imp. Force.
Earp, Qr.-Mr. & Capt. J. J., R.A.M.C.
Earp, Temp. Capt. J. P., A. Ord. Dept.
Ernshaw, Maj. P., D.S.O., Can. Local Forces.
Earnshaw, Capt. S.E., ret. pay.
Earwaker, Lt. J. G., Aust. Imp. Forces
Easson, Temp. 2nd Lt. J., Serv. Bns. North'd Fus.
Eastaugh, Lt. C., 3 Bn. S. Staff. R.
Eastburn, Temp. Lt. G. J.
Easten, Temp. Lt. R., R.E.
Easten, Lt.W., 5 Bn.North'd Fus.
Easterbrook, Temp. Capt. F. J., R.E
Easterfield, Lt.W. B., 8 Bn. Notts. & Derby. R.
Eastham, Capt. A., D.S.O., Can. Local Forces.
Eastman, Lt. H. E., Can. Local Forces.
Eastman, Lt. L. G., Can A.S.C.
Eastmead, Qr.-Mr. & Capt. L., Rif. Brig.
Eastmond, 2nd Lt. A., Res. of Off., Ind. Army.
†Easton, Capt. G. L. E., R.F.A., Spec. Res.
Easton, Lt. L.I., Can.M.G
Easton, Temp. Lt. P. T., R.E.
Eastwick-Field, Capt.W.L., R.A.
Eastwood, Capt. C. S., 21 Bn. Lond. R.
Eastwood, Capt. F. N., O.B.E., 22 Bn. Lond. R.
Eastwood, Maj. H. E., late R.A.O.C.
Eastwood, Capt. H. J., R. Ir. Rif.
Eastwood, Capt. J. H., E. Ont. Regt
Eastwood, Bt. Maj. T. R., D.S.O., Rif. Brig.
Eaton, Lt. D. F., R.F.A.
Eaton, Lt. G. L. T., 3 Bns. S. Staff. R.
Eaton, Lt. O. A. M., 16 Bn. Lond. R.
Eaton, Lt. O. B. Can. M.G. Corps.
Eaton, Lt. R. O., 3 Bn. R. Ir. Fus.
Eaton, Lt. ., W., R.G.A. Spec. Res.
Ebbels, Lt. W. A. R.A.
Eberle, Lt.V.F., R.E.(T.F.)
Eberlin, Lt. A. E., 3 Bn. Yorks. L.I.

Ebrington, Maj. H. W., Visct., 2 Dns.
Eccles, Capt. A. G., 6 Bn. L'pool R.
Eccles, Capt. G. D., late R.A.M.C.
Eccles, Lt. H., R.E. (T.F.)
Eccles, Lt. L. W. G., C. Gds. Spec. Res.
Eccles, Capt. M., 119 Inf.
Ecclestone, 2nd Lt. F.J.F., R.F.A. Spec. Res.
Eckford, Temp. 2nd Lt. T. A., 11 Bn. Rif. Brig.
Echlin, Lt. J. P., R.E., (T.F.)
Eckenstein, Capt. T.C., ret.
Eckersley, Lt. J., M.M., 4 Bn. York & Lanc. R.
Eckersley, Temp. 2nd Lt. R.S. 17 Bn. K.R. Rif. C.
Edbrooke, Lt. F. F., W. Som. Yeo.
Eddison, Capt. J. H., R.F.A. (T.F.)
Edell, Lt. I. J., R.F.A. (T.F.)
Edelston, Lt. E ,Ind.Army Res. of Off.
Edelston, Lt. J., R.G.A. (T.F.)
†Eden, Lt. E. A., E. Afr.Vol. Art., E. Afr. Force
†Eden, Capt. H. C. H., R.F.A.
Eden, Temp. Capt. R. A, R.F.A.
Eden, Capt. Hon. R. E., R.F.A. (T.F.)
†Eden, Temp. Lt. T., M. G. Corps.
Edenborough, 2nd Lt. H.L. R.G.A. Spec. Res.
Edgar, Co.- Serjt.-Maj. A., 6 Bn. K.O. Sco. Bord.
Edgar, Lt. A. C., 6 Bn. E. Surr. R.
Edgar, Capt. J. G., Res. of Off.
Edgar, 2nd Lt. J. H., 3 Bn. L'pool R.
Edgar, Capt. J. N., Can Lo al Forces.
Edgar, Temp. Lt. R.A., Dur. L I.
Edgar. Lt. R O., Alberta R.
Edgar.Lt.W. E.S., C'wealth Mil. Forces.
Edge, Capt. J D., R.F.A.
Edge, Capt. N., late 7 Bn. Manch. R.
Edge, Lt. R. F., late C. Gds. Spec. Res.
Edge, 2nd Lt. R. H. B., R.F.A. (T.F.)
Edge, Capt. R. T., late R.E.
†Edgell, Temp. Lt. A. H., MG. Corps.
Edgell, Temp 2nd Lt. R, H., Tanks Corps.
Edgeworth, Maj. K. E., D.S.O., R.E
Edgley, Temp. Lt. E. E., M.M., R.F.A.
Edinborough, Lt. S. B. D.S.O., 3 Bn Linc. R.
Edginton, Temp. 2nd Lt. W. S., 10 Bn. R. Fus.
Edkins, Temp. Capt. B, H, H., M.B.E., Tank Corps

---

† Also awarded Bar to Military Cross.
†† Also awarded 2nd Bar to Military Cross.

Orders of Knighthood, &c. 333

THE MILITARY CROSS—*contd.*

Edleston, Lt. H. G., R.E. Spec. Res.
Edminson, Temp. Lt.L.O
Edmond, Temp. Capt, C. H., Tank Corps
Edmond, Capt. J. J. B., *M.B.*, R.A.M.C, Spec.Res.
Edmonds, Temp. Lt.(G.M., 12 Bn. North'd Fus.
Edmonds, Capt. W. G. B., *late* 3 Bn R. War. Rt.
Edmondson, Temp. Lt. J A., M.G. Corps
Edmondson, 2nd Lt. T. J. D., 7 Bn. L'pool R.
Edmunds, Lt. H. M., S. Gds. Spec. Res.
Edmunds, Lt J., 21 Bn Lond. R.
Ednam, Lt. W.H.E., *Visct.*, 10 Hrs.
Edridge, Lt. C. B., 9 Bn Midd'x R.
Edridge, Lt.P. H., 7 Bn. Lan. Fus.
Edson, Lt. H., 5 Bn. Notts. & Derby. R.
Edward, Temp. 2nd Lt. G, A., Tank Corps.
Edward-Collins, Capt. G., 33 Cav.
Edwardes, Capt. E. G., *late* Serv. Bns. E. Lan. R.
Edwardes, Lt. *Hon.* G. H., R.G.A. (T F)
Edwardes, Temp. Lt. J., 13 Bn. Welsh R.
Edwardes, Maj. W. A. D., *late R.A.*
Edwardes-Evans, Lt. H. M., Res. of Off.
Edwards-Laurence, Temp Capt. G., R.A.O.C.
Edwards, Co.-Serjt.-Maj.A. E., 4 Bn. N. Lan. R.
Edwards, 2nd Lt. A. F., 3 Bn. L'pool R.
Edwards, Lt. A. F. *late* R.F.A.
Edwards, Lt. A. L. C., 4 Bn. R. Highrs.
Edwards, Capt. A. H., 2 Bn. Mon. R.
Edwards, Temp. 2nd Lt. A. M. R.A.
†Edwards, Lt. A. S., Notts. & Derby. R.
Edwards, Lt. A. W., York & Lanc. R.
Edwards, Capt. B. B., R.E.
Edwards, Capt. B. M. M., Rif. Brig.
Edwards, Capt. C. D.,*M.D.*, 2 Lond. San.Co.R.A.M C
Edwards, Temp. Maj. C.E., *D.S.O.*, Serv. Bns. R. Fus.
Edwards, Lt. C J, R.F.A. (T.F.)
Edwards, *Rev.* C. P., Chapl. to the Forces (4th Class) (T.F.)
Edwards, Capt. D. C. H., 3 Bn. Som. L.I.
Edwards, Lt.D.M.,*late* R.E.
†Edwards, Lt. E., Linc. R.
††Edwards, Temp. 2nd Lt. E., M.G Corps.
Edwards, Capt. E. M., T.F. Res.
Edwards, Temp. Lt. E. N. Tank Corps.
Edwards, Lt. E. W., E Ont. Regt.

Edwards, Bt. Maj. F. H., *D.S.O.*, Bedf. & Herts. R.
†Edwards, Temp. 2nd Lt. F. H., Serv. Bns. D. of Corn. L.I.
Edwards, Capt G. B., 5 Bn L'pool R.
Edwards, Lt. G. E.,Hamps. R.
Edwards, Capt. G. H., 3 Bn. Lond. R.
Edwards, Maj. G.J.,*D.S.O.*, C. Gds.
Edwards, Temp. Capt. G. W., R.E.
†Edwards, Lt. H. C. A., R. War. R.
Edwards, Capt. H. W., *D.S.O.*, 5 Bn. R. War. R.
Edwards, Co. Serjt.-Maj. J., 5 Bn. S. Lan. R.
††Edwards, Temp. Lt. J. A., 11 Bn. R. Scots.
Edwards, Lt. J. C. L., *late* R.W Fus.
Edwards, Lt. J. E., *late* M.G. Corps.
Edwards, Lt. J. K., S. Gds. Spec. Res.
Edwards, Temp. Lt. L., Serv. Bns. Midd'x R.
Edwards, *Rev.* N. W. A., Temp. Chapl. to the Forces, 3rd Class.
Edwards, Lt. O., R.F.A. (T.F.)
Edwards, Temp. Maj. P. G., Serv. Bns. Midd'x R.
Edwards, Capt. R. E., *late* Serv. Bns. W. Rid. R.
Edwards, Qr.-Mr.-Serjt. R. H., Lan. Fus.
Edwards, Capt. R. I., T.F Res.
Edwards, 2nd Lt. T. M., R.F.A.(T.F.).
Edwards, Temp. Lt. V., Serv. Bns. W. Rid. R.
Edwards, Lt. W. B.,*O.B.E.*, 5 Bn Worc. R.
Edwards, Maj. W. G.
Edwards, Temp. Capt W. H., Serv. Bns. R. W Fus.
Edwards, Temp. Capt. W. G. T., Labour Corps.
Edwards, Maj. W. M., R.A.
Edye, Capt.J. H.M.,*D.S.O.*, York & Lan. R.
Eeles,Lt.H.S,R.F.A.(T.F.)
Egan, Temp. Lt. N. J., Serv. Bns. R. Dub. Fus.
Egerton, Capt. A. E., 3 Bn. W. York R.
Egerton, Capt. C. H., *D.S.O*., N. Mid. Div. R.E.
Egerton, Capt. G. B.,*M.B.* R.A.M.C. Spec. Res.
Egg, Capt. G., Qr.-Mr. *late* Imp. Force
Eggar, Capt. J. G., *late* R.E.
Eggingion, Temp. Lt. A. T., R.E.
Eggins, Temp. Lt. J. M G. Corps.
Egleston, Capt. T. B. M., *late* R.A.S.C. Spec. Res
Eiler, Capt. L. St. C.,*M.M.*, New Brunswick R
Eiloart, Lt. B. H., Res. of Off., Ind. Army.
Eiloart, Lt. F. R., R.G.A. Spec. Res,

†Eiloart, Lt. H. A., *D.S.O.*, 1 Bn. Lond. R.
†Ekins, Temp. Capt. L. A., *late* Serv. Bns. R. Fus.
Ekmekjian, Saghkolaghasi (Adjutant-Major) George C. De la P., 6 Bn.Wilts R.
Effendi, Egyptian Army.
El Awal Tewfik Mustapha. Egyptian Army.
Elbourne, 2nd Lt. C. J., 3 Bn. R. War. R.
Elder, Lt. G. M., *late* Serv. Bns. R. Highrs.
Elder Temp. 2nd Lt J., Serv. Bns Manch. R.
†Elder, Lt. J. D., C'wealth Mil. Forces.
Elding, Temp. 2nd Lt. G , Serv. Bns. Lan. Fus.
Eldrid, Capt. S. P., *late* Labour Corps.
Eldrid, Temp. Lt. V. B. C. De la P., 6 Bn.Wilts R.
Eldridge, 2nd Lt. W. J., *D.S.O.*, R.G.A.
Elgood, *Rev*. H. F., Temp. Chapl. to the Forces (4th Class)
Elgood, Capt. L. A.,*O.B.E.*, *late* 5 Bn. R. Highrs.
Elgood,Capt.V.A.A., 19 Bn. Lond. R.
Elgood, Temp. Capt.W. N., R.E.
Elias, Lt. D. H., *late* S. Afr. Def. Forces.
Elias, Temp. Lt. W. G., M.G. Corps.
Eling-Smith, Lt. J. W., 3 Bn. High. L.I.
Eliot, Lt. J. H., 3 Hrs.
Eliot, Lt. R. H., R.A.S.C.
Eliott,Capt. C. F., C'wealth Mil. Forces.
Elkington, Capt. E. H. O., 36 Sikhs.
Elkington, Capt. G. E., *M.B.*, *late* R.A.M.C.
Elkington, Lt. H. G ,21 Bn. Lond. R.
Elkington, Lt. W. H. Aust. Imp. Force.
Ellam, Qr.-Mr. and Maj. A., ret. pay
Ellam, Lt. R. C. H., 9 Bn. L'pool R.
Ellard, Temp. 2nd Lt. H J.,*M.M*.,Serv.Bns. R.Fus
Ellen, Capt. C. W., *late* R.E.
Elien, Lt. E. C., R.F.A. (T.F.)
Ellen, Temp. Lt. W P, Serv. Bns. R. Suss. R.
Ellenberger,Temp.Capt.G F., Serv. Bns. Yorks. L I
Elles, Capt. P.G.M., R.F.A.
Ellkington, Capt. N. B., 5 Bn. Ches. R.
Elliot, Temp. Capt. C. R.A.M.C.
Elliot, Lt. C. W., 6 Bn. R.W. Fus.
Elliott, Lt. F. M., Arg. & Suth'd Highrs.
Elliot, Lt.-Col. G. A, R. Ir Regt., *e*.
Elliot, Lt. G. F., R.A.

Elliot, Lt. G. G., 8 Bn. Notts. & Derby R.
Elliott, Lt. G. M., R.A.
Elliott, Temp. Capt. H. H., *M B.*, R.A.M.C.
Elliott, Capt. J. M., *M.B.*, *la e* R.A.M.C.
Elliott, Lt. J. S., R.F.A.
†Elliot, Capt. T. S., R.A.M.C.(T.F.)
Elliot, Capt. W. R., 20 Bn. Lond. R.
†Elliott, Lt. A., *D.S.O.*, *late* Serv. Bns. Lan Fus.
Elliott, Temp. Capt. A., M.G. Corps
Elliott, Lt. A. C., 3 Bn. Arg. & Suth'd Highrs.
Elliott, Lt. A. C., Aust. Imp. Force.
Elliott, Lt. A. C., 5 Bn, E. Lan. R.
Elliott, Lt. A E. T., 10 Bn. Lond. R.
Elliott, Capt. A. G., *late* G. Gds. Spec. Res.
†Elliott, Lt. A. W., Bedf. & Herts. R.
Elliott, Lt. C. P., 8 Bn. Notts. & Derby R.
Elliott, Lt. E. E., *late* 6 Bn. R.W. Surr. R.
Elliott, Temp. 2nd Lt. F., Serv. Bns. Glouc. R.
†Elliott, Lt. F. C., Norf. R.
Elliott, Maj. H. F., Temp. I.O.M. 1st Cl. R.A.O.C.

Elliott, Lt. H. R., R.F.A.
Elliott, Temp. 2nd Lt. J. C., R.E.
Elliott, Capt. J. H., *M.D.*, *late* R.A.M.C.
Elliott, Lt. J. T. B., *late* R.F.A. Spec. Res.
Elliott, Lt. P., 3 Bn. Sea. Highrs.
Elliott, Lt. R. G., *late* 5 Bn. York & Lanc. R.
Elliott, Lt. R. H., Sask. R.

†Elliott, Capt. W. E.,*M.B.*, R.A.M.C. Spec. Res.
Elliott, Lt. W. J. R., 4 Bn. Notts. & Derby.R
Elliott, Temp. Lt. W. R., A. Cyc. Corps.
Ellis, Lt. A. B., C'wealth Mil. Forces.
Ellis,Lt.A.C.,R.F.A.(T.F.)
Ellis, Capt. A. D., C'wealth Mil. Forces.
Ellis, Temp. Lt. A. J., R.E.
Ellis, Lt. A. W., R.G.A. Stec. Res.
Ellis, Capt. A. W. L., C'wealth Mil. Forces.
Ellis, Temp. Lt. B. W., R.F.A
Ellis, Lt. C. D. B., *late* R.F.A (T.F.).
Ellis, Lt. C. G. H., *D.S.O.*, 5 Bn. W. Rid. R.
Ellis, Temp. Capt. C. T., Serv. Bns. R.W. Fus.
Ellis, Temp. Lt. E. F., R.F.A.
Ellis, Temp. Capt. E S., Serv. Bns. R. Suss. R.
Ellis, *Rev.* E. S., Temp. Chapl. to the Forces (4th Class.)

† Also awarded Bar to Military Cross.
†† Also awarded 2nd Bar to Military Cross.

THE MILITARY CROSS—contd.

Ellis, Temp. Lt. E. W., Serv. Bns. R. Berks. R.
†Ellis, Maj. F., late R.A.M.C. (T.F.)
Ellis, Capt. F. R., 4 Bn. D. of Corn. L.I.
Ellis, Capt. F. H., late R.A.M.C.
†Ellis, Lt. G. A., R.F.A. Spec. Res.
Ellis, Capt. G. D., Serv. Bns. Unattd. List.
Ellis Lt. H. C., 9 Bn. Manch. R.
Ellis, Hon. Capt. H. M., late Labour Corps.
Ellis, Capt. H S., R.F.A.
Ellis, Temp. Lt. J., Serv. Bns. S. Wales Bord.
Ellis, Lt. J., York. R.
Ellis, Capt. J. G., late 14 Bn. Lond. R.
Ellis, Temp. Capt. J. N. R.E.
Ellis, Capt. J. V. J., R.A.
Ellis, Lt. L. F., D.S.O., W. Gds. Spec. Res.
Ellis, Lt. M. L., Can. M.G. Corps.
Ellis, Temp. Capt. N. T., R.E.
Ellis, Capt. P. H., late S. Afr. Def. Force.
Ellis, Lt. R., late T.F. Res.
Ellis, Capt. R., M.B., R.A.M.C.
Ellis. Lt. R. D., late M.G. Corps.
Ellis, Capt. R. R., 5 Bn. Manch. R.
Ellis, Maj. R. S., O.B.E., R.F.A.
Ellis, Hon. Lt. S G.
Ellis, Lt. S. G., R.F.A. Spec Res
Ellis, Temp. Capt. W., 11 Bn. R. Ir. Rif.
Ellis, Temp. Lt. W. F.
Ellis, Capt. W. S., ret pay
Ellison, Temp. Capt. A.D., R.F.A.
Ellison, Lt. C. E. M., G. Gds.
Ellison, Temp. Lt. M. S., R.A.
Ellison, Capt J.E., R. Mar.
Ellison, Capt. T. F., Res. of Off.
Ellissen, Temp. Lt. M. A., Serv. Bns. Notts & Derby. R.
Elliston, Capt. G. S., R.A.M.C. (T.F.)
Ellman, Capt. J., late R.E.
Ellse, Capt. H., h.p.
Ellse, Capt. J., 5 Bn. York & Lanc. R.
Elison, Temp. Lt. L. C., R.E
Ellwood, Staff Serjt.-Maj. A., R.A.S.C.
Ellwood, Capt. A.A., D.S.O., 4 Bn. Linc. R.
Ellwood. Lt. C. B., Bucks. Bn. T.F. Res.
Ellwood, Maj. W. H., C'wealth Mil. Forces.
Ellwood, Lt. W. J. H., Can. Local Forces.
Elms, Temp. Lt. R. T., R.F.A.

El Mulazim Awal Mahfuz Effendi Hada, Egyptian Army.
Elohick, Temp 2nd Lt. C. H., 9 Bn. R.W. Fus.
Elphinston, Capt. W. G., 34 Horse.
El Mulazim Awal Mohammed Effendi Sadek El Esfahani, Egyptian Army
El Mulazim Tani Ahmed Effendi Abd El Wahab Beheiri, Egyptian Army.
Elphick, Temp. Lt. H.N.K. R. Mar.
Elrington, Lt. M., N. Lan. R.
El Saghkolaghasi (Adjutant-Major) Mohammed Effendi Fuad El Seyufi, Egyptian Army.
El Sayed Feria (Effendi).
Elsey, Temp. Capt. C. F., Serv. Bns R. Berks. R.
Elton, Capt. H. S., 2 Bn. Lond R.
El Yuz, Hassan Yusef, Khandil Egyptian Army.
El Yuzbashi, Egyptian Army.
El Yuzbashi Aref Effendi Lebib, Egyptian Army
El Yuzbashi Mahmud Effendi Hilmi El Samma, Egyptian Army
El Yuzbashi (Captain) Mohammed Effendi Mansur, Egyptian Army.
Elsburv, Lt. A., 7 Bn. Lond. R.
Elsdale, Capt. R., R.E.
Elstone, Temp. Lt. G J. H., M.M., Serv. Bns. Essex R. (attd.)
Elton, Temp. Capt. L. S., A. Cyc. Corps.
Elvery, Capt. P. G M., D.S.O., R.A.M.C.
Elvy, Lt. L. T., 13 Bn. Lond. R.
Elwell, Capt. G., 6 Bn S. Staff. R.
Elwell, Capt. L.B., C'wealth Mil. Forces.
Elwes, Lt. R. P., C. Gds.
Elwood, F. B., late Temp. Lt. R.A.M.C.
Emberton, Lt. J., R.F.A. Spec. Res.
Embleton, Lt. R., A.S.C. (T.F.)
Embley, Temp. Lt. W. F. C., Serv. Bns., E. Surr. R.
Emeny, Temp. Lt. F. C., Serv Bns. Suff. R.
†Emerson, Temp. Maj. C. H., 10 Bn. Linc. R.
E nerson, Maj. H., M.B., late R.A.M.C.
Emerson Temp. Lt. W. S., Serv. Bn.. Suff. R.
Emery, Temp. Capt. C. A., 17 Bn. L'pool R.
Emery, Lt. D. W., R.F.A. Spec. Res.
†Emery, Temp. Maj. H. S. 19 Bn. Midd'x R.
Emery, Capt. T. S., 4 Bn. E. Kent R.

Emmerson, Temp. 2nd Lt. R., Serv. Bn. Durh. L.I.
Emmett, Lt. A. A., R.F.A. Spec. Res.
Em.nett, Lt. R. B., 7 Bn Notts. & Derby. R.
Emmitt, Rev. E., Temp. Chapl. to the Forces, 4th Class.
Emonson, 2nd Lt. K. J., C'wealth Mil. Forces.
Empson, Capt. A., R.F.A.
Emsley, Lt. H., late 4 Bn. Manch. R.
Emsley, Temp. Capt. J. H. M., Can. Local Forces.
Emslie, Temp. Capt. J. C., Tank Corps.
Emslie, Lt. W., 6 Bn. Gord. Highrs.
Emson, Lt. F. J., Notts. (9. Notts. Hrs.) Yeo.
Endean, Temp. Lt. W. J., 11 Bn. Durh. L.I.
Enever, Lt. F. A., late 1 Bn. Lond. R.
Engel, Lt. G. H. F., Aust. Imp. Force.
England, Lt. J., 4 Bn. R. W. Fus.
England, Lt. J., C'wealth Mil. Forces.
England, Lt. J. E., T.F. Res.
England, Temp. Capt. J. R., Serv. Bns. S. Wales Bord.
England, Lt. R., Nova Scotia Regt.
England, Temp. Capt. R., 9 Bn. Suff. R.
Engleburtt, Temp. Capt J. F., Serv. Bns. Midd'x R.
English, Lt. F. H., Ind. Army
English, Temp. 2nd Lt. S. A., M.G. Corps.
English-Murphy, Temp. Lt. W. R., D.S.O., Serv. Bns. S. Staff. R.
Ennals, Lt. A. F., 5 Bn. S. Staff. R.
Ennis, Lt. J. I., Ind. Army
Enoch, Lt. A. J., 3 Bn. Notts. & Derby. R.
Enoch, Lt. W. H., 4 Bn. Oxf. & Bucks. L.I.
Enright, Temp. Lt. F. P., Serv. Bns. S. Wales Bord.
Ensor, Hon. Capt. L., late Suff. R. (attd.)
Entwisle, Capt. F., Ind. Army
Entwistle, Capt. F. W., D.S.O., 5 Bn. Manch. R.
Entwistle, Capt. T., 5 Bn. N. Lan. R.
Entwistle, Lt. A. B., late 3 Bn. Leic. R.
Entwistle, Maj. C. F., T.F. Res.
Entwistle, Lt. J, R.E. (T.F.)
Epps, Temp. Lt. J., R.E.
Epton, Capt. G. W., New Bruns. Regt.
Erickson, Lt. O. L., Man. Regt.

Erleigh, Capt. G. R. Visct., Inns of Court O.T.C.
†Ernst, Capt. W. G., Nova Scotia Regt.
Errington, Temp. Qr.-Mr.-Lt. A. H., 13 Bn. R. Scots.
†Errington, Capt. R., M.B., 1 Northb'n Fd. Amb.
Erskine, Temp. Lt., A. D., M.G. Corps.
Erskine, Capt. C. E. T., Corps of Guides.
Erskine, Temp. Capt. E. N.
Erskine, Capt. K. C. S., 5 Gurkha Rif.
Esmond, Temp. Lt. G., Serv. Bns. S. Wales Bord.
Esmonde, Lt. J., R. Dub. Fus.
Espin, Lt. C. E., ret.
Essame, Lt. H., North'n R.
Esson, Lt. H. W., 4 Bn. Gord. Highrs.
Essex, Lt. W. F. R., 7 Bn. North'd Fus.
Estall, Co. Serjt.-Maj. C. M., E. Surr. R.
Etchells, Temp. Maj. T., D.S.O., 26 Bn. R. Fus.
Etheridge, Co. Serjt.-Maj. H. E., R. Sc. Fus.
Etheridge, Hon. 2nd Lt. L. F., late E. Lan. R.
Etherington, Temp. Lt. H., R.E.
Ethridge, Lt. E., Alberta R.
Ettlinger, Lt. E. S., R.F.A.
Euan-Smith, Temp. Maj. C. M., O.B.E., R.G.A.
Euler, Bt. Maj. W. E., R.E. (l)
Eunson, Lt. L. H., 4 Bn Gord. Highrs.
Eustace, Capt. G., M.D. T.F. Res.
Eustace-Smith, Capt. P., North'd Yeo.
Eva, Lt. W. H., R.G.A. Spec. Res.
Evans, Maj. A. A., D.S.O., O.B.E., R.E.
Evans, Lt. A. D. G., R.F.A. (T.F.)
Evans, 2nd Lt. A. E., R.F.A. Spec. Res.
Evans, Capt A K., O.B.E., R. Mar.
Evans, Temp. Lt. B., Hamps. R.
Evans, Lt. B. P., R.A.
Evans, Lt. B. S., M.B.E., late 4 Bn. R.W. Surr. R.
Evans, Temp. Lt. B. S., M.G. Corps.
Evans, Lt. C.M., Hereford R.
Evans, Lt. C. V. M., 9 Bn. Midd'x R.
Evans. Co.-Serjt-Maj. D., M Bn. R.W. Fus.

† Also awarded Bar to Military Cross.
†† Also awarded 2nd Bar to Military Cross.

Orders of Knighthood, &c.

THE MILITARY CROSS—contd.

Evans, D. C., late Temp. 2nd Lt. 9 Bn. R.W. Fus.
Evans, Capt. D. D., R.A.M.C.
††Evans, Temp. Capt. D. D. P., R.F.A.
Evans, Temp. Capt. D. I. R.E.
Evans, Capt. D. MacN. 55 Rif.
Evans, Lt. D. T., Mon. R.
Evans, Lt. D. W., 24 Bn. Lond. R.
Evans, E., M.B, late Temp. Capt. R.A.M.C.
Evans, Temp. Lt. E. A., M.G. Corps.
Evans, Capt. E. G., R.G.A.
†Evans, Lt.-Col. E. H., T.F. Res.
Evans, Temp. Lt. E. H., Serv. Bns. R.W. Fus.
Evans, Lt. E. R., R.F.A. Spec. Res.
Evans, 2nd Lt. E. N., 5 Bn. R. W. Fus.
Evans, Lt. E. R., Can. F.A.
Evans, Capt. F., C'wealth Mil. Forces.
Evans, Lt. F., late M.G. Corps
Evans, Capt. F. A. D., 7 Bn. R. W. Fus.
Evans, Temp. Capt. F. W.
Evans, Lt. G. C., 5 Bn. R,W, Surr. R.
Evans, Temp. Lt. G. E. T. H., Serv. Bns. R. Fus.
Evans, Temp. 2nd Lt. G. H., Serv. Bns. R. Fus.
Evans, Lt. G. N., N. Som. Yeo.
Evans, Lt. H. A., 5 Bn. Welch R.
†Evans, Temp. Capt. H. C de J.
Evans, Lt. H. G., 3 Bn. R.W. Kent R.
Evans, Capt. H. K. D., 4 Hrs.
Evans, Capt. H. L., 16 Lrs
Evans, Lt. H. L., Aust Imp. Force
Evans, Temp. Lt. H. R., R. Lanc R.
Evans, Capt. H. W., M.B., R.A.M.C., Spec. Res.
Evans, Capt. I. A. E., ret.
†Evans, Capt. I. T., D.S.O., Corps of Mil. Accts.
Evans, Co. Serjt.-Maj. J., Shrops. L.I.
Evans, 2nd Lt. J., 3 Bn R.W. Fus.
Evans, 2nd Lt. J., 3 Bn Welch R.
Evans, Rev. J., Hon. Chapl. to the Forces 4th Class.
Evans, Lt. J. A., R.F.A (T.F.)
Evans, 2nd Lt. J. F. G., 4 Bn. S. Staff. R.
Evans, Lt. J. G., Aust. Imp. Force
†Evans, Lt. J. H., 4 Bn. R. Lanc R.
Evans, Lt. J. H. F., R.G.A. Spec. Res.

†Evans, Lt. J. J. P., W.Gds.
Evans, Bt. Maj J. M. J., h.p.
†Evans, Temp. Lt, J. O. R., M.G. Corps.
Evans, Lt. J. R. S., Aust. Imp. Force
Evans, Temp. Lt. J. S., R.F.A.
Evans, Temp. Lt. L., Serv. Bns. R.W. Fus.
Evans, 2nd Lt. L. L., late Serv. Bns. Devon R.
Evans, Temp. Capt. L. W., M.B., R.A.M.C.
Evans, Temp. Lt. L. W., M.G. Corps.
Evans, Capt. M., late R.F.A. Spec. Res.
Evans, Lt. M., 3 Bn. Welch R.
Evans, Co.Serjt.Maj. M. D., R. Sc. Fus.
Evans, 2nd Lt. M. M., 3 Bn. R. W. Fus.
Evans, Capt M. P., R A.
Evans, Temp. Lt. O. H., M.G. Corps.
Evans, Capt. R., 7 Hrs.
Evans, Lt. R B., late Serv. Bns. R.W. Fus
Evans, Temp. Lt. R.V., Durh. L.I.
Evans, Temp. Lt. S.
Evans, Capt. S. E.,C'wealth Mil. Forces
Evans, Capt. S. G., R. Suss. R. Spec. Res.
Evans, Lt. S. T., R.G.A (T.F.)
Evans, Regtl. Qr.-Mr.-Serjt. T., R. Scots.
Evans, Temp Lt T., R.A.S.C.
Evans, Temp. Lt. T. A., R S.
Evans, Maj. T. C., Can. Local Forces.
†Evans, Temp. Lt. T. E., Serv. Bns. R.W. Fus.
Evans, Temp. Lt. T. H.
†Evans,Temp.Lt.T.J.,R.E.
Evans, Bt. Maj. T. J. C., F.R.C.S., Ind. Med. Serv.
Evans, Temp. 2nd Lt T K., Serv. Bns. North'd Fus.
Evans, Capt. V. L. C., T.F. Res.
Evans, Co. Serjt.-Maj. W., Worc R.
Evans, Maj. W., C'wealth Mil. Forces
†Evans, Capt. W., late 5 Bn. Midd'x R.
Evans, Lt. W. A., R.G.A.
Evans, Temp. Lt. W. A., R.E.
Evans, Lt. W. E., late 3 Bn. R.W. Fus.
Evans, Capt. W. H., ret.
Evans, Temp. Maj. W. H., Serv. Bns. North'd R.
Evans, Temp. Maj. W. M. O.B.E., R.E.
Evans, Temp. Capt. W. N., R.E.

Evanson, Capt. A. C. T., E. Surr. R.
††Evans - Jackson, Temp. Capt. J. N., 13 Bn. K.R. Rif. C.
Evans-Lombe, Capt. J. M., R.F.A.
Evatt, Capt. H., R.G.A.
Eve, Temp. Lt. G. T., O.B.E., R.E.
Eve, Capt. H. E., 6 Bn. Lond. R.
Eve, 2nd Lt. H. F. H., R.A.S.C.
Eve, Bns. York. & Lanc. R.
Eve, Lt. R. N., Bn.Lond.R.
Evelegh, Capt.,E.D., R.F.A.
Evelegh, Lt. E. N., D.S.O., R.E.
Evelyn, Capt. F. H. L., Hereford R.
Evenden, Lt. E., R.G.A.
Evenden, Temp. Qr.-Mr. & Capt. F. G., R.A.M.C.
Everard, Lt. L. E. C., C. Gds., Spec. Res.
Everard, Temp. 2nd Lt. W R., Serv. Bns. Glouc. R.
Everatt, Lt. A., late 4 Bn. Durh. L.I.
†Everett, Lt. A. J., Can. Lt. Hrse.
Everett, Lt. E. C., R.F.A. Spec. Res.
Everett, Lt. H., 8 Bn. Manch R.
Everett, Temp. Lt. H. J., Serv. Bns.Bedf & Herts.R
Everett, Temp. Capt. P. B., York & Lanc. R. (attd.)
Everidge, Capt. J., late Surrey Yeo.
Everitt, Lt. W. A., 7 Bn. Arg. & Suth'd Highrs.
†Evers, Rev. M. S., Temp. Chapl. to the Forces, 4th Class.
Evershed,Temp.Capt.A.P., R.F.A.
Everton, Lt. A., R.G.A. Spec. Res.
†Eves,Temp.Lt.H.C.,M.G. Corps.
Everton,Capt.W.T.A.,R.A. Rif.
Evetts, Capt. J. F., Sco. Rif.
Evetts, Maj. W. A., late R.G.A.
Evill, Lt. C. P., Ind. Army Res. of Off.
Evill, Capt. G., 4 Bn. Manch R.
Ewart, 2nd Lt. J. A., Ind. Army Res. of Off.
Ewart, Lt. J.O., R.E. (T.F.)
Ewen, Capt. G. T., 3 Bn. Manch R.
Ewens, 2nd Lt. A., 2 Bn. Hamps. R.
Ewing, Lt. G. H., 4 Bn. R. Sc. Fus.
†Ewing, Bt. Maj. J., 6 Bn. K.O. Sco. Bord.
Ewing, Capt. J. L. S., R. Highrs.

Ewing, Maj. R.L.H., D.S.O., Can. Local Forces.
Ewing, Temp. Lt. T., 8 Bn. Glouc. R.
Ewing, Capt. W. T., Can. A.M.C.
Ewing, Rev. W., D.D., M.A., Temp. Chaplain to the Forces(4th Class). (Chaplain 4th Class, T.F.)
Excell, Temp. Lt. C. B., Serv. Bns. S. Wales Bord.
Exelby, Lt. W. N., R.E (T.F.)
Exton, Temp. 2nd Lt. W., Serv. Bns. Devon. R.
Eycott-Martin, Lt. H. R., R.E.
Eynon, Temp. Capt. J. S., Serv. Bns. Welch R.
Eyre, Lt. S. S., R.F.A. (T.F.)
Eyre, Lt. W. J., R.E. (T.F.)
Eyston, Lt. G. E. T., R.F.A., Spec. Res.

Faber, Lt. L. E., 5 Bn. R Fus.
Faber, Lt. V. G., R.F.A. (T.F.)
†Fache, Temp. Maj. G. L M., 7 Bn. Suff. R.
†Faddy, Temp. Capt.N.W., 12 Bn. K. R. Rif. Corps.
Fagan, Temp. Capt. B. W.
Fagan, Lt. C. W., M.B.E., 5 Bn. Bord. R.
Fagan, Lt. G. P. J., R.F.A. Spec. Res.
†Fagan, Lt. H. A., 5 Bn. York. R.
Fagan, Lt. J. J. A., late R.E.
Fagan, Lt. R. W. F., R.F.A.
Failes, Temp. Capt. G. W., 9 Bn. Norf. R.
Faint, Lt. L. G., Aust. Imp. Force
Fair, Temp. Lt. A., Serv. Bns. Suff. R.
Fair, Temp. Capt. J. St F.
Fairbairn,Lt.D.C.,R.G.A., Spec. Res.
Fairbairn, Lt. E. P., 8 Bn. S'o. Rif.
Fairbairn, Temp. Capt. G., H., 9 Bn. Rif. Brig.
Fairbairn, Temp. Capt. G. Spec. Res.
Fairbairn. Temp. Lt.W. F., H., M.G. Corps.
Fairbairns, Maj. R. H., late M.G. Corps.
Fairbank, Lt. C. A. H., R.F.A. Spec. Res.
Fairbank, Maj. H. N., D.S.O., R.F.A.
Fairbrother, Lt. A. C., 8 Bn. Notts. & Derby. R.
Fairburn, Lt. C. N., R.A.
Fairchild,Capt. L.J.,Wilts R.
Fairclough, Lt. A. B., Can. M.G. Corps.
Fairclough, Lt. E. L., 4 Bn. N. Lan. R.

† Also awarded Bar to Military Cross.
†† Also awarded 2nd Bar to Military Cross

THE MILITARY CROSS—contd.

Fairclough, Temp. Capt. J., 16 Bn. R.W. Fus.
Fairclough, Lt. J. L., late York & Lanc. R.
Fairclough, Capt. R. H., 4 Bn. S. Lan. R.
Faire, Lt. J. H. C., R.A.S.C. (T.F.)
Faire, Lt. J. N., R.F.A., Spec. Res.
Faire, Lt. S. G., 5 Bn. Notts. & Derby. R.
Fairfax, Temp. Lt. R. I., Temp. Qr-Mr.
Fairfax, Capt. T. A, C'wealth Mil. Forces.
Fairfax-Ross, Lt. T., Rif. Brig.
Fairgrieve, Capt. A., late 4 Bn. K.O. Sco. Bord.
Fairgrieve, Temp. Capt. J., R.F.A.
Fairgrieve, Temp. Lt. T. D., R.F.A.
†Fairhurst, Lt. E., 8 Bn. Lan. Fus.
Fairhurst, Lt. H., M.G. Corps
Fairleigh, Lt. A. G., C'wealth Mil. Forces.
Fairley, Qr-Mr. & Capt. R., 8 Bn. Lond. R.
Fairley Lt. T., R.F.A. (T.F.)
Fairley, Lt. T. C., C'wealth Mil. Forces.
Fairlie, Temp. Lt. G. D., M.G. Corps.
††Fairlie, Lt. J. M., R.F.A. (T.F.)
Fairman, Temp. Lt. A., Serv. Bns. North'd Fus.
Fairs. Lt. A. E., late S. Wales Bord.
Fairtlough, Maj. E. V. H., D.S.O., R.F.A.
Fairweather, Rev. G. N., late Temp. Chapl. to the Forces, 4th Class.
Fairweather, Capt. J. H. A. L., Can. Local Force.
Fairweather, Lt. R. M. D., 4 Bn. High. L.I.

Faithfull, Temp. Lt. R G., M.G. Corps
Faithorn, Lt. E., Shrops. L.I.
Faithorn, Lt. E., R.Sc Fus.
Falconer, Lt. A. B., 5 Bn R. Scots
Falconer, Capt. D., 4 Bn. Gord. Highrs.
Falconer, Lt. H., 3 Bn. Mauch. R.
Falconer, Lt. I. C., 3 Bn., R. Scots
Falconer, Lt. J. A., C'wealth Mil. Forces.
Falconer, Lt. J. F., Ind. Army Res. of Off.
Falconar-Stewart, Maj. C., late 9 Bn. R. Scots.
Falconer, Capt. K. D., M.D., late R.A.M.C.
Falk, Lt. C. J., 3 Bn. Wilts. R.
Falkiner, Temp. 2nd Lt. F. B., 15 Bn. R. N. Rlf.

Falkiner, Temp. 2nd Lt. W. V., 19 Bn. Durh. L.I.
Faulkner, Lt. G. E., 3 Bn. D. of Corn. L.I.
Falkrer, Capt. J., 1 Cent. Out. Regt.
Falkner, Lt. R. J. V., 4 Hrs.
Fall, Temp. Lt. P. G., Serv. Bn. Hamps. R.
Falle, Lt. T. de C., 4 Bn. R. Ir. Fus.
Fallen, Hon. 2nd Lt. D., late Bucks. Bn. Oxf. & Bucks. L.I.
Fallon, Rev. C. A., Can. Chapl. Serv.
Fallon. Capt. P., late 15 Bn. Lond. R.
Fane, Lt., A. G. C., Ind. Army Res. of Off.
Fane, Lt. F. J. W., Can. Local Forces.
Fane, Capt. F. L., 7-8 Bn. W York. R.
Fane, de Salis, Lt. E. W., K.R. Rif. C.
Fanner, Capt. W. R., 3 Bn Lan. Fus.
Fannin, Lt. C. G., R.G.A. (T.F.)
Fanning, Lt. E. G., Bedf. & Herts. R.
Fanning, Lt. R. J., Ind. Army
Fanning, Capt. W. G., Hereford R.
Faraday, Lt. J. A. M., ret.
†Farbon, Temp. Lt. S. E., North'n R. (attd.)
Fardell, Capt. F. H., R.F.A.
Farey, Lt. C. B., C. Gds.
Farie, Capt. G. J., M.B., late R.A.M.C.
Farish, Temp. Lt. C. W., R.A.
Farley, Capt. C. F., late Res. of Off.
Farley, Capt. E. L., R.E.
Farlow, Lt. F. G., C'wealth Mil. Forces.
Farman, Ali Bahadur 92 Punjabis, Subadar Maj.

Farmer, Lt. A. C., Aust. Imp. Force.
Farmer, Capt. C. G., C'wealth Mil. Forces.
Farmer Lt. E. C., rei. pay
Farmer, Temp. Lt. G. A., 8 Bn. R. Highrs.
†Farmer, Lt. H. O., R.F.A. Spec. Res.
Farmer, Hon. Lt. T. C.
Farmer, Lt. W. S., 10 Bn. R. Scots.
†Farndon, Lt. R. H., Aust. Imp. Force
Farnell, Temp. Capt. J. W., R.E.
Farnes, Lt. R. S., C'wealth Mil. Forces.
Farquhar, Maj. F. R., 36 Horse.
Farquhar, Lt. G. N., R.F.A. Spec. Res.
Farquhar, Lt. H. L., C. Gds.
Farquhar, Capt. J., 9 Bn. High. L.I.

Farquhar, Temp. Lt. N. G., Serv. Bns. K.R. Rif. C.
†Farquharson, Capt. D., late Serv. Bns. R. Fus.
Farquharson, Lt. F. A., Ind. Army Res. of Off.
Farquharson, Lt. G. M. H., Aust. Imp. Force
Farquharson, Lt. M. G., S. Gds. Spec. Res.
Farquharson, Lt. T. E., Serv. Bns. R. Scots
Farr, Temp. Capt. E. D., R.E.
Farr. Lt. G. P., Can. Eng.
Farr, Temp. Lt. S., R.F.A.
Farr, Lt. W. E., R.F.A., Spec. Res.
Farrah, Temp. Lt. H., Serv. Bns. W. Rid. R.
Farrall, Lt. S. A. R., R.G.A. Spec. Res.
Farran, Maj. G. L., D.S.O., 4 Cav.
Farrant, Temp. Capt. G. Y. S., 11 Bn. R.W.Fus.
Farrant, Capt. R., F.R.C.S., late R.A.M.C.
Farrant, Temp. 2nd Lt. S. B., Serv. Bns W. Rid. R.
Farrar, Hon. 2nd Lt. A L., late K.R. Rif. C. (attd.)
Farrar, Capt. B., Qr-Mr., 8 Bn. W. York. R.
Farrar, Lt. G. R., 4 Bn. R. Highrs.
Farrar Lt. N. T., 4 Bn. W. Rid. R.
Farrar, Capt. T. I., 5 Bn. Devon R.
Farrar, Temp. Hon. Lt. W. F., Tank Corps.
Farrell, Lt. J. A., Can. Local Forces.
Farrell, Temp. 2nd Lt. P., Serv. Bns. Lan. Fus.
Farrell, Lt. R. C., R.F.A.
Farrell, Capt. T. B., C'wealth Mil. Forces.
†Farrell, Capt. V. J., D.S.O., 5 Bn. Leins. R.
Farrell, Lt. W. J., R.F.A.
Farrelly, Temp. 2nd Lt. P. R., Leins. R.
Farrer, Lt. E. R. B., O.B.E., R.A.S.C. Spec.Res.
Farrer, Lt. J. B., 13 Bn. Lond. R.
Farrer, Capt. J. O., Shrops. L.I.
Farrier, Temp. Lt. R. H., Serv Bne. Durh. L.I.
Farrimond, Temp. Lt. W., 15 Bn. R. War. R.
Farrington, Lt. C. H., 5 Bn. R. Lanc. R.
Farrington, Co. Serjt.-Maj. D., R. War. R.
Farrington, Lt. F. C., R.A. R.F.A., Spec. Res.
Farrington, Lt. R. G., R.F.A., Spec. Res.
Farrow, Temp.Capt. H.J.R., 7 Bn. E. Suss. R.
Farrow, Capt. J. F., R.A.M.C. (T.F.).
Fasken, Temp. Capt. J. E., R.A.S.C.
Faughnan, Lt. B., M.M., Can. Eng.

Faulconer, Lt. R. C., Herts Yeo.
Faulkner, Lt. A. C., 3 Bn Devon R.
†Faulkner, Lt. F. W., C'wealth Mil. Forces.
Falkner, Lt. W.D., I. Gds. Aust. Imp. Force.
Faulkner, Lt. N. W., Aust. Imp. Force.
Faulkner, Temp. Lt. H.G., M.G. Corps
Faulkner, Maj. R., Ind. Army
Faunthorpe, J. C., VD., 1 United Provinces Horse.
Fawcett, Temp. Lt. A. M., R.F.A.
Fawcett, Lt. E., 3 Bn. Durh. L.I.
Fawcett. Capt. E. J., N.Z. Mil. Forces.
Fawcett, Lt. H., 5 Bn Durh. L.I.
Fawcett, Hon. Capt. H. T. late 4 Bn. York. R.
Fawcett, Temp. Capt. J., 19 Bn. North'd Fus.
Fawcett, Lt. J. L., C'wealth Mil. Forces
Fawcett, Maj. R. A., TD, 6 Bn. W. York. R.
Fawcett, Lt. R. B., Ind. Army.
Fawcett, Capt. T. G., R.E.
Fawcett, Capt. W. L., Ind. Army
Fawcus, Maj. A. E. F., D.S.O., 7 Bn. Manch. R.
Fawdry, Lt. J. W., R. War. R. Spec. Res.
Fawkes, Capt. C.D., Hamps. R.
Fawkes, Temp. Capt. R.B., D.S.O., 6 Bn. North'd Fus.
Fawkes, Rev. W. H., Hon Chapl. to the Forces, 4th Class., ret.
Fawkes, Temp. Lt. W. J., M.G. Corps.
†Fawkner, Capt. N. D., late R.A.S.C.
Fay, Temp. Capt. F. L., R.E.
†Fay, Capt. F. W., Aust. Imp. Force.
Fay, Lt. J. J., C'wealth Mil. Forces.
Fayle, Maj. D. B. W., R.F.A.
Fayle, Capt. H., M.D., S. Afr. Def. Force.
†Fazan, Capt. E. A. C., 5 Bn. R. Suss. R., Capt. R.A.M.C. (T.F.)
Fea, 2nd Lt. C. A., 17 Bn. Lond R
Fear, Acting Serjt.-Maj. W. H., W.York. R. (T.F.)
Fearfield, Temp. Maj. C. J., R.E.
Fearn, Lt. C. A., 4 Bn. Yorks. L.I.
Fearnside, Capt. J. A., R.A.V.C. (T.F.)
Fearon, Maj. A. T., 23 Bn. Lond. R.
Fearon, Lt. J. T., 7 Bn. Lond. R.

---

† Also awarded Bar to Military Cross.
†† Also awarded 2nd Bar to Military Cross

Orders of Knighthood, &c.

THE MILITARY CROSS—*contd.*

Feather, Lt. N., 7 Bn. W. York. R.
Featherstone, Lt. J., 5 Bn. Leic. R.
Featherstone, Temp. Capt. C., S.Afr. Gen. List
Featherstone, Temp. Capt. E., Serv. Bns. Midd'x R.
Featherstone, Lt. W., E. Rid. of York. Yeo.
Featherstonhaugh, Temp. Capt. C. F. C., Serv. Bns. Essex R.
Featherstonhaugh, Capt. T. G., M.B., late R.A.M.C.
Fee, 2nd Lt. N., R.G.A. Spec. Res.
Feetham, Lt. O. J., 5 Bn. Bord. R.
Feild, Lt. A.L., M.G.Corps
Feilden, Capt. R. H., R.F.A., Spec. Res.
Feilden, Capt. W. M. B., Derby. Yeo.
Feiling, Lt. R. E., 2 Reg. K. Ed. Horse
Fell, Lt. A. J., Aust. Imp. Force.
Fell, Capt. M. E., Conn. Rang.
Fellowes, Lt. C. D., A.F.C., Staff. Yeo.
Fellowes, Lt. C. O., Can. Eng.
Fellowes,Temp.Capt. E. A., 8 Bn. R. W. Surr. R.
Fellowes, Bt. Maj. R. T., D.S.O., Rif. Brig., p.s.c.
†Fellowes, Capt. R. W. L., R.F.A.
Fellowes, Capt. S. H., Gen. Eng.
Fells, Temp. Lt. H. W., M.G. Corps
Feltham, Capt. W. I. P., 52 Sikhs.
Felton, Lt. A. L., late Serv. Bns. R. Fus.
Felton, Maj. R., M.D., R.A.M.C.
Fenchelle, 2nd Lt E. A., R. Suss. R.
Fenn, Capt. D., S. Afr. Def. Force.
Fenn, Maj. E., late R.A.
Fenn, Rev. J. G., B.A., Chapl. 3rd Class (T.F.)
Fenn, Lt. R. P., T.F. Res.
Fenn, Lt. T. F., R.E.
Fennell, Lt. A. B., Can Local Forces.
Fenner, Capt J H., R.G.A. (T.F.)
Fenner, Hon. Maj. S.
Fenner, 2nd Lt. T., Rif. Brig.
Fenning, Rev. S. E. R., Temp. Chapl. to the Forces, 4th Class.
Fennolhet, Lt. W. G., Sea. Highrs.
Fenton, Capt. A., Qr.-Mr. T.F. Gen. List
Fenton, Lt. A. R., 3 Bn. Dorset R.
Fenton, Temp. 2nd Lt. F. C., M.G. Corps.
Fenton, Lt. F. H., R. Suss. R,

Fenton, Lt. R. W., D.C.M., New Brunswick R.
†Fenton,Lt, W.C., 4 Bn. W. Rid. R.
Fenton, Lt. W. H., Can. Local Forces.
Fenwick, Lt. A. S., R.G.A. Spec. Res.
Fenwick, Capt. C. P., Can. A.M.C.
Fenwick, Lt. G E., North'd Fus.
Fenwick, Co. Serjt.-Maj. J., 2 Cent. Ont. Regt.
Fenwick Batty. Serjt.-Maj. J. R., R.F.A.
Fenwick, Capt. S., M.B., R.A.M.C.
Fenwick, Capt. W., C'wealth Mil. Forces.
Fenwicke - Clennell, Capt, E. C.. ret. Ind. Army.
Fenwick-Owen, Capt. G., ret. (T.F.)
Feord, Lt. R. A., late Serv. Bns. R. Fus.
Ferard, 2nd Lt. C. L., R.F.A.
Ferdinando, Lt. G. H. F., late R.F.A.
Ferns, Lt. R. J., R.F.A.
Fernyhough, Lt. J., late W. York. R.
Ferrand, Bt. Maj. S. H., D.S O., K.R. Rif. C.
†Ferrario, Lt. J. E., 2 K. Ed. Horse
†Ferres, Maj. H. D. G., D.S.O., C'wealth Mil. Forces.
Ferrier, Capt. A., late R.E.
Ferrie, Capt. A. McL., M.B., R.A.M.C., Spec. Res.
Ferrier, Lt. D. W., Can. Local Forces.
Ferrier, 2nd Lt. D. H., Ind. Army Res. of Off.
Ferrier, Capt. E. J., C'wealth Mil. Forces.
Ferrier, Capt. G. D., C'wealth Mil. Forces.
Ferrier, Capt. G. J. C., late R.A.M.C.
Ferrier, Temp. Capt. H. L., B.F.A.
Ferris, 2nd Lt. A., 11 Bn. Lond. R.
Ferris, Temp. Lt. A. C., M. G. Corps.
Ferris, Lt. C. H., Hamps. Yeo.
Ferris, Maj. D. N., Can. Local Forces.
Ferris, 2nd Lt. F. G., ret.
Fetherston, Temp. Capt. G., D.S.O., R.F.A.
Fetherston, Lt. H. B., R.F.A.
Fetherstonaugh, Maj. E.P., Can. Eng.
Fetherstonhaugh, Lt. H.L., Can. Local Forces.
Fetherstonhaugh, Temp. Capt. J. E. McC., R.F.A.
Fettes, Temp. Lt. J. D., E.S.
Few, Temp. Lt. E. J. L., R.E.
ffrench, Bt. Maj. K., 3 Bn. S. Wales Bord.
ffrench, Capt. R. P. T., 123 Rif.
ffrench, Lt.-Col ,W. R. R. D.S.O., C'wealth Mil. Forces.

ffrench-Mullen, Capt. E., late 3 Bn. R. Ir. Rif.
Fiddaman, Lt. E.
†Fiddes, Capt. J, D., M.B., F.R.C.S. (Edin.) R.A.M.C. (T.F.)
Fiddes, Temp. Lt. J. S,. Serv. Bns N. Lan. R.
Fidler, Lt. J. R., Aust. Imp. Force.
Field, Capt. A. J., 7 Bn. R. War. R.
††Field, Capt.A. T., 2 Cent. Ont. R.
Field, Temp. Capt. C.N.C., Tank Corps.
Field, 2nd Lt. E. H., M.B.E., 4 S. Mid. Brig., R.F.A.
Field, Co. Serjt.-Maj. F., Serv. Bns. R. Lanc. R.
Field, Capt. F. D., R.A.
†Field, Capt. G., Oxf. & Bucks. L.I.
Field, Co. Serjt.-Maj. R., Bedf. R.
†Field, Lt. W. O., 4 Bn. R. War. R.
Fielden, Capt. E. A., 10 Hrs.
†Fielden, Temp. Lt. W., Serv. Bns. W. Rid. R.
Fielder, 2nd Lt. J. G., R.G.A.
Fielding, Lt. J. W. S., late R F.A. Spec. Res.
Fielding, Capt. M. G., late Serv. Bns. Oxf. & Bucks. L.I.
Fielding, Lt. F. W., 4 Bn. Notts & Derby R.
Fielding, Temp. Lt. T. H., Serv. Bns. Rif. Brig.
Fieldsend, 2nd Lt. C. E., Res. of Off. Ind. Army
Figg, Temp. Lt. S V., Serv. Bns. R War. R.
Figgins, Temp. Lt. A. P., Spec. Res.
Figgis, Temp. Lt. G., Serv. Bns., Gord. Highrs.
Filby, Lt. G. D., R.F.A. (T.F.)
Filer, Temp. 2nd Lt. G. A., Serv. Bns. R. War. R.
Filkins, Lt P., R.F.A., Spec. Res.
Filley, Hon. Capt. O. D., late R.F.C. Spec. Res.
Fillingham, Temp. Lt. A., R.F.A
Fillingham, Lt. G. S., Durh. L.I.
Filmer, Lt. F. S., Can. Fd. Art.
Filor, Lt. G. F., Wilts. R.
Filshie, Lt. H. J., Aust. Imp. Force.
Finch, Co. Serjt.-Maj. C., North'd Fus.
Finch, Capt. E. V., late Serv. Bns. Lan. Fus.
Finch, Lt. H. B., R.A.S.C.
Finch, Capt. R. S., R. Lanc. R.
Finch, Temp. Capt. O. E., M.D., R.A.M.C.
Finch, Lt. P. F., Hon. Art. Co
Finch, Capt. R., R.A.V.C., (T.F.)
Fincham,Temp.Lt. E.R.E.
Finch-Hatton, Temp. Lt. Hon. D. G.

† Also awarded Bar to Military Cross,
†† Also awarded 2nd Bar to Military Cross.

337

… Orders of Knighthood, &c.

THE MILITARY CROSS—*contd.*

Fincken, Maj. V. S. T., O.B.E., ret.
Findlater, Lt. L., 3 Bn. Manch. R.
Findlay, Capt. A. H., Can. Local Forces.
Findlay, Lt. C., R.G.A. Spec. Res.
Findlay, Bt. Lt.-Col. C. B., R.A.
Findlay, Capt. C. E., *late* 8 Bn. Sco. Rif.
Findlay, Lt. D. M., R.F.A. (T.F.)
Findlay. 2nd Lt. F., 4 Bn. R. Scots.
Findlay, Qr.-Mr. & Lt. F. W., 6 Bn. Gord. Highrs.
†ⓌⒸFindlay, Capt G. de C. E., *D.S.O.*, R.E.
Findlay Temp. 2nd Lt. H. C., R.W. Fus.
Findlay, Capt. H. C., *late* K. Afr. Rif.
†Findlay, Lt. I. C., R.F.A. (T.F.)
Findlay, Temp. Capt. J., 7 Bn. Cam'n Highrs.
Findlay, Temp Capt. J., 12 Bn. R. Ir. Rif.
Findlay, Temp. Capt. K.J.
Findlay, Lt R. P., R.E. (T.F.)
Findlay, Temp. 2nd Lt. S., Serv. Bns. R. Sc. Fus.
†Findlay. Lt. W., R.G.A. Spec. Res.
Findlay, Capt. W. F., 1 Quebec R.
Findlay, Temp. Lt. W. H., Serv. Bns. Ches. R.
Findlay, Capt. W. K., Aust. Imp. Forces.
Fine, Temp. Capt. H., 7 Bn. E. Kent R.
Fingland, Lt. J. W., 6 Bn. High. L. 1.
Fink, Temp. Capt. R. H. L., Brl. W.I.R.
†Finlay, Lt. A., Wilts. R.
Finlay, Capt. J. E., *M.B.*, *late* R.A.M.C.
Finlay, Capt. J. E., Can. Rly. Serv.
Finlayson, Lt. A. W., Aust. Imp. Forces.
†Finlayson, Capt. C. M., Can. A.M.C.
†Finlayson, Lt. D., 1 Lovat's Scouts Yeo.
Finlayson, Temp. 2nd Lt. D. A., *M.M.*, 5 Bn. Lond. R.
Finlayson, Lt. V. A., 5 Bn. Lond. R.
Finlayson, Lt. W. R., Aust. Imp. Forces.
Finley, Capt. E. B., 1 Quebec R.
Finn, Lt. J. F., 5 Bn. Essex R.
Finn, Temp. Lt. J. S., R.A.

Finney, Temp Lt. H. E., R.A.S.C.
Finnie, Lt. B. J., *late* R. Fus.
Finnegan, Capt. J, M.D., Serv. Bn. Worc. R.
Finnegan, Lt. A. A., 3 Bn. of Off.
Finnigan, Lt. J. J., Arg. & Suth'd Highrs.
Finnigan, Lt. H., L. S. Horse.
Finnimore, Bt. Maj. A. C., R.E.
Finnis, Capt. A. R., ret. pay.
Finnis, Capt. H., 53 Sikhs.
Finsburg, Temp. Lt. G. M. M., Tank Corps.
Finter, Lt. H., C'wealth Mil. Forces.
Firbank, Lt. G. C., C. Gds.
Firminger, Capt. J E., Bucks Bn. Oxf. & Bucks. L.I.
Firth, Bt. Maj. C. W. M., Dorset R.
Firth, Temp. Lt. H. W., Serv. Bns. North'd Fus.
Firth, 2nd Lt. L. L., *late* 5 Lrs. Spec. Res.
Firth, Lt. R. B., R.F.A. Spec. Res.
Firth, Temp. Capt. S. H., 26 Bn. R. Fus.
Fischel, Temp. Lt. R., Serv. Bns. K.R. Rif. C.
Fischel, Lt. S. W., R.G.A. Spec Res.
Fish, Temp. Capt. A. W., Serv. Bns. R. W. Fus.
Fish, Hon. Capt. B. W., *late* N. Lan. R. (attd.)
Fish, Temp. Lt. D. H., R.A.
Fish, Temp. Lt. F. J., Serv. Bn. R. Suss. R.
Fish, Temp. 2nd Lt. F. W., 17 Bn. R. Fus.
Fisher, Co. Serjt.-Maj. A., Norf. Reg.
Fisher, Capt. A. G., *M.B.*, *late* R.A.M.C. Spec. Res.
Fisher, A. G. T., *M.B.*, R.A.M.C. (T.F.)
Fisher, Temp. Lt. C. G. C., Serv. Bns. R. Dub. Fus.
Fisher, Lt. C. H K., R.G.A. Spec. Res.
†Fisher, Lt. C. S., R.G.A. Spec. Res.
Fisher, Lt. D. K., *late* Serv. Bns. Lan. Fus.
Fisher, Lt. E., *late* R.G.A. Spec. Res.
Fisher, Lt. E. H., 5 Bn. R. War. R.
Fisher, Capt. E. M., C'wealth Mil. Forces.
†Fisher, Capt. F., *late* Serv. Bns. K.R. Rif. C.
Fisher, F. P., *M.B.*, *late* Temp. Capt. R.A.M.C.
Fisher, Lt. F. St. C., Alberta Regt.
Fisher, Lt. G. A., *late* 6 Bn K.R. Rif. C.
Fisher, Lt. G. H., R.F.A. Spec. Res.
Fisher, Temp. Lt. H., R.F.A.

Fisher, Capt. H. C., *late* Serv. Bn. Midd'x R.
Fisher, Capt. H. J., *late* Serv. Bn. Worc. R.
Fisher, Capt. H. N., Res. of Off.
Fisher, 2nd Lt. H. W., 7 Bn. Midd'x R.
Fisher, Lt. H. W., R.A.
Fisher, Lt. J., Aust. Imp. Force.
Fisher, Lt. J., *late* Tank Corps.
Fisher Temp. Lt. J. A., 13 Bn. L'pool R.
Fisher, Capt. J. M., 5 Bn. York & Lanc. R.
Fisher, Lt. J. M., *D.S.O.*, Can. Local Forces.
Fisher, Co. Serjt.-Maj. J. W., Lond, R.
Fisher, Lt. K. L. *late* M.G. Corps
Fisher, Lt. L. E., R.F.A. Spec Res.
Fisher, Lt. L. E. R., 4 Bn Hamps. R., Res. of Off.
Fisher, Lt. L. R. D'A., Herts R.
Fisher, Lt. P., R.E. Spec. Res.
Fisher, *Rev.* T. L. T., Temp. Chapl. to the Forces (1st Class)
Fisher, Temp. Lt. R. E. S., R.E.
Fisher, Capt. R. M., *late* R.A.O.C.
Fisher, Lt. S. H., R.E. (T.F.)
†Fisher, Capt. T., Can. Local Forces.
Fisher, Temp. Lt. T., Serv. Bns Shrops. L.I.
Fisher, 2nd Lt. T. D., *D.S.O.*, 5 Bn. Lan. Fus.
Fisher, Co.-Serjt.-Maj. W., *D C.M.*, 5 Bn. W. Rid. R.
Fisher, Temp. Capt. W. E., R.A.S.C.
Fisher, Capt. W. E., 4 Bn. Glouc. R.
Fisher, Lt. W. H., *jun.*, Can. Art.
†Fisher, Temp. Lt. W. J., M.G. Corps.
Fisher-Rowe, Bt. Maj. C. V., G. Gds. Spec. Res.
Fisher-Rowe, Lt. L. G., G. Gds. Spec. Res.
Fishley, Lt. V. J., 5 Bn. Arg. & Suth'd Highrs.
†Fisk, Temp. Lt E. G., Serv. Bns. R Lanc. R.
Fiske, Lt. C. W., *A.M.*, 5 Bn. E. Kent R.
Fisken, Lt. A C. W., R.F.A. Spec. Res.
Fisken, Capt. A. D., 1 Cent. Ont. R.

Fisken, Lt. S. F., R.F.A.
Fison, Temp. Capt. A. K., 11 Bn. Essex R.
Fison, Lt. F. G., 5 Bn. K.R. Rif. C.
Fison, Lt. W. G., R.F.A. (T.F.)
Fitch, Lt. E. S., *D.C.M.*, *late* Serv. Bns. Norf. R.
Fitterer, Co. Serjt.-Maj. P. J., R. Fus.
Fitton, Lt. C. V., Ind. Army.
Fitton, Capt. R., K.R. Rif. C.
Fitz-Clarence, Temp. Capt. *Hon.* H. E.
FitzGeorge, Lt. F. S. L., *late* S. Afr. Overseas Forces.
Fitzgerald, Capt. C. C., R.A.M.C. (T.F.).
FitzGerald, Capt. D. C. V., Ind. Med. Serv.
Fitzgerald, Lt. E., R.G.A.
FitzGerald, Temp. Capt. E. W., R.E.
FitzGerald, Temp. Lt. E. W. R., Serv. Bns. Lan. Fus.
Fitzgerald, Capt. G. F., 7 Bn. Welch R.
Fitzgerald, Capt. G. F., Aust. Imp. Force
FitzGerald, Capt. G. M., 19 Lrs.
Fitzgerald, Temp. Maj. J. G. E., Mach. Gun. Co.
Fitzgerald, Lt. J. O. W., Nova Scotia Regt.
Fitzgerald, Lt. J. P., 1 Cent. Ont. Regt.
FitzGerald, Maj. *Sir* J.P.G. M., *Bt.* (*Knight of Kerry*) ret. pay.
Fitzgerald, Capt. J. S. N., *M.B.E.*, I. Gds.
Fitzgerald, Temp. 2nd Lt. M., R. Ir. Regt. (attd.)
Fitzgerald, Lt. M. C., *late* Serv. Bns. R. Fus.
Fitzgerald, Temp. Lt. M. H., Serv. Bns. R. Muns. Fus.
FitzGerald, Temp. Capt. R. B.
Fitzgerald, Capt. R. D., *M.B.*, *late* R.A.M.C.
FitzGerald, Bt. Lt.-Col. T. O., R. Lanc. R.
Fitzgerald, Temp. Lt. W., M.G. Corps.
FitzGerald, Capt. W. E., *M.B.*, R.A.M.C. (T.F.)
Fitzgerald, Temp. Lt. W. J., A. Cyc. Corps.

† Also awarded Bar to Military Cross.

Orders of Knighthood, &c. 339

THE MILITARY CROSS—contd.

FitzGibbon, Temp. Capt., G. E. G.
FitzGibbon, Lt. H. C. D., 13 Hrs., Spec. Res.
Fitzhardinge, Lt. A. C. B. Aust Imp. Force.
FitzHenry, Lt. E. G., R.E.
FitzHerbert, Capt. A. V., S. Ir. Horse.
Fitzherbert, Capt. E. H., D.S.O., R.A.S.C.
Fitzherbert, Lt. H. G., R.G.A. (T.F.)
Fitzherbert, Lt. J. A., R.G.A. Spec. Res.
Fitzherbert - Brockholes, Capt. J. W., D. of Lanc. Own Yeo.
Fitzmaurice, Lt. J. G., R Muns. Fus.
Fitzmaurice, Rev. W., Temp. Chapl. to the Forces, 4th Class.
Fitzpatrick, Lt J. H., 2 Cent. Ont. Regt.
Fitzpatrick, Bt. Maj. N. T. D.S.O., R.E.
Fitzpatrick, Maj. S. C., C'wealth Mil. Forces.
FitzRoy, Lt. R. J., Aust. Imp. Force.
Fitzsimon, Lt. D. O'C., Leins. R.
Fitzwilliams, Maj. C. C. L., late W. Gds. Spec. Res.
Fitz-Wygram, Capt, Str F. L. F., Bt., 8 Gds.

Flack, Capt. A. K., C'wealth. Mil. Forces.
Flack, Serjt.-Maj. H. A., R. Fus.
Flanagan, 2nd Lt. R. V., late Serv. Bns. R Muns. Fus.
Flatt, Capt. W. W., 4 Bn. Norf. R.
Flatters, Temp. Lt. W. G., D.C.M., R.E.
††Flavell, Temp.Lt.E.W.C., M.G. Corps.
Flear, Temp. Lt. W. H. Serv. Bns. Dorset R.

†Fleck, Capt. J. G., Brit. Columbia Regt.
Fleet, Rev. C. S, Temp. Chapl. to the Forces, 4th Cl.
Fleischer, Lt. S. R., D.S.O., 3 Bn. E. Lan. R.
Fleischl, Capt. C. E., late R.A.S.C.
Fleiter, Lt. E., C'wealth Mil. Forces.
Fleming, Capt. A. G., Can. A.M.C.
Fleming, Serjt.-Maj. A. H P., C'wealth Mil. Forces.
Fleming, Temp. Lt. A. McK., Bedf. R. (attd.)
Fleming, Lt. D., 4 Bn. Sea. Highrs.
Fleming, Capt. D. G., ret. pay.
Fleming, Capt. D. P., 5 Bn. Sco. Rif.
Fleming, Lt. D. R., Aust. Imp. Force.

Fleming, Maj. E. W., Fort Garry Horse.
Fleming, Lt. G., R.F.A (T.F.)
Fleming, Lt. H. S., 5 Bn. North'd Fus.
Fleming, Co.-Serjt.-Maj. J., D.C.M., 11 Bn. E. Lan. R.
Fleming, Lt. J. E., 22 Bn. Lond. R.
Fleming, Temp. Lt. J. G. G., D.S.O.
Fleming, Sergt. - Maj. R, D.C.M., Gord. Highrs.
Fleming, Qr.-Mr. & Capt. R. J., R.A.M.C.
Fleming, Capt. T. G., M.B., R.A.M.C. Spec. Res.
Fleming, Capt. T. V. R.A.S.C. (T.F.)
Fleming, Maj. W. E., O.B.E., 41 Dogras.
†Fleming, Lt. W. R., R. Sc. Fus.
Flemming, Bt. Maj. G. Gord. Highrs.
Flesher, Capt. H., late R.E.
Fletcher, Qr.-Mr. & Capt. A. (temp. Brig. - Gen. R.A.F.)
Fletcher, Lt. A. B. W. R.A.O.C.
Fletcher, Temp. Capt. A.H., R.E.
Fletcher, Temp, 2nd Lt A. W., Tank Corps.
Fletcher, Lt. B. C., High. L.I.
Fletcher, Maj. B. L., 5 Bn. Manch. R.
Fletcher, Capt. F. D., late Serv. Bns. K.R. Rif. C
Fletcher, Temp. Capt. G. D. A , Labour Corps.
Fletcher, Lt. G. W. P., C. Gds., Spec. Res.
Fletcher, Lt. H. C., R.F.A.
Fletcher, Temp. Lt. H. H., Tank Corps.
Fletcher, Capt. H. J. R. Wilts. Yeo.†
†Fletcher, Lt. J. A., 6 Bn. Glouc. R.
†Fletcher, Capt. J. H., D.S.O., R.A.M.C.
Fletcher, Lt. J. H., R.E. (T.F.)
Fletcher, Lt. J. T., late R.A.
†Fletcher, Temp. Lt. L., M.M., 9 Bn. North'd Fus,
Fletcher, Lt. P. C., T.F. Res.
Fletcher, Maj. S., C'wealth Mil. Forces.
Fletcher, Co.- Sergt. Maj. T. E., D.C.M., M.M., Bord.
Fletcher, Capt. T. R., R.F.A.
Fletcher, Capt. W., R.F.A.
Fletcher, Temp. Lt. W. L., R.E.
Fletcher, Lt. W. L., R.F.A. Spec. Res.
Fletcher, Capt. W. McL., Can. Fd. Art.

Flett, Lt. G., 6 Bn. Sea. Highrs.
Flewin, Capt. W. R., Brit. Col R.
Flexan, Temp. 2nd Lt. R.S., M.G. Corps
Fligelstone, Temp. Lt. T. H., Serv. Bns. R. Fus
Flint, Lt. A. F., R.F.A (T.F.)
Flint, 2nd Lt, H., Hamps. R.
Flint, Capt. H. H., late 10 Bn. Midd'x R.
Flint, Capt. J., late 23 Bn. Lond. R.
Flint, 'Lt. J. McK. D., 6 Bn. High. L.I.
Flint, Co. Serjt.-Maj. L., Bedf. R.
Flint, Temp. Lt. L. E., Serv. Bns. Notts. & Derby. R.
Flint, Lt. M. C. W., 3 Bn. Gord. Highrs.
Flint, Lt. N. S., Bucks. Bn. Oxf. & Bucks. L.I.
Flippance, Lt. S., R.F.A.
Flitch, Temp. Lt. J. E. C., R.A.
Flockard, Lt. K. W., Aust. Imp. Force.
†Flood, Capt. F. G., M.B., R.A.M.C.
Flood, Capt. R. A., M.B., R.A.M.C.
Flood-Page, Temp. Maj. F., R.E.
Florance, Temp. Capt. M. W., S. Afr. Service Corps
Flory, Lt. F. R., 4 Bn. W. Rid. R.
Flower, Capt. C. H., 16 Bn. Lond. R.
Flower, Maj. H. J., D.S.O., ret. pay.
Flower, Capt. N. L., late Serv. Bns. Wilts. R.
Flowers, Capt. A., ret. pay
Flowers, {Capt. S., TD, R.E. (T.F.)
Floyd, Capt. B. E., R.G.A
Floyd, Lt. F. R., Bucks. Bn. Oxf. & Bucks R.
Floyer, Lt. E. A., Ind. Army, Res. of Off.
Flunder, Lt. R. D., 7 Bn. Ches. R.
Flux, Capt. R. L., 2 Wessex Brig., R.F.A.
Flynn, Lt. J. J. W., Aust. Imp. Force.
Flynn, Lt. J. P., Can. Local Forces.
Flynn, Lt. T. R., 4 Bn Leic. R.
Foden, Lt. W. B., late Serv. Bns. Ches. R.
Fogarty, Maj. J. P., C'wealth Mil. Forces
Fogg, Qr.-Mr. & Capt. H. G. H., O.B.E., R.A.S.C.
Foggs, Capt. J. G., Man Regt.
Foley, 2nd Lt. F. A., York. R.

Foley, Lt. G. F., R.A.
Foley, Capt. H. A., late Serv. Bn. Som. L.I.
†Foley, Capt. J. G., ret.
Foley, Lt. R. G., Can. Local Forces.
Foljambe, Capt. Hon. B. M. O. S., W. York. R.
Foljambe, Capt. R. F. T, R.F.A.
Folker, Capt. O. L. M., S. Afr. Def. Force.
Follett, Maj. F. B., D.S.O., R. War. R.
Follett, Temp. Capt, W. H. S. Afr. Inf.
Fontaine, Lt. C., Can. Local Forces.
Fonteyne, Hon. Capt. R. G., late 12 Bn. R. Fus.
Fooks, Capt. S. F., T.F. Res.
Foord, Lt. B. A., 7 Bn. Lond. R.
Foot, Capt. R. C., R F.A. (T.F.)
Foot, Temp. Lt. R. W., O.B.E., R.A.
†Foot, Capt. W., M.B., R.A.M.C.
Foot, 2nd Lt. W. V., 15 Bn. Lond. R.
†Foote, 2nd Lt. G. F., Aust. Imp. Force.
Footman, Temp. Capt. D. J., Serv. Bns. R. Berks. R.
Footner, Capt. W. E., R.A.V.C. Spec. Res.
Forber, Lt. J. E, R.E (T.F.)
Forbes, Capt. A. F. G., 18 Lrs.
Forbes, Lt. A. G., 4 Bn. Hamps. R.
Forbes, Capt. A. G., M.B., late S. Afr. Def. Force.
Forbes, Rev. A. H., late Temp. Chapl. to the Forces, 3rd Class.
Forbes, Temp. 2nd Lt. A. H. d'E., 6 Bn. R.W. Surr. R.
Forbes, Capt. A. K., M.B., R.A.M.C.
Forbes, Capt. A. McR. N.Z. Mil. Forces.
Forbes, Capt. A. R. P., late R.A.S.C.
Forbes, Maj. D. S., Can. Local Forces.
Forbes, Capt. E., M.B., late R.A.M.C.

† Also awarded Bar to Military Cross.
†† Also awarded 2nd Bar to Military Cross.

THE MILITARY CROSS—contd.

Forbes, Capt. E. W., 6 Bn. R. War. R.
Forbes, Temp. Lt. G. F. M., Serv. Bns. Glouc. R.
Forbes, Capt. G. J.
Forbes, Lt. H. J., 7 Bn. Sco. Rif.
Forbes, Maj. H. N., ret. pay
Forbes, Maj. J. L., *D.S.O.*, R.G.A.
Forbes, Hon. Capt. J. S., *late* R.E.
†Forbes, Lt. R., *D.S.O.*, R. Highrs.
Forbes, Capt. R. B., *late* 5 Bn. Rif. Brig.
Forbes, Maj. R. M. N., R.A.
¶℄ Forbes Robertson, Capt. J., *D S.O.*, Bord. R.
Ford, Temp. Lt. A. V., R.E.
Ford, Capt. C. V., *late* 8 Bn. R. Lanc. R.
Ford, Temp Capt. C. Y., *M.D.*, R.A.M.C.
Ford, Temp. Capt. E. M., R.A.S.C.
Ford, 2nd Lt. F. W., Camb. R.
†Ford, Temp. Maj. G. M., *D.S.O.*, R. Ir. Fus.
Ford, Temp. 2nd Lt. H., Serv. Bns. R. War. R.
†Ford, Co.Serjt. Maj.H. C., R.W. Fus.
Ford, Lt. H. W., 6 Bn. S. Staff. R.
Ford, Lt. J., 23 Bn. Lond.R.
Ford, Capt. J. M. R., 61 Prs.
Ford, Capt. K. J., R.F.A., Spec. Res.
Ford, Temp. 2nd Lt. L. N., Serv. Bns. Som. L.I.
Ford, Lt. R. E., R.F.A. Spec. Res.
Forde, Lt. F. H., R.F.A.
Forder, Lt. W. O., *late* 4 Bn. R. Berks. R.
Fordham, Temp. Lt. A. H., Serv. Bns. K.R.Rif. C.
Fordham, Capt. H. M., R.E
Ford-Jones, Temp. Lt. E., R.F.A.
Foreshew, Lt. C. E. P., 3 Bn. Oxf & Bucks. L.I.
†Forestier-Walker, Lt.C.F. R.F.A.
Forgan, Capt. D., *la'e* R.E.
Forgan, Capt. R., *M.B.*, R.A.M.C. Spec. Res.
Forman, Temp. Capt. A. N., R.E.
Forman, Capt. A. T., R.A.

Forman, Temp. Lt. J. D., 40 Bn. R. Fus.
Forman, Lt. P., Lan. Fus.
Forrest, Capt. F. E., C'wealth Mil. Forces.
Forrest, Temp. Lt. H., R.G.A.
Forrest, Temp. Capt. H., Serv. Bns S. Staff. R.
Forrest, Temp. Lt. R. A., Serv. Bns. York & Lanc. R.
Forrestal,Temp. Lt. R. W., R.F.A.
Forrester, Temp. Maj. P., R.F.A.
Forrester,Temp. Lt. W.R., R.F.A.
Forsell, Lt. F. M., R.F.A. Spec. Res.
†Forshaw, Lt. H. P., 5 Bn. R. Lanc. R.
Forshaw, Lt. J. H., R.E. (T.F.)
Forslind, Lt. C. V., 3 Bn. R. Lanc. R.
Forster, Temp. Lt. F.G.O., R.A.O.C.
Forster, Capt. H. V., *M.B. late* R.A.M.C.
Forster, Lt. P. A., 3 Bn. York. R.
Forster, Capt. R. P., *late* Tank Corps.
Forster, Lt. T., R.E. (T.F.)
Forster, Lt. R. H., 10 Bn. Midd'x R.
†Forster, 2nd Lt. W., 9 Bn. Durh. L.I.
Forster, Maj. W. B., Can. Local Forces.
†Forster, Temp. Capt. W. G., Serv. Bns. Welch R.
Forsyth, Temp. Capt. A. McK., 15 Bn. Notts. & Derby. R.
Forsyth, Maj. C. C., *late* R.A.M.C.
Forsyth, Bt. Maj F. R. G., h.p.
Forsyth, Lt G., 9 Bn. Lond. R.
Forsyth ,2nd Lt. J. C., 5 Bn. R. Highrs.
Forsyth, 2nd Lt. J. C., R.G.A. Spec. Res.
Forsyth, Temp. Lt. J. D., 25 Bn. North'd Fus
†Forsyth, Capt. J. M., *M.B., late* R.A.M.C.
Forsyth, Temp. Capt. J. S., R.E.
Forsyth, Capt. R. B., C'wealth Mil. Forces
Forsythe, Lt. A. T., Can Fd. Art.

Forsyth-Grant, Temp.Capt. M. C., Sea. Highrs.(attd.)
Fort, Capt. C. W., *M.B.*, R.A.M.C. (T.F.)
Fort, Temp. Lt. C. W., Serv. Bns. Devon. R.
Fortescue, Maj. C., *D.S.O.*, C'wealth Mil. Forces.
Fortescue, Capt. *Hon.* D. G., R.N. Devon. Yeo.
Fortescue, Lt. R. H., 3 Bn. R. Suss. R.
Fortescue. 2nd Lt. T. R 4 Bn. Oxf. & Bucks. L.I.
Fortier, *Rev.* J. A., Hon. Maj. Can. Local Forces.
Fortune, Lt. C. T., R.E. (T.F.)
Fortune, Lt. M., R.F.A. (T.F.)
Forty, Temp. Maj. G. H., Serv.Bns. D. of Corn. L.I.
Forty, Lt: H. J., 7 Bn. W. Rid. R.
Forward, Temp. Lt. E. R. M.G. Corps
Fosbroke - Hobbs, Temp. Lt. A. W., R.F.A.
Foskett, 2nd Lt. B., R.F.A. (T.F.)
Foskett, Temp. Lt. W.
Foss, Temp. Lt. B. T., 23 Bn. Midd'x R.
Foss, Temp.Capt. W. E., 16 Bn. Lan. Fus.
Foster, Temp. Lt. A., Serv. Bns. E. York. R.
Foster, Lt. A. C., Aust. Imp. Force.
Foster, Hon. Capt. A. D., *late* 15 Bn. Hamps. R.
Foster, Capt. A. W., Res. of Off.
Foster, Temp. Lt. C H. J., 15 Bn. Lan. Fus.
Foster, Capt. C. T., 13 Bn. Lond. R.
Foster, Serjt.-Maj. C. W., 4 Bn. E. York R.
Foster, Temp. Lt. C. W. W., R.G.A.
Foster, Temp. Lt E , R.E.
Foster, Lt. E. C., C'wealth Mil. Forces.
Foster, Capt. F. W. 5 Bn. R. War. R
Foster, Maj. G. M., Can. A.M.C.
Foster, Temp. 2nd Lt. H., L'pool R.

Foster, Qr.-Mr. and Maj. H. W., ret. pay.
†Foster, Capt H. W. A., *D.S.O.*, Can. Local Forces.
Foster, Temp. Capt. H. W B., 10 Bn. North'd Fus.
Foster, Capt. J. G., *late* R.E.
Foster, Temp. 2nd Lt. J.T. Serv. Bns. Oxf. & Bucks, L.I.
Foster, Temp. Capt. L. La T., R. Mar.
Foster, Lt. N. J. A., 2 S. Mid. Brig., R.F.A.
Foster, Maj. O. B., North'd Fus.
Foster, Temp. Capt. R. C., R.E.
Foster, Lt. R. C. G., R.W. Surr. R.
Foster, Lt. R. P., Can. Local Forces
Foster, Lt. R. T., C Gds. Spec. Res,
†Foster, Capt. S. R., *M.B.*, R.A.M.C. T.F. Res.
Foster, Lt. S. E. L., H.A.C. (T.F.)
Foster, Lt. T. C., R.F.A.
Foster, Bt. Maj. T. F. V., Conn Rang.
Foster, Lt. T. T., R.G.A. Spec. Res.
Foster, 2nd Lt. W., 7 Bn. Notts. & Derby. R.
Foster, Capt. W. G., *D.C.M.*, *late* R. Fus.
Foster, Temp. Lt. W. H., R.A.
Foster, Capt. W. J., *late* Serv. Bns. Welch R.
†Fotheringham, Capt. W., *M.B.*, R.A.M.C.
Foucar, Lt. E. C. V., 12 Bn. Lond. R.
Foulds, Capt. C. L., 7 Bn, W. York. R.
Foulds, Temp. 2nd Lt. J. L., Serv. Bns. North'd Fus.
Foulkes. Temp. 2nd Lt. E., Serv. Bns. S. Lan. R.
Foulkes, Temp. 2nd Lt. J., Serv. Bns. Manch. R.
Foulkes, Lt. R., *late* Serv. Bns. Yorks. L.I.
Foulkes-Roberts, Capt. P. R., 4 Bn. R. W. Fus.

† Also awarded Bar to Military Cross.

THE MILITARY CROSS—contd.

Foulkes-Taylor, 2nd Lt. C. D., Aust. Imp. Force.
Fountain, Temp. Capt. P. G., 4 Bn. S. Wales. Bord.
Foweraker, Capt. T. S., Bn. Glouc. R.
Fowke, Capt. C. A. F., 3 Bn. Oxf. & Bucks. L.I.
†Fowkes, Lt. C. C., S. Wales Bord.
Fowkes, Capt. H. H., late Serv. Bns. Lan. Fus.
†Fowle, Capt. C.H.,Hamps. R.
Fowle, Capt. F. E., R.E.
Fowler, Lt. A. G. H., Res. of Off.
Fowler, Lt A. P. H., late 5 Bn. R. Fus.
Fowler, Lt. A. S., R,F.A.
Fowler, Lt. B. J., R.F.A.
Fowler, Capt. C. W., M.B., late R.A.M.C.
Fowler, Bt. Maj. E. K., 57 Rif.
†Fowler, Capt.G.N., R.F.A. (T.F.)
Fowler, H., late Temp Capt.
Fowler, Maj. H. A., Can. M.G. Corps.
†Fowler, Temp. Lt. H.H.C. R.E.
Fowler, Lt. J., 5 Bn. R.W. Fus.
Fowler, Temp. Capt. J. P., Serv. Bns. Hamps. R.
Fowler, Lt. R. St. L., 17 Lrs.
Fowler, Maj. W., Qr.-Mr. R. Highrs.
Fowler, 2nd Lt. W. C., R War. R.
Fowler, Maj. W. M., C'wealth Mil. Forces.
Fowler-Brownsworth, Maj. W. F., C'wealth Mil. Forces.
Fowles, Co. Serjt.-Maj. A., Glouc. R.
Fowles, Lt. R. J., Hon. Art. Co.
Fowlie, Lt. S. S., 6 Bn Sea. Highrs.
Fox, Temp. Capt.A., R,F.A.
Fox, Lt. A. E., R.G.A. Spec. Res.
Fox, Lt. B. G., late Serv. Bns. Welsh R.
Fox. 2nd Lt. E. C., 5 Bn. Linc. R.
Fox, Lt. C. J., Can. Eng.
†Fox, Lt. C. L., R.E. (T.F.)
Fox, Lt. D. B., ret.

Fox Lt. E., York. R.
Fox, Lt. E. C., E. Lan. R.
Fox, Lt. E. L. W., Ind Army.
†Fox, Temp. Lt. E. S.. Serv. Bns. W. York R.
Fox, Capt. F. N., 39 Rif. R.
Fox, Lt G. D., 4 Bn. Linc. R.
Fox, Capt. G. W., 8 Bn Hamps R.
Fox, Capt. G. W., 6 Bn. Manch. R.
Fox, Capt. H., 19 Bn. Lond. R.
Fox, Capt. H. R., R. 1 Devon Yeo.
Fox, Lt. J., 19 Bn. L'pool R.
Fox, Lt. J., 5 Bn. Manch. R.
Fox, Capt. J., R.A.V.C. Spec. Res.
Fox. Capt. J. N., Res. of Off.
†Fox, Lt. J. R., 3 Bn. Sea Highrs.
Fox, Capt. J. S., 5 Bn Manch. R.
Fox, Capt. L. B., 5 Bn. Suff. R.
Fox, Temp. Lt. L. W., Serv. Bns. W. Rid. R.
Fox, Capt. M. S., High. L.I.
Fox, Lt. P. R. H., E. Kent R.
Fox, Capt R., 4 Bn. S.Lan. R.
Fox, Temp. Capt. R. H., R,F.A.
Fox, Temp. Lt. R. H. S., R.E.
Fox, Temp. Lt. S., M.G. Corps
Fox, Lt. T. H., R.G.A.
Fox, Lt. W. H., R.W. Fus.
Fox, Temp. Capt. W. H., Labour Corps
Foxcroft, 2nd Lt. R. L. late Serv. Bns. R. Fus.
Fox-Male, Maj. W. C. E. T., 92 Punjabis.
Fox-Pitt, Capt. W. A. F. L., W. Gds.

Foxton, Capt. H., M.B., R.A.M.C. (T.F.)
Foxwell, Temp. Capt. D. F., Serv. Bns. Rif. Brig.
Foy, Temp. Capt. P. A., R.E.
Frain, Capt. R. C., R.F.A. (T.F.)
Frame, Capt. G. M., 3 Bn. Gord. Highrs.
Frame, Lt W. E., Can. M.G. Corps
Framingham, Lt. G. E., R. Innis. Fus.
Frampton, Temp. Capt. H., Serv. Bns. Som. L.I.
Frampton. Temp. Lt.H.J., Serv. Bns. W. Rid. R.
France, 2nd Lt. H., R.F.A Spec. Res.
France, Temp. Lt. J. E., M.G. Corps
Francis, Lt. B., R.G.A. Spec. Res.
Francis, Capt. B., ret. pay
Francis, Maj. C. J., late Serv. Bns. North'd Fus.
Francis, 2nd Lt. E. J.,late 13 Bn. Midd'x R.
Francis, Lt. H. D. P., E. Rid. of York. Yeo.
Francis, Staff Serjt.-Maj. H.G., R.A.S.C.
Francis, Capt. L. E., late Serv. Bns. K.R. Rif. C.
†Francis, Lt. O. S., Res. of Off.
Francis, Lt. R., D.S.O., Norf. R.
Francis, Capt. R. F., 47 Sikhs.
†Francis, Lt. W. A., 2 Bn. Lond. R.
Francis, Lt. W. F., Herts. R.
Franey, Lt. J. S., R.F.A.
Frank, Temp. Capt. J. H., Serv. Bns. Yorks. L.I.

Frank, Temp. Capt. R. A., 6 Bn. E. York. R.
Franklin, Capt. C. L., M B., R.A.M.C.
Franklin. Lt. E. A. McA , Ind. Army.
Franklin, Lt. G. F., 3 Bn Suff. R.
Franklin, Lt. H., ret. pay
Franklin, Co. Serjt.-Maj. H., S. Wales Bord.
Franklin, Lt. H. C., R. Dub. Fus.
Franklin, Temp. Lt. H. V., Serv. Bns. Norf. R.
Franklin, Temp. Lt. L., Serv. Bns. Yorks. L.I.
Franklin, Capt. W. J., E Ont. Regt
Franklyn, Bt. Maj. G. E., W., D.S.O., R.F.A.
Franklyn, Bt. Maj. H. E., D.S.O., York. R., p.s.c.
Franklyn, Lt. J. R.Mar.
Franks, Temp. Capt. D. P. C., R.A.S.C.
Franks, Lt.E., R.F.A.(T.F.)
Franks, Lt. F., Lan. Fus.
Franks, G., late Lt. R.G.A.
Franks Temp. 2nd Lt. H., York. & Lanc. R.
Franks, Temp. 2nd Lt. H. C., 18 Bn. Lan. Fus.
Franks, Lt. H. G. S.,R.F.A. Spec. Res.
Franks, Capt. J. N., 5 Bn. Bord. R.
Franks, Lt. N., Alberta R.
Fraser, Capt. Alexander, Cam'n Highrs.
Fraser, Capt. A., Can. Local Forces.
Fraser, Capt. A., C'wealth Mil. Forces.

† Also awarded Bar to Military Cross.

THE MILITARY CROSS—contd.

Fraser, Lt. A., 6 Bn. R. Highrs.
Fraser, Temp. 2nd Lt. A., Serv. Bns. Cam'n Highrs.
Fraser, Lt Archibald, 9 Bn. High. L.I.
Fraser, Temp. Capt. A. A., R.A.S.C.
Fraser, Capt. Hon. A. A. (*Master of Saltoun*). 3 Bn. Gord. Highrs.
Fraser, Maj. A. D., *D.S.O.*, *M.B.*, R.A.M.C.
Fraser, Capt. A H., C'wealth Mil. Forces.
Fraser, Maj. A. J., h.p.
Fraser, Lt. A. J., C'wealth Mil. Forces.
Fraser, Temp. Lt. A. J., Tank Corps.
Fraser, Temp. Lt. A. R.. Tank Corps.
Fraser, Lt. A. S., Res. of Off.
Fraser, Capt. C., *O.B.E.*, N. Staff. R.
Fraser, Co. Serjt.-Majr. M. C., *D.C.M.*, *M.M.*, Arg. & Suth'd Highrs.
Fraser, Temp. Lt. C., Serv. Bns. Manch. R.
Fraser, Qr.-Mr. and Capt C. F., TD, R.A.M.C. (T.F.)
Fraser, Capt. C. J. S., 54 Sikhs.
Fraser, Maj. D., *D.S.O.* TD, Inverness-shire R.H.A.
Fraser, Temp. 2nd Lt. D., Serv. Bns. R. Surr. R.
Fraser, Capt. D. M., R.E., Spec. Res.
Fraser, Temp. Maj. D. J., R.F.A.
Fraser, Temp. Capt. D. T., *M.B.*, R.A.M.C.
Fraser, Qr.-Mr. & Lt. E., Cam'n Highrs.
Fraser, Capt. F. A., Can. Local Forces.
Fraser, Lt. F. H., *D.S.O.*, W. Kid R.
Fraser, Temp. Lt.. F. H. B., 12 Bn. York. R.
Fraser, Capt. F. L., Sea. Highrs. (L)
Fraser, Capt. F. W. I. V., Sea. Highrs.
Fraser, Temp. Maj. G., R.E.
Fraser, Capt. G., *late* 7 Bn. Arg. & Suth'd Highrs.
Fraser, Capt. G., 3 Bn Suff. R.
Fraser, Temp. Maj. H., Serv. Bns. Rif. Brig.
Fraser, Co.-Sergt.-Maj. H. A., *D.C.M.*, Sea. High'rs
Fraser, Temp. Lt. H. C., Serv. Bns. K.O. Sco. Bord.
Fraser, Capt. H. G. A., 4 Bn. Yorks. L.I.
Fraser, Lt. H. M., 4 Bn. Gord. Highrs.
Fraser, Temp. 2nd Lt. I., 6 Bn. Wilts. R.
Fraser, Capt. J., *M.B.*, *late* R.A.M.C.
Fraser, 2nd Lt. J., 5 Bn. R. Fus.

Fraser, Lt. J., R.G.A. (T,F.)
Fraser, Temp. 2nd Lt. J., Serv. Bns. R. Highrs.
†Fraser, Temp. 2nd Lt. J. A., Mach. Gun Corps.
Fraser, Lt. J. A. T., 15 Bn. Lond. R.
Fraser, Temp. 2nd Lt. J. B., Serv. Bns, R. Lanc. R.
†Fraser, Capt. J. H. P., *D S.O* , *M.B.*, T.F Res.
Fraser, Temp. 2nd Lt. J. P., Serv. Bns., Yorks. L I.
Fraser, Capt. J. T., *late* 4 Bn. R. Sc. Fus.
†Fraser. Capt. L., 6 Bn. Sea. Highrs.
Fraser, Capt. L. H., Can. A.M.C.
Fraser, Temp. Lt. M. F. K., 8 Bn. York & Lanc. R.
Fraser, Lt. R. P., 9 Bn. R. Scots.
Fraser, Bt. Maj. S., 9 Bn. R. Scots.
Fraser, Capt. S. G. G., 81 Pns.
Fraser, Temp. Capt. S. K., Sea. Highrs. (attd.)
Fraser, Capt. Hon. W., *D.S.O.*, Gord. Highrs.
Fraser, Lt. W., ret.
Fraser, Capt. W. A., *M.B.*, R.A.M.C. Spec. Res.
Fraser, Bt. Maj. W. A. K., *D.S.O.*, 39 Horse.
Fraser, Lt. W. K., Can, Local Forces.
†Fraser-Campbell, Lt. A. 8 Bn. Arg. & Suth'd Highrs.
Fraser-Mackenzie, Capt. E. R. L., *D.S.O.*, R.F.A. (T.F.)
Fraser-Tytler, Capt. W. K., 25 Cav.
Frayne, Temp. Lt. E., 16 Bn. Midd'x R.
Frazier, Qr.-Mr. & Capt. C. H., Manch. R.
Frazier, Co. Sergt.-Maj. E., *D.C.M.*, Worc. R.
Frearson, Capt. H. M., *late* Serv. Bns. E. Lan. R.
Frederick, Capt. B. C., R.A.S.C.
Free, Capt. C. W. Ind. Army.
†Free, Lt. J. A., 8 Bn. L'pool R.
Freed, Lt. E. V., N.Z. Mil. Forces.
Freeland, Capt. R. A. B., Ind. Army
Freeley, Rev. F. G., Hon. Chapl. to the Forces (4th Class.)

Freeman, Capt. A. F., Montgom. Yeo.
Freeman, Capt. C. R., *D.S.O.*, North'd Fus
Freeman, Temp. Lt. D. H., R.A.
Freeman, Temp. Capt. E. G., 12 Bn. Durh. L.I.
†Freeman, Capt. F. P., R.A.M.C.
Freeman, Lt. H. A., R.W. Fus.
Freeman, Capt. M., 3 Bn. D. of Corn. L.I
Freeman, Bt. Maj. N., Ches. R.
Freeman, Temp. Lt. P. G., R.A.S.C.
Freeman, Capt. P. W., Quebec Regt.
Freeman, Lt. R. A. F., 6 Bn. Worc. R.
Freeman, Capt. R. C., T.F. Res.
Freeman, Temp. Capt. R. H., Serv. Bns. Hamps. R.
†Freeman, Capt. W. H., 4 Bn. W. York. R.
Freeman, Bt. Maj. W. R., *D S.O.*, Manch. R.
Freemantle, 2nd Lt. E. L., *late* Serv. Bns. R Fus.
Freer, Temp. Lt. E. H., R.E.
Freer, Capt. N. W. W., *D.S.O.*, R.F.A.
Freer, Capt. R. C., h.p.
Freestone, Qr.-Mr. & Capt. S., *M.B.E.*, Essex R.
Freeth, Capt. L. G., R.E. Spec. Res.
Freeth, Capt. R. J. R., R.G.A.
Freeze, Capt. D. D., Can. A.M.C.
Fremlin, Co. Serjt.-Maj. E. J., G. Gds.
French, Temp. Capt. C. H. A., Serv. Bns. R. War. R.
†French, Capt. C. W. S., Aust. Imp. Force.
French, Lt. E. E., R.G.A.
French, Lt. E. W., A. Cyclist Corps.
French, Lt. H. J., 2 Cent. Ont. R.
French, Lt. J. E., R. Fus.
French, Temp. 2nd Lt. J. T., R.E.
French, Capt. L. L., *late* R.E.
French, Rev. R., Hon. Chapl. to the Forces, 3rd Class., ret.

French, Lt. R. H., 3 Bn. Conn. Rang.
French. Lt. R. R., *late* Serv. Bns. K.O.Sco.Bord.
French, Temp. 2nd Lt. R. S., 11 Bn. R.W. Kent R.
†French, Temp. Maj. W., *D.S.O.*, 8 Bn. R Highrs.
French, Lt. W, H., Alberta Regt.
French, Lt. W. H. R., R.F.A. Spec. Res.
French, Temp. 2nd Lt. W. J., Tank Corps.
Frederickson, Lt. C., E Ont. Regt.
Frend, Lt. G. W., R.F.A.
Frend, Lt. W. G., R.F.A.
Frentzel, Temp. Capt. B, J. R., 10 Bn. R. Fus.
†Frere, Temp. Lt. F., Tank Corps.
Frere, Lt. J. G., *D.S.O.*, Suff. R.
Frere, Lt. P.B., Res. of Off.
Freshwater, Lt. A. J. C., 7 Bn. Lan. Fus.
Frew, Lt. J. B., 4 Bn. R. Sc. Fus.
Frew, Lt. R. B., R.E. (T.F.)
†Frew, 2nd Lt. J. M., 7 Bn. Sco. Rif.
Frew. Capt. W. D., R.A.M.C. (T.F.)
Fricker, Temp. Lt. E., W. York. R. (attd.)
Fricker 2nd Lt. L., *late* Serv. Bns. Suff. R.
Friday, Lt. A., Aust. Imp. Force.
Friend, Lt. C., 5 Bn. W. York. R.
Friend, Lt C P., *late* Serv. Bns. Wilts. R.
Friend, Capt. A. L. I., 7 D G,
Friend, Capt. J. I. H., R. E. Kent Yeo.
Friend, Lt. R. E., R.F.A (T.F.)
Frier, Co. Serjt.-Maj. W. G., Leic. R.
Fright, Lt H. W., *late* 5 Bn. S. Lan. R.
Fripp, 2nd Lt. G, C., 10 Bn. Manch. R.
Frisby, Lt.-Col L. C., *D.S.O.*, T.F. Res.
Friswell, Lt. P. R.. R.F.A. Spec. Res.
Frith, Lt. F. E., R.F.A. Spec. Res.
Frith, Capt. J. S., 4 Bn. S. Lan. R.
Frith, Temp. Lt. R. A., Serv. Bns. Notts. and Derby. R.
Frith, Lt.W.H., Durh L.I.
Frizell, Bt. Maj. C. W., *D.S.O.*, R. Berks. R.

† Also awarded Bar to Military Cross.

Orders of Knighthood, &c. 343

THE MILITARY CROSS—contd.

Frodsham, Capt. F. J., late 5 Bn. S. Lan. R.
Froggatt, Lt. W., R.E.(T.F.)
Froneman, Capt. E. E., S. Afr. Def. Forces.
Frood, Lt. J. C., R. 1 Devon Yeo.
Frost, Lt. A. E., late R.W. Surr. R.
†Frost, Capt. A. J., late North'n R.
†Frost, Lt. C. E., 5 Bn. Manch. R.
Frost, Capt. C. S., Res. of Off.
Frost, Lt. E. E., Can. Local Forces.
Frost, Temp. Capt. F. A., 6 Res Regt. of Cav.
Frost, Bt. Maj.(temp Brig.-Gen.) F. D., C.B.E., Ind. Army.
Frost, Capt. M., late Serv. Bns. Ches. R.
Frost, Lt. O. H., M.B.E. Midd'x R.
Frost, Lt. R., 6 Bn. W. York. R.
Frost, Lt. R., 5 Bn. Welch R.
Froud, Co. Serjt.-Maj. S. S., R.A.S.C.
Frow, Temp. Lt. E. R., R.F.A.
Fry, 2nd Lt. A. E., R.G.A
Fry, Maj. A. P., M.B.E., late R.A.M.C.
Fry, Lt. F. E., R.G.A. Spec. Res.
Fry, 2nd Lt. F. W., 8 Bn, Worc. R.
Fry, Temp. Lt. H. G., R.E.
Fry, Lt. H. W., C'wealth Mil. Forces.
Fry, Capt. J. L., R.F.A. (T.F.)
Fry, Capt. W. H., R.G.A., o. R.
†Fryer, Lt. C. R., 6 Bn. K. R. Rif. C.
†Fryer, Lt. E. R. N., G. Gds. Spec. Res.
Fryer, Lt. R. W. H., North'd Fus.
Fryer, Temp. Lt. T. J. H., K.R. Rif. C. attd.)
Fryers, Temp. Capt. J. L.
Fudger, Lt. C. L., 5 Bn. Leins. R.
Fuggle, Temp. Capt. E. W., Serv. Bns. Notts. and Derby. R.
Fulcher, Lt. E. J., 3 Bn. R.W. Kent R.
Fullarton, Lt. I. G., C'wealth Mil. Forces.
Fullbrook-Leggatt, Bt. Maj. C. St. Q. O., D.S.O., R. Berks. R.
†Fullbrook-Leggatt, Lt L. E. W. O., 3 Bn. Oxf. & Bucks. L.I.
Fullen, Lt. A., late North'n R.
Fuller, Lt. C. B. S., R.F.A. Spec. Res.
Fuller, Lt. C. H., Midd'x R.

Fuller, 2nd Lt. E. W., M.M., late Serv. Bns. K.R. Rif. C.
Fuller, Lt. F., Hereford R.
Fuller, 2nd Lt. F. H., 19 Bn. Lond. R.
Full-r, Lt. J. C., M.M., Ont. Regt.
Fuller, Temp. Lt. J. N. Lab. Corps.
Fuller, Capt. R. A., late R.A.M.C.
††Fullerton, Maj. A., M.B.E., late R.A.M.C.
Fullerton, Temp. Lt. G., Serv. Bns. R. Highrs.
Fullerton-Andrew, Capt. A. J., Aust. Imp. Force.
Fulljames, Capt. R. M., late Serv. Bns Durh. L.I.
Fullman, Lt., R.F.A. G. E., M.M., late
Fulton, Lt. C. F. V., L'pool R.
Fulton, Lt. C. J., Aust. Imp. Force.
Fulton, Lt. D. F., R.E (T.F.)
†Fulton, Temp. Capt. D. T.
Fulton, Lt.-Col. F. M., late S. Afr. Def. Forces.
Fulton, Capt. J. D., 26 Punja'is.
Fulton, Capt. J. S., O.B.E, Lan. Fus.
Fulton, Lt. K. A., R.E. (T.F.)
Fulton, Lt. L. McL., 6 Bn. R. Highrs.
Fulton, Capt. T. C., late 3 Bn North'n R.
Furber, Temp. Capt. F. W., Serv. Bns. R. Lane. R.
Furber, Lt. G. C., Shrops L.I.
Furey, Serjt.-Maj. J., Rif. Brig.
Furley, 2nd Lt. A., Glouc. R.
Furlong, Lt. D. W., O.B.E., R. Berks. R.
Furlong, Lt. P. C., R.F.A., Spec. Res.
Furminger, Lt. H. J., 4 Bn. Bord. R.
Furminger, Lt. W. C., North'n R.
Furnell, Temp. Capt. T. F.
Furness, Lt. F. L., 4 Bn. R.W. Surr. R.
Furness, Capt. W. S., Ind. Army.
Furney, Temp. Capt. S. K.
Furniss, Lt. H., late 7 Bn. W. Rid. R.
Furniss, Temp. Capt. J. E., Serv. Bns. R. Ir. Rif.
Furst, Temp. Lt. L. A., Serv. Bns. K.O Sco Bord.
Furze, Lt. G.,C. Gds., Spec. Res.
Furze, Bt. Maj. E. K. B., R. W. Surr. R.

Fussell, Temp. Capt.H.W., 7 Bn. Glouc. R.
Fussell, Maj. L. G., C'wealth Mil. Forces.
Fuzzey, Lt, N. de P., R.G.A. Spec. Res.
Fyfe, Temp. 2nd Lt. G., Serv. Bns. Lan. Fus.
Fyfe, Lt. J., 7 Bn Sco. Rif.
Fyfe, 2nd Lt. R. E., N.Z. Mil. Forces.
Fyffe, Temp. Maj. A. B., S. Afr. Def. Forces.
Fyffe, Lt. N., W. Ont. Regt
Fyldes, Capt. G. B., Ind. Army.

Gabb, Capt.H. P., R.A.M.C. (T.F.)
Gabb, Capt. S. A., O.B.E., Worc. R.
Gabbutt, Batt. Serjt.-Maj. H., Can. Local Forces.
Gabel, Temp. Lt. J., 20 Bn. K R. Rif. C.
Gadd, Temp. Lt. F. G. R., Lanc. R.
Gadd, Bt. Maj. H. R., D.S.O., Suff. R.
Gadd, Temp. Capt. J. F., 9 Bn. S. Staff. R.
Gadd, Temp. 2nd Lt. R. H., Serv. Bns., Leic. R.
Gade, Lt. F W., 5 Bn.R.Fus.
Gaden, Lt. C. G., Conn. Rang.
Gadsby, Temp. 2nd Lt. A. F., M.G. Corps.
Gadsby, Lt. C. A., 4 Bn. W. Rid. R.
Gadsby, Temp. Lt. T., M.G. Corps.
Gadsden, Lt.G.H., North'n R.
Gadsden, Temp. Lt. B., 9 Bn. Essex R.
Gadsden, Lt. N. F., 4 Bn. Essex R.
Gaffikin, Capt. P. J., M.B., R.A.M.C. Spec. Res.
Gaffney, Lt. J. J. B., R. Ir. Regt.
Gage, Lt. E. H., R.F.A.
Gage, Lt. R. F. O'D., R.E.
Gage, Co. Serjt.-Maj. T. D., Norf. R.
Gahagan, Temp. Lt. G. M. R.E.
Gain, Capt. J. C., Ind. Army.
Gaine, Temp. Maj. H. J. S., R.E.

Gainor, Lt. J. H., Alberta R.
Gaisford - St. Lawrence, Capt C H., 2 Dns.
††Galsford-St. Lawrence, Capt. T. J. E., 3 Bn. Sea. Highrs.
Galbraith, Lt. A. A., New Bruns. Regt
Galbraith, C. T., M.B., late Cant. R.A.M.C
Galbraith, Temp. Capt. D. H A., R.A.M. :.
Galbraith 2nd Lt D McK., 5 Bn. R.W. Surr. R.
Galbraith, Rev. G., Hon. Chapl. to the Forces, 4th Class.
Galbraith, Temp. 2nd Lt. H., 10 Bn. R. Dub. Fus.
Galbraith, Lt. H. C. A., late 12 Bn. Lond. R.
Galbraith, Lt. I. W., Ind. Army.
Galb aith, Lt. J. S., 1 Cent. Ont. R.
Galbraith, Capt. R. D., Can. Rly. Serv.
Galbraith, Temp. Lt. R F., M.G. Corps.
Galbraith, Temp.Lt. T. H., R.E.
Gale, Temp. Capt. E. L., R.F.A.
†Gale, Maj. H. D., D.S.O., R.F.A.
Gale, Temp. 2nd Lt. H. J., R.E.
Gale, Capt H. M., R.A.S.C.
Gale, Temp. Capt. L., 7 Bn. E. York. R.
†Gale, Lt. R. L., 2 Cent. Ont. Regt.
Gale, Lt. R. N., Worc. R.
Gall, Lt. D. M., 6 Bn Sco. Rif.
Gall, Maj. L., 25 Cav.
Gallagher, Temp. 2nd Lt. H. D., Serv. Bns. Ches.R.
Gallaguer, Temp 2nd Lt. N. W., R.E.
Gallagher, Actg Serjt.-Maj. P. W., R.G.A.
Gallaher, Capt. A., D.S.O., 4 D.G.
Gallatly, Temp. Maj. A. R. late R.A.M.C.
Galletly, Capt. H., M.B., R.A.S.C.
Galley, Lt. E. D. G., R.A.S.C.
Galley, Temp. Lt. W .F., 13 bn. L'pool R.
Gallie, Lt. A. E., late Serv. Bns. Ches. R.
Gallie, Capt. R. A., R. Glas. Yeo.
Gallie, Lt. V. J., R.F.A. Spec. Res.
Galligan, Capt. J. B., M.B., late R.A M.C.
Gallon, Lt A. E. V., 4 Bn. North'd Fus.
Gallop, Lt. B. P., 10 Bn. L'pool R.
Galloway, Capt. A., Sco Rif.
Galloway, Lt. F.T., R.G.A Spec. Res.

† Also awarded Bar to Military Cross.   †† Also awarded 2nd Bar to Military Cross.

Orders of Knighthood, &c.

THE MILITARY CROSS—contd.

Galloway, Lt. R. A., R.E. (T.F.)
Galt, Lt. C., C'wealth Mil. Forces.
Galt, Maj. D. A., Man. R.
Galvin, Capt. B. St. J., late Serv. Bns. R. Ir. Fus.
†Galwey, Lt. W. C. V., R. Ir. Regt.
Galwey, Maj. W. R., O.B.E., M.B., R.A.M.C.
Gamage, Capt. L. C., 24 Bn Lond. R.
Gambier-Parry, Bt. Maj. M. D., R.W. Fus.
Gambir Sing Pun, Subadar, Major, 6 Gurkha Rif.
Gamble, Lt. G. A., Yorks. L.I.
Gamble, 2nd Lt. R., ret. pay.
Gamble, Co.-Serjt.-Maj. S. F., Leic. R.
Gamble, Lt. W. M. F., Ind. Army
Gamblen, Maj. A. J., late W.I.R.
Gamblin, Capt. G. A., Can. Fd. Art.
Game, Lt. G. G., late R.F.A., Spec. Res.
Gamlen, Lt. J. C. B., 4 Bn. Oxf. & Bucks. L.I.
†Gamm, Capt. F., M.C., R.A.M.C. Spec. Res.
Gammell, Capt. J. A. H., D.S.O., R.F.A.
Gammell, Temp. Lt. J. R., R.E.
Gammon, Temp. Lt. A. O., Hamps. R. (attd.)
Gammon, Temp. 2nd Lt. K. W., 11 Bn. R. Suss. R.
Ganapathy, Temp. Capt. C. M., M.B., Ind. med. Serv.
Gandy, Lt. G. T., Aust. Imp. Force.
Gane, Lt. L. C., R.F.A. (T.F.)
Gane, Lt. N. G, R. Sc. Fus.
Garbutt, Temp. 2nd Lt. H. C., R.E.
Garbutt, Temp. 2nd Lt. J. R., Serv. Bns. R.W. Kent R.
Garbutt, Temp. 2nd Lt. J. R., Serv. Bns. W. Rid. R.
Garcia, Qr.-Mr. & Capt. L. J. E., York & Lanc. R.
Garden, Temp. Maj. C. A., R.E.
Garden, Temp. Maj. J. W., D.S.O., M.G. Corps
Gardham, Lt. A, R.G.A. Spec. Res.
Gardiner, Temp. Capt. A. J., R.A.
Gardiner, Maj. C., late Serv. Bns. K.R. Rif. C.
Gardiner, Capt. D.G., M.B., late R A M.C.
Gardiner, Temp. Capt. E.G., Serv. Bns. Lan. Fus.

Gardiner, Temp. Capt. F., R.E.
Gardiner, Maj. H. H., Res. of Off.
Gardiner, Temp. Lt. J., Serv. Bns., Sco. Rif.
Gardiner, Temp. 1 t. P. P. L., Serv. Bns. Arg. & Suth'd Highrs.
Gardiner, Lt. W. R., R.F.A. (T.F.)
Gardiner, Capt. W. T., M.B., F.R.C.S., R.A.M.C. (T.F.)
Gardner, Temp. Lt. A., Cam'n Highrs.
†Gardner, Capt. A., 3 Bn. Essex R.
Gardner, Lt. A. H. H., late 17 Bn. R. Fus.
Gardner, Temp. Capt. A. S., 23 Bn. R. Fus.
Gardner, Capt. A. T. G., R.F.A.
Gardner, Maj. B. C., Can. Local Forces.
Gardner, Lt. C. G., late 3 Bn. Suff. R.
Gardner, Lt. C. J., R.F.A., Spec. Res.
Gardner, Temp. Capt. C. W. S.
Gardner, Lt. D., h p.
Gardner, Serjt.-Maj. D., Can. Local Forces.
Gardner, Rev. E. A., Chaplain, 3rd Class (T.F.)
Gardner, Lt. E. N., 6 Bn. Glouc. R.
Gardner, Lt. F. J. B., R.F.A. Spec. Res.
Gardner, Lt. G., 4 Bn. R. Scots.
Gardner, Capt. G. D., 4 Bn. York. R.
Gardner, Co. Serjt.-Maj. G. S., Staff. R.
Gardner, Lt. H., 6 Bn. W. York. R.
Gardner, Capt. H., R.A.
Gardner, Lt. L. J., 3 Bn. R. W. Surr. R.
Gardner, Maj. M. C., M.B., late R.A.M.C.
Gardner, Temp. Lt. N. E. S., York. R. (attd.)
Gard'ner, Maj R. D.
Gardner, Capt. P. H., E. Ont. Regt.
Gard'ner, Temp. Maj. P. W. Lanc. R.
Gardner, Capt. R., 4 Bn. R.
Gardner, Lt. S. W., 3 Bn. York & Lanc. R.
Gardner, Lt. S. Y. P., G. Gds. Spec. Res.
Gardom, Temp. Lt. W. D. C., R.E.
Garforth, Maj. W., D.S.O., Mil. Forces.
Gargate, Lt. J. G., 9 Bn. Durh. L.I.

Garland, Lt. A. H., Can. Eng.
Garland, Temp. Lt. C. E., Serv. Bns. Notts & Derby R.
Garland, Capt. F., Serv Bns. D. of Corn. L.I.
Garland, Temp. 2nd Lt., G. H., Serv. Bns., Welch R.
Garland, Capt. G. M., Res. of Off.
Garland, Temp. Capt. H.
Garner, Lt. E. H., late 6 Bn. Lan. Fus.
Garner, Temp. Capt. F. B, R.F.A.
Garner, Lt. H. C., Can. Local Forces.
†Garner. Temp.Capt. J. B., 6 Bn. Leic. R.
Garnett, Lt. E., C'wealth, Mil. Forces.
Garnett-Clarke, Lt. N., R.G.A. Spec. Res.
Garnier, Capt. A. P., M.B.E., North'd Fus.
Garon, Temp. Lt. P. G., R.A.S.C.
Garrard, Lt. C. P., R.E. (T.F.)
Garrard, Capt J., R.F.A., T.F. Res.
Garrard, Lt. M. H., Yorks. L.I.
Garrard, Lt. W. L., C'wealth Mil. Forces.
Garratt, Lt. H. S., R.F.A.
Garratt, Lt. L. F., D.S.O., R.G.A.
Garratt, Lt. O. D., 4 Bn Lond. R.
Garratt, Temp. Capt. W.A. Serv. Bns. R. Fus.
Garraway, Lt. A. L., 11 Bn. Lond. R.
Garraway, Maj. F.H., O.B.E., 11 Bn. Lond. R.
Garrett, Capt. F. A., Hon. Art. Co.
Garrett, Temp. 2nd Lt H. B. G.
Garrett, Lt. H. F. B., E. Surr. R.
Garrett, Lt. J. M., Conn. Rang.
Garrett, Lt. K. A., 51 Slkhs
Gard'ner, Maj R. D.
Garrod, Serjt.-Maj. A. Can. Inf.
Garrod, Capt. A. G. R., D.F.C., 3 Bn. Leic. R.
Garrod. Temp. Lt. E. S., D.S.O., D.C.M., Tank Corps.
Garrod, Temp. 2nd Lt. H. St. C.
†Garrod, Capt W E. E., 5 Bn. York. R.
Garroway, 2nd Lt. R., N.Z Mil. Forces.
Garry, Lt. E. W., R.F.A. (T.F.)

Garry, Capt. R. J. M., R.G.A.
Garsed, Maj. A. E., ret pay
Garsia, Bt. Lt.-Col. W. C. D.S.O., Hamps. R., p.s.c. [i].
G-side. Staff Serjt.-Maj. C., M B.E, R.A.S.C.
Garson, Capt. H. L., O.B.E., R.A.M.C. Spec. Res.
Garstin, Capt. E. J. L., late Serv. Bns Midd'x R.
Garstin, Bt. Maj. H. A., 21 Cav.
Garthwaite, Temp. Capt. A., D.S.O., 6 Bn. Wilts. R.
Gartlan, Bt. Maj. G. I., D.S.O., R. Ir. Rif.
Garton, Lt. G. H., 6 Bn. R. War R.
Garton, 2nd Lt. T. B., 6 Bn. Notts & Derby R.
Garton, Batty. Serjt.-Maj. E., R.F.A.
Garton, Hon. Capt. J. A., late N. Som. Yeo.
Gartside, Co. Serjt.-Maj. C. H., W. Rid. R.
Gartside, Lt. J. B., 8 Bn. Lan. Fus.
Garvan, Lt. G. U., late 5 D.G.
Garvey, Capt. H. H., ret.
Garvey, Capt. I. H., 3 Bn. Conn. Rang.
Garvie, Lt. R. G., Aust. Imp. Force
Gascoigne, Temp. Lt. H.
Gash, Lt. W. T., C'wealth Mil. Forces.
†Gaskell, Capt. C.H., 3 Bn. Wilts. R.
Gaskell, 2nd Lt. G. E., Aust. Imp. Force
Gaskell, Lt. G. N., R.A.
Gaskell, Lt. P., Arg. & Suth'd Highrs.
Gaskell, Capt. W. R., late 3 Bn. S. Lan. R.
Gass, Lt. S. C. G., 17 Bn. Lond R.
Gass, Capt. N. A., Res. of Off.
Gasson, Capt. C. G., late Serv. Bns. North'd Fus.
Gasson, Lt.-Col. C. J., late S. Lan. R.
Gaston, Capt. A., late R.A.M.C.
†Gatehouse. Lt. A. H., North'd Fus.
Gatehouse, Capt. R. P., R.F.A.
†Gatenby, Temp. Lt. G. F., M.G. Corps.
Gates, Lt. L. C., 13 Bn. Lond. R.
Gates, Temp. Lt. W. S., Tank Corps.
Gatey, Temp. Lt. K., Serv, Bns. Devon R.

† Also awarded Bar to Military Cross.

Orders of Knighthood, &c. 345

THE MILITARY CROSS—contd.

Gatfield, Lt. W. H., 16 Bn. Lond. R.
†Gatherer, Capt. A. H. N., 46 Punjabis.
Gathorne-Hardy, Capt. G. M., *late* 4 Bn. R. Berks.R.
Gatt, Lt. A. J., R. Malta Art.
Gatti, Lt. J. A. S., I. Gds. Spec. Res.
Gattie, Lt. A. H., 2 Co. of Lond. Yeo.
Gattie, Capt. K. F. D., *D.S.O.*, S. Wales Bord.
Gatward, Lt. H.A., R.G.A., Spec. Res.
Gaud, Lt. E. H., *M.M.*, Hon. Art. Co.
Gauld, Temp. Lt. H. A., R.E.
Gauld, Lt. J., 19 Bn. Lond. R.
Gauld, Capt. J. G., Can. Local Forces
Gaulder. Temp. Lt.C.W.E., Serv. Bns. Yorks. L.I.
Gaulter, Lt. J. R , 4 Bn. R. Lanc. R.
Gaunt, Hon. Capt. H. D., *late* Yorks. L.I. (attd.)
Gaunt, Capt. O., R.F.A. Spec. Res.
Gauri Shankar Dube, Subadar,*Bahadur*,1 Sappers & Miners.
Gaussen, Capt. C. de L, R.E.
†Gauthern, Hon. 2nd Lt. H., *late* 26 Bn. R. Fus.
Gavin, A. G. D., *late* 2nd Lt. 3 Bn. R. Highrs.
Gavin, Lt.S.,5 Bn. Devon.R.
Gavin, Temp. Capt. W. S., 16 Bn. R. Scots.
†Gawler, Lt. F., C'wealth Mil. Forces.
Gawler, Capt. D. R., 3 Bn. R. Scots.
Gawler, Temp. Capt. G.N., M.G. Corps.
Gawler, Temp. Lt. H. S., Serv. Bns. York & Lan.R.
Gawn, Capt. R. D., *M.B.*, R.A.M.C. (T.F.)
Gay, Lt. A. B., R.F.A. (T.F.)
Gay, Capt. C. D., *late* Serv. Bns. R. Lan. R.
Gay, Maj. G. J., Dep. Commy. of Ord.,R.A.O.C.
Gay, Temp. Lt. H. C., M.G. Corps.
Gay, Lt. J. H., R.F.A. (T.F.)
Gay, Lt. N. A., *late* R.F.A. Spec. Res.
Gayer, Maj. A. E., *late* R.F.A. Spec. Res.
Gayner, Lt. P. H., Sask. Regt.
Gaynor, Capt. G. C., *M.B.*, *late* R.A.M.C.
†Gaywood, Temp. Capt. F. J., 8 Bn E. Surr. R.
Gaze, Capt. A. W., 15 Bn. Lond. R.
†Gaze, Lt. F. O., C'wealth Mil. Forces.

Geary, Co. Serjt.-Maj. A., Leic. R.
Geary, Co. Serjt.-Maj. G.E., Can. Local Forces.
Geary, Lt. H. V., Ind. Army
Geddes, Lt. J., *late* R.E.
Geddes, Lt, P., 6 Bn. Gord. Highrs.
Geddes, Maj. R. A., C'wealth Mil. Forces.
Geddes, Lt. R. A. H. S., R.F.A.
Geddes, Capt. R. C., E. Ont. Regt.
Gedge, Lt. E. G., R.F.A.
Gedye, Lt. F. S., R.F.A. (T.F.)
Gee, Lt. A. J., R.A.
Gee, Lt. C. H. R., 9 Bn. Durh. L.I.
Gee, Lt D., 6 Bn.R.War.R.
Gee, Lt. E. E., *D.S.O.*, R.G.A.
Gee,Lt.G.A.,*M.B.E.R* G.A Corps.
††Gee.Bt.Maj.H.J.,R.G.A,
Gee. Lt. H. J., C'wealth Mil. Forces.
Gee. Lt. J. P., 5 Bn. Lond R.
☒ Gee, Capt. R., ret. pay
Geen, Capt. G. P., *late* R.E.
Gegg, Hon. 2nd Lt. J. H. B.,*la:e*Serv.Bns.Som.L.I.
Geidt, Maj. F. B., T.F. Res.
Geilinger, Temp. Lt.W.H., Serv. Bns. R. Fus.
Geldard, Maj. C., R.A.
Geldard, Capt. N., *D.S.O.*, 6 Bn. W. Rid. R.
Geldard, Lt. S. H., 3 Bn. S. Wales Bord.
Geldart, Temp. Lt. W. E. R.F.A.
Gelderd, Lt. W. L., 4 Bn. Bord. R.
Gell, Temp.Lt.-Col. E A.S., *D.S.O.*, Serv. Bns. R. Fus.
Gell, Lt. H. M., R.E. Spec. Res.
Gell, Capt.W. C. C., *D.S.O.*, 5 Bn. R. War. R.
Gelston, Lt. A. J., Aust Imp. Force.
Gem, Capt. A. H. A., 7 Bn. Notts & Derby.R.
Gemmell, Capt. A. A., Cam'n Highrs.
Gemmell, Temp. Maj. J. S., *D.S.O.*, 20 Bn. Manch. R.
Gemmell, Temp. Lt. K. T.
†Gemmill, Bt. Maj. J. D., R.E.
Genber, Lt. F. A., S. Afr. Def. Force.
Genet, Capt. H., R.E.

Genet, Lt. J. E., Can. Local Forces
Genney, Temp. Lt. T., R.F.A.
Gent, Capt. G. E. J.,*D.S.O.*, 3 Bn. D. of Corn. L.I.
Gent, Temp. Lt. R. M., R.A.S.C.
Gentle, Lt. W. G., *late* Serv. Bns. Suff. R.
Gentry-Birch, Temp. Capt. C., Serv.Bns.R.Berks. R.
Georga, Temp. 2nd Lt. A. C. W., 10 Bn. Rif. Brig.
George, Capt. B., Sask. Regt.
George, Lt. B. I., *late* Res. of Off.
George, Temp. Lt. D. F., 10 Bn. S. Wales Bord.
George, Capt. F. C., ret. pay
George, Lt. H. H,. R.G.A., Spec. Res.
†George, Temp. Lt. J. K., 3 Bn. Glouc. R.
George, Capt. J. T., *late* 2 Bn. Mon. R.
George, Temp. Capt. R. A
George, Capt. T. L., Suff. R.
George, Capt. W., *M.B.*, R.A.M.C. (T.F.)
George, Temp. Capt. W H., M.G. Corps
Georgeson, Lt. E. H. M., 3 Bn. R. Scots.
Georgeson, Lt. H., 3 Bn. Sea. Highrs.
Geraghty, Lt. T., 4 Bn. E. York. R.
Gerard, Capt. F. J., *Lord*, *late* Res of Off.
Gerard, 2nd Lt. G. V., 4 Bn. E. Kent R.
Geraty, Temp. Capt. L. N., *late* R.A.M.C.
Geraty, Temp. Lt. T. F., 5 Bn. R. Ir. Fus.
German, Lt. O. E. 2 Co. of Lond. Yeo.
Gerrard, 2nd Lt. A. F., *late* 5 Bn. S. Lan. R.
†Gerrard, Lt. F. I., R. Highrs.
Gervers, Temp. Lt. R. J. W.
Gerry, Temp. Lt. F., *late* R.F.A.
Gethen, Temp. Maj. R., 7 Bn. Norf. R.
Gething, Lt. P. J., R. War. R.
Gets, Temp 2nd Lt. C. G., Serv. Bn. R. Mun. Fus.
Ghulam Ali, Subadar 40 Pathans.
Gib, Capt. M. D., 4 Bn. N. Staff. R.
Gibb, Capt. E. J. G., Res. of Off.
Gibb, Temp. Capt. G. A., R.A.S.C.
Gibb, Lt. J. D., R.F.A.
Gibb, Temp. Capt. P., R.A.M.C.

Gibb, Temp. Capt. T. T., R.E.
†Gibb, Lt. W., *M.M.*, Aust. Imp. Force.
†Gibbens, Capt. C., *D.S.O.*, *late* Durh. L.I.
Gibbins, Lt. P. H., R.F.A. (T.F.)
Gibbon, 2nd Lt , C. H., 16 Bn.Lond.R.
Gibbon, Lt. D. S., 3 Bn. R. Welsh Fus.
Gibbon, Lt. E. M., 3 Bn. S.W. Bord.
Gibbon, Lt. H. J., R.F.A.
Gibbon, Temp. Maj R., 16 Bn. Manch. R.
Gibbon, Lt. R. W. J., R.F.A. Spec. Res.
Gibbon, Maj.W. D., *D.S.O.*, Unattd, List (T.F.)
Gibbons. Temp. Lt. A. C., Serv. Bns. Lan. Fus.
Gibbons, Capt. A. G., *late* R.E.
Gibbons, Temp. Lt. C.P. Tank Corps.
Gibbons, Capt. F., 19 Bn. Lond. R.
Gibbons, Lt. H., Devon. R.
Gibbons, Temp. Capt. H. R., R.F.A.
Gibbons, Capt. J. F. D., *late* Notts. & Derby.R.
Gibbons, Temp. Lt. J. H., R.F.A.
Gibbons, Lt.-Col. J. N. G., *late* R.A.S.C. Spec. Res.
†Gibbons, Temp. Lt. R., 8 Bn. Devon. R.
Gibbons, 2nd Lt. W., Hamps. R.
Gibbons, Hon. Capt. W. P., *late* 23 Bn. Manch. R.
Gibbs, Lt. A., W. Gds.
Gibbs, Maj. A. H., *late* R.F.A.
Gibbs, Maj. A. J., *D.S.O.*, R.A.
Gibbs, Capt. B. B. De W., Serv. Bns. Welch R.
Gibbs, Lt. E. N., 10 Bn. Lond. Regt.
Gibbs, Lt. E., Sask. Regt.
Gibbs, *Rev*. J. S., Temp. Chapl. to the Forces 4th Class.
Gibbs, *Rev*. F. A. W., Hon.Chapl.to the Forces, 4th Class.
Gibbs,Temp.Lt. F.J.,Serv. Bns. S. Staff. R.
Gibbs, Lt. G. H., R.E. (T.F.)
Gibbs, Lt. G. H., 4 Bn. Dub. Fus.
Gibbs, Maj. J. E., C. Gds.
Gibbs, Lt. L. A., 6 Bn. Devon R.
†Gibbs, Capt. L. M., *D S O.*, C. Gds.
Gibbs, 2nd Lt. R. H. M., C'wealth Mil. Forces.
Gibbs, Capt.S.R.,R.A.M.C. (T.F.)

---
† Also awarded Bar to Military Cross.
†† Also awarded 2nd Bar to Military Cross.

Orders of Knighthood, &c.

THE MILITARY CROSS—contd.

†Gibbs, Capt. T. R., Serv. Bns. High. L.I.
Gibbs, Temp. Lt. W. J., Serv. Bns. E. Surr. R.
Gibbs, Batty. Serjt.-Maj. W. J., R.F.A.
Giblin, Maj. L. F., *D.S.O.*, C'wealth Mil. Forces.
Giblin, Lt. N., R.F.A (T.F.)
Giblin, Capt. W. E., *M.B.*, *late* R.A.M.C.
Gibson, *Rev.* A., Hon. Chapl. to the Forces, 4th Class.
Gibson, Temp. Lt. A., Serv. Bns. R. Scots.
Gibson, Lt. A. J. E., ret. Spec. Res.
Gibson, Capt A. M., *M.B.*, R.A.M.C.(T.F.)
Gibson, Capt. A.K., *O.B.E.*, 4 Bn. Oxf. & Bucks. L.I.
Gibson, Capt. C. F. L., 5 Bn. R. War. R.
Gibson, Capt. C.O.P., 4 Bn. North'd Fus.
Gibson, Lt. C. P., R.E. (T.F.)
Gibson, Capt. C. W. G., ret. pay.
†Gibson, Temp.Capt.D. G. 12 Bn. R. Fus.
Gibson, Lt. D. M., R F.A. Spec. Res.
Gibson, Lt. D. R., Ind. Army
Gibson, Capt. E., ret.
Gibson, Temp. Capt. E. R., R.G.A.
Gibson, Lt. E. S., 9 Bn. Durh. L.I.
Gibson, Lt. F. A. S., N. Staff. R.
Gibson, 2nd Lt. F. S., R.G.A. Spec Res.
Gibson, Lt. G. W., R.G.A. Spec. Res.
Gibson, *Rev.* H., Hon. Chapl. to the Forces, 3rd Class.
Gibson, Lt. H. D., 5 Bn. N. Staff. R.
Gibson, Serjt.-Maj. H. K., M. G. Corps.
Gibson. Maj. J., *M.B.*, *late* R.A.M.C.
Gibson, Lt. J. F., R.E (T.F.)
Gibson, Capt. J. G., Ind. Army
Gibson, Lt. L. A., *late* Serv. Bns. North'd Fus.
†Gibson, Temp. Capt. L.H., 11 Bn. Notts. & Derby R.
Gibson, Lt. N. G., 5 Bn. R. Sc. Fus.
Gibson, Temp. Lt. N. V.
Gibson, Lt. P. D., 2 Bn. Lond R.
Gibson, Lt. R. B., *M.M.*, Can. Eng.

Gibson, 2nd Lt. R. D., *late* 12 Bn. Rif. Brig.
Gibson, Capt. R. S., *M.B.*, *late* R.A.M.C.
†Gibson, Temp. 2nd Lt T. C., Tank Corps.
Gibson, Lt. T. R., *late* Serv. Bns. York. R.
Gibson, Lt. T. R., 6 Bn. R. Scots.
†Gibson,Temp. Capt. T.S. 10 Bn. Arg. & Suth'd Highrs.
Gibson, Lt.-Col. W., *D.S.O.*, *late* Serv. Bns. W. York. R.
Gibson, Lt. W. G., R. W. Surr. R.
†Gibson, Lt. W. J., W.Ont. Regt.
†Gibson, Hon. Lt. W. M., *late* North'd Fus.(attd.)
Gibson, Capt. W. R., Man. R.
Giddins, Temp. 2nd Lt. A., Serv. Bns. N. Lan. R.
Gidley, Lt. W. G., Can. Local Forces.
Giffard, Capt. J. L., ret.
Giffin, Lt. W. C. D., *D.S.O.*, 3 Bn. R. Ir. Fus.
Gifford, Lt. A. R., R.F.A. Spec. Res.
Gifford, Lt. F. D., Can. Local Forces.
Gifford, Lt. J. R., R.F.A.
†Gifford, Lt. W. D. G., 4 Bn. York & Lanc. R.
Gilbert, Temp. Lt. C. G. C., M.G. Corps.
Gilbert, Lt E., 8 Bn. Worc. R.
Gilbert, Lt. E. M., *late* 3 Bn. Essex R.
Gilbert, Maj. E., *late* Mach. Gun Corps.
Gilbert, Lt. G. H., *M.M.*, Sask Regt.
Gilbert, Temp. Capt. H., Mach. Gun Corps.
Gilbert, Lt. J. E., R.G.A.
Gilbert, Capt. J. W., *late* R.A.M.C.
Gilbert, Capt. L., R. Innis. Fus.
†Gilbert, Lt. N., 6 Bn.R.W. Fus.
Gilbert, Lt. W. E., 2 Regt. K.E. Horse
Gilbey, Temp. Capt. G. H.

Gilbey, Lt. G. H. Y., Herts. R.
Gilby, Lt. A. O., R.F.A. Spec. Res.
Gilby, Capt. V. G., R.F.A. (T.F.)
Gilchrist,Capt.A.J.,*O.B.E.*, *M.B.*,R.A.M.C.Spec. Res.
Gilchrist, *Rev.* A. S. G., Hon. Chaplain to the Forces (4th Class).
Gilchrist, Temp. Lt. C., R.E.
Gilchrist, Temp. Capt. D., R.E.
Gilchrist, Lt. E. J. L. W., D.F.C., 9 Lrs. Spec. Res.
Gilchrist, Lt. H. G., *D S.O.*, Sco. Sig. Co., R.E. (temp. Capt. R.E.)
Gilchrist, Temp. Lt. J., Tank Corps.
Gilder, Capt.T.G.,C'wealth Mil. Forces
Giles, Capt. A. C., *M.B.*, *late* R.A.M.C.
Giles, Temp. Lt. A. H. A., *D.S.O.*, Serv. Bns. Leic R.
Giles, Temp. 2nd Lt. A. J., 9 Bn. Ches. R.
Giles, Temp. Lt. A. S., Notts. & Derby R.
Giles, Lt.E., 2 Bn. K.O.Sco. Bord.
Giles, Lt. E. J., R.E. (T.F.)
Giles, Lt. E. N., R.F.A (T.F.)
†Giles, Capt. G. M., 3 Bn. Lond. R.
Giles, Temp. Capt. J. H. B, Serv. Bns. R. Fus.
†Giles, Lt. L. W., Oxf. & Bucks. L.I.
Giles, Co. Serjt.-Maj. W., Som. L.I.
Gilham, Maj. F., *late* R.F.A.
Gilholme, Lt. E., 21 Lrs.
Gilks, Capt. H. L., 6 Bn. Lond. R.
†††Gilkes, Lt. H. A., 21 Bn. Lond. R.
Gilkes,Capt. M.H., 21 Bn Lond. R.
†Gilkinson,Lt.T.F.,R.F.A., Spec. Res.
Gill, Capt. A. L., Notts. & Derby R.
Gill, Temp.Capt. D.,R.G.A.
Gill, Lt. J., 6 Bn. W. York. R.
Gill, E., *late* Temp. Capt. S. Wales Bord. (attd.)
Gill, Maj. E., 1 Quebec R.

Gill, Lt. E. J., Can. Fd. Art.
†Gill, Lt. G. A., R.G.A. Spec. Res.
Gill, Capt. H. C., 6 Bn Lan. Fus.
Gill, Temp. Lt. H. F., R.E.
Gill, Lt. H. L. O., 3 Bn. Glouc. R.
Gill,Temp. Lt. H. S., R.A.
Gill, *Rev.* H. V., *D.S.O.*, Hon. Chaplain to the Forces, 3rd Class.
Gill, Capt. J. G., *O.B.E.*, *D.S.O.*,*M.B.*, R.A.M.C.
Gill, Capt. K. I., Aust.Imp Force.
Gill, Capt. N. J., *C.B.E.*, R.A.
Gill, Temp. Lt. R. H., Tank Corps
Gill, Lt. W. K., C'wealth Mil. Forces.
Gill, Capt W. P., 6 Bn Durh. L.I.
†Gill, Capt. W. T., 6 D.G.
Gillanders, Temp. Lt. M. R., R.E.
Gillard, Temp. Capt. F. C., R.A.V.C
Gilleard, Co. - Serjt. - Maj. F. S., 10 Bn. W. Rid. R.
Gillender, Lt. R. H, S. Bn., S. Staff. R.
Gillenders, *Rev.* R., Hon. Chapl. to the Forces, 4th Class.
Gillespie, Capt. David, *M.D.*, *late* R.A.M.C.
Gillespie, Temp. Lt. D. H., R.E.
Gillespie, Temp. Lt. G. A., 5 Res. Regt. of Cav.
Gillespie, Lt. G. M., 3 Bn. Sea. Highrs
Gillespie, Maj. H. M., *M.B.*, *late* R.A.M.C.
†Gillespie, Lt. J., R.F.A. Spec. Res.
Gillespie, Temp. Maj. J. K., Can. Local Forces.
Gillespie, Temp. Capt. J. M., *M.B.*, R.A.M.C.
Gillespie, Capt R., *late* K.O. Sco. Bord.
Gillespie, Lt. R. S., Can Fd. Art.
Gillespie, Lt. S. P., Serv. Bns. Gord. High'rs.
Gillespie, Temp. Lt. T. L., 4 Bn. Worc. R.
Gillespie, Capt. W., 6 Bn. Arg. & Suth'd Highrs.

† Also awarded Bar to Military Cross.
††† Also awarded 3rd Bar to Military Cross

Orders of Knighthood, &c.

THE MILITARY CROSS—*contd.*

Gillespie, Lt. W. D., 4 Bn. R. Scots
Gillett Lt. P. G., Res.of Off
Gillett, Capt. S. H., 7 Bn Midd'x R.
Gillett. Lt. T. H., 7 Bn. R. War. R.
Gillett, 2nd Lt. T. S. R., R.F.A. Spec. Res.
Gillham, Lt. H. C., Can. Local Forces.
Gilliat, Lt. H., 8 Bn. W. York R.
Gillie, Lt. G. D., Can. Local Forces.
Gillies, J., Temp. Lt. Serv. Bns. High. L.I.
Gillies, Lt. J. P., Can. Local Forces.
Gillieson, *Rev.* W. P., Temp. Chapl. to the Forces 4th Class
Gilliland, Capt. H. G., 3 Bn. N. Lan. R.
Gilliland, Lt. H. S., Devon. R.
Gilliland, Temp. Capt. T., R.E.
Gilling, Lt. J. E., 3 Bn. North'd Fus.
Gillingham,Sergt.-Maj. F., *D.C.M.*, E. Ont. R.
Gillis, Lt. A. A., Can. Fd. Art.
Gillis, Lt. A. E., Quebec Regt.
Gillott, Lt. B. C., 3 Bn. North'n R.
Gillott, Temp. Lt. C., 22 Bn. Durh. L.I.
Gilman, Lt. G. E. C. R., R.E.
Gilman, Temp. Lt. L. H., M.G. Corps.
Gilmore, Lt. D. J., 5 Bn. Gord. Highrs.
†Gilmore, Temp. Lt. G. H., 8 Bn. S. Suss. R.
†Gilmour, Capt. A. H., Can. Local Forces.
Gilmour, Capt. C. D., R. Highrs.
Gilmour, Bt.-Maj. J., *M.B. F.R.C.S. Edin.*, ret.
††Gilmour, Capt. J., Res. of Off.
Gilmour, Temp. Lt. J. A., Serv. Bns. High. L.I.
Gilmour, Lt. J. McM., 5 Bn. K. O. Sco. Bord.
Gilmour, Capt. W., 7 Bn. Gord. Highrs.
Gilmour, Capt. W. N., *M.D.*, *late* R.A.M.C.
Gilpin, Lt. C. R., Can. Local Forces.
Gilpin, Capt. G. R., R.E.
†Gilpin, Capt. W. J., R.F.A.
Gilray, Lt. C. MacD., 6 Bn. Rif. Brig.
Gilroy, Lt. J., h.p.
Gilroy, Capt. P. K., *M.C.*, Ind. Med. Serv.
Gilroy, Lt. T., 4 Bn. W. Rid. R.

Gilsenan, Lt. T. D. C., *late* 5 Bn. W. York. R.
Gimblett, Temp. 2nd. Lt. C. D., Serv. Bns. Welsh R.
Gimes, 2nd Lt. J., *late* 5 Bn. Shrops. L.I.
Gimson, Temp. Lt. A. F., R.F.A.
Gingell, Hon. Capt. L. A. H., *late* R. W. Kent R. (attd.)
Ginzer, Lt. T. R. K., 4 Bn. York. R.
Ginzler, Lt. S., 3 Bn. E. War. R.
Girdler, Temp. Lt. A. L. P., Serv. Bns. R. Fus.
Girdlestone, Temp. Lt. J. G. L., 9 Bn. Devon R.
Girling, Capt. E. A., *late* Serv. Bn. Hamps. R.
Girling, Lt. F. E. B., R.W. Surr. R.
Girvin, Lt. J. W., *late* Serv. Bns. R. Highrs.
Gisborne, Lt. W. G., 9 Lrs.
Gittins, Temp. Lt. R. J., Mach. Gun Corps.
Gittins, Lt. W., *la'e* R. W. Fus.
Given, Temp. Capt. T. F. R. Ir. Fus. (attd.)
Givens, Capt. W. C., Can. A.M.C.
Gjertsen, Lt. R., 7 Bn. R.A.M.C., Spec. Res.
Gladstone, Temp. Capt. K. S. M.
Gladstone, 2nd Lt. S. D. Ind. Army Res. of Off.
Gladwell, Temp. Lt. C. W., R.E.
Glaeser, Lt. C. A., R.F.A. Spec. Res.
Glanville, Lt. A. E., ret.
Glanville, Qr.-Mr.-Serjt.C., Hon. Art. Co.
Glanville, Temp. Lt. F. R. A., Serv. Bns. R. Fus.
Glanville, Temp. Lt. G. G., R.E.
†Glanville, Capt. I. C. A., *late* Tank Corps.
Glanville, Lt. R.B.,C'wealth Mil. Forces.
Glascoine, Lt. R. K., *D.S.O.*, 20 Bn. Lond. R.
Glasgow, Capt. D. R., C'wealth Mil. Forces.
Glasgow, Lt. F., Glouc. R.
Glasgow, Temp. Capt. W. J. N., R.E.
Glass, Capt. A. E., Qr.-Mr. R.A.M.C. (T.F.)
Glass, Temp. Lt. C. W., Serv. Bns. Arg. & Suth'd Highrs.

Glass, Temp. Capt. H. S. Sc. Fus.
Glass, Lt. J. S., 5 Bn. R. K.
Glass, Temp. Capt. W. B. R.
Glassford, Capt. J. C. G., C'wealth Mil. Forces.
Glasson, Capt. B., R.G.A. Spec. Res.
Glasson, Temp. Capt. L. M., Serv. Bns. R. Fus.
Glasspool, Capt. R. T. B., 5 Bn. Durh. L.I.
Glazebrook, Capt. A. R., 7 Bn. W. York. R.
Gleadon, Co. Serjt.-Maj.F., W. Rid. R.
Gleave, Temp. Lt. G. E., Serv. Bns. R. Lanc. R.
Gleave, Lt. J., 4 Bn. Shrops. L.I.
Gledhill, Lt. A., *late* 5 Bn. E. Lan. R.
Gledhill, Temp. 2nd Lt. H. N., M.G. Corps.
Gledhill, 2nd Lt. J., R.G.A., Spec. Res.
Gledhill, Maj. M. R. P. W., R. Ir. Regt.
Gleed, Temp. Lt. R. W.A., Serv. Bns. S. Staff. R.
Glegg, Capt. J. D., R. Dub Fus.
Glen, Temp.Capt.A.,*D.S.O.*, R. Anglesey R.E.
Glen, Capt. A., *M.B.* R.A.M.C., Spec. Res.
Glen, Temp. Capt. A., R.E.
Glen, Temp. Capt. A., Serv. Bns. R. Highrs.
Glen, Lt. A. M., *'ate* R.F.A. Spec. Res.
Glen, Capt. H. R., R.A.S.C. Spec. Res.
Glen, Temp. Lt. J. McG. Serv. Bns. R. Scots.
Glen, Actg. Maj. M. A. B., R.G.A. (T.F.)
Glen, 2nd Lt. R., Serv. Bn. R. Sc. Fus.
Glen, Lt. W. R., 5 Bn. High. L.I.
Glenday, R. G., *late* Temp. Lt.
Glendinning, Temp. Lt. J. H., 12 Bn. R. Ir. Rif.
†Glenn, Capt. C. E., 5 Bn. York & Lanc. R.
Glenn, Lt. W. S., R.F.A. Spec. Res.
Glenn, Lt. W. W., ret. pay.
†Glenny, Capt. A. W. F., *D.F.C.*, R.A.S.C.
Glenton, Lt. A. E., Welch R.
Gloag, Bt. Maj. V. F., 5 Bn. Durh. L.I.
Glossop, Lt. C., R.F.A.

Glossop. Lt. D. 6 Bn. R. Fus.
Glossop, Lt. G. C., R.F.A. Spec. Res.
Gloster, Capt, J. Fitz G., 5 Bn. R. Muns. Fus.
Glover, Lt. A. B., R.E. (T.F.)
Glover, 2nd Lt. A. H., 9 Bn. Midd'x R.
†Glover, Temp. Lt. A. N., Serv. Bn. S. Wales Bord.
Glover, Temp. Capt. A S., R.E.
Glover, Lt. E. P., 1 W. Rid. Div., R.E.
†Glover, Lt. F. P. J., 4 Bn. E. Surr. R.
Glover, Capt. G. de C., *D.S.O.*, S. Staff. R.
Glover, Capt. G. M., Manch. R.
Glover, Temp. Lt. H. P. McC., R.F.A.
Glover, Lt. M. C., 6 Bn. R. War. R.
Glover, Lt. R. B., *late* R.E. (T.F.)
Glover, Lt. T. S., 3 Bn Yorks. L.I.
Glubb, Lt. J. B., R.E.
Gluckstein, Hon. Lt. S. M., *late* R.F.A.
Glyn, Capt. R. G. C., Rif. Brig. Spec. Res.
Glynn, Temp. Capt. F. J., R.F.A.
Glynn, Lt. R. T. W., R.F.A.
Glynn, Temp. Lt. T. C., R.E
Glynne, Temp. Capt. I. Y., 11 Bn. W. York. R.
Goacher, Lt. F., 2s Bn. Lond. R.
Goad, Temp. Capt. C. E., 9 Bn. R. Suss.
Goad, Capt. C. E. G. B., 128 Pioneers.
Goadby, Lt. L. H., 5 Bn. L'pool R.
Goater, Temp. Capt. W. H. G., *D.S.O.*, 10 Bn. W. Yorks. R. (2nd Lt. R.W. Kent R.)
Gobell, Capt. J. E., Can. A.S.C.
†Goble, Lt. IF. T., 4 Bn. Sco. Rif.
Goble, Lt. G. J., 1 Bn. Lond. R.
Goble, Temp. Lt. S. W., Serv. Bns. Bedf. & Herts. R.
†Goddard, Capt. A. W., 7 Bn. R. Fus.
Goddard, Lt. E. C., R.F.A. (T.F.)
Goddard, Capt. E. N., O.B.E., Ind. Army.
Goddard, Temp. Lt. E. T., R.E.
Goddard, Temp. Capt. F. G., R.G.A.
Goddard, Temp. Capt. F. W., Essex R.
Goddard, Serjt.-Maj. J, 14 Hrs.

---

† Also awarded Bar to Military Cross.
†† Also awarded 2nd Bar to Military Cross.

Orders of Knighthood, &c.

THE MILITARY CROSS—*contd.*

†Goddard, Capt. J. W., ret. pay
Goddard, Lt. M. G., R.F.A (T.F.)
Goddard, Temp. Lt. W. C., R.E.
Goddard, Temp. Lt. W. J., 7 Bn. R.W. Kent R.
Goddard, Temp. Lt. W. J., M.G. Corps.
Godden, Lt. H. F., *late* R.A.S.C.
Godding, Temp. Lt. A C., M.G. Corps.
Godding, Capt. H. C., R.A.M.C.
Godfray, Capt. J. C. L., O.B.E., R.A.S.C.
Godfree, Temp. Capt. A. S.
Godfree, Capt. D. W., 21 Lrs.
Godfree, Lt. L. A., R.F.A. (T.F.)
Godfree, Lt. T. H., R.A.
Godfrey, Capt A. H. L., C'wealth Mil. Forces.
Godfrey, Bt. Maj. C. A.
Godfrey, Temp. Lt. E. A., R. Mar.
Godfrey, Lt. E. G., 6 Bn. Lond. R.
Godfrey, Lt. F. A. J., 10 Bn. Lond. R.
Godfrey, Temp. Capt. H., R.A.S.C.
Godfrey, Lt. P. J., 4 Bn. R. Ir. Regt.
Godfrey, Maj. T., Brit Columbia R.
Godfrey, 2nd Lt. W. C., C'wealth Mil. Forces.
Godfrey-Faussett, Lt. B.T., R.E.
Godley, Temp. Capt. J. W., R.A.
Godley, Temp. Lt. R. W., R.E.
Godly, Temp. Lt. P. C. T., 6 Bn. R.W. Kent R.
Godsal, Capt. P., 3 Bn. Oxf. & Bucks L.I.
Godsall, Lt. S. A., 8 Bn. Worc. R.
Godsell, Bt. Maj. K. B., D.S.O., R.E.
Godsland, Capt. C. H., R. Innis. Fus.
Godson, Maj. C. A., Ind. Med. Serv.
Godson, Lt. F. P., 3 Bn. E. York. R.
†Godson, Lt. E. A., 3 Bn. R. Ir. Fus.
Godwin, Capt, A.R., R.F.A. (T.F.)
Godwin, Temp. Maj. E. T. H., Mach. Gun Corps.
Godwin-Austen, Bt. Maj. A.R., O.B.E., S.WalesBord.
Godwin, Temp. 2nd Lt. J H., Serv. Bns. L'pool. R.
Goetz, Lt. R. E. O., W. Gds. Spec. Res.
Goff, Capt. C. E., L'pool R.
Goff, Capt. E., C'wealth Mil. Forces.
Goff, Lt. R. E. C., Dorset R.

Goldanich, Rev. E. O'S., Temp. Chapl. to the Forces, 4th Class.
Going, Lt. C. E., 5 Bn. Midd'x R.
Gold, Temp. Lt. H. A., 7 Bn. E. Kent R.
†Gold, Capt. L. G., Herts. R.
Gold, Lt. R. C., 3 Bn. E. Surr. R.
Goldberg, Capt. R., *late* Mach. Gun Corps.
Golden. Lt. A. D., Can. Fd. Art.
Golden, Temp. Lt. H. N., M.G. Corps.
Golder, Co. Serjt.-Maj. W. Spec. Res.
Goldfrap, Capt. H. W., D.S.O., 103 Inf. [L]
Goldie, Lt. B. C. M., 10 Bn. Lond. R.
Goldie, Lt. C. J. D., R.F.A., Spec. Res.
Goldie, Capt. E. A, M. J.
Goldie, Temp. Capt. J. H. D., 7 Bn. Wilts. R.
Goldie, Capt. W., M.B., R.A.M.C. (T.F.)
Goldie - Taubman, Temp. Maj. C. R., 6 Bn. S. Lan. R.
Golding, 2nd Lt. C. B., R.F.A. Spec. Res.
Golding, Temp. Lt. C. H., Serv. Bns. Welch R.
Golding, Capt. H. C., 5 Bn. W. Rid. R.
Golding, Capt. W., 4 Northb'n Brig. R.F.A.
†Goldingham, Temp. Capt. G. R., R. Mar.
†Goldman, Temp. 2nd Lt, L.I., L R E.
Goldney, Capt. C. Le B., R.A.S.C.
Goldney, Hon. Lt. H. H., *late* R.E.
Goldney, Maj. H. W., O B.E., R.G.A.
Goldsack, Temp. Lt. W. G. M.G.C.
Goldsbury, Hon. Lt. C. M., *late* 7 Bn. Lond. R.
Goldsmith, Maj. G. H., *ate* R.E.
Goldsmith, Capt. H., C'wealth Mil. Forces.
Goldsmith, Bt. Maj. H. A., 95 Inf.
Goldsmith Temp. Lt. H. C., Serv. Bn. Suff. R.
Goldsmith, Lt. S., *late* S. Afr. Def. Forces.
Goldsmith, Lt. S R., M.M., Aust. Imp. Force.
†Goldsmith, Temp. 2nd Lt T.F., 17 Bn. Manch. R.

Goldson, Capt. J. W., *late* Serv. Bns. North'n R,
Goldsworthy, Maj. G. S., ret.
Goldsworthy, Temp. Lt. G. W., Serv. Bns. W. Rid. R
Goldsworthy, Lt. W., Mon R.
Gollan, Lt. H. R., D.S.O., Aust. Imp. Force.
Golwynne, Lt. H. A., Can. Eng.
Gompertz, Capt. A. J., R.E.
Gonnason, Lt. C. S., Can Fd. Art.
Gooch, Batty. Serjt.-Maj. A., R.F.A.
Go ch, Lt. F. E., R.F.A. Spec. Res.
Gooch, Temp. Capt. H., D.S.O., R.E,
Gooch, Capt. K. T., Res. of Off.
Gooch, Capt. R. F. K., War. Yeo.
Gooch, Temp. Lt. W. S., M.G. Corps.
Good, Lt. A., 4th Bn. R Highrs
Good, Capt. N. B. N., 4 Bn. North'd Fus.
Good, Temp. Lt. W., R.A
Good, Lt. W. H., *late* Conn. Rang.
Goodacre, Rev. J., Chapl. 4th Class (T.F.)
Goodacre, Lt. W, R., R. A. (T.F.)
Goodale, Temp. Lt. E. W., Serv. Bns. R. War. R.
Goodale, Capt. J. C., Can Local Forces.
Goodall, Lt. A. H., 6 Bn Notts. & Derby R.
Goodall, Capt. C. E. G. 5 Bn. Linc. R.
Goodall,Temp.Capt. C.M., *late* Serv. Bns. North'd Fus.
Goodall, Lt. F. G., 6 Bn. Sco. Rif.
Goodall, Lt. L. J. C., 7 Bn Manch. R.
Goodall, Capt. T., D.S.O., 5 Bn. W. Rid. R.
Goodall, Co. Serjt.-Maj. T. G., D.C.M., N. Brunswick R.
Goodbody, Lt. G.M., R.F.A. Spec. Res.
Goodbody, Temp. Lt. J. M. 10 Bn. R. Dub. Fus.
Goodburn. Temp. Maj. R., 14 Bn. York & Lanc. R.
Goodchild, Capt. C. O., R F.A. (T.F.)
Gooddy, Temp. Lt. R. W., R.A.S.C.
Goode, Maj. F. J., *late* M.G. Corps,
†Goode, Capt. H. N., M.B., F.R.C.S. Edin., R.A.M.C. (T.F.)
Goode, Temp. Lt. J. H., *late* 7 Bn. Som. L.I.

Goode, Temp. 2nd Lt. L. C. H.
Goode, Lt. R. B., Aust. Imp. Force.
Goodenough, Lt. K. M, R.F.A. Spec. Res.
Goodenough, Lt. L.T.,4 Bn R. Berks. R
Gooderham, Lt. F., 5 Bn. Bedf. & Herts. R.
Goodeve, Capt. W. S., Can. Local Forces.
Goodey, Co. Serjt.-Maj. G., 9 Bn. Rif. Brig.
Goodfellow, Lt. H. R., 6 Bn. R. War. R.
Goodfellow, Capt. W.D.B., Can. M.G. Corps.
Goodhart, Capt. B. H., h.p.
Goodhart, Lt, J. H., 20 Hrs.
Goodier, 2nd Lt. A., 7 Bn. Manch. R.
Coodier. Temp, Lt. N. E., Serv. Bns York & Lanc. R.
Gooding. Lt. A. T., R.F.A. Spec. Res.
Goodland, Capt. E. S., 5 Bn. Som L.I.
Goodland, Lt. K. A., Aust. Imp. Force.
Goodland. Maj. T., ret. pay
Goodley, Lt. H., 8 Bn. Durh. L.I.
Goodliff Lt. F. J., R.F.A. Spec. Res.
Goodliff., Maj. R. L., 1 Cent. Ont. R.
Goodliffe, Bt. Maj. G. V., R. Fus
Goodly, Temp. Capt. W., Temp. Qr. Mr., R.A.M.C.
Goodman, Capt. E. W., R.G.A.
Goodman, Lt. F. L., 6 Ont. Regt.
Goodman, Temp. Qr.-Mr. & Capt. H. V., 17 Bn. L'pool R.
Goodman, Lt. J. A., 4 Bn. Welch R.
Godman, 4th Class Asst. Surg. J. G., M.D.
Goodman, Lt. P. J., 8. Lan. R.
Goodman, Lt. V. M. R., C. Gds., Spec. Res.
Goodman, Lt. W. J., R.A.
Goodman, Lt. W. R., R.A.
Goodsell, Lt. T. J., R.F.A. (T.F.)
Goodship, Lt. L. A., M.M., 1 Cent. Ont. Regt.
Goodson, Temp. Lt. H. W., Serv. Bns. Bedf. & Herts. R.
Goodson, 2 Lt. J. J., 6 Bn. R. War. R.
Goodway, Lt. A.D., R.F.A. Spec. Res.
Goodwin, Lt. E. G. M., R.G.A. Spec. Res.
Goodwin, Lt. H., *late* 7 Bn. Worc. R.
Goodwin, Capt. J. A., R.E. Spec. Res., T.D
Goodwin, Capt. W.M., Can. Eng.

† Also awarded Bar to Military Cross.

Orders of Knighthood, &c.

THE MILITARY CROSS—*contd.*

Goodwin, Temp. Capt. W. B., 15 Bn. R. War. R.
Goodwin, Capt. W. E., R.F.A., Spec. Res.
Goold, 2nd Lt L. L., 5 Bn. Worc. R.
Goosey, Lt. F., 24 Bn. Lond. R.
Goninon, Lt. W., Aust. Imp. Force.
Gopi-Nath, Agarwal, Sub. Asst. Surg., 3rd Class Ind. Sub. Med. Dept.
Gordon, Maj. Archibald, *late* R.G.A.
Gordon, Qr.-Mr. & Maj. A.
Gordon, Lt. A., 9 Bn. R. Scots.
†Gordon, Lt. A., *D.C.M., M.M.,* R. Scots.
Gordon, Capt. A. D., *D.S.O.,* R. Berks. R.
Gordon, Capt. A. F. L., *D.S.O.,* G. Gds.
Gordon, Hon. Lt.-Col., *Rev.* A. M., *D.S.O.,* Can. Local Forces.
Gordon, Lt. A. Mc. N., 3 Bn. R. Sc. Fus.
Gordon, Lt. A. W. K., R.F.A.
Gordon, Temp. Capt. B. L., Serv. Bns. Yorks. L.I.
Gordon, Lt. C. A., Res. of Off. Ind. Army.
Gordon, Capt. C. A., G. Gds. Spec. Res.
Gordon, Lt. C. A. C., R.G.A.
Gordon. Capt. C. F., *O.B.E.,* N. Staff. R.
Gordon, Capt. C. F., 1 W. Rid. Brig., R.F.A.
Gordon, Lt. D., 5 Bn., Worc. R.
Gordon, Lt. D. McK., R.F.A.
Gordon, Capt. D. St. V., 37 Lrs.
Gordon, Capt. E., *late* R.A.M.C.
Gordon, Lt. E. C., 1 Cent. Ont. Regt.
Gordon, Lt. E. S., Aust. Imp. Force.
†Gordon, Temp. Lt. F. W., Mach. Gun Corps.
Gordon, Lt. G., Can. Local Forces.
Gordon, Capt. G. A., C., *M.B., late* R.A.M.C.
Gordon, Capt. G. H., Gord. Highrs.
Gordon, Temp. Capt. G. M., *O.B.E.,* R.E.
Gordon, Temp. Capt. G. S. ., Serv. Bns. North'd. Fus.
Gordon Temp. Capt. H. C., Serv. Bns., R. Innis. Fus.
Gordon, *Rev.* H. K., C'wealth Mil. Forces.
Gordon, Lt. H. W., *late* R.F.A. Spec. Res.
Gordon, Lt. J., 3 Bn. R. Scots.
Gordon, Capt. J. de la H., *O.B.E.,* Ind. Army.
Gordon, Maj. J. G. B., 52 Sikhs.
Gordon, Capt. J. H. McI., 4 Bn. Gord. Highrs.
Gordon, Capt. J. McK. Cam'n Highrs.
Gordon, 2nd Lt. J. R., Aust. Imp. Force.
Gordon, Lt. J. S., 6 Bn. W. York. R.
Gordon, Temp. Lt. K., Serv. Bns. Manch. R.
Gordon, Temp. Lt. K., Tank Corps.
Gordon, Capt. K. S., 3 Bn. Gord. Highrs.
Gordon, Temp. Lt. L. A. 6 Bn. York. R.
Gordon, Lt. L. H. R., Aust Imp. Force.
Gordon, Lt. N. M., Suff. R.
Gordon, Co. Serjt.-Maj. R., C'wealth Mil. Forces.
Gordon, Capt. R., R.E.
Gordon, Maj. (*Hon. 2nd Lt. in Army*) R. G. S., Dorset Yeo.
Gordon, Capt. R. K., 3 Bn. Gord. Highrs.
Gordon, Capt. S., Ind. Med. Serv.
Gordon, Capt. S. E., 6 Bn. L'pool R.
Gordon, Temp. Capt T., R. ., V.C.
Gordon, Capt. T. J., Ind Army.
Gordon, Lt. W., Nova Scotia Regt.
Gordon, Capt. W., *D.S.O,* Gord. Highrs.
Gordon, Lt. W. G. R., Can. Local Forces.
Gordon, Temp. Capt. W. J., Serv. Bns. High. L.I.
Gordon, Capt. W. L., 3 Bn. Gord. Highrs.
Gordon Canning, Capt. R. C., Res. of Off.
Gordon-Cumming, Capt. A. P., Cam'n Highrs.
Gordon-Davis, Lt. C., ret. pay.
Gordon-Glasford, Capt. E. N., C'wealth Mil. Forces.
Gordon-Gray, Capt G., *D.S.O.,* S. Afr. Def. Force.
Gordon-Munro, Capt. R., 4 D.G.
Gordon-Wilson, Lt. A. G., R.F.A. Spec. Res.
Gore, Temp. Lt. J. T., *D.C.M., M.M.,* Serv. Bns., R. Fus.
Gore, Capt. M., C'wealth Mil. Forces.
Gore, Lt. S. N., *late* 103 Trng. Res. Bn.
Gore-Langton, Capt. G. W., *D.S.O.,* 18 Hrs
Gorell, R. G., Temp. Col. *Lord, C.B.E.*
Goring, Temp. Lt. A. L., 6 Bn. Norf. R.
Gorman, Lt. E., C'wealth Mil. Forces.
Gorman, Lt. J. K., R.F.A. (T.F.)
Gorman, M. E., *M.B., late* Temp. Capt. R.A.M.C.
Gorrill, Temp. Lt. D. G. S., 22 Bn. North'd Fus.
Gorringe, Temp. Capt. E.C.
Gorringe, Capt. H. M., R.E.
Gorringe, *late* Temp. Lt. L.
Gorse, Temp. Capt. W. H., R.F.A.
Gorst, Lt. H., *late* Serv. Bns. Manch. R.
⚜Gort, Maj. J. S. S. P. V, *Visct., M.V.O., D.S.O.,* G. Gds , *p.s.c.*
Gorton, Temp. Capt. C. B., 12 Bn. Ches. R.
Gorton, Capt. R. W., 3 Bn. R. War. R.
Goslett, Temp. Capt. R. G., R.A.S.C.
Gosling, Temp. Lt. F. H. 16 Bn. Notts. & Derby. R.
Gosling, Capt. G. E., 10 Hrs.
Gosling, Lt. G. L., 3 Bn. R. Berks R.
Gosney, Temp. Lt. H. W., Serv. Bns. Rif. Brig.
Gosnold, Lt. G., *late* R.A.
Goss, Lt. C. S., Aust. Imp Force.
Goss Capt. E. S., Ind. Med. Serv.
Goss, Capt. F. H., *M.B.,* R.A.M.C. Spec. Res.
Goss, Temp. 2nd Lt. H. J., 10 Bn. Ches. R.)
Goss, Capt J., Qr.-Mr., Serv. Bns. K.O. Sco. Bord.
Goss, Lt. V. W., R.F.A. Spec. Res.
Gossage, Lt. A. F. W., 17 Lrs.
Gossage, Capt. A. W., R.F.A. (T.F.)
Gossage, Lt. B. F., Can. Fd. Art.
Gossage, Capt. E. L., *D S O.,* R.A.
†Gosse, Temp. Lt. E., R.A.S.C.
Gossell, Capt. K. O. T. 1 Co. of Lond. Yeo.
Gosset, Capt. H. H. E., R.E.
Gossling, Temp. Lt. F. N. Postal Sect. R.E. Spec. Res.
Gostelow, Lt. C. A. P., Aust. Imp. Force.
Gostling, Capt. B. W. W., R. Fus.
Gostling. Capt. W. B., T F. Res.
Gotch, Lt. D. F., *late* Serv. Bns. North'n R.
Gotelee, Lt. R. H., 4 Bn. Hamp. R.
Gott, Capt. G. E., Bedf. & Herts. R.
Gott, Lt. I. G., R.F.A. Spec. Res.
Gott. Lt. W. H. E., K. R. Rif. C.
Gotto, Capt. C. H., *D.S.O.,* Devon R.
Gottwaltz, Lt. L. H., R.F A. (T.F.)
Gottwaltz, Capt. P., S. Wales Bord.
Goudie, Capt. W. D., C'wealth Mil. Forces.
Goudy, Lt. D. McK., E. Ont. R.
Goudy, Hon. Capt. P., Qr.-Mr. R. Highrs.
†Gough, Capt. A., ret. pay
Gough, Temp. Maj. A. T. *O.B.E.,* R.F.A.
Gough, Temp. Lt. D. L., Serv. Bns. Som. L.I.
Gough, Lt. E. C., Quebec Regt.
Gough, Lt. G. F. R. l*t*. Fus.
Gough, Capt. H. A., W. York. R.
Gough, Lt. H. F., 8 Bn. R. War. R.
Gough, Bt. Maj. H. W., *Visct.,* I. Gds.
Gough, Co. Serjt.-Maj. J, 7 Bn. Yorks. L.I.
Gough, Lt. T. J., 4 Bn. R.W. Fus.
Gough, Capt. W. G. H., 2 Gurkha Rif.
Gouinlock, Lt. G. R., Can. Fd. Art.
Gould, Lt. A., R.G.A. Spec. Res.
Gould, Temp. Capt. A. E. *D.S.O.,* R.E.
Gould, Temp. Lt. A. N., Serv. Bns. Glouc. R.
Gould, Lt. C. A., 3 Bn. Som. L.I.
Gould, Lt. C. E., R.F.A. (T.F.)
Gould, Lt. F., 23 Bn. Lond. R.
Gould, Co. Serjt.-Maj. F. W., *D.C.M.,* N. Staff. R.
Gould, Lt. G. D., Durh. L.I.
Gould, Lt. H., 7 Bn. Lan. Fus.
Gould, Lt. H. V., 6 Bn. Sea. Highrs.
Gould, Temp. Lt. J. A., 8 Bn. Rif. Brig.
Gould, Capt. L. T. N., R.A.
Goulden, Temp. Capt. C. H., R.G.A.

---

† Also awarded Bar to Military Cross,

THE MILITARY CROSS—contd.

Goulden, Temp. Lt. E. O., 8 Bn. R.W. Kent R.
Goulden, Lt. O. W., Sask. Regt.
Goulder, Lt. C., R.F.A.
Goulding, Temp. Lt. E. P., M.G. Corps
Goulding, Actg. Regtl.-Serjt.-Maj. H., Lan. Fus.
Goulds, Temp. Qr.-Mr. & Lt. E. W., 11 Bn. R.W. Kent R.
Gourlay, Lt. C. W., R.F.A. Spec. Res.
Gourlay, Temp. Maj. G. B., 9 Bn. Gord. Highrs.
Gourlay, Capt. K. I., R.E.
Gourlay, Temp.Capt.W.B. *M.B.*, R.A.M.C.
Goût, Maj. P. J., 94 Inf.
Govan, Temp. Lt. L. B., R.F.A.
Gover, Maj. A. C., 121 Pnrs.
Gover, Capt. C. N, *M.B.*, R.A.M.C. Spec. Res.
Govett, Lt. J. R., R.F.A. Spec. Res.
†Gow, Lt. F. F., (T.F.) Res.
Gow, Lt. J. L., R.F.A. (T.F.)
Gow, Temp. Lt. J. M.
Gow, Lt. S. M., R.G.A. Spec. Res.
Gow, Temp. Lt. W. Y., Serv. Bns. R. War. R.
Gowan, Lt. C. H., 13 Hrs.
Gowdey, Lt. L. C., *M.M.*, R.F.A. Spec. Res.
Gowdie, Co.Serjt.-Maj. H., R. War. R.
Gower, Lt. W. F., R.F.A. (T.F.)
Gower-Rees, *Rev.* A. P., Chapl. to the Forces, 2nd Class.
Gowland, Lt. G., Aust. Imp. Force
Gowland, S. J., *late* Lt. 5 Bn, Lan. Fus.
Gowring, Temp. Lt. J. S., M.G. Corps
Gowthorpe, Lt. R.W., 3 Bn. R. Ir. Regt.
†Gozney, Capt. C.M., *M.B.*, *late* R.A.M.C
Grace, Lt F. A. D,, R.F.C. Spec. Res.
Grace, Maj. H. G., 21 Cav. R.E.
Grace, Capt. L. T., *late* R.E.
†Gracey, Capt. D. D., 1 Gurkha Rif.
Gracie, Lt. A. L., 5 Bn. K.R. Rif. C.
Grafftey, Capt. W.A.,Can. Inf.
Graham, Bt. Maj. A. C. D., 9 Lrs.

Graham, Lt.-Col. A. G., 6 Bn. Sco. Rif.
Graham, Lt. A. L., R.F.A. (T.F.)
Graham, Temp. Lt. A. W., Serv. Bns. Ches. R.
Graham,Temp. Capt. C.G., Serv. Bn. Worc. R.
†Graham, Lt. C. J., *D.S.O.*, 4 Bn. Lond. R.
Graham, Temp. Lt. C. N., R.A.S.C.
Graham, Temp. Lt. C. P., Serv. Bns. W. York R.
Graham, Temp. Lt. D. G., 12 Bn. Manch. R.
Graham, Capt. D. A. H., Sco. Rif.
Graham, Maj. *Lord* D. M., *D.S.O.*, R.F.A. (T.F.)
Graham, Temp. Lt. E.,Lab. Corps.
Graham, Hon. Capt. *Rev.* E. E., *D.S.O.*, Can. Local Forces.
Graham, Lt. E. F., R.F.A. (T.F.)
Graham, Bt. Maj. F. R. W., *D.S.O.*, R. Ir. Rif.
Graham, Lt. G. F., R.G.A. Spec. Res.
Graham, Maj. H. B., *D.S.O.*, *M.B.*, R.A.M.C.
Graham, Lt. H. L., S. Gds. Spec. Res.
Graham, Temp. Lt. H. M. (*late* R.N.V.R.)
Graham, 2nd Lt. H. S., R.G.A. Spec. Res.
Graham, Lt. H. W., *late* R.E.
Graham, Lt. J., *M.M.*, R.F.A. Spec. Res.
Graham, 2nd Lt. J., Sea. Highrs.
Graham, Capt. J., Alberta Serv. Bns.
Graham, Capt. Joseph, *M.B.*, *late* R.A.M.C.
Graham, Capt. J. B., 8 Bn. Worc. R.
Graham, Capt. J. G., 3 Bn. Gord. Highrs.
Graham,Temp. Capt. J. G., 8 Bn. R. Sc. Fus.
Graham, 2nd Lt. J. K. L., R.F.A.
Graham, Lt. J. L., Aust. Imp. Force.
Graham, Lt. J. P., A. Cyc. Corps.
Graham, Lt. J. M., 6 Dns.
Graham, Lt. J. W., 5 Bn. Arg. & Suth'd Highrs.
Graham, Lt. K., *late* Serv. Bns. Hamps. R.
Graham, Capt. L. C. T., 9 Horse.
Graham, Capt. M. J., Sask. R.

Graham, Capt. M.W.A.P., Re·. of Off.
Graham, Lt. N., C'wealth Mil. Forces.
Graham, Temp. 2nd Lt. N., M.G. Corps
Graham, Capt. N. B., R.A.M.C. Spec. Res.
Graham, Capt. N. F., *M.B.*, *late* R.A.M.C.
Graham, Lt. N. I., Ind. Army
Graham, Lt. N. R., R.E. (T.F.)
Graham, Lt. P. L., R.A.
Graham, Lt. R., 4 Bn. Lan Fus.
Graham, Capt. R.D., Nova Scotia Regt.
Graham, Lt. R. M., R.F.A (T.F)
Graham, Temp. Lt. R. P., Serv. Bns. K.R. Rif. C.
Graham, Temp. Lt. S.,9 Bn. R. Highrs.
Graham, Capt. S.D.,R.F.A.
Graham, Capt. T., *M.B.*, R.A.M.C. (T.F.)
Graham, Capt. T. O., *M.D.*, *F.R.C.S.I* , R.A.M C Spec. Res.
Graham,Capt.W.,C'wealth Mil. Forces.
Graham, Lt. W., C'wealth Mil. Forces.
Graham, Capt. W. D., Can. Local Forces.
Graham, Capt. W. E., *M.B.*, R.A.M.C. T.F.)
Graham, Capt. W. H., R.E (T.F,)
Graham, Capt. W. J., C'wealth Mil. Forces.
Graham, Capt. W.J., Gord. Highrs.
Grahame,Capt. C. E., *late* Res. of Off.
Graham-Toler, Capt. L. J., 6 Bn. Mldd'x R.
Grain, Lt. H. H. B., Camb. R.
Grainger, Temp. Qr.-Mr. & Lt. C., *M.B.E.*,R.W. Surr. R.
Grainger, Lt. W. W., C'wealth Mil. Forces.
Grainger, Stewart, Temp. Lt.T., Serv. Bns. R.Scots.
Grand, Temp. Lt. R., 8 Bn. Norf. R.
Granet, Maj. G. E. A., *D.S.O.*, R.F.A. [l]
'Grange, Capt. C. W., *late* R.G.A. Spec. Res.
Grange, Capt. F. A., *M.B.*, *late* R.A.M.C.
†Grange, Capt. F. H., *late* R.E.
Grange, Temp. Maj. G. R., *D.S.O.*, R.E., Capt. Sco. Sig. Cos. (R.E.)
Grange, Lt. P., ret. pay
†Grange, Lt. P., R.G.A. Spec. Res.

Granger, Maj. E. H. H., *late* R.A.M.C.
†Grant, Capt. A. E. G., Res. of Off.
Grant, Lt. A. F., 10 Bn. R. Scots
Grant, Lt. A. H., 3 Bn. S. Lan. R.
Grant, 2nd Lt. A. J., 7 Bn. High. L.I.
†Grant, Temp. Capt.A.R.S., 7 Bn. Sea. Highrs.
Grant, Temp. Capt. C. E., Serv. Bns. Sco. Rif.
†Grant, Capt. C. P., *late* Durh. L.I.
Grant, Lt. D., 3 Bn. E. Kent R.
Grant, Capt. D. A., R. Can. Dns.
Grant, Temp. Capt. D. F., R.F.A.
Grant, Capt. D. J., Arg. & Suth'd Highrs.
Grant. Capt. D. L., 14 Bn. Lond. R.
Grant, Lt. D. P., 4 Bn. York & Lanc. R.
Grant, Temp. 2nd Lt. D.R., 19 Bn. North'd Fus.
Grant, Hon. Capt. F., *late* R.G.A. (T.F.)
Grant, Lt. F.M., *late* R.F.A. Spec. Res.
Grant, Temp. Lt. G., 10 Bn. High. L.I.
Grant, Lt. G. A., 5 Bn. R. Highrs.
Grant, Capt. G. R., *M.B.*, R.A.M.C.
Grant, Capt. G. S., Res. of Off.
Grant, Temp. Lt. H. B., Serv. Bns. Glouc. R.
Grant, Lt. H. D., Sco Rif.
†Grant, Lt. H. M., Cam'n Highrs
†Grant. Maj. J. C. B., *M.B.*, *F.R.C.S. Edin.*, *late* R.A.M.C.
Grant, Temp. 2nd Lt. J. G., R.E.
Grant, Lt. J. L., 3 Bn. K.O. Sco. Bord.
Grant, Hon. Capt. J. M.
Grant, Maj. J. MacD., C'wealth Mil. Forces.
Grant, Maj. J. P., jun., TD, 2 Lovat's Scouts Yeo.
Grant, Maj. J. R., *late* R.E.
Grant, Capt. J. V. L., *M.B.*, R.A.M.C. Spec. Res.
Grant. Temp. Lt. J. W.

† Also awarded Bar to Military Cross.

Orders of Knighthood, &c. 351

THE MILITARY CROSS—contd.

Grant, Temp. Capt. N. C., Serv Bns. K.O.S.B.
†Grant, Capt. R. A. P., 112 Inf.
Grant, Lt. R. J., *late* 5 Bn. Durh. L. I.
Grant, Lt.R.W., Res. of Off.
Grant, Lt. T. C., T.F. Res.
Grant, Temp. Capt. T. F. W., R.E.
Grant, Lt. T. M., Aust. Imp. Force.
Grant, Temp. Lt. W., R E.
Grant, Lt.W. B. C., R.F.A., Spec. Res.
Grant, Lt. Wilfred C., R.A
Grant, Lt., W.C., *late* R.G.A.
Grant, Lt. W. G., 6 Bn. Sco. Rif.
Grant, Capt. W. G. S., R. Suss. R.
Grant, Lt. W. H. G., 4 Bn. R. W. Surr. R.
Grant, Capt. W. H. S., ret. pay
Grantham, Lt. C. V., Can. M.G. Corps.
Grantham, Lt. E., *late* R.E.
Grantham, Lt. T. B., R.F.A., Spec. Res.
Grant Suttie, Maj. H. F., D.S.O., R.F.A.
Grasby, Temp Lt. W. A., M.G. Corps.
Grasett, Bt. Maj. A. E., D.S.O., R.E.
Grattan-Bellew, Bt. Maj. C. C., K.R. Rif. C.
Gratwicke,Temp. Lt. E.H., A. Cyc. Corps
Graty, Temp. Lt. T. R.,R.E.
Gravelle, Temp. Lt. H. L. Tank Corps
Graver, Temp. Lt. R. H., 8 Bn. Leic. R.
Graves, Maj. B., *late* R.A.M.C.
Graves, Capt. C. G., R. Scots [1]
Graves, Temp. 2nd Lt. H., Serv. Bns. Shrops. L.I.
Graves, Temp. Lt. H. A., M.G. Corps.
Graves, Lt. J. A., Linc. R.
†Gravett, Maj. J. A., *late* Serv. Bns. N. Lan. R
Gray, Serjt.-Maj. A., C.Gds.
Gray, Hon. Maj. A., R.A.O.C.
Gray, Lt. A., *late* 7 Bn. Arg. & Suth'd Highrs.
Gray, Lt. A., 9 Bn. Manch. R.
Gray, Capt. A. A., Can Inf.
Gray, Lt. A. F., M.G. Corps.
Gray, Capt. A. F., R.G.A.
Gray, Lt. A. O., R.F.A.(T.F.)
Gray, Lt. B. G., 1 Cent. Ont. Regt.
Gray, Lt. C. V., ret.
Gray, Maj. D. B., Ind. Army.
Gray, Capt. D. L., 6 Bn. Sco. Rif.

Gray, Lt. E., D.S.O., Durh. L.I.
Gray, Maj. E. St. C., 34 Horse.
Gray, Lt. F., M.M., 15 Lond R.
Gray, Temp. Lt. F. B., 9 Bn. Sco. Rif.
Gray, Lt. F. E., Can. Local Forces.
Gray, Lt. G., 5 Bn. Sco. Rif.
Gray, Co. Sergt.-Maj. G., Sask. Regt.
Gray, Temp. 2nd Lt. G. C., W. York R.
Gray, Temp. 2nd Lt. H., R.E.
Gray, Lt. H., 6 Bn Gord. Highrs.
Gray, Lt. H. C., R.F.A. Spec. Res.
Gray, Lt. H. V., 6 Bn Glouc. R.
Gray, Temp. Lt. J., R.E.
Gray, Lt. J., 3 Bn. Cam'n Highrs.
Gray, Capt J., TD, 4 Bn. R. Scots.
Gray, Lt. J., 5 Bn. R. W. Surr. R.
Gray, Rev. J. A., Temp. Chapl. to the Forces (4th Class).
Gray, Lt. J. A., C'wealth Mil. Forces.
†Gray, Capt. J. L., Can. Local Forces.
Gray, Lt. J. T., Aust. Imp. Force.
Gray, Capt. J. V., R.F.A. (T.F.)
Gray, 2nd Lt. J. W., Ind. Army Res. of Off.
Gray, Temp. Lt. M., R.E.
Gray, Temp. Lt. R., R.F.A
Gray, Capt. R., 5 Bn. E. York. R.
Gray, Temp. Lt. R. A., R.F.A.
Gray, Lt. R. M. McC., Sask. Regt.
Gray, Lt. S., R. War. R.
Gray, Lt. S. A., 23 Bn. Lond. R.
Gray, Capt. S. E. G., *late* S. Afr. Def. Forces
Gray. Lt. T. W., 18 Bn. Lond. R.
Gray, Lt. V. B., 3 Bn. Sco. Rif.
†Gray, Lt. W., 2 Bn. Lond. R.
Gray, Capt. W. E., D.S.O., Rif. Brig.
Gray, Temp. 2nd Lt. W. McF., M.G. Corps.
Gray, Lt. W. R., Res. of Off.
Grayson. Maj. H. A., *late* Tank Corps.

Grayston, Lt. G. A., C. Gds Spec. Res.
Grayston, Temp. Capt. J. W., R.G.A.
Graystone, Temp. Capt. F. R., D.S.O., R.F.A.
†Graystone, Lt. W. A. F., R.F.A.
Grazebrook, Lt. R. M., Glouc. R.
Grazebrook, Temp.Capt.W. Spec. Res.
Grear, Lt. F. H., 3 Bn. R. Ir Fus.
Greaseley, Qr.-Mr. & Maj. J. H., Leic. R.
Greathead, Capt. H. M., *late* R.E. (*2nd Lt. S. Afr. Def. Forces*).
Greathead, Temp. Capt. J. M., R.E.
Greathurst, 2nd Lt. E. J., ret. pay
Greaves, Hon. 2nd Lt. C E., *late* 9 Bn. Midd'x R.
Greaves, Capt. E. J., *late* 3 Bn. R.W. Fus.
Greaves, Temp. Lt. G. F. M.G. Corps
††Greaves, Lt. H., D.S.O., 3 Bn. Notts. & Derby R.
Greaves, Temp. Lt. L. B. Serv. Bns. S.Wales Bord
Greaves, Capt. S.S., D.S.O., 2 W. Rid. R.A.M.C.
Green, Hon. Lt. A., *late* Welsh R. (attd.)
Green, Temp. Lt. A., D. of Corn. L.I. (attd.)
Green, Capt. A. E., T.F. Res.
Green, Lt. A. P., *late* S. Afr. Def. Forces
Green, Capt. B., Oxf. & Bucks. L. I.
Green, Capt. B. R., *late* York & Lanc. R. (attd.)
Green, Capt. C. H.
Green, Lt.-Col. C. J. S., D.S.O., TD., 7 Bn. Lond.R.
Green, Capt. D., 5 Bn. W. York. R.
Green, Lt. D., R.G.A Spec. Res.
Green, Lt. D., Man. Regt.
Green, Lt. D., 5 Bn.Suff R.
Green, Temp. Capt. D. H., O.B.E., R E.(Capt. R.E.)
Green, Capt. E. A. T., *late* R.A.M.C.
Green, Lt. E. E., R.E., (T.F.)
Green, Lt. E. G., R.E., (T.F.)
Green, Capt. E. P. W., *late* S. Afr. Def. Force.
Green, Lt. E. T., 5 Bn. Ches R
Green, Co. Serjt.-Maj. F., 10 Bn. W. York. R.
Green, Lt. F. A. E., R.F.A., Spec. Res.
Green, Temp. Lt. F. C.
Green, Capt. F.C., C'wealth Mil. Forces.

Green, Maj. F. J., M.D., R.A.M.C. (T.F.)
Green, Temp. Maj. G., 9 Bn. Essex R.
Green, Temp. Maj. G. A., Tank Corps
Green, Maj. G.A.L., ret.pay
Green, Temp. Capt. G. H. W., Sea. Highrs.
Green, Lt. G. R., G. Gds.
Spec. Res.
†Green, Lt. H., 5 Bn. Durh. L.I.
Green, Temp. Lt. H., R.E.
Green, Lt. H., 5 Bn. N. Lan. R.
†Green, Temp. Capt. H. A., 8 Bn. R. Innis. Fus.
Green, Lt. H. C., R.A., ret.
Green, Temp. Capt. H. J., R.E.
Green, Temp. Lt. H. W., Serv. Bns. Hamps. R.
Green, Temp. Qr.-Mr. & Lt. J.
Green, Bt. Lt.-Col. J. A., O.B.E., S. Afr. Def. Force
Serv. Bn Hamps. R.
Green, Temp. Capt. J. R., Serv. Bn Hamps. R.
Green, Hon. Lt. J. S. N., *late* R.A.F.A. (T.F.)
†Green, Capt. J. W., Local Forces.
Green, Capt. L., 4 Bn. E. Lan. R.
Green, Hon. Lt. L. E. M., *late* 13 Bn. Ches. R.
Green, Lt. L. L., D.S.O., 6 Bn Rif. Brig.
Green, Lt. M. A., Glouc. R.
Green, Lt. O. P. S. W., 5 Bn. Midd'x R.
Green, Lt. P. A., M.M., Can. M.G. Corps
Green, Lt. R., 6 Bn. Durh. L. I.
Green, Lt. R., *late* Serv. Bns. R. Ir. Regt.
Green, Lt. R. A., 3 Bn. Hamps. R.
Green, Temp. Capt. R. B.
Green, Temp. Capt. R. D.
Green, Co. - Serjt. - Maj. S. C., 4 Bn. Suff. R.
†Green, Rev. S. F. L., Hon. Chapl. to the Forces (4th Class)
Green, Bt. Maj. S. H., D.S.O., W. York. R.
Green, Capt. S. J., S. Gds. Spec. Res.
Green, Lt. V. E., 6 Bl. N. Staff. R.
Green, Temp. Lt. W., Serv. Bns. W. Rid. R.
Green, Temp. 2nd Lt. W. B., D C.M., 19 Bn. L'pool R.
Green, Capt. W. C., S. Staff. R.
Green, Lt. W. H., R. Lanc R.
Green, Lt. W. H., Aust. Imp. Force
Green, Lt. W. H., R.A.
Green, Temp. Lt. W. J., Serv. Bns. R. Berks. R.

† Also awarded Bar to Military Cross.   †† Also awarded 2nd Bar to Military Cross.

M

Orders of Knighthood, &c.

THE MILITARY CROSS—contd.

Green, Temp. Lt. W. L., Serv. Bns. Notts. & Derby R.
†Green, Maj. W. W., D.S.O., R.F.A.
Green, Temp., Capt Z. A., R.A.M.C.
Grenall, 1 t. G. V., R.F.A., Spec. Res.
Greenaway, Hon. Lt. A. J., late 10 Bn. Essex R.
Greenaway, Temp. 2nd Lt. W. G., 10 Bn. R. Ir. Fus.
Greene, Capt. E. A., Suff. Yeo.
†Greene, Lt. E. J., Suff. Yeo.
Greene, Capt. H., R.A.
†Greene, Lt. H., Res. of Off.
Greene, Maj. J., D.S.O., late R.A.M.C.
Greene, Temp. Capt. J. A. C., R.A.M.C.
†Greene, 2nd Lt. J. B., R.F.A. Spec. Res.
†Greene, Lt. J. P., Aust. Imp. Force
Greene, Maj. L., D.S.O., late S. Afr. Overseas Forces.
Greene, Capt. W. A., O.B.E., Bucks. Bn. Oxf. & Bucks. L.I.
Greener, Capt. H. M., late 3 Bn. North'd Fus.
Greenewald, Capt. A., M.B., S. Afr. Def. Force.
Greenfield, Lt. S. R., 7 Bn. North'd Fus.
Greenhalgh, Temp. 2nd Lt. F., Serv. Bns. N. Lan. R.
†Greenhalgh Temp. 2nd Lt. S. D., late Serv. Bns. Lan. Fus.
Greenhalgh, Temp. Lt T. C., Serv. Bns. Glouc. R.
Greenhill, Temp. Lt A. C., Serv. Bns. Essex R.
Greenhill, Capt. A. E., late Serv. Bn. Bord. R.
†Greenhill, Lt. E. S., late M.G. Corps.
Greenhough, Lt. B. W., R.A.
Greenhow, Lt. E. K., R.E. Spec. Res.
†Greening, Temp. Lt. L. S.
Greenland, Temp. Lt G D., Serv. Bns. Norf. R.
Greenlaw, Lt. G. L., Can. Local Forces.
Greenlees, Capt. A McP., O.B.E., C'wealth Mil. Forces.
Greenough, Lt. E. E., 4 Bn. Yorks. L.I.
Greenshields, Maj. D. J., D.S.O., R.F.A.
Greenshields, Lt. H., 3 Bn. Norf. R.
Greenshields, Temp. Lt. J., Serv. Bns. Arg. & Suth'd Highrs.
Greenshields, Capt. J. B., 7 Bn. R. Scots.
Greenslade, Lt. N., Devon. R.
Greenslade, Lt. W. E., E. York R.
Greensmith, Temp. 2nd Lt. W., Serv. Bns. Notts. & Derby. R.

Greenstreet, Lt. W., Qr.-Mr. 8 Hrs.
Greenwell, Capt. G. H., 4 Bn. Oxf. & Bucks. L.I.
Greenwood, Temp. Lt. B. T., R.E
Greenwood, Capt. C. J. E., R.E.
ᵂ℄Greenwood, Lt.-Col. H., D.S.O., late Serv. Bns. Yorks. L.I.
Greenwood, Capt. H. G. F., R.E.
Greenwood, Lt. H. J., 6 Bn. W. York. R
Greenwood, Lt. J. E., Aust. Imp. Force
Greenwood, Lt. L., 6 Bn. W. York. R.
Greenwood, Lt M., R.A.
Greenwood, Capt. R. A., M.B., R.A.M.C. Spec. Res.
Greenwood, Capt. R. N., 3 Bn. Ches. R.
Greenwood, Capt. V. J., 10 Hrs.
Greenwood, Temp. Capt. W. F., D.S.O., late Serv. Bns. York. R.
Greer, Maj. G. G., Can. Local Forces.
Greer, Temp. 2nd Lt. G. P., R.A.
†Greer, Temp. Capt. H. O'B., R.E.
Greer, Capt. J. J. McC., late Serv. Bns. Manch. R.
Greer, Lt. S. R., Can. Fd. Art.
Greer, Capt. W. W., M.D., F.R.C.S. Edin., R.A.M.C. (T.F.)
Graeset, Lt. P. W., R.A.
†Greet, Lt. V. C., late M.G. Corps
Greetham, Lt. G. C. V. h.p.
†Greeves, Temp. 2nd Lt. S. Manch. R.
Greey, Lt. A., Can Eng.
Graffard, Lt. C., Can. Local Forces.
†ᵂ℄.Gregg, Lt. M. F., Can. Local Forces.
Gregg, Capt. N. McA., M.B., late R.A.M.C.
Gregg, Maj. R. H., D.S.O., late Serv. Bns. R. Fus.
Gregg, Temp. Lt. V., R., 9 Bn. Yorks. L.I.
Gregor, Lt. A. W., 7 Bn. Gord. Highrs.
Gregory, Capt. A. L., M.B.E., 3 Bn. Dorset. R.
Gregory, Capt. A. W., New Bruns. R.
Gregory, Lt. E., Welsh Horse Yeo.
Gregory, Temp. Lt. E. A., 8 Bn. Leic. R.
Gregory, Temp. Maj. E. W., R.F.A.
Gregory, Capt. F. S., 3 Bn. Wilts. R.
Gregory, Lt G. C. W., 3 Bn. E. Surr. R.
Gregory, Temp. 2nd Lt. J. N., 5 Bn. R. Berks R.
†Gregory, Capt. J. V., late 6 Bn. North'd Fus.
Gregory, Maj. M., D.S.O., R.F.A.

Gregory, Lt. M. S., Ind. Army Res. of Off.
Gregory, Lt. T., R.F.A. Spec. Res.
Gregory, Temp. 2nd Lt. T. N., Serv. Bns. K.R. Rif. C
Gregory, Lt. W. E. C., Aust. Imp. Force.
Gregory-Jones, 2nd Lt. E., ret.
Gregson, Capt.W., R.A.S.C. (T.F.)
Gregson-Ellis, Capt. G.S.L., Irehm. Lt. S. A. J., R.F.A.
†Greig, Lt. C. L., R.F.A.
Greig, Maj. A. D., O.B E., R.G.A.
†Greig, Lt. D. S., 7 Bn. R. Highrs.
Greig, Maj. F. C., late R.A.M.C.
Greig, Temp. Capt. I. B., 8 Bn. D. of Corn. L.I.
Greig, Lt. J., R.F.A. Spec. Res.
Greig, Hon. Capt. R. B. R.E.
††Greig. Maj. R. M., M.B., late R.A.M.C.
Grellier, Capt. B., R.A.M.C. Spec. Res.
Grellier, Temp. Capt. C., Serv. Bns. Hamps. R.
Grellier, Lt. H. H., R.F.A. Spec. Res.
Grellier, Maj. N., late R.A.M.C.
Grellis, Lt. J., Bord. R.
Grenfell, Capt. E. O., A.F.C., R.A.
Grenfell, Capt. W. P., R.A.
Grenier, Temp. Lt. H. P., Serv. Bns. Lan. Fus.
Gresham, Capt. F. B., R.A.V.C. (T.F.)
†Gresty, Lt. W., 7 Bn. Manch. R.
Gretton, Lt. W. E., R.F.A
Greville, Temp. Capt. D., Serv. Bns. Ches. R.
Greville, Capt. E. R. G., late R.A.M.C.
Grey, Lt. C, la'e K.A.R.
Grey, Capt. C. B., late R.G.A.
Grey, Temp. Lt. G. E. A., R.F.A.
Grey, Lt. J., Sco. Horse Yeo
Grey, Lt. N., R.F.A. (T.F.)
Grey, Capt. T. H. G., 5 Bn. E Lan. R.
Grey, Lt. W. B. J., R.F.A. Spec. Res.
Grey-Wilson, Capt. W. A., Durh. L.I.
Gribben, Capt. E., 5 Bn. R. Ir. Rif.
Grice, Lt. G., R.G.A. Spec Res.
Grice, Co. Serjt.-Maj. J., 4 Bn. Yorks. L.I.
Grice, Lt. J. H., 5 Bn. S. Staff. R.
Grice, Lt. L. C., 5 Bn N Staff. R.
Grice, Capt. W. S., late R.G.A. Spec. Res.
Grice-Hutchinson, Temp. Capt. C. G.
Grice-Hutchinson, Hon. R E., Temp Chapl to the Forces, 4th Class.

Grieg, Temp. Lt. P. H., Serv. Bns. E. Kent R.
Grierson, Lt. A. F., 5 Bn. Sco. Rif.
Grierson, Temp. Capt. H. A., M.B., R.A.M.C.
Grierson, Temp. Lt. J. L., 12 Bn. R. Scots.
Grierson, Lt K. MacI., D.S.O., Manch. R.
Grieve, Co.-Serjt.-Maj. A.S., 4 Bn. R. Scots.
Grieve, Capt. C.B., C'wealth Mil. Forces.
Grieve, Lt. H., Aust. Imp. Force.
Grieve, Hon. Lt. J., late 5 Bn. Cam'n Highrs.
Grieve, Lt. J., C'wealth Mil. Forces.
Grieve, Capt. J. C., M.B., R.A.M.C. (T.F.)
Grieve, Lt.-Col. J. H., late R.A.O.C.
Grieve, Maj. K. H., C'wealth Mil. Forces.
Griffin, Temp. Capt. A. E., R.E.
Griffin, Maj. B. D., Can. Local Forces.
Griffin, Lt. C. F., R.F.A. Spec Res.
Griffin, Lt. C. S., Can. Local Forces.
Griffin,Capt. E. G., Essex R.
Griffin, Temp. Capt. E. H., D.S.O., M.D., R.A.M.C.
Griffin, Lt. G. W., Aust. Imp. F rce.
Griffin, Serjt.-Maj. G. W., B rks. R.
Griffin, Lt. J. E. H., 8 Bn. R. War. R.
Griffin, Lt. J. L., late Serv. Bns. Hamps. R.
Griffin, Lt. J. N., C'wealth Mil. Forces.
Griffin, Capt. J. W., late R. War. R.
Griffin, Temp. 2nd Lt. R. W., R. War. R.
Griffin, Lt. W. E., Can. Local Forces.
Griffinhoope, Temp. 2nd Lt. A. G. F., 8 Bn Leic. R.
Griffith, Lt. C. J. I., R.F.A. Spec. Res.
Griffith, Capt. E. C., ret. pay.
Griffith, Lt. F. K., 3 Bn. Linc. R.
Griffith, Temp. 2nd Lt. G., Serv. Bns Essex R.
Griffith, Lt. J. A. W., R.F.A.
Griffith, Lt. M. J., R.F.A. (T.F.)
Griffith, Lt. T. H., Aust. Imp. Force
Griffith, Capt. T. R., Brit. Columbia R.
Griffith, Maj. W. R. C., temp. h.p. Ind. Army M., 129 Baluchis.
†Griffith-Williams, Capt.E. L. G., D.S O., R.A.
Griffith-Williams, Temp. Maj. K. B., R.E.
†Griffiths, Temp. Capt. A. G., Tank Corps.
Griffiths, Lt. A. T., Wilts R.
Griffiths, Rev. C. C., Temp. Chapl. to the Forces, 4th Class.

† Also awarded Bar to Military Cross.   †† Also awarded 2nd Bar to Military Cross.

Orders of Knighthood, &c. 353

THE MILITARY CROSS—*contd.*

Griffiths, Temp. Capt. C. C., 10 Bn. Hamps. R.
Griffiths, Capt. F. A., 4 Bn R.W. Fus.
Griffiths, Lt. F. H., 3 Bn. E. Kent R.
Griffiths, *Rev.* H. V., Temp. Chapl. to the Forces, 4th Class.
Griffiths, Lt. H. W., *late* 7 Bn. R. Fus.
Griffiths, Lt. I. C., *l te* M.G Corps
Griffiths, Temp. Capt.J.C., R.F.A.
Griffiths,Temp.2nd Lt.L.O Serv. Bns. Welsh R.
Griffiths, Lt. R. A., *late* Serv Bns. Welch R.
Griffiths, Capt. R. H., 3 Bn. Ches R.
Griffiths, Temp. 2nd Lt. R. H., 9 Bn. Welsh R.
Griffiths, Temp.Capt.R.L., R.A.
Griffiths, Temp.Capt. R. S., 5 Bn. S. Wales Bord.
Griffiths,Lt.S.A., R.War.R.
Griffiths, Lt. T. H., R.E. (T.F.)
Griffiths, Lt.V., Pemb.Yeo.
Griffiths, Temp. Lt. W. H., Serv. Bns., R. War R.
Griffiths, Lt. W.H.,North'd Fus.
Griffiths, Temp. Lt. W. M. Serv. Bns. R.W. Fus;
Griffith's, Temp. Capt. W. R.A.
Grigg, Lt. A. N., R.F.A. Spec. Res.
Grigg, Lt. E. W. M., *D.S.O.*, C.V.O., G. Gds. Spec. Res.
Grigg, Maj. S. T., *D.S.O.*, W. York. R.
Griggs, Temp. Lt. A. H., Serv. Bns. Midd'x R.
Griggs, Temp. 2nd Lt. W., Mach.Gun Corps (Motor).
†Griggs, Lt. W. J., R.G.A. Spec. Res.
Grimble, Lt. H. N. H., Leic. R.
Grumble, Lt. S., Alberta Regt.
Grimley, Lt. C. W. G., W. Ride R.
Grimsdale, Lt. E. W., 3 Bn. Notts. & Derby. R.
Grimsdale, Lt. P. M., R.H.A. (T.F.)
Grimsdell, Temp. Lt. E.V Se v. Bns. Yorks L.I.
†Grover, Lt.J.M.L.,Shrops. L.I.
Grimshaw, Temp. Capt. C. H., W. York R. (attd.)
Grimshaw, Temp.Lt.G.F., Serv. Bns. Manch R.
Grimshaw, Capt. H. A., 3 D.G.
Grimsley, Lt. F. C., Aust. Imp. Force.
Grimwade, Temp. Capt.(b*t. Maj.*) H. N., *D.S.O.*
Grimwood, Lt. F. P. L., 5 Bn. Lond. R.
Grindell, Temp. Capt. H 6 Bn. Cam'n Highrs.
Grinling, Capt. A.G., Herts R.
Grinling, Capt. E.J., *D.S.O.*, 4 Bn Linc. R.
Grinling, Capt. P. G., *late* R.A.S.C.

Grinnell-Milne, Capt D., 7 Bn. R. Fus.
Grinsted, Capt. W. F. H., R.G.A. (T.F.)
Gripper, Lt. G. B. G., Herts R.
Grissell, Capt. T. De la G., Buff. Yeo.
Grist, Lt. A., R.E. (T.F.)
Grizelle, Capt. H. F , 16 Bn. Lond. R.
Groarke, Lt. T., Ches. Yeo
Grobler, Cap . N. J., Belfield's Scouts, E. Afr Force.
Grogan, Temp. Capt. C.W. R.E.
Grouow, Lt. T., *D.C.M.*, Bord R.
Groom, Capt. G. B., W. I. Regt.
†Groom, Lt. H. L. R. J., *D.S.O.*, 5 Bn. R. War. R.
Groom, Hon. Lt. S. A. H., *late* R.F.A.
Groombridge, Temp. Maj J., 17 Bn. K.R.Rif. C.
Grose, Lt. H. J., 24 Bn. Lond. R.
Grose, Temp. Maj. S. J., R.F.A.
Grose, Lt W.J., Aust.Imp Force.
Gross, Lt. K. H. A., R.F.A. Spec. Res.
Groser, *Rev.* St. J. B., Temp. Chapl. to the Forces, 4th Class.
Grosett, Lt. A. R. 3 Bn. Gord. Highrs.
Grosmith, Lt. G. W., 3 Bn. Leic. R.
†Grosvenor,Maj. *Hon.* F.E., *D.S.O.*,Can. Local Forces.
†Grosvenor, Capt. R.A., 2 D.G.
Grotrian, Capt. F. S. B., R.A.
Grout, Maj. J. L. A., *late* R.A.M.C.
Grontage, Temp. Lt. L. C. Tank Corps.
Groube, Capt. L. F. B , R. Fus
Grove, Temp Capt A.S.L., Serv. Bns. Linc. R.
Grove, Lt. R. E., *late* M. G. Corps.
Grover, Lt.A., *D.S.O.*,Bedf. & Herts R.
Groves, Lt. E. G., *late* 3 Bn. W. York R.
Groves, Capt. E. J., *D.S.O.*, 3. Gds.
Groves, Temp. Capt. H. B M., Tank Corps.
Groves, Temp. 2nd Lt. R. F., 11 Bn. Essex R.
Groves, *Rev.* S., Temp. Chapl. to the Forces (*4th Class.*)
Groves, Temp. Lt. T. J., M.G. Corps.
Grove-White, Temp. Lt. L., Serv. Bns. R. Ir. Rif.
Grubb, Lt. A., *late* 5 Bn. R. Scots.
†Grubb, Temp. Lt. H. C. S.

Grubb, Temp. Lt. P. N., 9 Bn. Glouc. R.
Grubb, Bt. Maj. R. R. de C., 3 Hrs., *p.s.c.*
Gruncel, Temp. Capt. A. L. G., *D.S.O.*, R.G.A., *g.*
Grundy, Temp. Lt. F., R.E.
Grundy, Lt. J., R.G.A.
Grut, Capt. L. de J., Aust. Imp. Force.
Grylle, Lt. T. R., Leic. R.
Gubbins, Capt. C. McV. R.F.A.
Gubbins, Capt. M. N. T., *O.B.E.*, R.G.A.
Gudgeon, Capt. G. F. C. late Herts R.
Gudgeon, Capt. S. E., R.G.A. (T.F.)
Gudgeon, 2nd Lt. W. A. W., C'wealth Mil. Forces.
Guegan, Temp. Capt. G.T., *M.B.*, R.A.M.C.
Guess, Temp. 2nd Lt. H., 6 Bn. R. W. Kent R.
Guest, Lt G R. E., (T.F.)
Guest, Lt. H. R., 4 Bn Oxf & Bucks. L. I.
Guest, Maj. L. H., *late* R.A.M.C.
Guest, Lt. R. N., R.F.A.
Guest, Temp. Capt. T. J., 10 Bn. R. W. Kent R.
Guilbride, Capt. F. L., *late* Serv. Bns. R. Dub. Fus.
Guildford, Lt. D. A. Can. G.A.
Guilford, *Rev.* E. M., Hon. Chapl. to the Forces (3rd Class).
Guilfoyle, Capt. C., C'wealth Mil. Forces.
Guillaume, Lt. E.R., R.War.R.
Guinness, Lt. H. R. G., R.F.A. Spec. Res.
Guinness, *Rev.*P.W., *D.S.O.*, R.A., Chapln. to the Forces (3rd Class).
Gulon, Capt. G. W., Can. Local Forces.
Guiren, Lt. L. B., C'wealth Mil. Forces.
Guise, Lt. H. R. C., Ind. Army Res. of Off.
Guise, Capt. V.R , R.A.
Guiver, Lt. H. S., *M.M.*, late R.F.A.
Gul Akbar, *Bahadur*, Subadar, 24 Punjabis.
Gull Lt. A. W., Aust. Imp. Force.
†Gullick, Temp. Capt. C D., Serv Bns. E. Kent R.
Gullick, Temp. Maj. T. E., *late* R.A.S.C.
Gullick, Lt. W. M., Hamps. R.
Gulliver, Lt. A. T., re*t*. pay
Gulston, Temp. Lt. A. S.
Gumby, Temp. Lt. L., W. Rid. R.
Gun-Cuninghame, Lt. H. M B., 3 Bn. R. Dub. Fus
†Gundrey, Capt. V. G., *late* S rv. Bns. Welsh R.
Gundry, Lt. W. S., 8 Bn. Worc. R.
Gunn, Lt. A. A., *late* 4 Bn. Sea. Highrs.
Gunn, Lt. A. G., New Bruns. Regt.

Gunn, Lt. C. H., Sask. Regt.
Gunn,Temp. Qr.-Mr. & Lt. F., Devon R.
†Gunning, Capt. G. E., *late* L. G., *D.S.O.*, R.G.A., *g.*
Gunn, Bt. Lt.-Col. H. B. R. Scots.
†Gunn, Capt. J., *late* 7 Bn. R. Scots.
Gunn, Temp. 2nd Lt. T. B., Serv. Bns. Ches. R.
Gunner, Temp. 2nd Lt. W. H.
Gunning, Temp. Lt. E. McE., M.G. Corps.
Gunning, 2nd Lt. F. B., R. Wilts. Yeo.
†Gunning, Capt. G. E., *late* 8 Bn. Lond. R.
Gunns, Maj. B. E., ret. pay
Gunston, Capt. C. B., C. Gds. Spec. Res.
Gunston, Maj. D. W., Res. of Off.
Gunter, 2nd Lt. A. C., C'wealth Mil. Forces.
Gunter, Capt. R. C. B. M., C'wealth Mil. Forces.
†unter-Jones, Lt. E. H., R.F.A. Spec. Res.
Gunther, 2nd Lt. N. O. F. R. E. Kent Yeo.
Gunther, Temp. Lt. R C., 24 Bn. R. Fus.
Gupper, Capt. F. H., R.A.M.C. Spec. Res.
Gurdon, Lt. E. T. L., Rif. Brig.
Gurdon, Bt. Maj. J., E. Surr. R.
Gurner, Hon. Lt. S. R. K., *late* A. Cyclist Corps.
Gurney, Lt. D. W. T., K. R. Rif. C.
Gurney, Lt. F. G., 19 Bn. Lond. R.
Gurney, Capt. G. V., Can. Local Forces.
Gurrey, Temp. Capt. F. D., R.E.
Gurry, Temp. Maj. W. E., R.E.
Gurung, *Bahadur* Sarajit-Subadar, Gúrkha Rif.
Gush, Temp. Maj. H. W. *D.S.O.*, 12 Bn.North'd Fus.
Güterbock, Capt. P. G. J., *D.S.O.*, 4 Bn. Glouc. R.
Guthrie, Serjt.-Maj. G., C'wealth Mil. Forces.
Guthrie, Temp. Lt., R. E. G. R.E.
Guthrie-Capt. I. D.,17 Cav.
Guthrie, Capt. K. M., 8 Bn Durh. L.I.
Guthrie, Temp. Lt. L. R., R.E.
Guthrie, Temp. Lt. M., Serv. Bns. North'd Fus.
Guthrie, Lt. S. G, N.Z Mill. Forces.
Guttmann, Lt. W. M. 10 Bn. Midd'x R.
Guttridge, Temp. Lt. J. F., Serv. Bns. Yrrk. R.
Guy, Lt. B. G., R.F.A. S_ec. Res.
Guy, Lt. F. S., Hamps. R

† Also awarded Bar to Military Cross.

THE MILITARY CROSS—contd.

Guy, Co. Serjt.-Maj. J., R.E. Spec. Res.
Guy, Temp. Lt. J. C. M., R. Mar.
†Guy, Temp. Maj. O. V. D.S.O., Tank Corps
Guyatt, Lt. G., M M 5 Bn. R. Fus.
Guyatt, Temp. Lt T A.J., R.A.S.C.
Gwatkin, Maj. F., D.S.O., 18 Hrs.
Gwinnell, Temp. Capt. J. K., Serv. Bns. R. Fus.
Gwynn, 2nd Lt. A. J., 4 Bn. W. York. R.
Gwynn, Maj. G. I., Can. Loca Forces.
Gwynn, Lt. K. H., R.F.A. Spec. Res.
Gwynne, Lt. E. W., C'wealth Mil. Forces.
Gwyn-Williams, Capt.R.H., O.B.E., R.W. Fus.
Gwyther, Temp Maj. E.B., Serv. Bns. Welch R.
†Gwyther, Capt. H.J., 3 Bn. Manch. R.
Gwyther, Capt. J. R., Manch. R. Spec. Res.
†Gwyther, Capt. L. T., C'wealth Mil. Forces.
Gwyther, Temp. Capt. R. D., E. Y.
†Gyles, Maj. R. W., Can. Local Forces.
Haberfield, Co. Serjt.-Maj. F., 5 Bn. S. Wales Bord.
Hack, Temp. Lt. W. P., 10 Bn. Linc. R.
Hacker, Capt. C. F., M.B., R.A.M.C., Spec. Res
Hacker, Capt.E.S.,R.A.S.C.
Hackett, Lt. A. G., R.A.
Hackett, Temp. Capt. B. J., M.B., R.A.M.C.
†Hackett Capt. C., late Worc. R.
Hackett, E. L. M., late R.A.M.C.
Hackett, Maj. H. M. M., 6 Gurkha Rif.
Hackett, Lt. P. E. S., 4 Bn. S. Lan. R.
Hackett, Lt. T. W. D., R.A.
Hackforth-Jones, Lt. O.H., R.F.A.,(T.F.)
Hacking, Lt. A., D.S.O., 8 Bn. Notts. & Derby. R.
Hacking, 2nd Lt. E. J., 6 Bn. K.R. Rif. C.
Hacking, Lt. G. P., R.G.A. Spec. Res.
Hacking, 2nd Lt. W. T., R.F.A. Spec. Res.
Hackney, Capt. H., Aust. Imp. Forces.
Hackworthy, Lt., H. G., Aust. Imp. Force.
Hacon, Lt. 2nd Lt. C.R., M. G. Corps.
Hadden, Lt. A. B. P., late S Ir. Horse.
†Hadden, Capt. D. H., M.B., R.A.M.C.
Hadden, i t J., R.E. (T.F.)
Hadden, R. P., M.B., late Temp. Capt. R.A.M.C.
Haddington, Capt. G., Earl of, 2 Dns.
Paddock Lt. E. H., R.F.A. Spec. Res.

Haddock, Lt. E. M., late Serv. Bns. Manch. R.
Haddock, Lt. W. W., Man. Regt.
Haddon, Capt D. A. R., M.B., R.A.M.C. (T.F.)
Haddon Temp Lt. R. S., Serv. Bns. W. York. R.
Haddon, Lt. R. T., R.F.A. (T.F.)
Haddon, Temp. 2nd Lt. T. R., 12 Bn. R. Suss. R.
†Haddow, Capt. C. H., M.B., late R.A.M.C.
Haddow, Capt. E. C. R., R.F.A. (T.F.)
Haddow, Temp. Lt. H. P., Serv. Bns. K.R. Rif. C.
Hadfield, Capt. J. L., 5 Bn. S. Lan. R.
Hadida, Temp. Lt. P. H., Serv. Bns. Glouc. R.
Hadley, Capt. L. L., M.B., late R.A.M.C.
Hadow, Lt. D. P., 3 Bn. North'd Fus.
Hadow, Lt. K. C., R.F.A.
Hadow, Capt. R. H., 3 Bn. Arg. & Suth'd Highrs.
Hadrill, Temp. 2nd Lt., C.I., Serv.Bns.E.York R.
Haffenden, Temp. 2nd Lt. C. L. W., R.F.A.
Hagarty, Lt. J. F., late R.F.A.
Hagerman, Capt. A. R., Can. A.M.C.
Hagen, Lt. E. C., R.F.A. Spec. Res.
Haggar, Serjt.-Maj. J., Mach. Gun Corps.
Hagger, Temp. Maj. G. C., R.F.A
Haggie, Capt. G. S., 5 Bn. North'd Fus.
Hague, Temp. Lt. F., Bedf. & Herts. R.
Hague, Lt. G. N., G. Gds. Spec. Res.
Hague, Lt. H. G., 6 Bn. Sea. Highrs.
Hague, Lt. & Qr.-Mr. S., Glouc. R
Hahn, Maj. J. E., D.S.O., Can. Local Forces.
Haig, Capt. A. B., 24 Punjabis.
Haig, Lt. J., 9 Bn. R. Scots.
Haig, Temp. Lt. N. E., R.F.A.
Haig, Capt. R. F., Fort Garry Horse.
Baig-Scott. Lt. W. I., R.F.A. Spec. Res.
Haigh, Lt. A., 5 Bn. W. Rid. R.
Haigh, Lt. A D., T.F. Res.
†Haigh, Temp. Capt.C.F.T. R.A.O.C.
Haigh, Temp. 2nd Lt. E., Serv. Bns. E. York. R.
Haigh, Temp. Lt. J. H., 15 Bn. R. Ir. Rif.
Haigh, Lt J. J., 5 Bn. York & Lanc. R.
Haigh, Capt. R., late R. Berks. R.
Haigh, Lt.V. L. B., R.G.A. Spec. Res.
Hailes, Capt. W. L., 6 Inf. Bn.
Hails, Lt. T., R.A.

†Hailstone, Capt.E. F., late 7 Bn. R. Fus.
Haine, 2nd Lt. R. L., Hon. Art. Co.
Haine, 2nd Lt. T. H., Serv. Bns. Devon R.
Haines, Capt. G. H., R.A.M.C.
Haines, Capt. L H., ret.
Haining, Temp. 2nd Lt. G. A., Serv. Bns. K.O. Sco Bord.
†Haire, Capt. A. L., 3 Bn R. Innis. Fus.
Haithwaite, Lt. H, R.E (T.F.)
Haji Sulaiman Gulman-Norsein Haji, Capt. Ind. Med. Serv.
†Halahan, / ev. F J., Temp. Chapl. to the Forces, 4tb Class.
Haldenby, Lt. E. W. 1 Cent. Ont. R.
Haldenby, Lt. R. E., 1 Cen. Ont. Regt.
Hale, Lt. E.A.F., Res. of Off.
Hale, Lt. F. E., R.A.S.C. (T.F.)
Hale, Lt. F. W., 4 Bn. E Kent R.
Hale, Capt. R. W., Alberta R.
†Hale, Lt. W. C., O.B.E., R.F.A. (T.F.)
†Hale, Lt. W. J., 3 Bn. Glouc R.
Hale-White, Hon. Lt. R., late R.A.S.C.
Hales, Temp. Lt. H., Mach. Gun Corps.
Hales, Lt. J. B., Bucks. Bn Oxf. & Bucks. L.I.
Halford, Temp. Maj. L. R., 11 Bn. Notts. & Derby. R.
Half rd, Capt. M. W., Glouc. R.
Halkett, Capt. N. McL., E. Ont. Regt.
Halkyand, Lt. A., 4 Bn. Leic. R.
Hall, Lt. A, N.Z. Mil. Forces.
Hall, Lt. A., Cavl te Serv. Bns. York & Lanc. R.
Hall. 2nd Lt. A. A., A. Cyclist Corps.
Hall, Lt. A.C., M.M., Aust. Imp. Force.
Hall, Lt. A., 6 Bn. Serv. Bns. R. War. R.
Hall, Temp. Capt. A. H. 12 Bn. R. Ir. Rif.
Hall, Lt. A. R. 34 Trng. Res. Bn.
Hall. Capt. A. W.. 28 Bn Lond. R.
Hall, Lt. B. W., 8 Bn Notts & Derby. R.
Hall, Capt. C. A., late G. Gds. Spec. Res.
Hall, Lt. C. A., 8 Bn. Lond. R.
Hall, 2nd Lt. C E., R.F.A. Spec. Res.
Hall. Temp. Capt. C. W., R.A.S.C.
Hall, Lt. D., late 7 Bn. Ches. R.
Hall, Temp Lt. D. M., R.E.
Hall, Capt. D. P., late 5 Bn. R. Muns. Fus.

Hall, Lt. E. F., E. Kent R
Hall, Temp. 2nd Lt. F., Serv. Bns. Gord. Highrs.
Hall, Lt. E. L., Aust. Imp. Force.
Hall, Capt. F. S., C'wealth Mil. Forces.
Hall, Capt. F. W., R.A.
Hall, Bt. Maj. G. E., E. Scots
Hall Capt. G. F., R.E., Spec. Res
Hall, Capt. G. L., R.A.S.C. (T.F.)
Hall, Capt. H. A. E., R. Ir. Regt. (Lt. S. Afr. Def. Force)
Hall, Maj. H. A. L., R.E.
Hall, Maj. H. F., Can Spec. Res
Hall, Lt. H. J., R.F.A.
Hall, Capt. H. R., D.S.O., R.F.A.
Hall, Lt. H. T., D. of Corn. L.I.
Hall, H. W., Maj. late 2 D.G.
†Hall, Capt. I. C., Can. M.G. Corps.
Hall, Temp. Lt. J., Serv. Bns. W. York. R.
Hall, Qr.-Mr. & Capt J. H., 4 Bn Gord. Highrs.
Hall. Temp. Capt. J. H., D.S.O., Serv. Bns. R. Muns. Fus.
Hall, Capt. J. H., late Serv. Bns. Norf. R.
Hall. Temp. 2nd Lt. J. L., Serv. Bns. Glouc. R.
Hall, Lt. L. C., R.E. T.F.)
Hall, Hon. Lt. L. E., late K. R. Rif. C.
Hall, Lt. L R. R. Scots
Hall, Lt. M. R., 5 Bn. R. Lanc. R.
Hall, Temp. Lt. N., R.E.
Hall, Capt. P. A., D.S.O., Bucks. Bn. Oxf. & Bucks. L.I.
Hall, Maj. P. de H., D.S.O., R E. (T.F.)
Hall, Maj. P. L., D.S.O., Can Local Forces
Hall, Lt. P. M., R.F.A. (T.F.)
Hall, R., late Capt. R. Fus.
Hall, Co. Serjt.-Maj. R., E. Lan. R.
Hall, Temp. Lt. R. B., Serv. Bns. R. War. R.
†Hall, Temp. Capt. R. C., 8 Bn. R. Suss. R.
Hall, Lt. R. C., late M.G. Corps.
Hall, Lt. R. M., 8 Staff. R. Spec. Res.
Hall Lt. R. N., R.F.A., Spec. Res.
†Hall, Temp. Maj. R. O. R.F.A. (T.F.)
Hall, Lt. R. V., R.F.A., Spec. Res.
Hall, Capt. R. W. P. R.F.A. (T.F.)
Hall, Lt. S. S., 5 Bn. Bord. R.
Hall, Lt. S. S., Man. Regt.
Hall, Capt. T. C. N., Shrops. L.I.
Hall, Temp. Lt. W., 11 Bn. North'd Fus.
Hall, Batty. Serjt.-Maj W.., R.G.A.
Hall, Capt. W. D., 5 Lt. Inf.

† Also awarded Bar to Military Cross.

Orders of Knighthood, &c.

THE MILITARY CROSS—*contd.*

Hall, Capt. W. D'A., 20 Hr-
Hall, Temp. Lt. W. D. deP., 8 Bn. R.W. Kent R.
Hall, Temp. Lt. W. E. J., Serv. Bns. Manch. R.
Hall, Lt W. J., *D.C.M.*, R.F.A. Spec. Res.
Hall, Temp. Lt. W. H., Serv. Bns. E. York. R.
Hall, Temp. Lt. W. J., M.G. Corps.
Hall, Lt. W. J., Aust. Imp. Force.
Hallack, Capt. M. H., *late* 1 Res. S. Afr. Bn.
Hallam, Temp. Lt. B.,R.E
Hallam, Capt. F., C'wealth Mil Forces.
Hallam, Temp. Capt. H.N., Tank Corps.
†Hallas, Lt. G. S., R.E. (T.F.)
Hallding, P., *late* Temp. Chapl. to the Forces (4th Class)
Halle, Lt. J. H., Devon. R.
Hallett, Lt G. B., Can. Local Forces.
Hallett, Temp. 2nd Lt. H. H. L., 11 Bn. R. War. R.
Hallett, Capt. H. I. P., 24 Bn. Lond. R.
Halliburton, Temp. 2nd. Lt. T. C., Serv. Bns. Notts. & Derby R.
Halliday, 2nd Lt. A. H. 4 Bn. York & Lanc. R.
Halliday, Temp. Lt. C. P., Serv. Bns. Yorks. L.I.
Halliday, Lt. H. E., 7 Bn. Worc. R.
Halliday, Temp. 2nd Lt. J. A., Serv. Bns. R. Sc. Fus.
Halliday, Sqn. Serjt.-Maj. M., North'd Hrs. Yeo.
Halliday, 2nd Lt. P. W., 4 Bn. Linc. R.
Halifax, Capt. F. P., R.G.A.
Hallifax, G. O., *late* Lt 3 Bn. Arg. & Suth'd Highrs.
Halliley, Lt. W. S, Res. of Off., Ind. Army.
Hallinan, Temp Capt. A. E., *M.B.*, R.A.M.C.
Hallinan, Lt. E. V., R.F.A.
Hallinan, Maj. W. E., *late* R.A.M.C.
Hallwell, Hon. Capt. B. T., *late* R.F.A.
Halliwell, Temp. Lt. F. R., 18 Bn. Lan. Fus.
Halliwell, Co. Serjt.-Maj. W., Rif. Brig.
Hallmark, Sergt.-Maj. B., Ches. R.
Hallowes, A. C., *M.B.*, *late* Temp. Capt. R.A.M.C.
Hallowes, Capt. J.W., Shrops. L.I.
Hallworth, 2nd Lt. T. H., 7 Bn. Notts & Derby R.
Hally, 2nd Lt C., N.Z. Mil. Forces.
Halsall, Temp. Lt. R., M.G. Corps
Halstead, Capt. A. E., Aust. Imp. Force.
Halstead, Temp. 2nd Lt. E., Serv Bns. Lan. Fus.
Halsted, Bt. Maj. J. G., N. Lan. R.

Halton, Lt. W., N. Lan. R.
Halward, Temp. Lt. N. V., Serv. Bns. Glouc. R.
Hambling, Lt. L. *late* 3 Bn. Bedf. & Herts R.
Hambly, Lt. R. J. H. R.G.A.
Hambro, Lt. C. J., Res. of Off.
Hame, Temp. Lt. B. W. H., R.E.
Hamer, Lt. C. M. I., *late* Serv. Bns. Shrops. L.I
†Hamer, Lt. D., 5 Bn L'pool R.
Hamer, Lt. D. J., *late* S. Afr. Def. Force.
Hamer, Maj. M. A., *D.S.O.*, 129 Baluchis, *p.s.c.*
Hamer, Temp. Lt. W. F., R.F.A.
Hamersley, Capt. A. H. St. G., Shrops. L.I.
Hamill, Lt. M., *late* R.G.A.
Hamilton, Temp. Lt. A., M.G. Corps.
Hamilton, Temp. 2nd Lt. A., Serv. Bns., Manch. R.
Hamilton, Maj. A. F., 61 Pioneers.
Hamilton, Lt. A. K., R. Highrs.
Hamilton, Temp. Lt A. L. G., Serv. Bns. R. Highrs.
Hamilton, Capt. A. P. F., 8 Bn. Notts. & Derby R.
Hamilton, Lt. A. S. L., Res of Off.
Hamilton, 2nd Lt. C. G. H., 5 Bn. Linc. R.
Hamilton, Temp. Lt. C. K. J., R.F.A.
Hamilton, Temp. Inspr. of Ord. Mach. 3rd Class D., R.A.O.C.
Hamilton, Lt. D.A., R.F.A. (T.F.)
Hamilton, Temp. Maj. D.C.
Hamilton, Temp. Lt. D. J., Serv. Bns. Midd'x R.
Hamilton, Maj. E. G., *D.S.O.*, Conn. Rang.
Hamilton, Capt. E. S. B., *M.B.*, R.A.M.C. Spec. Res.
Hamilton, Maj. F.A.C., h.p., R G A , Spec. Res.
Hamilton, Temp. Lt. F. G., Serv. Bns R. Fus.
Hamilton,Temp.M'j.F.L., 7 Bn. K.O. Sco. Bord.
Hamilton, Capt. G., Sco. Horse Yeo.
†Hamilton, Capt. G. F., E. Kent R.
Hamilton, Capt. G. M., Can. Eng.
Hamilton, Lt. H., 6 Bn. Arg. & Suth'd Highrs.
Hamilton, Lt. H. C., 14 Bn. Lond. R.
Hamilton, H. P., *M.B.*, *late* Temp. Capt. R.A.M.C.
Hamilton, Capt. H. W. R., *D.S.O.*, R.E.
Hamilton, Capt. J., 4 Bn. R. Sc. Fus.
Hamilton, Capt. J., R.A.S.C.
Hamilton, Temp. Lt. J., Columbia R.
Hamilton, Lt. J. A. de C., 4 Bn. Hamps. R.

Hamilton, Temp. Lt. J. B., 18 Bn. High. L.I.
Hamilton, Capt. J. C., *late* Serv. Bns. High L.I.
Hamilton, Lt. J. D., 22 Bn. Lond. R.
Hamilton, Rev. J. E., Temp. Chapl. to the Forces (4th Class).
Hamilton, Capt. J. L., R.A.M.C. (T.F.)
†Hamilton,Temp.Lt.L.G., Serv. Bns. Dorset R.
Hamilton, Lt. P, R.F.A., Spec Res
Hamilton, Lt. R., High Cyclist Bn.
Hamilton, 2nd Lt. R., R.F.A. Spec. Res.
Hamilton, Capt. R. A. P., C'wealth Mil. Forces.
Hamilton, Maj. R. G. C'wealth Mil. Forces.
Hamilton, Lt. R. G., Aust Imp. Force.
Hamilton,Temp.Capt.R.M. M., R.G.A. Spec. Res.
†Hamilton,Temp. Lt. R.T., 6 Bn. R. Ir. Regt.
Hamilton, Temp. Lt. T.D., R.E.
Hamilton. Capt. W., *M.D.*, *late* R.A.M.C.
Hamilton, 2nd Lt. W. F. J., C'wealth Mil. Forces.
Hamilton, *late* Lt. W. P., R.A.
Hamilton-Jones, Capt. K. M., R.G.A. Spec. Res.
Hamilton of Dalzell, Capt. G.G., *Lord*, *K.T.*, *C.V.O.*, Res. of Off.
Hamlet. Lt. F.A., 3 Bn. R. Dub. Fus.
Hamley, Lt. B. D., 3 Bn. Lond. R.
Hamlyn, Capt. D., 5 Bn. Devon R.
Hammerton, Capt. C. W., *late* S. Gds.
Hammick, Capt. H. A., 6 Bn. Manch R.
†Hammill Capt. L., *D.S.O.*, 5 Bn. S. Lan. R.
Hammond, Lt. A. W., R G A , Spec. Res.
Hammond, Lt. C. E., Gds., Spec Res
Hammond, Lt. E. B., R.E. (T F.).
Hammond, Lt. H., Dorset. R.
Hammond,Lt.H.B.,R.F.A.
Hammond, Temp. Lt. H. T., 32 Bn. R. Fus.
Hammond, Maj. H. R., Can. Local Forces.
Hammond, Lt. R.G. B., R.A.
Hammond, Capt. T. R., Qr.-Mr. Aust. Imp. Force
†Hammond, Capt. W., *late* Serv. Bns. Midd'x R.
Hammond-Searle, Maj. A. C., *M.B.*, R.A.M.C.
Hammond-Smith, Capt. M. F., R. Innis. Fus.
Hamond, Capt. P, *D.S.O.*, ret. pay (Res. of Off.)
Hampshire, Lt. C. D, 4 Bn. R. Berks R.
Hampshire, Lt. C. N., *late* R.F.A. (T.F.)

Hampson, Lt. A. C. R.G.A. Spec. Res.
Hampson, L., H.J., 10 Bn. Manch. R.
Hampson, Lt. J. T., Aust. Imp. Force
Hampson, Temp. Capt. S. H., 20 Bn. Lan. Fus.
Hampson, Capt. T., *M.B.*, R.A.M.C., Spec. Res.
Hampson, Lt. W., R.E. (T.F.)
Hampton, Temp. 2nd Lt. A. H., Serv. Bns., R.W. Surr. R.
Hampton, Temp. Qr.-Mr. & Lt. C. S., *M.B.E.*
Hampton, Lt. E. J., 9 Bn. Durh. L.I.
Hampton, Temp. Capt. F. A., *M.B.*, R.A.M.C.
Hampton, Capt. J. W., C'wealth Mil. Forces.
Hampton,Temp.Maj.N.H., Serv. Bns. R. Suss. R.
Hanauer, Temp. Qr.-Mr. & Lt. A., R.A.S.C.
Hanbury, Temp. Lt. H. D., R.E.
Hanbury, Capt. R. H. O., 15 Hrs.
Hanbury-Sparrow, Bt.Maj. A.A.H., *D.S.O.*, R. Berks. R.
Hance, Temp. Maj. H. M. (2nd Lt. Ind. Army Res. of Off.)
††Hancock, Maj. A. C., *late* R.A.M.C.
Hancock, Capt. C. P., 114 Mahrattas
Hancock. Lt. Ernest, R.G.A. Spec. Res.
Hancock, Lt. E. T. G., R G A , Spec. Res.
Hancock, Capt. G. A., *late* 4 Bn. Notts. & Derby R.
Hancock, Lt. G. E. L., R.F.A. Spec. Res.
Hancock. Maj. J. A., *late* R. Fus.
Hancock, Lt. J. D. G., R. Suss. R.
†Hancork,Temp. Lt. J. S., Serv. Bns. D. of Corn. L.I.
Hancock, 1st Cl. Staff Serjt.-Maj. L., R.A.S.C.
Hancock, Lt. L. W., 4 Bn. Notts. & Derby R.
Hancock, Lt. M. E., 4 Bn. North'n R.
Hancock, Co.Serjt.-Maj.R. Leic.R.
Hancocks, Capt. A. G., R.A.
Hancocks, Lt. F G., 5 Bn. Lond. R.
Hand, Capt. W. C., *D.S.O.*, *late* R.G.A.
Handasyde,Lt.H.K.,4Bn. R. Scots.
Handcock, Maj. C. B., Can. Eng.
Handfield-Jones, Capt. E. M., *late* R.A.M.C.
Handford, Lt. L. F., *late* 13 Bn. Lond. R.
Handford, Temp. 2nd Lt. P. G., Serv.Bns. Wilts. R.
Handley, Capt. G. L., *late* R.F.A.

† Also awarded Bar to Military Cross.   †† Also awarded 2nd Bar to Military Cross.

THE MILITARY CROSS—contd.

Handley, Capt. L. M., 26 Cav.
Hands, Lt. A. S., 3 Bn. Dorset. R.
Hands, Temp. Capt. A. S., 18 Bn. Midd'x R.
Hands, Lt. H. G., *late* R.E.
Hands, Lt. H. G., *late* Serv. Bns. Shrops. L I.
Hands, Lt. N., 3 Bn. R. War. R.
Hands, Maj. P. A. M., *D.S.O.*, S. Afr. Def. Force.
Hands, Lt. W. E, 4 Bn. Notts. & Derby. R.
Haney, Temp. Capt. F. J., R.F.A.
†Hanington, Capt. F. C., Can. Local·Forces.
Hankey, Temp. Maj. F. J. B., Tank Corps.
Hankey, Capt. T. B. ret.
Hankins, Lt. J. W., R.F.A. Spec. Res.
Hankinson, Temp. Capt. W. C., Serv. Bns. York & Lanc R.
Hanks, Co. Serjt.-Maj. C. W., 8 Bn. E. Surr. R.
Hanley, Lt. A., 13 Bn. K. R. Rif. C.
Hanley, Lt. E. A,, Can. Eng.
Hanley, Lt. F. R., 6 Bn W. York. R.
Hanley, Capt. H. A. O., Midd'x R.
Hanlon, Lt. W. T., Aust. Imp. Force.
Hanmer, Temp. Lt. E. H.J., *M M*., R.E.
Hanmer, Lt. R. H., R.W. Fus.
Hanna, Lt. H. G., Aust. Imp. Force.
Hanna. Capt. J. E., *late* R.A.V.C.
Hanna, Bt. Maj. W. F., R.E.
Hanna Effendi, M. Awal Wasef, Egyptian Army.
Haanah, Lt. J. S., Ind. Army, Res. of Off.
Hannah, Capt. R., *M.B.*, *late* R.A M.C.
Ha nah. Lt. R. W., *D.S.O.*, *late* R.N.R. Vol. Res.
Hannam, Hon. Capt. C. D. *late* 7 Bn. W. York R.
Hannam-Clark, Lt. H. C., R.E. (T.F.).
Hannay, Lt. A. P. C., Ca'n'n High'rs
Hannay, Lt. H., R.E. (T.F.)
Hannay, Capt. H. 3 Bn Suff. R.
Hannay, Temp. Lt. J., 16 Bn. K. R. Rif. C.
Hanney, Lt. W. C., R Berks. R.
Hannlm, Temp. Lt. W. F., Serv. Bns. R. Dub. Fu .
Hanning, Lt. J. E., Can. Eng.
Hannon, Serjt.-Maj. T. *D.C.M.*, R W, Fus.
H nrick, Temp. Lt. W. A., R.F.A.
Hansen, Temp. Lt. A. E., R.F.A.

Hansen, Capt. O. J., *late* R.E.
§C. Hansen, Bt Maj. P.H., *D.S.O.*, Linc. R., *p.s c.*
Hanson, Temp. Lt. C. K., 10 Bn. Notts. & Derby R.
Hanson, Capt. D. C., *M.B.*, *late* R.A.M.C.
Hanson, Lt. F., 8 Bn, W. York. R.
Hanson, Lt.-Col. F. S., *D.S.O.* 7 Bn. R.War. R.
Hanson, Lt. H. D., 5 Bn Worc. R.
Hanson, Temp. Lt. R. S., 12 Bn. R. Ir. Rif.
Ha son, Lt. W. A. M., R. Mar.
Hanson, Maj. W. G., Can. Fd. Art.
Hanton, Lt. W. A., R.E. (T.F.)
Hanwell, Capt. H. E., Can. Rly. Troops.
Hanworth, Lt. W. C., R.F.A. (T.F.).
Haptie, Lt. G. E., 8 Lan. Imp. Force.
†Harbison, Capt. H. A., *M.B.*, R.A.M.C.
Harbord, Capt. E. R., *D.S O.*, *late* 3 Bn. Ches. R.
Harbord, Bt. Maj. G. M., R.F.A.
Harbord, Capt. L. B., 44 Inf.
Harbottle, Temp. 2nd Lt. G., M.G. Corps.
Harbottle, Temp. Capt. T. M., R.E.
†Harourn, Capt. R. W., Aust. Imp.Force.
Harcourt, A. A. C.. *D.S.O.*, R. Berks. R.
Harcourt, Maj E. S., 7 Gurkha Rif. [L]
Harcourt, Lt. F. H. G., *D.S.O.*, R. Dub. Fus.
Harcourt, Temp., 2nd Lt. W. L., 12 Bn. R. Ir. Rif.
Harcourt Vernon, Lt. E.G., G. Gds. Spec.·Res.
Harcourt-Vernon, Maj. G. C. FitzH., *D.S.O.*, Res. of Off.
†Hardaker, Temp. Capt. E V. 10 Bn, Essex R.
†Hardaker, Lt. H., 6 Bn. W. Rid. R.
Hardcastle, Lt. F. W. L., 3 Bn. W. Yor . R.
Harden, Temp. 2nd Lt. E J., 13 Bn R. Suss. R.
Harden, Lt. G. B., R. E. (T.F.)
Harden, Lt. O. L., C'wealth Mil. Forces.
Hardie, Capt. D., *M.B.*, *late* R.A.M.C.
Hardie, Lt. W. B., R.F.A. (T.F.)
Harding, 2nd Lt. A. C., Brecknock Bn. S. Wales Bord.
†Harding, Lt. A. F., Som. L.I.
Harding, Lt. C., *late* Serv. Bns. R. Rif.
Harding, Qr.·Mr. & Capt. C., 8 Bn. R. War. R.

Harding, Capt. C. L., York & Lanc. R.
Harding, 2nd Lt. D. A., M.G. Corps.
Harding, Qr.·Mr. & Capt. E., R. Fus.
Harding, Capt, E,, ·*late* R.A.M.C.
Harding, Temp. 2nd Lt. F., *M M*., Serv. Bns. E. Lan. R.
Harding, Lt. G. P., Ches. R.
Harding, Lt G. P., *late* 6 Bn. North'n R.
Harding, Capt. H. N., 2 Co. of l ond. Yeo.
Harding, Lt. H. W., 4 Bn. Glouc. R.
Harding, Lt. J., Aust. Imp. Force.
Harding, Lt. J. C. E., R.F.A.
Harding, Temp. 2nd Lt. L. C. W., 8 Bn. Devon. R
Harding, Lt. L. E., Aust Imp. Force.
Harding, Capt. P. D., ret. pay.
Harding, Capt. P. E., 16 Bn. Lond. R.
Harding, Lt, P, S. D., 1 Cent. Ont. Regt.
Harding, Temp. Lt. R. A., R.E.
Harding, Maj. R. P., *D.S.O.*, Can. Local Forces.
Harding, Capt. R. 8 W., *lote* R.F.A. Spec. Res.
Harding, Temp. Lt. W. B., M.G. Corps.
Hardinge, Lt. *Hon*.H.L. A., G. Gds.
Hardinge, Temp. Lt. J. B., M.G. Corps.
†Hardingham, Lt. L. W., R.F.A. Spec. Res.
Harding·Newman, Maj. T. H. H., *late* Camb. R
Hardiman, Capt E. H. M., *D.S.O.*, S. Afr. Def. Force.
Hardisty, Lt. H. L., *late* F., Mar.
Hardman, Te up. Lt. B. J., Army. Res. Regt. of Cav.
Hardman, Capt. F., 10 Bn. Manch. R.
Hardman, Lt. J. H., R.A.
Hardman, Maj. W. H., N. Mid. Divl. R. E.
Hards, Lt. P. A., 17 Bn. Lond. R.
Hardwi k, Capt. A. G. P., R.A.M.C.
Hardwick, Capt. C. D., *late* R.F.A. (T.F.)
Hardwick, Lt. D. F., Fort. Garry Horse.
Hardwick, Lt. T. W., 5 Bn. W. York R.
Hardy, Capt. A. E., R. W. Kent R.
Hardy, Lt. C. J., 3 Bn. North'n R.
Hardy, Temp. Lt. C.J., Serv. Bns. S. Wales Bord.
Hardy, Lt. D., R.F.A. Spec. Res.

Hardy, Temp. Capt. E. W. D., R.A.M.C.
Hardy, Temp. 2nd Lt. F. W., Serv. Bns. S. Wales Bord
Hardy, Temp. Capt. G. F., R.A.M.C.
Hardy, Capt H., C'wealth Mil. Forces.
Hardy, Temp. Lt. H. D., Tank Corps.
Hardy, Maj. H. S., *M.B.E.*, h.p.
Hardy, Lt. J. H., R. Lanc. R.
†Hardy Capt J. L., *D.S.O.*
Hardy, Maj. L. H., 1 L.G.
Hardy, Lt. R. L, Herts. R.
Hardy, Lt. T. F., R.G.A.
Hardy, Temp. Lt. T. W. R.E.
Hardy, Capt. W. H. C., 3 Bn. R. Suss. R.
Hardy, Temp. Lt. W. H. C., Durh. L.I.
†Hare, Temp Capt A.D.E. W., 10 Bn. R. W. Surr. R.
Hare, Capt. C. E., R.G.A.
Hare, Capt. E., D. of Corn. L.I.
Hare, Temp. Capt. F. P., M.G. Corps.
Hare, Hon. Capt. L. G., *late* York. R. (attd.)·
Hare, Capt. W. T., R.A.M.C.
Hare-Bowers, Capt. D. A., *D.S.O.*, S. Afr. Def. Force.
Harford, Qr.-Mr. & Maj. C. E., *D.C.M.*, R.H.G.
Hargobind. Lal Batra., Capt. Ind. Med. Serv.
Hargraves, Lt. E., 7 Bn Midd'x R.
Hargreaves, Capt. G. H., *late* R.E.
Hargreaves, Lt. H., Ind. Army.
Hargreaves, Rev. H. P., Hon. Chapl. to the Forces, 4th Class
Hargreaves, Co.·Serjt.·Maj. J., Manch. R.
Hargreaves, Lt. P. W., Worc. R.
Hargreaves, Capt. R., 5 Bn. S Lan. R.
Hargreaves, Lt. R., *late* R.W. Fus.
Hargreaves, Capt. R. C., h p.
Hargreaves, Capt. R. C., ret.
Haridhoj Khattri, Subadar, 9 Gürkha Rif.
†Harington, Lt. A. J., *late* Som. L.I.
Harington, Bt. Maj. H. D., *D.S.O.*, W. York. R.
†Harker, Capt. F., *late* R.F.A., Spec. Res.
Harker, Lt. T., 9 Bn. Durh. L. I.

† Also awarded Bar to Military Cross.   †† Also awarded 2nd Bar to Military Cross.

Orders of Knighthood, &c.

THE MILITARY CROSS—contd.

Harkom, Lt. J. F., R.F.A., Spec. Res.
Harland, Lt. C. C., S. Staff. R.
Harland, Rev. H. C., Hon. Chapl. to the Forces, 4th Class.
Harland, Temp. Lt. J. A., Serv. Bns. Manch. R.
Harland, Lt. L. S., Dorset R.
Harley, Lt. E., 3 Bn. York & Lanc. R.
Harley, Lt. G., R.E. (T.F.
Harley, Capt. H. S., N.Z. Mil. Forces.
Harley, Temp. Capt. T. W., 9 Bn. R. Lanc. R.
†Harlow, Temp. Lt. J. F., 10 Bn. R. Fus.
Harman, Lt. A. J., 23 Bn. Lond. R.
Harman, Capt. A. L., D.S.O., R.F.A.
Harman, Maj. E., ret. pay
Harman, Temp. Lt. E. E. G., M.G. Corps.
Harman, Lt. H. H., 7 Bn Lond. R.
Harman, Lt. O. A., Ind. Army, Res. of Off.
Harman, Temp. Capt. R. E., R.G.A.
Harmsworth, Temp. Lt. J. S., Baganda Rif.
Harnam Singh, Subadar, Ind. Army.
Harnath Singh, Subadar, I.O.M., 123 Rif.
Harnott, Capt. W. T., ret.
Harold, Lt. J. J., Quebec R
Harold-Barry, Capt. C. W., 5 Bn. R. Muns. Fus.
Harper, Lt. A., ret. pay
Harper, Temp. Lt. A. H., R.A.
Harper, Capt. B. H., R.E.
†Harper, Temp. Lt. C. H., R.A.
Harper, Capt. E. E., late R.A.S.C.
Harper, Temp. Lt. F. C., Serv. Bns. R. War. R.
Harper, Temp. Capt. F. G., M.D., R.A.M.C. (T.F.)
Harper, Lt. G, C'wealth Mil. Forces
Harper, Lt. G. H. J., R.G.A.
Harper, Lt. J., R.E. (T.F.)
Harper, Capt. J. C., late 8 Bn. R. War. R.
Harper, Capt. J. S., Manch. R.
Harper, Lt. M. L., 19 Bn. Lond. R.
Harper, Co. Serjt.-Maj. R. H., Glouc. R.
Harper, Lt. R. K., 7 Bn. North'd Fus.
Harper, Capt. S., S. Staff. R.
Harper, Lt. S. A., Ches. R.
Harper, Temp. Lt. T., Tank Corps.

Harper, Rev. T., Temp. Chapl. to the Forces, 4th Class,
Harper, Lt. W. E., 3 Bn. Durh. L.I.
†Harper, Lt. W. I., 5 Bn. N. Staff. R.
Harpur, Temp. Lt. H. de la M., R.A.S.C.
Harradence, Lt. P., Sask R.
Harrap, 2nd Lt. F. L., 3 Bn. Notts. & Derby. R.
Harratt, Lt. J. H., 3 Bn Leic. R.
Harries, Temp. Capt. B. G., R.A.O.C.
Harries, Temp. Lt. E. R., 13 Bn. Welsh R.
Harries, Rev. G. H., Hon. Chapl. to the Forces, 4th Class
Harriman, Temp. Capt. H. W., 8 Bn. W. Rid. R
Harrington, Lt. J. E., late Serv Bns. Midd'x R.
Harrington, Lt P., 6 Bn. Arg. & Suth'd Highrs.
Harrington, Capt. W. F.
†Harrington, Temp. Lt W. M., M.M., K.R Rif. C.
Harriott, Capt. W. G., R.A.
Harris, Temp. Lt. A., M.G. Corps.
Harris, Temp. 2nd Lt. A., Serv. Bns R. Innis. Fus.
Harris, Temp. Lt. A., Tank Corps.
Harris, Lt. A. C. B., Oxf. & Bucks L.I.
Harris, Capt. A. E. C., 7 Lrs.
Harris, Temp. Lt. A. L.
Harris, Lt. A. P., R.F.A. (T.F.)
Harris, Capt. B., late Serv. Bns. S. Lan. R.
Harris, Lt. C., R.F.A.
Harris, Lt. C. C., Aust. Imp. Force.
Harris, Capt. C. H., 4 Bn. Sea. Highrs.
Harris, Lt. D'A. F. H., 1 Dns.
Harris, 2nd Lt. E. E., 4 Bn. Glouc. R.
Harris, Temp. 2nd Lt. E. R. M.G. Corps.
Harris, Lt. E. S., R.F.A. (T.F.)
Harris, Lt. E. W., 5 Bn. W. Rid. R.
Harris, Capt. F., M.B., R.A.M.C.
Harris, Temp. Capt F. G., Serv. Bns. High. L.I.
Harris, Lt. F. O., Ind. Army Res of Off.
Harris, Temp. Lt F. V., Serv. Bns R Fus.
Harris, Temp. 2nd Lt. G., Serv. Bns. R. Fus.
Harris, Temp. Lt. G. G., R.A.
Harris, Temp. Qr.-Mr. & Capt. G.H., 20 Bn. Notts. & Derby. R.

Harris, Maj. G. H. L., C'wealth Mil. Forces.
†Harris, Temp. Maj. G. J., 15 Bn. N. Lan. R.
Harris, Lt. G. S., 6 Bn. S Staff. R.
Harris, Capt. Hon. G.St.V., R.E. Kent Yeo.
Harris, Rev. H., Chapl. late S. Afr. Def. Forces.
Harris, Temp. Lt., H. M. G. Corps,
Harris, Temp. Lt. H. E., 8 Bn. Shrops. L.I.
††Harris, Temp. Capt. H. J. M., Serv. Bns. R.W. Kent R.
Harris, Capt. H. T. T., 4 Bn. Oxf. & Bucks. L.I.
Harris, Temp. Capt. J. B., Serv. Bns. S. Wales. Bord.
Harris, Lt. J. C. B., late Serv. Bns. Lan. Fus.
Harris, Capt. J. F. B., C'wealth Mil. Forces.
Harris, Lt. J. G., L'pool R.
Harris, Capt. J. H., 4 Bn. Hamp. R
Harris, Lt. J. K., 6 Bn. L'pool R.
Harris, Lt. J. L., W. Lan. Divl. R.E.
Harris, Lt. L. A., C'wealth Mil. Forces.
Harris, Lt. L. A., R.G.A.
Harris, Lt. L. G., 7 Bn Manch. R.
Harris, Capt. L. G. R., late 7 Bn. W. Rid. R.
Harris, Capt. L. P., R.A.M.C. (T.F.)
Harris, Maj. M. R., 13 Bn. Lond. R.
†Harris, Lt. M. R. H., R.F.A. (T.F.)
Harris, Lt. M. W. S., Midd'x R.
Harris, Maj. N. C., D.S.O., C'wealth Mil. Forces.
Harris, Lt. O. J. E., Aust. Imp. Force.
†Harris, Temp. Lt. P.G.K., Serv. Bns. Som. L.I.
Harris, Lt. R. A., R.E. (T.F.)
Harris, Lt. R. H., 5 Bn. R. Muns. Fus.
†Harris, R. I., M.B., late Temp. Capt., R.A.M.C.
Harris, Capt. S. S., 6 Bn. Glouc. R.
Harris, Rev. T., late Temp. Chaplain to the Forces (4th Class)
†Harris, Capt. T.C.F., 7 Bn. Worc. R.
Harris, Temp. Lt. T. N. C., 36 Trng. Res. Bn.
Harris, Lt. W., 5 Bn. R. Lanc. R.
Harris, Lt. W., ret pay
Harris, Co. Serjt.-Maj. W., Arg. & Suth'd Highrs.
Harris, Lt. W., R Scots
Harris, Temp. Capt. W. A., 6 Bn. E. Lan. R.

Harris, Temp. Lt., W. A., M.G. Corps.
Harris, Temp. Lt. W.C. W., M.G. Corps.
Harris, Temp. Lt. W. E., late S Afr. Def. Force brig.
Harris, W. H., late Lt. Rif. Brig.
Harris, Lt. W. H., Durh. L.I.
Harris, Temp. Capt. W. T., Serv. Bns. S. Wales Bord.
Harrison, Lt. A., 3 Bn. Suff. R.
Harrison, Lt. A., E. Kent R.
Harrison, Capt. A., 24 Bn London R.
Harrison, Temp. Capt. A. C., Serv. Bns. R. Scots.
Harrison, Capt. A. M. L., 4 Gurkha Rif.
Harrison, Temp. Capt. A. P., late Serv. Bns. W. Rid. R.
Harrison, Lt. A. W., h.p.
Harrison, Rev. A. W., Hon. Chapl. to the Forces, 4th Class.
Harrison, Temp. Lt. B. H., R. Muns. Fus.
Harrison, Capt. C., N.Z. Mil. Forces.
Harrison, Capt.C.C., M.B., late R.A.M.C.
Harrison Capt. C. F., late Serv. Bns. Dorset R.
Harrison, Capt. C. H., O.B.E., C'wealth Mil. Forces.
Harrison, Maj. C. P., D.S.O., Notts. R.H.A.
Harrison, Temp. Lt. C. P., R.E.
Harrison, Lt. C. T. H., 4 Bn. Glouc. R.
Harrison, Temp. Lt. D., R.E.
Harrison. Rev. E., Temp. Chapl. to the Forces, 4th Class
Harrison, Capt. E. C., R.G.A. (T.F.)
Harrison, Bt. Maj. E. G. W. W., R.A.
Harrison, Temp. Lt. E. H., R.E.
Harrison, Temp. Maj. F., O.B.E.
†Harrison, Temp. Lt. F. E., R.F.A.
Harrison, Temp. Lt. F. V., Serv. Bns. Manch. R.
†Harrison, Temp. Lt. G., M.G. Corps.
Harrison, Temp. Maj. G.A., D.S.O., R.E.
Harrison, Lt. G. A., Aust. Imp. Force.
Harrison, Hon. Capt. G.W., late R.A.M.C.
†Harrison, Lt. H., O.B.E., late 3 Bn. R. Ir. Regt.
Harrison, 2nd Lt. H. A., C'wealth Mil. Forces.

† Also awarded Bar to Military Cross.
†† Also awarded 2nd Bar to Military Cross.

THE MILITARY CROSS—contd.

Harrison, Temp. Capt. H. B., Tank Corps.
Harrison, Lt. H. B., R. Dub. Fus.
Harrison, Temp. 2nd Lt, H. D., Tank Corps.
Harrison, Capt. H. E., *late* 3 Bn. R. W. Surr. R.
Harrison, Lt. H. H., R.F.A.
Harrison, Capt. H. T., R.A.
Harrison. Temp. Lt. I. R. S., W. York. R.
Harrison, Temp. Lt. J., *M.M.,* Serv. Bns. R. War. R.
Harrison, Temp. 2nd Lt. J. D., *M.M.,* Serv. Bns. R. Ir. Rif.
Harrison, Lt. J. G., 3 Bn. Linc. R.
Harrison, Lt. J. G., 6 Bn. R. Fus.
Harrison, Serjt.-Maj. J., S. Lan. R.
Harrison, Temp 2nd Lt. J. T., Serv. Bns. S. Staff. R.
Harrison, 2nd Lt. J. W., Serv. Bns. Bord. R.
†Harrison, Bt. Maj. M.C.C., *D.S.O.,* R. Ir. Regt.
†Harrison, Temp. Lt. N. C., 16 Bn. R. War. R.
Harrison, Lt. R., R.G.A.
Harrison, Capt. R., *late* Serv. Bns. Worc. R.
Harrison, Capt. R. F., *late* 4 Bn. Norf. R.
Harrison. R. H., *late* Lt. L'pool R.
Harrison, Temp. Capt. R. P.
Harrison, Lt. S. D., 8 Bn. Lan. Fus.
†Harrison, Lt. S. S., *late* I. Gds., Spec. Res.
Harrison, Capt. S. S. B., R.A.M.C.
Harrison, Temp. Lt. T. H., R.E.
Harrison, Lt. V. M., 3 Bn. Norf. R.
†Harrison, 2nd Lt. W., L'pool R.
Harrison, Lt. W., *M.M.,* Aust. Imp. Force.
Harrison, Capt. W. A., Can. Fd. Art.
Harrison, 2nd Lt. W. D., R.F.A., Spec. Res.
Harrison, Lt. W. E., R.F.A. Spec. Res.
Harrison, 2nd Lt. W. G., N.Z. Mil. Forces.
Harrison, Capt. W. L. A., R.A.M.C
Harrison, Capt. W. R. E., *D.S.O.,* R.F.A.
Harriss, Temp. Lt. F. W., R.A.S.C.
Harron, Lt. L. W., 2 Cent. Ont. Regt.
Harrod, Capt. A., T F. Res.

Harrod, Temp. Lt. F. H., Serv. Bns. Hamps. R.
Harrop, Lt. E. B., 6 Bn. L'pool R.
Harrop, Temp. 2nd Lt. T. A., Serv. Bns. Lan. Fus.
Harrowing, Lt. J., ret. pay, C'wealth Mil. Forces.
†Harry, Lt. G., *M.M.,* Lond. R.
Harry, Temp. Lt. W. E., R.E.
Harstone, Capt. J. A., 1 Cent. Ont. Regt.
Hart, Temp. Capt. A. P., *M.B.,* R.A.M.C.
Hart, Lt. B., Aust. Imp. Force.
Hart, Maj. C. H., *D.S.O.,* R.A.S.C.
Hart, Lt. C. V., 8 Bn. Hamps. R.
Hart, Capt. E., Can. Fd. Art.
Hart, Capt. E., 5 Bn. N. Lan. R.
Hart, Lt. E. A. E., *D.S.O.,* R.F.A.
Hart, Capt. E.B., Can. Local Forces.
Hart, Temp. Lt. E. S., 13 Bn. R. Fus.
Hart, Lt. F., Welch R.
Hart, Temp. Capt. F. G., Sea. Highrs.
Hart, Temp. Maj. G., *O.B.E.,* R.E.
Hart, Lt. G. A., *D.S.O.,* R.A.
Hart, Temp. Capt. H. E., R.F.A.
Hart, Capt. H. P., *M.B.,* R.A.M.C.
Hart, Lt. H. P., R.F.A.
Hart, Capt. H. R., 4 Bn. R. Lanc. R.
Hart, Lt. J. A., Res. of Off. (T.F.).
Hart, Lt. J. C., R.F.A. (T.F.).
Hart, Maj. J. D., *M.B., late* R.A.M.C.
Hart, Lt. J. J., R. Ir. Rif.
Hart, Lt. J. W., *late* R.F.A.
Hart, Capt. K. E., *O B E*, R. W. Surr. R.
Hart, Temp. Lt. L., Serv. Bns. York. R.
Hart, Lt. L. L., R.F.A. (T.F.).
†Hart, Temp. Capt. M. M., Can. Local Forces.
Hart, Temp. Lt. O., 5 Bn. S. Wales Bord.
Hart, Temp. Lt. P. E., R.E.
Hart, Temp. Capt. P. H., 10 Bn. W. York. R.
Hart, Capt. S., R.A.
Hart, Temp. Lt. S.
Hart, Temp. Lt. S., R.A
Hart, Temp. Capt. S. G., R.F.A.
Hart, *Rev.* T. W., Temp Chapl. to the Forces (3rd Class).

†Hart, Temp. 2nd Lt. W., *M.M.,* 24 Bn. R. Fus.
Hart, Temp. Lt.W. D., R. Mar.
Hart, Maj. W. M., Can. Local Forces.
Hartcup, Lt. G. H. W., R.G.A. (T.F.)
Harter, Capt. J. F., *D.S.O.,* R. Fus.
†Hartery, Temp. 2nd Lt. M., 7 Bn. R. Ir. Rif.
†Hartgill, Capt. W C., Spec. Res.
Hartgrove, Serjt.-Maj. (Art. Clerk) T. A., R.A.
Hartigan Bt. Maj. D. McK. R. Innis. Fus. [*i*] *p.s.c.*
Hartigan, Lt. G. E. R. S., Ind. Army.
Hartigan, Lt. M.G., 13 Hrs.
Hartje, Lt. H. G., 3 Bn. Ches. R.
Hartley, Lt. G., *late* 5 Bn. Lan. Fus
Hartley, Capt G C., *M.B., late* R.A.M.C.
Hartley, Capt. G. P., 1 E Lan. Brig. R.F.A.
Hartley, Maj. H., *O.B E.,* R.E.
Hartley, Lt. J B , *late* Serv. Bns. R. W. Fus.
Hartley, Lt. J. B., R.G.A.
Hartley, Lt. J. C., Can. M. G. Corps.
Hartley, Lt. J. H., W. Rid. Divl. R.E.
Hartley, Capt.P., R.A.M.C. (T.F.)
Hartley, Capt. R., R.F.A. (T.F.)
Hartley. Temp. Lt. R Serv. Bns. York & Lanc. R.
Hartley, Lt. R. J., 6 Bn. Lond. R.
Hartley, Hon. Lt. S., *late* 10 Bn. Worc. R.
Hartley, Temp. Lt. W. H., 2 Res. Regt of Cav.
Hartley, Lt. W. H., 8 Bn. W. York. R.
†Hartmann, 2nd Lt. L. G., R.F.A.
Hartnoll, Lt. A. V., R.F.A.
Hartog, Capt. D. H., 6 Bn. Glouc. R.
Hartree, Capt. A., R.A.
Hartridge, Lt. N. L., R.F. Spec Res.
Hartshorne, Temp. Lt. N. H., R.E.
Hartshorne, Temp. Capt. S.T., Serv. Bns. Leic. R.
Hartwell, Lt. J. T., R.G.A. Spec. Res.
Harvey, Lt. A., *D.S.O.,* 5 Bn. L'pool R.
Harvey, Temp. Lt. A. L., R.E.
Harvey, Temp. Lt. A. W., Serv. Bns. E. Surr. R.

Harvey, Lt. B. J., 6 Bn. Durh. L.I.
Harvey, Bt. Maj. C. O., *M V.O.,* 38 Horse.
Harvey, Batty. Serjt.-Maj. C. W., R.F.A.
Harvey, Lt. C. W. L., Ind. Army
Harvey, Lt. D. A., R F A. (T.F.)
Harvey, Temp. Lt. E. A., 9 Bn. Rif. Brig.
†Harvey, Lt E. M., I. Gds., Spec. Res
Harvey, Maj. F. M., *late* R.A.M.C.
ƩC.Harvey, Lt. F. M. W., Lord Strathcona's Horse
Harvey, Temp. Lt. H., M.G. Corps.
Har·ey, Capt. H. J., K.O. Sco. Bord.
Harvey, Capt. H. C. F. F., R.F.A.
Harvey, Lt. J. A. G., 4 Bn. R. Scots.
Harvey, Lt. J. L., 2 Bn. Lond. R.
Harvey, Lt. J. S., 8 Bn. Worc. R.
Harvey, Temp. Capt. L. M., R.F.A.
†Harvey, Temp. Capt. M. M., *D.S.O.,* 15 Bn. Notts. & Derby R.
Harvey, Lt. R., 5 Bn Norf. R.
Harvey, Lt. R. F. M. Worc. Yeo.
Harvey, 2nd Lt. R. P., h.p.
Harvey, Lt. R. P. C., 3 Bn. Devon R.
Harvey, Temp. Lt. S. T., Serv. Bns. K. R. Rif. C.
††Harvey, Lt. S. W., R.G.A.
Harvey, Lt. V. G., R. W. Surr. R.
Harvey, Lt W., Aust. Imp. Force.
Harvey, Lt.W. A., Essex R.
Harvey, Lt. W. J., 4 Bn. R. Dub. Fus.
Harvey, Temp. Capt. W. S., Serv. Bns. R. Fus.
Harvie, Lt. A. K., Man. Regt.
Harvie, Lt. A. W., 4 Bn. K.O. Sco. Bord.
Harwood, Temp. Lt. C. F., Serv. Bns. Lan. Fus.
Harwood, Lt. F., R.F.A. ret.
Harwood, Lt. G. E., 3 D.G.
Harwood, Temp. Lt. J. J., Serv. Bns. Lan. Fus.
Harwood, Lt. W. P., R.G.A.
Hasan Shah, Jemadar, 9 Horse.
Haselden, Temp. Maj. C. G.

---

† Also awarded Bar to Military Cross   †† Also awarded 2nd Bar to Military Cross.

Orders of Knighthood, &c.

THE MILITARY CROSS—contd.

Haselden, Hon. Maj. F., D.S.O., late S. Afr. Def. Forces
Haseldine, Capt. J. F., R.E. Spec. Res.
Hasell, Temp. Maj. G. S., R.E.
Hashim, Lt. R., D.C.M., 7 Bn. Ches. R.
Haskard, Maj. D.D.,R.G A.
Haskins, Lt. H. S., R.E. (T.F.)
Haskins, Capt. N. H H., M.B., R.A.M.C. (T.F.)
Haskins, Capt. S. C., 19 Bn. Lond. R.
Haslam, Hon. Capt. E. H., R.A.O.C.
Haslam, Lt. F., 6 Bn. W. Rid. R.
Haslam, Capt. J. F. C., M.B., late R.A.M.C.
Haslam, Co-Serg.-Maj. T., 5 Bn. N. Lan. R.
Haslam, Temp. Capt. W.G., 10 Bn. Ches. R.
Haslar, 2nd Lt. L. M., 3 Bn. Essex R.
Hasler, Maj. D. C., late Serv. Bns. Essex R.
Hasler, Capt. H. J., Ind. Army.
Haslett, Temp. 2nd Lt. J., Serv. Bns. R.Ir. Rif.
Haslewood, Capt. R. J. R., late 4 Bn. Shrops. L.I.
†Hassall, Lt. A. B., Ches.R.
Hassall, Capt. H., late 10 Bn. Manch. R.
Hassard, Capt. F. R. M.B., late R.A.M.C.
Hassell, Lt. J., D.S.O., Yorks. L.I.
Hassell, Lt. K. A. H., 3 Bn. R.W. Surr. R.
Hassell, Lt. L. L., D.S.O., S. Staff. R.
Hassell, Temp. Lt. R. T.C., D.C.M., R.E.
Hasslacher, Lt. A. J. E., 7 Bn. Lond. R.
Hasted, Lt. W. F., R.E.
Hastewell, Serjt.-Maj. G., Manch. R.
Hastie, Capt. S. H., O.B.E., 4 Bn. High. L.I.
Hastie, Capt. T., C'wealth Mil. Forces.
Hastings, Lt. C. H., Yorks. L.I.
Hastings, Lt. G. L., 7 D.G.
Hastings, Lt. L. A. M., R.F.A. 8 occ. Res.
Hastings, Lt. M. B., 1 Cent. Ont. Regt.
Hastings, Lt. R. A. M., late Serv. Bns. R. Highrs
Hastings, Temp. Capt. T. E., 5 Bn. R. Innis. Fus.
Hastings, Temp. Lt. W. J., Serv. Bns. Notts.& Derby. R.
Haswell, Lt. J. D., 1 Cent Ont. Regt.
Ha ch, Lt. F. S., 4 Bn. Essex R.

Hatch, Capt. R. B. L., Bedf. & Herts. R.
Hatchard, Lt. F. H. F., late S. Afr. Def. Forces.
Hatcher, Capt. C. H., C'wealth Mil. Forces.
Hatchett, Lt. B. D., 6 Bn. S. Staff. R.
Hatfield, Acting Staff Serjt.-Maj.G.H.,R.A.S.C.
Hatt, Serjt.-Maj. A. P., R.A.M.C.
†Hatt, Serjt.-Maj. F., R. Dub. Fus.
Hattersley, Capt. S. M., M.B., R.A.M.C
Hattersley, Lt. T. G., late 3 W. Rid. Brig., R.F.A.
Hatton, Lt. E. C., 5 Bn. R.W. Fus.
Hatton, Capt. F., N. Staff. R.
Hatton, Temp. Lt. J. G., R.F.A.
Hatton, Lt. L. H. C., 20 Hrs.
Hatton, Lt. N. G., M.M., Aust. Imp. Force.
Hatton-Hall, Lt. H. C., K. O. Sco. Bord.
Haugh. Capt. D. H., 4 Bn. Sea. Highrs.
Haughey, Lt. H., ret. pav.
Haughton, Capt. M. G., W. Kent Yeo.
Hautain, Capt. W. F. T., O.B.E / M.B., R.A.M.C., Spec. Res.
Havard, 2nd Lt. D. E., R.G A. Spec. Res.
Havard, Rev. W. T., Temp. Chapl. to the Forces, 4th Class
Havell, Lt. C. C. W., 4 Bn. Suff. R.
Havelock, Temp. Lt. H. S., 17 Bn. R. Fus.
Havelock-Sutton, Lt. G. H., King Ed. Horse.
Haversfield, Temp. Maj. A. R. T.
Haw, Lt. H. A., R.F.A. Spec Res.
Hawes, Capt. A. J., M.B., late R.A.M.C.
Hawes, Lt. A. W., Hon. Art. Co.
Hawes, Capt. C. G., R E. Spec. Res.
Hawes, Temp. Lt. E. G., Serv. Bns. R. W. Fus.
Hawes, Lt. E. J., R.F.A. Spec. Res.
Hawes, Bt. Lt.-Col. G. E., D.S.O., ret. pay.
Hawes, Lt. G. L., R.F.A. Spec. Res.
Hawes, Capt. L. A., D.S.O., R.G.A.
Hawes, Temp. Lt. N. F., M.G. Corps.
Hawes, Temp. Lt. W. A., M.G. Corps.
Hawinda, Jemadar, 58 Rif.
Hawker, Lt. A. S., Aust. Imp. Force.
Hawker, Lt. C. W., R.F.A. Spec. Res.
Hawker, Lt. G. S., R.F.A., Spec. Res.

Hawker, Hon. Capt. H. S., Forces.
Hawker, Maj. T. M., Res. of Off.
Hawkes, Temp. Lt.A.,Serv. Bns. Bedf. & Herts. R.
Hawkes, Capt. B. G.T., late 6 Bn. Worc. R.
Hawkes, Temp. Lt. C., Temp. Qr-Mr.M.G.Corps. M.B E., R.A.O.C.
Hawkes, Lt. G.E., 54 Sikhs, Imp. Force.
Hawkes, Lt.-Col. G. W., D.S.O., late Serv. Bn. R. Regt.
Hawkes, Capt. H., 5 Bn. S. Staff. R.
Hawkes, Capt. M. W. L., 4 Bn. R. Muns. Fus.
Hawkes, Lt., W. A., R.F.A. Spec. Res.
Hawkesworth, Lt. E. G., R. Gds. Spec. Res.
Hawkey, Maj. J. M., C'wealth Mil. Forces
Hawkey-Shepherd, Capt.J. G., 2 Co. of Lond. Yeo.
Hawkins, Qr.-Mr. & Capt. A., E. Kent R.
Hawkins, Lt. A. S. G., ret.
Hawkins, Temp. Lt.-Col. C. F., D.S.O., Tank Corps.
Hawkins, 2nd Lt. F., D., D.C.M. Dorset R.
Hawkins, Lt.F.A.,Rif.Brig
Hawkins, 2nd Lt. F. J., late 14 Bn. Welsh R.
Hawkins, Lt. G. E., R. Berks. R.
Hawkins, Lt.G.L.S.,R.F.A.
Hawkins, Lt. H. A., 4 Bn. S. Staff. R.
Hawkins, Capt. H. C., 6 Bn. Welch R.
Hawkins, Capt. J. C. B., R.G.A.
Hawkins, Capt. L., ret.
Hawkins, Temp. Lt. R. M., Serv. Bns. R. Fus.
Hawkins, Capt. S. H. Can. Eng.
Hawkins, Capt. S. W., Aust. Imp. Force.
Hawkins, Lt. T., W. Som. Yeo.
Hawkins, Temp. Capt. T., D.C.M., M.M., 16 Bn. Manch. R.
Hawkins, Lt. V. F. S., Lan. Fus.
Hawksley, Lt. R. G. R.A.S.C., (T.F)
Hawley, Lt. A. E., 5 Bn. Leics. R.
Hawley, Temp. Lt. D. D., 10 Bn. York & Lanc. R.
Hawley, Temp. 2nd Lt. R. J , 6 Res. Regt. of Cav.
Haworth, Temp. Lt. A. A., R.F.A.
Haworth, Temp. Capt. P. K., late Serv. Bns. K.R. Rif. C.
Haworth, Temp. Lt. R., Serv. Bns. R. Lanc. R.
Hawthorn, Lt. C., D.C.M., M.M., 3 Bn. K.O. Sco. Bord.

Hawthorn, Temp. Capt. E. Tank Corps.
Hawtrey, Temp. Lt.E.E.H., Serv. Bns. R.W. Fus.
Hay, Lt. A. A. B., D.S.O., R.F.A. Spec. Res.
Hay, Capt. D., North'n Divl. Ammn. Col., R.F.A.
Hay, Temp. Capt. F. W., R.F.A.
Hay, Lt. G. K. B., Aust. Imp. Force.
Hay, Lt. H. A., 3 Bn. W. York. R.
Hay, Maj. J., T.F. Res.
1 Lovat's Scouts Yeo.
Hay. Lt. J., 4 Bn. Sea. Highrs.
Hay, Lt. J. B. M., R. E. (T.F.)
Hay, Capt. J. C. E. 6 Bn. Sco. Rif.
Hay, Lt. J. J. G., 3 Bn. Gord. Highrs.
Hay, Capt. L. N. S. Afr. Def. Force.
Hay, Capt. P., late 8 Bn. Sco. Rif.
†Hay, Lt. P., 6 Bn. Welch R.
Hay, Capt. P. W., Austrln. Imp. Force.
†Hay, Capt. R.A., Can. Eng.
Hay, Capt. W. H., late R.F.A.
Haycraft, Maj. J. B., M.B., late R.A.M.C.
Haycraft, Lt. S. M., R.E.
†Haycraft, Lt. W. C. S., 93 Inf.
Hayden, Lt.-Col. B. H. F. E , T.F. Res.
Hayden, Qr. - Mr. & Capt. V. T. A., Dorset. R.
Haydon, Capt. C. W., Midd'x R.
Haydon, Lt. P. M., 7 Bn. W. York. R.
Hayes, Capt. A. T. H., R.F.A.
Hayes, Temp. Lt. C. B., R.E.
Hayes, Lt. C. G., 3 Bn. Bedf. & Herts. R.
Hayes, Hon. Capt. C. W., late R.E.
Hayes, Capt. F., 7 Bn. Manch. R.
Hayes, Temp. Lt. F., Serv. Bns. N. Lan. R.
Hayes, Temp. 2nd Lt. F. B., M.G. Corps.
Hayes, Temp. Lt. G. B. M., 7 Bn. Glouc. R.
Hayes, Co.-Serjt.-Maj. G. H., 7 Bn. R. War. R.
Hayes, Capt. G. P., late R.A.
Hayes, Lt H. H., late Serv. Bns. S. Lan. R.
Hayes, Capt. H. J., 4 Bn. R. Dub. Fus.
†Hayes, Lt. J., late Lan. Fus.
Hayes, Capt. J. B., R.W. Surr. R.
Hayes, 2nd Lt. J. M., 7 Bn. Manch. R.
Hayes, Lt. L., Ind. Army Res of Off.

† Also awarded Bar to Military Cross.

Orders of Knighthood, &c.

THE MILITARY CROSS—*contd.*

Hayes, Capt. M. S., R.F.A. (T.F.)
Hayes, Temp. Capt. R. G., 14 Bn. R.W. Fus.
Hayes, Capt. R. R., *late* Serv. Bns. Bord. R.
Hayes, Capt. R. St. C. Can. Local Forces.
Hayes, Lt. W. L., Sask. Regt.
††Hayfield, Temp. Lt. C. D., *D.S.O.*, 7 Bn. E. Kent R.
Hayford, Capt. N. M., 22 Bn. Lond. R.
†Hayhurst-France, Lt. A H., 4 Hrs.
Hayhurst-France, Capt. G. F. H., *D.S.O.*, K.R. Rif. C.
Haylett, Lt. R., Durh. L.I.
Hayley, Co. Serjt.-Maj. J. D., K.W. Kent R.
Haynes, Lt. E. L., *late* Serv. Bns. Suff. R.
Haynes, Lt. A. E., Res. of Off.
†Haynes, Temp. Capt. A. E., R.A.
Haynes, Temp. Lt. E. B., Serv. Bns. Wilts. R.
Haynes, H. G. A., *late* Temp. Capt. R.A.M.C.
Haynes, Maj. H. P., R.F.A. (T.F.)
Hayter, Capt C., N.Z. Mil. Forces.
Hayter, Capt. J. G., R.F.A.
Hayton, Temp. Lt. J., Serv. Bns. Bord. R.
Hayton, Temp. Lt. J. S., R.A.
Hayward, Temp. Maj. A. G., 13 Bn. Essex R.
Hayward, Temp. Lt. C., Serv. Bns. Yorks. L.I.
Hayward, Lt. F., R.E. (T.F.)
Hayward, Lt. F., Manch. R.
Hayward, Temp. Lt. H. J., Serv. Bns. Rif. Brig.
Hayward, Temp. 2nd Lt. H. J., Serv. Bns. Welch R.
Hayward, Temp. Lt. J. T., R.E.
Hayward, Lt. R. C., 5 Bn. S. Lan. R.
Hayward, Capt. R. F., 22 Bn. Lond. R.
꩜†Hayward, Lt. R. F. J., Wilts. R.
Hayward, Lt. R. H. P., R.A.
Hayward, Lt. R. McL., 7 Bn. L'pool R.
Hayward, Lt. S. P., 7 Bn. W. Rid. R.
Hayward, Temp. 2nd Lt. W., N. Staff. R.
Hayward, Lt. W. H., *late* Tank Corps.
†Haywood, Lt. A. W., 4 Bn. Glouc. R.
Haywood, Temp. 2nd Lt. B. G. E., Serv. Bns. R.W. Surr. R.
Haywood, Lt. C. S., A. Cyc. Corps.
Hazard, Temp. Maj. C. J., *O.B.E.*, 11 Bn. Hamps. R.
Hazard, Temp. Capt. J. de V., R.E.
Hazel, Temp. Lt. R. H., R.E.

Hazledine, Rev. F. J., Hon. Chapl. to the Forces, 4th Class
Hazledine, Temp. Capt. W. A.
Hazlegrove, Qr.-Mr.&Capt. A., S. Staff. R.
Hazlerigg, Maj. G. M., *late* R.A.S.C.
Hazlerigg, Capt. T. M., R.A.S.C. (T.F.)
Hazlett, Lt. W. G., Can. Local Forces.
Hazlewood, Bt. Maj. J., *D.C.M.*, S. Staff. R.
Head, Lt. B., 5 Bn. North'd Fus.
†Head, Rev. F. W. Hon. Chapl. to the Forces, 3rd Class.
Head, Temp. Lt. G. M. T., 9 Bn. Suff. R.
Head, Capt. H. G., *late* Tank Corps.
Head, Lt. H. W. N., K.R Rif. C.
Head, Lt. P. C. A., R.F.A. Spec. Res.
Headington, Lt. F. K., 1 Lond. Brig. R.F.A.
Headland, Serjt.-Maj. W., 4 Bn. Bedf. & Herts. R.
Heads, Temp. Lt. A., R.F.A.
Heagerty, Maj. A. W. H., *late* Serv. Bns. Worc. R.
Heal, Lt. A. V., R.F.A. (T.F.)
Heald, Temp. Lt. J. A., R.E.
Heald, Capt. T. L. C., 5 Bn. Ches. R.
Heale, Capt. A.S., R.A.M.C.
Healey, Co.-Serjt.-Maj. C., Yorks. L.I.
Healey, Temp. Lt. C W., Serv. Bns. Lan. Fus.
Healey, Lt. J. D., Linc. R.
Healey, Temp. Lt. J. T., 19 Bn. R.W. Fus.
Healing, Lt. J. A., 4 Bn. R. War. R.
Healing, Maj. N.C., *D.S.O.*, R.G.A.
Healy, Temp. Capt. C. F., 7 Bn. R. Innis. Fus.
Healy, Lt. M., 4 Bn. R. Dub. Fus.
Healy, 2nd Lt. W. P., C'wealth Mil. Forces.
Heap, Temp. Lt. F. G., Tank Corps.
Heap, Temp. Lt. T., 15 Bn. Ches. R.
Heape, Lt. C. S. M., *late* R.F.A. Spec. Res.
†Heape, Capt. R. S., *late* 17 Bn. Lan. Fus.
Heaphy, Temp. Lt. W. S., M.G. Corps.
Heaps, Co. Serjt.-Maj. W., 15 Bn. L'pool R.
Heapy, Capt. H. E., *M.D.*, *late* R.A.M.C.
Heard, Lt. G. T., 17 Bn. Lond. R.
Heard, Lt. J. G., R.E.
Heard, Lt. R. A., R. Innis. Fus.
†Heard, Capt. R. L., R.A.

Heard, Temp. Lt. R. S., Serv. Bns. Bedf. R
Heard, Temp. Lt. S. L., M.G. Corps.
Heard, Staff Serjt.-Maj. W. H., R.A.S.C.
Hearn, Temp. Lt. G. J., S. Afr. Def. Forces
Hearn, Rev. J., Chapl. 4th Class, C'wealth Mil. Forces.
Hearn, Temp. Capt. W. D., R.E.
Hearn, 2nd Lt. W. H., Res. of Off.
Hearn, Capt. W. S. H., 34 P. Horse.
Hearse, Maj. H., *late* Devon R.
Hearth, Capt. C. H., R.A.S.C. (T.F.)
Heaslop, Maj. A. C., R.G.A.
Heasman, Lt. F. J., G. Gds. Spec. Res.
†Heath, Lt. F. W., 13 Bn. Lond. R.
Heath, Lt. G. W. E., R.F.A.
Heath, Temp. Regtl. Serjt.-Maj. H., 8 Bn. Worc. R.
Heath, Temp. Lt. J. E., Tank Corps.
Heath, Co. Serjt.-Maj. J. J., R. War. R.
Heath, Capt. J. T., *D.S.O.*, R.E.
Heath, Maj. L. M., 19 Punjabis.
†Heath, Temp. Capt. P. G., 8 Bn. E. Surr. R.
Heath, Capt. R. A., Leic. Yeo.
Heath, Temp. Maj. S., S. Afr. Def. Forces
Heath, Capt. S. J., *M.B.E.*, Welch R.
Heath, Lt. W. H., *M.B.E.*, Hamps. R.
Heathcock, Capt. G. G., *late* R.E.
†Heathcote, Lt. G. C., 24 Bn. Lond. R.
Heathcote, Capt. G. F. P., *M.B.*, *late* R.A.M.C.
Heathcote, Maj. G. N., R.E. Spec. Res.
Heather, Lt. C.
Heather, Lt. R., Hon. Art Co.
†Heather, Lt. T. W., 5 Bn. Midd'x R.
Heaton, Lt. A. D., 8 Bn. Lond. R.
Heaton, Lt. A. R., 7 Bn. L'pool R.
Heaton, Temp. Capt. A.W., 7 Bn. North'n R
Heaton, Capt. B. W., D. of Lanc. Own Yeo.
Heaton, Temp 2nd Lt. E.J., Serv. Bns. Linc. R.
†Heaton, Capt. H., *D.S.O.*, *late* 13 Bn. Durh. L.I.
Heaton, Capt. H. F., 5 Bn. W. York. R.
Heaton, Temp. 2nd Lt. T. T., Serv. Bns. R. War. R.
Heaton, Lt. W. S., ret. pay

Hebb, Qr.-Mr. & Capt. J.A., R.A.S.C.
Hebbert, Capt. H. E., *D.S.O.*, R.E.
Hebblethwaite, Capt., A.S. *M.B.*, R.A.M.C. (T.F.)
Hebblethwaite, Lt. R. V., R.F.A.
Hebblewhite, Temp. Capt. F. S., 6 Bn. N. Lan. R.
Hebert, Lt. B. T M., W. Gds. Spec. Res.
Hebden, Capt. H. H., R. Fus.
Hebden, Lt. R. M., Quebec R.
Hebert, Lt. H. R., R.F.A. (T.F.)
Hebron, Capt. A.F., Labour Corps.
Heckford, Lt. C. A. J., R.E. (T.F.)
Hector, Lt. J., 6 Bn. Gord. Highrs.
Hector, Temp. 2nd Lt. T. G., Serv. Bns. R. Fus.
Hedderwick, Lt. G., R. Scots.
Hedderwick, Lt. N. S., Res. of Off.
Hedderwick, Capt. R. S., *late* R.G.A. Spec. Res.
Heddle, Lt. E. W. M., 4 Bn. High L.I.
Heddle, Temp. Capt. M., *D S.O.*, R.G.A.
Hedge, Lt. C. E., 6 Bn N. Staff. R.
Hedges, Lt A. V., *late* Serv. Bns. Manch. R.
Hedges, Co. Serjt.-Maj. F., Rif. Brig.
Hedges, Lt. G. P., R.F.A.
Hedges, Lt. N. H., 5 Bn. York & Lanc. R.
Hedley, 2nd Lt. G. H., R.F.A.
Hedley, Lt. H. D., Can. Local Forces
Hedley, Temp. 2nd Lt. J., M. G. Corps
Hedley, Lt. J. C., *D.S.O.*, R.W. Surr. R.
Hedley, Temp. Capt. R. T. F., 11 Bn. Essex R.
Heeley, Lt. H. N., *M.B.E.*, *late* S. Afr. Def. Force
Heelis, Maj. J.R., Manch.R.
Heenan, Lt. N.J., C'wealth Mil. Forces.
Heenan, Lt. P., R.F.A., Spec. Res.
Heffer, Lt. H. E., Midd'x R.
Heffernan, Temp. Maj. J. G.P., *D.S.O.* (Serv.Bns.R. Dub. Fus.
Hegarty, Lt. D. J., I. Gds.
Hegarty, Temp. Lt. H. A., R.A.
Hegarty, Lt. J. P., R.F.A., Spec. Res.

---

† Also awarded Bar to Military Cross. ††Also awarded 2nd Bar to Military Cross.

Orders of Knighthood, &c.

THE MILITARY CROSS—*contd.*

Hegarty, Rev. S., Temp. Chapl. to the Forces, 4th Class.
Hegarty, Temp. Capt. T. C. V., R.E.
Heggs, Lt. A. C., late M.G. Corps.
Heggs, Temp. 2nd Lt. J. R., M.G. Corps.
Heggs, Temp. 2nd Lt. J. R., Tank Corps.
Heggs, Temp Lt. O., Serv Bns E Lan. R.
†Hein, Lt. C. G., 5 Bn. N. Lan. R.
Hein, Lt. M. H., 5 Bn. Yorks. L I.
Helby, Lt. T. E. H., R.G.A.
Hellaby, Lt. F. A., N.Z. Mil. Forces.
Helps, Capt. R. P. A., O.B.E., Lan. Fus.
Helm, Capt. C., D.S.O., R.A.M.C.
Helm, Temp. Lt. C., Serv. Bns. Bord. R.
Helm, Lt. F., Ind. Army Res. of Off.
Helm, Rev. G. F., Chapl. 4th Class (T.F.)
Helmer, Temp. Capt. R. H.
Helsby, late Temp. Capt. R. J., R.A.M.C.
Helyer, Lt. M., Can. Rly. Serv.
Hely-Hutchinson, Lt. C D., late R A.
Hely-Hutchinson, Lt.M.R., 1. Gds. Spec. Res.
Hemens, Temp. Lt. G. F. R.E.
Hemming, Maj. H. H., late R.F.A.
Hemmingway. Capt. R. C'wealth Mil. Forces.
Hemphill, Temp. Lt. H., Serv. Bns. Leic. R.
Hemsley, Maj. H. N., D.S.O., ret.
Hemsoll, Temp. Lt. E., M.G. Corps.
Henchy, Lt. A. W., late Serv. Bns. R. Dub Fus.
Henderson, Lt. A., R.G.A. Spec Res.
Henderson, Lt. A., 8 Bn. W. York. R.
Henderson, Temp. Lt. A M., Tank Corps.
Henderson, Temp. Lt. D.
Henderson, Lt. D., R.F.A. Spec. Res.
Henderson, Co. Serjt.-Maj E., R. Dub. Fus.
Henderson, 2nd Lt. E. C., 6 Bn. North'd Fus.
Henderson,Temp. Lt. E.J., D.S.O., Serv. Bns. E. Lan. R.
†Henderson, Maj. F., M.B., late R.A.M.C.
Henderson, Temp. Lt. G., Serv. Bn. Midd'x R.
Henderson, Lt. G., 5 Bn. Gord. Highrs
Henderson, Capt. G. D. D.S.O., late Serv. Bns R. W Surr. R.
Henderson, Lt. G. D., late R.E.
Henderson, Capt. G. F., Sco. Horse Yeo.
Henderson, Lt. G. K. Aust. Imp. Force.

Henderson.Temp. Capt. G. L.,Serv.Bns R.Innis.Fus.
He derson, Capt. G M. H., O.B.E., High. L.I.
Henderson, Lt.G.S., D.S.O., Manch. R.
Hender on, Lt. H., 10 Bn. L'pool R.
Henderson, Lt. H.H , New Bruns. Regt.
Henderson, Temp. Lt. H J., M B., R.A.M.C.
Henderson, Lt. J., 5 Bn. Arg. & Suth'd Highrs.
Henderson, Lt. John, 4 Bn. J. E., R.A.
Henderson, Temp. Capt. J. G., O.B.E., Postal Sect., R.E.
Henderson, Capt. J. G., Spec. Res.
Henderson, Capt. J. G., R G.A.
Henderson, Temp. L٠. J. t., Serv. Bns. Sco. Rif.
†Henderson, Capt. J. R., 10 Bn. R. Scots.
Henderson, Lt. J. T. F., R.E. (T.F.)
Henderson, Maj. K D. M., 17 Inf.
†Henderson, Lt. L. D.,4 Bn. Sea. Highrs.
Henderson, Lt. M. B., O.B.E., R.F.A. (T.F.)
Henderson, Capt. P. B., N.Z. Mil. Forces
Henderson, ٠ apt. R. A. C., Cam'n Highrs.
Henderson, Temp. Capt. R. F.
Henderson, Lt. R.K., York. R.
Henderson, Temp. Lt. S. J., M. G. Corps.
Hend rson, Capt. T., R.E. (T.F.)
Henderson,Temp. Lt. T.A., Serv. Bns. R. Highrs
Henderson, Capt. V. L., 3 Bn. N. Lan R.
†Henderson, 2nd Lt. W. A., 3 Bn. R. Scots.
Henderson, Co. Serjt.-Maj. W. A., R. Welsh Fus.
Henderson Lt. W.A.,8 Bn. R. Scots.
Henderson, Lt. W. G. Gord. Highrs.
Henderson, Rev. W. L., la e Temp. Chapl. to the Forces, 4th Class.
Henderson, 2nd Lt. W. L., ret.
Henderson, Temp. Capt. W T., Sea. Highrs
Henderson, Temp. Capt. W. W., 7 Bn. A.O. Sco. Ford.
Henderson-Cleland, Lt W., 3 Bn. Sco. Rif.
Henderson-Roe, Capt. C. G., D.S.O., 3 Bn. R.W. Kent R.
Heudin, Lt. D. W., E. Kent R.
Hendin,Maj. H. T. R., late Serv. Bns. R. W. Fus.
Hendley, 2nd Lt. P., C'wealth Mil. Forces.
Hendri, Capt. A. G., S. Afr. Def. Force.

Hendricks, Temp. Capt. C. A. C. J., 9 Bn. Yorks. L. I.
†Hendrie, Lt. H. G., M.G. Corps.
Hendrie, Lt. J. G. W., R.F.A. (T.F.)
Hendry, Lt. A. C., 5 Bn. Gord. Highrs.
Hendry, Temp. Lt. C.W., M.G. Corps.
Hendry, Lt. D., R.G.A., Spec. Res.
Hendry, 2nd Lt. F. C., Res of Off., Ind. Army
Hendry, Capt. J. L., late R.A.M.C.
Hendry, Lt. P., R.F.A. Spec. Res.
Henehan, Capt. M., late Serv. Bns. R. Ir. Fus.
Heney, Lt. J. H. W., C. Gds. Spec. Res.
Hennessy, Co. Serjt.-Maj. O. P., 5 Bn. L'pool R.
Hennessy, Capt. P., D.S.O., Can. Local Forces.
Hennessy, Lt. R. G., D.S.O., Bord. R.
Hennessy, Maj. T., late 22 Bn. R. Rif. Brig.
Hennessy, 2nd Lt. T. S. Sea. Highrs.
Henning, Capt. C. J., ret.
Henning, Capt. R. M., Can. Eng.
Henningham, Lt. H. W. Aust. Imp. Force.
Henniker, Capt. R. J. A., W. Rid. R.
Hennis, Lt. J. C., H.A.C. (T.F.)
†Henri, Lt. P. R., D.S.O. 3 Bn. Lond. R.
Henri, Temp. Capt. W. A., 11 Bn. North'd Fus.
Henry, Lt. A. S., Can. Local Forces.
Henry, Hon. Capt. B. J.
Henry, Temp. Lt. C. F., 11 Bn. Arg.& Suth'd Highrs
Henry, Lt. C. J., R.F.A. Spec. Res.
Henry, Lt. D.C., R.E. (T.F.)
Henry, Capt. F. G., 7 Bn. Notts. & Derby. R.
Henry, Capt. F. J., M.B., F.R.C.S. Edin., late R.A.M.C.
Henry, Maj. H., M.D., R.A.M.C. (T.F.)
Henry, Temp. Lt H. MacL M.G Corps.
Henry, Lt I. M., 7 Bn High. L.I.
Henry, Capt. W.G., late R E
Henryson-Caird, Capt. A J., h.p.
Henshall, Temp. Lt. W. A., M.G. Corps.
Henshall, 2 d Lt. W. D., 6 Bn. W. Rid. R.
Henshaw. Maj. F. R., Can Local Forces.
Henshaw, Lt L
Henshaw, Lt N. S , R.E. (T F.)
Henslow. Maj. E. L. W., Wilts. R.
Henson, Temp. 2nd Lt H E., M.M., Mach. Gun Corps.
Henson, Lt. R. K., ? Punj٠٠٠ls

Henstock, Lt. H., 4 Bn. N Staff. R.
Henstoock, Temp. Lt. P., Serv. Bns. Worc. R.
Henstridge, Lt. C. L., 4 Bn. Lond. R.
Henwood, Capt. C. C., late R.E.
Heuzell, Temp Lt. G. O., Serv. Bns. North'd Fus.
Henzell, 2nd Lt. W. C., C'wealth Mil. Forces.
Hepburn,Co. Serjt.-Maj.A., D.C.M., 12 Bn. R. Scots.
Hepburn, Hon. Maj. C. G., Can Local Forces.
Hepburn, Temp. Capt. D., R.A.S.C.
Hepburn, Lt. D.H., R.G.A.
Hepburn, Temp. Maj. G. S., R.F.A.
Hepburn, Temp. Capt. H. H., M.D., R.A.M.C.
†Hepburn,Lt. O.W., R. Fus.
Hepburn, Lt. P. B., Sco. Horse Yeo.
Hepburn, Lt. T. W., 3 Bn. High. L.I.
Hepburn, 2nd Lt. W. A. F., 3 Bn. Gord Highrs.
Hepburn, Capt. W. R., Sask. Regt.
Hepher, 2nd Lt. W. R., R.F.A. Spec. Res.
†Hepple, Capt. R. A., M.B., R.A.M.C.
Hepplewhite, Temp. Capt. W. G. T., M.D., R.A.M.C.
Heptinstall, Temp. Lt. P. M., R.E.
Hepton, Lt. J. B., 3 Bn. York. & Lanc. R.
Hepworth, Temp. Lt. A. H., Tank Corps.
Hepworth, Lt. C. T., late York R.
Herald, Capt. R. T. W., Can. A.M.C.
Herapath, Capt. C. E. K., M.B., R.A.M.C. (T.F.)
Herbert, Lt. A. G., 1 Bn. Lond. R.
†Herbert, Maj. A.S., O.B.E., N.Z. Mil. Forces.
†Herbert, Temp. Lt. A.S.S., Serv. Bns. Rif. Brig.
Herbert, Lt. C. G. Y., G. Gds., Spec. Res.
Herbert, Capt. D. L., Home Cos. Divl. R.E.
Herbert, Capt. D. M. A., 32 Punjabis.
Herbert, Lt. E., 5 Bn. R.W. Surr R.
Herbert, 2nd Lt. E. G., R.F.A. (T.F.)
Herbert, Lt M. W., R.A.
Herbert, Maj. G. A., late Tank Corps.
Herbert, 2nd Lt. J. B., 5 Bn. R.W. Surr. R.
Herbert. Lt. M. G., R.G.A. Spec. Res.
Herbert, Ho , Brig.-Gen., O. C., C.M.G. ret. pay (Res. of Off.)
Her ert, Temp. Lt. P. H., R.F.A.
Herbert, Lt. P. T., Bucks. Bn. Oxf. & Bucks. L.I.
Herbert Lt. V. A., Ind Army Res of Off

† Also awarded Bar to Military Cross.

THE MILITARY CROSS—contd

Herbert, Capt. W. R., Can. Local Forces.
Herbertson, Lt. J. H., 19 Bn. Lond. R.
Herd, Temp. Lt. D. W. Tank Corps.
Herd. Capt. W., 7 Bn. E. Highrs.
Herga, Maj. E. E., *late* R.A.M.C.
Heritage, Lt.A.A.,C'wealth Mil. Forces.
Heriz-Smith, Capt. G. V., 27 Punjabis
Hermon-Hodge, Lt. L. St. L., G. Gds. Spec. Res.
Heron, Temp. Lt. E., M.G Corps.
††Heron, Temp. Capt. G., R.F.A.
Heron, Capt. J. J., R.E. Spec. Res.
Heron, Temp. Lt. J. P., Serv. Bns. York. R.
†Heron, Temp. Capt. T. E., *late* 23 Bn. North'd Fus.
Heron-Jones, 2nd Lt. C. V., Res. of Off., Ind. Army
Heron-Maxwell, Capt. *Sir* I. W., *Bt.*
†Herridge, Lt. A. L., 6 Bn. Lan. Fus.
Herridge, Lt. G. B., Can Mach. Gun Corps.
Herridge, Temp. Capt. J. R., R.A.S.C.
†Herridge, Lt.W. D., D.S.O., Can. A. Cyc. Corps.
Herring, Temp. Lt. E. F., D.S.O., R.A.
Herring, Maj. H. W., R.E.
Herring, Lt. R. E., *late* R.A.S.C.
Herring, Lt. R. S., 20 Bn. Lond. R.
Herring, Temp. Capt. T. C., E. York. R.
Herrington, 2nd Lt. J., D.C.M., R. Sc. Fus.
Herrington, Temp. Lt. J., Serv. Bns. S. Staff. R.
Herrod, Temp. Lt. B. J., Serv. Bns. North'd Fus.
Herschell, Lt. Col. A., O.B.E., *late* R.E.
Hertzberg, Col. H. F. H., D.S.O.,Can. Local Forces.
Hervey, Lt G. S., 4 Bn. Sea. Highrs.
Herzog, Temp. Capt. F. J., R.F.A.
Heseltine, Capt. G. R. N., Res. of Off.
Heselton, Capt. J. L., D.S.O., Worc. R.
Hesketh, Temp. Lt. H. A., R.F.A.
Hesketh-Prichard, Hon. Maj. H. V., D.S.O.
Hesling, Temp. Capt. G., Serv. Bns. Lan. Fus.
Heslop, Temp. Capt. G. C., Serv. Bns. Durh. L.I.
†Hess, Lt. N., R.F.A. (T.F.)
Hester, Capt. H. T., Qr. Mr. R Sc. Fus.
†Hetherington, Temp.Capt. A. C., 7 Bn. Shrops. L.I.

Hetherington, Capt. A. D.
Hetherington, Maj. F. H., *late* R.E.
Hetherington, Capt. G. M., M.B., R.A.M.C.Spec.Res,
Hetherington, Lt. J., Man. Regt.
Hetherington, Temp. Lt T. H., 10 Bn. Hamps. R.
Hetherington, Lt. T. R., R.F.A. (T.F.)
Hetherwick, Lt. C., Arg.& Suth'd Highrs.
Hetley, Capt. C. R., W. Rid. R.
Hetler, Lt. G. H., 4 Bn. Lond R.
Hettler, Capt. B.H.C., *late* Serv. Bns. Yorks. L.I.
Heurtley, Lt. E. W. du C., R.F.A. Spec. Res.
Hewat, Lt. F. A., Gord. Highrs.
Hewat, Temp. Lt. J. S., 6 Bn. E. Lan. R.
Hewat, Lt. R. D., *late* S. Afr. Det. Force.
Hewer, Lt. J. A.,Ind.Army, Res. of Off.
Hewer, Temp Capt. R. K., R.F.A.
Hewetson,Hon.Capt.W.P., *late* R. Berks. R. (attd.)
Hewett, Staff Serjt.-Maj. A., R.A.S.C.
Hewett, Temp. Lt. A. G. F., M.G. Corps.
Hewett, Capt. J. G., ret.
Hewett, Temp. Maj. W. E., M.G. Corps
†Hewett, Bt. Maj. W. G., Welch R.
Hewin, Temp. Lt. F., R.E.
Hewison, Capt. H. M., 5 Bn. Arg. & Suth'd Highrs.
Hewitt, Lt. A., 20 Bn. Lond. R.
Hewitt, Lt. A. E., 22 Bn. Lond. R.
Hewitt, Lt. A. E., R.G.A. (T.F.)
Hewitt, Maj. C. C., D.S.O., R. Innis. Fus.
Hewitt, Lt. F. R., C'wealth Mil. Forces.
Hewitt, Temp. Lt. G., 11 Bn. Hamps. R.
Hewitt, Hon. Capt. H. A., *late* 8 Bn. Notts. & Derby. R.
Hewitt, Lt. H. H. R., R.F.A.
Hewitt, Capt. H. T., Conn. Rang.
Hewitt, Temp. 2nd Lt. J. O'N., Serv. Bns. R. Innis. Fus.
Hewitt, Capt. J. R., T.F. Res.
Hewitt, Lt. J. W. L., R.F.A. (T.F.)
Hewitt, Capt. T. H., Can. Local Forces.
Hawland, Temp. Lt. E. W., Serv. Bns. W. York R.
Hewlett, Capt. C. M., S. Lan. R.
Hewson, Capt. A.G., R.F.A., R.F.A. Spec. Res.
Hewson, 2nd Lt. C. H., R.F.A. Spec. Res.
Hewson, Capt. C. W., Can. Local Forces.

Hewson, Lt. F. B., D.S.O., 4 Bn. York & Lanc. R.
Hewson, Temp. 2nd Lt. K. C., Mach. Gun Corps.
Hewson, Temp. Maj. R.C., 10 Bn. E. York. R.
Hewton, 2nd Lt. R. S., 7 Bn. Lond. R.
Hey, Maj. D., TD, R.E. (T.F.)
Hey, 2nd Lt. P., R.G.A. Spec. Res.
Heycock, Temp. Capt. M. S., 9 Bn. Rif. Brig.
Heydeman, Capt. C. A., 2 D.G.
Heydeman, Temp. Capt. H. G J., R.A.S.C.
Heyder, Bt. Maj. H. M., North'd Fus.
Heyder,Capt. J. G., Bord.R.
Heydon, Maj. G. A. M., C'wealth Mil. Forces.
Heyes, Temp. Lt. A., *late* M.G. Corps.
Heygate, Temp. 2nd Lt. R., Serv. Bns. Midd'x R.
Heyhoe, Temp. 2nd Lt. S. G., Serv. Bns. Manch. R.
Heys, Capt. F.W., 6 Bn. Arg. & Suth'd Highrs.
Heywood, Bt. Maj. H. F., R.G.A.
Heywood, Temp. Lt. L., M.G. Corps.
Heywood, Temp. Lt. N., 17 Bn. Manch. R.
††Heywood. Temp. Capt. R. P., 18 Bn. L'pool R.
Heywood. Temp. 2nd Lt. T. A., Tank Corps.
Heywood, Temp. Capt. V. E. L., R.E.
Heyworth, Regtl. Serjt. Maj. J. L., 6 Bn. L'pool.R.
Hiatt, Lt. C. A. A., Norf. R.
Hibbard, 2nd Lt. H. E., D.C.M., 9 Bn. Lond. R.
Hibberdine, Temp. Capt. R.L.,Serv.Bns S. Staff. R.
Hibbert, Maj. A., D.S.O Can. Eng.
Hibbert, Temp. Capt. C.B., D.S.O.,M.G Corps
Hibbert, Temp.Lt.F., R.E.
Hibbert, Temp. Lt.G., Serv. Bn. Lan. Fus.
Hibbert, 2nd Lt. G. P., R.F.A. Spec. Res.
Hibbert, Temp. Capt. J. G., R.A.O.C.
Hibbert, Capt. J. P. M., R.F.A. (T.F.)
Hibbert, Maj. O. Y, D.S.O., R. W. Kent. R., p.s.c.
Hick, Lt. B., 6 Bn. W.York R.
Hick, Temp. Capt. G. C., 11 Bn. Rif. Brig.
Hick, Temp. Capt. G. T., 13 Bn. L'pool R.
Hickes, Maj. L. D., O B.E., R.A.
Hickey, Capt. A. J., R.A.M.C.
Hickey, Batt. Serjt.-Maj. H., R.F.A.
Hickey,Capt. J., R.A.
Hickey, Temp.Lt.W., M.B., R.A.M.C.
Hickie, Qr.-Mr. & Capt. H., M.B.E., 1. Gds.

Hicking, Capt. H. Y., Sask Regt.
Hickling, Temp. Maj. H. C. B., D.S.O., R.E.
Hickman. Lt. F., 5 Bn. Worc. R.
Hickman, Lt. F. H., R.E. (T.F.)
Hickman, Bt. Maj. H.T.D., 34 Pioneers.
Hickman, Lt. J. B., R A
Hickman, Capt. J. D., Can. Local Forces.
Hickman, Temp. Lt. L., 22 Bn. Durh. L.I.
Hicks, Temp. Lt. E., Serv. Bns. Hamps. R.
Hicks, Maj. G. E., TD, R.G.A. (T.F.)
†Hicks, Temp. Capt. H. G., Newf'd Contgt.
Hicks, Lt. I. H., R.G.A. Spec. Res.
Hicks, 2nd Lt. P., 4 Bn. E. Kent R.
Hicks, Lt. P. H. W., R. War. R.
Hicks, Temp. 2nd Lt. R. J., Serv. Bns. R. Fus.
Hicks, Lt. W. B., 4 Bn. North'd Fus.
Hicks, Lt. W. E., D.S.O., R.G.A.
Hicks, Temp. Lt. W. E., Serv. Bns. North'd Fus,
Hicks, Temp. Capt. W. L. 1 Cent. Ont. Regt.
Hicks-Lane, Capt. R. T. E., 1 Cent. Ont. Regt.
Hickson, Temp.Capt. R,D., 9 Bn. Essex R.
Hidden, Qr.-Mr. & Hon. Capt. H., 2 L.G.
Hide, Lt. J. B., R.G.A. Spec. Res.
Hide, Temp. 2nd Lt. S. R. F., Serv. Bns. Midd'x R.
Higgens, Lt. W. S., R.F.A.
Higgs, Lt. C, R.E. (T.F.)
Higgs, Temp. Lt. R. D., Serv. Bns. S. Staff. R.
Higginbotham, Lt. J. C., R.G.A., Spec. Res.
Higginbotham, Lt. G. L., 4 Bn. Manch. R.
Higgins, Temp. Lt. A. C., M.G. Corps.
Higgins, Lt. C. E., R.G.A.
Higgins, Lt. C. G., R.F.A. (T.F.)
Higgins,Temp. Capt. C.M., O.B.E.
Higgins, Hon. Lt. D., *late* 12 Bn. Lond. R.
Higgins, Capt. E. L., D.S.O., 1 Bn. Lond. R.
Higgins, Capt. D. G., Can. Fd. Art.
Higgins, Lt. F. A., R.F.A. Spec. Res.
Higgins, Lt. H., R.F.A. Spec. Res.
Higgins, Lt. H. L., ret.
Higgins, Batty. Serjt-Maj. H., R.F.A.
Higgins, Maj. J. E. L., O.B E, *late* 13 Bn.Lond.R.
†Higgins, Temp. Lt. R. L., 10 Bn. R. Dub. Fus.
†Higgins, Lt. W. H., C'wealth Mil. Forces.
Higginson, Temp. Maj. F. F., R.E.

† Also awarded Bar to Military Cross.   †† Also awarded 2nd Bar to Military Cross.

Orders of Knighthood, &c. 363

THE MILITARY CROSS—*contd.*

Higginson, 2nd Lt. N., Ind. Army Res. of Off.
Higgitt, Temp. Lt. F. F. A., Tank Corps.
Highfield-Jones, Lt. P. H., 6 Bn. S. Staff. R.
†Higgon, Maj. L. H., R.G.A.
Higgs, Temp. Lt. G. W. R.F.A.
Higgs, Lt. H., York & Lanc. R.
High, Co. Serjt.-Maj. R. C. R. Fus.
Higham, Temp. Qr.-Mr. & Capt. A ,Serv.Bns.R.Fus
Higham, Temp. 2nd Lt. P. H., 6 Bn. North'n R.
Highet, Maj. W. T., 4 E. Lan. Brig. R.F.A.
Highett, Capt. C. F., *late* R.E.
Highmoor, Temp. Lt. S. G., 12 Bn. Durh. L.I.
Higlett, Lt. G. W., T.F. Res.
Hildick-Smith, Capt. J. N., Ind. Army
Hilditch, Temp. Lt. G. W., R.E.
Hilditch, Temp. Capt. H., Mach. Gun Corps.
Hill, Lt. A. C., R.E. (T.F.)

Hill, Capt. A. D.

Hill, Temp. Lt. A. E. F., M.G. Corps.
Hill, Capt. A. F. C., *late* Surr. Yeo.
†Hill, Lt. A. H., Aust. Imp Force
Hill, Capt. A. H., R.G.A. (T.F.)
Hill, 2nd Lt. A. L., Res. of Off., Ind. Army
Hill, Serjt.-Maj. A. M., D.C.M., G. Gds.
Hill; Capt. A. R., M.B., R.A.M.C. Spec. Res.
Hill, Temp. Capt. B. B, Tank Corps.
Hill, Lt. B. P., North'bn (Heavy) R.G.A.
Hill, Temp. Lt. C.
Hill, Lt. C., *late* Serv. Bns. Manch. R.
Hill, Co. Serjt.-Maj. C., Ir. Rif.
Hill, Co. Serjt.-Maj. C. A., Oxf. & Bucks. L.I.
†Hill, Capt. C. B., Can.Fd. Art.
Hill, Temp. Lt. C. C., Serv. Bns. North'n R.
Hill, Capt. C. F., Suff. R.
†Hill, Capt. C. G. R., 9 Bn. L'pool R.
Hill, Capt. C. M., 4 Bn. York & Lanc. R.
Hill, Lt. C. V., Bucks. Bn. Oxf. & Bucks. L.I.
Hill, Maj. D., 5 Bn. North'd Fus.
Hill, Capt. E., S. Afr. Def. Force.
Hill, Bt. Lt.-Col. E. F. J., D.S.O. R.E
Hill, Lt. E. H., Wilts. R.
Hill, Lt. E. L., D.C.M., R. Innis. Fus.
†Hill, Temp. Lt. E. O.
Hill, Capt. *Rev.* E. St. C., *late* S. Afr. Def. Forces.

Hill, 2nd Lt. F., 9 Bn. L'pool R.
Hill, Lt. Frank, 21 Lrs.
Hill, Capt. F. G., R.E. Spec. Res.
Hill, Lt. F. G. B., R.E. (T.F.)
Hill, Lt. F. H , W. Rid. R.
Hill, Temp. Capt. F. J., 15 Bn. E. Ir. Rif.
Hill, Maj. F T., *late* R.A.M.C.
Hill, Temp. Lt. G., Tank Corps.
Hill, Lt. G. A., M.B.E., D.S.O., 4 Bn. Manch. R.
Hill, Lt. G. E., ret.
Hill, Temp. Capt. H. B.
Hill, 2nd Lt. H. C. N., W. R.E.
Hill, Temp. Capt. H. E., R.E.
Hill, Temp. Lt. H. R., Serv. Bns. S. Wales Bord.
Hill, Capt. J., C'wealth Mil. Forces.
Hill, Capt. J., M.B., *late* R.A.M.C.
Hill, Capt. J. D., Sco. Rif.
Hill, Capt. J. E. H., ret.
Hill, Capt. J. F., M.B., R.A.M.C. Spec. Res.
Hill, Lt. J. G., R.A.
Hill, Capt J. G., M.B., R.A.M.C. (T.F.)
†Hill, Hon. Lt. J. H., *late* 7 Bn. Som. L.I.
†Hill, Capt. J. J., *late* 5 Bn. York & Lanc R.
Hill, *Rev.* J. L. G., Temp. Chapl. to the Forces, 4th Class.
Hill, Capt. J. P., C'wealth Mil. Forces.
Hill, Capt. J. R., ret.
Hill, Temp. Capt. J. S., Serv. Bns. N. Lan. R.
Hill, Lt. J. S., *late* R.F.A., Spec. Res.
Hill, Capt. J. S. B., O.B.E., Bucks.Bn. Oxf.& Bucks. L.I.
Hill, Temp. Capt. L. A., R.E.
Hill, Temp. Maj. L. C., D.S.O. R.E.
Hill, Temp. Maj. L. E., O.B.E., R.E.
Hill, Lt.-Col. M. V. B., D.S.O., *late* 5 Bn. R. Fus.
†Hill, Lt. N. G., D. of Lanc. Own Yeo.
Hill, Temp.2nd lt. R.B.L., Serv. Bns.. R. W. Kent R.
†Hill, Lt. S. F.,4 Bn Glouc. R.
Hill, Lt. S. F., R.F.A. Spec. Res.
Hill, Capt. S. R., E. Afr. Trans. Corps.
Hill, Temp. Lt. T. H., Serv. Bns. Worc. R.
Hill, Lt. T. I., 4 Bn Essex R.
Hill, Lt. T. W., R.F.A. Spec. Res
Hill, Temp. Lt. V. St C., M. G. Corps
Hill, Lt. W. A. S., *late* M. G. Corps
Hill, Temp. Capt. W. E., Serv. Bns. R.W. Surr. R.

Hill, Qr.-Mr. & Lt.-Col. W. H., 6 Bn. W. York. R. (Qr.-Mr. & Capt., ret. pay).
Hill, Temp. 2nd Lt. W. S., Serv. Bns. Yorks. L.I.
Hilliard, Capt. R. I., C'wealth Mil. Forces.
Hillary, Lt. N., R.G.A. Spec. Res.
Hillerby,Co.Serjt.-Maj. J., Can. Inf.
Hillier, Lt. F. N., R.F.A. Spec. Res.
Hillier, Temp. Capt. H. D., 13 Bn. Glouc. R.
Hillman, Capt. A. J., Aust. Imp. Force
Hillman, Temp. Capt. E.C.. R.E.
Hills, Temp. Capt. A. W., Serv. Bns Midd'x R.
Hills, Lt. C. H., Res. of Off.
Hills, Lt. G. G., Ind. Army Res. of Off.
†Hills, Capt. J. D., 5 Bn. Leic. R.
Hills, Lt. L., R.F.A. Spec. Res.
Hills, Temp. Capt. R. P., O.B.E
Hills, Lt. R. W. W., 5 Bn. R. Fus.
Hillyer, Temp. Lt. A. C., 11 Bn. Hamps. R.
Billyers, Capt. F. W., *late* M.G. Corps.
Hilton, Co. Serjt.-Maj. A. W., 12 Bn. North'd Fus.
Hilton, Temp. Maj. C., 9 Bn. E. Surr. R.
Hilton, Temp. Capt. G. D., R.A.S.C.
Hilton, Capt. R., D.F.C., R.A.
Hilton, Temp. Capt. S., Serv. Bns. R. Fus.
Hilton-Green, Bt.Maj.H.F. L., D.S.O., Glouc. R.
Hinch, Capt. R. D., Man Regt.
Hinchcliffe, Maj. C., W. York. R.
Hinchcliffe, Lt. F. D., *late* R.F.A. Spec. Res.
Hinchcliffe, Co. Serjt.-Maj. F. W., Can. Local Forces.
Hinchcliffe, Capt. G. L., C'wealth Mil. Forces.
Hinckley, Lt. A., R.G.A. Spec. Res.
Hinckley, Hon. Capt. P., *late* 9 Bn. Leic. R.
Hincks, Capt. A. C., T.F Res.
Hind, Temp. Lt. A. H., M.G. Corps
Hind, Lt. C. A. S., N.Z. Mil. Force
Hind, Capt. H. W., D.S.O., Ind. Army
Hind, Temp.Capt. R. C. D., 7 Bn. R. Suss. R.
Hind, Capt. W. H., Aust. Imp Force
Hinde, *Rev.* B. F., Hon. Chapl. to the Forces, 4th Class.
Hinde, 2nd Lt. C. T., 3 Bn. S. Staff. R.
Hinde, Temp.2nd Lt. F. W., 7 Bn. Bord. R.

Hinde, Capt. T., 19 Bn. Rif. Brig.
Hinderer, Temp. Capt. C. M. B., S. Afr. Def. Force.
†Hindle, Lt. G. W., 10 Bn. R.W. Kent R.
Hindle, Lt. T., 5 Bn. Yorks L.I.
Hindle, Capt. W. J., 4 Bn Yorks. L. I.
Hindley, Lt.-Col. G. D., M.B., *late* R.A.M.C.
Hindmarsh, Temp. Lt C., Serv. Bns. Glouc. R.
Hinds, Lt., A., 3 Bn. York. & Lanc. R.
Hinds, Lt F. E., Can.M.G. Corps.
Hinds, Temp. Lt. G. V.
†Hinds, Capt. W. A. G.,10 Inf.
Hindson, Lt. D.,R.E. (T.F.)
Hindson,Lt F J.C., R.G A. (T.F.)
Hine, Lt. W. H, E. Lan. R.
Hine, Maj. W. H. W., *late* 12 Bn. Notts. & Derby R.
Hines, Lt. A., Can. A.M.C.
Hines, Co. Serjt.-Maj. J.C., 10 Bn. Gord. Highrs.
Hines, Temp. Maj. J. T., O.B.E., R.E.
Hingley, Temp. Maj. A. N., D.S O., 13 Bn. Midd'x R.
Hingston, Capt. H., M.B., Ind Med. Serv.
Hinmers, Temp. Maj. J. R., 8 Bn. Shrops. L.I.
Hinmers, Capt. W., 7 Bn. Devon R.
Hinton, Lt. S. J., R.F.A. Spec. Res.
Hipwell, Lt. T. C., *late* R.F.A.
Hird, Temp. Capt. A.
Hird, Capt. C. H. R.E. (T.F.)
Hird, Lt F L., 5 Bn. E. Surr. R.
Hird, Capt. F. W., M.B., *late* R.A.M.C.
Hird, Temp. Capt. F. W., Serv. Bns. North'd Fus.
Hird, Lt. W., Can. Local Forces.
Hire, Capt. D. A. H., R.A.
Hirschland, Lt. H. E., R.F.A. Spec. Res.
Hirst, Temp. Lt. A.
Hirst, Capt. C., *late* 4 Bn., Yorks. L I.
Hirst, Temp. Lt. C. H., Serv. Bns. Hamps. R.
Hirst, Capt. C. J., Yorks. Dns. Yeo.
Hirst, Lt. G. F. R., G. Gds.
Hirst; Lt. G. M., 8 Bn. W. Yorks. R.
Hirst, Lt. H., *late* R.F.A.

Also awarded Bar to Military Cross.

Orders of Knighthood, &c.

THE MILITARY CROSS—*contd.*

Hirst, Temp. Capt. J., Serv. Bns. E. York. R.
Hirst, Capt. W. J., *M.B.*, R.A.M.C.
Hiscock, Temp. Lt. W. A., R.A.
Hiscocks, Capt. C. E. F., Nova Sco'ia R.
Hiscock, Temp. Maj. H. H., Ta k Corps.
Hislop, Temp. Lt. A. D., R.E.
Hislop, Lt. A.R., R.F.A., Spec. Res.
Hislop, Lt. C. B., Aust. Imp. Force
Hislop, Temp. Lt. D. R., Serv. Bns. R. Scots.
Hislop, Capt. J. H., *M.B.*, Ind. Med. Serv.
Hitch, Lt. J. O. B., 21 Bn Lond. R.
Hitchcock, 2nd Lt. E. P., *D.C.M.*, Aust. Imp. Force.
Hitchcock, Capt. F. B., R.G.A
Hitchcock, Lt. F. C., Leins. R.
Hitchcock, Lt. P.A., *O.B.E.*, R.E., (T.F.)
Hitchin, Capt. H.E., *D.S.O.*, *late* Serv. Bns. Durh. L.I.
Hitching, Lt. J. J., 16 Bn Lond. R.
Hitchings, Lt. F. B., 3 Bn. Devon. R
Hitchins, Bt. Maj. E. N. F., *D.S.O.*, W. Rid. R.
Hichon, Temp. 2nd L. N. R. Serv. Bns. W. York. R.
Hoade, Maj. A., *late* Serv. Bns. Linc R.
Hoal, Lt. E. G., 8 Bn. Manch. R.
Hoare, Lt. A., *D.S.O.*, R.G.A.
Hoare, Temp. Lt C. G., Gds., M.G.R.
Hoare, Temp. 2nd Lt. E. S., R.E.
Hoare, Lt. F. O., R.F.A (T.F.)
Hoare, Lt. R. R., R.A
Hobart, Bt. Maj. J. W. L. S., *D.S.O.*, N. Staff. R.
Hobart, Bt. Maj. P. C. S., *D.S.O., O B E., R.E., p.s.c.*
†Hobbs, Lt. A. M. R., 4 Bn. Conn. Rang.
Hobbs, Lt. E. J., R. Suss.R.
Hobbs, Lt. E. J., R.E Kent Yeo.
Hobbs, Capt. F. R., 5 Bn. Bedf. & Herts. R.
Hobbs, Capt. F. G., *late* Serv. Bns. Yorks. L.I
Hobbs, Batt. Serjt.-Maj. H., R.G.A.
Hobbs, Lt.-Col. H.F., *D.S.O., late* 9 Bn. Welsh R.
Hobbs, Temp. Lt. J. M.
Hobbs, Capt. N. H., C'wealth Mil. Forces.
Hobbs, Lt. R. S., C'wealth Mil. Forces
Hobbs, Temp. Lt. W., Serv. Bns. Bedf. & Herts. R.
Hobby, Lt. H. S., 3 Bn. York. R.

†Hobday, Lt. H., *D.S.O.*, R.A. Worc. R.
Hobhouse, Lt. J. R., R.G.A. Spec. Res.
Hobourn, Temp. Lt. P. L., M.G Corps
†Hobson, Capt. A. C. W., R.F.A. (T.F.)
Hobson, Lt. A. J., R.F.A. Spec. Res.
Hobson, Capt. E., Ind. Army.
Hobson, Lt. E., Bucks Bn. Oxf. & Bucks. L.I.
Hobson, Temp. Lt. E. N., R.F.A. (T.F.)
Hobson, Lt. F. B., R.F.A (T.F.)
Hobson, Capt. G., Can. M.G. Corps.
Hobson, Temp. Capt. H. Serv. Bns. R. Innis. Fus.
Hobson, Temp. Capt. H.G., R.A.M.C.
Hobson, Lt. J. F., 8 Bn. Durh. L.I.
Hobson, Temp. Lt. J. R., R.E.
Hobson, Lt. N., 19 Bn. Lond. R.
Hockenhull, Lt. J., 9 Bn L'pool R.
Hockenhull, 2nd Lt. P. A., C'wealth Mil. Forces
Hocker, Lt. M. W., S. Gds., Spec. Res.
Hockey, Lt. A. L., 21 Bn. Lond. R.
Hockey, Temp. Lt. H. T., *M.M.*, Serv. Bns. Wilts. R.
Hodgart, Capt. J., R.F.A. (T.F.)
Hodgart, Capt. H. M., T.F. Res.
Hodge, Lt. A., *D.S.O.*, 7 Bn. Res. Regts. of Cav.
Hodge, Ma . B. S., 5 Bn. D. of Corn. L.I.
Hodge, Lt. F. P., R.F.A. (T.F.)
Hodge, Lt. F. S., 7 Bn. Midd'x R.
Hodge, 2nd Lt. G. R. D., 6 Bn. R. Highrs.
Hodge, Capt. H. F., R.E (T.F.)
Hodgens, Temp. Lt. C. J., Tank Corps.
Hodges, Capt. A. B, Alberta R.
Hodges, Capt. A. P., R.F.A.
Hodges, Temp. 2nd Lt. F. W. P., 11 Bn. E. Lan. R.
Hodges, Capt. G. A., *late* R.A.M.C.
†Hodges, Capt. J. F., R. Ir. Fus.
Hodges, Capt. R. H., R.A.M.C.
Hodges, Capt. R. H., *late* R.A.M.C.
Hodges, Lt. S. G., *A.F.C.* Wilts. R.
†Hodges, Capt. W. H., *late* Glouc. R.
Hodges, Lt. W. V. A., R.G.A. Spec. Res.
Hodgkin Capt. A. E., 4 Bn Ches. R.

Hodgins, Capt. G. W. F., Worc. R.
Hodgkin , Lt. A. E., R.F.A.
Hodgkinson, Qr.-Mr. & Lt. C., Worc. R.
†Hodgkinson, Capt. G. W., 2 Co. of Lond.Yeo.
Hodgkinson, Temp. Capt G. W.
Hodgkinson, 2nd Lt. J., 4 Bn. Yorks. L.I.
Hodgkinson, Temp' Lt. P. S., Tank Corps.
Hodgkinson, Temp. Lt. T. G., R.F.A.
Hodgson, Lt. A., 4 Bn. Bord. R.
Hodgson Lt. C., 3 Bn R.W. Kent R.
Hodgson, Lt. C. S., R.F.A. Spec. Res.
Hodgson, Lt. E. L., *late* R.F.A. Sp. c. Res.
†Hodgson, Lt. F., 7 Bn. Lond. R.
Hodgson, Bt Maj. G. C. S., W. Som. Yeo.
Hodgson, Lt. G. H., 6 Bn. W. York. R.
Hodgson, Capt. H. W., *late* R.A.M.C.
Hodgson, Temp. Lt. J., Serv. Bns. L'pool R.
Hodgson, Maj. S., *M.B.*, *late* R.A.M.C.
Hodgson, 2nd Lt S. J., Aust. Imp. Force
Hodgson, Lt. T., Can. Local Forces
Hodgson, Lt. T., 9 Bn. Lond. R.
Hodgson, Bt. Lt.-Col.W.T., *D.S.O.*, 1 Dns.
Hodkinson, Temp. 2nd Lt. F., R.E.
Hodson, Lt D. O'N., *late* Gds. Regts. of Cav.
Hodson, Temp. Capt. F. L. C., Serv. Bns. Glouc. R.
Hodson, Rev. H. V., Hon. Chapl. to the Forces, 4th Class
Hodson, Serjt.-Maj. J. North'd Fus.
Hodson; Serjt. - Maj. J., Manch. R.
Hodson, Temp. Capt. R., *M.B.*, R.A.M.C.
Hudson. Capt. R. W., ret.
Hodson, Temp. Maj. W. *D.S.O.*, R. W. Kent R. (attd.)
Hoey, Lt. W., *D.C.M.*, Can. Local Forces.
Hoff, Lt. W. H., Bucks Bn. Oxf. & Bucks. L.I.
Hog, Capt. R. T. A., R.A.
Hogan. Lt. J., 3 Bn. W. Rid. R.
Hogarth, Temp. Lt. J., R.A.S.C.
Hogarth, Hon. Lt. W., *late* R.G.A. (T.F.)
Hogarth, L . W. W. B Aust. Imp. Force.
Hogarth-Swann, Temp Lt. A. L., 7 Bn. Norf. R.
Hogben, Capt. E. O'N., *late* A. Cyclist Corps.

Hogbin, Temp. Lt. G. L., R.A.
Hoge, Capt. J. C., C'wealth Mil. Forces
Hogg, Capt. C. G., 4 Bn. Sea. Highrs.
Hogg, Capt. D. McA., R.E. (!)
†Hogg, Temp. Lt. G. E., R.E.
Hogg Lt. J., *M.M.*, Cam'n Highrs.
Hogg, 2nd Lt. J. A., 3 Bn. Sea. Highrs.
Hogg, Temp. Lt. J. C., Mach. Gun Corps.
Hogg, Lt. J. C., 1 Cent. Ont. Regt.
Hogg, Capt. J. M., Aust. Imp. Force.
Hogg, Capt. J. P. W., Aust. Imp.Force.
Hogg, Lt. M. G., R.A.
Hogg, Lt. R. B., *late* Serv. Bns. Bord. R.
Hogg, Lt. R. J., 5 Bn. E. Surr. R.
†Hogg, R W., *M.B.*, *late* Temp. Capt. R.A.M.C.
†Hogg, Temp. Lt. S. R., (T.F.)
Hogg. Lt. T. A., R.F.A. (T.F.)
Hogg, Lt. W. F., 3 Bn. R. Ir. Rif.
†Hogg, Temp. Lt. W. P., Ind. Med. Serv.
Hoggart, Maj. J.W., *D.S.O.*, re . pay.
Hogshaw, Lt.J.H., North'd Fus.
†Holdge, Lt. R. T. C., R.G.A. Spec. Res.
Holle, 2nd Lt. E. J., York & Lanc. R.
Holbech, Lt. L., *D.S.O.*, G. Gds. Spec. Res.
†Holberton, Lt. T. E., W Rid.R.H.A.
Holbrook, Capt A.W., R.E.
Holbrook, Lt. F. C., Glouc. R
Holbrook, Lt. J. St. C., R.F.A.
Holbrook, Temp. 2nd Lt. S. R., M.G. Corps.
Holbrook, Temp. Lt. W. J., Serv. Bns. Bedf. & Herts. R
†Holbrook, Temp. Capt. W. S., 18 Bn. North'd Fus.
H lcombe, 2nd Lt. S. J. W., 11 Bn. Lond. R.
Holcroft, Capt. H. R., 8 Bn. Worc. R.
Holdaway, Lt N. A., 8 Bn. Manch. R.
Holderoft, t. W. P. R., R.E. (T.F.)
Holden, Capt. A. F., Notts. (S Notts. Hrs) Yeo.
Holden, Temp. Lt. C. W., Serv Bns. Rif. Brig.
Holden, Capt. R. C., Can. A.S.C.
Holden, Temp. Lt. S., 24Bn. Manch. R.
Holden, Temp. lt T. A., Serv. Bns. Durh. L.I.
Holden, Capt. U. S., R.A.S.C.

† Also awarded Bar to Military Cross.

Orders of Knighthood, &c. 365

THE MILITARY CROSS—*contd.*

Holden, Capt. W. C., *D.S.O.*, R.G.A.
Holden, Temp. Lt. W. F. C., R.E.
Holden, Temp. Lt. W. M.
Holder, Lt. F. D., Res. of Off.
Holding, Lt. G. H., 6 Bn. Ches. R.
Holding, Co. Serjt.-Maj. H., Manch. R.
Holdsworth, Lt. G., R.F.A. (T.F.)
Holdsworth, Lt. H., 4 Bn. E. Lan. R.
Holdsworth, Lt. M. J., 5 Bn. R. Suss. R.
Holdsworth, Lt S., 23 Bn. Lond. R.
†Hole, Temp. Maj. S. J. M., 17 Bn. R. Fus.
Holford-Walker, Capt. A., Arg. & Suth'd Highrs
Holgate, Temp. 2nd Lt. L. G., Serv. Bn. Lan. Fus.
Holgate, Capt. V. G., late R.E.
Holiday, Lt. E. McI., Can. Local Forces
Holl, Capt. F., *late* R.A.S.C.
Holland, Lt. A. E. H., Man. Regt.
Holland, Temp. Lt. A. L
Holland, Lt. A. L., 24 Bn. Lond. R.
Holland, Capt. C., R.A.V.C
†Holland, Lt. C. F., 4 Bn. Glouc. R.
Holland, Capt. E., ret. pay
Holland, Temp. Lt. E., Serv. Bns. Manch. R.
Holland, Temp. Lt. F., Tank Corps.
Holland, Temp. Lt. E. J. F., 17 Bn. R. Ir. Rif.
Holland, Lt. H. C., Aust Imp. Force.
Holland, Hon. Capt. H. E., *late* 13 Bn Lond. R.
Holland, Lt. H. L., Can. Cyc. Co.
Holland, Capt. J., *M.B.*, *late* R.A.M.C.
Holland, Maj. J. E. D., *D.S.O.*, ret. pay
Holland, Lt. J. F., Aust. Imp. Force
Holland, Capt. M. J., *late* 2 K. Ed. Horse.
Holland, Maj R. T., *D.S.O.*, R.F.A.
Holland, Temp. Capt. T. H., R.F.A.
Holland, Lt. V. C., 3 Bn. Dorset R.
Holland, 2nd Lt. V. J., R.F.A. (T.F.)
Holley, Temp. Capt. D. H., R.E.
Holley, Capt. E. J. H., R. 1 Devon Yeo.
Holley, Lt. S. H., Manch. R.
Holliday, Temp. Lt. G. R., Serv. Bns. Linc. R.

Holliday, Bt. Maj. R. J., *late* 24 Bn. Lond. R.
†Hollingsworth, Lt. A. F., R.F.A. (T.F.)
Hollingworth, Capt. A., ret. Hollingworth, Temp. 2nd Lt. F. S., 12 Bn. W. York. R.
†Hollingworth, Lt. H. McL., 4 Bn. York. R.
†Hollinrake, Lt. E A., 3 Bn. N. Lan. R.
††Hollis, Lt. C. H., 5 Bn.E. Surr. R.
Hollis, Co. Serjt.-Maj. G. A., S. Staff. R.
Hollis, Lt. R. C., *late* 16 Lrs.
Hollocombe, Capt. R., *late* Serv. Bns. S. Staff. R.
Holloway, Lt. A., 4 Bn. Lond. R.
Holloway, Temp. Lt. F.W. M.G. Corps
Holloway, Capt. H. S., Can Eng.
Holloway, Lt. J. A. H., *late* Tank Corps.
Holloway, Lt. S. J., 9 Bn Lond. R.
Holloway, Temp. Capt. S. J., 10 Bn. Linc. R.
Holloway, Lt. W. S., *late* R.E.
Hollowell, Lt. P. W. C., Res. of Off.
Hollwey, Capt. James B., R.F.A.
Hollwey, Capt. John B., R.F.A.
Holman, Lt. A., R.F.A
Holman, Lt. D. B., Can. Eng.
Holman, Lt. J. G., *M.B.E.* 6 Bn. Glouc. R.
†Holman, Capt. J. H., Aust. Imp. Force.
Holman, Lt. R. B., Midd's R. ret. pay
Holmden, Capt. T. N. Worc. R.
Holme, Lt. R. C. L., Som. L.I.
Holme, Temp. Capt. W. B., Serv. Bns. L'pool R.
Holmes, Lt., A. P. H., R.E.
Holmes, Lt. B., Ind. Army.
Holmes, Capt. B. F., *late* 4 Bn. Norf. R.
†Holmes, Temp. Lt. C., 12 Bn. R. Ir. Rif.
Holmes, Lt. C. H., N.Z. Mil. Forces
Holmes, Lt. D. F., T.F. Res.
Holmes, Capt. E. B., Manch. R.
Holmes, Capt E. M., 4 Bn. York and Lanc. R.
Holmes, Lt. F. H., R.E. (T.F.)

Holmes, Lt. G., R.F.A.
Holmes, Serjt. Maj. H., 2 Bn. North'n R.
†Holmes, Maj. H. J., *M.B.E.*
†Holmes, Temp. Capt. H. O., R.F.A
Holmes, Temp. Capt. J. C.
Holmes, Temp. Maj. J. D. W., R.E.
Holmes, Temp. Lt. J. L., Serv. Bns Rif. Brig.
Holmes, Temp. Lt. J. S., R.E.
Holmes, Capt. N. G., R. Ir. R.
Holmes, Lt. R. J., Sask Regt.
Holmes, Acting Serjt.-Maj R. M., 1 D.G.
Holmes, Temp. Lt. R. N. Serv. Bns. Linc. R.
Holmes, Lt. S. L., R.G.A Spec. Res.
Holmes, Lt. T. A. C., 5 Bn. North'd Fus.
Holmes, Temp. Lt. W., Serv. Bns. R. Lanc. R.
Holmes, Temp. 2nd Lt. W. C., Serv. Bns. R. Fus.
Holmes, Lt. W. O., 3 Bn. N. Lan. R.
Holmes-A-Court, Capt. R. A., 2 Cent. Ont. Regt.
Holmesdale, Capt. J. J. A., Viscount, C. Gds.
Holmpatrick, Capt. H. W., Lord, *D.S.O.*, 16 Lrs. Spec. Res.
†Holms, Temp. Capt. C. R., Serv. Bns. E. Surr. R.
Holmes, Lt. J. F., Res. of Off.
Holroyde, Lt. F. J., A., Cyclist Corps.
Holroyde, Hon. Capt. G. *late* R.A.M.C.
Holroyde, Capt. G. B., R.A.M.C.
Holroyd-Sergeant, Lt. J. D S., Res. of Off.
Holt, Temp. Lt. A., M.G. Corps
Holt, Lt. A. T. S., 17 Bn. Manch. R.
Holt, Temp. Capt. B., R.A.S.C.
Holt, Maj. D. S., *late* R.G.A.
Holt, Lt. E., Oxf. & Bucks. L.I.
Holt, Temp. Lt. G., 13 Bn. R.W. Fus.
Holt, 2nd Lt. G., Hunts Cyclist Bn.
†Holt, Lt. G. W., *D.S.O.*, R.F.A.
Holt, Capt. H. B., R. Muns. Fus.

Holt, Capt. H. P., 3 D.G.
Holt Temp. Capt. J. F., R.E.
Holt, Temp. Lt. L., R.A.
Holt, Temp Lt. L. F., R.A.
Holt, Lt. R. K., *late* 6 Bn. Dorset. R.
Holt, Temp. Capt. V. H., R.A.
Holt, Lt. W. P., *late* R.F.A. (T.F.)
Holtby, Maj. E., 4 Bn. E. York. R.
Holwill, Co. Serjt.-Maj. W. J., 8 Bn. Devon. R.
Holworthy, Lt. A. W. W., 'nd. Army
Homan, Capt. C. F. W. B., 4 Bn. Wilts. R.
Homan, Lt. E. N. St. J. L., *late* R.A.S.C. (T.F.)
Homan, Lt. H. R., R.F.A.
Homan, Capt. St. G. M. L., *M.B.*, *late* R.A.M.C.
Home, Temp. Capt. W. W.
Home-Gall, Temp. 2nd Lt. E. R., 10 Bn. R. Fus.
Home-Hay, Lt. J. B., *D.F.C.*, 7 Bn. Arg. & Suth'd Highrs.
Homer, Temp. Maj. E. E. F., *D.S.O.*, R.E.
Homfray, Lt. J. M. B., R.F.A.
Hone, Temp Lt. A. C.
Hone, Lt. H. R., 18 Bn Lond R.
Hone, Lt. N., *late* R.F.A., Spec. Res.
††Hone, Lt.-Col. P. F., *D.S.O.*, *late* Serv. Bns. Midd'x R.
Hone, Lt. W. P., R.G.A.
Honey, Capt. W., R.G.A.
Honeyman, Lt. P. D. I., Br. Columbia Regt.
Honeyman, Temp. 2nd Lt. W. McD., Serv. Bns. W. Rid. R.
Honeywill, Temp. Qr.-Mr. & Capt. C. K., R.E.
†Honner, Capt. P. J. C., R.F.A.
Honour, Capt. B., Res. of Off.
Honybun, Lt. A., C'wealth. Mil. Forces.
Honywill, Lt. A. J., *D.S.O.*, 3 Bn. Devon. R.
Honywood, Lt. W. W., 17 Lrs.
Hood, Lt. D., 5 Bn. Lond. R.
Hood, Temp. Capt. D.G.H., 10 Bn. Arg. and Suth'd Highrs.
†Hood, Capt. H. R., *late* R.G.A.
Hood, Temp. 2nd Lt. J., Serv. Bns. K.O.Sco.Bord.
†Hood, Temp. Capt. J. W., *D.S.O.*, Serv. Bns. Bord. R.
Hood, Lt. R. M., 1 Cent. Ont. R.
Hood, Lt. W., C'wealth. Mil. Forces
Hood, Temp. Lt. W. J., Serv. Bns. R. Fus.
Hook, Lt. D. F., Hamps. R.

---

† Also awarded Bar to Military Cross.   †† Also awarded 2nd Bar to Military Cross.

THE MILITARY CROSS—contd.

Hook, Temp. Capt. E. T., Serv. Bn. Welch R.
Hook. Lt. W. J., R. Snss. R
Hooke, Lt. C. G., R.F.A.
Hoole, Lt. G. P., Res. of Off.
†Hoole, Temp. Lt. M. C., W. Rid. R.
Hooper, Temp. Capt. A. A. W., R.F.A.
Hooper, Capt. A. G., 4 Bn. Linc. R.
Hooper, Temp. Capt. A.W. S., Wales Bord.
Hooper, Lt. A. W, R.G.A. (T.F.)
Hooper, Lt.-Col. B. O., D.S.O., Can. Local Forces
Hooper, Lt. D. S., 3 Bn. Dorset R.
Hooper, Temp. Lt. E. J., Tank Corps
†Hooper, Temp. Lt. F. A., M.G Corps.
Hooper, Lt. G. G., 3 Bn R. Scots
Hooper, Lt. G. H., D.F.C., R.B. (T.F.)
Hooper, Capt. G. M., 11 Bn. Lond. R.
Hooper, Lt. H. R., 4 Bn. Suff. R.
Hooper, Staff Serjt.-Maj. H S., R.A.S.C.
Hooper, Lt. J. J., late R.G.A.
Hooper, Maj. J. P., Can. Local Forces
Hooper, Lt. R. H., C'wealth Mil. Forces.
Hooper, Temp. Capt. W.D., R.A.S.C.
Hooton, Lt. W. H. J., R.F.A. Spec. Res,
Hopcraft, Temp. Capt.J.G.
Hopcroft, Co. Serjt.-Maj. F. J., 8 Bn Gloue. R.
Hope, Capt. A. O. J., C.Gds. York. & Lanc. R. (attd.)
Hope, Lt. E. F., R G A Spec. Res.
Hope, Temp. Lt. E. S., M.G. Corps.
Hope, Lt. H. L., R.A.
Hope, Temp. Capt. N.
Hope, Capt. R. H. W., 8 Bn. Midd'x R.
Hope, Qr.-Mr. & Capt. W. M., 6 Bn Durh. L.I.
†Hopegood, Lt. H. C. E., 3 Bn. Essex R.
Hope - Johnston, Temp. Capt. D. P.
Hopewell, Capt. E. R., 7 Bn. Worc.R.
Hopkins, Temp. 2nd Lt. A., Brit. W.I.R.
Hopkins, Lt. A. E., R.A. late R.A.M.C.
Hopkins, Temp. Maj. D., 39 Bn. R. Fus.
Hopkins, Temp. Capt. E. L. R.A.M.C.
Hopkins, Lt. E. I., 6 Bn Worc. R.
Hopkins, Capt. F., ret. pay.
Hopkins, Lt. G. F. T., R.A.
Hopkins, Temp. Capt. G H., 7 Bn. L'pool R.
Hopkins, Capt. G. W. S., 5 Bn. R. War. R.

Hopkins, Temp. Lt. H., R.A.
Hopkins, Lt. H. J., 2 Bn. Mon. R.
Hopkins, Lt. K. H., 5 Bn. Rif Brig.
Hopkins, Maj. M. S., D.S.O., E. York. R [1]
Hopkins, Capt. W., late 7 Bn. R. Highrs.
Hopkins, Lt. W. E., M.B., F.R.C.S.I., late R.A.M.C.
Hopkins, Temp. Capt. W. S., Tank Corps.
Hopkins, Temp. Lt. C.E
Hopkinson, Capt. E. C., R. Lan. R.
Hopkinson, Lt. G. F., 4 Bn. N. Staff. R.
Hopkinson, Maj. J. O., Sea. Highrs.
Hopley, Temp. Lt. W. A., Serv. Bns. R. War. R.
Hopper, Capt. A. E., Can. Art.
Hopper, Lt. C, R., Can. Local Forces.
Hopper, Lt. H. L, late 7 Bn. W. Rid. R.
Hopper, Lt. J. E., Aust. Imp. Force.
Hopper, Lt. J. W. G., Linc.
Hopper, Qr.-Mr. & Capt. T. D., R.A.S.C.
Hopson, Lt. F. H., Newf'd Contgt.
Hopwood, Lt. H., 6 Bn. W. Rid. R.
Hopwood, Lt. J., 1 Northb'n Brig. R.F.A.
Hopwood, late Lt. J. G., M.G. Corps.
Hopwood, Lt. S. F., R.F.A. Spec. Res.
Hordern, Capt. H. M., R.G.A.
Hore, Lt. C. A., Res. of Off.
Hore Lt. C. L., 4 Bn N. Lan. R.
Hore, Lt. L. B., Essex Yeo.
Hore, Maj. L. F. S., C'wealth Mil. Forces.
Hore, Lt. Y. T. G., 6 Bn Notts. & Derby R.
Horley, Lt. C. R., Oxf. & Bucks. L.I.
Horlick, Lt.-Col. J. N., Dub. Fus.
Horlington, Capt. J., 3 Bn. York & Lanc. R.
Horn, Lt. A. C., late R.G.A. Spec. Res.
Horn, Capt. A. F., M.B., late R.A.M.C.
Horn, Bt. Maj. R. V. G., D.S.O., O.B.E., R. Sc. Fus.
Horn, Capt. S. B., 3 D G.
Horn, Capt. T. L., 16 Lrs.
Hornblower, Lt. P. B., 3 Bn. R. War. R.
Hornby, Capt. A. H., R.F.A.
Hornby, Temp. Lt. B., Serv. Bns. Notts. & Derby. R.
Hornby, Capt. B. P., ret. pay.

†Hornby, Capt. C. B., Can. Local Forces.
Hornby, Temp. Maj. C. J., R.E.
Hornby, Lt. G. R., R.G.A., Spec. Res.
Hornby, Rev. H. L., Hon. Chaplain to the Forces (3rd Class).
Hornby, late Temp. Capt. H. L., 8 Bn. R. Innis. Fus.
Hornby, Temp. 2nd Lt. H. S., R.E.
Hornby, Hon. 2nd Lt. J., late 7 Bn. S. Lan. R.
Hornby, Capt. J. W., 12 Lrs.
Hornby, Lt R. P., 6 Bn. Lan. Fus.
Hornby, Lt. W. T., M.M., Quebec R.
Horne, Capt. A. E., Surr. Yeo.
Horne, Capt. C. D., C'wealth Mil. Forces.
Horne, Capt. G. B., Suff. Yeo.
†Horne, Lt. H. R., 4 Bn. Leic. R.
Horne, Lt. J. M. T., late R.E.
Horne, Lt. L. A., 3 Bn. R. W. Surr. R.
Horne, Lt. L. F., R.F.A. Spec. Res.
Horne, Temp. Lt. O. W., Serv. Bns. Essex R.
Horner, Capt. A. L., R.A.V.C.
Horner, Lt. B. H., R.F.A. (T.F.)
Horner, Capt. C. E., R.G.A.
Horner, Capt. E. T., Norf. R.
Horner, Capt. G. A., 5 Bn. R. W. Fus.
Horner, Capt. H., Res.of Off.
Hornfeck, Capt. W., late Serv. Bns., R. Fus.
Hornidge, Capt. G. N. P., 3 Bn. R. Ir. Fus.
Horniman, Capt. R. G., Aust. Imp. Force.
Hornor, Capt. F. H. F., 1 Pioneers.
Hornsby, Capt. H. F. P., 5 Cav.
Hornsby, Lt. H. R., 3 Northb'n Brig. R.F.A.
Hornshaw, Capt. F. G., 6 Bn. W. York. R.
Horrell, Lt. J. B., 4 Bn. R.
Horridge, Hon. Capt. W., late 5 Bn. Lan. Fus.
Horrocks, Capt. B. G., Midd'x R.
Horseman, Lt. E. V., late Serv. Bns. Worc. R.
Horsfall, Capt. E., 8 Bn. Manch. R.
Horsfall, Lt. H. T., 4 Bn. Welch R
Horsfield, Batt. Serjt.-Maj. A., R.F.A.
††Horsfield, Capt. H. E., R.E.
Horsler, Capt. P. G., late Serv. Bns. Lan. Fus.
Horsley, Temp. Maj. B. H., D.S.O., Serv. Bns. Yorks. L.I.

Horsley, Bt. Lt.-Col. C. D'', 21 Lrs.
Horsley, Lt. C. F., Norf. R.
Horsley, Lt. H., Ches. R.
Horsley, Temp. Lt. J. R., R.E.
Horsley, Lt. R. C., 3 Bn. Ches. R.
Horsley, Temp. Lt. W., Tank Corps.
†Horsley, Lt. W. F., 6 Bn. North'n Fus.
Horsman, Temp. Lt. W. W., Temp. Qr.-Mr. Serv. Bns. Notts. & Derby. R.
Horspool, 2nd Lt. T. H., 5 Bn. N. Staff. R.
Horswell, Co. Serjt.-Maj. B., E. Surr. R.
Horton, Temp. 2nd Lt. C., M. G. Corps.
Horton, Lt. E. V., Ches. Brig. R.F.A.
Horton, Lt. G. T. S., 19 Hrs.
†Horton, Lt. H., 6 Bn. Glouc. R.
Horton, Lt. H. F., 5 Bn. Suff. R.
Horton, Temp. Lt. K. C., R.E.
Horton, Temp. Lt. M. F., R.F.A
Horton, Lt. P. N., 2 Cent. Ont. Regt.
Horton, Lt. T., D.S.O., R.A.
Horton, Lt. W.G., S. Gds.
Horton, Lt. W. H., 4 Bn. Glouc. R.
Horwood, Temp. Lt. L., R.F.A.
Hosack, Lt. H. V., R.F.A. Spec. Res.
Hose, Lt. H. W., R.E.
Hosegood. Lt. R W C. Sask. Regt.
Hosking, Temp. 2nd Lt. J. C., Serv Bns. D. of Corn. L.I.
Hosking, Lt. L. G., 21 Bn. Lond. R.
Hosking, Capt. W. S., D.S.O., C'wealth Mil. Forces.
Hoskins, Lt. E. R., Brit. Columbia Regt.
Hoskins, Capt. H. R., 7 Bn. R. War. R.
Hoskins, Lt. H. W., late Serv. Bns. R. W. Surr. R.
Hoskins, Temp. Lt. W. C., Chapl. to the Forces (3rd Class)
Hossack, Lt. W., late Serv. Bns. R. Scots.
Hoste, 2nd Lt. W. E., 15 Bn. Lond. R.
†Hotblack, Capt. F. E., D.S.O., North'n R.
Hotblack, Capt. G. V., Unattd. List (T.F.)
Hotchkin, Capt. S. V., R.H.A. (T.F.)
Hotchkiss, Lt. J. H. W., late Serv. Bns. Bord. R.
Hotson, Lt. F., 3 Bn Linc. R.

† Also awarded Bar to Military Cross. †† Also awarded 2nd Bar to Military Cross.

Orders of Knighthood, &c.

THE MILITARY CROSS—contd.

Houchen, Temp. Lt. H. G. Serv. Bns. York. L.I.
Houdret, Capt. M., late 3 Bn. R. Sco s
Hough, Capt. A. D., R.F.A (T.F.)
Hough, Capt. H., 5 Bn. S. Lan. R.
Hough, Temp. Capt. P. T., R.E.
Ho gh, Temp. Lt. F., M.G. Corps.
Ho...on, Capt. A. T., 4 Bn. N. Lan R.
Houghton, Lt. C. J., Can. Local Forces.
Houghton, Capt. F.L., A.M., late 3 Bn. R. War. R.
Houghton, Hon. Capt. G. A., late R.G.A.
Houghton, Lt. R. A., late Serv. Bns. Yorks. L.I.
Houldsworth, Lt. H. W., Sea. Highrs.
Hourihane, Lt. P. J., R.A.
Houru, Lt. M. S., Aust. Imp. Force.
†Hourston, Temp. Capt. T. N. F., 10 Bn. Arg. & Suth'd Highrs.
Housby, Temp. 2nd Lt. R. P., North'd Fus. (attd.)
Housden, Lt. E. F., R.F.A. Spec. Res.
Housden, Capt. E. J. T., R.F.A. (?)
House, Temp. 2nd Lt A. H. G., Serv. Bns. K.R Rif. C.
House, Bt. Maj. A. I., 22 Bn. Lond. R.
House, Temp. Maj. H. W., D.S.O.
House, Temp. Capt. J. T., 9 Bn. Ches. R.
House, Capt. W. H., ret. pay.
Houston, Lt., B., R.Highrs.
Houston, Capt. B. B., late R.G.A. Spec. Res.
Houston, Qr.-Mr. & Capt. C. F., R.A.M.C.
Houston, 2nd Lt. J., M.M., 9 Bn. High. L.I.
Houston, Lt. J.C., 1 Lovat's Scouts Yeo.
Houston, 2nd Lt. T., 10 Bn. L'pool R.
Houston, Lt. T., late Serv. Bns. R. Ir. Fus.
Houston, Temp. 2nd Lt. W., Serv. Bns. S. Lanc R.
Houston, Lt. W. E. C., 4 Bn. High. L.I.
Houstoun-Boswall, Capt. W. E., R Highrs.
Hovey, Lt. E. L., R.E. (T.F.)
Hovey, Lt. R. B., R.E. (T.F.)
Howard, Lt. A. C., late 3 Bn. Hamps. R.
Howard, Lt.-Col. A. C., D.S.O., T.F. Res.
Howard, Temp. Lt. A. E., Serv. Bns. R. Fus..
Howard, Temp. Capt., A. F. B., Serv. Bns. Durh. L.I.

Howard, Capt. A. G. M. F., D. of Lanc. O wn Yeo.
Howard, Capt. A. H., O.B.E., Yorks. Hrs. Yeo.
Howard, Temp. 2nd Lt A H., R.E.
Howard, Maj. A. H. S., Glouc. Yeo.
Howard, Lt. A. N., C. Gds.
Howard, Capt. A. W., R. Innis. Fus.
Howard, Lt. B. H. E., 3 Bn. Manch. R.
Howard, Temp. Lt. C. M., M.G. Corps.
Howard, Lt. D. F., 3 Bn. Bedf. & Herts. R.
†Howard, Temp. 2nd Lt. D. L., Mach. Gun Corps.
Howard, Lt. D. W., 2 Bn. Lond R.
Howard, Lt. E. F., Res. of Off.
Howard, Capt. E. S. G., R.A.
Howard, Lt. F., R. Fus.
Howard, Temp. Capt. F.E., R.F.A.
Howard,Temp. Capt. G.W., 18 Bn. K.R. Rif. C.
Howard, Lt. H.G., R.F.A. Spec. Res.
Howard,Temp. Capt. H. L. R.E.
Howard, Lt. H. S., Yorks. L.I.
Howard, Lt. H. V., 5 Bn. Notts & Derby. R.
Howard, Rev. J., Hon. Chapl. to the Forces, 4th Class.
Howard, Temp. Lt. J. B., R.A.S.C.
Howard, Temp. Lt. J. G., R.E.
Howard, Temp. Lt. N., M.G. Corps.
Howard, Temp. Lt. N. M. C., R.F.A.
†Howard, Temp. 2nd Lt.R. W., Serv. Bns. R. Fus.
†Howard,Lt. SF., C'wealth Mil. Forces.
Howard, Temp. Lt. S. W., Serv. Bns, E. York. R.
Howard, Lt. W. F., Suss. Yeo.
Howard-Smith, Capt.T.H. R.E. (T.F.)
†Howarth, Temp. Lt. A., Serv. Bns. Lan. Fus.
Howarth, Lt. E., late 3 Bn. L'pool R.
Howarth, Lt. F., 4 Bn. Manch. R.
Howarth, Capt. G. B., 2 W. Rid. Brig., R.F.A.
Howarth,? Co. Serjt.-Maj. K., K.R. Rif.
Howatt, Lt. R. McD., R.A.S.C. (T.F.)
†Howarth, Capt. T., ret. pay.
Howcroft, Lt. G. B., 7 Bn. W. Rid. R.
Howcroft, Temp. Capt. G. J., Serv. Bns. E. Kent R.
Howcroft, Temp. Lt. S.M., Serv. Bns. R.W. Surr. R.

†Howe, Temp. Lt. C., Serv. Bns. R. Fus.
Howe, Temp. Lt. H. W., 6 Bn. D. of Corn. L.I.
Howe, Co. Serjt.-Maj. J., High L.I.
Howe, Temp. Capt. P., 10 Bn. W. York. R.
Howe, Lt. R. M., 3 Bn. R. Suss. R.
Howe. Temp. Lt. R. W. 2 Res. Regt. of Cav.
Howe, Temp. Lt. V. A. M.G. Corps.
Howell, Lt. B., R.F.A. (T.F.)
Howell, Capt. E., late Serv. Bns. N. Lan. R.
Howell, 2nd Lt. K. E., 4 Bn. Oxf. & Bucks. L.I
Howell, Lt. F., Aust. Imp. Force.
Howell, Maj. F. D. G., D.S.O., R.A.M.C.
Howell, Capt. G. B., 19 Lrs.
Howell, Capt. H. L., O.B.E., R.A.M.C.
Howell, Hon. Maj. J. A., D.S.O., late 10 Bn. Ches. R.
Howell, Temp. Lt. J. G., R.F.A.
Howell, Lt. J. L., Res. of Off.
Howell, Capt. T., F.R.C.S., late R A.M.C.
Howells, Capt, E. J. Aust. Imp. Force.
†Howells, Lt. J. P., R.W. Surr. R.
Howells, Temp. Lt. T. W. M.G. Corps
Howes, Co. Serjt.-Maj. A., Lond. R.
Howes, Temp. Lt. F. N., R.E.
Howes. Temp. Capt. B. E., Serv. Bns. R. War, R.
Howes, Lt. R. A. S., 3 Bn. S. Lan. R.
Howes, Lt. R. M., 4 Bn. York R.
Howes, Capt. S., D.S.O., 21 Lrs.
Howey, Lt. T. W., 8 Bn Durh. L.I.
Howgrave-Graham, Temp. Capt. A. H., Serv. Bns. E. Kent R.
Howick, Lt. W. D., 4 Bn. R.W. Fus.
Howie, Capt. C., Aust. Imp. Force.
Howie, Lt. J., 17 Bn. Lond R.
Howie, Lt. J. S., R.F.A. (T.F.)
Howie, Lt. O. R., C'wealth Mil. Forces.
Howis, Temp. Maj. J. C. P., 6 Bn. Linc. R.
Howitt,Capt. H.G., D.S.O., T.F. Res.
Howlett, Temp. 2nd Lt. A. R., R.E.
Howlett, Capt. E. G., 72 Punjabis.
Howlett, Temp. Capt. J. M., 7 Bn. Norf. R.

Howlett, Maj. R., D.S.O., R. Fus.
Howorth;Temp.Capt.G.E., R.E.
Howorth, Lt. R. F., late Serv. Bns. K.R. Rif. C.
Howship, 2nd Lt. R. F., 6 Bn. E. Surr. R.
Howson, Maj. G., C.I.E., 4 Cav.
Howson, Temp.Capt.G.A., 11 Bn. Hamps. R.
Howson, Capt. H. G., R.F.A. (T.F.)
Howson, Maj. W., late R.F.A. (T.F.)
Hoxey, Lt. J. P., R.W. Surr. R.
Hoy, Capt. C. A., Northern Cyclist Bn.
Hoyland, Lt. W. L., 4 Bn. N. Staff. R.
Hoyle, Capt. C. F., Notts. (S. Notts. Hrs.) Yeo.
Hoyle, Lt. C. G., 6 Bn. W. Rid. R.
Hoyle, Temp. Lt. F., 7 Bn. S. Staff. R.
Hoyle, Lt. F. D., late 5 Bn. Notts. & Derby. R.
Hoyle, Co. Serjt.-Maj. W. H., 4 Bn. W. Rid. R.
Hoyle, Temp. Capt. W. M., Serv. Bns. R. Lanc. R.
†Hoyte, Temp. Lt. W. N., Notts. & Derby. R.
Huband, Serjt.-Maj. F., D.C.M., R. Fus.
Huband, Lt. G D., R.G.A. Spec. Res.
Hubball, Lt. W., 6 Bn. N. Staff. R.
Hubbard, Capt. G. J. S., late 3 Bn. Dorset R.
Hubbard, Rev. H.E.,D.S.O., Temp. Chapl. to the Forces (4th Class).
Hubbard, Temp. Maj. P. R., R.F.A.
Hubbard, Regtl. Serjt.-Maj., S.T. 12 Bn.Rif.brig.
Hub e, Capt. M. W., Aust. Imp. Force.
Hucker, Temp. Capt. J.R., 13 Bn. E. Surr. R.
Hucker, Temp. Lt. W., Serv. Bns. Yurk. L.I.
Huckstep, Temp. Capt. J. E., R.E.
Hudd, Hon. Capt. H. S., Qr.-Mr. Aust. Imp. Force.
Huddart, Acting Serjt.-Maj. A. G. S., Hon. Art. Co.
Huddart, Temp. Lt. R. M. F., R.E.
Huddleston, Bt. Lt-Col. H. J., C.M.G., D.S.O., Dorset R.
Huddleston, Lt. L. D., late Tank Corps.
Huddlestone, Co. Serjt.-Maj. W., K.R. Rif. C.
Hudleston, Capt. L. J., 5 Bn. Midd'x R.
Hudson, Lt. B. S., R.F.A. (T.F.)

† Also awarded Bar to Military Cross.

Orders of Knighthood, &c.

THE MILITARY CROSS—contd.

¶Hudson, Bt. Maj. C. E., D.S.O..Notts. & Derby. R.
Hudson, Capt. C. H., 6 Bn. Sea Highrs.
Hudson, Temp. Capt. E. C., M.G. Corps.
Hudson, Capt. E. C., T.F. Res.
Hudson, Lt. E. P., R.F.A. Spec. Res.
Hudson, Lt. E. R. H., 4 Bn. Devon. R.
Hudson, Lt. F. N., 6 Kent R.
Hudson, Temp. Maj. (temp Lt.-Col. H. H., D.S.O., late 11 Bn. W. York. R.
Hudson, Maj. J., R.F.A. (T.F.)
Hudson, Temp. Capt. J., D.C.M., R.A.S.C.
Hudson, Capt., J, late Serv. Bns. Conn. Rang.
Hudson, Lt. J. H., R.F.A (T.F.)
Hudson, Capt. J. S., Can. A.M.C.
Hudson, Lt. J. W., R.F.A. (Spec. Res.)
Hudson, Temp. Lt. L. W., 13 Bn. R. Suss. R.
†Hudson, Lt-Col. N. B., D.S.O., late Serv. Bn. R. Berks. R.
Hudson, Capt. P. H., Hamps. R.
Hudson, Lt. P. J., late 4 Bn. Shrops. L.I.
Hudson, Lt. R., 3 Bn. R. Suss. R.
Hudson, Hon. Capt. R.G., late 19 Bn. Lond. R.
Hudson, Maj. R. H., C'wealth Mil. Forces.
Hudson, Lt. R. J., 5 Bn. R. Fus.
Hudson, Temp. Maj. W., R.E.
Hudspeth, Temp. Maj. H. M., D.S.O., R.E.
Huffam, Temp. Lt. D., R.E.
Huffam, Lt. R. E., 6 Bn. Ches. R.
Huffam, Maj. W. T. C., O.B.E., 3 Bn. W. York. R. W. Riding R.
Huggard, Lt. B. H., 4 Bn. R. Fus.
Huggins, Lt. C. L., 3 Hrs.
Huggins, Capt. H. W., D.S.O., R.F.A.
Huggins, Temp. Capt. J., 7 Bn. Yorks. R.
Huggins, Lt. L. P., R.F.A. (T.F.) (Lt. R.A.)
Huggins, Co. Serjt.-Maj. W., Oxf. & Bucks. L.I.
Hugh Jones, Temp. Capt. E. B., R.E.
Hugh-Jones, Capt. N., 53 Sikhs.
Hughes, 2nd Lt. A., C'wealth Mil. Forces.
Hughes, Temp. Lt. A. E., late Serv. Bns. R. Fus.
Hughes, Maj. A. E., late R.E.
Hughes, Lt. A. H., R.F.A. (T.F.)
Hughes, Capt. A. M., R.A.M.C. (T.F.)
Hughes, Lt. C. E., C'wealth Mil. Forces.
Hughes, Maj. C. F. W., 15 Sikhs.
Hughes, Temp. Lt. C. T., R.E.
Hughes, Maj. C. E., ret.
†Hughes, Rev. D. J., Hon. Chapl. to the Forces, 4th Class.
Hughes, Temp. Lt. E. A., Serv. Bns. W. York. R.
Hughes, Temp. Capt. E. C., M.G. Corps.
Hughes, Temp. Capt. E. G. V., Serv. Bns. R.W. Kent R.
Hughes, Capt. E. R., Can. Local Forces.
Hughes, Maj. E. W., D.S.O., 6 Bn. Lond. R.
Hughes, Qr.-Mr.-Serjt F., 24 Bn. R. Fus.
Hughes, Lt. F. L., 4 Bn. L'pool R.
Hughes, Lt. F. M., late Serv. Bns. R.W. Fus
Hughes, 2nd Lt. G., D.C.M., late Serv. Bns Suff.R.
Hughes, Temp. 2nd Lt. G., Serv. Bns. Welch R.
Hughes, Lt. G. L., R A.
Hughes, Capt. G. V., 16 Rajputs.
†Hughes, Lt. G. W., late Serv. Bns. Ches. R.
Hughes, 2nd Lt. H., 3 Bn Norf. R.
Hughes, Lt. H. A. S., Aust. Imp. Force.
Hughes, Capt. H. L. G., D.S.O., late R.A.M.C
Hughes, Lt. I. T. P., R.W Surr. R.
Hughes, Lt. J., 7 Bn, R.W. Fus.
Hughes, Lt. J. A., 5 Bn. R. Dub. Fus.
Hughes, Capt. J.A., 2 Cent. Ont. Regt.
Hughes, Temp. Lt. J. H., Serv. Bn. E. Kent R.
Hughes, Lt. J. H., Can. Local Forces.
Hughes, Lt. J. H., R.F.A. (T.F.)
Hughes, Lt. J. O., 6 Bn. R. W. Fus.
Hughes, Temp. 2nd Lt. J. P., 23 Bn. North'd Fus.
Hughes, Capt. J. S., 5 Bn. G. Gds.
Hughes, Temp. Capt. J. W., R.F.A.
Hughes, Capt. L., late 6 Bn. Worc. R.
Hughes, Lt. L. D., R.G.A. (T.F.)
Hughes, Temp. 2nd Lt. L. D.C., Serv. Bns. R War. R.
Hughes, Capt. L. E., R.A.M.C. (T.F.)
Hughes, Capt. L. W., 125 Rif.
Hughes, Temp. Capt. O. S., Serv. Bn. R.W. Fus.
Hughes, Lt. P. C., City of Lond. Yeo.
Hughes, Temp. Maj. P.R. R.F.A.
Hughes, Co. Serjt.-Maj. T. A., R.A.S.C.
Hughes, Capt. W., D.S.O., 6 Bn. Lond. R.
Hughes, Temp. Lt. W., Serv. Bn. N. Lan. R.
†Hughes, apt. W. L., late Serv. Bn. Durh. L.I.
Hughes, Temp. Capt. W R., O.B.E., R.A.S.C.
Hughes, Capt. W. S. K., C'wealth Mil. Forces.
Hughes-Davies, Lt. C. E., R.F.A., Spec. Res.
Hughesdon, Temp. 2nd Lt. R. H.
†Hughes-Games, 2nd Lt. C. M., 6 Bn. Glouc. R.
Hughes-Hallett, Capt. W E., R.G.A.
†Hughes-Jones, Lt. J., 6 Bn. R.W. Fus.
Hugman, Temp. Lt. R. L., M.G. Corps.
Hugo, Temp Capt. F.
Hugo, Capt. H. F. L., M.B. R.A.M.C. (T.F.)
†Hulbert, Lt. C. K., 4 Bn. Wilts. R.
Hulbert, Serjt.-Maj. F., R.A.M.C.
Hull, Temp. 2nd Lt. B. H., R.A.S.C.
Hull, Lt. C.H., 3 Bn. Linc.R.
Hull, Lt. C. J. L., C. Gds. Spec. Res.
Hull, Lt. E., R.F.A. (T.F.)
†Hull, temp. Lt. L. S.
Hull, Temp. Capt. W. C.
Hull, Temp. Capt. W. G., R.F.A.
Hull, Lt. W. N. D., R.F.A. (T.F.)
Hullah, Rev. A. S., Temp. Chapl. to the Forces, 4th Class.
Hulls, Temp. Capt. C. A. P., 4 Bn. Sea. Highrs.
Hulls. Temp. Capt. L. R., M.G. Corps.
Hully, 2nd Lt. M., late Serv. Bus. W. Rid. R.
Hulme, Lt. R. L., 2nd Bn. Lond. R.
Hulme, Lt. R. S., 4 Bn N. Lan R.
Hulse, Qr.-Mr. & Capt. H J., R.A.S.C.
Hulse, Lt. J. H., 5 Bn. Lond. R.
Hulton-Harrop, 2nd Lt. C.C.M., R.F.A., Spec.Res
Humbert, Lt. S. F. M., R.E. (T.F.)
Humby, Lt. H.J. B., D.S.O., R.G.A., Spec.Res
Humby, Capt. S. R., Unattd. List (T.F.)
Hume, Lt. A. D., R. Fus.
Hume, Capt. C. W., 19 Bn. Lond. R.
Hume, Capt. H. N., late Hamps. R.
Hume, Capt. R. D., 4 Bn. Suff. R.
Hume, Lt. T. M., R.F.A. (T.F.)
†Hume-Gore, Capt. G.R.V., Gord. Highrs.
†Humfrey, Temp. Capt. A. A. P., late Labour Corps
Humfrey, Capt. J. C., 6 Dns.
Humfrey, Lt. P. C., 6 Bn. Lan. Fus.
Hummel, Capt. H. V., R.F.A. (T.F.)
†Humphrey, Capt. A. H., C'wealth Mil. Forces
Humphrey, Lt. J. McG., Quebec R.
Humphrey, Capt. J. N. M.B., late R.A.M.C.
†Humphrey, Capt. J T., late S. Afr. Def Force.
Humphrey, Lt. W. J., late Se. v. Bns. Norf. R.
Humphreys, Lt. C. H., E. Ang. Divl. R.E.
Humphreys, Lt. E. H., R.E. T.F.)
Humphreys, Lt. E. W. A., R.E. (T.F.)
Humphreys, Lt. H., R.E. (T.F.)
Humphreys, Capt. H. F., M.B., R.A.M.C. (T.F.)
Humphreys, Temp. Maj. H. H., O.B.E., R.A.S.C.
Humphreys, Temp. t. H. P. W., R.F.A.
Humphreys, 2nd Lt. L., 3 Bn Bedf. & Herts. R.
Humphreys, Lt. V., late 3 Bn. Ches. R.
Humphreys. Maj. W. W., late Res. of Off.
Humphries, 1 t. E., D.C.M.
Humphries, Capt. E. A., 6 Bn. Worc. R.
Humphries, Lt. E. B., 6 Bn. W. York. R.
Humphries, Lt. J. C., 7 Bn. Worc. R.
Humphries, Temp. Lt. R. C. Serv. Bns. Bedf. & Herts. R.
Humphries, Lt. W. G., Can. Fd. Art.
Humphris, Lt. C. C., late R.A.
Humphris, Lt. J.H., R.F.A. Spec. Res.
Humphriss, Co. Serjt.-Maj. G. R., R. War. R.
¶umphry, Lt. J. McN., 3 Bn. Arg. & Suth'd Highrs.
Humphrys, Capt. H. J. D.S.O., 7 Bn. R. Highrs.
Humphrys Temp. Lt. H. W., R.F.A.
Hungerford, Capt. S. A. H., 116 Mahrattas
†Hunkin, Rev.J. W., O.B.E., Hon. Chapl. to the Forces, 2nd Class.
Hunn, Capt. S. A., O.B.E., C'wealth Mil. Forces
Hunnikin, Temp. Lt. F. S. Tank Corps
Hunnings, Lt. A. E. W., late R.F.A.
Hunt, Lt. A. E. T., R.F.A., Spec. Res.
Hunt, Lt. A. H., 20 Bn. Lond. R.
Hunt,Capt.A.L.,Res.of Off,
Hunt, Lt. C. A., R.F.A. Spec. Res.

† Also awarded Bar to Military Cross.

Orders of Knighthood, &c. 369

THE MILITARY CROSS—*contd.*

Hunt, Lt. C. F., 8 Bn. R. War. R.
Hunt, Temp Lt. C. W., Serv. Bns. R. W. Fus.
†Hunt, Capt. E. D. C., Suff. R.
Hunt, Lt. E. M., C'wealth Mil. Forces
Hunt, Maj. E. W., *D.S.O.*, S. Afr. Def. Force.
Hunt, 2nd Lt. G. W., 9 Bn. Manch. R.
Hunt, Temp. Maj. G. H., R.E.
Hunt, Lt. H. C., Midd'x R.
Hunt, Lt. H. E., R.F.A. Spec. Res.
Hunt, Lt. H. J., *late* 3 Bn. Som. L.I.
Hunt, Lt. J., *M.M.*, *late* R.G.A.
Hunt, Temp.Lt. J. B.,Serv. Bns. R. Fus.
Hunt, Capt. J. W. B., 9 Bn. L'pool R.
Hunt, Lt. L. W., Serv. Bns. Som. L.I.
Hunt, Temp. Lt. O. F., A. Cyc. Corps.
Hunt, Capt T. C., *late* R.E.
Hunt, Capt. W., *M.B.*, R.A.M.C.
Hunt, Capt. W., 11 Bn. Lond. R.
Hunt, Maj. W. M., *late* R.E.
Hunt, Maj. W. M., R.G.A.
†Hunter, 2nd Lt. A., 7 Bn. R. Highrs.
Hunter, Capt. A., *M.B.*, *late* R.A.M.C.
Hunter, Lt. A. D., R.F.A. Spec. Res.
Hunter, Bt. Lt.-Col. (*temp. Brig.-Gen.*) A. J., *D.S.O.*, K R. Rif. C., *p.s.c*
Hunter, Capt. A. J. G., *M.D., F.R.C.S.* (*Edin.*), R.A.M.C. (T.F.)
Hunter, Lt. A. W., R.E. (T.F.)
Hunter, Lt. C. H. S., 4 Bn. Cam'n Highrs.
Hunter, Temp. Lt. C. J., Serv. Bns. N. Staff. R.
Hunter, Temp. Lt. D. C., Serv. Bns. R.W. Fus.
Hunter, Maj. D. M., *M.B.*, *late* R.A.M.C.
Hunter, Lt. D. S., R.G.A. (T.F.)
Hunter, Temp. Maj. E., Serv. Bns. North'n R.
Hunter, Lt. F. H., Can. Local Forces.
Hunter, Lt. G., *late* North'd Fus.
Hunter, Lt. G. R., Cam'n Highrs.
Hunter, Temp 2nd Lt. H. G. R., Serv. Bns. R. Ir. Regt.
Hunter, Capt. H. J. F., Rif. Brig.
Hunter, Lt. J., 10 Bn. L'pool R.
Hunter, Temp. Capt. J. B., *late* R.A.M.C.
Hunter, Rev. J. B., Can. Chapl. Serv.
Hunter, Lt. J. C., R.A.

Hunter, Capt. J. H., *M.B.*, T.F. Res.
Hunter, *Rev.* J. M., Temp. Chapl. to the Forces, 4th Class.
Hunter, Capt. L. J., Aust. Imp. Force.
Hunter, Lt. N. T. C., R.F.A., Spec. Res.
Hunter, Lt. P. A. Aust. Imp. Force.
Hunter, Lt. R., 4 Bn. Arg.& Suth'd High'rs.
Hunter, Temp. Capt. R., R.E
Hunter, Capt. R. L., T.F. Res.
Hunter, Temp. Lt. R. R., R.E.
Hunter, Temp. Lt. T., *M.G. Corps.*
Hunter, Temp. 2nd Lt V. G., *M.M.*, M.G. Corps.
Hunter, Lt. W., C'wealth Mil. Forces
Hunter, Lt. W. A., R.G.A.
Hunter, Lt. W. F., *late* Serv. Bns. R. Ir. Rif.
Hunter, Maj. W. H., *late* R.A.S.C.
Hunting, Capt. N. R., *late* Serv. Bn. North'n R.
Hautly, Lt. C., 4 Bn. North'd Fus.
Huntriss, Temp. Maj. E. M., 9 Bn. W. Rid. R.
Hurford, Capt. D. L., R.G.A.
Hurlbutt, Hon. Lt. P., *late* Montgom. Yeo.
Hurley, Lt. J., 4 Bn. Yorks. L.I.
Hurll, Lt. J. McG., 7 Bn High. L.I.
Hurndall, Lt. C. F., R.F.A. (T.F.)
Hurndall, Maj. F. B., 20 Hrs., *p.s.c*
Hurndall, Lt. M. J., Notts (8. Notts. Hrs.) Yeo.
Hurrell, Capt. J. W., Bedf & Herts. R.
Hurren, 2nd Lt. S. A., R.G.A., Spec. Res.
Hurst, Temp. Capt. G. H Oxf. Yeo.
†Hurst, Lt. J., *late* Serv. Bns. Lan. Fus.
Hurst, J. T., *M.B.*, *late* Temp. Capt. R.A.M.C.
Hurst, Temp. Capt. N., 9 Bn. R. Dub. Fus.
Hurst, Lt. W. R., R.F.A. (T.F.)
Hurt, Temp. Lt. J. S. H., Serv. Bns. Bord. R.
Hurt, Temp. Lt., R. A. L. P., R.E.
Husband, Lt. L B., Can. Local Forces.
Husbands, Lt. H. W. S., R.E. (T.F.).
Huskinson, Lt. E. A., 8 Bn. Notts. & Derby R.
†Huskinson, Lt. P., Notts. & Derby. R.
†Huskisson, Temp. Lt. A., M.G. Corps.
†Huskisson, Temp. Lt. G. *D.S.O.*, R.F.A.
Huskisson, Maj. E. J., R. Mar.

Hussein Taher (Effendi) El Yuzbashi, Egyptian Army
Hussey, Temp. Capt. B., R.E.
Hussey, Temp. Lt. G. S., R.E.
Huston, Lt. R. E., R.F.A. Spec. Res.
Huston, Capt. V. H., Can. Local Forces.
Hutchence, Capt. A., TD, 21 Bn. Lond. R.
Hutchens, Serjt.-Maj. W., R.A.M.C
Hutcheon, Hon. Capt. A., *late* 5 Bn. Gord. Highrs.
Hutcherson, 2nd Lt. H. B., 4 Bn. Suff. R.
B. C. Hutcheson, Capt. B. S., Can. A M.C.
Hutcheson Lt. D. G., 8 Bn. Sco. Rif.
Hutcheson, Capt. J., 6 Bn. Gord. Highrs.
Hutcheson, Capt. T., 2 Bn. R. Guernsey Militia.
Hutchings, Temp.Lt.A.R., R.F.A., Spec. Res.
Hutchings, Lt. F. A., Aust. Imp. Force.
Hutchings, Rev. H. W., Temp. Chapl. to the Forces, 4th Class.
Hutchins, Temp. Lt. C. A., 7 Bn. Oxf. & Bucks. L.I.
Hutchins, Lt. R. L., R.A.
Hutchinson, Lt. A. E., I. Gds., Spec. Res.
Hutchinson, Lt. B., 8 Bn. W. York. R.
Hutchinson, Capt. C., Linc. R.
Hutchinson, Lt. F., ret. Spec. Res.
Hutchinson, Capt. G. C., 5 Bn. Lan. Fus.
Hutchinson Temp. 2nd Lt. G. E., *D.C.M.*, Serv. Bns. R. Lanc. R
Hutchinson, Capt. G. T., Oxf. Yeo.
Hutchinson, Capt. Lt. H. H., *late* R.A.
Hutchinson, Lt. J., 8 Bn. Durh. L.I.
Hutchinson, Temp. Lt. J. G., R.A.S.C.
Hutchinson 2nd Lt. J. P., R.F.A. (T.F.)
Hutchinson, Temp. Lt L. A., Serv. Bns. R. Fus
Hutchinson, Rev. S., Temp. Chapl. to the Forces, 4th Class.
Hutchinson, Capt. W. H., R.F.A. (T.F.)
Hutchinson, Capt. W. S., *D.C.M.*, *late* Tank Corps.
Hutchinson, Temp.Lt. A, F., R.F.A
†Hutchison, Capt. C.R.M., *D.S.O.*, R.F.A.
Hutchison, Lt. C. T., R.A.
Hutchison, Temp. Lt. D. J. Serv. Bn. Sco. Rif.

Hutchison, Lt. G. J., R.F.A. (T.F.)
Hutchison, Capt. G. S., *D.S.O.*, 3 Bn. Arg.& Suth'd Highrs.
Hutchison, Maj. H. O., *D.S.O.*, R.F.A.
Hutchison, Lt. J. C., Can. Inf.
Hutchison, Lt. J. L., 15 Bn Lond R.
Hutchison, Capt. L. G. D., 8 Bn. L'pool R.
Hutchison, Temp. Lt. L R , M.G. Corps.
Hutchison, Maj. R. G., Fort Garry Horse.
Hutchison, Maj. R. O., *D.S.* ..Fife & Forfar. Yeo.
Hutchison, Lt. S. D., T.F. Res.
Hutchison, Rev. W. H, Temp. Chapl. to the Forces, 4th Class.
†Hutchons, Capt. C. N., *late* R.E.
Huthwaite, Capt. H. Y., Ind. Army.
Hutson, Capt. H. P. W., *O.B.E.*, *D.S.O.*, R.E.
Huttenbach, Capt. N. H., *D S O.*, R.F.A.
Hutton, Temp. Capt. A N., Tank Corps.
Hutton, Lt. A. R., 4 Bn. York. R.
Hutton, Capt. A. W., *late* Serv. Bn. Sea. Highrs.
Hutton, Capt. B., ret. pay
Hutton, Temp. Capt. C., R.E.
Hutton, Lt. C. W., Aust. Imp. Force.
Hutton, Lt. D., 5 Bn. Gord. Highrs.
Hutton, Capt. D. L., *late* R.A.M.C.
Hutton, Lt. J., 4 Bn. S. Lan. R.
Hutton, Lt. N. O., R.F.A. Spec. Res.
Hutton, Temp. Lt. P. F., Serv. Bns., North'd Fus.
Hutton, Capt. T., ret. pay.
†Hutton, Bt. Maj. T. J., R.F.A.
Hutton, Hon. Capt. W. H., *late* R.F.A.
Hutton, Lt. W. S., *late* M.G. Corps.
Huxford, Lt. E. H., R.G.A.
Huxley, Lt. F. G., C'wealth Mil. Forces.
Huxley, Capt. G., 3 Bn. E. York. R.
Huxtable, Capt. A. E., R.A.M.C. (T.F.)
Huxtable *Rev.* A. H., Hon.Chapl. to theForces, 4th Class.
††Huxtable, Temp. Capt. C. H. A., *D.S.O.*, R.A.
†Huxtable, C. F. R., *M B*, *late* Temp. Capt. R.A.M.C.
Huycke, Capt. A. H., *M.D.*, *late* R.A.M.C.
Huyshe, Temp. 2nd Lt. O. F., R.A.S.C.

† Also awarded Bar to Military Cross.   †† Also awarded 2nd Bar to Military Cross.

Orders of Knighthood, &c.

THE MILITARY CROSS—contd.

Hyams, 2nd Lt. H. D., 23 Bn. Lond. R.
Hyde, Lt. A. V., 2 Bn. Lond. R.
Hyde, Temp. Capt. C. G., R.A.
Hyde, Co.Serjt.-Maj. G. F. *D.C.M.*, 9 Bn. E. Surr. R.
Hyde, Lt. H. A., R F A Spec. Res.
†Hyett, Temp. Capt. H. L., R.A
Hyland, Bt. Maj. F. G. R.E. (*l*)
Hyndman, Lt. E. D., Can. Fd. Art.
Hyndson, Capt. J. G. W., N. Lan. R.
 Serv. Bns. R. Scots.
Hynes, Lt A. E. Aust Imp. Force.
Hyslop, Lt. W. K., 2 Cent. Ont. Regt.
Hyson, Qr.-Mr. & Capt. G E., ret. pay.

I'Anson, Bt.Maj.C.J.deV., N. Lan. R.
Ibbetson, Temp. Capt. T. H.
Ibbetson, Lt. T. R., 3 W Rid. Brig., R.F.A.
Ibbitson, Lt. A., R.F.A.
Ibbitson, Lt. T. C., R.F.A. Spec. Res.
Ibbotson, Lt.A. W., *O.B.E.*, Ind. Army, Res. of Off.
Ibbotson, Temp. Lt. E. *D.C.M.*, Tank Corps.
Ibbotson, Temp. 2nd l t. J. G., Serv.Bns.Gloue. R.
Ibbott, Temp. Lt. W. C., Serv. Bns. Yorks. L.I.
†Ibbs, Lt. T. L., 2 Bn Mon. R.
Icke, Capt H. J. G., 3 Bn. Hamps. R.
Ideson, Maj. A., *late* R.A.
Idiens, Temp. Lt. S., M.G. Corps.
Iler, Lt. S. B., Can. Eng.
Iles, Lt. N. L., R.F.A., Spec. Res.
Iley, Temp. Lt. W., Serv. Bn. Conn. Rang.
†Illes, Lt. A. E., Hants. Cyclists Bn.
Iliffe, Temp. Lt. A E Serv. Bns. Bedf. & Herts. R.
Illingworth, Lt. G. F. R.F.A.(T.F.)
Illingworth, Lt. H. C. H., K.R. Rif. C.
Illingworth, Temp. Capt. H. S., R.A.S.C.
†Illingworth, Temp. Capt. R. L., *D.S.O.*,16 Bn. Notts. & Derby. R.
Iman Din Khan Subadar, R.G.A. Spec. Res.
Imbert-Terry, Temp. Lt. F. B., 8 Bn Devon R.
Imbert-Terry, Maj. H. B., *D.S.O.*, R.F.A.
†Imison, Lt. J. A., 5 Bn. E. Surr. R.
Imisson, Co. Serjt.-Maj. G., *D.C.M. M.M.*, 4 Bn. York & Lanc. R.
Imlay,Capt. N.G.,C'wealth Mil. Forces.
Impey, Capt. E. H.,Linc.R
Impey, Capt. F. L., *M.B.*, *late* R.A.M.C. Spec. Res.
Impson, Lt. H. J., *O.B.E.*, Norf. R.
Imrie, Lt D. P. C., 1 Bn. Lond. R.
im Thurn, Capt. B. B. von B., *D.S.O.*, Hamps. R.
Ince, Bt. Maj. C. W. G.
Ince, Temp. Maj. D. E., 18 Bn. Durh. L.I.
Ince, Lt. H. B., R.F.A., Spec. Res.
Ince, Capt. N. S., *late* Serv. Bns. Manch R.
Ince, Temp. Lt. S.R., M.G. Corps.
Inch Lt R., 4 Bn. R. Highrs.
Inch, Capt. R. F., Can M. G. Corps.
Inch, Lt. T. D., *O.B.E., M.B.*, Res. of Off.
Inchbald, Capt. P. E., R.F.A.
Inches, Maj. C.R., *D.S.O.*, Can. Local Force.
Indar Singh, Subadar, 58 Rif.
Infeld, Capt H., 12 Bn. Lond. R
Ingarfield, Lt. G. P., *late* S. Afr. Prote. Forces.
Ingham, Capt. G., *late* Tank Corps.
Ingham, Temp. Lt. W., R.E.
Ingle, Lt. L. S., Ind. Army
Ingleson, Temp. Capt. P.
Ingleton, Temp. Lt. D. F., R.F.A.
Inglis, Lt. A. M., 4 Bn. R. Sco. Fus.
Inglis, Temp. 2nd Lt. A W.,15 Bn. Lan. Fus.
Inglis,Capt.E. M.,C'wealth Mil. Forces.
Inglis, Lt. F. R., 5 Bn. York & Lanc R.
Inglis, Lt. G. S., *late* Serv. Bn. Conn. Rang.
†Inglis, 2nd Lt. H. G., Ind. Army Res. of Off.)
Inglis, Lt. H. J., *D.S.O.*, 3 Bn. S. Wales Bord.
Inglis, Temp 2nd Lt. J., Serv.Bns. Cam'n Highrs.
Inglis, Bt. Maj. J. D., R.E.
Inglis, Lt. J. D., 3 Bn Sea. Highrs.
Inglis, Capt. J. E., R.G.A. (T.F.)
Inglis, Maj. L. H. R., 2 Bn. Lond. R.
Inglis, Lt. P. C., R.F.A. Spec. Res.
Inglis, Lt. R. S., R.F.A. Spec. Res. (T.F.)
Inglis, Capt. T. P., *M.B.*, R.A.M.C. Spec. Res.
Inglis; Maj. W., C'wealth Mil. Forces.
Ingoldsby, Lt. A. J., 23 Bn. Lond. R.
Ingram, Temp. Lt. B. S., *O.B.E.*, R A
Ingram, Lt. R.C., *late* 3 Bn. Devon. R.
Ingram, W. J. S., *M.B.*, *late* Capt. R.A.M.C., Spec. Res.
Ingram, Maj. W. W., *M.B.*, *late* R.A.M.C.
Ings, Capt. E. I. H., Can. M.G. Corps.
Inkson, Lt. H. C., *late* R.F.A., Spec. Res.
Inkster, Temp. Lt. L., 10 Bn. R.W. Surr. R.
Inman, Lt. E. H., R.F.A., Spec. Res.
Inman, Lt. E. S., C'wealth Mil, Forces.
Inman, Capt. G. K. E. *M.B.*, R.A.M.C., Spec. Res.
Inman, Maj. H. B., R. Mar. Res.
Inman, Temp. Lt. W. C., Serv. Bns. R. Scots.
Innes, Capt. A., 6 Bn. R. Highrs.
Innes, Capt. A., R.F.A. (T.F)
Innes, Lt. A., *late* Tank Corps.
Innes, Capt. A. C. W., R. Ir. Fus.
Innes, Lt. D. A., *late* 4 Bn. Sea. Highrs.
Innes, Lt. J. A., 5 Bn. Sea. Highrs.
Innes, Capt. J. H., Ind. Army.
Innes, Capt. J. O., *M.B.E.*, 9 Bn Durh. L.I.
Innocent, Maj. M., 8 Bn. Essex R.
Inskip, Bt. Maj. R. D., *D.S.O.*, 59 Rif.
Insole, Lt. G. C. L., W Gds. Spec Res
Inverarity, 2nd Lt, J. D., R F.A. Spec. Res.
Inwood, Qr.-Mr & Maj. C. H., *O.B.E.*,Worc. R.
Irby, Lt. C. E., G. Gds.
Iredale, Lt. E. A., 5 Bn. Bord. R.
Iredale, Capt. L. H. W., *M.B.*, R.A.M.C.
Ireland, Capt. A. J., *M.B., late* R.A.M.C.
Ireland, Lt. E. P, *late* Tank Corps.
Ireland, Temp. Lt. J., R.E.
Ireland. Temp. Lt. J., 15 Bn. R. Ic. Rif.
Ireland, Temp. Lt. J. F. R.F.A.
Ireland, Capt. K. G., R.A.
Ireland,Temp. Lt. L. A. F., 8 Bn. E. Suss. R.
†Ireland, Temp. Lt. R. B., R.E.
†Ireland, Capt. R. P. G., K.R. Rif. C.
Irish, Lt. F., 4 Bn. W. Rid. R.
Irish, 2nd Lt. H., *late* 5 Bn. W. York. R.
Irons, Temp. Lt. C. S., Serv. Bns. N. Lan. R.
Irons, Lt F., North'n R.
Irons, 2nd Lt. J. H., 4 Bn. W. Rid. R.
†Ironside, Capt. A. E., 4 Lond. Fd. Amb.
Ironside, Lt. K. L., R.F.A. Spec. Res.
Irvin, Rev. H. M., Hon. Chapl. to the Forces, 4th Class.
Irvine, Capt. A. D., Can. A.M.C.
†Irvine, Lt. A.W., C'wealth Mil. Forces.
†Irvine, Temp. Capt. C. C., *late* R.A.M.C.
Irvine, Temp.Capt.G.M.F., Serv.Bns. R. Innis. Fus.
Irvine, Temp. Lt. M. H., Gord. Highrs.
Irvine, Temp. Capt. R., Serv. Bns. Lan. Fus.
Irvine, Temp. Lt. R. M., Serv. Bns. North'd Fus.
Irvine, Temp. 2nd Lt. S. R., Serv. Bns K.O. Sco. Bord.
Irvine, Lt. T. C., Sea. Highrs.
††Irvine, Temp. Lt. W., 11 Bn. Arg. & Suth'd Highrs.
†Irvine-Fortescue, Lt. W. G., R.E.
Irving, Temp. Capt. G. G. H., Serv. Bns. Rif. Brig.
Irving, Temp. Capt. J. D., *O.B.E.*, 3 Bn. W. York. R.
Irving, Lt. J. F., 3 Bn. K.O. Sco. Bord.
Irving, Lt. J. S., R.G.A., (T.F.)
Irwin, Lt. H. N., Ind.Army, Res. of Off.
Irwin, Capt. C., 7 Bn, Ches. R.
Irwin, Maj. C. D., Manch. R.
Irwin, Capt. F. R. M., *late* R.F.A., Spec. Res.
Irwin, Temp. 2nd Lt. H., Serv. Bns. L'pool R.
Irwin. Temp. Capt. H. A. T. O., R.E.
Irwin, Temp. Lt.J.B.,*D.S.O.*, Serv. Bns. R. Lanc. R.
Irwin, J. R *late* Temp. Lt., *M.B.*,R.A.M.C.
Irwin Bt. Maj. (*temp Col.*) N. M. S., *D.S.O.*, Essex R.

---

† Also awarded Bar to Military Cross.   †† Also awarded 2nd Bar to Military Cross.

Orders of Knighthood, &c. 371

THE MILITARY CROSS—*contd.*

Irwin, Temp. Lt. R. B. W. Serv. Bns. R. Innis Fus.
†Irwin, Rev. R. J. B., *D.S.O., M.B.*, Hon. Chaplain to the Forces, 1st Class.
Irwin, Temp. 2nd Lt. S., Serv. Bns. S. Lan. R.
Irwin, Temp. Lt. T. A., 2 Cent. Ont. Regt.
Irwine, Lt. H. Y., R.G.A. Spec. Res.
Isaac, Bt. Maj. A. G. F., *D.S.O.*, R. Berks. R.
†Isaac, Temp. Capt. E. E., R.A.M.C.
Isaac, Lt. J. P., 4 Bn. E. Suss. R.
Isaac, Qr.-Mr. & Lt. W. R. V., *M.B.E.*, R.E.
Isaac-Innes, Temp. Lt D. E., R.E.
Isaacs, Capt. D. W., Aust. Imp. Force.
Isbester, Capt. M., Nova Scotia Regt.
Isbister, Temp. Capt. W. J., *late* R.A.M.C.
Isham, Capt. V. A. R., Suff. R.
Isherwood, Temp. 2nd Lt. J., Serv. Bns. Manch. R.
Ivens, Lt. H. J., R.F.A. Spec. Res.
Ivens, Maj. J. H., *late* R.A. N.Z. Mil. Forces.
Iverach, 2nd Lt. J. A. D., N.Z. Mil. Forces.
Ivers, Lt. H. B., 8 Bn. Lan. Fus.
Ives, 2nd Lt. E., 5 Bn. York. R.
Ives, Lt. G., Ind. Army, Res. of Off.
Ives, Qr.-Mr. & Capt. J. F., R.A.V.C.
Iveson, Lt. J. A., R.G.A. (T.F.)
Ivey, Lt. W. L., 13 Bn. Lond. R.
Ivimey, Lt. C., 10 Bn. Lond. R.
Ivor-Moore, Lt. T., Worc. R.

Jack, Lt. A. S., *late* 5 Bn. W. Rid. R.
Jack, Capt. A. W., Can. Local Forces
Jack, Temp. Lt. D. J., R.A.O.C.
†Jack, Lt. F. C., *D.S.O.*, R.F.A. (T.F.)
Jack, Capt. G. G., R.A.M.C. Spec. Res.
Jack, Lt. G. L., 4 Bn R. Sc. Fus.

†Jack, Temp. Capt. J., Serv. Bns. R.W. Fus.
Jack, Capt. J., *M.B.*, late R.A.M.C.
Jack, Capt. J., late S. Afr. Def. Force.
Jack, Temp. Lt. J. L., M.G. Corps.
Jack, Temp. Capt. J. W., R.E.
Jack, Lt. T., C'wealth Mil. Forces.
Jack, Lt. T. R., Aust. Imp. Force.
Jack, Lt. W. B., 8 Bn. Sco. Rif.
†Jacka, 2nd Lt. A. C'wealth Mil. Forces.
Jacklin, Capt. S., E. Afr Div.
Jackman, 2nd Lt. H. E. 21 Bn. Lond. R.
†Jackman, Lt. I. H., 21 Bn. Lond. R.
Jackman, Rev. J. H., Temp. Chapl. to the Forces, 4th Class.
†Jacks, Capt. C. C. R., *late* Serv. Bn. North'n R.
Jacks, Temp. Lt. O. L. 5 Bn. Oxf. & Bucks. L.I.
Jacks, Lt. S. B. L., R.F.A. Spec. Res.
Jackson, Lt. A. Camb. R.
Jackson, Capt. A. E. C'wealth Mil. Forces.
Jackson, Temp. Lt. A. E. Serv. Bns. E. Lan. R.
Jackson, 2nd Lt. Temp. A. F., *D.C.M.*, Serv. Bns North'd Fus.
Jackson, Temp. Capt. A. F. B., R.A.S.C.
Jackson, Capt. A. H. K., *D.S.O.*, R. War. R.
Jackson, Lt. A. O., 8 Bn. Notts. & Derby. R.
Jackson, *late* Temp. Capt A. R., *M.D.*, R.A.M.C.
Jackson, Lt.-Col. B. A., *D.S.O.*, *late* 8 Bn. Shrops. L.I.
Jackson, Capt. B. H., R.H.A. (T.F.)
Jackson, Lt. B.T., Quebec R.
Jackson, Temp. 2nd Lt. C., 1 Garr. Bn., R. Ir. R.
Jackson, Lt. C., R.G.A (T.F.)
Jackson, Lt. C., *late* 1 Garr. Bn. R. Ir. Rif.
Jackson, Temp. Lt. C, A. R.E.
Jackson, Capt. C. B. A., Suff. Yeo.
Jackson, Capt. C.R., R.F.A
Jackson, Lt. D., *late* Serv. Bns. R.W. Surr. R.
Jackson, 2nd Lt. E. J. W., ret. pay
Jackson, Temp. Lt. E.W.D., R.E.

Jackson, Capt. F. E., S. Afr. Def. Force.
Jackson, Capt. F. J. G., R.F.A. (T.F.)
Jackson, Temp. Qr.-Mr. & Capt. G., Serv. Bns. Durh. L.I.
Jackson, Capt. G., *M.B.*, R.A.M.C.
Jackson, Qr.-Mr. & Capt. G. A., Manch. R.
Jackson, Maj. G. E., *O.B.E.*, TD, Fife & Forfar.
Jackson, Lt G. F., *late* R.A. Yeo.
Jackson, 2nd Lt. G. G., 6 Bn. R. W. Fus.
Jackson, Co. Serjt.-Maj. G. H., Rif. Brig.
Jackson, Temp. Maj. G J., Tank Corps.
Jackson, Capt. G.R., Derby. Yeo.
Jackson, Lt. H., 6 Bn. Manch. R.
Jackson, Lt. H. A., *late* Essex R.
Jackson, Maj. H. B., T.F. Res.
Jackson, Temp. 2nd Lt. H. G., Serv. Bns. North'd Fus.
Jackson, Capt. H. H., *late* 6 Bn. Notts & Derby R.
Jackson, Capt. H. J. R., Can. Eng.
Jackson, Temp. Capt. H.Y.V., R.E.
Jackson, Temp. Capt. I.
Jackson, Lt. J. A., R.G.A., Spec. Res.
Jackson, Capt. J. L., 3 Bn. Conn. Rang.
Jackson, Hon. Lt. J. S., *late* R.E.
Jackson, Rev. K. C., *M.A. late* Temp. Chapl. to the Forces 4th Class.
Jackson, Lt. L. F., R.G.A. (T.F.)
Jackson, Lt. L. N., R.F.A. Spec. Res.
Jackson, Lt. L. T. C., Aust. Imp. Force.
Jackson, Capt. M.H., *D.S.O.*, 29 Lrs.
†Jackson, Lt. M. K., 6 Bn. R. War. R.
Jackson, Lt. M. N. S., R.F.A., Spec. Res.
Jackson, Temp. Maj. P. L. Tank Corps.
Jackson, Lt. R., R.F.A., Spec. Res.
†Jackson, Maj. R. C., Nova Scotia Regt.
Jackson, Capt. R. D., R.E
Jackson, Temp. Capt. R. D., *L.S.O.*, 8 Bn. Shrops. L.I.
Jackson, 2nd Lt. R. E., 3 Bn. Lond. R.
Jackson, Lt. R.G., C'wealth Mil. Forces.
Jackson, Temp. Lt. R. R., Serv. Bns. Dorset. R.
Jackson, Lt. R. S., Can. M.G. Corps.

Jackson, Maj. R. W. P., R.A.M.C.
Jackson, Lt. S., R.F.A. (T.F.)
Jackson, Capt. S. H., Aust. Imp. Force
Jackson, Lt. S.H., *late* 5 Bn. York & Lanc. R.
Jackson, Co. Serjt.-Maj. T., L'pool R.
Jackson, Lt. T. C., 5 Bn. Essex R.
Jackson, Capt. T. W., *M.B.*, *late* R.A.M.C.
Jack on, Lt. W., Aust. Imp. Force.
†Jackson, Temp. Lt. W. F., R.E., Lt. N. Sig. Cos.R.E.
Jackson, Temp. Capt. W. F., R.A.S.C.
Jackson, Temp. Lt. W., G., R.E.
Jackson, Lt. W. L., R.G.A. Spec. Res.
Jackson, Capt. W.O., Aust. Imp. Force.

Jacob, Lt. L. E. B., 8 Bn. Lond. R.
Jacob, Lt. M., *M.M.*, Can. Fd. Art.
Jacob, Bt. Maj. R. M., 130 Baluchis.
†Jacobs, Lt. B., E. Kent R., Spec. Res.
Jacobs, Lt. B., 5 Bn. R. Lanc. R.
†Jacobs, Capt. C., *M.B.*, R.A.M.C. Spec. Res.
Jacobs, Temp. 2nd Lt. D. A., Serv. Bns. R. Berks. R.
Jacobs, Co. Serjt.-Maj. E., Yorks. L.I.
Jacobs Lt. H. L., Aust. Imp. Force.
Jacobs, Temp. Lt. I. A., 7 Bn. E. Kent R.
Jacobs, Temp. Capt. P. R., Serv. Bns. North'd Fus.
Jacobs, Temp. Lt. S. R., 6 Bn. R. Lanc. R.
Jacoby, Temp.2nd Lt.F. V., Serv. Bns. Lan. Fus.
Jacomb, Lt. C. R., 1s Lond. R.
Jacques, Capt. H., R A.M.C. (T.F.)
Jacques, Lt. J. N., 5 Bn. Notts. & Derby. R.
Jaques, 2nd Lt. L. H. R.F.A. Spec. Res.
Jacques, Lt. L. I., R.E.
Jagg, Rev. V. T. S., temp. Chapl. to the Forces (4th Class).
Jaggard, Lt. F., *late* 5 Bn. Suff. R.
Jaggard, Lt. F. W., 5 Bn. Sea. Highrs.
Jagger, Lt. B. C. B., 3 Bn. R.W. Kent R.

† Also awarded Bar to Military Cross

Orders of Knighthood, &c.

THE MILITARY CROSS—*contd.*

Jagger, Temp. Lt. C. S., Serv. Bns. Worc. R.
Jagger, Actg. Serjt.-Maj. C. F., E. York. R.
Ja×ger Capt. T. R., Aust. Imp. Force.
Jago, Lt. E. J., R.F.A Sp×c. Res.
Jago, Capt. R. H., Can. Local Forces.
Jaicoe, Temp. Lt. A. W., M.G. Corps.
Jai-Singh, Ressalda, Ind. Army.
Jai Lall, Jemadar, 29 Lrs.
Jakeman, Temp. 2nd Lt. C. A., M. G. Corps.
James, Lt. A. D., 13 Bn Lond. R.
James, Lt. A. I., R.F.A. Spec. Res.
James, Temp. Lt. A. L. R.E.
James, Lt. A. M. T., R.F.A. (T.F.)
James, Temp. Lt. A. S., R.E.
James, Lt. A. W. H., 3 Hrs.
James, Lt. C., R.F.A.
James, Lt. C., 6 Bn. L'pool R.
James, Temp. Lt. C., M. G. Corps.
James, 2nd Lt. C. E. H. Welch R.
James, Temp. Lt. C. F. Serv. Bns., R Fus.
James, Capt. C. R., 5 Bn. Bedf. & Herts. R.
James, 2nd Lt. C. S., *late* Serv. Bns. Essex R.
James, Temp. Lt. D., M.G. Corps.
James, Hon. Capt. D. H., *late* Labour Corps
James, Temp. Lt. D. T., R.A.S.C.
James, Temp. Lt. D. W., M. G. Corps.
James, Capt. E., *D.S.O.*, Linc. R.
James, Temp. Lt. E. A. Serv. Bns. Lan. Fus.
James, Lt. E. F., *D.C.M.*, Temp. Qr.-Mr. Serv. Bns. E. Surr. R.
†James, Capt. E. H., Aust. Imp. Force.
†James, Capt. E. H., R.N. Devon. Yeo.
James, Capt. F., ret. pay
James, Maj. F. H., 104 Rif. Bn., Aust. Imp. Force.
James, Capt. F. R., *late* R.F.A.
James, Lt. F. T., R.E. (T.F.)
James, Lt. G. H., 5 Bn. Midd'x. R.
†James, Capt. G. W. B., *M.D.*, *late* R.A.M.C.
James, Maj. H., C'wealth Mil. Forces.
¶James, Lt. H., Worc. R.
James, Maj. H. D. M.G., ret. pay
†James, Temp. Capt. H. M., Serv. Bns. Midd'x R.

James, Capt. J. D., Wilts. R.
†James, Lt J. H., C'wealth Mil. Forces.
James, Temp. Lt. J. T. W. M.G. Corps.
James, Lt. L. E., 7 Bn Lond. R.
¶James, Temp. Capt. M. A., 8 Bn. Glouc. R.
James, Capt O. M., ret pay
James, Temp. Capt. P. T., R.A.S.C.
James, Capt. R. D., *late* R.G.A. (T.F.)
James, Temp. Lt. S., 7 Bn. Rif. Brig.
James, Rev. T. J., Hon Chapl. to the Forces (4th C ass)
James, Lt. V.O., R.E. (T.F.)
James, Lt. W. E., Can. Local Forces.
James, Lt. W. G., R.G.A. Spec. Res.
James, Lt. W. H., C'wealth Mil. Forces.
James, Lt. W. M., *M.M* 14 Bn. Lond. R.
James, Lt. W. R., R.E (T.F.)
James, Capt. W. R., 89 Punjabis.
James, Lt. W. T., 1 Bn. Lond. R.
James, Lt. W. T., 8 Bn. Lond. R.
Jameson, Capt. A.S., R.F.A. (T.F.)
Jame on, Temp. Lt. C F Serv. Bns. Y rk R.
Jameson, Temp. Capt. C. F. S., R.E.
†Jameson, Temp Capt F R. W., *D.S.O.*, R.E.
Jameson, Lt. G. B., R.F.A. (T.F.)
Jameson, Temp. Capt. H. Serv. Bns., Manch. R.
Jameson, Capt. T. B., 9 Bn. Durh. L.I.
Jantle, Capt. J. P. W., T.F Res.
†Jamieson, Temp. Lt. A. R.E.
Jamieson, Lt. A. G. A., 8 Bn. R. Scots.
Jamieson, Maj. D. D., C'wealth Mil. Forces.
Jamieson, Lt. G. E. C'wealth Mil. Forces.
Jamieson, Lt. P., 5 Bn. Gord. Highrs.
Jamieson, Co. Serjt.-Maj W., M.G. Corps.
Janak Singh, Jamadar, 37 Dogras.
Janaway, Temp. Lt. F. J., Serv. Bns. R.W. Kent R.
Jane, Capt. R. J., ret. pay
Jangla Rana, Subadar, Gurkha Rif.
Janion, Capt. H. G., *late* R.A.M.C.
Japp, Temp. Maj. D. N., R.F.A.
†Jaques, Lt. V. H., R. Suss. R.

Jardine, Temp. Capt. A. C., Serv. Bns. York. R.
Jardine, Capt. C. A., *D.S.O.*, R.H.A.
Jardine, Maj. E. B., *late* R.A.M.C.
Jardine, Lt. H., Can. Fd. Art.
Jardine, Lt J., ret.
Jardine, Temp. Lt. R., 7 Bn. Cam'n Highrs.
Jardine, R.E., *late* Lt. 3 Bn. S. Lan. R.
Jardine, Rev. W., Temp. Chapl. to the Forces (4th Class).
Jarman, Co.-Serjt.-Maj. N., 9 Bn. W. Rid. R.
Jarrett, Bt. Lt.-Col. A. F. V., R.G.A.
Jarrett, Lt. J. B., *late* M.G. Corps.
Jarvie, Capt. M.L.F., Aust. Imp. Force
Jarvis, L. A., Glouc. R.
Jarvis, Rev. A O.E., *C.M.G.*, Chapl. to the Forces (2nd Class).
†Jarvis, Capt. A. G. R., Can. Bns.
Jarvis, Lt. A. S., 2 Bn. Lond. R.
Jarvis, Capt. C. H., *late* Serv. Bns. North'd Fus.
Jarvis, Rev E. O., Hon Chapl. to the For es (4th Cl.).
Jarvis, Temp. Capt. E. M., S. Afr. Def. Forces.
Jarvis, Lt. H., 4 Bn. R. Scots
†Jarvis, Lt. J. E., Res. of Off.
Jarvis, Lt. J. H., *late* Shrops. L.I.
Jarvis, Lt. N. L., C'wealth Mil. Forces.
Jarvis, 2nd Lt. S., 7 Bn. R. War. R.
Jarvis, Lt W. S., 3 Bn. Bord R.
Jasper, Capt. F. S., *late* R.F.A. (T.F.)
Jater, Temp. Lt. W. R., Temp. Qr.-Mr. Serv. Bns. Arg. & Suth'd Highrs.
Jayne, Temp. Maj. A. A. *O.B.E.*, *D.S.O.*, R.E.
Jeakes, Capt. M. M., R.E.
Jeans, Maj. T. K., R.H.A. (T.F.)
Jebb, Capt. R. D., 4 Bn. R. Suss. R.
Jebens, Bt. Maj. F. J., R Fus.
Jee, Lt. R., Durh. L.I.
Jeeps, Lt. F. H., 3 Bn. Lelc. R.
Jeeves, Temp. Lt. S. G., R.E.
Jeffery, Temp. Capt. C. E., Tank Corps.
Jeffery, Lt. C. H P., R.F.A
Jeffery, Temp. Lt. S. W., Serv. Bns. Essex R.
Jefferys, Lt. A. H., *O.B.E.*, 7 Bn. Midd'x R.
Jeffrey, Maj. E. S., Can. Local Forces.

Jeffrey, Maj. J., *M.B.E.*, Can. Local Forces.
Je?frey, apt. J. A., 13 Hrs.
Jeffrey, Temp. Capt. J. C., Serv. Bns. Durh. L.I.
Jeffrey, Temp. Lt. J. G. A., 15 Bn. High. L.I.
Jeffreys, Lt R. D., Camb.R. Spec. Res.
Jeffries, Lt. E. H., R.F.A. Spec. Res.
Jeffries, Rev. W. H., Hon. Chapl. to the Forces, 4th Class.
Jeffs, Maj. H. B., Can. Local Forces.
Jeffs, Lt. P., R.F.A., Sp×c. Res.
Jeboart, Temp. Capt. E. E., R.A.V.C.
Jellinek. Lt. L., R.F.A. Spec. Res.
Jenckes, Lt. K. B., Can. Fd. Art.
†Jenkin, Temp. Lt. L. F.
Jenkin, Temp. Lt. V. H., Serv. Bn. E. York. R.
Jenkins, 2nd Lt. A. J., 6 Bn. R. W. Fus.
Jenkins, Lt. C. R. W., 7 Bn. R. Fus.
Jenkins, 2nd Lt. D., *late* M.G. Corps.
Jenkins, Capt. D., *late* Serv. Bn. S. Wales Bord.
Jenkins, Temp. Lt. D. W., Serv. Bns. Welch R.
Jenkins, Lt. E., *late* Serv. Bns. R. W. Kent R.
Jenkins, Lt. E. K., R.F.A. Spec. Res.
Jenkins, Batt.-Serjt.-Maj. P. J., R. Fus.
Jenkins, Capt. R. B., Can. A.M.C.
Jenkins, 2nd Lt. R. C., D. of Corn. L.I.
Jenkins, Lt. R. F., ret.
Jenkins, Lt. R. O., 7 Bn. R.W. Fus
Jenkins, Capt. S. R., ret. pay
†Jenkins, Lt. T., R.F.A. (T.F.)
Jenkins, Temp. Lt. T. B., 9 Lrs.
Je kins, Lt. F. A. M. B., 72 Punjabis.
Jenkins, Temp. Lt. G., M.G. Corps.
Jenkins, Temp. Maj. G. K., R.A.
Jenkins, Tomp. Lt. G. McL., M.G. Corps.
Jeukins. Lt. J., *late* Serv. Bns. North'd Fus.
Jenkins, Lt. J. C., West. & Cumb. Yeo.
Jenkins, Temp. Capt. J. L., R.A.S.C.
Jenkins, Capt. J. L. C., *late* 7 Bn. Cam'n Highrs.
Jenkins, Temp. Lt. L. R. G., M.G. Corps.
Jenkins, Temp. Lt. O. W., Serv. Bns. Som. L.I.

---

† Also awarded Bar to Military Cross.

Orders of Knighthood, &c. 373

THE MILITARY CROSS—*contd.*

†Jenkins, Lt. T. G., R G.A. Spec. Res.
Jenkins, Temp. Lt. T. S., R.E.
Jenkins, Lt. W. E., 3 Bn. Mon. R.
Jenkins, Lt. W. J., *late* Serv Bns. Yorks L. I.
Jenkinson, Lt. W. W., *late* 11 Bn. W. Yorks. R.
Jenks, Lt. F. A., 3 Bn. Dorset R.
Jenkyn, Rev. C. W. O., Hon. Chapl. to the Forces (4th Class).
Jenkyn, Lt. O. R., Glouc. R.
Jenkyns, Capt. S. S., 6 Bn. Rif. Brig.
Jenne, Lt. T. G., 3 Bn. Som. L.I.
†Jenner, Lt. A. L., *la'e* Mach. Gun Corps.
Jenn'ngs, Temp. Lt. C. C., 14 Bn. High. L. I.
Jennings, Lt. F. N., R.F.A Spec. Res.
Jennings, Lt. G. W., Aust. Imp. Force.
Jennings, Lt. J. C. L., R.F.A. Spec. Res.
Jennings, Temp. Lt. P.
Jennings, Hon. Lt. R., *late* 12 Bn. R. Scots.
Jennings, Capt. R. B., *late* R.E.
Jennings, Capt. S., Can Local Forces.
Jennings, 2nd Lt. T. M., R.F.A., Spec. Res.
Jennings, Lt. W. A., 5Bn. D. of Corn. L.I.
Jennings-Bramly, Temp. Capt. B., R.F.A.
Jennings Bramly, Maj. W. E., Egyptian Coastguard Admin.
Jennison, Temp. Lt. H., Serv. Bns. W. York, R
Jennison, Lt. R., 5 Bn. York & Lanc. R.
Jephcott, Lt. R C., 6 Bn S. Staffs. R.
Jephson, Lt. E. W. F., R.F.A.
†Jephson, Lt. E. W. F., R.F.A.
Jeppe, Lt. L. A. F., R.F.A. Spec. Res.
Jepson, Capt. W. B., *late* R.A.M.C. Spec. Res.
Jerdan, Lt. P., Can. Local Forces.
Jerman, Lt. R. H., R.W. Fus.
Jermyn, Temp. Lt. P. R., 4 Res. Regt. of Cav.
Jerome, Temp. Lt. J. S.
Jerram, 2nd Lt. M. R. K., Res. of Off. Ind. Army.
Jerram, Lt. R. M., 6 Bn Hamps. R.
Jerv's. Capt. B. A , Worc. Yeo.
Jervis, Lt. E. C., ret. pay.
Jer's, Lt.-Col. H. S., R. Muns. Fus., *p.s.c.*

Jervis, Lt. *Hon.* J. C. C., K.R. Rif. Corps.
Jervis, Temp. Lt. N. E., M.G. Corps.
Jervis, Lt. R. P., ret.
Jervois, Capt. J. E., *D.S.O.*, Yorks. L.I.
Jervois, Bt. Maj. W. J., North'n R.
††Jerwood, Temp. Lt. E. L., Serv. Bns. R. Berks. R.
Jesper, Lt. N. McK., G Gds. Spec. Res.
Jesse, Serjt.-Maj. J., M G. Corps.
Jessel, Capt. G., T.F. Res.
Jessop, apt. J. F. J., 3 Bn. R. Berk. R.
Jessop, 2nd Lt. T. E., 5 Bn W. Rid. R.
Jessup, Temp. Lt. A. C., R.E.
Jesty, Capt. F. T., *late* R.E.
Jewell, Lt. H. W., 4 Bn. R. Berks. R.
Jewell, *late* Temp. Capt. N. P.
Jewels, Lt. - Col. C. E., *D.S.O.*, *late* Serv. Bn Lan. Fus.
†Jewitt, Maj. W., Alberta R.
Jewson, Lt. F., R.G.A. Spec. Res.
Jewson, Lt. J. H., 4 Bn. Norf. R.
Jex, Co. Serjt.-Maj. A., Rif. Brig.
Jhanda Singh, 2nd Lt. Ind. Army
Jiggins, Temp. Lt. C. E., 26 Bn. R. Fus.
Jillings, Capt. D. S., W. York. R.
Jimeney, Temp. Maj. A. J., Serv. Bn. R. W. Kent. R.
Jinks, Capt J. C., *late* Tank Corps.
Jiwan Khan, Subadar, Ind. Army.
Jobling, Temp. Lt. E., R.E.
Jobson, Capt. R. H., Res. of Off.
Jobson, Temp. Lt W., R.E.
Joel, Lt. G. J., 3 Bn. R.W. Kent R.
Johannessen, Lt. M. R., R.G.A. (T.F.)
John, Temp. Lt. B. G., M.G. Corps.
John, Lt. C. H., 5 Bn. Lond. R.
John, Lt. D. M., 3 Bn. R.W. Fus.
John, Capt D.W., R.A.M.C.
John, Capt. H. E., *late* 4 Bn. Welsh R.
John, Temp. Maj. S. C.
John, Capt. S. S., *late* Serv. Bns. Ches. R.
John, Lt. T., *M.M.*, Fort Garry Horse.
Johncock, Capt. A. W. G. *late* R.G.A.
Johns, Temp. 2nd Lt. C.A. 7 Bn. Rif. Brig.
Johns, Temp. Lt. F. T., R.E.

Johns, Maj. H. D., T.F. Res.
†Johns Temp. Lt. N. A., M. G. Corps.
Johns, Temp. Lt. P. G., R.A.S.C.
Johns, Capt. S. B., *late* S. Wales Bord.
Johns, Lt. Stanley H. R.G.A Spec. Res.
Johnsen, Temp. Capt. O.C.
†Johnson, Lt. A., *O.B.E.*, R.G.A.
Johnson, Temp. Lt. A., 9 Bn. N. S'aff. R.
Johnson, Lt. A., Notts & Derby R.
Johnson Lt A A., Suff. R.
Johnson, Rev. A. D., Temp Chapl. to the Forces, 4th Class
Johnson, Lt. A. F., R.F.A. Spec. Res.
Johnson, Capt. A. M., *M.D.*, T.F. Res.
Johnson, Lt. C. B., 9 Bn. L'pool R.
Johnson, Lt. C. G., North'd Fus.
Johnson, Temp. Lt. C. S., R.F.A.
Johnson, Temp. Lt. D. B., 11 Bn. Suff. R.
ᐦC. Johnson, Maj. D. G., *D.S.O.*, S. Wales Bord.
Johnson, Lt. D. J., 7 Bn. L'pool R.
Johnson Temp. Capt. D.V. 23 Bn. Midd'x R.
Johnson, Lt. E., Leic. R.
Johnson, Maj. E. D. B., TD, 5 Bn. York & Lanc. R.
Johnson, Temp. Capt. E. H., Serv. Bns. Yorks. L.I.
Johnson, Capt. E. H., R.F. A. (T.F.)
Johnson, Capt. E. S., *M.D.*, *late* R.A.M.C.
Johnson, Lt. E. S. T., 16 Lrs.
Johnson, Lt. F., R.F.A. Spec. Res.
Johnson 2nd Lt. F., *late* Serv. Bns. Manch. R.
Johnson, Temp. Lt. F. H., Serv. Bns. R. Highrs.
Johnson. Lt. G. A., Can. Local Forces.
Johnson, Lt. G. E., R.F.A.
Johnson, Temp. Capt. G. R., R.E.
Johnson, Capt. G. S. J., 61 Pioneers.
†Johnson, Lt. H. A., 24 Bn. Lond. R.
Johnson, Hon. Capt. H. B., Temp. Dep. Commy. of Ord., R.A.O.C.
Johnson, Capt. H., E. Lan. R.

†Johnson, Lt. H., 8 Bn. Durh. L.I.
Johnson, Lt. H. B., *O.B E.*, R.A.O.C
Johnson, Tenp. Lt. P. G., R. S.
Johnson, Capt. H. H., ret. pay
Johnson, Temp. Capt. H. H.
Johnson, Capt. H. H., Serv. Bns. Welch R
Johnson, Temp. Lt. H. J., Essex R.
Johnson, Temp. Lt. H. T., R. E.
Johnson, Capt. H. W., C'wealth Mil. Forces.
Johnson, Lt. H. Y., *late* 5 Bn. L'pool R.
Johnson, Temp. Capt. J., *late* Serv. Bns. K. O. Sco. Bord.
Johnson, Capt. J. C., 97 Inf.
Johnson, Maj. L.C., *late* 4Bn. Manch. R.
Johnson, Hon. Lt. L. S., *late* R.F.A.
Johnson, Temp. Lt. L. W., York & Lanc. R. (attd.)
Johnson, Capt. O., T.F. Res.
Johnson, Lt. P. J. W., 6 Bn. E. War. R.
Johnson, Temp. Lt. R. R., R.E.
Johnson, Temp. Lt. R. A., R.F.A.
Johnson, Lt. R. B., 4 Hrs.
Jo'hnson, Hon. Capt. R. C., R.A.O.C.
Johnson, Lt. R. E. S., 3 Bn. Bord. R.
Johnson, Temp. Capt. R. P. B., R.F.A.
Johnson, Lt. R. S., 5 Bn. Durh. L.I.
Johnson, Lt. R. W., 10 Bn. L'pool R.
Johnson, Lt. S., 3 Bn. Lond. R.
Johnson, Temp. 2nd Lt. S. C., Serv. Bns. Worc. R.
Johnson, Capt. S. G., *D.S.O.*, S. Staff. R.
Johnson, Lt. S. M., 6 Bn. Notts. and Derby, R.
Johnson, Lt. S. W., 3 Bn. Lond. R.
Johnson, Serjt.-Maj. T., 19 Hrs.
Johnson, Co.-Serjt.-Maj. T. J., Som. L.I.
Johnson, Capt. T. W. G., *M.B.*, *late* R.A.M.C.
Johnson, Capt. W., *M.D.*, R.A.M.C., Spec. Res.
Johnson, Lt. W., 8 Bn Durh. L.I.
Johnson, Maj. W. H., N.Z. Mil. Forces.
Johnson, Temp. Capt. W. H., Serv. Bns. Ches. R.

† Also awarded Bar to Military Cross.   †† Also awarded 2nd Bar to Military Cross.

THE MILITARY CROSS—*contd.*

Johnston, Lt. W. P., R.F.A. (T.F.)
Johnson, Capt. W. S. F., Leic. Yeo.
††Johnson, Capt. W. W., D.S.O., 2 Cent. Ont. R.
Johnston, Lt.A., 7 Bn. Sco. Rif.
†Johnston, Lt. A. B., 5 Bn R. Scots
Johnston, Maj. A. C., D.S.O., Worc. R.
Johnston, Capt. A. C. C., Can. Local Forces.
Johnston, Temp. 2nd Lt. A. Le B., R.E.
Johnston, Temp. 2nd Lt. A. S., R.E.
Johnston, Lt.-Col. C. E., D.S.O., 7 Bn. Lond R.
Johnston, Capt. C.W., Can. Local Forces.
Johnston, Lt. D. H., *late* R.E.
Johnston, Lt.D.I.,C'wealth Mil. Forces.
Johnston, Temp. Lt. D. N., Serv. Bns. Cam'n Highrs.
Johnston, Lt. E. D. H., R.E. (T.F.)
Johnston,Capt.E.M.,Sask. Regt.
Johnston, Lt. G. A., 6 Bn. Essex R.
Johnston, Lt.-Col G. C., D.S.O., Can. Local Forces.
Johnston, Capt. G. C. S., Can. Eng.
†Johnston, Temp. Maj. G. F., D.S.O., R.E.
Johnston, Capt. H. A., D.S.O., Quebec R.
Johnston,Capt. H. L.,5Bn. Lond. R.
Johnston, Lt. H. L., R.G.A. Spec. Res.
Johnston, Lt. H. W., 4 Bn. Gord. Highrs.
Johnston,Capt. H.W W., Can. Eng.
Johnston, Temp. Lt. J., R.E.
Johnston, Lt. J., 7 Bn. High. L.I.
Johnston, Temp. Lt. J. A., Serv. Bns. R. Innis. Fus.
Johnston, Lt. J. D., 5 Bn. Glouc. R.
Johnston, Capt. J. D., C'wealth Mil. Forces.
Johnston, Lt.-Col. J. G., M.B., *late* R.A.M.C.
Johnston, Lt. J. R., Herts. R.
Johnston, Lt. J. S., R.F.A. Spec. Res.
Johnston, Hon. Capt. J. W., *late* 11 Bn. Bord. R.
Johnston,Capt. M. A. B., R.A.
Johnston, Temp. Capt. M.J.,M.B., *late* R.A.M.C.
Johnston, Lt. P.W.,R.F.A. (T.F.)
Johnston, Lt R A., Aust. Imp Force
Johnston, Lt. R. W. F., 6 Bn. R. Scots.

Johnston, Capt. S., Can. M. G. Corps.
Johnston, Temp. Lt. S. F., M.G. Corps
Johnston, T. J. W. A., *late* Temp Capt.,8 Afr. Def Force.
Johnston, Maj. W., 7 Gurkha Rif.
Johnston, 2nd Lt. W., R.F.A. Spec. Res
Johnston, Lt. W. A., W. Lan. Divl. R.E.
Johnston, 2nd Lt. W. C. Ind. Army Res. of Off.
Johnston, Temp. Maj. W. G., *late* R.A.M.C.
Johnston, Batt. Serjt.-Maj. W.G., R.H.A.
Johnston, Hon. Lt.-Col. W H. H., D.S.O., *late* 12 Bn. Midd'x R.
Johnston, Lt. W. J., *late* Res. of Off.
Johnston, Temp. Lt. W.N., R.E.
Johnston, Lt. W. T., E. Ont. R.
Johnston, Maj. W. W. S., D.S.O., C'wealth Mil. Forces.
Johnston, Lt. W. T., E. Spec. Res.
Johnston, Lt. W. T., E. Kent R.
Johnstone, Capt. A., M.B., R.A.M.C.
†Johnstone,Temp.Capt. C. G., 13 Bn. K.R. Rif. C.
Johnstone, Capt. E. M., Nova Scotia R.
Johnstone,Capt. E. S., *late* R.E.
Johnstone, Capt. G. G., M.B., 2 Lond. San. Co., R.A.M.C.
Johnstone, Temp. Capt. H. M., Serv. Bns. R. Scots.
Johnstone, I. L., 6 Bn. R.W. Fus.
Johnstone, Serjt.-Maj. J., R. Highrs.
Johnstone, Capt. J. C., 7 Bn. Devon. R.
Johnstone, Lt. J. G., 5 Bn. K.O. Sco. Bord.
Johnstone, Capt. J. K., Aust. Imp. Force.
Johnstone, Lt. R. G. R.F.A. Spec. Res.
Johnstone, Lt. T.W., Aust Imp. Force.
Johnstone, Temp. Lt. W. L., M.G. Corps.
Joicey, Lt. E. R., Res. of Off.
Jolin, Hon. Lt. C. H. *late* Linc. R.(attd.)
Joll, Maj. H. H., D.S.O., R.F.A.
Joll, Capt. L. D., R.A.
Jollans, Rev. W., Temp. Chaplain to the Forces, 4th Class
Jolley,Lt. J.E.,3Bn.R. Ir. Regt.
Jolley, Lt. M., 9 Bn. Durh. L.I.

Jolley, Temp. 2nd Lt. S. Ches. R.
Jolliffe, Lt. A. H., 5 Bn Jolliffe, Capt. C. E., h.p Serv Bns. R. Muns. Fus.
Jolliffe, Temp. Capt. P., Ont. Regt.
Jolly, Temp. Lt. A. F., 32 Bn. R. Fus.
Joly de Lotblnière Capt, H. A., R.E.
Jones, Lt.- ol. A., D.S.O., M.D., *late* R.A.M.C.
Jones, Lt. A., *late* M.G. Corps
Jones, Temp. Capt. A. E., R.W. Fus.
Jones, Capt. A.E.,1 Quebec R.
Jones, Capt. A. E., R.G.A.
Jones, Lt. A. E., N. Staff.R.
Jones, Temp.Capt. A. E. L R.A.
Jones, Lt. A. E. R., Can. Local Forces
Jones, Temp. Lt. A. I. N., 9 Bn. Norf. R.
Jones, Co.-Serjt.-Maj.A.J., 8 Bn. Glouc. R.
Jones, Lt. A. J., R.G.A. Spec. Res.
Jones, Temp. Capt. A. L., 14 Bn. R. W. Fus.
Jones, Rev. A. L., Temp. Chapl. to the Forces (3rd Class).
Jones, Temp. Lt. A. L., R.E.
Jones, Lt. A. L., 6 Bn. E. Surr. R.
Jones, Maj. A. M., Can. A.M.C.
Jones, Capt. A. M., 3 Bn. Glouc .R.
Jones, Lt. A. M., C'wealth Mil. Forces.
Jones, Lt. A. O., *late* Serv. Bns. Welch R.
Jones, Temp. Lt. A. P., R.F.A.
Jones, Hon. Lt. A. R., *late* 11 Bn. Welch R.
Jones, Lt. A, V., S. Staff. R.
Jones, Lt. B. G. D., Welch R.
Jones, Capt. B. I., 38 Dogras
Jones,Temp.Capt.B. R. B., M.G. Corps.
Jones, Lt. C.A., TD, Qr-Mr 23 Bn. Lond. R.
Jones, Temp. Lt. C., Serv Bns., 8. Staff. R.
Jones, Lt. C. B. F., Man. Regt.
Jones, Lt. C. E. T., R.E. (T,F,)
Jones, Lt. C G., 5 Bn. R. W. Fus.
Jones, Lt. C G., T.F. Res.
†Jones, Capt. C. La T. T., D.S.O.,R.E.
Jones, Lt. C. O., R.G.A., Spec. Res.
Jones, Lt. C. W., 3 Bn. York R.

Jones, Capt. C. W., ret. pay.
Jones, Lt. D. A., D.S.O., *late* Gen. List.
Jones, Capt. D. A., *late* R.E.
Jones, Temp. Lt. D. B., Serv. Bns. Welch R.
Jones,Regtl. Qr.-Mr.-Serjt. D. D., C. Gds.
Jones, Maj. D. E., *late* R.F.A.
Jones, Temp. 2nd Lt D. John, 9 Bn. R.W. Fus.
Jones, Rev. D M., Temp. Chapl. to the Forces, 4th Class.
Jones, Capt. D. O., *late* Srv. Bn. N. Staff. R.
Jones, Temp.2nd Lt.D. T., M.G. Corps.
Jones, Temp. Lt. D. W., R.E.
Jones, Lt. E. C., R.F.A. (T.F.)
Jones, Lt. E. G., 5 Bn. Durh. L.I.
Jones, 2nd Lt. E. G. A., 4 Bn. York & Lanc. R.
Jones,Capt. E. J., D.F.C. Aust. Imp Force.
Jones, Temp. Capt. E. L., R. Fus.
†Jones, Lt. E. F.N., R.F.A.
Jones, Temp. Lt. E. R., Tank Corps.
Jones, Temp. Capt. E. S., R.A.O.C.
Jones, Temp. Lt E T., Serv. Bns. Rif. Brig.
Jones, Temp. Lt. F. A. B., Serv. Bns. R. Fus.
Jones, Capt. F. B., 4 Bn. Oxf. & Bucks. L.I.
Jones, Lt. F. E., Notts. & Derby. R.
Jones, Lt. F. H. M., Can. Eng.
Jones, Lt. F. J. H., *late* Serv. Bns. Suff. R.
Jones, Lt. F. R., R.F.A. (T.F.)
Jones, Temp. 2nd Lt. F. R., R.E.
Jones, Lt. F. S., Can. Eng.
Jones, Lt. G. A., R. Fus.
Jones, Lt. G. B. H., Welch Horse Yeo.
Jones, Lt. G. E., 7 Bn Lond. R.
Jones, Capt. G. H., 3 Bn. Welch R.
Jones, Lt. G. H., 8 Bn. Worc. R.
Jones, Lt. G. H., R.E. (T.F.)
Jones, Capt.G.L.,R.A.M.C. Spec. Res.
Jones, Hon. 2nd Lt. G. M., *late* 4 Bn. E. Kent R.
Jones, Temp. Capt. G. M., 13 Bn. R.W. Fus.
Jones,Capt.G.T. M., 5 Bn. Leins. R.

† Bar to Military Cross.   †† Also awarded 2nd Bar to Military Cross.

Orders of Knighthood, &c.

THE MILITARY CROSS—*contd.*

†Jones, Lt. G. V., 3 Bn. Welsh R.
Jones, Lt. G. W., R.F.A. Spec. Res.
††Jones, Lt. H., 4 Bn. Oxf. & Bucks. L.I.
Jones, Lt. H., R.F.A. Spec. Res.
Jones, Lt. H., Aust. Imp. Force.
Jones, Temp. Lt. H. B., M.G. Corps.
†Jones, Lt. H. B., 3 Bn. Wilts. R.
Jones, Temp. Lt. H. E., 13 Bn. R. Suss. R.
Jones, Lt. H. E., 6 Bn. Glouc. R
Jones, Lt. H. E. R., 8 Bn. R. Scots.
Jones, 2nd Lt. H. F., ret
Jones, Capt. H. G., Rhodesian Police.
Jones, Lt. H. G., 5 Bn. R. W. Fus.
Jones, Temp. Lt. H. H. B., 18 Bn. Lan. Fus.
Jones, Lt. H. J., 5 Bn. R. Scots.
Jones, Lt. H. L., 4 Bn. E. Kent R.
Jones, Lt. H. L., 20 Hrs. Spec. Res.
Jones, Lt. H.L., 3 Bn. Welsh R.
Jones, Lt. H. O., Egyptian Army.
Jones, Lt. H. R., *late* 3 Res. Regt. of Cav.
Jones, Lt. H. R., R.G.A.
Jones, Temp. Lt. H. R., Serv. Bns. Welch R.
†Jones, Lt. H. S., 7 Bn. Lan. Fus.
Jones, Lt. H. V., 5 Bn. Welch R.
Jones, Capt. H.V. E., 7 Bn. Welch R.
Jones, Lt. H. W., R.E.
Jones, Lt. H. W. 3 Bn. Devon. R.
Jones, *Rev.* H. W., Hon. Chaplain to the Forces (4th Class.)
Jones, Capt. H. W. G., 4 Bn. Welch R.
Jones, Capt. I. M., *late* 5 Bn. Leins. R.
Jones, Regtl. Serjt.-Maj. J. A., Ches. R
Jones, 2nd Lt. J. A., N.Z. Mil. Forces.
Jones, Capt. J. B., M.B., R.A.M.C.
Jones, *Rev.* J. C., Temp. Chapl. to the Forces, 4th Class.
Jones, Lt. J. C., Sask Regt.
Jones, Temp. Lt. J. E., Tank Corps.
Jones, Lt. J. E. L., Welsh Horse Yeo.
Jones, Lt J F., 10 Bn. Manch. R.
Jones, Temp. Capt. J. G.
Jones, Capt. J. G., *late* R.A.M C.
Jones, Lt. J. G. C., 3 Bn. Wilts R.
Jones, Batty. Sergt.-Maj. J. H., D.C.M., R.A.
Jones, Temp. 2nd Lt. J. L., R.E.
†Jones, Capt. J. P., *late* R.A.M.C.
Jones, Serjt.-Maj. J. R., 15 Bn. R. W. Fus.
Jones, Temp. Capt. J. R. R.A.
Jones, Capt. J. R. L., *late* 5 Bn. S.Wales Bord.
Jones, 2nd Lt. J. S., R.G.A. Spec. Res.
Jones, Maj. J. T. J., C'wealth Mil. Forces.
Jones, Lt. K. C. J., *M.B.E.*, 3 Bn. Bedf. & Herts R.
Jones, Lt. K. J., Aust. Imp Force.
Jones, Lt. K. L., 5 Bn. Welch R.
Jones, Lt. L. B., T.F. Res.
Jones, Capt. L. E., Bedf. Yeo.
Jones. Capt. L. R., 7 Bn. W. York. R.
†Jones, Temp. Lt. L. W., Serv. Bns. R. W. Fus.
Jones, Temp Lt M. V., R.E.
†Jones, Capt, N., *late* 7 Bn. Cam'n Highrs.
Jones, Temp. 2nd Lt. T. W., 24 Bn. R. Fus.
Jones, Lt. O. B., 3 Bn. Dorset R.
Jones, Bt. Lt.-Col. O. G. D., R.E.
Jones, Lt. O. J., R.F.A. Spec. Res.
Jones, Temp. Lt. O. T. Serv. Bns. R. W. Fus.
Jones, Lt. P. D., D.C.M., Aust. Imp. Force.
Jones, Qr.-Mr. & Capt. P. H., Linc. R.
Jones, Temp. Lt. P. H., R.E.
†Jones, Temp. Maj. P. L., R.A.
Jones, Temp. Lt. P. L., R.F.A.
Jones, Lt. R., 3 Bn. Manch. R.
Jones, Qr.-Mr. and Lt R.. R.F.A.
†Jones Temp. Capt. R.A., 9 Bn. Norf. R.
Jones, 2nd Lt. R. A 6 Bn. R. Scots.
Jones, Temp. Maj. R. A., R.A.
Jones, Temp. 2nd Lt. R A., Serv. Bns. R. Fus.
Jones, Temp. Capt. R. B., R.W. Fus.
Jones, Temp. Capt. R. C., 13 Bn. Rif. Brig.
Jones, Temp. Lt. R. C, B., Serv. Bns. Lan. Fus.
Jones, Lt. R. E., 23 Bn. Lond. R.
Jones, Temp. Capt. R. H., D.S.O.
Jones, Temp. Capt. R. L., Serv. Bns. K. R. Rif. C.
Jones, Lt. R. L., 9 Bn. Lond. R.
Jones, Hon. Capt. R.O.H. *late* R A.M C.
Jones, Temp. 2nd. Lt. R. P., 18 Bn. Welsh R.
Jones, Temp. Capt. R. W., Serv. Bns. L'pool R.
Jones, Capt. R. W., C'wealth Mil. Forces
Jones. Co.-Serjt.-Maj. S., 6 Bn. Lond. R.
Jones, Lt. S. E., 14 Bn. Lond. R.
Jones, Temp. Capt. S.O. R.F.A.
†Jones, Lt. S. S., 3 Bn. S. Lan. R.
Jones, Co.-Serjt.-Maj. T. 12 Bn. S. Wales Bord.
Jones, Lt. T. R.G.A. Spec. Res.
Jones,Qr.-Mr. & Capt. T.A., D.C.M., R. Suss. R.
Jones,Temp.Qr.-Mr.&Capt T. J., 17 Bn. R. W. Fus.
Jones. Capt. T. K., R.E Spec. Res.
Jones, Temp.2nd Lt T. L., R.G.A., Spec. Res.
Jones, Temp. Lt. T. L. Serv. Bns. R.W. Fus.
Jones, Temp. 2nd Lt. T. W., 24 Bn. R. Fus.
Jones, Rev. T. W. A., Temp Chapl. to the Forces, 4th Class.
†Jones, Rev. W. A., Temp. Chapl. to the Forces (4th Class).
Jones, Temp. Lt. W. F. 21 Bn. Midd'x R.
Jones, Lt. W. F., Aust Imp. Force.
Jones, Temp. Lt. W. I., *late* R.F.A.
Jones, Qr.-Mr.-Serjt. W. J., 7 Bp. Worc. R.
Jones, Temp. Lt. W. O. Serv. Bns , R.W. Fus.
Jones, Lt. W. P., Wessex Divl. R.E.
Jones, Lt.W. S., C'wealth Mil. Forces.
Jones, Lt. W. W., 14 Bn. Lond. R..
†Jones-Williams, Lt. A. G., Welch R.
Jonsson, Lt. H., Can. Local Forces.
Jope, Hon. Capt. W., *late* 6 Bn. R. Sc. Fus.
Jopling, Temp Lt. M. B., Serv. Bns. Durh. L.I.
Jordain, Lt. S. J., 5 Bn. Norf. R.
Jordan, Capt. A. E., R.A.
†Jordan, Capt. F. H., *late* Serv. Bns. Welch R.
Jordan, Capt. H. K., Can. M.G. Corps.
Jordan, Capt. J. H., R.A.M.C.(T.F.)
Jordan, Lt. J. P. 1 Lond. Brig. R.G.A.
Jordan, Temp. Lt. J. W., Serv. Bns. Suff. R.
Jordan, Serjt.-Maj T. F. Can. Local Forces.
Jordeson, Lt. J. H. R. Muns. Fus.
Jordan, Lt. B. W., Qr.-Mr. Serv. Bns. R.W. Surr. R.
Jordan, 2nd Lt. H. W., *late* 19 Bn. Durh. L.I.
Jordan, Co. Serjt.-Maj. M. N., *D.C.M.*, Nova Scotia Regt.
Jörgensen, Lt. J. R. C., R.F.A. (T.F.)
Jory, Temp. Capt. E. B., R.E.
Joscelyne. Maj.F.P.,*O B.E., M.D., late* R.A.M.C.
Joscelyne, Temp. 2nd Lt. L. A., Som. L.I. (attd)
Jose, Maj. I. B., Aust. Imp. Force
Joseph, Maj. C. H., C'wealth Mil. Forces.
Joseph, Temp. Lt. E. G., A. Cyclist Corps.
Josephs, Lt. E. A. R., 5 Bn. Glouc R.
†Joss Lt. W. T. B., 3 Bn. North'd Fus.
Jourdain, Lt. P. F C., 6 Bn. K R. Rif. C.
Jowett, Temp. Lt. H. A, 6 Bn. R. Dub. Fus.
Jowett, Lt. J. A., R.F.A (T.F.)
Jowett, Lt. P., 7-8 Bn. W. York R.
Joy, Temp. Lt. W. B. R., R.A.S.C.
Joyce, Lt A., Midd'x R.
Joyce, Lt. A. H. B., Ind. Army.
Joyce, Temp. Lt. C. H., Serv. Bns., Linc. R.
Joyce, Capt. F. H. de V., *late* R.F.A.
Joyce, Lt. F. M., *M.B.E.*, R.F.A. (T.F.)
†Joyce, Lt. F. M. H., R.G A. Spec. Res.
Joyce,Temp.Maj.J., *D.S.O.*, M G. Corps
Joyce, Lt. V., 3 Bn. Dorset R.
Joynes, Lt. A., R.F.A.
Joynson, Capt. L. B., War. Yeo.
Joynson, Capt. W., 18 Hrs.
Joynt, Capt. N. L., *M B*, *late* R.A.M.C. Spec. Res.
Juckes, Capt. R., R.E Spec. Res.
†Jucksch, Lt. A. H., *D.S.O.*, Can. Local Forces.
Judd, Capt. J., *late* 4 Bn. Lan. Fus.
Judd, Lt. L., C'wealth Mil. Forces.
Judge, Co.-Serjt.-Maj. C.F., R.W. Kent R.
†Judge, Capt. C. G. K., C'wealth Mil. Forces
Judge, Lt. L. E. G., 4 Bn. N.Lan. R
Juleff, Temp. 2nd Lt. S., R.E.

† Also awarded Bar to Military Cross.   †† Also awarded 2nd Bar to Military Cross.

Orders of Knighthood, &c.

THE MILITARY CROSS—contd.

†Julge, Capt. P. E., C'wealth Mil. Forces.
Julian, Capt. A. W., late 5 Bn. R. Dub. Fus.
Julian, Lt. C. R., R.G.A. Spec. Res.
Julian, F. B., M.B., late Temp. Capt. R.A.M.C.
†Julin, Lt. J. H., Aust. Imp. Forc.
Jull, Lt. R. C., R.G.A. Spec. Res.
Jull, Lt. W. K., Alberta R.
Jungbluth, Lt. V. A., R.A.
Jungius, Temp. Lt. E. J. T. M. G. Corps.
Junkin, Maj. R. L., Can. Eng.
Junner, Temp. Lt. N. R., M.G. Corps.
Jupp, Lt. H. L., R.F.A. Spec. Res.
Jupp, Lt. J. M. S., 10 Bn. Manch. R.
Juriss, Lt. M., O.B.E., late 7 Bn. Lond. R.
Jury, Lt.-Col. E. C., C.M.G., 18 Hrs., p.s.o.
Just, Lt. L. W., 6 Bn. Glouc. R.
Just, Lt. N. W., R.F.A. Spec. Res.
Jyoti Lal Sen, M.B., Capt. Ind. Med. Serv.

Kaepell, Capt. C. H., C'wealth Mil. Forces.
Kahar Sing Ale, Subadar, 1 Gurkha Rif.
Kaine, Hon. Capt. A. J., late Notts. & Derby. R.
Kamakaka, Temp. Lt. B. H., Ind. Med. Serv.
Kane, Rev. E. T., Hon. Chapl. to the Forces, 4th Class.
Kane, Lt. M. H. K., 5 Bn. R. Dub. Fus.
†Kane, Temp. 2nd Lt. R. C. R., Serv. Bns. R. Ir. Rif.
Kane, Capt. R. E., R.F.A.
Kapadia, Temp. Capt. R. N., Ind. Med. Serv.
Kappey, Lt. E. A. H., K.O. Sco. Bord.
Karn, Temp. 2nd Lt. R.E., Tank Corps.
Karn, Hon. Lt. R. G., late Essex R. (attd.)
Kater, Capt. E. S., C'wealth Mil. Forces.
Kaufman, Temp. Lt. A.

Kavanagh, Maj. E. J., D.S.O., M.B., R.A.M.C.
Kavanagh, Capt. J. J., 3 Bn. Conn. Rang.
Kavanagh, Capt. M., ret. pay.
Kavanagh, Lt. W. J. M., Quebec R.
Kay, Temp. Lt. A., Serv. Bns. K.O. Sco. Bord.
Kay, Temp. Capt. C.M., R.E.
Kay, Lt. E. D., late Serv. Bn. E. Lan. R.
Kaye, Capt G. B., 5 Bn. E'an R.
Kay, Maj. J., Can. Local Forces
Kay, Serjt.-Maj. J., D.C.M., Can. Inf.
Kay, Lt. J. S., 4 Bn. N. Lan. R.
Kay, Lt. M. C., R.F.A. (T.F.)
Kay, Lt. P. C., C M G., 7 Bn. Midd'x R.
Kay, Lt. R. B., late Tank Corps.
Kay, Temp. Lt. R. L., 12 Bn. Ches. R.
††Kay, 2nd Lt. W., D.S.O., 3 Bn. Manch. R.
Kay, Lt. W. L. M., 7 Bn. Arg. & Suth'd Highrs.
Kay, Temp. Capt. W. V., 19 Bn. L'pool R.
Kaye, Capt. G. L., R.F.A.
Kaye, Lt. G. S., R.F.A. Spec. Res.
Kaye, Temp. Lt. H. H., M.M., Serv. Bns. R. War. R.
Kaye, Lt.-Col. H. S., D.S.O., ret. pay.
Kaye, Lt. R. J., R.G.A. (T.F.)
Kaye-Butterworth, Temp. Lt. G. S., 13 Bn. Durh. L.I.
Kaylor, Temp. Lt. E., R.E.
Keall, Capt. F. A., Man Regt.
Kean, Temp. Lt. W. A., M.G. Corps.
Keane, F. E., M.B., late Temp Capt. R.A.M.C.
Keane, Lt. P. F., 18 Bn. Lond. R.
Kearney, Lt. J. D., Can. Fd. Art.
Kearney, Regtl.-Serjt.-Maj. P., 12 Bn. Lond. R.
Keast, Lt. G H., R.A.
†Keast, Temp. Capt. S. B., R.E.
Keatch, Temp. Lt. F. H., R.A.
Keates, Lt. E. H. O., 5 Bn. Yorks. L.I.
Keates, Temp. Lt. W. A., M.G. Corps.
Keating, Lt. D. J., Leins. R.

Keating, Temp. Lt. H. L., R.A.
Keating, Lt. J. E., C'weal'h Mil. Forces
Keating, Lt. J. W., R.A.
Keatinge, 2nd Lt. F. W. G., Ind. Army, Res of Off.
Keatinge, Maj. M. B. B., Aust. Imp Force
Keats, Temp. Capt. J. R.
Keay, Lt. G. A., R.F.A. Spec. Res.
Keay, Capt. H. H., late 23 Bn. Lond. R.
Keay, Lt. J. T., R.F.A.
Keay, Temp. Qr.-Mr. & Lt. T.
Keddie, Temp. Maj. W. G T., 14 Bn. Arg. & Suth'd Highrs.
Kay, Lt. P. C., C M G.
Keeble, Lt. C. V., 24 Bn. Lond. R.
†Keeble, Temp. Capt. F. R., 13 Bn. Essex R.
Keech, Lt J. H., E. York. R., Qr.-Mr.
Keefe, Serjt.-Maj.S.,R.Fus.
Keefer, Capt. J. A., Can. Local Forces.
Keegan, Rev. H., Temp. Chapl. to the Forces, 4th Class.
†Keegan, Capt. K. J., Newf'd Contgt.
Keel, Lt. E., late Serv. Bns. Yorks. L.I.
Keelan, Temp. Capt. R. E., R.E.
Keeler, Lt. E. O., E. Ont. Regt
Keeler, 2nd Lt. O. A., 7 Bn. Lond. R.
Keeling, Temp. Lt. C.F.J., Serv. Bns. Essex R.
Keeling, Lt. E. H., Ind. Army Res. of Off.
Keeling, Lt. E. J., N. Staff. R.
Keeling, Lt. P. H., R.E. (T F.)
Keeling, Temp. Lt. W. J.

Keen, Lt. E. E., R.G.A. Spec. Res.
Keen, Lt. H. M., Suss. Yeo.
Keen, Lt. R. T., 8 Bn. Worc. R.
Keen, Lt. S. W., 2 Bn. Lond. R.
Keenan, Lt., A. H., O.B.E., D S.O., 4 Bn. R. Highrs.
Keenan, Lt. R. T., R.F.A. Spec. Res.
Keene, Capt. H. N. J., R.G.A.
Keenlyside, Capt. B. C. H., Lan. Fus.

Keep, Maj A. C., M.D., late R.A.M.C.
Keep, Lt. A. R., 3 Bn. R. W. Surr. R.
Keep, Temp. 2nd Lt. H. S., Serv. Bns. North'n R.
Keep, Temp. Capt. L. H., D.S.O., 7 Bn. Bedf. R.
†Keeping, Temp. Capt. J. T., 12 Bn. K. R. Rif. C.
Keeping, Lt. R.H., R.F.A. Spec. Res.
Keesey, Temp. Capt.W.M., R.E.
Keesham, Lt. B., ret.
Keeson, Lt. C A. G. C. 9 Bn. Lond. R.
Keetley, Capt. H G., D.S.O., 5 Bn. L'pool R.
Keetley, Co.-Serjt.-Maj.H., York. R.
Keeston, Hon. 2nd Lt. H. E., late 17 Bn. W. York. R.
†Keevil, Temp. Capt. A., M.B.E., 6 Bn. R. Muns. Fus.
Keevil. Lt. F. G., 4 Bn. N. Staff. R.
†Keevil, Lt. P., K.R. Rif. C.
Keey, Lt. C W. 7 Bn. Lond. R.
Keighley, Capt. A. S., Aust. Imp. Force.
Keighley, Temp. Lt. F. W.
Keighley, Capt. G.C., 3 Bn. Norf. R.
Keightley, Serjt.-Maj. F. C., Linc. R.
Keilar, Lt. R. C., C'wealth Mil. Forces.
Keir, Capt. D., late R.A.V.C. (T.F.)
Keir, Lt. G. A., Lan. Fus.
Keir, Capt. J., N, Z. Mil. Forces
Keirl, 2nd Lt. A., Res. of Off.
Keith, Temp. Lt. A. M., R.E.
Keith, Lt. C. G., G. Gds. Spec. Res.
Keith, Temp. Capt. D. B., 10 Bn. Sco. Rif.
Keith, Capt. D. R., ret. pay
Keith, Co.-Serjt.-Maj. P., S. Afr. Inf.
Keith, Capt. W. B., M.B., 1 Home Cos. Fd. Amb. R.A.M.C.
Keith-Johnston, Lt. C., 4 Bn. Bedf. & Herts. R.
Kekewich, Capt. S. B., late R.F.A. Spec. Res.
Kelleher, 2nd Lt. P. St.J.H., 4 Bn. Leins. R.
Keller, Lt. C. J., Can. Local Forces.

---

† Also awarded Bar to Military Cross.   †† Also awarded 2nd Bar to Military Cross.

Orders of Knighthood, &c.

THE MILITARY CROSS—*contd.*

Keller, Temp. Lt. R. K., Serv. Bns. R. Fus.
Kellett, Capt. J. P., *D.S.O.*, 2 Bn Lond. R.
Kelley, Lt. C., T.F. Res.
Kellie, Lt. G. B. J., R.F.A
Kellie, Capt. G. J D., 30 Punjabis.
Kellie, Capt. G. S. H., R.E.
Kellie, Lt. J. A., *late* Serv Bns.K.O. Sco.Bord
Kellie, Capt. R. H. A., R.G.A.
Kelly, Capt. A., 5 Bn. Gord. Highrs.
†Kelly, Lt. A. J., E. Ont. Regt.
†Kelly, Lt. B, 6 Bn. Worc. R.
Kelly, 2nd Lt. B. B. T., R.F.A.
Kelly, Maj. C., *M.D.*, R.A.M.C.
†Kelly, Lt. C., 8 Bn. Lond. R.
Kelly, Lt. C., *M.M.*, R.G.A.
Kelly, Lt. C. C., R.F.A. Spec. Res.
Kelly, Capt. D., *late* R.A.M.C.
Kelly, Lt. C. P. J., Conn. Rang.
Kelly, Temp. Lt. D. V. 6 Bn. Leic. R.
Kelly, Rev. E..Temp.Chapl. to the Forces, 4th Class
Kelly, Temp. 2nd Lt. E M G. Corps.
Kelly, Lt. E. C., 3 Bn Norf. R.
Kelly, Maj. E. H., *D.S.O.*, R.E., *p.s.c.*
†Kelly, Temp. Capt. E.J.G., Serv. Bns. Conn. Rang.
Kelly, Lt. F. W., R.G.A. Spec. Res.
†꙰.꙰.Kelly, Capt. H., *late* Serv. Bn. W. Rid. R.
†Kelly, Lt. J., R. Highrs.
Kelly, Capt. J. A.
Kelly, Lt. J.G., New Bruns. Regt.
Kelly, Co. Serjt.-Maj. J. H., R. Ir. Rif.
Kelly, Rev. J. M., Temp. Chaplain to the Forces (4th Class)
Kelly, Temp. Lt. J T.,R.E.
Kelly, L. P. G., *late* Lt. Lrs.
Kelly, Maj. L. St. G., Can. Fd. Art.
Kelly, Temp. Capt. M., Labour Corps.
Kelly, 2nd Lt. T., *late* Serv. Bns. R. Suss. R.
Kelly, Temp. Lt. T. A., Serv. Bns. R. Fus.
Kelly, T. J., *late* Capt. R.A.M.C.

Kelly, Temp. Maj. T. J., *D.S.O.*, Serv. Bns. Manch. R.
Kelly, Lt. W. E., 3 Bn. Bord. R.
Kelly, Lt. W. H., ret. pay.
Kelly, Temp. Lt. W. T., Serv. Bns. High. L.I.
Kelsall, Lt. C. H., 7 Bn. Lan. Fus.
Kelsall, Capt. H. A., A.S.C.
Kelsey, Lt. A. R., C. Gds. Spec. Res.
Kelsey, Lt. J., Manch R.
Kelsey, Temp. Capt. L. J., Serv. Bns. S. Staff. R.
Kelsey, Lt. T., Conn. Rang.
Kelsey, Temp. Lt. V., R.E.
Kelsey-Fry, Capt. W., *late* R.A.M.C.
Kelty, Capt. F.L. F., ret.
Kelty, Lt. S. W., 9 Bn L'pool R.
Kelynack, Capt. C. J. C'wealth Mil. Forces
Kemble, Lt. J. P., 8 Bn. Midd'x R.
Kemm, Lt. St. J. G., Res. of Off.
Kemmis, Capt. L. F., C'wealth Mil. Forces.
Kemmis, Lt. W. D. O., 6 Dns.
Kemmis-Betty, Lt. W. M. R.G.A., spec. Res.
Kemp Capt. A. E., *D.C.M. late* R. Ir. Rif.
Kemp, Lt. A. P. P., Aust. Imp. Force.
Kemp, Maj. C. G., *M.B., late* R.A.M.C.
Kemp, Lt. D. E., R.F.A. Spec. Res.
†Kemp, Lt. E. G., Rif. Brigd.
Kemp, Lt. F. G., *D.S.O.* 1 Cent. Ont.-Regt.
Kemp, Capt. G. C., R.F.A.
Kemp, Temp. Capt. G. L., 8 Bn R. Suss. R.
Kemp, Capt. J. C., 8 Bn R. Scots.
Kemp, Maj. J. C., *D.S.O.*, Can. Local Forces.
Kemp, 2nd Lt J C., *M.M., late* Serv Bns.Wilts. R.
Kemp, Capt. J. H., R.A.S.C.
Kemp, Temp. Capt. J R. R.A.M.C.
Kemp, Lt. L. J., R. W. Surr. R.
Kemp, Temp. Lt. R. W., M G. Corps
Kemp, Capt. W. G., *late* 7 Bn. W. York. R.

Kemp, Temp. Lt. W. S., 8 Bn Gord. Highrs
Kemp-Robinson, Lt. H., 3 Bn. R. Innis. Fus
Kemp-Welch, Capt. (*temp. Brig.-Gen.*) M., R.W. Surr. R.), *p.s.c.*
Kempe, Temp. Lt. F. H., Postal Sect., R.E. Spec. Res.
Kempe, Capt. H. F. C., R.F.A.
†Kemplen, Capt. E. J. R. *late* 4 Bn. Suff. R.
Kemoson, Temp. Maj. E. W. E., R.E.
Kenchington, Bt Maj.A.G. E. Kent R.
Kendall, Capt. A. H., Can Rly. Serv.
Kendall, Temp. Capt. E.A., Serv. Bns R. Lanc. R.
Kendall, Lt J., *late* Linc. R.
Kendall, Lt. J. H. F., R.E. (T.F.)
Kendall, Lt. M. H. V., R. War. R.
Kendall, Capt. T. A., 3 Bn. D. of Corn. L.I.
Kendall, Temp. Lt. W. J C., Serv. Bns. Lan. Fus.
Kendell, 2nd Lt. G., 3 Bn E. York R.
Kendrew, Temp. Capt. A. J., *M.B.*, R.A.M.C.
†Kendrick,Temp. Lt. F. A. *D.S.O.*, Serv Bns. S. Staff. R.
†Kendrick, Lt. H. F.,Worc Yeo.
Kenealy, E. M. V., Cap*t*. ret.
Kenefick, Temp. Capt. R., *M.B.* R A.M.C.
Kennan, 2nd Lt.T.B., 3 Bn. R. W Fus.
Kennard, Capt. G. C., TD, R.E. (T.F.)
Kennard, Capt. K., *late* R.A.S.C.
Kennard, Temp. Lt. L. M., R.A.S.C.
Kennedy, Capt. A., *M.B.* R.A.M.C. Spec. Res.
Kennedy, Capt. A. J. A., 1 Lovat's Scouts Yeo.
Kennedy,Temp.Capt. A.L.
Kennedy, Lt. A. M.
Kennedy, Capt. A. M. 8 Gurkh৯ Rif.
Kennedy, Lt. C. A. R., R.F.A. Spec. Res.
Kennedy, Maj. C. C. M., Herts. R.
Kennedy, Lt. D., R.F.A. (T.F.)
Kennedy, Capt. D., *M.D., late* R.A.M.C.
Kennedy, Capt. D. A. D., *M.B., late* R.A.M.C.
Kennedy, Lt. D. G., 9 Bn. High. L. I.

Kennedy, Capt. E. E., 35 Horse.
Kennedy, Temp. Lt. E. N., R.F.A.
Kennedy, Temp. Lt. F. F.
Kennedy, Temp. Lt. F. F., W. York. R.
Kennedy, Capt. G. R. T., R. Sc. Fus.
Kennedy, Lt. G. W., E. Surr. R.
Kennedy, Lt. Lord H., C. Gds.
Kennedy, Temp. Lt. H., M.G. Corps.
Kennedy, Temp. Capt. H. B., R.A.S.C.
Kennedy, Capt. J., *D.S.O.*, R. Highrs.
Kennedy, Temp. Lt. J D., Tank Corps
Kennedy, Temp. Lt. J. F., R.F.A.
Kennedy, Capt. J. G., Sco. Horse Yeo,
Kennedy, Qr.-Mr. & Capt. J. J., R. Innis. Fus.
Kennedy, Lt. J. N., R.G.A.
Kennedy, Lt. J. R., R.A.
Kennedy, Temp. 2nd Lt. J. S., R.E.
Kennedy, Qr.-Mr.-Serjt. J.W., 10 Bn.R. Innis Fus.
Kennedy, Capt. J. Y. M., 3 High. Brig. R.F.A.
Kennedy, Lt. K. H. H., Res. of Off. Ind. Army.
Kennedy, Co-Serjt.-Maj. M., I. Gds.
Kennedy, Capt. M. P., Can A.V.C
Kennedy, Lt. N. D., 4 Bn. K.O. Sco. Bord
Kennedy, Lt. N. R., R. Scots.
Kennedy, Temp. 2nd Lt. P. G , Mach. Gun Corps.
Kennedy, Lt. R. K. A., R.F.A. Spec. Res.
Kennedy, Temp. Lt. R. N., 14 Bn. R. Ir. Rif.
†Kennedy Maj. R. S., *D.S.O.*, *M.B.*, Ind. Med. Serv.
Kennedy, Capt. S. V., 13 Hrs.
Kennedy, Capt. W., Aust. Imp. Force
Kennedy, Lt. W. E. H., *late* Serv. Bns. Wilts. R.
†Kennedy, Capt. W. W., Sask. R.
†Kennedy-Cochran-Patrick, Maj. W. J C., *D.S.O.*, Res. of Off.
Kennett, Maj. W. H., *late* 6 Bn. Rif. Brig.
Kennington, Temp. Lt. F. R., Serv. Bns.W.York.R.

† Also awarded Bar to Military Cross,

Orders of Knighthood, &c.

THE MILITARY CROSS—contd.

Kennington, Temp. Maj. J., *D.S.O.*, Serv. Bns. Linc. R.
Kennon, Temp. Capt. R., *M.D.*, R.A.M.C.
Kenny, Bt. Maj. B. M., R.W. Surr. R.
Kenny, Temp. Capt. F. B., R.E.
Kenny, Capt. R. W., Can. Local Forces.
Kenshole Lt. T. R., 3 Bn. L'pool. R.
Kensington, Lt. C. B., R.G A Spec. Res.
Kensington, Bt. Lt.-Col. E. C., *D S.O.*, 130 Baluchis.
Kent, Temp 2nd Lt. A, Serv.Bns.Notts&DerbyR.
Kent, Lt. A. E., *D.S.O.*, 3 Bn. Leic. R.
Kent, Lt. F. M. S., R.F.A. (T.F.)
Kent, Lt. H. F., Hon. Art. Co.
Kent, Qr.-Mr. & Lt. H. J., T F. Gen. List.
Kent, Lt. J., T.F. Res.
Kent, Temp. Lt. J. A. V., 6 Bn. Conn. Rang.
Kent, Temp. Lt J. R., R.F.A.
Kent, Lt. L. B., York & Lanc. R.
Kent, Lt. M. A., *late* Serv. Bns. Notts. & Derby R.
Kent. Lt. P. H. B., S. Gds. Spec. Res.
Kent, Lt. R., Can. Fd. Art.
Kent, Temp. 2nd Lt. R. D., 7 Bn R.W. Kent R.
Kent-Jones, Lt. L.J., 23 Bn. Lond. R.
Kenward, Temp. Capt. F. R. E., 10 Bn. S. Rids. Bord.
Kenward, Capt. P. A., *late* R.A.S.C.
Kenworthy, Temp. Lt. C. H. H., Serv. Bns. R. Inis. Fus.
Kenworthy, Capt. T. R., R.A.M.C. (T.F.)
Kenyon, Temp. Lt. A. J., Tank Corps.
Kenyon, Lt. H. A., R.E.
Kenyon, Maj. J. R., R.F.A. (T.F.)
Kenyon, 2nd Lt. W. P., R. W. Fus.
Kenyon - Slaney, Capt. P. P., R. N. Devon Yeo.
†Keown, Bt. Maj R.W.
Keppel-Jones, Lt. C., 1 Lovat's Scouts Yeo.
Ker, Capt. C P., *late* Serv. Bns. of Bucks. L.I.
Ker, 2nd Lt C. R. de B., C'wealth Mil Forces.
Ker, Lt.-Col. R. F., *D.S.O., late* Serv. Bns. K.O. Sco. Bord.
Ker, Lt. S. H., R.F.A. Spec. Res.
Kerans, Maj. P. M. A., 6 D.G.

Kerans, Capt. R. O., Can. Local Forces.
Kerby, Lt. A. M., *D.S.O.*, R.F.A. Spec. Res.
Kerby, Rev. E. T., *M.A.*, Chaplain,4th Class (T.F.)
Kerckhove, Lt H. V., 4 Bn. E Surr. R.
Kermack,Capt.W.R., 7 Bn. R. Scots.
Kermode, Lt. W. A., *late* Tank Corps.
†Kernick, Capt. H. W., *late* R.E.
Kernot, Serjt.-Maj. C. H.
Kerr, Lt. A. A., 2 W. Rid. Brig. R.F.A.
Kerr, Temp. Maj. A. E., Serv. Bns. North'd Fus.
Kerr, Maj. A. N., 33 Dogras.
Kerr, Capt. C., *D.S.O.*, Res. of Off.
Kerr, Lt. C G., Can. Local Forces
Kerr, Lt. D., 6 Bn., L'pool R.
Kerr, Temp. Lt. D C., Labour Corps.
Kerr, Temp. Capt. F. K., *O.C.*
†Kerr, Capt. G. F., *M.Y.,* 1 Cent. Ont. Regt.
Kerr, Lt. H. R., 3 Bn Norf. R.
Kerr, Temp. Capt. H. B.
†Kerr,Capt.H.R.,R.A S.C.
Kerr, 2nd Lt. H. S., R.G.A Spec. Res.
Kerr, Lt. H. V., 2 Bn. Mon. R.
Kerr, Capt. J. D., 5 Bn. Notts. & Derby R.
Kerr, Lt. J. S., C'wealth Mil. Forces.
Kerr, Lt. J. V., 7 Bn Lond. R.
Kerr, Capt. L. M., W. York. R.
Kerr, Co.-Serjt.-Maj. P., R. Scots.
Kerr, Temp. Capt. R.
Kerr, Lt. R., 5 Bn Arg. & Suth'd Highrs.
Kerr, Capt. R. A., *M.B.*, R.A.M.C. (T.F.)
Kerr, Lt R C., R.F.A. Spec. Res.
Kerr, Lt. R. W., *late* Tank Corps.
Kerr, Maj. T., C'wealth Mil. Forces.
Kerrich, Lt. W. A. FitzG., *D.S.O.*, R.E.
Kerridge, Lt. C. J. N. R.F.A. Spec. Res.
Kerridge, Temp. Lt. S. C. R. Dub. Fus.
Kerruish, Temp. Lt. W. T., Serv. Bns. R.E. Spec. Res.
Kerry Lt. R., 3 Bn. York & Lanc. R.
Ke sey, Lt. A. O., 3 Bn. Shrops. L.I.
Kershaw, 2nd Lt. A. E. P., R.F.A. Spec. Res.
Kershaw, Lt. A. L., R.F.A. Spec. Res.
Kershaw, Lt. C., 7 Bn. Lan. Fus.

†Kershaw, Lt. E., 6 Bn. Notts & Derby R.
Kershaw, Capt. G, G., 6 Bn. Man. R.
Kershaw Capt. G. V., 6 Bn. Manch. R.
Kershaw, Lt. J. L., R.F.A. (T.F.)
Kershaw, Lt. R. N., Aust. Imp. Force
Keslick, Capt. W. H., Can. Local Forces.
Ketcham, Lt. C. J., Can. Fd. Art.
Kett, Lt. G., R.E. (T.F.)
Ketteringham Capt. E., Norf. R. *late* Serv. Bn.
Keville, Temp. Capt. J. B., R.A.
†Kew, Lt. D. *D.C.M., M.M.*, Beif. & Herts. R.
Kewin, Temp. Lt. T, 15 Bn. High. L. I.
Kewley, Bt. Maj. E. R., *D.S.O.* Rif. Brig.
Kettlewell, Lt. F. T., R.A.S.C. (T.F.).
Key, Lt. B. W., 45 Sikhs.
Key, Serjt.-Maj. F. W., R. Fus.
Key, Temp. Lt. T. G., R.A.
Keyes, Maj. J. H., Dep. Commy. of Ord., R A.O.C.
Keys, Lt. H. W., R.F.A. (T.F.)
†Keys, Temp. Maj. P. H., *D.S.O.*, R.E.
†Kezar, Lt. G. L., R.E.
Khalil Effendi Ghahow, Mulazim Awal, Egyptian Army.
Kharak Sing Rana, Subadar, 2 Gurkha Rif.
Kibbey, Lt. F. V. Rif. Brig.
Kibblewhite, Lt. E. H. T., N.Z. Mil. Forces.
Kick, Rev. A. G., Temp. Chapl. to the Forces (4th Class.
Kidd, Co. Serjt.-Maj. A, Cam'n Highrs.
Kidd, Lt. A. A.
Kidd, Lt. A. E., R.F.A. Spec. Res.
Kidd, Maj. G. E., Can. Local Forces.
Kidd, Temp. Capt. G. M., 5 Bn. R. Innis. Fus.
Kidd, Capt. G. P., R.A.M.C.
Kidd, Bt. Maj. J. D., *O.B.E., M.B.*, R.A.M.C.
†Kidd, Temp. Capt.L.M.(G., 6 Bn. E. Kent R.
Kidd, Lt. R. H., ret. pay
Kidd, Lt. W. R., 4 Bn. R. Dub. Fus.
Kiddie, Serjt. - Maj. A., *D.C.M*, M.G. Corps.
Kiddie, Lt. D., 6 Bn. High. L.I.
Kiddle, 2nd Lt. F. W., 6 Bn. K.R. Rif. C.
Kiddle, Lt. J. A. C., Ind. Army Res. of Off.
Kidman, Lt. A. V., R.E. (T.F.)
Kidner, Maj. W. E., R.E.
Kidson, Lt. N. S., 6 Bn. Lond. R.

Kiernan, Temp. Capt. F. M., Serv. Bns. R. Dub. Fus.
Kiggell, Capt. J., R.E.
Kilby, Lt. A. R., R.F.A. Spe. Res.
Killeen, Lt.G.D., *late* 8 Bn Sco. Rif.
Killeen, Lt. O. J. H. P., Lord., 17 Lrs.
Killender, Lt. S. C., 5 Bn. L'pool R.
Killey, Temp. Lt. G. C., Tank Corps.
Killick, Lt. A. H., *D.S.O.*, S. Lan, R.
Killick, Temp. Capt. C. G, Serv Bns. Durh. L.I.
Killick, Lt. R. N., *D.C.M., late* Serv, Bns. R. W. Kent R.
Killkelly, Co.-Serjt.-Maj. H., 10 Bn. K. R. Rif. C.
Kilner, Capt. G., 5 Bn. Suff. R.
Kilner, Lt. H. A., 10 Bn Manch. R.
Kilner, Capt. H. R., R.A.
Kilpatrick,Temp.Lt. J. A., R.E.
Kilpatrick, Lt. J. W., W Ont. Regt.
Kilpin, Lt. T., S. Afr. Def. Force.
Kimber, Lt A E., 2 Bn. Lond. R
Kimber, Temp. Capt. C. F., 10 Bn. Worc. R.
Kimberley, Temp. 2nd Lt. L., Serv. Bns. R. War. R.
Kimm, Lt. A. E., 5 Bn. Hamps. R.
Kimpster, Lt. W. A., 3 Bn. Shrops. L.I.
Kimpton, Capt. C. H. D., *late* Serv. Bns.W. Rid. R.
Kinahan, Maj. B. A. D., *late* R.E.
Kincaid, Lt. H. R., E. Ont. R.
Kincaid-Smith, Capt. M. A., Res. of Off.
Kinchin-Smith, Lt. A. E. 4 Bn. Shrops. L.I.
Kind, Temp. Capt. S. L., 8 Bn. York & Lanc. R.
Kindell,Capt. F. F., *D.S.O.,* 8 Lond. Brig. R.F.A.
Kindersley, Lt. H. K. M., S. Gds., Spec. Res.
†Kindersley, Temp. Capt. J.B., *D.S.O.*, R.F.A. (Lt. R.F.A.)
King, Temp. Lt. A., Serv. Bns. R. Sc. Fus.
King, Capt. A. C., 5 Bn. Arg & Suth'd Highrs.
King, Lt. B. A., 6 Bn. W. York R,
King, Lt. B. E., Norf. R.
King, Capt. C., Can. Fd. Art
King, Lt. C. B., C'wealth Mil. Forces
King, Capt. C. B. R., *late* M.G. Corps.
King, Lt.-Col. C. F., *D.S.O., late* Serv. Bns. Ches. R.
King, Lt. C. G., 11 Bn. Lond. R.

---

† Also awarded Bar to Military Cross.   †† Also awarded 2nd Bar to Military Cross.

Orders of Knighthood, &c.

THE MILITARY CROSS - *contd.*

King, Lt. C. H. D., *D.S.O.*, K.R. Rif. C.
King, Lt. C. N., *R.G.A.* Spec. Res.
King, Lt. C. S., *late R.F.A.*
King, Capt. C. S., R.G.A. (T.F.)
King, Lt D B. A., C'wealth Mil. Forces.
King, Bt. Maj. D. M., *D.S.O.*, L'pool R., *p.s.c.*,
King, Lt. D. T.
King, Lt. E. C., C'wealth Mil. Forces.
King, Temp. Capt. E. E.
King, Lt. E. G., 3 Bn. W. York R.
King, Temp. Capt. E. H.
King, Capt. E. J., Res. of O
King, Temp. Lt. E. J. B., R.G.A.
King, Lt. E. St. A., Ind Army.
King, *Rev.* F. H., Hon Chapl. to the Forces, 3rd Class.
King, Capt. F. L., 3 Bn L'pool R.
King, Capt. G., C'wealth Mil. Forces.
King, Lt. G. A., 7 Bn Midd'x R.
King, Lt. G. R., Leic. R.
King, Capt. G. S., W. Som. Yeo.
†King, Temp. Capt. G. W., *D.S.O.*, R.F.A.
King, Co. Serjt.-Maj. H. R, W. Surr. R.
†King, Lt. H., 3 Bn. Sea. Highrs.
King, Temp. Capt. H. B., 7 Bn. North'n R.
King, Temp. Maj H. F. N. Lan. R
King, Lt. H. J., 1 Bn. Lond. R.
King, Lt. H. J., R A.
King, Lt. H. N., Serv. Bns. N. Lan. R.
King, Temp. Lt. H. N., N. Lan. R. (attd.).
King, Temp. Lt. J., Serv Bns. R. Innis. Fus.
King, Serjt.-Maj. J. B., *D C.M.*, Devon. R.
King, Lt. L. C., Ind Army.
King, *Rev.* M., Temp. Chapl. to the Forces, 4th Class.
†King, Capt. M. B., *M.B.*, R.A.M.C.
††King, Capt. M. H., *D.S.O.*, 4 Bn. W. Rid. R.
King, Lt. N. W., R.E. (T.F.)
King, Temp Lt. P., R.E.
King, 2nd Lt. R. H., 11 Bn. Durh. L.I.
King, Lt. R. S., Ind. Army.
†King, Lt. S. J., R.F.A. Spec. Res.
King, Temp. Lt. T., R.E.
King, 2nd Lt. W. D., R.G.A. Spec. Res.

King, Lt. W. E., 7 Bn. Arg. & Suth'd Highrs.
King, Temp. Capt. W. Henry, Serv. Bns. Glouc. R.
King, Temp. Capt. W. L., late Serv. Bns Midd'x R.
†King, Lt. W. L., S. Afr. Def Forces
King. Lt W. T., R.F.A.
Kingdon, 2nd Lt. F. D., R.F.A. Spec. Res.
Kingham, Lt. A. C., R F,A. Spec. Res
Kingham, Temp. Capt. R. W., Serv. Bns. R. Ir Fus.
Kingscote, Bt. Maj. A. R F., R.G.A.
Kingsford, Temp. Capt. G. N., *D.S.O.*, R E.
Kingsmill, Lt.-Col. A. de P., *D.S.O.*, Res. of Off.
Kingston, Lt. L. B., Can. Local Forces.
Kingston, Temp. Lt. M.L.I.
Kingstone, Capt. J. J., *D.S.O.*, 2 D.G.
Kingwell, Lt. K. F., *late R.F.A.* (T.F.)
Kingwill, Lt. W. L., *late* Norf. R.
†Kininmonth, Temp Lt D., Serv Bns, R. Scots
†Kinkead, Temp. Lt. E. Serv. Bn Bedf.& Herts.R.
Kinkead, Lt. J. J. B., Aust Imp. Force.
Kirk, Serjt.-Maj. J., I.Gds
Kinlay, Maj. D., Qr.-Mr. ret. pay
Kinley, Capt. G. B., ret.
Kinloch, Lt. R. P., R.G.A. Spec R-s,
Kinmond, Capt. R. D., Can. Eng.
Kinnaird, Lt. C. H., Welch R.
Kinnaird 2nd Lt. *Hon.* P C., S. Gds.
Kinnear, *Rev.* J. C., *M.A.*, *late* Chapl. to the Forces (4th Class).
Kinnersley, Lt. F. A., ret. pay
Kinnersley, Lt. N.S, R.F.A. (T.F.)
†Kinnison, Lt. C. H., 9 Bn. Lond. R.
Kino, Temp. Lt. J. J.. R A
Kinred, Temp. Lt. H. C., Serv. Bns. Glouc. R.
Kinred, Temp. Lt. S. W., M.G. Corps.
Kinross, Lt. K. S., R G A Spec. Res
Kinsey, Lt. E. D., *late* R.A.M.C.
Kinsey, Lt. R. G., 3 Bn. High. L.I.
Kinsley, Lt. A. W., North'n R.
Kinsley, Lt. H. R., *late* Serv. Bns. K. R. Rif. C.
Kirby, Temp. Lt. B. B., 12 Bn. Glouc. R.

Kirby, *Hon.* Lt. F. N., *late* Tank Corps.
Kirby, Maj. H. A., *D.S.O.* R.G.A
Kirby, Lt. H. G. R., 9 Bn Midd'x R
Kirby, Capt. H. L., 6 Bn. R. Fus.
Kirby, Temp. Capt. H. McK., R.A.O.C
Kirby, Lt. R., R.F.A. Spec Res.
†Kirby, Capt S. W., R.E.
Kirby, Temp. Capt. W. H., R.E.
Kirby. Lt. W. H., S. Afr. Prote. Force.
Kirk, Lt. A., 4 Bn. W. Rid. R.
Kirk, Lt. A. M., *late* Serv. Bn. Rif. Brig.
Kirk, Capt. C. B., Res. of Off
Kirk, Lt. E. G., R.G.A Spec. Res
Kirk, Temp. Lt. E. S., 9 Bn. Bord. R.
Kirk, Lt. F., *late* Serv. Bns. W York. R.
Kirk, Temp. 2nd Lt. F., Serv Bns. R.W. Fus.
Kirk, Temp. Capt. F. T, Serv. Bns. R, W. Kent R.
Kirk, *Rev.* J., *late* Temp. Chapl. to the Forces, 4th Class.
Kirk, Serjt.-Maj. J., I.Gds
Kirk, Temp. 2nd Lt. J. T., M.G. Corps.
Kirk, Temp. Lt. L., R.G.A.
Kirkaldy. Temp. Lt A. L., Serv. Bns. Midd'x R
Kirkbride, Temp Lt A. S., Labour Corps.
Kirkbride, Lt. T. C., 3 Bn. Ches. R.
Kirkconel, Lt. W. H., R.F.A. (T.F.)
Kirke, Lt. H.W., Aust. Imp. Force.
Kirke, 2nd Lt. W., *M M.*, ret.
Kirkby, Lt. S. A. H., R. Suss R.
Kirkham, Lt. A. A., *late* Serv. Bns Midd'x R
Kirkham, Hon. Capt. G. H., *late* S. Afr. Prote. Force.
Kirkland, Temp. Lt. F. A M.G. Corps.
Kirkland, Capt. W. D., 'wealth Mil. Forces.
Kirkley, Capt. A., *late* 3 Bn. Durh. L.I.
Kirkman, Lt. S. C., R.A.
Kirkpatrick, Maj. C. D., R.A.
Kirkpatrick, Lt. F. P. D.E., 4 Bn. Leins. R.
Kirkpatrick, Maj. R. C., la e R.A.
Kirkpatrick, Temp. Maj R. O Y., R.E.
Kirkup, Temp. Capt. J. G., 25 Bn. North'd Fus.
Kirkup, Temp. Capt. P., *D.S.O.*, 8 Bn. Durh. L.I.

Kirkup, Lt. T. A., R.G.A. Spec. R s.
Kirkwood, Lt. A. McG., 7 Bn. Sco. Rif.
†Kirkwood, Capt. J., 7 Bn. Sco. Rif.
Kirkwood, Maj. N. E. B, C'wealth Mil. Forces.
Kirkwood, Maj. W., *late* 11 Bn. R. Scots.
Kirkwood, Temp. Lt. W.C., R.A.
Kirman, Lt J., C'wealth
†Kirsop, Capt. A., 9 Bn. Arg. & Suth'd hrs.
†Kirsopp, Capt. E. C. B., 10 Bn R. Scots.
Kirton, Lt. G. G., 6 B., Ches. R.
Kirton, Capt. J., *M.B.*, *late* R.A.M.C.
Kirwan, Lt. G. D., R.G.A. Spec. Res.
Kirwood. Lt. S. V., *M.M.*, Aust. Imp. Force.
Kisch, Capt. E. R., 13 Bn. Lond. R.
†Kissane, Lt. J., C'wealth Mil. For es.
Kitchen, Temp Lt D., Serv. Bns. Manch. R.
†Kitchen, Temp. Lt. H. M., M.G. Corps.
Kitchener, 2nd Lt. C. O., R.F.A. Spec. Res.
Kitching, Lt.H., Aust.Imp. Force.
Kite, Lt. A. F., R.A.
Kitson, Capt. *Hon.* R. D., *D.S.O.*, W. York. R.
Kittermaster, *Rev.* D. B., Temp. Chapl to the Forces, 3rd Class.
Kitton, Capt. L. H., *late* Serv. Bns. R. Scots.
Klaiber, Capt. A. J., *late* Serv. Bns. Midd'x R.
Klinger, Capt. L. W., Can. Eng.
Klopper, Lt. H. F., Aust. Imp. Force.
Knapp, Lt. G. A., R.F.A. (T.F.)
Knatchbull, Lt. *Hon.* M. H. R., R.A.
Knight, Capt. A. B., 22 Cav
Knight, Maj. A. E., *D.S.O.*, *M.B., late* R.A.M.C.
Knight, Lt. A. O., 12 Bn. N. Lan. R.
Knight, Temp. Capt. C., 7 Bn Suff. R.
Knight, *Rev.* C. B. H., Temp. Chapl. to the Forces, 3rd Class.
Knight Temp. Lt. C. H., Serv. Bns R. Suss. R.
Knight, Temp. Lt. C. M. Tank Corps.
Knight, Capt. C. W. R., ret.

† Also awarded Bar to Military Cross, †† Also awarded 2nd Bar to Military Cross.

THE MILITARY CROSS—contd.

Knight, Temp. Capt. E. E., R.F.A.
†Knight, Capt. E. F., R.E Spec. Res.
Knight, Temp. Capt. E. H. S., Serv. Bns. R. Fus.
Knight, Temp. 2nd Lt. F., 9 Bn. R. Fus.
Knight, Capt. F. G., 2 D.G., Spec. Res.
Knight, Staff Serjt.-Maj. G., R.A.S.C.
Knight, Temp. 2nd Lt. H., 12 Bn. W. York. R.
Knight, Lt. H., 5 Bn. Bedf. & Herts. R.
Knight, Capt. H. J., ret. pay
Knight, Temp. Lt. J., M.M., M.G. Corps.
Knight, Lt. J. A., Can. Eng
Knight, Batty Serjt.-Maj. J. G., R.A.
Knight, Capt. J. G., Can. Local Forces.
Knight, Temp. Capt. J. N., 10 Bn. Notts & Derby R.
Knight, Co. Serjt.-Maj. L. C., Suff. R.
Knight L. J., late Lt. 5 Bn. S. Staff. R.
Knight, Temp. Lt. R., 12 Bn. Midd'x R.
†Knight, Temp. Lt. R. C., D.S.O.,
Knight, Capt. R. E., R.E Spec. Res.
Knight, Capt. R. G., C'wealth Mil. Forces
Knight, Temp. Lt. R. S., R.A.S.C.
Knight, Qr.-Mr. & Capt. S., R.A.S.C.
Knight, Capt. S. F., Can. Local Forces.
Knight, Lt. S. H., 3 Bn. Som. L.I.
†Knight, Lt.W., 5 Bn. Essex R.
††Knight, Capt. W.J., M.D., R.A.M.C.
††Knight, Lt. W. J., 3 Bn. Lond. R.
†Knight, Capt. W. M., late 11 Bn. R. Innis. Fus.
Knight, Lt. W. T., R.A.
Knight · Coutts, Capt. C. late R.F.A.
Knights, Lt. A. E., M.M., 3 Bn. Norf. R.
Knollys, Lt. A. C., late G. Gds. Spec. Res.
†Knollys, Lt. E., S. Gds Spec. Res.
Knollys, Lt. H. L., S. Gds
Knothe, Capt. H., D.S.O., R.A.S.C. Spec. Res.
Knott, Lt. D. C., late 9 Bn. Hamps. R.
Knott, Capt. F. H., late Serv. Bns. Wilts. R.
Knott, Temp. Maj., R. B., Serv. Bns. Lan. Fus.
Knott, Temp. Capt. W. R., Serv. Bns. York. R.
Knowles, Temp. 2nd Lt. A., R.E.
†Knowles, Maj. B., M.B., late R.A.M.C.
Knowles, Capt. C. R., R.A.M.C. Spec. Res.
Knowles, Capt. F., R.F.A. (T.F.)

Knowles, Lt. G., R.F.A. (T.F.)
†Knowles, Lt. H. N., Aust. Imp. Force.
Knowles, 2nd Lt. H. W. York. R.
Knowles, Temp. Capt. J. A
Knowles, Lt. L. H., 4 Bn. Suff. R.
Knowles, Lt. R. E., R.G.A., Spec. Res.
Knowles, Capt. R. M., 3 Bn. Norf. R.
Knowles, Lt. W., 4 Bn. W. Rid. R
Knowles, Hon. Capt W. P., late Manch. R. (attd.)
Knowles, Temp. Lt. W. S., Ind. Army.
†Knox, Capt. A. C. W., M.B., late R.A.M.C.
Knox, Capt. Lt. D. H., Conn. Rang.
Knox, Bns. R. Lan. R.
Knox, Temp Lt. E. R., R.A.
Knox, Capt. G. E., C'wealth Mil. Forces.
Knox, Maj. J.H., late R.F.A. (T.F.)
†Knox, Hon. Maj. M., late R.F.A. Spec. Res.
Knox, Temp. 2nd Lt. R. K., 19 Bn. R. Ir. Rif.
†Knox, Temp. Lt. T. K. R.E.
Knox, Lt. W., 8 Bn. Arg. & Suth'd Highrs.
Knox, Lt. W. H., 4 Bn. Conn. Rang.
†Knox-Little, Maj.W.L.W., late M.G. Corps.
Knox-Shaw, Capt. T., 3 Bn. York & Lanc. R.
Knuckey, Lt. W. J., C'wealth Mil. Forces.
†Knust, Maj. C. A., late Serv. Bn. R. Fus.
Knyvett,Maj. C, L.,D.S.O., R.F.A.
Koch, Capt. C. N. G., late Serv Bns North'd Fus.
Koch, Capt. H. R., C'wealth Mil. Forces.
†Koehler, Temp. 2nd Lt. A. T., M.G. Corps.
Koekkoek, Temp. Capt. D. R., R.E.
Kohn, Lt. J., C'wealth Mil. Forces.
Komlosy, Rev. F. F., late Temp. Chapl. to the Forces (4th Class).
Koplik, Lt. G. W., 4 Bn. E. York. R.
Kos, Hon. Capt. S. F., late S. Afr. Def. Forces.
Kreis, C pt. F.E., late Serv. Bn. Wilts. R.
Kreitmayer, Capt. K., R.A.S.C. Spec. Res.
Kress, Lt. G. H., 2 Cent. Ont. Regt.
Krohn, Capt. V. R., R.A. Krook, Maj. A. D. C. R. Highrs
Kup, Lt. F. A., Hon. Art. Co.
Kurten, Temp. Lt. J. A., R.A.

Kydd, Capt. D. G., 9 Bn. R. Scots.
Kyle, Lt. A. W. W., Quebec R
Kynaston, Lt. N. E. V., L pool R.
Kynoch, Lt. D. J., 4 Bn. Gord. Highrs
Kynoch Temp. Lt. R., Gord. Highrs
La Barte,Temp,Capt.T. B., R.A.
Labey, Temp. Capt. G. T., R.E.
Labouchere-Sparling, Lt F. F., R.G.A.
Lace, Lt. P.W., 7 Bn. L'pool R.
Lacey, Lt. C. L., C'wealth Mil. Forces.
Lacey, Maj. F. H., late R.E.
Lacey, Lt. G. H., 10 Bn, Lond. R.
Lacey, Lt. K. C. W., R
Lack, Lt. H. R. H., Aust. Imp. Force.
Lacy, Lt. J. Le G.. Camb. R.
Lacy-Hickey, Capt. W. J., M.B., T.F. Res
Ladell, Lt.H.M., late S. Afr Def. Force.
Ladenburg, Temp. Lt. A., 8 Hrs.
Laffan, Lt. P., ret. pay
Lafontaine, Lt. J., Quebec R.
La Fontaine, Temp. Lt S. H., D.S.O.
Lagden, Capt. R. B., 5 Bn. Rif. Brig.
Laidlaw, Lt. A. B. S., R.E (T.F.)
Laidlaw, Temp. 2nd Lt. W Tank Corps.
Laidlaw, Lt. W. H., Can. Local Forces.
Laidman, Temp. Lt. J. H., R.A.
Laine, 2nd Lt. F. de M., 2 Bn. R. Guernsey Mila.
Laine. Temp. Lt. L. H., Serv. Bns. Hamps. R.
Laing, Capt A. C., M.B., late R.A M.C.
Laing, Temp. Lt. B. M. Serv. Bns R Highrs.
Laing, Capt. C. M , North'd Yeo.
Laing, Capt. D. E., late R.E.
Laing, Lt. G., Aust Imp Force
Laing, Temp. Lt. J., Serv Bns. Bord. R.
Laing, Capt. J. B., C'wealth Mil. Forces.
Laing, Temp. Capt. J. M., Serv. Bns. Sco. Rif.
Laing, Co. Serjt.-Maj. J. O. C., 21 Bn. Lond. R.
Laing, Capt. P. A., Can. Eng.

Laing, Maj. R., D.S.O., Sea- Highrs.
Laing, Capt. S. Van B., D.S.O., 76 Punjabis
Laing, Lt. T., R.F.A, Spec. Res.
Laing, Hon. Maj W., late R.A.
Laing, Lt. W F., 7 Bn. Durh. L.I.
†Laird, Capt. A., late Serv. Bn. Glouc. R.
Laird, A. F., M.D., late Temp. Capt., R.A.M.C.
Laird, Temp. Capt A. H. R. M., R.A.S.C.
Laird, Lt. A, M., 17 Bn. Lond. R.
Laird, Lt. A. O., 1 Lond. Divl. R.E.
†Laird. Maj. J. M., late R.A.
Laird. Lt. J. W., R.E.(T.F.)
Laity, Capt. H. M., C'wealth Mil. Forces.
Lake, Lt. H. W., C. Gds.
Lakhi Ram, Subadar, 6 Jat L.I.
Lakin, Temp. Lt. J. T., Serv. Bns York. R.
Lakin, Capt. M. L., D.S.O., 11 Hrs., Spec. Res. (Capt. ret. pay).
Lalor, Lt.-Col. W. J. A., Can. Local Forces.
Laman, Qr.-Mr. & Capt. E. K., M.B.E., S.Wales Bord.
Lamb, Lt. A. H., late Serv. Bns. Lan. Fus.
Lamb, Capt. C. H., C'wealth Mil. Forces.
Lamb, Hon. Lt. C. W., late York. R. (attd.)
Lamb, 2nd Lt. D. J. E., 5 Bn. York. R.
Lamb, Temp. Lt. H. H., Serv. Bns. R. Scots.
Lamb, Capt. H. T., late R.A.M C. Spec. Res.
Lamb,Lt. J., D.C.M.,R.F.A.
Lamb, Temp. Lt. J., 12 Bn. High. L.I.
Lamb, Lt. J. W., Yorks. L.I.
Lamb, Temp. Capt. M. H. M., O.B.E.
Lamb, Temp. Capt. R., Serv Bns. R. Sc. Fus.
Lamb, Capt. R., Quebec R.
†Lamb, Temp. Lt. R. W., M.G. Corps.
Lambart, Lt. E. O. C., T.F. hes.
Lambert, Temp. Lt. A., 5 Bn. North'n R.
Lambert, Temp. Lt. A., Serv. Bns. North'd Fus.
†Lambert, Lt. A. C., R.F.A. (T.F.)
Lambert, Capt. A. C., M.D., late R.A.M C.
Lambert, Maj. A. F., R.A.
†Lambert, Lt. A. S., R.G.A., (T.F.)
Lambert, Temp Lt. A. W., Se v. Bns., North'd Fus.
Lambert, Temp. Lt. F. J, Tank Corps.
Lambert, Temp. Lt. G., R.E.
Lambert,Temp.Capt. G.F., Serv. Bns. E. York. R.

† Also awarded Bar to Military Cross,   †† Also awarded 2nd Bar to Military Cross,

Orders of Knighthood, &c. 381

Lambert, Temp. Capt. H. F., R.A.S.C.
Lambert, Lt. H. F., Hamps. R.
Lambert, Temp. Capt. J. E. H.
Lambert, Temp. Lt. P. J., Labour Corps.
Lambert, Capt. R. S., G. Gds.
Lambert, Lt. W., D.C.M., Aust. Imp. Force.
Lambert, Capt. W. P., 3 Bn. Conn. Rang.
Lamberton, Lt. A. R. 9 Bn' High. L.I.
Lamberton, Lt, J. K.. 5 Bn. Sco Rif.
Lamberton, Capt. J. R., D.S.O., 9 Bn. High. L.I.
Lambeth, Temp. Lt. C., R.A.S.C.
Lambie, Capt. C. G., M.B., late R.A.M.C.
Lambkin, Lt. D. R., 5 Bn. R. Dub. Fus.
Lamble, Capt. R., Aust. Imp. Force.
Lambourne, Lt. A. W.,R.E (T.F.)
Lammie, Lt. G., R. Scots.
Lamming, 2nd Lt. S. D. 3 Bn. Bedf. & Hert': R
Lamond, Lt. J., D.S.O., R. Scots.
Lamond. 2nd Lt. J., R.F.A. Spec. Res.
Lamond, 4th Class Asst. Surg. J. D. M., Ind. Sub. Med. Dept.
Lamont, Temp. Lt. E. W., Serv. Bns. L'pool R.
Lamont, Temp. 2nd Lt. F. Serv. Bns. R. Ir. Rif.
Lamont, Capt. J. N., 9 Bn. Midd'x R.
Lamont, Capt. S. T.
La Mothe, Capt. G. E., Can. Local Forces
Lampard, Lt. F. N. S., late Serv. Bns North'd Fus.
Lampard, Temp. Lt. S. M., R.A.S.C.
†L'Amy, Capt. J. H., Can. Local Forces
Lancaster, Lt. A. K., late 3 Bn. E. Lan. R.
Lancaster, Temp. 2nd Lt. E. J., Serv. Bns. R. Innis. Fus.
Lancaster, 2nd Lt. F. G., W. York R.
Lancaster, Hon. Capt. H., late 20 Bn. L'pool R.
Lancaster, Temp. Lt. H.J., Serv. Bns. N. Lan. R.
Lancaster, Temp. Lt. J. C., M.G. Corps.
Lancaster, Temp. Lt. M. W. H., Serv. Bns.S.Wales Bord.
Lancaster, Lt. P. G., 5 Bn. E. Lan. R.
Lancaster, 2nd Lt. R. T., 5 Bns. R. Fus.
Lancaster, Temp. Capt. T.S., R.E.
Lance, Lt. Du P. P., Home Cos. Divl. Train,R.A.S.C.
Lanceley, Capt. T.
Landale, Capt. C. H., 16 Cav
Landale, Lt. F. B., R.F.A., Spec. Res.

Lander, Temp. Lt. A. J. M., Serv. Bns.Notts.& Derby. R.
Lander, Capt. C. L., D.S.O. M.B. R.A.M.C. (T.F.)
Lander, Capt. T. E., late 3 Bn. High. L.I.
Landon, Capt. A. H. W., O B E, R. Can. R.
Landon, Capt. C., Ind. Tel. Co.
Landon, Capt. G. de L., R.F.A. (L].
Landon, Hon. Capt. P. A., T.F. Res.
Landon, Maj. R. P., R.G.A.
Landon, Temp. Lt. R. W. R E
†Landman, Temp. Lt. T., Serv. Bns. Welch R.
Lane, Lt. A H J., Welch R.
Lane, Temp. 2nd Lt. A N., M.G. Corps.
Lane, Capt. C. R. C., 19 Lrs.
Lane, Capt. C. W. T.,7 D.G.
Lane,1st Class Staff Serjt. Maj. F. E. R.A.S.C.
Lane, Lt. F. O., la e M G. Corps
†Lane. Lt. H.. Som. L.I.
Lane, Capt. H., ret. pay.
†Lane Capt.H.D.,R.A.M.C (T.F.)
Lane, Lt. H. G., 6 Bn. Hamps. R.
†Lane, Lt. H. M., D.C.M., R.F.A. Spec. Res.
Lane, Capt. H. P., R.F.A. (T.F.)
Lane, Capt. H. S., 18 Bn. Lond. R.
Lane, Hon. 2nd Lt. J. H., R.F.A.
Lane,1st Class Staff-Serjt. Maj. J. G., R.A.S.C.
Lane, Maj. J. T. H., Garhwal Rif.
Lane, Lt. J. W. S.. C. Gds. Spec. Res.
Lane, Lt. L. W., R Suss. R.
Lane, Lt. N. M., R.F.A. (T.F.)
†Lane, Maj. P. J., M.B., late R.A.M.C.
†Lane Lt. R. J. I., 6 Bn. S. Staff. R.
Lane, Capt. T. B., Can Local Forces.
Lane, Temp. Lt. W. A., R.A.S.C.
Lane, 2nd Lt. W. G., 10 Bn. Manch. R.
Lane, Serjt.-Maj. W. H., R.H.A.
Lane-Davies, Rev. J. G., Temp. Chapl. to the Forces, 3rd Class
Lane-Fox, Rev. R. J., Temp Chapl. to the Forces,4th Class.
†Lang, Lt. G. M. 7 Bn. High. L.I.
Lang, Temp. Lt. H. B., Serv. Bns. Bedf. & Herts. R.
Lang, Lt. J. E, 3 Bn. R. Berks. R.
Lang, Lt. J. H., Ind. Army.
Lang, Lt J H. G., R.F.A. Spec. Res.

Lang, Lt. J. T., Ind. Army
Lang, Capt. L. E., Ind. Army.
Lang, Capt. N. C., R.G.A
Langbourne, Capt. A. L., C'wealth Mil. Forces
Langdon, Capt. G., late Serv. Bns. Manch. R.
Langdon, Temp. Capt. J. A. T.,Serv.Bns.N.Staff.R.
Langdon, Capu. R. Y., Aust. Imp. Forces
Lange, Lt. S. A., R F A Spec. Res.
Largerbrink, Temp. Lt. R. S. Afr. Def. Force
Langford, Lt. H., R.F.A. Spec. Res.
Langford, Capt. J. A., Can. Eng.
Langford, Capt. V. H. E. 6 Bn. Notts. & Derby. R.
Langham, Lt. J. E. C. 5 Bn. R. Suss. R.
Langham, Temp. Lt. R. W. M., Northern Rhodesia Police
Langhorne, Bt. Lt. - Col A. P. Y., D.S.O., R.G.A. p.s.c.
Langley, Capt. A. G., Anglian Divl. R.E.
†Langley,Lt. C. A., R.E. C'wealth Mil. Forces.
Langley, Capt. F. O., 6 Bn. S. Staff R.
Langley, Lt. G. A., K.R. Rif. C.
Langmaid, Capt. C. W. R., reti pay.
Langmaid, Capt. T. J. R. h.p.
Langman, Capt. H., ret.
Langmead, Temp. Capt. L. G. N.
Langran, Capt. W. H. W. York, R.
Langrish, Qr.-Mr. & Lt. W., Sco. Rif.
Langton, Lt. E. R., E. Ont. R.
Lanham, Lt. C. E., R.F.A. Spec. Res.
Lanham, Lt. F. W.. late Serv. Bns. E. Surr. R.
Lanham, Lt. L. E., R.F.A., Spec. Res.
Lanham, Temp. Lt. L. H., Serv. Bns. N. Lan. R.
Lankester, Capt. F. R. F., R.F.A.
Lanktree, 2nd Lt. L. B. J., late R.F.A. Spec. Res.
Lansdell, Lt. G. J. R., T.F Res.
Lansdown, Hon. Lt. M. H., late 10 Bn. R. W. Surr. R.
Lanyon, Lt. T. S., 3 Bn. Shrops. L.I.
Lapham, Capt. J.D., 10 Bn. R. Scots.
Lapsley, Capt. J. B., M.B., Ind. Med. Serv.
Laracy, Lt. F. P., Aust. Imp. Force.
Lardner - Burke, Temp. Capt. G. D., S. Afr. Def. Force
Lardner-Burke, Capt. H. F., D.S.O., S. Afr. Def. Force.

Large, Capt. S. D., D.S.O., R.A.M.C.
Largen, Maj. W. G., R.F.A. (T.F.)
Larkin, Lt. H.W., Can.Fd. Art.
Larn, Temp. Lt. C. F., M.G Corps.
Larn, Capt. S. C , late 4 Bn. R. Berks R.
Laroque, Temp. Lt. A.L.R., R E.
Larson, Temp. Lt. C. F., Serv. Bns. R.W. Fus.
Larter, Temp. Lt. A. S., Serv. Bns. York. R.
Lascell s, Capt. A. F., Bedf. Yeo.
Lascelles, Bt. Maj. Hon. E O., D.S.O., 5 Bn. Rif. Brig.
Lascelles, Capt. F. W., Suss Yeo.
La-enby, Lt. J. A., R.F.A.
†Lash, Lt. G. H. G., W. Ont. Regt
Laskey, Capt. F. S., 4 Bn Manch. R. (I)
Laslett, Temp. Capt. W. H., M.B., R.A.M.C.
Lashly, Lt. C., R.G A
Last, Lt. C. N., R.G.A. Spec. Res.
Latchford, Capt. E. W., C'wealth Mil. Forces.
Latchford, 2nd Lt. P., ret.
Latham, Lt. A. S., 4 Bn. R. Lanc R.
Latham, Capt. E., R.A.
Latham. Temp. Lt. E. R., Serv. Bns Shrops. L.I.
Latham. Lt. F., 3 Bn. Ches. R.
†Latham, Lt. G.,7 Bn. R.W. Fus.
Latham, Lt. H., Lan. Fus.
Latham, Capt. J., R, Muns. Fus.
Latham, Capt. J. MacD., High. L.I.
Latham, Lt. O. W., R.F.A., Spec. Res.
Latham, Temp. Capt. R., R.A.S.C.
Latham, Temp. Lt. W. T., Serv. Bns. R. War. R.
Lathbury, Temp. Capt. F. H., R.E.
Lathom, Capt. F. W. F., late 6 Bn. Bedf. R.
Lathom-Browne, Bt. Maj. H., R. Fus.
Latimer, Temp. Lt. D. G., M.G. Corps.
†Latimer, Capt. G. B., Can. Eng.
Latimer, Lt. H. R., R.F.A. Spec. Res.
Latimer, Lt. W., R.G.A., Spec. Res.
La Trobe, Lt. C., 8 Bn. Hamps. R.
La Trobe, Temp. Lt, F H., 13 Bn. Glouc. R.
Latter, Capt. J. C., 5 Bn. Lan. Fus.
Latter, Lt. K A., R.F.A.
†Latter,Lt. E., 5 Bn Worc. R.
Lauder, Batt. Serjt-Maj. A., R.F.A.

† Also awarded Bar to Military Cross.

Orders of Knighthood, &c.

THE MILITARY CROSS—*contd.*

Lauder, Lt. A. D., 8 Bn. Sco. Rif.
Lauder, Lt. J. G., 5 Bn. S. Lan. R.
Lauder, Lt. J. J., R.F.A.
†Lauder, Capt. J. La F., D.S.O., R.A.M.C.
Laughland Lt. D.S., R G.A. Spec. Res.
Lauɪhland Lt. J. T., R.F.A. (T.F.)
Laughlin, Capt. A., C'wealth Mil. Forces.
Laughton, Capt. F. E., 4 Bn. Cam'n Highrs.
Laughton, Hon Lt. G. V. W., late 26 Bn North'd Fus.
Laundy, Lt. E. L., Can. Local Forces.
Laurence, Capt. F. H., 6 Bn. Worc. R.
†Laurie, Rev. A. E., Temp. Chapl. to the Forces, 4th Class.
Laurie, Lt. C. J., R.A.
Laurie, Temp. Capt. F. G., Serv. Bns. N. Lan. R.
Laurie, Lt. J., late M.G. Corps
Laurie, 2nd Lt. J., M.M., ret. pay.
Laurie, Capt. J. H., late R.A.V.C.
Lavɪrack, Maj. A. W., late Serv. Bns. R. Fus.
Lavarack, Temp. Capt. E. T., Serv. Bns. Suff. R.
Laverack, Temp. Capt. H. S., Serv. Bns. E. York. R.
Lavelle, Lt. M., 4 Bn. Conn. Rang.
†Lavender, Capt. C. E. W., late 3 Bn. Glouc. R.
Lavender, 2nd Lt. N., 3 Bn. Lond, R.
Laver, Lt. A., C'wealth Mil. Forces.
Laverick, Lt. P. W., R.G.A., Spec. Res.
Laverton, Maj. W. R. C., Res. of Off.
Lavery, Temp. Lt. D., Serv. Bns. Ir. Rif.
Lavery, Lt. J. P., late R.G.A.
Laville, Capt. F. A. J., 16 Rajputs.
Lavis, Lt. G. L., R.F.A. Spec. Res.
Law, Lt. A. N., 4 Bn. North'n R.
Law, Lt. F. B., 5 Bn. L'pool R.
Law, Capt. Hon. H. A., Yorks. L.I.
Law, Capt. H. F. d'A. S., I. Gds.
Law, Rev. J. H. A., Hon. Chapl. to the Forces, 4th Class.
Law, Lt. P. R., Can. Local Forces.
Law, Capt. R. R., Dub. Fus.
†Law, 2nd Lt. R. A. F., Wilts. R.
†Law, Capt. R. O. H., Res. of Off.
Law, Capt. R. W. R., O.B.E.
Law, Lt. W., R.E. (T F.)
Law, Capt. W. R., 7 Bn. Sco. Rif.
Lawden, Lt. G. T., R. Innis. Fus.

Lawden, 2nd Lt. H. T., R. Sc. Fus.
Lawford, Temp. Lt. C. A. S. Staff. R. (attd.)
Lawford, Capt. R. D., late G. Gds. Capt. Spec. Res.
Lawler, Lt. L. L., Can. Fd. 'rt.
Lawless, Temp. Capt. P. H., Serv. Bns Midd'x R.
Lawley, Lt. H. H., ret. pay.
Lawlor, Temp. Capt. J. H., late M.G. Corps.
Lawman, Co.-Serjt.-Maj.J., 24 Bn. R. Fus.
Lawrance, Capt. G. A., C'wealth Mil. Forces.
Lawrance, Capt. J. H. G., late Serv. Bns. R. Berks. R.
Lawrance, Garr.Serjt.-Maj. W. G., Rif. Brig.
Lawrence, Lt. A. E., Shrops. L.I.
Lawrence, Bt. Maj. A. E., K.R. Rif. C.
Lawrence, Capt. A. P., Aust. Imp. Forces.
Lawrence, Lt. C., C'wealth Mil. Forces.
Lawrence, Temp. Lt. C. B., Serv. Bns. R. W. Surr. R.
Lawrence, Bt. Maj. E. L. G., D.S.O. Worc. R.
Lawrence, Lt. F. C., late Serv. Bns. W. Yorks. R.
Lawrence t. F. H., R.F A Spec. Res
Lawrence, Temp. Lt., F N., Serv. Bns. R. War. R.
Lawrence, Lt. G. M., 4 Hrs.
Lawrence, Capt. G. S., M.B., R.A.M.C. Spec. Res.
Lawrence, Capt. H. M., 2 W. ʼan. Brig., R.F.A.
Lawrence, Temp. Capt. I. T., Serv Bns. Welch R.
Lawrence, Lt. J. D., Manch. R.
Lawrence, Co. Serjt.-Maj. J. G., Norf. R.
Lawrence, Capt. P. R. B., C. Gds.
Lawrence, Capt. R. T., 10 Lrs.
Lawrence, Temp. Lt. S., R.F.A.
Lawrence, Temp. 2nd Lt S. R., Serv. Bns. R. W. Kent R.
Lawrence, Lt. T. B., D.S.O., Gord. Highrs.
Lawrence, Temp. Capt. T. R.
Lawrence, Lt. V. A., 4 Bn. N. Lan. R.
Lawrence, Lt. W. B., 4 Bn. E. Kent R.
Lawrie, F. W. K, M.B, late Temp Capt. R.A.M C.
Lawrie, Lt. G. V., 6 Bn. Sco. Rif.
Lawrie, Capt. J. W., late R.E.
†Lawrie, Capt. M. B., late S. Afr. Overseas Force
Lawrie 2nd Lt. R. 5 Bn. Arg & Suth'd Highrs.
Lawrie, Lt. T. A., Aust. Imp. Forces.
Lawry, Lt. L. G., Aust. Imp. Force.

†Laws, Lt. J., 21 Bn. Lond. R.
Laws, Capt. M. E. S., R.G.A.
Lawson, Lt. A., Can, Local Forces.
Lawson, Capt. A. B., late Serv. Bns. K.O. Sco. Bord.
Lawson, Maj. A. G., Can Local Forces.
Lawson, Capt. E. A. C., R.F.A. (T.F.)
Lawson, Lt. E. C., Midd'x R.
Lawson, Capt. E F., D.S.O., Bucks. Yeo.
Lawson, Temp. Lt. F. Serv. Bns R Berks. R.
Laws n, Temp. Capt. G., Serv. Bns. R. Sc. Fus.
Lawson, Co. Serjt.-Maj. G., Can. Local Forces.
Lawson, Lt. G M., 4 Bn Leic. R.
Lawson, Lt. H. B., 13 Bn. Lond R.
Lawson, Capt. J. I., M.B. R.A.M.C., Spec. Res.
Lawson, Capt. J. P., late Serv. Bns. W. York. R.
Lawson, 2nd Lt. J. S., 3 Bn. L'pool. R.
Lawson, Lt. L. D., Sask. Regt.
Lawson, Temp. Capt. L. H., D.S.O., Serv. Bns. W York. R.
Lawson, Lt. O. J., Aust Imp. Forces.
Lawson, Capt. R., M.B., R.A.M.C. (T.F.)
Lawson, Capt. R. W., 6 Bn. High. L.I.
Lawson, Capt. T. R., T.F. Res.
Lawson, Maj. W. C., Can. Local Forces.
Lawson, Lt. W. G., Can. Eng.
Lawson-Hill, Temp. Lt. J., S. Afr. Def. Forces.
Lawson-Jones, Temp. Capt. H., Serv. Bns. Welch R.
Lawton, Lt. C., 7 Bn. W Rid. R.
Lawton, Temp. Lt. L., D.C.M., M.M., Serv. Bns Yorks L.I.
Lawton-Goodman, Temp. 2nd Lt. W. B., R.A.S.C.
Lay, Capt. C. W., Aust Imp. Force.
Lay, Batt. Serjt.-Maj. F. C., R.A.
Lay, Temp. Lt. J. H., R.E.
Layard, Capt C. P. J., R.G.A.
Laycock, Temp. Capt. C., R.E.
Laycock, Temp. Capt. G F., R.E.
Laycock, Temp. Lt. H. C., Serv. Bns. E. Lan. R.
Laycock, Temp. Lt. H. F., R.G.A. Spec. Res.
Laycock, Temp. Capt. J., R E.
Laycock, Temp. Maj. T. S., R.E.
Layfield, Temp. Lt. A.
Layfield, Temp. Lt. J., Serv. Bns. R. W. Fus.

Layland-Barratt, Lt. F. H. G., 4 Gds.
Layman, Temp. Lt. E. H. C., R.E.
Layman, Lt. F. H., late Serv. Bns. R. War. R.
Layne, Lt. G. F., R.F.A. (T.F.)
Layng, Capt. T. M., 10 Jats.
Layte, Capt. R. R., Can. Local Forces.
Layton, Temp. Lt. A. D., Serv. Bns. E. Lan. R.
Layton, Temp. Lt. D. H., Serv. Bn . E. York R. Brig.
Layton, Lt. H. R., Rlf. Art.
Maj S. T., Can.
Layton-Smith, Lt. L., Aust. Imp. Force.
Lazvell, Temp. Lt. A., D.C.M., R.E.
Layzell, Capt. S. C., ret.

Lea, Maj. E. I., T.D. 5 Bn. R. War. R.
†Lea, Temp. Lt. J. A., 9 Bn. R. Fus.
Lea, Lt. P. L. Z., R.F.A. (T.F.)
Leach, Temp. 2nd Lt. A., Brit. W.I.R.
Leach, 2nd Lt. F., R.G.A., Spec. Res.
Leach, Temp. 2nd Lt. G. S., Serv. Bns. Durh. L.I.
Leach, Temp. Capt. G. S., 12 Bn. Yorks. L.I.
Leach, Lt. J. O., ret. pay.
†Leach. Lt. M. T., 7 Bn. L'pool R.
Leach, Lt. P. H., R.F.A. (T.F.)
Leach, Capt. R. B., W. York. R.
Leach, Maj. R. C., Res. of Off.
Leach, Maj. R. J., Can. Local Forces.
Leach, Capt., R. S., R.F.A.
Leach, Lt. T. S., 3 Bn. Hamps. R.
Leach, Temp. Lt. W., Serv. Bns R. Berks. R.
Leacroft, Lt. G. C. R., Notts. & Derby R.
Lead, Maj. W., late R.A.
Leadbetter, Capt. J. G. G., Lanark Yeo.
Leader, Lt. E. G., R.E. (T.F.)
Leader, Lt. W. K. M., D. of Corn. L I.
Leadlav. Capt. E. O., Can. A S.C.
Leadley, Temp. Capt. D. G., Serv. Bns. R. Fus.
Leahy, Capt. J. D., 4 Ba R. Ir. Fus.
Leahy, Lt. J. H. E. J., R.A.
Leahy, Temp. Lt. T. C., Serv. Bns. R. Ir. Fus
Leahy, Capt. T. J., D.S.O., R. Dub. Fus.
Leahy, Temp. Lt. W. J., R.E.
Leake, Temp. Lt. A. B.

† Also awarded Bar to Military Cross.

Orders of Knighthood, &c.

THE MILITARY CROSS—contd.

Leake, Temp. Maj. C. L., O.B.E.
Leake, Lt. E. G., 7 Bn Manch. R.
Leake, Capt. H. J., R.H.A. (T.F.)
Leake, Lt. K. H. ret. pay.
Leake, Lt. R, S, 7 Bn Worc. R.
Leane, Lt. G. P., C'wealth Mil Forces.
Leane, Lt.-Col. R.L., C.M.G., D.S.O., C'wealth Mil. Forces.
Leane, Temp. Capt W. B. R.E.
Leapman, Lt. L C., 6 Bn. Lond. R.
Lear, Lt. F. J., R.F.A. Spec. Res.
Leary, Temp. Lt. C. G., 11 Bn R. Scots.
Leary, 2nd Lt. L. P., R.F.A. Spec. Res.
Leask, Capt. J. A. G., 3 Bn. R. Lanc. R.
†Leask, Lt. K. M. St. C.G., Devon. R.
†Leatham, Temp. Maj. C. B., Serv Bns. Yorks. L.I.
Leatham, Temp. Capt. C.G. R.F.A.
Leathart, Lt. A. H., R.F.A. (T.F.)
Leathart, Maj. J. G., 6 Bn. North'd Fus.
Leatham, Lt. G. J., Midd'x R.
Leather, Capt. E. R., Can. Local Forces.
Leathlean, Temp. Lt. B. Serv. Bn. R. Lanc R.
Leathley, Lt. F., R. Innis. Fus.
Leavens, Co. Serjt.-Maj. F. C., R. Suss. R.
Leavar, Temp. Capt H.G., 17 Bn. Lan. Fus.
Leavey. Temp. 2nd Lt F W., M.M., R E.
Leavitt, Maj. A., Can. Local Forces.
Le Bas, Lt. H. A., 1 Bn. R. Guernsey Mila.
Le Blanc-Smith, Temp. Capt. T. E., R.F.A.
LeBreton, Capt. F.H., R.A. Fus.
Le Brun, Lt. G. S., 3 Bn. Glouc. R.
Leck, Capt. D. H., 3 Bn. Bord. R.
Leckie, Lt. W. H., late 3 Bn. L'pool R.
†Le Clair, Temp. Capt. C. M., Tank Corps.
Le Cornu, Capt. C. J. S., 56 Rif.
Le Cornu, Lt. R. B., R.A.S.C.
Lederer, Hon. Maj.P.G.A., late 9 Bn. L'pool R.
Ledgard, Temp. Capt G, D.S.O., R E.
Ledgard, Lt. W. H., 4 Bn. Hamps. R.
Ledger, Temp. Lt. R. H., Tank Corps.
Ledger, Co. Serjt.-Maj. W. H., Yorks. L.I.
Ledgerton, 2nd Lt C. B. C N. 1 Bn., Lond. R.
Ledingham, Maj. G., A.M.Inst.C.E., High. Divl. T.F. Res.

†Ledingham, Lt. R. J. W., R.F.A. (T.F.)
Ledlie, Temp. 2nd Lt. E R., 6 Bn R. Ir. Rif.
Ledlie, Lt. J. C. St. J., 3 Bn R. Dub Fus.
Ledward, Lt. P. A., 9 Bn. Hamps. R.
Lee, Capt. A. F., M.D., R.A.M.C. (T.F.)
Lee, Temp. Maj. A.G., R.E Res.
Lee, Lt. A. G., R.F.A Spec Res.
†Lee, Temp. Lt. A. H., Serv Bns. R. Fus.
Lee, Lt. A. H., 5 Bn. Welch R.
Lee. Lt. A. H., R.E. (T.F.)
Lee, Temp. 2nd Lt. A. V., R.A.S.C.
Lee, 2nd Lt A. W., S. Staff. R.
Lee, Co. Serjt -Maj. A. W., E. Lan. R.
Lee, Temp. Capt. C. H., 24 Bn Manch. R.
†Lee, Lt. C. H., D.S.O., 3 Bn. Gord. Highrs.
Lee, Lt. F. L., R.F.A.
Lee, Maj. G., D.S.O., Kent R.
Lee, Serjt.-Maj G., D.C.M., North'n R.
Lee, Lt G., 5 Bn. N.Lan.R.
Lee, Temp 2nd Lt. G. H., M.G. Corps.
Lee, Capt. G. M., D.S.O., ret. pay.
Lee, Maj. H. B., D.S.O., Spec. Res.
Lee, Maj. H. B., D.S.O., C'wealth Mil. Forces.
†Lee, Capt. H E., late Serv. Bns. W. York. R.
Lee, Lt. H. T. G., E. Ont. Regt,
Lee, Capt. I. C. C., 4 Bn. R. Mun. Fus.
Lee, J., late Lt. R.F.A.
Lee, Maj. J. E., D.S.O., C'wealth Mil. Forces.
Lee, Capt. J. G., M.B., late R.A.M.C.
Lee, Lt. J. H., 4 Bn York. R.
Lee, Capt. J. L., 6 Bn. Lan. Fus.
Lee, Lt. J.V., late R.E.Kent Yeo.
Lee, Capt. K. J., R.E.
Lee, Co. Serjt.-Maj. L., 6 Bn. Oxf & Bucks. L I.
Lee, Lt. L. G., late Serv. Bns. York R.
Lee, Capt. N., 4 Bn. Yorks. L.I.
Lee, Rev. R. E., Ind Eccl. Estabt.
†Lee, Capt. R. T., R.F.A.
Lee, 2nd Lt R. W., 4 Bn. Essex R.
Lee, Temp. Lt. S., Serv Bns. L'pool R.
Lee, Lt. T., R F.A. (T.F.)
Lee, Temp. Capt. T. D., S. Lanc. R.
Lee, Co. Serjt.-Maj. W., 4 Bn. W. Rid. R.
Leech, Temp. 2nd Lt. S. F., Serv. Bns. Ches. R.
†Leedman, Capt. C. H., C'wealth Mil. Forces.
Leefe, Maj. J. B., ret. pay.

Leeke, Capt. J. A., late Serv. Bns. Norf. R.
Leeman, Capt P. G., M.B., late R.A.M.C.
Leeming, Capt. C. V., N.Z. Mil. Forces.
Leeming, Temp. Capt. H., Serv Bns. Suff. R.
Leeming, Capt. K. I. F., late 4 Bn. Lan. Fus.
Lee-Norman, Temp. Capt. F. T., R.E.
Lees, Capt. A. A., late R.A.M.C.
Lees, Capt. B. P. T., Dorset Yeo.
Lees, Maj. F. C., late R.A.M.C.
Lees, Maj. G, H., ret.
Lees, Lt. G. M., R.G.A.
Lees, Temp. Capt. H. B., R.E.
†Lees. Lt. H. D., Bord. R. Spec. Res.
Lees. Capt. Sir J. V. E., Bt., D.S.O., K.R. Rif. C.
Lees, Lt. R.C., R F.A (T.F.)
Lees, Capt. R. V., late Serv. Bns North'n Fus.
Leeson, Capt. H., R.A.M.C.
Leeson, Capt. L. K., R.G.A.
Leet'h, Temp. 2nd Lt. S, M.G. Corps.
Leete, Lt. J. S., Can. Eng.
Lee Warner, Maj. H. G., D.S.O., R.F.A.
Le Fanu, apt. R., Leic.R.[l]
†Lefeaux, Lt. H. T., R.F.A. Spec. Res.
Lefebre Temp. Lt. G. P., 9 Bn. North'd Fus.
Lefebvre, Maj. M., Can Local Forces.
Lefevre, Lt. F. E., 5 Bn. Linc. R.
LeFevre, Lt. L. J., Aust. Imp. Force.
Le Fleming, Capt. R. E, 107 Grenadiers
Lefroy, Capt. A. L. B., late R.A.S.C.
Lefroy, Lt. H. C., late R.A.
Lefroy, Maj. H.P.T., D.S.O., R.E.
Legare, Temp. Capt. C., Bn. Line B.
LeGassick, Lt. F. N., R.A.
Leggetter, Lt. P. C., 4 Bn. R. Berk R.
Legg, Capt. P. P., Wilts. R.
Le Gallais, A. G. L'E., R F C. Fus.
Leggat, Capt. W., Can. Fd Art.
Leggat, Lt. W. K., 6 Bn. Gord. Highrs.
†Leggatt, Lt. E. W., Res of Off.
†Leggate, Rev. H., Temp. Chapl. to the Forces, 4th Class.
Legge, Capt. G. B., late R.F.A. Spec. Res.
Legge, Lt. J. D., C. Gds. Spec. Res.
†Legge, Maj. J. H., M.B., late R.A.M.C.
Legge, Maj. R. G., D.S.O., C'wealth Mil. Forces.
Legh, Temp. Lt. A. H., Serv. Bns. Ches. R.
Legh, Maj. F.B., O.B.E., R.E.

Leghorn, Temp. 2nd Lt. W. E G., 9 Bn. Rif. Brig.
Le Good, Lt. E. C., late R.G A. Spec. Res.
Legros, Rev. E., Hon. Chapl. to the Forces (4th Class).
Leheap, Lt. E. P., 4 Bn Essex R.
Lehmann, Capt. H. M. T., ret. pay.
Leigh, Capt J A., R A.
Leigh, Lt. J. W. D., late N. Cyclist Bn.
Leigh, Capt. R.H., R.A.M.C.
Leigh-Clare, Lt. H. J. L., Ind. Army Res. of Off.
Leigh-Pemberton, Lt.R.D., Res. of Off.
Leighton, Capt. A F., late R.F.A. Spec. Res.
Leighton, Temp. Capt. A.L., Serv. Bns. K.R. Rif. C.
Leighton, Temp. Lt. F. M., Serv. Bns. Welch R
Leighton, Lt. G. A., late S. Afr. Overseas Forces
†Leighton. Capt. J. G., Man. Regt.
Leighton, Rev. W., Temp. Chaplain to the Forces (3rd Class).
Leshman, Lt. G. A. B., R.F.A.
Leishman, Lt. W. H., Can. Fd. Art.
Laltch, Temp. Lt. D. B., R.A.M.C.
Leith, Capt. E. M., 5 Bn. High. L.I.
Leith, Capt. F.A., C'wealth Mil. Forces.
Leith, Lt. G. E.G., R.F.A. Spec. Res.
Leith, Temp. Lt. G. H., M.G. Corps.
Leith, 2nd Lt. J. L., 9 Bn Hamps R.
Leith, Lt. J. W. T., 8 Bn. Gord. Highrs.
Leith-Ross, Maj. W., 55 Rif.
le Lievre, Temp 2nd Lt. P. D., M.G. Corps.
Le Mai-tre, Batty. Serjt.-Maj., R.F.A.
Le Maitre Hon.2nd Lt.A.S., late 7 Bn. R. Highrs.
Leman, Lt. C. M., D.F.C., R G., (T.F.)
Lemarchand, Lt. H., 9 Lrs. Spec. Res.
Le May, Temp. Lt. D. G., Serv Bns. Bord. R.
Le Mesurler, Temp. Capt. R. F. A., Serv. Bns. Ches. R.
Le Mesurier, Lt. J. F. R., Lan. Fus.
Lemon, Temp. Capt E. C., R.E.
Lenantom, Temp. 2nd Lt. H. A., M.G. Corps.
Lenard, Temp. Lt. F. P., Tank Corps.
†Lendrum, Lt. A. C., 3 Bn. R. Innls. F s.
Lenham, Lt. E. O., late R.F.A. Spec. Res.
Lennane, Capt. G. Q., F.R.C.S.I., 2 Lond. San. Co., R.A.M.C.

† Also awarded Bar to Military Cross.

THE MILITARY CROSS—contd.

Lennard, Temp. Lt. E. S., Tank Corps.
Lennard, Temp. 2nd Lt. W. E., Serv. Bns. Durh. L.I.
Lennon, Lt. J., *D.C.M., M.M*, R. Ir. Fus.
Lennon, Lt. J. A., *D.S.O.*, 3 Bn. W. Rid. R.
Lennox Lt H. H., R.F.A. Spec. Res.
Lenton, Temp. Lt. F. J., R.E.
Lenton, Capt. W., *late* R.A.V.C.
Leonard, Lt. H. B., N.Lan. R.
†Leonard, Capt. H. V., *late* Serv. Bns. Ches. R.
Leonard, *Rev.* W. W., Temp. Chapl. to the Forces, 4th Class.
Le Patourel, 2nd Lt. E. C., Res. of Off., Ind. Army.
Le Pavoux, Lt. F. V., K.R Rif. C.
le Peer Trench, Lt. *Hon.* R. C. B., Linc. Yeo.
Le Pla, Temp. Lt. F. G. R., S. Afr. Def. Force.
Leppan Lt. H. D., 17 Bn. K.R. Rif. C.
Lepper, Maj. E. F., *1 t* Serv. Bn. R. Ir. Rif.
Lepper, Temp. Capt. H. C. R.A.S.C.
Le Rossignol, Temp. Capt. A. S.
†Le Rougetel, Lt. J H., 3 Bn. North'n R.
††Lescher, Capt. F. G. R.A.M.C, Spec. Res
Lesley, Temp. Capt. J. W. Serv. Bns. K.R. Rif. C.
Leslie, Lt. A. A., R.F.A (T.F.)
Leslie, Capt. D., *lat* R.A.O.C.
Leslie, Temp. 2nd Lt. F. Wilts. R.
Leslie, Capt. H. W. E. Herts. Yeo.
Leslie, Maj. J., *D.S.O*, Res. of Off.
Leslie, Temp. Lt. J., Serv Bns. Gord. Highrs.
Leslie, Lt. J. D., 6 Bn Gord. Highrs.
Leslie, 2nd Lt. J. R., 6 Bn R. Highrs.
Leslie, Capt. J. T., R Berks R.
Leslie, Temp. Capt. O. E H., R.A.
Leslie, Capt. R. B., Linc. R.
Leslie, Temp. Capt. W., *M.B.*, R.A.M.C.
†Leslie, Lt. W. A.A., S. Gds
Leslie, Lt. W. S., 9 Bn. R Scots.
†Leslie-Smith, Capt. J. L., Bord. R.
†Lester, Lt. H. W., 3 Bn W. Rid. R.
Lester - Garland, Capt. A. G., Ind. Army.

L'Estrange, Lt. H. H., R. Suss. R. Spec. Res.
L'Estrange-Fawcett, Temp. Maj. A. W., M.G. Corps.
Le Sueur, Capt. N. L., Quebec R.
Letham, Capt. W. A., *M.B.*, R.A.M.C. Spec. Res.
Lethbridge, Lt. J S., R.E.
Lethbridge, Temp. Lt. W. M., Gds. Mach. Gun Regt.
Letherby, Temp. Lt. A. F., Serv Bns. R. Fus.
Letherby, Temp. Capt. H. M.. R.E.
Letson, Lt. H. F. G., Can. Local Forces.
Lett, Capt. S., Sask. Regt.
Letten, Capt. F. S., 5 Bn. Linc. R.
Letters, Capt. R., Cam'n Highrs.
†Letts, Lt. K. P., R.F.A.
Levetts-Marke, Lt. P. L. Res. of Off.
Lever, Temp. Lt. T., Serv. Bns. L'pool R.
†Leversha, Lt. R. J., W. Som. Yeo.
Leveson, Lt. W. E., R.G.A. Spec. Res.
Leverton, Lt. L. S., 5 Bn. D. of Corn. L.I.
Levestey, 2nd Lt. A., 3 Bn N Lan. R
Levey, Lt. H. B. L, 18 Bn. Lond. R.
Levines. Lt. W., Ches. R.
Levinkind 2nd Lt. D. H. *late* R.E.
Levinson, 2nd Lt. L. F., 5 D.G.
††Levis, Maj. J. S., *M.B.*, *late* R.A.M.C.
Levy, Lt. J., 12 Bn. R. Fus.
Levy, Lt. R. P., 8 Bn. Midd'x R.
Lewell, Lt. E., *late* S. Afr. Overseas Forces.
Lewer, 2nd Lt. E., N.Z. Mil Force.
†Lewes, Temp. Maj D., Serv Bns Notts. & Derby. R.
Lewin, Co. Serjt.-Maj. C., 19 Bn. L'pool R.
Lewin, Lt. C. J., *late* 4 Bn Som. L.I.
Lewin, Temp. 2nd Lt. D.M. Serv. Bns. R. Berks. R.
Lewin, Capt. E H., Qr.-Mr. 8 Bn. Midd'x R.
Lewin, Lt. G. F. A., 3 Bn Suff. R.
Lewis, Temp. Capt. A. A., 7 Bn. Glouc. R.
Lewis, 2nd Lt. A. E., R.F.A Spec. Res
Lewis, Capt. A. G, *late* R.F.A.
†Lewis. Temp. 2nd Lt. A. H. T.. Serv Bns. R. Berks. R.
Lewis, Co. Serjt.-Maj. A. J., R.E.
Lewis, Temp. Lt. C. A., R.F.A. Spec. Res.

Lewis, Temp. Capt. C. G., Serv. Bns. We'ch R.
Lewis, Capt. C. H., *late* R.F.A.
Lewis, Lt. D. 3 Bn Lond. R.
Lewis, Temp. Maj. D., *D.S.O.*, York & Lanc. R. (attd.)
†Lewis, Temp. Lt. D. A., M.G. Corps.
Lewis, Temp. Lt. D. G.
Lewis, Lt. F, *D.C.M.*, Sco Rif.
Lewis, Lt. F. A., 5 Bn Welch R.
Lewis, Capt. F. W., *late* R.A.O.C.
Lewis, Capt. F. W., 15 Bn Lond. R.
Lewis, Lt. F. W., R F.A Spec. Res.
Lewis, Temp. Capt. G. C., Tank Corps.
Lewis, Temp. Lt. G. F. 9 Bn. R.W. Fus.
Lewis, Lt. G. H., *late* Serv. Bns. North'd Fus.
Lewis, Lt. H., *late* Serv Bn. Lan. Fus.
Lewis, Capt. H. E C, T F. Res.
†Lewis, Temp. Capt. H. S. Tank Corps.
†Lewis, Capt. H.V., *D.S.O.* 129 Baluchis
Lewis, Capt. J. A.
Lewis, Lt. J. C. M., 4 Bn. R.W. Fus.
Lewis, Lt. J. F. A., Pembroke Yeo.
L'wis, Temp 2nd Lt. J. H., Serv. Bns. We'ch R.
†Lewis, Capt. J. W., *late* Serv. Bns. Lan. Fus.
Lewis, Lt. K. F. McK., R.A M.G. Corps.
Lewis, Lt. L. E., *la'e* M.G. Corps.
Lewis, Temp. Maj. L. H., *D.S.O.*, E. Lan. R.
Lewis, Temp. Maj. M. Imp. Force.
Lewis, Temp. Capt. M. M S. Wales Bord.
Lewis, Temp. Lt. M. O. Serv. Bns. R. Fus.
†Lewis, Temp. Maj. N. A., *D.S.O.*, 23 R. Fus.
Lews, Temp. Lt. P. E. Serv Bn R. Fus.
Lewis, Maj. P. B., *late* 14 Bn. R. Ir. Rif.
Lewis, Lt. P. T., R.F.A. Spec. Res.
Lewis, Capt. R. W., W Gds
Lewis, Lt. R. M. H. R.E.
Lewis, Lt. S. H., *lat* R.F.A Spec. Res.
Lewis, Temp. Lt. T. C. S. A. Cyclist Corps.
Lewis, Lt. V. A., R.G.A Spec. Res.
Lewis, Capt V. G., *lateS*erv Bn. Hamps. R. (*Capt. S. Afr. Def Forces*).
Lewis, Lt. V. M., Welch R
'ewis, Temp. Maj.W., 8 Bn. Glouc. R.

Lewis, Lt. W., 23 Bn. Lond. R.
†Lewis, Lt. W. A., R.F.A. Spec. Res.
Lewis, Maj. W. H., *D.S.O.*, R.G.A.
Lewis-Barned, Lt. De S.H., R.W. Kent R.
Lewthwaite, Temp. Lt. W., M.G. Corps.
Ley, Temp. Lt. C. E., R.E.
Leycester, Capt. R., 3 Bn Dorset. R.
Leyfield, Lt. R., Res. of Off.
Leyson, Lt. V. P., 3 Bn. S. Lan R.
Liddell, Lt. A., Durh. L.I.
Liddell, Temp. Lt. C. F. J., Serv. Bns. K.R. Rif. C.
Liddell, Temp. Lt. D. E, R.F.A.
†Liddell, Temp. Capt. F. H. Liddell, Temp. Lt. G. M., R.A.
Liddell, Lt. G. O., R.F.A. Spec. Res.
Liddell, Capt. H., *D.S.O.*, 7 Bn. North'd Fus.
Liddell, L*t*. R. H. R., R.F.A. Spec. Res.
Lidderdale. F. J., *M.R., late* Temp Capt. R.A.M.C.
Lidderda'e. Lt. W D, Dorset, Yeo.
Liddiard, Lt. M. L, *late* Gen. List
Liddle, Lt. R. J., 4 Bn. Sco. R.f.
Lidguard. Lt. C W., R.G.A. Spec. Res.
Lidiard. Capt. A S., *late* 3 Bn Manch. R.
Lidiard Lt. B. S., 3 Bn. Manch. R.
Lidiard, Capt. H. S., 3 Bn. Lond. R.
Lidstone, Lt. C. H., *late* R.F.A Spec. Res.
Liebert, Capt. W. B , 14 Bn. Lond. R.
Light, Temp. Lt. F., 4 Bn S. Wales Bord.
Light, Temp. Capt. P., Serv. Bns. Ches. R.
Lightbody, Lt. E, C, R E. (T.F.)
Lightbody, Lt. G. S., Aust. Imp. Force.
Lightbody, Lt. J. H., R.F.A. Spec. Res.
Lightfoot, Lt. A., 1 E. Lan. Brig., R.F.A
Ligh'foot, Lt. A. C., 4 Bn. Notts. & Derby. R.
Lightfoot, Temp. Maj. B., R.E.
Lightfoot, Regtl.Serjt.-Maj. W., Bord. R.
Lightstone, Capt.H., *D.S.O.*, R.A.M.C. (T.F.)
Liles, Temp. Lt. R. W., Tank Corps.
Liley, Capt. J. A., *late* R.A.M.C.
Lilford, Capt. A. G. R., Aust. Imp. Force
Lilley, Temp. 2nd Lt. A. A., Serv. Bns. E. Kent R.

† Also awarded Bar to Military Cross.
†† Also awarded 2nd Bar to Military Cross.

Orders of Knighthood, &c.

THE MILITARY CROSS—contd.

Lilly. Bt. Maj. A. N. I., 7 Rajputs.
Lilly, Capt. G. A., late R.A.M.C.
Lilley, Lt. J. H., C'wealth Mil. Forces.
Lilley, Temp. Capt. S. F., Serv.Bns.Notts. & Derby. R.
Lilwall, Lt.A , late R.E.
Lima, Lt. T. G. A., 3 Bn Welch R.
Limmer, Co. Sergt.-Mat. T. W., *M.M.*, 6 Bn. W.Rid.R.
Lincoln, Lt. J. W. *A.M.I.C.E.*, R.E. (T.F.)
Lincoln, Temp. Maj. P. L. *D.S.O.*, 10 Bn. North'd Fus.
Lind, Temp. Capt. W. P.
Lindeman, Temp. Capt. S. J. L., R.A.M.C.
Lindesay, Temp. Capt. J. H. C., A. Cyclist Corps.
Lindley, Lt. A. C., 7 Bn Ess x R.
Lindley, Capt. F. R., Gen. List, ret.
Lindley, Hon. Lt. G., late 8 Bn. E. Kent R.
Lindley, Temp. Capt. J. C, 6 Bn. S. Lan. R.
Lindley, Temp. Lt. W. M. R.E.(Lt. Northern Signal Co., R.E.)
Lindon, Lt. J. H., C'wealth Mil. Forces.
Lindop, Lt. B., 7 Bn. Ches. R.
†Lindop, Lt. K.J. H., 3 Bn Shrops. L.I.
Lindop, Hon. Capt. W. T., Qr.-Mr. 12 Bn. Lond. R..
Lindquist, Lt. W. H. H. Ind. Army
Lindrop, 2nd Lt. A. H. E. Res. of Off. Ind. Army.
Lindsay,Temp. Capt. A.E., R.A.S.C.
Lindsay, Lt. A. S., *M.B.E.*, Fife and Forfar. Yeo.
Lindsay, Temp. 2nd Ln. A W., Serv. Bns. Shrops. L.I.
Lindsay, Capt. C. C., late R.E.
Lindsay, Capt. D., Sea. Highrs.
Lindsay, Temp. Maj. D. 15 Bn. Lan. Fus.
Lind ay, Lt. D., 7 Bn Worc R.
Lindsay, Temp. Lt. D. C., 22 Bn. North'd Fus.
Lindsay, Lt D. S., late M.G Corps
†Lindsay, G. E., *M.B.E.,late* Temp. Capt. R.A.M.C.
Lindsay, Hon. Lt. G. P., late Bord. R.
Lindsay, Serjt.-Maj. H., C'wealth Mil. Forces.
Lindsay, Lt. J., 6 Bn R. Highrs.
Lindsay, Temp. Lt. J.
Lindsay. Temp 2nd Lt. J., Serv B..s. R Lanc R.
†Lindsay, 2nd Lt. J. C., 6 Bn. Midd'x R.

Lindsay, Lt. J. V., Q.O.R. G a·gow Yeo.
Lindsay, Temp. Capt. *Hon.* L, 16 Bn. K. R. Rif. C.
Lindsay, Capt. P., *O.B.E* late R G.A.
Lindsay, Lt. R. G., 7 Bn. Gord. Highrs.
Lindsay, Capt. R. S. 9 Bn. R. Scots.
Lindsay, Capt. W. C. S., 9 Bn. R. Scots.
indsay, Capt. W. F., Aust. Imp. Force
Lin say, Temp. Capt. W. H., 9 Bn. E. Surr. R.
Lindsay-Forbes, Lt. W. J., R.F.A. (T F.)
†Lindsell, Capt. G. C. H., Brit. Columbia R.
Lindsell, Lt. J., N Lan. R.
Lindsell, Maj. W. G., *D.S.O.*, *O.B.E.*, *R.G.A.*, *p.s.c.*
Lindsey-Brabazon, Capt R. C, 6 Bn. Welch R.
Lindsey-Renton,Capt. L.S. 14 Bn. Lond. R.
Lindsley, Lt. H. W., R.F.A (T.F.)
Line, Lt. G. E. A., 8 Bn Midd'x R.
Line, Temp. Lt. G. E. R.E.
Linfoot, Lt. G., 7 Bn.Ches R.
Linfoot, Lt. H. A., *D.S.O.*, 7 Bn. Ches. R.
Li foot, Temp. Capt. H. J, Can. Local Forces.
Ling, Maj. C. G., *D.S.O.*, R.E.
Ling, Lt. G. N., R.F.A (T.F.)
Ling, Capt. H. F., 4 Bn. Suff. R.
Ling, Temp. Lt. H. S. M.G. Corps.
Ling. Maj. R. W., *D.S.O.* R.F.A.
Linsard, Capt. H., late R.F.A.
Lingford, Capt. R., Sask.R
Lingham, Lt. J., North'n R
Linnell, Lt. C. G., 4 Bn. S. Lan. R.
Linnell, Temp. Lt. F. S., R.A.S.C.
Linnell, Maj J W., *M.D.* R.A.M.C.
Linsell, Temp. Lt. F. A.
Linsley, Lt.·R.J. H., R.F.A Spec. Res.
Linton, Lt. A., 3 Bn R. Scots.
Lintern, Lt. E. E. C., R.F A (T.F.)
Linton, Lt. E. G., 1 Regt K. Ed. Horse.
Linton, Temp. 2nd Lt. F. T. 16 Bn. R. W. Fus.
Linton,Capt. G. P., *O.B.E.* TD, 7 Bn. High. L.I.
Linton, Capt. H., *M.V.O.*, l.te, 3 Bn. Shrops. L.I.
Linton, Capt. J. A., Can Local Forces.
Linton, Temp. Capt. J. R. W., R.A.S.C.
Linton, Temp. Lt W. J., Serv. Bns. R. Ir. Rif.

Lintott, Lt. A. J. C., 5 Bn Lond. R.
Lintott, Lt. C. D. W. C'wealth-Mil. Forces.
Linzell, Temp. Capt. E. L., R.W. Fus.
Lipp, Temp Lt. G. A. S. M.G. Corps
Lipp, Capt. G. R., *M.B* late R.A.M.C.
Lipp, Lt. R. J. G., C'wealth Mil. Forces.
Lippiatt, Capt. H. T., *M.D.*, late R. A.M.C.
Lipscomb, Temp. Lt. J. W. Serv Bns K.R Rif. C.
Lipscomb Capt. S. G , late 3 Bn. Lond. R.
Lipscomb, Capt. W. P.
Lisle, Lt. P. A., Aust. Imp. Force.
†Lismore, Maj. F., late Mach. Gun Corps.
Lister, Lt. A. R., late R.A.
Lister, 2nd Lt.A.W.,R.F.A. Spec. Res.
Lister, Capt. C., *D.S.O.* North'n R.
Lister, Capt. C. M., R.F.A.
Lister, Lt D. S., E.Kent R.
Lister, 1 t. E B, R.F.A (T.F.)
Lister, 2nd Lt K. J. S. R.F A. Spec. Res.
Lister, Lt.-Col. F., *D.S.O.*, Can. Local Forces.
Lister, Temp. Capt. G.M. 8 Bn. York. R.
Lister, Lt. R. C., Can. Fd. Art.
Lister, Co. Serjt.-Maj. W. W. Rid. R.
Lister, Lt. W., late 8 Bn York R.
Litchfield, Lt. A. C. A. R.F.A.
Litchfield, Capt. F., North'n Yeo.
Litchfield, Capt. P. C., late R.A.M.C.
†Litherland, Capt. W B. 5 Bn. Notts. & Derby. R.
Lithgow. Bt. Lt-Col. J., C. E, TD, Clyde Garr. R G A
Little, Lt. A C. W., R.A.
Little, Temp. Lt. C. R. Serv. Bns. R. Fus.
Little, Lt. D. G., 7 Bn. Worc R.
Little, Lt. D. L., R.F.A. (T F.)
Little, Lt. E G., Ind. Army L'pool R.
Little, Capt. F. C., Sask. R.
Little, Lt. G. T., Aust.Imp. Force.
Little, Lt. H. B., ret.
Little, Capt H.H., Denbigh Yeo.
Little, Lt. J. H. M., 6 Bn. L'pool R.
†Little, Temp. 2nd Lt. J. W., Serv. Bns. Bord. R.
Little, Lt. L. P., C'wealth Mil. Forces.
Little. Lt. N. F., N Z Mil. Forces.
Little, Temp. Capt. P. MacD., *M.B.*, R.A.M.C.

Little, Lt. R. P., *M.M.*, Aust. Imp. Force.
Littl , Temp. Lt. W., Serv. Fns. North'd Fus.
Little, Bt. Maj. W. B., *D.S.O.*, E. Lan. R.
Little, Lt. W B., 5 D.G.
†Littleboy, Capt. C.N., 5Bn. Notts. & Derby. R.
Lit le sa , Lt. H. F., R.A. Spec. Res.
Littlejohn, 2nd Lt. A., C'wealth Mil. Forces.
Littlejo^n, C. W B , late Temp. Capt R.A.M.C.
Littlejohn, Capt. H. A., Res of Off.
Littlejohn, Maj. J. W., *M.D.*, l te R.A.M.C.
Littler, Lt. A. B., Aust. Imp. Force.
Littler, 2nd Lt. B. G., C'wealth Mil Forces.
Littler, Serjt.-Maj. J., *D.C.M.*, G. Gds.
Littleton, Maj. J. W., late R.A.
Littlewood, 2nd Lt. C. W S., R.E.
Littlewood, Capt. L. E., R.G.A., Spec. Res.
Lively, Lt.2nd C.E.,*D.C.M.*, Worc. R.
Livens, Capt. W. H.,*D.S.O.*, R E., Spec. Res.
Liversedge, Lt. H.,W.York R.
Livey, Temp 2nd Lt. E. C., Serv. Bns. R. Fus
Livings, Lt. A., N. Lan. R.
Livingstone, Temp. Capt. A. M., R.F.A.
Livingstone, Lt. A. T., 2 Cent. Ont. Regt.
†Livingstone, Lt. D. T., *M.M.*, 9 Bn. High. L.I.
Livingston, Capt. W. A., Can. Local Forces.
Livi gston, Temp. Capt. H. G., Serv. Bns. R. Mun. Fus.
Livey, Lt. H., W. Rid R.
llewellin, Lt. J. J., R.G.A. (T.F.)
†Llewellyn, Temp. 2nd Lt. B , R.E.
Llewellyn,Lt.C.,*late* R.F.A.
Llewellyn, Temp Capt. E. H., Serv. Bns. Dorset. R.
Llewellyn, Lt. P., W. Gds. Spec. Res.
Llewellyn, Lt. R. G., Montgom. Yeo.
Llewellyn-Davies, Lt. P., 7 Bn. K.R. Rif. C.
Llewelyn Roberts, Capt. W., late R.A.S.C.
†Ll yd, Temp. Lt. A H, R.E.
Lloyd, Maj. A. M. O. J., S. Wales Bord.
††Lloyd, Lt. A. O., 7 Bn. Worc R.
Lloyd, Capt. A. P., late Serv. Bns. Welsh R.
loyd, Lt. A. W., late Serv Bi.s. R. Fus.
Lloyd, Lt. B., R.F.A. (T.F.)
Lloyd, Maj. C. G., *C.I.E.*, S. & T. Corps.

† Also awarded Bar to Military Cross.   †† Also awarded 2nd Bar to Military Cross.

Orders of Knighthood, &c.

THE MILITARY CROSS—*contd.*

Lloyd, Capt. C. H., R.F.A
Lloyd, Temp Capt. C. H., *late* R.A M.C.
Lloyd. Temp. Lt. C M., Serv. Bns. Welch R.
Lloyd, Temp. Lt. E. E, Serv Bns. W. York. R.
Lloyd, Capt. E. E. L., C'wealth Mil. Forces.
Lloyd, Capt. E. R. V., Can Local Forces.
Lloyd, Lt. G., R.G.A.(T.F.)
Lloyd, Capt. G. E., *M.D., late* R.A.M.C.
Lloyd, Lt. G L., *A.F.C* Staff Yeo.
Lloyd, Co. Serjt.-Maj. G. W., *D.C.M.*, 11 Bn. L'pool R.
Lloyd, Capt. H. C., K.R Rif. C.
Lloyd, 2nd Lt. H. G., D. of Corn. L. I.
Lloyd, Temp. Lt. H. I., 6 Bn. R. Lanc. R.
Lloyd, Rev. H. T., Temp Chapl. to the Forces, 4th Class.
†Lloyd, Capt. H. W. C., *D.S O.*, Wilts. R.
†Lloyd, Capt. J. C., 3 B. S. Wales Bord.
Lloyd, Lt. J. C., R.F.A. Spec. Res.
Lloyd, Maj. J. D. S., TD, *O.B.E.*, T.F. Res.
†Lloyd, Lt. J. E., Ind. Army
Lloyd, Mai. J. T., *M.B., late* R.A.M.C.
Lloyd, Lt. J. W., R.E. (T.F.)
Lloyd, Lt. L. S., 18 Hrs.
Lloyd, 2nd Lt. O., 3 Bn. E. Surr. R.
Lloyd, Lt. P. G. W., Serv. Bns. R. Dub. Fus.
Lloyd, Capt. R C., *D.S.O.*, TD, Denbigh Yeo.
Lloyd, Temp. Lt. R. G., 19 Bn. L'pool R.
Lloyd, Capt. R. L., S. Afr. Med. Corps.
Lloyd, Capt. R. L., *late* R.F.A. Spec. Res.
†Lloyd, Temp. Capt. R.L.M., 8 Bn. Shrops. L. I.
†Lloyd, Lt. R. S., 3 Bn. Norf. R.
Lloyd, Temp Capt. S.
Lloyd, Lt. S. C., R.G.A Spec. Res.
Lloyd, Lt. S. R., R.F.A. Spec. Res.
†Lloyd, Temp. 2nd Lt. S. W., R.E.
Lloyd, Lt. T. H., *late* Serv. Bn. E. Surr R.
Lloyd, Temp. Capt. V. E., R.A.M.C.
Lloyd, Maj. W. A. C., 7 Bn. W. York. R.
Lloyd, Maj. W. E. *late* R.A.
Lloyd, Lt. W.H. R., 8 Bn. S. Staff. R.
Lloyd, Lt. W. J., *D S O*, 7 Bn. R. Fu.
Lloyd, Capt. W. L., Ind. Army

Lloyd-Blood, Lt. L. I. N., 5 Bn. R. Dub. Fus.
Lloyd-Evans, Capt. H. J., Ind. Army.
Lloyd-Graeme, Temp. Maj. P.
Lloyd-Jones, Temp. Capt. G. E., 12 Bn. E. York. R.
Lloyd-Williams. Capt. I H., R.A.M.C.(T.F.)
Loader, 2ndLt. W. R., R.F.A
Loakman Capt. P. B., Qr.-M., 7 Bn. Ch s. R.
Lobb, Temp. Lt. E. R. Serv. Bns. D. of Corn. L. I
Lobban, Lt. G. J., 6 Bn. Gord. Hghrs.
Local, Lt. J., 3 Bn. E. York. R.
Locan, Lt. L. T., 8 Bn. Manch. R.
†Loch, Temp. Maj. A. D., 17 Bn R. Scots.
Loch, Capt. E. M., R.F. A [l]
Lochner, Capt. C. B., Ind Army
Lochner, Capt. R. G., 8 Wales Bord.
Lock, Temp. Maj. A. H. J., Serv. Bn. S. Lan. R.
Lock, Capt. F. A. J., R.G.A
Lock, Temp. Maj. G. D., 8 Bn Devon R.
Lock, Co. Serjt.-Maj. H., R. Sc. Fus.
Locke, Batt.-Serjt.-Maj. C., R.F.A.
Locke, Lt. C. H, Can. Fd Art.
Locke, Temp. Capt. H. B., R.G.A.
Locke, Capt. W. J. M. C'wealth Mil. Forces.
Lockett, Capt. L. H., 21 Bn Midd'x R.
Lockett, Lt. W., 7 Bn. Ches R.
†Lockhart, Lt. L. K., R.F.A.
Lockhart, Lt. R., *late* 12 Bn. R. Scots.
Lockhart, Capt. R. MacG. M., 51 Sikhs.
Lockhart, Lt. S., 5 Bn. L'pool R.
Lockhart, Lt. T. T. R., R Def. Corps
Lockhead, Capt. J. G., 5 Bn. R. Sc. Fus.
Lockhead, Lt. J. H. B. 4 Bn. R Sc.F s
Lockhead 2nd Lt. R, N., R.F.A Spec. Res.
Locking, Temp. Capt. T. P. Serv. Bn. High. L. I.
Lockington, Capt. F. J. *late* 3 Bn. S. Lan. R.
Locke, Lt. G. M, *late* R.F.A.
Lockwood, Maj. A. L., *D.S.O., M.D., late* R.A.M.C
Lockwood, Lt. A. P., *late* 6 Bn. Notts. & Derby. R.
Lockwood, Temp. Lt. C.M., Tank Corps.
Lockwood, Capt. C. W., 7 Bn. W. Rid. R.

Lockwood, Lt E. J., 5 Bn. Essex R.
Lockwood, Lt. F. G., R.F.A Spec. Res.
Lockwood, Temp. Capt. G. O., R.E.
†Lockwood, Capt. G. S. 5 Bn. Lan. Fus.
Lockwood, Capt. L., ret. pay
Lockyer, Temp. Lt. H. R., Serv. Bns Hamps. R.
Lockyer, Lt. S. J. Ford. R.
Loddiges, Capt. C., *late* R.A.M.C.
Loder, Maj. G. H., S. Gds
Lodge, Lt. H. F., R.F.A. Spec. Res.
Lodge Temp. 2nd Lt. H. J. 10 Bn. Linc. R.
Lodge, Capt. H. R., R.F.A.
Lodge, Temp. Lt J. E. H, Serv. Bns R Innis. Fus.
Lo ge. Lt. J. W., 1 Bn. Mon R.
Lodge, Temp. Lt. W. G, R.A.S.C.
Loft, Temp. Qr.-Mr. & Lt. F R., R.A.M.C.
Lofthouse, Temp. 2nd Lt. F. L., Tank Corps.
Logan, Temp. Lt. A., R.A.
Logan, Capt. A. F., Ind Army.
Logan, Temp. Lt. C., Serv Bns. North'd Fus.
Logan, Lt. D. C., 5 Bn. N. Lan. R.
†Logan, Temp. Capt. D. E., R.F.A.
Logan, Lt. F. R., *O.B.E.,* Lan. Fus.
Logan, Maj. H. T., Can M.G. Corps.
Logan, Temp. Lt. J., R.E.
Logan, Capt J., 4 Bn R. Scots.
Logan, Lt.-Col. M. H. Serv. Bns. N Lan. R.
Logan, Lt R., *late* Serv. Bns. Yorks. L. I.
†Logan. Temp. 2nd Lt. S., Serv. Bns R Ir. Fus
Logan-Home, Capt. W. M. 11z I. f.
†Loggie, Lt. O. M., *D.S.O.,* Forth R.G.A.
†Logie, Lt. A. W., 1 Quebec R.
Lole, Lt. A. G., 6 Bn. Rif Brig.
Lomas, Lt. J. W., R.F.A. (T.F.)
Lomax, Temp. Lt. A., M.G. Corps.
Lomax, Capt. C. E. N., *D S O.*, Welch. R.
Lomax, Temp. Capt. F., R.A.
Lomax, Maj. J. A. B., R.F.A.(T.F.)
Lomax, Lt. J. G., R.F.A (T.F.)
Lomer, Lt. A G. T., 8 Bn. Notts & Derby R.
London, Lt. A., R.F.A. Spec. Res.
Lonerogan, Lt. D., R.F.A. Spec. Res.
Long, Lt. A. J., *late* M.G. Corps.

Long, Lt. A. J., 3 Bn. W. York. R.
†Long, Capt. B., 4 Bn. Oxf. & Bucks. L.I.
†Long, 2nd Lt. B., R.E. (T.F.)
Long. Lt. H E.M., C'wealth Mil. Forces.
Long, Co. Serjt.-Maj. P., 9 Bn. Essex R.
Long, Maj. R F., *late* R.F.A. Spec. Res.
Long, Capt. S. H., *D.S.O.*, Durh. L.I.
Long, Maj. W., *M.B E.*, ret.
Longbotham, Temp. Lt. C. B., 11 Bn. North'd Fus
Longbottom, Lt. H., 2 W. Rid. Brig. R.F.A.
Longbourne, Temp. Lt. J., R.F.A.
Longden, *Rev.* A., Temp. Chapl. to the Forces (3rd Class).
Long-Innes, Capt. P. S., I. Gds. Spec Res.
Longley, Temp. Lt. C. W., R.F.A.
Longley, Temp. Capt. I. V., R.E.
Longley, Lt. R. C., 24 Bn. Lond. R.
Longman, Temp. Maj. H K., *D.S.O.*, 10 Bn. Gord. Highrs. (*Capt. Res. of Off.*)
Longmire. Lt. J. A., 7 Bn. W. Rid. R.
Longmire, Lt. R. K., 5 Bn. Bord. R.
Longstaff, Temp. Capt. B., 8 Bn. E. York. R.
Longton, Lt. F. P., R.F.A.
Longueville, Capt. F., *D.S.O.*, C. Gds.
Longworthy, Lt. W. E., Can. Fd. Art.
†Lonsdale, Capt. H., *late* Serv. Bns. N Lan. R.
Lonsdale, I t. J. C. J., 3. Bn. Dorset R.
Lonsdale, Lt. W. F., *late* Serv. Bns. E. Lan. R.
Lookman, Lt. B. J. P., N. Lan. R.
Loombe, Lt. C. A., R.F.A. (T.F.)
Lorains, Temp. Lt. J. P.
Lorch, Maj. A. E., *D S.O.,* S. Afr. Def. Force.
Lord, Lt. A., R.G.A Spec. Res.
L rd, Lt. A. C. C., Aust. Imp. Force.
Lord, Capt. A. J., *D.S.O.*, *late* 6 Bn. R. Fus.
Lord, Serjt.-Maj. A. M., York & Lanc. R.
Lord, Temp. Capt. C. G., 16 Bn. Notts & Deroy R.
Lord, Capt. E. B., *late* Serv. Bns. Lan. Fus.
Lord, Lt. F. W., *M.M.*, C'wealth Mil. Forces.
Lord, Lt. G. H., 5 Bn. R. Lanc. R.
†Lord, Lt. H. T., Can. Local Forces.

---

† Also awarded Bar to Military Cross.

Orders of Knighthood, &c.

THE MILITARY CROSS—*contd.*

Lord, Capt. J W., 124 Inf
Lord, Capt. R. C., R.E.
†Lord, Lt. R. P., Hamps.R.
Lord, 2nd Lt. W. T., *M.M.*, 3 Bn. E. Berks. R.
Loriard, Lt. C. H. G., C'wealth Mil. Forces.
Lorimer, G. N., *M.B.*, late Temp. Capt. R.A.M.C.
Lorimer, Temp. Lt. H. G. S., 12 Bn. Rif. Brig.
Lorimer, Temp. 2nd Lt. J. A., Serv. Bn.; R. Scots.
Lorimer. Temp. Lt. R. C., R.E.
Loring, Maj. E. J., R.E.
Lornie, Capt. W S., R, A.V.C. (T.F.)
Lort, Lt, W.V., 7 Bn. Lond. R.
Loseley, Capt. C. E., 4 Bn. Lan. Fus.
Lotheim, Temp. 2nd Lt S. 7 Bn. E. Suss. R.
Lothian, Lt. M. P., Arg. & Suth'd Highrs.
Lothian, Bt. Maj. N. V., *M.B.*, R.A.M.C.
Lott, Temp Lt. F. A., M.G Corps.
Lott Temp. Maj. H. C., R.E.
Loudon, Temp. 2nd Lt C W., Serv. Bns. R.W. Kent R.
†Loudon, Lt. J.N. B., Aust. Imp.Force.
Loudon, Temp. Lt. W. D., R.A.
Loudon, Temp. Capt. W.F., 9 Bn. E. Lan. R.
Loudoun-Shand, Capt. E G., ret.
†Lough, Lt J. R. S., *D.S.O.*, Brit. Columbia Regt.
Lough, Capt. S. P., Can Local Forces.
Lougheed, Capt. G. W., Can. A.M.C.
Loughnan, Temp. Lt. C. H., R.A.
Loughnan, Capt. J., Aust. Imp. Force.
Loughnan, Maj. W. F. M., R.A.M.C.
Loughton, Capt. A. H., Brit. Columbia Regt.
Louguet H gginn, Rev. H. L., Hon. Chpl. to the Forces (4th Class).
Loulet, Co. Serjt.-Maj R. E., C'wealth Mil. Forces.
†Lount, Lt. S. K., Can.Local Forces
Loup, Temp. Lt. G. D., M.G. Corps.
Lousada, Capt. J. P., 3 Bn. Norf. R.
Loutit, Capt. J. H., *late* 5 Bn. Gord. Highrs
Lovatt, Maj. H. L. B., *O.B.E*, *late* 6Bn.S.Staff.R.
Lovatt, Capt. W. M., R.G.A. (T.F.)
Love, Capt. H.A., Can Cav.

Love, Co.-Serjt.-Maj. J., 22 Bn. Lond. R.
Love, Lt. J. P., 3 Bn. Hamps. R.
Love, Temp. 2nd Lt. R. R.E.
Love, 2nd Lt. R. Y., *late* R.F.A. Spec. Res.
Love, Lt. S. G., *D.S.O.*, R.E. (T.F.)
Love-Porritt, Temp Lt J C., Serv. Bns. R. Fus
Loveday, Lt. L. W. S., C'wealth Mil. Forces.
Lovegrove, Capt. J., 3 W Rid. Brig. R.F.A.(Qr.-Mr. and Hon. Capt. ret. pay).
Lovejoy, Temp. Lt. W. E., Serv. Bns. R. War. R.
Loveland, Qr.-Mr., & Lt. F., R.A.M.C.
Lovell, Capt. B., *late* Tank Corps
Lovell, Capt. C., *M.D.*, R.A.M.C. Spec. Res.
Lovell, Temp. Lt. F. W., Serv. Bns. E. Surr. R.
Lovell, Temp. Lt. J. G., Serv. Bns. North'n R.
Lovell, Temp. Lt. W. H., G. Gds.
Love'l-Hewitt, Lt. H. L., 4 Bn. Wilts. R.
Lovelock, Temp. Qr.-Mr. & Capt. J., 6 Bn. Shrops. L.I.
†Loveridge, Lt. J. L., 4 Bn. R. Berks R.
Loveridge, Lt. M. W., 4 D.G.
Lovering, Lt. C. D., Hereford R.
Lovering, Lt. P. W., 3 Bn. R. Su-s R.
Lovett, Lt. E. J., ret. pay
Lovett, Lt. F. C., 4 Bn. R. W. Kent R.
Lovett, Lt. F. S. R., R.G.A.
Lovett, Capt. J. H., Can. Local Forces.
Loveys, Lt. S. J., *late* R.F.A. Spec. Res.
Lovie, Lt, F. W., 4 Bn. Gord Highrs.
Low, Lt. A., R. Ir. Fus.
Low. Temp. Capt. F. S., R.A.
†Low, Capt. H. B., *M.D.*, T.F. Res.
Low, Capt. J., *M.B.*, *late* R.A.M.C.
Low, 2nd Lt. K. R T., *late* M.G. Corps.
Low, Lt. T. R., 9 Bn Midd'x. R.
Lowbridge, Lt. G. C., R.E. (T.F.)
†Lowcock, Maj. A., *D.S.O.*, *late* R.F.A.
Lowden, Lt. N., *late* R.E.
Lowe, Temp. 2nd Lt. A., M.G. Corps
Lowe, Lt. A. S., 4 Bn. E. Staff R.
Lowe, Lt. C. E. B., *D.S.O.*, R.G.A. (T.F.)

Lowe, Lt. H, 1 Cent. Ont. Regt.
Lowe, Temp. Lt. H. R., 13 Bn. Glouc. R.
Lowe, Temp. Capt. J.
Lowe, Lt. J., *late* R.F.A. Spec. Res.
Lowe, 2nd Lt. J. F., 6 Bn. L'pool R.
Lowe, Lt. P., 8 Bn. R. War. R.
Lowe Lt. R., 4 Bn.Glouc R
Lowe, Temp. 2nd Lt. S. B., 8 Bn. R. Lanc. R.
Lowe, Lt T. A., *D.S.O.*, R. Ir. Regt.
Lowe, Lt. T. E., Aust.Imp. Force
Lowe. Lt. W., *late* R.F.A. Spec. Res.
Lowe,Temp. Lt.,-Col.W.D., *D.S.O.*, 1st Bn Durh. L I.
†Lowe Lt. W.E B., E.Lan.R.
Lowe, Lt. W. F., Derby Yeo
Lowe, Temp. Capt. W. R., *D.S.O.*,17 Bn. K.R. Rif. C.
Lowen, Temp. Lt. G. F., Serv. Bns. R Highrs.
Lowery,Temp. Lt. H. F. S., 17 Bn. R. Scots.
Lowes, Capt. A. T., Can. Local Forces.
Lowing, Capt. B., C'wealth Mil. Forces.
Lowman, Lt. P. R., 3 Bn. S. Staff. R.
Lown, Temp. Maj. F. W., Tank Corps
Lowndes, Temp. 2nd Lt. E. B, Serv. Bns. Gord. Highrs.
Lowndes, Lt. F. C. L. A., Oxf. & Bucks. L.I.
Lowndes, Lt G. A. N., 16 Bn Lond. R.
Lowndes, Hon.Capt, G. G., *late* R.F.A. (T.F.)
Lowndes, Temp. 2nd Lt. L., Serv. Bns. Manch. R.
Lowndes, Capt. R. C., R.A.
Lownsbrough, Lt. J. T., Can. Local Forces
Lowrie, Lt. J., 3 Bn. R. Highrs.
Lowry, Capt. G. L. B., *late* Serv. Bn., N. Staff. R.
Lowry, Co. Serjt.-Maj. J., 14 Bn. R. Ir. Rif.
Lowry, Capt. T. M., *D.S.O.*, 3 Bn. D. of Corn. L.I.
Lowry-Corry, Maj. H. C., R.F.A.
Lowth, Lt. N. C. L., 3 Bn Lan. Fus.
Lowther, Lt. C. H. E., 6 Bn. W. Rid. R.
Lowther,Capt.G. F., *D.S.O.*, Aust. Imp. Force.
Lowther, Capt. H., 2 High. Brig. R.F.A.
Lowther, Capt. J.G., *D.S.O.* ret.
Lowther, Capt. R. A. N., Leic. R.
Lowthian, Temp. Maj. B., 11 Bn. Bord. R.
Loxton, Lt. M. F., R.F.A. Spec Res.
Loyd, Capt. H. C., *D.S.O.*, C. Gds.

Loyd, Capt. R. L., *O.B.E.*, 16 Lrs.
Loyd, Lt. W. E., R.E. (T.F.)
Lubbock, Lt. A. B., R.F.A. (T.F.)
Lu bock, Maj. M. G., *late* R A.
Lubbock, Lt. R. H., R.A.
Lubelski, Temp. Lt. W. W., M.G Corps.
Luby, Capt. M., *D.S.O*, R.E.
Lucas, Lt. A., *late* Gen. List
Lucas, Temp. Lt. A. R., R.F.A.
Lucas, Capt. A. R. F., R.F.A.
Lucas, 2nd Lt. A. V., 8 Bn. R. War. R.
Lucas, Bt. Lt.-Col. C. C., Loud.R.
Lucas, 2nd Lt. C. J., 7 Bn. Loud. R.
Lucas, Capt. E. 4 Bn., York & Lancs R
Lucas, Lt. E. P., 4 Bn. R. Berks. R.
Lucas, Capt. H J, *D.C.M.*, *M.M.*, *late* York R.
Lucas, Lt. P. F., Aust. Imp. Force
Lucas, Capt. J. de B.T., R.A.
Lucas, Capt. J. M., 4 Bn. R. War. R.
Lucas, Temp. Lt. L., Serv. Bns. High. L I.
Lucas, Lt. L. C., C'wealth Mil. Forces.
Lucas Bt. Lt.-Col. L. W., *D.S.O.* R. Kent R.
Lucas, Temp. Lt. M. D., Serv. Bns Glouc. R
Lucas, Temp. Capt. R. H., *O.B.E*, R.A.M.C.
Lucas, Temp. Lt., W. H. O., Serv. Bns., North'd Fus.
Lucas, Lt. W. J., *late* Serv. Bns. R. Fus.
Lucas, Temp. Lt. W. K., R.F.A.
Luce, Capt. A. A., *late* 12 Bn. R. Ir. Rif.
Lucette,Temp. Capt. E. H., 16 Bn. North'd Fus.
Lucey, Bt. Maj. S. T., N. Lan. R., *p. .c.*
Luchford, Temp. Lt. C. G., Serv. Bns., Nortn.d Fus.
Luck, Temp. I t. C. E., R.E.
†Luck. Temp. Capt. C.G.J., R.E.
Luck Temp. 2nd Lt. C. W., Tank Corps.
†Luck, Maj. W. J., *late* R.F.A.
Luckmann, Lt. W. F., 6 Bn. W. Rid. R.
Lu-ie-Smith, Lt. E. W., R.F.A. (T.F.).
Lucovitch, Temp. 2nd Lt. R., 10 Bn. Worc. R.
Lucy, Co.-Serjt.-Maj. J., 21 Bn. Manch. R.
Ludlam, Temp. Lt. F., R.A.
Ludlow,Capt. F. B., *M.B.E.*, Corps of Mil. octs.
Ludlow-Hewitt, Bt. Maj. (temp. Brig.-Gen.) E. R., *C.M.G.*, *D.S.O.*, R. Ir. Rif.

† Also awarded Bar to Military Cross.

THE MILITARY CROSS—contd.

Ludman, Capt. C. J., late Serv. Bns., R. Berks. R., R.A.M.C. (T.F.)
Ludorf, Capt. H. G., York. R. (attd.)
Luke, Temp. Lt J., W. C.M.G., Lan. Fus., p.s.c.
Luker, Bt. Lt.-Col. R., C.M.G., Lan. Fus., p.s.c.
Lumb, Temp. Lt. A., R.A.
Lumb, Temp. Capt. A. D., R.E.
Lumb, Bt. Lt.-Col. F. G. E., D.S.O., 39 Garhwal Rif.
Lumb, Temp. Lt. R. A., M.G. Corps.
Lumley, Capt. E. A., M.B., late R.A.M.C.
Lumle , Capt. J. N., 13 Hrs.
Lumley, Lt. P., R.G.A (T.F.)
Lummis, Lt. W. M., Suff.R.
Lumsden, Capt. D., R. Highrs.
Lumsden, Temp. Capt. G. J. S.
Lumsden, Lt. H., R.F.A
Lumsden, Lt. H. B., 3 Bn. R Scots.
umsden, Temp. Capt. R, 4 Bn. Gord. Highrs.
Lumsden, Qr.-Mr. & Capt R., R. Innis. Fus.
Lumsden, Capt. W., late R.A.M.C.
Lumsden, Bt. Maj. W. V., D.S.O., Arg. & Suth'd Highrs.
Lunam, Qr.-Mr. & Capt. A. P., ret.
Lund, Temp. Capt. F. N., R.E.
Lund, Temp. Lt. G. P., O.B.E., Serv. Bns. York. R.
Lund, Lt. J. L, R.F.A. Spec. Res.
Lundgren,Maj. C.W., Suss. Yeo.
Lundy, Temp. Lt. C. R. C.
Lunn, Capt. A. J., 82 Punjabis.
Lunn, Lt. J., Worc. R.
Lunn, Hon. Maj. N., late North'd Fus. (attd.)
Lunn, Temp. Capt. R. O., Cam'n Highrs.
Lunn, Temp. Capt. W.
Lunn, Maj W. E. C., M.B., R.A.M.C.
Lunn, Temp. Capt.W.S., S Afr. Def. Force.
Lunnon, Lt. J. H., Aust. Imp. Force.
Lunnon, Lt. W. J., 9 Bn. L'pool R.
Lunt, Rev. G. C. L., late Temp. Chapl. to the Forces (4th Class)
Luston, Capt. A. M., R.F.A (T.F.)
Lupton, Lt. A. W., 4 Bn. York. L.I.
†Lupton Capt. B. C., 7 Bn. W. Rid. R.
Lupton, Lt. C. A., R.G.A Spec. Res.

Lupton, Lt. F., 5 Bn. Sea. Highrs.
Lupton, Capt. H. R., 7 Bn W. York. R.
Lupton,Temp Capt R. H., Serv. ns R. Suss. R.
Luscombe, V. H., late Lt. 3 Bn. Bord. R
Luscombe, Capt. W. O, 19 Bn Rif. Brig.
†Lush, Lt. M. S., R.G.A.
†Lusk, Rev. D. C., Hon. Chapl. to the Forces, 4th Class ret.
Lusk, Capt. J. P., M.B., l.te R.A.M.C.
Luther, Maj. A. C. G., Yorks L.I.
Luton, Maj. R. M., Can. Local Forces.
Luty, Lt. A. M., 4 Bn. W. Rid. R.
Lutyens, Capt. E. G , R.A
Lutyens,Capt.A.C.,R.F.A. Spec. Res.
Lutyens, Lt. F. M. B., C. Gds. Spec. Res.
Luxford, Lt. M. G., N.Z Mil. Forces.
Luxmore, Capt. E. M. Aust. Imp. Force.
Luxmore, Surg.-Capt. E. J. H., L. Gds.
Luxon, Lt. E. C., R F.A. Spec. Res.
Luxton, Lt. R., Can. Rly. Serv.
Lyal, Temp. Lt. J. C., Serv. Bns. Midd'x R.
Lyall, Lt. J. A., 5 Bn. Norf R.
Lyall, Lt. J. K., C'wealth Mil. Forces.
Lyall, Capt. W., 5 Bn. Gord. Highrs.
Lyalt, Lt. W. Mc.I. C'wealth Mil. Forces.
Lyddall, Capt. A. H., C'wealth Mil. Forces.
Lyel, Capt. T., 5 Bn. R Highr .
Lyell, Temp. Capt. A. C., Serv. Bns. K.R. Rif. C.
Lyell, Capt. D. C., late Serv. Bns Bord. R.
Lyell, Lt. R., 5 Bn. R Highrs.
Lygon, Lt.-Col. Hon. R., M.V.O., ret. pay (Lt.-Col 4 Bn N. Lan. R.)
Lyle, Capt. A. M. P., Sco. Horse Yeo.
Lyle, Capt. G. C., Norf. R.
Lyle, Lt. H. S., Brit. Columbia Regt.
Lyle, Lt. J. C. V., D.S.O., S. Afr. Def. Force.
yle, Lt. J. E., 8 Bn. Sco. Rif.
Lyle, Temp. Capt. N. Y., Serv. Bns. R. Sco. Fus.
Lyle, Capt. P. Y., 4 Bn. Arg. & Suth'd Highrs.
Lyl , Temp. Capt. R. C., R.A.S.C.
Lyle, 2nd Lt. R. R., Tank Corps.
Lyle, Temp. Capt. S. J., R.A.S.C.
†Lyle, Capt. W. J., D.S.O., High. L.I.

Lymbery, Maj. M., late R.F.A.
Lymer, Temp. Lt. T. W. Serv.Bns.Bedf.&Herts.R.
Lynam,Temp.Maj.C. G. J., R.E.
††Lynas, Capt. W. J. D, D.S.O., C'wealth Mil. Forces.
Lynch, Lt F. W., L'pool R.
Lynch, Lt. H. S., R.F.A. Spec. Res.
Lynch, Temp. Lt. J. P., R.F.A.
†Lynch. Lt. P. J., 5 Bn Notts. & Derby. R.
Lynch, Lt. T., D.C.M.,M.M., R. War. R.
†Lynch, Temp. Capt. V. J., R. Ir. Fus. (attd.)
Lynden-Bell, Capt. L. A., Sea. Highrs.
†Lyndon. Temp. Capt G. E. B, 6 Bn. R. Innis. Fus.
†Lyne,Capt.C. E. L., R.F.A.
Lyne, Lt. D. R., R.E. (T.F.)
Lyne, Capt. H. R., Aust. Imp. Force.
Lyne, Temp. Lt. H. W Serv. Bns. Yorks. L.I.
Lyne, Capt. L.W.D.,Glouc. R.
Lyne, Temp. Lt P. J. Serv. Bns. R. Muns. Fus
Lyne-Evans, Capt. J. S. M. A. H., Can. Local Forces.
Lyness, Lt. I., late Tank Corps.
††Lyness, Temp. Lt. W. J., 12 Bn. R. Ir. Rif.
Lynn, Lt. A. C., D.S.O., 5 Bn. Yorks. L.I.
Lynn, Maj. E. F., D.S.O., Can. Local Forces.
Lynn, Temp. Lt. J., 8 Bn. Gord. Highrs.
Lyon, Capt.B , Can A.M.C.
Lyon, Hon. Lt. E. G. H., late Serv. Bns. Sco. Rif.
Lyon, Temp. Lt. H. J., Serv. Bns. R. Lanc. R.
Ly n, Lt. M. M., 3 Bn High. L.I.
Lyon, Capt. N. H. B., Midd'x R.
Lyon,Capt. P. H. B., 6 Bn. Durh. L.I.
Lyons, Capt A , D.C.M., Man. Regt.
Lyons, Maj. E. F , late Serv. Bns. Devon R.
Lyons, Temp. Cap . G. A. M.D., R.A.M.C.
Lyons, Capt. H. H., Ind. Army.
Lyons,Capt.J.A. de C., 5 Bn. S. Lan. R.
Lyons, Lt. J. M., R.G.A.
Lyons, Capt. J. S., late 8 Bn. R. Lan. R.
Lyons, Lt. R. C., R.F.A.

††Lys, Lt E. A. M. Notts. (S Notts. Hrs.) Yeo.
Lyster, Maj. C. J. H., Ind. Army.
Lyster, Maj. C. J. J., late Serv. Bns. Leins. R. (Hon. Capt. in Army).
Lyster, Temp. Lt. H. M., R.E.
Lythgoe, Temp. Lt. A. B. R.F.A.
Lytle, Lt. W. A., 6 Bn. Notts. & Derby. R.
Lyttleton, Rev. Hon. C. F., Hon. Chapl. to the orces (4th Class).
Lyttleton,Capt. O., D.S.O., Res. of Off.

Mabb, Temp. Lt. V. L., Tank Corps.
Mabbott, Capt. R., late R. Fus.
Maben, Temp. Maj. H. C., D.S.O., 14 Bn. Worc. R.
Maben, Temp. Lt. L. G., R.E.
Maburk Fiki (Effendi) El Yuzbashi,Egyptian Army
Macadam, Lt. G. D., R.E. (T.F.)
Macadam, Lt. J. L. T., 16 Bn. R. Highrs.
Macadam, Lt. R. G., R.G.A. Spec. Res.
McAdam, Lt. W. A., 9 Bn Lond. R.
McAfee, Temp. Capt. D. J., M.D., R.A.M.C.
Macafee, Capt. R. E., Can. Local Forces.
MacAvoy, t. G. P., M.M., 1 Cent. Ont. R.
McCaghen, Maj.N.F.,Man. Regt.
McAinsh, Lt. D T., late Serv. Bn. Arg. & Suth'd Highrs.
McAlevey, Capt. G. E., R.A.M.C.
Macalpine, Temp.Capt. F. G., E. Lan. R.

† Also awarded Bar to Military Cross.
†† Also awarded 2nd Bar to Military Cross.

THE MILITARY CROSS—contd.

Macalpine, Temp. Lt. J.L., 5 Res. Regt. of Cav.
Macalpine, Capt. R. A., C'wealth Mil. Forces.
McAlpine, Temp Capt. R. J., O.B.E., Spec. List.
Macallister, Lt. A. G., C'wealth Mil. Forces.
McAlister, Temp. Capt. D McD., R.A
McAlister, Maj. W. J., Can. Local Forces.
McAmmond, Capt. J. W., Ont. Regt
McAndrew, Lt. D. J., R.F.A. (T.F.)
McAnsh, Lt. E. J., Bucks. bn. Oxf. & Bucks. L.I.
Macardle, Capt. J. R., late R.F.A.
McArevey, Capt, J. B, late R. Ir. Rif.
Macario, Lt. C. L., Quebec R.
†McArthur, Lt. A., late Serv. Bns. North'd Fus.
McArthur, Temp. Capt. J. C., R.A.S.C.
McArthur, Temp. Capt. J. S.
McArthur, Temp. Lt M.J., D.C.M., Serv Bns. R. Highrs.
McArthur, Lt. R, R.F.A. (T.F.)
McArthur, Maj. V. G., late Serv Bns. R. Berks. R.
Macartney, Maj F. A., 54 Sikhs.
Macaskie, Temp. Capt W. V., M.B., R.A.M.C.
McAskill, Maj. J. E., Can Local Force.
McAulay, Temp. Capt. D B., 8 Bn. Sea. Highrs.
Macaulay, Temp. Lt. T. C., R.F.A.
Macaulay, Lt. W. J. C., 6 Bn. K. R. Rif. C.
McAusian, Lt. A., late R.F.A.(T.F.)
Mc.uslin. Lt. J., 4 Bn. Arg. & Suth'd Highrs.
Macaw, Capt. W. M., Can Local Forces.
McBain, Lt. H., Durh. L.I.
McBain,Lt.W.R.B., A.F.C R.F.A. (T.F.)
Macbean, Bt.-Maj. I. G Notts. & Derby. R.
Macbean, Temp 2nd Lt R. E., Gen. List.
McBean, Temp. Capt. D.R
McBeath, Lt. W. J., High. L.I.
McBirnie, Lt. R.C , 2 Cent. Ont Regt
MacBrayne,Capt.E,MacG. E. Ont, R gt.
MacBrayne, Maj. R. J. 15 Sikhs
McBride, Lt. F., C Gds., Spec. Res.
McBride, Capt. S. G., O.B.E., R.A.S.C.
McBride, Temp. Capt. W J., C'wealth Mil. Forces.
McBryde, Lt. A., 5 Bn K.O. Sco. Bord.
McBurney, Capt. H. A, Can. M.G. Corps.

McBurn'e, Capt. E. D., Aust. Imp. Force.
McCabe, Lt. H. R., 5 Bn R. Highrs.
McCabe, Capt. J. B., late R.A.M.C.
McCabe, Capt. J. M., S. Afr. Def. Force.
McCabe, Lt. M.' J, Aust. Imp. Force.
McCabe-Dallas, Capt. A. J. A., R.A.M.C. (T.F.)
McCaffrey, Temp. Lt. J. Tank Corps.
McCaghey, Lt. N. F., D.S.O. Can. Local Forces.
McCall, Temp. Capt. F. J.
†McCall, Lt. F. R., Alberta Regt.
McCall, Co. Serjt.-Maj. J., 9 Bn. R. Highrs.
McCall, Temp. Capt. M.G.T. Serv. Bn.York R
McCall, Bt. Lt.-Col. R. L., D.S.O., Cam'n Highrs.
McCall, Capt. W., 3 Bn. Gord. Highrs.
†McCall, Temp.Capt.W.G. D., R.A.M.C.
McCallam, J. S., M.D. late Temp Lt. R.A.M.C.
McCallion, Lt. W. J., C'wealth Mil. Forces.
†McCallum, Temp. Lt. A. Serv. Bns. E. Kent R.
McCallum, Temp. 2nd Lt. A., Serv. Bns. Bord. R.
McCallum, Lt. D., E. York R
McCallum, Lt. D. N., Can Local Forces.
McCallum, Capt. G., 4 Bn. Arg. & Suth'd Highrs.
†Mcc'allum, Maj. G. H. Can Eng.
†McCallum, Capt. J. R., R.F.A. Spec. Res.
McCallum, Hon. Capt. K C., late 4 Bn.Arg.& Suth'd Highrs.
McCallum,Capt. P., M.B late R.A.M.C. Spec. Res.
McCallum , Temp. Lt W. C., R.E.
McCallum, Hon. Lt. W. G. late 4 Northb'n Brig. R.F.A.
McCallum, Maj. W. P D.S.O., C'wealth Mil Forces.
McCalman, Rev. H., Temp. Chapl. to the Forces,4th Class.
McCalmont, Maj.D. H. B., Res. of Off.
McCammon, Maj. F. A., O.B.E., M.B., R.A.M.C.
McCamus, Lt. J. A., Can. Local Forces
M·canash, Lt. J. D., Aust. Imp. Force.
McCankie, Temp. Capt. R. C., 14 Bn. High. L.I.
McCann, Lt. D. P. A Leins. R.
McCann, Lt. C C. J., C'wealth Mil. Forces
†McCann, Capt. W. F. J., D.S.O., C'wealth Mil Forces.

McCarroll, Temp. Lt. R. H., 7 Bn. Linc. R.
†McCarter, Capt. F. B., M.B., late R.A.M.C.
McCarthy,Lt A. O.,R.G.A.
McCarthy, Lt. C. E. A., R.A.
McCarthy, Lt. J., late R.E.
McCarthy, Capt. J. J., D.S.O..N.Rhodesla Police.
McCarthy, Lt. L. J., late Serv. Bns. R.W. Surr. R.
McCarthy, Hon. Maj. Rev. T., Can. Local Forces.
McCarthy, Lt. T. C., Ind Army.
McCarthy, Lt. T. G., 2 Bn. Lond. R.
McCarthy, Temp. Lt, W., Serv. Bns. Leins. R.
†McCarthy, Capt. W. H. L., D.S.O., M.D., R.A.M.C. Spec. Res.
McCarthy O Leary, Capt. H.W.D.,D.S.O.,R. Ir.Fus
Macartney, Capt. F. A., 53 Sikhs.
Macartney, Capt. J. V., Leins. R.
†McCartney, Lt. R. C., R.F.A. (T.F.)
Macartney-Filgate, Lt.J.V., R.F.A. Spec. Res.
McCash, 2nd Lt. W. F., T.F. Res.
McCasb, Hon. 2nd Lt. W. M., late 8 Bn. R. Highrs.
McCathie, 2nd Lt. D. S., N.Z. Mil. Forces.
McCaul, Ma¹. G. B., M.D late R.A.M.C.
McCaul, Lt. J. G., Can. Fd. Art.
Macaulay, Temp. Capt. A., 5 Bn. Cam'n Highrs.
Macaulay, Temp. Capt. F C., M.B., R.A.M.C.
MacAulay, Lt. R. V., Can. Fd. Art.
McBain, Lt. I., R.G.A. (T.F.)
Macauley, Lt. A., 4 Bn. Sea. Highrs.
†McCauley, 2nd Lt. W. C., R.F.A.
McCausland, Capt. A., Can. Local Forces.
McCausland, Lt. C. J. H., 4 Bn. York. L.I.
McCausland, Hon. Capt. Rev. E. H., Can. Local Forces.
†McCausland, Capt. S., R.A.M.C. (T.F.)
MacCaw,Capt. G.H.,3 Hrs.
McCaw, Temp. 2nd Lt. J., Serv. Bns. R. Innis. Fus.
McClelland, Lt. E. W.,4 Bn R. Innis. Fus.
†McClelland, Lt. T., 8 Bn. High. L.I.
McClelland, Lt. T. L .R.G.A. Spec. Res.
†McClenagham,Capt. V.S. C., Can. Eng.
McClenaghan, Lt. P. J. W., Ind. Army.
McCleverty, Capt. G. M., D.S.O., 2 Gurkha Rif.

McClintock, Lt. L. D., Can Fd. Art
McClintock, Lt R. S., late R.F.A. (T.F.)
McClinton,Capt. A N., ret
McCloskey,Lt.H.,C'wealth Mil. Forces.
McCloughry, Capt. W. A., D.F.C., C'wealth Mil. Forces.
†McCloy, Lt. J. R. T., late Serv. Bns. Arg. & Suth'd Highrs.
†McClure, Temp. Maj. W. F. C., 11 Bn. Arg. & Suth'd Highrs.
McCluskey, Temp. Capt. A. W., 14 Bn. North'd Fus.
McClymont, Temp. 2nd Lt. J., 16 Bn Lan. Fus.
McColl, Lt. H., C'wealth Mil. Forces.
McColl, Temp. Capt.H. H., W. Rid. R. (attd.)
McColl, Maj. J. T., O.B.E., C'wealth Mil. Forces.
McColl, Temp. Lt. R. B., Serv. Bns. High. L.I.
McCombie, Capt. C., 6 Bn. Gord. Highrs.
McCombie, 2nd Lt. H., D.S.O., 7 Bn. Worc. R.
†McCombie,Temp. Lt. J.J., Serv. Bns. Sco. Rif.
McCombie, Capt. W., M.B., R.A.M.C. Spec. Res.
McConnachie, Capt. J. S., M.B., R.A.M.C. (T.F.)
McCoLnan, Temp. Capt. C. W., Serv. Bns. Bo. d.R.
††McConnel, Bt.-Maj. J. K., D.S.O., 20 Hrs.
McConnell, Temp. Lt. A. A., 18 Bn. Durh. L.I.
McConnell, Capt. A. E. P., M.B., R.A.M.C. (T.F.)
McConnell, Temp. Capt. J. L.
McConnell, Lt. R. B., R. Innis. Fus.
McConnell,Capt.W., M.B., late R.A.M.C.
McConnochie, Lt. W., Aust. Imp. Force
Macono hie, Lt. H. D., R.E.
McConville, Lt. J., L'pool R.
McConville, Temp. Lt. M. W. York. R.
MacCorkingdale, Lt. J. C., R.F.A. Spec. Res.
MacCormack, Lt. F. W., R.F.A. Spec. Res.
MacCormack, Capt. J. D., late R.A.M.C. Spec. Res.
MacCòrmack, Lt. J. V., R.F.A.
MacCormick, Lt. A. B., late Can. Local Forces.
MacCormick, Lt. E. MacD., 4 Bn Lond. R.

† Also awarded Bar to Military Cross.
†† Also awarded 2nd Bar to Military Cross.

Orders of Knighthood, &c.

THE MILITARY CROSS—*contd.*

McCormick, Lt. H., Leins. R.
McCorquodale, Lt. D. R.F.A.
McCorquodale, Lt. H., Res. of Off.
McCorquodale, 2nd Lt. K., 2 Lovat's Scouts Yeo.
MacCorquodale, Lt. N. D. 2 Dns.
McCorry, Temp. 2nd Lt F. J., M.G. Corps
McCosh Capt. R., O B.F. Lanark Yeo.
McCowan, Lt. P., Aust. Imp Force.
McCracken, Maj. A.M.,*late* R.F.A. Spec. Res.
McCracken, Lt. N., *lat* 7 Bn. R. Suss. R.
McCrae, Capt. W. R, R.G.A. (T.F.)
McCrea, Hon. Lt. T., *late* 10 Bn. R. Innis. Fus.
McCreadie, Capt. A. J., *M.B., late* R.A.M.C
McCready, Capt. H. E., *M.D., R.A.M.C.* (T.F.)
McCready, Temp. Lt. J., Serv. Bns Lan. Fus.
McCready, Temp. Maj. T. R., D.S.O. R. Mar.
McCreary, Temp. Capt. R., R.E. (Capt. R E. Spec. Res.)
†McCreath, Lt. D. C., R.G.A. Spec. Res
McCredie, 2nd Lt A., 6 Bn High. L.I.
McCreery, Bt. Maj.A. T. J., *M.B*., R.A.M.C.
McCreery, Lt. G. S., Man. Regt.
McCreery, Lt. R. L., 12 Lrs.
McCricick, Lt. C. S., *late* 4 Bn. R. Highrs.
McCrindle, Capt. J. R., O.B.E.,Bn.? Gord.Highrs
McCrone, 2nd Lt. R., R.G.A. Spec. Res.
McCrone, Lt. R. W., High. Divl. Eng., R.E.
McCrum, Lt. W. T., Alberta Regt.
McCubbin, Lt. J. T., 7 Bn. L'pool R.
McCudden, Maj. J. H., D.S.O., 21 Cav.
McCullagh, Lt. G A., Can. Local Forces.
McCullagh, Lt. M. J. R. B., *late* M.G. Corps.
McCullagh, Capt. W. McK H.,D.S.O., M.B., R.A.M.C. Spec. Res.
McCulloch, Temp. Capt. A. E C.
McCulloch, Lt. D. C., R.F.A. Spec. Res.
McCulloch, Lt. E. A.
McCulloch, Lt. F. F., Can. Local Forces.
†McCulloch, Lt. H., High L.I.
†McCulloch, Temp. Lt. J.
McCulloch, Capt. J. A. Can. M.G. Corps.
McCulloch, Capt. J. C., Can. A.M.C.

McCulloch, Lt. J. C., *late* 9 Bn R. Scots.
McCulloch, Lt. W. B., 2 Regt. K. Ed. Horse.
McCulloch, Lt. W. H., C'wealth Mil. Forces.
McCulloch, Lt. G. A., Can Local Forces.
McCullough, Lt. D., *late* R. Ir. Rif.
McCully, Capt. E., *la e* R A.
McCunn, 2nd Lt. D..R.F.A. Spec. Res.
McCurdie, Capt. J. R., *M.B.*, R.A.M.C. Spec. Res.
McCusker, Capt. E. A., Can. Local Forces.
McCutchan, Capt. W. C., *M.B.E., D.C.M.*, C'wealth Mil. Forces.
McCutcheon, 2nd Lt. J. W *late* Serv. Bns. L'pool R.
McDermid, Capt. J., Man. Regt.
McDermott, Capt. G, *late* R.A.S.C.
McDermott, Capt. G. A., D.S O., 4 Bn. High. L.I.
McDermott, Temp. Lt. J. C., *late* M.G. Corps.
McDermott, Lt. S , R.G.A. (T.F.)
McDermott, T. F., *late* Lt. R.A.
McDiarmid, Hon. 2nd Lt G.
†McDine, Temp. 2nd Lt. H., 8 Bn. North'd Fus.
Macdonald, Lt. A., Arg. & Suth'd Highrs.
MacDonald, Temp. Capt. Alexander, R.E.
Macdonald, Capt. A. C. R A M.C., Spec. Res.
McDonald, Temp. Lt. A A. B., Serv. Bns. Rif. Brig.
†Macdonald, Lt. A. D., Lan. Fus.
Macdonald, Maj. A. G., T.F. Res.
Macdonald, Capt. A.H.,*late* 4 High. Brig. R.G.A.
††Macdonald, Lt. A. H., 6 Bn Sea. Hlgrs.
MacDonald, Capt. A. H., 1 Cent. Ont. R.
McDonald, Lt. A. I., Aust Imp Force
Macdonald, Temp. 2nd Lt A. J., Serv. Bns. Sea. Highrs
Macdonald, Lt. A. M.,6Bn R Scots.
††McDonald,Lt.A.V., R.W. Kent R.
MacDonald, 2nd Lt. C., *D.C.M.*,Serv.Bns.E.York. R.
MacDonald, Lt. D., 4 Bn. Cam'n Highrs.

Macdonald, Capt. D. C., *M.B.*, R.A.M.C. Spec. Res.
MacDonald, Capt. D. J., D.S.O., Can. Local Forces.
Macdonald, Maj. D. R. D.S.O., R.F.A.
Macdonald, Capt. D. T., 125 Rif.
Macdonald, Temp. Lt. E. R.F.A.
MacDonald, Lt. E , R.F A Sp c. Res.
McDonald, Lt. E. C. 6 Bn. Gord. Highrs.
M-cDonald, Rev. E J. Can. Chapl Serv
McDonald, Capt. E. W., D.S.O , Alberta Regt.
Macdonald, Capt. F., R.A.S.C.
MacDonald, Lt F. G., Nova Scotia Regt.
Macdona'd, Lt. F. M., Can M.G. Corps.
Macdonald, Lt. G., R.F.A. Spec. Res.
MacDonald, Capt. G. Gord. Highrs.
MacDonald, Lt. G., Nova Scotia Regt.
McDona d, Lt. G. B., R.A.S.C.
MacDonald, Capt. G. E., 2 Cent. Ont. R.
Macdonald, Lt. G R., *late* Tank Corps.
MacDonald, Temp. Lt. H., 9 Bn. Sea. Highrs.
McDonald, Temp.Lt. H.C., Serv. Bns. North'd Fus.
MacDonald, Maj. H. S., D.S.O., R.F.A.
Macdonald, Lt. I. F., R.F.A. Spec. Res.
Macdonald, Lt. J., Gord. Highrs.
Macdonald, 2nd Lt J., 7 Bn Arg. & Suth'd Highrs.
MacDonald, Lt. J., 6 Bn. Sea. Highrs.
McDonald, Qr -Mr. & Capt. J., 4 Bn. E. Lan. R.
MacDonald, Lt. J., Man Regt.
MacDonald, Capt. J., R.F.A., (T.F.)
McDonald, Co Serjt.-Maj J., *D.C.M.*, 8 Bn Arg & Suth'd Highrs
MacDonald, Lt. J. A., R.A.
MacDo ald, Lt. J. A., Alberta R.
Macdonald, Lt. J. A. *D.S.O.*,R.F.A. Spec. Res
MacDonald, Maj. J. C.. Can. Local Forces.
McDonald, Lt. J. C., Welch R.
Macdonald, Lt. J. D., R.G.A., Spec. Res.
McDonald, Maj J. H D.S.O., C'wealth Mil Forces.
McDonald,Lt J M., 4 Bn. R. Highrs.
McDonald, Lt. J. M., Aust. Imp. Force
McDonald, Hon. 2nd Lt. J. R., *late* 11 Bn. Bord. R.

Macdonald, Bt. Maj. J. V., *M.B.*, Ind. Med. Serv.
McDonald, Lt. J. W., C'wealth Mil. Forces.
Macdonald, Capt. J. W., New Bruns. Regt.
Macdonald, Temp. Lt. K. Serv. Bns. Sea. Highrs.
McDonald, Capt. K. G., C'wealth Mil. Forces.
MacDonald, Maj. K M., T. F. Res.
Macdonald, 2nd Lt. L. J., Res. of Off. Ind. Army.
MacDonald, Temp. Capt. M.A., *M.B.*, R.A.M.C.
MacDonald, Temp. 2nd Lt. M B., Labour Corps.
McDonald, Lt. M. J., 6 Bn Lond. R.
McDonald, Lt. N. F., Can. Local Forces.
Macdonald, Lt. N. J., *late* 11 Bn. R. Scots.
†Macdonald, Lt. R., 5 Bn. R. Lanc R.
Macdonald, Lt.-Col. R. H., *D.S.O.*,Can. Local Forces.
Macdonald, Lt. R. N., 8. Gds.
Macdonald, Capt. R. O. C., R.F.A. Spec. Res.
MacDonald, Lt. R. R., 2 Cent. Ont. R.
Macdonald, Lt. S , 3 Bn Sco. Rif.
MacDonald, Lt. W. A.,*late* R.G.A., Spec. Res.
MacDonald, 2nd Lt. W. A. 10 Bn. R. Scots.
Macdonald, Capt. W. G., *M.B., late* R.A.M.C.
Macdonald, Maj. W. J., *M.B., late* R.A.M.C.
†Macdonald, Capt. W. J., *M.M.*, N. Brunswick R.
Macdonald, Temp. Capt. W. M., R.E.
Macdonald, Hon. 2nd Lt. W. S., *late* Bord. R.
MacDonnell, Temp. Capt. C. B. J., M.G. Corps.
Macdonell, Capt. J. F., R.F.A. (T.F.)
McDonnell, Capt. J., R.A.M.C.
MacDonnell, Capt. J. McK., Can. Local Forces
MacDonnell, Hon. Capt. Rev. R. A., Can. Local Forces.
McDonnell, R. S., *late* Capt. R.A.M.C.
McDonough, Batty. Serjt.-Maj. F., R.F.A.
McDon ugh, 2nd Lt. J., 5 Bn. R. War. R.
McDonough, Capt. M. P., *late* Serv. Bns. Welsh R.
McDougal, Capt. E. T. M., Res. of Off.
Macdougall, Bt. Maj. A. I., *D.S.O.*, 5 Lrs.
McDougall, Lt. A. R., C'wealth Mil. Forces.

† Also awarded Bar to Military Cross.
†† Also awarded 2nd Bar to Military Cross.

Orders of Knighthood, &c. 391

THE MILITARY CROSS—*con'd.*

Macdougall, Lt. B. W., 5 Bn. Sco. Rif.
MacDougall, Temp. Lt: D. A., R.E.
Macdougall, Temp. Capt. D. J., *M B* , R.A.M.C.
McDougall, Capt. D. J., R. Scots.
McDougall, Temp. 2nd Lt. J., Serv. Bns. R. Sc. Fus.
MacDougall, Lt. T. M., 18 Bn. Lond. R.
McDougall, Sub.-Condr. J. L. N., Ind. Ord. Dept.
†McDougall, Capt. W. A., New Bruns. Regt.
Macdougall, 2nd Lt. W. J., *M.M.*, 3 Bn. Sea Highrs
McDowall, Temp. Lt. C. J. L., Serv. Bns. S. Lan. R.
McDowall, Lt. M. B. T. *M.M.*, Aust. Imp. Force.
McDowell, Lt. C T. J., R.F.A. (T.F.)
McDowell, Lt. G. S., C'wealth Mil. Forces.
Macdowell, Lt. M. W., Can. Local Forces.
McDowell, Temp. 2nd Lt R., N.Staff. R.
McDowell, Lt. T. P., 6 Bn. K.R. Rif. C.
†McDowell, Lt. W. J., la*'e* Serv. Bns R. Ir. Rif.
McDuff, Temp. Capt. A. J., R.A.
†Mace, Lt. E. R., 3 Bn. L'pool R.
McEachern, Capt. J. N., Can. Fd. Art
McElduff, Hon. Capt. D., *late* North'n Fus. (attd.)
McElhaw, Lt. J. I., Q.O.R. Glas. Yeo.
McElnay, Lt. G H., R. Dub. Fus.
††McElroy, Lt. G. E. H. R.G.A.
McElroy, Capt. J. H., C'wealth Mil. Serv.
McEnroy, Capt. P., *D.S.O.*, Leins. R.
McEnuff, Capt. W., *late* Labour Corps.
McEvoy, Co.-Serjt.-Maj.P., 11 Bn. Durh, L.I.
MacEwan, Maj. L., *late* R.A.
McEwan Temp. Capt. R., Serv. Bns. R. Ir. Fus.
MacEwen, Lt. A. R., ret. T.F.
McEwen, Lt. C., *D.F.C.*, Sask. Regt.
MacEwen, Capt.D.W.,3 Bn R. Highrs.
†MacEwen, Capt. E.A., 3 Bn. Arg. & Suth'd Highrs.
MacEwen, Capt. H. B., Can. A.M.C.

McEwen, Maj. T., *late* R.A.M.C. Spec. Res.
McEwen, Lt. W., S. Lan. R.
McEwen, Temp. Capt. Spec. Res.
†Macey, Temp. Lt. S. A., 8 Bn. !)evon R.
McFadyean, 2nd Lt. G. W., R.F.A. Spec. Res.
McFadzean, 2nd Lt. A., 5 Bn. R. Sc. Fus.
McFarland, *Rev.* E. W., Hon. Chapl. to the Forces 4th Class.
McFarland, Capt. J.B., *late* R.A.M.C.
McFarland, Capt W. C. D. High L I.
Macfarlane, Temp. Capt. A. 16 Bn. High. L.I.
Macfarlane, Lt. A. C., Can. M.G. Corps.
Macfarlane, Capt. B. N. *late* S. Afr. Def. Force.
Macfarlane, Capt. D. H, Can. Local Forces.
Macfarlane, Temp. Lt. D. M., 19 Bn. Lan. Fus.
Macfarlane, Lt. E. A. C., C'wealth Mil Forces.
Macfarlane, Lt. G. G., R F A. (T.F.)
Macfarlane, Capt. G. S., Can. Local Forces.
McFarlane, Lt. H., Aust Imp. Force.
Macfarlane. Maj. H. E., *D.S.O.*, 19 Hrs., *p.s.c.*
McFarlane, 2nd Lt. J., 4 Low. Brig., R.F.A.
Macfarlane, Temp. Capt J., Serv. Bns. R. Fus.
McFarlane, Temp. Lt. J., M.G. Corps.
Macfarlane, Temp. Lt. J. K.O. Sco. Bord.
Marfarlane, Capt. J. McL., *M.D.*, R.A.M.C. (T.F.)
††Macfarlane, Capt. J. W., *M.B.*, *late* R.A.M.C.
Macfarlane, Lt. M., R.E. (T.F.)
Macfarlane, Temp. Maj. R C., 12 Bn. Arg. & Suth'd Highrs.
Macfarlane, Lt. R. M. C., R.A.
Macfarlane, Lt. S. R., Aust. Imp. Force.
†McFarlane, Capt. W., *M.B.*, *late* R.A.M.C.
MacFarlane, Lt. W. A., R.F.A. Spec. Res.
†Macfarlane, Temp.2nd Lt. W. C., R. War. R.
†MacFarlane,Capt. W. E., Can. Local Forces.
Macfarlane-Grieve, Capt. A. A., High. L.I.
Macfarlane-Grieve, Capt. R. W., 3 Bn R. Highrs.
McFaul, Capt. A. McN., Can. M. G. Corps.

Macfayden, Capt. D., R.A.M.C Spec. Res.
Macfayden,Lt. W. A., 5 Bn. E. Kent R.
MacFeat,Capt. P. D., R.E. W. L.
Macfie, Temp. Capt. J. M., *M.B.*, R.A.M.C.
Macfie, Temp. Lt. T., Serv. Bns. Sco. Rif.
MacFie, Temp. Lt. T. G., *D.S.O.*, *late* S. Afr. Def. Force.
McGachen, Lt. G. F., Conn. Rang.
McGahey, Lt. M. S., 5 Bn. Midd'x R.
McGarvey, *Rev.* B., Temp. Chapl. to the Forces (4th Class).
McGavin, Lt. N., R. Ir. Rif.
McGeagh, Capt. G. R. D., *late* R.A.M.C.
McGeary,Capt. W. L., Can. Local Forces.
McGee, Capt. D., jun., 9 Bn. Arg. & Suth'd Highrs.
McGee, Lt. E., 6 Bn. Arg. & Suth'd Highrs.
McGee, Capt. W. R., Can. Local Forces.
McGee, Lt. W. R. A., R.A.
McGeorge, Lt. W. B., High. L.I.
McGhie, Capt. J., *M.B.*, N.Z. Mil. Forces.
McGhie, Lt. J. W., C'wealth Mil. Forces.
McGhie, Maj. W. G., Can Eng.
MacGibbon, Lt. F. W. Aust Imp. Force.
MacGibbon, *Rev.* J., *B.D.*, Chaplain,3rd Class. (T.F.)
McGibbon, Lt. J. A., R. Ont. Regt.
McGibbon, P., *M.B.*, *late* Temp. Lt, R.A.M.C.
McGill, Maj. H. W., Can Local Forces.
McGill, Temp. Capt. J. T. R., *M.B.*, R.A.M.C.
MacGill, Capt. R., *late* R.A.M.C.
McGillivray, Capt. N., *M.B.*, R.A.M.C. Spec Res.
MacGillivray, *Rev.* R. C., Can. Chapl. Serv.
McGilvray, Hon. Lt. D., *late* 9 Bn. Sea. Highrs.
McGinn. Lt. L. C, Aust Imp. Forces
McGlashan, Capt. J. E., Aust. Imp. Force.
McGonigal, Lt. H. *A*. K. Leins. R.
†McGonigal, Capt. R. W. Antrim R.G.A.
McGorty, Temp.Capt.G.J., *M.B.*, R.A.M.C.
McGovern, Lt. F., York. R.
†McGovern, Lt. W. F., Quebec R.

McGowan, Lt G., 5 Bn. Ches. R.
McGowan, Lt. I. A. W., R.F.A. (T.F.)
†MacGowan, Capt. K. C., Brit. Columbia Regt.
McGowan, 2n Lt. P. J., *late* 11 Bn. R. Dub. Fus.
McGowan Batt. Serjt.-Maj. R. H., R.F.A.
McGowan, Lt. R. J., Aust. Imp. Forces
McGown, Temp. Lt. J. A., R.A.O.C.
McGranahan, Temp. Lt. J. N., 17 Bn. R. Ir. Rif.
McGrath, *Rev.* E., Hon. Chapl. to the Forces, 4th Class.
McGrath, Hon. 2nd Lt. (*Hon. Maj.*) J. A., *late* R. Dub. Fus.
McGrath, Temp. lt. J. C. M.G. Corps.
McGrath, Lt. J. C., R.A.
†McGrath, Lt. R. R. C., 3 Bn. R. Ir. Regt.
McGrath, Temp. Lt. T. J. 11 Bn. W. York R.
McGrath, Capt. W. M. A., *late* R.E.
McGraw, Serjt.-Maj. F., Aust. Imp. Force.

McGreer,*Rev.* A H. *O.B.E.*, *late* Can. Local Forces.
McGreehin, Capt. J. P., *M.B.*, *late* R.A.M.C.
McGreer, *Rev.* A. H., Hon. Maj., Can. Local Forces
Macgregor. Lt A. E., 9 Bn. Arg & Suth'd. Highrs.
Macgregor, Lt. A. G., R.E. (T.F.)
Macgregor, Lt. D. E. F. 4 Bn. Sea. Highrs.
McGregor, 2nd Lt. D. H., R.E. (T.F.)
McGregor, Lt. E., R.E. (T.F.)
McGregor, 2nd Lt. E. J., N.Z. Mil. Forces.
MacGregor, Lt. F. J., C'wealth Mil. Forces.
MacGregor,Temp. 2nd Lt. F. M., *M.M.*, Serv. Bn. North'n R.
McGregor, Lt. G. A. A., Cam'n Highrs.
MacGregor. Capt. G. B., *M B.*, *late* R.A.M.C.
McGregor, Lt. G. S., *late* Serv. Bns. R. Scots.
†MacGregor, J., *M.D.*, *late* Temp. Capt. R.A.M.C.
MacGregor, Temp. Lt. J., Serv Bns. R. Highrs.
McGregor, Lt. J. A., 8 Bn Arg. & Suth'd Highrs.
MacGregor, Capt. J. R, Res. of Off.

† Also awarded 1 Bar to Military Cross.
†† Also awarded 2nd Bar to Military Cross.

Orders of Knighthood, &c.

THE MILITARY CROSS—contd.

Macgregor, Lt. J. R., 5 Bn. R. Sc. Fus.
McGregor, Lt. M. J. H., late Bes of Off.
MacGregor, 2nd Lt. R., R.F.A. Spec. Res.
MacGregor,Bt.Maj.R.F.D., M.B., Ind. Med. Serv.
MacGregor, Capt. R. I. C., C'wealth Mil. Forces.
MacIncs, Lt. W. A., 4 Bn. High. L.I.
MacGregor, Temp. Lt. R. P., 17 Bn. R. Ir. Rif.
MacGregor, Temp. Lt. R. R. 4 Bn. Sco. Fus
MacGregor, Lt. R. M.D., late R.A.M.C.
McGregor, Lt. W. E., R.A.S.C. (T.F.)
McGruer, Lt. A. G., 4 Bn. Cam'n Highrs.
Macmuffie, 2nd Lt. T., 10 Bn. Manch. R.
McGugan, Capt.D., O B E, Can. Local Forces.
McGuinness Rev. E., Temp. Chapl. to the Forces, 4th Class.
McGuinness,Rev. R., Temp. Chapl to the Forces (4th Class).
McGuinness, Lt. W. T., R.F.A.
MacGuire, Capt. S. M., late Serv.Bns,Midd'xR.
McGuire, Temp. Lt. J. A., late Tank Corps.
McHaffie, Maj. H. McC., 6 Bn. Arg. and Suth d Highrs.
McHale, Lt. C. M., 4 Bn. S. Lan. R.
McHardie, Lt. J. S., C'wealth Mil. Forces.
McHardy, Rev. J., late Temp. Chapl. to the Forces, 4th Class.
Machell, Lt. F. W., M.M. Brit. Columbia Regt.
Machell, 2nd Lt. J., R.G.A. Spec. Res.
McHenry, Lt. R. W., C'wealth Mil. Forces.
Machin, Temp. Lt. J. H. Serv. Bns., K. R. Rif. C.
Machin, Lt. F. J., K.O. Sco Bord.
Machin, Lt. N. F., C. Gds Spec. Res.
Machin Lt. R. J.,late Serv. Bns W. Rid. R.
Machlachlan, Temp. Lt. A. B.
Machon, Temp. Lt. R. E. Serv. Bns., Devon. R.
Machray, Capt E. D. ret.
McHugh, Lt. D., late R. Ir. Rif.
McIlroy, Capt G. S., C'wealth Mil. Forces.
†McIlroy, Lt. J. R., 4 Bn. R. Innis. Fus.
MacIlwaine, Lt. A. A. M., late 13 Hrs., Spec. Res.
MacIlwaine, Capt. A. H., D.S.O., R.F.A.

McIndeor, 2nd Lt. C. J., 14 Bn. Lond. R.
Macindoe, Capt. J. D., O.B.E., S. Gds.
†McIndoe, Lt. W., 5 Bn. R. Sc. Fus.
McInnes, Lt. J. E., D.C.M., W. Ont. Regt.
McInnes, Lt. J. A , 4 Bn. Cam. Highrs.
MacInnes, Lt. W. A., 4 Bn. High. L.I.
McIntosh, Capt. A, C., R E.
McIntosh, Lt. D., 3 Bn. Lan. Fus.
McIntosh, Lt. C. H., 5 Bn. L'pool R.
McIntosh, Lt. D. B., 5 Bn. L'pool R.
Macintosh, Temp. Capt. D. G., R.F.A.
McIntosh, Lt. D. McF., 5 Bn. R. Sc. Fus.
McIntosh, Lt. G. T., 6 Bn. High. L.I.
McIntosh, 2nd Lt. H., R. Ir. Rif
McIntosh, Lt. H., 6 Bn. Arg. & Suth'd Highrs.
McIntosh, H P F., late Lt. 9 Bn. Arg. & Suth'd Highrs.
McIntosh, Lt. E. P., Ind. Army, Res. of Off.
McIntosh, Lt. R. F., 1 ent. Ont. R.
McIntosh, 2nd Lt. R., S Afr. Prote. Force.
McIntosh, Capt. W. G. Can. Local Forces.
McIntyre, Bt. Maj. A. S., 3 Bn. Leic. R.
McIntyre, Temp. Capt. D., M.B., R.A.M.C.
MacIntyre, Maj. D. E., D.S.O., Can.Local Forces.
McIntyre, Maj. F., C'wealth Mil. Forces.
McIntyre, Lt. G. L., Aust. Imp. Forces.
†Macintyre, Maj. H. R., D.S.O.,M.D.,late,R.A.M.C.
McIntyre, Lt. J., D.C.M., R.E. (T.F.)
McIntyre, Lt. J. C., 4 Bn. R. Highrs.
Macintyre, Lt. J. D., Quebec R.
†McIntyre, Capt. J. G., late Ayr. Yeo.
MacIntyre, Lt. R.,1 Lovat's Scouts Yeo.
McIntyre, Capt. R. C., Man. Regt.
Macintyre, Capt. R. G., 7 Bn. Durh. L.I.
†McIntyre, Lt. R. H. M., Sco. Horse Yeo.
McIntyre, Maj. R. J., late 3 Bn. Leic. R.
McIntyre, Capt. R. W., 4 Bn. R. Highrs.
McIntyre, Qr.-Mr. & Capt. S. L., Aust. Imp. Force.

McIntyre Lt. W., 5 Bn R Highrs.
Mcintyre, Lt. W. B, R.G.A. Spec. Res.
McIntyre, Maj. W. K., M.B., late R.A.M.C.
McIver, Temp. Capt. J. M., R.E.
MacIver, Lt. A. S., 4 Bn. Lan. Fus.
Maciver, Hon. Lt. D. P., late 12 Bn. Arg. & Suth'd Highrs.
MacIver, Lt. K., R.F.A. Spec. Res.
MacIver, Capt. K. I., D.S.O., R.G.A.
McIver, Lt. S. L., R.F.A. Spec. Res.
McIvor, Lt. J., M.M., ret.
†McIvor, Lt. N. B., 10 Bn. Midd'x. R.
Mack, Lt. E., 8 Bn Essex R.
Mack, Temp. Lt. I. F., 10 Bn. D. of Corn. L.I.
Mack, Lt. L. D., R.F.A. (T.F.)
MaKaig, Lt. W. R., 6 Bn. L'pool R.
McKague, Lt. E. V., Can. Cyclist Corps
McKay, Lt. A. E., Alberta R.
Mackay, Capt. A. H., R.A.M.C. (T.F.)
†MacKay, Lt. A. J., 5 Bn. Sea. Highrs.
Mackay, Capt. A. S., 7 Gúrkha Rif.
Mackay, Capt. C., 5 Bn. Leins. R.
McKay, Capt. C.I., R.F.A.
MacKay, Maj. D., D.S.O., late R.F.A.
†Mackay, Temp. Capt. Donald R.F.A.
MacKay, Temp. Capt. D. A., Serv. Bns. Arg. & Suth'd Highrs.
Mackay, Capt. D. J. E., late R.E.
MacKay, Lt. D. S., D.C.M., Sea Highrs.
McKay, Lt. G., Gord. Highrs.
Mackay, Temp. Capt. G., M.C. Corps.
Mackay, Capt. G. E., R. Highrs.
†McKay, Hon. Capt. G. M., late 21 Bn. Lond. R.
†Mackay, Capt. G. R. E. G., M.B., R.A.M.C. (T.F.)
MacKay, Lt. G. S., T.F. Res.
Mackay, Maj. H. G. S , late Serv Bns. High. L.I.
MacKay, Lt. H. P., Sea. Highrs.
McKay, Capt. J., M.B., R.A.M.C. Spec. Res.
†MacKay, 2nd Lt. J. C., R.F.A. (T.F.)
Mackay, Lt J. E , 4 Bn. Oxf. & Bucks. L.I.

†McKay, Capt. J. F., Sask. Regt.
McKay, Hon. Capt. J. G., Can. Y.M.C.A.
†Mackay, Lt. J. M., R.G.A. (T.F.)
Mackay, Capt. J.M., M.B., late R.A.M.C.
Mackay, Capt. K., 5 Bn. W. York. R.
Mackay, Sergt Maj. M., D.C.M., Sea, Highrs.
Mackay, Capt. M. R., M.B., late R.A.M.C.
McKay, Lt. R J., D.S.O., M.B.E., Arg. & Suth'd Highrs.
†Mackay, Temp. 2nd Lt. R. I., 11 Bn. Arg. & Suth'd Highrs.
McKay, Co. Sergt.-Maj. S., Arg. & Suth'd Highrs.
Mackay, 2nd Lt N.D., R.E.
Mackay, Capt. N. J., Aust. Imp. Force.
Mackay, Temp. Lt. R. J.
††Mackay,Lt.W.G.,R.F.A.
Mackay, Lt. W. H. F., 19 Bn. Lond. R.
MacKay, Lt. W. J., R.F.A. (T.F.)
MacKay, Lt. W. M., 3 Bn. Sea. Highrs.
McKay-White, Capt. E.W., late R.E.
MacKean, Lt.A.N., R.G.A., Spec. Res.
†C. McKean, Capt. G. B., M M., Corps of Mil.Accts.
McKeand, Lt. A. B., late Serv. Bns, North'd Fus.
McKeand, Temp. Capt. W. L., Serv. Bns. Bord R.
McKechnie, Capt. E. A., 3 Bn.Arg. & Suth'd Highrs.
McKechnie, Temp. 2nd Lt. J., 6 Bn. K.O. Sco. Bord.
McKechnie, Lt. R., N. S.m. Yeo.
McKee, Lt. H. C, Aust. Imp. Force.
†McKee, Temp. Lt. H. K., 7 Bn. K.O. Sco. Bord.
McKee, Capt. T. B., M.B., R.A.M.C.(T.F.)
McKeen, Lt. J., Ind. Army
McKegney, Rev. S. E., Can. Chapl. Serv.
MacKellar, Temp. Capt E. C., R.A.S.C.
†Mackellar. Lt. J. O., Arg. & Suth'd Highrs.
McKellen, Temp. Capt. F. S. M., North'd Fus. (attd.)
††McKelvey, Capt. D., M.B., R.A.M.C.
McKelvey, Temp. Lt. K. A., M.G. Corps.
McKelvie, D., late Temp. 2nd Lt.
McKelvie, Lt. D. C., 5 Bn. Sea. Highrs.

† Also awarded Bar to Military Cross.
†† Also awarded 2nd Bar to Military Cross.

Orders of Knighthood, &c.

THE MILITARY CROSS—contd.

Macken, Maj. W., ret pay
McKendrick, Temp. 2nd Lt. A.
McKenna, Lt. J. 3 Bn. R. Dub. Fus.
McKenna, Capt. J. E., Quebec R.
McKenna, Temp. Maj. J. W., R.F.A.
M'Kenna, L. V., Can. Fd. Art.
Mackenzie, Capt. A. A., Can Local Forces.
Mackenzie, Lt. A. A., Aust Imp Force
McKenzie, Temp. 2nd Lt A. J., R.E.
Mackenzie, Maj. A. K., D.S.O., C'wealth Mil. Forces.
McKenzie, Capt. A. P., Can. Local Forces.
Mackenzie, Lt. A. V., 3 Bn. Shrops. L.I.
McKenzie, Temp. Capt. C., D.S.O., 11 Bn. E. Lan. R.
Mackenzie, Temp. Capt. C. A., A. Ord. Dept.
Mackenzie, Lt. C. J., 2 Cent. Ont. Regt.
MacKenzie, Lt. C. R, Aust. Imp Force
Mackenzie, Lt. D., 3 Bn K. O. Sco. Bord.
†Mackenzie, Lt. D., 6 Bn. Gord. Highrs.
Mackenzie, Lt. D.A., R.F.A., (T.F.)
McKenzie, Lt. D. L., Aust. Imp. Force
McKenzie, Temp. Lt. D McL., R A
MacKenzie, Lt. D. N., M.M., Alberta R.
Mckenzie, Capt. D. R., R.F.A. Spec. Res.
Mackenzie, Temp. Lt. D.W., Serv. Bns. Sea. Highrs.
Mackenzie, Capt E. F. W., M.B., O.B.E., R.A.M.C.
McKenzie, Lt. E. G. H., Aust. Imp. Force.
Mackenzie, Capt. E. L., M.B., late R.A.M.C.
McKenzie, Lt. F., R.G.A.
Mackenzie, Capt. F. B., D.S.O., 4 Bn. R. Scots.
McKenzie, Lt. F. E., N.Z. Mil. Forces.
Mackenzie, Lt. F. S., 18 Bn Lond. R.
McKenzie, Temp. Lt. G. M., M. G. Corps.
Mackenzie, Lt. G. O., 6 Bn. Chesh. R.
Macken^zie, Sergt.-Maj. H., Aust. Imp. Force
Mackenzie Lt. H., 8 Bn R. Scots.
MacKenzie, Capt. H. D., 2 Lovat's Scouts Yeo.
Mackenzie, Capt. H. J., Can. Eng.
MacKenzie, Temp. Capt. H. J., Serv.Bns. Glouc. R.

McKenzie, Lt. H. W., Aust. Imp. Force.
Mackenzie, Lt. I. D., 3 Bn. R. Dub. Fus.
McKenzie, 2nd J., R.F.A., Spec. Res.
McKenzie, Temp. 2nd Lt. J. A., Serv. Bns. R. Highrs.
MacKenzie, Lt. J. D., Nova Scotia Regt.
McKenzie, Capt. J. M., M.B., R.A.M.C.
Ma^cKenzie, Lt. J. McA., Res. of Off., Ind. Army.
McKenzie, Temp. Lt. J. McP, M.G. Corps.
McKenzie, Temp. Lt. J. P., R.E.
Mackenzie, J. R N., M.B., late Temp. Lt. R.A.M.C.
Mackenzie. J. T., Capt. late R.A.M.C.
McKenzie, Capt. K. B., 7 Bn. W. Rid. R.
Mackenzie, Lt. K. L., 9 Bn. Lond. R.
Mackenzie, Capt. K. N., 3 Co. of Lond. Yeo.
Mackenzie, Capt. K. S., R.F.A.
†Mackenzie, Temp. Capt. K. W., D.S.O., M.B., R.A.M.C.
†Mackenzie. Capt. K. W., C'wealth Mil. Forces.
Mackenzie, Capt. L. A., M.B., R.A.M.C. T.F. Res
Mackenzie, Bt. Maj. L. de A., D.S.O., Gord. Highrs.
MacKenzie, Capt. M., 4 Bn. Cam'n Highrs.
Mackenzie, Lt. M, M.M., 6 Bn. Sea. Highrs.
McKenzie, Temp. 2nd Lt.M. A., Serv. Bns. R. Sc. Fus.
Mackenzie, Lt. M. D., ret. R.F.A. Spec. Res.
Mackenzie, Lt. N. A., late R.E.
MacKenzie, Capt. P., Can. Local Forces.
Mackenzie, Maj. R. H., D.S.O., 1 Lond. Divl. R.E.
McKenzie, Lt. R. W., C'wealth Mil. Forces.
Mackenzie, Capt. S. G., Man. Regt.
†McKenzie, Lt. T., R. War. R.
Mackenzie, Maj. T. G., 5 Bn. Yorks. L.I.
McKenzie, W., Chaplain, 4th Class, C'wealth Mil. Forces.
MacKenzie, Lt. W. A., R.F.A. Sec. Res.
Mackenzie, 2nd Lt. W. D., C'wealth Mil. Forces.
MacKenzie, Capt. W. D., R.A.M.C. (T.F.)
†Mackenzie, Capt. W. H. P., Sco. Horse Yeo.

McKenzie, Capt. W. J. E., R.A.V.C. Spec. Res.
†Mackenzie, Maj. W. N., late R.F.A.
Mackenzie-Grieve, Temp Lt. C. J.
Ma^ckenzie-Kennedy, Capt K. E. B., N. Staff. R.
McKeown, Hon. 2nd Lt. F. Q., late R.G.A., Spec. Res.
McKeown, Capt J D., Can. Fd. Art.
McKeown, Temp. Lt. R. F., Serv. Bns. R. Ir. Rif.
McKeown, Temp. Capt. R. N.
McKeown, Temp. Lt. W. W., R.F.A.
McKerchar, Co. Serjt.-Maj. J., R. Highrs.
Mackereth. Lt. G., 3 Bn. Lan. Fus.
McKerrow, M., late Temp Lt., 11 Bn. Bord. R.
McKerrow, Capt. W. H. 3 Bn. Ches. R.
Mackersey, Temp. Lt. L. S., R.F.A.
McKersie, Lt. W., 9 Bn. High L.I.
Mackesy, Bt. Lt.-Col. P. J., D.S.O., R.E.
McKevitt, Temp. Lt. P. J., Serv. Bns. Lan. Fus.
McKew, Rev. J. H., Chapl. to the Forces, 4 Cl.
Ma^cKey, Capt. D, Aust Imp. Force.
Mackie, Temp. Lt. B. C., Serv. Bns. Wilts. R.
Mackie, Capt. D., M.B., R.A.M.C. Spec. Res.
Mackie, 2nd Lt. D. C., S. Afr. Def. Force
Mackie, Lt. D. E. S., R.F.A. (T.F.)
McKie, Lt. H. E., late R.F.A., Spec. Res.
Mackie, Temp. Lt. J., Serv. Bns. Arg. and Suth'd Highrs.
Mackie, Qr.-Mr. and Maj. J. Gord. Highrs.
Mackie, Co. Serjt.-Maj. J. Gord. Highrs.
Mackie. Temp. Capt. J. D., Serv. Bns. Arg. & Suth'd Highrs. (Lt. unattd. List, T.F.)
†Mackie, Capt. W. B., R.F.A.
MacKie, Lt. W. G. 5 Bn. W. Rid. R.
McKie, Temp. Lt. W. T., Cam'n Highrs. (attd.)
McKill, Hon. Capt. J. W.
†Mackilligin, Lt. R. S., O.B.E., R.E. Spec. Res.
McKillop, Lt J. F., late 24 Bn. Lond. R.
McKillop Capt. R. A., Aust. Imp. Force.
McKimm, Temp. Maj. D S. A., D.S.O., 6 Bn. Shrops. L.I.
McKinlay, Temp. Lt. H L. Serv. Bns. Cam'n Highrs.
†McKinlay, Lt. J. A., late 10 Bn. High. L.I.
†McKinlay, Temp. Maj. J. W., 9 Bn. Sco. Rif.

McKinley, 2nd Lt. C., 16 Bn Lond. R.
McKinley, Temp. 2nd Lt. R.W., 9 Bn. R. Innis.Fus.
McKinley, Qr.-Mr. and Capt W., 8 Bn. Norf. R.
McKinna, 2nd Lt. H. D., 3. Bn. Arg. & Suth'd Highrs.
†McKinnell, Temp. Lt. J. A., Sea. Highrs.
McKinney, Serjt-Maj. W., 19 Bn. L'pool R.
MacKiⁿnon, Lt. A. W., Man. R.
McKinnon, F. L., M.D. late Temp. Capt. R.A.M.C.
McKinnon, Capt. J., late Serv. Bns. North'd Fus.
MacKinnon, Lt. J. A., 1 Cent. O.it Regt.
†MacKinnon, Capt. J. D., M.B., late R.A.M.C.
MacKin on, J. P., Can. Local Forces.
MacKinnon, Capt. J. W., Corps. of Mil. Accts
†MacKinnon, Capt. K. R., Can. Local Forces.
MacKinnon, Lt. M., 4 Bn. High. L.I.
Mackinnon, Capt. M. A., 7 Bn. Durh. L.I.
Mackinnon, Temp. Lt. P., R.E.
McKinstry, Temp. Lt. J., Serv. Bns. R. Ir. Rif.
Mackintosh, Temp. Lt. A, Serv. Bns. Notts & Derby R.
Mackintosh, Lt. A. M., 4 Bn. E. Surr. R.
McKintosh, Capt. H. C., 7 Bn. R Highrs.
Mackintosh, Lt. I., 3 Bn Cam'n Highrs.
Mac^kintosh, Lt. J., 5 Bn. Sea. Highrs.
Mackintosh, Temp. Lt. J. D.
Mackintosh, Capt. J. F., 4 Bn. Gord. Highrs.
Ma kintosh, Capt. W., 2 Lovat's Scouts Yeo.
Mackintosh, Capt. W. D., R.E. Spec. Res.
††Mackintosh-Walker, Lt. J., Sea. Highrs.
MacKinty, Lt. H. B., R.F.A. Spec. Res.
Mackillin. Temp. Capt. A., G., O.B.E., M.B., R.A.M.C.
*Macklin, Lt. B. J., R.A.S.C. Spec. Res.
Macklin. Lt. G. E., Can. L cal Forces
Macklin, Maj. R. W., late R.A.
McKnight, Lt. J. G., New Bruns. Regt.
McKnight, Temp. Capt. J, McL., R.A.M.C.
McKnight, Lt. T., late 9 Bn. R. Innis. Fus.
Mackwood, J.C., late Temp. Capt., R.A.M.C.

† Also awarded Bar to Military Cross.
†† Also awarded 2nd Bar to Military Cross.

Orders of Knighthood, &c.

THE MILITARY CROSS—*contd.*

Macky, Temp. Capt. J., M G. Corps
McLachlan, Maj. A. C., Res of Off.
Maclachlan, Temp. Capt. C. F., R.A.M.C.
McLachlan, Qr.-Mr.& Capt D., 4 Bn. R. Highrs
MacLaclan, Lt. D. N., 5 Bn. Sco. Rif.
McLachlan, Temp. Lt. J., R.E.
McLachlan, 2nd Lt. N., C'wealth Mil. Force.
MacLachlau, Temp. Lt. R., Serv. Bn. R F s
McLachlan, Temp. Lt. T., D.S.O., 25 Bn. North'd Fus.
McLagan, Lt. J., 14 Bn. Lond. R.
Maclaglan, Capt. P. W., M B., late R.A.M.C.
MacLagan, Lt. W. C., 19 Bn. Lond. R.
†Maclaine of Lochbuie, Temp. Maj. K. D. L., 17 Bn. Midd'x R., Capt. 15 Hrs. Spec. Res.
Maclaine, Maj. R. G., Arg and Suth'd Highrs.
McLaren, Lt. A., High Divl. Train. R.A.S.C.
MacLaren, Lt. A. I., R.F.A Spec. Res.
†MacLaren, 2nd Lt. A. S.C., 3 Bn. K, O Sco. Bord.
Maclaren, Capt. H., D S O., R.E. (T.F.)
MacLaren, Temp. Lt. H.

McLaren, Temp Capt H A. F., R. Highrs.
MacLaren, Capt. H. J., Can. Fd. Art.
McLaren, Lt I. G., Can M.G. Corps
MacLaren, Lt. I.N.M.,Can. Fd. Art.
††McLaren, 2nd Lt. J. A., 6 Bn. L'pool R.
McLaren, Temp. 2nd Lt. J. D , M.G. Corps
McLaren, Lt. J K., R.G.A., Spec. Res
McLaren, Lt. M., Quebec R.
Maclaren, Lt R H., R.E.
McLaren, Capt. T., R.G.A (T.F.)
McLaren, Capt. W., late Serv. Bns. High. L I.
Maclaren, Lt. W., C'wealth Mil. Forces.
McLauchlan, Temp. Lt. A., 15 Bn. R. Scots
McLauchlan, Lt. T., 7 Bn. R. Scots.
MacLaughlin, Capt. W. P., R.A.
McLaws, Capt. D. D., Sask. Regt,
McLay, Temp. J. F., M.B., late R.A.M.C.
†McLea, Lt W. S., 5 Bn. Arg. & Suth'd Highrs.

McLean, Co. Serjt.-Maj. A., 10 Bn. Gord. Highrs.
McLean, Lt. A., h.p.
MacLean, Lt. A., Can. Fd. Art.
Maclean, Temp. 2nd Lt. A., Serv Bns. R. Fus.
Maclean, Temp. Lt. A. C. M.G. Corps
Macl an, Lt. A. G., Aust. Imp. Force.
Macle n, Lt. A. K., 4 Bn High. L.I.
McLean, Capt. A. L., Aust Imp. Fo ce.
McLean, Lt. A. M., Ind. Army (Res. of Off.)
Mac ean, Capt. A. T., Can Eng
†MacLean, 2nd Lt, C., N Lan. R.
MacLean, Temp. Capt. C. A., 11 Bn. Arg. & Suth'd Highrs.
MacLean, Temp. 2nd Lt C. H., 8 Bn. R. Lanc. R
McLean, Lt. C. J., 6 Bn. L'pool R.
Maclean, Capt. C. T., R Sco. Fus.
MacLean, Temp. Lt. D.

McLean, Capt. F., C'wealth Mil. Forces.
Maclean, Temp. Capt. G. D. M.
Maclean t G. F., Arg. & Suth'd Highrs.
Maclean, Lt. G. H., Ches. R.
Maclean, Capt. H. C., 7 Bn. Sco. Rif.
McL an, Lt. H. C., Man Regt.
Mc an, Lt. H J. G., 1 Cent. Ont. Regt.
Maclean, Lt. J. B., 7 Bn Sco. Rif.
†Maclean, Capt. J. C., N.Z. Mil. Forces.
Maclean, Capt J D., Balt. Columbia Regt.
Maclean, Capt. J. W., M.B., R.A.M.C., Spec. Res.
McLean, Lt. J. Y., R.F.A (T.F.)
†McLean, Capt. K. A., Aust. Imp. Force.
Mcl ar. Lt. M. R.F.A. Spec Res
†MacLean, Capt. L. J. & R., Aust Imp. Force.
Maclean, Lt. V. W., Can. Local Forces.
McLean, Lt. W., C'wealth Mil. Forces.
McLean, Temp. Capt. W., S. Afr. Def. Forces.
McLean, Capt. W. F., M.B., R.A M C. Spec. Res.
MacLean, Regtl. r.-Mr.-Serjt. W. L., R. Sc. Fus.
McLean, Lt. W. M., C'wealth Mil. Forces.
Maclean, Temp. Lt. W. S., M.G. Corps.

Maclear. Lt G D'O., Ind. Army Res. of Off.
Maclear, Temp. Maj. R. O., E. R.A.S.C. (Capt. R. Guernsey Mila.) Capt Res. of Off.)
McLearon, Temp. Lt. S O., M G. Corps
McL ish, Lt. A. D., R.E. (T.F.)
McLellan, Lt. J., D.S.O., R.E. (T.F.)
McLellan, Temp. Lt. J., 16 n. High. L.I.
McLellan, Capt. S. W., M.D., F.R.C.S Edin., late R.A.M.C.
McLellan, Temp. 2nd Lt W., Serv Bns E. Lan. R
MacLellan. Lt. W. A., R F A (T.F.)
McLellan, Lt W. W., Can Local Forces.
McLelland, Temp. Lt. K. T., R.E.
McLennan, Qr.-Mr.-Serjt A., 8 Bn. Arg. & Suth'd Highrs.
Maclennan, Lt. A.G., R.E (T.F.)
McLennan, Capt. A. N. Aust. Imp. Force.
Maclennan, Lt. D. C., M.M., R.F.A., Spec. es.
McLennan, Lt. H., R.G.A Spec. Res.
McLennan, Lt. I. M., 9 Bn. R. Scots.
McLennan, Capt. J. L., R.A.S.C
McLennan, Temp. Lt. J. R., Serv. Bns. R. Scots
Ma Lennan, Capt. K., R.A.M.C. (T.F.)
McLennan, Lt. K. A. T., K.O. Sco Bord.
Maclennan, Capt. H. E. Aust. Imp. Force.

MacLennon, Temp. Serjt. Maj. G., D.C.M., 6 Bn. K.O. Sco. Bord.
Macleod, Temp Capt C M B., R.A.M.C.
Macleod, Capt D., D.S.O. 4 Bn. N. Staff. R.
Macleod, Rev. D., B.D., Chapl. 4th Ciass (T.F.)
McLeod, Capt D., Aust Imp. Force,
MacLeod, Lt.-Col. D. M., D.S.O., S. Afr. Prote. Forces.
Macleod, Maj. G., M.B., la e R.A.M.C.
MacLeod, Temp. Capt G F., 11 Bn. Arg. & Suth'd Highrs.
MacLe d, Capt. J. D., Quebec Regt.
McLeod, Lt. J. R., R.E. (T.F.)
MacLeod, K. K., Qr.-Mr. & Capt.

MacLeod, Maj.M.N.,D.S.O., R.E.
Macleod,Lt. N.,Sea.Highrs.
†MacLeod, Capt. N. D., R. Highrs.
McLeod, Maj. N. M., D.S.O., R.F.A.
Macleod, Temp. 2nd Lt. R. Macleod, Capt. R., D.S.O., R.F.A.
Macleod, Capt. R. B. D., 3 Bn. Cam'n Highrs.
McLeod,Lt. R. G., C'wealth Mil. Forces.
McLeod, Temp. Lt. R. M., Cyclist Corps.
MacLeod, Capt. W., late R.A.M.C.
McLeod, Temp. Lt. W., Serv. Bns High. L.I.
McLintock, Temp. Lt. W. J., W. York. R.
McLorg, Lt. F. H., Can. Local Force.
McLoughlin, Temp. Lt. P A., M.G. Corps
McLundie, Capt. J., late R.A.S.C.
†MacLusky, Temp. Lt. W. B., Serv. Bns. W. York. R.
McMahon, Capt. C., late 8 Afr. nf.
MacMahon, Maj. Bt. Lt.-Col. H. F. E., Ind. Army.
MacMahon, Lt. T. F., I Gds. Spec. Res
McMahon, Temp. Capt. T. W., R.A.V.C.
McMahon, Lt. V. M., late Serv. Bns. R. Dub. Fus.
Macmanaway, Rev. J. J., Temp. Chapl. to the Forces, 4th Class.
McMaster. Lt. D., R.F.A.
McMaster, Lt. D. L., R F A Spec. Res.
McMaster, Lt S. B., 3 Bn. R. Ir. Fus.
McMaster, Maj. W., R.F.A.
McMaster, Capt. W. A., 1 Cent. Ont Regt.
McMath, Temp. Lt. D. F., R.F.A.
McMechan, Temp. Capt. J., Serv. Bns. R. Innis. Fus.
McMeckin, Capt. H. F., Aust. Imp. Force
McMenamin, Maj. F. de S., M.B., late R.A.M.C.
McMictael, Capt. J., 9 Bn. High. L.I.
McMicking, Capt. N., D.S O., R. Highrs.
McMillan, Lt. A., D.S.O., Sea Highrs.
Macmillan, Maj. D., S. Afr. Def. Force
Macmillan, Temp. Lt. D. D., 9 Bn. Sco. Rif.
McMillak, Temp. 2nd Lt. A., Serv. Bns. Cam'n Highrs.
††MacMillan, Lt. G. H. A., Arg. & Suth'd Highrs.

† Also awarded Bar to Military Cross.
†† Also awarded 2nd Bar to Military Cross.

Orders of Knighthood, &c. 395

THE MILITARY CROSS—*contd.*

Macmillan, Capt. H. A., *M.B., R.A.M.C.* (T.F.)
MacMillan, Capt. J., *D.S.O., M.B.,* 5 Lond. Fd. Amb.
†Macmillan, Maj. J., Res. of Off.
McMillan, Batty. Serjt.-Maj., J., R.G.A.
Macmillan, Temp. Capt. J. E., 10 Bn. Arg. & Suth'd Highrs.
Macmillan, Temp. 2nd Lt. J. F., 8 Bn. E Surr. R.
McMillan, Capt. J., *M.B., late* R.A.M.C.
McMillan, Maj. J. G., Can. Eng.
McMillan, Capt. R. C., *M.B., late* R.A.M.C.
McMillan, Lt. S. S., Aust. Imp. Force
McMillan, Temp. Lt. T. R. R.A.S.C.
McMinn, Temp. 2nd Lt. W., Serv. Bns. R. Sc. Fus.
McMonnies, Lt. N., 4 Bn. Sea. Highrs.
McMordie, Capt. H. C., Can. Eng.
MacMullen Capt. H. A., R. Ir. Fus.
MacMullen, Capt. H. T., E. Lan. R.
McMullin, Lt. W. B., Can. M.G. Corps
McMulion, Capt. H. G., R.A.
McMurray, Capt. J., Res. of Off.
Macmurray, Temp. 2nd Lt. J., 7 Bn. Cam'n Highrs.
McMurray, Capt. J.D., Can. Local Forces.
McMurray, Temp. Lt. R., R.E.
McMurray, Capt. W. H., Can. Local Forces.
McMurrough Kavanagh, Maj. A. T., ret.
McMurtrie, Capt. A. C. B., *M.D., F.R.C.S. Edin., late* R.A.M.C.
McMurtrie, Temp. Lt. J., R.E.
McMurtrie, Lt. J. B., 5 Bn. R. Sc. Fus.
McMurtry, Lt. R. O., Can. Local Forces.
Macnab, Lt. A. J., 4 Bn. Arg. & Suth'd Highrs.
McNab, Capt. D. A., C'wealth Mil. Forces.
McNabb, Lt. A. M., E. Ont. R.
Macnab, Lt. J. C., 9 Bn. High. L.I.
Macnab, Temp. Lt. J. T., Res. Regt. of Cav.
McNae, Temp. Lt. A. W., 6 Bn. K.O. Sco. Bord.
McNair, Lt. F. A. R., Can. Rly. Serv.
McNair, Capt. A. Y., Can. A.M.C.
McNair, 2nd Lt. H., R.F.A., Spec. Res.

McNama, Temp. Lt. J. R.A.S.C.
McNama, Regtl. Serjt.-Maj., M. G., Conn. Rang.
MacNamara, Lt. Brian, C'wealth Mil. Forces.
Macnamara, Capt. H. J., R.E. Spec. Res.
Macnamara, Lt. R. M., R.F.A. Spec. Res.
McNamara, Temp. Lt. W. E.
McNamee Lt. J. T., R.F.A. Spec. Res.
McNaught, Capt. A. G., North'n R.
McNaaght, Lt. E. N., 7 Bn. North'd Fus.
Macnaught, Lt. N. L., 4 Bn. R. Highrs.
†McNaught, Capt. W. R. C., C'wealth Mil. Forces.
McNaught, Capt. W. W., *M.B., R.A.M.C.*
McNaugton, Lt. D., 6 Bn. High. L.I.
McNaughton, Capt. J., Can. Local Forces.
McNaughton, Rev. J. MacK., Chaplain, 4th Class (T.F.)
†Macnaughton, Lt. W. D., 6 Bn. R. Highrs.
McNeal, Lt. G. M., Nova Scotia Regt.
McNeal, Temp. Lt. H., S.D., R.F.A.
Macnee, Lt. H. MacL., *D.C.M.,* Aust. Imp. Force.
Macnell, Capt. A. R., C'wealth Mil. Forces.
McNeil, Capt. D. G., Can. M. G. Corps.
McNeil, Lt. H. K., Nova Scotia Regt.
McNeil, Temp. Lt. N. H., 16 Bn. High. L.I.
McNelle, Capt. H. C., *late* Res. of Off.
MacNeill, Lt. A. G., High. Divl. R.E.
MacNeill, Lt. J. H., Nova Scotia Regt.
McNeill, Lt. J. McF. R.F.A. (T.F.)
McNeill, Temp. Lt. J. T., Serv. Bns. Arg. & Suth'd Highrs.
McNeill, Capt. R. P., S. Afr. Def. Force.
McNeillie, Capt. R. W., *late* R E.
McNicol, Lt. A., *M.M.,* R.G.A.
McNicol, Lt. N. G., Aust. Imp. Force.
McNicol, Lt. W., 19 Bn. Lond. R.
McNicoll, Temp. Capt. J., 9 Bn., Sea. Highrs.
†McNiven, Temp. Lt. P. Y., 13 Bn. R. Scots.
Maconachie, Capt. C. G., *O.B.E., late* R.A.V.C.
McPhee, Hon. Capt. A. D.
McPherson, Lt. A., Arg. & Suth'd Highrs.
McPherson, Capt. A. B., 6 Jat. L.I.

Macpherson, Maj. A. D., *D.S.O.,* R.E.
Macpherson, Capt. A. S., C'wealth Mil. Forces.
Macpherson, Capt. B., *late* 8 Bn Lan. Fus.
MacPherson, Lt. B. N., Sask. Regt.
Macpherson, Capt.C.J.,ret.
McPherson, Lt. C. W., 14 Bn. Lond. R.
McPherson, Temp. Lt. D. W., Man. Regt.
Mcpherson, Lt. F. S., *M.M.,* Ca Local Forces.
McPherson, Lt. H. L., Can. Fd. Art.
Macpherson, Lt. I. F., Aust. Imp. Force
MacPherson, lt. J. H., 4 Bn. Cam'n Highrs.
Macpherson, Lt. J. H., 7 Bn., Sco. Rif.
Macpherson, Lt. J. M. L., R.F.A. Spec. Res.
Macpherson, Maj. L. A.W., *D.S.O.,* C'wealth Mil. Forces.
Macpherson, Capt. R., N.Z. Mil. Forces.
MacPherson, Lt. R. S., E Ont. Regt.
Macpherson, Lt. R. W., R.E. (T.F.)
MacPherson, Lt. S., Cam'n Highrs.
McPherson, Temp. 2nd Lt. W. A. S., Serv. Bns. R. Ir. Rif.
McPherson, Lt. W. H., C'wealth Mil. Forces.
MacPhil Lt. J., 6 Bn. Arg. & Suth d Highrs.
Macquaker, Capt. T. M., 6 Bn., High. L.I.
McQuarrie, Capt. D. A., 2 Cent, Ont. Regt
MacQuarrie, Temp. Lt. E. MacG., R.E.
McQueen, Lt. A. A., Can. Fd. Art.
†McQueen, Lt. A. B., R.F.A. Spec. Res.
McQueen, Maj. C. R.A.M.C.
McQueen, Capt.J., Alberta Regt.
McQueen, Maj. J.A., *D.S.O.,* R.E.
†McQueen, Lt. J. H., R.F.A. Spec. Res.
McRae, Lt. A., 1 Lovat's Scouts Yeo.
McRae, Lt. A. D., Man R. Ont. R.
McRae, Lt. C. E., 1 Cent. Ont. R.
McRae, Capt. D. G., *late* R.A.M.C.
Macrae, Temp. Lt. F. J. N., R.A.M.C.
MacRae, Temp. Lt. G. A., 22 Bn. North'd Fus.
McRae, Lt. J. S., Can. Fd. Art.
Macrae, Temp. Capt. K. D., *M.B.,* R.A.M.C.
††McRae, Capt. M., Nova Scotia Regt.
MacRae, Lt. M., Sask. Regt.

McRae, M. McK., *M.B., late* Temp. Capt. R A.M.C.
Macrae, Lt. W. D., 6 Bn. High. L.I.
Macready, Bt. Maj. G. N., *D.S.O., O.B.E.,* R.E. [1]
Macready, Lt. R. A. A., 3 Bn. Leins. R.
McRitchie, Capt. P., R.A.M.C. (T.F.)
†MacRoberts, Temp. Maj. N. de P., *D.S.O.,* 13 Bn. R. Suss. R.
Macroid, Lt. W. R. F., C'wealth Mil. Forces.
McShane, Rev. J. H., Hon. Chapl. to the Forces, 4th Class.
†MacShechan, Rev. J.J,O. D., Temp. Chapl. to the Forces, 4th Class.
McSwaine, Lt. K., C'wealth Mil. Forces.
McSwan, Lt. D. M., R.E.
McSweeny, Lt. D. L, 16 Bn. Lond. R.
McSwiney, Capt. H. F. C., *D.S.O.,* 3 Girkha Rif.
Mactaggart, Lt. C., 8 Bn. Arg. & Suth'd Highrs.
McTaggart, 2nd Lt G. D, R.E.
††Mc Tavish, Temp. Capt. G. B., *M.D.,* R A.M.C.
MacTavish, Lt. H. J., *M.B.E.,* R.F.A. Spec. Res.
MacTavish, Lt. P. W., 5 Bn, E. Lan. R.
MacTavish, Temp.Lt.R.M.
Mactier, Capt. W. S. MacK., Can. Local Forces.
McTurk, Maj. A.G., *O.B.E.,* T.F. Res.
McVean, 2nd Lt. G. F., 3 Bn., K.O. Sco. Bord.
McVean, Capt. M. W., C'wealth Mil. Forces.
McVey. Capt. J. P., *M.B., late* R.A.M.C.
McVicker, Capt. D., *M.B., late* R.A.M.C.
McWaiter, Temp. Lt. T. B., Serv. Bns. E. Surr. R.
MacWatt, Capt. S. L., *D.S.O.,* R.G.A.
McWeeney, Lt. D.T., Conn. Rang.
McWhannell Lt. F. B., Aust. Imp. Forces.
McWhirter, Lt. T. J., *late* Serv. Bn. R. Fus.
McWilliam, 2nd Lt. D., 7 Bn. Sco. Rif.
McWilliam, Hon. 2nd Lt. J., *late* 6 Bn. L'pool R.

† Also awarded Bar to Military Cross.
†† Also awarded 2nd Bar to Military Cross.

THE MILITARY CROSS—contd.

Maddams, Lt. L. H., R F A, Spec. Res.
Maddeford, Lt. W. R., C'wealth Mil. Forces.
†Madden, Hon. Maj. Rev A., D.S.O., Can. Local Forces.
†Madden, Lt. C. H., 3 Bn. Som. L.I.
Madden, 2nd Lt. C. R., Bn. Linc. R.
Madden, Maj. R. J.B., M.B., late R.A.M.C.
Maddison, Co.-Serjt.-Maj. E., 9 Bn. Durh. L.I.
Maddison, Temp. Lt. E. J. C., M.G. Corps.
Maddock, Lt. A. V., R.F.A. (T.F.)
†Maddock, Capt. H. I. F., 6 Bn. R. W. Fus.
Maddock, Temp. Lt. R. H., Serv. Bns. R.W. Surr. R.
Maddock, Temp. Lt. H. T., M.G. Corps.
Maddox, Lt. E. R., Res. of Off.
Maddox, Rev. H. E., late Hon. Chapl. to the Forces, 4th Class.
Maddrell, Lt. L. S., C'wealth Mil. Forces.
Madge, Capt. G. R., R E. (T.F.)
Madge, Temp 2nd Lt. C. M. A., M.G. Corps.
Madge, Temp. Capt. I. R., R.A.
Madge, Temp. 2nd Lt. M. H., A., M.G. Corps.
Madgwick, Temp. Lt. E., R.F.A.
Maegraith, Lt. H. G., C'wealth Mil. Forces.
Maflin, Temp. Capt. P. H., R.E.
Magee, Capt. J. K. G., C'wealth Mil. Forces.
Mager, Lt. P. E., R.F.A. (T.F.)
Maginess, Lt. T., S. Afr. Def Force.
†Maginn, 2nd Lt. P. A. C., 18 Bn. Lond. R.
Magnay, Capt. Sir C. B. W., Bt., 2 D.G. Spec. Res.
Magner Capt. E. J., 3 Bn. Leins. R.
Magner, Capt. J. J., M.B., R.A.M.C.
Magnier, Temp. Lt. W. J, Serv. Bns. R. Muns. Fus.
Magnus, Capt. H. F. S., 24 Bn. Lond. R.
Magrath, Hon. Capt. W., late K.R. Rif. Corps (attd.).
Magrath, Temp 2nd Lt. J. G., M.M., M G. Corps.
Maguire, Lt. C. A., R.E. (T.F.)
Maguire, Temp. Lt. G. E.
Maguire, Lt. J. T., C'wealth Mil. Forces.
Maguire, Temp. Lt. R., Serv. Bns. R. Dub. Fus.

†Maguire, Lt. T., R. Innis. Fus.
†Mahaffey, Capt. K. A., D.S.O., Can. Local Forces.
Mahany, Temp. 2nd Lt. F. G.E., Serv. Bns. Midd'x R.
Mahar, Temp. Capt T. ь. J., D S.O, Serv. Bns., K.R Rif. C.
Mahmud Bahgat (Effendi) El Saghkolaghasi, Egyptian Army.
Mahmud Effendi Kaisuni Egyptian Army.
Mahmud Hafez (Effendi) El Saghkolaghasi, Egyptian Army.
Mahmud Shukri (Effendi) El Yuzbashi, Egyptian Army.
Mahon, Lt. A. H., Aust. Imp. Force.
Mahon, Capt. B. MacM., D.S.O., Ind. Army
Mahy, Lt. C. H., C'wealth Mil. Forces.
Maidment, Lt. W. J., Welsh R.
Maier, Capt. E. T., 5 Bn Bedf. & Herts. R.
Mailer, Lt. J., R.F.A., (T.F.)
Mailer, Capt. M. H., C'wealth Forces.
Main, Lt. G. H., 14 Bn. Lond. R.
Main, Qr.-Mr. & Capt. J. T., R.A.S.C.
Maine, Lt. H. D., C'wealth Mil. Forces.
Maine, 1st Class Asst.Surg. W. J. S., Ind. Sub.-Med. Dept.
Maingot, Temp. 2nd Lt. J. H., Brit. W.I.R.
Maingot, Temp. Capt. P.S., Serv. Bns. E. Surr. R.
Mainhood, Temp. 2nd Lt A. E., Serv. Bns. Dorset R.
Mainprice, Capt. F. H., 7 Bn Lan. Fus.
Mainwaring, Temp. Lt H., R.A.S.C.
Mair, Maj. B. V., D.S.O. Manch. R.
Mair, Bt. Maj J. A. F., E York. R.
Mair, 2nd Lt. R., Ind. Army, Res. of Off.
Mair, Qr.-Mr. & Capt. R. C. T.
Maisey, Lt. W. A., R F A, Spec. Res.
Maitland, Capt. A. E, D S O., Essex R.
Maitland, Lt. A. W., R.A.F. (T.F.)
Maitland, Capt. J. K., 7 Bn. Midd'x R.
Maitland, Lt. S. G., 6 Bn. S. Staff. R.
Maitland, Temp. Capt. V. K, Tank Corps.
Maitland, Lt. W. S., 5 Bn. R. Ir. Rif.
Maitland-Dougall, Bt. Maj. W E., D.S.O., R.F.A.

Maitland-Heriot, Lt. G. I., R.F.A., Spec. Res.
†Maitland-Heriot, Lt. R. L., late R.F.A.
Maitland - Jones, Capt. A. G., O.B.E, la e R.A.M.C.
†Major, Temp. 2nd Lt. A. W. C., Serv. Bns Suff. R.
Major, Lt. E., R.G.A. Spec. Res.
Major, Lt. H. N., 2 Cent Ont. Regt.
Major, Capt. R. A., Can. Local Forces.
†Makant, Capt. R. K., 5 Bn N. Lan. R.
Makeig-Jones, Temp. Lt T. G. R., R.E.
Makepeace, 2nd Lt. R. M., R.F.C. Spec. Res.
Malan, 2nd Lt. J. P. B., 10 S. Afr. Hrse.
Malbon, Qr.-Mr. & Capt. J. R., R.E.
Malby, Lt. H. F., R.F.A. Spec. Res.
Malcolm Condr. A., R.A.O.C.
Malcolm, Capt D C., Can. A.M.C.
†Malcolm, Temp. Capt. G. E., 11 Bn. R. Highrs. (Capt. Gord. Highrs.)
Malcolm, Capt. H. P., M.B., R.A.M.C. (T.F.)
Malcolm, Capt. J. D. R.H.A. (T.F.)
†Malcolm, Capt. J.W., M.B. R.A.M.C. Spec. Res.
Malcolmson, Temp. Lt. W T., R.E.
Malcolm-Smith, Lt. D. L. late Serv. Bns. K. R. Rif. C.
Male, Temp. Capt. S. J. Serv. Bns K.R. Rif. C.
Male, Sergt.-Maj. W., Som. L.I.
Malet, Lt. H. R., R G A.
Malkin, Capt. E. F., W. Ont. R.
Mallace, Capt. A C., M.B., R.A.M.C. (T.F.)
Mallace, Capt. M., 4 Bn. Sco. Rif.
Malla Singh, Subadar, 3 Sappers & Miners.
Mallalieu, Temp. Lt. J. R., 9 Bn Ches. R.
Mallalue, Temp. Capt. M., 9 Bn. K.R. Rif. C.
Mallam, Lt. P. P., C Gds. Spec. Res.
Mallandain, Lt. W., R. Fus.
Mallard, Lt W. L. O., Aust Imp, Force.
Malleson, Temp. Lt. B. K. Tank Corps.
Mallet, Lt. R. E. A., 18 Bn. Lond. R.
Mallett, Lt. E. T., late Serv. Bns. N. Lan. R.
†Mallett, Temp. Lt. F. J., R.E.
Mallet, Capt. F. K., 5 Bn. N. Lan. R.
Mallett, Capt. G., 4 Lond Brig. R.F.A.
†Mallett,Temp.Capt.H.R. 20 Bn. Midd'x R.

Mallins, Capt. J,W.D., R.E.
Mallinson, Temp. Maj. A. W. R., R.A.S.C.
Mallinson, Lt. I., R.G.A. Spec. Res.
Mallinson, Temp. Maj. S S., D.S.O., R.E.
Malloch, Capt., D., M.B., late R.A.M.C.
Malloch, Maj. F. G., Can. Eng.
Malone, Lt. G. M., 1 Cent. Ont. Regt.
Malone, Lt. I. J. H., 5 Bn N Staff R.
Malone, Lt. J. T., 3 Bn. R. Innis. Fus.
Ma oue. Capt. T. P., Alberta R.
Malone, Temp. Capt. W. A., Serv Bns. R. Ir. Rif.
Malone, Hon. Capt W. R., late 15 Bn. R. Ir. Rif.
Maloney, Temp. Lt. T., M.G. Corps.
Malpas,Capt. J. S., C'wealth Mil. Forces.
Malseed, Capt. A., M.B., late R.A.M.C
Maltby, Bt. Maj. C. M., 95 Inf.
Maltby, Capt. H. W., R.A.M.C., Spec. Res.
†Maltby, Temp. Capt. R., Serv. Bns. R.W. Kent R.
Maithy, Lt. R., 3 Bn. Lan. Fus.
Malthouse, Lt. J. B., 16 Bn. Lond. R.
†Manbey, Temp. Lt. A. H. O., R.F.A.
Manbey, Temp. Capt B K., R.F.A.
Mandel, Lt. C. F. Can. Local Forces.
Mander, Capt. H. V., 6 Bn. S. Staff. R.
†Mandleberg, Temp. Maj. L. C., D.S.O., 15 Bn. Lan. Fus.
Manduell, Lt. N. D., R.F.A. Spec. Res.
Manefield, Capt. E T., Aust. Imp. Force.
Manuel, Lt. A. L., Brit. Columbia Regt.
Manfield, Capt. G. H. H., R.A.M.C. (T.F.)
Manford, Temp. Capt. G. C., 14 Bn. High L.I.
Manger, Maj. C. H., Res. of Off.
Mangin, Maj. E. B., 107. Pioneers.
Mangles, Maj. C. G., 20 Hrs.
Mangnall, Temp. Lt. A. R., R.E.
Manifold, Lt. E. W., R.F.A., Spec. Res.
Manley, Lt. G., late K. Afr. Rif.
Manley, Temp. 2nd Lt. H., Serv. Bns. Ches. R.
Manley, Lt. H. P., R. Fus.
Manley, Lt. L. A., Lan. Fus.
Manley, Lt. W. E., 3 Bn. Devon R.
Manley, Capt. W. J.; S. Wales Bord.

† Also awarded Bar to Military Cross.

Orders of Knighthood, &c.

THE MILITARY CROSS—*contd.*

†Manly, Capt. M. N., Bord. R.
Mann, Lt. A., A.F.C., R.A. S.C. (T.F.)
†Mann, Maj. A. C., M.B., late R.A.M.C.
Mann, Lt. C. G., 5 Bn. R. War. R.
†Mann, Lt.-Col. D., *late* 3 Bn. R.W. Surr. R.
Mann, 2nd Lt. D., 3 Bn. Som. L.I.
Mann, Lt. D. B. U., 4 Bn. Som. L. I.
Mann, Lt. D. M., 5 Bn. R. Highrs.
Mann, Capt. E. H., R.F.A.
Mann, Temp. Capt. F. J.
Mahn, Lt. F. R.
Mann, Lt. G., *late* M.G. Corps.
Mann, Lt. G. E., 6 Bn. E. Surr. R.
Mann, Capt. G. H., Aust. Imp. Force.
Mann, Temp. Capt. H. A., M.B.E., Postal Sect., R.E. Spec. Res.
Mann, Temp. 2nd Lt. H. C., Serv. Bns. Ches. R.
Mann, Capt. H. U., D.S.O., 18 Bn. Lond. R.
Mann, Lt. J., *late* 9 Bn. R. Suss. R.
Mann, Lt. J. A., 5 Bn. Sco. Rif.
Mann, Capt. J. A., 2 Cent. Ont. Regt.
†Mann, Temp. Lt. J. D., M.G. Corps.
Mann, Temp. Capt. J. E. F., 8 Bn. Yorks. L.I.
Mann, Lt. L. J., ret. pay.
Mann, Lt. N., R.G.A. Spec. Res.
Mann, Lt, R. G, 5 Bn. R. Scots.
Mann, Temp. Maj. S., D.C.M., R.W. Fus. (attd.)
Mann, Lt. T. H., R.E. (T.F.).
Mann, Capt. W. H., TD, R Wilts. Yeo.
Mannering, Rev. L. G., Temp. Chapl. to the Forces, 4th Class.
Manners, Capt. C. M. S., D.S.O., 104 Rif.
Manners, Lt. Hon. F. H., G. Gds.
Manners, Capt. G. ret.
Manues, 2nd Lt. J. W., *late* Serv. Bns. Sco. Rif.
Manning, Lt. A. B., Can. Fd. Art.
Manning, Local Capt.A.P., O.B.E., Ind. Tel. Co.
Manning, Rev. C. C., Hon. Chapl. to the Forces, 4th Class.
Manuing, Temp. Lt. C. V. F., Serv. Bns. R. War. R.
Manning, Lt. D. A. S., 10Bn. Lond. R.
Manning, Capt. E., *late* Serv. Bns. R. Berks R.
Manuing, Temp. Capt. F. G. A., Tank Corps.
†Manning, Lt. H. C., D.C.M., 1 Cent. Out. Regt.

Manning, Capt. R., Bucks. Yeo.
Manning, 2nd Lt. S. W., 3 Bn. Lan. Fus.
Manning, Capt. V. L. C., 3 Bn. R. Muns Fus.
Manning, 2nd Lt. W. T., *late* M.G. Corps.
†Mansel, Maj. R. A. S., R.E.
Mahsell, Temp. Lt. C. J., Serv. Bns. R. War R.
Mansell, Temp. Lt. E. H., M.G. Corps.
Mansell, Lt. G. V. H., R.F.A. (T.F.)
Mansell, Capt. H. C., Postal Section, R.E. Spec. Res.
Mansergh, Capt. G.E., R.E Mach. Gun Corps.
Mansergh, Temp. Capt. R. F., 17 Bn. Manch. R.
Mansfield, Lt. F. T., R.E. Spec. Res.
Mansfield, Capt. G. E., R.F.A.
Mansfield, Lt. H. G., 6 Bn. Essex R.
Mansfield, Lt. J. A., R. Ir. Fus.
Manson, 2nd Lt. C. C. E., Ind. Army, Res. of Off.
Manson, Lt. C. D., Man. Regt.
Manson, Lt. E. P., Midd'x R.
Manson, Capt. M., M.B., *late* R.A.M.C.
Manson, Lt. T. L., 3 Bn. R.W. Surr. R.
Manson, Temp. Lt. W.
Mant, Capt. G. W., *late* Serv. Bns. R. Berks. R.
Manton, Lt. W., Aust.Impl. Force
†Manuel, Capt. J., M.B., *late* R.A.M.C.
Manuelle, Temp. Lt. G. M., R.A.O.C.
Manville, Capt. F. G. H., Can Local Forces
Malpes, Hon. Capt. E. J. S., *late* 4 Bn. Linc. R.
Maples, Capt. R. C., Qr.- Mr. Man. R.
Maplestone, Capt. L. T., C'wealth Mil. Forces.
Marcer, Co. Serjt.-Maj. A., Yorks. L.I.
March, Capt. A. H., Notts. & Derby. R.
March, Maj. B. O., D.S.O., R.F.A. Spec. Res.
March, 2nd Lt. F., M.M., h.p.
March, Lt. G. F., 4 Bn. Notts. & Derby. R.
†March, Temp. Lt. J. E., R.E.
March, Maj. J. W., Res. of Off.
March, Temp. 2nd Lt. W., 3 Garr. Bn. R. W. Fus.
Marchant, Lt. D. S., 9 Bn. High. L.I.
Marchant, Capt. F. O., 5 Bn. E. Kent R.
Marcha ., t. S. H. S., 5 Bn. E. Kent R.

Marchant, Batty. Serjt.-Maj. W., R.G.A.
Marchington, Lt. E. W., Herts. R.
Marchment, Maj. A. F., D.S.O., Lond. R.
Marden, Temp. Lt. G. E. M.J.J.G., T.F. Res.
Mares, Temp. Lt. A. R., 13 Bn. North'd Fus.
Mares, Temp. Lt. W. H., R.E.
Marfleet, Hon. Capt. E. C., Dep. Commy. of Ord. R.A.O.C.
Margerison, Capt H. C., 4 Bn. N. Lan. R.
Margeri on, Temp. Lt. J. Marg. Force
Margesson, Lt. H. D. R., 11 Hrs. Spec. Res.
Margetson, Lt. E., 28 Bn. Loud. R.
Margetson, Lt. P. R., R. Sc. Fus.
Marin, Capt. J. R. A Can. A.M.C.
Mariodin, Lt. P. C., W. York. R.
Mark, Capt. A. W. D., D.S.O., *late* Serv. Bns. North'd Fus.
Markey, Co. Serjt.-Maj. T., 8. Lan. R.
Markham, Lt. H. V., R.F.A., Spec. Res.
Markham, Lt. R. A., M.M., 1 Cent. Ont. Regt.
Marks,Lt.-Col.D.G.,D.S.O., C'wealth Mil. Forces.
†Marks. Temp. Lt. H. H., Serv. Bns. Durh. L. I.
Marks, Temp. 2nd Lt. H. V., North'd Fus.
Marks, Lt. L. D., R.F.A. Spec. Res.
†Marks, Capt. O. S., 23 Bn. Lond. R.
Marks, Lt. P., *late* M.G. Corps.
Marks,2nd Lt. W. E.,M.M., 6 Bn. Glouc. R.
Marks, Lt. W. L., Can. Local Forces.
Marler, Lt. W. L., Can. Local Forces.
Marling, Capt. T. W. B., E. Ont. R.
Marlow, Temp. 2nd Lt. R., Serv. Bns. North'n R.
Marnham, Lt. A. E., 1 Lond. R.G.A.
Marnham, Lt. R. J., R.F.A. (T.F.)
Marples, Co. Serjt.-Maj. D. A. B., 10 Bn. L'pool R.
Marr, Maj. C. W. C., D.S.O., C'wealth Mil. Forces.
Marr, Capt. F. A., D.S.O., Camb. R.
Marr, Capt. G., 1 Cent. Ont. Regt.
Marr, Lt. H., O.B.E., S. Wales Bord.
Marr, Qr.-Mr. & Capt. J., 5 Bn. Gord. Highrs.
Marrack, Capt.J. R., D.S.O., M.B., *late* R.A.M.C.

Marren. Temp. Lt. J. P., Serv. Bns. R. Ir. Regt.
Marriage. Capt. L. H., York. R.
Marriott, Capt. F. K., *late* R.A.M.C.
Marriott, Lt. F. W. P., R.G.A. Spec. Res.
Marriott. Temp. Lt. H. C., Serv. Bns. S. Staff R.
Marriott, Capt. J. C. O., D.S.O., North'n R
Marriott, Temp. Qr.-Mr. & Capt. J.W.
Marriott, Lt. N. E., 25 Cav.
Marriott, Capt. N. F., *late* Mach. Gun Corps
Marriott, Lt. R. A., 4 Bn. North'n R.
Marriott, Lt. R. W., Aust. Imp. Force
Marriotte, Capt. T., *late* S. Afr. Def. Force.
Marris, Lt. E. N., Linc. R.
Marris, Hon. 2nd Lt. H. M., *late* 4 Bn. Shrops. L.I.
Marris, Hon. Lt. O. C., *late* Ches. R.
Marre, Capt. W., *late* Serv. Bn. North'd Fus.
Marryat, Lt.-Col. J. R., D.S.O., R.E.
Marsden, Capt. A. T., 5 Bn. N. Lan. R.
Marsden, Temp. Capt. C. W.
Marsden, Temp. Lt. C. W., Serv. Bns. R. Muns. Fus.
Marsden, Lt. F. R., 4 Bn. W. Rid. R.
Marsden, Lt. G. D., 4 Bn. Ches. R
Marsden, Temp. Capt H., Tank Corps.
Marsden, Temp. Lt. H. J., 23 Bn. R. Fus.
Marsden, 2nd Lt. L. C., *late* 4 Bn. R. Lanc. R.
Marsden, Capt. R. M. W., R.E.
†Marsden, Lt. W., 4 Bn. N. Lan. R.
Marsden, Temp. Regtl. Serjt.-Maj.W.D., North'n R.
Marsden, Serjt.-Maj.W.H., Can. Local Forces.
†Marsden, Temp. Capt. W. W., R.E.
Marsh, Capt. E. B., M.B., R.A.M.C.
Marsh, Capt. F. D., R.A.M.C. (T.F.)
Marsh, Lt. G., *late* Serv. Bns. R. Berks. R.
Marsh, Lt. H. E., R.F.A. (T.F.)
Marsh, Capt. H. F. F., 2 Gürkha Rif.
Marsh, Temp. Lt. H. L., Serv. Bns. R. W. Fus.
Marsh, Capt. H. W., *late* Serv. Bns. Wilts. R.
Marsh, Lt. H. W., Aust Imp. Forces
Marsh, Temp. Lt. J. J., Ind. Army.
†Marsh, Temp. Capt. J. M, 9 Bn. N. Lan. R.

† Also awarded Bar to Military Cross.

398   Orders of Knighthood, &c.

THE MILITARY CROSS—contd.

†Marsh, Lt. J. S., R.F.A.
Marsh, Capt. S. G. B., R.F.A.
Marshall, Temp. Lt. A., R Highrs.
Marshall, Temp. 2nd Lt. A. Serv. Bns. North'd Fus.
Marshall Temp. Lt. A. M.G Corps
Marshall, Temp. Capt, A.R., D.S.O., R.E. (Capt. R.E Spec. Res.)
Marshall, A. W., late Lt 6 Bn. E. Surr. R.
†Marsh ll, Lt C A., 8 Bn Durh L.I.
Marshall, Temp. Capt. C B., R.F.A
Marshall, Capt. C. F. K., D.S.O., R.F.A.
Marshall, Lt. C. H., R.F.A. (T.F.)
Marshall, Lt. C. L. C., R.F.A.
Marshall T mp. 2nd Lt C. N., Serv. Bns York. R.
Marshall, Temp. Lt, C S., 13 Bn. K.R. Rif. C.
Marshall, Capt. C, W., late Serv. Bns. L'pool R.
Marshall, Lt. D., Fife & Forfar Yeo.
Marshall, Lt. D., 7 Bn. Lan. Fus.
†Marshall, Lt. D. M., Can. Lo al Forces.
Marshall, Capt. E. N., 4 Bn. W. Rid. R.
Marshall, Maj. E.S., C.B.E. late R.A.M.C.
Marshall, Lt. F., R.F.A., Spec. Res.
Marshall, 2nd Lt. F., R.F.A. (T.F.)
Marshall, Lt. F. A. J. E., D.S.O., E. K nt. R.
Marshall. Lt. F. J. C., late 3 Bn. Devon. R.
Marshall, remp. Lt. F. W., 12 Bn Essex R.
Marshall, Capt. H., 7 Bn. Hamps. R.
Marshall, Lt. H., R.F.A. Spec Res.
Marshall, Temp. Lt. H. E., R.E.
Marshall, Capt. H. H., 48 Pioneers.
Marshall, Capt. H. M., R. Fus.
Marshall, Capt J., R.A.M.C Spec. Res.
Marshall, Lt. J., Ind. Army Res. of Off.
Marshall, Rev. J. B., Hon. Chapl. to the Forces, 4th Class.
Marshall, Cart. J. F., late 5 Bn. York & Lanc. R.
Marshall, Temp. Capt. J.F., 10 Bn. High. L.I.
Marshall, Lt. J. F. C. R.F.A.
Marshall, Capt. J. F. S., Can. A.M.C.
Marshall, Lt. J. G., Ind. Army Res. of Off.
Marshall, Temp. 2nd Lt. J. M., Serv. Bns. North'd Fus.
Marshall, Lt. J. McL., R.A
Marshall, Temp. Maj. J ,S., R.E.

Marshall, Lt. J. V., R.F.A.
Marshall, Capt. K., late 4 Bn. E. Surr. R.
Marshall, Lt. L. B., Aust. Imp. Force.
Marshall, Lt. L. P., 4 Bn. W. York. R.
Mars all, Capt. N., E. York R Spec. Res.
Marshall, 2nd Lt. N. T., N.Z. Mil. Forces.
Marshall, Capt. R. B., la e 8. Afr. Def. Force
Marshall, Capt. R. R., late Serv. Bn. High. L.I.
Marshall, Capt. S., S. Afr. Def. Forces.
Marshall Temp. Lt. W. Mach Gun Corps
Marshall, Hon. Capt. W., Qr.-Mr.Can.Local Forces
Marshall, Lt. W. B. R.F.A. Spec. Res.
Marshall, Bt. Maj. W. E., M.B., R.A.M.C.
†Marshall, Lt. W. K., 4 Bn, W. York. R.
Marsland, Lt. H. L. C'wealth Mil. Forces.
Marson, Capt. A. A., R.F.A
Marson, Lt. L. F., 4 D.G.
Marston, Lt. C. C., 5 Bn. R. W. Fus.
Marston, Temp. Maj. F.R. R.E
Marston, Capt.G.S., D.S.O., R.E. Spec. Res.
Marston, Maj. J E., D S.O., R.F A.
Marstrand, Lt. O.J., R.E.
Martel, Bt. Maj. G. Le Q., D.S.O., R.E.
Martelli, Lt. H.de C., 8 Bn Notts. & Derby. R.
Martin, Lt. A., Aust. Imp. Force
Martin, Temp Maj. A. C., Serv. Bns. K.R. Rif. C.
Martin, Capt. A. G., Can. Local Forces.
Martin, Lt. A.G. T., R.F.A Spec. Res.
Martin, Lt. A. S., C. Gds. Spec. Res.
Martin, Lt. A. S., 5 Bn. Sco. Rif.
Martin, Temp. Lt. A. W. D., Serv. Bns. R. Highrs.
Martin, 2nd Lt B., 6 Bn. late North'n R.
Martin, Lt. B. W. J. H., D.S.O. R.F.A., Spec. Res
Martin, Co. Serjt.-Maj. C., D.C M., Notts. & Derby. R.
Martin, Lt. C.A.J., R.G.A Spec. Res.
Martin, Lt. C. F., late R.G.A. Spec. Res.
†Martin, Lt. C. H., 3 Bn York & Lanc. R.
Martin, Capt. C. J., R.A.S.C.
Martin, Temp. Capt. C K, Serv. Bns. Dev. R.

Martin, Regtl.-Serjt.-Maj D. J., Staff. R
Martin, Capt. D. S. A., Aust Imp. Force.
Martin, Lt. E., 1 Bn. Lond. R
Martin, Temp. Lt. E. C., Serv. Bns. Rif Brig
Martin, Capt. E. C. de R , C.M.G., D.S.O., Yorks. L.I
Martin, Lt. E. L., 1 Lond. Divn. Erg. R.E.
Mar la. Capt. M. H. de C., 1nd Army
Martin, Rev. E. O., Temp Chapl. to the Forces, 3rd Class.
Martin, Capt. E. S. D., D.S.O., 5 D.G.
Martin, Temp. Capt. E.W L., R.A.S.C.
Martin, Lt. F. A., R.F.A. Spec. Res.
Martin, Lt. F. A., R.F.A.
Martin, Lt. F. G. S., 3 Bn. North'n R.
Martin, Lt. F. R. B., C'wealth Mil. Forces.
Martin,Lt. F. W., R. Innis. Fus.
Martin, Lt. G., Aust. Imp Force.
Martin, Lt. G., R.G.A Spec. Res.
Martin, Temp. Lt. G. A., Serv. Bns., R.W. Surr. R
Martin, Temp.Capt. G. B 7 Bn. Oxf. & B cks. L.I.
†Martin, Lt. G. B., 10 Bn. Lond. R.
Martin, Lt. G. C., Lan.Fus.
Martin, Bt. Lt.-Col. G. D., 9 Inf.
Martin, Capt. G. H., Sask. R.
Martin, Capt. G. N. C. D S.O, R.F.A.
Martin, 2nd Lt. G. T., 3 Bn. Devon. R.
Martin, Lt. H., late Serv. Bns. R. Berks R.
Martin, Lt. Henry, R.F.A. Spec. Res.
Martin, Batty.-Serjt.-Maj. H., D.C.M., R.G.A.
Martin, Temp. Lt. H. A., High. L. I.
Martin, 2nd Lt. H. A., S. Afr. Def. Force
Martin, 2nd Lt. H. C.H 6 Bn. Notts. & Derby. R.
Martin, Lt. H. F., R.G.A.
Martin, Lt. H. R., 9 Bn. Manch. R.
Martin, Lt. H. W., Can M.G. Corps.
Martin, Lt. John, Ind. Army
Martin,Capt. James, 8 Bn. High. L.I.
Martin, Temp Lt. J., Serv Bns., K.O. Sco. Bo'd.
Martin, Maj. J., D.S.O., 94 Inf.
Martin, Lt. J., 5 Bn. L'pool R.
Martin, Temp. Lt. J. B. L., 9 Bn. Essex R.
Martin, Temp. Maj. J. G., D.S.O., 8 Bn. N. Staff. R.

Martin, Capt. J. H., D.S.O., R. Lanc. R.
Martin, Capt. J. J., late Serv. Bns. Conn. Rangers
Martin, Lt J. M., Wilts. R.
Martin, Temp. Lt. K. B., R.A.S.C.
Martin Lt. L., Sask. R.
Martin, Lt. L. S., R.G.A., Spec. Res.
Martin, Lt. N. T., R.A.
Martin, Capt. P. S., R.A.M.C. (T.F.)
Martin, Capt R., M.B.E., R.G A
Marti , Lt. R., Qr.-Mr., 21 Bn. Lond. R.
Martin, 2nd Lt. R., late Yorks. L.I.
Martin, R. B., late Capt R.A.M.C.
Martin, Lt. R. D., late Serv. Bns. North'n R.
Martin, Temp. 2nd Lt. R. E., Serv. Bns. R. Fus.
Martin, Qr.-Mr. & Capt. R. H., 1 Bn. Mon. R.
Martin, Lt. R. T., 4 Bn. E. York R.
Martin, Staff Serjt.-Maj. S., ret. pens.
Martin, Temp. 2nd Lt. T., Ind. Army.
Martin, Lt. T. F., R.A.
Martin, Lt. W., Sask. Regt.
Martin, Capt. W. G. B., Can. Local Forces.
Martin, Capt. W. J. R., Ind. Army.
Martin,•Lt. W. M., 6 Bn. High. L.I.
Martin, Capt. W. S., M.B., R.A.M.C.
Martineau, Capt. W., 6 Bn. R. War. R.
Martinnant, Lt. L. W., Rif. Brig.
Marwyn, Lt. C. H., North'n R.
†Martyn, Maj. D. B., D.S.O., Can. Local Forces.
Martyn, 2nd Lt. J. K., Res. of Off. Ind. Army
Martyn, Maj. M. C., D.S.O., 8 Bn. Notts. & Derby. R
Martyn, Capt. R. B., ret.
Martyn, Lt. T.J.C., A.F.C., 3 Bn, Lond R.
Martyn, Capt. V. C., late R.A.M.C.
Marvin, Temp. Maj. E.M. R.E.
Marwood, Lt. C., R.F.A. (T.F.)
Marx, Maj. R., Res. of Off.
Marzetti, Lt. E., R.G.A. Spec. Res.
Maskell, Lt. W. H. P., late Serv. Bns. Wilts R.
Maskelyne, Lt. E. C., 3 Bn. Arg. & Suth'd Highrs.
Maskey, Batty. Serjt.-Maj. S., R.G.A.
Mason, Capt. A., R.E.
Mason, Capt. A., late R.A.
Mason, A., late Temp. Capt., R.A.M.C.
Mason, Lt. C. D., R.F.A. (T.F.)

---

† Al*o awarded Bar to Military Cross.
†† Also awarded 2nd Bar to Military Cross.

THE MILITARY CROSS—contd.

Mason, Temp. 2nd Lt. C F., M.G. Corps.
Mason, 2nd Lt. C. H., 3 Bn. Lond. R.
Mason, Temp. Capt. C. L., R.E. (Temp. Lt. R.E. Spec. Res.)
Mason, Temp. Lt. C. S., Serv. Bns. R. Suss. R.
†Mason, Lt. E. B., Aust. Imp. Force.
Mason, Temp. 2nd Lt. E. G., Serv. Bns. R. Berks. R.
Mason, Temp. Lt. E. O., M.G. Corps.
Mason, Capt. E. R.
Mason, Lt. E. V., R.F.A., Spec. Res.
Mason, Lt. F. C., 3 Bn. D. of Corn. L.I.
Mason, Lt. F. M., Aust Imp. Force.
Mason, Hon. Lt. G. B., late 10 Bn. Glouc. R.
Mason, Lt. G. H., R.G.A. S ec. Res.
Mason, Lt. H. C., 4 Bn. E. Surr R.
Mason, Lt. H.J., Serv. Bns Essex R.
Mason, Lt. H. L., D.S.O., R.F.A., Spec. Res.
Mason, Lt. I. N., h.p.
Mason, T mp Capt J, D.S.O., R.E.
Mason, Capt. J. B., Can. Local Forces.
Mason, Capt. J. D late 3 Bn. Ches. R.
Mason, 2nd Lt. J. F., 2 Bn. Lond. R.
†Mason, Lt. J. G., R. Suss. R.
Mason, Temp. Capt. J. H., M.B., R.A.M.C.
Mason, Hon. Capt. J. W., late R.F.A.
Mason, Lt. J. W., R.G.A., Spec Res.
Mason, Temp. Capt. K. S. M.G. Corps.
Mason, Temp. Capt. L., O.B.E., R.A.
Mason, Lt. L. W., l te Serv. Bns Essex R.
Mason, 2nd Lt. O. H., 5 Bn. N. Staff. R.
Mason, Temp. Lt. P. N., M.G. Corps.
Mason, Lt. P. R., R.F.A. (T.F.)
Mas n, Temp. Lt. R. B, Serv. Bns. R Suss. R.
Mason, Capt. R. F., Res. of Off.
Mason, Capt. R. P. S., R.A.M.C. Spec. Res.
Mason,Temp. Capt.S.G.H., Mach. Gun Corps.
Mason, Temp. Capt. T., Serv. Bns. R. Fus.
Mason, Lt. W. E., N. Lan. R.
Mason, Temp. 2nd Lt. W.E., Serv. Bn. Shrops L.I.
Ma on, T mp 2nd. Lt. W. T , M G Corps
††Mason, MacFarlane, Capt. F. N , R.A. (L)
Massé Capt.C.H., R A.S.C.

Massey, Maj. A , M.B., late R.A.M.C.
Massey, Lt. B., R.G.A Spec. Res.
Massey, Capt. F.G , D.S.O., N.Z. Mil. Forces.
Massey, Temp. 2nd Lt. G W., S. Wales Bord.
Massey, H. M., Notts. & Derby. R.
Massey, Temp. Capt. T. H. E., A. Med. Serv.
Massie, (apt. F. E., 4 Bn. Yorks. L.I.
Massie. Temp. Lt. G. A., 6 Bn. R. Sc. Fus.
†Massie, Temp. Maj. I. W., R E.
Massingham, Temp. Capt. G. W , R.A.S.C.
Massy, Temp. Capt. C I., S. Staff R. (attd.)
Massy, Maj. C. W., D.S.O., R.F.A.
Massy, Capt. G. J. B. E., Conn. Rang.
Massy, Maj. H. R. S. D.S.O., R.A., p.r.c.
Massy-Beresford, Capt. T H., Rif. br g.
Massy-Westropp, Capt. R. F. H., R. Dub. Fus.
Masten, Capt. K. S., M.B., Ind. Med. Servic.
Master, Rev. H. C., Temp. Chapl. to the Forces (4th Class).
Master, Lt. W. F. H. C'wealth Mil. Forces
Masters, Capt A.C., D.S.O., S. Wales Bord.
Masters, Capt. E. A. R.A.S.C. (T.F.)
†Masters, Qr-Mr. & Capt. F. W., Linc. R.
Masters, Hon. Capt. R. L., late R.A.M.C.
Masters, Lt. W., E.A., R.E.
†Matham, Temp. Lt. J. C H., 9 Bn. Rif. Brig.
Mather Temp. t t. R McA.
Matheson, Capt. B. H., 5(Sikhs.
Matheson, Capt. C. L. T., R.E.
Matheson, Capt. C. N., Can. A.M.C.
†Matheson, Temp. Lt. E.H., Serv. Fns, W. York. R.
Matheson, Lt. F. A., Can. Lt Horse.
Matheson, Maj. G. McL., D.S.O., Can. Local Forces
Mathe on, Capt. J. C. Alberta R.
Matheson, 2nd Lt. J. H., 6 Bn. Gord. Highrs.
Matheson, Temp. 2nd Lt J. H., M.G. Corps.
Matheson, Lt. J.K., Can Loc l Forces.
Matheson, Capt. J. K., late Serv. Bns. Arg. & Suth'd High s.
†Matheson, 2nd Lt. N. W., D.S.O.,W. Rid. Divl. R.E.
Matheson, Lt. R., 5 Bn. K.O. Sco. Bord.

Matheson, Lt. R., 4 Bn. North'n R.
Matheson, Capt. R. P.,Can. Local Forces.
Matheson,Lt.W. M.,D.S O., R.F.A.
Mathew, Temp. Lt. F. A H., O.B.E., R.E.
Mathew, Temp. Lt. H. C., 12 Bn. Suff. R.
Mathew, Lt. T., Res. of Off.
Mathews, Temp. Lt. C.W. R.E.
Mathews, Lt. F. A. V. D. D.S.O., R.E. (T.F.)
Mathews, Temp. Lt. F. T. D., Serv. Bns. Arg. & Suth'd Highrs.
Mathews, Condr. G. O., R.A.O.C.
Mathews, Co.-Serjt.-Maj. H., O.B.E , Yorks. L.I.
Mathews, Hon. Lt. J. D. late 4 Bn Essex R.
Mathews, Bt. Maj. S., D. of Corn. L.I.
Mathews, Temp. Lt. S. F. 8 iv. Bns. Gluc. R.
†Mathewson, Capt. S J., Can. Local Forces.
Mathie, T m . Lt. H., R.A
Mathieson, Lt. A. J.,R.F.A. (T.F.)
Mathieson, Capt. D , late Serv. Bns. North'n Fus.
Mathieson, 2nd Lt. J. G., Serv. Bns. Seaf. Highrs.
Mathieson, Temp. Lt. W D., Serv. Bns. E. Lan R.
Mathisen, Capt. P., Yorks L.I.
Matson, Lt. A., late Serv. Bns. R. W. Fus.
Matson, Lt. C. A., 4 Bn Lan. Fus.
Matson, Lt.C.R., Dub Fus.
Matthew, Cap D., M.B., late R.A.M.C.
Matthew, Hon. Capt. F.K. late 4 Bn. N. Lan R.
Matthew, Temp. 2nd Lt. H L., Serv. Bns. Yorks, L.I
Matthewman, Capt. G. B., 112 Inf.
Matthews, Capt. A. B. D.S O., R.E.
Matthews, Co.-Serjt.-Maj A. J., 11 Bn Bord. R.
Mattt ews, Temp. Capt. E., R.E.
Matthews, Temp. Lt. E. G,
Matthews, Lt. F., Aust Impl Force
†Matthews, Temp. Lt. G. Tank Corps.
Matthews, Lt. G. B., R.E (T F.)
Matthews, Capt. G.H., late M.G. Corps.
Matthews, Capt G. L. R.A.M.C. (T.F.)
Matthews, Temp. Capt H A. V., R.A.S.C.
Matthews, 2nd Lt. H. G. C'wealth Mil. Forces.
Matthews, Temp. Lt. H. I , M G. Corps.
Matthews, Capt.H. K., late R.E.
Matthews, Temp. Capt. H L., Serv. Bns. R. Dub. Fus.

Matthews. Lt. J., late 3 Bn. Linc. R.
Matthews, Capt. J. B., late R.A.M.C.
Matthews, Temp. Capt. J. C , M.B., R.A.M.C.
Matthews, Temp. Capt J C G., Serv.Bns.Suff.R.
Matthews, Lt. J. W., 4 Bn. N. Staff. R.
Matthews, Temp. Lt. P. J., M.G. Corps
Matthews, Lt. P. T., 24 Bn. Lond R.
Matthews, Capt. R. C., R. D., R.A.M.C. (T F.)
Matthews, Capt. R. H., Can. M.G. Corps.
Matthews, Temp. Capt. S. H., 23 Bn. North'd Fus.
Matthews, Capt. S. H., late 1 Co. of Lond. Yeo.
Matthews, Capt. T. F. V., 6 Bn Worc. R
M a t t h e w s , Temp. Lt. W. H.
Mattinson, Bt. Maj. A. B., O.B.E , F.R.C.V.S., R.A.V.C. Spec. Res.
Mattner, 2nd Lt. E. W., C'wealth Mil. Forces
Mattock, Temp. Lt. L. T., Serv. Fns R. Fus.
Mauchlen, Temp. Capt. J. H., Serv. B s. Cam'n Highrs.
Mauchlen, Capt. R., 9 Bn Durh. L.I.
Maude, Bt. Maj. C. G., D.S.O., R. Fus.
Maude, Temp. Maj. C. R., O.B.E.
Maude, Capt. E. W., Oxf. & Bucks. L.I.
Maude, Lt. M. B., R. Fus.
Maudit, Lt. H. C. E. K.B. Rif.C,
Maucit, Lt. R. F. S.,7 D.G.
Maudling, Lt. L. G., la e Serv. Bns. R. W. Surr. R.
Maudslay, Temp. Capt R V , R.F.A.
Maudsley, Capt. H. F. C'wealth Mil. Forces.
†Maufe, Capt. F. W. B., R.F.A. (T.F.)
Maughan, Temp. 2nd Lt. A., 14 Bn. North'd Fus.
Maule, Temp. Lt. C D., M.G. Corps.
Maule, Lt. H. P.G., D.S.O., Hon. Art. Co.
Maule, Temp. Lt. R., Serv. Bns Manch. R.
Maund, Temp. 2nd Lt. R. A., 8 Bn. E. Surr. R.
Maunder, Capt. G. H., Ind. Army.
Maunder, Capt. J K. C., Can. Fd. Art.
Maunder, Qr-Mr. & Capt. J. H., R.A.M.C. (T.F.), TD.
Maunder, Lt. W. C., M.M., Devon. R.
Maunsell 2nd Lt. E. C., 3 Bn. Lond. R.
†Maunsell, Lt. E. J. A., R. War. R.

† Also awarded Bar to Military Cross.
†† Also awarded 2nd Bar to Military Cross.

Orders of Knighthood, &c.

THE MILITARY CROSS—contd.

Maunsell, Temp. Lt. L. B., Mach. Gun Corps.
Maurice, Capt. G. K., D.S.O., R.A.M.C. (T.F.)
Maurice, Temp. Capt. J. K., R.A.S.C. (Lt. R.A.S.C.)
Maurice, Temp. Maj. R FitzG., Tank Corps.
Mavor, Capt. J., Brit. Columbia R.
Mavor, Capt. W., Can. Local Forces.
Mawditt, Lt. F. P., R. W. Surr. R.
Mawdsley, Lt. V., late 4 Bn. S. Lan. R.
Mawer, Temp. Lt. A. V., 18 Bn. High. L.I.
Mawson, Lt.-G. H., R.E. (T.F.)
Mawson, Lt. J. B. N.Z. Mil. Forces.
Mawson, Temp. Capt. J. H., R.E.
Maxfield, Temp. Lt. S. C., 23 Bn. R. Fus.
Maxsted, Temp. Lt. H. R.
Maxted, Capt. C. B., late 6 Bn. Lond. R.
Maxted, Co.-Serjt.-Maj. G. W., 6 Bn. E. Kent R.
Maxwell, Capt. A., R.F.A.
Maxwell, Capt. A. D., T.F. Res.
Maxwell, Lt. A. M., D.S.O., C'wealth Mil. Forces.
Maxwell, Temp 2nd Lt. C., Serv. Bns. Durh. L.I.
Maxwell, Maj E. B., O.B.E., R.F.A.
Maxwell, Bt. Maj. E. C. O.B.E., Ches. R.
Maxwell, Lt. E. H., 9 Bn. L'pool. R.
Maxwell, Temp. Capt. F. W., R.A.S.C.
Maxwell, Bt. Maj. G.A.P., M.V.O., D.S.O., R.E.
Maxwell, Temp. Lt. G. R., M.G. Corps.
Maxwell, Capt. G. J. C., A.F.C., late 1 Lovat's Scouts Yeo.
Maxwell, Temp. Lt. J.
†ⒶⒸ.Maxwell,Lt.J.,D.C.M., C'wealth Mil. Forces.
Maxwell, Capt. J. E. H., Notts. & Derby. R.
Maxwell, Lt. J. H., 3 Bn. K.O. Sco. Bord.
Maxwell, Temp. Lt. J. H., Serv. Bn. Linc. R.
Maxwell, Capt J. L., R.F.A.
Maxwell, Capt K. G., 6 Bn Manch. R.
Maxwell, Temp. Lt. L. F., M.G. Corps.
Maxwell, Lt. M. T. R.F.A. Spec. Res.
Maxwell, Maj. M W., Can. Er g.
Maxwell, Lt. R., 8 Bn. R. Scots.
†Maxwell, Lt. S. C., 5 Bn. York & Lanc. R.
Maxwell-Gumbleton, Lt. M. S. H., R.A.
May Lt. A. D., Brit. Columbia Regt.
May, Temp. Capt. A. L.
†May, Lt. A. W., E. Ont. R.
May, Lt. C. A. C., Ches. R.

May, Temp. Capt. C. H., Tank Corps.
May, Temp. Lt. D. E., Serv. Bns. R.W. Fus
†May, Temp. 2nd Lt. D. W. G., 9 Bn. R. Suss. R.
May, Lt. E. W. N., R F.A. (T.F.)
May, Lt. F. R., Can. Local Forces.
May, Lt. F. W. J., R.F.A. Spec. Res.
May, Capt G. C., h.p.
†May, Lt. H , D.S.O., R.A.
May, Temp. Lt. H. K., 5 Bn. R. Berks. R.
May, Lt. H. R. D., 5 Bn R. War. R.
May, Capt. H. T., Can. Local Forces.
†May, Capt. H. W. M., Hamps. R.
May, Temp. Capt. J. A. E., Tank Corps.
May, Temp. 2nd Lt. J. P., M.M., Serv. Bn. R. Dub. Fus.
Mac, Maj. L., D.S.O., C'wealth Mil. Forces.
May, Lt. L. F., 6 Bn. N Staff, R.
May, Lt R. C., R.G.A.
May, Capt. R. G., L.S. Horse.
May, Lt. R. W., Welch R.
†May, Capt. T. W. late Serv. Bns. R. Innis. Fus.
May, Capt.W., late L'poolR.
May, Capt. W., Qr.-Mr., Aust. Imp. Force.
May, Lt. W. B., 4 Bn. York & Lanc R.
May, Lt. W. E., late Serv. Bns. Midd'x R.
Mayall, Rev. J. B., Temp Chapl. to the Forces, 4th Class
†Mayall, Temp. Capt. R. C., D.S.O., 11 Bn. North'd Fus.
†Maycock, Lt. A.L.,R.G A. Spec. Res.
Maycock, Temp. Lt. G., 11 Bn. R. Suss. R.
Mayer, Lt. G. D., 9 Bn. Lond. R.
Mayer, Lt. J. W., R.G.A. Spec. Res.
Mayers, Temp. Lt. O., R.A
Mayers, Lt. W. H., 5 Bn. Bedf. R.
Mayger, Capt. F. J. L.
Mayhall, Temp. 2nd Lt. E. G , S. Lan. R.
Mayhew, Temp. Lt. A.G.H., R.E.
Mayhew, Capt C. W., Denbigh. Yeo.
Mayhew, Maj. E. W., 22 Bn. Lond. R.
Mayhew, Maj G.H.,Qr.-Mr. Hon. Art. Co.
Maynard, Capt. A. L., S. Gds. Spec. Res.
Maynard, Temp. Capt. C.E., Serv. Bns. North'd Fus.

Maynard, Maj. F. H., 125 Rif. [I].
†Maynard, Temp. Capt. H. A., Midd'x R. (attd.)
Maynard, Lt. T. C., late R.G A. Spec. Res
Mayne, Rev. A. S., Hon. Chapl. to the Forces, 4th Class
Mayne, Lt. C.W. O., R.F.A.
Mayne, Capt. E. F. A., Res. of Off.
Mayne, Temp. Lt. J. F. R.F.A.
Mayne, Capt. R. C. M., R.G.A.
Mayo, Temp. Lt. A. G., Serv. Bn. D. of Corn. L.I.
Mayo, Temp. Lt. A. R., Tank Corps.
Mayoh, Lt. S., 5 Bn. N. Lan. R.
Mayon, Lt. J. W., late S. Wales Bord.
Mayos, Temp. Capt. C. F., Serv. Bns. North'd Fus.
Meaburn, Lt. M., R.F.A.
Meachem, Lt. F. R., R.G.A. Spec. Res.
Mead, Lt. A P., late '16 Hrs. Spec. Res.
Mead, Lt. F. J. S., D.C.M., Aust. Imp. Force.
Mead, Qr.-Mr. & Lt. J., R.F.C.
Mead, Temp. 2nd Lt. W.F., R.F.A.
Mead, Lt. W. R., 4 Bn. W. Rid. R.
Meade, Capt. C. G., T.F. Res.
Meade, Maj. G. W., D.S.O., R.A.
Meade, Capt. P. A.,112 Inf.
Meadows. Capt. C. S., late R.F.A. Spec. Res.
Meagher, Lt. L. C., Aust. Imp. Force.
Meagher, Hon. Lt. L. J., late 13 Bn. R. Ir. Rif.
Meagher, T., M.B., late Temp. Capt. R.A.M.C.
Meakin, Temp. Lt. H. M.
Mealand, 2nd Lt. T., late Serv. Bn. Suff. R.
Meara, Lt. M. J., Aust. Imp. Force.
Meares, Capt. G. K., Essex R.
Meares, Maj. H. M. S., D.S.O., late R.E.
†Mearns, Lt. D. J., 4 Bn. S. Lan. R.
Mearns, Co. Serjt.-Maj. J. W., 11 Bn. R. Ir. Rif.
†Mears, Lt. G. E., S. Lan. R.
Meathrel, Lt. H., D.C.M., R.A.
Meates, Maj. V., Aust. Imp. Force.
†Meats, Lt. G. W., 3 Bn. W. York R.
Mecredy, Lt. E. J., Herts. R.
Medcalfe, Capt G. A., Can Art.
Medhurst, Capt. C. E H., Kent. Ont. Regt.
Med urst, Lt. C. E. H., O.B.E., R. Innis. Fus.

Medford, Lt. W. H. L., R.G.A., Spec. Res.
Medley, Lt. C., Can Local Forces.
Medley, Capt. E. J. R.F.A.
Medley, Co.-Serjt.-Maj.W , W. Rid. R.
Medlicott, Maj. R. F. C., late S. Afr. Def. Force.
Medlyn, Capt. E. L., Aust. Imp. Force.
M-e, Temp. Lt. F. R., Serv. Bn. Leic. R.
Meech, Maj. L. R., late R.A.M.C.
Meek, Capt. E. A., 5 Bn. Durh. L.I.
Meek, Temp. Lt. R. R., R.A.S.C.
Meek, Lt. T. A., 8 Bn. R. Scots.
Meek, Capt. W. S. 5 Bn Midd'x R.
Meeson, Temp. Lt. P. M., Rif. Brig. (attd.)
Meester, Temp Lt. C. T., Serv. Bns. Midd'x R.
Meff, Lt. R. F., R.E. (T.F.)
Meffett, Lt. A., R.E. (T.F.)
Meggitt, Lt. W. G., 3 Bn. Welch R.
Megloughlin, Capt. W. B., E. Ont. R.
Mehan, Lt. D. A., C'wealth Mil. Forces.
Mehan, Lt. J. S., Aust Imp. Force.
Meikle, Maj A. U., Can. ocal Forces.
Meikle, Capt. H. C., N.Z. Mil. Forces.
Meikle, Capt. J. B., R.F.A. (T.F.)
†Meikle, Lt. M. C., R.F.A. Spec. Res
†Meikle, Temp. Lt. T. M., 8 Bn. York. L.I.
Meikle, Lt. W. E., 9 Bn Durh. L.I.
Meiklejohn, Capt. R , R.A.S.C. (T.F.)
Mein, Temp. Capt. A., 19 Bn. Yorks. L.I.
Mein, Capt. D.B., 55 Rif.
Mein, Temp. Lt. J. J., R.A
Meldrum, Temp. Capt. H , Serv. Bns. Glouc. R.
Meldrum, Lt. N. W., 7 Bn Gord. Highrs.
Melhuish, Lt. J.W.D., 7 Bn. Worc. R.
Mellia, Temp. Lt. M., Serv. Bns. North'd Fus.
Mellalieu, Temp. 2nd Lt. S., Serv. Bns. K.O.Sco.Bord.
Melling, Lt. C. F., 3 Bn. Lan. Fus.
Mellis, Capt. A. R., Ind. Army Res. of Off.
ⒼⒸ.Mellish, Rev. E. N., Hon.Chapl.to the Forces, 4th Class
Mellish, Temp. Lt. F. W., S. Afr. Def. Force
Mellon, Temp. Lt. H., Serv. Bns. North'd Fus.
†Mellonie, Temp. Capt. L. W., D.S.O., R.G.A.
†Mellor, Lt. A. R. I., Surr. Yeo.
Mellor, Lt. A. S., 7 Bn. Notts. & Derby. R.

† Also awarded Bar to Military Cross.
†† Also awarded 2nd Bar to Military Cross.

Orders of Knighthood, &c.

THE MILITARY CROSS—*contd.*

Mellor, Lt. F. W., R.F.A. (T.F.)
†Mellor, Capt. G. R., 5 Bn. L'pool R.
Mellor, Lt. H. E., R.F.A. (T.F.)
Mellor, Maj J. G. G., ret.
Mellor, Maj. J. L., *late* 6 Bn. R. War. R.
Mellor, Maj. J. S., *O;B.E.*, K.K Rif. C.
Mellor, Lt. R., R.G.A. (T.F.)
Mellor, Temp. Capt. R. W. H., R.E.
Mellor, Co. Serjt.-Maj. 3. *D C M.,* 15 Bn. R. Scots.
Mellor, Lt. W. L., R.E (T.F.)
Melly, Lt. A. J. M., R.F.A. Spec. Res.
†Melly, Capt. E. E., 5 Bn. York. & Lanc. R.
Melvill, Lt.-Col. M. G. D. T.F.Res.
†Melville,Temp.Capt.B.D. Serv. Bns. K.R. Rif. C.
Melville, Capt. C. M., *late* Serv. Bn. R. Fus.
Melville, Temp. Capt. D. L.
Melville, Lt. D. W. L., Res. of Off.
Melville, Capt. G. D., *O.B.E.,* Welch R.
Melville, Temp. 2nd Lt. J. F.
†Melville, Capt. J. L., Can. Eng.
Melville, Temp. Lt. P. S., M.G. Corps.
Melvin. T'mp. Lt. F. C., Serv. Bns. North'd Fus.
Melvin, Capt. J., *M.B.*, R A.M.C. Spec. Res.
Menary, Temp. 2nd Lt. G., 10 Bn. Sco. Rif.
Menaul Temp. Capt. W.J., 9 Bn. R. Ir. Fus.
Mendelsohn, Capt. H., Aust. Imp. Force
Mendham, Lt. S. T., R.E. (T.F.)
Mennie, Temp. Lt. J. B., 16 Bn. Ches. R.
Menzies, A. F., *M.D.,* Late Temp. Capt. R.A.M.C.
Menzies, Capt. A. F., Can. Local Forces.
Menzies, Lt. D., 5 Bn. R. Highrs.
Menzies, Temp. 2nd Lt. D. MacN., R.E.
Menzies, 2nd Lt. F. A., Ind. Army Res. of Off.
Menzies. Temp. Lt. J.A.B., R A.
Menzies, Capt. J. F., 3 Bn Notts. & Derby R.
Menzies, Maj. J. L., *M.B.* late R.A.M.C.
Menzies, Temp. Lt. J. McK., *D.S.O.,* R.F.A
Menzies, Lt J.W. G.,7Bn. R. Highrs.
Menzies, Capt. K. G., W. Gds.
Menzies, Bt. Maj. S. G., *D.S.O.,* 2 L.G.
Menzies., Lt. W. H. W. 5 Bn. Ches. R.

Menzies Anderson, Lt.-Col. W.,*D.S.O., late* 6 Bn.High. L.I.
Mercer, Lt. C. W., C'wealth Mil. Forces.
Mercer, Co. Serjt.-Maj. F., 10 Bn. Essex R.
Mercer, Lt. G., *late* Serv. Bns. R. Fus.
Mercer, Lt. G. O., 3 Bn S. Staff. R.
Mercer, Lt. H., Devon R
Mercer, Lt. J. A., 5 Bn. R. Lanc. R.
Mercer, Lt. W. A. T., 1 Bn Lond. R.
Mercer, Lt. W. B., War. Yeo.
Mercer, Co. Serjt.-Maj. W. C., 7 Bn. R. Fus.
Merchant, Lt. F. V.,*D.C.M.,*
†Meredith, Temp. Lt.A. C., Mach. Gun Corps.
Meredith, Capt. A. E., 114 Mahrattas.
Meredith, Lt. E. C., 20 Bn. Lond. R.
Meredith, Serjt.-Maj. G. S. Afr. Def. Force
†Meredith, Temp. Capt. G C., Serv. Bn. Ches. R.
Meredith, Capt. G. D., R.G.A.
Meredith, Capt.G. W. L., 18 Hrs.
Meredith, Capt. H., 4 Bn. N. Staff. R.
Meredith, Lt. J., R.F.A., Spec. Res.
Meredith, Bt. Maj. J. V. Leins. R.
Meredith, Lt. M: N., Ind. Army (Res of Off.)
Meredith, Lt. P. R., 7 Bn R. Scots.
Merewether, Temp. Lt. H. McC., R.F.A.
Merison, Capt. C. W., Suff. R.
Merivale, Maj. V., 7 Bn North'd Fus.
Merkel, Capt. L. G.. Aust Imp. Force
Merriam, Lt. C. F., *late* R.G.A. Spec. Res.
Merrick, Lt. H., 4 Bn. Glouc. R.
Merrick,Temp.Capt.H.G., R.A.
Merrick, 2nd Lt. P., 8 Bn. Lan. Fus
Merrick, Lt. R. C., Can. Local Forces.
Merrie, Temp. Lt. D. B Serv. Bns. Oxf. & Bucks. L.I.
Merrilees, Temp. Lt. J. Serv. Bns. Gord. Highrs,
Merriman, Temp. Capt. L. P. B., Tank Corps.
Meritt, T.mp. 2nd Lt. W. R., Fus.
††Merry, Lt. A. F., 6 Bn L'pool R.
Merry, Lt. F. S., Can. Eng.
Merry, Bt. Maj. M. H., Serv. Bns. Welch R.
Merry, Lt. T. A., T.F. Res.

Merrylees, Capt. S. B., Ind. Army
Merryweather, Lt. J. W., R.E. T F.)
†Merston, Lt. W. C., Can. Local Forces.
†Messenger. Capt. H. L., *late* R.A.M.C.
Messenger, Lt. W. A., *late* Serv. Bns R. Fus.
Messervy,Temp.Capt.F.G., R.A.
Messinier, Asst. Surg.E.B., Ind. Sub. Med. Dept.
Meston, Lt. F. W., 4 Bn. Gord. Highrs.
Metcalf, Co Serjt -Maj. F., R.E.
Metcalfe, Temp. Lt. C. C.
Metcalfe, Hon 2nd Lt. H., *late* 4 Bn. W. Rid. R.
Metcalfe, Lt. C. E., R.F.A. Spec. Res.
Metcalfe, Capt. E. D., 3 Horse.
Metcalfe, Capt. E. D. T., 5 Gurkha Regt.
Metcalfe: Lt. F. T., 5 Bn Notts. & Derby R.
Metcalfe, Capt. G., *late* Serv. Bns. North'd Fus.
Metcalfe, J. C. P. E., *late* Temp. Capt. Lan. Fus. (attd.)
Metcalfe, Capt. L. W., N.Z. Mil. Forces.
Metcalfe, Lt. R. J., *late* Serv. Bns. Devon R.
Metcalfe, 2nd Lt. W. B., 9 Bn. High. L I.
Metcalfe, Lt. W. E. H., R.F.A.
†Metcalfe, Lt. W H., 5 Bn. R. Lanc. R.
Methuen, Capt. H. C., *D.S.O.,* Cam'n Highrs.
Methuen, Lt. L. H., *O.B.E.,* Arg. & Suth'd Highrs.
†Methuen, Capt. E. B., Yorks. L.I.
Methven, Lt. N. W., S.Afr. Def. Force.
Methven, 2nd Lt. W., *late* Serv. Bns. K.R. Rif. C.
Metters, Temp. Lt. H. H.. 8 Bn. Leic. R.
Meurling,Lt.-Col. H. F. V., *D.S.O.,*Can. Local Forces
Mews, Lt. S. H., R.F.A. Spec. Res
Mewton, Temp. Capt. W. F., R.E.
††Meyers, Lt. E. H. W., C'wealth Mil. Forces.
Meyler, Capt. H. M.,*D.S.O.,* Bord. R.
Meynell, Lt. E. C., *O.B.E.* R.F.A. (T.F.)
Meyrick, 2nd Lt. T. P., 5 Bn. R. Berks. R.
Meyrick, Lt. W. C. F., 6 Bn Devon R.
Michael, Lt.G.E. M., 3 Bn Norf. R.
Michell, Temp. 2nd Lt. C.J., 5 Res. Regt. of Cav.

Michell, Temp. 2nd Lt. C. L., Serv. Bns. R. Suss. R.
†Michell, Temp. Lt. J. K., Mach Gun Corps.
Michell,Lt. K. H., R.G.A. Spec. Res.
Michell, 2nd Lt. L., 7 Bn. Lond. R.
Mich-ll. Capt. W. C., W. Ont. Regt.
Michelmore, Capt. E., Can. Local Forces
†Michelmore, Maj. H. T., R.F.A. T.F.)
Michelmore, Lt. W. G., *D.S O.,* R.E. (T.F.)
Michelsen, *Rev.* L. E., Hon. Chapl. to the Forces (4th Class).
Michelson, Temp. 2nd Lt. E. W.
Mickie, Temp. Lt. L., Tank Corps.
Micklem, Bt. Maj. J., *D.S.O.,* Rif. Brig.
Middlebrook, Lt. J., 6 Bn. Rif. Brig.
Middlebrook, Lt. L. G., 4 Bn. E. York. R.
Middlemas, 2nd Lt. D. J., R.E.
Middlemiss, Lt. F., *late* 6 Bn. High.L.I.
Middlemiss. Lt. K., 4 Bn E. York. R.
Middleton, Capt. A. G. M., *late* R.A.M.C.
Middleton, Capt. D. F., C'wealth Mil. Forces.
Middl ton, Lt. E., S. Afr. Def. Force.
Middleton, Temp. 2nd Lt. F. H., Serv.Bns.Essex R.
Middleton, Hon. Capt. H., *M.B., late* R.A.M.C.(T.F)
Middleton, Lt. J.A., R.F.A (T.F.)
Middleton, Lt. J. A., R.F.A. (T.F.)
Middleton, Lt. J. W., *late* R. Mar.
Middleton,Capt. R. C. G., 4 Bn. R. Suss. R.
Middleton-West, Maj. S. H., *M.B.,* Ind. Med. Serv.
Middleton, Temp. Lt. J. S., 12 Bn. L'pool R.
Middlewood, Lt. H., R.G.A. (T.F.)
Midelton, Lt. T. B., Aust. Imp. Force.
Midgley, Temp. Lt. C. G. H., M.G. Corps.
Midgley, Lt T. H., R.E. (T.F.)
Midwood, Lt. H., R.F.A. Spec. Res.
Mieville, Maj. A. L., *D.S.O.,* Can. Local Forces. ret.
Mieville,Capt. W. S.,28 Bn. Lond. R.
Mifflin, Temp. Lt. J., Newfd. Contgt.
Milborne - Swinnerton-Pilkington, Lt. A. W., 16 Lrs.
Milburn, Lt. B., *D.S.O.,* C. Gds.
Milburn, Temp. Capt. F., Serv. Bns. North'd. Fus.

† Also awarded Bar to Military Cross.
†† Also awarded 2nd Bar to Military Cross.

THE MILITARY CROSS—*contd.*

Milburn, Capt. L. E., 4 Bn. Suff. R.
Milburn, Capt. S.W., R.F.A. (T.F.)
Mildmay, Lt. A. S. L. St. J., G. Gds.
Mildred, Lt. F. A., 6 Bn. North'd Fus.
Mildren, Lt. R. P., R F.A. (T.F.), D.S O.
Miles, Temp. Lt. A. T.,
Miles, Temp. Lt. B., R.A.
Miles, Capt. B. L., 16 Bn. Lond. R.
Miles, 2nd Lt. D. R. late Serv. Bns. R.W. Fus.
Miles, Lt. C. F., R.F.A. (T.F.)
Miles, Lt. C. S., late Serv. Bns. Manch. R.
Miles, Maj. E., R.G A.
Miles, Bt.-Maj E. G., D.S.O., K.O. Sco. Bord.
Miles, Maj. E. W., 1 Dns.
†Miles, Temp. Lt. H., Serv Bns. Oxf. & Bucks. L I.
Miles, Lt. J., R.F.A. (T.F.)
Miles, Lt. J. J., 3 Bn. Essex R.
Miles, Capt. O., R.F.A. (T.F.)
Miles, Capt. R., D.S.O., N.Z. Mil. Forces.
Miles, Lt. R. E., R.E. (T.F.)
Miles, Lt. R. S. C'wealth Mil. Forces.
Miles, Lt. R. W, R.F.A. (T.F.)
Miles, Lt. T. A., C'wealth Forces.
Milford, Lt. C. S., late 3 Bn. R.W. Kent R.
Milford, Capt. E. W., late 3 Bn. Linc. R.
Milholland, Lt. A. W., R.F.A. Spec. Res.
Millan, Temp. Capt. K. E. M.B., R.A.M.C.
Millar, Temp. 2nd Lt. A., Serv. Bns. High. L.I.
Millar, Lt. A. A., 9 Bn. High. L.I.
Millar, Temp. Lt. A. S., Serv. Bns. Arg. & Suth'd Highrs.
Millar, Capt. A. U., M.B., late R.A.M.C.
Millar, Capt. C. H., 1 High. Brig. R.F.A.
Millar, Lt. F. J. S., 8 Bn. Sco. Rif.
Millar, Capt. g., M.B., late R.A.M.C.
Millar, Temp. Lt. G. A., R.G.A.
Millar, Capt. G. L., Sco. Horse Yeo.
Millar, Lt. H. M., 7 Bn. High. L.I.
Millar, Capt. J., D.S.O., R. Highrs.
Millar, Lt. L. H., 1 Quebec R.
Millar, Temp. Lt. N., Serv. Bns. York. R.
Millar, Lt. R. MacG., Som. L.I.
Millar, Lt. R. V., R.F.A., Spec Res.

Millar, Capt. T., Aust. Imp. Force.
Millar, Capt. W., 5 Bn. Arg. & Suth'd Highrs.
Millar, Lt. W. E. G., 3 Bn. Arg. & Suth'd. Highrs.
Millard, Lt. A. W., late R.E.
Millard, Capt. J. R., W. Ont. R.
Millen, Lt. C. R., 8 Bn Lond. R.
Miller, Lt. A. A., R.F.A. (T.F.)
Miller, Temp. Lt. A. B., Serv. Bns. S. Staff. R.
Miller, Lt. A. D., 7 Bn Gord. Highrs.
Miller, Capt. A. E., h.p.

Miller, Temp Lt. A. E. M.G. Corps.
Miller, Lt. A. E. H., 7 Bn High. L.I
Miller, 2nd Lt. A. H., N.Z. Mil. Forces.
Miller, Lt. A. J., R.G.A. Spec. Res.
Miller, Lt. A. L., late 7 Bn R. Highrs.
Miller, Lt. A. M. J., 4 Bn. Sea. Highrs.
†Miller, Maj. A. P., D.S.O. Can. Local Forces.
Miller, Lt. A. S., 4 Bn. R Scots.
†Miller, Bt. Maj. A. T., Notts & Derby. R.
Miller, Temp. Lt. A. W. R., 8 Bn. R.Highrs.
Miller, Temp. Lt. C. H., Suff. R. (attd.)
Miller, 2nd Lt. D., S. Gds. Spec. Res.
Miller, Lt. D. F., 4 Bn. C'mb'n Highrs.
Miller, Temp. Capt. D. G., Serv Bns. Arg. & Suth'd Highrs.
Miller, Lt. D.O. d'E., R.F.A. Spec. Res.
Miller, Lt. E. A. B., K. R. Rif. C.
Miller, Temp. Lt. E. E., Serv. Bn s. Wilts. R.
Miller, Serjt.-Maj.F.,L'pool R.
†Miller, Capt. F. C., late 8 Bn. York. R.
Miller, Capt. F. W., 10 Bn. Midd'x R.
Miller, Temp. Capt. G. C., Serv. Bns. Oxf. & Bucks. L I., TD
Miller, Maj. G. MacK., M.B., late R.A.M.C.
Miller, Lt. G. P., Cam'n Highrs.
Miller, Lt. G. W., D.S.O., Bn. R. Scots.
Miller, Capt. G. W. M., 10 Bn. R. Scots.
Miller, Lt. H., Aust. Imp. Force.
Miller, Lt. H. B.,Can.Eng.R.
Miller, Temp. Capt. H. G. Temp. Qr.-Mr. R.A.M.C.
Miller, Maj. H.G.B., D.S.O., R. Sc. Fus.
Miller, Capt. J., D.S.O., R.A.M.C. (T.F.)

Miller, Capt. J., Alberta R
Miller, Lt. J., E. York. R.
Miller, Lt. J., R.F.A. Spec. Res.
Miller, Capt. J. B., R.E. (T.F.)
Miller, Lt. J D., 6 Bn. Arg & Suth'd Highrs.
†Miller, Capt. J. H., la e 21 Bn. Manch. R.
Miller, Lt. J. L., R.E. (T.F.)
Miller, 2nd Lt. J. M., R.F.A. Spec. Res.
Miller, Lt. J. M., R.G.A (T.F.)
†Miller, Capt. J. McI., D.S.O., Nova Scotia Regt.
Miller, Lt. J. S., late Serv. Bns. R. Dub Fus. (T.F)
Miller, Lt. J. W., M.M., Nova Scotia Regt.
Miller, Lt. L C., R.F.A. (T.F.)
Miller, Lt. N., 4 Bn. R. War R.
Miller, 2nd Lt. O. M., R.F.A.
Miller, Temp. Lt. P. J., R.E.
†Miller Capt. P. M., late serv. Bns. R. Ir. Rif.
Miller, Lt. R., 4 Bn. R. Sc. Fus.
Miller, Lt. R., 3 Bn. Dorset R.
Miller, Lt. R. F., 6 Bn Arg. & Suth'd Highrs.
Miller, Lt. R. M., 4 Bn. Sco. Rif.
Miller, Capt R. S., late S. Afr. Def. Force.
Miller, Capt. S., D.S.O., M.B.,R.A.M.C. Spec. Res
Miller, Capt. S., Dorset R.
Miller, Co. Serjt.-Maj. T., R. Sc. Fus.
Miller, Temp. Lt. T. C., M.G. Corps.
Miller, Capt. T. MacK., R.A.M.C. Spec. Res
Miller, Capt. T. R., Aust. Imp. Force
Miller, Capt. T. W. D., R.E.(L)
Miller, Co. Serjt.-Maj. W., Sea. Highrs.
Miller, Capt. W. A., D.S.O., M.B., R.A.M.C. Spec. Res.
Miller, Lt. W. A., 2 Regt. K. Ed. Horse.
Miller, Capt. W. H., Can. Eng.
Miller, Capt. W. M., Can. Local Forces.
Millerick, Capt. W., R.A.M.C.
Millers, Lt. P. T., 8 Bn. Lan. Fus.
Millett, Lt. F. B., Nova Scotia Regt.
Millett, Lt. L., 5 Bn. D. of Corn. L.I.
Millett, Lt. R. M., Nova Scotia R.
Milley, Temp. Lt. S., 23 Bn. North'd Fus.

Millican, Capt. G. W. H., Can. Local Forces.
Millican, Temp. Capt. N. S., Serv. Bns. L'pool R.
Millidge, Lt. D. de B., Can. Fd. Art.
Milligan, Lt. A., 8 Bn. W. York. R.
Milligan Lt. F. S., late Rn. L'pool R.
Milligan Lt. F. S., late Rn. L'pool R.
†Milligan, Maj. H. J., M.D., late R.A.M.C.
Milligan, Rev. O. B., B.D., Chaplain, 4th Class(T.F,)
Milliken, Temp. Lt. J., 12 Bn. R. Ir. Rif.
Milliken, Lt. J., Tank Corps.
Milling, Maj. J. McM., Bedf. & Herts. R.
Millington, Lt. J., Can. Local Forces.
Millington, Temp. Lt. L., 16 Bn. Ches. R.
†Millis, Lt. C. H. G., D.S.O., Notts. & Derby. R.
Millis, Lt. G. C., 3 Bn. E Surr. R.
Millner, Maj. G. E., D.S.O., 24 Bn. Lond. R. [L]
Millner, Maj. T. G., C'wealth Mil. Forces.
Mills, Lt. A., R.F.A. Spec. Res
Mills, Rev. A. A., C'wealth Mil. Forces.
Mills, Lt. A. C., R.G.A. (T.F.)
Mills, Temp. Lt. A. C., Serv. Bn. York. R.
Mills, Lt. A. E., 2 Bn. Lond. R.
Mills, Temp. Lt. A. F., Serv. Bns. Devon. R.
Mills, Lt. B. L. C. L., R.E. (T.F.)
Mills, Capt. C. F., C'wealth Mil. Forces.
Mills, Temp. Capt. E. E., 7 Bn. S. Wales Bord.
†Mills, Capt. E. H. W., C'wea th Mil. Forces.
Mills, Lt. E. L., Midd'x R.
Mills, Lt. E. L., 4 Bn. Lond. R.
Mills, Temp. Lt.E.R , R.E.
Mills, Capt. F., R.F.A. (T.F.)
Mills, Lt. F., 10 Bn. R. Scots
Mills, Temp. Lt. F. J., R.E.
Mills, Temp. Lt. F. L., 13 Bn. North'd Fus.
Mills, Maj. F. L. V., late R.A. Res. of Off.
Mills, Lt. G. H., late Serv. Bns. R.W. Fus.
Mills, Lt. G. H, 6 Bn. Welch R.
Mills, Lt. G. H., Can. Eng.
Mills, Lt. G. H., Loth. & Bord. Horse.
Mills, Lt. G. H., E. Yorks. R.
Mills, Lt. H. H., R.A.S.C.
Mills, Temp. Capt. L. B., E. Surr. R. (attd.)
Mills, Lt. P. F., High. Divl. Eng. R.E.
Mills,Lt.P.W.,9Bn.,Lond.R.

† Also awarded Bar to Military Cross.

THE MILITARY CROSS—contd.

Millis, Maj. R. B., Fort Garry Horse.
Mills, Capt. R. P., A.F.C., R. Fus.
Mills, Lt. R. W., Ches. R.
Mills, Capt. S. D., Bed & Herts. R.
Mills, Lt. S'an'ey W., D.C.M., R.F.A. (T.F.)
Mills, Capt. W. H., 7 Bn. Lan Fus.
Millward, Hon. 2nd Lt. F. W., late 10 Bn. W. Rid. R.
Millward, Temp. Capt. R., S. Afr. Def. Force.
Milne, Lt. A. J., R.F.A. Spec. Res.
Milne, Temp. Lt. C. W, Serv, Bns. R. Innis Fus.
Milne, Lt. D., R. Sc. Fus.
Milne, Lt. D., Alberta R.
Milne, Temp. Lt. D. W., 11 Bn. R. W. Surr. R.
Milne, Capt. F. D. R. Res. of Off.
Milne, Temp. Lt. H. J., Gord. Highrs.
†Milne, Capt. H. S., M.D. R.A.M.C.
Milne, Bt. Maj.J., TD, 7 Bn. Gord. Highrs.
Milne, Lt. A. A., R.F.A.(T.F.)
Milne, Lt. J. D., D.C.M., Hamps. R.
Milne, Temp. 2nd Lt. J.H., Serv. Bns. Manch. R.
Milne, Capt. J. M., R.A.M.C. (T.F.)
Milne, Lt. R. K., W. Lan. Divl. R.E.
Milne, Temp. Lt. T.
Milne, Temp. Maj. W. W., 20 Bn. Midd'x R.
Milne-Home, Capt. A. C., North'd Fus.
Milner, Capt. C. E., R.A.S.C. (T.F.)
Milner, Lt. G., 4 Bn. E. Surr. R.
†Milner, Lt. J., W. Rid. Divl. Train.
Milner, Lt. P. R., Leic. R.
Milnes, Capt. F., 2 D.G.
Milnes, Capt. G. C., 5 Bn. R Lanc. R.
Milnes, Lt. K. W., R.F.A. Spec. Res.
Milnes, Lt. W. H. G., Res. of Off.
Milroy, Temp. Lt. A. L., 8 Bn. R. Highrs.
Milstead, 2nd Lt. A. H., 4 Bn. Lond R.
Milton, Temp. Serjt.-Maj. A., 5 Bn. Bedf. R.
Milton, Capt. F. R. G., R.F.A.
Milton, Capt. H. A., 23 Bn. Lond. R.
Milton, Capt. L., R.A.M.C. (T.F.)
Milton, Lt. L. M., D.C.M., 5 Bn. L'pool R.
Milton, Temp Capt. W. J., Serv. Bns. Shrops. L.I.
Milward, Lt. G. E., R.F.A. (T.F.)
†Minchin, Capt. F. F., D.S.O., R.F.C. Spec. Res.
Minchin, 2nd Lt. J. B., D.S.O., C'wealth Mil. Forces.
Minchin, Temp. Lt. L. E., Tank Corps.
Miners, Temp. Lt. A. B., R.A.S.C.
Minet, Temp. Lt.-Col. E. C. T., D.S.O., M.G. Corps.
Mingie, Maj. W. J. E., Can. A.M.C.
Mining, Lt. A. E., Aust. Imp. Force.
Minnear, Rev. G. E., late (attd.)
Minniken, Capt. H. J., W. I. R.
Minnis, Lt R. E., late Serv. Bns. Leic. R.
Minnitt, Lt. B. A., M.M., late Serv. Bns. K. R. Rif. C.
Minns, Capt. A. N., D.S.O., R.A.M.C.
Minogue, Maj. M. J., D.S.O., E. Surr. R.
MinshullFord, Bt. Lt.-Col. (temp. Brig.-Gen. J.R.M., D.S.O., R.W. Fus. (?)
Minson, Lt. A. J., R A.
Minter, Capt. B., C'wealth Mil. Frces.
Minton,Capt.J.P ,C'wealth Mil. Forces.
Minty, Maj. C. C., C'wealth Mil. Forces.
Mirams, Lt. S., Midd'x R.
Mirrlees, Capt. W. H. B., R.F.A.
Misa, Capt. H., 2 D.G.
Miskin, Capt. C. H., late 5 Bn. Bedf. R.
Miskin, Temp. Capt. F., 12 Fn. Suff. R.
M'skin, Capt. W. L., 120 Inf.
Missen, Temp. Lt. R. R., Serv. Bns. N. Staff. R.
Metcalfe, Lt. W. S., R.F.A. (T.F.)
Mitchell, Lt. A., 4 Bn. York & Lanc. R.
Mitchell, Capt. A.B , M.B., R.A.M.C. Spec. Res.
Mitchell, Capt. A. G., late R.A.S.C.
Mitchell, Lt. A. H., M.B.E., Dorset R.
Mitchel , Maj. A. P. late M.G. Corps.
Mitche l, Temp. 2nd Lt. A. R., Serv. Bns. R Scots.
Mitchell. Lt. A. S., R.F.A. Spec. Res.
Mitchell, Temp. Capt. A.S., R.E.
Mitchell, Capt. A. W. S., 7 Bn. Arg. & Suth'dHighrs.
Mitchell,Hon. Capt.B,E.F
Mitchell, Temp. Lt. C., 11 Bn. Arg. & Suth'd Highrs.
Mitchell, Maj. C. C., D.S.O , late R.F.A.
Mitchell, Lt. C. G., 4 Bn. Cam'n Highrs.
Mitchel , Temp. Lt. C. J., 5 Res Regt. of Cav.
Mitchell, Capt. C. N., Can. Eng.
Mitchell, Lt. D. A., Can. Local Forces.
Mitchell, Capt. D. J., K.R. Rif. C
Mitchell, Temp. Lt. E., Serv. Bns. Lan. Fus.
Mitchell, apt. E. S., 3 Bn Worc. R.
Mitchell, 2nd Lt. F., late Tank Corps.
Mitchell, Maj. F. A., Glouc. Yeo.
Mitchell, Hon. Lt F. B. late Oxf. & Bucks L.I
Mitchell, 2nd Lt. F. J., R Fus.
Mitchell, Maj. F. McE., late S. Afr. Overseas Fo ces.
Mitchell, Capt. G., la e Aust. Imp. Force.
Mitchell, Lt. G. D., D.C.M., R.A.S.C.
Mitchell, Temp. Capt.G.O., R.A.S.C.
Mitchell, Capt. G. S., late R.E.
Mitchell, Lt. H., 6 Bn. W. York. R.
Mitchell, Temp.2nd Lt. H., Se v. Bns. Devon. R.
Mitchell, Temp. Lt. H. B. O., Serv. Bns. R. Innis. Fus.
Mitchell Temp. Lt. H. D., Serv. Bns. R.Ir.Rif.
Mitchell, Temp. Lt. H. M., Serv. Bns. R. Muns. Fus.
Mitchell, Temp. Lt. H. V, Serv. Bns. R. W. Kent R.
Mitchell, Maj. H. W. F., C'wealth Mil. Forces.
Mitchell, Lt. J., R.F.A.
Mitchell, Co Serjt. Maj.J., 8 Bn. R. Highrs.
Mitchell, Temp. Lt. J., Serv Bns. R. Innis. Fus.
Mitchell, Lt. J., Cam'n Highrs,
Mitchell, Capt. J. A. C'wealth Mil. Forces
Mitchell, 2nd Lt. J. B., 8Bn. Lond R.
Mitchell, Temp. Lt. J. C., Serv Bns. Devon R.
Mitchell, Temp. Maj. J. H. 9 Bn. Bord. R.
Mit hell, Temp. 2nd Lt. J. H., Serv. Bns. Essex R.
Mitchell, Temp. Capt. (temp.Lt. Col.) J.M., Serv. Bns. E Surr. R.
Mitchell,Capt.J.M ,O.B.E., M.B., R.A.M.C. (T.F.)
Mitchell, Capt. J. R., M.B., R.A.M.C.(T.F.)
Mitchell, Capt. L. F., 5 D.G.
Mitchell, 2nd Lt. L. H., R.F.A. Spec. Res.
Mi chell, Lt. L. H., late R.G.A. Spec. Res.
Mitchell, Lt. N. C., 4 Bn. N. Lan. R.
Mitchell, Temp. Capt. P.E., K. Afr Rif.
M:tchell, Lt. R., 1 Cent Ont. Regt.
†Mitchell,Temp.Lt.R.S.F., 13 Bn. Durh. L.I
Mitchell, Temp. Lt. R.S.S., R.F.A
Mitchell, Lt. R. W., R.E. (T.F.)
Mitchell, Capt. T. B., 8 Bn R. Scots.
k.
Mitchell,Hon. Lt.W.E.M., late 11 Bn. R. Ir. Rif.
Mitchell, Capt. W. G. S., D.S.O., High. L.I.
Mitchell, Capt W McG., R A.V.C. Spec. Res.
Mitchell, Lt. W. McK., 9 Bn. R. Scots.
Mitchellhill, Lt. J , R.F.A. (T.F.)
†Mitchem, 1 t. F., M.M., Shrops. L.I.
†Mitford, 2nd Lt. E. B., 5 Bn. R.W. Fus.
Mitten, Serjt.-Maj.G., Can. Inf.
Mitton, Capt. J. B., M.B., late R.A.M.C.
Mitt Singh, 2nd Lt. (Hon. Capt.) Ind. Army.
Mobberly, Capt. C. R., 24 Bn. Lond. R.
Moberley, Lt. H. W., 4 Bn. D. of Corn. L.I.
Moberly, Temp. Lt. G. H., M.G. Corps.
Mockler-Ferryman, Lt. E, E., R.A.
Modera, Capt.F. S., D.S.O., R. Fus.
Modlock, Temp. Lt. A. G., R.F.A.
Moeran, Rev. W. G., Hon. Chapl. to the Forces, 4th Class.
Moffatt, Capt. A. B., M.B., late R.A.M.C.
Moffatt, Lt J., late C. Gds.
Moffat, Lt. J., North'd Fus. Spec. Res.
Moffatt, Lt. R., R.E. Spec. Res.
Moffatt, Capt. L. M., Can. Local Forces.
Moffat, Lt. L. P., 1 Regt. K. Ed. Horse.
Moffatt, Temp. Capt., M. G. F., Cam'n Highrs.
Moffatt,Co.Serjt.-Maj. W., R. Ir. Rif
Moffatt, Maj. W.G.,1 Cent. Ont. R.
Moffett, Capt. S., 5 Bn. Nort 'd Fus.
Mogan, Qr.-Mr. & Capt. J.P., 13 Bn. E. York R.
Mogg, Capt. H. B., Can. Eng.
Moggridge, Lt. G. W., R G.A Spec Res.
Mohammed Effendi Yuz Azmi, Egyptian Army.
Mohammed Hassan (Effendi) El Saghkolaghasi, Egyptian Army.
Mohammed Salamut Ullah, Temp. Capt. Ind. Med. Serv.
Mohammed Niazi (Effendi) El Saghkolaghasi, Egyptian Army
Mohammed Talat (Effendi) El Mulajem Awal, Egyptian Army.
Mohammed Yuzri (Effendi) El Mulajem Awal, Egyptian Army.

† Also awarded Bar to Military Cross,

Orders of Knighthood, &c.

THE MILITARY CROSS—contd.

Mohr, Maj. S. M., O.B.E., late Serv. Bns. Notts. & Derby R.
Moir, Co.-Serjt.-Maj. A., 5 Bn. Cam'n Highrs.
Moir, Lt. A. H. M., 9 Bn. R. Scots.
Moir, Lt. A. R., 3 Bn. Ches. R.
Moir, Lt. I. B.. Sea. Highrs.
Moir, Lt. J B., 7 Bn. Arg & Suth'd Highrs.
†Moir, Capt. J. H., D.S.O., M.D., late R.A.M.C.
Moir, Lt. K. M, 5 Bn. E. Surr. R.
Moir, Capt L. K.
Moir, Cap'. P. J., M.B., R.A.M.C. (T.F.)
Moir, Temp. Lt. R. A. R E.
Moir, Capt. R. G., D.S.O., Arg. and Suth'd Highrs.
Mole, Lt. G. H. L , R. Ir Rif.
Molesworth, Capt. J. D. N., 6 Bn. Lan. Fus.
†Molesworth, Capt. W. E., R. Munss. Fus.
Molesworth, Capt. W. N., 6 Bn. Manch. R.
Molino, Capt. R. W. H., 6 Bn. Rif Brig.
Moll, Capt. H. T., 4 Bn. Leins. R.
Mollan, Capt. F. R. H., R.A.M.C.
Moller, Lt. A. A., G. Gds. Spec. Res.
†Mollett, 2nd Lt B , 5 Bn. W. Rd. R.
Mollett, Temp. Capt. E.B., Serv. Bns. Midd'x R.
†Mollett, Lt. C., Res if Off.
Mollett, Temp. Capt. J. D., R.E.
Molloy, Temp. Lt. A. J., R.A.S.C.
Molloy, Hon. Lt. L., Qr.-Mr. Aust. Imp. Force.
Moloney, Batty. Serjt.-Maj. F. A., 3 North'bn Brig., R.F.A.
Molon**y**, Capt W. J., M.B., late R.A.M.C.
Molony, Capt. C. W.. 57 B'f.
Molony, Rev. J. P , O.B.E., Chapl. to the Fo ces (4th Class).
Molony, Temp. 2nd Lt. W., 6 Bn. R. Munss. Fus.
Molson, Lt. W. H., Quebec R.
Molyneux, Capt. E. H., late Serv. Bns. W. Rid. R.
Molyneux, Lt. G. R., Res. of Off.
Molyneux, Temp. Lt. H. T., 11 Bn. Hamps. R.
Monaghan, Capt. J. H., late Leins. R.
Monckton, Lt. W. T., 4 Bn. R.W. Kent R.
Moncrieff, Temp. Maj. A. R.E.
Moncrieff, Maj A. R., ret. pay
Moncrieff, Capt. D. C., R.F.A. (T.F.)
Moncrieffe, Capt. J. A., D.C.M., Oxf Yeo.
†Moncrieff Wright, Capt. D. G., Sco. Rif.

Moncur, Garr. Serjt.-Maj. J.
Moncur, Lt. P. D., C'wealth Mil. Forces.
Money, Lt. A. G., late S. Afr Overseas Forces.
Money, Capt. D. F., 23 Bn. Lond. R.
Money, Lt. G. D. C., Hamps. R.
Money, Capt. G. W. P., 3 Gurkha Rif.
Money, Temp. Capt. H., 6 Bn. Oxf. & Bucks. L.I.
Money, Lt. R. A., C'wealth Mil. Forces.
Money, Bt. Maj. R. C., Sco. Rif.
Money, Lt. W. A., M.M., Aust. Imp. Force.
Money-Kyrle, Rev. C. L., late Hon. Chaplain to the Forces (4th Class).
Monger, hon. Capt. H. G., 1 Quebec R.
Qr.-Mr Sask. R.
Monier-Williams, Bt. Maj C. V., D S O., 5 Bn. York & Lanc. R.
Monier-Williams, Capt. G W., O.R.E., 12 Bn. Lond. R.
†Monier-Williams, Lt. H.B., Suff. R.
Monindranath Das, Capt. Ind. Med. Serv.
Monk, Lt. A. V., 2 Regt. K. Ed. Horse.
Monk, Hon. Capt. F. T., late 7 Bn. Sco. Rif.
Monk, Temp.Capt.H.W.J., R.E.
†Monk, Bt. Maj. J. M., Worc. R.
Monkhouse, Lt. G. K., R.F.A.
Monkhouse, L. C. C., R.G.A. Spec. Res.
M*o*nkman, Lt. G. 3 Bn. York. R.
Monks, Temp. Capt. T. F., R.F.A.
Monro, Temp. Lt H. J. G., R.A.S.C.
Montagu, Capt. F. J. O., O.B E , Res. of Off.
†Montag u Lt. G. E., 6 Bn. Ches. R.
Montague, Temp. Lt. M. S. H.
Montague, Lt.-Col. P. J., D.S.O.,Can. Local Forces.
Montague, Capt P. J. A., R.A.
Montague-Douglas-Scott, Lt., Lord W. W., 10 Hrs.
Montagu-Stuart-Wortley, Capt. R. N., Hamps. Yeo.
Montanaro, Capt. R. A. F., E. Surr. R.
Monteath, Capt. C. D., C'wealth Mil. Forces.
Monteith, Temp. Serjt.-Maj. R. Arg. & Suth'd Highrs.
Monteith, Temp. Lt R., Serv. Bas R. Ir. Rif.
Montgomerie,Capt. E. W., Norf. R.
Montgomerie, Temp. Lt. F. J. D., R.E.
Montgomerie, Lt. G. E., late R.W. Fus.
Montgomerie, Maj. H. G., late Gen. List.

Montgomery, Lt. A. M., Ayr Yeo.
Montgomery, Lt. A. R., M.M., Can. Fd. Art
Montgomery, Lt. C. B.,late Serv. Bns, Lan, F s.
Montgomery, Capt. C. E., T.F Res.
Montgomery, Capt. D. S., Can. Inf.
Montgomery, Capt. F. P., M.B., late R.A.M.C.
Montgomery, Maj. H., late S. Afr. Def. Force.
Montgomery, Lt. R. E. L., late N. Ir. Horse.
Montgomery, Temp. Lt. H. R. G., 7 Bn. Norf. R.
Montgomery,J.A.,M.D.,late Temp. Capt., R.A.M.C.
Montgomery, Lt. L.,Hon. Art. Co.
Montgomery, Capt. L. C., Serv. Bns. Lan. R.
Montgomery, Lt. M. R., R. Dub. Fus.
Montgomery, Maj. R, H., Welch R.
Montgomery, Capt. R. V. Som. L.I
Mon*t*gomery, Lt. S. C., Can. Fd. Art.
†Montgomery, Temp. 2nd Lt. W. O., 13 Bn. E. York. R.
Montgomery, 2nd Lt.W.R., C'wealth Mil. Forces.
Montrésor, Maj. F. M., R.G.A.
Mood Capt. J. M., O.B,E , R. Dub. Fus.
Moodie, Lt. A. M., 7 Bn. R. Highrs.
Moodie Lt. D. A. B., I. Gds. Spec. Res.
Mo*o*die, Lt. J. G., late R.F.A., Spec. Res.
Moody, Lt. E. L., late Serv. Bns. R. Fus
Moody, Maj. F. H., 13 Lrs.
Moody, Capt. G., 5 Bn. Linc. R.
Moody, Temp. Capt. J. F., R.A.S.C.
†Moody, Capt. P., Res. of Off.
Moody, Lt. W., R.G.A.
Moody-Stuart, Temp. 2nd Lt. A., R.F.A.
Moody-Stuart, Lt. M. S., R.F.A. (T.F.)
Molman, Lt. J. C., R A
Moon, Capt. A., 8 Bn. Lond. R.
Moon. Temp. Lt. D., 11 Bn. R.W. Surr. R.
Moon, Temp. Lt. E. J., R.E.
Moon, Lt. H. W., late Serv. Bns. York. L.I.
Mo n, Temp. Capt. W. J. K., Serv. Bns. R. Innis. Fus.
Mooney, Lt. C. D., M.B.E., Res. of Off.
Moor, Hon. Lt. F., late 8 Bn. R. Berks. R.
Moor, Lt. J., 3 Bn. W. York. R.
Moore, Temp. Capt. A., Tank Corps.
†Moore, Capt. A. G., 4 Bn. Manch. R.

Moore, Lt. A. G., 2 Cent. Ont. R.
Moore, Capt. A. G. de A., 5 Bn. Leic. R.
Moore, Lt. A. N. F., Ind. Army Res. of Off.
Moore, Lt. A. R., 4 Bn. Lond. R.
Moore, Temp. Lt. B. J., R.F.A.
Moore, Lt. B. O., R.F A (T F.)
Moore, Lt. B. R., Aust. Imperial Force.
Moore, Temp. Capt. C., R.A.S.C.
Moore, Capt. C. A., New Brunswick Rif.
Moore, Hon. Lt. C. A., late R. Fus. (attd.)
Moore, Lt. C. C., 8 Bn. Lan Fus.
Moore, Capt. C. F. F., 123 Rif.
Moore, Lt. Col. C. G., 8 Bn. Manch. R.
Moore, Capt. C. H., R.A.S.C.
Moore, Capt. C. J. H. O'H., I. Gds.
Moore, Lt. C. P., L'pool R.
†Moore, Temp. Capt. E., R.E. (Capt. R.E. Spec. Res.)
Moore, Capt. E. C. F., Ind. Army (Res. of Off.)
Moore, Lt. E. D., Shrops. Yeo.
Moore,Temp.Lt. E. D., R.E. Spec. Res.
Moore, Lt. E. J., R.G.A. Spec. Res.
Moore, Lt. F. C., R.F.A.
Moore, Lt. F. F , 6 D.G.
Moore, Lt. F. L., Mon. R.
Moore, Temp. Capt. F. W., D.S.O , R.E.
Moore, Capt. G., R.A.M.C. (T.F.)
Moore, Temp. Lt. G. E., 23 Bn. R. Fus.
Moore, Serjt.-Maj. G. H., Yorks L.I
Moore, Capt.G.J., O.B.E., late S. Afr. Def. Force.
Moore, Capt. G. M., R. Berks. R. Spec. Res.
Moore, Temp. Lt. H., Serv. Bns. Notts. & Derby R.
Moore Temp. 2nd Lt. H., Serv. Bns Essex R.
Moore, Maj. H. A., C.B.E., 3 Bn. Lond. R.
Moore, Capt. H. A., R.A.
Moore, Temp. Capt. H. B.
Moore, Capt. H. E., D.S.O., R. Mon. R.E.
†Moore, Maj. H.G., R.G.A.
Moore, 2nd Lt. H. J., 3 Bn. Hamps. R.
Moore, Maj. H. M., M.B.E., late R.A.S.C.
†Moore, Capt. H.S., M.C., R.A.M.C Spec. Res.
Moore, Capt. H. T., R.A.
Moore Temp. Lt. J.,Temp. Qr.-Mr. R.A.M.C.
Moore, Qr.-Mr. & Lt. J., O.B.E., R.A.S.C.
M *o*ore, Temp. Capt.J.L.M., R.E.
Moore, Hon. Capt. K. M.
Moore, Temp. Lt. L. D., Lab. Corps.

† Also awarded Bar to Military Cross.

Orders of Knighthood, &c.

THE MILITARY CROSS—contd.

Moore, Temp. Lt. L. T., R.E.
Moore, Lt. L. W., R.F.A (T.F.)
Moore, 2nd Lt. M., 5 Bn. Bord. R.
Moore, 2nd Lt. N. A., C. Gds. Spec. Res.
Moore, Temp. 2nd Lt. P., W. York. R.
Moore, Capt. R. D., R.A.M.C. (T.F.)
Moore, Lt. R. K., C'wealth Mil. Forces.
Moore, 2nd Lt. R. V., 12 Bn. Lond. R.
Moore, Serjt.-Maj. S. G., Shrops. L.I.
Moore, Lt. V. J., R.G.A. Spec. Res.
Moore, Temp. Lt. W., Tank Corps.
Moore, Temp. Capt. W., R. Innis. Fus. (attd.)
Moore, Temp. Lt. W., Serv Bns., R. Ir. Rif.
Moore, Temp. Capt. W. G., R.A.
Moore, Temp. Lt. W. H, *M.M.*, R.E.
Moore, Lt. W. J. S., 7-8 Bn. W. York. R.
Moore, Capt W. McL, Can. Inf.
Moore, Temp. 2nd Lt. W. R., R.E.
Moore-Gwyn, Capt. H. G., *D.S.O.*, Rif. Brig.
Moorehead, Lt. S. P. H., Bedf. & Herts. R.
†Moores, Capt. B. S. K. G., R.G.A.
Moores, Lt. J., Cam'n Highrs.
Moorhead, Lt. C. D., Manch. R.
Moorhouse, Temp. Lt. H., R.F.A.
Moors, Lt. W. S., C'wealth Mil. Forces.
Moraghan, Serjt.-Maj. J.T., Conn. Rang.
Moran, Capt. F. H., *M.B.*, late R.A.M.C.
Moran, Lt. J., 5 Bn. Leins. R.
Moran, Rev. M., Temp. Chapl. to the Forces, 3rd Class.
Moran, Lt. T. J., late R.F.A Spec. Res.
Moran, Hon. Lt. W., A.P.C.
Morat, Temp. 2nd Lt. F. T., R.F.A
Mordaunt, Maj. J. F. C., late 3 Bn. Som. L.I.
Morden-Wright, Lt. H. 2 E. Ang. Brig., R.F.A.
Morehead, Capt. H. R., ret.
Moreland, Lt. J. A., 3 Bn. R. Ir. Rif.
Morell, Temp. Maj. K. W. 15 Bn. Notts & Derby R.
Moreton, Lt. H A. V., 23 Bn. Lond. R.
Moreton, Lt. J. P., 1 D.G.
Morfey, Lt. P. A., Hunts Cyclist Bn.
Morgan, Rev. A. R., Hon. Chapl. to the Forces, 4th Class.

Morgan, Rev. A. T., late Temp. Chapl. to the Forces, 4th Class.
Morgan, 2nd Lt. C. D., R.F.A., Spec. Res.
Morgan, Temp. Lt. C. D., Serv. Bns., R. W. Fus.
Morgan, Lt. C. F., R.F.A. (T.F.)
Morgan, Temp. Capt. C. G., 15 Bn. W. York. R.
†Morgan, Lt. C. G. N 3 Bn. R.W. Fus.
Morgan, Lt. C. W., *D.S.O* 5 Bn. Welch R.
Morgan, Temn. 2nd Lt. D., Serv. Bns. High L.I.
Morgan, Lt. D. H., R.F.A Spec. Res.
Morgan, Capt. D.N., R.G.A.
Morgan, 2nd Lt. D. P., R.F.A. (T.F.)
Morgan, Lt. D. T., R.F.A.
Morgan, Temp. Lt. D. W., Serv. Bns. R. W. Fus.
Morgan, Lr. E., Brecknock Bn. S Wales Bord.
Morgan, Temp. Capt E.C., R.F.A.
Morgan, Lt. E. E., R G.A Spec. Res.
Morgan, Capt E.H., Manch. R.
Morgan, Lt. E. L., late R.
Morgan, Lt. F. A., 5 Bn. S. Staff. R.
Morgan, Temp. Lt. F. C Serv. Bns. Lan. Fus.
Morgan, Capt. F. G., York. & Lanc R.
Morgan, Lt. F. H. E., N.Z. Mil. Forces.
Morgan, Capt. F.J., *D S.O*, late Serv. Bns. Norf. R.
Morgan, Capt. F. L., 6 Bn. R. War. R.
Morgan, Temp. Maj F W. R.F.A.
Morgan, Lt. G. B., R.G.A. Spec. Res.
Morgan, Lt. G. R., R.F.A. (T.F.)
Morgan, Temp. 2nd Lt. G. S., *M.M.*, R.E.
Morgan, Lt. G. W. T., R.F.A. (T.F.)
Morgan, Capt. H. A. K., late R.G.A.
Morgan, Lt. H B. G, Gds. Spec. Res.
†Morgan, Temp. Capt. H.N. 8 Bn. R. Lanc R.
Morgan, Capt H. P., R.F.A. (T.F.)
Morgan, Lt. H. T., 5 Bn. Welsh R.
Morgan, Capt. H. W., 1 Quebec R.
Morgan, Temp. Lt. I. S., Welch R.
Morgan, Lt. J., W. Ont. Regt.
Morgan, Temp. Lt. J. C., Serv. Bns. North'd Fus.

Morgan, Capt. J. G., R.A.M.C. (T.F.)
Morgan, Capt. J. McI., *M.B.*, late R.A.M.C.
Morgan, Temp. Qr.-Mr. & Capt. J. R. G., Serv. Bns. Welch R.
Morgan, Capt. J. S. H., ret.
Morgan, Lt. J. W., R.E. (T.F.)
†Morgan, Lt. J. W. H. B. 5 Bn. High L I.
Morgan, Lt L., R.F.A. (T.F)
Morgan, Bt. Maj. M. C., 5 Bn. Wales Bord.
Morgan Capt. M. E., R.E.
Morgan, Capt. M. T., *M.B.*, late R.A.M.C.
Morgan, Capt. N. A., h.p.
Morgan, Temp. Lt R. G., R.F.A.
Morgan, Lt. R. P., 6 Bn. Norf R.
Morgan, Temp. Lt. S., Serv. Bns K O Sco. Bord.
Morgan, S. H., *A.M. Inst. C.E.*, T. F. Res.
Morgan. Maj. T., R.G.A. Spec. Res.
Morgan, Temp. Capt. T. G., Serv. Bns. Welch R.
Morgan, Temp. Lt. T. H, E., R.E.
Morgan, Lt. T. J., 5 Bn. Bord. R.
Morgan, Temp. Lt. T. W., R.A.
Morgan, Lt. W. A. C., Welch R.
†Morgan, Capt. W. B., late Serv. Bns. Welsh R.
†Morgan, Temp. Capt. W. B, Serv. Bns. R. W. Fus.
Morgan, Capt. W. C., Can A M.C.
Morgan, Capt. W.D., *D.S.O.*, R.F.A.
†Morgan, Lt. W. E., Can. Local Forces.
Morgan, Temp. Capt. W. R., R.G.A.
Morgan, Temp. Lt, W. J., 15 Bn. Notts & Derby R.
Morgan, Lt. W. M., Ind Army.
Morgan, Lt. W. V. L. *M.G.A.* (T F.)
Morgan - Grenville - Gavin, Bt. Maj. *Hon.* T. G., *D.S.O.*, Rif. Brig.
Morgans, Temp. Lt. D. I., 1 Res. Regt. of Cav.
Morlarty, Capt. G. V., C'wealth Mil. Forces.
Moriarty, Capt. J., Ind. Army, Res. of Off
Morice, Lt. C. S., Worc. R. Spec. Res.
Morice, Lt. J. P. S., R.F.A.
Morice, Maj. R. C. L., 37 Dogras.
Morison, Lt. D. McK. 4 Bn. N. Lan. R.
Morison, Temp. Capt. D.M. *M.B.*, R.A.M.C.
Morison, 2nd Lt. G. O. 6 Bn. Gord. Highrs.
Morison, 2nd Lt. R. G. late Herts. R.
Morissette, Lt. L. G., Can. Local Forces.

†Morkill, Capt. A. B., Brit' Columbia Regt.
Morkill, Lt. G. W., R.F.A. Spec. Res
Morkill, Temp. Maj. R. F., R.E.
Morland, Capt. D. M. T., 2 Lond. Divl. R.E.
Morland, 2nd Lt. H., 6 Bn. L'po'l R.
Morland, Maj. W. E. T., *D.S.O.*, Oxf. & Bucks. L.I.
Morley, Temp. Lt. A. V. D., 7 Bn. R. W. Kent R.
Morley, Lt. E. B., R.F.A. Spec. Res.
Morley, Lt. F., C'wealth Mil. Forces.
Morley, Sub-Condr. F. G., R.A.O.C.
Morley, Lt. H. G., R.A.
Morley, Temp. Lt. J. E., Serv. Bns Essex R.
Morley, Lt R., R.A.
Morley, Lt. T. T., Aust. Imp. Force.
Morlock, Temp. 2nd Lt. H. V., Serv. Bns. Rif. Brig.
Morpeth, Capt. R N., N.Z. Mil. Forces.
†Morpeth, Lt. W. K., Aust. Imp. Force.
Morphy, Lt. A H. A., Can. Local Forces.
Morphy, Temp. Capt. E. MacG., R.A.
Morphy, Lt. F. D., 4 Bn. R. Ir. Regt.
Morphy, Lt. F. P., Hon. Art. Co.
Morrall, Temp. 2nd Lt. A. C., Serv. Bns. Leic. R.
Morrell, Temp. Capt, A C, *O.B.E.*
Morrell, Qr.-Mr. & Capt. A. W., R. Lanc. R.
†Morrell, Temp. Capt.F.A., 8 Bn. E. Kent R.
Morrell, Lt. H. H., 5 Bn. York & Lanc R.
Morrell, Lt. H. H., C'wealth Mil. Forces.
Morrill, Lt. T., R.G.A. Spec. Res.
Morris, Lt. A., 5 Bn. North'd Fus.
Morris, Temp. Lt. A. A., 23 Bn. North'd Fus.
Morris, Capt. A. C., Aust. Imp. Force.
Morris, Lt. A. E. B., R G.A (T.F.)
Morris, Lt. A. F., R.F.A. Spec. Res.
†Morris, 2nd Lt. A. G., C'wealth Mil. Forces.
Morri's, Lt.A.H., late 16 Bn. Midd'x R.
Morris, 2nd Lt. B. F, 4 Bn. Shrors. L.I.
Morris, Temp. Lt. B. G.
Morris, Capt. C., R.F.A. (T.F.)
Morris, Temp. 2nd Lt. C., Serv. Bns Dorset R.
Morris, Capt. C. A., R.F.A. Eng.
Morris, Hon. Maj. C. C. B., late R.A.S.C.
†Morris, Capt. C.H., *D.S.O.*, Midd'x R.

† Also awarded Bar to Military Cross.

THE MILITARY CROSS—contd.

Morris, Temp. Lt. C. J., R.E.
Morris, Lt. C. L., *late* 6 Bn. Glouc R.
Morris, Lt. C. O., *late* R.E.
Morris, Lt. C. T., Glouc R
Morris, Temp. Lt. E., Serv. Bns. Yorks. L.I.
Morris, Bt. Maj. E. L., O.B.E., R.E.
Morris, Hon. Maj. F., O.B.E., R.A.O.C.
Morris, Capt. F. J., *late* R.A.M.C.
Morris, Temp. Capt. F. O. R.A.M.C. Spec. Res.
Morris, Capt. G., *M.B.*, R.A.M.C. Spec. Res.
Morris, Co.Serjt.-Maj.G.A., C'wealth Mil. Forces.
Morris, Capt. G. W., ret. pay.
†Morris, Temp. Lt.H.,M.G Corps.
Morris, Temp. Capt. Howard, R.A.S.C.
Morris, Temp. 2nd Lt. H. A., R.E.
Morris, Temp.Lt.H A.L., *late* M.G. Corps.
Morris, Lt. H. H., C'wealth Mil. Forces.
Morris, Lt. H.S., Ind. Army
Morris, Lt. H. S., R.F.A. Spec. Res.
Morris, Lt J., 9 Bn R.Scots
Morris, 2nd Lt. J., *late* Serv. Bns. Shrops. L.I.
†Morris, Lt. J. M., Quebec R.
Morris, Temp. Lt. J. R., S. Wales Bord. (attd.)
Morris, Temp. Capt. J. W., Serv. Bns. R. W. Fus.
Morris, Hon. Capt. K. A. *late* Bord. R. attd.)
Morris, Lt. L. C., 15 Bn Lond. R.
Morris, Capt. L H., 4 Bn Shrops. L.I.
Morris, Lt. R. A., R.F.A. Spec. Res.
Morris, Capt. R. H., Can. M.G. Corps.
Morris, Lt. R. S., Aust Imp. Force.
†Morris, Lt S.. ret. pay.
Morris, Capt T., R.A.
Morris, Lt. T. H., *late* R.E (T.F.).
Morris, Lt. T. R.A., Glouc R.
Morris, Capt. T. S., 5 Bn. Rif. Brig.
Morris Temp. Lt. W. Mach Gun Corps.
Morris, Rev. W. F., Hon. Chapl. to the Forces, 4th Class. ret.
Morris, Lt. W. F., Norf. R.
Morris, Temp. Lt. W. H., Serv. Bns. S. Wales Bord.
Morris-Eaton, Capt. C. R., R.F.A (T.F.)
Morris-Jones, Temp. Capt. J. H., R.A.M.C.
†Morrison, Lt. A. D., 7 Bn Arg. and Suth'd Highrs..
Morrison, Lt. C. E., Leic. R.
Morrison, Capt. D.A.,Can. A.M.C.
Morrison, Lt. D. G. H. B., N.Z. Mil. Forces.

Morrison,Capt D. L..*M.D.*, *late* R A.M.C.
Morrison, Serjt.-Maj. F. C. R.A.M.C.
Morrison, Lt., G. B., *M.M.*, Aus . Imp./Force.
Morrison, Temp. Lt. G. E., Serv. Bns. Devon. R.
Morrison, Temp. Lt. H., R.A.O.C.
Morrison, Lt. H.G., R.F.A
Morrison, Temp. Capt. H K., R.E.
Morrison, Lt H. McL., 6 Bn. R Scots.
Morrison, Lt. H. P., R.F.A. (T.F)
Morrison, J., 4 Bn. Sea. Highrs.
Morrison, Temp 2nd Lt J. G., 1 (Garr.) Bn. Worc. R
Morrison, Temp. Lt. J., M.G. Corps.
†Morrison, Temp. Lt. J., R.E.
Morrison 2nd Lt. J., 5 Bn. Sea. Highrs.
Morrison, Capt. J., *M.B.*, R.A.M.C. Spec. Res
Morrison, Lt J. A., 6 Bn High. L I.
Morrison, Temp. Lt. J. E., M.G. Corps.
Morrison, Lt. J. F., 5 Bn. Lan. Fus.
†Morrison, Capt. M. J., 5 Bn. Durh. L.I.
Morrison, Lt P., R.G.A. Spec. Res.
Morrison, Capt. R., *late* R. Scots.
†Morrison, Capt. R. E., *late* S. Afr.Overseas Force.
†Morrison, Capt. R. H., 4 Bn High. L.I.
Morrison, Temp. Lt. T. D., 9 Bn. R. Inniss. Fus.
Morrison, Capt W., *D.S.O.*, Gord. Highrs.
Morris n, Lt. W., R.F.A. Spec. Res.
Morrison, Capt. W. H., 2 Lovat's Scouts Yeo.
Morrison, Capt. W. S. R.F.A Spec. Res.
Morrison, Lt. W. T., *late* R. Suss. R.
Morrogh, Maj. W. F., Leins. R.
†Morrogh, Capt. W. J , *late* Serv. Bns. North'd Fus.
Morrow, Capt. A., ret. pay.
Morrow, Temp. Lt. F., R.E.
Morse, Capt. G. G., *late* 8 Bn. E. Surr. R.
Morse, Capt. L. H., 62 Punjabis,
Morshead. Temp. Capt. *bt. maj.*) O. F., *D.S.O.*
Morshead, Capt. R. S., *M.B.*. *late* R.A.M.C.
Mort, Temp Lt S. F., R.E.
Mortimer, Lt A., Can Local Forces.
Mortimer, Lt. A. B., 7 Bn W. York. R.
Mortimer, Lt. E., R.G.A Spec. Res.
Mortimer, Lt. F. S., *late* 8 Bn. Lond. R.
†Mortimer, Lt. H.J., R.G.A.

Mortimore, Temp. Lt. K. L., 6 Bn. Dorset. R.
Mortleman, Lt. E. A., R.F.A. (T.F.)
Morlock, Lt. K. C., Aust Imp. Forces.
Morton, Lt. A E., 4 Bn R. Lanc. R.
Morton,Capt.A. H., R.F.A Imp. Force.
Morton, Capt. C. C., Aust. Imp. Force.
Morton, 2nd Lt. C. W., Worc. R.
Morton, Temp. Capt. F. D Serv. Bns. High. L.I.
Morton, Lt. F. W., 10 Bn. Lond. R
Morton, Bt. Maj. D. J. F., R.A. [*l*]
Morton, Capt. D. G., 10 Bn. L'pool R.
Morton,Temp. Lt. G., M.G Corps.
Morton. Capt. G. B., *late* Serv. Bns. R Fus.
Morton, Lt. G. E., 9 Bn. L'pool R.
Morton, Lt.-Col. H., *D.S.O.*, ret. pay.
Morton, Lt. H., R.F.A. Spec. Res.
Morton, Temp. Lt. H. N. Tank Corps.
Morton. Lt. J., *M.M.*, *late* Serv. Bns. R. Inniss. Fus.
Morton, Temp. Capt. R., 15 Bn. Lan. Fus.
Morton, Lt. R., Ches. R.
Morton, Lt. R. J., R.F.A. Spec. Res.
Morton, Temp. Lt. T. R., Serv. Bns. W. York. R.
Morton, Lt. V., Aust. Imp. Force.
Morton, Lt. W. C., 1 Bn. Lond. R.
Moseley, Lt. A. E., Aust. Imp. Force.
Moseley. Lt. F. A., Aust. Imp. Force.
Moser, Lt. H. S., 17 Bn Lon't. R.
Moses, D. A. H., Temp. Capt. R.A.M.C.
Moses Capt. H. C., Can. A.M.C.
Moses, Lt. O. F., *M.M.*, E. R.A.
Moses, 2nd Lt. R., 3 Bn Shrops. L.I.
Mosley, Lt. I. H., Hon. Art. Co.
Mosley, Maj. W. H., *D.S.O.*, Wilts. R. [*L*]
Moss Lt D.W.,*D.S.O.*, R.A
Moss,Lt. E. J., Notts (Sher. Rang.) Yeo.
Moss Maj (*actg. Col.*) E. L., *C.M.G.*, R.A.M.C.
Moss, Lt. F. W., Shrops. L.I.
Moss, Temp. 2nd Lt. H. B., Serv Bns. Essex R.
Moss. Lt. H S., *late* R.F.A. Spec. Res.
Moss, Lt. J. W., Leic. R.
Moss, Capt. R. G., Aust. Imp. Force.
Moss, Temp. Lt. R. W., M.G. Corps.
Moss, 2nd Lt. T., R.G.A. Spec. Res.
Moss, Capt. T., Can. Dns.

†Moss, Capt. V. N., *late* Serv. Bns. E. Kent R.
Moss,Lt. W. P. 3 Bn. R. Ir. Rif.
Moss-Blundell, Maj. R. S., 27 Cav.
Mosse, Capt. C. O. R., 120 Inf.
Mosse, Capt. J. W. E., Leic. R.
Mosse, Capt. W. S., *late* Serv Bn. R. W.Surr. R.
Mossop,Capt. V., *late* Serv. Bn. Yorks. LI.
Mossman, Capt. J. K., Can. A.M.C.
Mosse-Vernon,Capt. S. R., 12 Bn. Lond. R.
Mostyn, Lt. J., 5 Bn. R.W. Fus.
Mostyn, Capt. J. C. M., R.F.A.
Mostyn, Capt. *Sir* P. G. J. Bt., ret.
Mothers H. Capt. B. J. Can. M.G. Corps.
Mott, 2nd Lt. H. F., 16 Bn. Lond. R.
†Mott, Capt. J. E., Aust. Imp. Force
Mott, Lt. J. W., *D.C.M.*, Aust. Imp. Force.
Mott, Temp. Capt. R. J. K.
Mottershaw, 2nd Lt. F. G., 3 Bn. Notts & Derby R
Mottley, Temp. 2nd Lt H. W. Serv.Bns. Yorks. L.I.
Mottram, Capt. T. W., Bn. Yorks. L.I.
Moulder, Lt G., 6 Bn. Glouc. R.
Moule, Co. Serjt.-Maj. W. L., Worc. R.
Moule, Capt. G. G., 14 Hrs.
Moulton, Temp. Capt. Hon. H. L. F., R.G.A.
Moulton-Barrett, Bt. Maj. E. F., R W. Kent R.
Mound, Co. Serjt.-Maj. S., 5 Bn. Shrops. L.I
†Mount, Lt. E., R.E. (T.F.)
Mount, Lt. H. C., R.Suss R.
Mount, Maj. W. R., *late* R.E.
Mountain, Lt E J., Aust. Imp. Force.
Mountain, Lt. R. G., 12 Lt. Inf
Mounteney, Lt. W. S., R.G.A.
Mountford, Capt. G. B., 4 Bn. R. Suss. R.
Mountford, Lt. W., Can. Local Forces.
Mountjoy, Lt. F. P., Aust. Imp. Force
†Mowat,Capt. A L.,*D.S.O.*, 4 Bn. W. Rid. R.
Mowat, Lt. J. A., Hamps. Yeo.
Mowat, Maj. J. B., R.E.. Lt. S. Sig. Cos., R.E. (T.F.)
Mowatt, Temp. 2nd Lt. C. F. R., Serv. Bns. Suff. R.
Mowatt, Lt. W. G., 5 Bn. Sea. Highrs.
Mower, Capt. F. C., *late* R.F.A. (T F.)
Mowle, Lt. G. K., 5 Bn. Ches. R.
Mowle, Lt. R. S., 7 Bn. Lan. Fus.

† Also awarded Bar to Military Cross.
†† Also awarded 2nd Bar to Military Cross.

Orders of Knighthood, &c.

THE MILITARY CROSS—*contd.*

Moxham, Serjt.-Maj. E. T., R.A.M.C. (T.F.)
Moxon, Lt. F., 7 Bn. Midd'x R.
Moxsy, Lt. A. R., R. Innis. Fus.
Moy, Lt. C. E., 16 Bn. Lond. R.
Moy, Capt. J. M., C'wealth Mil. Forces.
Moyes, Capt. A. G., Aust. Imp. Force.
Moyes, Capt. H. W., late Serv. Bns. North'd Fus.
Moylan, 2nd Lt. E. J., Aust. Imp. Force.
Moylan, Hon. Lt. J. B., Qr.-Mr. C'wealth Mil. Forces.
Moyle. Cap. R. D., Can. A.M.C.
Moyles, Lt. D. A., R. Ir. Rif.
Moyse, Co.-Serjt. Maj R., *D.C.M.*, 10 Bn. Essex R.
Mozley, Capt. D. E. late Serv. Bn. Glouc. R.
Mozley, Lt. J. W., R.A.
Mudge, Capt. J. B., 3 Bn. Notts. & Derby. R.
Muff, 2nd Lt. F., 7 Bn. W. Rid. R.
Mugford, Temp. Lt. H. H., Serv. Bns. Worc. R.
Mugford, Lt. S., 9 Bn. R. Scots.
Muggeridge, Temp. Capt. C. E., *O.B.E.*
†Muir, Temp. Capt. A. W., *D.S.O.*, Serv. Bns. North'd Fus.
Muir, Lt. D. M., Aust. Imp. Force.
Muir, Temp. Lt. G., R.E.
Muir, Temp. Lt. H. S., 9 Bn. R Highrs.
Muir, Temp. Capt. J. F., Serv. Bns. High. L.I.
Muir, 2nd Lt. J. G., 10 Bn L'pool R.
Muir, Lt. J. L., R. Ir. Rif.
Muir, Maj. M. C., *late* 5 Bn. Cam'n Highrs.
Muir, Lt. T., *M.M.*, K.O Sco. Bord.
Muir, Temp. Capt. T. G., 8 Bn. Sea. Highrs.
Muir, Lt. W. A., 4 Bn. R. Sc. Fus.
Muir, Capt. W. E. H., Res. of Off.
Muir, Lt. W. H., 1 D.G.
Muirhead, Capt. A. B., 3 Bn. Arg. & Suth'd Highrs.
†Muirhead, Bt. Maj. A. J., Oxf Yeo.
Muirhead, Capt G.C., *M.M.*, Corp of Mil. Accts.
Muirhead, Capt. J., Sea. Highrs.
Muirhead, Capt. J. I., Ind. Army
Muirhead, Temp. Capt. J. S., *D.S.O., R.E.*, Lt. Sco. Sig. Cos., R.E. (T.F.)
†Mulrson, Temp. Lt. K. B., C'wealth Mil. Forces.
Mukand Singh, Risaldar *Bahardur*, 2 Lrs.
†Mulcahy - Morgan, Capt. T. W., R. Ir. Fus.
Mulgrew, Lt. F. M., R.F.A. (T.F.)

Mulholland, 2nd Lt. A. E., r.e.b.
Mulholland, B. F. P., *late* R.F.A.
Mulholland, Temp. Capt. Hon. G, J, A. M. L. R A.S.C.
Mulholland, Temp. Capt. J. A., 14 Bn. R. Ir. Rif.
Mulholland, 2nd Lt. P. D., W. Rid. R.
Mulholland, Lt. W. late Serv. Bns. Manch. R.
Mulkern, Lt. H. A., 5 Bn. Essex R.
Mullally, Capt. G. T., *M.B., F.R.C.S., R.A.M.C.* Spec Res.
Mullan, Rev. *Father* J., *M.B.E.*, Ecclesiastical Establt.
Mullaney, Lt. R., York. R.
Mullen, Capt. E., 7 Bn. High. L.I.
Mullens, Temp. Lt. R. G., Serv. Bns R.W. Fus.
Muller, Lt -Col. J., *D.S.O.*, 6 Bn. W. York. R. (Capt. *Welsh R.*)
Muller, Capt. J. E., *late* R.E.
Mullett, Lt. W. J., C'wealth Mil. Forces.
Mulligan, Lt. T., R.F.A.
Mullin, Capt. B. J., *late* R.A.M.C.
Mullin, Lt. C.F., *late* R.F.A.
Mulliner, Capt. A. R., 8 Hrs.
Mullins, Temp. Maj. C. H., M.G. Corps.
Mullins, *Rev.* T., C'wealth Mil Forces.
†Mullis, Temp. Capt. E. V, 5 Bn. Oxf. & Bucks. L.I.
Mulloy, Maj. N. F. C., 32, Lrs.
Mulock, Capt. E. E., D. of Corn. L.I.
Mulqueen, Maj. F. J., *D.S.O., late* R.E.
Mulney, Capt. R. D., C'wealth Mil. Forces.
Mulroney, Temp. Lt. V.
†Mumford, Capt. C., *late* Serv. Bns. S. Wales Bord.
Mumford, Temp 2nd Lt J. R., Serv. Bns. Midd'x R.
Mumford, Lt. T J., 8 Bn. Lond. R.
Mumford, Lt. W. C., I. Gds. Spec. Res.
Muncaster, Temp. Lt. E.M., R.F.
Munday, Lt. G. C., 3 Bn. Suff. R.
Munday, Capt. R., *late* Serv. Bns. Notts. & Derby. R.
†Munday, Lt. W. T. J., R.F.A.
Mundey, Lt. C. L, R. Fus.
Mundy, Capt. P. R. M., *D.S.O.*, S. Wales Bord.
Mungall, Lt. H. L., 8. Gds. Spec. Res.
Mungle, Capt. J., 10 Bn. R. Scots.
Munn, Capt. F. L. R., 46 Punjabis.

Munn, Lt. N. B., *late* Serv. Bns. R. Ir. Rif.
Munn, Lt. R. B, S., Shrops. L.I.
Munnion, Temp. Lt. C. E. F., Serv. Bns, K.R. Rif. C.
Munro, Temp. Lt. A. N. M. G. Corps.
Munro, Lt. C. J. D., 8 Bn. Sea. & Suth'd Highrs.
Munro, Qr.-Mr. & Capt. D., Sea. Highrs.
Munro, Capt. D, C. D., *D.S.O., D.C.M.*, Gord. Highrs.
Munro, Temp. Lt. D., M.G. Corps.
Munro, 2nd Lt. J., 3 Bn. K.O. Sco. Bord.
Munro, Co. Serjt.- Maj. J. A., K.O. Sco Bord.
Munro, Lt. J. H., 4 Bn. Sea. Highrs.
Munro, Maj. J. J., *late* R.E.
Munro, Temp. Capt. J. S., 10 Bn. Sco. Rif.
†Munro, Temp. Capt. J. S. G., R.A.
Muuro Lt J. W., 6 Bn. Arg & Suth'd Highrs
††Munro, Lt. M., 4 Bn. York & Lanc. R.
Munro, Temp Lt. R. H., Serv Bns Cam'n Highrs
Munro, Temp. Capt. S. A. W., *M.B., R.A.M.C.*
Munro, Capt. W. F, T.F. Res
Munroe, Capt. F., Can. A.M.C.
Munroe. Temp. Lt. J. Tank Corps.
Munsabdar Khan, Ressardar, 3 Hrs.
Munt, Lt. E., R.F.A.
Muntz, Lt. A. G. S., R.A.
Muntzer, Temp. 2nd Lt. J. A. W., M. G. Corps.
Muras, Lt. C. R., 3 N. Mid. Brig. R.F.A.
Maras, Temp. Lt. G. H., 9 Bn. S. Staff. R.
Muras, Lt. R. R., R.F.A. (T.F.)
Murch, Lt. A. H., *late* Serv. Bns. R. War. R.
Murchie, Temp. Capt.W.T.
Murden, Serjt.-Maj. T., E. Surr. R.
Murdie. Capt. W. C., Can. Eng.
Murdoch, Lt. A., 8 Bn. Arg. & Suth'd Highrs.
Murdoch, Qr.-Mr. & Capt. B., 5 Bn. R. Scots.
Murdoch, Lt. C. A. C., 6 Bn. Rif. Brig.
†Murdoch, Lt. I. G., Aust. Imp. Force.
Murdoch, Hon. Capt. J., *M.B., F.R.C.S. Edin., late R.A.M.C.* (T.F.)
Murdoch, Maj. J. D., TD, Sco. Sig. Cos., R.E.
Murdoch, Hon. 2nd Lt. V. F., *late* Gord. Highrs.

Murdock, Lt. W., 5 Bn. R. Highrs.
†Murdoch, Capt. W., *M.B., R.A.M.C. Spec. Res.
Murdock,Lt.A.M.,C'wealth Mil. Forces.
Mure Capt. G.R.G., R.F.A. (T.F.)
Murgatroyd, Lt. H, C., R.G.A. Spec Res.
Murgatroyd, Capt. J. L., R.E. Spec. Res.
Muriel, Lt. A. J. C., Aust. Imp. Force.
Murison, Lt. G A. P., R.A.
Murland, Capt. J. M G., North'n Yeo.
Murland, Capt. W. S., h.p.
†Murley, Capt. J C., 14 Bn. Lond. R.
Murley, Lt. W A., R.G.A.
Murnane, Capt. D. J., R.E. Spec. Res.
Murnane, Capt. G. F. T., Hon. Art. Co.
Murphy, Temp. Capt. A.J, Serv. Bns. R. W Fus.
Murphy, Lt. A. J., Qr.-Mr. Shrops. L.I.
Murphy, B. N., *late* Temp. Capt. R A M C.
Murphy, Maj. C. F. De. S., *D.S.O.*, ret. pay
Murphy, Lt. E. V. B., R. Ir. Rif.
Murphy, Capt. F. C., R.G.A.
Murphy, Lt. G. J., *late* 10 S. Afr. Horse.
Murphy, Capt. J. F., *M.B., R.A.M.C. Spec. Res.
†Murphy, J. J., *late* 2nd Lt, 9 Bn. R. Ir. Fus.
Murphy, Capt. J. K., Aust. Imp. Force.
Murphy, Temp. Capt. J. k., 10 Bn. Linc. R.
Murphy, Lt. L., R Ir. Regt.
Murphy, Lt. t. D., I. Gds.
Murphy, M., *M.B., late* Capt. R.A.M.C.
Murphy, Lt. P., *late* R Ir. Rif
Murphy, Capt. P. J., *late* Serv. Bns. Leins. R.
Murphy, Temp. Lt. T. W., Serv. Bns. Shrops. L.I.
Murphy, Temp. Lt. W. S., 8 Bn. Leic. R.
Murphy, Lt. W. S., *late* Tank Corps
Murrane, Lt H D., R. Lanc. R.
Murrane, Lt. W. A., 22 Bn. Lond. R.
Murray, Lt. A. C., R.F.A. (T.F.)
Murray, Lt. A. D. S., K.F.A.
Murray, Lt. A F., 4 Bn. R. Sc. Fus.
Murray, Lt. A. J., T F.Res.
Murray, Lt. A. S., *late* S. Afr. Def Force
Murray, Capt. B. A., Notts. Sher. Rang. Yeo.
Murray, Lt. D. C. L., 5 Bn. Midd'x R.
†Murray, Temp. Maj. D. S., 22 Bn. Manch. R.

† Also awarded Bar to Military Cross.
†† Also awarded 2nd Bar to Military Cross.

THE MILITARY CROSS—contd.

†Murray, Rev. D. W., Temp. Chapl. to the Forces, 4th Class
Murray, Capt. E. M., D.S.O., Corps of Guides.
Murray, Lt. G., Nova Scotia R.
Murray, Temp. Lt. G., M.G. Corps.
Murray, Capt. G., Sea. Highrs.
Murray, Lt. G. D. K., 5 Bn. Sea. Highrs.
Murray, Capt. G. G., York & Lanc. R
Murray, Temp. Lt. G. W.
Murray, 2nd Lt. H., R.F.A. (T.F.)
Murray, Lt. H. A., late M.G. Corps.
Murray, Lt. H. St. A., C'wealth Mil. Forces
Murray, Lt. J., R Sc. Fus.
Murray, Lt. J., 5 Bn. R. Highrs
Murray, Temp. 2nd Lt. J., Serv. Bns. Durh. L.I.
Murray, Temp. Lt. J., Serv. Bns. R. Sc. Fus.
Murray, Hon. Capt. J. F., M.B.E., Qr.-Mr. C'wealth Mil. Forces.
Murray, Temp. Qr.-Mr. & Lt. J. G., R. Mar.
Murray, Maj. J. J., D.S.O., C'wealth Mil. Forces.
Murray, Temp. Lt. J. J., Tank Corps.
Murray, Lt. J. K., 5 Bn. R Sc Fus.
Murray, Capt. K. A. P. R., R.A.M.C. (T.F.)
Murray, Capt. L. G., Gord Highrs.
Murray, Temp. Capt. M., Serv. Bns. R.W. Fus.
Murray, Temp. Lt. M. J., 26 Bn. North'd Fus.
Murray, Temp. Capt. P.M., O.B.E.
Murray, Temp. Lt. P. S., 17 Bn. R, Ir. Rif.
Murray, Capt. R. G. H., 9 Gurkha Rif.
†Murray, Lt. R. L., R.G.A. Spec. Res.
Murray, Lt. R. M., 7 Bn. R. Scots.
Murray, Temp. Capt. R. N. M., Serv Bns. R.Highrs
†Murray, Lt. R. R , Can. Local Forces.
Murray, Lt. R.V., R Innis. Fus.
Murray, Lt. S., 1 Bn. Mon. R.
Murray, Lt. S. J., Aust. Imp. Forces.
Murray, Capt. T.D., D.S.O , Leins. R.
Murray, Lt. T. H., 7 D G
†Murray, Temp. Capt. T. J.
Murray, Temp. Capt. T. J., M., R.A.S.C.
Murray, Maj. T. W., late R.F.A.

Murray, Temp. Maj. W., R.E.
Murray, Temp. Capt. W., 18 Bn. High. L.I.
Murray, Capt. W. H. D. Can. Rly. Serv.
†Murray, Rev. W. L., Can. Chapl. Servs.
Murray, Temp. Capt. W. P., 26 Bn. North'd Fus.
Murray, Lt. W., O.B.E., D.S.O., N.Z. Mil. Forces.
†Murray, Capt. W. W., E. Ont. R.
Murray-Lyon, Bt Maj., D.M., D.S.O., High. L.I.
Murray-Lyon, Temp. Lt. O., R.F.A.
Murray McGregor, Temp. Lt., A.S. Afr. Def. Force.
Murrell, Temp. Lt. G. W., Serv. Bns. R. Fus.
Murrel-Talbot Lt E. R.
Murton, Batty. Serjt.-Maj. C. H. A., R.F.A.
Musa Khouri Zakharia (Effendi), El Yuzbashi Egyptian Army.
Muscat, 2nd Lt C. A., K O. Malta Regt. of Mila.
Muse, Temp. Maj. J. W., R.A.
Musgrave, Temp. Lt. C. F., R F A.
†Musgrave, Temp. Maj. F. E., R.E.
Musgrave, Capt. F. W., 6 Bn. W. York. R.
Musgrave, Hon. Lt. J. B., late 4 Bn. Ches. R.
Musgrave, Lt. J. K. D., R.G.A. Spec. Res.
Musgrove, Lt. A. J., l ite 5 Bn. S. Staff. R.
Musker, Lt. H., late R.G.A. Spec. Res.
Musker, Temp. Capt. H., 19 Bn. Lan. Fus.
Mossett, Lt. A. A., 3 Bn. Essex R.
Musson, Capt. E. J., D.S.O., Manch. R.
Musson, Capt. R. I., R.E.
Mustard, Temp. 2nd Lt. A., Tank Corps.
Mustard, Temp. 2nd Lt. W., 1 Garr Bn. Yorks, L.I.
Mutch, Temp. Lt. H. J. M., R.E.
Mutch, Lt. J., R.E. (T.F.)
†Mutch, 2nd Lt. W.D., 4 Bn. R. Surr. R.
Muter, Lt. R., C'wealth Mil. Forces.
Mutimer, Capt. G., late R G.A.
Mutters, Co. Serjt.-Maj. C. W., D.C.M., M.M., Manch. R.
Myatt, Lt. E., 4 Bu. R. Lanc. R.
Myatt, Temp. Lt. P. E., Labour Corps
Myburgh, Capt. P. S., D.S.O., R.F.A.
Myers, Lt. A. P., Serv. Bn. R. Lanc. R.
Myers, Lt E., 6 Bn W York. R.

Myers, Lt. W., D.C.M., Qr.-Mr. North'd Fus.
Myles, Maj J S., late R E.
Mylles, Capt. C. C., High. L.I. Spec. Res.
Mylne, Capt. R. H., 10 Gurkha Rif.
†Naden, Lt. F., D.S.O. 7 Bn. Ches. R.
Nagle, Temp. Lt. W. J., D.S.O. Serv. Bns. Suff. R.
Nain Singh Chinwarh, Subadar, Bahadur, 39 Garhwal Rif.
Nairn, 2nd Lt. A., 5 Bn. High. L.I.
Nairn. Lt. J. McV., R.A.S.C. (T.F.)
†Nairn, Temp. 2nd Lt. R., J., R.E.
Nairn, Lt. W., 9 Bn, Arg. & Suth'd Highrs.
Nairn, Lt. W. P., R.F.A.
Naisby, Capt. J. V., R.G.A. (T.F.)
Naismith, Lt. A, McC., Can. Local Forces.
Nangle, Lt. N. J., Aust. Imp. Force.
Nanson, Temp. Capt. G.G., D.S.O., R.G.A.
Naper, Capt. W. L., Res. of Off.
Napier, Capt. I. P. R., 9 Bn. Arg. & Suth'd Highrs.
Napier, Temp. 2nd Lt. J. R., M.B.E., M.M., 11 Bn. Rif. Brig.
Napier, Lt. R. C. D., R. 1 Devon. Yeo.
Napier, Lt. V. J. L., S. Wales Bord.
Napier, Capt. W. E. S., Loth. & Bord. Horse
Napier-Clavering, Capt. F D., R.E. Spec. Res
Napier-Hemy, Lt. D. D., late M.G. Corps
Napper, Capt. H. G., Can Local Forces.
Napper, Temp. Maj. W. H., R.A.S.C.
Narayan Krishna Bal, Capt. Ind. Med. Serv.
Narend a Singh Sothi, Maj. Ind. Med. Serv.
Nares, Bt. Maj. E. P., Ches. R.
Nash, 2nd Lt. A. C., '6 Lond Brig., R.F.A.
Nash, Capt. A. E., Can, Rly Serv.
†Nash, Temp. Lt. C. F. W., 7 Bn Norf. R.
Nash, Lt C. S., G. Gds. Spec. Res.
Nash, Capt. E L F., R. A. M.C.
Nash, Temp. Capt. F. I., R.E.
Nash, Co. Serjt.-Maj. J. Can. Inf.
Nash, Lt. K. O., late R.F.A. Spec. Res.
Nash Lt. N., R.F.A. Spec. Res.

Nash, Temp. Lt. R. L., R.A.
Nash-Wortham, Maj. B. C D , ret pay.
Nash-Wortham, Temp. Maj. C. R., R.A.S.C.
Nasmith, Bt. Maj. R., D.S.O., High. L.I.
Nasmith, Lt. S. J , Br. Columbia Regt.
Nason, Serjt.-Maj. F. A., R.A.V.C.
Nason, Temp. Capt. W., 9 Bn. Notts. & Derby R.
Nasualla El Burgi(Effendi), El Yuzbashi, Egyptian Army.
Nat an, Temp. Lt. F. H., Serv. Bn. Manch. R.
Nathan, Lt. L. G., late M. G. Co ps.
Nation, Lt. A. J., R.G.A. Spec. Res.
Natusch, Temp. 2nd Lt. A. B., Serv. Bns. Norf. R.
Natusch, Lt. S., N.Z. Mil. Forces.
Naumann, Lt. C. C., 6 Bn Rif. Brig.
Naumann, Maj. F.C.G., late R. F. A.
Nawal Sing Rana, Subadar, 3 Gurkha Rif.
Nawaz, Temp. Capt. M., Ind Med. Serv.
Nawton, Temp. Lt. F. C., M.G. Corps
Naylor, Temp. 2nd Lt. A., W. York. R.
Naylor, Maj. C. F., late R.A.S.C.
Naylor, Hon. Lt. C. L., late R. Ir. Fus. (attd.)
†Naylor, Capt. G., Oxf. & Bucks. L I
Naylor, Lt. J. A, 5 Bn. York. R.
Naylor, Bt. Maj. R. F. B., D.S.O., S. Staff. R.
Naylor, Lt. S., W. Rid. R.
Naylor, Temp. Capt. W. E. W., Serv. Bns. E.York. R.
Naylor, Temp 2nd Lt.W.L., M.G. Corps.
Neil, Lt. A. B., 8 Bn. Essex R.
Neal, Lt A. W., late R.F.A. Spec Res
Neal, Mech. Serjt.-Maj. C. B., R.A.S.C.
Neal, Temp. Capt. F. C. A. C., 9 Bn. E. Lan. R.
Neal, Temp. Capt. J., R.A.
Neal, Lt N. P. H., C'wealth Mil. Forces
Neale, Lt. A. L., Linc. R.
Neale, Capt. A. S., 4 Bn. Leic. R.
Neale, Temp. Capt. C. J., R.A.
Neale, Temp. Maj. F. T., Serv. Bns. Oxf. & Bucks. L.I.
Veale, Lt. H. R., C'wealth Mil. Forces.
Neale, Lt. J., R.F.A.
Neale, Lt. L. K., Aust. Imp. Force

† Also awarded Bar to Military Cross.

Orders of Knighthood, &c.

THE MILITARY CROSS—contd.

Neale, Temp. Capt. M. R., R.A.O.C.
Neale, Lt. P. E., *late* 2 Regt. K. Ed. Horse
Neale, Temp. Lt. S., Serv. Bns. Midd'x R.
Neale, Qr.-Mr. & Capt. T. G., 22 Bn. Lond. R.
Neate, Capt. A. C. B., R.G.A. [L]
Neath, Capt. H., Serv. Bns. R. War. Regt.
Neave, Lt. E. W. J., *late* Serv. Bns. R.W. Surr. R.
Neave, 2nd Lt. J. R., 5 Bn. Linc. R.
Neave, Lt. H. H., Aust Imp. Force
Neck, Temp. Capt. L. T.
Needell, Capt. C., 7 Bn. Essex R.
Needham, Capt. A. O., O.B.E., 7 Bn. Lan. Fus.
Needham, Capt. D. A. F., R. Fus.
Needham, Lt. L. W., 20 Bn. Lond. R.
†Needham, Temp. Lt. R., Tank Corps
Needham, Temp. 2nd Lt. S. J., Serv. Bns. R.W. Kent R.
Needs, Lt. W. T., C'wealth Mil Forces
Neelands, Capt. A. R., Can. Eng
Neely, Lt. G. H., D.S.O., T.F. Res.
Neeson, 2nd Lt. P. G., C'wealth Mil. Forces.
†Neeves, Temp Lt.-Col. H. H., D.S.O., 23 Bn. North'd Fus.
Neil, Lt. E. M., 4 Bn. Hamps. R.
Neil, Lt. G., 5 Bn. Bord. R.
†Neild, Capt. W. C., *late* Serv. Bns. Essex R.
Neill, Lt. E. M. G. Gds. Spec. Res.
Neill, Lt. J., Arg. & Suth'd Highrs.
Neill, Lt. P., R.E. (T.F.)
Neill, Temp. 2nd Lt. R., R.A.S.C.
Neill, Lt. R. M., 3 Bn. R. Sc. Fus.
†Neille, Lt. P. C., *late* S. Afr. Overseas Forces.
Neilson, Lt. A, R.E. (T.F.)
Neilson, Capt. A., M.B., *late* R.A.M.C.
Neilson, Temp. Lt. G., 8 Bn. K. R. Rif. C.
†Neilson, Temp. Lt. J. B., M.G. Corps.
Nelson, Lt. W. J., *late* R.A.
Neligan, Maj. G. E., M.B., F.R.C.S., *late* R.A.M.C.
Nelles, Lt.-Col. L. H., D.S.O., Can. Local Forces.
Nellis, Temp. Lt. H., M.G. Corps
Nelmes, Lt. H. T., 2 Bn. Mon. R.
Nelson, Temp. Lt. B. H., R.F.A.
Nelson, Lt. D. M., R. Sc. Fus.

Nelson, Capt. D. R., 7 Bn. Sco. Rif.
Nelson, Capt. E. B., Nova Scotia Regt.
Nelson, Temp. Maj. G. S., M.G. Corps.
Nelson, Lt. H. G., R.G.A. Spec. Res.
Nelson, Lt. H. G., R.G.A. (T.F)
Nelson. Temp. Lt. H. P., R.A.S.C.
Nel on, 2nd Lt. J. E., 4 Bn. R. Innis. Fus.
Nelson, Capt. J. W., R.A.
Nelson, Temp. Capt. K. M. R.A.M.C.
Nelson, Lt. L. A., 4 Bn. Leic. R.
Nelson, Lt. R. S., Brit. Columbia Regt.
Nelson, Capt. T. W.
Nelson, Capt. W., *late* Serv. Bns. R. Fus.
Nelson, Lt. W., R. Innis. Fus.
Nelson, Temp Lt. W. A. R., Serv. Bns. R. Fus.
Nelson, Lt. W. D., Can. Fd. Art.
Nelson, Capt. W. P., R.A.M.C. Spec. Res.
Neplan, Lt. E. C. Y. St. V., R.F.A. Spec. Res.
Nesbit. Temp. Capt. G., O.B.E., Serv. Bns. North'd Fus.
Nesbit, Lt. W. C., *late* 13 S. Afr. Horse.
Nesbitt, Lt. A. E. W., R.G.A. (T.F.)
Neser, 2nd Lt. V. H., R.F.A. Spec. Res.
Nesham, Lt. H. P., R.F.A. Spec. Res.
Ness, Lt. T., Serv. Bns. *late* Cam'n Highrs.
Nethercote. Lt. R. P. 8 Bn. W. York, R
Nethercott, Lt. A. G., 6 Bn. Essex R.
†Nethersole, Capt. J., 25 Cav.
Netherwood, Lt. H. S, 7 Bn. W. Rid. R.
Nevett, Lt. H. O., R.F.A Spec. Res.
Neville, Capt. A. G., R.F.A.
Neville, Lt. B. A., Quebec R.
Neville, Lt. C., R.F.A.
Neville, 2nd Lt. D. T. W., D.C.M., Aust. Imp. Force.
Neville, Temp. Lt H. A. G, 10 Bn. W. York. R.
Neville, Lt. J. E. H., Oxf. & Bucks. L.I.
Neville, Lt. M. R., R.G.A. Spec. Res.
Neville, Serjt.-Maj. R. E., 7 Bn. E. Berks. R.
Neville, Lt. R. H. G., D. of Corn. L.I.
†Neville, Lt. W. W. S. C., G. Gds. Spec. Res.
Nevins, Lt. R., R. W. Surr. R.

Nevitt, Temp. Lt. A., 8 Bn. R. Lanc. R.
Newberry, Lt. V. G., 3 Bn. Lond R.
Newberry, Lt. E. V., R.G.A. Spec Res
Newbery, Temp. Capt. J. W. T., O.B.E., R.F.A.
Newcery, Temp. Lt. T. K., M.G Corps.
†Newbigging, Lt. D. L., 14 Bn. Lond. R.
Newbigging, Capt. T. K. K.O. Sco. Bord.
†Newbold, Capt. *late* Serv Bns Manch. R.
Newboult, Temp 2nd Lt A. T., Serv. Bns. D. of Corn. L I
Newbury, Lt. T G., Linc. R.
Newbury, Temp. Lt. R. E, M.G. Corps
Newby, Lt. A. T., Fort Garry Horse.
Newcomb, Lt. E. R., Worc. R.
Newcomb, Capt. F., Res. of Off.
Newcomb, Temp Lt. R. W. R.E.
Newcombe, Lt. F. G, R G.A. Spec. Res.
Newcombe, Rev. R. T., Temp. Chapl. to the Forces, 4th C ass.
Newcomen, Maj. T., R. Can. Dns.
Newell, Qr.-Mr. & Capt. A. T., 16 Bn. R. W. Fus.
N well, Temp. Lt. C. B., Notts. & Derby. R.
Newell, Capt. J G., W. York. R.
Newell, Lt. S, H. G., C'wealth Mil Forces.
Newitt, Lt. R. D., C'wealth Mil. Forces.
Newland, Lt. A. M., C. Gds. Spec. Res.
Newland Temp. Lt. J. R., Gord. Highrs. (attd.)
Newland, *late* Temp. Maj. V. M., O.B.E.
Newland Capt. W. D., R. A M.C.
Newlands, Lt. A. J., C'wealth Mil. Forces.
†Newling, Temp. Capt. G.A., *late* R. Mar.
Newman, Lt. A., 4 Bn. Essex R.
Newman, 2nd Lt. A. J., R.G.A. Spec. Res.
Newman, Lt. A. S., Newf'd Contgt.
Newman, Capt. A. W., R.F.A. (T.F.)
Newman, Lt. C., Herts. Yeo.
Newman, Serjt.-Maj. C. J., 10 Bn. Lan. Fus.
Newman, Temp. Capt. C. M., Serv. Bns. Lan. Fus.
Newman, Lt. F. F., R.F.A. Spec. Res.
Newman, Lt. H. R., 4 Bn. W. Rid. R.
†Newman, Rev. R. E. G., Temp. Chapl. to the Forces, 4th Class.
Newman, Maj. R. E. U., M. B., R.A.M.C.

Newman, Lt. R. W., Glouc. R.
Newman, Lt. T., D.C.M., R.W. Surr. R.
Newman, Lt. W. A., *late* M.G. Corps.
Newmarch, Lt. J. H., C'wealth Mil. Forces.
Newnham, Lt. H. C. C., Hamps. R.
Newnham, Bt. Maj. L. A., Midd'x R.
Newsam, Lt. F. A., 4 Bn. R. Ir. Regt.
Newsome, Maj. C. A. V., *late* Serv. Bns. Durh. L.I.
Newsome, Temp. Lt. F., Serv. Bns. Bord. R.
Newson, Capt. R. B., *late* R. Fus.
Newson, Capt. W. H., 6 Bn. Gord. Highrs.
Newstead, Lt. B. R., D.S.O., North'd Fus.
Newstead, Lt. W. C., W. York. R.
Newsum, Temp. Capt. H. N. Serv. Bns. Linc. R.
Newth, Capt. A. L. W., D.S.O., 4 Bn. Glouc. R.
Newth, Capt. F. W., Aust. Imp. Force
Newton, Capt C. N., G Gds. Spec. Res.
Newton, Temp. Capt. C. V., 9 Bn. R Suss. R.
†Newton, Lt. F. J., 6 Bn. N. Staff. R.
Newton, Temp. Lt. G. C., R.E.
Newton, Temp. Lt. H., 6 Res. Regt. of Cav.
Newton, Temp. Lt. H. C. G., R.E.
Newton, Temp. Qr.-Mr. & Capt. J., 9 Bn. R. Ir. Rif.
Newton, Lt. J., Can. Fd Art.
Newton, Lt. K., R.G.A., (T.F.)
Newton, Temp. Lt. P. H. M.G Corps.
Newton, Capt. R., Can. Fd. Art.
Newton, Capt. R. S., 6 Bn. Lan. Fus.
†Newton, Capt. R. W., 4 Bn. Linc. R.
Newton, Capt. W.G., 28 Bn. Lond. R.
Newton, Lt. W. S., Can. Fd. Art.
Newton-Davis, Capt. C., M.B., Ind. Med. Serv.
Ney, Capt. F. A., Can. Local Forces.
Ney, Temp. Capt. F. J. J., M.G. Corps.
Nevlan, Capt. E. M., C'wealth Mil. Forces.
Nias, Capt. A. W., 4 Bn. D. of Corn. L.I.
Nichol, Qr.-Mr. & Capt. E. Bucks. Bn. Oxf. & Bucks. L.I.
Nichol, Lt J., 14 Bn. Lond. R.
Nichol, Capt. S. J., Aust. Imp. Force.
Nicholas, Capt. A. A., Ind. Army

† Also awarded Bar to Military Cross.

Orders of Knighthood, &c.

THE MILITARY CROSS—*contd.*

Nicholas, Lt. F. W. H., Bedf. & Herts. R.
Nicholas, Temp. Maj. T.C., O.B.E., R.E.
Nicholas, Capt. W. L. J., 3 Bn. E. Kent. R.
Nicholl, Rev. E. McK. Hon. Chapl. to the Forces, 4th Class.
Nicholl, Temp. Capt. J. D., Serv. Bns. R. Ir. Rif.
Nicholl, Temp. 2nd Lt. R. A., R.E.
Nicholls, Capt. A. E. J.
Nicholls, Temp. Lt. A. L., R.A.S.C.
Nicholls, Temp. Capt. C., R.E.
Nicholls, Sergt.-Maj. E., D.C.M., E Ont. R.
Nicholls, 2nd Lt. E. J., 7 Bn. R. War. R.
Nicholls, Temp. Capt. F. D.S.O., Serv. Bns. Manch. R.
Nicholls, Capt. L., ret.
Nicholls, Capt. T. O., C'wealth Mil. Forces.
Nichols, Lt. A. E., Unattd. List, T.F.
Nichols, Temp. Lt. C. B.
Nichols, Temp. Lt. E. B., 24 Bn. Ches. R.
Nichols, Capt. F. C., R.A.M.C. (T.F.)
Nichols, Capt. F. P. R., R.A.S.C.
Nichols, Capt. J., 9 Bn. Lond. R.
Nichols, Lt. J. E., R.F.A. Spec. Res.
Nichols, Maj. J. F., late M.G. Corps.
Nichols, Capt. J. S., 5 Bn. Linc. R.
†Nichols, Lt. N. L., 1 E Ang. Brig. R.F.A.
Niccols, Lt. O. S., R.F.A. (T.F.)
Nichols, Capt. P. B., ret.
Nichols, Capt. S. K., ret.
Nicholson, Capt. A., C'wealth Mil. Forces.
††Nicholson, Temp. Capt. A. C. L., 7 Bn. E. Kent R.
Nicholson, Lt. A. J., Quebec R.
Nicholson, Qr.-Mr. & Capt. B. W., R.A.S.C.
†Nich l on. Capt. C., M.B., R.A.M.C. Spec. Res.
Nicholson, Capt. C. F. S., Ind. Army
†Nicholson, Lt. C. G. G., R.F.A.
Nicholson, Lt. C. R., Aust Imp. Force.
†Nicholson, Lt. D., 4 Bn. Shrops. L.I.
Nicholson, Capt. D. H., R. Scots.
Nicholson, Temp. 2nd Lt. E. B., 15 Bn. R. Scots.
Nicholson, Co. Serjt.-Maj. E., S. Lan. R.
Nicholson, Temp. Lt. E. C.
Nicholson, Temp. 2nd Lt. E. C., E. York. R. (attd.)

Nicholson, Lt. F., 8 Bn. W. York. R.
Nicholson, Maj. F. L., 37 Dogras.
Nicholson, Capt. G., Hamps. R.
Nicholson, Maj. G. S. W., Brit. Columbia R.
Nicholson, Lt. H. J., 6 D. G
Nicholson, Capt. J. A M B., R.A.M.C.Spec.Res.
Nicholson, Capt. J. G., E Ont. Regt.
Nicholson, Lt. K. B., R.F.A. (T.F.)
Nicholson, Lt. N., Quebec R.
†Nicholson, Lt. R., D.S.O., R.F.A.
Nicholson Maj R. B., O.B.E. Med. Serv.
Nicholson, Maj. S. W., O.B.E., late R.F.A.
Nicholson, Maj. W. F., Can. Local Forces.
Nicholson, Temp. Lt. W.H., Serv. Bns. R. Fus.
Nicholson, Lt. W. I., R.G.A. (T.F.)
Nicholson, Temp 2nd Lt. W. J., Serv. Bn. Lan. Fu
Nickalls, Capt. M., North'n Yeo.
Nickalls, Lt. T. A., R.F.A. Spec. Res.
Nickerson, Hon. Lt. E., R.A.
Nickerson, Lt. R. S., No a Scotia Regt
Nicklin, Temp. Lt. W. J., Serv. Bns. Midd'x R
Nickson, Lt. G. B., R.G.A. Spec. Res.
†Nickson, Temp. 2nd Lt. J. E., late Serv. Bns. R. W. Fus.
Nicol, Capt. A. P., R.F.A.
Nicol, Rev. D. B., Temp. Chapl. to the Forces, 4th Class.
Nicol, Hon. Capt. D. J., late 15 Bn High. L.I.
Nicol, Lt. I. S., R.F.A. Spec. Res.
Nicol, Lt. R. G., 6 Bn. Sco. Rif.
Nicol, Temp. Lt. R. R., Serv. Bns. Essex R.
Nicolay, 2nd Lt. M., 3 Bn. York. L.I.
††Nicoll, 2nd Lt. A. S., 9 Bn. R. Scots.
Nicoll, Lt. D., R.F.A. T.F.)
Nicoll, Lt. E. D., 4 Bn. R. Highrs.
Nicolls, Capt. E. H. J., D.S.O., E. Surr. R.
Nicolls, Lt. J. E. H., R.G.A.
Nicolson, Maj. Hon. F. A., 15 Hrs.
†Nicolson, Temp. Capt. G. W. H., Serv. Bns. R. Berks. R.
Nicolson, 2nd Lt. J. F. H., R.E. (T.F.)
Nicolson, Temp. Capt K. J., R.A.
Nicolson, Lt. W. W., 5 Bn. Sea. Highrs.

Nield, Lt. H. K., Aust Imp. Force.
Nield, Capt. R. W., 7 Bn. Worc. R.
Nightingale, Temp. Capt. C. R., R.A.S.C.
Nightingale, Bt. Maj. G.W., Serv. Bns. R. Muns. Fus.
Nightingale, Hon. Lt. H. C.
Nightingale, Lt. H. G. C., 6 Bn. Lond. R.
Nightingale, Lt JR D.,R.A.
Nightingale, Capt. R. K T, late 4 Bn. Lan. Fus.
Nihill, Temp. Lt. J. H. B., Serv. Bns. R. Muns. Fus.
Nimmo, Lt. W. W., R.F.A. Spec. Res.
Nisbet, D., D.S.O. 5 Bn. S. Lan. R.
Nisbet, Temp. Lt. H. A.
Niven, Lt. C. B., R.F.A L'pool R.
Niven, Lt. G. C., 5 Bn. E. Surr. R.
Niven, Maj. H. W., D.S.O., Can. Local Forces.
Niven, Lt. R. F., 1 Lond. Divl. Eng. R.E.
Nivison, Lt. F. W., Aust. Imp. Force.
Nixon, M. C., late R.F.A.
Nixon, Maj. E. J., D.S.O., R.A.
Nixon, Temp. Capt. G., Tank Corps.
Nixon, Capt. J. B., late 18 Bn. North'd Fus.
Nixon, Suptg. Clerk R. H., R.E.
Noad, 2nd Lt. C. S. A., C'wealth Mil. Forces.
Noaks, Lt. S. H., R.F.A. Spec. Res.
Nobbs, Temp. Lt. E. H. B., Serv. Bns. N. Lan. R.
Noble, Temp. 2nd Lt. A., Serv. Bns. R. Scots.
Noble, Lt. A. G., R.F.A.
Noble, Temp. Capt. A. H. R.A.S.C.
Noble, Lt. A. R. B., 7 Bn. Durh. L.I.
Noble, Lt. D., M.G. Corps
Noble, Temp. Capt. E. R., 21 Bn. W. York. R.
Noble, Lt. F, 11 Bn. Lond. R.
Noble, Capt. H., North'd Yeo.
Noble, Serjt.-Maj. J., Mon. L.I.
Noble, Temp. Capt. J., 12 Bn Durh. L.I.
Noble, Capt. J. A., M.B., late R.A.M.C.
Noble, Temp. Capt.J.G.G., R.A.S.
Noble, Lt. M. H. N. A., R. Highrs.
Noble, Temp. 2nd Lt. T. E., Serv. Bns. Welsh R.
†Noblett, Capt. G. H., 3 Bn. R. Dub, Fus.
Nockels, Temp. Lt. L. C., Serv. Bns. N. Lan. R.

Noddle, Temp. Lt. F., R.E.
Noedl, 2nd Lt. L., D.S.O., C'wealth Mil. Forces.
Noel, Capt. C. F. G., R E Kent Yeo.
No l, Capt. J. B., Yorks. L.I.
†Noel, Lt T C., 3 Bn. K. O Sco. Bord.
N ke, Rev. H., Hon Chapl. to the Forces, 4th Class.
Nokes, Lt. M. C., R.G.A. Spec. Res.
Nolan, Lt. C. V., late M.G. Corps.
Nolan, Temp. Lt. J. M., M.G. Corps.
Nolan, Lt. P., D.C.M., 3 Bn. R. War. R.
Nolan, Lt. P. J, 8. Lan. R.
Noon, 2nd Lt. R. E., 6 Bn. L'pool R.
Norrie-Miller, Temp. Capt. S., 9 Bn. R. Highrs.
Norman, Capt. B. N., late R.A.M.C.
Norman, Capt. C., late 6 Bn. Ches. R.
Norman, Lt. C. R., R.E. (T.F.)
Norman, Lt. C. T., R F A.
Norman, Lt D., W. Lanc. Divl. Sig. Co. R.E.
Norman, Lt. E. G. P., R.A. (T F.)
Norman, Capt. E. P., C'wealth Mil. Forces.
Norman, Temp. Maj. F. K., R.A.S.C.
Norman, Lt. G. H., R.G.A. Spec. Res.
Norman, Capt. G. S., R. Ir. Rif.
Norman, Temp.Capt. H.L., E. Lan. R. (attd.)
Norman, Temp. Maj. P. G., R.E.
Norman, Capt. R., 6 Bn Ches. R.
Norman, Temp. Lt. R. B., Serv Bns. Lan. Fus.
Norman, Temp. Lt. R.D.S., R.E.
Norman, Capt. R.H., D.S.O., C'wealth Mil. Forces.
Norman, Temp. Lt. S. O., Tank Corps.
Norman. Lt. T. B., Aust. Imp. Force.
Norman, Capt. W. J., R.E.
Norrie, Lt. A., Aust. Imp. Force
†Norrie, Capt. C. W. M., D.S.O., 11 Hrs.
Norrington, Temp. 2nd Lt. L. C., Serv. Bus. R Fus. Res.)
Norris, Capt. A. H. (T.F.)
Norris, Capt. F. L., York. & Lanc. R.
Norris, Lt H L., C'wealth Mil. Forces.
Norris, Lt. J. S. L., R.F.A.
Norris, Lt. R. E., 5 Bn. Rif. Brig.
†Norris, Lt. T. G., Can. Fd. Art.
Norris, Temp. Capt. T. P., R.E.

---

† Also awarded Bar to Military Cross.
†† Also awarded 2nd Bar to Military Cross

Orders of Knighthood, &c. 411

THE MILITARY CROSS—*contd.*

Norrish, Lt. F., Ind. Army.
Norrish, Lt. S., Bedf. & Herts R.
Norsworthy, Bt. Maj. S. C., *D.S.O.*, Can. Local Forces.
North, Temp. Lt. C., Tank Corps.
North, Maj. C. B., *D.S.O.*, *late* R.E.
North, Lt. E. A., *D.C.M.*, ret. pay.
North, Lt. F. J., Man. Regt.
North, Lt. D. W. J., h.p.
†North, Capt. F. R., Aust. Imp. Force.
North, Lt. G. C., R.G.A. Spec. Res.
North, Capt. K. A., 32 Pns.
North. Temp. Lt. S., Serv. Bns. R. War. R.
North, Temp. Lt., W. A., Serv. Bns. R. W. Surr. R.
North, Lt. W. J., *D.C.M.*, R. Sc. Fus.
Northcote, Rev. P. M., Temp. Chapl. to the Forces, 4th Class.
Northey, Lt. T., 7 Bn. Devon R.
Northey, Capt. W. B., 1 Gurkha Rif. [1]
Northover, Temp. Capt. A. W., R.E.
Northover, Lt. C. E., C'wealth Mil. Forces.
Northover, Maj.H.R., Can. Local Forces.
Northwood, Lt. H. B., Can. Inf.
Norton, Lt. D. J. E., 13 Hrs.
Norton, Maj. E. F., *D.S.O.*, R.A.
Norton, Lt. F. G., *D.C.M.*, h.p.
Norton, Lt. F. M., R.F.A. (T.F.)
Norton, Lt. G. O., 5 Bn. L'pool R.
†Norton, Temp. Lt. J. E., R.A.
Norton, Lt. P. O., 5 Bn. Glouc. R.
Norton, Temp. Capt. W.C., Serv. Bns. R. Suss. R.
Norton-Russell, H., Capt. C'wealth Mil. Forces.
†Norton, Capt. F. P., *D.S.O.*, R.E.
Notcutt, Lt. H. J., R.G.A., Spec. Res.
Notcutt, Temp. Lt. L. A., R.G.A.
†Nothard, Temp. Maj. W. W., 13 Bn. Rif. Brig.
Notley, Lt. A. E., Qr.-Mr. R.A.S.C.
Notley, Lt. S. G., R.F.A. (T.F.)
Notley, Lt. W. Ind. Army.
Noton, Hon. Capt. C. H., *late* 5 Bn Lan. Fus.
Nott, Temp. Lt.C.W., Serv. Bns. S. Wales Bord.
†Nott, Lt. J. H., Aust. Imp. Force.
Nott-Bower, Capt. E. E., R.E.
Nottingham, Lt. B. D., *late* 20 Bn. Lond. R.
Nottingham, Capt. E. C., *late* R.F.A. Spec. Res.
Nourse, Maj. H. G., *late* R.E.

Nourse, Lt. J., *late* Serv. Bns. R. War. R.
Nowell-Usticke, Temp. Lt. G. W., R.F.A.
Nowill, Lt. C. F., R.F.A.
Nowland, Capt. R. A., C'wealth Mil. Forces.
Nowland, Capt. R. E., Aust. Imp. Force.
Noyes, Maj. C. D., 2 Lt. Inf.
Nugee, Capt. F. J., Unattd. List, T.F.
Nugee, Capt. G. T., *D.S.O.*, R.F.A.
Nugent, Lt. C. E., R.G.A Spec. Res.
Nugent, Lt. H. J., C'wealth Mil. Forces.
Nugent, Capt. T. E. G., G. Gds.
Nulty, Temp. 2nd Lt. J. J., Serv. Bns. R. Innis. Fus.
Nunn, Lt. F. J., Midd'x R.
Nunn, Capt. J. A., Aust. Imp. Force.
Nunn, Lt. R. B., R.F.A. (T.F.)
Nunn, Capt. R. N., Ind. Army.
†Nunn, Lt. W. J., R.G.A.
Nnnnerly, Lt. M. T., 4 Bn. Lan. Fus.
Nunns, Capt. J., Newf'd Contgt.
Nurcombe, Lt. F. C. J., R.F.A. Spec. Res.
Nurse, Temp. Lt. E. R., M.G. Corps.
Nurse, Lt. H., R.F.A. (T.F.)
Nutt, Lt. W. G. R., R.E.
Nuttall, Temp. Lt. J. T., Serv. Bns. North'd Fus.
Nuttall, Lt. J. W., 3 Bn. Linc. R.
Nuttall, Lt. P. E., Aust. Imp. Force.
Nuttall, Temp. Lt. R. W., Serv. Bns. E. Surr. R.
Nutter, Temp. Lt. F. A., Mach. Gun. Corps.
Nutter, Lt. W. C., Can. Local Forces.
†Nutting, Temp. Capt. A. F., 11 Bn. K.R. Rif. C.
Nutting, Lt. A. R. S., I. Gds. Spec. Res.
Nye, Lt. A. E., Leins R.
Nye, Lt. A. F., 3 Bn. Gord. Highrs.
Nye, Lt. A. R., Ind. Army.
Nye, Temp.Capt. C. E. G., R.E.
Nye, Lt. G. T., Yorks. L.I.
Nye, Temp. Lt. H. P., R.E.

Oakden, Temp. Lt. T. H., *D.S.O.*, Serv. Bns. Bord. R.
Oake, Capt. C. J., ret.
Oakeley, Lt. J. E. E., Hereford R.
Oakley, Temp. Lt. E. C., 10 Bn. R. War. R.
Oakley-Evans, Temp. Lt. N.H.C.H., R.A.S.C.
†Oakes, Capt. T. H. E., R.H.A.

Oakey, Lt. A. N., N.Z. Mil. Forces.
Oakey, Lt. C. C., 4 Bn. R. War. R.
Oakey, Temp. Lt. J. M., R.E.
Oakford, Temp. Lt. M. A. M., M.G. Corps.
Oakley, Temp. 2nd Lt.A.H., Serv. Bns. R. W. Kent R.
Oakley, Hon. Lt. D. G., Qr.-Mr. C'wealth Mil. Forces.
Oakley, Capt. H. J. P., 1 Lond. Brig. R.F.A.
Oakley, Temp. Lt. R. E., Serv.Bns.Bedf. & HertsR
Oakley,Capt.R.R.,*late* Denbigh Yeo.
Oakman, Lt. A. W., 3 Bn. Befd. & Herts R.
Oates, Lt. A., *D.S.O.*, Ind Army.
Oates. Temp. Lt. A. H., Serv. Bn. York. R.
Oates 2nd Lt. C. E., 3 Bn. North'd Fus.
Oates, Lt. E. N. R., R.F.A. Spec. Res.
Oates, Capt. J. S. C., *D.S.O.*, 8 Bn. Notts. & Derby. R.
Oates, Lt. W. J. S., Ind Army.
Oatts, Temp. Lt. F. J., 10 Bn. Ches. R.
Obegi, Lt. B. E., R.F.A. (T.F.)
O'Brian, Capt. N. E., Can. Local Forces.
†O'Brien, Capt. A. J. R.
O'Brien, Lt. B., *late* R.E.
O'Brien, Temp. Lt. B. H., Serv. Bns., Leins. R.
O'Brien, Lt. B. P. T., Ind. Army.
O'Brien, Capt. C., *M.D.*, *late* R.A.M.C.
O'Brien, Lt. G. W., Bord R.
O'Brien, Capt. *Hon.* H. B., I. Gds.
O'Brien, Hon. Lt. H. M. V., *late* R. Muns. Fus. (attd.)
O'Brien, Lt. H. W., Hon. Art. Co.
O'Brien, Temp. Lt. James.
O'Brien, Lt. J., *D.C.M.*, *M.M.*, Aust. Imp. Force.
O'Brien, Capt. J. C. P., R. Ir. Fus.
O'Brien, Capt. J. W., *M.B.*, Res. of Off.
O'Brien, Capt. K.R., 17 Bn. Lond. R.
O'Brien, Lt. M. J., Aust. Imp. Force.
O'Brien, Temp. Lt. P. J., 6 Bn. R. Muns. Fus.
O'Brien. Capt. T. H., Can Fd. Art.
†O'Brien, Lt. T. W., Conn. Rang.
O'Brien-Butler,Capt.C.D., 4 Bn. R. Ir. Regt.
†O'Brien, Lt. W. J., 5 Bn. R. War. R.
O'Callaghan, Lt. C. F., 1 Dns.
O'Callaghan, Capt. C. T., h.p.

Ockenden, Lt. H., *late* Serv. Bns. Essex R.
O'Connell, Capt. H. G.
O'Connell, Lt. J. F., C'wealth Mil. Forces.
O'Connell, Capt. *Sir* M. J. A., *Bt.*, R. Ir. Fus.
O'Connell-Jones. Lt. H., K. O. Sco. Bord.
O'Connor, Rev. A., Temp. Chapl. to the Forces, 4th Class.
O'Connor, Capt. A. P., *M.B.*, R.A.M.C. [L]
O'Connor, Lt. B. M., *M.M.*, Aust. Temp. Forces.
O'Connor, Lt. C. C., R.A.
O'Connor, Temp. Capt. D. P., 9 Bn. E. Surr. R.
O'Connor, Capt. E. R., R. Muns. Fus.
O'Connor, Lt. G. V., Aust. Imp. Force.
O'Connor, Lt. J., *late* Lab. Corps.
O'Connor, Lt. K. K., Ind. Army.
O'Connor, 2nd Lt. M.J., *late* R. Dub. Fus.
O'Connor, Hon. Lt. P. J., *late* R. Dub. Fus. (attd.)
O'Connor, Bt. Maj. R. N., *D.S.O.*, Sco. Rif.
O'Connor, Lt. Capt. T. W., Conn. Rang.
O'Connor, 2nd Lt. W. L., *M.M.*, Aust. Imp. Force.
Odbert, 2nd Lt. W. H., Conn. Rang.
Oddie, Rev. P. F., Temp. Chapl. to the Forces, 4th Class.
†Oddie, Lt. W. P., Ind. Army Res. of Off.
Oddy, Temp. Lt. C. G., Tank Corps.
†Odell,Temp.Lt.A.E., R.E.
O'Dell, Temp. Lt. C. S., R.A.S.C.
Odell, Temp. Capt. J. F., R.E.
†O'Donnell, Lt. M. F., *late* Serv. Bns. R. Dub. Fus.
Odgers, Temp. Capt. L. N. B., R.E.
Odgers, Temp. 2nd Lt. S. E., M.G. Corps.
Odham, Temp. Lt. D. W. R.A.S.C.
Odlum, Capt. W.J., R.F.A. Spec. Res.
Odom, Temp. Lt. G. C., M.G. Corps.
O'Donel, Capt. S., R.A.V.C.
O'Donnell,Capt.B. B. J. A., 8 Bn. R. War. R.
O'Donnell,2nd Lt.M.,4 D.G.
O'Donnell, Temp. Maj. T. F., R. Ir. Fus. (attd.)
O'Donovan, Co. Serjt.-Maj. C., R. Fus.
O'Donovan, Lt. G. P., 6 Bn. Worc. R.
O'Donovan, Capt. M. J. W., R.I. Fus.
†O'Donovan, Temp. Lt. R.A., Serv. Bns. Worc R
O'Dowds, Lt. B. F., R.E. (T.F.)
O'Farrell, Lt. F. J., 3 Bn. R. Muns. Fus.

† Also awarded Bar to Military Cross.
†† Also awarded 2nd Bar to Military Cross.

Orders of Knighthood, &c.

THE MILITARY CROSS—*contd.*

O'Farrell, Rev. P., Hon. Chapl. to the Forces, 4th Class
†O'Ferrall, Temp. Capt. E. A., Serv. Bns. Linc. R
Officer, Lt A. P., R.F.A. Spec. Res.
Officer, Maj. K., O.B.E., C'wealth Mil. Forces.
O'Flynn, Capt. A. J G. D., R.A.S.C. [l].
Ogden, Lt. A. G., R.F.A. (T F.).
†Ogden, Lt. B. D., 5 Bn. E. Surr. R.
†Ogden, Capt. S. H., W.Ont. Regt
Ogden, Lt. W E., 5 Bn. Manch. R.
Ogden, Serjt.-Maj. W. G., R.A.O.C.
Ogden, Co. Serjt.-Maj. W. J., R.E. 7 Bn. R. Fus.
Ogier, Lt. C. A., 3 Bn. Jersey Mila.
†Ogilvie, Temp. Lt. A. K., 13 Bn. R. Scots.
Ogilvie, Maj. D. C., late R.A.M.C.
Ogilvie, Lt. H.B.J., E. Ont. R.
†Ogilvie, Capt. J. C., M.B., late R.A.M.C.
Ogilvie, Capt. J. F. W., Corps of Guides.
Ogilvie, Lt. J. P. F., R.F.A. Spec. Res.
Ogilvie, Lt. M. T., R.G.A.
Oglvy, Lt. Hon. B. A., 12 Lrs.
Ogle, 2nd Lt. A., Spec. Res.
Ogle, Lt. H., 5 Bn. R. Lanc. R.
Ogle, Temp. Lt. R., M.G. Corps.
Ogley, Lt. E. F., Ind. Army, Res. of Off.
O'Grady, Capt. B. T.
O'Grady, Lt. G. W. de C., Can. Local Forces.
O'Grady, Lt. J. J., R.F.A. Spec. Res.
O'Hagan, Lt. D. S., late Serv. Bns R. Fus.
O'Hagan, Maj. T. F., Can. Local Forces.
O'Halloran, Lt. M., Can. Local Forces.
O'Hanlon, Capt. E., Qr.-Mr. Wilts. R.
O'Hanlon, Hon. Capt. G.
†Oke, Lt. H. R., late Serv. Bn. R. Scots.
O'Keefe, Maj. J. J., M.B., R.A.M.C.
O'Kell, Lt. C., R.E. (T.F.)
Okell, Temp. Capt. C. C., R.A.M.C.
O'Kell, Lt. R., S. Afr. Def. Forces.
Okell, Capt. S. H., Brit. Columbia Regt.
※O'Kelly, Lt. C.P.J., Can. Local Forces.
O'Kelly, Temp. Lt. D., R.E.
†O'Kelly, Capt. T. P., Brit. Columbia R.
O'Kelly, Lt.W. M., R.A.S.C. Spec. Res.
Okey, R. L.,N.Z Mil.Force.
Olden, Capt. A. W., O.R.E., Qr.-Mr. T.F. Res., Gen. List.

Oldershaw, Lt. H., R.F.A. Spec. Res.
Oldershaw, Temp. Lt. T., Glouc. R.
†Oldfield, Temp. Lt. A. R., Serv. Bns. Manch R.
Oldfield, Co. Serjt.-Maj. C. R., E. Lan. R.
Oldfield, Temp, Lt. G.H.R., R.E.
Oldfield, 2nd Lt. H., late 8 Bn. York. R.
Oldfield, Lt. H. B., R.F.A.
Oldfield, Rev. H. D., Chapl. to the Forces, 4th Class.
Oldfield,Temp. Capt. J. W., O.B.E.
†Oldfield, Temp. Lt. R. T., Bedf. & Herts. R.
††Oldfield, Bt. Maj. R. W., D.S.O., R.F.A.
Oldham, Capt. E., late M.G. Corps.
Oldham, Lt. E., R.G.A. (T.F.)
Oldham, Temp. Capt.E.A., Tank Corps.
Oldham, Temp. Lt. J. S., Serv. Bns. E. Lan. R.
Oldham, Capt. R. D'O., late Herts R.
Oldham, Lt. S. A., R.G.A Spec. Res.
Olding, Temp. Lt. O. J., Serv. Bn. Devon R.
O'Leary, Lt. C. A., Can. Rly. Troops.
†† O'Leary, Capt. F. J., Can. Local Forces.
O'Leary, Lt. H., Can. Local Forces.
Oliphant, Temp. Lt. J., Serv. Bns.K.O. Sco. Bord.
Oliphant, 2nd Lt. K., Herts. R.
Oliphant, Capt. K. J. P., Wilts. R.
†Oliphant, Temp. Capt. T. A., H., Serv. Bns.York. L.I.
Olive, Bt. Maj. T. B., 3 Hrs.
Oliver, Lt. B., R.F.A. Spec. Res.
Oliver, Lt. B. M., W. Kent Yeo.
Oliver, Temp. Lt. C. A.
†Oliver, Temp. Capt. C. D., Serv. Bns. Sea. Highrs.
Oliver, Lt. C. K., C'wealth Mil. Forces.
Oliver, Lt. D. E., R.F.A. (T.F.)
Oliver, Co. Serjt.-Maj. E., S. Staff. R.
Oliver, Temp. Lt. E., M.G. Corps.
Oliver, Lt. E. C., R F.A. (T.F.)
Oliver, Capt. E. L., 6 Bn L'pool R.
Oliver, Co. Serjt.-Maj.F. J., Rif. Brig.
Oliver, Lt. G., 4 Bn D of Corn., L.I.
Oliver, Capt. G. B., 4 Bn. Leic. R.
Oliver, Lt. G. J., Aust. Imp. Force.
Oliver, Temp. Lt. H C E., R.A.S.C.
Oliver, Capt. H. G., late R.A.M.C.
†Oliver,Lt. H. H. M.,R.G A, R.A.M.C.
Oliver, Temp. Lt. H. M., R.F.A.

Oliver, Lt. H. S., Sask. R.
Oliver, Lt. K. M., 6 Bn. L.I.
Oliver, R. G., 2nd Lt. late R.F.A. Spec. Res.
Oliver, Temp. 2nd Lt. T. S.,Serv. Bns.North'd Fus.
Oliver, Lt. T. W., 6 Bn. Manch. R.
Oliver, Lt. W. F. L., Durh L.I.
Oliver, Lt. W. G., Alberta Regt.
Oliver, Lt. W. L., Alberta Regt.
Oliver, Temp. Capt. W. J., 19 Bn. Durh. L.I.
Oliver-Jones, Temp. Lt. W. S., 7 Bn. Bedf. & Herts R.
Olley, Lt. C. F., 5 Bn. R.W. Surr. R.
Ollis, Lt. W. R., 5 Bn. N. Staff. R.
Olliver. Capt. G. K., R. W. Surr. R.
Olmstead, Lt. R. I., Can Fd. Art.
O'Loughlin, Lt. J. H., Aus#. Imp. Force.
Olsen, Lt. O., 1 Cent. Ont. Regt.
O'Malley, Temp. Capt. C., M.B., R.A.M.C.
O'Malley, Temp. 2nd Lt. D., N. Lan. R.
O'Malley,Lt.E. A.,C'wealth Mil. Forces.
†O'Malley, Capt. V. D., Serv. Bns. Rif. Brig.
Oman, Temp. Capt. D., MacL., Serv. Bns. High. L.I.
O'Meara, Temp. Lt. G. U., Tank Corps.
O'Meara, Lt. R. A., Dorset R.
O'Meara, Lt. T. J., 5 Bn. R. Muns. Fus.
O'Meara, Capt. W. late Midd'x R.
Omond, Temp. Maj. J. S., R.A.O.C.
O'Neil, Lt. B. D., Aust. Imp. Force.
O'Neil, Lt. C T., late R.A.S.C.
O'Neil, Lt. W. E., W. Ont. Regt.
O'Neill, Capt. H. J. D., 127 Lt. Inf.
O'Neill, Capt. J., R.A.
O'Neill. Lt. J., 1 Cent. Ont. Regt.
O'Neill, Lt. J. J., late Serv. Bns. S. Wales Bord
O'Neill,Capt.J.P., C'wealth Mil. Forces.
O'Neill, Maj. J. S., M.B., Ind. Med. Serv.
O'Neill, Capt. W. H. L., 51 Sikhs.
Onyett, Lt. H. T., Brit. S. Afr. Police
Openshaw, Temp. Capt. A. D., 10 Bn. Essex R.
Openshaw Temp. Lt. H. S., Serv. Bns. E. Surr. R.
Opie, Lt. A. M., Aust. Imp. Forces.
Oram, Capt. A. R., M.B., R.A.M.C.
Orange, Temp. Lt. A., M.M. Serv. Bns. North'd Fus.

Orange-Bromhead, Capt. J. W., Yorks. L.I.
Orbell, Capt. R. G. S., N.Z. Mil. Forces.
Orchard, Lt. L. B., 4 Bn. Leic. R.
Orchard, Capt. W. H., C'wealth Mil. Forces.
Orchard, Lt. W. H., R.F.A.
Orchardson, Capt. J. C., Serv. Bns., late R.W. Kent R.
†O'Regan, Capt. J., Can. Local Forces.
O'Regan. Capt. S. V., C'wealth Mil. Forces
O'Reilly, Lt. B. E. A., R.G.A.
†O'Reilly,Capt C.J., M.D., D S.O. R.A.M.C.
O'Reilly, Lt. H. J. M., D.S.O., 3 Bn. R. Ir. Regt.
O'Reilly. Lt. J., Can. Div. Arty.
†O'Reilly, Lt. J. F., 4 Bn. R, Ir. Regt.
O'Reilly, Lt. J. P., 3 Bn. R. Muns. Fus.
O'Reilly, Maj. K. W. R., 119th Infy.
†O'Reilly, Lt. W.T., Midd'x R.
O'Reilly-Blackwood, Maj. E. H., D.S.O., R.A.
Orchard, 2nd Lt. E. J. H., 4 Bn. Lan. Fus.
Orchard. Lt. F. E., late 4 Bn. Lan. Fus.
Ord, Lt. S.D., 4 Bn. Essex R.
Orford, Capt. E. F, D.C.M., late Serv. Bn. S. Wales Bord.
Orford, Temp. Capt. E. R. H., 7 Bn. R. Muns. Fus.
Orford, Lt. F. S., 6 Bn. Worc. R.
Oriel, Lt. J. A., R.G.A. Spec. Res.
Oriel, Temp. Capt. T. H. B., R.G.A.
†Orgill,Lt.E. F., Manch R.
O'Riordan, Maj. S. M., Aust. Imp. Force.
O'Riordan, Capt. W. H., R.A.M.C.
†Ormandy, Temp. Lt. H., R.E.
Orme, Maj. E. R., late 2 Lovat's Scouts Yeo
Orme, Temp. Lt. T. J., M G. Corps.
Ormerod, Temp. Lt. H. A., R.F.A.
Ormishere, Temp. Lt.A.H., Serv. Bns. York & Lanc. R.
Ormiston. Lt. W. H., 16 Bn. Lond. R.
Ormond, Lt. C. O., R.G.A. Spec. Res.
Ormrod, Capt. W. Res. of Off.
Ormsby, Maj. J. F., late R.E.
Ormsby-Johnson, Bt. Maj. G. A. C., O.B.E., A. P. Dept.
Orpen, Temp. Lt. J. H., R.A.M.C.
O'Rorke, Lt. M. H., Res. of Off.
Orr, Temp. Lt. D. C.

† Also awarded Bar to Military Cross.
†† Also awarded 2nd Bar to Military Cross.

Orders of Knighthood, &c.

THE MILITARY CROSS—*contd.*

Orr, Capt. D. R., *late* Serv. Bns. Sco. Rif.
Orr, Capt. E. A. B., R. Berks. R.
Orr, Capt. G. B., *late* R.G.A.
Orr, 2nd Lt. G. C., 10 Bn R. Scots.
Orr, Temp. Capt. J. B., D.S.O., M.B., R.A.M.C.
Orr, Capt. J. E., C'wealth Mil. Forces.
Orr, Lt. J. H., 4 Bn. Sco. Rif.
Orr,Temp.Lt. J. L., R.G.A.
Orr, Lt. J. P., 2 Cent. Ont. Regt.
Orr, Temp. Capt. T., 7 Bn. Cam'n Highrs.
Orr, apt. W., T F. Res.
Orr, Lt. W. A., 2 Cent. Ont. Regt,
Orr, Temp. Capt. W. B., Serv. Bns. Manch. R.
Orr, Capt. W. F., Br. Columbia Regt.
Orr, Lt. W.G., *late* 19 Bn Lond. R.
Orred, Capt. R. G., R. Fus.
Orrell, Capt. J., ret. pay
Orr-Ewing, Capt. J., Res. of Off.
Orr-Ewing, 2nd Lt. G. L., R. Highrs.
Orr-Ewing, Capt. M. R., R.F.A.
Orsmond, Capt. S., *late* R.A.S.C.(Capt.S.Afr.Def. Forces.
Orton, Lt. H., R.F.A. Spec. Res.
Orton, Temp. Lt. H. W., Serv. Bns. Dorset. R.
Orton, Capt. J. O. C., A.F.C., Norf. R.
Orton, Capt. R. E., 9 Bn R. Fus.
O'Rourke, Lt. J. F., Aust. Imp. Forces.
Orwin,Temp. Lt. A.
Ory, Temp. Lt. V. W., R.A.S.C.
Osborn, Lt. A. W., R.F.A. (T.F.)
Osborn,Capt.G.,*late*Leic.R.
Osborn, Rev. J. E. N.,*M.A.*, C'wealth Mil. Forces.
Osborn, Lt. S., *late* R.G.A. Spec. Res.
Osborne, Temp. Capt.A.F., R.A.S.C.
Osborne, Temp. Lt. A. S., Notts. & Derby. R.
Osborne, Lt. E., Can. M.G. Corps.
Osborne, Hon. Lt. F., *late* 15 Bn. Lond. R.
Osborne, Lt. F., Qr.-Mr., Bedf. & Herts. R.
Osborne, Lt. F. J., R.E. (T.F.)
Osborne, Co. Serjt.-Maj. G., 4 Bn. North'd Fus.
Osborne, Lt. G. F., R. Suss. R.
Osborne, Batty. Serjt.-Maj. G. H., R.G.A.
Osborne, Temp. Lt. H. C., Serv. Bns. North'n R.
Osborne, Lt. H. C., R.F.A. Spec. Res.
Osborne, Capt. H. E., 2 Regt. K. Ed. Horse.
Osborne, Lt. J. E., *late* Serv. Bns. Essex R.

Osborne, Temp.Capt. L. A., D.S.O., *late* Serv. Bns. Som. L.I.
Osborne, 2nd Lt. R. B., G. Gds. Spec. Res.
Osborne, Lt. R. B., G. Gds Spec. Res.
Osborne, Maj. R. C., C'wealth Mil. Forces.
Osborne, Bt. Maj. R. H., D.S.O., 20 Hrs., *p.s.c.*
Osborne, Temp. Capt. R. T., R.F.A.
Osborne, Lt. W. H., 4 Bn. Leins. R.
Osborne, Temp. Lt. T. B., R.E.
O'Shaughnessey, Rev. R. V., Temp. Chpl. to the Forces (4th Cl.)
Osmaston, Lt. G. H., R.E.
Osmaston, Maj. U. E., R.F.A.
Osmond, Lt J R., *late* R.E.
Osmond, Temp. Qr.-Mr. & Capt. R. W. J., Labour Corps.
Ostle, Capt. H.K. E., 28 Bn. Lond. R.
Ostler,Temp.Lt.A., R.F.A. R. Dub. Fus.
O'Sullivan, Lt. G. P., 3 Bn. R. Dub. Fus.
O'Sullivan, Temp. Capt. J I., *M.B.*, R.A.M.C.
O'Sullivan. Capt. M. F., R.A.V.C. Spec. Res.
O'Sullivan, Capt. O. C., *M.B.*, R.A.M.C. (T.F.)
O'Sullivan, Rev. T., Can. Chapl. Serv.
Oswald, Lt. H. R., 4 Bn. Welch R.
Oswald, Temp. Capt. S.
Oswell, Lt. A., 8 Bn. Durh. L.I.
O'Toole. Lt. W. C., Aust. Imp. Force.
Otter,Temp.Lt. F. L., R.E.
Otter, Bt. Maj. R., Norf. R.
Otter, Bt. Maj. R. E., 5 Bn. Lond. R.
Otterburn, Lt, A., 5 Bn. Glouc. R.
Otto, Temp. Lt. L. A., Ind. Army
Otway, Capt. H. F., Leins. R.
Oudney, Lt. N. G. M., R.E.
Oughtred, Lt. J. A., 4 Bn. E. York. R.
Oulsnam, Lt. S. H. Y., R.G.A. Spec. Res.
Oulton, Capt. J. T., Vol. Tel. Sec.
Oulton, Capt. W. P., 3 Bn. R. Dub. Fus.
Outhwaite, Lt. F. O., 7 Bn. North'd Fus.
Ouzman, Temp. Lt. W. J. C., Serv. Bns R. W. Kent R.
Ovenden, Temp. Lt. C. L., Serv. Bns. Glouc. R.
Overall, Lt. R. B., 8 Bn. R. Scots.
Overbeek, I. de M., *late* Temp. Lt. S. Afr. Def. Forces.
Overton, Temp. Lt. A. E., R.E.
†Overton, Temp.Capt.C.L., Serv. Bns. R. Lanc. R.

Overton-Jones, Lt. E., C. Gds. Spec. Res.
Ovington, Lt. C. E., 5 Bn. Lond. R.
Owen, Lt. A. C., 6 Bn. R. W. Fus.
Owen, Lt. A. G. J., 4 Bn. Welch R.
Owen, Maj. A. L., O.B.E., R.E.
Owen, Temp. Capt. B. M., O.B.E., R.E.
Owen, Capt. C H. M., 1 Bn. York. R.
Owen, Temp. Lt. E. J. Serv. Bns. Linc. R.
Owen, Temp. Maj. G., Art. Mila.)
Owen, Temp. Lt. G. C., 7 Bn R.W. Fus.
Owen, Capt. H., T.F. Res.
Owen, Maj. H. C., O.B.E., 5 Bn. Midd'x R. (Capt. ret. pay.)
Owen, Lt. H. D. E., R.F.A. Spec. Res.
Owen, Temp. Maj. H. L., M. G, Corps.
Owen, Temp. Capt. J. C., 6 Bn. S. Wales Bord.
Owen, Lt. J. C. F., Can. Local Forces
Owen, Lt. J. J., Aust. Imp. Force.
Owen, Temp. Lt. L, R E.. Bns. L'pool R.
Owen, Lt. L. C. C., 3 Bn, R. Ir. Fus.
Owen, Temp. Lt. L. W. K., 10 Bn. Ches. R.
Owen, Maj. R. A., h.p.
Owen, Temp. Capt. R. E. L., R.A.
Owen, Lt. R. W., N. Staff. R.
Owen, Temp. Lt. T., Serv. Bns. S. Staff. R.
Owen, Capt. W., Welch R.
Owen, Temp. Capt. W. H., R.E.
Owen,Lt.-Co' W.L., D.S,O., 8 Bn. L'pool R.
Owen-Morris,Capt.W.G.F., M.B., R.A.M.C., Spec. Res.
Owens, E. E., *late* Temp. Lt. R.A.M.C.
Owens, Lt. H. R., R.G.A. Spec. Res.
Owers, Lt. F. T., 22 Bn. Lond. R.
Owins, Lt. A., ret. pay.
Owles, Temp. Capt. A. S., Serv. Bn Durh. L.I.
Owles, Lt. E. T., ret.
Owtram, Capt. T. C., *late* 5 Bn. R. Lanc. R.
†Oxborrow, Lt. C.C.,Hamp. Mach. Gun Corps.
†Oxenden, Temp. Lt. N. U., Mach. Gun Corps.
Oxenham,Temp.Capt. E.J. B., R.A.O.C.
Oxenham, Capt. H. W., Manch. Regt.
Oxford, Lt. Temp. Lt. A. A. R., Serv. Bns., D. of Corn. L.I.
Oxford, Staff Serjt.-Maj C., R.A.S.C.
Oxland, Temp. Capt. W, C. Can. Eng.
Oxley, Lt. A. C., D.C.M.
Oxley, Lt. E., 4 Bn. Bord. R.

Oxley, Capt. E. D. B., N. Staff. R.
Oxley, Capt. G. S., K.R. Rif. C.
Oxley, Lt. J. R., Qr.-Mr., *late* 8 Bn. Sea. Highrs.
Oxley, Lt. P. F., R.F.A. (T.F.)
Oxley, Bt. Maj. W.H., R.E.
Oxley-Boyle, Lt. R. F. C., R. W. Surr. R.
†Oxspring, Capt. R., 3 Bn. Yorks. L.I.
Ozanne, Capt. G. D., 99 Inf. Bn.
Ozanne, Temp. Lt. H. ff., R.A. (2 Lt. R. Alderney Art. Mila,)
†Ozanne, Capt. W. M., W. Rid. R.
Ozzard, Hon. Lt. H T., *late* 9 Bn. R. Ir. Fus.

Pacey, Lt. S. W., 5 Bn. E. Lan. R.
Pack, Lt. D. H., *late* Serv. Bns. L'pool R.
Packard, Hon. Capt. C. T., *late* Suff. R. (attd.)
Packard, Capt. J. E. E., R. Lanc. R.
Packman Lt. C. H., 2 Cent. Ont. Regt.
Pacy, Lt. J. G. R. Durh. L.I. Spec. Res.
Paddle, Lt. K. C. L., R.G.A. Spec. Res.
Paddon, Lt F L., 4 Bn. R. Suss. R.
Padfield, Temp. Lt. L. Tank Corps.
Padmore, Lt. E. H., R.F.A. (T.F.)
Padmore, Capt. J.L., 6 Bn. R. War. R.
Padwick, Temp. Lt. H. D. H., 9 Bn. N. Lan R.
Page, Temp. Lt. A. F. Labour Corps.
Page, Lt. A. R., R.E. (T.F.)
Page, Lt. A. S., *late* A. Cyclist Corps.
Page, Lt. C. A., R.G.A. Spec. Res.
Page, Bt. Lt.-Col. C. A. S., D.S.O., Midd'x R.
Page, Temp. Lt. C. F., 27 Bn L'pool R.
Page, Maj. C. G. *late* Serv. Bn. Bord. R.
Page, Capt. D.C.M. *late* R.A.M.C.
Page, Temp. Capt. E. Bn Bord R.
Page, Temp. Capt. E., R.F.A.
Page,Lt. E. K., R.F.A.
Page, Lt. E. W., 6 Bn. S. Staff. R.
Page,Capt.F. E.,C'wealth. Mil. Forces.
Page,Sergt.-Maj.J., D.C.M., Quebec R.
Page, Temp. Capt. J. C., 6 Bn. E. Kent R.
Page, Lt. P. A., Bedf. & Herts. R.

† Also awarded Bar to Military Cross.

Orders of Knighthood, &c.

THE MILITARY CROSS—*contd.*

Page, Lt. P. T. A., *late* S. Afr. Def. Force
Page, Lt. S. J.
Page, Lt. W. K., Ind. Vols.
Paget, Lt. A. F. B., R.A.
Paget, Capt. A. W. L., Ir. Gds. Spec. Res.
Paget, Bt. Maj. B. C. T., *D.S.O.*, Oxf. & Bucks. L.I.
Paget, Rev. E. F., Chapl. S. Afr. Def. Force.
Paget, Temp. Capt. H., Serv. Bns. N. Lan. R.
Paget, Capt. L. B., Rif. Brig.
Paget, Temp. Capt. O., 11 Bn. R. Suss. R.
Paget, Capt. *Lord* V. W., Res. of Off.
Paige, Temp. Lt. C. J. M., *D.S.O.*, 11 Bn. R. W. Surr. R.
Paige, Maj. D., R.A.
Paige, Temp. Lt. J. F., T.F.
Pailthorpe, Lt. D., R.F.A. Spec. Res.
†Pailthorpe, Capt. D. W., R.A.M.C.
Pain, Lt. H. W., Ind. Army Res. of Off.
Pain, Capt. J. C., *late* Serv. Bns. Devon R.
Pain, Temp. 2nd Lt. J. F., Serv. Bns. Hamps. R.
Pain, Maj. J. H. F., *D.S.O.*, C'wealth Mil. Forces.
Pain, Capt. W. E., R.E.
Paine, Temp. 2nd Lt. D. L. A., *M.M.*, Serv. Bns. R. War. R.
Paine, Capt. H. H., *late* R.E. (*Lt. Unattd. List, T.F.*)
Paine, Temp. Capt. W. A., Serv. Bns. R. W. Fus.
Painter, Lt. G. M., 5 Bn. Suff. R.
Painter, Temp. Lt. H. S., Serv. Bns. Manch. R.
Painter, Lt. R. W. A., 8 Bn. Midd'x R.
Painting, Temp. Lt. A. A., M.G. Corps.
Paish, 2nd Lt. F. W., R.F.A. Spec. Res.
Paisley, Lt. A. D., N. Z. Mil. Forces.
Pakeman, Lt. S. A., 5 Bn. Glouc. R.
Pakeman, Lt. S. E., *late* Serv. Bns. R. Fus.
Pakenham, 2nd Lt. T. C., C. Gds. Spec. Res.
Pakenham-Walsh, Bt. Maj. R. P., R.E.
Palethorpe, Hon. Lt. C. S., *late* North'b'n Brig. R.F.A.
Palethorpe, Lt. G. W., *A.M.Inst.C.E.*, R.E. (*T.F.*)
Paley, Capt. F. W., *D.C.M.*, *M.M.*, *late* 5 Bn. & R. Rif. C.
Palfrey, Lt. G. J., R.F.A. Spec. Res.
†Palfreyman, Temp. Lt. G. W., Serv. Bns. Leic. R.
Palin, Capt. C. W., 129 Baluchis.
Palin, Capt. H. V., *late* Serv. Bns. Welsh R.
Paling, Capt. L. G., 4 Bn. Notts. & Derby. R.

Palk, Temp. Capt. S A., Serv. Bns. Lan. Fus.
Palk, Capt. W. J., *late* Serv. Bns. Lan. Fus.
Pallant, Capt. H. A., *D.S.O.*, *late* R.A.M.C.
Palmer, Temp. Lt. A. E., M.G. Corps
Palmer, Capt. A. E. G., *D.S.O.*, York. R.
Palmer, Temp. Capt. C., 9 Bn. York & Lanc. R.
Palmer, Maj. C., *late* 3 Bn. Essex R.
Palmer, Temp. Capt. C. B., Serv. Bns. W. Suff. R.
†Palmer, Lt. C. R., 7 Bn. Lond. R.
Palmer, Capt. E. A., R.F.A.
Palmer, Capt. E. C., 9 Bn. Durh. L.I.
Palmer, Capt. E. C., *late* 6 Bn. W. Rid. R.
Palmer, Temp. 2nd Lt. F. C., Serv. Bns. R. Berks. R.
Palmer, Capt. F. C., *late* Serv. Bns. Welsh R.
Palmer, Temp. Capt. F. H., 9 Bn. Ches. R.
Palmer, Lt. F. H., Can. Art.
Palmer, Capt. G. E., 3 Bn. Lond. R.
Palmer, Maj. H. L., *late* Res. of Off.
Palmer, Co. Serjt.-Maj. J., Serv.Bns.Bedf.&Herts.R.
Palmer, Temp. Capt. J. C., Serv. Bns. E. Lan R.
Palmer, Temp. Lt. J. J., C'wealth Mil. Forces.
Palmer, Temp. Lt. O. B., Serv. Bns. North'n R.
Palmer, 2nd Lt. P. F., *late* R.E.
Palmer, Rev. R., *D.S.O.*, Temp. Chapl. to the Forces, 2nd Class.
Palmer, Capt. R. B., R.A.V.C. (*T.F.*)
Palmer, Lt. R. H. R., G. Gds. Spec. Res.
Palmer, Maj. R. L., *D.S.O.*, R.F.A.
Palmer, Capt. R. L., 1 Bn. Lond. R.
Palmer, Capt. R. W., E. Lan. R. Spec. Res.
Palmer, Temp. Lt. T. E., R.E.
Palmer, Qr.-Mr. & Capt. W., K.R. Rif. C.
Palmer, Sqdn. Serjt.-Maj. W., N. Z. Mil. Forces.
Palmer, Batt. Serjt.-Maj. W., R.G.A.
Palmer, Capt. W. H., K. R. Rif. C.
Palmer, Maj. W. L., 10 Hrs.
Palmes, Lt. B., N.Z. Mil. Forces.
Palmes, Capt. E. W. E., ret. pay.
Pancham Sing Mahar, Jemadar, 39 Garhwal Rif.
Pank, Capt. R. D., R.E.
Pankhurst, Maj. H. E. E., 5 D.G.

Pannall, Lt. C., *D.S.O.*, R.W. Surr. R.
Pannell, Lt. H., 3 Bn. E. Kent R.
Panneth, Temp. 2nd Lt. J., Serv. Bns. R. Suss. R.
Panting, Tempt. Lt. H. A., 17 Bn. R. Fus.
Pantlin, Temp. Lt. H. A., R., Serv. Bns. R. Berks.
Panton, Bt. Maj. H. F., *D.S.O.*, *M.B.*, R.A.M.C
Panton, Lt. H. M., *late* 14 Bn. Arg.& Suth'd Highrs.
Panton, Capt. H. S. C., *late* R.E.
Pape, Capt. H. R., 2 Co. of Lond. Yeo.
Papworth, Lt. ?. C., North'n R.
Papworth, Lt. K. M., R E.
Paramor, Lt. A. L., Bedf. Yeo.
Parbat Chand, Subadar Major, 59 Rif.
Parbury, Capt. H. F., 17 Lrs
Parbury, Temp. Lt. W. F., R.A.
Parcell, Lt. H. G., R.F.A.
Pardoe, Temp. Maj. A. G., R.E. Spec. Res. (*Maj. Res. of Off.*)
Pare, Capt. J. A., Can. A.M.C.
Pares, Capt. W. T., *late* Serv.Bns.Bedf.&Herts.R.
Parfitt, Lt. E. G., R.F.A. Spec. Res.
†Parfitt, Temp. Lt. N. H., Serv. Bns. S. Wales Bord.
Pargeter, Lt. C. E. E., *late* R.E.
Pargeter, Lt. F., ret. pay.
Pargiter, Capt. A. P., R. Ir. Regt.
Parham, Rev. A. G., Temp. Chaplain to the Forces, 2nd Class.
Paris, Bt. Maj. A. C. M., Oxf. & Bucks. L.I.
Paris, Lt. D. K., R.A.
Parish, Maj. F. W., *D.S.O.*, K. R. Rif. C.
†Park, Temp. Capt. C. E., R.E.
Park, Temp. Capt. E. N.
†Park, 2nd Lt. G. R., N.Z Mil. Forces.
Park, Temp. Lt. H., 14 Bn. York & Lanc. R.
Park, Lt. J. B., 5 Bn. Sco. Rif.
Park, Co. Serjt.-Maj. J. S., Can. Local Forces.
†Park, Lt. K. R., R.F.A.
Park, Lt. R. H. M., I. Gds. Spec. Res.
Park, Lt. R. McA., 5 Bn. Arg.& Suth'd Highrs.
Park, Co. Serjt.-Major W., *D.C.M.*, 5 Bn, Gord. Highrs.
Parke, Temp. Capt. E. A., Serv. Bns. Durh. L.I.
Parke, Capt. E. S., *late* Yorks. L.I.
Parke, Lt. H., Can. Local Forces

†Parker, Capt. A. E., Can. M.G. Corps
Parker, Temp. Lt. C., Serv. Bns. W. Rid. R.
Parker, Lt. C. E., Shrops. L I.
Parker, Lt. C. J., T.F. Res.
Parker, Lt. C. P., R.E. (T.F.)
Parker, Qr.-Mr. & Maj. E. A., *O.B.E.*, *D.C.M.*, R.W. Fus.
Parker, Qr.-Mr. & Lt. E. J., R.F.C. (M.W.)
Parker, Lt. E. W., 5 Bn. R. Fus.
Parker, Lt. F. S., *late* 9 Bn. Notts. & Derby. R.
Parker, Lt. G. H., R.A.
Parker, Co. Serjt.-Maj. H., R. Dub. Fus.
Parker, Temp. Lt. H., R.F.A.
Parker, Lt. H., Devon. R.
Parker, Lt. H. E., *late* Serv. Bns. York & Lanc. R.
Parker, Temp. Lt. H. S., M.G. Corps.
Parker, Temp. Capt. H. V., R.F.A.
Parker, Lt. J. A., *late* R.E.
Parker, Temp. Lt. I. T., Serv. Bns. High. L.I.
Parker, Maj. K. S., C'wealth Mil. Forces.
Parker, Temp. 2nd Lt. M. J., Serv. Bns. Shrops. L.I.
Parker, Lt. K. C., R.G.A. Spec. Res.
Parker, Temp. Lt. N., M.G. Corps.
Parker, Capt. O. K. North'n R.
Parker, Capt. P., 4 Bn. N. Lan. R.
Parker, Temp. Maj. P. C., Serv. Bns. North'd Fus.
Parker, Lt. P. H., E. Rid. of York. Yeo.
Parker, Lt. R., 4 Bn. N. Lan. R.
Parker, Temp. Capt. R. F. *O.B.E.*
Parker, Lt. R. H., 5 D.G.
Parker, Spec. Res.
Parker, Lt. R. R., 1 Cent. Ont. Regt.
Parker, Qr.-Mr. & Capt. S., Worc. R.
Parker, Lt. S. J., *D.C.M.*, Wilts. R.
Parker, Capt. T. H. G., *late* R.E. Spec. Res.
Parker, Maj. Wyndham, *M.B.*, *late* R.A.M.C.
Parker, Lt. W. B., 5 Bn. E. Surr. R.
Parker, Lt. W. G., 12 Bn. Lond. R.
Parker, Temp. Lt. W. H.
Parker, Temp. Regtl. Serjt.-Maj W. J., R.F.A.(T.F.)
Parker-Jervis, Maj. E. M., R.F.A. (T.F.)
Parkes, Capt. A. J., R.E. Spec. Res
Parkes, Temp. Lt. D. W., Serv. Bns. Midd'x R.

† Also awarded Bar to Military Cross.

Orders of Knighthood, &c.

THE MILITARY CROSS—*contd.*

Parkes, Lt. G. B., 7 Bn. Lan. Fus.
Parkes, Lt. G. H., *late* 3rd Res. Regt. of Cav.
Parkes, Temp. Capt. H., R.E.
Parkes, Lt. J., *D.C.M.*, 7 Bn. Worc. R.
Parkes, Temp. 2nd Lt. L. O., Serv. Bns., R.W. Surr. R.
Parkes, 2nd Lt. M. F. M., Oxf. & Bucks. L.I.
†Parkes, Maj. T. G., Worc. R.
†Parkes, Temp. Maj. W., *D.S.O.*, 8 Bn Glouc. R.
Parkes, Temp. Lt. W. T., Tank Corps.
Parkhurst, 2nd Lt. R. G., 6 Bn. Ches. R.
Parkin, Temp. Lt. A. D., 16 Bn. Notts. & Derby. R.
Parkin, Temp. Capt. C. L., R.F.A.
Parkin, Lt. E. W., *late* R.E.
Parkin, Capt. G. M., R.F.A. (T.F.)
Parkin, Bt. Maj. H. D., *O.B.E.*, A.S.C.
Parkin, Lt. J., R.G.A.
Parkin, Co. Serjt.-Maj. L., 6 Bn. Ches. R.
Parkinson, Maj. C. K., C'wealth Mil. Forces.
Parkinson, Lt. E., *late* R.F.A. (T.F.)
Parkinson, Temp. Capt. E. M., Serv. Bns. North'd Fus.
Parkinson, 2nd Lt. G. L., 9 Bn. Durh. L.I.
Parkinson, Capt. G. W., R.E. (T.F.)
Parkinson, Lt. L., N.Z. Mil. Forces.
Parkinson, Serjt.-Maj. O. W., Suff. R.
Parkinson, Temp. Lt. W., R.E.
Parkinson-Cumine, Temp. Maj. B. D., M.G. Corps.
Parks, Capt. E. J., *D.S.O.*, C'wealth Mil. Forces.
Parks, Lt.-Col. J. B., *late* Essex R.
Parks, Temp. 2nd Lt. J. B., 8 Bn. R. Lanc. R.
Parle, Lt. H. W., Aust. Imp. Force.
Parmenter, Temp. Capt. J. H., Serv. Bns. R.W. Kent R.
Parminter, Bt. Maj. R. H. R., *D.S.O.*, Manch. R.
Parnis, 2nd Lt. W. H., 4 Bn. E. Kent R.
Parr, Co. Serjt.-Maj. F., S. Staff. R.
Parr, Temp. Capt. J. G.
Parr, Temp. Lt. S. J., 1 Dns.

Parr Maj. V. H., *D.S.O.*, *late* Serv. Bns. R. Innis. Fus.
Parrington, Capt. L., R.G.A.
Parrington, Maj. W. F., *late* R.F.A. Spec. Res.
Parrish, Lt. E. K., *late* Serv. Bns. R. Berks. R.
Parrott, 2nd Lt. G. F., *late* Serv. Bns. R. Berks. R.
Parry, Temp. Lt. A., Serv. Bns. Worc. R.
Parry, 2nd Lt. A.C.L., York. R.E.
Parry, Temp. Capt. E. A. D., 5 Bn. Wilts. R.
Parry, Maj. E. K., C'wealth Mil. Forces.
Parry, Temp. Capt. E. S. L., R.F.A.
Parry, Temp. Lt. G. P., M.G. Corps.
Parry, Temp. Capt. G. W., R.A.M.C.
Parry, Lt. J. I., 3 Bn. Ches. R.
Parry, Lt. J. J., *late* Serv. Bns. E. Lan. R.
Parry, Temp. Lt. J. S., Serv. Bns. R. Fus.
Parry, Temp. Lt. M. C., R.F.A.
Parry, Lt. W., *late* Serv. Bns. York & Lanc. R.
Parry, Capt. W. H., *M.B.*, *late* R.A.M.C
Parry-Jones, Capt. M. M., R. Fus.
Parry-O'Keden, Rev. C. E. G., Hon. Chapl. to the Forces, 4th Class.
Parry-Okeden, Capt. U. E., C'wealth Mil. Forces.
Parsley, Lt. W., *M.B.E.*, Norf. R.
Parsonage, Temp. Capt. T., R.A.S.C.
Parsonage, Capt. W., C'wealth Mil. Forces.
Parsons, Lt. A. M., Can. Local Forces.
Parsons, Lt. C. H., S. Afr. Def. Force.
Parsons, Lt. C. R., 4 Bn. Oxf. & Bucks. L.I.
Parsons, Capt. D. A. G., Can. Local Forces.
Parsons, Temp. 2nd Lt. E.C.
Parsons, Temp. Lt. E. G., M.G. Corps.
Parsons, Temp. Lt. E. H., 8 Bn. Lan. Fus.
Parsons, Temp. Capt. E. R., Tank Corps.
Parsons, Temp. Lt. E.S.C., Serv. Bns. Wilts. R.
Parsons, Lt. G. R., Can. Cav.
Parsons, 2nd Lt. H., 8 Bn. Manch. R.
Parsons, Capt. H. A. J., R.E.
Parsons, Temp. Lt. H. C., M.G. Corps.
Parsons, Lt. H. E., *late* M.G. Corps.
Parsons, Lt. J. C. S., R.F.A. Spec. Res.

Parsons, Lt. J. H., Worc. Yeo.
Parsons, Temp. 2nd K. O., Serv. Bns. R.W. Fus.
Parsons, Temp. Lt. L. E., Serv. Bns. R. Berks. R.
Parsons, Temp. Capt. O., Lab. Corps.
Parsons, Lt. R., *late* R.G.A. Spec. Res
Parsons, Temp. Lt. R. G., R.A
Parsons, Lt. R. H., R.E. (T.F.)
Parsons, Lt. T. C., 5 Bn. E. Lan. R.
Parsons, W. H., *M.D.*, *late* Temp. Maj. R.A.M.C.
†Partington, Rev. E. F. E., Chapl. to the Forces, 3rd Class.
Partington, Temp. Maj. J. L., R.E.
Partington, Maj. W., *late* 3 Bn. Ches. R
Parton, Lt. W. B., R.G.A. Spec. Res
Partridge, Lt. H. J., 4 Bn. Leic. R.
Partridge, Lt. L. H., *late* R.E.
Partridge, Capt. R. C. B., Shrops. Yeo.
Partridge, Bt. Maj. R. E., Dorset R.
†Partridge, Capt. R. S., 6 Bn. R. War. R.
Partridge, Capt. W. L., R.A.M.C.
Parvin, Lt. C., Bord. R.
Parvin, Lt. R. W.
Pascall, Capt. D. B., *M.B.*, *late* R.A M.C.
Pascoe, Capt. J., C'wealth Mil. Forces.
†Pash, Capt. A. L., *late* 6 Bn. R.W. Surr. R.
†Pashley, Lt. J., 3 W. Rid. Brig. R.F.A.
Pasklin, Maj. J. J., 8 Bn. Worc R.
Passey, Capt. R. D., *M.B.*, *late* R.A.M.C.
Passmore, Temp. Capt. E. G., 7 Bn. North'n R.
Passmore, Lt. F. M., Bucks. Bn.. Oxf. & Bucks. L.I.
†Passmore, Temp. Maj. J. B., 10 Bn. Devon. R.
Pasteur, Capt. F. M., 6 Bn. K.R. Rif.-C.
Patch, Capt. C. J. L., *late* R.A.M.C.
Patch, Capt. C. W., *late* Temp. Qr.-Mr. Serv. Bns. Lan. Fus.
Paterson, Lt. A., 22 Bn. Lond. R.
†Paterson, Temp. Capt. A. A. A., *D.S.O.*, R.F.A.
Paterson, Temp. 2nd Lt. A. B., Serv. Bns. R. Sc. Fus.
Paterson, Bt.-Maj. A. G., *D.S.O.*, K.O. Sco. Bord.
Paterson, Lt. A. G., 4 Bn. R.W. Surr. R.
Paterson, Capt. A. H. S., 5 Bn. R. Scots.

Paterson, Lt A. L., 6 Bn Arg. & Suth'd Highrs.
Paterson. Temp. Capt. A. McC., R.E.
Paterson, Capt. D. E., *late* R.E.
Paterson, 2nd Lt. F. J., 4 Bn. Lond. R.
Paterson, Maj. F. W. J., ret. Ind. Army
Paterson, Capt. G. A. R., 7 Bn. Gord. Highrs.
Paterson, Maj. G. F. J., R. S., *D.S.O.*, Serv. Bn. K.O. Sco. Bord.
Paterson, Lt. H. McD., ret. pay
Paterson, Capt. J., 14 Bn. Lond. R.
Paterson, Maj. J. A., *M.B.*, *late* R.A.M.C.
Paterson, Temp. Capt. J. D., Serv. Bns. Essex R.
Paterson, Maj. J. D., Can. Eng.
Paterson, Capt. J. G., C'wealth Mil. Forces.
†Paterson, Lt. J. M., R.F.A. Spec. Res.
Paterson, Hon. 2nd Lt. J. M., *late* 9 Bn. High. L.I.
Paterson, Lt. J. R. K., 5 Bn. Arg. & Suth'd Highrs.
Paterson, Lt. K., 3 Bn. R. Scots.
Paterson, Capt. L. M., 32 Pioneers.
Paterson, Lt. M. C., *M.B.*, R.A.M.C. Spec. Res.
Paterson, M. H., *late* Temp. Capt. R.A.M.C.
Paterson, Capt. M. W., *O.B.E.*, R.A.M.C. Spec. Res.
Paterson, Temp. Lt. R., Serv. Bns. High. L.I.
Paterson, Capt. R.E., Res. of Off.
†Paterson, Capt. R. G., Newf'd Contgt.
Paterson, Lt. R. W., *M.M.*, Aust. Imp. Force.
Paterson, Lt. R. S. W., R.E. (T.F.)
Paterson, Capt T. S., 19 Lrs.
Paterson, Lt. W., *late* Serv. Bns., North'n. R.
Paterson, Lt. W.G., 1 Lovat's Scouts Yeo
Paterson, Lt. W. H., ret. pay
Paterson, Capt. W. L., *late* R.A.M.C.
Paterson. Rev. W. M., Hon. Chapl. to the Forces, 4th Class
Paterson, Rev. W. R., *M.A.*, Chapl. to the Forces, 3rd Class
†Patman, Lt. A.O. C., 4 Bn. R. Ir. Regt.
Patman, Serjt.-Maj. S. A., R.A.M.C.
Paton, Lt. A., R.G.A.
Paton, Lt. A., 1 Bn. Lond. R.
Paton, Temp. Capt. A. B., 7 Bn. K.O. Sco. Bord.

† Also awarded Bar to Military Cross.
†† Also awarded 2nd Bar to Military Cross.

Orders of Knighthood, &c.

THE MILITARY CROSS—*contd.*

Paton, Capt. D., E. Ont. Regt.
Paton, Temp. Capt. G. R., 13 Bn. R. W. Fus.
††Paton, *Rev.* J. G., Temp. Chapl. to the Forces, 4th Class.
Paton, Capt. J. R., **Man. Regt.**
Paton, Lt. J. R., New Bruns. Regt.
Paton, Capt. L. C.
Paton, Temp. Capt. M. P., *D.S.O., M.B., R.A.M.C.*
Paton, Lt R. R. D., W.Gds.
Paton, Capt. R. W., 5 Bn. R. Sc. Fus.
Paton, Bt.Maj. W. C., *M.B.*, Ind. Med. Serv.
Paton, Lt. W. Y., E. Lan. R. (*Res. of Off.*)
Patrick, Lt. J., R.F.A.
†Patrick,Temp.Capt. J. H., 7 Bn. K. O. Sco. Bord.
Patrick, Maj. R. M. F., 42 Regt. [L]
Patrick, Lt. R. T. G., N.Z Mil. Forces.
†Patrick, Capt. W. McC., *late* R.E.
Patron, Capt. J. A., City of Lond. Yeo.
†Patten, Temp. Capt. A. J. H., 9 Bn. Norf. R.
Patten, *Rev.* A. J., A., Hon. Chapl. to the Forces, 3rd Class.
Patten, Lt. J. R., R.F.A.
Patterson, Temp. Lt. A., M.G. Corps.
Patterson, Co. Serjt.-Maj. C. N., C'wealth Mil. Forces.
Patterson, Lt. G. L.,R.F.A. Spec. Res.
Patterson, Capt. G. W., Can. Local Forces.
Patterson, Lt. H. E., 2 Cent. Ont. Regt.
Patterson, Lt. L., R.F.A.
Patterson, Lt. R. M., 4 Bn. R. Dub. Fus.
Patterson, Lt. S. L., Aust. Imp. Force.
Patterson, Lt. W. H., *late* Serv. Bns. R. Innis. Fus.
Patteson, Maj. R. W., Res. of Off.
attie, Lt. E. McR., Aust. Impl. Force.
Pattinson, Capt. A. R. D., Can. Local Forces.
Pattinion, Temp. Maj. C. H., *O.B.E.*, R.E.
Pattnisos. Capt. H. A., 6 Bn. R. Surr. R.
attinson, Lt. L. A., *D.S.O., D.F.C.*, R. Fus.
P attinson, Lt. R B, 8 Bn Lond. R.
Patton. Capt. J. H. A., 5 Bn. R. Ir. Rif.
†Patton, Lt. E., *late* R. Ir. Rif.
Patton, Capt. K. L., Can. Local Forces.

Patton-Bethune, Hon. Maj. C. L., *late* 3 Bn. Cam'n Highrs.
Pattullo, Temp. Lt. G. S., 23 Bn. North'd Fus.
Pattullo, Lt. H. A., 8 Bn. R. Scots.
Paul, Lt. A. F. B., R.E. (T.F.)
Paul, Lt. G. C. P., 11 Hrs.
Paul, Capt.H.W.M.,*O.B.E.*, Midd'x R.
Paul, Lt. R. B., R.E. (T.F.)
Paul, Capt. T. G., Aust. Imp. Force.
Paul, Temp. Lt. W. C., Lab. Corps.
Paulden, Temp. Lt. C. A., Sea. Highrs.
Paulden, 2nd Lt. R. W., *late* 8 Bn. Sea. Highrs.
Pauley, Temp. Lt. E. G., Serv. Bns. Midd'x R.
Paulin, Lt. F. W., 9 Bn. R. Scots.
Pauline, Maj. J. M., Nova Scotia R.
Paull, Lt. A. H., 5 Bn. D.of Corn. L.I.
Pauls, Lt. W. J. F., *late* R.E.
Pavey, Lt. A. L., Wilts. R.
Pavey, Temp. Lt. S., Tank Corps.
Pavitt, Temp. Capt. R. H., R.F.A.
†Pawsey, Capt. C. R., T.F. Res.
Paxton, Lt. A. G., 5 Bn N. Staff. R.
Paxton, Capt. G. A. M., Essex R.
Paxton, Maj. A. N., *D.S.O.*, R.E. [L]
Paxton, Lt. N. R., 8 Bn Sco. Rif.
Payette, Lt. A., Can. Local Forces.
Payne, 2nd Lt. C. H., 5 Bn. North'd Fus.
Payne,Capt.D.B., C'wealth Mil. Forces.
Payne, Maj. D. W., *D.S.O.*, R.G.A.
Payne, 2nd Lt. E., 9 Bn. L'pool R.
Payne, Lt. E. M., 23 Bn. Lond. R.
Payne, Serjt.-Maj. F. J., G. Gds.
Payne, Temp. 2nd. Lt. F. R., M.G. Corps.
Payne, 2nd Lt. H., 4 Bn. York & Lanc. R.
Payne, Lt. H., R.A.
Payne, Lt. H. H., R.F.A. (T.F.)
Payne, Temp. 2nd Lt. J., Serv Bns. R. Lanc. R.
Payne, Lt. J. C. W., 14 Bn. Conn. Rang.
Payne, 2nd Lt. J. D.
†Payne, Capt.J.E L.,*D.S.O., late* Serv. Bns. W. Rid. R.
†Payne, Lt. J. H., Dorset. R.
Payne, Lt.-Col. J. T.
Payne,Capt.L.G.S., *A.F.C.*, Suff. R.

Payne, Temp. Capt. S. A., 8 Bn. York & Lanc. R.
Payne. Lt. T., ret. pay.
Payne-Gallwey,Capt. L.P., 7 Hrs.
Payton, Temp. Lt. P. J., 12 Bn. Midd'x R.
Payton, Temp. Lt. S. Tank Corps.
Peace, Temp. Lt. B. A., Lab. Corps.
Peace, Capt. N. K., *late* Gen. List.
†Peace, Temp. Maj. W., 18 Bn. W. York. R.
Peacey, Lt J R., R.G A. (T F.)
Peachey, Temp. Lt. A. N., M.G. Corps.
Peachey, 2nd Lt. G., *late* R. Lanc. R.
Peachey, Lt R., Sask. Regt.
Peacock, Lt. B., 3 Bn. North'd Fus.
Peacock, Capt. & Qr.-Mr. B. S., R.E.
Peacock, Lt. F. C., *late* R.A. Can. Inf.
Peacock, Co.Serjt.-Maj. C., Can. Inf.
Peake, Capt. C. B. P., 4 Bn. Leic. R.
Peake, Capt. E. R. L., R.E.
Peake, Capt. H., *late* Serv. Bns. Shrops. L.I.
Peake, Capt. M. C., R. Lanc. R.
Peake Lt. W., 5 Bn. E. Kent R.
Peaker, Temp. Capt. A. P., Serv. Bns. K. R. Rif. C.
†Peal, Lt. A. F. H., 5 Bn. York & Lanc. R.
Pearce, Temp. Lt. A. G., 6 Bn. S. Wales Bord.
Pearce, Lt. A. H., h.p.
Pearce, 2nd Lt. A. T., R.F.A. Spec. Res.
Pearce, Lt. C. A., R.F.A. Spec. Res.
Pearce, Temp. 2nd Lt. E. M., *D.C.M.*, 10 Bn. E. York. R.
Pearce, Serjt.-Maj. G., *D.C.M.*, 4 Bn. Rif Brig.
Pearce, Lt. G. O., R.F.A.
Pearce, Temp. Lt. G. W., Serv. Bns. R. Berks. R.
†Pearce, Temp.Lt. H.,Serv. Bns. Dorset. R.
Pearce, Temp.Lt. H. E. D., 6 Bn. E. Lan. R.
†Pearce, Lt. H. J., R.E. (T.F.)
Pearce, Capt. H. J. L., M.G. Corps.
Pearce, Lt. J., Aust. Imp. Force.
†Pearce, Lt. J. E., R.E. (T.F.)
Pearce. *Rev.* J. H., Temp. Chapl. to the Forces, 4th Class.
Pearce, Capt. J. L., *M.B., late* R.A.M.C.
Pearce, Temp. 2nd Lt. J. S., Serv. Bns. R. Berks. R.
Pearce, Lt. L. F., *D.S.O.*, Can. Local Forces.

Pearce, Regtl. Serjt.-Maj. L. J., W. Rid. R.
Pearce, Lt. N. C., Alberta Regt.
Pearce, Lt. N. K., *late* R.E.
Pearce, Co. Sergt.-Maj. S., *D.C.M., M.M.,* Wilts. R.
Pearce, Temp. Lt. W. H., R.E.
Pearce, Capt. W. M., Can. M.G. Corps.
Pearce Edgcumbe,Capt. O., D. of Corn. L.I
†Pearcy, Temp. Capt. G. S., 11 Bn. R. Fus.
Peard, Lt. J. C. N., 3 Bn. Som. L.I.
§℄Pearkes, Lt.-Col. G. R., *D.S.O.*, Can. Local Forces, *p.s.c.*
Pearman, Lt. F. M., Man. Regt.
Pears, Bt. Lt.-Col. G. B., R.E. [L]
Pearsall, Temp. Capt. H. G., Tank Corps.
Pearse, Temp. Capt. G. V., R.F.A.
Pearse, Capt. H. A. W., 3 Bn. Bedf. & Herts. R.
Pearse, Temp. Lt. J. H., Serv. Bns. York & Lanc. R.
Pearse, Lt. D.C., Manch. R.
Pearse, Temp. Lt. N. E. L., R.E.
Pearse, Lt. R. G., *D.S.O.*, 3 Bn. Notts. & Derby. R.
Pearse, Lt. R. H., 1 Cent. Ont Regt.
Pearson, Capt. A. C., *M.B.* R.A.M.C. (T.F.)
Pearson, Capt. A. H., Unatt. List (T.F.)
Pearson. Temp. Capt. B.L., *D.S.O.*, Serv. Bns. York.R.
Pearson, Maj. C., R.A.
Pearson, Capt. C. C., Qr.-Mr. Aust. Imp. Force.
Pearson, Temp. Lt. C. M., Serv. Bns. Lan. Fus.
Pearson, Capt. E.A., 6 Bn. K.R. Rif. C.
Pearson, 2nd Lt. E. Z. C., 4 Bn York R.
Pearson, Temp. 2nd Lt. F. A., Serv. Bns. Midd'x R.
Pearson, Capt. F. S., *late* 3 Bn. Dorset. R.
Pearson, Lt. G. C., R. Fus.
Pearson, Temp. Lt, G., L., M.G. Corps.
Pearson, Capt. H. C., Ind. Army.
Pearson, Lt. H. E., Can. Local Forces.
†Pearson,Lt.H.F., C'wealth Mil. Forces.
Pearson, Temp.Capt. H.F., 12 Bn. Midd'x R.
Pearson, Temp. Lt. J. R., Mar.
†Pearson, Temp. Lt John. Serv. Bns. R. Fus.
Pearson, Temp. Capt. J. H., *D.S.O.*, 12 Bn. Notts. & Derby R.
Pearson, Temp. 2nd Lt. L.M.J.,Serv.Bns.Leins.R.

†Also awarded Bar to Military Cross.   †† Also awarded 2nd Bar to Military Cross.

Orders of Knighthood, &c.

THE MILITARY CROSS—contd.

Pearson, Temp. Maj. N.G., D.S.O., 6 Bn. S. Wales Bord.
Pearson, Temp. Capt. N. G., Serv. Bns. Gord. Highrs.
Pearson, Capt. N. M., Worc. Yeo.
Pearson, Temp. Capt. N.R., Serv. Bns., Rif. Brig.
Pearson, Lt. P. W., 3 Bn. Shrops. L.I.
Pearson, Lt. R. F., Ind. Army.
Pearson, Lt. R. H., R.F.A. Spec. Res.
Pearson, Capt. R. T., R.A.S.C. (T.F.)
Pearson, Maj. R. W., M.D., late R.A.M.C.
Pearson, Lt. R. W., Can. Local Forces.
Pearson, Temp. 2nd Lt. S., Serv. Bns. North'd Fus.
Pearson, Lt. T. S., R.F.A.
Pearson, Temp. Lt. W., Serv. Bns R. Ir. Rif.
Pearson, Temp. Lt W. G.F., Serv. Bn. R. Suss. R.
Pearson, Maj. W. J., D.S.O., M.B., late R.A.M.C.
Pearson-Gregory, Maj. P. J. S., Res. of Off.
Peart, Lt. T. E., 4 Bn. Durh. L.I.
Pease, Lt. E. G., North'd Fus.
Pease, Capt. M. R., late Serv. Bns. Durh. L.I.
Pease, Temp. Capt. N.A., 8 Bn. E. Surr. R.
Pease, Capt. O. M., 1 Cent. Ont. Regt.
Peat, Capt. C. U., City of Lond. Yeo.
Peat, Temp. Lt. R. D., K.O. Sco. Bord.
Peate, Lt. E. W., 7 Bn. R. Welsh R.
†Peatfield, Maj. B., T.F. Res.
Peberdy, Lt. C. E. V. K., D.S.O., 4 Bn. W. Yorks. R.
Pechell, Bt. Maj. P., Essex R.
Peck, Capt. C. H., D.S.O., R.F.A.
Peck, Lt. E. K. B., 4 Bn. Manch. R.
Peck, Lt. G., Can. Rly. Serv.
Peck, Temp. Capt. G. E., R.E.
Peck, Lt.-Col. J. N., late Serv. Bns. L'pool R.
Peck, Lt. L. J., Ind. Army, Res. of Off.
Peckham, Lt. G. H., W. Kent Yeo.
Peddie, 2nd Lt. F. G., 4 Bn. North'd Fus.
†Peddie, Temp. Lt. J. J., R.E.
Peddie, Lt. R. B., R.A.S.C. (T.F.)
Pedler, Temp. Maj. G. H., D.S.O., S. Afr. Def. Force.
Pedler, Maj. L. T. O., C'wealth Mil. Forces.
Pedley, F. G., M.D., late Temp. Lt. R.A.M.C.
Pedley, Temp. Capt. J. E., 12 Bn. K. R. Rif. C.
Pedley, Lt. J. H., 1 Cent. Ont. Regt.
Pedlow, Temp. Capt. W.L., M.D., R.A.M.C
Peebles, Lt. J., R.E. (T.F.)
Peel, Maj. D. R., R.F.A.
Peel, Capt. E. O. E., 5 D.G.
Peel, Temp. Lt.-Col. E. T., D.S O., Lab. Corps.
Peel, Lt. F. C. ret.
Peel, Temp. Lt. F. R. J., R.A.
Peel, Capt. J. H., late 5 Bn. Oxf. & Bucks. L.I.
†Peel, Rev. Hon. M. B., late Temp. Chaplain to the Forces, 4th Class.
Peel, Capt. R. T., 6 Bn. Sea. Highrs.
Peers, Temp. Capt. R.
Peet, Temp. Lt. R. Fitz E. O, D.R.E.
Pegge, Lt. A. V., R.A.M.C., Spec. Res.
Pegge, Lt. W. J., 6 Bn. L'pool R.
Pegler, Lt. A. R., Aust. Imp. Force
Pegler, Lt. G. S., 6 Bn. Worc. R.
Pegrum, Temp. Capt. H. B.
Peirce, Lt. A., R.G.A.(Spec. Res.
Peirce, Lt. G. O., R.F.A. (T.F.)
Peirce, Lt. P. C., R.F.A. (T.F.)
Peirson, Capt. G., D.S.O., late Gen. List.
Pelham - Clinton, Temp. Capt. G.E., R.E.
Pellatt, Lt. H. F. M., M.B.E., 3 Bn. R. Ir. Regt
Pellew, Temp. Lt. G., R.E
Pellew, Maj. V. H. L., R.G.A.
Pell-Ilderton, Temp. Lt. R.C.
Pelling, Temp. Maj. A. J., D.S.O., R.E.
Pelling, Lt. W. H., temp., Qr.-Mr., 3 Bn. Rif. Brig.
Polly, Temp Maj. E. G., D.S.O., R.A.S.C.
Pelly, Lt. H. A., 7 Hrs.
Pelly, Temp. Lt. K. R., R.A.S.C.
Pemberton, Capt. A. G., T.F. Res.
Pemberton, Capt. A. L., R.A.
Pemberton, Lt. B. H., late Serv. Bns. R. Lanc. R.
Pemberton, Capt. E. G., O.B.E., War. Yeo.
Pemberton, Capt. G. H., D.S.O., Res. of Off.
Pemberton, Temp. Capt. H. C., Serv. Bn. Lan. Fus.
Pemberton, Capt. R. F. (T.F.)
†Pemberton, Temp. Maj.R. L. S., 11 Bn. Durh. L.I.
Pemberton, Maj. S., D.S.O., R.E.
Pemberton, Temp. Capt. U. T., R.A.
Pender, Lt. G.T., Ind.Army, Res. of Off.
Pender, Lt. J. C. F., 8 Bn. Arg. & Suth'd Highrs.
Pendered, Capt. J. H., M.B., F.R.C.S., R.A.M.C.
Pendlebury, Lt. T. D. E., R.F.A. Spec. Res.
Pendlebury, Lt. C. L, 6 Bn. Glouc. R.
Pendlebury, Lt. J. W., E. Lan. R. Spec. Res.
Pendleton, Temp. Capt. E., R.F.A.
Penfold, Lt. G. B., R.F.A. (T.F.)
Penford, Temp. Capt. R.C., 10 Bn. R. Fus.
Penley, Lt. W. A. S., R.F.A. Spec. Res.
Penman, Capt. J. A. W., 10 Bn. R. Scots.
Penman, Capt. J. B., 5 Bn. K.O, Sco. Bord.
Penn, Lt. A. H., G. Gds. Spec. Res.
Penn, Lt. C. S., 4 Bn. Cam'n Highrs.
Penn, Maj. F., 2 L.G.
Penn, Lt. W. C., 5 Bn. L'pool R.
Penna, Lt. G., late Serv. Bns. K.R. Rif. C.
Pennant, Temp. Maj. W. A. T., R.E.
Pennefather, Lt. H. F., Aust. Imp. Force.
Pennefather, Lt. R. V. G., Aust. Imp. Force.
Pennell, Capt. K. E. L. R.E. Spec. Res.
Penney, Temp. Lt. C. H. P. C., 7 Bn. R. Highrs.
Penney, Lt. H. F. M., R.E. (T.F.)
Penney, Lt. J. C., 7 Bn. R. Highrs.
Penney, Capt. W. R. C., R.E.
Pennington, Lt. B. C., 4 Bn. York. & Lanc. R.
Pennington, Temp. Capt. D., 12 Bn. Lan. Fus.
Pennington, Lt. S. M., R.E. (T.F.)
Pennington, Temp. Lt. W., Serv. Bns. R. W. Fus.
Pennington, Lt. W., ret.
Penny, Lt. G. O., Sco. Horse Yeo.
Penny, Lt. J. E., 7 Bn. W. Rid. R.
Penny, Lt. N. M., 2 S. Mid. Brig., R.F.A.
Penny, Capt. T. E. F., Yorks. L.I.
Penny, Temp. Capt. W. M., M.D., late R.A.M.C.
Pennycuick, Co. Serjt.-Maj. T., York. R.
Penrose, Maj. J., R.A.
Penrose, Capt. T. J., R.F.A.
Penruddocke, Capt. G. W., ret. pay.
Pense, Maj. H. E., D.S.O., Can. Local Forces.
†Penson, Lt.J.H..Res.ofOff.
Pentecost, Temp. Capt. L. S., 12 Bn. Notts. & Derby R.
Pentney, Rev. A. F., Temp. Chapl. to the Forces, 4th Class.
Pentreath, Lt E. G., R.G.A. Spec. Res.
Pentreath, Capt. H. M., R.A.M.C. (T.F.)
Pentz, 2nd Lt.H. F., late S. Afr. Def. Force.
Pepler, Lt. H. B., Can. Local Forces.
Pepler, Temp.2nd Lt. L. H., A. Cyclist Corps.
Pepler, Capt. S. B., M.B.E, E. Ont. Regt.
†Peppé, Capt. W.T.H., R.A O.B.E., ret. (Capt. S. Afr. Def. Forces.)
Pepper, Maj. A. L., D.C.M., R.G.A. Spec. Res.
Pepper, Capt. F. G. W., late Serv. Bns. W. Rid. R.
Pepper, Temp. Lt. F. R., Serv. Bns. R. Fus.
Pepper. Serjt.-Maj. J. Notts. & Derby R.
Pepper, Capt. W., Oxf. Yeo.
Pepperall, Temp. Lt. R. A.
Peppercorn, Lt. G. A., M.B.E., A.M.Inst.C.E., Kent Fort. R.E.
Peppercorn, Lt. W. H., R.F.A. Spec. Res.
†Peppiatt, Capt. K.O., 7 Bn. Lond. R.
††Peppiatt, Capt. L. E., 7 Bn. Lond. R.
Peppin, Co.-Serjt.-Maj. T., 6 Bn. Som. L.I.
Pepys, Maj. A. G. L., Essex R. [l]
Pepys, Lt. C. D., D.S.O., Devon R.
††Perceval, Lt. R. R. M., R.F.A.
Percival, Bt. Maj. A. E., D.S.O., Essex R.
Percival, Capt. E., D.S.O. M.B., R.A.M.C.
Percival, Temp. Capt. G. J. F., Serv. Bns. R. W. Fus.
Percival, Capt. H. G., late Serv. Bns. Welsh R.
Percival, Lt. H. S., R.F.A. Spec. Res.
Percival, Capt. J. L., 6 Bn. Notts. & Derby R.
Percival, Temp. Lt. S. C., R.E.
Percy, Temp. Lt. G. R., R.E.
Percy, Capt. H. J., D.C.M., Qr.-Mr. E. Surr. R.
Percy, Lt. J. E. S., Durh. L.I.
Percy-Eade, Lt. C R., late Tank Corps.
Pereg, Temp. Lt. I. E., R.E.
Perkins, Lt. A. C. T., R.G.A. Spec. Res.
Perkins, Bt. Maj. Æ. F. Q., R.E.
Perkins, Lt. B. W., 4 Bn. North'n R.
Perkins, Lt. C. H., Bucks. Yeo.

† Also awarded Bar to Military Cross.
†† Also awarded 2nd Bar to Military Cross.

Orders of Knighthood, &c.

THE MILITARY CROSS—contd.

Perkins, Capt. G., *M.B.*, R.A.M.C. Spec. Res.
Perkins, Temp. Lt. G. H., 13 Bn. York. R.
Perkins, Temp.Capt H. R., *D.S.O.*, Serv. Bns. Welch R.
Perkins, Temp. 2nd Lt S. M., Serv. Bn. York & Lanc. R.
Perkins, Co. Serjt.-Maj. T. A., R. Berks. R.
Perkins, Temp. Lt. T. G., R.A.S.C.
Perkins, 2nd Lt. T. J. Au t. Imp. Force
Perkins, Capt. W.J., *O.B.E.*, jun., 5 Bn. R.W. Surr. R.
Perl, Capt. B. H., 5 Bn. R Lanc. R.
Permezel, Capt. E. G, de T., Aust. Imp. Force.
Perodeau, Temp. Capt. E. D., Serv. Bns. Midd'x R.
Perowne, Lt. H., Notts' (Sher. Rang.) Yeo.
Perrem, 2nd Lt. C. H., S. R.E.(T.F.)
Aft. Inf.
Perrett, Lt. R. E., 20 Bn. Lond. R.
Perrin, Lt. J., R.G.A.
Perrin, Capt. M., *late* Serv. Bns. N. Lan. R.
†Perrins, Capt. J. A. D., Res. of Off.
Perrot, Lt. I. C., 5 Bn. Linc. R.
Perrott, Lt. E. S., 8 Bn. Lond. R.
Perrott, Capt. F. V. P., *late* 8 Bn. Durh. L.I.
Perrott, Capt. R. D. B., R.E.
Perry, Rev. A, J., Hon. Chapl. to the Forces, 4th Class.
Perry, Lt. A. L., R.F.A.
Perry, Capt. B. H., *D.S.O.*, R. Scots.
Perry, C. L., *late* Temp. Lt. Serv. Bns. Glouc. R.
Perry, Lt. G. S., S. Mid. Divl. Eng., R.E.
Perry, Lt. J., R.F.A. Spec. Res.
Perry, Lt. J. G., 3 Bn. Durh. L.I.
Perry, Lt. J. H., *late* Serv. Bns. Hamps. R.
Perry, Lt. M. H. C., Devon R.
Perry, Temp. Lt. R., 17 Bn. K.R. Rif. C.
Perry, Temp. Lt. R. C., Serv. Bns. Glouc. R.
Perry, Lt. R. H., R.E.
Perry, Lt. R. H., 2 Cent. Ont. Regt.
Perry, Capt. R. T., R. Guernsey Art.
Perry, Lt.-Col. S.L., *D.S.O.*, C'wealth Mil. Forces.
Perry, Capt. S. T. J., 9 Bn. L'pool R.
Perry, Capt. W. E., R.E.
Perry, Capt. W. H. Aust. Imp. Force.
Perssse, Capt. E. M., *late* Serv. Bns. W. York. R.
Perssse, Lt. G. B., R.F.A. Spec. Res.
Perssse, Capt. R., *D.S.O.*, S. Staff. R.

Pert, Capt. E. W., R.E.
Pert, Capt. S. H. W., 7 Bn. L'pool R.
Pery-Knox-Gore, Maj. I. C., *D.S.O.*, R.F.A.
Pesel, Capt. H. G., *M.D.*, late R.A.M.C.
Peshall, Lt. S. F., *late* temp. 2nd Lt. 18 Bn. K. R. Rif. C.
Peskett, Capt. A. H. R.F.A.
†Peskett, Temp. Lt. J. C., Serv. Bns. R. Suss. R.
Peskin, Lt. L., ret. pay
†Petch, Temp. Lt. D. B., 15 Bn. Leic. R.
Petch, Lt. F., R.F.A.(T.F.) 6 Bn. Gord. Highrs.
Petch, Lt. F. G., R.G.A. Spec. Res.
Peter, Lt.-Col. F. H., *D.S.O.*, *late* R. Fus.
Peter, G. O. C., *late* Lt. R.F.A. Spec. Res.
Peter, Lt. J., R.A.M.C. Spec. Res.
Peter, Lt. L. H., *A.F.C.*, R.E.(T.F.)
Peterkin, Temp. Lt. J.H.S., *M.* Corps.
Peterkin, Serjt.-Maj. W., Notts. & Derby R.
Peters, Temp. Capt. A., Serv. Bns. Leic. R.
Peters, Capt. A. W.
†Peters, Capt. C. H., C'wealth Mil. Forces.
Peters, 2nd Lt. J., S. Afr. Def. Force.
Peters, Hon. Capt. J. C., *late* 5 Bn. W. York. R.
Peters, Lt. M. W., 6 Bn. K.R. Rif. C.
Peters, Lt. N. V., R.F.A. Spec. Res.
†Peters, Capt. R. A., *M.B.*, R.A.M.C. Spec. Res.
Peters, Lt. W., R.G.A.
Petersen, Lt. F. T., Aust. Imp. Force.
Petersham, Maj. C. J. L., Visct., *late* Res. of Off.
Pethebridge, Temp. Capt. C. A., Serv. Bns. R. Scots.
Pethebridge, Lt. H. V., Aust. Imp. Forces.
†Petheram,Temp. Lt. C. S., 12 Bn. Glouc. R.
Pethed, Temp. Qr.-Mr. & Capt. W. K., 9 Bn. Yorks. R.
Petherick, Capt. C. J., 3 Hrs.
Pethick, Temp. Capt. J. E. S., Serv. Bns. S. Lan. R.
Petit, Maj. G., R.A.M.C.
Petit, Lt. G. R. Dub. Fus.
Petley, Lt. B., *late* Hon. Art. Co.
Petley, Capt. C. E., R.A.M.C.
Petley, Lt. R. E., 5 Bn. Lond. R.
Peto, Co. Serjt.-Maj. E. R.E. Spec. Res.
Petre, Temp. Maj. H. A., *D.S.O.*
Petre, Bt. Maj. R. L., *D.S.O.*, S. Wales Bord.

Petrie, Temp. Lt. A., Serv. Bns. R. Sc. Fus.
Petrie, Capt. F. McG., Alberta Regt.
Petrie, Temp. Lt. G. W., M.G. Corps.
Petrie, Lt. J. W., 7 Bn L'pool R.
Petrie, Maj. P. C., *D.S.O.*, 4 W. Rid. Brig., R.F.A.
Petrie, Lt. S.C., *late* R.G.A. Spec. Res.
Petrie, Capt. W. H., ret
Petrie-Hay, Capt. A. G., *late* 6 Bn. Gord. Highrs.
Petrie-Hay, Capt. F. W., 6 Bn. Gord. Highrs.
Petschler, Lt. R. F., R.E. (T.F.)
Pettigrew, Lt. C. H., 9 Bn. Durh. L.I.
Pettigrew, Lt. E., Can. Eng.
Pettigrew, M. G., *late* Temp. Lt. R.A.M.C.
Pett grew, Temp. Lt. W. Serv. Bns., R. Sc. Fus.
Pettit, Serjt.-Maj. A. E., 8. Gds.
Pettitt, Lt. R. W., Aust. Imp. Force.
Petts, Temp. 2nd Lt. L., 6 Bn. S. Wales Bord.
Petty, Temp. Capt. J., 9 Bn. W. Rid. R.
Petty, Lt. J. M., *M.M.*, R.E.
Petty, Lt. W., 4 Bn York R.
Peverell, Capt. T. H., *D.S.O.*, *late* 4 Bn. Sea. Highrs.
Peverley, Lt. H. A., Can. Local Forces.
Pewtress, Temp. Lt. A. W., R.A.
Pfeil, Capt. F. W., R.G.A.
Pfuffar, Lt. K., *late* Serv. Bn. R. W. Kent R.
Pharazyn, Capt. W. N., R.F.A.
Phayre, Bt. Maj. R. B., 4 Gurkha Rif. (L)
Phelan, Capt.E.C., *D.S.O.*, *M.B.*, R.A.M.C.
Phelan, Capt. F. R., *D.S.O.*, Can. Local Forces.
Phelps, Lt. J. W., R.F.A. Spec. Res.
Phelps, Lt. R., Notts. & Derby R., ret.
Phennah, Capt. W., *late* Serv. Bns., R.W. Fus.
Pheysey, Lt. J. E., R.F.A. Spec. Res.
Philcox, Temp. Lt. C. E., S. Staff. R.
Philip, Capt. A. W., *late* High. L.I.
†Philip,Temp. Capt. G. M., *D.S.O.*,Serv.Bns. North'd Fus.
Philip, Regtl. Qr.-Mr.- Serjt. G. T., R. Scots.
Philip, Capt. J. R., 4 Bn. R. Highrs.
Philip, Lt. K. T., R.F.A. Spec. Res.

†Philip, Lt. W., 4 Bn. Gord. Highrs.
Philip, Lt. William, 4 Bn. Gord. Highrs.
Philip, Capt. W. P., *M.B.*, *late* R.A.M.C.
Philipp, Temp. Lt. R. C., R.E.
Philippe, Lt. D. G., 4 Bn. R. Dub. Fus.
Philippi, Lt. S., *late* 1 Dns., Spec. Res.
Phillipps, J. E. T., *late* Capt. E. Afr. Intell. Dept.
Philips, Maj. (*Hon. Capt. in Army*) F. G. P., 3 Bn. Shrops. L.I.
Philips, Lt. J. A., Mon. R.
Philipson, Lt. T., 2 L.G.
Phillimore. Capt. G. W., 3 Bn. High. L.I.
†Phillimore, Rev. S. H., Hon.Chapl. to the Forces, 4th Class
Phillppps,Lt. R., D.of Corn. L.I.
Phillips, Lt. A., 9 Bn. High. L.I.
Phillips, Lt. A. H., Bucks. Bn., Oxf. & Bucks. L.I.
Phillips, Lt. A. T., R.E. (T.F.)
Phillips, Lt. A. W., 6 Bn. R. Fus.
†Phillips, Capt. C. A., 4 Bn. Welch R.
Phillips, Temp. Lt. C. A., R.F.A.
Phillips, Lt. C. A., *late* R.F.A.(T.F.), H.A.C.
Phillips, Maj. C. C., R.F.A. R.G.A. Spec. Res.
Phillips, Capt. C. E. L., R.G.A. Spec. Res.
Phillips, Capt. C. G.,*D.S.O.*, W. York R.
Phillips, Capt. C. K., 5 Bn. W. York. R.
Phillips, Temp. 2nd Lt. D. F., R.E.
Phillips, Capt. E., *D.S.O.*, *M.B.*, R.A.M.C.
Phillips, Temp. Capt. E.G. M., 10 Bn. R. Highrs.;
Phillips, Lt. E. O., *late* Serv. Bns. R. W. Kent R.
Phillips, Temp. Maj. F., *D.S.O.*
Phillips, Lt. F. B., R.F.A (T.F.)
Phillips, Temp. Capt. F. D.
Phillips, Co. Serjt.-Maj. F. E., 8 Bn. Lond. R.
Phillips, Capt. F. R., Surr. Yeo.
†Phillips, Temp. Lt. G., R.F.A.
Phillips, Temp. Lt. G. C. D., R.E.
†Phillips, Capt. H., Can. Local Forces.
Phillips, Capt. H., Midd'x Regt.
Phillips, Lt. H. A., R.A.
Phillips, Maj. H. P., *D.S.O.*, C'wealth Mil. Forces

† Also awarded Bar to Military Cross.

THE MILITARY CROSS—contd.

Phillips, Capt. J., Qr.-Mr. 7 Bn. Sco. Rif.
Phillips Co. Sergt.-Maj.J., D. of Corn. L.I.
Phillips, Temp. Capt. J.N., R.E.
Phillips, Temp. Capt. J S., 9 Bn. S. Staff. R.
Phillips, Lt. L. C., 3 Bn. R.W. Fus.
Phillips, Bt. Maj. L. G., Worc. R.
Phillips, Lt. L. H., R.F.A. Spec. Res.
†Phillips, Temp. Capt. L N., 10 Bn. W. Rid. R.
Phillips, Temp.Maj. N. C., D.S.O., N. Lan. R. (Capt. 3 Bn. N. Lan. R.)
Phillips, Lt. P. R., Nova Scotia Regt.
Phillips, Lt. R. C., 6 Bn. L'pool R.
Phillips, Temp.Capt. R. F., Labour Corps.
†Phillips, Lt. R. J., late Serv. Bns., R.W. Fus.
†Phillips, Lt. S. G., S. Afr. Def. Forces.
Phillips, Lt. S. N. H., R.A.
Phillips, 2nd Lt. S. T. 4 Bn. R. W. Fus.
Phillips, Rev. T. C., Temp. Chapl. to the Forces (4th class).
Phillips, Temp. Lt. T. O. Serv. Bns. S. Wales Bord.
Phillips, Lt. T. P. 14 Bn. Lond. R.
Phillips, Maj. W. E., D.S.O., Res. of Off.
Phillips, 2nd Lt. W. E., 23 Bn. Lond. R.
Phillips, Temp. Lt. W. H., Serv. Bns. Welch R.
Phillips, Maj. W. J. E., Aust. Imp. Force.
Phillipson, Capt. J. B., late R.E. (T.F.)
Phillpot, Lt. G. E., 4 Bn. R. War. R.
Philo, Lt. R., 7 Bn. Arg. & Suth'd Highrs.
†Philp, Temp. Capt. R.C.P., 9 Bn. Sco. Rif.
Philpot, Capt. R. H., R.W. Surr. R.
Philpots, Capt. W. E., 10 Bn. L'pool R.
†Philpott, Lt. E., Can. Fd. Art.
†Philpott, Lt. E. C., R.F.A. (T.F.)
Philpott, Temp. Capt. F. O. Serv. Bns. S. Wales Bord.
Philpott, Temp.Capt.H.A., R.E.
Philpott, Lt. P. J., D.C.M., Sask. Regt.
Philpott, Temp. Lt. S. J. F., R.G.A.
Phinney, Lt. H. H., Can. Fd. Art.
Phippard, Capt. F. G., Aust. Imp. Force
Phipps, Capt. A. W., N. Som. Yeo.

Phipps Capt. C. C., R.E.
Phipps, 2nd Lt. G., 5 Bn. L'pool R.
Phipps, Temp. Lt. G. C., Serv. Bns. R. Fus.
Phipps, Lt.H.R.,North'nR
Phipps. Maj. H. R., Can. Rly. Serv.
Phythian - Adams, Temp. Lt.-Col. W. J., D.S.O.
Pick, Lt. S. G., R.G.A. Spec. Res.
Pickard. Lt. C. W., N. Brunswick Regt.
Pickard, Temp. Lt. D. H., 23 Bn. Midd'x R.
Pickard, Capt. H., R.F.A.
Pickard, Temp. Lt. S. J., R.F.A.
†Pickard,Temp.Capt.T.K., 8 Bn. R. Berks R.
Pickard, Capt. V. A., late Serv. Bns. R.W. Fus.
Pickard - Cambridge, Lt. T. D., Suff. R.
Picken, Capt. A., O.B.E., M.R., R.A.M.C.Spec.Res.
Picken, Capt. J. C., 3 Bn. High. L.I.
Picken, Temp. Capt. R.W., R.E.
Picken, Temp. Capt. S. E., M.B., R.A.M.C.
†Pickering, Capt. A. C., North'n R.
Pickering,Capt.A.E., Can. Local Forces
Pickering, Lt. B. H., 7 Bn. W. York. R.
Pickering, Bt.-Maj. H. E., W. York. R.
Pickering, Temp. Capt. H. J., R.A.M.C.
Pickering, Lt. W. J., late Yorks. L.I.
Pickering, Co. Serjt.-Maj. J., L'pool R.
Pickett, Lt. H. W., Aust. 4 Bn.Oxf. & Bucks. L.I.
Pickford, Capt. P., D.S.O., 4 Bn. Oxf. & Bucks. L.I.
Pickin, Lt. R. W., R.E. (T.F.)
†Pickles, Lt. E. W., 8 Bn. Worc. R.
Pickles, Capt. H. D., M.B., R.A.M.C. (T.F.)
Pickles, Temp. Lt. R. C.W., R.E.
Pickthall, Bt. Maj. P. J. T., R.F.A.
Pickthorn, Lt. C. E. M., R.A.S.C. Spec. Res.
Pickup, Temp. Lt. H. J., 18 Bn. K.R. Rif. C.
Pickup, Temp. Capt. J. R., Serv. Bns. Leins. R.
Pickup, Lt. R. S., Aust. Imp. Force.
Pickwell, Temp. Lt. E. H., E. Afr. Pnrs.
Picot, 2nd Lt. E. H., N.Z. Mil. Forces.
Picot, Lt. G. W., 4 Bn. Wilts. R.
Picton, Rev, A. G. A., Hon. Chapl. to the Forces,4th Class
†Picton, Lt. T., S. Wales Bord.

Pidcock, Lt. T. R., late Serv. Bns. Suff. R.
Piddington, Maj. A. G., late k.F A.
Pidgeon, Capt. B. A., late R.F.A.
Pidsley, Temp. Lt. E. R., Serv. Bns. Rif. Brig.
Pidsley,Capt. W.G., D.S.O., 21 Bn. Lond. R.
Piegrome, Temp. 2nd Lt J. C., 22 Bn. North'd Fus.
Pierce, Lt. C. J., N.Z. Mil. Forces.
Pierce, Capt. G.B., Qr.-Mr. Can. Inf.
Pierce, Temp. Lt. I., 9 Bn. R. Innis. Fus.
Pierce, Temp. Qr.-Mr. & Capt. T. C., M.G. Corps.
Piercy, Capt. G. W. Qr.-Mr., E. Rid. of York, Yeo.
Piercy, Hon. Lt. V. H., late Serv. Bns. R.W. Fus.
Pierpont, Lt. W., late M.G. Corps.
Pierrepont, Temp. Capt. G. E.
Pierson, Temp. Lt. F. R., 12 Bn. North'd Fus.
Pierson, Capt. J. E. M., 3 Bn. North'n R.
Pieters, Lt. P. J. A., 10 S. Afr. Horse.
Pigg, Capt. C. H., Unattd. List T.F.)
††Pigg, Temp. Lt. N. B., D S.O., Serv. Bns. North'd Fus.
†Piggins,Temp.2nd Lt. H., 7 Bn. S. Staff. R.
Piggott, Lt. E. J., R.F.A. Spec. Res.
Piggott, Lt. J. C., C. Gds. Spec. Res.
†Pigot, Capt. G., 19 Punjabis
Pigot-Moodie,Capt.G.F.A., 2 Dns.
Pigott, Rev. J., Temp. Chap. to the Forces, 4th Class.
Pigott, Rev. L. F., Hon. Chapl. to the Forces, 4th Class.
Pigott, Temp. Capt. R. M., R.E.
Piggott, Lt. A. V., 2 Regt. K. Ed. Horse
Piggott, Temp. Lt. E. B. L., 9 Bn. North'd Fus.
Piggott, Maj. J. I., ret.
Pigott, Lt T. B. C., 4 Bn. Lan. Fus.
†Pike, Temp. Capt. A. J., Serv. Bns. R.W. Surr. R.
Pike, Bt. Lt.-Col. E. J. L., G. Gds.
†Pike, Lt. J. P. St. J., 4 Bn. R. Ir. Regt.
Pike, Temp. Lt. K. T., M.G. Corps.
Pike Lt. M. H., O.B.E., S. Afr. Def. Force. (Maj. late Gen. List)
Pike, Maj. S. A., late Serv. Bns. R. Berks. R.

Pike, W.L.,late Temp.Capt.
Pilcher, Lt. A. H., R.F.A. Spec. Res.
Pilcher, Lt. G. St. C., ret.
Pile, Maj. F. A., D.S.O., R.A.
Pilgrim, Lt. M. H., 4 Bn. R. Berks. R.
Pilkington, Temp. 2nd Lt. J. E., R.A.S.C.
Pilkington, Capt. L. G., 3 Bn. R. War. R.
Pilkington, 2nd Lt. T. W., 10 Bn. L'pool R.
Pilkington, Lt. W., R.F.A. (T.F.)
Pillans, Capt. G. L., late R.A.M.C.
Pilleau, Lt. G. A., R.W. Surr. R.
Pilling, Lt. J. F., 6 Bn. L'pool R.
Pilling, Lt. J. L., R.F.A. Spec. Res.
Pillman, Lt. C. H., 21 D.G.
Pilsworth, Temp. Lt. W. J., R.A.
Pim, Capt. A. S., late R. Ir. Regt. Spec. Res.
Pim, Lt. G. R., R.E.
Pim, Capt. H. M., 24 Punjabis.
Pimm, Temp. Lt. J. N. H.
†Pinder, Capt. H. S., Leic. R.
Pinder, Capt. J., R.A.M.C. (T.F.)
Pine, Lt. W. E. W., R.G.A. Spec. Res.
Pink, Lt. H. S., 6 Bn. Notts. & Derby R.
Pink, Temp. Lt. S. T., 5 Bn. S. Wales Bord.
Pinker, Temp. Lt. E. S., R.F.A.
Pinkerton, Temp. 2nd Lt. A., R.E.
Pinkerton, Lt. A. J., Aust. Imp. Force.
Pinkerton, Lt. J. C., R.F.A. (T.F.)
†Pinkerton, Temp. Capt. J. McL., M.B., R.A.M.C.
Pinkstone, Capt. S. A., Aust. Imp. Force
Pinney, Capt. C. R., C'wealth Mil. Forces.
†Pinney, Maj. G.A., R.F.A.
Pinnock, Lt. E. W., 7 Bn. Lond. R.
Pinquey, Temp. Lt. J. D., Serv. Bns. Ches. R.
Pinsent, Lt. G. H., R.F.A., Spec. Res.
Pinsent, Lt. H. C., Aust. Imp. Force.
Pinto, Lt. R. J., C. Gds.
Pipe, Capt. E.F.,E.York.R.
Piper, Lt. C. H., late Serv. Bns. E. York. R.
Piper, Lt J. D., 4 Bn. E. Kent R.
†Piper, Capt. J. H.,North'n R.
Piper, Lt. R. L., 57 Rif.

† Also awarded Bar to Military Cross.
†† Also awarded 2nd Bar to Military Cross

Orders of Knighthood, &c.

THE MILITARY CROSS—contd.

Pipon, Temp. Capt. P.J.G., C.I.E.
Pipon, Maj. R. H., D.S.O., R.Fus.
Pirie, Temp Capt. A. J., M.B. R.A.M.C.
Pirie, Lt. P. T., Gord. Highrs.
Pirie, Capt. G. C., 3 Bn. Sco. Rif.
Pike, Hon. Capt. H. L., Temp. Inspr. of Ord. Mach., 3rd Class, A. Ord. Dept.
Pirrie, Capt. I. M., M.B., R.A.M.C. Spec. Res.
Pirrie, Temp. Capt. W. H., R.G.A.
†Pitcairn, Lt. J. F. A. Leic. R.
Pitcher, Capt.H.F.,North'n R.
Pitcher, Lt. W. H. B., C. Gds. Spec. Res.
Pite, Lt. A.G.,R.F.A.(T.F.) M.G. Corps
Pither, Temp. Lt. E. W., M.G. Corps
Pither, Temp. 2nd Lt. H. H., 8 Bn. E. Surr. R.
Pithouse, Temp. Lt. W., M.G. Corps.
Pitkeathley, Temp Capt. J., Serv. Bns. Linc. R.
Pitman, Lt. C. R. S., D.S.O., 27 Punjabis.
Pitt, Temp. Lt. C. H., R.E.
Pitt, Capt. C. K., late R.E.
Pitt, Lt. F., 6 Bn. Manch R.
Pitt, Temp. Lt. Herbert E., R.A.
Pitt, Maj. Howard E., ret. pay.
Pitt, Temp. Lt. E. H. P., Serv. Bn. York.&Lanc.R.
Pitt, Co. Serjt.-Maj. J. A., Shrops. L.I.
Pitt, Lt J W., R.F.A.
Pitt, Capt. R. B., Wessex Divl. R.E.
Pitt, Temp. Lt. S. B., R.F.A.
Pitt, Lt. W. McI., C'wealth Mil. Forces.
Pittam, 2nd Lt. A. P., 15 Bn. Lond. R.
Pittar, Lt. C. A., C Gds. Spec. Res.
Pittard, Lt. E. J., C'wealth Mil. Forces
Pittard, Hon. Lt. R. M ,late 7 Bn. Worc. R.
Pittaway, Lt. T. C., C'wealth Mil. Forces.
Pitt-Lewis, Lt. G. F., 3 Bn. Devon. R.
Pittman, Lt. J., ret. pay.
Pitts, Temp. Capt. J., O.B.E.
Pitts,Lt.J.P., Bedf.&Herts. R.
Pitts, Temp. Capt. L.A.W., R.A.S.C.
Pitts, Capt. R.E., R.A.M.C. (T.F.)
†Place, Temp. Capt. A. D., R. Ir. Regt. (attd.)
Place, Temp. Capt. C. G. M., D.S.O., Serv. Bns. E. Surr. R.
Place, 2nd Lt. F. M., 6 Bn. Essex R.

Plant,Capt. A. J.,1 Quebec R.
Plant, Temp. Capt. A. S., R.A.M.C.
Plant, Lt. F. M. A., 6 Bn N. Staff. R.
Plant, Maj. H. F., R.F.A. (T.F.)
Platnauer, Temp. Lt. J. B., R.E.
Platt, Temp. Lt. B., R.E.
Platt, Temp. Lt. C., 9 Bn. Ches. R.
Platt, Lt. C. E., R.G.A. (T.F.)
Platt, Hon. 2nd Lt. C. H., late 14 Bn. R. War. R.
Platt, Lt. O. G., M.B.E., 5 Bn. Yorks. L.I.
Platt-Higgins, Capt. F.M., Camb. R.
Platten,Temp. Lt. F. G. F., 9 Bn. Norf. R.
Platten, Temp. Capt. S., R.E.
Platts, Temp. 2nd Lt G H , Serv. Bn. Yorks. L.I.
Platts, Lt. H. C., late R.E., C., R.E.
Platts, Temp. Lt. J. R. A., M. G. Corps.
Platts, Capt. M. G., R.E., Spec. Res.
Playfair, Hon. Capt. G. R., Dep. Commy. of Ord., B.A.O.C.
†Playfair, Capt. I. S. O., D.S.O., R.E.
Playfair, Capt. P. H. L., R.A.
†Playford, Lt. T. G., M.D., late R.A.M.C.
Playle, Temp. Capt. E. S., Serv. Bns. Linc. R.
Pleasants, Capt. O. W., Aust. Imp. Force.
Plenderleith, Lt. H. J., 7 Bn. Lan. Fus.
Pledger, Lt. Capt. G. E., 6 Bn. Midd'x R.
Pledger, Lt. G. T., Aust. Imp. Force.
Plews, Temp. 2nd Lt. A.E., Tank Corps.
†Plews, Temp. Lt. L. C., 3 Bn. Gord. Highrs.
†Plimsoll, 2nd Lt. S. R. C., R.F.A. (T.F.)
Plowden, Capt. G. F.,Oxf.& Bucks. L.I.
Plowden, Capt.J.C.,Shrops L.I
Plowright, Hon. Capt. E. H. J., Qr.-Mr. R.E.
Pluckrose, Lt. R. G., late Serv. Bns. Oxf. & Bucks. L.I.
Plumbly, Lt. R. G., 4 Bn. Bedf. & Herts. R.
Plumbridge, Lt. F. C., D.C.M., late M.G. Corps.
Plumbridge, Lt. J. L., R.G.A. Spec. Res.
Plumer, Capt. T. H.. Can A.S.C.
Plummer, Temp. Capt. E. B., Serv. Bn. North'd Fus.
Plummer, Temp. 2nd Lt. A. F., R.E.
Plummer, Lt. B. D., 4 Bn. North'd Fus.

Plummer, Capt. F.H., Res. of Off.
Plummer, Lt. G. H., R. Ir. Regt.
†Plummer, Lt. H. C. B., 9 Bn. Durh. L.I.
Plummer, Lt. J., Aust. Imp. Force
Plummer, Temp. Capt. J. E. B., 12 Bn. L'pool R.
Plunkett, 2nd Lt. H. J., 9 Bn. Lond. R.
Plunkett, Capt. J. F., D.S.O., D.C.M., R. Dub. Fus.
Plymen, Lt. H. S., late R.G.A., Spec. Res.
Poate, Temp. Lt. F. W., M.G. Corps
Pochin, Capt. N., 5 Bn. S. Staff. R.
Pocknell, Lt. J. T., Aust. Imp. Force.
Pocock, Temp. Capt. A. A., Serv. Bns. North'd Fus.
Pocock, Lt. F., R.G.A.
Pocock, Lt. G. A.
Pocock, Temp. 2nd Lt. J., R.F.A.
Pocock, Lt. L. G., R.F.A., Spec Res.
Pocock, Lt. R. W., R.F.A. Spec Res.
Pocock, Lt. S. R., Leins. R.
Podd, Lt. G. K., late R.E.
Podd, Lt. J. K., late Serv. Bns. W.York. R.
Podmore, Maj. A., late R.E.
Podmore, Lt. R.E., R.F.A. Spec. Res
Poer, Lt. L. H. B., R.F.A. Spec. Res.
Pogbee,Lt.H.A., R.Lanc.R.
Pogmore, Lt. R.. R.G.A. Spec. Res.
Pogson, Capt. C. A., 101 Mahrattas.
Pogson, Capt. L. V. J., Ches. R.
Poignant, Temp. Maj. A.J. A., O.B.E., Serv. Bns. W. York. R.
Pointer, Lt. R. L., R.F.A. Spec. Res.
Pointon, Lt. A. C., 5 Bn. Worc. R.
Points, Lt. E. J. D.. late Serv. Bns. R. Suss. R.
Poisson, Maj. P., Can. Local Forces.
Pola Khan, Jemadar, 101 Grenadiers.
Poland, Lt. T.G., E. Surr. R.
Polden, Temp. Lt. A. W., R.F.A.
Polden, Temp. Qr.-Mr. C., Lt. York & Lanc. R.
Pole, Lt. C. H. S., Aust. Imp. Force.
Poley, Lt. G. R., Quebec R.
Polglaze, Temp. Capt. W. A., R.A.
Polgreen, Capt. L. J. T., late Serv. Bns. Yorks. L.I.
Polhill, 2nd Lt. A. S., 3 Bn. Midd'x R.
Polhill, 2nd Lt. O. C., late R. Fus.

Polhill-Drabble,Lt.C.R.,C. Gds. Spec. Res.
Poll, Lt. D E., 24 Bn. Lond. R.
Pollack, E. R. H., late Lt. R.F.A.
†Pollak, Maj. L. A., T.F. Res.
Pollard, Lt. A. C., Can. Local Forces.
†C.C. Pollard. Lt. A. O., D C.M., Hon. Art. Co.
Pollard, Capt. R. P., R.A.M.C. (T.F.)
Pollard, Lt. T. B., 4 Bn. Durh. L.I.
Pollen, Lt. W. M. H., 4 Bn. Sco. Rif.
Pollett, Lt. G. C., Res. of Off.
Pollexfen, Sqdn. Serjt.-Maj. C. J., Can. Local Forces.
Pollitt, Capt. H., late Lab Corps.
Pollock, Temp. Lt. A. H.
Pollock, Capt. H. H., R.F.A. (T.F.)
Pollock, Lt. J., ret.
Pollock, Lt. J. D., 4 Bn. K.O. Sco. Bord.
Pollock, Capt. A.L., C'wealth Mil. Forces.
Pomeroy, Lt. H., 3 Bn. Ches. R.
Pomeroy, Temp. Capt. R. A., Labour C rps.
Pomfret, Capt. H. T., Res. of Off.
Pond, Temp 2nd Lt. E. R., Serv. Bns. Suff. R.
Ponder, Lt. S. E. G., R.A.
Ponsford, Bt. Maj. J. M., Wilts. R.
Ponsford, Lt. W.S., R.F.A. Spec. Res.
Ponsonby, Maj. H. C., D.S.O., K.R. Rif. C.
Ponsonby, Rev. M. G. J., Hon. Chaplain to the Forces (3rd Class).
Ponsonby, Capt. V. C., Herts. Yeo.
Pontefract, Lt. B., 3 Bn. York L.I.
Pontin, Lt. J. A., Aust. Imp. Force.
Ponting, Capt. T. J., 92 Punjabis.
Pook, Temp. 2nd Lt W. L., M.M., Serv. Bns. R.W. Surr. R.
Poole, Temp.. Lt. A. F., M.G. Corps.
Poole, Capt. E., late Serv. Bns. Rif. Brig.
Poole, Lt. E., City of Lond. Yeo.
Poole, Capt. E. J. E., 46 Punjabis.
Poole, Qr.-Mr. & Capt. F., R.A.M.C.(T.F.)
Poole, Temp. Lt. F. H., R.E.
Poole, Rev. G. D. B., Temp. Chapl. to the Forces. 4th Class.
Poole. Temp. Lt. G. W., Serv. Bns. S. Staff. R.

† Also awarded Bar to Military Cross

Orders of Knighthood, &c.

THE MILITARY CROSS—*contd.*

Poole, Temp. Lt. H. J., Serv. Bns. R. Fus.
†Poole, Lt. J. C., R.F.A. Spec. Res.
Poole, Lt. J. S., *D.S.O.*, Res. of Off
Poole, Capt. L. T., *D.S.O., M.B., R.A.M.C.*
Poole, Lt. R., *D.S.O.*, late S. Afr. Def. Forces.
Poole, Temp. Lt. R. W. F. Serv. Bns. Ches. R.
Poole, Temp. Maj. W. H., 14 Bn. North'd Fus.
Pooley, Lt. B., Qr.-Mr. Camb. R.
Poore, Lt. R. J., C'wealth Mil. Forces.
Poore, Lt. W. G., R.F.A. (T.F.)
Pope, Capt. D., 8 Hrs.
Pope, Temp. 2nd Lt. E. L., Serv. Bns. R. Fus.
Pope, Capt. H. B., R.A.M.C. (T.F.)
Pope, Maj. M. A., Can. Eng.
Pope, Lt. J. J., *late* Lab. Corps.
Pope, Bt. Maj. V.V., *D.S.O.*, N. Staff. R.
Pope, Maj. W. A., *late* R.E.
Pope, Temp. Capt W. G. T., R.E.
Pope, Lt. W. J. H., 6 Bn. Glouc. R.
†Popham, *Rev.* A.E., Hon. Chaplain to the Forces (4th Class)
Pople, Lt. H. K., 4 Bn. Som. L.I.
Porch, Bt. Lt.-Col. E. A., *C.I.E.*, Ind. Army.
Porteous, Lt. C. L., R. Ir. Fus.
Porteous, Capt. D. V., Brit. Col. Regt.
Porteous, Temp. Capt. N., *D.S.O.*, R.E.
Porteous, 2nd Lt. W. F., 7 Bn. Midd'x R.
Porter, Capt. A. J., Kent Cyclist Bn.
Porter, Capt. A. S., Can. A.M.C.
Porter, Lt C. A. V., 5 Bn. K.R. Rif. C.
Porter, Lt. E., R.F.A. Spec. Res.
Porter, Lt. G. B., *late* B.W.I R.
†Porter, Temp. Lt. G. E., Tank Corps.
Porter, Temp. Lt. H. A., *late* 1 Res. Regt. of Cav.
Porter, Hon. Lt. H. A., *late* S. Staff. R.
Porter, Lt. H. C., 11 Quebec R.
Porter, Temp. Lt. H. E. L., R.E.
†Porter, Lt. H. M. S., R.G.A. Spec. Res.
†Porter, Lt. J. C., R.F.A. Spec. Res.
Porter, Maj. M. T., R.E.

Porter, Temp. Maj. R. E., R.A.S.C.
Porter, Lt. R. P., 8 Bn. Manch. R.
Porter, Capt. R. R. M., *M.B.*, Ind. Med. Serv.
Porter, Lt. T. W., 8 Bn. Lond. R.
Porter, Lt. W. A., 6 Bn. N. Staff. R.
Porter, Lt W. A. S., W. Ont. Regt.
Porter, Capt. W. E., 5 Bn. Leic. R.
Porter, Temp. Lt. W. H., R.E.
Porter, Qr.-Mr. & Lt. W. M., 3 Bn. Mon. R.
Porter, Lt. W. P., 6 Bn. R. Fus.
Porterfield, Temp. Lt. G. A., 14 Bn. Worc. R.
Porters, Qr.-Mr. & Lt. A. G.
Porteus, Serjt.-Maj. A. W., N.Z. Mil. Forces.
†Portman, Capt. V. B., Aust. Imp. Force.
Porton, Mech. Serjt.-Maj. F. G., R.A.S.C.
Porton, Lt. F., R. Fus.
Portway, Lt. B. H., Suff. Yeo.
Portway, Capt. C., 5 Bn. Essex R.
Postlethwaite, Lt. J. P., R.G.A. (T.F.)
Postlethwaite, Lt. R. A., R. Newf'd Contgt.
†Postlethwaite, Capt. W. B., *M.B., R.A.M.C.*, Spec. Res.
Pothecary, Lt. H. M. R., 8 Bn. W. York. R.
Pote, Maj. C. S., Can. Local Force.
Pott, Capt. D., *D.S.O.*, 13 Lrs.
Pott, Lt F. M., 7 Bn. Manch. R.
Pott, Lt. W. T., 9 Lrs. Spec. Res.
Potter. Co. Serjt.-Maj. A. C., Gord. Highrs.
Potter, 2nd Lt. A. C., 4 Bn. W. Rid. R.
Potter, Capt. B. H., *O.B.E.*, R.A.
†Potter, Capt. C. H., 6 Bn. Lanc. Fus.
Potter, Lt.-Col. (*Hon. Lt. in Army*) C. K., *D.S.O.*, TD, 5 Bn. N. Lan. R.
Potter, Lt. D. G., 4 Bn. N. Staff. R.
Potter, Temp. Lt. E. M., R. Mar.
Potter, Temp. Lt. F. T., *O.B.E.* R.A.O.C.
Potter, 2nd Lt. G. E., 7 Hrs.
†Potter, Temp. 2nd Lt. G. J., Serv. Bns. Hamps. R.
Potter, *Rev.* H. R., Temp. Chapl. to the Forces, 4th Class.
Potter, Capt. H. W. M., 6 Bn. Midd'x R.
Potter, Temp. Capt. J., R.A.M.C.

Potter, Lt. J. K., 1 Cent. Ont. Regt.
Potter, Lt. K. B., R.F.A. Spec. Res.
Potter, Temp. Lt. K. R., 7 Bn. Norf. R.
Potter, Temp. Lt. T. L., Serv. Bns. Rif. Brig.
Potter, Serjt.-Maj. W., R.F.A.
Pottinger, Capt. D., *M.B.*, R.A.M.C.
†Pottinger, Maj. J. A., 30 Punjabis.
Pottle, Lt. H. G., R.E.
Potts, Capt. A. W., C'wealth Mil. Forces.
Potts, Lt. C. W. M., R.E. (T.)
Potts, Temp. 2nd Lt. G. R.E.
Potts, Temp. Capt. G. A., 11 Bn. Lan. Fus.
Potts, Capt. G. H., *late* Serv. Bn. Lan. Fus.
Potts, Lt. H J., 28 Bn. Lond. R.
Potts, Lt. L. B., S. Wales Bord.
Potts, Lt. P., R.F.A. (T.F.)
†Potts, Lt. R.E., Aust. Imp. Force.
Potts, Capt. W. E., C'wealth Mil. Forces
Pougnet, Lt. V. N., *late* S. Afr. Def. Forces.
Poulter, Temp. Serjt.-Maj. F. T., 9 Bn. North'd Fus.
Pouncey, Capt. R., Can. Local Forces
Poupore, Lt. W. E., Can. Local Forces.
Powell, Lt. A. E., Ind. Army Res. of Off.
Powell, Lt. A. T. W., R.F.A. (T.F.)
Powell Temp. Capt. C. L. G., R.A.M.C.
Powell, Lt. C. V., R.G.A. Spec. Res.
Powell, Temp. Lt. D., R.E. 105 Lt. Inf.
Powell, Bt. Lt.-Col. D. H., Staff. R.
Powell, Lt. E. C., 5 Bn. S. Staff. R.
Powell, Capt. F., 39 Rif.
Powell, Co. Serjt.-Maj. F. R.W. Fus.
Powell, Temp. 2nd Lt. F. J., *D.C.M., M.M.,* Serv. Bns. R. Berks. R.
Powell, Capt H., C'wealth Mil. Force
Powell, Temp. Lt. H. A., Serv. Bns. Ma h. R.
Powell, Temp. Lt. H. C., R.A.
Powell, Lt. H. M., R. A.
Powell, Lt. H. R., R.E Spec. Res.
Powell, Lt J B., R.F.A.
Powell, Lt. J. C., R.F.A.
Powell, J. F., *late* Temp. Capt. R.A.M.C.
Powell, Lt. J. G. N., R.E. (T.F.)
Powell, Lt. L., R.F.A. Spec. Res.

†Powell, Lt. L. A., Glouc. R.
Powell, Qr.-Mr. & Lt. P. W., 4 Bn. R. Lanc. R.
Powell, Lt. P. W., *D.C.M.*, 9 Bn. Lond. R.
Powell, Hon. Capt. R., Qr.-Mr. Aust. Imp. Force.
Powell, Lt. R. V., S. Gds. Spec. Res.
Powell, Lt. S G., R.A. Lond. R.
Powell, Lt. T. C. K., 5 Bn. Lond. R.
Powell, Lt. R. W., Can. Local Forces.
Powell, Temp. Capt. W. H., R.A.S.C.
Powel Lt. W. N., R.F.A. (T.F.)
Powell-..dwards, Capt. W. G. H., uss. Yeo.
Powell, o.-Serjt.-Maj. W., K.R.R I C.
Powell-Jones, Temp. Capt. F. A.G. R.A.S.C.
Power, Temp. Lt. A. A. R. D. le P. R.A.S.C.
Power, Temp Capt. C M., Serv. Bns. Sco. Rif.
Power, Capt. D'A., R.A.M.C., Spec. Res.
Power, Co. Serjt.-Maj. E., R. Ir. Regt.
Power, Lt. F. T. A., R. Dub. Fus.
Power, Capt. H. R., Res. of Off.
Power, Temp. Lt. J., R.E.
Power, Lt. K. F. M., 7 Bn. Ches. R.
††Power, Maj. M. A., *M.D., late* R.A.M.C.
Power, Capt. M. P., R.A.M.C.
Powley, Capt. A. J., N.Z. Mil. Forces.
Pownall, Lt. F. H. S., R.F.A.
Pownall, Maj. H. R., *D.S.O.*, R.F.A.
Poynter, Lt. E. W., R.F.A. Spec. Res.
Poynton, Lt. C. N., R.G.A. Spec. Res.
Poyntz, Maj. R. H. h.p.
Pragnell, Capt. F., 7 Bn. Notts. & Derby R.
Pratt, Capt. A.B., Leins. R.
†Pratt, Temp. Lt. A. M., M.G. Corps.
Pratt, Co. Serjt.-Maj. B., 12 Bn. W. York. R.
Pratt, Temp. Lt. B., M.G. Corps.
Pratt, Temp. Maj. C., 10 Bn. R. Fus.
Pratt, Capt. D. H., *D.S.O.*, R. Ir. Regt.
Pratt, Lt. D. W., Sask. Regt.
Pratt, Bt. Lt.-Col. E. R., R.G.A. (L).
ratt, Capt. F. M., Can. Eng.
Pratt, Capt. F. W. H., R.G.A.
Pratt, Capt. H. D., *late* 2 Bn. Lond. R.
Pratt, Lt. J. E., R.F.A.
Pratt, Lt. J. H., Aust. Imp. Force.

† Also awarded Bar to Military Cross.
†† Also awarded 2nd Bar to Military Cross.

Orders of Knighthood, &c.

THE MILITARY CROSS—contd.

Pratt, Temp. Lt. O. P., M.G. Corps.
††Pratt, Capt. R. S., 5 Bn. Notts. & Derby. R.
Pratt, Temp. Capt. T., Serv. Bns , W. York. R.
Pratt, Temp. Capt. W. C., R.F.A.
Preece, Lt. C. T., R.G.A. Spec. Res.
Preece, late 2nd Lt. F. G., Serv. Bns. R. Fus.
Preedy, Lt. B., 1 Bn. Lond. R.
Preedy, Bt. Maj. F., D.S.O., R.E.
Prenter, Lt R. V., Br. Columbia Regt.
Prentice, Temp. Capt. A. R., 10 Bn. Sco. Rif.
†Prentice, Maj. A. A., late R.F.A. (T.F.)
Prentice, Temp. Lt. F. W., Tank Corps.
Prentice, Lt. H. J., late R.E.
Prentice, Lt. L. V., R.G.A. Spec. Res.
Prentice, Co. Serjt.-Maj. T., K.O. Sco. Bord.
†Prentice, Lt. T., 4 Bn. Arg. & Suth'd Highrs.
Prentice, Temp. Lt. T. E., Tank Corps.
Prentys, 2nd Lt R. P., R.F.A., Spec. Res.
Prescott, Temp. Lt. G., Tank Corps.
Prescott, Capt. T. H., Alberta Regt.
Prescott, Co. Serjt.-Maj. W. G., R.E.
††Prescott. Lt. W. R., 7 Bn. Worc. R.
Press, Lt. E., R.E. (T.F.)
Pressey, Capt H. A. S., R.E.
Pressland, Lt. L. C., R.A.
Prestage, Capt. D. L., Shrops. Yeo.
Prestidge, Lt. W., R.F.A.
Preston, Lt. E. B. C., Ind. Army Res. of Off.
Preston, Bt. Maj. E. H., D.S.O., R. Suss. R.
Preston, Lt. F. A., R.F.A. (T.F.)
Preston, Lt. G. G., R.G.A. Spec. Res.
Preston, Capt. Hon. H. A. J., 3 Bn. R. Ir. Regt.
Preston, Temp. Lt. J. D., Serv. Bns. Mnch. R.
Preston, Lt. J. F., 7 Bn. Lond. R.
Preston, Capt. J. F., Can. Fd. Art.
Preston, Capt. O. I., 7 Bn. Notts. & Derby. R.
Preston, Lt. P. H., R.F.A., Spec. Res.
Preston, Lt. R. G., 3 Bn. R. Ir. Fus.
†Preston, Temp. Lt. R. W., Gord. Highrs.
Preston, Capt. T., Yorks. Hrs. Yeo.
Preston, Lt, W. E., 1 Cent. Ont. Regt.
†Preston, Capt, W. J., late Can. Local Forces.

Pretheroe, Temp. Lt. E. O., 19 Bn. North'd Fus.
Pretorious, late Temp. Capt. A. J. (Capt. S. Afr. Def. Forces).
Pretorius, Lt. J. G., Wilson's Scouts, E. Afr. Force.
Priaulx, Lt. F. W., S. Gds. Spec. Res.
Price, Capt. A., late Essex R.
Price, Temp. Capt. A. T., Serv. Bns. Durh. L.I.
Price, Co. Serjt.-Maj. C. H., North'd Fus.
Price, Temp. Lt. C. M., R.F.A.
Price, Lt. C. T., 3 Bn. Suff. R.
Price, Maj. C. W., O.B.E., Tank Corps.
Price, Lt. E. D., C'wealth Mil. Forces.
Price, Lt. E. H., C'wealth Mil. Forces.
Price, Capt. E. P., 7 Bn. R. W. Fus.
†Price, Temp. Capt. E. V., 9 Bn. York & Lanc. R.
Price, Lt. F. A., R.F.A., Spec. Res.
Price, Lt. F. G., R.F.A. (T.F.)
Price, Capt. H., Can. Local Forces.
Price, Lt. H. D. Staff. Yeo.
Price, Rev. H. G., Hon. Chapl. to the Forces, 3rd Class.
Price, Temp. Lt. H. L., Serv. Bns. S. Wales Bord.
Price, Lt. H. R., late 5 Bn. Rif. Brig.
Price, Capt. H. S., 16 Bn. Lond. R.
Price, Lt. J. C., Aust. Imp. Force.
Price, Lt. J. H., Res. of Off.
Price, Lt. J. H. N., C'wealth Mil. Forces.
Price, Co. Serjt.-Maj. J. W., R. Highrs.
Price, Temp. Capt. L., 20 Bn. Midd'x R.
Price, Lt. L. H. B., 4 Bn. R.W.Fus.
Price, Lt. L. J., C'wealth Mil. Forces.
Price, Lt. P., 2 Cent. Ont. Regt
Price, Capt. R. C., ret.
†Price, Capt. S. J., ret.
Price, Temp. 2nd Lt. T. B., 16 Bn. R.W. Fus.
Price, Lt. T. M., Aust. Imp. Force
†Price, Lt. T. R., North'n R.
Price, Lt. T. S., late Serv. Bns. S. Wales Bord.
Price, Regtl. Serjt.-Maj. W., E. Lan. R.
Price, Serjt.-Maj. W., Som. L.I.
Price, Temp. 2nd Lt. W., Serv. Bns. R. Innis. Fus.
Price, Lt. W., R.G.A. Spec. Res.
Price, 2nd Lt. W. D., C'wealth Mil. Forces.
Price, Capt. W. de G., R. Wilts. Yeo.

Price, Lt. W. J., Can. Fd. Art.
Price, Lt. W. R., Aust. Imp. Force
Price, Qr.-Mr. & Maj. W. T., D. of Corn. L.I.
Price, Lt. W. Y., Welch R.
Price-Davies, Capt. C. S., K.R. Rif. C.
Price-Jones, Temp. Lt. W., R.A.
Price-Williams, Capt. H., D.S.O., R.F.A.
Prichard, Hon. Qr.-Mr. & Maj. F. T., C. Gds.
Prichard, Lt. G., 8 Bn. Worc. R.
Prichard, Lt. W. A., R.F.A. (T.F.)
Prickett, Temp. Lt. F. C., O.B.E., Serv. Bns. Durh. L.I.
Priday, Temp. Lt. N. H., Serv. Bns. W. York. R.
Priddey, Lt. E. J., 3 Bn. Yorks, L.I.
Pride, Lt. F., R.E. (T F.)
Pride, Temp. Capt. G., Serv. Bns. Sco. Rif.
Prideaux, Maj. H. H., D.S.O., late 3 Bn. North'd Fus.
Pridham, Capt. J. A., R.A.M.C. Spec. Res.
†Pridham, Temp. Capt. R. P., 9 Bn. Devon. R.
†Priestland, Capt. E. A., ret.
Priestley, 2nd Lt. D. R. O., Unattd. List (T.F.) (Hon. Capt. late R.E.)
Priestley, Lt. G. F., Aust. Imp. Force.
Priestley, Capt. H.W., 8 Bn. Lond. R.
Priestley, Lt. R. E., R.E. (T.F.)
Priestley, Rev. R. F., Temp Chapl. to the Forces, 4th Class.
Priestly, Temp. Capt. J. G., M.B., R.A.M.C.
Priestman. Bt. Maj. J. H. T., D.S.O., Linc. R. p.s.c. [l]
Priestman, Capt. J. L., R.F.A. (T.F.)
Prime, Lt. E. A., Can. Art.
Primrose, Temp. Capt. L. B., R.E.
Prince, Capt. C. V., late Serv. Bns. R. War. R.
Prince, Lt. E. M., 3 Bn. Som. L.I.
Prince, 2nd Lt. G. W. R. Suss. R.
Prince, Lt. H. S., 9 Bn. Lond. R.
Prince, Capt. J. G., ret. pay.
*Pring, Temp. 2nd Lt. B. V., D.S.O , Serv. Bns. Yorks. L.I.
†Pring, Capt. F. J. H., Ches. R.
Pring, Lt. H. O., 5 Bn. Som. L.I.
Pring, Lt. R. J., 4 Bn. R. Suss. R.
Pringle, Capt. G. L. K., M.D. (T.F. Res.)

Pringle, Maj. J., late Cam'n Highrs.
Pringle. Maj. J., Qr.-Mr. Can. Inf.
Pringle. Temp. Lt. J. A., Serv. Bns. R.W. Fus.
Pringle, Capt. J. M., M.B., R.A.M.C. (T.F.)
Pringle, Lt. R. H., 3 Bn. K.O. Sco. Bord.
Pringle, Maj. R. N., D.S.O., S. Afr. Def. Forces.
Pringle, Lt. W. C. W., R.F.A. Spec. Res.
Pringle, Lt. W. E., 5 Bn. Midd'x R.
†Pringle. Temp. Capt. W. G., R.F.A.
†Pringle Pattison, Capt. H. S. S., Cam'n Highrs.
Prins, Temp. Capt. A. J. F. (Capt. S. Afr. Def. Force), p.s.c.
Prioleau, Lt.-Col. R. U. H., late Rif. Brig.
Prior, Rev. C. B., Temp. Chapl. to the Forces, 4th Class
Prior, Lt. G., R.G.A.
†Prior, Bt. Maj. G. E. R., D.S.O., Devon. R.
Prior, Temp. Capt. J. N., R.E.
Prior, Capt. N. H., N.Z. Mil. Forces.
†Prior, Lt. W., 6 Bn. Midd'x R.
Prismall, Capt. M.A., 13 Bn. Lond. R.
†Pritchard, Lt. A., Brit. Columbia Regt.
Pritchard, Temp. 2nd Lt. A. J., Serv. Bns. S. Wales Bord.
Pritchard, Capt. A. J. L., Ind. Army.
Pritchard, Temp. Lt. E., R.E.
Pritchard, Lt. E. C., late R.A.
Pritchard, Lt.F. C., R.F.A. (T.F.)
Pritchard, Temp. Capt. G. J., R.E.
Pritchard, Temp. Capt. H., 10 Bn. R. Welsh Fus.
Pritchard, Capt. I. T., Worc. R. Spec. Res.
Pritchard, 2nd Lt. J. E., late Serv. Bns L'pool R
Pritchard, Lt. J. S., 20 Bn. Lond. R.
Pritchard, Temp. Lt. L., R.A.
Pritchard. Temp. 2nd Lt. L. B., Serv. Bns. Shrops L.I.
Pritchard, Capt. N. P., late R.A.M.C.
Pritchard, Lt. R. A., Sask. R.
Pritchard Lt. T. H., 4 Bn. R. Lanc. R.
Pritchard, Hon. Lt. W., Temp. Qr.-Mr.
Pritchard, Co. Serjt.-Maj. W. J., E. Kent R.
Pritchett, Maj. T. B., R.F.A. (T.F.)
Probert, Lt. I. R. H.C., R.A.
Proby, Maj. R. G., late Essex Yeo.
Procter, Temp. 2nd Lt. A. H., Serv. Bns. L'pool R.

---

† Also awarded Bar to Military Cross.
†† Also awarded 2nd Bar to Military Cross.

Orders of Knighthood, &c.

THE MILITARY CROSS—*contd.*

Procter, Lt. A. P., 4 Bn. R. Lanc. R.
Procter, Temp. Capt. E., Serv. Bns. Midd'x R.
Procter, Temp. Capt. J. C., 13 Bn. Glouc. R.
Proctor, Temp. Capt. A. N. W., 12 Bn. Suff. R.
Proctor, 2nd Lt. D. F., 3 Bn. Gord. Highrs.
Proctor, Capt. J. H., Bord. R.
Proctor, Temp. Capt. L.B., 15 Bn. North'd Fus
Proctor, Lt. N. P., Midd'x R.
Proctor, Capt. R. A. W., *late* R.A.M.C.
Proffitt, Temp. Lt. F. A., R. Mar.
Proffitt, Temp. Lt. S. D., Serv. Bns. North'd Fus.
Prosser, Lt. A. L., 8 Bn. R. War. R.
Prosser, Temp., 2nd Lt. D.G.,11 Bn. Arg. & Suth'd Highrs.
Prosser, Lt. R. M., R.E. (T.F.)
Prossor, Temp. Lt. H. K, Serv. Bns. Glouc. R.
Protheroe, Temp. Lt. H. F., Serv Bns. Midd'x R.
Prothero, Lt. L. E. A., 5 Bn E. Kent. R.
Protheroe, Temp. Capt. A. H., *O.B.E.*, Mach. Gun Corps (Motor).
Protheroe, Temp. Lt. R. N. L., R.F.A.
Protheroe, Rev. W. L. M., Temp. Chapl. to the Forces, 4th Class.
Proud, Lt. F., R.F.A.(T.F.)
Proudfoot, Lt. A., *late* 8 Bn. R. Highrs.
†Proudfoot. Temp. Capt.F., 9 Bn. R. Highrs.
Proudfoot, Temp. 2nd Lt. F., Serv. Bns. York. & Lanc. R.
Proudfoot. Lt. W., Can. Local Forces.
Proudfoot, Lt. W. McL., Aust. Imp. Force.
Prouse,Capt. F. K., 2 Cent. Ont. Regt.
†Prout, Capt. F. Y.. *late* Serv. Bns. N. Lan R.
Provis, Lt R. S., 4 Bn. Leic. R.
Provost, Capt. W., *late* Garr. Bn. Oxf. & Bucks L.I.
†Pruden, Temp. Lt. S A. H. Serv. Bns. Midd'x R.
Pryce, Capt. E. O., *late* R.F.A.
PryceJones, Bt.-Lt.-Col. H. M., *M.V.O., D.S.O., C.*Gds.
Pryde, Lt. D., 3 Bn. High. L.I
Pryer, Co.-Serjt.-Maj. C., Norf. R.
Prynne, Lt. H. G. L., 13 Bn. Lond. R.
Pryor, Lt. T. S., R.F.A. (T.F.)
Puddicombe. Lt. A. L., *late* Bord. R.
Pugh, Qr.-Mr. & Lt. A., 3 Bn. R. Scots.

Pugh, Lt. C. H. W., 3 Bn. Shrops. L.I.
Pugh, Lt. E. C., 4 Bn. R. War. R.
Pugh, Lt. G., R.G.A., Spec. Res.
Pugh, Lt. H. 'N., 4 Bn. W. Rid. R.
Pugh, Rev. H. S., Hon. Chapl. to the Forces, 4th Class.
Pugh, Lt. J. E., Alberta Regt.
Pugh, 2nd Lt. J. W., 7-8 Bn. W. York. R.
Pugh, Capt. M. P., *D.S.O.*, Serv. Bns. *late* R. Berks. R.
Pugh, Temp. 2nd Lt. R.H., *M.M..* Serv. Bns. Welch R.
Pugh, Lt. W.J , R. Sc, Fus.
Pulford, Temp. Lt. C. W., R.F.A.
Pullan, Lt. E. G., Worc. R.
Pollar, Lt. J. G., Quebec Regt.
†Pullar, Capt. L. J. L.. Sea. Highrs.
Pullein-Thompson, Capt. H J., R.W. Surr. R.
Pullen, 2nd Lt. L. H., 5 Bn. Lond. R.
Pullen, Lt. R. G., 5 Bn. S. Lan. R.
Pulley, Lt. A. S., 15 Bn. Lond. R.
Pulleyn, Hon. Maj. G. H., Dep. Commy. *late* Ind. Army Dept.
Pullin, Lt. A. H., R.F.A. Spec. Res.
Pulling Capt. H. D., Ind. Army.
Pullinger, 2nd Lt. C. E., *late* 7 Bn. K.R. Rif. C.
Pullinger, Lt. P. V., *late* Serv. Bn. R. Suss. R.
Pullman, Lt. H. J., Bucks. Bn. Oxf. & Bucks. L.I.
Pully. Temp. 2nd Lt. J., Tank Corps.
Pumphrey, Temp. Capt. C. E.
Pumphrey,Temp.Lt. S.W., R.F.A.
Purce, Maj. G. R. B., *M.B.*, *late* R.A.M.C.
Purcell, Lt. C. A., Aust. Imp. Force.
†Purcell-Gilpin, Lt. P., S. Gds. Spec. Res.
Purchas, Lt. C. M. G., Can. Local Forces.
Purchase, 2nd Lt. A. J., *late* R.W. Kent R.
Purchase, Bt. Lt.-Col. W B., R.A.M.C.
Purdie, Capt. J., *M.B.*, R.A.M.C., Spec. Res.
Purdom. Temp. 2nd Lt. L., Serv. Bns. R. Lanc. R.
Purdom, Capt. T. L., 4 Bn. K.O. Sco. Bord.
Purdon, Capt. B. H., 4 Bn. R. Muns. Fus.
Purdon, Temp. Lt. R. B., 7 Bn. Cam'n Highrs.
Purdon, Temp. Capt. T. O., 7 Bn. Leins. R.
Purdon,Capt.W.B., *D.S.O.*, *M.B.*, R.A.M.C.
Purdy, Temp. Lt. E. L., Tank Corps.

Purdy, Temp. Capt. H. K., R A,
Purdy, Temp. Lt. M. M., M.G. Corps.
†Purdy, Temp. Lt. W. H., Serv. Bns. R. Innis. Fus.
Purey Cust, Maj. R. B., *D.S.O.*, R.F.A.
Purkis, Capt. K. N., R.A.M.C.
Purnell, Co.-Serjt.-Maj. C. R., Rif. Brig.
Purnell. Capt. K. C., Aust Imp. Force.
Purser, Maj. A. W., *O.B.E.*, R.F.A.
Purser, Lt. P. C., Wessex Divl. Train, R.A.S.C.
Purslow, Capt. J. E., Sask. R.
Purton, Lt. G. A., R.F.A.
Purves, Temp. Capt. A. G. 4 Bn. S. Wales Bord.
Purves, Lt. A. J. L. R. Scots.
Purves, Capt. A. M., Aust. Imp. Force.
Purves, Lt. J M , R.F.A., Spec Res
†Purves, Temp. Capt. P.B., *late* N. Staff. R.
Purves, Lt. S. S. B., Sco Horse Yeo.
Purvis, Capt. A F., S. Gds., Spec. Res.
Purvis, Lt. F. R., Can Eng.
Purvis, Lt. R. Durh. L.I.
Putland, Capt. E. W., *late* Serv. Bns. Midd'x R.
†Putman,Temp.Capt.E. J., Serv. Bns. K. R. Rif. C.
Putnam, Lt. C. H., R.F.A.
Puttick, Temp. Capt. A W.,15 Bn. Hamps. R.
Puxon, Capt E. F. M. (Res. of Off.)
Pye Lt. H. G. W., R.F.A., Spec. Res.
†Pyemont, Temp. Capt. W., R.E
Pye-Smith, Lt.-Col. C. D., *D.S.O., M.B., F.R.C.S*, *late* R.A.M.C.
Pyke, Capt. C. A., C'wealth Mil. Forces.
Pyke, Temp. Lt. F., Temp. Qr.-Mr.
Pyke, Lt. M. A., R.F.A.
Pykett, Lt. G. F., 4 Bn. R. War R.
Pyle, Lt. J , 7 Bn. High. L.I.
†Pym, Capt. J. A., R.G.A.
Pyman, Temp. Maj. G. L., *D.S.O.*, 8 Bn. Yorks. L.I.
Pyman, Temp. Lt. J., Serv. Bns. York. R.
Pyne, Capt. H. G., R.E.
Pyne, Co.-Serjt.-Maj. S.E., R. Fus.
†Pyper, Capt. J. R., T.F. Res.

Quantrell, Lt. G. H., 4 Bn. Linc. R.
Quare, Capt. H. A. B., R, Muns. Fus.

Quartermaine,Temp.Capt. A. S., R.E.
†Quayle, Lt. H. E., Ches. R.
Quelch, Capt. V., Quebec R.
Quick, Capt. D. E., Serv. Bns. R,War. R.
Quick, Capt. H. T. W., ret pay.
Quiggen, Lt. P. M., R.G.A. (T.F.)
Quigley, Temp. Capt. E. P., 42 Bn. Dub. Fus.
Quill, Bt. Maj. B. C., Sco. Horse Yeo. (Capt. Res. of Off.)
Quin, Lt. B. G., Camb. R.
Quin, Temp. Lt. C. H., Serv. Bns. R. Iunis. Fus.
Quince, Co.-Serjt.-Maj. F., Suff. R.
Quine, Capt. J. D., W. Ont. Regt.
Quine, Lt. S. L., 3 Bn. Ches. R.
Quiney, Lt. H. W., C'wealth Mil. Forces.
Quinlan, 2nd Lt. T. F., 4 Bn. Leins. R.
†Quinn, Lt. J., *late* Serv. Bns. R. Sc. Fus.
Quinn, 2nd Lt. J. H., R.A.S.C. Spec. Res.
Quinn, J. P., *M.B.*, *late* Capt. R.A.M.C.
Quinton, Lt. J., R.G.A., Spec. Res.
Quinton, Lt. S., Manch. Regt.

Rabagliati, Bt. Maj. C. E. C., Res. of Off.
Raban, 2nd Lt. H.J.,R F.A., Spec. Res.
Rabino, Temp. 2nd Lt. F. A., Serv. Bn. Dorset R.
Rabiohn, Sergt.-Maj. B. E., 20 Hrs.
Rabone, Capt. E. L., 8 Bn. Worc. R.
Raby, Lt. N. S. V., R. Berks. R. (attd.)
Raby, V. H., 7 Bn. Lond. R.
Rackstraw, Lt. E. J., *late* S. Afr. Def. Force.
Rackstraw, Lt. G., Ind. Army (Res. of Off.)
Ractivand, Lt. D., 3 Bn. Shrops. L.I.
Radclife, Temp. 2nd Lt. A. E., Serv. Bns. R, Lanc. R.
†Radcliffe, Lt. C. G., R.A.
†Radcliffe, Lt. C. N., 19 Bn. Lond. R.
Radcliffe, Lt. F. G. W., R.A.
Radcliffe, Lt. H., 4 Bn. W. Rid. R.
Radcliffe, Lt. J. N., R.G.A. Spec. Res.
Radcliffe - Smith, Maj. N. M. R., 44 Inf.
Radclyffe, Capt. M. F., 4 Hrs.

† Also awarded Bar to Military Cross.

THE MILITARY CROSS—contd.

Radford, Capt. A., *M.B.*, R.A.M.C. (T.F.)
Radford, Lt. C. G., Notts. & Derby. R.
Radford, Temp. Lt. E. T. B.. serv. Bn. Midd'x R.
Radford, Temp. 2nd Lt. F. J., Serv. Bns. Welch R.
Radford, Lt. G. W., 21 Bn. Glouc. R.
Radford, Temp. Lt. J. A., R.F.A.
Radford, Temp. Lt. J. A., 8 Bn. Som. L.I.
Radford, Lt. J. V. D., R.F.A.
Radford, Temp. Lt. N. H., *D.S.O.*, Serv. Bns. R.W. Fus.
Radford, Temp. Lt. W. F. G., 11 Bn. R. Scots.
Radley, Bt. Maj. H. P., 72 Punjabis.
Radley, Capt. O. A., 7 Bn. Ches. R.
Radmore, Capt. T. T., *late* R.F.A. Spec. Res.
Rae, Temp. 2nd Lt. A., Serv. Bns. Durh. L.I.
Rae, Temp. Lt. S. C., Tank Corps.
Rae, Capt. D. J., Aust. Mil. Force
Rae, Capt. H. J., *M.D.. late* R.A.M.C.
Rae, Lt. J., R.E. (T.F.)
†Rae, Temp. Lt. J. G., Sea. Highrs.
Rae, Lt. J. McI., *M.M.*, Aust. Imp.Force.
Rae, Temp. Lt. L. C., Serv. Bns. Suff. R.
Rae, Capt. N. G., C'wealth Mil. Forces.
Rae, Temp. Lt. S. C., Tank Corps.
Rae. Lt. W. J., Fife & Forfar. Yeo.
Raff, Lt. A. L., Aust. Imp. Force.
Raffle, Temp. Capt. A. B., *M.D.*, R.A.M.C.
Raggett, Lt. S. H., 4 Bn., R. Lanc. R.
Rahbula, Temp. Lt. E. A. R., R.A.
Rahler-Rahbula, Temp. Lt. F. H., M.G. Corps.
Raikes, Capt. A. F., Ind. Army.
Raikes, Temp.Maj.C.P.N., R.E.
†Raikes, Lt. D. T., *D.S.O.*, 3 Bn. S. Wales Bord.
†Raikes, Capt. W.T.,*D.S.O.*, 3 Bn. S. Wales Bord.
Railton, Rev. D., Hon. Chapl. to the Forces, 4th Class (Chapl. 4th Class, T.F.)
Railton, Capt. S. A., C'wealth Mil. Forces.
Rainboth, Lt. E. L., Can. M.G. Corps.
Raine, Temp. Lt. H. E., 22 Bn. Durh. L.I.

Raine, Temp. Lt. J. A., R.F.A.
Raine, Lt. J. G., *late 15* Bn. Durh. L.I.
†Raine,Temp. Capt. R. T., R.A.M.C.
Rainer, Temp. Lt. A., Serv. Bns. R. Fus.
†Rainie, Lt. R., 5 Bn. R. Sc. Fus.
Rainy, Bt. Maj. A. R., R.F.A.
Rait, Capt. C. M., *late 10* Bn.Arg.& Suth'd Highrs.
†Rait-Kerr, Capt. E., R.E.
Rait-Kerr, Capt. R. S., *D.S.O.*, R.E.
Raleigh, Lt. A. G., Leic. R
Raley, Maj. A., Newf'd Contgt.
Ralli, Lt. E., R.F.A. (T.F.)
Ralph, Lt. E., R.G.A. Spec. Res.
Ralph,Co.Serjt.-Maj.E.W., E. Kent R.
Ralph, Lt. H. P., *late* R.G.A.
Ralph, Temp. Lt. J. L., Serv. Bn. R.W. Fus.
†Ralph-Smith, Temp. Lt. C. A., R.F.A.
Ralston,Lt.C.H., Worc. R.
†Ralston, Capt. D., 6 Bn. Sco. Rif.
Ralston, Lt. J. S., *D.F.C.,* 8 Bn. Sco. Rif.
Ralston, Bt. Lt.-Col. W. H., *D.S.O.*, 47 Sikhs.
Ramage, Capt. C. B., 4 Bn. R. Scots.
Ramage,Temp. Capt.R.M., R.E.
Ramkema, Lt.J.P.O'cwealth Mil. Forces.
Rammell, Capt. J. W., R.A.M.C. (T.F.)
Ramsay, Temp.Lt.A., M.G Corps.
Ramsay, Lt. A., 5 Bn. R. Sc. Fus.
Ramsay, Lt. A. L., *late* 6 Bn. R. Highrs.
†Ramsay, Lt. Hon. C. F. M., North'd Yeo.
Ramsay, Temp. Capt. D. M., Serv. Bns. Arg. & Suth'd Highrs.
Ramsay, Qr.-Mr. & Lt. J., h.p.
Ramsay, Lt. J., R.F.A.
†Ramsay, Capt. J. H., Can. Eng.
Ramsay, Hon. Capt. N. B., *late* 6 Bn. North'd Fus.
Ramsay, Lt. R., ret.
†Ramsay, Lt. R., R.Highrs.
Ramsay, Lt. R. A. M. D., Can. Local Forces.
Ramsay, Lt. R.T.,C'wealth Mil. Forces.
Ramsay, Capt. W.M.
Ramsay - Fairfax - Lucy, Capt. H. M., Rif. Brig.
Ramsay-Hill, Lt. C. S., 11 Hrs. Spec. Res.
Ramsbotham, Temp. Maj. H., *O.B.E.*
Ramsbottom, Capt. A., *M.D.*, R.A.M.C. (T.F.)

Ramsbottom, Lt. W. H., R.G.A. Spec. Res.
Ramsden, Capt. E., Res. of Off.
Ramsden, Lt. H. A., 6 Bn. K. R. Rif. C.
Ramsden, Lt. J. C., 1 Cent. Ont. R.
Ramsden, Bt. Maj. V. B., *D.S.O.*, S. Wales Bord.
Ramsden, Capt. W H. C., E. York. R.
Ramsey, Temp. Maj. B.B., M.G. Corps.
Ramsey, Lt. J. D., 6 Bn. Arg. & Suth'd Highrs.
Ramsey. Lt. T. N., Alberta R.
Rana Jodha Jang Bahadur, Lt. Ind. Army.
Rance, Lt. J. E. W., R. War. R.
Randall. Lt. C. D., 4 Bn. Essex R.
Randall, Lt. C. J., 7 Bn, Lond. R.
Randall, Temp. Lt. C. W., Serv. Bns. R. Fus.
Randall, Maj. D. E., *late* R.F.A.
Randall, Temp. Lt. F. C., A.M., 3 Bn. Lond. R.
Randall, Lt. J. E., Durh. L.I.
†Randall, Lt. S. H., *late* 5 Bn. Bord. R.
†Randall, Temp. Lt. W., R.E.
Randell, Rev. D., Temp. Chapl. to the Forces, 4th Class.
Randle, Capt. A., *M.D., late* R.A.M.C.
Randolph, Temp. Lt. T.G., R.E.
Ranford, Lt. T., *M.M.*, Nova Scotia R.
†Rangecroft, Lt. H. Q., *late* Serv. Bns. R. Suss. R.
Ranger, Capt. V. W. H., Bucks. Bn. Oxf. & Bucks. L.I.
Rankin, Capt. A. C., R.E., Spec. Res.
Rankin, Capt. C T., R.F.A. (T.F.)
Rankin, Lt. J. G., R.F.A. Spec. Res.
Rankin, Temp. Lt. N, Serv. Bns. Bord. R.
Rankin, Capt. N. McN., *M.B., late* R.A.M.C.
Rankin, Lt. R., *M.M.*, ret.
Rankine, Maj. A., *M.B., late* R.A.M.C. (T.F.)
††Rankine, Temp.Capt.G., *M.B.*, R.A.M.C.
Ranking, Lt. R. P., L , Ind. Army.
Rann, Temp. Maj. A. E. *M.B.E.*, *O.B.E.*, S. Afr. Prote. Forces.
Ransford,Capt. W.M., *late* R.E.
Ransley, Capt. A. B., *late* R.F.A. Spec. Res.
Ransome, 2nd Lt. A. M., K.R. Rif. C.

Ransome,Bt.Lt.-Col. A. L., *D.S.O.*, Dorset. R., *p.s.c.*
Ranson, Lt. H. S., *late* Serv. Bns. York & Lancs. R.
Raphael, Maj. R. A., *late* R. War. R.
Rapp, Capt. T. C., 7 Bn, W. Rid. R.
Rasche, Temp. Lt. J. E., 12 Bn. Durh. L.I.
Rashleigh, Maj. R. N., *D.S.O.*, R.F.A.
Ratcliff, Capt. G. E., 5 Bn. Glouc. R.
Ratcliff, Temp. Lt. W., *late* 4 Bn. Yorks. L.I.
Ratcliff, Lt. W. P., *late* Serv. Bns. R Suss. R
Ratcliffe, Capt. B. L., Res. of Off.
Ratcliffe, Temp. Capt. W. B., R.A.O.C.
Rathbone, Temp. Capt. C., G., R.E.
Rathbone, Lt. P. St. J. B., 10 Bn. L'pool R.
†Rathbone, Capt. R. R., 6 Bn. L'pool R.
Rathbone, Lt. ▼., *late* 1 Regt. K Ed. Horse.
Rathbone, Lt. W. L. C., *A.M.*, 3 Bn. Lond. R.
Rattle, Lt. W. F., R.F.A. Spec. Res.
Ratto, Capt. F. L., *late* Serv. Bn. R.W. Fus.
Rattray, Maj. J. H., Can. Eng.
Rattray, Capt. L. C., 6 Bn. K.R. Rif. C.
Rattray, Capt. T. A., W. Som. Yeo.
Rattray. Lt. W. C., R.F.A. Spec. Res.
Rattue, Temp. Capt. A.W., *M.B.*, R.A.M.C.
Rauert, Lt. P. L., C'wealth Mil. Forces,
Raven, Lt. G. E., 7-8 Bn. W. York. R.
Ravenhill, T. H., *M.B., late* Temp. Capt. R.A.M.C.
Ravenscroft, Temp. 2nd Lt. D., R.A.
Ravenscroft, Temp. Lt. L., R.A.S.C.
Ravenscroft, Lt M., R.F.A. (T.F.)
Ravenscroft, Lt. P. D., 6 Bn. K.R. Rif. C.
Otaward, Lt. G., R.G.A. Spec. Res.
Rawcliffe, Capt. J. M., 5 Bn. E. Lan. R.
Rawcliffe, Temp. Lt. T. W., Serv. Bns. E. Lan. R.
Rawle, Temp. 2nd Lt. J., Serv. Bns. Midd'x R.
Rawle, Lt. J. W., 3 Bn. D. of Corn. L.I.
Rawle, Lt. T. F., 3 Bn. S. Wales Bord.
Rawlence, Temp.Lt. G. N., Serv. Bn. D. of Corn. L.I,
Rawle, Lt. W. C., R.F.A. (T.F.)

† Also awarded Bar to Military Cross.
†† Also awarded 2nd Bar to Military Cross.

Orders of Knighthood, &c.

THE MILITARY CROSS—contd.

Rawlings, Lt. G. W., R.E.
Rawlings, Lt. J. A., R.F.A. Spec. R.
Rawlings, Co.-Serjt.-Maj. W. B., R.W. Fus.
Rawlins, Lt. C. B., R.F.A. Spec. Res.
Rawlins, Lt J. D., R.E. (T.F.)
Rawlins, Lt. R. S. P., 3 Bn. S. Wales Bord.
†Rawlins, Lt. S. B., R.F.A.
Rawlinson, Temp. 2nd Lt. J., Tank Corps.
Rawlinson, Sergt.-Maj. J., 17 Lrs.
Rawlinson, Capt. W. L., Can. Fd. Art.
Rawnsley, Lt. J. R. C., 12 Lrs.
Rawson, 2nd Lt. A. W., 4 Bn. R. Scots
Rawson, Temp. Lt. E. H., R.F.A.
Rawson, Temp. 2nd Lt. E. S., M.G. Corps.
Rawson, Bt. Maj. G. G., O.B.E., R.E.
Rawson, P. H., late Temp. Capt. R.A.M.C.
Rawson, Lt. P. S., R.F.A. Spec. Res.
†Rawson, Capt. R. R., late R.E.
Rawsthorn, Lt. J. F., R.G.A. (T.F.)
Rawstorne, 2nd Lt. G. S., Sea. Highrs.
Ray, Temp. Lt. J. C., Serv Bns. North'd Fus.
†Raymond, Capt. A. W., M.B., late R.A.M.C.
Raymond, Maj. E. D., D.S.O., 30 Lrs.
†Raymond, Maj., F.D.,Can. Local Forces.
Raymond, Capt. G. H. B., S. Afr. Def. Force.
Raymond, Temp. Maj. H., O.B.E.
Raymond, Lt. H. G., Aust. Imp. Force.
Raymond, Maj. M. C., C.I.E., 34 Horse.
Raymond, Lt. W. D., 5 Bn. L'pool R.
Raymond, Lt. W. W., Can. Local Forces.
Rayne, Maj. H., ret.
Rayner, Lt. E. C., R.F.A.
Rayner, Temp. Lt. E. C. Serv. Bn. Hamps. R.
Rayner, Capt. G., late R.E.
Rayner, 1st Class Staff Serjt.-Maj. H., M.B.E., A.S.C.
Rayner, Temp. Lt. J., Tank Corps.
Rayner, Lt. K., 10 Bn. Midd'x R.
Rayner, 2nd Lt. R., A. Tank Corps.
Rayner, Lt. T. C., R.F.A.
Rayner, Lt. V. G., 9 Bn. Lond. R.
Raynes, Lt. C. H., R.F.A. Spec. Res.
Raynor, Capt. C. A., D.S.O., 48 Pioneers.

Rayson, Maj. H., C'wealth Mil. Forces.
Razzell, 2nd Lt. A. M., 3 Bn. R. W. Kent R.
Read, Temp. Lt. A. E., Serv. Bns. R. Fus.
Read, Lt. C. E., 1 Cent. Ont. Regt.
Read, Capt. C. H.. Aust. Imp. Force.
Read, Lt. C. L., 5 Bn. Sea. Highrs.
Read, Capt. E. E., R.E.
Read, Temp. Lt. H. M., D.S.O., York. R. (attd.)
Read. Temp. Lt. H. M., R.E.
†Read, Lt. H. S., D.S.O., 20 Bn. Lond. R.
Read, Lt. J. F. W., Norf. R.
Read, Capt. R. V., D.S.O., Essex R.
Read, Lt. S., M.B.E., 5 Bn. Lond. R.
Read, Lt. W., 13 Bn. Lond. R.
Read, Hon. Lt. W., late 4 Bn. Yorks. L.I.
Read, 2nd Lt, W. G. S., 4 Bn. York. R.
Read, Capt. W. R., 1 D.G.
Readie, Capt. A. F., late R.A.M.C.
Reade, Temp. Maj. A., D.S.O., 10 Bn. Ches. R. Serv. Bns. Rif. Brig.
Reade, Lt. W. L. A. C., late Serv. Bns. R. Fus.
Reader, Temp. Lt. C. H. A., Serv. Bns. R W.Kent R.
Readhead, Maj. S., T.F. Res.
Reading, Capt. F. A., late Serv. Bns. Worc. R.
Readings, Lt. E. J., York R.
Readman, Temp. Capt. J., F. A., R.E
†Ready, Lt. J. M., D.S.O., 3 Bn. R. Berks. R.
Reah, Lt. H. W., R.E. (T.F.)
Reardon, Temp. Temp. J., Tank Corps.
Reardon, Capt. W. J. R., 4 Bn. R. Ir Regt.
Reay, Rev. J., late Temp. Chapl. to the Forces, 4th Class.
Reay, Lt. P., 4 Bn. K.O. Sco. Bord.
Reay, Capt. T. P., 8 Bn. W. York. R.
Rebitt, Lt. H. R., D.C.M., L. S. Horse.
Rebsch, Capt. R. F. W., late Serv. Bns. S. Wales Bord.
Reckitt, Capt. C. R., late R.A.M.C.
†Reckitt, Temp. Capt. G. L., 7 Bn. R Suss. R.
Reckitt, Bt -Maj. J. T., R.A.S.C.
Redden, 2nd Lt. H., E. Lan. R.
Reddie, Lt. M. A., late 6 Bn. K.R. Rif. C.
†Reddie, Capt. R. A., 2 Bn. Norf. R. (Lt. ret. pay [l])
††Redding, Temp. Capt. H. A., 12 Bn. Suff. R.

†Reddy, Lt. J., late Serv. Bn R. Ir. Rif.
Redfearn, Temp. Lt. H., Serv. Bns. Lan. Fus.
Redfern, Temp. Capt. A.E., O.B.E.
Redfern, Lt. N., 6 Bn. Rif. Brig.
Redfern, 1t. S. E., R.F.A (T.F.)
Redgrave, Temp. Lt. C. R., M.G. Corps.
Redgrave, Temp. Lt. H. C., R.E.
Redhead, Capt. C. D. late Serv. Bns. L'pool R.
†Redhead, Temp. Lt.T.J., 21 Bn. Manch. R.
Redington, Temp. Lt. F. H. C., Mach. Gun Corps.
Redman, Lt. F. V. L., h.p.
Redmayne, Maj. J. B., TD, 7 Bn. W. York. R.
Redmond, Lt. J., ret. pay.
Rednall, Lt. R. B., late Serv. Bns. Bedf. R.
Redshaw, Temp. Lt. F. W., M.M., York & Lanc. R.
Redway, Capt. E. G., R. Ir. Regt.
Reed, 2nd Lt. A. A., D.C.M., 4 Bn. York R.
Reed, Lt. A. E., R.G.A. Spec. Res.
Reed, Maj. C. E., late R.A.
Reed, Lt. C. G., 6 Bn. K.R. Rif. C.
Reed, Lt. C. H. R., 3 Bn. Leins. R.
Reed, Temp. Capt. C. J. J., R.E.
Reed, Lt. G., Ind. Army Res. of Off.
Reed, Maj. H.R.B., 39 Rif.
†Reed, Lt. J., 4 Bn. E. Lan. R.
Reed, Temp. Capt. J. P., Serv. Bns. York. R
Reed, Temp. Lt. J. P., A. Ord. Dept.
Reed, Rev. L. G., Temp. Chapl. to the Forces, 4th Class.
Reed, Lt. L. N., Ind. Army (Res. of Off.)
Reed, Co. Serjt.-Maj. R. J., 13 Bn. E. Surr. R.
Reed, Temp. Lt. W., R.E.
Reed, Lt. W. D., D.F.C., R.F.A. (T.F.)
Reed, Lt. W. S., R.F.A.
Reed, 2nd Lt. W. W., late R.F.A. Spec. Res.
Reekie, Co. Serjt.-Maj. W. H., 7 Bn. L'pool R.
Reepmaker, Temp. Lt., J.C., Serv. Bns. Rif. Brig
Rees, Lt. A. G. T., R.F.A. Spec. Res.
Rees, Temp. Lt. B. E., R.E.
Rees, Lt. C. C., R.F.A. (T.F.)
Rees, Lt. E. F., R.F.A. Spec. Res.
Rees, Lt. E. P., R.E. (T.F.)
Rees, Lt.-Col. E. T., D.S.O., late 7 Bn. Norf. R.
Rees, Temp. Lt. F. L. F., 12 Bn. Durh. L.I.

Rees, Hon. Capt. F. T., late R.A.M.C.
Rees, Lt. G. F. G., 5 Bn. York. R.
Rees, Temp. Capt. H. D., 14 Bn. R. War. R.
Rees, Lt. H. S., R.G.A. Spec. Res.
Rees, Temp. Lt. J., Serv. Bns. Welch R.
Ress, Lt. J. F., 3 Bn. Mon. R.
B. C. Rees, Bt. Lt.-Col. L. W. B., O.B.E., A.F.C., R.A.
Rees, 2nd Lt. M., C'wealth Mil. Forces.
Rees, Capt. P. M., ret.
Rees, Lt. R. E., 5 Bn. R.W. Fus.
Rees, Lt. S. T. F., R.F.A. (T.F.)
Rees, Rev. T., Hon. Chapl. to the Forces, 4th Class.
Rees, Lt. T. W., D.S.O., 73 Inf.
Rees, Lt. W. A., R.F.A. (T.F.)
Rees, Temp. Capt. W. H., R.E.
Reeve, 2nd Lt. G. R., 5 Bn. Lond. R.
Reeve, Temp. Lt. H. H., Serv Bns. R. Fus.
Reeve, Qr.-Mr. & Capt. H. J., R.A.M.C.
Reeve, Lt. S. E., R.F.A. Spec. Res.
Reeve, Lt. W. N., 4 D.G.
Reeve, Lt. W. R., 6 Bn. E. Surr. R.
Reeves, Rev. A. F., Temp. Chapl. to the Forces, 4th Class.
Reeves, Capt. B., late 3 Bn. R.W. Fus.
Reeves, Lt. C. C., R.F.A. Spec. Res.
Reeves, Lt. C. C., R.F.A., Bucks, Bn. Oxf. & Bucks. L.I.
Reeves, Temp. Lt. E. F., 8 Bn. R.W. Surr. R.
Reeves, Temp. Capt. F. L., 8 Bn. R. Highrs.
Reeves, Lt. R.
Reeves, Lt. W. W., R.F.A.
Reford, Lt. R. B. S., I. Gds.
Regan, Temp. Qr.-Mr. & Lt. J. T., Lab. Corps
Regnart, Bt. Maj. N. S., 8 Hrs.
Rehm, Temp. Capt. A. G
Reid, 2nd Lt. A., R.F.A. (T.F.)
Reid, Temp. Lt. Alexander, R.E.
Reid, 2nd Lt. A., ret. pay.
Reid, Lt. A. E. (ret.)
Reid, Capt. A. F., R.E., Spec. Res.
Reid, A. G., late Temp. Lt. R.A.M.C.
Reid, Maj. A. K., D.S.O., 9 Bn. High. L.I.

† Also Awarded Bar to Military Cross.
†† Also Awarded 2nd Bar to Military Cross.

Orders of Knighthood, &c.

THE MILITARY CROSS—contd.

Reid, Capt. A. M., Can. Contgt.
Reid, Maj. A. McK., late Mach. Gun Corps.
Reid, Capt. A. V., Corps of Mil. Accts.
Reid, Maj. A. W., R.E
Reid, Capt. C. H., late 5 D.G. Spec. Res.
Reid, Lt. D., 3 Bn. R. Innis. Fus.
Reid, Rev. D.A. C., B.D., TD, Chapl. 2nd Class (T.F.)
Reid, Lt. D. M., R.F.A., (T.F.)
Reid, Temp. Lt. D. W., D.S.O.
Reid, Lt. E. C., R.F.A. Spec. Res.
Reid,Capt,E.L., late S. Afr. Def. Forces.
Reid, Lt. F. R.E.(T.F.)
Reid, Capt. F. W., Unattd List (T.F.)
Reid, 2nd Lt. G., R.F.A., Spec. Res.
Reid, Lt. G. C., Aust. Imp. Force.
Reid, Capt. G.F., late 4 Bn. Bedf. & Herts. R.
†Reid, Capt. G. R. M., D.S.O., 4 Bn. Arg. & Suth'd Highrs.
Reid, Lt. G. S., Can. Local Forces.
Reid, Qr.-Mr.-Serjt. G. S., 6 Bn. Gord. Highrs.
Reid, Rev. H., Hon. Chapl. to the Forces, 3rd Class.
Reid, Temp. Capt. H A., D.S.O., R.E.
Reid, Capt. H. A., Sask. Regt.
Reid, Lt. Harold W., C'wealth Mil. Forces.
†Reid, Lt. J., 7 Bn. Highrs.
Reid, Hon. Capt. J. A., late York & Lanc. R.
Reid, Capt. J. L., 4 Bn. York. R.
Reid, Lt. J. M., Mau. Regt.
Reid, Lt. J. Robertson, 7 Bn. R. Highrs.
Reid, Lt. J.S., T.F. Res.
Reid, Lt. J. T., 5 Bn. Gord. Highrs.
Reid, Lt. J. W., late Serv. Bns. Middx. R.
Reid, Capt. L C., R.E
Reid, Lt. L. V., Aust Imp. Force.
Reid Temp. Capt. M. B., R.E.
Reid, Lt. N., D.S.O., R.F.A., Spec. Res.
Reid, Maj. N., D.C.M., Qr.-Mr. Sea. Highrs.
Reid, Capt. N. S., D.S.O., Bucks. Bn., Oxf. & Bucks. L.I.
Reid, Lt. P., 5 Bn. York & Lanc. R.
Reid, Lt. R. B., Aust. Imp. Force.
Reid, Lt. R. E., R.F.A. (T.F.)
Reid, Lt. R. V., 5 Bn. N. Lan. R.
Reid, T. B., R.G.A., Spec. Res.

Reid, Lt. T. E. B., 3 Bn. Hamps. R.
Reid, Lt. T. R., E. Kent R.
Reid, Temp. Qr.-Mr. & Capt. W., 7 Bn. R. Innis. Fus.
Reid, Temp. Lt. W., R.E.
Reid, Co.-Serjt.-Maj. W. E., R.W. Surr. R.
Reid, Lt. W. J., R.F.A. Spec. Res.
Reid, Lt. W. W., Man. Regt.
Reid-Kellett, Temp. Maj. A., D.S.O., Serv. Bns. S. Wales Bord.
Reidy, Capt. E. G., late R.A.
Reilley, Lt. J., late R. Ir. Rif.
Reilly, Rev. J. E., Temp. Chapl. to the Forces, 4th Class.
Reilly, Lt. M. F., 7 Bn. W. Rid. R.
Reilly, Bt. Maj. M. J. T., R. Innis. Fus.
Reilly, Lt. T., R.F.A.
Reimann, Temp. Qr. - Mr. & Lt. H. E., M.G. Corps.
Reinhold, Maj. C. H., F.R.C.S. Edin., Ind. Med. Serv.
Reinhold, Bt. Lt.-Col. H. E., 27 Punjabis ,L¹
Reinhold, Temp. Capt. W J., Tank Corps
Reiss, Temp. Lt. F, R, Serv. Bns. R. Fus. (attd.)
Reiss, Capt. P. J., late 3 Bn. Bedf. & Herts. R.
Reith, Capt. J. W., Man. Regt.
Rendall, Lt. E. J., W. York R.
Rendell, Lt. E. F., R.E. (T.F.)
Rendle, Lt. B. W. C. A., R.F.A. Spec. Res.
Renn, Temp. Lt. T., M.G. Corps.
Rennie, Temp. Lt. D. A., M.G. Corps.
Rennie, Lt. E. G. McC., 3 Bn. K.O. Sco. Bord.
Rennie, Capt. J. K., M.B., late R.A.M.C.
Rennie, Lt. T., Bord. R.
Rennie, Lt.-Col. W. B., D.S.O., ret.
Rennie, Capt. W. B., M.B., R.A.M.C.
Bennison, Temp. Maj. W., 23 Bn. Manch. R.
Renny, Capt. A. H., R. Scots.
Renny, Maj. H. B., 23 Pioneers.
Renton, A. F. G., U Hrs.
Renton, Lt. H. W. H., 6 Bn R Highrs.
Renton, Maj. R. S., M.D., late R.A.M.C.
Rentoul.Temp.Capt.W.W., Serv. Bns. E Lan. R.
Renwick, Temp. Lt. A. E., Tank Corps.
Renwick, Co.-Serjt.-Maj. J., R. Scots.
Renwick, Temp. Capt. J., R.E.

Renwick, 2nd Lt. J. A. P., 3 Bn. K.O. Sco. Bord.
Renwick, Capt. R.
Renwick, Lt. S., S. Gds.
Renwick, Temp. Lt. W., Gord. Highrs
Renwick, Temp. Capt. W. L., Labour Corps.
Reoch, Lt. D. J., 1 Lovat's Scouts Yeo.
Repton, 2nd Lt. C. H., 3 Bn. Devon. R.
†Rerrie, Temp. Lt H. G., York & Lanc. R.
Retallack, Lt.-Col. W. C., late 5 Bn. R. War. R.
Retallick, Lt. C. F.
Retallick, Temp. 2nd Lt. E. T., Serv Bns. Shrops. L.I.
Rettie, 2nd Lt. W, J., R.F.A Spec. Res.
Revell-Smith, Lt. W. R., R.A.
†Revett, 2nd Lt. C., 5 Bn. York. & Lanc. R.
Revill, Lt. H. H., 5 Bn. York & Lanc. R.
Rew, Lt. H. L., R.G.A Spec. Res.
Rewcastle, Lt. G. L. D., D.S.O., R.G.A. Spec. Res.
†Rewcastle, Lt. J. J., 5 Bn. North'd Fus.
Rewell, Temp. Capt. A.V., 9 Bn. R. Suss. R.
Rex, Capt. A. M., late R.A.
Reymes, Lt. H., Can. Local Forces.
†Reynette-James, Lt. F. P. K., late R.E.
Reynolds, Co. Serjt.-Maj. A., R.W. Kent R.
Reynolds, Capt. A., 20 Bn. Lond. R.
Reynolds, Capt. A. O. P., M.B., late R.A.M.C.
Reynolds, Capt. B. T., R.F.A.
Reynolds, Maj. C. H., D.S.O., R.G.A.
Reynolds, Temp. Capt. E. J., 10 Bn. W. York. R.
Reynolds, Temp Capt. E. P., R.E.
Reynolds, Temp. Lt. E. W, Serv. Bns. R. Ir. Fus.
Reynolds, Temp. Lt.,F D., 8 Bn. R.W. Surr. R.
Reynolds, Maj. G. F., 9 Lrs.
Reynolds, Capt. G. N. 21 Lrs
Reynold˂, Temp. Capt. H., 12 Bn. R Scots.
Reynolds, Temp. Lt. H. D. Serv. Bns. E. Lan. R.
†Reynolds, Lt. H. N., 7 Bn. R. War. R
Reynolds, Temp. Lt. H. R., R.A.S.C.
Reynolds, Temp. Lt. J F. C., R.A.S.C.
Reynolds. Capt. J. J., late R.A.M.C.
Reynolds, Lt. J. L. T., R.F.A.(T.F.)
Reynolds, Temp. Lt. L. E. J., R E.
Reynolds, Temp. Capt. L. W., C.I.E.

Reynolds, Lt. O. G., Aust, Imp. Force.
Reynolds, Capt. R. C., R.F.A.
Reynolds, Capt. R. T. H., Norf. R.
Reynolds, Temp. Lt. S. R., R.F.A.
Reynolds, Lt. T. E. S., 3 Bn. E. Surr. R.
Reynolds, Lt. W. F., M.M., ret.
†Reynolds, Temp. Lt.W. H.
Reynolds, Lt. W. H., 7 Bn Worc. R.
Reynolds, Temp. Capt. W. L. E., R.A.M.C.
Rhind, Co. Serjt.-Maj. G. McR., 7 Bn. Sco. Rif.
Rhind, 2nd Lt I. M., 3 Bn. Cam'n Highrs.
†Rhind, Capt. W., late R.E. (T F.)
Rhoades, Maj. W., D.S.O., Can. Local Forces.
Rhodes, Capt. A. E. T., N.Z Mil. Forces.
Rhodes, Temp. Capt.A.V., Tank Corps.
Rhodes, Maj. B. F., late Res. of Off.
Rhodes, Lt. D., R.G.A. Spec. Res.
Rhodes, Lt. H., W. Rid. Divl. R E.
Rhodes, Hon. Lt. H., late 6 Bn. W. York. R.
Rhodes, Lt. H. G., 7 Bn. L'pool R.
Rhodes, Lt. R. F. E., late 15 Hrs.
Rhodes, Lt. R. L., C'wealth Mil. Forces.
Rhodes, Lt. V. F., R.F.A. Spec. Res.
Rhys, 2nd Lt. Hon. C.A.U., G. Gds.
Rice, Temp. Lt. A. A., R.E.
Rice, 1.t. E., 7 Bn. Midd'x R.
†Rice, Capt. F. J , R.F.A.
Rice. Lt. F. R., R.F.A. Spec. Res.
Rice Capt. H. J., M.B., l ite R.A.M.C. Spec. Res.
Rice, Lt. R. A., Ind. Army Res. of Off.
Rice, Lt. V. C., late N.Som. Yeo.
Rice-Oxley, Capt. D G., M.B., R.A.M.C. (T.F.)
†Rich, Temp. Lt. C. O., Tank Corps.
Rich, Lt. G. G., 1 Regt. K. Ed. Horse.
Richard, Capt. J. H., R.E.
Richard, Lt. S.
Richards, Temp. Capt. C. D., Serv. Bns. Arg. & Suth'd Highrs.
Richards. Capt. C. E. M., D.S.O., E. Lan. R.
Richards, Temp. Lt. D. G., R.E.
Richards, Capt. D. J. R., R.G.A.
Richards, Capt. E. F. O., Linc. R.
Richards,Lt.E.M.,late R.E.
Richards, Lt. F. R., 22 Bn. Lond. R.
Richards, Capt. F. S., ret.
Richards, Temp. Capt. F. W., D.S.O., R.E.

---

† Also awarded Bar to Military Cross.

Orders of Knighthood, &c.

THE MILITARY CROSS—*contd.*

Richards, Lt. G. E. A., S. Mid. Divl. R.E.
Richards, Temp.Maj.G.H., R E.
Richards, Temp. 2nd Lt. G. P., Serv. Bns. E. Lan. R.
Richards, Capt. G., Qr.-Mr. K.R. Rif, C.
Richards, Lt. G. W., R.W. Fus.
Richards,*Rev.*H *late*Temp. Chapl. to the Forces, 4th Class
Richards, Capt. H. E. S., R.A.M.C. (T.F.)
Richards, Lt. H. L., Linc. Yeo.
†Richards, Capt. H. McA., R.F.A.
Richards, Capt J. L.,4 Bn. Suff. R.
Richards, Lt. J. M., 7 Bn. R. W. Fus.
Richards, Capt. J. W., C'wealth Mil. Forces.
Richards, Lt. L. W., 5 Bn. Linc. R.
Richards, Lt. M. F., *late* Serv. Bn. Suff. R.
Richards, Capt. M. G., 8. Wales Bord.
Richards, Lt. M. J., R.F.A. (T.F.)
Richards, Lt. P. C., *late* R.F.A.
Richards, Bt. Maj. R., 4 Bn. R. W. Fus.
Richards, Temp. Capt. (*bt. maj.*) T. S.
Richards, Temp. Lt. W., M.G. Corps.
Richards, Temp. 2nd Lt. W., Serv. Bns. R.W.Fus.
†Richards, Maj. W. K A., *late* R.A.M.C.
Richards, Lt. W. R., Aust. Imp. Force
Richards, Lt. W. V., Dorset R.
Richards, Temp.Lt. W.W., R.A.O.C.
Richardson, Lt. A., R.F.A. Spec. Res.
Richardson, Co.Serjt.-Maj. A. E., Rif. Brig.
†Richardson, Temp. Capt. A. G., R.E.
Richardson, Temp. Capt A.N.,*D.S.O.*, M.G.Corps
†Richardson, Capt. A. V., R. Muns. Fus.
Richardson Lt. A. W., 4 Bn. R. Suss. R.
Richardson, Lt. C. E., Can. Eng.
Richardson, Lt. C.F., Aust. Imp. Force
Richardson, Capt. C. N., C'wealth Mil. Forces.
Richardson, 2nd Lt., C. J., Norf. R.
Richardson, Maj. C. R., C'wealth Mil. Forces.
†Richardson, Capt. D. C. H., 12 Lrs.
Richardson, Temp. Lt. D. H., Tank Corps.
Richardson, Lt. D. T., *M.B.*, R.A.M.C.

Richardson, Lt. E. J., Norf. R.
Richardson, Lt. G., High. L.I.
Richardson, Temp. 2nd Lt. G., Serv.Bns. York. R.
Richardson, Maj. G. A., *D.S.O.*, ret'. pay.
Richardson, Lt. G. C., Can. Local Forces.
Richardson, Capt. H., *O.B.E.*, TD, R.E. (T.F.)
Richardson, Temp. 2nd Lt. H., Serv. Bns. N. Lan. R.
Richardson, Capt.H. McK W., *D.S.O.*, N.Z. Mil. Forces.
Richardson, Serjt.-Maj. J., 9 Lrs.
Richardson, Sergt - Maj. J.G., R.A.M.C.
Richardson,Capt.J. H. K., R.F.A.
Richardson, Capt. J. M., R.A.V.C. (T.F.)
Richardson, Temp. Lt. J. N., 6 Bn. R. Berks R.
Richardson, Lt. J. T., 6 Bn. Durh. L.I.
Richardson, Maj. J. T., Qr.-Mr. ret. pay.
Richardson, Serjt. - Maj. L. J., R.A.M.C.
†Richardson, Lt. P. H. R.F.A. Spec. Res.
Richardson, 2nd Lt. O. W. F., 4 Bn. K.O. Sco. Bord.
Richardson, Capt. R., 55 Rif.
Richardson, Serjt.-Maj. R. Durh. L.I.
Richardson, Temp. Capt R C..21 Bn. K.R. Rif. C.
Richardson, Lt. R. C., 4 Bn. W. York. R.
Richardson, R. E. A., R.G.A. (T.F.)
†Richardson, Maj. R. H., Can. Local Forces.
Richardson, Lt. R. L. T., 7 Bn. R. Scots.
Richardson, Lt. W.A., Can, Fd. Art.
Richardson, Lt. W.E.,4 Bn. R. ▪ ar. B.
Richardson, Maj. W. F., Can. Eng.
†Richardson, Lt. W. H., T.F. Res.
Richardson, Lt. W. H., 5 Bn. R. Lanc. R.
Richer, Lt. L. L. S., 9 Bn. L'pool R.
Riches, Capt. C. S. R., Can. A.S.C.
Riches, Capt. E. W., *late* Serv. Bns. North'd Fus.
Richey, Temp. Capt. J. E., R.E.
Richings, 2nd Lt. A. W., 8. Lan. R.
†Richmond, Maj. A., *M.B.*, *late* R.A.M.C.
Richmond, Capt.A.G., Can. Cyclist Bn.
Richmond, Temp. Lt. G., *M.C.*, R.A.M.C.
Richmond, Temp. Lt. G H., Serv. Bns. Shrops. L.I.

Richmond, 2nd Lt. M. W., 19 Bn. Lond. R.
Richmond, Lt. R., L. S. Horse
†Richmond. Lt. W. F., E. Lan. R.
Rickaby, Lt J. D., 9 Bn. Durh. L.I.
Rickard, Maj. A. L., C'wealth Mil. Forces.
Rickard, 2nd Lt. R. H., R.G.A., Spec. Res.
Rickards, Maj. G.A.,*D.S.O.*, R.F.A.
†Rickards, Lt. G. A., R.A.
Rickards, Capt. G. B., R.F.C. Spec. Res.
Rickards, Capt. J., *M.B.*, *late* R.A.M.C.
Rickatson, Lt. H. C., C. Gds., Spec. Res.
Rickeard, 2nd Lt. E. P., 3 Bn. D of Corn. L.I.
Ricketts, Lt. C. H., S. Staff. R.
Ricketts, 2nd Lt. G. A. McG., 4 Bn. Yorks. L.I.
Ricketts,Temp. Maj H.J., 9 Bn. R. Fus.
Rickwood, Temp. Maj. H. G., *D.S.O.*, 9 Bn. S. Lan. R.
Rickwood, Lt. J. E., *late* Serv. Bns. R. Berks R.
Riddell, Maj. G. W., *M.B.*, *late* R.A.M.C.
Riddel. 2nd Lt. J. A., *late* Gen. List
Riddel, Lt. J. L., 4 Bn. R. Sc. Fus.
Riddel, Capt. J. W. G. H., Res. of Off.
Riddel, Temp.Lt.R., 10 Bn. Arg. & Suth'd Highrs.
Riddell, Capt. A. G., Can. Eng.
Riddell, Lt. A. H. O., Bedf. & Herts. R.
Riddell Capt. D. F., *M.B.*, *late* R.A.M.C.
Riddell, Temp. Maj. G. A., Ches. R. (attd.)
Riddell, Capt. G. B., Unattd. List T.F.)
Riddell, Temp. Capt. G W., *M.B.*, R.A.M.C.
Riddeil, Temp. 2nd Lt. J. A., Tank Corps.
†Riddell, Capt. J. S., *late* 6 Bn. Gord. Highrs.
Riddell, Lt. W., Can. M.G. Corps
Riddell, Maj. W. H., *M.B.*, ret. Ind. Army.
Riddett, Capt. S. A., *late* R.A.M.C.
Riddiford, Lt. D. H. S., G. Gds. Spec. Res.
Riddle, Temp. Capt. J. A., Serv. Bns. Glouc. R.
Riddler, Capt. J., ret.
Riddoch,Temp.Capt.J.W. *M.C.*, R.A.M.C.
Ride. Lt. J., Aust. Imp Force
Ridealgh, Lt. H. R., R.F.A. (T.F.)

Rider, Serjt.-Maj. A. G., R. Berks. R.
Rider, *Rev.* J. S. D., Temp. Chapl. to the Forces, 3rd Class.
Rider, *Rev.* R. J., Temp. Chapl. to the Forces (4th Class)
Rider, Temp. Lt. W. E., M. G. Corps.
Ridewood, Capt. W. A., Welch R.
Ridge. Lt. F. H., R.E. (T.F.)
Ridge, Lt. G. T., 3 Bn. Som. L.I.
Ridge, Capt. K. J. T., Ind. Army.
†Ridgway, *Rev.* R. W., Can. Local Forces.
†Ridgway,Capt. T., *D.S.O.*, 4 Bn. S. Lan. R.
Ridgewell, Serjt.-Maj. S.A., Can. Local Forces.
Ridler, Lt. F. A., 4 Bn. Glouc. R.
Ridley, Temp. Lt.-Col. B. W., *D.S O.*, Serv. Bns. S. Lan. R.
Ridley, Lt. C. A., *D.S.O.*, R. Fus.
Ridley, Temp. Capt. D. F., Serv. Bns. Bord. R.
Ridley, Capt. E. D., G.Gds.
†Ridley, Maj. E. G., *late* S. Afr. Def. Force
Ridley, Capt. O. G., Corps of Mil. Accts.
Ridley, Temp. Lt. P. R., North'n Cyclist Bn.
Ridley, Temp. Qr.-Mr. & Capt. R. M., Serv. Bn. Suff. R.
Ridley, Temp. Capt. T. K., 4, Serv. Bns. York R.
Ridlington, Temp. Lt. A. C., Tank Corps
Ridout, Temp. Maj. G. L., R.E.
Ridout, Temp. Lt. G. S., 19 Bn. Midd'x R.
Ridout, Capt. G. S., Res. of Off.
Ridout-Evans, Temp. Lt. G. W. F., R.E.
Ridsdale, Lt. C. E., *late* R.F.A., Spec. Res.
Rigby, Capt. C. V., 7 Bn. W. Rid. R.
Rigby, Lt. T., R.A.
Rigby, Temp. Capt. W. E., 18 Bn. Lan. Fus.
†Rigby-Jones, Lt. E., 6 Bn. L'pool R.
Rigden, Temp. 2nd Lt. A. W., Serv. Bn. Notts. & Derby. R.
†Rigden, Lt. B. C., Ind. Army.
Rigden, Capt. G. F., *M.B.*, *late* R.A.M.C.
Rigg, Maj. C. R., C'wealth Mil. Forces.
Riggall, Lt. C. B., R.F.A. (T.F.)
Riggs, Lt. A. F. McC., Yorks. L.I.
Righton, Lt. E. G. V.,3 Bn. Linc. R.

---

† Also awarded Bar to Military Cross.

THE MILITARY CROSS—contd.

Rigold, Capt. E. E., *late* R.G.A.
Riley, Qr.-Mr.-Serjt. A, S. Staff. R.
Riley, Lt. A. A., 7 Bn. Midd'x R.
Riley, Capt. A. G., M.G. Corps.
Riley, Temp. Lt. A. J., 8 Bn. York & Lanc. R.
Riley, Lt. A. J., *late* Serv. Bns. R. Fus.
Riley, Lt. B. M., 6 Bn. W. York R.
Riley, Lt. C. J. M., C. Gds.
Riley, Hon. Capt. E. L., *late* Manch. R. (attd.)
†Riley, Lt. F., Manch. Regt.
Riley, Lt. H., *late* R.E.
Riley, Lt. M. E., *late* Serv. Bns. E. Lancs.
Riley, Lt. R., 3 Bn. York & Lanc. R.
Riley, Qr.-Mr. & Lt. T., 5 Bn. W. York R.
Riley, Temp. 2nd Lt. T. S., R.A.S.C.
Riley, Temp. Lt. W. H., Serv. Bns. Lan. Fus.
Riley, Lt. W. P., R.G.A. (T.F.)
Rimington, Lt. E., *late* R.E.
Rimington, Temp. Lt. B., 1 D.G.
Rimmer, Lt. C. P., R.F.A., (T.F.)
Ring, Serjt.-Maj. J., R. Muns. Fus.
Ringer, Lt. E. A., Nova Scotia Regt.
Ringham, 2nd Lt. H, 5 Bn N. Staff. R.
Rintoul, Capt. S. W., *M.B.*, R.A.M.C. Spec. Res.
†Ripley, Capt. O. H., R.G.A. (T.F.)
Ripley, Lt. J. M., R.A.
Rishton, Hon. Capt. A. H., *late* 8 S. Afr. Inf.
Rishworth, Temp. 2nd Lt. H. B., R.E.
Rishworth, *late* Temp. Capt. W. N., *M.B.*, R.A.M.C.
†Risk, Capt. R., *late* 3 Bn. Gord. Highrs.
Rissik, Temp. Capt. H. (Lt. S. Afr. Def. Forces).
Ritchie, Lt. A., *late* R. Highrs.
Ritchie, Maj A. B., Can. Local Forces.
Ritchie, Lt. A. T. A., G. Gds. Spec. Res.
Ritchie, Lt.-Col C. F., *D.S.O.*, Can. Local Forces.
Ritchie, Maj. C. G., *late* Serv. Bns. High L.I.
Ritchie, Capt D., 2 Cent. Ont Regt,
Ritchie, Capt. D. M., T.F. Res.
Ritchie, Lt. F. A., Can. Local Forces.
Ritchie, Lt. G. A., 5 Bn. Arg. & Suth'd Highrs.
Ritchie, Temp. Lt. G., St, Tank Corps.
Ritchie, Co. Serjt.-Maj. J., Gord. Highrs.
Ritchie, Lt. J. C., R. Highrs.
Ritchie, Lt. J. D., 4 Bn. Gord. Highrs.
Ritchie, J. H., *M.B.*, *late* temp. Capt. R.A.M.C.
Ritchie, Maj. J. N., R.F.A. (T.F.)
Ritchie, Maj. J. R., T.F. Res.
Ritchie, Capt. N. M., *D.S.O.*, R. Highrs.
Ritchie, Capt. R. W., ret. pay.
Ritchie, Lt. S. J., Sea. Highrs.
Ritson, Maj. J. A. S., *D.S.O.*, 8 Bn. Durh. L.I.
Rivett, Lt. F. W., R.A.
Riviere, Capt. E. J., N. Lan. R.
Roach, Lt. H. E., C'wealth Mil. Forces.
Roach, Temp. Lt. L. N.
Roach, Lt. W. F., 3 Bn. S. Lan. R.
Roake, Lt. J., 5 Bn. Lan. Fus.
Robartes, Temp. 2nd Lt. H., R.A.
Robarts, Lt. G. W., R.F.A. Spec. Res.
Robothan, Temp. Capt. F. P., R.A.S.C.
Robb, Co. Sergt.-Maj. A. *M.M.*, Arg. & Suth'd Highrs.
Robb, Maj. D. G., *late* R.E.
Robb, Lt. H. D., C'wealth Mil. Forces.
Robb, Capt. H. D., *M.B.*, *late* R.A.M.C.
Robb, Lt. J. G. F., R.G.A.
Robb, Lt. J. J., R.F.A. (T.F.)
Robb, Temp. Lt. J. R., 10 Bn. Sco. Rif.
†Robb, Lt. J. R., Aust. Imp. Force.
Robb, Lt. M. J., E. Ont Regt,
Robb, Capt. W., Yorks. L.I.
Robb, Capt. W. McC., Can. Cime.
Robbie, Co. Serjt.-Maj. L. N., N. Lan. R.
Robbins, Capt. C. R., Res. of Off.
Robbins, Capt. F. H., R.A.M.C. (T.F.)
Robbins, Lt. H., Aust. Imp. Force
Robbins, Lt. T., 6 Bn. Lan. Fus.
Robbs, Capt. F. C., *late* R.A.M.C.
Roberson, Temp. Capt. W. R., R.A.S.C.
Robert, Capt. V. G., Ind. Army

Roberton, Lt. W. E., 3 Bn. Sco. Rif.
Roberton, Capt. W. H., Qr.-Mr. 9 Bn. Durh. L.I.
†Roberts, Lt. A., R.E. (T.F.)
Roberts, Lt. A., 8 Bn. Durh. L.I.
Roberts, Temp. Capt. A. H., 9 Bn. York. R.
Roberts, Temp. Capt. A. B.F.
Roberts, Lt. A C. G., 3 Bn. Devon. R.
Roberts, Temp. 2nd Lt. A. D., Welsh R. (attd.)
Roberts, Temp. Lt. A. G., 13 Bn. L'pool R.
Roberts, Lt. A. L., C'wealth Mil. Forces.
Roberts, 2nd Lt. A. L., 4 Bn. Leic. R.
Roberts, Lt. A. S., 7 Bn. R. War. R.
Roberts, Lt. A. W., Worc. R.
Roberts, Temp. Capt. C. R.F.A.
Roberts, Maj. C. E., North'n R.
Roberts, Capt. Carlton F., *late* R.F.A. Spec. Res.
Roberts, Lt. C. G., Res. of Off.
Roberts, 2nd Lt. C. H. H., 21 Bn. Lond. R.
Roberts, Temp. Capt. C. L, M.G. Corps.
Roberts, Lt. C. W., S. Afr. Def. Force
Roberts, Co.-Serjt.-Maj. D., 9 Bn. L'pool R.
†Roberts, Temp. Maj. D. E. 12 Bn. Yorks. L.I.
Roberts, Lt. E. E., Welsh Horse Yeo.
Roberts, Lt. E. F., Can. Rly. Serv.
Roberts, Lt. E. G., R.G.A.
†Roberts, Capt. E. H. G., 9 Bn. L'pool R.
Roberts, Lt. E. L., *late* R.E.
Roberts, Lt. E. M., 7 Bn. North'd Fus.
Roberts, Lt. E. P., ret. pay
Roberts, Lt. F., *late* Bucks Bn. Oxf. & Bucks L.I.
Roberts, Temp. Capt. F., Serv. Bns. Welch R.
Roberts, Capt. F., R.G.A. (T.F.)
Roberts, Temp. Lt. F. A. D., Serv. Bns. Lan. Fus.
※Roberts, Capt. F. C., *D.S.O.*, Worc. R.
Roberts, Lt. F. C., Ind. Army, Res. of Off.
Roberts, 2nd Lt. F. G., *D.C.M.*, 5 Bn. R. Sco. Fus. (Capt. E. Lan. R.)
Roberts, Lt.-Col. F. J., *late* 12 Bn. Notts. & Derby. R.
Roberts. Qr.-Mr. & Capt. F. M., Oxf. & Bucks L.I.
††Roberts, Temp. Maj. G., *D.S.O.*, R.F.A.

Roberts, Capt. G. B., Can. Local Forces.
Roberts, Temp. Lt. G. D., Serv. Bns. R.W. Fus.
Roberts, Temp. Lt. G. E.
Roberts, Capt. G. G., Bn. York & Lanc. R.
Roberts, Lt. G. G., *A.M.I. Mech.E.*, R.E. (T.F.)
Roberts, Lt. G. T., Bn. Lond. R.
Roberts, Lt. H., *D.S.O.*, R.Snss.R.
Roberts, Temp. Capt. H., R.E.
Roberts, Temp. 2nd Lt. H., Serv. Bns. W. York. R.
Roberts, Lt. H., T.F. Res.
Roberts, Capt. H. A., Res. of Off.
Roberts, Temp. Lt. H. C. W.
Roberts, Lt. H. D., 1 Co. of Lond. Yeo.
Roberts, 2nd Lt. H. E., 4 Bn. R. W. Fus.
Roberts, Capt. H. G. V., Midd'x R.
Roberts, Maj. H. S., Essex R.
Roberts, Temp. Lt. H. F., Serv. Bns. R. Fus.
Roberts, Lt. J., Can.. Fd. Art.
Roberts, Lt. J. A., 3 Bn. Welch R.
Roberts, Lt. J. E., 7 Bn. Worc. R.
Roberts, Capt. J. F., *late* 6 Bn. Es-ex R.
Roberts, Lt. J. H., Can. Local Forces.
Roberts, Temp. Maj. J. P., *D.S.O.*, M.G. Corps.
Roberts, Capt. J. R., R.E.
Roberts, *Rev*. N, Hon. Chapl. to the Forces, 4th Class.
Roberts, Temp. Lt. J. V., R.E.
Roberts, *Rev*. N., Hon. Chapl. to the Forces, 4th Class.
†Roberts, Lt. N. L., R.F.A. Spec. Res.
Roberts, Capt. O. F. T., *late* R.G.A., Spec. Res.
Roberts, Lt. R. C. L., *late* Serv. Bns Shrops. L.I.
Roberts, Co. Serjt.-Maj., R.G., 10 Bn. R, W. Fus.
Roberts, Capt. R. G., 7 D. Gds.
Roberts, Lt. R. P. E., R.F.A.(T.F.)
Roberts, Lt. S. C., 5 Bn. K.O. Sco. Bord.
Roberts, Temp. Lt. T., M.G. Corps.
†Roberts, Lt T. N., R.G.A. (T.F.)
Roberts, Serjts.-Maj. T. V. W., *M.B.E.*, S. Lan. R.
Roberts, Lt. T. W. B., Aust. imp. Force.
Roberts, Temp. Capt. W., R.A.

† Also awarded Bar to Military Cross.   †† Also awarded 2nd Bar to Military Cross.

Orders of Knighthood, &c.

THE MILITARY CROSS—*contd.*

Roberts, Co.-Serjt.-Maj. W., M.G. Corps.
Roberts, Temp. Lt. W., Serv. Bns. R.W. Fus.
Roberts, Temp. Capt. W.E., Tank Corps.
Roberts, Maj.W. H., *D.S.O.*, R.E.
Roberts, Lt. W. H., Can. M.G. Corps.
Roberts, Lt. W. J., *late* Serv. Bns. S.Wales Bord.
Roberts, Lt.W.L.,Midd'x R
Roberts, Lt. W. St. C. H., R.F.A. Spec. Res.
Roberts, Capt. W. T., 4 Bn. Devon. R.
Robertshawe, *Rev.* N.F.E., Temp. Chapl. to the Forces, 3rd Class.
Robertson, Capt.A., R.G.A. (T.F.)
Robertson, Temp. 2nd Lt. A., 7 Bn. Shrops. L.I.
Robertson, Capt. A., *M.B.*, R.A.M.C., Spec. Res.
Robertson, Lt. A. H., Can. Local Forces.
Robertson, Temp. A. J., R.E.
Robertson, Capt. A. M., S. Afr. Def. Force.
Robertson. Capt. A. M., Can. Eng.
Robertson, Lt. A. McL., Ind. Army (Res. of Off.)
Robertson, Capt. B. H., *D.S.O.*, R.E.
Robertson, Lt. C., 5 Bn. Gord. Highrs.
Robertson, Temp. Capt. C. A., R.E.
Robertson, Capt. C. B., Arg. & Suth'd Highrs.
Robertson, Lt. C.J., R.F.A. (T.F.)
Robertson. Temp Capt. C, J, T., *O.B.E.*, R.A.O.C.
Robertson, Temp. Capt. D., Serv. Bns. Lan. Fus.
Robertson, Temp. Capt D.
Robertson, Temp. Lt. D. C., R.E.
Robertson, Lt. D. G., Can. Local Forces.
Robertson, Lt. D. H., T.F. Res.
Robertson, Capt. D I, 7 Bn. Arg. & Suth'd Highrs.
Robertson, Capt. D. N., 6 Bn. Arg. & Suth'd Highrs.
Robertson, Capt. D. S., *M.B.*, *late* R.A.M.C.
Robertson, Lt. D. S., 4 Bn. S. Lan. R.
Robertson, Temp. Lt. D. W., *D.S.O.*, Serv. Bns. K.R. Rif. C.
Robertson, Lt. F. B., *late* Serv. Bn. Leic. R.
Robertson, Lt. F. J., 2 Dns.
Robertson, Temp. Lt. F. L.
Robertson, Lt. G., Sco. Horse Yeo.
Robertson, Lt. G. C. A., 9 Bn. Sea. Highrs.
Robertson, Lt. H. A., Can. Local Forces
Robertson, Lt. H. C., 3 Bn. Sea. Highrs.
Robertson, 2nd Lt. H. E., 7 Bn. Gord. Highrs.
Robertson, Temp. Capt. H. J., R.A.S.C.
Robertson, Maj. H. M. M., *O.B.E.*, R.A.
Robertson, Lt. H. N., R.F.A.
Roberson, Lt. J. S., 6 Bn. Sea. Highrs.
Robertson, Capt. J., S. Afr. Def. Force.
Robertson, Lt. J., 3 Bn. Cam'n Highrs.
Robertson, Co. Serjt.-Maj. J., Sea. Highrs.
Robertson Capt. J., ret. pay.
Robertson, Lt. J., R.E. (T.F.)
Robertson, Lt. J. B., 9 Bn. Arg. & Suth'd Highrs.
Robertson, Lt. J. C., C'wealth Mil. Forces.
Robertson, Lt. J. C., 6 Bn. High. L I.
Robertson, Capt. J. D. *M,B.*, *late* R.A.M.C.
Robertson, Temp. Lt. J. H.
Robertson, Lt. J. K. A., R. Highrs.
Robertson, Lt. J. R., 6 Bn. High. L.I.
†Robertson, Capt. J. W. H., 4 Bn. R. Highrs.
Robertson, Lt. K. A., 5 Bn. Glouc. R.
Rober son, Temp. Lt. L. G., Gord. Highrs. (attd.)
Robertson, Temp. Maj. M., *O.B.E.*
Robertson, Lt. M. McD., R.F.A. Spec. Res.
Robertson, Capt. O, J., 23 Bn. Lond. R.
Robertson, Capt. Robert Cecil, *M.B.*, R.A.M.C.
Robertson, Lt. R. D. F., Essex R
Robertson, Lt. R. K., *late* R.F.A. (T.F.)
†Robertson, Capt. R. M., *late* 14 Bn. Lond. R.
Robertson, Capt. S., Res. of Off.
Robertson, Maj. S R., *late* S. Afr. Def. Force.
Robertson, Temp. Capt. V. A. M., R. E.
Robertson, Capt. W., *M.B.*, T.F. Res.
Robertson, Capt. W., *late* Serv. Bns. Arg. & Suth'd Highrs.
Robertson, Capt. W., ret.
Robertson, Capt. W. A., T.F. Res.
Robertson, Temp. Maj. W. B.
†Robertson, Capt. W. H., R.G.A. (T.F.)
Robertson, Temp. Lt. W. J., R. Sc. Fus.
Robertson, Capt. W. L., *M.B.,F.R.C.S.*, R.A.M.C. (T.F.)

Robertson, Maj. W. R. C., C'wealth Mil. Forces.
Robertson, Temp. Capt W. R. D., R.F.A.
Robertson, Temp. Capt W. T G., Arg. & Suth'd Highrs.
Robertson-Scott, Lt. T., R.F.A. Spec. Res.
Robey, Lt. R. K. C'wealth Mil. Forces.
Robin, Temp. Lt. G. A, R.E.
Robinow, Lt. W., Tank Corps.
Robins, Lt. N. W., Can. Local Forces
†Robins, Temp.2nd Lt. R.T
Robinson, Qr.-Mr. & Capt. A., K.R.Rif.C.
Robinson, Lt. A., Yorks. L.I.
Robinson, Lt. A. A., 7 Bn. L'pool R.
Robinson, Capt. A. C., S. Lan. R.
†Robinson, Maj. A. E., R.F.A., Spec. Res.
Robinson, Lt. A. H., 8 Bn. Durh. L.I.
Robinson, Capt. A. J. D., 4 Bn. E. Lan. R,
Robinson, Lt. A. M., *late* R.F.A., Spec. Res.
Robinson, Maj. A. O., *late* M.G. Corps.
Robinson, Capt. B. W. ret. pay.
Robinson, Temp Capt. 18 Bn. K.R. Rif.C.
Robinson, Lt. C., R.F.A. (T.F.)
Robinson, Lt. C. C., 6 Bn. Ches. R.
Robinson, Maj. C. D., *late* Serv. Bns. N. Staff. R.
Robinson, Maj. C. F, C'wealth Mil. Forces.
Robinson, Maj. C. J., *late* R A.
Robinson, Temp. 2nd Lt C. R., M.G. Corps.
Robinson,Lt,C.W., R.G.A., Spec. Res.
Robinson, Capt. D. C., 36 Sikhs.
Robinson, Bt. Maj. D. C., R. Lanc. R.
Robinson, Lt. E. A., Can. Local Forces.
†Robinson, Temp. Maj E. A., R.E.
Robinson, Lt. E. A., *M.M.*, Can. A.P.C.
Robinson, Lt. E. A., R Anglesey R.E.
Robinson, Capt. E. B., E. York R.
†Robinson, Temp. Maj. E. H., *D.S.O.*, 7 Bn. Shrops. L.I.
†Robinson, 2nd Lt. E. L., 4 Bn. S. Lan. R.
Robinson, Rev. E. V., Hon. Chapl. to the Forces, 4th Class.
Robinson, Temp. Capt. F R.A.

Robinson, Temp. Lt. F. A. Serv. Bns. 8 Staff. R.
Robinson, Capt. F. A. *M.B.*, R.A.M.C.
Robinson, Capt. F. G., E, Ont. Regt.
Robinson, Capt. F. L., *D.S.O.*, R. Innis. Fus.
Robinson, Capt.*Str* F V.L., Bt., 3 Bn. North'n R. (Capt. ret. pay)
Robinson, Temp. Lt. F.W., Manch. R. (attd.)
Robinson, Temp. Lt. G., 5 Bn. Conn. Rang.
Robinson, Lt. G., *late* R.F.A. (T.F.)
Robinson Temp. Lt. G., Serv. Bns. R. Ir. Fus.
Robinson, 2nd Lt. G., Unattd. List (T.F.)
Robinson,Temp.Lt. G.A., Serv. Bns. W. York. R.
†Robinson, Temp. Lt. G E. R.F.A.
Robinson, Capt.G. E. J.A., *M.D.*, R.A.M.C. (T.F.)
Robinson, Maj. G. S., Man. Regt.
Robinson,Capt. G. St. G., *D.S.O.*, North'n R.
Robinson, Lt. H., 4 Bn. No th'd Fus.
Robinson, Maj. H. A.
Robinson, Capt. H. H., *late* M.G. Corps.
Robinson, Lt. H. S., Can. Fd. Art.
Robinson, Capt. H. W., *M.B.*, R.A.M.C. (T.F.)
Robinson, Temp. Lt. J., M.G. Corps
Robinson, Temp. Serjt.-Maj. J., 5 Bn Notts & Derby R.
Robinson, Temp. Qr.-Mr. & Capt. J., R.A.M.C.
Robinson, Lt. J. D., E. Rid. of York. Yeo.
Robinson, J. E., M.G. Corps
Robinson, Capt. J.F. M., E. Rid. of York. Yeo.
Robinson, Lt. J.G., R.F.A.
Robinson, Temp. Lt. J. S., R.E.
Robinson, J.S., Aust. Imp. Force
Robinson, Lt. L. G., Res. of Off.
†Robinson. Lt. L. K., R.G.A., Spec. Res.
Robinson,Capt. L. M.,6 Bn. Lan. Fus.
Robinson, Capt. M., Res. of Off.
Robinson, 2nd Lt. N. L., R F.A., Spec. Res.
Robinson, Lt. N. S., R.G.A. Spec. Res.
Robinson, Temp. Lt. N. V., 112 Trng. Res. Bn.
Robinson, 2nd Lt. O. C., ret.
Robinson, Lt. P. H., R.G.A., Spec. Res.
Robinson, Lt. P. S., Aust. Imp. Force
Robinson, Lt. R., R.F.A., Spec. Res.
Robinson, Temp. Capt. R. C., R.E.
Robinson, Temp. Lt. R. C. R., Serv. Bns. Lan. Fus.

† Also awarded Bar to Military Cross.

Orders of Knighthood, &c.

THE MILITARY CROSS—*contd.*

Robinson, 2nd Temp. Lt. R. U., Tank Corps
Robinson, Capt. R. W. G., Bn. Durh. L.I.
Robinson, Capt. S. D., Can. Eng.
Robinson, Lt. S. G., *late* 7 Bn. Arg. & Suth'd Highrs.
Robinson, Hon. Capt. S. H., *late* R.F.A. (T.F.)
Robinson, Lt. S. L., Aust. Imp. Force.
Robinson, Capt. T., R.F.A. (T.F.)
Robinson, 2nd Lt. T., 10 Hrs., Spec. Res.
†Robinson, Temp. Lt. T., Serv. Bns. L'pool R.
Robinson, Temp. Capt. T.G., Prote. Force.
Robinson, 2nd Lt. T. H., R.G.A.
††Robinson, Capt. V. O., 6 Bn. Notts. & Derby. R.
Robinson, Temp. Capt. W. G. M., 11 Bn. Leic. R.
Robinson, Lt.W.K., R.F.A. Spec. Res.
Robinson, Lt. W. P. A., R.F.A.
Roblin, Capt. H. L., Can. Eng.
Robotti, Temp. Lt. W. L., R. Mar.
Robson, Co. Serjt.-Maj. A., York. R.
†Robson, Capt. A. H., *late* Serv. Bns. Durh. L.I.
Robson, Lt. G. A., *late* Rlf. Brig.
Robson, Lt. J. H., North'd Fus. Spec. Res.
Robson, Lt. J. S. J., 4 Bn. North'd Fus.
Robson, Lt. L. C., Aust. Imp. Force.
Robson, Temp Lt. L. S., 15 Bn. R. Scots.
Robson, Qr. Mr.-Serjt. P. L., 13 Bn. Durh. L.I.
Robson, Lt. T., North'd Yeo.
†Robson, Capt. T. K., *late* 1 L.G. Spec. Res.
Robson, Temp. Lt. W. H., Serv. Bns. North'd Fus.
Roch, Temp. Lt. J. A., M.G. Corps.
Roche, A. R., *late* Temp. Capt. R.A.M.C.
†Roche, Capt. C., R.A.M.C.
Roche, Rev. D., Temp. Chapl. to the Forces, 4th Class
Roche, Lt. E. H., R.G.A., Spec. Res.
Roche, Temp. Capt. G.D. B.
Roche, Capt. H., Can. Fd. Art.
Roche, Capt. L. S. C., R.A.M.C.
Roche, Capt. M. J., M.B., Ind. Med. Serv.
Roche, 2nd Lt. P. J., ret. Ind. Army
Roche, Rev. R. J., Hon. Chapl. to the Forces, 4th Class

Roche, Lt. W., R.F.A. Spec. Res.
Roche-Kelly, Capt. J., S. Ir. Horse.
Rochford, Temp. Lt. J. R., 10 Bn. R. War. R.
Rochfort, Capt. R.A., D.S.O., R. War. R.
Rockliff, Maj. W. H., C'wealth Mil. Forces.
Rodd, Temp. Capt. J. M., R.A.O.C.
Rodda, Capt. H.C., C'wealth Mil. Forces.
Rodda, Lt. H. C., R.E. (T.F.)
Roddick, Lt. J. A., *D.S.O.*, 10 Bn. L'pool R.
Roddy, Capt. G., S. Afr. Prote. Force.
Roderick, Temp. Lt. W. D., *D.S.O.*, Serv. Bns. R.W. Fus.
Rodger, Capt. A. J., 5 Bn. R. Sc. Fus.
†Rodger, Maj. J., *M B., late* R.A.M.C.
Rodger, Lt. J. B., War. Yeo.
Rodger, Lt. J. L., 4 Bn. Yorks. L.I.
Rodger, Co. Serjt.-Maj. R., Arg. & Suth'd Highrs.
Rodger, Lt. R. C., R.F.A. Spec. Res.
Rodgers, Lt. J., *M.M.*, Man. R.
Rodney, Capt. Hon. J. H. B., 5 Bn. Rif. Brig.
Rodocanachi, Lt. T. E., R.A.
Rodrigues, Asst. Surg. J. M., Ind. Sub. Med. Dept.
Rodwell, Co. Serjt.-Maj. G H., R.E.
Rodwell, Capt. H., R.A.S.C. (T.F.)
Rodwell, Lt. L. H., 5 Bn. Suff. R.
Roe, Lt. A., 7 Bn. Lan. Fus.
Roe, C. W., *late* Temp. Capt. R.A.M.C.
Roe, Lt. L. A., Can. M.G. Corps
Roe, Lt. W. N., C. Gds Spec. Res.
Roeber, 2nd Lt. W. C. T., *O.B.E.*, 15 Bn. Lond R.
Rofe, Temp. Lt. H. B. J., Serv. Bns. Fus.
†Roffe, Capt. J. T., *late* S. Afr Def. Force.
Roffey, Co. Serjt.-Maj. H., Lond. R.
Roffey, Lt. J. S., 4 Bn. Oxf. & Bucks. L.I.
Roger, Temp. Lt. W. D., Sco. Rif. (attd.)
†Rogers, Lt. A. B., Shrops. L.I.
Rogers, Capt. A. T., Aust. Imp. Force
Rogers, Temp. 2nd Lt. A. W., R.E.
Rogers-Tillstone, Lt. E M., *D.S.O.*, R.F.A. Spec. Res.
Rogers, Hon. Capt. C., *M.B., late* R.A.M.C.(T.F.)
Rogers, Temp. Capt. C.E.B., 7 Bn. R. Berks. R.
Rogers, Lt. C. H., Can. Local Forces.
Rogers, Maj. E. S., Devon R.G.A.

Rogers, Lt. E. A. W., R.F.A. Spec. Res.
Rogers, Lt. E. C., Aust. Imp. Force
Rogers, Maj. E. T. P., *late* 1 Bn. Hereford R.
Rogers, Capt. F. E. W., R.A.M.C. (T.F.)
Rogers, Capt. F. H., *late* R.E.
Rogers, Capt. G. W., *M.B.*, R.A.M.C.(T.F.)
Rogers, Lt. H. G., M.B.E., Qr.-Mr. R. W. Kent R.
Rogers, Lt. H. M., 3 Bn. Shrops. L.I.
Rogers, Hon. 2nd Lt. Hon. J., *late* R.E.
Rogers, Temp. Lt. J., North'd R.
††Rogers, Temp. Capt. J A., 12 Bn. E. Surr. R.
Rogers, Lt.-Col. J.B., *D.S.O.*, Can. Local Forces.
Rogers, Capt. J. D., C'wealth Mil. Forces.
Rogers, Lt. J. E., 4 Bn. Linc. R.
Rogers, Temp. Lt. L. J., M.G. Corps
Rogers, Co. Serjt.-Maj. P., L'pool R.
Rogers, Capt. J.S., C'wealth Mil. Forces.
Rogers, Rev. '. R., Temp. Chapl. to the Forces, 4th Class
Rogers, Capt. R. A., Can. Eng.
Rogers, Temp. Lt. R. J., Serv. Bns. North'd Fus.
Rogers, Lt. T., 4 Bn. R. Berks. R.
Rogers, Rev. T. G., *late* Temp. Chapl. to the Forces, 4th Class.
Rogers, Lt. T. P. W. *D.S.O.*
Rogers, Temp. Maj. V. B., 12 Bn. R. Ir. Rif.
Rogers, Condr. W. D., R.A.O.C.
Rogers Temp. Lt. W. J., Serv. Bns. R.W. Kent R.
†Rogerson, Temp. 2nd Lt., Tank Corps
Rogerson, Capt. C.J., *M.B.*, R.A.M.C. Spec. Res.
Rogerson, Capt. E., *M.B, late* R.A.M.C.
Rogerson, Lt. F., Aust. Imp. Force
Rogerson, Lt. G. C., R.G.A.
†Rogerson, Temp. Capt. W. A., R.E.
Roland, Lt. J., Quebec R.
Roland, 2nd Lt. R. F., R. Innis. Fus.
Rolland, Rev. F. W., *M.A.*, Chapl. 4th Class Aust. Imp. Force.
Rollason, Temp. Capt. T., *late* Labour Corps.

Roller, Lt. R. E., Res. of Off.
Rolles, Temp. Lt. N., Serv. Bns. R. War. R.
Rollings, Temp. Lt. A. E., M.G. Corps.
†Rollings, Temp. Lt. E. J., Tank Corps.
Rollins, Lt. C. J., Aust. Imp. Force
Rollo, Temp. Capt. A.
Rollo, Temn. Lt. A. D.
Rollo, Lt. W. H. C., 2 Dns., Spec. Res.
Rollo, Maj. W. K., ret. pay.
Rollo, Capt. W. S., R.E. (T.F.)
Rolls, Capt. S. P. A., *D.S.O.*, Dorset R.
Rolo, Temp. 2nd Lt. C.
Rolfe Lt. G. S, 4 Bn. North'd R.
Rolph, 2nd Lt. H. B., *late* 3 Bn. Suff. R.
Romanis, Capt. D. G., R.A.
Rome, 2nd Lt. G. N., 10 Bn. L'pool R.
Rome, Bt. Maj. R.C., R.F.A. [L]
Rome, Lt. S. G., Res. of Off.
Rome, Capt. T. E., *late* 6 Bn. L'pool R.
Romer, Temp. Capt. C., R.E.
†Romyn, Lt. A. E., R.F.A. Spec. Res.
†Ronaldson, Capt. J G., *M.B.*, R.A.M.C.
Ronan, Temp. Lt. A. H., R.E.
Ronan, Temp. Capt. J., *late* 4 Bn. Leins. R.
†Roney, Temp. Lt. H. L., Tank Corps.
Roney-Dougal, Maj. A. R., *D.S.O.*, R.A.
Roney-Dougal, Capt. C.N., R.A.
Ronksley, Lt. F. H., *late* W. Rid. Divl. Eng. R.E.
Ronn, Temp. Capt., H. A., *M.B.*, R.A.M.C.
Rook, Lt. R. H., 3 Bn. W. Yorks. R.
Rooke, Temp Lt. P. D., 10 Bn. York. L.I.
Rooke, Temp. Lt. J. K., M.G. Corps.
Roome, Capt. H. E., R.E.
Rooney, Temp. Lt. A. T. Serv. Bns. York. R.
Rooney, Temp. Lt. C. E. K., 16 Bn. Rif. Brig.
†Rooney. Temp. Capt. T., 7 Bn. R.W. Kent R.
Roosevelt, *late* Hon. Capt. K.
Rooth, Lt. A.V., Ind. Army Res. of Off.
Roper, Capt. A. W. F., *late* S. Afr. Def. Force.
Roper, Maj. E. R., *D.S.O.*, *late* R.A.
Roper, Temp. Capt. H., 8 Bn. Devon. R.
Roper, Lt. J. S. Nova Scotia R.
Ropner, Capt. L., R.G.A. (T.F.)

† Also awarded Bar to Military Cross.
†† Also awarded 2nd Bar to Military Cross.

Orders of Knighthood, &c. 431

THE MILITARY CROSS—*contd.*

Rorke, Temp. Lt. A., R.E.
Rorke, Temp. Lt. A. B., *M.M.*, R.E.
Roscoe, Lt. C., 4 Bn. N. Lan. R.
Roscoe, Temp. Lt. W. Serv. Bns. S. Lan. R.
Roscorla, Maj. P., *late* R.F.A. Spec. Res.
Rose, Lt. A. J., 10 Bn. Midd'x R.
Rose, Lt. A. R., 5 Bn.Yorks. L.I.
Rose, Temp. Lt. C. A., R.F.A.
Rose, Lt. C. C., 22 Bn. Lond. R.
Rose, Capt. C. H., 5 Bn. York. R.
Rose, Maj. D. D., R.F.A.
Rose, Maj. D. H., *late* Serv. Bns Essex R.
†Rose, Temp. Lt. E., Serv. Bns. Arg. & Suth'd Highrs.
Rose, 2nd Lt. E. H., 7 Bn. R. Scots
†Rose, Capt. G. K., 4 Bn. Oxf. & Bucks. L.I.
Rose, Capt. H. B., Wilts. R.
Rose, Capt. H. E., 2 Cent. Ont. R.
Rose, Temp. Lt.L., 5 Bn. S. Wales Bord.
Rose, Capt. M. H., 23 Bn. Manch. R.
†Rose, Maj. R. de R, *late* Serv. Bns. R. Ir. Rif.
†Rose, Lt. R. R., *late* R.E.
Rose, Temp. Lt. T., 10 Bn. Notts. & Derby. R.
Rose, Lt. T. W., *M.B.E.*, 5 Bn. R. Suss. R.
Rose, Capt. W.J.,C'wealth Mil. Forces.
Rosen, Hon. Lt. L. W., Qr.-Mr.Aust.Imp.Force.
Rosen, Lt. W. 4 Bn. Lond. R.
Rosevear, Capt. G., C'wealth Forces.
Roseveare, Capt. L., *late* R.A.
Roseveare, Lt. R. V. H., R.F.A., Spec. Res.
Roseveare, Capt. W. L., R.E.
Rosher, Temp. Capt. E. M., 8 Bn. Welsh R.
Rosher, Temp. Lt.-Col. J. B., M.G. Corps.
Rosher, Temp. Capt. L., R.F.A.
Roskrow, Temp. Capt. F. T., D. of Corn. L.I.(attd.)
Ross, Capt. A., Can. Local Forces.
†Ross, *Rev. Canon* A. E., *late* Temp. Chapl. to the Forces (4th Class.)
Ross, Capt. A. J. H., 7 Gurkha Rif.
Ross, Capt. A. R., N. Brunswick R.

Ross, Temp. Capt. B. J., Serv. Bns.Notts.& Derby. R.
Ross, Lt. B. J., Aust. Imp. Force
Ross, Lt. C. G., C'wealth Mil. Forces.
Ross, Maj. C. G., T.F. Res.
Ross, Lt. D. G., W. Ont. Regt.
††Ross, Lt. E., Sask. Regt.
Ross, Maj. E. J., 8 Gurkha Rif.
Ross, Lt. F. G., 5 Bn. R. Dub. Fus.
Ross, Capt.F.McK.,*O.B.E.*, *late* S. Afr. Overseas Forces.
Ro·s, Lt. F. M., Man. Regt.
Ross, Lt G K., 3 Bn. R. Lanc. R.
Ross,Temp. Lt.G., MacL., R.E
Ross, Lt. H. D., 4 Bn. Cam'n Highrs.
Ross, Lt. H. M., Brit. Columbia Regt.
Ross, Temp. Capt. J.
Ross, Temp. Capt. J., 19 Bn. L'pool R.
Ross, J., *M.B.*, *late* Temp. Capt. R.A.M.C.
Ross, Lt. J., R.F.A. Spec. Res.
Ross, Temp. 2nd Lt. J. Serv Bns, N. Staff. R.
Ross, Lt. J., R.G.A. Spec. Res.
Ross, Lt. J. C., 4 Bn. R. Highrs.
Ross, Lt. J. F. S., R.E. (T.F.)
Ross, Lt J G., 6 Bn. Arg. & Suth'd Highrs.
Ross, Capt. J. H. D., *late* Res. of Off.
Ross, Lt. J. S., 4 Bn. R. Scots
Ross, Lt. J. M., *late* A. Cy. Corps.
Ross. Temp. Lt. J. MacL., R.E.
Ross, Temp. Lt. J. W. H., R.E.
Ross, Temp. Capt. L. H.
Ross, Lt. M. E., R.F.A. Spec. Res.
Ross, Hon. Lt. P. G., *late* E. Lan. R.
Ross, Maj. P. J., C'wealth Mil. Forces.
Ross, Maj. R. D., N. Ir. Horse.
Ross, Capt. R. K., *D.S.O.*, R.W. Surr. R.
Ross, Capt. R. S., *M.B.*, R.A.M.C.
Ross, 2nd Lt. R. S., 1 Bn. Iond. R.
Ross, Capt. R. W., *late* 3 Bn. Sea. Highrs.
Ross, Maj. T., *D.C.M.*, Qr.-Mr. S. Gds., ret. pay.
Ross,Temp. Serjt.-Maj. T., S. Lan. R.

Ross, Capt. W.. C'wealth Mil. Forces.
Ross, Temp. 2nd Lt. W., Serv. Bns. R. Fus.
Ross, Lt. W. B., Can. Cav.
Ross, Lt. W. J. S., Aust. Imp. Force-
Ross, Lt. W. M., Brit. Columbia Regt.
Ross, Lt. W. R, Aust. Imp. Force.
Ross-Innes, 2nd Lt. F. G. *late* S. Afr. Def. Force.
Rossell,Hon. 2nd Lt. E. C., *late* 22 Bn. R. Fus.
Rossiter. Temp. 2nd Lt. C. *M.M.*, M.G. Corps.
Rossiter, Capt. F. N. C., *M.B.E.*, R.G.A.
Rossiter, Temp. Lt. J., M. G. Corps
Rossiter, Temp. Capt. R. H., Temp. Qr.-Mr. Serv. Bns. R. War. R.
Ross-Skinner, Capt. H., *D.S.O.*, High. L.I.
Rostern, Maj. E. W., *late* R.E.
Rostron, Maj. H. J. C.,*late* 5 D.G. Spec. Res.
†Rotherford, Temp. Lt. R. W., *D.S.O.*
Rotheray, Lt. E., R.F.A. (T.F.)
Rothery, Temp. 2nd Lt. A., Tank Corps.
Rothery, Capt. L., 7 Bn. W. Rid. R.
Rothfield, Temp. Lt. I., Serv. Bns. Durh. L.I.
Rothschild,Temp. Capt.G. F., *D.S.O.*, 13 Bn. R. Suss. R.
Rothwell, Temp. Lt. T., 6 Bn. R. Innis. Fus.
Roud, Capt. P. G., Can. Local Forces.
Rough, Lt. A. C., Can. Fd. Art.
Roughley, Temp. 2nd Lt. E., Serv. Bns. Durh. L.I.
Roughley, Lt. J., 3 Bn. S. Lan. R.
†Rought, Temp. Lt. A., R.E.
Rought, Capt. P., *late* R.E.
Roughton, Co. Serjt.-Maj., *D.C.M.*, North. R
Rougier, Lt. C. C., Lan. Fus.
Round, Temp. Lt. A. J. Serv. Bns. S. Wales Bord.
Round, Temp. Capt. H. J.
†Roupell,Capt. F. L. L. F., R.A.
Rourke, Capt. H. G., Aust. Imp. Force.
Rourke, Temp. Lt. J. W., Serv. Bns. Essex R.
Rourke, Temp. 2nd Lt. R., Serv Bns. Manch. R.
Rous, Lt. F. W., 1 Cent. Ont. Regt.
Rouse,Qr.-Mr.& Temp. Lt. A. W., M.G. Corps.
Rouse, Temp. Lt. E., Serv. Bns. R. Fus.

Rouse, 2nd Lt. I. B., *late* 4 Bn. R. Lanc. R.
†Routh, Temp. Capt. E. L., 11 Bn. R. War. R.
Routier, Capt. A. E., Can. Fd Art.
†Routier, Capt. A. G., Can. Local Forces
Routledge, 2nd Lt. G. A. McL., R.F.A., Spec. Res. (Lt. R.A.)
Routley. Temp. Lt. R. A., Serv. Bns. W. York R,
Rouquette, Capt H. R. H., R.A.
Row, Lt. R., R.E. (T.F.)
Rowan 2nd Lt. G., *D.S.O.*, 7 Bn. R. Highrs.
Rowan, Hon. Capt. H. B., *late* Cam'n Highrs.(attd.)
Rowan, Temp. Capt. H. S., R.A.
Rowan, Lt. J. G., 7 Bn. R. Highrs.
Rowan, Lt. P. C., Aust. Imp. For e
Rowan-Hamilton, Capt. G. B., *D.S.O.*, R. Highrs., *p.s c.*
Rowat, Lt. D. W., Can. Local Forces.
Rowberry, Capt. A. H., Can. Mtd. Rif.
Rowbotham, Lt. G. V., *late* Serv. Bns Oxf. & Bucks. L.I.
Rowbotham, Lt.-Col. J., *D.S.O.*, *late* 8 Bn. High. L.I.
Rowcliffe, Lt. F., Hon. Art. Co.
Rowden, Lt. S. A., R.F.A. (T.F.)
Rowden, Qr.-Mr. & Capt. W. R., R.A.S.C.
Rowe, Capt. B. W., Camb. R.
Rowe, Capt. C. L. C., C'wealth Mil. Forces.
Rowe, Capt. E., 2 Co. of Lond. Yeo
Rowe, Lt. G. F., 5 Bn. Durh L.I.
Rowe, Maj. H. M., Can. Rly. Serv.
†Rowe, Lt. H. S., Bedf.Yeo.
†Rowe, Capt. J., *M.B.*, R.A.M.C.
Rowe, Temp. Capt. J.A.V., R.E.
Rowe, Lt. J. W. F., R.W. Kent R.
Rowe, Lt. L. J., N.Z. Mil. Forces.
Rowe, Maj. R. H., *D.S.O.*, R.G.A.
Rowe, Temp. 2nd Lt. R. L., R.E.
Rowe, Lt. V. B., R.F.A. (T.F.)
†Rowe, Temp 2nd Lt. W., M.G. Corps.
†Rowe, Lt. W. D., Wilts R.
Rowe, Maj. W. T., *M.D.*, R.A.M.C.(T.F.)
Rowell, Temp. Capt. G., R.A.S.C.
Rowell, Capt. H. A., R.A.M.C.

† Also awarded Bar to Military Cross. †† Also awarded 2nd Bar to Military Cross.

THE MILITARY CROSS—contd.

Rowell, 2nd Lt. T., R. Berks R.
Rowett, Capt. R. B., R.A.
Rowland, 2nd Lt. C. C., R.F.A. Spec. Res.
†Rowland, Lt. F. S., 6 Bn. Notts. & Derby R.
Rowland, Lt. H. J., late Serv. Bns. R. Fus.
Rowland, Capt. J., R. A. M.C.
Rowland, Lt. J. G., R.F.A. Spec. Res.
†Rowland, Capt. R. C., New Bruns. Regt.
Rowlands, Lt. E. W., 5 Bn. Durh. L.I.
†Rowlands, Lt. H., D.S.O., 2 Bn. Lond. R.
Rowlands, Temp. Lt. H., D.C.M., 17 Bn. Manch. R
Rowlatt Lt. J., late C. Gds. Spec. Res.
Rowlerson, Lt. G. A., 4 Bn. Oxf. & Bucks. L.I.
Rowlette, Temp. Capt. L. M., D.S.O., R.A.M.C.
Rowley, Temp. Lt. E.C.W., 11 Bn. R. War. R.
Rowley, Co. Serjt.-Maj. F. F., 74 Bn. Lond. R.
Rowley, Lt. J. S., 4 Bn. Leic. R.
†Rowley, Lt. L., M.M., Alberta Regt.
Rowley, Temp. Lt. R., M.G. Corps.
Rowley, Lt. R. H. T., 1 Bn. Herts. R.
Rowling, Lt. T. N., Quebec R.
Rowntree, Capt. H. K., M.B., Ind. Med. Serv.
Rowsell, Capt. R., Newf'd Contgt.
Rowsell, Lt. V. N., C. Gds. Spec. Res.
Rowson, Co. Serjt.-Maj. J. J., K. R. Rif. C.
Roxburgh, Lt. R., Junr., 6 Bn. High. L.I.
Roxburgh, Lt. T. A., R.F.A. Spec. Res.
Roxby, Temp. Capt. O.V.M. R.
††Roy, Capt. J. H., 2 Quebec R.
Royce, Lt. G. N., Notts & Derby R
Roydhouse, Capt. J., C'wealth Mil. Forces.
Royds, Temp. Capt. J. A., M.G. Corps.
Royle, Temp. Capt. C. T., 11 Bn. R.W. Surr. R.
Royle, Capt. G. T. F., S. Mid. R.G.A.
Royle, Maj. H. G. F., 3 Bn. Bord. R.
Royle, Temp. Maj. R. H., 11 Bn. Manch. R.
Royse, Rev. T. H. F. R., Temp. Chapl. to the Forces, 4th Class.
Royston, Temp. Lt. E., Serv. Bns. R. Fus.

Rozier, 2nd Lt. A. L., R.F.A. Spec. Res.
Rubery, Lt. S., R.E. (T.F.)
Ruck, Rev. C. G., Hon. Chapl. to the Forces (4th Class)
Rucker, Hon. Lt. C. E. S., late Rif. Brig.
Ruda Ram, Subadar, 125 Rif.
Rudd, Temp. Capt. B. G. d'U., Tank Corps.
Rudd, Hon. Capt. E. A., late 6 Bn. K.R. Rif. C.
Rudd, Temp Lt. J. L., 12 Bn. Notts & Derby R.
Ruddle, Lt. C. R., Res. of Off.
Ruddin, Lt. L. G., 6 Bn. Ches. R.
Ruddy, Temp. 2nd Lt. F., D.C.M., 17 Bn. Manch. R
Rudge, Lt. L. M., Worc. R.
Rudkin, Maj. G. W. R. late R.A.M.C.
Rudkin, Lt. J., 3 Bn. R.W. Surr. R.
Rudkin, Temp. Lt. S. B., R.F.A.
Rudkin, 2nd Lt. T., 3 Bn. York & Lanc. R
Rudman, Lt. E. A., R.E.
Rudman, Lt. W., late Serv. Bns. Wilts R.
Rudolf, Capt. H. P., M.B., R.A.M.C.
Ruffell, Maj. E., late R.G.A.
Ruggles-Brise, Maj. E. A., TD, Essex Yeo.
Ruggles·Brise, Temp. Lt. H. R., R.E. (2nd Lt. S. Afr. Def. Force)
†Rugman, Lt. F. D., 6 Bn. Glouc. R.
Rugman, Lt. W., 3 Bn. R. War. R.
Rule, Lt. A., 4 Bn. Gord. Highrs.
Rumball Maj. C., C'wealth Mil. Forces
Rumball, Qr.-Mr. & Capt. G. M., Pemb. Yeo.
Rumble, Lt. W. R. W., late M.G. Corps.
Rumbold, Capt. W. R., ret.
Rumsen, Temp. Lt. H. G., Serv. Bns. R. Lanc. R.
Rumsey, Qr.-Mr. & Lt. Qr. R., Wilts. R.
Rumsey, 2nd Lt. H., late Serv. Bns. Devon. R.
Rumsey, Lt. L. G., R.F.A. (T.F.)
Rumsey, Temp. Lt. S. E., 6 Bn. S. Wales Bord.
Runciman, Temp. Capt. A. W., R.E.
Rundle, Capt. C. A. G., 128 Pioneers
Rundle, Temp. Lt. E. J., D.C.M., 14 Bn. Glouc. R.
†Runge, Temp. Capt. C H. S., D.S.O.
Runham, Temp. Capt. W. K., 5 Bn. S. Wales Bord.

†Rusby, Capt. J. E., Res. of Off.
Rush, Co. Serjt.-Maj. T., 7 Bn. Norf. R.
†Rushby, Rev. W., Hon. Chaplain to the Forces (3rd Class).
Rusher, Capt. A.E., R.A.
Rushforth, Temp. Lt. A. H., S. Afr. Def. Force
Rushforth, Lt. J. W., 5 Bn. W. York R.
Rushton, Lt. D., 3 Bn. Arg & Suth'd Highrs.
Rushton, Temp. Capt. W. O.
Rushworth, Lt. T., 7 Bn Durh. L.I.
Rusk, Lt. G. A., R. Highrs.
Russel, Lt. C., N. Brunswick Regt.
Russell, Temp. Capt. A., R.A
Russell, Lt. A. C., R.F.A.
Russell, Capt. A. E., 3 Bn. Gord. Highrs.
Russell, Bt. Lt.-Col. A. G., R.G.A.
Russell, Lt. A. R. E., Aust. Imp. Force.
Russell, Capt. A. Smith, Unattd. List (T.F.)
Russell, Maj. A. W., M.B., late R.A.M.C.
Russell, Temp. Capt. B. N., Serv. Bns. R. Innis. Fus.
Russell, Capt. C., M.B., R.A.M.C.
Russell, Lt. C., R. G. A. (T.F.)
Russell, Capt. C. C., R.A. Spec. Res.
Russell, Lt. C. H., R. Fus. Spec. Res.
Russell, Lt. D., Ind. Army.
Russell, 2nd Lt. D. G., R.F.A.
†Russell, Maj. D.H., M.D., F.R.C.S. Edin., late R.A.M.C.
†Russell, Lt. E. F. L., Lord, L'pool R.
Russell, Capt. E. U., R.A.M.C.
Russell, Temp. Capt. G. B., 17 Bn. R. Scots.
Russell, Capt. G. C., R.F.A. Spec. Res.
Russell, Temp. 2nd Lt. G.D., M.G. Corps.
Russell, Lt. G. R., 8 Bn. Durh. L.I
Russell, Capt. G. R., R.F.A.
†Russell, Maj. H., R.A.
Russell, Lt. H., C'wealth Mil. Forces.
Russell, Lt. H., R.E. (T.F.)
†Russell, Bt. Maj. J., R.E. (T.F.)
Russell, Temp. Lt. J., 9 Bn. Sea. Highrs.
Russell. Temp. Lt. J. A., Serv. Bns. S. Staff. R.
Russell, Temp. 2nd Lt. J. B., M.G Corps.
Russell, Hon. Lt. J. C., late R.F.A.

Russell, Temp. Capt. J. D. Serv. Bns. High. L.I
Russell, Qr.-Mr. & Capt. J. H., 6 Bn. Welch R.
Russell, Temp. 2nd Lt. J. W., D.C.M., M.M., R.E.
Russell, Lt. L. C., late Serv. Bns. R. Fus.
Russell, Lt. N., R. Ir. Fus.
†Russell, Temp. Maj. P., R.F.A.
Russell, Lt. P., late R.E.
Russell, Capt. P. N., 5 Bn. K.R. Rif. C.
Russell, Capt. R., late 5 Bn Lond. R.
Russell, Lt. R. D., R.F.A. Spec. Res.
Russell, Lt. R. D., R.F.A. (T.F.)
Russell, Temp. Capt. R. O., 8 Bn. R.W. Kent R.
Russell, Temp. Lt. S. G., Serv. Bns. Worc. R.
†Russell, Lt. S. J. C., 3 Bn. Bord. R.
Russell, Lt. T., late M.G. Corps.
Russell, Capt. T. late 5 Bn. R. Scots.
†Russell, Lt. V. C., D.S.O., Suff. R.
†Russell, Capt. W., M.D., R.A.M.C.
Russell, W., M.B., late Temp. Capt., R.A.M.C.
Russell, Capt., W., D.C.M., ret. R. Mar.
Russell, Lt. W., 5 Bn. Arg. & Suth'd Highrs
Russell, Capt. W. E., late 3 Bn. Dorset. R.
Russell, Temp. Lt. W. F., Serv. Bns. Leins. R.
Russell, Capt. W. P. M., Gord. Highrs.
Russell Jones, Hon. 2nd Lt. E., late R.F.A.
Russell Roberts, Temp. Capt. F., 31 Bn. R. Fus.
Russen, Lt. F., R.W. Surr. R.
Russl, 2nd Lt. F. J., 6 Dns.
Russon Bayliss, Capt F.C., Res. of Off.
©℃Rutherford, Lt. C. S., M.M., Quebec Regt.
†Rutherford, Lt. D. A., R.G.A.
Rutherford, Lt. D. D., 6 Bn. North'd Fus.
Rutherford, 2nd Lt. G., 6 Bn. Gord. Highrs.
Rutherford, Capt. G. L., 5 Bn. Durh. L.I.
Rutherford, Lt. J., 6 Bn. R. Highrs.
Rutherford, Lt. N. H., 3 Bn. W. Rid. R.
Rutherford, Lt. P. W., Res. of Off.
Rutherford, Hon. Capt. R., M.B., late R.A.M.C.
Rutherford, R. B., M.B., late Temp. Capt. R.A.M.C.

† Also awarded Bar to Military Cross.
†† Also awarded 2nd Bar to Military Cross.

Orders of Knighthood, &c.

THE MILITARY CROSS—*contd.*

Rutherford, Capt. S., *M.B., late* R.A.M.C. (T.F.)
Rutherford, Temp. 2nd Lt. S., 3 Bn. E. Surr. Regt.
Rutherford, Capt. W., *M.B.,* 3 Welsh Fd. Amb., R.A.M.C.
Rutherford, Capt. W. J., *M.D., late* R.A.M.C.
Rutherfurd, 2nd Lt. F. I., R.F.A. Spec. Res.
Rutherford, Capt. J. E., *M.B., late* R A.M.C.
Ruthven, Capt. H., 21 Bn. Lond.
Rutledge, Lt. A. H., 11 Bn. *late* W. York. R.
Rutter, Lt. F. E. D., *late* Midd'x R.
Rutter, Temp. 2nd Lt. F. J. F. J., Serv. Bns. R. Ir. Rif.
Rutter, Temp. Capt. J. K., Lab. Corps
Rutter, T. M. S. S. M., J. F., Tank Corps.
Ruttledge, Maj. T. G., *O.B.E.,* Conn. Rang., e.
Ruxton, Lt J., 5 Bn. R. Fus.
Ryall, Temp. Capt. J. W., 19 Bn. Durh. L.I.
Ryan, Capt. B. J., R.E. (T.F.)
Ryan, Lt. C. C., 3 Bn. R. Scots.
Ryan, Lt. C. C., R.G.A., Spec. Res.
Ryan, Capt. C. E., R.F.A. Spec. Res.
Ryan, Capt. C. F. M. N., *D.S.O.,* R.E. Spec. Res.
Ryan, Capt. C. H., Aust. Imp. Forces.
Ryan, Capt. F. T., R.A.
Ryan, Maj. J., *late* R.E.
Ryan, Temp. Lt. J. A., Serv. Bns. Rif. Brig.
Ryan, J. P., *late* Temp. Lt. R.A.M.C.
Ryan, Temp. Capt. M., 25 Bn. R. Fus.
Ryan, Capt. P. J., *M.B.,* R.A.M.C.
Ryan, Lt. W., 4 Bn. York. & Lanc. R.
Ryan, Capt. W.O., 1 S. Mid. Brig. R.F.A.
Rycroft, Bt. Maj. J. N. O., *D.S.O.,* R. Highrs.
†Ryde, 2nd Lt. K.A.,R.F.A., Spec. Res.
†Ryder, Lt. A. F. K. D., 5 Lond. Brig. R.F.A.
Ryder, Temp. Capt. G., R.E.
Ryder, Lt. H. D., R.F.A. (T.F.)
Ryder, Lt. N., 5 Bn. N. Lan. R.
Ryder, Temp. Lt. T. A., R. Mar.
†Rye, Temp. 2nd Lt. S. J., Serv. Bns. Worc. R.
Ryland-Whitaker, Lt. J., R.F.A. Spec. Res.
Ryley, Lt. C. J. S., Can. M. G. Corps.
†Rymer-Jones, Lt. J. M., R.F.A.

Sabiston, Lt. J., R.F.A. Spec. Res.
Sacks, Lt. S. E., Can. M G. Corps.
Sackett, Temp. Lt. A. B., Serv. Bns. North'd Fus.
Sadler, Temp. Capt. C., Serv. Bns. Manc. R.
Sadler, Lt. H., 3 Bn. R. Suss. R.
Sadler, Maj. H. K., *D.S.O.,* R.F.A.
Sadler, Lt. M.C.S., Derby Yeo.
Sadler, Lt.-Col. R. M., *D.S.O.,* C'wealth Mil. Forces.
Safford, Temp. Capt. A., R.A.S.C.
Sagar-Musgrave, Lt. C. L., 7-8 Bn. W. York. R,
Sagar - Musgrave - Brooksbank, Lt. A. G., 5 Bn. N. Staff. R.
Saidler, Capt. J. R., R G A. (T.F.)
Saint, Maj. A. P., *late* R.A.M.C.
St. Clair, Lt. A. H., Arg. & Suth'd Highrs.
St. Clair-Morford, Lt.A. C., R. Mar.
Sainter, Lt. J. D., Ind. Army
St.George-York, Temp. 2nd Lt. F., High. L.I. (attd.)
St. Germains, Capt. J G.C., *Earl of,* Res. of Off.
St. John, Capt. A. P., C'wealth Mil. Forces.
St. John, Rev. E. P., Hon. Chapln. to the Forces, 4th Class.
St. John, Capt. F.O., *D.S.O.,* R. Scots.
St. John, Lt. F. W. H., R.E. (T.F.)
St. John, Capt. G. R., *late* Serv. Bns. R. Fus.
St. Johnston, Lt. J. H., *late* R.E.
St. Leger, Temp. Lt. C. D., M.G. Corps
St. Onge, Temp. Lt. J. J. L, 16 Bn. Rif. Brig.
St. Ruth, Temp. Lt. G. H. B.
Sainsbury, Temp. Capt. G. W., R.G.A.
Sainsbury, Lt. H. W., 1 Cent. Ont. Regt.
Sainsbury, Capt. P. J., 3 Bn. W. Rid. R.
†Sainsbury, Temp. Capt. W. T., 11 Bn.W.York.R.
Sale, Temp. Maj. A. B., *O.B.E.,* 9 Bn. R. War. R.
†Sale, Capt. F., C'wealth Mil. Forces.
Sale, Capt. G. G., *late* R.E.
Sale, Lt. G. S., Res. of Off., 11 Hrs.
Sale, Lt. H. A., 4 Bn. N. Staff. R.
†Sale, Capt. J. C., *D.S.O., late* R.A.M.C.
Salier, Bt. Maj. E. L., Tank Corps.
Salisbury, Capt. H. S., Can. M.G. Corps.

†Salisbury-Jones Lt. A. G., C. Gds.
Sallmayer, 2nd Lt. C. L. J. M., 8Bn.Notts.&Derby.R.
Salmon, Lt. A. H., 21 Bn. Gord. Highrs.
Salmon, Temp. Lt. C. H., 11 Bn. R.W. Kent R.
Salmon, Lt. C. S., 4 Bn. R. Ir. Regt.
Salmon, Temp. Maj. F. J., R.E.
†Salmon, 1 t. H. L. N., Can. Local Forces.
†Salmon, Lt. H. M., 3 Bn. Welch R.
Salmon, Lt. J. D., 5 Bn. Ches. R.
Salmon, Lt. L. J. W., 4 Bn. W. Surr. R.
Salmon, Lt. L. R., Br. Columbia. Regt.
Salmon, Hon. Lt. N. G., *late* 3 Bn. Leic. R.
Salmon, Capt. R. A., C'wealth Mil. Forces.
Salmon, Capt. R. J. D.
Salmon, Lt. S. A., R.F.A. N. Lan. R.
Salmon, Lt. T., 5 Bn. R.W. Fus.
Salt, Lt. A., 4 Bn. R.W. Fus.
Salt, Lt. J., S. Staff. R.
Salt, Lt. W. A., E. Lan. R. Spec. Res.
Salter, Lt. A. E., Rif. Brig.
Salter, Lt. C. R. C., 20 Bn. Lond. R.
Salter, Temp. Capt. G., 11 Bn. R. Suss. R.
Salter, Lt. H. N., 4 Bn. Leic. R.
Salto, Temp. Lt. A. B., R.E.
Saltonstall, Lt. E. R., 5 Bn. York. R.
Saltwell, Lt. E. J., R.A.
Salusbury-Trelawny, 2nd Lt. J. M., Ind. Army Res. of Off.
Salvesen, Temp. Capt. C.A., R.E.
Samm, Temp. 2nd Lt. C. A., Serv. Bn. North'n R.
Samman, Lt. H., R.F.A. (T.F.)
Sample, Capt. L., *M.B.E., late* R.E.
†Sampson, Lt. A. C., 6 Bn. Lond. R.
†Sampson, Temp. Capt. A., H. Serv. Bns. W. York. R.
Sampson, Temp. Capt. B., S. Afr. Def. Force.
Sampson, Maj. H. M., *M.B., O.B.E., F.R.C.S., late* R.A.M.C.
Sampson, Lt. H. T., R.F.A. (T.F.)
Sampson, Temp. Capt. J. D., 15 Bn. Welsh R.
Sampson, Capt. J. S., 6 Bn. Notts. & Derby R.
†Sampson, Lt. M. T., 6 Bn. K.R. Rif. C.

†Sampson, Lt. R. W., C'wealth Mil. Forces.
Sampson, Maj. S. J. M., TD, 9 Bn. Lond. R.
Sampson, Lt. W. H., North'd Fus.
Sams, W. L., *late* M.G. Corps.
†Sampson, Capt. C. M., Aust. Imp. Forces.
Samson, Temp. Capt. H. W., Labour Corps.
Samuel, Lt. E. L., Hon. Art. Co.
Samuel, Temp. Lt. G. H. L. M., R.A
Samuel, 2nd Lt. T. A. S., T.F. Res.
Samuel, Capt. W. H., T.F. Res.
Samuels, Lt. F. A., 5 Bn E. Surr. R.
Samuels, Temp. Lt. S. M., Serv. Bns. R. Fus.
Samuelson, Lt. S. V., *late* S. Afr. Def. Force.
Samuelson, Lt. V. F., 4 Bn, R.W. Surr. R.
Samut, Lt. A. J., Wilts. R.
Sandars, Maj. S. E., *D.S.O.,* 6 Bn. R. Fus.
Sanday, Lt.-Col. W. H., *D.S.O.,* C'wealth Mil Forces.
Sandell, Lt. W. J., Dorset. R.
Sandeman, Temp. Lt. F. S., 6 Bn. Cam'n Highrs.
Sandeman, Maj. G. R., *D.S.O.,* Bord. R.
Sandeman, Temp. Lt. L.G., Serv. Bns. R. Highrs.
Sandeman, Temp. Capt. P. W., R.G.A.
Sandeman, Maj. T. F., R.F.A.
Sandeman, Capt. T. R., ret.
Sandeman, Temp. Lt. W. Y., R.E.
Sander, Temp. Lt. E.H L., Serv, Bns Midd'x R,
Sander, Lt. R. H., Leins. R.
Sandercock, Capt. H. G., T.F. Res.
Sanders, Capt. B. J. M., R.A.
Sanders, Temp. Lt. E. R., R.A.M.C. Spec. Res.
Sanders, Capt. F., *M.B.,* Tank Corps.
‡Sanders, Temp. Lt. G., Serv. Bns. W. York. R.
Sanders, Lt. H. J., *D.S.O.,* 24 Bn. Lond. R.
Sanders, Capt. J. M., Leins. R.
Sanders, Capt. P. R., R.E. (T.F.)
†Sanders, Lt. S. F., R.G.A. Spec. Res.
Sanders, Co. - Serjt. - Maj. V. F. B., Notts. & Derby.
†Sanderson, Capt. A., *D.S.O.,* C'wealth Mil. Forces.
†Sanderson, Bt. Maj. B., D. of Lanc. Own Yeo.

† Also awarded Bar to Military Cross.

433

Orders of Knighthood, &c.

THE MILITARY CROSS—contd.

Sanderson. Temp. Capt. I.C., 10 Bn. R. Highrs.
Sanderson, Lt. J. G., R.A.O.C.
Sanderson, Lt. T., North'd Fus.
Sandes, Maj. E. W. C., D.S.O., R.E.
Sandford, Rev. E. J., Hon. Chapl. to the Forces, 4th Class.
Sandford, Lt. F. R., R.G.A Spec. Res.
Sandford, Lt. J.L., R.F.A., Spec. Res.
Sandford, Temp. Capt. L. G., R.F.A.
Sandie, Lt. J. G., N. Lan. R.
Sandiford, Capt. H. A., M.B., R.A.M.C.
Sandilands, Co.-Serjt.-Maj. D., E. York. R.
Sandilands, Capt. J. E. M.D., late R.A.M.C.
Sandilands, Lt. R. B., E. Kent. R.
Sandison, Capt. J. F. W, O.B.E., M.B., R.A.M.C. Spec. Res.
Sandle, Lt. S. E., D.C.M., Hon. Art. Co.
Sandover, Hon. 2nd Lt. A. E., late 6 Bn. E. Surr. R.
Sands, Lt. E. S., ret. pay.
Sandy, Co. Serjt.-Maj. A., Rif. Brig.
Sandy, Lt. H. M., Aust Imp.Force
Saner, Lt. J. D. J., R.E. (T.F.)
Sangar, Lt. O. J., R.G.A Spec. Res.
Sanger, 2nd Lt. A. W., 12 Bn. Lond. R.
Sanger, Temp. Lt. E., Serv. Bns. Bord. R.
Sanger, Lt. J. M., R.F.A., Spec. Res.
Sangram Sing Negi, Subadar, 39 Garhwal Rif.
Sangster, Lt. H., R.F.A. Spec. Res.
Sangster, Capt. W. M., late R.E.
Sanguinetti, Maj. W. R., O.B.E., late R.E.
Sankey, Lt. H. B., 2 S. Mid. Brig. R.F.A.
†Sansom, Lt. B., 3 Bn. R. W. Kent R.
Sansom, Temp. Capt.W.H., R.E.
Sanson, Temp. 2nd Lt. A. J. W., R.A.
Sants, Temp. Maj. H. E. V., M.G. Corps.
Sant Singh, Subadar, 34 Pioneers
Saphir, 2nd Lt. M., S. Afr. Def. Corps
Sarchet, Temp. Lt. H. Le G., 8 Bn. R. Berks. R.

Sarchet, Rev. W. H., O.B.E., Temp Chaplain to the Forces (4th Class) (Hon. Chaplain to the Forces, 3rd Class).
Sargant, Temp. Capt. E. H., Serv. Bn. E Surr. R.
Sargent, Lt. A. E., Can. Fd. Art.
Sargent, Maj. A. E. E., D.S.O., 2nd. Army.
Sargent, Temp. 2nd Lt. E. FitzG., 21 Bn. K. R. Rif. C.
Sargent, Temp. Maj. G. H., Tank Corps.
Sargent, Temp. Maj. H. 7 Bn. Linc. R.
Sargent, Lt. J. E., R.G.A.
Sargent, Temp. 2nd Lt. R. I., R.E. Spec. Res.
Sartin, Temp. Capt. E. L., Tank Corps.
Sasse, Lt. G. G., 4 Bn. R.W. Surr. R.
Sassoon, Capt.A.M., O.B.E., 13 Hrs.
Sassoon, Capt. R. E., G. Gds. Spec. Res.
Sassoon, Capt S. L., late 3 Bn. R. W. Fus.
Satchell, Lt. W. C. C., Aust. Imp. Force.
Satow, Capt. L. L., late R.A.M.C.
Saul, Lt. J. B., 3 Bn. Yorks. L.I.
Soul, Lt. R. I., 6 Bn. R. Fus.
Saundby,Capt.R H.M.S., A.F.C., late 5 Bn. R. War R.
Saunder, Lt. D. A., 3 Bn. N. Staff. R.
Saunders, Capt. A. L. W., Can. Local Forces.
Saunders, Lt. A. V., R. Berks. R.
Saunders, Temp. Capt. A., Serv. Bns. W.York.R.
Saunders, Capt. B. R., 6 Bn. R. War. R.
Saunders, Temp. Lt. C. A. C., Tank Corps.
Saunders, Bt. Maj. C. J., 24 Bn. Lond. R.
Saunders, Rev. C. J., Hon. Chapl. to the Forces, 4th Class.
Saunders, Temp. Capt. D M., Serv. Bns. Bedf. & Herts. R.
Saunders, Temp. Capt. E. B., Serv. Bns. Welch R.
Saunders, Lt. E. H. A. St. G., W Gds. Spec. Res.
Saunders, Temp. Lt. H. C., Serv. Bns. R.W. Surr. R.
Saunders, Lt. H. M., late Durh. L.I.
Saunders, 2nd Lt. J., R.G.A., Spec. Res.
Saunders, Lt. K. H., 5 Bn. Durh. L.I.
Saunders, Lt. L. B., R.F.A. Spec. Res.
Saunders. Capt. L. D., late R.A.M.C.
Saunders, Lt. M. G., C'wealth Mil. Force.

Saunders, Temp. Capt M. K.F., Serv.Bns. Som.L.I.
Saunders, Temp. Capt. P. E. H., Tank Corps.
Saunders, Lt. R. E. V., 6 Bn. Rif. Brig.
Saunders, Lt. R. P., D.S.O., 1 Cent. Ont. Regt.
Saunders, Hon. Lt. S., late R.F.A. (T.F.)
Saunders, Lt. T. R., R.A.
Saunders, Lt. W., M.M., 4 Bn. W. Rid. R.
Saunders, Qr.-Mr. & Capt. W.J., Hamps. R.
Saunderson, Lt. D. B., R.E. (T.F.)
Saunderson, Temp. Lt. W. R, Serv. Bns. R. Ir. Fus.
Savage, Squad. Serjt.-Maj. A A., Lrs.
Savage, Capt. C. D., Aust. Imp. Force.
Savage, Lt. E. W., Can. Eng.
Savage, Capt. J. E. C'wealth Mil. Forces.
Savage, Temp. Lt. J. F., R.E
Savage, 2nd Lt. J. P.,13 Bn. Lond. R.
Savage, Lt. R. M., T.F. Res.
Savege, Lt. O. F., 20 Bn. Lond. R.
Savige, Capt. S. G. C'wealth Mil. Forces.
Savile, Capt. C. H. B. W. Midd'x R.
†Savill. Maj. A. C., Res. of Off.
Savill, Temp. Capt. E. H, Serv. Bns. Devon. R.
Savill, Serjt.-Maj. H., R. Fus.
Savill, Capt. M., 24 Bn. Lond. R.
Savill, Lt.-Col. S.R., D.S.O., 16 Bn. Lond. R.
Saville, Lt. U.J., Cambs.R.
Savory, Lt. G. A. D. L., 4 Bn. Som. L.I.
Savory, Capt. R. A., Ind. Army.
Savory, Lt. W., R.A.
Savoure, Temp. Lt. H. J., Serv. Bns. R. Fus.
Saward, Lt. S.C., 1 Lond Divl. Eng., R.E.
Sawbridge, Rev. H. F. F., Temp. Chapl. to the Forces, 4th Class.
Sawell, Capt. E. S., Can. Local Forces.
Sawer, Capt. E. G., C'wealth Mil. Forces.
Sawers, Maj. B. L., Can. Eng.
Sawers, Maj. F., R. Can. Dns.
Sawers, Lt. N. C., Can. Local Forces.
Sawers, Capt. R., T.F. Res. R.E.
Sawney, Temp. Lt. L. T., Serv. Bns. W. York. R.
Sawyer, Lt. E. C., 5 Bn. W. York. R.

Sawyer, Lt. H. S., 4 Bn. S. Lan. R.
Sawyer, Lt. K. P., R.F.A. (T F.)
Sawyer, Temp. Lt. R. H., R, Mar.
Sawyer, Lt. S. J., Aust. Imp. Force
Sawyer, Capt. W. T., late Serv. Bns. D. of Corn.L.I.
Saxby, Lt. F., T.F. Res.
Saxby, Lt. W., R.H.
Saxon, Temp. Lt. F. C., R.E.
Saxon, Temp. Capt. H., R Suss. R. (attd.)
Saxton, Maj. P. D., 20 Punjabis.
Say, Temp 2nd Lt. R. D., Serv. Bns. Dorset R.
Say, Lt. S. R., Can. Local Forces.
Sayer, Maj. A. C., D.S.O Suss. Yeo.
†Sayer, Temp. Capt. A. H. 16 Bn. R. War. R.
Sayer, Lt. E., 8 Bn L'pool R.
Sayer, Qr.-Mr. & Lt. E. J., T.F. Gen. List.
Sayer, Maj. E. J., Qr.-Mr., Essex Yeo.
Sayer, Lt. G. L., late Lan. Hrs. Yeo.
Sayer, Capt. H., D.S.O., T.F. Res.
Sayers, Lt. D. H., 7 Bn. Sco. Rif.
Sayers, Capt. R., Aust. Imp.Force,
Sayers, Lt. R. H., 6 Bn. W. Rid. R.
Scade, Capt W. J., M.B., R.A.M.C. (T.F.)
Scaife, Temp. Lt. A. L Serv. Bns. North'd Fus.
Scaife, Capt. J., D.C.M., Qr.-Mr. 6 Bn. Arg. & Suth'd Highrs.
†Scales, Capt. C., M.B., R.A.M.C
Scammell,Capt. F., 1 Cent Ont. R.
Scammell, Temp. Capt. W.S.
Scandrett, Lt. J.H., M.B.E., Can. Local Forces.
†Scanlan, Temp. Lt. T. M., 85 Trng. Res. Bn.
Scannell, Rev. J., Hon. Chapl. to the Forces, 3rd Class.
Scarr, Temp. 2nd Lt. S., Serv. Bns. York. R.
Scarratt,Lt.N.,3Bn.Ches.R.
Scarlett, Bt. Maj. Hon. P. G., E. Kent R.
Scarth, Temp. Lt. C. S
Scarth, 2nd Lt. W. B., 8 Bn Lond. R.
Scattergood, 2nd Lt. J. H. R.F.A. Spec. Ref
Schadel, Capt. W. H., C'wealth Mil. Forces.
Schiller, Capt. L. C., 5 Bn. Line. R.

† Also awarded Bar to Military Cross.

Orders of Knighthood, &c.

THE MILITARY CROSS—*contd.*

Schlitz, Lt.E.J.H., C'wealth Mil. Forces.
Schlotch, Lt. L. C., R.G.A. (T.F.)
Schmehl, Co. Serjt.-Maj. W. T., Can. Local Forces.
Schmidlin, Maj. E. J. C., Can. Local Forces.
Schnadhorst, Lt. C. E., 4 Bn. N. Staff. R.
Schneider, Temp. Lt. F. A., R.E.
Schofield, Lt. H. O., R.F.A. (T.F.)
Schofield, H. V., *late* Lt. R.F.A.
Schofield, Capt. J., 7 Bn. Essex R.
Scholes, Temp. 2nd Lt. F., M.G. Corps.
Scholes, Temp. Lt. H.,R.E.
Scholes, Temp. Lt. P., Serv. Bns. Yorks. L.I.
Scholfield, 2nd Lt. E. R., 3 Bn. N. Lan. R.
Scholfield, Lt. G. C., Res. of Off.
Schon, Lt. J. G., R.E. Spec. Res.
Schooling, Capt. J. J., Temp. Qr.-Mr. 8 Bn Som. L.I.
Schreiner, Temp. Capt. O. D., 4 Bn. S. Wales Bord.
†Schroder, Lt. J. D., Aust. Impl. Force.
Schutze, Lt. H. J. A., Aust. Imp. Force.
Schuster, Lt.-Col. G. E., *C.B.E.,* T.F. Res.
Schwabe, Temp Capt. S.B., Serv. Bns. S. Lan. R.
Schweder, Temp. Lt. R. P., R.F.A.
Schwier, Lt. W. C. V., Essex Yeo.
Sclater, Capt. F. A.,*O.B.E.*, R.E. Spec. Res.
Scobie, Bt. Maj. R. MacK., R.E.
Scoones, Capt. G. A. P., *D.S.O.,* 2 Gurkha Rif.
Scoones, Lt. T. C., Gord. Highrs.
Scorah, Lt. F. W. *late* R.G.A. Spec. Res.
Scorer, Serjt.-Maj. A., 18 Bn. North'd Fus.
Scorer, Temp. Capt. R. I., 5 Bn. Wilts R.
Scotland, Lt. A. G., Ind. Army.
Scott, Capt A., *D.S.O.* 7 Bn Arg & Suth'd Highrs. (*s.c.*)
Scott, Lt. A., R.F.A. (T.F.)
Scott, Lt. A., 3 Bn. R. Highrs.
Scott, Lt. A., R.F.A. Spec. Res.
Scott, Rev. A. B., *B.D.,* Chapl. 2nd Class (T.F.)
Scott, Lt. A. C., M.G. Corps.
Scott, Lt. A. E., 18 Bn. Lond. R.
Scott, Lt. A. G., Can. Local Forces.
Scott, Temp. Capt. A. G., R.E. Spec. Res.
Scott, Lt. A. H., R.F.A. (T.F.)
Scott, Capt. A. J. L., *late* Suss. Yeo.
Scott, 2nd Lt. A. M., 4 Bn. R. Scots.
Scott, Lt. B. E., Can. Local Forces.
Scott, Temp. Lt. C. A., S. Staff. R. (attd.)
Scott, Serjt.-Maj. C. A., R. Highrs.
Scott, Capt. C. C., 4 Bn. Sco. Rif.
Scott, Temp. Capt. C. E., 9 Bn. Notts. & Derby. R.
Scott, Capt. C. E., *late* Serv. Bns. K.R. Rif. Corps.
Scott, Lt. C. H., R.G.A. Spec. Res.
Scott, *late* Temp. Lt. C. M., R.A.M.C.
Scott, Lt. D., North'd Fus.
Scott, Temp. Lt. D., 7 Bn. Som. L.I.
Scott, Capt. D., R.F.A.
Scott, Capt. D., R.G.A.,Spec. Res.
Scott, Capt. D. J., *M.D.,* R.A.M.C.
Scott, Temp. Lt.E. C., R.E.
Scott, Capt. E. I., R.E. (T.F.)
Scott, Lt. E. J., C'wealth Mil. Forces.
Scott, Lt. E. J., 3 Bn. Bedf. & Herts. R.
Scott, Maj. E. J., *O.B.E.,* Uganda Trans. Corps.
Scott, Lt. F., 4 Bn. High L. I.
Scott, Capt. F. G., R.F.A. (T.F.)
Scott, Capt. F. J., 7 D.G.
Scott, Lt. F J., Aust. Imp. Force
Scott, Lt. F. M., 5 Bn. R. Scots.
Scott, Lt. F. M., 10 Bn. L'pool R.
Scott, Capt. G., *M.B.,* R.A.M.C. (T.F.)
Scott, Lt. G., 6 Bn. R. Highrs.
Scott, Lt. G. H.,Can.Local Forces.
Scott, Capt. G. M., *M.B.,* R.A.M.C. Spec. Res.
Scott, Temp. Lt. G. S., Serv. Bns. L'pool R.
Scott, Lt. H. B., R.F.A. Spec. Res.
Scott, Lt.-Col. H. L., *D.S.O.*,1Gurkha Rif.,*p.s.c.*
Scott, Capt. H. L.
Scott, Lt. H. McM. Quebec R.
Scott, Capt. H. S. L , 4 Hrs. [l].
Scott, Temp. Lt. I. G., R.A.S.C.
Scott, Lt. J. Can. Local Forces.
Scott, Temp. Lt. J., R.E.
Scott, Lt. J., 3 Bn. Sea. Highrs.
Scott, Lt. J., R.E. (T.F.)
Scott, Capt. James, *M.B.* *late* R.A.M.C.
††Scott, Capt. J. A. C., *M.B.,* R.A.M.C. (T.F.)
†Scott, Capt. J. B., R.E., R.A.M.C. Spec. Res.
Scott, Capt. J. B., 33 Punjabis.
Scott, Capt. J. E.
Scott, Lt. J. S., Can. Local Forces.
Scott, Capt. J. W., *M.D.,* R.A.M.C. (T.F.)
Scott, Lt. J. W., R.G.A.
Scott, Lt. L., C'wealth Mil. Forces.
†Scott, Lt.-Col. L. D., *late* Serv. Bns. E. Surr. R.
Scott. Lt. L. H., 8 Bn. Midd'x R.
†Scott, Capt. M. A. H., R.E.
Scott, Lt. M. D. G., 3 Bn. N. Lan. R.
Scott, Maj. M. H., Can. Local Forces.
Scott, Temp. 2nd Lt. N. T., Serv. Bns Arg. & Suth'd Highrs.
Scott, Lt. R. C., *late* Serv. Bns. R. Ir. Rif.
Scott,Temp.Lt. R. C., M.G. Corps.
Scott, Temp. Lt. R. F., Serv. Bns Devon R.
Scott, Temp. Lt. R. F. C., Serv. Bns. Linc. R.
†Scott, Temp. Lt. R. H. R., R.F.A.
Scott, Capt. R. J., *late* Serv. Bns. Hamps. R.
Scott, Capt. R. M. L., Ches. R.
Scott, Capt. R. R., *late* R.A.M.C. Spec. Res.
Scott, Capt. S., *M.B.,* R.A.M C. (T.F.)
Scott, Temp. Capt. S. C., 11 Bn. Essex R.
Scott, Capt. S. McP., Can. Local Forces.
Scott, Capt. S. R., ret. pay
Scott, Maj. T., *late* R.F.A.
Scott, Capt. T. D., T.F. Res.
Scott, Lt. T. G., 5 Bn. Norf. R.
Scott, Maj. T. H., *D.S.O.,* *M.B.,* R.A.M.C.
Scott, Lt. T. I., R.E. (T.F.)
Scott, Temp. Maj. W. D. *D.S.O.,* 16 Bn. High. L.I.
Scott, Capt. W. F. F., R.A.
Scott Lt. W.G., Sco. Horse Yeo.
Scott Lt. W. G., Quebec Regt.
Scott, Capt. W. H., Can Local Forces.
Scott, Lt. W. H., *D.C.M.*, Quebec R.
Scott, Capt. W. L., *M.B.,* *late* R.A.M.C.
Scott, Temp. Serjt.-Maj.W. P., R.A.S.C.
Scott, Temp. Capt. W. S., R.A.M.C.
†Scott, Capt. W. S., *A.F.C.,* 7 Bn. Lan. Fus.
Scott-Eames, 2nd Lt. J., *late* Tank Corps.
Scott-James, Lt. R. A., R.G.A. Spec. Res.
Scott-Martin, 2nd Lt. P., 4 Bn R.W. Kent R.
Scott-Moncrieff,Capt.C.K., 3 Bn. K.O. Sco. Bord.
Scott-Moncrieff, Lt. W., R.F.A. Spec. Res.
Scott-Moncrieff, Temp. Lt. W. W., R.E.
Scott-Murray, Temp. Capt. A. E.
Scott-Walker, Capt. K.,*late* Serv. Bns. Suff. R.
Scott-Watson, Capt. W., R.F.A.
Scragg, Temp. Capt. A., R.A.S.C.
Scrase, Lt. B. G., 3 Bn. E. Surr. R.
Scratton, G. W. B., *late* Capt., 19 Lrs.
†Scrimgeour, Capt. G. C., *D.S.O.,* 2 W. Lan. Brig., R.F.A.
†Scrimgeour, Capt. S., 6 Bn. Suff. R.
Scrivener, Lt. A., 4 Bn. War. R.
Scroggie, Capt. F., *M.B.,* R.A.M.C. (T.F.)
Scroggie, Capt. G. E., Can. Cyclist Bn.
Scroggie, Lt. T. W., R.F.A. (T.F.)
Scruton, Capt. F. D., Man. Regt.
Scruton, Capt. H. W., W. Ont. Regt.
Scrutton, Capt. A. E., 28 Bn. Lond. R.
Scrutton, Lt. G. M., Res. of Off.
Scrutton, Temp. Lt. J. A., R.E.
Scudamore, Lt. C. G., 2 Bn. Lond. R.
†Scudds, Lt. H.W.,C'wealth Mil. Forces.
Scully, Bt. Maj. A. J., Manch. R.
Scupham, Lt. W. E. H., 5 Bn. York & Lanc. R.
Scurlock, Lt. S. J., 8 Bn. Lan. Fus.

† Also awarded Bar to Military Cross.
†† Also awarded 2nd Bar to Military Cross.

Orders of Knighthood, &c.

THE MILITARY CROSS—*contd.*

Scurr, Temp. Lt. W., R.E.
Scurry, Capt. W. C., *D.C.M.,* C'wealth Mil. Forces.
Scutt, Lt J. A. H., 9 Bn. Hamps. R.
Seaborn, Lt L. W. S., Aust. Mil. Forces.
Seafield-Grant, Temp. Maj. J., Mach. Gun Corps.
Seager, Capt. H. W. H., C'wealth Mil. Forces.
Seager, Capt. J. E., *late* Serv. Bns.S.Wales|Bord.†
Seagrave, Temp. Lt. C. K., R.F.A.
Seal, Lt. G. W., R.G.A.
Seale, Capt. P. F., *late* R.E.
Seale, 2nd Lt. T.E., R.F.A. Spec. Res.
Seale, 2nd Lt. W. H., Oxf. & Bucks. L.I.
Seaman, Capt. C. H., 2 Cent. Ont. Regt.
Seaman, Capt. W. A., R.E. (T.F.).
Seaman, Temp. Lt. W. A., Serv. Bns. Yorks. L.I.
Sear, Temp. Capt. W. G. L., 11 Bn. Durh. L.I.
Searancke,Lt.R.,8 Bn.Arg. & Suth. Highrs.
Searight, Lt. E. E. G. L., R.E.
Searl, Temp. Capt. A. H., Serv. Bns R.W. Fus.
Searle, Maj. C. F., *M.B. late* R.A.M.C. (T.F.)
Searle, Capt. G. S., 97 Inf.
†Searle, Lt, F. J., R. Wilts. Yeo.
Searle, Temp. Qr.-Mr. & Capt D
Searle, Lt. R. J., *late* Serv. Bns. Dorset R.
Searle, Lt. W. A., *D.C.M.* R.A.
Searles, Lt. J. G., Can. M.G. Corps.
Searl, Temp. Lt. T. H., Serv. Bns. S. Staff. R.
Seanes, Temp. 2nd Lt. A., Serv. Bns. Suff. R.
Seaton, Capt. W., 6 Bn. Notts. & Derby R.
Seaward. Temp. Lt. H., Serv. Bns. Midd'x R.
Sebag - Montefiore. Maj. T. H., *D.S.O.,* R.F.A.
Sebag-Montefiore,Capt.W., Res. of Off.
Seccombe, Lt. L. S., 3 Bn. E. Lan. R.
Seccombe, Lt, S. S., 7 Bn. Essex R.
Secker, Rev. W. H. N., Hon. Chapl. to the Forces, 4th Class.
†Seckham, Bt.Maj.L.B.L., Lan. Fus.
Secord, Capt. W. H., Can. A.M.C.
Secretan, Lt. H. B., 3 Bn. R.W. Surr. R.
Seddon, Hon. Lt. G. N., *late* Suff. R.(attd.)

Seddon, Temp. Lt. J., M.G. Corps.
Sedgewick, Capt. J., ret. pay
Seed, Hon. Capt. H.N., *late* 4 Bn. E. York. R.
Seekins, Serjt.-Maj. S., 13 Hrs.
Seel, Lt. L., R.G.A. (T.F.)
Seel, Temp. Lt. R. C., Serv. Bns. R.W. Fus.
†Seers, Lt. G. C., 2 Bn. Lond. R.
Segar, Lt. F. E., 5 Bn. Ches. R.
Segar, Lt. S. M., 16 Bn. Lond. R.
Segrave, Capt. W. H. G., C'wealth Mil. Forces.
Seigne, Maj. T. R. B., *late* R.F.A. Spec. Res.
Selbie, Temp. Lt. A. N., Serv. Bns. Linc. R.
Selbie, Temp. Capt. W. P., Serv. Bns. E. Surr. R.
Selby, Maj. C. W., *D.S.O.,* R.F.A. [l]
†Selby, Temp. Maj. H. J., 15 Bn. R. Scots.
Selby, Capt. J.G., R.A.
Selby-Lowndes, Lt. J.W.F., G. Gds. Spec. Res.
Selden, Lt.C.,1 Bn.Lond.R
Seldon, Lt. A., Glouc. R.
Self, Temp. Lt. R. W. F., R.A.S.C.
Selfe, Lt. A. E. F., C. Gds. Spec. Res.
Selfe, Lt. J. H., 4 Bn. R.W. Kent. R.
Seligmann,Temp.Lt. L.B., Serv. Bns. Manch. R.
†Seligsohn, Lt. H. L., *late* 3 Bn. Lond. R.
Sellar, Lt. R., Man. Regt.
Sellar, Capt. T. McC., *late* R.A.M.C.
Sellars, Capt. E. L., 6 Bn. Manch. R.
Selleck Capt. F. P., Aust. Imp. Force.
†Sellers, Temp.Capt.F.A., 13 Bn. L'pool R.
Sellers, Lt. R. W., 5 Bn. Midd'x R.
Sellers, Rev. W., Temp. Chapl. to the Forces. 4th class.
Sellex, Qr.-Mr. & Lt. G., R.A.M.C.
Sellick, Temp. Lt. N. P., Serv. Bns.North'd Fus.
Sellis, Lt. T. J., Notts. & Derby R.
Sellwood, Temp. Capt. F. G., *O.B.E.,* R.A.S.C.
Selway, Co. Serjt.-Maj. T. U., Rif. Brig.
Semple, Temp. Lt. J., Tank Corps.

Senhouse, Temp. Capt. H. P., R.F.A.
Senior, Capt. A., R.F.A (T.F.)
Senior, Capt. C. H. A., N.Z. Mil. Forces.
Senior, Lt. J. G. F., Aust. Imp. Force.
Senior, Lt. W. S., Berks. Yeo.
Sephton, Serjt.-Maj. J., Notts. & Derby R.
Sergeant, Lt. G. O. H., Hamps. R.
Serginson, Temp. Lt. H., North'd Fus.
Sessions,Capt. H. C. B., 5 Bn. Glouc. R.
†Setchell, Temp. 2nd Lt. J., C'wealth Mil. Forces.
Sethsmith, Lt. D.F.
Seth-Smith, Lt. H. E. S., 4 Bn. R. Ir. Rif
Seth-Smith. Lt. L. M., E. Afr. Trans. Corps.
Seton, Temp. Lt. C. R. W., M.G. Corps (Motor).
Seton, Lt. L. C., C'wealth Mil. Forces.
Seton-Karr. Lt. K. W., 6 Bn K.R. Rif. C.
Sevenoaks, Lt. C. L., Ind. Army.
Severs, Temp. Lt. W., Serv. Bns. Durh. L.I.
Seward, Temp. Lt. J. P., Serv. Bns. R. Sc. Fus.
Sewell, Capt. E., R.A.V.C. Spec. Res.
Sewell, Capt. E., R.A.V.C. Spec. Res.
Sewell Capt.H.B.,C'wealth Mil. Forces.
Sewell, Capt. L. G., Aust. Imp. Force.
Sewell, Capt. T. J. E., *late* R.G.A. Spec. Res.
Sewell, Temp. Lt. T. B., R.F.A.
Sewell, Temp. Lt. W., Serv. Bns., R. War. R.
Sewell, Lt. W. T. H., *late* Serv. Bns. E. Surr. R.
Sexton, Co. Serjt.-Maj. C., Mach. Gun Corps.
Seymour, Capt. C. H., G. Gds., Spec. Res.
Seymour,ActingSerjt.-Maj. T. C., R.A.
Seymour, Maj. V. H., *D.S.O.,* Res. of Off.
Seymour-Jones, Lt. E. C., 5 Bn. R.W Fus.
Seys, Lt. S. A., 15 Bn. Lond, R.
Shackel, Capt. G. M., R. Suss. R.
Shackle, Temp. Capt. F. H., Serv. Bns. Manch. R.
Shackleton, Temp. 2nd Lt. J. F., Serv. Bns Notts. & Derby R.
Shadbolt, Temp. 2nd Lt. F.R., Serv. Bns. Hamps. R.
Shadforth, Capt. H. A., *O.B.E.,* R. Dub. Fus.

Shairp, Temp. Lt. W., Labour Corps.
Shaker Mansen El Rubi (Effendi) El Mulazim Awal., Egyptian Army.
Shakesby, 2nd Lt. H., 4 Bn. E. York. R.
Shakespear, Capt. A. T., *D.S.O.,* R.E.
Shakespeare,Co.Serjt.-Maj. W.P., 7 Bn. Worc. R.
Shanasy, Capt. J. A., Aust. Imp. Force.
Shand, Capt. A. E. L., New Bruns. Regt.
Shand, Lt. F. G., 7 Bn. R. Highrs.
Shand, Capt. N. P., Norf. R.
Shand, 2nd Lt. R. C. R., W. Gds. Spec. Res.
Shandley, Lt. H., ret. pay
Shankland. 2nd Lt. R., 7 Bn. Lan. Fus.
Shanks, Lt. A., 6 Bn. Arg. & Suth'd Highrs.
Shanks, Temp. Lt. A. J., M.G. Corps.
Shanks, Lt. M. H., *late* M.G. Corps.
Shanks, Temp. Lt. T. 6 Bn. R. Sc. Fus.
Shanks, Capt. W., Lowl. Divl. Eng.,R.E.
Shannon, Temp. 2nd Lt. J. A., R.E.
Shannon, Lt. S. B., 7 Bn. Lond. R.
Shannons, Capt. F. H., Welch R.
Shapcott, Lt. H., R.G.A. (T.F.)
Shapland, Lt. J. D., R.A.
Shapley, Lt. R., 8 Bn. Lond. R.
Sharkey, Temp. Capt. V., Serv. Bns. N. Lan. R.
Sharp, Temp. Lt. A., M.G. Corps.
Sharp, A. D., *M.D., late* Temp. Capt. R.A.M.C.
Sharp, Lt. A. H. D., Can. Light Horse.
Sharp, Maj. B. M. R., 4 Bn. E. York. R.
Sharp, Lt. C., R.F.A. Spec. Res.
Sharp, Lt. C. J., R.F.A. Spec. Res.
Sharp, Temp. Capt. C. J. H., *M.B.,* R.A.M.C.
Sharp, Temp. Lt. C. W., R.E.
Sharp, Capt. D. G., *late* 4 Bn. W. York. R.
Sharp, Temp. Lt. F. W., R.E.
†Sharp, Lt. H. F. B.,R.F.A. Spec. Res.
Sharp, Lt. J., *late* Serv. Bns. Durh. L.I,
Sharp, Lt. J. G., R.G.A Spec. Res.

† Also awarded Bar to Military Cross.
†† Also awarded 2nd Bar to Military Cross.

THE MILITARY CROSS—contd.

Sharp, Temp. Lt. J. H., Serv. Bns, Arg. & Suth'd Highrs.
Sharp, Lt. M., R.F.A., Spec. Res.
Sharp Lt. R. R., D.S.O., R.F.A. Spec. Res.
Sharp, Temp. Lt. R. W., Serv. Bns. N. Staff. R.
Sharp, Temp. Maj. S. F., 9 Bn. Sea. Highrs.
Sharp, Capt. W., ret pay
Sharp, Maj. W. D., Can. Local Forces.
Sharpe, Lt. E. G., R.F.A. (T.F.)
Sharpe, Capt. N. E., Can. Local Forces.
Sharpe, Capt. P. H., R.E.
Sharpe Lt. S. U., R.G.A. Spec. Res.
Sharpe, Temp. 2nd Lt. W. A., Serv. Bns. York. R.
Sharpin, Temp. Lt. G. C., Serv. Bns. Bedf. & Herts. R.
Sharpington, Lt. W. D., R.G.A. Spec. Res.
Sharples, Capt. H., late Serv. Bn. L'pool R.
Sharples, Lt. H.
Sharples, Lt. W. J., R.G.A. Spec. Res.
Sharratt, Temp. 2nd Lt. W. H., N. Staff. R. (attd.)
Shaw, Temp. Capt. A., 18 Bn. Midd'x R.
Shaw, Lt. A., late 3 Bn. Yorks. L.I.
Shaw, Maj. A. G., O.B.E., 4 Bn. E. York. R.
Shaw, Lt. C. C., Aust. Imp. Force.
Shaw, Lt. C. G., R.E. (T.F.)
Shaw, Lt. D. H., R.G.A. (T.F.)
Shaw, Lt. D. S., Ind. Army Res. of Off.
Shaw, Temp. Lt. E., R.E.
Shaw, Temp. Lt. E. R.
Shaw, Capt. F. R. S., M.B., R.A.M.C.
Shaw, Temp. Capt. F. S., 11 Bn. Worc. R.
†Shaw, Maj. F. V., D.S.O., late R.A.
†Shaw, Maj. G., S. Lan. R.
Shaw, Lt. C. G., R.E. (T.F.)
Shaw, Temp. 2nd Lt. G., M.G. Corps.
Shaw, Temp. 2nd Lt. G. D., R.F.A.
Shaw, Capt. G.D.,C'wealth Mil. Forces.
Shaw, Capt. G. M., M.B., late R.A.M.C.
Shaw, Temp. Lt. G. T., R. Muns. Fus.
Shaw Capt. H. A., R.A.
Shaw, 2nd Lt. H. V. late Serv. Bns. Ches. R.
Shaw, Temp. 2nd Lt. Jack, Gen List.
Shaw, Qr.-Mr. & Maj. J., E. Lan. R.
Shaw, Temp. Lt. J., 16 Bn. Notts. & Derby. R.
Shaw, Temp. Lt. James, 30 Punjabis.
Shaw, Lt. J. B., Aust. Imp. Force.

†Shaw, Capt. J. G., Can. A.M.C.
Shaw, Capt. J. J. McI., M.B., R.A.M.C. Spec. Res.
Shaw, Temp. Lt. J. N., M.G. Corps.
Shaw, Capt. J. N., 7 Bn. R. Scots.
Shaw, Temp. 2nd Lt. J. P., 9 Bn. Shrops. L.I.
Shaw, Capt. J. P., late R.A.M.C.
Shaw, Temp.Lt. J. S.,Serv. Bns. E. York. R.
Shaw, Capt. J. T., Sask. R.
Shaw, Co-Serjt.-Maj. J.W., K.R. Rif. C
Shaw, Lt. L., 3 Bn. W. Rid. R.
Shaw, Lt. M., R.A.
Shaw, 2nd Lt. P., 4 Bn E. York. R.
Shaw, Temp. Capt. R. D., 11 Bn. Hamps. R.
†Shaw, Capt. R. de V., R.F.A.
Shaw, Capt. R. G., M.B., R.A.M.C.
Shaw, Maj. R. M., D.S.O., late R.F.A. (T.F.)
Shaw, Lt. R. S., R.F.A. (T.F.)
Shaw, Capt. S., R.A.
†Shaw, Temp. Lt. T. J., Tank Corps.
Shaw, Temp. 2nd Lt. W., Serv. Bns. R. Lanc. R.
Shaw, 2nd Lt. W. A., Bedf. & Herts. R.
Shaw, Maj. W. D., late Serv. Bns. High. L.I.
Shaw, Temp. Capt. W. J., 7 Bn. Rif. Brig.
Shaw, Lt. W. J., 4 Bn. York. R.
Shawe, Temp. Lt. H. R., Serv. Bns. R. Innis. Fus.
Shaw-Lawrence, Lt. L. E., 4 Bn. E. Kent R.
Shaw-Stewart, Capt. W.G., C. Gds.
Shaxson, Lt. E. S., R.F.A. Spec. Res.
Shea, Lt. F. W., R.F.A. Spec. Res.
Shead, Temp. Maj. A. T., R.A.O.C.
Shead, Temp. Lt. G. E., M.G. Corps.
Sheardown,Capt. G. D.,E. York R.
Shearer, Bt. Maj. E. J., 31 Lrs.
Shearer, Capt. J. D., late Serv. Bns. R. Lanc. R.
Shearer, Capt. J. E., 26 Punjabis.
Shearer, Lt. T., R.F.A. Spec. Res.
Shearman, Capt. C. E. G., D.S.O., Bedf. & Herts. R.
Shearman, Lt. H. J., late Serv.Bns., S.Wales Bord.
Shearman, Temp. Lt. T. E. C.
Shearme, Lt. F. E. C., 6 Bn. W. Rid. R.
†shearwood, Capt. A. L., M.B., R.A.M.C., Spec. Res.
Sheat, Temp. Lt. E. I., R. Innis. Fus. (attd.)

Sheather, Temp. Lt. W. F., M.G. Corps.
Shedden, Lt. G. A. S., Pemb. Yeo.
Shedden, Lt. J. A., D.S.O.,
†Shedden,Lt.T.L.,R.A.S.C. (T.F.)
Sheehan, Rev. C. S., Temp. Chapl. to the Forces, 4th Class.
Sheehan, Capt. H. J., late 16 Bn. R. Ir. Rif.
Sheen, Lt. F. A., R.E. (T.F.)
Sheepshanks, Temp. Capt. J., R.A.
†Sheeres,Temp.Capt.W.G., R.F.A.
Sheffield, Temp. Capt. H., R.A.S.C.
Sheil, Capt. L. J., M.D., R.A.M.C.
Shelden, Temp. Lt. B. E., Serv. Bns. Shrop. L.I.
†Sheldon, Capt. J., D.S.O., late Notts. & Derby R.
Sheldon, Maj. J. L., late 6 Bn. Essex R.
Sheldon, Capt. P., 7 Bn. Ches. R.
Sheldon, Lt. S. J., late R.A.S.C.
Sheldrake, Lt. A. D. F., 5 Bn. Bedf. & Herts. R.
Shelley, Lt. E. R., C'wealth Mil. Forces.
Shelley, Maj. E. V. M., R. War. R.
Shelley, Qr.-Mr. & Lt. G.T., R. Fus.
Shelley, Co. Serjt.-Maj. H., 20 Bn. Lond. R.
Shelley, Lt. W. H., R.F.A. (T.F.)
Shelmerdine,Capt.B.,7 Bn. Lan. Fus.
Shelly, Temp. Lt. J., R.E.
Shelmerdine, Capt. H. N., M.B.E., R.F.A. (T.F.)
Shelton, Temp. Lt. T. P., York & Lanc. R. (attd.)
Shennan, Lt. A. H., R.F.A. (T.F.)
Shennan, Temp. Maj. J. R., R.E.
Shennan, Temp. Capt. W. D., R.E.
Shenstone, Capt. A. G., late R.E.
Shenton, Capt. G. J. H., R.F.A. (T.F.)
Shenton, Capt. J. L., late S. Afr. Def. Force.
Shepard, Lt. E. H., R.G.A. Spec. Res.
Shephard, Temp. Capt. C. J., 6 Bn. Linc. R.
Shephard, Capt. J. W., late R.A.S.C.
Shephard, 2nd Lt. S., late 7 Bn. Notts. & Derby. R.
Shepherd, Lt. A. C., 9 Bn. L'pool R.
Shepherd,Lt.A.J., C'wealth Mil. Forces.
Shepherd, Temp. Lt. C. B., R.E.
Shepherd, Temp. Capt. C. H. B., M.G. Corps.
Shepherd, Lt. C. H. E., late M.G. Corps.
Shepherd, Lt. F. F. C., R.F.A.

Shepherd, Lt. G., 10 Bn. Midd'x R.
Shepherd, Capt. H. S.
Shepherd, Lt. I. W. W., 4 Bn. R. Highrs.
Shepherd, Lt. J. A., 5 Bn. N. Lan. R.
Shepherd, Temp. Capt. J. C., R.E.
Shepherd,Temp. Lt. J. C.
Shepherd, Temp. Lt. J. D.
Shepherd, Capt. J. I.,M.D., late R.A.M.C.
Shepherd, Capt. J. O., R.F.A. (T.F.)
Shepherd, Temp. Capt. S., R.E.
Shepherd, Maj. W. S., Res. of Off.
†Shepherdson, Temp. Lt. L. W., 20 Bn. Durh. L.I.
Shepley, Lt. H., late Serv. Bns. Durh. L.I.
Sheppard, Lt. C. J. L., Manch. R.
Sheppard, Capt. E., D.S.O., G.Gds.
Sheppard,Lt. E. W.,O.B.E., R. W. Kent R.
Sheppard, 2nd Lt. G. R.G.A. Spec. Res.
Sheppard, Lt. J. F., R.A
Sheppard, Lt. J. J., D.S.O., 19 Bn. Lond. R.
Sheppard, Lt. M., York. Dns. Yeo.
Sheppard, Lt. R. F.,1 Cent. Ont. Regt.
Sheppard, Capt. T. G., late Serv. Bns. High. L.I.
Sheppard, Temp. Lt. M. W., Serv. Bns. York & Lanc. R.
Shepperd, Maj. H. F., late 12 Bn. York. R.
Shepstone. Temp. 2nd Lt. W. M., Serv. Bns. Glouc. R.
Sher Afzal Subadar, Ind. Army.
Sherborn, Capt. I. B., C'wealth Mil. Forces.
Sherborne, 2nd Lt. H. F., R.E.
Sheridan, Capt. B. C. O., M.B.E.,R.A.M.C.
Sheridan, Rev. J., Temp. Chapl. to the Forces (4th class).
Sheringham, Lt.-Col. C. J. de B., D.S.O., late Serv. Bns. Som. L.I
Sherlock, Temp. 2nd Lt. A. F., Norf. R. (attd.)
Sherlock, Lt. C. C., 7 Bn. Midd'x R.
Sherlock, Maj. E., R.F.A., Spec. Res.
Sherlock, Capt. H. B., R.A.M.C. Spec. Res.
Sherman, Hon. 2nd Lt. E. H., late 13 Bn. Essex R.
Sherrard, Temp. Lt. G. O., R.A.
Sherratt, Temp. Lt. H. H., Tank Corps.
†Sherren, Lt. P. C., Can. Local Forces.

† Also awarded Bar to Military Cross.

Orders of Knighthood, &c.

THE MILITARY CROSS—contd.

Sherriff, Capt. F. G., York & Lanc. R.
Sherriff, Temp. Lt. G., R.A.O.D.
Sherring, Rev. F. G., Can. Chapl. Serv.
Sherrington, Lt. C. E. R., 4 Bn. Oxf. & Bucks. L.I.
Sherston, G. W., Capt. Res. of Off.
Sherston, Capt. J. R. V., D.S.O., 11 Lrs.
Sherwell, Lt. G. R., 4 Bn. Linc. R.
Sherwell, Maj. O. W., late R.F.A. Spec. Res.
Sherwill, Temp. Lt. A. J., R. Guernsey L.I.
Sherwin, Capt. C. E., Hamps. Fort. R.E.
Sherwin, 2nd Lt. R., C'wealth Mil. Forces.
Sherwood, Lt. H. P., 7 Bn. R. War. R.
Sherwood, Temp. Lt L.G., Serv. Bns. Wilts R.
Shiach, 2nd Lt. W. L., 3 Bn. R. Highrs.
Shiel, Lt. G. G., 3 Bn. North'd Fus.
Shiel, Temp. Lt. G. L., R.A. (Lt. R.A.)
†Shield, Capt. H., M.B., R.A.M.C. (T.F.)
Shield, Lt.H.S., N. Staff. R.
Shield, Lt. R. V., C'wealth Mil. Forces.
Shields, Hon. Capt. C. F., late 5 Bn. Leic. R.
Shields, Lt. C. R. C., 24 Bn. Lond. R.
Shields, Temp. Lt. J. H., R.E.
Shields, 2nd Lt. P. E. S., 4 Bn. Hamps. R.
†Shields, Temp. Capt. P. R., 8 Bn. N. Lan. R.
†Shiell, Lt. D. P., 9 Bn. Midd'x R.
†Shiell, Capt. R., 1 Cent. Ont. R.
Shiells, Lt. W. E., Aust. Imp. Forces
Shiels, Temp. Lt. J., 19 Bn. Lan. Fus.
Shiels, Serjt.-Maj. J., Cam'n Highrs.
Shier, Capt. P. F., R.F.A.
Shilcock, 2nd Lt. H. G., 7 Bn. Lond. R.
Shillabeer, Batty. Serjt.-Maj. W. H., R.F.A.
Shillaker, Lt. E. C. H., 5 Bn. W. York. R.
†Shillcock, Temp. Lt. A. V., Serv. Bns. R. Berks. R.
Shilling, Temp. Lt. W. G., Serv. Bns. R. Berks. R.
Shillinglaw, Lt. L. G., Alberta Regt.
Shillito, Temp. Lt. N. W., R.E.
Shillson, Lt. A. R., late Serv. Bn. Som. L.I.
Shiner, Lt. E. E. J., R.F.A. (T.F.)
Shiner, Lt. H., D.S.O., R.A.

Shingleton, Temp. Capt. K. A., Serv. Bns. R.W. Fus.
Shinner, Lt. C. R., R.E. (T.F.)
Shipster, Capt. G. C., Manch. R.
†Shipton, Temp. Lt. A. J., Serv. Bns. R. Berks. R.
Shipton, Capt. A. T., 7 Bn. Midd'x R.
Shipton, Lt. E. A., R.F.A. (T.F.)
Shipton, Lt. E.A., Camb R.
Shipway, Lt. W. G., 4 Bn. Glouc. R.
Shires, Lt. J., 5 Bn. York. & Lanc. R.
Shirley, Lt. F. J. L., York R.
Shirley, Serjt.-Maj. J., S. Wales Bord.
Shirley, Lt. J., 7 Bn. High. L.I.
Shirley, Capt. S. R., 54 Sikhs.
Shoebridge, Lt. G., late R.F.A.
Shone, Temp. Capt. G. G., R.A.
Shore, Capt. L.R., h.p.
Shore, Lt. M. F., 3 Bn. Som. L.I.
Shore, Co. Serjt.-Maj. R., 9 Bn. W. Rid. R.
Shore, Maj. R. J., Can. Rly. Serv.
Short, Lt. A., S. Afr. Def. Force.
Short, Maj. A. V., N.Z. Mil. Forces.
Short, Capt. E. C., S. Afr. Def. Force.
Short, Capt. F. W., ret. pay
Short, Temp. Lt. G.W. (2nd Lt. Ind. Army Res. of Off.)
Short, 2nd Lt. H., 15 Bn. N. Lan. R.
Short, Capt. H. A., late Serv. Bn. Suff. R.
Short, Temp. Capt. J. B.
Short, Temp. Capt. J. R., Serv. Bns. York. R.
Short, Lt. L. G., Aust. Imp. Force.
Short, Lt. L. H., 7 Bn. Durh. L.I.
Short, Temp. Lt. R. H., Serv. Bns. R.W. Surr. R.
Short, 2nd Lt. W., 5 Bn. R. Sc. Fus.
Shorten, Temp. Lt. H., Serv. Bn. Yorks. L.I.
Shortman, Temp. Capt. H. V., 10 Bn. R.W. Surr. R.
Shott, Lt. C. D., 2 Co. of Lond. Yeo.
Shouldice, Capt. F. L., E. Ont. Regt.
Shoveller, Capt. S. H., late 7 Bn. Rif. Brig.
Shrager, Temp. Lt. E. H., Serv. Bns. Midd'x R.
Shrimpton, Lt. H. L., 3 Bn. R.W. Kent R.
†Shrine, 2nd Lt. R., R.G.A
†Shrubb, Temp. Capt. H. G., 7 D.G.

Shufflebotham, Temp. Capt. E. J. L., M.G. Corps.
Shufflebotham, Lt. J., 5 Bn. S. Lan. R.
Shuffrey, Temp. Lt. F. A., M.G. Corps.
Shute, 2nd Lt. C. A., D.C.M., 3 Bn. York. & Lanc. R.
Shute, 2nd Lt F. S. W., 4 Bn. N. Staff. R.
Shute, Capt. C. E. FitzG., 19 Punjabis.
Shute, Capt. J. L., 3 Bn. R. War. R.
Shute, Temp. Lt. L. W., Serv. Bns. R. Scots. Fus.
Shutes, Temp. Capt. F.W.S., 10 Bn. R. Fus.
Shutt, Capt. W. R., 8 Bn. M.G. Corps.
Shuttleworth, Lt. F. J., R.F.A. (T.F.)
Shuttleton, Lt. J. G., 5 Bn. High. L.I.
Sibary, Lt. G. V., R. Sc. Fus.
Sibborn, Lt. L. C., R.F.A.
Sibree, Temp. Capt. H.J.H., R.E.
Sidaway, Temp. Lt. F. E., Serv. Bns. Ches. R.
Siddall, 2nd Lt. J. R., 7 Bn. Manch. R,
Siddall, Lt. R. N., late M.G. Corps.
Siddeley, Lt. F., late Serv. Bns. North'd Fus.
Siddell, Lt. J. S., York & Lanc. R.
dders Lt. W. L., 5 Bn. W. Rid. R.
Siddons, Temp. Capt. F. C. 15 Bn. R. War. R.
Siddons, Lt. J., D.C.M., M.M., late Ches. R.
Sidebotham, Lt. F. L., R.E (T.F.)
Sidebottom, Capt. A. L., R.G.A.
Sidgreaves, Batty. Serjt.-Maj. E., R.G.A.
Siepmann, 2nd Lt. C. A., R.F.A. Spec. Res.
Sierra, Hon. Temp. 2nd Lt. J. E., late R.F.A.
Sievier, Temp. Lt. R. B, B., R.F.A.
Sievers, Lt. R. F., 24 Bn. Lond R.
Sievers, Lt. W. N. Aust. Imp. Force.
Siggers, Lt. E. F. S., R.F.A.
Silk, Temp. Lt. G. W., Serv. Bns. Dorset R.
Sillar, Temp. Lt. K.G., R.E.
Sillars, Temp. 2nd Lt. M., Serv. Bns. Wilts R.
Sillitoe, Lt. J., M.M., 7 Bn., North'd Fus.
†Silver, Capt. A., 4 Bn. Leic. R.
Silver, 2nd Lt. H J. W., Essex R.
Sim, Temp. Capt. A., 10 Bn. North'd Fus.
Sim, Capt. E. F. M., 3 Bn. Welsh R.
Sim, Bt. Maj. G. E, H., D.S.O., R.E., p.s.c.

Sim, Temp. Lt. N. S., 7 Bn. Cam'n Highrs.
Sim, Lt. T. M., N.Z. Mil. Forces.
Sim. Lt. W. J., 3 Bn. Arg. & Suth'd Highrs.
Simcock, Hon. Lt., J. H., late Bord. R.
Sime, Temp. 2nd Lt. A. W. H., D.S.O., M.G. Corps.
Sime, Co. Serjt.-Maj. W., Gord. Highrs.
Simeon, Temp. Lt. L. S. B., Serv. Bns. R. Fus.
Simeons, Lt. L. T., R.F.A. (T.F.)
Simkins, Temp. Capt. A. Serv. Bns. R. Fus.
Simmonds, Temp. Lt. A., M.G. Corps.
Simmons, Lt. A. G., Hon. Art. Co.
Simmons, Capt. F. K. M.V.O., High. L.I.
Simmons, 2nd Lt. G. H., R.E. (T.F.)
Simmons, Temp. Lt. H. E. 15 Bn. Welsh R.
Simmons, Co. Serjt.-Maj. J., 11 Bn. Midd'x R.
Simmons, Temp. Maj. J. A, D.S.O., Ches. R. (attd.)
Simmons, Lt. J. F. L., Can. Local Forces.
Simmons, Temp. Maj.L.H., R.A.
Simmons, Lt. P. G., G. Gds. Spec. Res.
Simmons, Capt. R. A., Brit. Columbia Regt
Simmons, Lt. S. B, G., Leins. R.
Simmons, Temp. Capt. W. G., D.S.O., Serv. Bns. W. Surr. R.
Simms, Hon. Capt. A., late R.E.
Simms, Temp. Maj. R. W. B.
Simonds, Capt. J. R.F.A. (T.F.)
Simons, Lt. C. G., 5 Bn. N. Staff. R.
Simons, Co. Serjt.-Maj. H. G., D.C.M., C. Gds.
Simpkin, Lt. S. F., late R.F.A. Spec. Res.
Simons, Temp. Lt. C. I., R.E.
†Simons, Temp. Capt. E., 5 Bn. S. Wales Bord.
Simons, Temp. Lt. J. G.
Simpkin, Lt. A. L., 5 Bn. York & Lanc R.
Simpole, Temp. 2nd Lt. G. M., Serv. Bn. Manch. R.
Simpson, Lt. A. G., ret.
Simpson, Temp. Lt. A. H., 7 Bn. Shrops. L.I.
Simpson, Capt. B., Can. Local Forces.

† Also awarded Bar to Military Cross,

Orders of Knighthood, &c.

THE MILITARY CROSS—*contd.*

Simpson, Rev. B. F., Hon. Chapl. to the Forces, 4th Class.
Simpson, Temp. Lt. C.F.W., *M.M.*, Serv. Bns. R.W. Fus.
Simpson, Lt.C.H., C'wealth Mil. Forces.
Simpson, Temp. 2nd Lt. C. H. Serv. Bns. R. Fus.
Simpson, Capt. C. M., R.E.
†Simpson, Lt.C.R., R.G.A. (T.F.)
Simpson, Bt. Maj. E. H., *O.B.E.*, 4 Bn. L'pool R. (Lt. ret. pay).
Simpson, Capt. E. S., R.A.M.C. (T.F.)
Simpson, Capt. E. W. G, *late* M.G Corps.
Simpson, Temp. 2nd Lt. F., Serv. Bns. Rif. Brig.
Simpson, F. T., Temp. Lt. *M.B.*, *late* R.A.M.C.
Simpson, Temp. Lt. G.
Simpson, Capt.G.P., R.F.A.
Simpson, Qr.-Mr. & Lt. H., *M.B.E.*
Simpson, Temp. Lt. H. J., Serv Bns. North'd Fus.
Simpson, Lt., H. R., Sask. Regt.
Simpson, Lt. J. B., 5 Bn. Sea. Highrs.
Simpson, Capt. J. G., *D.S.O.*, Cam'n Highrs.
Simpson, Temp. Lt. J. G., Serv. Bns. R. Suss. R.
Simpson, Temp. Lt. J. H.
†Simpson, Capt. J. H. C., G. Gds. Spec. Res.
Simpson, Temp. Capt. J. I., Serv. Bns. R. Lanc. R.
Simpson, Lt. J. P. H., North'd Yeo.
Simpson, Maj. L, *M.V.O.*, Yorks. L I.
Simpson, Temp. Lt. M., Serv. Bns. York. R.
Simpson, Capt. M. M., *late* 7 Bn. High. L.I.
Simpson, Lt. M. Y., *late* Gen. List
Simpson, Temp. Capt.P.H.
Simpson, Lt. R. G., 10 Bn. R. Scots.
Simpson, Co. Serjt.-Maj. R. H., R.A.S.C.
Simpson, Capt. R. K. M., R.F.A. Spec. Res.
Simpson, Lt. R. T., *late* L'pool R.
Simpson, Maj. R. W., *late* R.A.S.C.
Simpson, Temp. Lt. T., 26 Bn. Midd'x R.
Simpson, Lt. T., R.F.A. (T.F.)
Simpson, Lt. T. C., W Lan. Divl. R.E.
Simpson, Temp. Lt. T. C., R. Muns. Fus.
Simpson, Lt. V. E W., Ind. Army
Simpson, Qr.-Mr. & Capt. W., *D.S.O.*, *D.C.M.*, *K.O.* Sco. Bord
Simpson, Lt. W., 3 Bn. Linc. R.
Simpson, 2nd Lt. W., 8 Bn. Lan. Fus.

Simpson, Maj. W. A. J., *D.S.O.*, R.F.A.
Simpson, Lt. W. F., 3 Bn. R. Highrs.
Simpson, Temp. 2nd Lt W.J., Serv. Bns. W.Rid.R.
Simpson, Lt. W. L., 5 Bn. Suff. R.
Simpson, Lt. W. L., Aust. Imp. Force.
†Sims, Temp. Capt. G. H. 18 Bn. Som. L.I.
Sims, Lt. H. E., 7 Bn. Midd'x R.
Sims, Temp. Lt. H. J., M.G. Corps.
Sims, Lt. R. J., R.A.
Simson, Capt. C. C., C'wealth Mil. Forces.
Simson, Bt. Maj. H. J., R. Scots. [L]
Simson, Lt. J.C.A., R.F.A. Spec. Res
Simson, Lt. R., R.F.A. Spec. Res.
Sinauer, Capt. E. M., R.E.
Sinclair, Lt. A. D., 7 Bn. Sco. Rif.
Sinclair, Capt. C. E., Can. Local Forces.
Sinclair, 2nd Lt. F. J., N.Z. Mil. Forces.
Sinclair, Capt. H. A., *late* R.F.A. Spec. Res.
†Sinclair, Lt. H. A., 4 Bn. Gord. Highrs.
Sinclair, Lt.-Col. I. M. R., *D.S.O.*, Can LocalForces.
Sinclair, Temp. Capt. J., R.E.
Sinclair, Lt. J. B., *late* Serv. Bns. Bord. R.
Sinclair, Temp. 2nd Lt. R. *M M.*, Serv.Bns.W.Rid.R.
†Sinclair, Capt. R. S. B., 5 Bn. Glouc. R.
Sinclair, Lt. S. E., C'wealth Mil. Forces.
Sinclair, Lt. W., *M.M.* Aust. Imp Force.
Sinclair, Capt. W. E., Can. A.M.C.
Sing. Lt. R. M., R.F.A. (T.F.)
Singer, Lt. C. M., 3 Bn Devon. R.
Singleton, Lt. G. H., 1 Bn. Camb. R.
Singleton-Gates, 2nd Lt. G. R., 3 Bn. Hamps. R.
Sington, Lt. A. J., R.F.A. (T.F.)
Sinnatt, Capt. O. S., 2 Bn. Lond. R.
Sinnett, Lt. J. L. M., R.F.A. Spec. Res.
Sired, Lt. M., R.F.A. (T.F.)
Siret, Co. Serjt.-Maj. A. G., Oxf. & Bucks. L.I.
Sisley, Lt. P. D., 3 Bn. Bedf. & Herts. R.
Sitaram Sellar, Jemadar 117 Mahrattas.
Sitwell, Capt. H. D. W., R.F.A.
Sizeland, Lt. R., R.G.A. Spec. Res.
†Sizen, Temp. Lt. R., 23 Bn. R. Fus.
Sizer, Temp. Lt. N., R.E.

Skaer, Co. Serjt.-Maj. W., 28 Bn. Lond. R.
†Skeat, Maj. W., *late* Essex R.
Skeet, Lt. L. J., *late*.R.A.
Skeggs, Capt. R. O., 6 Bn. Rif. Brig.
Skeil, Temp. Capt. A. P., *D.S.O.*, Serv. Bns. R. Sc Fus.
Skelton, Co. Serjt.-Maj. C., W. Rid. R.
Skelton, 2nd Lt. R., R.F.A. Spec. Res.
Skelton, Lt. J.W.B., R.G.A.
Skene, Temp. Capt. L. H., *M.B.*, R.A.M.C.
Skene, Lt. S. D., 1 Cent. Ont. R.
Skerrett, Lt. W., R Lanc. R.
Skevington, Temp. Lt. A. P., M.G. Corps.
Skevington, Temp. Lt. R., M.G. Corps.
†Skey, Temp. Capt. A. J., R.A.
Skey, Temp. Maj. C. O., *D.S.O.*, 8 Bn. R. Fus.
Skey, Temp. Lt. W. R., Can. Fd. Art.
Skiller, Temp. Lt. F. H., M.G. Corps.
Skilton, Lt. F. L., R.A.
Skinner, 2nd Lt. A. C., 4 Bn. R. Highrs.
Skinner, Capt. A. E. L., Norf. Yeo.
Skinner, Temp. Lt. A. J., R.E.
†Skinner,Lt.B., Alberta R.
Skinner, Lt. C. R., R.F.A. Spec. Res.
Skinner, 2nd Lt. F. E., R. Fus.
Skinner, Lt. H., 3 Bn. R. Scots.
Skinner, Lt. H. D., Aust. Imp. Force.
Skinner,Capt.J., Can,M.G. Corps.
Skinner, Temp. Lt. J., Serv. Bns Glouc. R.
Skinner, Temp. Lt. L. A., R.E.
Skinner, Lt. L. P., G. Gds. Spec. Res.
Skinner,Capt.R., C'wealth Mil. Forces.
Skinner, Lt. W. O., 5 Bn L'pool R.
Skippon, Lt. D. L., *late* Tank Corps
Skrimshire,Temp..Lt.E.C., R.E.
†Skrine, Lt. W. V. D., T F Res.
Skuse, Temp. Lt. S. C., 16 Bn. R. W. Fus.
Slack, Lt. A. B., 6 Bn. Lan. Fus.
†Slack,Capt.C M.,4Bn.E. York. R.
Slack, Capt. L. W. W. 1 Quebec R.
Sladden,Capt. C. E.,*D.S.O.*, Unattd. Lt. (T.F.)

†Sladdin, Lt. A., C'wealth Mil. Forces.
Slade, Capt. A. J., *D.S.O.*, Alberta Regt.
Slade, Lt. E. H., 5 Bn. Lond. R.
Slade, Capt. H. A., *D.S.O.*
Slade, Temp. Lt. H. G. B., 6 Bn. R.W. Kent R.
Slade, Temp. 2nd Lt. R. C., Serv. Bns.K.O.Sco.Bord.
Slade, Temp. Capt. R. E., F.
Slade, Temp. Lt. W. C., 11 Bn. K. R. Rif. C.
Slade, Lt. W.J., R.G.A.
Sladen, Capt. A. G. L., R.E. (T.F.)
Sladen, Hon. Brig.-Gen. G.C., *C.B.*, *C.M.G.*, *D.S.O.*, ret. pay.
Slaney, 2nd Lt. A. J. R., 17 Bn. Lond. R.
Slater,Temp.Capt.C.H.,16 Bn. R. Ir. Rif.
Slater, Capt. E. V., *late* Unatt'd List (T.F.)
Slater, Mech. Serjt.-Maj. F., R.A.S.C.
Slater,Lt. F.G., Aust. Imp. Force.
Slater, Temp. Capt. F. P., R.A.
Slater, Temp. Lt. G. E. H., Serv. Bns. Bord. R.
Slater, Lt. H. P., S. Afr. Def. Force.
Slater, Lt. J., 8 Bn. R. War. R.
Slater, Capt. J. N., R.F.A.
Slater, Capt. O., R.E.
Slater, Capt. R. A., Ind. Army
Slater, Temp. Lt. S. B., Serv. Bns. K.R. Rif. C.
Slatford, Lt. C. A., R.F.A. Spec. Res.
Slattery, Maj. T., ret.
Slaughter, Bt. Maj. G. A., Worc. R.
†Slaughter, Lt. T. A., C'wealth Mil. Forces.
Slavitz, Temp. 2nd Lt. S., Serv. Bns. Glouc. R.
Sleath, Temp. 2nd Lt. G. G. W., Serv. Bns. E. Surr. R.
Slee, Temp. Capt. A. R., R.A.
Sleigh, Capt. C., R.E.
Sleigh, Capt. C. H.
Slevin, Co. Serjt.-Maj. F. R., N.Z. Mil. Forces.
Slim,Capt.W.J., Ind. Army
Slingo, Temp. Lt. P. E., R.E.
Slingsby, Lt. F. H., 3 Bn. S. Staff. R.
Slingsby, Capt. H., Yorks. Hrs. Yeo.
Slingsby, Capt. T., Lan. Fus.
Sloan,Lt. D., 2 Bn. Lond R.
Sloan, Lt. F. A., Bedf. & Herts. R.

† Also awarded Bar to Military Cross.

Orders of Knighthood, &c.

THE MILITARY CROSS—contd.

†Sloan, Capt. J. F. McG., M.B., late R.A.M.C.
Sloan, Capt. M. R., W. Ont. R.
Sloan, Lt. W., 8 Bn. Arg. & Suth'd Highrs.
Sloane, Co. Serjt.-Maj. A. L., N. Staff. R.
Sloane, Lt. D., late Serv. Bns. R. Ir. Rif.
Slocock, Capt. S. L., F.R.C.V.S., R.A.V.C.
Slocombe, 2nd Lt. H. F., C'wealth Mil. Forces.
Sloley, Co. Serjt.-Maj. T. J., D.C.M., M.G. Corps.
Sloman, Temp. Lt. H. N. P., Serv. Bns. Rif. Brig.
Sluman, Temp. Lt. A. J., Serv. Bns. Rif. Brig.
Smail, Temp. Capt. G. S., 9 Bn. Sea. Highrs.
Smail, Lt. H. W., R.F.A. Spec. Res.
Smales, Lt. J. E., 9 Bn. Durh. L.I.
Smales, Temp. Maj. L., R,A.S.C.
Small, Temp. 2nd Lt. A., Serv. Bns. Rif. Brig.
Small, Lt. G., Aust. Imp. Force.
Small, Temp. Qr.-Mr. & Capt. J., M.G. Corps.
†Smalley, Capt. A.A., M.B., R.A.M.C. Spec. Res.
Smalley, Lt. R., R.F.A Spec. Res.
Smallman, Hon. Lt. H. S., late R.F.A. (T.F.)
Smallpeice, Capt. V. N., W. Ont. R.
Smallwood, 2nd Lt. E. B., Herts. R.
Smallwood, Temp. Lt. G. F., Tank Corps.
Smallwood, Capt. G. R., E. York. R.
Smallwood, Lt. T. N., 7 Bn. Ches. R.
Smart, Co. Serjt.-Maj. A. R. Highrs.
Smart, Lt. A., Qr.-Mr. Sec. Rif.
Smart, Temp. 2nd Lt. E., R.F.A.
†Smart, Capt. E. G. A., Man. Regt.
Smart, Maj. E. K., D.S.O., C'wealth Mil. Forces.
Smart, Lt. G. M. R., 14 Bn. Lond. R.
Smart, Temp. Capt. H. D., M.D., R.A.M.C.
Smart, 2nd Lt. J. E., 8 Bn. Manch. R.
Smart, Temp. Lt. J. H., R.E.
Smart, Lt. J. L., 8 Bn. W. York. R.
Smart, Temp. Lt. R. C., R.E.
Smart, Lt. R. C., late Serv. Bns. Worc. R.
Smart, Capt. R. R., N. Ir. Horse
Smart, Qr.-Mr. & Capt. W. H., R.A.S.C.

Smart, Lt. W. P., 5 Bn. L'pool R.
Smeall, Capt. J. T., M.B., late R.A.M.C.
Smeathers, 2nd Lt. C., late Serv. Bn. North'n R.
Smeathman, Capt L. F., D.S.O., 1 Bn. Herts. R.
Smeddle, Temp. Lt. H., Tank Corps.
Smedley, Temp. 2nd Lt. H. L., M.M., Serv. Bns. R. Fus.
†Smee, Capt. A. A., late Serv. Bns. Suff. R.
Smee, Temp. Lt. C., 20 Bn. Midd'x R.
Smeeth, Lt. W., R.E.
Smeeton, Capt. W. J., late R.A.
Smellie, Temp. Lt. J. McI., Sea. Highrs. (attd.)
Smellie, Temp. Capt. J. T., 26 Bn. R. Fus.
Smellie, Lt. W., 5 Bn. R. Sc. Fus.
Smeltzer, Lt. A. S., D.S.O., E. Kent R.
†Smeltzer, Maj. J. B., late M.G. Corps.
Smerdon, Temp. Capt. R. G., Serv. Bns. L'pool R.
Smetham, Lt. H. H., Oxf. Yeo.
Smiles, Capt. S., late Serv. Bns. R. Innis. Fus.
Smirke, Lt. E. A., 7 Bn. Lan. Fus.
†Smissen, Rev. G., Temp. Chapl. to the Forces. 4th Class.
Smith, Capt. A., R.H.A. (T.F.)
Smith, Co. Serjt.-Maj. A., Bn. Midd'x R.
Smith, Temp. Qr.-Mr. & Capt. A., 15 Bn. R. Scots
Smith, Lt. A. B., 42 Deoli Regt.
Smith, Capt. A. B. P., R.A.M.C., (T.F.)
Smith, Lt. A. C., Fife & Forfar Yeo.
Smith, Temp. Capt. A. C., Serv. Bns. High. L.I.
Smith, Temp. Lt. A. C., Tank Corps.
Smith, Temp. Lt. A. C., R.F.A.
Smith, Lt. A. C. D., late Serv. Bns. E. York R.
Smith, A. C. S., late Temp. Lt. R.A.M.C.
Smith, Bt. Maj. A. D., 2 Gurkha Rif.
†Smith, Capt. A. D., late R.F.A. Spec. Res.
Smith, Maj. A. E., O.B.E., ret. pay (Res. of Off.) g.
Smith, Lt. A. E., D.S.O., R.F.A. (T.F.)
Smith, Lt. A. E., M.M., R.A.
Smith, Temp. Lt. A. E., Tank Corps.
Smith,t. Lt. A. E. S., 6 Bn. Lond. R.
Smith, Capt. A. F, D.S.O., C. Gds.

Smith, Capt. A. F., late R.F.A.
Smith, Hon. Lt. A. G., late Hamps. R.
Smith, Lt. A. G., M.B.E., 12 Lrs.
†Smith, Lt. A. G., C. Gds. Spec. Res.
Smith, Lt. A. G., R.F.A. Spec. Res.
Smith, Maj. A. H. C., Can. Local Forces.
Smith, Capt. A. H. D., late R.A.M.C.
Smith, Temp. Maj. A. J., R.E.
Smith, Co. Serjt.-Maj. A. J., Rif. Brig.
Smith, Lt. A. J., N. Lan. R.
Smith, Capt. A. J. H., C. Gds. Spec. Res.
Smith, Maj. A. L., T.F. Res.
Smith, Capt. A. M., R.G.A. (T.F.)
Smith, Lt. A. P., 6 Bn. W. Rid. R.
Smith, Capt. A. R., R.A.S.C.
Smith, Capt. A. T. F., R.A.S.C.
Smith, 2nd Lt. A. V., Arg. & Suth'd Highrs.
Smith, Temp. Lt. A. W. G., Serv. Bns. Bedf. & Herts. R.
Smith, Capt. A. W. H., Can. Rly. Serv.
Smith, Hon. Capt. A. W. L., late 5 Bn. W. York. R.
Smith, Lt.-Col. B. A., D.S.O., TD, 8 Bn. Notts. & Derby R.
Smith, Rev. B. H., Temp. Chapl. to the Forces, 4th Class.
Smith, Lt. B. V. S., R. War. R.
Smith, Rev. C., Hon.Chapl. to the Forces, 4th Class.
Smith, Serjt.-Maj. C., Leins. R.
Smith, Lt. C., North'd Fus.
Smith, Lt. C., 3 Bn. Ches. R.
Smith, Capt. C., K.R. Rif.C.
Smith, Lt. C. A., Can. Fd. Art.
†Smith, Lt. C.B., Man. Regt.
Smith, Lt. C. B., Can. Local Forces.
Smith, Capt. C. C. F., 4 Bn. R. Ir. Regt.
Smith, Lt. C. D., W. Ont. Regt.
Smith, Lt. C. E., Nova Scotia Regt.
Smith, Lt. C. E., M.M., Brit. Columbia Regt.
Smith, Co. Serjt.-Maj. C. H., 20 Bn. Lond. R.
Smith, Capt. C.H. K., M.B., R.A.M.C.
Smith, Temp. Lt. C. J., 6 Bn. E. York. R.
Smith, Lt. C. J. B., late R.A.S.C.
BC(Smith, Bt. Col. (temp. Brig.-Gen.) C. L., D. of Corn. L.I.

Smith, Lt. C. L. E., 20 Bn. Lond. R.
Smith, Lt. C. M., R.A.S.C.
Smith, Temp. Capt. C. N., 7 Bn. S. Staff. R.
†Smith, Capt. C. N., M.B., R.A.M.C. (T.F.)
†Smith, Temp. Lt. C. T., M.G. Corps.
Smith, Temp. Capt. C. W., 16 Bn. Lan. Fus.
Smith, Temp. 2nd Lt. C. W., Serv. Bn. R.W. Surr. R.
Smith, Serjt.-Maj. D., C'wealth Mil. Forces
Smith, Lt. D., 5 Bn. Notts. & Derby. R.
Smith, Capt. D. A., Res. of Off.
Smith, Capt. D. A. B., Ind. Army
Smith, Temp. Maj. D. R., O.B.E., R.A.O.C.
Smith, Temp. Capt. E., Serv Bns. Durh. L.I.
Smith, Temp. Lt. E., Serv. Bns. North'd Fus.
Smith, Capt. E., Norf. R.
Smith, Lt. E.A., R.E. (T.F.)
Smith, Temp. Lt. E. A., Tank Corps.
Smith, Temp. Lt. E. A. W., Serv. Bns. Conn. Rang.
Smith, Capt. E.C.E., h.p.
Smith, Lt. E. J., 13 Bn. Lond. R.
Smith, Lt. E. G., 17 Bn. Lond. R.
Smith, Lt. E. H., R. Sc. Fus.
Smith, Temp. Lt. E. M., R.E.
Smith, Capt. E. P. A., O.B.E., M.B., R.A.M.C.
Smith, Lt. E. R., late M.G. Corps.
Smith, Lt. E. R., 5 Bn. Worc. R.
Smith, Capt. E. T., late Serv. Bns. L'pool R.
Smith, Temp. Capt. E. W., R.A.S.C.
Smith, Rev. E. W., Temp. Chapl. to the Forces (4th Class).
Smith, Lt. F., Can. Local Forces.
Smith, Lt. F., Oxf. & Bucks. L.I.
Smith, Lt. F., R.G.A. (T.F.)
Smith, Lt. F. A., R. War. R.
Smith, Capt. F.B., R.A.M.C. (T.F.)
Smith, Lt. F. B., 12 Bn. N. Lan. R.
†Smith, 2nd Lt. F. D., R.F.A. Spec. Res.
Smith, Capt. F. D., 2 Cent. Ont. Regt.
Smith, Temp. 2nd Lt. F. E. C. D., R.G.A.
Smith, Lt. F. G., R.A.S.C. (T.F.) (Lt. R.A.S.C.)
Smith, Maj. F. J., ret. pay,

---

† Also awarded Bar to Military Cross

Orders of Knighthood, &c.

THE MILITARY CROSS—*contd.*

Smith, Lt. F. J., *M.M.*, R. Berks. R.
Smith, Temp. 2nd Lt. F. J., 19 Bn. Manch. R.
Smith, Capt. F. L., 6 Bn. W. Rid. R.
Smith, Temp. Lt. F. M. North'n. R.
Smith, Lt. F. S. L., I. Gds. Spec. Res.
Smith, 2nd Lt. F. V., *late* 6 Bn. Midd'x R.
Smith, Lt. F. W., 8 Bn. W. York. R.
Smith, Temp. Lt. F. W.
Smith, Lt. F. W. D., C'wealth Mil. Forces.
Smith, Co. Serjt.-Maj. G., North'n R
Smith, 2nd Lt. G., Sco. Rif.
†Smith, Capt. G. A., Can. A.M.C.
Smith, Temp. Lt. G. A., Tank Corps.
Smith, Capt. G. C., *late* Serv. Bns. High. L.I.
Smith, Maj. G. D., C'wealth Mil. Forces.
Smith, Lt. G. Ernest, R.G.A. Spec. Res.
Smith, Lt. G. H., 8 Bn. Worc. R.
Smith, Temp. Lt. G. H., *D.C.M.*, Serv. Bns. Lan. Fus.
Smith, Temp. 2nd Lt. G. H., Tank Corps.
Smith, Capt. G. H. G., C'wealth Mil. Forces
Smith, *Rev.* G. J., Hon. Chapl. to the Forces (4th Class).
Smith, Capt. G. L., Aust. Imp. Force.
Smith, Capt. G. L. S., R.A.
†Smith, Capt.G. Le B., 4Bn. E. Surr. R.
Smith, Lt. G. M., Can. Local Forces.
Smith, Lt. G. M., 4 Bn. R. Highrs.
Smith, Bt. Maj. G. N. N., York. R.
Smith, G. R., *late* 2nd Lt. W. Rid. Regt.
Smith, 2nd Lt. G.S., Camb.R.
Smith, Maj. G. S., Aust. Imp. Force.
Smith, Capt. G. S., 5 Bn. Sco. Rif.
Smith, Lt. G. S. E. McG., N. Staff. R.
Smith, *Rev.* G. V., *M.A.*, Chapl. 4th Class (T.F.)
Smith, Temp. Lt. G. W., Serv. Bns. E. York. R.
Smith, Temp. Capt. Henry, R.G.A.
Smith, Capt. H., Can. Local Forces.
Smith, Capt. H., 4 Bn. W. Rid. R.
Smith, Lt. H., *late* Serv. Bns. York. R.
Smith, Capt. H., Can. Local Forces.

Smith, Lt. Harold, R.F.A.
Smith, Lt. Howard, R.G.A.
†Smith, Lt. H., *M.M.*, Can M.G. Corps.
Smith, Capt. H., Aust. Imp. Force.
Smith, Lt. H., *M.M.*, Aust. Imp. Force.
Smith, Lt. H. A., Can. Local Forces.
†Smith, Lt. H. A., R.F.A. Spec. Res.
Smith, Lt. H. A., 10 Bn. Midd'x R.
Smith, Temp. Lt. H. A., Serv. Bns. Oxf. & Bucks. L.I.
Smith, Lt. H. B., Aust. Imp. Force.
Smith, Lt. H. C., *O.B.E.*, R.E. (T.F.)
Smith, Temp. Lt. Harrison C., R. Mar.
Smith, 2nd Lt. H. C. F., 5 Bn. York. & Lanc. R.
Smith, Lt. H. E., Kent Cyclist Bn.
Smith, Temp. Lt. Harry F., R.E.
Smith, Lt. H. G., 25 Bn. Lond. R.
†Smith, Lt. H. G., 9 Bn. High. L.I.
Smith, Lt. H. G. *D.C.M.*, Aust. Imp. Force.
Smith, Temp. Lt. H. H. M., Serv. Bns. N. Lan. R.
Smith, Capt. H. J , *M.B.*, R.A.M.C. (T.F.)
†Smith, Temp. Maj. H. L., R.E.
Smith, Temp. Capt. H. R.
Smith, Lt. H. S., 4 Bn. North'n R.
Smith, Capt. H. T., 21 Bn. Lond. R.
Smith, Temp. Lt. H. W., Serv. Bns. Linc. R.
Smith, Temp. Lt. H. W., Serv. Bns. Lan. Fus.
Smith, Maj. I. M., *D.S.O.*, Som. L.I. [L]
Smith, Temp. Lt. I. S., Serv. Bns. R. Sco. Fus.
Smith, Lt. I. W., A.M. Inst. C.E., R.E. (T.F.)
Smith, J. A., *M.B., late* Temp. Capt. R.A.M.C.
Smith, Lt. J. A., 7 Bn. High. L.I.
Smith, Lt. J. A., 5 Bn. R. Highrs.
Smith, 2nd Lt., J. A. 14 Bn. Lond. R.
†Smith, Capt.J.C.,C'wealth Mil. Forces.
Smith, Temp. 2nd Lt. J. D., 10 Bn. York. R.
Smith, Temp. Capt. J. E., 8 Bn. Sea. Highrs.
Smith, Co. Serjt.-Maj. J.E., Hamps. R.
Smith, Capt. J. E., *late* Tank Corps.
Smith, Capt. J. E. G., *late* Serv. Bn. Som. L.I.
Smith, Temp. Lt. J.F., R.E.

Smith, Lt. J. F. G., 5 Bn. Durh. L.I.
Smith, Lt. J. G., Aust. Imp. Force.
Smith, Lt. J. Henry, R.A.
Smith, Lt., J. Holt, R.G.A.
Smith, Temp.2nd Lt. J. H., Serv. Bns. Bord. R.
Smith,Lt.J.Hunter,R.H.A.
Smith, Lt. J. H., 3 Bn. Notts. & Derby. R.
Smith, Temp. Lt. J. I., Serv. Bns. R. Ir. Fus.
Smith, Capt. J. J. *late* 8 Bn. Sco. Rif.
Smith, Lt. J. L. S., R.G.A. Spec. Res.
Smith, Capt. J. M., *M.B.*, R.A.M.C, (T.F.)
Smith,Lt.J.M ,Aust.Imp. Force.
Smith, Lt. J. McC., 4 Bn. R. Sco. Fus.
Smith,Temp.Lt.J.O.,Serv. Bns. R.W. Fus.
Smith, Lt. J. P., R.F.A. (T.F.)
Smith, Lt. J. R., E. Ont. Regt.
Smith, Temp. Capt. J.R.F., R.A.
Smith, Temp. Lt. J. S., Serv Bns. R. Sc. Fus.
Smith, Temp. Lt. V. S., R.E.
Smith, Lt. J. T., R.F.A. (T.F.)
Smith, Lt. J. T. V., Aust. Imp. Force.
Smith, Temp. Capt. K., 19 Bn. Durh. L.I.
Smith, Capt. K. A. R., 3 Bn. Glouc. R.
Smith, Capt. K. E. J., *late* 7 Bn. L'pool R.
Smith, Temp. Capt. K. P., Serv. Bns. North'n R.
Smith, Temp. Lt. K. L., Serv Bns Worc. R.
Smith, Lt. L. A., R.F.A. Spec. Res.
Smith, Temp. Lt. L. B.
Smith, Capt. L. B. S.
Smith, Lt. L. C., 3 Bn. S. Staff. R.
Smith, Capt. L. C., *late* C. Gds, Spec. Res.
Smith,Temp.Capt.L. C. R., Serv. Bns. R.W. Kent R.
Smith, Lt. L. E. W., Linc. Yeo.
Smith, Lt. L. G., Can. Local Forces.
Smith, Temp. Lt. L. H., M.G. Corps.
Smith, Lt. L. J., R.E. (T.F.)
Smith, 2nd Lt. L. J., 8 Bn. Lond. R.
Smith, Temp. Lt. L. V., Tank Corps.

Smith, Lt. L. V., Can. Eng. Scots.
Smith, Capt. M., 7 Bn. R.
Smith, Lt. M., R.F.A. (T.F.)
Smith,Co.Serjt.-Maj.M.A., Durh. L.I.
Smith, Lt. M. R., 4 Bn. Devon R.
Smith, Lt. M. T., 21 Lrs.
Smith, Temp. Lt. N., R.E.
Smith, Temp. Capt. N. G., 15 Bn. Notts. & Derby. R.
Smith, Capt. P., *late* R.A.M.C
Smith, Lt. P., *late* R.F.A. Spec. Res.
Smith, Temp. Capt. P. B., R.E.
Smith, Lt. P. B., R.F.A.
Smith, Lt. P. D., *late* M.G. Corps.
Smith, Temp. Lt., P. F. Serv. Bns. K.R. Rif. C.
Smith, Lt. P. L., *late* Serv. Bns. R. War. R.
Smith, Lt. P.S., R.E.
Smith, Temp. Lt. P. W., Serv. Bns. Midd'x R.
†Smith, Capt. R.,Serv. Bns. York, & Lanc. R.
†Smith, Lt. R., Ayr. Yeo.
Smith, Temp. Lt. R. A., Serv Bns. Sea. Highrs.
Smith, Lt.-Col.R.A.,*D.S.O.*, *late* Serv. Bn. R. Fus.
Smith, Lt. R. A., C'wealth Mil. Forces.
Smith, Capt. R. A. B., R.E. Spec. Res.
Smith, Lt. R. A. O., Devon R.
Smith, Hon. Lt. R. C., *late* R.F.A. (T.F.)
Smith, Temp. Lt. R. D., Serv. Bns. K.O. Sco. Bord.
Smith,Lt.R.E., Sco. Horse Yeo
Smith, Capt. R. F., C'wealth Mil. Forces.
Smith, Capt R. F. M., C'wealth Mil. Forces.
Smith, Lt. R. G., Aust. Imp. Force.
Smith, Capt. R. H. M. A., Herts. Yeo.
Smith, Lt. R. J., Can. Local Forces.
Smith, Lt. R. K., *D.S.O.*, 3 Bn. Wilts. R.
Smith, Lt. R. L., R.E. (T.F.)
†Smith, Capt. R. M., *A.F.C.*, C'wealth Mil. Forces.
Smith, Lt. R.S., Ind. Army
Smith, Lt. R. S., *D.C.M.*, *late* R.E.
Smith, Maj. S., *D.S.O.*, R.F.A. (T.F.)
Smith,Temp.Capt.Sydney, R.E.
Smith, Lt. Stanley, R.G.A. Spec. Res.
Smith, Lt. S., *late* M.G. Corps.

† Also awarded Bar to Military Cross.

Orders of Knighthood, &c.

THE MILITARY CROSS—*contd.*

Smith, Temp. Lt. S. A., Serv. Bns. K.R. Rif. C.
Smith, Lt. S. A., R.E. (T F.)
Smith, Temp. Lt. Stanley Arthur, Tank Corps
Smith, Temp. 2nd Lt. S. B., Serv. Bns. N. Lan. R
Smith, Lt. S. E., 14 Bn. Lond. R.
Smith, Capt. S. H., R.A.M.C.
Smith, Lt. S. H., 5 Bn. Ches. R.
Smith, Temp. 2nd Lt. S. H., Bedf. & Herts R.
Smith, Temp. Capt. St. J. R. E., R.A.S.C.
Smith, Lt. S. J., R.F.A. Spec. Res.
Smith, Lt. S. J., Aust. Imp. Force.
Smith, Lt. S. L., 5 Bn. Leins. R.
Smith, Capt. S. M., Can. Eng.
Smith, Hon. Capt. S. N., Asst. Commy. of Ord. (temp. Capt. & Dep. Commy.of Ord.),R.A.O.C
Smith, Temp. Capt. S. S., Serv. Bns. E. York. R.
Smith, Temp. Lt., T., A.S.C.
Smith, Lt. T., h.p.
Smith, Temp. Lt. T., Temp. Qr.-Mr. Serv. Bns. E. Lan. R.
†Smith, Lt. T. A., 2 Cent. Ont. Regt.
Smith. Capt. T. C., 5 Bn. Sco. Rif.
Smith,Lt. T. D., Rif. Brig. *late* Serv. Bns.
Smith, Temp. 2nd Lt. V., Serv. Bns. S. Lan. R.
†Smith, 2nd Lt. V. R. F., 8 Bn. Worc. R.
Smith, Lt. V. W., Ind. Army Res. of Off.
Smith, Capt. W., 10 Bn. Lond. R.
Smith, Lt. Walter. ret. pay.
Smith, Temp. Capt. W., *M.B.*, S. Afr. Def. Force.
Smith, Co. Serjt.-Maj. W. A., R. Ir. Regt.
Smith, Temp. Lt. William Arthur, Serv Bns. R.Fus.
Smith, Capt. W. C., 28 Bn. Lond. R.
Smith, Lt. W. C., *D.S.O.*, 6 Bn. K.R. Rif. C.
Smith, Temp. Lt. W. C., R.A.S.C. M.T.
†Smith, Capt. W. E., Aust. Imp. Forces.
Smith, Staff Serjt.-Maj. W. F., R.A.S.C.
Smith, Temp. Lt. W. F., Serv. Bns. R. Fus.
Smith, Lt. W. F., 1 Cent. Ont. R.
Smith, Lt. W. G., *D.S.O.*, R.E.
Smith, Serjt.-Maj. W. G., L'pool R.
Smith, Serjt.-Maj. W. G., 4 Bn. Leic. R.
Smith, Capt. W. G., Can. O. Rly. Corps.
Smith, Lt. W. H., R.F.A. Spec. Res.
Smith, Lt. W. H., Can. Rly. Serv.
Smith,Lt. W. H. W., h.p.
Smith, Lt. W. J., R.E. (T.F.)
Smith, Lt. W. J., R.E. (T.F.)
Smith, Maj. W. L., C'wealth Mil. Forces.
Smith, Lt W.L.W.,R.G.A. Spec. Res.
Smith, Lt. W. M., Rif. Brig.
Smith, Lt. W. M., 1 Cent. Ont. Regt.
Smith, Lt. W. W., Shrops. L.I.
Smitham, Capt. J. E., 8 Bn. L'pool R.
Smitbard, Capt. R. G., *D S.O.*, Shrops. L.I.
Smithells,Temp. Maj. C.J., 9 Bn. Glouc. R.
†Smither, Lt. S. T.,10 Bn. Lond. R.
Smithers, Capt. N., 4 Bn. R.W. Kent R.
Smithin, Temp. Lt. J. A., Serv. Bns. Worc. R.
Smithson, Lt. G. C., 23 Bn. Lond. R.
Smithson, Temp. 2nd Lt T., Serv. Bns. Durh. L.I.
Smithson, Capt. W., 4 Bn. W. Rid. R.
Smitton, Lt. T., *late* R.F.A. (T.F.)
Smout, Lt. P. L., 7 Bn. Lond. R.
Smuts, Capt. C. D. C. *late* S. Afr. Def. Force.
Smyth, Capt. A. F. H., *late* Serv. Bns. R. Innis. Fus.
Smyth, Temp. Lt. E. C., Serv. Bns. Leins. R.
Smyth, Capt. G. O. S., *D.S.O.*, R.F.A.
Smyth, Lt. G. R. G., L'pool R.
Smyth, Lt. H. E. F., Oxf. & Bucks. L.I.
Smyth, Temp. Capt. O. B., 11 Bn. K.R. Rif. C.
Smyth,Temp. Capt.R.F.,14 Bn. North'd Fus.
Smyth, Capt. R. H., Corps of Mil. Accts.
Smyth, Lt. R. H., 6 Bn. Glouc. R.
†Smyth, Temp. Lt. W., *D.S.O.*, R.E.
Smyth-Piggott, Lt. E.G.H., *late* Serv.Bns.W.York. R.
Smythe, Temp. Capt.A.W., R.F.A.
Smythe, Lt. B. W., 5 Bn. Bedf. & Herts R.
Smythe, Lt. C., Can. Local Forces.
Smythe,Capt.C.C.,Hamps. R.
†Smythe, Temp. Lt. E. H.
†Smythe, Lt. E.V.,C'wealth Mil. Forces.
Smythe, Capt H. J. D., R.A.M.C. (T.F)
Smythe 2nd Lt. P. E., Aust. Imp. Force
Smythe, Maj. R. E., *D.S.O.*, 2 Cent. Ont. R.
†Smythe, Capt. V. E., C'wealth Mil. Forces.
Snaith, Capt. E. G., T.F. Res.
Snape, Lt. E. C., R.F.A.
†Snape, Maj. J., *D.S.O.*, *late* Linc. R.
Snape, Lt. J. E. M., Aust. Imp. Force.
Snape Temp. Lt. W. R. C
Snashall, Lt. H. J., Bedf. & He ts R.
Snatt, Capt. P. C., L'pool R.
Sneath, Capt. R. E. F., 2 Bn. Lond. R.
Sneddon,Temp.Lt,W,J.D., Serv. Bns. K.R. Rif. C.
Snee, Lt. J., *late* 25 Bn. North'd Fus.
Snell, Lt. G. C. St. J., R.G.A. Spec. Res.
Snell, Lt. I. E., R. Highrs.
Snell, Co. Serjt.-Maj. J., 21 Bn. Lond. R.
†Snell, Temp. Capt. J E., 7 Bn. R.W. Surr. R.
†Snell, Temp.Capt S., R.E.
Snelling, Lt. A. F., Aust. Imp. Force
Snellitg. Lt. W. T., R.F.A. Spec. Res.
Snewing, Lt. R. C., 2 Co. of Lond. Yeo.
Sneyd, 2nd Lt. R. T. S., Ind. Army Res. of Off.
Sneyd-Kynnersley, Temp. Capt. T. R., R.E.
Snodgrass, Lt. C. L., Bedf. Yeo.
Snodgrass, Capt. W. McE., *M.B.*, R.A.M.C.
Snook,Maj. F., ret. pay.
Snow, Lt. C. P., R.G.A.
Snow, Temp. Maj. C. S. H., *late* S. Afr. Def. Force.
Snow, Lt. R. C., R.G.A. Spec. Res.
Snow, Lt. T. W., R.F.A. (T.F.)
Snowball, Lt. J. S., 6 Bn. S. Staff. R.
Snowden, Lt. H. P., 5 Bn. Glouc. R.
†Snowden, Lt. K.J.,R.F.A. Spec. Res.
Snowden, Batty - Serjt.- Maj. G., C'wealth Mil. Forces.
Snowdon, Lt. S., Yorks. Dns. Yeo.
Soar, Lt. E. H., 7 Bn. R. Fus.
Sobey, Lt. F. T., Res. of Off.
Soden, Lt. L. C., 4 Bn. L'pool R.
Soden, Capt. W. N., *M.D.*, *late* R.A.M.C.
Sohan Singh, Jemadar, 24 Punjabis.
Solaini. Temp. Lt. L., 4 Res. Regt. of Cav.
Sole, Temp. 2nd Lt. S. G., Serv. Bns. Linc. R.
Solling, Capt. F. P. M., C'wealth Mil. Forces.
Solly, Lt. J. N., G. Gds. Spec. Res.
Solomon, Lt.-Col. A. C., *late* S. Afr. Def. Forces.
Solomon, Lt.-Col. H. J., *O.B.E.*, *late* R.A.S.C.
Solomon, Temp. Lt. P. H., R A.
Solomon, Lt. R. B., R.F.A. Spec. Res.
Somers, Capt. A. H. T., Lord., 1 L.G.
Somers, Temp. Capt. W., Serv. Bns. R. Ir. Rif.
Somerscales, Capt. F. S., R A.
Somerset,Capt.C.W.H. R., C'wealth Mil. Forces.
Somerset, Temp. Lt. I.
Somerset, Lt. Hon. N. F., *D.S.O.*, Glouc. R.
Somerset, Capt. R. G., R.F.A.
Somervall,Capt.A.,*A.F.C.*, 4 Bn. K.O Sco. Bord.
Somervell, Lt. A., 6 Bn. W Rid. R.
†Somerville,Capt. D. H. S., S. Wales Bord.
Somerville, Capt. G. H. R. B., R. War. R
†Somerville,Temp.Capt.H., Serv. Bns. Manch. R.
Somerville Lt. H. M., 9 Bn. R. Scots.
Somerville. Lt. J. A., R.G.A. Spec. Res.
†Somerville, Lt. R. A. E., R.G.A.
Somerville, Lt. R. T., R. Lanc. R.
†Somerville, Capt. T. V., *O.B.E.*, *late* R.A.M.C.
Sommerville, Capt. M., *late* R.A.M.C.
Sommerville, Temp. Maj. R. A., 6 Bn. Som. L.I.
Sommerville, Lt. R. S., *D.S.O.*, C'wealth Mil. Forces.
Somerville-Smith, Temp. Lt. H., R.F.A.
Sopper, Maj. E., *D.S.O.*, 17 Lrs.
Sopwith, Capt. G., 3 Bn. Durh. L.I.
Sopwith, Maj. G. E., R.E.
†Sordy, Co. Serjt.-Maj. T., Durh. L.I.
Sorley, Lt. D., 6 Bn. Sco. Rif.
Sorenson, Serjt.-Maj. S., Can. Fld. Art.
Sorrell, Lt. S.,3 Bn. Manch. R.
Sotham, Capt. E. G., Manch. R.
Souchon, Lt. L. J. G., 15 Hrs.
Soundy, Lt. H. C., 6 Dns. Spec. Res.
Soutar, Temp. Lt. C. W., M.G. Corps.

† Also awarded Bar to Military Cross.

Orders of Knighthood, &c.

THE MILITARY CROSS *contd.*

†Soutar, Temp. Capt. D. A., 8 Bn. R. Highrs.
Souter, Lt. J.H., Ind. Army
Soutar, Temp. Lt. P. A., Serv. Bns. R. Scots.
Southall, Lt. G. H., 6 Bn. Rif. Brig.
Southam, 2nd Lt. H. R., 4 Bn. Wilts. R.
Southby, Lt. R., Welsh Hrse. Yeo.
Southern, Lt. A. G., R.F.A. (T.F.)
Southern, Maj. N., R.F.A.
Southern, Lt. V. G., York & Lanc. R.
Southey, Lt. R. G., R.F.A.
Southgate, Capt. C., Ind. Army
Southwell, Lt. C A. P., R.G.A. (T.F.)
Southworth, Temp. 2nd Lt. F., Serv. Bn. Manch R.
†Soutten, Lt. A. C., 11 Bn. Lond. R.
Soward, Lt. F., 5 Bn. D. of Corn. L.I.
Soward, Temp. Lt. W., Serv. Bns. E. Surr. R.
Sowerbutts, Lt. J. A., 20 Bn. Lond. R.
Sowerby, Maj. E. S., M.B., late R.A.M.C.
Sowerby, Capt. G., TD, 5 Bn. W. York. R.
Sowrey, Lt. F., D.S.O., A.F.C., R. Fus.
Soy, Lt. J. M., Nova Scotia R.
Spackman, Lt. J., R.G.A.
Spafford, Temp. Lt. A. V., Serv. Bns. W. Rid. R.
Spain, Lt W. A., 5 Bn. Essex R
Spalding, Temp. Lt. E. W., R.G.A.
Spalding, Capt. H. A., late 3 Bn. York & Lanc. R.
Spalding, Capt. L. L., Can. Rly. Serv.
Spankie, Lt. H. V., Ind. Army
Sparey, Insp. of Ord. Machinery, 2nd Class & Capt. P. W. M., R A.O.C
Sparey, 2nd Lt. S. V., 5 Bn. R. Fus.
Spark, Capt. A. D., Gord. Highrs.
Spark, Temp. Capt. D. S., 7 Bn. Som L.I.
Spark, 2nd Lt. E., R.F.A. Spec. Res.
Sp rk, Temp. 2nd Lt. R.C., Serv. Bns. Durh. L. I.
†Sparke, Lt. W. M., 4 Bn. R Scots.
Sparkes, Temp. 2nd Lt. E., Serv. Bns. R. Berks R.
Sparkes, Lt. R. B., late 5 Bn. R.W Surr. R.
Sparkes, Capt. R. W. B., 5 Bn. N. Lan. R.
Sparks, Temp. Capt. A. C., R.E.

Sparks, Capt. C. W., R.A.M C.
Sparks, Temp. Capt. H., 13 Bn. R. Suss. R.
Sparks,Capt. H. C., C.M.G., D.S.O., 14 Bn. Lond. R.
Sparks, Capt. H. P., Suff. R.
Sparks, Lt. W., 3 Bn. R. Ir. Fus
Sparling, Capt. H., late 7 Bn. W. Rid. R.
Sparling, Capt. H. H., Can. Fd. Art.
Sparling, Capt. W. H., Ches. R.
Sparrow. Temp. Maj. J. J. K., R.E.
Sparrow, Capt. R. W., 20 Hrs.
Sparrow, Temp. Lt. S., N. Staff. R. (attd.)
Sparry, Lt H. G., 6 Bn L'pool R.
Spasheet, Lt. G. F., R.F.A. (T.F.)
††Spatcher, Lt. N. F., 7 Bn. Notts. & Derby R.
Spatz, Lt. H. O., 6 Bn. Midd'x R.
Spawforth, Temp. Lt. G. C., 17 Bn. K.R Rif. C.
Speak, Lt. A. A., 14 Bn. Lond. R.
Speak, Temp. Capt. F., Serv. Bns. E. Lan. R.
Speakman, Temp. Lt. E.V. R.E.
Spear, Lt. A. G. B., R.F.A. (T.F.)
Spear, Temp. Lt. J. C., M.G. Corps.
Spearey, Temp. 2 Lt. F., Serv. Bns. R. Berks. R.
Spearing, Lt. V. R., Quebec R.
Spears, Temp. Lt. E. F., R.E.
Spears, Bt. Lt.-Col. (temp. Brig -Gen.) E. L. [L] 11 Hrs.
Spears, Hon. Capt. G. W., R.A.O.C
Speckman,Maj.C.,C'wealth Mil. Forces.
Spedding, 2od Lt. A. G., 8 Bn. L'pool R.
Spedding, Capt. F. B., 5 Bn. Bord. R.
Speed, Temp. Capt. E. B., 8 Bn. Yorks. L.I.
Speed, Capt. E. J L., 2 L.G.
Speer, Capt. G. A., Can Local Forces.
Speid. Lt. W. W., 4 Bn. R. Highrs.
Speight, Temp. Capt. D. E., R.E.
Speight, Lt. G. H., late 6 Bn. W. York. R.
Speight, 2nd Lt. H., N.Z. Mil. Forces.
Speir, Maj. M S., late R.E.
†Speirs, Capt. G. C. T., 4 Lowl. Brig. R.F.A.

Speller, Co. Serjt.-Maj. F., M.G. Gds.
Spence, Qr.-Mr. & Capt. A. M.B.E., R. Sc. Fus.
Spence, Temp. Capt. A. M R.E.
Spence, Capt A.. M., R.H.A. (T.F.)
Spence, Lt. C H., 4 Bn. Ches. R.
Spence, Capt. E. E., 6 Bn. Ches. R.
Spence, Lt. F. A., late Serv. Bns. E. Kent. R.
Spence, Temp. 2nd Lt. G. B., Serv. Bns. North'n R.
†Spence,Temp. Capt. I. B., E. Lan. R. Serv. Bns.
Spence, Temp. Capt. J., R.E. (Lt. High. Divl. Sig. Co., R.E.)
Spence. Lt. J., late 6 Bn. Sea. Highrs.
†Spence, Capt. J. C., M.B. R.A.M.C. Spec. Res.
Spence, Lt. P. McD., R.F.A. Spec. Res.
†Spence, Lt. P. N., G. Gds. Spec. Res.
Spence, Lt. S. J., 9 Bn. R. Scots.
Spence, Lt. T. R. C., T.F. Res.
†Spence, Lt. W. A., M.M., late Serv. Bns,R. Fus.
Spencer, Lt. A., 11 Bn. Lond. R.
Spencer, Temp. 2nd Lt. C. W. S., 10 Bn. W. York. R.
Spencer, Lt. E. C., Ind. Army
Spencer,Capt. F. A., A.S.C.
Spencer, Maj. F. E., D.S.O., R.G.A.
Spencer, Lt. F. J., 3 Bn. Essex R.
Spencer, Temp. Lt. G. E., D S.O., Serv. Bns Yorks L.I.
Spencer, Temp. Capt. H., M.B.E., Temp. Qr.-Mr. 23 Bn. R. Fus.
Spencer, Lt. H., 6 Bn. R.W. Surr. R.
†Spencer, Lt. H. A., R.A.
Spencer, Lt. J., N. Lan R.
†Spencer, Lt. J L., Hamps. R.
Spencer, Lt. J. S., 6 Bn. W. Rid. R.
Spencer, Lt. J. T., 8 Bn. Lond. R.
Spencer, Lt. J. W., 14 Bn. Lond. R.
Spencer, Temp. 2nd Lt. K.T., R.E.
Spencer, Lt. L. J., R.E. (T.F.)
Spencer, Lt. L. K., 12 Bn. Lond. R.
Spencer, Capt. R., Denbigh Yeo.
Spencer, Lt. S., Hamps. Yeo.

†Spencer, Lt. W., lat Durh. L.I.
Spencer - Churchill, Capt. E. G., h.p.
Spencer-Pryse, 2nd Lt. G. E., 9 Bn. Lond. R.
Spencer - Smith, Temp. Capt. M., D.S.O.
Spender,Bt. Lt.-Col. W. B., D.S.O., ret. pay, p.s.c. [L]
Spens, Lt. T. P., late 5 Bn. Sco. Rif.
Sperry, Co. Serjt.-Maj. W. T., Midd'x R.
Spettique, Lt. H. R. S., 5 Bn. Lond. R.
Spicer, Capt. A. H., M.B., late R A.M.C.
Spicer, Temp. Lt. M. B., M.M., Serv. Bns. Norf. R.
Spicer, Lt. E. M., 4 Bn. E. Lan. R.
Spicer, Lt. F., Bedf. & Herts. R.
Spicer, Capt. G. E., late Lt. R.A.M.C
Spicer, Temp. Capt. J H., Serv. Bns. Notts. & Derby R.
†Spicer, Temp. Capt. L. D., D.S.O.
Spicer, Lt. R., Hon Art. Co.
Spicer, Temp. Lt R. G. B., 6 Res. Regt. of Cav.
Spicer, Lt. W. N., R.F.A.
Spielman, Bt. Maj. C. M., R.E. Spec. Res.
Spiers, Bt. Lt.-Col. E. L., C.B.E. 11 Hrs.
Spiers, Lt. J. S., 3 Bn. North'd Fus.
Spiers, Lt. K. L., 6 Bn. Worc. R.
Spilman, Lt. H., R.F.A. (T.F.)
Spilsbury, Lt. L. J., late R.E.
Spink, Lt. E. V. T. A., Shrops. L.I.
Spink, Temp. Lt. H. M., 23 Bn. North'd Fus.
Spink, Capt. J. J. H., late R.G.A. Spec. Res.
Spooner, Temp. Maj. A. D., R.A.S.C.
Spooner, Temp. 2nd Lt. A. E., Serv. Bns. E. Surr. R.
Spooner, Temp. Lt. F. .., M.G. Corps.
Spooner, Rev. H., M.B.E., Jun. Chapl., Ecclesiastical Establt.
Spooner, Lt. J. C. G., R.F.A. Spec. Res.
Spooner,Temp.Capt. N. P., D.C.M., 18 Bn. K.R. Rif. C.
Spooner, Capt. W. P., 8 Bn. Essex R.
†Spottiswoode, Temp Capt. A., Serv. Bns. Midd'x R.
Spottiswoode, Capt. J., R.E.
Spowers, Lt. A., D.S.O., 3 Bn. E. Lan. R.

† Also awarded Bar to Military Cross.
†† Also awarded 2nd Bar to Military Cross.

THE MILITARY CROSS—contd.

Spragg, Lt. L., R.A.
Spragge, Capt. F. B. B., R.F.A.
Spraggett, Temp. Lt. R. W., R. Mar.
Spraggon, Lt. W., la'e Serv. Bns. Midd'x R
Spratt, Lt. F., ret. pay.
Spratt, Lt. W., 6 Bn. W. Rid. R.
Sprawson, Capt. E. C., R.A.M.C. (T.F.)
Spread, Capt. E. J., W., O.B.E., N. Lan. R.
Spreckley, Lt. R. O., 1Cent. Ont. Regt.
Sprenger, Capt. L. F., D.S.O., S. Afr. Def Force.
Sprent, Capt. J., C'wealth Mil. Forces.
Spriggs, Lt. W. F., R.F.A. (T.F.)
Springfield, Lt. E. O., 3 Bn. Norf. R.
Springfield, Temp. Capt H. G., Serv. Bns. R.W. Surr. R.
Springman, Capt. J. B., Denbigh Yeo.
Sproston, Lt. J. B., R.G A. (T.F.)
Sprott, Temp. Lt. R., Serv. Bns. R. Ir. Rif.
Sproule, Lt. G.M., R.A.S.C.
Sproule, Maj. J. C., Ches.R.
Sproule, Lt. J. St. G., R.F.A., Spec. Res.
Sproulle, Capt. W. J. M., 5 Bn. W. Rid. R.
Sprout, Capt. H. H., late Serv. Bns. N. Lan. R.
Spruce, Temp. Lt. S. E, M.M., R.E.
Spry, Temp. Lt. G. B. R., 24 Bn. R. Fus.
Spurgin,Capt. E.W.,29 Lrs.
Spurrell, Temp. Lt. H. W., M.G. Corps.
Spurrell, Temp. 2nd Lt. R. K., Serv. Bns. D. of Corn. L.I.
Spurrell, Temp. Maj. W. J., D.S.O., 9 Bn. Norf. R.
Squance, Capt. E. L., R.F.A. (T.F.)
Square, Temp. Capt. A, H., R.F.A.
Squarey, Maj. R. O., late R.E.
Squibb, 2nd Lt. L. E., 4 Bn. R.W. Kent R.
Squibb, Lt. R. F., N. Lan. R.
Squire, Temp. Capt. C. E., 8 Bn. Rif. Brig.
Squire, Lt. E. R., 5 Bn. Linc. R.
Squire, Capt.H.O.,Qr.-Mr. Leins. R.
Squires, Lt. A., Ches R.
Squires,Capt. E.K., D.S.O., R.E.
Squires, Temp. Capt. A. P. H., 7 Bn. Linc. R.
Squirrell, Lt. P. L., 4 Bn. Linc. R.

Stabback, Lt. J. W., C'wealth Mil. Forces.
Stabell, Temp. Capt. A, 19 Bn. North'd Fus.
Stable, Capt. W. N., Montgom. Yeo.
Stace, Co.-Serjt.-Maj. W A., R. Suss. R.
Stacey, Temp. Capt. B. H., 19 Bn. Midd'x R.
Stacey, Co.-Serjt.-Maj. G. H., 8 Bn. E. Surr. R.
Stacke, Capt. H. FitzM., Worc R.
Stacpoole,Lt.R.H., R.F.A
Staddon, Capt. C. S., R.A.M.C. Spec. Res.
Stafford, Temp. 2nd Lt. F. S., Serv. Bns. Shrops. L.I.
Stafford, Lt. H. N., R.A.M.C.
Stafford, Bt.-Maj.J.H.,R.E.
Stafford, Lt. J S. P., Aust. Imp. Forces.
Stafford, Lt.-Col. R. S. H., D.S.O., late Serv. Bns. K.R. Rif. C.
Stafford, Capt. R. W., late Oxf.Yeo.
Stafford, Lt. W. G., D.C.M.
Stagg, Capt. J. W., Can. Local Forces.
Stagg, Temp. Lt. L., Serv. Bns. Norf. R.
Stahl, Lt A., R.F.A. (T.F.)
Stainforth, Lt. A. G. C., E. Kent R.
Stainforth, Maj. C. H., late Serv. Bns. R. Innis. Fus.
Stairs, Capt. G. S., Quebec R.
Staite, Temp. Capt. A. C., Serv. Bns. Manch. R.
Stalbridge, Lt. H. G. Lord, North'n Yeo.
Staley, Lt. R., late R.E.
Stallard, Lt.-Col. C. F., D.S.O., late Serv. Bns. Midd'x R.
†Stallard, Capt R. H., 8 Bn. Worc. R.
Sta lon, Lt. P. V., 3 Bn Welsh R.
Stalman, Lt. A. C., 6 Bn. W. Rid. R.
Stamer, Capt. W. D., N, Staff. R.
Stammers, Temp. Lt. A.E., Tank Corps.
††Stamper, Maj. T. H. G., late R.F.A. Spec. Res.
Stanbury, Lt. P. S., 4 Bn. North'd R.
Stancliff, Lt. R., 2 Bn. Lond. R.
Stancourt, Lt. G. H. R., 18 Bn. Lond. R.
Standen, Lt. E. J., Lan. Fus.
Standing, Rev. G., Temp. Chaplain to the Forces (1st Class).
Standing, Lt. J. S. H., R.F.A. Spec. Res.
Stanes, Lt. E. H., 3 Bn. Manch. R.

Stanfield, Temp. Capt. J. L., R.E.
Stanford, Lt. A W., D.S.O., R.F.A. Spec. Res.
Stanford, Lt. E. J., 4 Bn. Wilts. R.
Stanford, Temp. Capt. F. E., R.G.A
Stanford, Temp. Capt. H. C.
Stanford, Capt. H. M., R.F.A.
Stanford, Lt. J. K., 3 Bn. Suff. R.
Stanford, Temp. Lt. M., Serv. Bn. E. Surr. R.
Stanford, Co.-Serjt.-Maj. P., 9 Bn.K.R Rif.C.
Stanhope, J. R., D.S.O., Earl, late Maj. 4 Bn.R.W. Kent R.(Capt. Res.of Off.)
Stanier, 2nd Lt. A. B. G., W. Gds.
Staniforth, Lt. L., 4 Bn. N. Staff. R.
Staniforth, Capt. R., 8 Bn. Notts. & Derby. R.
Stanistreet, 2nd Lt. J. A., late Serv. Bns. Leins. R.
Stanley, Lt. A. C. W N., R. Innis. Fus.
Stanley, Capt. A. W. W., R. H. Gds. Spec. Res.
Stauley, Capt. E. M. C., Lord, G. Gds.
Stanley, Capt. G. W., late R.A.M.C.
Stanley, Capt. H. V., M.B. M.B.E., R.A.M.C.
Stanley, Capt. J., Hunts. Cyclist Bn.
Stanley, Temp. 2nd Lt. J H., Serv. Bns. Dévon. R.
Stanley, Capt. Hon. O, F. G., Lan. Hrs. Yeo
Stanley, Temp. Lt. P. S.
Stanley, Lt. W. H. C., 2 Cent. Ont. Regt.
Stanley Clarke, Capt.A.R., Dorset R
Stanley-Murray, Maj. H. E., R. Scots.
Stannard, Co. Serjt.-Maj. A., Suff. R.
Stannett, Lt. W., Midd'x R.
†Stanser, Lt. J. R., 5 Bn. York & Lanc. R.
†Stansfield, Lt. E. D., 6 Bn. W. York. R.
†Stansfield, Lt. J., 5 Bn. Yorks. L.I.
Stansfield, Capt. R., late R.A.M.C.
Stanton, Lt. F. C. P., M.G. Corps.
Stanton, Lt. J. A., C'wealth Mil. Forces.
Stanton, Temp. 2nd Lt. R. Serv. Bns. R. Ir. Regt.
Stanton, 2nd Lt. T. H., late R.E.
Stanway, Bt. Maj. W. H , D.S.O., R.W. Fus.
Stanworth, Lt. W., 4 Bn. E. Lan. R.
Stanyforth, Lt. R. T., 17 Lrs.

Staple, Lt. J. H., R.A.S.C. (T.F.)
Staple,Temp. Qr.-Mr. & Lt. W.S.H.
Staples, Capt. E. C., 11 Rajputs.
Staples, Capt. H. A., 18 Bn. Lond. R.
Staples. Temp. 2nd Lt. J. V., Serv. Bns. R. Dub, Fus.
Stapleton, Qr.-Mr. & Capt A., Linc. R.
Stapleton, Lt. A.V., R.G.A.
Stapleton, Temp. Lt. J. R.F.A.
Stapleton-Bretherton, Lt. V. F., R.E. (T.F)
Stapley, Lt. C. J., late Serv. Bns. Lan. Fus.
Stapylton - Smith, Temp. Lt. J. B., R.E.
†Stark, Capt. R. A., M.B., R.A.M.C. (T.F.)
Starkey, 2nd Lt. W., 7 Bn. W. Rid. R.
Starkey, Lt. W. B., N. Som. Yeo.
Starkle, Qr.-Mr. & Capt. J. T., R.A.M.C.
Starley, Temp. Capt. J. R., 9 Bn. R. War. R.
Starling, Lt. A. E., York. L.I.
Starling, Capt. E. C. W., R.A.M.C., Spec. Res.
Starling, Temp. Qr.-Mr. & Capt. R., 20 Bn. Midd'x R.
Starnes, Lt. D. S. B., late Serv. Bns Midd'x R.
Startin, Capt. J., R.A.M.C.
Statham, Co.-Serjt.-Maj. A. C., R.E.
Statham, Temp. Lt., C.W., M.G. Corps.
Statham, Lt. R. L., late Serv. Bns. Dorset. R.
Statham, Temp. Lt. W. R., Serv. Bns. Shrops. L.I.
Staton,Capt.W.R, C'wealth Mil. Forces.
Staub, Lt. T. V., 4 Bn. Sea. Highrs.
Staveley, Lt. W. D., late R.E.
Stawell, Capt. W. A. M , R.E.
Staynes, Temp. 2nd Lt. T. T. A., Serv. Bns. W York. R.
Steacy, Capt. W. E., Can. Fd. Art.
Stead, Capt. E. A.,35 Sikhs.
Stead, Temp. Maj. E. J., R.E.
Stead, Temp. Capt. H., R.F.A.
Stead, 2nd Lt. N., R.F.A., Spec. Res.
Stead, Lt. N. W., 4 Bn. York. R.
Steadman, Temp. Lt. C. H., Serv. Bns. D. of Corn. L.I.
Steadman, late Temp. Capt. W., R.A.M.C.
Stearn, Lt. A. E., 5 Bn. N. Staff. R.
Stearns, Lt. H. E., R.G.A., Spec. Res.

† Also awarded Bar to Military Cross.
†† Also awarded 2nd Bar to Military Cross.

Orders of Knighthood, &c. 445

THE MILITARY CROSS—*contd.*

Stebbing, Temp. 2nd Lt. F. J., Serv. Bns. Glouc. R.
Stebbing, Capt. T. H. L., 5 Bn. Notts. & Derby. R.
Stebbings, Lt. J. M., R.F.A. (T.F.)
Stedall, Lt. E. St. G., Res. of Off.
Stedham, Lt. G. C., R.E. (T.F.)
Stedman, Temp. 2nd Lt. G. E.. Serv. Bns. E. Surr. R.
Stedman, Capt. G. F., 3 Bn. York & Lanc. R.
Stedman, Capt. H., Ind. Army.
Stedman, Capt. L. G., *late* 7 Bn. R.W. Surr. R.
Steed, Lt. R., R. Fus.
Steedman, Lt. J. F. D., R E.
Steedman, Temp. 2nd Lt. W. F.
Steel, Lt. A. C., R.F.A. Spec. Res.
Steel, Lt. A. E., Temp. Qr.-Mr. 21 Bn. Midd'x R.
Steel, Temp. Lt. A. K., M.G. Corps.
Steel, Maj. B., Can. Local Forces
Steel, Lt. C. H. North'd Fus.
Steel, Lt. E. G., 20 Bn. Loud. R.
Steel Temp. Lt. G., M.G. Corps.
Steel, Lt. G. McL., 4 Bn. R. Highrs.
Steel, 2nd Lt. J. G., Ind. Army Res. of Off.
†Steel, Lt.M.R.,*D.S.O.*,3Bn. North'd Fus.
Steel, Lt.-Col. O. W. D., 3 Bn. Mon. R.
Steel, Temp. Capt. P. P., Serv. Bns Bedf R.
Steel, Lt. S. G. H., 5 Bn. Leic. R.
Steel, Capt. W. A., Can. Local Forces.
Steel, Lt. W. C., R.F.A. Spec. Res.
Steele, Hon. Capt. A. R., *late* 9 Bn. Sco. Rlf.
†Steele, Lt. C. H. R., Ir. Fus.
Steele, Capt. C. S., Aust. Imp. Force.
†Steele, Capt. D. MacD., C'wealth Mil. Forces
Steele, Capt. E., 6 Bn. Man. R.
Steele, Lt. H., R.F.A. Spec. Res,
Steele, Capt. H. E. R., Manch. R.
†Steele, Temp. Capt H. G., North'd Fus. (attd.)

Steele, Lt. J., R.F.A. (T.F.)
Steele, Lt J. S., R. Ir. Rif.
Steele, Lt. T., Can. M.G. Corps.
Steele, Temp. 2nd Lt. T. L.
Steele, Lt. T. N. W. B., C'wealth Mil. Forces.
Stee'e, Temp. Lt. W , Serv. Bns. High. L.I.
Steele, Lt. W. C., *late* M.G. Corps.
Steen, Temp Capt. F. D., Serv. Bns. K.R. Rif.C.
Strreple, Temp. Lt. J., Tank Corps.
Steer, *Rev.* C., Hon. Chapl to the Forces, 1st Class.
Steer. Maj R E A., Can. Mtd. Rif.
Steer, Lt. H. E., ret. pay.
Steer, Temp. 2nd Lt.C.W., Serv. Bn. Devon R.
Steer, Asst. Commy.of Ord. H J., R.A.O.C.
Steers, Lt. F. P., Can. Eng.
Steevens, Bt. Maj. D. J., R.A.
Steegall, Lt. F. H., R.E. (T.F.)
Stegman, Capt. T. H., 1 Cent. Ont. Regt.
†Stein, Lt.-Col. A., 7 Bn. Arg. & Suth'd Highrs.
Stein, Lt. I. R. B., *late* K. Ed. Horse
Steelfox, Temp. Lt. W. 11 Bn. Lan Fus.
†Stenifold, Temp. Lt. H., 5 Bn. Leic. R.
Stenning, Co. Sergt-Maj C. H., *M.M.*, 13 Bn. Rif. Brig.
Stenson Lt. J. R.A.
Stensrud, Hon. Capt. O.P., Can. A.M.C.
Stent, Temp, Lt. C., Serv. Bns. L'pool R.
Stephen, Temp. Lt. A. M., R.G.A.
Stephen, Lt. J. A., Can. Local Forces
Stephen, Capt. J. G., *late* 3 Bn. High. L.I.
Stephens, Lt. A. S., h.p.
Stephens, Lt. B., 3 Bn. R.W. Kent R.
Stephens, Lt. C. G., 3 Bn. Oxf. & Bucks. L.I.
Stephens, Lt. C. R., R.E. (T.F.)
Stephens, Temp. Capt. F. G. R. B.
Stephens, Lt. F. H., R.G.A.
Stephens, Lt. F. P., 3 Bn. S. Staff. R.
Stephens, Maj. F. T, *late* Gen. List (*Capt. R.S.A.*) *Police*)
Stephens, 2nd Lt. G , 5 Bn. Glouc. R.
Stephens, Serjt.-Maj. G. A., R.G.A.
Stephens, Lt. J. H., 5 Bn. E. Lan. R.

Stephens, Temp. 2nd Lt. K. T.
Stephens, Temp. Lt. L. P., Serv. Bn. Dorset. R.
Stephens, Lt. L. R., Aust. Imp. Force.
Stephens, Lt. W. T., 6 Bn. Notts. & Derby R.
Stephenson, Lt.-Col. A., *C.M.G., D.S.O., late* 16 Bn. R. Scots.
Stephenson. 2nd Lt. A. C., 4 Bn. E. York. R.
Stephenson, Lt. A. C. R., R.F.A. (T.F.)
Stephenson, Temp. Lt. A. D.
Stephenson, Capt. A. G. C'wealth Mil. Forces.
Stephenson, Capt. B. R., *O.B.E.*, 1 Devon. Yeo.
Stephenson, Lt. C., 4 Bn. North'd Fus.
Stephenson, Capt. C., T.F. Res.
Stephenson, Temp. Lt. C., Serv. Bns. Durh. L.I.
††Stephenson, Capt. E. L., Dorset R.
Stephenson, Lt. E. V., R.F.A. Spec. Res.
Stephenson, Lt. F., Aust. Imp. Force.
Stephenson, Capt. F. A., *late* Serv. Bns. S. Wales Bord.
Stephenson, Temp. Lt. F. D., R.F.A.
Stephenson, Capt. G. E., *M.B., late* R.A.M.C.
Stephenson, Capt. H., R.A.V C.
Stephenson, Capt. H. M., *late* R.A.M.C.
†Stephenson, Temp. Capt. J., *M.B.*, R.A.M.C.
††Stephenson, Temp. Lt. J., 20 Bn. North'd Fus.
Stephenson, Lt. J., 8 Bn. Durh. L.I.
Stephenson, Capt. L. F., *late* S. Staff. R.
Stephenson, Capt. M. B., *D.S.O., late* 3 Bn. E. York. R.
Stephenson, Lt. R. R. Innis. Fus.
Stephenson, Hon. Lt. S. A., *late* Worc. R. (attd.)
Stephenson,Temp.Lt.T.B., Serv. Bns. R. Ir. Rif.
Stephenson, Co. Serjt.-Maj W., 8 Bn. R. War R.
Stephenson, Lt. W. H., 9 Bn. Durh. L.I.
Stephenson-Fetherston-haugh. Capt. A. J., *D.S.O.* 6 Bn. Worc. Regt.
Stephenson-Jellie, Maj. J. P., *late* R.A.O.C.
Sterling, Lt. F. H., R.A.
Sterling, Lt. L. A., R.F.A. Spec. Res.
Stern, Lt. D. C., 5 Bn. R.W. Kent R.
Stern, Capt. F. C., *O.B.E.*, 2 Co. of Lond. Yeo.

Stern, Capt. T. H., R.E Spec. Res.
Sterndale-Bennett, 2nd Lt. J B., S. Wales Bord.
Sterns, Capt. J. F., Can. Art.
Steuart, Lt. F. G., Ind. Army (Res. of Off.)
†Steuart. Lt. W. O., 5 Bn. R. Scots.
†Steven, Maj. O., *late* R.F.A.
Stevenl, Temp. Capt. L., *O.B.E.*
Stevens,Capt.A. H.,5Lond. Brig. R.F.A.
†Stevens, Lt. C. A., W Rid. R.
Stevens, Lt. C. E., Fort Garry Horse.
Stevens, Capt. C. F. L., 10 Lrs.
Stevens, Lt. C. P., *late* 3 Bn. D. of Corn. L.I.
Stevens, Temp Capt.D.W., 16 Bn. Notts. & Derby. R.
Stevens, Temp. Lt. George, R.E.
†Stevens, Maj. G., ret. pay.
Stevens, Lt. G. E. W., 4 Bn. E. Kent R.
Stevens, Capt. H. F., ret. pay.
Stevens, Lt. H. G., Can. Lt. Horse
†Stevens, Temp. Maj. H. R.. 16Bn. Notts. & Derby. R.
Stevens, Maj. H. S. E., *late* Serv. Bn. R. Scots.
Stevens, Lt J. R A., R.F.A. Spec. Res.
Stevens,Temp.Capt. L. B., R.A
Stevens, Capt. R. M., Res. of Off.
Stevens, Co. Serjt.-Maj. R. S., R. Ir. Rif.
Stevens, Lt. S. H., 2 Bn. Lond. R
Stevens, Temp. 2nd Lt. S. T., Serv. Bns. Bord. R.
††Stevens, Lt. W. C., Serv. Bns. Worc. R.
Stevens, Lt. W. H., 6 Bn. Devon. R.
Stevens, 2nd Lt. W. T., *late* 6 Bn. E. Kent R.
Stevenson, Lt. A., Notts. & Derby. R. (attd.)
Stevenson, 2nd .Lt. A. F. M., 17 Hrs. Spec. Res.
Stevenson, Capt. C., Can. Local Forces
Stevenson, Lt. C. H., Can. Local Forces
†Stevenson, Lt. D. F., *D.S.O.*, Notts. Yeo.
Stevenson, Lt. E. D., Sea. Highrs.
Stevenson, Lt., E McK., Aust. Imp. Force.
Stevenson, Capt. G. H., *O.B.E . M.B.*, R.A.M.C. Spec. Res.

---

† Also awarded Bar to Military Cross.   †† Also awarded 2nd Bar to Military Cross.

THE MILITARY CROSS—contd.

Stevenson, Temp. Maj. H. C., R.F.A.
Stevenson, Maj. H. D. M., O.B.E., Ind. Army
Stevenson, Temp. Capt. J., L'pool R.
Stevenson, Temp. 2nd Lt. J., Rif. Brig.
Stevenson, Lt. J., Can. Eng.
Stevenson, Capt. J., M.B., late R.A.M.C.
Stevenson, Lt.-Col. J., Res. of Off.
Stevenson, Temp. 2nd Lt. J. F., 17 Bn. R. Ir. Rif.
Stevenson, Temp. Lt. J. F. B.
Stevenson, Capt. J. H. M., R.A.
Stevenson, Temp. Lt. J. W., Serv. Bns. High. L.I.
Stevenson, Temp. Lt. L., 19 Bn. L'pool R.
Stevenson, Temp. Lt. M., R.E.
Stevenson, Hon. Maj. R., O.B.E., R.A.O.C.
Stevenson, Temp. Lt. R., Serv. Bns York & Lanc R.
Stevenson, Capt. R. W., 8 Bn. Worc. R.
Stevenson, Lt. T. D., Aust. Imp. Force.
Stevenson, Lt. T. I., 6 Bn. K.R. Rif. C.
Stevenson, Maj. W. S., D.S.O., late Serv. Bns. Arg. & Suth'd Highrs.
†Steward, Capt. A. J., Res. of Off.
Steward, Lt. C A C., M.B.E., 3 Bn. R.W. Fus.
Steward, Capt. C.K., D S.O., S. Wales Bord.
Steward, Lt. F. K., R.F.A.
Steward, Temp. Capt. G. B., Serv. Bns. Suff. R.
Steward, 2nd Lt. H., 3 Bn. Shrops. L.I.
Steward, Temp. Capt R.D., R.A.
Steward, Lt. R. H. R., R.E.
Steward, Temp. Lt. A. M.G. Corps.
Stewart, Lt. A. B., 8 Bn. R. Scots
†Stewart, Capt. A. C., 6 Bn. Sco. Rif.
Stewart, Maj A E., 124 Inf.
Stewart, Rev. A. J., Hon. Chapl. to the Forces (4th Class).
Stewart, Lt. A. J. H., late 3 Bn. Sco. Rif.
†Stewart, Lt. A.W.F., 6 Bn. Sco. Rif.
Stewart, Lt. B. C., R.F.A. Spec. Res.
Stewart, Lt C., Aust Imp. Force
Stewart, Capt. C. G., Aust. Imp. Force
Stewart, 2nd Lt. C. H., 4 Bn. Welch R.
Stewart, Lt. C H. I., late 18 Bn. Lond. R.
Stewart, Capt C. J. C., New Bruns. R.

††Stewart, Maj. C. V., late R.G.A.
Stewart, Lt. D., 5 Bn. Sea. Highrs.
Stewart, Lt. D., A.F C. R.G.A. (T.F.)
Stewart, Lt. D. G., 4 Bn. R. Scots
Stewart, Capt. D. I., Res. of Off.
Stewart, Lt. E. H. J., R.E. (T.F.)
Stewart, Lt. F., N.Z. Mil. Forces.
Stewart, Capt. F.N., D.S.O., M.D., late R.A.M.C.
Stewart, Lt. F. W. Ind. Army Res. of Off.
Stewart, Capt. G. I. Serv. Bns. R. Highrs.
Stewart, Lt. G. K., R.F.A.
Stewart, Temp. Capt. G. R.W.
Stewart, Lt. G. S., 6 Bn. Sea. Highrs.
Stewart, Lt.-Col.H., D.S.O., N.Z. Mil. Forces.
Stewart, Lt. H. A., Can. Art.
Stewart, Temp. Lt. H. B. 7 Bn. Bedf. & Herts. R.
Stewart, Lt. H. R., 8 Bn. Midd'x R.
†Stewart, Temp. Capt. I. MacA.,10Bn.Arg.&Suth'd Highrs. (Capt. Arg. & Suth'd Highrs.)
Stewart,Capt.I.P.,C'wealth Mil. Forces.
Stewart, Lt. J., R.F.A.
Stewart. Temp. 2nd Lt. J., R.E.
Stewart, Lt. J. A., Ind. Army Res. of Off.
Stewart, Capt. J. A., M.B., R.A.M.C., Spec. Res
Stewart, Lt J. A. St. C., R.F.A. Spec. Res.
Stewart, Lt. J. C., Can. Local Forces
Stewart, Hon. Capt. J. C. McD.
Stewart, Temp. Capt. J. E., R.E
Stewart, Maj. J. G., late S. Afr. Def. Forces.
Stewart,Temp.Capt J.H., R.A.V.C.
Stewart, Temp. Capt.J.H., D.S.O., 15 Bn. R. Ir. Rif.
†Stewart, Temp. Capt.J.L., D.S.O., M.B., R.A.M.C.
Stewart, Temp. Lt. J. L., Serv. Bns. Arg. & Suth'd Highrs.
Stewart, Lt. J. N. G., 3 Bn. R. Ir. Rif.
Stewart, J. S., late Temp. Capt., M.B., R.A.M.C.
Stewart, Lt. J. S., S. Gds. Spec. Res.

Stewart, Capt. K. E. S., W. York. R.
Stewart, Co. Sergt.-Maj. K. G., M.M., Aust. Imp. Force
Stewart, Temp. 2nd Lt. M. Serv. Bns. Bord. R.
Stewart, Temp. Lt. M., 11 Bn. R. Scots
Stewart, Lt. O., A.F.C., late 9 Bn Midd'x R.
Stewart, Capt. P., Qr.-Mr. ret. pay.
Stewart, Rev. P. A., Hon. Chapl. to the Forces (3rd Class)
Stewart, Hon. 2nd Lt. R., late 10 Bn. E York. R.
Stewart, Capt. R. A., M.B., late R.A.M.C. Spec. Res.
††Stewart, Temp. Capt. R. B, M.B., R.A.M.C. Spec. Res.
Stewart, 2nd Lt. R. F., R.G.A. Spec. Res.
Stewart, Capt. R. J., C'wealth Mil. Forces
Stewart, Temp. Lt. R. N., M.G. Corps.
Stewart, Bt. Maj. R. N., O.B E., Cam'n Highrs.
Stewart, Temp. Lt. R. W., R.E.
Stewart, Temp. Lt. T. G., D.C.M., R.Mar.
Stewart, Hon. Capt. Rev T. H., Can. Local Forces.
Stewart, Lt. T. W., 7 Bn. Gord. Highrs.
Stewart, Capt. W., 3 Bn. R. Ir. Fus.
Stewart, Temp. Lt. W., Tank Corps
Stewart, Lt. W., late R. Lanc. R.
Stewart, Lt. W. A., E Ont. Regt.
Stewart, Lt. W. G, High L.I.
Stewart, J t.W. H., R.G.A Spec. F s.
Stewart, Capt. W. H. E., R.A.M.C. (T.F.)
†Stewart, Lt. W. R., R.E (T.F.)
Stewart - Liberty, Lt. I., Bucks. Bn. Oxf. & Bucks. L.I.
†Stewart - Richardson, Bt. Maj. R. M., 11 Hrs.
Stewart-Savile, Lt. D. N., 12 Lrs.
Stick, Capt. J. R., Res of Off
Stickland, Lt. A. L., 21 Bn. Lond. R.
Stickler, Temp. Capt. D. H., 6 Bn. S. Wales Bord.
†Stickney, Capt. J. E. D., D.S.O. 4 Bn. York & Lanc. R.
Stidston, Lt. S. J., 4 Bn. Glouc. R.
Stiebel, Temp. Lt. C. A., Labour Corps

Stiell, Maj. G., late R.A.M.C.
Still,2nd Lt. G.A., C'wealth Mil. Forces.
Stillman, Lt. L. R., Aust. Imp. Force.
Stilwell, Lt. W. F., N.Z. Mil. Forces.
Stimpson, Temp. 2nd Lt. F.A., Serv. Bns. Linc. R.
Stimson, Lt W B., 4 Bn. Bedf. & Herts. R.
Stinson, Lt. C. G. J., C'wealth Mil. Forces
†Stinson, Lt. H. J. E., R.G.A. (T.F.)
Stinson, Lt. J., Aust. Imp. Force.
†Stirling. Temp. Lt. A. A., Serv. Bns. Bord. R.
†Stirling, Lt. B.W., R.F.A. Spec. Res.
Stirling, Capt. J., M.B., R.A.M.C., Spec. Res.
Stirling, Lt.-Col J. A., late S. Gds. Spec. Res.
Stirling, Capt. J. T., Can. A.M.C.
Stirling, P. D., O.B.E., Res. of Off.
Stirling, Maj. W.A., D.S.O., R.A.
Stirling, Maj. W. F., D.S.O., ret. pay (Res. of Off.)
Stirling- ookson, Capt. C. S., D.S.O., K.O.Sco.Bord.
Stirrett, Maj. A. N., O.B.E. Can. Local Forces.
Stirrup, Lt. T.C., Serv.Bns. York & Lanc. R.
Stirzaker, Co. Serjt.-Maj. F. P., W. Rid. R.
Stitt, Lt. J. A., R.F.A. Spec. Res.
Stitt, Lt. J. H., Gord. Highrs.
Stitt, Capt. O. M., Can. Eng.
Stitt, Temp. Capt. W. H., D.S.O., R. Dub. Fus. (attd.)
Stiven. Temp. Lt. D. S., Serv. Bns. R. Scots.
Stiver, Lt. H. C., Man. Regt.
Sobart. Capt. R. L., North'd Yeo.
Stobbs, Temp. Lt. J. L., 10 Bn. R. Fus.
Stoble, Lt. G., Aust. Imp. Force
†Stock, Maj. J. J., Can. Eng.
Stock, Temp. Lt. R. V. W., R.E.
Stock. Capt. V. E., Qr. Mr. Midd'x R.
Stock, V. F., M.B., late Temp. Capt. R.A.M.C.
Stockdale, Lt. R. J., 5 Bn. Durh. L.I.
Stocken, Lt. E. A., R.F.A. Spec. Res.
Stocker, Capt. C. J., M.B., Ind. Med. Serv.
Stocker, Capt. E. D.H., 7 Bn. L'pool R.
Stocker, 2nd Lt. V., N.Z. Mil. Forces

\+ Also awarded Bar to Military Cross.
†† Also awarded 2nd Bar to Military Cross.

Orders of Knighthood, &c. 447

THE MILITARY CROSS—*contd.*

Stockley, Maj. C. H., *D.S.O.*, 66 Punjabis.
Stockley, Capt. H., late 3 Bn. Leic. R.
Stockley, Lt. R. M., R.A.
Stocks, Lt. J, 6 Bn. W. Rid. R.
Stocks, Lt. N., 5 Bn. R. War.
Stockton, Lt. B. H. B. R.A.
Stockton, Lt. E. Ches. R.
Stockwell, Co.-Serjt.-Maj. H., 5 Bn. Oxf. & Bucks. L.I.
Stoer, Temp. 2nd Lt. E. M., Serv. Bns. R. Ir. Regt.
†Stogdon, Lt. J., 3 Bn. Wilts. R.
Stoker, Capt S. P., *M.B.*, late R.A.M.C.
Stoker, Capt. T. T. McG., 3 Bn. R. Muns. Fus.
Stokes, Lt. A. O. 5 Bn. R. Muns. Fus.
Stokes, Maj. A. W., *D.S.O.*, R.E.
Stokes, Temp Capt. D. J., *M.B.*, R.A.M.C.
Stokes, Lt. H. F. S., 4 Bn. Hamps. R.
Stokes, Lt. H. S., W. Gds.
Stokes, Lt. J. B., R.F.A., Spec. Res.
Stokes, Bt. Maj. J. G., *D.S.O.*, 19 Bn. Lond. R.
†Stokes, Maj. R. R., late Res. of Off.
Stokes, Temp. Maj. (temp. Col.) R. S. G., *D.S.O., O.B.E., R.E.*
Stokes, Lt. S. G., W. Ont. Regt.
††Stokes, Lt. V. G., R.Berks. R.
Stokes, Temp. Lt. W E., Serv. Bns. R. Fus.
Stokes, 2nd Lt. W. J., 7 Bn. Worc. R.
Stokes-Roberts, Capt. A. E., *O.B.E.*, late Worc. R.
Stokoe, Temp. Lt. H. N., Serv. Bns. N. Lan. R.
Stone, Temp. Lt. A., Serv. Bns. Bedf. & Herts. R.
Stone, Maj. A. G., 3 Gurkha Rif.
Stone, Temp. Lt. A. G., *O.B.E.*, R. Mar.
†Stone, Temp. Capt. C. H., 10 Bn. R. Fus.
Stone, Temp. Lt. C. R., *D.S.O.*
Stone, Lt. E. G., R.F.A., Spec. Res.
Stone, Temp. Lt. E. J.
Stone, Rev. F., Hon. Chapl. to the Forces, 2nd Class.
Stone, Co. Serjt.-Maj. F. B., R.E.
Stone, Lt. F. J., 4 Bn. Glouc. R.
Stone, Lt. F. N., 21 Bn. Lond. R.

Stone, Lt. F. R., 23 Bn. Lond. R.
Stone, Lt. F. R. S., 3 Hrs. Spec. Res.
Stone, Temp. Capt. G. F., Serv. Bns. Worc. R.
Stone, Co. Serjt.-Maj. H. H., 12 Bn. S. Wales Bord.
Stone, Temp. Lt. H. J., R.E.
Stone. Temp. Lt H J., Serv. Bns. R.W. Surr. R.
Stone, Lt. J. E., R.G.A. Spec. Res.
Stone, Lt. M. B., 5 Bn. Glouc. R.
Stone, Capt. R. G. W. H., R.E.
Stone, Temp. Capt. W. A. C., *D.S.O.*, R.F.A.
Stone, Capt. W. A., Hon. Art. Co.
Stone, Temp. Lt. W. H., Serv. Bns. R. War. R.
Stonebanks, Lt. F. K., R. Fus.
Stonehouse, Lt. D., 6 Bn. Manch. R.
Stoneman, Lt. H., 5 Bn N. Staff. R.
Stones, Lt. N., 10 Bn. Manch. R.
†Stones, Capt. R. B., 9 Bn. Durh. L.I.
Stones, Capt R V., *M.D., M.B., F.R.C.S. Edin.*, late R.A.M.C.
Stones, Temp. Capt. W. Tank Corps.
Stoney, Capt. G. J. L., *D.S.O.*, Worc. R.
Stonham, Temp. Lt. C. W., 11 Bn. Rif. Brig.
Stonor, Bt. Lt.-Col. W. G., R.F.A.
Stookes, Lt. V. A., 2 Dns. Spec. Res.
Stoop, Lt. A. D., 5 Bn. R.W. Surr. R.
Stopford, Capt. M. G. N., Rif. Brig.
Stopford, Temp. Maj. R. W. E (Bt. Maj. S. Afr. Def. Force).
Stopford, Lt. W. J., R.F.A.
Storch, Temp. 2nd Lt. H., 13 Bn. York. R.
Sordy, Temp. Capt. T., R.A.M.C.
Storer, Temp. Lt. H. E., Serv. Bns. Yorks & Lanc. R.
Storey, Lt. G. P., Aust Imp. Force.
Storey, Lt. H., Durh. L.I.
Storey, Temp. Lt. J., R.A.S.C.
Storey, Capt. K., *late* R. Def. C.
Storey, Lt. S. O., R.G.A., Spec. Res.
Storey, Capt. T. C., *M.B.*, R. Art. Spec. Res.

Storey, Qr.-Mr. Capt. W. H., R.A.M.C.
Stork, Temp. Capt. C. H. 11 Bn. Glouc. R.
Storms, Lt. D. H., Can. Local Forces
Storrar, Temp. Capt. J., 11 Bn. R. Scots.
†Storrar, Capt. J. S., ret pay
Storrs, Temp. Lt. C. D. R.E.
Storrs, Surg.-Capt. E. G., Rhodesian Med. Serv.
Storrs, Lt. G. N., Ind. Army Res. of Off.
Story, Capt. D., *late* Serv. Bns. R. War. R.
Story, Lt. H. H., Sco. Rif.
Story, Capt. J. A., 61 Pioneers.
Stotesbury, Capt. S. J., 4 Bn. Glouc. R.
Stott, Temp. Lt. A. O., Serv. Bns. R. Berks. R.
†Stott, Temp. 2nd Lt. B., W. Rid. R.
Stott, Temp. 2nd Lt. B. H 12 Bn. Lan. Fus.
Stott, Lt. C., 7 Bn. W. Rid. R.
Stott, Capt. C. R., York & Lanc. R.
Stott, Lt. F., *late* Serv. Bns. L'pool R.
Stott, Lt. H., ret. pay.
Stott, Lt. J., *late* Serv. Bns. N., Lan. R.
Stott, Capt. J. S., *D.C.M., late* Serv Bns. Arg. & Suth'd Highrs.
Stott, Capt. L. B., *M.B.*, 1 W. Lanc. Fd. Amb. R.A.M.C. (T.F)
Stott, Temp. Lt. L. R. R.F.A.
Stott, Temp Capt. M. D., Serv. Bns. Bord. R.
Stott, Temp. 2nd Lt. R. T. A. Cyclist Corps.
Stott, Capt W., 7 Bn. Chesh. R.
Stott, Temp. 2nd Lt. W. D., Serv. Bns. Lan. Fus.
Stott, Lt. W., E Lan. R.
Stourton, Lt Hon. W. M., G. Gds
Stout, Lt. F. M., 20 Hrs.
Stoward, Temp. Capt. T. D.
Stowell, 2nd Lt. E. F., *D.C.M.*, R.F.A. Spec. Res
Stowell, Lt. F. S., Quebec R.
†Stower, Temp. Capt. J. S., R.F.A.
Stower, Temp. Lt. L. A. W. R.A.O.C.
Stowers, Capt. R., R.A.M.C.
Stoyle, Qr.-Mr. & Capt. W. ret. pay.
Strachan, Co.-Serjt.-Maj. A., 15 Bn. High. L.I.
Strachan, Capt. C G., *M.B.*, R.A.M.C. (T.F.)

Strachan, Temp. Capt. E. F. *O.B.E.*, Serv. Bns. Lan. Fus.
Strachan, Capt. F. J., *M.B.*, *late* R.A.M.C.
Strachan, Capt. F. P., E. Ont. Regt.
Strachan, Capt. G. L., C'wealth Mil. Forces.
S. C. Strachan, Maj. H., Can. Local Forces
Strachan, Temp. Capt. J., R.E.
Strachan, Lt. J. H., *late* h.p.
Strachan, Lt. W., R.F.A.
Stracham, Temp. Lt. W. B., Serv. Bns. High. L.I.
Strachey, Lt. R. C., Som. L.I.
Stradling, Capt. R. E., *late* R.E.
Straight, Lt. F. S., Oxf. & Bucks. L.I.
Straker, Bt. Maj. G. H., 15 Hrs.
Straker Lt. R., 12 Hrs.
Stranack, Lt. F. K., R.E.
Stranack, Lt. J. R. S., 3 Bn. Sea. Highrs.
Stranaghan, Lt. J. S., Hon. Art Co
Strang, Temp. Capt. A., K.R. Rif. C.
Strang, Temp. Maj. D. W. P., Serv. Bns. Wilts. R.
Strang, Temp. Lt. G. McL., R.E.
Strange, Lt. D., 3 Bn. Bord. R.
Strange, Temp. 2nd Lt. F. A., Serv. Bns. R.Berks. R.
Strange, Capt. G. C. C., R. Scots
Strange, Capt. H. G. L, *late* R.E.
Strange, Temp. Capt. J. S., *D.S.O.*, Serv. Bns. Welch R.
Strange, Capt. L. A., *D.F.C.*, Dorset R.
Strange, Lt W A., *late* Serv. Bns. R. Ir. Fus.
Stranger, Lt. R. J., 4 Bn. R. Ir. Fus.
Stranger, 2nd Lt. W., 3 Bn. R.W. Surr. R.
Strapp, Temp. Lt. W., M. G. Corps.
Stratford, Co. Serjt.-Maj. H. O., R. Fus.
Strathy, Capt. J. H G., Can. Local Forces.
Stratten, Maj. F. J., *late* 13 Bn. Midd'x R.
Stratton, Lt. G. L., R.F.A.
Stratton, Rev. J., Temp. Chapl. to the Forces (4th Class).
Stratton. 2nd Lt. J., 5 Bn. Bord. R.
†Stratton, Capt. J. R., Res. of Off.
Stratton, Lt. R. T., 6 Dns. Spec. Res.

† Also awarded Bar to Military Cross.
†† Also awarded 2nd Bar to Military Cross.

P

THE MILITARY CROSS—contd.

Straw, Capt. P. W., late 8 Bn. Sea. Highrs.
Strawson, Temp. 2nd Lt. W. N., M. G. Corps.
Streatfield, Lt. A. C., R.G.A.
Stretchfield, Lt. G. H. B. 4 Bn. Durh. L.I.
Street, Maj. A., ret. pay.
Street, Lt. A. W., 8 Bn. Hamps. R.
Street, Capt. C. J. C., O.B.E., R.G.A. Spec. Res.
†Street, Lt. H., 5 Bn. Linc. R
Street, Lt. T. W. T., R.E. (T.F.)
Streeten, Capt. G., R.E.
Streeter, Rev. A. H., Temp. Chapl. to the Forces, 4th Class.
†Streeter, Lt. G. A., 4 Bn. R.W. Surr. R.
Streeter, Co. Serjt.-Maj. J. C., Bord R.
Streets, 2nd Lt. A. H., 1 Bn. Lond. R.
Streiff, Lt. W. M., late R.E.
Stretch, Temp. Lt. L. G., M. G. Corps.
Strevens, Bt. Maj. R. H., D.S.O., R. War. R.
Strickland, Serjt.-Maj. A., R. Fus.
Strickland, Lt A. F., R.G.A. Spec. Res.
Stringer, Lt. E. A., R.G.A. (T.F.)
Stringer, Temp. Lt. P. C. B., M. G. Corps.
Stringer, Lt. G. V., T.F. Res.
Stringfellow, Hon. Lt. G. F., late 14 Bn. Durh L.I.
Stringfield, Capt. F. N., late Serv. Bns. R. Fus.
†Strode, Temp. Lt. M., Serv. Bns. R.W. Surr. R.
Stronach, Lt. K. F. G., R.F.A. Spec. Res.
Strong, Temp. Lt. C. A., Ind. Army.
Strong, Temp. Lt. H., Serv. Bns. York & Lanc. R.
Strong, Lt. H. R., late Serv. Bns Midd'x R.
Strong, Capt. J. W., D.C.M. M.M., Man. Regt.
††Strong, Lt. R., late Serv. Bn. Bord. R.
Stronge, Capt. C. N. L., late Serv. Bns. R. Ir. Rif.
Stronge, Capt. H. C. T., D.S.O., E. Kent R. [l]
Strover, Temp. H. I., M.G. Corps.
Strudwick, Lt. S. G., D.S.O., R.F.A. Spec. Res.

Strudwicke, Lt. W. E., R.F.A. Spec. Res.
Strugnell, Lt. W. V., Hamps. R.
Struthers, Lt. A. F., 5 Bn. Sco. Rif.
Struthers, Lt. H W., late Serv. Bns. High. L.I.
Struthers, Lt. R. A., R.E. (T.F.)
Strype, Capt. D., 1 Cent. Ont. Regt.
Stuart, Lt. A., Aust. Imp. Force.
Stuart, Lt. A., R.F.A. (T.F.)
Stuart, Temp. Maj. A., Visct., M. G. Corps.
Stuart, Lt. A. R., late R.F.A. (T.F.)
Stuart, Rev. C., Can. Chapls. Servs.
Stuart Serjt.-Maj. D., Can. Local Forces.
Stuart, Temp. Lt D., R.F.A.
Stuart, Temp. 2nd Lt. E. M. Serv. Bns. Ches. R.
Stuart, Lt. G. M., 4 Bn. Norf. R.
Stuart, Lt. H., 1 Cent. Ont. Regt.
Stuart, Lt. H. G., ret.
Stuart, Co. Serjt.-Maj. J. M.M., 7 Bn. Gord. Highrs.
Stuart, Lt. J. C., Can. Local Forces.
†Stuart. Capt. Hon. J. G., 3 Bn. R Scots.
Stuart, Rev. J. L., D.D., Temp. Chapl. to the Forces (3rd Class).
Stuart, Temp. Capt. J. McL., R.A.V.C.
Stuart, Maj. K. D.S.O. Can. Local Forces.
Stuart. Capt. L. A., 123 Rlf.
†Stuart, Lt. R. A. K., late Midd'x R.
Stubbing, Lt. H., 18 Bn. Lond. R.
Stubbings, Capt. C. H. C'wealth Mil. Forces.
Stubbings, Temp. Lt. E. O. R.E.
Stubbins, Co. Serjt.-Maj H., 13 Bn. E. York. R.
Stubbs, Lt. E. E., 5 Bn. E. Lan. R.
Stubbs, Lt. E. P., late S. Afr. Def. Force.
Stubbs, Lt. J. N., Aust. Imp. Force.
Stubbs, Capt. J. W. C., D.S.O., M.B., R.A.M.C.
Stubbs, Lt. J. R., Can. Fd. Art.
Stubbs, Lt. R. H., 3 Bn. Lan. Fus.
Stubbs, Lt W G., ret.
Stubbs, Temp. Lt. W. L., 7 Bn. Leic. R.
Studd, Maj. M. A., D.S.O., R.F.A.

Studd, Capt. R.F., 1 Quebec R.
Studdert, Bt. Maj. R. H. D.S.O., R.F.A.
Studdert-Kennedy, Rev. G. A., Temp. Chapl. to the Forces, 4th Class.
Studley, Lt. T., R. Highrs.
Stukeley, Capt. A. T. W., late Serv. Bns. Oxf. & Bucks. L.I.
Sturdy, Lt. J. R., Suff. R.
Sturgeon, Temp. 2nd Lt. E G., Serv. Bns. L'pool R.
Sturman, Temp. Lt. W. E. C., Serv. Bus. S. Lan. R.
Sturridge, Temp. Capt. F. R., R.A.M.C.
Sturrock, Lt. T., R.F.A. (T.F.)
Sturt, Lt. C. L., Aust. Imp. Force.
Sturt, Rev D. E., Temp. Chapl. to the Forces, 4th Class.
†Stutchbury, Maj. E. W., C'wealth Mil. Forces.
Stutchbury, Capt. G. H. late Gen. List
Stuttaford, Temp. Capt. W. J. E., R.A.M.C.
Style, Capt S. W. E., late S. Afr. Def. Force.
Styles, Temp Capt. H. G., Serv. Bns. Oxf. & Bucks. L.I.
Styles, Capt. W. R., 12 Lrs.
Styran, Lt. A. J. G., R.F.A.
Sugars, Capt. H. S., D.S.O., M.B., late R.A.M.C.
Sugden, Temp. Lt. G. C., Serv. Bns. W. Rid. R.
Sugden, Capt. P. L., Res. of Off.¹
Suggate, Temp. Hon. Maj. C. F. B., R.A.O.C.
Sugget, Rev. F. L., late Temp. Chapl. to the Forces (4th Class).
†ugrue, Temp. Capt. T., Serv. Bns. Welch R.
Suleiman Omar (Effendi) El Mulazim Tani, Egyptian Army.
Sulleg, Temp. 2nd Lt. E., Serv. Bns. Shrops. L.I.
Sullivan, 2nd Lt. A S., Ind Army, Res. of Off.
Sullivan, Temp. Capt. C., F.R.C.S.I., R.A.M.C.
Sullivan, (o. Serjt.-Maj. D., 9 Bn. N. Staff. R.
Sullivan, Capt. G, K., O.B.E., Yorks. L.I.
†Sullivan, Lt. J. D., W. Ont. Regt.
Sullivan, Temp. Lt. R. I. M.D., R.A.M.C.
Sullivan, Lt. S. F., late 4 Bn. Glouc. R.

Sullivan, Lt. W., late Serv. Bns, K R. Rif. C.
Sullivan-Tailvour, Lt. E. E., Notts & Derby R.
Sully, Temp. Lt. A. V., M.G. Corps.
Sulman, Lt.-Col. A. E., late Serv. Bn. R. Fus.
Sulman, Lt. G. F., 4 Bn. R. War. R.
†Summerbell, Lt. A. W., 4 Bn. York. & Lanc. R.
Summerfield, Temp. Qr.-Mr. & Capt. A. C., 17 Bn. K.R Rif. C.
Summerfield, 2nd Lt. L. F., R.G.A. Spec. Res.
Summerfield, Temp. 2nd Lt. M., K.R. Rif. C.
Summerhayes, Lt. R., late RE.
Summers, Temp. Maj. F., D.S.O., R.E.
Summers, Lt. G. W., R.G.A. Spec. Res.
Summers, Lt. J. M., 9 Bn. High. L.I.
Summers, 2nd Lt. L. L., C'wealth Mil. Forces
Summers, 2nd Lt. W. J. T., D C.M., M.M., late Serv. Bns. E. Surr. R.
Sumner, Temp. Capt. A. T., R.E.
Sumner, Temp. 2nd Lt. C. W., Serv. Bns. Lan. Fus.
Sumner, Temp. Lt. H. L., S. Afr. Def. Forces.
Sumner, Capt. L. R. C., 5 Bn. Glouc. R.
†Sumpter, Capt. G., D.S.O. [L], R.A.
Sundar Dass Sondhi, M.B., Temp. Lt. Ind. Med. Serv.
Sundercombe, Capt. N. W., Aust. Imp. Force.
Sunderland, Temp. Lt A. A., Tank Corps.
Sunderland, Temp. Capt. W E., D.C.M., R.A.
Sunley, Maj. R., late R.G.A. Sco. Rif.
†Sunter, Lt. F., 4 Bn. Sco. Rif.
Surman, Lt. F. T., 6 Bn. R. War R.
Surridge, Lt. S. O. R., 5 Bn. York & Lanc. R.
†Surtees, Lt. G., 8 Bn Manch. R.
Sutcliffe, Capt. A. J., 4 Bn. Ches. R.
Sutcliffe, Capt. A. W., D.S.O., 3 Bn. Bord R.
Sutcliffe, Lt. F., 8 Bn. Hamps. R.
Sutcliffe, 2nd Lt. J. E., 16 Bn. Lond. R.
Sutcliffe, Lt. N. H., Nova Scotia Regt.
Sutcliffe, Lt. O. D., Ind. Army.
Sutcliffe. Capt. W. H., M.B., late R.A.M.C.
Soter, Capt. S. I., C'wealth Mil. Forces.
Sutherland. Temp. Capt. A., R.E.

† Also awarded Bar to Military Cross
†† Also awarded 2nd Bar to Military Cross,

Orders of Knighthood, &c.

THE MILITARY CROSS—*contd.*

Sutherland, Serjt.-Maj. A., Sea. Highrs.
Sutherland, Capt. A. H. C., O.B.E., h.p.
Sutherland, C. G., *late* Temp. Capt. R.A.M.C.
Sutherland, Lt. C. I., Arg & Suth'd Highrs.
Sutherland, Temp. Lt. C. S., Serv. Bns. North'd Fus.
Sutherland, Lt. D. A., Can. Eng.
Sutherland, Temp. 2nd Lt. D. H, Serv. Bns. R. Highrs,
Sutherland, Lt F., 7 Bn. Arg. & Suth'd Highrs.
Sutherland, Lt. F. I. S., 8 Bn. R. Scots.
Sutherland, Lt G. W. S. 5 Bn. Sea. Highrs.
†Sutherland, Capt. H. E. G., Res. of Off.
Sutherland, Lt H. V. C., R F.A. Spec, Res.
†Sutherland, Capt. I'., 5 Bn. Sea. Highrs.
Sutherland, Temp. Capt. D. M., 16 Bn. R. Scots
Sutherland, Lt. J., Brit. Columbia Regt.
Sutherland, Lt. K., Aust. Imp. Force
Sutherland, 2nd Lt. N., 3 Bn. Ches. R.
Sutherland, Temp. Maj. T. D., *D.S.O.*, 6 Bn. Linc. R.
Sutherland, Lt. W., 7 D G.
Sutherland, Lt. W. M., R.F.A.(T.F.)
Sutherland-Leveson-Gower, Maj. Lord A. Bt. C., Res. of Off.
Sutherst, Temp. Lt. D. V., 7 Bn. R. W. Kent R.
†Sutliff, Temp. Lt. G. W., Serv. Bns. York R.
Sutro, Lt. E. L., Res. of Off.
†Suttie, Capt. D. C., *M.B., late* R.A.M.C.
Suttie, Capt. G. T., 7 Bn. Gord. Highrs.
Sutton, A. E., *M.B., late* temp. Capt. R.A.M.C.
Sutton, Lt. A. L., E. Surr. R.
Sutton, Capt. B. E., *D.S.O., late* Westmorland & Cumberland Yeo.
Sutton, C., *late* Temp. 2nd Lt. 9 Bn. Devon R.
Sutton, Temp. Capt. C. I., R.F.A.
Sutton, Capt. D., 7 Bn. Lond. R.
Sutton, Bt. Maj. E. A., R.A.M.C.
Sutton, 2nd Lt. E. J., R.F.A. Spec. Res.
Sutton, Temp. Lt. F. A., R.E.
Sutton, Maj. F. H., 11 Hrs.
Sutton, Lt. F. K., R.F.A.
Sutton, Capt. G. E. F., Can. Local Forces.
Sutton, 2nd Lt. G. F. S., 5 Bn. K.R. Rif. C.
Sutton, Lt. J. C., 7 Bn. Manch. R.
Sutton, Lt. J. E., Can. Fd. Art.
Sutton, Capt. L. V., 2 Cent. Ont. Regt.
Sutton, 2nd Lt. N. G., Res. of Off.
Sutton, Lt. O. M., 3 Bn. S. Lan. R.
Sutton, Lt. W., 7 Bn. Durh. L.I.
Sutton, Bt. Maj. W. M., *D.S.O.*, Som. L.I.
Sutton-Nelthorpe, Lt. C., C. Gds. Spec. Res.
Sutton-Nelthorpe, Bt. Maj. O., *D.S.O.*, Rif. Brig.
Svensson, Lt.-Col. R., *D.S.O., M.B., late* R A.M.C.
Swaby, Capt. W , *late* Serv. Bn. Linc. R.
Swaffield, Temp. Lt. J., M.G. Corps.
Swain, Maj. G. A., ret pay.
Swain, Lt. H. A., Leic. Yeo
Swain, Temp. Capt. J. P., Labour Corps.
Swain, Co. Serjt.-Maj. W., R.E.
Swaine, Lt. D. R., R.G.A., Spec Res.
Swaine, Bt. Maj. E. S., North'd Fus.
Swainson, Lt. F. G., 16 Bn. Lond. R.
†Swales, Lt. J., 6 Bn. N. Staff. R.
Swales, Lt. J., *late* Tank Corps.
Swales, Temp. Capt. J. K., R.E.
Swales, Lt. W. A., R.F.A. Spec. Res.
Swallow, Rev. A. K., Temp. Chapl. to the Forces, 4th Class.
Swallow, Temp 2nd Lt. J. K., 15 Bn. Notts.& Derby. R.
†Swallow, Lt. P. A., 7 Bn. Ches. R.
Swan, Co. Serjt.-Maj. A., R.E.
Swan, Bt. Maj. C. F. T. Rif. Brig.
Swan, Capt. C. V., *late* R ASC.
Swan, 2nd Lt. G. Mil. Forces.
Swan, Capt. J., *M.B.*, R.A.M.C. Spec. Res.
Swan, Capt. J. H., 5 Bn. North'd Fus.
†Swan, Capt. M. A., *M.B., late* R.A.M.C
Swan, Capt. S. B., *late* Serv. Bns. Glouc. R.
Swann, Temp. Capt. A. B., 19 Bn. Midd'x R.
Swann, Temp. Lt. C. F. M.G. Corps
Swann, Rev. C. G., Hon. Chapl. to the Forces (4th Class).
Swann, Lt. H. J., *late* A.P. Dept.
Swanney, Batty.Serjt.-Maj. J., R.G.A.
Swart, Temp. Lt. J. G., R.A.
†Swash, Capt. S. V., *late* R.F.A. Spec. Res.
Swayne, Lt. R., 3 Bn. Wilts R.
Sweatman, Lt, F., Can. Fd. Art.
Sweatman, Lt. P. E, Can. M.G. Corps
Sweeney, Co. Serjt.-Maj. E. R. Fus.
Sweeney, Sqn. Serjt.-Maj. M., R.E.
Sweeney, Lt. P., 7 Bn. L'pool R.
Sweeny, Temp. Lt. T. C., Serv. Bns. R. Innis Fus.
Sweeny, Maj. R. L. C., *D.S.O.*, Ind. Army.
Sweet, Lt. R. L., 5 Bn. High. L.I.
Sweet-Escott, Temp. Capt. S. B., R.F.A.
Sweetman, Lt. A. J., Aust. Imp. Force.
Swift, Lt. A. C., R G.A. Spec. Res.
Swift, B. H., *M.B., late* Temp. Capt. R.A.M.C.
Swift, Capt. C. C., R.E.
Swift, Lt. R. G., Can. Local Forces.
Swift, Lt E. A., 5 Bn. York R.
Swift, Temp. Lt. W., Serv. Bns. Ches. R.
Swifte, Lt. H., *late* S. Afr. Def Forces.
Swinburn, Tem p. Capt. G.
Swindell, Temp. Lt. W. Serv. Bns north'd Fus.
†Swindells, Capt. A. C., R.F.A.(T.F.)
Swiney, Lt. G A N., R.F.A.
Swinton, Capt. A. B. C., S. Gds.
Swinton, Capt. G. E., E. Surr R.
Swinton, Lt. R. A., R.F.A. Spec. Res.
Swinton, Lt. R. C., Res. of Off.
††Swinton, Capt. W., R.F.A
Swire, Temp. Lt. H. L. 11 Bn. Notts. & Derby. R.
Swire, Lt. R., R E.
Switzer, Lt. C. W., Can. Rly. Serv.
Switzer, Temp. 2nd Lt. R. F., Serv. Bns. R. Ir. Regt.
Sword, 2nd Lt. J., *late* R. Fus.
†Sworder, Lt. W., R.F.A.
Sydney, Temp. Lt. E., M.G. Corps.
Sykes, Te p. Maj. A. R., *D.S.O.*, Serv.Bns.L'pool R
Sykes, Lt. A. T. K., 7 Bn. W. Rid. R.
Sykes, Capt. F.C., Manch.R.
†Sykes, Temp. Lt. H. C., 7 Bn. Bord. R.
Sykes, Lt. H. K., Can. Local Forces.
Sykes, Temp. Lt. J. H. S.,
†Sykes, Capt. K., 5 Bn. W. Rid. R.
Sykes, Lt. N. C. M., 11 Hrs.
Sykes, Maj. S. S., 7-8 Bn. W. York. R.
Sykes, Temp. Capt. S. W., *O.B E*
Sykes, Lt. W. E., R.G.A. Spec. Res.
Sylvester, Lt. H. M., R.E.
Sylvester, Lt. P. J., Som. L.I.
Syme, 2nd Lt. G., Sea. Highrs.
Syme, Maj. G. A., *D.S.O., late* R.E.
Syme, Capt. W.A., C'wealth Mil. Forces.
Syme, Temp. Capt. W. S., 11 Bn. Ches. R.
Symes, Lt. G. W., York & Lancs. R.
Symes, Capt. J. R.
ymington, Lt. A. W., K.R. Rif. C.
Symington, Hon. Capt. D. A. C., *late* R.F.C. Spec. Res.
Symmons, Lt. P. A., *late* Tank Corps.
Symon, Lt. C. J. B., C. Gds. Spec. Res.
Symond, Lt. R. T., 6 Bn. L'pool R.
Symonds, Lt. C. J. D., R.G.A., Spec. Res.
Symonds, Temp. Lt. C. L.
Symonds, Lt. E. N. C., R.F.A.(T.F)
Symonds, Temp. Capt. S. L., 5 Bn. Oxf.& Bucks. L.I.
Symondson, Lt. F. S., Glam. Yeo.
Symons, Hon. Lt. A., *late* 101 Trng. Res. Bn.
Symons Rev. C D Chapl. to the Forces (4th Class)
Symons, Capt. G. G., 9 Bn. Ches R.
†Symons, Lt. H. A., L'pool R.
Symons, Temp. Capt. H. J. H., R.A.M.C.
Symons, Lt. J. M., Res. of Off.

---

† Also awarded Bar to Military Cross.   †† Also awarded 2nd Bar to Military Cross.

Orders of Knighthood, &c.

THE MILITARY CROSS—contd.

Symons, Lt. N. V. H., 8 Bn. Worc. R.
Symons, Capt. T. H., *late* S. Afr. Def. Forces
Synnott, Capt. F. W., 3 Bn R. Dub. Fus.
Synnott, Maj. R., Aust. Imp. Force.

Tabb, Sergt.-Maj. E. *D.C.M.*, Devon R.
Tabberer, Lt. C. O., 9 Bn. Lond. R.
Tabor, Capt. A. R., R.F.A.
Tabor, Lt. C. D., *M.M.* R.G.A. Spec. Res.
Tabor, Temp. Maj. E. M., R.E.
Tabor. Maj. S., *late* 3 Bn. Bedf. & Herts. R.
Tabuteau-Herrick, Capt. H.G., R.A.V.C.Spec.Res.
Tace, Temp. 2nd Lt. F., *M.M.*, Serv. Bns. K.R. Rif. C.
Tacon, Temp. Maj. T. H. W., R.F.A.
Tadman, Temp. Lt G. R., R.A.S.C.
Taft, Lt. C. F. J., 8 Bn. W. York R.
Taggart, Temp Lt E. L. Serv. Bns Mi'd'x R.
Taggart, Temp. Lt. J. D., R.F.A.
Taggart, Temp. Lt. J. S. R.E
Taggart, Temp. Lt. W. Q., Serv. Bns. L'pool R.
Tailby, Temp Lt. J. V., Serv. Bns. Suff. R.
Tallyour, Temp. Capt. D S., R.A.
Tallyour, Maj. K. C., *late* R.F.A.
Tallyour, P. B., *late* Lt. R.F.A. Spec. Res.
Tait, Temp. Capt. A, R.E.
Tait, Temp. Lt. A. T., 17 Bn. R. Scots.
Tait, Lt. B. J., 1 Cent. Ont. Regt
Tait, Lt. C. W., 6 Bn. Rif. Brig.
Tait, Temp. Lt. J. D., 9 Bn. Scot. R.
Tait, Capt. M. W., 14 Bn. Lond. R.
Tait, Temp. Lt. W., *late* Tank Corps.
Taitt, Lt. N. R., Ind. Army.
Talbot, Maj. D. H., *D.S.O.*, 17 Lrs.
Talbot, Capt. E., *M.B. late* R A.M.C. Spec. Res.

Talbot. *Rev.* E. K., Hon Chapl. to the Forces (2nd Class).
Talbot, Lt. J. N., R.E., (T.F.)

Talbot, N C., *M.B., late* Temp. Capt., R.A.M.C.

Talbot, *Rev.* N. S., Temp. Chapl. to the Forces (1st Class)
Talbot, Temp. Lt. R. S. V., A. Cyc. Corps.

Tall, Lt. F. S., Aust. Imp Force.
Tallack. Lt. J. F., R.F A Spec. Res.
Tallents, Capt. T. F., I. Gds. Spec Res.
Tarbutt, Temp. Lt. A. C., Serv. Bns. R. Highrs.
Tallerman, Lt. K. H., R.F.A. Spec. Res.
Tambling, Capt. R., Aust. Imp. Force
Tamblyn, Temp. Lt. H. W., R.E.
†Tamblyn, Temp. Lt. J. F., 12 Bn. E. Surr R.
†Tamlyn, Lt. W. H., R.E. (T.F.)
Tamplin, Capt. E. C., *late* R.A.M.C.
Tamplin, Temp. Maj. E. H., S. Afr. Def. Force.
Tamplin, Lt. E. R., R.G.A. Spec. Res.
Tandy, Lt. J. A., R.W Surr. R.
Tandy, Capt. J. H., *late* S. Afr. Def. Force.
†Tandy Temp.2nd Lt.S.T., Serv. Bns R. Berks. R.
Tankard, Lt. E., R.F.A.
Tanner, Temp. Capt. A. G., *D.S.O.*, Serv Bns. R. Fus.
Tanner, Temp. Lt. B. W., Serv. Bns. R Fus.
Tanner, *late* 2nd Lt. D., R. Fus.
Tanner, Temp. Lt. D. F.W., R.W. Kent R. (attd.)
†Tanner, Lt. E., 7 Bn. W. Rid. R.
Tanner, *Rev.* E. V., Hon. Chapl to the Forces, 4th Class.
Tanner, Capt. G. W., Ind. Army
Tanner, Lt. P. H., 17 Bn. Lond. R.
Tanner, Temp. Capt. R. S., R.A.S.C.
Tanner, Temp. Capt. S E L., R.F.A.
Tansley, Lt. H. E., K.R. Rif. C.
Tansley, Lt. L. B., R.F.A. (T.F.)
Taplin, Lt. F. J., R.F.A. (T.F.)

Taplin, Temp. Lt. G. A., R.A.
Tapp, Qr.-Mr. & Lt. A, R.F.A.
Tapp, Temp Lt. A. Griffin, R.F.A.
Tapp, Lt. A. G. R. S., *O.B.E.*, R.F.A. Spec. Res.
Tapp, Capt. H. A., *O.B.E* R.A.S.C.
Tapp, Temp. Capt. P. J. R., R.A.S.C.
Tapp, Capt. W. H., 2 D.G. Spec. Res.
Tapper, Capt. M. J., 28 Bn. Lond. R.
Tapply, Capt. M., *late* 7 Bn. Norf. R.
Tapster, Lt. A., Linc. R.
Tara Singh Jemadar, 99 Inf.
Tarbit, Temp. Lt. J., Serv. Bns., Yorks. L.I.
Tarbutt, Temp. Lt. A. C., Serv. Bns. R. Highrs.
†Tarleton, Capt. G. W. S., R. Dub. Fus.
Tarrant, Hon. Lt. S. E., *late* R.F.A. (T.F.)
Tarry, Temp. Lt. G. R., 13 Bn. E. Surr R.
Tasker, Capt. L. S. B., R.A.M.C. Spec. Res.
Tasker, Lt. R. B., *ret.*
Tasker, Lt. W. W., R.E. (T.F.)
Tatam, Temp. Lt. V. G. H., E Kent R. (attd.)
Tate, Capt. G. V., 6 Bn. Midd'x R.
Tate, 2nd Lt. J., Ind. Army Res. of Off.
Tate, Lt. M. G., R.E.
Tate, Lt. T. S, Qr.-Mr S. Gds.
Tatham, Temp. 2nd Lt. G. D, Serv. Bns. R. Scots.
Tatham, Lt. G. E., R.F.A. Spec. Res.
Tatham, Temp Lt H., R.E.
Tatham, Capt H. M., C'wealth Mil. Forces.
Tatham, Lt. N. L., R.F.A. Spec. Res.
Tatham, 2nd Lt. W. G., C. Gds., Spec. Res.
Tatlow, Capt. H., *late* Serv. Bns. E. Lan. R.
Tattam, Temp. Lt. C. R., Serv. Bns. S. Lan. R.
Tatten, Ca, t. T. A., Rif. Brig
Taunton, Capt. R. A., Manch. Regt.
Tautz, Lt. R. H., 10 Bn. Manch. R.
Tavenor, Temp. Capt. H. M. G. Corps.
Tavener, Lt. E. A., *late* 7 Bn. Suff. R.
Taverner, Lt. L. G. M. R F.A. Spec. Res.
Tawney, Capt. A. E., R.G.A.
Tawney, Temp.2nd Lt. R. L., 45 Trng. Res. Bn.

Tawse, Capt. A. B., T.F. Res.
Tayler, Capt. B. H., Can. Local Forces.
Tayler, Temp. Lt. H., R.A.
Tayler, Capt. H., 4 Bn. R. Ir. Rif.
Tayler, Lt. H. W., R F A 8 pec. Res
Taylor, Temp. Capt. A., R.E.
Taylor, Lt. A. A., 4 Bn Glouc. R.
Taylor, Capt. A. F., Aust. Imp. Force.
Taylor, Maj. A. H., Can. Local Forces.
Taylor, Lt. A. H., *late* Serv, Bns. R. Fus.
Taylor, Temp. Lt. A. J., R.E
Taylor, Capt. A. T., 2 Bn. Lond. R.
Taylor, Qr.-Mr. & Capt. A. W., C. ⁎.E., W.York.R.
Taylor, Maj. A. W., Aust. Imp. Force.
Taylor, Lt. B. G., 4 Bn. S. Lan. R.
Taylor, Lt. B. R., S. Staff. R.
Taylor, Lt. C. A., 5 Bn. L'pool R.
Taylor. Temp. 2nd Lt. C.A., R.E.
Taylor, Lt. C. de W., 20 Hrs. Spec. Res.
Taylor, 2nd Lt. C. H., N.Z. Mil. Forces.
Taylor, Lt. C. L., 3 Bn. E. Lan. R.
Taylor, Temp. Capt. C. MacG., R.F.A.
Taylor, Capt. D., R.A S C. (T.F.)
Taylor, Temp. Capt. D. C., *O.B.E., M.B., F.R.C.S.,* R.A.M.C.
Taylor, Lt. D E D., R.Fus.
Taylor, Capt. E., R.E.
Taylor, Capt. E. J., 4 Bn. Welch R.
Taylor, Lt. E. M. B., 6 Bn. Notts. & Derby. R.
Taylor, Lt. E. M. S., R.F.A.
Taylor, Temp. Capt. E. R., R.E.
Taylor, Capt. F., Qr.-Mr. 8 Bn. Leic. R.
Taylor, Lt. F. E., 18 Bn. Lond. R.
Taylor, Lt. F. H., 1 Cent. Ont. Regt.
Taylor, Temp. Lt. F. J., R.F.A.
Taylor, Temp. Lt. F. L, 17 Bn. R. Fus.
†Taylor, Temp. Capt. F. T., 13 Bn. Manch. R.
Taylor, Lt. G. A., 4 Bn. R. Lanc. R.
Taylor, Lt. H., C'wealth Mil. Forces

† Also awarded Bar to Military Cross.

Orders of Knighthood, &c.

THE MILITARY CROSS—*contd.*

Taylor, 2nd Lt. G. C., R.F.A. (T.F.)
Taylor, Lt. G. F., 11 Bn. Lond. R.
Taylor, Temp.Qr.-Mr. & Lt. G. H.
Taylor, Lt. G. H., *M.M., late* Serv. Bns. York. L.I.
Taylor, Serjt.-Maj. G. J., 16 Bn. High. L.I.
Taylor, Lt. G. M., Can. Local Forces.
Taylor, Temp. Capt. G. M. C., R.E.
Taylor, Capt. G. N. T., 5 Bn. E. Lan. R.
Taylor, Temp. Capt. G. O.
Taylor, Capt. G. P., *D.S.O., M.B., R.A.M.C.*
Taylor, Lt. G. P. B., R.F.A. (T.F.)
Taylor, Temp. Maj. G. S., R.E.
Taylor, Temp. Maj. G. V., *D.S O*, 16 Bn. Rif. Brig.
Taylor, Lt. H., 5 Bn. Lond. R.
Taylor, Lt. H., R.E. (T.F.)
Taylor, Temp. Capt H. A., 23 Bn. R. Fus.
†Taylor, Capt. H. B., C'wealth Mil. Forces.
Taylor, Temp. Lt. H. D., Serv. Bns. W. Fus.
Taylor, Lt. H. E., R.F.A. Spec. Res.
Taylor, Lt. H. F., 3 Bn. R. Suss. R.
Taylor, Lt. H. G., R.G A Spec. Res.
Taylor, Capt. H. M., 4 Bn Norf. R.
Taylor, Capt. H. W., Can. Fd. Art.
Taylor, Lt. H. W., R.F.A. Spec. Res.
†Taylor, Temp. 2nd Lt. H. W., R.A.
Taylor, Temp. 2nd Lt. J., R.F.A.
Taylor, Temp. 2nd Lt. J., A.S. Corps.
Taylor, Qr.-Mr.-Serjt. J. Durh. L.I.
Taylor, Lt. J., 4 Bn. S. Lan. R.
Taylor, Serjt.-Maj. J., 6 Bn. Durh L.I.
Taylor, 2nd Lt. J., R.F.A. Spec. Res
Taylor, Temp. Lt. J., Serv. Bns. R. Innis. Fus.
†Taylor, 2nd Lt. J. A., Rif. Brig.
†Taylor, Capt. J. A. C., *D.S.O.,* 10 Bn. Manch. R.
Taylor, Temp. Maj. J. B. G., 13 Bn. Rif. Brig.
Taylor, Lt. J. C. D., R.G.A. Spec. Res.
Taylor, Lt. J. D., R.F.A.
Taylor, Hon. Lt.-Col. J. E., *late* High. L.I.
Taylor, Temp. Maj. J. G., Serv. Bns. Durh. L.I.
Taylor, Temp. Capt. J. H., *F.R.C.V.S., R.A.V.C.*
Taylor, Capt.J.H., R.A.S.C. (T.F.)

Taylor, Capt. J. M., Alberta Regt
Taylor, Lt. J. McN., 8 Bn Arg. & Suth'd Highrs.
Taylor, 2nd Lt. J. N., Ind. Army Res. of Off.
Taylor, Temp. Lt. J. R., Serv. Bns. Wilts. R.
Taylor, Temp.2nd Lt. J.R., Serv. Bns. Manch. R.
Taylor, Temp. Lt. J. S, M.G. Corps.
Taylor, Lt. J. W. A.,R.F.A. (T.F.)
Taylor, Temp. Capt. J. W. A., R.E.
Taylor, Capt. K. B., 5 Bn. R.W. Fus.
††Taylor,'Lt.L.,7Bn.Manch. R.
Taylor, Lt, L. B., R.F.A. (T.F.)
Taylor, Temp. 2nd Lt. L.J., Serv. Bns York R.
Taylor, Lt. L. B , *late* Serv. Bns. Som. L.I.
Taylor, Capt. l. E. L.,Can. A.V.Corps. T.F. Res.
Taylor, Maj. L. M., *D.S.O.,* TD, 4 Bn Yorks. L.I.
Taylor, Temp. Capt M. W. *D.C.M.,* Serv. Bn. York. L.I.
Taylor, Lt. N., R.E. (T.F.)
Taylor, Capt. O. P.
Taylor, Temp. 2nd Lt. P.E., Serv. Bns, E. Lan. R.
†Taylor, Capt. R., *M.B., R.A.M.C.* Spec. Res.
Taylor, Temp. Qr.-Mr. & Lt. R. A., *M.B.E.,* 22 Bn. Manch. R.
Taylor,Lt R A.G., *O.B.E.,* R. Sc. Fus.
Taylor, Lt. R. D., Can. Local Forces.
Taylor, Temp. Lt. R. D., R.A.
†Taylor, Lt. R. E., Aust. Imp. Force.
Taylor, Lt. R. E., 6 Bn. Midd'x R.
Taylor, Maj. R. M., *late* R.E.
Taylor, Lt. R. M., 5 Bn. Sea. Highrs.
Taylor, Lt. R. S., 4 Bn. R. Sc. Fus.
Taylor, Lt. R. W., 7 Bn. R. Fus.
Taylor, Lt. S., *late* Worc. R.
Taylor, Capt. S., R.F.A (T.F.)
Taylor, Maj.S.G., *late*R.A.
Taylor, Lt T. A. Worc. Yeo.
Taylor, Capt. T. A. H., *O.B.E.,*Can. Local Forces.
Taylor, Bt. Maj. T. E. H., *D S O*, R. Ir. Regt.
Taylor, Lt. T. H., Aust. Imp. Force
Taylor, Lt. T. T., *late* Serv. Bns. S.Wales Bord.
Taylor, Capt. W., C'wealth Mil. Forces.

Taylor, Qr.-Mr. Capt. W., R.A.S.C.
Taylor, Temp. Lt. Walter, R.A.
Taylor, Capt. W., *M.B., R.A.M.C.* (T.F.)
Taylor, Lt W. R.F.A., Spec. Res.
Taylor, Capt. William, *late* R.F.A.
Taylor, Temp. 2nd Lt. D., M.G. Corps.
Taylor, Lt. W. H., Aust Imp. Force.
Taylor, 2nd Lt. W. J. N., 5 Bn. Linc. R.
Teager, Lt W. E., *late* Serv. Bns Suff. R.
Teague, Temp. Lt. H. J.P., M.G. Corps.
Teague, Lt. J., Ind. Army
Teague, *late* 2nd Lt. J. H. R. Fus
Teak, Rev. E., Temp.Chapl. to the Forces, 3rd Class.
Teakle, Lt. W. A., 7 Bn. Essex R.
Teasdale, Lt. W., R.G.A. Spec. Res.
Teasdale, Temp. l t. W. D.C.M., Serv. Bn. York. L.I.
Tebay, Temp. Maj. C. H. R.F.A.
Tebbett, Capt. C. E., R.E. (T.F.)
Tebbitt, Lt. M. L., *late* R.F.A., Spec. Res.
Tebbutt, Capt. C. L., Camb. R
Tedcastle, Temp. Lt. R., Serv. Bns. Ches. R.
Tedder, Serjt.-Maj. H., K. R. Rif. C.
Tedman, Temp. Capt. C., Ind. Army.
Tee, Capt. C. C., *O.B.E.,* R. Ir. Rif.
Tee, Lt. J., *late* R.F.A. Spec. Res.
Teece, Rev. A. H., C'wealth Mil. Forces.
Teece, Qr.-Mr. Lt. J., G. Gds.
Teele. Capt. W, B., R. Ir Rif.
Teesdale, Capt. P. H., R.G.A.
Teichman, Capt. O., *D.S.O.,*
Telfer, Capt. F. P. G., 12 Bn. Lond. R.
Telfer, Lt. G. S., Aust. Imp. Force.
Telfer, Lt. P. J., Aust. Imp. Forces.
Telfer, 2nd Lt. W., 4 Bn Yorks. L.I.
Telfer-Smollett, Bt. Maj. A. P. D., *D.S.O.*, High. L.I.
Telford, Temp. Capt. M. A., Serv. Bn. Conn. Rang.
Telford, Lt. W. T., 2 Bn Lond. R.

Telling, Maj. W. B, Lond. Brig., R.F.A.
Temblett-Wood, Temp, 2nd Lt. K. J., Serv. Bns. Dorset R.
Temperley, Capt. C. E., *O.B E.,* Res. of Off.
†Temperley, Capt. E. V., R.E. Spec. Res.
Tempest, Lt. E. V., *D.S.O.* 6 Bn. W. York. R.
Tempest, Temp. Maj. F. L,
†Temple, Lt. B., Glouc. R.
Temple, Temp. Lt E. W. H., R W Surr. R.
Temple, Lt. F. W., R.A.
Temple, Capt. S., R.F.A
Temple, Lt. N. S., Notts. & Derby. R.
Temple, Temp. 2nd Lt. S., *D.S.O.* Serv. Bns. E. Yorks. R
Temple, Lt. W. H., 3 Bn. E. Kent R.
Templeman, Lt. F, D. R., 22 Bn, Lond R
†Templeman, Lt. H. G. B., *M.M.,* Alberta Regt.
†Templeman, Temp. Capt. R. H., Serv. Bns. Midd'x Spec. Res.
†Tenbrocke, Capt. M., E. Ont. R.
Ten-Broeke, Lt. B. St. L., *late* 6 Bn. Dorset R.
Tennant Lt. C., 14 Bn. Lond. R.
Tennant. Temp. Lt. D. P., 3 Res. Regt. of Cav.
Tennant, Lt. J., Cam'n Highrs.
Tennant, Lt. J. C. Arg. & Suth'd Highrs.
Tennant, Lt.-Col. J. E., Res. of Off.
Tennent, Temp. Capt.J.H., 16 Bn. Rif. Brig.
Tennant, Lt. R. S, 6 Bn N. Staff. R.
Tennent, Capt. W. S., 8 Bn Midd'x R.
Tennison, Temp. Lt. C., Res. of Off.
Tennyson, 2nd Lt. A. Res. of Off.
Terris, Temp. Lt. A. B., Serv. Bns. Gord. High'rs.
Terry, 2nd Lt. J. W., 5 Bn. Lond. R.
Terry, Lt. W. L., R.F.A. (T.F.)
Tester, Lt. C. K., 6 Lt. Inf.
Tester, Lt. L., 3 Bn. York. & Lanc. R.
†Tetley, Capt. E. W., Res. of Off.
Tetley, Hon. Capt. G. S., *late* E. Surr. R. (attd.)
Tetley, Lt. H. C., 3 Bn. North'n R.
Tetley, Temp. Lt. J., Serv. Bn. North'n R.
Tetlow, Temp. Lt. A. R 13 Bn. L'pool R.

† Also awarded Bar to Military Cross.   †† Also awarded 2nd Bar to Military Cross.

Orders of Knighthood, &c.

THE MILITARY CROSS —contd.

Tetlow, Lt. J. L., 7 Bn. W. Rid. R.
Tett, Capt. H. B., Can. Eng.
†Teverson, Temp. Lt., H.G., M.M., Serv. Bns. Suff. R.
Tew, Batty. Serjt.-Maj. A. O., R.F.A.
Tewson, 2nd Lt. H. V., 5 Bn. W. York. R.
Teychenne, Temp. Lt. C. T., R.G.A
Thacker, Temp.Capt. C.D., Serv. Bns. E. Surr. R.
Thacker, Lt. G. W., Lan. Fus.
Thacker, Capt. N., Ind. Army
Thackeray, Maj. F. S., D.S.O., High. L.I.
Thackeray, Temp. Capt. J. B., R.A.M.C.
Thackery, Temp. Lt. A. A., Serv. Bns. Essex R.
Thackery, Lt. E. A., late 5 Bn. W. York. R.
Thackray, Temp. Lt. A. J., Serv. Bns. E. York. R.
Thackray, Lt.-Col. R. G., Can. Local Forces.
Thackwell, Maj. A. C. A., 81 Pioneers.
Thain, Capt. H. S.. 1 Cent. Out. Regt.
Thain, Temp. Maj. J. S.. Serv. Bns. R. War. R.
Thakur Cinop Singh,Capt., Ind. Army.
Thakur Dalpat Singh, Capt. Ind. Army.
Thakur Dip. Singh, Hon. Capt.
Thakur Singh, 2nd Lt. Ind. Army
Thams, Temp. Lt. W. I., M.G.Corps.
Thatcher, Temp. Capt. L. T. C., R.A.S.C.
Thatcher, Capt. R. S., O.B.E., 3 Bn. Som. L.I.
Thatcher, Capt. W. S., Unattd. List (T.F.)
Thelwall Temp. Lt. J. W. F.
Theophilus, Temp. Capt. S. C., Tank Corps.
Thesen, Lt. H. W., R.G.A. Spec. Res.
Thewlis, Lt. E., Aust. Imp. Force.
Thowlis, Lt. F. T., York. R.
Thexton, Temp. Capt. W. J., Temp. Qr.-Mr. Serv. Bns., Welch R
Thiele, Capt. N.W., R.F.A. (T.F.)
Thirkill. Lt. H., R.E. (T.F.)
Thirlwell, Capt. D., 5 Bn. R. War. R.
Thirsk. Temp. Capt. K.A.
Thirsk Capt. F. S., late 6 Bn. Essex R.

Thirtle, 2nd Lt. H. W., R.F.A. Spec. Res.
Thoburn, Lt. J. F., late Serv. Bns. Rif. Brig.
Thoday, Capt. L. R., 6 Bn. N. Staff. R.
Thom, Hon. Maj. A. M.
Thom, Lt. G. M., R.F.A.
Thom, Temp 2nd Lt. H. J., 11 Bn. R. Scots.
††Thom, Rev. J., Temp. Chapl. to the Forces, 4th Class.
Thom, Hon. Maj. J. G., D.S.O., 8 Bn.Gord.Highrs.
Thomas, Lt. A., 3 Bn. D. of Corn. L.I.
Thomas, Lt. A. E. W., D.S.O., 4 Bn. R.W. Kent R.
†Thomas, Lt. A. G., S. Staff. R.
Thomas, Capt. A. H., late R.G.A.(T.F.)
†Thomas, Temp. Lt. A. H. M., 7 Bn. Sea. Highrs.
†Thomas, Capt. A. S., 8 Bn. Lond. R.
Thomas, Temp.Capt.B.W.
Thomas, Temp. Lt. C. H. G., Serv. Bns. Wilts R.
Thomas, Temp. Lt. C. K., R E.
Thomas, Temp. Capt. D. R., 8 Bn. Ches. R.
Thomas, Temp. 2nd Lt. D.R., Serv. Bns. Welch R.
Thomas, Lt. D. W., 5 Bn. R.W. Fus.
Thomas, Temp. Lt. E., M.G. Corps
Thomas, Lt. E., Aust. Imp. Force.
Thomas, Lt. E. J., Man. Regt.
Thomas, Lt. E. M., R.F.A. Spec. Res.
Thomas, Capt. F. D., R.F A. (T.F.)
Thomas, Lt. G., 8 Bn. Notts. & Derby. R.
Thomas, Lt. G. F., 5 Bn. R. Suss R.
†Tnomas, Capt. G. I., D.S.O., R.F.A.
Thomas, Temp. Lt. G. V., R.E.
Thomas, Capt. H., late 3 Bn. S. Staff. R.
Thomas, Temp. Lt. Harry E., R.E.
Thomas, Lt. G. H., R.E. (T.F.)
Thomas, Temp. Lt. Harold E., R.E.
Thomas, Temp. Capt. H. J., 12 Bn. L'pool R.
Thomas, Temp. Lt. H. W., M.G. Corps

Thomas, Co. Serjt.-Maj. J., M.M., 9 Bn. R. W. Fus.
Thomas, 2nd Lt. J., Serv. Bns. R. Fus.
Thomas, 2nd Lt. J. G., late M.G. Corps.
Thomas, Temp. Lt. J. G. S., M.G. Corps
Thomas, Capt. J. G. T., late R.A.M.C.
Thomas, Temp. Lt. J. H.
Thomas, Lt. J. L. G., T.F. Res.
Thomas, Temp. Capt. J. O., R.A.M.C.
Thomas, Temp. Lt. J. P., M.G. Corps.
Thomas, Lt. J. P., Aust. Imp. Force.
Thomas, Capt. L. B., late Res. of Off.
†Thomas, Lt. L. C., late Serv. Bn. E. Surr. R.
Thomas, Lt. L. J., 4 Bn. Welch R.
Thomas, Temp. Maj. L. S. H., Serv. Bns. Welch R.
Thomas, Lt. M. D., G. Gds., Spec Res.
Thomas, Lt. M. E., R.E. (T.F.)
Thomas, Lt. M. H., R.F.A. Spec. Res.
Thomas, 2nd Lt. R., Brecknock Bn. S. Wales Bord.
Thomas Lt. R. A. H., R.A.S.C.
Thomas, Capt. R. C., late 9 Bn. Durh. L.I.
Thomas, Capt. R. C. L., Mon. R.
Thomas, Maj. R. H., late R.E.
Thomas, Lt. R. W., 7 Bn. Bord. R.
Thomas, Temp. Lt. S. G., Tank Corps
Thomas, Lt. T., R.G.A Spec. Res.
Thomas, Temp. Lt. T., Tank Corps.
Thomas, Capt. T.C.,O.B.E., late Labour Corps
Thomas, Temp Lt T. D., Serv. Bns. Welch R.
Thomas, Temp. Lt. T. J., Serv. Bns. R. W. Fus.
Thomas, Temp. Capt. T. M. C., O.B.E., Serv. Bns. Suff. R.
Thomas, Lt. T. W., Res. of Off.
Thomas, Lt. W. F. G., late S. Afr. Prote. Force
Thomas, Lt. W. F. P., S. Staff. R.
Thomas, Temp. Capt. W. G., M.G. Corps.
Thomas, L. W. G., R.F.A. (T.F.)
Thomas, Temp. Capt. W. E., S. Afr. Def. Force,

Thomas, Lt. W. H., C'wealth Mil. Forces.
Thomas, Temp. Maj. W. L., D.S.O., Brit. W.I.R.
Thomas, Temp. Qr.-Mr. & Capt. W. P. C., R.A.M.C.
Thomasson, Lt. J. F., R.F.A. Spec. Res.
Thomlinson, Temp. Lt. F. B., Mach. Gun Corps.
Thompson, Lt. A. C., 5 Bn. Midd'x R.
Thompson, Capt. A. E., M.D., D.S.O., late R.A.M.C.
Thompson, A. E., late Lt. R.A
Thompson, Temp. Capt. A. G., 9 Bn. S. Lan. R.
Thompson, Lt. A. H., R.F.A. Spec. Res.
Thompson, Capt. A. J., D.S.O., S. Gds. Spec. Res.
Thompson, 2nd Lt. A. W. M., C'wealth Mil Forces
Thompson, Capt. B. C., late R.G.A.
Thompson, Capt. B. S., late 17 Bn L'pool R.
Thompson, Lt. C., 22 Bn. Lond. R.
Thompson, Temp. Lt. C., R.F.A.
Thompson, Lt. C. C., N. Brunswick R.
†Thompson, Temp. Lt. C. E., D.S.O., Serv. Bns. S. Lan. R.
Thompson, Lt. C. F., 5 Bn. N. Staff. R.
Thompson, Lt.-Col. C. W., C'wealth Mil. Forces.
Thompson, Serjt.-Maj. E. G., C'wealth Mil. Forces.
Thompson, Temp. Lt. E. H., M.G. Corps.
Thompson, Rev. E.J., Temp. Chapl. to the Forces (4th Class)
Thompson, Hon. Lt. E.J.T. late 14 Bn. High. L.I.
Thompson, Temp. Maj. E. R., 12 Bn. Manch. R.
Thompson, Lt. F. R., Can. M.G. Corps
Thompson, Capt. F. S., late Serv. Bns. R. Dub. Fus.
†Thompson Capt. G., 5 Bn. York. R.
Thompson, Lt. G. H., Can. Eng.
Thompson, Temp. Capt. G. J., 10 Bn. Essex R.
†Thompson, Lt. G. K., Unattd. List (T.F.)
Thompson, Maj. G. B. P., late R.E.
Thompson,Temp,Lt.G. R., C'wealth Mil. Forces.
Thompson, Lt. G. V., Lan. Fus.
Thompson, Lt. G. W., R.G.A. Spec. Res.

† Also awarded Bar to Military Cross.
†† Also awarded 2nd Bar to Military Cross.

Orders of Knighthood, &c.

THE MILITARY CROSS—contd.

Thompson, H. A., *D C.M.*, late Lt. R.A.
Thompson, Lt. H. D., 3 Bn. S. Staff. R.
Thompson, Temp. Lt. H.G.
Thompson, Lt. H. P., *late* 6 Res. Regt. of Cav.
Thompson, Capt. H. S., R.G.A.
Thomson, Capt. J., *M.B.*, R.A.M.C. Spec. Res.
Thompson, Lt. J., R.G.A.
Thompson, 2nd Lt. J., *late* 6 Bn. W. Rid. R.
Thompson, Capt. J. A. B. Res. of Off.
Thompson, Temp. Capt. J. B. L., R.E.
Thompson, Temp. 2nd Lt. J. E., Serv. Bns. Manch. R.
Thompson, Capt. J. G., *D.S.O.*, 7 Bn. L'pool R.
Thompson, 2nd Lt. J. R., Unattd. List T.F.
Thompson, Co.-Serjt.-Maj. J. T., North'd Fus.
Thompson, Temp. Capt. J. T., R.E.
†Thompson, Temp. Lt. K. H., Serv. Bns. W. York. R.
Thompson, Capt. L. F., R.F.A.
Thompson, Lt. M. E. S. Res. of Off.
Thompson, Capt. N. A., Can. Fd. Art.
†Thompson, Temp. Lt. P., 8 Bn. North'd Fus.
Thompson, Lt. P. C., Yorks. Dns. Yeo.
Thompson, Lt. R. C., Brit. Columbia Regt.
Thompson, Rev. R. F., Can. Local Forces.
Thompson, Temp. Lt. R. L.
Thompson, Maj. R. M., *D.S.O.*, C'wealth Mil. Forces.
Thompson, Lt. R. N., 4 Bn. York. L.I.
Thompson, Capt. R. R., 5 Bn. Arg. & Suth'd Highlrs.
Thompson, Capt. R. R., R.A.M.C.
Thompson, Hon. Lt. S. *late* Mach. Gun Corps.
Thompson, Capt. S. G., W. Kent Yeo.
Thompson, Lt. T. A. L., *D.S.O.*, 4 Bn. North'd Fus.
Thompson, Lt. T. C., R Fus.
Thompson, Lt. T. J. L., *M.R.*, R.A.M.C.
Thompson, Maj. *Sir* T. R. L., *Bt.*, 18 Hrs.
Thompson, Temp. 2nd Lt. T. W., Trng. Res. Bn.

Thompson, Serjt.-Maj. W., R.E.
Thompson, Lt. W., 5 Bn. R. Lanc. R.
Thompson, Temp. 2nd Lt. W., Serv. Bns. Durh. L.I.
Thompson, Lt. W., Herts. R.
Thompson, Lt. W. D. B., *D.S.O.*, 9 Bn. Durh. L.I.
Thompson, Temp. Lt. W.H., R.F.A.
Thompson, Capt. W. W., *D.S.O.*, Alberta R.
Thompstone, Lt. E. W., 3 Bn. Shrops. L I.
Thomson, Temp. Lt. A., *D.C.M.*, 8 Bn Sea. Highrs.
†Thomson, Capt. A. A. B. *A. F C.*, R. War. R.
Thomson, Co.-Serjt.-Maj. A. D., R. Scots.
Thomson, Capt. A. P. R.A.M.C. (T.F.)
Thomson, Capt. A. R., 7 Rajputs.
Thomson, Lt. A. S., *D.C.M.*, Aust. Imp. Force
Thomson, Temp. 2nd Lt C., 7 Bn. E. Lan. R.
Thomson, Lt C. F., R.E. (T.F.)
Thomson, Temp. Lt. C. R., Serv. Bns. Sco. Rif.
Thomson, Capt. D., C'wealth Mil. Forces.
Thomson, Maj. D., *D.S.O.*, Res. of Off.
Thomson, Lt. D. *D.C.M.*, Arg. & Suth'd Highrs.
Thomson, Temp. Lt. D., Serv. Bns. Essex R.
Thomson, Lt. D. C., Qr.-Mr R. Scots.
Thomson, Temp. 2nd Lt D. M., R.E.
Thomson, Lt. D. N., Q.O.R Glasgow Yeo.
Thomson, Capt. E. G., R.G.A. (T.F.)
Thomson, Capt. E. G., Aust. Imp. Force.
Thomson, Capt. E. J., R.G.A.
Thomson, Capt. G., *D.S.O.*, Yorks. L.I.
Thomson, Lt. G., *late* Serv. Bns. Worc. R.
Thomson, Temp. Lt. G., Serv. Bns R. Scots.
Thomson, Lt. G. D., K.O. Sco. Bord.
Thomson, Capt. G. G., 3 Bn. N. Staff. R.
†Thomson, Temp. Lt. G. G., Serv. Bns. Glouc. R.
Thomson, Temp. Lt. H.H., R.E
Thomson, 2nd Lt. J. A. M. R.F.A. Spec. Res.
Thomson, Temp. 2nd Lt J., Serv. Bns. North'd Fus.

Thomson, Co. Serjt.-Maj. J., 6 Bn. Arg. & Suth'd Highrs.
Thomson, Lt. J., 8 Bn. R. Scots.
Thomson, Lt. J. A. M., R.F.A. Spec. Res.
Thomson, Lt. J. C., R.G.A Spec. Res.
Thomson Lt. J. C., *late* 3 Res. Regt. of Cav.
Thomson, Capt. J. E. G., T.F. Res.
Thomson, Lt. J. J. H., 1 Low. Brig. R.F.A.
Thomson, Lt. J. J. S., 4 Bn. K.O. Sco Bord.
Thomson, Maj. J.N., *D.S.O.*, R.A.
Thomson, Lt. J. R., 4 Bn. Gord. Highrs.
Thomson, Lt. J. S., 9 Bn. R. Scots.
Thomson, Lt. J. T., Manch R.
Thomson, Capt. M.F., Brit. Columbia R.
Thomson, Lt. N. K., *late* R.E.
Thomson, Temp. 2nd Lt. R., Serv. Bns. R. Scots.
Thomson, Lt. R. H., C'wealth Mil. Forces.
Thomson, Capt. R.H., *late* R.A.M.C.
Thomson, Temp. Lt R O C., R.E.
Thomson, Lt. S. C., 4 Bn R. Highrs.
Thomson, Lt. T. B. S., T.F Re
Thomson, Lt. T. D., 7 Bn. Gord. Highrs.
Thomson, Lt. W. A., 5 Bn. Lond. R.
Thomson, Lt. W. F. J. 3 Bn. W. Rid. R.
Thomson, Capt. W. H., C'wealth Mil. Forces.
Thomson, Bt. Col. (temp Brig.-Gen.) *Sir* W. M., *K.C.M.G.*, *C.B.*, Sea Highrs.
Thomson, Hon. Capt. W.T., *late* Arg. & Suth'd Highrs. (attd.)
Thompstone, Lt. E. W, 3 Bn. Shrops. L.I.
Thorburn, Temp. Lt. A., R.E.
†Thorburn, Lt. D. G., 4 Bn. High. L.I.
Thorburn, Temp. Lt. E. C., M.G. Corps.
Thorburn, Maj. J. F P., R.F.A.
Thorburn, Capt. M. M., 3 Bn. R. Highrs.
Thorburn, Lt.R., Ind. Army Res. of Off.
Thorburn, Capt. S. K., R.F.A.
Thorburn, Capt. W., S. Afr. Prote. Force.
Thorburn, Lt. W., 5 Bn. Sea. Highrs.

Thorn, Temp, Lt.R., R.F A.
Thorn, 2nd Lt. T. C., Ind. Army Res. of Off.
Thornback, Temp. Lt. E. R., Tank Corps
Thorndyke, Co. Serjt.-Maj F. H., *D.C.M.*, 6 Bn. Lond. R.
†Thorne, Lt. A. J. P., R.E. (T.F.)
Thorne, Lt. C. B., Aust Imp. Force
†Thorne, Lt. F. J. M., R.F.A. Spec. Res.
Thorne, Capt. F. O., *late* Serv. Bns. Manch. R.
Thorne, Tep. Lt. J. E.
Thorne, Lt. P. H., R.E. (T.F.)
Thorne, Qr.-Mr. & Capt.R., h.p.
Thorne, Maj. S. M., Can. Eng.
Thorne, Lt. T. H., R.F.A. (T.F.)
†Thorneloe, Temp. Lt. J. E. Serv. Bns. Worc. R.
Thornely, Temp. Capt F. B., 11 Bn. R. Ir. R.
Thorneycroft, Capt. G. *late* North'd Fus.
Thornhill, Lt. E. B., R.A.
Thornhill, Lt. G. R., E. Kent R.
Thornhill, Lt. M. B.
Thornhill, Lt. N., G. Gds., Spec. Res.
Thornhill, Rev. R. W., Temp. Chapl. to the Forces, 4th Class
Thornhill, Temp. Maj. W. E., R E.
Thornley, Temp. Capt. R. T., R.E.
Thornley, Maj. J. H., *M.B.* late R.A.M.C.
Thorns, Temp. Capt. L., *O.B.E.*
Thornthwaite, Maj. F., *D.S.O.*, C'wealth Mil. Forces
Thornton, Capt. A. P., ret.
Thornton, Temp. Capt. B. M., R.A.O D.
Thornton, Capt. C.V., *M.B.*, R.A.M.C.
Thornton, Lt. E. H., R.F.A. Spec. Res.
†Thornton, Temp. Capt. F. R., *M.B.*, R.A.M.C.
Thornton, Lt. G. H., Aust. Imp. Force
†Thornton, Capt. G. L., *late* R.A.M.C.
Thornton, Lt. H. E., 4 Bn. Manch. R.
Thornton, Temp. 2nd Lt. H. E.

† Also awarded Bar to Military Cross.

THE MILITARY CROSS—contd.

Thornton, Capt. P., R.A.M.C., Spec. Res.
Thornton, Temp. Maj. R. H.
Thornton, 2nd Lt. R. T., Ind. Army Res. of Off.
Thornton, Qr.-Mr.-Serjt. S. W., R. Ir. Rif.
Thornton, Capt. T., York & Lanc. R.
†Thornton, Lt. T., R.F.A. (T.F.)
Thornton, Capt. T. G., 4 Bn. York. R.
Thornton, Maj. W. H., R.F.A. (T.F.)
Thornton, Bt. Maj. W.H.J., R.A.
Thornycroft, Lt. F. J. N., 3 Bn. Manch. R.
Thorogood, Temp. Lt. W. J., Tank Corps
Thorp, Temp. Maj. B. L., Tank Corps
Thorp, Maj. C. R. T., Res. of Off.
Thorp, Capt. R., M.B. late R.A.M.C.
Thorpe, Lt. E., R.F.A. (T.F.)
Thorpe, Lt. F. G., C'wealth Mil. Forces.
†Thorpe, Capt. S. D., 6 Bn. Durh. L.I.
Thorpe, Lt. T., R.F.A.
Thorpe, Capt. T. E., Lanc. R.
Threlfall, Temp. Lt. C. R. F.
Thresh, Lt. A. E., 6 Bn. W. York. R.
†Thuburn, Lt. F. H., R.F.A. (T.F.)
Thunder, Maj. S. H. J., C.M.G., D.S.O., North'n R.
Thurburn, Maj. J. O., R.A.
Thurlby, Temp. 2nd Lt. F., R.E.
Thurley, Serjt.-Maj. F. W., Bedf. R.
Thurley, Lt. T. W., late Serv. Bns. Manch. R.
†Thursby-Pelham, Lt. C. K., K.O. Sco. Bord.
Thursfield, Temp. Capt. A. B. M., Serv. Bns. Shrops. L.I.
Thursfield, Maj. J. H., 6 Bn. S. Staff. R.
Thurstan, Temp. 2nd Lt. J. A., Tank Corps.
Thurston, Lt. C.E., R.Scots.
†Thurston, Lt. N. T., 16 Bn, Lond. R.
Thwaites, Temp. Lt. G. G. M., Serv. Bns. K.O. Sco. Bord.
Thwaites, Maj. H. F. O., R.E.
Thwaites, Maj. J. M., late R.F.A. (T.F.)

Thwaites, Temp. Capt. N. G., C.B.E., M.V.O., R.A.S.C.
Thyne, Maj. T. P., late Serv. Bns. Hamps. R.
Tibballs, Lt. F. W., R. Fus
Tibbs, Temp. Lt. F. L. K.F.A. (T.F.)
Tibbs, W. E., late 2nd Lt. R.F.A. (T.F.)
Tibbles, Co. Serjt.-Maj. W G., Glouc. R.
Ticehurst, Capt. A. C., 2 Home Cos Divl. Eng. R.E.
Ticehurst, Lt. J. V., 4 Bn. R.W. Kent R.
Tickell, Bt. Maj. E. F., R.E.
Tickle, Temp. 2nd Lt. H. G., 13 Bn. Midd'x R.
†Tickler, Temp. Capt. W.M., 2 Garr. Bn. Ches. R.
Tidbury, Bt. Maj. O. H., Midd'x R. [l].
Tidcombe, Lt. A. L., R.A.
Tidd, Capt. K. G., 6 Bn High. L.I.
Tidd, Capt. R., T.F Res.
Tiddy, Lt. E. W. L., 15 Bn. Glouc. R.
Tidmarsh, Lt. D. M. 4 Bn. R. Ir. Regt.
Tidmarsh, Capt. G. D., R.F.A.
Tidy, Lt. B. T. W., Res. of Off.
Tidy, Lt. C., R.F.A.
Tidy, Maj. F. O. W., Can. For. Corps.
Tidy, Temp. Capt. W. E. Serv. Bns. Manch. R.
Tiffany, Co. Serjt.-Maj. C. E., 5 Bn. W. Rid. R.
Tiffany, Lt. G. W., 5 Bn. W. York. R.
Tiffany, Temp. 2nd Lt. H. W., R. Fus. (attd.)
Tilbrook, Qr.-Mr. & Capt. T. J., R.A.M.C.
Tilbury, Serjt.-Maj. W., 5 Bn. R. Berks. R.
Tildesley, Capt. T. E., 5 Bn. N. Staff. R.
Till, Lt. G F., 8 Bn. Manch. R.
Till, Lt. S. J., R.F.A. (T.F.)
Tillard, Capt. J. A. S. O.B.E., R.E.
Tilley, Temp. Capt. G., R.F.A.
Tilley, Lt. J. E., 3 Bn. Hamps. R.
Tillie, Temp. Lt.-Col. W. K., D.S.O., Mach. Gun Corps.
Tillotson, Temp. 2nd Lt. J. E., D.S.O., Serv. Bns. W. York. R.
†Tilly, Capt. J. C., W. York. R.

Tilly, Maj. R., 123 Rif.
Tilly, Lt. T. G., 1 Cent. Ont. Regt.
†Tilman, Lt. H. W., Res. of Off.
Tilslev, Lt. R., N.Z. Mil. Forces.
Tiltman, Lt. J. H., K.O. Sco. Bord.
Timberlake, Temp. Lt. W. H., Serv. Bns. Glouc. R.
Times, Maj. W. O., Res. of Off.
Timewell, Capt. S. U. Qr.-Mr. C'wealth Mil. Forces.
Timmins, Lt. P. J., C'wealth Mil. Forces
Timmis, Maj. A. W., Wilts. R.
Timms, Temp. Lt. A. C., Serv. Bns. Essex R.
Timms, Capt. A. S., 5 Bn. Som. L.I.
†††Timms, Temp. Capt. C. G., R.A.M.C.
Timperley, Lt. C. E., R.G.A. Spec. Res.
Timson, Temp. Lt. S. D., R.F.A.
Timson, 2nd Lt. W., late 15 Bn. W. York. R.
Tindal, 2nd Lt. C. H. late R.F.A. Spec. Res.
Tindall, Hon. Capt. C. G., late 7 Bn. R. W. Kent R.
Tindall, Capt. J. E., Home Cos Divl. R.E.
Tindall, Maj. R., M.B., late R.A.M.C.
Tinker, Temp. Lt. J. E. B., R.E.
Tinkler, Capt. F. U. J., O.B.E., C'wealth Mil. Forces.
Tinkler, Lt. G. L. 5 Bn. W. Rid. R.
Tinkler, Temp. Lt. L. M., O.B.E., 9 Bn. York. R.
†Tinley, Capt. F. B. N., 20 Horse.
Tinley, Lt. H., 3 Bn. Wilts. R.
Tinlin, Capt. W. A., T.F Res.
Tinniswood, Lt. C. I., 6 Bn E Surr. R.
Tinsley, 2nd Lt. G. L., R.G.A. Spec. Res.
Tinson, Lt. G. N., A. Cyclist Corps.
Tipler, Lt. M. W., 3 Bn. North'n R
Tippet, Capt. H. C. C., 4 Bn. R. Dub. Fus.
Tippett, Capt. J. A., late R.A.M.C.
Tippet, Lt. R. B., 3 Bn North'n R
Tiptaft, Lt. C. P., late 4 Bn. Conn. Rang.
Tipton, Capt. J. W., Alberta R.
Tirrell, Lt. L. H., 6 Bn Essex R
Tisdall, Capt. E.G. St. C., 1 Bn. Mon R.
†Tissington, Temp. Capt. C. F., 15 Bn. Ches. R.

Titchener, Lt. R. R. S., Rif. Brig.
Titford, Capt. R. A., C'wealth Mil. Forces.
Titley, Lt. A. E., 3 Bn. Devon. R.
Titley, 2nd Lt. J., 3 Bn. R Berks. R.
Titterington, Temp. Lt. A. E., M.G. Corps
Tivey, Lt. R., late 9 Bn. N. Staff. R.
Tizard, Lt.C., O.B.E., 3Bn.R. Berks. R.
Tobey, 2nd Lt. W. B., late Res. of Off.
Tobias, Rev. G. W. R., Hon. Chapl. to the Forces, 4th Class.
Tobias, Lt. W. V., 2 Cent. Ont. Regt.
Tobin, Lt. J., R.A.
Tobin, J. A., M.B., late Temp. Capt. R.A.M.C.
Tobin, Co.-Serjt.-Maj.J.J. Man. Regt.
Tocher, Lt., F. S., R.F.A. Spec. Res.
†Tocher, Capt. J. W., M.B., late R.A.M.C.
Tod, Lt. I. M., 5 Bn. W. Rid. R.
Tod, Lt. J., Can. Local Forces
Tod, Capt. T. B., 4 W.Lan. Brig., R.F.A.
Tod, Bt. Maj. W., R. Sco. Fus.
Tod, Lt. W., 3 Bn. R. Ir. Regt.
Todd. Temp. 2nd Lt. A. E., 17 Bn. R. Ir. Rif.
Todd, Capt. A. W. P., M.B., R.A.M.C.
Todd. Lt. G., Arg. & Suth'd Highrs.
Todd, Lt. G. H. N., R.A.
Fo'd, 2nd Lt., G. L., 5 Bn. W. York R.
Todd, Capt. H., D.C.M., M.M., ret. pay.
Todd, 2nd Lt. H., M.M., late Serv. Bns. R. Sc. Fus.
Todd, Lt. H. W., R.F.A. (T.F.)
Todd, Rev. H. W., Hon. Chapl. to the Forces, 4th Class.
Todd, Lt. J. C., C'wealth Mil. Forces.
Todd, Maj. J. S E. Can. Local Forces
Todd, Lt. M. C. B., 18 Bn. Lond. R.
Todd, Lt. R. D., R.G.A., Spec. Res.
Todd, Lt. W., R.F.A. (T.F.)
Todd, Lt. W. A., R.F.A. (T.F.)
Todd, Capt. W. M., 9 Bn. High. L.I.

† Also awarded Bar to Military Cross.   †† Also awarded 2nd Bar to Military Cross.
††† Also awarded 3rd Bar to Military Cross.

Orders of Knighthood, &c.

THE MILITARY CROSS—*contd.*

Toft, Capt. J.P.G., C'wealth Mil. Forces
Tolchard, Lt. W., R.G.A. (T.F.)
Tolerton, Capt. R.H , D.S.O., 23 Bn. Lond. R.
Tollemache, Bt. Maj. E. D. H., C. Gds.
Tolley, Temp. Lt. C. J. H., Tank Corps.
Tolley, Lt. W. E., Linc. R.
Tollworthy, Lt. F. G., D.S.O., 1 Bn. Lond. R.
Tolson, Capt. W. G., Oxf. & Bucks. L. I.
Tolmies, Temp. Lt. C., Tank Corps
Tolputt, Lt. W. L., Conn. Rang
†Tomalin, Temp. Lt. H., Serv. Bns Yorks. L.I.
Tomasson, Bt. Maj. J. F. H., Res. of Off.
Tombe, Lt. W. J., la e M.G. Corps
Tomes, Maj C. T., D.S.O., R. War. R., p.s.c.
Tomkins, Lt. G. L., 128 Pioneers.
Tomkins, Hon. Maj. Rev. M. N., Can. Local Forces.
Tomkinson, Temp. Lt. G. H., 21 Bn Manch. R.
Tomkinson, Lt. G. S., O.B E , 7 Bn. Worc. R.
Tomlin, Temp. Lt. G. A., Serv. Bns. York. R.
Tomlin, 2nd Lt. J., 6 Bn. Notts. & Derby. R.
Tomlin, Lt. S. C., R.F.A.
Tomlinson, 2nd Lt. A., 8 Bn. Midd'x R
Tomlinson, Qr.-Mr. & Maj. F.,O.B.E.,Notts. & Derby. R.
Tomlinson, Capt. J. H., late R.A.M.C.
Tomlinson, Lt. L. N., 3 Bn. R. Scots.
Tomlinson, Capt. P. H., S. Afr. Def. Force.
Tomlinson, Bt. Maj. R. S., S. Afr. Def. Force.
Tomlinson, Capt. R.,A.S.C. (T.F.)
Tomlinson,Temp. Lt. T. F., R.E.
†Tompkins, Lt. J. W., R.A.
Tompkins, Lt. W. E., R.G.A. (T.F.)
Tompkins, Capt. W. E. V. 6 Bn. Notts & Derby R.
Toma, Temp, Lt. E. C., M.G. Corps.
Toms, Co. Serjt.-Maj. R., 10 Bn. Lanc. Fus.
Toms, Temp. Lt. W., Serv. Bns. S. Lanc. R.
Tomsett, Lt. G. R., ret.
†Tomson, Lt. D. V., R.F.A., (T.F.)
Tomson, Temp. Lt. M., R.E.
†Tong, Lt. W., late 5 Bn. N. Lan. R.
Tonge, 2nd Lt. R , late Serv. Bns. Mauch. R.

Tonge, Hon. Capt. R. D., late 9 Bn. Ches. R.
Tonge. Temp. 2nd Lt. S. B., Serv. Bns. Worc. R.
Tonkin, Lt. O. P., Sco. Horse Yeo.
†Tonkinson, Lt. W. N., late R F.A., Spec. Res.
Toogood, Temp. 2nd Lt. H. D., 9 Bn. K.R. F l.C.
Toogood, Co. Serjt.-Maj J. C., 4 Bn. R. Sc. Fus.
Tooker, Lt. G. L., W. Ont. Regt.
Tooker, Lt. H. W., late R.E.
Tooth, Lt. E. M , Aust. Imp. Force
Toole, Capt. A. J., Alberta R.
Toombs, Lt. C. J. O., late Serv. Bns. R.W. Surr. R.
Toon, Lt. A., 6 Bn North'd Fus.
Toone, Capt. J. E. W. York. R.
†Tooth. Temp Capt. G. E. G.
†Toovey, Capt. T. P., R.W Surr. R.
Tooze, Lt. T. H., W. R.
Topham, Lt. C., R.E.
Topham, Lt. F. H., 4 Bn. W. Rld. R.
Topley, Temp. Maj. W. F., Labour Corps.
Topliss Green, Lt. W. H., R.F.A., Spec. Res.
†Topp, Temp. Maj. C. B., 1 Quebec Regt.
Topping, Temp. Lt. A. R., Serv. Bns. Lan. Fus.
Topping, Lt. H., R.F.A., Spec. Res.
Tordiffe, Lt. F. M., Can. Local Forces.
Torin, Bt. Maj. L. H., Shrops. L.I.
Torr, Bt. Maj. W. W. T., D.S.O , W. York. R.
Torrance, Capt. G , M.B., 1 High. Div. R.A.M.C.
Torrance, Capt. H. W., M.B , R.A.M.C., Spec Res.
Torrance, Lt. K. S., Manch. R.
Torrance; Hon. Capt. P. W., late 52 Trng. Res. Bn.
Torrens Lt. J. W., Aust Imp Force
Torrey, Maj. G. F.
†Tosdevine, I t. W. H., S. Staff. R.
Tosh, Capt. J. C. P., R.E.
Tosland, Lt. A. L., 8 Bn R. War. R.
Tossell, Temp. Capt. I. G., Serv Bns. Welch Regt.
Tosswill, Lt. B. H., R. Wilts. Yeo.
Tottenham, Temp. Lt. R. C., R.E.

Totterdell, Lt. J. L., 6 D us.
Totton, Lt. A., 18 Bn. Lond. R.
Totton, Hon. Lt, A. K., late D. of Corn. L.I.
Totton, Lt. G. C., 3 Bn.
Touch, Lt. F .D.C.M., 7 Bn. Notts. & Derby. R.
†Tough, Capt. C. C., ret. pny
†Tovani, Lt. W. R., 7 Bn.R. Highrs.
Tovee, Lt. E E., R.A.
Tovey, Lt. J. G., R.A.S.C (T.F.)
Tovey, Temp. Lt. P. H. F., Serv. Bns Midd'x R.
†Towell, Capt. R.H.,R.F.A.
Towell, Lt. R. N. C.,R,G.A. Spec. Res.
Tower, Lt. G. E., R.F.A. (T.F.)
Tower, Lt. H. G. E., Ind. Army
Tower, Capt. K. F. B., R. Fus.
Tower, Capt. R. B., Not's. & Derby R.
Towers-Clark, Capt. W. T., C. Gds.
Townend, Lt. C E., 5 Bn. York. L I.
Townend, Capt. G. A., S Lan. R.
Townend, Lt. P. E., 6 Bn Lan. Fus.
Townend, Capt. R. D. G., 2 Lond. Divl. Train R.A.S.C.
†Townhill, Lt. J. W., 1 Cent Ont. Regt.
Townley, Co.Serjt.-Maj.F., R.War. R
Townley, Capt. J. S., R.A.M.C. (T.F.)
Towns, Lt. S., C'wealth Mil. Forces
Townsend, Lt. C. E., late R.F.A.
Townsend, Capt. C. H. S., R.A.V.C.
Townsend, Capt. E. M., R.A.M.C.
Townsend, Rev. H. C, Hon. Chapl. to the Forces, 4th Class.
Townsend, Capt. H. E., C'wealth Mil. Forces.
Townsend, Lt. H. E. R., R.G.A. Spec. Res.
Townsend, Lt L W., New Bruns. R.
Townsend,Capt. R.S.,M.B., Ind. Med. Serv.
Townsend, Temp. Capt. R. W., 10 Bn. Devon. R.
Townsend, Lt. W. H., late Serv. Bns. North'n R.
Townshend,Capt. F.H.E., O.B.E., R.E
Townshend, Bt. Maj. J, S S. Staff. R.
Townsley, Capt. W. A., Can. Local Forces.
Townson, 2nd Lt. P. E., 3 Bn. R. W. Surr. R.

†℅ Toye, Lt. A. M., Midd'x R.
†Toynbee, Lt. J. W. H., 3 Bn. E. Kent R.
Toynbee, Capt. R. L., ret. pay.
Tozer, Temp. Lt. A., R.E.
Tozer, Lt. H. J. H., M.M., Aust. Imp. Forces
Traas, Capt. J., S. Afr. Def. Force.
Tracey, Temp Lt. L. T., R.F.A.
Tracy, Lt. B. D., R.G.A. Spec. Res.
Trafford, Capt. C. E. J., S Gds., Spec. Res.
Trafford, Lt. E. Le M., 1 L.G.
Trafford, Lt. S., 20 Bn. Lond. R.
Trail, Capt. R. M., 28 Dogras
Trail, Lt. R. R., R.G.A. Spec. Res.
Trail, Bt. Maj. W. S., 57 Rif.
Traill, Temp. Lt. A. F., R.F.A.
Traill, Capt. C H., late R.F.A.
Traill, Temp. Capt. C. J., (Lt. Res. of Off.)
Traill, Temp. Lt. G. B., R.F.A.
Traill, Capt. J.C.M.,D.S.O., C'wealth Mil. Forces.
Tralu, Maj. J. C. L., late R.E
Train, Temp. Capt. R. W.
Tranter, Temp. 2nd Lt. E., Serv. Bns. R. War. R.
Trappes-Lomax, Lt. B. C. R.A.
Trasenster, Capt. W. A., R. Fus.
Traves, Lt. A. H., C'wealth Mil. Forces.
Travill, Co. Serjt.-Maj. W T., 9 Bn. North'd Fus.
Travis, J. J., late Temp. Capt. Labour Corps.
Travis, Temp. Lt. W., Serv. Bns. Yorks. L.I.
Traylen, Lt. F. J., Rif. Brig.
Traylen, Hon. Lt. J. P., late Mach. Gun Corps.
Treacher, Bt. Maj. F., R. Dub. Fus.
†Treacher, Temp. Lt. R., 9 Bn. R Suss. R.
Treadwell, Temp. Lt. R. N.
Treatt, Capt. B. D. C., R.A.
Treblicock, Capt. R. E., C'wealth Mil. Forces
Tredinnick, Lt. H. W., Montgom. Yeo.
Tredinnick, Lt. N. W., R.F.A. Spec. Res.
Tredinnick, Lt. S. P., 1 Bn. Lond. R.
Tree, Capt. D., ret. pay.
Tree, Lt. R. E., Aust Imp. Force.

† Also awarded Bar to Military Cross.

Orders of Knighthood, &c.

THE MILITARY CROSS—*contd.*

Treffry, Lt. R. C., R.G.A (T.F.)
Trefusis, Capt. D. R., R.H. Gds. Spec. Res.
Tregarthen, Temp. 2nd Lt. H. R., Serv. Bns. K.R. Rif. C.
Tregelles, Hon. Lt. R. F., *late* 8 Bn. Lond. R.
Treglown, Lt. C. J. H., Norf. R
Tregunna, Temp. Lt. H. W., Serv. Bns. R.W. Fus.
Tregurtha, Lt. M. J., 3 Bn. Lond. R.
Trehane, Capt. J. 5 Bn. D. of Corn. L.I.
Trelawny, Temp. Capt. J. F.F.
Trelawny, Maj. L. C., Ind. Army
Trelawny-Ross, *Rev.* W.E T., Temp. Chapl. to the Forces, 4th Class
Treleaven, Maj. G. W., *D.S.O* ,Can.,Local Forces.
Treloar, Lt. G. D., *D.S.O.*, C. Gds., Spec. Res.
Treloar, Lt. P. J., Brecknock Bn. S. Wales Bord.
†Tremayne, Capt. C. H., 19 Hrs.
Tremearne, Maj. H., T.F. Res.
Tremlett, Temp. Lt. J. D., R.F.A.
Tren, Capt. R. M., *late* R.A.S.C.
Trench, *Rev.* A. C., Hon. Chapl. to the Forces, 4th Class.
Trenan, Capt. R., North'd Fus.
Trench, Capt. R. P. leP.,G. Gds.
Trench, Capt. S. J. le P., TD, Staff Yeo.
†Trench, Temp. Lt. S. P. R.F.A.
Trench, Lt.-Col. W. L., *late* 21 Bn. W. York. R.
Trench, Maj. W. T., Can. M.G. Corps.
Trenchard, Lt. R., R.F.A (T.F.)
Trend, Temp Lt. H. P., 5 Bn. Conn. Rang.
Treanery, Lt. W. L. C'wealth Mil. Forces.
Trent, Temp. 2nd Lt. R. T. J., Serv. Bns. Som. L.I.
Trent, Lt. W. A., *late* M.G. Corps.
Trery, Lt. N. H., R.E. (T.F.)
Trevelyan, Capt. C. W., 5 Bn. Lond. R.
Trevett, Temp. Lt. E. M., Serv. Bns. Hamps. R.
Trevor, Temp. Lt. B. G., Serv. Bns. W. York R.
Trevor, Maj. K.
Trew, Lt. V. P., 4 Hrs.

Trewheela, Lt. G. T., Aust. Imp. Force
Trewhitt, Lt. J., *M.M.*,Can. Fd. Art.
Trezona, Co. Serjt.-Maj. F. J., Midd'x R.
Tribe, Temp. Lt. M. O., Serv. Bns. W. Rid. R.
Tribe, Capt. R. H., *l te* R.A.M.C.
†Trickett, Lt. J., 3 Bn. York R.
Triefus,Capt,P., *late* R F.A
Trigg, Lt. G., 3 Bn. E. York R.
Trim, Capt. E. J., 19 Bn. Lond. R.
Trimble, Maj. J. B. O., *D.S.O.*, E. York. R.
Trimm, Lt. C. A., R.F.A. Spec. Res.
Trimmer, Lt. D., Aust, Imp. Force.
Trimmer, Co. Serjt-Maj. J., Sea. Highrs.
Tripp, Lt. H. B., 4 Bn. L'pool R.
Tripp, Lt. J. E. H., R.G A. Spec. Res.
Tripp, Temp. Lt. N. F., R.A.S.C.
Tripp, Maj.W. H. L., *D.S.O.* R. Mar.
Tripp, Lt. W. H. S., R.E. (T.F.)
Trippett, 2nd Lt. R. H., 3 W. Rid. Brig., R.F.A.
†Triscott, Temp Lt. H. S., R.E.
Trist, Capt. J. R. R., R.A.M.C. Spec. Res.
Trist, Capt L. H., *D.S.O.*, Linc. R. Spec. Res.
Trohear, Temp. Lt. T., Serv.Bns. Notts.& Derby R.
Trollope, Capt. C. J., Qr.-Mr., 16 Bn. Lond. R.
Trollope, Capt. H. C. N. *D.S.O.*, Suff. R.
†Tron, *Rev.* M., *D.S.O.*, Temp. Chapl. to the Forces, 4th Class
Trott, Temp. Lt. E. M., Serv. Bn. Wilts. R.
Trott, Lt W. A.,Ind. Army.
Trotter, Lt. A. M. G., R. F.A. Spec. Res.
Trotter, Lt. A. S., ret, pay.
Trotter, Capt. J. B., Can. Local Forces
†Trotter, Temp. Lt. W. P., Serv. Bns. R. Fus.
Troughton, *late* Hon. Capt. J. E., 8 Bn. W. Rid. R.
Troughton, Lt.-Col. L. H. W., *late* Serv. Bns. Rif. Brig.
Trounson, Capt. L. J., C'wealth Mil. Forces.

Troup, Temp. 2nd Lt. E. Serv. Bns. Linc. R.
Troup, Lt, J. G., 4 Bn. Gord. Highrs.
Troup, Capt. W. A., *M.B.*, *late* R.A.M.C
Troupe, Lt. H. W., R.F.A.
Trousdale, Maj. E. H., *late* R.A.S.C.
Trousdale,Maj. R.C.,*D.S.O* Res. of Off.
Trousdell, 2nd Lt. A. J., *D.S.O.*, ret. pay Res. of Off.
Trousdell, Lt.C. F., R F.A., Spec. Res.
Trout, Capt. H. B., Quebec R.
Trower, Temp. Lt. E. L., R.E.
Trower, Lt. H. M., 6 Bn. Midd'x R.
Trower, Maj. R. G., *D.S.O.*, *late* R.E.
Trudgill, Capt. E., *D.C.M.* *late* R.F.A.
Trudigan, Lt. C. S., Aust. Imp. Force.
Trueman, Lt. J. K. W., *late* Serv. Bns. Wilts. R.
Trueman. Temp. 2nd Lt. W. J., Serv, Bns. R. Ir. Regt.
Trumble, Capt. H. C.,Aust. Imp. Force
Trump, Temp. Lt. R. W., R.E.
Trustram Eve, Capt. A.M., 6 Bn. R.W. Fus.
Truter, Temp. Capt. R. J., Serv. Bns. K. R. Rif. C.
Tyrer, Temp. Capt. W., 6 Bn. York & Lanc. R.
Tryon, Hon. Capt. S.
Tubb, Lt. F., C'wealth Mil. Forces.
Tubbs, Temp. Capt. C. B., Labour Corps.
Tubbs, Lt. W. H., R.F.A. Spec. Res.
Tuck, Capt. A. J. M., *late* Sea. Highrs.
Tucked, Capt. L., C'wealth Mil. Forces.
Tucker, Temp. Lt. Alfred H., R.E.
Tucker, Lt. D. E. A., *late* M.G. Corps
Tucker, Maj. F., *late* Tank Corps.
Tucker, Lt. G. W., 4 Bn. E. York R.
Tucker, Temp. Lt. H. C., Serv. Bns. Leic. R.
Tucker, Capt. P. B. R., Alberta Regt.
Tucker, Serjt.-Maj. S., 14 Bn. R.W. Fus.
Tucker, Maj. W. G., R.E. Spec. Res.
Tucker, Capt. W. M., *late* Gen. List.

Tuckett, Maj. J. H., C'wealth Mil. Forces.
Tuckett, Lt. R. J., Aust. Imp. Force.
Tuckey, Lt. P. O. E., 3 Bn. R. Ir. Regt.
Tuckfield, Temp. Lt. H. C., Serv. Bns. K.R. Rif. C.
Tuckwell, Lt. E. H., G. Gds. Spec. Res.
Tuczek, Lt. W. A., Essex Yeo.
Tudhope, Lt. J. E.,Can. M. G.C.
Tudhope, Capt. W., *M.B.*, *late* R.A.M.C.
Tudor, Bt. Maj. C. L. St. J., *O.B.E.*, R.A.S.C.
Tudor, Capt. R. G., L'pool R.
Tudor-Craig, Lt. A. R., R. Ir. Fus.
Tudsbery, Maj. H. T., *late* R.E.
Tuffley, Lt. J. R., ret. pay.
†Tuffs, Temp. 2nd Lt A.A. Serv. Bns. Durh. L.I.
Tugwell, Lt. H F.L., R.A.
Tuite, Capt. T. M. H. S., 4 Bn. Conn. Rang.
Tuite-Dalton, Maj. E.G.T., 3 Gurkha Rif.
Tuke, Maj. A. L. S., *M.B.*, R.A.M.C.(T.F.)
Tuke, Capt. B. M., R.A.M.C. Spec. Res.
Tuke, Capt. C. W. R., R.F.A.
Tullis, Lt. J. K., R.F.A. (T.F.)
Tulloch, Maj. E., *D.S.O.*, *late* R.E.
Tulloch, Capt. E. W., Aust. Imp. Force.
Tulloch, Capt. J. E., Qr.-Mr., Can. A.M.C.
Tulloch, Capt. J. T., *late* 5 Bn. High. L.I.
Tully, Lt. D. G., Shrops. L.I.
Tunbridge, 2nd Lt. J. V., C'wealth Mil. Forces.
Tunnicliffe, Temp. Capt. O. A., N. Staff. R.
Tunnicliffe, Temp. Lt. C. W., 13 Bn. York. R.
Tunnicliffe, Lt. F. D., *A.M.Inst.C.E.*, R.E.,(T.F.)
Tunnicliffe, 2nd Lt. H. E., 3 Bn. S. Wales Bord.
Tunstall, Lt. J., R.E.(T.F.)
†Tunstall, *Rev.* J. T., Temp. Chapl. to the Forces, 4th Class.
Tuppen, Temp. Capt.H.R., R.A.S.C.
†Tupper, Lt. H., 4 Bn. E. Kent R.
Turberville, Temp. Lt. A. S., 20 Bn. K.R. Rif. C.
Turcan, Temp. Maj J.S., 9 Bn. Sea. Highrs.
Turing, 2nd Lt. J. L., 3 Bn. Sea. Highrs.
Turk, 2nd Lt. H. H.,R.F.C. Spec. Res.

---

† Also awarded Bar to Military Cross.

Orders of Knighthood, &c. 457

THE MILITARY CROSS—*contd.*

Turk, Temp. Lt. J., 6 Bn. E. Kent R.
Turley, Lt. J., *late* Serv. Bns. Worc. R.
Turnbull, Maj. A., Can. Local Forces.
Turnbull, Temp. Lt. A.
Turnbull, Lt. A., *M.M.*, Br. Columbia Regt.
Turnbull, Capt. A.D. *M.M.*, Aust. Imp. Force.
Turnbull, Temp. Maj. A. W., 8 Bn Sea. Highrs.
Turnbull, Capt. D., R.A.S.C.
Turnbull, Lt. I. T., C'wealth Mil. Forces.
Turnbull, 2nd Lt. J., 3 Bn. Cam'n Highrs.
Turnbull, Lt. J. R., R.G.A. Spec. Res.
Turnbull, Temp. Capt. N. W., Serv. Bns. Durh. L.I.
Turnbull, Temp. Capt. O. G. N., R.A.S.C.
Turnbull, Hon. Capt. P. M., *M.B.*, *late* R.A.M.C.
Turnbull, Lt R. E., Can. Eng.
†Turnbull, Temp. Lt. R. R., 18 Bn. Durh. L.I.
Turnbull, Lt. R.W., R.F.A. (T.F.)
Turner, Capt. A. A., *M.B.*, R.A.M.C. (T.F.)
Turner, Hon. Capt. A. B., *late* 6 Bn. E. War. R.
Turner, Temp. Lt. A. E., 13 Bn. Durh. L.I.
Turner, Capt. A. E. R., Can. Local Forces.
Turner, Lt. A. H., *late* Serv. Bns. E. Surr. R.
Turner, Temp. Maj. A.W., 7 Bn. York & Lanc. R.
Turner, Capt. A. W., *late* Serv. Bns. D. of Corn. L.I.
Turner, Lt. C., R.F.A.(T.F.)
Turner, Temp. Lt. C. G., R.E.
Turner, Lt. C. H., R.E. (T.F.)
Turner, Capt. C. T., C'wealth Mil. Forces.
Turner, Temp. Capt. C. W., 8 Bn. D. of Corn. L.I.
Turner, Capt. C. W. 1 Dns.
Turner, Temp. Lt. E., Serv. Bns. N. Lan. R.
Turner, 2nd Lt E F., *late* R.A.
Turner, Temp. Lt. E. G., R.F.A.
Turner, Lt. E. J. L., *late* Serv. Bns. R. Ir. Fus.
Turner, Lt. F. C., Man. R.
Turner, Temp. Capt. F. G., *O.B.E.*

Turner, Maj. F. R., *late* Tank Corps.
Turner, Maj. F. T., h.p.
Turner, Temp. Capt. G., 5 Bn. Shrops. L.I.
Turner, Temp. Lt. G., R.A.
Turner, Temp. Lt. G., Serv. Bns. Suff. R.
Turner, Capt. G. C., 23 Bn. Lond. R.
Turner, Lt. G. C., 7 Bn. Lan. Fus.
Turner, Bt. Maj. G. F., 82 Punjabis.
Turner, 2nd Lt. G. H., R.F.A. Spec. Res.
Turner, Lt. G. H., Aust. Imp. Force.
†Turner, Maj. G. R., *D.C.M.*, Can. Eng.
Turner, Lt. H., *late* R.F.A. (T.F.)
Turner, Lt. H., *M.M.*, R.W. Fus.
Turner, Temp. Lt. H. E., R.E.
Turner, Lt. H. K., *late* Res. of Off.
Turner, Temp. Lt. H. M., 15 Bn. Ches. R.
Turner, Co-Serjt.-Maj. H. M., 8 Bn. Lond. R.
Turner, Lt. H. R., R.F.A. Spec. Res.
Turner, H. S., R.A.M.C., *late* Temp. Capt.
Turner, Maj. H. W., *late* R.A.M.C.
Turner, Lt. J., Can. Local Forces.
†Turner, Temp. Capt. J. F. G., 11 Bn. R. Scots.
Turner, Temp. Capt. J. H., R.A.
Turner, Lt. J. R. B., R.A.
Turner, Temp. Lt. J. T., Serv. Bns. Som. L.I.
Turner, Capt. J. W., 8 Bn. Notts. & Derby. R.
Turner, Capt. J.W., *M.B.*, *late* R.A.M.C.
Turner, Lt. J. W. C., R.F.A. Spec. Res.
Turner, Lt. M. F., 2 Bn. Manch. R.
Turner, Temp. 2nd Lt M. S., M.G. Corps.
Turner, Capt. M. T., 3 Bn. E. Suss. R.
Turner, Lt. O. M., *late* R.F.A. (T.F.)
Turner, Lt. O. W., Aust. Imp. Forces.
Turner, Lt. P. H., 7 Bn. Essex R.
Turner, Temp. Lt. R.
Turner, Bt. Maj. R. A., *D.S.O.*, R.E.
†Turner, Lt. R. H., 8 Bn. Sco. Rif.
Turner, Capt. R. H. T., 6 Bn. N. Staff. R.
Turner, Temp. 2nd Lt. R. J., Serv. Bns. L'pool R.

Turner, Lt. R. W., 5 Bn R.W. Kent R.
Turner, Lt. S. C., R.F.A.
†Turner, Lt. S. W., 4 Bn. Suff. R.
Turner, Temp. 2nd Lt. T. Serv. Bns. Hamps. R.
Turner, Lt. T. H., *late* 23 Bn. Lond. R.
Turner, Capt. W., *M.B.*, *late* R.A.M.C.
Turner, Lt. W. A., R.E.
Turner, Capt. W. A. S., R.F.A.
Turner, Maj. W. G., Can. Local Forces.
Turner, Lt. W. G., R.F.A. Spec. Res.
Turner, Capt. W. H., *late* 5 Bn. K.O. Sco. Bord.
Turner, Capt., W. H., R.F.A. (T.F.)
Turner, Capt. W. N., 4 Bn. North'd Fus.
Turney, Lt. G. A., R.F.A. Spec. Res.
Turnor, Capt. A.C., R.H.G.
†Turnor, Capt. H. B.,17 Lrs.
Turpin, Temp. Lt. A. E., R.A.
Turpin, Lt. D. O., *late* Serv. Bns. R. Ir. Rif.
Turrell, 2nd Lt. B., R. Innis. Fus.
Turrell, Lt. J. W., *late* 1 Garr. Bn. Manch. R.
Tuson, Serjt.-Maj. E. V., C'wealth Mil. Forces.
Tutin, Capt. T. A., Qr.-Mr. 11 Bn Lond. R.
Tutt, Temp. Qr.-Mr. & Lt. J., R.E.
†Tutton, Co. Serjt.-Maj. N. R., C'wealth Mil. Forces.
†Tweddell, Temp. Lt. W., 22 Bn. Durh. L.I.
Tweed, Hon. Lt.-Col. T.F., *late* 16 Bn. Lan. Fus.
Tweedale, Lt. N., R.F.A. Spec. Res.
Twentyman, Lt. T. V. S., R.F.A. Spec. Res.
Twinberrow, Capt. J. D., 59 Rif.
Twine, Capt. F. P., *M.B.E.*, *late* 5 Bn. E. Suss. R.
Twiss, Capt. D. C., S. Staff. R.
Twist, Lt. W., *late* S. Afr. Def. Force.
Twiss, Bt. Lt.-Col. W. L. O., *C.B.E.*, 9 Gurkha Rif., p.s.c. [L]
Twist, Temp. 2nd Lt. F., *M.M.*, M.G. Corps.
Twistleton - Wykeham - Fiennes, Lt. *Hon.* A. R., R.F.A.
Twistleton - Wykeham - Fiennes, Maj. *Hon.* G. M., R.F.A.

†Twopeny, Lt. R. E. N., 2 K Ed. Horse.
†Twycross, Maj. B. G., *late* R.F.A.
Twyford, Lt. A., R.A.
Twynam, Temp. Capt. C. D., R.E.
Tyce, Lt. C. G., 4 Bn. Norf. R.
Tye, Lt. H. W., Man. R.
Tye, Temp. Lt. F., Serv. Bns. Midd'x. R.
Tyhurst, Temp. Lt. R. J. S., Serv. Bns. Lan. Fus.
Tyler, Temp. Capt. A. R.A.S.C.
†Tyler, Lt. E. M., R.F.A.
Tyler, Capt. E. W., R. Fus.
Tyler, G. A. F., *late* Capt. 3 Bn. High L. I.
Tyler, Temp. Lt. G. E., Serv. Bns R. Fus.
Tyler, Capt. H. W., R.E. (T.F.)
Tyler, Temp. Capt. H.W.H., 7 Bn. Leic. R.
Tyle-, Temp. Lt. L. B., R.A.
†Tyler, Temp. Lt. O. B., 11 Bn. R. Scots.
Tyler, Lt. P. H., 5 Bn. R.W. Kent R.
Tylor, Temp. Capt. V. A., M.G. Corps.
Tymms, Lt. F., 4 Bn. S Lan. R.
Tyndale, Temp. Lt. J. A. G., R.E.
Tyndale-Biscoe, Lt. C. J., *late* R.F.A.
†Tyndall, *Rev.* E. D., Temp. Chapl. to the Forces, 4th Class.
Tyndall, Capt. W. E., *M.B.*, R.A.M.C.
Tyner, Lt. H. R., 3 Bn. Dorset R.
Tyner, Temp. 2nd Lt. J. R. *D.C.M.*, 9 Bn. R. Innis. Fus.
Tyrer, Temp. Capt. W., 6 Bn. York & Lanc. R.
Tyrell, Serjt.-Maj. A. J., 8 Bn. Devon R.
Tyrrell, Capt. G. Y., 3 Bn. E. Kent R.
Tyrrell, Capt. W., *D.S.O. M.B.*, R.A.M.C.
††Tyrwhitt-Drake, Lt. T. Oxf. & Bucks. L.I.
Tysoe, Lt. W., *D.S.O. late* Serv. Bns. Bedf. & Herts. R.
Tyson, Lt. C. E., R.F.A.
†Tyson, Lt. G. D., 6 Bn. L'pool R.
†Tyson, Temp. Lt. J. H. R.F.A.

† Also awarded Bar to Military Cross. †† Also awarded 2nd Bar to Military Cross.

Orders of Knighthood, &c.

THE MILITARY CROSS—*contd.*

Tyssen, Maj. J. H. S., *late* N. Som. Yeo.
Tyte, Temp. Lt. S. G., 9 Bn. R. Fus.

Uhthoff, Temp. Lt. R. K., R.E.
Ulcoq, Lt. R. A., Aust Imp. Force.
Ulens, Lt. W. T., 1 Cent Ont. Regt.
Ullman, Lt. R. B., R.F.A.
Ullman, Lt. V. R., E. Ont Regt.
Uloth, Maj. A. W., *late* R.A.M.C.
Umbers, Lt. J. L., 4 Bn. North'd Fus.
Underhay, Temp. Lt. A. E., Serv. Bns. R. W. Surr. R.
Underhay, Lt. C. T., 11 Bn. Lond. R.
Underhill, Capt. E. O., Worc. R.
Underhill, Temp. Lt. H. A., R.E.
Underwood, Hon. Lt. Qr.- Mr. E. B., Can. Local Forces.
Underwood, Temp. Lt. R. L. A., 6 Bn. N. Lan. R.
Unsworth, Lt. G., 4 Bn. R., War. R.
Unsworth, Temp. Lt. V. 8 Bn. R. Ir. Rif.
Unwin, Capt. E. S., R.A.S.C.
Unwin, Lt. G. H., Bucks. Yeo.
Unwin, Lt. H. T. H., Yorks. Dns. Yeo.
Unwin, Capt. H. W., *late* S. Afr. Def. Force.
Unwin, Temp. Capt. J. D., Tank Corps.
Unwin, Lt. P. H., R.F.A., Spec Res.
Unwin, Lt. R. H., R.F.A. (T.F.)
Upfold, 2nd Lt. S. J., *late* Serv. Bns. R.W. Kent R.
Upton. Capt. D. F., 2 Bn. Lond. R.
Upton 2rd Lt. F. C. R., N.Z. Mil. Forces.
Upton, Lt. R. E. R., 8 Bn. Hamps. R.
Ure, Temp. Lt. S. N. M.G. Corps.
Urquhart, Lt.-Col. H. M., D.S.O Can. Local Forces.
Urquhart, Capt.J.C , 5 Bn. Line R
Urquhart, Lt. L., 3 Bn. K.O. Sco. Bord.

Urquhart, Temp. Capt. V. W., R.A.O.C.
Urquhart, Lt. W., 7 Bn Lond. R.
Urquhart, Capt. W. M., 9 Bn. R. Scots.
Urwick, Capt. L. F., O.B.E., Worc. R. Spec. Res.
Usher, Lt. C. C., 4 Bn. K.O. Sco. Bord.
†Usher, Temp. Capt. C. G , Serv. Bns. S. Wales Bord.
Usher, Lt. E. H. B., R.F.A.
Usher, Capt. H., *late* 10 Bn. R. Scots.
Usher, 2nd Lt. H. N., 3 Bn Wilts. R.
Usher, 2nd Lt. R. H. C., A.F.C., Wilts. R.
Usher, Lt. S. C. R., R.E.
†Utterson-Kelso, Capt. J.E., D.S.O., R. Sc. Fus.
Utting, Lt. R. D., 4 Bn. Linc. R.
Utting, Temp. Lt. T. E., Serv. Bn. N. Lan. R.
Uzielli, C. F., *late* Lt. 3 Bn. R. Lanc. R.
Uzielli, Hon. Lt. D
Uzielli, Col. T. J., D.S.O.

Vachell, Capt. C. T., 1 Bn. Mon. R
†Vachell, Lt. D R., R.E.
Vachell, Temp. Lt. F. T., R.F.A.
Vachell, Lt. J. L., *late* R.F.A. (T.F.)
Vaizey, Temp. 2nd Lt. H. Serv. Bns. R. Fus.
Valder, Capt. C. C., ret.
Vale, Capt. C. S., R.A.S.C.
Vale, Lt. E L., R.F.A. (T, F)
Vale, Lt. J., *late* 3 Bn Dorset. R.
Valentine, Lt. B. G., 4 Bn. R. Highrs.
Valentine, Capt. D., 4 Bn. R. Berks. R.
Valentine, D. J., *late* Capt. R.A.M.C. Spec Res.
Valentine, Capt. H. T., 5 Bn. S. Lan. R.
Valentine, Lt. R. V. A., 14 Bn. Lond, R.
Vallance, Capt. J., M.B., R.A.M.C.
Vallance, Capt. V. de V. M., 5 Lrs.
Vallancey, Capt. H. N. d'E., *late* 4 S. Mid. Brig R.F.A. (T.F.)
Vallentin, Capt, C. M., R.A.

Valon, Hon. Capt. A. R., O.B.E.. R.A.O.C.
Vambeck, Lt. F. J., 5 Ir. Hrse Spec. Res.
Vance, Capt. R. H., *late* R. Mar.
Vance, Lt. W., R. Ir. Fus.
Van Cutsem, Capt. E. C. L., 3 Bn. Shrops. L.I.
Van der Byl, Temp. Capt. P. V. G. (Capt. S. Afr. Def. Force).
Vanderpump, Temp. Lt. F. L., Serv. Bns. S. Wales Bord.
Van der Vijver, Capt. G.T., M.B., R.A.M.C. Spec Res.
Vanderweyden, Lt. H. 5 Bn R Fus.
van Grutten, Temp. Lt. W. N. C., O.B.E., R.F.A.
†Vanier, Maj. G. P., D.S.O., Can. Local Forces.
Van Lennep, Lt. E , ret.
†van Milligen, Temp. Capt. C. A. M., 7 Bn. Rif. Brig.
Vann, Lt, F. J., R.F.A., Spec Res.
Vanneck, Lt. Hon. A. N. A., S. Gds. Spec. Res.
Vanneck, Temp. Capt. R. G., 13 Bn. R. Fus.
VanNeck, Capt. S. H., 23 Bn. Lond. R.
Van Norman, Lt. H., Sask. Regt.
Van Praagh, Temp. Capt. H. B., R. Mar.
Van Ryneveld, 2nd Lt T. V., *late* S. Afr. Def. Force.
Vansenden, Capt E.A., *late* Serv. Bn. York & Lanc. R.
van Someren, Lt.-Col. W. V. L., D.S.O., *late* Serv. Bn. R. Fus.
Vanstan, Capt. G. S., Aust. Imp. Force
Van Straubenzee, Capt. A. B., R.F.A.
Vant, Lt. T. G., M.G. Corps.
Van Velden, Capt. G. F. W. R., *late* S. Afr. Def. Force.
Van Zeller, Temp. Lt. T. A., Tank Corps
VanZyl, Capt. D. P. W., *late* S. Afr. Def. Force.
Van Zyl, Capt. N.J., S. Afr. Def. Corps
Varcoe, Lt. F. H. L., 10 Bn. Midd'x R.
Varey, Capt. H. S., D.C.M., *late* York. R.
†Varley, Capt. A. L., C'weath Mil. Forces.
Varley, Lt, A. S., Aust Imp. Force.
Varley, Temp. Lt. C. G., M G. Corps.
Varley, Lt. G., *late* Serv. Bns, D. of Corn. L.I.

Varley, Capt. O., D.S.O., Corps of Mil. Accts.
Varley, Temp. Lt. R., Serv. Bn. R. Lanc. R.
Varley, Lt. W. J., R.F.A. Spec. Res.
Varvill, Maj. B., R.A.M.C.
Varvill, Temp. Capt. J. K., 6 Bn. E. Lan. R.
Varvill, Temp. Capt. M. N., R.E.
Varwell, Bt. Maj. R. P., R. Ir. Rif.
Vasey, Capt. C. J. W.
Vasey, Temp. Capt. J. W., 18 Bn. North'd Fus.
Vass, Lt. W., 12 Lrs.
Vassie, Maj. W., Can. Fd. Art.
Vatcher, Temp. Lt. H. M., R.E.
†Vaudrey, Lt. W. E., R.A.
Vaughan, Lt. A. D., 5 Bn. Sea Highrs.
Vaughan, Capt. C. H., R.A.S.C. (T.F.)
Vaughan, Lt. E. H., Derby Yeo.
Vaughan, Lt. E. S. C., 8th Bn. R. War. R.
Vaughan, Capt. E. W., M.B., D.S.O., R.A.M.C.
Vaughan, Capt. E. W. D., 2 Lrs.
Vaughan, Hon. Capt. F. C. *late* S. Afr. Def. Force.
Vaughan, Capt. F. W., *late* 13 Bn. R. Fus.
†Vaughan, Lt. G., C'wealth Mil. Forces.
Vaughan, Maj. J., *late* Serv. Bns. E. Kent R.
Vaughan, Lt. J., 7 Bn. W. Rid. R.
Vaughan, Temp. Lt. J.G.L., Serv. Bn. Welch R.
Vaughan, Lt. J. H., 3 Bn. R. Innis. Fus.
Vaughan, Lt. L. R., R.E., (T.F.)
Vaughan, Temp. Lt. M.V., 13 Bn. R Fus.
Vaughan, Capt. R. M., R. Innis. Fus.
Vaughan, Serjt -Maj. T. E. P., Glouc. R.
Vaughan-Hughes, Lt. G.B., R.A.
Vaughton, Lt. S. J. J., *late* Tank Corps.
Vause, 2nd H., N Z Mil. Forces.
Vautier, Lt. A. E., R.F.A. (T.F.)
Vaux, Lt. C., 4 Bn. Durh. L.I.
Vaux, Lt. H. C. Midd'x R.
Veal, Lt. L. F., 5 Bn. W. York. R.

† Also awarded Bar to

Orders of Knighthood, &c. 459

THE MILITARY CROSS—*contd.*

Veale, Lt. W. C. D , Aust. Imp. Force.
Veasey, Temp. Maj. T. H., Serv Bn. Worc. R
†Veitch, Capt. E. H., 8 Bn. Durh. L.I.
†Veitch, Temp. Lt. W. M., R.E.
Vellacott, Capt. H. F., F.R.C.S., R.A.M.C. Spec. Res.
Venables, Capt. A. V., Ind. Army, Res. of Off.
Venables, Temp. Lt E. R., R.A.
Venning, Capt. A. N., R.F.A.
Venning, Capt. D. C., Res. of Off.
Venning, Maj. J., T.F Res.
Venning, Bt. Lt.-Col. W. K., C.M.G., D. of Corn. L.I., p.s.c.
Ventham, Lt. E., D.C.M., R.A.
Vere, Temp. Lt. P. K., late M.G. Corps
Vereker, Temp. Lt. A. J., M.G. Corps.
Vereker, Lt. G. G. M., G. Gds. Spec. Res.
Vereker, Lt. M. C. P., late R.F.A. Spec. Res
Vereker, Lt. Hon. S. R., R.F.A. (T.F.)
Vergette, Lt. G., R.F.A. Spec. Res.
Vernall, Temp. Capt. J. H., R.A.O.D.
Vernen, Capt. C. A. J., I. Gds. Spec. Res.
Vernet, Temp. Capt. R.
Verney, Bt. Maj. F. E., Dorset R.
Verney, Lt. Hon. J. H. P. 17 Lrs.
Vernon, Capt. A. J., D.S.O., R. Ir. Fus.
Vernon, 2nd Lt. C. H., late 4 Bn. Welsh R
Vernon, Capt. H. B., 27 Punjabis.
Vernon, Lt. H. B., ret.
Vernon, Lt. P. W., late R A.S.C.
Vernon, Lt. S. A., Brit. Columbia Regt.
Vernon, Lt. V. L , Worc. R.
Vernon-Smith, Temp. Lt. H. J., M.G. Corps.
Verschoyle, Temp. Capt. T. T. H., Serv. Bns. R.Innis. Fus
Verschoyle Campbell, Lt.-Col J. V., Res. of Off.
Verschoyle-Campbell, Bt. Maj. W. H. McN., O.B.E. R.A.O.C., p.a.c., e.
Vertue, Capt. N. G., E Kent R.
Vessey, Temp Lt. J. O., Serv. Bns. Leic. R.
Vey, Capt. D. C. L., R.A.M.C. Spec. Res.

Vibart, Capt. N. M., D.S.O., R.E.
Vibert, Temp. Lt. W. C., M.G. Corps
Vicary, Bt. Maj. A. C., D.S.O., Glouc. R.
Vicars-Mills, Lt. A. L. W., Hamps. R.
††Vicary, Lt J., Glouc. R. (T.F.)
Vick, Lt L. F., R.F.A. (T.F.)
Vickerage, Lt. H. G., 7 Bn. Midd'x R.
Vickers, Temp. 2nd Lt. F. C., 6 Bn North'n R
Vickers, Lt. J. G , Aust. Imp. Force.
Vickers, Capt. S. C., late R.E.
Vickery, Lt. G., R.E. (T.F.)
Vidal, Capt. E. S. W. S. Aust, Imp. Force
Vidler, Temp. Lt. A. G. A., Serv. Bns. R. Suss. R.
Vidler, Lt L. J. C., 4 Bn. R.W. Surr. R.
Vidot, Capt. S., R.A.M.C. Spec. Res.
Vieweg, Lt. A. R. C., R.G.A. Spec. Res.
Vigers, Temp. Lt. A. W., D.F.C. R.E. (Lt. Lond. Sig. Cos., R.E.)
Vigers, Temp. Lt. R. W., R.E.
Vigers, Temp Capt. T. W., O.B.E., R.E. (Lt. Lond. Sig. Co., R.E.)
Vigor, Lt. C. E., R.F.A. Spec. Res.
Vigors, Capt. M. D., D.S.O., 9 Horse
Villa, Lt. E. C., 5 Bn. Notts. & Derby. R.
Villa, Lt. J. E., R.E. (T.F.)
Villar, Capt. P. L , 8 Wales Bord.
Villiers, 2nd Lt. A. H., 6 Bn. K.R. Rif. C.
Villiers, Capt. G., R.G.A
Villiers Stuart, Capt. P. G., Ches. R.
Vince, Maj. E. R., Can. Local Forces
Vince, Capt. W. B., D.S.O., 8 Bn. Lond. R.
Vince, Lt. W. R., Oxf & Bucks. L.I.
†Vincent, Capt. A. B. P. L., 3 D.G.
Vincent, Lt. C. R, C. 18 Bn. Lond. R.
Vincent, Regtl. Serjt.-Maj. H., Oxf. & Bucks. L.I.
Vincent. 2nd Lt. H. C., 4 Bn. N. Lan. R.
Vincent, Temp. Capt. H. E., Serv. Bns. Ches. R.
Vincent, Temp. Lt. J. D,
†Vincent, Capt. A. B. P. L., 3 D.G.
Vincent, Lt. S. C., S. Afr. Def. Forces.

Vincent, Lt. W., O.B.E., R.A.S.C (T.F.)
Vincent, Lt. W. S., ret. pay
Vinen, Temp. Lt. L. N., R.F.A.
Viney, Temp. Capt. H. B., A.S.C.
Viney, Lt. N., Hon. Art. Co.
Vint, Lt. A. W., 6 Bn. Worc R.
Vint, Lt. J., R.G.A. Spec. Res.
Vintcent, Lt. H. N., late C. Gds. Spec. Res.
Vintcent, Lt. L. H. X., late R.G.A. Spec. Res.
Vinycomb, Temp. Lt. T.B., R.A.O C
Vipan, Temp. Capt. G., R.E.
Vipond, Temp. Lt. E. J., Serv. Bns. North'd Fus.
Virgo, Lt. E. W., Glouc R.
Virtue, Lt. A. G., Can. Fd. Art.
Vise, Lt. T. A., R.G.A.
Vivian, Capt. C. E., Res. of Off.
Vizard, Temp. Lt. L. N., M.G. Corps.
Vizer, Temp. Lt. J. H., late Lab. Corps
Vlasto, Temp. Lt. I. T., R.A.S.C.
Vlasto, J. A., M.B., late Temp. Capt., R.A.M.C.
Voelcker, Capt. F. N., Shrops. L.I.
Von Berg, Lt. W. C., 5 Bn. Lond. R.
Vonder, Heyde, Lt. J. L., R. Suss. R.
Von Otter, Temp. Capt. B. C. E.
Voisey, Batty. Serjt.-Maj. J. E., R.G.A.
Vosper, Temp. Capt N., R.F.A.
†Voss, Temp. Capt. G. P., late Tank Corps
Voss Maj. P. E., Aust Imp. Force
Vredenburg Temp. Lt. V. F. de W. W., W. Rid. R.
†Vyle, Lt. D., R.F.A.
Vyvyan, Lt. H. W., D. of Corn. L.I.
Vyvyan, Lt. M., R.G.A. (T.F.)
Vyvyan, Maj. P. H. N. N., O.B.E., R.A.S.C.
Vyvoan, Capt R. E., Worc. R.
Vyvyan-Robinson, Lt. F. R.E. Spec. Res.

Wace, Lt. R. C., Shrops. L.I.
Wace, Temp. Capt. W. M., Serv. Bns. Bedf. & Herts. R.

Waddell, Temp Capt. C. D, R.E.
Waddell, J. S., late Lt. S. Afr. Def. Force
Waddell, Capt. W. J., Aust. Imp. Force
Waddingham, Temp. Lt. J. H., R.F.A. (T.F.)
Waddington, Temp. Capt. G. G., R.A.
Waddington, Temp. 2nd Lt. H., Serv. Bn. W. Yorks. R.
Waddington, Capt. T. T., R W Kent R.
Waddy, Lt. B. H., Glouc. R. Spec. Res.
Wade, Maj. A. G., ret.
Wade, Lt. D. A. L., R.G.A.
Wade, Lt. E. H., M.G. Corps
Wade, Bt. Maj. E. W. N., Hamps. R.
†Wade, Capt. G. A., 5 Bn. S. Staff. R.
Wade, Capt. M. C., 6 Bn. R. War. R.
Wade, Temp. Lt. P., Serv. Bns. N. Lan. R.
Wadeson Lt R A., late Tank Corps
Wadeson, Lt. R. A., 7 Bn. Worc. R.
†Wadge, Capt. F., C'wealth Mil. Forces
Wade-Gery, Temp. Maj. H. T.
Wadley, Lt. R. C., late M.G. Corps
Wadman, Temp. Capt. A. J., R A.S.C.
Wadsworth, Temp. Lt. A. R., M.G. Corps
Wadsworth, Temp. Lt. A., Serv. Bns. Midd'x R.
Wadsworth, Capt. W. R., D.S.O , C'wealth Mil. Force
Wadsworth, Hon. Capt W. W., late R.F.A. (T.F.)
Waggett, Lt. J. L., 1 D.G.
Waghorn, Temp. Capt. D, L., D.C.M., 10 Bn. Lan. Fus.
Waghorn, Temp. Lt. H. C., R.E.
†Wagner, Temp. Lt. D. P., Serv. Bns. R. Dub. Fus.
Wagner, Capt. R. H., 2 Bn. Lond. R.
Wagstaff, Lt. B. G., 9 Bn. Lond. R.
Wagstaff, Capt. H. W., R.E.
Waide, Temp. Lt E.F., Serv, Bns. Ches. R.
Waight, 2nd Lt. C., C'wealth Mil. Forces
Waight, Lt. D. E F., North'd Fus.
Wain. Capt. P. H., R.G.A. (T.F.)
Wain, Lt. R. C., R.E. (T.F.)

† Also awarded Bar to Military Cross.   †† Also awarded 2nd Bar to Military Cross.

THE MILITARY CROSS—contd.

Waind, Lt. G., R.G.A. Spec. Res.
†Waine, Temp. Lt. F. L., Tank Corps
Waine, Lt. J., C'wealth Mil. Forces.
Wainwright, Temp. Maj. F. L., 17 Bn. Lan. Fus.
Wait, Capt. G. K., Wilts. R.
Waite, Lt. A.C.R., C'wealth Mil. Forces.
Waite, Temp. Lt. B. R., R.F.A.
Waite, Lt. C. E., 4 Bn. R. W. Kent R.
†Waite, Temp. 2nd Lt. E. K., 10 Bn. Rid. R.
Waite, Lt. F. H., late 5 Bn. W. Rid. R.
Waite, Lt. H., late M.G. Corps.
Waite, Co. Serjt.-Maj. J.H., Wilts. R.
Waite, Temp. 2nd Lt. P., Serv. Bns. E. Lan. R.
†Waite, Lt. W., C'wealth Mil. Forces.
Waite, Lt.-Col. W. C. N., D.S.O., C'wealth Mil. Forces.
Wake, Temp. Lt. G., M.G. Bord.
Wake, Lt. J., 9 Bn. Durh. L.I.
Wake, Temp. Capt. T. H.
Wakefield, Temp. Lt. A H., Serv. Bns. Bedf. & Herts R.
Wakefield, Temp. Capt. H. E K., R.E
Wakefield, Lt. J. C., W. Ont R.
Wakefield, Lt. L. E., 4 Bn. Glouc. R.
Wakefield, 2nd Lt. T. W., 17 Bn. Lond. R.
Wakefield, Lt. W. G., Leic. Yeo.
Wakeford, Temp. Lt. S. J., R.A.
Wakeham, Temp. Lt. C., Serv. Bns. Durh. L.I.
Wakelin, Capt. H., 10 Bn R. Scots
Wakely, Temp. Lt. A. D., Serv. Bns. S. Lan. R.
Wakely, Capt. A. S., late R.A.M.C.
Wakely, Bt. Maj. A. J. T., R.E.
Wakely, Temp. Lt. I. G., R G.A
Walbank, F. K., late Lt. R.F.A. Spec. Res.
††Walbeoffe-Wilson, Temp. Maj. J. A., 1 Serv. Bn., R. Guernsey L.I.
Walby, Lt. H. C., D.S.O., 4 Bn. N. Staff. R.
Walcot, Capt. H. C., Can. Inf.
Waldegrave, Capt. F. S., R. Muns. Fus.
Waldegrave, Rev. S. C., Temp. Chapl. to the Forces, 4th Class.
Waldenstrom, Temp. Lt. K.

Walder, Lt. A. E. W. R.F.A. Spec. Res.
Waldock, Temp. Lt. H. R., M.G. Corps.
Waldren, Temp. Lt. T. H., Temp. Qr.-Mr.
Waldron, Temp. Capt. G. D. K., M.B., R.A.M.C.
Waldron, Temp. Lt. O. W., W., M.G. Corps.
Waldron, Lt. R. S., late R F.A. Spec Res.
†Waldrum, Lt. W., Can. Local Forces.
Walduck, Lt. F. S., R.F.A. (T.F.)
Wale, Capt. E. H., R.E. Spec. Res.
†Wale, Temp. Capt. W. C., York & Lanc. R (attd.)
Wales, Lt. A., 5 Bn. Essex R.
Wales, Lt A. H., R.A.
Wales, Capt. C. E., 3 Bn. York & Lanc. R.
Wales, Capt. E. W., Linc.R.
Wales, Lt. H. J. H., R.F.A.
†Wales, Lt. O. M., S. Wales Bord.
Waley, Temp. Maj. A., O.B.E, R.E.
Waley, Temp. Capt. F. R., Serv. Bns. S. Lan. R.
Waley, Lt. S. D., 22 Bn. Lond. R.
†Walford, Capt. J. O., late Serv. Bn. Worc. R.
Walford, Lt. T. J., R.F.A. Spec. Res.
Walkem, Hon. Lt. H. C. C.
Walker, Temp. Lt. Capt. A., 21 Bn. W. York. R.
Walker, Temp. Lt. A. C., R.F.A.
Walker, Temp. Capt.A.F.G.
Walker, Temp. Lt. A. I., R.E.
Walker, Lt. A. J., 9 Bn. High. L.I.
Walker, Capt. B. W. G., 23 Cav.
Walker, Maj. C. E., D.S.O., R.A.
Walker, Capt. C.E., R.G.A (T.F.)
Walker, Capt. C. F. A., G. Gds. [L].
Walker, Temp. Lt. C. G., Tank Corps.
Walker, Capt. C. H., late 11 Bn. Bord R.
Walker, Lt. C. H., 5 Bn. Norf R.
Walker, Hon. 2nd Lt. C H., late 9 Bn. North'd Fus.
Walker, Lt. C. W., R.E (T.F.)
Walker, Temp. Capt. D., 12 Bn. E. Surr. R.
††Walker, Lt. E., Camb. R.

Walker, Temp. Lt. E., M.G. Corps
Walker, Lt. E., R.A.
Walker, Capt. E. A., M.D., late R.A.M.C.
Walker, Maj. E. B., M.B.E., late S.Afr. Inf.
Walker, Temp. Lt. E. H., R.F.A.
Walker, Co. Serjt.-Maj. F., R.E.
Walker, Temp. Lt. F., 11 Bn. E. York. R.
Walker, Temp. Lt. F., Serv. Bns. Lan. Fus.
Walker,Temp.2nd Lt. F. C., Tank Corps
Walker, Lt. F. D. S., North'n R.
Walker, Lt. F. E., R.F.A. Spec. Res.
Walker, Temp. Capt. (bt. maj.) F. G. C., R.E.
Walker, F. M., M.B., late Temp. Capt. R.A.M.C.
Walker, Lt. F. S., late Serv. Bns. Ches. R.
Walker, Lt. F. W., R.F.A Spec. Res.
Walker, Lt. F. W., R.F.A. Spec. Re:.
Walker, Temp. 2nd Lt, G., O.B.E, R.E.
Walker,Temp. Lt. G. A. C.
Walker, Capt. G. B., 31 Punjabis.
Walker, Temp. Capt. G. B., M.B.E., Temp. Qr. Mr., R.A.M.C.
Walker, Maj. G. C., O.B.E., E. Ang. Divl. Eng., R.E.
Walker, Temp. Capt. G. G., D.S.O., late R.A.
†Walker, Lt. G. G., S. Gds. Spec. Res.
Walker, Lt. G. G., N. Lan. R.
Walker, Capt. G. K., late R.E. (T.F.)
Walker, 2nd Lt. G. S., late 5 Bn. S. Staff. R.
Walker,Capt. H., R.A.M C.
Walker, Temp. Lt. H., 15 Bn. W. York. R.
Walker, Lt. H. A., 6 Bn. W. Rid. R.
Walker, Lt. H. A. H., 9 Bn. Arg. & Suth'd Highrs
Walker, Maj. H. B., M.B., late R.A.M.C.
Walker, Lt. H. P., S. Afr. Def. Force.
†Walker, Lt. H. S., Surr. Yeo.
Walker,Temp. Capt. H.W., 21 Bn. Manch. R.
Walker, Capt. H. W., Quebec R.
Walker, Lt. J., 6 Bn. R. Bns. Gord. Highrs
Walker, Capt. J., M.B., R.A.M.C. Spec. Res.
Walker, Capt. John, late R.A.M.C.

Walker, Lt. J., 5 Bn. R. Sc. Fus.
Walker, Capt. Josiah, M.B., R.A.M.C. (T F.)
Walker, Lt. J. G. B., 9 Bn. High. L.I.
Walker, Temp. Lt. J. McD., Serv. Bns. Rif. Brig.
†Walker, Temp. Lt. J. R., M.G. Corps.
Walker, Temp. Maj. J. T., D.S.O., R.G.A.
Walker, 2nd Lt. J. T., late 9 Bn. L'pool R.
†Walker, Capt. J. W., late R.E.
Walker, Capt. J. W., late Serv. Bns. York. R.
Walker, Temp. Lt. J. Y., 26 Bn. R. Fus.
Walker, Capt. K. P., York & Lanc. R.
W lker, Lt. L., 6 Bn.Worc. R.
Walker, Lt. L. F., 5 Bn. W. York. R.
Walker, Lt. L. H. T., Welch R.
Walker, Lt. M. H., R.F.A. Spec. Res.
Walker, Lt. M. C., R.G.A. Spec. Res.
Walker, Lt. M. D., Res. of Off.
Walker, Lt. N., late R.F.A. (T.F.)
Walker, Temp. Lt. N., 10 Bn. Ches. R.
†Walker, Lt. P. H., R.F.A. (T.F.)
Walker, Lt. P. M., G. Gds. Spec. Res.
Walker, Lt. R. D., R.E. (T.F.)
Walker, Lt. R. E., R.F.A. Spec. Res.
Walker, Temp. Capt. R. F., R.A. (Lt. 2 W. Rid. Brig. R.F.A.)
Walker, Capt. R. F., M.B., R.A.M.C.
Walker, Capt. R. G., M.B., R.A.M.C. (T.F.)
Walker, Capt. R. K. B. S., Wales Bord.
Walker, Lt. R. Y. K., R.F.A.
Walker, Temp. Lt. S., R.A.M.C
Walker, Temp. Capt. S., 8 Bn. York & Lanc. R.
†Walker, Lt. S. H., 24 Bn. Lond. R.
†Walker, Capt. T., M.B., R.A.M.C. Spec. Res.
Walker, Lt. T., 5 Bn. Sco. Rif.
Walker, Lt. T. B., 5 Bn. High L.I.
Walker, Lt. T. H., R.A.
Walker, Capt. U. W. F., Res. of Off.
Walker, Capt. W., M.B., R.A.M.C.
Walker, Lt. W., R.F.A. (T.F.)
Walker, Lt. W. F., R.E. (T.F.)

† Also awarded Bar to Military Cross.
†† Also awarded 2nd Bar to Military Cross

Orders of Knighthood, &c. 461

THE MILITARY CROSS—*contd.*

Walker, Capt. W. H., N.Z. Mil. Forces.
Walker, Lt. W. H., R.G.A., Spec. Res.
Walker, Temp. Lt. W. M., 20 Bn. L'pool R.
Walker, Capt. W. McN., M.B., R.A.M.C. Spec. Res.
Walker, Lt. W. N., R.F.A. (T.F.)
Walker, Temp. Lt. W. P. R.F.A.
Walker, 2nd Lt. Y. H., C'wealth Mil. Forces.
Walkey, Temp. Lt.-Col. A. J., 8 Bn. R. Innis. Fus.
Walkey, Rev. F. J., O.B.E., Temp. Chapl. to the Forces, 4th Class.
Walkinshaw, 2nd Lt. I. C., 3 Bn. Lond. R.
Walkinshaw, Temp. 2nd Lt. R., Serv. Bns.R. Sc. Fus.
Walkinshaw, Serjt.-Maj. R. M. L., M.M., 14 Bn. Lond. R.
Walkington, Temp. Lt. D. B., Serv. Bns. R. Ir. Rif.
Walkington, 2nd Lt. F., D.C.M., Durh. L. I.
Walklate, Capt. C. G., C'wealth Mil. Forces.
Wall, Lt. A. G., R.F.A. Spec. Res.
Wall, Capt. D. L., M.B., T.F. Res.
Wall, Lt. E., R.E. (T.F.)
Wall, Capt. G. H., Qr.-Mr. G Gds.
Wall, Lt. G. R. P., R.F.A. Spec. Res.
Wall, Capt. H. B., late R.E.
Wall, Lt. H. M. M., Aust. Imp. Force.
Wall, Serjt.-Maj. J., Worc. R.
Wall, Capt. J. R., Qr.-Mr., 8 Bn. Worc. R.
Wall, Temp. Lt. R. L., M.G. Corps.
Wall, 2nd Lt. S. G., late Serv. Bns. Wilts. R.
Wall, Lt. T., R.G.A., Spec. Res.
Wall, Capt. T. L., ret.
Wallace, Capt. A. F., M.B.
Wallace, Maj. A. G. S., M.B. late R.A.M.C. Spec. Res.
Wal ace, Lt. A. H., Aust. Imp. Forces.
Wallace, Lt. A. L., 3 Lond. Brig., R.F.A.
Wallace, Lt. A. S., R.F.A., Spec. Res.
Wallace, Lt. B. E., R.A.
Wallace, Lt. C. C., M.M., E. York. R.
Wallace, Capt. C. J., D.S.O., O.B.E., High. L.I.

Wallace, Capt. D. E., 2 L.G. R.F.A.
Wallace, Temp.Capt. E.C., R.A.M.C.
Wallace, Hon. Capt. E. L., late M. G. Corps.
Wallace, Temp. Lt. E. W., M.G. Corps.
†Wallace, Capt. F. C., D.S.O., 5 Bn. R. Ir. Rif.
Wallace, Lt. G. M., C'wealth Mil. Forces.
Wallace, Temp. 2nd Lt. H., Serv. Bns. S. Wales Bord.
Wallace, Temp. Lt. J., R.E.
Wallace, Temp. Lt. J. C., R.E.
†Wallace, Capt. J. C., R.E. Spec. Res.
Wallace, Lt J. F., W. York. R.
Wallace, Maj. J. T., D.S.O., R.H.A.
Wallace, Capt. Q. V. B., M.D., R.A.M.C.
Wallace, Lt. R. A., R.G.A. Spec. Res.
Wallace, Temp. Capt.R.B., D.S.O., M.B., R.A.M.C.
Wallace, 2nd Lt. R. B. F., 5 Bn. Arg. & Suth'd Highrs.
Wallace, Capt. R. W. L., M.D., late R.A.M.C.
Wallace, Capt. T., late 3 Bn. Bord. R.
Wallace, Capt. T., late Serv. Bns. Welsh R.
Wallace, Capt. T. H., late R.G.A.
Wallace, Lt. W., Can. Local Forces.
Wallace Temp. Lt. W., 13 Bn. Rif. Brig.
Wallace, Temp. Lt. W., 13 Bn. K.R. Rif. C.
Wallace, Lt. W. J., Can. Local Forces.
Wallace, Capt. W. S., M.B., late R.A.M.C. Spec Res.
Waller, Capt. E. de W., 72 Punjabis.
Waller, Temp. Capt. E. S., R.F.A.
Waller, Temp. Lt. G. E. M.G. Corps.
Waller, Lt. G. E. H., R. Mon. R.E.
Waller, Lt. H. O., 4 Bn Sea. Highrs.
Waller, Maj. H. W. L., D.S.O., R.A.
Waller, Capt. J. T., Leic. R.
Waller, Maj. N. H., TD, 5 Bn. Glouc. R.
Waller, Maj. R. de W., Can. Local Forces.
Waller, Lt. R. P., R.F.A.
Waller, Lt. R. V., 1 Cent. Ont. R.
Waller, Co. Sergt.-Maj.W., 8 Bn. R.W. Surr. R.
Walley, Capt. C. S., Can. Eng.
Walley, Temp. Lt. J. T., Serv. Bns. Manch. R.
Wallich, 2nd Lt. A. W., R.F.A.)
Wallingford, Lt. J. A. N.Z. Mil. Forces.

Wallington, Lt. B. J., R.F.A.
Wallington, Lt.C. H., 4 Bn. Oxf. & Bucks. L.I.
†††Wallington, Lt. F. V., R.A.
Wallington, Temp. Lt. J., M.G. Corps.
†Wallington, Lt. M., R. Suss. R.
Wallis, Capt. B. H., 107 Pioneers.
Wallis, Lt. C. A., R.A.
Wallis, Temp. Capt. F. A., Serv. Bns. R.W. Kent R.
††Wallis, Lt. F. H., 5 Bn. Lond. R.
Wallis.Capt. H., lat. S. Afr. Def. Force.
Wallis, Capt. H. MacD., D.S.O., Can. Local Forces.
Wallis, Lt. H. R., 5 Bn. S. Staff. R.
Wallis, Lt. P. A., R.G.A. Spec. Res.
Wallis, Capt. P. R. M., Man. Regt.
Wallis, Capt. R. J., C'wealth Mil. Forces.
Wallis, Lt. T. C., 4 Bn. Conn. Rang.
†Wallis, Capt. W. D., M.M. Aust. Imp. Force.
Wallis, Temp. Lt. W. N., M.G. Corps.
Walls, Lt. A. A., M.M., Aust. Imp. Force.
Walls, Lt. F. R., R.E. (T.F.) Co. Serjt.-Maj. H., 7 Bn. R. Ir. Fus.
Wallsgrove, Temp. 2nd Lt. F. P., M.G. Corps.
Walmesley, Maj. G. T. J. G., D.S.O., Berks Yeo.
Walmisley, Temp. Lt. G.H., R.E.
Walmsley, Lt. A., h.p.
Walmsley, Temp. Lt. C. H., S. Afr. Def. Forces.
Walmsley, Lt. L., 3 Bn. E. York. R.
Walpole, Temp. Lt., E., Serv. Bns. Rif. Brig.
Walne, Lt.H.A., late 10 Bn. York & Lanc. R.
Walser, Capt. A. A., D S.O., York R.
Walsh, Rev. B. T., Temp. Chapl. to the Forces, 4th Class.
Walsh, Capt. C. H., D.S.O., Conn. Rang.
Walsh, Capt. C. R., C'wealth Mil. Forces.
Walsh, Lt. D. J., C'wealth Mil. Forces.
Walsh, F. G., Capt. S. Afr. Def. Force.

Walsh, Lt. F. M., R.F.A. Spec. Res.
Walsh, Lt. G., 5 Bn. Lan Fus.
Walsh, Temp. Lt. H. J., 7 Bn. Leic. R.
Walsh Capt. L. E., E. Lan. Dtvl. Train. R.A.S.C.
†Walsh, Lt. L. P., 6 Bn. K. R. Rif. C.
Walsh, Lt.-Col. M. R., C.M.G. Worc. R., p.s.c.
Walsh, Serjt.-Maj. N., Can. Local Forces.
Walsh, Lt. R. E., R.E.
Walsh, Maj. R. H., D.S.O., R.F.A.
Walsh, 2nd Lt. R. S., late 5 Bn. R. Muns. Fus.
Walsh, Lt. U. K., Aust. Imp. Force.
Walsh, Capt. W. C., Can A.M.C.
Walshe, Lt. F. W., 3 Bn. S. Wales Bord.
Walshe, Temp. Lt. H. H. H., R.A.
Walshe, Rev. P. J., late Chapl.S. Afr.Def.Forces.
Walter, Lt. C. G., R. Suss. R.
Walter, Temp. Capt. C. H., Serv. Bns. Oxf. & Bucks. L.I.
Walter, Capt. F. W., late R.G.A., Spec. Res.
Walter, Lt. G. L., C. Gds. Spec. Res.
Walter, Temp. Lt. R. J., M.G. Corps.
Walter, Qr.-Mr. & Capt. V. B., R.A.S.C.
Walters, Lt. D. J., R.G.A., Spec. Res.
Walters, Lt. E. C., late Tank Corps.
Walters, Temp. Lt. J. B., Tank Corps.
Walters, Rev. G. F., Temp. Chapl. to the Forces, 4th Class.
Walters, Temp. 2nd Lt. S. E., Tank Corps.
Walters, Lt. W. M., late Serv. Bns. E. Kent R.
†Walters - Symons, Temp. Capt. W. E., R.G.A.
Walthew, Temp. 2nd Lt. R. B., 6 Bn. R.W. Kent R.
Walton, Temp. Capt. A. W., 9 Bn. Ches. R.
Walton, Lt.-Col. F., 6 Bn. Durh. L.I.
Walton Lt. J. C., R.G.A. Spec. Res.
Walton, Lt. K., 3 Bn. Lan. Fus.
Walton,Capt. L. A., D.S.O., late Serv. Bns. Welsh R.
Walton, Capt. P., 5 Bn. Gord. Highrs.
Walton, Temp. Lt. S., 15 Bn. Durh. L.I.
Walwyn, Maj. C. L. T., O.B.E., D.S.O., R.F.A.

† Also awarded Bar to Military Cross. †† Also awarded 2nd Bar to Military Cross.
††† Also awarded 3rd Bar to Military Cross.

THE MILITARY CROSS—contd.

Walwyn, Capt. W. McL., 2 Cent Ont. Regt.
Wamsley, Capt. W. B., *M.B., late R.A.M.C.*
Wand, Capt. A. E., 4 Bn. *late* Leic. R.
Wanklyn, Maj. F. A., R.A *W.C., R.A.S.C.*
Wannell, Temp. 2nd Lt. W.C., R.A.S.C.
Wannop, Co. Serjt.-Maj. F., Sco. Rif.
Wanstall, Temp. Bt. Maj G. W., R.E
Wanstall, Lt. L., Midd'x R.
Warbrick, Maj. P. *late* R.E.
Warburton, Lt. A., 6 Bn. L'pool R.
Warburton, Capt. J. R. N., *R.A.M.C.*
Warburton, Temp. 2nd Lt. P., 7 Bn. E. Surr. R.
†Warburton, Lt. P. G. E. R.A.
Warburton Lt R., Fife & Forfar Yeo.
Warburton, Lt. S. E , *M.M.*, 4 Bn. York & Lanc. R.
Warburton. Lt. W., R.A.
Warburton, Capt. W. R., Qr.-Mr. 6 Bn. Manch. R.
Ward, Lt. A., 1 Bn. Lond. R.
†Ward, Lt. A. J., *M.M.*, ret.
†Ward, Temp. Lt. A. O., Serv. Bns. Devon. R.
Ward, Capt. B. T., 19 Bn. Lond. R.
Ward, Lt. C. C., C'wealth Mil. Forces.
Ward, Temp. Lt. C. H., Serv. Bn. E. Surr. R.
Ward, Temp. Lt. C. M. C., M.G. Corps.
Ward, Temp. Lt. C. W., R.F.A.
Ward, Capt. D. E., 3 Bn. R. Berks. R.
Ward, Temp. Lt. D. E., 23 Bn. North'd Fus.
Ward, Lt.-Col. D. J., 4 Bn. R. Berks. R.
Ward, Lt. E., R.G.A. Spec. Res.
Ward, Lt. E. A. U., R.E.(T.F.)
Ward, Temp. 2nd Lt. E. L. 15 Bn. R. War. R.
Ward, Lt. F., S. Gds. Spec. Res.
Ward, Serjt.-Maj. F. A., S. Staff. R.
Ward, Co. Serjt.-Maj. G. S., Yorks. R.
Ward, Capt. H., Can. M.G. Corps.
Ward, Temp. Capt. H. B., R.E.
Ward, Lt. H. F., *late* 18 Bn. Lan. Fus.
Ward, Temp. Lt. H. H. J., M.G. Corps.
††Ward, Capt. H. K., *M.B.*, R.A.M.C. Spec. Res.
Ward, Capt. J. H., *D.S.O.*, *M.B* ,R.A.M.C.
Ward, Capt. J. L , Res. of Off.
Ward, Capt. J. P., R.E. (T.F.)

Ward, Lt. J. S. B. 7 Bn. Gord. Highrs.
Ward, Lt. L. R., R.A.
Ward, Lt. N., *late* Serv. Bns. D. of Corn. L.I.
Ward, Lt. N. E., 8 Bn. Lan. Fus.
Ward, Temp. Lt. O. F. M., R.F.A.
††Ward, Lt. R., *D.S.O.*,9 Bn. Manch. R.
Ward, Capt. R., *late* R.A.M.C.
Ward, Temp. Lt R. L., R.E. (T.F.)
Ward, Capt. R. O., R.F.A.
Ward, Capt. R. P., *D.F.C.*, 4 Bn. R.W. Fus.
Ward, Temp. Capt. T. L.
Ward, Lt. W. A., 3 Bn. Lan. Fus
Ward, Lt. W. A., Ches. R.
Ward, Lt. W. J., 2 Bn. Lond. R.
Ward, Lt. W. J., *late* 22 Bn. Lond. R.
Wardall, Temp. Lt. H., Serv. Bns. Essex R.
Warde, Lt. A. G., 9 Bn. L'pool R.
Warde, Lt. R. E., S. Gds. Spec. Res.
Warde, Capt. R. H., R.E. Spec. Res.
Warden, Lt. V., R.A
Wardill, Batty. Serjt.-Maj. A J., S. Afr. Def. Force.
†Wardle, Lt. A , 4 Bu. Durh. L.I.
Wardle, Capt. M. K., *D.S.O.*, Leic. R.
Wardle, Lt. T. E., ret. pay
Wardle, Capt. V. H., R.A.M.C. (T.F.)
†Wardley, Temp. Capt. D.J., Serv. Bns. R. Fus.
Wardrope, Temp. Lt. J. R., Sea Highrs. (attd.)
Ware, Qr.-Mr. & Capt. H. E. B., R.A.M.C. (T.F.)
Ware. Capt. H. G , N. Brunswick R.
Ware, Batty. Serjt.-Maj. J. H. R.F.A
Ware, Lt. R. F., Durh. L.I.
Wareham, Temp. Lt. D. M., Serv. Bns. L'pool R.
Waring, Hon. Capt. C., *late* 17 Bn. Welsh R.
Waring, Qr.-Mr. Serjt. C., 15 Bn. R.W. Fus.
Warlters, Lt. E. P., R.G.A. (T.F.)
Warne, Capt. O. H., Manch. R.
Warneford, Capt. H. W. B., Midd'x R.
Warner, Capt. C. G., Can M.G. Corps.
Warner, Bt. Maj. E. C. T., *D.S.O.*, S. Gds.

Warner, Lt. E. W., 8 Bn. Notts. & Derby. R.
Warner, Lt. G. B., R.F.A Spec. Res.
†Warner Temp. Capt. G. McD., 9 Bn. K.R. Rif. C.
Warner, Co. Serjt.-Maj. Midd'x R.
Warner, Temp. Lt. J. E. R.F.A
Warner, Lt. J E. A., Can. Eng.
Warner, Temp. 2nd Lt. S. A., 9 Bn. Essex R.
Warner, Rev. W. A., Hon. Chapl. to the Forces, 4th Class.
Warneford, 2nd Lt. H. C. V., Notts. & Derby. R.
Warnes, Lt. R. T. J, P., R.F.A (T F.)
Warnock, Temp. Capt. J., R.E.
Warr, Temp. Capt. F. H., R.A.
Warr, -Lt. S. W., 7 Bn Midd'x. R.
Warrack, Lt. T L., 5 Bn. Gord. Highrs
Warran, Lt. F. E., Res. of Off.
Warre, Temp. Capt. F. W., *O.B.E.*
Warre-Dymond, Temp. Capt. G. W., 9 Bn. E. Surr. R.
Warren, Maj. A. S., *late* M.G. Corps.
Warren, Lt. C. P., Rif. Brig.
Warren, D.A., *late* Temp. Capt. R.A.M.C.
†Warren, Lt. D. D., 4 Bn. Bedf. & Herts. R.
Warren, Lt. E. McL. M., R.G.A. Spec. Res.
†Warren, Lt. F. D., R.F.A. Spec. Res.
W,rren, Temp. Lt. F. R., *M.M.*, Serv. Bns. R.W. Fus.
Warren, Lt. F. S., 1 Bn Lond R.
Warren, Temp. Capt. R., Serv. Bns. R. W. Kent R.
Warren, Temp. Capt. J. C., *D.C.M.*, Serv. Bns. Welsh R.
Warren, Capt. J E L., 3 Bn. Welch R.
Warren, Capt. J, H., Can Local Forces
Warren, Capt. J, R., 4 Bn. R. Suss. R.
Warren, 2nd Lt. J. R. High. Divl. R.E.
Warren, Temp. Lt. O. Q., Tank Corps.
†Warren, Lt. R. C., Oxf. & Bucks. L.I.
Warren, Lt. R. F., C'wealth Mil. Forces.
Warren, Lt. R. G., *late* M.G. Corps.

Warren, Temp. 2nd Lt. R. H., *M.M.*, Serv. Bns. Worc. R.
Warren, Hon. Capt. W. C., Qr.-Mr. 1 Cent. Ont. R.
Warren, Temp. Qr.-Mr. & Lt. W. F., R. Fus.
Warren, Capt. W. R. V., *O.B.E.*, R.A.S.C.
Warrender, Lt. *Sir* V. A. G. A., *Bt.* Res. of Off.
Warren-Scales, Capt. A, R.A.S.C.
Warwick, Capt. A. M., *M.B., late* R.A.M.C.
Warwick, Temp. Lt. A. W., R.E.
Warwick, Lt. F. H., 5 Bn. Nott'. & Derby R.
Warwick, Capt. H.F., *M.B.*, l te R.A.M.C.
Waskett, Temp. 2nd Lt. W. P., 2½ Bn. R. Fus.
†Wason, Maj. S. R., R.A.
†Wass, Lt. A. E., *D.S.O.*, 4 Hrs.
Watchorn, Lt. B. B., R.F.A. Spec. Res.
Waterfield, Temp Lt. A. C., Serv. Bns. Shrops. L.I.
Waterhouse, Temp. Capt. C., Tank Corps.
Waterhouse, Bt. Maj. G.G., R.E., *p.s.c.*
Waterhouse, Capt. H., 5 Bn. Lan. Fus.
†Waterhouse, Lt. H., 5 Bn. Notts. & Derby. R.
Waterhouse, Temp. 2nd Lt. H. A., M.G. Corps.
Waterhouse, Capt. M. T., Notts.(Sher. Rang. Yeo.
Waterhouse, Capt. R., Temp. Qr.-Mr., 21 Bn. Manch. R.
Waterhouse, 2nd Lt. W. L., C'wealth Mil. Forces.
Waterman, Lt. F. W., Res. of Off.
D(Waters, Temp. Maj. A. H. S., *D.S.O.*, R.E.
Waters, Lt., D. M., Can. Fd. Art.
Waters. Temp. Lt. F. G., Serv. Bns R. Fus.
Waters, Lt. H., *D.C.M.*
Waters, Lt. H. D., Durh. L.I.
Waters, Maj. H. F., 16 Bn. Lond. R.
Waters, Co. Serjt.-Maj., H. G., Yorks. L. I.
Waters, Lt. P. A., C'wealth Mil. Forces.
Waters, Lt. P. D. J., S. Gds. Spec. Res.
Waters. Lt. T. W., 5 Bn. D. of Corn. L.I.
Waters, Lt. T. Z., R.G.A. Spec. Res.
Waters. Lt. W. H., 4 Bn. R. Ir. Fus.
Waterworth, Capt. S., 3 Bn. N. Lan. R.
Watkin, Capt. P. J., *late* R.A.M.C.
Watkin, Lt. W. C., *late* R.E.
Watkins, Lt. A. L., Tank Corps.
Watkins, Temp. Capt. A P., 14 Serv. Bns. Bedf. & Herts. R.

† Also awarded Bar to Military Cross.
†† Also awarded 2nd Bar to Military Cross.

Orders of Knighthood, &c.

THE MILITARY CROSS—*contd.*

†Watkins, Capt. C. E. L., Yorks. L.I.
Watkins, Temp. Maj. C. T., R.A.O.C.
Watkins, Lt E. H., late Serv. Bns. Welsh R.
†Watkins, Capt. G. D., D.S.O., late R.A.M.C.
Watkins, Lt. G. N. B., 3 Bn. Linc. R.
Watkins, Capt. H. C., ret.
Watkins, Temp. Lt. H, C. M.G. Corps.
Watkins, Temp Lt. J. H., R.E.
Watkins, Temp. 2nd Lt. J. W., D.S.O., Serv. Bns. Lan. Fus.
Watkins, Lt. W. H. E., 4 Bn. R. War. R.
Watkins, Temp. Lt. W. C., 8 Bn. Bord. R.
Watkins, Lt. W. F., ret. pay
Watkins, Lt. W. H. E., late Serv. Bns. E. York. R.
Watkinson, Lt. M. G. 5 Bn. W. Rid. R.
†Watkinson, Temp. Lt. G. L., Serv. Bns Worc R.
Watkinson, Temp. Qr.-Mr. & Lt. J.,18 Bn. High. L.I.
Watkis, Capt. H. L., 37 Lrs.

†Watling, Capt. E. W. W., Alberta R.
Watling, Temp. Lt. R. E., Serv. Bns. Essex R.
Watling, Hon. Capt. F. S., Dep. Commy. of Ord.
Waton, 2nd Lt. A. H., Un-attd. List (T.F.)
Watson, Serjt.-Maj. A. M.M., Lond. R.
Watson, 2nd Lt A, E., late R. Scots.
Watson,Temp. Capt A F., 10 Bn. R. Fus.
†Watson, Capt. A. F., late Serv. Bn. R. Scots.
Watson, Lt. A. G., R.G.A., Spec. Res.
Wa son, Temp, 2nd Lt A H., R.E.
Watson, Lt. A. L., C'wealth Mil. Forces.
Watson, Capt. A. W. H., D.S.O., late Gen. List.
†Watson, Lt. C. P., 18 Bn. Lond. R.
Watson, Co. Serjt.-Maj. C. R., D. of Corn. L.I.
Watson, Lt. C. S. W., 3 Bn. R. Ir. Rif.
Watson, Capt. D., 20 Bn. Lond. R.
Watson, Lt. D., R.G.A., Spec. Res.
Watson, Temp. Lt. D., 19 Bn. L'pool R.
Watson, Capt D. B., 10 Bn. Midd'x R.
Watson, Capt. D. G., High. L.I.
Watson, Lt. D. S. C., late R.E.
Watson, Capt. E., 7 Bn.Sco. Rif.

Watson, Capt. E., 7 Bn. High. L.I.
Watson, Maj, F. C., O.B.E. ret. pay.
Watson, Mat. F. L., 7 Bn. W. York R.
Watson. Capt. F. R., late R.F.A.
Watson, Lt. F. W., R.F.A. (T.F.)
Watson, Serjt. F. W., D.C.M., 5 Bn. Yorks. L.I.
Wat on, Temp. 2nd Lt F. W., M.G. C rps.
Watson,Temp. Lt. G., Serv. Bns. K.O. Sco. Bord.
Watson,Capt, G. G., 7 Bn. Worc R.
Watson, Temp. Lt G. H., M.G. Corps.
Watson, Maj. H. C., M.B., late R.A.M.C.
Watson, 2nd Lt. H. F., D.S.O., C'wealth Mil. Forces.
Watson. Capt. H. G., late Serv. Bns. Manch. R.
Watson, Lt. H. St. J. B., 5 Bn. N. Staff. R.
Watson, Bt. Maj. J.,O.B.E., R.E.
Watson, Temp. Lt. J., 23 Bn. North'd Fus.
Watson, Serjt.-Maj. J., Durh. L.I.
Watson, Temp. Maj. J. R.A.S C
Watson, Temp. 2nd Lt. J., Watson, Capt. John, M.B., late R.A.M.C.
Wat a son, Lt. J.A.S., R F.A. (T.F.)
Watson, Temp. Lt. J. C., R.A.
†Watson, Capt. J.D., M.B., late R.A.M.C.
Watson, Temp. Lt. J. H., E. Lan. R. (attd.)
Watson, Temp. Lt. J. H., R.E.
Watson, Lt. J. H. L., 3 Bn. Leins. R.
Watson, Capt. J. L., 5 Bn. W. Rid, R.
Watson, Lt. J. S., Arg & Suth'd Highrs.
Watson, Temp. Qr.-Mr. & Capt. J T., R.E.
Watson, Lt. J. W., R.F.A. Arg. & Suth'd Highrs.
Watson, Lt. J. W., 5 Bn. C'Wealth Mil. Forces.
Watson, Lt. K. D., Sco. Rif.
Watson, Lt. R. D., 8 Bn. Sco. Rif.
Watson, Lt. L. E., Aust. Imp. Force.
Watson, Capt. L. H., 5 Bn. High. L.I.
Watson, Lt. L. R., late Serv. Bns. Notts. & Derby. R.
Watson, Temp. Lt. N., Serv. Bns North'd Fus.
Watson, Lt. P. A., Yorks. Dns. Yec.
Watson, 2nd Lt P. C., 3 Bn. Leic. R.
Watson, Lt. R., Sco. Hse. Yeo.

†Watson,Capt.R. A.,D.S.O., R.G.A
Watson, Lt. R. J., 3 Bn. Gord. Highrs.
Watson, Lt. R. M., R.H.A (T.F.)
Watson, Lt. R. S., Can Local Forces.
†Watson, Lt.-Col S., D.S.O., Res. of Off.
†Watson, Qr.-Mr. & Capt. S., 7 Bn. R. Highrs.
Watson Maj. S. H.,D.S O., C'wealth Mil. Forces.
Watson, Temp. Lt. S. H., 8 Bn. Glouc R.
Watson, Temp. Lt. S. H. R,F,A.
Watson, Temp. 2nd Lt. T., R.E.
Watson, Temp. Lt. T., A.S.C.
Watson,Capt. T. A., M.D., late R.A.M.C.
Watson, Bt. Maj. T. N. 12 Cav.
Watson, Lt. T. W., R.F.A. (T.F.)
Watson, Temp. Lt. V. I, Serv. Bns. 8 Lan. R.
Watson, Lt. W., North'd Fus.
†Watson, Maj. W., 4 Low Brig. R.F.A.
Watson, Capt. W., N.Z. Mil. Forces
Watson, Capt. W. A. P. late 5 Bn.,R. War. R.
Watson,Temp. Capt.W.B , M.B., R.A,M.C.
Watson, Capt. W. D. O..E., R.F.A.
Watson-Gandy, Bt. Maj. W. D P., Res of Off.
Watson, Maj. W. E., late R.F.A.
Watson, Temp. 2nd Lt. W. F., Serv. Bns. Rif Brig.
Watson, Co. Serjt.-Maj. W. H., C'wealth Mil. Forces.
Watson,Capt. W.H.,S.Afr. Def. Force.
Wat-on, Temp. Capt. William H., S.A. Def. Force.
Watson, Lt. W. J., R.F.A. Spec. Res.
Watson, 2nd Lt. W. J, 4 Bn High. L.I.
Watson, Lt. W. T., D.C.M., Aust. Imp. Force.
Watson-Williams,Capt. E., R.A.M.C. Spec. Res.
Watt, Temp. Lt. A., R.E.
Watt, Maj. A. H., S. Ir. Horse.
Watt, Lt. C. W., C'wealth Mil Forces
Watt, Temp. Lt. G., R.A.S.C.
Watt, Lt. G. R., R.F.A. (T.F.)
†Watt, Lt. H. R., York. R.
†Watt, Lt. J., K.O. Sco. Bord.

Watt, Temp. 2nd Lt. J., Serv. Bns. Yorks. L.I.
Watt, Lt. J. C, C'wealth M11 Forces.
Watt, Temp. Lt. J E., A. Cyc. Corps.
Watt, Lt. J. J., 6 Bn. R. Highrs
Watt, Capt. T. C. D., M.B., late R.A.M.C.
Watt, Lt. T. G., R.F.A. (T.F.)
Watt, Temp. Lt. W. R.
Wattenbach, Temp. Capt. C. V., Serv. Bns. R. Fus.
Watters, Capt. T., 12 Bn. N Lan. R.
Watthews. J. W., M.B , late Temp. Capt. R.A.M.C.
Watts, Regtl.Serjt.-Maj.A. N. Lan. R.
Watts, Lt. A. C. B., 9 Bn. Midd'x R.
Watts, Lt. A. R., Cam'n Highrs.
Watts. Temp. Capt. E.
Watts, Maj. E. M., Res. of Off.
Watts, Capt. F. H., ret.
Watts, Temp. Lt. G. H., M.G. Corps
Watts, Co. Serjt.-Maj. H., Oxf. & Bucks. L.I.
Watts, Lt. H. A., Serv. Bns. Notts & Derby R.
Watts, Temp. Lt. H. G., Serv. Bns. L'pool R.
Watts, Lt. J., R. Muns. Fus.
Watts, Capt. J. A., late S. Ir. Horse.
Watts, Lt. L. S., C'wealth Mil. Forces.
Watts, Lt. P. F., 4 Bn. Bedf. & Herts. R.
†Watts, Temp. Capt. R., R.A.S.C.
Watts, Temp. Maj. R. C., 14 Bn. R. War. R
Watts, Lt. V. R., 4 Bn. Bedf. & Herts. R.
Watts-Watts, Temp. Lt. T. N., 8 Bn. Oxf. & Bucks. L.I.
Waugh, Temp. Capt. F. A., 8Bn. Linc. R
Waugh, Lt. F. M., C'wealth Mil. Forces
Waugh, Temp. Lt. H. R., K.O. Sco. Bord.
Waugh, Temp. 2nd Lt. R., R. Suss. R. (attd.)
Wanhope,Capt. C. E., R.A.
Wavell, Bt. Lt.-Col. A. P., R. Highrs., p.s.c. [L]
Way, Capt. C. J. B., R.A.M.C. Spec. Res.
Way, Qr.-Mr. & Capt., F., R.A.S.C.
Way, Temp. Capt. H. L., 9 Bn. N. Staff. R
Way, Maj. J.,D.S.O., R.G.A.

† Also awarded Bar to Military Cross

THE MILITARY CROSS—contd.

Way, Capt J. O. D., R. Anglesey R.E.
Waydelin, Temp. Capt. F. W., Serv. Bns. R.W. Kent R.
Waylen, Capt. G. H. H., R.A M.C. (T.F.)
Waylen, Maj. H., ret. pay.
Wayne-Morgan, Lt. J., late 18 Bn. Lond. R.
Wayte, Lt. J. P., 4 Bn. Oxf. & Bucks. L.I.
Wayte, Hon. Capt. J. W., late R.A.M.C.
Weale, Capt. E. L., late Serv. Bns. R. Suss. R.
Weale, Temp. Lt. W. J., Serv. Bns. R. Fus.
Weare, Lt. F G. C., E. Kent R.
Wearne, Capt. A. E., C'wealth Mil. Forces.
Weatherhead, Maj. K., Can. Eng.
Weatherby, Capt. F., Oxf. Yeo.
Weatherdon, Lt. H. B., R.F.A. Spec. Res.
Weatherstone, Temp. Capt. D. M., Serv. Bns. E. Scots.
Weaver, Lt. F., 22 Bn. Lond. R.
Weaver, Capt. K., Can. M.G. Corps.
Weaver, Capt. P. F., late Norf. R.
Weaving, Lt. G. G., Notts (8. Notts Hrs.) Yeo.
Webb, Lt. A. C., late Serv Bn. E. Lan. R.
Webb, Temp. Lt. A. O. T., R.E.
Webb, Temp. Lt. B., Serv. Bns. Suff. R.
Webb, Temp. Maj. B. F., ret.
Webb, Maj. C. D., Lab. Corps.
Webb, Lt. C. G. F., R.A.
Webb, Temp. Lt. C. H., 7 Bn. Norf. R.
Webb, Temp. Maj. C. R. R.E. (Capt. E. Afr. Prot. Force).
†Webb, Temp.Capt.C.W.V.
Webb, Lt. E. G. L., R.F.A. Spec. Res.
Webb, Temp. Lt. E.J.G., Serv. Bns. R.W. Surr. R.
Webb, Capt. E. N., D.S.O., C'wealth Mil. Forces.
Webb, Lt. F. B., 7 Bn. Lan. Fus.
Webb, Temp. Lt. F. R., R.A.
Webb, Lt. F. R. G., late 18 Bn. North'd Fus.
Webb, Lt. G. A., R. Innis Fus.
†Webb, Lt. G. S. R., 4 Bn. R. Berks.
Webb, Temp. Lt. H. M., R.E.
Webb, Temp. Lt. J., R.E.
Webb, 2nd Lt. J. A. N., 21 Bn. Lond. R.

Webb, Lt. L. H., 4 Bn. E. Surr. R.
Webb, Temp. Maj. M. E., D.S.O., R.E.
Webb, Capt. M. W. T., h.p.
Webb, Temp. Lt. O. S., R.E.
Webb, Hon. Capt. P. L., late 18 Bn. Lond. R.
Webb, Lt. R. C., C'wealth Mil. Forces.
Webb, Lt -Col.R.H., D.S.O., Can. Local Forces.
Webb, Temp. Capt. S. A., R.A.
Webb, Lt. S. D., Ind. Army
†Webb, Lt. S. F., R.F.A. (T.F.)
Webb, Capt S. N. C., S. Wales Bord.
Webb, Sqdn. Serjt. Maj. W., Mach. Gun Corps.
Webb, Co. Serjt.-Maj. W., Suff. R.
Webb, Temp. Lt. W. A., M.G. Corps
Webb, Lt. W. R., 5 Bn. R. Fus.
Webb, Lt. R. S. C., Can. Local Forces.
Webber, Lt. B. J. T., Suss. Yeo.
Webber, Maj. J. W., S. Afr. Def. Forces.
Webber, Lt. N. V., Shrops. L.I.
Webber, Capt. W. H. N., D.C.M., ret.
Webber, Capt. W. J., Can. Eng.
Webb-Peploe, Lt. M. H., R.G.A. Spec. Res.
*Weber, 2nd Lt. C.F., Welch R.
Weber, Lt. R. E., R.F.A. (T.F.)
Websdale, Temp. Capt. G. J., R.E.
Webster, Lt. A. M., R.F.A. (T.F.)
Webster, Capt. A.U., M.B., late R.A.M.C.
Webster, Lt. A. W., R.A.
Webster, Lt. D. G. W., Sask. Regt.
Webster, Lt. F., R.E. (T.F.)
Webster, Capt. H., Can. Local Forces
Webster, Temp. 2nd Lt. H., M.G. Corps.
Webster, Temp. Capt. J., R.F.A.
Webster, Lt. J. E. A., 23 Bn. Lond. R.
Webster, Qr.-Mr. & Lt.J.H., M.B.E.
Webster, Temp. Capt. J.L., R.G.A.
Webster, Lt. J. W., M.G. Corps.
Webster, Lt. K., M.M., 4 Bn. E. York R.

Webster, Lt. N. E., O.B.E., 7 Bn. Notts. & Derby. R.
Webster,Lt. R.G.,C'wealth Mil. Forces.
Webster, Capt. R. J., C'wealth Mil Forces.
Webster, Maj. R. M. W., C'wealth Mil. Forces.
Webster, Qr.-Mr. & Capt. S. J., R A.S.C.
Webster, Lt. W. A., Durh. Fort Eng. R.E.
Webster, Lt. W. B., Arg. & Suth'd Highrs.
*Webster,Capt.W.J., M.B., R.A.M.C. Spec. Res.
Webster, Lt. W. S., R.A.
Wedd, Maj. W. B., D.S.O., Can. Local Forces.
Weddell, Temp. Lt. E. T., Serv. Bns. Durh. L.I.
Wedderburn-Maxwell, Capt. J., R.F.A.
Wedemeyer, Temp. Lt. E. R., 13 Bn. Rif. Brig.
Wedgbury, Temp. Lt. D.S.O., D.C.M., M.M.,Serv. Bns. Glouc. R.
†Wedge, Temp. Lt. R. J., 7 Bn. D. of Corn. L.I.
†Wedgwood, Lt. C., Lan. Fus.
Weekes, Lt. A. B., R.F.A. Spec. Res
Weeks, Temp. Capt. B. C. V., R. Mar.
Weeks, Lt. McI., M.B., late Temp. Capt. R.A.M.C.
Weeks, Temp. Lt. M., R.E.
Weeks, Lt. P., R.A.
†Weeks, R. M., D.S.O., late Capt. Rif. Brig.
Weeks, Temp. 2nd Lt. W. E., Serv. Bns. R. Suss. R.
Weetman, Capt. W. C. C., 8 Bn. Notts. & Derby. R.
Wehl, Temp. Lt. G. J., E. Lan R.
Weighill, Lt. W. C. S., 6 Bn. W. York R.
Weightman, Lt. J. G.,9 Bn. Durh. L.I.
Weil, Temp. Capt. R. J., R.F.A.
Weinberg, Temp. Maj. J., Serv. Bns. R. Lanc. R.
Weir, Temp. Lt. A. H., M.G. 'orps.
Weir, Temp. Lt. C., 5 Lrs. (attd.)
Weir, Capt. C. McA., 7 Bn. Sco. Rif.
Weir, Maj. D. H., M.D., R.A.M.C. (T.F.)
Weir, Capt. D. L., D.S.O., Leic. R.
†Weir, 2nd Lt. J., 5 Bn K.O. Sco. Bord.
Weir, Lt.-Col. J.G., D.S.O., Can. Local Forces
†Weir, Temp. Lt. R., R.E.
Weir, Lt. T. J. C., Norf. R.
†Weir, Lt. W., 4 Bn. Gord. Highrs.

Welbon, Rev. F. W., Temp. Chapl. to the Forces, 3rd Class.
Welbourne, Capt. E., late Serv. Bns. Bn. Durh. L.I.
Welbourne, Temp. 2nd Lt. W. K. H., R.F.A.
†Welby, Temp. 2nd Lt. E. P., Serv. Bns. Linc. R.
Welby, Lt. I., 5 Bn. Linc. R.
Welch, Qr.-Mr. & Lt. A., 6 Bn. W. York. R.
Welch, Lt. C. W., 19 Bn. Lond. R.
Welch, Lt. G. J. C., 3 Bn. R. Berks. R.
†Welch. 2nd Lt. S. H., R.F.A.
Welch, Capt. S.J.T., late Tank Corps
Welch, Capt. T., 6 Bn. Durh. L.I.
Welch, Lt. T. R., 7 Bn. Durh. L.I.
Welch, Lt. W. A., R.A.S.C. (T.F.)
Welch, Lt. W. R., Can. Local Forces
Welcher, Rev. E. J., Temp. Chapl to the Forces, 4th Class
Weld, Capt. C., late Serv. Bns. Leic. R.
Weld, Capt. C. J., 56 Punjabis.
Welden, Capt. J. A., Man.R.
Weldon, Temp. Maj. B. de W., Serv. Bns. Lan. Fus.
Weldon, Lt. D. B., Can. Local Forces.
Weldon, Capt. H. S., Can. Eng.
Weldon, Capt. L. B., late Gen. List.
†Weldon, Lt. T. D., R.F.A. Spec. Res.
Wellbelove, Lt. J. T., R.G.A.
Wellborne, Lt H. H. G., late R.A.S.C.
Weller, Rev. C. H., Hon. Chapl. to the Forces, 4th Class.
Weller, Lt. W. R., R.F.A. Spec. Res.
Wellesley, Capt. Lord G., Res. of Off.
Wellesley, Capt. G. V. Oxf. Yeo.
†Wellesley, Capt. H. A., Gurkha Rif.
Wellesley-Smith, Lt. D., 3 Bn. Linc. R.
Wellingham, Temp. Lt. H. J., R.F.A.
†Wellington, Lt. J. H., 5 Bn. E. York. R.
Wellington, Lt. R., M.B.F., R.F.A. Spec. Res.

† Also awarded Bar to Military Cross.

Orders of Knighthood, &c.

THE MILITARY CROSS—contd.

Wellman, Temp. Lt. R. S., Serv. Bns, E. Kent R,

Wells, Capt. A.J., R.A.S.C (T.F.)

Wells, Lt. A. R., late 13 Bn. Essex R.

Wells, Temp. Lt. A. W., M.G. Corps.

Wells, Serjt.-Maj. C., D.C.M., 5 Bn. Dorset. R.

Wells, Capt. C. F., 3 Bn Lan. Fus.

Wells, Lt. C. F., late 26 Bn. R. Fus.

Wells, Temp. 2nd Lt. C. K., M.G. Corps.

Wells, Co. Serjt.-Maj. D., 8 Bn. Suff. R.

††Wells, Rev E. G., Hon. Chapl. to the Forces, 4th Class.

Wells, Lt. E. R., R.G.A. Spec. Res.

Wells, Maj. F. W. A., 6 Lt. Inf.

Wells, Lt. G. K., D.S.O., K.R. Rif. C.

Wells, Temp. Lt. G. S., R.E

Wells. Lt. H J., Aust. Imp. Force.

†Wells, Temp. Lt. J., Serv. Bns. Devon. R.

Wells, Lt. P., R.F.A. Spec. Res.

†Wells, P. H., late Capt. R.A.M.C.

Wells, Serjt.-Maj. R., late S. Afr. Def. Forces.

Wells, Maj. R. S. P., late R.F.A.

Wells, Capt. T., 3 Bn. Yorks. L.I.

Wells, Capt. T., C'wealth Mil. Forces.

Wells, Lt. T., 6 Bn. Sea. Highrs.

Wells, Maj. T. C., late 6 Bn. Welsh R.

Wells, Capt. T. R., 33 Punjabis.

Wells, Temp. Lt. T. W., M. G. Corps.

Wells, Maj. W., C'wealth Mil. Forces.

Wells, Temp. Lt. W. C.

Wells-Cole, Lt. V. H., Yorks. L.I.

†Wellwood, Temp. Capt. T. J., 11 Bn. R. Scots.

Welman, Capt. L. L., Midd'x. R.

Welman. Capt. P. A., 4 Bn. D. of Corn. L.I.

†Welsford,2nd Lt. A.(E. M., Wilts. R.

Welsh, Capt. A. C. R., Ind. Army.

Welsh, Temp. 2nd Lt. R., Gord. Highrs.

Welsh, Maj. W. M. M. O'D., D.S.O., R.F.A.

Welté, 2nd Lt. E. J., R.F.A. Spec. Res.

Welton, Lt. C. W., R.G.A. (T.F.)

Welton, Temp. Capt. P.B., 17 Bn. R. W. Fus.

Wemyss, Temp. Lt A. Serv. Bns. R. Scots.

Wemyss, Lt. A. F., Ind. Army (on prob.)

Wemyss, Bt. Maj. H. C. B., D.S.O., R.E. [l]

††Wenger, Capt.F. E., 5 Bn. N. Staff. R. [l]

Wenger, Temp. Capt. T. L., Tank Corps

Wenham, Capt. E., K.R. Rif. C.

Wenley, Capt W. G., jun. 5 Bn. Essex R.

Wenn, Temp. Lt. J. L., Serv. Bns. Midd'x R.

Wenman, Capt. S. S., R.G.A.

Were, Lt. H. D., R.F.A. Spec. Res.

Wernham, Temp. Lt. J. W. K., M.G. Corps.

West, A., late Temp. 2nd Lt. R. W. Surr. R.

West, Capt. A. McK., Can. Eng.

West. Capt. C. McL., M.B., R.A.M.C. Spec. Res.

West, Capt. C. A., R.E.

West, Lt. D. A., R.G.A (T.F.)

West, Temp. Capt. E. M., late R.A.S.C.

West, Temp. Lt. F., Serv. Bns. Devon. R.

West, Lt. F. C., R.E.

⚹ ⚹West, Lt. F M. F., 4 Bn. R. Muns. Fus.

West, Lt. F. S., R.F.A. Spec. Res.

West, Temp. 2nd Lt. G. H., Serv. Bns. Glouc. R.

West, Lt. H. G., 7 Bn. L'pool R.

†West, Lt. J., 4 Bn. S. Staff. R.

West, Capt. J. R., ret.

West, 2nd Lt. J. W., R.G.A.

West. Temp. Capt. L. B. A. Cyc. Corps.

West, Lt. L. J. Aust. Imp. Force.

West, Capt. R. F.

West, Temp. Capt. R.H.P., R. Mar.

West, Lt. R. G., G. Gds. Spec. Res.

West, Lt. W. G. M.M., Alberta R.

West, Lt. W. J., Hamps. R.

West, Lt. W. T., M.M. Aust. Imp. Force.

West-Kelsey, Temp. 2nd Lt. F., Serv. Bns. Wilts. R.

Westbrook, Temp. Capt.T., Capt. Tank Corps.

Westbrooke, Temp. Capt. G. C. W., 16 Bn. R.W. Fus.

Westbury, Lt. L. J., R.F.A. (T.F.)

Westcott, Temp. Capt. J. Tank Corps.

Westcott, Lt. V. R., 3 Bn Shrops. L.I.

West ead, Rev. I., Temp. Chapl. to the Forces, 4th Class,

Westlake, Temp. Capt. H. L., Serv. Bns. Wilts. R.

Westlake, Lt. H. W. G. 3 Bn. Glouc. R.

Westoby, Temp. 2nd Lt. C. B.

Weston, Capt. C. F. R. N., A.M.Inst.C.E., S. Sig. Cos. R.E. (Temp. Capt. T.F. Res.)

Weston. Lt. E. D., Aust Imp. Force.

Weston, Lt. E. F., R. W. Kent R.

Weston, Lt. E. H., 18 Bn. Lond. R.

Weston, Capt. R. K, A. Can. A.M.C.

Weston, Hon Brig.-Gen S. V. P., D.S.O., lat Serv. Bns. R. Berks. R.

†Weston, Lt. W., Notts. & Derby. R.

Weston, Lt. W. C., ret. pay

Weston, Capt. W. H. C'wealth Mil. Forces.

Weston, Temp. Capt.W. R., 8 Bn. Shrops. L.I.

Westmacott, Temp. Lt W. A., Serv. Bns. W York. R.

Westrop, Temp. Lt. A. R., R.F.A.

Westrop, Temp. Maj. S. A D.S.O., Mach. Gun Corps. (Heavy)

Westwood, Temp. Capt. H R.E.

Westwood, Lt. H. N., Can. Eng.

Westwood, Lt. J. D. C'wealth Mil. Forces.

Wetherall, Capt. F. G. B. 127 Lt. Inf.

Wetherall, Capt.H.E.deR., D.S O., Glouc. R.

Wever, Temp. Capt. R. O. R.E. (Lt. W. Rid. Divl. Sig. Co.)

Wevill, Temp. 2nd Lt. H. T., Serv. Bns. R Berks. R.

Weyman, Bt. Maj. A., Leic. R.

Whales, Lt. G., late S. Afr. Def. Force.

Whaley, Lt. F. J., h.p.

Whalley, Lt. A. H, 7 Bn. W. Rid. R.

Whalley, Temp. Maj. F. S., R.E.

Whalley, Lt. F. L., late Rif. Brig.

Whamond, Lt. J., ret.

Wharram, Temp. Lt. W. S., D.C.M., 15 Bn. W. York. R.

Wharrie, Lt. R. B., 9 Bn. High. L.I.

†Wharr!er, Lt. R. H., 8 Bn. Durh. L.I.

Wharton, Temp. Capt. A. B.

Wharton, Temp. 2nd Lt. J., R.A S.C

Wharton, Regtl. Qr.-Mr.-Serjt. R., S. Gds.

Whaley, Bt. Maj. E. G., Herts. R.

†Whatmore, Lt W. R. T., 8 Bn., R. War. R.

Whatton, Capt. S. M. de H., R.F.A.

Wheable, Lt. G. A., W. Ont. R.

Wheate, Lt. T. E., R.F.A. Spec. Res.

Wheater, Capt. J. B., R.A.S C.

†Wheatley, Temp. Capt. A. E. 8 Bn R. W. Surr. R.

†Wheatley, Capt. E. A., late R.E.

Wheatley, Temp. Lt.H. H., O.B.E., R.E.

Wheatley, Maj. J. E. W., late R.G.A. Spec. Res.

Wheatley, Temp. Lt. R. J., M.G. Corps.

Wheatley, Lt. S. H., late R.G.A Spec Res.

Wheeler, Capt. A. H., W. Som. Yeo

Wheeler, Capt. E. G., Hamps. R.

Wheeler, Bt. Maj. E. O., Lan. Fus.

†Wheeler, Temp. 2 Lt. G. P., Serv Bns. Hamps. R.

Wheeler, Lt. H. B., Devon. R.

Wheeler, 2nd Lt. H. F., 6 Bn. Hamps. R.

Wheeler, Lt. H. J., h.p.

Wheeler, Lt. H.L., D.C.M., Hamrs. R.

Wheeler, Bt. Maj. J. B., 15 Hrs.

Wheeler, Lt. K. E., 5 Bn. Lan. Fus.

Wheeler, Lt. R. E. M., R.F.A. (T.F.)

Wheeler, Capt. R. P., Qr.-Mr. C'wealth Mil. Forces.

Wheeler, Temp Lt. S. A., Serv. Bns. R. War. R.

†Wheeler, Lt. V. J., Rif. Brig.

Wheeler, Lt. W. R., 22 Bn. Lond. R.

Whelan, Capt. L. T., F.R.C.S.I., R.A.M.C. (T.F.)

Whelan, Co. Serjt.-Maj. R. S., R. Ir. Rif.

⚹heler, Maj Q. B. H., 21 Hrs.

Whelpley, Capt. E. H., Can. A.M.C.

---

† Also awarded bar to Military Cross.   †† Also awarded 2nd Bar to Military Cross

THE MILITARY CROSS —contd.

Whelpton, Lt. E.G., R.F.A. (T.F.)
Whettam, Lt. W. J., C'wealth Mil. Forces.
Whetton, Temp. Lt. J. T., Serv. Bns. York. R.
Whidborne, Lt. B. S., 2nd Lond. Divl. Ammn Col. R.F.A.
Whigham, Maj. J. C., h.p
Whigham, Maj. J. R. M., M.B., R.A.M.C.
Whigham-Teasdale, 2nd Lt. D G., Ind. Army Res. of Off.
Whillis, Temp. Capt. B. P. M.G. Corps.
Whincup, Rev. R., M.A., Chapl. 4 Cl. (T.F.)
Whinney, Lt. C. T., Midd'x R.
Whinyates, Temp. Lt. R., 2 Res. Regt. of Cav.
Whishaw, Capt. W. B., R.E.
Whistler, Lt. G. F., M.B.E. R.F.A.
Whistler, Lt. R., R.F.A., Spec. Res.
††Whitaker, Capt. C. P., Dorset. R.
Whitaker, Capt. D. N. W., late Serv. Bns. R. Lanc.R
Whitaker, Capt. F., E. Kent R.
Whitaker, Rev. G. D., Cau. Chapl. Serv.
Whitaker, Hon. Lt. H. late R.E.
Whitaker, Capt. H., M.B., R.A.M.C. (T.F.)
Whitaker, Lt. H G., 5 Bn S. Lan. R.
Whitaker, Lt. J. W., R.F.A. Spec. Res.
Whitaker, Capt. J. W., Temp. I.O.M., 3rd Class, R.A.O.C.
Whitaker, Lt M.H.O., Aust. Imp. Force.
Whitaker, Capt. S. S., 7 Gurkka Rif.
Whitaker, Hon. Lt. V., late 4 W. Rid. Brig. R.F.A.
†Whitby, Lt. F. E., 19 Bn. Lond. R.
Whitby, Temp. 2nd Lt. E. R., Garr. Bn. R. Muns. Fus.
Whitby, Hon. Maj. L.E.H., late 3 Bn. R. W. Kent R. ret.
†Whitby, Temp. Lt. L. T., Serv.Bns. D. of Corn. L,I.
Whitcombe, Capt. A. N. H., R.F.A. Spec. Res.
Whiteombe, Batt. Serjt.-Maj. C. H., ret. pay
White, Co. Serjt.-Maj. A., R. Innis. Fus.

White, 2nd Lt. A., 4 Bn. E. York. R.
†White, Capt A. C., Can. Local Forces.
ⒷⒸWhite, Bt. Maj. A. C. T., Temp. Capt. Serv. Bns. York. R.
White, Lt. A. E., Can. Rly. Serv.
White, Temp. Capt. A. H., Serv. Bns. Hamps. R.
White, Capt. A. M., Can. Rly. Serv.
White, Maj. A. R., C'wealth Mil. Forces.
White, Temp. Capt. B. B., late Serv. Bns. Durh. L I.
White, Temp. Capt. C., R.A.S.C.
White, Lt. C. J., R.F.A.
White, Lt. C. R., Ind Army Res. of Off.
White, Lt. D. V., Can. Art.
White, Temp. Capt. E., R.E.
White, Lt. E. K., Aust. Imp. Force.
White, Qr.-Mr. Capt. E. O'B. Bord. R.
White, Capt. F. W., R.F.A. (T.F.)
White, Temp. Lt. F. B. H., R.E.
White, Lt. F. U., R.F.A. Spec. Res.
White, 2nd Lt. G., North'd Fus.
White, Temp. Maj. G., Serv. Bns. Durh. L.I.
White, Maj. G. E., ret.
White, Lt. G F., Ind. Army
White, Temp. Lt. G. L., Serv. Bns. E. Surr. R.
White, G. P., M.B., late Temp. Capt. R.A.M.C.
White, Lt. H., late 4 Bn. North'd Fus.
White, Temp. Capt. H., D S.O., Serv. Bns. R. Ir. Regt.
White, Capt. H. B , 4 Bn. Welch R.
White, Capt. H. E. B., M.B., R A.M.C. Spec. Res.
White, Temp. Lt. H. H., Serv. Bns. R. Fus.
White, Lt. H H., 5 Bn. K.O. Sco. Bord.
†White, Temp. Lt. H. J., 13 Bn. R. Suss. R.
White, Lt. H. P., Ches. R.
White, Capt. H. S., R.F.A. (T.F.)

White, Capt. H. V., M.D., late R.A.M.C.
White, Lt. J., Aust. Mil. Forces.
White, Maj. J. A. G., D.S.O., Can. Eng.
White, Lt. J. B., late R.A.
White, Lt. J. B., 7 Bn. Lond. R.
White, Lt. J. B. 8 Bn Notts. & Derby R.
White, Temp. Capt. J. C., O.B E
White, Capt. J. D, D.S.O., 8 Bn Midd'x R.
White, Maj. J.L.C., Bn. R.F.A
White, Lt. J. M., late R.E.
White, Hon. Capt. J. P., 3 Bn W. York. R.
White, Temp. Lt. J. S. M., M., R.E.
White, Lt. J. W., R.F.A. (T.F.)
White, Lt. L. A., R.F.A. Spec. Res.
White, Capt L. F.; Can. M.G Corps.
White, Capt. Hon. L. H. 11 Hrs.
White, Lt M., R.F.A. Spec. Res.
White, Capt. M., M.B. late R.A.M.C.
Whi.e, Temp. Capt. N. B. D.S.O.
White, 2nd Lt. P., D.C.M., R. Suss. R.
White, Temp.Lt. P., R.F.A.
White, Capt. P. F. E., S. Afr. Def Force.
†White, Lt. R. 14 Bn.Lond. R.
White, Lt. R., 5 Bn. Linc. R.
White, Temp. Lt. R. A.
White, Capt. R. A. V., late Serv. Bns. Lan. Fus.
White, 2nd Lt. R. M., C'wealth Mil. Forces.
White, Lt. R. P. F., R. Lanc. R.
White, Lt. S. E. H. E., R.E.
White, Temp. Lt. S. J., R.E.
White, Maj. S. J., O.B.E., Aust. Imp. Forces.
White, Lt. T. G., 3 Bn Welsh R.
White, Temp. Lt. T. H., Serv. Bns. E. Lan. R.
White, Temp. 2nd Lt. T, H., 7 Bn. E. Lan. R.
White, Temp. Lt. T. J., 16 Bn. R. Ir. Rif.
White, Temp. Lt. T. L., R.A.S.C.
†White, 2nd Lt. V. R. S., 3 Bn. S. Staff. R.
White, Temp. Maj. W., D.S.O., 15 Bn. High. L.I.
White, Lt. W., 4 Bn. Manch. R.

White, Temp. Lt. W. E., R.F.A.
White, Temp. Capt. W. F. S., R.A.S.C.
White, Maj. W. J, Qr.-Mr. R.A.S.C.
White, Lt. W. J., Can. Local Forces.
†White, Maj W. J., D.S.O., Can. Local Forces.
White, Capt. W. O., D.S.O., Can. Local Forces.
White, Regtl. Qr.-Mr.-Serjt. W. R., North'n Yeo.
White, Temp. Capt. W. R., Serv. Bns. R. Ir. Rif.
White, Temp. Lt. W. S. S., Serv. Bns. Rif. Brig.
White, Maj. W. T., Can. Local Forces.
White, Lt W. T., 3 Bn. York. R.
White, Lt. W. T., R.G.A. Spec. Res.
†Whiteaway, Lt. E. G. L., 5 Bn. Yorks. L.I.
White-Cooper, Capt. R. C., late Serv. Bns. Manch. R.
Whitefoord, Capt. P. G., R.F.A.
Whiteford, Lt. B. E. H., R.F.A., Spec. Res.
†Whitehead, Temp. Capt. A. H., Serv. Bns. Leins. R.
Whitehead, Lt. A. M., 5 Bn. W. Rid. R.
Whitehead, Lt A. P., 3 Bn. S. Staff. R.
Whitehead, Maj. B., late R.A.M.C.
Whitehead, Temp. Capt. C. M., D.S.O., 9 Bn. R. Lanc. R.
Whitehead, Lt. C. S., 9 Bn. Manch. R.
Whitehead, Capt. D. A., C'wealth Mil. Forces.
Whitehead, Capt. E. P., Res. of Off.
Whitehead, Lt. F. William, R.F.A. Spec. Res.
Whitehead, Lt. H., 6 Bn. Lan. Fus.
Whitehead, Temp. Capt. H. C., R.E.
Whitehead, Lt. J., late 10 Bn. Manch. R.
Whitehead, Lt J. B., 10 Bn. Manch. R.
Whitehead, Lt. J. G. O., R.E.
Whitehead, Capt. N. T., M.B., R.A.M.C.
Whitehead, Capt. R. H. H., T.F. Res.

† Also awarded Bar to Military Cross.   d 2nd Bar to Military Cross.

THE MILITARY CROSS—contd.

Whitehead, Capt. R. W., R.F.A. (T.F.)
Whitehead, Temp. Capt. T. H., *D.S.O.*, Serv. Bns. R. Fus.
Whitehouse, Temp. Lt. E., R.E.
Whitehouse, Capt. E. C., Can. A.M.C.
Whitshouse, Lt. H, E.. R.G.A Spec. Res
Whitehouse, Temp. Lt. P G., 10 Bn. Devon R.
Whitelaw, Lt. J.V., R.F.A., Spec. Res.
Whiteley, Capt. J.F.M. R.E.
Whiteley, Co. Serjt.-Maj. R., Yorks. L.I.
Whitelock, 2nd Lt. J., 4 Bn. E. York. R.
Whiteman, 2nd Lt. B., 5 Bn. R. Suss. R.
Whiteman, 2nd Lt. C. F., *M.M.*, Res. of Off.
Whiteman, Temp. Capt E. L., 9 Bn. E. Surr. R.
Whiteside, Lt. E., 5 Bn N. Lan. R.
Whiteside, Co. Serjt.-Maj. J. W., 8 Bn. L'pool R.
Whitfield, Capt. E. H., Oxf & Bucks. L.I.
Whitfield, Lt. A., 4 Bn R. Berks. R.
Whitfield, Capt. G. E., 1 Bn. Herts. R.
Whitfield, Lt. G. H. P., R. Ir. Rif.
†Whitfield, Lt. N. H., C'wealth Mil. Forces.
Whitfield, Temp. Lt. W. F., 4 Bn. R.W. Kent R.
Whitham, R. P. M., North'd Fus
Whitestone, Capt. B. F. R.E.
Whitford, Lt. L. E., Aust. Imp. Force.
Whiting, 2nd Lt. H. J., R.F.A.
Whiting, Lt. J. E., R.F.A. Spec. Res.
Whiting, Lt. S. G., 3 Bn. Yorks. L.I.
Whitley, Capt. N. H. P., 7 Bn. Manch. R.
Whitley-Baker, Temp. Lt E., R.E.
Whitlock, Lt. A. W., *late* Serv. Bns. R. Fus.
Whitmarsh, Temp. Capt. A. J., *D.S.O.*, Serv. Bns E Kent R.
Whitmore, Lt C. J. R., R.G.A., Spec. Res.
Whitmore, Capt. F. N., N.Z. Mil. Forces.
Whitmore Smith, Capt. F. M., 2 D.G.
Whitridge, *late* Temp. Lt. A., R.F.A.

Whitson, Capt. E. J., 9 Bn. High. L.I.
Whitson, Lt. J. T., 7 Bn. Sco. Rif.
Whitson, Lt. R. S., R. Scots.
Whitson, Temp. Lt. W. K., M.G. Corps.
Whittaker, Lt. C. J. N., R.G.A. (T.F.)
Whittaker Lt J.T., R.A.S.C.
Whittaker, Lt. R. L. W., R.F.A., Spec. Res.
Whittaker, Capt. F. W., *late* Serv. Bns. W. York. R.
Whittaker Lt L. R., New Bruns. R.
Whittaker, Lt. R. G., *late* R.A.S.C.
Whittall, Hon. Capt. F. J. G., *late* Manch. R (attd.)
Whittall, Bt. Ma. G. E., Oxf. & Bucks. L.I
†Whittall, Temp. Lt. H. V.
Whittemore, Maj. W. L., Can. Local Forces.
Whitten Lt. F. R., R.E. (T.F.)
Whittenbury, Temp. 2nd Lt. A. A., Tank Corps.
Whitting, Lt. A., 2 Bn Lond. R.
Whitting, Maj. E. Le G. *D.S.O.*, R.G.A.
Whitting, Capt. R.E., *M.D.*, *late* R.A.M.C.
Whittingham, Temp. 2nd Lt I. L., Serv. Bns Bedf & Herts. R,
Whittington, Lt. A. G., *late* 8 Bn. Midd'x R.
Whittington, Lt. W. H R.A.M.C. (T.F.)
Whittle, Temp. Lt. D, Serv. Bns. S. Staff. R.
Whittle, Lt. G., ret.
Whittle, Qr.-Mr. & Capt. J. P. R., 1 Cen. Ont. R.
Whittle, Temp. Lt. J. R., 17 Bn. L'pool R.
Whittle, Lt. R. A., *late* 16 Bn. Manch. R.
Whittle, Lt. R. L., 16 Bn. Lond. R.
Whittles, Capt. N., *late* 19 Bn. Lan. Fus.
Whitton, N. S., *M.B.*, *late* Temp. Lt. R.A.M.C.
Whitty, Lt. G. J., *O.B.E.*, Res. of Off.
†Whittuck, Capt. G. E. M., Som. L.I.
Whitwill, Lt. M., *D.S.O.*, R.E. (T.F.)
Whitworth, Capt. D. E., 2 Lrs.

Whitworth, Temp. Capt. E. E. A, Serv. Bns S. Wales Bord. (attd.) (2nd Lt. Unattd. List, T.F.)
Whitworth, Capt. R. B., 2 W. Rid. Brig. R.F.A.
Whitworth, Capt. W. H. A., 4 Bn. Dorset. R
Whitworth Lt, W. M., *late* M.G.Corps,
Whowell, Lt. W., *late* 3 E. Lan. Brig. R.F.A.
Whur, Capt. E., 7 Bn. Essex R.
Ahye, Lt. J. W., 4 Bn. Leic. R.
Whymper, Capt. R., *late* R A.S.C.
Whyntie, Temp. Lt. C. J., Serv. Bns. E. Surr. R.
Whyte, Temp. Lt. A. M., Tank Corps.
Whyte, Temp. 2nd Lt. D., Tank Corps.
Whyte, Lt. F., *late* R.G.A. Spec. Res.
Whyte, Capt. G. A., Sco. Horse Yeo.
Whyte, Capt. G. H., Can. Eng.
Whyte, Capt. H. W., *late* Tank Corps.
Whyte Lt L. L., R.F.A. Spec. Res.
Whyte, Capt. R., *D.S.O.*, 14 Bn. Lond. R.
Whyte, Lt. W., 5 Bn. Sco. Rif.
†Whyte, Lt. W. C., 7 Bn. High. L.I.
Whyte, Lt. W. P., *late* M.G Corps
Wibberley, Capt. B. W., *M.B.*, *late* R.A.M.C.
Wickenden, Lt. R. M., R.F.A., Spec. Res,
Wickens, H. F., *M.B.*, *late* Temp. Capt. R.A.M.C.
Wickham-Jones, Temp. Lt. E., R.F.A.
Wicks, Capt. C. F., T.F. Res.
Wicks, Lt. E., *M.M.*, Aust. Imp. Forces.
Wicks, Capt. F. J., ret. pay
Wicks, Lt. H. G. R.F.A (T.F.)
†Wicks, Hon. Capt. S. W. *late* Serv Bns. York. & Lanc. R.
Widdows, Maj. J. O., 4 Bn. N. Lan. R.
Widdowson, Lt. O. A., R.G.A., Spec. Res.

Widdowson, Lt. S. H. W. N.Z. Mil. Forces.
Widdy, Lt. A. M., *M.M.*, Aust. Imp. Force.
Widgery, Temp. Lt. G. H., R.A.
Widgery, Temp. Lt. S, J., Serv. Bns. E. Lan. R.
Wiebkin, Lt. H. W., R.A.
Wiehe, Lt. G. I., Durh. L.I.
Wigan, Capt. C. R., 5 Bn. R.W. Surr. R.
Wigan, Lt. C. R., Sco. Rif.
Wigelsworth, Lt. C. E., 6 Bn. Manch. R.
Wiggin, Lt. F. W., 1 Bn. Lond. R,
Wiggins, Lt. H G., G. Gds.
Wigginton, Lt. J. H. R., R.A.S.C. (T.F.)
Wigglesworth, Capt. F., *M.B.*, T.F. Res.
Wight, Temp. Lt. C. H., 18 Bn. Midd'x R.
Wight, Capt. H.R., 3 Bn. Bord. R.
Wight, Temp. 2nd Lt. L L., E. Surr. R.
Wight, Lt. O. L., R.G.A., (T.F.)
Wightman, Hon. Capt. A. B., *late* 9 Bn. Manch.R.
Wightman, Maj. A. J., T.D., *late* 7 Bn. R. Scots.
Wightman, Temp. Lt. E., Serv. Bns. Ches. R.
Wightman, Lt. H. D., E. Ont. Regt.
Wightma·, Lt. J. N., 7 Bn. Notts. & Derby. R.
Wightman, Temp. Lt. W. E., M.G. Corps.
Wightwick, Capt. H. W., 12 Bn. Lond. R.
Wigley, Lt. A. J., Ind. Army.
Wigley, Temp. Maj. E., M.G. Corps.
Wigley, Lt. P. J. R., 90 Punjabis.
†Wigmore, Temp. Capt S. H., 15 Bn Hamps. R.
Wignall, Lt. B., R.G A., Spec. Res.
Wigney, Lt. C. R. D'A., 7 Bn. Lond. R.
Wigram, *Rev* P. S., Temp. Chapl. to the Forces, 4th Class.
Wilberforce, Capt. W., *D.S.O.*, R. W. Kent. R.
Wilberforce-Bell, Capt. P. F., R.W. Kent R.
Wilbourn, Temp. Lt. H. C,
Wilbraham, Capt. E. J., Rif: Brig.

† Also awarded Bar to Military Cross.

Orders of Knighthood, &c.

THE MILITARY CROSS—*contd.*

Wilbraham, Capt. R. V., Ches. Yeo.
†Wilby, Capt. W. J., Can. Local Forces.
Wilcock, Lt E.L., C'wealth Mil. Forces.
Wilcock, Lt. H. S., R.F.A. Spec. Res.
Wilcock, Lt. J. A., R.F.A., Spec. Res.
Wilcock, Lt R. B., M.M., R.F.A.
Wilcox, Lt. C., M.M., Cent. Ont. Regt.
Wilcox, Capt. E. R. C., Can. Local Forces.
Wilcox, Lt. F. J., *late* Bucks. Bn. Oxf. & Bucks. L.I.
Wilcox, Lt. J. J., Som L.I.
††Wilcoxon, Temp. Lt. H., Serv. Bns Welch R.
Wild, Lt. F., *late* R.F.A.
Wild, Lt. N., R.G.A., Spec. Res.
Wild, Lt. P., *late* Labour Corps.
Wild, Capt. R. W., Aust. Imp. Force.
Wild, Temp. Lt. W. H., Serv. Bns. Lan. Fus.
Wilde, Lt. C. A. G., 13 Bn. Lond. R.
Wilde, Lt. F., R.G.A., Spec. Res.
Wilde, Lt. F. J., N. Mid. Divl. Train, R.A.S.C.
Wilde, Temp. Lt. G. A., Serv. Bns. Manch. R.
Wilde, 2nd Lt. H., 4 Bn S Lan. R.
Wilde, Lt. R. C., *D.S.O.*, 9 Bn. L'pool R.
Wildey, Capt. A W. G., R.G.A.
Wilding, Temp. Lt. A., 10 Bn R. Ir. Fus.
Wilding, Temp. Capt F., R.A.S.C.
Wilding, Capt. H. D., *late* R.E.
Wiles, Temp. Lt. O. D., Serv. Bns. Shrops. L.I.
Wiley, Capt. H. O., 5 D.G.
Wilford, 2nd Lt. T. J., R.F.A.
Wilken, Lt. W. A., R.E.
Wilkes, Lt. A. L., R.F.A.
Wilkes, Maj. G. T., *late* Serv. Bns. Manch. R.
††Wilkes, Lt. S. H., 8 Bn. Worc. R.
Wilkes, Capt. T. M., N.Z. Mil. Forces.
Wilkie, Lt. H. S., R.F.A. Spec. Res.
Wilkie, Lt. J., R.E. (T.F.)
Wilkie, Lt. J. *late* Serv Bns. N. Lan. R.
Wilkie, Lt. J. K., R.F.A. Spec. Res.

Wilkin, Lt.-Col. F. A., Can. Local Forces.
Wilkin, Lt. H., R.W. Kent R.
Wilkin, Capt. H. F., F.R.C.S.Edin., R.A.M.C.
Wilkins, Rev. B. D., Hon. Chapl. to the Forces, 4th Class.
Wilkins, Temp. 2nd Lt. B. J., 13 Bn. E. York. R.
Wilkins, Lt. C. F., *D.S.O.*, R. Ir. Rif.
Wilkins, Lt. C H., 6 Bn. R. Suss. R.
Wilkins, Lt. E M., *late* R.F.A.
Wilkins, Temp. Lt. G. H., R.E.
Wilkins, Lt G.H., C'wealth Mil. Forces.
†Wilkins, Lt. G. H., Aust. Imp. Force.
Wilkins, Lt. J. S., R.F.A
Wilkins, Temp. 2nd Lt. P, *D.F.C.*, R.E.
Wilkins, Temp. Lt. S. R., Serv. Bns. Midd'x R.
Wilkins, Lt. T., ret. pay.
Wilkins Temp. Lt. W. C., Tank Corps
Wilkins, Lt. W. G., Can. Fd. Art.
Wilkins, Temp. Capt. W. H. A., Serv. Bns. S. Wales Bord.
Wilkinson, Lt. A., 5 Bn. Durh. L.I.
Wilkinson, Lt. A. B., R.F.A. Spec. Res
Wilkinson, Rev. A. E., Chapl. 4th Class (T.F.)
Wilkinson, Capt. B., *late* 5 Bn. Durh. L.I.
Wilkinson, Temp. Lt. C., R.A
Wilkinson, Temp. Lt. C., Serv. Bns. North'd. Fus.
Wilkinson, Temp. 2nd Lt. C., R.E.
Wilkinson, Capt. C. H. C. Gds. Spec. Res.
Wilkinson, Temp. Capt D. F., 13 Bn L'pool R.
Wilkinson, Lt. F. D., 3 Bn E. Kent R.
Wilkinson, Rev. G. A. W., Temp. Chapl. to the Forces, 4th Class.
Wilkinson, G. B., *late* Temp. Capt R.A.M.C.
Wilkinson, Capt. G. E., 6 Bn. North'd Fus.
Wilkinson, Lt. H., Temp. Qr.-Mr., Serv. Bns. Durh. L.I.
Wilkinson, Capt. H., ret. pay.
†Wilkinson, Lt. Harry, *D.C.M.*, R.F.A. Spec. Res.
Wilkinson, Temp. 2nd Lt. H., Serv. Bns. E. Lan. R.

Wilkinson, Lt. H. A., 3 Bn York. R.
Wilkinson, Lt. H. M., *late* 3 Bn. Ches. R.
Wilkinson, Lt. J. C. F. 6 Bn. Lond. R.
Wilkinson, Capt. J. S., *D.S.O.*, Notts. & Derby. R.
Wilkinson, Regtl. Qr.-Mr. Serjt. J. W., 4 Bn. York. R.
Wilkinson, Capt. L. St. G. 10 Bn. Manch. R.
†Wilkinson, Capt. P. A. R.F.A., Spec. Res.
Wilkinson, Lt. R., C'wealth Mil. Forces.
Wilkinson, Temp. Capt. R. M., Serv. Bns. York. & Lanc. R.
Wilkinson, Capt. S., *late* Serv. Bn. Yorks. L.I.
Wilkinson, Hon. Capt. V. *late* 9 Bn Bord. R.
†Wilkinson, Lt. W. A. C., C. Gds.
Wilkinson, Temp. Capt W. D., *D.S.O.*, Serv. Bns. York. R.
Wilkinson, Temp. Capt. W. D., R.F.A.
Wilkinson-Jones, Lt. R. M., R.F.A., Spec. Res
Wilks, Lt. C. F., Res. of Off
Wilks, Temp. Lt. H. R., 16 Bn. R. War. R.
Wilks, Lt. H. W., C'wealth Mil. Forces.
Wilks Temp. Capt. N.
Wilks, Capt. R. N., *late* Serv. Bns. R.W. Fus.
Will, Temp. Lt. A. W.
Will, Capt. C. P., 7 Bn. Sco Rif.
†Will, 2nd Lt. L. J., N., Worc. R.
†Will, Capt. R. H. H., 4 Bn Sea. Hlghrs.
Will, Capt. N. G. H., Ches R.
Will, Lt. W. B., 14 Bn Lond. R.
Willan, Lt. H. C., R.G.A.
Willan, Bt. Lt. Col. R. H., *D.S.O.*, K.R. Rif. C.
Willans, Capt. H., *D.S.O.*, Res. of Off.
Willard, Lt. R. R. F., Aust. Imp. Force.
Willatt, Lt. J., Res. of Off
†Willcock, Capt. R., *D.S.O.* Can. Local Forces.
Willcocks, Maj. G. C., 2nd Bn. Lond. R.
Willcocks, 2nd Lt. G. H., 6 R Highrs.
Willcox, Capt. B. B., T.F. Res
Willcox, Lt. G. T., 6 Bn High. L.I.

Willcox, Capt. H. B. D., *D.S.O.*, Notts. & Derby. R.
Willcox, Temp. Capt. H. V. S., R.M.L.I.
Willcox, Temp. Lt. J. T. A., Serv. Bns. R. Ir. R.
Willett, Lt. F. W., 4 Bn. Leic. R.
†Willett, Temp. Lt. J. C. H., Serv. Bns. Bedf. & Herts R.
Willett, Maj. K., Res. of Off.
Willey, Lt. J. W., *late* Serv Bns. Durh. L.I.
Williams, Lt. A., North'n R.
Williams, Bt. Maj. A. E., *D.S.O.*, S. Wales Bord.
Williams, Lt. A. G. R., R.F.A. Spec. Res.
Williams, Capt. A. H., 38 Horse.
Williams, Temp. Lt. A. L.
Williams, Lt. A. J., R.G.A. Spec. Res.
Williams, Lt. A.R., R.G,A, Spec. Res.
Williams, Temp. Capt. A. S., Serv. Bns R.W. Fus.
Williams, Capt., B., Can. Local Forces.
Williams, Hon. Lt. B., Qr.-Mr. York R.
Williams, Capt. B H., Res. of Off.
Williams, Lt. B. M., 8 Bn Durh. L.I.
Williams, Temp. Lt. B. T., M.G. Corps.
Williams, Co. Serjt.-Maj. C., R.E. Spec. Res.
Williams, Capt. C. B., *late* Serv. Bns. R.W. Fus.
Williams, Lt. C. C. L., *late* Res. of Off
Williams, Lt. C E A. L., *late* Serv Bns. York. & Lanc. R.
Williams, Temp. Lt. C. E. P., 20 Bn. Midd'x R.
Williams, Capt. C. G., T.F. Res.
Williams, Lt. C. G., 3 Bn. S. Lan. R.
Williams, Lt. C. H., Pemb Yeo.
Williams, Lt.C.J., R.A.S.C.
Williams, Capt. C. M., C'wealth Mil. Forces.
Williams, Capt. C. R., *D.S.O.*, R. Muns. Fus.
Williams, Lt. C. R., 7 Bn. Midd'x R.
Williams, Lt. C. R. F., *late* R.F.A.
Williams, Temp. Lt. C. S., R.E.
Williams, Lt. C. V., Can. Local Forces.
Williams, Lt. D., R.F.A. Spec. Res.
Williams, Rev. D.C., Temp. Chapl. to the Forces, 4th Class.
Williams, Lt. D. J., 4 Bn. R.W. Fus.

† Also awarded Bar to Military Cross.
†† Also awarded 2nd Bar to Military Cross.

Orders of Knighthood, &c.

THE MILITARY CROSS—*contd*,

Williams, Lt. D. J., *M.M.*, *late* M.G. Corps.
Williams, Capt. D. L, *late* R.A.M.C.
Williams, Capt. D. R., *late* R.A.M.C.
Williams, Lt. E., ret. pay.
Williams, 2nd Lt. E. *M. M.*, Sh'ops. L.I.
Williams, 2nd Lt. E. C., 3 Bn. R. Muns. Fus.
Williams, Capt. E. C. T. B.. Suff. R.
Williams, Lt. E. G., N Z Mil. Force
Williams, 2nd Lt. E. L., York. R.
Williams, Lt. E. L , R.F.A. Spec. Res.
Williams, Capt. E. O., C'wealth M. Forces.
Williams, Lt. E. T., R.F.A.
Williams, Co. Serjt -Maj. F. *D.C.M.*, Can. Inf.
Williams, Temp. Lt. F. A. R.E.
Williams, Lt. F. B., 6 Bn R. War. R.
Williams, Lt. F. B. W., W Fus.
Williams, Temp. Capt F. C., R.A.O.C.
Williams, Capt. F. E., 5 Bn. Welsh R.
Williams, Rev. F. E. A., *late* Army Chapl, Dept.
Williams, Temp. Lt. F. F D., R.G.A.
Williams, Temp. Lt. F. H., R.E.
Williams, Lt. F.J., R.Innis. Fus.
Williams, Temp. Capt F T., 8 Bn. S. Wales Bord.
Williams, Rev. F. P. C'wealth Mil. Forces.
†Williams. Lt. G., *late* 20 Bn. Lond R
Williams, Lt. G. A., Aust. Imp. Force
†Williams, Lt. G. B., 5 Bn Leic. R
Williams, Lt. G. C. S., R.E
Williams, Capt. G. D.. ret
Williams, Temp. Capt. G. H., 9 Bn. York & Lanc R.
Williams, Lt. G. H., 5 Bn Ches. R.
Williams, Qr.-Mr. & Capt. G. J.
Williams, 2nd Lt. G. L., 5 Bn. E. Surr. R.
Williams, Temp. Lt. G. V., I. Gds., Spec. Res.
Williams, Maj. G. W., *D.S.O., late* R.E. (Hon Lt. in Army).
Williams, Lt. G. W., 6 Bn R. War. R.
Williams, Temp. Lt. H., Serv. Bns. Manch. R.
†Williams, Temp. 2nd Lt H., Serv. Bns. Rif. Brig.
†Williams, Temp. 2nd Lt. H., M.G. Corps.

Williams, Bty. Serjt.-Maj. H. A., R.A.
Williams, Capt. H. A. C. K R., Ri C.
Williams, Temp. Capt. H. F.
Williams. Maj. H. F. L., *late* M.G. Corps.
Williams, Lt., H. G Montgom Yeo.
Williams. Lt. H. K., 3 Bn Devon R.
Williams. Temp. Maj. H. L., *D.S.O.*,9 Bn. R.W.Fus.
Williams, Lt. H. N., 4 Bn. R. W. Fus.
Williams, Temp. Maj. H. P., R A.S.C.
Williams, Lt. H. P., 4 Bn. R. Innis. Fus.
Williams, Capt. H. R., Can. Inf.
Williams, Temp. H. R., R A.
Williams, Rev. H. S. F., *B A*., Chapln. 4th Class (T.F.)
Williams, Temp. Lt. H. T., M.G.C.
Williams, Capt. H. V., *late* Serv. Bns. R.W. Fus.
Williams, Lt. H.V., R.G.A., Spec. Res.
Williams, Temp. Lt. I., Serv. Bns. Welch R.
Williams, Temp. Capt. J., R.A.S.C.
†Williams, Lt. J., *M.B.E.*, Welch R.
Williams, Temp. Capt. J., R.G.A.
Williams, Sqdn. Serjt.-Maj. J., 7 D.G.
Williams, Lt. J., R.F.A. Spec. Res.
Williams, 2nd Lt., *D.C.M.* High. L.I.
Williams, Co. Serjt.-Mai. J.. *M M*., 13 Bn. Welsh R.
Williams, Temp. 2nd Lt. J. E., Serv Bns Welch R.
Williams, Temp 2nd Lt. J. E., Serv. Bns. R. Welsh Fus.
Williams, Temp 2nd Lt. J. G., Serv. Bns. Welch R.
Wilims, Lt. J. H., R.F.A. Spec. Res.
Williams, Capt. J. J. L., *late* Denbigh. Yeo.
Williams, Temp. Lt. J. O., R.F.A.
Williams, Lt. J. P., R.H.A. (T.F.)
Williams, Temp. Lt. J R., 7 Bn. Linc. R.
Williams, Maj. J. R., *late* R.A.
Williams, Lt. J. S., 3 Bn L'pool R.
Williams, Lt. J. S., R.F.A. Spec. Res.
Williams, J. V., *M.B.E.*, *late* temp. Capt. R.A.M.C.
Williams, Lt, K., R.G.A. Spec. Res.
Williams, Lt. L. C., 3 Bn. Suff. R.

Williams, Lt. L. G., *late* Serv. Bn. S. Wales Bord.
Willams, Lt. L. G., R.G.A. Spec. Res.
Williams, Temp. Capt L. H., R.A.O.C.
Williams, Temp. Lt. L. L , *M.B.E.*, R.E.
Williams, Lt. L. L. C'wealth Mil. Forces.
Williams, Capt. L. L., T.F. Res.
Williams, Lt. M., Res. of Off.
Williams. Temp. 2nd Lt. M., 11 Bn. Manch. R.
Williams, Temp. Lt. M., Serv. Bns. Manch. R.
Williams, Capt. M. J., *late* R.E.
Williams, Hon. Capt M. W., *late* 10 Bn. R.W. Fus.
Williams, Lt. M. W., E Ont. R.
Williams, Lt. N. M., 3 Bn Glouc. R.
Williams, 2nd Lt. N. O., 7 Bn. Lond. R
Williams, Maj. O. B., Aust. imp. Force
Williams, Temp. Maj. O.C.
Williams, 2nd Lt O. J., 5 Bn. Durb. L.I.
Williams, Temp. 2nd Lt. O. M., Serv. Bns. R.W. Fus.
Williams, Maj O W., N.Z. Mil. Forces.
Williams. Capt. P. B., Hamps. Yeo.
†Williams, Lt. P. C. L., R.F.A. Spec Res.
Williams, Temp. Capt P. E., Serv. Bns. R.W Fus.
Williams, Temp. Lt. R., 14 Bn. R.W. Fus.
Williams, Lt. R., R.G.A. Spec. Res.
Williams, Co. Serjt.-Maj. R.A., 4 Bn. R. Lanc. R.
Williams, Capt. R. A., *late* R.E.
Williams, Lt. R. D., 5 Bn. R Ir. Rif.
Williams,Temp.Capt. R.E.
Williams, R. F., *M.B.*, *late* Capt. ret.
Williams, Capt. R. L., *D.S.O., late* R.A.M.C.
Williams, Bt. Lt. Col. R. M., York & Lanc. R.
Williams, Lt. R. M , R.G.A., Spec. Res.
Williams, Capt. R. P., Can. Local Forces
Williams, Capt. R. P., *late* Serv. Bns. Welch R.
Williams, Lt S., R.F.A.
Williams, Lt. S., R. Gds., Devon R.
Williams, Capt. S. H. L. S. Horse.

Williams, Temp. 2nd Lt. S. J., Serv. Fns. Manch. R.
Williams, Lt. T., 5 Bn L'pool R.
Williams, Temp. Lt. T., Serv. Bns. Welch R.
Williams, Temp. Lt. T., M G Corps.
Williams, Lt. T. A., City of Lond. Yeo.
Williams, Capt. T. G., *D S O*., 7 Bn. L'pool R. (T.F.)
Williams, *Rev* T. J.,Temp. Chapl. to the Forces, 4th Class.
Williams, Lt. T. J., R.F.A. Spec. Res.
Williams, Capt. T. L., *late* Serv. Bns. North'd Fus.
Williams, Hon. Lt. T. L.
Williams, Capt. T. R., 4 Bn. R.W. Fus.
Williams, Lt. T. V., D. of Corn. L.I.
Williams, Lt. V. C., Aust. Imp. Force.
Williams, Temp. Lt. W., Serv. Bns. York. L.I.
Williams, Lt. W. A., 9 Bn. L'pool R.
Williams, Maj. W. C. B. 4 Bn. R. W. Fus.
Williams, Lt. W D., *late* R.F.A., Spec. Res.
Williams, Lt. W. E G., R.F.A.
Williams, Capt. W. H., *late* Serv Bns.L'pool R.
Williams, Temp. 2nd Lt. W. J.,Serv.Bns.R.W.Fus.
Williams, Capt. W. H., A.S. C
Williams, Temp. Lt. W. J., Serv. Bns. Welch R.
Williams, Lt. W. J., R.Fus.
Williams,*Rev.* W. J , Temp. Chapl. to the Forces, 4th Class.
Williams, Temp. Lt. W. J. V., R.E.
Williams, Temp. Lt. W. M., Serv. Bns. Worc. R.
Williams, Lt. W. R., *late* Welsh Horse Yeo.
Williams, Temp. Lt. W. T., Mach. Gun Corps.
Williams, Lt. W. T., *late* R.E.
Williams-Ellis Capt. B. C., W. Gds., Spec. Res.
Williams-Green, Lt. W. T., Manch. R.
Williams Idris. Lt. J. H., 19 Bn. Lond. R.
Williamson, Temp. Lt. A. I., 12 Bn. High. L.I.

† Also awarded Bar to Military Cross

Orders of Knighthood, &c.

THE MILITARY CROSS—*contd.*

Williamson, Capt. A. R., 7 Bn. Durh. L.I.
Williamson, Lt. A. S., Hon. Art. Co
Williamson, Lt. C., *late* Essex R
Williamson, Capt. C. S., 19 Bn. Lond. B.
Williamson, 2nd Lt. E. R., 5 Bn. Lond R.
Williamson, Capt. G. A., C'wealth. Mil. Forces.
Williamson, Temp. Lt. G. A., Serv. Bns. North'n R.
Williamson, Lt. G. H., 5 Bn. Notts. & Derby R.
Williamson, Capt G. S., R.A.M.C. (T.F.)
Williamson, Capt. G. W., O.B.E. 3 Bn. Manch. R.
Williamson, 2nd Lt. H., Newf'Contgt.
Williamson, Temp. 2nd Lt. H. B, Serv. Bns Worc. R.
Williamson, Maj. H. N. H., R.F.A.
Williamson Lt. H.P, *M.M.*, Aust Imp Force
Williamson, Temp. Lt. H. W., R.E.
†Williamson, Lt. H. W. E, *late* R.E.
Williamson, Maj. J., *late* R.F.A.
Williamson, Temp. Capt. J., R.A S C.
Williamson, Temp. Capt. J. L. D., Ser. Bns. E. York. R.
Williamson, Temp. J. M., Serv. Bns. North'n Fus.
Williamson, Temp. Capt. K. B., R.G.A.
Williamson, Bt. Maj. M. J., *M.B.*, R.A.M.C.
Williamson, Capt. P. G., *M.B.*, T.F. Res.
Williamson, Lt. S., R.G.A., Spec. Res.
Williamson, Hon. Lt. T., *late* R. Fus.
Williamson, Lt., T., 7 Bn Notts & Derb. R
Williamson, Lt. W. C., *late* R. Mar.
Williamson, Temp. 2nd Lt. W. H. R., R.A.
Will amson, Lt. W. H., R. F. A. Spec. Res.
Willicott, Qr.-Mr. & Capt. G. F. W., *M.B.E.*, R.E.
Willington, Temp. Lt. R. M V., Serv. Bns. D. of Corn L.I.
Willington, Temp. Capt. W., Serv. Bns. L'pool R.
Willinks, Lt. H. N., 4 W. Lanc. Brig. R.F.A.
†Willis, Capt. A. S. W., *late* Tank Corps.
Willis. Lt. B. F., 4 Bn. Sea. Highrs.
Wills. Temp. Lt. C. B., R.F.A.
Willis, Temp. Lt. D. H., Serv. Bns. R. War. R.
Willis, Lt. E. J., 3 Bn. Dorset R.

Willis, Temp. 2nd Lt. F., Serv. Bns. Durr. L.I.
Willis, Capt. F.E.S., *late* R.A.M.C.
Willis, Capt. G., E. York. R.
Willis, Lt. G. A. A., R.E.
Willis, Temp. Lt. H. B., 12 Bn. Hamps. E.
Willis, Maj. H. G., *D.S.O., M.B., late* R.A.M.C.
Willis, Temp. Cap. H. L.
Willis, Lt. J. R., 8 Bn Glouc. R.
Willis, Lt L. C., 5 Bn. E. Kent R.
Wil is, Temp. Lt. W. H., 13 Bn. Du h. L.I.
†Willis, Capt. W., Can. Local Forces.
Willis Bund, Capt. H. D. H., *late* R.A.M.C.
Willison, Lt. A. B. R. E., Aust. Imp. Force.
†Willison, Lt. A. C., *D.S.O.*, Notts. & Derby R.
Willison, Capt. C., 6 Bn. R. Highrs
Willmer. Temp. Lt. C. S., Durh. L.I. (attd.)
Willmer, Temp. Capt. H. T., Serv. Bns. L'pool R.
Willmore, Lt. E. G., *late* R.G.A. Spec. Res.
Willmott, Temp. 2nd Lt E. L, Serv. Bns. Midd'x R
Willmott, Temp. Capt. M.G.,17 Bn. K.R.R.Corps.
Willoughby, Capt. A. E., Nova Scotia Regt.
Willoughby, Temp Lt. L., Serv. Bns. R.W. Kent R.
Willongbby, Bt. Maj. M. G. P.. 10 Lrs.
Wills, Capt. A. G., 1 Bn. Cambs. R.
Wills, Capt. A. G. P., R.A.M.C. Spec. Res.
Wills, Mech. Serjt.-Maj. A. P., R.A.S.C.
Wills, Lt. A. R., *late* Serv Bns. R.W. Surr. R.
Wills, Lt. F. C. B., R.E. (T.F.)
Wills, Lt. F. H, 4 Bn. Leic R.
Wills, Maj. G. B., T.F. Res.
Wills, Lt. H. J., R.F.A. Spec. Res.
Wills, Lt. J. P., R.A.
Wills, 2nd Lt. K. A., North'd Fus.
Wills,Capt.M.C.M.,Wessex Divl. R.E.
Wills, Maj. T. E., T.F. Res.
Wills, Lt. T. L., *late* Serv. Bns. R. Fus.
Willshee, Temp. Lt., F. W. F., M.G. Corps.
Willsher, Lt. H. L., *late* Serv. Bns. Hamps. R.
Willsom, Temp. 2nd Lt. L. H., 7 Bn. Leic. R.

Willson, Temp. Lt. A., R.A.S.C.
Willson, Lt. W. V., R. Fus
Wilmer. Bt. Lt.-Col. G. H., *D.S.O.* Essex R.
Wilmot Maj. G. A., *late* tn. R. War. R.
Wilmot, Maj. L. A., Can. Local Forces.
Wilmot, Temp. Lt. S. B., R.E.
Wilmott, Lt. F. A. N., 4 Bn. R. Berks. R.
Wilmot, Temp Lt. R., R.A.
Wilmsherst, Lt. R. B., 4 Bn. Linc. R.
Wilsey, Lt. F. H. W., Ind. Army.
Wilshere, Temp. Capt R. S., R.E.
Wilshin, Lt. J. V., R.F.A. (T.F.)
Wilson, Capt. A., 3 Bn. W. York. R.
Wilson, Lt. A., Leins. R.
Wilson, Capt. A., *M.B.*, R.A., Spec. Res.
Wilson, Capt A., *late* 12 Bn. E. York R.
Wilson, Temp. Capt Alan, *O.B.E., M.B.*, R.A.M.C.
Wilson, Lt. A., 15 Bn. Lond. R.
Wilson, Temp. Lt. A , Tank Corps.
Wilson, Lt. A. A., *late* Cam'n. Highrs.
Wilson, Lt. A. C., Can. Fd. Art.
Wilson, Temp Lt. A. E., Serv. Bns. L'pool R.
†Wilson, Capt. A. F., *M.B.*, R.A.M.C. (T.F.)
Wilson, Lt. A. G., 5 Bn. W. York. R.
Wilson, Lt. A. J., R.W. Kent R
Wilson, Lt. A. J., ret.
Wilson, Lt. A. K., 2 Cent. Ont. Regt.
Wilson, Lt. A. L., R.E.
Wilson, Capt. A. W., R.E. (T.F.)
Wilson, 2nd Lt. B. A., 10 Hrs Spec. Res.
Wilson, *Rev.* B. C., *M.A.* Chapl. to the Forces.
Wilson, *Rev.* B. S., Hon. Chapl. to the Forces, 4th Class.
Wilson, Temp. Capt. B. FitzG.
Wilson, Capt. C. B., Res. of Off.
Wilson, Capt. C. E., *M.B. late* R.A.M.C.
Wilson, Temp. Capt. C. J., E. Afr. Med. Serv.
Wilson, Lt. C. L.. Essex R.

Wilson Lt. C.M., R.A.O.C
Wilson, Maj. C. McM., *M.D., late* R.A M.C.
Wilson, Lt. C. M., R.G.A., Spec. Res.
Wilson, Capt. C. S., R.F. (T.F.)
Wilson, Lt. C. S., l te R.F.A. Spec. Res.
Wilson, Capt. C. W., Sea. Highrs.
Wilson, Maj. C. W., *late* 6 Bn. L'pool R.
Wilson, Temp. Lt. D., R.A.
Wilson, Lt. D. B., 4 Bn. R. Scots.
Wilson, Maj. D. D.,17 Cav., *p.s.c.*
Wilson, Temp. Capt. D. M. R.E.
Wilson, D. McD., *M.B.,late* Temp. Capt. R.A.M.C.
Wilson, Lt. E., *late* Serv. Bns, W, York. R,
Wilson, Temp. Lt.-Col. (*temp. Col.*) E. A., *O.B.E.*, R.E.
Wilson, Capt. E. A., 5 Bn. N. Staff. R.
Wilson, Lt. E. B., K.O. Sco. Bord.
Wilson, Lt. E. E., ret.
Wilson, Lt. E. G., R.F.A. (T.F.)
Wilson, Lt. E. H., *late* Serv. Bns. W. Rid. R.
†Wilson, Lt. E. P., Can. Eng.
Wilson, Lt. E. R., 6 Bn. North'd Fus.
Wilson, Lt. E. R., R. Highrs.
Wilson, Maj. E. R. C., R.G.A.
Wilson, Lt. E. W. D., ret.
†Wilson, Maj. E. W. G., R.F.A.
Wilson, Temp. Capt. F. G., Serv. Bns. North'd Fus.
Wilson. Capt. G., *M.B.*, R.A.M.C.
Wilson, Temp. Lt. George, Tank Corps
Wilson, Capt. G. B., ret. pay,
Wilson, Lt. G. H., 5 Bn. R. War. R.
Wilson, Lt. G. L., 19 Bn Lond. R.
Wilson, Temp. Lt. G. L., R.F.A.
Wilson, Temp. Lt. G. R., M.G. Corps.
Wilson, Capt. G. P., G. Gds., Spec. Res.
Wilson, Lt. G. T., R.F.A. (T.F.)
Wilson, Temp. Lt. G. T., Serv. Bns. Arg. & Suth'd Highrs.

† Also awarded Bar to Military Cross.

Orders of Knighthood, &c. 471

THE MILITARY CROSS.—contd.

Wilson, Lt. G. W., R.F.A., Spec. Res.
Wilson, Lt. H., R.G.A., Spec. Res.
Wilson, Capt. H., M.B., R.A.M.C. (T.F.)
Wilson, Lt. H., late R.F.A., Spec. Res.
Wilson, Lt. H., R.F.A. (T.F.)
Wilson, Temp. Lt. H., M.G. Corps.
Wilson, Lt. H. E., 7 Bn. L'pool R.
†Wilson, Maj. H. F., M.B., late R.A.M.C.
Wilson, Capt. H. J. M., R.F.A., Spec. Res.
Wilson, Lt. H. McD., late 2 W. Rid. Brig. R.F.A.
Wilson, Capt. H. R., 5 Bn. Durh. L.I.
Wilson, Lt H. W., 20 Bn. Lond. R.
†Wilson, Temp. Capt. I. S, M.D., F.R.C.S., R.A.M.C.
Wilson, Lt. John, R.F.A. (T.F.)
Wilson, Lt. John, Ayr. Yeo.
Wilson, Serjt-Maj. J., S.Afr. Def. Force.
Wilson, Temp. Lt. J., M.G. Corps.
†Wilson, Lt. J., 5 Bn. York & Lanc. R.
Wilson, Lt. Joseph, R.G.A. Spec. Res.
Wilson, Lt. J., M.M., late E. Surr. R.
Wilson, Temp. Capt. J., Serv. Bns. Durh. L.I.
Wilson, Co.Serjt.-Maj. J.A, Som. L.I.
Wilson, Lt. J. A. G., Aust. Imp. Force
Wilson, Lt. J. B., late 5 Bn North'd Fus.
Wilson, Co. Serjt.-Maj. J. B., E. York R.
Wilson, Qr-Mr.-Serjt. J. C., 6 Bn. Sea. Highrs.
Wilson, Capt. J. C., Qr.-Mr. 6 Bn. R Highrs.
Wilson, Temp. 2nd Lt. J. D.
Wilson, Lt. J. D., Can. Cyclist Corps
Wilson, Lt. J. E., C'wealth Mil. Forces
Wilson, Capt. J. E., Quebec Regt.
Wilson, Temp. Lt. J. F., R A.
Wilson, Lt. J. H., 5 Bn. Ches. R.
Wilson, Lt. J. H, late 7 Bn. Lond. R.
Wilson, Temp. Lt. J. H., R.E.
Wilson, Lt. J. K., Can. Fd. Art.

Wilson, Lt. J. M., late R.E.
Wilson, Lt. J. P., R.F.A.
Wilson, Capt. J. R., S. Afr. Prote. Force.
Wilson, Temp. Lt. J. S. Mach. Gun Corps.
Wilson, Lt. J. S., 7 Bn. Gord. Highrs.
Wilson, Lt. J. S., Can. Fd. Art.
Wilson, Capt. J. St. G., R.A.M.C. (T.F.)
Wilson, Capt. J. W.
Wilson, Lt. J. W., Ind. Army
Wilson, Lt. J. W., R.F.A. (T.F.)
†Wilson, Lt. J. W., late Serv. Bns. Yorks. L.I.
Wilson, Lt. J. Y., R.F.A. (T.F.)
Wilson, Temp. Lt. K. H. R.E.
Wilson, Lt. L. A., 5 Bn. Lan. Fus.
Wilson, Maj. L. R. Z., Can. Rly. Serv.
Wilson, Lt. M., 5 Bn. W. York. R.
Wilson, Capt. M. D., 3 Bn R. W. Surr. R.
Wilson, Capt. M. U., R.A.M.C. (T.F.)
Wilson, Maj. N. R., D.S.O. N.Z. Mil. Forces.
Wilson, Temp. Capt. N.Y., D.S O , Serv. Bns Northd Fus.
Wilson, Maj. P. A., ret. pay (Res. of Off.)
Wilson, Lt. P. F. H., 4 Bn. High. L.I.
Wilson, Capt. P. G., 5 Bn. Suff. R.
Wilson, Capt. P. N. W., D.S.O., R. Fus.
Wilson, Lt. R., C'wealth Mil. Forces.
Wilson, Temp. Capt. R. Lan. Fus. (attd.)
Wilson, Lt. R., R.G.A., Spec. Res.
Wilson, Temp. 2nd Lt. R., Serv. Bns. N. Lan. R.
Wilson, Lt. R. B. E., Can. Local Forces.
Wilson, Bt. Lt.-Col. R. C., D.S.O., 114 Mahrattas, p.s.c.
Wilson, Capt. R. E., 4 Bn. York & Lanc. R.

Wilson, Lt R. G M., R.E.
Wilson, Lt. R. H., Can. Local Forces.
Wilson, Lt. R. H , Glouc. Yeo.
Wilson, Lt. R.H., R A.S.C. (T.F.)
Wilson, Lt. S. G , 14 Bn. l ond. R.
Wilson, Lt. S. H. Can. Fd. Cent.
Wilson, Lt. S. J., 7 Bn. Manch. R.
Wilson, Lt. S. M., 6 Bn. Durh. L.I.
Wilson, Capt. T., 6 Bn. Suff. R.
Wilson Temp. 2nd Lt. T C , Tank Corps.
Wilson, Capt. T. D., 4 Bn. R. Scots.
Wilson, Lt. T. H., S. Afr. Def. Force.
Wilson, Capt. T N. F., D.S.O., K.R. Rif. C.
Wilson, Lt. V. L. M., 4 Bn. N. Staff. R.
Wilson, Lt. W., D.C M., R. Highrs.
Wilson, Serjt.-Maj. W. W. York. R.
Wilson, Lt. W. A., late Ches. R.
†Wilson, Capt. W. Brockie, M.B., late R.A.M.C.
Wilson, Bt. Maj. W. C., O.B E., D.S.O., Leic. R.
Wilson, Lt. W. D., R.F.A. (T.F.)
Wilson, Lt. W. E., R.F.A. Spec Res.
Wilson, W. F., M.B., late Temp. Capt. R.A.M.C.
Wilson, Lt. W. F., 4 Bn. Dub. Fus.
Wilson, Lt. W. G., 4 Bn. York& Lanc. R.
Wilson, Serjt.-Maj. W. J., R.A.M.C.
Wilson, Lt.-Col. W. R., late R.E.
Wilson, Temp. Maj. W. S., 9 Bn. R. Highrs.
Wilson, Temp. Maj. W. T., D.S.O., R.E.
Wilson, Lt. W. U., 14 Bn. Lond. R.
Wilson-Barkworth, Capt. K. A., 4 Bn. E. York. R.
Wilson-Fitzgerald, Capt.F. W., D.S.O., 1 Dns.
Wilson-Jones, Lt. T. R. late Serv. Bns. R.W Fus.
Wilson - Weichardt, Capt. E. A. E., late R.A.S.C.
Wiltshire, Lt.-Col. A. R. L., D.S.O., C'wealth Mil. Forces.
Wiltshire, Qr.-Mr. Serjt. F., S. Wales Bord.
Wiltshire, Capt. F. H. C., 1 Bn. Lond. R.

†Wiltshire, Lt. J. A., Aust. Imp. Force.
Wiltshire, L. H., late Capt. Dorset R.
Wilton, Temp. Lt. H., 11 Bn. E. Lan. R.
Wilton, Temp. Capt. J. M. E., Serv. Bns. R. Innis. Fus.
Wilton, Lt. V. B , C'wealth Mil. Forces.
Wilton, Hon. Maj.W. P., TD, T.F. Res.
Wimberley, Capt. D. N., Cam'n Highrs.
Wincer, Temp. 2nd Lt. G. L , Tank Corps
Winchester, Temp. Lt. C. C., Serv. Bns. R. Scots.
Winchester, Lt. H. W., 4 Bn. R. Scots.
Winckley, Lt. G. C., Linc. R.
†Windeatt, Maj. J., TD, 5 Bn. Devon. R.
Windeler, Capt. H. S., Newf'd Contgt.
Winder, Temp. Capt. A M. Temp. Qr.-Mr. Serv. Bns. Manch. R.
Winder, Temp. 2nd Lt. E., Serv. Bns. Manch. R.
Winder, 2nd Lt. R. A., 8 Bn. Midd'x R.
Winderam, Serjt.-Maj. T., Sco. Rif.
Windham, Lt. A. W. G., 6 Dns.
Windham, Capt. C. A.
Windle, Temp. Lt. C. E., Tank Corps.
Windle, Lt. M. B., 7 Bn. Durh. L.I.
Windmill. Serjt.-Maj. J. W., D.C M., 16 Bn R.War. R.
Windsor, Lt. J., Devon. R.
Windsor, Lt. J. S., 8. Wales Bord.
†Wingate, Lt. A. W., late 1 Dns. Spec. Res.
Wingate, Lt. D. 7 Bn. Sco. Rif.
Wingate, Maj. (Hon. Lt. in Army) G., TD, 9 Bn. High. L.I.
Wingate, Temp. Lt. T., R.A.
Wingate Gray, Capt. W. S., R.F.A.
Wingfield, Lt. L. A., D.F.C., 6 Bn. R. Fus.
Wingfield, Lt. R. M., R.F.A. Spec. Res.
Wingfield-Digby, Lt. J. R., Res. of Off.
Wingfield - Stratford, Bt. Maj. G. E., R.W. Kent R.
†Wingrove, Temp. Capt. C. W., Serv. Bns. R. Lanc. R.

† Also awarded Bar to Military Cross,

Orders of Knighthood, &c.

THE MILITARY CROSS—*contd.*

Winkler, Lt. E. R., N.Z. Mil Forces.
Winkworth, Lt. W. W., R.F.A. Spec. Res.
Winn, Lt. A., *late* R.F.A.
Winn, Lt. H. P., R.W. Kent R.
Winn, Capt. L. M., Res. of Off.
Winn, Lt. L. S., 5 Bn. Hamps. R.
Winnicott, Lt. D. J., 7 Bn. Notts. & Derby. R.
Winser, Capt. E. F., 7 Bn. Notts. & Derby. R.
Winser, Maj. F. S., Can. Local Forces.
Winship, Lt. E. R., 8 Bn. Midd'x R.
Winslow, Dt. D. C., Quebec Regt.
Winslow, Lt. J. D., Can Fd. Art.
Winstanley, Lt. H. W., 4 Bn. S Staff. R.
Winstanley, Temp. Lt. S. W., R.A.S.C.
Wint, Lt. T., 5 Bn. N. Staff. R.
Winter, Temp Lt. A., Serv. Bns. K.R. Rif. C.
Winter, Lt. A.L., *late* M.G. Corps.
Winter, Capt. C. E. Rif. Brig.
Winter, Lt.-Col. E. A., *D.S.O., late* Serv. Bn. R. Fus.
Winter, Capt. H. G., R.A.M.C.
Winter, Lt. N., R. Suss. R
Winter, Lt. R., R.G.A. Spec. Res.
Winter, Lt. R. P., R.E. (T.F.)
Winter, Lt. W. J., 8 Bn. Notts & Derby R.
Winter, Lt W. M., R.G.A. (T.F.)
Winterbotham, Lt. E. M., R.G.A. Spec. Res.
Winterbotham, Capt. J. P., 5 Bn, Glouc. R.
†Winterbottom, Lt. G. G., Can. Local Forces.
Winterbottom, Lt. G. H., Lan. Fus.
Winterflood. Lt. L. W., 7 Bn. Lond. R.
Winterfold, Lt. L W., 7 Bn Lond. R.
Winter-Irving, Lt. C. N. I., *late* 6 Dns. Spec. Res.
Winter-Irving, Capt. S. I., C'wealth Mil. Forces.
Wintle, Lt. A. D., R.A.
†Wintle, 2nd Lt.G. H.,4 Bn. Glouc. R.
Winton, 2nd Lt. C., Ind. A'my, Res of Off.
Wintringham, Capt. J. W., Linc. Yeo.
Wise, Temp. Lt. C. R., Labour Corps.

Wise, Lt. C. W., R.A.S.C. Spec. Res.
Wise, Maj. D., Res. of Off.
Wise, Capt. F. H., 8 Bn Essex R.
Wise, Capt. H. D., 18 Hrs.
Wise, Lt. H. V., 5 Bn R. Fus.
Wise, Maj. J. W., *D.S.O.,* Can Local Forces.
Wise, Capt. S. A., R.F.A (T F)
Wise-Barnes, Lt. T., R.E. (T.F.)
Wisely, Capt. G. L. K., R.F.A.
Wiseman, 2nd Lt. A. J. T., 7 Bn. Gord. Highrs.
Wiseman, Hon. 2nd Lt A. M., Rif. Brig. (attd.)
Wishart, Lt. A. J. R., R.E.
Wisher, Capt. F., R.F.A.
Wiswell, G. B., *M.D., late* Temp. Lt. R.A.M.C.
†Witcomb, Capt. C. E., *late* Serv. Bns. Glouc. R.
Witcombe, Lt. H. G., Aust. Imp. Force.
With, Lt. K. S., R.F.A. ret.
Withall, Temp. Lt. B.P. P., Serv. Bns. R. Fus.
Witham, Temp. Lt. A., Serv. Bns. Welch R.
Witham. Capt. V. C., *late* Serv. Bns. E. Lan. R.
Withers, Capt. J. Qr.- Mr., *D.C M.,*4 Bn. Leic. R
Withers, Lt. R. N. S., R.F.A., (T.F.)
Withington, Capt. R. L., R.E.
Withinshaw, Lt. H., R.F.A (T.F.)
Witt, Capt. J. E., R.A.S.C.
Wittkopp, Capt. C. A., C'wealth Mil. Forces
Witton, Temp Lt. G.,Serv Bns. Notts & Derby R.
Witts, Capt. C., *M B , late* R.A.M.C.
Witts, Bt.-Maj. F. V. B., *D.S.O.,* R.E.
Witts, Capt. F. H., *D.S.O.,* I. Gds.
Woakes, 2nd Lt. R. S., Ind. Army Res. of Off.
Wodehouse, Lt. J., *Lord,* 16 Lrs.
Woellworth, Capt. W. D., ret.
Wolf, Lt. E. M., 4 Bn. R. Ir. Regt.
Wolf, Temp. Maj. J. J., S. Afr. Def. Forces.
Wolfe, Lt. W. C., 3 Bn. R. Dub. Fus.

Wolfe-Merton, Maj. B. G., Can. Local Forces.
Wolfe-Murray, Bt. Maj. R A., *D.S.O.,* Gord. Highrs.
Wolfendale, Capt. W. A., 5 Bn. R. Lanc. R.
Wolferstan, Rev. B., Hon. Chapl. to the Forces (4th Class).
Wollaston, Lt. C. H. F., Leic. R.
†Wollett, Lt. F. G., ret. pay
Wollocombe, Bt. Maj.T.S., Midd'x R.
Wolridge-Gordon, Capt. R., G. Gds.
Wolsey, Lt. H., ret. pay
Wolseley - Bourne, Capt. J. F., *late* Gen. List
Wolstencroft, Lt. H. P., 5 Bn. S. Lan. R.
Wolton, Capt. H. C., 5 Bn. Suff. R.
†Wolton, Capt. R. N., T.F Res.
Wolton, Lt. W. R., 5 Bn. Suff. R.
Wolverson, Lt L., S. Staff. R.
Womack, Temp. Lt. B., Serv. Bns. R.W. Surr R.
Womersley, Lt. J. H. G., R.G.A. (T.F.)
Womersley, Temp. Lt. T.A., R.E.
Wood, Lt. A., R.G.A. Spec. Res.
Wood, Lt. A., R.G.A.
Wood, Capt. A. C., *late* R.G.A. Spec. Res.
Wood, Temp. Lt. A. C., Tank Corps.
†Wood, Lt. A. L., 4 Bn. S. Staff. R.
Wood, Capt. A. R., Lan. Hrs. Yeo.
Wood, Lt. A. R., *D.C.M., M.M.,* 4 Bn. R. Highrs.
Wood, Temp. Lt. A. S. W., R.E.
Wood, Temp. Lt. B., Serv. Bns. E. York. R.
†Wood, Capt. C. A., *M.B.,* Ind. Med. Serv.
Wood, Lt. C. B., R.F.A. Spec. Res.
Wood, Lt. C. C., *late* 19 Bn. R. Ir. Rif.
Wood, Temp. Capt. C. H., 9 Bn. R. Fus.
Wood, Temp. Lt. C. H., Serv. Bns. Leic. R.
Wood, 2nd Lt. C. J., E. Kent. R.

Wood, Capt. C. L., Nova Scotia R.
Wood, Temp. Capt. C. P., Tank Corps.
Wood, Rev. C. T. T., Chaplain, 4th Class (T.F.)
†Wood, 2nd Lt. D. T., R.F.A., Spec. Res.
Wood, Temp. Lt. E., Serv. Bns. W. Rid. R.
Wood, Maj. E., Ind. Army.
†Wood, Lt. E. G. Sea. Highrs.
Wood, Lt. E. J., *late* 9 Bn. E. Surr. R.
Wood, Lt. E. L., R.F.A. (T.F.)
Wood, Capt. E. N. C'wealth Mil. Forces.
†Wood, Capt. E.R., Camb.R.
†Wood, Temp. Lt. E. V., M.G. Corps.
†Wood, Capt. E. W., *late* Serv. Bns. S. Staff. R.
Wood, Temp. Lt. E. W., 18 Bn Rif. Brig.
Wood, Capt. F., 8 Bn. Lan. Fus.
Wood, 2nd Lt. F., 7 Bn. Lan. Fus.
Wood, Temp. 2nd Lt. F., Serv. Bns. Durh. L.I.
Wood, Capt. F.A., N.Z. Mil. Forces.
Wood, Lt. F. F., 5 Bn. N. Lan. R.
†Wood, Lt. F. F. J. F., 5 Bn. Arg. & Suth'd Highrs
Wood, Lt. F. M. A., R.F.A. Spec. Res.
Wood, Temp. Capt. G., *O.B.E.* Serv. Bns. Ches.R.
Wood, Lt. G. C., R.F.A.
Wood, Temp. Lt. G. E. C.
Wood, Capt. G. F., R.E. (T.F.)
Wood, 2nd Lt. G. H., 4 Bn. Norf. R. (Lt. Som. L.I.)
Wood, Temp. Lt. G. N., Serv. Bns, Durh. L.I.
Wood, Lt. H. A., *late* M.G. Corps.
Wood, Lt. H. E., 7 Bn., W. Rid. R.
†Wood, Capt. H. G., New Bruns. R.
Wood, Lt. H. J., Can. Local Forces.
Wood, Lt. H. K , 2 Cent. Ont. Regt.
Wood, Regtl. Serjt.-Maj. I., 11 Bn. W. York. R.
Wood, Co. Serjt-Maj. J., S. Afr. Def. Forces.
Wood, Lt. J., Bord. R.
Wood, Temp. Capt. J., Serv. Bns. Manch. R.
Wood, Capt. J. A., Can. Eng.
Wood, Capt. J. A., T.F. Res.

† Also awarded Bar to Military Cross.

Orders of Knighthood, &c. 473

THE MILITARY CROSS—*contd.*

Wood, J. A. H., *late* Lt. 4 Bn. E. Surr. R.
Wood, Temp. Capt. J. B., *D.S.O.*, 8 Bn. Gord. Highrs.
Wood, Lt. J. B., Can. Local Forces.
Wood, Lt. J. C., 5 Bn. Gord. Highrs.
Wood, Rev. J. D., Temp. Chapl. to the Forces, 4th Class.
Wood, Lt. J. E., R.F.A.
Wood, 2nd Lt. J. F., C'wealth Mil. Forces.
Wood, Temp. Lt. J. G., 10 Bn. Essex R.
Wood, Capt. J. H., 2 Lond. San. Co R.A.M.C.
Wood, Temp. Lt. J. L.
Wood, Temp. Lt. J. L., M.G. Corps.
Wood, Lt. J. M. D., R.A.
Wood, Lt. J. N., R.F.A. (T.F.)
Wood, 2nd Lt. J. P., Res. of Off., Ind. Army.
Wood, Lt. J. P., 7 Bn. Sco. Rif.
Wood, Lt. J. S., 3 Bn. York R
Wood, Hon. Lt. J. V. B., *late* 12 Bn. S. Wales Bord.
Wood, Lt. K. B., 4 Bn. Leic. R.
Wood, Maj. L., *late* Serv Bns. E. Kent. R.
Wood, Lt. L. C., ret.
Wood, Maj M., *late* Serv. Bns. Manch. R.
Wood, Temp. Lt. M. A. S., Serv. Bns. W. Rid. R.
Wood, Lt. N. E. W., R.F.A., Spec. Res.
Wood, Temp. 2nd Lt. R., Serv. Bns. E. Lan. R.
Wood, 2nd Lt. R., 5 Bn. Durh. L I.
Wood, Lt. R. G., 9 Bn Manch. R.
Wood, Capt. R. G. P., ret.
Wood, Capt. R. L., R.E. (T.F.)
Wood, Lt. R. O., R. Scots.
Wood, Temp. 2nd Lt. S. F. H., M.G. Corps.
Wood, Lt. S. G., 7 Bn. North'd Fus.
Wood, Temp. Lt. S. H., R. Mar.
Wood, Lt. T., 7 D G. R.
Wood, Temp. 2nd Lt. W. A., Serv. Bns. N. Lan. R.
Wood, Temp. Capt. W. G., S. Afr. Def. Forces
Wood, Hon. Lt. W. H.
Wood, Capt. W. L. R., R.A.M.C. (T.F.)
†Wood, Lt. W. M., N. Sco. R.G.A.
Wood, Lt. W. S., R.G.A. Spec. Res.
Wood, Capt. W. V., R.A.M.C. (T.F.)
Woodall, Lt. J. D., *M.B.E.*, R.G.A.

Woodard, *Rev.* B. N. N., Temp. Chapl. to the Forces, 4th Class.
Woodbridge, Lt. C. F., R.F.A. (T.F.)
Woodburn, Lt. J., 4 Bn. Arg. & Suth'd Highrs.
Woodcock, Lt. F. T., *late* Serv Bns. Ches. R.
Woodcock, Temp. Lt. H. N. H., Serv. Bns. R.W. Kent R.
Woodfield, Temp. Lt. H. J. B., Serv. Bn. R. War. R.
Woodford, Lt. G. W., Oxf. Yeo.
Woodford, Temp. 2nd Lt. R. D. L., Serv. Bns. Fus.
Woodford, 2nd Lt. R. M. Dorset R.
Woodforde, Temp. Capt. L. F., Serv. Bns. R. Fus.
Woodgate, Capt. A. B., *D.S.O.*, E. Lan. R.
Woodhead, Lt. A., ret. pay
Woodhead, Lt. J., 7 Bn. W. York. R.
Woodhead, Temp. Lt T. W., Serv. Bns. K.O Sco. Bord.
Woodhouse, Lt. B. W., R.E. (T.F.)
Woodhouse, Capt. C. H., Dorset R.
Woodhouse, C. W., *late* Temp. Capt. Gen. List.
Woodhouse, Lt. D. E. M., *late* 7 Bn. R.W. Kent R.
Woodhouse, Capt. H. L., R.E.
Woodhouse, Lt. L. J., Dorset R.
†Woodhouse, Temp. Capt. P. R., *D.S.O.*, *M.B.*, R.A.M.C.
Woodhouse, Lt. R. K., *late* R.E.
Wooding, Temp. Lt. P. H.
Woodley, Capt. F. S., *late* Serv. Bns. R. Muns. Fus.
Woodley, Lt. J. W., Can. Local Forces.
Woodley, Lt L. A., 3 Bn. R. Innis. Fus.
Woodlock, *Rev.* F., Hon. Chapl. to the Forces, 4th Class
Woodman, Lt. F. O., 17 Bn. Lond. R.
Woodrow, 2nd Lt. A. B., *late* Serv. Bns. R. Surr. R.
Woodrow, Lt. E. B., R.F.A. Spec. Res
Woods, Lt. A. E., North'd Fus.
Woods, Temp. Maj. A. G., *D.S.O.*, Tank Corps.
Woods, Capt. E. A., R.F.A.

Woods, Capt. E. W. B., C'wealth Mil. Forces.
Woods, Lt. F. W. C., R. Fus.
Woods, Lt. G. A., *late* S. Afr. Def. Force.
Woods, Temp. Lt. H., Leins. R.
Woods, Co. Serjt.-Maj. H. D., Bedf. R.
Woods, Temp. Lt. H. V., M.G. Corps.
Woods, Temp. Lt. H. W., Serv. Bn. Worc. R.
Woods, Lt. J., R.F.A.
Woods, Temp. Lt. J. L, Serv. Bns. Linc. R.
†Woods, Capt. J. S., Can. Local Forces.
Woods, Lt.-Col. P. W., *D.S.O.*, C'wealth Mil. Forces.
Woods, Capt. R. H., R. R. Rif. C.
Woods, 2nd Lt. S. S., C'wealth Mil. Forces.
Woods, Temp. Lt. T. C., R.E.
Woods, Capt. W. T., *D.S.O.*, 5 Bn. Manch. R.
Woodsell, Asst. Surg. J. W., Ind. Sub. Med. Dept.
Woodsford, Temp. Lt. E. F., R.A.S.C.
Woodward, Temp. Lt. C, E., R.E.
Woodward, *Rev. Canon* C. S., Hon. Chapl. to the Forces, 4th Class.
Woodward, Lt. D., Quebec R.
Woodward, Temp. Lt. E. G., Serv. Bns. Manch. R.
Woodward, Capt. E. H. E., Tyne Electrical Eng., R.E.
Woodward, Lt. E. R., Can. Eng.
Woodward, Lt. H., *M.M.*, 5 Bn. N. Staff. R.
Woodward, *Rev.* H. H., Temp. Chapl. to the Forces, 4th Class.
Woodward, Lt. R. G., Ind. Army.
††Woodward, Capt. O. H., C'wealth Mil. Forces.
Woodward, Lt. R., 5 Bn. North'd Fus.
Woodward, 2nd Lt. W. J., N.Z. Mil. Forces.
†Woodyat, Lt. T. B, 2 Cent Ont. R.
Woodyear, Temp. Lt. R. P., 7 Bn. R.W. Kent R.
Woodyer, Capt. C. de W., Ches. R.
Woodyer, Lt. H. M., 3 Bn. Ches. R.
†Woof, Temp. Lt. T. N., Serv. Bns. S. Staff. R.
Wookey, Bt. Maj E. E, 4 Wool, Temp. Qr.-Mr. & Lt. W., Serv. Bns. R. Fc. Fus.

Woolard, Staff Serjt-Maj. A., R.A.S.C.
Wooldridge, Lt. A. E., R.G.A. (T.F.)
Wooldridge, Temp. 2nd Lt. C.S., Serv. Bns. Devon. R.
Wooldridge, *Rev.* R. H. Temp. Chapl. to the Forces, 4th Class
Wooley, Lt. J. J., 5 Bn. S. Staff. R.
Woolf, Temp. Lt. B. M., Tank Corps.
Woolfe, Lt. S. T., 20 Bn. Lond. R.
Woolfe, Lt. R. D. T., R. Fus.
Woolgar, Lt. J. V., h.p.
Woollan, Lt. E. B., Hon. Art. Co.
Woollatt, Lt. J., *late* R.E.
Woollcombe, Bt. Maj F. R., R.G.A.
Woollen. Temp. Lt. A., Serv. Bns. York. & Lanc. R.
Woolley, Lt. C., S. Staff. R.
Woolley, Temp. Capt. C.C., 8 Bn. S. Wales Bord.
Woolley, Lt. C. J., 9 Bn. N. Staff. R.
Woolley, Capt. E. J., 22 Bn. Lond. R.
MC Woolley. Capt. G. H., 8 Bn. Lond. R.
Woolley, Lt. H. S., R.G.A. Spec. Res
Woolley, Capt. H. W., *late* R.F.A.
Woolley, Lt. J. Stanley, R.F.A. Spec. Res.
Woolley, Capt. J. Sims, R.A.
Woolley, Temp. Lt. L. B., R.E.
Woolliscroft, Lt. W., R.F.A. (T.F.)
Woollven, Lt. C. H. C., Devon. R.
Woolmer, Maj. E., *D.S.O.*, 6 Bn. Lan Fus.
††Woolner, Bt. Maj. C. G., R.E.
Woolner, Capt. F. T., *late* R.E.
Woolrych, Lt. A. C., Aust. Imp. Force
Woolsey, Lt. E. J., Norf. R.
Woon, Maj. E. W., *D.S.O.*, S. Afr. Def. Forces.
Wootten, Capt. R. M., 6 Dns.
Wootton, Lt. F. E., Can. Fd. Art.
Wootton, Capt. J. C., *late* R A M.C.
Wootton, Temp. 2nd Lt. J. N., Serv. Bns. W. York. R.
Wootton, Lt. K. E., 10 Bn. Lond. R.
Wootton, Capt. L. H., *M.B.*, R.A.M.C. (T.F.)
Wootton, Temp. Lt. S., Res. Regt. of Cav.

† Also awarded Bar to Military Cross.
†† Also awarded 2nd Bar to Military Cross.

THE MILITARY CROSS—contd.

Worboys, Co. Serjt.-Maj. A. W., 4 Bn. Midd'x R.
Worden, Lt. A. F., 7 Bn. Lan. Fus.
Worden, Lt. E. H. G., 3 Bn. R. Berks. R.
Wordley, Capt. E, *M.B.*, *late* R.A.M.C.
Worgan, 2nd Lt D. A., 4 Bn. Lond. R.
Worgan Temp. 2nd Lt. L. M., Serv. Bns. L'pool R.
Workman, Lt. F., 5 Bn. R. Ir Rif.
Workman, Maj. S. F., Can. Eng.
Workman, Hon. Lt.-Col. Rev. W. T., *M.B.E.*, Can. Local Forces.
Worley, Rev. J. K., Hon. Chapl. to the Forces, 4th Class.
Worley, Lt R., N.Z. Mi'. Forces
†Worling, Lt. R. D., 7 Bn. Gord. Highrs.
Worlock, Hon. Capt. F. G., *late* 14 Bn. Lond. R.
Worlock, Lt. G. L., 4 Bn. R. Berks. R.
Wormald, Temp. Maj. J., Serv. Bns. K.R. Rif. C.
Wormald, Capt. L. G., R.F.A.
†Worn, Temp. Lt. G. T., 9 Bn. Norf. R.
Wornum, Lt. W. E., R.G.A Spec. Res
Worraker, Temp. Lt. C. G., Serv. Bns. Linc. R.
Worrall, Lt. A. E., K.O. Sco. Bord.
Worrall, Temp. A. J. F., Lab. Corps.
Worrall, Lt. H. C., R.F.A.
Worrall, Bt. Lt.-Col. P. R. *D.S.O.*, Devon. R.
†Worrall, Maj. R., *D.S.O.* Can. Local Forces.
Worrall, Lt. R. D., R.H.A (T.F.)
Worrall, Lt. S., R.G.A., Spec. Res.
Worsfold, Lt. C. P., R.E.
Worsley, Temp. Lt. D. R., R.A.
Worsley, Maj. H. G., R.F.A.
Worsley, Lt. H. M., Oxf. Yeo.
Worsley, Temp. Lt. J. H., Serv. Bns. L'pool R.
Worsley, Temp. Capt. R. M. M., R.A.
Worsley, Maj. R. S., Can. Eng.
Worsley, Capt. S. G., *Lord*, Res. of Off.
††Worsley, Capt. S. J., *D.S.O.*, 4 Bn. N. Staff. R.
Worsley, Lt. W. E., 7-8 Bn. W. York. R.
†Worswick, Lt. H. B., 5 Bn E. Lan. R.

Wort, Capt. P. C., E. Kent R.
Worthington, Lt. G. F. P., W.I. Regt.
Worthington, Temp. 2nd Lt G. T., Serv. Bns. North'd Fus.
†Worthington, Capt. N. R, 3 D.G. Spec. Res.
Worthington, Capt. R. H.
Worthington, Temp. Capt. T. R., Manch. R. (attd.)
Wostenholm, Lt. H. L., 5 Bn. R. War. R.
Wrafter, Rev. J., Temp. Chapl. to the Forces, 4th Class.
Wragg, Lt. N., 3 Bn. Dorset R.
Wraight, Lt. G. F. H., 18 Bn. Lond. R.
Wrangham, Temp. Capt. J. H., R. Mar.
Wrapson, Serjt.-Maj. W. J., 6 Bn. Dorset R.
Wrate, Lt. H. H., R.G.A. (T.F.)
Wrathall, Lt. L. L., Aust Imp. Force
Wrathall, Capt. W. P., *D.S.O.*, 6 Bn R. Highrs.
Wray, Lt. A. M., E. Kent R.
Wray, 2nd Lt. C. R., 23 Bn. Lond. R.
Wray, Co. Serjt.-Maj. W., 8 Bn. E. Lan. R.
Wray, Capt. W. B., Qr.-Mr 22 Bn. Lond. R.
Wray, Maj. W. G., N.Z. Mil. Forces.
Wreford, Co. Serjt.-Maj. J., 6 Bn. R. Sco. Bord.
Wreford-Brown, Lt. R. L., *late* W. Gds., Spec. Res.
Wregg, Lt. W. P. B., 5 Bn. R. Sco. Fus.
Wren, Capt. C. C. C., Aust Imp. Force.
Wren, Temp. Lt. S. M., R.E.
Wrigg Lt. L., R.A.
†Wright, Lt. A., *D.S.O.*, 2 Bn. Lond. R.
Wright, Rev. A. B., Hon. Chapl. to the Forces, 3rd Class.
†Wright, Temp. Maj. A. B., Serv. Bns. Suff. R.
Wright, Temp. Lt. A. E., Serv. Bns. S. Staff. R.
Wright, Rid.-Mr. & Lt. A. E., R.F.A.
Wright, Lt. A. E. J., R.A.
Wright, Temp. Capt. A. F., *M.B.*, *late* R.A.M.C.
Wright, Capt. A. J., *D.S.O.*, *late* Unattd. List (T.F.)
Wright, Maj. A. S., Can. Local Forces.

Wright, Temp. Capt. B., Serv. Bns. North'n R.
Wright, Temp. Lt. B., M.G. Corps.
Wright, Temp. Capt. C., R.E.
Wright, Lt. C., R.F.A. (T.F.)
Wright, Capt. C. F., 4 Bn. Leic. R.
Wright, Temp. 2nd Lt. C. J. S., Serv. Bns. W. York R.
Wright, Lt. C. M., *late* Serv. Bns. R.W. Surr. R.
Wright, Lt. C. S., *O.B.E.*, R.E. (T.F.)
Wright, Temp. Capt. C. W. G., Serv. Bns. Som. L.I.
Wright, Lt. C. W., R.F.A. Spec. Res.
Wright Temp. Lt. D. P., Serv. Bns. Sco Rif.
Wright, Temp. Lt. E. V., Tank Corps.
Wright, Temp. 2nd Lt. F., R.E.
Wright, Temp. Lt. F. T., R E.
Wright, Rev. G., Can Chaplain.
Wright, Temp. Capt. G. C., 13 Bn. Durh. L I
Wright, Lt. G. E., R. Fus.
Wright, Capt. G. H., 3 Bn Leins. R
Wright, Lt. G. H. W., *late* Res. of Off.
†Wright, 2nd Lt. G. L., R.F.A. (T.F.)
Wright, Capt. G. M. H., *D.S.O.*, R. Ir. Fus.
Wright, Lt. H., Gord. Highrs.
†Wright, Lt. H., Camb. R.
Wright, Temp. 2nd Lt. H., R.A.S.C.
Wright, Lt. H. A., R.G.A. Spec. Res.
Wright, 2nd Lt. H. A., A. Cyclist Corps.
Wright, Lt. H. B., 3 Bn. Ches. R.
Wright, Capt. H. G., Br Columbia R.
Wright, Lt. H. J., R.F.A. (T.F.)
Wright, Co. Serjt.-Maj. H. J. S., Gds.
Wright, Lt. H. M., 6 Bn. R. Highrs.
Wright, Temp. Capt. H. W., R.E.
Wright, 2nd Lt. J., Serv. Bns. High. I.I.
Wright, Temp. Lt. J. A., 10 Bn. E. York. R.
Wright, Lt. J. A., R.E. (T.F.)
Wright, Temp. Lt. J. F., Serv. Bns. Oxf. & Bucks. L.I.

Wright, Rev. J. J. Hon. Chapl. to the Forces, 4th Class. ret.
Wright, Capt. J. L., C'wealth Mil. Forces.
Wright, Temp. Lt. J. McH., *late* Serv. Bns. R. Ir. Rif.
Wright, Capt. J. P., *late* R.F.A.
†Wright, Lt. J. S., R.F.A. (T.F.)
Wright, Temp. Lt. J. W., Serv. Bns. R. Sc. Fus.
Wright. Lt. J. W, 3 Bn Linc. R.
Wright, Capt. K. V., R.F.A. (T.F.)
†Wright, Lt. M. C., 5 Bn Gord. Highrs.
Wright, Rev. N. M., Temp. Chapl. to the Forces, 4th Class.
Wright, Lt. P., R.F.A.
Wright, Lt. P., Aust. Imp. Force.
Wright, Capt. P. A., R.A.S.C. (T.F.)
Wright, Lt. P. F., 24 Bn. Lond. R.
Wright, Capt. P. L., *D.S.O.*, Bucks. Bn. Oxf. & Bucks. L.I.
Wright, Temp. Lt. R., R.G.A.
†Wright, Capt. R. M., C. Gds. Spec. Res.
Wright. Temp. Capt. R.W., Serv. Bns. North'd Fus.
Wright, Lt. S. A., R.F.A. Spec. Res
Wright, Lt. S. D., Derby. Yeo.
Wright, Temp. Lt. S. G., 6 Bn. R. W. Kent R.
Wright, Capt. S. H., R.G.A.
Wright, Temp. Capt. T. C., Serv. Bns. R.W. Kent R
Wright, Lt. T. L., R.A.
Wright, Lt. W., R.F.A.
Wright, Temp. Lt. Wilfrid, M.G. Corps.
Wright, Temp. 2nd Lt. W. A., M.G. Corps
Wright, Temp. Capt. W. E., 16 Bn. Notts. & Derby. R.
†Wright, Capt. W. G., 9 Bn. Arg. & Suth'd Highrs
Wright, Maj. W. G., Can. Local Forces.
Wright-Nooth, Temp. Capt. R. G., R.E.
Wright-Smith, Temp. Lt. S., Serv. Bns. Devon. R.
Wrightson, Capt. A., Can. Local Forces.
Wrightson, Capt. R. W., N.Z. Mil. Forces.
Wrigley, Lt. H., Ind. Army
Wrigley, Temp. Lt. W. T., Serv. Bns. Wilts. R.
Wrixon, Capt. J. M., Cambs. R.
Wrixon, Lt. M. P. B., G. Gds. Spec. Res.
Wurtele, Maj. H. A. S., R.F.A.
Wurtzburg, Capt. C. E., 6 Bn. L'pool R.

† Also awarded Bar to Military Cross.
†† Also awarded 2nd Bar to Military Cross.

Orders of Knighthood, &c.

THE MILITARY CROSS - *contd.*

Wyatt, A. H. L., *late* Temp. Capt. K. Afr. Rif.
Wyatt, Maj. F. J. C., *O.B.E.*, R.E.
Wyatt, Hon. Lt. H. E., *late* Worc. R.
Wyatt, Capt. J. D.,North'n R.
Wyatt, Lt O. E. P., R.F.A. Spec. Res.
†Wyatt, Temp. Capt. (*bt. maj.*) R. J. P.
Wyborn, Lt. E. F., *late* 20 Hrs.
Wybrants, Lt. D. C., R.A.S.C. (T.F.)
†Wycherley, Lt.R.B., 5 Bn. W. York. R.
Wycliffe-Taylor, Lt. T. W., R.F.A.
Wye, Maj. F. P., R.F.A.
Wyeth, Maj. F. J. S., ret.
Wykeham, Capt. P. H., S. Mid. Divl. Ammn. Col. R.F.A.
Wykeham-Musgrave, Maj. A. G., Glouc. Yeo.
Wykes, Lt. G. N., Leic. R.
†Wykes, Lt.M.,R. Berks.R.
Wyld, Capt. J. W. F., h.p.
†Wyld, Bt. Maj. J. W. G., *D.S.O.*, Oxf. & Bucks. L.I.
W'vld, Temp. Lt. W. G., R.A.
Wylde, Lt. H., 5 Bn. Leins. R.
Wyler, Temp. Capt. E. J., *M.D.*, R.A.M.C.
Wyley, Capt. D. H. FitzT., *O.B.E.*,1 Home Co. Brig., R.F.A.
Wylie, Lt. A. W., 3 Bn. K.O. Sco. Bord.
†Wylie, Temp. Capt. E. G., 13 Bn. Durh. L.I.
Wylie, Lt. G., R. Lan. R.
Wylie, Temp. Capt. J., R.A.M.C.
Wylie, Lt. J., R.G.A (T.F.)
Wylie, Capt. R., 6 Bn. Lond. R.
Wylie, Lt. R., R.F.A. Spec. Res.
Wylie, Capt. T. W., *M.B., late* R.A.M.C. Spec. Res.
Wyllie, Capt. H. A., C'wealth Mil. Forces.
Wyllie, Lt. J.W. G., 9 Bn. High. L.I.
Wyllie, Capt. K. R., Aust. Imp. Force.
Wyllie, Lt. R. A., 10 Bn. R. Scots
Wyman, Lt. H. K., *M.M.*, Can. Eng
Wyncoll, Maj. C. E. F., R.E.
Wyncoll, Capt. H. E. F., *O.B.E.*,Notts. & Derby.R.
Wyndham, Capt. *Hon*. E. H., L.G.
Wyndham, Temp. Lt. G.H. S., Serv. Bns. R.W. Surr. R.
Wyndham, Lt. G. R. C., K.R. Rif. C.

Wyndham-Quin, Capt. R. S. W. R., 12 Hrs.
Wynn, Lt. T. S., Suff. R.
Wynne, Lt. C. H. R., R.F.A.
Wynne, Temp Capt. C. S., *M.B.*, R.A.M.C.
Wynne, Lt. R., 3 Bn. R.W Fus.
Wynne, Lt. W. D., 3 Bn. R. Ir. Regt.
†Wynne-Edwards, Temp. Capt. R. M., *D.S.O.*, Serv. Bns. R. W. Fus.
Wynne Finch, Capt. J. C., C. Gds.
Wynne Finch, Capt. W. H., S. Gds.
Wynne-Williams, Lt. A. I., R.F.A.
Wynter, Lt. R. C., Worc. R.
Wynter-Morgan, Temp. Lt. W.. Serv. Bns. Glouc. R.
Wyrley-Birch, Lt. R. A., R.A.

Yalden, L .E. C., 7 Bn. Midd'x R.
Yalden, Lt. T. H., E, Surr. R.
Yandle, Lt. R., 3 Bn. Devon R.
Yapp, Lt. A. E., Res. of Off.
Yare, 2nd Lt. W. T., 5 Bn. R. Lanc. R.
Yate, Capt. V. A. C., Durh. L.I.
Yates, Capt. A. L., *M.D.*, R.A.M.C. (T.F.)
Yates, Temp. Lt. A. M., Serv. Bns. K.R. Rif. C.
Yates,Maj. A St.J.,*O.B.E.*, R.E.
Yates, Capt. A. V., W.Ont. Regt.
Yates, Col. C. M., *C.B.E., M.V.O.*, ret. pay.
Yates, Hon. Capt. H., Qr.-Mr. R. W. Fus.
Yates, Temp. Lt. M. S., R A.S.C.
Yates, Lt. J., Suff. R.
Yates, Lt. J. J., S. Afr. Def. Force.

Yates, Temp. Capt. R., *D.S.O.*, R.E.
Yates, Lt. R. S., R.F.A.
Yates, Maj. S. P., 11 Hrs.
Yates, Lt. W., 6 Bn. W. Rid. R.
Yates, Capt. W B.B., 4 Bn W. Rid. R.
Yates,Temp.Lt.W.Y.,Serv. Bns. Ches. R.
Yates, Lt. W. R., C'wealth Mil. Forces.
Yeadon, Lt.-Col. A. P., Qr.-Mr. ret. p.y.
†Yearsley,Capt.K.D., R.E.
Yeatman, Lt. H., 6 Bn. S. Staff. R.
Yeatman, Lt. R. J., *late* R.F.A., Spec. Res.
Yellowlee, Temp. Lt. J., Serv. Bns. Durh. L.I.
Yencken, Maj. A. F., *late* R.F.A.
Yeo, Temp. Capt. (bt. Maj.) H E.
Yeomans, Lt. J. H. M., 6 Bn. N. Staff. R.
Yetts, Capt. L. M., 6 Bn. R. W. Surr. R.
†Yore, Capt. P., T.F. Res.
York, Temp. Capt. O. K., Serv. Bns. Glouc. R.
York, Temp. Capt. W. H., R.E.
Yorke, Temp. Capt. D., 14 Bn. Welsh R.
Yorke, Capt. F. A., R.G.A.
Yorke, Capt. H. E. P., R.A.M.C.
Yorke, Lt. H. R., 6 Bn Ches. R.
Yorke, Capt. H. R., War. Yeo.
Yorke,Capt. L. J., *late* 4 Bn York. R.
Yorke, 2nd Lt. W. H., N.Z. Mil. Forces.
Yorston, Lt. S., 6 Bn.Ches R.
Youl, Maj. G. A. D., *late* R.A.
Youles, Temp. 2nd Lt. F. L. Lab. Corps
Youll, Lt. R. A., .Durh. L.I. Spec. Res.
Young, Lt. A., *late.* Serv. Bns. Sco. Rif
Young Capt. A. C., Can. Eng.
†Young, Lt. A. D., 3 Bn. W. York. R.
Young, Temp. Capt. A. P.
Young, Capt. A. W., *M.D., F.R.C.S Edin., late* R.A.M.C.
Young, Lt. B. K., R.E.
Young, Lt. C. E., 6 Bn Midd'x R.
Young, Temp Capt. C. J. N., R.E.
Young, Capt. C. O. J., *M.B.*, R.A.M.C. Spec. Res.
Young, Co. Serjt.-Maj. C. P., Midd'x R.

††Young,Capt.C.R., *D.S.O., M.B., late* R.A.M.C.
Young, Temp. Maj. D., Serv Bns. K.R. Rif. C.
Young, Temp. Lt. E., Serv. Bns. Glouc. R.
Young, Lt. E. D., R G.A Spec. Res.
Young, Maj. E. J., Can. Local Forces.
Young, Temp. Lt. E. J., Serv. Bns. R.W. Surr. R.
Young, Capt. E. M., Aust. Imp. Force.
Young, Capt. E. W. G., *O.B.E., M.B., late* R.A.M.C.
Young, Lt. F. C., Can. M.G. Corps.
Young, Capt. F. E., 6 Bn Rif. Brig.
Young, Capt. G., *M.B.*, R.A.M.C. Spec. Res.
Young, Temp. Lt. G., M.G. Corps.
Young, Lt. G. A., Aust. Im p. Force.
Young, Lt. G. D , R.A.S.C.
Young, Temp. 2nd Lt. G. S., 15 Bn. R. Scots
Young, 2nd Lt. G. S., 5 Bn. N Staff. R.
Young, Temp. 2nd Lt. H., Serv. Bn. R. Innis. Fus.
Young, Lt. H., R. Lanc. R.
Young Lt. H. G., R.F.A. (T.F.)
Young, Capt. H.G., *D.S.O.*, Can. A.M.C.
Young,Capt. H, P., *D.S.O.*, Can. A.M C
Young, Lt. H. S. B., R.G.A., Spec. Res.
Young Capt.H.T.,C'wealth Mil. Forces.
Young, Lt. J., 6 Bn. R. Scots.
Young, Lt. J., *D.C.M.*, Aust. Imp. Force.
Young, Temp. Maj. J. A., *D.S.O.*, R.F.A.
Young,Capt. J. A., *M.B.*, R.A.M.C. (T.F.)
†Young, Lt.J.A.,Can. Eng.
Young, Lt. J. B., N. Ir. Horse.
Young, Temp. Lt. J. B. N., Serv. Bns. R. Berks. R.
Young, Capt. J. C., *M.D.*, R.A.M.C. Spec. Res.
Young, Capt. J. D., Bucks Yeo.
††Young, Maj. J. D., *D.S.O.*, Manch. R.
Young, Temp. Capt. J. D. S., *D.S.O.* Serv. Bns. Arg. & Suth'd Highrs.
Young, Lt. J. E., F.G.A. Spec. Res.

---

†Also awarded Bar to Military Cross.   †† Also awarded 2nd Bar to Military Cross.

Orders of Knighthood, &c.

THE MILITARY CROSS—contd.

Young, Temp. Capt. J. E., R.A.V.C.
Young, Capt. J. H., D.S.O., Arg. & Suth'd Highrs.
Young, Temp. Lt. J. H. B., D S.O., Serv. Bns. Ches. R.
Young, Temp. Lt. J. L., Serv. Bns. North'd Fus.
Young, Temp. Lt. J. L., D.C.M., M.M., Serv. Bns. High. L I.
Young, Capt. J. M., M.B., late R.A.M.C.
Young, L. J. M. G., R.F.A. Spec. Res.
Young, Temp. Lt. J. S., R.E.
Young, Temp. Capt. J. S., R.A.V.C
Young, Lt. J. S., late Serv. Bns. R. Higrs.
Young, 2nd Lt. J. T., 6 Bn. Arg. & Suth'd Highrs.
Young, Temp. Lt. J. W., Serv. Bns Durh L.I.
Young, Lt. J. W., R.F.A.
Young, Capt. K. de L., 8 Cav.
Young, Lt. L. J., Quebec Regt
Young. Temp. Capt. N.E. Serv. Bns. R. Suss R.
Young, Lt. O., 5 Bn. North'd Fus.
Young, Lt. P. C., R.F.A. Spec. Res.
Young, Lt. R., late 19 Bn R. Ir. Rif.
Young, Lt. R. A., 4 Bn. R. Ir. Rif.
Young, Lt. R. A., R.F.A. Spec. Res.
Young, Temp. Capt. R. C., Tank Corps.
Young, Capt. R. F., M.B., late R.A.M.C.
Young, Lt. S. B., late R. A. (T.F.)
†Young, Lt. S. W., M.M., Aust. Imp. Forces.
Young, 2nd Lt. T. H., 5 Bn. R. Sc. Fus.
Young, Temp. Capt. T. F., D.S.O., R.E.
Young, Capt. V. L, late 6 Bn. Glouc. R.
Young, Capt. W., late 4 Bn. W. York. R.
†Young, Temp. Lt. W., Serv. Bns. R.W. Fus.
Young, Lt. W., R.E. (T.F.)
Young, Temp. 2nd Lt. W., M.G. Corps.
Young, Lt. W. C., 4 Bn. R. Sc. Fus.
Young, Lt. W. G., 8 Bn. R. Scots.
Young, Lt. W. G., 4 Bn. Hamps. R.
†Young, Temp. Capt. W. R., R.F.A.
Younghusband, Lt. C. H, 8 Bn. Worc. R.
Younghusband, Maj L. N., late R.F.A.
Youngman, Lt, F. T. H., 2 Cent. Ont. Regt.
Youngman Capt. W., Can Regt.
Youngson, Lt. R. W. 5 Bn. Gord Highrs.
Younie, Temp. 2nd Lt. W., Serv. Bns. Glouc. R.
Yoxall, Lt. G. B., 6 Bn. W. York. R.
†Yoxall, Capt. H. W.
Yuill, Temp. Maj. H. H., D.S.O., R.E.
Yuille, Lt. D. McG., late 4 Bn. R. Sc. Fus.
Yule, Temp. Lt. G. L., Serv. Bns. R. Highrs.
Yule, Capt. H. V., Ind. Army
Yule, Capt. J. S., C'wealth Mil. Forces.
Yule, Lt. L. B., Can. Local Forces.
Yule, Lt. W.
Yunge-Bateman, Maj. E. G., late R.A.
Yuzbashi Wadia Effendi Tanuis Glursn, Egyptian Army.

Zaman Khan, Subadar Bahadur, 129 Baluchis.
Zambra, Temp. Lt. N., R.A.
Zayed Effendi M. Tani El Amin, Egyptian Army.
Zeedeberg, R. D., 3 Bn N. Staff. R.
Zeki Ali Ghonaim (Effendi) ElMulazimTani, Egyptian Army.
Zeller, 2nd Lt. W. D., N. Mid. Divl. R.E.
Zeron, Lt. J. E., late Serv. Bns. Oxf. & Bucks. L.I.
Ziani de Ferranti, Temp. Lt. V., R.E.
Ziegler, Temp. Capt. G. G., Serv. Bns. R. Fus.
Zimmern, Lt. N. H., 6 Bn. Lan. Fus.
Zorawar Singh, Capt. Unattd. List Ind. Army.

† Also awarded Bar to Military Cross.

THE ROYAL RED CROSS.

THE QUEEN	6May10
QUEEN ALEXANDRA	4May83
H.R.H. the Princess Christian, G.B.E. (*Princess* Helena of Great Britain and Ireland)	24May83
H.R.H. the Princess Beatrice	24May83
H.R.H. the Princess Louise, *Duchess of* Argyll, *G.B.E., C.I., v.a.*	7Aug.85
H.R.H. the Duchess of Albany	7Aug.85
H.R.H. the Princess Frederica	7Aug.85
H.M. Queen Olga *of* Greece	18Dec.97
H.M. Queen Sophia -	18Dec.97
H.H. Princess Helena Victoria -	16Mar.00
H.M. The Queen *of* Italy	2Feb.09
H.R.H. Princess Andrew of Greece -	7Nov.13
H.I.H. The Grand Duchess George Michaelovitch	26July15

MEMBERS (R.R.C.)

	Services.	
Acton, *Miss* M. (*Matron, T.F. Nursing Serv.*)	The War of 1914-19	1Jan.16
Also awarded Bar to Royal Red Cross	The War of 1914-19 -	1Jan.18
Addams-Williams, *Miss* F. E. (*late Principal Matron, Q.A.I.M.N.S.*)	} Netley -	28July05
Addison, *Miss* O.	S. Africa	26July04
Adler, *Miss* N.	The War of 1914-19 -	3June15
Airy, *Miss* S.	Cyprus and Egypt -	24May83
Aitchison, *Miss* G. A. (*Sister, Q.A.I.M.N.S. Ret.*)	The War of 1914-19 -	3June19
Alcock, *Miss* C. (*Principal Matron, T.F. Nursing Serv.*)	} The War of 1914-19 -	22Feb.17
Aldridge, *Miss* W. M. (*Nursing Sister Q.A.M.N.S. India*)	} The War of 1914-19 -	3June19
Alexander, *Miss* C.	The War of 1914-19	31July19
Alexander, *Miss* I. G. (*Matron, S.A.M.N.S.*) -	The War of 1914-19 -	1 an.16
Alexander, *Miss* M.	The War of 1914-19 -	1Jan.19
Also awarded Bar to Royal Red Cross	The War of 1914-19 -	3June19
Allan, *Miss* A. H. (*Asst. Matron T.F.N.S.*) -	The War of 1914-19 -	9Apr.19
Allen, *Miss* E. (*Matron, T.F. Nursing Serv.*)	The War of 1914-19 -	24Oct.17
Allen, *Miss* G. M. (*Sister Q.A.I.M.N.S.*)	The War of 1914-19 -	3June17
Also awarded bar to Royal Red Cross	The War of 1914-19 -	3June19
Allibone, *Miss* M. (*Matron T.F.N.S.*)	The War of 1914-19 -	9Apr.19
Anderson, *Miss* C. (*late Nursing Sister, Q.A.I.M.N.S.*)	The War of 1914-19 -	24Oct.17
Anderson, *Miss* C. B. (*Matron N.Z.A.N.S.*) -	The War of 1914-19	3July19
Anderson, *Miss* E. McC. (*late Nursing Sister, A.N.S.R.*)	S. Africa	29Nov.00
Anderson, *Miss* M. (*Head Sister Aust. A N.S.*)	The War of 1914-19 -	1Jan.18
Anderson, *Miss* M. O.	Samoa -	29Jan.00
Andrew, *Miss* M. S. (*Sister in charge T.F. Nursing Serv.*)	} The War of 1914-19 -	3June18
Antoine, *Mlle.* E. -	—	17Oct.14
Appleton, *Miss* E. E.	The War of 1914-19 -	1Jan.18
Appleyard, *Miss* M. L. (*Matron, T.F. Nursing Serv.*)	The War of 1914-19 -	24Oct.17
Aris, *Miss* M. A. (*Asst. Matron, Q.A I.M.N.S.R.*)	The War of 1914-19 -	24Oct.17
Armstrong, *Miss* A. B.	The War of 1914-19 -	3June18
Armstrong, *Miss* J. E.	The War of 1914-19	31July19
Ashlin-Thomas, *Miss* M.	The War of 1914-19 -	3June19
Attenborough, *Miss* W. A., (*Asst. Matron T.F.N.S.*)	The War of 1914-19 -	2June19
Austen, *Miss* K. H.	The War of 1914-19 -	1Jan.19
Babb, *Miss* M. L. T. (*Sister, Q.A.I.M.N.S.*) -	The War of 1914-19 -	23Feb.17
Badger, *Miss* L. (*Sister, Q.A.I.M.N.S. Res.*)	The War of 1914-19 -	1Jan.19
Bagot, *Mrs.* T.	S. Africa	26June02
Baigent *Miss* C. E. (*Act. Sister Q.A.I.M.N.S. Res.*)	The War of 1914-19	3June18
Bailie, *Miss* H. M.	The War of 1914-19 -	31July19
Baillie, *Miss* A B. (*Principal Matron, T.F. Nursing Serv.*)	} The War of 1914-19 -	1Jan.16
Baillie, *Miss* E. (*Sister Q.A.I.M.N.S Res*) -	The War of 1914-19	3June18
Baird, *Miss* A. I. (*Sister, Q.A.I.M.N.S. Res.*)-	The War of 1914-19 -	1Jan.17
Also awarded Bar to Royal Red Cross	The War of 1914-19 -	3June19
Baldrey, *Miss* E. E. (*Sister, Q A.I.M.N.S. Res.*)	The War of 1914-19 -	1Jan 18
Ball *Mrs.*	S. Africa	26June02
Banfield, *Miss* M. (*Matron, Q.A.I.M.N.S. Res.*)	The War of 1914-19 -	23Feb.17
Bann, *Miss* E. M. -	The War of 1914-19 -	21June15
Bannister, *Miss* M. W. (*Sister, Q.A.I.M.N.S. Res.*)-	The War of 1914-19 -	1Jan.18
Barber, *Miss* E. (*Sister, Q.A.I.M.N.S.*)-	The War of 1914-19 -	1Jan.17

The Royal Red Cross

MEMBERS (R.R.C.)—contd.

Name	Services	Date
Barbier, Miss I. E. M. (Sister, Q.A.I.M.N.S. Res.)	The War of 1914-19	3 June 15
Barker, Miss M. E.	N. W. Frontier of India	21 Apr. 99
Barnard, Miss P. (Sister T.F. Nursing Serv.)	The War of 1914-19	3 June 19
Barrett, Miss E. G. (late Staff Nurse, Q.A.I.M.N.S.)	The War of 1914-19	3 June 15
Barrett, Miss M.	The War of 1914-19	9 Apr. 19
Barrow, Miss L. (Matron, T.F. Nursing Serv.)	The War of 1914-19	24 Oct. 17
Barrow. Miss L. E. (Sister, Q.A.I.M.N.S. Res.)	The War of 1914-19	12 Dec. 19
Barry, Miss E.	The War of 1914-19	3 June 16
Barton, Miss E. C. (Principal Matron, T.F. Nursing Serv.)	The War of 1914-19	3 June 16
Barwell, Miss M. S.	The War of 1914-19	3 June 19
Bate, Miss M. M. (Asst. Matron T.F. Nursing Serv.)	The War of 1914-19	3 June 19
Batrow, Miss A. B. (Matron, Q.A.I.M.N.S. Res.)	The War of 1914-18	24 Oct. 17
Battye, Miss C. (Sister T.F. Nursing Serv.)	The War of 1914-19	31 July 19
Bayldon, Miss M. (late Matron, T.F. Nursing Serv.)	The War of 1914-19	23 Feb. 17
Becher, Dame E. H., G.B.E. ret. pay (Matron-in Chief, Q.A.I.M.N.S.)	S. Africa	9 Nov. 00
Also awarded Bar to Royal Red Cross	The War of 1914-19	1 Jan. 18
Beesby, Miss E. M.	The War of 1914-19	21 June 18
Belcher, Miss L. (Sister, Q.A.I.M.N.S.)	The War of 1914-19	3 June 16
Belcher, Mrs M. (late Sister, Q.A.I.M.N.S.)	The War of 1914-19	1 Jan. 16
Bellingham, Mrs.	China	1 Jan. 01
Belo*, Miss E. F. (Matron Q.A.I.M.N.S. Res.)	The War of 1914-19	31 July 19
Bennett, Miss I. C.	The War of 1914-19	23 Feb. 17
Bennet, Miss A. (Matron, A.N.S.)	The War of 1914-19	3 June 18
Bennet, Miss M. B., O.B.E.	The War of 1914 19	25 Feb. 15
Bestor, Miss H. L. (Staff Nurse, S.A.M.N.S.)	The War of 1914-19	1 Jan. 16
Beverley, Miss E. M.	The War of 1914-19	12 Dec. 19
Bickerton, Miss E. T.	The War of 1914-19	4 Apr. 19
Bickham, Miss W. M. (Asst. Matron, T.F. Nursing Serv.)	The War of 1914-19	1 Jan. 19
Bidsmead, Miss A. (S Australia)	S. Africa	29 Nov. 00
Billing, Miss V. A. (Matron T.F. Nursing Serv.)	The War of 1914-19	24 Oct. 17
Billington, Miss F M. (Act. Sister Q.A.I.M.N.S. Res.)	The War of 1914 19	3 June 19
Bills, Miss S. K. (Sister, Q.A.I.M.N.S)	The War of 1914-19	3 June 16
Bilton, Miss C. T. (late Sister, Q.A.I.M.N.S.)	The War of 1914-18	1 Jan. 17
Bird, Miss A. M	The War of 1914-19	23 Feb. 17
Bird, Miss M. (Principal Matron, T.F. Nursing Serv.)	The War of 1914-19	1 Jan. 16
Bishop, Miss M. (Act. Sister Q.A.I.M.N.S. Res.)	The War of 1914-19	3 June 18
Black, Miss R H. (Sister T.F Nursing Serv.)	The War of 1914-19	1 Jan. 19
Blair, Miss M.A.C. M. M. (Act. Sister Q.A.I-M.N.S.Res)	The War of 1914-19	3 June 19
Blakely, Miss M. M. (Matron, Q.A.I.M.N.S.)	The War of 1914 19	1 Jan. 18
Also awarded Bar to Royal Red Cross	The War of 1914-19	1 Jan. 18
Blanchard, Miss W. (Asst. Matron Q.A.I.M.N.S. Res.)	The War of 1914-19	3 June 18
Bland, Miss S. E.	The War of 1914-19	1 Jan. 19
Blew, Miss N., O.B.E. (Sister, Q.A.I.M.N.S)	The War of 1914-19	3 June 17
Bloomquist, Miss T. (Nursing Sister Can. A.M.C.)	The War of 1914-19	31 July 19
Boeddicker, Mrs. G. M.	The War of 1914-19	24 Oct. 17
Bolderstone, Miss M. (Sister T.F. Nursing Serv.)	The War of 1914-19	31 July 19
Bond, Miss A. S. (Matron, Q.A.I.M.N.S.)	S. Africa	29 Nov. 00
Also awarded Bar to Royal Red Cross	The War of 1914-19	1 Jan. 18
Bond, Miss M. M. (Matron, Q.A.I.M.N.S.)	The War of 1914-19	3 June 16
Bonser, Miss S. (Senior Matron Q.A.M.N.S. India)	The War of 1914-19	3 June 19
Boot, Miss L.	The War of 1914-19	6 Aug. 19
Bostock, Miss M. F.	The War of 1914-19	3 June 16
Boulter, Miss M. G. (Matron, Can. Local Forces)	The War of 1914-19	3 June 16
Bourguignon, Miss E.	China	1 Jan. 01
Bousted, Miss I. (Sister Q.A.I.M.N.S. Res.)	The War of 1914-19	24 Oct. 17
Boyd, Mrs. K.	S. Africa	7 Apr. 05
Bradburne, Miss L.	The War of 1914-19	23 Feb. 17
Bramwell, Miss E.	The War of 1914-19	16 Feb. 20
Branson, Miss M. J. (Sister Q.A.I.M.N.S. Res.)	The War of 1914-19	3 June 18
Braiser, Miss M.	The War of 1914-19	3 June 19
Brazier, Miss D.	China	22 Sept. 02
Brereton, Miss K. B. (Nursing Sister, A.N.S R.)	S. Africa	22 Aug. 02
Brooke, Miss E. (Matron, N.Z. Mil. Forces)	The War of 1914-19	17 Sept. 17
Also awarded Bar to Royal Red Cross	The War of 1914-19	3 June 19
Brooke, Miss I. F (Sister Q.A.I.M.N.S.)	The War of 1914-19	1 Jan. 19
Brooks, Miss A.	The War of 1914-19	16 Feb. 20
Brown, Miss A. (Staff Nurse Q.A.I.M.N.S. Res.)	The War of 1914-19	31 July 19
Brown, Miss E. F. C. (Principal Matron, T.F. Nursing Serv.)	The War of 1914-19	1 Jan. 16
Brown, Miss M. A. (Sister T.F. Nursing Serv.)	The War of 1914-19	3 June 16
Brown, Miss M. T. (Sister Q.A.I.M.N.S. Res.)	The War of 1914-19	24 Oct. 17
Brown, Miss S. (Matron Q.A.I.M.N.S. Res.)	The War of 1914-19	24 Oct. 17
Brown, Miss S. A. (Matron, Q.A.I.M.N.S. Res.)	The War of 1914-19	23 Feb. 17
Also awarded Bar to Royal Red Cross	The War of 1914-19	9 Apr. 19
Browne, Miss A. M.	The War of 1914-19	9 Apr. 19
Browne, Dame S. J., G.B.E (Matron-in-Chief, T.F. Nursing Serv.) (Matron-in Chief, Q.A.I.M.N.S., ret.)	S. Africa	29 Nov. 00
Also awarded Bar to Royal Red Cross	The War of 1914-19	1 Jan. 18
Bruce, Lady	S. Africa	6 Mar. 03
Brumwell, Miss A. C. (Sister, Q.A.I.M.N.S. Res.)	The War of 1914-19	3 June 19
Brunskill, Miss R. E. (Sister Q.A.I.M.N.S. Res.)	The War of 1914-19	24 Oct. 17

The Royal Red Cross

MEMBERS (R.R.C.)—*contd.*

Name	Services	Date
Buchanan, *Miss* E. K. (*Sister in charge T.F. Nursing Serv.*)	The War of 1914-19	3 June 18
Buchanan, *Miss* J. H.	The War of 1914-19	9 Apr. 19
Buller, *Miss* A. C. G.	The War of 1914-19	23 Feb. 17
Bullock, *Miss* E. D. (*Asst. Matron T.F Nursing Serv.*)	The War of 1914-19	31 July 19
Bulman, *Miss* G. M. (*Sister, Q.A. M.N.S. ret.*)	The War of 1914-19	3 June 19
Bulman, *Miss* K. M. (*Sister, Q.A I.M.N.S. ret.*)	The War of 1914-19	3 June 19
Burke-Roche, *Miss* G.	The War of 1914-19	3 June 19
Burleigh, **Miss** R. M. (*late Nursing Sister, A.N S.*)	Egypt, Hospital Ship "Ganges."	23 Oct. 85
Burrill, **Mrs.** J.	S. Africa	26 June 02
Burton, *Miss* H., *O.B.E.* (*Sister, Q.A.I.M.N.S. Res.*)	The War of 1914-19	3 June 19
Also awarded Bar to Royal Red Cross	The War of 1914-19	
Buswell, *Mrs.* M. J.	China	10 Dec. 01
Byam, **Miss** O. L.	Soudan	23 Oct. 85
Byers, *Miss* A. F. (*Matron Q.A.I.M.N.S.*)	The War of 1914-19	3 June 15
Also awarded Bar to Royal Red Cross		1 Jan. 19
Byrne, **Miss** M. (*Staff Nurse, T.F. Nursing Serv.*)	The War of 1914-19	29 Mar. 20
Cains, *Miss* I. A.	The War of 1914-19	21 June 18
Cairncross, **Miss** —	S. Africa	29 Nov. 00
Cameron, *Miss* A. B., *O.B.E.* (*Sister, Q.A.I.M.N.S.*)	The War of 1914-19	3 June 16
Cameron, *Miss* M. M (*Matron, N.Z. Mil. Forces*)	The War of 1914-19	3 June 16
Cameron, *Miss* N. T. (*Acting Matron C.A.M.C.*)	The War of 1914-19	24 Oct. 17
Camilla Orpheline, *S'ster*	Egypt	24 May 83
Campbell, *Miss* B A. (*Matron A.A.N.S.*)	The War of 1914-19	3 June 18
Campbell, *Miss* E M. (*Matron, Can. Nursing Serv.*)	The War of 1914-19	3 June 15
Campbell, *Miss* M.	The War of 1914-19	18 May 19
Campbell-Ross, *Mrs.* M. H. M.	S. Africa	22 Aug. 02
Cann, *Miss* F. A.	The War of 1914-19	24 Oct. 17
Cannell, **Miss** F.	Cyprus and Egypt	24 May 83
Cardozo, *Miss* J. M. (*Sister T.F. Nursing Serv.*)	The War of 1914-19	3 June 18
Carley, *Miss* B. (*Sister, T.F. Nursing Serv.*)	The War of 1914-19	3 June 19
Carr, *Miss* R. M.	The War of 1914-19	3 June 19
Carroll-Dempster, *Miss* A. G. (*Sister Q.A.I.M.N.S.*)	The War of 1914-19	31 July 19
Carruthers, *Miss* M. (*Matron, Q.A.I.M.N.S. Res.*)	The War of 1914-19	23 Feb. 17
Carter, *Miss* F. E. (*Asst. Matron T.F. Nursing Serv.*)	The War of 1914-19	21 June 18
Carter, *Miss* L. O. (*Matron, T.F. Nursing Serv.*)	The War of 1914-19	23 Feb. 17
Casault, *Miss* H. (*Matron, Can. Local Forces*)	The War of 1914-19	23 Feb. 17
Cashin, *Miss* A. E. (*Sister, Q.A.I.M.N.S. Res.*)	The War of 1914-19	1 Jan. 17
Also awarded Bar to Royal Red Cross	The War of 1914-19	6 Sept. 18
Casserley, *Miss* A. E.	The War of 1914-19	3 June 19
Cassidy, *Miss* E. V.	The War of 1914-19	3 June 19
Cator, **Miss** S.	Crimea	14 Jan. 98
Caulfeild, **Miss** A. E. (*Lady Supt. of Nurses, A.N.S. ret.*)	Egypt and Transvaal	24 May 83
Caulfield, *Miss* G. H. *Sister, Q.A.I.M.N.S.*	The War of 1914-19	3 June 19
Cave, *Miss* M. H.	The War of 1914-19	23 Feb. 17
Cawley, *Mrs.* M. E.	Naga Hills	27 Oct. 91
Chadwick, *Miss* C. M. (*Matron. Q.A.I.M.N.S. ret.*)	S. Africa	26 June 02
Also awarded Bar to Royal Red Cross	The War of 1914-19	1 Jan. 19
Chaffey, *Miss* E. A. (*Acting Matron A.N.S.R.*)	The War of 1914-19	24 Oct. 17
Chapin, **Miss** A. G.	China	19 Feb. 01
Chapman, *Miss* D. F. (*Sister T F. Nursing Serv.*)	The War of 1914-19	1 Jan. 19
Chapman, *Miss* E. H. (*Head Sister Aust. A.N.S.*)	The War of 1914-19	1 Jan. 19
Chapman, *Miss* K. E. J. (*Sister, Q.A.I.M.N.S. Res.*)	The War of 1914-19	3 June 16
Chapman, *Miss* M. (*Asst. Matron, Q.A.I.M.N.S. Res.*)	The War of 1914-19	21 June 18
Charleson, *Miss* E. M. (*Matron, Can. Local Forces*)	The War of 1914-19	3 June 16
Charleson, **Miss** J.	S. Africa	22 Aug. 02
Cheetham, *Miss* E. C. (*Matron, Q.A.I.M.N.S.*)	The War of 1914-19	1 Jan. 17
Chittock, *Miss* M. A. *M.M.*	The War of 1914-19	3 June 19
Christopherson, *Miss* F. W. (*Asst. Matron, Q.A.I.M.N.S. Res.*)	The War of 1914-19	1 Jan. 18
Church, *Miss* I. E. (*Q.A.I.M.N.S. Res.*)	The War of 1914-19	1 Jan. 19
Clark, *Miss* L. S.	The War of 1914-19	12 Dec. 19
Clark, *Miss* M.	The War of 1914-19	3 June 15
Clark, *Miss* S. L. (*Sister N.Z. Nursing Serv.*)	The War of 1914-19	12 Dec. 19
Clarke, *Miss* E. V. L. (*Staff Nurse, Q.A.I.M.N.S.*)	The War of 1914-19	25 Feb. 18
Clarke, Miss S.	W. Africa	22 Aug. 99
Clay, *Mrs.* I. M.	Dharmsala	28 Nov. 05
Clay, *Miss* J. M. (*Sister, Q.A.I M.N.S., ret.*)	The War of 1914-19	3 June 16
Also awarded Bar to Royal Red Cross	The War of 1914-19	1 Jan. 19
Clay, *Mrs.* V. H.	Dharmsala	28 Nov. 05
Clements, *Miss* M. (*Sister, Q.A.I.M.N.S.*)	The War of 1914-19	1 Jan. 17
Clemon, *Miss* E. M.	The War of 1914-19	9 Apr. 19
Cobb, *Miss* E. C.	The War of 1914-19	31 July 19
Cockrell, *Miss* S. J. (*Matron T.F. Nursing Serv.*)	The War of 1914-19	3 June 18
Cockshott, *Miss* M. (*Sister, T.F.N.S.*)	The War of 1914-19	3 June 19
Cole, **Miss** M. C. F. K. (*Matron, Q.A.I.M.N.S. ret.*)	Egypt, Hospital Ship "Ganges"	23 Oct. 85
Collins, *Miss* E. R. (*Sister, Q.A.I.M.N.S.*)	The War of 1914-19	1 Jan. 16
Also awarded Bar to Royal Red Cross	The War of 1914-19	3 June 19
Congleton, *Miss* J. H. (*Sister, Q.A.I.M.N.S.*)	The War of 1914-19	3 June 15
Conyers, *Miss* E.A., *C.B.E.* (*Matron-in-Chief, C'wealth Mil. Forces*)	The War of 1914-19	3 June 16
Also awarded Bar to Royal Red Cross	The War of 1914-19	12 Dec. 19

Q

MEMBERS (R.R.C.)—contd.

Name	Services	Date
Cooke, Miss E. (Sister, Q.A.I.M.N.S. Res.)	The War of 1914-19	3June19
Cooper, Miss A. M. (Matron A.A.N.S.)	The War of 1914-19	12Dec.19
Cooper, Miss M. E. (Asst.Matron Q.A.I.M.N.S.Res.)	The War of 1914-19	31July19
Corbishley, Miss M. C.,O.B E.(Sister,Q.A.I.M.N.S.)	The War of 1914-19	3June15
Corder, Miss G. (Sister, Q.A.I.M.N.S. Res.)	The War of 1914-19	1Jan,18
Corelli,Miss H.(Nursing Sister, Can. Nursing Serv.)	The War of 1914-19	21June18
Cornell, Miss M. (Matron Can. A.M.C.)	The War of 1914-19	31July19
Corner, Mrs. H.	The War of 1914-19	2Feb.16
Cornwallis-West, Mrs. G.	S. Africa	26June02
Cornwell, Miss E. (Matron, C'wealth Mil. Forces)	The War of 1914-19	1Jan.19
Cottam, MissH.M.(late Matron, T.F. Nursing Serv.)	The War of 1914-19	3June16
Coulson, Miss N. G. (Sister T.F.N.S.)	The War of 1914-19	3June18
Cousins, Mrs. H.	The War of 1914-19	29Jan.18
Cowie, Miss M. (Sister F.F. Nursing Serv.)	The War of 1914-19	31July19
Cowley, Miss L. A. (Sister, Q.A.I.M.N.S. Res.)	The War of 1914-19	1Jan.17
Cox, Miss A. L. (Matron, Q.A.I.M.N.S.)	The War of 1914-19	1Jan.16
Cox, Miss E. A. (Matron, Q.A.I.M.N.S.)	The War of 1914-19	1Jan.16
Also awarded Bar to Royal Red Cross	The War of 1914-19	3June19
Cox, Miss H. M. L. (Sister T.F.Nursing Serv.)	The War of 1914-19	1Jan.19
Cox-Davies, Miss R. (Principal Matron, T.F. Nursing Serv.)	The War of 1914-19	1Jan.16
Also awarded Bar to Royal Red Cross	The War of 1914-19	1Jan.19
Craig, Miss F. C. (Sister, Q.A.I.M.N.S.)	The War of 1914-19	1Jan.17
Craig, Miss G. (Matron, T.F. Nursing Serv.)	The War of 1914-19	21June18
Craufurd, Miss—	S. Africa	29Nov.02
Craven, Mrs. C. P. (Matron Q.A.I.M.N.S.)	The War of 1914-19	31July19
Crawford, Miss E. M. (Sister, Q.A.I.M.N.S. Res.)	The War of 1914-19	31July19
Creagh, Mrs. E. R., O.B.E. (Matron, S. Afr. Def. Force)	The War of 1914-19	1Jan.17
Creal, Miss R. (Matron Aust. A.N.S.)	The War of 1914-19	1Jan.19
Creed, Miss D. A. (Sister, Q.A.I.M.N.S. Res.)	The War of 1914-19	3June19
Crisp, Miss A. (late Nursing Sister,A.N S.)	Zululand and Egypt	13Aug.83
Croft, Mrs. J. N.	S. Africa	29Nov.00
Crookenden, Miss C. (Principal Matron, T.F. Nursing Serv.)	The War of 1914-19	1Jan.16
Crowdy, Miss R. E.	The War of 1914-19	23Feb.17
Crowlie, Mrs.	China	9Nov.02
Cruickshank, Miss J. M. (Acting Matron Q.A.I.M.N.S. Res.)	The War of 1914-19	10Oct.19
Cubitt, Miss M.	The War of 1914-19	24Oct.17
Cumming, Miss E. J. (Matron, A.N.S. Res.)	The War of 1914-19	1Jan.18
Cummins. Miss E. M.	The War of 1914-19	9Apr.19
Cushon, Miss L. E.	The War of 1914-19	23Feb.17
Cusins, Miss C. L. (Lady Supt. Q.A.M.N.S. for India)	The War of 1914-19	1Jan.17
Dalrymple, Mrs. N. (Sister, Q.A.I.M.N.S.Res.)	The War of 1914-19	1Jan.18
Dalton, Miss L, G. (Matron, T.F. Nursing Serv.)	The War of 1914-19	3June16
Daly, Miss S. N. (Sister, Q.A.I.M.N.S.)	The War of 1914-19	1Jan.17
Damant, Mrs. O. E.	Naga Hills	27Oct.91
Dando, Miss M. (Asst. Matron T.F.N.S.)	The War of 1914-19	9Apr.19
Daniels, Miss B. H.	The War of 1914-19	3June18
Darbyshire, Miss R. E. (Principal Matron, T.F. Nursing Serv.)	The War of 1914-19	3June16
Davenport, Miss E.M. (Staff Nurse,Q.A.I.M.N.S.R.)	The War of 1914-19	1Jan.19
Davidge, Miss H. (Asst. Matron T.F. Nursing Serv.)	The War of 1914-19	3June17
Davidson, Miss E. S., C.B.E. (Matron, A.A.N.S.)	The War of 1914-19	1Jan.18
Davidson, Miss I.	The War of 1914-19	23Feb.17
Davies, Miss E.	The War of 1914-19	3June19
Davies, Miss M. E. (Matron, Q.A.I.M.N.S., Res.)	The War of 1914-19	3June16
Also awarded Bar to Royal Red Cross	The War of 1914-19	1Jan.19
Davies Miss S. F. (Sister, Q.A.I.M.N.S.)	The War of 1914-19	3June19
Davis, Miss G. T.	The War of 1914-19	23Feb.17
Davis, Mrs. M.	S. Africa	3Sept.01
Deane, Miss M.	The War of 1914-19	24Oct.17
DeCormier, Miss C. A. (Matron, Can. Local Forces)	The War of 1914-19	12July18
de Ferrières, Madame	S. Africa	15Feb.01
Dent, Miss A. C. (Matron T.F. Nursing Serv.)	The War of 1914-19	31July19
Devenish-Mearos, Miss E.I., M.M. (Acting Matron, Q.A.I.M.N.S. Res.)	The War of 1914-19	3June19
Dewar, Miss C. V. (Matron, T.F. Nursing Res.)	The War of 1914-19	24Oct.17
de Winton, Mrs. A. A. C. (Q.A.I.M.N.S. Res.)	The War of 1914-19	31July19
Denne, Miss E. M. (Sister, Q.A.I.M.N.S.)	The War of 1914-19	1Jan.17
Also awarded Bar to Royal Red Cross	The War of 1914-19	9Apr.19
Denton, Miss A.B.(Actg.Matron,Q.A.I.M.N.S.Res.)	The War of 1914-19	1Jan.18
Dey, Miss H. (Actg. Sister, Q.A.I.M.N.S.)	The War of 1914-19	1Jan.18
Dibben, Miss H.	The War of 1914-19	31July19
Dickinson, Miss K, G. (Sister Q.A.I.M.N.S.)	The War of 1914-19	31July19
Dickinson, Miss M. E. (Matron, T.F. Nursing Serv.)	The War of 1914-19	21June18
Dickison, Miss A. (Nursing Sister, Can. Nursing Serv.)	The War of 1914-19	21June18
Dickson, Miss E. M. (Sister, A.A.N.S.	The War of 1914-19	1Jan.18
Dodd, Miss E. (Staff Nurse, T.F. Nursing Service)	The War of 1914-19	3June19

The Royal Red Cross 481

MEMBERS (R.R.C.)—*contd.*

Name	Services	Date
Dodery, Miss F. M. (*Sister, Q.A.I.M.N.S. Res.*)	The War of 1914-19	3 June 18
Dods, Miss J. E. (*Matron, Q.A.I.M.N.S.*	The War of 1914-19	3 June 16
Also awarded Bar to Royal Red Cross	The War of 1914-19	1 Jan. 19
Dodds, Miss E.	The War of 1914-19	23 Feb. 17
Doherty, Miss M A.	The War of 1914-19	3 June 15
Dover, Miss C	The War of 1914-19	18 May 19
Dowbiggin, Miss A.	The War of 1914-19	23 Feb. 17
Downie, Miss E. H. M. (*Sister, Q.A.I.M.N.S.R.*)	The War of 1914-19	1 Jan. 19
Dowse, Miss E. A. (*Matron Q.A.I.M.N.S. ret.*)	S. Africa	29 Nov. 00
Also awarded Bar to Royal Red Cross	The War of 1914-19	3 June 18
Dowsley, Miss A. E. (*Matron, A.N.S.*)	The War of 1914-19	3 June 18
Drage, Miss H. M. (*Sister, Q.A.I.M.N.S.*)	The War of 1914-19	3 June 16
Drewitt, Miss L.	The War of 1914-19	12 Dec. 19
Drosthe, Mrs.	China	1 Jan. 01
Drummond, Miss I. H. (*Sister Q.A.I.M.N.S.Res.*)	The War of 1914-19	3 June 19
Dudley, *The Dowager Countess of*	S. Africa	26 June 02
Dulmage, Miss H.E. (*Matron, Can. Nursing Serv.*)	The War of 1914-19	1 Jan. 19
Duncan, Miss A.	The War of 1914-19	3 June 19
Dunlop, Miss Ker	S. Africa	9 Dec 02
Dunn, Miss M. A. (*Sister, T.F. Nursing Serv.*)	The War of 1914-19	1 Jan. 18
Dunne, Miss T. J. (*Matron, A.N.S.*)	The War of 1914-19	3 June 18
Dunwoodie, Miss L. B., *C.B.E.* (*Lady Supt. Q.A.I.M.N.S. India*)	The War of 1914-19	3 June 18
Durham, Miss E., *late Supt. Nursing Sister Stafford House Committee*	Zululand and Operations against Sekukuni and Egypt	21 June 87
Durie, Miss J. (*Matron, S.A. Def. Force*)	The War of 1914-19	19 Dec. 18
Durward, Miss A. J. D. (*Sister Q.A.I.M.N.S. Res.*)	The War of 1914-19	16 Feb. 20
Edgar-Bell, Mrs. J. (*Asst. Matron T.F. Nursing Serv.*)	The War of 1914-19	31 July 19
Edie, Mrs. F.	The War of 1914-19	4 Apr. 1 9
Earle, Miss A. (*Matron T.F.N.S.*)	The War of 1914-19	3 June 18
Easby, Miss N., *O.B.E.*	The War of 1914-19	1 Jan. 18
Eddison, Miss E.	The War of 1914-19	23 Feb. 17
Edmondson, Miss E. (*Principal Matron, T.F. Nursing Serv.*)	The War of 1914-19	1 Jan. 16
Elliot, Miss A. M. (*Matron Q.A.I.M.N.S. Res.*)	The War of 1914-19	24 Oct. 17
Ellis, Miss E. C. (*Asst.-Matron Q.A.I.M.N.S.R.*)	The War of 1914-19	3 June 19
Ellis, Miss L. H.	The War of 1914-19	1 Jan. 19
Elmslie, Miss C., *C.B E.*(*Matron, Q.A.I.M.N.S. Res.*)	The War of 1914-19	1 Jan. 16
Elston, Miss C.	The War of 1914-13	3 June 15
Ensor, Miss M. E. (*Matron, T.F.N.S*)	The War of 1914-19	1 Jan. 19
Ephgrave, Miss L. A. (*Acting Matron Q A.I.M.N.S., ret.*)	The War of 1914-19	1 Jan. 18
Epton, Miss F. (*Sister, Q.A.I.M.N.S., Res.*)	The War of 1914-19	3 June 16
Esden, Miss A. H. (*Asst.-Matron Q.A.I.M.N.S.*)	The War of 1914-19	3 June 19
Esher, *The Viscountess*	The War of 1914-19	2 Feb. 16
Evans, Miss C. (*Staff Nurse, Q A.I.M.N.S. Res.*)	The War of 1914-19	3 June 18
Evans, Miss E. J.	The War of 1914-19	1 Jan. 19
Eveleigh, Miss I. G. (*Sister, T.F. Nursing Serv.*)	The War of 1914-19	3 June 18
Exshaw, Miss P. (*Nursing Sister, Q.A.I.M.N.S.Res.*)	The War of 1914-19	25 Feb. 18
Fairchild, Miss E. M. (*Sister, Q.A.I.M.N.S.*)	The War of 1914-19	21 June 18
Farley, Miss M. S.(*Acting Matron, Q.A.I.M.N.S.R.*)	The War of 1914-19	24 Oct. 17
Fawcett, Miss K. F. (*Sister, Q.A.I.M.N.S.*)	The War of 1914-19	1 Jan. 16
Ferguson, Miss E. T.	The War of 1914-19	3 June 15
Ferguson, Miss C. (*late Nursing Sister, A.N.S.*)	Egypt	21 June 87
Fergusson, Miss H. M. (*Sister T.F. Nursing Serv.*)	The War of 1914-19	3 June 19
Fielding, Miss A. L. (*Acting Matron Q.A.I.M.N.S.*)	The War of 1914-19	3 June 19
Finch, Miss D.(*Principal Matron, T F.Nursing Serv.*)	The War of 1914-19	23 Feb. 17
Finlay, Miss M. M. (*Matron, C'wealth Mil. Forces*)	The War of 1914-19	1 Jan. 17
Firth, Mrs. C J.	The War of 1914-19	21 June 18
Fishbourne, Mrs. M. C. A.(*Matron Q.A.I.M.N.S.R.*)	The War of 1914-19	9 Apr. 19
Fisher, Miss M. O. *late Nursing Sister, A.N.S.R.*)	S. Africa	29 Nov. 00
Fitton, Miss K. (*Asst. Matron Q.A.I.M.N.S. Res.*)	The War of 1914-19	16 Feb. 20
Fitz-Henry, Miss M. R.	The War of 1914-19	9 Apr. 19
Flanagan, Miss E. L.	The War of 1914-19	3 June 16
Fletcher, Miss A.	—	9 Nov. 09
Fletcher, Miss E. E. (*Matron, T.F. Nursing Serv.*)	The War of 1914-19	23 Feb. 17
Fletcher, Miss G. (*Matron, Q.A.I.M.N.S. Res.*)	The War of 1914-19	23 Feb. 17
Fletcher, Miss N.	The War of 1914-19	3 June 15
Flood, Miss G. A.	The War of 1914-19	29 Jan. 18
Flower, Miss K. E.	The War of 1914-19	1 Jan. 16
Flynn, Miss M. A. (*Staff Nurse, S.A.M.N.S*)	The War of 1914-19	1 Jan. 16
Fogarty, Miss R. N. (*Matron S. Afr. Def. Force*)	The War of 1914-19	19 Dec. 16
Foggett, Miss M. A.	The War of 1914-19	23 Feb. 17
Foley, Miss M. G. C., *O.B.E.*, *M M.* (*Sister, Q.A.I.M.N.S.*)	The War of 1914-19	1 Jan. 18
Forbes, Miss M. H. (*Nursing Sister, C.A M.C*)	The War of 1914-19	24 Oct. 17
Forrest, Miss A. McI. (*Nursing Sister Can. Local Forces*)	The War of 1914-19	3 June 17
Forrest, Miss E. V. (*Sister, Q.A.I.M.N.S.*)	The War of 1914-19	1 Jan. 19
Forrest, Miss K. (*Nursing Sister, A.N.S., ret.*)	Egypt	13 Aug. 83
Fortune, Miss J. I. (*Sister, T.F. Nursing Serv.*)	The War of 1914-19	1 Jan. 17
Foster, Miss D. P.,*M.M.* (*Sister, T.F. Nursing Serv.*)	The War of 1914-19	1 Jan. 18

MEMBERS (R.R.C.)—*contd.*

Name	Services	Date
Fox, Miss E. C. (Sister Q.A.I.M.N.S.)	The War of 1914-19	3June17
Fox, Miss E. M.	The War of 1914-19	12Dec.19
Fox-Symons, Lady	The War of 1914-19	31July19
Francis, Mrs. E. K.	S. Africa	26June02
Francis, Miss M. L. (Nursing Sister, Can. A.M.C.)	The War of 1914-19	1Jan.19
Fraser, Miss H. M.	The War of 1914-19	31July19
Freshfield, Miss J. L.	The War of 1914-19	3June19
Friend, Miss W. M. B. (Sister, T.F. Nursing Serv.)	The War of 1914-19	1Jan.16
Fripp, Lady	S. Africa	22Aug.02
Furley, Lady	S. Africa	6Mar.03
Furse, Mrs. K.	The War of 1914-19	2Feb.16
Gambardella, Miss C.M.(Sister, Q.A.I.M.N.S.)	The War of 1914-19	3June16
Garnet, Miss L. K.	The War of 1914-19	31July19
Garriock, Miss A. (Principal Matron, Q.A.I.M.N.S. ret.)	S. Africa	29Nov.00
Garside, Miss E. S.	The War of 1914-19	24Oct.17
Gascoigne, Miss E. V. O.	The War of 1914-19	3June19
Gascoine, Miss M. E.	The War of 1914-19	3June19
Geddes, Miss E.	Egypt	15Nov.98
Gemmell, Miss J. R. (Matron A.A.N.S.)	The War of 1914-19	3June19
Gibb, Miss C. C. M. (Sister, Q.A.I.M.N.S.)	The War of 1914-19	1Jan.16
Gildes, Mrs.	Pretoria	26May84
Gilkes-Robinson, Miss M. (Matron, T.F.N.S.	The War of 1914-19	1Jan.19
Gill, Sister A. W. (Principal Matron, T.F. Nursing Serv.)	S. Africa	29Nov.00
Gilmore, Miss A.M. (Sen. Nursing Sister, Q.A.M.N.S. for India)	The War of 1914-19	1Jan.17
Gilmore, Miss M. G. (Matron Q.A.M.N.S.I.)	S. Africa	26July04
Gilroy, Mrs. S.	The War of 1914-19	3June18
Girdlestone, Miss M. (Matron, ret.)	The War of 1914-19	24Oct.17
Goldmann, Hon. Mrs. A. M.	S. Africa	29Nov.00
Goodeve, Miss M. (Matron, Can. A.M.C.)	The War of 1914-19	1Jan.18
Goodhue, Miss M. C.	The War of 1914-19	21June18
Gordon, Miss I. G.	The War of 1914-19	3June18
Gotts, Mrs. G. E.	The War of 1914-19	24Oct.17
Gould, Miss E. J. (Sen. Matron, C'wealth Mil. Forces)	The War of 1914-19	1Jan.16
Grassett, Miss C. F.	The War of 1914-19	4Apr.19
Graham, Miss M. (Matron, C'wealth Mil. Forces)	The War of 1914-19	1Jan.17
Graham, Miss M. H. (Sister, Q.A.I.M.N.S.)	The War of 1914-19	1Jan.16
Gray, Miss A. (Acting Sister, Q.A.I.M.N.S.Res.)	The War of 1914-19	3June19
Gray, Miss E., C.B.E.(Matron, C'wealth Mil. Forces)	The War of 1914-19	3June16
Gray, Miss E.	The War of 1914-19	24Oct.17
Gray, Miss E. W. (Sister, Q.A.I.M.N.S., Res.)	The War of 1914-19	3June16
Gray, Miss J. (Sister-in-charge, T.F.N.S.)	The War of 1914-19	1Jan.19
Gray, Miss J. A. (Supt., A.N.S., ret.)	Zululand, Egypt S.S. "Lusitania"	24May83
Gray, Miss J. M. (late Nursing Sister, A.N.S.)	Transvaal	24May83
Gray, Miss M. E. (Nursing Sister, Q.A.M.N.S. for India)	Mohmand	10Nov.08
Greaves, Miss I.	The War of 1914-19	3June15
Greenfield, Miss S. E.	The War of 1914-19	24Oct.17
Gregory, Miss M. (Asst. Matron, Q.A.I.M.N.S. Res.)	The War of 1914-19	16Feb.20
Greig, Miss M.	The War of 1914-19	1Jan.19
Grierson, Miss M. E. M. (Sister, Q.A.I.M.N.S.)	The War of 1914-19	3June18
Groves-Nash, Mrs. A. (Sister, Q.A.I.M.N.S., Res.)	The War of 1914-19	25Feb.18
Guest, Miss A.	The War of 1914-19	12Dec.19
Guise-Moores, Mrs. K. L.	The War of 1914-19	3June19
Guthrie, Miss A. (Matron, Q.A.I.M.N.S., ret.)	The War of 1914-19	21June18
Guy, Miss M.	The War of 1914-19	21June18
Haddow, Miss H. (Asst. Matron, T.F. Nursing Serv.)	The War of 1914-19	1Jan.19
Hagar, Mrs K. M.(Matron, American Nursing Serv.)	The War of 1914-19	3June18
Hailstone, Miss Z. (Sister T.F. Nursing Serv.)	The War of 1914-19	31July19
Haines, Miss G. (Nursing Sister, Q.A.M.N.S. for India)	The War of 1914-19	25Feb.18
Haines, Miss G. P. H. (Matron, Convalescent Home, Osborne)		26Mar.12
Hale, Miss G. R.	The War of 1914-19	23Feb.17
Halford, Miss E.	Crimea	25Mar.98
Hamer, Miss M. S.	The War of 1914-19	23Feb.17
Hannah, Miss J. A., (Sister, T.F. Nursing Serv.)	The War of 1914-19	1Jan.18
Hannath, Miss H. (Matron, T.F. Nursing Serv.) Also awarded Bar to Royal Red Cross	The War of 1914-19	23Feb.17 —
Hanrahan, Miss A. M. (Staff Nurse, Q.A.I.M.N.S. Res.)	The War of 1914-19	1Jan.19
Hansard, Miss E. M.	The War of 1914-19	3June15
Harding Miss M. E. (Sister, Q.A.I.M.N.S.)	The War of 1914-19	24Oct.17
Hardy, Mrs. J.	S. Africa	26July04
Hare, Miss H. A. (Sister, Q.A.I.M.N.S.)	The War of 1914-19	23Feb.17

The Royal Red Cross

MEMBERS (R.R.C.)—contd

Name	Services	Date
Harries, Miss C.E.A. (Acting Matron, Q.A.I.M.N.S.)	The War of 1914-19	1Jan.19
Harley, Miss F.	The War of 1914 19	3June15
Harlow, Miss E. E. (Sister, Q.A.I.M.N.S. Res.)	The War of 1914-19	1Jan.18
Harper, Miss M. E. (Sister, Q.A.I.M.N.S. ret)	Egypt	21Apr.99
Harris, Miss A. M. (Senior Nursing Sister, Q.A.I.M.N.S.)	The War of 1914-19	3June17
Harris, Miss M. L. (Sister, Q.A.I.M.N.S.)	The War of 1914-19	23Feb.17
Harrison, Miss L. A.	B. C. Africa (Zomba)	31July00
Harries, Miss C.E A. (Acting Matron, Q.A.I.M.N.S.)	The War of 1914-19	1Jan.18
Harriss, Miss E. M. (Matron, T.F. Nursing Serv.)	The War of 1914-19	24Oct.17
Hart, Miss J. M. (Head Sister, A.A.N.S.)	The War of 1914-19	1Jan.19
Hart, Miss S. F. (Supt A.N.S. ret.)	Egypt	23Oct.85
Hartigan, Miss H. (Sister, Q.A.I.M.N.S.)	The War of 1914-19	3June15
Also awarded Bar to Royal Red Cross	The Warof 1914-19	1Jan.19
Hartley, Miss A. J. (Matron, Can. Local Forces)	The Warof 1914-19	1Jan.17
Also awarded Bar to Royal Red Cross	The War of 1914-19	—
Harvey, Miss M A. (Matron, T.F. Nursing Serv.)	The War of 1914-19	1Jan.16
Harwood, Miss E. (Sister, Q.A.I.M.N.S. Res.)	The War of 1914-19	1Jan.18
Hatch, Mrs. E. M.	Dharmsala	6Feb.06
Hatton, Miss S. L. (Sister, T.F. Nursing Serv.)	The War of 1914-19	3June19
Haughton, Miss L. V.	The War of 1914-19	23Feb.17
Hay, Miss E. H. (Matron, Q.A.I.M.N.S)	The War of 1914-19	16Feb.20
Heather-Bigg, Miss M.	The War of 1914-19	23Feb.17
Heffernan, Miss M. B. (Q.A.I.M.N.S. Res.)	The War of 1914-19	31July19
Hegan, Miss E. T. (Nursing Sister, Can. Nursing Serv.)	The War of 1914-19	21June18
Hely, Mrs. A. A.	Crimea	5Oct.97
Henderson, Miss E. M.	The War of 1914-19	31July19
Heppie, Miss M. J. (Sister, Q.A.I.M N.S.)	The War of 1914-19	1Jan.16
Hewetson, Miss K. M	The War of 1914-19	8Apr.19
Hezlett, Miss —.	The War of 1914-19	23Feb.17
Hicks. Miss L.	The War of 1914-19	3June19
Hill, Miss A.	The War of 1914-19	9Apr.19
Hill, Miss A. B.	The War of 1914-19	9Apr.19
Hill, Miss K. L.	S. Africa	22Aug.02
Hill, Miss). (Asst. Matron, Q.A.I.M.N.S. Res.)	The War of 1914-19	31July19
Hill, Miss M. G. (Sister, Q.A.I.M.N.S., ret.)	S. Africa	29Nov.00
Hill, Miss N. F. (Sister, A.A.N.S.)	The War of 1914-19	3June19
Hill, Miss P.	The War of 1914-19	23Feb.17
Hills, Miss J. (Matron, T.F. Nursing Serv.)	The War of 1914-19	1Jan.16
Hobhouse, Miss M.E.(Actg.Matron,Q.A.I.M.N.S.R.)	The War of 1914-19	9Apr.19
Hodgins, Miss F.M.(PrincipalMatron,Q.A.I.M.N.S.)	The War of 1914-19	3June15
Also awarded Bar to Royal Red Cross	The War of 1914-19	3June19
Hoadley, Miss J., C.B.E. (Matron, Q.A.I.M.N.S. ret. pay)	S. Africa	29Nov.00
Also awarded Bar to Royal Red Cross	The War of 1914-19	1Jan.18
Hoerner, Miss S. M. (Nursing Sister, Can. A.M.C.)	The War of 1914-19	3June19
Hogarth, Miss A. G. (Nursing Sister, Can. A.M.C)	The War of 1914-19	12Dec.19
Hogarth, Miss H. (Nursing Sister, A.N.S.R.)	S Africa	26June02
Holden, Miss E. (Matron, T.F. Nursing Serv.)	The War of 1914-19	1Jan.16
Also awarded Bar to Royal Red Cross.	The War of 1914-19	16Feb.20
Holden, Miss E. (Matron, T.F. Nursing Serv.)	The War of 1914-19	24Oct.17
Holden, Miss L. M. (Sister, T.F. Nursing Serv.)	The War of 1914-19	1Jan.19
Holland, Miss A. B.	Netley, Chatham, and Portsmouth	21June87
Holland, Miss A. K (Supt. A.N.S., ret.)	Egypt	13Aug.83
Hollely, Miss A. M.	The War of 1914-19	31July19
Holmes, Miss A. E., (Actg.Matron,Q.A.I.M.N.S.,Res.)	The War of 1914-19	1Jan.16
Holmes, Miss F. R. (Actg. Matron, Q.A.I.M.N.S.)	The War of 1914-19	3June17
Holmes, Miss K. H. M. (Sister, Q.A.I.M.N.S.)	The War of 1914-19	1Jan.17
Holmes, Miss M. (Sister, T.F. Nursing Serv.)	The War of 1914-19	3June17
Hopton, Miss M.	The War of 1914-19	1Jan.19
Hordley, Miss E. H. (Matron, Q.A.I.M N.S.)	The War of 1914-19	1Jan.16
Hornor, Miss	Zululand	13Aug.83
Hosie, Mrs. S. E (late Matron, Q.A.I.M.N.S.	Egypt	15Nov.98
Howard, Miss A. (Asst. Matron, T F. Nursing Serv.)	The War of 1914-19	16Feb 20
Howard, Miss K. M.	The War of 1914-19	21June18
Howe, Miss G. A. (Acting Matron, Q.A.I.M.N.S.)	The War of 1914-19	31June19
How) **Mrs.** O.	S.Africa	27Jan.03
Howell, Miss M. E. (Sister, Q.A.I.M.N.S., Res.)	The War of 1914-19	3June16
Hubley, Miss L. M. (Matron, Can. Local Forces)	The War of 1914-19	1Jan.17
Huddleston, Miss B. M. (Sister, N.Z.A.N.S.)	The War of 1914-19	3June19
Huddon, **Sister** M. de O	Crimea.	2July97
Hudson, Miss E. F. (Nursing Sister, Can. A.M.C.)	The War of 1914-19	31July19
Huffer, Miss M.	The War of 1914-19	3June19
Hughes, Miss E. (Asst. Matron, T.F. Nursing Serv.)	The War of 1914-19	24Oct.17
Hughes, Miss G. (Sister, Q.A.I.M.N.S.)	The War of 1914-19	1Jan.17
Hughes, Miss W. (Sister, Q.A.I.M.N.S. Res)	The War of 1914-19	31July19
Hulbert, Miss A. E. (Sister, Q.A.I.M.N.S. Res.)	The War of 1914. 19	31July19
Humfrey, Miss I. D. (Sister, Q.A.I.M.N.S.)	The War of 1914-19	3June16
Humphreys, Miss E. C., O.B.E. (Matron, Q.A.I.M.N.S.)	The War of 1914-19	3June17
Humphries, Miss G. M., M.M. (Matron, T.F. Nursing Serv.)	The War of 1914-14	16Feb.20
Hunt, Miss A. G.	The War of 1914-19	21June18
Hunt, miss F. E.	The War of 1914-19	3June19
Husband, Miss H. T. (Matron, T.F. Nursing Serv.)	The War of 1914-19	24Oct.17
Hutchings, Miss E.	The War of 1914-19	16Feb.20
Inglis, Miss A. C. (Sister, N.Z.A.N.S.)	The War of 1914-19	12Dec.19
Innes, Miss E. S. (Principal Matron, T.F. Nursing Serv.)	The War of 1914-19	1Jan.16

The Royal Red Cross

MEMBERS (R.R.C.)—contd.

Name	Services	Date
Inness, Miss M. M.	The War of 1914-19	18May19
Isaac, Miss E. (Sister, Q.A.I.M.N.S.R.)	The War of 1914-19	3June19
Ivin, Miss A. H.	The War of 1914-19	3June15
Jackson, Miss E. A.	The War of 1914-19	3June15
Jackson, Miss J. M., O.B.E. (Matron, Q.A.I.M.N.S. Res.)	The War of 1914-19	21June18
Jacob, Miss G. S. (Sister, Q.A.I.M.N.S.)	The War of 1914-19	31July19
Jacoba, Mother	S. Africa	3May98
Jaeques, Miss E. U. (Sister, Q.A.I.M.N.S. Res.)	The War of 1914-19	1Jan.17
James, Miss E. J. (Matron, Can. A.M.C.)	The War of 1914-19	9Apr.19
James, Miss J. M.	India	11June07
James, Miss M. (Sister, Q.A.I.M.N.S. Res.)	The War of 1914-19	3June17
Jayne, Miss E. W. (Sister, Q.A.I.M.N.S. Res.)	The War of 1914-19	23Feb.17
Jeffries, Miss E. W. (Head Sister A.A.N.S.)	The War of 1914-19	3June19
Jeffreys, Mrs. Marion	S. Africa	28July05
Jenkins, Miss S. M. (Nursing Sister, Can. A.M.C.)	The War of 1914-19	1Jan.18
Jennings, Miss M., M.M., Sister in Charge, T. F. Nursing Serv.	The War of 1914-19	3June19
Jerrard, Miss I. J. (Matron, Q.A.I.M.N.S. ret.)	Transvaal and Egypt	24May83
Jerrard, Miss M. C. (late Supt., A.N.S.)	Egypt and Soudan	28Oct.85
Jessop, Miss M. J.	The War of 1914-19	3June18
Johnson, Miss C. V. S. (Sister, Q.A.I.M.N.S. Res.)	The War of 1914-19	1Jan 19
Johnson, Miss I. (Actg. Matron, Can. A.M.C.)	The War of 1914-19	1Jan.19
Johnston, Miss S. P. (Nursing Sister Can. A.M.C.)	The War of 1914-19	3June19
Johnston, Miss K.	The War of 1914-19	3June15
Johnston, Miss M. C. (Actg. Matron, Q.A.I.M.N.S.)	The War of 1914-19	9Apr.19
Johnston, Miss M. E.	The War of 1914-19	3June19
Johnston, Mrs. P. H.	S. Africa	26June02
Jones, Miss B. I., C.B.E. (Matron, Q.A.I.M.N.S.)		3June18
Also Awarded Bar to Royal Red Cross.	The War of 1914-19	1Jan.18
Jones, Miss C. W. (Sister, Q.A.I.M.N.S.)	The War of 1914-19	1Jan.19
Jones, Miss D. (Sister, T.F.N.S.)	The War of 1914-19	9Apr.19
Jones, Miss E. I. E. (Acting Matron Q.A.I.M.N.S. Res.	The War of 1914-19	12Dec.19
Jones, Miss K. C. (Matron T.F. Nursing Serv.)	The War of 1914-19	14June17
Jones, Miss K. E.	The War of 1914-19	6Aug.19
Jones, Miss M. E.	The War of 1914-19	31July19
Jones, Miss M. I.	The War of 1914-19	4Apr.19
Jones, Miss M. S.	Crimea	2July97
Jones, Miss R. L.	The War of 1914-19	23Feb.19
Jones, Mrs. W.	The War of 1914-19	24Oct.19
Jordon, Miss N. I. (Asst. Matron, Q.A.I.M.N.S.)	The War of 1914-19	3June19
†Keene, Miss E. J. M. (Actg. Matron, Q.A.I.M.N.S.)	The War of 1914-19	1Jan.18
Keer, Miss C. H. (Matron-in-Chief, Q.A.I.M.N.S. ret.	S. Africa	22Aug.02
Keith, Mrs.	S. Africa	26June02
Kellett, Miss A. M., C.B.E. (Matron, C'wealth Mil. Forces)	The War of 1914-19	23Feb.17
Kelly, Miss E.S., M.B.E. (Sen. Lady Supt., Q.A.M.N.S. for India.)	—	19Feb.14
Kelly, Sister, M. A.	Crimea	2July97
Kemp, Miss I.	The War of 1914-19	21June18
Kempson, Miss M.	The War of 1914-19	3June19
Kemsley, Miss E. L. (Actg. Matron, E.A.N.S.)	The War of 1914-19	3June19
Keogh, Miss E. V. (Staff Nurse, Q.A.I.M.N.S.R. Aus.)	The War of 1914-19	1Jan.18
Kerr, Miss A. H. (late Matron, T.F. Nursing Serv.)	The War of 1914-19	3June16
Kerr, Miss E. (Sister, T.F. Nursing Serv.)	The War of 1914-19	1Jan.17
Kerslake, Miss A. (Matron, T.F. Nursing Serv.)	The War of 1914-19	23Feb.17
Keys, Miss C. M. (Head Sister, A.A.N.S.)	The War of 1914-19	3June19
Keyser, Miss A.	S. Africa	9Aug.01
Keyser, Miss M.	S. Africa	9Aug.01
Kiddle, Miss V. M.	The War of 1914-19	3June15
Kiero-Watson, Mrs. C. E. (Nursing Sister, A.N.S.R.)	S. Africa	29Nov.00
Kilburn, Miss E. G. (Sister, T.F. Nursing Serv.)	The War of 1914-19	1Jan.19
Kilpin, Lady	S. Africa	26June02
King, Mrs. D.	The War of 1914-19	24Oct.17
King, Miss E. (late Nursing Sister, Stafford House Committee)	Zululand and Operations against Sekukuni	21June87
King, Miss G. M.	The War of 1914-19	9Apr.19
King, Miss H. (late Nursing Sister, A.N.S.)	Egypt and Soudan	28Oct.85
King, Miss J. (late Supt., A.N.S.)	Egypt	23Aug.83
Kingston, Miss E. M. (Sister, Q.A.I.M.N.S. Res.)	The War of 1914-19	25Feb.18
Kirkman, Miss A.	The War of 1914-19	31July19
Knaggs, Miss A. (Nursing Sister, A.N.S.R.)	S. Africa	29Nov.00
Also awarded Bar to Royal Red Cross		9Apr.19
Knapp, Miss M. D. (Nursing Sister, Q.A.M.N.S., India)	The War of 1914-19	3June19
Knight, Miss	S. Africa	26June02
Knightley, Miss A. B.	S. Africa	22Aug.02
Knowles, Miss F. (Matron, T.F. Nursing Serv.)	The War of 1914-19	23Feb.17

MEMBERS (R.R.C.)—contd.

Services.

Knox, Miss M. C. S. (Matron, Q.A.I.M.N.S. ret.)	S Africa	26June02
Also awarded Bar to Royal Red Cross)	The War of 1914-19	1Jan.19
Laing, Miss M. C. (Sister, T.F. Nursing Serv)	The War of 1914-19	9Jan.17
Also awarded Bar to the Royal Red Cross	The War of 1914-19	3June19
Lamb, Miss V. I. (Senior Nursing Sister, Q.A.M.N.S., India)	The War of 1914-19	3June19
Lambert, Miss M.	China	19Feb.01
Lambert, Miss S. J.	The War of 1914-19	24Oct.17
Lamming, Miss S. (Matron, Q.A.I.M.N.S.)	The War of 1914-19	3June16
Lang, Miss E. M. (Sister Q.A.I.M.N.S.)	The War of 1914-19	1Jan.17
Langlands, Miss M. W. (Sister, T.F. Nursing Serv.)	The War of 1914-19	1Jan.18
Langlands, Miss	Transvaal and Zululand	24May83
Larner, Miss G. E. (Matron, Q.A.I.M.N.S., ret.)	The War of 1914-19	3June16
Latham, Miss K. M. (Sister, Q.A.I.M.N.S.R.)	The War of 1914-19	3June19
Latter, Mrs. J. L.	The War of 1914-19	4Apr.19
Laughton, Miss D.A., M.M.(Sister, T.F.Nursing Serv.)	The War of 1914-19	1Jan.18
Laurie, Mrs J. G.	The War of 1914-19	4Apr.19
Lawrence, Miss I.	The War of 1914-19	24 Oct.17
Lee, Miss N. R. (Sister, Q.A.I.M.N.S. Res.)	The War of 1914-19	3June18
Leech, Miss A. J. (Sister, T.F. Nursing Serv.)	The War of 1914-19	3June18
Leggatt, Miss E. C. O. (Q.A.I.M.N.S. Res.)	The War of 1914-19	3June18
Leigh, Miss C.	The War of 1914-19	31July19
Leppard, Miss M.	The War of 1914-19	3June18
Le Sueur, Miss E. M.	The War of 1914-19	3June15
Lewis, Miss D. R. (Matron, Q.A.I.M.N.S.R.)	The War of 1914-19	24Oct.17
Lewis, Miss S. (Sister, T.F. Nursing Serv.)	The War of 1914-19	1Jan.19
Lickfold, Mrs. E. M	Hazara	27Oct.91
Lightfoot, Miss M. F.	The War of 1914-19	6Aug.19
Livesey, Miss E. E.	The War of 1914-19	24Oct.17
Livingstone, Miss J. McF. (Sister, Q.A.I.M.N.S.)	The War of 1914-19	3June19
Lloyd, Miss I. M. A. (Lady Supt., Q.A.M.N.S., India)	The War of 1914-19	3June19
Lloyd, Miss K. G. (Matron, T.F. Nursing Serv.)	The War of 1914-19	3June16
Lloyd-Still, Miss A. (Principal Matron, T.F. Nursing Serv.)	The War of 1914-19	23Feb.17
Loch, Mrs. C. G.	Hazara	27Oct.91
Loughron, Miss M. McL. (Actg. Matron, Q.A.I.M.N'S R.)	The War of 1914-19	1Jan.19
Louise, Sister	Transvaal and Zululand	24May85
Lovett, Miss I. (Sister, Q.A.I.M.N.S., Res.)	The War of 1914-19	June16
Lowe, Miss K. (Sister, Q.A.I M.N.S.)	The War of 1914-19	17Sept.17
Lowe, Miss K. (Sister, Q.A.I.M.N.S.)	The War of 1914-19	21June18
Lowrie Miss F. A.	S. Africa	36June02
Luard, Miss K. E. (Q.A.I.M.N.S. Res.)	The War of 1914-19	21Jan.16
Also awarded Bar to Royal Red Cross	The War of 1914-19	3June18
Luckes, Miss E. C. E.	The War of 1914-19	4May17
Ludlow, Mrs. E. (late Nursing Sister A.N.S.R.)	S. Africa	29Nov.00
Lulham, Miss G. (Sister, T.F.Nursing Serv.)	The War of 1914-19	1Jan.18
Lumley, Mrs. M. J. W.	Durban and Pietermaritzburg	26May88
Lumsden, Miss R. E. (Sister, Q.A.I.M.N.S. Res.)	The War of 1914-19	3June17
Lyde, Miss E. M., O.B.E. (Sister Q.A.I.M.N.S.)	The War of 1914-19	3June17
Lyle, Miss E. M. (Sister, Asst. Matron T.F. Nursing Serv.)	The War of 1914-19	3June19
Lyons, Miss M. J.L. (Sister, Q.A.I.M.N.S.F.)	The War of 1914-19	1Jan.18
Maasdorp, Mrs. —	S. Africa	29Nov.00
McAffee, Miss M.(Nursing Sister,Can.NursingServ.)	The War of 1914-19	21June18
McArdle, Miss N.	The War of 1914-19	24Oct.17
Macaulay, Miss E. L.	The War of 1914-19	1Jan.18
McBride, Miss M.	The War of 1914-19	9Apr.19
McCafferty, Miss E. (Acting Matron, C.A.M.C.)	The War of 1914-19	24Oct.17
McCarthy, Dame E. M., G.B.E. (Matron-in-Chief, ret. pay.)	S. Africa	29Nov.00
Also awarded Bar to Royal Red Cross	The War of 1914-19	1Jan.18
McCarthy, Miss J. (Sister, Q.A.I.M.N.S.R.)	The War of 1914-19	3June19
McCaul, Miss E.	S. Africa	26June02
McCord, Miss M. F. (Matron, Q.A.I.M.N.S., Res.)	The War of 1914-19	3June16
McCormick, Miss M. (Sister, Q.A.I.M.N.S)	The War of 1914-19	3June19
McCreery, Miss M. O'C. (Sister, Q.A.I.M.N.S.)	The War of 1914-19	23Feb.17
MacDevitt, Miss M.(Nursing Sister,Q.A.I.M.N.S.R.)	The War of 1914-19	3June19
MacDonald, Lady	Pekin	24Feb.03
Macdonald, Miss A. (Matron, T.F. Nursing Serv.)	The War of 1914-19	23Feb.17
McDonald, Miss J. McG. (Nursing Sister, Can. A.M.C.)	The War of 1914-19	1Jan.18
Macdonald, Miss M. C. (Matron-in-Chief, Can. Local Forces)	The War of 1914-19	1Jan.16
MacDonnell, Miss A. M.(late Nursing Sister, A.N.S.R.)	S. Africa	29Nov.00
McDougall, Miss M. (Staff Nurse, T.F. Nursing Serv.)	The War of 1914-19	23Feb.17
Macer, Miss A. M. (Sister, T.F. Nursing Serv.)	The War of 1914-19	24Oct.17

MEMBERS (R.R.C.)—*contd.*

Name	Services	Date
McEwan, Mrs. F.E. (*Sister in charge, Q.A.I.M.N.S. Res.*)	The War of 1914-19	12Dec.19
Macfarlane, Miss E (*Matron, T.F. Nursing Serv.*)	The War of 1914-19	23Feb.17
Also awarded Bar to the Royal Red Cross	The War of 1914-19	3June19
McGill, Miss E. C. (*Sister, Q.A.I.M.N.S., Res.*)	The War of 1914-19	23June16
McGivney, Miss M.	The War of 1914-19	3Feb.17
McGowan, Miss C. S. (*Senior Nursing Sister, Q.A.I.M.N.S., India*)	The War of 1914-19	3June19
McGrath, Miss T.	N.W. Frontier of India	21Apr.99
Macgregor, Miss D. J. (*Sister, Q.A.I.M.N.S.*)	The War of 1914-19	31July19
MacGregor, Miss E. S.	The War of 1914-19	6Aug.19
McHardie-White, Mrs. J. (*Principal Matron, C'wealth Mil. Forces*)	The War of 1914-19	3June16
MacInnes, Miss M. S. (*late Matron, T.F. Nursing Serv.*)	The War of 1914-19	31July19
McIntosh, Miss A.	The War of 1914-19	23Feb.17
McIntosh, Miss H. L. (*Nursing Sister, Can. A.M.C.*)	The War of 1914-19	3June19
McIntosh, Miss S. C.	The War of 1914-19	3June15
MacKay, Miss C. (*Actg. Matron, Q.A.I.M.N.S.*)	The War of 1914-19	1Jan.18
McKay, Miss C. A. T. (*Matron, T.F.Nursing Serv.*)	The War of 1914-19	1Jan.16
Mackay, Miss L. E. (*Sister, Q.A.I.M.N.S.*)	The War of 1914-19	1Jan.17
Also awarded Bar to the Royal Red Cross	The War of 1914-19	3June19
Mackinnon, Mrs. A.	China	22Sept.02
Mackintosh, Miss I. C.	The War of 1914-19	3June19
MacLatchey Miss K. O. (*Matron, Can. Local Forces*)	The War of 1914-19	1Jan.16
Maclean, Miss H. (*Matron-in-Chief, N.Z.A.N.S.*)	The War of 1914-19	24Oct.17
MacLean, Miss V. M. K. (*Matron, N.Z.A.N.S.*)	The War of 1914-19	21June18
McLeish, Miss J. (*Matron, S. Afr. Def. Force*)	The War of 1914-19	1Jan.17
McLeod, Miss A. (*Sister, Q.A.I.M.N.S., Res.*)	The War of 1914-19	1Jan.17
MacLeod, Miss J. P.	The War of 1914-19	23Feb.17
MacMahon Miss A. E. (*NursingSister, Can. A.M.C.*)	The War of 1914-19	3June19
Macmillan Miss M. M.	The War of 1914-19	31July19
McNab, Miss M. M. (*Sister Q.A.I.M.N.S.R.*)	The War of 1914-19	3June18
McNally, Miss I. A. (*Senior Nursing Sister Q.A.I.M.N.S. India*)	The War of 1914-19	3June19
McNaughton, Miss Q. (*Matron, Aust.Nursing Serv.*)	The War of 1914-19	31July19
McNie, Miss L. A. (*Matron, N.Z.A.N.S.*)	The War of 1914-19	31July19
Macpherson, Miss F. (*Sister, Q.A.I.M.N.S.*)	The War of 1914-19	23Feb.17
MacRae, Miss C. MacK. (*Staff Nurse, Q.A.I.M.N.S.*)	The War of 1914-19	3June15
Macrae, Miss M.	The War of 1914-19	3June16
MacWatters, Miss R. E. M.	The War of 1914-19	4Apr.19
Makins, Mrs. M. A.	Egypt, Hospital Ship "Carthage."	24May83
Manfield, Miss F. E. (*Acting Matron Q.A.I.M.N.S.*)	The War of 1914-19	1Jan.19
Mann, Miss K. (*Sister, Q.A.I.M.N.S. Res.*)	The War of 1914-19	1Jan.16
Maria Benedetta, *Sister*	Egypt	24May83
Maria Camilla, *Sister*	Egypt	24May83
Maria Carmeia, *Sister*	Egypt	24May83
Maria Celestina, *Sister*	Egypt	24May83
Maria Ludovica *Sister*	Egypt	24May83
Maria Pia, *Sister*	Egypt	24May83
Mark, Miss M. (*Matron, Q.A.I.M.N.S.*), ret. pay	The War of 1914-19	1Jan.16
Marshall, Miss E. O. (*Sister, Q.A.I.M.N.S.I.*)	The War of 1914-19	3June19
Masson, Miss F.	The War of 1914-19	18May19
Martin, Miss E. J. (*Matron, ret. Q.A.I.M.N.S.*)		26June08
Martin, Miss M. L. (*Matron, T.F. Nursing Serv.*)	The War of 1914-19	3June17
Mary Aloysius, *Sister*	Crimea	16Feb.97
Mason, Miss E. S.	The War of 1914-19	31July19
Mather, Miss S. E.	The War of 1914-19	24Oct.17
Matheson, Miss A. (*Sister, Q.A.I.M.N.S. Res.*)	The War of 1914-19	24Oct.17
Matheson, Miss J. (*Matron Can. Local Forces*)	The War of 1914-19	3June17
Mathews, Miss G.	The War of 1914-19	24Oct.17
Mathews, Miss K. M. (*Sister Q.A.I.M.N.S.*)	The War of 1914-19	3June15
Maxey, Miss K. M. M. (*Sister, T.F. Nursing Serv.*)	The War of 1914-19	3June18
Maxwell, Miss M. (*Asst. Matron Q.A.I.M.N.S.(R.)*)	The War of 1914-19	9Apr.19
May, Miss E. M. (*Sister T.F.N.S.*)	The War of 1914-19	1Jan.19
Medforth, Miss M. E. (*Sister, Q.A.I.M.N.S.*)	The War of 1914-19	3June19
Mee, Miss M. E. (*Actg. Asst. Matron, T.F.N.S.*)	The War of 1914-19	3June19
Meeke, Miss M. A. (*Sister, Q.A.I.M.N.S.*)	The War of 1914-19	3June19
Melrose, Miss J. (*Principal Matron, T.F. Nursing Serv.*)	The War of 1914-19	1Jan.16
Also awarded Bar to Royal Red Cross	The War of 1914-19	16Feb.20
Merriman, Miss B. A. (*Nursing Sister, Can. A.M.C.*)	The War of 1914-19	12Dec.19
Merriman, Miss K. V.S. (*Sister, T.F Nursing Serv.*)	The War of 1914-19	1Jan.18
Merry, Miss L. G. (*Asst. Matron T.F. Nursing Serv.*)	The War of 1914-19	24Oct.17
Metcalfe, Miss C.	The War of 1914-19	23Feb.17
Michell, Miss D. M. C (*Sister, Q.A.I.M.N.S.*)	The War of 1914-19	3June16
Also awarded Bar to Royal Red Cross	The War of 1914-19	1Jan.18
Middlemist, Miss E. M. (*Matron Q.A.I.M.N.S.Res.*)	The War of 1914-19	31July19
Mifsud, Mrs. (*Supt., A.N S. ret.*)	—	1Aug.99
Milburn, Miss A. E. (*Sister, T.F. Nursing Serv.*)	The War of 1914-19	3June18

MEMBERS (R.R.C.)—contd.

Services.

Name	Service	Date
Miles Walker, Miss J. N. (Matron, C'wealth Mil. Forces)	The War of 1914-19	1 Jan. 17
Millar, Miss C. W. (Matron, T.F. Nursing Serv.)	The War of 1914-19	23 Feb. 17
Millar, Miss H. G. (Sister, Q.A.I.M.N.S. Res.)	The War of 1914-19	3 June 16
Millar, Mrs M. C. B.	The War of 1914-19	6 Aug. 19
Miller, Mrs. E. B.	Manipur	12 June 91
Miller, Mrs. E.	S. Africa	26 July 04
Milligan, Miss A. M. (Matron, T.F. Nursing Serv.)	The War of 1914-19	1 Jan. 16
Milne, Miss H.	The War of 1914-19	24 Oct. 17
Milne, Miss M. S. (Matron, Q.A.I.M.N.S. Res.)	The War of 1914-19	1 Jan. 17
Minns, Miss E. J. (Sister, Q.A.I.M.N.S.)	The War of 1914-19	3 June 17
Also awarded Bar to the Royal Red Cross	The War of 1914-19	3 June 19
Mitchell, Miss B. I. A. (Matron, Can. Nursing Serv.)	The War of 1914-19	21 June 18
Mitchell, Mrs. M.S. (Staff Nurse, Q.A.I.M.N.S. ret.)	Hospital Ship "Anglia"	17 Mar. 16
Mitchell, Miss S. H. (Asst. Matron, T.F.N.S.)	The War of 1914-19	3 June 19
Moberly, Miss G. F. (Sister, A.A.N.S.)	The War of 1914-19	3 June 19
Moberly, Mrs. H. J., R. late Sister, Q.A.I.M.N.S.	S. Africa	29 Nov. 00
Monk, Miss M. B.	The War of 1914-19	3 June 19
Montgomery, Miss M G.	The War of 1914-19	9 Apr. 19
Mooney, Miss H. J. (Matron Egyptian Govt. Hosp.)	The War of 1914-19	1 Jan. 19
Morgan, Miss G. E.	The War of 1914-19	23 Feb. 17
Morgan, Miss M. (Matron, Q.A.I.M.N.S. Res.)	The War of 1914-19	23 Feb. 17
Morison, Mrs. M. (Sister, Q.A.I.M.N.S.)	The War of 1914-19	1 Jan. 18
Morris, Miss P. M.	The War of 1914-19	3 June 15
Morrison, Miss M. R. (Sister T. F. Nursing Serv.)	The War of 1914-19	3 June 19
Morton, Miss M.	The War of 1914-19	3 June 18
Mowat, Miss A. C. (late Sister, Q.A.I.M.N.S.)	The War of 1914-19	3 June 17
Mowbray, Miss C. M.	The War of 1914-19	9 Apr. 19
Mowbray, Miss O. S	N. W Frontier of India	21 Apr. 99
Moxon, Miss G. C. (Q.A.I.M.N.S. Res.)	The War of 1914-19	31 Jan. 16
Muggridge, Miss L. L. (Matron Q.A.I.M.N.S. Res.)	The War of 1914-19	24 Oct. 17
Muir, Miss I. M. (Sister, T.F. Nursing Serv.)	The War of 1914-19	1 Jan. 18
Muldrew, Miss G. (Nursing Sister C.A.M.C.	The War of 1914-19	24 Oct. 17
Mulliner, Mrs. A.	The War of 1914-19	24 Oct. 17
Munn, Miss A.	The War of 1914-19	24 Oct. 17
Munro, Miss M.	The War of 1914-19	31 July 19
Murphy, Miss A. A. (Matron Q.A.I.M.N.S. Res	The War of 1914-19	24 Oct. 17
Murphy, Miss J. (Sister, Q.A.I.M.N.S.)	The War of 1914-19	3 June 17
Murray, Miss E. (Staff Nurse, T.F Nursing Serv.)	The War of 1914-19	3 June 17
Murray, Miss J.	The War of 1914-19	31 July 19
Murray, Miss J. M. (Sister, T.F. Nursing Serv.)	The War of 1914-19	1 Jan. 17
Musson, Miss E. M. (Principal Matron, T.F. Nursing Serv.)	The War of 1914-19	1 Jan. 16
Napper, Miss G. (Staff Nurse, Q.A.I.M.N.S., Res)	The War of 1914-19	1 Jan. 18
Neary, Miss E. J.	The War of 1914-19	31 July 19
Nelson, Miss E. (Sister, Q.A.I.M.N.S. Res.)	The War of 1914-19	25 Feb. 18
Nesbitt Miss V. C. (Matron, Can. Local Forces)	The War of 1914-19	1 Jan. 18
Neville, Sister K.	Ashanti	
Neville, Miss M. E. (Sister Q.A.I.M.N.S.)	The War of 1914-19	3 June 16
Newbould, Miss M. A. (Asst. Matron T.F.N.S.)	The War of 1914-19	3 June 18
Newman, Miss M. C. E. (Sister Q.A.I.M.N.S.)	The War of 1914-19	1 Jan. 19
Newton, Miss E. M. (Matron T.F. Nursing Serv.)	The War of 1914-19	3 June 16
Newton, Miss H. M.	The War of 1914-19	31 July 19
Nicholson, Miss M.	S Africa	13 Mar. 03
Nicholls, Miss N. (Sister, T.F.N.S.)	The War of 1914-19	1 Jan. 19
Niles, Miss O. L. (Actg. Sister, Q.A.I.M.N.S.)	The War of 1914-19	1 Jan. 19
Niven, Miss L. (Matron S. Afr. Def. Force)	The War of 1914-19	3 June 17
Nixon, Miss A. (Matron Q.A.I.M.N.S.)	—	14 June 19
Also awarded Bar to Royal Red Cross	The War of 1914-19	21 June 18
Norris, Mrs. E. B.	The War of 1914-19	24 Oct. 17
Northover, Miss E. N. (Asst. Matron, T.F. Nursing Serv.)	The War of 1914-19	3 June 16
Nunn, Miss A. B. (Sister, Q.A.I.M.N.S.)	The War of 1914-19	1 Jan. 17
Nurse, Miss B. G. (Sister N.Z. Mil. Forces)	The War of 1914-19	1 Jan. 16
Nutt, Miss M.	W. Africa	22 Aug. 99
Nye, Miss A. (Matron, Nursing Serv.)	The War of 1914-19	1 Jan. 18
Oakey, Miss M.	The War of 1914-19	3 June 15
Oakley, Miss M. A. (Sister T.F. Nursing Serv.)	The War of 1914-19	1 Jan. 18
Oates, Miss H. R. (Matron, T.F. Nursing Serv.)	The War of 1914-19	1 Jan. 16
O'Connell, Miss E. E. (Actg. Matron, Q.A.I.M.N.S.)	The War of 1914-19	1 Jan. 19
O'Curran, Miss P. A. (Sister Q.A.I.M.N.S. Res.)	The War of 1914-19	3 June 17
Odell, Miss E. W. (Nursing Sister, Con. A.M.C.	The War of 1914-19	12 Dec. 19
O'Dwyer, Miss I. (Head Sister A.A.N.S.)	The War of 1914-19	1 Jan. 18
O'Keefe, Mrs. S. B.	The War of 1914-19	4 Apr. 19
Oldham, Mrs. E. M. (late Sister, Q.A.I.M.N.S.)	The War of 1914-19	1 Jan. 17
Oliver, Lady B. C.	The War of 1914-19	2 Feb. 18
O'Neill, Miss M. E. (Matron, Q.A.I.M.N.S. Res.)	The War of 1914-19	31 July 19

MEMBERS (R.R.C.)—contd.

Name	Services	Date
Oram, Dame S. E., D.B.E. [Principal Matron (temp. Matron-in-Chief) Q.A.I.M.N.S., ret. pay]	} Egypt	11 Dec. 96
Also awarded Bar to Royal Red Cross	The War of 1914-19	1 Jan. 18
O'Reilly, Miss K. A. (Sister Q.A.I.M.N.S.R.)	The War of 1914-19	3 June 19
Orr, Miss E. (Asst. Matron, Q.A.I.M.N.S., Res.)	The War of 1914-19	1 Jan. 18
Orr, Miss J. (Sister Q.A.I.M.N.S. Res.)	The War of 1914-19	3 June 16
Osborne, Miss R., O.B.E. (Matron, Q.A.I.M.N.S.)	The War of 1914-19	1 Jan. 17
Otto, Miss S. M. G.	S. Africa	13 Mar. 03
Outhwaite, Miss L. Matron (Q.A.I.M.N.S.)	The War of 1914-19	1 Jan. 19
Palin, Miss H. G., M.B.E.	The War of 1914-19	3 June 15
Parsloe, Miss E. M. (Sister T.F. Nursing Serv.)	The War of 1914-19	25 Feb 18
Parsons, Miss L.	Egypt	23 Oct. 85
Parsons, Miss M. C.	The War of 1914-19	23 Feb. 17
Parsons, Miss M. G	The War of 1914-19	1 Jan. 17
Patrick, Mother	S. Africa	3 May 98
Paterson, Miss S. M. (Nursing Sister, A.N.S.R.) (Nursing Matron, Transvaal Local Forces)	} S. Africa	22 Aug. 02
Patten, Miss M. I.	The War of 1914-19	3 June 16
Patterson, Miss R.	The War of 1914-19	1 Jan. 18
Paul, Miss J. J. A. (Sister, Q.A.I.M.N.S.R.)	The War of 1914-19	3 June 19
Paul, Miss R. (Senior Nursing Sister E. Afr. Nursing Serv.)	} The War of 1914-19	3 June 18
Paul, Miss E.	The War of 1914-19	12 Dec. 19
Payne, Miss G. M. (Matron, Q.A.I.M.N.S. ret. (also awarded Bar to Royal Red Cross)	} The War of 1914-19	1 Aug. 99 / 9 Apr. 19
Payne Hooge, Miss K. (Sister Q.A.I.M.N.S.R.Aus.)	The War of 1914-19	1 Jan. 18
Peet, Miss L. O.	The War of 1914-19	3 June 15
Peinizer, Mrs. M.	The War of 1914-19	4 Apr. 19
Pegelly, Miss R. (Matron N.Z.A.N.S.)	The War of 1914-19	31 July 19
Pense, Miss E. F. (Acting Matron, Can. A.M.C.	The War of 1914-19	3 June 19
Peppler, Miss A. H. (Asst. Matron, T.F. Nursing Serv.)	} The War of 1914-19	31 July 19
Percival, Miss M. (Sister, Q.A.I.M.N.S. Res.)	The War of 1914-19	21 June 18
Perkins, Miss B. F. (Sister, Q.A.I.M.N.S.)	The War of 1914-19	1 Jan. 17
Perrott, Lady	The War of 1914-19	3 June 16
Phillips, Miss A. M.	The War of 1914-19	23 Feb. 17
Phillips, Mrs. E. H.	The War of 1914-19	3 June 17
Pickett, Miss L.F. (Asst.Matron T.F.NursingServ.)	The War of 1914-19	24 Oct. 17
Pidgeon, Miss L. (Sister Can. A.M.C.)	The War of 1914-19	3 June 18
Pilson, Miss E. R. (Sister, T.F. Nursing Serv.)	The War of 1914-19	3 June 19
Pinsent, Miss M. (Matron T.F. Nursing Serv.)	The War of 1914-19	3 June 16
Plaskitt, Miss M. (Ac g. Matron, Q.A.I.M.N.S., ret.	The War of 1914-19	1 Jan. 19
Plimsaul, Miss A. L. (Actg. Matron, Q.A.I.M.N.S.	The War of 1914-19	1 Jan. 19
Plowman, Mrs. E. (N.S. Wales)	S. Africa	29 Nov. 00
Pool, Miss M. (Sister in Charge, T.F. Nursing Serv.)	The War of 1914-19	3 June 19
Pooley, Miss I. J. (Matron, Q.A.I.M.N.S. ret.)	The War of 1914-19	21 June 18
Pope, Miss G. Matron, Can. Local Forces)	S. Africa	22 Aug. 02
Potter, Miss M. L. (Matron, Q.A.I.M.N.S.)	The War of 1914-19	1 Jan. 17
Powell, Miss M.	W. Africa	22 Aug. 99
Power, Miss E.	The War of 1914-19	21 June 18
Pratt, Miss L. C. (Sister A.A.N.S.)	The War of 1914-19	12 Dec. 19
Prendergast, Miss K.A. (Actg. Matron Q.A.I.M.N.S. Res.)	The War of 1914-19	1 Jan. 18
Preston, Miss G.A. (Matron, late T.F. Nursing Serv.)	The War of 1914-18	23 Feb. 17
Pretty, Miss E. (Nursing Sister, A.N.S.R.)	S. Africa	29 Nov. 00
Price, Miss E.	The War of 1914-19	12 Dec. 19
Price, Miss F. (Matron, N.Z. Mil. Forces)	The War of 1914-19	1 Jan. 17
Prichard, Miss A. M. (Matron, A.A.N.S.)	The War of 1914-19	1 Jan. 19
Priestman, Miss M. (Matron, T.F. Nursing Serv.)	The War of 1914-19	23 Feb. 17
Proctor, Miss M. F. (Sister, A.A.N.S.)	The War of 1914-19	1 Jan. 18
Prys-Owen, Mrs M.A.	The War of 1914-19	3 June 19
Pullin, Miss G. J. (Sister, Q.A.I.M.N.S. Res.)	The War of 1914-19	24 Oct. 17
Purcell, Miss A. M. (Matron, Q.A.I.M.N.S. Res.)	The War of 1914-19	24 Oct. 17
Purkis, Miss A. M.	Dharmsala	28 Nov. 05
Purves, Miss J. (Principal Matron, T.F. Nursing Serv.)	} The War of 1914-19	3 June 16
Rae, Miss M. (Sister and Actg. Matron Q.A.I.M.N.S. Res.)	} The War of 1914-19	3 June 18
Rait, Miss H. A. M., C.B.E. (Sen. Nursing Sister, Q.A.M.N.S. for India)	} The War of 1914-19	1 Jan. 16
Ram, Miss M. S. (Matron, Q.A.I.M.S.)	The War of 1914-19	3 June 19
Ramsay, Miss W. (Sister, Q.A.I M.N.S. Res.)	The War of 1914-19	31 July 19
Rankin, Miss B. (Sister, Q.A.I.M.N.S. Res.)	The War of 1914-19	1 Jan. 18
Rannie, Miss M. L. (Matron, Q.A.I.M.N.S. ret. pay)	The War of 1914-19	3 June 19
Also awarded Bar to the Royal Red Cross	The War of 1914-19	3 June 19
Ransome, Sister J. M.	China	19 Feb. 01
Raynes, Miss F. E. (Matron, Q.A.I.M.N.S. Res.)	The War of 1914-19	24 Oct. 17
Raws, Miss M.	S. Africa	22 Aug. 02
Ray, Miss M. E. (Principal Matron, T.F. Nursing Serv.)	} The War of 1914-19	1 Jan. 19
Rayside, Miss E. C. (Matron, Can. Local Forces)	The War of 1914-19	1 Jan. 17
Read, Miss A. M. (Sister, Q.A.I.M.N.S. Res.)	The War of 1914-19	17 Sept. 17
Reay, Miss A.	The War of 1914-19	31 July 19

MEMBERS (R.R.C.)—*contd.*

Name	Services	Date
Redrup, *Mrs.* F.	S. Africa	26June02
Reeves, *Miss* A.	The War of 1914-19	21June18
Reid, *Miss* H. W. (*Matron, Q.A.I.M.N.S.*) (*Also awarded Bar to Royal Red Cross*)	The War of 1914-19	3June15
Reilly, *Miss* M. C. (*Sister, Q.A.I.M.N.S. Res.*)	The War of 1914-19	24Oct.17
Remnant, *Miss* L.	The War of 1914-19	1Jan.19
Rice, *Lady*	S. Africa	29Nov.00
Rice, *Miss* F. M. (*Sister, T. F. Nursing Serv.*)	The War of 1914-19	3June17
Richard, *Miss* C. (*Sister, T.F. Nursing Serv.*)	The War of 1914-19	9Apr.19
Richards, *Miss* G.M., *C.B.E* (*Matron, Q.A.I.M.N.S. ret. pay.*)	The War of 1914-19	3June15
Richardson, *Miss* E. T. (*Matron-in-Chief, C'wealth Mil. Forces*)	The War of 1914-19	23Feb.17
Richardson, *Miss* G. (*Matron, T.F. Nursing Serv.*)	The War of 1914-19	23Feb.17
Riddell, *Miss* M. S. (*Matron, T.F. Nursing Serv.*)	The War of 1914-19	1Jan.16
Ritchie-Thompson, *Miss* M. (*Sister, Q.A.I.M.N.S. Res.*)	The War of 1914-19	1Jan.17
Robb, *Miss* C. B.	The War of 1914-19	1Jan.19
The Dowager Countess Roberts, *G.I.*	India	27Oct.91
Roberts, *Miss* E. M.	The War of 1914-19	2Feb.16
Roberts, *Miss* F. N. (*Sister, Q.A I.M.N.S.*) *Also awarded Bar to Royal Red Cross*	The War of 1914-19	3June18
Roberts, *Miss* G. E. (*Sister Q.A.I.M.N.S. Res.*)	The War of 1914-19	16Fe .20
Robertson, *Miss* J. A.	The War of 1914-19	3June19
Robertson, *Miss* S. I.	The War of 1914-19	31July19
Roche, *Miss* A. (*Sister, Aust. Nursing Serv.*)	The War of 1914-19	31July19
Rogers, *Miss* E. (*Sister, Q.A.I.M.N.S. Res.*)	The War of 1914-19	1Jan.18
Rogers, *Miss* M. A.	The War of 1914-19	21June18
Rogers, *Miss* M. E.	The War of 1914-19	21June18
Rogers, *Miss* V. (*Sister, T.F. Nursing Serv.*)	The War of 1914-19	1Jan.18
Rooke, *Miss* R. M. (*Asst. Matron, Q.A.I.M.N.S.*)	The War of 1914-19	16Feb.20
Rorke, *Mrs.* M.	S. Africa	26June02
Roscoe, *Miss* K. (*Sister, Q.A.I.M.N.S.*)	The War of 1914-19	1Jan.17
Ross, *Miss* C. L. (*Matron, Aust. A.N.S.*)	The War of 1914-19	21June18
Ross, *Miss* E. B. (*Matron, Can. Nursing Serv.*)	The War of 1914-19	21June18
Ross, *Miss* M. C.	The War of 1914-19	24Oct.17
Rothery, *Miss* D. (*Sister, Q.A.I.M.N.S. Res.*)	The War of 1914-19	1Jan.19
Rowe, *Miss* A. (*Sister, Q.A.I.M.N.S*)	The War of 1914-19	1Jan.18
Rowlatt, *Mrs.* G. R.	The War of 1914-19	21June18
Roy, *Miss* C.M., *M.M.* (*Sister in charge, Q.A.I.M.N.S. Serv.*)	The War of 1914-19	1Jan.19
Ruck, *Miss* M. E. (*Sister in charge, T.F. Nursing Serv.*)	The War of 1914-19	1Jan.19
Ruddick, *Miss* M. C. (*Nursing Sister, Can. Nursing Serv.*)	The War of 1914-19	21June18
Rundle, *Miss* M. S. (*late Matron, T.F. Nursing Serv.*)	The War of 1914-19	3June16
Ruscoe, *Miss* L.	The War of 1914-19	6Aug.19
Russell, *Miss* A. B. (*Sister, Q.A.I.M.N.S. Res.*)	The War of 1914-19	1Jan.19
Russell, *Miss* E. (*Matron, Can. Local Forces*)	The War of 1914-19	22Feb.17
Also awarded Bar to Royal Red Cross	The War of 1914-19	12Dec.19
Russell, *Miss* M. (*Matron, Q.A.I.M.N.S. ret.*)	S. Africa	22Aug.02
Rutherford, *Miss* E.A. (*Asst. Matron, Q.A.I.M.*)	The War of 1914-19	31July19
Ryan, *Miss* E. (*Supt. A.N.S., ret.*)	Crete (*Malta*)	3Jan.00
St. John, *Mrs.* L. M. (*late Nursing Sister, A N.S.*)	India	25July89
St. Quintin, *Miss* E. (*Sister, Q.A.I.M.N.S.*)	The War of 1914-19	23Feb.17
Sandbach, *Miss* C. (*Sister, Q.A.I.M.N.S.*)	The War of 1914-19	3June18
Sanderson, *Miss* B. (*Staff Nurse, T.F. Nursing Serv.*)	The War of 1914-19	1Jan.19
Sandifer, *Miss* I. D. (*Matron, T.F. Nursing Serv.*)	The War of 1914-19	24Oct.17
Sargant, *Lady*	The War of 1914-19	29Jan.18
Saville, *Miss* L. E., *M.D.*	China	19Feb.01
Schafer, *Miss* E. (*Acting Matron, Q.A.I.M.N.S.*)	The War of 1914-19	1Jan.19
Schofield, *Miss* E. O.	The War of 1914-19	1Jan.18
Also awarded Bar to Royal Red Cross	The War of 1914-19	3June19
Sclater, *Mrs.* W.	S. Africa	26June02
Scoble, *Miss* C. I. (*Nursing Sister, A.M.C.*)	The War of 1914-19	1Jan.19
Scott, *Miss* E. F.	The War of 1914-19	23Feb.17
Scott, *Miss* J. T. (*Actg. Matron Can. Nursing Serv.*)	The War of 1914-19	21June18
Scott, *Miss* K.	The War of 1914-19	23Feb.17
Scott, *Mrs.* L.	S. Africa	3Sept.01
Scott-Newton, *Miss* E.	The War of 1914-19	3June19
Selby, *Miss* M. (*late Nursing Sister, A.N.S.*)	Zululand and Egypt	13Aug.83
Sellar, *Miss* G. H. (*Asst. Matron, Q.A.I.M.N.S.*)	The War of 1914-19	31July19
Seymour, *Miss* E. E. (*Matron, T.F. Nursing Serv.*)	The War of 1914-19	24Oct.17
Shannon, *Miss* E. C. (*Nursing Sister, A.N.S.R.*)	S. Africa	26June02
Shaw, *Miss* K. d'O. (*Sister, Can A.M.C.*)	The War of 1914-19	3June18
Shaw, *Mrs.* M.	The War of 1914-19	4Apr.19
Shearer, *Miss* H. D. (*Nursing Sister, Can. A.M.C.*)	The War of 1914-19	1Jan.18
Sheppard, *Miss* J. A. (*Principal Matron, T.F. Nursing Serv.*)	The War of 1914-19	1Jan.16
Sibley, *Miss* W. L. (*Sister, Q.A.I.M.N.S. Res.*)	The War of 1914-19	June19
Sillifant, *Miss* M.	The War of 1914-19	24Oct.17
Sinclair, *Miss* M. (*Matron, T.F. Nursing Serv.*)	The War of 1914-19	3June16
Sinzininex, *Miss* M. C.	The War of 1914-19	16Feb.20
Sketchley, *Miss* E. M. P.	The War of 1914-19	31July19
Skillman, *Miss* J. E. (*Nursing Sister, A.N.S.R.*)	S. Africa	20Nov.00

MEMBERS (R.R.C.)—*contd.*

	Services.	
Skinner, Miss K. F. G. (*Sister, Q.A.I.M.N.S.*)	The War of 1914-19	1 Jan 17
Also awarded Bar to Royal Red Cross	The War of 1914-19	3 June19
Skipworth, *Miss* R. M.	The War of 1914-19	6 Aug. 19
Sloan, *Miss* E. R. (*Sister in Charge, T.F. Nursing Serv.*)	The War of 1914-19	3 June19
Smale, *Miss* E. (*Principal Matron, T.F. Nursing Serv.*)	The War of 1914-19	3 June16
Smales, *Miss* J. (*Sister, T. F. Nursing Serv.*)	The War of 1914-19	3 June17
Smeeton, *Miss* W. C. (*Principal Matron, T.F. Nursing Serv.*)	The War of 1914-19	1 Jan. 16
Smellie, *Miss* B. L. (*Nursing Sister (Asst. Matron), C.A.M.C.*)	The War of 1914-19	24 Oct. 17
Smith, *Miss* A. B. (*Matron-in-Chief, Q.A.I.M.N.S.*)	S. Africa	29 Nov 00
Also awarded Bar to Royal Red Cross	The War of 1914-19	1 Jan. 18
Smith, *Miss* F. M. (*Matron, T.F. Nursing Serv.*)	The War of 1914-19	23 Feb. 17
Smith, *Miss* G. M. (*Sister, Q.A.I.M.N.S.*)	The War of 1914-19	3 June15
Also awarded Bar to Royal Red Cross	The War of 1914-19	1 Jan. 19
Smith, *Miss* H. G. (*Principal Matron, T.F. Nursing Serv.*)	The War of 1914-19	1 Jan. 16
Smith, *Miss* H. H. (*Actg. Matron, Q.A.I.M.N.S.Res,*)	The War of 1914-19	31 July1819
Smith, *Miss*	Benin	3 June89
Smith, *Miss* J. Mc. P. B. (*late Staff Nurse Q.A.I.M.N.S.*)	The War of 1914-19	3 June15
Smith, *Miss* K. A. (*Matron, T.F. Nursing Serv.*)	The War of 1914-19	1 Jan. 16
Smith, *Miss* K. M. (*Matron, T.F. Nursing Serv.*)	The War of 1914-19	1 Jan. 19
Smith, *Miss* M. (*Matron, Can. Local Forces*)	The War of 1914-19	23 Feb. 17
Smith, *Miss* M. (*Matron, Q.A.I.M.N.S.*)	The War of 1914-19	1 Jan. 17
Smith, *Miss* M. E.	The War of 1914-19	24 Oct. 17
Smith, *Miss* M. E. (*Sister, Q.A.I.M.N.S.*)	The War of 1914-19	2 June16
Smith, *Miss* P. E. (*Matron T.F. Nursing Serv.*)	The War of 1914-19	16 Feb. 20
Smithies, *Miss* E. (*Sister, Q.A.I.M.N.S. Res.*)	The War of 1914-19	3 June19
Smyth, *Miss* M. H. (*Sister, Q.A.I.M.N.S.*)	The War of 1914-19	1 Jan. 18
Smyth, *Miss* S. (*Sister, Q.A.I.M.N.S.*)	The War of 1914-19	3 June17
Solomon, *Miss* W. P. (*Matron, T.F. Nursing Serv.*)	The War of 1914-19	24 Oct. 17
Sorensen, *Miss* C. (*Sister A.A.N.S.*)	The War of 1914-19	3 June19
Soutar, *Miss* C. S. (*Sister, Q.A.I.M.N.S. Res.*)	The War of 1914-19	1 Jan. 17
Southwell, *Miss* J (*Nursing Sister, A.N.S.R*)	S. Africa	9 Nov. 00
Sparks, *Miss* E. M. H. (*Matron, Q.A.I.M.N.S. Res.*)	The War of 1914-19	3 July19
Sparshott, *Miss* M. E. (*Principal Matron, T.F. Nursing Serv.*)	The War of 1914-19	1 Jan. 19
Spencer, *Miss* M. I. (*Asst. Matron, T.F. Nursing Serv.*)	The War of 1914-19	24 Oct. 17
Spencer-Jones, *Miss* V. N.	The War of 1914-19	9 Apr. 19
Spindler, *Miss* F. (*Matron Nyasaland Med. Serv.*)	The War of 1914-19	3 June19
Spittall, *Miss* J. (*Sister T.F. Nursing Serv.*)	The War of 1914-19	3 June18
Spoor, *Miss* B. (*Actg. Matron T.F N.S.*)	The War of 1914-19	3 June19
Squire, *Miss* L. G. (*Acting Matron Can. A.M.C.*)	The War of 1914-19	3 June19
Stanton, *Miss* E. H. (*Sister Q.A.I.M.N.S. (R.)*)	The War of 1914-19	9 Apr. 19
†Steele, *Miss* M. F. (*Sister, Q.A.I.M.N.S. ret.*)	The War of 1914-19	3 June16
Steele, *Miss* P. (*Sister, Q.A.I.M.N.S.*)	The War of 1914-19	1 Jan. 16
Steen, *Miss* L. E. C. (*Matron, Q.A.I.M.N.S.*)	The War of 1914-19	3 June16
Also awarded Bar to Royal Red Cross	The War of 1914-19	1 Jan. 19
Steenson, *Miss* M. (*Matron, Q.A.I.M.N.S.*) (*Also award d Bar to Royal Red Cross*)	The War of 1914-19	1 Jan. 17
Stephens, Mrs. F. H.	The War of 1914-19	3 June19
Stephenson, *Miss* B. (*Matron, Q.A.I.M.N.S. Res.*)	The War of 1914-19	23 Feb. 17
Stevens, *Miss* C. A. (*Acting Matron Q.A.I.M N.S.*)	The War of 1914-19	9 Apr. 19
Stevens, *Miss* G. A. B.	The War of 1914-19	3 June19
Stevenson *Miss* E.	The War of 1914-9	6 Aug. 19
Stevenson, Mrs. J. R.	The War of 1914-19	23 Feb. 17
Stevenson, *Miss* S. A. (*Matron T.F. Nursing Serv.*)	The War of 1914-19	23 Feb. 17
Also awarded Bar to Royal Red Cross	The War of 1914-19	12 Dec. 19
Stewart, *Miss* A. V. (*Senior Nursing Sister E.A.N.S.*)	The War of 1914-19	1 Jan. 18
Stewart, *Miss* E.	The War of 1914-19	23 Feb. 17
Stewart, *Miss* G. M. (*Matron, Q.A.I.M.N.S. Res.*)	The War of 1914-19	23 Feb. 17
Stewart, *Miss* H.	Egypt, Hospital Ship "Carthage."	24 May83
Stewart, *Miss* L. M., C.B.E. (*Matron, Q.A.I.M.N.S.*), *ret. pay*	S. Africa	29 Nov. 00
Stewart, *Miss* M. E. (*Asst. Matron Q.A.I.M.N.S.*)	The War of 1914-19	3 June19
Stewart, *Miss* N. (*Sister Q.A.I.M.N.S.R.*)	The War of 1914-19	3 June19
Stinton, *Miss* O. F. (*Sister Q.A.I.M.N.S.*)	The War of 1914-19	3 June18
Stobo, Mrs. L. (*Head Sister, Aust. A.N.S.*)	The War of 1914-19	1 Jan. 18
Stocqueler, *Miss* M. E.	The War of 1914-19	31 July19
Storey, *Miss* M. (*Asst. Matron, T.F. Nursing Serv.*)	The War of 1914-19	24 Oct. 17
Story, *Miss* B.	Egypt	24 May83
Stow, *Miss* E. P	S. Africa	22 Aug. 02
Stow, *Miss* I. J. P.	S. Africa	22 Aug. 02
Also awarded Bar to Royal Red Cross	The War of 1914-19	3 June19
Stowell, *Miss* L. B.	B. O. Africa (*Zomba*)	31 July00
Strachan, *Miss* J. C. (*Sister Q.A.I.M.N.S. Res.*)	The War of 1914-19	3 June18
Strickland, *Miss* E M. (*Matron A.A.N.S.*)	The War of 1914-19	12 Dec. 19
Stronach, *Miss* C. G. (*Matron, Q.A.I.M.N.S.*)	The War of 1914-19	1 Jan. 17
Also awarded Bar to Royal Red Cross	The War of 1914-19	1 Jan. 19

† *Also awarded Bar to Royal Red Cross.*

The Royal Red Cross

MEMBERS (R.R.C.)—contd.

Name	Services	Date
Stronach, Miss J. (Actg. Matron, Can. Nursing Serv.)	The War of 1914-19	21June18
Also awarded Bar to Royal Red Cross	The War of 1914-19	1Jan.19
Strong, Miss A. C. (Matron, Can. Local Forces)	The War of 1914-19	3June16
Stronghill, Miss M.A., O.B.E.(Senior Nursing Sister, Q.A.M.N.S. for India)	The War of 1914-19	17 Oct. 17
Suart, Miss H. (Matron, Q.A.I.M.N.S.)	The War of 1914-19	3June16
Sutcliffe, Miss M. E.	The War of 1914-19	24Oct.17
Sutton, Mrs. (Principal Matron, Q.A.I.M.N.S. ret.)		14June12
Sutton, Miss E. C. (Sister, Q.A.I.M.N.S. Res.)	The War of 1914-19	1Jan.19
Summer, Miss C. I. K. (Matron, A.N.S. Res.)	The War of 1914-19	23Feb.17
Sunderland, Miss K. A.	The War of 1914-19	9Apr.19
Swift, Miss S. A.	The War of 1914-19	2Feb.16
Symonds, Sister Evangelist K.	The War of 1914-19	24Oct.17
Taggart, Miss J.	The War of 1914-19	1Jan.19
Tait, Miss M. M.	The War of 1914-19	1Jan.18
Talbot, Mrs. K. H. E.	The War of 1914-19	3June19
Tanner, Miss B. J. (Actg. Sister, Q.A.I.M.N.S. Res.)	The War of 1914-19	1Jan.19
Tate, Miss M. E.	The War of 1914-19	31July19
Taylor, Miss A. (Asst. Matron T. F. Nursing Serv.)	The War of 1914-19	3June17
Taylor, Miss A. M. B.	The War of 1914-19	3June19
Taylor, Miss D. M. (Sister, Q.A.I.M.N.S.)	The War of 1914-19	1Jan.16
Taylor, Miss E. E. (Matron, T.F. Nursing Serv.)	The War of 1914-19	23Feb.17
Teevan, Miss A. C. W. (Actg. Matron, Q.A.I.M.N.S.)	The War of 1914-19	1Jan.19
Tennyson-Smith, Mrs. C. M. K.	The War of 1914-19	6Aug.19
Teresa, Mother Super or	S.Africa	9Nov.00
Terrill, Miss L. M. (Sister Q.A.I.M.N.S.R.)	The War of 1914-19	3June19
Terrot, Miss S. A.	Crimea	5Oct.97
Thacker, Miss E. (Sister, Q.A.I.M.N.S. Res.)	The War of 1914-19	1Jan.19
Thomas, Mrs. F.	The War of 1914-19	24Oct.17
Thomas, Miss M. (Matron, Q.A.I.M N.S. ret.)	Egypt	13Aug.83
Thomas, Miss M. (Matron, T.F. N rsing Serv.)	The War of 1914-19	21June18
Thompson, Miss O. E.	S. Africa	3Mar.03
Thompson, Miss C. V. E.(Sister , A.I.M.N.S. Res.)	The War of 1914-19	3June18
Thompson, Miss G. S. (Matron, Q A.I.M.N.S.Res.)	The War of 1914-19	24Oct.17
Thomson, Miss E. O. (Matron, T.F. Nursing Serv.)	The War of 1914-19	23Feb.17
Thomson, Miss M. E. (Sister, Q I.M.N.S. Res.)	The War of 1914-19	1Jan.17
Thorburn, Miss M. M.	The War of 1914-19	23Feb.17
Thurling, Miss L. M.	The War of 1914-19	3June15
Thurston, Miss M. (Matron-in-Chief. N.Z. Mil. Forces)	The War of 1914-19	23Feb.17
Tisdale, Miss M. C. (Matron, T.F. Nursing Serv.)	The War of 1914-19	21June18
Tisdell, Miss C. A. (Matron, Q.A.I.M.N.S. Res.)	The War of 1914-19	23Feb.17
Todd, Miss C. E., M.M.	The War of 1914-19	3June16
Todd, Miss K. C (Sister T.F. Nursing Serv.)	The War of 1914-19	3June18
Toller, Miss L. M., M.M. (Sister, Q.A.I.M.N.S.)	The War of 1914-19	1Jan.17
Tombe, Miss A. (Matron, N.Z. Mil. Forces)	The War of 1914-19	3June16
Tomlin, Miss F. (Matron, T.F. Nursing Serv.)	The War of 1914-19	23Feb 17
Tremaine, Miss V. A. (Nursing Sister, Can. Local Forces)	The War of 1914-19	1Jan.16
Trew, Miss A. B. (Nursing Sister, A.N.S.R.)	S. Africa	29Nov 00
Trotter, Miss J. E., M.M. (Acting Sister Q.A.I.M.N.S.R.)	The War of 1914-19	3June19
Tulloh, Miss L. W. (Matron, Q.A.I.M.N.S., ret. pay)	Egypt	18June97
Also awarded Bar to Royal Red Cross	The War of 1914-19	1Jan.19
Turnbull, Miss A. H.	The War of 1914-19	16Feb.10
Turner, Miss I. M. (Matron, T.F. Nursing Serv.)	The War of 1914-19	3June16
Tunley, Miss M. M., M.M. (Matron, Q.A.I.M.N.S.)	The War of 1914-19	1Jan.16
Also awarded Bar to Royal Red Cross	The War of 1914-19	1Jan.19
Twynam, Miss A. J. (Head Sister, A.A.N.S.)	The War of 1914-19	3June19
Tyndale, Miss M. L.	The War of 1914-19	1Jan.19
Underwood, Miss K. D. M. (Matron, Q.A.I.M.N.S. Res.)	The War of 1914-19	9Apr.19
Uren, Miss E. R. (Matron, A.A.N.S.)	The War of 1914-19	1Jan.19
Urquhart, Miss J. (Matron, Can. A.M.C.)	The War of 1914-19	1Jan.18
Vaughan, Mrs. M.	The War of 1914-19	24Oct.17
Valentine, Miss M. F. (Sister, Q.A.I.M.N.S. Res.)	The War of 1914-19	3June19
Vezey, Miss E. M. (Matron, T F. Nursing Serv.)	The War of 1914-19	24Oct.17
Vincent, Miss C. E. (Principal Matron, T.F. Nursing Serv.)	The War of 1914-19	1Jan.16
Wainwright, Miss A.	The War of 1914-19	3June15
Walde, Miss H. W. (Sister, Q.A.I.M.N.S. Res.)	The War of 1914-19	9Apr.19
Walker, Miss A. L. (Sister, Q.A.I.M.N.S.)	The War of 1914-19	1Jan. 16
Also awarded Bar to Royal Red Cross	The War of 1914-19	3June19
Walker, Miss B. (Matron, Q.A.I.M.N.S. Res.)	The War of 1914-19	1Jan.19
Walker, Miss C. M. (Actg. Sister, Q.A.I.M.N.S. Res.)	The War of 1914-19	9Apr.19
Walker, Miss M. (Sister, Q.A.I.M.N.S.)	The War of 1914-19	1Jan.16
Also awarded Bar to Royal Red Cross	The War of 1914-19	3June19
Wallace, Miss R. E. (Matron, Q.A.I.M.N.S. Res.)	The War of 1914-19	23Feb.17
Walpole, Miss A. M. J. (Sister, Q.A.I.M.N.S. Res.)	The War of 1914-19	1Jan.19
Wantage, The Lady	—	24May83

MEMBERS (R.R.C.) - contd.

Name	Services	Date
Ward, *Matron* A.	Ashanti	29Nov.00
Ward, Miss E. K. (*Q.A.I.M.N.S. Res.*)	The War of 1914-19	1Jan.16
Warrack, *Miss* C. L. (*Sen. Nursing Sister, Q.A.M.N.S for India*)	The War of 1914-19	3June16
Wass, *Miss* L. M. (*Sister Q.A.I.M.N.S. Res.*)	The War of 1914-19	16Feb.20
Waterhouse, **Miss** A. M., C.B.E. (*Sen. Nursing Sister, Q.A.M.N.S. for India*)		
	China	10Dec 01
Waterston. **Miss** J. E.. *M.D*	S. Africa	26June02
Warter, *Miss* F. (*Matron, T.F. Nursing Serv.*)	The War of 1914-19	24Oct.17
Watson, *Miss* M. C. (*Matron, Q.A.I.M.N.S.R.*)	The War of 1914-19	24Oct 17
Watt, *Miss* A. (*Principal Matron, T.F. Nursing Serv.*)	The War of 1914-19	1Jan.16
Watt, *Miss* P. F. (*Lady Supt., Q.A.M.N.S. for India*)	The War of 1914-19	3June15
Watts, *Miss* M. H. (*Sister, T.F. Nursing Serv.*)	The War of 1914-19	3June18
Weale. *Miss* M. H. (*Matron, T.F. Nursing Serv.*)	The War of 1914-19	3June19
Weatherstone, *Miss* A.	The War of 1914-19	3June18
Webber, *Miss* C.	The War of 1914-19	3June15
Webster *Miss* M. E (*Q.A.I.M.N.S.*)	The War of 1914-19	3June15
Wedgwood, **Miss** H.	S. Africa	16May19
Weighell, **Miss** A. J.	India	15 Aug.02
†Weir, *Miss* A. (*Sister, Q.A.I.M.N.S.*)	The War of 1914-19	16Dec.02
Weir, *Mrs.* M. M. D. (*Asst. Matron, T.F. Nursing Serv.*)	The War of 1914-19	1Jan.17
	The War of 1914-19	3June8
Weise, *Miss* H. H. (*Nursing Sister, S.A.M.N.S.*)	The War of 1914-19	1Jan.16
Welchman, **Mrs.** E.	Hazara	27Oct.91
Wellman, *Miss* A. B. (*Matron, Q.A.I.M.N.S.*)	The War of 1914-19	23Feb.17
Wells, *Miss* M. L. (*Sister, Q.A.I.M.N.S. Res.*)	The War of 1914-19	3June18
Wessels, *Miss* E. S., (*Nursing Sister, S.A.M.N.S.*)	The War of 1914-19	1Jan.16
West, *Miss* D. (*Nursing Sister, Q.A.I.M.N.S.I.*)	The War of 1914-19	3June19
Wheatley *Miss* L. F.	The War of 1914-19	1Jan.19
Wheeler, *Miss* M. K., (*Sister T.F. Nursing Serv.*)	The War of 1914-19	3June18
Wheldon, **Miss** E. (*Nursing Sister, A.N.S. ret.*)	Netley	24May83
Whent, *Miss* M	The War of 1914-19	1Jan.19
Whiffen, *Miss* M. L. (*Matron, T.F. Nursing Serv.*)	The War of 1914-19	23Feb.17
White, *Miss* A. (*Sister in Charge Q.A.I.M.N.S.*)	The War of 1914-19	1Jan.19
White, *Miss* E. (*Matron T F. Nursing Serv.*)	The War of 1914-19	16Feb.20
White, *Miss* G. (*Matron, T.F. Nursing Serv.*)	The War of 1914-19	23Feb.17
White, *Miss* L.A. (*Nursing Sister, Q.A.M.N.S., India*)	The War of 1914-19	3June19
Whiteford, *Miss* H. (*Sister, Q.A.I.M.N.S. Res.*)	The War of 1914-19	3June16
Whiteman, **Miss** A.	S. Africa	26June02
Whiteman, **Miss** M.	S. Africa	22Aug.02
Whitson, *Miss* M. (*Matron, B.R.C.S.*)	The War of 1914-19	1Jan.18
Whyte, *Miss* I. M. (*actg. Matron Q.A.I.M.N.S.*)	The War of 1914-19	1Jan.15
Wildman, **Miss** E. A. (*Lady Supt. Q.A.M.N.S. for India*)	India	9July08
Wilkinson, *Miss* E. S., (*Sister. Q.A.I.M.M.S. Res.*)	The War of 1914-19	3June18
Willes, *Miss* A. (*Sister, Q.A.I.M.N.S.*)	The War of 1914-19	3June16
Willetts, *Miss* I. G. (*Matron, Q.A.I.M.N.S.*)	The War of 1914-19	3June16
Williams, *Miss* A. J. (*Sister, Q.A.I.M.N.S. Res.*)	The War of 1914-19	3June16
Williams, **Miss** E. A. (*Acting Sister, Q.A.I.M.N.S. Res.*)	The War of 1914-19	3June1
Williams *Miss* G. (*Actg. Sister, Q.A.I.M.N.S. Res.*)	The War of 1914-19	3June18
Williams, *Miss* M. B. (*Sister, Q.A.I.M.N.S.*)	The War of 1914-19	3June16
Williams, **Miss** R.	Egypt and Soudan	23Oct.85
Williams, *Miss* S. (*Matron, T.F. Nursing Serv.*)	The War of 1914-19	24Oct.17
Williamson, *Miss* J. M. N. (*N Zealand*)	S. Africa	29Nov.00
Willoughby, *Miss* B. J., *C.B.E.* (*Matron, Can. Local Forces*)	The War of 1914-19	3June16
Wilman, **Mrs.** —	S. Africa	29Nov.00
†Wilshaw, **Miss** S. L. (*Matron, Q.A.I.M.N.S. ret.*)	Egypt	21Apr.99
Wilson, **Lady**	S. Africa	29Nov.00
Wilson, *Miss* A. A. (*Sister, Q.A.I M.N.S.*)	The War of 1914-19	1Jan.17
Wilson, *Miss* A. L. (*Sister, Q.A.I.M.N S. Res.*)	The War of 1914-19	3June16
Wilson, *Miss* A. P. (*Asst. Matron, Q.A.I.M.N.S.*)	The War of 1914-19	3June19
Wilson, *Miss* E. A. M. (*Principal Matron, T.F. Nursing Serv.*)	The War of 1914-19	1Jan.16
Also awarded Bar to Royal Red Cross	The War of 1914-19	16Feb.20
Wilson, *Miss* E. C. L. (*Sister, A.A.N.S.*)	The War of 1914-19	3June19
Wilson. *Miss* E. F. (*Staff Nurse, Q A.I.M.N.S.Res.*)	The War of 1914-19	1Jan.18
Wilson, *Miss* E. M. (*Matron, Can. Local Forces*)	The War of 1914-19	3June16
Also awarded Bar to Royal Red Cross	The War of 1914-19	3June19
Wilson, *Miss* F. (*Matron, Can. Local Forces*)	The War of 1914-19	1Jan.17
Wilson, *Miss* F.	The War of 1914-19	9Apr.19
Wilson, *Miss* G., *C.B.E.* (*Matron, C'wealth Mil. Forces*)	The War of 1914-19	1Jan.16
Wilson, *Miss* I.	The War of 1914-19	9Apr.19
Wilson, *Miss* J.S.R., *O.B.E.* (*Senior Nursing Sister, Q.A.I.M.N.S.*)	The War of 1914-19	3June17
Wilson, **Mrs.** L.	The War of 1914-19	6Aug.19
Wilson, *Miss* V. M. (*Asst. Matron, Can. A.M.C.*)	The War of 1914-19	1Jan.18
Wimble, **Mrs.**	S. Africa	29Nov.00
Wisdom, **Mrs.** E. M	The War of 1914-19	4Apr.19
Wolley Dod, **Mrs.** T. C	S. Africa	26June02
Wood, *Miss* A. A. *Sister, Q.A.I M.N.S. Res.*)	The War of 1914-19	1Jan.18
Wood, **Miss** F. A. (*Sister, T.F. Nursing Serv.*)	The War of 1914-19	31July19

Also awarded Bar to Royal Red Cross.

MEMBERS (R.R.C.)—contd.

Services

Wood, Miss K. F. (Sister, Q.A.I.M.N.S. Res.)	The War of 1914-19	31July19
Wood, Miss L. B.	The War of 1914-19	3June19
Wood, Miss M., O.B.E., M.M. Sister in chareg Q.A.I.M.N.S.)	The War of 1914-19	1Jan.19
Woodford, Miss I. (Sister, T.F. Nursing Serv.)	The War of 1914-19	1Jan 17
Woodhouse, Miss A. (Matron, T.F. Nursing Serv)	The War of 1914-19	24Oct.17
Woodhouse, Miss M. B. (Matron Q.A.IM.N.S.)	The War of 1914-19	1Jan.19
Wooler, Miss S. W. (Sister, Q.A.I.M.N.S.)	The War of 1914-19	1Jan.16
Worger, Miss K. (Sister, T.F. Nursing Serv.)	The War of 1914-19	25Feb.18
Wraxall, Miss E. E. (Sister, Q.A.I.M.N S.R.)	The War of 1914-19	3June19
Wright, Miss M. (Sister in Charge Q.A.I.M.N.S. Res.)	The War of 1914-19	12Dec.19
Wylie, Miss F. H. (Nursing Sister, Can. A.M.C.)	The War of 1914-19	3June19
Wyllie, Miss A. (Sister Q.A.I.M.N.S.R)	The War of 1914-19	3June19
Wyse, Miss J.	The War of 1914-19	6Aug.19
Yardley, Miss A. (late Nursing Sister, A.N.S.)	Egypt	13Aug.83
Yeatman, Miss L.A.	S. Africa	26June02
Yorke, Mrs. A. (late Nursing Sister, A.N.S)	Egypt	23Oct.85
Also awarded Bar to Royal Red Cross	The War of 1914-19	21June18

ASSOCIATES (A.R.R.C.).

Abbott, Miss L. (Staff Nurse, Q.A.I.M.N.S. Res.)	The War of 1914-19	3June16
Abel, Miss V. I. M.	The War of 1914-19	16Feb.20
Abell, Miss F. M.	The War of 1914-19	21June18
Abell, Miss L. (Staff Nurse, Q.A.I.M.N.S. Res.)	The War of 1914-19	3June18
Abercrombie, Mrs. E. G.	The War of 1914-19	6Aug.19
Abraham, Miss M. A., M.M.	The War of 1914-19	1Jan.18
Abrahams, Mrs. E.	The War of 1914-19	6Aug.19
Acton, Mrs. L.J.	The War of 1914-19	29Jan.18
Adams, Miss D. P.	The War of 1914-19	21June18
Adams, Miss E. G. (Staff Nurse, Q.A.I.M.N.S.R.)	The War of 1914-19	3June19
Adams, Miss E. M. (Sister, T.F. Nursing Serv.)	The War of 1914-19	24Oct.17
Adamson, Miss C. E.	The War of 1914-19	31July19
Adamson, Miss M. A. P.	The War of 1914-19	9Apr.19
Addenbrooke, Miss M. (V.A D.)	The War of 1914-19	4Apr.19
Addison, Miss E	The War of 1914-19	23Feb.17
Addison, Miss H. (Sister, Q.A.I.M.N.S, Res.)	The War of 1914-19	1Jan.18
Agnew, Miss S.	The War of 1914-19	6Aug.19
A'Herne, Miss A. M. (Sister, Q.A.I.M.N.S.)	The War of 1914-19	3June19
Aherne, Miss M. (Sister, Q A.I.M.N.S.)	The War of 1914-19	23Feb.17
Aimer, Miss N.	The War of 1914-19	31July19
Ainger, Miss M.	The War of 1914-19	9Apr.19
Ainley, Miss M. E.	The War of 1914-19	3June19
Aird, Miss J.	The War of 1914-19	6Aug.19
Aitkin, Miss M. (Sister, T F. Nursing Serv.)	The War of 1914-19	3June19
Aitkin, Miss M. (Actg. Sister, Q.A.I.M.N.S. Res.)	The War of 1914-19	3June19
Akenhead, Miss M.	The War of 1914-19	24Oct.17
Akerigg, Miss H. M.	The War of 1914-19	24Oct.17
Akrill, Miss M. A.	The War of 1914-19	24Oct.17
Alban, Miss A. D. M. (Sister, Q.A.I.M.N S.)	The War of 1914-19	23Feb.17
Alcock, Miss B. (Sister, T.F. Nursing Serv.)	The War of 1914-19	24Oct.17
Alderman, Miss E. E. (Sister, T.F. Nursing Serv.)	The War of 1914-19	24Oct,17
Aldis, Miss L. A.	The War of 1914-19	24Oct.17
Aldous, Miss G. L.	The War of 1914-19	3June19
Aldridge, Miss K. (Nurse, T.F. Nursing Serv.)	The War of 1914-19	23Feb.17
Alexander, Mrs. A.	The War of 1914-19	23Feb.17
Alexander, Miss A.. M.M.	The War of 1914-19	1Jan.19
Alexander, Miss E.E.V.(Nursing Sister,Can.A.M.C.)	The War of 1914-19	31July19
Alexander, Miss E. J.	The War of 1914-19	6Aug.19
Alexander, Miss J.	The War of 1914-19	23Feb.17
Alexander, Mrs. M. A.	The War of 1914-19	4Apr.19
Alexander, Miss M. E. (Sister, Q.A.I.M.N.S. Res.)	The War of 1914-19	3June16
Alford, Miss H.M. (Staff Nurse, Q.A.I.M.N.S.R.)	The War of 1914-19	1Jan.19
Alford, Miss S.	The War of 1914-19	9Apr.19
Algar, Miss R. M.	The War of 1914-19	6Aug.19
Allan, Miss A. D. (Sister, Can. Local Forces)	The War of 1914-19	1Jan.17
Allan, Miss A. J.	The War of 1914-19	6Aug.19
Allan, Miss M.	The War of 1914-19	3June16
Allbeury, Mrs. M.	The War of 1914-19	23Feb.17
Allée, Miss E. (Staff Nurse, T.F. Nursing Serv.)	The War of 1914-19	3June16
Allen, Miss A. E.	The War of 1914-19	9Apr.19
Allen, Miss F. I.	The War of 1914-19	31July19
Allen, Miss F. M. L. (Sister, T.F. Nursing Serv.)	The War of 1914-19	3June17
Allen, Miss L.	The War of 1914-19	3June19
Allen, Miss M.	The War of 1914-19	3June19
Allen, Miss M. D. (Acting Sister, Q.A.I.M.N.S.R.)	The War of 1914-19	3June19
Allen, Miss M. M. (Sister, Q.A.I.M.N.S. Res.)	The War of 1914-19	31July19
Allen, Miss P. M. (Sister, Q A.I.M.N.S. Res.)	The War of 1914-19	16Feb.20
Allhusen, Miss E.	The War of 1914-19	21June18
Allibone, Miss M. (Sister, T.F. Nursing Serv.)	The War of 1914-19	3June16
Allison Miss M. S. (Sister, Q.A.I.M.N.S. Res.)	The War of 1914-19	16Feb.20
Allott, Miss E. V.	The War of 1914-19	24Oct.17
Allsop, Miss G. M.	The War of 1914-19	6Aug.19
Allsop, Miss K. A. (Sister, Q.A.I.M.N.S.)	The War of 1914-19	3June19
Almack, Miss T. F.	The War of 1914-19	3June19

ASSOCIATES (A.R.R.C.)—contd.

Name	Services	Date
Allwood, Miss M. J. (Nursing Sister, Can. Nursing Serv.)	The War of 1914-19	21June18
Altham, Miss E. D. (Sister, Q.A.I.M N.S.Res.)	The War of 1914-19	1 Jan. 19
Alton, Mrs. M. L.	The War of 1914-19	24Oct.17
Ambrose, Miss C.	The War of 1914-19	3June19
Ambrose, Miss E. E. B.	The War of 1914-19	24Oct.17
Amos, Miss W. M.	The War of 1914-19	1 Jan. 17
Amour, Miss J. R	The War of 1914-19	23Feb.17
Anagnostopulo, Miss T.	The War of 1914-19	9Apr.19
Anderson, Miss A. (Staff Nurse, Q.A.I.M N.S. Res.)	The War of 1914-19	23Feb.17
Anderson, Miss B.	The War of 1914-19	31July19
Anderson, Miss C.	The War of 1914-19	23Feb.17
Anderson, Miss C. H. (Nursing Sister, Q.A M.N.S., India)	The War of 1914-19	3June19
Anderson, Miss E.	The War of 1914-19	21June18
Anderson, Miss E. R.	The War of 1914-19	21June18
Anderson, Miss H.	The War of 1914-19	18May19
Anderson, Miss I. (Sister, Q.A.I.M.N.S. Res.)	The War of 1914-19	21June18
Anderson, Miss I. H (Sister, T.r.N S.)	The War of 1914-19	3June19
Anderson, Miss M. (Sister, T.F. Nursing Serv.)	The War of 1914-19	24 Oct. 17
Anderson, Miss M. (Sister, Q.A.I.M.N.S. Res.)	The War of 1914-19	31July19
Anderson, Miss M. S.	The War of 1914-19	31July19
Anderson, Miss R.	The War of 1914-19	21June18
Anderton, Miss F. E.	The War of 1914-19	24Oct.17
André, Miss D.	The War of 1914-19	3June16
Andrew, Miss A. E. (Sister, Can. Local Forces)	The War of 1914-19	3June16
Andrew, Miss I. (Sister, T F.N.S.)	The War of 1914-19	9Apr.19
Andrew, Miss M.	The War of 1914-19	9Apr.19
Andrews, Miss E. (Staff Nurse, T.F. Nursing Serv.)	The War of 1914-19	3June16
Andrews, Miss F. M.	The War of 1914-19	4Apr.19
Andrews, Miss G. J. (Temp. Head Sister, Aust. A.N S.)	The War of 1914-19	1 Jan. 19
Andrews, Miss J. F (Sister, Can. Local Forces)	The War of 1914-19	3June16
Andrews, Miss M. J.	The War of 1914-19	9Apr.19
Angear, Miss E. B.	The War of 1914-19	24Oct.17
Angel, Miss B.	The War of 1914-19	1 Jan. 18
Ankers, Miss H. M. (Staff Nurse, Q.A.I.M.N.S. Res.)	The War of 1914-19	3June16
Ansell, Miss D. A. (Sister, Q.A.I.M.N.S. Res.)	The War of 1914-19	3June16
Anson, Miss L. F.	The War of 1914-19	6Aug.19
Anthoney, Mrs. L.	The War of 1914-19	24Oct.17
Anthony, Miss E. (Staff Nurse, T.F.Nursing Serv.)	The War of 1914-19	24Oct.17
Arber, Miss E. L. (Sister T.N.F S.)	The War of 1914-19	3June19
Arbuthnot, Miss M.	The War of 1914-19	21 Jan. 19
Archard, Miss S. A. (Nursing Sister Can. A.M.C.)	The War of 1914-19	2June19
Archer, Mrs. N.	The War of 1914-19	4 Oct. 17
Archer, Miss S. (Staff Nurse, T.F. Nursing Serv.)	The War of 1914-19	3June16
Argles, Miss H. M.	The War of 1914-19	6Aug.19
Argo, Miss M. B. (Staff Nurse, Q.A.I.M.N.S. Res.	The War of 1914-19	3June18
Arkwright, Mrs. R. O.	The War of 1914-19	24 Oct. 17
Armitage, Miss Ellen	The War of 1914-19	3June19
Armitage, Miss Elsie	The War of 1914-19	3June19
Armitage Miss L.	The War of 1914-19	6Aug.19
Armitage, Miss M. (Sister)	The War of 1914-19	9Apr.19
Armstrong, Miss A. J.	The War of 1914-19	31July19
Armstrong, Miss E. (Sister, T.F.Nursing Serv.)	The War of 1914-19	24Oct.17
Armstrong, Miss E. (Actg. Sister, Q.A.I.M.N.S.Res.)	The War of 1914-19	1 Jan. 19
Armstrong, Miss H. M.	The War of 1914-19	31July19
Armstrong, Miss J.	The War of 1914-19	9Apr.19
Armstrong, Miss V. W.	The War of 1914-19	31July19
Arnold, Miss F. (Sister, T.F. Nursing Serv.)	The War of 1914-19	24 Oct. 17
Arnold Miss J, McL. (Sister. Q A.I.M.N.S. Res.)	The War of 1914-19	3June19
Arnold, Miss M, (Sister, S.A.M.N.S.)	The War of 1914-19	3June18
Arnold, Miss M. R	The War of 1914-19	3June19
Arnoldi, Miss C. P. (Nursing Sister Can. A.M.C.)	The War of 1914-19	3June19
Arnott, Miss E.	The War of 1914-19	3June19
Arnott, Mrs. F. E.	The War of 1914-19	6Aug.19
Arrowsmith, Miss E. A. (Sister,T.F. Nursing Serv.)	The War of 1914-19	23Feb 17
Arthur, Miss G. J. (Staff Nurse,T.F. Nursing Serv.)	The War of 1914-19	31July17
Arthur, Miss J.	The War of 1914-19	6Aug.19
Arthur, Miss J. (Sister, T.F. Nursing Serv.)	The War of 1914-19	3June16
Ash, Miss F.	The War of 1914-19	3June19
Ashbarry, Miss E. (Sister, T.F. Nursing Serv.)	The War of 1914-19	24 Oct. 17
Ashbridge, Miss D. (V.A.D.)	The War of 1914-19	4Apr.19
Ashby, Miss E. L (Sister, T.F. Nursing Serv.)	The War of 1914-19	1 Jan. 18
Ashby, Miss H. D.	The War of 1914-19	24 Oct. 17
Ashford, Mrs. E. M. (Matron, V.A.D.)	The War of 1914-19	4Apr.19
Ashley, Miss M. J.	The War of 1914-19	31July19
Ashton, Miss G. V.	The War of 1914-19	12Dec.19
Ashton, Miss P. M.	The War of 1914-19	12Dec.19
Astbury, Miss F. B.	The War of 1914-19	24 Oct. 17
Ashlin-Thomas, Miss M.	The War of 1914-19	3June17
Ashworth, Miss F.	The War of 1914-19	3June16
Aspinall, Miss E.	The War of 1914-19	21June18
Atkin, Miss E. (Sister T.F. Nursing Serv.)	The War of 1914-19	31July19
Atkin, Miss G. M. V.	The War of 1914-19	24 Oct. 17
Atkinson, Miss B. (Staff Nurse, Q.A.I.M.N.S. Res.)	The War of 1914-19	6June16
Atkinson, Mrs. B. B.	The War of 1914-19	4Apr.19

ASSOCIATES (A.R.R.C.)—contd.

Name	Services	Date
Atkinson, Miss E. (Staff Nurse, Q.A.I.M.N.S. Res.)	The War of 1914-19	1 Jan. 18
Atkinson, Miss L.	The War of 1914-19	9 Apr. 19
Atkinson, Miss M. G. (Sister, N.Z.A.N.S)	The War of 1914-19	1 Jan. 19
Atkinson, Miss M. S.	The War of 1914-19	24 Oct. 17
Attrill, Miss A. J. (Nursing Sister, Can. A.N.S.)	The War of 1914-19	29 Jan. 18
Auden, Mrs. H.	The War of 1914-19	4 Apr. 19
Auger, Miss E. M. (Can. A.M.C.)	The War of 1914-19	3 June 18
Auket, Miss H.	The War of 1914-19	3 June 17
Austin, Miss E.G. (Acting Sister, Q.A.I.M N.S.Res.)	The War of 1914-19	3 June 19
Austin, Miss M. I. (Sister, T.F. Nursing Serv.)	The War of 1914-19	3 June 19
Austin, Miss V.	The War of 1914-19	31 July 19
Awcock, Miss M.	The War of 1914-19	6 Aug. 19
Aylett, Miss E. (Actg Sister, Q.A I M.N.S.Res.)	The War of 1914-19	1 Jan. 19
Ayre, Miss A. (Acting Matron, Q.A.I.M N.S.)	The War of 1914-19	3 June 19
Ayres, Miss V. M. (Sister, T F. Nursing Serv.)	The War of 1914-19	31 July 19
Ayton, Miss L. M. (Sister, T.F. Nursing Serv.)	The War of 1914-19	31 July 19
Bach, Miss F. E.	The War of 1914-19	1 Jan. 18
Baddeley, Miss I. J. (Staff Nurse, Q.A.I.M.N.S.Res.)	The War of 1914-19	3 June 18
Bagnall, Miss A.	The War of 1914-19	9 Apr. 19
Bagnall, Miss E. B. (Staff Nurse, Q.A.I.M.N.S. Res.)	The War of 1914-16	3 June 18
Bagnall, Miss V. M.	The War of 1914-19	31 July 19
Bagnall-Oakeley, Miss B.	The War of 1914-19	21 June 18
Baguley, Miss F.	The War of 1914-19	21 June 18
Bailey, Miss D.	The War of 1914-19	31 July 19
Bailey, Miss M. J.	The War of 1914-19	24 Oct. 17
Bailey, Miss T.	The War of 1914-19	24 Oct. 17
Baillie, Miss A. (Nursing Sister, Can. A.M.C.)	The War of 1914-19	1 Jan. 18
Baillie, Miss C. R. (Sister, Q.A.I.M.N.S. Res.)	The War of 1914-19	3 June 16
Baillie, Miss I. (Sister, T.F. Nursing Serv.)	The War of 1914-19	3 June 17
Bain, Miss M. D. (Sister, T.F. Nursing Serv.)	The War of 1914-19	3 June 19
Baines, Miss M. L.	The War of 1914-19	21 June 18
Baird, Miss L.	The War of 1914-19	31 July 19
Baker, Miss A. M. (Staff Nurse, Q.A.I.M.N.S. Res.)	The War of 1914-19	16 Feb. 20
Baker, Mrs. J.	The War of 1914-19	24 Oct. 17
Baker, Miss K. E. (Sister, Q.A.I.M.N.S. Res.)	The War of 1819-19	24 Oct. 17
Baker, Miss L. B. (Sister, Q.A.I.M.N.S. Res.)	The War of 1814-19	24 Oct. 17
Baker, Miss W. S. Sister, Q.A.I.M N S. Res.)	The War of 1914-19	24 Oct. 17
Baldie, Mrs. F. M.	The War of 1914-19	6 Aug. 19
Baldrey, Miss E. E. (Sister, Q.A.I.M.N.S. Res.)	The War of 1914-19	3 June 17
Baldwin, Miss B.	The War of 1914-19	1 Jan. 19
Baldwin, Miss E. A. (Sister. T.F. Nursing Serv.)	The War of 1914-19	3 June 16
Baldwin, Miss L.	The War of 1914-19	9 Apr. 19
Bale, Miss L.	The War of 1914-19	4 Apr. 19
Ball, Miss A. E.	The War of 1914-19	6 Aug. 19
Ball, Miss G. L. (Sister, Q.A.I.M.N.S. Res.)	The War of 1914-19	24 Oct. 17
Ball, Miss G. C. (Sister, Q.A.I.M.N.S. Res.)	The War of 1914-19	1 Jan. 18
Ball, Miss L. S. A. (Staff Nurse, C'wealth Mil.Forces)	The War of 1914-19	1 Jan. 17
Ballance, Miss M. H., M.M.	The War of 1914-19	3 June 19
Ballantyne, Miss J. F.	The War of 1914-19	9 Apr. 19
Ballingall, Mrs. C.	The War of 1914-19	24 Oct. 17
Banford, Miss M. (Staff Nurse T.F. Nursing Serv.)	The War of 1914-19	3 June 16
Bankhead, Miss A.	The War of 1914-19	21 June 18
Bannister, Miss C. H.	The War of 1914-19	9 Apr. 19
Barber, Miss E. M.	The War of 1914-19	21 June 18
Barber, Mrs. M. (Staff Nurse, T.F. Nursing Serv.)	The War of 1914-19	3 June 16
Barber, Miss M. E. (Nursing Sister,S.Afr.Def.Force)	The War of 1914-19	23 Feb. 17
Barbour, Mrs. M. M.	The War of 1914-19	24 Oct. 17
Barclay, Miss J. (Staff Nurse, Q.A.I.M.N.S. Res.)	The War of 1914-19	23 Feb. 17
Barclay, Miss M. A.	The War of 1914-19	3 June 16
Barclay, Miss M. K. (Sister, Q.A.I M N.S.)	The War of 1914-19	3 June 19
Barclay, Miss U.	The War of 1914-19	4 Apr. 19
Barden, Miss K. E. (Nursing Sister, Can. A.M.C.)	The War of 1914-19	3 June 19
Barker, Miss E. (Sister, S. Afr. Def. Force)	The War of 1914-19	3 June 17
Barker, Miss L. M.	The War of 1914-19	6 Aug. 19
Barling, Miss K. E. (Sister, T.F. Nursing Serv.)	The War of 1914-19	24 Oct. 17
Barnard, Miss F. M. E. (Sister, Q.A.I.M.N.S. Res.)	The War of 1914-19	1 Jan. 19
Barnby, Miss A. M. (Sister, T.F. Nursing Serv.)	The War of 1914-19	31 July 19
Barnes, Miss E.	The War of 1914-19	23 Feb. 17
Barnes, Miss M. (Sister, T.F. Nursing Serv.)	The War of 1914-19	3 June 16
Barnes, Miss R. E.	The War of 1914-19	24 Oct. 17
Barnes, Miss S.	The War of 1914-19	31 July 19
Barns, Miss A.	The War of 1914-19	1 Jan. 18
Barns, Miss M. C. (Sister, Q.A.I.M.N.S. Res.)	The War of 1914-19	3 June 18
Baron, Miss I. M.	The War of 1914-19	3 June 18
Barrett, Miss A. (Sister, T.F.N.S.)	The War of 1914-19	1 Jan. 19
Barrett, Miss E. (Staff Nurse, T.F. Nursing Serv.)	The War of 1914-19	23 Feb. 17
Barrett, Miss H.	The War of 1914-19	3 June 16
Barrett, Miss K.	The War of 1914-19	3 June 19
Barrett, Miss M. H. (Sister, Q.A.I.M.N.S. Res.)	The War of 1914-19	3 June 16
Barrett, Miss M. J. (Sister, T.F. Nursing Serv.)	The War of 1914-19	24 Oct. 17

ASSOCIATES (A.R.R.C.)—contd.

Name	Services	Date
Barrow, Miss E. J. (Matron, Q.A.I.M.N.S.)	The War of 1914-19	9Apr.19
Barrow, Miss M. E. O. (Staff Nurse, Q.A.I.M.N.S. Res.)	The War of 1914-19	3June16
Barrowcliff, Miss S. E. (Sister, Q.A.I.M.N.S. Res.)	The War of 1914-19	21June18
Barr-Stevens, Mrs. M. K.	The War of 1914-19	3June19
Barry, Miss E. (Sister, Q.A.I.M.N.S. Res.)	The War of 1914-19	16Feb.20
Barry, Miss H. M.	The War of 1914-19	1Jan.17
Bartholomew, Miss C.	The War of 1914-19	6Aug.19
Bartholomew, Miss E.	The War of 1914-19	3June18
Bartleet, Miss F. M. (Matron, Q.A.I.M.N.S.Res.)	The War of 1914-19	1Jan.18
Bartlett, Miss M. (Sister, A.A.N.S.)	The War of 1914-19	3June19
Barton, Miss A. (Matron, C'wealth Mil. Forces)	The War of 1914-19	23Feb.17
Barton, Miss M. (Sister, Q.A.I.M.N.S.)	The War of 1914-19	1Jan.17
Barugh Miss E.	The War of 1914-19	31July19
Barugh, Miss V. (Sister, T.F. Nursing Serv.)	The War of 1914-19	3June18
Barwell, Miss F. E. (Sister, Q.A.I.M.N.S. Res.)	The War of 1914-19	1Jan.18
Basker, Miss J. R. (Sister, Q.A.I.M.N.S. Res.)	The War of 1914-19	3June17
Baskervyk-Glegg, Mrs. F. L. M.	The War of 1914-19	24Oct.17
Bastedo, Miss M. (Nursing Sister, Can. A.M.C.)	The War of 1914-19	31July19
Batchelor, Miss C. M	The War of 1914-19	1Jan.17
Bate, Miss M. (V.A.D. Asst. Nurse)	The War of 1914-19	9Apr.19
Bateman, Mrs. S.	The War of 1914-19	24Oct.17
Batey, Miss M. A.	The War of 1914-19	3June18
Bathrum, Mrs. M.	The War of 1914-19	4Apr.19
Bathurst, Miss F. V.	The War of 1914-19	24Oct.17
Batley, Miss P. M. L. (Staff Nurse, T.F. Nursing Serv.)	The War of 1914-19	1Jan.19
Batstone, Miss A.	The War of 1914-19	24Oct.17
Batten, Miss E. (Asst. Matron, Q.A.I.M.N.S. Res.)	The War of 1914-19	24Oct.17
Batten, Miss I. M.	The War of 1914-19	9Apr.19
Batten, Miss M.	The War of 1914-19	9Apr.19
Baudry, Miss T. (Matron Can. A.M.C.)	The War of 1914-19	12Dec.19
Bauman, Miss H. (Sister, S.A.M.N.S.)	The War of 1914-19	1Jan.18
Baxendale, Miss M. H. (V.A.D.)	The War of 1914-19	4Apr.19
Baxter, Miss J. M. (Sister, A.A.N.S.	The War of 1914-19	1Jan.19
Baxter, Miss M.	The War of 1914-19	23Feb.17
Baxter, Miss M. A.	The War of 1914-19	9Apr.19
Baxter, Miss M. G. (Sister, Q.A.I.M.N.S.Res.)	The War of 1914-19	31July19
Baxter, Miss S.	The War of 1914-19	1Jan.18
Bayfield, Mrs. A.	The War of 1914-19	21June18
Bayley, Miss C. F. (Sister, T.F. Nursing Serv.)	The War of 1914-19	1Jan.17
Bayley, Miss G. G.	The War of 1914-19	3June19
Bayne, Miss A. E	The War of 1914-19	21June18
Bazley, Miss R. E.	The War of 1914-19	3June19
Beale, Miss A. M. (Sister, Q.A.I.M.N.S.Res.)	The War of 1914-19	31July19
Beales, Miss R. A.	The War of 1914-19	9Apr.19
Beamish, Miss E. M. (Sister, Q.A.I.M.N.S. Res.)	The War of 1914-19	1Jan.17
Beamish, Miss E. R.	The War of 1914-19	3June19
Beamish, Miss V. (Staff Nurse T.F.N.S.)	The War of 1914-19	9Apr.19
Bean, Miss M. V.	The War of 1914-19	1Jan.19
Beatley, Miss M.	The War of 1914-19	3June18
Beaton, Miss E. (Staff Nurse, T.F. Nursing Serv.)	The War of 1914-19	3June16
Beaton, Miss I. MacM. (late Q.A.I.M.N.S.)	The War of 1914-19	24Oct.17
Beaumont, Miss A. (Sister, Q.A.I.M.N.S. Res.)	The War of 1914-19	3June18
Beausire, Miss W. A.	The War oi 1914-19	1Jan.19
Beck, Miss E. F. (Staff Nurse, Q.A.I.M.N.S. Res.)	The War of 1914-19	9Apr.19
Beddoes, Miss M. (Sister, Q.A.I.M.N.S. Res.)	The War of 1914-19	24Oct.17
Bedford, Duchess of, Mary du Caurroy	The War of 1914-19	29Jan.18
Bedson, Miss W. M.	The War of 1914-19	6Aug.19
Bedwell, Miss A. F.	The War of 1914-19	24Oct.17
Beedie, Miss E. F. (Sister, Q.A.I.M.N.S. Res.)	The War of 1914-19	3June18
Beeson, Miss B. E. (Special Probationer Q.A.I.M.N.S. Res.)	The War of 1914-19	1Jan.18
Beet, Miss E. B. (Staff Nurse, Q.A.I.M.N.S.Res.)	The War of 1914-19	1Jan.19
Belfield, Miss F.	The War of 1914-19	24Oct.17
Bell, Miss A. B. H. (Sister, T.F. Nursing Serv.)	The War of 1914-19	21June18
Bell, Mrs. B. (Staff Nurse T.F. Nursing Serv.)	The War of 1914-19	31July19
Bell, Miss E.	The War of 1914-19	24Oct.17
Bell, Miss E. (Sister, Q.A.I.M.N.S. Res.)	The War of 1914-19	23Feb.17
Bell, Miss E. A. (Staff Nurse, T.F. Nursing Serv.)	The War of 1914-19	3June16
Bell, Miss E. L. (Nursing Sister, Can. Local Forces)	The War of 1914-19	23Feb.17
Bell, Miss E. C.	The War of 1914-19	23Feb.17
Bell, Miss G. E. G.	The War of 1914-19	12Dec.19
Bell, Miss J. (Sister, T.F.N.S.)	The War of 1914-19	1Jan.19
Bell, Miss J. C. (Sister, Q.A.I.M.N.S. Res.)	The War of 1914-19	23Feb.17
Bell, Miss J. T. (Nursing Sister, Can. A.M.C.)	The War of 1914-19	—
Bell, Miss L. (Nursing Sister, C.A.M.C.)	The War of 1914-19	24Oct.17
Bell, Miss M. H.	The War of 1914-19	21June18
Bellamy, Mrs. E. R.	The War of 1914-19	24Oct.17
Belling, Miss A.	The War of 1914-19	6Aug.19
Bellville, Mrs. G.	The War of 1914-19	21June18
Belton, Miss R.	The War of 1914-19	4Apr.19
Benn, Miss C.	The War of 1914-19	31July19
Benn, Miss I.	The War of 1914-19	31July19
Bennett, Miss A.M. (Staff Nurse T.F.Nursing Serv.)	The War of 1914-19	1Jan.18
Bennett, Miss B. H. (Nursing Sister Can. A.M.C.)	The War of 1914-19	12Dec.19
Bennett, Miss E. G. (Sister, Q.A.I.M.N.S. Res.)	The War of 1914-19	3June16
Bennett, Miss E. R. (Staff Nurse, T.F. Nursing Serv.)	The War of 1914-19	3June16

The Royal Red Cross 497

ASSOCIATES (A.R.R.C.) -contd.

Name	Services	Date
Bennett, Mrs. H. (*Sister, T.F. Nursing Serv.*)	The War of 1914-19	24Oct.17
Bennett, Miss H. M.	The War of 1914-19	3June19
Bennett, Miss L. (*Sister, B.R.C.S.*)	The War of 1914-19	1Jan.18
Bennett, Miss L. (*Asst. Matron Q.A.I.M.N.S.R.*)	The War of 1914-19	1Jan.19
Bennett, Miss M.	The War of 1914-19	31July19
Bennett, Miss M. B. (*Asst. Matron, Q.A.I.M.N.S. Res.*)	The War of 1914-19	1Jan.18
Bennett, Mrs. S.	The War of 1914-19	24Oct.17
Benson, Miss G.	The War of 1914-19	31July19
Bent, Miss L. P.	The War of 1914-19	24Oct.17
Bentham, Miss S.	The War of 1914-19	4Apr.19
Bentley, Miss E. (*Staff Nurse, Q.A.I.M.N.S. Res.*)	The War of 1914-19	31July19
Bentley, Miss F. A.	The War of 1914-19	6Aug.19
Benwell, Mrs. G.	The War of 1914-19	4Apr.19
Berckmans, *Mother Mary*	The War of 1914-19	29Jan.18
Bere, Mrs. M. T.	The War of 1914-19	3June19
Berry, Miss I. (*Staff Nurse, T.F. Nursing Serv.*)	The War of 1914-19	3June16
Berry, Miss E. (*Sister, Q.A.I.M.N.S. Res.*)	The War of 1914-19	24Oct.17
Berry, Miss E. M. V.	The War of 1914-19	1Jan.19
Berry, Miss G. K. (*Sister, Q.A.I.M.N.S. Res.*)	The War of 1914-19	3June19
Berry, Miss L. H. (*Staff Nurse, T.F. Nursing Serv.*)	The War of 1914-19	1Jan.18
Berry, Miss M. A.	The War of 1914-19	4Apr.19
Best, Miss E. M. (*Nursing Sister, Can. A.M.C.*)	The War of 1914-19	1Jan.18
Best, Hon. G. E	The War of 1914-19	16Feb.20
Beswick, Miss M. B. (*Sister, N.Z.A.N.S.*)	The War of 1914-19	24Oct.17
Beswick, Miss S. J. (*Sister, Q.A.I.M.N.S. Res.*)	The War of 1914-19	24Oct.17
Bevan, Miss A. G. (*Sister, T.F. Nursing Serv.*)	The War of 1914-19	21June18
Bevan, Miss A. M.	The War of 1914-19	24Oct.17
Bevan, Miss Enid (*V.A.D. Nurse*)	The War of 1914-19	9Apr.19
Bevan, Miss Edith (*V.A.D. Nurse*)	The War of 1914-19	9Apr.19
Bevan, Miss E. M. (*Staff Nurse, T.F. Nursing Serv.*)	The War of 1914-19	24Oct.17
Bevan, Miss E. C. J. (*Sister, Q.A.I.M.N.S. Res.*)	The War of 1914-19	24Oct.17
Bevan, Miss S. S.	The War of 1914-19	21June18
Bewsey, Miss E. E. (*Sister, Q.A.I.M.N.S. Res.*)	The War of 1914-19	21June18
Bezac, Miss B. (*Sister, T.F. Nursing Serv.*)	The War of 1914-19	16Feb.20
Bickerdike, Miss E. M. (*Asst. Matron, Q.A.I.M.N.S. ret.*)	The War of 1914-18	3June18
Bickersteth, Miss C. M.	The War of 1914-19	6Aug.19
Bickmore, Miss F. E. (*Sister, B.R.C.S.*)	The War of 1914-19	1Jan.18
Bicknell, Miss J. (*Matron, N.Z. Mil. Forces*)	The War of 1914-19	17Sept.17
Bidwell, Miss A. H. (*V.A.D.*)	The War of 1914-19	4Apr.19
Bigg, Miss E.	The War of 1914-19	16Feb.20
Bigg, Miss K. L. (*Sister Q.A.I.M.N.S. Res.*)	The War of 1914-19	3June16
Biggs, Miss E.	The War of 1914-19	24Oct.17
Biggar, Miss F. M. (*Staff Nurse, Q.A.I.M.N.S. Res.*)	The War of 1914-19	3June16
Biggart, Miss M.	The War of 1914-19	4Apr.19
Bigger, Mrs. E. (*Sister, Q.A I.M.N.S. Res.*)	The War of 1914-19	23Feb.17
Bignell, Miss A. (*Staff Nurse, T.F. Nursing Serv.*)	The War of 1914-19	3June16
Billerby, Miss F. L. (*Sister, Q.A.I.M.N.S. Res.*)	The War of 1914-19	3June16
Billington, Miss A. E. (*Sister, T.F. Nursing Serv.*)	The War of 1914-19	23Feb.17
Billyard, Miss G. (*Nursing Sister, Can. A.. C.*)	The War of 1914-19	12Dec.19
Bindloss, Miss C. M. (*Sister, T.F. Nursing Serv.*)	The War of 1914-19	3June16
Bingley, Miss F.	The War of 1914-19	21June18
Binks, Miss M.	The War of 1914-19	16Feb.20
Binnian, Miss A. C.	The War of 1914-19	1Jan.16
Binns, Miss L.	The War of 1914-19	21June18
Bird, Miss L. M. (*Sister, N.Z.A.N.S.*)	The War of 1914-19	24Oct.17
Bird, Miss V. L. W. (*late Sister, Q.A.I.M.N.S.*)	The War of 1914-19	23Feb.17
Birkin, *The Hon.* M. D. H.	The War of 1914-19	21June18
Birt, Miss M. C.	The War of 1914-19	21June18
Bischoff, Miss C.	The War of 1914-19	29Jan.18
Bishop, Miss A. F.	The War of 1914-19	31July19
Bishop, Miss E. (*Sister, Q.A.O.M.N.S.R.*)	The War of 1914-19	1Jan.19
Bishop, Miss E. E. (*Matron, C'wealth Mil. Forces*)	The War of 1914-19	23Feb.17
Bishop, Miss E. M.	The War of 1914-19	23Feb.17
Bishop, Miss F.	The War of 1914-19	6Aug.19
Bishop, Miss K.	The War of 1914-19	3June18
Bissett, Miss M. (*Staff Nurse, T.F. Nursing Serv.*)	The War of 1914-19	23Feb.17
Black, Miss C. (*Sister, Q.A.I.M.N.S. Res.*)	The War of 1914-19	3June16
Black, Miss C. I. (*Actg. Sister Q.A.I.M.N.S.R.*)	The War of 1914-19	1Jan.19
Black, Miss J. (*Sister, Q.A.I.M.N.S. Res.*)	The War of 1914-19	31July19
Black-Barnes, Miss E. J. M.	The War of 1914-19	6Aug.19
Blackburn, Miss A. (*Staff Nurse, T.F. Nursing Serv.*)	The War of 1914-19	1Jan.18
Blackburn, Miss E. (*Staff Nurse, T.F. Nursing Serv.*)	The War of 1914-19	3June17
Blacklock, Miss G. J. (*Staff Nurse, Q.A.I.M.N.S. Res.*)	The War of 1914-19	1Jan.17
Blacklock, Miss S.	The War of 1914-19	16Feb.20
Blackman, Miss A.	The War of 1914-19	29Jan.18
Blacoe, Miss J.	The War of 1914-19	3June16
Blades, Miss A. G.	The War of 1914-19	3June16
Blake, Miss E. C. (*Nursing Sister, S.A.M.N.S.*)	The War of 1914-19	1Jan.18
Blake, Miss M. J.	The War of 1914-19	3June19
Blake, Miss P. A.	The War of 1914-19	24Oct.17

ASSOCIATES (A.R.R.C.)—contd.

Services.

Name	Service	Date
Blakeley, Miss B. (Sister, T.F. Nursing Serv.)	The War of 1914-19	31 July 19
Blakelock, Miss C. L. S.	The War of 1914-19	24 Oct. 17
Blakesley, Miss A.	The War of 1914-19	23 Feb. 17
Blakestone, Miss F. (Sister, Q.A I.M.N.S. Res.)	The War of 1914-19	23 Feb. 17
Blamire, Miss A. (Staff Nurse, Q.A.I.M.N.S. Res.)	The War of 1914-19	3 June 16
Blamire-Brown, Miss M.	The War of 1914-19	1 Jan. 19
Blatch, Mrs. K, M.	The War of 1914-19	21 June 18
Blatchford, Miss V. L. (Sister, Q.A.I.M.N.S. Res.)	The War of 1914-19	9 Apr. 19
Blayney, Miss E. K.	The War of 1914-19	21 June 18
Blenkarn, Miss M.	The War of 1914-19	21 June 18
Blest, Miss E.	The War of 1914-19	1 Jan. 18
Blewett, Miss B. J. (Nursing Sister, C. A.M.C.)	The War of 1914-19	24 Oct. 17
Bliss Miss M. (Sister, Can. A.M.C.)	The War of 1914-19	3 June 18
Bliss, Miss M. E.	The War of 1914-19	3 June 16
Blott, Miss A. M.	The War of 1914-19	3 June 16
Blott, Miss M. E. (Nursing Sister, Can. Nursing Serv.)	The War of 1914-19	21 June 18
Blower, Miss J	The War of 1914-19	3 June 16
Blundell, Miss R. M. (Sister T.F. Nursing Serv.)	The War of 1914-19	31 July 19
Blundstone, Miss H.	The War of 1914-19	24 Oct. 17
Blyde, Miss M. K.	The War of 1914-19	31 July 19
Blyth, Miss J. W.	The War of 1914-19	3 June 17
Blyth, Miss M.	The War of 1914-19	1 Jan. 17
Blythe, Miss E. (Staff Nurse, Q.A.I.M.N.S. Res.)	The War of 1914-19	6 Aug. 19
Boag, Miss E. L. (Q.A.I.M.N.S. Res.)	The War of 1914-19	9 Apr. 19
Boake, Miss E. M. (Asst. Qr.-Mr. & V.A.D.)	The War of 1914-19	4 Apr. 19
Boath, Miss E. M.	The War of 1914-19	21 June 18
Boddy, Miss A. (Sister, T.F. Nursing Serv.)	The War of 1914-19	3 June 16
Boddy, Miss F. (Sister T.F. Nursing Serv.)	The War of 1914-19	31 July 19
Bodin, Miss I.	The War of 1914-19	3 June 16
Boileau, Miss E.	The War of 1914-19	31 July 19
Boissier, Miss P. M. (Sister, C'wealth Mil. Forces)	The War of 1914-19	3 June 16
Bolam, Miss K. M.	The War of 1914-19	24 Oct. 17
Bolland, Miss E. (Sister, Q.A.I.M.N.S. Res.)	The War of 1914-19	3 June 16
Bolton, Miss E. M. (Sister, A.A.N.S.)	The War of 1914-19	3 June 19
Bolton, Miss K. H. (Sister, Q.A.I.M.N.S. Res.)	The War of 1914-19	23 Feb. 17
Bond, Miss E. M. (Staff Nurse, Q.A.I.M.N.S. Res.)	The War of 1914-19	3 June 16
Bond, Miss E. W. (Sister, Q.A.I.M.N.S.)	The War of 1914-19	31 July 19
Bond, Miss G. R. (Actg. Sister Q.A.I.M.N.S. Res.)	The War of 1914-19	23 Feb. 17
Bond, Mrs. I. M	The War of 1914-19	24 Oct. 17
Bond, Miss M. (Sister, Q.A I.M.N.S. Res.)	The War of 1914-19	31 July 19
Bonham-Carter, Miss O. S.	The War of 1914-19	3 June 19
Bonnar, Miss A. G. (Sister, A.A.N.S.)	The War of 1914-19	3 June 19
Booker, Miss E.	The War of 1914-19	6 Aug. 19
Boorman, Mrs. G.	The War of 1914-19	9 Apr. 19
Booth, Miss E	The War of 1914-19	4 Apr. 19
Booth, Mrs. I. M.	The War of 1914-19	3 June 19
Borton, Miss F	The War of 1914-19	21 June 18
Borwick, Miss I. T. (Temp. Sister, A.A.N.S.)	The War of 1914-19	3 June 19
Boshell, Miss G. (Staff Nurse, Q.A.I.M.N.S. Res.)	The War of 1914-19	3 July 19
Boss, Miss A.	The War of 1914-19	21 June 18
Bostock, Miss L. M.	The War of 1914-19	31 July 19
Boswell, Miss A.	The War of 1914-19	9 Apr. 19
Boswell, Miss M. (Staff Nurse, T.F. Nursing Serv.)	The War of 1914-19	3 June 16
Bothamly, Miss I.	The War of 1914-19	6 Aug. 19
Botting, Miss D. (Staff Nurse, Q A.I.M.N.S.Res.)	The War of 1914-19	1 Jan. 19
Bottomley, Mrs. A. C.	The War of 1914-19	21 June 18
Bottomley, Miss C. M. (Sister, Q.A.I.M.N.S Res.)	The War of 1914-19	3 June 18
Bottrill, Miss A. D. (Sister T.F.N.S.)	The War of 1914-19	9 Apr. 19
Boughey, Miss L. M.	The War of 1914-19	21 June 18
Boughton, Miss L. (Staff Nurse, A.A.N.S.)	The War of 1914-19	24 Oct. 17
Boultbee, Miss E. (Nursing Sister, Can. Local Forces)	The War of 1914-19	23 Feb. 17
Boulter, Miss C. J. (Sister, T.F. Nursing Serv.)	The War of 1914-19	3 June 16
Boulton, Miss F. (Sister, Q.A.I.M.N.S. Res.)	The War of 1914-19	14 June 17
Boulton, Miss S.	The War of 1914-19	6 Aug. 19
Bourne, Miss A. M. (Sister, Q.A.I.M.N.S. Res.)	The War of 1914-19	24 Oct. 17
Bourner, Miss L. A. (Sister, T.F. Nursing Serv.)	The War of 1914-19	23 Feb. 17
Bousfield, Miss E. H.	The War of 1914-19	23 Feb. 17
Bousfield, Miss M. C.	The War of 1914-19	3 June 19
Boutwood, Mrs. A. M.	The War of 1914-19	3 June 19
Bowden, Miss I. T.	The War of 1914-19	9 Apr. 19
Bowden-Smith, Miss M.	The War of 1914-19	3 June 18
Bowdler, Miss A.	The War of 1914-19	3 June 16
Bowe, Miss M. (Sister, Q.A.I.M.N.S. Res.)	The War of 1914-19	16 Feb. 20
Bowe, Miss S. (Sister Q.A.I.M.N.S. Res.)	The War of 1914-19	24 Oct. 17
Bowes, Miss E. D.	The War of 1914-19	16 Feb. 20
Bowes, Miss E. M. (Sister, Q.A.I.M.N.S. Res.)	The War of 1914-19	3 June 16
Bowes, Miss M.	The War of 1914-19	6 Aug. 19
Bowen, Miss G. M.	The War of 1914-19	1 Jan. 19
Bowie, Miss M. D.	The War of 1914-19	24 Oct. 17
Bowman, Miss A. J. (Matron, Q.A.I.M.N.S. Res.)	The War of 1914-19	23 Feb. 17
Bowman, Miss L. S. (Sister, T.F. Nursing Serv.)	The War of 1914-19	25 Feb. 18
Bowring, Miss F.	The War of 1914-19	21 June 18
Bowyer, Miss R. (Sister, T.F. Nursing Serv.)	The War of 1914-19	21 June 18
Boxall, Miss W.	The War of 1914-19	24 Oct. 17
Boyd, Miss A. B. (Staff Nurse Q.A.I.M.N.S. Res.)	The War of 1914-19	1 Jan. 19

ASSOCIATES (A.R.R.C.)—contd.

Name	Services	Date
Boyd, Miss A. G. M.M. (Sister, Q.A.I.M.N.S. Res.)	The War of 1914-19	1 Jan. 16
Boyd, Miss D.	The War of 1914-19	3 June 19
Boyd, Miss J.	The War of 1914-19	4 Apr. 19
Boyd, Miss M. E.	The War of 1914-19	3 June 18
Brace, Miss C. A. M. (Sister Q.A.I.M.N.S. Res.)	The War of 1914-19	21 June 18
Bracher, Miss E. K. (Staff Nurse, Q.A.I.M.N.S. Res.)	The War of 1914-19	3 June 16
Bradburn, Miss M. (Staff Nurse, T.F. Nursing Serv.)	The War of 1914-19	3 June 16
Bradford, Miss A. A.	The War of 1914-19	4 Apr. 19
Bradford, Miss K. E.	The War of 1914-19	9 Apr. 19
Bradley, Miss A. L. (Nursing Sister Can. A.M.C.)	The War of 1914-19	1 Jan. 19
Bradshaw, Miss E. A. (Sister T.F Nursing Serv.)	The War of 1914-19	3 June 19
Bradshaw, Miss M. F. (Sister Q A.I.M.N.S.Res.)	The War of 1914-19	3 June 19
Brady, Miss G. C. (Sister, Can. A.M.C.)	The War of 1914-19	3 June 18
Brady, Miss L. (Nursing Sister. Can. A.M.C.)	The War of 1914-19	3 June 19
Bragg, Miss M. (Actg. Sister, Q A.I.M.N.S. Res.)	The War of 1914-19	3 June 18
Braidwood, Miss K. C.	The War of 1914-19	24 Oct. 17
Braithwate, Miss M. G.	The War of 1914-19	3 June 19
Bramley, Mrs. M.	The War of 1914-19	21 June 18
Brammer, Miss H.	The War of 1914-19	9 Apr. 19
Bramwell, Miss E. C. C.	The War of 1914-19	29 Jan. 18
Brand, Miss C. M. (Staff Nurse, T.F. Nursing Serv.)	The War of 1914-19	3 June 16
Brand, Miss I.	The War of 1914-19	31 July 19
Brand, Miss L. J. (Nursing Sister Can. A.M.C.)	The War of 1914-19	31 July 19
Brander, Miss E. (Sister, T.F. Nursing Serv.)	The War of 1914-19	3 June 16
Brander, Miss M. A. (Sister, T.F. Nursing Serv.)	The War of 1914-19	1 Jan. 18
Brandon, Miss L. (Sister, N.Z. Mil. Forces)	The War of 1914-19	17 Sept. 17
Brangwin, Miss E. K. (Sister Q.A.I.M.N.S. Res.)	The War of 1914-19	12 Dec. 19
Branson, Miss E. E.	The War of 1914-19	3 June 18
Branston, Miss L	The War of 1914-19	31 July 19
Brawn, Miss L. (Sister, Q.A.I.M.N.S. Res.)	The War of 1914-19	23 Feb. 17
Bray, Miss E. E. (Sister, Q.A.I.M.N.S. Res.)	The War of 1914-19	23 Feb. 17
Brayshaw, Miss B. A. (Sister, T.F. Nursing Serv.)	The War of 1914-19	3 June 19
Brebner, Miss M. (Sister, Q.A.I.M.N.S. Res.)	The War of 1914-19	3 June 16
Breden, Miss B.	The War of 1914-19	24 Oct. 17
Breese, Miss A. (Sister, Q.A.I.M.N.S. Res.)	The War of 1914-19	3 June 16
Breese, Miss H. L.	The War of 1914-19	9 Apr. 19
Breeze, Miss Mildred	The War of 1914-19	3 June 19
Breeze, Miss Margaret	The War of 1914-19	16 Feb. 20
Brennan, Miss A. C.	The War of 1914-19	31 July 19
Brennan, Miss C. H. (Sister Q.A.I.M.N.S. Res.)	The War of 1914-19	24 Oct. 17
Brennan, Miss B. M.	The War of 1914-19	4 Apr. 19
Brew, Miss H. A.	The War of 1914-19	3 June 16
Brewer, Miss G. T.	The War of 1914-19	24 Oct. 17
Brice, Miss B. W.	The War of 1914-19	31 July 19
Bridges, Miss H. (Sister Q.A.I.M.N.S. Res.)	The War of 1914-19	24 Oct. 17
Bridges, Miss J.	The War of 1914-19	6 Aug. 19
Bridgford, Miss A.	The War of 1914-19	9 Apr. 19
Brigg, Mrs. F. L.	The War of 1914-19	24 Oct. 17
Briggs, Miss M. E.	The War of 1914-19	3 June 19
Brindley, Miss K. (Staff Nurse, T.F. Nursing Serv.)	The War of 1914-19	3 June 16
Brinckley, Miss M. A.	The War of 1914-19	3 June 19
Briscoe, Miss M.	The War of 1914-19	6 Aug. 19
Britten, Miss L.	The War of 1914-19	6 Aug. 19
Britton, Miss C.	The War of 1914-19	6 Aug. 19
Broadbent, Miss M. G.	The War of 1914-19	1 Jan. 18
Broade, Miss K. A. (Sister, Q.A.I.M.N.S. Res.)	The War of 1914-19	1 Jan. 18
Broadhead, Miss G. I. (V.A.D. Asst. Nurse)	The War of 1914-19	9 Apr. 19
Broadhurst, Miss M.	The War of 1914-19	9 Apr. 19
Broady, Miss L.	The War of 1914-19	24 Oct. 17
Brock, Miss L. (Nursing Sister, Can. Local Forces.)	The War of 1914-19	3 June 17
Brocklehurst, Miss M. H.(Sister,Q.A.I.M.N.S. Res.)	The War of 1914-19	3 June 16
Brocklesby, Miss E.	The War of 1914-19	24 Oct. 17
Brocksopp, Miss M. (Sister T.F. Nursing Serv.)	The War of 1914-19	31 July 19
Brodie, Miss A. S.	The War of 1914-19	24 Oct. 17
Brodie,MissJ.E.(Sister, North'n Rhod'n Med.Serv.)	The War of 1914-19	3 June 18
Brodrick, Miss K. E. (Nursing Sister, Can. Nursing Serv.)	The War of 1914-19	21 June 18
Brodwick, Mrs. M. B.	The War of 1914-19	24 Oct. 17
Bromley, Miss E.	The War of 1914-19	12 Dec. 19
Brook, Miss A.	The War of 1914-19	24 Oct. 17
Brooke, Miss C. A.	The War of 1914-19	31 July 19
Brooke, Miss E. M. (Sister, Q.A.I.M.N.S. Res.)	The War of 1914-19	23 Feb. 17
Brookes, Miss E. I.	The War of 1914-19	3 June 15
Brooks, Miss B. (Staff Nurse, N.Z. Mil. Forces)	The War of 1914-19	17 Sept. 17
Brooks, Miss M. (Sister Q.A.I.M.N.S. Res.)	The War of 1914-19	31 July 19
Broom, Miss J.	The War of 1914-19	18 May 19
Broome, Miss F., M.M. (Actg. Sister, Q.A.I.M.N.S Res.)	The War of 1914-19	1 Jan. 19
Brotchie, Miss J. S. B.	The War of 1914-19	3 June 19
Brotherton, Miss H. (Asst. Matron, T.F. Nursing Serv.)	The War of 1914-19	21 June 18

ASSOCIATES (A.R.R.C.)—contd.

Name	Services	Date
Brothwell, Miss K.A.M. (Sister, Q.A.I.M.N.S.Res.)	The War of 1914-19	24Oct.17
Brough, Miss M. P. G.	The War of 1914-19	4Apr.19
Browett, Miss A. M. (Actg. Sister, Q.A.I.M.N.S. Res.)	The War of 1914-19	3June18
Brown, Miss Ada	The War of 1914-19	31July19
Brown, Miss Alice	The War of 1914-19	31July19
Brown, Miss A. (Sister T.F. Nursing Serv.)	The War of 1914-19	8June19
Brown, Miss Alice (Sister Q.A.I.M.N.S. Res.)	The War of 1914-19	16Feb.20
Brown, Miss A. L.	The War of 1914-19	16Feb.20
Brown, Miss A. L.	The War of 1914-19	4Apr.19
Brown, Miss C. (Staff Nurse, T.F. Nursing Serv.)	The War of 1914-19	24Oct.17
Brown, Miss E. (Staff Nurse Q.A.I.M.N.S.Res.)	The War of 1914-19	1Jan.19
Brown, Miss E.	The War of 1914-19	21June18
Brown, Miss E. B. (Sister, Aust. A.N.S.)	The War of 1914-19	3June19
Brown, Miss F. E.	The War of 1914-19	21June18
Brown, Miss F. L.	The War of 1914-19	3June18
Brown, Mrs. G.	The War of 1914-19	6Aug.19
Brown, Miss J.	The War of 1914-19	9Apr.19
Brown, Miss J.	The War of 1914-19	4Apr.19
Brown, Miss L. M. (Nursing Sister Can. A.M.C.)	The War of 1914-19	12Dec.19
Brown, Miss M.	The War of 1914-19	24Oct.17
Brown, Miss M. A. (Sister, T.F. Nursing Serv.)	The War of 1914-19	24Oct.17
Brown, Miss M. A. (Sister Q.A.I.M.N.S.Res.)	The War of 1914-19	1Jan.19
Brown, Miss M. C. (Staff Nurse, Q.A.I.M.N.S,Res)	The War of 1914-19	4Apr.19
Brown, Miss M. E. (Sister T.F. Nursing Serv.)	The War of 1914-19	31July19
Brown, Miss M. M. (Q.A.I.M.N.S. Res.)	The War of 1914-19	1Jan.16
Browne, Miss C.	The War of 1914-19	16Feb.20
Browne, Miss E.G (Senior Nursing Sister A,.A.N.S.)	The War of 1914-19	3June18
Browne, Miss K. T.	The War of 1914-19	31July19
Browne, Mrs. N.	The War of 1914-19	1Jan.19
Browning, Miss F. McD.	The War of 1914-19	1Jan.18
Brownlee, Miss M. G. (Sister, T.F. Nursing Serv.)	The War of 1914-19	3June18
Brownrigg, Miss H. G.	The War of 1914-19	9Apr.19
Brownrigg, Miss M.	The War of 1914-19	9Apr.19
Bruce, Miss A. L. (Nursing Sister, Can. Nursing Serv.)	The War of 1914-19	21June18
Bruce, Miss A. S. (Staff Nurse, T.F. Nursing Serv.)	The War of 1914-19	24Oct.17
Bruce, Miss J. (Sister, Q.A.I.M.N.S. Res.)	The War of 1914-19	3June19
Bruce, Miss J. B.	The War of 1914-19	3June16
Bruce, Miss E. (Nursing Sister Can. A.M.C.)	The War of 1914-19	1Jan.18
Bruce, Miss M. M. (Sister, Q.A.I.M.N.S. Res.)	The War of 1914-19	3June19
Bruce, Miss P.	The War of 1914-19	31July19
Brunker, Miss M. F.	The War of 1914-19	4Apr.19
Bryant, Miss A. A.	The War of 1914-19	29Jan.18
Bryant, Miss E. K. (Staff Nurse, Q.A.I.M.N.S.Res.)	The War of 1914-19	3June16
Bryden, Miss P. (V.A.D.)	The War of 1914-19	3June19
Brydon, Miss J. Sister, A.A.N.S.	The War of 1914-19	3June19
Bryne, Miss W. (Sister, Can, Local Forces)	The War of 1914-19	3June16
Buchan, Miss A.	The War of 1914-19	18May19
Buchanan, Miss M.	The War of 1914-19	3June16
Buck, Miss E.	The War of 1914-19	24Oct.17
Buckenham, Miss E. M.	The War of 1914-19	6Aug.19
Buckham, Miss J. B. (Sister, Q.A.I.M.N.S. Res.)	The War of 1914-19	3June17
Buckland, Miss M.	The War of 1914-19	9Apr.19
Buckley, Miss A. (Sister, N.Z. Mil, Forces)	The War of 1914-19	1Jan.17
Buckley, Miss N. M. (Q.A.I.M.N.S. Res.)	The War of 1914-19	3June19
Buckley, Miss T. (Sister, Q.A.I.M.N.S.R.)	The War of 1914-19	24Oct.17
Bufford, Miss D. F.	The War of 1914-19	21June18
Buike, Miss E. J.	The War of 1914-19	1Jan.18
Bulfin, Miss E. (Sister, Q.A.I.M.N.S.)	The War of 1914-19	31July19
Bull, Miss A. (Staff Nurse, T.F. Nursing Serv.)	The War of 1914-19	3June16
Bull, Miss I. (Staff Nurse, Q.A.I.M.N.S. Res.)	The War of 1914-19	3June17
Bull, Miss I. D.	The War of 1914-19	3June19
Bull, Miss M. (Sister, T.F. Nursing Serv.)	The War of 1914-19	1Jan.18
Buller, Miss E. M. (V.A.D.)	The War of 1914-19	4Apr.19
Bullivant, Miss E.	The War of 1914-19	23Feb.17
Bullock, Miss D.	The War of 1914-19	4Apr.19
Bullock, Miss R. M.	The War of 1914-19	31July19
Bullock, Miss S. (Sister T.F. Nursing Serv.)	The War of 1914-19	31July19
Bullough, Miss A. N.	The War of 1914-19	3June19
Bulteel, Miss C. M. (Sister, T.F Nursing Serv.)	The War of 1914-19	3June19
Bunce, Mrs. H. M.	The War of 1914-19	4Apr.19
Bunch, Miss A. K. (Sister T.F. Nursing Serv.)	The War of 1914-19	31July19
Bunting, Miss M. R. (Sister, T.F. Nursing Serv.)	The War of 1914-19	3June19
Bunyard, Miss M. E.	The War of 1914-19	1Jan.18
Burbidge, Miss B. V. M.	The War of 1914-19	31July19
Burbidge, Miss C.	The War of 1914-19	21June18
Burfield, Miss A. M.	The War of 1914-19	4Apr.19
Burgess, Miss A.	The War of 1914-19	24Oct.17
Burgess, Miss A. E.	The War of 1914-19	4Apr.19
Burgess, Miss E.	The War of 1914-19	24Oct.17
Burgess, Miss Evelyn (Nursing Sister, S.A.M.N.S.)	The War of 1914-19	1Jan.16
Burgess, Miss F.	The War of 1914-19	9Apr.19
Burkhill, Miss M. (Sister in Charge, T.F. Nursing Serv.)	The War of 1914-19	16Feb.20
Burkinshaw, Mrs. M.	The War of 1914-19	24Oct.17
Burn, Miss M. G.	The War of 1914-19	25Nov.16

ASSOCIATES (A.R.R.C.)—contd.

Name	Services	Date
Burns, Miss G. H. (Sister Aust. A.N.S.)	The War of 1914-19	1Jan.19
Burns, Miss J.	The War of 1914-19	3June16
Burns, Miss P. (Staff Nurse T.F. Nursing Serv.)	The War of 1914-19	3June16
Burpee, Miss E. B. (Nursing Sister Can. A.M.C.)	The War of 1914-19	31July19
Burr, Miss A.	The War of 1914-19	4Apr.19
Burr, Miss E. G.	The War of 1914-19	24Oct.17
Burrell, Miss S. B.	The War of 1914-19	1Jan.17
Burridge, Miss M.	The War of 1914-19	24Oct.17
Burridge, Mrs. M. F.	The War of 1914-19	3June19
Burroughs, Miss G. (Sister, Q.A.I.M.N.S. Res.)	The War of 1914-19	24Oct.17
Burt, Miss M.	The War of 1914-19	9Apr.19
Burton, Miss A. I.	The War of 1914-19	1Jan.19
Burton, Miss E.	The War of 1914-19	6Aug.19
Burton, Miss H.	The War of 1914-19	6Aug.19
Bussell, Miss F. B. (Sister Q.A.I.M.N.S. Res.)	The War of 1914-19	1Jan.19
Buszard, Miss E.	The War of 1914-19	3June19
Butcher, Miss W. E. (Sister, Q.A.I.M.N.S. Res.)	The War of 1914-19	28Feb.17
Butler, Miss B. M.	The War of 1914-19	31July19
Butler, Miss E. B. (Senior Sister A.N.S.)	The War of 1914-19	3June18
Butler, Miss G.	The War of 1914-19	21June18
Butt, Miss F. E.	The War of 1914-19	3June19
Butter, Miss M.	The War of 1914-19	3June19
Butterworth, Miss E.	The War of 1914-19	24Oct.17
Buxton, Miss B. E.	The War of 1914-19	24Oct.17
Buxton, Miss M.	The War of 1914-19	21June18
Buyers, Miss A. I. (Sister, Q.A.I.M.N.S.)	The War of 1914-19	3June18
Bygrave, Miss G.	The War of 1914-19	28Feb.17
Byrne, Miss K. (Sister T.F. Nursing Serv.)	The War of 1914-19	31July19
Byrne, Miss E. M.	The War of 1914-19	3June19
Byrne, Miss M. C.	The War of 1914-19	24Oct.17
Byrne, Miss M. E. (Sister Q.A.I.M.N.S. Res.)	The War of 1914-19	31July19
Cable, Miss A. E.	The War of 1914-19	21June18
Cackett, Miss D. T. (Sister, Q.A.I.M.N.S. Res.)	The War of 1914-19	1Jan.17
Cadman, Miss R. (Sister T.F. Nursing Serv.)	The War of 1914-19	24Oct.17
Caig, Miss H.	The War of 1914-19	1Jan.18
Caiger, Mrs. E. M. M.	The War of 1914-19	6Aug.19
Caillard, Miss E. E. M.	The War of 1914-19	4Apr.19
Cain, Miss M. A. (Sister, Q.A.I.M.N.S. Res.)	The War of 1914-19	1Jan.17
Caird, Miss M. N. (Staff Nurse, Q.A.I.M.N.S.Res.)	The War of 1914-19	1Jan.17
Cairns, Mrs. A. E.	The War of 1914-19	24Oct.17
Cairns, Miss J. (Matron Q.A.I.M.N.S. Res.)	The War of 1914-19	31July19
Cairns, Miss N. (Sister, Q.A.I.M.N.S. Res.)	The War of 1914-19	1Jan.18
Calder, Mrs. A. H.	The War of 1914-19	1Jan.19
Calder, Miss G. I (N.Z.A.N.S.)	The War of 1914-19	9Apr.19
Calder, Miss I. (Matron, T.F. Nursing Serv.)	The War of 1914-19	3June16
Calder, Miss J. S. (Nursing Sister Can. A.M.C.)	The War of 1914-19	31July19
Caldwell, Miss A. McM.	The War of 1914-19	3June19
Callan, Miss H. (Sister T.F. Nursing Serv.)	The War of 1914-19	21June18
Callander, Miss L. V. (Sister Q.A.I.M.N.S.R.)	The War of 1914-19	24Oct.17
Callard, Miss M. (Sister T.F. Nursing Serv.)	The War of 1914-19	31July19
Callaway, Miss F. H. (Sister, T.F. Nursing Serv.)	The War of 1914-19	24Oct.17
Calthrop, Mrs. L. M.	The War of 1914-19	24Oct.17
Calvert, Miss L. (Staff Nurse T.F.N.S.)	The War of 1914-19	1Jan.19
Calvert, Miss L. M.	The War of 1914-19	9Apr.19
Cambridge, Miss K. (Staff Nurse Q.A.I.M.N.S.Res.)	The War of 1914-19	9Apr.19
Cameron, Miss A. (Sister, T.F. Nursing Serv.)	The War of 1914-19	1Jan.18
Cameron, Miss A. (Staff Nurse T.F.N.S.)	The War of 1914-19	3June19
Cameron, Miss C. (Staff Nurse, T.F. Nursing Serv.)	The War of 1914-19	3June16
Cameron, Miss C. (Nursing Sister, Can. Local Forces)	The War of 1914-19	28Feb.17
Cameron, Miss E.	The War of 1914-19	6Aug.19
Cameron, Miss E. C. (Sister, A.A.N.S.)	The War of 1914-19	1Jan.18
Cameron, Miss E. V. (Nursing Sister Can. A.M C.)	The War of 1914-19	1Jan.19
Cameron, Miss F. (Staff Nurse Q.A.I.M.N.S Res.)	The War of 1914-19	16Feb.20
Cameron, Miss H. M. (Sister, Q.A.I.M.N.S.Res.)	The War of 1914-19	1Jan.18
Cameron, Miss I. (Q.A.I.M.N.S. Res.)	The War of 1914-19	1Jan.18
Cameron, Miss I. J. (Sister Q.A.I.M.N.S. Res.	The War of 1914-19	24Oct.17
Cameron, Miss J. C. (Staff Nurse, Q.A.I.M.N.S.Res,)	The War of 1914-19	28Feb.17
Cameron, Miss J. W. (Sister, Q.A.I.M.N.S. Res.)	The War of 1914-19	21June18
Cameron, Miss M. (Sister, T.F. Nursing Serv.)	The War of 1914-19	1Jan.17
Cameron, Miss M. (Sister, T.F. Nursing Serv.)	The War of 1914-19	21June18
Cameron, Miss M. C.	The War of 1914-19	21June18
Cameron, Miss R. T.(Staff Nurse Q.A.I.M.N.S.Res.)	The War of 1914-19	1Jan.19
Cammack, Miss E. M. (Staff Nurse, T.F. Nursing Serv.)	The War of 1914-19	3June16
Campaigne, Miss A. (Sister Q.A.I.M.N.S. Res.)	The War of 1914-19	31July19
Campbell, Miss A.	The War of 1914-19	31July19
Campbell, Miss A. G.	The War of 1914-19	21June18
Campbell, Miss C. (Staff Nurse, Q.A.I.M.N.S. Res.)	The War of 1914-19	3June16
Campbell, Mrs E.M.(Hon.Nursing Sister,E.A.N.S.)	The War of 1914-19	1Jan.18
Campbell, Miss E.	The War of 1914-19	24Oct.17
Campbell Miss E. M. (Sister Q.A.I.M.N.S. Res.)	The War of 1914-19	3June16
Campbell, Miss E. N. (Nursing Sister, Can. Nurs. Serv.)	The War of 1914-19	21June18

ASSOCIATES (A.R.R.C.)—contd.

Name	Services	Date
Campbell, *Miss* F. (*Staff Nurse, Q.A.I.M.N.S. Res.*)	The War of 1914-19	23 Feb. 17
Campbell, *Miss* M.	The War of 1914-19	3 June 19
Campbell, *Miss* M. H. (*Nursing Sister, S. Afr. M.N.S.*)	The War of 1914-19	3 June 19
Campbell, *Miss* M. S. (*Sister, Q.A.I.M.N.S. Res.*)	The War of 1914-19	21 June 18
Candler, *Miss* M. I.	The War of 1914-19	24 Oct. 17
Cann, *Miss* D. E.	The War of 1914-19	31 July 19
Cann, *Miss* E.	The War of 1914-19	31 July 19
Cannon, *Miss* E.	The War of 1914-19	6 Aug. 19
Capper, *Miss* M. C.	The War of 1914-19	3 June 19
Card, *Miss* L. K.	The War of 1914-19	7 June 19
Cardy, *Miss* E. M.	The War of 1914-19	4 Apr. 18
Cardnell, *Miss* M.	The War of 1914-19	6 Aug. 19
Cardoza. *Miss* M.	The War of 1914-19	16 Feb. 20
Cargill, *Miss* A.	The War of 1914-19	6 Aug. 19
Carlin, *Miss* G. W. (*Sister, T. F. Nursing Serv.*)	The War of 1914-19	3 June 18
Carlton, *Miss* E.M. (*Staff Nurse Q.A.I.M.N.S. Res.*)	The War of 1914-19	3 June 19
Carleton, *Miss* R. C. S. (*Sister, Q.A.I.M.N.S.*)	The War of 1914-19	3 June 19
Carmichael, *Miss* C.	The War of 1914-19	23 Feb. 17
Carnaghan, *Miss* I. (*Sister, Q.A.I.M.N.S. Res.*)	The War of 1914-19	23 Feb. 17
Carnegie, *Miss* C. L. (*Sister, T. F. Nursing Serv.*)	The War of 1914-19	1 Jan. 17
Carpenter, *Miss* H. L. *Sister Q.A.I.M.N.S. Res*)	The War of 1914-19	12 Dec. 19
Carpenter-Turner, *Miss* E. M.	The War of 1914-19	21 June 18
Carr, *Miss* A. L.	The War of 1914-19	9 Apr. 19
Carr, *Miss* S. (*Staff Nurse Q.A.I.M.N.S. Res.*)	The War of 1914-19	31 July 19
Carr-Harris, *Miss* S. M. (*Nursing Sister, Can. Nursing Serv.*)	The War of 1914-19	21 June 18
Carrier, *Miss* E.	The War of 1914-19	21 June 18
Carruthers, *Miss* K., *M.M.* (*Sister T.F. Nursing Serv.*)	The War of 1914-19	3 June 19
Carson, *Miss* I.	The War of 1914-19	3 June 19
Carswell, *Miss* G.	The War of 1914-19	23 Feb. 17
Carswell, *Miss* M.	The War of 1914-19	31 July 19
Carter, *Miss* A. M. (*Sister, Q.A.I.M.N.S. Res.*)	The War of 1914-19	3 June 16
Carter, *Miss* A. M.	The War of 1914-19	21 June 18
Carter, *Miss* E.	The War of 1914-19	24 Oct. 17
Carter, *Miss* E. E. D. (*Sister, Q.A.I.M.N.S. Res.*)	The War of 1914-19	1 Jan. 18
Carter, *Miss* E. G.	The War of 1914-19	12 Dec. 19
Carter, *Miss* E. J. (*V.A.D. Asst. Nurse*)	The War of 1914-19	9 Apr. 19
Carter, *Miss* E. J.	The War of 1914-19	12 Dec. 19
Carter, *Miss* G.	The War of 1914-19	23 Feb. 17
Carter, *Miss* J. E. (*Staff Nurse, Q.A.I.M.N.S. Res.*)	The War of 1914-19	3 June 17
Carter, *Mrs.* M. (*Staff Nurse, T.F. Nursing Serv.*)	The War of 1914-19	3 June 16
Carvel, *Miss* C.	The War of 1914-19	23 Feb. 17
Case, *Miss* R. E.	The War of 1914-19	3 June 19
Casswell, *Miss* M. R. (*Sister. Q.A.I.M.N.S.*)	The War of 1914-19	3 June 18
Catcheside, *Mrs.* F. W.	The War of 1914-19	22 Oct. 17
Cates, *Miss* E.	The War of 1914-19	6 Aug. 19
Cattell, *Miss* C. L.	The War of 1914-19	21 June 18
Cattley *Miss* M.	The War of 1914-19	12 Dec. 19
Caulcott, *Miss* M. A. (*Sister Q.A.I.M.N.S.R.*)	The War of 1914-19	24 Oct. 17
Caulfield, *Miss* S.	The War of 1914-19	1 Jan. 18
Cavanagh, *Miss* H. (*Asst. Matron, Q.A.I.M.N.S.R.*)	The War of 1914-19	24 Oct. 17
Caw, *Miss* L. R.	The War of 1914-19	16 Feb 20
Cawler, *Miss* K. (*Staff Nurse, Q.A.I.M.N.S. Res.*)	The War of 1914-19	1 Jan. 18
Cawley, *Miss* C.	The War of 1914-19	31 July 19
Cay, *Miss* L.	The War of 1914-19	6 Aug. 19
Chadwick, *Miss* B. M. (*Staff Nurse T.F. Nursing Serv.*)	The War of 1914-19	1 Jan. 19
Chadwick, *Miss* S. E.	The War of 1914-19	29 Jan. 18
Chaff, *Miss* B.	The War of 1914-19	31 July 19
Chalmer, *Miss* M. (*Sister in Charge N.Z.A.N.S.*)	The War of 1914-19	24 Oct. 17
Chalmers, *Miss* H. C. (*Staff Nurse, T.F. Nursing Serv.*)	The War of 1914-19	23 Feb. 17
Chamberlain, *Mrs.* A.	The War of 1914-19	3 June 19
Chamberlain, *Miss* G. W. (*Staff Nurse Q.A.I.M.S.*)	The War of 1914-19	23 Feb. 17
Chambers, *Miss* C. (*Acting Sister J.A.I.M.N.S.Res.*)	The War of 1914-19	31 July 19
Chambers, *Miss* E. L.	The War of 1914-19	4 Apr. 19
Chambers, *Miss* E. M. (*Sister Q.A.I.M.N S.R.*)	The War of 1914-19	9 Apr. 19
Chandler, *Miss* G. (*Sister, T.F. Nursing Serv.*)	The War of 1914-19	21 June 18
Chaplin, *Miss* C. L.	The War of 1914-19	24 Oct. 17
Chaplin, *Miss* E. M.	The War of 1914-19	3 June 16
Chapman, *Miss* B. M. (*Sister Q.A.I.M.N S. Res.*)	The War of 1914-19	31 July 19
Chapman, *Mrs.* C. M.	The War of 1914-19	24 Oct. 17
Chapmnn, *Miss* L.	The War of 1914-19	31 July 19
Chapman, *Miss* L. L. (*Sister, T.F. Nursing Serv.*)	The War of 1914-19	1 Jan. 18
Chapman, *Miss* W. (*Sister, Q.A.I.M.N.S. Res.*)	The War of 1914-19	23 Feb. 17
Charles, *Miss* E. M. (*Staff Nurse, T.F.Nursing Serv.*)	The War of 1914-19	3 June 16
Charles, *Miss* E.	The War of 1914-19	23 Feb. 17
Charlton, *Miss* E.	The War of 1914-19	24 Oct. 17
Chart, *Miss* A.	The War of 1914-19	9 Apr. 19
Chart, *Miss* J. A.	The War of 1914-19	24 Oct. 17
Chater, *Miss* H. F.	The War of 1914-19	24 Oct. 17
Chater *Miss* V. C.	The War of 1914-19	6 Aug. 19
Chatterley, *Miss* M. K. (*Asst. Matron, T.F. Nursing Serv.*)	The War of 1914-19	23 Feb. 17
Cheesman, *Miss* A. M.	The War of 1914-19	6 Aug. 19
Cheetham, *Miss* A. E. (*Nurse V.A.D.*)	The War of 1914-19	1 Jan. 19
Cherry, *Miss* S.	The War of 1914-19	23 Feb. 17
Chevallier, *Mrs.* E. L.	The War of 1914-19	12 Dec. 19

ASSOCIATES (A.R.R.C.)—contd.

Name	Services	Date
Child, Miss F. E. (Staff Nurse. Q.A.I.M.N.S. Res.)	The War of 1914-19	1 Jan.17
Chiplin, Miss E. M. (Staff Nurse, T.F. Nursing Serv.)	The War of 1914-19	3 June19
Chisholm, Miss E.	The War of 1914-19	3 June16
Chisholm, Mrs. K.	The War of 1914-19	1 Jan.19
Chisolm, Mrs. E.	The War of 1914-19	4 Apr.19
Chitham, Miss F. A. (Sister, Q A.I.M N.S. Res.)	The War of 1914-19	24 Oct.17
Chittleburgh, Mrs. L. E.	The War of 1914-19	24 Oct.17
Cholmeley, Miss M.	The War of 1914-19	6 Aug.19
Chorlton, Miss F.	The War of 1914-19	6 Aug.19
Chouler, Miss E. M.	The War of 1914-19	24 Oct.17
Chrisp, Miss M.	The War of 1914-19	24 Oct.17
Christian, Miss A. D. (Sister, Q.A.I.M.N.S. Res.)	The War of 1914-19	19 Feb.20
Christian, Miss A. M.	The War of 1914-19	31 July19
Christian, Miss I. E.	The War of 1914-19	31 July19
Christie, Miss A. M. (Sister Cdn. A.M.C)	The War of 1914-19	31 July19
Christmas, Miss M. L. (Sister, i/c Ward, N.Z.A.N.S.)	The War of 1914-19	21 June18
Clancy. Miss J. M.	The War of 1914-19	1 Jan.18
Claney, Miss E. C. (Staff Nurse, Q.A.I.M.N.S.Res.)	The War of 1914-19	3 June16
Clapham, Miss A.	The War of 1914-19	9 Apr.19
Clapp, Miss S. A. (Sister Q A I.M N.S.)	The War of 1914-19	31 July19
Claridge, Miss C. (Sister, T F. Nursing Serv.)	The War of 1914-19	24 Oct.17
Clark, Miss A. (Sister, Q.A.I.M.N.S. Res.)	The War of 1914-19	28 Feb.17
Clark, Mrs. A.	The War of 1914 19	4 Apr.19
Clark, Miss C. R. (Sister N.Z.A.N.S.)	The War of 1914-19	12 Dec.19
Clark, Miss D.	The War of 1914-19	31 July19
Clark, Miss E	The War of 1914-19	31 July19
Clark, Miss E. L. (A/Sister, Q.A.I.M.N.S.Res.)	The War of 1914-19	24 Oct 17
Clark, Miss E. M. (Sister, T.F. Nursing Serv.)	The War of 1914-19	21 June18
Clark, Miss E. S. (Sister, T.F. Nursing Serv.)	The War of 1914-19	3 June17
Clark, Miss W.	The War of 1914-19	3 June19
Clarke, Miss A. (Sister Q.A.I.M.N.S.R.)	The War of 1914-19	3 June19
Clarke, Miss A. (Asst. Matron Q.A.I.M.N.S. Res.)	The War of 1914-19	3 June19
Clarke, Miss E. (Sister, Q.A.I.M.N.S. Res.)	The War of 1914-19	1 Jan.17
Clarke, Miss Ellen	The War of 1914-19	18 May19
Clarke, Miss E.	The War of 1914-19	31 July19
Clarke, Miss E. M. (Sister Q.A I.M.N.S. Res.)	The War of 1914-19	31 July19
Clarke, Miss H.	The War of 1914-19	6 Aug.19
Clarke, Mrs. M. (Staff Nurse, Q.A.I.M.N.S. Res.)	The War of 1914-19	22 Feb.17
Clarke, Miss M. C. (Sister, Q.A.I.M.N S. Res.)	The War of 1914-19	23 Feb.17
Clarke, Miss S. (Actg. Sister, Q.A.I.M.N S. Res.)	The War of 1914-19	3 June18
Clarkson, Miss H. (Nurse Spec. Med. Prob. T.F. Nursing Serv.)	The War of 1914-19	3 June19
Clatworthy, Miss A. M. (Sister, T.F. Nursing Serv.)	The War of 1914-19	24 Oct.17
Clavin, Miss T. A. (Sister S.A.N.S.)	The War of 1914-19	3 June17
Claxton, Miss H. C. (Nursing Sister Can. A.M.C.)	The War of 1914-19	31 July19
Clay Mrs. E. C.	The War of 1914-19	3 June19
Clayden, Miss M. (Sister Q.A.I.M.N.S.R.)	The War of 1914-19	1 Jan.19
Clayton, Mrs. C.	The War of 1914-19	21 June18
Clayton, Miss M (V.A.D. Nurse)	The War of 1914-19	9 Apr.19
Clayton-Barker, Mrs. M.	The War of 1914-19	4 Apr.19
Clegg, Mrs. E. M.	The War of 1914-19	24 Oct.17
Clegg, Miss I.	The War of 1914-19	3 June19
Clement, Mrs. M. G.	The War of 1914-19	29 Jan.18
Clements, Miss C. M. (Sister, Q.A.I.M.N.S.Res.)	The War of 1914-19	3 June19
Clements, Miss S.	The War of 1914-19	3 June18
Clenshaw, Mrs. G.	The War of 1914-19	4 Apr.19
Clepham, Miss C.	The War of 1914-19	24 Oct.17
Clery, Miss M. (Sister, Q.A I.M.N.S.R.)	The War of 1914-19	21 June18
Clieve, Miss F. A. (Sister, Q.A.I.M.N.S. Res)	The War of 1914-19	3 June19
Clieve, Miss L. M. (Sister in Charge, T.F. Nursing Serv)	The War of 1914-19	1 Jan.19
Clifford, Miss E.	The War of 1914-19	4 Apr.19
Clint, Miss M. (Nursing Sister, Can. Local Forces)	The War of 1914-19	23 Feb.17
Clipstone, Miss B. H.	The War of 1914-19	6 Aug.19
Clinton, Miss M. F.	The War of 1914-19	1 Jan.18
Clough, Miss L.	The War of 1914-19	23 Feb.17
Clouston, Miss E. M.	The War of 1914-19	24 Oct.17
Clowes, Miss C.	The War of 1914-19	21 June18
Coates, Miss E.	The War of 1914-19	3 June19
Coates, Miss E. A.	The War of 1914-19	4 Apr.19
Coates, Miss E. F. (Sister, T.F.Nursing Serv.)	The War of 1914-19	24 Oct.17
Coates, Miss L. M.	The War of 1914-19	1 Jan.18
Coath, Miss E.	The War of 1914-19	21 June18
Cobb, Miss E. E.	The War of 1914-19	6 Aug.19
Cochrane, Miss M.	The War of 1914-19	31 July19
Cockburn, Miss R.	The War of 1914-19	3 June18
Cockburn, Mrs. S.	The War of 1914-19	21 June18
Cockeram, Miss E.	The War of 1914-19	21 June18
Cockfield, Mrs. G.	The War of 1914-19	6 Aug.19
Cocking, Miss M. M. (Staff Nurse, Q.A.I.M.N.S. Res.)	The War of 1914-19	23 Feb.17
Cockran, Miss A. (Staff Nurse, T.F. Nursing Serv.)	The War of 1914-19	3 June16
Cockshott, Miss W. (V.A.D.)	The War of 1914-19	4 Apr.19
Coe, Miss G. E.	The War of 1914-19	6 Aug.19
Coffey, Miss B (Sister Q.A.I.M.N.S.R.)	The War of 1914-19	1 Jan.19

ASSOCIATES (A.R.R.C.)—contd.

Name	Services	Date
Coggins, Miss T. (Sister, T.F.Nursing Serv.)	The War of 1914-19	24Oct.17
Cohen, Miss I.	The War of 1914-19	6Aug.19
Coldwell, Miss P.	The War of 1914-19	3June19
Cole, Miss A. (Staff Nurse, T.F.N.S.)	The War of 1914-19	3June19
Cole, Miss E.	The War of 1914-19	16Feb.20
Cole, Miss K. A.	The War of 1914-19	3June19
Cole, Miss M. D. (Staff Nurse, T.F. Nursing Serv.)	The War of 1914-19	3June19
Coleman, Miss E. M.	The War of 1914-19	24 Oct.17
Coles, Miss A. A. J. (Acting Matron T.F. Nursing Serv.)	The War of 1914-19	16Feb.20
Colle, Miss G. M. K.	The War of 1914-19	24 Oct.17
Collett, Miss M.	The War of 1914-19	9 Apr.19
Collett, Miss V.	The War of 1914-19	3June19
Collins, Mrs. A.	The War of 1914-19	31July19
Collins, Miss A. M. (Staff Nurse, Q.A.I.M.N.S. Res.)	The War of 1914-19	23Feb.17
Collins, Miss B. L.	The War of 1914-19	4 Apr.19
Collins, Miss E. M. (Sister Q.A.I.M.N.S.)	The War of 1914-19	16Feb 20
Collins, Miss G. M. (Staff Nurse,Q.A.I.M.N.S. Res.)	The War of 1914-19	3June16
Collins, Miss J.	The War of 1914-19	24 Oct.17
Collins, Miss M.	The War of 1914-19	16Feb.20
Collinson, Miss B. A.	The War of 1914-19	6Aug.19
Colston, Miss M. E	The War of 1914-19	1 Jan.19
Coltman, Miss B. (Staff Nurse, Q.A.I.M.N.S. Res.)	The War of 1914-19	3June16
Colvin, Miss E.	The War of 1914-19	2June19
Colvin, Miss I. M. (Sister, T.F. Nursing Serv.)	The War of 1914-19	24 Oct.17
Colvile, Z. I. (Lady)	The War of 1914-19	1 Jan.17
Comyn, Miss K.	The War of 1914-19	21June18
Comyns-Berkeley, Miss J. (Sister, T.F. Nursing Serv.)	The War of 1914-19	31July19
Conley, Miss B. (Sister, Q.A.I.M.N.S. Res.)	The War of 1914-19	21June18
Connal, Miss J. A. (Sister, T.F. Nursing Serv.)	The War of 1914-19	1 Jan.18
Connell, Miss E. E. (Staff Nurse,T.F. Nursing Serv.)	The War of 1914-19	3June16
Connell, Miss H. M. (Actg.Sister,Q.A.I.M.N.S.Res.)	The War of 1914-19	1 Jan.17
Connell, Miss M. (Staff Nurse, T.F. Nursing Serv.)	The War of 1914-19	3June16
Connolly, Miss E. L. (Sister Aust. A.N.S.)	The War of 1914-19	1 Jan.19
Connolly, Miss N.	The War of 1914-19	1 Jan.19
Connon, Miss A. H. J.	The War of 1914-19	21June18
Connon, Miss C. M.	The War of 1914-19	6Aug.19
Connor, Miss I. (Nursing Sister, Can. A.M.C.)	The War of 1914-19	1 Jan.18
Constable, Miss M. (Sister Mary Angela)	The War of 1914-19	3June16
Constantinides, Miss I.	The War of 1914-19	1 Jan.18
Conway, Miss K. L. (Sister, Q.A.I.M.N.S. Res.)	The War of 1914-19	3June19
Conway, Miss M. A. (Sister, Q.A.I.M.N.S. Res.)	The War of 1914-19	9 Apr.19
Conway Gordon, Miss E. M.	The War of 1914-19	9 Apr.19
Conyngham, Miss A. B. (NursingSisterS.Afr.M.N.S.)	The War of 1914-19	3June19
Cook, Miss E.	The War of 1914-19	24 Oct.17
Cook, Miss L. M.	The War of 1914-19	23Feb.17
Cook, Miss M.	The War of 1914-19	23Feb.17
Cook, Miss M.	The War of 1914-19	21June18
Cooke, Miss E. E.	The War of 1914-19	3June19
Cooke, Miss E. M. (Sister, A.A.N.S.)	The War of 1914-19	3June19
Cooke, Miss E. S. (Sister, T.F. Nursing Serv.)	The War of 1914-19	1 Jan.17
Cooke, Mrs. F. M.	The War of 1914-19	24 Oct.17
Cooke, Miss J.	The War of 1914-19	6Aug.19
Cooke, Miss S.	The War of 1914-19	23Feb.17
Cooksley, Miss M. B. (Staff Nurse, T.F. Nursing Serv.)	The War of 1914-19	1June16
Coombe, Miss E. F.	The War of 1914-19	3June17
Coombe, Miss F.	The War of 1914-19	3June16
Coombes, Miss A. I. (Sister, Aust. A.N.S.)	The War of 1914-19	9 Apr.19
Coombes, Miss M. (Nurse V.A.D)	The War of 1914-19	1 Jan.19
Coombs, Miss W. G. (Sister Q.A.I.M.N.S. Res).	The War of 1914-19	16Feb.20
Coomby, Miss A. (Sister, Q.A.I.M.N.S. Res.)	The War of 1914-19	21June18
Cooper, Miss A. (V.A.D., Asst. Nurse)	The War of 1914-19	9 Apr.19
Cooper, Mrs. E.	The War of 1914-19	23Feb.17
Cooper, Miss E. (Staff Nurse, Q.A.I.M N.S. Res.)	The War of 1914-19	3June16
Cooper, Miss E. M. (Sister, Q.A.I.M.N.S. Res.)	The War of 1914-19	1 Jan.18
Cooper, Miss H. O.	The War of 1914-19	23Feb.17
Cooper, Miss K. C. (Sister, T.F. Nursing Serv.)	The War of 1914-19	3June19
Cooper, Miss O.	The War of 19 4-19	24 Oct.17
Cooper, Miss R.	The War of 1914-19	6Aug.19
Cooper, Miss R. H.	The War of 1914-19	31July19
Cooze, Miss M. M. W. (Staff Nurse, Q.A.I.M.N.S. Res.)	The War of 1914-19	3June16
Cope, Miss E. L.	The War of 1914-19	6Aug.19
Cope-Morgan, Miss C. G.	The War of 1914-19	3June19
Corbitt, Miss L. G.	The War of 1914-19	24 Oct.17
Corby, Miss S. (Staff Nurse Q.A.I.M.N.S. Res.)	The War of 1914-19	1 Jan.17
Cornish, Miss F.	The War of 1914-19	31July19
Corrigan, Miss F.	The War of 1914-19	21June18
Corsellis, Miss M. S.	The War of 1914-19	3June16
Corser, Mrs. A.	The War of 1914-19	3June19
Corson, Miss S.	The War of 1914-19	6Aug.19
Cort, Miss F. M.	The War of 1914-19	21June18
Cotesworth, Miss S. M.	The War of 1914-19	24 Oct.17
Cotter, Miss E. K. (Nursing Sister, Can. A.M.C.)	The War of 1914-19	3June19
Cottle, Miss E. M. (Sister, T.F. Nursing Serv.)	The War of 1914-19	9 Apr.19
Cottrell, Miss A.	The War of 1914-19	21June18
Coulson, Miss M.	The War of 1914-19	3June16

ASSOCIATES (A.R.R.C.)—contd.

Name	Services	Date
Coulson, *Miss* M. H.	The War of 1914-19	31July19
Coulson, *Miss* N.	The War of 1914-19	6Aug.19
Coulter, *Miss* S.	The War of 1914-19	3June19
Coulthurst, *Miss* A.	The War of 1914-19	31July19
Coupar, *Miss* M. (*Sister, T.F. Nursing Serv.*)	The War of 1914-19	3June17
Couper, *Miss* M. C.	The War of 1914-19	6Aug.19
Coupland, *Miss* S.	The War of 1914-19	4Apr.19
Courtenay, *Miss* M.	The War of 1914-19	24Oct.17
Cousins, *Mrs.* H.	The War of 1914-19	24Oct.17
Covey, *Miss* E. (*Matron, S. Afr. Def. Force*)	The War of 1914-19	19Dec.18
Coward, *Miss* A. I. (*Sister, T.F. Nursing Serv.*)	The War of 1914-19	1Jan.18
Cowell, *Miss* S. A. (*Sister, Q.A.I.M.N.S.Res.*)	The War of 1914-19	1Jan.19
Cowie, *Miss* A.	The War of 1914-19	23Feb.17
Cowper, *Miss* F.	The War of 1914-19	3June19
Court, *Miss* E. A. C.	The War of 1914-19	1Jan.19
Cox, *Miss* C. C. (*Staff Nurse, Q.A.I.M.N.S. Res.*)	The War of 1914-19	23Feb.17
Cox, *Miss* M. R. (*Sister, T.F. Nursing Serv.*)	The War of 1914-19	1Jan.18
Cox, *Miss* M. R.	The War of 1914-19	9Apr.19
Cox, *Miss* O. B.	The War of 1914-19	24Oct.17
Cox, *Mrs.* R. (*V.A.D.*)	The War of 1914-19	4Apr.19
Coxeter, *Miss* M. C. (*Sister, T.F. Nursing Serv.*)	The War of 1914-19	1Jan.16
Cracknell, *Miss* M. A. (*Sister, Asst. Matron, T.F. Nursing Serv.*)	The War of 1914-19	3June19
Craddock, *Miss* R.	The War of 1914-19	9Apr.19
Craig, *Miss* E. M.	The War of 1914-19	24Oct.17
Craig. *Miss* I.	The War of 1914-19	1Jan.18
Craig *Miss* M. (*Staff Nurse, S.A.M.N.S.*)	The War of 1914-19	1Jan.18
Craig, *Miss* M. W.	The War of 1914-19	3June19
Cramp, *Miss* F. G. (*Sister, Q.A.I.M.N.S.R.*)	The War of 1914-19	21June18
Cranage, *Miss* M.	The War of 1914-19	24Oct.17
Cranston, *Miss* M. (*Staff Nurse T.F. Nursing Serv.*)	The War of 1914-19	31July19
Craven, *Miss* M. L. (*Staff Nurse, C'wealth Mil. Forces*)	The War of 1914-19	23Feb.17
Craven-Hoyle, *Miss* F. M.	The War of 1914-19	6Aug.19
Craw, *Miss* R. (*Sister, Q.A.I.M.N.S. Res.*)	The War of 1914-19	24Oct.17
Crawford, *Miss* C. E. (*Sister in charge Q.A.I M.N.S. Res.*)	The War of 1914-19	1Jan.19
Crawford, *Miss* H. P. (*Sister, T.F. Nursing Serv.*)	The War of 1914-19	1Jan.18
Crawford, *Miss* J.	The War of 1914-19	21June18
Crawford, *Miss* J. (*Staff Nurse, Q.A.I.M.N.S. Res.*)	The War of 1914-19	3June19
Crawshaw, *Mrs.* F.	The War of 1914-19	21June18
Crawshaw, *Miss* F.	The War of 1914-19	3June19
Crawshay, *Mrs.* A. J.	The War of 1914-19	24Oct.17
Creech, *Miss* E. (*Sister, Q.A.I.M.N.S. Res.*)	The War of 1914-19	23Feb.17
Cresswell, *Miss* G. C. (*Nursing Sister, Can. A.M.C.*)	The War of 1914-19	3June18
Cresswick, *Miss* B. (*Sister, A.A.N.S*)	The War of 1914-19	3June18
Crewdson, *Miss* D. M. L., *M.M.*	The War of 1914-19	31July19
Cribbs, *Miss* M.	The War of 1914-19	1Jan.18
Crichton, *Miss* M. M.	The War of 1914-19	21June18
Crockwell, *Miss* H.	The War of 1914-19	3June19
Croft, *Miss* E. W. (*Acting Sister, Q.A.I.M.N.S.*)	The War of 1914-19	4Apr.19
Cromer, *Miss* L.	The War of 1914-19	23Feb.17
Crooke, *Miss* M. H.	The War of 1914-19	—
Crookes, *Miss* A. M. (*Staff Nurse,Q.A.I.M.N.S,Res.*)	—	1Jan.18
Crooks, *Miss* A	The War of 1914-19	3June18
Crosbie, *Miss* M. F. D. (*T.F. Nursing Serv.*)	The War of 1914-19	21June18
Crosfield, *Lady* D.	The War of 1914-19	9Apr.19
Cross, *Miss* A.	The War of 1914-19	3June19
Cross, *Hon.* D. M.	The War of 1914-19	3June19
Cross, *Miss* E.	The War of 1914-19	3June19
Cross, *Hon.* G. M.	The War of 1914-19	31July19
Cross *Miss* R. (*Sister T.F. Nursing Serv.*)	The War of 1914-19	29Jan.18
Crow, *Miss* M. E.	The War of 1914-19	17June16
Crowder-Davis, *Miss* F. (*Sister, T.F. Nursing Serv.*)	The War of 1914-19	6Aug.19
Crowdy, *Miss* M.	The War of 1914-19	3June19
Crowsley, *Miss* A. E.	The War of 1914-19	3June19
Crummack, *Miss* E. A.	The War of 1914-19	21June18
Crump, *Miss* E. M.	The War of 1914-19	24Oct.17
Cryer, *Miss* E.	The War of 1914-19	24Oct.17
Cryle, *Miss* M. (*Staff Nurse, Q.A.I.M.N.S Res.*)	The War of 1914-19	3June16
Cubley, *Miss* E. (*Sister, Q.A.I.M.N.S. Res.*)	The War of 1914-19	31July19
Culham, *Miss* C.	The War of 1914-19	3June19
Cullen, *Miss* N.	The War of 1914-19	21June18
Culliman, *Miss* A. M.	The War of 1914-19	31July19
Cullwick, *Miss* F. (*Sister T.F. Nursing Serv.*)	The War of 1914-19	1Jan.18
Cumberledge, *Miss* E. M.	The War of 1914-19	6Aug.19
Cuming, *Miss* D. L.	The War of 1914-19	6Aug.19
Cumming, *Miss* K. S.	The War of 1914-19	1Jan.18
Cummings, *Miss* A. E. (*Actg Sister, Q.A.I.M.N.S. Res.*)	The War of 1914-19	1Jan 19
Cummings, *Miss* J. (*Actg. Sister, Q.A.I.M.N.S.Res.*)	The War of 1914-19	24Oct.17
Cummings, *Miss* M. A. (*Nursing Sister, Can. A.M.C.*)	The War of 1914-19	1Jan.18
Cundell, *Miss* C.	The War of 1914-19	

ASSOCIATES (A.R.R.C.)—contd.

Services.

Name	War	Date
Cunningham, Miss J. M. (Staff Nurse, Q.A.I.M.N.S. Res.)	The War of 1914-19	3June16
Cunningham, Miss M.M. (Sister, T.F. Nursing Serv.)	The War of 1914-19	3June19
Curran, Miss M.	The War of 1914-19	1Jan.18
Currie, Miss E. M. R. (Staff Nurse, S. Afr. Med. Nursing serv.)	The War of 1914-19	1Jan.19
Currie, Miss G.	The War of 1914-19	18May19
Currie, Miss J.	The War of 1914-19	6Aug.19
Curties, Miss N. (Sister, T.F. Nursing Serv.)	The War of 1914-19	3June18
Curtin, Miss A.	The War of 1914-19	31July19
Curtis, Miss E. F. (Sister Q.A.I.M.N.S. Res.)	The War of 1914-19	1Jan.18
Curwen, Miss M.	The War of 1914-19	3June16
Cussen, Miss M. R. O'H.	The War of 1914-19	23Feb.17
Custance, Miss G. E. (Actg. Sister, Q.A.I.M.N.S. Res.)	The War of 1914-19	3June17
Cuthbert. Miss E. A. (Head Sister Aust. A. Nursing Serv.)	The War of 1914-19	1Jan.19
Cuthbertson, Miss M. S.	The War of 1914-19	24Oct.17
Dack, Miss L. (Staff Nurse, T.F Nursing Serv.)	The War of 1914-19	3June16
Dagger, Miss S.	The War of 1914-19	3June19
Daglish, Miss C.	The War of 1914-19	1Jan.18
Dakin, Miss E. (Sister, T.F. Nursing Serv.)	The War of 1914-19	24Oct.17
Dakin, Miss S.	The War of 1914-19	24Oct.17
Dale, Miss P. (Sister, T.F. Nursing Serv.)	The War of 1914-19	3June16
Dale, Mrs. M. (Nursing Sister, E.A.N S.)	The War of 1914-19	1Jan.18
Dalgleish, Miss J. M.	The War of 1914-19	24Oct.17
Dalrymple. Miss M. H.	The War of 1914-19	1Jan.19
Dalrymple, Miss M.M. (S aff Nurse, Q.A.I.M.N.S.Res.)	The War of 1914-19	23Feb.17
Dalrymple, Mrs. N. (Sister, Q.A.I.M.N.S. Res.)	The War of 1914-19	1Jan.17
Dalton, Miss C. L. F.	The War of 1914-19	1Jan.19
Daly, Miss A.	The War of 1914-19	16Feb.20
Daly, Miss G.	The War of 1914-19	31July19
Daly, Miss H.	The War of 1914-19	1Jan.18
Daly, Miss M. K. (Staff Nurse Q.A I.M.N.S. Res.)	The War of 1914-19	1Jan.18
Dalyal, Miss G. (Senior Sister A.N.S.)	The War of 1914-19	3June18
Dalzell, Miss R. (Actg Sister, Q.A.M.N.S. Res.)	The War of 1914-19	1Jan.19
Dalziel, Miss A. (Sister, Q A I.M.N.S. Res.)	The War of 1914-19	24Oct.17
Damon, Miss E. L. (Staff Nurse, Q.A.I.M.N.S. Res.)	The War of 1914-19	24Oct.17
Dando, Miss M.	The War of 1914-19	23Feb.17
Daniel, Miss K. M.	The War of 1914-19	23Feb.17
Daniels, Miss G.	The War of 1914-19	31July19
Dann, Miss M. E.	The War of 1914-19	29Jan.18
Darge, Miss H. (Staff Nurse, T.F. Nursing Serv.)	The War of 1914-19	3June16
Darley, Mrs. E.	The War of 1914-19	4Apr.19
Darley, Mrs. L.	The War of 1914-19	21June18
d'Armes, Miss A.	The War of 1914-19	6Aug.19
Davenport, Mrs. E. M.	The War of 1914-19	6Aug.19
David, Mrs. N.	The War of 1914-19	4Apr.19
Davidson, Miss A. E.	The War of 1914-19	24Oct.17
Davidson, Miss C.A. (Staff Nurse,T.F.NursingServ.)	The War of 1914-19	24Oct.17
Davidson. Miss E. B.	The War of 1914-19	4Apr.19
Davidson, Miss E. S. (Sister, Cwealth Mil. Forces)	The War of 1914-19	3June16
Davidson, Miss G.	The War of 1914-19	1Jan.19
Davidson, Miss K. (Sister, T.F. Nursing Serv.)	The War of 1914-19	24Oct.17
Davies, Miss A.	The War of 1914-19	6Aug.19
Davies, Miss A. M.	The War of 1914-19	24Oct.17
Davies, Miss Annie May (Staff Nurse, Q.A.I.M.N.S. Res.)	The War of 1914-19	3June18
Davies, Miss C.	The War of 1914-19	24Oct.17
Davies, Miss C	The War of 1914-19	21June18
Davies, Miss E.	The War of 1914-19	21June18
Davies, Miss Eleanor (Staff Nurse, Q.A.I.M.N.S. Res.)	The War of 1914-19	3June18
Davies, Miss E. A.	The War of 1914-19	23Feb.17
Davies, Miss E. A. (Sister, Q.A.I.M.N.S.R.)	The War of 1914-19	21June18
Davies, Miss E. I.	The War of 1914-19	3June19
Davies, Miss E. M. (Sister, Q.A.I M N.S.)	The War of 1914-19	16Feb.20
Davies, Miss E. S. (Sister, Q.A.I.M.N.S. Res.)	The War of 1914-19	1Jan.17
Davies, Miss H.	The War of 1914-19	3June19
Davies, Miss H. E. (Sister, Q.A.I.M.N.S.R.)	The War of 1914-19	9Apr.19
Davies, Miss H. L. (Sister, Q.A.I.M.N.S. Res.)	The War of 1914-19	1Jan.19
Davies, Miss I. (Sister, Can. A.M.C.)	The War of 1914-19	3June18
Davies, Miss K. (Staff Nurse, N.Z. Mil. Forces)	The War of 1914-19	1Jan.17
Davies, Mrs. K.	The War of 1914-19	24Oct.17
Davies, Miss K. (Sister, T.F.N.S.)	The War of 1914-19	9Apr.19
Davies, Miss M. (Sister T F. Nursing Serv.)	The War of 1914-19	31July19
Davies, Miss M. A. (Sister Q.A.I.M.N.S. Res.)	The War of 1914-19	1Jan.18
Davies, Miss M. G. (Sister, N.Z.A.N.S.)	The War of 1914-19	3June 9
Davies, Miss M. H.	The War of 1914-19	24Oct.17
Davies, Mrs. M. L. F. (Sister Q.A.I.M.N.S. Res.)	The War of 1914-19	31July19
Davies, Miss R.	The War of 1914-19	9Apr.19
Davis, Miss E. (Sister, T. F. Nursing Serv.)	The War of 1914-19	3June16
Davis, Miss F. (Sister T.F. Nursing Serv.)	The War of 1914-19	31July19
Davis, Miss M. (Sister, Q.A.I.M.N.S.)	The War of 1914-19	21June18
Davis, Miss M. E., M.M. (Sister, Q.A I.M,N.S.)	The War of 1914-19	3June18

ASSOCIATES (A.R.R.C.)—contd.

Name	Services	Date
Davison, Miss B. (Sister, Can. Local Forces)	The War of 1914-19	3June16
Davitt, Miss M. (Sister, Q.A.I.M.N.S. Res.)	The War of 1914-19	3June18
Davy, Miss R. (Staff Nurse, Q.A.I.M.N.S. Res.)	The War of 1914-19	3June18
Dawe, Miss A. M. (Sister, Q.A.I.M.N.S. Res.)	The War of 1914-19	21June18
Dawson, Miss A. E.	The War of 1914-19	9Apr.19
Dawson, Miss D. M. N. (Sister, Q.A.I.M.N.S. Res.)	The War of 1914-19	3June17
Dawson, Miss E. A. (Sister, Q.A.I.M.N.S. Res.)	The War of 1914-19	3June16
Dawson, Mrs. E.	The War of 1914-19	24Oct.17
Dawson, Miss I. E. (Sister, Q.A.I.M.N.S. Res.)	The War of 1914-19	23Feb.17
Day, Miss E. M. S.	The War of 1914-19	31July19
Day, Miss I. M. (Sister, Q.A.I.M.N.S. Res.)	The War of 1914-19	1Jan.18
Day, Miss R.	The War of 1914-19	23Feb.17
Day, Miss E.	The War of 1914-19	6Aug.19
Daye, Miss K. (Staff Nurse, T.F. Nursing Serv.)	The War of 1914-19	3June16
Deacon, Miss D. (Sister, Q.A.I.M.N.S. Res.)	The War of 1914-19	3June18
Deacon, Miss Z. (Staff Nurse, Q.A.I.M.N.S. Res.)	The War of 1914-19	3June18
Deakin, Miss G. V. (Sister, Q.A.I.M.N.S. Res.)	The War of 1914-19	3June18
Deakin, Miss L. P.	The War of 1914-19	1Jan.17
Dean, Mrs. E.	The War of 1914-19	24Oct.17
Dean, Mrs. H.	The War of 1914-19	12Dec.19
Dean, Miss N.	The War of 1914-19	21June18
Dearden, Miss M. (Sister T.F. Nursing Serv.)	The War of 1914-19	31Jul.19
Dearle, Miss E. W. (Sister, Q.A.I.M.N.S. Res.)	The War of 1914-19	3June19
Dearsley, Miss B. V.	The War of 1914-19	31July19
De Bellefeuille, Miss K.	The War of 1914-19	21June18
De Cormier, Miss C. A. (Sister, Can. Local Forces)	The War of 1914-19	3June16
Deirenger, Miss M. (Sister S.A.M.N.S.)	The War of 1914-19	1Jan.19
de Kock, Miss D. M. (Staff Nurse, Q.A.I.M.N.S.Res.)	The War of 1914-19	3June16
Demel, Miss F. E.	The War of 1914-19	6Aug.9
Dement, Miss E M. (Sister, A.A.M.S)	The War of 1914-19	3June19
De Merrall, Mrs. E. W. (Nursing Sister, Can. A.N.S.)	The War of 1914-19	29Jan.18
Demestre Miss S. M. (Sister, A.A.M.S.)	The War of 1914-19	3June18
Dempster, Mrs. N.	The War of 1914-19	6Aug.19
De Muldes, Miss M. (Sister, T.F. Nursing Serv.)	The War of 1914-19	16Feb.20
Denison, Miss E. (Sister, T.F. Nursing Serv.)	The War of 1914-19	3June19
Denman, Miss M.	The War of 1914-19	24Oct.17
Dennant, Miss F.	The War of 1914-19	24Oct.17
Denning Miss K. (Sister, T.F. Nursing Serv.)	The War of 1914-19	16Feb.20
Dennis, Miss L. (Sister, T. F. Nursing Serv.)	The War of 1914-19	21June18
Denny, Miss A. M. M. (Sister, Q.A.I.M.N.S. Res.)	The War of 1914-19	1Jan.18
Denny, Miss N. C. R.	The War of 1914-19	3June19
Densham, Miss A. E.	The War of 1914-19	9Apr.19
Densham, Miss E. J.	The War of 1914-19	1Jan.17
Denson, Miss I. M. (Staff Nurse, Q.A.I.M.N.S. Res.)	The War of 1914-19	3June18
Dent, Mrs. L.	The War of 1914-19	23Feb.17
Denton, Miss F. M.	The War of 1914-19	9Apr.19
Denton, Miss L.	The War of 1914-19	21June18
Denton, Miss L. E. (Nursing Sister, Can. A.M.C.)	The War of 1914-19	12Dec.19
Derbyshire, Mrs. E. B.	The War of 1914-19	6Aug.19
Dermott, Mrs. A.	The War of 1914-19	24Oct.17
Derry, Miss A. V. (Sister, T.F. Nursing Serv.)	The War of 1914-19	3June19
de Stourdza - Zorini, Miss F. G. P. (Sister, Q.A.I.M.N.)	The War of 1914-19	16Feb.20
de Trafford, Miss E. F.	The War of 1914-19	3June19
Devlin, Miss E.	The War of 1914-19	23Feb.17
de Ville, Miss A. M.	The War of 1914-19	24Oct.17
Dewar, Miss E. McI. (Nursing Sister, Can. A M.C.)	The War of 1914-19	12Dec.19
Dewey Miss E. M. (Nursing Sister, Can. A.M.C.)	The War of 1914-19	12Dec.19
Dew-Johnson, Miss L.	The War of 1914-19	6Aug.19
Dickson, Miss B. M.	The War of 1914-19	3June18
Dickson, Miss I. (Staff Nurse, Q.A.I.M.N.S. Res.)	The War of 1914-19	3June18
Dickson, Miss J. (Staff Nurse, T.F. Nursing Serv.)	The War of 1914-19	3June16
Digby, Lady L. D.	The War of 1914-19	4Apr.19
Dillon, Miss N. G.	The War of 1914-19	6Aug.19
Dilnot, Miss E. (Staff Nurse Q.A.I.M.N.S. Res.)	The War of 1914-19	31July19
Dimmock. Miss C. (Sister, Q.A.I.M.N.S.R.)	The War of 1914-19	3June18
Dimond, Miss E.	The War of 1914-19	24Oct.17
Dingwall, Miss G. (Staff Nurse, T.F. Nursing Serv.)	The War of 1914-19	3June18
Disney, Miss E. (Staff Nurse, Q.A.I.M.N.S.Res.)	The War of 1914-19	3June19
Disney, Mrs. L.	The War of 1914-19	31July19
Ditcham, Miss L.	The War of 1914-19	24Oct.17
Divine, Miss A. (Sister T.F. Nursing Serv.)	The War of 1914-19	1Jan.12
Dix, Mrs. A. L.	The War of 1914-19	24Oct.17
Dixon, Miss M. L. (Staff Nurse, Q.A.I.M.N.S.R.)	The War of 1914-19	3June18
Dobbin, Miss A. (Staff Nurse, Q.A.I.M.N.S. Res.)	The War of 1914-19	3June16
Dobie, Miss E. R.	The War of 1914-19	24Oct.17
Dobson, Miss A. (Staff Nurse, T.F.Nursing Serv.)	The War of 1914-19	12Dec.19
Dodd, Miss N. T.	The War of 1914-19	1Jan.19
Dodds, Miss I.	The War of 1914-19	9Apr.19
Dodds, Miss J. C. (N.Z.A.N.S.)	The War of 1914-19	21June18
Dodson, Miss D. M.	The War of 1914-19	3June18
Dodgson, Miss G. E.	The War of 1914-19	21June18
Doherty, Miss E. V.	The War of 1914-19	6Aug.19
Doherty, Miss G. M. (Staff Nurse, A.A.N.S.)	The War of 1914-19	1Jan.18
Domville, Mrs. B. M. B.	The War of 1914-19	24Oct.17
Donald, Miss A. (Sister, Q.A.I.M.N.S. Res.)	The War of 1914-19	24Oct.17
Donald, Miss L.	The War of 1914-19	3June16
Donald, Miss M. (Staff Nurse, T.F. Nursing Serv.)	The War of 1914-19	3June16

ASSOCIATES (A.R.R.C.)—contd.

Services.

Name	War	Date
Donaldson, Miss E. V. (Sister Q.A.I.M.N.S. Res. Aus.)	The War of 1914-19	1Jan.18
Donaldson, Miss K. M. (Sister, A.A.N.S.)	The War of 1914-19	3June19
Donevan, Mrs. V. M. (Nursing Sister, Can.A.M.C.)	The War of 1914-19	24Oct.17
Donkin, Miss G. O. (Sister, Can. A.M.C.)	The War of 1914-19	9Apr.19
Donkin, Miss V. (Senior Nursing Sister, E.A.N.S.	The War of 1914-19	3June18
Donnelly, Miss C. A. (Nursing Sister, Can. A.M.C.)	The War of 1914-19	1Jan.19
Douet, Miss C. C. (Sister, Q.A.I.M.N.S. Res.)	The War of 1914-19	28Feb.17
Douët, Miss Z. B. (Sister, T.F. Nursing Serv.)	The War of 1914-19	3June19
Doughty, Miss C.	The War of 1914-19	3June16
Douglas, Miss A. C.	The War of 1914-19	24Oct.17
Douglas, Miss A. C. (Sister, N.Z.A.N.S.)	The War of 1914-19	9Apr.19
Douglas, Miss A. G. (Sister, C'wealth Mil. Forces)	The War of 1914-19	3June16
Douglas, Miss A. P. (Sister, T.F. Nursing Serv.)	The War of 1914-19	1Jan.16
Douglas, Miss C. J. R.	The War of 1914-19	3June19
Douglas, Miss M. K. (Sister, Can. Local Forces)	The War of 1914-19	3June16
Douglas, Mrs. M.	The War of 1914-19	21June18
Douglass, Miss M.	The War of 1914-19	6Aug.19
Dow, Miss M. (Actg. Matron, Q.A.I.M.N.S. Res.)	The War of 1914-19	23Feb.17
Dowbiggin, Miss M. (Sister, T.F. Nursing Staff)	The War of 1914-19	3June16
Dowdeswell, Miss E M.	The War of 1914-19	3June17
Dowling, Miss E. L.	The War of 1914-19	1Jan.19
Downing, Miss E. M.	The War of 1914-19	24Oct.17
Dowson, Mrs. A.	The War of 1914-19	21June18
Doyle, Miss A. C. (Nursing Sister Can. A.M.C.)	The War of 1914-19	1Jan.19
Doyle, Miss E. M. (Sister, Q.A.I.M.N.S. Res.)	The War of 1914-19	3June19
Drane, Miss E. M.	The War of 1914-19	6Aug.19
Draper, Miss E. H. (Sister A.A.N.S.)	The War of 1914-19	1Jan.19
Draper, Miss E. R. (Sister, T.F. Nursing Serv.)	The War of 1914-19	3June16
Draper, Miss E.	The War of 1914-19	24Oct.17
Draper, Miss E. A.	The War of 1914-19	21June18
Draper, Miss R. (Sister, T.F.N.S.)	The War of 1914-19	1Jan.19
Drinkwater, Miss H. L. (Sister, T.F.Nursing Serv.)	The War of 1914-19	1Jan.18
Drummond, Miss M. S. (Sister Q.A I.M.N.S. Res.)	The War of 1914-19	31July19
Drummond-Hay, Miss E. M.	The War of 1914-19	3June19
Drury, Miss D.	The War of 1914-19	9Apr.19
Drury, Miss E.	The War of 1914-19	24Oct.17
Drury, Miss M. (Sister, T.F. Nursing Serv.)	The War of 1914-19	3June19
Drysdale, Miss E. (Nursing Sister, Can.LocalForces)	The War of 1914-19	23Feb.17
Duckworth, Miss K. M. (Nurse. V A.D.)	The War of 1914-19	1Jan.19
Dudley, Miss B.	The War of 1914-19	31July19
Dudley, Rachol, Countess of, C.B.E.	The War of 1914-19	1Jan.19
Duff, Miss B. M. (Sister, Q.A I.M.N.S. Res.)	The War of 1914-19	23Feb.17
Duff, Miss K. F. (Sister Q A.I.M.N.S. (Res.)	The War of 1914-19	3June18
Duffett, Miss N. (Sister, T.F. Nursing Serv.)	The War of 1914-19	16Feb.20
Duffield, Miss M. (Nursing Sister Can. A.M.C.)	The War of 1914-19	12Dec.19
Dugdale, Mrs. E. I.	The War of 1914-19	21June18
Duggan, Rev. Mother M.	The War of 1914-19	9Apr.19
Duggleby, Miss N.	The War of 1914-19	6Aug.19
Duffus, Mrs. M. I.	The War of 1914-19	23Feb.17
Duguid, Miss E.	The War of 1914-19	31July19
Duka, Mrs. I. J.	The War of 1914-19	1Jan.19
Dulmage Miss H. E. (Matron, Can. A.M.C.)	The War of 1914-19	1Jan.19
Dumble, Miss J.	The War of 1914-19	21June18
Dunbabin, Miss A	The War of 1914-19	23Feb.17
Dunbabin, Miss L.	The War of 1914-19	3June18
Dunbar, Miss M. A. (Sister, Q A.I.M.N.S. Res.)	The War of 1914-19	21June18
Duncan, Miss I A.	The War of 1914-19	3June19
Duncan, Miss J.	The War of 1914-19	1Jan.17
Duncan, Miss M.	The War of 1914-19	6Aug.19
Dunlop, Miss J. (Sister, T.F. Nursing. Serv.)	The War of 1914-19	23Feb.17
Dunlop, Miss J. O. (Sister, Q.A.I.M.N.S. Res.)	The War of 1914-19	24Oct.17
Dunn, Miss V.	The War of 1914-19	21June18
Durose, Miss G.	The War of 1914-19	24Oct.17
Dunsford, Miss G. (Sister, T F. Nursing Serv.)	The War of 1914-19	23Feb.17
Dunstall, Miss C. M.	The War of 1914-19	31July19
Duston, Miss E. (Sister, T.F. Nursing Serv.)	The War of 1914-19	3June16
Duxfield, Miss A. G.	The War of 1914-19	31July19
Eager, Miss F. E.	The War of 1914-19	21June18
Ealand, Miss E (Staff Nurse, T.F. Nursing Serv.)	The War of 1914-19	23Feb.17
Eardley, Miss W.E. (Sister, Q.A.I.M.N S.)	The War of 1914-19	1Jan.17
Earle, Miss B.M.W. (Staff Nurse, Q.A.I.M.N.S.Res.)	The War of 1914-19	1Jan.17
Earle, Mrs. E. A.	The War of 1914-19	24Oct.17
Earle, Miss E. L. (Sister, T.F. Nursing Serv.)	The War of 1914-19	24Oct.17
Earle, Miss M. E. F.	The War of 1914-19	1Jan.19
Early, Miss M.A. (Staff Nurse N.Z. Mil. Forces)	The War of 1914-19	3June17
Earp, Miss M. A.	The War of 1914-19	1Jan.18
Eason, Miss C. E. (Staff Nurse, Q.A.I.M.N.S. Res.)	The War of 1914-19	1Jan.19
East, Miss E. M. (Sister, Q.A.I.M.N.S.Res.)	The War of 1914-19	31July19
Easter, Miss M. G. (Sister, Q.A.I.M.N.S. Res.)	The War of 1914-19	9Apr.19
Eastes, Miss A. M. (Sister, Q.A.I.M.N.S. Res.)	The War of 1914-19	1Jan.18
Easton, Miss M. R.	The War of 1914-19	29Jan.18

ASSOCIATES (A.R.R.C.)—contd.

Services.

Name	Service	Date
Ebden, Miss C. A. (Nursing Sister, S. Afr. M.N.S.)	The War of 1914-19	3June18
Eborn, Miss R. J.	The War of 1914-19	31July19
Echlin, Miss G. I. (Sister, C'wealth Mil. Forces)	The War of 1914-19	23Feb.17
Eckerley, Miss R.	The War of 1914-19	24Oct.17
Eckersall, Miss H.	The War of 1914-19	6Aug.19
Eccles, Miss M. O. (Sister, Q.A.I.M.N.S. Res.)	The War of 1914-19	3June18
Edden, Miss E.	The War of 1914-19	6Aug.19
Edgar, Miss A. (Sister, T.F.N.S.)	The War of 1914-19	21June18
Edgar, Miss A. McC.	The War of 1914-19	3June18
Edgar, Miss J. L. (Sister, Q.A.I.M.N S. Res.)	The War of 1914-19	24Oct.17
Edgar, Miss S.	The War of 1914-19	3June16
Edge, Miss M. A. (Q.A.I.M.N.S.R.)	The War of 1914-19	1Jan.18
Edgley, Miss D. (Sister, T.F. Nursing Serv.)	The War of 1914 19	23Feb.17
Edmondson, Miss A.	The War of 1914-19	31July19
Edmondson, Miss H. M.	The War of 1914-19	24Oct.17
Edward-Jones, Miss W. M.	The War of 1914-19	3June19
Edwards, Miss A.	The War of 1914-19	28Feb.17
Edwards, Mrs. B. C.	The War of 1914-19	31July19
Edwards, Miss D.	The War of 1914-19	4Apr.19
Edwards, Miss E.	The War of 1914-19	6Aug.19
Edwards, Miss E. A.	The War of 1914-19	21June18
Edwards, Miss E. D. (Sister, Q.A.I.M.N.S. Res.)	The War of 1914-19	9Apr.19
Edwards, Mrs. F. (Sister, T.F. Nursing Serv.)	The War of 1914-19	24Oct.17
Edwards, Miss F. M.	The War of 1914-19	3June16
Edwards, Miss G. (Sister, Q.A.I.M.N.S.Res.)	The War of 1914-19	31July19
Edwards, Miss G. E. G.	The War of 1914-19	31July19
Edwards, Mrs. H.	The War of 1914-19	21Jan.18
Edwards, Miss H. W. (Sister, Q.A.I.M.N.S. Res.)	The War of 1914-19	9Apr.19
Edwards, Miss J.	The War of 1914-19	24Oct.17
Edwards, Mrs. J. L.	The War of 1914-19	6Aug.19
Edwards, Miss K. A. (Sister, T.F. Nursing Serv.)	The War of 1914-19	31July19
Edwards, Miss M. (Sister, T.F. Nursing Serv.)	The War of 1914-19	3June18
Edwards, Miss M. A.	The War of 1914-19	9Apr.19
Edwards, Miss M. G. (Sister, T.F Nursing Serv.)	The War of 1914-19	1Jan.17
Eggington, Miss F. (Sister, T. F. Nursing Serv.)	The War of 1914-19	3June19
Eggins, Miss F.	The War of 1914-19	16Feb.20
Egremont, Miss N. (Staff Nurse, T.F. Nursing Serv.)	The War of 1914-19	3June18
Eisenhard, Miss M. (Nurse to S.A. Nursing Corps)	The War of 1914-19	3June18
Eksteen. Miss M. (Staff Nurse, S.A.M.Nursing Serv.)	The War of 1914-19	1Jan.18
Elder, Miss M. M.	The War of 1914-19	24Oct.17
Eldred, Miss A. L.	The War of 1914-19	24Oct.17
Eldridge, Miss A. S.	The War of 1914-19	24Oct.17
Eldridge, Miss M.F (Staff Nurse, C'wealth Mil. Forces)	The War of 1914-19	23Feb.17
Elgin, Miss C. (Staff Nurse, T.F. Nursing Serv.)	The War of 1914-19	3June16
Elliott, Miss A. (Sister, T.F.N.S.)	The War of 1914-19	21June18
Elliott, Miss D. M.	The War of 1914-19	24Oct.17
Elliot, Mrs. M.	The War of 1914-19	6Aug.19
Elliott, Miss R.	The War of 1914-19	23Feb.17
Elliott, Miss S.	The War of 1914-19	3June16
Ellis, Miss A. (Staff Nurse, T.F. Nursing Serv.)	The War of 1914-19	3June16
Ellis, Miss A. (Staff Nurse, Q.A.I.M.N.S. Res.)	The War of 1914-19	23Feb.17
Ellis, Miss A.	The War of 1914-19	6Aug.19
Ellis, Miss C. M.	The War of 1914-19	1Jan.18
Ellis, Miss G. I.	The War of 1914-19	1Jan.16
Ellis, Miss H S.	The War of 1914-19	3June16
Ellis, Miss J. P. T. (Sister, Q.A.I.M.N.S. Res.)	The War of 1914-19	3June16
Ellis, Miss L. (Staff Nurse, T.F. Nursing Serv.)	The War of 1914-19	3June16
Ellis, Mrs. L.	The War of 1914-19	31July19
Ellis, Miss M. P. (Nursing Sister, Can. Local Forces)	The War of 1914-19	23Feb.17
Ellison, Miss E. (Sister-in-Charge, T.F. Nursing Serv.)	The War of 1914-19	9Apr.19
Ellwood, Miss F. (Sister, Can. Local Forces)	The War of 1914-19	1Jan.17
Ellwood, Miss P. H.	The War of 1914-19	21June18
Elms, Miss J.	The War of 1914-19	21June18
Elphick, Miss K.	The War of 1914-19	23Feb.17
Elphick, Miss M.	The War of 1914-19	31July19
Elsdon, Miss M.	The War of 1914-19	23Feb.17
Eltringham, Mrs. M.	The War of 1914-19	4Apr.19
Emberson, Miss E. M. (Sister, T.F.Nursing Serv.)	The War of 1914-19	3June18
Emerson, Miss K. A.	The War of 1914-19	4Apr.19
Emerson, Miss M.	The War of 1914-19	29Jan.18
Emery, Miss W.	The War of 1914-19	6Aug.19
Emsley, Miss E. L. (Nursing Sister, Can. A.M.C.)	The War of 1914-19	2June19
Emuss, Miss E. A. (Sister T.F. Nursing Serv.)	The War of 1914-19	3June18
Enebuske, Miss H. J. (Sister, American Nursing Serv.)	The War of 1914-19	3June18
Engelke, Miss M. E. (Nursing Sister, Can. A.M.C.)	The War of 1914-19	3June19
English, Mrs. A. L.	The War of 1914-19	6Aug.19
English, Miss M. C. (Nursing Sister, Can. Local Forces)	The War of 1914-19	23Feb.17
Enright, Miss E. A. (Sister T F. Nursing Serv.)	The War of 1914-19	31July19
Enright, Miss N. J. (Nursing Sister Can. A.M.C.)	The War of 1914-19	1Jan.19
Ensell, Miss A. M. (Sister, Q A.I.M.N.S. Res.)	The War of 1914-19	3June16

ASSOCIATES (A.R.R.C.)—contd.

Services.

Name	Service	Date
Ensor, Miss A.	The War of 1914-19	3June19
Ensor, Miss F. E. (Sister, Q.A.I M.N.S. Res.)	The War of 1914-19	9Apr.19
Entwistle, Miss J. (Staff Nurse, Q.A.I.M.N.S. Res.)	The War of 1914-19	3June16
Ephgrave, Miss L. A. (Staff Nurse, Q.A.I.M.N.S. ret.)	The War of 1914-19	23Feb.17
Epps, Miss E. M. T.	The War of 1914-19	21June16
Ernest, Miss B.	The War of 1914-19	1Jan.18
Errington, Mrs. I.	The War of 1914-19	24Oct.17
Erwin, Miss M. (Sister, Q.A.I.M.N.S Res.)	The War of 1914-19	24Oct.17
Etchell, Miss M. G. (Staff Nurse, Q.A.I.M.N.S. Res.)	The War of 1914-19	3June19
Ettles, Miss J. I. (Actg. Matron, Q.A.I.M.N.S. Res.)	The War of 1914-19	23Feb.17
Evans, Miss B. (Sister, T.F. Nursing Serv.)	The War of 1914-19	23Feb.17
Evans, Miss B.	The War of 1914-19	21June18
Evans, Miss C.	The War of 1914-19	21June18
Evans, Miss E. G.	The War of 1914-19	23Feb.17
Evans, Miss H. (Sister, Q.A.I.M.N.S. Res.)	The War of 1914-19	24Oct.17
Evans, Miss H.	The War of 1914-19	31July19
Evans, Miss J. (Sister T.F. Nursing Serv.)	The War of 1914-19	31July19
Evans, Miss J. A. (Sister, Q.A.I.M.N.S.)	The War of 1914-19	23Feb.17
Evans, Miss K.	The War of 1914-19	4Apr.19
Evans, Miss L.	The War of 1914-19	31July19
Evans, Miss M (Staff Nurse, Q A.I.M.N.S. Res.)	The War of 1914-19	3June16
Eves, Miss A J. (Sister Q.A.I.M.N.S. Res.)	The War of 1914-19	1Jan.19
Evans, Miss Madge	The War of 1914-19	24Oct.17
Evans, Miss Mella	The War of 1914-19	24Oct.17
Evans, Miss N. (Staff Nurse, Q.A.I.M.N.S. Res.)	The War of 1914-19	3June16
Evans, Miss P. M.	The War of 1914-19	24Oct.17
Evans, Miss W.	The War of 1914-19	6Aug.19
Everett, Miss E. A.	The War of 1914-19	29Jan.18
Evers, Miss W. A.	The War of 1914-19	3June17
Ewbank, Miss M. (Sister T.F. Nursing Serv.)	The War of 1914-19	31July19
Ewens, Miss I. S.	The War of 1914-19	3June19
Ewins, Mrs. A.	The War of 1914-19	31July19
Eye, Miss J. C.	The War of 1914-19	24Oct.17
Eykyn, Mrs. M.	The War of 1914-19	4Apr.19
Eyre, Miss E. M. (Sister T. F. Nursing. Serv.)	The War of 1914-19	24Oct.17
Faddy, Miss G. H.	The War of 1914-19	24Oct.17
Fagg, Miss M. E. (Sister, Q.A.I.M.N.S.Res.)	The War of 1914-19	24Oct.17
Failes, Miss M. L.	The War of 1914-19	4Apr.19
Fairbairn, Miss M. R.	The War of 1914-19	1Jan.19
Fairgrieve, Miss J. (Staff Nurse. T.F.Nursing Serv.)	The War of 1914-19	3June16
Falconer, Miss A. W. (Actg. Sister, Q.A.I.M.N.S. Res.)	The War of 1914-19	3June18
Fancourt, Miss K. J. (Sister, Q.A.I.M.N.S. Res.)	The War of 1914-19	23Feb.17
Fanning, Miss R. G. (Sister, A.M.N.S.Z.)	The War of 1914-19	21June18
Fanshawe, Miss A L.	The War of 1914-19	3June19
Farley, Miss C. H. F.	The War of 1914-19	3June19
Farmer, Miss A.	The War of 1914-19	21June18
Farmer, Miss E. A.	The War of 1914-19	9Apr.19
Farmer, Miss M. (Sister, Q.A.I.M.N.S.R.)	The War of 1914-19	21June18
Farmer, Mrs. M.	The War of 1914-19	24Oct.17
Farmer, Miss M.	The War of 1914-19	31July19
Farnfield, Mrs. M. E. E. M.	The War of 1914-19	24Oct.17
Farquhar, Miss E. F. (Staff Nurse, Q.A.I.M.N.S. R.s.	The War of 1914-19	3June19
Farquhar, Miss L.	The War of 1914-19	3June16
Farrar, Miss J. F. (Nursing Sister) (Mudros)	The War of 1914-19	3June16
Farren, Miss A. (Sister, T.F. Nursing Serv.)	The War of 1914-19	23Feb.17
Farrington, Miss A. G.	The War of 1914-19	3June16
Farthing, Miss L. M.	The War of 1914-19	3June19
Faunce, Miss E. M.	The War of 1914-19	12Dec.19
Fawcett, Miss K.M. (Staff Nurse, Q.A.I.M.N.S.Res.)	The War of 1914-19	3June19
Fea, Mrs. L	The War of 1914-19	6Aug.19
Fearon, Miss M. I. (Nursing Sister, Can. Nursing Service)	The War of 1914-19	21June18
Fecht, Miss I. M. (V.A.D.)	The War of 1914-19	4Apr.19
Fegan Miss F. G (Staff Nurse, T.F. Nursing Serv.)	The War of 1914-19	3June19
Fell, Miss M. F. (Sister, T.F Nursing Serv.)	The War of 1914-19	1Jan.18
Fellows, Mrs E. A. Sister-in-Charge T.F.N.S.)	The War of 1914-19	9Apr.19
Fenwick, Miss K. F.	The War of 1914-19	4Apr.19
Fenwick, Miss M. W.	The War of 1914-19	31July19
Ferguson, Mrs. C.	The War of 1914-19	21June18
Ferguson, Miss C. McI. (Sister Q.A.I.M.N.S. Res.	The War of 1914-19	9Apr.19
Ferguson, Mrs. H.	The War of 1914-19	23Feb.17
Ferguson, Miss J. M. (Nursing Sister, S.A.M.N.S.)	The War of 1914-19	1Jan.16
Ferguson, Miss S. (Sister, Can. Local Forces)	The War of 1914-19	3June16
Fergusson, Miss E. M.	The War of 1914-19	24Oct.17
Fewlass, Miss E. (Acting Sister Q.A.I.M.N.S. Res.	The War of 1914-19	3June19
Fidler, Miss D. B.	The War of 1914-19	24Oct.17
Fidler, Miss E.	The War of 1914-19	31July19

ASSOCIATES (A.R.R.C.)—contd.

Name	Services	Date
Field, Miss D.	The War of 1914-19	4Apr.19
Field, Miss G.	The War of 1914-19	24Oct.17
Fielding, Miss C. (Sister Q.A.I M-N.S. Res.)	The War of 1914-19	31July19
Fielding, Miss M. R. (Sister Aust. A.N. Serv.)	The War of 1914-19	1Jan.19
Finch, Miss M.	The War of 1914-19	4Apr.19
Findlay, Miss M. G.	The War of 1914-19	31July19
Finlay, Mrs. C. S.	The War of 1914-19	24Oct.17
Finlay, Miss M. S.	The War of 1914-19	23Feb.17
Finlay, Miss S. R. (Sister Q.A.I.M.N.S. Res.)	The War of 1914-19	12Dec.19
Finlayson, Miss A. B. (Sister N Z.A.N.S.)	The War of 1914-19	12Dec.19
Finlayson, Miss L. M. (Sister, T.F. Nursing Serv.)	The War of 1914-19	1Jan.17
Finnis, Miss F. M. A. (Sister, Q.A.I,M.N.S.Res.)	The War of 1914-19	24Oct.17
Firth, Miss K.	The War of 1914-19	6Aug.19
Fishbourne, Mrs. M. C. A. (Asst. Matron, Q.A.I.M.N.S. Res.)	The War of 1914-19	23Feb.17
Fisher, Miss E.	The War of 1914-19	3June16
Fisher, Miss E.	The War of 1914-19	24Oct.17
Fisher, Miss H, G. F.	The War of 1914-19	3June18
Fisher, Miss K.	The War of 1914-19	3June17
Fisher, Miss M. E. (Staff Nurse Aust. A.N. Serv.)	The War of 1914-19	1Jan.19
Fishwick, Miss A. (Sister T.F.N.S.)	The War of 1914-19	9Apr 19
Fison, Miss I.	The War of 1914-19	6Aug.19
Fitch, Miss G. U. M.	The War of 1914-19	12Dec.19
Fitzgerald, Miss N. A. L.	The War of 1914-19	21June19
Fitz-Gerald, Miss A. L. F. (Sister, Q.A.I.M.N.S. Res.)	The War of 1914-19	3June17
Fitz-Henry, Miss M.	The War of 1914-19	23Feb.17
Fitzroy, Miss M.	The War of 1914-19	24Oct.17
Fitzmayer, Miss C. (Sister, Q.A.I.M.N.S.)	The War of 1914-19	1Jan. 18
Fitzpatrick, Miss J.	The War of 1914-19	29Jan.18
Fitzpatrick, Miss M. R. (Matron Can. A.M.C.)	The War of 1914-19	31July19
Fitzpatrick, Miss N.	The War of 1914-19	29Jan.18
Fleming, Miss E. G. (Sister, C'wealth Mil. Forces)	The War of 1914-19	23Feb.17
Fleming, Miss E. Y. (Sister T.F. Nursing Serv.)	The War of 1914-19	3June19
Fleming, Miss M. (Sister Q.A.I.M.N.S. Res.)	The War of 1914-19	1Jan.19
Fletcher, Miss A. M. (Sister, Q.A.I.M.N.S. Res.)	The War of 1914-19	3June18
Fletcher, Miss A. Maud (Staff Nurse, Q.A.I.M.N.S. Res.)	The War of 1914-19	3June18
Fletcher, Miss D.	The War of 1914-19	6Aug.'9
Fletcher, Miss E.	The War of 1914-19	31July19
Fletcher, Miss L. (Sister Q.A.I,M.N.S. Res.)	The War of 1914-19	1Jan.19
Fletcher, Miss M.	The War of 1914-19	24Oct.17
Fletcher, Miss M A. (Staff Nurse,Q.A.I.M.N.S.Res)	The War of 1914-19	1Jan.18
Fletcher, Miss M. A.	The War of 1914-19	6Aug.19
Flether, Miss K. L. (Sister S.A.M. Nursing Serv.)	The War of 1914-19	1Jan.19
Flick, Miss A. M.	The War of 1914 19	24Oct.17
Flint, Miss W. M. (Sister. T.F. Nursing Serv.)	The War of 1914-19	1Jan.19
Flitcroft, Miss S. (Sister T.F. Nursing Se v.)	The War of 1914-19	31July19
Float, Miss M.	The War of 1914-19	3June19
Florence, Miss E.	The War of 1914-19	6Aug.19
Florey, Miss A. J. (Sister, Q A.I.M.N.S. Res.)	The War of 1914-19	3June17
Flynn, Miss M. (Sister, Q.A.I.M.N.S. Res.)	The War of 1914 19	3June16
Fogarty, Miss L. J. (Sister Q.A.I.M.N.S. Res.)	The War of 1914-19	1Jan.19
Fogarty, Miss M. A.	The War of 1914-19	23Feb.17
Foley, Miss A.	The War of 1914-19	23Feb.17
Foley, Lady	The War of 1914-19	24Oct.17
Foley, Miss M. A.	The War of 1914-19	6Aug.19
Forbes, Miss J. (Staff Nurse, Q.A.I.M.N.S. Res.)	The War of 1914-19	1Jan. 18
Forbes, Miss M. A. (Sister, Q.A.I.M.N.S. Res.)	The War of 1914-19	3June16
Ford, Miss A. (Sister, Nursing Serv.)	The War of 1914-19	1Jan.18
Ford, Miss B. D.	The War of 1914-19	1Jan.16
Ford, Miss J.	The War of 1914-19	24Oct.17
Foreman, Miss A E. A. (Sister Q.A.I.M.N.S.Res.)	The War of 1914-19	3June19
Foreman, Miss M.	The War of 1914-19	4Apr.19
Forrest, Miss E. (Sister Q A I.M.N.S. Res.)	The War of 1914-19	3June19
Forrest, Miss E. A. (Staff Nurse Q.A.I.M.N.S.Res.)	The War of 1914-19	3June19
Forrestal, Miss C.	The War of 1914-19	3June19
Forster, Miss H.	The War of 1914-19	9Apr.19
Foskett, Miss E. (Sister,T.F. Nursing Serv.)	The War of 1914-19	1Jan.18
Foss, Miss H. A.	The War of 1914-19	6Aug.19
Foster, Miss E. H.	The War of 1914-19	24Oct.17
Foster, Miss H. M.	The War of 1914-19	6Aug.19
Foster, Miss J.	The War of 1914-19	31July19
Foster, Miss M. (Staff Nurse, Q.A.I.M.N.S. Res.)	The War of 1914-19	3June16
Foster, Miss M. (Staff Nurse, T.F. Nursing Serv.)	The War of 1914-19	3June16
Fothergill, Miss A.	The War of 1914-19	24Oct.17
Fothergill, Miss E. (Sister Q.A.I.M.N.S. Res.)	The War of 1914-19	1Jan.16
Fowlds, Miss H. L. (Nursing Sister, Can. Local Forces)	The War of 1914-19	23Feb.17
Fowler Miss E. (Sister Q.A.I.M.N.S. Res.)	The War of 1914-19	3June19
Fowler, Miss G. M.	The War of 1914-19	24Oct.17
Fox, Miss A.	The War of 1914-19	24Oct.17

R

ASSOCIATES (A.R.R.C.)—contd.

Name	Services	Date
Fox, Mrs. E. M.	The War of 1914-19	24Oct.17
Fox, Miss H. L. (Sister, Q.A.I.M.N.S. Res.)	The War of 1914-19	1Jan.18
Fox, Miss L. (Sister Q.A.I.M.N.S. Res.)	The War of 1914-19	1Jan.19
Fox, Miss M. (Staff Nurse, Q.A.I.M.N.S. Res.)	The War of 1914-19	3June16
Fox, Miss M. E.	The War of 1914-19	4Apr.19
Foxe, Miss S. H.	The War of 1914-19	23Feb.17
Fozard, Miss G. (Staff Nurse Q.A.I.M.N.S. Res.)	The War of 1914-19	3June16
Frain, Miss L. A. A. (Sister, T.F. Nursing Serv.)	The War of 1914-19	9Apr.19
Frame, Miss A. D. (Staff Nurse, Q.A.I.M.N.S. Res.)	The War of 1914-19	3June16
Frame, Miss B. (Sister, T.F. Nursing Serv.)	The War of 1914-19	31July19
France, Miss S. M.	The War of 1914-19	3June19
Francis, Miss G. E. (Staff Nurse, S. Afr. Def. Forces)	The War of 1914-19	3June16
Francis, Miss L. G.	The War of 1914-19	3June16
Francis, Miss M.	The War of 1914-19	1Jan.19
Francis, Miss M. E. (Staff Nurse, T.F. Nursing Serv.)	The War of 1914-19	25Feb.18
Francis, Miss S. A.	The War of 1914-19	23Feb.17
Franckeiss, Miss N. (Staff Nurse, T.F. Nursing Serv.)	The War of 1914-19	3June16
Franklin, Miss E. C. (Sister. Q.A.I.M.N.S. Res.)	The War of 1914-19	1Jan.17
Franklin, Miss H. (Staff Nurse, Q.A.I.M.N.S. Res.	The War of 1914-19	3June18
Franklin, Miss M. A. (Sister, Q.A.I.M.N.S. Res.)	The War of 1914-19	3June16
Fraser, Miss A. (Sister, Q.A.I.N.N.S Res.)	The War of 1914-19	16Feb.20
Fraser, Miss A. J. (Nursing Sister, Can. A.M.C)	The War of 1914-19	3June19
Fraser, Miss A. W. (Actg. Matron, Q.A.I.M.N.S. Res.)	The War of 1914-19	23Feb.17
Fraser, Miss B. (Staff Nurse, Q.A.I.M.N.S. Res.)	The War of 1914-19	3June17
Fraser, Miss D. (Sister, Q.A.I.M.N.S. Res.)	The War of 1914-19	16Feb.20
Fraser, Miss E	The War of 1914-19	23Feb.17
Fraser, Miss E. M. (Nursing Sister, Can. A.M.C.)	The War of 1914-19	12Dec.19
Fraser, Miss J. (Staff Nurse, Q.A.I.M.N.S. Res.)	The War of 1914-19	3June16
Fraser, Miss J. (Sister, T.F. Nursing Serv.)	The War of 1914-19	3June19
Fraser, Miss M.	The War of 1914-19	24Oct.17
Fraser, Miss M. G.	The War of 1914-19	6Aug.19
Fray, Miss W. H. (Nursing Sister, C.A.M.C.)	The War of 1914-19	1Jan.18
Freeman, Miss K.	The War of 1914-19	31July19
Freer, Miss K. F. C.	The War of 1914-19	9Apr.19
French, Miss G. A. (Nursing Sister, C.A.M.C.)	The War of 1914-19	24Oct.17
Frend, Miss L. C.	The War of 1914-19	30July19
Frewin, Miss J. (Staff Nurse, Q.A.I.M.N.S. Res.)	The War of 1914-19	1Jan.16
Fricker, Miss M. (Sister, N.Z.A.N.S.)	The War of 1914-19	21June18
Friend, Miss K.	The War of 1914-19	29Jan.18
Frost, Mrs. C.	The War of 1914-19	24Oct.17
Fry, Miss S. C.	The War of 1914-19	21June18
Fry, Miss W. L.	The War of 1914-19	24Oct.17
Fulham, Miss A. M.	The War of 1914-19	4Apr.19
Fuller, Miss C. M. L.	The War of 1914-19	4Apr.19
Fuller, Miss G. A. (Sister, Q.A.I.M.N.S. Res.)	The War of 1914-19	3June19
Fulton, Mrs. A. (Sister, N.Z.A.N.S.)	The War of 1914-19	31July19
Funnell, Miss A. M. (Sister, Q.A.I.M.N.S. Res.)	The War of 1914-19	3June19
Furdham, Miss M. (Staff Nurse, Q.A.I.M.N.S. Res.)	The War of 1914-19	1Jan.18
Furneaux, Mrs. M.	The War of 1914-19	6Aug.19
Furniss, Miss A. E. M. (Staff Nurse Aust. A.N. Serv.)	The War of 1914-19	1Jan.19
Furze, Miss W.	The War of 1914-19	23Feb.17
Fyfe, Miss J. (Asst. Matron, Q.A.I.M.N.S. Res.)	The War of 1914-19	1Jan.18
Gabriel, Miss A. B. (Actg. Sister Q.A.I.M.N.S. Res.)	The War of 1914-19	1Jan.19
Gagre, Miss M. H. (Nursing Sister Can. A.M.C.)	The War of 1914-19	31July19
Galbraith, Miss L.E. (Nursing Sister Can. Nursing Service	The War of 1914-19	21June18
Galbraith, Miss M. (Nursing Sister Can. Nursing Service)	The War of 1914-19	1Jan.18
Gale, Miss E. G.	The War of 1914-19	21June18
Gale, Miss M.	The War of 1914-19	3June18
Gall, Miss M. (Sister, T.F. Nursing Serv.)	The War of 1914-19	1Jan.18
Gallop, Miss A. M. (Nursing Sister, Can. Local Forces)	The War of 1914-19	23Feb.17
Galloway, Miss J. (Sister, Q.A.I.M.N.S. Res.	The War of 1914-19	21June18
Galloway, Miss J	The War of 1914-19	6Aug.19
Galpin, Miss E.	The War of 1914-19	9Apr.19
Galt, Miss C. (Nursing Sister, Can. Nursing. Serv.)	The War of 1914-19	21June18
Gambier-Parry, Hon. Mrs. E. E.	The War of 1914-19	24Oct.17
Gamble, Miss A. V. (Nursing Sister, Can. A.M.C)	The War of 1914-19	31July19
Gamble, Miss L. A. (Nursing Sister, Can. Local Forces)	The War of 1914-19	3June17
Gamblin, Miss A.	The War of 1914-19	24Oct.17
Gamlin, Miss A. E. S. (Staff Nurse Q.A.I.M.N.S Res.)	The War of 1914-19	9Apr.19
Gammie, Miss M. H. (Sister, T.F.N. Serv.)	The War of 1914-19	3June19
Garden, Miss E. M. (Sister, A.A.N.S.)	The War of 1914-19	3June19
Gardiner, Miss A. A.	The War of 1914-19	3June19
Gardiner, Miss G. M.	The War of 1914-19	3June19
Gardiner, Miss M.	The War of 1914-19	21June18
Gardiner, Miss M. E. (Sister, Can. Local Forces)	The War of 1914-19	3June16

ASSOCIATES (A.R.R.C.)—contd.

Name	Services	Date
Gardiner, Miss S. S. (Sister, Q.A.I.M.N.S. Res.)	The War of 1914-19	3June17
Gardner, Miss A.	The War of 1914-19	9Apr.19
Gardner, Miss E. (Sister, T.F. Nursing Serv.)	The War of 1914-19	1Jan.17
Gardner, Miss E.	The War of 1914-19	23Feb.17
Gardner, Miss J. S. G. (Sister, Q.A.I.M.N.S.)	The War of 1914-19	1Jan.17
Gardner, Miss M.	The War of 1914-19	31July19
Garforth, Miss F. S.	The War of 1914-19	24Oct.17
Garland, Miss O. F. (Sister. Can. Local Forces)	The War of 1914-19	3June16
Garner, Miss E.	The War of 1914-19	3June19
Garner, Miss M. A.	The War of 1914-19	9Apr.19
Garnett, Miss E. R.	The War of 1914-19	3June18
Garnett, Miss F. A. M.	The War of 1914-19	6Aug.19
Garrod, Mrs. C. E. (Staff Nurse, Q.A.I.M.N.S.)	The War of 1914-19	3June16
Gates, Miss B.	The War of 1914-19	3June18
Gawith. Miss E. G.	The War of 1914-19	1Jan.18
Gawler, Miss K. (Staff Nurse, Q.A.I.M.N.S. Res.)	The War of 1914-19	1Jan.18
Gay, Miss F. E. (Sister, T. F. Nursing Serv.)	The War of 1914-19	21June18
Gaydon, Miss J.	The War of 1914-19	3June19
Gaze, Mrs. A. (Sister. A.N.S.R.)	The War of 1914-19	9Apr.19
Geddie, Mrs. M. E.	The War of 1914-19	4Apr.19
Gedye, Miss W. M. (Sister, Q.A.I.M.N.S.)	The War of 1914-19	1Jan.17
Gefeall, Mrs. M.	The War of 1914-19	6Aug.19
Geldart, Mrs. F. E.	The War of 1914-19	24Oct.17
Gem, Miss G.	The War of 1914-19	24Oct.17
Gent, Miss J. M. (Nursing Sister, Can. A.M.C.)	The War of 1914-19	3June19
Gentle, Miss A.	The War of 1914-19	6Aug.19
Geoghegan, Miss E. (Sister, A.A.N.S.)	The War of 1914-19	3June18
George, Miss A.	The War of 1914-19	16Feb 20
George, Mrs. A. M.	The War of 1914-19	1Jan.19
George, Miss E.	The War of 1914-19	9Apr.19
Geradet, Miss F. (Staff Nurse, T.F. Nursing Serv.)	The War of 1914-19	3June16
Germon, Miss C.	The War of 1914-19	3June19
Gerrard, Miss C.	The War of 1914-19	1Jan.19
Gerrard, Miss H. M.	The War of 1914-19	1Jan.19
Gerry, Miss C. E. J. (Sister, T.F. Nursing Serv.)	The War of 1914-19	1Jan.17
Gibb, Miss A. I. (Acting Sister, Q.A.I.M.N.S. Res.)	The War of 1914-19	3June18
Gibb, Miss M. McI. P.	The War of 1914-19	28Feb.17
Gibbings. Miss B. M. (Sister, A.A.N.S.)	The War of 1914-19	3June18
Gibbins, Miss P. (Sister, Q.A.I.M.N.S. Res.)	The War of 1914-19	23Feb.17
Gibbon, Miss B. L. (Sister, C'wealth Mil. Forces)	The War of 1914-19	23Feb.17
Gibbon, Miss L. C.	The War of 1914-19	21June18
Gibbs, Miss H. V.	The War of 1914-19	24Oct.17
Gibbs, Miss K. M.	The War of 1914-19	31July19
Gibert, Miss E. (Sister, T.F. Nursing. Serv.)	The War of 1914-19	24Oct.17
Gibson. Miss A. A. M. (Staff Nurse, T.F.N S.)	The War of 1914-19	1Jan.19
Gibson, Mrs. C.	The War of 1914-19	24Oct.17
Gibson, Mrs. E.	The War of 1914-19	24Oct.17
Gibson, Miss E. (Acting Sister, Q.A.I.M.N.S.)	The War of 1914-19	3June19
Gibson, Miss E. (Sister, T.F. Nursing Serv.)	The War of 1914-19	24Oct.17
Gibson, Miss J.	The War of 1914-19	23Feb.17
Gibson, Miss J. (Sister A.A.N.S.)	The War of 1914-19	3June19
Gibson, Miss L. (Sister Q.A.I.M.N.S. Res.)	The War of 1914-19	9Apr.19
Gibson, Mrs. L. M.	The War of 1914-19	21June18
Giddings, Miss E. N. A. (Sister, A.A.N S.)	The War of 1914-19	1Jan.19
Gilbertson, Miss N. (Staff Nurse, T.F. Nursing Serv.)	The War of 1914-19	24Oct.17
Gilchrist, Miss R. (Staff Nurse, T.F. Nursing Serv.)	The War of 1914-19	3June16
Giles, Mrs. J. E. (Matron, B.R.C.S.)	The War of 1914-19	1Jan.18
Gilfillan, Miss E. L. (Staff Nurse, T.F. Nursing Serv.)	The War of 1914-19	24Oct.17
Gilfillan, Miss G. (Sister, Q.A.I.M.N.S. Res.)	The War of 1914-19	3June19
Gilford, Miss F. (Sister Q.A.I.M.N.S. Res.)	The War of 1914-19	9Apr.19
Gill, Miss F. E. (Sister. T.F. Nursing Serv.)	The War of 1914-19	23Feb.17
Gill, Miss F. M. (Q A.I.M.N.S. Res.)	The War of 1914-19	9Apr.19
Gill, Miss P. M. (Sister, Q.A.I.M.N.S. Res.)	The War of 1914-19	23Feb.17
Gillam, Miss N. C. (Matron, Q.A.I.M.N.S. Res.)	The War of 1914-19	23Feb.17
Gillbee, Miss D. R.	The War of 1914-19	6Aug.19
Gillespie, Miss B. M. (Staff Nurse, Q.A.I.M.N.S. Res.)	The War of 1914-19	3June16
Gillespie, Miss H. (Sister Q A.I.M.N.S.)	The War of 1914-19	3June19
Gillis, Miss E. A. (Sister, Q.A.I.M.N.S. Res.)	The War of 1914-19	16Feb.20
Gillmor, Miss M.	The War of 1914-19	24Oct.17
Gilmer, Miss J. M. R. (Sister, N.Z. Mil. Forces)	The War of 1914-19	23Feb.17
Gilmer, Miss R.	The War of 1914-19	6Aug.19
Gilmore, Mrs. M.	The War of 1914-19	31July19
Gittins, Miss F. M. (Sister, Q.A.I.M.N.S. Res.)	The War of 1914-19	23Feb.17
Gladstone, Miss E. M.	The War of 1914-19	3June19
Gleave, Mrs. F.	The War of 1914-19	24Oct.17
Glendining, Miss J. (Nursing Sister, Can. A.M.C.)	The War of 1914-19	9Apr.19
Glendinning, Miss H. E.	The War of 1914-19	6Aug.19
Glossop, Miss G. F.	The War of 1914-19	6Aug.19
Glossop, Miss S. M.	The War of 1914-19	1Jan.19
Glover, Miss A. A. (Actg. Sister, Q.A.I.M.N.S. Res.)	The War of 1914-19	23Feb.17
Glover, Miss M. (Staff Nurse, T.F. Nursing Serv.)	The War of 1914-19	24Oct.17
Goate, Miss A. (V.A.D)	The War of 1914-19	9Apr.19
Gobbett, Miss H.	The War of 1914-19	6Aug.19

ASSOCIATES (A.R.R.C.)—contd.

Name	Services	Date
Godber, Mrs. G.	The War of 1914-19	24Oct.17
Goddard, Miss M. E. (Sister, Q.A.I.M.N.S. Res.)	The War of 1914-19	25Feb.18
Godfrey, Miss E.	The War of 1914-19	30July19
Godfrey, Miss F.	The War of 1914-19	3June16
Goff, Mrs. S.	The War of 1914-19	24Oct.17
Goldthorpe, Miss H. M.	The War of 1914-19	23Feb.17
Good, Miss E.	The War of 1914-19	31July19
Good, Miss E. K.	The War of 1914-19	24Oct.17
Goodall, Miss E.	The War of 1914-19	4Apr.19
Goodenham, Miss E. M.	The War of 1914-19	4Apr.19
Goodeve, Miss M. M. (Sister, Can. Local Forces)	The War of 1914-19	3June16
Goodhue, Miss M. C.	The War of 1914-19	13Feb.17
Gooding, Miss C. M.	The War of 1914-19	29Jan.18
Goodman, Mrs. F. J.	The War of 1914-19	9Apr.19
Goodridge, Miss M.	The War of 1914-19	3June19
Goodwyn, Miss E. M. (Sister, T.F. Nursing Serv.)	The War of 1914-19	31July19
Goodwyn, Miss A. (Senior Nursing Sister, Q.A.I.M.N.S., India)	The War of 1914-19	3June19
Goold, Miss E. (Actg. Sister, Q.A.I.M.N.S. Res.)	The War of 1914-19	1Jan.19
Goold, Miss E.	The War of 1914-19	6Aug.19
Gooseman, Miss F. (Asst. Matron, T. F. Nursing Serv.)	The War of 1914-19	21June18
Gooseman, Miss G.	The War of 1914-19	31July19
Gordon, Miss E.	The War of 1914-19	31July19
Gordon, Miss G. (Sister, Q.A.I.M.N.S. Res.)	The War of 1914-19	3June16
Gordon, Miss G.	The War of 1914-19	31July19
Gordon, Miss J. W.	The War of 1914-19	21June18
Gordon, Miss K. M.	The War of 1914-19	1Jan.18
Gordon, Miss L. (Sister, T.F. Nursing Serv.)	The War of 1914-19	23Feb.17
Gordon-Bell, Mrs. M. W. B.	The War of 1914-19	6Aug.19
Gore-Browne, Miss D. M.	The War of 1914-19	24Oct.17
Gorham, Miss A. E.	The War of 1914-19	4Apr.19
Goss, Mrs. E. M.	The War of 1914-19	29Jan.18
Gough, Mrs. A. S.	The War of 1914-19	24Oct.17
Gough, Miss L.	The War of 1914-19	24Oct.17
Gould, Mrs. A. G.	The War of 1914-19	31July19
Gould, Miss I. M. H.	The War of 1914-19	21June18
Goulden, Miss K. (Sister S. A. A.N.S.)	The War of 1914-19	31July19
Gourlay, Miss A. (Sister, T.F. Nursing Serv.)	The War of 1914-19	16Feb.20
Gourlay, Miss I. (Sister, Q.A.I.M.N.S.Res.)	The War of 1914-19	24Oct.17
Gowan, Miss F. W.	The War of 1914-19	21June18
Gowan, Miss G. H.	The War of 1914-19	4Apr.19
Graham, Miss B. G. (Sister Q.A.I.M.N.S. Res.)	The War of 1914-19	12Dec.19
Graham, Miss E. J.	The War of 1914-19	9Apr.19
Graham, Mrs. E. S.	The War of 1914-19	21June18
Graham, Miss F.	The War of 1914-19	31July19
Graham, Miss H. (Nursing Sister, Can. Local Forces)	The War of 1914-19	3June17
Graham, Miss M. M.	The War of 1914-19	24Oct.17
Graham-Smith, Miss M. M.	The War of 1914-19	21June18
Grant, Miss D. E. (Staff Nurse, Q.A.I.M.N.S.Res.)	The War of 1914-19	3June17
Grant, Miss E.	The War of 1914-19	6Aug.19
Grant, Miss E. A. O. (Sister, Q.A.I.M.N.S.Res.)	The War of 1914-19	24Oct.17
Grant, Miss E. G.	The War of 1914-19	6Aug.19
Grant, Mrs. I. M.	The War of 1914-19	3June18
Grant, Miss J. H. (Sister, Q.A.I.M.N.S. Res.)	The War of 1914-19	1Jan.18
Grant, Miss M. J.	The War of 1914-19	3June16
Grantham, Miss M.	The War of 1914-19	6Aug.19
Grassick, Miss I. B.	The War of 1914-19	3June16
Grassick, Miss M.	The War of 1914-19	6Aug.19
Grattan, Miss A.	The War of 1914-19	23Feb.17
Graves, Miss D. M. (Staff Nurse, S.A.M.N.S.)	The War of 1914-19	3June18
Gray, Mrs. B. F. (Staff Nurse Q.A.I.M.N.S. Res.)	The War of 1914-19	31July19
Gray, Miss D. L. (Nursing Sister Can. A.M.C.)	The War of 1914-19	31July19
Gray, Miss G. A. (Nursing Sister, Can. Local Forces)	The War of 1914-19	23Feb.17
Gray, Miss L. N. (Sister, Can. A.M.C.)	The War of 1914-19	3June18
Gray, Miss M. A.	The War of 1914-19	3June19
Gray, Miss N.	The War of 1914-19	23Feb.17
Gray-Maitland, Miss M.E. (Sister,Q.A.I.M.N.S.Res.)	The War of 1914-19	24Oct.17
Grayson, Miss D. G. (Actg. Sister, Q.A.I.M.N.S.)	The War of 1914-19	1Jan.18
Greany, Miss L. (Sister, Q.A.I.M.N.S. Res.)	The War of 1914-19	1Jan.17
Greatorex, Miss M.	The War of 1914-19	3June19
Green, Miss C. E. (Sister Aust. A.N.S.)	The War of 1914-19	9Apr.19
Green, Mrs. C. M.	The War of 1914-19	6Aug.19
Green, Miss E. (Nursing Sister, Q.A.I.M.N.S.I.)	The War of 1914-19	25Feb.18
Green, Miss E. W.	The War of 1914-19	1Jan.19
Green, Miss G. E. (Sister, Q.A.I.M.N.S. Res.)	The War of 1914-19	23Feb.17
Green, Miss H.	The War of 1914-19	6Aug.19
Green, Miss J. (Staff Nurse, T.F. Nursing Serv.)	The War of 1914-19	3June16
Green, Miss L.	The War of 1914-19	6Jan.19
Green, Miss L. E.	The War of 1914-19	21June18
Green, Miss L. M.	The War of 1914-19	21June18

ASSOCIATES (A.R.R.C.)—contd.

Name	Services	Date
Green, *Miss M.*	The War of 1914-19	31July19
Green, *Miss T.*	The War of 1914-19	6Jan.19
Green, *Miss W.*	The War of 1914-19	6Jan.19
Greenshields, *Miss A.*	The War of 1914-19	31July19
Greenwell. *Miss J. R.*	The War of 1914-19	9Apr.19
Greenwell, *Miss. O.*	The War of 1914-19	3June19
Greenwood, *Miss E.*	The War of 1914-19	24Oct.17
Gregg, *Miss M. M. F. (Sister, T.F. Nursing Serv.)*	The War of 1914-19	24Oct.17
Gregorson, *Miss J. C.*	The War of 1914-19	6Aug.19
Gregory, *Miss E. A.*	The War of 1914-19	31July19
Gregory, *Miss E. M. (T.F.N.S.)*	The War of 1914-19	9Apr.19
Gregory, *Miss K. (Staff Nurse Q.A.I.M.N.S. Res.)*	The War of 1914-19	31July19
Gregson, *Miss M. M. (Actg. Sister, Q.A.I.M.N.S. Res.)*	The War of 1914-19	1Jan.19
Grehan, *Miss A. J. (Sister, Q.A.I.M.N.S.Res.)*	The War of 1914-19	24Oct.17
Greig, *Miss A.*	The War of 1914-19	31July19
Greig, *Miss D. (Special Probationer, Q.A.I.M.N.S. Res.)*	The War of 1914-19	1Jan.18
Greig, *Miss E. S. (Sister, Aust. A.N.S.)*	The War of 1914-19	1Jan.19
Greig, *Miss J.*	The War of 1914-19	23Feb.17
Greig, *Miss S. A.*	The War of 1914-19	1Jan.19
Grey, *Mrs. M.*	The War of 1914-19	4Apr.19
Grierson, *Miss E. (Sister, Q.A.I.M.N.S. Res.)*	The War of 1914-19	24Oct.17
Gribble, *Miss M. G. (Sister, T.F.N.S.)*	The War of 1914-19	9Apr.19
Griffin, *Miss C. I. (Sister Q.A.I.M.N.S.)*	The War of 1914-19	3June16
Griffith, *Miss A. M.*	The War of 1914-19	24Oct.17
Griffith, *Miss P. M. (Sister, Q.A.I.M.N.S.Res.)*	The War of 1914-19	3June17
Griffiths, *Miss E.*	The War of 1914-19	4Apr.19
Griffiths, *Mrs. L.*	The War of 1914-19	21June18
Griffiths, *Miss L.*	The War of 1914-19	3June19
Griffiths, *Miss M.H. (Actg.Sister,Q.A I.M.N.S.Res.)*	The War of 1914-19	3June19
Grigor, *Miss M. (Sister, N.Z.A. Nursing Serv.)*	The War of 1914-19	24Oct.17
Grimbly, *Miss K. A.*	The War of 1914-19	21June18
Grimmer, *Miss G.*	The War of 1914-19	24Oct.17
Grimshaw. *Miss L. A.*	The War of 1914-19	31July19
Grindlay, *Miss A. M. (Nursing Sister, Can. Nursing Serv.)*	The War of 1914-19	21June18
Groom, *Miss D. (Staff Nurse, Q.A.I.M.N.S. Res.)*	The War of 1914-19	23Feb.17
Grosvenor, *Lady A.*	The War of 1914-19	3June18
Groves, *Mrs. F. A. M.*	The War of 1914-19	31July19
Grundy, *Miss C.*	The War of 1914-19	3June19
Gullbride, *Miss P. (Nursing Sister, Can. Nursing Serv.)*	The War of 1914-19	21June18
Guinan, *Miss T. (Staff Nurse, Q.A.I.M.N.S. Res.)*	The War of 1914-19	3June16
Guinness *Miss E. M. S.*	The War of 1914-19	6Aug.19
Gunn, *Miss C. MacK. (Staff Nurse, Q.A.I.M.N.S. Res.)*	The War of 1914-19	3June19
Gunn, *Miss J.*	The War of 1914-19	21June19
Gunn, *Miss R.*	The War of 1914-19	6Aug.19
Gurney, *Miss M. H. M. (Staff Nurse, Q.A.I.M.N.S. Res.)*	The War of 1914-19	3June19
Gurton, *Miss F. M. (StaffNurse,Q.A.I.M.N.S. Res.)*	The War of 1914-19	24Oct.17
Guthrie, *Miss I. M.*	The War of 1914-19	3June19
Guthrie, *Miss R. (Sister, T.F. Nursing Serv.)*	The War of 1914-19	31July19
Gwatkin, *Miss G. B. S. (Sister, Q.A.I.M.N.S. Res.)*	The War of 1914-19	16 ... 20
Hacker, *Miss B. G.*	The War of 1914-19	3June19
Hackett, *Miss E.*	The War of 1914-19	6Aug.19
Haddon, *Miss M. A. (Sister T.F. Nursing Serv.)*	The War of 1914-19	31July19
Hadfield, *Miss E.*	The War of 1914-19	1Jan.18
Hadow, *Miss M. (Sister, T.F. Nursing Serv.)*	The War of 1914-19	23Feb.17
Hegarty, *Mrs M. E.*	The War of 1914-19	12Dec.19
Haggar, *Miss L.*	The War of 1914-19	21June18
Hague, *Miss L.*	The War of 1914-19	3June19
Haig, *Miss E.*	The War of 1914-19	9Apr.19
Haig, *Miss S. (Sister, R.A.I.M.N.S.Res.)*	The War of 1914-19	1Jan.19
Haigh, *Miss A.*	The War of 1914-19	1Jan.19
Hailey, *Miss E. (Staff Nurse, Q.A.I.M.N.S. Res.)*	The War of 1914-19	3June16
Haire, *Miss K.*	The War of 1914-19	24Oct.17
Hale, *Miss F. (Staff Nurse, (A/Sister) Q.A.I.M.N.S. Res.)*	The War of 1914-19	24Oct.17
Hall, *Miss A. D.*	The War of 1914-19	24Oct.17
Hall, *Miss A. M. (Actg. Sister, Q.A.I.M.N.S.Res.)*	The War of 1914-19	1Jan.19
Hall, *Miss E. (Staff Nurse, T.F. Nursing Serv.)*	The War of 1914-19	23Feb.17
Hall, *Miss E.*	The War of 1914-19	24Oct.17
Hall, *Miss E. B.*	The War of 1914-19	24Oct.17
Hall, *Miss E. M.*	The War of 1914-19	31July19
Hall, *Miss E. R. (Sister T.F.N.S.)*	The War of 1914-19	9Apr.19
Hall, *Miss K. (Sister, T.F. Nursing Serv.)*	The War of 1914-19	24Oct.17
Hall, *Miss M. B. (Staff Nurse, Q.A.I.M.N.S. Res.)*	The War of 1914-19	1Jan.18
Hall, *Miss N. A.*	The War of 1914-19	3June18
Hall, *Miss S. (Actg. Sister, Q.A.I.M.N.S. Res.)*	The War of 1914-19	1Jan.19
Hall-Houghton, *Miss M. (Sister, T.F. Nursing Serv.)*	The War of 1914-19	21June18
Hallam, *Miss E. (Staff Nurse, T.F. Nursing Serv.)*	The War of 1914-19	24Oct.17

ASSOCIATES (A.R.R.C.)—contd.

Name	Services	Date
Hallett, Miss F.	The War of 1914-19	6Aug.19
Hallett, Miss K. A.	The War of 1914-19	1Jan.19
Halliday, Miss E. C.	The War of 1914-19	24Oct.17
Halliday, Miss J. J. (Staff Nurse, T.F. Nursing Serv.)	The War of 1914-19	1Jan.18
Halloran, Miss W. (Sister, Q.A.I.M.N.S.)	The War of 1914-19	3June16
Halpenny, Miss G. E. (Nursing Sister Can. A.M.C.)	The War of 1914-19	3June19
Hamilton, Miss C.	The War of 1914-19	4Apr.19
Hamilton, Miss D. (Nursing Sister, S. Afr.M.N.S.)	The War of 1914-19	3June19
Hamilton, Miss F. de C.	The War of 1914-19	3June19
Hamilton, Miss H.	The War of 1914-19	31July19
Hamilton, Miss H. M. (Sister T.F. Nursing Serv.)	The War of 1914-19	12Dec.19
Hambly, Miss H. H. (Nursing Sister, Can. A.M.C.)	The War of 1914-19	24Oct.17
Hamlyn, Miss R. M.	The War of 1914-19	1Jan.19
Hammell, Miss E. L. (Nursing Sister, Can.A.M.C.)	The War of 1914-19	12Dec.19
Hammick, Miss J. A.	The War of 1914-19	9Apr.19
Hanbury, Mrs. F. W.	The War of 1914-19	24Oct.17
Hanby, Miss E.	The War of 1914-19	24Oct.17
Hancock, Miss A.M (Matron, C'wealth Mil. Forces)	The War of 1914-19	23Feb.17
Hancock, Miss E. A. (Sister Q.A.I.M.N.S. Res.)	The War of 1914-19	3June19
Hancock, Miss F. (Sister, T.F. Nursing Serv.)	The War of 1914-19	3June16
Hancock, Miss M.	The War of 1914-19	24Oct.17
Hand, Mrs. E.	The War of 1914-19	24Oct.17
Hancford, Miss A.	The War of 1914-19	31July19
Hands, Miss B.	The War of 1914-19	24Oct.17
Hands, Miss S. (Sister T.F. Nursing Serv.)	The War of 1914-19	3June19
Handy, Miss A.	The War of 1914-19	6Aug.19
Hanks, Miss E.	The War of 1914-19	31July19
Hanley, Mrs. G. L.	The War of 1914-19	31July19
Hannah, Miss J. A. (Sister, T.F. Nursing Serv.)	The War of 1914-19	23Feb.17
Hannan, Miss M. J. A. (Sister Q.A.I.M.N.S.Res.)	The War of 1914-19	3June19
Hanrahan, Miss Q.	The War of 1914-19	3June19
Hansford, Miss L. M. (Staff Nurse, Q.A.I.M.N.S.Res.)	The War of 1914-19	3June19
Hanson, Miss L.	The War of 1914-19	3June19
Harbord, Miss R. M.	The War of 1914-19	6Aug.19
Harbutt, Miss D. (Sister, T.F. Nursing Serv.)	The War of 1914-19	24Oct.17
Hardiman, Mrs. E.	The War of 1914-19	6Jan.19
Harcourt, Miss I. M. (Nursing Sister Can. A.M.C.)	The War of 1914-19	12Dec.19
Harding, Miss M. K.	The War of 1914-19	3June19
Hardinge, Miss H. (Matron Can. A.M.C.)	The War of 1914-19	31July19
Hardman, Miss M.	The War of 1914-19	6Aug.19
Harda, Miss M. E (Staff Nurse, Q.A.I.M.N.S. Res.)	The War of 1914-19	16Feb.20
Hardwick, Miss D.	The War of 1914-19	3June19
Hardwicke, Miss D. R.	The War of 1914-19	6Jan.19
Hardy, Miss G.	The War of 1914-19	6Jan.19
Hare, Miss C. M. (Sister Can. Local Forces)	The War of 1914-19	1Jan.17
Hargest, Mrs. M. H. (Sister N.Z. Mil. Forces)	The War of 1914-19	23Feb.17
Hargreaves, Mrs. E.	The War of 1914-19	4Apr.19
Harley, Miss C. E. (Sister, Q.A.I.M.N.S. Res.)	The War of 1914-19	23Feb.17
Harley, Miss F. (Sister, Q.A.I.M.N.S. Res.)	The War of 1914-19	1Jan.18
Harlow, Miss E.	The War of 1914-19	24Oct.17
Harper, Miss E. D.	The War of 1914-19	1Jan.19
Harper, Miss F. M.	The War of 1914-19	3June18
Harper, Miss W. L. (Nursing Sister Can. A.M.C.)	The War of 1914-19	12Dec.19
Harries, Miss D.	The War of 1914-19	4Apr.19
Harries, Miss S.	The War of 1914-19	31July19
Harris, Miss A. E.	The War of 1914-19	3June16
Harris, Miss B. (Staff Nurse, Q.A.I.M.N.S. Res.)	The War of 1914-19	3June16
Harris, Miss E.	The War of 1914-19	6Aug.19
Harris, Miss E. K.	The War of 1914-19	9Apr.19
Harris, Miss J. O.	The War of 1914-19	6Aug.19
Harris, Miss M. C. (Sister T.F. Nursing Serv.)	The War of 1914-19	31July19
Harris, Miss M. R. (Staff Nurse, Q.A.I.M.N.S. Res.)	The War of 1914-19	3June16
Harrison, Miss B. E. (Sister, T.F. Nursing Serv.)	The War of 1914-19	1Jan.19
Harrison, Miss B. M.	The War of 1914-19	24Oct.17
Harrison, Miss E.	The War of 1914-19	3June19
Harrison, Miss E. A. (Asst. Matron T.F. Nursing Serv.)	The War of 1914-19	1Jan.18
Harrison, Miss E. R. (Sister T.F. Nursing Serv.)	The War of 1914-19	31July19
Harrison, Miss G. M. (Staff Nurse, T.F.Nursing Serv.)	The War of 1914-19	25Feb.18
Harrison, Miss H.	The War of 1914-19	18May19
Harrison, Miss I. M.	The War of 1914-19	24Oct.17
Harrison, Lady L.	The War of 1914-19	24Oct.17
Harrold, Mrs. M.	The War of 1914-19	4Apr.19
Harrop, Miss F.	The War of 1914-19	6Aug.19
Harrower, Miss M. I. (Matron, Q.A.I.M.N.S. Res.)	The War of 1914-19	21June18
Harry, Mrs. S. M.	The War of 1914-19	29Jan.18
Harse, Miss E. B.	The War of 1914-19	23Feb.17
Hart, Miss E. (Sister A.A.N.S.)	The War of 1914-19	3June19
Hart, Miss E. E. (Staff Nurse, T.F. Nursing Serv.)	The War of 1914-19	3June16
Hart, Miss O. M. (Sister, Q.A.I.M.N.S. Res.)	The War of 1914-19	23Feb.17
Hartley, Miss M. (Sister, Q.A.I.M.N.S. Res.)	The War of 1914-19	1Jan.19
Hartnett, Mrs. J.	The War of 1914-19	4Apr.19
Hartrick, Miss A. L. (Sister, Q.A.I.M.N.S Res.)	The War of 1914-19	3Jan18
Hartrick, Miss M.	The War of 1914-19	3June19

ASSOCIATES (A.R.R.C.)—contd.

Name	Services	Date
Harvey, Miss J. (Staff Nurse T.F.N.S.)	The War of 1914-19	3June19
Harvey, Miss L.	The War of 1914-19	6Aug.19
Harvey, Miss M. E. (Senior Nursing Sister Q.A.M.N.S. India)	The War of 1914-19	?June19
Harvey, Miss R. (Nursing Sister, Can. Local Forces)	The War of 1914-19	23Feb.17
Haslam, Miss M.	The War of 1914-19	24Oct.17
Hassard, Mrs. A.	The War of 1914-19	23Feb.17
Hatch, Miss E. (Sister, T.F. Nursing Serv.)	The War of 1914-19	24Oct.17
Hatton, Miss K.	The War of 1914-19	21June18
Hawken, Mrs. L. H.	The War of 1914-19	24Oct.17
Hawkes, Miss C. J. (Nursing Sister, S.A.M.N.S)	The War of 1914-19	1Jan.16
Hawkes, Miss M. B. A.	The War of 1914-19	24Oct.17
Hawkins, Miss A. M.	The War of 1914-19	6Aug.19
Hawkins, Miss G. (Sister, Q.A.I.M.N.S. Res.)	The War of 1914-19	3June16
Hawkins, Miss J. E. (Sister, Q.A.I.M.N.S. Res.)	The War of 1914-19	25Feb.18
Hawkins, Miss K. M. (Sister Q.A.I.M.N.S. Res.)	The War of 1914-19	31July19
Hawson, Miss J.	The War of 1914-19	23Feb.17
Haxell, Miss L. (Sister, Q.A.I.M.N.S. Res.)	The War of 1914-19	1Jan.18
Hay, Miss E. G. (Sister, N.Z.A.N.S.)	The War of 1914-19	12Dec.19
Hay, Miss M. E. (Sister, T.F. Nursing Serv.)	The War of 1914-19	23Feb.17
Hayes, Miss A.	The War of 1914-19	31July19
Hayes, Miss M. A.	The War of 1914-19	3June18
Hayes, Miss N. (Sister T.F.N.S.)	The War of 1914-19	3June19
Hayes, Miss R. T.	The War of 1914-19	3June16
Hayes, Miss T. M. (Sister, T.F. Nursing Serv.)	The War of 1914-19	3June18
Hayhurst, Miss A. J. (Nursing Sister, Can. Nursing Serv.)	The War of 1914-19	21June18
Haynes, Miss M. (Nurse, T.F. Nursing Serv.)	The War of 1914-19	23Feb.17
Haywood, Miss K. E.	The War of 1914-19	1Jan.19
Head, Miss G. E. (Staff Nurse, Q.A.I.M.N.S. Res.)	The War of 1914-19	23Feb.17
Headlam, Mrs. M. C.	The War of 1914-19	23Feb.17
Healey, Miss F. E.	The War of 1914-19	23Feb.17
Heaney, Miss S. (Nursing Sister, C.A.M.C)	The War of 1914-19	1Jan.18
Heard, Miss M. V. (Sister, T.F. Nursing Serv.)	The War of 1914-19	3June18
Hearn, Miss A. M. (Sister, T.F.N.S.)	The War of 1914-19	1Jan.19
Heathcote, Miss A. (Staff Nurse, Q.A.I.M.N.S. Res.	The War of 1914-19	3June19
Heathcote, Miss M. L.	The War of 1914-19	3June18
Heaton, Miss K. B.	The War of 1914-19	24Oct.17
Heaton-Ellis, Miss M. W. I.	The War of 1914-19	3June19
Hebdon, Miss K.	The War of 1914-19	23Feb.17
Heberden, Miss I. M.	The War of 1914-19	21June18
Heck, Miss L. (Staff Nurse, T.F. Nursing Serv.)	The War of 1914-19	3June16
Hedderman, Miss B.	The War of 1914-19	3June16
Hedderman, Miss E. E. J. (Staff Nurse A.A.N.S.)	The War of 1914-19	3June19
Hedges, Miss A. M. (Sister, Q.A.I.M.N.S. Res.)	The War of 1914-19	3June18
Heggie, Miss M. B.	The War of 1914-19	3June17
Heinrich, Miss H. F. (Sister, T.F. Nursing Serv.)	The War of 1914-19	3June17
Helps, Miss J. (Sister, Q.A.I.M.N.S. Res.)	The War of 1914-19	3June16
Hemmens, Miss A. A. (Sister, T.F. Nursing Serv.)	The War of 1914-19	1June18
Henbrey, Miss E. M. (Actg. Sister, Q.A.I.M.N.S. Res.)	The War of 1914-19	1Jan.19
Henderson, Miss C.	The War of 1914-19	3June18
Henderson, Mrs. C. E.	The War of 1914-19	24Oct.17
Henderson, Miss C. M. (Sister, Q.A.I.M.N.S. Res.)	The War of 1914-19	1Jan.19
Henderson, Miss E. (Staff Nurse, T.F. Nursing Serv.)	The War of 1914-19	3June16
Henderson, Miss F.	The War of 1914-19	1Jan.18
Henderson, Miss F. E. (Sister, T.F. Nursing Serv.)	The War of 1914-19	21June18
Henderson, Miss I. S. (Staff Nurse Q.A.I.M.N.S. Res.)	The War of 1914-19	3June19
Henderson, Mrs. J. R. B.	The War of 1914-19	6Aug.19
Henderson, Miss J. W. F. (Sister. T.F.N.S.)	The War of 1914-19	3June19
Henderson, Miss L. R. (Staff Nurse, Q.A.I.M.N.S. Res.)	The War of 1914-19	1Jan.19
Henderson, Miss M.	The War of 1914-19	6Aug.19
Hendry, Miss E.	The War of 1914-19	9Apr.19
Hendry, Miss M. (Sister T.F. Nursing Serv.)	The War of 1914-19	1Jan.19
Henley, Miss M.	The War of 1914-19	24Oct.17
Henley, Miss Mildred	The War of 1914-19	31July19
Henrici, Miss M. L.	The War of 1914-19	21June18
Henry, Miss E. I	The War of 1914-19	3June18
Henry, Miss H. C. (Special Probationer, Q.A.I.M.N.S. Res.)	The War of 1914-19	1Jan.18
Henry, Miss J. D.	The War of 1914-19	24Oct.17
Henry, Miss R. M.	The War of 1914-19	31July19
Henstock, Miss H. (Sister, T.F. Nursing Serv.)	The War of 1914-19	21June18
Hepburn, Miss F. M.	The War of 1914-19	1Jan.19
Hepherd, Miss M. I.	The War of 1914-19	21June18
Hepworth, Miss S. E.	The War of 1914-19	9Apr.19
Herbert, Miss M.	The War of 1914-19	23Feb.17
Hermon, Miss E.	The War of 1914-19	3June19
Herriot, Miss M. C.	The War of 1914-19	21Feb.17
Hesketh, Miss A. (Sister, T.F. Nursing Serv.)	The War of 1914-19	24Oct.17

ASSOCIATES (A.R.R.C.)—contd.

Services.

Name	Service	Date
Hester, Miss G.	The War of 1914-19	1Jan.18
Hewitt, Miss E. (Staff Nurse, Q.A.I.M.N.S. Res.)	The War of 1914-19	3June17
Hewitt, Miss M. E.	The War of 1914-19	24Oct.17
Heyde, Mrs. E.	The War of 1914-19	21June18
Heyland, Mrs. M.	The War of 1914-19	6Aug.19
Heywood, Miss W.	The War of 1914-19	24Oct.17
Hibbs, Miss E. L. (Sister, Can. A.M.C.)	The War of 1914-19	9Apr.19
Hick, Mrs. A. P.	The War of 1914-19	4Apr.19
Hickling, Miss C. J.	The War of 1914-19	21June18
Hickman, Mrs. D. G.	The War of 1914-19	3June18
Higginbottom, Miss A. (Sister, T.F. Nursing Serv.)	The War of 1914-19	24Oct.17
Higgins, Mrs. M. F.	The War of 1914-19	24Oct.17
Higgins, Miss N.	The War of 1914-19	6Aug.19
Higginson, Miss E. W.	The War of 1914-19	6Aug.19
Higgs, Miss A. M.	The War of 1914-19	24Oct.17
Higham, Miss J. A.	The War of 1914-19	24Oct.17
Highnam, Miss C. (Sister, Q.A.I.M.N.S. Res.)	The War of 1914-19	23Feb.17
Hildebrand, Miss P.	The War of 1914-19	6Aug.19
Hilder, Mrs. E. M.	The War of 1914-19	9Apr.19
Hildyard, Miss F. E. (Sister, T.F. Nursing Serv.)	The War of 1914-19	23Feb.17
Hill, Miss A Sister Q.A.I.M.N.S. Res.)	The War of 1914-19	16Feb.20
Hill, Miss A. B. (Matron, Q.A.I.M.N.S. Res.)	The War of 1914-19	23Feb.17
Hill, Miss Edith	The War of 1914-19	31July19
Hill, Miss Ellen	The War of 1914-19	31July19
Hill, Miss E. B. (Sister, Q.A.I.M.N.S. Res.)	The War of 1914-19	1Jan.18
Hill, Miss H.M.	The War of 1914-19	6Aug.19
Hill, Miss L.	The War of 1914-19	24Oct.17
Hill, Miss L. R. (Asst. Matron, T.F.N.S.)	The War of 1914-19	1Jan.19
Hill, Miss M. (Sister, T.F. Nursing Serv.)	The War of 1914-19	24Oct.17
Hill, Miss N.	The War of 1914-19	1Jan.18
Hilliard, Miss M. A.	The War of 1914-19	1Jan.18
Hilling, Miss S.	The War of 1914-19	24Oct.17
Hills, Miss A. (Sister, T.F. Nursing Serv.)	The War of 1914-19	1Jan.16
Hilton, Miss I. (Sister, Q.A.I.M.N.S. Res.)	The War of 1914-19	24Oct.17
Hinch, Miss N. (Home Sister Q.A.I M N.S. Res.)	The War of 1914-19	9Apr.19
Hinchey. Miss A. R. (Sister Can. A.M.C.)	The War of 1914-19	9Apr.19
Hinckley, Miss H. J. (Sister, American Nursing Serv.)	The War of 1914-19	3June18
Hind, Miss G. (Sister, T.F. Nursing Serv.)	The War of 1914-19	1Jan.18
Hinsley, Miss A. E. (Nursing Sister Can. A.M.C.)	The War of 1914-19	3June19
Hine, Miss E. M. (Staff Nurse, Q.A.I.M.N.S. Res.)	The War of 1914-19	1Jan.17
Hirst, Miss D.	The War of 1914-19	3June18
Hirst, Miss D.	The War of 1914-19	14Oct.17
Hirst, Miss J. L (Sister, Q.A.I.M.N.S.)	The War of 1914-19	23Feb.17
Hissey, Miss M	The War of 1914-19	3June19
Hoadley, Miss E. M.	The War of 1914-19	31July19
Hoar, Miss E.	The War of 1914-19	24Oct.17
Hoare, Miss W. I.	The War of 1914-19	1Jan.17
Hobbs, Miss F. M. (Sister Q.A.I.M.N.S. Res.)	The War of 1914-19	3June18
Hobbs, Miss F. N.	The War of 1914-19	6Aug.19
Hobbs, Miss S. A.	The War of 1914-19	24Oct.17
Hobday, Miss A. E. (Sister T.F.N.S.)	The War of 1914-19	3June19
Hobhouse, Miss M. E. (Sister, Q.A.I.M.N.S. Res.)	The War of 1914-19	23Feb.17
Hobkirk, Miss D. M.	The War of 1914-19	9Apr.19
Hobson, Miss C. P. (Sister, T.F. Nursing Serv.)	The War of 1914-19	24Oct.17
Hobson, Miss S. E. (Sister Q.A.I.M.N.S.Res.)	The War of 1914-19	9Apr.19
Hocknell, Miss E. (Sister, Q.A.I.M N.S.Res.)	The War of 1914-19	21June18
Hocquard, Miss M. (Sister, Q.A.I.M.N.S. Res.)	The War of 1914-19	24Oct.17
Hodge, Miss C. M.	The War of 1914-19	9Apr.19
Hodge, Mrs. E. C.	The War of 1914-19	21June18
Hodges, Miss E. (Staff Nurse, N.Z. Mil. Forces)	The War of 1914-19	1Jan.17
Hodges, Miss E. (Actg. Matron, Q.A.I.M.N.S. Res.)	The War of 1914-19	23Feb.17
Hodges, Miss F. M.	The War of 1914-19	21June18
Hodgkinson, Miss E. L.	The War of 1914-19	24Oct.17
Hodgson, Miss E. M.	The War of 1914-19	24Oct.17
Hodson, Miss C. M. (Sister, Q.A.I.M.N.S.)	The War of 1914-19	3June16
Hoff, Miss R.	The War of 1914-19	3June16
Hogan, Miss M. B. (Staff Nurse, Q.A.I.M.N.S.R.)	The War of 1914-19	3June19
Hogarth, Miss C. M.	The War of 1914-19	1Jan.16
Holbech, Miss M. H.	The War of 1914-19	6Aug.19
Holden, Miss I. (Nursing Sister,Can.Nursing Serv.)	The War of 1914-19	21June18
Holden, Miss M.	The War of 1914-19	6Aug.19
Holford, Miss J. (Sister, T.F. Nursing Serv.)	The War of 1914-19	1Jan.18
Holland, Miss G. (Nursing Sister Can. A.M.C.)	The War of 1914-19	31July19
Holland, Miss L. (Nursing Sister,Can. Local Forces)	The War of 1914-19	23Feb.17
Holland, Miss S	The War of 1914-19	6Jan.19
Hollings, Miss H.	The War of 1914-19	3June19
Hollingworth, Mrs. J.	The War of 1914-19	24Oct.17
Holmes, Miss A. (Staff Nurse. Q.A.I.M.N.S. Res.)	The War of 1914-19	1Jan.17
Holmes, Miss E. G.	The War of 1914-19	24Oct.17
Holmes, Miss E. M. (Sister, Can. Local Forces)	The War of 1914-19	3June16

ASSOCIATES (A.R.R.C.)—contd

Services.

Name	Service	Date
Holmes, Miss O. K. (Nursing Sister, B.R.C.S.)	The War of 1914-19	1 Jan. 18
Holmes-Hardwicke, Miss K.	The War of 1914-19	9 Apr. 19
Holroyd, Miss W. (Staff Nurse, T.F. Nursing Serv.)	The War of 1914-19	3 June 18
Holt, Miss M. E. (Staff Nurse, T.F. Training Serv.)	The War of 1914-19	23 Feb. 17
Homan, Miss H. M. M. (Sister Aust. A.N. Serv.)	The War of 1914-19	1 Jan. 19
Home, Lady I. D.	The War of 1914-19	24 Oct. 17
Honeyball, Mrs. O. L. (Commandant & Acting Matron)	The War of 1914-19	9 Apr. 19
Hood, Miss C. (Nursing Sister, Can. Local Forces)	The War of 1914-19	23 Feb. 17
Hood, Miss M. (Sister T.F. Nursing Serv.)	The War of 1914-19	31 July 19
Hook, Miss R. M. (Sister, Q.A.I.M.N.S. Res.)	The War of 1914-19	3 June 18
Hookway, Miss G.	The War of 1914-19	6 Aug. 19
Hoon, Miss F. L. (Sister Q.A.I.M.N.S. Res.)	The War of 1914-19	3 June 18
Hooper, Miss B. (Sister, S.A.M.N.S.)	The War of 1914-19	3 June 18
Hooper, Miss G. M. (Sister Q.A.I.M.N.S. Res.)	The War of 1914-19	3 June 19
Hooper, Miss M. I.	The War of 1914-19	12 Dec. 19
Hooper, Miss W. F. (Sister T.F.N.S.)	The War of 1914-19	9 Apr. 19
Hooton, Miss M. A. (Sister Q.A.I.M.N.S. Res.)	The War of 1914-19	9 Apr. 19
Hope, Miss B. A.	The War of 1914-19	3 June 18
Hope, Miss E. A.	The War of 1914-19	6 Aug. 19
Hopewell, Miss J.	The War of 1914-19	31 July 19
Hopkins, Mrs. J.	The War of 1914-19	4 Apr. 19
Hopwood, Miss E. A.	The War of 1914-19	6 Aug. 19
Hopper, Mrs. M. I.	The War of 1914-19	4 Apr. 19
Hopwood, Miss A. (Sister, T.F. Nursing Serv.)	The War of 1914-19	24 Oct. 17
Horder, Miss M. (Staff Nurse, T.F. Nursing Serv.)	The War of 1914-19	3 June 16
Horn, Miss A. G. (Sister T.F. Nursing Serv.)	The War of 1914-19	1 Jan. 19
Horn, Miss M.	The War of 1914-19	24 Oct. 17
Horncastle, Mrs. J.	The War of 1914-19	3 June 19
Horne, Miss E. L. (Actg. Matron, A.N.S.)	The War of 1914-19	3 June 18
Hornsby, Miss M. A. T. (Nursing Sister, Q.A.I.M.N.S.)	The War of 1914-19	3 June 18
Horridge, Miss E. (Sister, Q.A.I.M.N.S. Res.)	The War of 1914-19	23 Feb. 17
Horsfall, Miss A. (Sister, Q.A.I.M.N.S. Res.)	The War of 1914-19	23 Feb. 17
Horton, Miss E. Sister, T.F. Nursing Serv.)	The War of 1914-19	23 Feb. 17
Horton, Mrs. E. A.	The War of 1914-19	4 Apr. 19
Hoskin, Miss S. (T.F.N.S.)	The War of 1914-19	9 Apr. 19
Hoskins, Miss J. (Staff Nurse, Q.A.I.M.N.S. Res.)	The War of 1914-19	25 Feb. 18
Hoskins, Mrs. M.	The War of 1914-19	6 Aug. 19
Hotchkiss, Miss A. J.	The War of 1914-19	12 Dec. 19
Hotine, Miss L.	The War of 1914-19	23 Feb. 17
Houlton, Miss C. E. (Sister, Q.A.I.M.N.S. Res.)	The War of 1914-19	3 June 16
Hounslow, Miss E., M.M.	The War of 1914-19	1 Jan. 18
Houston, Miss A. H.	The War of 1914-19	31 July 19
Houston, Miss M. (Sister, Q.A.I.M.N.S. Res.)	The War of 1914-19	23 Feb. 17
Houston, Miss M. R. (Sister Q.A.I.M.N.S. Res.)	The War of 1914-19	23 Feb. 17
Howard, Mrs. A.	The War of 1914-19	24 Oct. 17
Howard, Miss A. H. (Nursing Sister, Can. A.N.S.)	The War of 1914-19	29 Jan. 18
Howard, Miss H. R. (Sister Q.A.I.M.N.S. Res.)	The War of 1914-19	3 June 19
Howard, Miss I. D.	The War of 1914-19	31 July 19
Howard, Miss S.	The War of 1914-19	21 June 18
Howarth, Miss L.	The War of 1914-19	23 Feb. 17
Howarth, Miss Lilian	The War of 1914-19	9 Apr. 19
Howe, Miss M. (Nursing Sister, Can. Local Forces)	The War of 1914-19	23 Feb. 17
Howe, Miss M. A. (Staff Nurse T.N.S.)	The War of 1914-19	3 June 19
Howell, Miss B.	The War of 1914-19	6 Aug. 19
Howell, Miss M.	The War of 1914-19	31 July 19
Howitt, Miss E. J. (Q.A.I.M.N.S.) Res.)	The War of 1914-19	9 Apr. 19
Howlett, Miss R.	The War of 1914-19	1 Jan. 18
Howell-Evans, Miss G. H.	The War of 1914-19	3 June 19
Howship, Miss A. E.	The War of 1914-19	3 June 19
Hubbs, Miss M. B. (Nursing Sister, Can. Nursing Serv.)	The War of 1914-19	21 June 18
Hudson, Miss A.	The War of 1914-19	31 July 19
Hudson, Mrs. M. E.	The War of 1914-19	9 Apr. 19
Huggins, Miss E. L.	The War of 1914-19	18 May 19
Hughes, Miss A. (Staff Nurse, T.F. Nursing Serv.)	The War of 1914-19	23 Feb. 17
Hughes, Miss A. E.	The War of 1914-19	24 Oct. 17
Hughes, Miss C. E.	The War of 1914-19	23 Feb. 17
Hughes, Mrs. E.	The War of 1914-19	21 June 18
Hughes, Miss E. A. C.	The War of 1914-19	24 Oct. 17
Hughes, Miss F. G.	The War of 1914-19	21 June 18
Hughes, Miss I.	The War of 1914-19	4 Apr. 19
Hughes, Miss L.	The War of 1914-19	3 June 19
Hughes, Miss M. (Sister T.F. Nursing Serv.)	The War of 1914-19	1 Jan. 19
Hughes, Miss Mary (Sister T.F.N.S.)	The War of 1914-19	9 Apr. 19
Hughes, Miss M. E. (T.F. Nursing Serv.)	The War of 1914-19	24 Oct. 17
Hughes, Miss M. H.	The War of 1914-19	3 June 19
Hughes, Miss M. J. (Staff Nurse, T.F. Nursing Serv.)	The War of 1914-19	1 Jan. 17
Hughes, Miss S. G. (Sister, Q.A.I.M.N.S. Res.)	The War of 1914-19	24 Oct. 17
Huish, Miss M. (Sister, Q.A.I.M.N.S. Res.)	The War of 1914-19	23 Feb. 17
Hulley, Miss C.	The War of 1914-19	24 Oct. 17
Humphries, Miss A. E. (Sister Q.A.I.M.N.S. Res.)	The War of 1914-19	3 June 16

ASSOCIATES (A.R.R.C.)—*contd.*

Services.

Name	Service	Date
Humphrey-Jones, Miss M. (Acting Sister, Q.A.I.M.N.S. Res.)	The War of 1914-19	1 Jan. 17
Humphreys, Miss D. E.	The War of 1914-19	24 Oct. 17
Humphreys, Miss E. E.	The War of 1914-19	31 July 19
Hunstone, Miss M. (Sister T.F. Nursing Serv.)	The War of 1914-19	3 June 18
Hunt, Mrs. L. (Sister Q.A.I.M.N.S. Res.)	The War of 1914-19	31 July 19
Hunt, Miss M.	The War of 1914-19	21 June 18
Hunter, Miss A. I.	The War of 1914-19	24 Oct. 17
Hunter, Miss F. A. (Sister, Can. Local Forces)	The War of 1914-19	1 Jan. 17
Hunter, Hon. Mrs. L.	The War of 1914-19	24 Oct. 17
Hunter, Miss M. L. (Acting Matron, Q.A.I.M.N.S. Res.)	The War of 1914-19	16 Feb. 20
Huntley, Miss L. (Staff Nurse, T.F. Nursing Serv.)	The War of 1914-19	3 June 16
Hurlston, Miss L.	The War of 1914-19	4 Apr. 19
Husey, Mrs. J. M. S.	The War of 1914-19	31 July 19
Huson, Miss A. R.	The War of 1914-19	21 June 18
Huston, Miss A. (Nursing Sister, Can. Nursing Serv.)	The War of 1914-19	21 June 18
Hutchings, Miss D. L. (Sister T.F. Nursing Serv.)	The War of 1914-19	9 Apr. 19
Hutchings, Miss E. (Sister, Nursing Serv.)	The War of 1914-19	1 Jan. 18
Hutchinson, Miss B. M. (Staff Nurse T.F. Nursing Serv.)	The War of 1914-19	31 July 19
Hutchinson, Mrs. C. E.	The War of 1914-19	6 Aug. 19
Hutchinson, Miss E. R.	The War of 1914-19	24 Oct. 17
Hutchinson, Miss S. J.	The War of 1914-19	23 Feb. 17
Hutchison, Miss N. B. (Sister Q.A.I.M.N.S. Res.)	The War of 1914-19	3 June 19
Hutt, Miss E. V. (Sister A.A.N.S.)	The War of 1914-19	3 June 19
Hutton, Miss E.	The War of 1914-19	6 Aug. 19
Hutton, Miss F. (Staff Nurse A.A.N.S.)	The War of 1914-19	3 June 19
Hutton, Miss E. G. (Sister Q.A.I.M.N.S. Res.)	The War of 1914-19	3 June 19
Hutty, Miss R. E. A.	The War of 1914-19	24 Oct. 17
Hyde, Miss L. M.	The War of 1914-19	4 Apr. 19
Hyland, Miss S. A.	The War of 1914-19	9 Apr. 19
Hyndman, Miss F.	The War of 1914-19	1 Jan. 18
Ibbotson, Miss B. (Staff Nurse T.F. Nursing Serv.)	The War of 1914-19	16 Feb. 20
Icombe, Miss G. L.	The War of 1914-19	6 Aug. 19
Iffland, Mrs. M.	The War of 1914-19	21 June 18
Imelde, Sister Superiore	The War of 1914-19	23 Feb. 17
Imms, Miss G.	The War of 1914-19	4 Apr. 19
Ind, Miss H. P.	The War of 1914-19	21 June 18
Ingle, Miss W. A. (Sister T.F. Nursing Serv.)	The War of 1914-19	31 July 19
Inglis, Miss I. R. (Acting Sister, Q.A.I.M.N.S. Res.)	The War of 1914-19	3 June 19
Ingram, Miss E. M.	The War of 1914-19	6 Aug. 19
Ingram, Miss J. (Sister, N.Z.A.N.S.)	The War of 1914-19	31 July 19
Ingram, Miss R. M.	The War of 1914-19	4 Apr. 19
Inman, Miss G.	The War of 1914-19	21 June 18
Ionides, Miss A.	The War of 1914-19	9 Apr. 19
Ireland, Miss M. K.	The War of 1914-19	3 June 19
Ireland, Miss S. G.	The War of 1914-19	1 Jan. 19
Irvine, Miss K. (Sister, T.F. Nursing Serv.)	The War of 1914-19	16 Feb. 20
Irving, Miss E. (Sister-in-Charge, T.F. Nursing Serv.)	The War of 1914-19	16 Feb. 20
Irwin, Miss K. F.	The War of 1914-19	21 June 18
Irwin, Miss M. A. (Sister, Q.A.I.M.N.S. Res.)	The War of 1914-19	31 July 19
Isaac, Mrs. E.	The War of 1914-19	3 June 19
Ivey, Miss P. A. (Nursing Sister, C.A.M.C.)	The War of 1914-19	24 Oct. 17
Jack, Miss C. (Sister, Q.A.I.M.N.S. Res.)	The War of 1914-19	21 June 18
Jackson, Miss A.	The War of 1914-19	3 June 19
Jackson, Miss A. de B.	The War of 1914-19	6 Aug. 19
Jackson, Miss B. (A/Sister, Q.A.I.M.N.S. Res.)	The War of 1914-19	24 Oct. 17
Jackson, Miss C. (Staff Nurse, T.F. Nursing Serv.)	The War of 1914-19	3 June 16
Jackson, Miss C. M.	The War of 1914-19	3 June 19
Jackson, Miss E. C.	The War of 1914-19	24 Oct. 17
Jackson, Miss E. J.	The War of 1914-19	31 July 19
Jackson, Miss E. K. (Staff Nurse, T.F. Nursing Serv.)	The War of 1914-19	3 June 16
Jackson, Miss F. (Sister, Q.A.I.M.N.S. Res.)	The War of 1914-19	1 Jan. 19
Jackson, Miss I. (Q.A.I.M.N.S.R.)	The War of 1914-19	1 Jan. 19
Jackson, Miss K. F. M.	The War of 1914-19	—
Jackson, Miss K. P.	The War of 1914-19	21 June 18
Jackson, Miss M.	The War of 1914-19	24 Oct. 17
Jackson, Miss M. E.	The War of 1914-19	24 Oct. 17
Jackson, Miss M. E. C.	The War of 1914-19	31 July 19
Jackson, Miss V. M.	The War of 1914-19	3 June 19
Jacob, Miss D. F. (Staff Nurse Q.A.I.M.N.S. Res.)	The War of 1914-19	3 June 19
Jacob, Miss G. S.	The War of 1914-19	16 Feb. 20
Jagger, Mrs. L.	The War of 1914-19	9 Apr. 19
James, Mrs. A.	The War of 1914-19	21 June 18
James, Miss E. (Sister, Q.A.I.M.N.S. Res.)	The War of 1914-19	3 June 16
James, Miss E. (Staff Nurse, T.F. Nursing Serv.)	The War of 1914-19	3 June 16
James, Miss E. E. (Staff Nurse, Q.A.I.M.N.S. Res.)	The War of 1914-19	3 June 16
James, Miss H.	The War of 1914-19	21 July 19
James, Miss L. E., M.M. (Acting Matron Q.A.I.M.N.S.)	The War of 1914-19	3 June 19

The Royal Red Cross

ASSOCIATES (A.R.R.C.)—*contd.*

Services

Name	War	Date
James, *Miss M. E.*	The War of 1914-19	4Apr.19
James, *Miss M. M. (Assistant Matron, T.F. Nursing Serv.)*	The War of 1914-19	31July19
Jameson, *Miss C. (Sister, T.F. Nursing Serv.)*	The War of 1914-19	31July19
Jameson, *Miss M. E. L.*	The War of 1914-19	3June18
Jamieson, *Miss M. C. (Nursing Sister, Can. Local Forces)*	The War of 1914-19	3June17
Jardine, *Miss A. E. (Sister, Q.A.I.M.N.S. Res.)*	The War of 1914-19	16Feb.20
Jarrett, *Miss G. W. (Staff Nurse, A.A.N.S.)*	The War of 1914-19	1Jan.19
Jarvis, *Mrs. J. A. (Sister, Q.A.I.M.N.S. Res.)*	The War of 1914-19	31July19
Jarvis, *Miss S. A. C.*	The War of 1914-19	1Jan.18
Jasper, *Miss N.*	The War of 1914-19	31July19
Jay, *Miss E.*	The War of 1914-19	6Aug.19
Jay, *Mrs. E. M.*	The War of 1914-19	16Feb.20
Jeans, *Miss M. L.*	The War of 1914-19	1Jan.18
Jeffery, *Miss E. M. (Sister, T.F. Nursing Serv.)*	The War of 1914-19	24 Oct.17
Jeffrey, *Miss J.*	The War of 1914-19	24 Oct.17
Jeffreys, *Miss M.*	The War of 1914-19	31July19
Jeffries, *Miss B.*	The War of 1914-19	1Jan.19
Jeffs, *Miss M.*	The War of 1914-19	4Apr.19
Jekyll, *Miss D.*	The War of 1914-19	24 Oct.17
Jenkin, *Miss E. (Sister T.F.N.S.)*	The War of 1914-19	1Jan.19
Jenkins, *Miss K. J.*	The War of 1914-19	9Apr.19
Jenkins, *Miss L. M.*	The War of 1914-19	3June18
Jenks, *Miss N.*	The War of 1914-19	4Apr.19
Jenner, *Miss K.*	The War of 1914-19	24 Oct.17
Jennings, *Miss M. E. G. (Staff Nurse, T.F. Nursing Serv.)*	The War of 1914-19	12Dec.19
Jerrems, *Miss G.*	The War of 1914-19	24 Oct.17
Jobson, *Miss D.*	The War of 1914-19	1Jan.18
Jobson, *Miss I. K. (Staff Nurse, Q.A.I.M.N.S. Res. Aus.)*	The War of 1914-19	1Jan.18
Johncock, *Miss E.*	The War of 1914-19	4Apr.19
Johns, *Miss E. L.*	The War of 1914-19	24 Oct.17
Johns, *Miss M. M. L. (Sister, Q.A.I.M.N.S. Res.)*	The War of 1914-19	3June19
Johnson, *Miss A. (Staff Nurse, T.F. Nursing Serv.)*	The War of 1914-19	23Feb.17
Johnson, *Miss A. E., M.M.*	The War of 1914-19	3June19
Johnson, *Miss C. F.*	The War of 1914-19	6Aug.19
Johnson, *Miss D.*	The War of 1914-19	6Aug.19
Johnson, *Miss E.*	The War of 1914-19	1Jan.19
Johnson, *Miss E. W. (Actg.Sister Q.A.I.M,N.S.R.)*	The War of 1914-19	3June19
Johnson, *Miss G. S.*	The War of 1914-19	6Aug.19
Johnson, *Miss J. B. (Sister, C'wealth Mil. Forces)*	The War of 1914-19	3June16
Johnson, *Miss L. A.*	The War of 1914-19	6Aug.19
Johnson, *Miss M.*	The War of 1914-19	21June18
Johnson, *Mrs. M.*	The War of 1914-19	24 Oct.17
Johnson, *Miss M. G. C.*	The War of 1914-19	1Jan.19
Johnson, *Miss N.*	The War of 1914-19	1Jan.18
Johnson, *Miss S. E., M.M.*	The War of 1914-19	3June19
Johnson, *Miss W. (Sister, T.F. Nursing Serv.)*	The War of 1914-19	12Dec.19
Johnston, *Miss A. E.*	The War of 1914-19	23Feb.17
Johnston, *Mrs. L. (Sister T. F. Nursing Serv.)*	The War of 1914-19	21June18
Johnston, *Miss M. (Actg. Sister, Q.A.I.M.N.S. Res.)*	The War of 1914-19	1Jan.17
Johnston, *Miss M.*	The War of 1914-19	4Apr.19
Johnston, *Miss M. (Nursing Sister C.A.M.C.)*	The War of 1914-19	3June19
Johnston, *Miss M. C. (Sister, Q.A.I.M.N.S.)*	The War of 1914-19	23Feb.17
Johnston, *Miss M. C.*	The War of 1914-19	9Apr.19
Johnston, *Miss N. (Staff Nurse, T.F. Nursing Serv.)*	The War of 1914-19	23Feb.17
Johnstone, *Mrs. C.*	The War of 1914-19	23Feb.17
Johnstone, *Miss H. M.*	The War of 1914-19	9Apr.19
Johnstone, *Mrs. G. I. G. (A/Matron, C.A.M.C.)*	The War of 1914-19	24 Oct.17
Johnstone, *Miss J. (Nursing Sister, Can. Local Forces)*	The War of 1914-19	23Feb.17
Johnstone, *Miss L. (Sister Q.A.I.M.N.S. Res.)*	The War of 1914-19	3June19
Johnstone, *Miss M.*	The War of 1914-19	24 Oct.17
Johustone, *Miss M. W. (Sister, Q.A.I.M.N.S. Res.)*	The War of 1914-19	9Apr.19
Joiner, *Mrs. M.*	The War of 1914-19	9Apr.19
Jolley, *Miss L. E. (Sister, Q.A.I.M.N.S. Res.)*	The War of 1914-19	3June16
Jolly, *Miss M. A. (Staff Nurse Q.A.I.M.N.S. Res.)*	The War of 1914-19	31July19
Jolly, *Miss V. (Sister, Q.A.I.M.N.S. Res.)*	The War of 1914-19	9Apr.19
Jonas, *Mrs. R.*	The War of 1914-19	24 Oct.17
Jones, *Miss A.*	The War of 1914-19	31 July19
Jones, *Mrs. B.*	The War of 1914-19	6Aug.19
Jones, *Miss B. (Sister Q.A.I.M.N.S. Res.)*	The War of 1914-19	3June19
Jones, *Miss C. E.*	The War of 1914-19	1Jan.19
Jones, *Miss D. (Sister, T.F. Nursing Serv.)*	The War of 1914-19	3June16
Jones, *Miss E.*	The War of 1914-19	23Feb.17
Jones, *Miss E.*	The War of 1914-19	4Apr.19
Jones, *Miss E. H.*	The War of 1914-19	6Aug.19
Jones, *Mrs. E. R. G.*	The War of 1914-19	21June18
Jones, *Miss E. S. (Actg. Sister, Q.A.I.M.N.S. Res.)*	The War of 1914-19	3June19
Jones, *Miss F. A.*	The War of 1914-19	23Feb.17

ASSOCIATES (A.R.R.C)—contd.

Services.

Name	War	Date
Jones, Miss G. M. (Sister, Q.A.I.M.N S. Res.)	The War of 1914-19	16 Feb. 20
Jones, Miss H. (Sister, T.F. Nursing Serv.)	The War of 1914-19	1 Jan. 19
Jones, Mrs. H.	The War of 1914 19	3 June 19
Jones, Miss H. F. (Sister A.A.N.S.)	The War of 1914-19	3 June 19
Jones, Miss H. S. (Staff Nurse, Q A.I.M.N.S. Res.)	The War of 1914-19	16 Feb. 20
Jones, Miss J. (Staff Nurse, Q.A.I.M.N.S, Res.)	The War of 1914-19	24 Oct. 17
Jones Miss J. M. (Sister Q.A.I.M.N.S Res.)	The War of 1914-19	31 July 19
Jones, Miss K. M.	The War of 1914-19	24 Oct. 17
Jones, Miss M. (Sister, A.A.N.S.)	The W ar of 1914-19	3 June 19
Jones, Miss M. (Sister, T.F. Nursing Serv.)	The War of 1914-19	24 Oct. 17
Jones, Miss M. (Sister in Charge, T.F. Nursing Serv.)	The War of 1914-19	9 Apr. 19
Jones, Miss Mary	The War of 1914-19	31 July 19
Jones, Miss M. A.	The War of 1914-19	1 Jan. 18
Jones, Miss M. A.	The War of 1914-19	21 June 18
Jones, Miss M. E.	The War of 1914-19	31 July 19
Jones, Mrs. Mary Elizabeth	The War of 1914 19	12 Dec. 19
Jones, Miss Mary Emma	The War of 1914-19	12 Dec. 19
Jones, Miss N. (Sister, T.F Nursing Serv.)	The War of 1914-19	23 Feb. 17
Jones, Miss S. W.	The War of 1914-19	31 July 19
Jones, Miss W. M. (Staff Nurse, Q.A.I.M.N.S. Res.)	The War of 1914-19	1 Jan. 19
Jones-Evans, Miss M.	The War of 19.4-19	9 Apr. 19
Jordan, Mrs. A.	The War of 1914-19	24 Oct. 17
Jordan, Miss J.	The War of 1914-19	23 Feb. 17
Jordan, Miss K. M. (Sister, Q.A.I.M.N.S. Res.)	The War of 1914-19	3 June 18
Joyce, Miss B. F. (Sister, Q.A.I.M.N.S. Res.)	The War of 1914-19	1 Jan. 19
Joyce, Miss K. (Staff Nurse, Q.A.I.M.N.S. Res.)	The War of 1914- 9-	24 Oct 17
Joyce, Miss K E.	The War of 1914-19	31 July 19
Jubb, Miss S. A.	The War of 1914-19	4 Apr 19
Jukes, Miss H. E. C. (Nursing Sister, Can. A.M.C.)	The War of 1914-19	1 Jan 19
Jurgensen, Mrs. A.	The War of 1914-19	3 June 19
Kaberry, Miss M. L. (Acting Matron, Q.A.I.M.N.S.)	The War of 1914-19	1 Jan. 18
Kaye, Miss A.	The War of 1914-19	21 June 18
Kay, Miss E. (Sister, Q.A.I.M.N.S. Res.)	The War of 1914-19	3 June 16
Kearney, Miss A. D.	The War of 1914-19	3 June 19
Kearney, Miss M.	The War of 1914-19	31 July 19
Kearvell, Miss A. E.	The War of 1914-19	24 Oct. 17
Keats, Miss A. E.	The War of 1914-19	3 June 19
Keeling, Miss F. A.	The War of 1914-19	4 Apr. 19
Keen, Miss C. L.	The War of 1914-19	3 June 18
Keen, Miss M. G. (Sister, T.F. Nursing Serv.)	The War of 1914-19	3 June 18
Keer, Mrs A.	The War of 1914-19	3 June 19
Keetley, Miss I.	The War of 1914-19	31 July 19
Keith, Miss H. (Sister A.A.N.S.)	The War of 1914-19	31 July 19
Keith, Miss J. M.	The War of 1914-19	6 Aug. 19
Keith, Miss M. R.	The War of 1914-19	24 Oct. 17
Kell Miss M. (Actg. Matron, Q.A.I.M.N.S. Res.)	The War of 1914-19	23 Feb. 17
Kelleher, Miss J. M.	The War of 1914-19	6 Aug. 19
Kelly, Miss A.	The War of 1914-19	23 Feb. 17
Kelly, Miss A. M., M.M. (Sister, A.A.N.S.)	The War of 1914-19	1 Jan. 18
Kelly, Miss F. M. Nursing Sister Can. A.M.C.)	The War of 1914-19	31 July 19
Kelly, Miss L. G.	The War of 1914-19	3 June 17
Kelly, Miss L. S. (Staff Nurse, Q.A.I.M.N S. Res.)	The War of 1914-19	1 Jan. 19
Kelly, Miss M. (Staff Nurse, Q.A.I.M.N.S. Res.)	The War of 1914-19	24 Oct. 17
Kelsey, Miss J. P.	The War of 1914-19	3 June 19
Kelson, Miss A. M. (Sister, T.F. Nursing Serv.)	The War of 1914-19	1 Jan. 17
Kemp, Miss A. A. (Staff Nurse, C'wealth Mil.Forces)	The War of 1914-19	23 Feb. 17
Kemp, Miss I. (Asst. Matron, Q.A.I.M.N.S. Res.)	The War of 1914-19	3 June 16
Kemp, Mrs. J.	The War of 1914-19	9 Apr. 19
Kemp, Miss L. (Sister, Q.A.I.M.N.S. Res.)	The War of 1914-19	24 Oct. 17
Kendall, Miss A. M.	The War of 1914-19	6 Aug. 19
Kendall, Miss H. M. (Sister, T.F. Nursing Serv.)	The War of 1914-19	23 Feb. 17
Kendall, Miss H. M. (Nursing Sister Can. A.M.C.)	The War of 1914-19	31 July 19
Kenna, Miss E.	The War of 1914-19	1 Jan. 19
Kennard, Miss J.	The War of 1914-19	1 Jan. 19
Kennedy, Miss J.V.M.(Sister, C'wealth Mil. Forces)	The War of 1914-19	23 Feb. 17
Kennedy, Miss K.	The War of 1914-19	23 Feb. 17
Kennedy, Miss M.	The War of 1914-19	24 Oct. 17
Kennedy, Miss M. B.	The War of 1914-19	6 Aug. 19
Kennedy, Miss M. C. (Nursing Sister Can. Nursing Serv.)	The War of 1914-19	21 June 18
Kennedy, Miss S. J.	The War of 1914-19	9 Apr. 19
Kenshole, Miss I. M.	The War of 1914-19	3 June 19
Kenyon, Miss E.	The War of 1914-19	12 Dec. 19
Kenyon, Miss R. A. (Sister, Q.A.I.M.N.S. Res.)	The War of 1914-19	25 Feb. 18
Keppel, The Lady E. M. G.	The War of 1914-19	1 Jan. 19
Ker, Miss A. M.	The War of 1914-19	6 Aug. 19
Kernan, Miss M. C.	The War of 1914-19	9 Apr. 19
Kershaw, Miss A.	The War of 1914-19	31 July 19
Kershaw, Miss H.	The War of 1914-19	3 June 19
Kerr Miss M. McM. (Sister, Q.A.I.M.N.S. Res.)	The War of 1914-19	16 Feb. 20
Kettlewell, Miss A. D.	The War of 1914-19	4 Apr. 19

ASSOCIATES (A.R.R.C.)—contd.

Name	Services	Date
Keyser, Miss A. M.	The War of 1914-19	3June19
Kidd, Mrs. M.	The War of 1914-19	24Oct.17
Kidd F°rt, Miss A. (Sister, C'wealth Mil. Forces)	The War of 1914-19	23Feb.17
Kidson, Miss S. E. A.	The War of 1914-19	21June18
Kilby, Miss M.	The War of 1914-19	3June16
Killery, Miss E. S. (Sister, Q.A.I.M.N.S.)	The War of 1914-19	1Jan.18
Killingbeck, Miss E.	The War of 1914-19	1Jan.17
Kind, Miss R. G. (Matron, C'wealth Mil. Forces)	The War of 1914-19	23Feb.17
King, Miss A. (Sister, A.A.N.S)	The War of 1914-19	3June19
King, Miss E. S. (Staff Nurse, T.F. Nursing Serv.)	The War of 1914-19	13June18
King, Miss F.	The War of 1914-19	4Apr.19
King, Mis*. F. (Sister T.F. Nursing Serv.)	The War of 1914-19	31July19
King, Miss G.	The War of 1914-19	3June19
King, Miss H. M.	The War of 1914-19	9Apr.19
King, Miss L. F.	The War of 1914-19	24Oct.17
King, Miss M. J.	The War of 1914-19	3June18
King, Mrs. M. S.	The War of 1914-19	3June16
King, Mrs. N.	The War of 1914-19	24Oct.17
King, Miss R. J. (Sister, T.F. Nursing Serv.)	The War of 1914-19	24Oct.17
King, Miss T.	The War of 1914-19	3June19
Kinkead, Miss I E (Sister, Q.A.I.M. Nursing Serv.)	The War of 1914-19	9Apr.19
Kinloch, Miss M. B.	The War of 1914-19	23Feb.17
Kinnear, Miss A. M. (Actg Sister, Q.A.I.M.N.S.Res.)	The War of 1914-19	3June19
Kinnear, Miss E (Actg. Sister. Q A. M N.S. Res.	The War of 1914-19	3June19
Kinnear, Miss F. (Sister Q.A.I.M.N.S. Res.)	The War of 1914-19	31July19
Kippax, Miss C. S. (Sister, T.F. Nursing Serv.)	The War of 1914-19	21Oct.17
Kirby, Miss E. B. (Sister, T.F. Nursing Serv)	The War of 1914-19	24Oct.17
Kirby, Miss J. (Staff Nurse Q.A.I.M.N.S. Res.)	The War of 1914-19	31July19
Kirk, Miss M.	The War of 1914-19	31July19
Kirk, Miss M. J.	The War of 1914-19	4Apr.19
Kirkham, Miss A. W.	The War of 1914-19	4Apr.19
Kirkman, Miss M.	The War of 1914-19	1Jan.18
Kirkpatrick, Miss C.G. (Sister, T.F.Nursing Serv.)	The War of 1914-19	1Jan.18
Kirkpatrick, Miss J. C. (Sister-in-Charge, T.F. Nursing Serv.)	The War of 1914-19	23Feb.17
Kirkpatrick, Miss M. J. (Staff Nurse, Q.A.I.M.N.S. Res.)	The War of 1914-19	3June16
Kitchener, Miss M. F.	The War of 1914-19	4Apr.19
Kitching. Miss E.	The War of 1914-19	31July19
Kitson. Mrs. E. K.	The War of 1914-19	4Apr.19
Kitteringham, Miss M.J.(Sister T.F. Nursing Serv.)	The War of 1914-19	9Apr.19
Klamborowski, Miss M. H. (Sister, Q.A.I.M.N.S Res.)	The War of 1914-19	1Jan.17
Knapton, Miss E. B.	The War of 1914-19	21June18
Knight, Miss F. (Staff Nurse, T.F. Nursing Serv.)	The War of 1914-19	3June16
Knight, Miss F. E. M. T.	The War of 1914-19	9Apr.19
Knight, Miss G.	The War of 1914-19	23Feb.17
Knight, Miss G. (Sister T.F. Nursing Serv.)	The War of 1914-19	31July'9
Knight, Miss M. M. D. E. (Q.A.I.M.N.S. Res.)	The War of 1914-19	1Jan 16
Knights Miss D. M.	The War of 1914-19	3June19
Knobel, Miss F. B.	The War of 1914-19	31July19
Knox, Miss A (Sister, T.F. Nursing Serv.)	The War of 1914-19	1Jan.18
Knox, Miss E. R.	The War of 1914-19	16Feb.20
Knox, Miss J. (Sister, Q.A.I.M.N.S. Res.)	The War of 1914-19	1Jan.18
Kremer, Miss H. A. M. (Staff Nurse, Q.A.I.M.N.S. Res.)	The War of 1914-19	24Oct.17
Krohn, Miss G. (Staff Nurse, S.A.M N.S.)	The War of 1914-19	1Jan.16
Kruger, Miss G. B.	The War of 1914-19	3June19
Kydd, Miss A. V. R.	The War of 1914-19	3June18
Lace, Miss T.	The War of 1914-19	6Aug.19
Lacey, Miss C.	The War of 1914-19	24Oct.17
Ladbrook, Miss D. A. (Sister, T.F. Nursing Serv.)	The War of 1914-19	1Jan.19
Laidlaw, Miss S.	The War of 1914-19	24Oct.17
Laing, Miss H.	The War of 1914-19	21June18
Laing, Miss M. J.	The War of 1914-19	3June19
Lamb, Miss H. (Staff Nurse, T.F. Nursing Serv.)	The War of 1914-19	1Jan.18
Lambe, Miss G. D.	The War of 1914-19	4Apr.19
Lambert, Miss J. (Sister, S A.M.N.S.)	The War of 1914-19	1Jan.19
Lambert, Miss M. M.	The War of 1914-19	3June16
Lambkin, Miss M. K. (Sister, Can. Local Forces)	The War of 1914-19	3June16
Lamonby. Miss L. (Nurse V.A.D.)	The War of 1914-19	1Jan 19
Lamont, Miss I. M.	The War of 1914-19	31July19
Lancaster, Miss E. (Staff Nurse, T.F. Nursing Serv.)	The War of 1914-19	24Oct.17
Lander, Miss E. (Sister, T.F. Nursing Serv.)	The War of 1914-19	16Feb.20
Landon, Mrs. M. I.	The War of 1914-19	9Apr.19
Lane, Miss L. (Asst. Matron, Q.A.I.M.N.S. Res.)	The War of 1914-19	23Feb.17
Lang, Mrs. A. McI. (Sister Q.A.I.M.N.S. Res)	The War of 1914-19	31July19
Lang, Mrs. M.	The War of 1914-19	24Oct.17
Langhorn, Miss O.	The War of 1914-19	24Oct.17
Langley, Miss A. A. (Sister, Q.A.I.M N.S. Res.)	The War of 1914-19	1Jan 16
Langley, Mrs. E.	The War of 1914-19	24Oct.17
Langmaid, Miss A. M. M. (Staff Nurse, Q.A.I.M.N.S.R.)	The War of 1914-19	1Jan.19

ASSOCIATES (A.R.R.C.)—contd.

Name	Services	Date
Langman, Mrs J. (*Staff Nurse, S.A.M.N.S.*)	The War of 1914-19	1 Jan.16
Lapham, Miss D. (*A/Sister, Q.A.I.M.N.S. Res.*)	The War of 1914-19	24 Oct.17
Lardner, Miss G. I. (*Asst. Matron, Q.A.I.M.N.S.R.*)	The War of 1914-19	1 Jan.19
Lassell, Miss H.	The War of 1914-19	1 Jan.18
Latimer, Miss M.	The War of 1914-19	24 Oct.17
Lauder, Miss H. P. (*Sister, T.F. Nursing Serv.*)	The War of 1914-19	1 Jan.19
Laura Jane, *Sister Superior*	The War of 1914-19	24 Oct.17
Laurie, Miss J. E.	The War of 1914-19	6 Aug.19
Laurence, Miss M. (*Staff Nurse, Q.A.I.M.N.S. Res.*)	The War of 1914-19	3 June 16
Laurenson, Mrs. C.	The War of 1914-19	23 Feb.17
Laver, Mrs. M.	The War of 1914-19	24 Oct.17
Lavington, Miss E. R.	The War of 1914-19	24 Oct.17
Lavie, Miss M.	The War of 1914-19	3 June 19
Law, Miss F.	The War of 1914-19	3 June 18
Law, Miss J. D. (*Sister, Q.A.I.M.N.S. Res.*)	The War of 1914-19	9 Apr.19
Law, Miss V. (*Actg. Sister Q.A.I.M.N.S. Res.*)	The War of 1914-19	3 June 18
Lawes, Miss A.	The War of 1914-19	24 Oct.17
Lawlor, Miss A. J.	The War of 1914-19	9 Apr.19
Lawley, Hon. M. C.	The War of 1914-19	1 Jan.18
Lawley, Hon. U. M.	The War of 1914-19	1 Jan.18
Lawrence, Miss E.	The War of 1914-19	6 Aug.19
Lawrence, Mrs. L. M.	The War of 1914-19	24 Oct.17
Lawrenson, Mrs. C.	The War of 1914-19	3 June 16
Lawrie, Miss A. O. (*Sister, Q.A.I.M.N.S. Res.*)	The War of 1914-19	24 Oct.17
Lawson, Mrs. A. C.	The War of 1914-19	23 Feb.17
Lawson, Miss C. A.	The War of 1914-19	21 June 18
Lawson, Miss D. G.	The War of 1914-19	3 June 19
Lawton, Miss E.	The War of 1914-19	21 June 18
Lay, Miss H. J.	The War of 1914-19	24 Oct.17
Lea, Miss E. B.	The War of 1914-19	6 Aug.19
Leah, Mrs. G.	The War of 1914-19	4 Apr.19
Leamy, Miss M. (*Nursing Sister, Can A.M.C.*)	The War of 1914-19	3 June 19
Leake, Miss N. (*Staff Nurse, C'wealth Mil. Forces*)	The War of 1914-19	1 Jan.17
Leark, Miss J. G.	The War of 1914-19	24 Oct.17
Learmouth, Miss E. F.	The War of 1914-19	21 June 18
Leatham, Miss L. P.	The War of 1914-19	1 Jan.18
Leavesley, Miss S. (*Staff Nurse, T.F. Nursing Serv.*)	The War of 1914-19	21 June 18
Leck, Miss A. P.	The War of 1914-19	31 July 19
Le Cocq, Miss R. E.	The War of 1914-19	31 July 19
Lee, Miss A. L. (*Sister, Q.A.I.M.N.S.R.*)	The War of 1914-19	1 Jan.19
Lee, Miss A. N. (*Staff Nurse, Q.A.I.M.N.S. Res.*)	The War of 1914-19	1 Jan.18
Lee, Miss E. (*Sister, Q.A.I.M.N.S. Res.*)	The War of 1914-19	9 Apr.19
Lee, Miss H. M. (*V.A.D, Nurse*)	The War of 1914-19	9 Apr.19
Lee, Miss W. (*Staff Nurse, Q.A.I.M.N.S. Res.*)	The War of 1914-19	3 June 18
Lee-Archer, Miss E. F. (*Sister, C'wealth Mil. Forces*)	The War of 1914-19	3 June 16
Leech, Miss D. (*Sister, T.F. Nursing Serv.*)	The War of 1914-19	24 Oct.17
Leech, Miss E. (*Sister, Q.A.I.M.N.S. Res.*)	The War of 1914-19	23 Feb.17
Leechman, Miss J. T. (*Sister, Q.A.I.M.N.S.R.*)	The War of 1914-19	1 Jan.19
Leedam, Miss I. B.	The War of 1914-19	3 June 19
Lees, Miss G.	The War of 1914-19	24 Oct.17
Le Gassick, Miss P. (*Sister, Q.A.I.M.N.S.*)	The War of 1914-19	9 Apr.19
Leigh, Miss K.	The War of 1914-19	4 Apr.19
Leigh, Miss L. (*Sister, Q.A.I.M.N.S. Res.*)	The War of 1914-19	9 Apr.19
Leith-Hay, Hon. Mrs. L. H. V.	The War of 1914-19	6 Aug.19
Leman, Miss F. C. (*Staff Nurse, Q.A.I.M.N.S. Res.*)	The War of 1914-19	5 June 19
Leng, Miss M.	The War of 1914-19	31 July 19
Leon, Miss M.	The War of 1914-19	6 Aug.19
Leresche, Miss J.	The War of 1914-19	31 July 19
Lermitte, Mrs. I.	The War of 1914-19	24 Oct.17
Leslie, Miss A. (*Staff Nurse, T.F. Nursing Serv.*)	The War of 1914-19	3 June 16
Leslie, Miss H. E.	The War of 1914-19	24 Oct.17
Leuchars, Miss J.	The War of 1914-19	31 July 19
l'Estrange, Miss E.	The War of 1914-19	24 Oct.17
Lett, Miss E. S. (*Sister, Q.A.I.M.N.S. Res.*)	The War of 1914-19	3 June 16
Letts, Miss A. M. (*Staff Nurse, Q.A.I.M.N.S.Res.*)	The War of 1914-19	1 Jan.19
Levey, Miss M. V. (*Sister, Q.A.I.M.N.S. Res.*)	The War of 1914-19	3 June 19
Lewis, Miss A. (*Staff Nurse Q.A.I.M.N.S. Res.*)	The War of 1914-19	31 July 19
Lewis, Miss C. J. (*Staff Nurse, Q.A.I.M.N.S.R.*)	The War of 1914-19	1 Jan.19
Lewis, Miss E.	The War of 1914-19	6 Aug.19
Lewis, Miss E. E.	The War of 1914-19	3 June 19
Lewis, Miss E. M.	The War of 1914-19	3 June 16
Lewis, Miss G. (*Staff Nurse, T.F. Nursing Serv.*)	The War of 1914-19	23 Feb.17
Lewis, Miss M. (*Sister T.F. Nursing Serv.*)	The War of 1914-19	31 July 19
Leyden, Miss K. E.	The War of 1914-19	3 June 19
Lezard, Miss L. (*Staff Nurse, S.A.M.N.S.*)	The War of 1914-19	1 Jan.19
Liddell, Miss M. J. (*Staff Nurse T.F. Nursing Serv.*)	The War of 1914-19	3 June 19
Lidstone, Miss B. O. (*Staff Nurse, Q.A.I.M.N.S.Res.*)	The War of 1914-19	1 Jan.17
Liggat, Miss E.	The War of 1914-19	6 Aug.19
Lilley, Miss A. B.	The War of 1914-19	6 Aug.19
Lillie, Miss M. R. (*Sister, T.F. Nursing Serv.*)	The War of 1914-19	3 June 19
Lindsay, Miss E. (*Sister T.F. Nursing Serv.*)	The War of 1914-19	16 Feb.20
Lindsay, Miss E. C. E. (*Sister, Q.A.I.M.N.S. (Ret.)*)	The War of 1914-19	26 Feb.18

The Royal Red Cross 525

ASSOCIATES (A.R.R.C.)—contd.

Services.

Name	Service	Date
Lindsay, Miss J. (Sister, T.F. Nursing Serv.)	The War of 1914-19	3June16
Lindsay, Miss J.	The War of 1914-19	31July19
Lindsay, Miss M. H. (Sister T.F. Nursing Serv.)	The War of 1914-19	1Jan.19
Lindsay, Miss M. O. (Nursing Sister, Can. Nursing Serv.)	The War of 1914-19	21June18
Lindsay, Miss R.	The War of 1914-19	21June18
Lineham, Mrs. F. M.	The War of 1914-19	6Aug.19
Lingard, Mrs. M.	The War of 1914-19	9Apr.19
Linklater, Miss E. M. (Sister, Aust. A.N.S.)	The War of 1914-19	3June19
Lintall, Miss M.	The War of 1914-19	21June18
Linton, Miss A. (Staff Nurse, T.F. Nursing Serv.)	The War of 1914-19	3June16
Linton, Miss J. (Sister T.F. Nursing Serv.)	The War of 1914-19	1Jan.19
Linton, Miss M. A.	The War of 1914-19	1Jan.18
Linton, Miss W. (Sister, Q.A.I M.N.N. Res.)	The War of 1914-19	3June17
Lister, Miss E. C. (Sister, T.F. Nursing Serv.)	The War of 1914-19	3June16
Lithgow, Miss A. M.	The War of 1914-19	1Jan.19
Little, Miss C.	The War of 1914-19	1Jan.18
Little, Miss C. J. (Nursing Sister, Can. A.M.C.)	The War of 1914-19	3June19
Little, Miss K. (Nursing Sister, Can. Local Forces)	The War of 1914-19	3June17
Little, Miss M. M. (T.F. Nursing Serv.)	The War of 1914-19	1Jan.19
Littleboy, Miss G. M.	The War of 1914-19	31July19
Littleton, The Hon. E. M.	The War of 1914-19	3June19
Littlewood, Miss N.	The War of 1914-19	24Oct.17
Litton, Miss G. (Sister, T.F. Nursing Serv.)	The War of 1914-19	23Feb.17
Litton Miss G. E. (Sister, T.F. Nursing Serv.)	The War of 1914-19	3June17
Livesay, Miss E. M. (Sister, N.Z.A.N.S.)	The War of 1914-19	31July19
Livingstone, Miss E. M. (Staff Nurse, T.F. Nursing Serv.)	The War of 1914-19	3June16
Llewellyn, Mrs. H.	The War of 1914-19	21June18
Llewellyn, Mrs. H. H.	The War of 1914-19	6Aug.19
Lloyd, Miss F.	The War of 1914-19	24Oct.17
Lloyd, Miss G. C. B.	The War of 1914-19	16Feb.20
Lloyd, Miss M. J. (Staff Nurse, T.F. Nursing Serv.)	The War of 1914-19	3June19
Lloyd, Miss P.	The War of 1914-19	31July19
Lloyd, Miss S.	The War of 1914-19	21June18
Lloyd-Jones, Miss J. M.	The War of 1914-19	4Apr.19
Lockhead, Miss M. J. H. (Staff Nurse, T.F. Nursing Serv.)	The War of 1914-19	24Oct.17
Logan, Miss I.	The War of 1914-19	31July19
Logan, Miss N.	The War of 1914-19	9Apr.19
Logie, Miss E. M. (Actg. Sister, Q.A.I.M.N.S. Res.)	The War of 1914-19	23Feb.17
Loneragan, Miss B. (Sister, Can. A.M.C.)	The War of 1914-19	9Apr.19
Longdon, Mrs. Z.	The War of 1914-19	4Apr.19
Longman, Miss A. L. (Sister, N.Z.A.N.S.)	The War of 1914-19	31July19
Longmire, Miss B. F.	The War of 1914-19	31July19
Longmore, Miss M. L'A. (Sister, T.F. Nursing Serv.)	The War of 1914-19	3June16
Longstaffe, Miss F. H.	The War of 1914-19	31July19
Looney, Miss M. F. (Staff Nurse, N.Z.A.M.C.)	The War of 1914-19	1Jan.18
Loosemore, Miss A. H. M. (Sister, S. Afr. A.N S.)	The War of 1914-19	31July19
Loosley, Miss E. I. (Staff Nurse, Q.A.I M.N.S. Res.)	The War of 1914-19	16Feb.20
Loraine, Miss E. S. (Staff Nurse, Q.A.I.M.N.S.Res.)	The War of 1914-19	3June18
Lorrimer, MissF.C.(Asst.Matron,Q.A.I.M.N.S.Res.)	The War of 1914-19	24Oct.17
Louden, Miss F. H.	The War of 1914-19	12Dec.19
Lough, Miss A. M. (Nursing Sister, S. Afr. Nursing Serv.)	The War of 1914-19	3June19
Loughlin, Miss M. (Sister, T.F. Nursing Serv.)	The War of 1914-19	24Oct.17
Loughron, Miss M. McL.(Actg.Sister,Q.A.I.M.N.S.)	The War of 1914-19	3June17
Lovell, Mrs. A. L. S.	The War of 1914-19	21June18
Lovell, Miss E. M. (Staff Nurse, Q.A I.M.N.S Res.)	The War of 1914-19	23Feb.17
Lovell, Miss I. G. (Sister, Aust. A.N.S.)	The War of 1914-19	1Jan.19
Lovell, Miss L. A. (Sister, T. F. Nursing Serv.)	The War of 1914-19	21June18
Lovibond, Miss B. D. (Sister, E. Afr. Mtl. Nursing Serv.	The War of 1914-19	1Jan.19
Low, Miss A. B.	The War of 1914-19	24Oct.17
Low, Miss M. M.	The War of 1914-19	23Feb.17
Lowe, Miss A. E. A. (Nursing Sister, S.A.M.N.S.)	The War of 1914-19	3June19
Lowe, Miss A. M. (Sister, T. F. Nursing Serv.)	The War of 1914-19	21June18
Lowe, Miss A. R. I. (Temp.Nurs.Sister,Q.A.I.M.N.S. for India)	The War of 1914-19	3June16
Lowe, Miss B.	The War of 1914-19	24Oct.17
Lowe, Miss E. G. (Sister, Q.A.I.M.N.S.)	The War of 1914-19	3June18
Lowsley, Miss N. E.	The War of 1914-19	6Aug.19
Lucas, Miss N. M.	The War of 1914-19	16Feb.20
Lucke, Miss E. A.	The War of 1914-19	16Feb.20
Lumsden, Miss E. E. (Nursing Sister, Can. Nursing Serv.)	The War of 1914-19	21June18
Lunn, Miss E. G.	The War of 1914-19	3June19
Lupton, Miss F. C. (Sister, T.F. Nursing Serv.)	The War of 1914-19	3June16
Lupton, Mrs. M.	The War of 1914-19	4Apr.19
Lush, Miss R. J. (Sister, T.F. Nursing Serv.)	The War of 1914-19	3June19
Lusted, Miss E. (Sister, T.F. Nursing Serv.)	The War of 1914-19	24Oct.17

ASSOCIATES (A.R.R.C.)—contd.

Name	Services	Date
Lustic, Miss C. E. (Sister, Q.A.I.M.N.S. Res.)	The War of 1914-19	31July19
Lutwick, Miss M. D., M.M. (Sister, Q.A.I.M.N.S.Res)	The War of 1914-19	3June18
Lyall, Miss J. D. (Sister, Can. Nursing Serv.)	The War of 1914-19	21June18
Lyle, Miss J. B. (Staff Nurse, T.F. Nursing Serv.)	The War of 1914-19	1Jan.17
Lynch, Miss D.	The War of 1914-19	1Jan.18
Lynch, Miss M. (Matron, Q.A.I.M.N.S. Res.)	The War of 1914-19	31July19
Lynn-Thomas, Lady	The War of 19 4-19	6Aug.19
Lyon, Miss A. M.	The War of 1914-19	4Apr.19
Lyons, Miss M. A. (Staff Nurse, Q.A.I.M.N.S. Res.)	The War of 1914-19	3June16
Lyons, Miss M. J. L. (Q.A.I.M.N.S. Res.)	The War of 1914-19	1Jan.16
Lyster, Miss H. M.	The War of 1914-19	3June18
Lytle, Miss M.	The War of 1914-19	23Feb.17
Lyttleton, Miss H.	The War of 1914-19	3June19
Maberly, Miss M F. E.	The War of 1914-19	6Aug.19
Macadam, Miss J. L	The War of 1914-19	6Aug.19
Macaffee, MissM. (NursingSister,Can.LocalForces)	The War of 1914-19	23Feb.17
McAllan, Miss L. M. (Sister, Q.A.I.M.N.S.Res.)	The War of 1914-19	9Apr.19
McAllister, Miss E. L. (Sister, Q.A.I.M.N.S.)	The War of 1914-19	3June16
McAllister, Miss W.	The War of 1914-19	6Aug.19
McAllum, Miss E. M.	The War of 1914-19	6Aug.19
MacAndrew, Miss A. E. (Actg. Sister, Q.A.I.M.N.S. Res.)	The War of 1914-19	3June19
Macarthy, Miss E.	The War of 1914-19	1Jan.18
Macaulay, Miss C. S. (Sister, T.F. Nursing Serv.)	The War of 1914-19	24Oct.17
McBeth, Miss M. (Sister, N.Z. Mil. Forces)	The War of 1914-19	3June17
McBlaine, Mrs. N.	The War of 1914- 9	31July19
McBrayne, Miss M.	The War of 1914-19	31July19
McBreen, Miss M.P. (Staff Nurse, Q.A.I.M.N.S.Res.)	The War of 1914-19	3June16
McBride, Miss M. (Asst. Matron Q.A.I.M.N.S.)	The War of 1914-19	31July19
McBride, Miss M. B. (Sister, T.F. Nursing Serv.)	The War of 1914-19	1Jan.18
MacBurney, Miss M.	The War of 1914-19	4Apr.19
McCall, Miss A. H. (Staff Nurse, Q.A.I.M.N.S. Res.)	The War of 1914-19	3June16
M'Callum, Miss C. (Staff Nurse, T.F. Nursing Serv.)	The War of 1914-19	3June16
McCallum, Miss C.	The War of 1914-19	23Feb.17
McCallum, Miss F. E. M. (Sister, Can. Local Forces)	The War of 1914-19	3June16
Maccallum, Miss H. B. (Nursing Sister, Can. Nursing Serv.)	The War of 1914-19	21June18
McCallum, Miss M. (Sister, T.F. Nursing Serv.)	The War of 1914-19	24Oct.17
McCammond, Miss M. J.	The War of 1914-19	1Jan.17
McCarthy, Miss M.	The War of 1914-19	1Jan.18
McCarthy Miss S. (Asst Matron Q.A.I.M.N.S. Res.)	The War of 1914-19	31July19
McCaul, Miss H.	The War of 1914-19	18May19
McClelland, Miss F. (Sister Q.A.I.M.N.S.)	The War of 1914-19	24Oct.17
McClew, Miss M. E.	The War of 1914-19	24Oct.17
McClintock, Mrs. L. M.	The War of 1914-19	24Oct.17
McCabe, Miss M.A. (Staff Nurse, Q.A.I.M.N S.)	The War of 1914-19	23Feb.17
McConachie, Miss L. M. (Nursing Sister Can.A.M.C.)	The War of 1914-19	12Dec19
McConnell, Miss R. (Nursing Sister, Can. A.M.C.)	The War of 1914-19	3June19
McConnon, Miss A. M.	The War of 1914-19	31July19
McCort, Miss M. (Nursing Sister, C.A.M.C.)	The War of 1914-19	1Jan.18
McCowan. Miss M.	The War of 1914-19	3June19
Macrae, Miss M	The War of 1914-19	23Feb.17
McCulloch, Miss C.	The War of 1914-19	3June16
McCulloch Miss R. (Nursing Sister, Can A.M C)	The War of 1914-19	31July19
McCullough, Miss G. B. (Nursing Sister, Can. Local Forces)	The War of 1914-19	3June17
McCurdy, Miss N. C. (Nursing Sister, Can. Local Forces)	The War of 1914-19	23Feb.17
MacDermott, Miss A.	The War of 1914-19	21June18
MacDairmid, Miss F. (Sister Q.A.I.M.N.S.Res.)	The War of 1914-19	3June19
MacDiarmid, Miss J. (Sister, T.F. Nursing Serv.)	The War of 1914-19	24Oct.17
Macdonald, Miss A.	The War of 1914-19	3June16
Macdonald, Miss Alice	The War of 1914-19	31July19
Macdonald, Miss B. (Nurse U.S.A. Nursing Corps)	The War of 1914-19	3June18
McDonald, Miss E. (Sister, Q.A.I.M.N.S. Res.)	The War of 1814-19	24Oct.17
MacDonald, Miss E.	The War of 1914-19	3June19
MacDonald, Miss E. I. (Staff Nurse, Aust. A.N.S.)	The War of 1914-19	1Jan.19
Macdonald, Miss E. M. (Supt. Nurse, Q.A.I.M.N.S. Res.)	The War of 1914-19	24Oct.17
MacDonald, Miss H. (Sister)	The War of 1914-19	9Apr.19
MacDonald, Miss H. H. (Nursing Sister, C.A.M.C.)	The War of 1914-19	24Oct.17
Macdonald, Miss H. T. (Asst. Matron, Q.A.I.M.N.S. Res.)	The War of 1914-19	31July19
McDonald, Miss H. W.	The War of 1914-19	3June19
Macdonald, Miss J. (Sister, T.F. Nursing Serv.)	The War of 1914-19	23Feb.17
McDonald, Miss J. B. (Sister, Aust. A.N.S.)	The War of 1914-19	1Jan.19
Macdonald, Miss J. M. (Sister, Can. Local Forces)	The War of 1914-19	1Jan.17
Macdonald, Miss L. (Nursing Sister, Can. A.M.C.)	The War of 1914-19	31July19
MacDonald, Miss M. (Sister, Q.A.I.M.N.S. Res.)	The War of 1914-19	25Feb.18
MacDonald, Miss M. (Nursing Sister, Can. A.M.C.)	The War of 1914-19	1Jan.19
Macdonald, Miss M.	The War of 1914-19	4Apr.

ASSOCIATES (A.R.R.C.)—contd.

Name	Services	Date
Macdonald, *Miss* M. A.	The War of 1914-19	16Feb.20
McDonald, *Miss* M.S (*Staff Nurse,Q.A I.M.N S.Res.*)	The War of 1914-19	1Jan.18
McDonald, *Miss* S. C. (*Sister, A.A. Nursing Serv.*)	The War of 1914-19	3June18
MacDougall, *Miss* A. C. (*Nursing Sister, Can. A.M.C.*)	The War of 1914-19	12Dec.19
McDougall, *Miss* E. (*Nursing Sister, Can. A M.C.*)	The War of 1914-19	1Jan.19
McDowell, *Miss* A. (*Sister, Q.A.I.M.N.S, Res.*)	The War of 1914-19	21June18
McEachern, *Miss* L. (*Sister, Can. Local Forces*)	The War of 1914-19	3June17
McEwen, *Miss* J. W. (*Sister, Q.A.I.M.N.S. Res.*)	The War of 1914-19	3June16
MacFadden, *Miss* E.M.L. (*Sister. Q.A.I.M.N.S.Res.*)	The War of 1914-19	1Jan.18
McFall, *Miss* M. (*Staff Nurse, T.F.N.S.*)	The War of 1914-19	18May19
Macfarlane, *Miss* M. C.	The War of 1914-19	3June19
Macfie, *Miss* C. D. (*Staff Nurse, T.F. Nursing Serv.*)	The War of 1914-19	23Feb.17
McGann, *Miss* S. J. (*Staff Nurse, N.Z.A.N.S.*)	The War of 1914-19	1Jan.18
McGaw, *Miss* J. S. (*Sister, Q A I.M.N.S. Res.*)	The War of 1914-19	3June19
McGee, *Miss* C.	The War of 1914-19	24Oct.17
McGeorge, *Miss* J. (*Staff Nurse, Q A.I.M N S. Res.*)	The War of 1914-19	3June17
McGeown, *Miss* M. R. (*Sister, Q.A.I.M.N.S. Res.*)	The War of 1914-19	24Oct.17
McGillivray, *Miss* J. (*Sister, Q.A.I.M.N.S. Res.*)	The War of 1914-19	1Jan.18
McGlashan, *Mrs.* M. H.	The War of 1914-19	21June18
McGovern, *Miss* C.	The War of 1914-19	16Feb.20
McGrath, *Miss* K.	The War of 1914-19	24Oct.17
McGreer, *miss* L. S. (*Nursing Sister, Can. A.M.C.*)	The War of 1914-19	3June19
McGregor, *Mrs.* E.	The War of 1914-19	9Apr.19
Macgregor, *Miss* J. K.	The War of 1914-19	21June18
McGregor, *Miss* M.	The War of 1914-19	16Feb.20
McGregor, *Miss* N. (*Staff Nurse T.F.N.S.*)	The War of 1914-19	1Jan.19
McGuffie, *Miss* M.	The War of 1914-19	31July19
McGuffog, *Miss* J. E. (*Staff Nurse, T.F. Nursing Serv.*)	The War of 1914-19	23Feb.17
MacHardy, *Miss* H (*Staff Nuree, Q.A.I.M.N.S. Res.*)	The War of 1914-19	3June19
McHugh, *Miss* M. S. (*Sister, Q.A.I.M.N.S. Res.*)	The War of 1914-19	1Jan.18
McIlrath, *Miss* C.A. (*Staff Nurse,Q.A.I.M.N.S.Res.*)	The War of 1914-19	1Jan.18
McIlwain, *Miss* H. (*Staff Nurse, Q.A.I.M.S.R.*)	The War of 1914-19	3June19
McIlwrath, *Miss* M. (*Staff Nurse, Q.A.I.M.N.S. Res.*)	The War of 1914-19	1Jan.17
MacInnes, *Miss* M. (*Nursing Sister, Can. A.M.C.*)	The War of 1914-19	3June19
McIntosh, *Miss* A. (*Staff Nurse, Q.A.I.M.N.S.Res.*)	The War of 1914-19	3June16
MacIntosh, *Miss* A. M. (*Sister, Q.A.I.M N.S. Res.*)	The War of 1914-19	3June19
McIntosh, *Miss* L. (*Staff Nurse, A.A.Nursing Serv.*)	The War of 1914-19	24Oct.17
Macintosh, *Miss* M. M.	The War of 1914-19	24Oct.17
Macintyre, *Miss* K. V.	The War of 1914-19	21June18
McIntyre, *Miss* M.	The War of 1914-19	24Oct.17
MacIntyre, *Miss* M. F. (*Sister, T.F. Nursing Serv.*)	The War of 1914-19	3June16
Mack, *Miss* B. H. (*Nursing Sister, Can. A.M.C.*)	The War of 1914-19	3 July19
Mackay, *Miss* A. J. (*Sister, N.Z.A. Nursing Serv.*)	The War of 1914-19	9Apr.19
Mackay, *Miss* H.	The War of 1914-19	3June18
MacKay, *Miss* H. B. (*Nursing Sister, C.A.M.C.*)	The War of 1914-19	24Oct.17
Mackay, *Mrs.* J. R.	The War of 1914-19	4Apr.19
MacKay, *Miss* O. A. (*Sister, Can. A.M.C.*)	The War of 1914-19	9Apr.19
MacKay, *Miss* M.	The War of 1914-19	6Aug 19
Macken, *Miss* M.	The War of 1914-19	3June16
McKellar, *Miss* F. (*Staff Nurse,T.F. Nursing Serv.*)	The War of 1914-19	1Jan.18
McKenna, *Miss* M.	The War of 1914-19	3June18
McKenzie, *Miss* C.	The War of 1914-19	31July19
Mackenzie, *Miss* C. I.	The War of 1914-19	23Feb.17
Mackenzie, *Miss* E. D. (*Sister, Q.A.I.M.N.S.Res.*)	The War of 1914-19	3June18
Mackenzie, *Miss* I. (*Sister, Q.A.I.M.N.S. Res.*)	The War of 1914-19	16Feb.20
Mackenzie, *Miss* K.	The War of 1914-19	3June18
Mackenzie, *Miss* L. (*Staff Nurse, A.A.N.S.*)	The War of 1914-19	1Jan.19
Mackenzie, *Mrs.* M.	The War of 1914-19	3June17
Mackenzie, *Miss* N. (*Sister, Q.A.I.M.N.S. Res.*)	The War of 1914-19	1Jan.18
Mackertich *Miss* M. J. (*Sister, Q.A.I.M.N.S. Res.*)	The War of 1914-19	24Oct.17
McKibbin, *Miss* A. E. (*Sister Q.A.I.M.N.S. Res.*)	The War of 1914-19	31July19
McKiel, *Miss* T. A. (*Nursing Sister Can. Nursing Serv.*)	The War of 1914-19	21June18
McKinnon, *Miss* F.	The War of 1914-19	3June16
McKinnon, *Miss* J.	The War of 1914-19	16Feb.20
Mackienow, *Miss* M.	The War of 1914-19	6Aug.19
Mackintosh, *Miss* A. D. (*Sister, T.F. Nursing Serv.*)	The War of 1914-19	24Oct.17
McLachlan, *Miss* M. (*Sister, Q.A.I.M.N.S. Res.*)	The War of 1914-19	1Jan.19
Maclaren, *Miss* A.	The War of 1914-19	3June16
MacLaren, *Miss* A. G.	The War of 1914-19	24Oct.17
McLaughlin, *Miss* C.	The War of 1914-19	16Feb.20
MacLaughlin, *Miss* H. A. (*Nursing Sister Can. Local Forces*)	The War of 1914-19	23Feb.17
McLaughlin, *Miss* J. M.	The War of 1914-19	24Oct.17
McLaughlin, *Miss* R. (*Staff Nurse,Q.A.I.M.N.S.Res.*)	The War of 1914-19	5June18
McLean, *Miss* A. (*Sister, Q.A I.M.N.S. Res.*)	The War of 1914-19	3June16
McLean, *Miss* A. (*Sister N.Z.A.N.S.*)	The War of 1914-19	31July19
McLean, *Miss* J.	The War of 1914-19	16Feb.20

ASSOCIATES (A.R.R.C.)—contd.

Name	Services	Date
MacLean, Miss M. C. (Sister, T.F. Nursing Serv.)	The War of 1914-19	3June18
McLean, Miss M. C.	The War of 1914-19	6Aug.19
MacLean, Miss M. E. (Nursing Sister, Q.A.M.N.S.I.)	The War of 1914-19	3June18
McLean, Miss K. (Sister, Q.A.I.M.N.S.R.)	The War of 1914-19	3June19
McLean, Miss M. F. (Staff Nurse, Q.A.I.M.N.S.Res.)	The War of 1914-19	3June16
McLean, Miss M. R.	The War of 1914-19	3June16
McLean, Miss M. R. (Sister T.F. Nursing Serv.)	The War of 1914-19	31July19
McLean, Miss R. (Sister, Can. Local Forces)	The War of 1914-19	3June16
McLelland, Miss D. (Staff Nurse, T.F. Nursing Serv.)	The War of 1914-19	3June16
McLennan, Miss A. N. (Staff Nurse, T.F. Nursing Serv.)	The War of 1914-19	3June16
McLennan, Miss C. McD. (Sister, Q.A.I M.N.S.R.	The War of 1914-19	3June19
McLeod, Miss A. B. (Sister, T.F.N.S.)	The War of 1914-19	1Jan.19
Macleod, Miss A. F. (Staff Nurse, Q.A.I.M.N.S. Res.)	The War of 1914-19	1Jan.18
Macleod, Miss C. (Sister, Q.A.I.M.N.S. Res.)	The War of 1914-19	1Jan.19
Macleod, Miss E. (Sister N.Z.A N.S.)	The War of 1914-19	31July19
Macleod, Miss J. (Sister, T.F. Nursing Serv.)	The War of 1914-19	3June19
MacLeod, Miss K. A. (Nursing Sister, C'm. A.M.C.)	The War of 1914-19	3June19
Macleod, Miss M. E. (Nursing Sister Can. Nursing Serv.)	The War of 1914-19	21June18
McLymont, Miss M.	The War of 1914-19	3June16
MacMahon, Miss A. G. (Ac'g. Sister, Q.A.I.M.N.S. Res.	The War of 1914-19	1Jan.19
McMahon, Miss T. M. C. (Sister, Q.A.I.M.N.S.Res.)	The War of 1914-19	3June16
MacMaster, Miss J.	The War of 1914-19	23Feb.17
McMillan, Miss A. S. (Sister, T.F.N.S.)	The War of 1914-19	1Jan.19
MacMillan, Mrs. E. M.	The War of 1914-19	4Apr.19
McMillan, Mrs L.	The War of 1914-19	1Jan.17
MacMillan, Miss M. (Nursing Sister, Can. A.M.C.)	The War of 1914-19	3June19
McMillan, Miss M. R. McC. (Sister, Q.A.I.M.N.S. Res.)	The War of 1914-19	1Jan.19
McMullan, Miss S. (Staff Nurse, Q.A.I.M.N.S. Res.)	The War of 1914-19	3June16
McMunn, Miss E.	The War of 1914-19	23Feb.17
McNab, Miss A.	The War of 1914-19	4Apr.19
Macnab, Miss A.	The War of 1914-19	31July19
McNab, Miss M. M. (Staff Nurse, Q.A.I.M.N.S.Res.)	The War of 1914-19	1Jan.16
MacMorland, Miss R. McC. (Sister, Q.A.I.M.N.S. Res.)	The War of 1914-19	1Jan.19
McNaughan, Miss M. (Sister, Q.A.I.M.N.S., ret.)	The War of 1914-19	3June17
MacNaughton, Miss C L. (Sister, Q.A.I.M.N.S.Res.	The War of 1914-19	23Feb.17
MacNaughton, Miss M. A. (Nursing Sister, Can. A.M.C.)	The War of 1914-19	3June19
McNaughton, Miss M. I. (Staff Nurse Q.A.I.M.N.S.)	The War of 1914-19	23Feb.17
MacNaughton-Jones, Mrs. M. K.	The War of 1914-19	24Oct.17
MacNeill, Miss M. M. (Sister T.F. Nursing Serv.)	The Wsr of 1914-19	31July19
McNicol, Miss A. H. (Nursing Sister Can. Nursing Serv.)	The War of 1914-19	21June18
McNulty, Miss H. (Sister, Q.A.I.M.N.S. Res.)	The War of 1914-19	1Jan.19
McNulty, Miss M. M. (Sister, C'wealth Mil. Forces)	The War of 1914-19	23Feb.17
McOlernon, Miss E.	The War of 1914-19	24Oct.17
Macpherson, Miss A.	The War of 1914-19	24Oct.17
McPherson, Miss G. (Sister T.F. Nursing Serv.)	The War of 1914-19	1Jan.19
McPherson, Miss G. B. (Nursing Sister, Can. Local Forces)	The War of 1914-19	23Feb.17
McPherson, Miss J. D C. (Sister, Q.A.I.M.N.S.)	The War of 1914-19	1Jan.18
MacPherson, Miss L. (Sister, Q.A.I.M.N.S Res.)	The War of 1914-19	9Apr.19
McPherson, Miss M. (Nursing Sister, Can. A.M.C.)	The War of 1914-19	1Jan.19
McPherson, Miss M. (Nursing Sister. Can. A.M.C.)	The War of 1914-19	3June16
MacQueen, Miss J.(Asst.Matron,Q.A.I.M.N.S.Res.)	The War of 1914-19	24Oct.17
Macrae, Miss C. (Asst. Matron, Q.A.I.M.N.S)	The War of 1914-19	3June18
Macrae, Miss C. M. L.(Actg. Sister, (Q.A.I.M.N.S Res.)	TheWar of 1914-19	1Jan.19
McRae, Miss T. M. (Sister and Asst.Matron,N.Z.A N.S.)	The War of 1914-19	24Oct.17
Macrae, Miss M.	The War of 1914-19	23Feb.17
McVeigh, Miss E (Staff Nurse, Q.A.I.M.N. S.Res.	The War of 1914-19	3June19
Maddox, Miss A. (Sister, T.F. Nursing Serv.)	The War of 1914-19	23Feb.17
Madigan, Miss M.	The War of 1914-19	16Feb.20
Magee, Miss R. G.	The War of 1914-19	24Oct.17
Maguire, Miss A. (Staff Nurse, Q.A.I.M.N.S.R.)	The War of 1914-19	3June19
Mahoney, Miss E.	The War of 1914-19	6Aug.19
Mahoney, Miss M.	The War of 1914-19	12Dec.19
Main, Mrs. C.	The War of 1914-19	21June18
Mair, Miss A. (Supt. Nurse, Q.A.I.M.N.S. Res.)	The War of 1914-19	24Oct.17
Mair, Miss J. (Sister, Q.A.I.M.N.S. Res.)	The War of 1914-19	1Jan.18
Majendie. Miss I. L. (Senior Nursing Sister, E. Afr. Nursing Serv.)	The War of 1914-19	1Jan.17
Makinson, Miss I.	The War of 1914-19	6Aug.19
Malden, Miss D.	The War of 1914-19	31July19
Male, Mrs. G.	The War of 1914-19	4Apr.19
Malin, Miss E. M. (Sister, Q.A.I.M.N.S. Res.)	The War of 1914-19	23Feb.17
Maling, Miss N. A. (Sister in Charge, Q.A.I.M.N.S. Res.)	The War of 1914-19	12Dec.19

ASSOCIATES (A.R.R.C.)—contd.

Name	Services	Date
Malkin, *Miss* F.	The War of 1914-19	6 Aug. 19
Mallen, *Mrs.* J.	The War of 1914-19	31 July 19
Mallet, *Miss* D. G. (*Staff Nurse, Q.A.I.M.N.S.*)	The War of 1914-19	23 Feb. 17
Maltby, *Miss* D. M. (*Sister, Q.A.I.M.N.S.Res.*)	The War of 1914-19	9 Apr. 19
Manfield, *Miss* M. (*Sister, T.F. Nursing Serv.*)	The War of 1914-19	23 Feb. 17
Manley, *Miss* L. M.	The War of 1914-19	1 Jan. 18
Manley, *Miss* W. H.	The War of 1914-19	6 Aug. 19
Mann, *Miss* H.	The War of 1914-19	6 Aug. 19
Mann, *Miss* I.	The War of 1914-19	6 Aug. 19
Mann, *Miss* I.	The War of 1914-19	4 Apr. 19
Mann, *Miss* J. (*Sister, Q.A.I.M.N.S.Res.*)	The War of 1914-19	1 Jan. 19
Mann, *Miss* M. B. (*Staff Nurse, T.F. Nursing Serv.*)	The War of 1914-19	3 June 19
Mann, *Miss* M. C. (*Sister, Q.A.I.M.N.S. Res.*)	The War of 1914-19	12 Dec. 19
Mannell, *Miss* L. G. (*Staff Nurse, Q.A.I.M.N.S. Res.*)	The War of 1914-19	1 Jan. 18
Manners, *Hon.* A.	The War of 1914-19	8 Mar. 16
Manning, *Miss* F.	The War of 1914-19	24 Oct. 17
Manning, *Miss* E. B.	The War of 1914-19	3 June 19
Manser, *Miss* E. E. (*Sister, Q.A I.M.N.S. Res.*)	The War of 1914-19	3 June 19
Mansfield, *Mrs.* K. L.	The War of 1914-19	24 Oct. 17
Mansfield, *Miss* M. M. (*Sister, Q.A.I.M.N.S. Res.*)	The War of 1914-19	24 Oct. 17
Mapletoft, *Miss* P.	The War of 1914-19	3 June 19
Mapstone, *Miss* E. P. (*Sister, Q.A.I.M.N.S, Res.*)	The War of 1914-19	23 Feb. 17
Marden-Ranger, *Mrs.* K.	The War of 1914-19	9 Apr. 19
Marks, *Mrs.* E.	The War of 1914-19	3 June 16
Marks, *Mrs.* E.	The War of 1914-19	4 Apr. 19
Markwick, A. (*Sister-in-charge Q.A.I.M.N.S. Res.*)	The War of 1914-19	23 Feb. 17
Marr, *Miss* E.	The War of 1914-19	21 June 18
Marr, *Miss* M.	The War of 1914-19	3 June 16
Marriott, *Mrs.* M.	The War of 1914-19	24 Oct. 17
Marrow, *Miss* M. S.	The War of 1914-19	3 June 19
Marsden, *Mrs.* E.	The War of 1914-19	21 June 18
Marsden, *Miss* E. M.	The War of 1914-19	4 Apr. 19
Marsden, *Mrs.* J.	The War of 1914-19	6 Aug. 19
Marsden, *Miss* L.	The War of 1914-19	3 June 18
Marsh, *Miss* E. A.	The War of 1914-19	24 Oct. 17
Marsh, *Miss* F. M. (*Sister, Q.A.I.M.N.S. Res.*)	The War of 1914-19	3 June 19
Marsh, *Miss* M. E. (*Sister, T.F. Nursing Serv.*)	The War of 1914-19	23 Feb 17
Marsh, *Miss* M. R. (*Nursing Sister, Can. Local Forces*)	The War of 1914-19	23 Feb. 17
Marsh, *Miss* T.	The War of 1914-19	3 June 18
Marsh, *Miss* V. M. (*Actg. Sister Q A.I.M.N.S.Res.*)	The War of 1914-19	1 Jan. 19
Marshall, *Miss* B.	The War of 1914-19	6 Aug. 19
Marshall, *Miss* C. H. (*Sister, C'wealth Mil. Forces*)	The War of 1914-19	23 Feb. 17
Marshall, *Miss* E. (*Sister, Q.A.I.M.N.S. Res.*)	The War of 1914-19	3 June 19
Marshall, *Miss* E. M.	The War of 1914-19	24 Oct. 17
Marshall, *Mrs.* I. (*late Staff Nurse, Q.A.I.M.N.S.*)	The War of 1914-19	13 Feb. 17
Marshall, *Miss* I. N.	The War of 1914-19	6 Aug. 19
Marshall, *Miss* K.	The War of 1914-19	6 Aug. 19
Martin, *Miss* A.	The War of 1914-19	3 June 18
Martin, *Miss* A. A. (*Sister, T.F. Nursing Serv.*)	The War of 1914-19	1 Jan. 19
Martin, *Miss* A. N. (*Sister, S.A.N.S.*)	The War of 1914-19	3 June 18
Martin, *Miss* B. (*Staff Nurse Q.A.I.M.N.S. Res.*)	The War of 1914-19	1 Jan. 18
Martin, *Miss* C. C.	The War of 1914-19	6 Aug. 19
Martin, *Miss* D. M. (*Sister, Q.A.I.M.N.S*)	The War of 1914-19	3 June 19
Martin, *Miss* E. (*Sister, T.F. Nursing Serv.*)	The War of 1914-19	3 June 17
Martin, *Miss* E. (*Nursing Sister, C.A.M.C.*)	The War of 1914-19	1 Jan. 18
Martin, *Miss* H.	The War of 1914-19	3 June 18
Martin, *Miss* J. A.	The War of 1914-19	9 Apr. 19
Martin, *Mrs.* L. M.	The War of 1914-19	24 Oct. 17
Martin, *Miss* L. M.	The War of 1914-19	31 Jul. 19
Martin, *Mrs.* M.	The War of 1914-19	24 Oct. 17
Martin, *Mrs.* M. (*Sister, Q.A.I.M.N.S. Res.*)	The War of 1914-19	3 June 16
Martin, *Miss* M. B. (*Sister, Q.A.I.M.N.S. Res.*)	The War of 1914-19	1 Jan. 18
Martin, *Miss* W. M.	The War of 1914-19	16 Feb. 20
Martyndale, *Miss* B.	The War of 1914-19	31 July 19
Maskew, *Miss* M.	The War of 1914-19	24 Oct. 17
Mason, *Miss* D.	The War of 1914-19	1 Jan. 19
Mason, *Miss* E.	The War of 1914-19	3 June 16
Mason, *Mrs.* E.	The War of 1914-19	9 Apr. 19
Mason, *Miss* E. F. (*Staff Nurse, Q.A.I.M.N.S. Res.*)	The War of 1914-19	1 Jan. 17
Mason, *Miss* M. I. (*Sister T.F. Nursing Service*)	The War of 1914-19	16 Feb. 20
Massingham, *Miss* G	The War of 1914-19	3 June 16
Massy, *Miss* D. H. (*Nursing Sister, Can.A.M.C.*)	The War of 1914-19	1 Jan. 19
Masters, *Miss* E. O.	The War of 1914-19	3 June 18
Masters, *Miss* L. C.	The War of 1914-19	24 Oct. 17
Masterson, *Miss* M. E. (*Staff Nurse, T.F. Nursing Serv.*)	The War of 1914-19	4 June 16
Masterton, *Miss* E. C.	The War of 1914-19	1 Jan. 19
Mathewson, *Miss* M.	The War of 1914-19	24 Oct. 17
Mathewson, *Miss* M. J. (*Sister, T.F. Nursing Serv.*)	The War of 1914-19	1 Jan. 18
Matheson, *Miss* C. McI. (*Sister, T.F. Nursing Serv.*)	The War of 1914-19	3 June 19
Mathieson, *Mrs.* A. (*Actg. Sister, Q.A.I.M.N.S.Res.*)	The War of 1914-19	3 June 19
Mathwin, *Miss* M.	The War of 1914-19	9 Apr. 19

ASSOCIATES (A.R.R.C.)—contd.

Name	Services	Date
Matthews, Miss B. (Staff Nurse, T.F. Nursing Serv.)	The War of 1914-19	1 Jan. 18
Matthews, Miss M. S.	The War of 1914-19	21 Oct. 18
Matthews, Miss O. (Staff Nurse Q.A.I.M.N.S. Res.)	The War of 1914-19	21 June 18
Matthews, Miss P. M. (Asst. Nurse T.F. Nursing Serv.)	The War of 1914-19	31 July 19
Mattice, Miss F. B. (Sister, Can. Local Forces)	The War of 1914-19	3 June 16
Maude, Miss E.	The War of 1914-19	4 Apr. 19
Mavety, Miss G. H. (Nursing Sister, Can. Local Forces)	The War of 1914-19	23 Feb. 17
Mavor, Miss C. (Sister Q.A.I.M.N.S Res.)	The War of 1914-19	31 July 19
Maxwell, Miss E. M.	The War of 1914-19	3 June 19
Maxwell, Miss M.	The War of 1914-19	1 Jan. 17
Maxwell, Miss M. W.	The War of 1914-19	24 Oct. 17
Mawdsley, Miss J.	The War of 1914-19	31 July 19
May, Mrs. D. L.	The War of 1914-19	6 Aug. 19
May, Miss E.	The War of 1914-19	24 Oct. 17
May, Miss L. (Sister S.A.M.S.)	The War of 1914-19	1 Jan. 19
May, Miss L. (Sister Q.A.I.M.N.S. Res.)	The War of 1914-19	3 June 19
May, Miss M.	The War of 1914-19	24 Oct. 17
Mayne, Mrs. C.	The War of 1914-19	21 June 18
Mayne, Miss M.	The War of 1914-19	23 Feb. 17
Mayo, Miss C. L.	The War of 1914-19	3 June 19
Mayston, Miss D. K.	The War of 1914-19	6 Aug. 19
Maywood, Miss G. C	The War of 1914-19	23 Feb. 17
Mead, Miss A.	The War of 1914-19	4 May 17
Meade, Miss E. M. (Staff Nurse A.A.N S.)	The War of 1914-19	1 Jan. 19
Meadows, Miss E. E.	The War of 1914-19	9 Apr. 19
Meadows, Miss M. A.	The War of 1914-19	4 Apr. 19
Meaney, Miss A. P. (Sister Q.A.I.M.N.S. Res.)	The War of 1914-19	3 June 19
Mears, Miss M. V. (Sister A.A.N.S.)	The War of 1914-19	1 Jan. 19
Meeson, Miss M. L.	The War of 1914-19	3 June 16
Megson, Miss I.	The War of 1914-19	6 Aug. 19
Meikle, Miss M.	The War of 1914-19	29 Jan. 18
Meiklejohn, Miss H. T. (Nursing Sister, Can. A M.C.)	The War of 1914-19	3 June 19
Meiklejohn, Miss N. F. (Nursing Sister, C.A.M.C.)	The War of 1914-19	24 Oct. 17
Melior, Miss E. (Sister, Q.A.I.M.N.S. Res.)	The War of 1914-19	3 June 19
Melven, Miss M.	The War of 1914-19	6 Aug. 19
Mender, Miss F. M.	The War of 1914-19	1 Jan. 19
Meldrum, Miss A. (Sister, Q.A.I.M.N.S. Res.)	Hospital Ship "Anglia"	17 Mar. 16
Mellody, Miss S. A.	The War of 1914-19	16 Feb. 20
Mellor, Miss C. E. (Sister Q A.I.M.N.S. Res.)	The War of 1914-19	31 July 19
Menhennet, Miss E. M. (Sister, C'wealth Mil. Forces)	The War of 1914-19	3 June 16
Menter, Mrs. J.	The War of 1914-19	6 Aug. 19
Mercer, Miss E. C. (Sister, Can. Local Forces)	The War of 1914-19	3 June 16
Meredith, Miss E.J. (Staff Nurse, T.F.Nursing Serv.)	The War of 1914-19	24 Oct. 17
Merrifield, Miss H. J.	The War of 1914-19	12 Dec. 19
Merriless, Miss M. (Sister, Q.A.I.M.N.S. Res.)	The War of 1914-19	23 Feb. 17
Merrill, Miss M.	The War of 1914-19	1 Jan. 18
Merriott, Miss N. (Asst. Matron, Q.A.I.M.N.S.Res.)	The War of 1914-19	21 June 18
Measer, Miss B.	The War of 1914-19	31 July 19
Messum, Miss A. M.	The War of 1914-19	21 June 18
Metcalf. Miss M.	The War of 1914-19	3 June 19
Methley, Miss F. (Sister Q.A.I.M.N.S. Res.)	The War of 1914-19	16 Feb. 20
Metherell, Miss G. M. (Sister N.Z.A.N.S.)	The War of 1914-19	24 Oct. 17
Meyer, Miss F. (Staff Nurse, Q.A.I.M.N.S. Res.)	The War of 1914-19	1 June 16
Micheli, Miss M. C. A. (Sister, Q.A.I.M.N.S. Res.)	The War of 1914-19	3 June 16
Michelmore, Mrs. E.	The War of 1914-19	21 June 18
Micklow, Miss E. (Staff Nurse, T.F. Nursing Serv.)	The War of 1914-19	23 Feb. 17
Middleton, Miss C.F. (Actg.Sister Q.A.I.M.N.S.Res.)	The War of 1914-19	3 June 19
Midgley, Miss A. (Matron, B.R.C.S.)	The War of 1914-19	1 Jan. 18
Midgley, Mrs. A.	The War of 1914-19	24 Oct. 17
Midgley, Miss A. E (Staff Nurse, T.F.N S.)	The War of 1914-19	16 May 19
Mildmay, Miss E. (Sister Q.A.I.M.N.S.R.)	The War of 1914-19	24 Oct. 17
Millar, Miss L. (Staff Nurse, Q.A.I.M.N.S. Res.)	The War of 1914-19	25 Feb. 18
Millar, Miss M.	The War of 1914-19	24 Oct. 17
Millar, Miss. M. B.	The War of 1914-19	24 Oct. 17
Millar, Miss M. W.	The War of 1914-19	31 July 19
Millard, Miss E. L. (Sister T.F. Nursing Serv.)	The War of 1914-19	24 Oct. 17
Millen, Miss C. J. (Staff Nurse, T.F. Nursing Serv.)	The War of 1914-19	3 June 16
Miller, Miss E.A. (Asst. Matron. T.F. Nursing Serv.)	The War of 1914-19	21 June 18
Miller, Miss E. J.	The War of 1914-19	6 Aug. 19
Miller, Miss G. (Sister Q.A.I.M.N.S. Res.)	The War of 1914-19	23 Feb. 17
Miller, Miss G. (Staff Nurse, T.F. Nursing Serv.)	The War of 1914-19	3 June 17
Miller, Mrs. G.	The War of 1914-19	6 Aug. 19
Miller, Miss G. E.	The War of 1914-19	24 Oct. 17
Miller, Mrs. H. (Sister Q.A.I.M.N.S. Res.)	The War of 1914-19	3 June 18
Miller, Miss J.	The War of 1914-19	3 June 19
Miller, Miss R.	The War of 1914-19	1 Jan. 17
Milligan, Miss M. E. (Sister Q.A.I.M.N.S. Res.)	The War of 1914-19	31 July 19

ASSOCIATES (A.R.R.C.)—contd.

Name	Services	Date
Mills, *Miss* M. (*Sister T.F. Nursing Serv.*)	The War of 1914-19	31July19
Mills, *Miss* V. (*Matron, C'wealth Mil. Forces*)	The War of 1914-19	23Feb.17
Milne, *Miss* B. (*Sister T.F. Nursing Serv.*)	The War of 1914-19	31July19
Milne, *Miss* D.	The War of 1914-19	3June16
Milne, *Miss* E.	The War of 1914-19	6Aug.19
Milne, *Miss* E. J.	The War of 1914-19	24Oct.17
Milne, *Miss* L. G.	The War of 1914-19	31July19
Milne, *Miss* M.	The War of 1914-19	4Apr.19
Milner, *Mrs.* F. L.	The War of 1914-19	21June18
Milnes, *Miss* M.	The War of 1914-19	24Oct.17
Minshull, *Miss* E. M.	The War of 1914-19	3June18
Minchin, *Miss* D.	The War of 1914-19	3June18
Mirrington, *Miss* G. E.	The War of 1914-19	3June19
Miskelly, *Miss* A.	The War of 1914-19	3June19
Misner, *Miss* M. E. (*Nursing Sister, Can. A.M.C.*)	The War of 1914-19	1Jan.19
Mitchell, *Miss* A. F. (*Nursing Sister Can. A.M.C.*)	The War of 1914-19	24Oct.17
Mitchell, *Miss* A. S.	The War of 1914-19	3June16
Mitchell, *Miss* C. (*Staff Nurse, T.F. Nursing Serv.*)	The War of 1914-19	3June16
Mitchell, *Miss* E. (*Staff Nurse, T.F. Nursing Serv.*)	The War of 1914-19	1Jan.18
Mitchell, *Miss* J. (*Staff Nurse, T.F. Nursing Serv.*)	The War of 1914-19	3June16
Mitchell, *Miss* M. (*Staff Nurse, Q.A.I.M.N.S. Res.*)	The War of 1914-19	3June16
Mitchell, *Miss* M. (*Sister, T.F. Nursing Serv.*)	The War of 1914-19	23Feb.17
Mitchell, *Miss* M. (*Sister, Q.A.I.M.N.S. Res.*)	The War of 1914-19	31July19
Mitchell, *Miss* M. (*Sister, N.Z.A.N.S.*)	The War of 1914-19	6Aug.19
Mitchell, *Miss* N.	The War of 1914-19	24Oct.17
Moate, *Mrs.* M.	The War of 1914-19	21June18
Moffat, *Miss* A.	The War of 1914-19	3June19
Moffat, *Miss* A. E. (*Sister, T.F.N.S.*)	The War of 1914-19	16Feb.20
Moffatt, *Miss* A. R. (*Sister, T.F. Nursing Serv.*)	The War of 1914-19	3June16
Moffatt, *Miss* R. G. (*Staff Nurse, Q.A.I.M.N.S. Res.*)	The War of 1914-19	3June16
Moffatt, *Miss* H. E.	The War of 1914-19	9Apr.19
Moffit, *Miss* M.	The War of 1914-19	23Feb.17
Moir, *Miss* A. S.	The War of 1914-19	16Feb.20
Moir, *Miss* E. G. (*Sister, Q.A.I.M.N.S. Res.*)	The War of 1914-19	3June19
Moir, *Miss* I. M. M. (*Sister, T.F.N.S.*)	The War of 1914-19	4May17
Mole, *Miss* M.	The War of 1914-19	24Oct.17
Molesworth, *Miss* D. N.	The War of 1914-19	3June19
Mollett, *Miss* E.	The War of 1914-19	5June19
Molloy, *Mrs.* J. E. B. (*Sister, A.A.N.S.*)	The War of 1914-19	3June19
Molloy, *Miss* M. B.	The War of 1914-19	3June19
Molloy, *Miss* N. (*Asst. Matron, O.A.I.M.N.S.*)	The War of 1914-19	3June19
Moloney-Bishop, *Miss* D. L. (*Staff Nurse, S.A.M.N.S*)	The War of 1914-19	3June19
Molson, *Miss* N.	The War of 1914-19	1Jan.19
Molyneux, *Miss* A. L. (*Sister T.F.N.S.*)	The War of 1914-19	1Jan.19
Monck-Mason, *Miss* E.M. (*Sister,Q.A.I.M.N.S. ret.*)	The War of 1914-19	3June16
Money, *Miss* G.	The War of 1914-19	21June18
Monteith, *Mrs.* E. (*Staff Nurse, T.F. Nursing Serv.*)	The War of 1914-19	23Feb.17
Montford, *Miss* H.	The War of 1914-19	3June19
Montford, *Miss* I. (*Nurse V.A.D.*)	The War of 1914-19	1Jan.19
Montgomery, *Miss* M. G.	The War of 1914-19	3June19
Montgomery, *Miss* M. P.	The War of 1914-19	9Apr.19
Montgomery, *Miss* O.	The War of 1914-19	24Oct.17
Moody, *Miss* E. A.	The War of 1914-19	3June19
Moody, *Miss* M. (*Sister T. F. Nursing Serv.*)	The War of 1914-19	1Jan.19
Moon, *Miss* C. F. N.	The War of 1914-19	24Oct.17
Mooney, *Miss* L.	The War of 1914-19	21June18
Moor, *Miss* A. F. (*Sister, T.F.Nursing Serv.*)	The War of 1914-19	24Oct.17
Moore, *Miss* A. H. (*Sister, Q.A.I.M.N.S. Res.*)	The War of 1914-19	3June16
Moore, *Miss* E. (*Sister, Q.A.I.M.N.S. Res.*)	The War of 1914-19	1Jan.16
Moore, *Miss* E. (*Staff Nurse, Q.A.I.M.N.S. Res.*)	The War of 1914-19	3June19
Moore, *Miss* E. G. (*Nursing Sister, Can. A.M.C.*)	The War of 1914-19	3June19
Moore, *Miss* E. L. (*Nursing Sister, Can.A.M.C.*)	The War of 1914-19	31July19
Moore, *Miss* E. M. (*Sister, T.F. Nursing Serv.*)	The War of 1914-19	21June18
Moore, *Miss* G. M. (*Staff Nurse Q.A.I.M.N.S. Res.*)	The War of 1914-19	3June16
Moore, *Miss* J. A. (*Sister N.Z.A.N.S*)	The War of 1914-19	9Apr.19
Moore, *Miss* K. (*Sister, Q.A.I.M.N.S. Res.*)	The War of 1914-19	16Feb.20
Moore, *Miss* K. M.	The War of 1914-19	29Jan.18
Morgan, *Miss* F. A.	The War of 1914-19	1Jan.19
Morgan, *Miss* G. (*Staff Nurse, T.F. Nursing Serv.*)	The War of 1914-19	3June19
Morgan, *Miss* G.	The War of 1914-19	29Jan.18
Morgan, *Mrs.* M.	The War of 1914-19	6Aug.19
Morgan, *Miss* N.	The War of 1914-19	6Aug.19
Morkill, *Miss* E. L. (*Nursing Sister. Can. A.M.C.*)	The War of 1914-19	3June19
Morley, *Miss* S. E. (*Sister, N.Z.A.N.S.*)	The War of 1914-19	12Dec.19
Moretti, *Miss* E.	The War of 1914-19	6Aug.19
Morrice, *Miss* H. (*Sister, T.F Nursing Serv.*)	The War of 1914-19	31July19
Morrice, *Miss* N. C. (*Sister A.A.N.S.*)	The War of 1914-19	3June18
Morrin, *Miss* C. M.	The War of 1914-19	3June19
Morris, *Miss* C. A. (*Sister, Q.A.I.M.N.S. Res.*)	The War of 1914-19	23Feb.17
Morris, *Miss* C. E.	The War of 1914-19	24Oct.17
Morris, *Miss* E. A. (*Sister Q.A.I.M.N.S.Res.*)	The War of 1914-19	1Jan.19
Morris, *Miss* G. C. M.	The War of 1914-19	3June19
Morris, *Miss* G. D. (*Actg. Matron, Q.A.I.M.N.S.,ret.*)	The War of 1914-19	1Jan.18
Morris, *Miss* J. E.	The War of 1914-19	9Apr.19

ASSOCIATES (A.R.R.C.)—contd.

Name	Services	Date
Morris, Miss J. G.	The War of 1914-19	21June18
Morris, Miss J. M. (Sister, Q.A.I.M.N.S. Res.)	The War of 1914-19	3June17
Morris, Miss M. E.	The War of 1914-19	23Feb.17
Morrison, Miss I. B.	The War of 1914-19	6Aug.19
Morrison, Miss I. E.	The War of 1914-19	31July19
Morrison, Miss J. (Sister, T.F. Nursing Serv.)	The War of 1914-19	24Oct.17
Morrison, Miss J. E. S. Sister, Q.A.I.M.N.S. Res.	The War of 1914-19	23Feb.17
Morrison, Miss M. (Actg. Sister, Q.A.I.M.N.S.Res.)	The War of 1914-19	23Feb.17
Morrison, Miss, M.	The War of 1914-19	3June19
Morrison, Miss M. E. (Nursing Sister, Can. Local Forces)	The War of 1914-19	3June17
Morrough, Miss H. (Sister T.F. Nursing Serv.)	The War of 1914-19	1Jan.18
Morton, Mrs. F.	The War of 1914-19	21June18
Morton, Miss H.	The War of 1914-19	21June18
Morton, Miss M.	The War of 1914-19	9Apr.19
Morton, Miss M. Y. E. (Nursing Sister, Can. Nursing Serv.)	The War of 1914-19	21June18
Morty, Miss J. A. (Sister, Q.A.I.M.N.S. Res.)	The War of 1914-19	3June19
Moseley, Miss E. (Matron, T.F. Nursing Serv.)	The War of 1914-19	21June18
Moseley, Miss E. L. (Nurse V.A.D.)	The War of 1914-19	1Jan.19
Mosey, Miss E. (Sister, Aust. A.N.S.)	The War of 1914-19	1Jan.18
Moss, Miss S. A. H.	The War of 1914-19	6Aug.19
Mothersole, Mrs. S. M.	The War of 1914-19	24Oct.17
Motherwell, Miss M. (Nursing Sister, Can. Local Forces)	The War of 1914-19	23Feb.17
Moulson, Miss F. (Actg. Sister, Q.A.I.M.N.S. Res.)	The War of 1914-19	3June19
Moulson, Miss M. (Staff Nurse,T.F.Nursing Serv.)	The War of 1914-19	24Oct.17
Mountbatten. Lady L.	The War of 1914-19	9Apr.19
Mowat Miss W. (Nursing Sister,Can. Nursing Serv.)	The War of 1914-19	21June18
Mowbray, Miss C. M. (Nursing Sister, C.A.M.C.)	The War of 1914-19	24Oct.17
Moxon, Miss A. (Sister Q.A.I.M.N.S. Res.)	The War of 1914-19	9Apr.19
Moysey, Miss E. L.	The War of 1914-19	6Aug.19
Moysey, Miss L. (Sister Q A.I.M.N.S. Res.)	The War of 1914-19	31July19
Mudie, Miss D. F. (Staff Nurse, Q.A.I.M.N.S.)	The War of 1914-19	3June16
Muggeridge. Mrs A. M.	The War of 1914-9	12Dec.19
Muir, Mrs. D.	The War of 1914-19	24Oct.17
Muir, Miss I. B. F. (Nursing Sister, Can. A.M C.)	The War of 1914- 9	3June19
Muir, Mrs. M. L.	The War of 1914-19	24Oct.17
Muirhead, Miss C. (Sister, T.F. Nursing Serv.)	The War of 1914-19	23Feb 17
Muirhead, Miss M. S.	The War of 1914-19	4Apr.19
Mullally, Miss M. (Matron, Q.A.I.M.N.S. Res.)	The War of 1914-19	21June18
Mumford Miss M. A.	The War of 1914-19	24Oct.17
Mundy, Miss C.	The War of 1914-19	31July19
Munn, Miss E.	The War of 1914-19	24Oct.17
Munn, Miss M. (Staff Nurse, Q.A.I.M.N.S. Res.)	The War of 1914-19	3June16
Munro, Miss E. W.	The War of 1914-19	1Jan.19
Munro, Miss R. McM. (Sister, Q.A.I.M.N.S. Res.)	The War of 1914-19	3June16
Munroe. Miss F. (Nursing Sister Can. A.M.C.)	The War of 1914-19	31July19
Murch, Mrs. E. (Sister, T.F. Nursing Serv.)	The War of 1914-19	24Oct.17
Murgatroyd, Miss A. (Sister, T.F. Nursing Serv.)	The War of 1914-19	24Oct.17
Murgatroyd, Miss S, B.	The War of 1914-19	6Aug.19
Murphy, Miss J.	The War of 1914-19	23Feb.17
Murphy, Miss M. (Staff Nurse, Q.A.I.M.N.S.Res.)	The War of 1914-19	3June19
Murphy, Miss M. K. (Supt.Nurse,Q.A.I.M.N.S.Res.)	The War of 1914-19	24Oct.17
Murphy, Miss T. R.	The War of 1914-19	24Oct.17
Murray, Miss A. H.	The War of 1914-19	1Jan.19
Murray, Miss A. I (Sister, Q.A.I.M.N.S.Res.)	The War of 1914-19	3June19
Murray, Miss C.	The War of 1914-19	21June18
Murray, Miss E. (Sister, Q.A.I.M.N.S. Res.)	The War of 1914-19	1Jan.18
Murray, Miss E.L.(Actg.Matron,Q.A.I.M.N.S'Res.)	The War of 1914-19	9Apr.19
Murray, Mrs. M.	The War of 1914-19	24Oct.17
Murray, Miss M.	The War of 1914-19	6Aug.19
Murrary, Miss M. H. (Nursing Sister Can. A.M.C.)	The War of 1914-19	12Dec.19
Murrell, Miss H	The War of 1914-19	6Aug.19
Musgrave. Miss H. P. (Sister Q.A.I.M.N.S. Res.)	The War of 1914-19	16Feb.20
Musson, Miss A. E. (Sister T.F. Nursing Serv.)	The War of 1914-19	1Jan.18
Mustard, Miss R. B. (Sister, T.F. Nursing Serv.)	The War of 1914-19	9Apr.19
Myers, Miss E.	The War of 1914-19	4Apr.19
Nagle, Miss N. (Temp. Sister, A.A.N.S.)	The War of 1914-19	3June19
Nash Miss G. M, W. (Sister Q.A.I.M.N.S. Res.)	The War of 1914-19	31July19
Nation. Miss M. M.	The War of 1914-19	4Apr.19
Nawn, Miss M. G. (Sister, Q.A.I.M.N.S. Res.)	The War of 1914-19	3June16
Nawton, Miss H. N. H.	The War of 1914-19	24Oct.17
Nazer. Miss L. E.	The War of 1914-19	24Oct.17
Neale, Miss A. L.	The War of 1914-19	3June19
Neale, Miss A. M.	The War of 1914-19	3June19
Neave, Miss S. S	The War of 1914-19	31July19
Neil, Miss E. O. (Sister T. F. Nursing Serv.	The War of 1914-19	3June16
Nekrews, Miss C. A. (Staff Nurse, Q.A.I.M,S,Res.)	The War of 1914-19	1Jan.19
Nelligan. Miss B. L.	The War of 1914-19	3June19
Nelson, Miss A. H. (Nursing Sister, C.A.M.C.)	The War of 1914-19	24Oct.17
Nelson, Miss J. M. S. (Sister, Q.A.I.M.N.S. Res.)	The War of 1914-19	3June19

ASSOCIATES (A.R.R.C.) – contd.

Name	Services	Date
Nelson, Mrs. R.	The War of 1914-19	9Apr.19
Nesbitt, Miss E. B.	The War of 1914-19	24Oct.17
Nethersole, Miss O.	The War of 1914-9	16Feb.20
Neville, Miss A. A.	The War of 1914-19	1Jan.18
Nevile, Miss F. E.	The War of 1914-19	24Oct.17
Nevile, Miss R. L. (Nursing Sister, Q.A.I.M.N.S., India)	The War of 1914-19	3June19
Newbould, Miss M. (Sister, T.F. Nursing Serv.)	The War of 1914-19	1Jan.16
Newcome, Miss A. (Senior Nursing Sister, E. Afr. Nursing Serv.)	The War of 1914-19	3June17
Newell, Miss D.	The War of 1914-19	6Aug.19
Newitt, Miss E.	The War of 1914-19	4Apr.19
Newland, Miss L. E.	The War of 1914-19	31July19
Newman, Miss D.	The War of 1914-19	24Oct.17
Newman, Miss V. S. (Sister, Q.A.I.M.N.S.)	The War of 1914-19	3June16
Newsham, Miss A. A. (Sister, Q.A.I.M.N.S.Res.)	The War of 1914-19	3June19
Newstead, Miss O. (Staff Nurse, Q.A.I.M.N.S. Res.)	The War of 1914-19	3June16
Newth, Miss A. M. (Nursing Sister, S.A.M.N.S.)	The War of 1914-19	1Jan.16
Newton, Miss D. J. A. (Sister, Aust. A.N.S.)	The War of 1914-19	1Jan.18
Niblett, Miss E. M.	The War of 1914-19	24Oct.17
Niccol, Miss J. S. H. (Staff Nurse, T.F. Nursing Serv.)	The War of 1914-19	3June17
Nice, Miss F. W. (Sister Q.A.I.M.N.S. Res.)	The War of 1914-19	1Jan.19
Nicholas, Miss M. E.	The War of 1914-19	6Aug.19
Nicholas, Miss R. E.	The War of 1914-19	3June18
Nicholls, Miss A. G. (Actg. Sister Q.A.I.M.N.S.)	The War of 1914-19	31July19
Nicholls, Miss A. M.	The War of 1914-19	6Aug.19
Nicholls, Miss F. (Sister C'wealth Mil. Forces)	The War of 1914-19	3June16
Nichols, Mrs. M.	The War of 1914-19	6Aug.19
Nicholson, Miss A. B.	The War of 1914-19	24Oct.17
Nicholson, Miss E. (Staff Nurse, T.F. Nursing Serv.)	The War of 1914-19	23Feb.17
Nicholson, Miss E. S. (Nursing Sister,Can.A.M.C.)	The War of 1914-19	3June19
Nicholson, Miss G.	The War of 1914-19	24Oct.17
Nicholsen, Miss M. E. (Sister Aust. A.N.S.)	The War of 1914-19	1Jan.19
Nicholson, Miss N.	The War of 1914-19	6Aug.19
Nicol, Miss E. J. Sister, T.F. Nursing Serv.)	The War of 1914-19	1Jan.18
Nicol, Miss J. R. (Asst. Matron T.F. Nursing Serv.)	The War of 1914-19	31July19
Nicoll, Miss A. T.	The War of 1914-19	3June19
Nicoll, Mrs. M	The War of 1914-19	3June17
Nightingale, Miss F.	The War of 1914-19	6Aug.19
Nippard, Mrs. E.	The War of 1914-19	21June18
Nisbett, Miss H.	The War of 1914-19	1Jan.18
Nix, Miss M. M.	The War of 1914-19	29Jan.18
Nixon, Miss E. (Matron N.Z. Mil. Forces)	The War of 1914-19	23Feb.17
Nixon, Miss K.	The War of 1914-16	24Oct.17
Nobbs, Miss J. (Sister A.A.N.S.)	The War of 1914-19	31Ju'y19
Noble, Miss A. E. (Sister Q.A.I.M.N.S Res.)	The War of 1914-19	23Feb.17
Noble, Miss G.	The War of 1914-19	31July19
Noble, Miss L. (Asst. Matron T.F. Nursing Serv.)	The War of 1914-19	9Apr.19
Nodal, Miss M. A.	The War of 1914-19	24Oct.17
Noel-Hill, Miss K. M.	The War of 1914-19	6Aug.19
Noel-Jones, Mrs. M.	The War of 1914-19	4Apr.29
Norfield, Miss S. F.	The War of 1914-19	3June19
Norie, Miss A. K.	The War of 1914-19	6Aug.19
Norman, Miss D. M.	The War of 1914-19	31July19
Norman, Miss E. (Sister, Q.A.I.M.N.S. Res.)	The War of 1914-19	3June16
Norris, Mrs. C. R. (Sister, S. Afr. Def. Force)	The War of 1914-19	1Jan.17
Northcliff, M. E., Viscountess, G,B,E.	The War of 1914-19	16Feb.20
Northern, Miss M. D.	The War of 1914-19	24Oct.17
Northwood, Miss L. (Staff Nurse, T.F.N.S.)	The War of 1914-19	3June19
Norton, Miss E. M.	The War of 1914-19	4Apr.19
Noyes, Miss M. (Sister, American Nursing Serv.)	The War of 1914-19	3June18
Nunn, Miss M. (Staff Nurse Q.A.I.M.N.S. Res.)	The War of 1914-19	23Feb.17
Nutley, Miss E. E. M. (Sister T.F. Nursing Serv.)	The War of 1914-19	31July19
Nutsey, Miss E. M. (Sister, N.Z.A.M.S.)	The War of 1914-19	21June18
Oakley, Miss M. A. (Staff Nurse T.F.Nursing Serv.)	The War of 1914-19	23Feb.17
Oatman, Miss C. M. (Nursing Sister, Can. Nursing Serv)	The War of 1914-19	21June18
O'Brien. Miss A. (Sister S. Afr. Def. Force)	The War of 1914-19	19Dec.18
O'Brien, Miss M.	The War of 1914-19	3June17
Ochse, Miss M. (Staff Nurse, T.F. Nursing Serv.)	The War of 1914-19	3June16
Ockelford, Miss F. (Sister, Q.A.I.M.N.S. Res.)	The War of 1914-19	3June16
O'Connell, Miss E.	The War of 1914-19	24Oct.17
O'Connell, Miss K.	The War of 1914-19	23Feb.17
O'Connell, Miss K. (Staff Nurse, Q.A.I.M.N.S. Res.)	The War of 1914-19	1Jan.19
O'Connor, Miss C. (Sister, Aust. A.N.S.)	The War of 1914-19	1Jan.19
O'Connor, Miss M. (Sister N.Z, A.N.S.)	The War of 1914-19	31July19

ASSOCIATES (A.R.R.C.)—contd.

Services.

Name	Service	Date
O'Donnell, Miss A. M. (Sister Q.A.I.M.N.S. Res.)	The War of 1914-19	31 July 19
O'Donoghue, Miss A.	The War of 1914-19	21 June 18
O'Dowd, Miss M. (Actg. Sister, Q.A.I.M.N.S. Res.)	The War of 1914-19	1 Jan. 19
O'Dowd, Miss N. (Sister, T.F. Nursing Serv.)	The War of 1914-19	9 Apr. 19
O'Dwyer, Miss I. (Sister, C'wealth Mil. Forces)	The War of 1914-19	3 June 17
Ogilvy, Miss K. E.	The War of 1914-19	24 Oct. 17
O'Grady, Miss N.	The War of 1914-19	31 July 19
O'Halloran, Miss N. E. (Sister Q.A.I.M.N.S. Res.)	The War of 1914-19	16 Feb. 20
O'Halloran, Miss S. (Sister Q.A.I.M.N.S. Res.)	The War of 1914-19	9 Apr. 19
O'Kelly, Miss E. M.	The War of 1914-19	3 June 16
Oldfield, Miss H.	The War of 1914-19	24 Oct. 17
Oliver, Miss C. J. (Staff Nurse, Q.A.I.M.N.S. Res.)	The War of 1914-19	3 June 16
Oliver, Miss E. (Sister, Q.A.I.M.N.S. Rer.)	The War of 1914-19	16 Feb. 20
O'Neil, Miss G. I.	The War of 1914-19	24 Oct. 17
O'Neill, Miss A. (Sister, C'wealth Mil. Forces)	The War of 1914-19	1 Jan. 17
O'Neill, Miss A. (Staff Nurse Q.A.I.M.N.S. Res.)	The War of 1914-19	23 Feb. 17
O'Neill, Miss M.	The War of 1914-19	21 June 18
Onslow, Hon. V. M. C. W., Countess of	The War of 1914-19	3 June 19
Orchard, Miss E. C. (Sister Q.A.I.M.N.S. Res.)	The War of 1914-19	9 Apr. 19
Orchardson, Miss J. B. C. (Sister in Charge, T.F.N.S.)	The War of 1914-19	3 June 19
O'Riordan, Miss S. (Staff Nurse, Q.A.I.M.S.Res.)	The War of 1914-19	3 June 19
Orme, Mrs. K. B.	The War of 1914-19	24 Oct. 17
Ormerod, Miss B.	The War of 1914-19	18 May 19
Ormiston, Miss A. J.	The War of 1914-19	4 Apr. 19
Orr, Mrs. M. (Matron)	The War of 1914-19	24 Oct. 17
Orr, Miss R. M. (Staff Nurse, T.F. Nursing Serv.)	The War of 1914-19	3 June 16
Osborne, Miss A. (Staff Nurse, Q.A.I.M.N.S. Res.)	The War of 1914-19	1 Jan. 19
Osborne, Miss M. E. (Nursing Sister Can. A.M.C.)	The War of 1914-19	31 July 19
Osmond, Mrs. A. M.	The War of 1914-19	4 Apr. 19
O'Sullivan, Miss E.	The War of 1914-19	3 June 19
O'Sullivan, Miss H. (Staff Nurse, T.F.N.S.)	The War of 1914-19	3 June 19
O'Sullivan, Miss J.	The War of 1914-19	21 June 18
Overstall, Miss E. (Sister, T.F. Nursing Serv.)	The War of 1914-19	24 Oct. 17
Owen, Mrs. A. E. T.	The War of 1914-19	9 Apr. 19
Owen, Miss E. L.	The War of 1914-19	31 July 19
Owen, Mrs. J. A.	The War of 1914-19	24 Oct. 17
Owen, Miss M.	The War of 1914-19	24 Oct. 17
Owen, Miss N.	The War of 1914-19	24 Oct. 17
Owen, Miss N.	The War of 1914-19	4 Apr. 19
Packenham-Walsh, Miss N. C. (Staff Nurse Q.A.I.M.N.S. Res.)	The War of 1914-19	3 June 19
Packham, Miss M.	The War of 1914-19	1 Jan. 17
Padbury, Miss C. A. (Sister, T.F. Nursing Serv.)	The War of 1914-19	1 Jan. 16
Paddle, Miss M. (Staff Nurse, T.F. Nursing Serv.)	The War of 1914-19	3 June 16
Pagan, Miss A. M. (Sister Q.A.I.M.N.S. Res.)	The War of 1914-19	23 Feb. 17
Page, Miss A. A.	The War of 1914-19	6 Aug. 19
Page, Miss F. A. (Nursing Sister Can. A.M.C.)	The War of 1914-19	12 Dec. 19
Page, Miss I. R.	The War of 1914-19	23 Feb. 17
Page, Mrs. M.	The War of 1914-19	6 Aug. 19
Page, Miss S. B.	The War of 1914-19	4 Apr. 19
Paget, Miss R.	The War of 1914-19	3 June 19
Paine, Miss L. M. (Sister, Q.A.I.M.N.S. Res.)	The War of 1914-19	1 Jan. 17
Palin, Mrs. A.	The War of 1914-19	4 Apr. 19
Pallot, Miss A. A. (Nursing Sister Nyasaland Nursing Service)	The War of 1914-19	1 Jan. 18
Palmer, Miss A. E.	The War of 1914-19	24 Oct. 17
Palmer, Miss F. A. F.	The War of 1914-19	6 Aug. 19
Palmer, Miss G.	The War of 1914-19	24 Oct. 17
Palmer, Miss H. S.	The War of 1914-19	21 June 18
Palmer, Mrs. M.	The War of 1914-19	3 June 19
Palmer, Miss N. (Sister Q.A.I.M.N.S. Res.)	The War of 1914-19	31 July 19
Panton, Mrs. E.	The War of 1914-19	3 June 16
Panton, Miss K. (Nursing Sister, Can. A.M.C.)	The War of 1914-19	3 June 19
Park, Miss A.	The War of 1914-19	6 Aug. 19
Parke, Miss C.	The War of 1914-19	3 June 19
Parker, Miss C.	The War of 1914-19	6 Aug. 19
Parker, Mrs. C. E.	The War of 1914-19	21 June 18
Parker, Miss J.	The War of 1914-19	31 July 19
Parker, Miss K. R.	The War of 1914-19	4 Apr. 19
Parker, Miss M.	The War of 1914-19	24 Oct. 17
Parkins, Miss M. F. (Nursing Sister Can. Nursing Serv.)	The War of 1914-19	[21 June 18
Parkinson, Miss G.F. (late Staff Nurse, Q.A.I.M.N.S.)	The War of 1914-19	3 June 16
Parkinson, Mrs. H. L. A. (Asst. Matron Q.A.I.M.N.S. ret.)	The War of 1914-19	23 Feb. 17
Parks, Miss M. (Nursing Sister, C.A.M.C.)	The War of 1914-19	24 Oct. 17
Parr, Miss A.	The War of 1914-19	24 Oct. 17
Parr, Miss L. M. (Staff Nurse Q.A.I.M.N.S. Res.)	The War of 1914-19	23 Feb. 17
Parry, Mrs. B	The War of 1914-19	4 Apr. 19

ASSOCIATES (A.R.R.C.)—contd.

Name	Services	Date
Parry, Miss G. G.	The War of 1914-19	1 Jan.19
Parry, Miss J. (Sister, T.F. Nursing Serv.)	The War of 1914-19	1 Jan.18
Parry, Miss K.	The War of 1914-19	24 Oct.17
Parry, Miss L.	The War of 1914-19	24 Oct.17
Parsons, Miss F. E. (Sister, Q.A.I.M.N.S., Res.)	The War of 1914-19	3 June 17
Parsons, Miss M. E. (Sister, T.F. Nursing Serv.)	The War of 1914-19	24 Oct.17
Paschall, Miss V. C. (Sister, Q.A.I.M.N.S. ret.)	The War of 1914-19	1 Jan.18
Passmore, Miss E. (Sister, Q.A.I.M.N.S. Res.)	The War of 1914-19	3 June 17
Pastfield, Miss E. I. (Sister, T.F. Nursing Serv.)	The War of 1914-19	3 June 19
Paten, Miss E. M. (Actg. Matron, Aust. A.N.S.)	The War of 1914-19	21 June 18
Paterson, Miss A.	The War of 1914-19	4 Apr.19
Paterson, Miss H. C. (Sister, Q.A.I.M.N.S. Res.)	The War of 1914-19	21 June 18
Paterson, Miss M.	The War of 1914-19	1 Jan.18
Paterson, Miss M. L. (Sister, Q.A.I.M.N.S. Res.)	The War of 1914-19	24 Oct.17
Paterson, Miss N.	The War of 1914-19	4 Apr.19
Paton, Miss A. H. (Sister Q A.I.M N.S. Res.)	The War of 1914-19	23 Feb 17
Patrick, Miss I. (Sister, Q.A.I.M.N S. Res.)	The War of 1914-19	9 Apr.19
Patrickson, Miss E. M. (Sister, T.F. Nursing Serv.)	The War of 1914-19	3 June 19
Patterson, Miss E. J. (Sister, Can. A.M.C.)	The War of 1914-19	17 Dec.19
Patterson, Miss H. B. (Sister, Q.A.I.M.N.S. Res.)	The War of 1914-19	24 Oct.17
Patterson, Miss M. (Sister, Q.A I.M.N.S. Res.)	The War of 1914-19	3 June 19
Patterson, Miss M. B. (Nursing Sister Can. A.M.C.)	The War of 1914-19	31 July 19
Pattison, Mrs. U. M. D.	The War of 1914-19	6 Aug.19
Patton, Miss I.	The War of 1914-19	3 June 19
Paul, Miss M. (Sister, T.F. Nursing Serv.)	The War of 1914-19	1 Jan.18
Paulin, Miss D. (Sister Q.A.I.M.N.S. Res.)	The War of 1914-19	9 Apr.19
Payne, Miss E.	The War of 1914-19	1 Jan.18
Payne Williams, Mrs J.	The War of 1914-19	21 June 18
Paynter, Miss E. T. (Nursing Sister, Can. A.M.C.)	The War of 1914-19	1 Jan.19
Pear, Miss A. (Sister T.F. Nursing Serv.)	The War of 1914-19	9 Apr.19
Pearce, Miss C. (Sister, Q.A.I.M.N.S. Res.)	The War of 1914-19	3 June 16
Pearce, Miss E. V. (Staff Nurse, Q.A.I.M.N.S. Res.)	The War of 1914-19	3 June 16
Pearce, Miss F. J. (V.A.D.)	The War of 1914-19	9 Apr.19
Pearse, Miss L. C. J.	The War of 1914-19	24 Oct.17
Pearse, Miss C. (Sister, Q.A.I.M.N.S. Res.)	The War of 1914 19	21 Oct.17
Pearson, Miss E.	The War of 1914-19	23 Feb.17
Pearson, Miss E. M. (Nursing Sister S.A.M.N.S.)	The War of 1914-19	1 Jan.16
Pearson, Miss F. (Sister, Q.A.I.M.N.S. Res.)	The War of 1914-19	23 Feb.17
Pearson, Miss G.	The War of 1914-19	4 Apr.19
Pearson, Miss H.	The War of 1914-19	24 Oct.17
Pearson, Mrs. H.	The War of 1914-19	6 Aug.19
Pearson. Mrs. K (Asst. Matron,T.F.Nursing Serv.)	The War of 1914-19	9 Apr.19
Pease, Miss F. J.	The War of 1914-19	4 Apr.19
Pedlar, Miss M. (Sister, Q.A.I.M.N.S.)	The War of 1914-19	23 Feb.17
Peebles, Miss J. M.	The War of 1914-19	21 June 18
Peech, Mrs. E.	The War of 1914-19	24 Oct.17
Peel, Miss A. M.	The War of 1914-19	21 June 18
Peg, Miss F. G.	The War of 1914-19	31 July 19
Peile, Miss I.	The War of 1914-19	24 Oct 17
Pemberton, Miss E.	The War of 1914-19	23 Feb 17
Pemberton, Miss M. C. (Sister, Q.A.I.M.N.S. Res.)	The War of 1914-19	23 Feb,17
Peplow, Miss N. (Sister T.F. Nursing Serv.)	The War of 1914-19	23 Feb,17
Pepper, Miss A. M.	The War of 1914-19	6 Aug.19
Pepper, Miss E.	The War of 1914-19	24 Oct.17
Pepper, Miss M.	The War of 1914-19	4 Apr.19
Percival Mrs. K.	The War of 1914-19	3 June 19
Percy, Lady V. A.	The War of 1914-19	21 June 18
Perdue, Miss F. L. (Nursing Sister, Mudros)	The War of 1914 19	3 June 18
Perfrement, Miss H.E.(Staff Nurse,Q.A.I.M.N.S.Res.)	The War of 1914-19	1 Jan.16
Perkin, Miss D. A.	The War of 1914-19	3 June 19
Perkins, Miss H. M.	The War of 1914-19	6 Aug.19
Perks, Miss E. M. (Sister Q.A.I.M.N.S. Res.)	The War of 1914-19	31 July 19
Perrier, Miss L. J. (Sister, Q.A.I.M.N.S. Res.)	The War of 1914-19	24 Oct.17
Perrin, Miss H. (Sister, Aust. A.N.S.)	The War of 1914-19	21 June 18
Perry, Miss D. E. (Staff Nurse Q.A.I.M.N.S. Res.)	The War of 1914-19	31 July 19
Perry, Miss J. H. (Sister, Q.A.I.M.N.S. Res.)	The War of 1914-19	24 Oct.17
Perry, Miss M. (Sister, T.F. Nursing Serv.)	The War of 1914-19	21 June 18
Perry, Miss M. K. (Actg. Sister Q.A.I.M.N.S. Res.)	The War of 1914-19	23 Feb 17
Pescod, Miss F.	The War of 1914-19	31 July 19
Peter, Miss M.	The War of 1914-19	21 June 18
Peter, Miss M. M. C.	The War of 1914-19	4 Apr.19
Peter, Miss P.	The War of 1914-19	21 June 18
Peters, Miss E. (Sister, C'wealth Mil. Forces)	The War of 1914-19	1 Jan.16
Peters, Mrs. E. (Staff Nurse T.F. Nursing Serv.)	The War of 1914-19	23 Feb,17
Peters, Miss G. A.	The War of 1914-19	1 Jan.18
Peters, Lady J. E.	The War of 1914-19	6 Aug.19
Peters, Miss K. R.	The War of 1914-19	24 Oct.17
Pethick, Miss E. M.	The War of 1914-19	6 Aug.19
Pettigrew, Miss E.	The War of 1914-19	21 June 18
Phee, Miss M. (Staff Nurse, Q.A.I.M.N.S. Res.)	The War of 1914-19	1 Jan.19
Philip, Miss A. T.	The War of 1914-19	21 June 18
Philips, Miss P.	The War of 1914-19	6 Aug.19

ASSOCIATES (A.R.R.C.)—contd.

Name	Services	Date
Phillips, *Miss* A. M.	The War of 1914-19	3 June 19
Phillips, *Miss* F.	The War of 1914-19	24 Oct. 17
Phillips, *Miss* R. M.	The War of 1914-19	4 Apr. 19
Philp, *Miss* E. K.	The War of 1914-19	21 June 19
Philpott, *Miss* K. A. (*Nurse, S. Afr. Nursing Serv.*)	The War of 1914-19	3 June 19
Philpott, *Miss* D.	The War of 1914-19	6 Aug. 19
Philps, *Miss* E. B. (*Staff Nurse, T.F. Nursing Serv.*)	The War of 1914-19	1 Jan. 19
Pickering, *Mrs.* A. M.	The War of 1914-19	21 June 19
Pickersgill, *Miss* N.	The War of 1914-19	4 Apr. 19
Pickwell, *Miss* F. (*Sister, Q.A.I.M.N.S. Res.*)	The War of 1914-19	31 July 19
Picton, *Mrs.* M. E.	The War of 1914-19	24 Oct. 17
Pidcock-Henzell, *Miss* M. A. S.	The War of 1914-19	3 June 19
Pidgeon, *Miss* E. C. (*Sister A.A.N.S.*)	The War of 1914-19	3 June 18
Pierce, *Miss* C. (*Sister Q.A.I.M.N.S. Res.*)	The War of 1914-19	23 Feb. 17
Pierce, *Miss* C. E. (*Nursing Sister Can. A.M.C.*)	The War of 1914-19	3 June 18
Pierce, *Miss* C. S. E. (*Sister, T.F. Nursing Serv.*)	The War of 1914-19	1 Jan. 19
Pierrepont, *Miss* F. (*Sister T.F. Nursing Serv*)	The War of 1914-19	3 June 18
Pierse, *Miss* D. (*Staff Nurse Q.A.I.M.N.S. Res.*)	The War of 1914-19	23 Feb. 17
Pierson, *Miss* M. I. (*Special Probationer Q.A.I.M.N.S. Res.*)	The War of 1914-19	1 Jan. 18
Pike, *Miss* E. H. M. (*Sister Q.A.I.M.N.S. Res.*)	The War of 1914-19	16 Feb. 20
Pike, *Miss* E. M. (*Actg. Sister, Q.A.I.M.N.S. Res.*)	The War of 1914-19	3 June 19
Pilkington, *Miss* E. (*Actg. Sister, Q.A.I.M.N.S. Res.*)	The War of 1914-19	1 Jan. 19
Pilkington, *Miss* E. C.	The War of 1914-19	21 Oct. 17
Pilkington, *Miss* P.	The War of 1914-19	16 Feb. 20
Pinchard, *Miss* S. B.	The War of 1914-19	24 Oct. 17
Pinkerton, *Miss* E. J.	The War of 1914-19	3 June 19
Pinnock, *Mrs.* R. H.	The War of 1914-19	21 June 18
Piper, *Miss* H. G. F.	The War of 1914-19	31 July 19
Pirie, *Miss* I.	The War of 1914-19	3 June 19
Pitcairn, *Miss* M. E.	The War of 1914-19	6 Aug. 19
Pitts, *Miss* R.	The War of 1914-19	21 June 18
Piza, *Miss* F. C.	The War of 1914-19	3 June 18
Plant, *Miss* M. (*Staff Nurse, Q.A.I.M.N.S. Res.*)	The War of 1914-19	1 Jan. 19
Platt, *Miss* G.	The War of 1914-19	1 Jan. 18
Platt, *Miss* K.	The War of 1914-19	23 Feb 17
Platt, *Miss* M.	The War of 1914-19	3 June 18
Pledger, *Miss* A. H. (*Sister, T.F. Nursing Serv.*)	The War of 1914-19	3 June 16
Plummer, *Miss* O.	The War of 1914-19	9 Apr. 19
Plumtree, *Miss* R. (*Sister, Q.A.I.M.N.S. Res.*)	The War of 1914-19	3 June 16
Pocock, *Miss* A. B. (*Sister, C'wealth Mil. Forces*)	The War of 1914-19	1 Jan. 16
Pole-Hunt, *Miss* M.	The War of 1914-19	24 Oct. 17
Pollard, *Mrs.* S. E.	The War of 1914-19	29 Jan. 18
Pollitt, *Mrs.* M.	The War of 1914-19	12 Dec. 19
Pollock, *Miss* L. P.	The War of 1914-19	24 Oct. 17
Polson, *Miss* A.	The War of 1914-19	24 Oct. 17
Pomeroy, *Miss* K. (*Sister, T.F. Nursing Serv.*)	The War of 1914-19	24 Oct. 17
Pomery, *Miss* J. (*Sister, T.F. Nursing Serv.*)	The War of 1914-19	31 July 19
Poole, *Miss* E. M. (*Sister Q.A.I.M.N.S. Res.*)	The War of 1914-19	3 June 18
Poole, *Miss* L.	The War of 1914-19	4 Apr. 19
Poole, *Miss* M. G. (*Sister T.F. Nursing Serv.*)	The War of 1914-19	23 Feb. 17
Pope, *Miss* M.	The War of 1914-19	6 Aug. 19
Popkin, *Miss* M. B.	The War of 1914-19	24 Oct. 17
Popplewell, *Miss* E. (*Sister, N.Z.A.N.S.*)	The War of 1914-19	24 Oct. 17
Porteous, *Miss* E. A. (*Sister, N.Z.A.N.S.*)	The War of 1914-19	9 Apr. 19
Porteous, *Miss* H. M. (*Asst. Matron, Q.A.I.M.N.S. Res.*)	The War of 1914-19	1 Jan. 19
Porteous, *Miss* M. (*Staff Nurse, Q.A.I.M.N.S. Res.*)	The War of 1914-19	3 June 16
Porter, *Miss* C.	The War of 1914-19	23 Feb 17
Porter, *Miss* E. A.	The War of 1914-19	21 June 18
Porter, *Miss* E. H. (*Sister, Q.A.I.M.N.S. Res.*)	The War of 1914-19	9 Apr. 19
Porter, *Miss* E. M. (*Asst. Matron, T.F. Nursing Serv.*)	The War of 1914-19	1 Jan. 18
Porter, *Miss* J. (*Asst. Matron, Q.A.I.M.N.S. Res.*)	The War of 1914-19	24 Oct. 17
Porter, *Miss* K. L. (*Sister A.A.N.S.*)	The War of 1914-19	3 June 19
Poste, *Miss* W.	The War of 1914-19	1 Jan. 19
Potter, *Miss* E. A.	The War of 1914-19	3 June 19
Potter, *Miss* R. E.	The War of 1914-19	23 Feb 17
Potts, *Miss* M. (*Actg. Matron, Q.A.I.M N.S. Res.*)	The War of 1914-19	1 Jan. 18
Powell, *Miss* E.	The War of 1914-19	24 Oct. 17
Powell, *Miss* H. A.	The War of 1914-19	3 June 16
Powell, *Miss* J. (*Sister, Q.A.M.I.N.S. Res.*)	The War of 1914-19	1 Jan. 19
Powell-Evans, *Miss* H. (*Sister, T.F.N.S.*)	The War of 1914-19	3 June 19
Powell-Jenkins, *Miss* B. (*Sister. T.F.N.S*)	The War of 1914-19	3 June 19
Power, *Miss* M. (*Staff Nurse, T.F. Nursing Serv.*)	The War of 1914-19	3 June 16
Prater, *Miss* C.	The War of 1914-19	24 Oct. 17
Pratt, *Miss* E. M.	The War of 1914-19	1 Jan. 19
Prendergast, *Miss* K. A. (*Sister, Q A.I.M.N.S. Res.*)	The War of 1914-19	1 Jan. 17
Prentice, *Miss* J. (*Sister, T.F. Nursing Serv.*)	The War of 1914-19	1 Jan. 17
Pressley, *Miss* A. J. (*Sister, Q.A.I.M.N.S. Res*)	The War of 1914-19	24 Oct. 17

ASSOCIATES (A.R.R.C.)—contd.

Name	Services	Date
Preston, Miss E. L.	The War of 1914-19	23Feb,17
Pretyman, Miss M. (*Q.A.I.M.N.S. Res.*)	The War of 1914-19	1Jan,16
Price, Mrs. E.	The War of 1914-19	4Apr,19
Price, Miss F.	The War of 1914-19	3June16
Price, Miss M. A. (*Sister, Q.A.I.M.N.S. Res.*)	The War of 1914-19	24Oct,17
Price, Miss M. E. (*Nursing Sister, Can, A.M.C.*)	The War of 1914-19	3June19
Prichard, Miss MacA. (*Nursing Sister, Can. Nursing Serv.*)	The War of 1914-19	21June18
Prichards, Miss A. M.	The War of 1914-19	24Oct,17
Priestley, Mrs. B. N. (*Sister, Q.A.I.M.N.S. (ret.)*)	The War of 1914-19	9Apr,19
Priestley, Miss G. J. (*Sister, Q.A.I.M.N.S. Res.*)	The War of 1914-19	31July19
Prior, Miss F.	The War of 1914-19	31July19
Prior, Miss I. M. T.	The War of 1914-19	1Jan,19
Pritchard, Miss R.	The War of 1914-19	31July19
Private, Miss B.	The War of 1914-19	6Aug,19
Privett, Miss L. M.	The War of 1914-19	3June18
Proskaner, Miss I. (*Sister, Q.A.I.M.N.S. Res.*)	The War of 1914-19	23Feb,17
Prout, Miss G.	The War of 1914-19	24Oct,17
Prowse, Miss M. T.	The War of 1914-19	21June18
Puddicombe, Miss F. C. (*Sister, Q.A.I.M.N.S.Res.*)	The War of 1914-19	1Jan,18
Pugh, Mrs E. M.	The War of 1914-19	21June18
Pugh, Miss G. (*Staff Nurse, T.F. Nursing Serv.*)	The War of 1914-19	1Jan,19
Pugh, Miss L.	The War of 1914-19	24Oct 17
Pulham, Miss I.	The War of 1914-19	6Aug,19
Pumphrey, Miss L.	The War of 1914-19	21June18
Purcell, Miss L. E	The War of 1914-19	2 June18
Purdie, Miss N. M.	The War of 1914-19	21June18
Purse, Miss H. M. (*Sister, T.F. Nursing Serv.*)	The War of 1914-19	3June19
Purvis, Miss J. H.	The War of 1914-19	12Dec,19
Pyke, Miss F. L. (*Nursing Sister, Can. A,M,C,*)	The War of 1914-19	31July19
Quartermaine, Miss M. A.	The War of 1914-19	3June16
Quarterman, Miss R. E. K. (*Matron, A.A W.S*)	The War of 1914-19	12Dec,19
Quentrall, Miss G. C. (*Sister, T.F. Nursing Serv.*)	The War of 1914-19	1Jan,19
Quigley, Miss M. E. (*Nursing Sister, Can. Nursing Serv.*)	The War of 1914-19	21June18
Quilter, Miss E. E.	The War of 1814-19	1Jan,18
Quinlan, Miss M. E.	The War of 1914-19	31July19
Quinn, Miss A.	The War of 1914-19	21June18
Quirk, Miss L E. (*Staff Nurse, T.F. Nursing Serv.*)	The War of 1914-19	24Oct,17
Radcliffe, Miss G. S. (*Nursing Sister, Can.Nursing Serv.*)	The War of 1914-19	21June18
Radley, Mrs. G. C. (*late Staff Nurse, Q.A.I.M.N.S.*)	The War of 1914-19	3June16
Rainbow, Miss H. K.	The War of 1914-19	21June18
Raine, Miss A. M. (*Sister, T.F. Nursing Serv.*)	The War of 1914-19	1Jan,18
Rainey, Miss M. M. (*Staff Nurse, Q.A.I.M.N.S.Res.*)	The War of 1914-19	3June16
Ramage, Miss E.	The War of 1914-19	9Apr,19
Ramsay, Miss E.	The War of 1914-19	24Oct,17
Ramsay, Miss J. (*Sister Q.A.I.M.N.S. Res.*)	The War of 1914-19	9Apr,19
Ramsbotham, Mrs. E. M.	The War of 1914-19	21June18
Ramsden, Miss G. (*Nursing Sister, Can. Nursing Serv.*)	The War of 1914-19	21June18
Rance, Miss W M. F. (*Sister, Q.A.I.M.N.S. Res.*)	The War of 1914-19	16Feb,20
Randall, Mrs. M. A.	The War of 1914-19	9Apr,19
Randolph, Miss H. M.	The War of 1914-19	6Aug,19
Rands, Miss E. (*Sister, Q.A.I.M. N.S. Res.*)	The War of 1914-19	24Oct,17
Rangecroft, Miss L. (*Sister, T.F.Nursing Serv.*)	The War of 1914-19	1Jan,19
Rapson, Miss F. H. (*Sister, Q.A.I.M.N.S. Res.*)	The War of 1914-19	3June17
Rapson, Miss K.	The War of 1914-19	29Jan,18
Rastall, Miss A. C.	The War of 1914-19	24Oct,17
Ratcliffe, Miss M.	The War of 1914-19	6Aug,19
Raven, Miss E.	The War of 1914-19	2June19
Ravenscroft, Mrs. G.	The War of 1914-19	6Aug,19
Rawe, Miss E. (*Sister, S.A.M. Nursing Serv.*)	The War of 1914-19	1Jan,18
Rawlins, Miss M. A.	The War of 1914-19	31July19
Rawlinson, Miss E.	The War of 1914-19	16Feb,20
Rawson, Miss A. M	The War of 1914-19	4Apr,19
Raye, Miss M. A. (*C'wealth Mil. Forces*)	The War of 1914-19	1Jan,16
Rea, Miss L. (*Sister, T.F. Nursing Serv.*)	The War of 1914-19	23Feb,17
Rea, Mrs. L. E.	The War of 1914-19	6Aug,19
Rea, Miss S. M. (*Staff Nurse, Q.A I.M.N.S. Res.*)	The War of 1914-19	23Feb,17
Read, Miss A. (*Sister, Q.A.I.M,N,S. Res.*)	The War of 1914-19	31July19
Read, Miss K. (*Sister, Q.A.I.M.N.S. Res.*)	The War of 1914-19	1Jan,17
Read, Miss M. B.	The War of 1914-19	31July19
Reay, Miss A. (*Sister, Q.A.I.M.N.S. Res., Aus.*)	The War of 1914-19	1Jan,18
Reay, Mrs. L.	The War of 1914-19	24 Oct,17
Reburn, Miss A.	The War of 1914-19	3June19
Redpath, Miss V. M.	The War of 1914-19	24 Oct,17
Reed Miss M.	The War of 1914-19	16Feb,20
Reeves, Miss L	The War of 1914-19	18Sept,18
Reeves, Miss L. M.	The War of 1914-19	3June16
Reeves, Mrs. M.	The War of 1914-19	21Oct,17

ASSOCIATES (A.R.R.C. —contd.

Name	Services	Date
Reford, Mrs. G. M. (Nursing Sister, Uganda Nursing Serv.)	The War of 1914-19	1 Jan. 17
Regan, Miss E. (Sister, A.A.N S.)	The War of 1914-19	31 July 19
Reid, Miss A. E (Staff Nurse, Q.A.I.M.N.S. Res.)	The War of 1914-19	3 June 8
Reid, Miss B. D. B.	The War of 1914-19	3 June 18
Reid, Miss B. J. D. (Sister, Q.A.I.M.N.S. Res.)	The War of 1914-19	1 Jan. 17
Reid, Miss C. (Sister Q.A.I.M.N.S. Res.)	The War of 1914-19	2 June 19
Reid, Miss E.	The War of 1914-19	3 June 19
Reid, Miss E. A.	The War of 1914-19	31 July 19
Reid, Miss E. M. (Sister Q.A.I.M.N.S. Res.)	The War of 1914-19	3 June 19
Reid, Miss G. F. (Nursing Sister, Can. A.M.C.)	The War of 1914-19	1 Jan. 19
Reid Miss J.	The War of 1914-19	24 Oct. 17
Reid, Miss K. (Nursing Sister, Can. A.M.C.)	The War of 1914-19	1 Jan. 19
Reid, Miss M. (Staff Nurse, Q.A.I.M.N.S. Res.)	The War of 1914-19	1 Jan. 17
Reid, Miss M.	The War of 1914-19	4 Apr. 19
Reid, Miss T.	The War of 1914-19	6 Aug. 19
Reindorp, Miss V.	The War of 1914 19	23 Feb. 17
Renant, Miss E. A.	The War of 1914-19	9 Apr. 19
Rennie, Miss M.	The War of 1914-19	31 July 19
Rennison, Miss A. A. A.	The War of 1914-19	3 June 19
Repton, Miss H. K. (Matron, B.R.C.S.)	The War of 1914-19	1 Jan. 18
Revis, Miss K.	The War of 1914-19	31 July 19
Reynar, Miss M. H. (Nursing Sister, Can. A.M.C.)	The War of 1914-19	1 Jan. 19
Reynolds, Miss A. M.	The War of 1914-19	3 June 19
Reynolds, Miss B (Sister, Q.A.I.M.N.S. Res.)	The War of 1914-19	3 June 19
Reynolds, Miss H. E. (Staff Nurse, T.F. Nursing Serv.)	The War of 1914-19	3 June 16
Reynolds, Miss H.J. (Lady Supt.Q.A.M.N.S.India)	The War of 1914-19	3 June 19
Reynolds-Knight, Miss M.	The War of 1914-19	1 Jan. 18
Rhodes, Miss M. E. F.	The War of 1914-19	9 Apr. 19
Risch. Miss E.	The War of 1914 19	3 June 19
Ribsdale, Miss M. C.	The War of 1914-19	21 July 19
Riccadi-Cubitt, Countess F. M.	The War of 1914-19	31 July 19
Rice, Miss F. A. (Sister Can. A.M.C.)	The War of 1914-19	3 June 18
Rice, Miss H. H. (Nursing Sister Can. A.M.C)	The War of 1914-19	12 Dec. 19
Rice-Oxley, Miss T.	The War of 1914-19	4 Apr. 19
Richards, Miss E. A. (Sister Q. A.I.M.N.S.Res.)	The War of 1914-19	31 July 19
Richards, Mrs. M.	The War of 1914-19	24 Oct. 17
Richards, Miss M.	The War of 1914-19	3 June 19
Richardson, Miss A. M.	The War of 1914-19	9 Apr. 19
Richardson, Miss F. E. A. (Sister T.F. Nursing Serv.)	The War of 1914-19	9 Apr. 19
Richardson, Miss K. I.	The War of 1914-19	1 Jan. 18
Richardson, Miss M.	The War of 1914-19	3 June 18
Richardson, Miss M. (Sister-in-Charge Q.A.I.M.N.S. Res.)	The War of 1914-19	31 July 19
Richardson, Miss M. E. (Sister, Q.A.I.M.N.S. Res.)	The War of 1914-19	24 Oct. 17
Richardson, Miss M. I. (Nursing Sister Can.A.M.C.)	The War of 1914-19	31 July 19
Richardson, Miss M. J. (Sister, Q.A.I M.N.S.)	The War of 1914-19	16 Feb. 20
Richardson, Mrs. R.	The War of 1914-19	31 July 19
Richmond, Miss D. D. (Sister, C'wealth Mil. Forces)	The War of 1914-19	1 Jan. 16
Richmond, Miss E. B.	The War of 1914-19	24 Oct. 17
Ricketts, Mrs. S. H.	The War of 1914-19	6 Aug. 19
Riddell, Miss J. (Staff Nurse, Q.A.I.M.N.S. Res.)	The War of 1914-19	3 June 16
Riddell, Miss M. J. (Sister Q.A.I.M.N.S.)	The War of 1914-19	9 Apr. 19
Riddell, Miss M. S.	The War of 1914-19	1 Jan. 19
Riddelsdell, Miss C. E. (Actg. Sister Q.A.I.M.N.S. Res.)	The War of 1914-19	31 July 19
Riddle, Miss M. J (Nursing Sister, Can. A.M.C.)	The War of 1914-19	1 Jan. 19
Rideal, Miss A. R. G.	The War of 1914-19	24 Oct. 17
Ridgewell, Miss L. M. (Staff Nurse, Q.A.I.M.N.S. Res.)	The War of 1914-19	21 June 18
Ridley, Miss A. J. (Sister Q.A.I.M.N.S. Res.)	The War of 1914-19	9 Apr. 19
Ridley, Miss D. M.	The War of 1914-19	3 June 19
Rigby-Murray, Miss E.	The War of 1914-19	21 June 18
Riggall, Miss D.	The War of 1914-19	31 July 19
Riley, Miss V.	The War of 1914-19	3 June 19
Rinder, Miss L. J. (Matron, A.A.N.S.)	The War of 1914-19	12 Dec. 19
Ringland, Miss K.	The War of 1914-19	9 Apr. 19
Rintoul, Miss C. P.	The War of 1914-19	3 June 16
Ripper, Miss H. M. (Sister, Q.A.I.M.N.S.Res.)	The War of 1914-19	3 June 16
Ritchie, Miss A. B. (Staff Nurse,Q.A.I.M.N.S. Res.)	The War of 1914-19	3 June 16
Robb, Miss A. (Staff Nurse, Q.A.I.M.N.S. Res.)	The War of 1914-19	1 Jan. 19
Robbins, Miss T. A. (Sister, Q.A I.M.N.S. Res.)	The War of 1914-19	31 July 19
Roberts, Miss A.E. (Staff Nurse, T.F. Nursing Serv.)	The War of 1914-19	1 Jan. 17
Roberts, Miss A. F. (Asst. Matron Q.A.N.S)	The War of 1914-19	3 June 19
Roberts, Mrs. B.	The War of 1914-19	6 Aug. 19
Roberts, Miss C. (Sister, Q.A.I.M.N.S. Res.)	The War of 1914-19	23 Feb. 17
Roberts, Miss C.	The War of 1914-19	3 June 19
Roberts, Miss C. E. (Staff Nurse, T.F. Nursing Serv.)	The War of 1914-19	3 June 16

ASSOCIATES (A.R.R.C.)—contd.

Name	Services	Date
Roberts, Miss D.	The War of 1914-19	16Feb.20
Roberts, Miss E. (Sister, Q.A.I.M.N.S. Res.)	The War of 1914-19	3June16
Roberts, Miss E.	The War of 1914-19	3June19
Roberts, Miss E. M. (Actg.Sister Q.A.I.M.N.S. Res.)	The War of 1914-19	31July19
Roberts, Mrs. F.	The War of 1914-19	21June18
Roberts, Miss K.	The War of 1914-19	3June19
Roberts, Miss M.	The War of 1914-19	3June16
Roberts, Miss M. (Nursing Sister S.A.M.N.S.)	The War of 1914-19	3June19
Roberts, Miss M. E. (Sister Q.A.I.M.N.S. Res.)	The War of 1914-19	31July19
Roberts, Miss M.M. (Sister, Q.A.I.M.N.S.)	The War of 1914-19	3June19
Roberts, Mrs. M. T.	The War of 1914-19	1Jan.19
Roberts, Mrs N. (Sister, Q.A.I.M.N.S. Res.)	The War of 1914-19	24Oct.17
Roberts, Miss P.	The War of 1914-19	6Aug.19
Roberts, Miss P. G. (Sister Q.A.I.M.N.S. Res.)	The War of 1914-19	9Apr.19
Roberts, Miss S. E.	The War of 1914-19	16Feb.20
Robertson, Miss C. C. B.	The War of 1914-19	21June18
Robertson, Miss E. (Sister, T.F. Nursing Serv.)	The War of 1914-19	23Feb.17
Robertson, Miss E. G.	The War of 1914-19	6Aug.19
Robertson, Miss H. I. (Sister Can. A.M.C.)	The War of 1914-19	9Apr.19
Robertson, Miss J. (Nursing Sister, Can. Local Forces)	The War of 1914-19	23Feb.17
Robertson, Miss J. (Sister, T.F.N.S.)	The War of 1914-19	1Jan.19
Robertson, Miss L. V.	The War of 1914-19	6Aug.19
Robertson, Miss M.	The War of 1914-19	4Apr'19
Robertson, Miss M. A. (Sister, Q.A.I.M.N.S. Res.)	The War of 1914-19	3June18
Robertson, Miss N. D. (Sister Q.A.I.M.N.S. Res.)	The War of 1914-19	31July19
Robinette, Miss C.	The War of 1914-19	3June16
Robinson, Miss A. (Sister, T.F. Nursing Serv.)	The War of 1914-19	23Feb.17
Robinson, Miss C.	The War of 1914-19	31July19
Robinson, Miss C. L. A. M.M.(Sister,Q.A.I.M N.S.)	The War of 1914-19	3June18
Robinson, Miss C. M. (Sister, Q.A.I.M.N.S. Res.)	The War of 1914-19	3June17
Robinson, Miss Eliza	The War of 1914-19	24Oct.17
Robinson, Miss Esther	The War of 1914-19	24Oct.17
Robinson, Miss E. J.	The War of 1914-19	24Oct.17
Robinson, Miss H. E.	The War of 1914-19	24Oct.17
Robinson, Miss M. A. C.	The War of 1914-19	2June18
Robinson, Miss N.	The War of 1914-19	9Apr.19
Robinson, Miss N. M. (Staff Nurse Q.A.I.M.N.S. Res.)	The War of 1914-19	31July19
Robley, Miss S. J. (Nursing Sister, C.A.M.C.)	The War of 1914-19	1Jan.18
Robotham, Miss E.	The War of 1914-19	24Oct.17
Robson, Miss M.	The War of 1914-19	12Dec.19
Robson, Mrs. M. E. S.	The War of 1914-19	24Oct.17
Robson, Miss R. I.	The War of 1914-19	9Aug.19
Roche, Miss F. (Sister, Q.A.I.M.N.S. Res.)	The War of 1914-19	21June18
Roche, Miss M. J. (Nurse, U.S.A. Nursing Corps)	The War of 1914-19	3June18
Rodger, Miss J. S. (Act. Sister, Q.A.I.M.N.S. Res.)	The War of 1914-19	1Jan.17
Roe, Miss E. M.	The War of 1914-19	16Feb.20
Roethenbaugh, Miss E. (Sister, T.F. Nursing Serv.)	The War of 1914-19	1Jan.17
Rogers, Miss A. (Sister, Q.A.I.M.N.S. Res.)	The War of 1914-19	21June18
Rogers, Mrs E. L.	The War of 1914-19	24Oct.17
Rogers, Miss H. E. M.	The War of 1914-19	31July19
Rogers, Miss K. (Sister, Q.A.I.M.N.S. Res.)	The War of 1914-19	3June16
Rogers-Smith, Miss L.	The War of 1914-19	3June16
Rohde, Miss A. F.	The War of 1914-19	1Jan.18
Rollinson, Miss F. M.	The War of 1914-19	23Feb.17
Rollinson, Mrs. M.	The War of 1914-19	6Aug.19
Rolls, Miss D. L. (Actg. Sister, Q.A.I.M.N.S. Res.)	The War of 1914-19	1Jan.17
Romer, Miss H. E. (Asst. Matron, T.F. Nursing Serv.)	The War of 1914-19	21June18
Ronaldson, Miss M. F.	The War of 1914-19	1Jan.18
Rooff, Miss E. (V.A.D. Staff Nurse)	The War of 1914-19	9Apr.19
Rooke, Miss L. P.	The War of 1914-19	24Oct.17
Rose, Miss B. M. (Sister Q.A.I.M.N.S. Res.)	The War of 1914-19	31July19
Rose, Miss E.	The War of 1914-19	21June18
Rose, Mrs. M. (Asst. Matron, T.F. Nursing Serv.)	The War of 1914-19	21June18
Rose, Miss M. (Nursing Sister, Can. Nursing Serv.)	The War of 1914-19	23Feb.17
Rose, Miss M. G	The War of 1914-19	24Oct.17
Rose, Miss O. (Sister T.F. Nursing Serv.)	The War of 1914-19	28Feb.17
Rose, Miss P. (Nursing Sister, C.A.M.C.)	The War of 1914-19	24Oct.17
Rose-Innes, Miss A. (Nursing Sister, S.A.M.N.S.)	The War of 1914-19	3June19
Rosenthal, Miss L. (Actg. Sister, Q.A.I.M.N.S Res.)	The War of 1914-19	1Jan.19
Roskell, Miss L. M.	The War of 1914-19	4Apr.19
Ross, Miss A.	The War of 1914-19	6Aug.19
Ross, Miss A. L. (Staff Nurse, Q.A.I.M.N.S. Res.)	The War of 1914-19	3June16
Ross, Miss E. M.	The War of 1914-19	23Feb.17
Ross, Miss E. W. (Sister, Q.A.I.M.N.S. Res.)	The War of 1914-19	31July18
Ross, Miss H. C. M.	The War of 1914-19	24Oct.17
Ross, Mrs. K. (Sister, S. Afr. Mil. N.S.)	The War of 1914-19	9Apr.19
Ross, Miss M. (Sister, Q.A.I.M.N.S. Res.)	The War of 1914-19	3June16
Ross, Miss M. C. (Staff Nurse, Q.A.I.M.N.S. Res.)	The War of 1914-19	25Feb.18
Rosser, Miss G.	The War of 1914-19	16Feb.20

The Royal Red Cross

ASSOCIATES (A.R.R.C.)—*contd.*

Name	Services	Date
Ross-King, Miss A. (Sister, Aust. A.N.S.)	The War of 1914-19	3June18
Rossie, Miss K. E. M. (Staff Nurse, Q.A.I.M.N.S. Res.)	The War of 1914-15	3June16
Rothery, Miss D. (Sister, Q.A.I.M.N.S. Res.)	The War of 1914-19	3June18
Rothwell, Miss R. (Staff Nurse, Q.A.I.M.N.S. Res.)	The War of 1914-19	1Jan.19
Roundel, Miss M. (Staff Nurse, T.F. Nursing Serv.)	The War of 1914-19	24Oct.17
Rowan-Watson, Miss D. (Sister, Q.A.I.M.N.S. Res.)	The War of 1914-19	25Feb.18
Rowbotham, Miss C.	The War of 1914-19	6Aug.19
Rowe, Miss M. G.	The War of 1914-19	1Jan.19
Rowe, Mrs. S.	The War of 1914-19	24Oct.17
Rowell, Miss M.	The War of 1914-19	6Aug.19
Rowlands, Miss B.	The War of 1914-19	21June18
Rowley, Miss G. M. K. (Staff Nurse, Q.A.I.M.N.S. Res.)	The War of 1914-19	3June16
Rowson, Mrs. M.	The War of 1914-19	24Oct.17
Roy, Miss J. J. Sister, Q.A.I.M.N.S. Res.)	The War of 1914-19	31July19
Rudd, Miss E. M.	The War of 1914-19	6Aug.19
Ruddock, Miss M.	The War of 1914-19	3June18
Rudland, Mrs. M. (Sister, B.R.C.S.)	The War of 1914-19	1Jan.18
Rudman, Miss D.	The War of 1914-19	1Jan.18
Ruffle, Miss M. H.	The War of 1914-19	4Apr.19
Rundle, Miss M. G.	The War of 1914-19	3June19
Runton, Miss F. (Staff Nurse, Q.A.I.M.N.S. Res.)	The War of 1914-19	3June18
Ruppert, Mrs. M.	The War of 1914-19	31July19
Rush, Miss E. D. (Staff Nurse, C'wealth Mil. Forces)	The War of 1914-19	1Jan.17
Rushforth, Miss A.	The War of 1914-19	3June19
Rushforth, Mrs. M.	The War of 1914-19	24Oct.17
Rushworth, Miss G (Staff Nurse, T.F. Nursing Serv.)	The War of 1914-19	23Feb.17
Russell, Miss A. (Sister, Q.A.I.M.N.S. Res.)	The War of 1914-19	21June18
Russell, Miss D.	The War of 1914-19	4Apr.19
Russell, Miss E. (Sister, Q.A.I.M.N.S. Res.)	The War of 1914-19	21June18
Russell, Miss E. (Staff Nurse, Q.A.I.M.N.S. Res.)	The War of 1914-19	3June18
Russell, Miss E. (Sister, Q.A.I.M.N.S. Res.)	The War of 1914-19	9Apr.19
Russell, Miss F.	The War of 1914-19	6Aug.19
Russell, Mrs. G. E.	The War of 1914-19	4Apr.19
Russell, Miss M. (Matron, C'wealth Mil. Forces)	The War of 1914-19	23Feb.17
Rutherford, Miss A. (Sister, T.F. Nursing Serv.)	The War of 1914-19	24Oct.17
Rutherford, Miss E.	The War of 1914-19	9Apr.19
Rutherford, Miss L. J. (Staff Nurse, A.A.N.S.)	The War of 1914-19	1Jan.19
Rutherford, Miss N J (Sister, T F. Nursing Serv.)	The War of 1914-19	31July19
Rutledge, Miss E. (Supt. Nurse, Q.A.I.M.N.S. Res.)	The War of 1914-19	24Oct.17
Rutledge, Mrs. N.	The War of 1914-19	9Apr.19
Rutter, Miss L. (Sister, Q.A.I.M.N.S. Res.)	The War of 1914-19	3June16
Rutter, Miss V. A. (Asst. Matron, T.F. Nursing Serv.)	The War of 1914-19	3June18
Ryan, Miss B. (Staff Nurse, Q.A.I.M.N.S. Res.)	The War of 1914-19	23Feb.17
Ryder, Miss H. (Sister, T.F. Nursing Serv.)	The War of 1914-19	3June17
Ryott, Miss K. M.	The War of 1914-19	31July19
Sadd, Mrs. A. K.	The War of 1914-19	24Oct.17
Sadler, Mrs. A.	The War of 1914-19	4Apr.19
Sadler, Miss M. T.	The War of 1914-19	21June18
St. Arnaud, Miss R. A. (Sister, Can. A.M.C.)	The War of 1914-19	9Apr.19
St. John, Miss E. M. (Sister, Q.A.I.M.N.S. Res.)	The War of 1914-19	23Feb.17
St. Leger, Miss A. K. (Actg. Matron, Q.A.I.M.N.S. Res.)	The War of 1914-19	3June19
Salisbury Miss F. (Sister T F. Nursing Serv.)	The War of 1914-19	16Feb.20
Salkind, Miss A. (Staff Nurse, Q.A.I.M.N.S. Res.)	The War of 1914-19	3June16
Salkind, Miss E. (Staff Nurse, Q.A.I.M.N.S. Res.)	The War of 1914-19	3June16
Sampson, Miss A. M. (Actg. Matron, T.F. Nursing Serv.)	The War of 1914-19	1Jan.18
Samuels, Miss H	The War of 1914-19	6Aug.19
Sanctuary, Mrs. S. E.	The War of 1914-19	3June18
Sandell, Mrs. A. N.	The War of 1914-19	31July19
Sanders, Miss E.	The War of 1914-19	24Oct.17
Sanders, Miss Evelyn	The War of 1914-19	31July19
Sandle, Miss A. M.	The War of 1914-19	4Apr.19
Sandys, Miss H M.	The War of 1914-19	3June19
Sankey, Miss A. E.	The War of 1914-19	6Aug.19
Sankey, Miss B.	The War of 1914-19	24Oct.17
Sargent, Miss A.M. (Actg.Matron, Q.A.I.M.N.S.Res.)	The War of 1914-19	3June18
Sartain, Miss A. L.	The War of 1914-19	3June19
Saunder, Miss D. J. (Sister, Q.A.I.M.N.S.)	The War of 1914-19	23Feb.17
Saunders Miss A. M.	The War of 1914-19	23Feb.17
Saunders, Miss E. G. (Nursing Sister, Can. A.M.C.)	The War of 1914-19	3June19
Saunders, Miss M. A. G	The War of 1914-19	21June18
Savage, Miss M. W. (Sister T.F. Nursing Serv.)	The War of 1914-19	3June18
Savile, Mrs A.	The War of 1914-19	6Aug.19
Sawtell, Miss M.	The War of 1914-19	24Oct.17
Saxby, Miss M. R.	The War of 1914-19	31July19
Scanlan, Miss M. (Sister, Q.A.I.M.N.S. Res.)	The War of 1914-19	1Jan.17
Scatterty, Miss A. E.	The War of 1914-19	31July19

ASSOCIATES (A.R.R.C.)—contd.

Services.

Name	Service	Date
Schiff, Miss M.	The War of 1914-19	6 Aug.19
Schofield, Miss E. O.	The War of 1914-19	1 Jan.19
Schofield, Miss O.	The War of 1914-19	4 Apr.19
Schlegel, Miss E.	The War of 1914-19	24 Oct.17
Scholes, Miss M.	The War of 1914-19	1 Jan.18
Schor, Miss P. (Sister, Q.A I.M.N.S. Res.)	The War of 1914-19	3 June19
Schotburgh, Miss M. (Staff Nurse T.F. Nursing Serv.)	The War of 1914-19	3 June19
Scorgie, Miss J. (Sister Q.A.I.M.N.S. Res.)	The War of 1914-19	31 July19
Scott, Mrs A.	The War of 1914-19	4 Apr.19
Scott, Miss E. F.	The War of 1914-19	3 June16
Scott, Miss I. (Sister in Charge, N.Z.A.N.S.)	The War of 1914-19	24 Oct.17
Scott, Miss J. (Staff Nurse, Q.A.I.M.N.S. Res.)	The War of 1914-19	9 Apr.19
Scott, Miss J. D. (Sister, Q.A.I.M.N.S. Res.)	The War of 1414-19	1 Jan.19
Scott, Mrs. M.	The War of 1914-19	21 June18
Scott, Miss M.	The War of 1914-19	16 Feb.20
Scott, Miss M. de B	The War of 1914-19	6 Aug.19
Scott Miss N.	The War of 1914-19	6 Aug.19
Scott, Miss W. M. (Sister, Aust. A N.S.)	The War of 1914-19	1 Jan.19
Scott-Bamford, Mrs. L. M.	The War of 1914-19	3 June19
Scott-Erskine, Miss D.	The War of 1914-19	31 July19
Scott-Pullar, Miss A. (Staff Nurse, T.F. Nursing Serv.)	The War of 1914-19	1 Jan.17
Scott-Watt, Miss M. (Staff Nurse, T.F. Nursing Serv.)	The War of 1914-19	1 Jan.17
Scrimshaw, Mrs. A. F.	The War of 1914-19	31 July19
Scruton, Miss A.	The War of 1914-19	31 July19
Scudamore, Mrs. G. (Sister, Q.A.I.M.N.S. Res.)	The War of 1914-19	23 Feb.17
Seabrooke, Miss K. E.	The War of 1914-19	24 Oct.17
Seacombe, Miss B. E. Sister, T.F.N.S	The War of 1914-19	3 June18
Seager, Miss K. I. (Staff Nurse, T.F. Nursing Serv.)	The War of 1914-19	3 June16
Sear, Miss E. (Staff Nurse, Q.A.I.M.N.S. Res.)	The War of 1914-19	1 Jan.18
Searle, Miss F. E. (Sister, Q.A.I.M.N.S. Res.)	The War of 1914 19	3 June16
Searley. Miss D.	The War of 1914-19	24 Oct.17
Searrell, Miss A. (Sister N.Z A N.S.)	The War of 1914-19	31 July19
Sears, Miss E. (Sister T F. Nursing Serv.)	The War of 1914-19	31 July19
Seaton, Miss M. (Sister, Q.A.I.M.N.S. Res.)	The War of 1914-19	24 Oct.17
Seaton, Miss E. J. (Staff Nurse, T.F. Nursing Serv.)	The War of 1914-19	3 June16
Sedgwick, Miss M.	The War of 1914-19	6 Aug 19
Seddon Miss J. M. (Sister T.F. Nursing Serv.)	The War of 1914-19	31 July19
Seeley, Miss G. A. (Sister, Q.A.I.M.N.S. Res.)	The War of 1914-19	3 June19
Seignior, Miss A.	The War of 1914-19	4 Apr.19
Selbie. Miss C. M.	The War of 1914-19	6 Aug.19
Selby, Miss A.	The War of 1914-19	24 Oct.17
Selby, Miss S. A.	The War of 1914-19	3 June16
Sellar, Miss G. H. (Sister, Q.A.I.M.N.S.)	The War of 1914-19	3 June16
Sellar, Miss M. T. (Staff Nurse, Q.A.I M.N.S. Res.)	The War of 1914-19	1 Jan.17
Sempers, Miss D. M. (Sister, T.F.N.S)	The War of 1914-19	3 June19
Sephton Miss T. F. (Sister, Q.A.I.M N.S. Res.	The War of 1914-19	1 Jan.19
Service. Miss M. W. (Sister T.F. Nursing Serv.)	The War of 1914-19	31 July19
Sewell, Miss M.	The War of 1914-19	24 Oct.17
Seymour, Miss A. H.	The War of 1914-19	4 Apr.19
Seymour, Miss D. N.	The War of 1914-19	3 June19
Seymour-Ure, Miss C. (Sister, T.F. Nursing Serv.)	The War of 1914-19	24 Oct.17
Shackell, Miss C. E. (Matron, C'wealth Mil.Forces)	The War of 1914-19	23 Feb.17
Sharpe, Mrs B. M.	The War of 1914-19	24 Oct.17
Shaw, Miss A.	The War of 1914-19	9 Apr.19
Shaw, Miss C. F. (Staff Nurse, Q.A.I.M.N.S. Res.)	The War of 1914-19	3 June16
Shaw, Mrs. E.	The War of 1914-19	24 Oct.17
Shaw-Stewart, Miss M.	The War of 1914-19	24 Oct.17
Sheffield, Miss A.	The War of 1914-19	31 July19
Sheild, Miss L. G.	The War of 1914-19	3 June16
Shepherd, Miss E.	The War of 1914-19	1 Jan.19
Shepherd, Miss H. A. (Sister, Q.A.I.M.N.S. Res.)	The War of 1914-19	9 Apr.19
Shepherd Mrs. M. J.	The War of 1914-19	16 Feb.20
Shepley, Miss B. (Sister, S. Afr. Def. Force)	The War of 1914-19	1 Jan.17
Sheprerd, Miss F. A. (Sister, T.F. Nursing Serv.)	The War of 1914-19	24 Oct.17
Shewan, Miss E. S. (Staff Nurse, T.F.N.S.)	The War of 1914-19	3 June19
Shield, Mrs. M.	The War of 1914-19	21 June18
Shields, Mrs. E.	The War of 1914-19	9 Apr.19
Shipley, Miss D. V.	The War of 1914-19	9 Apr.19
Shorrock, Miss S. A.	The War of 1914-19	3 June19
Shore, Miss F. N. (Actg. Sister, Q.A.I.M.N.S. Res.)	The War of 1914-19	3 June19
Short, Miss B.	The War of 1914-19	21 June18
Short, Miss L.	The War of 1914-19	24 Oct.17
Shorten, Miss R.A. (Actg.Sist r,Q.A.I.M.N.S.Res.)	The War of 1914-19	3 June19
Shute, Miss E. L.	The War of 1914-19	29 Jan.18
Siddells, Miss F. (Sister, N.Z.A N S.)	The War of 1914-19	21 June18
Sidebotham, Miss L. (Sister, T.F.N.S.)	The War of 1914-19	1 Jan.18
Sim, Miss E. B. G. (Staff Nurse, T F. Nursing Serv.)	The War of 1914-19	3 June16
Simon, Miss J. W. (Actg. Sister, Q.A.I.M.N.S.Res.)	The War of 1914-19	3 June19
Simon, Miss M.	The War of 1914-19	29 Jan.18
Simons, Mrs. E.	The War of 1914-19	24 Oct.17
Simpson, Miss A. (Sister, T F. Nursing Serv.)	The War of 1914-19	3 June16

ASSOCIATES (A.R.R.C.)—contd.

Name	Services	Date
Simpson, Miss A. A.	The War of 1914-19	24 Oct.17
Simpson, Mrs. A. N.	The War of 1914-19	31 July19
Simpson, Miss E. M.	The War of 1914-19	23 Feb 17
Simpson, Miss H. (Staff Nurse, Q.A.I.M.N.S. Res.)	The War of 1914-19	3 June16
Simpson, Miss H.	The War of 1914-19	16 Feb.20
Simpson, Miss J. (Staff Nurse, T.F. Nursing Serv.)	The War of 1914-19	3 June16
Simpson, Miss N.	The War of 19.4-19	6 Aug.19
Simpson, Miss V. A. (Sister, Q.A.I.M.N.S. Res.)	The War of 1914-19	24 Oct.17
Simson, Miss E. D. (Sister, Q.A.I.M.N.S Res.)	The War of 1914-19	1 Jan.19
Sinclair, Miss A. M. R. (Sister, Q.A.I.M.N.S. Res.)	The War of 1914-19	9 Apr.19
Sinclair, Miss C. (Sister, Q.A.I.M.N.S Res.)	The War of 1914-19	3 June19
Sinclair, Miss E. (Nursing Sister, Can A.M.C.)	The War of 1914-19	30 July19
Sinclair, Miss I. (Q A.I.M.N.S. Res.)	The War of 1914-19	9 Apr. 9
Sinclair, Mrs. J.	The War of 1914-19	21 June18
Sinclair, Miss M. A.	The War of 1914-19	4 Apr.19
Sinclair, Miss M. L. (Staff Nurse, Q.A.I.M.N.S. Res.)	The War of 1914-19	3 June16
Sinclair White, Miss E.	The War of 1914-19	24 Oct.17
Singer, Miss F. M.	The War of 1914-19	9 Apr.19
Sinton, Miss J.	The War of 1914-19	6 Aug.19
Sinton, Mrs. M. A. (Sister, Q.A.I.M.N.S. Res.)	The War of 1914-19	24 Oct.17
Sizer, Miss E. M.	The War of 1914-19	31 July19
Skelton, Miss C. M. (Staff Nurse, Q.A.I.M.N.S. Res.)	The War of 1914-19	3 June16
Skerratt, Miss M.	The War of 1914-19	9 Apr. '9
Skinner, Miss H. (Sister, T.F. Nursing Serv.)	The War of 1914-19	1 Jan.18
Skinner, Miss I. (Staff Nurse, Q.A.I.M.N.S. Res)	The War of 1914-19	3 June16
Skinner, Miss K. Sister-in-Charge Q.A.I.M.N.S. Res.)	The War of 1914-19	1 Jan.19
Skinner, Miss M.	The War of 1914-19	24 Oct.17
Skipworth. Miss B.	The War of 1914-19	4 Apr.19
Skirrow, Miss M. H.	The War of 1914-19	6 Aug.19
Slade, Miss E. (Sister, T.F. Nursing Serv.)	The War of 1914-19	31 July19
Slaney, Miss C. (Sister, Q A.I.M.N.S.)	The War of 1914-19	31 July19
Slaney, Miss M. (Sister, T.F. Nursing Serv.)	The War of 1914-19	31 July19
Slater, Miss K.	The War of 1914-19	4 Apr.19
Slater, Miss M. L. (Asst. Matron, Q.A.I.M.N.S.Res.)	The War of 1914-19	3 June18
Slatter, Mrs A. J.	The War of 1914-19	6 Aug.19
Slayden, Mrs. E.	The War of 1914-19	21 June18
Slevin. Miss B. M.	The War of 1914-19	3 June19
Slinger, Miss F.	The War of 1914-19	3 June16
Slingsby, Miss E.	The War of 1914-19	3 June19
Slocock, Mrs. R.	The War of 1914-19	24 Oct.17
Slocock, Miss R.	The War of 1914-19	21 June18
Slocombe, Miss J.	The War of 1914-19	21 June18
Sloggett, Miss D. C.	The War of 1914-19	1 Jan.18
Sly, Miss A. S. (Sister, T.F.N.S.)	The War of 1914-19	3 June19
Smailes, Miss E. (Sister, N.Z.A.N.S.)	The War of 1914-19	31 July19
Smales, Miss M.	The War of 1914-19	6 Aug 19
Smaill, Miss E. D. (T.F. Nursing Serv.)	The War of 1914-19	1 Jan.16
Small, Miss C.	The War of 1914-19	12 Dec.19
Smart, Miss A. (Staff Nurse, Q.A.I.M.N.S. Res.)	The War of 1914-19	3 June16
Smartt, Miss A. P.	The War of 1914-19	1 Jan.17
Smeeton, Miss E. E.	The War of 1914-19	9 Apr.19
Smith, Miss A. (Sister, T.F. Nursing Serv.)	The War of 1914-19	1 Jan.18
Smith, Miss A. A.	The War of 1914-19	24 Oct.17
Smith, Miss A. B (Sister N.Z.A.N.S.)	The War of 1914-19	12 Dec.19
Smith, Miss A. E (Sister, Q.A.I.M.N.S. Res.)	The War of 1914-19	23 Feb.17
Smith, Miss A. M.	The War of 1914-19	23 Feb.17
Smith, Miss A. S. (Sister Q.A.I.M.N.S. Res.)	The War of 1914-19	24 Oct.17
Smith, Miss B. M.	The War of 1914-19	9 Apr.19
Smith, Miss C. (Staff Nurse, Q.A.I.M.N.S. Res.)	The War of 1914-19	23 Feb.17
Smith, Miss C.	The War of 1914-19	24 Oct.17
Smith, Miss C. J. (Sister Q.A.I.M.N.S. Res.)	The War of 1914-19	16 Feb. 20
Smith, Miss D. S. (Sister, Q.A.I.M.N.S. Res.)	The War of 1914-19	1 Jan.18
Smith, Miss Edith	The War of 1914-19	24 Oct.17
Smith, Miss E.	The War of 1914-19	29 Jan.18
Smith, Miss E. (Sister, Q.A.I.M.N.S. Res.)	The War of 1914-19	1 Jan.18
Smith, Miss E. (Sister Aust. A N S.)	The War of 1914-19	1 Jan.19
Smith, Miss E. (Sister, T.F. Nursing Serv.)	The War of 1914-19	31 July19
Smith, Miss E. L (Ac'g. Sister Q.A.M.N.S. Res.)	The War of 1914-19	1 Jan.19
Smith, Miss E. M.	The War of 1914-19	23 Feb.17
Smith, Mrs. E. M.	The War of 1914-19	21 June18
Smith Miss G. E. S. (Sister, T.F. Nursing Serv.)	The War of 1914-19	21 June18
Smith, Miss H. K. (Q A.I.M N S. Res.)	The War of 1914-19	31 July19
Smith, Miss H. M. (Sister, T.F. Nursing Serv.)	The War of 1914-19	24 Oct.17
Smith, Miss H. M (Sister T.F. Nursing Serv.)	The War of 1914-19	9 Apr.19
Smith, Miss I. B. (Nursing Sister,Can. Local Forces)	The War of 1914-19	23 Feb.17
Smith, Mrs. J. B.	The War of 1914-19	31 July19
Smith, Miss J. C.	The War of 1914-19	3 June19
Smith, Mrs. J. M.	The War of 1914-19	24 Oct.17
Smith, Miss J McK.	The War of 1914-19	16 Feb.20
Smith, Miss L. G. (Sister, Q.A.I.M.N.S. Res.)	The War of 1914-19	21 June18
Smith, Miss M. (Sister, T.F. Nursing Serv.)	The War of 1914-19	3 June17

ASSOCIATES (A.R.R.C.)—contd.

Name	Services	Date
Smith, Mrs. M.	The War of 1914-19	4Apr.19
Smith, Miss Mary	The War of 1914-19	31July19
Smith, Miss Muriel	The War of 1914-19	31July19
Smith, Miss M. A. C. (Staff Nurse, T.F. Nursing Serv.)	The War of 1914-19	3June16
Smith, Miss M. B. (Staff Nurse, Q.A.I.M.N.S. Res.)	The War of 1914-19	23Feb.17
Smith, Miss M. E.	The War of 1914-19	21June18
Smith, Miss M. E.	The War of 1914-19	21June18
Smith, Miss M. F.(Actg. Sister, Q.A.I.M.N.S. Res.)	The War of 1914-19	24Oct.17
Smith, Miss M. L.	The War of 1914-19	21June18
Smith, Miss M. M.	The War of 1914-19	31July19
Smith, Miss M. M. D. (Sister, T.F. Nursing Serv.)	The War of 1914-19	3June17
Smith, Mrs. M. T.	The War of 1914-19	24Oct.17
Smith, Mrs. R.	The War of 1914-19	24Oct.17
Smith, Mrs. R. H.	The War of 1914-19	24Oct.17
Smith, Miss R. A.	The War of 1914-19	23Feb.17
Smith, Miss S	The War of 1914-19	31July19
Smith, Miss S. E.	The War of 1914-19	21June18
Smith, Miss W. J. (Sister, A.A. Nursing Serv.)	The War of 1914-19	24Oct.17
Smith, Miss W. M. (Nursing Sister, Q.A.M.N.S. India)	The War of 1914-19	3June19
Smithin, Miss A.	The War of 1914-19	12Dec.19
Smyth, Miss E. M. (Actg. Matron Q.A.I.M.N.S. Res.)	The War of 1914-19	9Apr.19
Smyth, Miss E. S. (Sister, Q.A.I.M.N.S. Res.)	The War of 1914-19	12Dec.19
Smyth, Miss E. M. (Sister, Q.A.I.M.N.S Res.)	The War of 1914-19	31July19
Smythe, Miss I (Sister, Q. s.I.M.N.S. Res.)	The War of 1914-19	21June18
Snelling Miss L. (Sister A.A.N.S.)	The War of 1914-19	3June19
Snodgrass, Miss J. E.	The War of 1914-19	3June19
Snow-Crump, Miss E.	The War of 1914-19	6Aug.19
Snowden, Miss M.	The War of 1914-19	6Aug 19
Soames, Miss S. A.	The War of 1914-19	3June16
Soans, Miss M.	The War of 1914-19	24Oct.17
Sölling, Miss W. (Sister, Q.A.I M.N.S. Res.)	The War of 1914-19	3June18
Somers, Miss A. M. E. (Sister Q.4.T.M.N.S. Res.)	The War of 1914-19	3June19
Somers, Miss M.	The War of 1914-19	23Feb.17
Somerset, Mrs. C. N.	The War of 1914-19	4Apr.19
Somerville, Miss C. L. (Sister Q.A.I.M.N.S. Res.)	The War of 1914-19	25Feb.18
Somerville, Miss F.	The War of 1914-19	3June16
Sordy, Miss E. A.	The War of 1914-19	23Feb.17
Sorrie, Miss E. A. (Sister Q.A.I.M.N.S. Res.)	The War of 1914-19	31July19
Souter, Miss E. J. (Sister A.A.N.S.)	The War of 1914-19	1Jan.19
Spanner, Miss G. L. (Nursing Sister Can. Nursing Serv.)	The War of 1914-19	21June18
Spalding, Miss F. E. (Sister, C'wealth Mil. Forces)	The War of 1914-19	1Jan.16
Spalding, Mrs. G. (Sister, Can. A M.C.)	The War of 1914-19	3June18
Spedding, Miss F. A.	The War of 1914-19	3June18
Speedy, Miss F. H. (Sister, N.Z. Mil. Forces)	The War of 1914-19	1Jan.17
Spence, Mrs. B. A. M.	The War of 1914-19	24Oct.17
Spence, Mrs. E. O.	The War of 1914-19	6Aug.19
Spencer, Miss E. (Nursing Sister E. Afr Nursing Serv.)	The War of 1914-19	3June19
Spencer, Miss E. N. (Staff Nurse, T.F. Nursing Serv.)	The War of 1914-19	3June16
Spencer Miss G.	The War of 1914-19	9Apr.19
Spencer, Miss W. M.	The War of 1914-19	9Apr.19
Spencer-Jones, Miss V.	The War of 1914-19	23Feb.17
Spensley, Miss E. (Actg. Sister Q.A.I.M N.S. Res.)	The War of 1914-16	1Jan.19
Spicer, Miss E. M.	The War of 1914-19	1Jan.18
Spinks, Miss M. A. (Sister, T.F. Nursing Serv.)	The War of 1914-19	24Oct.17
Spittal, Miss M. de H.	The War of 1914-19	24Oct.17
Spokes, Miss J.	The War of 1914-19	6Aug.19
Spooner, Miss E. B. (Staff Nurse, Q.A.I.M.N.S.Res.)	The War of 1914-19	8June16
Spong, Miss A. M.	The War of 1914-19	24Oct.17
Spratt, Mrs. F.	The War of 1914-19	3June17
Sproston, Miss E. (Sister T.F. Nursing Serv.)	The War of 1914-19	31July19
Spurgin, Miss E. E.	The War of 1914-19	24Oct.17
Stacey, Miss K. E. (Sister Q.A.I.M.N.S Res.)	The War of 1914-19	3June19
Stafford, Miss M.	The War of 1914-19	9Apr.19
Stafford, Miss M.	The War of 1914-19	4Apr.19
Stainton, Miss I. M.	The War of 1914-19	9Apr.19
Stalker, Mrs. H.	The War of 1914-19	6Aug.19
Stanley, Miss M.	The War of 1914-19	24Oct.17
Stanton, Miss E. H. (Sister, Q.A.I.M N.S. Res.)	The War of 1914-19	24Oct.17
Stanyon, Miss K. E.	The War of 1914-19	3June19
Stapledon Mrs. N.	The War of 1914-19	3June17
Seapleton, Miss G.	The War of 1914-19	3June16
Starbuck, Miss H. F. (Sister, Q.A.I.M.N.S. Res.)	The War of 1914-19	1Jan 18
Stark, Miss H. L. (Nursing Sister Can. A.M.C.)	The War of 1914-19	31July19
Staveley, Miss E.	The War of 1914-19	23Feb.17
Staveley, Miss M. M. Staff Nurse, Q.A.I.M.N.S. Res.)	The War of 1914-19	3June16

ASSOCIATES (A.R.R.C.)—contd.

Services.

Name	Service	Date
Stay, Miss C.	The War of 1914-19	24 Oct. 17
Stayner, Mrs. E.	The War of 1914-19	24 Oct. 17
Stedman, Miss E. (Staff Nurse, Q.A.I.M.N.S. Res.)	The War of 1914-19	3 June 16
Steedman, Miss M. L.	The War of 1914-19	24 Oct. 17
Steel, Miss R. J. G (Matron, T.F. Nursing Serv.)	The War of 1914-19	23 Feb. 17
Steel, Miss V. (Nursing Sister, A.A.N.S.)	The War of 1914-19	3 June 18
Steele, Miss D. M. (Staff Nurse, Q.A.I.M.N.S. Res.)	The War of 1914-19	3 June 16
Steele, Miss K. (Staff Nurse, T.F. Nursing Serv.)	The War of 1914-19	3 June 16
Steele, Miss M. F. (Sister Can. A.M.C.)	The War of 1914-19	9 Apr. 19
Steenson, Miss S. E.	The War of 1914-19	1 Jan. 19
Steer, Miss A. A. (Sister, Q.A.I.M.N.S.)	The War of 1914-19	3 June 16
Steggall, Miss E.	The War of 1914-19	23 Feb. 17
Stein, Mrs. M. McK.	The War of 1914-19	24 June 18
Stalling, Miss M.	The War of 1914-19	24 Oct. 17
Stephens, Miss A.	The War of 1914-19	16 Feb. 20
Stephens, Mrs. E.	The War of 1914-19	24 Oct. 17
Stephens, Miss L. M. (Sister T.F. Nursing Serv.)	The War of 1914-19	9 Apr. 19
Stephenson, Miss E. F. (Sister, Q.A.I.M.N.S.)	The War of 1914-19	1 Jan. 18
Stephenson, Miss M.	The War of 1914-19	3 June 18
Sterling, Miss D.	The War of 1914-19	12 Dec. 19
Stevens, Miss A. B.	The War of 1914-19	1 Jan. 17
Stevens, Miss C. A. (Sister, Q.A.I.M.N.S.)	The War of 1914-19	1 Jan. 16
Stevens, Miss D. (Sister, Q.A.I.M.N.S. Res.)	The War of 1914-19	1 Jan. 18
Stevens, Miss G. L. (Staff Nurse, Q.A.I.M.N.S.)	The War of 1914-19	23 Feb. 17
Stevens, Miss I.	The War of 1914-19	3 June 19
Stevens, Miss M. H. (Actg. Sister, Q.A.I.M.N.S. Res.)	The War of 1914-19	23 Feb. 17
Stevenson, Miss A. (Sister T.F.N.S.)	The War of 1914-19	3 June 19
Stevenson, Miss A.	The War of 1914-19	24 Oct. 17
Stevenson, Miss E. L. (Matron T.F. Nursing Serv.)	The War of 1914-19	9 Apr. 19
Stevenson, Miss G. D.	The War of 1914-19	3 June 16
Stevenson, Miss L. C. (Nursing Sister, Can. Nursing Serv.)	The War of 1914-19	21 June 18
Stevenson, Mrs. M.	The War of 1914-19	4 Apr. 19
Stevenson, Miss N.	The War of 1914-19	31 July 19
Stewart, Miss A. (Sister, Q.A.I.M.N.S. Res.)	The War of 1914-19	24 Oct. 17
Stewart, Miss A. M. (Nursing Sister Can. A.M.C.)	The War of 1914-19	3 June 19
Stewart, Miss E.	The War of 1914-19	24 Oct. 17
Stewart, Miss J. C. (Sister, T.F. Nursing Serv.)	The War of 1914-19	23 Feb. 17
Stewart, Miss K. S.	The War of 1914-19	23 Feb. 17
Stewart, Miss M. (Sister, Q.A.I.M.N.S. Res.)	The War of 1914-19	24 Oct. 17
Stewart, Miss M. C. (Nursing Sister Can. A.M.C.)	The War of 1914-19	3 June 19
Stewart, Miss M. G, (Staff Nurse Q.A.I.M.N.S. Res.)	The War of 1914-19	16 Feb. 20
Stewart, Miss M. H.	The War of 1914-19	31 July 19
Stewart, Miss M. J. (Asst. Matron Can. A.M.C.)	The War of 1914-19	9 Apr. 19
Stewart, Miss M. S.	The War of 1914-19	1 Jan. 19
Stewart-Richardson, Miss M. R. (Sister, Q.A.I.M.N.S. Res.)	The War of 1914-19	1 Jan. 18
Stidston, Miss M. M. (Sister, Q.A.I.M.N.S. Res.)	The War of 1914-19	23 Feb. 17
Stiles, Miss J. G.	The War of 1914-19	3 June 17
Stirling, Miss A. M. (Nursing Sister, C.A.M.C.)	The War of 1914-19	1 Jan. 18
Stoddart, Miss A. (Staff Nurse, T.F. Nursing Serv.)	The War of 1914-19	24 Oct. 17
Stoddart, Miss C.	The War of 1914-19	24 Oct. 17
Stokes, Mrs. E. J. (Sister, T.F. Nursing Serv.)	The War of 1914-19	1 Jan. 18
Stollard, Miss M. L.	The War of 1914-19	9 Apr. 19
Stone, Miss C. A. (Sister Aust. A.N.S.)	The War of 1914-19	1 Jan. 19
Stone, Miss E. (Staff Nurse, T.F. Nursing Serv.)	The War of 1914-19	23 Feb. 17
Stones, Miss A. (Sister Q.A.I.M.N.S. Res.)	The War of 1914-19	1 Jan. 19
Stones, Miss E. (Actg.-Sister Q.A.I.M.N.S. Res.)	The War of 1914-19	1 Jan. 19
Stones, Miss G. (Sister, T.F. Nursing Serv.)	The War of 1914-19	23 Feb. 17
Storar, Miss I. L. (Sister, T.F. Nursing Serv.)	The War of 1914-19	1 Jan. 18
Storey, Miss E. (V.A.D. Asst. Nurse)	The War of 1914-19	9 Apr. 19
Storey, Miss M. P. (Sister, Q.A.I.M.N.S. Res.)	The War of 1914-19	3 June 17
Stout, Miss M. P.	The War of 1914-19	3 June 19
Strange, Miss C. E.	The War of 1914-19	3 June 17
Strathy, Miss I. D. (Nursing Sister, Can. Local Forces)	The War of 1914-19	23 Feb. 17
Stratton, Mrs. E.	The War of 1914-19	24 Oct. 17
Stratton, Miss F. A.	The War of 1914-19	3 June 19
Stratton, Miss I. C. (Sister T.F.N.S.)	The War of 1914-19	1 Jan. 19
Stratton, Miss M.	The War of 1914-19	6 Aug. 9
Stratton, Miss S. M.	The War of 1914-19	3 June 19
Streatfield, Miss M.	The War of 1914-19	3 June 18
Street, Miss G.	The War of 1914-19	31 July 19
Street, Miss M. R. (Actg. Sister, Q.A.I.M.N.S. Res.)	The War of 1914-19	1 Jan. 17
Stretch Miss L. M.	The War of 1914-19	9 Apr. 19
Strickland, Miss J.	The War of 1914-19	31 July 19
Strike Miss M. (Sister, Q.A.I.M.N.S. Res.)	The War of 1914-19	21 June 18
Stronach, Miss J. (Sister, Can. Local Forces)	The War of 1914-19	3 June 16
Stronach, Miss W. (Sister N.Z. A.N.S.)	The War of 1914-19	31 July 19
Strover, Mrs. M. A.	The War of 1914-19	4 Apr. 19
Strudwick, Miss H. (Staff Nurse, T.F. Nursing Serv.)	The War of 1914-19	24 Oct. 17
Stuart, Miss A. L. (Sister, Q.A.I.M.N.S. Res.)	The War of 1914-19	3 June 16

The Royal Red Cross

ASSOCIATES (A.R.R.C.) – contd.

Name	Services	Date
Stuart, Miss A.S. (Actg.-Sister Q.A.I.M.N.S. Res.)	The War of 1914-19	1 Jan. 19
Stuart, Miss J. A. M. (Sister, Q.A.I.M.N.S.)	The War of 1914-19	24 Oct 17
Stuart, Miss M. (Staff Nurse, T.F. Nursing Serv.)	The War of 1914-19	3 June 19
Stuart, Miss M.	The War of 1914-19	6 Aug. 19
Stuart, Miss M. G. (Temp. Sister, Q.A.I.M.N.S.I.)	The War of 1914-19	25 Feb. 18
Stuart, Miss M. N. (Sister, Q.A.I.M.N.S. Res.)	The War of 1914-19	16 Feb. 20
Stubbs, Miss H. E. (Staff Nurse, T.F. Nursing Serv.)	The War of 1914-19	3 June 18
Stubbs, Miss M. H.	The War of 1914-19	24 Oct. 17
Stubington, Miss E. Z.	The War of 1914-19	3 June 18
Sturdy, Miss E. (Sister, Q.A.I.M.N.S. Res.)	The War of 1914-19	1 Jan. 16
Suffolk, Countess E.	The War of 1914-19	6 Aug. 19
Sugden, Miss S. E. (Sister T.F. Nursing Serv.)	The War of 1914-19	31 July 19
Sullivan, Miss B.	The War of 1914-19	24 Oct. 17
Sullivan, Miss S.	The War of 1914-19	6 Aug. 19
Sulman, Miss H. C.	The War of 1914-19	24 Oct. 17
Summerhill, Miss O. G. H. (Staff Nurse, T.F. Nursing Serv.)	The War of 1914-19	24 Oct. 17
Sumner, Mrs D.	The War of 1914-19	6 Aug. 19
Senley, Miss M. G. (Nursing Sister, Can. A.M.C.)	The War of 1914-19	12 Dec. 19
Surman, Miss E. S.	The War of 1914-19	12 Dec. 19
Sutcliffe, Miss I. M.	The War of 1914-19	6 Aug. 19
Sutcliffe, Mrs. K.	The War of 1914-19	3 June 19
Sutherland, Miss A. (Nursing Sister Can. A.M.C.)	The War of 1914-19	3 June 19
Sutherland, Miss D. M. G.	The War of 1914-19	3 June 19
Sutherland, Miss Margaret	The War of 1914-19	31 July 19
Sutherland, Miss Marjorie	The War of 1914-19	31 July 19
Sutton, Miss E.	The War of 1914-19	23 Feb. 17
Sutton, Miss G.	The War of 1914-19	4 Apr. 19
Sutton, Miss W.	The War of 1914-19	24 Oct. 17
Suttor, Miss L. C. (Staff Nurse, Q.A.I.M.N.S. Res.)	The War of 1914-19	3 June 19
Swaine, Miss E. M. (Actg. Sister Q.A.I.M.N.S. Res.)	The War of 1914-19	31 July 19
Swan, Mrs. A. G.	The War of 1914-19	24 Oct. 17
Swan, Miss E. G. (Sister, Q.A.I.M.N.S. Res.)	The War of 1914-19	3 June 19
Swan, Miss M. P. (Sister T.F. Nursing Serv.)	The War of 1914-19	9 Apr. 19
Swann, Miss A. Y.	The War of 1914-19	1 Jan. 18
Swann, Miss J. (Sister T.F. Nursing Serv.)	The War of 1914-19	31 Jul. 19
Swanston, Miss J. E.	The War of 1914-19	4 Apr. 19
Sweet, Miss D. M.	The War of 1914-19	1 Jan. 18
Swift, Miss E. (Sister, T.F. Nursing Serv.)	The War of 1914-19	1 Jan. 19
Swinnerton, Miss K. (Sister T.F Nursing Serv.)	The War of 1914-19	31 Jul. 19
Swinton, Miss M. A. (Sister Q.A.I.M.N.S. Res.)	The War of 1914-19	9 Apr. 19
Swinton, Miss M. E.	The War of 1914-19	31 July 19
Swithinbank, Miss G.	The War of 1914-19	24 Oct. 17
Sword, Miss J. E. (Nursing Sister, Can. Nursing Serv.)	The War of 1914-19	21 June 18
Symington, Miss M (Sister, Q.A.I.M.N.S. Res.)	The War of 1914-19	12 Dec. 19
Synge, Miss K.	The War of 1914-19	6 Aug. 19
Sythes, Mrs. B.	The War of 1914-19	3 June 18
Tabor, Miss A. M. (Sister, T.F. Nursing Serv.)	The War of 1914-19	16 Feb. 20
Tabor, Miss L. A. (Staff Nurse, Q.A.I.M.N.S. (Aust.))	The War of 1914-19	3 June 16
Tailor, Miss F. M. (Sister, T.F. Nursing Serv.)	The War of 1914-19	1 Jan. 17
Tait, Miss G. (Staff Nurse, T.F. Nursing Serv.)	The War of 1914-19	3 June 18
Tait, Miss H. E. (Head Sister, C'wealth Mil. Forces)	The War of 1914-19	3 June 17
Tate, Miss A. M. (Nursing Sister Can. A.M.C.)	The War of 1914-19	3 June 19
Tate, Miss M. G. (Staff Nurse, Q.A.I.M.N.S. Res.)	The War of 1914-19	1 Jan. 18
Tate, Miss M. R. (Sister Q.A.I.M.N.S. Res.)	The War of 1914-19	24 Oct. 17
Tawney, Miss M. C. (Sister, Q.A.I.M.N.S.)	The War of 1914-19	1 Jan. 17
Taylor, Miss A.	The War of 1914-19	23 Feb. 17
Taylor, Miss A.	The War of 1914-19	4 Apr. 19
Taylor, Mrs A. (Nursing Sister Can. A.M.C.)	The War of 1914-19	3 June 19
Taylor, Miss A. M. R., M.B.E.	The War of 1914-19	31 July 19
Taylor, Mrs. B. D.	The War of 1914-19	21 June 18
Taylor, Miss B. M. (Sister Q.A.I.M.N.S. Res.)	The War of 1914-19	9 Apr. 19
Taylor, Miss D.	The War of 1914-19	21 June 18
Taylor, Miss D. E. (Staff Nurse Q.A.I.M.N.S Res.)	The War of 1914-19	1 Jan. 19
Taylor, Miss E.	The War of 1914-19	24 Oct. 17
Taylor, Miss E (Sister, T.F. Nursing Serv)	The War of 1914-19	31 July 19
Taylor, Miss E. G.	The War of 1914-19	3 June 18
Taylor, Miss Edith G.	The War of 1914-19	3 June 18
Taylor, Miss G. (Sister, T.F. Nursing Serv.)	The War of 1914-19	16 Feb. 20
Taylor, Miss J. (V.A.D Asst. Nurse)	The War of 1914-19	9 Apr. 19
Taylor, Miss K. (Sister, T.F. Nursing Serv.)	The War of 1914-19	3 June 18
Taylor, Miss L.	The War of 1914-19	23 Feb. 17
Taylor, Miss L. (Sister, T.F. Nursing Serv.)	The War of 1914-19	1 Jan. 18
Taylor, Miss M. (Sister, Q.A.I.M.N.S. Res.)	The War of 1914-19	3 June 16
Taylor, Miss M.	The War of 1914-19	24 Oct. 17
Taylor, Mrs. M. A. J.	The War of 1914-19	21 June 18
Taylor, Miss M. F. (Sister, T.F. Nursing Serv.)	The War of 1914-19	21 June 18
Taylor, Miss N. H. R.	The War of 1914-19	21 June 18
Taylor, Miss R. M. M. (Sister, Q.A.I.M.N.S. Res.)	The War of 1914-19	23 Feb. 17
Taylor, Miss W. C.	The War of 1914-19	9 Apr. 19

ASSOCIATES (A.R.R.C.) contd.

Services.

Name	War	Date
Teague, Miss A. M. (Sister, T.F. Nursing Serv.)	The War of 1914-19	3June16
Telford, Miss A.	The War of 19 4-19	9June19
Tellesson, Miss C.	The War of 1914-19	31July19
Temperley, Miss G. F. V. (Sister, Q.A.I.M.N.S.)	The War of 1914-19	16Feb 20
Tempie Miss M. S. (Sister, Q.A.I.M.N.S. Res.)	The War of 19 4-19	1Jan 17
Terry, Mrs. G.	The War of 1914-19	24Oct.17
Tew. Miss F. E.	The War of 1914-19	6Aug.19
Thacker, Miss E. M. (Sister, Q.A.I.M.N.S. Res.)	The War of 1914-19	3June19
Thacker, Miss G. (Staff Nurse, T.F. Nursing Serv.)	The War of 1914-19	23Feb.17
Theobald, Miss M. H.	The War of 1914-19	24Oct.17
Thewles, Miss G. K.	The War of 1914-19	1Jan.19
Thom, Miss G. A. (Nursing Sister, Can. A.M.C.)	The War of 1914-19	12Dec.19
Thomas, Miss A. (Sister, Q.A.I.M.N.S Res.)	The War of 1914-19	3June19
Thomas, Mrs. A.	The War of 1914-19	21June18
Thomas, Mrs. B. M. (late Sister, Q.A.I.M.N.S.)	The War of 1914-19	3June18
Thomas, Miss E. (Staff Nurse, Q.A.I.M.N.S. Res.)	The War of 1914-19	3June19
Thomas, Miss E. (Sister Q.A.I.M.N.S. Res.)	The War of 1914-19	9Apr.19
Thomas, Mrs. E. B	The War of 1914-19	6Aug.19
Thomas, Miss E. J., (Staff Nurse, Q.A.I.M.N.S. Res.)	The War of 1914-18	3June16
Thomas, Miss E. J M.	The War of 1914-19	31July19
Thomas, Miss E. M	The War of 1914-19	6Aug.19
Thomas, Miss F. H (Sister, Q.A.I.M.N.S. Res.)	The War of 1914-19	3June16
Thomas, Miss G.	The War of 1914-19	9Apr.19
Thomas, Miss G. M.	The War of 1914-19	21June18
Thomas, Mrs. K. M. (Sister, Q.A.I.M.N.S. Res.)	The War of 1914-19	24Oct.17
Thomas, Miss M.	The War of 1914-19	25Feb.17
Thomas, Miss Megan	The War of 1914-19	16Feb.20
Thomas, Miss M. A. (Sister, T.F. Nursing Serv.)	The War of 1914-19	16Feb.20
Thomas, Miss M. M. I.	The War of 1914-19	3June19
Thomas, Miss T. E. (Sister, C'wealth Mil. Forces)	The War of 1914- 9	3June16
Thompson, Mrs. A. M.	The War of 1914-19	21June18
Thompson, Miss B. M. (Sister, T.F. Nursing Serv.)	The War of 914 19	21June18
Thompson, Miss E.	The War of 1914-19	31July19
Thompson, Miss E.E. (Nursing Sister,Can.A.M.C.)	The War of 1914-19	12Dec.19
Thompson, Miss E.	The War of 1914-19	9Apr.19
Thompson, Miss G. (Sister T.F. Nursing Serv.)	The War of 1914-19	24Oct.17
Thompson, Miss I. Staff Nurse, Q.A.I.M.N.S. Res.)	The War of 1914-19	3June16
Thompson, Miss J.	The War of 1914-19	4Apr.19
Thompson, Miss K.(Staff Nurse Q.A.I.M.N.S. Res.)	The War of 1914-19	3June19
Thompson, Mrs. L.	The War of 1914-19	21June18
Thompson, Miss M.	The War of 1914-19	9Apr.18
Thompson, Mrs. M. (Sister, Q.A.I.M.N.S. Res.)	The War of 1914-19	31July19
Thompson, Mrs. M.	The War of 1914-19	3June19
Thompson, Miss M. D. (Staff Nurse, T.F. Nursing Serv.)	The War of 1914-19	3June16
Thompson, Miss N.	The War of 1914-19	31July19
Thompson, Miss R.	The War of 1914-19	12Dec.19
Thompson, Miss S. P. (Sister T.F. Nursing Serv.)	The War of 1914-19	3June19
Thompson-S oneham, Miss E.	The War of 914-19	3June19
Thomson, Miss I. (Sister Q.A.I.M.N.S.)	The War of 1914-19	24Oct.17
Thomson, Miss Margaret A. (Supt. Nurse, Q.A.I.M.N.S. Res.)	The War of 1914-19	24Oct.17
Thomson, Miss Marjery A.	The War of 1914-19	3June16
Thomson Miss M. B. (Sister, Q.A.I.M.N.S. Res.)	The War of 1914-19	1Jan.19
Thomson Miss N.	The War of 1914-19	3June19
Thomson, Miss S. I. (Sister, T.F. Nursing Serv.)	The War of 1914-19	1Jan.18
Thornton, Miss B G. (Nursing Sister S.A.M.N.S.)	The War of 1914-19	1Jan.19
Thornton, Miss C. M.	The War of 1914-19	6Aug.19
Thornton, Miss M.	The War of 1914-19	28Feb.17
Thorpe, Miss C. E. A.	The War of 1914-19	3Mar.19
Thorpe, Miss N. H.	The War of 1914-19	23Feb.17
Thurkettle, Miss A. (Staff Nurse, T.F. Nursing Serv.)	The War of 1814-19	4Oct.17
Thurston, Miss J. V.	The War of 1914-19	31July19
Tice, Miss W. E.	The War of 1914-19	1Jan.17
Tillard, Miss E. I.	The War of 1914-19	1Jan.19
Tilley, Miss E. J.	The War of 1914-19	31July19
Tilney, Miss M. E. (Nursing Sister, S. Afr. Def. Force)	The War of 1914-19	23Feb.17
Timbrell, Miss A. M.	The War of 1914-19	21June18
Timpson, Miss M. M.	The War of 1914-19	1Jan.17
Tinkler, Miss B. S. (Sister, T.F. Nursing Serv.)	The War of 1914-19	1Jan.17
Tiplady, Miss M. E.	The War of 1914-19	24Oct.17
Tiplady, Miss S. (Staff Nurse, T.F. Nursing Serv.)	The War of 1914-19	3June16
Tippetts Miss M. E. (Nursing Sister, Q.A.M.N.S. India)	The War of 1914-19	3June19
Tipping, Miss M. A. (Sister, T.F. Nursing Serv.)	The War of 1914-19	9Apr.19
Tippet, Miss E. J.	The War of 1914-19	3June19
Tirell, Miss M. E.	The War of 1914-19	3June18
Todd, Miss A. G. (Staff Nurse, Q.A.I.M.N.S. Res.)	The War of 1914-19	3June16
Todd, Miss J. (Sister, Q.A.I.M.N.S.)	The War of 1914-19	1Jan.18

ASSOCIATES (A.R.R.C.)—*contd.*

Name	Services	Date
Todd, *Miss* J. A.	The War of 1914-19	6Aug.19
Todd, *Miss* K. (*Sister, T.F. Nursing Serv.*)	The War of 1914-19	3June16
Todhunter, *Miss* H. E.	The War of 1914- 9-	4Apr.19
Todman, *Miss* M. J. (*Sister, Q.A.I.M.N.S. Res.*)	The War of 1914-19	3June18
Toftts, *Miss* M.	The War of 1914-19	31July19
Tollemache, *Lady* W.	The War of 1914-19	21June18
Tomlinson, *Miss* M.	The War of 1914-19	4Apr.19
Tomlinson, *Miss* M	The War of 1914-;9-	31July19
Tompkins, *Miss* H. M. (*Sister Q.A.I.M.N.S. Res.*)	The War of 1914-19	9Apr.19
Tompson, *Miss* K. R.	The War of 1914-19	3June18
Tong, *Miss* D.	The War of 914-19	3June16
Tonneau, *Miss* A. (*Sister Superior, Euphemie*)	The War of 1914-19	23Feb.17
Topham, *Miss* K. (*Sister, T.F. Nursing Serv.*)	The War of 1914-19	21June18
Topp, *Miss* E.	The War of 1914-19	31July19
Topp, *Miss* E. B. (*Sister, S.A.M.N.S.*)	The War of 19 4 19	1Jan.19
Torry, *Miss* E.	The War of 1914-19	6Aug.19
Tosh, *Miss* F. M. (*Matron, Q.A.I.M.N.S. (ret.)*)	The War of 1914-19	21June18
Totton, *Miss* C. C. (*Sister, T.F. Nursing Serv.*)	The War of 1914-19	31July19
Toulmin, *Miss* D.	The War of 1914-19	6Aug.19
Towell, *Miss* J. C. (*Staff Nurse, Q.A.I.M.N.S. Res.*)	The War of 914-19	3June16
Tower, *Miss* M.	The War of 1914-19	24Oct.17
Townend, *Miss* C. R. (*Asst. Matron Q.A.I.M.N.S.*)	The War of 1914-19	1Jan.18
Townsend, *Miss* J. (*Sister, T.F. Nursing Serv.*)	The War of 1914-19	23Feb.17
Townsend, *Miss* M. (*Sister, Q.A.I.M.N.S. Res.*)	The War of 1914-19	24Oct.17
Townsend, *Miss* M. S. (*Nursing Sister Can. A.M.C.*)	The War of 1914-19	31July19
Townsend-Whitling, *Mrs.* J. G. M.	The War of 1914-19	21June18
Townshend, *Miss* N. S. (*Sister, Q A I.M.N.S. Res*)	The War of 1914-19	31July19
Toyer, *Miss* E.	The War of 1914-19	31July19
Tracey, *Miss* C.	The War of 1914-19	24Oct.17
Tracey Smith, *Miss* C. (*Nursing Sister, Q.A.I.M.N.S. Res.*)	The War of 1914-19	3June19
Tracy, *Miss* M.	The War of 1914-19	21June18
Tregaskis, *Miss* R.	The War of 1914-19	24Oct.17
Trefusis, *Hon. Mrs.* E. L.	The War of 1914-19	6Aug.19
Trevenen, *Miss* E.	The War of 1914-19	6Aug.19
Trimble, *Miss* H.	The War of 1914-19	3June18
Tripp, *Miss* R. (*Sister, T.F. Nursing Serv.*)	The War of 1914-19	24Oct.17
Trood, *Miss* M. C.	The War of 1914-19	3June19
Trott, *Miss* V. M. (*Sister, N.Z.A.N.S.*)	The War of 1914-19	12Dec.19
Trotter, *Miss* L. M.	The War of 1914-19	1Jan.19
Trower, *Miss* M. C. (*Sister, Q.A.I.M.N.S. Res.*)	The War of 1914-19	3June19
Trumble, *Miss* L. M. (*Staff Nurse, N.Z.A.N.S.*)	The War of 1914-19	1Jan.18
Tuck, *Miss* N. (*Sister, Q A I.M.N.S. Res.*)	The War of 1914-19	31July19
Tucker, *Miss* E. J. (*Sister C'wealth Mil. Forces*)	The War of 1914-19	3June17
Tuite, *Miss* I. M.	The War of 1914-19	6Aug.19
Tupper, *Miss* A. A. (*Sister, Can. Local Forces*)	The War of 1914-19	3June16
Turnbull, *Miss* J. H.	The War of 1914-19	21June18
Turnbull, *Miss* M. E. (*Nurse, T.F. Nursing Serv.*)	The War of 1914-19	24Oct.17
Turner, *Miss* A. G. (*Nursing Sister, Can. A.M.C.*)	The War of 1914-19	3June15
Turner, *Miss* B. D. (*Sister, Q.A...M.N.S. Res.*)	The War of 1914-19	3June18
Turner, *Miss* J. (*Sister, T.F. Nursing Serv.*)	The War of 1914-19	24Oct.17
Turner, *Miss* J. H.	The War of 1914-19	3 une19
Turner, *Miss* M. (*Staff Nurse, Q.A.I.M.N.S. Res.*)	The War of 1914-19	3June16
Turner, *Miss* M. M. (*Sister T.F. Nursing Serv.*)	The War of 1914-19	16Feb.20
Turner, *Miss* P.	The War of 1914-19	4Apr.19
Turner, *Miss* R.	The War of 1914-19	1Jan.19
Tuxford, *Miss* I. M. (*Sister, Q.A.I.M.N.S. Res.*)	The War of 1914-19	9Apr.19
Tweedale, *Mrs.* E.	The War of 1914-19	24Oct.17
Tweedy, *Miss* A. M. (*Sister, Q.A.I.M.N.S. Res.*)	The War of 1914-19	3June16
Twite, *Miss* M.	The War of 1914-19	24Oct.17
Tyler, *Miss* C. M. L. V. P. (*Staff Nurse, Q.A.I.M.N.S. Res.*)	The War of 1914-19	3June16
Tyler, *Miss* S. (*Actg. Sister, Q.A.I.M.N.S.*)	The War of 1914-19	1Jan.18
Underwood, *Miss* E. (*Sister, Q A I M.N.S Res.*)	The War of 1914-19	31July19
Underwood, *Miss* F.	The War of 1914-19	31July19
Underwood, *Miss* K. D. (*Matron, Q.A.I.M.N.S. Res.*)	The War of 1914-19	23Feb.17
Unsworth, *Miss* A. (*Staff Nurse, T.F. Nursing Serv.*)	The War of 1914-19	24Oct.17
Unsworth, *Miss* E.	The War of 1914-19	24Oct.17
Upcher, *Miss* V.	The War of 1914-19	3June19
Upfold, *Miss* E.	The War of 1914-19	12Dec.19
Upton, *Miss* E. F. (*Nursing Sister C.A.M.C.*)	The War of 1914-19	1Jan.18
Upton, *Miss* M. (*Sister, T.F.N.S.*)	The War of 1914-19	3June19
Urquhart, *Miss* E. J.	The War of 1914-19	24Oct.17
Urquhart, *Miss* J. H.	The War of 1914-19	1Jan.19
Usher, *Miss* E H.	The War of 1914-19	1Jan.19
Usherwood, *Miss* E. M. *Sister, Q.A.I.M.N.S.R.*	The War of 1914-19	3June19
Vaggis, *Miss* M.	The War of 1914-19	4Apr.19
Valentine, *Miss* C. (*Actg. Sister, Q.A.I.M.N.S.Res.*)	The War of 1914-19	3June19
Valler, *Miss* E.	The War of 1914-19	24Oct.17

The Royal Red Cross

ASSOCIATE (A.R.R.C.)—contd.

Name	Services	Date
Van de Weyer, Miss J.	The War of 1914-19	6Aug.19
Van Niekerk, Miss D, N. K. (Staff Nurse, S.A.M.N.S.)	The War of 1914-19	1Jan.16
Varey, Miss M. E.	The War of 1914-19	24Oct.17
Varley, Miss L. (Sister, Q.A.I.M.N,S. Res.)	The War of 1914-19	3June18
Varney, Mrs. F. M.	The Wa of 1914-19	6Aug.19
Vasser-Smith, Miss B.	The War of 1914-19	6Aug.19
Vaughan, Mrs. L.	The War of 1914-19	24Oct.17
Vaughan, Miss T. (Sister, T.F. Nursing Serv.)	The War of 1914-19	24Oct.17
Vaux, Mrs. M.	The War of 1914-19	3June 9
Veacock, Miss A. Sister, Q.A.I.M.N.S. Res.)	The War of 1914-19	24Oct.17
Veenan, Miss M. (Matron, C'wealth Mil. Forces)	The War of 1914-19	21Feb.17
Veitch, Miss C	The War of 1914-19	6Aug. 9
Venn, Mrs. J.	The War of 1914-19	6Aug.19
Verdin, Miss E. G.	The War of 1914-19	21June18
Vernon, Miss O. (Nursing Sister Q.A.M.N.S,India)	The War of 1914-19	3June19
Vernon-Harcourt, Miss M. E. (Q.A.I.M.N.S. Res.)	The War of 1914-19	1Jan.16
Verschoyle, Miss H. C. G.	The War of 1914-19	1Jan.19
Vibart, Miss A. M.	The War of 1914-19	24Oct.17
Viets, Miss C. W. (Sister, Can. Local Forces)	The War of 1914-19	3June16
Vigo, Miss S.	The War of 1914-19	24Oct.17
Villier, Miss F. E.	The War of 1914-19	4Apr.19
Vincent, Miss E.	The War of 1914-19	6Aug.19
Vincent Harpur, Sister superior	The War of 1914-19	31July19
Vine, Miss K. M. (Actg. Sister, Q.A.I.M.N.S. Res.	The War of 1914-19	23Feb.17
Vivian, Miss M.	The War of 1914-19	29Jan.18
Vulliemoz, Miss S. B.	The War of 1914-19	3June16
Vyner, Miss F. M. (Sister, Q.A.I.M.N.S. Res.)	The War of 1914-19	24Oct.17
Waddell, Miss C.	The War of 1914-19	24Oct.17
Waddingham, Miss G.	The War of 1914-19	24Oct.17
Waddington, Miss E. L.	The War of 1914-19	3June16
Wadham-Stoll, Miss S.	The War of 1914-19	6Aug.19
Wadling, Miss E. C.	The War of 1914-19	1Jan.18
Wadmore, Mrs. E.	The War of 1914-19	6Aug.19
Wadsworth, Miss S. A. (Sister, Q.A.I.M.N.S.R.)	The War of 1914-19	3June18
Wagstaff, Miss B. (Staff Nurse S. Afr. M.N.S.)	The War of 1914-19	3June19
Wainwright, Mrs. M. L.	The War of 1914-19	24Oct.17
Wainewright, Miss V. M.	The War of 1914-19	6Aug.'9
Waite, Miss R. (Staff Nurse, T.F. Nursing Serv.)	The War of 1914-19	24Oct.17
Wake, Miss E. E. P.	The War of 1914-19	21June18
Wakefield, Miss I.	The War of 1914-19	24Oct.17
Wakefield, Miss J. (Sister, T.F. Nursing Serv.)	The War of 1914-19	24Oct.17
Wakeford, Miss V. G. (Staff Nurse, Q.A.I.M.N.S. Res.)	The War of 1914-19	3June16
Wakeling, Mrs. E.	The War of 1914-19	23Feb.17
Walbrugh, Miss F. A. (Nursing Sister, S.A.M.N.S.)	The War of 1914-19	3June19
Walford, Miss G. K.	The War of 1914-19	9Apr.19
Walkdon, Miss L C.	The War of 1914-19	4Apr.19
Walker, Miss A. (Sister T.F. Nursing Serv.)	The War of 1914-19	1Jan.18
Walker, Miss A. (Matron, late T.F. Nursing Serv.)	The War of 1914-19	24Oct.17
Walker, Miss A.	The War of 1914-19	21June18
Walker, Miss A.	The War of 1914-19	21June18
Walker, Miss A. S. (Sister, Q.A.I.M.N.S. Res.)	The War of 1914-19	3June19
Walker, Miss C.	The War of 1914-19	21June18
Walker Miss Edith(Staff Nurse,T F Nursing Serv.)	The War of 1914-19	24Oct.17
Walker, Miss Ellen	The War of 1914-19	3June19
Walker, Mrs. R. L.	The War of 1914-19	24Oct.17
Walker, Miss E. M.	The War of 1914-19	24Oct.17
Walker, Miss F. (Sister, Q.A.I.M.N.S. Res.)	The War of 1914-19	3June19
Walker, Miss I.	The War of 1914-19	24Oct.17
Walker, Mrs. I. S.	The War of 1914-19	4Apr.19
Walker, Mrs. J. M.	The War of 1914 19	31July19
Walker, Miss J. W. (Sister, Q.A.I.M.N,S.Res.)	The War of 1914-19	22Feb.17
Walker, Miss M. (Sister, T.F. Nursing Serv.)	The War of 1914-19	1Jan.19
Walker, Miss M. (Sister, T.F.N.S.	The War of 1914-19	1Jan.19
Walker, MissM.A. (Staff Nurse T.F.Nursing Serv.)	The War of 1914-19	12Dec.19
Walker, Miss M. M.(Staff Nurse Q.A.I.M.N.S.Res.)	The War of 1914-19	21June18
Walker, Mrs P. (Sister in Charge Q.A.I.M.N.S. (ret.))	The War of 1914-19	1Jan.18
Wallace Miss A. W. (Nursing Sister S.A.N.S.)	The War of 1914-19	21Oct.17
Wallace, Miss C. K.	The War of 1914-19	24Oct.17
Wallace, Miss I. J. (Sister, Q.A.I.M.N.S. Res.)	The War of 1914-19	31July19
Wallace, Miss L. A.	The War of 1914-19	23Feb.17
Wallace, Miss M. (Sister, T.F. Nursing Serv.)	The War of 1914-19	31July19
Wallace, Miss M. (Staff Nurse, Q.A.I.M.N.S.Res.)	The War of 1914-19	24Oct.17
Wallace, Miss M. J.	The War of 1914-19	24Oct.17
Wallace, Mrs. W.	The War of 1914-19	6Aug.19
Walker-Senior, Miss H. I.	The War of 1914-19	9Apr.19
Wallback, Miss K. E. (Sister, Q.A.I.M.N.S. Res.)	The War of 1914-19	3June16
Wallen, Miss F. C. (Sister, Q.A.I.M.N.S. Res.)	The War of 1914-19	24Oct.17
Walley, Miss M. J. (Sister, T-F. Nursing Serv.)	The War of 1914-19	9Apr.19
Wallis, Miss E. M.		

ASSOCIATES (A.R.R.C.)—*contd.*

Name	Services	Date
Wallis, *Miss* K. E. (*Staff Nurse, T.F. Nursing Serv.*)	The War of 1914-19	24Oct.17
Walmsley. *Miss* I.	The War of 1914-19	31July19
Walsh, *Miss* E. (*Staff Nurse, Q.A.I.M.N.S. Res.*)	The War of 1914-19	3June16
Walsh, *Miss* S. (*Staff Nurse, T.F. Nursing Serv.*)	The War of 1914-19	3June16
Walsha, *Miss* M. (*Sister, A.A.N.S.*)	The War of 1914-19	3June19
Walters, *Miss* H.	The War of 1914-19	21June18
Walters, *Miss* O. (*Sister, T.F. Nursing Serv.*)	The War of 1914-19	23Feb.17
Walters, *Mrs.* R. S.	The War of 1914-19	4Apr.19
Waiters, *Miss* S.	The War of 1914-19	6Aug.19
Walton, *Miss* B.	The War of 1914-19	21June18
Walton-Wilson, *Miss* A. C. E.	The War of 1914-19	24Oct.17
Walton, *Miss* E. (*Staff Nurse, T.F. Nursing Serv.*)	The War of 1914-19	3June16
Walton, *Miss* E. A. *Staff Nurse, Q.A.I.M.N.S. Res.*)	Hospital Ship "Anglia"	17Mar.16
Warburton, *Miss* M. (*Sister, T.F. Nursing Serv.*)	The War of 1914-19	24Oct.17
Ward, *Miss* C. (*Staff Nurse S.A.M N.S.*)	The War of 1914-19	1Jan 19
Ward, *Miss* D. (*Sister T.F. Nursing Serv.*)	The War of 1914-19	1Jan.18
Ward, *Miss* E. L. (*Sister, Q.A.I.M.N.S. Res.*)	The War of 1914-19	3Feb.17
Ward, *Miss* E. M.	The War of 1914-19	9Apr.19
Ward, *Miss* H. (*Asst. Matron, T.F. Nursing Serv.*)	The War of 1914-19	23Feb.17
Ward, *Miss* M. L. (*Sister, Q.A.I.M.N.S. Res.*)	The War of 1914-19	1Jan.16
Ward, *Miss* R.	The War of 1914-19	3June16
Ward *Miss* U. M.	The War of 1914-19	1Jan.19
Warde, *Miss* E. R. (*Sister, Q.A.I M.N.S.Res.*)	The War of 1914-19	31July19
Warde-Aldam, *Mrs.* J.	The War of 1914-19	4Apr.19
Warden, *Miss* R.	The War of 1914-19	3June9
Wardlaw, *Miss* M. A. (*Matron, Egyptian Government Hosp.*)	The War of 1914-19	1Jan.19
Wardlow, *Miss* V. (*Staff Nurse, T.F. Nursing Serv.*)	The War of 1914-19	3June16
Warner, *Miss* A. H.	The War of 1914-19	3June19
Warner, *Miss* E. M.	The War of 1914-19	24Oct.17
Warner, *Miss* F. E. (*Sister, T.F. Nursing Serv.*)	The War of 1914-19	31July19
Warner, *Miss* R. C.	The War of 1914-19	1Jan.19
Warnes, *Miss* E.	The War of 1914-19	3June19
Warnock, *Miss* A. D.	The War of 1914-19	31July19
Warnock, *Miss* E.	The War of 1914-19	31July19
Wurnock, *Miss* M.	The War of 1914-19	24Oct.17
Warrington, *Miss* E. M.	The War of 1914-19	21June18
Wason, *Miss* E. (*Staff Nurse, T.F. Nursing Serv.*)	The War of 1914-19	31July19
Waterland, *Miss* P. M. (*Asst. Matron B.R.C.S.*)	The War of 1914-19	1Jan.18
Waterman, *Miss* Amy	The War of 1914-19	1Jan.18
Waters, *Mrs.* E.	The War of 1914-19	24Oct.17
Waters, *Miss* I. G. (*Nursing Sister, S.A.M N.S.*)	The War of 1914-19	1Jan.19
Watkins, *Mrs.* E. F. (*Sister, Q.A.I.M.N.S. Res.*)	The War of 1914-19	1Jan.18
Watkins, *Miss* G. M. (*Sister, Q.A.I.M.N.S.*)	The War of 1914-19	1Jan.17
Watkins, *Miss* S. E. B. (*Sister T.F Nursing Serv.*)	The War of 1914-19	1Jan.19
Watling, *Mrs* C. M. (*Nursing Sister Can. A.M.C.*)	The War of 1914-19	1Jan.19
Watmore, *Miss* E. M. (*Sister, T.F. Nursing Serv.*)	The War of 1914-19	1Jan.17
Watson, *Miss* A. C. (*Sister T.F. Nursing Serv.*)	The War of 1914-19	1Jan.18
Watson, *Miss* D (*Sister, A I M.N S Res.*)	The War of 1914-19	31July19
Watson, *Miss* R. (*Sister Q.A.I.M.N.S. Res.*)	The War of 1914-19	16Feb 20
Watson, *Miss* I. M.	The War of 1914-19	24Oct.17
Watson, *Miss* I. B. (*Sister, Can. Local Forces*)	The War of 1914-19	3June16
Watson, *Mrs.* K.	The War of 1914-19	12Dec.19
Watson, *Miss* M. C. (*Staff Nurse, Q.A.I.M.N.S. Res.*)	The War of 1914-19	23Feb.17
Watson, *Miss* R. M.	The War of 1914-19	3June19
Watson, *Miss* R. T. (*Sister, T.F.N.S.*)	The War of 1914-19	3June19
Watson, *Miss* S. C.	The War of 1914-19	6Aug.19
Watt, *Miss* A.	The War of 1914-19	31July19
Watt, *Miss* A. A.	The War of 1914-19	3June19
Watt, *Miss* C.	The War of 1914-19	21June18
Watt, *Miss* E. J.	The War of 1914-19	1Jan.17
Watt, *Miss* I. I.	The War of 1914-19	31July19
Watt, *Miss* M. L.	The War of 1914-19	31July19
Watts, *Miss* F. E. (*Staff Nurse, T.F. Nursing Serv.*)	The War of 1914-19	24Oct.17
Watts, *Miss* L	The War of 1914-19	31July19
Watts, *Miss* L. G. (*Sister Q A I M.N S. Res*)	The War of 1914-19	16Feb.20
Wattson, *Miss* F.	The War of 1914-19	6Aug.19
Waud, *Miss* K. M.	The War of 1914-19	31July19
Waugh, *Miss* F.	The War of 1914-19	6Aug.19
Wavell, *Miss* A.	The War of 1914-19	24Oct.17
Weaver, *Miss* F. E. (*Sister, T.F. Nursing Serv.*)	The War of 1914-19	3June17
Weaver, *Miss* M. E.	The War of 1914-19	9Apr.19
Webb, *Miss* D. F. (*Staff Nurse, A.A.N.S.*)	The War of 1914-19	3June18
Webb, *Miss* F. A. (*Sister, Q.A.I.M.N.S. Res.*)	The War of 1914-19	21June18
Webb, *Miss* M.	The War of 1914-19	31July19
Webb, *Miss* M. D.	The War of 1914-19	24Oct.17
Webb, *Miss* M. M. (*Nursing Sister, Can. A.M.C.*)	The War of 1914-19	3June19
Webber, *Miss* E.	The War of 1914-19	3June19
Webster, *Mrs.* B. A.	The War of 1914-19	6Aug.19
Webster *Miss* E. (*Staff Nurse, Q.A.I.M.N.S. Res.*)	The War of 1914-19	23Feb.17
Webster, *Miss* I. (*Actg. Sister Q.A.I.M.N.S. Res.*)	The War of 1914-19	3June19
Webster, *Miss* L. (*Sister, T.F. Nursing Serv.*)	The War of 1914-19	3June16
Webster, *Miss* M.	The War of 1914-19	24Oct.17

ASSOCIATES (A.R.R.C.)—contd.

Name	Services	Date
Webster, Miss M.	The War of 1914-19	31July19
Webster-Dean, Mrs. E. M.	The War of 1914-19	4Apr.19
Wedderspoon, Miss M. E.(Sister,Q.A.I.M.N.S.Res.	The War of 1914-19	3June18
Weekes, Mrs. L.	The War of 1914-19	4Apr.19
Weir, Miss A.,(Sister T.F. Nursing Serv.)	The War of 1911-19	1Jan.19
Welch, Miss I. F. (Sister, T.F. Nursing Serv.)	The War of 1914-19	3June19
Welch, Miss M. (Sister, Q.A.I.M.N.S. Res.)	The War of 1914-19	29Feb.18
Welch. Miss M. G.	The War of 1914-19	16Feb.20
Weller, Mrs. E. M. (Sister, Q.A.I.M.N.S. Res.)	The War of 1914-19	21June18
Wellicome, Miss M A. M.	The War of 1914-19	21June18
Wellington, Miss A. (Staff Nurse, Q.A.I.M.N.S.R.)	The War of 1914-19	3June18
Wellsted, Miss A. M. (Matron, T.F. Nursing Serv.)	The War of 1914-19	21June18
Wells, Miss D. C.	The War of 1914-19	3June19
Wells. Miss F. R. (Staff Nurse. Q.A.I.M.N.S Res.)	The War of 1914-19	2June19
Wells, Miss E J. (Staff Nurse T.F. Nursing Serv.)	The War of 1914-19	3June19
Wells, Miss J. (Sister, Q.A.I.M N.S. Res.)	The War of 1914-19	1Jan.18
Wensley, Miss A. M.	The War of 1914-19	31July19
Wentworth-Taylor, Mrs. C. W.	The War of 1914-19	24Oct.17
Were, Miss L. E. (Asst. Matron, Q.A.I.M.N.S. Res.)	The War of 1914-19	23Feb.17
West, Miss A. M. (Staff Nurse A.A.N.S.),	The War of 1914-19	1Jan 19
West, Miss C. F. (Sister, Can. Local Forces)	The War of 1914-19	3June16
West, Miss E. (Actg. Sister, Q.A.I.M.N.S. Res.)	The War of 1914-19	24Oct.17
West, Miss M. (Asst. Matron, A.N.S. Res.)	The War of 1914-19	23Feb 17
West, Miss M. A. (Sister, N.S. Res.)	The War of 1914-19	23Feb.17
Weston, Miss E. K. M.	The War of 1914-19	1Jan.19
Westrop, Miss G.	The War of 1914-19	24Oct.17
Wharton, Miss A. E. (Sister, Q.A.I.M N.S. Res.)	The War of 1914-19	23Feb.17
Wharton, Miss H. M. (Nurse, T.F. Nursing Serv.)	The War of 1914-19	23Feb.17
Wharton, Miss M. (T.F. Nursing Serv.)	The War of 1914-19	1Jan.16
Wheeler, Miss M.	The War of 1914-19	31July19
Wheeler, Mrs. N.	The War of 1914-19	3June19
Whistler, Miss E.	The War of 1914-19	24Oct.17
White, Miss A.	The War of 1914-19	4Apr.19
White, Miss A. C. (Sister, T F Nursing Serv.)	The War of 1914-19	31July19
White, Miss A. E. N. (Sister, T.F. Nursing Serv)	The War of 1914-19	21June18
White, Miss C.	The War of 1914-19	31July19
White, Miss E. M.	The War of 1914-19	3June19
White, Miss E. J. (Sister, A.A.N.S.)	The War of 1914-19	3June19
White, Miss G. L.	The War of 1914-19	1Jan.19
White, Miss K. V.	The War of 1914-19	1Jan 17
White, Miss L. A. (Nursing Sister. Q.A.M.N.S.I.)	The War of 1914-19	3June 8
White, Miss L. E. (Staff Nurse, Q.A.I.M.N.S. Res.)	The War of 1914-19	3June19
White, Miss M. (Nursing Sister, Can. Nursing Serv.)	The War of 1914-19	21June18
White, Miss M. J.	The War of 1914-19	31July19
White, Miss R. (Sister, Q.A.I.M.N.S. Res.)	The War of 1914-19	3June17
White, Miss W. (Staff Nurse. T.F. Nursing Serv.)	The War of 1914-19	3June16
White, Miss W. E. (Sister, N.Z. Mil. Forces)	The War of 1914-19	17Sept.17
Whitehead, Miss E. J.	The War of 1914-19	21June18
Whitehurst, Miss G.	The War of 1914-19	1Jan.18
Whitfield, Miss E.	The War of 1914-19	31July19
Whitlan, Miss E. C. (Nursing Sister, Can. A.M.C.)	The War of 1914-19	1Jan.19
Whitley, Miss F.	The War of 1914-19	9Apr.19
Whitley, Miss L. H. (Sister, T.F. Nursing Serv.)	The War of 1914-19	31July19
Whitmore, Miss E.	The War of 1914-19	24Oct.17
Whitney, Miss E. M. (Nursing Sister, Can. A.M.C.)	The War of 1914-19	12Dec.19
Whitson, Miss M.	The War of 1914-19	1Jan.16
Whittall, Miss E. M. (Sister, Q.A.I.M N S.)	The War of 1914-19	16Feb.20
Whittick, Miss K. F. (Sister, Can. Local Forces)	The War of 1914-19	3June16
Whitting, Miss M. de G.	The War of 1914-19	21June18
Whittington, Miss E.R.(Sister, T.F. Nursing Serv.)	The War of 1914-19	24Oct.17
Whittles, Miss H. M. (Sister, T.F. Nursing Serv.)	The War of 1914-19	24Oct.17
Whittuck, Miss G. (Sister, Q.A.I.M.N.S Res.)	The War of 1914-19	31July19
Whitworth, Miss L. I. (Sister, Can. A.M.C.)	The War of 1914-19	9Apr.19
Whyte, Miss J. (Sister, Q.A.I.M N.S.Res.)	The War of 1914-19	3June16
Whyte, Miss J. S., M.M. (Sister, T.F.Nursing Serv.)	The War of 1914-19	3June19
Whyte, Miss M.	The War of 1914-19	16Feb.20
Whyte, Mrs. M. H.	The War of 1914-19	4Apr.19
Wicker, Miss G. F.	The War of 1914-19	24Oct.17
Wicksteed, Miss C.	The War of 1914-19	1Jan.18
Widdop, Miss F. E. (Sister, T.F. Nursing Serv.)	The War of 1914-19	3June18
Widdowson, Mrs. J.	The War of 1914-19	3June19
Wigram, Miss M.	The War of 1914-19	31July19
Wigram, Miss V.	The War of 1914-19	31July19
Wilbourne, Miss D. (Sister, Q.A.I.M.N.S. Res.)	The War of 1914-19	3June16
Wilcock, Miss E. (Sister Q.A.I.M.N.S. Res.)	The War of 1914-19	3June19
Wilde, Miss B. J. (Nursing Sister, S.A.M.N.S.)	The War of 1914-19	1Jan.16
Wilding, Miss E A.	The War of 1914-19	21June18
Wilkes, Miss M. E.	The War of 1914-19	31July19
Wilkin, Miss E. L. (Sister, N.Z.A.N.S.)	The War of 1914-19	24Oct.17
Wilkin, Miss M. E. (Sister. Q.A.I.M.N.S.)	The War of 1914-19	1Jan.19
Wilkinson, Mrs. E. (Sister, T.F. Nursing Serv.)	The War of 1914-19	24Oct.17
Wilkinson, Miss E. M.	The War of 1914-19	4Apr.19
Wilkinson, Miss G. (Actg. Sister, Q A.I.M,N.S. Res.)	The War of 1914 19	16Feb.20

ASSOCIATES (A.R.R.C.)—contd.

Services.

Name	Service	Date
Wilkinson, Mrs. L. J. (Q.A.I.M.N.S. Res.)	The War of 1914-19	9Apr.19
Wilkinson, Miss M.	The War of 1914-19	23Feb.17
Wilkinson, Miss M.	The War of 1914-19	24Oct.17
Wilkinson, Miss M. (Sister, T.F. Nursing Serv.)	The War of 1914-19	24Oct.17
Wilkinson, Miss M. E. (Nursing Sister, Can. Nursing Serv.)	The War of 1914-19	21June18
Wilkinson-Carter, Miss E.	The War of 1914-19	24Oct.17
Willans, Miss L.	The War of 1914-19	23Feb.17
Willcox, Mrs. A. M.	The War of 1914-19	3June18
Willcox, Miss M. A. (Asst. Matron, T.F. Nursing Serv.)	The War of 1914-19	24Oct.17
Williams, Miss A.	The War of 1914-19	24Oct.17
Williams, Miss A. E.	The War of 1914-19	23Feb.17
Williams, Miss A. H.	The War of 1914-19	6Aug.19
Williams, Miss A. J.	The War of 1914-19	31July19
Williams, Miss A. M.	The War of 1914-19	3June19
Williams, Miss B. M. (Sister, C'wealth Mil. Forces)	The War of 1914-19	23Feb.17
Williams, Miss C. M. (Sister, Q.A.I.M.N.S.)	The War of 1914-19	1Jan.18
Williams, Miss D.	The War of 1914-19	24Oct.17
Williams, Mrs. E.	The War of 1914-19	21June18
Williams, Miss E. A. (Sister, T.F.N.S.)	The War of 1914-19	3June19
Williams, Miss E. M.	The War of 1914-19	29Jan.18
Williams, Miss E. M. (Sister, Q.A.I.M.N.S. Res.)	The War of 1914-19	3June19
Williams, Miss F. E. (Staff Nurse, C'wealth Mil. Forces)	The War of 1914-19	1Jan.17
Williams, Miss J. (Sister, Q.A.I.M.N.S. Res.)	The War of 1914-19	3June16
Williams, Miss J.	The War of 1914-19	24Oct.17
Williams, Miss J. V.	The War of 1914-19	18May19
Williams, Miss M.	The War of 1914-19	3June16
Williams, Miss M. (Sister, T.F. Nursing Serv.)	The War of 1914-19	1Jan.18
Williams, Miss M.	The War of 1914-19	3June18
Williams, Miss M. (Sister, Q.A.I.M.N.S. Res.)	The War of 1914-19	31July19
Williams, Miss M. A.	The War of 1914-19	3June18
Williams, Miss M. D.	The War of 1914-19	24Oct.17
Williams, Miss M. S. (Sister Q.A.I.M.N.S.)	The War of 1914-19	1Jan.17
Williams, Mrs. M. S.	The War of 1914-19	4Apr.19
Williams, Miss N. (Staff Nurse, T.F. Nursing Service)	The War of 1914-19	1Jan.19
Williams, Mrs. N. F.	The War of 1914-19	6Aug.19
Williamson, Mrs. Cecilia	The War of 1914-19	4Apr.19
Williamson, Mrs. Constance	The War of 1914-19	4Apr.19
Williamson, Miss E. E. (at'd. Q.A.I.M.N.S. Res.)	The War of 1914-19	9Apr.19
Williamson, Miss G. E. P. (Sister, Q.A.I.M.N.S. Res.)	The War of 1914-19	23Feb.17
Williamson, Miss N.	The War of 1914-19	3June18
Williamson, Miss S. A.	The War of 1914-19	21June18
Willies, Miss N. M. (Sister, Q.A.I.M.N.S. Res.)	The War of 1914-19	3June19
Willings, Miss E. R. (Sister, Q.A.I.M.N.S. Res.)	The War of 1914-19	3June19
Willis, Miss E. (Sister, T.F. Nursing Serv.)	The War of 1914-19	21June18
Willis, Miss I. G. (Asst. Matron, N.Z.A.N.S.)	The War of 1914-19	1Jan.18
Willis, Mrs. R.	The War of 1914-19	9Apr.19
Wills, Mrs. D	The War of 1914-19	18May19
Willson, Miss F. M.	The War of 1914-19	4Apr.19
Wilman, Miss M. T. (Sister T.F. Nuring Serv.	The War of 1914-19	16Feb.20
Wilmot-Smith, Miss C.	The War of 1914-19	3June19
Wilson, Miss A. G. (Sister Q.A.I.M.N.S. Res.)	The War of 1914-19	31July19
Wilson, Miss A. M.	The War of 1914-19	4Apr 19
Wilson, Miss A. M.	The War of 1914-19	21June18
Wilson, Miss A. S.	The War of 1914-19	3June19
Wilson, Miss B. M. (Staff Nurse, T.F. Nursing Serv.)	The War of 1914-19	24Oct.17
Wilson, Mrs. B. M. (Nursing Sister, Can. Nursing Serv)	The War of 1914-19	21June18
Wilson, Miss C. W. (Sister, T. F. Nursing Serv.)	The War of 1914-19	3June17
Wilson, Miss D.	The War of 1914-19	3June17
Wilson, Miss E. (Nursing Sister, S.A.M.N.S.)	The War of 1914-19	1Jan.16
Wilson, Miss F. (Matron, N.Z. Mil. Forces)	The War of 1914-19	23Feb.17
Wilson, Miss F. L. H. (Asst. Matron, T.F. Nursing Serv.)	The War of 1914-19	9Apr.19
Wilson, Miss H.	The War of 1914-19	23Feb.17
Wilson, Miss H. (Sister, T.F. Nursing Serv.)	The War of 1914-19	3June19
Wilson, Miss I. (Sister, Q.A.I.M.N.S. Res.)	The War of 1914-19	1Jan.18
Wilson, Miss I. G.	The War of 1914-19	6Aug 19
Wilson, Miss J.	The War of 1914-19	4Apr 19
Wilson, Miss J.	The War of 1914-19	31July19
Wilson, Miss J. S.	The War of 1914-19	9Apr.19
Wilson, Miss K. G. (Matron, T.F. Nursing Serv.)	The War of 1914-19	24Oct.17
†Wilson, Miss M. (Actg. Sister, Q.A.I.M.N.S. Res.)	The War of 1914-19	1Jan.17
Wilson, Miss M.	The War of 1914-19	24Oct.17
Wilson, Miss Margaret	The War of 1914-19	3June19
Wilson, Miss Martha	The War of 1914-19	9Apr.19
Wilson, Miss Mary	The War of 1914-19	9Apr.19
Wilson, Miss M.	The War of 1914-19	31July19
Wilson, Miss M. C.	The War of 1914-19	4Apr.19
Wilson, Miss M. E.	The War of 1914-19	24Oct.17

† Also awarded Bar to Royal Red Cross.

ASSOCIATES (A.R.R.C.)—contd.

Name	Services	Date
Wilson, Mrs. M. H.	The War of 1914-19	3June19
Wilson, Miss S. A. (Sister, T.F. Nursing Serv.)	The War of 1914-19	3June19
Wilson, Miss V. M. (Sister, T.F. Nursing Serv.)	The War of 1914-19	23Feb.17
Wimbush, Miss E. (Sister, Q.A.I.M.N S. Res.)	The War of 1914-19	3June16
Winch, Miss M. E.	The War of 1914-19	21June18
Windemer, Miss M. E.	The War of 1914-19	21June18
Windemer, Miss N. N.	The War of 1914-19	24Oct.17
Winder, Miss D.	The War of 1914-19	3June19
Wingate, Miss M. E. (Sister, Q.A.I.M.N.S. Res.)	The War of 1914-19	23Feb.17
Wingfield, Miss J.	The War of 1914-19	24Oct.17
Winkle, Miss E. (Sister, Q.A.I.M N S. Res.)	The War of 1914-19	3June19
Winter, Miss D. E. (Sister, Can. Local Forces)	The War of 1914-19	3June16
Winter, Miss G. V. (Actg. Sister, Q.A.I.M.N.S. Fes.)	The War of 1914-19	3June19
Winter, Miss N.	The War of 1914-19	24Oct,17
Winterbottom, Mrs. C.	The War of 1914-19	4Apr.19
Wintle, Miss M.	The War of 1914-19	4Apr.19
Wisdom, Mrs, E. M.	The War of 1914-19	24Oct.17
Wishart, Miss A.G. (Staff Nurse, T.F. NursingServ.)	The War of 1914-19	23Feb.17
Witherington, Miss C, (Asst. Matron, Q.A.I.M.N.S. Res.)	The War of 1914-19	1Jan.19
Withers, Miss A. H. (Matron, Q.A.I.M.N.S. Res.)	The War of 1914-19	23Feb.17
Withers, Miss I. C. C. (Sister, Q.A.I.M.N.S. Res.)	The War of 1914-19	9Apr.19
Witter, Miss G. (late Staff Nurse, T.F. Nursing Serv.)	The War of 1914-19	1Jan 16
Woinarski, Miss V. H. Z. (Head Sister, A.A.N.S.)	The War of 1914-19	3June19
Wolsey, Miss M.	The War of 1914-19	1Jan.17
Wolstencroft, Miss E.	The War of 1914-19	24Oct.17
Wood, Miss A. E. (Sister, T.F. Nursing Serv.)	The War of 1914-19	21June18
Wood, Miss B.	The War of 1914-19	6Aug.19
Wood, Miss D. (Sister, T.F. Nursing Serv.)	The War of 1914-19	3June19
Wood, Miss E. (Sister, T.F. Nursing Serv.)	The War of 1914-19	1Jan.19
Wood, Miss E. M.	The War of 1914-19	23Feb.17
Wood, Miss E. M.	The War of 1914-19	31July19
Wood, Mrs. L.	The War of 1914-19	31July19
Wood, Miss L. E.	The War of 1914-19	8June19
Wood, Miss M. M. (Staff Nurse, Q.A.I M.N.S. Res.)	The War of 1914-19	3June19
Wood, Miss R. D.	The War of 1914-19	3June19
Wooddin, Miss M.	The War of 1914-19	21June18
Woodhouse, Miss E. M. (Sister, T.F. Nursing Serv.)	The War of 1914-19	1Jan.18
Woodhouse, Miss M.	The War of 1914-19	3June19
Woodrow, Miss M. G.	The War of 1914-19	29Jan.18
Woods, Mrs. F.	The War of 1914-19	24Oct.17
Woods, Miss K. (Staff Nurse, T.F. Nursing Serv.)	The War of 1914-19	24Oct.17
Woods, Miss M. (Head Sister, Aust. A. Nursing Serv.)	The War of 1914-19	1Jan.19
Woods, Miss M. J. (Nursing Sister, Can. A.M.C.)	The War of 1914-19	3June'9
Woodward, Miss E. A. (Sister, Q.A.I.M.N.S.)	The War of 1914-19	1Jan.18
Woodward, Miss M.	The War of 1914-19	21June18
Woodward, Miss T. M. (Sister, Q.A.I.M.N.S. Res.)	The War of 1914-19	23Feb.17
Wooler, Miss K. N. (Sister, T.F. Nursing Serv.)	The War of 1914-19	24Oct.17
Wooley, Miss A. M. (Staff Nurse, T.F.Nursing Serv.)	The War of 1914-19	24Oct.17
Woolf, Miss G. A. (V.A.D Nurse)	The War of 1914-19	9Apr.19
Woolley, Mrs. F. G.	The War of 1914-19	21June18
Woollett, Miss D. M. H. (Staff Nurse, Q.A.I.M.N.S. Res.)	The War of 1914-19	3June16
Woolley, Miss J.	The War of 1914-19	24Oct.17
Woolmer, Miss D. M. (Staff Nurse, Q.A.I.M.N.S. Res.)	The War of 1914-19	3June16
Woolnough, Miss C.	The War of 1914-19	6Aug19
Woolson, Miss H. J. (Nursing Sister, Can. A.M.C.)	The War of 1914-19	3June19
Woosnam, Mrs, E. W.	The War of 1914-19	24Oct.17
Workman, Miss E.	The War of 1914-19	3June18
Worler, Miss K. N. (Sister, T.F. Nursing Serv.)	The War of 1914-19	24Oct.17
Wormald, Miss A. H. (Sister, Q.A.I.M.N.S. Res.)	The War of 1914-19	1Jan.16
Wormald, Miss E. B. H. (Sister, E. Afr. Nursing Serv.)	The War of 1914-19	1Jan.17
Worthington, Miss M. (Sister, T.F. Nursing Serv.)	The War of 1914-19	24Oct.17
Wotton, Miss V. I.	The War of 1914-19	1Jan.18
Wragg, Miss A.	The War of 1914-19	31July19
Wragge, Miss M. E. (Sister, Q.A.I.M N.S. Res,)	The War of 1914-19	1Jan.17
Wrapson, Miss F. E.	The War of 1914-19	12Dec. 9
Wray, Miss E. (Actg. Sister, Q.A.I.M N S. Res.)	The War of 1914-19	3June19
Wray, Miss M. J. (Staff Nurse, Q.A.I.M.N.S. Res.)	The War of 1914-19	23Feb.17
Wren, Miss F. E.	The War of 1914-19	9Apr.19
Wright, Miss A.	The War of 1914-19	4Apr.19
Wright, Miss A. (Sister, T.F. Nursing Serv.)	The War of 1914-19	3June19
Wright, Miss A. C.	The War of 1914-19	24Oct.17
Wright, Miss A. McD.	The War of 1914-19	1Jan.17
Wright, Miss A. R. (Sister, Q.A.I.M.N.S. Res.)	The War of 1914-19	3June16
Wright, Miss E. (Actg. Sister, Q.A.I M.N.S. Res.)	The War of 1914-19	3June19
Wright, Miss E.	The War of 1914-19	6Aug.19
Wright, Miss E. K. (Sister, N.Z.A.N.S.)	The War of 1914-19	24Oct.17
Wright, Miss H. C.	The War of 1914-19	3June19

ASSOCIATES (A.R.R.C.)—contd.

Services.

Name	Service	Date
Wright, Miss I. (Sister Q.A.I.M.N.S. Res.)	The War of 1914-19	31July19
Wright, Miss L. (Q.A.I.M.N.S.Res.)	The War of 1914-19	21June18
Wright, Miss K. S.	The War of 1914-19	3June19
Wright, Miss K.	The War of 1914-19	16Feb.20
Wright, Miss M.	The War of 1914-19	23Feb.17
Wright, Miss M. (Nursing Sister, Can. A.M.C.)	The War of 1914-19	1Jan.19
Wright, Miss M. A. (Sister, N.Z A.N.S.)	The War of 1914-19	21June18
Wright, Miss M. I. (Sister, Q.A.I.M.N.S. Res.)	The War of 1914-19	23Feb.17
Wright, Miss N. R.	The War of 1914-19	3June19
Wright, Miss S. F.	The War of 1914-19	9Apr.19
Wrightson, Miss H.	The War of 1914-19	6Aug.19
Wyatt, Miss P.	The War of 1914-19	9Apr.19
Wykesmith, Mrs. M. (Matron and Supt., A.N.S. Res.)	The War of 1914-19	24Oct.17
Wyld, Miss K M.	The War of 1914-19	21June18
Wyles, Miss E	The War of 1914-19	3June18
Wyllie, Miss A. (Sister, Q.A.I.M.N.S.)	The War of 1914-19	3June17
Wynn, Miss L. (Sister, Q.A I.M.N.S. Res.)	The War of 1914-19	21June18
Wynne, Miss E. A.	The War of 1914-19	21June18
Wynne, Miss F. (V.A.D. Asst. Nurse)	The War of 1914-19	9Apr.19
Wynne, Mrs. N. (late Sister, Q.A.I.M.N.S.)	The War of 1914-19	24Oct.17
Wynne, Miss N.	The War of 1914-19	6Aug.19
Yapp, Miss C. S.	The War of 1914-19	21June18
Yates, Miss E. (Staff. Nurse Q.A.I.M.N.S. Res.)	The War of 1914-19	16Feb.20
Yelf, Mrs E. M I. (Sister, T.F. Nursing Serv.)	The War of 1914-19	3June19
Yeoman, Miss D.	The War of 1914-19	6Aug.19
Yockney, Miss E. A. R. (Sister, Q.A.I.M.N.S.) (ret.)	The War of 1914-19	23Feb.17
Yonge, Miss A. H.	The War of 1914-19	24Oct.17
York, Mrs. C.	The War of 1914-19	6Aug.19
York, Miss E	The War of 1914-19	12Dec.19
Youatt, Miss G.	The War of 1914-19	12Dec.19
Younie, Miss J.	The War of 1914-19	18May19
Young, Mrs. A. H.	The War of 1914-19	24Oct.17
Young, Miss A. P. (Sister, Q.A.I.M.N.S. Res.)	The War of 1914-19	21June18
Young, Miss A. S. (Sister, Q.A.I.M.N.S. Res.)	The War of 1914-19	3June16
Young, Miss E. (Sister N.Z. A.N.S.)	The War of 1914-19	31July19
Young, Miss E. D.	The War of 1914-19	6Aug.19
Young, Miss G. C. McL. (Sister, Q.A.I.M.N.S. Res)	The War of 1914-19	1Jan.19
Young, Miss J. B. (Sister, Q.A.I.M.N.S. Res)	The War of 1914-19	9Apr.19
Young, Miss J. McG. (Staff Nurse, Q.A.I.M.N.S. Res.)	The War of 1914-19	24Oct.17
Young, Mrs. M.	The War of 1914-19	21June18
Young, Miss M. F. (Sister, A.A. Nursing Serv.)	The War of 1914-19	1Jan.19
Young, Miss S. E. (Sister, Can. A.M.C.)	The War of 1914-19	3June18
Younge, Miss C. L. (Sister, N.Z A.N. Serv.)	The War of 1914-19	21June18
Younger-Smith, Miss E. (Sister Q.A.I.M.N.S. Res.)	The War of 1914-19	16Feb.20
Younghusband, Miss C. (Sister, Can. A.M.C,)	The War of 1914-19	3June18
Youngman, Miss S. N. (Staff Nurse, T.F. Nursing Serv.)	The War of 1914-19	3June19
Youngs, Mrs. E. W.	The War of 1914-19	6Aug.19
Young-Scott, Miss E.	The War of 1914-19	1Jan.18
Yoxall, Miss F. H. (Matron, late T.F.Nursing Serv.)	The War of 1914-19	24Oct.17
Yule, Miss C. (Staff Nurse, T.F. Nursing Serv.)	The War of 1914-19	3June16
Yule, Miss L. (Sister, Q.A I.M.N.S. Res.)	The War of 1914-19	24Oct.17
Yule, Miss M. A. (Sister, T.F. Nursing Serv.)	The War of 1914-19	1Jan.19

OFFICERS, HOLDING RANK IN THE REGULAR ARMY, &c. AUTHORISED TO WEAR FOREIGN ORDERS ON ALL OCCASIONS.

Abbott, Lt.-Col. L. H., C.M.G ,11 Rajputs,p.s.c. } Legion of Honour, Officer (France).

Acland, Capt. W. H. D., R. 1 Devon Yeo. } St. George, 4th Class (Russia)

Adair, Temp. Lt. A. C., R.E. } Avis (Mil.), Knight (Portugal)

Adam, Lt. J. G , N. Ir. Hrse. Spec. Res. } Avis (Mil.), Knight (Portugal)

Adam, Lt. W. G., R.G.A. Spec. Res. } Crown, Knight (Roumania)

Adams, Maj. A., O.B.E., D.S.O. Res. of Off. } Crown Officer (Italy)

Adams, Lt.-Col.F.J.,D S.O., 20 Horse. } Crown, Officer (Belgium) Agricultural Merit, Officer (France)

Adams, Temp. Capt. F., M.C., Serv. Bns. Suff. R } Leopold, with War Cross, Knight (Belgium)

Adams, Temp. Capt. J. C., O B E } Crown, Knight (Belgium)

Adamson, Lt. J. W. M., R.A.S.C. (T.F.) } Agricultural Merit, Knight (France)

Addison, Bt. Lt.-Col. G.H.,C.M.G,,D.S.O.,R.E. } St. Anne, 3rd Class, with swords (Russia), Legion of Honour, Knight (France) Leopold, with Cross of War, Officer (Belgium)

VC Addison, Rev. W. R. F., Temp. Chapl. to the Forces, 6th Class } St. George, 4th Class (Russia)

Addison-Smith, Maj. C L., O.B.E., Sea. Highrs. } Wen-Hu, 4th Class (China)

Ades, Lt. S , R.F.A. (T.F.) } Legion of Honour, Knight (France)

Adshead, Lt. M. S., M.C., Ches. R. } Crown, Knight (Italy) Legion of Honour, Knight (France)

Adye, Bt. Col. D. R., 98 Inf. [L] } St. Anne, 3rd Class, with swords (Russia).

Adye, Maj.-Gen. Sir J., K.C.M.G., C.B., p.s.c., ret. pay. } Nile, 2nd Class (Egypt). Mediidieh. 5th Class Legion of Honour, Officer (France) Leopold, with Cross of War, Comdr. (Belgium). Legion of Honour, Officer (France). Leopold, Officer (Belgium).

Agar, Col. E. C.M.G., ret. pay p.s.c [L] } Sacred Treasure, 3rd Class (Japan). St. Anne, 2nd Class (Russia). Rising Sun, 3rd Class (Japan).

Agar, Temp. Lt. F. H , R.E. } Agricultural Merit, Knight (France)

Ager, Temp. Lt. F. C, M.C., Serv. Bns. L'pool R. } Crown, Knight (Roumania)

Agg, Lt.-Col. F. J. G., D.S.O., ret. pay } Legion of Honour, Knight (France)

Agnew,Capt. J.S.,Suff.Yeo. Crown Knight (Italy.)

Ainsworth, Lt.-Col. W. J., C.B.E., D.S O., h.p. } White Eagle, 4th Class with swords (Serbia). Nile, 3rd Class (Egypt)

Aird, Maj. Sir J , Bt., late Eng. & Rly. S.C. } Osmanieh, 2nd Class. Medjidieh, Grand Cordon.

Albrecht, Temp. Lt. H. J. C., M.G. Corps. } Avis (Mil.), Knight (Portugal)

Alderson, Lt.-Gen. Sir E. A. H., K.C.B.,p.s.c, } Legion of Honour, Comdr. (France).

Aldridge, Lt.-Col. A. R., C.B.,C.S.I.,C.M.G., M.B. } Redeemer, 3rd Class Comdr. (Greece).

Aldworth, Maj.J.N.,M.C., TD, 4 Bn. R. Berks. R. } Agricultural Merit, Knight (France)

Alexander,Lt.-Col. C. H., 36 Horse l } Crown, Officer (Italy).

VC Alexander, Bt. Col. E. W., C.B., C.M.G., R.A. } Savoy; Knight (Italy). Avis (Mil.), Grand Officer (Portugal)

Alexander, Capt.Hon. H. R. L. G., D.S.O , M.C., I. Gds. } Legion of Honour, Knight (France).

Alexander.Temp.Lt.J.A., Serv. Bns.K.O.Sco.Bord } Crown, with War Cross, Knight (Belgium)

Alexander, Col. J D., D.S.O., M.B. } Leopold, Officer (Belgium).

Alexander. Capt. J. W. F. C., C. Gds. } Nile, 4th Class (Egypt)

Alexander, Bt. Lt.-Col. (temp. Brig.-Gen.) W., C.M.G., C.B., D.S O ,TD, 6 Bn. R. Highrs. } St. Maurice & St. Lazarus, Officer (Italy). Legion of Honour, Knight (France).

Allan, Maj. L. F., Res. of Off. } St. Stainslas, 3rd Class, with swords (Russia).

Allcott, Temp. Lt. A., R.E. } Avis (Mil.), Knight (Portugal)

Allen, Capt. C.H.,O.B.E., M.B.,F.R.C.S.,R.A.M.C. (T.F.) } Nile, 4th Class (Egypt.)

Allen, Temp. Lt. L L , R.A.S.C. } Crown, Knight (Belgium).

Allen, Lt.-Col.W.J.,D.S.O., late Serv. Bn. R. Ir. Rif. } Legion of Honour, Knight (France).

Allenby, Field-Marshal E. H. H., Visct.,G.C.B., G.C.M.G., p.s.c. [L] } Legion of Honour, Grand Officer (France.) Leopold, Grand Officer (Belgium). Nile, Grand Cordon (Egypt). White Eagle, 1st Class with swords (Serbia). Redeemer, 1st Class, Grand Cross (Greece). Savoy, Grand Officer (Italy) Crown, Grand Cross (Roumania) Wen-Hu, 1st Class (China) El Nahda, "with Brilliants" (Hedjaz)

Alley, Capt. S., M.C., Surr. Yeo. } St. Anne, 3rd Class (Russia). Crown, with swords, Officer (Roumania)

Allfrey, Bt. Lt.-Col. H. I. R.. D.S.O.,M.C.,Som. L.I. } Avis (Mil.), Comdr. (Portugal)

Allgood, Lt.-Col (temp. Brig.-Gen.) W. H. L., C.M.G., D.S.O. } Legion of Honour, Officer (France).

Alms, Capt. G. F. H.. R.E. Crown, Knight (Italy)

Alston: Temp Maj. C.W, S. Afr. Overseas Forces } Nile, 3rd Class (Egypt)

Altham, Lt.-Gen. Sir E. A., K.C.B., K.C.I.E., C.M.G., ret. pay, p.s.c. } White Eagle Grand Cross, 1st Class, with swords (Serbia). Sacred Treasure, Grand Cordon (Japan).

Amato-Amati, 2nd Lt. L M. late Gen. List } Crown, Knight (Italy)

Amery, Temp. Capt. L. C. M. S. } White Eagle, 4th Class with swords (Serbia). Redeemer, Officer (Greece)

Foreign Orders

Anderson, Capt. A. J. G., 14 Bn. Lond. R. } Nile, 4th Class (*Egypt*)

Anderson, Col. A. T., C.M.G. } Legion of Honour, Officer (*France*)

Anderson, Lt.-Col, E. L. B., D.S.O., ret. pay } Danilo, 5th Class (*Montenegro*).

Anderson, Maj. E. P., D.S.O., R.E. } Legion of Honour, Knight (*France*).

Anderson, Capt. F., D.S.O., M.C., R. Highrs. } Crown Knight (*Italy*).

Anderson, Rev. F. I., C.M.G., M.A., Temp. Chapl. to the Forces, 1st Class. } Crown, Officer (*Italy*)

Anderson, Capt. H., D.S.O., M.C., 3 Bn. R. Ir. Regt. } Nile, 4th Class (*Egypt*).

Anderson, Lt.-Col. H. S., C.M.G., R.A.M.C. } Crown of Italy.

Anderson, Bt. Col. (temp Brig.-Gen.) N. G., C.B., C.M.G., D.S.O., p.s.c. } Crown, Comdr. (*Roumania*) Legion of Honour, Officer (*France*)

Anderson, Temp. Maj. R. W., R.A.S.C. } Agricultural Merit, Knight (*France*)

Anderson, Hon. Brig.-Gen. S. M., ret. pay } Legion of Honour, Knight (*France*).

Anderson, Maj.T.V., Can. Eng. } St. Anne, 2nd Class, with swords (*Russia*)

Anderson Lt. W., M.C., R.F.A. (T.F.) } Legion of Honour, Knight (*France*)

Anderson, Bt. Col. W. Christian, C.M.G., 1 Gurkha Rif. } St. Anne, 3rd Class, with swords (*Russia*).

Anderson, Maj.-Gen. W. H., C.B., p.s.c. } Legion of Honour, Officer (*France*). St. Stanislas, 1st Class with swords (*Russia*) Avis (*Mil.*) 1st Class (*Portugal*). Christ, Grand Officer (*Portugal*)

Anderson, Capt. W. H., N. Lan. R. } Legion of Honour, Knight (*France*)

Andrew, Col. A. W., C.M.G., Ind. Army } St. Stanislas, 3rd Class, with swords (*Russia*).

Andrew, Lt. J. H., 4 Bn. Sea. Highrs } Crown, Knight (*Belgium*).

Andrew, Lt.-Col R. H., O.B.E., M.C., late Gen. List. } Nile, 3rd Class (*Egypt*).

Andrus, Capt. (temp. Brig.-Gen.) T.A., C.M.G., N. Staff. R. } St. Anne, 2nd Class, with swords (*Russia*).

Angell, Temp. Lt. H. J., Temp.Qr.-Mr.R.A.M.C. } St. Sava 5th Class (*Serbia*)

Anglesey, Capt. C. H. A., Marq. of., Res. of Off. } Nile, 4th Class (*Egypt*)

Anley, Bt. Col. B. D. L. G., C.M.G. D.S.O., Manch. R., p.s.c } Legion of Honour, Knight (*France*).

Anley, Hon. Brig.-Gen. F.G., C.B., C.M.G., ret. pay. } Medjidieh, 4th Class. Legion of Honour, Officer (*France*)

Anley, Capt. P. F. R., ret. pay } Osmanieh, 4th Class.

Annan, Lt. J. G., R G.A. Spec. Res. } Legion of Honour, Knight (*France*).

C. Anson, Hon. Maj.-Gen. Sir A. E. H., K.C.M.G., r.f.p. } Medjidieh, 5th Class

Anstey, Maj. E. C., D.S.O., R.A., p.s.c. } Legion of Honour, Knight (*France*).

Anstruther, Bt. Lt.-Col. P. G., ret. pay } St. Stanislas, 3rd Class, with swords (*Russia*).

Anstruther, Hon. Col. Sir R. W., Bt., TD, 7 Bn. R. Highrs., (Hon. Col. ret. T.F.) } Legion of Honour, Knight (*France*)

Aplin, Temp. Maj. H., D.S.O., Unattd. List (T.F.) } Legion of Honour, Knight (*France*).

Applebe, Col. (temp. Brig.-Gen.) E. B., C.B., C.M.G., ret. pay } Medjidieh, 3rd Class. Osmanieh, 3rd Class.

Arbuthnot, Lt.-Col. A. G., C.M.G., D.S.O., R.A. } Karageorge, 4th Class, with swords (*Serbia*).

Archambault, Capt. J. P. N., D.S.O., Quebec R. } Legion of Honour, Knight (*France*).

Archbutt, Temp.Lt. R. C., R.F.A. } White Eagle, 5th Class (*Serbia*)

Archer, Capt. F. B., Res. of Off. } Agricultural Merit, Knight (*France*).

Archibald, Maj. R. G., D.S.O., M.B., h.p. } Medjidieh, 4th Class.

Argent, Capt. C. S. L, Temp. Qr.-Mr. } Agricultural Merit, Knight (*France*).

Argles, Lt.-Col. O. C., ret. Ind. Army } Legion of Honour, Knight (*France*)

Arkwright, J.A., M.D., late Temp.Capt.R.A.M.C. } White Eagle, 5th Class, with swords (*Serbia*).

Armes, Lt.-Col. R. J., C.M.G., ret. pay, p.s.c., e. } Legion of Honour, Knight (*France*).

Armitage, Bt. Lt.-Col. C. C., C.M.G., D.S.O., R.A., p.s.c. } Leopold, Officer (*Belgium*) Legion of Honour, Knight (*France*).

Armitage, Lt. V. H., M.C., 6 Bn. Notts. & Derby. R. } Crown, Knight (*Belgium*)

Armstrong, Capt. J., 7 Bn. Ches. R. } Nile, 4th Class (*Egypt*).

Armstrong, Temp. Lt R., R.A.S.C. } White Eagle with swords, 5th Class (*Serbia*)

Armstrong, Bt. Col. (temp. Brig.-Gen.) St. G. B., C.B., C.M.G., B. Mar., p.s.c. [1] } Nile, 3rd Class (*Egypt*).

Arnold, Temp. Hon. Capt. A., M.B.E. } Nile 4th Class (*Egypt*).

Arnold, Lt. R. W., R.G.A. Spec. Res. } Star, Knight (*Roumania*).

Arrowsmith, Lt. C. F., M.C., 8 Bn, L'pool R. } Avis (*Mil.*), Knight, (*Portugal*).

Arthur, Temp. Capt. Sir G. C. A., Bt., M.V.O. } Legion of Honour, Knight (*France*). Crown, Officer (*Belgium*)

Ashby, Col. G. A., O.B.E., ret. pay. } Medjidieh, 5th Class.

Ashcroft, Temp. Maj. A. H., Serv Bns. S. Staff. R. } Crown Officer (*Italy*).

Ashley, Temp. Hon. Lt.-Col. F. } St. Sava, 4th Class (*Serbia*).

Ashmore, Bt. Col. (temp.Maj.-Gen.) E.B., C.B., C.M.G., M.V.O., R.A., p.s.c. } Legion of Honour, Comdr. (*France*).

Ashworth, Lt. P. H., G. Gds. Spec Res. } Crown, Knight (*Italy*)

Aspinall, Bt. Lt.-Col. (temp. Lt.-Col.) C. F., C.B., C.M.G., D.S.O., b.p., p.s.c. } Legion of Honour, Knight (*France*). White Elephant, 2nd Class (*Siam*).

Aspinall, Maj. J. V. K., O. Malta Regt. of Mila. } King George 1st, Officer, (*Greece*)

Aspland, Temp. Maj. W. H. G.,[1] M.D., F.R.C.S, Edin., R A.M.C, } Wen-Hu, 4th Class (*China*)

Foreign Orders

Asser, Lt.-Gen. (*temp. Lt.-Gen.*) *Sir* J. J., K.C.M.G., K.C.V.O., C.B., q.s.
— Medjidieh, 2nd Class. Osmanieh, 2nd Class. St. Anne, 3rd Class, with swords (*Russia*). Crown, Comdr. (*Belgium*). Legion of Honour, Grand Officer(*France*) Avis (*Mil.*) Grand Officer (*Portugal*), Agricultural Merit, Comdr. *France*. Sacred Treasure, 2nd Class (*Japan*).

Astor, Maj. *Hon.* J. J., 1 L.G.
— Legion of Honour, Knight (*France*).

Athlone, *Hon* Brig.-Gen. A. A. F W. A. G., *Earl of*, G.C.B., G.C.V.O., D.S.O., 2 L.G. (Personal A.D.C. to the King), ret. pay
— Leopold, Grand Cordon (*Belgium*). Legion of Honour, Grand Off er (*France*). St. Anne, 1st Class, with swords (*Russia*).

Athlumney, Capt. J. H. G. M., *Lord*, Res. of Off.
— Osmanieh, 4th Class. Medjidieh, 4th Class.

Atholl, Bt. Maj. J. G., *Duke of*, K.T., C.B., D.S.O., M.V.O., TD (Lt.-Col. Comdt & Hon.Col. Sco. HorseYeo)
— White Eagle, 3rd Class, with swords (*Serbia*).

Atkin, *Hon.* Maj. E. S. H., *late* 6 Bn. R. Fus.
— Saviour, Commander (*Greece*)

Atkins, Maj.-Gen. A. R. C., K.C.B., C.M.G., A.S.C.
— White Eagle, 3rd Class, with swords (*Serbia*). Leopold, Comdr. (*Belgium*). Crown, Comdr. (*Italy*).

Atkinson, Maj.-Gen E. H. de V., C.B., C.M.G., C.I.E.
— Crown, Comdr. (*Belgium*). Legion of Honour, Comdr. (*France*). Avis (*Mil.*) Grand Officer (*Portugal*),

Atkinson, *Hon.* Lt. G. A., ret.
— St. Sava, 5th Class (*Serbia*).

Audain, Bt. Lt.-Col. G. M., ret, Ind. Army.
— Crown, Comdr. (*Belgium*).

Audas, Capt. R. S., M.C., ret. pay
— Nile, 4th Class (*Egypt*).

Augerand, Temp. Capt. E. H. G., M.C, R.E.
— Crown, Knight (*Roumania*).

Aukland, Capt. D., *late* 5 Bn. S. Lan. R.
— Agricultural Merit, Officer (*France*)

Austin, Lt.-Col. (*temp. Brig.-Gen.*) H.H.,C.M.G. D.S.O., R.E., p.s.c. [†]
— Brilliant Star of Zanzibar, 3rd Class White Eagle, 3rd Class, with swords (*Serbia*).

Aveling, *Rev.* F., M.C., Temp. Chapl. to the Forces (R C.), 4th Class
— Christ,Comdr.(*Portugal*).

Avery, Maj L. A , D.S.O., R.A.M.C. (T.F.)
— Nile, 4th Class (*Egypt*)

Ayers, Lt. L. C. H., R.G.A. Spec. Res.
— Redeemer, Knight (*Greece*).

Aytoun, Maj. (*temp. Col.*) A., C.M.G., D.S.O. ret. pay.
— Crown Officer (*Belgium*). Legion of Honour, Officer (*France*).

Babington, *Hon.* Maj.-Gen. (*temp. Maj.-Gen.*) J. M., K.C.B., K.C.M.G., C.B.,ret.pay(Col. 16Lrs.,)
— Legion of Honour, Comdr. (*France*). Savoy, Officer (*Italy*)

Baccus, Temp. 2nd Lt. F., 24 Bn. North'd Fus.
— Legion of Honour, Knight (*France*).

Bacon, Maj. C. R. E., O.B.E., R.W. Surr. R.
— Nile, 4th Class (*Egypt*).

Badcock, Col. F. F., D S O., Ind. Army.
— St. Stanislas, 3rd Class, with swords (*Russia*).

Baden, Temp.Lt.B.,M.C., Serv. Bn. Worc. R.
— Legion of Honour, Knight (*France*)

Baden - Powell, Lt.-Gen. *Sir* R. S. S., K.C.B., K.C.V.O., ret. pay (Res. of Off.) [R]
— Christ, Grand Officer (*Portugal*).

Baddeley, Temp. Capt. D. S., R.A.S.C.
— Crown, Knight(*Belgium*).

Bagnall, Lt.-Col. C. E. Re-. of Off.
— El Aliyeh, 4th Class (*Zanzibar*.)

Bag old, Capt. R. A., R.E.
— Leopold, with palm, Knight (*Belgium*).

Bagshawe, Bt. Lt Col.H. V., O.B.E., D S O., R A.M.C
— Nile, 3rd Class (*Egypt*)

Bagshawe, Maj. W. F. M., R.G.A., p.a.c. [l]
— Nile, 4th Class (*Egypt*)

Bagwell, Capt. J., M.V.O., M.C., 3 Bn. Norf. R. (Capt.ret.pay)
— White Eagle, 4th Class (*Serbia*). Legion of Honour, Knight (*France*).

Bailey, Lt. E. B., M.C., *late* R.G.A. Spec. Res.
— Legion of Honour, Knight (*France*)

Bailey, Bt. Col. H. V., *late* 5 Lrs.
— Redeemer,Officer(*Greece*) Legion of Honour, Knight (*France*)

Bailey, *Hon.Maj.* W. E., M.B.E., ret. pay
— Medjidieh, 4th Class Osmanieh, 3rd Class.

Bainbridge, Maj.-Gen. *Sir* E. G. T., K.C.B., p.s.c , q s.
— Legion of Honour, Comdr. (*France*), Medjidieh, 3rd Class.

Bainbridge, Col. P. A., C.B., C.M.G., p.a c.
— Nile, 3rd Class (*Egypt*).

Bainbridge, Bt. Col.W.F, C.M.G., D.S.O., ltd. Army, p.s.c.
— Nile, 4th Class (*Egypt*). Legion of Honour, Officer (*France*

Baines, Lt. N. A., 3 Bn. R. Scots.
— Crown, Knight Roumania)

Baird, Lt.-Col. A. W F., C.B., C.M.G., D.S.O., R. Ir. Regt., p.s.c. [L]
— Legion of Honour, Comdr. (*France*).

Baird, Maj. J. L., C.M.G., D.S.O., Sco. Horse Yeo.
— Leopold, Officer (*Belgium*). Legion of Honour, Knight (*France*). Crown. Grand Officer (*Italy*).

Bairnsfather, Lt T. D., R. War. R.
— Crown, Knight (*Italy*).

Baker, Capt. A. W., M.C
— St. Saba, 5th Class (*Serbia*). Crown, Knight (*Italy*).

Baker, Maj. D. G. R. S., Ind. Med. Serv.
— Nile, 4th Class (*Egypt*)

Baker, Bt. Lt.-Col. E. M., D.S.O., R. Fus.
— Redeemer, 4th Class, Officer (*Greece*)

Baker, Capt. F. C., D.F.C., A.F.C., 3 Bn. D. ofCorn. L.I.
— Legion of Honour, Knight (*France*).

Baker, Lt. F. D., M.C., R. 1 Devon. Yeo.
— Crown, Knight (*Italy*.) Nile, 4th Class (*Egypt*)

Baker, Lt. J., M.C., Unattd. List (T.F.)
— Star, Knight (Roumania).

Baker-Carr, Maj. R.G.T., M.V.O., ret. pay (Res. of Off.)
— With swords, Staff-Officer (*Roumania*). St. Maurice & St.Lazarus Knight (*Italy*).

Baker-Jones, Lt.P. E R , R.F.A.
— Nile, 4th Class (*Egypt*)

Bakes, Temp. Lt. H. H , R.F.A.
— White Eagle, with swords 5th Class (*Servia*).

Jemadar Balagaly Puttayjiurs Krishne Urs, Mysore Imperial Service Lrs.
— White Eagle, 4th Class, with swords (*Serbia*).

Bald, Capt. E. H. C., M.C., Res. of Off.
— Nile, 4th Class (*Egypt*).

Foreign Orders

Bald, Maj. P. R., *D.S.O.*, R.E. } Legion of Honour, Knight (*France*).

Balding, Hon. 2nd Lt. T. H. } Shereefian Order of the Ouissam Alaouite, Officer (*Morocco*).

Baldwin, Gen. F., ret. R. Mar. } Medjidieh, 4th Class.

Baldwin, Maj. F. R. W., 12t Prs. } Nile, 4th Class (*Egypt*).

Baldwin, Lt. J. E A., 8 Hrs. } Crown, Officer (*Belgium*).

Baldwin, Lt.-Col R. H., *D.S.O.*, Col. E. Surr R. } St. Maurice and St. Lazarus, Knight (*Italy*) Crown-Comdr. (*Belgium*).

Balfour, Hon Brig.-Gen. Sir A. G., *C.B.*, ret. pay } Rising Sun, 3rd Class (*Japan*). St. Maurice and St. Lazarus, Comdr. (*Italy*).

Ballard, Col. (*temp. Brig.-G n.*) C. R., *C.B.*, *G.M.G.*, p.s.c [l] } Star, with swords, Grand Officer (*Roumania*). Carol 1st, Comdr. (*Roumania*) Legion of Honour, Knight (*France*).

Balmain, Maj. J. A. S., ret. pay (*Res. of Off.*) } Agricultural Merit, Knight (*France*).

Bambridge, Capt. W. J., R.A.V.C. Spec. Res. } Agricultural Merit, Knight (*France*).

Bamford, Capt. E., *D.S.O.*, R. Mar. } St. Anne 3rd Class, with swords (*Russia*).

Bannatine-Allason, Maj.-Gen. R., *C.B.*, *C.M.G.* } Rising Sun, 3rd Class (*Japan*).

Bannerman, Maj. Sir A., Bt., ret. pay } Sacred Treasure, Ceinture (*Japan*).

Barber, Lt. J., *M.B E.*, R. War. R. } Nile, 4th Class (*Egypt*).

Barbour, Maj. J. H., *M.B.*, R A.M.C. } Avis (*Mil.*) Comdr. (*Portugal*). Black Star, Officer (*France*

Barclay, Maj. M. E., Norf. Yeo. } Nile, 4th Class (*Egypt*).

Baring-Gould, Temp. Lt. E. A., *M.C* } Legion of Honour, Knight (*France*).

Barker, Lt. A., Manch. R. } Legion of Honour, Knight (*France*).

Barker, Temp.. Lt. A. P., R A.S.C. } White Eagle with swords 5th Class (*Serbia*).

Barker, Maj. C.A., *O.B.E.*, Wilts. R. } Nile, 4th Class (*Egypt*).

Barker, Capt. F. G., *M.C.*, Hereford R. } Karageorge, 4th Class. with swords (*Serbia*).

Barker, Maj.-Gen. Sir G., *K.C.B.*, ret. pay } Medjidieh, 3rd Class

Barker, Bt. Maj. (*temp. Brig.-Gen.*) M. G. H., *D.S.O.*, Linc. R., p.s.c. } Legion of Honour, Knight (*France*)

Barley, Bt. Maj. L. J., *D.S.O.*, Sco. Rif. Spec. Res. } St. Maurice and St. Lazarus, Knight (*Italy*) Crown Officer (*Italy*).

Barnard, Lt. C., 7 Bn. North'd Fus. } Nile 4th Class (*Egypt*).

Barnard, Capt. W.G.F., *D.S.O.*, 3 Bn. E. Kent R. } White Eagle 4th Class, with swords (*Serbia*).

Barnard, Maj. Gen. W. O., ret. pay, Col Manch. R. } Medjidieh, 3rd Class.

Barne, Temp. Capt. H. H. } Agricultural Merit, Knight (*France*).

Barnes, Capt. A.E. *M.B.*, T.F. Res } St. Sava, 4th Class (*Serbia*).

Barnes, Lt.-Col. C. C., h.p., g. } Legion of Honour, Knight (*France*).

Barnes, Lt. L. H., Mon. R. } Avis (*Mil.*) Knight (*Portugal*).

Barnes, Lt. R. J., *M.C.*, R.E. Spec. Res. } Avis (*Mil.*) Knight (*Portugal*).

Barnes Lt. W.C., R.F.A. (T.F.) } Star, Knight (*Roumania*)

Barratt, Capt. A. S., *C.M.G.*, *M.C.*, R.A. } Crown, Officer (*Belgium*).

Barratt, Lt.A.W., *M.B.E.*, 4 Bn. Shrops. L I. } Star Knight (*Roumania*). Crown, with Swords, Officer (*Roumania*). Crown, Officer (*Italy*).

Barratt, Maj.-Gen. W. C., *C.B.*, *C.S.I.*, *D.S.O.*, Ind. Army, ADC } Brilliant Star of Zanzibar, 2nd Class.

Barre, Maj. H., Can. Local Forces } Legion of Honour, Knight (*France*).

Barron, Temp. Maj. S. N., *O.B.E.*, *M.C.*, R.E. } Legion of Honour, Knight (*France*)

Barrow, Gen. Sir E. G., *G.C.B.*, *G.C.S.I.*, ret. Ind. Army } Medjidieh, 5th Class

Barrow, Maj.-Gen. G. de S., *K C.M.G.*, *C.B.*, Ind. Army, s.c. [l] } Legion of Honour, Knight (*France*). Nile, 2nd Class (*Egypt*).

Barrow, Lt.-Col. (*temp. Col.*) H. P. W., *C.M.G.*, *D.S.O.*, R.A.M.C. } Crown, Officer (*Belgium*). Crown of Siam, 2nd Class (*iam*).

Barry, Lt.-Col A J.T.D., *M.Inst. C.E.*, R.E. (T.F.) } Legion of Honour. Officer (*France*).

Barry, Maj. A. P., ret. pay (*Res. of Off.*) } Kara-George. Star with swords, 4thClass(*Serbia*)

Barry, Col. S. L., *C.M.G.*, *M.V.O.*, *C B.E.*, *D.S.O.*, Terr. Force (*Maj. Res. of Off.*) } Legion of Honour, Knight (*France*).

Barter, Hon. Lt.-Gen. Sir C St.L. *K.C.B.*, *K.C M G.*, *C.V.O.*, p.s.c. [L] } Crown, Grand Cross (*Roumania*)

Bartholomew, Bt. Col. (*temp Brig. Gen.*) W.H., *C.M.G.*, *D.S.O.*, R.A., p.s.c. } Crown, Officer (*Belgium*) Nile, 3rd Class (*Egypt*). El Nahda, 3rd Class (*Hedjaz*).

Barton, F. R., *C.M.G.*, late Capt. W.I.R. } El Aliyeh, 1st Class (*Zanzibar*). Brilliant Star of Zanzibar, 1st Class

Barton, Maj. Gen. Sir G., *K.C.V.O.*, *C.B.*, *C M G.*, ret pay, Col.R.Fus., p.s.c. } Osmanieh, 4th Class.

Bassett, Maj. J. R., *O.B.E*, *D.S.O.*, R. Berks. R } Legion of Honour, Knight (*France*). El Nahda, 2nd Class (*Hedjaz*).

Bassett, Maj. T., *D.S.O.*, R.E. } Nile, 4th Class (*Egypt*).

Bate, Bt. Lt.-Col. T. R F., *C.M.G.*, R.F.A. } Leopold, Officer(*Belgium*)

Bateman, Col. B. M., *C.M.G.* } Legion of Honour, Officer (*France*).

Bateman-Champain, Lt.-Col. (*temp. Brig.-Gen.*) H. F., *C.M.G.*, 9 Gurkha Rif. } Lion and Sun, 1st Class (*Persia*).

Bates, Hon. Brig.-Gen. Sir C. L. K., *K.C.M.G.*, *C.B.*, *D.S.O.*, North'd Yeo. (*Lt.-Col. and Hon. Col*, *late North'd Yeo.*) } White Eagle, 3rd Class, with swords (*Serbia*).

Bateson, Bt. Lt.-Col. J. H., *C.M.G.*, B.S.A. } Legion of Honour, Knight (*France*)

Batham, Temp. Lt. W.S., R.E. } Avis (*Mil.*), 3rd Class (*Portugal*).

Batt. Maj. & Qr.-Mr. F., *M.V.O.*, R. T erks. R. } Rising Sun, 4th Class (*Japan*).

Batten, Maj. H. C. C., *D.S.O.*, 3Bn.DorsetR. } Agricultural Merit, Knight (*France*).

Battine, Lt.-Col. R. St.C., *D.S.O.*, 21Cav., p.s.c (L) } St. Stanislas, 2nd Class (*Russia*).

Battley, Maj. R. C. L., ret. pay. } Medjidieh, 4th Class.

Batty, Qr.-Mr. & Lt. G. H., *M.B.E.* } St. Stanislas, 3rd Class (*Russia*). Crown, Knight (*Belgium*).

Battye, Maj. B. C., *D.S.O.*, P.E. } Legion of Honour, Knight (*France*).

Battye, Capt. P. L. M., *M.C.*, W. Gds. } Legion of Honour, Knight (*France*).

Battye, Lt.-Col. W. R., *D.S.O., M.B., F.R.C.S.*, Ind. Med. Serv. — Legion of Honour, Knight (*France*).

Bax, Col. W. I., ret. Ind. Army — Bahaduri-i-Afghania, 2nd Class (*Afghanistan*).

Baxter, Lt. R. T., *M.C.*, R.F.A. — Legion of Honour, Knight (*France*)

Baylay, Bt. Lt.-Col.A.C., *D.S.O.* R.E. — White Eagle, 4th Class, with swords (*Serbia*).

Bayley, Bt. Lt.-Col.(*temp. Brig.-Gen.*) G.E., *D.S.O.*, York & Lanc. R. — St. Maurice and St. Lazarus, Officer (*Italy*)

Bayley, Lt.-Col. H., *D.S.O.*, R.F.A. (T.F.) — Nile, 3rd Class (*Egypt*).

Bayley, Temp.Hon. Capt. H. D. — Legion of Honour, Officer (*France*)

Bayley, Bt. Lt.-Col. L. S., R.A. — Crown, Officer (*Belgium*).

Bayliffe, Col. A. D., *C.M.G.*, TD — Savoy, Knight (*Italy*).

Bayly, Maj. E A T., *D S O.*, R.W. Fus. — Nile, 3rd Class (*Egypt*)

Bazley-White, Capt. R. B. L., *D.S.O.*, R.W. Kent R. — Nile, 4th Class (*Egypt.*)

Beach, Bt. Col. W H., *C.B.*, *C.M.G.*, *D.S.O.*, R.E. — Karageorge, 4th Class, with swords (*Serbia*).

Beadles, Capt. B S, R.A.M.C (T.F.) — Nile, 3rd Class (*Egypt*).

Beadnell, Capt. H. J. L., late Labour Corps — Nile, 4th Class (*Egypt*)

Beadon, Lt.-Col. L., R., *C.M.G.*, *D.S.O.* R.A.S.C. [l] — Legion of Honour, Knight (*France*).

Beal, Temp.Capt. R.E.B., *O.B.E.*, *M.C.*, R.A.S.C. — White Eagle, 5th Class (*Serbia*).

Beale, Temp. Lt. H. C., Serv. Bns R. Innis. Fus. — Agricultural Merit, Knight (*France*)

Beale, 2nd Lt. N. S., *M.C.*, late E. Surr. R. — Legion of Honour, Knight (*France*)

Beamish, Maj. H. D., ret. pay — Osmanieh, 4th Class. Medjidieh, 3rd Class.

Beard, Temp. Lt. W S., R.A.S.C. — White Eagle, with swords, 5th Class (*Serbia*).

Beardmore, Rev. C. L. H., *M.A.*, Chapl. to the Forces, 3rd Class. — White Eagle, 5th Class (*Serbia*).

Bearne, Maj. L.C., *D.S.O.*, *A.M*, R.A.S.C. — White Eagle, 4th Class, with sword (*Serbia*).

Beasley, Temp. Maj. M., *O.B.E.*, R.E. — Legion of Honour, Knight (*France*).

Beatson, Capt. C. G., 5 Bn Midd'x R. — Crown, Knight (*Italy*). Leopold, Knight (*Belgium*).

Beatty, Col. L. N., Ind. Army — Legion of Honour, Officer (*France*)

Beatty, Maj. P. V., R.A.V.C. — Nile, 4th Class (*Egypt*).

Beatty, Maj. W D., *C.B.E.*, *A.F.C.*, R.E. — St. Anne, 3rd Class (*Russia*). Legion of Honour, Knight (*France*).

Beauchamp, Col. G. E., Can., *A.M.C.* — Legion of Honour, Knight (*France*)

Beauchamp, Bt. Col. Sir H. G. P., *Bt.*, *C.B.*, late R.A. — Medjidieh, 3rd Class.

Beaumont, Lt.-Col. G. L., ret. Ind. Army — Redeemer, Grand Comdr (*Greece*)

Beaumont, Maj. H., *O.B.E.*, Lan. Fus. — Nile, 4th Class (*Egypt*).

Beazley, Capt. J. R., A.D.C., h p. — Legion of Honour, Knight (*France*).

Becher, Maj. C. M. L., *D.S.O.*, R.1r.Rif. — Leopold with War Cross, Officer (*Belgium*)

Beck, Maj. E. A., *D.S.O.*, R. Sc. Fus., *p.s.c.* — St. Maurice & St.-Lazarus, Knight (*Italy*).

Becke, Bt. Lt.-Col. J. H. W., *C M.G.*, *D.S.O.*, Notts. & Derby. R. — Legion of Honour, Officer (*France*).

Beckett, Hon. Brig.-Gen. C. E., *C.B.*, ret. pay, *p.s.c.* — Medjidieh, 4th Class.

Beckwith, Maj. W. M., *D.S.O.*, ret. pay — St. Maurice & St. Lazarus, Knight (*Italy*).

Beddington, Lt.-Col. E. H. L., *D.S.O.*, *M.C.*, ret. pay, *p.s.c.* [l] — Legion of Honour, Knight (*France*). Avis (*Mil.*), Comdr. (*Portugal*).

Bedwell, Lt. F. C., *M.C.*, W. York. R. — St Maurice & St. Lazarus, Knight (*Italy*).

Beech, Lt.-Col. J. R., *C.M.G.*, *D.S.O.*, late Scots Horse Yeo. — Medjidieh, 4th Class. Osmanieh, 4th Class.

Begbie, Capt. R. P. G., *D.S.O.*, *M C.*, R.A. — Crown, Knight (*Belgium*).

Belcher, Lt.-Col. H. T., *D.S.O.*, R.A., *g.* — St. Anne, 3rd Class, with swords (*Russia*).

Belfield, Lt.-Gen. Sir H. E., *K.C.B.* *K.C.M.G.*, *D.S.O.*, ret. pay, *n.s.c.* (Col. W. Rid R.) — Crown, Grand Officer (*Belgium*).

Bell, Capt. M. G. E., *O.B.E.*, ret. pay (Res. of Off.) — Legion of Honour, Officer (*France*).

Bendall, Capt. P. M., *M.C.*, T.F. Res. — Nile, 4th Class (*Egypt*).

Benet, Maj. H. V. F., *C.B.E.*, ret. pay (Res. of Off.) — St. Stanislas, 2nd Class (*Russia*). St Anne, 2nd Class, with swords (*Russia*). Legion of Honour, Officer (*France*).

Benn, Temp. Lt. H K, R.A.O C — Avis (*Mil.*) Comdr. (*Portugal*)

Benn, Capt. W., *D S.O.* *D.F.C.*, 1 Co of Lond. Yeo. — Legion of Honour, Knight (*France*).

Bennett, Capt. E. N., T.F. Res — White Eagle, 3rd Class (*Serbia*).

Bennett, Lt.-Col. H. G., *C.M.G.*, C'wealth Mil. Forces. — Danilo, 3rd Class (*Montenegro*).

Benson, Col. (*temp. Brig.-Gen.*) R. P., *C.B.* *C.M.G.* — Legion of Honour, Officer (*France*).

Benson, Capt. R. L., *D.S.O.*, *M.C.*, 9 Lrs. — Legion of Honour, Knight (*France*)

Bentley, Maj. F. C., 20 Bn. Lond. R. — Legion of Honour, Knight (*France*).

Benton, Capt. I., *M.C.*, late R.G.A. — Crown, Knight (*Italy*).

Beresford, Capt. G. de la P., *M C*, 10 Lrs. — Nile, 4th Class (*Egypt*).

Berkeley, Bt. Lt.-Col. C. R., *C.M.G.*, *D.S.O.*, *O.B.E.*, Welch R. — Legion of Honour, Knight (*France*).

Bernard, A.V., late Lt.K.O. Malta Regt. of Mila. [L] — Crown of Italy, Officer.

Bernard, Bt. Col. Sir E. E., *K.B E*, *C.M.G.*, ret. pay, *q.s.d.* [L] — Medjidieh, 2nd Class. Osmanieh, 3rd Class. Nile, 2nd Class (*Egypt*).

Bernard, Lt.-Col. J. F., *C.M.G.*, R.A.O.C. *e.,f.,g.* [L] — Medjidieh, 3rd Class.

Berney-Ficklin, Lt. H. P. M., *M.C.*, Norf. R. — Legion of Honour, Knight (*France*).

Besant, Maj. W H., ret. pay — Medjidieh, 3rd Class. Osmanieh, 3rd Class.

Best, Maj. W. H. G. H., R.A.M.C. Spec. Res. — Avis (*Mil.*) 2nd Class (*Portugal*).

Bethell, Lt.-Col. A. B., *C.M.G.*, *D.S.O.*, R.F.A. — Legion of Honour, Knight (*France*). Medjidieh, 4th Class.

Betts, Qr.-Mr. & Capt. J., *D.S.O.* — St. Maurice & St. Lazarus, Knight (*Italy*). St. Stanislas, 2nd Class (*Russia*).

Beveridge, Col. W. W. O., *C.B.*, *D.S.O.*, *M.B.* — Legion of Honour, Knight (*France*).

Foreign Orders

Beves, Col. (temp. Brig.-Gen.) P. S., S. Afr. Def. Forces. } St. Stanislas, 2nd Class, with swords (Russia).

Bevington, Capt. H. V., M.C., T.F. Res. } Nile, 4th Class (Egypt).

Beynon, Hon. Brig.-Gen. H. L. N., C.M.G., ret. pay, p.s.c. [l] } Avis (Mil.) Comdr. (Portugal).

Subadar-Maj. Bhim Sing Thapa, I.O.M., Gúrkha Rif. } White Eagle, 5th Class with swords (Serbia).

Bicker, Lt. A. W., M.C., R A. } Legion of Honour, Knight (France)

Biggar, Lt. P. E., Can., A.S.C. } Crown, Knight (Belgium).

Bigge, Hon. Brig -Gen. (temp. Brig.-Gen.) T. A. H., C.B. } Crown, Comdr. (Belgium).

Biggerton Evans, Temp. Lt. A. B. G, Serv. Bns S Wales Bord. } King George, 1st Knight (Greece).

Bigg., Maj. G. N., M.B., R.A.M.C. (T.F.) } Avis (Mil.) Comdr. (Portugal).

Eigham, Bt. Maj. Hon. C. O., C.M.G., C.B.E., Res. of Off. } Medjidieh, 3rd Class. Saviour, Silver Cross (Greece) Legion of Honour, Officer (France).

Bignell, Maj. R. L., D.S.O., 41 Dogras } St. Stanislas, 3rd Class, with swords (Russia).

Billinton, Lt.-Col. L., C.B.E., late R.E. } Crown of Roumania, with swords, Comdr. (Roumania).

Bingham, Maj.-Gen. Hon. Sir C. E., K.C.M.G., C.B., C.V.O. } Legion of Honour, Comdr (France). Star of Ethiopia, 3rd Class (Abyssinia).

Bingham, Maj.-Gen. Hon Sir F. R., K.C.M.G., C.B. ret. pay. } Crown, Comdr. (Belgium) Legion of Honour Comdr. (France). Crown, Comdr. (Italy).

Bingham, Temp. Lt. J. H. } Crown, Knight (Belgium)

Bingley, Temp. Hon Maj. R. N. G. } Redeemer, Officer (Greece) King George 1st, Officer (Greece)

Binns, Maj. C. E., O.B.E. R. Mar. } St. Maurice & St. Lazarus Knight (Italy) Legion of Honour, Knight (France).

Bion, Temp. Lt. W. R., D.S.O., Tank Corps. } Legion of Honour, Knight (France).

Birch, Bt. Col. E. M., C.B., C.M.G., D.S.O., R.A., p.s.c. [l]. } St. Annies, 3rd Class, with swords (Russia). Legion of Honour, Officer (France)

Birch, Lt.-Gen. Sir J. F. N., K.C.M.G., C.B. } Legion of Honour, Comdr. (France). Leopold, Commander (Belgium)

Birch, Temp. Lt.-Col. J. G., D.S.O. } Leopold, Knight (Belgium).

Bird, Bt. Lt.-Col. A. J. G., D.S.O., R.E. } Nile, 4th Class (Egypt.)

Bird, Temp. Lt. J. E., R.E. } Agricultural Merit, Knight (France).

Bird, Col. (temp. Maj. Gen.) W. D., C.B., C.M.G., D.S.O., p.s.c. [l] } Legion of Honour, Officer (France).

Birdwood, 2nd Lt. C. B., Ind. Army. } Avis (Mil.) Knight (Portugal).

Birdwood, Gen. Sir W. R., K.C.S.I., K.C.M.G., C.B., C.I.E., D.S.O., Indian Army, q.s. ADC. } Legion of Honour. Grand Officer (France). Crown, Grand Officer (Belgium) Nile, 2nd Class (Egypt). Avis (Mil) Grand Officer (Portugal). Tower and Sword Grand Cross (Portugal).

Birkbeck, Maj.-Gen. Sir W. H., K.C.B., C.M.G., p.s.c. } Rising Sun, 3rd Class (Japan). Crown Comdr. (Belgium). Legion of Honour, Comdr. (France).

Birkett, Capt. J. G. G., T.F. Res. } Crown, Knight (Italy).

Birney, Bt. Lt.-Col (temp Col.) C. F., D.S.O., R.E. } Legion of Honour, Knight (France).

Birrell, Col. E. T. F., C.B., C.M.G. M.B. } White Eagle, 4th Class (Serbia). Redeemer, Officer (Greece)

Biscoe, Maj. H. V., Supernumerary List, Ind. Army [L] } Legion of Honour, Knight (France).

Bishan, Lt, W. T., M.C., R. Scots. } Nile, 1st Class (Egypt).

Bishop, Hon. Capt. A. L., late Midd'x R. } St. Sava, 5th Class (Serbia).

Bishop, Capt. F. M, late R.A.M.C. } St. Sava, 4th Class (Serbia).

Bishop, Temp. 2nd Lt. R. T., Serv. Bns. Hamps. R. } Crown with War Cross, Officer (Belgium)

Bishop, Lt.-Col. W. A., D.S.O., M.C., D.F.C., Can L. H. } Legion of Honour, Knight (France)

Black, Maj. R. B., D.S.O., M.B., ret. pay } Osmanieh, 4th Class. Legion of Honour, Knight (France). Nile, 3rd Class (Egypt).

Blackader, Maj.-Gen. C. G., C.B., D.S.O. } Leopold, Commander (Belgium).

Blacker, Bt. Lt.-Col. S. W. W., D.S.O., ret. pay (Res. of Off.) } Legion of Honour, Officer (France).

Blackwall, Maj. J. E., D.S.O., TD. 8 Bn. Notts. & Derby. R. } Legion of Honour, Knight (France).

Blackwell, Bt. Col. W. R., C.M.G., R A.M.C. } Legion of Honour, Officer (France).

Blackwood, Bt. Lt.-Col (temp. Brig -Gen.) A. P., D.S.O., Bord. R. [L] } Star, Officer (Roumania).

Blair, Col. A., D S.O., p.s.c. } Star Comdr. (Roumania).

Blair, Col. F. G., C.B., C M.G., TD, A.D.C. (Hon Col. Leic. Yeo.) } St. Anne, 2nd Class (Russia).

Blair, Maj. J.M., C.M.G., D.S.O., Gord. Highrs. } St Stanislas, 2nd Class (Russia). St. Vladimir, 4th Class, with swords and bow (Russia). Legion of Honour, Knight (France).

Blake, Lt. G. S., M.C., R F.A (T.F.) } Crown, Knight (Roumania).

Blake, Lt. R. H., M.C., R E. } Avis (Mil.) 2nd Class (Portugal).

Blake, Temp. Lt. S. G., M.C., Serv. Bns. Glouc. R. } Legion of Honour, Knight (France).

Blake, Bt. Col. (temp. Brig.-Gen.) W. A., C.M.G., D.S.O., Wilts R., e. } Redeemer, 3rd Class, Comdr. (Greece). Legion of Honour, Officer (France

Blaker, Lt.-Col. W. F., D.S.O., O.B.E. R A. [L] } Legion of Honour, Knight (France).

Blakeney, Local Capt. C. L. } White Eagle, 5th Class (Serbia).

Blakeney, Maj. (temp. Col.) R. B D., C.M.G., D.S.O., ret. pay } Nile, 2nd Class (Egypt). Medjidieh, 3rd Class. Osmanieh, 3rd Class.

Blamey, Bt. Lt -Col. E. H., D.S.O., R.A.S.C. } Legion of Honour, Knight (France)

Bland, Col. E H., C.B., C.M.G. } White Eagle, 3rd Class with swords (Serbia).

Foreign Orders

Blandy, Bt. Lt.-Col. L.F., D.S.O., R.E. — Crown Officer (*Belgium*). Legion of Honour, Knight (*France*).

Blaylock, Hon. Col. H.W., C.B.E., Qr.-Mr., Can. Local Forces. — Legion of Honour, Knight (*France*). St. Sava, 4th Class (*Serbia*). Legion of Honour, Officer (*France*). Crown Comdr. (*Italy*).

Bleck, Lt. G. S., M.B.E., Loth. & Bord. Horse Yeo. — Aviz (*Mil.*), 3rd Class (*Portugal*).

Blenkinsop, Maj.-Gen. A. P., C.B., C.M.G. — Crown, Grand Officer (*Roumania*).

Blennerhassett, Lt.-Col. E. B., ret. pay. — Nile, 3rd Class (*Egypt*).

Blewitt, Bt. Maj. G., D.S.O., M.C., Oxf. & Bucks. L.I. — Danilo, 5th Class, (*Montenegro*).

Bliss, Col. E. W., C.M.G., D.S.O. — Legion of Honour, Officer (*France*).

Bliss, Lt.-Col. J.A., D.S.O., M.V.O., 64 Pioneers — White Eagle, 3rd Class, with swords (*Serbia*).

Biomfield Temp. Maj. W., O.B.E., R.E. — Legion of Honour, Knight (*France*).

Blomfield-Brown, Lt. R., late R.A.S.C. — White Eagle, with swords, 5th Class (*Serbia*).

Bloudin, Lt.-Col. P. E., Quebec Regt. — Legion of Honour, Comdr. (*France*).

Blood, Gen. Sir B., G.C.B., ret. pay, Col.-Comdt. R.E. — Osmanieh, 4th Class.

Bloor, Capt. F. R., M.B.E., M.C., Temp. Inspr. of Ord. Mach., R.A.O.C. — White Eagle, 4th Class (*Serbia*).

Blount, Capt. (temp. Col.) E. A., O.B.E., Temp. Inspr. of Works, Staff Off., R.E Serv. — Legion of Honour, Knight (*France*).

Blount, Capt. C. H. B., M.C., R.W. Surr. R. — Crown, Knight (*Belgium*).

Blount, Bt. Lt.-Col. G. P. C., D.S.O., R.A., g. — St. Anne, 3rd Class, with swords (*Russia*).

Blount, Maj. H., D.S.O., R. Mar. — St. Stanislas, 2nd Class with swords. (*Russia*).

Blumberg, Bt. Col. (temp. Brig.-Gen.) H. E., C.B., R. Mar. [l] — Legion of Honour, Officer (*France*). Redeemer, Comdr. (*Greece*).

Blunt, Maj. C. E. G., C.B.E., D.S.O., ret. pay — Medjidieh, 4th Class. Osmanieh, 3rd Class. Nile, 2nd Class (*Egypt*).

Blunt, Maj. G. C. G., D.S.O., O.B.E. R.A.S.C. — Aviz (*Mil.*) Comdr. (*Portugal*).

Blythswood, Bt. Maj. A. D. Lord, Res. of Off. — Crown, Knight (*Belgium*). Leopold, Knight (*Belgium*).

Bodley, Capt. R. V. C., M.C., K.R. Rif. C. [l] — Crown, Knight (*Italy*). Legion of Honour, Knight (*France*). Black Star, Officer (*France*). Crown, Officer (*Roumania*).

Bodwell, Maj. H. L., C.M.G., D S.O., W. Ont. Regt. — Legion of Honour, Knight (*France*).

Body, Bt Lt.-Col. K. M., O.B.E., C.M.G., R.A.O.C. — Crown, Officer (*Belgium*).

Boileau, Bt. Lt.-Col. (temp. Brig.-Gen.) G.H., C.B., C.M.G., D.S.O., R.E. — Danilo, 3rd Class (*Montenegro*).

⦿ Boisragon, Col. G. H., Ind. Army. — Nile, 4th Class (*Egypt*).

Bois, Maj.-Gen. Sir L.J., K.C.B., K.C.M.G., D.S.O., p.s.c. [L] — Legion of Honour, Comdr. (*France*). Vladimir, 4th Class, with swords (*Russia*). Redeemer, Grand Comdr. (*Greece*). Nile, 2nd Class (*Egypt*). El Nahda, 2nd Class (*Egypt*).

Bolton, Bt. Lt. Col. C. A., C.B.E., Manch. R. — Redeemer, Comdr. (*Greece*). Nile, 3rd Class (*Egypt*).

Bolus, Capt. P. R., M.B., R.A.M.C. (T.F.) — Crown, Knight (*Italy*).

Bond, Maj. E. L., D.S.O., R.A., g. — Danilo, 4th Class (*Montenegro*).

Bonham, Maj. E. H., M.V.O., ret. pay — Legion of Honour, Knight (*France*).

Bonham-Carter, Bt. Col. C., C.M.G., D.S.O., R.W. Kent R., p.s.c. — Legion of Honour, Officer (*France*).

Bonham-Carter, Capt. I. M., O.B.E., North'd Fus. — Legion of Honour, Knight (*France*).

Boome, Bt. Col. H. R., C.B., C.M.G., ret. Ind. Army — St. Anne, 3rd Class, with swords (*Russia*).

Borastou, Lt. J H., C.B., O.B.E., R.F.A. (T.F.) — Legion of Honour, Knight (*France*).

Borden, Hon. Col. Rt. Hon. Sir R.L., G.C.M.G., Can. Mila. — Legion of Honour, Grand Cross (*France*). Leopold, Grand Cordon (*Belgium*).

Borden-Turner, Temp. Lt. D., O.B.E. — Crown, Knight (*Italy*).

Borman, Temp. Lt. H L. J., R.A.S.C. — White Eagle, with swords 5th Class (*Serbia*).

Borradaile, Col. G. W., O.B., ret. pay — Medjidieh, 3rd Class.

Borrett, Bt. Lt. - Col. O. C., C.M.G., D.S.O., R. Lanc R. 𝔄𝔇ℭ — Legion of Honour, Knight (*France*).

Borthwick, Lt.-Col. (temp. Brig.-Gen.) F. H., C.B., D.S.O., 5 Bn. R.W. Fus. — Karageorge, 4th Class, with swords (*Serbia*).

⦿ Borton, Lt. A. D., C.M.G., D.S.O., ret. pay (Res. of Off.) — Nile, 3rd Class (*Egypt*).

Borton, Capt. A. E., D.S.O., R. Highrs. — St. Stanislas, 3rd Class, with swords (*Russia*). Nile, 3rd Class (*Egypt*).

Borton, Capt. N. T., ret. pay — Osmanieh 4th Class.

Borwick, Maj. G. O., D.S.O., Surr. Yeo. — Legion of Honour, Knight (*France*).

Bosanquet, Lt.-Col J T. I., Bord. R. — Crown, Officer (*Italy*).

Boswell, Lt.-Col. J. D., TD., Ayrshire Yeo. — White Eagle, 4th Class with swords (*Serbia*),

Botha, Lt.-Col. P. S. G., S. Afr. Prote. Force. — St. Anne, 3rd Class, with swords (*Russia*).

Bouette, Temp. Lt. W. A., Serv. Bns R Welsh Fus. — Legion of Honour, Knight (*France*).

Boulton, Maj. C. S., ret. pay (Res. of Off.) [L] — St. Anne, 2nd Class, with swords (*Russia*).

Bourchier, Lt.-Col. F. H. S., ret. R. Mar. — Osmanieh, 4th Class.

Bousfield Capt. L., M.D., ret. — Medjidieh, 4th Class.

Bovill, Capt. A. C. S., M.C., 9 Lrs. — St. Anne, 4th Class (*Russia*).

Bovill, Lt.-Col C., O.B E., R.A. — St. Saviour, Officer (*Greece*).

Bovill. Maj. W. J., 43 Regt. — Crown, Knight (*Roumania*).

Bowdler, Maj. B. W. B., D.S.O., R.E., p.s.c. [L] — Legion of Honour, Officer (*France*). Crown, Officer (*Belgium*). St. Stanislas, 3rd Class with swords (*Russia*).

Bower, Lt. H. H., 4 Bn. Gord. Highrs. — Crown, Knight (*Italy*).

Bowern, Temp. Lt. C. A., Labour Corps — Wen-Hu, 5th Class (*China*).

Bowes, Lt.-Col. H., TD, T.F. Res. — Legion of Honour, Knight (*France*).

Bowly, Bt. Maj. W. A. T., C.B.E., M.C., Dorset R. — Leopold, Knight (*Belgium*).

Foreign Orders

Bo man-Manifold, Bt. Col. (*temp. Brig.Gen.*) M. G E., *C.B.*, *C.M.G.*, *D.S.O.*, R.E., *p.s.c.* [L] — Medjidieh, 4th Class. Osmanieh, 4th Class. Legion of Honour, Officer (*France*). Nile, 3rd Class (*Egypt*)

Bowyer, Temp. Capt. C, H.,*D.S.O.*,23 Bn.R.Fus. — Crown, Knight (*Belgium*)

Boxshall, Temp. Hon. Capt. E. G. — Crown, with swords, Knight (*Roumania*).

Boxshall, Lt. R. A., E. Surr. R. — Redeemer, Officer (*Greece*).

Boyall, Bt. Lt.-Col. A. M., *D.S.O.*, W. York R. — Legion of Honour, Knight (*France*)

Boyce, Lt.-Col. H. A., *C.M.G.*, *D.S.O*, h.p., p.s.c [L] — Nile, 3rd Class (*Egypt*).

Boyce, Maj.-Gen. *Sir* W.G.B., *K.C.M.G.*,*C.B.*, *D.S.O.*, ret. pay — Legion of Honour, Officer (*France*). St. Stanislas, 2nd Class, with swords (*Russia*).

Boyd, Bt.Col. (*temp.Maj.-Gen.*) G. F.,*C.B.*,*C.M.G.*, *D.S.O.*, *D.C.M.*, R. Ir. Regt.,p.s.c.,Col.Le ns,R. — Legion of Honour, Knight (*France*).

Boyd, Maj. H. A., *C.M.G.*, *D.S.O.*, R.A. — Legion of Honour,Knight (*France*)

Boyd-Moss, Bt. Col. L. B.,*C.M.G.*, *D.S.O.*,S. Staff.R. — Legion of Honour, Officer (*France*).

Boyle, Capt. A. R., *M.C.*, Arg. & Suth'd Highrs. — White Eagle, 5th Class with swords (*Serbia*).

Boyle, Capt. Hon. J. D., *D.S.O.*, Rif. Brig. — St. Maurice and St. Lazarus, Knight (*Italy*)

Boyle, Hon. Brig.-Gen. R. C., *C,B.*, *C.M.G.*, ret. pay — Nile, 3rd Class (*Egypt*). Legion of Honour,Comdr. (*France*). St. Maurice and St. Lazarus, Comdr.(*Italy*)

Brady, Col. D., R.E. — Leopold, Officer (*Belgium*)

Braithwaite, Temp. Lt.-Col. F. P., *D.S.O.*, *M.C.*, R.E. — Leopold,Knight (*Belgium*)

Braithwaite, Col. W. G., *C.B.*, *C.M,G*, *D.S.O.*, p.s.c. — White Eagle, 3rd Class, with swords (*Serbia*).

Braithwaite, Lt.-Gen. *Sir* W. P., *K C.B.*,p.s.c. [L] — Legion of Honour, Comdr (*France*). Crown, Grand Officer (*Belgium*). Medjidieh, 4th Class. Osmanieh, 4th Class.

Brakenridge, Bt. Col. F. J., *C.M.G.*, R.A.M.C. — Legion of Honour, Officer (*France*). St. Sava, 3rd Class (*Serbia*).

Bramble, Maj. J. J., R. Mar. — Nile, 3rd Class (*Egypt*).

Bramhall, Maj.C.,*O.B.E.*, R.A.S.C. — Crown Officer (*Italy*)

Branch, Temp. Maj. C. D., *M.C.*, A.S.C. — Crown, Knight (*Belgium*)

Brand, Bt.-Maj. J. C, *D.S.O.*, *M.C.*, C. Gds. — Legion of Honour, Knight (*France*).

Brand, Bt. Lt.-Col. Hon. R., *C.M.G.*, *D.S.O.*, 5 Bn Rif. Brig. — Legion of Honour, Knight (*France*).

Bran ., Capt. T., Qr.-Mr. D nbigh Yeo. — Crown, Knight (*Roumani .*)

Brander, Maj. G. G. S., Suff. R. — Nile, 4th Class (*Egypt*)

Branfill, Maj. C. A., *M.C.*, Derby Yeo. — Redeemer, 4th Class Officer (*Greece*).

Brash, Capt. E. J. Y., R.A.M.C. (T.F.) — St. Sava, 4th Class (*Serbia*)

Bray, Temp. Maj. A., R.E. (Capt. North. Sig. Co R.E.) — Legion of Honour, Knight (*France*).

Bray, Maj.-Gen. *Sir* C., *K.C.M.G.*, *C.B.* — Legion of Honour, Comdr. A., (*France*).

Bray, Col. H.A. *C.B.*,*C.M.G* — Medjidieh, 3rd Class. Osmanieh, 4th Class.

Brayne, Temp. Capt. F. L., *M.C.* — St. Sava, 5th Class (*Serbia*). Ni e, th Class (*Egypt*)

Bredin, Maj. A. N., 6 Gurkha Rif. — Lion and Sun, 3rd Class (*P rsia*)

Breeks, Col. (*temp. Brig. Gen.*) R. W.,*C.B.* — White Eagle, 3rd Class, with swords (*Serbia*).

Brenan, Capt.G., R.G.A., Spec. Res. — Crown, Knight (*Belgium*).

Frereton, Bt. Lt.-Col. F. S., *C.B.E.*, R.A.M.C. — Avis (*Mi .*) Comdr. (*Port gal*).

Bressey, Temp. Capt. C. H., *O.B.E.*, R.E — Legion of Honour,Knight, (*rance*).

Brett, Lt.-Col. M. J. B., *M.V.O.*, T.F. Res. — Legion of Honour, Officer (*France*).

Br tt, Capt. P. M J., M.B., R.A.M.C. — Nile, 4th Class (*Egypt*)

Breytenbach, Lt.-Col. J., H., S. Afr. Prote rce. — t Anne, 3rd Class, with swords (*Russia*).

Bridge, Capt. C. E. D., *D.S.O.*, *M.C.*, R.A., p.s c. [L] — Leopold, Knight (*Belgium*).

Bridgeman, Maj. Hon. H. G. O., *D.S.O.*, *M.C.* — Danilo, 4th Class (*Montenegro*).

Bridger, Lt. F. T., 3 Bn. R. Highrs. — C own, Knight (*Italy*).

Bridges, Col. E. S., ret. pay — Osmanieh, 4th Class.

Bridges, Maj.-Gen. G. T. M., *C.B.*,*C.M.G.*,*D.S.O.*, p.s.c. [l] — Legion of Honour,Officer (*France*). Crown Grand Officer (*Belgium*)

Bridges, Lt. J. J., Qr.-Mr. Conn. Rang. — Nile, 4th Class (*Egypt*).

Brierley, Lt.-Col. E. C., *D.S.O.*, ret. pay (*Res. of Off.*) — Black Star, Officer, (*France*).

Brierley,Temp. Capt.N. H., *O B.E.*, R.E. — White Eagle 5th Class (*Serbia*).

Briffa de Piro, Capt. F. J., 2 Bn. Malta Mili. [L] — Redeemer, Knight. (*Gre ce*). Legion of Honour, Comdr. (*France*).

Briggs, Lt.-Gen. C. J., *K.C.B.*, *K.C.M.G.* — Redeemer, 2nd Class Grand Comdr (*Greece*). White Eagle, 2nd Class (with Swords) (*Serbia*).

Bright, Capt F. G., *M.C* 5 Bn. ssex R. — Nile, 4th Class (*Egypt*).

Bright, Lt L. L., Suff. R. — Nile, 4th Class (*Egypt*).

Bright, Col. (*temp. Brig.-Gen.*) R. A., p.s.c. — St. Maurice and St. Lazarus, Knight (*Italy*)

Bright, Maj. R. G. T., *O M.G.*, ret. ay — Brilliant Star of Zanzibar, 3rd Class.

Brighten, Lt.-Col. G. S., *D.S.O.*, T.F. Res. — Crown, Knight (*Belgium*).

Brind, Bt. Col. J. E. S., *C.M.G.*,*D.S.O.*,R.A.,p.s.c. — Legion of Honour, Officer (*France*). St. Maurice and St. Lazarus, Officer (*Italy*). Avis (*Mil.*) Grand Officer (*Portugal*).

B inson, Temp. Maj H N., *D.S.O.*, *O.B E.*, Labour Corps. — Wen-Fu, 4th Class (*China*).

Briscoe, Maj. L. D., R. Mar. — St. Stanislas, 2nd Class, with swords (*Russia*).

Britton, Hon. Capt. E. J. J., *D.S.O.*, *A.M.I. Mech.E.*, R.A.O.C. — Legion of Honour,Knight (*France*).

Broad, Bt. Lt.-Col. C. F. N., R.A., p.s.c. — Legion of Honour, Knight (*France*)

Foreign Orders

Broadbent, Bt Lt.-Col. E. N., C.B., C.M.G., D.S.O., K.O. Sco. Bord { Osmanieh, 4th Class. White Eagle, 4th Class (with Swords) (Serbia) Sacred Treasure, 3rd Class (Japan). Legion of Honour, Officer (France). Nile, 3rd Class (Egypt).

Broadhurst, Temp. 2nd Lt. J. F., R.F.A. } Crown, Knight (Italy).

Brock, Bt. Lt.-Col. A. W. S., C.M.G., D.S.O., Leic R. } Nile, 4th Class (Egypt).

Brock, Capt. S. E., late 10 Bn. R Scots. } Agricultural Merit, Knight (France)

Brockman, Lt.-Col. E. A. D., C.M.G., D.S.O., C'wealth Mil. Forces. } Danilo, 4th Class (Montenegro)

Brodie, Temp. Lt. S. H., M.C., R.F.A. { El Nahda, 4th Class (Hedjaz), Crown with Swords, Officer (Roumania).

Brodrick, Temp. 2nd Lt A. A. T. H. { White Eagle, 5th Class (Serbia), Black Star, Officer (France).

Bromhead, Lt.-Col. A. C., C.B.E., T. F. Res. { St. Anne, 3rd Class, with swords and bow (Russia). St. Stanislas, 3rd Class, with swords and bow (Russia).

Bromhead, Lt.-Col. E. R., ret. pay } Osmanieh, 4th Class

Bromley-Davenport, Lt.-Col. W., C.M.G., C.B.E., D.S.O., T.F. Res. (L on. Col. Staff. Yeo.) { Crown, Officer (Italy). Legion of Honour. Officer (France).

Brook, Temp. Capt. E., Labour Corps. } Wen-Hu, 5th Class (China).

Brooke, Maj. A. C., D.S.O., R.A. } Legion of Honour, Knight (France).

Brooke, Col. H. F., C.B., C.M.G., C.B.E. } Legion of Honour, Officer (France).

Brooke, Hon. Brig.-Gen. L. G. F. M., Lord, C.M.G., M.V.O., 8 Bn. Essex R.(Hon.Col. and Hon. Lt.-Col. late T.F. Res.) { Legion of Honour, Knight (France). St. Stanislas, 1st Class, with swords (Russia).

Brooke. Bt. Maj. W. H., M.C., Yorks. L.I. } Crown, Officer (Roumania)

Brooke-Popham, Bt. Col. H.R.M., C.M.G.,D.S.O., Oxf. & Bucks. L.I., p.s.c. { Legion of Honour, Officer (France). St. Stanislas, 2nd Class (Russia).

Brooking, Maj.-Gen. Sir H. T., K.C.S.I., K.C.B., K.C.M.G, Ind. Army. } Karageorge, 3rd Class, with swords (Serbia).

Brooks, Hon. Lt. E. } Crown, Knight (Belgium).

Brooks, Bt. Maj. W. T., M.C., D. of Corn. L. I., p.s.c. } Nile 4th Class (Egypt).

Brougham, Temp. Capt. J. H. C., O.B.E. } Crown, Knight (Italy)

Brown, Temp. Capt A. J. R., O.B.E., Serv. Bns. R. Fus. } Karageorge Star. 4th Class, with Swords (Serbia).

Brown. Capt. E. C., 6 Gurkha Rif. } Lion and Sun, 3rd Class (Persia).

Brown, F. F., late Lt. R.A.M.C. } St. Sava, 5th Class (Serbia).

Brown, Capt. H. H., Ind. Med Serv. } Nile, 4th Class (Egypt).

Brown, Lt.-Col. J., D.S.O., late 4 Bn North'n R. } St. Anne, 3rd Class, with swords (Russia).

Brown, Temp. Capt. J. McK., R.A.V.C. } Agricultural Merit, Knight (France).

Brown, Maj. J. N., D.S.O., 7 Bn. Manch R. { White Eagle 4th Class with swords (Serbia). Sacred Treasure, 3rd Class (Japan).

Brown. Bt. Lt.-Col. P.W., C.M.G., D.S.O., Gord Hizhrs., e. } Star, Comdr.(Roumania)

Brown, 2nd Lt. R., 3 Bn. North'd Fus. } Crown, Knight (Belgium)

Brown, R. C., M.D., late Temp. Capt. R.A.M.C. } St Sava, 4th Class (Serbia).

Brown, Maj. Sir R. H., K.C.M.G., ret. pay { Medjidieh, 2nd Class. Osmanieh, 2nd Class.

Brown. Temp. Capt. R. H., M.C., N. Staff. R. } Avis (Mil.) Knight (Portugal).

Brown, Maj. W., Ind. Army } Karageorge, 4th Class, with swords (Serbia).

Brown, Capt. W. A., 4 Bn. } Nile, 4th Class (Egypt)

Browne, Bt. Lt.-Col. A. D. M., D.S.O., R. Lanc. R. } Legion of Honour, Officer (France)

Browne, Col. Lord A. H., K.B.E., ret. pay (Res. of Off.) } Legion of Honour, Knight (France).

Browne, Lt.-Col. A. P., D.S.O., ret Ind. Army } St. Anne. 3rd Class, with swords (Russia).

Browne, Bt. Lt.-Col. C., M., C.M.G., D.S.O., R.E. } Legion of Honour, Knight (France).

Browne, M j.-Gen. E.G., C.B., C. M. G., late R.A.M.C. } Legion of Honour, Officer (France)

Browne, Bt. Col, (temp Brig.-Gen.) H. J. P., 5 Gurkha Rif., p.s.c. } White Eagle, 3rd Class, with swords (Serbia.)

Browne. Capt. H. St J., M.C. TD, 4 Bn. North'n R. } Nile, 4th Class (Egypt).

Browne, Bt.Lt.-Col. J.G., C.M.G., D.S.O., 14 Hrs. p.s.c. } Nile, 3rd Class (Egypt)

Browne, Temp. Capt.(bt. maj.) Percy Howe. } Leopold, Knight (Belgium).

Browne, Capt. St. J. A, 53 Sikhs } Nile, 4th Class (Egypt).

Browne, Bt. Lt.-Col. W. T. R., D.S.O., R.A.S.C. } Crown Officer (Italy).

Browne-Clayton, l t.-Col. R.C., D.S.O. ret.pay (Res. of Off.) } White Eagle, 4th Class with swords (Serbia).

Browning, Temp. Lt.-Col F. H. { Crown,Officer,(Belgium,)St. Anne, 3rd Class (Russia). Crown, Officer (Italy).

Browning,Temp.Lt. J. S. M.C., W. Rid. R. } Leopold,Knight(Belgium)

Brownlow, Lt. - Col (temp. Brig. - Gen.) d'A. C., C.I.E, Ind. Army } St. Stanislas, 2nd Class with swords (Russia)

Browalow, Bt. Col. Hon. J. R., ret. pay } Crown, Officer (Italy).

Brownrigg, Bt. Lt.-Col., W.D.S., D.S.O., Notts. & Derby. R. } St. Vladimir, 4th Class, D.S.O., with swords (Russia).

Bruce, Hon. Lt.-Col. (temp. Brig.-Gen. in Army)C.D.,late Essex Yeo., Maj. ret. pay } Excellent Crop, 4th Class (China).

Bruce, Maj E. C., M.C., late Tank Corps } Rising Sun, 4th Class (Japan).

Bruce, Maj. G. E., M.C. 53 Sikhs } Nile. 4th Class (Egypt).

Bruce, Col. G. T., C.M.G., D.S.O., TD, Terr. Force } White Eagle 4th Class with swords (Serbia).

Bruce, Maj.Hon.G.J.G., ret. } Legion of Honour, Knight, (France).

Bruce, Capt. J., 4 Bn. R. Sc. Fus. } Nile, 4th Class (Egypt)

Bruce, Bt. Col. T., C.M.G., D.S.O., R.F.A. } St. Anne, 3rd Class, with swords (Russia).

Bruggy, Lt. - Col. S., O.B.E., C'wealth Mil. Forces } White Eagle, 4th Class, with swords (Serbia).

Foreign Orders

Brutinel, Lt.-Col. R., C.M.G., C.B., D.S.O., Can. Local Forces — St. Maurice and St. Lazarus, Knight (*Italy*) / Legion of Honour, Officer (*France*).

Brutton, Temp. Maj. G. K. H., Labour Corps — Wen-Hu, 4th Class (*China*).

Bruxner, Maj. M. F., C'wealth Mil. Forces Temp. — Legion of Honour, Knight (*France*).

Bryan, Temp. Lt. G. C, Lab. Corps — Nile, 4th Class (*Egypt*).

Bryant, Bt. Lt.-Col. F. C., C.M.G., D.S.O., R.A. — Legion of Honour, Officer (*France*).

Bryce, Temp. Lt. H. S., M.C., Serv. Bns. R. Sc. Fus. — Legion of Honour, Knight (*France*).

Bryce, Temp. Capt.M S, M.C., M.B., R.A.M.C. — Legion of Honour, Knight (*France*).

Bryson, Capt. A. G., late Labour Corps — Wen-Hu, 5th Class (*China*).

Bryson, Temp. Lt. C., M.B.E. — Star, with swords, Knight (*Roumania*) / Crown, with swords, Officer *Roumania*).

Buchan, Temp.Lt.-Col. J. — Crown, Officer (*Belgium*) / Crown, Officer (*Italy*).

Buchanan, Temp Capt. A , M.C., 4 Bn. 8. Wales Bord. — St. Vladimir, 4th Class, with swords (*Russia*).

Buchanan, Bt. Lt.-Col. K.G., C.M.G., D.S.O., Sea. Highrs., p.s.c. — Legion of Honour. Officer (*France*)

Buckingham, Lt. R., R.G.A. Spec. Res. — S. Crown, Knight (*Roumania*).

Buckland, Capt. F. H., Dep Commy. of Ord. — Leopold, with palm, Knight (*Belgium*).

Buckland, Maj. G. N., R.A. — Karageorge, 4th Class with swords (*Serbia*).

Buckland, Maj.-Gen. Sir R. U. H., C.B., C.M.G. — Legion of Honour, Comdr. (*France*) / Medjidieh, 5th Class.

Buckland-Cockell, Temp. Maj. A. S., O.B.E., M.C. — St. Sava, 5th Class (*Serbia*) / Crown, Knight (*Roumania*).

Buckle, Lt.-Col. A. W. B., C.M.G., A.P. Dept. — Legion of Honour, Knight (*France*).

Buckle, Maj.-Gen. C. R., C.B., C.M.G., D.S.O, ret. pay — Crown, Comdr. (*Italy*) / Legion of Honour, Comdr. (*France*) / Leopold, with War Cross, Comdr. (*Belgium*)

Buckle, Capt. C. S., Res. of Off. — Legion of Honour Knight (*France*).

Buckley, Bt. Col. B. T., C B., C.M.G., Wilts. R. p.s.c. [L] — Legion of Honour, Officer (*France*). / Crown Officer (*Italy*). / Star, with swords, Comdr. (*Roumania*) / White Eagle, 3rd Class, with swords (*Serbia*). / Rising Sun, 3rd Class (*Japan*). / Crown, 2nd Class (*Siam*).

Buckley, Maj. E. J., O.B.E., Qr.-Mr., R.A.M.C. — Legion of Honour, Knight (*France*).

Buckley, Bt.-Col. E. J., p.s.c., ret. pay — Avis (*Mil.*) Comdr. (*Portugal*). / Black Star. Comdr. (*France*).

Buddle, Maj.G.A., D.S.O., M.C., late R.E. — White Eagle, 5th Class with swords (*Serbia*).

Budworth, Maj. Gen. C. E. D., C.B., C.M.G., M..O., R.A. [L] — St. Stanislas, 2nd Class with swords (*Russia*). / Legion of Honour, Comdr (*France*).

Buist, Capt. D. S., M.B., R.A.M.C. — Nile, 4th Class (*Egypt*).

Buist, Lt.-Col. H. J. M., C.B., C.M.G., D.S.O., M.B., R.A.M.C. — Legion of Honour, Officer (*France*). / St.Sava, 3rd Class (*Serbia*)

Bulfin, Lt.-Gen., Sir E. S., K.C.B., C.V.O., Col. York. R., q.s. — Savoy, Comdr. (*Italy*). / Nile, 2nd Class (*Egypt*) / Legion of Honour, Officer (*France*)

Bull. Temp Capt E. M, R.E. — Legion of Honour, Knight (*France*).

Bulleen, Maj. R. A., D.S.O., R. Highrs. — Legion of Honour, Knight (*France*).

Bullock, Temp. Capt. G., R. Mar. — St. Sava, 4th Class (*Serbia*).

Bullock, Capt. H. M., M.B.E., S. Gds. Spec. Res. — Legion of Honour, Knight (*France*).

Bunbury, Hon. Brig Gen. V. T., C.B., C.M.G., D.S.O., ret. pay — Medjidieh, 3rd Class. / Crown, Comdr. (*Belgium*)

Bunker, Capt. S. W., M.C., R. Fus., Spec. Res. — St. Maurice and St. Lazarus, Knight (*Italy*).

Burden, Hon. Capt A. E., M.B.E., late Gen. List — Nile, 4th Class (*Egypt*).

Burdett, Lt.-Col. J. C, M.C., late Serv. Bn., Leic. R. — Legion of Honour, Knight (*France*).

Burder, Bt. Col. E. S., C.M.G., ret. pay (Res. of Off.) — Crown, Officer (*Italy*).

Burges, Capt. F., ret. pay — Medjidieh, 4th Class. / Osmanieh, 4th Class.

Burgess, Lt.-Col. W. F. H., C.M.G., D.S.O., C'wealth Mil. Forces — Legion of Honour, Officer (*France*).

Burgis, Capt. L. F., 6 Bn. R. Highrs. — Legion of Honour, Knight (*France*).

Burgoyne, Lt.-Col. A. H. — Legion of Honour, Officer (*France*)

Burke, Capt. E. T., D.S.O., M.B., R.A.M.C. — White Eagle, 5th Class with swords (*Serbia*).

Burke, Lt. W. B., M.C., R. Ir. Regt. Spec. Res. — Avis (*Mil.*) Knight (*Portugal*)

Bukharat, Maj. V. R., D.S.O., R.F.A.[L]. — Legion of Honour, Knight (*France*).

Burlet, 2nd Lt. P F J., late Gen. List — Legion of Honour, Knight (*France*).

Burn, Col. (T F.) C. R., O.B.E., 2 Co. of Lond. Yeo. (Lt.-Col. & Hon. Col. ret. Imp. Yeo.) (Gent..at-Arms A.D.C. — Legion of Honour Officer (*France*).

Burn-Murdoch, Capt C. 2 Lovat's Scouts Yeo. — Wen-Hu, 4th Class (*China*).

Burn-Murdoch, Hon. Maj.-Gen. J. F., C.B., C.M.G., ret. pay, p.s.c. — Osmanieh, 4th Class.

Burnes, Lt C. Arg. & Suth'd Highrs. — Agricultural Merit, Knight (*France*).

Burnett Temp. Lt. B. B., Labour Corps — Wen-Hu, 5th Class (*China*).

Burnett, Capt. C. S., C.B.E., D.S.O., Res. of Off. — Nile, 3rd Class (*Egypt*)

Burnett, Bt. Col. (temp. Brig.-Gen.) J. L. G., C.M.G., D.S.O., Gord. Highrs. — Legion of Honour, Officer (*France*)

Burnett Hitchcock, Maj.-Gen. B. F., C.B., D.S.O., p.s.c. [L] — Legion of Honour, Knight (*France*). / St. Maurice & St. Lazarus, Officer (*Italy*).

Burnett-Hitchcock, Maj. H.W. G., O.B.E., R. Fus. — White Eagle, 4th Class with swords (*Serbia*).

Burnett-Stuart, Bt. Col. (temp. Brig.-Gen.) J. T., C.M.G., D.S.O., Rif. Brig., p.s.c. [L] — Crown, Comdr. (*Belgium*).

Foreign Orders

Burney, Hon. Brig.-Gen. H. H., C.B., C.B.E., p.s.c. } Medjidieh, 5th Class.

Burney, Lt.-Col. (temp. Brig.-Gen.) P. deS., C.B. ret. pay (Res. of Off.) } Legion of Honour, Officer (France).

Burns, Lt. A., Leins. R. { Avis (Mil.) Knight (Portugal).

Burns-Lindow, Capt. M. H. J., M.C., West. & Cumb. Yeo. } Crown, Knight (Italy).

Burr, Lt D. M., M.C., R.G.A. (T.F.) } Crown, Knight (Belgium).

Burr, Capt. M., ret. .. { White Eagle, 5th Class (Serbia), Redeemer, 5th Class, Knight (Greece).

Burrell, Lt.-Col. F., ret. pay } Medjidieh, 3rd Class

Burrows, Maj. H. M., 2° Punjabis } White Eagle, 5th Class, with swords (Serbia).

Burstall, Maj.-Gen. Sir H. E., C.B., C.M.G., Can. Local Forces, A.D.C. } St. Stanislas, 2nd Class, with swords (Russia).

Burt, Lt.-Col. temp./Brig.-Gen.) A., C.B., C.M.G., D.S.O. } Legion of Honour, Officer (France).

Burtchaell, Maj - Gen. (temp. Lt.-Gen.) C. H., C.B., C.M.G., M.B., K.H.S. } { Legion of Honour, Comdr. (France), Crown, Grand Officer (Belgium).

Burton, Bt. Col. E. M., ret. pay } Medjidieh, 5th Class.

Burton, Lt. P. A., M.C., R.F.A. Spec. Res. } Avis (Mil.) Knight (Portugal).

Butchart, Maj. H. J., D.S.O., Sco. Horse Yeo } Star, Officer (Roumania).

Butler, Capt. A. C. P., O.B.E., K. R. Rif. C. } Crown, Knight (Italy).

Butler, Maj.-Gen. E.R.C., C.B., C.M.G., F.R.C.V.S. } { White Eagle, 3rd Class, with swords (Serbia), Nile, 3rd Class (Egypt).

Butler, Bt. Maj. R. B., M.C., 30 Lrs., p.s.c. } { White Eagle, 5th Class with swords (Serbia), Crown, Officer (Italy).

Butler, Maj.-Gen. (temp. Lt.-Gen.) Sir R. H. K., K.C.M.G., C.B., p.s.c. [l] } { Leopold, Comdr. (Belgium), Legion of Honour, Grand Officer (France).

Butler, Maj. S. S., D.S.O., S. Staff. R. } { Nile, 4th Class (Egypt) Sacred Treasure, 3rd Class (Japan).

Butler, Maj Hon. T. P. P., D.S.O., R.A. } Nile, 4th Class (Egypt).

Butler Bowden, Maj. W. E. I., D.S.O., D. of Corn. L.I. } Crown Officer (Roumania).

Buxton, Temp. Capt E.C., R.A.S.C. } { Avis (Mil.) Knight (Portugal), Christ, Knight (Portugal), Nichan Iftikhar, Officer (France).

Buxton, Capt. E. H., Suff. Yeo } Crown, Knight (Italy).

Buxton, Maj. L. G., M.V.O., M.C., Res. of Off. } Legion of Honour, Knight (France).

Buxton, Lt.-Col. R. V., T.F. Res. } { Crown, Officer (Italy), Nile, 3rd Class (Egypt).

Buzzard, Lt.-Col. C. N., C.M.G., ret. pay, e. } { Legion of Honour, Knight (France), Savoy, Knight (Italy), Crown, Officer (Italy).

Byam, Maj. W., O.B.E., R.A.M.C. } { Medjidieh, 4th Class. Nile, 3rd Class (Egypt).

Byng, Maj. A. S., R.A.S.C. } Legion of Honour, Knight (France).

Byng, Temp. Lt.-Col. Hon. A. S., D.S.O. } { Legion of Honour, Officer (France). Crown, Grand Officer (Belgium).

Byng, Gen. J. H. G., Lord, G.C.B., K.C.M.G., M.V.O., p.s.c., ret. pay } { St. Vladimir, 4th Class, with swords (Russia), Legion of Honour, Grand Officer (France). White Eagle, 1st Class, with swords (Serbia).

Byrne, Maj. J. D., D.S.O., R.A. } St. Stanislas, 3rd Class, with swords (Russia).

Byrne, Col. M. E, TD., Terr. Force } Nile, 3rd Class (Egypt).

Byron, Lt.-Col. (temp. Col.) J. J., C.M.G., S. Afr. Prote. Forces. } { Legion of Honour, Officer (France). St. Stanislas, 3rd Class with swords (Russia).

Caccia, Temp. Maj. A. M. } { Legion of Honour, Knight (France). St. Maurice & St. Lazarus, Knight (Italy).

Caddell, Hon. Brig.-Gen. W. B., ret. pay. } { St. Anne, 3rd Class (Russia). Legion of Honour, Knight (France).

Cadoux, Temp. Lt. B. T., M.B.E. } Redeemer Knight (Greece).

Cahusac, Capt. C. F., D.S.O., 36 Horse } White Eagle, 5th Class with swords (Serbia).

Cairns, Temp. Lt. J. G., Lab. Corps } Nile, 4th Class (Egypt).

Callander, Bt. Maj. W. H. B., 2 Dns. } Legion of Honour, Knight (France).

Callingham, Temp. Capt. L. G., R.F.A. } Legion of Honour, Knight (France).

Callwell, Hon. Maj.-Gen. Sir C. E., K.C.B., ret. pay, p s.c. [L] } { Legion of Honour, Comdr. (France), St. Stanislas, 1st Class (Russia). White Eagle, 2nd Class (Serbia). Rising Sun, 2nd Class (Japan). Crown, Comdr. (Belgium). Crown, Comdr. (Italy). Redeemer, Comdr. (Greece).

Calway, Capt. F. H. F., 5 Bn. Som L.I. } Nile, 4th Class (Egypt).

Cambridge, Lt.-Col. A. C. A. A. E. G. P. L. L., Marq. of, G.C.B., G.C.V.O., C.M.G., h.p., Personal A.D.C. to the King (Hon. Col. 8 Bn. Lond. R.) } { Leopold, Grand Cordon (Belgium). Legion of Honour, Comdr. (France).

Cameron, Maj. A., ret. pay } { Medjidieh, 3rd Class. Nile, 2nd Class (Egypt).

Cameron, Sister A. B., O.B.E., R.R.C., Q.A.I.M.N.S. } St Sava, 5th Class (Serbia).

Cameron, Maj. C. A., C.B.E., D.S.O., R.A. [L] } { Legion of Honour, Knight (France). Leopold, Knight (Belgium).

Cameron, Maj. D. C., O.B.E., R.A.S.C., p.s.c. [l] } White Eagle, 4th Class, with swords (Serbia).

Cameron, Maj. J. S., D.S.O., R. Suss. R. } Legion of Honour, Knight (France)

Cameron, Lt. J. W., R.A.S.C. (T.F.) } White Eagle, with swords, 5th Class (Serbia).

Cameron, Capt. N., M.B., R.A.M.C. Spec. Res. } St. Sava, 5th Class (Serbia).

Cammell, Capt. G. A., D.S.O., R.A. } St. Anne, 4th Class (Russia).

Campbell, Capt. A. N., Res. of Off. } St. Stanislas, 2nd Class (Russia).

Campbell, Capt. D. A., R.G.A. } Crown, Knight (Italy).

Campbell, Maj.-Gen. Sir D. G. M., C.B. } Legion of Honour, Comdr. (France).

Campbell, Capt E. R., 4 Bn. R. Suss. R. } Nile 4th Class (Egypt)

Campbell, Temp. Capt. H., M.C. } Redeemer, Knight (Greece).

Campbell, Col. (temp. Maj.-Gen.) J., C.B., C.M.G., D.S.O., p.s.c. [l] } { St. Stanislas, 3rd Class, with swords (Russia) Legion of Honour, Comdr. (France). Crown, with War Cross, Comdr. (Belgium).

Foreign Orders

Campbell, Temp. Capt. J. E. F., R.F.A. } Nile, 4th Class (*Egypt*).

Campbell, Lt. J. H., 5 Bn. R. Highrs. } St. Sava, 5th Class (*Serbia*).

Campbell, Lt.-Col. J. H., *C B E, D.S.O*, R.A.M.C. } Avis, Comdr. (*Portugal*)

Campbell, Temp Capt. J. K., R.F.A. } Star, Knight (*Roumania*).

⚔︎ Campbell, Bt. Col. (*temp. Brig.-Gen.*) J.V., *C.M.G., D.S.O., A.D.C.* } Legion of Honour, Officer (*France*).

Campbell, Temp. Capt. L. G. *O.B.E.* } Legion of Honour, Knight (*France*).

Campbell, Lt.-Col. (*temp. Brig.-Gen.*) L. W. Y., 89 Punjabis } White Eagle, 3rd Class, with swords (*Serbia*).

Campbell, Lt.- Col. N. St. C., *D.S.O.*, R.A. } St. Stanislas, 1st Class, with swords *Russia*).

Campbell, Bt. Lt. Col. Hon. R. A, *C B E*, ret. pay (*Maj. 2 Lovat's Scouts Yeo.*) } Wen-Hu. 4th Class (*China*).

Campbell, Bt. Lt.-Col. R. B., *D.S.O.*, Gord. Highrs. } Legion of Honour, Knight (*France*). Avis. (*Mt.*) Comdr. (*Portugal*).

Campbell, Temp Maj R. W., *D.S.O.*, R. Scots } Agricultural Merit, Knight (*France*)

Campbell, Maj.-Gen. *Sir* W., *K.C.B., K.C.M.G., D.S.O.,* p.s.c. [1] } White Eagle, 2nd Class with swords (*Serbia*). Legion of Honour, Comdr. (*France*). Redeemer, Grand Comdr. (*France*). Nile, 2nd Class (*Egypt*.) El Nahda, 2nd Class (*Hedjaz*)

Campbell, Maj. W. M., *D.S.O., M.C.,* Suff. R. } Nile, 4th Class (*Egypt*).

Campbell, Maj. W. N., *D.S.O.,* ret Indian Army } St. Vladimir, 4th Class, with swords (*Russia*).

Cannes, Capt. W., *late* Labour Corps } Wen Hu, 5th Class (*China*).

Cannot, Hon Brig.-Gen. F. G. E., *C.B., C.M.G., D.S.O.,* ret. pay, *e*. [L] } Leopold, Officer(*Belgium*) St. Maurice and St. Lazarus, Officer (*Italy*).

Cannot, Temp. Lt. R. T. } Agricultural Merit, Knight (*France*).

Cantrell, Maj. A. S., R. Mar. [1] } Legion of Honour, Knight (*France*).

Capel, Temp. Capt A. } Legion of Honour, Knight (*France*)

Capper, Maj.-Gen. J. E., *C.B.* } Legion of Honour, Comdr. (*France*).

Carden, *Rev.* J., *C.B.E., M.C.,* Temp. Chapl. to the Forces 1st Class } Christ. Comdr. (*Portugal*).

Carden Roe, Lt. W., *M.C.,* R. Ir. Fus. } Legion of Honour, Knight (*France*).

Carey, Col. (*temp. Maj.- Gen.*) O.W., *M.V.O.,* ret. pay } Medjidieh, 4th Class.

Carey, Col. G. G. S., *C B., C.M.G.* } Crown, Comdr.(*Belgium*). Legion of Honour, Comdr. (*France*).

Carey, Col. O. W., *C.M.G.,* Ind. Army, } St. Anne, 1st Class with swords (*Russia*)

Carey, Maj. T. de B., 119 Inf. } White Eagle, 3rd Class, with swords (*Serbia*).

Carey, Maj. W. L. de M., *D.S.O.* R.E. } Legion of Honour, Knight (*France*).

Carisbrooke, *late* Capt. A. A , *Marq. of, G.C.V.O.,* G. Gds } St. Vladimir, 4th Class, with swords (*Russia*). Nile, 4th Class (*Egypt*)

Carkett - James, Capt. E. H., *M.C.*, D. of Corn. L.I. } Leopold, Knight (*Belgium*).

Carleton, Temp. Maj. Hon. D. M. P., *O.B.E.* } Redeemer, 4th Class, Officer (*Greece*). White Eagle, 4th Class, (*Serbia*).

Carleton, Lt.-Col. H. A., *D.S.O.,* 90 Punjabis } White Eagle, 3rd Class, with swords (*Serbia*).

Carlyle, Capt. R. C., *M.B.* R.A.M.C } White Eagle, 5th Clas with swords (*Serbia*).

Carmichael, Bt. Lt.-Col. J. F. H , *C.M.G.,* ret. pay (*Rev. of Off.*) } Legion of Honour, Knight (*France*).

Carmichael, Temp. Capt. N. S., *M.B., F.R.C.P. Edin.,* R A.M.C. } St. Sava, 4th Class (*Serbia*).

Carnegy, Bt. Col. C. G., *M.V.O.,* Ind Army } St. Stanislas, 2nd Class (*Russia*). St. Sava, 5th Class (*Serbia*).

Carr, Temp. Hon. Lt. D. W. } King George 1st Knight (*Greece*). Redeemer, Knight (*Greece*).

Carr, Maj.-Gen. H., *C.B., M.D.,* R.A.M.C. } Avis, Grand Officer (*Portugal*).

Carroll, Lt.-Col. F. F., *D.S.O., M.B., R.A.M.C.* } Osmanieh, 4th Class. Nile, 3rd Class (*Egypt*).

Carruthers, Col. (*temp. Brig.-Gen.*) R. A., *C.B , C.M.G.,* Ind. Army } Legion of Honour, Officer (*France*).

Carson, Capt. J. T., *M.B late* R.A.M.C. } St. Sava, 5th Class (*Serbia*).

Carson, Maj.-Gen. J. W , *C.B.,* Can. Local Forces } St Stanislas, 1st Class (*Russia*).

Carter, Col. B. C. M., *C.B., C.M.G.,* h.p. } Osmanieh, 4th Class.

Carter, Col. D. C., *C.B ,* ret. pay } Medjidieh, 4th Class.

Carter, Maj. E. C. D. S , Res. of Off. } St. Stanislas, 3rd Class, with swords *Russia*). Legion of Honour, Comdr. (*France*).

Carter, Maj.-Gen. *Sir* E. E., *C.B., C.M.G., M.V.O.,* p.s c., *e*. } Crown, Comdr.(*Belgium*). St. Stanislas, 2nd Class, with swords (*Russia*). St. Anne, 2nd Class (*Russia*).

Carter, Bt Lt.-Col. E J., 13 Hrs. } Star, Officer (*Roumania*).

Carter, Lt.-Col. E. P., *O B.E.*, R.A. } White Eagle, 3rd Class, with swords (*Serbia*).

Carter, Capt. G. V., Dorset Yeo. } Legion of Honour, Knight (*France*).

Carter, Temp. Capt. H. F., *M.C.* } Star, Knight (*Roumania*)

Carter *Rev.* J., Temp. Chapl. to the Forces, 4th Class } St. Sava, 5th Class (*Serbia*)

Carter, Lt. J.B, E.Surr. R. } Redeemer, Officer(*Greece*)

Carter, Capt. J. L G., *O.B.E* R A.S.C. } Redeemer, Officer (*Greece*). King George 1st, Officer (*Greece*).

Carter, Maj. - Gen *Sir* J.T., *K C.M.G.,* ret. pay. } Leopold, Comdr. (*Belgium*)

Carter, Capt. W.H., *D.S.O., M.C.,* R. War. R. } St. Stanislas, 3rd Class, with swords (*Russia*).

Carter-Campbell, Col. G. T. C., *C.B., D.S.O.* } St. Stanislas, 3rd Class, with swords *Russia*). Legion of Honour, Comdr. (*France*).

⚔︎ Carton de Wiart, Capt. A., *C.B., C.M.G., D.S.O.,* 4 D.G. } Crown, Officer (*Belgium*).

Cartwright, Col. *temp* Brig.-Gen.) G. S. *C.B., C.M.G.* } Legion of Honour, Officer (*France*)

Cartwright, Capt. H. A., *M.C.* Midd'x R. } Legion of Honour, Knight (*France*).

Carver, Temp. Capt. T D., R.A.S.C. } Nichan Iftikhan, Officer, (*France*)

Case, 2nd Lt. J. L, *late* Serv. Bns. N.Lan R. } Crown, with War Cross, Knight (*Belgium*).

Case, Maj. M. F. M., ret. pay } Medjidieh, 3rd Class.

Casement, Maj. F., *D.S.O., M.B ,* R.A.M.C. } Legion of Honour, Knight (*France*).

Casgrain, Col H. R., Can. A.M.C. } Legion of Honour, Knigh (*France*).

Casgrain, Maj. P. H, du P., ret. pay } St. Stanislas, 2nd Clas (*Russia*).

Foreign Orders

Cassels, Lt.-Col. G. R., D.S.O., 123 Rif., p.s.c. } Nile, 3rd Class (*Egypt*).

Cassels, Lt. H., M.C., 8 Bn. Notts. & Derby R. } Avis (*Mil.*) Knight (*Portugal*).

Cassels, Bt. Col. (*temp. Brig.-Gen.*) R. A., C.B., C.S.I., D.S.O., 34 Hrs., p.s.c. } White Eagle, 3rd Class with Swords (*Serbia*). Legion of Honour, Officer (*France*)

Cassidy, Capt. C., M.C., M.B., R.A.M.C. } Medjidieh, 4th Class. Nile, 4th Class (*Egypt*).

Casson, Col. (*temp. Brig.-Gen.*) H. G., C.B., C.M.G., h.p. } Karageorge, 3rd Class, with swords (*Serbia*).

Casson, Capt. S., 3 Bn. E. Lan. R. } Redeemer, 5th Class, Knight (*Greece*).

Castello, Lt. G. B., 5 Bn. R. Ir. Rif. } Legion of Honour, Knight (*France*).

Castle, Maj. S. M., Notts. & Derby R. } Nile, 4th Class (*Egypt*).

Catlow, Temp. Lt. R. S., R.A.S.C. } White Eagle, with swords, 5th Class (*Serbia*).

Cator, Col. (*temp. Brig.-Gen.*) A. B. E., D.S.O. } Legion of Honour, Officer (*France*).

Catty, Bt. Lt-Col. T. C., C.M.G., D.S.O., Ind Army, p.s.c. } Nile, 4th Class (*Egypt*).

Caulfeild, Maj. St. G. F. G., R. Mar. } Rising Sun, 4th Class (*Japan*).

Cavelier Rev. C. G., *late* Temp. Chapl. to the Forces, 4th Class } Crown, Knight (*Roumania*).

Cavan, Lt.-Gen. F. R., *Earl of*, K.P., K.C.B., G.C.M.G., M.V.O. } Crown, Grand Officer, (*Belgium*). Legion of Honour, Grand Officer (*France*). Savoy, Grand Officer (*Italy*). St. Maurice & St. Lazarus, Grand Cross (*Italy*). Wen-Hu, 1st Class (*China*)

Cave-Browne, Capt. W., D.S.O., M.C., R.E } Nile, 4th Class (*Egypt*).

Cavenaugh, Temp. Capt. H. J. L., Br. Rif. } Nile, 4th Class (*Egypt*)

Cavendish, Lt.-Col. F. W. L. S. H., C.M.G., D.S.O., 9 Lrs., p.s.c. } Legion of Honour, Officer (*France*). Leopold, Officer (*Belgium*). Crown, Comdr. (*Belgium*).

Cayley, Col. D. E., C.B., C.M.G. } White Eagle, 3rd Class with swords (*Serbia*). Crown, with War Cross, Comdr., *Belgium*

Cayley, Maj.-Gen. *Sir* W. de S., C.B., C.M.G. } Karageorge, 3rd Class, with swords (*Serbia*).

Chadwick, Capt. G., *late* 7 Bn. Manch. R. } White Eagle, 5th Class, with swords (*Serbia*).

Chambers, Maj. E. P., 4 Bn. W. Rid. R., TD, T.F. Res. } Agricultural Merit, Knight (*France*)

Chambers, Temp. Capt. J., M.C., R.F.A. } Crown, Knight (*Italy*).

Chamen, Capt. R. T., 4 Bn. Dorset. R. } Nile, 4th Class (*Egypt*)

Champion de Crespigny, Lt.-Col. C. R., O.B., C.M.G., D.S.O., G. Gds. } Danilo, 4th Class (*Montenegro*).

Champion-de-Crespigny, Maj. C. V., ret. pay } Crown, Knight (*Belgium*), Agricultural Merit, Knight (*France*)

Chamray Urs, Regimentdar Mysore Imperial Service Lrs. } White Eagle, 4th Class, with swords (*Serbia*).

Chandler, Capt. H. E. } Crown, Knight (*Belgium*)

Channer, Maj. G. K., temp. h.p. Ind. Army } Crown, Officer (*Italy*).

Channer, Bt. Lt.-Col. H. W., R. Mar. } Osmanieh, 4th Class. Nile, 3rd Class (*Egypt*).

Chaplin, Bt. Col. J. G., D.S.O., Sco. Rif. } Legion of Honour, Knight (*France*). Legion of Honour, Officer (*France*).

Chapman, Hon. Brig.-Gen. A. J., C.B., C.B.E., C.M.G., ret. pay, p.s.c. } Legion of Honour, Officer (*France*).

Chapman, Lt. C. M. B., M.C., E. Kent R. } Leopold, Knight (*Belgium*).

Chapman, Maj. D. P., M.V.O., ret. pay } Medjidieh, 4th Class. Osmanieh, 4th Class.

Chapman, Maj. G. A. E., D.S.O., 3 Bn. E. Kent R. (Lt. ret. pay) } Legion of Honour, Knight (*France*).

Chapman, Maj. H. E., ret. pay (*Res. of Off.*) } White Eagle, 5th Class (*Serbia*).

Chapman, Maj. R., C.M.G., D.S.O., TD, R.F.A (T.F.) } Legion of Honour, Knight (*France*).

Chapple, Maj. F. J., D.S.O., R.G.A. (T.F.) } Legion of Honour, Knight (*France*).

Charles, Bt. Col. J. R. E., C.B., D.S.O., R.E. p.s.c. } Legion of Honour, Officer (*France*).

Charles, Bt Lt.-Col. W. G., C.M.G., D.S.O., Essex R., p.s.c. } Legion of Honour, Knight (*France*)

Charlesworth, Temp. Capt. F., M.B., R.A.M.C. } Brilliant Star of Zanzibar 2nd Class, Lt.-Col.

Charlton, Bt. Col. C E C. G., C.M.G., D.S.O., R.H.A. } Medjidieh, 4th Class. Osmanieh, 3rd Class.

Charlton, Brig. Maj. F. H., S. Lan. R. } St. Stanislas, 3rd Class, with swords (*Russia*).

Charlton, Capt. L. E. O., C.B., D.S.O., Lan. Fus., p.s.c. } Legion of Honour, Officer (*France*).

Charnand, Temp. Lt. F. C., M.R.E. } King George 1st, Knight (*Greece*)

Charrington, Capt. H. V. S., M.C., 12 Lrs. Spec. Res. } Legion of Honour, Knight (*France*).

Charteris, Lt. *the Hon.* G. L., S. Gds. Spec. Res. } St. Sava, 4th Class (*Serbia*.)

Charteris, Bt. Col. (*temp. Brig.-Gen.*) J., C.M.G., D.S.O., R.E., p.s.c. [L] } Crown, Comdr. (*Belgium*). Legion of Honour, Knight (*France*), Rising Sun, 3rd Class (*Japan*).

Chater-Lea, Temp. Maj. J., R.A.S.C. } White Eagle, with Swords 5th Class (*Serbia*)

Chauncey, Maj. C. H. R., 124 Inf. } St. Stanislas, 3rd Class, with swords (*Russia*).

Chauvel, Maj.-Gen. (*temp. Lt.-Gen.*) Sir H. G., K.C.B., K.C.M.G., Aust. Imp. Force } Nile, 2nd Class (*Egypt*).

Chaytor, Col. (*temp. Maj.-Gen.*) E. W. C., C.B., C.M.G., TD, N.Z. Mil. Forces, p.s.c., A.D.C. } White Eagle. 3rd Class, with swords (*Serbia*). Nile 2nd Class (*Egypt*).

Claytor, Bt. Maj. J. C., D.S.O., M.C., S. Staff R } Legion of Honour, Knight (*France*).

Cheeke, Temp. Capt. W. A., R.E. } White Eagle, 5th Class (*Serbia*).

Cheeseman, Maj. W. J. R., D.S.O., M.C., C'wealth Mil. Forces } Legion of Honour, Knight (*France*).

Cheetham, Bt. Lt.-Col. C. J., ret. R. Mar. Art. } Medjidieh 4th C'ass.

Cheke, Maj. E. G., ret. pay (*Res. of Off.*) } White Eagle, 3rd C'ass (*Serbia*).

Chenevix-Trench, Lt.-Col. G. F., C.I.E., ret. Ind. Army } Crown, Commander (*Italy*). White Eagle, 4th Class (*Serbia*).

Chenevix-Trench, Maj L., C.M.G., D.S.O., R.E. [L] } Legion of Honour, Knight (*French*.)

Chenevix-Trench, Capt. R., O.B.E., M.C., R.E. [L] } Nile, 4th Class (*Egypt*).

Chermside, Hon. Lt.-Gen. Sir H. C., G.C.M.G., C.B., ret. pay } Medjidieh, 2nd Class. Osmanieh, 2nd Class.

Cherry, Capt. A.H.M., R.A. } Crown, Knight (*Italy*).

Cherry, Capt. R.G., M.C., R.A. } St. Stanislas, 3rd Class, with swords (*Russia*).

Foreign Orders

Chesney. Bt. Col. A. G., ret. pay } Medjidieh, 5th Class.

Chetwode, Lt.-Gen. Sir P. W., Bt., K C.B., K.C.M.G., D.S.O } Nile, 2nd Class (Egypt.) Legion of Honour, Comdr. (France)

Chichester, Maj.-Gen. Sir A. A., K.C.M.G., C.B., ,D.S.O., ret. pay, p.s.c. } Crown, Comdr. (Belgium). St. Maurice & St. Lazarus (Italy). Legion of Honour, Comdr. (France).

Chichester, Bt. Lt.-Col. A. G., ret. pay } Medjidieh, 5th Class.

Ch'chester, Temp. Maj., A. W, R.A.S.C. } Agricultural Merit, Knight (France). Avis (Mil.) Comdr. (Portugal)

Chichester, Maj. C. O., Res. of Off. } Crown, Knight (Italy).

Child, Capt. A, J., M.C., 28 Bn. Lond. R. } St. Maurice and St. Lazarus, Knight (Italy).

Child, Lt. J. M., M.C., Manch. R. } Leopold, Knight (Belgium).

Child, Temp. Lt. L. O., R.A.S.C. } White Eagle, with swords 5th Class (Serb a)

Childs, Col. (temp. Maj.-Gen.) Sir B. E. W., K.C.M.G., C.B. } Legion of Honour, Officer (France). Crown, Officer (Belgium). Crown, Comdr. (Italy).

Chirnside, Capt. R. G., C'wealth Mil. Forces } Legion of Honour, Knight (France). Avis (Mil.) Knight (Portugal)

Chope, Maj. A. J. H., D.S.O., Ind. Army. } Nile, 4th Class (Egypt).

Chopping, Bt. Col. A., C.M.G., R.A.M.C. } Crown, Officer (Belgium).

Christian, Lt.-Col. E., D.S.O., S. Afr. Def. Forces (Capt. Res. of Off.) } White Eagle, 4th Class, with swords Serbia).

Christian, Hon. Brig.-Gen. G., C.B., D.S.O., ret. pay [l] } White Eagle, 3rd Class, with swords (Serbia).

Christian, Lt.-Col. S. E., C.M.G., C'wealth Mil Forces } Legion of Honour, Officer (France).

Christian, Maj. W. F., D.S.O., R.A. } Leopold, Knight (Belgium)

Christie, Capt. A., C.M.G., D.S.O., Res. of Off. } St. Stanislas, 3rd Class) with swords (Russia).

Christie, Capt. R. C., M.C., 102 Grenadiers. } White Eagle, 5th Class, with swords (Serbia).

Christy, Maj. C., M.B., late R.A.M.C. } Crown, Officer (Belgium).

Church, Col. G. R. M., O B.E., C.M.G. } Legion of Honour, Officer (France). Leopold, Officer (Belgium).

Churcher, Bt. Lt.-Col. B. T., ret. pay } Crown, Officer (Belgium)

Churchill, Bt. Lt.-Col. A.B.N. ret. pay, p.s.c. } St. Anne, 3rd Class (Russia). Legion of Honour, Officer (France).

Churchill, Maj. J. S. B., D.S.O., TD, Oxf. Yeo. } Legion of Honour, Knight (France). Avis (Mil.), Comdr. (Portugal).

Churchill, Maj. W. M., h.p. Ind. Army [u] } St. Anne, 3rd Class (Russia)

Clancy, Temp. Hon. Lt. M. J. } Black Star, Officer France).

Clare, Lt. W. G. F., Hon. Art. Co. } St. Stanislas, 3rd Class (Russia).

Clark, Temp. Capt. G, W., Low. Divl. Eng. } St. Anne, 4th Class (Russia).

Clark, Hon. Lt.-Col. R.L., O.B.E., D.S.O., M.I. Mech. E. R.A O.C. } White Eagle, 4th Class, with swords (Serbia).

Clark, Col. S. F., M.B. } Legion of Honour, Officer (France). St. Sava, 3rd Class (Serbia).

Clark, Lt.-Col. W. E., C.M.G., D.S.O., R.A. } Danilo, 4th Class (Montenegro).

Clarke, Maj. A. J., M.C., D.C.M., ret. pay } White Eagle, 5th Class, with swords (Serbia).

Clarke, Lt. C., 5 Bn. Lan. Fus. } Crown, Knight (Italy).

Clarke, Maj. H. B., R.E. } Legion of Honour, Knight (France).

Clarke, Temp Capt. J. B., Lab. Corps } Nile, 4th Class (Egypt).

Clarke, Maj. R G., D.S.O., C.M.G., R.W. Surr. R. } Legion of Honour, Knight (France).

Clarke, Lt.-Col. R J., C.M.G, D.S.O., TD, 4 Bn. R. Berks. R. } Agricultural Merit, Officer (France).

Clarke, Maj.-Gen. Sir T.E., K.C.M.G., C.B. } Legion of Honour, Commander (France). White Eagle, 3rd Class (Serbia). Redeemer, 2nd Class, Grand Comdr. (Greece). Crown, Grand Officer (Belgium). Avis (Mil.), Grand Officer (Portugal).

Clarke, Temp. Maj. W. F., Serv. Bns. Manch. R. } Crown, Knight (Italy).

Clarke-Smith, Lt. D. A., R.G.A. Spec. Res. } Avis (Mil.), Knight (P.riugal).

Clay, Lt. A. H., 10 Bn. Lond. R. } Nile, 4th Class (Egypt).

Clay, Lt. C. T., R. 1 Devon Yeo. } Leopold, Knight (Belgium) Agricultural Merit, Knight (France).

Clay, Sister J. M., R.R.C, Q.A.I.M.N.S. } St. Sava, 5th Class (Serbia).

Clayton, Maj.-Gen. Sir F. T., K.C.B., K.C.M.G., ret. pay } Leopold, Comdr. (Belgium). Legion of Honour, Grand Officer (France). Sacred Treasure, Grand Cordon (Japan)

Clayton, Bt. Maj Sir G. F., K.B.E., C B., C.M.G., ret. pay } Legion of Honour, Officer (France). St. Stanislas, 2nd Class (Russia). St. Maurice and St. Lazarus, Officer (Italy). Osmanieh, 4th Class. Medjidieh, 3rd Class. King George I., Grand Comdr. (Greece). Nile. 3rd Class (Egypt) El Nahda, 2nd Class (Hedjoz)

Clayton, Capt. I. N., R.A. } El Nahda, 4th Class (Hedjoz)

Clayton, Capt. J., R.A.M.C: (T.F.) } Agricultural Merit, Knight (France)

Cleeve, Capt. S M., R.A. } Crown, Knight (Roumania).

Cleeve, Col. S. D., C.B., ret. pay } St. Maurice & St. Lazarus, Officer (Italy).

Cleghorn, Capt. A., R.E. (T.F.) } White Eagle, 4th Class (Serbia).

Clementi, Col. M., ret. Ben. s. } Osmanieh, 4th Class.

Clemson, Maj. W., D.S.O., Dorset R. } Nile, 4th Class (Egypt)

Clemson, Col. W. F., C.M.G., D.S.O. } St. Maurice & St. Lazarus, Officer (I aly).

Clements, J. M., M.B., late R.A.M.C. } St. Sava, 5th Class (Serbia).

Cliff, Lt. B., M.C., Sco. Ri } White Eagle, 5th Class with swords (Serbia).

Foreign Orders

Cliff, Maj. G. T., 3 D.G. — Legion of Honour, Knight (*France*).

Climo, Maj.-Gen. S. H., *C.B., D.S.O.*, Ind. Army — Nile, 3rd Class (*Egypt*).

Cline, Maj. G. A., *D.S.O.*, Can. Local Forces. — Legion of Honour, Knight (*France*).

Clive, Bt. Col. G. S., *C.B., D.S.O.*, S. Gds., *p.s.c.* [*l*] — Crown, Comdr. (*Belgium*). Legion of Honour, Comdr. (*France*). St. Stanislas, 1st Class with swords (*Russia*).

Clive, Capt. P. A., Res of Off. — Legion of Honour, Knight (*France*).

Close, Lt.-Col. L. H., *C.M.G.*, R.E. — Nile, 3rd Class (*Egypt*)

Clowes, Capt. C. A., *M.C.*, C'wealth Mil. Forces — White Eagle, 5th Class, with swords (*Serbia*).

Clutson, Capt. C. R., 3 Bn Wilts. R. — Leopold, with palms, Knight (*Belgium*).

Clutterbuck, Capt. W. E., *M.C.*, R. Sc. Fus. — Crown, Officer (*Italy*).

Clutton, Lt.-Col. J., 5 Bn. Bedf. & Herts. R., TD — White Eagle, 4th Class. with swords (*Serbia*).

Coad, Maj. H. E., *Assoc. M In-t. C E.*, Inspr. of Works Staff for R.E. Service — Aviz (*Mil*) Comdr. (*Portugal*).

Coates, Bt. Maj. G. H. D., R. War. R, Spec. Res. — Nile, 3rd Class (*Egypt*)

Cobbe, Maj.-Gen. (*temp. Lt.-Gen.*) Sir A. S., *K.C.B., K.C.S.I., D.S.O.*, Ind. Army, *p.s.c.* — St. Maurice & St. Lazarus, Comdr. (*Italy*). Legion of Honour, Comdr. (*France*).

Cobban, Maj. C. L., 43 Regt. [L] — St. Stanislas, 2nd Class (*Russia*).

Cobbe, Maj. I. S., *D.S.O.*, R.A., *o*. — Kara-George, Star, with swords, 4th Class (*Serbia*)

Cobbett, Maj. S. T., T.F. Res. — Agricultural Merit, Officer (*France*)

Cobbold, L*.*-Col. R. P., *D.S.O.*, Res. of Off. — Star of Ethiopia, 2nd Class (*Abyssinia*).

Cobden, Maj. G. G., *O.B.E.*, 9 Lrs. — Nile, 4th Class (*Egypt*)

Cochrane, Lt. J. A., *M.C.*, 5 Bn. R. Sc. Fus. — Leopold, Knight (*Belgium*).

Cochrane Col. W. F. D., *C.B.*, ret. pay, *q.s.* — Medjidieh, 3rd Class.

Cochrane. Temp. Capt. W. P., *O.B.E., M.B.E.* — Nile, 4th Class (*Egypt*)

Cockburn, Bt. Lt.-Col. J. B., *D.S.O.*, R.W. Fus. — Legion of Honour, Officer (*France*).

Cockerill, Bt. Col. (*temp. Brig.-Gen.*) G. K., *C.B.*, ret. pay, *p.s.c.* [*l*] — Crown, Comdr. (*Belgium*). Legion of Honour, Comdr. (*France*). St. Stanislas, 1st Class (*Russia*). Crown, C md*.* (*Italy*). Sacrat Treasure, 2nd Class (*Japan*).

Cockrell, Bt Maj. B. G, R.A.S.C. — Legion of Honour Knight (*France*).

Codrington, Lt.-Gen. Sir A. E., *K.C.V.O., C.B., p.s.c.*, ret. pay — Medjidieh, 5th Class

Codrington, Maj. G. R., *D.S.O., O.B E.*, Leic Yeo. — St. Maurice & St. Lazarus, Knight (*Italy*). St. Stanislas, 3rd Class. with swords (*Russia*). Crown with War Cross, Comdr. (*Belgium*).

Coffin, Bt. Col. (*temp. Maj.-Gen.*) C., *C.B., D.S.O.*, R.E., *p.s.c.* [L] — Legion of Honour, Officer (*France*).

Cohen, Lt. W. S., Herts. Yeo. — Redeemer, 5th Class, Knight (*Greece*).

Cohn, Hon. Capt. J.D. — Legion of Honour Knight (*France*).

Coke, Capt. B. E., *O.B.E.*, ret. pay [*l*] — St. Sava, 5th Class (*Serbia*).

Coke, Bt. Col. E. S. D'E., *C.M.G., D.S O.*, 8 Sco. Bord. — Legion of Honour, Knight (*France*).

Coke, Maj (*temp. Lt.-Col.*) J. D'E. FitzE., *C.M.G.*, R.A.S.C. — Legion of Honour, Knight (*France*).

Coke, Temp. Lt. J. R., Serv. Bn. R.W. Kent R — Leopold Knight (*Belgium*),

Colan, Lt.-Col. W. R. B., *D.S.O.*, 67 Punjabis — St. Stanislas, 3rd Class, with swords (*Russia*).

Cole, Temp. 2nd Lt. H. N., Labour Corps — Wen-Hu, 5th Class (*China*).

Cole, Maj. J. H. M., Visct., *C.M.G.*, N. Ir. Horse — Agricultural Merit, Officer (*France*).

Cole, Temp. Lt. L. A. C., *M.B.E.*, R.A.S.C. — Black Star, Officer (*France*).

Coleman, Bt. Lt.-Col G B., *D.S.O.*, R A.S C — Crown with War Cross, Officer (*Belgium*).

Coles, Bt. Col. A. H., *C M.G.*, R.A.S.C., ret. pay — Medjidieh, 4th Class Osmanieh, 4th Class

Coles, Maj. R. G., Suff. R. — Legion of Honour, Knight (*France*).

Collard, Maj. A. M., *D.S.O.*, D. of Corn. L.I. — Legion of Honour Knight (*France*). Nile, 4th Class (*Egypt*).

Collard, Mej. C. E., *C.B.*, Res. of Off. — St. Stanislas, 2nd Class, with swords (*Russia*).

Collas, Bt. Maj D P. J., N. Lan. R. — Nile, 4th Class (*Egypt*).

Collen, Bt. Maj. E. H. E., *D.S.O.*, ret. pay (Res. of Off.) *p.s.c.* [*l*] — St. Stanislas, 3rd Class, with swords (*Russia*).

Colley, Capt. W. R., *O.B.E.*, 3 Bn. York. R. — Leopold, Knight (*Belgium*).

Collier, Capt. A. L., *M.C.*, Cam'n Hghrs. — White Eagle 5th Class, with swords (*Serbia*).

Collier-Johnston, Lt. N. S., 5 D G. — Crown, Knight (*Belgium*).

Collingwood, Bt. Col. C. W., *C.M.G., D.S.O.*, R.A., *g*. — Legion of Honour, Officer (*France*).

Collins, Hon. Maj. (*temp. Lt.-Col.*) D. E., Commy. of Ord., ret. pay — Medjidieh, 4th Class.

Collins, Col. D. J., *C.M.G*, M.D. — White Eagle, 3rd Class, with swords (*Serbia*).

Collins, Maj. E. A. D., TD Yorks. Hrs. Yeo. — Crown, Knight (*Belgium*).

Collins, Bt. Lt.-Col. Hon. R. Hu., *C.M.G.*, *D.S.O.*, R. Berks. R., — St Maurice & St. Lazarus, Knight (*Italy*).

Collins, Bt. Lt.-Col. R. J., *C.M.G., D.S.O.*, R.Berks R., *p.s.c.* [L] — Medjidieh, 4th Class. Legion of Honour, Knight (*France*).

Collins, Temp. Maj. W. A., *D.S.O.*, R.A.S.C — Aviz (*Mil.*) Comdr. (*Portugal*).

Collins, Col. W. F., *D.S.O.*, ret. pay — St. Stanislas, 2nd Class, with swords (*Russia*).

Collinson, Lt.-Col. H., *C.B., C.M.G., D.S.O.*, F.R C.S, R.A.M.C.(T.F.) — Legion of Honour, Knight (*France*).

Collman, Temp. Capt. H. L. — Agricultural Merit, Knight (*France*).

Collum, Maj. H. W. A., *D.S.O.*, R.A.S.C. — Osmanieh, 4th Class

Collyer, Col. (*temp. Brig.-Gen. in Army*) J. J., *C.M.G.*, S. Afr. Def. Forces — Legion of Honour, Officer (*France*). St. Anne, 2nd Class, with swords (*Russia*).

Colson, Capt F. H., *late* Gen. List. — Nile, 4th Class (*Egypt*)

Colston, Maj. (*temp. Brig.-Gen.*), Hon. E. M., *D.S.O.*, *M.V.O.*, G. Gds. — White Eagle, 4th Class, with swords (*Serbia*). Nile, 3rd Class (*Egypt*).

Colston, Lt. F. J., *M.C.*, R.F.A. (T.F.) — Aviz (*Mil.*) Knight (*Portugal*).

Colthurst, Lt. C. J., *late* S.-Ir. Horse. — Agricultural Merit, Officer (*France*).

Combe, Bt. Lt.-Col. S. B., *D.S.O., M.C.*, 7 Sikhs. — Legion of Honour Knight (*France*),

Foreign Orders

Comber, Capt. H G., D.S.O., Unattd. List (T.F.) — Crown, with swords, Officer (Roumania). St. Stanislas, 2nd Class, with swords (Russia). Legion of H nour, Knight (F. ance).

Comm'ngs, Bt Lt -Col. P. R C, C.M.G., D.S.O. 8 Staff. R — Leg'on of Honour, Officer (France).

Compton, Maj. C. W. McG., O.B.E, 69 Punjab!s — White Eagle, 5th Class, with swords (Serbia)

Compton, Capt. E. R., F., Res. of Off.) — St. Stanislas, 3rd Class with swords (Russia)

Compton-Smith, Bt. Maj. G. L., D.S.O., R.W. Fus. — Legion of Honour Knight (France).

Congdon, Hon. Col. A. E., C.M.G., ret. pay — Legion of Honour Officer (France)

Congdon, Lt. C. H., R Mar. — Legion of Honour, Knight (France)

Congreve, Lt. - Gen. Sir W. N., K.C.B., M.V.O. — Legion of Honour, Comdr. (France). St. Anne, 1st Class, with swords (Russia).

Coningham, Capt. A. E., O.B.E., M.C., R.E. — Medjidieh, 4th Class.

Connard, Lt. P., R.F.A., Spec. Res. — St. Stanislas, 3rd Class, (Russia)

Field-Marshal H. R. H. Arthur W.P.A., Duke of Connaught and Strathearn, K.G., K.T., K.P., G.C.B., G.C.S.I., G.C.M.G., G.C.I.E., G.C.V.O., G.B.E., Col.G. Gds. and A.S.C., and Col.- in-Chief 6 Dns., High.L.I., R.Dub. Fus. and Rif. Brig. Personal A.D.C. to the King. — Medjidieh, 2nd Class.

Bt.Lt.-Col.H.R.H.Prince A. F. P. A. of Connaught, K.G., K.T., G.C.V.O., C.B., ret. pay, Personal A.D.C. to the King. — St. Vladimir, 3rd Class, with swords (Russia) Grand Cordon, Leopold (Belgium)

Connolly, Col B. B., C.B., M.D., F.R.C.S.I., ret.pay — Osmanieh, 4th Class.

Connolly, Maj. (temp. Lt.-Col. 2 (Garr. Bn.) R. Ir. Fus.) W. E. G., ret R. Mar. — Medjidieh, 3rd Class.

Conran, Lt. E. L., M.C., 21 Lrs. — Nile, 3rd Class (Egypt).

Constantine, Maj. C F., D.S.O., Can. Local Forces, g. — Legion of Honour, Knight (France).

Coox, Temp. Capt. A. R. Leopold, Knight (Belgium).

Cook, Col. C. C., D.S.O., ret. Ind. Army. — White Eagle, 3rd Class, with swords (Serbia).

Cook, Capt. W. L., 4 Bn. Gord. Highrs. — St. Anne, 3rd Class, (Russia)

Cooke, Lt.-Col. (temp. Brig.-Gen.) B. H. H., C.M.G., D.S.O., p.s.c. [L] — St. Stanislas, 3rd Class, with swords (Russia). Agricultural Merit, Comdr. (France)

Cooke, Temp. Lt. H. W. — Crown, Knight (Italy).

Cooke-Collis, Bt. Lt.-Col. (temp. Brig.-Gen.) W.J., N., C.M.G., D.S.O., R.S. Ir. Rif. — Legion of Honour, Officer (France). St. Stanislas, 3rd Class with swords (Russia).

Cooke-Hurle, Col. (T.F.) E. F., D.S.O. (Maj. ret. pay (Res. of Off.)) — Crown, Officer (Roumania).

Cooper, Capt. G. J. R., 2 Dns. — St. Stanislas, 3rd Class with swords (Russia). Leopold, with palm, Knight (Belgium).

Cooper, Maj. H. A., 5 Lrs. — St. George, 4th Class (Russia)

Cooper, Temp. Capt. R. S. F., M.C., Serv. Bns. Ches. R. — White Eagle, 5th Class, with swords (Serbia).

Cooper, Temp. Maj. R. W., O.B.E., R.E. — St. Sava, 5th Class (Serbia).

Cooper, Capt. T., Man. Regt — Leopold, with palm Knight (Belgium).

Cooper, Lt.-Col. W. G., D.S.O., R.A. — St. Maurice & St. Lazarus, Knight (Italy).

Cooper, Capt.W. M., M.C., R.A. — Legion of Honour, Knight (France).

Cope, Bt. Lt.-Col. T. G., D.S.O., R. Fus., p.s.c. — Legion of Honour, Knight (France).

Copeman, Maj. H. C., C.M.G., D.S.O., ret. pay — St. Stanislas, 3rd Class, with swords (Russia).

Coplans, Temp. Capt. M., D.S.O., M.D. 3 Lond. Fd. Amb. R.A.M.C. — Leopold, Knight (Belgium).

Coppin, Temp. Lt. W. N., MacL., M.C. — Double Dragon, 3rd Class, 3rd Grade (China).

Coral, Capt. A. G., Bedf. & Herts R. — Legion of Honour, Knight (France)

Cortallis, Capt. E. R.L., D.S.O., R. Dub. Fus. — Legion of Honour, Knight (France).

Corban, Hon. Maj.-Gen. W. W., ret. pay — Medjidieh, 3rd Class.

Corbett, Capt. A., Suss. Yeo. — Crown, Officer (Italy).

Corbett, Temp. Maj. C. U., D S O., R.A. — Avis (Mil.) Comdr. (Portugal).

Corbett, Maj. D. M., M.B., R.A.M.C. — St. Sava, 4th Class (Serbia).

Corke, Temp. Lt. E. C., A. Cyclist Corps — White Eagle, 5th Class, with swords (Serbia).

Corkill, Capt. F. T., M.B. M.C., R.A.M.C.Spec. Res — Leopold, Knight (Belgium).

Corkran, Bt. Col. C. E., C B., C.M.G., G. Gds., p.s.c. — Karageorge, 3rd Class, with swords (Serbia)

Corlette, Lt.-Col. J.M.C., D.S.O.,Aust. Imp. Force — Legion of Honour, Knight (France).

Cornford, Capt. F. MacD. late T.F. Res — White Eagle 4th Class (Serbia).

Cornish-Bowden, Temp. Lt. J., R.A.S.C. — White Eagle, 5th Class, with swords (Serbia).

Cornwall, Maj. J. H. M., C.B.E., D.S.O., M C., R.A.p.s o. [L] — Legion of Honour, Knight (France). Crown, Officer (Belgium).

Cornwallis, Temp. Maj. K., C.B.E., D.S.O. — Nile, 1st Class (Egypt). King George I. Comdr. (Greece). El Nahda, 2nd Class (Hedjaz).

Cory, Maj.-Gen. G. N C.F., D.S.O., R. Dub. Fus., p.s.c. — St. Anne, 3rd Class, with swords (Russia). Redeemer, 2nd Class, Grand Comdr. (Greece). White Eagle, 3rd Class (with Swords) (Serbia). Legion of Honour, Comdr. (France).

Cosgrove, Capt. F. W, late R.A.V.C. — Agricultural Merit, Knight (France).

Cossart, Bt. Lt.-Col A. R. J., D.S.O., R.A. — Crown Officer (Italy).

Cossart, Temp. 2nd Lt. C. B., R.A.S.C. — Avis (Mil) Kn!ght (Portugal).

Costin Bt.-Maj. E. B., D.S.O., W. Yorks. R., s.o — Legion of Honour, Knight (France).

Cotgrave, Bt. Lt.-Col. T. S., D.S.O., R.A.S.C. — White Eagle, 5th Class (Serbia).

Cotter, Lt.-Col. H. J., C.I.E., D.S.O., R.A. — White Eagle, 3rd Class, with swords (Serbia).

Foreign Orders

Cotton, Bt.-Col. (*temp. Brig.-Gen.*) A.S., *C.M.G.*, *D.S.O.*, R.A. } St. Maurice and St. Lazarus, Officer(*Italy*).

Cotton, Capt. B., ret. } Medjidieh, 4th Class. Osmanieh, 4th Class.

Cotton, Lt.-Col.W.L., 5 Lt. Inf. } Legion of Honour, Officer (*France*).

Cottrell, Capt. A. F. B., *D.S.O.*. R.A. } White Eagle, 5th Class, with swords (*Serbia*).

Cottrell, Bt. Lt.-Col. R.F., R.A., *D.S.O.* } Redeemer, 4th Class Officer (*Greece*).

Coulile, Maj. A. G., *M.B.* Ind. Med. Serv. } Nile, 3rd Class (*Egypt*).

Counsel. Temp. Lt. J. M. V, Labour Corps } Wen-Hu, 5th Class (*Chi a*).

Couper, Maj.T.S., R.G.A. (T.F.) } Crown Knight (*Italy*.)

Couper, Maj.-Gen. *Sir* V. A., *K.C.B.* } Danilo, 2nd Class (*Montenegro*).

Coursay, Lt. E. B., *M.C.*, R,G.A., Spec. Res. } Crown Knight (*Belgium*)

Courtney, Col. E. A. W., *C.M.G.*, *e*. } Legion of Honour, Officer (*France*). Leopold, Officer (*Belgium*).

Coutts, Qr.-Mr.. & Capt. D., 2 Dns. } St. Stanislas, 3rd Class, with swords (*Russia*).

Coutts, Lt.-Col. M., *O B.E* ret. pay (*Res of Off.*) } Medjidish, 4th Class. Osmanieh, 3rd Class.

Cowan, Col. H. V., *C.V.O.* *O.B.*, ret. pay, *p.s.c.* } Medjidieh, 5th Class.

Cowans, Gen. *Sir* J. S., *G.C.B.*, *G.C.M.G.*, *C.B.* (*Civil*) *M.V.O.*, *p.s.c.* } Legion of Honour, Grand Officer (*France*) Crown, Grand Officer (*Belgium*) Sacred Treasure, Grand Cordon (*Japan*). Grand Officer, Crown (*Italy*). Redeemer, Grand Cross (*Greece*) Chia-Ho, 2nd Class, "Ta-Shon" (*China*).

Cowell, L*t*. N., *M.C.*, R.G.A. Spec. Res. } Leopold. with War Cross Knight (*Belgium*)

Cowper. Maj.-Gen. M., *O.B.*, *C.I.E.*, ret, pay } White Eagle, 2nd Class with swords (*Serbia*).

Cox, Bt. Lt.-Col. C.H. F., *D.S.O.*, R.A. [L] } El Nahda, 2nd Class, (*Hedjaz*).

Cox, Lt.-Gen. *Sir* H. V., *K.C.B.*, *K.C.M.G.*, *C.S.I.* Ind. Army } White Eagle, 2nd Class with swords (*Russia*).

Cox, Temp. Lt.-Col. P.A., *O.B.E.* Labour Corps. } Wen-Hu, 4th Class (*China*).

Cox, Bt. Maj. P. G. A., ret. pay (*Res. of Off.*) } Legion of Honour Officer (*France*).

Cox, Maj. R. W., *O.B.E.*, T.P. 9 Bn. Lond. R. } Wen-Hu, 4th Class (*China*)

Cox, Maj. S. M., *M.D.* late R.A.M.C. } Wen-Hu, 4th Class (*Chi a*)

Crabbe, Bt. Maj. J. G., *M.C.*, 2 Dns. } St Anne, 2nd Class, with swords (*Russia*).

Cracknell, Temp. Lt. R., R.A.S.C. } White Eagle, 5th Class, with swords (*Serbia*).

Craig, Temp. Capt. C. C., 11 Bn. R. Ir. Rif. (attd.) } Legion of Honour, Knight (*France*)

Craig, Temp. 2nd Lt. H. M. } Redeemer, 5th Class, Knight (*Greece*).

Craig, Capt. N. L., *D.S.O.*, *O.B.E.*, R.A.S.C. } Legion of Honour, Knight (*France*),

Craig-Brown, Bt. Lt.-Col. (*temp. Col.*) E., *D.S.O.*, Cam'n Highrs., *p.s.c.*, *e*. } Danilo, 4th Class (*Montenegro*),

Craigie, Maj. P. N., 6 Cav. Nile, 4th Class (*Egypt*).

Cranborne, Lt. R. A. J. G. C., *Viscf.*, G. Gds. Spec. } Crown, Knight (*Belgium*)

Crane, Capt. W. A., ret. { St. Sava, 4th Class (*Serbia*).

Craufurd, Maj. A., Gord. Highrs. } Nile, 4th Class (*Egypt*).

Craven, Capt. J. W., *M.C.*, *M.B.*, 1 North'b'n Fd. Amb, R.A.M.C. } Legion of Honour, Knight (*France*).

Crawford, Col A., *C.M.G.*, *p.s.c.* [I] ret. pay } Nile, 2nd Class (*Egypt*) Medjidieh, 4th Class

Crawford, Lt.-Col. G. S., *M.D.*, R.A.M.C., ret. pay } Crown of Italy, Comdr.

Crawford, Maj. J. D., *D.S.O.*, *M.C.*, 89 Punjatis } White Eagle, 5th Class with swords (*Serbia*).

Crawford, Temp. Lt. J., F. T. } Redeemer, 3rd Class, Knight (*Greece*).

Crawshay, Maj. C. H. R., *D.S.O.* } Star, Officer, (*Roumania*).

Creagh, Maj.-Gen. A. G., *O.B.*, *p.s c.* ret. pay. Col. Comdt. R.A. } Medjidieh, 5th Class.

Creagh, Col. A. H. D., *C.M.G.*, *M.V.O.*, Ind. Army } White Eagle, 3rd Class with swords (*Serbia*).

Creagh, Maj. P. H., *D.S.O.*, Leic. R. } Nile, 4th Class (*Egypt*)

Cree, Maj.-Gen. G., *C.B.*, *C.M.G.* } St. Anne, 3rd Class, with swords (*Russia*).

Creer, Col. H E., ret. pay } Avis (*Mil.*) Commander (*Portugal*).

Creelman, Lt.-Col. J. J., *D.S.O.* Can. Local Forces } St. Stanislas, 3rd Class, with swords (*Russia*).

Creighton, Lt.-Col. F. A., Can. Local Forces. } Legion of Honour, Knight (*France*).

Cremetti, Maj. P. E, *O.B.E*, re*s*. } Legion of Honour, Knight (*France*).

Crerar Ma*j*. R., 1 Bn. Lond. R. } Nile, 4th Class (*Egypt*)

Creswell, Temp. Capt. F. L., *M.C.*, R.A. } Crown, Knight (*Belgium*)

Creswell, 2nd Lt. R. W., C'wealth Mil. Forces } White Eagle, 5th Class, with swords (*Serbia*).

Crichton, Bt. Maj G. K., *O.B.E.*, R.A.S.C., (T.F.) } Nile. 3rd Cl*a*ss (*Egypt*)

Cripps, Bt. Maj. H. H., *D.S.O.*, R. Fus. } Crown, Knight (*Italy*).

Critchley, Capt. H., 5 Bn. R. Lanc. R. } Agricultural Merit, Knight (*France*)

Crockatt, Capt. N. R., *D.S.O.*, *M.C.*, R. Scots (*S.C.*) } Nile, 4th Class (*Egypt*).

Crocker, Col. (*temp. Maj.-Gen.*) S. F., *C.B.*, Ind. Army } St. Stanislas, 2*n*d Class, with swords (*Russia*).

Croft, Bt. Lt.-Col. W. D., *C.M.G.*, *D.S.O.*, Sco. Rif., *p.s.c* } Legion of Honour, Officer (*France*).

Crofton, Capt. *Sir* M G., Bt., *D.S.O.*, ret. pay (*Res. of Off.*) } Legion of Honour, Knight (*France*)

Croker, Maj.-Gen. H. L., *C.B.*, *C.M.G.* } Redeemer, 2nd Class, Grand Comdr. (*Greece*). White Eagle, 3rd Class (with swords) (*Serbia*).

Cromie, Maj. M. J., R.A.M.C. } White Eagle, 4th Class (*Serbia*).

Crommelin, Temp. Capt. A. L., Labour Corps } Wen-Hu, 5th Class (*China*)

Cronshaw, Capt. A. E., *D.S.O.*, 5 Bn. Manch. R. } White Eagle, 4th Class with swords (*Serbia*).

Crookenden, Maj. J., *D.S.O.*, E. Kent R. } Legion of Honour, Knight (*France*)

Crookshank, Lt. H. F. C., G. Gds. Spec. Res. } White Eagle, 5th Class, (with Swords) (*Serbia*).

Crookshank, Bt. Col. *Sir* S. D. A., *K.C.M.G.*, *C.B.*, *C.I.E.*, *D.S.O.*, *M.V.O.*, R.E. } Legion of Honour, Comdr. (*France*). Leopold, Comdr. (*Belgium*). Avis (*Mil.*), Grand Officer (*Portugal*).

Foreign Orders

Crosby, Lt. R. D., *O.B E.*, *M.C.*, Linc. R. — Crown, with War Cross, Knight (*Belgium*).

Crosby, Temp. Capt. W. P., *M.C*, Serv. Bns. Norf. R. — Avis (*Mil.*), Knight (*Portugal*)

Cross, Lt. J. G., 5 Bn. York R. — Avis (*Mil*), Knight (*Portvgal*)

Crosse, Bt. Maj. R. B., *D.S.O.*, Oxf. & Bucks. L.I. — Legion of Honour, Knight (*France*).

Crossley, Temp. Lt.-Col. A.W.,*C.M.G.,C.B.E.,*R.E. — Legion of Honour, Officer (*France*)

Crosthwaite, Capt. J. D., *D.S.O.,M.C.,*1Bn.Lond.R. — Legion of Honour, Knight (*France*.)

Crouch, Capt. E., *D.S.O.*, *D.C.M.*, D. of Corn. L.I. — Legion of Honour Knight (*France*)

Crowe, Hon. Brig. Gen. J. H. V., *C.B.*,*p.s.c.* [L] ret. pay. — St. Maurice & St. Lazarus, Officer (*Italy.*)

Crozier, Bt. Lt.-Col. B. B., *C.M.G.*,*D.S.O.* R.A., *p.s.c.* — Crown, Officer (*Italy*), Legion of Honour Knight (*France*)

Crump, Temp. Ma ·. E. H., R.E. — Avis (*Mil.*), Comdr. (*Por. ugal*)

Crutchley, Maj.-Gen. *Sir* O.,*K.C.B.*,*K.C.V.O.*, *q.s.* — Medjidieh, 5th Class.

Cuddeford, Temp. Lt. D. W. J., Serv. Bns. High. L.I. — Crown, Knight (*Belgium*)

Cuddon, Lt. P., *M.C.*, Hamps. R. — Leopold, with War Cross, Knight (*Belgium*)

Cuffe, Maj. J. A.F., *D.S.O.*, R. Muns. Fus., *p.s.c.* [L] — Legion of Honour, Knight (*France*), Crown, Officer (*Belgium*).

Cullen, Lt.-Col. E. H., *C.M.G.*, *M.V.O.*,*D.S.O.*, 34 Pioneers. — St. Stanislas, 3rd Class, with swords (*Russia*).

Cumberbatch, Capt. R. C. — Redeemer, Knight (*Greece*)

Cuming, Lt.-Col. R. J., *O.B.E.*, 48 Pioneers — White Eagle, 3rd Class, with swords (*Serbia*).

Cumming, Bt. Col. H. R., *D.S.O.*, *late* Durh. L.I., *p.s.c.* [l]. — Legion of Honour, Officer (*France*).

Cummins, Maj. A. G., *M.C.*, *M.B.*, R.A.M.C. — Nile, 4th Class (*Egypt*).

Cummins, Col. S. L., *C.B.*, *C.M.G.*, *M.D.* — Osmanieh. 4th Class Legion of Honour, Officer (*France*). Crown, Officer (*Belgium*).

Cunliffe, Hon. Brig.-Gen. F. H. G., *C.B.*, *C.M.G.* ret pay — Legion of Honour, Comdr. (*France*) St. Maurice and St. Lazarus, Officer (*Italy*)

Cunliffe Owen, Hon. Brig.-Gen. C., *C.B*, *C.M.G.*, ret. pay — Legion of Honour, Officer (*France*), Crown, Comdr. (*Roumania*)

Cuncliffe-Owen, Lt.-Col. F., *C.M.G.*, h.p., *p.s.c.*, [L] — White Eagle, 4th Class (*Serbia*), Redeemer, 3rd Class, Comdr. (*Greece*).

Cuningham, Capt. A. P., 127 Lt. Inf. — Wen-Hu, 5th Class (*China*)

Cuninghame, Bt. Lt.-Col. *Sir* T. A. A. M., Bt., *D.S.O.*, Rif. Brig., p s.c. — Legion of Honour, Comdr. (*France*).

Cunningham, Bt.Lt.-Col. A. B., *C.B.E.*, *D.S.O.*, R.E. — 3rd Class (*Egypt*) El Nahda, 3rd Class (*Hedjaz*)

Cunningham, Col. (*temp. Brig. Gen.*) G. G., *C.B.* *D.S.O.*, ret. pay, *q.s.* — Medjidieh, 5th Class Osmanieh. 4th Class Legion of Honour, Comdr. (*France*)

Cunningham, Lt. J., R.E. (T.F.) — Avis (*Mil.*), Knight (*Portugal*)

Cunningham, Capt. J. A., *D.S.O.*, *D.F.C.*, Res of Offr. — Legion of Honour, Knight (*France*), Leopold, Knight (*Belgium*)

Cunn'ngham, Temp. Capt. J. L., Serv. Bns. R. Muns. Fus. — Nile, 4th Class (*Egypt*)

Cunningham, Bt. Lt.-Col. J. S , *D.S.O.*, Midd'x R. — Nile, 3rd Class (*Egypt*)

Cunni gham, Lt. L. C., 7 Bn. Essex R. — King George I., Knight (*Greece*)

Cunningham, Lt.-Col. W. H., *D.S.O.*, Can. Local Forces — St. Stanislas, 3rd Class, with swords (*Russia*).

Curling, Bt. Lt.-Col.B.J., *D.S.O.*,K.R,Rif.C.,*p.s.c.* — Legion of Honour, Knight (*France*)

Currie, Col. (*temp. Maj.-Gen. in Army*) *Sir* A.W., *G.C.M G.*, *C.B.*, Can. Local Forces — Crown, Grand Officer (*Belgium*) Legion of Honour Comdr. (*France*).

Currie, Bt. Col. R. A. M., *C.M.G.* *D.S.O.*, Som. L.I., *p.s.c.* — Legion of Honour, Knight (*France*).

Currie, Bt. Col. T., *C.B.* ret. pay — Medjidieh, 3rd Class

Curtis, Maj.-Gen. *Sir* R. S., *C.B.*, *C.M.G.*, *D.S.O* ret. pay. — Medjidieh, 4th Class.

Cusack, Maj. J. W. H. C., ret. pay — Medjidieh, 5th Class.

Cutbill, Maj. R. H. L., *D.S.O.*, R.A.S.C. — Legion of Honour, Knight (*France*).

Cuthbertson, Col. E. B., *C.M.G.*, *M.V.O.*, Terr. Force — St. Stanislas, 3rd Class with swords (*Russia*).

Da Costa, Bt. Col. (*temp. Brig.-Gen.*)E.C.C.,*M.G.*, *D.S.O.*, F. Lan. R. — Nile, 3rd Class (*Egypt*)

Dakeyne Capt H. W., *D.S.O.*, R. War. R. — Legion of Honour, Officer (*France*)

Dalby, Bt. Lt.-Col. (*temp. Col.*) T. G., *D.S.O.*, K.R. Rif. C. — Legion of Honour, Knight (*France*) Avis (*Mil.*), Comdr. (*Portugal*).

Dale, Qr.-Mr. & Capt. W. B, *M.C.*, R E. — Medjidieh, 4th Class, Osmanieh, 4th Class.

Dallas, Maj.-Gen. A. G., *C.B.*, *C.M.G.*, *p.s.c.* [l] — White Eagle, 2nd Class, with swords (*Russia*).

Dalmeny, Lt. A. E. H. M.A., *Lord*, *M.C.*, Res of Off. — Legion of Honour, Knight (*France*).

C. Dalyell,Hon. Lt.-Gen. J. T.,ret.pay,Col.R.Sc Fus — Medjidieh, 5th Class.

Dalziel, Lt. J., R.G.A. Spec. Res. — Redeemer, Knight (*Greece*)

Danels,Capt.L.,R.A.V.C. — Nile, 1st Class (*Egypt*).

Dangerfield, Temp. Lt. P., *M.C.*, Mach. Gun Corps. — Legion of Honour, Knight (*France*).

Foreign Orders

Daniell, Hon. Maj.-Gen. F. F. r st pay } Medjidieh, 3rd Class

Daniell, Capt. H. A., O.B.E., 18 Bn. Lond. R. } Crown, Knight (Belgium.)

Daniell, Maj. O. J., ret. pay } St. Stanislas, 2nd Class (Russia).

Danielli. Temp. Lt. A J., F., M.C., Serv. Bns. Bord. R. } Leopold, with War Cros", Knight (Belgium)

Daniels, Lt. J. C., 5 Bn. Suff. R. } Nile, 4th Class (Egypt)

Danielson, Lt.-Col. F. G., TD, D.S.O., 6 Bn. R. War. R. } Legion of Honour, Officer (France) Agricult ral Merit, Officer (France) Crown, Officer (Belgium)

Dansey, Bt. Lt.-Col. C. E. T. F. Res. } Leopold, Knight (Belgium) Legion of Honour, Officer (France).

Dansey, Bt. Lt.-Col. F. H., C.M.G., D.S.O., Wilts. R. } Legion of Honour, Knight (France) Avis (Mil.), Comdr. (Portugal)

Dansey-Browning, Col. G., h.p. } Osmanieh, 4th Class.

d'Apice, Bt. Lt.-Col. J.E.F., D.S.O., R.A., g. } White Eagle, 4th Class with Swords (Serbia.)

Darell, Maj. G. M , M.C., C. Gds. (S C.) } Agricultural Merit, Knight (France)

Darell, Bt. Col. W. H. V., C.M.G., D.S.O., C. Gds., p.s.c. } Agricultural Merit, Comdr. (Fran e) Legion of Honour, Knight (France)

Darling, Col. C. H., C.M.G., ret. pay } Medjidieh, 5th Class.

Darlington, Lt.-Col. H. C., C.M.G., TD, 5 Bn. Manch. R. } Crown, Officer (Italy).

Dartford, Capt R. C. G., M.C., 19 Bn. Lond. R. } Avis (Mil.), 3rd Class (Portugal).

Dartnell, Bt. Lt -Col. G B., O.B.E., R.A.S.C. } White Eagle, 4th Class (Serbia).

Darton, Temp. Capt. E. A., Lab Corps } Nile, 4th Class (Egypt)

Dashwood, Col. E. W., ret. pay } Osmanieh 4th Class.

Daubeny, Maj. C. J. B., Essex R. } Nile, 4th Class (Egypt), Legion of Honour, Officer (France)

Davenport, Capt. W. A., D.S.O., M.C., W York. R. } Legion of Honour, Knight (France) Nile, 4th Class (Egypt) El Nahda, 3rd Class (Hedjaz)

Davidson, Bt. Col. Sir A., K.C.B., I.K.C.V.O., ret. pay (Extra Eq to the King) } Medjidieh, 5th Class.

Davidson, Capt. G. S., R.A.M.C. Spec. Res. } St. Sava, 5th Class (Serbia.)

Davidson, Capt J. D., R.A.M.C. (T.F.) } Agricultural Merit, Knight (France)

Davidson, Maj.-Gen. Sir J. H., K.C.M.G., D.S.O., K.R. Rif. C., p.s.c. } Legion of Honour, Comdr. (France). Crown, Comdr. (Belgium).

Davidson, Lt. Col. J.J.C., TD, T.F. Res. } Agricultural Merit, Officer (France)

Davidson, Bt. Lt.-Col. P., C.M.G., D.S.O., M.B., R.A.M.C. } Avis (Mil.), Comdr. (Portugal)

Davidson, Bt. Col. S. R., C.M.G., 47 Sikhs } St. Anne, 2nd Class, with swords (Russia).

Davie, Hon. Brig.-Gen. K. M., D S.O., Glouc. R., p s c. [l]. ret. pay. } Redeemer, 3rd Class, Comdr. (Greece).

Davies, Maj. C. E., D.S O., R. War. R. } Star, Officer (Roumania)

Davies, Col. (temp. Brig.-Gen.) C.H., C.B., C.M.G., D.S.O., Ind. Army } St. Stanislas, 2nd Class, with swords (Russia).

Davies, Maj. D., T.F. Res. } St. Stanislas 2nd Class, with Swords (Russia)

Davies, Lt.-Gen. Sir F. J., K.C.B., K.C.M.G., p.s.c. [l] } Legion of Honour, Comdr. (France). Crown, Grand Officer (Belgium). Sacred Treasure, 1st Class (Japan) Grand Officer, Crown (Italy).

Davies, Bt. Col. G. F., C.B., C.M.G., C.B.E., h.p. } Nile. 3rd Class (Egypt). El Nahda, 3rd Class (Hedjaz).

Davies, Lt. G. H, M.C., Welsh Divl. Eng., R.E. } White Eagle, 5th Class, with swords (Serbia)

Davies, Capt. H., M.C., R.E. (T.F.) } Crown, Officer (Roumania). Legion of Honour, Knight (France).

Davies, Maj.-Gen. H. R., C.B. } Crown, Comdr. (Belgium).

Davies, Temp. Capt. J. E., R.A.S.C. } St. Sava, 5th Class (Serbia). Legion of Honour, Knight (France).

Davies, Bt. Lt.-Col. W. E., C.M.G., Rif. Brig., p.s c. } Crown, Officer (Italy). Sacred Treasure, 3rd Class (Japan). Nile, 3rd Class (Egypt).

Davis, Capt. B. L., O.B.E., R.A.M.C. } St. Sava, 4th Class (Serbia).

Davis, Temp. Capt. C. F. F., O.B.E., 6 Bn. R. Innis. Fus. } White Eagle, 5th Class (Serbia).

Davis, Bt. Lt.-Col. C. L., R.A.S.C. } Legion of Honour, Knight (France).

Davis, Lt. D. F., la'e R.F.A. } Agricultural Merit, Knight (France).

Davis, Maj. D. M., C'wealth Mil. Forces } Leopold, Officer (Belgium).

Davson, Maj. I. B., City of Lond. Yeo. } Crown, Officer (Italy).

Davy, Temp. 2nd Lt. P.F., M.C., 13 Bn. Rif. Brig. } Crown, Knight (Belgium).

Dawes, Col. B. M., ret. pay, p.s.c. } Osmanieh, 4th Class.

Dawes, Capt G. W. P., D.S.O., A.F.C., R.Berks. R. } Legion of Honour, Officer (France). White Eagle, 4th Class, with swords (serbia).

Dawes, Capt. L., Midd'x R. } Legion of Honour, Knight (France).

Dawnay, Capt. A. G. C., C.B.E., D.S.O., C. Gds., p.s.c. } Nile, 4th Class (Egypt). Legion of Honour, Officer (France). El Nahda, 2nd Class (Hedjaz).

Dawnay, Temp. Maj. Gen, G. P., C.M.G., D.S.O., M.V.O., Res. of Off., p.s.c. } St. Maurice and St. Lazarus, Officer (Italy). St. Anne, 2nd Class, with swords (Russia). Legion of Honour, Officer (France).

Dawnay, Maj. Hon. J., C.M.G., D.S.O. late Norf. Yeo. (Capt. ret.) } Legion of Honour, Knight (France).

Foreign Orders

Dawson, Bt. Col. Sir D. F. R., G.C.V.O., C.B., T.M.G., ret. pay, p.s.c. — Medjidieh, 3-d Class, Sacred Treasure, Grand Order (Japan)

Dawson, Lt.-Col. D'O. B., S. Lan. R. — White Eagle, 4th Class, with swords (Serbia). Avis (Mil.), Comdr. (Portugal). Christ Knight (Portugal).

Dawson, Temp. Lt. E. A. H.

Dawson, Hon. Lt.-Col. H. O., Stfd Pnymn. ret. pay — Medjidieh, 3rd Class.

Dawson, Lt.-Col. J., D.S.O., late 6 Bn. Gord. Highrs. — Danilo, 3rd Class (Montenegro).

Dawson, Lt. S., M.C., R.A. — Crown, with War Cross, Officer (Belgium).

Day, Rev. H., Temp. Chapl. to the Forces, 4th Class — White Eagle, 5th Class (Serbia).

Day, Maj. H. E. M.V.O., D.S.O., R.E. — Legion of Honour, Knight (France).

Day, Maj. J., M.C., W. Kent Yeo. (T.F. Res.) — Nile, 4th Class (Egypt).

Jemadar Daya Singh, Ind. Army — White Eagle, 5th Class, with swords (Serbia).

Deacon, Lt.-Col. H. R. G., D.S.O., Conn. Rang. — Legion of Honour, Knight (France).

Deakin, Bt. Maj. C., O.B.E., Worc. R. — Wen-Hu, 4th Class (China).

Deakin, Lt.-Col. C., D.S.O., late Serv. Bns. R War. R. — Legion of Honour, Knight (France).

Dean, Lt.-Col. E. T., D.S.O., Aust. Imp. Force — Legion of Honour, Knight (France).

de Berry, Bt. Col. (temp. Brig.-Gen.) P.P.E., R.A.e — Redeemer, 3rd Class Comdr. (Greece).

de Candolle, Temp. Brig.-Gen. R., C.B. — Crown, Grand Officer (Roumania).

de Courcy, Capt. Hon. M. W.R., D.S O., 32 Pioneers — Nile, 3rd Class (Egypt). White Eagle, 5th Class, with swords (Serbia).

Deed, Capt. L. C. B., R.E. — White Eagle, 5th Class, with swords (Serbia).

Deed, Temp. Maj. S. C., M.C. — Nile, 4th Class (Egypt).

Deedes, Bt. Col. C. P., CB., C.M.G., D.S.O., h.p., p.s.c. — Legion of Honour, Knight (France).

Deedes, Bt. Lt.-Col. W. H., C.M.G., D.S.O., K.R. Rif. C. — Medjidieh, 4th Class. White Eagle, 4th Class, with swords (Serbia). Nile, 3rdClass (Egypt). St. Maurice and St. Lazarus, Officer (Italy). Legion of Honour, Knight (France). Redeemer, Comdr. (Greece).

de Fonblanque, Capt. P., D.S.O., R.E. — Crown, Knight (Italy).

Deighton, Temp. Capt. G.W., M.C., 7 Bn. Suff. R. — Legion of Honour, Knight (France).

de Jager, Lt.-Col. P. L., S. Afr. Prote. Forces — St. Stanislas, 3rd Class, with swords (Russia).

Delaforce, Col. (temp. Brig.-Gen.) E.F., C.M.G., C.B. — Legion of Honour, Officer (France).

Delaforce, Lt. V. S. de F., M.C., R.A. — Avis (Mil.) Knight (Portugal).

De la Motte, Maj. R. B., D.S.O., Ind. Army — White Eagle, 5th Class with swords (Serbia).

Delano - Osborne. Bt. Col. O H., C.M.G., M. Sc. Fus., p.s.c. — White Eagle, 2nd Class (Serbia). Crown, Comdr. (Belgium).

De la Pryme, Maj W. H. A., D.S.O., W. York. R. — Leopold, Knight (Belgium).

De la Voye, Bt. Col. A. E., C.B., C.M.G., D.S.O., ret. pay. — Legion of Honour, Officer (France).

De Lisle, Lt.-Gen. Sir H. de B., K.C.B., K.C.M.G., D.S.O., p.s.c. — Legion of Honour Commander (France) Leopold, with Palm, Grand Officer (Belgium) White Eagle, 1st Clas (Serbia) Leopold, with Cross of War, Comdr. (Belgium)

de Lissa, Temp. Lt. A. R. — Agricultural Merit, Knight (France).

Dell, Temp. Lt. M. R., M.C., Serv. Bns. E, Surr. R. — White Eagle, 5th Class, with swords (Serbia).

Delmé - Radcliffe, Maj. S. A., O.B.E., ret. Ind. Army. — Nile, 4th Class (Egypt).

Delmé - Radcliffe, Col. (temp. Brig.-Gen.) Sir C., K.C.M.G., C.B., C.V.O., p.s.c. [L] — St. Maurice and St. Lazarus, Comdr. (Italy). Crown, Grand Officer (Italy).

Delmé - Radcliffe, Maj. S. A., ret. Ind. Army [L] — Crown, Knight (Italy).

Delphin, Temp. Capt. L., D.S.O., M.C., R.E. — White Eagle, 5th Class Serbia).

de Mahé, Maj. H. H. C. M. de C. de la B., Prince, Res. of Off. — St. Stanislas, 2nd Class (Russia).

de Mattos, Temp. Lt. W. W., R E. — Avis (Mil.), Knight (Portugal).

de Montmorency, Temp. Maj. H. G. F. E., R.A. — Legion of Honour, Knight (France)

Dempster, Maj. F. E. R., late Lab Corps — Nile, 4th Class (Egypt).

Denbigh & Desmond, Col. R.R.B. A. A., Earl of, C.V.O., TD, Hon. Art. Co. A.D.C. — Nile, 3rd Class (Egypt).

Dendy, Maj. M. H., D.S.O., M.C., R.F.A. — Legion of Honour, Officer (France).

Dene, Bt. Lt.-Col A. P., C.M.G., D.S.O., D. of Corn. L I. — Legion of Honour, Officer (France).

Denison, Lt. N., R.E. (T.F.) — Nile, 4th Class (Egypt).

Dennis, Col. M. J. C., C.B. — Legion of Honour, Officer (France)

Dennistoun, Maj. I. O., M.V.O., G. Gds. — Legion of Honour, Officer (France)

Denny, Capt. R. B. Som. L.I. [L] — Rising Sun, 5th Class (Japan).

Dent, Lt.-Col. B. C., C.M.G., D.S.O., Leic. R. — Legion of Honour, Knight (France).

Dent, Lt. Col. Sir F. H Knt., Eng. Rly. Staff Corps — Leopold, Officer (Belgium)

Dent, Capt. L. M. E., D.S.O., Oxf. & Bucks. L.I., s.c. — Legion of Honour, Knight (France)

Dent, Maj. W., D.S.O., 103 Lt. Inf., p.s.c. — White Eagle, 5th Class, with swords (Serbia).

Dent, Lt. W. A., 6 Bn. Durh. L.I. — Wen Hu, 5th Class (China).

Denyer, 2nd Lt. G. S E., M.C., Shrops. L.I. — Crown, Knight (Roumania)

de Pret, Lt. J., M.C. 21 Lrs. [L] — Legion of Honour, Knight (France)

de Putron, Maj. C., Lan. Fus. [l] — Legion of Honour, Knight (France).

Derby, Lt.-Col. Rt. Hon. E. G. V., Earl of, K.G G.C.V.O., C.B., 5 Bn. L'pool R. — Legion of Honour, Grand Cordon (France)

Derry, Maj. A., O.B.E., D.S.O., Welsh R. — St. Maurice & St. Lazarus, Knight (Italy).

de Rougemont, Hon. Bri Gen. C. H., C.B., C.M.G., M.V.O., D.S.O., ret. pay, p.s.c. — Legion of Honour, Officer (France), Medjidieh, 4th Class.

de Salis La Terrière, Lt.-Col. and Hon. Col. F. B., late 7 Bn. R. Fus. (Capt. ret.), Yeo. of Gd. — Medjidieh, 4th Class.

de Salis, Lt. Count J. E., I. Gds., Spec. Res. — Legion of Honour, Knight (France).

De Soissons, Temp. Capt. L. E. J. G. de S. C., O.B.E. — Crown, Knight (Italy). Agricultural Merit, Officer (France).

de Soissons, Lt. P. A. de S. C., O.B.E., 3 Bn. Bord. R — Agricultural Merit Knight (France).

Foreign Orders

Des Barres, Bt. Lt.-Col. A. H., ret. R. Mar. } Medjidieh, 4th Class.

d e Trafford, Temp.Capt. R.E., O.B.E. } Crown, with swords, Knight (Roumania).

Deverell, Maj.-Gen. C. J., C.B., W.York. R. p.s.c. } Legion of Honour, Officer (France).

DeVine, Temp.Capt. W B. M.C. late R.A.V.C. } Agricultural Merit Knight (France).

Dew, Temp. Capt. G. C. W., Labour C ps } Wen-Hu, 5th Class (China).

de Watteville, Bt. Lt.-Col. H. G., C.B.E. R.A., p.s.c. [L] } Legion of Honour, Knight (France),

Dewhurst, Lt. N., M.C., R. Muns. Fus. { White Eagle, 5th Class, with swords (Serbia) Redeemer, Knight (Greece)

Diamond, Hon. Capt. J. H., Qr.-Mr., Can.A.M.C. } St. Stanislas, 3rd Class, with swords (Russia).

Dibb, Lt. G. K., M.C., R.B.A. } Legion of Honour, Knight (France)

Dibble, Bt. Lt.-Col. F. L., R. Mar. [L] } St. Stanislas, 2nd Class, with swords (Russia).

Dick, Col. Sir A. R., C.B., K.B.E., Ind Army [L] } Legion of Honour, Officer (France),

Dick, Lt.-Col. D. H. A., D.S.O.,ret. pay Res of Off. } Leopold, Officer (Belgium).

Dick, Bt. Lt.-Col. (temp. Brig.-Gen.) R.N.,C.M.G., D.S.O., R.Suss. R., p.s.c. } St. Maurice and St. Lazarus, Knight (Italy).

Dickie, Hon. Maj.-Gen. J. E., C.B., C.M.G., ret. pay [L] } Medjidieh, 5th Class.

Dickinson, Lt.-Col. E. A , ret. pay } Medjidieh, 2nd Class. Osmanieh, 3rd Class.

Dickinson, Maj. G. F., C'wealth Mil. Forces. } St. Stanislas, 3rd Class with swords (Russia).

Dickson, Temp. Lt.-Col. M R., D.S.O. Serv. Bns. Arg. & Suth'd Highrs. } Legion of Honour, Officer (France).

Diggle, Maj. W. H., D.S.O., M.C., R. Gds., p.s.c. { Legion of Honour, Knight (France). Legion of Honour, Officer (France).

Dill, Bt. Col. (temp. Brig-Gen.) J. G., C.M.G., D.S.O., Leins. R., p.s.c. } Crown Comdr. (Belgium).

Dillon, Capt. A. H., Oxf. Yeo. } Crown Officer (Roumania). Agricultural Merit, Officer (France).

Dillon, Bt. Lt.-Col. E. FitzG., D.S.O., C.M.G., R Muns. Fus., p.s.c. [L] } Legion of Honour, Officer (France).

Disney, Temp. Lt. C. R., Serv Bns. Welsh R. } Crown Knight (Roumania).

Disney, Capt. H. A. P., Camb. R. } Crown, Officer (Italy).

Ditmas, Lt.-Col. F. I. L, D.S.O., M.C., Res. of Off. } Legion of Honour, Officer (France).

Ditton, Lt. G., Bedf. & Herts. R. } Nile, 4th Class (Egypt).

Dixon, Col. Sir H. G., K.C.B., ret. pay { White Eagle, 3rd Class, with swords (Serbia). Medjidieh, 4th Class.

Dixon, Capt. W., ret. pay } Nile, 4th Class (Egypt).

Dobbie, Capt. W. G. S., C.M.G., D.S.O., R.E., p.s.c. [l] { Legion of Honour, Knight (France). Leopold Officer (Belgium).

Dobbin, Bt.Lt.-Col. H T., D.S.O , D. of Corn. L.I. } Crown, with War Cross, Officer (Belgium).

Dobbin, Lt.-Col. W. J. K., C.B.E., ret. pay } Nile, 3rd Class (Egypt).

Dobbs, Lt.-Col. C. F., 94 Inf., p.s.c. } St. Anne, 3rd Class, with swords (Russia).

Dobell, Maj.-Gen. Sir C. M., K.C.B. C.M.G., D.S O., p.s.c. [l] } Legion of Honour, Comdr. (France).

Dobson, Maj. R. N., R. Lanc. R. } Nile, 4th Class (Egypt).

Dodd, Capt. A. W., D.S O., M.C., C'wealth Mil. Forces } White Eagle, 5th Class with swords (Serbia).

Dodgso ,Col.(temp. Brig.-Gen.) C.S ,C.B.,C.M.G., late R.A.S.C. [L] } Crown Comdr. (Belgium).

Dolan, Rev. O., Temp. Chapl. to the Forces (R.C. 4th Class } Christ Officer (Portugal).

Donald, Lt. A. Mc H., R G.A., Spec. Res } Crown, with War Cross, Knight (Belgium).

Donaldson - Hudson, Bt. Maj. R. C., D.S.O., T.F. Res. } Legion of Honour, Knight (France).

Done, Bt. Lt.-Col. R. J., D.S.O., R.A. { Medjidieh, 4th Class Legion of Honour, Knight (France).

Donohoe, Temp. Lt. M. H. } Star Knight (Roumania).

Donovan, Maj.-Gen. Sir W., K.C.B., ret. A. Med. Serv. } Crown, Comdr. (Belgium).

Doran, Hon. Brig.-Gen. W. R. B., C.B., D.S.O., p.s.c., ret. pay } Savoy, Officer (Italy).

Dormand, Temp. Capt. T. W., Durh.L.I.(attd.) } Legion of Honour, Knight (France).

Dorrell, Temp. Maj. E. A., R.A } Karageorge, 4th Class, with swords (Serbia).

Dorward, Col. J. F., ret. pay. } Osmanieh, 4th Class.

Douglas, Col. A. P., C.M.G., R.A. } White Eagle, 3rd Class, with swords (Serbia).

Douglas, Bt. Col. H. E. M, D.S.O., R.A.M.C. } St. Sava, 3rd Class (Serbia).

Douglas, Maj.-Gen. J. A., C.M.G., C.I E., Ind. Army [L] } White Eagle, 3rd Class, with swords (Serbia.)

Douglas, Temp.Maj.J.A., R.A.S.C. } St. Sava, 4th Class (Serbia).

Douglas, Maj.J.W., D.S.O., North'bn Divl.Eng., R.E } White Eagle, 4th Class with swords (Serbia).

Douglas, Maj. M. G., D.S. ., M.C., H.A.C. } Crown, with War Cross Officer Belgium).

Douglas, Capt. S. R., ret. pay } Crown, Officer (Belgium).

Dow, Temp. Capt. (temp. Co) H. P., A.M. Inst. Mech., E. } Legion of Honour, Knight (France).

Dowell, Maj. (temp.Brig.-Gen.) G. W., C.M.G., C.B.E., ret. pay { White Eagle, 4th Class, with swords (Serbia), Redeemer, Comdr. (Greece).

Dowell, Lt. W., M.C., R.G.A. } Crown, Knight (Belgium).

Downie, Capt. J., D.S.O., M.B., R A M.C.(T.F.) } St. Anne, 4th Class (Russia).

Dowsett,Temp. Lt. S. G., M.G. Corps } El Nahda, 4th Class (Hedjaz)

Drage, Maj. G., D.S.O., ret. Ind. Army { White Eagle, 4th Class (Serbia). Nile, 3rd Class (Egypt). Legion of Honour, Knight (France).

Drage, Hon. Lt.-Col. W. H., D.S O., Qr.-Mr. ret. pay { Medjidieh, 2nd Class. Osmanieh, 3rd Class.

Drake, Lt.-Col. R. J., D.S.O., ret. pay (Res. of off.) p.s.c. [L] { Crown, Officer (Belgium). Legion of Honour, Officer (France).

Drake, Lt.-Col. W. H., C.M.G., R.A. { Medjidieh, 3rd Class. Osmanieh, 4th Class. Nile, 2nd Class (Egypt).

Drennan, Temp. Capt. J. E., R.E Spec. Res } Avis (Mil.) Knight (Portugal).

Drew, Capt. C. M., M.B., R.A.M.C. } Nile, 4th Class (Egypt).

Dreyer, Bt. Col. (temp. Col.) J. T., D.S.O., R.A. { Legion of Honour, Knight (France). Leopold Officer (Belgium).

Foreign Orders 575

Drought, Temp. Capt. J. J., *M.C.* — Leopold, Knight (*Belgium*).

Drummond, Bt. Lt.-Col. Hon. M. C. A., *C.M.G., D.S.O.*, R. Highrs., *p.s c* — Legion of Honour, Knight (*France*)

Du Boulay, Temp. Capt. P. H., Lab. Corps — Nile 4th Class (*Egypt*).

Dubuc, Maj. A. E., *D.S.O.*, Can. Local Forces — Legion of Honour, Knight (*France*).

Du Cane, Lt.-Gen. Sir J. P., *K.C.B.* (Col Comdt. R.A.) — Crown, Grand Officer (*Belgium*). Legion of Honour, Commander (*France*).

Duckworth, Capt. R. H. F., *M.C*, R.E. — Redeemer, Knight (*Greece*).

Dudding, Lt. M., Essex Yeo. — Nile, 4th Class (*Egypt*).

Dudgeon, Col. F. A., *C.B., p.s.c.* — St. Maurice and St. Lazarus, Officer (*Italy*). Legion of Honour, Officer (*France*).

Dudgeon, Temp. Col. L. S., *C.M.G., F.R.C.P.*, R.A.M.C. — St. Sava, 3rd Class (*Serbia*).

Dudgeon, Maj. R. M., *D.S.O., M.C.*, Cam'n Highrs — Legion of Honour, Knight (*France*).

Duff, Lt. G., R.G.A., Spec. Res. — Legion of Honour, Knight (*France*).

Duff, Temp. Capt. G J. B., *M.C.* R.F.A. — Leopold with War Cross, Knight (*Belgium*).

Dufflin, Capt. S. B., late R. Innis. Fus. — Legion of Honour, Knight (*France*).

Dugdale, Bt. Maj. J. G., *M.V.O., D.S.O., M.C.*, 18 Hrs. (*Res. of Off.*) — Agriculture Merit Knight (*France*).

Dugmore, Maj. C. P. W. F. R., Res. of Off. — Legion of Honour, Knight (*France*).

Duguid McCombie, Maj. W. M., *D.S.O.*, 2 Dns. — St. Stanislas, 2nd Class, with swords (*Russia*).

Duke Lt.-Col. A. L., *M.B.*, Ind. Med. Serv. — Izzat-i-Afgania (*Afghanistan*).

Duke, Capt. J., 5 Bn. Som. L.I. — Nile, 4th Class (*Egypt*).

Duke, Bt. Maj. J. P., *D.S.O., M.O.*, R., War, R — Crown, Knight (*Italy*). Crown, with War Cross, Officer (*Belgium*).

Dumbbell, Capt. H. E., ret. pay — Osmanieh, 4th Class. Medjidieh, 3rd Class.

Dun, Bt Maj. G., *O.B.E*, 4 Bn. K.O. Sco. Bord. (*S.C.*) — Nile, 4th Class (*Egypt*).

Dun, Bt Maj. R.C., *M.B., F.R.C.S., R.A.M.C.* (T.F.) — White Elephant, 3rd Class (*Siam*).

Dunbar, Maj. J. C., *D.S.O.*, R.F.A. — Crown, Officer (*Italy*).

Duncan, Temp. Capt. C. Maitland, *D.S.O., M.C.*, R.F.A. — White Eagle, 5th Class, with swords (*Serbia*).

Duncan, Col. F., T., *C.B., C.M.G., D.S.O.*, L] — Legion of Honour, Officer (*France*). Redeemer, 2nd Class, Grand Comdr. (*Greece*).

Duncan, Maj.-Gen. J., *C.B., C.M.G., D.S.O.*, R. Sc. Fus., *p.s.c., e.* [L] — White Eagle, 3rd Class with swords (*Serbia*). Legion of Honour, Comdr. (*France*). Crown, Grand Officer (*Roumania*).

Duncan, Maj. J. H., late R.A.S.C. — White Eagle, 5th Class, with swords (*Serbia*).

Duncan, Temp. Capt L. S., *M.C.*, Serv. Bns. R. Ir. Rif. — Leopold, with War Cross, Knight (*Belgium*).

Duncannon, 2nd Lt. V. B., *C.M.G., Viset.*, T.F. Res. — Legion of Honour, Knight (*France*). St. Maurice and St. Lazarus Knight (*Italy*). St. Anne, 3rd Class, with swords & bow (*Russia*). Redeemer, Officer (*Greece*).

Dundas, Maj R.W., *M.C.*, ret. (T.F.) — Legion of Honour, Knight (*France*).

Dundas, Maj. W. L., *D.S.O.*, 3 Gurkha Rif. — Nile, 4th Class (*Egypt*).

Dunlop, Capt. J. K., *M.C.*, 12 Bn. Lond. R. — St. Anne, 4th Class (*Russia*).

Dunn, Col. H. N., *C.M.G., D.S.O., M.D.*, R.A.M.C. — Medjidieh, 3rd Class. Osmanieh, 4th Class.

Dunne, Maj. E. M., ret., *p.s.c.* — Sacred Treasure, 3rd Class (*Japan*). Wen-Hu, 4th Class (*China*).

Dunne, F. P. N., late Maj. West Cumb. Yeo. — Agricultural, Merit Officer (*France*).

Dunne, Gen. Sir J. H., *K.C.B.*, ret. pay, Col. Wilts. R. — Medjidie, 4th Class.

Dunnington-Jefferson, Bt. Maj. J. A., *D.S.O.*, R. Fus. — Crown, Officer (*Belgium*). St. Maurice and St. Lazarus (*Italy*). Legion of Honour, Knight (*France*).

Dunsford, Capt. G. St. J., *M.C., Visct.*, Surr. Yeo. — Legion of Honour, Knight (*France*).

Dunsian, Capt A. E., *O.B.E.*, Qt-Mr. R.A.S.C. — Nile, 4th Class (*Egypt*).

Dunsterville, Col. A. B., *C.M.G., O.B.E.*, ret. pay. — Legion of Honour, Knight (*France*).

Dunsterville, Lt. J. C., late R.E. — St. Sava, 5th Class (*Serbia*).

Dunsterville, Maj. K. F., *D.S.O.*, R.G.A., *q*. — Crown, Knight (*Italy*).

DuPlat Taylor, Maj. G. P., *O.B.E.*, ret. pay. — Medjidieh, 4th Class.

Durrell, Temp. Lt. T. C. D. — Agricultural, Merit Knight (*France*).

Durham, Temp. Maj. F. R., *O.B.E*, *M.C.*, R.E. — Legion of Honour, Knight (*France*).

Durrant, Maj. J. M. A., *D.S.O.*, C'wealth Mil. Forces — White Eagle, 4th Class with swords (*Serb.a*).

Duthie, Maj. A. M., *O.B E*, *D.S.O.*, R.A. — Legion of Honour, Knight (*France*).

Dutton, Maj. F., TD, R.E. — St. Maurice and St. Lazarus, Knight (*Italy*).

Dyer, Capt. R. J., C'wealth Mil. Forces — Legion of Honour, Knight (*France*).

Dyke, Bt. Lt.-Col. (temp. Col.) P. H., *D.S.O.*, 130 Baluchis — St. Stanislas, 3rd Class, with swords (*Russia*).

Dyson, Maj. L. M., *D S O.*, ret. pay (*Res. of Off.*) — Legion of Honour, Knight (*France*).

Eadie, Maj. J. I., *D.S.O*, 97 Inf. (L) — White Eagle, 5th Class, with swords (*Serbia*).

Eales, Capt. W J., *O.B.E.*, T.F. Res. — Crown, Knight (*Italy*).

Eames, Col. W. L'E, *C.B., C.B E., R.A.M.C.* — Avis (*Mil.*) Comdr. (*Portugal*).

Earle, Capt. E. G., *D.S.O.*, R.F.A [I]. — Leopold, Officer (*Belgium*).

Earle, Lt.-Col. St. H., *Bt.*, *D.S.O.*, ret. pay — Medjidieh, 5th Class.

Eassie, Col. F., *C.B., C.M.G., D.S.O.* — Redeemer, 3rd Class, Comdr. (*Greece*).

Eastmead, Lt.-Col. C. S., *D.S O*, 3 Gurkha Rif. [L]. — Nile, 3rd Class (*Egypt*).

Eastwood, Temp. Capt. H. E., *M.C.*, R.A.O.C. — Legion of Honour, Knight (*France*).

Echlin, Lt. J. P., *M.C*, R.E. (T.F.) — Crown, Knight (*Italy*).

Edelston, Lt. J., *M.C.*, R F.A. (T.F.) — White Eagle, 5th Class with swords (*Serbia*).

Eden, Bt. Lt.-Col. S. H., *C.M.G., D.S.O.*, R. Highrs. — Legion of Honour, Knight (*France*). Crown Knight (*Belgium*).

Eden, Lt. Col. (temp. Brig.-Gen.) W. F., *D.S.O.*, R.A. — Legion of Honour, Officer (*France*).

Edge Surg.-Gen. J. D, *C.B., M.D., F.R.C.S.I.*, ret. pay — Osmanieh, 4th Class. St. Stanislas, 1st Class (*Russia*).

Edmonds, Hon. Brig.-Gen. J. E., *C.B., C.M.B.*, *p.s.c.* [L] — Legion of Honour, Officer (*France*).

Edmunds, Temp. Lt. H. C., Labour Corps — Wen-Hu, 5th Class (*China*).

Ednam, Lt. W. H. E., *M.C., Visct.*, 10 Hrs, (s.c.) — Legion of Honour, Knight (*France*).

T

Foreign Orders

Edwardes, Bt. Lt.-Col. A. C., 102 Grenadiers } White Eagle, 3rd Class, with swords (*Serbia*).

Edwards, Col. (*temp. Brig.-Gen.*) S. M , *C.B.*, *C.M.G.*, *D.S.O.*, Ind. Army } Legion of Honour, Officer (*France*).

Edwards, Maj. C. V., York. R } Crown, Officer (*Belgium*).

Edwards, Col. FitzJ. M., *C.B.*, *C.M.G.*, *D.S.O*, *p.s.c.* *A.D.C.* } Nile, 3rd Class (*Egypt*).

Edwards, Maj. F. W. L., O B.E., K.R. Rif. C. } Nile, 4th Class (*Egypt*)

Edwards Temp. Maj. H. M., *O.B.E* , Serv. Bns. Worc. R } Crown, Officer (*Roumania*).

Edwards, Maj. I. A. E., ret. pay } Legion of Honour, Knight (*France*).

Edwards, Hon. Brig.-Gen. W. F. S., *C.B.*, *D.S.O.* (Lt.-Col. Res. of Off.) } St. Anne, 2nd Class, with swords (*Russia*). Aviz, Grand Officer (*Portugal*).

Egerton, Capt. C. H., *D.S.O.*, R.E. [*l*] } Medjidieh, 4th Class.

Egerton, Lt.-Gen Sir R. G., *K.C.B.*, *K.C.I.E.*, Ind. Army } Karageorge, 2nd Class, with swords (*Serbia*).

Eggar, Capt. J. G., *M.C.*, late R.E. } Nile, 4th Class (*Egypt*).

Elderton, Maj. R. P. S., ret. pay } Osmanieh, 4th Class.

Eley, Capt. D. R. A., *D.S.O.*, Suff. R } Legion of Honour, Knight (*France*).

Elgood, Maj. P.G., *C.M.G.*, ret. pay } Medjidieh, 3rd Class Osmanieh, 3rd Class. White Eagle, 4th Class, with swords (*Serbia*). Legion of Honour, Officer (*France*). Crown, Officer (*Italy*). Redeemer, Officer (*Greece*). Nile, 3rd Class (*Egypt*).

Eliott Lockhart, Maj. R. H., ret. pay } Medjidieh, 4th Class.

Elkan, Bt. Lt.-Col. C. J., *D S.O.*, ret. pay (*Res. of Off.*) } Legion of Honour, Knight (*France*).

Elles, Lt.-Gen. Sir E. R., *G.C.I.E.*, *K.C.B.*, ret. pay, Col. Comdt. R. A., *p.s.c.* } Medjidieh, 4th Class. Hurmat (*Afghanistan*).

Elles, Bt. Col. H. J , *K.C.M.G.*, *C.B.*, *D.S.O.*, R.E., *p.s.c.* } Legion of Honour, Comdr. (*France*). Crown, Comdr. (*Belgium*).

Ellington, Bt. Col. E. L., *C.B.*, *C.M.G.*, R.A., *p.s.c.* } Legion of Honour, Knight (*France*). St. Stanislas, 2nd Class (*Russia*).

Elliot, Lt.-Col. E. H. H. *D.S.O.*, Lond. R } Nile, 3rd Class (*Egypt*).

Elliot, Capt. F. B., *O.B.E.* late Serv. Bns. R. Berks. R. } Leopold II., Officer (*Belgium*) Crown Officer (*Italy*).

Elliot, Capt. W. R., 20 Bn. Lond. R. } Nile, 4th Class (*Egypt*).

Elliott, Lt.-Col. C. H., *C.M.G.*, *D.S.O.*, Aust. Imp. Force } Legion of Honour, Knight (*France*).

Elliott, Lt.-Col. H. E., *C.M.G.*, *D.S.O.*, C'wealth Mil. Forces } St. Anne, 3rd Class, with swords (*Russia*).

Elliott, Lt. . H., *M.B.E.*, Temp. Qr.-Mr. } Wen-Hu, 5th Class (*China*)

Elliott, Maj. B. N., *D.S.O.*, R. Mar. } White Eagle, 4th Class (*Serbia*). St. Sava, 3rd Class (*Serbia*).

Elliot, Lt.-Gen. Sir E.L., *K.C.B.*, *D.S.O.*, ret. Ind. Army } Legion of Honour, Comdr. (*France*).

Elliot, Hon. Brig.-Gen. G. S. McD., *C B.E.*, ret. pay [L] } Osmanieh, 2nd Class.

Elliot, Temp. Lt. J. L. G. } St. Sava, 5th Class (*Serbia*).

Elliott. Bt. Lt.-Col. W., *C.B.E.*, *D.S.O.*, R.A.S.C. } White Eagle, 4th Class, with swords (*Serbia*). Nil , 3rd Class (*Egypt*).

Ellis, Maj. A. J., *D.S.O.*, Bord. R. } Crown Officer (*Italy*)

Ellis, Lt. T. G., R.G.A., Spec. Res. } Leopold, Knight (*Belgium*)

Elphinstone - Dalrymple, Maj. Sir F. N., *D.S.O.*, Bt., R.A. } White Eagle, 5th Class, with swords (*Serbia*). Crown, Officer (*Italy*)

Elsworthy, Capt A. L., *M.B.E.*, R. Dub. Fus. [l] } Black Star, Officer (*France*. Legion of Honour, Knight (*France*).

C. Elton, Col. F. C., *C.B.*, ret. pay } Medjidieh, 3rd Class.

England, Hon. Lt.-Col., J. M. FitzR., ret. pay } Medjidieh, 4th Class.

Engledue, Capt. H. A., ret. pay } Nile, 3rd Class (*Egypt*).

English, Maj. G W , late R.A.S.C. } White Eagle, 5th Class, with swords (*Serbia*).

English, Temp. Col. T. C., *C.M.G.*, M B., *F.R.C.S.*, *A.M.S.* (Capt. 4 Lond. Gen. Hosp. R.A.M.C.) (T.F.)) } St. Sava, 3rd Class (*Serbia*)

V€ English, Capt. W. J. R.A.S.C. } Agricultural Merit Officer (*France*)

Enoch, Maj. C. D., TD, 7 Bn. Lond. R. [l] } Legion of Honour, Knight (*France*).

Enslin, late Temp. Brig.-Gen. B. G. L., *D.S.O.*, S. Afr. Def. Force } Legion of Honour, Officer (*France*).

Ensor Temp. Capt. E. N., Labour Corps } Wen-Hu, 5th Class (*China*).

Ensor, Bt. Col. H., *C.M.G.*, *D.S.O.*, *M.B* , R.A.M.C. } Osmanieh, 4th Class. Medjidieh, 3rd Class.

Erskine, Hon. Col. H. A., *C.B.*, *C.B.E.*, *C.M.G.*, VD, R.A.S.C. (T.F.) (Hon. Col. ret. T.F.) } Leopold Officer (*Belgium*)

Erskine, Capt. K. C. S., *M.C.*, 5 Gurkha Rif. } Legion of Honour, Knight (*France*).

Erskine - Murray, Maj. A., *D.S.O.*, R.A. } Crown, Knight (*Italy*)

Etheridge, Lt.-Col. C. de O., *C B E.*, *D.S.O.*, ret. pay } Osmanieh, 4th Class.

Eugster, Lt.-Col. O. L., *D.S.O.*, R.F.A. (T.F.) [L] } Nile, 3rd Class (*Egypt*).

Evans, Temp. Maj. A., *O B.E.*, R.E. (Capt. R.E. (T F.)) } White Eagle, 5th Class, with swords (*Serbia*).

Evans, Lt.-Col. C., *C.B.*, *C.M.G.*, *D.S.O.*, R.A.p.s.c. } Crown, Officer (*Belgium*) Crown, Officer (*Italy*).

Evans, Bt. Col. (*temp. Brig.-Gen.*) E., *C.B.*, *C.M.G.*, *D.S.O.*, *A.D.C.* } White Eagle, 4th Class, with swords (*Serbia*). Nile, 3rd Class (*Egypt*).

V€ Evans, Maj. L. P., *D.S.O.*, R. Highrs., *p.s.c.* } Leopold, Officer (*Belgium*).

Evans, Capt. O. L. C., *M.C.*, (T.F. Res.) } Leopold Knight (*Belgium*)

Evans, Bt. Maj. T. J. C., *M.V.*, *F.R.C.S.*, Ind. Med. Serv. } Legion of Honour, Knight (*France*).

Evans, Bt. Lt.-Col. (*temp. Brig.-Gen.*) W. K E., *D.S.O.*, Manch. R. } Legion of Honour, Officer (*France*).

Evans, Maj. W. R., *O.B.E.*, Qr.-Mr., R.E. } Legion of Honour, Knight (*France*).

ff. Everett, Col. E., *C.B.*, *D.S.O.*, ret. pay } Medjidieh 3rd Class.

Foreign Orders 577

Everett, Col. Sir H. J., K.C.M.G., C.B., p.s.c.(l). { St. Stanislas, 2nd Class, with swords (Russia). Redeemer, 2nd Class, Grand Comdr. (Greece).

Everett, Capt. M., D.S.O., R.E. } White Eagle, 5th Class, with swords (Serbia).

Evetts. Maj. W. A., M.C., late R.A. } Legion of Honour, Knight (France).

Ewart, Maj.-Gen. Sir H.P., Bt., G.C.V.O., K.C.B., ret. pay, Col. 7 D.G. (Extra Eq. to the King.) } Medjidieh, 3rd Class.

Ewart, Lt.-Gen Sir J. S., K.C.B., ret. pay, Col. Cam'n Highrs., p.s.c } Medjidieh, 5th Class

Ewart, Maj.-Gen. Sir R. H., K.C.M.G., C.B., C.I.E., D.S.O., ret. Ind. Army { St. Stanislas, 2nd Class, with swords (Russia). Legion of Honour, Comdr. (France)

Ewens, Capt. B. C., R.A.M.C. } St. Sava, 5th Class (Serbia).

Ewer, Maj. G. G., D.S.O., 7 Bn. Essex R. } Nile, 3rd Class (Egypt).

Ewing, Maj. R. L. H., D.S.O., M.C., Can. Local Forces. } Legion of Honour, Knight (France).

Fail, Lt.-Col. F., O.B.E., ret. pay. } Nile, 4th Class (Egypt).

Fair, Lt.-Col. J. G., D.S.O., ret. pay } Medjidieh, 4th Class.

Fairbairn, Temp. Lt. C } Legion of Honour, Knight (France).

Fairbairn, Maj. D. A., O.B.E., W. Rid. R. } Nile, 4th Class (Egypt.)

Fairfax. Col. B. C., C.M.G., Res. of Off. } Wen-Hu, 4th Class (China)

Fairholme, Col. W. E., C.M.G., M.V.O., p.s.c.[L] { Leopold, Comdr. (Belgium). Redeemer, 1st Class, Grand Cross (Greece).

Fairtlough, Maj E. V. H., D.S.O., M.C., R.F.A. { White Eagle, 5th Class, with swords (Serbia). Redeemer, Officer (Greece).

Faith, Maj. T., ret. pay, Res. of Off. } King George, 1st Officer (Greece).

Falk, Maj. H., M.B., Ind Med. Serv. } White Eagle, 5th Class, with swords (Serbia).

Falkner, Bt. Maj. F. N., Lond. Divl. Train., R.A.S.C. } White Eagle, 4th Class, with swords (Serbia).

Fallon, Col. J. } Nile, 3rd Class (Egypt).

Fane, Maj.-Gen. Sir V. P., K.C.I.E., C.B., Ind.Army } Nile, 2nd Class (Egypt)

Fanshawe, Lt.-Gen. Sir E. A., K.C.B. { St. Maurice and St. Lazarus, Comdr.(Italy). Crown, Grand Officer (Belgium). Legion of Honour, Comdr. (France).

Fanshawe, Maj.-Gen. Sir R., K.C.B., D.S.O., p.s.c. (l) ret pay } Legion of Honour, Officer (France).

Farebrother, Maj. H. W., R.A.M.C. } St. Sava, 4th Class (Serbia).

Farmar, Col. (temp Brig.-Gen.) G. J., C.B., C.M.G., p.s.c. { St. Lazarus, Officer, Italy. Agricultural Merit, Officer (France).

Farmer, Maj. J. C., R. Mar. { St. Anne, 3rd Class, with swords (Russia). Crown, Officer (Roumania)

Farnell, Lt. R. L., 3 Bn. R W. Kent R. } Crown, Knight (Roumania).

Farquharson, Bt Lt.-Col. A. S. L., O.B.E., Unattd. List (T.F.) } Legion of Honour, Officer (France).

Farquharson, Col. M. H., ret. Mar. } Osmanieh, 4th Class.

Farr, Capt. W.P., C'wealth Mil. Forces } Karageorge, 4th Class, with swords (Serbia).

Farrar. Maj. R.A., M.D., R.A.M.C (T.F.) } Crown Knight (Belgium)

Farrer, Lt. E. R. B., O.B.E., M.C., R.A.S.C, Spec. Res. } Legion of Honour, Knight (France).

Fas-on, Col. D. J. M., C.B., p.s.c.(L) } St. Anne, 3rd Class, with swords (Russia).

Faulkner, Temp. Maj. G. A., D.S.O., R.F.A. } Nile, 4th Class (Egypt).

Faviell, Capt. W. F. O., D.S.O., Worc. R. } White Eagle, 3rd Class, with swords (Serbia).

Fawcus, Capt. (temp. Lt.-Col.) A. E. F., D.S.O., 7 Bn. Manch. R. } Legion of Honour, Knight (France).

Fearon, Maj. P. J., D.S.O., R.W. Surr. R. } St. Maurice and St. Lazarus, Officer (Italy).

Fedden, Temp. Lt. W. L. A., R.A.S.C. } White Eagle, 5th Class, with swords (Serbia).

Feilding, Maj.-Gen. Sir G. P. T., K.C.V.O., C.P., C.M.G., D.S.O. { St. Maurice and St. Lazarus, Comdr. (Italy). Leopold, Comdr. (Belgium). Legion of Honour, Comdr. (France).

Fell, Bt.-Col. M. H. G., C.B., C.M.G., R.A.M.C. } St. Stanislas, 2nd Class, with swords (Russia).

Fellows, 2nd Lt. F. B., 22 Bn. Lond. R. } Avis (Mil.) Knight (Portugal).

Fendall, Col. (temp. Brig.-Gen.) C. P., C.M.G., D.S.O., ret. pay } St. Maurice and St. Lazarus, Officer (Italy).

Fenn, Lt. W. J., D.C.M., R.A.M.C. (T.F.) } Crown, Knight (Belgium)

Fenton, Capt. J., M.D., R.A.M.C. (T.F.) } St. Sava, 4th Class (Serbia).

Fenwick, Lt.-Col. M. J. E., ret pay } Medjidieh, 2nd Class Osmanieh, 2nd Class.

Fenwick, Lt. P. C., late R.G.A. Spec. Res. } Wen-Hu, 5th Class (China).

Ferguson, Hon. Capt. F., Dir. of Music. } Nile, 4 Class (Egypt).

Ferguson, Capt. J. D., C.M.G., D.S.O. } Brilliant Star of Zanzibar, 3rd Class.

Ferguson, Temp. Capt. M. du B., M.B., R.A.M.C } Avis (Mil.), Knight (Portugal).

Ferguson, Maj. V., ret. pay (Res. of Off. [L]. { St. Anne, 2nd Class, with swords (Russia). St. Stanislas, 2nd Class (Russia).

Ferguson, Bt. Lt.-Col. A. C., D.S.O., R.G.A., g { St. Anne, 3rd Class, with swords (Russia). Legion of Honour, Grand Officer (France).

Fergusson, Lt.-Gen. Sir C., Bt., K.C.B., K.C.M.G., M.V.O., D.S.O } Medjidieh, 2nd Class. Crown, Grand Officer (Belgium).

Fergusson, Col. W. J. S., ret. pay (Gent. at Arms.) } Nile, 3rd Class (Egypt).

Fernyhough, Bt.Col.H.C., C.M.G., D.S.O., R.A.O.C. } Leopold, Officer (Belgium).

Ferrand, Capt. H. W. H., D.S.O., M.C., K.R.Rif.C. } Leopold with War Cross Officer (Belgium).

Fessenden Maj. J. H., D.S.O., R.A.S.C. } Crown, Commander (Italy).

Fetherstonhaugh, Lt.-Col. W. A., D.S.O., 8 Cav., } White Eagle, 4th Class (Serbia).

ffrench-Mullen, Capt E., M C., late R. Ir. Rif. } Legion of Honour, Knight (France).

Fiaschi, Col. T. H., D.S.O., O'wealth Mil. Forces { St. Maurice and St. Lazarus, 5th Class (Italy). Crown of Italy, 4th Class.

Field, Maj. D. M., Ind Army. } Khidmat (Afghanistan).

Field, Temp. Lt. L. G., Arg. & Suth'd Highrs. } St. Sava, 5th Class (Serbia).

Fielden Maj. R. M., ret. pay { Medjidieh, 3rd Class. Osmanieh, 4th Class. Nile, 3rd Class (Egypt).

Foreign Orders

Fielding, Bt. Lt.-Col. R. E. A., *Visct., C.M.G., D.S.O.*, C. Gds. Spec. Res. — Legion of Honour, Knight (*France*).

Figg, 2nd Lt. *(temp. Capt.)* D W., *D.S.O.*, 24 Bn, Lond. R. — Legion of Honour, Knight (*France*).

Filgate, Lt.-Col. T. R., VD, Ind. Vols. — Legion of Honour, Knight (*France*).

Findlay, Lt.-Col. J., *C.B., D.S.O.*, N.Z Mil. Forces — Nile, 3rd Class (*Egypt*).

Findlay, Lt.-Col. J. M. *D.S.O.* 8 Bn. Sco. Rif. — Legion of Honour, Knight (*France*).

Findlay, Temp. Capt. J. L., *M.C.* — Legion of Honour, Knight (*France*).

Findlay, Hon. Lt.-Col. R. J., *O.B.E.*, Dep. Commy. of Ord., ret. pay — Legion of Honour, Knight (*France*).

Finer, Lt. H. J., R.E. (T.F.) — Legion of Honour, Knight (*France*).

Finlay, Temp. Maj. D., *D.S.O.* — St. Maurice & St. Lazarus Knight (*Italy*).

Finlayson, Bt. Col. *(temp. Brig.-Gen.)* R.G., *D.S.O.*, R.A. — Star, Comdr. (*Roumania*) / St. Vladimir, 4th Class, with swords (*Russia*).

Fiset, Surg.-Gen. E., Can. Local Forces — Legion of Honour, Comdr. (*France*).

Fishe, Maj. A.F.B., *D.S.O.*, R.G.A. — Leopold with Cross of War Comdr. (*Belgium*).

Fisher, Bt. Lt.-Col. B. D., *C.M.G., D.S.O.*, 17 Lrs., *p.s.c.* — Legion of Honour, Officer (*France*).

Fisher, Lt. C. E., 6 Bn. Worc. R. — Crown, Knight (*Roumania*).

Fisher, Maj. D. L, *D.S.O.*, *M.B*, R.A.M.C. (T.F.) — Legion of Honour, Officer (*France*).

Fisher, Temp. Lt. H. W, H., R.A.S.C. — Agricultural Merit, Knight, (*France*).

Fisher, Bt. Lt.-Col. J. L., *D.S.O.*, R. Fus. — Crown, Officer (*Belgium*).

Fisher, Lt. K. J., *late* R.E. — Crown with War Cross, Knight (*Belgium*).

Fison, Temp Capt A K., *M.C.*, Serv. Bns, Essex R. — Legion of Honour, Knight (*France*).

Fitton, Col. G. W., *C.M.G.*, A.P. Dept. — White Eagle, 3rd Class with swords (*Serbia*).

Fitton, Col. *(temp. Brig.-Gen.)* H. G., *A.D., C.B., D.S.O., p.s.c.* [†] — Medjidieh, 4th Class.

FitzGerald, Temp. Lt.-Col. A. S., *D.S.O.*, 10 Bn. Sco. Rif — Leopold, Officer (*Belgium*).

Fitzgerald, Hon. Lt.-Col. B., *C.B.* — Legion of Honour, Knight (*France*) / Leopold, Officer (*Belgium*).

⊕FitzGerald, Hon. Maj.-Gen. C., ret. pay. — Medjidieh, 5th Class.

FitzGerald, Temp. Capt. Hon. E.C.J. S., R, A.S.C. — Leopold, Knight (*Belgium*) / Legion of Honour, Knight (*France*) / White Eagle, 5th Class (*Serbia*) / Crown, Knight (*Italy*) / Redeemer, Officer (*Greece*).

FitzGerald, Maj. *(temp. Brig.-Gen.)* P. D., *D.S.O.*, hp., *p.s.c.* [‡] — Legion of Honour, Officer (*France*) / Star, Comdr. (*Roumania*).

FitzGerald, Temp. Capt. R. B., *M.C* — Legion of Honour, Knight (*France*) / Crown, Knight (*Italy*) / Leopold with War Cross, Knight (*Belgium*).

Fitzgerald, Temp. Capt. R. D., *M.C., M.B.*, R.A.M.C. — St. Sava, 4th Class (*Serbia*).

FitzGerald, Bt. Lt. Col. T. O., *M.C.*, R. Lanc. R. — St. Stanislas, 3rd Class, with swords (*Russia*).

Fitzpatrick, Bt. Lt.-Col. E R., *D.S.O.*, N. Lan. R. — Legion of Honour, Knight (*France*).

FitzPatrick, Hon. Lt.-Col. H. L., *C.B.E.* — Medjidieh, 4th Class. / Legion of Honour, Knight (*France*). / White Eagle, 3rd Class with swords (*Serbia*). / Red eemer, Comdr. (*Greece*) / Redeemer, Knight (*Greece*) / Danilo, 3 d Class (*Montenegro*).

Fitzwilliams, Maj. C. C. L., *late* W. Gds., Spec. Res. — Leopold, with palm, Knight (*Belgium*).

Fitzwilliams, Ca t. D. C. L., *C.M.G., M.D. F.R.C.S.*, R.A.M.C. (T.F.) — Legion of Honour, Knight (*France*).

Fitzwilliams, Lt.-Col. *(temp. Col.)* E. C. L., A.S.C. — White Eagle, 4th Class (*Serbia*). / St. Maurice & St. Lazarus, K ight (*Italy*).

Fladgate, Bt. Maj. C. W., K.R. Rif. C. — St Maurice & St. Lazarus, Knight (*Italy*).

Flatt, Capt. W. W., *M.C*, 4 Bn. Norf. R. — Nile, 4th Class (*Egypt*).

Fleming, Maj. G., *D.S.O.*, Som. L.I. — St. Stanislas, 3rd Class. with swords (*Russia*).

Fleming, Maj. G. R., R.F.A. (T.F.) — Legion of Honour, Knight (*France*).

Fleming, Lt. W. A. J., R.G.A. Spec Res — White Eagle, 5th Class, wth swords (*Serbia*).

Fletcher, Maj. A. F., *M.V.O., D.S.O.*, ret. pay — Leopold, Officer (*Belgium*). / Legion of Honour, Officer (*France*). / Avis (*Mil.*) Comdr. (*Portugal*) / Cambodge, Comdr. (*France*).

Fletcher, Bt. Lt.-Col. W. A. L., *D.S.O.*, Res. of Off. — Legion of Honour, Comdr. (*France*).

Flewitt, Capt. C.Y., *M.B.*, *late* R.A.M.C — St. Sava, 4th Class (*Serbia*).

Flint, Lt. R. B., *D.S.O.*, R.E. — Legion of Honour, Knight (*France*).

Flint, Bt. Maj. S.K., ret. pay — Medjidieh, 5th Class. / Osmanieh, 4th Class.

Flower, Capt. S. S., Res. of Off. — Medjidieh, 4th Class.

Foot, Lt.-Col (Hon. Brig.-Gen) R. M., *C.B., C.M.G., D.S.O.* (Res. of Off. — Leopold, with Cross of War, Officer (*Belgium*).

Foott, Lt.-Col. C. H., *C.B., C.M.G.*, C'wealth Mil. Forces, *p.s.c.* — White Eagle, 4th Class, with swords (*Serbia*).

Forbes, Maj. A., 10 Bn. R. Scots. — Legion of Honour, Officer (*France*).

Forbes, Temp. Capt A. K., *M.C., M.B.*, R.A.M.C. — St. Sava, 5th Class (*Serbia*).

Forbes, Maj. Hon. B. A., *O.B.E.*, Rif. Brig. — Nile, 4 Class (*Egypt*).

Forbes, Temp. Lt. D. D., Labour Corps. — Wen Hu, 5th Class (*China*).

Forbes, Temp. Lt. H. S., Labour Corps. — Wen-Hu, 5th Class (*China*).

Forbes, Maj. J.L., *D.S.O., M.C.*, R.A. — Leopold, with palm, Officer (*Belgium*).

Foreign Orders

Forbes, Maj. R. M. N., *M.C.*, R.A. } White Eagle, 5th Class, with swords (*Serbia*)

Forbes, Bt. Lt.-Col. B. R., *D.S.O.*, Arg. & Suth'd Higrs. } Redeemer, 4th Class Officer (*Greece*).

Ford, Lt. L. B., 28 Bn., Lond. R. } Crown (*Roumania*). Leopold, Comdr. (*Belgium*).

Ford, Maj.-Gen. *Sir* R., *K.C.M.G.*, *C.B.*, *D.S.O.*, ret. pay. } Avis (*Mil.*) Grand Officer (*Portugal*). Legion of Honour, Comdr. (*France*).

Ford, Capt. V. T. R., York & Lanc. R. } Crown, Knight (*Italy*).

Ford-Young, Temp. Maj. A., *D.S.O.*, R.E. } Nile, 4th Class (*Egypt*).

Forde, Lt.-Col. B., *C.M.G.*, *M.B.*, R.A.M.C. } St. Sava, 3rd Class (*Serbia*).

Ford-Moore, Maj. A. P., 10 Bn. Lond. R. } Nile, 4th Class (*Egypt*).

Fordham, Maj. W M., 20 Inf. *p.s.c.* } Nile, 3rd Class (*Egypt*).

Forester-Walker, Maj.-Gen. G. T., *K.C.B.*, *p.s.c.*, [L] } Redeemer 2nd Class, Grand Comdr. (*Greece*). Legion of Honour, Comdr (*France*).

Forman, Lt.-Col D. E., *C.M.G.*, *D.S.O.*, R.H.A. } Star, Officer (*Roumania*).

Forrest, Lt -Col T. H., *D.S.O.*, *M.B.*, R.A.M.C. (T.F.) } Nile, 3rd Class (*Egypt*).

Forrester, Temp. Lt. A H., Labour Corps. } Wen-Hu, 5th Class (*China*).

Forster, Capt. C. M., (*late*) R.A.M.C. } St. Sava, 5th Class (*Serbia*).

Forster, Lt. E. S., *late* Gen. List. } St. Sava, 5th Class (*Serbia*).

Fortescue, Hon. Brig.-Gen. *Hon.* C. G., *C.B.*, *C.M G.*, *D.S O.*, *p s.c.*, ret. pay. } White Eagle, 1st Class, with swords (*Serbia*.)

Fortescue, Hon. Brig.-Gen. F.A., *C.B.*, *C.M.G.*, ret. pay, *p.s.c.* } Osmanieh, 4th Class

Forth, Maj. N. B. de L., *D.S.O.*, *M.C.*, Manch. R. } Medjidieh. 4th Class Nile, 3rd Class (*Egypt*).

Fortune, Bt.-Maj. (*temp. Brig.-Gen.*) V. M., *D.S.O.*, R. Highrs. } Legion of Honour, Officer (*France*).

Foss, Bt. Maj. C. C., *D.S.O.*, Bedf. & Herts. R., *p.s.c.* } Danilo, 4th Class (*Montenegro*) Star, Comdr. (*Roumania*)

Foster, Col. A. J., *C.M.G.*, *C.B.E.*, Terr. Force. } Legion of Honour, Officer (*France*).

Foster, Capt. C. E., Res. of Off. } Crown of Roumania, with swords, Comdr. (*Roumania*).

Foster, Maj.-Gen. G. La F., *C.B.*, Can. A.M.C. } Legion of Honour, Officer (*France*)

Foster, H. K., *late* Temp. Maj. R.E. } St. Sava, 5th Class (*Serbia*).

Foster, Bt. Lt.-Col., H. N., *C.M.G.*, *C.B.E.*, R A.S.C., *e* } Legion of Honour, Officer (*France*).

Foster, Maj. O. R., *M.C.*, North'd, Fus, (S.C.) } Agricultural Merit, Knight (*France*).

Foster, Bt. Lt. Col. R. F. C., *C.M.G.*, *D.S.O.*, R. Marines. } Leopold, with War Cross, Officer, (*Belgium*).

Foulkes, Bt. Col. C. H., *C.M.G.*, *D.S.O.*, R.E. } Crown, Comdr. (*Belgium*). Legion of Honour, Knight (*France*).

Fowke Lt.-Gen. *Sir* G H., *K.C.B.*, *K.C.M.G.* } Legion of Honour, Comdr. (*France*). Sacred Treasure, 3rd Class (*Japan*). Leopold, Comdr. (*Belgium*). Avis (*Mil*) Grand Officer (*Portugal*).

Fowle, Col. J., *C.B.*, *C.M.G.*, ret pay. } Crown, Officer (*Belgium*). Osmanieh, 4th Class.

Fowler, Col. (*temp. Maj.-Gen.*) F. J., *C.B.*, *D.S.O.*, Ind. Army } Karageorge, 3rd Class, with swords (*Serbia*).

Fowler, Capt. G. N., *M.C.*, R.F.A. (T.F.) } Legion of Honour, Knight (*France*).

Fowler, Maj.-Gen. J. S., *K.C.M.G.*, *C.B.*, *D.S.O.*, *p s.c.* [l] } St. Vladimir, 4th Class, with swords (*Russia*).

Fox, Capt. C. V., *D.S.O.*, S. Gds. } Medjidieh, 4th Class.

Fox, Temp. Lt. H. G., R.A.S.C. } Nile, 4th Class (*Egypt*).

Fradd, Capt. L. C. W, *late* 6 Bn. S. Lan. R. } White Eagle, 5th Class, with swords (*Serbia*).

Francis, Bt. Col. S. G., *D.S.O.*, W. York R. } Legion of Honour, Knight (*France*).

Frank Temp. Lt. R., R.G.A. } Crown, Knight (*Belgium*).

Franklin, Maj. O., *O.B.E.*, Qr.-Mr. R. Mar. } Medjidieh, 4th Class. Osmanieh, 4th Class.

Franklyn, Lt.-Col. C. de M., h.p. } Crown, Officer, (*Belgium*).

Franks, Maj. Gen. G McK., *C.B.*, R.G.A., *p.s.c.* [l] } Crown, Comdr. (*Belgium* Medjidieh, 4th Class. Osmanieh, 4th Class

Franks, Capt. K. F., 117 Mahrattas } White Eagle, 5th Class, with swords (*Serbia*).

Fraser, Maj. A G., *M B.E.*, ret. pay } Medjidieh, 4th Class.

Fraser, Capt. C., *C B.E.*, *M.C.*, N. Staff. R. } St. Saviour, Officer (*Greece*).

Fraser, Capt. F. L., *M.C.*, Sea. Highrs. [L] } Legion of Honour, Knight (*France*).

Fraser, Bt. Lt.-Col. G. I, *C M.G.*, *D.S.O.*, Cam'n Highrs. } White Eagle, 4th Class, with swords (*Serbia*). Redeemer, 4th Class, Officer (*Greece*).

Fraser, Lt. G. S., Cam'n Highrs. } Redeemer 5th Class, Knight (*Greece*).

Fraser, Col. H.F., *C.M.G.*, *D.S.O.*, e. } Legion of Honour, Knight (*France*).

Fraser, Qr.-Mr. & Capt. J., R.A.M.C. } St. Sava, 5th Class (*Serbia*).

Fraser, Temp. Capt. J. P., R.E. } Agricultural Merit, Knight (*France*)

Fraser, Maj. P. B., *D.S.O.*, *O.B.E.* R.A S.C. } Crown, Officer (*Roumania*).

Fraser, Maj.-Gen. *Sir* T., *K.C.B.*, *C.M.G.* ret. pay, Col. Comdt. R.E., *o.s.c.* } Medjidieh, 3rd Class. Osmanieh, 4th Class.

Fraser, Col. (*temp. Maj.-Gen.*) T., *C.B.*, *C.S.I.*, *C.M.G.*, R.A., *p.s.c.* [L] } White Eagle, 3rd Class, with swords (*Serbia*).

Frazer, Capt. W. P. B., *D.S.O.*, R. Innis. Fus. } White Eagle, 5th Class with swords (*Serbia*).

Free, Col. J. F., ret. pay } Medjidieh, 3rd Class.

Freeland, Bt. Lt.-Col (*temp. Maj.-Gen.*) H.F. E., *K.C.I E.*, *M.V.O.*, *D.S.O.*, R.E. } Legion of Honour, Officer (*France*).

Freeman, Bt. Maj. W. R., *D.S.O.*, *M.C.*, Manch. R. } Legion of Honour, Knight (*France*).

Freestun, Bt. Lt.-Col. W. H. M., *C.M.G.*, *D.S O.*, Som. L I. } Legion of Honour, Knight (*France*).

Freeth, Bt. Col. G. H. B., *C.B.*, *C.M.G.*, *D.S.O.*, *p.s.c.* } Crown, Comdr. (*Roumania*).

Foreign Orders

French, Maj. A. H., D.S.O., R. Mar. } Crown, Officer (*Italy*)

French, Bt. Col. C. N., Hamps. R., p.s.c. [l] } { Crown, Officer (*Belgium*). St. Stanislas, 2nd Class (*Russia*). Legion of Honour, Officer (*France*). St. Maurice & St Lazarus, Officer (*Italy*).

French, Fd.-Marshal Rt. Hon. J. D P., Visct., K.P., G.C.B., O.M., G.C.V.O., K.C.M.G., Col. 19 Hrs., and Col.-in-Chief, R. Ir. Regt. } { Legion of Honour, Grand Cross (*France*). Leopold, Grand Cordon (*Belgium*.) St. Maurice & St. Lazarus, Grand Cross (*Italy*). Karageorge, 1st Class, with swords (*Serbia*) St George, 3rd Class (*Russia*). Rising Sun with Paulownia, Grand Cordon (*Japan*).

Friend, Maj. Gen. L. B., K.B.E., C.B. } { Legion of Honour, Comdr. (*France*). Leopold, Comdr. (*Belgium*). Medjidieh, 3rd Class. Osmanieh, 3rd Class.

Frith, Bt. Col. G. R., C.M.G., D.S.O., R.E., p.s.c. } { Legion of Honour, Officer (*France*). Agricultural Merit, Comdr. (*France*).

Frith, Hon. Brig.-Gen. H. C., C.B., ret. pay [L] } { St. Stanislas, 2nd Class with swords (*Russia*), Medjidieh, 4th Class.

Frood, Maj. T. M., O.B.E., late R.A M C. } Wen-Hu, 4th Class (*China*).

Frost, Temp. Hon. Lt. C. H. } Black Star, Officer (*France*).

Fry, Lt.-Col. A. B., D.S.O., M.B., Ind. Med. Serv. } Legion of Honour, Knight (*France*).

Fry, Maj.-Gen. C. I., C.B., ret. pay } Brilliant Star of Zanzibar, 4th Class.

Fry, Temp. Maj. E. C., Labour Corps } Wen-Hu, 4th Class (*China*).

Fry, Lt.-Col. P. G., C.M.G., D.S.O., TD, R.E (T.F.) } White Eagle, 4th Class, with swords (*Serbia*).

Fryer, Temp Capt. R., Labour Corps } Wen-Hu, 4th Class (*China*).

Fuge, Maj. (*Hon. Ca't. in Army*) T. W. M., 5 Bn. K.R. Rif. C. } Legion of Honour, Knight (*France*).

Fullarton, Capt. R., M.B., R.A.M.C. (T.F.) } St. Sava, 4th Class (*Serbia*)

Fuller, Maj. A. C., R.E. } { Crown, Knight (*Italy*) Legion of Honour, Knight (*France*). St. Stanislas, 3rd Class, with swords (*Russia*).

Fuller, Bt. Col. C. G., D.S.O., R.E., p.s.c. [L] } Legion of Honour, Comdr. (*France*).

Fuller, Lt.-Col. F. G., C.B., C.M.G., L.E., p.s.c [L] } Legion of Honour, Officer (*France*).

Fuller, Temp. Lt. H. J. } Black Star, Officer (*France*).

Fuller, Bt. Col. J. F. C., D.S.O., Oxf. & Bucks L.I., p.s.c. } Legion of Honour, Officer (*France*)

Fulton, Bt. Col. F. C. R., Ind. Army. } White Eagle, 3rd Class with swords (*Serbia*).

Fulton, a**a**t. J. D., M.C., 26 Punjabis } Lion & Sun, 3rd Class (*Persia*).

Funnell, Temp. 2nd Lt. R. H., Serv.Bns. Norf. R. } Nile, 4th Class (*Egypt*).

Furlong, Lt. D W, O.B.E., M.C, R. Berks. R. } Crown, Knight (*Roumania*).

Furneaux, Maj. C. H. D.S.O., R.A.S.C. } { White Eagle, 4th Class, with swords (*Serbia*). Redeemer, 3rd Class Comdr. (*Greece*).

Furnell, Maj. M. J., R. Ir. Fus. } White Eagle, 4th Class (*Serbia*).

Furse, Lt.-Gen. *Sir* W T., K.C.B., D.S.O., ret. pay, p.s.c. [L] } { Legion of Honour, Comdr. (*France*). Rising Sun, 2nd Class (*Japan*). Crown, Comdr. (*Italy*) Chia-Ho, 2nd Class. "Ta-Shou" (*China*).

Fyffe, Capt. E. L., M.B., R.A.M.C. } Crown, Officer (*Belgium*).

Gatb, Capt S. A., O.B.E., M.C., Worc. R. } Crown, with War Cross, Officer (*Belgium*).

Gabbett, Maj. A. C., ret. Ind. Army. } White Eagle, 4th Class, with swords (*Serbia*).

Gabriel, Tem Lt.-Col. E. V., C.S.I., C.M.G., C.B.E., C.V.O. } Crown, Officer, (*Italy*).

Gaden, Lt. C. G., M.C., Conn. Rang. } St. Anne, 3rd Class, with swords (*Russia*).

Gage, Hon. Brig.-Gen. M. F., D.S.O., p.s.c, ret pay } Agricultural Merit, Comdr. (*France*).

Galbraith, Bt. Maj. E. D., D.S.O., 55 Rif. } Legion of Honour, Knight (*France*).

Galbraith, Lt.-Col. J. H., TD, late 7 Bn. High. L.I. } St. Maurice and St. Lazarus, Officer (*Italy*).

Galloway, Maj A. G., D.S.O., R.A.S.C., e. } Crown of Italy.

Sallwey, Surg.-Gen. *Sir* T. J., K.C.M.G., C.B., M D., ret. pay } Medjidieh, 3rd Class.

Galwey, Maj.W.R., O.B.E., M.C., M.B., R.A.M.C. } St. Sava, 4th Class (*Serbia*).

Gamble. Maj. H., O.B.E., F.R.C V.S., R.A.V.C } Agricultural Merit, Officer (*France*).

Gamble, Hon. Brig-Gen. R. N., D.S.O., ret. pay, p.s.c. [l] } Medjidieh, 4th Class.

Game, Lt.-Col (*temp Brig.-Gen.*) P. W., C.B., D.S.O., R.A., p.s.c. } { Crown, Officer (*Italy*) Legion of Honour, Officer (*France*).

Gammell, Capt. J. A. H., D.S.O., M.C., R.A. } { Karageorge, 4th Class, with swords (*Serbia*). Crown, Knight (*Italy*).

Gandy, Maj. H G., O.B.E., D.S.O., R.E. } Medjidieh, 4th Class

Garden, Lt.-Col. A. R. H., ret. Ind. Army } St. Stanislas, 2nd Class (*Russia*).

Gardner, *Rev* E A., M.C., Chapl. 2nd Class (T.F.) } Nile, 4th Class (*Egypt*).

Gardner, Lt. L J., x.C., 3 Bn R W. Surr. R } Agricultural Merit, Knight (*France*).

Gardner, Maj. N. W., R. Fus. } Nile, 3rd Class (*Egypt*)

Garland, Temp. Capt. H., M.C. } { Nile, 4th Class (*Egypt*). El N hda, 3rd Class (*Hedjaz*).

Garner, Lt.-Col. C., C B E., M.B., ret. pay } { Medjidieh, 2nd Class. Osmanieh, 3rd Class. King George I., Comdr. (*Greece*).

Garnier, Capt. A. P., M.B.E., M.C., North'd Fus. [l] } Karageorge, 4th Class, with swords (*Serbia*).

Garratt, Hon. Brig.-Gen. *Sir* F S., K.C.M.G., C.B., D.S.O., ret. pay } { Crown, Comdr. (*Belgium*) Legion of Honour, Officer (*France*)

Garrett, Temp. Lt. H. B. G., M.C. } White Elephant, 4th Class. (*Siam.*)

Garrett Capt. K. A., M.C., 51 Sikhs } Nile, 4th Class, (*Egypt*).

Garrett, Maj. R. C., R.G.A. } Lion and Sun, 3rd Class (*Persia*)

Garrod, Temp. 2nd Lt. H. St. C., M.C. } El Nahda, 3rd Class (*Hedjaz*).

Garsia, Lt.-Col H. G. A., D.S.O., ret. pay. } { Osmanieh, 4th Class. Nile, 3rd Class (*Egypt*).

Garsia, Maj. W.C., D.S.O., M.C., Hamps. R., p.s.c. } { WhiteEagle, 4th Class, with swords (*Serbia*). Nile, 3rd Class (*Egypt*)

Garson, Capt. H. L., O.B.E., M.C., R.A.M.C., Spec. Res. } Crown, Knight (*Roumania*).

Garstin, Capt. J. L., R.A.S.C. } Nile, 4th Class (*Egypt*).

Foreign Orders

Gartside, Capt. L ,D.S.O.. High. L I. — Legion of Honour, Knight (France).

Garvice, Capt. C., D.S.O. ret. pay — Osmanieh, 4th Class. Order of Nile, 3rd Class (Egypt).

Garwood, Bt. Lt.-Col. H. P., D.S.O., R.A. — Redeemer, 4th Class, Officer (Greece).

Gascoigne, Hon. Brig.-Gen. E. F. O., C.M.G., D.S.O., ret. pay (Res. of Off.), q.s. — St. Anne, 2nd Class, with swords (Russia).

Gaskell, Capt. C. H., M.C., 3 Bn. Wilts. R. — Agricultural Merit, Knight (France).

Gater, Temp. Lt.-Col. G. H., D.S O. — Legion of Honour, Officer (France).

Gathorne-Hardy, Maj.-Gen. Hon. J. F., C.B., C M G , D.S.O., G. Gds., p.s.c.[L] — Legion of Honour, Officer (France). Savoy, Officer (Italy).

Gaudet, Col. F. N.,C.M.G., Quebec R. — Legion of Honour, Officer (France).

Gault, Maj. A.H., D.S.O. Can. Local Forces — St. Anne, 3rd Class, (with swords Russia).

Gay, Hon. Brig.-Gen. Sir A. W., C.B., C.M.G., D.S.O., p.s.c. [L], ret. pay — Redeemer, 2nd Class, Grand Comdr. (Greece). White Eagle, 3rd Class, with swords (Serbia). Star, Grand Officer (Roumania).

Gay, Capt. C. H., D.S.O., R.A. — Leopold, Knight (Belgium).

Gaye, Maj. H. W., Leins. R. — Danilo, 4th Class (Montenegro).

Gayer-Anderson, Maj. R. G., R.A.M.C. — Nile, 3rd Class (Egypt). Medjidieh, 4th Class.

Gayer-Anderson, Maj. T. G., C.M.G., D.S.O., R.A — Nile, 4th Class (Egypt). White Eagle, 1st Class. with swords (Serbia).

⚓. ⚓. Geary, Lt.-Gen Sir H. Le G., K.C.B., ret. pay, Col. Comdt. R. A. — Medjidie, 5th Class.

Gebb, Bt. Lt.-Col. E. C., D.S.O., D. of Corn. L.I., p s c — Legion of Honour, Knight (France).

Geddes, Bt. Lt.-Col. (Hon. Brig.-Gen. in Army) Sir A. C., K.C.B., TD, Unatt'd List (T.F.) — Crown, Comdr. (Belgium).

Geddes, Hon. Maj.-Gen. Rt. Hon. Sir E. C., G.C.B., G.B.E., ret. — Legion of Honour, Grand Officer (France). Leopold, Comdr. (Belgium).

Geddes, Lt.-Col. G. H., C.R.E., C.B., ret. pay. — Legion of Honour, Officer (France).

Geddes, Temp. Capt. G. P., D.S.O., 8 Bn. Gord. Highrs. — Legion of Bonour, Knight (France).

Gee, Maj. E. D. F., R.G.A. — Nile, 4th Class (Egypt).

Geiger, Maj. G. J. P., D.S.O., R. W. Fus. — Legion of Honour, Office (France).

Gellibrand, Maj.-Gen. J., C.B., D.S.O., Aust. Imp. Forces, p.s.c — Legion of Honour, Knight (France).

Gemmell, Lt. K T., M.C., Unatt'd List (T.F.) — Legion of Honour, Knight (France).

Geoghegan, Lt.-Col. S., C.B., Ind. Army, p.s.c [L] — Nile, 3rd Class (Egypt).

George, Temp. Capt. W. H., O.B.E., R.E. — Agricultural Merit, Knight (France).

Gerrard, Maj. E.L., C.M.G., D.S.O., R. Mar. — Leopold, with swords, Knight (Belgium).

Gerrard, Maj.-Gen. J. J., C.B., C.M.G., M.B. — Avis (Mil), Grand Officer (Portugal).

Gethin, Lt.-Col. R. W. St. L., D S O, R.A., p.s.c., o. — Legion of Honour, Knight (France).

Gibb, Hon. Brig.-Gen. Sir A., K B E., C.B., la e R. Mar. — Crown, Comdr. (Belgium).

Gibb, Bt. Col. J. H. S., D S.O., ret. pay — Osmanieh, 4th Class. Brilliant Star of Zanziba, 3rd Class.

Gibbon, Maj. E., O.B.E., M.B., R.A.M.C. — Nile, 4th Class (Egypt).

Gibbons, Maj. T., D.S.O., 5 Bn. Essex R. — Nile, 3rd Class (Egypt).

Gibbs, Maj. W. B.; Worc. R. — Nile, 4th Class (Egypt).

Giblett, Maj. R. H., O.B.E., la e R.A.S C. — Avis (Mil.) Comdr. (Portugal).

Gibson, Maj. A. C. V., O.B.E., R.A. — Legion of Honour, Knight (France).

Gibson, Capt. C. W. G., M.C., R. Fus. — Leopold, Knight (Belgium)

Gibson, Lt.-Col. R. R ret. pay (Res. of Off.) [L] — Wen-Hu, 4th Class (China).

Gibson, Temp. Capt. W R., R.E. — Nile 4th Class (Egypt)

Gielgud, Temp. Lt. L. E., M.B E — Crown, with Swords, Officer (Roumania). Legion of Honour, Knight (France).

Giffard, Maj. J., O.B.E., R.F.A. — Legion of Honour, Knight (France).

Giffard, Bt. Lt.-Col. W O. D.S.O., ret. pay (Temp. Lt.-Col. 4 Bn. North'd Fus.) — Medjidieh, 4th Class.

Gilbert, Temp. Lt.-Col. E. H. St. C., Labour Corps. — Wen-Hu, 4th Class (Chi a)

Giles, Maj. S.E.H., D.S.O., R.A.S.C. — Nile, 4th Class (Egypt).

Gill, Lt.-Col. D. H. C.M.G., D.S.O., R.A. — Legion of Honour, Knight (France).

Gill, Bt. Lt.-Col. G. H., D.S.O., R.A.S C. — Avis (Mil.), 2nd Class (Portugal).

Gill, Capt. W. T., M.C., 6 D G. — Legion of Honour, Knight (France).

Gillespie, Col. (temp. Brig.-Gen.) E. C F., C.B., C.M.G. — Legion of Honour, Officer (France).

Gilliland, Temp. Lt. W. E., Norf. R. — White Eagle, 5th Class (Serbia).

Gillman, Maj.-Gen. W., C.B., K.C.M.G., C.M.G., D.S.O., R.A., p.s.c. — St. Anne, 2nd Class, with swords (Russia). St. Maurice and St. Lazarus, Comdr. (Italy) White Eagle, 3rd C ass, with swords (Serbia). Redeemer, 2nd Class, Grand Comdr. (Greece.)

Gillson, Hon Brig.-Gen. G., C M.G., D.S.O., ret pay. — Medjidieh, 3rd Class. Danilo, 3rd Class (Montenegro).

Gillson, Bt. Lt.-Col. R. M. T., D.S.O., Wilts. R. — St. Anne, 3rd Class, with swords (Russia).

Gilman, Temp. Lt. L. B., M.C., M.G. Corps. — El Nahda, 4th Class (Hed az).

Gilroy, Temp. Maj. D. C. — Agricultural Merit, Knight (France).

Girdwood, Col. E. S., C.M.G., C.B. — Legion of Honour, Knight (France). Nile, 2nd Class (Egypt).

Girouard, Bt. Col. Sir E. P. C., K.C.M.G., D.S.O., ret. pay. — Medjidieh, 2nd Class.

Glasgow, Maj.-Gen. T. W., C B., C.M.G., D S O., Aust. Imp. Force — Legion of Honour, Officer (France).

Glass, Temp. Lt. C. W., M.C., Serv. Bns. Arg. & Suth'd Highrs. — White Eagle, 5th Class with swords (Serbia).

Gleadell. Capt. C. W. H., late Gen. List. — Black Star, Officer (France).

Gleichen, Maj.-Gen. Lord A E. W., K.C.V.O., C.B., C.M.G., D.S.O., p.s.c. [L], (Extra Eq. to the King) ret. pay. — Star of Ethiopia, 3rd Class (Abyssinia). Medjidieh, 2nd Class.

Glendinning, Temp. Lt. W. M. — St. Sava, 5th Class (Serbia).

Glover, Bt. Maj. G. de C., D.S.O., K.C.O., S. Staff. R. — Avis (Mil.), 2nd Class (Portugal).

Glover, Temp. Capt. W. C., Serv. Bns. K.O.Sco Bord. — Leopold, with War Cross, Knight (Belgium),

Foreign Orders

Glubb, Maj.-Gen. *Sir* F. M., *K.C.M.G.,C.B.,D.S.O.* ret. pay. — Legion of Honour, Comdr. *(France)*, Leopold, Comdr. *(Belgium)*. Crown, Comdr. *(Italy)*.

Glunuke, Capt. R. C. A., R. Mar. — Legion of Honour, Knight *(France)*.

Glyn, Maj. A. St. L., ret. pay *(Res. of Off.)* — Legion of Honour, Officer *(France)*.

Glyn, Temp. Capt. R. FitzG, *D.S.O., A.S.C.,* (Lt. Res. of Off.) — Legion of Honour, Knight *(France)*.

Glyn, Capt. R.G.C., *M.C.,* Rif. Brig., Spec. Res. — St. Anne, 2nd Class *(Russia)*. White Eagle, 3rd Class *(Serbia)*. Legion of Honour, Knight *(France)*.

Godby, Hon. Brig.-Gen C., *C.B., C.M.G., D.S.O.* ret. pay. — Medjidieh. 4th Class. Legion of Honour, Officer *(France)*. Leopold, with War Cross, Officer *(Belgium)*.

Godden, Maj. H.T., *D.S.O.,* ret. pay [†] — Medjidieh, 3rd Class. Osmanieh. 3rd Class.

Godfray, Maj. J. C. L, *O.B.E., M.C.,* R.A.S.C. — Legion of Honour, Knight *(France)*.

Godfrey, Temp. Capt. C A., *M.C.* — Crown, Knight *(Belgium)*.

Godfrey, Bt. Lt.-Col. W. W., *C.M.G.,* R. Mar. — Legion of Honour, Knight. *(France)*. Rising Sun, 4th Class *(Japan)*.

Godfrey-Faussett, Col. *(temp. Brig.-Gen.)* E. G., *C.B., C.M.G.* — St Maurice and St. Lazarus, Officer *(Italy)*.

Godley Lt.-Gen. *Sir* A. J., *K.C.B., K.C.M.G., p.s.c* — Legion of Honour, Grand Officer *(France)*. White Eagle, 2nd Class, with swords *(Serbia)*. Crown, Grand Officer *(Belgium)*.

Godwin, Bt. Col. *(temp. Brig.-Gen.)* C. A. C., *C.M.G., D.S.O.,* Ind Army, *p.s.c.* — Nile, 3rd Class *(Egypt)*.

Godwin, Capt. C. C., York. R. — Nile, 4th Class *(Egypt)*.

Gold, Maj. G. G., Essex Yeo. — Legion of Honour, Knight *(France)*.

Gold, Capt R J. S., 15 Bn. Lond. R. — Agricultural Merit, Knight *(France)*.

Goldfinch, Bt. Maj. W. H., ret. — Medjidieh, 4th Class.

Goldie, Temp. Capt.H. M. — Nile, 4th Class *(Egypt)*. El Nahda, 3rd Class *(Hedjaz)*.

Goldie, Rev. W. McL., Chapl. 1st Class (T.F.) — White Eagle, 5th Class *(Serbia)*.

Goldie-Taubman, Hon. Maj. E. H., *late* 4 Bn. R. Ir. Regt. — Hamondieh, 3rd Class *(Zanzibar)*. El Aliyeh, 2nd Class *(Zanzibar)*.

Golding, Capt. J., *D.S.O.,* R.A.M.C. (T.F.) — Agricultural Merit, Knight *(France)*.

Goldney, Bt. Lt.-Col. G F. B., *C.M.G., D.S.O.,* R.E. — Legion of Honour, Knight *(France)*.

Goldney, Maj. P. C., R.A S.C. — Legion of Honour, Knight *(France)*.

Goldschmidt, Maj. E. S. D., ret. pay, *p.s.c.* [L] — Crown, Comdr. *(Roumania)*.

Goldsmith, Maj. F., *O.B.E.,* T.F. Res. *(H)* — Legion of Honour, Knight *(France)*.

Goldsmith, Temp. Capt. G. M. — Crown, Knight *(Belgium)*. Legion of Honour, Knight *(France)*.

Goldsmith, Bt. Lt.-Col H. D., *D.S.O.,* D. of Corn. L.I., *p.s.c.* [†] — Legion of Honour, Officer *(France)*.

Goldsmith, Lt N. — Nile, 3rd Class *(Egypt)*.

Goligher, Temp. Brig. Gen. H. G., *C.B.E.* — Avis *(Mtl.)* Grand Officer *(Portugal)*.

Gooch, Capt. R. F. K., *M.C.,* War. Yeo. — Nile, 4th Class *(Egypt)*.

Goodland, Temp. Capt. H. T., *D.S.O.,* 5 Bn. R. Berks. R. — White Eagle, 5th Class *(Serbia)*.

Goodland, Capt. K. A., Aust. Imp. Forces — Crown, Knight *(Roumania)*. White Eagle, 4th Class, with swords *(Serbia)*.

Goodden, Capt. R. B., *O.B.E.,* Welch R. [L] — Karageorge, 4th Class *(Serbia)*. Crown, with swords, Comdr. *(Roumania)*.

Goodrick, Lt. M. G, R.G.A. Spec. Res. — Nile, 4th Class *(Egypt)*.

Goodwin, Capt. G., *O.B.E.,* Temp. Qr.-Mr. R.E. — Redeemer, Knight *(Greece)*.

Goodwin, Lt.-Gen. *Sir* T. H. J. C. *K.C.B., C.M.G., D.S.O., K.H.S.* — Crown, Comdr. *(Italy)*. Leopold, Comdr. *(Belgium)*.

Goodwin, Capt. W. E., *M.C.,* R.F.A. Spec. Res. — White Eagle, 5th Class, with swords *(Serbia)*.

Goold-Adams, Col. *Sir* H. E. F., *K.B.E., C.B., C.M.G.,* ret. pay. — Legion of Honour, Officer *(France)*.

Gordon, Maj. A. A., *C.B.E., M.V.O.,* ret. — Legion of Honour, Officer *(France)*. Leopold Officer *(Belgium)* St. Anne. 2nd Class *(Russia)*. Crown, Comdr. *(Italy)*. Crown, Comdr. *(Belgium)*.

Gordon, Bt. Lt.-Col. *(temp. Brig.-Gen.)* C. W. E., R. Highrs. — Danilo, 3rd Class *(Montenegro)*.

Gordon, Maj.-Gen. Hon *Sir* F., *K.C.B., D.S.O.,* ret. pay, *p.s.c.* — White Eagle, 2nd Class, with swords *(Serbia)*. Crown, Grand Officer *(Roumania)*.

Gordon, Lt.-Col. G. H., *C.M.G., D.S.O.,* R.A., *g.* — White Eagle, 4th Class *(Serbia)*. Legion of Honour, Officer *(France)*.

Gordon, Bt. Col. *(temp Brig.-Gen.)* H., *C.B., C.M.G., D.S.O.,* Leic. R. — Osmanieh, 4th Class. Medjidieh, 3rd Class.

Gordon, Temp. Capt. H. C., *M C,* Serv. Bns. R. Innis. Fus. — Leopold, with War Cross, Knight *(Belgium)*.

Gordon, Col. L. A. *C.B., C.S.I.* — White Eagle, 3rd Class with swords *(Serbia)*.

Gordon, Lt.-Col. R. F. C., *C.I E.,* Ind. Army. — Legion of Honour, Officer *(France)*.

Gordon, Bt. Col. S. D., ret Ind. Army — Medjidieh, 5th Class

Gordon, Temp. Capt. T., *M.C.* R.A.V.C. — Agricultural Merit, Knight *(France)*.

Gordon-Hall, Bt. Lt.-Col. G. C. W., *C.M.G., D.S.O.,* Yorks. L.I., *p.s.c.* [L] — Crown, Officer *(Italy)*.

Gordon-Lennox, Hon. Brig-Gen. *Lord* E. C., *C.M.G., D.S.O., M.V.O.,* ret. pay — St. Maurice & St. Lazarus, Officer *(Italy)*.

Gore, Bt. Lt.-Col. G. A. E., ret. R. Mar. *(Gent.-at-Arms)* — Medjidieh, 4th Class.

Gore-Browne, Bt. Lt.-Col. S., *D.S.O.,* R.A. [†]. — Avis *(Mtl.)*, 2nd Class *(Portugal)*. St. Thiago, Knight *(Portugal)*.

Gore-Langton, Capt. G. W., *M.C.,* 18 Hrs. — Legion of Honour, Knight *(France)*.

Gorges, Hon. Brig.-Gen. E. H., *C.B., D.S.O.,* ret. pay. — Legion of Honour, Officer *(France)*.

Foreign Orders

Gorringe, Maj.-Gen. G. F., K.C.B., K.C.M.G., D.S.O., q.s. } Medjidieh, 4th Class.

Goslett. Temp. Capt. R. G., M.C., R.A.S.C. } El Nahda, 4th Class an'ch, 3rdClass. (Hedjtz).

Gosling, Capt. G. E., M.C., 10 Hrs. } Leopold, Knight (Belgium)

Goss, Capt. E S., M.C., Ind. Med. Serv. } White Eagle, 5th Class, with swords (Serbia).

Gotch, Lt. L. M., 10 Bn. Midd'x. R. } Nile, 4th Class (Egypt).

Gottlieb, Temp. Lt. G. A B., R.A.S.C. } El Nahda, 3rd Class (Hedjtz).

Gotto, Capt. C. H., M.C., Devon. R. } Crown, Knight (Italy).

Gough, Lt.-Gen. (temp. Gen.) Sir H. de la P., K.C.B., G.C.M.G., K.C.V.O., p.s.c. [L] } Legion of Honour, Grand Officer (France). White Eagle, with swords (Russia). Leopold, Grand Officer (Belgium)

Gould, Lt. E. R., 4 Bn. E. Surr. R. } Fedemer, 5th Class, Knight (Greece).

Gould, Capt C. G. S., R.A } Legion of Honour, Knight (France)

Gould, Temp. Lt. W. O.B.E. } Crown, Knight (Italy). Crown, with War Cross, Knight Belgium).

Gout, Capt. C. L., 4 Bn Yorks. L.I. } Redeemer, 5th Class, Knight (Greece).

Gout, Capt. E. R. A. J., M.B E., ret. } King George I, Knight (Greece).

Gossett, Bt. Col. F. W., D.S.O., R.A., p.s.c. } Danilo, 3rd Class (Montenegro).

Gover, Bt. Lt.-Col. W. W. B., Ches. R. } White Eagle, 3rd Class, with swords (Serbia).

Gow, Lt.-Col. G., Can. Army Dental Corps } White Eagle, 4th Class (Serbia).

Gown Temp. Lt. W. H. S., R.A.S.C. } White Eagle, 5th Class, with swords (Serbia)

Gowlland, Capt. G. C. R.E. } Nile, 4th Class (Egypt).

Geyder, Lt. G. B., Ind. Army Res. of Off. } Crown, Knight (Belgium).

Gracey, Lt. R. L., D.S.O., E. Lan. Divl. Eng. R.E. } White Eagle, 5th Class, with swords (Serbia)

Graham, Maj. C., D.S.O., North'n R. } Nile, 4th Class (Egypt)

Graham, Bt. Lt.-Col. C.L., 4 Hrs. } Nile, 3rd Class (Egypt).

Graham, Lt.-Col. C. P., C.B.E., D.S.O , ret pay } Agricultural Merit, Officer (France).

Graham, Maj.-Gen. Sir E. R., K.C.B., K.C.M.G., Col. Ches. R., p.s.c. } Legion of Honour, Comdr. (France). Star, Grand Officer (Roumania)

Graham, Maj. J. M. A., D.S.O., 3 Bn. R. Lanc. R. (Capt. ret. pay) } Medjidieh, 4th Class. Osmanieh, 4th Class.

Graham, Col. M. D., C.B., C.M.G., C.V.O., A.D.C. } St. Anne, 3rd Class, with swords (Russia). White Eagle, 3rd Class, with swords (Serbia). Rising Sun, 3rd Class (Japan) Leopold, Officer (Belgium) Wen-Hu, 2nd Class (China) Legion of Honour, Officer (France)

Graham, Gen. Sir S. J., K.C.B., ret. R. Mar. } Osmanieh, 4th Class.

Graham, Capt. W. P. G., M.B., late Res. of Off. } Osmanieh, 4th Class.

Grahame, Capt. C. E., M.C., Res. of Off. } Legion of Honour, Knight (France)

Granard, Temp, Lt.-Col. Rt. Hon. B. A. W. P. H., Earl of, K.P., G.C.V.O., (Capt. Res. of Off.) } Legion of Honour, Officer (France). White Eagle, 4th Class (Serbia). Redeemer, 3rd Class, Comdr. (Greece.)

Grandison, Temp. Lt. G. M., Labour Corps } Wen-Hu, 5th Class (China).

Grant, Capt. A. C., ret. pay } Medjidieh, 3rd Class. Order of the Nile, 3rd Class (Egypt).

Grant, 2nd Lt. A. J. S., 4 Bn R. Suss R. } Crown, Knight (Belgium)

Grant, Bt. Col. C. J. C., D.S.O., C. Gds., p.s.c. } Legion of Honour, Knight (France) Crown, Comdr. (Belgium).

Grant, Temp. Lt. H. F. } Black Star, Knight (France)

Grant, Bt. Maj. J. C. H., 3 Bn. R. Scots. } Legion of Honour, Knight (France)

Grant, Maj. Gen. P. G., C.B., C.M.G., O.B.E. } Nile, 3rd Class (Egypt). Avis (Mil.), Grand Officer (Portugal).

Grant, Col. S., ret. pay } Osmanieh, 4th Class.

Grant, Col. (temp. Brig.-Gen.) W., D.S.O., Aust. Imp. Force } Nile, 3rd Class (Egypt).

Grant-Dalton, Capt. S., D.S.O., York. R } Nile, 4th Class (Egypt)

Gratton, Bt. Lt.-Col. A. P., R. Mar. } St. Stanislas, 2nd Class, with swords (Russia).

Granville, A., late Capt. Unattd. List (T.F.) } Medjidieh, 4thClass. Osmanieh, 3rd Class

Granville. Maj. C., O.B.E, 3 Bn. Devon. R. } Nile, 3rd Class (Egypt)

Graves, Capt. B., R.A.O.C. } Avis (Mil.), Knight (Portugal).

Graves, Maj. P., late Gen. List. } Crown, Knight (Italy). Legion of Honour, Knight (France).

Graves, Temp. Capt. R. W., C.M.G., O.B.E. } Legion of Honour, Knight (France) Redeemer Officer (Greece)

Gray, Lt.-C l, C. L. R., D.S.O., R.A } Legion of Honour, Knight (France).

Gray, Bt. Lt.-Col. C. O. V. C.M.G., D.S.O., ret. pay, p.s.c. } Legion of Honour, Knight (France).

Gray, Capt. D. D., R.F.A. (T.F.) } Crown, Knight (Belgium).

Gray, Lt.-Col. G. D., O.B.E., M.D., late R.A.M.C. } Wen-Hu, 4th Class (China).

Gray, Capt. W.E., D.S.O., M.C., Rif. Brig. } Nile, 3rd Class (Egypt).

Gray, Temp. Lt. W. L. } Nile 5th Class (Egypt).

Grayson, Maj. H. A., M.C., late Tank Corps } Leopold, with Palm, Knight (Belgium)

Grayson, Hon. Lt.-Col. H.M., late R. Mar. } Crown, Comdr. (Italy). Leopold 2nd Comdr. (Belgium.

Greaves. Temp. Lt. L. B., M.C., Servs. Bns. S. Wales Bord. } White Eagle, 5th Class, with swords (Serbia).

Green, Bt. Col. (temp. Brig.-Gen.) A. F. U., D.S.O., C.M.G., R.A., p.s.c. } St. Maurice & St. Lazarus Officer (Italy). Legion of Honour, Officer (France). Avis (Mil.), Grand Officer (Portugal) Leopold, Officer (Belgium)

Green, Col. A. O., ret. pay, p.s.c. } Medjidieh, 4th Class.

Green, Capt. D. H., O.B.E., M.C., R.E. Spec. Res. } Crown, Knight (Roumania).

Green, Bt. Col (temp. Brig.-Gen.) H. C. R., C.B., C.M.G., D.S.O., K.R. Rif. C. } Crown, Comdr. (Belgium).

Green, Lt.-Col. H. P., 3 Bn. Bedf. & Herts. R. (H) } Agricultural Merit, Knight (France).

Green, Bt. Maj. S. H., D.S.O., M.C., W. York. R. } Crown, Officer (Belgium)

Foreign Orders

Green, Bt Lt.-Col.(temp Brig. Gen.) W., D.S.O., R. Highrs. } Legion of Honour, Officer (France).

Green-Armytage, Capt. V. B., Ind. Med. Serv. } Legion of Honour, Knight (France), White Eagle, 5th Class, with swords (Serbia).

Greene, Capt. W. A., M.C., Bucks.Bn. Oxf. & Bucks. L.I. } Crown, Knight (Italy).

Greenhough, Temp. Lt.-Col. (temp Col.) F. H., D.S.O., R.E. } Legion of Honour, Knight (France).

Leopold, Officer (Belgium)

Greenlees, Temp. Capt J. R. U., D.S.O., MB. R.A.M.C. } Legion of Honour, Knight (France).

Greenly, late Maj.-Gen. W. H., C.M.G., D.S.O., p.s.c. [L] } St. Anne, 2nd Class, with swords (Russia). Star with swords, Grand Officer (Roumania). White Eagle, 2nd Class, with swords (Serbia). Legion of Honour, Comdr. (France)

Greenstreet, Bt. Lt.-Col C. B., R.E. } White Eagle, 3rd Class, with swords (Serbia).

Green-Wilkinson, Lt.-Col. L. F., C.M.G. ret. pay (Res. of Off.) p.s.c., q.s. } Medjidieh, 4th Class. Osmanieh, 4th Class. Legion of Honour, Knight (France).

Greenwood, Temp. Capt A. A., M.B., R.A.M.C. } St. Sava, 4th Class (Serbia).

Greenwood, Lt M. R.A. Crown, Knight(Belgium)

Greenwood, Maj. R. C., High. L.I. } Nile, 4th Class (Egypt).

Gregorie, Bt. Lt.-Col. H. G., D.S.O., R. Ir. Regt. } Legion of Honour, Officer (France)

Greiffenbagen, Temp. Lt. E., R.A.S.C. } White Eagle, 5th Class, with swords Serbia).

Grellier, Temp Capt.C., M.C.,10 Bn. Hamp. R. } White Eagle, 5th Class (Serbia)

Grenfell, Field-Marshal Rt. Hon. F. W., Lord, G.C.B., G.C.M.G., Col. Comdt.K.R.Rif.C.,Col. 1 L.G. q.s. } Medjidieh, 1st Class. Osmanieh, 1st Class.

Grey, Capt. G. O. R , late R.A.V.C. } El Nahda, 4th Class (Hedjiz)

Grey, Capt. R., D.S.O , G. Gds. } Legion of Honour, Knight (France).

Grey, Hon. Maj.-Gen. W. H., late R.E. } St. Maurice and St. Lazarus, Officer (Italy). White Eagle, 5th Class (Serbia)

Gribble, Hon. Maj. G., Qr.-Mr. ret. pay. } White Eagle, 5th Class, with swords (Serbia).

Gribbon, Bt. Lt.-Col. W. H., C.M.G., & Lanc. R., p.s.c. l. } St. Anne, 3rd Class, with swords (Russia).

Grierson, Maj. A., G. W., R. Mar. } St. Anne, 3rd Class, with swords (Russia).

Griffin, Lt. O. K., late Serv. Bn. R.W. Surr. R. } Crown, Knight (Belgium)

Griffith, Hon. Brig.-Gen. C. R. J., C.B., C.M.G., D.S.O. } Legion of Honour, Officer (France).

Griffith, Lt.-Col. G. R., D.S.O., ret. pay } Medjidieh, 2nd Class. Osmanieh, 4th Class.

Griffith, Lt. H. L. W. } Agricultural Merit, Knight (France).

Griffith, Lt.-Col. J. J., D S.O., F.R.C.V.S., Res. of Off. } Agricultural Merit, Knight (France).

Griffiths, Maj F. H., R. Mar. } Rising Sun, 4th Class (Japan).

Grimston, Hon. Brig.-Gen. S. B., C.M.G., ret. Ind. Army } Legion of Honour, Officer (France).

Grogan, Bt. Col. Sir E. G. B., Bt., D.S.O., Rif Brig., p.s.c. [L] } Redeemer, 3rd Class. Comdr. (Greece).

Grogan, Hon. Lt.-Col. G. M., D.S.O., ret. pay. } Crown, Officer (Italy).

Grove, Maj.-Gen. Sir C., K.C.B., ret. pay, Col. E. York R., p.s.c. } Osmanieh, 4th Class.

Grove, Lt.-Col. (temp. Col.) P. L., e. } Legion of Honour, Knight (France).

Grove, Bt. Lt.-Col. T T C M.G., D. S.O., R.E. p.s.c. [L] } Legion of Honour, Officer (France).

Groves, Lt.-Col. J. E. G., C.M G., TD, late 5 Bn. Ches. R } Agricultural Merit, Officer (France).

Groves, Maj. P. R. C., D.S.O., Shrops. L.I. } White Eagle, 4th Class, with swords (Serbia).

Grubb, Bt Col. A H. W., C.M.G , D.S.O., R.E. } Redeemer, 3rd Class, Comdr. (Greece.) Legion of Honour, Officer (France).

Grubb, Bt.Lt.-Col. H. W., C M.G., D.S.O., Bord. R., p.s.c. } Agricultural Merit, Officer (France).

Grune, Capt. E. S. C., Suff R. } White Eagle, 5th Class (Serbia).

Guest, Capt Rt.Hon.F.E., D.S.O.,C.B.E.,Res,ofOff. } Legion of Honour, Knight (France).

Guggisberg, Hon Brig.-Gen. F. G., C.M.G., D.S.O., ret. pay, i a". } Legion of Honour, Knight (France).

Guimaraens, Temp Lt. P. F. F., R.A.O.C. } Aviz (Mil.) Knight (Portugal).

Guinness, Capt. O. C., O.B.E., Worc. R. } Crown, Knight (Roumania).

Guinness, Lt.-Col. Hon. W. E., D.S.O., TD, T.F. Res. } Crown, Officer (Roumania).

Guise, Capt. P. S., T.F. Res. } White Eagle, 5th Class, with swords (Serbia).

Gunn, Local Maj. J. A. } White Eagle, 4th Class, with swords (Serbia).

Gunn, Temp. Lt. T. B , M.C., Serv. Bns. Ches.R. } White Eagle, 5th Class, with swords (Serbia).

Gunnell, Temp. Lt. T. H., R A.S C } White Eagle, 5th Class, with swords (Serbia).

Gunter, Maj. A.C., D.S.O., R.A. } Star Officer (Roumania)

Gunther, Temp. Lt. R. J., Gds M.G. Regt. } Star, Knight (Roumania).

Subadar-Maj. Gurmukh Singh, Ind. Army. } Karageorge, 4th Class, with swords (Serbia).

Gurney, Capt. L., R.A. Crown, Knight(Belgium)

Gurney, Capt., North'n R. } Crown Knight (Italy). Legion of Honour, Knight (France). Crown, with War Cross, Officer (Belgium).

Gurrey, Temp. Capt. F. D., M.C., R E. } Legion of Honour, Knight (France).

Guthrie, Lt. A., 4 Bn. R. Sco. Fus. } Leopold, with War Cross, Knight (Belgium).

Guthrie, Temp. 2nd Lt. A. (2nd Lt. Ind. Vols.) } White Eagle, 5th Class, with swords (Serbia).

Guthrie, Lt. Sir C.T. R.S., K.B.E., G. Gds. Spec Res } Legion of Honour, Knight (France).

Guy, Temp Maj. O. V. D.S.O.,M.C.,Tank Corps } Legion of Honour, Knight (France).

Gwatkin, Col. (temp. Maj. Gen.) W. G., C.B., C.M.G., p.s.c. } St. Sava, 2nd Class (Serbia) Crown Comdr. (Belgium).

Gwynn, Bt. Col. C. W., C.B., C.M G , D.S.O., R.E., p.s.c., e. } Legion of Honour, Officer (France).

Gwynn, late Temp. Capt. S. L. } Legion of Honour, Knight (France).

Foreign Orders

Habershon, Bt. Maj C. B., S. Wales Bord. } White Eagle, 5th Class, with swords (*Serbia*).

Hacket-Thompson, Hon. Brig.-Gen. F., *C.B.* } Osmanieh, 4th Class.

Hadfield, Temp. Capt. R. H., R.A.M.C. } Nile, 4th Class (*Egypt*).

Hadoro, Maj. A. L., *C.M.G.*, Norf. R. } Nile, 4th Class (*Egypt*).

Haes, Temp.Capt.C P M., R.A.S.C. } Avis (*Mil.*) Knight (*Portugal*). Black Star, Offi er (*France*).

Haider, Ali Khan, Lt.-Col., Bahadur Imperial Service Troops } St. Stanislas, 3rd Class, with swords (*Russia*).

Haig, Maj. A. G., *D.S.O.*, *C.M.G.*, R.A. } St. Anne, 3rd Class, with swords (*Russia*).

Haig, Field - Marshal D., *Earl*, *K.T.*, *G.C.B.*, *G.C.V.O.*,*K.C.I.E.*,*p.s.c.* } Legion of Honour, Grand Cross (*France*). Leopold, Grand Cordon (*Belgium*). St. Maurice & St. Lazarus, Knight Grand Cross (*Italy*). Danilo, 1st Class (*Montenegro*). Karageorge, 1st Class, with swords (*Serbia*). St Michael the Brave, 2nd Class (*Roumania*). St. George, 4th Class (*Russia*). Rising Sun with Paulowina, Grand Cordon (*Japan*). Tower and Sword Grand Cross (*Portugal*). Michael the Brave, 1st Class (*Roumania*). Rama for Military Merit, 1st Class (*Siam*). Chia-Ho, 1st Class. "Ta-Shou-Pao-Kuang" (*China*).

Haig, Temp. Capt. J. A., *O.B.E.*, R.A.S.C. } Legion of Honour, Knight (*France*).

Haking, Lt.-Gen. *Sir* R. C. B., *K.C.B.*, *p.s.c.* } Legion of Honour, Comdr. (*France*). St. Vladimir, 4th Class, with swords (*Russia*). Crown, Grand Officer (*Italy*). Avis (*Mil.*) 1st Class (*Portugal*). Crown, with Cross of War, Grand Offi er (*Belgium*). Christ, Grand Officer (*Portugal*).

Haldane, Lt.-Col. C. L., *C.M.G.*, Ind. Army [l] } Nile, 4th Class (*Egypt*).

Haldane, Lt.-Gen. *Sir* J. A. L., *C.B.*, *D.S.O.*, *p.s.c.* [l] } Sacred Treasure, 3rd Class (*Japan*). Crown, Grand Officer (*Belgium*). Legion of Honour, Comdr. (*France*).

Hale, Col. T. W., *C.B.*, *C.M.G.*, R.A.O.C. } Medjidieh, 4th Class.

Hall, Lt.-Col. D. K. E., *C.M.G.*, 3 Bn. Dorset. R (Bt. Lt.-Col. Res. of Off.) } White Eagle, 4th Class, with swords (*Serbia*). Medjidieh, 3rd Class. Redeemer, 3rd Class, (*Greece*).

Hall, Lt.-Col. E. F., *C.M.G.*, R.A. } Legion of Honour, Officer (*France*).

Hall, Capt. E. G., *C.I.E.*, 117 Mahrattas. } Karageorge, 4th Class, with swords (*Serbia*).

Hall, Maj. G. C. M., *C.M.G.*, *C.B.E.*, *D.S.O.*, Res. of Off. } Osmanieh, 3rd Class Medjidieh, 2nd Class.

Hall, Maj. G. L., *O.B.E.*, R.E. } Legion of Honour, Knight (*France*).

Hall, Capt. H. G. L., *O.B.E.*, R.A.S.C. } White Eagle, 4th Class, with swords (*Serbia*).

Hall, Lt.-Col. (*temp. Brig - Gen.*) J. H., *C.M.G.*, *D.S.O.*, Midd'x R. } Crown, Comdr. (*Roumania*).

Hall, late Temp. Capt. M. A. } Crown, Knight (*Belgium*).

Hall, Capt. R., *O.B.E.*, R. W. Fus. } Nile, 3rd Class (*Egypt*).

Hallowes, Maj.-Gen. H. J., ret. pay } Legion of Honour, Comdr. (*France*).

Halse, Temp Capt. E. A., Serv. Bns, E. York. R. } Crown, Knight (*Italy*).

Halse, Bt -Col. S. C., *C.M.G.*, R,A. } Crown Officer (*Belgium*). Legion of Honour, Knight (*France*).

Halsted, Capt. J.G.,*M.C.*, N. Lan. R. } Agricultural Merit, Knight (*France*).

Hamblen, Temp. Capt. L T., Lab. Corps } Nile, 4th Class (*Egypt*).

Hambro, Bt. Col. (*temp. Brig.-Gen.*) P. O., *C.B.*, *C.M.G.*, *p.s.c.* } St. Vladimir, 4th Class. with swords (*Russia*). Avis (*Mil.*),Grand Officer (*Portugal*). Ag icultural Merit, Comdr. (*France*).

Hamersley, Capt. A. H St. G., *M C.*, Shrops. L.I. } Crown Knight (*Roumania*).

Hamersley, Maj. H.St.G., *D.S.O.*, R.A., *g.* } Leopold, Knight (*Belgium*). Black Star, Officer (*France*).

Hamilton, Maj. A. C., ret. pay } Legion of Honour, Knight (*France*).

Hamilton, Gen. *Sir* B. M., *G.C.B.*, *K.C.V.O.*, *p.s.c.* } Crown. Grand Officer (*Italy*).

Hamilton, Lt.-Col. C.L.C., *C.M.G.*, *D.S.O.*, R.A. } Avis (*Mil.*) Comdr. (*Portugal*).

Hamilton, Capt. *Lord* C. N.,*D.S.O.*,*M.V.O.*G.Gds. } Crown Officer (*Italy*).

Hamilton, Capt. E. G., *C.M.G.*, *D.S.O.*, *M.C.*, Conn. Rang. } St. Stanislas, 3rd Class, with swords (*Russia*).

Hamilton, Maj. F. A. C., *M.C.*, Sco. Rif. } St. Stanislas, 3rd Class, with swords (*Russia*).

Hamilton, Temp. Maj. F. L., *M.C.*, 7 Bn. K.O. Sco. Bord. } Legion of Honour, Knight (*France*).

Hamilton of D lzell, Maj. G.G , *Lord*, *K.T.*,*C.V.O.*, *M.C.* (Res. of Off.) } Legion of Honour, Knight (*France*).

Hamilton, Maj. - Gen. H. I. W., *C.V.O.*, *C.B.*, *D.S.O.*, *p.s.c.* } Osmanieh, 4th Class.

Hamilton, Gen. *Sir* I. S.M., *G.C.B.*, *G.C M.G.*, *D.S.O.*, ret. pay, Col. Gord. Highrs., *q.s.* } Sacred Treasure (*Japan*). Legion of Honour, Grand Officer (*France*).

Hamilton, Bt. Maj. J. M., *D.S.O.*, Gord. Highrs. } Legion of Honour, Officer (*France*).

Hamilton, Maj. N. C., *D.S.O.*,*O.B.E.*, R.A.S.C. } Crown, Officer (*Roumania*).

Hamilton, Col. P. D.,*C.B.*, *C.M.G.*, *g.* } Savoy, Officer (*Italy*).

Hamilton, Temp. Capt. R. J., *O.B E.* } Black Star, Officer (*France*).

Hamilton, Bt. Lt.-Col. W. A., ret pay } White Eagle, 3rd Class, with swords (*Serbia*).

Hamilton, Maj. W. H., *C.I.E.*,*D.S.O.*, Ind. Med. Serv. } Crown, Knight (*Italy*).

Hamilton-Cox. Maj. A., ret. R. Mar. } Avis (*Mil.*), Comdr. (*Portugal*).

Foreign Orders

Hamilton - Gordon, Lt.-Gen. Sir A., K.C.B., p.s.c. — Crown, Grand Officer (Belgium). Legion of Honour, Comdr.

Hammans, Capt. A. J. S., M.C., D. of Corn. L.I. — Legion of Honour, Knight (France).

Hammersley, Maj.-Gen. F., C.B., p.s.c. ret. pay — Osmanieh, 4th Class.

Hammick, Bt. Lt.-Col. R. T., D.S.O., R.A. — Nile, 3rd Class (Egypt).

Hammond, Bt. Lt.-Col. (temp. Col.) F.D., D.S.O., R.E. — Legion of Honour, Officer (France).

Hammond, Capt. F. S., D.S.O., 1t Bn. Lond. R. — Nile, 3rd Class (Egypt).

Hampden, Hon. Brig.-Gen. T. W., Visct., C.B., C.M.G., ret. pay (Col. Terr. Force) — Legion of Honour, Officer (France).

Hanau, Temp. Lt. J., R.A.S.C. — White Eagle, with Swords, 4th Class (Serbia). St. Maurice and St Lazarus, Knight (Italy).

Hanbury, Bt. Lt.-Col. P. L., C.M.G., D.S.O., Shrops. L.I., p.s.c. — Redeemer, 4th Class, Officer (Greece). White Eagle, 4th Class, with swords (Serbia). Legion of Honour, Officer (France).

Hanbury-Williams, Maj.-Gen. Sir J., K.C.V.O., C.M.G., ret. pay — Medjidieh, 5th Class. St. Anne, 1st Class, with swords Russia). St. Vladimir, 3rd Class, with swords (Russia).

Handley, Bt. Lt.-Col. A., C.B., ret. pay. — Crown, Officer (Italy).

Hankey, Capt. Sir M. P. A., G.C.B., Res. of Off. — Legion of Honour, Officer (France). Crown, Comdr. (Italy).

Hankey, Capt. T.B., M.C., late Gen. List — Legion of Honour, Knight (France).

Hanlon, Capt. D. R., R.A. — Legion of Honour, Knight (France).

Hannay, Maj. C. C., Dorset R. — White Eagle, 4th Class, with swords (Serbia).

Harbord, Lt.-Col. (temp Brig.-Gen.) C.R., C.M.G., D.S.O., Ind. Army. — Nile, 3rd Class (Egypt).

Hardcastle, Lt.-Col. E.L., D.S.O., R.A., g. — Legion of Honour, Knight (France).

Hardcastle, Bt. Lt.-Col. R.N., D S.O., Manch. R. — St. Anne, 3rd Class, with swords (Russia).

Harding Newman, Bt. Col. E., C.M.G., D.S.O., R A., g — St. Stanislas, 3rd Class with swords (Russia).

Harding Newman, Bt. Col. J. G., C.B., Essex R., p s c. — Crown, Officer (Italy). Legion of Honour, Officer (France).

Hardress Lloyd, Temp. Maj. J., D.S.O., R. Innis. Fus. — Legion of Honour, Knight (France).

Hardy, Bt. Lt.-Col. F., C. Gds. — Legion of Honour, Knight (France).

Hare, Lt. J. F., K.R. Rif. C. — Nile, 4th Class (Egypt).

Hare, Col. R. C., C.B., ret. pay, p.s.c. — Medjidieh, 4th Class

Hare, Col. R. H., C.B., C.M.G., D.S.O., M.V.O., p.s.o., g. [L]. — Redeemer, 3rd Class, Comdr. (Greece). Legion of Honour, Officer (France).

Hare, Maj.-Gen. Sir S. W., K.C.M.G., C.B. — Karageorge, 3rd Class, with swords (Serbia). Nile, 2nd Class (Egypt).

Harington, Maj.-Gen. Sir C. H., K.C.B., D.S.O., p.s.c. — Legion of Honour, Comdr. (France). Leopold, Comdr. (Belgium), St. Anne, 2nd Class, with swords (Russia). St. Maurice and St. Lazarus Comdr. (Italy). Rising Sun, 2nd Class (Japan).

Harington. Lt.-Col. J., C.M G., D.S.O., Rif. Brig. — Legion of Honour, Knight (F.ance).

Harkness, Bt. Col. H. D'A., C.B., ret. pay — Osmanieh, 4th Class.

Harman, Col. A. E W., D.S.O., h.p. — Legion of Honour, Comdr. (France).

Harman, Lt. E. J. F., 6 Bn. Suff. R. — Crown, Knight (Belgium).

Harman, Maj. F. de W., D.S.O., Norf. R. — Medjidieh, 4th Class. Nile, 3rd Class (Egypt).

Harman, Lt. L. D'O., D.S.O., R. Mar. — Legion of Honour, Knight (France).

Harper, Lt A. H, late Garr. Bn. Suff. R. — Agricultural Merit, Knight (France). Legion of Honour, Commander (France).

Harper, Lt.-Gen. G. M., K.C.B., D.S.O., p.s.c. [l] — Leopold with palm. Grand Officer (Belgium). White Eagle, 1st Class (Serbia).

Harper, Lt.-Col. J. R., C.B.E., TD, R.A.M.C. (T.F.) — Avis (Mil.), Comdr. (Portugal).

Harrington, Capt. A. W., M.D., R.A.M.C. (T.F.) — St. Sava, 4th Class (Serbia)

Harrington, Maj. Sir J.L., K.C.M.G., K.C.V.O., C.B., ret. Ind. Army — Star of Ethiopia, 3rd Class (Abyssinia).

Harris, Temp. Capt. G.S., O B.E., R.A.S.C. — Agricultural Merit Knight (France).

Harris, Bt. Lt.-Col. O. M., D.S.O., R.A. — Crown, Knight (Italy).

Harrison, Bt. Maj. E. G., C.B., D.S.O., ret. pay — Brilliant Star of Zanzibar, 2nd Class.

Harrison, Bt. Maj. E. G. W. W., M.C., R.G.A. — Crown Knight (Italy).

Harrison, Col. (temp. Brig.-Gen.) G.H., C.M.G., R.E. — Crown, Comdr. (Belgium).

Harrison, Bt. Lt.-Col. G. H., D.S.O., Bord. R. — Legion of Honour, Knight (France).

Harrison, Capt. G. K., 5 Bn. E. Surr. R. — Legion of Honour, Knight (France).

ℳ Harrison, Gen. Sir R., G.C.B., C.M.G., ret. pay, Col. Comdt. R.E., p.s.c — Osmanieh, 3rd Class.

Harsant, Lt. A. G., R.A.M.C. — St. Sava, 5th Class (Serbia).

Hartley, Temp. Capt. E. G. J. — St. Maurice and St. Lazarus, Knight (Italy).

Hartley, Temp. Capt. G., R.E. — Agricultural Merit, Knight (France).

ℳ Hart, Lt.-Gen. Sir R. C., K.C.B., K.C.V.O., p.s.c. — Osmanieh, 4th Class.

Hart, Maj. R. S., D.S.O., Notts. & Derby. R. — Nile, 4th Class (Egypt).

Hartington, Capt. B. W. S., Marq. of. M.B.E., Derby. Yeo. (Hon. Col. 6 Bn. Notts. & Der. y R.) — Legion of Honour, Knight (France)

Hart-Synnot, Hon. Brig.-Gen. A. H. S., C.M.G., D.S.O., ret. pay, p.s.c. [L] — Sacred Treasure, Comture (Japan). Legion of Honour, Knight (France).

Foreign Orders

Harvey, Temp. Capt. C. D. — Nile, 4th Class (*Egypt*).

Harvey, Temp. Lt.-Col. F. G., *C.B.E.,D.S.O (Lt.-Col. S. Def. Forces).* — Legion of Honour, Officer (*France*).

Harvey, Miss M. A., *R.R.C. T.F. Nurs. Serv.* — Christ Officer (*Portugal*).

Harwood, Lt. L. R., R.E. (T.F.) — Crown, Knight (*Italy*).

Hassard, Col. E. M., h.p. — Avis (*Mil.*), Comdr. (*Portugal*).

Haselden, Capt. E. N., late R.A.S.C. — Crown, Knight (*Italy*).

Haslett, Temp. Maj. H. R. 17 Bn. R. Ir. Rif. — Legion of Honour, Knight (*France*).

Hastings, Col. (T.F.) J. H., *D.S.O., O.B.E.,* TD (*Lt.-Col. ret. T.F.*) — Legion of Honour, Officer (*France*).

Hastings, Maj. N. F., *D.S.O.,* N.Z. Mil. Forces — Legion of Honour, Knight (*France*).

Hatch, Capt. G. P., *C.M.G.,* ret. — Brilliant Star of Zanzibar, 1st Class, 2nd Grade.

Hattie, Capt. J. B, Labour Corps. — Wen-Hu, 5th Class (*China*).

Hatton, Maj. C., N. Mid. Divl. R.E. — Legion of Honour, Knight (*France*).

Haward, Temp. Capt. W., *M.B.,* R.A.M.C. — St. Sava, 4th Class (*Serbia*).

Hawes, Temp. Lt. C. E., R. Dub. Fus. — White Eagle, 5th Class, with swords (*Serbia*).

Hawes, Maj.C.M., *D.S.O.,* 20 Inf. — White Eagle, 5th Class, with swords (*Serbia*).

Hawes, Bt. Lt.-Col. G. E., *D.S.O., M.C.* R. Fus. — Legion of Honour, Knight (*France*).

Hawes, Capt.L.A.,*D.S.O., M.C.,* R.A. — Crown, Knight (*Italy*).

Hawker, Lt.-Col. (temp. Brig.-Gen.) C. J., *C.B.E., C.M.G.* — Medjidieh, 2nd Class. Osmanieh 3rd Class.

Hawkes, Maj. W. C. W., *D.S.O.,* Ind. Army. — Legion of Honour, Knight (*France*).

Hawkins, Temp. Capt. E. E., R.E. — St. Sava, 5th Class (*Serbia*).

Hawksley, Maj. (temp. Brig.-Gen.) R. P. T., *C.M.G., D.S.O.,* R.E. — White Eagle, 4th Class, with swords (*Serbia*). Nile, 3rd Class, (*Egypt*).

Hay, Lt.-Col. A. G., *M.D.,* R.A.M.C.(T.F.) — St. Sava, 3rd Class (*Serbia*).

Hay, Maj.-Gen. E. O., *C.B.,* ret. pay, *g.* — Medjidieh, 4th Class.

Hay, Bt. Lt.-Col. H. G. FitzG, R.A., *g.* — Legion of Honour, Knight (*France*).

Hay, Lt. J. P., R.G.A., Spec. Res. — Wen-Hu, 5th Class (*China*).

Hay, Hon. Lt. J. S. — Legion of Honour, Knight (*France*).

Hay, Lt. J. S., R F.A., Spec. Res. — Wen-Hu, 5th Class (*China*).

Hay, Capt. P. S., ret. — St. Stanislas, 3rd Class (*Russia*).

Hayes, 2 Lt. F. D., ret. — Black Star, Knight (*France*).

Hayes-Sadler, Maj. W., ret. pay — Medjidieh, 2nd Class. Osmanieh, 4th Class.

Hayley, Lt.-Col. S. T., *O.B.E.,D.S.O.,*R A.O.C., *p.a.c., e.* — Crown, Knight (*Italy*).

Haynes, Lt.-Col. K. E., *C.M.G., C.B E.,* R.A., *g.* — St. Stanislas, 2nd Class (*Russia*). Crown, with swords Knight (*Roumania*). Star of Roumania, with swords, Knight (*Roumania*).

Hayward Temp. (Hon.) Lt. G. D. — St. Stanislas, 2nd Class. with swords (*Russia*). Crown, Knight (*Roumania*). Star with swords, Knight (*Roumania*).

Hayward,Temp Lt.J.T., *M.C.,* R.E. — Crown, Knight (*Roumania*).

Haywood, Bt. Lt.-Col. A.H.W.,*D.S.O., C.M.G.,* R.A. [L] — Legion of Honour, Officer (*France*)

Hazelton, Col. P. O., *C.B., C.M.G.* — Crown, Comdr. (*Belgium*).

Head, Bt. Lt.-Col. M. R — Leopold, Officer (*Belgium*).

Headlam, Bt. Col. (temp. Brig.-Gen.) H. R., *C.M.G.,* York & Lanc. R., p.s.c. — Medjidieh, 4th Class. Osmanieh, 4th Class. Legion of Honour, Officer (*France*). St. Anne, 1st Class, with swords (*Russia*).

Headlam, Maj.-Gen. J.E. W., *C.B., D.S.O.* — Legion of Honour, Comdr. (*France*).

Hearn, Maj. H. S., R.A. — Nile, 4th Class (*Egypt*).

Hearne, Capt. E.,*O.B.E.* R.A.V.C. — Agricultural Merit Knight (*France*).

Hearne, Lt.-Col. (temp. Col.) W. W., C'wealth Mil Forces. — St Maurice & St. Lazarus, Knight (*Italy*).

Hearson,Maj.J.G., *C.B., D.S.O.,* R.E. — St. Anne, 3rd Class, with swords (*Russia*).

Heath, Temp Capt.F.C., Labour Corps — Star, Knight (*Roumania*).

Heath, Maj.-Gen. G. M., *K.C.M.G., C.B., D.S.O., p.s.c., e.,* ret. pay — St. Stanislas, 1st Class, with swords (*Russia*).

Heath, Bt. Lt.-Col. R. M., *C.M.G.,D.S.O.,* Midd'x R. — Osmanieh, 3rd Class. Medjidieh, 3rd Class.

Heathcote, Bt. Lt.- Col. C.E.,*C.B ,C.M.G ,D.S.O.,* Yorks. L.I.

Heathcote, Maj. R. W., ret. R. Mar. — Medjidieh, 4th Class.

Hebbert,Col.W.S.,ret.pay — Medjidieh, 3rd Class

Hedley,Col.W.C., *K.B.E C.B., C.M.G.,* R.E. — Legion of Honour, Officer (*France*). Leopold, Officer(*Belgium*). Crown Officer (*Belgium*).

Heerajee Jehangir Manockjee Cursetjee, *M.B.,* Capt. Ind. Med. Serv. — White Eagle, 5th Class, with swords (*Serbia*).

Hegan, Temp. Lt. H., Mach. Gun Corps — Leopold, with War Cross, Knight. (*Belgium*).

Heilbron. Capt. I M., *D.S.O.,* R.A.S.C. (T.F.) — Redeemer Officer (*Greece*).

Heinekey, Lt. G. A., 4 Hrs. — Nile, 4th Class (*Egypt*).

Helbort, Temp. Lt.-Col. G. G., *C.B.E.* — Legion of Honour, Officer (*France*).

Helsham - Jones, Col. H. H., ret. pay, p.s.c. — Medjidieh, 3rd Class.

Henderson,Capt.A. M., *O.B.E.,* R.A. — St. Anne, 4th Class (*Russia*).

Henderson, Lt.-Col. (temp Brig.-Gen.) Sir B. H., *K.C.M.G., C.B ,* R.E. — Crown, Comdr. (*Belgium*). Legion of Honour, Officer (*France*).

Henderson, Capt. C. E. P., R.A. [L] — Legion of Honour, Knight (*France*).

Henderson, Lt.-Gen. Sir D., *K.C.B., D.S.O., p.s.c.* — Legion of Honour, Comdr. (*France*). Crown, Grand Officer (*Belgium*). White Eagle, with swords (*Russia*). Sacred Treasure, Grand Cordon (*Japan*). Crown, Grand Officer (*Italy*).

Henderson,Lt.-Col. Hon. H. G., T.F. Res. — Rising Sun, 3rd Class (*Japan*).

Henderson,Lt J G.,*M.C.* R.E. Spec. Res. — White Eagle, 4th Class (*Serbia*).

Henderson, Temp. Capt. J M., Serv. Bns. R. Ir. Rif. — Redeemer, Knight (*Greece*).

Henderson, Bt. Maj. M., *D.S.O.,* R. Scots — Legion of Honour, Knight (*France*). St.Maurice & St.Lazarus, Knight (*Italy*).

Henderson, Temp. Lt. T. A., *M.C.,* R. Highrs. — St.Vladimir, 4th Class, with swords (*Russia*).

Foreign Orders

Heneage, Maj. A. P., D.S.O., R.A. } White Eagle, 4th Class, (Serbia).

Heneage, Lt. T. E., ret } White Eagle, 5th Class (Serbia).

Heneker, Maj. Gen. W C. G., C.B., D.S.O. } Legion of Honour, Comdr. (France).

Henniker, Lt.-Col. A. M., C.B.E., R.E. } Legion of Honour, Officer (France). Crown Officer Belgium).

Henry, 2nd Lt. G. C } White Eagle, 5th Class, with swords (Serbia).

Henvey, Lt.-Col. R., C.M.G., D.S.O., R A. } Black Star. Officer (France). Redeemer, Officer (Greece).

Herbert, Capt. Hon. A. N. H. M., I Gds. } White Eagle, 5th Class, with swords (Serbia).

Herbert, Hon. Brig.-Gen. E. A, C.M.G., M.V.O., ret pay } White Eagle, 3rd Class, with swords (Serbia).

Herbert, Col. E. S., C.M.G. } Medjidieh, 3rd Class. Osmanieh, 4th Class. Nile, 2nd Class (Egypt).

Herbert, Bt. Lt.-Col. G. M., D.S.O., Dorset R. } White Eagle, 3rd Class with swords (Serbia).

Herbert, Col. (Hon. Brig. Gen.) L. N., C.B., Ind. Army (l) ret. } White Eagle, 3rd Class, with swords (Serbia).

Herbert, Capt. O. C., C.M.G., M.C., ret. pay } Medjidieh, 4th Class. Legion of Honour, Knight (France). St. Anne, 3rd Class, with swords (Russia).

Herbert, Bt. Maj. P. L. W., C M G., Notts. & Derby R. } St Saviour, Grand Commr. (Greece). Nile, 3rd Class (Egypt).

Herbert, Maj. W. N. D.S.O., North'd Fus., p s.c. } Legion of Honour, Knight

Heriz.Smith, Capt.G.V., M.C., 27 Punjabis. } Legion of Honour, Knight (France).

Heron, Maj.G W., D.S.O., O.B.E., R.A.M.C. } Nile, 3rd Class (Egypt.)

Herring, Capt. S. C. E., C'wealth Mil. Forces } Legion of Honour, Knight (France).

Herrod, Lt.-Col. E. E., C.M.G. C'wealth. Mil. Forces. } White Eagle, 5th Class, with swords (Serbia).

Hertz, Lt. E. S., late Bn. W. York. R. } Agricultural Merit, Knight (France).

Hervey-Bathurst, Capt. Sir F. E. W., D.S.O., Bt., ret. pay (Res. of Off.) } Crown, Knight (Italy).

Heseltine, Maj. J E. N., D.S.O., K.R. Rif. C. } Legion of Honour, Knight (France). Crown Officer, (Belgium).

Hesketh-Pritchard, Hon. Maj. H V., D.S.O., M.C. } Avis (Mil.) Comdr. (Portugal).

Hessey, Bt. Col. (temp. Brig.-Gen.) W.F., D.S.O., ret. pay (Res. of Off.) } St. Stanislas, 3rd Class, with swords (Russia).

Hewetson, Lt.-Col. (actg. Col.) H., D.S.O., R.A.M.C. } St. Anne, 2nd Class, with swords (Russia) Crown, Officer (Italy).

Hewitt, Maj.A.C., O.B.E., R Fus. } Nile, 4th Class (Egypt).

Hewson, Capt. F. B., D.S.O., M.C., 3 Bn York & Lanc. R. } Star, Knight (Roumania. White Eagle, 5th Class, with swords (Serbia.

Hey, Capt. W.H.P., M.B., F.R.C.S., R.A.M.C. } Legion of Honour, Knight (France).

Heydeman, Maj. C. A., M.C., 2 D.G. } Legion of Honour, Knight (France).

Heyder, Capt. H. M., M.C., North'd Fus. } Legion of Honour, Knight (France).

Heygate, Bt. Col. R. H. G., D.S.O., ret. pay } Osmanieh, 4th Class.

Heywood, Capt. M. B., D.S.O., M.V.O., North'd Yeo. } Crown, Knight (Belgium) Legion of Honour, Knight (France). Crown, Knight (Italy).

Heywood, Bt.Maj.T.G.G., O.B.E., R.A., p.s.c. [L] } White Eagle, 4th Class (Serbia). Redeemer, 4th Class, Officer (Greece). Legion of Honour, Officer (France).

Hickman, Hon. Brig.-Gen. H. O D., C.B., ret. pay, p.s.c. } Medjidieh, 4th Class.

Hickman, Col. (temp. Brig.-Gen.) T. E., C.B., D.S.O., ret. pay, q.s. } Medjidieh, 4th Class. Osmanieh, 4th Class.

Hicks, Temp. Lt. R. T. B., R.E } Avis (Mil.) Knight (Portugal).

Higgens, Lt. W. S., M.C., R.A. } Crown, Knight (Belgium).

Higgin-Birket, Capt. O.B.E., 3 Bn. Lan. Fus. Hon. Maj. ret. Spec. Res.) } White Eagle, 4th Class (Serbi1).

Higgins, Temp. Lt. E. S., Serv. Bns. R. War. R. } El Nahda, 4th Class (Hedjiz).

Higgins, Bt. Col. J. F. A., C.B., D.S.O., A.F.C., R.A., a. } Legion of Honour, Officer (France).

Higgins, Temp. Maj. W. G., C.B.E. R A.S.C. } Legion of Honour, Knight (France). Agricultural Merit, Officer (France).

Higginson, Col. (temp. Maj.-Gen.) H. W., C.B., D.S.O. } Star, Comdr. (Roumania). Legion of Honour, Officer (France).

C. Higginson, Gen. Sir G. W. A., G.C.B., ret. pay, Col. Worc. R. } Legion of Honour, Knight (France). Medjidieh, 5th Class.

Hignett, Maj. F. L , late R A.S.C. } Redeemer, Knight (Greece).

Hildebrand, Bt. Col. A. B. R., C.M.G., D.S.O , R.E. } Legion of Honour, Officer (France). St. Stanislas, 3rd Class, with swords (Russia). Crown, Officer (Italy). Leopold, with War Cross, Officer (Belgium).

Hildyard, Bt. Lt.-Col. R. J. T., D.S.O., R.W.Kent R., p.s.c. } White Eagle, 3rd Class, with swords (Serbia).

Hill, Capt. A. F., late 5 Bn. R. Highrs. } St. Anne, 3rd Class with swords (Russia)

Hill, Maj, C. W , D.S.O., W. In. Regt. } Nile 3rd Class (Egypt).

Hill, Maj. C. R., D.S O., R.A. } Legion of Honour, Knight (France).

Hill, Bt. Lt.-Col. E. F. J., D.S O. M.C. R.E., i. } Nile, 4th Class (Egypt).

Hill, Capt. F. G., M.C., R.E., Spec. Res. } Nile, 4th Class (Egypt).

Hill, Maj. (temp. Lt.-Col.) G.E.M., D.S.O., E, Lan. R. } Legion of Honour, Knight (France).

Hill, Capt. H., ret. } Leopold, Knight (Belgium).

Hill, Bt. Maj. Sir H. B., Bt., D.S.O., ret. pay } Medjidieh, 4th Class. Osmanieh, 3rd Class.

Hill, Maj. H. W. D., D.S.O., 16 Cav. } White Eagle, 3rd Class, with swords (Serbia).

Hill, Maj.-Gen. J., C.B., D.S O., rgt Ind. Army, A.D.C. } White Eagle, 3rd Class, with swords (Serbia). Nile, 2nd Class (Egypt).

Hill, Capt. J. McA., M.B., late R.A.M.C. } St. Sava, 5th Class (Serbia).

Foreign Orders

Hill, Maj. L. R., O.B.E., R.A. [L] — Rising Sun, 4th Class (Japan). Crown, 3rd Class (Siam). Sacred Treasure, 3rd Class (Japan).

Hill, Temp. Capt. S. E., R.A V.C. — Avis (Mil.), Knight (Portugal).

Hill, Bt. Lt.-Col. W. P. H., C.M.G., D.S.O., R. Fus., p.s.c. — Legion of Honour, Knight (France). Agricultural Merit, Officer (France).

Hilleary, Maj. E. L., O.B.E., TD, 1 Lovat's Scouts Yeo. — White Eagle, 4th Class, with swords (Serbia).

Hilliam, Brig.-Gen. E., C.B., C.M.G., D.S.O., Nova Scotia Regt. — Legion of Honour, Knight (France).

Hills Bt. Lt.-Col. C. E., A.S C., e. — Medjidieh, 4th Class. Osmanieh, 4th Class.

Hills, Miss J., R.R.C., T.F Nurs. Serv. — Christ Officer (Portugal).

Hilton - Green, Capt. H. F.L., D.S.O., M.C., Glouc. R. — Legion of Honour, Knight (France). Star, Officer (Roumania).

Hinde, Bt. Col.A., C.M.G., p.s c. — Legion of Honour. Knight (France).

Hinde, Temp. Capt. S.L., R.A.M.C. — Lion, Cross (Belgium).

Hindle, Temp. Hon Lt.F. — Legion of Honour, Knight (France).

Hindlip, Temp Capt C. A. Lord, O.B.E. — Legion of Honour, Knight (France).

Hines, Temp. Maj J. T., O.B E., M.C., R.E. — White Eagle, 5th Class, with swords (Serbia).

Hiscock, Lt. F., A. Ord. Dept. — Redeemer, 5th Class, Knight (Greece).

Hoare, Bt. Lt.-Col. G. L., C B.E. (Res. of Off.) — Legion of Honour, Knight (France).

Hoare, Hon. Brig.-Gen. (temp. Brig.-Gen.) R., C.M.G., ret. pay. — St. Stanislas, 2nd Class, with swords (Russia).

Hoare, Capt. Sir S. J. G., Bt., C.M.G., T.F.Res. — St. Stanislas, 2nd Class (Russia). St. Maurice & St.Lazarus, Officer (Italy)

Hobbs, Capt. H. F. C., W. York. R. — Nile, 4th Class (Egypt)

Hobbs, Maj.-Gen. Sir J.J., K.C.B., K.C.M.G., VD, Aust. Imp. Force. — White Eagle, 3rd Class, with swords (Serbia).

Hobbs, Maj.-Gen. P. E., F., C.B., C.M.G. — Legion of Honour, Comdr (France).

Hobbs, Bt. Col. R. F. A., C.M.G., D.S.O., p.s.c., R.E. — Savoy, Knight (Italy).

Hobday, Temp. Maj. F.T. G., C M.G., F.R.C.V.S., R.A.V.C. — Agricultural Merit, Officer (France). St. Maurice & St.Lazarus, Knight (Italy)

Hodges, Capt. W. L., 5 Bn. R.W. Surr. R. — St. Stanislas, 3rd Class, with swords (Russia).

Hodgson, Maj.-Gen H.W., K.C.M.G., C.B., C.V.O. — Savoy, Comdr. (Italy). Nile, 2nd Class (Egypt).

Hodgson, Lt. J. H., 8 Bn. W. York. R. — Crown, Knight (Italy).

Hodson, Temp. Lt. A. E — Black Star, Knight (France).

Hodson Temp. Capt., F.L.C., M.C., Serv. Bn. Glouc. R. — Crown, Knight (Italy).

Hodson, Lt. L. P., M.B.E., late Gen. List — Black Star, Knight (France).

Hoey, Maj. C. B. R., R. Dub. Fus. — Star, Officer (Roumania).

Hoffnung-Goldsmid, Lt. C. J., 9 Lrs. Spec. Res. — Crown, Knight (Italy).

Hogg, Maj. C. C. H., C.M.G., R.E. — Legion of Honour, Knight (France).

Hogg, Capt. F., R.A.V.C. — Agricultural Merit, Knight (France).

Hogg, Lt. P. E, — Agricultural Merit, Officer (France).

Hogg, late Bt. Lt.-Col. (temp. Brig.-Gen.) R. E. T., C.M.G., C.I.E., 38 Horse Ind. Army. — Legion of Honour, Officer (France).

Holberton, A. L. (Capt. Res. of Off.) — Crown, Knight (Belgium)

Holberton, Maj. P. V., Manch. R. — White Eagle, 4th Class, with swords (Serbia).

Holbrook, Lt.-Col. C. V., Res. of Off. — Legion of Honour, Officer (France).

Holbrooke, Bt. Col. P. L., C.M.G., D.S.O., R.A., g. — St. Stanislas, 3rd Class, with swords (Russia). Legion of Honour, Officer (France)

Holden, Temp. Capt. E. R., R.A.S.C. — Avis (Mil.), 3rd Class (Portugal)

Holdich, Maj. G. W. V., D.S.O., R.A., p.s.c. [l] — Crown, Officer (Italy) Nile, 4th Class (Egypt). Legion of Honour, Knight (France).

Holdich, Bt. Col. Sir T. H., K.C.M.G., K.C.I E, C.B., ret. pay. — Izzat-i-Afghania (Afghanistan).

Holdsworth, Bt. Col. G L., C.B., C.M.G., ret. pay. — White Eagle, 3rd Class, with swords (Serbia).

Holdsworth, Capt. J. E., O.B.E., 2 D.G. (Res. of Off.) — Agricultural Merit, Knight (France).

Holdsworth, Maj. W., 18 Hrs. — Crown Officer (Roumania).

Hole, Capt. S. H. F., 4 Bn. Notts. & Derby. R. — Crown, Officer (Belgium). Legion of Honour, Knight (France).

Holland, Lt.-Gen. Sir A. E. A., K.C.B., M.V.O., D.S.O., ret pay. g. — Leopold, Comdr. (Belgium). Legion of Honour, Comdr. (France).

Holland, Temp. Lt. E., Lab. Corps — Nile, 4th class (Egypt).

Holland, Temp. Col. G. E., C.M.G., C.I.E., D.S.O. (Temp. Lt.-Col. R.E.) — Leopold, Officer (Belgium). St. Maurice and St. Lazarus, Officer (Italy).

Holland, Capt, H. W., D.S.O., O.B.E., TD, Inns of Court O.T.C. — Legion of Honour, Knight (France). Avis (Mil.), Comdr (Portugal).

Holland, Temp. Capt K. G., O.B.E., R.A.S.C. — El Nahda, 4th Class, (Hedjiz).

Holland, Bt. Lt.-Col. L., D.S.O., Sea. Highrs., p.s.c. — White Eagle, 4th Class (Serbia).

Holland, Temp. Capt. T. H., M.C., R.A. — Legion of Honour, Knight (F ance).

Hollingsworth, Temp. Capt. D. W., 20 Bn. R.Fus. — Legion of Honour, Knight (France).

Hollingsworth, Capt. F. W., Glouc. R., Spec. Res — White Eagle, 5th Class, with swords (Serbia).

Hollins, Bt. Lt.-Col. W. T., R A S,C. — Crown, Officer (Roumania)

Hollocombe, Capt. R., M.C., late S. Staff. R. — Avis (Mil.), 3rd Class (Portugal).

Hollond, Bt. Col. S. E., C.B., D.S.O., p.s.c. — Legion of Honour, Knight (France).

Holloway, Temp. Lt. R. E., R.E. — Agricultural Merit, Knight (France).

Hollwey, Capt. J. B., M.C., R.A. — Legion of Honour, Knight (France). St. Stanislas, 2nd Class, with swords (Russia).

Holman, Maj.-Gen H.C., C.B., C.M.G., D.S.O., 16 Cav., p.s.c. [L] — Legion of Honour, Officer (France). Agricultural Merit, Comdr. (France). Leopold, Knight (Belgium). Avis (Mil.) Comdr. (Portugal).

Holme, Maj. R.C., D.S.O., R.A. [L] —

Holmes, Rev. C. F. J., Chapl. 3rd Class (T.F.) — Legion of Honour, Knight (France)

Holmes, Lt.-Col. G. V., 43 Regt. — St. Anne, 3rd Class, with swords (Russia)

Holmes, Temp. Maj. M. G., O.B.E., R.A.S.C. — Nile, 4th Class (Egypt).

Holt, Capt. A. V., *D.S.O.*, R Highrs. — Legion of Honour, Officer (*France*).

Holt, Temp. Capt. H. — Agricultural Merit, Knight (*France*), Redeemer, 2nd Class

Holt, Maj.-Gen. M. P. C., *K.C.M.G., C B., D.S.O.* — Grand Comdr.(*Greece*), Le<ion of Honour, Comdr. (*France*) Star, Grand Officer (*Roumania*).

Holt-Wilson, Bt. Lt.-Col. E E. B., *C.M.G., D.S.O.*, Res. of Off. — Legion of Honour, Knight (*France*).

Holton, Lt. A., Cam'n Highrs. — Redeemer, 5th Class Knight (*Greece*).

Holton, Temp. Lt. C. B. — Redeemer, 5th Class, Knight (*Greece*)

Home, Hon. Brig.-Gen. A. F., *C.M.G., D.S.O.*, 11 Hrs., *p.s.c.* — Legion of Honour, Comdr. (*France*).

Home, Lt -Col. G. A. S., *D.S.O.*, ret. pay (*Res. of Off.*) — Crown, Officer, (*Belgium*).

Home, Bt. Col. J. M., *C.B.E.*, Ind. Army, *p.s.c.* [L] — St. Anne, 2nd Class, with swords (*Russia*).

Hopkins, Hon. Maj. (Mila.) J., Adjt. ret.pay — Medjidieh, 5th Class.

Hopkins, Lt.-Col. N. J., R.E. — Legion of Honour, Knight (*France*)

Hopkins, Maj. R. B., *O.B.E.*, ret. pay (*Res of. Off.*) — Legion of Honour, Knight (*France*).

Hopkins, Maj. R. S., *D.S.O., M.C*, E. York.R. — Crown, Officer (*Italy*) Legion of Honour, Officer (*France*).

Hopkinson, Capt. H. C. B., *C.M.G., C.B.E.*. ret. pay [L] — Medjidieh, 3rd Class. Osmanieh, 3rd Class.

Hopkinson, Maj. J. O, *D.S.O., M.C.*, Sea. Highrs. — Legion of Honour, Knight (*France*).

Hopwood, Bt. Col. H. R., *C.S.I.* 33 Lt. Cav, *p.s.c.* — White Eagle, 3rd Class, with swords (*Serbia*).

Hopwood, Lt. N., 7 Bn, Manch. R. — Nile, 5th Class (*Egypt*).

Hordern, Rev. A. V., *C.M.G.*, Chapl. to the Forces (1st Class). — Karageorge, 3rd Class, (*Serbia*).

Hordern, Bt. Lt.-Col. C., R E. — St. Maurice & St. Lazarus, K ight (*Italy*).

Hordern, Bt. Col. G. V., *C.B., C.M.G.*, K.R. Rif. C., *p.s.c.* — Leopold, with palm, Officer (*Belgium*)

Hore, Bt. Col. C, O., *C.M.G.*, ret. pay — Medjidieh, 5th Class.

Hore-Ruthven, Lt.-Col. (*temp.-Brig.-Gen.*) Hon. A. G. A., *C.M.G., D.S.O.*, W. Gds., *p.s.c.* — Osmanieh, 4th Class.

Horlick. Lt.-Col. J. N., *O.B.E.*, *M.C.*, ret. pay. — Legion of Honour, Knight (*France*). White Eagle, 4th Class, with swords (*Serbia*).

Horn, Bt. Maj. R. V. G., *O.B.E., D.S.O., M.C.* — Legion of Honour, Knight (*France*).

Hornby,Temp. Maj. E.J., *M.C.*, R.E. — Crown, Knight (*Italy*).

Hornby, Temp. 2nd Lt. H. S., *M.C.*, R.E. — Nile, 5th Class (*Egypt*). El Nahda, 3rd Class (*Hedjiz*)

Horne, Gen. H. S., *Lord*, *G.C.B., K.C.M.G.* — Legion of Honour, Grand Officer (*France*), Le pold, Grand Officer (*Belgium*) St. Vladimir, 4th Class, with swords (*Russia*). Avis (*Mil.*), 1st Class (*Portugal*). Christ, Grand Cross (*Portugal*)

Hornung, Capt. C. B. R., Res. of Off. — Avis (*Mil.*), Knight (*Portugal*).

Horsfall, Temp. Capt. E. D , *M.C.* — Legion of Honour, Knight (*France*).

Horsfield, Maj. G.*W., *O.B.E.*, T), R.G.A. (T F) — Agricultural Merit, Knight (*France*).

Horsley, Temp. Capt. H. P., R.E. — Crown, Officer (*Roumania*) Agricultural Merit, Knight (*France*).

Horton. Temp. Lt. M. F., *M.C., R.F.A.* — Crown of Roumania, with swords, Officer (*Roumania*)

Horwood, Hon. Brig.-Gen. W. T. F., *C.B.*, Bt. Lt.-Col. Res. of Off. — Leopold, Officer (*Belgium*) Legion of Honour, Officer (*France*).

Hosken, Capt. J. G. F., *R.A.M.C.* (T.F.) — White Eagle, 5th Class, with swords (*Serbia*).

Hoskins, Maj.-Gen. S*r A. R., *K.O.B., C.M.G. D.S.O., p.s.c., q.s.* — St. Anne, 2nd Class, with swords (*Russia*). Medjidieh, 4th Class Nile, 2nd Class (*Egypt*).

Hoskyn, Bt. Lt.-Col. J. C. M., *C.B.E., D.S.O.*, 44 Inf. — Crown, Knight (*Italy*).

Hoskyn, Maj. R., R.A., *g*. — St. Stanislas, 3rd Class, with swords (*Russia*).

Hossie,Temp. Maj. D. N., *D.S.O., R.F.A.* — White Eagle, 4th Class with swords *Serbia*).

Hotblack, Capt. F. E., *D.S.O., M.C.*, North'n.R. — St. Anne, 4th Class, (*Russia*). Legion of Honour, Knight (*France*).

Houghton, Lt. A. late R A.S.C. Spec Res. — White Eagle, 5th Class, with swords (*Serbia*).

Houghton, Lt.-Col. F., ret. pay — Medjidieh, 4th Class.

Houldsworth. Lt. - Col W. T. R., TD, Ayr Yeo. — Nile, 3rd Class (*Egypt*).

Houston, Maj. A. M, 69 Punjabis. — St. Stanislas, 3rd Class, with swords (*Russia*).

Houston Capt B B.,*M.C.*, late R.G.A. Spec. Res. — Crown, Knight (*Roumania*).

Howard, Maj. C. A., *D.S.O.*, K.R. Rif. C. — Legion of Honour, Knight (*France*).

Howard, Temp Capt. F. E., *M.C.* R.F.A. — Leopold, with War Cross, k night (*Belgium*).

Howard, Col. F. J. L., *C.B.E., D.S.O.* — Medjidieh, 4th Class. Osmanieh, 4th Class.

Howard, Bt. Col. T. N. S. M., *D.S.O.*, W. York R. — Karageorge, 3rd Class, with swords (*Serbia*)

Howard - Vyse. Maj. C. R. A., *g.*, ret. pay — White Eagle, 4th Class, with swords (*Serbia*)

Howard-Vyse, Capt. R., N. Lan. R. — Legion of Honour, Knight (*France*).

Howell, Capt, B.W.,*M.B.*, *F.R.C.S.*, late R.A.M.C. — St. Sava, 4th Class (*Serbia*.)

Howell, Lt. G. F., 5 Bn, K.R. Rif Corps. — Legion of Honour, Knight (*France*)

Howitt, Temp. Maj. T. C., 8 Bn. Leic. R. — Legion of Honour, Knight (*France*).

Hoyland, Maj. H. A. D., *M.B.E.*, late Gen. List — Redeemer, 5th Class, Knight (*Greece*). White Eagle, 5th Class, (*Serbia*)

Huddleston, Bt. Lt.-Col. H. J., *C.M.G., D.S.O., M.C.*, Dorset. R. — Medjidieh, 4th Class. Nile, 3rd Class (*Egypt*)

Hudson, Lt.-Col. A. R., *C.M.G., D.S.O.*, R.A. [l] — Nile, 3rd Class (*Egypt*)

Foreign Orders

Hudson, Bt. Maj. H.C.H., M.V.O., 11 Hrs.
- Crown, Knight (Belgium).
- Legion of Honour, Knight (France).
- Agricultural Merit, Knight (France).

Hudson, Bt. Lt. Col. P., C.M.G., D.S.O., L'pool R.
- Leopold, Officer (Belgium).
- Agricultural Merit, Officer (France).

Hudson, Lt. R. C., M.B.E., Sco. Horse Yeo
- Redeemer, 5th Class, Knight (Greece).
- White Eagle, 5th Class, with swords (Serbia).

Hudson, Col. T. R. C., C.B., p.s.c. [L]
- Legion of Honour, Officer (France).
- Savoy Officer (Italy).

Hudspeth, Temp. Lt. W. H., Labour Corps } Wen-Hu, 5th Class (China)

Hughes, Capt. B., D.S.O., M.B., F.R.C.S., R.A.M.C. (T.F.) } St. Sava, 4th Class (Serbia)

Hughes, Col. E., C.B., C.M.G., ret. pay } Medjidieh, 3rd Class.

Hughes, Maj.E.L., D.S.O., O.B.E., North'n R. } St. Maurice and St. Lazarus, Officer (Italy).

Hughes, Capt. F. M., R.A.M.C. (T.F.) } Legion of Honour, Knight (France)

Hughes, lt.-Maj.F.St.J., O.B.E., M.V.O., ret. pay Res. of Off.) } St. Maurice and St. Lazarus, Knight (Italy)

Hughes, Bt. Lt.-Col. G. W.G., D.S.O., R.A.M.C. } Medjidieh, 4th Class

Hughes, Capt. M., late Labour Corps } Wen-Hu, 5th Class (China)

Hughes, Temp. Lt.-Col. R.H.W., C.S.I., C.M.G., D.S.O., R.E. } Legion of Honour, Officer (France)

Hughes - Rowland, Temp. Capt. I. B., A.S.C. } Crown, Knight (Italy).

Hugo, Lt.-Col.J.H., D.S.O., M.B., Ind. Med. Serv. } Legion of Honour, Knight (France).

Huleatt, Hon. Brig.-Gen. H., ret. pay [L] } Osmanieh, 4th Class.

Hull, Maj.-Gen. C. P.A., K.C.B., p.s.c. } St. Vladimir, 4th Class, with swords (Russia).

Hulton, Bt. Col. F. C. L., C.B., ret. pay } Wen-Hu, 3rd Class (China).

Hulton, Maj. J.M., C B E., D.S.O., R. Suss. R. [l] } Nile, 3rd Class (Egypt). Crown, Officer (Italy).

Hume, Col. C.V., M.V.O., D.S.O., ret. pay, p.s.c. } Sacred Treasure, 3rd Class (Japan).

Hume, Capt. J. E., Conn. Rang. } Legion of Honour, Knight (France).

Humphreys, Bt. Col. E. T., C.M.G., D.S.O., Leins. R., p.s.c. [l] } Nile, 3rd Class (Egypt).

Humphreys, Col. (temp. Brig.-Gen.) G., C.B., C.M.G., D.S.O. } Legion of Honour, Officer (France)

Humphreys, Lt. G. A., 7 Bn. R.W. Fus. } Agricultural Merit Knight (France).

Humphreys Lt. L., M.C., R.F.A. Spec. Res. } Crown. with War Cross, Knight (Belgium).

Hunloke, P., M.V.O., late Temp. Maj., Gen. List.
- Legion of Honour, Knight (France).
- St. Stanislas, 2nd Class, with swords (Russia).

Hunt, Maj. H. R. A., 25 Punjabis, p.s.c. [l] } Legion of Honour, Knight (France).

Hunt, Col. J. M., ret. pay } Medjidieh, 4th Class.

Hunt, Lt. J. M., R.G.A. Spec. Res. } Wen-Hu, 4th Class (China).

Hunter, Gen. Sir A., G.C.B., G.C.V.O., D.S.O., Col.R.Lanc.R., Ⓐ.Ⓑ.Ⓒ.
- Legion of Honour, Grand Officer (France)
- Medjidieh, 2nd Class.
- Osmanieh, 2nd Class.

Hurter, Temp. Lt. A. H., R.E. } Avis (Mil.) Knight (Portugal).

Hunter, Lt.-Col. C. F., D.S.O., 4 D.G. } Legion of Honour, Officer (France).

Hunter, Bt. Col. C. G. W., C.M.G., D.S.O., R.E.
- White Eagle, 4th Class, with swords (Serbia).
- Legion of Honour, Officer (France).

Hunter, Hon. Surg.-Gen. G.D., C.B., C.M.G., D.S.O., ret. pay
- Osmanieh, 4th Class.
- Medjidieh, 2nd Class.

Hunter, Capt. G. G., C.M.G., ret. } Medjidieh, 2nd Class.

Hunter, Bt. Maj N. I., late en List } Crown Officer (Italy).

Hunter, Lt. R., R.F.A. Spec. Res. } Crown. with War Cross, Knight (Belgium).

Hunter, Capt. R. D., D.S.O., Sco. Rif. } Leopold, with War Cross, Knight (Belgium).

Hunter, Lt.-Col. W., C.B., M.D., F.R.C.P., (Capt. 4 Lond. Gen. Hosp.) } St. Sava, 2nd Class (Serbia).

Hunter-Blair, Maj.-Gen. W. C., C.B., C.M.G., ret. pay
- White Eagle, 2nd Class with swords (Serbia).
- Legion of Honour, Comdr. (France)

Hunter-Weston, Lt.-Gen. Sir A. G., K.C.B., D.S.O., p.s.c. [L]
- Crown, Grand Officer (Belgium)
- Medjidieh, 4th Class.
- Legion of Honour, Comdr. (France).

Hunton, Bt. Maj. T. L., O.B.E., R. Mar. } Star, Knight (Roumania).

Hurst, Maj. M. C. V., TD, 2 Bn. Lond. R. (T.F. Res.) } Avis (Mil.), Comdr. (Portugal).

Husey, Capt. (temp. Brig.-Gen.) R.H., D.S.O., M.C., 5 Bn. Lond. R. } Danilo, 4th Class (Montenegro).

Huskisson, Maj. (temp. Lt.-Col.) W.G., C.B.E., D.S.O., R.A.S.C. } Nile, 4th Class (Egypt).

Hussey, Hon. Brig.-Gen. A. H., O.B.E., C.B., C.M.G., ret. pay
- Danilo, 2nd Class (Montenegro).
- St. Maurice and St. Lazarus, Officer (Italy).

Hussey, Temp. Lt. A.V., R.E. } St. Stanislas, 3rd Class (Russia).

Hussey-Walsh, Temp Lt.-Col. W. H., 2 Garr. Bn. R.W. Fus. } Nile, 3rd Class (Egypt).

Hutchins, Temp.Lt. C.A., M.C., Serv. Bns Oxf. & Bucks L.I. } Star, Knight (Roumania).

Hutchins, Bt. Lt. Col. S., B.S.O., R.A.S.C. } Nile, 4th Class (Egypt).

Hutchinson, Capt. H. H., M.C., late R.A. } Crown, Knight (Belgium).

Hutchinson, Maj. H. M., C.M.G., D.S.O., Conn. Rang. [l]
- Medjidieh, 4th Class.
- Osmanieh, 3rd Class.

Hutchinson, Qr.-Mr. & Capt. J. L., R.A.S.C. } Legion of Honour, Knight (France).

Hutchison, Col. (temp. Brig.-Gen.) Sir R., C.B., D.S.O., p.s.c.
- Crown, Officer (Belgium).
- Crown Comdr. (Italy).

Hutton, Lt.-Gen. Sir E. T. H., K.C.B., K.C.M.G., ret. pay, Col. Comdt., K.R. Rif. C., p.s.c. } Medjidieh, 4th Class.

Hynes, Lt.-Col. E. T., D.S.O., Qr.-Mr.
- Crown, with Cross of War, Officer (Belgium).
- Agricultural Merit, Knight (France).

Hythe, Lt.-Col. T. A., Visct., TD, late W. Kent Yeo. } Crown of Italy, Comdr.

I'Anson, Bt. Maj. C. J. deV., M.C., N. Lan. R. } Crown, Knight (Italy).

Ibbitson, Lt. A., M.C., R.A. } Legion of Honour, Knight (France).

Ilchester, Capt. G. S. H., Earl of, O.B.E., Res. of Off. } Legion of Honour, Knight (France).

Ingham, Lt.-Col. C. St. M., C.M.G., D.S.O. (temp. Brig.-Gen.), R.A. } Legion of Honour, Officer (France).

Ingle, Maj. W. D., Midd'x R. } Medjidieh, 4th Class.

Inglis, Bt. Maj. J. D., M.v., R.E. } White Eagle, 4th Class, with swords (Serbia).

Ingpen, Maj. P.L., D.S.O., W. Yorks. R. } Crown Officer, (Belgium)

Ingram, Maj. C.R., O.B.E., D.S.O., R.A., g., f. [I] } Legion of Honour, Knight (France).

Ireland, Capt. R. P. G., M.C., K R Rif. Corps } Legion of Honour, Knight (France).

Iremonger, Maj. H E.W. R. Mar. } Legion of Honour, Knight (France).

Ironside, Maj.-Gen. Sir W. E., K.C.B. C.M.G., D.S.O., p.s.c. [L] h.p } Legion of Honour, Officer (France).

Irvine, Bt. Lt.-Col. A. E., C.B., C.M.G., D.S.O., Durh. L.I. } Leopold, Officer (Belgium).

Irvine, Maj. A. E. S. D.S.O., R.A.M.C } Agricultural Merit Officer (France).

Irwin, Bt. Col. W. J., ret. pay } Medjidieh, 3rd Class.

Issac, Maj. T. A., O.B.E. TD R.E. (T.F.) } Nile, 4th Class (Egypt).

Maj. Ishar Singh Patiala, Imperial Service Inf. } Karageorge, 4th Class with swords (Serbia).

Jack, Bt. Lt.-Col. E. M., C.M.G., D.S.O., R.E. } Legion of Honour Officer (France). Crown, Officer (Belgium).

Jack, Temp. Lt. G. D., Labour Corps } Wen-Hu, 5th Class (China).

Jack, Bt. Lt.-Col. J. L., D.S.O. Sco. Rif. } Legion of Honour, Knight (France).

Jackson, Maj. B. D.S.O., TD, 4 Bn. York R. } Avis, (Mil.) Comdr. (Portugal),

Jackson, Bt. Maj. E. S., C.M.G., ret. pay } Osmanieh, 4th Class.

Jackson, Maj. F. G., 4 Bn. E. Surr. R. } Medjidieh, 3rd Class. St. Olaf, Knight's Cross (Norway).

Jackson. Bt. Col (temp Brig-Gen.) G. H. N., C.M.G., D.S.O., Bord.R, p.s c. } Legion of Honour, Knight (France).

Jackson, Capt G.R, M.C., De by. Yeo } Legion of Honour, Knight (France).

Jackson, Col. (temp. Maj.-Gen.) H. C., C.B., C.M.G., D.S.O., p.s.c. } Legion of Honour, Officer (France).

Jackson, Bt.Col. H. W., C.B., ret. pay } Medjidieh, 2nd Class. Osmanieh, 4th Class. Nile, 2nd Class (Egypt).

Jackson, Bt.-Col. (temp. Brig. Gen.) H. W., D.S.O., Ind. Army } Agricultural Merit, Officer (France).

Jackson, Col. L. C., C.B, C.M.G., ret. pay } Legion of Honour. Comdr. (France).

Jackson, Bt Lt.-Col L.C., C.M.G., D.S O., p.s.c } Crown, Officer (Roumania)

Jackson, Bt. Col. M. B. G., ret. pay } Medjidieh, 4th Class. Osmanieh, 4th Class.

Jackson, Maj. R. E., D.S.O., C'wealth Mil. Forces. } Legion of Honour, Knight (France).

Jackson, Temp. Capt. R. N., D.S.O. } Legion of Honour, Knight (France)

Jackson, Hon. Dep.Surg.-Gen. Sir W., Knt., C.B., ret. pay } Medjidieh, 3rd Class.

Jackson, Col. (temp Brig. Gen.) R. W. M., K.B.E., K.C.M.G., C.B., R.A.O.C. } White Eagle, 3rd Class, with swords (Serbia).

Jacob, Lt. Gen. Sir C. W., K.C.B., K.C.M.G., Ind. Army } Crown, Grand Officer (Belgium). St. Vladimir, 4th Class with swords (Russia). Legion of Honour, Grand Officer (France). Leopold, with Cross of War, Grand Officer (Belgium).

Jacob, Lt.-Col. H. F., CSI., Supern. List, Ind. Army } Legion of Honour, Officer (France).

Jacob, Lt.-Col. W. H. B., D.S.O., R.A., g., f. [I] } White Eagle, 4th Class, with swords (Serbia).

Jaffray, Rev.W.S., C.M.G., Chaplain to the Forces, 1st Class } St. Sava, 2nd Class (Serbia)

James, Bt. Lt.-Col. A.H.C., D.S.O., M.V.O., S. Staff. R. } Legion of Honour, Officer (France).

James, Bt. Col. B. R., ret. pay, p.s. [L] } Crown, Officer (Italy). St. Stanislas, 2nd Class (Russia). Star, with swords, Comdr. (Roumania). Leopold. Officer, (Belgium). St. Vladimir, 3rd Class, with swords (Russia). White Eagle, 3rd Class, with swords (Serbia). Rising Sun, 3rd Class (Japan). Crown, 2nd Class (Siam). Avis (Mil.) Comdr. (Portugal). Legion of Honour, Officer (France) Wen-Hu, 3rd Class (China).

James, Hon. Brig.-Gen. C.H.L., C.B., C.M.G. } Star Comdr. (Roumania)

James, Lt.-Col. L., 1 Regt. K. Ed. Horse } Crown, Officer (Italy).

James, Capt. N. V. la'e R.A.V.C. } Leopold. with War Cross, Knight (Belgium).

James, Lt. R. R. C., 7 Bn. L'pool R. } Wen-Hu, 5th Class (China).

Jameson, Col. S. B., ret. pay } Legion of Honour, Officer (France).

Jamieson, Capt. A. B., M.B., R.A.M.C. (T.F.) } St. Sava, 4th Class (Serbia).

Jamieson, Lt. J. R., R.G.A., Spec. Res. } Agricultural Merit, Knight (France).

Japp, Temp. Maj. D. N., M.C., R.F.A } White Eagle, 4th Class with swords (Serbia).

Jardine, J. B., C.M.G., D.S.O. (Hon. Brig-Gen. ret. pay) } Sacred Treasure, Ceinture (Japan). Legion of Honour, Officer (France).

Jarvis, Rev. A.C.E., M.C., Temp. Chaplain to the Forces, 2nd Class } White Eagle, 4th Class (Serbia)

Jeffcoat, Maj.A.C., C.M.G., D.S.O., R. Fus., p.s.c., e. } Legion of Honour, Knight France).

Jefferd, Capt. (temp.) W. W., Midd'x R. } Legion of Honour, Knight (France).

Jefferson, Capt F., M.B., R.A.M.C. } Crown, Knight (Roumania)

Jeffreys, Maj.-Gen. G. D., C.B., C.M.G., } Crown, Comdr. (Belgium). St. Stanislas, 2nd Class, with swords (Russia), Legion of Honour, Comdr (France).

Jellicoe, Bt. Lt.-Col. (temp. Brig -Gen.) R.C., O.B E , D.S.O., R A.S.C., e. } White Eagle, 4th Class, with swords (Serbia). Nile, 3rd Class [Egypt].

Jenkin, Maj. F. C., R.A. } Khidmat (Afghanistan).

Jenkins, Lt. R. C., M.C., D. of Corn. L.I. } Nile, 4th Class (Egypt)

Jenner, Lt.-Col. L. C. D., C.M.G., D.S.O., ret. pay (Res. of Off.) } Crown, Officer (Roumania)

Foreign Orders

Jennings, Capt. A. R., late R.A.M.C. — St. Sava, 4th Class (Serbia).

Jennings, Maj. J. W., D.S.O., ret. pay — Medjidieh, 4th Class.

Jennings, Gen. Sir R. M., K.C.B., u.s.l.Ind. Army — Osmanieh, 4th Class.

Jennings, Lt.-Col. W. D.S.O., R.A. — Crown, Officer (Belgium).

Jennings Bramly, Lt.-Col. A. W. ret. pay — Medjidieh, 4th Class. White Eagle, 4th Class, with swords (Serbia)

Jermyn, Temp Lt. O. R., R.E. — Agricultural Merit, Knight (France).

Jervis Lt. R. P. M.C., ret. — White Eagle 5th Class, with swords (Serbia).

Jess, Lt.-Col.C.H., C.M.G., D.S.O., C'wealth Mil. Forces — White Eagle, 4th Class, with swords (Serbia).

Jessel, Col. Sir H. M. Bt., C.M.G., TD, Lond. R. — Leopold, Officer (Belgium)

Jeudwine, Maj.-Gen. Sir H. S., K C.B. — Legion of Honour, Comdr (France). Leopold, Comdr. (Belgium).

Hon. Lt.-Gen. H. H. Maharaja Sir Pratap Singh, Bahadur of Jodhpur, G.C.S.I.,G.C.V.O.,A.D.C. — Legion of Honour, Grand Officer (France).

Johns, Temp. Maj. H.W., D.S.O., R.E. — St. Sava, 5th Class (Serbia).

Johnson, Bt. Lt.-Col. C. R., D.S.O., R.E. — St. Stanislas, 3rd Class, with swords (Russia).

Johnson, Col. E. P., C.B. — Star, Comdr. (Roumania)

Johnson, Col. (temp. Brig.-Gen.) F. F., C.B., ret. pay — Medjidieh, 4th Class.

Johnson, Lt. H. D., R.G.A. Spec. Res. — Agricultural Merit, Knight France).

Johnson, Capt. H. H., D.S.O, 6 Bn. R. Suss. R. — Legion of Honour, Knight (France).

Johnson, Qr-Mr. & Lt; J. R., R.A.S.C. — St. Sava, 5th Class (Serbia)

Johnson, Lt.-Col. J. T., D S.O., M.D., R.A.M.C. — St. Sava, 4th Class (Serbia).

Johnson, Lt. M.O., Can. Local Forces — Danilo, 5th Class (Montenegro).

Johnson, Temp. Maj. P. H., C.B.E., D.S.O., Tank Corps. — Legion of Honour, Officer (France).

Johnson, Bt. Lt.-Col. R.H., D.S.O.,R.A.,p.s.c. — Legion of Honour, Knight (France)

Johnson, Bt. Lt.-Col. M., R.A., p.s.c. — Legion of Honour, Knight (France).

Johnson, Lt. W. R. 6 Bn. L'pool R. — Avis (Mil.) Knight (Portugal).

Johnsto , Rev. A. A., Temp. Chapl. to the For es (R C.) 4th Class — Christ, Officer (Portugal).

Johnston, Maj. (temp. Brig.-Gen.) F. E., C.B., N. Staff R. — Karageorge, 3rd Class. with swords (Serbia).

Johnston, Lt. G. H., R.A. Cav. — Crown, Knight (Belgium).

Johnston, Bt. Col (temp. Brig.- Gen.) G. N., C.M.G., D.S.O., R.A., g — Legion of Honour, Officer (France).

Johnstone, Lt.-Col. J., ret. pay, p.s.c. — Medjidieh, 4th Class

Johnstone, Lt. J. H., 4 Bn. R. Sc. Fus. — White Eagle, 5th Class, with swords (Serbia).

Jolley, Lt. H. J., Asst. Commy. Ind. Army — Nile, 4th Class (Egypt).

Jolley, Lt. N. K., R. Mar. — St. Stanislas, 3rd Class (Russia).

Jollie, Lt.-Col. F., 28 Lt. Cav. — Medjidieh, 4th Class.

Joly de Lotbinière, Hon. Maj.-Gen. A. C. de L C.B , C.S.I., C.I.E., ret. pay — Legion of Honour, Officer (France).

Jones, Temp. Lt. A.A.H., Serv. Bns. York, R. — Leopold, with War Cross, Knight (Belgium).

Jones, 2nd Lt. B. A. R., M.B.E., 4 Bn. Ches. R. — Nile, 4th Class (Egypt).

Jones, Temp. Lt.-Col. C, G, D.S.O., Serv. Bns. Bord. R. — Crown, Officer (Roumania).

Jones, Lt.-Col. C. H., C.M.G., 5 Bn. Leic. R. Hon. Lt. in Army — Legion of Honour, Officer (France).

Jones, Maj. D. C., D.S.O., R.E. — Legion of Honour, Knight (France).

Jones, Bt. Lt.-Col. H. A., R.A.S.C. — Legion of Honour, Knight (France).

Jones, Temp. Lt. H. D, R.E. — Avis (Mil.), Knight (Portugal).

Jones, Bt. Maj. H. L., D.S.O., 13 Hrs. — Legion of Honour, Knight (France).

Jones, Maj H. L , O.B.E., R. Mar. — Avis (Mil.) 2nd Class (Greece). Rising Sun, 4th Class (Japan).

Jones, Capt H L., late Gen. List — Nile, 4th lass (Egypt).

Jones, Maj J. H. H., D.S.O., R.A., g. — Legion of Honour, Knight (France).

Jones, Temp. Capt. J. O., Labour Corps — Wen-Hu, 5th Class (China).

Jones, Col. L. C., C.B. C.M.G., M.V.O., Ind. Army, p.s.c. — Crown, Officer (Italy).

Jones, Col. T. J., ret. pay — Medjidieh, 3rd Class.

Jones, Bt. Lt.-Col. W. D., C.M.G., ret. pay, p.s.c. — Legion of Honour, Knight (France)

Jones, Bt. Maj. W. L., D.S.O., ret. pay — Crown, with swords, Officer (Roumania) White Eagle, 5th Class with swords (Serbia) Legion of Honour, Knight (France)

Jones-Mortimer, Maj. L. A., h.p — Crown, Knight (Italy) Legion of Honour, Knight (France).

Joubert de la Ferte. Bt. Lt -Col. P. B., C.M.G., D.S.O., R.A. [L] — St. Maurice and St. Lazarus, Knight (Italy)

Jourdain. Temp. Capt. (bt. maj.) R. O. — Crown, Knight (Italy).

Jowett, Temp. Lt. H., Labour Corps — Wen-Hu, 5th Class (China) Nile, 4th Class (Egypt).

Joyce, Maj. P.C., C.B E., D.S.O., Conn. Rang. — Legion of Honour, Officer (France). El Nahda, 2nd Class (Hedjiz).

Jude, Capt. P., 5 Bn. E. Kent R. — Crown, Officer (Roumania).

Jury, Lt. - Col. E. C., M.C., 18 Hrs., p.s.c. — Legion of Honour, Knight (France). Crown, Officer (Belgium).

Lt.-Col. Kanwar Jeoral Singh, Bikanir Camel Corps — White Eagle, 4th Class with swords (Serbia).

Karslake, Bt. Col. H., C.M.G.,D.S O R.A.,p.s.c. — Legion of Honour, Knight (France).

Kavanagh, Hon.Lt.-Gen. Sir C T. McM., K.C.B., K C.M.G., C.V.O., D.S.O., ret pay — St. Maurice and St. Lazarus, Grand Officer (Italy). Legion of Honour, Comdr. (France).

Keane, Lt.-Col. Sir J , Bt., D.S.O., ret. pay (Res. of Off.) — Legion of Honour, Knight (France).

Kearsey, Maj. A. H. C. D.S.O., 10 Hrs., p.s.c. — Karageorge, 4th Class, with swords (Serbia). Nile, 3rd Class (Egypt).

Kearsley, Maj. E. R., D.S.O., R.W. Fus. — Legion of Honour, Knight (France).

Kearsley, Bt. Col. R. H., C.M.G., D.S.O., 5 D.G., g — Crown, Officer (Italy).

Keary, Lt.-Gen. Sir H., D'U., K.C.B., K.C.I.E., D.S.O., Ind. Army — Karageorge, 2nd Class, with swords (Serbia).

Keatinge, Rt.Rev.Bishop W., C.M.G., Chapl. to the Forces, 1st Class — Legion of Honour, Officer (France)

Keble, Col. A. E. C., C.B., C.M.G., D.S.O. — White Eagle, 3rd Class, with swords (Serbia).

Keefer, Surg.-Maj. W. N., ret. Ind. Med. Serv. — Osmanieh, 4th Class.

Foreign Orders

Keegan, Lt.-Col. H. L., D.S.O., Can. Local Forces. } Legion of Honour, Knight (France).

Keene, Qr.-Mr. & Capt. J. J., M.B.E., A.S.C. } White Eagle, 5th Class (Serbia)

Keily, Bt. Col. (temp. Brig-Gen) F. P. C., D.S.O., 125 Rif. } St. Stanislas, 3rd Class, with swords (Russia).

Keir, Lt.-Gen. Sir J. L. K.C.B ,p.s.c., g.,ret.pay } Crown, Grand Officer (Belgium).

Kekewich, Maj.-Gen. R.G., C.B., ret. pay, Col E., Kent R., q.s. } Medjidieh, 4th Class.

Kell, Bt. Lt.-Col. (temp. Col.) Sir V. G. W., K.B E., C.B., ret. pay [L] } Leopold, Officer (Belgium)
Legion of Honour, Officer (France)
St. Maurice & St. Lazarus, Officer (Italy)

Kellett, Qr.-Mr. & Maj. J. A. } Legion of Honour, Knight (France).

Kellie, Maj. C. W., ret. C'wealth Mil. Forces } Medjidieh, 4th Class

Kelly, Lt.-Col. C. R. C.M.G., D.S.O., R.A. } Legion of Honour, Knight (France).

Kelly, Maj. G.C., D.S.O., K.R. Rif. C. [L] } Legion of Honour, Knight (France).

Kelly, Bt. Col. (temp. Brig-Gen.) H. E. T., C.B., C.M.G., R.A., g. } Redeemer, 3rd Class, Comdr. (Greece).

Kelly, Temp. Capt. O. R. M., R.A.M.C. } Legion of Honour, Knight (France).

Kelly, Maj. (temp. Brig.-Gen.) P. J. V., C.M.G., D.S.O., 3 Hrs. } Medjidieh, 4th Class.
Nile, 2nd Class (Egypt).

Kelly, Lt. T. J., M.C., M.B., R.A.M.C. } St. Stanislas, 3rd Class, with swords (Russia)

Kelly, Lt. T. J., late R.E. Spec. Res } Avis (Mil.), Knight (Portugal).

Kelly, Maj. W. H., D.S.O., R.E. } Crown, Officer (Italy)

Kelsey, Col. W F., ret. pay (Gent-at-Arms) } Osmanieh, 4th Class.

Kemball, Lt.-Col. (temp Brig.-Gen.) A. G., 81 Punjabis } Nile, 3rd Class (Egypt).

Kemble, Capt. T. A, 81 Pioneers } Lion and Sun, 3rd Class (Persia).

Kempster, Col. (temp. Brig.-Gen.) F.J., D.S.O., ret. pay } Medjidieh, 3rd Class.
Osmanieh, 3rd Class.

Kempton, Bt. Maj. C. L., C.B.E., 10 Bn. Lond. R } Legion of Honour, Knight (France).

Kendall, Temp. Lt. H. P., Serv. Bns. Hamps. R. } King George I., Knight. (Greece).

Kendrick, Bt. Maj. E. H., D.S.O., R. Dub. Fus. } Legion of Honour, Knight (France).
Legion of Honour, Officer (France)

Kennedy Maj.-Gen. A. A. C.M.G., p.s.c. } Legion of Honour, Officer (France)

Kennedy, Lt. C., ret. pay } Legion of Honour, Knight (France)

Kennedy, Bt.-Col. (temp. Brig.-Gen.) H. B. P. L., C.M.G., D.S.O., K.R. Rif. C } Avis (Mil.), Grand Officer (Portugal).

Kennedy, Bt. Col. J., C.M.G., D.S.O., Arg. & Suth'd Highrs. } Nile, 4th Class (Egypt).

Kennedy, Maj. M. R., C.M.G., D.S.O., ret. pay } Medjidieh, 4th Class.
Osmanieh, 3rd Class.

Kenneth, Temp Capt. R. W., Labour Corps } Wen-Hu, 5th Class (China).

Kenney, Capt. B., Sea. Highrs. } Legion of Honour, Knight (France).
Tower and Sword, Officer (Portugal)

Kenny, Maj. W. D., h.p. } Nile, 3rd Class (Egypt)
King George I., Comdr. (Greece).

Kenny, Capt. P. W., late Ge l, L'st } Legion of Honour, Knight (France).

Kenrick, Bt.Lt.-Col. G. E., R.C.B., C.M.G., D.S.O , R.W. Surr. R., p.s.c. } Legion of Honour, Knight (France)

Kent, Hon. Lt.-Gen. H., ret. pay. Col. Midd'x R } Medjidieh, 1st Class.

Kent, Col. H. V., C.B., ret. pay } St. Stanislas, 2nd Class. (Russia).

Kent, Temp. 2n1 Lt. W. S., Serv. Bns Som, L.I. } Crown, with War Cross, Knight (Belgium)

Kentish, Bt. Col. R. J., C.M.G., D.S.O., R. Ir. Fus } Legion of Honour, Officer (France).

Kenyon, Hon. Maj.-Gen. E. R., C.B., C.M.G., ret. pay } Crown, Comdr. (Italy)

Keogh, Lt.-Gen. Sir A., G.C.B., M.D., F.R.C.B., A. Med. Serv., ret. } Legion of Honour, Grand Officer (France)
Crown, Grand Officer (Belgium)
White Eagle, 2nd Class (Serbia)

Kephala, Temp. Lt. Anthony G. } St. Sava, 5th Class, (Serbia).

Ker, Temp. Capt. A. P., Labour Corps } Agricultural Merit, Knight (France)

Ker, Bt. Col. (temp. Brig.-Gen.) C A., C.B.E., C.M.G., D.S.O., R.A., p.s.c. } Avis (Mil) 1st Class (Portugal).
Christ Grand Officer (Portugal)

Kermode, Capt. G. D., late Labour Corps } Wen-Hu, 5th Class (China).

Kerr, late Temp. Capt.A F.G., M.D., R.A.M.C } White Elephant, 1st Class (Siam).

Kershaw, Bt. Lt.-Col. S. H., North'd Fus.,p.s.c. } White Eagle, 4th Class, with swords (Serbia).
Nile, 3rd Class (Egypt).

Ketchen, Brig.- Gen. H. D. B., C B., C.M.G., Can. Local Forces } Legion of Honour, Officer (France).

Kevill-Davies, Maj. S. E. O'B., ret. pay } Medjidieh, 4th Class

Keyes, Lt.-Col. A J. H., R.A., g } White Eagle, 4th Class, w th swords (Serbia).

Keyes, Bt. Lt.-Col. (temp. Brig.-Gen.) T. H., C.I.E., Ind Army [L] } Crown of Roumania, with swords, Officer (Roumania).

Keyser, Col. F. C., C.B., ret. pay } Medjidieh, 3rd Class

Kibbey, Lt. J, R.G.A. } Redeemer, Knight (Greece).

Kidd, Maj. A. E., O B E., M.B., R.A.M.C. (T.F.) } St Sava, 3rd Class (Serbia).
Redeemer, Officer (Greece)

Kidston-Kerr, Col. A. F., C.B., ret. pay } Osmanieh, 4th Class.

Kiggell, Lt.-Gen. Sir L. E., K.C.B., K.C.M.G., p.s.c. } Crown, Grand Cordon (Belgium).
Legion of Honour, Grand Officer (France).
Danilo, 1st Class (Montenegro).
St. Maurice & St. Lazarus, Grand Officer (Italy).
Sacred Treasure, Grand Cordon (Japan).

Killick, Lt. A. H., D.S.O M C., S. Lan. R. } Nile, 4th Class (Egypt).

Kilkelly, Lt.-Col. P P., ret Ind. Med. Serv. } Brilliant Star of Zanzibar, 4th Class.

Kincaid, Col. W. F. H. S., C.B., ret. pay, q.s. } Osmanieh, 4th Class.

Kincaid-Smith, Hon. Brig.-Gen K. J., C.B., C M.G., D.S.O. ret. pay. (Res. of Off.) } Legion of Honour, Knight (France).

Kildersley, Lt.-Col. A. O. L., Sea. Highrs. } Black Star, Officer (France).

Foreign Orders 595

King, Hon. Lt.-Col. A. J., C.M.G., D.S.O., Fife and Forfar Yeo., Maj. ret. pay, q.s. } Medjidieh, 4th Class.

King, 2nd Lt. D. G., 1 Lond. Divl. Supply Col. A.S.C. } St. Sava, 5th Class (Serbia)

King, Temp. Lt.-Col. H. S., O.B.E. } Nile, 3rd Class (Egypt.)

King, Lt.-Col. W. R. M., C.M.G., D.S.O., Can. Local Forces } Crown Officer (Belgium).

King-Stephens Temp 2nd Lt. H. C., Midd'x. R. } Crown, with swords, Knight (Roumania) Star of Roumania, with swords, Knight (Roumania)

Kingstone, Capt. H. D., M.C., 1 Quebec Regt. } St. Stanislas. 3rd Class, with swords (Russia).

Kinross, Temp. Lt. Lord P. H. } Agricultural Merit, Knight (France).

Kintore, Col. Rt. Hon. A. H. T., Earl of, G.O.M.G., late 3 Bn. Gord. Highrs., A.D.C. } Crown of Italy, Grand Cordon.

Kirby, Col. A. F., C.B., C.M.G. } Leopold, with War Cross, Officer (Belgium).

Kirby, Maj. H. A., D.S.O., *M.C., R.G A. } Legion of Honour, Officer (France).

Kirby, Bt. Lt.-Col. J. T., D.S.O., Ind. Army. } Rising Sun, 4th Class (Japan).

Kirby, Col. S. R., C.M.G., 6 L. G., p.s.c. } St. Anne, 3rd Class, with swords (Russia)

Kirkaldy, Temp. Maj. A H., R.A.S.C. } White Eagle, 5th Class (Serbia).

Kirkbride, Temp. Lt. A. S., M.C., Labour Corps } El Nahda, 4th Class (Hedjaz).

Kirke, Bt. Col. W M. St. G., C B., C.M.G., D.S.O., R.A., p.s.c. } Legion of Honour, Officer (France). Crown, Officer (Belgium). White Eagle, 3rd Class, with swords (Serb a)

Kirkness, Lt.-Col. L. H., O.B E., D.S.O., ret. } White Eagle, 5th Class, with swords (Serbia).

Kirkpatrick, Maj.-Gen. Sir G. M., K.C.B., K.C.S I., p.s.c. } Sacred Treasure, Grand Cordon (Japan)

Kirkpatrick, Lt.-Col. H. J., D.S.O., S. Afr. Prote. Forces. } St. Stanislas, 3rd Class, with swords (Rus.ia).

Kirkwood, Temp. Maj. J. R. N., D.S.O., R. E. } Leopold, with War Cross, Officer (Belgium).

Kirwan, Col. (temp, Brig.-Gen.) B. R., C B., C.V.O., q.s. } Legion of Honour, Officer (France).

Kisch, Bt. Maj. F. H., C.B.E., D.S.O., R.E. } Sacred Treasure, 4th Class (Japan). Wen-Hu, 5th Class (China).

Kitchin, Bt.-Maj. C.E., D.S.O., ret. pay, Res. of Off. } St. Anne, 3rd Class, with swords (Russia).

Klein, Temp. Lt A. B. L., M.B.E., Norf. R. } St. Stanislas, 3rd Class (Russia).

Knapp, Col. K. K., C.B., C.M.G. } St. Stanislas, 3rd Class, with swords (Russia).

Knight, Lt. A. A. A., R. Muns. Fus. } Legion of Honour, Knight (France).

Knight, Bt. Col. (temp. Brig.-Gen.) H. L., C.M G., D.S.O., R. Ir. Fus., p.s.c. } Redeemer, 3rd Class, Comdr. (Greece).

Knight, Maj. J. H., R.A., f. } Karageorge, 4th Class, with swords (Serbia).

Knight, Temp. 2nd Lt. P. E., R.E. } Star, Knight (Roumania).

Knight-Bruce temp. Capt. (hon. Maj.) J. C. L., O.B.E. } White Eagle, 4th Class, with swords (Serbia). Redeemer, Officer (Greece).

Knoblock, Temp.Capt.E. } Redeemer, 5th Class, Knight, (Greece).

Knollys, Capt. Hon. E.G. W. T., 16 Bn. London R. } Crown, Knight (Belgium).

Knott, Temp. Lt. C. W., Labour Corps } Wen-Hu, 5th Class (China).

Knott, Capt. G. P., O.B.E., R.A.V.C. } Nile, 4th Class (Egypt.)

Knowles, Temp. Lt. A., Notts. & Derby. R. } Avis (Mil.), Knight (Portugal).

Knowles, Capt. F., M.C., R.F.A. (T.F.) } Crown, Knight (Italy).

Knowles, Maj. J., O.B.E., 15 Hrs., p.s c. [l] } St.Maurice & St. Lazarus, Knight (Italy).

Knox, Bt. Col. (temp, Maj.-Gen.) A. W. F., C.B., C.M.G., 58 Rif., p.s.c. [L] } St. Vladimir, 3rd Class (Russia). St.Anne,2nd Class(Russia). Legion of Honour, Officer (France). Sacred Treasure, 2nd Class (Japan).

Knox Temp. Lt. D. H., M.C., Serv. Bns R. Lan. R. } Legion of Honour, Knight (France).

Knox, Bt. Col. H. H. S., C.B., D.S.O., p.s.c. } Legion of Honour, Officer (France).

Knox, Maj. (temp. Brig.-Gen.) H. O., C.M.G., ret. pay, Res. of Off. } St. Anne, 2nd Class, with swords (Russia).

Knox, Lt.-Col. R. W., D.S.O., M.B., Ind. Med. Serv. } White Eagle, 4th Class, with swords (Serbia). Crown, Officer (Italy).

Knox-Niven, Maj. H. W, ret. pay } Leopold, Knight (Belgium).

Knudsen, Temp Capt. O J., O.B E., Serv. Bns. Manch. R. } Legion of Honour, Knight (France).

Koopman, Temp Capt M., R.E. } Crown, Knight (Italy).

Capt. Krishna, Rao Kanhoji Rao Dalvi, Gwalior Imperial Serv. Inf. } White Eagle, 5th Class, with swords (Serbia).

Kyrke, Maj. H. V. V., D.S.O., R. W. Fus. } Medjidieh, 4th Class.

Kyffin, Lt.-Col. J., R.A.M.C. (T.F.) } Crown, Officer (Italy).

Kyle, Capt. R. A., late R. K } Star with swords, Knight (Roumania).

Labelle, Temp. Brig.-Gen. A. E. D., late Can. Local Forces } Legion of Honour, Comdr. (France).

Labouchère, Maj. F. A., TD T.F. Res. } Legion of Honour, Knight (France)

Laffan, Lt.-Col. R. C. E., ret } Osmanieh, 3rd Class.

Laffan, Rev. R. G. D., late Temp. Chap to the F rces, 4th Class. } St. Sava, 5th Class (Serbia).

Lafleche, Maj. L. R., Can. Local Forces. } Legion of Honour, Knight (France).

Laing, Capt. P. L. P., 4 Bn. K. O. Sco. Bord. } Nile, 4th Class (Egypt)

Laird, M j. J. M., M.C., late R.A. } Crown, Officer (Belgium)

Laird, Capt. W. W., R.F.A. (T F.) } Nile, 4th Class (Egypt).

Lake, Capt. B. C., D S O , K.O. Sco Bord. } Crown, Knight (Italy).

Lak n, Lt Lt -Col.J.H.F., 7 Gurkha Rif., p s c. } Crown, Officer (Roumania).

Lalor, Capt. W. J. A., M.C., Can. Local Forces } Legion of Honour, Knight (France).

Lamb, Capt. A. J. R., D.S.O., 2 D.G. } Legion of Honour, Knight (France).

Lamb, Bt Col C A., C.M G., M.V.O., ret. pay } St. Maurice & St. Lazarus, Officer(Italy).

Lamb, Temp. Capt. M. H. M., M.C. } Legion of Honour, Knight (France).

Lamb, Maj. R. M. R., D.S.O., ret. pay } Legion of Honour, Knight (France).

Lambarde, Lt.-Col. F. F., C.M.G., D.S.O., ret. pay (Res. of Off) } Legion of Honour, Knight (France).

Lambert, Lt. H., G., R.F.A. } Crown, Knight (Roumania).

Lambert, Lt.-Col. (temp. Brig.-Gen.)T.S., C.M.G., E. Lan. R., p.s.c, [l] } Legion of Honour, Officer (France).

Lambrinudi, Temp. Lt. E. L. } Redeemer, Knight (Greece).

Foreign Orders

Lambton, Maj.-Gen. Hon. Sir W., K.C.B., C.M.G., C.V.O., D.S.O., p.s.c. — Legion of Honour, Comdr. (*France*).

Lamont, Bt. Col. J.W.F., C.B., C.M.G., D.S.O., R.A. — Legion of Honour, Officer (*France*).

Lampen, Bt. Lt.-Col. L.C., R. Mar. — Crown, Comdr. (*Italy*)

Lancaster, Capt. A. C., late 7 Bn. Welsh R. — Leopold, Knight (*Belgium*).

Lance, Bt. Lt.-Col. F. Fitz H., Ind. Army — Nile, 3rd Class (*Egypt*)

Landon Maj.-Gen. H. J. S., C.B., C.M.G., ret.pay — Leopold, Comdr. (*Belgium*)

Lane, Temp. Lt. F., R.E. Spec. Res. — Avis (*Mil.*) Knight (*Portugal*).

Lane, Col. H. P., 96 Inf. — St. Anne, 2nd Class, with swords (*Russia*).

Lane, Maj.-Gen. Sir R. B., K.C.B., K.C.V.O., ret. pay, q.s. — Osmanieh, 4th Class

Lane-Fox. Lt.-Col. G. R., Yorks. Hrs. Yeo — Agricultural Merit, Knight (*France*).

Lang, Bt. Lt.-Col. D. F., C.B., C.M.G., D.S.O., Arg. & Suth'd Highrs., p.s.c. — Agricultural Merit, Officer (*France*).

Langhorne, Lt. A. J., R.G.A. Spec. Res. — Avis (*Mil.*) Knight (*Portugal*)

Langley, Capt. F. O., M.C., s Bn. S. Staff. R. — Legion of Honour, Knight (*France*).

Langley, Capt. G. F., D.S.O., C'wealth Mil. Forces. — White Eagle, 5th Class, with swords (*Serbia*).

Larking, Bt.Maj. R.N.W., C.B.E., ret. pay (*Res. of Off.*) [1] — Crown, Officer (*Belgium*)

Laughland, Lt. J. T., R.G.A. (T.F.) — Crown, Knight (*Belgium*)

Latham, Bt. Maj. F., D.S.O., Leic. R. — Crown, Officer (*Belgium*)

Laurie, Bt. Maj. J. E., D.S.O., Sea. Highrs. — Legion of Honour, Knight (*France*).

Laurie, Lt Col. P. R., D.S.O., ret. pay. — Leopold, Knight (*Belgium*), Crown, with Cross of War, Officer (*Belgium*)

Laurie, Lt.-Col. R. M., D.S.O., TD, R.F.A. (T.F.) — Nile, 3rd Class (*Egypt*).

Lavarack, Temp.Lt.H.U., R.A.S.C. — Avis (*Mil.*) Knight (*Portugal*)

Law, Capt. M. J. N., 3 Bn. R. Sc. Fus. — Wen-Hu, 5th Class (*China*)

Lawford, Maj.-Gen. Sir S. T. B., K.C.B. — St. Vladimir, 4th Class with swords (*Russia*). St. Maurice & St.Lazarus Comdr (*Italy*) Leopold, Comdr. (*Belgium*) Legion of Honour, Grand Officer (*France*).

Lawrence, Capt. G. St. P., Rif. Brig. — White Eagle, 5th Class with swords (*Serbia*). Crown, Knight (*Italy*). Legion of Honour, Grand Officer (*France*). Karageorge, 2nd Class. with swords (*Serbia*).

Lawrence, Gen. Hon. Sir H. A., K.C.B., p.s.c. (Col. 21 Hrs) — Grand Cordon, Crown (*Belgium*) Avis (*Mil*) Grand Officer (*Portugal*) Star, Grand Cross (*Roumania*).

Lawrence, Maj. H. M., D.S.O., Sco. Rif. A.P. Dept — Legion of Honour, Knight (*France*).

Lawrence, Maj. J. G., A.P. Dept — St Sava,5th Class (*Serbia*).

Lawrence, Col. R. C. B., C.B., C.M.G., ret. pay, p.s.c. — Medjidieh, 4th Class. Legion of Honour,Comdr. (*France*).

Lawrence, Lt. S. J., 1 Dns. — Nile, 4th Class (*Egypt*.)

Lawrence, Lt.-Col. T. E., C.B., D.S.O., late Gen. List. — Legion of Honour, Knight (*France*).

Lawrence, Bt. Lt.-Col. W.E.,ret.pay(*Res.of Off*.) — Legion of Honour, Officer (*France*).

Lawrie, Col. C. E., C.B., D.S.O. — Crown Comdr. (*Italy*) Osmanieh. 4th Class Legion of Honour, Officer (*France*)

Lawson, Col. (*temp. Brig.-Gen.*) A., C.M.G., 2 D.G., p.s.c., q.s. — St. Anne, 2nd Class, with swords (*Russia*).

Lawson, Lt.-Gen. Sir H. M., K.C.B., p.s.c. — Medjidieh. 5th Class Crown, Grand Officer (*Italy*)

Layard, Capt. C. P. J., M.C., R.A. — Legion of Honour, Knight (*France*).

Laycock, Lt.-Col. (*temp. Brig. - Gen*. (J. F.), K.C.M.G., D.S.O., Notts. R.H.A. — St. Stanislas, 3rd Class, with swords (*Russia*).

Laycock, Temp. Maj. T. S., M.C. — Star, with swords, Knight (*Roumania*). Crown, with swords, Officer (*Roumania*).

Layton, Lt. R. C., Notts. (Sherwood Rang.) Yeo. — Legion of Honour, Knight (*France*).

Lea, Maj. E. I, (*Lt.-Col*) M.C., 5 Bn. R. War. R., TD — Legion of Honour, Knight (*France*).

Lea, Maj H. F., D.S.O. ret. pay — Legion of Honour Knight (*France*)

Leach, Capt. C. de L.,6 Bn. Rif. Brig. — Redeemer, 5th Class, Knight (*Greece*).

C. Leach, Maj.-Gen. Sir K. K.C.B., ret. pay, Col. R. W. Kent R. — Osmanieh, 4th Class.

Leach, Col. (*temp. Brig.-G'n.*) H. E. B., C.B., C.M.G., C.V.O. — St. Maurice & St.Lazarus, Officer (*Italy*)

Leadbitter Maj. N. G., late 3 Bn. Durh. L.I. — Wen-Hu, 4th Class (*China*)

Leahy, Capt. T. J., D.S.O., M.C., R. Dub. Fus. — Legion of Honour, Knight (*France*).

Leake, Temp. Capt. A, Serv. Bns. Leic. R. — Star, Knight (*Roumania.*)

Leake, Temp. Maj. C. L, O.B.E., M.C. — Agricultural Merit, Knight (*France*). Avis (*Mil.*), C.mdr. (*Portugal*).

Leask Temp. Capt. J. B., O.B.E. — Nile, 4th Class (*Egypt*).

Le Bel, Lt.-Col. A. E., Can. Local Forces. — Legion of Honour, Officer (*France*).

Lecky, Maj.-Gen. R.St.C., C.B., C.M.G. — Legion of Honour, Comdr. (*France*). St. Stanislas, 2nd Class, with swords (*Russia*).

Le Cocq, Lt. F. B., R.W. Kent R. — St. Anne,2nd Class, with swords (*Russia*)

Lee, Maj. A. N., O.B.E., D.S.O., 7 Bn. Notts. & Derby R — Sacred Treasure, 4th Class (*Japan*). Crown, Officer (*Belgium*). Crown, 3rd Class (*Siam*).

Lee, Maj. G., D.S.O. M.C., E. Kent R. — Legion of Honour, Knight (*France*). Leopold, Knight (*Belgium*).

Lee,Capt. H. E., M.C., late Serv. Bns. W. York. R. — Black Star, Knight (*France*).

Lee, Temp. Maj.H G. A., R.A.S.C. Spec. Res. — Redeemer Officer, (*Greece*).

Lee, Bt. Lt.-Col. H. T., C.M.G., D.S.O., R.W. Surr. R., p.s.c.[E] — Crown, Officer (*Belgium*).

Lee, 2nd Lt. R. W. D., 3 Bn. Dorset R. — White Eagle, 5th Class (*Serbia*).

Leech, Bt Lt.-Col. A. G., D.S.O., R.A. (S.C.) — Legion of Honour, Officer (*France*).

Foreign Orders

Leech, Rev. J. J., temp. Chapl to the Forces (R.C.) 4th Class. — Christ, Officer (*Portugal*).

Leeds, Lt.-Col. T. L., D.S.O., 59 Rif. — St. Anne, 3rd Class, with swords (*Russia*).

Leeming, Capt. L. E., ret. pay — Nile, 4th Class (*Egypt*).

Lees. Temp. Capt. C. F., Labour Corps — Wen-Hu, 5th Class (*China*).

Lees. Temp. Maj. H. B., M.C. R.E. — Legion of Honour, Knight (*France*).

Lees, Capt R. S., R.A.S.C, Spec. R. — White Eagle, 5th Class (*Serbia*).

Lefebre, Temp. Lt. G. P., M.C., Serv. Bns North'd Fus. — Avis (*Mil.*), Knight (*Portugal*).

Lefroy, Maj. H. P. T., D.S.O., M.C., R.E. — Legion of Honour, Knight (*France*).

Lezard, Col. D'A., C.M.G., D.S.O, p.s.c [L] — Legion of Honour, Knight (*France*).

Legg, Capt G. E W, M.V.O., Res. of Off. — Legion of Honour, Knight (*France*).

Leggatt, Temp. Lt. W.M., k.F.A. — Leopold, with War Cross, Knight (*Belgium*).

Legge, Hon. Col. J. G., C.B., C.M.G., C'wealth Mil. Forces. — Danilo, 2nd Class (*Montenegro*).

Legge, Lt.-Col. (Temp. Brig.-Gen.) R. F., D.S.O. — Legion of Honour, Knight (*France*).

Leggett, Hon. Brig.-Gen. A. H., C.M.G, D.S.O., ret. pay (*Res. of Off.*) [1]. — Crown, Officer (*Belgim*). St. Anne, 3rd Class, with swords (*Russia*).

Legh, Maj. F. B., M.C., R.E. — Crown Officer (*Belgium*). Legion of Honour, Knight (*France*).

Leishman, Maj.-Gen. Sir W. B., Knt., K.C.M.G., C.B., F.R.S., M.B., F.R.C.P., K.H.P. — Legion of Honour, Comdr. (*France*).

Leith, Maj. A. R., O.B.E. — White Eagle, 4th Class, with swords (*Serbia*) Sacred Treasure, 4th Class (*Japan*). Wen-Hu 4th Class (*China*)

Leith, Capt. E. M., M.C., 5 Bn. High. L.I. — Crown, Knight (*Roumania*). Avis (*Mil.*), Knight (*Portugal*).

Leith, Capt. H. G., C.B., C.B.E., North'd Yeo. — Crown, Officer (*Italy*).

Leith, Lt. P. F., 5 Bn. High. L.I. — Avis (*Mil.*), Knight (*Portugal*).

Leith-Ross, Maj. W., M.C., 55 Rif. — Star, Knight (*Roumania*).

Lelean, Lt-Col. P. S., C.B., C.M.G.., F.R.C.S., R.A.M.C. — Nile, 3rd Class (*Egypt*).

Leman, Maj. G.E., O.B.E., N. Staff. R., p.s.c. — St. Stanislas, 3rd Class with swords (*Russia*).

Lentaigne, Mat. E. C., D.S.O., 4 Gurkha Rif. — Legion of Honour, Knight (*France*).

Le Roy-Lewis, Col. (Terr. Force) (Hon. Lt.-Col. in Army) H., C.B., C.M.G., D.S.O., TD — Legion of Honour, Comdr. (*France*). Danilo, 2nd Class (*Montenegro*) White Eagle, 4th Class (*Serbia*) Crown, Comdr. (*Roumania*).

Leslie, Lt.-Col. A. S., C.M.G., TD. Sco. Horse Yeo. — Agricultural Merit, Officer (*France*).

Leslie Maj.-Gen. G.A.J., C.B., C.M.G., R.E. — Legion of Honour, Officer (*France*).

Leslie, Capt. P. C., M.D., late R.A.M.C. — Wen-Hu, 5th Class (*China*)

Leslie, Capt. R. B., M.C., Linc. R. — Legion of Honour, Knight (*France*).

Leslie, Bt. Lt. Col. (temp. Brig.-Gen.) W.S., C.M.G., D.S.O., 31 Punjabis, p.s.c. — White Eagle, 3rd Class, with swords (*Serbia*). Nile, 3rd Class (*Egypt*).

Leslie-Melville, Capt. Hon. D. W., M.B.E., 2 Lovat Scouts Yeo. — Redeemer, 5th Class, Knight (*Greece*).

Lethaby, Maj. T., O.B.E. Dep. Commy. of Ord. ret. pay. — White Eagle, 4th Class (*Serbia*). St. Maurice and St. Lazarus, Knight (*Italy*).

Lever, Lt. E. H., R.G.A., Spec. Res.) — Legion of Honour, Knight (*France*). Military Merit, 2nd Class (*Spain*).

Leverson, Col. G. F., C.B., ret. pay, p.s.c. [L] — Legion of Honour, Knight (*France*).

Leverson, Bt. Maj. G R. F., D.S.O., North'd Fus. — White Eagle, 4th Class (*Serbia*)

Leverson. Capt. H. A. ret pay, p.s.c. [L] — Crown, Knight (*Belgium*).

Leveson, Hon. Lt.-Col. O.B., D.S.O., ret. pay — Osmanieh, 4th Class. Medjidieh, 3rd Class St. Sava, 5th Class (*Serbia*).

Leveson-Gower, Temp. Capt. C. — Redeemer, 5th Class, Knight (*Greece*). Legion of Honour, Knight (*France*).

Levita, Temp. Lt.-Col. H. P. — St. Stanislas, 2nd Class (*Russia*).

Levy Temp. Lt. M. P., Hamps. R. — Avis (*Mil.*), Knight (*Portugal*).

Lewin, Bt.-Col. (temp. Brig.-Gen. in Army) A. C., C.B. C.M.G., D.S.O., 3 Bn. Conn. Rang. (Bt. Col. ret. pay) A.D.C. — St. Anne, 2nd Class, with swords (*Russia*).

Lewin, Bt. Lt.-Col. E. O., C.B., C.M.G., D.S.O., R.A. — Avis (*Mil*), Comdr. (*Portugal*). Osmanieh, 4th Class. Medjidieh, 3rd Class

Lewin, Bt. Col. H. F. E., C.M.G., R.A. — Legion of Honour, Knight (*France*),

Lewis, Maj. A. F. L., R.E. Kent Yeo. — Nile, 4th Class (*Egypt*).

Lewis, Lt D., M.C., 3 Bn. Lond. R. — Legion of Honour, Knight (*France*)

Lewis, Bt. Col. D. F., C.B., ret. pay. — Medjidieh, 3rd Class Military Merit, 3rd Class (*Spain*).

Lewis, Temp. Capt. E. W., O.B.E., R.A S C. — Black Star, Officer (*France*)

Lewis, Bt. Lt-Col. F., D.S.O., h.p. — St. Anne, 3rd Class, with swords (*Russia*).

Lewis, Bt. Lt.-Col. H. A., C.B.E., R.A, g. — St. Stanislas, 2nd Class (*Russia*).

Lewis, Capt. R. F., 21 Cav. — White Eagle, 5th Class, with swords (*Serbia*).

Lewis Maj. S. E., M.B., R.A.M.C — Legion of Honour, Knight (*France*).

Lewis, Temp. Lt. T W. R. Mar — Crown Knight (*Belgium*).

Lewisham, Lt.-Col. Visct. W., Staff. Yeo. (Hon. Col. 7 Bn. W. Rid. R.), TD — Nile, 4th Class (*Egypt*).

Leyland, Maj. F. B, D.S.O., M.V.O., M.C., 7 Hrs. — Agricultural Merit, Knight (*France*).

Lidbury, Maj. D J., D.S.O. R.E Spec. Res. — Avis (*Mil.*) Comdr. (*Portugal*)

Liddell, Temp. Lt. C.F.J., M.C., K.R. Rif. C. (attd.) — Crown, Knight (*Belgium*).

Liddell, Bt. Lt.-Col. C.G., C.M.G., D S.O., Leic. R., p.s.c — Crown, Officer (*Italy*).

Liddell, Maj. J. S., C.M.G., D.S.O., ret. pay — Medjidieh, 3rd Class. Osmanieh. 4th Class

Liddell, Maj.-Gen. W. A., C.B. — Legion of Honour Officer (*France*). Crown Comdr. (*Belgium*).

Lilburn, Capt. W. J. F., 5 Bn. York R. — Avis (*Mil*), Knight (*Portugal*).

Lindeman, Temp. Maj. C. L., D.S.O. — Legion of Honour, Knight (*France*).

Lindsay, Maj. G. M., D.S.O., Rif. Brig. — Leopold, Officer (*Belgium*).

Lindsay, Temp. Capt. Hon. L., M.C., Serv. Bns. K.R. Rif. C. — Legion of Honour, Knight (*France*).

Linton, Capt. F. H., D.S.O., Welch R. — Crown, Knight (*Belgium*).

Foreign Orders

Lipsett, Col. (temp. Maj.-Gen.) L. J., C.B., C.M.G., p.s.c, e, [1] Aust. Imp. Force — Legion of Honour, Officer (France).

Lister, Lt. A. H., R.G.A. (T.F.) — Crown, Knight (Belgium).

Lister, Maj. F. H., D.S.O., R.A., p.s.c, [1] — Leopold, Officer (Belgium).

Litt, Capt. J. P., M.D., R.A.M.C. — Redeemer, 5th Class, Knight (Greece).

Little, Maj. C. H., D.S.O., Som.L.I. — Nile, 3rd Class (Egypt).

Little, Temp. Capt. E.M., Labour Corps — Wen-Hu, 5th Class (China).

Little, Lt.-Col. W. C., 6 Gurkh. Rif. — Lion and Sun, 2nd Class (Persia).

Littleton, Lt. Hon. C.C.J., D.S.O., 7 Bn. Midd'x. R — El Nahda, 4th Class (Hedjaz).

Littlewood, Temp. Lt. G. P., Labour Corps — Wen-Hu, 5th Class (China).

Liveing, Lt.-Col. C. H., C.M.G., D.S.O., R.F.A., p.s.c. — Legion of Honour, Officer (France).

Livesay, Bt.Col.R.O'H., D.S.O., R.W. Surr. R., p.s.c. — Legion of Honour, Knight (France).

Livingstone, Bt. Lt.-Col. G., C.M.G., 3 Bn.Loud.R. — Crown, Comdr. (Italy).

Livingstone, Maj. - Gen. H. A. A., C.B., C.M.G. — Redeemer, 2nd Class, Grand Comdr. (Greece). White Eagle, 3rd Class, with swords (Serbia), Legion of Honour, Comdr. (France).

Livingstone-Learmonth, Bt. Col. J.E.C., D.S.O., R.A. — Legion of Honour, Knight (France).

Llewellyn, Lt.-Col. H., D.S.O., T.F. Res. — St. Lazarus, Officer (Italy).

Lloyd, Lt.-Col. A. H. O., C.B., C.M.G., M.V.O., Shrops. Yeo. — Karageorge, 4th Class, with swords (Serbia), King George I., Grand Comdr. (Greece), Nile, 3rd Class (Egypt).

Lloyd, Capt. C.H., R.F.A. — Legion of Honour, Knight (France).

Lloyd, Lt.-Gen. Sir F., K.C.B., G.C.V.O., D.S.O. (Col. R. W. Fus.) — St. Sava, Grand Cross (Serbia), Crown, Grand Officer (Belgium), White Eagle (Russia).

Lloyd, Capt. Sir G. A., G.C.I.E., D.S.O., War. Yeo. — St. Anne, 3rd Class, with swords (Russia), El Nahda, 2nd Class (Hedjaz), Nile, 2nd Class (Egypt).

Lloyd, Lt.-Col. H. W., D.S.O., C'wealth Mil. Forces — White Eagle, 4th Class, with swords (Serbia).

Lloyd, Lt. I. T., S. Wales Bord. — St. Anne, 4th Class (Russia).

Lloyd, Maj. R. G. A., D.S.O., Res. of Off. [L] — Aviz (Mil.), 2nd Class (Portugal).

Lloyd, Capt. T. W., D.S.O., 4 Bn. L'pool R. — St. Sava, 5th Class (Serbia).

Loch, Capt. D. H. — St. Sava, 5th Class (Serbia), Redeemer, 5th Class, Knight (Greece).

Loch, Maj.-Gen. E. D., Lord, C.M.G., C.B., M.V.O., D.S.O., G. Gds., p.s.c. — Legion of Honour, Officer (France).

Loch, Bt. Col. G. G., C.M.G., D.S.O., R. Scots. — St. Stanllas, 2nd Class, with swords (Russia).

Lock, Temp. Lt. J. S., M.B.E., R.E. — Crown Knight (Belgium).

Logan, Hon. Brig.-Gen. D. F. H., C.B., C.M.G., ret. pay — Crown, Comdr. (Belgium).

Logan, Bt. Col. F. D., C.M.G., D.S.O., R.A. — Legion of Honour, Officer (France).

Logan, Lt. G., R.G.A. (T.F.) — Crown, Knight (Italy).

Logan, Bt.Lt.-Col. M. H., W. York. R. — Nile, 3rd Class (Egypt).

Lomax, Temp. Maj. K.T., D.S.O., R.E. — Legion of Honour, Knight (France).

London, Rt. Hon. & Rt. Rev A. F. Lord Bishop of, K.C.V.O., D.D., LLD., Chpl. 1st Class (T.F.) — Redeemer, Grand Cross (Greece).

Long, Hon. Brig.-Gen. Sir A., K.B.E., C.B., C.M.G., D.S.O., ret. pay — White Eagle, 3rd Class, with swords (Serbia). Redeemer, 2nd Class, Grand Comdr. (Greece).

Long, Bt. Col. C. J., ret. pay, g. — Medjidieh, 3rd Class.

Long, Temp. Capt. J. I., R.A. — Leopold, Knight (Belgium).

Longbourne, Bt. Lt.-Col. (temp. Brig-Gen.) F.C., C.M.G., D.S.O., R.W. Surr. R. — Legion of Honour, Knight (France).

Longcroft, Bt. Lt.-Col. C. A. H., C.M.G., D.S.O., Welch R. — Legion of Honour, Officer (France), St. Stanislas, 3rd Class, with swords (Russia).

Longfield, Capt. W. E., ret. pay — Medjidieh, 3rd Class.

Longley, Maj.-Gen. J. R., K.C.M.G., C.B. — St. Maurice & St. Lazarus Comdr. (Italy), Nile, 2nd Class (Belgium).

Lonzmore, Capt. C., C'Wealth Mil. Forces — Leopold Knight (Belgium).

Longmore, Maj. C. M., D.S.O., R.A. — St. Maurice & St. Lazarus Knight (Italy).

Longmore, Maj. P. E., Herts. R. — St. Maurice & St. Lazarus Knight (Italy).

Longstaff, Maj.R., D.S.O., ret. pay — Legion of Honour, Knight (France).

Lonsdale, Hon. Col. H. C., Earl of, West. & Cumb. Yeo. (Hon. Col. ret. T.F.) — Legion of Honour, Knight (France).

Loomis, Maj.-Gen. Sir F. O. W., C.B., D.S.O., Can. Local Forces — Legion of Honour, Officer (France).

Lorenzo, Lt.-Col. F. M. de F., D.S.O., C'wealth Mil. Forces — Danilo, 4th Class (Montenegro).

Lousada, Bt. Col. F. P., C.B., ret. pay — Medjidieh, 4th Class.

Lovat, Col. S. J., Lord, K.T., K.C.M.G., K.C.V.O., C.B., D.S.O., TD, 1 & 2 Lovat's Scouts Yeo. and 4 Bn. Gord. Highrs., A.D.C. — Legion of Honour, Officer. (France), Agricultural Merit, Comdr. (France).

Loveday, Lt. F. A., R. Wilts. Yeo. — Crown, with War Cross, Knight (Belgium).

Lovett, Maj. H.W., ret. pay — Medjidieh, 4th Class.

Lowder, Lt. H. G. 3 Bn. Shrops. L.I — Wen-Hu, 5th Class, (China).

Lowe. Temp. Capt. G. H. A., R.A.S.C. — Agricultural Merit, Knight (France).

Lowe, Lt. R., Sco. Horse Yeo — Nile, 4th Class (Egypt).

Lowe, Maj. S. J., O B E, D.S.O., R.Fus., p.s.c. [L] — Legion of Honour, Knight (France).

Lowther, Col. Sir H. C., K.C.M.G., C.B., C.V.O., D.S.O., q.s. [L] — Legion of Honour, Comdr. (France).

Loxton, Temp. Capt. T. P. N., R.A.S.C. — Black Star, Officer (France).

Foreign Orders

Luard, Maj. T. B., *D.S.O.*, R. Mar. } Nile, Officer (*Egypt*).

Lubbock, Lt.-Col. (*temp. Col.*) G., *D.S.O.*, R.E. } Legion of Honour, Knight (*France*). White Eagle, 3rd Class, with swords (*Serbia*).

Lucan, Hon. Brig.-Gen. *G.C.C.B.*, Earl of, (Col. T.F. Res. Capt. ret. } Nile, 3rd Class (*Egypt*).

Lucas, Bt. Lt.-Col. C. C., *M.C.*, R.A. } Legion of Honour, Knight (*France*). St. Anne, 3rd Class (*Russia*). Crown, Officer (*Italy*).

Lucas, Col (*temp. Maj.-Gen.*) C. H. T., *C.M.G.*, *D.S.O.*, *p.s.c.* } Legion of Honour, Officer (*France*).

Lucas, Col. F. G., *C.B.*, *D.S.O.*, Ind. Army } Legion of Honour, Officer (*France*).

Lucas Bt. Lt-Col. G. W. C., 34 Horse } Nile, 4th Class (*Egypt*).

Lucas, Temp. Capt. R. H., *O.B.E.*, *M.C.*, R.A.M.C. } Crown, Knight (*Italy*).

Lucas, Col. T. J. R., *C.B.*, *M.B.*, ret. pay } Sacred Treasure, 3rd Class (*Japan*).

Lucey, Bt. Maj. S. T., *M.C.*, N. Lan. R. } White Eagle, 4th Class, with swords (*Serbia*).

Luck, Temp. Lt.-Col. (*temp. Brig.-Gen.*) C. M., *C.M.G.*, *D.S.O.*, R.E. } Crown, Comdr. (*Belgium*). Legion of Honour, Officer (*France*).

Luck, Capt. S. I., *O.B.E.*, *late* R.E } White Eagle, 5th Class, with swords (*Serbia*).

Lucock, Bt. Lt.-Col R M., *C.M.G.*, *D.S.O.*, R Lanc. R., *p.s.c.* } Legion of Honour, Officer (*France*).

Lucking, Lt.C D. R.G.A. (T.F.) } Crown, Knight (*Belgium*).

Ludlow-Hewitt, Bt. Maj., E. R.., *M.C.*, R. Ir. Rif. } Legion of Honour, Knight (*France*).

Luker, Bt. Lt.-Col R., *C.M.G.*, *M.C.*, Lan. Fus., *p.s.c.* } Crown, Officer (*Roumania*).

Lumb, Maj. F. G. E., *D.S.O.*, *M.C.*, 39 Rif. } Legion of Honour. Knight (*France*).

Lumley, Capt. S. H., *M.B.E.*, *late* Serv. Bns. S. Lan. R. } Legion of Honour, Knight (*France*).

Lund, Capt. S. W., *M.B.*, R.A.M.C. Spec. Res } St. Sava, 4th Class (*Serbia*).

Lupton, Temp. Capt. G. H., R.A.S.C. } Agricultural Merit, Knight (*France*).

Lushington, Col. S., *C.B.*, *C.M.G.* [l] } Savoy, Officer (*Italy*).

Lush-Wilson, Maj. H. G., R.A. } Legion of Honour (*France*).

Luxmore, Maj. N., *D.S.O.*, Devon R. } Legion of Honour, Knight (*France*).

Lyell, Temp. Lt.-Col. (*temp. Col.*) D., *D.S.O.*, R.E. } Leopold, Officer (*Belgium*). Legion of Honour, Officer (*France*). Avis (*Mil.*) Comdr. (*Portugal*).

Lygon, Maj. Hon. H., T.F. Res. } St. Maurice & St. Lazarus, Knight (*Italy*).

Lynam, Temp. Maj. C. G. J., *M.C.*, R.E. } Legion of Honour, Knight (*France*).

Lynden-Bell, Maj.-Gen. Sir A. L., *C.B.*, *C.M.G.*, *p.s.c.* [L] } Crown, Grand Officer, (*Italy*). Legion of Honour, Comdr. (*France*). Nile, 2nd Class (*Egypt*). St. Vladimir, 4th Class with swords (*Russia*). Rising Sun, 2nd Class (*Japan*). Leopold, Comdr. (*Belgium*).

Lyon, Bt. Lt.-Col. C. H., *C.B.*, *C.M.G.*, *D.S O*, N. Staff. R., *p.s.c.* } Crown, Officer (*Belgium*).

Lyon, Col. (*temp. Brig.-Gen.*) F., *C.M.G.*, *D.S.O.*, *p.s.c.* [L] } St. Anne, 2nd Class, with swords (*Russia*). St. Stanislas, 1st Class, with swords (*Russia*). Legion of Honour, Officer (*France*).

Lyons, Capt. H. G., R.E. } Osmanieh 2nd Class. Medjidieh, 1st Class.

Lyons, Qr.-Mr. & Capt. T., *M.B.E.* } Legion of Honour, Knight (*France*).

Lyster, Temp. Lt. F. J. } King George, Knight (*Greece*).

Lyster, Lt, H. N., 3 Bn. Lond. R. } King George I., Knight (*Greece*).

Lyttelton, Hon. J. C., *late* Maj. Worc. Yeo. } Sacred Treasure, 4th Class (*Japan*).

Lyttelton, Gen. Rt. Hon. Sir N.G., *G.C.B.*, *G.C.V.O.*, ret. pay Col. Comdt. Rif. Brig. } Osmanieh, 4th Class.

Lytton, Temp. Maj. Hon. N. S., *O.B.E.* } Legion of Honour, Knight (*France*).

Mabb, Temp. Lt. V. L., *M.C.*, Tank Corps } Legion of Honour, Knight (*France*).

McAlister, Temp. Capt. D. McD., *M.C.*, R.F.A. } Leopold, with War Cross, Knight (*Belgium*).

McCall, Bt. Lt.-Col, H.W., *C.M.G.*, *D.S.O.*, York. R. } Nile, 4th Class (*Egypt*). Legion of Honour, Knight (*France*).

McCarthy, Dame E. M., *G.B.E.*, *R R C*., Matron-in Chief, ret. pay } Legion of Honour, Knight (*France*).

Macartney, Capt. W. St. J. F., A.V.C. } Nile 4th Class (*Egypt*).

McAughey, Maj. J., Can. Local Forces } St. Stanislas, 2nd Class, with swords (*Russia*).

Macalpine - Leng, Bt. Lt.-Col. R. L., *D.S.O.*, 16 Hrs., *p.s.c.* [l] } Nile, 3rd Class (*Egypt*).

Macaulay, Maj. R. K. A., *D.S.O.*, R.E. } Legion of Honour, Knight (*France*). Leopold, with War Cross, Officer (*Belgium*).

Macauley, Bt. Maj. (*temp. Col.*) Sir. G.B., *K.C.M.G.*, *C.B.E.*, ret. pay } Nile, 2nd Class. (*Egypt*). Medjidieh, 2nd Class.

Macbean, Capt. I. G. *M.C.*, Notts. & Derby. R. } White Eagle, 5th Class (*Serbia*).

MacBrien, Maj.-Gen. J. H., *C.B.*, *C M.G.*, *D.S.O.*, Can. Local Forces. } Legion of Honour, Knight (*France*).

Maccabe, Rev. A., Temp. Chapl, to the Forces (R.C.) 4th Class } Christ, Officer (*Portugal*).

McCalmont, Maj.-Gen. Sir H., *K.C.B*, *C.V.O.*, ret. pay, Col. 7 Hrs. } Medjidieh, 3rd Class.

McCandlish, Bt. Maj. P. D., *D.S.O.*, ret. pay } White Eagle, 5th Class, with swords (*Serbia*).

McCarthy, Capt. C. J., *late* R.A.S.C. } Crown, Knight (*Belgium*).

McCarthy, Hon. Brig.-Surg. J. J., *M.D.*, ret. pay } Legion of Honour, Knight (*France*.)

McCarthy-O'Leary, Capt. H. W. D., *D.S.O.*, *M.C.*, R. Ir. Fus. } Crown, with War Cross, Officer (*Belgium*).

Foreign Orders

MacCaw, Capt. G H., M C., 3 Hrs. [L] — White Eagle, 4th Class (*Serbia*). St. Vladimir, 4th Class, with swords and Bow (*Russia*).

McCay, Maj.-Gen. *Hon.* Sir J. W., *K.C.M.G., C.B.,* VD. Aust. Imp. Force. — Legion of Honour, Comdr. (*France*).

McCheane, Lt.-Col. (*temp. Col.*) M. W. H., *C.B.E., R.A.O.C., o.f.* — White Eagle, 3rd Class with swords (*Serbia*). El Nahda, 3rd Class (*Hedjaz*).

McClintock, Bt. Lt.-Col. R.S. *D.S.O., R.E., p.s.c.* — Legion of Honour, Knight (*France*).

MacClintock-Buubury, Temp. Lt. *Hon.* T. L., *M.B.E.* — Crown, Knight (*Italy*).

Machray Temp. 2nd Lt. E D., *M.C.* — Redeemer, 5th Class, Knight (*Greece*).

McConaghy, Bt Lt.-Col. J. G., *D.S.O.*, 25 Cav. — White Eagle, 4th Class, with swords (*Serbia*).

McCormick, Temp. Lt.-Col. H. B., *D.S.O.*, 6 Bn. E. Lan. R. (Capt. Res. of Off.) — St. Stanislas, 3rd Class with swords (*Russia*).

McCosh, Capt. R., *O.B.E., M.C.*, Lanark Yeo. — Nile, 4th Class (*Egypt*).

McCracken, Lt.-Gen. F.W.N., *K.C.B., D.S.O., p.s.c.* — Savoy, Comdr. (*Italy*). Leopold, Comdr. (*Belgium*). Legion of Honour, Comdr. (*France*).

McCullagh, Capt. A. C. H., *D.S.O., M.B.*, T.F. Res. — Crown Officer (*Roumania*).

MacCullah, Lt.-Col. A., *late R.A.S.C.* — Crown Officer (*Belgium*).

McCulloch, Maj. A. J., *D.S.O.*, 14 Hrs., *p.s.o.* — Legion of Honour, Knight (*France*).

McCulloch, Lt.-Col. (*temp. Brig.-Gen.*) R. H. F. *C.M G., D.S.O.*, R A. [L] — Legion of Honour, Knight (*France*). St. Maurice & St. Lazarus Officer (*Italy*).

Macdonald, Temp. Lt.-Col A. C., *D.S.O.*, R.E. — White Eagle, 4th Class (*Serbia*).

MacDonald, Col. Rt. Hon. Sir C. M., *G.C.M.G., G.C.V.O., K.C.B., ret. pay* — Osmanieh, 4th Class.

McDonald, Lt.-Col. G. F. H., *O.B.E.*, 6 Bn. Essex R. — Nile, 3rd Class (*Egypt*)

MacDonald, Lt. J. A., *M.C.*, R.A. — Agricultural Merit, Knight *France*).

MacDonald, Maj. J. R., T.F Res. — Nile, 4th Class (*Egypt*)

Macdonald, Maj.-Gen. Sir J. R. L., *K.C.I.E., C.B.*, ret. pay — Brilliant Star of Zanzibar 2nd Class.

Macdonald, Col. Sir M., *K.C.M.G.*, J., h.p., *g.* — Nile, 1st Class (*Egypt*)

Macdonald, Lt.-Col. R. J., h.p., *g.* — Karageorge, 4th Class with swords (*Serbia*).

MacDoneil, Maj.-Gen. A. C., *K.C.B., C.M.G., D.S.O.*, Can. Cav. — Legion of Honor, Officer (*France*).

MacDonnell, Local Maj. M. S., *O.B.E.* — Nile, 4th Class (*Egypt*).

Macdonogh, Lt.-Gen. Sir G. M. W., *K.C.M.G., C.B., p.s.c.* [L] — Legion of Honour, Comdr. (*France*). Crown, Comdr. (*Belgium*). St. Stanislas, 1st Class (*Russia*). Crown, Grand Officer (*Italy*). St. Stanislas, 1st Class with swords (*Russia*). White Eagle, 2nd Class, with swords (*Serbia*). Rising Sun, 2nd Class (*Japan*). White Elephant, 2nd Class (*Siam*). Chia-Ho, 2nd Class, "Ta-Shou" (*China*)

McDouall, Lt.-Col. R., *C.B., C.M.G., C.B.E., D.S.O.*, E Kent R. — Legion of Honour, Officer (*France*)

MacDougall, Brig.-Gen. A., *C.B.*, Can. For. Corps — Legion of Honour, Officer (*France*)

McDougall, Capt. H., *R.A.S.C* Spec Res. — Agricultural Merit, Officer (*France*).

McDowell, Temp. Lt. J., Lab. Corps — Wen-Hu, 5th Class (*China*)

MacEwen, Lt.-Col. St. O. M. G., ret. pay (Res. of Off.) — Medjidieh, 3rd Class. Osmanieh, 4th Class.

MacEwen, Col. (*temp. Brig.-Gen.*) D.L., *C.B., C.M.G., p.s.c.* — Legion of Honour, Comdr. (*France*).

MacEwen, Hon. Brig.-Gen. M. L., *C.B.* — Legion of Honour, Comdr. (*France*).

McFadzean, 2nd Lt. J., 4 Bn K.O. Sco. Bord. — Crown Knight (*Belgium*)

MacFarlan, Col. (*temp. Brig.-Gen.*) F. A., *C B.* — Medjidieh, 4th Class.

Macfarlane, Maj H. E., *D.S.O., M.C.*, 19 Hrs., *p.s.c.* — Legion of Honour, Knight (*France*) Redeemer, Comdr. (*Greece*).

Macfie, Maj. W.C., *D.S.O.*, R.E. — Legion of Honour, Knight (*France*)

McGillicuddy, Bt.Lt.-Col. R K., *D.S.O.*, 4 D.G. — Legion of Honour, Knight (*France*)

MacGregor, Col. H. G., *C.B.*, ret. pay, *p.s.c.* — Osmanieh, 4th Class.

McGregor, Maj. R. S., C'wealth Mil. Forces — White Eagle, 4th Class with swords (*Serbia*).

MacGregor-Whitton. Lt. A. R. H., R Sco. Fus. (s c) — St. Maurice & St. Lazarus, Knight (*Italy*).

McGrigor, Capt. A. M., *O.B.E.*, Glouc. Yeo. — Avis (Mil.) Knight (*Portugal*).

McGrigor Maj.-Gen. C R. R., *C.B., C.M.G., p.s.c.* [?], ret pay — Medjidieh, 5th Class.

McHardy, Bt. Col. (*temp. Brig.-Gen.*) A. A., *C.B., C.M.G., D S O.*, R.A., *p.s.o.* — Agricultural Merit, Comdr. (*France*).

McHarg, Bt.Lt.-Col.A.A., R.E. [l] — St. Stanislas, 3rd Class, with swords (*Russia*)

Machell, Capt. P. W., *C.M.G.* ret. [L] — Medjidieh, 1st Class. Osmanieh, 4th Class

Machray, Capt. E. D., *M.C.*, ret. — White Eagle, 5th Class (*Serbia*)

Macindoe, Capt. J. D., *O.B.E., M.C.*, S. Gds. — Nile, 4th Class (*Egypt*)

Macintosh, Temp. Capt. C. A. G. — Nile, 4th Class (*Egypt*)

McIver, Lt. W. F., C'wealth Mil. Forces — Crown, Officer (*Belgium*)

Mackay, Temp. Lt D., R.A.S.C. — White Eagle, 5th Class with sword (*Serbia*).

Mackay, Lt.-Col. J. D., *D.S.O.* — Brilliant Star of Zanzibar, 2nd Class.

McKee, Hon. Capt. J., *D.S.O.*, late 19 Bn R., Ir. Rif — Leopold, Knight *Belgium*)

McKenny, Lt. F. C. V., Can. Forces For. Corps — St. Stanislas, 3rd Class, with swords (*Russia*).

Mackenzie, Maj -Gen. Sir C J., *K.C.B., p.s.c.* [L] — Legion of Honour, Officer (*France*)

McKenzie, Brig.-Gen. Sir D., *K.C.M.G., C.B., D.S.O.*, V.D. S.Afr. Def. Force — Legion of Honour, Comdr. (*France*).

Mackenzie, Bt. Maj. D. W. A. D., *D S.O.*, Sea. Highrs. — Leopold, Knight (*Belgium*)

Mackenzie, Capt E.M.C., *O B E.*, late R. Mar. — Legion of Honour, Knight (*France*).

Mackenzie, Lt.-Col.(*temp. Brig.-Gen.*) G. B., *C B., C.M.G., D.S.O.*, R.A., *o.* — Legion of Honour, Officer (*France*).

Mackenzie, Col. (*temp. Brig.-Gen.*) G.M., ret. pay — St. Stanislas, 1st Class (*Russia*).

Mackenzie, Bt. Lt.-Col. J. H., *C.M.G., D.S.O.*, R. Scots., *p.s.c.* — Avis (Mil.). Comdr. (*Portugal*).

Foreign Orders

MacKenzie, Lt.-Col. T. C., D.S.O., R.A.M.C. } Medjidieh, 4th Class.

Mackenzie, Temp. Capt. W., O.B.E., Lab Corps } Nile, 4th Class (*Egypt*).

Mackenzie, Lt.-Col. W. K. S., C'wealth Mil. Forces } St. Stanislas, 3rd Class, with swords (*Russia*).

Mackenzie Rogan, Maj. J.,M.V.O.,Mus.Doc.,Dir. of Music } Black Star of Benin, Officer (*France*) Crown, Knight (*Italy*).

McKey, Capt. C., O.B.E., ret pay } Medjidieh 5th Class.

Mackey, Lt.-Col. (*temp. Brig.-Gen.*) H. J. A., M.V.O., D.S.O., R.A. } St. Stanislas, 2nd Class, with swords (*Russia*).

Mackinnon, Maj. A.C.B., Gurkha Rif. } White Eagle, 3rd Class, with swords (*Serbia*).

Mackintosh, Temp. Maj. C.A.G } El Nabda, 4th Class (*Hedjaz*).

Mackintosh, Maj. E.E.B D.S.O., R.E. } Osmanieh 4th Class Legion of Honour, Knight (*France*).

Mackworth, Maj. H. L., D.S.O., R.E. [L] } Osmanieh 4th Class White Eagle, 4th Class, with swords (*Serbia*).

Mackworth, Capt. J. D., C.B.E.. b.p. } Legion of Honour, Officer (*France*).

Maclachlan, Bt. Lt.-Col. A. F. C., D.S.O., K.R. Rif. C. } Karageorge, 4th Class, with Swords (*Serbia*).

Maclachlan, Temp. Lt. A.G. } Redeemer, 5th Class, Knight (*Greece*).

McLachlan, Col. (*temp. Maj.-Gen.*) J. D., C.B., C.M.G. D.S.O., p.s.c.[L } Legion of Honour, Officer (*France*).

MacLachlan. Temp. Lt. M.B., T.F. Res. } Redeemer, 5th Class, Knight (*Greece*).

Maclachlan, Bt. Col. T. R., C.M.G., 92 Punjabis } St. Stanislas, 3rd Class, with swords (*Russia*).

McLaren, Temp. Capt. D., M.B.E., S. Afr Defence Forces } Avis (*Mil.*), Officer (*Portugal*).

McLaren, Capt. H., D.S.O.,M.C.,R E. (T.F.) } Nile, 3rd Class (*Egypt*).

MacLaren, Col. M. C.M.G., Can. A.M.C. } Avis (*Mil.*), Comdr. (*Portugal*).

Maclean, Bt. Lt.-Col. (*temp. Brig.-Gen.*) C. A. H., D.S.O., Arg. & Suth'd Highrs. } Legion of Honour, Knight (*France*).

Maclean, Capt. C. T., M.C., R. Sc. Fus. } Legion of Honour, Knight (*France*).

Maclean, Maj. C. W., D.S.O., ret. pay } Medjidieh, 4th Class, Crown, Officer (*Italy*).

MacLean, Lt. L. F. C., 4 Bn. Manch. R. (Q)(H) } Agricultural Merit, Knight (*France*).

McLean, Lt. V. A., Can. Local Forces } St. Anne, 4th Class (*Russia*).

McLellan, Temp. Lt.-Col. W., C.B.E., R. Mar. } St. Maurice & St. Lazarus, Officer (*Italy*).

McLennan, Capt. J. L., M.C., R A.S.C. } White Eagle, 5th Class (*Serbia*).

MacLeod, Lt. A. F., 5 Bn. Mddx R. } Avis (*Mil*), Knight (*Portugal*).

Macleod,Bt.Lt.-Col.C.W., C.M.G., D.S.O., R.A.S.C. } Legion of Honour,Knight (*France*).

MacLeod,Capt.D.,D.S.O., M.C., 4 Bn. N. Staff.R. } White Eagle, 5th Class, with swords (*Serbia*).

MacLeod, Lt.-Col. N., C.M.G., D S.O.,late Serv. Bns., Cam'n Highrs. } Legion of Honour,Officer (*France*).

McLaughlin, Col. G. S., C.M.G., D.S.O., M.B., } Brilliant Star of Zanzibar, 3rd Class.

McMahon, Lt.-Col. Hon. Sir A. H., G.C.V.O., K C.I.E.,C.S.I.,ret.Ind. Army. } Izzat-i-Afghania (*Afghanistan*) Sardari, 1st Class (*Afghanistan*) El Nahda, 1st Class (*Hedjaz*).

MacMahon, Maj. G.P. R., O.B.E., R.G.A } Avis (*Mil*), Comdr. (*Portugal*)

Macmanaway, Rev. J. J., M.C., Temp. Chapl. to the Forces (4th Class } Legion of Honour, Knight (*France*)

McMillan, Lt. A., D.S.O., M.C., Sea. Highrs. } Legion of Honour, Knight (*France*).

Macmin, Maj.B.,R.F.A., (T.F.) } St. Maurice & St. Lazarus Knight (*Italy*).

Macmullen, Bt. Col. C N., C.B., D.S.O., 15 Sikhs, p.s.c. } Legion of Honour, Officer (*France*). Crown, Comdr. (*Belgium*).

MacMunn, Maj.-Gen.Sir G. F., K.C.B., K.C.S.I., D.S.O., p.s.c., q.s. } Legion of Honour, Knight (*France*).

McMurdo, Capt. A. M., D.S.O., ret } Medjidieh 4th Class. Osmanieh, 2nd Class.

MacNab, Capt. C S., Cam'n Highrs. } Crown, Officer (*Italy*).

Macnamara, Maj. C. C., P. Ir. Rif. } Nile, 4th Class (*Egypt*).

Macnamara, Hon. Lt.-Col. N., ret. R. Mar. Art. } Medjidieh, 5th Class.

McNee, Capt. J W., D.S.O., M.B., R.A.M.C. Spec Res. } Avis (*Mil.*) Comdr. (*Portugal*),

MacNeece, Surg-Gen. J. G., C.B., ret. pay } St. Maurice & St.Lazarus Comdr. (*Italy*).

McNeill, Temp Lt.W. M., Serv. Bn. R. Ir. R f. } Crown, Knight (*Belgium*).

McNeill,Hon.Capt.A.H., late 5 Bn.K.O.Sco.Bord. } Karageorge, 4th Class, with swords (*Serbia*).

McNeill, Col A J. Terr. Force (Bt. Maj. ret. pay) } Karageorge, 4th Class, with swords (*Serbia*). Nile, 3rd Class (*Egypt*).

Macpherson, Bt. Col. (*temp. Brig.-Gen.*) A. D., C.M.G., D.S.O., Cam'n Highrs. } Karageorge, 4th Class, with swords (*Serbia*). Legion of Honour, Officer (*France*).

Macpherson, Maj.-Gen. Sir W. G., K.C.M.G., C.B., M.B., ret. A.Med. Serv. } Sacred Treasure,3rdClass (*Japan*). Legion of Honour,Comdr. (*France*). Crown, Comdr. (*Italy*).

McQueen, Bt. Maj. N., D.S.O., 3 Bn. Arg. & Suth'd Highrs. } Legion of Honour,Knight (*France*).

Macready, Gen. Sir C. F. N., G.C.M.G., K.C.B. } Legion of Honour, Grand Officer (*France*) Crown, Grand Officer (*Belgium*). Sacred Treasure, Grand Cordon (*Japan*). Grand Officer, Crown (*Italy*).

Macready, Capt. J., D.S.O.,Bedf.&Herts R. } Leopold, Knight (*Belgium*).

MacRury, Capt. E. } Crown, Knight (*Italy*). Nile, 4th Class (*Egypt*).

MacSwiney, Maj. J C., O.B.E., Conn. Rang. } Crown, with War Cross, Officer (*Belgium*).

McWhae, Capt. D. M., C.B.E., C'wealth Mil. Forces. } Legion of Honour,Knight (*France*).

McWhinnie, Maj. W. J., ret. pay. } Medjidieh, 4th Class.

Magill, Capt. R., D.S.O. M.B., R.A.M.C. Spec. Res. } Legion of Honour, Knight (*France*)

Magniac,Bt. Lt.-Col. C L.,C.M.G., C.B.E , R.E. } Legion of Honour, Officer (*France*).

Maher, Hon. Maj.-Gen. Sir J., K.C.M.G., C.B.. ret. pay. } Nile, 2nd Class (*Egypt* WhiteEagle,Grand Cross, 1st Class, with swords (*Serbia*).

Mahon, Lt.-Gen. Rt.Hon. Sir B. T., K.C.B., K.C.V.O., D S.O., Col. 8 Hrs. } Legion of Honour, Grand Officer (*France*). Medjidieh, 2nd Class. Osmanieh, 4th Class.

Mahon,Temp.Maj.(*temp. Col.*) H. J., C.I.E. } Legion of Honour, Knight (*France*).

Mainwaring, Maj. H. B., ret. pay } Osmanieh, 4th Class,

Foreign Orders

Mainwaring, Maj. W. R. C.,C'wealth Mil. Forces. — White Eagle, 5th Class. with swords (Serbia)

Mainwaring, Maj. W. R. K., Denbigh. Yeo. — White Eagle, 5th Class, with swords (Serbia). Nile. 3rd Class (Egypt). El Nahda, 3rd Class (Hedjaz).

Mair, Lt.-Col. G. T., C.M.G., D.S.O., R.A. — Legion of Honour, Knight (France)

C. Mairis, Gen.G., ret. R.Mar. Medjidieh, 5th Class.

Mairis, Bt. Lt.-Col. G. R. de M., D.S.O., York R. — Legion of Honour, Knight (France).

Maitland, Maj.-Gen. P. J., C.B., ret. Ind. Army — Izzat-i-Afghania (Afghanistan).

Maitland - Edwards, Temp. Capt G., D.S.O., R.E. — St. Stanislas, 2nd Class, with swords (Russia). Star, Officer (Roumania).

Maitland-Makgill-Crichton, Maj. H. C., D.S.O. R. Sc. Fus.,p.s.c. — Legion of Honour, Knight (France).

Majendi, Lt.-Col. B. J., C.M.G., D.S.O., K.R. Rif Corps — Legion of Honour, Officer (France).

Makgill-Crichton-Maitland, Maj. F. L., D.S.O., Gord. Highrs. — White Eagle, 4th Class, with swords (Serbia).

Makins, Col. E., C.B., D.S.O., p.s c. [l] ret. pay — St. Maurice & St. Lazarus, Officer (Italy).

Malcolm, Maj.-Gen. N., D.S.O.,p.s.c.[L] — Legion of Honour, Comdr. (France). Crown, Comdr. (Italy). White Eagle, 4th Class (Serbia). Nile, 3rd Class (Egypt).

Malcolm, Lt. Col. W. L., ret. Ind. Army — St. Stanislas, 3rd Class, with swords (Russia.)

Ma'et, Lt. C H. W, R., 1 Devon. Yeo. — Nile, 4th Class (Egypt).

Malet, Sir H. C., Bt., D.S O., ret. — Agricultural Merit, Officer (France).

Malleson, Maj.-Gen. W., C.B., C.I.E., Ind. Army — Hurmat (Afghanistan).

Mallinson, Capt. G. G., R.G.A (T.F.) — Legion of Honour, Knight (France).

Mallinson, Bt. Lt.-Col. H., D.S.O., Yorks. L. I. — Legion of Honour, Knight (France).

Mallinson, Temp. Maj. S.S., D.S.O., M.C., R.E. — Agricul ur l Merit, Officer (France).

Mance, Bt Lt.-Col.H. O., C.B., C.M.G., D.S.O., R.E. — Crown, Comdr. (Belgium). St. Maurice & St. Lazarus, Comdr (Italy). Legion of Honour, Officer (France).

Manger, Bt. Maj. C. H., M.C., S 8 aff. R. — Legion of Honour Knight (France).

Manger, Bt. Lt.-Col E.V., Durh. L I. — Legion of Honour, Knight (France).

Mangles, Bt. Col. R. H., D.S.O., R. W. Surr. R., p.s.c. — St. Anne, 3rd Class, with swords (Russia).

Mann, Capt. W. H., M.C., TD, R. Wilts. Yeo. — Crown, Knight (Italy) Legion of Honour, Knight (France). Crown, with Cross of War, Knight (Belgium)

Manquet, Qr.-Mr. & Lt. L., R.A.S.C. — Crown, Knight (Italy). St. Sava, 5th Class (Serbia).

BC Mansel-Jones, Bt.Lt.-Col. C., C.M.G., D.S.O., ret. pay, (Res. of Off.) — Legion of Honour, Officer (France)

Mansell, Temp. Capt. R. A., M.B.E., M.B., R.A.M.C. — White Eagle, 5th Class, with swords (Serbia).

Mansfield, Lt. W. S., late Imp Yeo. (T.F. Res.) — Agricultural Merit, Knight (France).

Manton, Capt. L., D.S.O., R.E. [l] — Crown Officer (Belgium)

Marden, Maj. Gen. T.O., C.B., C.M.G., p.s.c. [l] — Legion of Honour, Officer (France). St. Vladimir, 4th Class, with swords (Russia).

Marescaux, Temp. Col., G. C. A., C.B., C.M.G., (Rear Admiral ret. R.N.) — Legion of Honour, Comdr. (France).

Marindin, Bt. Col. (temp. Maj.-Gen.) A. H., D.S.O., R. Highrs., p.s.c [L]. — Legion of Honour, Officer (France). Crown with War Cross, Comdr, (Belgium).

Marker, Lt.-Col. R. J., D.S.O., p.s.c., q.s. — Legion of Honour, Officer (France).

Marks, Lt.-Col. D.G., D.S.O., M C., C'wealth Mil. Forces. — White Eagle, 5th Class, with swords (Serbia).

Marsden, Lt.-Col. R. T., R.A. — Legion of Honour, Officer (France.)

Mantell, Bt.Col.A.M.,ret pay [L] — Osmanieh, 4th Class

C.M. Markham, Lt.-Gen. Sir E., K.C.B., ret. pay Col. Comdt. R.A. — Legion of Honour, Knight (France).

Marks, Temp Maj. J. B, Serv, bns. R. Berks. R. — Crown, Officer (Roumania)

Marnham, Lt. A. E., M.C., R.G.A (T.F.) — Leopold, Knight (Belgium)

Marrable, Hon. Brig. Gen, A. G., C.B., ret. pay,p.s.c. — Crown, Comdr. (Belgium). Legion of Honour, Officer (France).

Marriott, Bt. Maj. R.A., D.S.O., ret. R. Mar.Art. — Osmanieh, 4th Class. Medjidieh, 5th Class.

Marriott, Hon. Lt. T. B., l.te R.E. (T.F.) — Avis (Mil.), Knight (Portugal)

Marsh, Capt. A. C. A., E. Lan. R — Nile, 4th Class (Eypt).

Marsh, Maj. F. G.,C.M.G., D.S.O., 9 Rif., p.s.c. [L] — St. Vladimir, 4th Class, with swords and bow (Russia). St. Stanislas, 2nd Class, with swords (Russia). St. Vladimir, 3rd Class, with swords (Russia)

Marsh,Hon.Col.H.C.,ret Ben. S.C. — Osmanieh, 4th Class.

Marsh, Lt.-Col. J. F. H., T.F Res., D.S.O., — Nile, 4th Class, (Egypt).

Marshall, Temp. Lt. C A. O.B.E., R.A.S.C. — Nile, 4th Class (Egypt).

Marshall, Lt.-Col. B. H. J., M., O.B.E., C.M.G., R.E. — St. Maurice and St. Lazarus, Officer (Italy).

Marshall, Lt. J. N., I. Gds., Spec. Res — Leopold, Knight (Belgium).

Marshall, Capt. W. E., M.C., M.B., R.A.M.C. — Medjidieh, th Class. Nile, 1st Class (Egypt). El Nahda, 3rd Class (Hedjaz)

Marshall, Maj. W.M.K., ret. pay — Legion of Honour, Knight (France).

Marshall, Maj.-Gen. (temp.Lt.-Gen.)Sir W.R., K.C.B.,K.C.S.I. G C.M G, — Legion of Honour, Comdr. (France.) White Eagle, 2nd Class with swords (Serbia) Wen Hu,1st Class (China) St. Maurice and St. Lazarus, Knight (Italy). Agricultural Merit, Knight (France).

Martelli, Bt.Col.H. de C., D.S.O., R.A., p.s.c. — St. Maurice and St. Lazarus, Knight (Italy). Agricultural Merit, Knight (France).

Martin, A. F. M.D., late Temp. Lt, R.A.M.C. — St. Sava, 5th Class. (Serbia).

Martin, Col.C.B.,C.M.G., M.B. — St Sava,3rdClass (Serbia)

Martin,Temp. Lt.-Col. E. B., D.S.O., R.E. — Legion of Honour, Knight (France).

Martin, Capt. G. B., M.C., Manch. R. — Black Star, Officer (France).

Foreign Orders

Martin, Maj. G. D., *M.C.*, 9 Inf. } White Eagle, 5th Class. with swords (*Serbia*).

Martin, Maj. H. S., R.F.A. (T.F.) } Nile, 4th Class (*Egypt*).

Martin, Maj. J., *D.S.O., M.C.*, 91 Infantry. } Nile, 3rd Class (*Egypt*).

Martin, Capt. J. K. B., *D.S.O., C.V.O.*, ret. pay. } Leopold, Knight (*Belgium*).

Martin-Smith, Capt. A. M., Worc. R. } Redeemer, 5th Class, Knight *Greece*).

Martyn, Hon. Brig.-Gen. A., *C.B., C.M.G.*, ret. pay (*Res. of Off.*) } Crown, Comdr. (*Belgium*).

Martyn, Maj. A.W., *D.S.O., O.B.E.*, ret. pay } Leopold, Officer (*Belgium*).

Martyn, Capt. R. B., *M.C.* ret. } St. Anne, 3rd Class (*Russia*).

Martyn, Capt. R. G., *M.B.*, R.A.M.C. } Leopold, Knight (*Belgium*)

Martyr, Bt. Lt.-Col. C. G., *D.S.O.*, ret. pay } Medjidieh, 3rd Class. Osmanieh, 4th Class.

Marwood, Hon. Brig.-Gen. H., *C.B.E.* ret. pay } Medjidieh, 4th Class.

Mason, Maj. A. W., *O.B.E., F.R.C.V.S.*, TD., late R A.V.C. (T.F.) } Agricultural Merit, Officer (*France*)

Mason, Temp. Lt. M. L., R.A.S.C. } Crown, Knight (*Belgium*).

Mason, Capt W. L., T.F. Res. } Nile, 4th Class (*Egypt*).

Massy, Lt.-Col. E. C., *C.B., C.M.G., D.S.O.*, R.A. } Nile, 3rd Class (*Egypt*).

Massy, Bt. Col P H. H., *C.B.E.*, ret. pay, p.s.c. } Christ, Grand Officer (*Portugal*). Aviz, (*Mil.*) Comdr. (*Portugal*).

Massy, Maj. S. D., *D.S.O.*, 29 Punjabis. } Nile, 4th Class (*Egypt*).

Masters, Maj. G., *D.S.O.*, R.F.A. } Legion of Honour, Knight (*France*).

Masterson, Temp. Capt. T. S., *D.S.O.* } St. Vladimir, 4th Class, with swords & bow (*Russia*) Star, Knight (*Roumania*).

Matchett, Lt.-Col. H. G. K. (Res. of Off.) } Medjidieh, 2nd Class.

Mathers, Lt.-Col. D., *D.S.O., O.B.E., D.C.M.*, E. York. R. } Legion of Honour, Knight (*France*).

Matheson, Capt. I. McL. A., Loth & Bord. Horse Yeo. } White Eagle, 5th Class (*Serbia*).

Matheson, Maj.-Gen. T. G., *C.M.G.*, C. Gds. } St. Stanislas, 3rd Class, with swords (*Russia*).

Mathew, Maj.-Gen. Sir C. M. *C.B., C.M.G., D.S.O.*, R.A.O.C. } White Eagle, 3rd Class, with swords (*Serbia*).

Mathew-Lannowe, Maj. B. H. H., *D.S.O.*, 2 D.G. } White Eagle 4th Class, with swords (*Serbia*).

Matthew, Lt.-Col. J. S., *D.S.O.*, TD, R.A.S.C. (T.F.) } White Eagle, 4th Class (*Serbia*).

Matthews, Capt. H. D., *M.B.*, late R.A.M.C. } Wen-Hu, 5th Class (*China*).

Mattocks, Lt. F. G. S., R.F.A. Spec. Res. } Legion of Honour, Knight (*France*).

Maud, Temp. Maj. (*temp. Col.*) H., *C.B.E., D.S.O.* } Legion of Honour, Knight (*France*).

Maud, Capt. W. H., *C.M.G.*, ret. pay } White Eagle, 4th Class (*Serbia*)

Maule, Temp. Maj. W. J., *D.S.O.* } Nile, 4th Class (*Egypt*).

Maunsell, Hon. Brig.-Gen. F. G., *C.B., C.M.G.* [L] } Legion of Honour, Officer (*France*).

Maunsell, Bt. Col. G. W., ret. pay. } Medjidieh, 5th Class.

Maurice, Maj.-Gen. Sir F. B., *K.C.M.G., C.B.*, p.s.c., ret. pay [L] } Legion of Honour, Comdr. (*France*). St. Stanislas, 1st Class (*Russia*).

Maxse, Gen. Sir F. I., *K.C.B., C.V.O., D.S.O.*, q.s. [L] } Legion of Honour, Comdr. (*France*). Crown, Grand Officer (*Belgium*).

Maxwell, Bt. Maj. E. C., *O.B.E., M.C.*, Ches. R } White Eagle, 4th Class, with swords (*Serbia*).

Maxwell, Bt. Maj. (*temp Col.*) G. A. P., *D.S.O., M.V.O., M.C.*, R.E. ret. pay } Legion of Honour, Officer (*France*). Leopold, with Palm, with Cross of War, Officer (*Belgium*). Nile, Grand Cross, 1st Class (*Egypt*).

Maxwell, Gen. Rt. Hon. Sir J. G *G.C.B., K.C.M.G., C.V.O., D.S.O.*, Col. R. Highrs. } Legion of Honour, Grand Officer (*France*). White Eagle (*Russia*). Crown, Grand Cross (*Italy*) Medjidieh, 2nd Class. Osmanieh, 4th Class.

Maxwell, Lt.-Gen. Sir R. C., *K.C.B., K.C.M.G.*, ret. pay. } Legion of Honour, Grand Officer (*France*). Crown, Grand Officer (*Belgium*). Agricultural Merit, Comdr. (*France*).

Maxwell, Temp. Capt. W. } Legion of Honour, Knight (*France*).

Maxwell-Scott, Bt. Col. W. J., *D.S.O.*, Sco. Rif., p.s.c } Legion of Honour, Officer (*France*). Karageorge, 4th Class, with swords (*Serbia*).

May, Lt. E., *M.B.E.*, R. W. Kent R. } Star, Knight (*Roumania*)

May, Capt. E. G. K. S., City of Lond. Yeo. } Nile, 4th Class (*Egypt*).

May, Maj.-Gen. Sir E. S., *C.B., C.M.G.*, ret. pay [L] } Legion of Honour, Comdr. (*France*).

May, Bt. Col. (*temp. Brig.-Gen.*) R.S., *K.C.B., C.M.G., D.S.O.*, R. Fus., p.s.c. } Leopold, Comdr. (*Belgium*) Legion of Honour, Officer (*France*).

May, Maj. W.S. R., *C.I.E.*, ret. pay, p.s.c. [L] } Osmanieh, 4th Class Medjidieh, 3rd Class. Nile, 2nd Class (*Egypt*).

Maybury, Hon. Brig.-Gen. H. P., *K.C.M.G., C.B.*, late R.E. } Legion of Henour, Officer (*France*).

Maydon, Maj. H. C., 12 Lrs. } Nile, 4th Class (*Egypt*).

Maynard, Col. (*temp. Brig.-Gen.*) Sir C. C. M., *K.C.B., C.M.G., D.S.O.*, p.s.c. [l] } Legion of Honour, Officer (*France*).

Maynard, Maj. P. G. W., *D.S.O.*, ret. pay } Nile, 4th Class (*Egypt*). El Nahda. 4th Class (*Hedjaz*)

Mayne, Lt.-Col. H. B., *D.S.O.*, R.A., g. } Redeemer, 4th Class, Officer (*Greece*).

Mayne, Bt. Col. C. R. G., *C.M.G, D.S.O.*, High. L.I. [l] } Osmanieh, 4th Class. Medjidieh, 3rd Class.

Mayne, Capt. R. C., R.A.S.C. } White Eagle, 5th Class, with swords (*Serbia*).

Foreign Orders

Mead, Lt. J., R. Scots. — Redeemer, 5th Class, Knight (Greece).

Meakin, Lt. E. H. (Res. of Off.) — Crown, with War Cross, Knight (Belgium).

Mears, Lt.-Col. C. D., M.V.O., 16 Cav. — St. Stanislas, 3rd Class, with swords (Russia).

Meares, Lt.-Col. M., C.M.G., R.A., o. — Legion of Honour, Knight (France).

Medlicott, Capt. R.F.C., M.C., S. Afr. Def. Force. — Danilo, 5th Class (Montenegro).

Medlock, Temp. 2nd Lt. A. C., Labour Corps — Wen-Hu, 5th Class (China)

Meiklejohn, Maj. J. R. C., D.S.O., Bord. R. — White Eagle, 5th Class with swords (Serbia).

Meldrum, Lt.-Col. (temp. Brig.-Gen.) W., C.M.G., D.S.O., N.Z. Mil. Forces. — White Eagle, 4th Class, with swords (Serbia).

Melliss, Maj.-Gen. Sir C. J., K.C.B., K.C.M.G., Ind. Army [L] — Brilliant Star of Zanzibar, 2nd Class.

Melliss, Col. Sir H., K.C.S.I., u.s.l. Ind. Army — Medjidieh, 4th Class.

Mellor, Capt. A. J., R. Mar. — Crown, Knight (Italy).

Mellor, Maj. (temp. Brig. Gen.) J. G. S., C.B., C.M.G., Res. of Off. — Legion of Honour, Knight (France).

Melvill, Lt.-Col. (temp. Brig.-Gen.) C. W., C.M.G., D.S.O., N.Z. Mil. Forces, p.s.c. — Crown, Officer (Belgium).

Melville, Capt. G. D., O.B.E., M.C., Welch R. — Legion of Honour, Knight (France).

Melville, Lt. J., 4 Bn. R. Sc. Fus. — Wen-Hu, 5th Class (China)

Melville, Temp. Maj. J. B., R.A.S.C. — St. Sava, 4th Class (Serbia)

Menzies, Temp. Lt. J. M., Labour Corps. — Wen-Hu, 5th Class (China)

Menzies, Capt. S. G., D.S.O., M.C., 2 L.G. — Legion of Honour, Knight (France)

Mercer, Col. (temp. Maj. Gen.) Sir D., K.C.B., R. Mar., A.D.C. — Crown, Knight (Belgium). Legion of Honour, Comdr. (France)

Mercer, Maj.-Gen. Sir H. F., K.C.M.G., C.B. — Legion of Honour, Comdr. (France). St. Stanislas, 1st Class with swords (Russia). Avis (Mil.), Grand Officer (Portugal).

Meredith, Lt.-Col. J. B., D.S.O., C'wealth Mil. Forces — White Eagle, 4th Class, with swords (Serbia).

Merrick, Temp. Capt. H.G., M.C., R.G.A. — Crown, Knight (Italy).

Merry, Lt. E. J., M.B.E., 5 Bn. Welch R. — Nile, 4th Class (Egypt).

Messeroy, Capt. F. W., 9 Horse. — Nile, 4th Class (Egypt).

Metcalfe, Hon.Brig.-Gen. F. E., C.M.G., D.S.O. — Legion of Honour, Knight (France)

Metcalfe, Col. (temp. Brig.-Gen.) S.F., C.M.G., D.S.O. — Legion of Honour, Knight (France).

Methuen, Field-Marshal P. S., Lord, G.C.B., G.C.M.G., G.C.V.O., Col. S. Gds. — Crown, Grand Officer (Italy). Osmanieh, 3rd Class. Legion of Honour, Grand Cross (France).

Meyler, Capt. H. M., D.S.O., M.C., Bord. R. — Leopold, Knight (Belgium).

Meynell, Maj. H., late 29 Lrs. — Legion of Honour, Knight (France).

Meyrick, Insp. Vety.-Surg. J. J., O.B., F.R.C.V.S., ret. pay — Osmanieh, 3rd Class.

Meyrick, Temp. Lt.W.T., R.A.S.C. — Agricultural Merit, Knight (France).

Subadur Michael Bahahur, Ind. Army — White Eagle, 5th Class, with swords (Serbia).

Michelli, Capt. P F. M., R.E. — White Eagle, 5th Class, with swords (Serbia).

Micklem, Bt. Lt.-Col. H. A., C.M.G., D.S.O., ret pay — Medjidieh, 4th Class.

Micklem, Maj. R., C.M.G., ret. pay. — Nile, 4th Class (Egypt). Medjidieh, 4th Class.

Middleton, Maj. W., Shrops. L.I. — Nile, 4th Class (Egypt).

Midwinter, E. O., C.B., C.M.G., D.S.O., late Capt. R.E. — Medjidieh, 4th Class. Osmanieh, 3rd Class

Mignault, Lt.-Col. A., Can. Local Forces. — Legion of Honour, Knight (France).

Miles, Temp. Maj. A. T., M.C. — Crown, Knight (Belgium).

Miles, Lt.-Col. C. G. N., C.M.G., D S.O., C'wealth Mil. Forces. — St. Stanislas, 3rd Class, with swords (Russia).

Miles, Lt.-Gen Sir H. S. G., G.C.B., G.C.M.G., O.B.E., C.V.O., Col. R. Muns. Fus., p.s.c. — Crown, Grand Cross (Italy). Legion of Honour, Grand Officer (France).

Miller, Temp. Capt. D., Labour Corps — Wen-Hu, 5th Class (China)

Miller, Lt. G. W., D.S.O., M.C., L'pool R. — Leopold, with War Cross, Knight (Belgium).

Milligan, Matron A. M., R.R.C., T F. Nurs. Serv. — St. Sava, 5th Class (Serbia).

Milligan, Capt. W. H., R.A.M.C. (T.F.) — Nile, 2nd Class (Egypt).

Milles, Maj.D., Hamps.R. — Nile, 4th Class (Egypt).

Mills, Temp. Lt. C., R.A.S.C. — White Eagle, with swords 5th Class (Serbia).

Mills, Temp. Maj. G. P., M.B., R.A.M.C. (Capt. R.A.M.C. (T.F.) — St. Sava, 4th Class (Serbia).

Mills, Hon. Col. H. J., C.B., Dep. Commy.-Gen. of Ord. ret. pay — Medjidieh, 3rd Class.

Mills. Capt. J. J., R.A.V.C. — Agricultural Merit, Knight (France).

Mills, Capt. R. P., M.C., R. Fus. — St. Maurice and St. Lazarus, Knight (Italy.) Legion of Honour, Officer (France). White Eagle Grand Cross, 1st Class, with swords (Serbia). Legion of Honour, Grand Officer (France).

Milne, Lt.-Gen. Sir G. F., G.C.M.G., K.C.B., K.C.M.G., D.S.O., p.s.c. [l] — St. Maurice and St. Lazarus, Grand Officer (Italy). Redeemer, 1st Class. Grand Cross (Greece). Legion of Honour, Grand Cross (France). Crown, Grand Cross (Roumania). Wen-Hu, 1st Class (China)

Milne, Lt. G. S, 4 Bn. Sco. Rif. — Avis (Mil.), Knight (Portugal).

Milne, Maj. T., D.S.O., 55 Rif. — Nile, 4th Class (Egypt)

Milroy, Temp. Lt. A. L., M.C., Serv. Bns. R. Highrs. — Crown with War Cross, Knight (Belgium).

Milward, Bt. Lt.-Col. H. M., D.S.O., Notts. & Derby R. — Legion of Honour, Knight (France).

Minter, Lt. M., R.F.C. Spec. Res. — White Eagle, 5th Class, with swords (Serbia).

Minty, Temp. Lt. C. W., R.A.S.C. — Redeemer, Knight (Greece) St. Sava, 5th Class (Serbia)

Mirrlees, Capt. W.H.B., M.C., R.F.A — Legion of Honour, Knight (France).

Mitchell, Lt.-Col. A. M., D.S.O., T.D, T. F. Res. — Star, Officer (Roumania).

Foreign Orders 605

Mitchell, Lt.-Col. C. H., C.M.G., D.S.O., Can. Local Forces — Legion of Honour, Officer (*France*). Leopold, Officer(*Belgium*) Crown, Officer (*Italy*).

Mitchell, Capt. D. J., M.C., K. R. Rif. C. [l] — White Eagle, 5th Class, with swords (*Serbia*). Redeemer, 5th Class Knight, (*Greece*).

Mitchell, Brig.-Gen. J. H., Can. Local Forces — Legion of Honour, Officer (*France*)

Mitchell, Temp. Lt. T E, Labour Corps. — Wen - Hu, 5th Class (*China*)

Mitchiner, Capt. P. H., M.B.,F.R.C.S.,R.A.M.C. (T.F) — St. Sava, 4th Class (*Serbia*).

Mitford, Hon. Maj.-Gen. B.R., O.B., C.M.G., D.S.O., ret. pay, p.s.c. [L] (*Gent.-at-Arms*) — Medjidieh, 4th Class Osmanieh, 4th Class

Mitford, Temp. Capt. R. B., R,A.S.C. — Crown, Knight (*Italy*).

Moberly, Bt. Lt.-Col. A. H., D.S.O., R.A. — Legion of Honour, Knight (*France*). Savoy, Knight (*Italy*). St. Maurice and St. Lazarus,Knight(*Italy*).

Moberly, Col. (*temp. Brig.-Gen.*) F. J., C.S.I., D.S.O., Ind. Army,p.s.c. — Sacred Treasure, 2nd Class (*Japan*).

Mockler,Lt.-Col. G. H. G., 4 Punjab [L] — St. Anne, 2nd Class, with swords (*Russia*).

Moffatt, Lt. A. McR., Arg. & Suth'd Highrs. — Legion of Honour,Knight (*France*).

Moggridge, Maj. H. W., O.B.E., 2 Co. of Lond. Yeo. — Legion of Honour, Knight (*France*).

Moir, Lt.-Col. (*temp. Brig.-Gen.*) A. J. G., D.S.O., R.Ir.Regt.p.s.c. — Legion of Honour, Officer (*France*).

Moir, Lt. A. R., M.C., 3 Bn. Ches. R. — Legion of Honour,Knight (*France*).

Moir, Maj. J. P., D.S.O., R.E. — Nile, 3rd Class (*Egypt*).

Molesworth, Bt. Col. R. P., C.M.G., h.p. — Legion of Honour, Officer (*France*).

Moline, Lt.-Col. (*temp. Col.*) F. H., C.M.G., A.P. Dept. — Legion of Honour, Knight (*France*)

Molland, Temp. Lt, C.E., Labour Corps. — Wen-Hu. 5th Class, (*China*).

Molyneux, Lt.-Col. G. M. J., VD., S. Afr. Prote. Forces — St. Stanislas, 3rd Class, with swords (*Russia*).

Monash, Lt.-Gen., *Sir* J., G.C.M.G., K.C B , VD, Aust. Imp, Forces. — Legion of Honour, Grand Officer (*France*). Crown, Grand Officer (*Belgium*).

Monckton-Arundel, Maj. *the Hon.* G. V. A., D S.O., 1 L. Gds. — Agricultural Merit, Knight (*France*).

Money,Maj.-Gen.*Sir*A.W., K.C.B., K.B.E., C.S.I., p.s.c., ret. pay. — White Eagle, 2nd Class, with swords (*Serbia*). Nile, 2nd Class, (*Egypt*) King George 1st, Grand Commander (*Greece*)

Money, Maj. E. R.K., *late* R.E. — White Eagle 5th Class (*Serbia*).

Money, Temp. Capt. G. E. W. — El Aliyeh, 4th Class (*Zanzibar*).

Money, Hon. Brig.-Gen. G, L C, O.B., D.S.O., ret. pay, q.s. — Osmanieh, 4th Class

Monfries, Temp.Capt. C. B. S., C.B.E — Crown, Officer (*Italy*).

Monkhouse,Bt.Col.W.P., C.B., C.M.G., M.V.O., R.A. — Legion of Honour, Officer (*France*).

Monks, Capt. A. J., *late* 4 Bn. S. Lan. R. — Leopold, Knight (*Belgium*).

Monro, Gen. *Sir* C. C., G.C.M.G., K.C.B., p.s.c. 𝔄.𝔅.ℭ. — Legion of Honour, Grand Officer (*France*) Rising Sun, Grand Cordon (*Japan*).

Monsarrat, Bt. Maj.L.A., M.D., R.A.M.C. (T.F.) — St. Sava, 4th Class (*Serbia*).

Monson, Temp. Lt.-Col. A. D. J., *Lord* (hon.) — Crown, Grand Officer, (*Italy*).

Montagu, Capt. St. J. E., ret. pay. — Legion of Honour,Knight (*France*).

Montagu - Douglas - Scott, Capt. D. J., 3 Bn. R. Scots — Legion of Honour, Knight (*France*).

Montagu Douglas Scott, *Lord* H. A., C.M.G., D.S.O. (Lt.-Col. Res. of Off.) — Legion of Honour Officer (*France*).

Montague, Temp. Capt. C. E., O.B.E. — Crown, with swords, Knight (*Roumania*).

Montague, Maj. F. F., Man. Regt. — St. Anne, 2nd Class, with swords (*Russia*).

Montague-Bates, Bt. Lt.-Col. (*temp. Brig.-Gen.*) F.S., C.B., C,M.G.,D.S.O. E. Surr. R. — Redeemer, 3rd Class Comdr. (*Greece*). Legion of Honour, Officer (*France*).

Montagu-Stuart-Wortley, Maj. Gen. *Hon.* A. R., K.C.M.G., C.B., D.S.O., p.s.c. [L] — Crown, Comdr. (*Belgium*) Legion of Honour, Comdr. (*France*). Crown Comdr. (*Italy*)

Montagu-Stuart-Wortley, Maj.-Gen.*Hon*.E.J.,C.B., C.M.G., M.V.O., D.S.O., ret. pay, p.s.c., q.s. — Medjidieh, 4th Class.

Monteagle-Browne, Temp. Lt.-Col. E., D.S.O., 9 Bn. R. Muns. Fus. — Danilo, 4th Class (*Montenegro*)

Montgomery, Maj.-Gen. A. A., C.B., p.s.c. [l] — Legion of Honour, Comdr. (*France*).

Montgomery, Bt Lt.-Col. H. F., D.S.O., R. Mar., p.s c. — Legion of Honour, Officer (*France*).

Montgomery, Bt. Col. H. M. de F., C.B., C.M.G., h.p., p.s.c., e. [L] — St. Anne, 3rd Class, with swords (*Russia*). Legion of Honour Officer (*France*)

Montgomery - Campbell, Capt. A., ret. pay. — Osmanieh, 4th Class.

Moodie,Capt. A. R.,M.B., T.F. Res. — St. Sava. 4th Class (*Serbia*).

Moon, Lt. J.. O.B.E., L'pool R. (T.F.) — Avis (*Mil*.) Knight (*Portugal*).

Moore, Maj. A. W.,O.B.E. M.B., R.A.M.C. (T.F.) — Nile, 3rd Class (*Egypt*)

Moore, Col. C. D. H., C.M.G., D.S.O., p.s.c — Rising Sun, 5th Class (*Japan*). Legion of Honour,Knight (*France*). Nile, 3rd Class (*Egypt*).

Moore, Lt.-Col. D. T., C.M.G.,D.S.O.,C'wealth Mil. Forces. — Crown, Officer (*Belgium*)

Moore,Capt. E., M.C., R.E., Spec. Res. — Crown, Knight (*Belgium*),

Moore, Bt.,Lt.-Col. (*temp. Col.*) H. T. G., C.M.G., D.S.O., R.E. — Avis (*Mil.*) 2nd Class (*Portugal*)

Moore, Hon. Maj.-Gen. (*temp. Brig. -Gen.*) J., C.B., C.M.G., F.R.C.V.S. — Legion of Honour, Officer (*France*).

… Foreign Orders

Moore, Capt. J., *O.B.E.*, *M.C.*, Qr.-Mr., R.A.M.C — Crown, Knight (*Roumania*).
Moore, Capt. R. L., ret. pay — Medjidieh, 4th Class.
Moore, Lt. W. A., 5 Bn. Rif. Brig. — White Eagle, 5th Class (*Serbia*); Redeemer, 5th Class, Knight (*Greece*).
Moore-Brabazon, Capt. J. T. C., *M.C.*, *R.F.C.* Spec. Res — Legion of Honour, Knight (*France*).
Moores, Maj.-Gen. S. G., *C.B.*, *C.M.G.* — Leopold, Officer (*Belgium*).
Moorhouse, Bt. Maj. H. C., *C.M.G.*, *D.S.O.*, ret. pay, Res. of Off. — Legion of Honour, Officer (*France*).
Moorhouse, Maj. H. C., *D.S.O.*, TD., 4 Bn. Yorks L.I. (*Hon. Capt in Army*) — Legion of Honour, Knight (*France*).
Morant, Maj. H. S., *D.S.O.*, Durh. L.I. — Medjidieh, 4th Class. Osmanieh, 4th Class
Morgan, Col. C. K., *C.M.G.*, *M.B.* — Legion of Honour, Officer (*France*).
Morgan, Bt. Col. H. G., *K.B.E.*, *C.B.*, *C.M.G.*, *D.S.O.*, ret. pay. — Medjidieh, 4th Class. Osmanieh, 4th Class.
Morgan, Lt. J. E., R.F.A. Spec. Res. (H.A.C.) — Avis (*Mil.*) Knight (*Portugal*).
Morgan, Temp. Lt. J. E., Labour Corps — Wen-Hu, 5th Class (*China*).
Morgan, Capt. M.C., *M.C.*, S. Wales Bord. — Crown, Knight (*Italy*).
Morgan-Grenville-Gavin, Bt. Maj. *Hon.* T. G. B., *D.S.O.*, *M.C.*, Rif. Brig. — Legion of Honour, Knight (*France*).
Moriarty, Maj. T. B., *D.S.O.*, R.A.M.C. — Crown, Officer (*Belgium*); Black Star, Officer (*France*).
Morison, Lt. *Sir* T., *K.C.S.I.*, *K.C.I.E.*, *C.B.E.*, 1 Bn. Camb. R. — Leopold, Officer (*Belgium*)
Morland, Lt.-Gen. *Sir* T. L. N., *K.C.B.*, *K.C.M.G.*, *D.S.O.*, *p.s.c.* — Crown, Grand Officer (*Belgium*); Legion of Honour, Grand Officer (*France*).
Morley, Capt. J., *M.B.*, *F.R.C.S.*, 1 E. Lan. Fd. Amb. R.A.M.C. — Legion of Honour, Knight (*France*).
Morphett, Bt. Lt.-Col. G. C., *D.S.O.*, R. Suss. R. — Legion of Honour Knight (*France*).
Morris, Lt. C. E. E., R.E. (T.F.) — Crown, Knight (*Roumania*).
C. Morris, Commy.-Gen. *Sir* M., *K.C.B.*, ret. pay — Medjidieh, 2nd Class.
Morris, Bt. Col. (*temp. Brig.-Gen.*) E. M., *C.B.*, *C.M.G.*, R. Lanc. R. — Nile, 3rd Class (*Egypt*).
Morris, Capt. H. M. V. C., 3 Co. of Lond. Yeo. — Redeemer, Officer (*Greece*); Nile, 5th Class (*Egypt*).
Morris, Temp. Lt. I. P., R.E. — Crown, Knight (*Belgium*).
Morrison, Col. F. S., *C.M.G.*, *D.S.O.*, R. Can. Dns. — St. Anne, with swords (*Russia*); Danilo, 2nd Class (*Montenegro*).
Morrison, Temp. Lt. H. R., R.A.S.C. — White Eagle, with swords, 5th Class (*Serbia*).
Morse, Capt. L. H., *M.C.*, 62 Punjabis — White Eagle, 5th Class with swords (*Serbia*).
Morse, Lt.-Col. R. E. R., ret. pay — Medjidieh, 3rd Class
Morshead, Lt.-Col. L. J., *D.S.O.*, Aust. Imp. Force — Legion of Honour, Knight (*France*).
Mortimer, Lt. W., 16 Bn. Lond. R. — Crown, with War Cross, Knight (*Belgium*).
Mortimore, Bt.-Lt.-Col. C. A., *D.S.O.*, R.F.A. — Legion of Honour, Knight (*France*).
Morton, Temp. 2nd Lt. A. A., R.A.S.C. — Nichau Iftikhar, Officer (*France*).

Moses, Capt. J. H. G., *M.B.E.*, Qr.-Mr. Yorks. Dns. Yeo. — Crown, with War Cross, Knight (*Belgium*)
Moss-Blundell, Maj. R. S., *D.S.O.*, *O.B.E.*, York. R. — Legion of Honour, Knight (*France*).
Mostyn, Bt. Lt.-Col. B. P. L., Norf. R. — Nile, 4th Class (*Egypt*).
Mostyn, Capt. *Sir* P.G.J., Bt., *M.C.*, ret. — St. Anne, 4th Class (*Russia*).
Mott, Hon. Maj.-Gen. S. F., *C.B.*, ret. pay, *p.s.c.* — White Eagle, 3rd Class with swords (*Serbia*); Nile, 2nd Class (*Egypt*).
Moulton-Barrett, Col. E. A., *C.B.*, *C.M.G.*, ret. pay, ret. R.A.O.C. — Legion of Honour, Officer (*France*).
Mount, Maj. O. H. L., *O.B.E.*, R.E. — Legion of Honour, Knight (*France*).
Mountain, Capt. S. W., late 7 Bn. R. Fus. — Redeemer, 5th Class, Knight (*Greece*).
Mowatt, Capt. J. A., late Labour Corps. — Wen-Hu, 5th Class (*China*).
Mudie, Bt. Lt.-Col. T. C., *D.S.O.*, R. Scots, *p.s.c.* — Leopold, with War Cross, Officer (*Belgium*).
Mudge, Lt.-Col. A., *C.M.G*, R. Berks. R. — White Eagle, 3rd Class, with swords (*Serbia*); Nile, 3rd Class (*Egypt*).
Muir, Lt.-Col. J. B., *D.S.O.*, 4 Bn. R. Highrs. — Legion of Honour, Knight (*France*).
Muirhead, Bt. Lt.-Col. M., *D.S.O.*, R.A. (l) — Legion of Honour, Knight (*France*).
Mullens, Maj.-Gen. R. L., *C.B.*, ret. pay, *p.s.c.* (l) — Crown, Comdr. (*Belgium*).
Mummery, Lt. J. P., Surr. Yeo. — Crown, with Cross of War, Knight (*Belgium*).
Murgatroyd, Lt. H. C., R.G.A. Spec. Res. — Crown, Knight (*Belgium*).
Mure, Capt. G. R. G., *M.C.*, R.H.A. (T.F.) — Crown, with War Cross, Knight (*Belgium*).
Murley, Rev. J. R. de C. O'G., *O.B.E.*, Temp. Chapl. to the Forces 4th Class. — St. Sava, 4th Class (*Serbia*).
Murphy, Maj. C. F. de S., *D.S.O.*, *M.C.*, R. Berks. R. — Crown, Officer (*Belgium*).
Murphy, Col. G. P., *C.M.G.*, Can. Local Forces. — St. Anne, 2nd Class (*Russia*).
Murphy, Capt. W. L., R.A.M.C. (T.F.) — Legion of Honour, Knight (*France*); Redeemer, Knight (*Greece*); St. Sava, 4th Class (*Serbia*).
Murray, Maj. A.D., *D.S.O.*, R.A., *p.s.c.*, *g*. — Legion of Honour, Knight (*France*).
Murray, Gen. *Sir* A. J., *K.C.B.*, *K.C.M.G.*, *C.V.O.*, *D.S.O.*, Col. R. Innis. Fus., *p.s.c*, (l) — White Eagle Grand Cross, 1st Class, with swords (*Serbia*); Nile Grand Cross, 1st Class (*Egypt*); Legion of Honour, Grand Officer (*France*); St. Maurice and St. Lazarus, Grand Officer (*Italy*); Sacred Treasure, Grand Cordon (*Japan*).
Murray, Maj. C. J., late R.G.A. (T.F.) — Agricultural Merit, Officer (*France*).
Murray, Col. *Sir* C.W., Knt., *K.O.B.*, ret. pay, *n.s.c.* — Osmanieh, 4th Class.
Murray, Lt.-Col. E. R. B., Ind. Army — St. Stanislas, 3rd Class, with swords (*Russia*).
Murray, Temp. Capt. H. B., Labour Corps — Wen-Hu, 5th Class (*China*).
Murray, Lt. J. D'O., R.F.A. Spec. Res. — Crown, Knight (*Italy*).
Murray, Col. K. D., *D.S.O.*, ret. pay, *p.s.c.* — Osmanieh, 4th Class
Murray, Hon. Maj.-Gen. R. H., *C.B.*, *C.M.G.*, ret. pay, Col. Sea. Highrs., *q.s.* — Osmanieh, 4th Class.

Foreign Orders

Murray, Col. V., K.B.E., C.B., C.M.G., R.E. — Legion of Honour, Comdr. (France)

Murrow, Maj. H. L., D.S.O., R.A. — Star, Officer (Roumania)

Musgrave, Bt.-Col. (temp. Brig.-Gen.) A.D., D.S.O., R.A. — White Eagle, 3rd Class with swords (Serbia)

Muspratt, Bt. Lt.-Col. S. F., D.S.O., 12 Cav. p.s.c. — Legion of Honour, Knight (France).

Musson, Maj. A. I., A.P. Dept. — White Eagle, 5th Class, with swords (Serbia)

Musson, Capt. R. I., M.C., R.E. — White Eagle, 5th Class, with swords (Serbia)

Myles, Capt. J. P., ret. — Osmanieh 4th Class.

Jemadar Naine Lama, Gurkha Rif. — White Eagle, 5th Class, with swords (Serbia).

Lt. Nilkanth Sheiram Jatar, Ind. Med. Serv. — White Eagle, 5th Class, with swords (Serbia).

Col. Nand Singh, Sardar Bahadur, Patiala Imperial Service Lrs. — White Eagle, 4th Class, with swords (Serbia)

Naden Lt. F., D.S.O., M.C., 5 Bn. Ches. R. — Leopold, with War Cross, Officer (Belgium)

Naper, Maj. L. A. D., D.S.O., R.A. — White Eagle, 4th Class, with swords (Serbia)

Naper, Capt. W. L., M.C., (Res. of Off.) — King George I., Officer (Greece); Nile, 4th Class (Egypt)

Napier, Temp. Capt. C. J., O.B.E. — Legion of Honour, Knight (France)

Napier, Capt. G. S. F., ret. pay, p.s.c. [L] — St. Anne, 3rd Class, with swords and bow (Russia).

Napier, Capt. I. P. R., M.C., 9 Bn Arg. & Suth'd Highrs. — Legion of Honour, Knight (France).

Napier, Maj.-Gen. W. J., C.B., C.M.G. — Crown, Comdr. (Italy)

Napier-Clavering, Capt. N. W., D.S.O., R.E. — Agricultural Merit, Knight (France).

Napper Temp. Capt. W. J. E., R.A.S.C. — Agricultural Merit, Knight (France).

Nash, Temp. Lt. F. R., R.E. — Nile, 4th Class (Egypt).

Nash, Lt. G. N., R.G.A. Spec. Res. — St. Stanislas, 3rd Class, with swords (Russia).

Nash, Temp. Maj.-Gen. Sir P. A. M., K.C.M.G., C.B. — St. Maurice and St. Lazarus, Officer (Italy); Legion of Honour, Comdr. (France); Leopold, Comdr. (Belgium)

Nash, Temp. Capt. R.P. O.B.E. (Capt. R.A.M.C., T.F.) — St. Sava, 5th Class (Serbia)

Nason, Bt. Col. F. J., C.B., C.M.G., D.S.O., ret. pay — Medjidieh, 4th Class. Osmanieh, 3rd Class.

Nathan, Temc. Lt. C., Serv. Bns Wilts. R. — Crown. Knight (Italy)

Nathan, Bt. Col. Sir F. L., K.B.E., ret. pay — Leopold, Officer (Belgium)

Nathan, Maj. W. S., C.M.G., ret. pay [l] — Crown, Officer (Italy); Sacred Treasure, 2nd Class (Japan)

Nation, Maj. J. J. H., C.V.O., D.S.O., R.E. — Legion of Honour, Knight (France); Leopold, Officer (Belgium); Legion of Honour, Comdr. (France).

Nation, Capt. R. F., R. Fus. — Legion of Honour, Knight (France)

Naylor, Bt. Maj. R. F. B., M.C., S. Staff. R. — Legion of Honour, Knight (France).

Neale, Temp. Maj. F, T., M.C. — Leopold with Cross of War, Knight (Belgium).

Neale, Maj. W. W. R., O.B.E., R.A.V.C. — Agricultural Merit, Knight (France).

Neame, Bt. Maj. P., D.S.O., R.E. — Legion of Honour, Knight (France).

Needham, Col. C., ret. pay — Nile, 3rd Class (Egypt).

Needham, Bt. Col. H., C.M.G., D S.O., Glouc. R., p s.c. — Legion of Honour, Officer (France).

Needham, Maj. J. E., O.B.E., late Labour Corps. — Wen-Hu, 4th Class (China)

Neill, Maj. (temp. Col.) D. F. D., D.S.O., VD, Res. of Off. — Leopold, Officer (Belgium); Legion of Honour, Officer (France)

Neilson, Maj. J.F., C.B.E., 10 Hrs. — St. Stanislas, 2nd Class, with swords (Russia); St. Anne, 2nd Class (Russia); St. Vladimir, 4th Class, with swords (Russia).

Neilson, Lt.-Col. (temp. Brig.-Gen.) W. D.S.O., 4 Hrs. — Karageorge, 4th Class, with swords (Serbia)

Neobard, Temp. Capt. H. J. C. O.B.E., Serv. Bns. R. Berks. R. — Legion of Honour, Knight (France).

Newall, Bt. Maj. (temp. Brig.-Gen.) C L. N., C.M.G., 2 Gurka Rif. — Legion of Honour, Officer (France). Crown, Officer (Italy).

Newcombe, Capt. E.O.A., D.S.O., ret. pay — Medjidieh, 4th Class. Osmanieh, 4th Class. Nile, 3rd Class (Egypt).

Newcome, Bt.-Col. temp, Brig.-Gen. H.W., C.M.G., D.S.O., R.A., g. — Legion of Honour, Officer (France)

Newcombe, Maj. S. F., D.S.O., R.E. — Crown, Officer (Italy); Legion of Honour, Knight (France); Osmanieh, 4th Class; Medjidieh, 3rd Class; El Nahda, 2nd Class. (Hedjaz)

Newell, Temp. Lt.-Col. F W M., O.B.E., R.E. — Crown, Officer (Belgium).

Newman, 2nd Lt. A., M.C., 4 Bn Essex R. — Karageorge, 4th Class, with swords (Serbia).

Newman, Bt. Col. (temp. Brig.-Gen.) C.B., C.M.G., D.S.O., R.A., p.s.c. — Legion of Honour, Knight (France).

Nichol, Bt. Lt.-Col. W, H., R.A.V.C. — Agricultural Merit, Knight (France).

Nicholas, Lt. C. H., A.F.C., 3 Bn. S. Wales Bord. — Nile, 4th Class (Egypt)

Nicholas, Maj. T. A., R.A.V.C. — Nile, 4th Class (Egypt).

Nicholson, Maj.-Gen. C. L., K.C.B., C.M.G. — Legion of Honour, Comdr. (France); Leopold, with War Cross, Comdr. (Belgium).

Nicholson, Bt. Maj. C. O. E., Sco. Horse Yeo. — Redeemer, 4th Class, Officer (Greece).

Nicholson, Temp. Maj. C. R., R.A.M.C. — St. Sava, 5th Class (Serbia).

Nicholson, Lt.-Col. E. J. H., D.S.O., C'wealth Mil. Forces — Karageorge, 4th Class, with swords (Serbia).

Nicholson, Bt.-Maj. G., M.C., Hamps. R. — Star, Knight (Roumania).

Nicholson, Col. G. H. W., h.p. — Medjidieh, 4th Class.

Nicholson, Bt. Lt.-Col. O. H. L., C.M.G., D.S.O., W. York. R., p.s.c. — Legion of Honour, Knight (France); Avis (mil.) Comdr. (Portugal); Leopold, Officer (Belgium).

Nicholson, Col. J.S, C.B., C.M.G., C.B.E., D.S.O. — Legion of Honour, Officer (France); White Eagle, 3rd Class with Swords (Serbia)

Nicholson, Maj. W. S., R.A. — Crown, Knight (Italy).

Foreign Orders

Nicol, Col. (temp. Brig.-Gen.) L. L., C.B., ret. pay { Legion of Honour, Comdr. (France). White Eagle, 3rd Class (Serbia).

Nicoll, Lt.-Col. P. S., TD, 5 Bn. R. Highrs. } Nile, 3rd Class (Egypt)

Nicolson, Maj. Hon. F. A., M.C., 15 Hrs. } Legion of Honour, Knight (France).

Nightingale, Bt. Maj. G. W., M.C., R. Muns. Fus. } Legion of Honour, Knight (France).

Nisbet, Bt. Lt.-Col. F. C., D.S.O., Glouc. R. } Karageorge, 4th Class, with swords (Serbia).

Nissen, Temp. Maj. P. N., D.S.O., R.E. } St. Sava, 3rd Class (Serbia),

Noble, Capt. H., M.C., North'd Hrs. Yeo. } Leopold, Knight (Belgium).

Noble, Maj. N.D., D S.O., R.E. } Legion of Honour, Knight (France).

Norbury, Maj. C., ret.pay } Medjidieh, 4th Class.

Norie, Col. (temp. Brig.-Gen.) C. E. de M., C.B., C.M.G., D.S.O., Ind. Army, p.s c. [l] } White Eagle, 3rd Class with swords (Serbia).

Norman, Bt.Lt.-Col.C.C., D.S.O., R.W. Fus. } Legion of Honour, Knight (France).

Norman, Lt. D., M.C., R.E } Leopold, with War Cross, Knight (Belgium).

Norman, Temp. Capt. Sir H., Bt. } Legion of Honour, Officer (France).

Norman, Bt. Col. W. W., D.S.O., ret. Ind. Army { St. Anne, 3rd Class, with swords (Russia). Izzat-i-Afghania(Afghanistan).

Normand, Maj. S. R., D.S.O., R.G.A., g. } Crown, Officer (Belgium).

Norris, Temp.Capt. F. B. V., R.A. } St. Stanislas, 3rd Class. (Russia).

North, Maj. E. B., D.S.O., R. Fus. [l] } Medjidieh, 4th Class.

Northey,Maj.-Gen.Sir E., K.C.M.G., C.B., A.D.C. } Legion of Honour, Officer (France).

Norton,Copt C.B.,D.S.O., ret. pay (Res. of Off.) } Legion of Honour, Knight (France).

Norton-Griffith Maj.Sir J., K.C.B., D.S.O., 2 K. Ed. Horse { Star Comdr. (Roumania) St. Vlamidir, 3rd Class (Russia). Legion of Honour, Officer (France)

Notley, Temp Lt.-Col. W. K. D.S.O. } Savoy, Knight (Italy).

Nowell, Maj. R. B., 9 Bn. Manch. R } Crown, Officer Italy).

Nugent, Maj.-Gen. C. S. W., C.B., D.S.O., p.s.c. [l] } St. Maurice & St.Lazarus, Comdr. (Italy).

Nugent, Col. R. A., C.B., ret. pay } Medjidieh, 4th Class.

Nugent, Bt.Lt.-Col.W.V., C.B.E., D.S.O., R.A., { Crown, Knight (Italy). Karageorge, 4th Class, with swords (Serbia). Legion of Honour, Knight (France).

Nulty, Temp. Lt. J. J., Serv. Bn. R.Iunis. Fus. } Leopold, Knight (Belgium).

Nuttall, Lt.-Col. C. M., D.S.O., R.A., g. } Legion of Honour, Knight (France).

Nye, Maj. V. A., Ches. R. [L] Medjidieh, 3rd Class.

O'Brien, Maj. P., Qr.-Mr., Manch. R. } Nile, 4th Class (Egypt).

O'Connell Maj. J. R., ret. pay { Medjidieh, 3rd Class Osmanieh, 3rd Class

O'Connor, Hon. Maj.-Gen. Sir L., K.C.B., ret. pay, Col. R. W. Fus. } Medjidieh, 5th Class.

O'Connor, Maj. P. B., R.E., p.s.c [L] { Leopold, Officer (Belgium). Legion of Honour, Office (France).

Odlum, Lt.-Col. (temp. Brig.-Gen.) V. W., C.B., C.M G., D.S.O., Can. Local Forces) } Danilo, 3rd Class (Montenegro)

O'Donoghue, Temp. Maj. R. J.L., D.S.O., R.A.S.C. } Agricultural Merit, Knight (France).

O'Dowda, Bt. Col. J. W., C.B., C.M G., R. Dub. Fus., p.s.c. } White Eagle, 3rd Class, with swords (Serbia).

Ogg, Maj. (temp.Lt.-Col.) W. M., C.M.G., D.S.O., R.A., p.s.c. [L] { Legion of Honour, Knight (France). Avis (Mil.) Comdr. (Portugal).

Ogilby, Lt. R. J. L., D.S.O., Res. of Off. (Lt.-Col. ret. (T.F.)) } Crown, with War Cross, Officer (Belgium).

Ogilvie, Capt. A. G., O.B.E., R.F.A. (T.F.) } White Eagle, 5th Class (Serbia)

Ogilvie, Col. Sir A. M. J., K.B.E., C.B., vD, late R.E. (T.F.) } Leopold,Officer(Belgium).

Ogilvie, Lt.-Col. W H., C.M.G., M.B., Ind. Med. Serv. } Nile, 3rd Class (Egypt)

Ogle, Hon. Maj.-Gen F.A., C.B., late R. Mar. Art. } Osmanieh, 4th Class.

Ogle, Maj. N., D.S.O., 67 Punjabis, p.s.c. } White Eagle, 5th Class, with swords (Serbia)

O'Gorman, Temp. Maj. B., D.S.O. } Wen-Hu, 4th Class (China)

O'Gorman, Temp. Hon. Lt. Count R. J. M. G., M.B.E. } Legion of Honour, Knight (France).

O'Grady, Capt. B. T., M.C. } White Eagle, 5th Class (Serbia)

O'Grady, Bt. Lt.-Col. (temp. Brig.-Gen.) H de C., C.,l.E.,52 Sikhs,p.s.c. } Legion or Honour, Officer (France)

O'Hara, Maj. E. R., C.M.G., D.S.O., R.A.S.C. { Legion of.Honour,Knight (France). El Nahda, 3rd Class (Hedjaz)

O'Hara, Capt J G. M., Worc. Yeo. } Agricultural Merit, Knight (France).

O'Keeffe, Capt. J. J., M.C., M.B., R.A.M.C. } Legion of Honour, Knight (France)

O'Keefe, Maj.-Gen. Sir M. W., K.C.M.G., C.B., M.D., ret. pay. { St. Anne, 1st Class, with swords (Russia). Legion of Honour, Officer (rrance).

O'Kelly, Lt.-Col. A. N., D.S.O., late 2 K. Ed. Horse } Legion of Honour, Knight (France).

O'Keover, Capt. H. E. M,V.O. 6 Bn. Notts. & Derby R. } Agricultural Merit, Knight (France).

Oldfield, Bt. Lt.-Col. H., h.p. R. Mar. Art. } Medjidieh, 4th Class.

Oldfield, Temp. Capt. J. W., O.B.E., M.C. } Leopold, Knight (Belgium).

Oldfield, Col. (temp.Brig.-Gen.) L. C. L., C.B., C.M.G., D.S.O. } Legion of Honour, Officer (France).

Oldham, Temp. Lt. A. J., R.A.O.C. } Avis (Mil.), Knight (Portugal).

Oldham, Bt. Lt.-Col. F. H. L., D.S.O., R.A. } St. Maurice & St. Lazarus, Knight (Italy).

Oldham, Col. G. M., D.S.O., ret. pay (Res. of Off.) } Agricultural Merit, Officer, (France).

Oldman, Bt. Col. (temp. Brig.-Gen.) R. D. F., C.M.G., D.S.O., Norf. R. } St.Maurice & St.Lazarus Officer (Italy).

O'Leary, Hon. Brig.-Gen. K. E., ret.pay, p.s.c [L] { Medjidieh, 3rd Class Osmanieh, 4th Class.

Oliphant, Temp. Capt. F. M., 7 Bn. Sea. Highrs. } Legion of Honour, Knight (France).

Olive, Bt. Maj. T.B., M.C., 3 Hrs. } White Eagle, 4th Class, with swords (Serbia)

Foreign Orders

Oliver, Capt. A., *M.D.*, R.A.M.C. (T.F.) — Reedeemer, Knight (*Greece*).

Oliver, Lt. N. D. T., R.F.A. Spec. Res. — Avis (*Mil.*) Knight (*Portugal*).

Olivey, Hon. Col. Sir W. R.,*K.C.B.*, Chief Paymr., ret. pay — Osmanieh, 3rd Class.

Ollivant, Bt. Col. A. H., *C.M.G.*, R.G.A., *p s.c.* [L] — St. Anne, 2nd Class (*Russia*).

Ollivant, Lt. R C., *O.B.E.*, R F.A. (T.F.) — Leopold with palm, Knight. (*Belgium*)

Olver, Bt. Lt -Col.A., *C.B.*, *C.M.G.*, *F.R.C.V.S.*, R.A.V.C. — Osmanieh, 4th Class.

Olver, Temp. Maj. G. T. W., R.E. — Legion of Honour, Knight (*France*)

O'Mara, Rev. P.. temp. Chapl. to the Forces (R.C.) 4th Class — Christ Officer (*Portugal*).

Omond, Temp. Maj. J. S., *M.C.*, R.A.O.C. — Avis (Mil.) 3rd Class (*Portugal*).

Onslow, Lt.-Col. G. M. M., *D.S.O.*, vD, Aust. Imp. Force. — Nile, 3rd Class (*Egypt*).

Onslow, Col. R. W. A., Earl of, *O.B.E.* — Legion of Honour, Knight (*France*).

Onslow, Maj.-Gen. Sir W. H., *K.C.M.G.*, *C.B.*, *C.M.G.*, ret. pay, g. — White Eagle, 3rd Class with swords (*Serbia*). Redeemer, 2nd Class. Grand Comdr. (*Greece*). Legion of Honour, Comdr. (*France*).

Oppenheim, Lt.-Col. R. W., *O.B.E.*, ret. pay. — Nile, 4th Class (*Egypt*).

Orde, Temp. Capt. L. F., R. Mar. — Legion of Honour, Knight (*France*).

Ormerod, Temp. Lt. H. A., *M.C.*, R.A. — King George, Knight (*Greece*).

Ormond, Lt.-Col. D. M., *D.S.O.*, Can.LocalForces — St. Stanislas, 3rd Class, with swords (*Russia*).

O'Rorke, Capt. J. M. W., *D.S.O.*, 25 Cav., *p.s.c.* — Legion of Honour, Knight (*France*).

Orpen-Palmer, Bt.Lt.-Col. (temp. Brig.-Gen.) H. B. H., *C.M.G.*, *D.S.O.*, R. Ir. Fus. [*l*] — St. Stanislas, 3rd Class, with swords (*Russia*)

Orr, Bt. Lt.-Col. G. M., 11 Lanc., *p.s.c.* — St. Maurice and St. Lazarus, Knight (*Italy*)

Orr-Ewing, Hon. Brig.-Gen. Sir N. A., Bt., *D.S.O.*, ret. pay. — Savoy, Knight (*Italy*). Officer (*France*).

Orton, Capt. J. O. C., *M.C.*, Norf. R. — Karageorge, 4th Class, with swords (*Serbia*)

Osborn, Lt.-Col. (temp. Col.) W. L., *C.B.*, *D.S.O.*, R. Suss. R. — Danilo, 3rd Class (*Montenegro*)

Osborne Bt.-Maj. R. H., *M.C*, 20 Hrs., *p.s.c* — Legion of Honour, Knight (*France*).

O'Sullivan, Maj. H. D. E., *C.B.E.*, R. Mar. — Osmanieh, 4th Class. Medjidieh, 3th Class. Nile, 3rd Class (*Egypt*)

Ottley, Lt.-Col. W. J., 23 Pioneers — White Eagle, 4th Class, with swords (*Serbia*)

Oulster, Maj. G. D., Can. Inf. — St. Anne, 3rd Class (*Russia*)

Ovens, Hon. Brig.-Gen. G. H., *C.B.*, ret. pay. — Avis Mil., Grand Officer (*Portugal*).

Ovens, Col. (temp. Brig.-Gen.) R. M., *C.M.G.* — St. Stanislas, 3rd Class, with swords (*Russia*)

Ovey, Lt.-Col. D. D., *D.S.O.*, ret. pay — White Eagle, 4th Class, with swords (*Serbia*). Nile, 3rd Class (*Egypt*)

Owen, Maj. A. L., *O.B.E.*, *M.C.*, R.E. — Star, Officer (*Roumania*)

C. Owen, Hon. Maj.-Gen. C. H., ret. pay — Legion of Honour, Knight (*France*.) Medjidieh, 5th Class.

Owen, Lt.-Col. C. H. W., *C.M.G.*, *D.S.O.*, R.A. — Savoy, Knight (*Italy*).

Owen, Lt.-Col. C. W., *C.M.G.*, *C.I.E.*, ret. Ind. Med. Serv. — Hurmat (*Afghanistan*).

Owen, Temp. Maj. L. E., R.A.M.C. — St. Stanislas, 2nd Class (*Russia*)

Owen, Maj. R. A., *M.C.*, h.p. — White Eagle, 4th Class, with swords (*Serbia*)

Owen, Capt R.C.R., *O.B.E.*, *C.M.G.*, ret pay — Medjidieh, 3rd Class. Nile, 2nd Class (*Egypt*)

Owston, Maj. L. V., *D S.O*. 3 D.G — Crown, Knight (*Italy*)

Oxley, Capt. G. S., *M.C.*, K. R. Rif. C. — White Eagle, 5th Class with swords (*Serbia*)

Ozanne, Maj. H., *D.S.O.*, R. Mar. — St. Stanislas, 2nd Class, with swords (*Russia*)

Packe, Maj. W. V., *D.S.O.*, R.F.A. Spec. Res. — Nile, 3rd Class (*Egypt*)

Paddon, Bt. Maj. S. S., W., ret. and Army — St. Anne, 3rd Class (*Russia*).

Pagan, Bt. Lt.-Col. A.W., *D.S.O.*, Glouc. R. — Leopold, Officer (*Belgium*)

Page, Capt. G. F., *D.S.O.*, Lan. Fus. — White Eagle, 5th Class, with swords (*Serbia*)

Page, Lt. J. W., 24 Bn. Lond. R. — Legion of Honour, Knight (*France*)

Page-Turner, Lt. H. G., Oxf. Yeo. — Agricultural Merit, Officer (*France*).

Paget, Gen. Rt Hon. Sir A. H., *G.C.B.*, *K.C.V.O.*, Col. E. Kent R. — St. Alexander Nevsky (*Russia*). White Eagle, 1st Class (*Serbia*).

Paget, Temp. Lt.-Col. C. W., *C.M.G.*, *D.S.O.*, R.E. — Legion of Honour, Officer (*France*)

Paget-Tomlinson, Maj. W., *D.S.O.*, 7 Hrs. — Star, Officer (*Roumania*).

Paige, Maj. D., *M.C*, R.A. — Legion of Honour, Knight (*France*).

Pailing, Temp.Lt. W. P., Labour Corps — Wen-Hu, 5th Class (*China*)

Pain, Col. (temp. Brig.-Gen.) G. W. H., *C.B.*, ret. pay. — Medjidieh, 3rd Class. Osmanieh, 3rd Class.

Painter, Col. (temp. Brig. Gen.) A. C.,*C.M.G.* — White Eagle, 3rd Class, with swords (*Serbia*)

Painter, Lt. R. W. A., *M.C.*, 4 Bn. Midd'x R. — Legion of Honour, Knight (*France*).

Pakenham,Temp Lt.-Col. H A., *C.M.G.*(Hon. Maj. in Army) Capt ret.) — Legion of Honour, Officer (*France*).

Paley, Bt. Col. (temp. Col) A. T., *C.M.G.*, *D.S.O.*, Rif. Brig., *p.s.c.* — Legion of Honour, Knight (*France*).

Palin, Bt. Col. (temp. Brig.-Gen.) P. C., *C.B.*, *C.M.G.*, Ind. Army. — Karageorge, 3rd Class, with swords (*Serbia*). Nile, 2nd Class (*Egypt*).

Pallin, Maj. W. A.,*C.B.E.*, *D.S.O.*, *F.R.C.V.S.*, R A.V.C. — Agricultural Merit, Officer (*France*)

Palmer, Lt.-Col. A. J., *D.S.O.*, TD, Glouc. Yeo. — White Eagle, 4th Class, with swords (*Serbia*)

Palmer, Col. C. E., *C.B.*, *C.M.G.*, *D.S.O.*, h'p. — Nile, 2nd Class (*Egypt*).

Palmer, Maj. H. D., ret., R. Mar — Nile, 2nd Class (*Egypt*). Medjidieh 3rd Class.

Palmer, Maj. J. M., *D.S.C.*, h.p. — Legion of Honour, Knight (*France*).

Pam, Maj. A., *O.B.E.*, ret — Legion of Honour, Knight (*France*). Crown, w.th Cross of War, Officer (*Belgium*)

Panet, Brig.-Gen. E.deB., *C.M.G.*, *D.S.O.*, Can. Art. — Legion of Honour, Knight (*France*).

Pankhurst, Capt. H.E. E. *M.C.*, 5 D.G. — Leopold, Knight (*Belgium*).

Paris, Maj.-Gen. Sir A., *K.C.B.*, *p.s.c.* [L] ret. R. Mar. — Legion of Honour, Comdr (*France*). Leopold, with swords (Comdr.) (*Belgium*)

Foreign Orders

Parker, A. C., *formerly* Capt. R. Suss. R. — Medjidieh, 4th Class. Osmanieh, 4th Class.

Parker, Temp. Capt. A. C., D.S.O. — Legion of Honour, Knight (*France*).

Parker, Capt. A. S., O.B.E., 15 Bn. Suff. R. — Nile, 4th Class (*Egypt*).

Parker, Qr.-Mr. and Maj. E. A., O.B.E., M.C., D.C.M., R.W. Fus. — Agricultural Merit, Knight (*France*).

Parker, Bt. Lt.-Col. J. H., h.p, R. Mar. — St. Maurice & St. Lazarus, Officer (*Italy*).

Parker, Capt. *Hon.* M. B., G. Gds. (Res. of Off.) — Agricultural Merit, Knight (*France*).

Parker, Col. R. G., C.B., C.M.G., D.S.O., p.s.c. — Crown Officer (*Italy*)

Parkes, Temp. Maj. W., D.S.O., Serv. Bns. Glouc. R. — Legion of Honour, Knight (*France*).

Parkinson, Capt. G. S., D.S.O., R.A.M.C. — Avis (*Mil.*), Knight (*Portugal*)

Parkinson, Capt. G. W., M.C., R.E., (T.F.) — Crown, Knight (*Belgium*).

Parks, Temp. Maj. J. H., O.B.E., D.S.O., R.E. (Capt. New Brun. R.) — White Eagle, 4th Class (with swords) (*Serbia*).

Parks, Temp. Capt. W., R.E. — Crown, Knight (*Italy*).

Parr, Hon. Maj. (*Hon. Capt. in Army*) W. R. M.D., *late* 4 Bn. R. Ir. Rif — Double Dragon 2nd Div 3rd Class (*China*).

Parry, Lt.-Col. T. H., D.S.O., 5 Bn. R.W. Fus. — Nile, 4th Class (*Egypt*).

Parsons, Maj. A. W., D.S.O., 19 Hrs. — Legion of Honour, Knight (*France*).

Parsons, Bt. Lt.-Col. C., D.S.O., ret. pay (*Res. of Off.*) — Crown, Officer (*Belgium*)

Parsons, Hon. Maj.-Gen. *Sir* C. S. B., K.C.M.G., C.B., ret. pay. — Medjidieh, 2nd Class. Osmanieh, 4th Class.

Parsons, Maj.-Gen. *Sir* H. D. E., K.C.M.G., C.B., R.A.O.C. — St. Stanislas, 2nd Class, with swords (*Russia*). Leopold, Comdr. (*Belgium*).

Parsons, Col. J. L. R., C.M.G., D.S.O., Sask. R. — Legion of Honour, Knight (*France*).

Parsons, Temp. Maj. L.G., R.G.M.C. (Capt.) R.A.M.C., T.F.) — St. Sava, 4th Class (*Serbia*).

Parsons, Lt.-Col. W. Forster, C.M.G., D.S.O., R.A. — Legion of Honour, Officer (*France*)

Partridge, Maj. L., Pembroke Yeo. (Capt. ret.) — Legion of Honour, Knight (*France*). Nile, 4th Class (*Egypt*).

Partridge, Temp. Col. S. G., C.M.G., O.B.E. — Legion of Honour, Knight (*France*)

Pascoe, Temp. Lt. G. C., R.F.A. — El Nahda, 4th Class (*Hedjaz*).

Pascoe, Maj. J. S., D.S.O., R.A.M.C. — Legion of Honour, Knight (*France*).

Patch, Col. F. R., C.M.G., D.S.O. — Crown, Comdr. (*Roumania*).

Paterson, Bt. Col. E., D.S.O. — Crown, Comdr. (*Roumania*).

Hon. Lt. *Sirdar* Jogendra, Singh of Patiala. — Crown, Comdr. (*Italy*).

Paton, Col. (*temp. Brig.-Gen.*) C'wealth Mil. Forces — St. Stanislas, 2nd Class, with swords (*Russia*).

Hon. Maj.-Gen. H. H. *Maharajadhiraja Sri Sir* Bhupindar Singh, *Mahindar Bahadur, Mahanaja of Paliala,* G.C.I.E., G.B.E. — Leopold, Grand Cross (*Belgium*)

Pattisson, Maj. J. H., D.S.O., Essex R. — Nile, 4th Class (*Egypt*).

Patton, Capt. B. M., R.A.S.C., Spec. Res. — White Eagle, 5th Class, with swords (*Serbia*).

Patton, Maj. W. S., M.B., Ind. Med. Serv. — White Eagle, 3rd Class, with swords (*Serbia*).

Paul, Col. E. M., C.B., C.B.E. L] — Nile, 3rd Class (*Egypt*).

Paul, Capt. H. W. M., O.B.E., M.C., Middl'x R. — Legion of Honour, Knight (*France*)

Paulet, Temp. Maj. C. S., M.V.O. — Crown, Officer (*Italy*). Rising Sun. 4th Class (*Japan*)

Payne, Bt. Col. A. V., C.M.G., ret. pay — White Eagle, 3rd Class, with swords (*Serbia*). Legion of Honour, Officer (*France*). St. Maurice & St. Lazarus Officer (*Italy*).

Payne, Maj. D. W., D.S.O., M.C., R.A. — Legion of Honour, Knight (*France*).

Payne, Col. H. C. B., C.M.G., C.B.E. — St. Sava, 3rd Class (*Serbia*).

Payne, Maj. P. M. TD., T.F. Res. — Redeemer, Officer (*Greece*).

Paynter, Lt.-Col. (*temp. Brig.-Gen.*) G. C. B., D.S.O., S. Gds. — St. Anne, 3rd Class, with swords (*Russia*).

Paynter, Capt. H. H., ret. A. Motor Res. — Medjidieh, 3rd Class.

Peacock, Maj. W. H., *late* R.A.M.C. — St. Sava, 5th Class (*Serbia*)

Peacocke, Col. W., C.M.G., ret. pay, p.s.c. — Hurmat (*Afghanistan*).

Peake, Capt. F. G. W., Rid. R. — Nile, 4th Class (*Egypt*). El Nahda, 4th Class (*Hedjaz*).

Peake, Capt. M. C., M.C., R. Lanc. R. — White Eagle, 4th Class, with swords (*Serbia*).

Pearce, Temp. Lt. W. L. — Redeemer, 5th Class Knight (*Greece*)

Pearce-Serocold, Col. (*temp. Brig.-Gen.*) E., C.M.G., p.s.c. [l] — St. Maurice & St. Lazarus, Officer (*Italy*).

Pearless, Bt Col C. W., C.M.G., D S O . S. Wales bord., p.s.c. [L — Nile, 3rd Class (*Egypt*)

Pearson, Gen. *Sir* A. A., K.C.B., Ind. Army — Brilliant Star of Zanzibar, 1st Class.

Pearson, Temp. Col. G. S. H. — Legion of Honour, Officer (*France*).

Pearson, Lt.-Col. H. D., D.S.O., ret. pay — Osmanieh, 4th Class. Nile, 3rd Class, (*Egypt*).

Pearson, Capt. J. H. H., M.D., *late* R.A.M.C. — Leopold, Knight (*Belgium*).

Pearson, Temp. Capt. R. G. — Legion of Honour, Knight (*France*).

Pearson, Lt.-Col. W. B., C.M.G., h.p — Legion of Honour, Knight (*France*).

Peath-r, Temp. Lt. D. M., O.B.E., Labour Corps. — Wen-Hu, 5th Class (*China*).

Peck, Maj.-Gen. A. W., C.B., C.M.G., Ind. Army — Avis (*Mil.*) Grand Officer (*Portugal*)

Peddie, Temp. Maj, J., Serv. Bns North'd Fus. — Crown, Officer (*Roumania*).

Pedley, Maj. O. H., ret. pay, p.s.c. [L] — Medjidieh, 4th Class.

Peebles, Hon. Brig.-Gen. E. C., C.B., C.M.G., D.S.O., ret. pay — Karageorge, 3rd Class, with swords (*Serbia*).

Peebles, Lt.-Col. W. C., D.S.O., 7 Bn. R. Scots. — White Eagle, 4th Class, with swords (*Serbia*).

Peek, Temp. Capt. J. H., M.D., R.A.M.C. — Crown, Knight (*Italy*).

Peel, Maj. A., R. Mar. — Legion of Honour, Knight (*France*).

Peel, Tem Lt. E. T., D.S.O, M.C., Wilts. R. — Nile, 3rd Class (*Egypt*)

Foreign Orders

Peel, Bt. Maj. R., *O.B.E.*, 16 Bn. Lond. R. } White Eagle, 4th Class, with swords (*Serbia*).

Peel, Lt-Col. *Hon.* S. C., *D.S.O.*, Bedf. Yeo. } Hafidian Order, Comdr (*Morocco*)

Peffers, Capt. A., 3 Bn. High. L.I. } Legion of Honour, Knight (*France*)

Pell Capt. E J., *M.B F.R.C.S., late* R.A.M.C. } Wen-Hu, 5th Class (*China*).

Peiniger, Maj. R.F., R.G.A. Crown, Knight (*Italy*).

Pell, Capt. J. W., *late* R.A.M.C. } Wer-Hu, 5th Class (*China*).

Pelling, Temp. Maj. A. J., *D.S.O., M.C.*, R.E. } Leopold, Knight (*Belgium*),

Pemberton. Lt -Col. J. A., TD, 4 Bn. Ches. R. } Nile, 4th Class (*Egypt*).

Pembroke & Montgomery. Lt.-Col. R., *Earl of*, *M.V.O.* } { Rising Sun, 3rd Class (*Japan*) / Sacred Treasure. 3rd Class (*Japan*). / Legion of Honour, Knight (*France*).

Pennefather - Evans, Lt. Col. G., 19 Punjabis } St. Stanislas, 3rd Class, with swords (*Russia*).

Pengree, Bt. Col. H. H., ret. pay } Medjidieh, 4th Class.

Penny, Lt. T. E., *late* 7 D.G. } Crown, with War Cross, Knight (*Belgium*)

Pennycluck, Lt. J. A. C., *D.S.O.*, R.E. } St. Anne, 4th Class, (*Russia*).

Penton, Col. R. H., *D.S.O.*, ret. pay } { Medjidieh, 3rd Class. / Osmanieh, 4th Class. / Aviz (*Mil.*) Comdr. (*Portugal*.)

Pepper, Maj. A. L., *M.C., D.C.M.*, ret. (Capt. S. Afr. Def. Force) } White Eagle, 5th Class, with swords (*Serbia*).

Perceval, Maj.-Gen. E. M., *C.B., D.S.O., p.s.c.* } { St. Vladimir, 4th Class, with swords (*Russia*). / Leopold, Comdr. (*Belgium*). / Avis (*Mil.*) 1st Class (*Portugal*).

Percival, Maj. (*temp. Lt.- Col.*) H. F. P., *C.M.G., C.B.E., D.S.O., R.A.S.C.* [L] } { Legion of Honour, Officer (*France*). / White Eagle, 4th Class (*Serbia*) / Crown, Officer (*Italy*)

Percy, *Hon.* Col. A. I., *Earl*, Tyne Elec. R. E., Bt. Lt.-Col. ret. pay (Capt, G.Gds. Spec. Res.) } { Legion of Honour, Knight (*France*). / St. Anne, 3rd Class (*Russia*). / Medjidieh, 4th Class.

Percy, Temp. Lt. H. L., R, E } White Eagle, 5th Class, with swords (*Serbia*).

Percy, Temp. Capt. J. H., R. Mar. } Crown, Knight (*Belgium*)

Percy, Col. (*temp. Brig.- Gen.*) J. S. J., *C.B., C.M.G., D.S.O., p.s.c.* } { Legion of Honour, Officer (*France*). / Legion of Honour, Comdr. (*France*). / Star, Comdr. (*Roumania*). / Leopold, with War Cross, Comdr. (*Belgium*).

Percy, Col. *Lord* W. R., *C.B.E., D.S.O., late* G. Gds. Spec. Res. } { White Eagle, 4th Class, with swords (*Serbia*). / King George I., Comdr. (*Greece*).

Percy-Smith, Maj. D. C., *O.B E., D.S.O.*, Middx } Nile, 4th Class (*Egypt*).

Pereira, Maj.-Gen. C. E., *C.B., C.M.G.*, C. Gds. } { Brilliant Star of Zanzibar. 3rd Class. / Crown, Comdr. (*Belgium*)

Pereira, Lt.-Col. (*temp. Brig. - Gen.*) G. E, *C.M G., D.S.O.*, ret. pay } Rising Sun, Ceinture (*Japan*)

Perkins, Col. A. E. J., *C.B., C.M.G. g.*, h.p. } Legion of Honour, Comdr. (*France*).

Perkins, Bt. Maj. E. F., *D.S.O.*, Hamps. R. [l] } Nile, 4th Class (*Egypt*)

Perkins Capt. S. E., Aust. Imp. Force } Leopold, with palms. Knight (*Belgium*)

Perkins, Temp. Capt. W H., R.E. } Legion of Honour, Knight (*France*).

Perrins, Capt. J. A. D., *M.C.*, Res. of Off. } Crown, Knight (*Italy*)

Perrott, Capt. W. G., *late* R.E. } Legion of Honour, Knight (*France*).

Perry, Maj. E. M., *C B E*, *F.R C V.S., TD, R.A.V.C.* (T.F.) } Agricultural Merit. Officer (*France*).

Perry, Col. (*temp. Maj.- Gen.* H. W., *K.C.M.G., C.B., C.S.I.*, R.A.O.C. } Legion of Honour, Officer (*France*).

Perry, Lt.-Col. S. J. C. P., *F R.C.S.I.*, R A M.C. } Avis (*Mil.*) Comdr. (*Portugal.*)

Persse, Maj. W. H., ret pay } { Medjidieh, 3rd Class. / Osmanieh, 3rd Class. / Redeemer, 4th Class, Officer (*Greece*).

Pery-Knox-Gore, Bt. Lt.- Col. A. F. G., *D.S.O.*, R.A.S.C. } { White Eagle, 4th Class with swords (*Serbia*) / Legion of Honour, Officer (*France*).

Peskett, Capt. R. F., 3Bn. Linc. R. } Aviz (*Mil.*) Knight (*Portugal*).

Petersen. Lt. O. C. W., 9 Bn. High. L. I. } Crown, Knight (*Roumania*).

Petherick, Temp. Capt D. M. } Star, Knight (*Roumania*).

Petrie, Col. R. D., *C.B.* } { St. Maurice and St. Lazarus, Officer (*Italy*). / Leopold, Comdr. (*Belgium*)

Peyton, Maj.-Gen. *Sir* W. E., *K.C.B., K.C.V.O., D.S.O., p.s.c.* } { Nile, 2nd Class (*Egypt*). / Medjidieh, 3rd Class. / Legion of Honour, Comdr. (*France*).

Pharazon, Temp. Lt. E. L. } White Eagle, 5th Class, with swords (*Serbia*).

Phelps, Capt. M. N., *late* 6 Bn. R. War. R. } Agricultural Merit, Knight (*France*).

Phillips, Maj. J. C, 28 Punjabis. } Crown, Knight (*Italy*).

Phillips, Bt. Lt.-Col, G. F., *D.S.O.*, D. of Corn. L.I. } St. Maurice and St. Lazarus, Knight (*Italy*)

Phillips, Col. G. F., *C.B., C.M.G., C.B.E.* } { Redeemer, 3rd Class, Comdr. (*Greece*). / Crown, Comdr. (*Italy*)

Phillips, Capt. J., Qr.-Mr., 7 Bn. Sco. Rif. } Crown, Knight (*Italy*).

W.C Phillips, Temp. Capt., R. E., 9 Bn. B. War. R. } Legion of Honour, Knight (*France*).

Phillips, Lt.-Col. T. B., *O.B.E.*, ret. } St. Maurice and St. Lazarus, Knight (*Italy*).

Phipp Lt.-Col. P. R., ret. pay, *p.s.c.* } { Medjidieh, 2nd Class. / Osmanieh, 3rd Class. / Nile, 2nd Class (*Egypt*).

Photiades. Temp. Lt. N. J. } Redeemer, 5th Class. Knight (*Greece*).

Picot, Lt -Col. H. P., *C.B.E.*, ret. Ind. Army. } Legion of Honour, Officer (*France*).

Pierrepont, Temp. Capt. G. E., *M.C.* } Crown, Knight (*Belgium*)

Piers, Temp Lt. G. S., R.A.S.C. } Redeemer, Knight (*Greece*).

Piggott, Maj. F. S. G., *D.S.O.*, R.E., *p.s.c.* [L] } { Rising Sun. 4th Class (*Japan*). / Legion of Honour, Officer (*France*). / Leopold, with War Cross, Officer (*Belgium*).

Pigot-Moodie, Capt. G. F. A., *M.C.*, 2 Dns. } St. Anne, 2nd Class with swords (*Russia*)

Pike, Temp. Maj. S. A., *M.C.*, 7 Br. R. Berks. R. } White Eagle, 5th Class with swords (*Serbia*).

Pike, Maj. - Gen *Sir* W. W., *K.C.M.G., D.S.O., F R C S.I.*, (*late R.A.M.C.*) } Avis (*Mil.*) Grand Officer (*Portugal*).

Pile, Lt. W. D., R.F.A., Spec. Res. } Crown, with War Cross, Knight (*Belgium*).

Foreign Orders

Pinches, Lt.-Col. W. H., ret. pay } Medjidieh, 4th Class.

Pinching, Maj. Sir H. H., K.C.M.G., ret. } Medjidieh, 4th Class. Star of Ethiopia, 2nd Class (Abyssinia).

Pinney, Maj. J. C. D., ret. pay } Agricultural Merit, Knight (France).

Pinney, Maj.-Gen. Sir R.J., K.C.B., p.s.c., ret. pay } Legion of Honour, Comdr. (France).

Pinsent, Capt. J. R., D.S.O., R.E. } Legion of Honour, Officer (France).

Pipon, Maj. R. H., D.S.O., M.C., R. Fus. } Legion of Honour, Knight (France).

Pirie, Maj. A. M., D.S.O., ret. pay } Medjidieh, 4th Class.

Pirie, Temp. Maj. D. V., O.B.E., 1 Garr. Bn. Suff. R. (Capt. ret. pay) } White Eagle, 4th Class, with swords (Serbia). Reedemer, Officer (Greece).

Pitcairn, Temp. Lt.-Col. G. S., C.M.G., R.E. } Crown, Officer (Italy).

Pitcher, Bt. Col. (temp. Brig.-Gen.) D. Le G., C.M.G., D.S.O., 39 Horse. } St. Maurice and St. Lazarus, Officer (Italy) Legion of Honour, Officer (France).

Pitman, Col. (temp. Brig.-Gen.) T. T., C.B., C.M.G. } Legion of Honour, Comdr. (France).

Pitt, Temp. Lt. G., R.E. St. Sava, 3rd Class (Russia).

Pitt, Capt. R. B., M.C., R.E. (T.F.) } Redeemer, 5th Class Knight (Greece)

Pitt, Capt. (temp. Brig.-Gen.) T. M. S., ret. pay (Lt.-Col. 3 Co. of Lond. Yeo.) } St. Maurice and St Lazarus, Officer (Italy)

Pitts, Temp. Lt. A. C., R.A.S.C. } Star, Knight (Roumania).

Pitts, Temp. Capt J., M.C. } Star, Knight (Roumania)

Pitt-Taylor, Bt. Col. W. W., C.B., C.M.G., D.S.O., Rif. Brig., p.s.c. } Legion of Honour, Officer (France).

Playfair, Capt. P. H. L., M.C., R.A. } St. Stanislas, 3rd Class, with swords (Russia).

Plumer, Field-Marshal H. C. O., Lord, G.C.B., G.C.M.G., G.C.V.O., p.s.c. } Legion of Honour, Grand Officer (France) Leopold, Grand Officer (Belgium) Medjidieh, 4th Class. St. Maurice and St. Lazarus, Grand Officer (Italy) St. Anne, 3rd class with swords (Russia).

Plummer, Lt.-Col. E. W., D.S.O., h.p , e. } St. Anne, 3rd class with swords (Russia).

Plunkett, Lt.-Col. (temp. Brig.-Gen.) E. A. p.s.c [L] } Medjidieh, 4th Class. White Eagle, 3rd Class (Serbia).

Poett, Hon. Brig.-Gen. J. H., C.B., C.M.G., C.B.E., ret. pay, p.s.c. } St. Anne, 3rd Class, with swords (Russia).

Pollard, Col. J. H W., C.B., C.M.G., D.S.O., p.s.c. [l] } Crown, with War Cross, Officer (Belgium).

Pollen, Capt. (temp. Lt.-Col.) S. H., C.M.G., late Res. of Off. } Legion of Honour, Officer (France). Crown, Officer (Italy). Nile, 2nd Class (Egypt).

Pollock, Lt. Col. J. A., ret. pay }

Pollok-McCall, Maj. (temp. Brig.-Gen.) J. B., C.M.G., ret. pay (Res. of Off.), Lt.-Col. 5 Bn. R. Sc. Fus. [l] } Nile, 3rd Class (Egypt).

Ponsonby, Maj.-Gen J., C.B., C.M.G., D.S.O. } Legion of Honour, Officer (France). Crown, Comdr. (Belgium).

Ponsonby, Col. J. G., ret. pay, p.s.c. } Medjidieh, 2nd Class.

Pool, Temp. 2nd Lt. A., Mach. Gun Corps } Crown, with War Cross, Knight (Belgium).

Poole, Bt. Col. (temp. Brig.-Gen.) A. J., R. War. R. } Legion of Honour, Officer (France). Star, Comdr. (Roumania)

Poole, Temp Lt. E , M.C., Serv. Bns. Rif. Brig. } Leopold, with War Cross, Knight (Belgium). Legion of Honour, Officer (France.

Poole, Hon Maj. Gen. Sir F. C., K.B.E., C.B., C.M.G., D.S.O., ret. pay } St Vladimir, 3rd Class, with swords (Russia). St. Stanislas, 1st Class with swords (Russia). Crown Officer (Roumania).

Poole, Maj. F. G., D.S.O., Midd'x R. [l] } Osmanieh, 4th Class.

Poole, Maj. H. R., O.B.E., D.S.O., R.A., g. } Legion of Honour, Knight (France).

Poole, Temp. Lt. R. W. F., M.C., Serv. Bns. Ches. R. } Legion of Honour, Knight (France).

Pooley, Lt. C., M.C., 5 D.G. Leopold, Knight (Belgium)

Maj. Pooran Singh Alwar, Imperial Service Inf. } White Eagle, 5th Class with swords (Serbia).

Pope, Lt.-Col. E. W., Nova Scotia Regt. } St. Anne, 2nd Class, with swords (Russia). Danilo, 2nd Class (Montenegro).

Pope, Maj., S. B., D.S.O., 58 Rif., p.s.c } Legion of Honour, Knight (France). Nile, 3rd Class (Egypt).

Pope-Hennessy, Temp. Lt.-Col. L. H. R., D.S.O., p.s.c. [l] } Legion of Honour, Knight (France).

Popham, Bt. Lt.-Col. E. L., D.S.O., 26 Cav. } Nile, 3rd Class (Egypt).

Popham, Bt. Lt.-Col. R.S., D.S.O., Notts. & Derby. R. } White Eagle, 4th Class (Serbia).

Porter, Capt. J.D., O.B.E., 6 Bn. R. W. Fus. } Nile, 4th Class (Egypt).

Porter, Surg.-Gen. R., C.B., M.B., ret. pay } Crown Comdr. (Belgium).

Porter, Capt. W., ret. pay Crown, Knight (Belgium).

Porters, Temp. Lt. R. H., M.B.E. } St. Stanislas, 3rd Class, with swords (Russia). Legion of Honour, Knight (France).

Postlethwaite, Maj. F. J. M., O.B.E. York. L.I. } Nile, 4th Class (Egypt).

Poston, Maj. W. J. L., D.S.O., R.A. } Medjidieh, 4th Class.

Pott, Maj. A. J., R. Lanc. R. } Nile, 4th Class (Egypt).

Potter, Capt. C. C. H., O.B.E., 10 Hrs., Spec. Res. (Gent at-Arms). } Legion of Honour, Knight (France).

Potter, Bt. Col. H. C., C.M.G., D.S.O., R. War. R, } Osmanieh, 4th Class. Medjidieh, 3rd Class. Legion of Honour, Knight (France).

Potts, Maj. E. T., C.M.G., D.S.O., M.D., R.A.M.C. } Legion of Honour, Knight (France).

Powell, Lt.-Col. A. T., TD, R.F.A. (T.F.) } Nile, 3rd Class (Egypt).

Powell, Maj. E. B., D.S.O., Rif. Brig., p.s.c } Legion of Honour, Knight (France).

Powell, Maj. E. G. H., G. Gds. } Legion of Honour, Knight (France).

Powell, Maj. (temp. Brig.-Gen.) E. W. M., C.B., C.M.G., D.S.O., Res. of Off. } Legion of Honour, Officer (France).

Powell, Temp. Lt. F. A., R.A.S.C. } White Eagle, 5th Class (Serbia).

Powell, Hon. Capt. F. T. S., late R. Muns. Fus. (attd.) } White Eagle, 5th Class (Serbia).

Powell Maj. J., M.B., R.A.M.C. } Osmanieh, 4th Class. Nile, 3rd Class (Egypt).

Foreign Orders

Powell, Temp. Maj. R.M., D.S.O., R.G.A. } Crown, Knight (*Italy*).

Powell, Temp. Lt. T. W., R.A.S.C. } Order of Merit, Agriculture, Knight (*France*).

Poynter, Temp. Capt. H. E., R.A.S.C. } Medjidieh, 3rd Class.

Prain, Lt. Col. Sir D., Knt., C.M.G., C.I.E., F.R.S., M.B., ret. Ind. Med. Serv. } Leopold 2nd, Comdr. (*Belgium*).

Pratt-Barlow, Bt. Maj. L. A., Res. of Off. } El Nahda, 4th Class (*Hedjaz*).

Prendergast, Col. (*temp. Brig.-Gen.*) C, G., C.B., Ind. Army. } Legion of Honour, Officer (*France*).

Prentice, 2nd Lt. B. L., E. Surr. R. } Redeemer, Officer (*Greece*).

Prescott, Temp. Lt.-Col. A. E., D.S.O., R.E. } Legion of Honour, Knight (*France*).

Prescott-Roberts, Maj. P. A., O.B.E., R.A.S.C. } Legion of Honour, Knight (*France*.) Crown, Officer (*Belgium*.)

Pretyman, Lt. E. R., Som. L.I. } White Eagle, 5th Class, with swords (*Serbia*).

Price, Bt. Col. B. G., C.B., C.M.G., D.S.O., R. Fus. } St. Maurice and St. Lazarus, Officer (*Italy*).

Price, Lt.-Col. C. U., C.M.G., 130 Baluchis } St. Anne, 3rd Class, with swords (*Russia*).

Price, Capt. E. P., M.C., 7 Bn. R. W. Fus. } Nile, 4th Class (*Egypt*).

Price, Bt. Col. G. D., C.M.G., W. York. R. } Legion of Honour, Knight (*France*).

Price, Bt. Lt.-Col. T. R. C., C.M.G., D.S.O., W. Gds., p.s.c. } Legion of Honour, Knight (*France*).

Price, Capt. V. M. } Legion of Honour, Knight (*France*). Avis (*Mil.*), Knight (*Portugal*)

Price, Lt.-Col. (*temp. Brig.-Gen in Army*) W., C.B., C.M.G., C.B.E., VD, R.E. Spec. Res. } Legion of Honour, Officer (*France*) Aviz (*Mil.*) Commander (*Portugal*).

Prichard, Temp. Maj. R.G., O.B.E., R.E. } Star, Knight (*Roumania*)

Prickett, Bt. Lt.-Col. C.H., D.S.O., R.E. } White Eagle, 4th Class (*Serbia*).

Prideaux, Lt. G. V. A., Ind. Army (Res. of Off.) } White Eagle, 5th Class, with swords (*Serbia*).

Pridham, Maj. G. F., Welsh R. } Nile, 3rd Class (*Egypt*).

Pridham, Lt.-Col. G. R., O.B.E., R.E. } White Eagle, 4th Class, with swords (*Serbia*).

Prince, Lt. H. S., M.C., 9 Bn. Lond. R. } Crown, Knight (*Belgium*).

Pring, Lt. H. O., M.C., 5 Bn Som. L.I. } Crown, Knight (*Roumania*)

Pringle, Bt. Lt.-Col. H. G., D.S.O., R.A., p.s.c [l] } Rising Sun, 4th Class (*Japan*).

Pringle, Lt. R. H., M.C., 3 Bn. K.O. Sco. Bord. } Leopold, Knight (*Belgium*).

Prior, Maj. J. H., D.S.O., R.E. Spec. Res. } Legion of Honour, Knight (*France*).

Prissick, Lt.-Col. C., 56 Rif. } Nile, 3rd Class (*Egypt*).

Pritchard, Bt. Col. (*temp. Brig-Gen.*) C.G., D.S.O., R.A } Crown, Comdr. (*Belgium*).

Pritchard, Bt. Col. H L., C.M.G., D.S.O., R.E. } Medjidieh 4th Class Redeemer, 3rd Class, Comdr. (*Greece*).

Pritchard, Lt. M., R.F.A. Spec. Res. } Star, Knight (*Roumania*).

Protheroe-Smith, Maj. H. B., O.B.E., ret. pay (Res. of Off.) } Legion of Honour, Officer (*France*) King George I., Officer (*Greece*) Nile, 3rd Class (*Egypt*)

Proudfoot, Capt. R., R.A.M.C. (T.F.) } White Eagle, 5th Class with swords (*Serbia*).

Pryce Jones, Bt. Lt.-Col. H. M., M.V.O., D.S.O., M.C., C. Gds. } Agricultural Merit, Knight (*France*)

Prynne, Maj. G. H. H., R. Mar. } Nile, 4th Class (*Egypt*).

Pryor, Capt. A. A., D.S.O., R.A.V.C } Avis (*Mil.*) Knight (*Portugal*).

Pudsey, Maj. D., D.S.O., R.A. [l] } Wen-Hu, 4th Class, (*China*).

Pugh, Maj. S. W., late Serv. Bns. Welsh R. } Black Star, Officer (*France*).

Pullar, Maj. H. S., T.F. Res. } King George I., Officer (*Greece*)

Pullen, Col. A. F., R.G.A. g. [l] } Medjidieh, 4th Class.

Pullen, Lt. E. M. 6 Bn. Suff. R. } Avis (*Mil.*) Knight (*Portugal*)

Pulteney, Lt.-Gen. Sir W.P., K.C.B., K.C.M.G., K.C.V.O., D.S.O., ret. pay } Legion of Honour, Grand Officer (*France*). Crown, Grand Officer (*Belgium*). Rising Sun, 1st Class (*Japan*)

Purdie, Rev. A. B., O.B.E., Temp. Chapl. to the Forces, 3rd Class, R.A. Chap. Dept. } St. Sava, 3rd Class (*Serbia*)

Purdon, Temp. Maj. R., O.B.E. } Wen-Hu, 4th Class, (*China*).

Puxon, Capt. E. F. M., M.C., T.F. Res. } Crown, Knight (*Roumania*)

Quintal, Lt. H., Can. Local Forces } Legion of Honour, Knight (*France*).

Quirk, Col. J. O., C.B., D.S.O., ret. pay, q.s. } Medjidieh, 3rd Class. Osmanieh, 3rd Class.

Rabagliati, Bt. Maj. C. E. C., M.C., Res. of Off. } Legion of Honour, Knight (*France*)

Radcliffe, Lt.-Col. (*temp Brig.-Gen.*) F. W., C.M.G., .I.E., C.B.E., Dorset. R. } Legion of Honour, Officer (*France*)

Radcliffe, Col. N. R., C.I.E., D.S.O., Terc. Worce. Capt. ret. pay (Res. of Off.) } St. Stanislas, 3rd Class with swords (*Russia*).

Radcliffe, Maj.-Gen. P. P.- de B., C.B., D.S.O., R.A., p.s.c. [L] } Legion of Honour, Officer (*France*) Crown Comdr. (*Italy*). Rising Sun, 2nd Class (*Japan*). Leopold Comdr. (*Belgium*).

Radcliffe, Bt. Maj. W. S. W., ret. pay. } White Eagle, 4th Class, with swords (*Serbia*).

Radnor. Col. (*temp.Brig.- Gen. in Army*), J., Earl of, C.I.E., C.B.E., TD, T.F. Res. } Legion of Honour, Officer (*France*).

Raikes, Capt. A. E. H., ret. } Brilliant Star of Zanzibar 1st Class (2nd Grade). Hamondieh, 1st Class (*Zanzibar*). Christ, Knight Commander (*Portugal*). El Aliyeh, 1st Class (*Zanzibar*).

613

Rainsford-Hannay,Capt. A. G., *D.S.O.*, R.E. } Nile, 4th Class (*Egypt*).

Ramage, Capt. C B., *M.C.*, 4 Bn. R. Scots. } Nile, 4th Class (*Egypt*.)

Ramsay, Maj. A. D. G., *C.I.E.*, *O.B.E.*, Supern. List, Ind. Army } Izzat-i-Afghania(*Afghanistan*).

Ramsay, Col. F. W., *C.B.*, *C.M.G.*, *D.S.O.* } St. Maurice and St. Lazarus, Officer (*Italy*)

Ramsay, Capt. G. C., *M.B.*, late R.A.M.C. } El Nahda, 4th Class (*Hedjaz*)

Ramsay, Temp. Lt. J. G., Lab. Corps } Agricultural Merit, Knight (*France*).

Ramsay, Temp. Lt. W., R.E. } Wen-Hu, 5th Class (*China*).

Ramsden, Capt. A. E. V., *D.S.O.*, R.F.A.Spec.Res. } Legion of Honour, Knight (*France*).

Randell, Rev. D., *M.C.*, Hon. Chapl. to the Forces, 4th Class. } Leopold, Officer (*Belgium*)

Randon, Surg.-Maj R., *M.D.*, R. Malta Ar Crown of Italy.

Rankine, Maj. G., *M.C.*, *M.B.*, late R.A.M.C. } Legion of Honour, Knight (*France*)

Hon. Col. *H.H. Raja Sir* Sajjan Singh *Bahardur* of Ratlam, K.C.S.I. } Legion of Honour, Officer (*France*)

Rathbone, Capt. C. A., *O.B.E.* 3 Bn S. Lan. R. } Avis (*Mil.*) Knight (*Portugal*).

Rattray, Bt. Col. C., *C.B.*, 20 Punjabis, *p.s.c.* } St. Stanislas, 2nd Class, with swords (*Russia*).

Ravenhill, Temp. Capt. T. H., *M.C.*, *M.B.*, R.A.M.C. } St. Sava, 5th Class (*Serbia*).

Ravenshaw, Capt. H. E., R. Mar. } Rising Sun, 5th Class (*Japan*).

Ravenshaw, Col. (temp. *Brig.-Gen.*) H.S.L.,*C.M.G.* } Karageorge, 3rd Class, with swords (*Serbia*).

Ravenscroft, Hon. Lt.-Col. H. V., 3 Bn Bord. R., Maj. ret. pay. } Medjidieh, 4th Class, Osmanieh, 3rd Class.

Rawes, Lt. P. L., Unattd. List, T.F. } Avis (*Mil.*) Knight (*Portugal*).

Rawlins, Bt. Lt.-Col. S. W. H., *C.M.G.*, *D.S.O.*, R.A., *p.s.c.* } Leopold, Officer (*Belgium*). Legion of Honour, Knight (*France*).

Rawlinson, Rev B. S., *C.M.G.*, *O.B.E.*, Temp. Chapl. to the Forces, 1st. Class } Legion of Honour, Officer (*France*). Christ, Comdr. (*Portugal*)

Rawlinson, Gen. H. S., Lord, *G.C.V.O.*, *K.C.B.*, *K.C.M.G.*, *p.s.c.* } Medjidieh, 4th Class. Legion of Honour, Grand Officer (*France*). Danilo, 1st Class (*Montenegro*). St. George, 4th Class (*Russia*). Leopold, Grand Officer (*Belgium*).

Rawson, Capt. G. G., *O.B.E.*, *M.C.*, R.E. } Legion of Honour, Knight (*France*).

Rawson, Maj. R. L., Glouc. R. } Medjidieh, 4th Class Osmanieh, 4th Class.

Ray, Lt. J. E., R.G.A. Spec Res } Redeemer, Knight (*Greece*)

Rayne, Temp. Capt. J. E., R.E. } Legion of Honour, Knight (*France*).

Rea, Capt. J. G., *G.*, *D.S.O.*, North'd Yeo. } Agricultural Merit, Officer (*France*).

Read, Capt. G. A., C'wealth. Mil. Forces } Danilo, 5th Class (*Montenegro*)

Read, Lt. H. S., *D.S.O.*, *M.C.* 20 Bn. Lond. R. } Crown Officer (*Roumania*)

Reade, Maj. Gen. R. N. R., *C.B.*, *C.M.G.*, *p.s.c.*[l] } King George I., Comdr. (*Greece*).

Ready, Maj.-Gen. (temp. *Maj.-Gen.*) F. F., *C.B.*, *C.S.I.*, *C.M.G.*, *D.S.O.*, R. Berks. R., *p.s.c.*, *e.* } St. Anne, 2nd Class, with swords (*Russia*), Medjidieh, 4th Class.

Reah, Lt. J., E. Rid. of York. Yeo. } Agricultural Merit. Knight (*France*)

Reddie, Bt. Lt.-Col.(temp. *Brig.-Gen.*) A. J.,*C.M.G.*, *D.S.O.*, S. W Bord. } St. Stanislas, 3rd class, with swords (*Russia*). Legion of Honour, Officer (*France*).

Redgrave, Temp. Lt. C. R., *M.C.*, Mach. Gun Corps } White Eagle, 4th Class, with swords (*Serbia*).

Reed, Bt.Lt.-Col.C., *D.S.O.*, R.A. } White Eagle, 3rd Class, with swords (*Serbia*).

V. C. Reed, Bt. Col.(temp. *Maj.-Gen.*) H. L., *C.B.*, *C.M.G.* R.A. } Legion of Honour, Comdr. (*France*).

Reeds, Temp. Capt. W. E., *M.B.*, R.A.M.C. } Wen-Hu, 5th Class (*China*).

Rees, Temp. Capt. J. R., R.A.M.C. } Crown Knight (*Belgium*).

Rees-Mogg. Temp. Maj. G.B.C., *O.B.E.*, R.A.V.C. } Agricultural Merit, Knight (*France*).

Rees-Mogg, Maj. R. J., *D.S.O.*, R. Ir. Regt. } Medjidieh, 4th Class. Nile, 3rd Class (*Egypt*).

Reid, Maj. C. S., *D.S.O.*, R.E. } Crown, Officer (*Belgium*).

Reitou, Lt. T. L., 16 Bn. Lond. R. } Wen-Hu, 5th Class (*China*).

Rendall, Capt. T. S., *O.B.E.* Dorset R. } Agricultural Merit, Knight (*France*),

Rendell, Lt. E F, *M.C.*, R.E. (T.F.) } Avis (*Mil.*) Knight, (*Portugal*).

Rennie, Lt.-Col. (temp. *Brig.-Gen.*) G. A. P., *C.M.G.*, D S.O., K.R. Rif.C. } Crown, Comdr. (*Roumania*).

Rennie,Capt. (temp. *Maj.*) J. G., *D.S.O.*, ret. pay } Medjidieh, 4th Class.

Resaidar Shei'kh Hamid Hyderabad Imperial Service Lrs. } White Eagle, 5th Class, with Swords (*Serbia*).

Reynolds, Temp. Lt. L., Tank Corps. } Star, Knight (*Roumania*).

Reynolds, Maj. L. G. S., *O.B.E.*, 8 Bn. Lond. R. } Legion of Honour, Knight (*France*).

Rhodes, Capt. A. T. G., G. Gds. } White Eagle, 5th Class, with swords (*Serbia*).

Rhodes. Bt. Maj. (temp. *Col.*) G. D. *C.B.E.*, *D.S.O.*, R.E. } Redeemer, 4th Class, Officer (*Greece*). Legion of Honour, Officer (*France*).

Rhodes, Temp. Lt. W. F., Norf. R. } Avis (*Portugal*) Knight

Rice, Temp. Maj. A. H. *O.B.E.* } Wen-Hu, 4th Class (*China*).

Rice, Maj.-Gen. *Sir* S. R., *K.C.M.G.*, *C.B.*, ret. pay } Leopold, Comdr. (*Belgium*).

Rich, Bt. Lt.-Col. C. E. F., *D.S.O.*, late 3 Bn. Linc. R. (Res. of Off.) } Redeemer, 4th Class, Officer (*Greece*).

Rich. Maj. T , *O.B.E.*, TD. *A.M.I.E.E.*, R.E. (T.F.) } Black Star, Officer (*France*).

Richards. Temp. Capt. G. B., R.A.S.C. } Crown, with War Cross, Knight (*Belgium*).

Richardson, Capt. G. P., R.A. } Legion of Honour, Knight (*France*)

Richardson, Maj.(temp. *Brig.-Gen.*)G.S.,*C.M.G.*, N.Z.StaffCorps,*p.s.c.*,*g* } Legion of Honour, Knight (*France*).

Richardson,Capt. G. T., Can. Loca Forces } Legion of Honour, Knight (*France*).

Richardson, Lt -Col. (temp. *Brig. - Gen.*) M. E., *D.S.O.*, 20 Hrs. } Legion of Honour, Knight (*France*).

Richey, Maj. F. W., *D.S.O.*, R.A. } St. Anne, 3rd Class with swords (*Russia*).

Foreign Orders

Richmond,Temp.Lt.O.L. Crown, Knight (Iatly).

Richmond, Temp. Maj. W. S., C.M.G., R.E. } Legion of Honour, Officer (France).

Rickards, Maj. G. A., D.S.O., M.C., R.A. } Avis (Mil.) Comdr. (Portugal).

Riddell, Temp. Capt. H. Y., M.P., R.A.M.C. } St. Sava, 5th Class (Serbia).

Riddell-Webster, Bt.Maj. T. S., D.S.O., Sco. Rif., p.s.c. } Crown, Officer (Italy).

Riddick, Capt. J. G., D.S.O., R.E. (T.F.) } Legion of Honour, Knight (France).

Ridgeway, Col. Rt. Hon. Sir J. W., G.C.M.G., K.C.S.I., ret. Ind Army. } Bahaduri-i-Afghania, 1st Class (Afghanistan).

Ridley Capt. G. W., O.B.E., 4 Bn. R. Suss. R. } Nile, 4th Class (Egypt).

Ridley, Maj. Hon. J. N., North'd Yeo. } Legion of Honour, Knight (France).

Rigden, Lt. G. S., R.E., (T.F.) } Crown, Knight (Roumania).

Riley, Bt. Maj. H. L., D.S.O., Rif. Brig. } Danilo, 4th Class (Montenegro).

Riley, Temp. Capt. T N., D.S.O., R.E. } Crown, Knight (Italy).

Rimington, Maj.-Gen. J. C., C.B., C.S.I. } Star, Grand Officer (Roumania).

Rimington, Hon. Brig.- Gen. M. F., C.V.O., C.B., Col. 6 Dns. } Legion of Honour, Comdr. (France).

Ring, Maj. J. S. H., O.B.E., « Ind. Army. } Nile, 4th Class (Egypt).

Risk, Maj. C. E., D.S.O., R. Mar. } Nile, 3rd Class (Egypt).

Risley, Maj. C. G., D.S.O., 18 Lrs. } Leopold, with War Cross, Officer (Belgium).

Ritchie, Maj.-Gen. A. B., C.B., C.M.G., Sea. Highrs. } St. Anne, 2nd Class, with swords (Russia).

Ritchie, Capt. A. MacD., Arg. & Suth'd Highrs. } Redeemer, 4th Class, Officer (Greece).

Ritchie, Lt. A. T. A., M.C., G. Gds., Spec. Res. } Legion of Honour, Knight (France).

Ritchie, Bt.Maj.B.,O.B.E. ret. pay, Res. of Off. } White Eagle, 5th Class. with swords (Serbia).

Ritchie, Lt. C. R., R.A.S.C. (T.F.) } Redeemer, Knight (Greece).

Ritson, Bt. Lt.-Col. R.G., ret. pay } St. Anne, 3rd Class (Russia).

Rivett-Carnac, Col. E. H., ret. Ind. Army } Medjidieh, 4th Class

Robb, Lt.-Col. J. R., 4 Bn. North'd Fus. } Legion of Honour, Knight (France).

Robbs. Capt. F.C., M.C., late R.A.M.C. } Star, Knight (Roumania)

Roberts, Lt. A., M.C., &., Lan. Divl. Sig. Co., R.E. } White Eagle, 5th Class, with swords (Serbia).

Roberts, Maj. G. B., R.E Medjidieh, 4th Class

Roberts, Maj. H. A., Aust Imp. Force } Michael the Brave, 3rd Class (Roumania)

Roberts Maj. H. C., M.V.C, D.S.O., ret. } Danilo, 3rd Class (Montenegro). Leopold, Knight (Belgium) St. Anne, 3rd Class, with swords (Russia). SacredTreasure, 5thClass (Japan). Legion of Honour (France).

Roberts, Lt. H. D., 3 Bn. L'pool R. } Avis (Mil.) Knight (Portugal).

Roberts,Maj.W.B. D.S.O., . Army [l] } Nile, 3rd Class (Egypt).

Roberts, Maj. W. H, M.C., R.E. } Legion of Honour, Knight (France).

Roberts, Temp. Capt. W. R., R.E. Spec. Res. } Crown, Officer, (Roumania).

Robertson. Maj. A. B., C.M.G., D.S.O., p.s.c., Cam'n Highrs. } White Eagle, 4th Class with swords (Serbia) Legion of Honour, Knight (France).

Robertson, Capt. B. H., M.C., R.E. } Crown, with swords, Officer (Roumania). Crown, Knight (Italy).

Robertson, Bt. Lt.-Col. D. E., 11 Lrs. } Legion of Honour, Knight (France)

Robertson, Bt. Lt.-Col. D.S.,R.Sc. Fus. p.s.c. [L] } St. Vladimir, 4th Class, with Swords and Bow (Russia). Sacred Treasure, 3rd Class (Japan). Excellent Crop, 3rd Class (China).

Robertson, Lt. H.N., M.C., R.A. } Legion of Honour, Knight (France).

Robertson, Lt. J. S. R., 3 Bn. R. Scots. } Legion of Honour, Knigh (France).

Robertson, Maj.-Gen. P. R., C.B., C.M.G. } Leopold, with Palm, Comdr. (Belgium).

Robertson, Bt. Col. W., D.S.O., R.E., p.s.c } Legion of Honour, Officer (France). Leopold, Officer (Belgium). Crown Officer (Italy).

Robertson, Gen. Sir W. R.,Bt, G.C.M.G., K.C.B., K.C.V.O. D.S.O., p.s.c. [L] A.D.C. } Legion of Honour, Grand Officer (France) Crown, Grand Cordon (Belgium). St. Maurice and St. Lazarus, Grand Cross (Italy). White Eagle, 1st Class, with swords (Serbia). RisingSun, Grand Cordon (Japan). Chia-Ho, 1st Class (China) Crown, Grand Cross (Italy)

Robinson Bt. Lt.-Col. A. C., D.S.O., R.A.S.C. } Nile, 4th Class (Egypt).

Robinson, Temp. Lt. G., M.C., 5 Bn. Conn. Rang. } White Eagle, 5th Class (Serbia).

Robinson, Maj. H. A., M.C. } Avis (Mil.), 3rd Class (Portugal).

Robinson, Temp. Lt. J.A. } Avis (Mil.), 3rd Class (Portugal). Christ, Knight (Portugal). Black Star, Knight (France).

Robinson, Maj. J. A. P., D.S.O. R.G.A. } St. Maurice and St. Lazarus, Knight (Italy)

Robinson, Bt. Col., S.W., C.B., D.S.O, R.A } Agricultural Merit, Comdr. (France).

Robinson, Temp. Lt.-Col. Sir T. B. Kt., K.C.M.G., K.B.E., R.A.S.C. } Legion of Honour, Officer (France). Crown, Comdr. (Italy).

Robinson, Lt.-Col. T. C., TD, 4 Bn. E. Lan. R. } Nile, 3rd Class (Egypt)

Roche-Kelly, Maj. E., D.S.O., R. Ir. Regt. } Legion of Honour, Knight (France).

Roche-Kelly, Capt. F.R. R.A.V.C. } Agricultural Merit, Knight (France).

Rochfort, Capt. D'O. T., Man. Regt. } St. Anne, 2nd Class, with swords (Russia).

Rocke, Maj. C. E. A. S, D.S.O., R.E. } Legion of Honour, Knight (France).

Rocke, Maj.W. L.,C.M.G., ret. pay (Hon. Col. ret. Spec. Res.) } White Eagle, 4th Class, with swords (Serbia).

Foreign Orders

Rodd, Temp. Lt. F. J. R., R.F.A. } St. Maurice and St Lazarus, Knight (*Italy*).

Rogers, Maj. C. R., ret. pay Medjidieh, 4th Class

Rogers, Maj. E. T. P., *late* Hereford R. } White Eagle, 5th Class with swords (*Serbia*)

Rogers, Col. G. W. N., ret.pay Osmanieh, 4th Class

Rogers, Bt. Lt.-Col.(*temp. Brig.-Gen.*)H.S.,*C.M.G.*, *D.S.O.*, Shrops. L.I. } Legion of Honour, Officer (*France*). Agricultural Merit, Knight (*France*)

Rogers, Lt.-Col. H. S., *C.M.G*, *D.S.O.*, ret. pay (*Res. of Off.*) } Legion of Honour, Knight (*France*).

Rogers, Lt.-Col. *Sir* J. G., *K.C.M.G.*, *D.S.O.*, *M.B.*, ret. pay } Medjidieh, 1st Class. Osmanieh, 2nd Class Nile, 2nd Class (*Egypt*).

Rolland, Bt. Col. A., *D.S.O.*, R.E. } Legion of Honour, Officer (*France*).

Rollit, Hon. Lt.-Col. *Sir* A. K., *Knt.*, Unattd. List. } Leopold, Commander (*Belgium*). Legion of Honour, Officer (*France*). Crown of Italy, Grand Officer. St. Sava, Grand Cordon (*Servia*)

Rolls, Capt. S. P. A., *D.S.O.*, *M.C.*, Dorset Rgt. } Legion of Honour, Officer (*France*).

Rolston, Maj.J.M.,*D.S.O.*, Can. Local Forces. } Legion of Honour, Knight (*France*).

Romanes, Capt. J. G. P., *D.S.O.*, R. Scots. } Legion of Honour, Knight (*France*).

Rome, Maj. C. S., *C.M.G.*, *D.S.O.*, 11 Hrs. } White Eagle, 4th Class, with Swords (*Serbia*).

Romer, Maj.-Gen. C. F., *C.B.*, *C.M.G.*, R. Dub. Fus., *p.s.c.* } Legion of Honour, Officer (*France*). St. Anne, 2nd Class, with Swords (*Russia*).

Romilly, Bt. Lt.-Col. B. H.S., *D.S.O.*, S. Gds. Nile, 3rd Class (*Egypt*) Osmanieh, 4th Class.

Romilly, Col. F.W., *C.V.O.*, *C.B.*,*D.S.O.*, ret. pay,*p.s.c.* } Medjidieh, 4th Class.

Ronald, Capt. R. S., *O.B.E.*, R.A.S.C. (T.F.) } White Eagle, with Swords, 5th Class (*Serbia*)

Rooke, Maj. E. H., *C.M.G.*, *D.S.O.*, R.E. } Legion of Honour, Knight (*France*).

Rooke, Capt. N., High.L.I. Nile, 4th Class (*Egypt*).

Rorie, Bt. Lt.-Col. D., *D.S.O.*, *M.D.*, R.A.M.C. (T.F.) } Legion of Honour, Knight (*France*).

Rorke, Lt. Col. H. V., *D.S.O.*, 1 Cent. Ont. R. } Legion of Honour, Knight (*France*).

Rose, Maj. D. D., *M.C.*, R.F.A. } Legion of Honour, Knight (*France*).

Rose, Lt.-Col. H., *C.M.G.*, ret. pay } Agricultural Merit, Officer (*France*).

Rose, Capt. H. G. St. C., *late* Herts. R. } Legion of Honour, Knight (*France*).

Rose, Bt. Lt.-Col. R. A. de B., *C.M.G.*, *D.S.O.*, Worc. R. } Legion of Honour, Officer (*France*).

Rosenthal, Maj.-Gen. C., *K.C.b.*, *C.M.G.*, Aust. Imp. Force. } Legion of Honour, Officer (*France*).

Roskrow, Temp. Capt. F. T., *M.C.*, D. of Corn. L.I. } Avis (*Mil.*), Knight (*Portugal*).

Ross, Maj. A. J., *D.S.O.*, R.E. } Nile, 4th Class (*Egypt*).

Ross, Maj. D. B., 19 Punjabis. } Legion of Honour, Knight (*France*).

Ross, Maj. E. H., *O.B.E.* Nile, 4th Class (*Egypt*)

Ross, Maj. H. A., *D.S.O.*, Gord. Highrs. } Danilo, 4th Class (*Montenegro*).

Ross, Lt. J., Sco. Horse Yeo. } Wen-Hu, 5th Class (*China*)

Ross, Col. R. J., *C.B.*, *C.M.G.*, h.p. p.s.c. [l] } Legion of Honour, Officer (*France*).

Ross, Capt. T. W. E., *M.D.*, *F.R.C.S.*, *late* R.A.M.C. } St. Sava, 4th Class (*Serbia*).

Ross, Col. (*temp. Brig.-Gen.*)W.C., *C.B.*, *C.M.G.*, ret. pay. } Redeemer, 3rd Class, Comdr. (*Greece*).

Rotton, Col. J. G., *C.B.*, *C.M.G.*, R.A. } Savoy, Officer (*Italy*).

Roupell, Lt. G. R. P., E. Surr. R. } St. George, 4th Class (*Russia*).

Rowan, Col. H. D., *M.B.*, Army Med. Serv. } Legion of Honour, Officer (*France*).

Rowe, Maj. W. B., *D.S.O.*, R.A. } St. Maurice and St. Lazarus, Knight(*Italy*)

Rowlandson, Col. M. A., u.s.l. Ind. Army Osmanieh, 4th Class.

Rowse, Capt. E. L., *M.D.*, 1 Lond. Fd. Amb., R.A.M.C. } White Eagle, 5th Class, with Swords (*Serbia*).

Rowston, Bt. Maj. W. N., R.A.V.C. } Leopold, with War Cross, Officer (*Belgium*).

Roxby,Capt.F.M.,*O.B.E*, 3 Bn. N. Staff. R. } Legion of Honour, Knight (*France*).

Royse, *Rev.* T. H. F. R., *M.C.*, Temp. Chapl. to the Forces, 3rd Class } White Eagle, 5th Class, with Swords (*Serbia*).

Royston, Hon. Brig. Gen. J. R., *C.M.G.*, *D.S.O.* } St. Stanislas, 3rd Class, with Swords (*Russia*).

Royston - Pigott, Maj. W.M.,*D.S.O.*,R.A.S.C. } Legion of Honour, Knight (*France*).

C. Ruck-Keene,Hon. Maj.- Gen. J. E., ret. pay } **Legion of Honour, Knight (*France*).**

C. M. Ruddell, Hon. Maj.- Gen. J. A., ret. pay } **Legion of Honour, Knight (*France*)**

Ruddle, Maj. F. J., *late* Lab. Corps } Wen-Hu, 4th Class (*China*)

Rudge, Lt. L. M., *M.C.*, Worc. R. } Star,Knight(*Roumania*).

Ruffell, Lt. E. J., R.G.A. Spec. Res. } Crown, Knight (*Belgium*).

Ruggles-Brise,Maj.-Gen. H. G., *K.C.M.G.*, *C.B.*, *M.V.O.*, ret. pay,*p.s.c.*, e. [l] } Leopold, Comdr. (*Belgium*)

Rumbold, Lt. H. C. L.,*late* G. Gds. Spec. Res } Crown, Knight (*Belgium*).

Rumsey, Lt. L. G., *M.C.*, R.F.A. (T.F.) } Avis (*Mil.*), Knight (*Portugal*).

Rundle,Gen. *Sir* H. M. L., *G.C.B.*, *G.C.M.G.*, *G.C.V.O.*, *D.S.O.*, Col. Comdt. R.A., *q.s.* } Medjidieh, 2nd Class Osmanieh, 3rd Class

Russell, Temp. Maj.-Gen. *Sir* A. H., *K.C.B.*, *K.C.M.G.* } Danilo, 2nd Class (*Montenegro*). Legion of Honour, Officer (*France*). Leopold, Comdr. (*Belgium*) White Eagle, 1st Class (*Serbia*).

Russell, Lt.-Col (*temp. Brig.-Gen.*)Hon.A.V.F., *C.M.G.*,*M.V.O.*, p s.c.[L] } Legion of Honour, Officer (*France*).

Russell, Temp. Capt. E. C., *O.B.E.*(Hon.Maj.ret. Spec. Res. } Rising Sun, 4th Class (*Japan*)

Russell,Capt. G.R.,*M.C.*, R.F.A. } Crown, Knight (*Roumania*).

Russell, Capt H. T., ret. pay (*Res. o Off.*) } St. Anne, 3rd Class, (*Russia*).

Russell, Lt. J. C.,*D.S.O.*, R.E. (T.F.) } Leopold, Knight (*Belgium*).

Foreign Orders

Russell, Bt. Lt.-Col. R. E. M., *D.S.O.*, R.E. — St. Maurice and St Lazarus, Knight. (*Italy*). Medjidieh, 4th Class. Nile, 4th Class (*Egypt*).

Russell, Bt. Maj. R. V., R.A.S.C. — White Eagle, 4th Class (*Serbia*).

Rutherford, Maj. H., *M.B.*, R.A.M.C. (T.F.) — St. Sava, 4th Class (*Serbia*).

Ruttledge, Maj. T. G., *O.B.E.*, *M.C.*, Conn. Rang., e — Leopold, Knight (*Belgium*). Legion of Honour, Knight (*France*).

Ruxton, Temp. Maj. R. M. C., *O.B.E.*, Labour Corps — Wen-Hu, 4th Class (*China*).

Ryan, Capt. B. J., *M.C.*, R.E. (T.F.) — Crown, Knight (*Italy*).

Ryan, Col. (*Temp. Brig.-Gen.*) C. M., *C.M.G.*, *C.B.E.*, *D.S.O.* — Legion of Honour, Officer (*France*).

Ryan, Maj. E., *C.M.G.*, *D.S.O.*, R.A.M.C. — Legion of Honour, Knight (*France*). Legion of Honour, Knight (*France*).

Ryan, Bt. Lt.-Col. R. S., *D.S.O.*, R.A. [L] — Redeemer, 2nd Class. Grand Comdr. (*Greece*). Avis (*Mil.*) Comdr. (*Portugal*).

Rycroft, Maj.-Gen. Sir W. H., *K.C.M.G.*, *C.B.*, p.s.c. — Medjidieh, 4th Class. White Eagle, 2nd Class with Swords (*Serbia*). Legion of Honour, Comdr. (*France*). Star, Grand Officer (*Roumania*).

Ryder, Capt. A. H., *late* Gen. List — El Nahda, 4th Class (*Hedjaz*).

Sackville-West, Maj.-Gen. Hon. Sir C. J., *K.B.E.*, *C.M.G.*, p.s.c. [l] — Legion of Honour, Comdr. (*France*). Crown, Grand Officer (*Italy*).

Sacré, Lt A W., Essex R. (Res. of Off.) — Black Star, Officer (*France*).

Sadleir Jackson, Bt. Col. (*temp. Brig.-Gen.*) L. W. de V., *C.B.*, *C.M.G.*, *D.S.O.*, 9 Lrs. — Legion of Honour, Knight (*France*).

St. Clair, Capt. Hon. A. J. M., *M.V.D.* (*Master of Sinclair*) — Rising Sun, 4th Class (*Japan*).

St John, Bt. Lt.-Col. R. S., *D.S.O.*, 20 Inf., p.s.c. — Karageorge, 4th Class, with Swords (*Serbia*).

St. John. Maj. W. E., *D.S.O.* Bucks. Yeo. — Legion of Honour, Knight (*France*).

St. Maur, Maj. R. H., TD, T.F. Res. (*H*) — Legion of Honour, Officer (*France*).

Salter, Capt. E. L., *M.C.*, North'd Fus — Legion of Honour, Knight (*France*).

Salisbury, Lt.-Col. A.G., *D S.O.*, C'wealth Mil. Forces — Legion of Honour, Knight (*France*).

Falkeld, Capt. R. E., 3 Bn. Oxf. & Bucks. L.I. — Star, Knight (*Roumania*).

Salmond, Bt.Col. Sir J.M., *K.C.B.*, *C.M.G.*, *D.S.O.* — Legion of Honour, Knight (*France*). Crown Comdr. (*Italy*). Leopold Comdr. (*Belgium*).

Salmond Maj.-Gen. Sir W., *K.C.B.*, ret. pay — Osmanieh, 4th Class.

Salmond, Lt.-Col. (*temp. Brig.-Gen.*) W. G. H., *K.C.M.G.*, *C.B.*, *D.S.O.*, R. A., p.s.o. [l] — St. Stanislas, 3rd Class with Swords (*Russia*). Nile, 2nd Class (*Egypt*). St. Saviour, Grand Comdr. (*Greece*).

Salt, Bt. Lt.-Col. H. F., *C.M.G.*, *D.S.O*, R.A., p s.c — Nile, 3rd Class (*Egypt*).

Salt, *Maj. Sir* T. A., *Bt.*, *D.S.O.* ret. pay — Nile, 4th Class (*Egypt*).

Salt, Capt. W. A., *M.C.*, E. Lan. R. Spec Res. — Leopold, Knight (*Belgium*).

Samson, Bt. Lt.-Col. L.L. R., *C.M.G.*, *C.B E* [L] — Redeemer, Officer (*Greece*).

Samut, Surg.-Maj. R., *M.B.*, K.O. Malta Regt. of Mila. — Crown of Italy, Officer.

Sandars, Temp. Capt. E. T., *O.B.E.*, R.A.S.C. — Avis (*Mil.*), Knight (*Portugal*).

Sanders, Bt.-Col. G.A.F., *C.M.G.*, p.s.c. — Crown Comdr. (*Roumania*).

Sanderson, Col. W. D., *C.M.G.*, *D.S.O.* — Danilo, 3rd Class (*Montenegro*).

Sandes. Maj. C. W. W., *O.B.E.*, N. Lan. R. — Nile, 4th Class (*Egypt*).

Sandford, Maj. D. A., *D.S.O.*, R.A., g. — Legion of Honour, Knight (*France*).

Sandilands, Bt. Lt.-Col. H. R., *C.M.G.*, *D.S.O.*, North'd Fus. — Legion of Honour, Officer (*France*).

Sandison, Capt. L. M., 3 Bn. K.O Sco. Bord. — Crown, Officer (*Belgium*).

Sandland, Temp. Capt. K. — Avis (*Mil.*), Comdr. (*Portugal*).

Sansom, *late* Lt A. J., *late* 5 Bn. R. Suss. R. — Agricultural Merit, Knight (*France*).

Sargent, Hon. Maj.-Gen. H. N., *C.B.*, *D.S.O.* — Legion of Honour, Comdr. (*France*).

Sargent, 2nd Lt. J. E., R.A. — Danilo, 5th Class (*Montenegro*).

Sartorius, Maj.-Gen. E. H., *C.B.*, ret. pay, Col. 8. Lan. R., p.s.c — Osmanieh, 4th Class.

Sassoon, Capt. *Sir* P. A. G. D., *C.M.G.*, *Bt.*, R. E. Kent. Yeo. — Legion of Honour, Knight (*France*). Crown, Officer (*Belgium*). Black Star, Officer (*France*).

Saunders, Capt. C. E E. H., 7 Bn. Lan. Fus. — Leopold with Palm, Knight (*Belgium*).

Saunders, Temp. Lt. F. G. C. — Avis (*Mil.*), Knight (*Portugal*).

Saunders, Capt. S. McK., R.A.M.C. — Nile, 4th Class (*Egypt*).

Saunders, O'Mahony, Bt. Maj. C. C., *O.B.E.*, R.A.S.C. — Crown, Officer (*Italy*).

Saurin, Maj. W. M., 3 Bn. York. R. — Leopold 2nd, Officer (*Belgium*).

Savile, Capt. R. V., *C.B.E.*, ret. pay — Medjidieh, 3rd Class. Nile, 3rd Class (*Egypt*).

Savile, Hon. Brig.-Gen. W. C., *C.B.*, *D S.O.*, ret. pay — Crown, Comdr. (*Italy*).

Sawyer Temp. Maj. E. G. — Legion of Honour, Knight (*France*).

Sawyer, Surg.-Gen. R. H. N., *C.B*, *C.M.G.*, *M.D.*, F.R C.S., ret pay — Avis (*Mil.*) Grand Officer (*Portugal*).

Save, Temp. Maj. K. N., *D.S.O.*, R.E. — Agricultural Merit, Knight (*France*).

Sayer, Capt. C. B., 6 Bn. Rif. Brig. — Avis (*Mil.*), Knight (*Portugal*).

Scale, Capt. J. D., *D S.O.*, *O.B.E.*, 87 Punjabis [L] — St. Vladimir, 4th Class, with Swords & Bow (*Russia*). St. Anne, 3rd Class, *Russia*). Star, Knight (*Roumania*). Legion of Honour, Knight (*France*).

Scarlett. Bt. Maj. Hon. P. G., *M.C.*, E. Kent. R. (SC) — Agricultural Merit Knight (*France*).

Foreign Orders

Scattergood, Temp. Lt. T. A., R.A.S.C. } Redeemer, Knight (Greece).

Schomberg, Lt.-Gen. H. St. G., C.B., ret. R. Mar. } Osmanieh, 4th Class.

Schuster, Maj. L. R., D.S.O., L'pool R., p.s.c. } Nile, 3rd Class (Egypt)

Sclater, Gen. Sir H. C., G.C.B., Col. Comdt. R.A. } Sacred Treasure, Grand Cordon (Japan).

Scott, Capt. A., D.S.O., 7 Bn. Arg. & Suth'd Highrs } Legion of Honour, Knight (France).

Scott, Maj.-Gen. A. B., C.B., D.S.O. } Legion of Honour, Comdr. (France).

Scott, Temp. Lt. C. R., R.A.V.C. } Black Star, Officer (France)

Scott, Bt. Col. C. W., D.S.O., R.A., p.a.c. } Legion of Honour, Officer (France) / Leopold, Officer (Belgium).

Scott, Temp. Lt. C. W., Labour Corps. } Wen-Hu, 5th Class (China)

Scott, Maj. G., D.S.O., 6 Bn. Lan. Fus. (H) } Nile, 4th Class (Egypt.)

Scott, Lt.-Col. G. T. R.E. { White Eagle, 4th Class with Swords (Serbia).

Scott, Capt. J. H., O.B.E., Sco. Horse Yeo. } Nile, 4th Class (Egypt)

Scott, J. H.V., late Temp. Capt., M.B., R.A.M.C. } St. Sava, 5th Class (Serbia)

Scott, Capt. J. M., D.S.O., 8 Bn. Arg. & Suth'd Highrs. } Leopold, Officer (Belgium).

Scott, Lt. J. S., 6 Bn. Durh. L.I. } Redeemer, 5th Class Knight (Greece).

Scott, Capt. L. B., ret. pay Medjidieh, 4th Class.

Scott, Temp. Capt. Hon. M., O.B.E. } Avis (Mil.), Knight (Portugal). / Black Star, Officer (France)

Scott, Temp. Maj. P. A., Bn. Rif. Brig. } Leopold, Knight (Belgium).

Scott, Maj. R H , D S.O., O.B.E., late Gen List } El Nahda, 4th Class (Hedjaz)

Scott, Hon. Brig.-Gen. R. K., C.B., C.M.G., D.S.O., R.A.O.C. } Leopold, Comdr. (Belgium)

Scott, Temp. Capt. Sir S. E., Bt. Res. Regt. of R.H.G. } St. Maurice and St. Lazarus, Knight (Italy).

Scott, Capt. T. D., M.C., T.F. Res. } Nile, 4th Class (Egypt).

Scott, Maj.-Gen. (temp. Brig.-Gen.) T. E., C.B., C.I.E., D.S.O., Ind. Army } Brilliant Star of Zanzibar, 2nd Class / Rising Sun, 2nd Class (Japan).

Scott, Temp. Capt. W. C., M.V.O. } Crown, 4th Class (Siam)

Scott, Temp. Lt. W. N., Labour Corps. } Wen-Hu, 5th Class (China)

Scott, Lt. W. N., M.B.E., 4 Bn Linc. R. } Crown, Knight (Italy)

Scott-Elliott, Temp. Lt. G. F., 5 Bn. K. O. Sco. Bord. } Nile, 4th Class (Egypt).

Scott-Harden, Temp. Lt.-Col. H. S., O.B.E. } St. Maurice and St. Lazarus, Knight (Italy).

Scrivener, Temp. Lt, E.G., Serv. Bn. R. Fus. } Crown, Knight (Belgium).

Scudamore, Maj. (temp. Brig.-Gen.) C. P., C.B., C.M.G., D.S.O., ret. pay } Nile, 3rd Class (Egypt)

Scully, Capt. V. M. B., D.S.O., O.B.E., Bord. R. } White Eagle, 4th Class (Serbia).

Sebag-Montefiore, Lt. G. E., M.B.E., 21 Lrs. } Nile, 4th Class (Egypt).

Seccombe, Hon. Brig.-Gen. A. K., C.B., C.M.G., D.S.O., ret. pay } Medjidieh, 4th Class.

Seccombe, Temp. Capt. P. J. A., M.B., R.A.M.C. } St. Sava, 5th Class (Serbia)

Sedgwick, Temp. Lt. O. S., R.A.S.C. } White Eagle with Swords, 5th Class (Serbia)

Seely, Hon. Maj.-Gen. Rt. Hon. J. E. B., C.B., C.M.G., D.S.O., T.D., Col. T.F. Res. } Crown, Comdr. (Belgium). / Legion of Honour, Comdr. (France)

Segrave, Maj (temp. Brig.-Gen.) W H. E., D.S.O., High. L.I., p.s.c. } Legion of Honour, Knight (France)

Selby-Lowndes. Maj. W., (Jun.) O.B.E., TD, Bedf. Yeo. } Legion of Honour, Knight (France)

Seligman, Hon Brig.-Gen. H.S., D.S.O., ret. pay. } Legion of Honour, Officer (France).

Sellar, Maj. T.B, C.M.G., D.S.O. (ret. pay) } St. Maurice and St. Lazarus, Knight (Italy).

Sellers, Lt. R. W., 5 Bn, Midd'x R. } Avis (Mil.) 3rd Class (Portugal).

Sergison Brooke, Lt.-Col. B. N., C.M.G., D.S.O., G. Gds., p.s.c. } Legion of Honour, Knight (France).

Serjeant, Temp. Lt.-Col. T. H., O.B.E. } Legion of Honour, Knight (France).

Settle, Lt.-Gen. Sir H. H., K.C.B., D.S.O., ret. pay, p.s.c. } Medjidieh, 1st Class. / Osmanieh, 2nd Class.

Sewell, Capt D. A. D., O.B.E., Oxf. & Bucks. L.I. } Crown, Knight (Italy).

Sewell, Bt. Lt.-Col. H.S., C.M.G., D.S.O., 4 D.G. } Legion of Honour, Knight (France.)

Sewell, 2nd Lt. J. J., R.F.A. Star, Knight (Roumania).

Seymour, Lt C. E., 2 Dns. Spec. Res. } Legion of Honour, Knight (France).

Seymour, Col. (temp. Brig.-Gen.) E. H., K.B.E., C.B., C.M.G., R.A.O.C. } White Eagle, 3rd Class (Serbia).

C. Seymour, Gen. Lord W. F. E., K.C V.O., ret. pay, Col. C. Gds. } Osmanieh, 3rd Class.

Seymour, Lt.-Col. Lord H C., D.S.O., G. Gds. } Legion of Honour, Officer (France).

Shakespear, Col. L. W., C.B., Ind. Army. } St. Stanislas, 2nd Class. with Swords (Russia).

Shallow, 2nd Lt. G., Ind Army Res. of Off. } White Eagle, 5th Class, with Swords (Serbia).

Sharman, Temp. Capt. S., Serv Bn. E. York. R. } Crown, Knight (Roumania).

Sharp, Col. A. D., C B, C.M.G., F.R.C.S. Edin., R.A.M.C. (T.F.) } Aviz (Mil.) Comdr. (Portugal).

Sharpe, Bt. Maj. A. G. M., D.S.O., O.B.E., R. Berks. R. } Crown, with War Cross, Officer (Belgium)

Sharpe, Temp. Qr.-Mr. & Lt. F. W., R.A.M.C. } St. Sava, 5th Class (Serbia).

Shaw, Capt. E.H., M.B., late R.A.M.C. } Crown, Knight (Belgium)

Shaw, Gen. (temp. Lt.-Gen.) Rt. Hon. Sir F. C., K.C.B. } Legion of Honour, Comdr. (France). / White Eagle, 2nd Class with Swords (Serbia). / Wen-Hu, 2nd Class (China)

Shaw, Maj. H. M. D., D.S.O., 1 Gurkha Rif. } Nile, 3rd Class (Egypt)

Foreign Orders

Shea, Maj.-Gen. J. S. M., K.C.M.G., C.B., D S O., 35 Horse, p.s.c., q.s. — Legion of Honour, Comdr. (France). Nile, 2nd Class (Egypt).

Shearman, Capt. C.E. G., D.S.O., M.C., Bedf. & Herts. R. — Legion of Honour, Knight (France).

Shekleton, Col. (temp. Brig.-Gen.) H. P., C.B., C.M G., p.s.c. — Osmanieh, 4th Class.

Shelley, Maj. E. V. M., M.C., R. War. R. — Legion of Honour, Knight (France).

Shennan, Temp. Maj. J, R., M.C., R.E. — Crown, Officer (Roumania).

Shepherd, Maj. C. I., D.S.O., 53 Sikhs — Nile, 3rd Class (Egypt)

Shepherd, Bt. Maj. G. J. V., D S O., R.E. — Crown, Knight (Italy).

Sheppard, Capt. A. L., M.B., Ind. Med Serv. — Nile, 4th Class (Egypt)

Sheppard, Lt.J. J., D.S.O., M.C., 19 Bn. Lond. R. — Star, Knight (Roumania).

Sheppard, Bt. Col. (temp. Brig.-Gen.) S. H., C.B., C.M.G.,D.S.O.,R.E.,p.s.c. — Crown, Officer (Italy).

Sherer, Col. L. C., ret. pay — Medjidieh 4th Class.

Sherlock, Maj. D.J.C.E., D.S.O., R.A. — Legion of Honour, Knight (France)

Sherrard, Bt. Lt.-Col. J. W., Ind. Army — Nile, 3rd Class (Egypt)

Shields, Capt. H. J., Can. A M.C., — St. Sava, 5th Class (Serbia)

Shore, Maj. J.[L., D.S.O., Ches. R — Legion of Honour, Knight (France).

Shore, Col. O. B. S. F., C.B., C.I.E., D.S.O., Ind. Army, p.s.c. [L] — White Eagle, 3rd Class with Swords (Serbia).

Short, Temp.Lt.J.,M.B.E. — Legion of Honour, Knight (France). Leopold II., Knight (Belgium)

Short, Qr.-Mr. & Maj. J. B., ret. pay — Medjidieh, 5th Class.

Shoubridge. Maj.-Gen. T. H., C.B., C.M.G.,D.S.O., p.s.c. — Savoy, Officer (Italy).

Shrive, Lt. R., M.C., R.A. — Crown, Knight (Belgium)

Shute, Maj.-Gen. Sir C. D., K.C.B., K.C.M.G., p.s.c. — Crown, Comdr.(Belgium). Legion of Honour, Comdr. (France).

Shute, Capt. M. A., late T.F. Res. — Redeemer, 5th Class, Knight (Greece).

Sidaway,Temp Lt. F. E., M.G.Serv. B.s Ches.[R., — White Eagle, 5th Class with Swords Serbia.

Sillem, Maj.-Gen Sir A. F., K.C.M.G., C.B., p.s.c., q.s. — Legion of Honour, Comdr. (France).

Sim. Bt. Maj. G. E. H., D S O. M.C., R.E., p s c. — Wen-Hu, 5th Class (China).

Simmonds, Lt. J., ret. pay. — Redeemer, Knight (Greece).

Simms,Temp. Maj. R.W. B., M.C. — Crown, Knight (Belgium).

Simonds, Lt.-Col. C. B., D.S O., Res. of Off — Legion of Honour, Knight (France).

Simson, Capt. J. T., M.B., R.A.M.C. — Nile, 4th Class (Egypt).

Simpson,Temp. Capt. A., C.M.G., R.E. — St. Stanislas, 2nd Class, with Swords (Russia). St. Anne, 3rd Class (Russia).

Simpson, Bt. Lt -Col. A. W. M., O.B.E., 5 Bn. Manch. R — Nile, 3rd Class (Egypt).

Simpson, Capt. G., R.A.S.C. — Redeemer, 5th Class, Knight (Greece).

Simpson,Maj.G.S.,D.S.O., 4 Low. Brig. R.F.A.,TD. — White Eagle, 4th Class, with Swords (Serbia).

Simpson, Temp. Qr.-Mr. and Capt. H., M.B.E., M.C. — Crown, Knight (Belgium)

Simpson,Bt.Lt.-Col.H.C., C.M.G., D.S.O., R.A., g. — Danilo, 4th Class (Montenegro).

Simpson, Temp. Capt. P. H., M.C. — St. Anne, 2nd Class, with swords (Russia). Crown, Knight (Roumania).

Simpson, Lt.-Col. W. G., C.M.G., D S.O., T.F. Res. (Capt ret.) — Avis (Mil.) Comdr. (Portugal).

Simpson-Baikie,Hon. Brig.-Gen. Sir H. A. D., C.B., C.M.G., ret. pay, p.s.c. [I] — Medjidieh, 4th Class. Legion of Honour, Officer (France).

Sinauer, Capt. E. M., M.C., R.E. — Medjidieh, 4th Class.

Sinclair, Capt. Sir A. H. M., Bt., 2 L.G. — Legion of Honour, Knight (France).

Sinclair, Temp. Lt. A. L. R.A.S.C. — White Eagle, 5th Class with Swords (Serbia).

Sinclair, Maj. R., R Mar. — Rising Sun, 4th Class (Japan)

Sinclair-MacLagan,Maj.-Gen.E.G., D.S.O., York R. — White Eagle, 3rd Class, with Swords (Serbia).

Sinclair-Thomson, Maj. A.E.M., D.S.O., Essex R. — Legion of Honour, Knight (France).

Sincock, Lt. A. E. R.A.S.C. — Redeemer, Knight (Greece).

Singer, Bt. Col. (temp. Brig.-Gen.)C.W.,C.M.G., D.S.O., R.E. — Legion of Honour, Knight (France).

Singleton, Bt. Lt.-Col. H T. C. C.M.G., D.S.O., High. L.I. — Legion of Honour, Knight (France).

Sinton, Bt. Maj. J A., M.B., Ind. Med. Serv. — St. George, 4th Class (Russia).

Sisman, Temp. Maj. L., R.A.S.C. — St. Sava, 5th Class (Serbia)

Skeats, Temp. Qr.-Mr. & Maj. T. G., O.B.E. — Crown, Officer (Belgium).

Skeffington - Smyth, Lt.-Col. G. H. J., D.S.O., ret.pay (Res. of Off.) — Legion of Honour, Knight (France).

Skeen, Maj.-Gen. A.,C.B., C.M.G.,Ind. Army,p.s.c. — Rising Sun, 2nd Class (Japan).

Skelton, Lt. J. H., R.E. (T.F.) — Crown, Knight (Italy).

Skinner, Capt. C. G., R.A.M.C.(T.F.) — St Sava, 5th Class (Serbia).

Skinner, Col. (temp.Brig.-Gen.) P. C. B., C.B., C.M.G., D.S.O., p.s.c. — Crown,with Cross of War, Comdr. (Belgium). Legion of Honour, Officer (France).

Skinner, Col. F. St. D., p.s.c. — Medjidieh, 4th Class.

Skipter, Hon. Maj. C. F. Can, A,M.C. — Legion of Honour, Knight (France).

Sladen, Hon. Brig.-Gen. G. C., C.B., C.M G., D.S O., M.C., ret. pay — St. Stanislas, 3rd Class, with Swords (Russia).

Slattery, Capt. R. V., R.A.M.C. (T.F.) — St. Sava, 4th Class (Serbia)

Sleman, Lt.-Col. R.R., M.D., V.D., TD, 1 Lon. Fd. Amb., R.A.M.C. — White Eagle, 4th Class, with Swords (Serbia).

Slessor, Lt. J. C., M.C., R.F.C. Spec. Res. — Leopold, Knight (Belgium).

Sloan, Bt. Col. (temp. Brig. - Gen.) J. M., D.S O., M.B., R.A.M.C. — St. Anne, 2nd Class, with swords (Russia).

Sloggett, Lt.-Gen. Sir A. T., K.C.B., K.C.M.G., K.C.V.O., F,R,C,S., K.H.S. — Legion of Honour, Grand Officer (France). Leopold, Comdr. (Belgium), Medjidieh, 3rd Class. Osmanieh, 4 h Class

Foreign Orders

Sloman, Col. H. S., *C.M.G.*, *D.S.O.*, p.s.c. [L], h.p. — Medjidieh, 4th Class. Sacred Treasure, 2nd Class (*Japan*).

Smales, Matron J.,*R.R.C.*, T.F. Nurs. Serv. — St. Sava, 5th Class (*Serbia*).

Smellie, Maj. L. P., *late* R.A.S.C. — White Eagle, 5th Class with Sword (*Serbia*).

Smith, Capt. A., R.A. — Crown, Knight (*Belgium*).

Smith, Temp. Capt. A. J., *M.C.*, R.E. — Leopold, Knight (*Belgium*).

Smith, Lt. A. T., 8 Bn. Midd'x R. — Legion of Honour, Knight (*France*).

Smith, Temp. Capt. B., McC.,*M.B.*,R.A.M.C. — St. Sava, 5th Class (*Serbia*).

Smith Maj.-Gen. *Sir* O H., *K.C.M.G.*, *C.B.*, ret. pay — Medjidieh, 2nd Class. Osmanieh, 2nd Class.

ⓌⒸ Smith, Maj. (*temp. Lt.-Col.*) C. L., D. of Corn. L.I. — Nile, 4th Class (*Egypt*).

Smith, Lt. C. W., Can. M.G. Corps. — St. Stanislas, 3rd Class, with Swords (*Russia*).

Smith, Capt. E., *late* Qr.-Mr. Gen. List — White Eagle, 5th Class (*Serbia*).

Smith, Temp. Lt. E. M., *M.C.*, R.E. — Avis (Mil) 3rd Class (*Portugal*).

Smith, Capt. E. T., *M.C.*, *late* Serv. Bn. L'pool R. — White Eagle, 5th Class with Swords (*Serbia*).

Smith, Maj.-Gen (hon.) F., *K.C.M.G.*, *C.B.*, *F.R.C.V.S.*, ret. pay. — Medjidieh, 4th Class.

Smith, Capt. F. B., *M.C.*, R.A.M.C. (T.F.) — Avis (*Mil.*), Knight (*Portugal*).

Smith, Capt. F. F. S., *M.B*, Ind. Med. Serv. — St. Sava, 5th Class (*Serbia*).

Smith, Temp. Capt. F. W.,*M.C.* — Leopold, with War Cross, Knight (*Belgium*).

Smith, Temp. Capt.'G.C., *M.B.E.*, R.E. — Nile, 4th Class (*Egypt*).

Smith, Bt.-Col. G. E., *C.M.G.*, *D.S.O.*, R.E. — Legion of Honour, Officer (*France*).

Smith, Lt.-Col. G. O., r.f.p. — Medjidieh, 4th Class.

Smith, *Rev.* G. V., Temp. Chpl. to the Forces (4th Class) — Redeemer, 4th Class, Officer (*Greece*).

Smith, Maj. G. W., K.O. Sco. Bord. — Legion of Honour, Knight (*France*).

Smith, Maj. H. C., *D.S.O.*, R.E. — Legion of Honour, Officer (*France*).

Smith, Temp. Maj. H. F., 8 Bn. Duke of Corn. L.I. — Legion of Honour Knight (*France*).

Smith, Capt. H. F. E., *D.S.O.*, 5 Bn. K.R. Rif. C. — Legion of Honour, Knight (*France*).

Smith, Maj.-Gen. *Sir* H. G., *K.C.B.*, g. — Leopold, Comdr. (*Belgium*)

Smith, Temp. Capt. H.L., 19 Bn. L'pool R. — Leopold, Knight (*Belgium*)

Smith, Temp. Lt.-Col. (*temp. Col.*) J. A.,*C.M.G.*, Labour Corps. — Agricultural Merit Officer (*France*). Legion of Honour, Knight (*France*).

Smith, Capt. J. M., *M.C.*, *M.B.*, R.A.M.C. (T.F.) — Legion of Honour, Knight (*France*).

Smith, Bt.Lt.-Col. L. K., *D.S.O.*, R. Scots. — Nile, 3rd Class (*Egypt*).

Smith, Temp. Lt. N. L., Lab. Corps — Wen-Hu, 5th Class (*China*).

Smith, Lt. N. S., R.E. Spec. Res. — Crown, with War Cross, Knight (*Belgium*).

Smith, Temp. Lt. R., *M.C.*, Serv. Bns. Sea. Highrs. — Star, Knight (*Roumania*).

Smith, Temp. Lt. R. G., Mach. Gun Corps — Nile, 4th Class (*Egypt*).

Smith, Maj. S. C. K., *late* Gen. List — Redeemer, Officer (*Greece*).

Smith, Maj.-Gen. S. C. U., *K.C.M.G.*, *C.B.*, ret.pay, g [l] — Nile, 2nd Class (*Egypt*). Star, Grand Officer (*Roumania*).

Smith, Capt. T. V., *M.C.*, R.F.C., Spec. Res. — Savoy, Knight, *Italy*.

Smith, Col. W. A., *C.B.*, ret. pay, p.s.c. — Medjidieh, 5th Class. Rising Sun, 3rd Class (*Japan*).

Smith, Maj.-Gen. W. D., *C.B.* — Leopold, with palm, Comd. (*Belgium*).

Smith, Lt.-Col. W. D., *D.S.O.*, R.A.V.C. — Medjidieh, 4th Class.

Smith, Temp. Hon. Capt. W. E. — Crown, Knight (*Italy*).

Smith, Col. W. H. U., *C.B.*, *D.S.O.*, p.a.c. — Redeemer, 3rd Class, Comdr. (*Greece*).

Smith, Temp. Lt.-Col. *Sir* W. R., *Knt*, *M.D.* VD, TD, R.A.M.C. (T.F.) — Rising Sun, 4th Class (*Japan*).

Smith-Dorrien, Gen. *Sir* H. L., *G.C.B.*, *G.C.M.G.*, *D.S.O.*, Col. Notts. & Derby. R., p.s.c. — Medjidieh, 4th Class. Osmanieh, 4th Class. Legion of Honour, Grand Officer (*France*).

Smithers, Maj. L. S. H, 17 Inf. — White Eagle, 5th Class with swords (*Serbia*).

Smithers, Temp. Capt. W. — Redeemer, Knight (*Greece*).

Smuts, Lt.-Gen. *Hon.* J. C., S.Afr. Def.Force — Leopold, Grand Officer (*Belgium*). Legion of Honour, Comdr. (*France*).

Smyly, Maj. F. P., ret. pay — Legion of Honour, Knight (*France*)

Smyth, Col. C. C., *O.B.*, ret. pay — Medjidieh. 3rd Class.

ⓌⒸSmyth, Capt. J. G., 15 Sikhs — St. George, 4th Class (*Russia*)

ⓌⒸSmyth, Maj.-Gen. N. M., *C.B.* — Medjidieh, 4th Class. Osmanieh, 4th Class. Leopold, Comdr. (*Belgium*). Legion of Honour, Officer (*France*)

Smyth, Capt. R. H., *M.C.*, Corps of Mil. Accts. — Wen-Hu, 5th Class (*China*).

Smythe, Temp. Capt. E. H., *M.C.* — Legion of Honour, Knight (*France*).

Smyth-Osbourne, Bt Lt.-Col. G. N. T., *D.S.O.*, Devon R., p.s.o. [l] — Savoy, Knight (*Italy*).

Snow, Lt.-Col. H. W., *C.M.G.*, *D.S.O.*, ret. pay — Legion of Honour, Officer (*France*). Medjidieh. 4th Class

Snow, Lt.-Gen. *Sir* T. D'O., *K.C.B.*, *K.C.M.G.*, ret. pay, p.s.c. — Legion of Honour Comdr. (*France*). Leopold, Grand Officer (*Belgium*).

Soden, Capt. G. N., Ind. Army — Nile, 4th Class (*Egypt*).

Sole, Bt. Maj. D. M. A., *D.S.O.*, Bord. R. — Legion of Honour, Officer (*France*).

Solly-Flood, Bt.Col.(*temp. Maj.-Gen.*) A., *C.B.*, *C.M.G.*, *D.S.O.*, 4 D.G., p.s.c. — Crown, Comdr. (*Belgium*)

Solly - Flood, Bt. Col. R. E., *C.M.G.*, *D.S.O.*, Rif. Brig. — White Eagle, 4th Class, with Swords (*Serbia*). Legion of Honour, Officer (*France*).

Solomon, Lt.-Col. H. J., *M.C.*, *late* R.A.S.C. — White Eagle, 4th Class, with Swords (*Serbia*).

Solomon, Temp. Lt.-Col. S. J. — St. Anne, 3rd Class (*Russia*).

Foreign Orders

Soltau, Col. A. B., *C.M.G.*, *O.B.E.*, *M.D.*, *F.R.C.S.*, Army Med. Serv. (T.F.) } Avis (*Mil.*) Comdr. (*Portugal*).

Somers, Capt. A. H. T. Lord, *M.C.*, 1 L.G. } Legion of Honour, Knight (*France*).

Somerset, Temp. Capt. S., *O.B.E.* } Legion of Honour, Knight (*France*).

Somerville, Temp. Lt.-Col. J. A. C., *C.M.G.*, *O.B.E.* } Rising Sun, 3rd Class (*Japan*).

Soret, Temp. Lt.-Col. W. L., *D.S.O.*, R.A.S.C. } White Eagle, 4th Class (*Serbia*).

Southar, Temp. Hon. Maj. H. S., *M.B.*, *F.R.C.S.*, R.A.M.C. } Crown, Officer (*Belgium*).

Soutry, Bt. Lt.-Col. T. L. B., *D.S.O.*, R. Ir Rif. } St. Maurice & St. Lazarus, Knight (*Italy*).

Sowels, Temp. Capt. F. } Redeemer, 5th Class, Knight (*Greece*).

Span, Lt.-Col. H. J. B., *D.S O.*, Welch R. } White Eagle, 4th Class, with Swords (*Serbia*).

Spankie, Capt. C. G., 42 Deoli Regt. } White Eagle, 5th Class, with Swords (*Serbia*).

Sparrow, Capt. H. D., R.A.V.C. (T.F.) } Agricultural Merit, Knight (*France*).

Spears, Bt. Lt.-Col. (*temp. Brig.-Gen.*) E. L., *C.B.E.*, *M.C.*, 11 Hrs. [L] } Legion of Honour, Officer (*France*). Star, with Swords, Comdr (*Roumania*). Black Star, Comdr. (*France*). White Eagle, 2nd Class, with Swords (*Serbia*).

Speight, Temp. Capt. D. E., *M.C.*, R.E. } Leopold, with War Cross, Knight (*Belgium*).

Speir, Temp. Lt.-Col. K. R. N., *D.S.O.*, R.E. } Legion of Honour, Knight (*France*).

Spence, Capt. B. H. H., *M.B.*, R.A.M.C. } Nile, 4th Class (*Egypt*).

Spencer, Bt. Lt.-Col. A. A. W., W. York. R. } Legion of Honour, Knight (*France*).

Spencer, Capt. A. W. B., 13 Hrs. (Res. of Off.) } Agricultural Merit, Knight (*France*).

Spencer, Hon. Col. *Rt. Hon.* O. E., *Earl*, K.G., *G.C.V.O.* vd, 4 Bn. North'n R. } Danebrog, Grand Cross (*Denmark*).

Spencer, Maj. H. E., *O.B.E.*, Res of Off. } St. Anne, 3rd Class (*Russia*).

Spencer, Bt. Lt.-Col, (*temp Brig.-Gen.*) J. A., *D.S.O.*, Rif. Brig., p.s.c. } Legion of Honour, Knight (*France*).

Spencer, Maj. L. D., K.O. Sco. Bord. } Osmanieh, 4th Class. Medjidieh, 3rd Class.

Spencer, Col. M., *C.M.G.*, ret. pay, p.a.c. [L] } White Eagle, 3rd Class, with Swords (*Serbia*).

Spencer, Capt. R., *M.C.*, Denbigh Yeo. } Legion of Honour, Knight (*France*).

Spendlove, Capt. W. H., R.F.A. } Crown, Knight (*Belgium*).

Spicer, Maj. A. H., *M.B.*, late R.A.M.C. } St. Anne, 3rd Class (*Russia*).

Spinks, Lt.-Col. C. W., *O.B.E.*, *D.S.O.*, ret. pay } Nile, 4th Class (*Egypt*).

Spittal, Temp. Capt. R. H., *M B.*, R.A.M.C. } St. Sava, 5th Class (*Serbia*).

Spong, Maj. C. S., *D.S.O.*, *F.R.C.S.*, late R.A.M.C. } Medjidieh, 4th Class.

Spooner, Maj. (*temp. Brig.-Gen.*) A. H., *C.M.G.*, *D.S.O.*, Lan. Fus. } Legion of Honour, Knight (*France*).

Spottiswoode, Col. A. A., ret. pay } Medjidieh, 4th Class.

Springfield, Capt. C. H. D. O., R.A. } Star, Knight (*Roumania*).

Springhall, Capt. J. W., *O.B.E.*, *D C.M.*, Qr.-Mr. E. York. R. } Avis (*Mil.*) Comdr. (*Portugal*).

Spurway, Temp. Maj. J. E., *O.B.E.*, R.A.S.C. } White Eagle, 5th Class (*Serbia*).

Stacey, Capt. (*temp. Maj.*) G. A., *D.S.O.*, 2nd Bn. Lond. R. } Legion of Honour, Knight (*France*).

Stack, Lt.-Col. C. S., *C.M.G.*, 33 Lt. Cav. } White Eagle, 3rd Class, with Swords (*Serbia*).

Stack, Maj. (*temp. Maj.-Gen.*) Sir L. O. Fitz M., K.B.E., *C.M G.*, ret. pay } Osmanieh, 4th Class. Medjidieh, 3rd Class. Nile, 1st Class (*Egypt*). El Nahda, 1st Class (*Hedjaz*).

Stacpoole, Lt.-Col. G. W. R., *D.S.O.*, *O.B.E.*, ret. pay (Res. of Off.) } Leopold, Knight (*Belgium*).

Stafford, Maj. P. B., *O.B.E.*, E. Surr. R. } Nile, 4th Class (*Egypt*).

Stagg, Lt. E. R., R.F.A. Spec Res. } Avis (*Mil.*) Knight (*Portugal*).

Stainton, T. H., *late Maj.* Ind. Army } White Eagle, 5th Class with Swords (*Serbia*).

Stallard, Lt.-Col. H. G. F., R.A.M.C. } Medjidieh, 4th Class. Osmanieh, 4th Class.

Stallard, Capt. R. H., *O.B.E.*, R E. } Legion of Honour, Knight (*France*).

Stallard, Capt. S., *O.B E.*, *D.S.O.*, 17 Bn. Lond. R. } Legion of Honour, Knight (*France*).

Stallybrass, C. O., *M.D.*, late Temp. Capt. R.A.M.C. } St. Sava, 4th Class (*Serbia*).

Stammers, Lt.-Col G. E. F., R.A.M.C. } St. Sava, 3rd Class (*Serbia*).

Standage, Temp. Lt. A. K., Oxf. & Bucks. L.I. } Avis (*Mil.*), Knight (*Portugal*).

Standen, Temp. Lt. H. V. H., R.E. } Avis (*Mil.*), Knigh (*Portugal*).

Standing, Rev. G., *D.S.O.*, *M.C.*, Temp. Chapl. to the Forces, 1st Class } Crown, Officer (*Italy*).

Stanhope, Maj. J. R., *Earl*, 4 Bn. R.W. Kent R. } Legion of Honour, Knight (*France*).

Stanistreet, Col. (*temp. Maj.-Gen.*) G. B., K.B.E., *C.B.*, *C.M.G.*, *M.B.* } Crown, Comdr. (*Italy*).

Stanley, Maj. F., *D.S.O.* R.A. } Savoy, Knight (*Italy*).

Stanley, Hon. Brig.-Gen. *Hon.* F. C., *C.M.G.*, *D.S.O.*, Res. of Off. } Legion of Honour, Comdr. (*France*).

Stanley, Lt.-Col. *Hon.* G. F., *C.M.G.*, h.p. } Legion of Honour, Knight (*France*). Crown, Officer (*Belgium*).

Stanley, Temp. Maj. R., R.E. } Legion of Honour, Knight (*France*).

Stanley Clarke, Capt. A. C. L., *D.S.O.*, Sco. Rif. } Legion of Honour, Knight (*France*).

Stanley-Murray, Maj. H. S., *M.C.*, R. Scots. } Star, Officer (*Roumania*).

Stansfeld, Bt. Col. (*temp. Brig.- Gen.*) T. W., *C.M.G.*, *D.S.O.*, York R. } Legion of Honour, Officer (*France*).

Stanton, Bt. Lt.-Col. E. A., ret. pay [l]. } Medjidieh, 2nd Class. Avis (*Mil.*) Grand Officer (*Portugal*). Nile, 3rd Class (*Egypt*).

Stapleton, Bt. Lt. -Col. F. H., *C.M.G.*, Oxf. & Bucks. L.I., p.s.c. } White Eagle, 3rd Class with swords (*Serbia*).

Starr, Temp. Lt. J. W. F., R.E. } Nile, 4th Class (*Egypt*).

Foreign Orders

Statham, Col. J. C. B., C.M.G., C.B.E., late R.A.M.C. — Legion of Honour, Officer (*France*).

Statham, Temp. Lt. R. L., M.C., Dorset R. — Avis (*Mil.*) Knight (*Portugal*).

Stayner, Bt. Lt.-Col. L. G., Army Pay Dept. — Legion of Honour, Knight (*France*).

Stead, Temp. Maj. E. J., M.C., R.E. — Legion of Honour, Officer (*France*).

Stedman, Maj. H., M.D., F.R.C.S. Edin., late R.A.M.C. (T.F.) — Leopold, Knight (*Belgium*).

Steedman, Capt. J., M.B., R.A.M.C. (T.F.) — St. Sava, 5th Class (*Serbia*).

Steel, Bt. Col. R. A., C.M.G., C.I.E., 17 Cav., p.s.c. [l] — St. Stanislas, 2nd Class (*Russia*). Crown Officer (*Belgium*). White Eagle, 3rd Class, with swords *Serbia*. Rising Sun, 3rd Class (*Japan*). St. Maurice and St. Lazarus, Officer (*Italy*).

Steele, Capt. G. A., ret. pay — White Eagle, 5th Class, with swords (*Serbia*).

Steele, Lt.-Col. W. L., C.M.G., R.A.M.C. — Avis (*Mil.*) Comdr. (*Portugal*).

Steevens, Maj.-Gen. Sir J., K.C.B., K.C.M.G., ret. pay — Medjidieh, 4th Class. Crown, Comdr. (*Italy*)

Stephens, Maj. F. A., D.S.O., R.A.M.C. — St. Sava, 4th Class (*Serbia*).

Stephens, Maj.-Gen. (temp. Lt.-Gen.) Sir R.B., C.B., C.M.G., p.s.c. [l] — St. Maurice and St. Lazarus, Comd. (*Italy*). Legion of Honour, Comdr. (*France*). Leopold, with War Cross, Comdr. (*Belgium*).

Stephenson, Lt.-Col. H. M., TD, ret. (T.F.) — Legion of Honour, Knight (*France*).

Stericker, Maj. A. W., D.S.O., D. of Corn. L.I. — Legion of Honour, Knight (*France*).

Sterling, Maj.-Gen. J. B., ret. pay — Osmanieh, 4th Class.

Stern, Lt.-Col. A. G., K.B.E., C.M.G. — Legion of Honour, Knight (*France*).

Stern, Capt. T. H., M.C., R.E., Spec. Res. — White Eagle, 5th Class (*Serbia*).

Steveni, Temp. Capt. L., O.B.E., M.C. — St. Stanislas, 3rd Class (*Russia*). St. Anne, 3rd Class, with Swords (*Russia*). Black Star, Knight (*France*).

Stevens, Bt. Lt.-Col. H. R.G., D.S.O., R.A.,p.s.c. — Redeemer, Officer (*Greece*).

Stevens, Temp. Maj. H. S. E., M.C., 13 Bn R. Scots. — Legion of Honour, Knight (*France*).

Stevens, Lt.-Col. N. M. C., C.M.G., 107 Pioneers [l] — St. Anne, 3rd Class, with Swords (*Russia*).

Stevens, Temp. Maj. R. des C. — St. Maurice and St. Lazarus, Knight (*Italy*).

Stevenson, Bt. Col. (temp. Brig.-Gen.) A. G., C.B., C.M.G., D.S.O., R.E — Medjidieh, 4th Class. St. Maurice and St. Lazarus, Officer (*Italy*).

Stewart, Col. (temp. Brig.-Gen.) C. G., C.M.G., D.S.O., p.s.c. [l] — Medjidieh, 4th Class.

Stewart, Lt.-Col. F. T., 45 Sikhs — St. Stanislas, 3rd Class, with swords (*Russia*).

Stewart, Maj.-Gen. Sir J. M., K.C.M.G., C.B., Ind. Army — Legion of Honour, Comdr. (*France*).

Stewart, Lt. J. M., 5 Bn. Arg. & Suth'd Highrs. — Star, Knight (*Roumania*).

Stewart, Temp. Col. J. P., C.B., M.D., F.R.C.P., A.M.S. (Capt. R.A.M.C. (T.F.)) — St. Sava, 3rd Class (*Serbia*).

Stewart, Maj. N. B., M.B., late R.A.M.C. — St. Sava, 5th Class (*Serbia*).

Stewart, Bt. Maj. R. N., K.C.M.G., O.B.E., M.C., Cam'n Highrs. — Legion of Honour, Knight (*France*).

Stirling, Capt. A. D., D.S.O., M.B., R.A.M.C. — Avis (*Mil.*) Knight (*Portugal*).

Stirling, Lt.-Col. J. A., D.S.O., M.C., late S. Gds Spec. Res. — Legion of Honour, Knight (*France*).

Stirling, Maj. W. F., D.S.O., M.C., ret. pay (Res. of Off.) — Nile, 4th Class (*Egypt*). Crown, Knight (*Italy*). El Nahda, 2nd Class (*Hedjaz*).

Stivala, Capt. F. M., K.O. Malta Regt. of Mila. — Redeemer, Knight (*Greece*).

Stocker, Capt. C. J., M.C., M.B., Ind. Med. Serv. — Lion & Sun, 3rd Class (*Persia*).

Stockley, Bt. Col. E. N., D.S.O., R.E. — Legion of Honour, Officer (*France*).

Stockwell, Lt. C. F., late Impl. Yeo. — Legion of Honour, Knight (*France*).

Stokes, Capt. A., D.S.O., M.D., F.R.C.S.I., late R.A.M.C. — Crown, Knight (*Belgium*).

Stokes, Maj. A. W., D.S.O., M.C., R.E. — Medjidieh, 4th Class.

Stokes, Temp. Lt. D. L., R.A.S.C. — White Eagle, 5th Class (*Serbia*).

Stokes, Capt. H. W. P., D.S.O., R.A.S.C. — Legion of Honour, Knight (*France*).

Stokes, Lt. W. J., M.C., 7 Bn. Worc. R. — Crown, with War Cross, Knight (*Belgium*).

Stomm, Capt. P. W. J. A., O.B.E., ret. — Leopold, Knight (*Belgium*). St. Maurice and St. Lazarus, Knight (*Italy*).

Stone, Col. L. G. T., C.M.G., ret pay (Res. of Off.) — St. Maurice and St. Lazarus, Knight (*Italy*).

Stone, Hon. Brig.-Gen. P V. P., C.M.G., D.S.O., ret. pay — Legion of Honour, Knight (*France*).

Stopford, Lt. Gen. Hon. Sir F. W., K.C.M.G., K.C.V.O., C.B., ret. pay, p.s.c. — Medjidieh, 5th Class.

Storey, Capt. A. T. T., O.B.E., 3 Bn. S. Lan. R. — Avis (*Mil.*) Knight (*Portugal*).

Storr, Lt.-Col. C. L., 54 Sikhs, p.s.c. — Legion of Honour, Knight (*France*).

Storrie, Capt. A. P., late Labour Corps. — Wen-Hu, 5th Class (*China*).

Storrs, Temp. Col. R., C.M.G., C.B.E. — Crown Comdr. (*Italy*). Redeemer, Comdr. (*Greece*).

Story, Temp. Maj. P. F., D.S.O., R.E. — Legion of Honour, Knight (*France*).

Stott, Temp. 2nd Lt. B. H., M.C., 12 Bn. Lan. Fus. — Legion of Honour, Knight (*France*).

Stout, Temp. Lt. P. W., D.S.O., O.B.E. — Nile, 4th Class (*Egypt*).

Strachan Temp. Maj. E. F., M.C., Serv. Bns. Lan. Fus — Crown, Knight (*Belgium*)

Straghan, Col. A., C.B., ret. pay — Medjidieh, 3rd Class.

Foreign Orders

Straker, Bt. Maj. G. H., M.C., 15 Hrs. — Legion of Honour, Knight (France). St. Anne, 4th Class (Russia).

Stranack, Bt. Lt.-Col. C. E., D.S.O., R.A., p.s.c. — Legion of Honour, Knight (France).

Strang, Temp. Maj. D.W. P., M.C., 79Trng.Res.Bn. — Legion of Honour, Knight (France).

Straton, Lt.-Col. C. H., R.A.M.C. — St. Sava, 4th Class (Serbia).

Stratton, Temp. Maj. F. J. M., D.S.O., R.E. — Legion of Honour, Knight (France).

Strick, Col. J. A., C.B., D.S.O. — Legion of Honour, Knight (France). Crown, Commander (Italy).

Strickland, Maj.-Gen. E. P., C.B., D.S.O., Col. Norf. R. — Medjidieh, 3rd Class. Leopold, with palm, Comdr. (Belgium).

Striedinger, Lt.-Col. (temp. Col.) O., C.B.E., D.S.O., R.A.S.C., e. — Karageorge, 3rd Class, with swords (Serbia).

Strologo, Capt. R. C., late Garr. Bn. North'd Fus. — King George I., Comdr. (Greece).

Strong, Temp. Lt, T. M W., Labour Corps. — Wen-Hu, 5th Class (China).

Struthers, J. W., M.B., F.R.C.S., late Temp. Capt. R.A.M.C. — St. Sava, 4th Class (Serbia).

Strutt, Lt. Col. E. L., C.B.E., D.S.O., 3 Bn. R. Scots — Legion of Honour, Officer (France). Leopold, Knight (Belgium) Star Officer (Roumania).

Stuart, Maj.-Gen. Sir A. M., K.C.M.G., C.B., ret. pay. — Legion of Honour, Officer (France). Crown, Grand Officer (Roumania)

Stuart-Wortley, Capt J., ret. pay — Medjidieh, 4th Class.

Stubbs, Capt. E.W., 10Bn. L'pool R. — Crown, Knight (Italy)

Studd, Maj. A. W., late Labour Corps — Wen-Hu, 4th Class (China).

Studd, Bt. Col. (temp. Brig.-Gen.) H. W., C.B., C.M.G., D.S.O., p.s.c. [l] s. — Leopold, Officer (Belgium) Legion of Honour, Comdr (France). Crown, Comdr. (Italy). Avis (Mil.), Grand Officer (Portugal).

Sturges, Maj. C. H. M., D.S.O., R.A. — Leopold, Knight (Belgium).

Sturgess, Temp. Lt. W, B., R A.S.C. — White Eagle, with Swords, 5th Class (Serbia).

Sullivan, Maj. G. A., D.S.O., Oxf. & Bucks.L.I. — Leopold, Knight (Belgium).

Subadar Sultan, Ind. Army — Karageorge, 4th Class (Serbia).

Sumner. Capt. M. G., R. Wilts. Yeo. — Agricultural Merit, Knight (France).

Sunderland, Maj. B. G., E., O.B.E., R.A. — St. Maurice and St. Lazarus, Knight (Italy)

Surtees, Hon. Brig.-Gen H. C., C.B., M.V.O., D.S.O., ret. pay, p.s.c. [L] — Medjidieh, 4th Class. Osmanieh, 2nd Class.

Suther, Bt. Lt.-Col. P., C.M.G., D.S.O., R.A. p.s c. — Leopold, Officer (Belgium).

Sutherland, Maj. A., ret. pay — Medjidieh, 3rd Class

Sutherland, Capt. A. H. C., O.B.E., M.C. — Legion of Honour, Knight (France).

S itherland, Temp. Col. J. D., C.B.E. — Legion of Honour, Knight (France).

Sutton, Maj. Gen. A. A., C.B., D.S.O. — St. Sava, 3rd Class (Serbia).

Sutton, Col. H. C., C M.G., C.B. — St. Anne, 2nd Class, with swords (Russia).

Sutton, Lt. (temp. Capt.) N, E, P., G. Gds. Spec. Res. — Legion of Honour, Knight (France)

Sutton, Bt. Maj. W. M., D.S.O., M.C., Bom. L.I. — Agricultural Merit, Officer (France).

Swabey, Lt.-Col. W. S., C.B.E., R.A.S.C., e. — Medjidieh, 4th Class.

Swaine, Col. C E., C.B., ret. pay — Medjidieh, 4th Class.

Swaine, Maj.-Gen. Sir L. V., K.C.B., C.M.G., ret. pay, Col. Comdt. Rif. Brig. — Medjidieh, 3rd Class.

Swales, Temp. Capt. J. K., M.C. R.E. — Crown, Knight (Roumania).

Swallow, Capt. J. L., R.A.S.C. (T.F.) — Nile, 4th Class (Egypt).

Swallow, Temp. Lt. R.W., Labour Corps — Wen-Hu, 5th Class (China).

Swan, Maj. N. E., York. R., p.s.o. — Avis (Mil.), 2nd Class (Portugal). Legion of Honour, Knight (France). Christ.Comdr.(Portugal).

Swann, Temp. Maj. H.L.A., D.S.O., R.A.S.C. — Crown, Knight (Belgium).

Swayne, Capt. E. G. C., C.M.G., ret. pay — Star of Ethiopia, 2nd Class (Abyssinia).

Sweetman, Lt.-Col. M. J., O.B.E., ret. pay — St. Stanislas, 2nd Class, (Russia).

Sweny, Bt. Lt.-Col. W. F., C.M.G., D S.O., R Fus. — Legion of Honour, Officer (France).

Swifte, Capt. E. G. M., Res. of Off. — Lion and the Sun (Persia).

Swinburne, Capt. T. A. S., D.S.O., R.E. — Legion of Honour, Knight (France).

Swiney, Col. (temp.Brig.-Gen.)A.J.H.,C.B.,C.M.G — St. Stanislas, 2nd Class, with Swords (Russia).

Swinton, Bt. Col (temp Maj.-Gen.) E. D., C.B., D.S.O., R.E. [l] — Legion of Honour, Knight (France).

Sydney-Turner, Maj. C. G. R., D.S.O., O.B.E., R.A.S.C. — Legion of Honour, Officer (France). Crown, Comdr (Belgium)

Sykes, Maj. G. A., O.B.E., R A.S.C. (T.F.) — Nile, 4th Class (Egypt)

Sykes, Hon. Col. (temp. Col. in Army) Sir M., Bt., 4 Bn. E. York R. — St. Stanislas, 2nd Class (Russia). Star, with Swords, Comdr. (Roumania).

Sylvester, Asst. Surg.H.T., M.D., ret. pay — Legion of Honour, Knight (France.)

Symes, Maj. G. S., C.M.G., D.S.O., h.p. — Osmanieh, 4th Class Nile, 3rd Class (Egypt). El Nahda, 3rd Class (Hedjaz).

Symington, Lt. M. M., R.F.A., Spec. Res. — Avis (Mil.) Kright (Portugal).

Symon, Lt.-Col. W.C., ret. pay (Res. of Off.) — Crown, Officer (Belgium). Legion of Honour, Officer (France).

Symonds, Bt. Lt.-Col. G. D., p.s.c. (L), ret. pay (Res. of Off.) — Legion of Honour, Knight (France). Leopold, Knight (Belgium) St Stanislas, 2nd Class with Swords (Russia).

Szlumper, Maj. A. W., M.Inst.C.E., R.E. (T.F.) — Crown, Officer (Belgium).

Tagart, Hon. Maj.-Gen. Sir H. A. L., *K.C.M.G.*, *C.B.*, *D.S.O.*, *p.s.c.*, [L] ret. pay (*Res. of Off.*) — Legion of Honour, Comdr. (*France*).

Tagg, Capt. E. J. B., *D.S.O.*, Durh. L.I. (S.C.) — Agricultural Merit, Knight (*France*).

Tailyour, Lt.-Col.G.H.F., R.A. — Legion of Honour, Officer (*France*).

Tait, Temp. Lt. J. R., Serv. Bns. Welch R. — Star, Knight (*Roumania*).

Talbot, Maj.-Gen. H. L., R. Mar. Art. — Medjidieh, 5th Class.

Talbot, Bt. Col. *Hon*.M.G., *C.B.*, ret. pay, *p.s.c.* — Medjidieh, 2nd Class. Osmanieh, 3rd Class. Hurmat (*Afghanistan*.)

Talbot, Maj.-Gen. *Hon.* Sir R. A. J., *K.C.B.*, ret. pay Col. 3 D. G. — Osmanieh, 4th Class.

Tamplin, Lt. G. R., *M.C.*, R.G.A. (T.F.) — Crown, Knight (*Roumania*).

Tancred, Col. T. A., *C.B.*, *C.M.G.*, *D.S.O.* — Legion of Honour, Comdr. (*France*).

Tandy, Bt. Col. E N., *C.M.G.*, *D.S.O.*, R.A., *p.s.c.* — Legion of Honour, Officer (*France*). Leopold, Officer (*Belgium*).

Tandy, Capt. J. H., *late* S. Afr. Def. Forces — Crown, Knight(*Belgium*).

Tanner, Hon. Brig.-Gen. C. O. O., ret. Ind. Army — Brilliant Star of Zanzibar, 4th Class.

Tanner, Bt. Lt.-Col. F.C., *D.S.O.*, R.Scots,*p.s.c.*[l] — Crown, Officer (*Italy*).

Tanner, Hon. Brig.-Gen. W. E. C., *C.M.G.*, *D.S.O.*, *late* S. Afr. Def. Force, *p.s.c.* — Leopold, Officer (*Belgium*). Legion of Honour, Knight (*France*).

Tanqueray-Willaume, Maj. F. G., R. Mar. — St. Stanislas, 2nd Class, with Swords (*Russia*).

Taplin, Capt. B.B.M.,*late* Labour Corps — Wen-Hu, 5th Class(*China*)

Tarleton, Maj. F. R., *D.S.O.*, R. Highrs. — Legion of Honour, Knight (*France*)

Tarleton, Capt. G. W. B., *M.C.*, R. Dub. Fus. — White Eagle, 5th Class, (*Serbia*).

Tarver, Lt -Col. W. K., *C.B.*,*C.M.G.*, R.A.S.C., *e.* — Legion of Honour, Knight (*France*). White Eagle, 3rd Class (*Serbia*).

Tattersall, Capt. J. C. de V., ret. pay. — Medjidieh, 5th Class

Tayleur, Temp. Lt.-Col. W., *O.B.E*, TD, Labour Corps (*Lt.-Col. late T.F. Res.*) — Wen-Hu, 4th Class (*China*)

Taylor,Capt.A.G.,ret.pay. — Crown, Knight (*Belgium*)

Taylor, Col. A. H. M., *D.S.O.*, h.p. — St. Stanislas, 2nd Class, with Swords (*Russia*).

Taylor, Temp. Capt. A. J. *O.B.E.*, R.A.S.C. — Black Star, Officer (*France*)

Taylor, Bt. Lt.-Col. B. H. W., *C.B.E.*, S. Staff. R. — Nile, 3rd Class (*Egypt*).

Taylor, Lt. C. H., 4 Bn. Berks. R. (*Lt. T.F.Res.*) — Crown, Comdr. (*Italy*).

Taylor, Bt. Lt.-Col. C. L., *D.S.O.*, S. Wales Bord. — Leopold, Knight (*Belgium*)

Taylor, Bt. Maj. C. W. H., *D.S.O.*, 3 Bn. R.W. Kent R. — Redeemer, 4th Class, Officer (*Greece*). White Eagle, 4th Class, with Swords (*Serbia*)

Taylor, Lt.-Col. E. M., 22 Cav., *p.s.c.* — Star, Officer (*Roumania*).

Taylor, Col. F. P. S., *C.M.G.*, R.A.S.C., ret. pay. — White Eagle, 1st Class (*Serbia*). Crown, Comdr. (*Italy*).

Taylor, Bt. Maj. G. B. O., *C.B.E.*, R.E. [l] — White Eagle, 5th Class with Swords (*Serbia*).

Taylor, Bt. Lt.-Col. (*temp.* Brig.-Gen.) H- d'A. P., *C.M.G.*, ret. pay (*Res. of Off.* — Crown, Comdr.(*Belgium*).

Taylor, Temp. Capt. H. G., Labour Corps — Crown, Knight (*Roumania*).

Taylor, Capt. H. H. (*temp. Qr. Mr. R.A.M.C.*) — St. Sava, 5th Class (*Servia*).

Taylor, Lt.-Col. (*Hon*, Brig.-Gen.) J.W., *C.M.G.* *D.S.O.*, TD, T.F. Res. — Nile, 3rd Class (*Egypt*).

Taylor, Temp. Lt. P. S., Labour Corps — Nile, 4th Class (*Egypt*)

Taylor, Hon. Col. P. T. H., ret. pay — Medjidieh, 3rd Class.

Taylor, Lt.-Col. S. S., *C.M.G.*, S. Afr. Prote. Forces — St. Stanislas, 3rd Class, with Swords (*Russia*).

Taylor, Surg.-Gen.(ranking as Lt.-Gen.) Sir W., *K.C.B.*, *M.D.*, *K.H.P.*, ret. pay — Medjidieh, 2nd Class.

Teacher, Maj. N. McD., *D.S.O.*, R. Sc. Fus. — Osmanieh, 4th Class. Medjidieh, 3rd Class.

Temple, Capt. H. E., 8 Bn. R. War. R. — Crown, Knight(*Belgium*).

Temperley, Capt.H. W. V., *O.B.E.*, Fife. & Forfar. Yeo. — Crown, with Swords, Officer (*Roumania*). White Eagle, 5th Class with Swords (*Serbia*).

Tennant, J. E. *late* Bt. Maj. *D.S.O.*,*M.C.*,S.Gds. — Legion of Honour, Knight (*France*).

Ternan, Col. T. P. B., *C.M.G.*, *D.S.O.*, ret. pay. *q.s.* — Osmanieh, 4th Class.

Terrot, Maj. C. R., *D.S.O.*, 6 Dns. — Legion of Honour, Knight (*France*).

Thacker, Lt.-Col. (*temp.* Brig.-Gen.) H. C., R. Can. A., *g.* — Sacred Treasure, 4th Class (*Japan*).

Tharp, Bt. Maj. G. P., Res. of Off. — St. Anne, 3rd Class with swords (*Russia*). St.Maurice and St.Lazarus, Knight (*Italy*). Star, Officer (*Roumania*). White Eagle, 4th Class with Swords (*Serbia*).

Thatcher, Capt. R. S., *O.B.E*, *M.C.*, 3 Bn. Som. L.I. — Crown, Knight (*Italy*).

Thesiger, Maj., *Hon.* K. R., *D.S.O.*, TD, Surr. Yeo. — Crown, with War Cross, Officer (*Belgium*).

Thom, Maj. J. H., *D.S.O.* R.G.A. — Crown, Knight (*Italy*).

Thomas,D.I.,*late* Lt.R.F.A.Crown, Knight (*Italy*).

Thomas, Gen. *Sir* F. W., *K.C.B.*, ret. R. Mar. — Medjidieh, 5th Class.

Thomas, Lt. H, H., R.F.A. (T.F.) — Nile, 4th Class (*Egypt*)

Thomas, Temp. Capt. P. B., Lab. Corps. — Leopold, with War Cross, Knight (*Belgium*).

Thomas, Bt. Maj. P. D., 6 Bn. Welch R. — Crown, Knight (*Italy*).

Thomas, Temp. Lt. S. A., *O.B.E.*, R.E. — Agricultural Merit Knight (*France*).

Thompson, Capt. B. S., *M.C.*, *late* 17 Bn. L'pool R. — St. George, 4th Class (*Russia*).

Thompson, Temp. Col. Sir C., *K.B.E.*, *C.B.* — St. Sava, 2nd Class (*Serbia*).

Foreign Orders

Thompson, Maj. E. G., M.V.O. ret. pay (Res. of Off.) — Legion of Honour, Knight (France). Leopold, Officer (Belgium).

Thompson, Capt. H. C., R. Innis. Fus. — Legion of Honour, Knight (France).

Thompson, Maj.-Gen. Sir H. N., K.C.M.G., C.B., D.S.O., M.B. (late R.A.M.C.) — Avis (Mil.) Grand, Officer (Portugal).

Thompson, Temp. Capt. M.S., O.B.E., Serv. Bns. Durh. L.I. — White Eagle, 4th Class (Serbia).

Thompson, Lt.-Col. R., D.S.O., Yorks. Dns. Yeo. — Legion of Honour, Knight (France).

Thompson, Maj. R. J. O., C.M.G., D.S.O., R.A.M.C. — Medjidieh, 4th Class

Thompson, Bt. Lt.-Col. R. L. B., C.M.G. D.S.O., R.E. — Agricultural Merit, Officer (France).

Thompson, Lt.-Col. W.G., C.M.G., D.S.O., R.A. — St Anne, 2nd Class (Russia).

Thomson, Temp. Maj. A. C., D.S.O., R.E. — Leopold, with Cross of War, Knight (Belgium), Christ, Knight (Portugal).

Thomson, Maj. A.D., 7 Bn. Arg. & Suth'd Highrs. — Legion of Honour, Knight (France)

Thomson, Temp. Col. Sir C., K.B.E., C.B — Nile, 2nd Class (Egypt). Danilo, Grand Officer (Montenegro).

Thomson, Hon. Brig.-Gen. C. B., C.B.E., D.S.O., ret. pay, p.s.c. [L] — Crown, Officer (Roumania) Crown Comdr. (Italy).

Thomson, Lt.-Col H.W., D.S.O., M.D., R.A.M.C. (T.F.) — Nile, 3rd Class (Egypt).

Thomson, Maj.-Gen. J., C.B., C.M.G., M.B. — Crown, Grand Officer (Roumania).

Thomson, Lt.-Col. N. A., C.M.G., D.S.O., Sea. Highrs. — Legion of Honour, Officer (France).

Thomson, Capt. W. C., Fife & Forfar Yeo. — Avis (Mil.) Knight (Portugal).

Thomson, Col. (temp. Brig.-Gen.) W. M., K.C.M.G., C.B., M.D. — White Eagle, 3rd Class, with Swords (Serbia). Legion of Honour, Comdr. (France).

Thorburn, Maj. C., Res. of Off. (temp. Maj. in Army). — Legion of Honour, Knight (France).

Thorburn, Maj. D. H., Sco. Rif. — Nile, 4th Class (Egypt).

Thorne, Maj. (temp. Brig.-Gen.) A. F. A. N., D.S.O., G. Gds. — Legion of Honour, Knight (France).

Thornhill, Bt. Lt.-Col. C. J. M., C.M.G., D.S.O., Ind. Army [L] — Legion of Honour, Knight (France).

Thornton, Capt. A. P., M.C., ret. — Danilo. 5th Class (Montenegro).

Thornton, Bt. Col. C J., R. Mar., Res. of Off., C.M.G. — Legion of Honour, Officer (France). Crown, Comdr. (Italy). Ouissam Alaonite, Comdr. (Morocco).

Thornton, Lt. E. S., R.E. Spec Res. — Nile, 4th Class (Egypt).

Thornton, Hon. Lt.-Col. (temp. Maj.-Gen.) Sir H W., K.B.E., R,E (T.F.) — Legion of Honour, Comdr. (France).

Thornton, Bt. Maj W. H. J., M.C., R.A. — Nile, 4th Class (Egypt).

Thorp, Maj. N., T.F.Res. — Nile, 4th Class (Egypt).

Thoseby, Capt. J. W. L., M.B., late R.A.M.C. — Crown, Knight (Roumania).

Thresher, Lt.-Col. J. H., C.M.G., C.V.O., ret. pay. — Legion of Honour, Officer France. Crown, Officer (Belgium). Agricultural Merit, Officer (France)

Thuillier, Maj.-Gen. H F., C.B., O.M.G., late R.E. — Savoy, Officer (Italy). St Maurice & St.Lazarus, Comdr. (Italy).

Thurlow, Bt. Lt.-Col. E G. L., D.S.O., Som. L.I., p.s.c. — Star, Officer (Roumania).

Thurston, Col. H. S., C.B., C.M.G., C.B.E., R.A.M.C. — Avis (Mit.), Comdr. (Portugal).

Thurston, Temp. Capt. J. W. — Avis (Mil.), Knight (Portugal).

Thwaites, Capt. H. F. O., M.C., R.E. — Medjidieh, 4th Class.

Thwaites, Maj.-Gen. W., K.C.M.G., C.B., p.s.c.[L] — Leopold, Comdr. (Belgium).

Thynne, Maj.-Gen. Sir R. T., K.C.B., ret. pay. — Osmanieh, 4th Class.

Tidbury, Bt. Maj. O. H., M.C., Midd'x R. [l] — Crown, Knight (Italy).

Tidswell, Col. E. C., C.B., D.S.O. — White Eagle, 3rd Class, with swords (Serbia).

Tidswell, Bt. Maj. E. S. W., D.S.O., O.B.E., Leic. R. — Star, Officer (Roumania). White Eagle, 4th Class, with swords Serbia

Tighe, Lt.-Gen. M. J., K.C M.G., C.B., C.I.E., D.S.O. — Brilliant Star of Zanzibar 2nd Class.

Subacar Tiker Khan Rif, Ind. Army. — White Eagle, 5th Class with swords (Serbia).

Tilney, Lt. L. A., M C., R. H. G. — Crown, Officer (Belgium).

Tilney, Lt.-Col. W. A., h.p. — Legion of Honour, Knight (France).

Tod, Bt. Maj. W., R. Sc. Fus. — Leopold, with War Cross, Knight (Belgium).

Todd. Col. F. J., ret. pay. — Osmanieh, 4th Class.

Todd, 2nd Lt. G., Arg. & Suth'd Highrs. — Redeemer, 5th Class, Knight (Greece).

Todd, Lt.-Col. G. E., ret. pay — Legion of Honour, Knight (France). White Eagle, 4th Class, with swords (Serbia).

Toke, Bt. Lt.-Col. R. T., h.p. — Sacred Treasure, Ceinture (Japan).

Toker, Maj.-Gen. Sir A C., K.C.B., u.s.l. Ind. Army — Osmanieh, 4th Class.

Tollemache, Bt.Maj.E.D. H., M.C., C. Gds. — White Eagle, 5th Class, with swords (Serbia).

Tomes, Maj. C.T., D.S.O., M.C., R. War. R., p.s.c. — Agricultural Merit, Knight (France). Legion of Honour, Knight (France)

Tomkins, Temp. Maj. A C., Serv. Bns. R. Fus. (hon. L.-Col. ret. Spec. Res.) — Agricultural Merit, Officer (France).

Tomkinson. Lt.-Col. F. M., D S.O., 7 Bn. Worc. R. — Legion of Honour, Officer (France).

Tomkinson, Maj H., O.B.E., Worc. Yeo. — Nile, 4th Class (Egypt).

Tomlin, Lt.-Col. M. J. B., 21 Bn. Lond. R. — Savoy, Knight (Italy).

Tootal, Lt. F. E. O., late R.F.A. Spec. Res. — Avis (Mil.), Knight (Portugal).

Topley, W. W. C., late Capt. R.A.M.C. — St. Sava, 4th Class (Serbia).

Torin, Bt. Maj. L. H., *M.C*, Shrops. L.I. — White Eagle, 4th Class, with swords (*Serbia*).

Torkington, Maj. O. M., *D.S.O.*, Sco. Rif. — Nile, 4th Class (*Egypt*).

Torrance, Hon. Capt. P. W., *M.C.*, late52Trng. Res. Bn. — Legion of Honour, Knight (*France*).

ℭ Tottenham, Hon. Col. C. G., Unattd List (T.F.) — Medjidieh, 5th Class.

Toulmin, Temp. Hon. Maj. P. F. N. — Crown, Officer (*Belgium*).

Townsend, Capt.C.H.,ret. pay — Medjidieh, 4th Class. Osmanieh, 4th Class. Nile, 3rd Class (*Egypt*).

Townsend, 2nd Lt. F O., Ind. Army Res. of Off. — White Eagle, 9th Class, with swords Serbia).

Townshend, Capt.F.H.E., *O.B.E., M.C.*, R.E. — Legion of Honour, Knight (*France*).

Townshend, Col. F. T., ret. pay — Osmanieh, 4th Class.

Towsey, Hon. Brig. Gen. F. W., *C.M.G., C.B.E., D.S.O.*, ret. pay. — St. Maurice and St. Lazarus, Officer (*Italy*).

Tovnbee, Capt. G. E., *C.M.G., C.B E.*,D.A.S.C. — White Eagle, 4th Class with swords (*Serbia*).

Traill, Maj. R. F., *D.S.O.*, Worc. R. — Legion of Honour, Knight (*France*).

Traill, Bt. Lt.-Col. W. H., *C.M.G., D.S.O., p.s.c.* — Legion of Honour, Knight (*France*).

Trainor, Capt. P. W. C'wealth Mil. Forces. — Leopold Comdr. (*Belgium*).

Travers, Bt. Lt.-Col. H. C., *C.B.E., D.S.O.*, R.A O.C , *p.a.c., e*. — White Eagle, 4th Class with swords (*Serbia*).

Traver, Capt. H.G.,*M.B.*, R.A M.C. Spec. Res. — White Eagle, 5th Class, with swords (*Serbia*).

Tree, Capt. H. B. Le D., Ind. Army. — Nile, 4th Class (*Egypt*).

Treherne, Maj.-Gen., *Str* F.H.,*K.C.M.G., F.R.C.S. Edin.*, ret. pay. — White Eagle, 2nd Class, with swords (*Serbia*).

Tremayne, Lt.-Col. J. H., Res. of Off. — White Eagle, 4th Class, with swords (*Serbia*).

Tremblay, Brig.-Gen. T. L., *C.M.G, D.S.O.*, Can. Local Forces. — Legion of Honour, Officer (*France*).

Trenchard, Maj.-Gen. *Sir* H. M.,*Bt.,K.C.B.,D.S.O.* — Legion of Honour, Comdr. (*France*). Leopold, Comdr. (*Belgium*). St. Anne, 3rd Class, with swords (*Russia*). Crown, Comdr. (*Italy*). Legion of Honour, Knight (*France*).

Trent, Col. G. A., *C.M.G.*, — Medjidieh, 4th Class.

Treowen, Hon. Maj.-Gen I. J. C., *Lord, C.B., C.M.G.*, ret. pay,*p.s.c.* — Medjidieh, 4th Class.

Trevor, Temp. Capt. H. D., R.A.S.C. — St. Maurice & St.Lazarus, Knight (*Italy*).

Trevor, Bt. Lt.-Col. W. H., *D.S.O.*, E. Kent R. [L] — Crown Officer (*Belgium*). Leopold,Knight(*Belgium*) Crown, Officer (*Italy*).

Tribe, Temp. Lt. E. — St. Stanislas, 3rd Class (*Russia*).

Trimnell, Lt. Col. (*temp. Col.*) W. D. C., *C.b., C.M.G.*, R.A.O.C., *e.f.* — Leopold, Officer (*Belgium*). Avis (Mil.), 2nd Class (*Portugal*). Legion of Honour, Officer, (*France*).

Trist, Capt. L. H.,*D.S.O., M.C.*, Linc. R. Spec. Res. — Crown, Officer (*Roumania*).

Trollope, Capt. M. E., 16 Bn. Lond. R. — Black Star, Officer (*France*).

Trotman, Col. C. N.,*C.B.*, R. Mar. [R], *A.D.C.* — Legion of Honour,Officer (*France*).

Troubridge, Lt. T. St. V. W., *M.B.E.*, K. R.Rif.C. — Crown, Knight (*Italy*).

Troughton, Lt.-Col. L. H. W., *M C., late* Serv. Bns. Rif. Brig. — Legion of Honour, Officer (*France*).

Troup, Bt. Lt. - Col. A. G., R. Mar. *p.s.c.* — St. Stanislas. 2nd Class with swords (*Russia*). St. Anne, 3rd Class, with swords (*Russia*).

Trower, Bt. Col. C. V., *C.M.G.*, ret. pay. — Legion of Honour, Officer (*France*).

Truman, Bt. Lt.-Col., C. M., *D.S.O.*, 12 Hrs — Agricultural Merit, Officer (*France*).

Truran Capt. J. P., R.A. — Crown, Knight (*Roumania*).

Truscott, Hon. Lt.-Col. J. J.,R.A.O.C. — Star, Officer (*Roumania*). St Maurice & St.Lazarus, Knight (*Italy*).

Truscott, Temp. Maj. R. F., *O.B.E.* — Avis (Mil.), Comdr. (*Portugal*).

Tuck, Capt. G. L., *C.M.G., D.S.O.*, Unattd. List (T.F.) ; Temp. Lt.-Col, Serv. Bns. Suff. R.) — Legion of Honour, Knight (*France*).

Tucker, Maj. W. H., Ind. Med. Serv. — Legion of Honour,Knight (*France*).

Tucker, Lt.-Col. W. K., *C.B.E.*, T.F. Res. — Crown, Officer (*Belgium*).

Tudor, Maj.-Gen. H. H., *C.B., C.M.G.*, R.A.[L] — Leopold, Comdr. (*Belgium*).

Tudor, Bt.Maj.C.L.St.J., *O.B.E.* M.C., R.A.S.C. — White Eagle, 4th Class, with swords (*Serbia*).

Tudor, Lt. W. J. E., *late* R.A. — Lion & Sun, 3rd Class (*Persia*).

Tudway, Col. R. J., *C.B.*, *C.M.G., D.S.O.* — Legion of Honour, Officer (*France*). Medjidieh, 4th Class.

Tufnell, Bt. Col. A. W., *C.M.G.*, R. W. Surr. R., *p.s.c.* [l] — Legion of Honour, Knight (*France*).

Tufton, Maj. *Hon.* J.S.R., *D.S.O.*, 3 Bn. R. Suss. R. — Leopold, Knight (*Belgium*). Agricultural Merit, Knight (*France*).

ℭ Tulloch,Hon.Maj.-Gen. *Sir* A. B., *K.C.B, C.M.G.*, ret. pay,*p.s.c.* — Medjidieh, 3rd Class.

Tulloch, Col. (*temp.Brig.- Gen.*)J.A.S.,*C.B.,C.M.G., p.s.c.*[l] — Legion of Honour, Officer (*France*).

Tulloch, Capt. J. T., *late* 5 Bn. High. L.I. — White Eagle, 5th Class, with swords (*Serbia*).

Tulloch Maj.-Gen. J. W. G., *C.B.*, ret. Ind. Army — Brilliant Star of Zanzibar, 2nd Class. Rising Sun, 3rd Class (*Japan*).

Tunnard, Maj. L., Oxf. & Bucks. L.I. — Nile, 4th Class (*Egypt*).

Tupman, Lt.-Col. J. A. R. Mar. — St. Maurice & St. Lazarus, Officer (*Italy*).

Turnbull, Maj. B., 23 Pioneers — White Eagle, 5th Class, with swords (*Serbia*).

Turnbull, Maj. G. O., *D.S.O.*, 26 Punjabis — Nile, 3rd Class (*Egypt*).

Turner, Lt. C. H., *M.C.*, R.E. (T F.) — Nile, 4th Class (*Egypt*).

Turner, Capt. C. J. R., Ind. Army. — Nile, 4th Class (*Egypt*).

Turner, Bt. Col. E. V., *D.S.O.*, R.E. — Savoy, Knight (*Italy*). Medjidieh, 3rd Class.

Foreign Orders

Turner, Bt.Lt.-Col. J. E., C.M.G., D.S.O., Sco. Rif., p.s.c. } Legion of Honour, Knight (*France*).

Turner, Maj. J. F., D.S.O., R.E. } Legion of Honour, Knight (*France*)

Turner, Hon. Brig.-Gen. M. N., C.B., C.M.G., ret. pay. } Danilo, 2nd Class (*Montenegro*).

¶CTurner, Maj.-Gen. R. E. W., K.C.B., D.S.O., Can. Local Forces. } Legion of Honour, Comdr. (*France*). White Eagle, with Swords (*Russia*).

Turney, Capt. F., O.B.E., R.A.O.C. } Avis (*Mil.*) Comdr. (*Portugal*).

Tuxford, Lt.-Col. (*temp. Brig.-Gen.*) G. S., C.B.,C.M.G.,Can.Local Forces } Legion of Honour, Officer (*France*).

Tweedie, Maj. J. L. F., D.S.O., Gloue. R. } Nile, 4th Class (*Egypt*). White Eagle, 4th Class, with swords (*Serbia*)

Twiss, Col. (*temp. Brig.-Gen.*) J. H., C.B. } Legion of Honour,Comdr. (*France*). Leopold, Officer (*Belgium*).

Twiss, Maj. W. L. O., C.B.E., M.C., 9 Gurkha Rif., p.s.c. [L] } Legion of Honour, Knight (*France*). Sacred Treasure, 3rd Class (*Japan*).

Twistleton - Wykeham - Fiennes, Capt. Hon J. L. E., Oxf. & Bucks. L.I. } Leopold, Knight (*Belgium*).

Twynam, Col. P. A. A., C.B., ret. pay, p.s.c. } Osmanieh, 3rd Class.

Tymms, 2nd Lt. F., M.C., 4 Bn. S. Lan. R. } Crown, Knight (*Belgium*).

Tyrrell, Maj. G. M., 5 Hrs. } Legion of Honour, Knight (*France*).

Ullman, Lt. V. R., E. Ont. Regt. } St. Stanislas, 3rd Class, with Swords (*Russia*). Legion of Honour,Comdr. (*France*)

Uniacke, Maj.-Gen. Sir H. C. C., K.C.M.G., C.B. } Savoy, Comdr. (*Italy*). St. Anne, 1st Class, with swords (*Russia*). Avis (*Mil.*) Grand Officer (*Portugal*).

Unwin, Maj. T.B., O.B.E., M.B., R.A.M.C. } Avis, (*Mil.*) Comdr. (*Portugal*).

♗Upperton, Maj.-Gen. J.,C.B., u.s.l. Ind. Army } Medjidieh, 3rd Class.

Usmar, Lt.-Col G. H., O.B.E., late S. Afr.Med. Corps } Avis (*Mil.*) Commander (*Portugal*).

Uzielli, Capt. T.J.,D.S.O., M.C., R. Lanc. R. } Legion of Honour, Knight (*France*).

Valadier, Hon. Maj. A.C., K.B.E., C.M.G., ret. } Legion of Honour, Knight (*France*).

Valentine, Capt. W. A., M.D. R.A.M.C. (T.F.) } St. Sava, 4th Class (*Serbia*). Redeemer, Knight (*Greece*).

Van Cutsem, Capt. E. C. L., M.C.,3 Bn. Shrops. L.I. } Leopold, Knight (*Belgium*).

Vandeleur, Col. (*temp. Brig.-Gen.*) R. S., C.M.G., Sea. Highrs. } White Eagle, 3rd Class (*Serbia*).

Van der Byl (*temp. Capt.*) P. V. G., M.C. (*Capt. S Afr. Def. Force*) } Legion of Honour, Knight (*France*).

van Deventer, Temp. Maj.-Gen. J. L., K.C.B. } St. Vladimir, 4th Class, with swords (*Russia*). Leopold, Grand Officer (*Belgium*).

Van Ess, Temp. Lt. A. B. I., Labour Corps } Wen-Hu, 5th Class (*China*).

Vanier, Capt. G. P., M.C., Can. Local Forces } Legion of Honour, Knight (*France*).

Van Ryneveld, Temp. Lt.-Col. H. A., M.C. } Nile, 4th Class (*Egypt*)

Van Straubenzee. Maj.-Gen. C. C., C.R., C.M.G. } Avis (*Mil.*) Grand Officer (*Portugal*).

Van Tymen, Temp Lt., M. S. J. C. } Legion of Honour, Knight (*France*).

Vaughan, Lt.-Col. (*temp. Brig.-Gen.*) E., C.M.G., D.S.O., Manch. R. } Legion of Honour, Knight (*France*).

Vaughan, Bt. Col. (*temp Brig-Gen.*) E. J. F. C.M.G., D.S.O., Devon R. } Medjidieh, 4th Class. Osmanieh, 3rd Class. White Eagle, 3rd Class (*Serbia*).

Vaughan, Hon. Brig.-Gen. J., C.B., C.M.G., D.S.O., ret. pay, p.s.c.[l] } Legion of Honour,Comdr. (*France*).

Vaughan, Maj.-Gen. L.R., C.B., D.S.O., p.s.c. } Legion of Honour, Officer (*France*).

Vaughan-Stephens, Lt. H. E., R.F.A. (T.F.) } Avis (*Mil.*) Knight (*Portugal*).

Vaughan-Williams, Maj. R. Staffs. Yeo. } Nile, 4th Class (*Egypt*).

Vaux, Lt.-Col. E.,'C.M.G., D.S.O., vD., T.F. Res. } Agricultural Merit, Officer (*France*).

V. Bunbury Lt. - Col. J. K. N., 3 Bn. R.W. Surr. R. } Star, with Swords, Officer (*Roumania*). White Eagle, 4th Class, with swords (*Serbia*).

Veasey,Temp.Maj.T.H., M.C., Serv.Bn.Worc.R. } White Eagle 4th Class (*Serbia*).

Veitch, Lt. J. L., R.H.A. Crown, Knight (*Belgium*).

Vella, Capt. C. D., K.O. Malta Regt of Mila. } Redeemer, Knight (*Greece*).

Venning, Bt. Lt.-Col. W. K., C.M.G., M.C., D. of Corn. L.I., p.s.c. } Crown, Officer (*Italy*).

Verdon, Capt. F. R. P., Montgom. Yeo. } Legion of Honour, Knight (*France*).

Verney, Capt. F. E., M.C., Dorset R. } White Eagle, 5th Class, with swords (*Serbia*).

Verney, Maj. R., Rif. Brig. } Sacred Treasure, 3rd Class (*Japan*).

Vernon, Maj. (*temp. Brig-Gen.*) H. A.,D.S.O., K.R. Rif. C. } Legion of Honour, Knight (*France*). Nile, 3rd Class (*Egypt*).

Vernon, Maj. H. B., M.C., Ind. Army } Nile, 4th Class (*Egypt*).

Vernon-Davidson, Temp. Maj. R., Serv.Bns. Sco. Rif. } Crown, Officer (*Roumania*).

Verschoyle. Temp. Capt. T. T. H., M.C., Serv.Bns. R. Innis. Fus. } Crown, Knight (*Italy*).

Vesey, Col. (*temp. Brig.-Gen.*) I. L. B., D.S.O., p.s.c. } Legion of Honour, Officer (*France*). Crown, Officer (*Belgium*). St.Maurice & St.Lazarus, Officer (*Italy*)

Vesey, Maj. Hon. O. E., C.B.E., R.E. Kent Yeo. } Legion of Honour, Knight (*France*).

Vicary, Bt. Maj. A. C., D.S.O., M.C., Gloue. R. } Legion of Honour, Knight (*France*).

Foreign Orders

Vickery, Maj. C.E., *D.S.O.*, R.F.A [L] — Medjidieh, 4th Class; Nile, 4th Class (*Egypt*); El Nahda, 2nd Class (*Hedjaz*)

Villiers, Lt.-Col. C. H., TD, T.F. Res. (Capt. ret. pay) (Gent.-at-Arms.) — Brilliant Star of Zanzibar, 3rd Class.

Villiers, Lt. C.W., *C.B.E*, *D.S.O.*, C. Gds. Spec. Res. — White Eagle, 5th Class (*Serbia*); Redeemer, 3rd Class, Comdr. (*Greece*).

Villiers, Maj. P. F., *D.S.O.*, Can. Local Forces — Danilo, 4th Class (*Montenegro*).

Villiers-Stuart, Bt. Lt.-Col. J. P., *D.S.O.*, 155 Rif., p s.c. — Legion of Honour, Knight (*France*).

Villiers-Stuart, Maj. P., *D.S.O.*, R. Fus. — Legion of Honour, Knight (*France*).

Vincent, Lt. A. J. B., 3 Bn. Dorset. R. — Crown, Knight (*Roumania*).

Vincent, Lt.-Col. B., *C.M.G.*, 6 Dns., p.s.c. — Sacred Treasure, 4th Class (*Japan*).

Vincent, Col. (*temp. Brig.-Gen.*) H.O., *C.B.*, *C.M.G.*, g — Avis (*Mil.*) Grand Officer (*Portugal*); Legion of Honour, Knight (*France*)

Vischer, Maj. H., *C.B.E.*, ret. — Crown, Knight (*Belgium*); Black Star, Officer (*France*)

Visser, Lt.-Col. P. F., S. Afr. Prote. Forces. — St. Stanislas, 3rd Class with swords (*Russia*)

Vivian, Maj. G. C. B., Lord, *D.S.O.*, R.1 Devon Yeo. (Lt Res. of Off.) — Legion of Honour, Knight (*France*); Leopold (*with Palm*), Officer (*Belgium*).

Von Donop, Maj.-Gen. Sir S. B., *K.C.B.*, *K.C.M.G.*, ret. pay, g. — Leopold, Comdr (*Belgium*); Legion of Honour, Comdr. (*France*); Rising Sun, 2nd Class (*Japan*).

Vowles, Temp. Capt. W., R.A.S.C. — White Eagle, 5th Class (*Serbia*)

Vyvyan, Bt. Col. Sir C.B., Bt., *C.B.*, *C.M.G.*, ret. pay, p.s.c. — St. Stanislas, 2nd Class, with swords (*Russia*).

Wace, Bt. Lt.-Col. (*temp. Brig.-Gen.*) E.G., *C.B.*, *D.S.O.*, R.E., p.s.c. [L] — Wen-Hu, 2nd Class (*China*).

Wace, Maj. S.C., *C.B.E.*, R. Mar. — Crown, Officer (*Italy*).

Waddilove, Temp. Lt. W. J., Labour Corps — Wen-Hu, 5th Class (*China*).

Wade, Temp. Maj. A. G., *M.C.* — White Eagle, 5th Class, with swords (*Serbia*); Legion of Honour, Knight (*France*)

Wade, Capt. H., *M.B.*, *F.R.C.S.* (*Edin.*) Sco. Horse Mtd. Brig. Fd. Amb. — White Eagle, 5th Class, with swords (*Serbia*).

Waghorn, Lt.-Col. (*temp. Brig.-Gen.*) W. D., *C.B.*, *C.M.G.*, R.E. — Crown, Officer (*Belgium*); Legion of Honour, Officer (*France*)

Wagstaff, Bt. Col. (*Temp. Brig.-Gen.*) *C.M.*, *C.M.G.*, *O.I.E.*, *D.S.O.*, R.E., p.s.c. — Crown, Comdr. (*Belgium*); Crown, Comdr. (*Italy*).

Wainwright, Maj. G. C., R. Mar. — St. Stanislas, 2nd Class with swords (*Russia*).

Wake, Temp. Capt. D. — Agricultural Merit, Knight (*France*)

Wake, Bt. Lt.-Col. (*temp. Brig.-Gen.*) Sir H., Bt., *C.M.G.*, *D.S.O.*, K.R. Rif. C — Legion of Honour, Comdr. (*France*); Crown, Comdr. (*Italy*).

Wakefield, Maj. H. G., R., h.p. (L) — St. Maurice and St. Lazarus, Knight (*Italy*)

Wakelin, Maj. A. B., *O.B.E.*, R.A.S.C. — St. Stanislas, 2nd Class (*Russia*)

Waldenstrom, Temp. Capt. K., *M.C.* — Legion of Honour, Knight (*France*).

Wale, Capt. C. J., Temp. Qr.-Mr. — Crown, Knight (*Italy*).

Waley, Capt. E. G. S., *O.B.E.*, 16 Bn. Lond. R. — Nile, 4th Class (*Egypt*).

Waley-Cohen, Temp. Lt.-Col. C., *C.M.G.* — Legion of Honour, Knight (*France*).

Walford, Capt. W., 2 Co. of Lond. Yeo. — Legion of Honour, Knight (*France*); St.Anne, 3rd Class (*Russia*); Star, with swords, Knight (*Roumania*); Crown, with swords, Officer (*Roumania*).

Walker, Maj. C. E., *D.S.O.*, *M.C.*, R.A. — Legion of Honour, Knight (*France*).

Walker, Capt. C. F. A., *M.C.*, G. Gds. [L] — Legion of Honour, Knight (*France*).

Walker, Bt. Col. (*temp. Brig.-Gen.*) G., *D.S.O.* — Star, Comdr. (*Roumania*).

Walker, Maj. H., *M.B.*, R.A.M.C. (T.F.) — St. Sava, 4th Class (*Serbia*).

Walker, Bt.Lt.-Col.(*temp. Brig.-Gen.*) H.A., *C.M.G.*, *D.S.O.*, R. Fus., p.s.c. — St. Stanislas, 3rd Class, with swords (*Russia*).

Walker, Maj. - Gen. Sir H. B., *K.C.B.*, *K.C.M.G.*, *D.S.O.* — Savoy, Officer (*Italy*).

Walker, Bt. Lt.-Col. H.S., *O.B.E.*, ret. pay (Res. of Off.) — Crown, Officer (*Belgium*).

Walker, Maj. J., *D.S.O.*, 4 Bn. W. Rid. R. — Legion of Honour, Knight (*France*).

Walker, Capt. R. K. B., *M.C.*, S. Wales Bord. — Nile, 4th Class (*Egypt*)

Walker, Capt. W H., *D.S.O.*, R.A.V.C. — Avis (*Mil.*) Comdr. (*Portugal*).

Wallace, Maj.-Gen. A., *C.B.*, Ind. Army. — Nile, 2nd Class (*Egypt*).

Wallace, Bt. Lt. - Col. R. F. H., *C.M.G.*, p.s.c. — Leopold, Officer (*Belgium*).

Wallace, Bt. Col. W. R. P., ret. pay — Osmanieh, 4th Class.

Waller, Maj. (*temp. Brig.-Gen.*) R.L., *C.M.G.*, R.E. — Nile, 4th Class (*Egypt*),

Waller, Col. S., *C.V.O.*, *O.B.E.*, ret. pay — Medjidieh, 4th Class.

Wallinger, Maj. E. A., *D.S.O.*, (L) R.A. — Legion of Honour, Knight (*France*).

Wallinger, Temp. Capt. W. A., *O.B.E.* — Agricultural Merit, Knight (*France*).

Walls, Capt. E. S., R.A.M.C. Spec. Res. — St.Sava, 5th Class (*Serbia*).

Walls, Temp. Lt. F. R., R.E. — Crown, Knight (*Belgium*)

Walsh, Lt. F. M., *M.C.*, R.F.A. Spec. Res. — Crown, Knight (*Belgium*).

Foreign Orders

Walsh, Lt.-Col. M. R., C.M.G., M.C., Worc. R., p.s.c. — Legion of Honour, Knight (France)

Walsh, Maj. W. H., M.D., late R.A.M.C. — St. Sava, 5th Class (Serbia).

Walshe, Bt. Col. F. W. H., D.S.O., R.A., p.s.c. — Legion of Honour, Knight (France).

Walthall, Bt. Col. E. C. W.D., C.M.G., D.S.O., R.A. — Danilo, 3rd Class (Montenegro). Legion of Honour, Officer (France). Legion of Honour, Knight (France).

Walton, Bt. Lt.-Col. C., D.S.O., R.E. — Legion of Honour, Officer (France).

Walton, Capt. G., O.B.E., R.E. — Star, with swords, Officer (Roumania). Crown, with swords, Commander (Roumania).

Wanless-O'Gowan, Col. R., C.B., C.M.G., h.p. — St. Vladimir, 4th Class with swords (Russia).

Warburton, Temp. Lt. T. M., 1 Garr. Bn. L'pool R. — Nile, 4th Class (Egypt).

Warburton, Lt.-Col, W.M., C.M.G., D.S.O., R.F.A. g. — Legion of Honour, Officer (France). Legion of Honour, Knight (France).

Ward, Col. E. I. — Nile, 3rd Class (Egypt).

Ward, Lt. E. J., 3 Bn, R, Ir. Regt. — Avis (Mil.) Knight

Ward, Maj. H. C. S., O.B.E., 2 Lrs., p.s.c., e. — White Eagle, 4th Class with swords (Serbia.)

Ward, Lt.-Col. H., C.M.G., D.S.O., R.A., g. — Legion of Honour, Knight (France).

Ward, Col. (temp. Brig-Gen.) H. D. O., C.B., C.M.G. — Legion of Honour, Knight (France).

Ward, Maj. J., C.M.G., D.S.O., R.A.M.C. (T.F.) — St. Sava, 3rd Class (Serbia).

Ward, Temp Lt.-Col. J., C.B., C.M.G., 25 Garr. Bn. Midd'x R. — Sacred Treasure, 3rd Class (Japan).

Ward, Temp. Capt. Hon. Sir J. H., K.C.V.O. — Legion of Honour, Officer (France). Crown, Comdr. (Italy).

Ward, Lt.-Col. M. C. P., R.A., p.s.c. [l], ret. pay — Legion of Honour, Knight (France)

Ward, Temp. Lt. O. F. M., M.C., R.A. — Crown, Knight (Italy).

Ward, Capt. Hon. R. A., late Gen. List — Legion of Honour, Knight (France)

Ward, Lt.-Col. (temp. Brig.-Gen. in Army) T., C.M.G., T.F. Res. (Maj. ret. pay) — Legion of Honour, Officer (France).

Ward, Hon. Col. W., ret. pay — Medjidieh, 3rd Class

Ward-Jackson, Maj. C.L., late Yorks. Hrs — Agricultural Merit, Knight (France)

Warde-Adlam, Bt. Lt.-Col. W. St. A., D.S.O., C. Gds — Legion of Honour, Knight (France)

Wardell, Lt. J. S. M., M.B.E., 10 Hrs. — Crown, Knight (Belgium)

Wardrop, Maj.-Gen. A.E., C.B., C.M.G., R.A. — Legion of Honour, Officer (France). St. Maurice & St.Lazarus, Commander (Italy). St. Anne, 3rd Class, with swords (Russia).

Ware, Temp. Maj.-Gen. F. A. G., K.B.E., C.M.G. — Crown, Comdr. (Belgium) Legion of Honour, Knight (France)

Ware, Maj. G. W. W., D.S.O., M.B., R.A.M.C. — St. Maurice & St.Lazarus, Knight (Italy). Legion of Honour, Knight (France).

Ware, Capt. S W. P., O.B.E., R.E. (T.F.) — Nile, 4th Class (Egypt).

Waring, Col. A. H., D.S.O., h.p. — Avis (Mil.), Comdr. (Portugal).

Waring, Maj. W., late T.F. Res. — Legion of Honour, Knight (France).

Warmington, Temp. Capt. E. S., Lab. Corps — Wen-Hu, 5th Class (China).

Warner, Capt. E. C. T., D.S.O., M.C., S. Gds — Danilo, 5th Class (Montenegro). Avis (Mil.) 3rd Class (Portugal).

Warner, Bt. Lt.-Col. W., ret. Ind. Army — St. Anne, 3rd Class (Russia).

Warren, Gen. Sir C, G.C.M.G., K.C.B. ret. pay Col, Comdt. R.E. — Medjidieh, 3rd Class,

Warren, Capt. E. G., North'n R. — Nile, 4th Class (Egypt).

Warren, Capt. M. C., 5 Bn. E Surr. R. — Lion and Sun, 3rd Class (Persia).

Warren, Maj. P., C.M.G., C.B.E., R. Mon. R.E. — Nile, 3rd Class (Egypt).

Warrender, Lt. Sir V., A. G. A., Bt., M.C., Res. of Off. — St. Stanislas, 3rd Class, with Swords (Russia) Star, Knight (Roumania).

Warren-Lambert, Temp. Maj. A., O.B.E., R.A.S.C. — White Eagle, 5th Class (Serbia).

Waterhouse, Temp. Maj. R.D. — Leopold, Knight (Belgium) White Eagle, 4th Class (Serbia). St. Maurice & St. Lazarus, Knight (Italy).

Waters, Hon. Brig.-Gen. W.H.H., C.V.O., C.M.G., ret. pay p.s.c. [L] — St. Stanislas, 1st Class (Russia).

Watney, Col. (T.F.) F. D., C.B.E., TD, — Nile, 3rd. Class (Egypt).

Watson, Bt. Col. C. F., C.M.G. D.S.O., R.W. Surr. R., p.s.c, g. — Legion of Honour, Officer (France)

Watson, Temp. Lt. C. G., R.A.S.C. — White Eagle, 5th Class with Swords (Serbia).

Watson, Col. Sir C. M., K.C.M.G., C.B., ret. pay, p.s.c. — Medjidieh, 4th Class. Osmanieh, 3rd Class.

Watson, Maj.-Gen. D, C.B., C.M.G., Can. Local Forces. — Legion of Honour, Comdr. (France) Leopold, Comdr. (Belgium)

Watson, Col. H. D., K.B.E., C.B., C.M.G., C.I.E., M.V.O., Ind. Army (Extra Eq. to the King). — Nile, 3rd Class (Egypt). St. Maurice & St.Lazarus, Comdr. (Italy). Legion of Honour, Officer (France). Crown, Comdr. (Italy).

Watson, Temp. Lt. H.M.D., Serv. Bn., Cam'n Highrs. — Leopold, Knight (Belgium).

Watson, Temp. Cap. J., R.A.M.C. — Redeemer, Knight (Greece).

Watson, Maj. J. H., 13 Lrs. — Crown, Officer (Roumania).

Watson, Lt.-Col. J. K., C.V.O., C.M.G., C.B.E., D.S.O., ret. pay, (Res. of Off.), q.s. — Medjidieh, 4th Class. Osmanieh, 3rd Class Legion of Honour, Knight (France).

Foreign Orders

Watson, Maj. R. H. M., D.S.O., R.A. — Leopold, Knight (Belgium). Crown, Officer (Italy).

Watson, Lt.-Col. S., D.S.O., M.C., Res. of Off. — Legion of Honour, Officer (France).

Watson, Bt. Lt.-Col S. B., 64 Prs. — Nile, 3rd Class (Egypt).

Watson, Capt. S. H., M.C., C'wealth Mil. Forces. — White Eagle, 5th Class, with swords (Serbia).

Watson, Capt. T. H., M.C., Worc. R. — St. Stanislas, 3rd Class, with swords (Russia).

Watson. Maj.-Gen. W. A., C.B., C.M.G., C.I.E., ret. pay, p.s.c. — Nile, 2nd Class (Egypt).

Watt, Bt. Lt.-Col. A. F., D.S.O, TD, Yorks. Hrs. Yeo. — Legion of Honour, Knight (France).

Watts, Lt. A. A., 3 Bn. R W. Kent R. — Crown, Knight (Italy).

Watts, Lt.-Col. (temp. Col.) C. D. R., C.B., C.M.G., R.A.O.C., e.f. — Leopold, Officer (Belgium).

Watts, Maj. Gen. (temp. Lt.-Gen.) Sir H. E., K.C.B., C.M.G. — Crown, Grand Officer (Belgium). Crown, Grand Officer (Italy). Legion of Honour, Comdr. (France).

Watts, Hon. Col. Sir P., K.C.B., late Lt.-Col. 1 Northbn. Brig. R.F.A. — Rising Sun, 2nd Class (Japan).

Watts, Temp. Capt. W. N., Serv. Bn., Lan. Fus. — Star, Knight (Roumania).

Wauchope, Bt. Lt.-Col. A. G., C.M.G., C.I.E., D.S.O., R. Highrs. — Legion of Honour, Officer (France).

Wauhope, Maj. G. B., D.S.O., York & Lanc. R. — Nile, 4th Class (Egypt). Medjidieh, 4th Class.

Wavell, Maj. A.P., C.M.G., M.C., R. Highrs., p.s.c. [L] — St. Stanislas, 3rd Class, with swords (Russia). Nile, 3rd. Class (Egypt).

Way, Bt. Lt.-Col. B. G. V., M.V.O., Notts. & Derby R: — Legion of Honour, Officer (France). Crown, Officer (Belgium).

Way, Lt.-Col. B. I., D.S.O., 4 Bn. N. Staff. R. (Capt. ret. pay) — Medjidieh, 4th Class.

Way, Lt. F. R., O.B.E., R.A.S.C. (T.F.) — Nile, 2nd Class (Egypt).

Way, Maj. J., D.S.O., M.C., R.G.A. — St. Maurice & St. Lazarus Knight (Italy)

Waymouth, Maj. E. G., ret. pay, g. — Medjidieh, 4th Class.

Weatherby, Maj. J. T., D.S.O., Oxf. & Bucks. L.I., p s.c. — Legion of Honour, Knight (France).

Webb, Lt. C. G. F., M.C., R.A. — Crown, with War Cross Knight, (Belgium).

Webb, Bt. Lt.-Col. G A O., DS.O., ret. pay, Res. of Off. — Medjidieh, 4th Class.

Webb. Lt. J. B., R.A.S.C. (T.F.) — Agricultural Merit, Knight (France).

Webb, Maj. M. B., Notts. & Derby R. — Nile, 4th Class (Egypt).

Webb-Bowen, Capt (temp. Col. in Army, H. E., D.S.O., A M.I. Mech. E., A.M.I.E.E., R.E.(T.F.) — White Eagle, 4th Class (with Swords) (Serbia).

Webb-Bowen, Bt. Col. T. I., C.M.G., Bedf. & Herts. R. — St. Anne, 3rd Class, with swords (Russia). Leopold, Officer(Belgium) Legion of Honour, Officer (France). Savoy, Officer (Italy).

Webb-Peploe, Rev H. M., O.B.E, M.A., Chapl. to the Forces, 2nd Class. — St. Sava, 4th Class (Serbia).

Webber, Maj. L. M., Res. of Off. — Agricultural Merit, Officer (France)

Webber, Bt. Col. N. W., C.M.G., D.S.O., R.E., p.s.c. — Legion of Honour, Knight (France).

Webber, Bt. Lt.-Col. R S., ret. pay (Gent.-at-Arms) — Medjidieh, 4th Class. Osmanieh, 4th Class

Webster, Bt.-Maj. J A., D.S.O., 8 Bn. Lond. R. — St. Maurice & St. Lazarus, Knight (Italy)

Wedd, Bt. Maj. A. P. W., O.B.E., R.E — Star, Officer (Roumania).

Wedgwood, Temp. Lt.-Col. (temp. Brig.-Gen.) R. L., C.B., C.M.G., R.E. — St. Maurice and St Lazarus, Officer (Italy) Legion of Honour, Officer (France). Crown, Comdr. (Belgium)

Weeks, Temp. Lt. J. R, Labour Corps. — Wen-Hu, 5th Class (China).

Weigall, Temp. Lt. H. S., Labour Corps. — Wen-Hu, 4th Class (China).

Weir, Capt. D, L., D.S.O., M.C., Leic. R. — Karageorge, 4th Class, with swords (Serbia).

Weir, Lt. - Col. (temp, Brig.-Gen.)G.A., C.M.G., D.S.O., 3 D.G. p s.c. — St. Maurice & St. Lazarus, Officer (Italy).

Weir, Maj. J G., O B E., C.M.G., R.F.A. (T.F.) — Crown, Officer (Italy). Legion of Honour, Officer (France).

Weir, Hon. Col. S. P., D.S.O., VD, C'wealth Mil. Forces. — St. Anne, 2nd Class, with swords (Russia).

Welbon, Rev. F. W., M.C., Temp. Chapl. to the Forces, 3rd Class. — White Eagle, 5th Class (Serbia).

Welch, Bt. Lt.-Col A J., K.O. Scot. Bord — Karageorge, 4th Class, with swords (Serbia)

Welch, Col. M. H.E., C.B., C.M.G., p.s.o [L] — Legion of Honour, Officer (France).

Weldon, Maj. K. C., D.S.O., R. Dub. Fus. — Legion of Honour, Officer (France).

Wellings, Maj E. V., O.B.E., ret. — St. Sava, 4th Class (Serbia).

Wells, Maj. (temp. Col.) J. B., C.M.G., D.S.O., N. Lan. R., p.s.c. — Legion of Honour, Knight (France). White Eagle, 3rd Class, with swords (Serbia).

Wells, Bt. Lt.-Col. L. F., D.S.O., TD E. Lan. Divl. Eng., R.E. — Karageorge, 4th Class with swords (Serbia).

Wemyss, Bt. Maj. H. C. B., D.S.O., M.C., R.E. [L]. — Nile, 3rd Class (Egypt).

Wentworth - Fitzwilliam, Capt. Hon. Sir W. C., K.C.V.O., late R.H.G., (Crown Eq. to the King) — Risting Sun, 2nd Class (Japan)

West, Lt. J. G., 9 Bn., R. Scots. — Michael the Brave, 3rd Class (Roumania).

West, Lt.-Col. J. W., C.M.G., M.B., R.A.M.C. — Legion of Honour, Knight (France).

Westcott, Temp. Capt. J., M.C., Tank Corps. — Legion of Honour Knight (France).

Western, Hon. Lt.-Col. J. H., C.M.G., ret. pay — Medjidieh, 1st Class.

Western, Maj.-Gen. W. G. B. K.C.M.G., C.B., p.s.c. [L] — Crown, Comdr. (Italy). Nile, 2nd Class (Egypt).

Foreign Orders

Westhead, Lt. W. H., R.G.A., Spec. Res. } Crown with War Cross, Knight (*Belgium*).

Weston, Maj. W. J., *D.S.O.*, R.A.M.C. } St. Sava, 4th Class (*Serbia*)

Westwood, Temp. Capt. H., *M.C.*, R.E. } Avis (*Mil.*), 3rd Class (*Portugal*).

Wetherell, Lt.-Col. M.C., *M.D.*, late R.A.M.C. } Avis (*Mil.*), Comdr. (*Portugal*).

Wetherell, Lt.-Col. R. M., *C.M.G.*, D. of Corn. L.I. } Wen-Hu, 4th Class (*China*).

Weyman, Bt. Maj. A., *M.C.*, Leic. R. } Legion of Honour, Knight (*France*).

Weyman, Maj. E. C., 1 Quebec Regt. } St. Anne, 2nd Class, with Swords (*Russia*)

Whait, Lt.-Col. J. R., *D.S.O.*, *M.B.*, 3 Lond. Fd. Amb., R.A.M.C. (T.F.) } White Eagle, 4th Class, with swords (*Serbia*).

Whaite, Col. T. Du B., *C.B.*, *C.M.G.*, *M.B.* } St.Maurice & St. Lazarus Officer (*Italy*).

Whamond, Lt. J., *M.C.*, 1 Lovat's Scouts Yeo. } Star, Knight (*Roumania*)

Wheatley, Temp. Maj. C. M., *D.S.O.* } Agricultural Merit, Officer (*France*).

Wheatley, Maj. M. J., ret. pay } Nile, 3rd Class (*Egypt*)

Wheeler, Bt. Lt.-Col. E. L., R.A. { Legion of Honour, Knight (*France*). Crown, Officer (*Belgium*). St. Maurice and St. Lazarus, Officer (*Italy*)

Wheeler, Bt. Maj. E. O., *M.C.*, R.E. } Legion of Honour, Knight (*France*).

Wheeler, Lt W. R., *M.C.*, 2d Bn. Lond. R. } Leopold, with palm, Knight (*Belgium*)

Wheway, Temp. Maj. G. D., M.G. Corps. } Crown, Knight (*Italy*)

Whigham Maj.-Gen. *Sir* R. D., *C.B.*, *D.S.O.*, p.s.c. [l] { Legion of Honour, Comdr. (*France*). Leopold, Comdr. (*Belgium*) St. Vladimir, 4th Class, with swords (*Russia*). Sacred Treasure, 2nd Class (*Japan*).

Whinney, Maj. H. F., *O.B.E.*, *D.S.O.*, R. Fus. } Legion of Honour, Knight (*France*)

Whishaw, Maj. E. R. { Medjidieh, 3rd Class. Osmanieh, 3rd Class.

Whiston, Surg. Lt.-Col. P. H., ret. pay { Medjidieh, 4th Class Osmanieh, 4th Class.

Whitaker, Capt. C. P., *M.C.*, Dorset R. } Legion of Honour, Knight (*France*).

Whitaker, Capt. J. W., *M.C.*, R.A.O.C. } Agricultural Merit, Knight (*France*).

Whitbread, Maj. R., h.p. } Medjidieh, 4th Class.

White, Maj. Hon. C. J., late R.G.A. } St. Sava, 5th Class (*Serbia*).

White, Maj.-Gen. C. B.B., K.C.M.G., *C.B.*, *D.S.O.*, Aust.Imp. Forces,p.s.c. A.D.C. } Avis, (*Mil*) Grand Officer (*Portugal*).

White, Lt.-Col. C. R., *D.S.O.*, 3 Bn. York R. } Crown, Officer (*Belgium*).

White, Bt.-Maj. E. S., *D.S.O.*, R.A.S.C. } Crown, Officer (*Belgium*)

White, Bt. Col. F., *D.S.O.*, ret. R. Mar. } Medjidieh, 5th Clas

White,Bt.Lt.-Col.F.A.K., *C.M.G.*, *D.S.O.*, R.E. } St. Stanislas, 3rd Class, with swords (*Russia*).

White, Hon. Brig.-Gen. G. F., *C.B.*, *C.M.G.*, *C.I.E.*, ret. pay. } St. Stanislas, 2nd Class, with swords (*Russia*).

White, Maj. G. F. C., *D.S.O.*, R.G.A. } Crown with War Cross, Officer (*Belgium*).

White, Temp. Lt. G. H. } Agricultural Merit, Officer (*France*).

White, Lt. H. B., 5 Bn. S. Lan. R. } Avis (*Mil.*) Knight (*Portugal*).

White, Temp. Capt. J. L., R.E. } Crown, Knight (*Italy*).

White, Bt. Lt.-Col. J. R., *D.S.O.*, R.E. } Crown, Officer (*Italy*).

White, Capt. Hon. L. H., *M.C.*,11 Lrs. } Legion of Honour, Knight (*France*)

White, Bt. Maj. M. Fitz G.G., *D.S.O.*, *O.B.E.*, R.E. } Legion of Honour, Knight (*France*).

White, Temp. Capt. R. J. } Avis (*Mil.*) Knight (*Portugal*)

White, Temp. Brig.-Gen.) W. A., *C.B.*, *C.M.G.*, p.s.c. [l] } Legion of Honour, Officer (*France*).

Whitehead, Temp. Capt. C. M., *D.S.O.*, *M.C.*,Serv. Bns. R. Lanc. R. } Legion of Honour, Knight (*France*)

Whitehead, Lt. F., late R. Lanc. Yeo. } Crown, Knight (*Belgium*)

Whitehead, Capt. H. M., *O.B.E.*, 7 Bn. Notts. & Derby R. } Agricultural Merit, Knight (*France*).

Whitehead, Maj.-Gen. *Sir* H. R., *K.C.B.*, *F.R.C.S.*, ret. pay { Legion of Honour,Comdr. (*France*). St.Sava,2ndClass(*Serbia*) Redeemer 2nd Class, Grand Comdr. (*Greece*)

Whitehead, Bt.Lt.-Col. J., *C.M.G.*, *D.S.O.*, 1 Brahmans, p.s.c. } Legion of Honour, Officer (*France*).

Whiteley, Capt. C. C. O., *O.B.E.*, TD, 23 Bn. Lond. R. } Crown, Knight(*Belgium*)

White - Thomson, Col. *Sir* H. D., *C.B.*, *C.M.G.*, *D.S.O.* { White Eagle, 3rd Class, with swords (*Serbia*) Legion of Honour Officer (*France*). White Eagle, 2nd Class, with swords (*Serbia*).

Whitfeld, Lt.-Col. G. S., TD, Sussex Yeo. } Crown, Officer (*Italy*).

Whitelaw, Lt. J. V., *M.C.*, R.F.A. Spec. Res. } White Eagle 5th Class, with Swords (*Serbia*)

Whitley, Capt. N. H. P., *M.C.*, 7 Bn. Manch. R. { Crown, Knight (*Italy*). El Nahda, 4th Class (*Hedjaz*).

Whittaker, Lt. J. T., *M.C.*, R.A.S.C. } Crown, Knight (*Italy*).

Whittaker, Lt. W. J., R.G.A. (T.F.) } Agricultural Merit, Knight (*France*).

Whittingham, Lt. (*temp. Lt.-Col.*) O. H., *C.M.G.*, *D.S.O.*, ret. pay { Medjidieh, 4th Class. Order of the Nile, 2nd Class (*Egypt*) White Eagle, 4th Class, with swords (*Serbia*).

Whittington,Temp.Capt. G., *M.B.*, R.A.M.C. } St. Sava, 5th Class (*Serbia*).

Whittle,Lt. C.H., 15 Hrs. Medjidieh, 4th Class.

Whur, Lt. E., *M.C.*, 7 Bn. Essex R. } White Eagle, 5th Class, with swords (*Serbia*)

Whyte, Temp. Maj. W. H., *D.S.O.*, 6 Bn. R. Dub. Fus.(Lt.Res of Off.) } White Eagle, 4th Class (*Serbia*)

Wickham, Capt. E. T. R., 39 Horse } Lion and Sun, 3rd Class (*Persia*)

Wickham, Temp. Lt.-Col. (*temp.Col.*) J.A., *C.B.E.*, R.E. } Leopold,Officer(*Belgium*),

…

Foreign Orders

Widdrington, Bt. Lt.-Col. (*temp. Brig.-Gen.*) B. F., *C.M.G.*, *D.S.O.*, K.R. Rif. C. } Redeemer, 3rd Class, Comdr. (*Greece*).

Wigfield, Capt. F. P., *M.B.*, late R.A.M.C. } St. Sava, 5th Class (*Serbia*).

Wiggin, Col. (*Terr. Force*) (*temp. Brig.-Gen. in Army*) E. A., *D.S.O.*, Bt. Lt.-Col. ret. pay (*Maj. Res. of Off.*) } Legion of Honour, Officer (*France*).

Wigram, Bt. Col. K., *C.B.*, *D.S.O.*, 2 Gŭrkha Rif., p.s.c. } Legion of Honour, Knight (*France*). Crown Comdr. (*Belgium*).

Wigram, Capt. R. F., ret. } St. Stanislas, 3rd Class (*Russia*).

Wilberforce, Col. Sir H. W., *K.B.E.*, *C.B.*, *C.M.G.* } Legion of Honour, Officer (*France*). Avis (*Mil*) Grand Officer (*Portugal*). Legion of Honour, Comdr. (*France*).

Wilbraham, Maj B H., *D.S.O.*, R.E., p s.c. } Crown, Knight (*Belgium*)

Wilkie, Temp. Lt. J., M.G. Corps. } Crown, Knight (*Roumania*).

Wilkinson, Lt. C. A., 8 Bn. Midd'x R. } Crown, Knight (*Italy*).

Wilkinson, Maj. (*temp. Brig.-Gen.*) E. B., ret. pay. } Nile, 2nd Class (*Egypt*). Osmanieh, 4th Class. Medjidieh, 3rd Class.

Wilkinson, Maj. G. H., *D.S.O.*, Ind. Army. } Crown, Knight (*Italy*).

Wilkinson, Bt. Maj. *Sir* N. R., *C.V.O.*, *Knt.*, ret. pay (*Ulster King of Arms*). } Leopold, Knight (*Belgium*).

Wilkinson, Maj.-Gen. P. S., *C.B.*, *C.M.G.*, Col. North'd Fus. } Crown, Comdr. (*Italy*).

Wilkinson, Temp. Lt. W. G., R.A.S.C. } White Eagle, 5th Class, with Swords (*Serbia*).

Wilkinson, Capt. W. H. J., ret. } Legion of Honour, Knight (*France*). Leopold, Knight (*Belgium*).

Will, Maj. R. R , *D.S.O.*, late R.F.A. (T.F.) } Legion of Honour, Knight (*France*)

Will, W. M. (*late Temp. Capt.*), *M.B.*, R.A.M.C. } St. Sava, 5th Class (*Serbia*).

Willcocks, Lt.-Col. S., ret. pay. } Crown, Knight (*Italy*).

Willcocks, Gen. *Sir* J., *G.C.M.G.*, *K.C.B.*, *K.C.S.I.*, *D.S.O.*, q.s. } Legion of Honour, Grand Officer (*France*).

Williams, Temp. Capt. A. } Crown, Knight (*Italy*).

Williams, Maj. A. F. C., *D.S.O.*, 31 Lrs., p.s.c. } St. Stanislas, 3rd Class, with swords (*Russia*).

Williams, Temp. Lt. Alfred H., *O.B.E.*, R A.S.C. } Crown, Knight (*Belgium*).

Williams, Hon. Capt. A. S., *late* R.F.A. } Crown, Knight (*Italy*).

Williams, Maj. C. D., late R.A.S.C. } Oissani Alaonite, Officer (*France*)

Williams, Lt. C. H.., Pembroke Yeo. } Nile, 4th Class (*Egypt*).

Williams, Capt. E. S. B., Rif. Brig. } Legion of Honour, Knight (*France*).

Williams, Temp. Capt. F. T., *M.C.*, Serv. Bns. S. Wales Bord. } White Eagle, 5th Class, with Swords (*Serbia*).

Williams, Bt. Lt.-Col. G.C., *C M.G.*, *D.S.O.*, R.E., p.s.c. } St. Stanislas, 3rd Class, with swords (*Russia*).

Williams, Hon. Capt. G. S., *late* R.A.S.C. (T.F.) } White Eagle, 5th Class (*Serbia*).

Williams, Maj.-Gen. *Sir* H. B., *C.B.*, *D.S.O.*, p.s.c. [L] } Legion of Honour, Comdr. (*France*). Crown, Comdr. (*Belgium*)

Williams, Temp. Capt. J. S., R.E. } Crown, Knight (*Italy*).

Williams, Temp. Capt. J. V. } Legion of Honour, Knight (*France*).

Williams, Bt.Lt.-Col.L.G. *C.M.G.*, *D.S.O.*, 5 Cav. } Legion of Honour Knight (*France*).

Williams, Temp. Maj., O. C., *M C.* } Legion of Honour, Knight (*France*)

Williams, *Sir* R., *D.S.O.*, late Maj.W.Gds. } St. Vladimir, 4th Class, with swords (*Russia*). Lion & Sun, 2nd Class (*Persia*).

Williams, Maj. S., ret. pay } White Eagle, 5th Class. with swords (*Serbia*).

Williams, Capt. S. H., T. F. Res. } Avis (*Mil.*), Knight (*Portugal*).

Williams, Lt. T. L. O., *M.C.* Can. Inf. } St. Stanislas, 3rd Class, with swords (*Russia*).

Williams, Capt. W. d'E., *O.B.E.*, Yorks. L.I. } Legion of Honour, Knight (*France*).

Williams, Maj.-Gen. W. de L., *C M.G.*, *D.S.O.*, p.s.c., h.p. } Legion of Honour, Officer (*France*). Crown, Grand Officer (*Roumania*). Crown, with War Cross, Comdr. (*Belgium*). Wen-Hu, 4th Class (*China*).

Williamson, Temp. Capt. J. S., R.A.M.C. } St. Sava, 5th Class (*Serbia*).

Williamson-Oswald, Col. O. C., *C.B.*, *C.M.G.* } Crown, Officer (*Italy*). Nile, 3rd Class (*Egypt*).

Willis, Col. (*temp. Brig.-Gen.*) E. H., *C.B.*, *C.M.G.* } St. Stanislas, 2nd Class, with swords (*Russia*).

Willoughby, Bt. Lt.-Col D. V., *D.S.O.*, 1Brahmans } Legion of Honour, Knight (*France*).

Willoughby, Col. M.E., *C.B.*, *C.M.G.*, Ind. Army, p.s.c. [L] } St. Anne, 2nd Class, with swords (*Russia*).

Wills, Capt. A. S., 18 Hrs. (Res. of Off.,) } Agricultural Merit, Knight (*France*).

Wills, Capt. W. D. M., N. Som. Yeo. (T.F. Res.) } Agricultural Merit, Knight (*France*).

Willson, Lt. H. G ,23 Bn. Lond. R. } Nile, 4th Class (*Egypt*),

Willson, Hon. Capt. H. S., R.A.O.C. } Nile, 4th Class (*Egypt*).

Wilmer, Bt. Lt.-Col. E. R. G., *D.S.O.*, R.A. } Legion of Honour, Knight (*France*).

Wilson, Maj.-Gen. *Sir* A., *K.C.B.*, Col. Arg. & Suth'd Highrs. } Nile, 2nd Class (*Egypt*)

Wilson, Temp. Hon.Maj. A. B., *late* R. Mar, } Crown, Officer (*Italy*).

Wilson, Maj. A. E. J.., *D.S.O.*, Som. L.I. } Medjidieh, 4th Class.

Foreign Orders

Wilson, Bt. Lt.-Col. A. H. H., *D.S.O.*, Wilts. R., *p.s.c.* [l].
- Crown Officer *Belgium*).
- St. Anne, 2nd Class, with swords (*Russia*).
- Star, with swords, Comdr. *Roumania*).
- Sacred Treasure, 3rd Class (*Japan*).

Wilson, Bt. Lt.-Col. A. M., *D.S.O.*, R.A.S.C. } Legion of Honour, Knight (*France*).

Wilson, Bt. Maj. C. E., *C.M.G.*, *D.S.O.*, ret. pay
- Medjidieh, 3rd Class Nile, 2nd Class (*Egypt*),
- Legion of Honour, Officer (*France*).
- El Nahda, 1st Class (*Hedjaz*).

Wilson, Lt. C. E., *M.B.E.*, E. Kent R. } Crown, Knight (*Italy*).

Wilson, Col. (*temp.* Brig.-Gen.) C. S., *C.B.*, *C.M.G.*, *D.S.O.*
- St. Maurice & St. Lazarus, Officer (*Italy*).
- Legion of Honour, Officer (*France*).

Wilson, Temp. Capt. D. M., *M.C.*, R.E. } Crown, Knight (*Belgium*).

Wilson, Temp. Lt.-Col. (*temp. Col.*) E. A., *M.C.*, R.E.
- Legion of Honour, Knight (*France*).
- Aviz (*Mil.*), Comdr. (*Portugal*).

Wilson, Lt. E. J., R.F.A. { Crown, Knight (*Roumania*).

Wilson, Bt. Maj. E. W. G., *M.C.*, R.A. } Redeemer, 4th Class Officer (*Greece*).

Wilson, Bt-Col. (*temp.* Brig.-Gen.) F. A., *C.M.G.*, *D.S.O.*, R.A. } Legion of Honour, Officer (*France*).

Wilson, Lt.-Col (*temp. Col.*) F. W., *C.M.G.*, *F.R.C.V.S.*, R.A.V.C. } Crown, Knight (*Italy*).

Wilson, Temp. Capt. G. G., *O.B.E.*, Labour Corps. } Wen-Hu, 5th Class (*China*).

Wilson, Bt. Lt.-Col. G. T. B., *D.S.O.*, ret pay (*Res. of Off.*) (*Lt.-Col. ret. Spec. Res.*) } St. Stanislas, 3rd Class, with swords (*Russia*).

Wilson, Lt. G. W., Temp. Qr.-Mr., R. Ir. Fus. } Crown, with War Cross, Knight *Belgium*

Wilson, Lt.-Gen. Sir H. F. M., *K.C.B.*, *K.C.M.G.*,
- Legion of Honour, Comdr. (*France*).
- Redeemer, 2nd Class, Grand Comdr (*Greece*).
- White Eagle, 2nd Class, with swords (*Serbia*).

Wilson, Field-Marshal Sir H. H., *Bt.*, *G.C.B.*, *D.S.O.*, Col. R. Ir. Rif., *p.s.c.*
- Legion of Honour Grand Officer (*France*).
- St. Maurice and St. Lazarus, Grand Officer (*Italy*).
- Rising Sun, Grand Cordon (*Japan*).
- Redeemer, Grand Cross, (*Greece*).
- White Elephant, 1st Class (*Siam*).
- Chia - Ho, 1st Class. "Ta-Shou, Pao-Kuang" (*China*).

Wilson, Lt.-Col. H. M., *O.B.E.*, TD, late Ches. Yeo. } Savoy, Knight (*Italy*).

Wilson, Lt. H. S., 3 Bn. Som. L.I. } Agricultural Merit, Knight (*France*).

Wilson, Col. J. B., *C.M.G.*, *M.D.* } Crown, Officer (*Belgium*).

Wilson, Capt. J. S., 6 Bn. K. R. Rif. C. } Crown, Knight (*Italy*).

Wilson, Capt. P. N. W., *M.C.*, R. Fus. } White Eagle, 5th Class with swords (*Serbia*).

Wilson. Maj. R. C., *M.B.*, R.A.M.C. } White Elephant, 3rd Class (*Siam*).

Wilson, Capt. R. S., ret. pay
- Osmanieh, 4th Class.
- Medjidieh, 3rd Class
- Nile, 3rd Class (*Egypt*).

Wilson, Bt. Col. (*temp.* Brig.-Gen.) S. H., *C.B.*, *C.M.G.*, R.E., *p.s.c.* [l]
- Legion of Honour, Officer (*France*),
- Crown, Comdr. (*Belgium*).

Wilson - Johnston, Maj. W. E., *D.S.O.*, 36 Sikhs, *p.s.c.* } White Eagle, 3rd Class, with swords (*Serbia*).

Winckworth, Maj. H. C., R.A.M.C. } Crown of Italy.

Windeatt, Maj. J., *M.C.* TD, 5 Bn. Devon. R } Nile. 4th Class (*Egypt*).

Windsor, Lt. F., C'wealth Mil. Forces } Legion of Honour, Knight (*France*).

Wingate, Gen. Sir F. R., *G.C.B.*, *G.C.V.O.*, *G.B.E.*, *K.C.M.G.*, *D.S.O.*, *q.s.* [L]
- Medjidieh, 1st Class
- Osmanieh, 1st Class
- Star of Ethiopia, 2nd Class (*Abyssinia*).
- Nile, Grand Cordon (*Egypt*).
- Mahommed Ali, 1st Class (*Egypt*).
- El Nahda, 1st Class (*Hedjaz*).

Wingate, Bt. L.-Col. G.H.F., *D.S.O.*, R.Scots.
- Karasgeorge, 4th Class, with swords (*Serbia*).
- Star, Comdr. (*Roumania*)

Wingfield, Bt. Lt.-Col. Hon. M. A., *C.M.G.*, *D.S.O.*, Rif. Brig., *p.s.c.*
- Crown, Officer (*Belgium*),
- Crown, Officer (*Italy*).
- Legion of Honour, Officer (*France*)

Winship, Lt. B., R.E. (T.F.) } Crown, Knight (*Roumania*)

Winsloe, Col. A. R., *C.M.G.*, *D.S.O.*, h.p. } Legion of Honour, Knight (*France*),

Winter, Bt Col C. B., *D.S.O.*, 112-Inf. } White Eagle, 3rd Class, with swords (*Serbia*).

Winter, Lt.-Col. O. de l'E., *C.B.*, *C.M.G.*, *D.S.O.*, R.F.A. } Aviz (*Mil.*) Grand Officer (*Portugal*).

Winterbotham, Bt. Lt.-Col. H. St. J. L., *C.M.G.*, *D.S.O.*, R.E. } Legion of Honour, Officer (*France*).

Winterbottom, Capt. A. D., *D.S.O.*, 5 D.G. } Crown, Officer (*Belgium*)

Winterbottom, Lt. G., Derby. Yeo. } White Eagle, 4th Class with swords (*Serbia*).

Winterton, Maj.E., Earl, TD, T.F. Res., *p.s.* } Nile, 4th Class (*Egypt*).

Winwood, Lt.-Col.W.Q., *C.M.G.*, *D.S.O.*, *O.B.E.*, ret. pay. } Leopold, Comdr.(*Belgium*)

Wisdom, Lt.-Col. (*temp.* Brig. - Gen in Army) E. A., *C.M.G.*, C'wealth Mil. Forces. } Danilo, 3rd Class (*Montenegro*).

Wise, Capt. A., ret. pay
- Osmanieh, 4th Class.
- Order of the Nile, 3rd Class (*Egypt*).

Wise Capt. C.W., *O.B.E.* *M.C.*, R.A.S.C., Spec. Res. } White Eagle, 4th Class with swords (*Serbia*).

Foreign Orders

Wodehouse, Maj. C. J., D'E. B., *late* 3 Bn. Norf. R. } Redeemer, 5th Class, Knight (*Greece*).

Wodehouse, Gen. *Sir* J. H., *G.C.B., C.M.G.*, ret. pay, Col. Comdt. A. } Medjidieh, 2nd Class. Osmanieh, 2nd Class.

Wolferstan, Temp. Lt. G. A., R.F.A. } Star, Grand Cross, Knight (*Roumania*)

ft. Wolseley, Gen. *Sir* G. B., *G.C.B.*, ret. pay } Medjidieh, 3rd Class.

Wolseley-Jenkins, Bt. Col. C. B. H., ret. pay } Medjidieh, 4th Class.

Wood, Lt.-Col. C. M. A., *C.M.G., D.S.O.*, h.p., *p.s.c.* } Legion of Honour, Knight (*France*). Medjidieh, 4th Class.

Wood, Temp. Capt. D. E. C. } Black Star, Officer (*France*).

Wood, Temp. Lt. D. H., R.A.S.C. } Agricultural Merit, Knight (*France*)

Wood, Maj.-Gen. *Sir* E., *K.C.B.*, ret. pay, *q.s.* } Medjidieh, 4th Class.

Wood, Col. E. J. M., *D.S.O.*, Ind. Army } St. Anne, 3rd Class, with swords (*Russia*).

Wood, Temp. Capt. G. J., *O.B.E.* } Agricultural Merit, Knight (*France*).

Wood, Bt. Lt.-Col. H., R.E. } White Eagle, 4th Class (*Serbia*).

Wood, Maj. H. O. B., 8 Rajputs } White Eagle, 3rd Class, with swords (*Serbia*).

Wood, Lt.-Col. J. L., *K.B.E., C.B., C.M.G.*, ret. } Leopold, Comdr. (*Belgium*)

Wood, Maj. W. M. P., Supen. List, Ind. Army } Legion of Honour, Knight (*France*).

Wood, Lt. N. E. W., R.F.A. Spec. Res. } Crown, Knight (*Belgium*) Avis (*Mil.*), 3rd Class (*Portugal*).

Wood, Hon. Brig.-Gen. P. R., ret. pay. } Medjidieh, 3rd Class.

Wood, Lt.-Col. T., ret. pay } Precious Star, 2nd Class (*China*).

Wood, Lt. T. W., 7 Bn. Manch. R. } Agricultural Merit, Knight (*France*).

Woodall, Maj. H. W., *C.I.E.*, Dorset R. } Legion of Honour, Knight (*France*)

Woodcock, Bt. Lt.-Col. W. J., *D.S.O.*, ret. pay } Legion of Honour, Knight (*France*).

Woodhouse, C. W., *M.C., late* Temp. Capt. K. Afr. Rif. } Crown, Knight (*Belgium*).

Woodhouse, Bt. Lt.-Col. E., R.E. } Leopold, Knight (*France*)

Woodhouse, Surg.-Gen. *Sir* T. P., *K.C.M.G., C.B.*, ret. pay } Legion of Honour, Comdr. (*France*). Crown, Comdr. (*Belgium*).

Woodlock, *Rev.* F., *M C*, Temp. Chapl. to the Forces (R.C.) 4th Class } Christ, Officer (*Portugal*).

Woodroffe, Bt. Lt.-Col. C. R., *C.M.G., C.B.E.* R.A. [l] } Legion of Honour, Officer (*France*). Crown, Officer (*Belgium*).

Woodrow, Temp. Lt. N. G., Linc. R. } Avis (*Mil.*), Knight (*Portugal*).

Woods, Temp. Maj. (*temp.Col.*) H., *O.B.E.* } Legion of Honour, Knight (*France*).

Woods, Bt. Lt.-Col. H.K., 8. Lan. R. } Legion of Honour, Officer (*France*).

Wood, Maj. J. L., *O.B.E.*, R.A.M.C. } Avis (*Mil.*), Knight (*Portugal*).

Woods, Maj.L.D., *O.B.E., late* R.A.M.C. } St. Sava, 4th Class (*Serbia*). Legion of Honour, Knight (*France*).

Woodward, Maj. - Gen. *Sir* E. M., *K.C.M.G., C.B.*, ret. pay, *p.s.c.* } White Eagle, 2nd Class, with swords (*Serbia*).

Woodward, Maj. F. W., *D.S.O.*, N. Lan. R. } Nile, 3rd Class (*Egypt*).

Woodward, Lt. F. W., *O.B.E.*, Notts. & Derby R. } Nile, 4th Class (*Egypt*).

Woollcombe, Lt.-Gen. *Sir* C. L., *K.C.B., K.C.M.G.*, ret. pay } Crown, Grand Officer (*Belgium*). White Eagle, 1st Class, with swords (*Serbia*). Crown, Grand Officer (*Roumania*).

Woollcombe, Bt. Maj. F. R., *M.C.*, R.G.A. } St. Maurice & St. Lazarus, Knight (*Italy*).

Woollcombe-Adams, Maj. O. E. G., R.F.A. } Medjidieh, 4th Class.

Woolley, Capt. C. H. F., R. Mar. } Legion of Honour, Knight (*France*).

Woolmer, Maj.E., *D.S.O.*, *M.C.*, 6 Bn. Lan. Fus. } Crown, Knight (*Italy*). Nile, 3rd Class (*Egypt*)

Wordie, Maj. W., *O.B.E.*, R.A.S.C. (T.F.) (Q) } Nile, 4th Class (*Egypt*). El Nahda, 4th Class (*Hedjaz*)

Worrall, Lt.-Col. S. H., *D.S.O.*, ret. pay (Res. of Off.) } Legion of Honour, Officer (*France*).

Worthington, Bt. Col. *Sir* M. S. *Knt.*, *K.C.V.O.*, *C.B., C.M.G.*, R.A.M.C. } Leopold, Officer (*Belgium*) White Elephant, 3rd Class (*Siam*).

Worthington, Maj. L. J., Derby. Yeo. } Nile, 4th Class (*Egypt*).

Worthington - Wilmer, Maj. G. R., *D.S.O.*, Sco. Rif. } Nile, 4th Class (*Egypt*).

Woulfe Flanagan, Maj. E. M., E. Surr. R. } Legion of Honour, Knight (*France*).

Woulfe Flanagan, Lt.-Col. R. J., *D.S.O.*, R. W. Kent R. [l] } St. Anne, 3rd Class, with swords (*Russia*).

Wright, Col. *Sir* A. E., *Knt., K.B.E., C.B., M.D., F.R.C.S.I., F.R.S., late* R.A.M.C. } Crown, Officer (*Belgium*).

Wright, Maj. B.A., *D.S.O.*, Manch. R. } White Eagle. 4th Class, with swords (*Serbia*).

Wright, Lt. C. R. V., C'wealth Mil. Forces. } White Eagle, 5th Class, with swords (*Serbia*).

Wright, Lt. C. S., *M.C.*, R.E. (T.F.) } Legion of Honour, Knight (*France*).

Wright, Bt. Col. H., *C.M.G.*, *D.S.O.*, ret. pay. } Crown, Comdr. (*Roumania*).

Wright, Maj.-Gen. H. B, H., *C.B., C.M.G.*, ret. pay } Crown, Grand Officer (*Roumania*). Nile, 2nd Class (*Egypt*).

Foreign Orders

Wright, Maj. H.L., *O.B.E.*, 4 Bn. North n. R. } Nile, 4th Class (*Egypt*).

Wright, Col. R.W., *C.M.G.*, *late* A. Med. Serv. } Crown, Officer (*Italy*).

Wright, Lt.-Col. W. C., *C.B.* Res. of Off. { Legion of Honour, Knight (*France*). Crown, Comdr. (*Italy*).

Wright, Bt. Lt.-Col. W. C., North'd Fus. } Avis (*Mil.*), Comdr. (*Portugal*).

Wright, Bt. Col. W. D., *C.M.G.*, *D.S.O.*, R. W. Surr. R., *p.s.c.* [*l*] } Legion of Honour, Officer (*France*).

Wroughton, Lt.-Col. J. B., *C.M.G.*, R. Suss. R. { St. Anne, 2nd Class, with swords (*Russia*). Leopold, Officer (*Belgium*) Legion of Honour, Officer (*France*).

Wyatt, Bt Lt. Col. (*temp. Brig.-Gen.*) L. J., *D.S.O.*, N. Staff. R. } Legion of Honour, Knight (*France*).

Wylie, Temp. Capt. E. G., *M.C.*, Serv. Bns. Durh. L.I. } Crown, Knight (*Roumania*).

Wyllie, Lt.-Col. J. A., ret. Ind. Army [L] } Avis (*Mil.*) Commander (*Portugal*).

Wynch, Rev. F. B., Temp. Chapl. to the Forces, 4th Class } Crown, Knight (*Belgium*)

Wyncoll, Maj. C. E. F., *M.C.*, R.E. } Nile, 3rd Class (*Egypt*).

Wynne, Gen. *Sir* A. S., *G.C.B.*, ret. pay, Col. Yorks. L.I., *q.s.* } Medjidieh, 3rd Class.

Jemadar Yakhudim, Ind. Army. } White Eagle, 5th Class, with swords (*Serbia*).

Yarde-Buller, Col. (*temp. Brig.-Gen.*) Hon. H., *C.B.*, *M.V.O.*, *D.S.O.*, *p.s.c.* [*l*] } Legion of Honour, Comdr. (*France*).

Yardley, Capt. J. H. R., *D.S.O.*, R. Innis. Fus., Spec. Res. } Nile, 4th Class (*Egypt*).

Yarr, Maj.-Gen. *Sir* M. T., *K.C.M.G.*, *C.B.*, *F.R.C.S.I.*, Army Med. Serv. } Legion of Honour, Officer (*France*).

Yate, Col. C. E., *S.I.*, *C.M.G.*, *u.s.l.* Ind. Army } Hurmat (*Afghanistan*).

Yates, Capt. C. A., Can., A,M.C. } St. Stanislas, 3rd Class, with Swords (*Russia*).

Yates, Col. C. M., *C.B E.*, *M.V.O.*, *M.C.*, ret. pay } Legion of Honour, Knight (*France*).

Yates, Bt. Lt.-Col. H. P., *D.S.O.*, S. Wales Bord. } St. Anne, 3rd Class, with swords (*Russia*).

Yates, Temp. Lt. J., R.E. } St. Sava, 5th Class (*Serbia*).

Yates, Hon. Lt. J. C., R.A. } White Eagle, 5th Class, with swords (*Serbia*).

Yates, Temp. Capt. V. L., Ches. R. } Avis (*Mil.*) Knight (*Portugal*).

Yeames, Hon. Capt. A., H.S. } Legion of Honour, Knight (*France*).

Yorke, Lt.-Col. (*temp. Brig.-Gen.*) R. M., *C.M.G.*, *D.S.O.*, Glouc. } St. Maurice & St. Lazarus, Comdr. (*Italy*).

Yeo. { Crown, Comdr. (*Roumania*).

Young, Bt. Col. E D., *C.M,G.*, Devon R. [L] { Legion of Honour, Officer (*France*). Osmanieh, 4th Class. Redeemer, 3rd Class. Comdr. (*Greece*).

Young, Capt. H. W., *D.S.O.*, 16 Mahrattas[L] } El Nahda, 3rd Class (*Hedjaz*)

Young, Capt. J. H., *D.S.O.*, *M.C.*, Arg. & Suth'd Highrs. } Redeemer, 4th Class, Officer (*Greece*).

Young, Bt. Col. (*temp. Brig.-Gen.*) J M., *C.M.G.*, *D.S.O.*, R.A.S.C. } St. Maurice & St. Lazarus, Officer (*Italy*).

Young, Lt. J., R.G.A. (T.F.) } Crown, Knight (*Roumania*).

Young, Hon. Col. *Sir* J. S., *Knt.*, *C.V.O.*, Hon. Dep. Commy. Gen. ret. } Osmanieh, 3rd Class.

Young, Temp. Capt. J. W.A. } Nile, 4th Class (*Egypt*).

Young, Maj. R., *C.M.G.* *D.S.O.*, N.Z. Mil. Forces } Legion of Honour, Knight (*France*).

Young, Capt. R. T., Can. Local Forces. } Leopold, Knight (*Belgium*).

Younghusband, Col. (*temp. Brig.-Gen.*) L. N., *C.B.*, *C.M.G.*, 23 Cav. } White Eagle, 3rd Class, with swords (*Serbia*).

ROYAL ARTILLERY INSTITUTION.

DUNCAN PRIZE ESSAY GOLD MEDALLISTS.

1896. CADELL, Capt. J. F., R.A.
1873. CLAYTON, Lt. E., R.A.
1872. COLLEN, Lt. E. H. H , R.A.
1898. ELMSLIE, Maj. F.B., R.A.
1909. FREETH, Capt. C. J. D., R.A., *g*.
1879. GOOLD-ADAMS, Lt. F.M., R.A.
1871. HIME, Lt. H. W. L., R.A.
1897. JEUDWINE, Capt. H. S., R.A.
1907. JEUDWINE, Maj. H. S., R.A.
1908. JEUDWINE, Maj. H. S., R.A.
1881. JOCELYN, Capt. J. R. J., R.A.
1894. KEIR, Maj. J. L., R.A.
1877. KEMMIS, Maj. W., R.A.
1880. KEMMIS, Maj. W., R.A.
1906. KNAPP, Maj. K. K., R.A.
1900. MACMUNN, Capt. G. F., *D.S.O.*, R.A.
1899. MARTEL, Maj. C. P., R.A., *p.a.c.*
1892. MURRAY, Maj. A. M., R.A.
1905. MYERS, Capt. A. E. C., R.A.
1901. NICOLLS, Maj. E. G., R.A.
1874. PRATT, Lt. S. C., R.A.
1911. ROWAN-ROBINSON, Capt. H., R.A., *p.s.c.* [*l*].
1875. SAXTON, Capt. C. C., R.A.
1876. SMYTH, Col. H. A., R.A.
1882. SMYTH, Col. H. A., R.A.
1889. STONE, Capt. F. G., R.A.
1878. TROTTER, Lt. J. K., R.A.
1903. VEREKER, Capt. C. G., R.A.
1886. WHITE, Maj. A. W., R.A.
1887. WHITE, Capt. W. L., R.A.
1912. WYNTER, Capt. H. W., R.A.

ROYAL UNITED SERVICE INSTITUTION.

PRIZE ESSAY GOLD MEDALLISTS
MILITARY OFFICERS.

- 1890. BENSON, Capt. G. E., R.A.
- 1905. BRIDGE, Maj. W. C., S. Staff. R., *p.s.c.*
- 1898. BROWN, Capt. W. B., R.E.
- 1884. BROWNE, Capt. G. F., North'n R.
- 1886. CALLWELL, Capt. C. E., R.A.
- 1908. CHURCHILL, Maj. A. B. N., ret. pay, *p.s.c.*
- 1878. CLAYTON, Capt. E., R.A.
- 1888. DANIELL, Capt. J. F., R.M.
- 1896. ELLISON, Capt. G. F., R.W. Surr. R.
- 1894. ELMSLIE, Maj. F. B., R.A.
- 1892. FARQUHARSON, Lt.-Col. J., *C.B.*, R.E.
- 1878. FRASER, Maj. T., R.E.
- 1919. FULLER, Bt. Col. J. F. C., *D.S.O.*, Oxf. & Bucks. L.I., *p.s.c.*
- 1910. GAME, Capt. P. W., R.A., *p.s.c.*
- 1874. HIME, Capt. H. W. L., R.A.
- 1918. LAWSON, Maj. A., 2 Dns., *p.s.c.*, *q.s.*
- 1907. MOCKLER-FERRYMAN, Lt.-Col. A. F., ret. pay.
- 1876. ROSS OF BLADENSBURG, Lt. J. F. G., C. Gds.
- 1911. RUSSELL, Capt. H. T., ret. pay.
- 1904. TELFER-SMOLLETT, Lt.-Col. C. E. D., ret. pay.
- 1902. TERRY, Maj. A. H., A.S.C.
- 1880. TROTTER, Capt. J. K., R.A.

ALEXANDER MEMORIAL.

PRIZE ESSAY GOLD MEDALLISTS.

- 1894. BIRT, Surg.-Capt. C. A., Med. Staff.
- 1897. BIRT, Surg.-Capt. C. A., Med. Staff.
- 1888. FIRTH, Surg. R. H., Med. Staff.
- 1891. FIRTH, Surg. R. H., Med. Staff.
- 1879. MARTIN, Surg. J., Med. Staff.
- 1885. MARTIN, Surg. J., Med. Staff.
- 1870. MYERS, Asst. Surg. A. B. R., C. Gds.
- 1876. PORTER, Surg.-Maj. J. H., A. Med. Dept.
- 1903. SMITH, Maj. F., *D.S.O.*, R.A.M.C.
- 1906. SMITH, Maj. F., *D.S.O.*, R.A.M.C.
- 1873. WELCH, Surg. F. H., A. Med. Dept.
- 1882. WELCH, Surg.-Maj. F. H., A. Med. Dept.

PARKES MEMORIAL.

PRIZE ESSAY GOLD MEDALLISTS.

- 1904. CALDWELL. Maj. R., R.A.M.C.
- 1913. CUMMINS, Maj. S. L., *C.M.G.*, *M.D.*, R.A.M.C.
- 1886. DUNCAN, Surg. A., *M.D.*, Ind. Med. Serv.
- 1889. FIRTH, Surg. R. H., Med. Staff.
- 1892. FIRTH, Surg.-Capt. R. H., Med. Staff.
- 1901. HOWELL, Capt. H. A. L., R.A.M.C.
- 1883. POLDEN, Surg. R. J., Ind. Med. Staff.
- 1895. ROSS, Surg.-Maj. R., Ind. Med. Staff.
- 1898. SMITH, Surg. Capt. F., A. Med. Staff.
- 1907. SMITH. Maj. F., *D.S.O.*, R.A.M.C.

BANDMASTERS WHO HAVE RECEIVED THE SILVER MEDAL OF THE WORSHIPFUL COMPANY OF MUSICIANS.

- 1913. BRADLEY, Bandmr. L. P., *L.R.A.M.*, 2 Bn. R. Ir. Fus.
- 1918. CAMPBELL, Bandmr. W. N., 1 Bn. Gord. Highrs.
- 1910. CORNFOOT, Bandmr. H. G., R. Mar.
- 1914. CRESSWELL, Bandmr. W., 1 Bn. North'n R.
- 1912. DOWELL, Bandmr. H. E., *L.R.A.M.*, 1 Bn. Sco. Rif.
- 1915. FAIRFIELD, Bandmr. S., R. Mar.
- 1908. FINUCANE, Bandmr. H. L. C., 2 Bn. E. Lan. R.
- 1919. FRANCIS, Bandmr. T., 1 Bn. York. R.
- 1913. GREEN, Bandmr. A. C., R. Mar.
- 1917. GRIFFIN, Bandmr. E. C., 1 Bn. Worc. R.
- 1916. JACKSON, Bandmr. R. T., R. Mar.
- 1915. O'DONNELL, Bandmr. B. W., *A.R.A.M.*, 7 Hrs.
- 1909. O'DONNELL, Bandmr. R. P., 21 Lrs.
- 1918. PAPWORTH, Bandmr. W. J., R. Mar.
- 1911. RICHARDSON, Bandmr. C., 2 Bn. R. Lanc. R.
- 1910. ROBINSON, Bandmr. W. M., *L.R.A.M.*, 14 Hrs.
- 1916. STOPFORD, Bandmr. T. W., 2 Bn. N. Lan. R.
- 1917. WALKER, Bandmr. W. D., R. Mar.
- 1914. WATSON, Bandmr. E. J. M., R. Mar.
- 1916. WILLIAMS, Hon. Capt. A., *M.V.O.*, *Mus. Doc.*, Dir. of Music, G. Gds.

APPENDIX I
Recipients of the DISTINGUISHED CONDUCT MEDAL with Bar 1881-1919

		A. O. or London Gazette
45510 Sgt. Abbis A. W.	R.A.M.C.	10 Oct 16
Bar		22 Oct 17
4803 A/S.M. Adams T.	13th Liverpools	3 Sep 18
Bar		5 Dec 18
67143 Sgt. Agnew A.	D/112 R.F.A.	3 Sep 18
Bar		12 Mar 19
25708 Sgt. Anderson H.	N.Z. Rifle Bde.	4 Jun 17
Bar		16 Aug 17
179 Sgt. Anderson J.	Seaforth Hdrs.	18 Jul 17
Bar		3 Sep 18
8743 A/C.Q.M.S. Andrews A.	2nd H.L.I.	30 Jun 15
Bar	"17th May 1915" Near Richborg	5 Aug 15
2679 Cpl. Andrews C.	Royal West Kent Regt.	1 Jan 18
Bar	(Labour Corps)	1 May 18
3502 Sgt.Maj. Andrews F. L.	9th Lancers S.A. 1900	27 Sep 01
Bar	S.A. 1900	21 Apr 03
203809 C.S.M. Atkinson H.	Yorkshire Regt.	28 Mar 18
Bar		3 Sep 18
2092 Pte. Attenborough F. G.	1/8 Notts & Derby R.	16 Nov 15
305379 C.S.M. Bar	(Att. 139 Bde. Mining Sec)	12 Mar 19
785124 Pte. Ayers W.	3rd Canadian Infantry	15 Nov 18
Bar		8 Feb 19
881 Cpl. Ball G.	7th Bn. Australian Inf.	14 Jan 16
Bar		14 Nov 16
9736 A/Cpl. Baldwin R.	2nd Bn. Worcesters	16 Jan 15
Bar	"15-16th May 1915" Near Richborg	14 Jan 16
463025 Spr. Barras J. W.	(L. Corps) 50th Bn. DSC.	18 Feb 19
Bar	R.E.	18 Feb 19
12069 Cpl. Bastick J. S.	7th Norfolk Regt.	1 Jan 18
Bar	Attch. 35th T.M.B.	1 Jan 19
5824 Sgt. Batty V.	2nd Rl. Lancs	30 Jun 15
A/C.S.M. Bar		3 Sep 18
15085 Cpl. Baxter H.	Essex Regt.	26 May 17
A/Sgt. Bar		4 Mar 18
2361 Cpl. Baybut A. (M.M.)	King's Liverpool Regt.	20 Oct 16
Bar		3 Oct 18
8793 L/Cpl. Beal S.	1st Norfolks	1 Apr 15
Bar		1 May 18
10021 C.S.M. Beaton S.	Scottish Rifles	1 Jan 18
Bar		29 Mar 18
27439 Sgt. Bell D. G.	Canadian Infantry	4 Jun 17
Bar		26 Jul 17
200142 A/Sgt. Bennett A. E.	Northampton Regt.	22 Oct 17
Bar		1 May 18
34593 B.S.M. Bennett H.	R.F.A.	19 Aug 16
Bar		19 Nov 17
325753 Sgt. Betts H.	Cambridge Regt.	26 Nov 17
C.S.M. Bar		3 Sep 18
5820 C.S.M. Biddle H. or W.	Gloucester Regt.	14 Nov 16
Bar		3 Sep 18
6692 C.S.M. Birtwistle F.	2nd Rifle Brigade	18 Jun 17
Bar		22 Oct 17
959 Pte. Blakemore H.	10th Hussars	30 Mar 16
Bar		21 Oct 18
3586 Sgt. Blishen W.	15th Hussars	17 Dec 14
S.S.M. Bar		28 Mar 18
96965 Sgt. Booth J.	175 Tunnelling Co. R.E.	1 Jan 19
Bar		12 Mar 19
240734 A/C.S.M. Bourne W.	R. Warwick Regt.	28 Mar 18
Bar		3 Sep 18
5874 C.S.M. Bowen J. E.	2nd Rl. Welsh Fus.	12 Mar 19
Bar		11 Apr 19
200199 A/C.S.M. Boyd R. (M.M.)	1/4 R. Scots Fus.	3 Jan 19
R.S.M. Bar		3 Jun 19

w

Appendix 1

19560 Cpl. Boyd D. Bar	Royal Engineers	18 Feb 18 26 Jun 18
73 Pte. Boyd W. Sgt. Bar	4th Middlesex Regt. S.A. 1900 "14th June 1915" Near Ypres	19 Apr 01 6 Sep 15
8460 Pte. Brady E. C.S.M. Bar	Royal Irish Regt.	18 Jun 17 25 Aug 17
2141 Cpl. Brain W. (M.M.) Bar	Lancashire Fus.	17 Apr 17 4 Mar 18
1714 R.S.M. Brammell T. or J. 240321 Bar	5th Yorkshire Regt.	3 Jun 16 3 Sep 18
9136 C.S.M. Brannan T. Bar	1st Royal Scots	30 Jun 15 3 Sep 18
20267 C.S.M. Breslain H. A. Bar	Royal Fus. In M.G.C.	26 Sep 16 26 Jan 18
5820 Sgt. Brinton D. 46673 S.S.M. Bar	19th Hussars	17 Dec 14 3 Sep 18
339298 S.Sgt. Brookes W. (M.M.) Bar	63 W. Lancs. Fld. Amb. R.A.M.C.	1 Jan 19 18 Feb 19
2779 Sgt. Brown W.E. or L.E. Bar	Australian Infy.	25 Aug 17 3 Sep 18
177229 C.S.M. Bufton H.E. Bar	Shrop. Light Infy.	22 Oct 17 3 Sep 18
21146 Pte. Burke J.H. Bar	19th Hussars In M.G.C.	30 Mar 16 3 Sep 18
843 L/Cpl. Burley J. C.S.M. Bar	Australian M.I. S. Africa Aust. Rly. Op. Div.	27 Sep 01 26 Nov 17
435120 S.Sgt. Burling F.G. Bar	2/1(S.Mid) Fld. Amb: R.A.M.C.	1 Jan 19 12 Mar 19
18327 Cpl. Burnett A. Bar	Machine Gun Corps.	3 Sep 18 3 Sep 18
7536 A/Sgt. Burnett G. Bar	1st Royal Hdrs. '13th October 1915' Near Hulloch	30 Jun 15 22 Jan 16
S2946 C.S.M. Burns - Bar	Seaforth Hdrs.	4 Jun 17 29 Aug 17
9667 C.S.M. Burrell E. (M.M.) Bar	Lincoln Regt.	3 Sep 18 30 Oct 18
651258 Sgt. Buss J. Or 999397AB. Bar	1/21st London Regt.	5 Dec 18 21 Jan 20
47323 R.S.M. Butler F. Bar	13th Canadian Infy.	3 Jun 18 2 Dec 19
404288 Sgt. Butterfield G.L. (M.M.) Bar	15th Canadian Infy.	19 Nov 17 12 Mar 19
32091 Sgt. Byrne W.J. Bar	Royal Field Arty.	16 May 16 25 Aug 17
2010G C.S.M. Cairns J.C. Or 20109G Bar	Ox. & Bucks L.I.	22 Oct 17 3 Sep 18
190 C.S.M. Cameron W. Bar	Gordon Hdrs.	16 Aug 17 4 Mar 18
200785 Sgt. Campbell J. Bar	Seaforth Hdrs.	18 Jul 17 19 Nov 17
17751 Spr. Campbell J.P. 2nd Cpl. Bar	5th Field Co: R.E. '25th September 1915' Givenchy	3 Jun 15 15 Mar 16
7024 A/Sgt. Campbell W.J. Bar	Scottish Rifles	17 Apr 17 19 Nov 17
7436 Pte. Campbell W.J. Bar	1st Rl. Irish or Rl. Fus. '19th January 1916' Le Touquet	5 Aug 15 15 Mar 16
5748 C.S.M. Carney T.A. Bar	East Yorks. Regt.	27 Sep 01 3 Oct 18
200001 Sgt-Maj. Carpenter J.R. Bar	Shrop. L.I.	3 Sep 18 3 Sep 18
7869 C.S.M. Carter J. Bar	Leicester Regt.	4 Mar 18 3 Sep 18
96062 Cpl. Chambers A.C. Bar	Machine Gun Corps.	19 Feb 18 1 May 18
17016 Pte. Champion J. Bar	5th West Riding Regt.	16 Jan 19 18 Feb 19
B203252 Cpl. Champion N. A/Sgt. Bar	13th Rifle Brigade (Medal 10th KRRC)	15 Apr 16 12 Mar 19
18549 L/Cpl. Chapman W.F. Bar	Rl. West Kent Regt.	25 Aug 17 22 Oct 17
1220 Pte. Clark G.F. Bar	8th Canadian Infantry	14 Jan 16 14 Nov 16
15657 Cpl. Charley A. Bar	42nd Bde: R.F.A. '24-25 Sept. 1915' Hooge	5 Aug 15 14 Jan 16

Appendix 1   641

9429 A/Sgt. Clarke C.	Border Regt.	13 Oct 18
Bar	RSM attd. Wilts Regt.	1 Jan 19
10677 Pte. Clifford W.	Highland L.I.	3 Jun 15
Bar		29 Aug 17
13018 Cpl. Cochrane S.	15th Highland L.I.	18 Feb 19
Bar		12 Mar 19
755 Sgt. Cockburn P.	Argyll & Suth: Hdrs.	10 Jan 17
275034 A/C.S.M. Bar		18 Jul 17
1201 L/Cpl. Coleman A. (M.M.)	Royal West Kent Regt.	16 Jan 17
Sgt. Bar		4 Mar 18
241028 C.S.M. Coltman W.H.	1/6th North Staffords.	12 Aug 17
(V.C., M.M.) Bar		12 Mar 19
3058 Sgt. Collett S.	58th Australian Infy.	5 Dec 18
Bar		1 Jan 19
267438 L/Cpl. Collins J.	Seaforth Hdrs.	22 Oct 17
Cpl. Bar		3 Sep 18
50662 Cpl. Cook V.G.	16th Batty. R.F.A.	17 Dec 14
B.S.M. Bar		3 Sep 18
6884 C.S.M. Cooper J.	Royal West Kent Regt.	25 Aug 17
Bar		3 Sep 18
6330 L/Cpl. Cotterill H.	2nd South Staff. Regt.	30 Jun 15
Bar	'17 May 1915' Rue de Bois.	14 Jan 16
55298 Sgt. Cowley J.A.	Machine Gun Corps.	3 Sep 18
Bar		3 Oct 18
31424 Pte. Cownie S. (M.M.)	13th Rl. Scots.	27 Sep 01
C.S.M. Bar		5 Dec 18
1313 Pte. Crampion G.	Norfolk R. Chin Hills '88	G.O. 6 Jan 90
Bar	'29 March 1900' S. Africa 1900	31 Oct 02
— Sgt. Crooks F.R.	R.A.M.C. Egypt 1898	15 Nov 98
Bar	'February 1900' R.A.M.C. S.A. 1900	19 Apr 01
8718 C.Q.M.S. Crump G.	Worcester Regt.	1 Jan 18
C.S.M. Bar		30 Oct 18
6603 C.S.M. Cumming W.	2nd Rl. Dublin Fus.	16 May 16
Bar		12 Mar 19
40245 Pte. Cunniff B.H.	K.O. Scottish Bord:R.	26 Nov 17
A/Cpl.		30 Oct 18
9238 A/Sgt. Cunningham M.	East Lancs: Regt.	14 Nov 16
Bar		10 Jan 17
2232 L/Cpl. Dalton E.	3rd Coldstream Guards	30 Jun 15
2882 R.E. Bar	'21st June 1915' Cuinchy	5 Aug 15
14727 Sgt. Dare J.	South Wales Borderers	1 Jan 18
Bar		3 Sep 18
5180 C.S.M. Davenport V.H.S.	2nd Border Regt.	1 Apr 15
Bar	'15th May 1915' Festubert	5 Aug 15
77 Sgt-Maj. Dawkins J.J.	3rd Warwick Regt.	30 Jun 15
Bar	'25-26 Sept. 1915' Hulloch	14 Jan 16
1153 Sgt. Dean P.	2nd Argyll & Suth:Hdrs.	14 Jan 16
Bar	In Machine Gun Corps.	26 Nov 17
10492 L/Cpl. Delany J.	2nd Royal Irish Regt.	—
Bar	'4-5 July 1916' Mametz	19 Aug 16
330271 Sgt. Diamond J. (M.M.)	1/9th Higland L.I.	3 Oct 18
Bar		18 Feb 19
325485 C.S.M. Dockerill S.C.	Cambridge Regt.	26 May 17
(M.M.) Bar		3 Sep 18
1795 L/Cpl. Doel E.	East Surrey Regt.	22 Sep 16
Bar		25 Nov 16
52569 Sgt. Doleman F.	King's Liverpool Regt.	28 Mar 18
Bar		3 Sep 18
13769 Sgt. Donnelly J.	Durham Light Infy.	25 Nov 16
Bar		22 Oct 17
45028 Sgt. Doran W.	134 H.Bty., R.G.A.	16 Jun 19
A/R.S.M. Bar		18 Mar 19
354100 Sgt. Dowling H.E.	R.A.M.C.	3 Jun 18
Bar		3 Sep 18
21890 L/Sgt. Draper H.	Rifle Brigade	22 Oct 17
Bar		26 Nov 17
2/8967 Sgt. Dreeling M.	2nd Royal Irish R.	27 Jul 16
Bar		18 Jun 17
615 Cpl. Drury S.C.	3rd London Field Co.	14 Jun 16
550040 C.S.M. Bar	R.E. (T)	3 Sep 18
19404 L/Cpl. Dudley D.	Machine Gun Corps.	3 Sep 18
Sgt. Bar		18 Feb 19
899 Sgt. Duffy T.	1st Manchester Regt.	1 Apr 15
Bar		20 Oct 16

Number / Name	Unit	Date
313002 B.S.M. Eardley S.T.	1st N.Mid, Heavy Batty. R.G.A.	1 Jan 18
Bar		1 Jan 19
18587 Cpl. Earle T.G.	2nd Welsh Regt.	6 Sep 15
Bar		28 Mar 18
10773 C.S.M. Eastham G.	Northumberland Fus.	3 Sep 18
R.S.M. Bar		30 Oct 18
230854 C.S.M. Easthope A.E.	London Regt.	4 Jun 17
Bar		28 Mar 18
1543 Sgt. Easton C.	Royal Highlanders	14 Nov 16
Bar		22 Oct 17
45550 Sgt. Edgar H. (M.M.)	Royal Engineers	1 Jan 17
Bar		3 Oct 18
1721 Sgt. Edmonds J.S.	13th Royal Fus.	19 Nov 17
G5989 C.S.M. Bar		12 Mar 19
93304 Gnr. Edwards C.	8th Battery R.F.A.	1 May 18
		27 Jun 19
1721 A/Sgt. Elkment R.	R. Warwicks and 2nd Nigerian R.	5 Aug 15
Sgt. Bar		3 Oct 18
19066 Sgt. Ellis W. (M.M.)	Notts & Derby Regt.	16 May 17
Bar		30 Oct 18
18258 Sgt. Ellis W.A.	2nd Bedford Regt.	15 Nov 18
Bar		12 Mar 19
32651 B.S.M. Evans H.W.	Royal Field Arty.	22 Oct 17
Bar		1 May 18
2105 Sgt. Evans W.	South Lancs. Regt.	11 Dec 16
Bar		25 Aug 17
775 Sgt. Ewbank R.R.	1st K.Edw. Horse.	3 Sep 18
Bar		12 Mar 19
1075 Spr. Fairless W.W. (M.M.)	466 Nbld. Field Coy. R.E.	30 Jun 15
457142 Cpl. (A/Sgt.) Bar		12 Mar 19
13070 Pte. Farrar F.	Northampton Regt.	22 Oct 17
Bar		12 Mar 19
5665 Sgt. Faulkner H.J. (M.M.)	1st DSC Canadian Engrs. Att. 2nd Can. Infy. Bde.	15 Nov 18
Bar		12 Mar 19
G24566 Cpl. Fellows A.E.	Royal Fus.	22 Oct 17
Bar		26 Jun 18
12650 A/Cpl. Fernhough H.	Loyal N. Lancs. Regt.	26 Sep 16
Sgt. Bar		25 Nov 16
8286 A/C.S.M. Filby T.C.	2nd R. West Surrey '25th Sept 1915' Hulloch	1 Apr 15
Bar		14 Jan 16
141906 L/Sgt. Filgiano C.G. (M.M.)	1st Canadian Infy.	12 Mar 18
Bar		16 Jan 19
201087 Sgt. Fish T.R.	West Riding Regt.	1 May 18
Bar		1 May 18
1855 C.S.M. Fowles H.J. (M.M.)	Australian Infantry	16 Aug 17
Bar		30 Oct 18
42972 Sgt. Fisher F.H.	Machine Gun Corps.	3 Sep 18
Bar		30 Oct 18
50183 C.S.M. Fisher J. (M.M.)	1/5th Lancs. Fus.	3 Sep 18
Bar		5 Dec 18
18679 L/Cpl. Fisher J.	Machine Gun Corps.	22 Sep 16
Bar		18 Jul 17
240358 C.S.M. Fisher W.	South Staffs. West Riding Regt.	3 Sep 18
Bar		3 Jun 18
13283 A/Sgt. Fisher J.	4th Middlesex Regt. '14th June 1915'	1 Apr 15
Bar		14 Jan 16
96450 Cpl. Flack W.A.	9th Royal Fus.	16 Jan 19
Bar		16 Jan 19
9839 B.Q.M.S. Floyd T.	52nd Batty. R.F.A.	14 Jan 16
Bar		22 Oct 17
26546 Sgt. Foley J. (M.M.)	14th Canadian Infy.	12 Mar 19
Bar		12 Mar 19
10/3578 L/Sgt. Foot S.C.	Wellington (NZ) Infy.	22 Oct 17
Sgt. Bar		26 Nov 17
724247 L/Cpl. Fornian J. (M.M.)	38 Canadian Inf.	16 Jan 19
		18 Feb 19
34895 Sgt. Forbes S.	York & Lanc. Regt.	26 May 17
Bar		26 Nov 17
25/955 A/C.S.M. Forster R.E.	Northumberland Fus.	11 May 17
Bar		18 Jul 17
1855 Sgt. Fowles H.J. (M.M.)	Australian Infy.	16 Jan 17
C.S.M. Bar		30 Oct 18
7144 WO II Fox E.	2nd Yorks Regt.	30 Jun 15
Bar		14 Nov 16

Appendix 1   643

11153 Cpl. Francis N.	1st S.Wales Bord:	3 Jun 15
Bar	'26-27 January 1915' Givenchy	30 Jun 15
724247 L/Cpl. Forman J. (M.M.)	38th Canadian Infy.	16 Feb 19
Bar		18 Feb 19
42253 B.S.M. Frame A.H.	Canadian Field Arty.	1 Jan 18
Bar		3 Oct 19
10690 Pte. Frazier E.	1st Worcester Regt.	30 Jun 15
Bar	'10 May 1915' Near Rouge Bares	5 Aug 15
29955 Sgt. Fraser W.	King's Liverpools	26 Jun 18
(M.M.) Bar		30 Oct 18
4411 Cpl. Frost S.C.	20th Bn. Aust. Infy.	18 Feb 19
Bar		12 Mar 19
8461 C.S.M. Froud J.	2nd Rl. Scots Fus.	1 Jan 19
Bar		12 Mar 19
824 Sgt. Gardner C.	Newfoundland Force.	11 Dec 16
C.S.M. Bar		12 Mar 17
821 A/C.S.M. Gardner H.T.	Middlesex Regt.	14 Nov 16
240022 C.S.M.		28 Mar 18
1915 C.Q.M.S. Garratt C.C.	Australian Infy.	18 Jun 17
Bar		19 Nov 17
9139 L/Cpl. Garton F.E.	2nd Leicester Regt.	1 Apr 15
Bar		20 Oct 16
781338 A/C.Q.M.S. Gibbons F.D.	46th Canadian Infy.	12 Mar 19
C.S.M. Bar		17 Apr 19
476012 Sgt. Gillott C.E.	Royal Engineers	1 Jan 18
C.S.M. Bar		3 Sep 18
14/2741 Pte Gilmore J.P.	Royal Irish Rifles.	3 Sep 18
Bar		30 Oct 18
9083 Sgt. Godfrey F.A. (M.M.)	1st Rl. Munster Fus.	22 Oct 16
Bar		12 Mar 19
2304 Sgt. Goodchild T.E.	Lincoln Regt.	4 Jun 17
240428 Bar	In 46th Royal Fus.	21 Jun 20
109359 C.S.M. Goodchild W.A.	4th Canadian Mtd. Rifles.	1 Jan 19
		25 Feb 20
3/8899 C.S.M. Goodieson J.	9th Yorks. Regt.	1 Jan 19
Bar		17 Apr 19
40658 Cpl. Goodwin H.	R.A.M.C.	16 Aug 17
A/Sgt. Bar		22 Oct 17
602411 Cpl. Gordon H.	R.A.M.C.	16 Aug 17
Bar		22 Oct 17
63969 Pte. Gough W.	Canadian Infy.	25 Nov 16
Cpl. Bar		15 Nov 18
1817 Pte. Gourlay A.	2nd Royal Scots.	18 Feb 17
A/R.S.M. Bar		12 Mar 19
266197 L/Sgt. Grant. W.C.	Seaforth Hdrs.	22 Oct 17
Sgt. Bar		4 Mar 18
2218 Q.M.S. Gray, Abraham.	Highland L.I. Kandia Crete	A.O. No.207 of Dec 99
240508 Bar		26 Apr 17
201290 Sgt. Gray D.	Seaforth Hdrs.	18 Jul 17
A/Sgt-Maj. Bar		19 Nov 17
53080 C.S.M. Greenhalgh A.	Cheshire Regt.	3 Sep 18
A/R.S.M. Bar		3 Oct 18
633411 C.S.M. Green A.E.	385 Fld. Coy. R.E.	1 Jan 17
Bar (M.M.)		21 Jan 20
27780 Sgt. Green W.C.C.	2nd Rl. Dublin Fus.	18 Feb 19
Bar		18 Feb 19
5404 Sgt-Maj. Grieve P.	East Yorks. Regt.	4 Jun 17
Bar		3 Oct 18
11/1456 L/Cpl. Hackitt J. (M.M.)	East Yorks. Regt.	28 Mar 18
Bar		3 Sep 18
E631 C.S.M. Haines A.	Royal Fusiliers.	11 Dec 16
R.S.M. Bar		1 May 18
72037 Sgt. Haines F.W.	Canadian Infy.	27 Jul 16
Bar		14 Nov 16
7860 Pte. Hainge A.	1st Royal Berks. Regt.	30 Jun 15
L/Cpl. Bar		26 Jul 16
200031 Sgt. Hamilton T.H.	2/4th Hampshire Regt.	12 Mar 19
Bar		17 Apr 19
4/12757 Pte. Harcourt E.W.	South Wales Borderers.	20 Oct 16
		29 Aug 17
41172 Sgt. Hardman R.	Northumberland Fus.	18 Jul 17
A/C.S.M. Bar		3 Oct 18
38102 C.S.M. Harle A.S.	23rd Northumb'd Fus.	3 Jun 18
Or 38012 Bar		30 Jan 20

8732 L/Cpl Harper J.T.	15th Co. Aust. Engrs.	30 Oct 18
Bar		18 Feb 19
D/21010 Sgt. Haste A.	6th Dragoons	30 Oct 18
Bar		18 Feb 19
20478 Sgt. Hastings J.W.	R.A.M.C.	14 Nov 16
S.Sgt. Bar		3 Sep 18
19109 Sgt. Hatherill F.G.	Royal Engineers	14 Nov 16
Bar		28 Mar 18
27528 Sgt. Harvey H.S.	Royal Garrison Arty.	4 Jun 17
A/B.S.M. Bar		3 Oct 18
8005 C.S.M. Harwood H.	8th Rifle Brigade	14 Jan 16
A/R.S.M. Bar		22 Oct 17
G495 Pte. Havers H.	11th Middlesex Regt.	22 Jan 16
Sgt. Bar		3 Sep 18
200545 Sgt. Hay J.M.D. (M.M.)	5/6th Scottish Rifles	3 Sep 18
A/R.S.M. Bar		16 Jan 19
2211 Pte. Hay W.	1/6th Northumb'd Fus.	14 Jan 16
Bar		26 Jan 17
10140 Sgt. Heath E.	127/29 Amm:Col:R.F.A.	3 Jun 16
B.S.M. Bar		12 Mar 19
208 A/L Cpl. Hibbott G.H.	Rl. Welsh Fus.	2 Feb 16
Sgt. Bar		17 Mar 17
M2/053918 Pte. Highmore A.E.	A.S.C. (M.T.)	3 Sep 18
Bar	Attd: R.A.M.C.	13 Feb 19
8490 Sgt. Hillings G.D.	1st Wiltshire Regt.	3 Jun 15
Bar		22 Sep 16
242031 Sgt. Hillyard W. (M.M.)	6th K.O.Scottish Bord.	1 Jan 19
A/C.S.M. Bar		1 Jan 19
11711 Sgt. Hinett N.	1st Notts & Derby Regt.	22 Jan 16
Bar	'15-20 May 1916' Souchey	24 Jun 16
13/1652 Pte. Hobday W.	8th Rifle Brigade	— Jan 16
Bar	'23rd November 1915' Ypres	15 Mar 16
1238 Sgt. Hook D.	7th Royal Scots.	7 Jun 18
Bar		12 Mar 19
300164 Sgt. Hook D.	11th Royal Scots.	3 Jun 16
Bar		18 Feb 19
989 L/Cpl. Horan F.	22nd Bn. Australian Inf.	3 Jun 16
Or 939 Bar		26 Nov 16
11500 Sgt. Hosker J.	2nd East Lancs. Regt.	15 Apr 16
Bar		22 Sep 16
240054 C.S.M. Houston D.	1/5th East Lancs. Regt.	3 Sep 18
Bar		5 Dec 18
10115 Sgt. Piper Howarth J.S.	6th Gordon Hdrs.	30 Jun 15
Bar	'25th December 1915' Hulloch	14 Jan 16
5771 Pte. Howells A.	Rl. Berks. or S.W.Bord:	23 Apr 01
220288 C.S.M. Bar		4 Mar 18
33896 Sgt-Maj. Howes F.	Royal Field Arty.	25 Nov 16
Bar		3 Sep 18
L/10361 R.S.M. Hubard F.	2nd Royal Fusiliers	22 Jan 16
Bar		3 Sep 18
598 C/Sgt. Hudson J.	Irish Guards. S.Afr:	31 Oct 02
5/3010 S.M. Bar	'10-11 Aug. 1915' Sari Bari. Gallip:	2 Feb 16
	5th Bn. Conn. Rangers	
2208 S.M. Hudson W.G.	Devon Regt. S.Afr: 1900	27 Sep 01
Bar		20 Oct 16
781677 Sgt. Hudson J.	C/246 W.R.Bde: R.F.A.	1 Jan 19
Bar		17 Apr 19
3631 Sgt. Hutton D.	Royal Hdrs.	11 Dec 16
200832 Bar		22 Oct 17
1172 Pte. Humm W.	Rifle Brigade	18 Jun 17
Bar		22 Oct 17
204017 C.S.M. Hurst B.H.D.	Royal Engineers	1 Jan 18
Bar		4 Mar 18
1661 Sgt. Inguarson J.E.V.R.	44th Bn. Australian Inf.	30 Oct 18
Bar		12 Mar 19
550382 C.S.M. Ives C.L.	London Regt.	26 Jan 18
Bar		3 Jun 18
21/377 Sgt. Jackson A.F.	Northumberland Fus.	1 Jan 17
Bar		28 Mar 17
— Col/Sgt. Jacobs G.	72nd Foot. Afghanistan	20 Mar 80
		Submissions to Queen
Bar	'September 1st 1880' Kandahar	1 Apr 81
		Submissions to Queen

Appendix 1

4800 Sgt. Jeffreys J.G.	Seaforth Hdrs.	26 Jul 17
A/C.S.M. Bar		3 Sep 18
4909 Sgt. Jenkinson J.H.	2nd Battn. H.A.C.	4 Mar 18
Bar		17 Apr 19
6391 Cpl. Johnson F.	R.F.C.	26 Apr 17
Sgt. Bar	R.A.F.	3 Sep 18
200691 L/Sgt. Johnson G.	Rl. Lancaster Regt.	28 Mar 18
Bar		3 Oct 18
8510 L/Sgt. Jones E.	Royal Welsh Fus.	4 Jun 17
Bar		26 Jul 17
19647 Sgt. Jones E.T.	Royal Welsh Fus.	25 Aug 17
bar		30 Oct 18
57629 A/Cpl. Jones F.	2/4th York & Lancs. R.	18 Feb 19
Bar		17 Apr 19
12212 Cpl. Jones G.	Cheshire Regt.	26 Jul 17
Bar		3 Oct 18
169014 Sgt. Jones O.B.	42nd (Quebec) Canadian Inf.	19 Aug 16
Bar		14 Nov 16
18539 Sgt. Jones W.	Rl. Welsh Fus.	1 Jan 17
Bar		22 Oct 17
46282 C.S.M. Jones W.M.	Canadian Infy.	14 Jun 16
Bar		19 Nov 17
444949 Sgt. Jordon M.N.	Canadian Infy.	22 Oct 17
A/C.S.M. Bar		3 Oct 18
62146 Cpl. Jordon W. (M.M.)	R.A.M.C.	26 Nov 17
A/Sgt. Bar		3 Sep 18
7268 Pte. Kearney H.W.	1st Rl. Innis: Fus.	6 Sep 15
Bar		28 Mar 18
12367 Sgt. Keefe D.O.	Aust. Medical Corps.	25 Aug 17
Bar		4 Mar 18
75 L/Cpl. Kennedy T.	1st Bn. Australian Infy.	3 Jul 15
C.S.M. Bar	In Machine Gun Corps.	19 Nov 17
5558 C.S.M. Kent C.	2nd Durham L.I.	1 Apr 15
Bar	'9th August 1915'	15 Sep 15
6026 C.S.M. Kepner J.A.	1st Wiltshire Regt.	3 Jun 15
Bar		20 Oct 16
4488 C.S.M. Kerrigan W.	Middlesex Regt.	3 Jun 16
16825 Bar	2nd Leicester Regt.	30 Oct 18
613028 L/Sgt. Kimberley J.W.	Notts & Derby Regt.	4 Jun 17
Bar		25 Aug 17
180802 Sgt. Knowles W.H.	25th Canadian Infy.	12 Mar 19
A/C.S.M. Bar		19 Apr 19
3 Sgt. Landley J.H.	1st Aust. Armd: Car Coy.	—
Bar		17 Apr 19
— Col-Sgt. Lauder R.R.	72nd Foot. Kabul.	20 Mar 80
		Submissions to Queen
Bar	'September 1st 1880' Kandahar	1 Apr 81
		Submissions to Queen
5518 Pte. Lawn J.N.	1st K.O. Yorks: L.I.	31 Oct 02
C.S.M. Bar	'29 Sept. 1915' Hohenzollern Redoubt.	16 Nov 15
8514 A/R.S.M. Lee A.	East Surrey Regt.	3 Sep 18
Bar		3 Sep 18
28522 Sgt. Lee A.G.	Machine Gun Corps.	22 Oct 17
Bar		3 Sep 18
4355 A/Sgt. Lee S.J.	1st Hampshire Regt.	30 Jun 15
Bar	In 7th Wilts.	12 Mar 19
244076 Sgt. Lee S.G.	5th West Riding Regt.	1 Jan 18
Bar		12 Mar 19
63548 Sgt. Le Page G.J.	4th Canadian Infy.	19 Nov 17
Bar		12 Mar 19
5713 Cpl. Lihon J. (M.M.)	10th or 13th Aust. Infy.	30 Oct 18
Bar		18 Feb 19
3435 Tpr. Lilley T.W. (M.M.)	3 Bn. Imp. Yeom.	27 Sep 01
A/Cpl. Bar	1 Bn. Can. M.G.C.	12 Mar 19
55786 Sgt. Lockesley W.	1st Notts & Derby Regt.	15 Nov 18
C.S.M. Bar		12 Mar 19
1/11161 Pte Lomas L.	1st South Wales Bord:	16 May 16
Bar		12 Mar 18
6975 Sgt. Loveday A.W.	Wiltshire Regt.	22 Jan 16
Bar		26 Sep 16
2996 L/Cpl Lowe W.	Seaforth Hdrs.	1 May 18
Bar		17 Apr 19
51277 Spr. Lynch J.	R.E. Attd. Gds. Bde.	22 Nov 17
Cpl. Bar	(Signal Section)	5 Dec 18

645

Appendix 1

6923 Drummer Sgt. McDonald A. KiA 28/10/14 Bar	2nd K.O.Y.L.I. S.A.1900 '19 Oct 1914' Near Illes.	27 Sep 01 17 Dec 14
14952 Pte. Macauley D.M. Bar	1st South Wales Bord: '17-18 June 1916' Callone	11 Mar 16 27 Jul 16
7804 Sgt. Macarthur P. C.S.M. Bar	Royal Hdrs.	19 Jan 17 17 Aug 17
530567 Sgt. MacFarland J.H.	9th Canadian Fld Amb.	1 Jan 19 18 Feb 19
8586 Sgt. McFarland T. Bar	2nd R. Inniskilling Fus. '15-16 May 1915' Richbourg	30 Jan 15 14 Jan 16
2740 C.S.M. MacKenna E.T. 390569 Bar	9th London Regt.	4 Jun 17 5 Dec 18
3/7074 Sgt. MacKenzie H. Bar	5th Seaforth Hdrs.	20 Oct 16 12 Mar 19
1980 C.S.M. Mackensie R. Or 1918 Bar	16th or 18th Aust. Infy.	6 Feb 18 12 Mar 19
672 Sgt-Maj. McGuise J. Bar	King's Liverpool Regt.	30 Jun 15 14 Nov 16
200122 Sgt. McCartney J. Bar	Manchester Regt.	29 Nov 15 3 Sep 18
204286 C.S.M. McDonald M. Bar	4th Seaforth Hdrs.	1 Jan 19 18 Feb 19
54003 Cpl. McKenna S. Bar	R.A.M.C.	15 Apr 15 22 Sep 16
2541 Sgt. McKinnon A. 10716 R.S.M. Bar	Cameron Hlrs. Sth. Africa '25-27 Sept 1915' Corons Redoubt. Cameron Hlrs.	27 Sep 01 14 Jan 16
14/15416 C.S.M. McIlves —	Royal Irish Rifles	25 Aug 17 3 Sep 18
604 L/Cpl. McIntosh J. Bar	10th Argyll & Suth. Hdrs.	3 Jun 18 12 Mar 19
2794 C/Sgt. McIntyre W.L. A/1143 A/C.S.M. Bar	H.L.I. Sth Africa '00. 'May 1915-March 1916' Hooge. 8 KRRC,	31 Oct 02 3 Jun 16
14/15146 Cpl. McIlveen W. C.S.M. Bar	Rl. Irish Fus.	25 Aug 17 3 Sep 18
8734 C.Sgt. McIver J.M. R.S.M. Bar	Seaforth Hdrs. Soudan. S.A. Infantry	15 Nov 98 20 Oct 16
3/i2471 Cpl. McIver M. Sgt. Bar	Cameron Hdrs.	22 Sep 16 26 Jul 17
16355 Sgt. McMillan J. Bar	13th Royal Scots.	3 Jun 18 12 Mar 19
39681 Sgt. McMurray R. Bar	N.Z. Rifle Brigade	26 Jul 17 3 Sep 18
131 Sgt. Maguire J. Bar	Australian Infy.	18 Jun 17 30 Oct 18
7622 Sgt. Maher J. Bar	1st or 2nd Leinster R. '15 March 1915' St. Eloi.	1 Apr 15 3 Jun 15
9308 C.S.M. Malia J. R.S.M. Bar	Border Regt.	3 Sep 18 3 Jun 18
3/2072 C.S.M. Maltby O. A/R.S.M. Bar	K.O. Yorks. L.I.	1 Jan 17 30 Oct 18
9917 Cpl. Mansell W. Bar	3rd Worcester Regt. '12 March 1915' Spaabroch Molers	1 Apr 15 3 Jun 15
52363 B.S.M. Marshall D. (M.M.) Bar	D/1156 R.F.A.	1 Jan 18 17 Apr 19
3/3998 Cpl. Martin L.E. Bar	Royal Field Arty.	3 Sep 18 12 Mar 19
20891 C.S.M. Martin T. Bar	Durham L.I.	26 Nov 17 30 Oct 18
1340 L/Sgt. Martin W.C. Bar	10th Aust. Light Horse.	1 Jan 19 17 Apr 19
330036 C.S.M. Mathie W.H. Bar	Highland L.I.	3 Jun 18 3 Oct 18
967 C.S.M. Mathias L.J. Bar	33rd Bn. Australian Infy.	3 Jun 18 5 Dec 18
114 Sgt. Mathias R. Bar	1st Welsh Guards. '1-2 July 1915' N.E. of Ypres	27 Jul 16 27 Jul 16
9544 C.S.M. Matthews L.A. (M.M.) Bar	1st Gordon Hdrs.	1 Jan 19 12 Mar 19
4432 Sgt. McMullen T.	1st Irish Guards	5 Aug 15 14 Nov 16
4804 C.S.M. McQuillon J. Bar	Highland L.I.	17 Sep 17 3 Sep 18
2169 Cpl. Mattock C.A. A/Sgt. Bar	8th London Regt. '22 May 1916' Souchey	15 Mar 16 24 Jun 16

Appendix 1

Name	Unit	Date
7424 L/Cpl. Mavor A.L. C.S.M. Bar	2nd Scots Guards	1 Apr 15 / 3 Sep 18
S3434 Cpl. May T. A/Sgt. Bar	2nd Royal Hdrs.	16 Nov 15 / 17 Apr 19
6655 Pte Mayers W. Bar	1st Norfolk Regt. '6-7 Nov. 1915' Hohenzollern Redoubt.	1 Apr 15 / 22 Jan 16
55168 Sgt. McLellan J. Bar	Royal Field Arty. '26th June 1916'	11 Mar 16 / 27 Jul 16
25417 Cpl. May T. Bar	Rl. Engineers. Sth. Afr. '1st July 1901'	31 Oct 02 / 21 Apr 03
5778 Cpl. Meakins H. Bar	R.A.M.C.	15 Sep 15 / 14 Nov 16
13263 Cpl. Melhuish R.J. Sgt. Bar	9th Devon Regt. '1st July 1916' Mametz	11 Mar 16 / 27 Jul 16
620163 Sgt. May S. Bar	Royal Horse Arty.	18 Feb 18 / 26 Jun 18
9827 Sgt. Drummer Metcalf C.E. C.S.M. Bar	West Riding Regt.	3 Jun 15 / 22 Sep 16
10064 C.S.M. Miller D. Bar	2nd R.Irish Rifles	3 Jun 18 / 16 Jun 19
6401 C.S.M. Miller G. Bar	1st K.O.Yorks. L.I.	19 Nov 17 / 12 Mar 19
12078 Cpl. Miller J. Bar	West Yorks. Regt.	19 Nov 17 / 4 Mar 18
5576 Sgt. Milne C.R. Bar	2nd Hampshire Regt.	6 Sep 16 / 4 Mar 18
81597 Sgt. Milne F.R. Bar	10th Canadian L.I. '4-5 Feb. 1916' Near Messines.	4 Jan 16 / 15 Mar 16
2788 Pte. Mitchell A.W. Cpl. Bar	Strathcona's Horse Canadian Engineers	14 Jan 16 / 3 Sep 16
45306 Pte. Mitchell H. Bar	Durham Light Infy.	14 Jan 16 / 3 Sep 18
5/10075 Pte. Moreland J. Bar	Gordon Hdrs.	14 Nov 16 / 18 Jun 17
13353 Cpl. Moore A. Sgt. Bar	Norfolk Regt.	20 Oct 16 / 3 Sep 16
23530 Sgt. Moore L.J. Bar	Machine Gun Corps.	3 Jun 18 / 3 Sep 18
530 C.S.M. Morris J. Bar	Hampshire Regt.	1 Jan 18 / 28 Mar 18
5/14369 A/C.S.M. Morris G.J. Bar	Sth. Wales Borderers	3 Jun 18 / 3 Sep 18
1047 Sgt. Morris D. S/Sgt.Maj. Bar	2nd K.Edward's Horse (Formerly 1st L.N.Lancs)	6 Sep 15 / 18 Jul 17
1891 C.S.M. Morris J.A. 200309 Bar	King's Liverpool Regt.	11 Dec 16 / 22 Oct 17
2486 Sgt. Morrison E.C. Bar	Australian Infy.	25 Aug 17 / 3 Sep 18
25188 Cpl. Mossop F. Sgt. Bar	1st King's Liverpool R. Atted. Leigh Mortar Battery	27 Jul 16 / 1 May 18
7357 Pte. Mourphy J.O. Bar	2nd Norfolk Regt.	5 Aug 15 / 12 Dec 17
7826 Sgt. Munday R. Bar	Royal Berks. Regt.	4 Nov 14 / 12 Mar 17
1764 Sgt, Murphy B.F. Bar	28th Bn. Australian Inf.	1 Jan 18 / 18 Feb 19
22082 Sgt. Murphy T. Bar	Cornwall Light Infy.	3 Sep 18 / 15 Nov 18
1306 Cpl. Nancarrow J. Bar	Australian Engineers	3 Jun 18 / 3 Sep 18
5702 C.S.M. Nash W.H. Bar	Gloucester Regt.	26 Jan 17 / 3 Sep 18
28580 Cpl. Newman M. (M.M.) A/C.S.M. Bar	Welsh Regiment	26 Jul 17 / 3 Sep 18
3042 C/Sgt. Noble D.	D.L.I. Sth.Africa	27 Sep 01
12901 S.M. Bar	'31st July 1915' 10.D.L.I.	14 Jan 16
14543 Sgt. Nolan P. Bar	South Stafford Regt.	22 Sep 16 / 17 Sep 17
2760 Pte. O'Connor J. Bar	1st Irish Guards '10 August 1915' Cuinchy	30 Jun 15 / 15 Sep 15
4389 Sgt. O'Hare E.J. C.S.M. Bar	Irish Guards	4 Mar 18 / 5 Dec 18
12367 Sgt. O'Keefe D.A. Bar	Australian A.M.C.	25 Aug 17 / 4 Mar 18

Appendix 1

18126 C.S.M. Oldridge E. A/R.S.M. Bar	Durham Light Infy.	3 Jun 18 / 3 Sep 18
G/61149 Sgt. Orbell G.W. Bar	24th Royal Fusiliers	15 Nov 18 / 18 Feb 19
6547 C.S.M. Oxley H. T/R.S.M. Bar	7th K.R.R.C.	3 Jun 16 / 4 Mar 18
14716 Sgt. Parke H. Bar	Norfolk Regt.	3 Sep 18 / 3 Jun 18
3587 Sgt. Parkinson W.S. Bar	Canadian Cavalry	17 Sep 17 / 28 Mar 18
235408 C.S.M. Patterson F. Bar	West Riding Regt.	3 Jun 18 / 15 Nov 18
71860 C.S.M. Patterson T.	27th Canadian Infy.	3 Jun 16 / 14 Nov 16
44751 Cpl. Payne E.V. (M.M.) Bar	Royal Engineers	3 Sep 18 / 3 Oct 18
22680 C.S.M. Pead J. Bar	Border Regt.	12 Mar 17 / 28 Mar 18
31649 Bomb. Pengelly A. Sgt. Bar	112th Batty. R.F.A.	15 Sep 15 / 3 Sep 18
7/16557 Pte. Perry F. or C. Bar	7th Border Regiment '14-16 Feb. 1916' Ypres Comines	14 Jan 16 / 30 Mar 16
15834 Sgt. Perry F. Bar	2nd Rl. Dublin Fus.	18 Feb 19 / 18 Feb 19
20/614 Cpl. Philipson J.E. or J.S. R.S.M. Bar	8th Northumberland Fus.	22 Sep 16 / 17 Apr 19
73821 Pte. Phillips F.R. Bar	Canadian Infy.	22 Sep 16 / 3 Sep 18
59343 Sgt. Philpot W.J. Bar	R.H.A. R.F.A.	18 Jul 17 / 4 Mar 18
7950 Sgt. Plank G. (M.M.) Or 7590 C.S.M. Bar	1st Rl. Berkshire Regt.	26 Jul 17 / 12 Mar 19
5018 Pte. Player E.A. Bar	2nd Wiltshire Regt. '15th June 1915'	5 Aug 15 / 14 Jan 16
60216 Sgt. Playle E. Bar	Royal Field Arty.	1 Jan 17 / 25 Aug 17
1422 Sgt. Poole D.	Australian Infy.	18 Jun 17 / 19 Nov 17
10148 A/C.S.M. Porteus J. C.S.M. Bar	Royal Scots.	19 Aug 16 / 3 Oct 18
73821 C.S.M. Pugh H. Bar	King's Liverpool Regt.	1 Jan 18 / 3 Sep 18
s/14429 Pte. Pugh W. (M.M.) Cpl. Bar	Rifle Brigade	19 Nov 17 / 18 Mar 18
TZ1571 Ldg. Seaman Punton W. P.O. Bar	R.N.V.R. (Attd. Trench Mortar Battery)	26 Mar 17 / 28 Mar 18
8005 C.S.M. Radford F.H. A/R.S.M. Bar	Devonshire Regt.	22 Oct 17 / 3 Sep 18
292495 Sgt. Raistrick W.F. A/C.S.M. Bar	Royal Hdrs.	18 Jul 17 / 28 Mar 19
1219 C.S.M. Rankin R. A/R.S.M. Bar	Royal West Kent Regt.	1 Jan 17 / 3 Sep 18
3/10396 C.S.M. Raven A.F. (M.M.) R.S.M. Bar	Norfolk Regt.	1 Jan 17 / 3 Oct 18
S/148357 Sgt. Rees A.L. S/145381 ? Bar	South Wales Borderers	25 Aug 17 / 3 Oct 18
S/9808 Sgt. Reece or Reeve W.H. C.S.M. Bar	1st Gloucester Regt.	14 Jun 16 / 3 Sep 18
6301 Sgt. Regan J. Bar	1st Irish Guards	16 Nov 15 / 18 Feb 19
14873 Sgt. Rhodes F. (M.M.) C.S.M. Bar	Northumberland Fus.	19 Nov 17 / 30 Oct 18
18112 Cpl. Rhodes J.H. Bar	2nd Grenadier Guards '6th August 1915'	15 Aug 15 / 14 Jan 16
795382 Sgt. Richardson E. Bar	Royal Field Arty.	12 Sep 17 / 3 Sep 18
36318 Bomb. Richardson T. Sgt. Bar	37th Batty. R.G.A. '24 May 1915' North of Menin Road	1 Apr 15 / 14 Jan 16
12071 Sgt. Richer G.R. (M.M. & Bar) Bar	8th Lincoln Regt.	10 Jan 17 / 16 Jan 19
6/17063 C.S.M. Ricketts W.H. Bar	South Wales Borderers	1 Jan 18 / 30 Oct 18

Appendix 1

2/181 B.S.M. Riddett J.J.	N.Z. Field Artillery	11 Dec 16
Bar		3 Sep 18
2/5499 A/R.S.M. Ring J. (M.M. or M.C.)	2nd Rl. Munster Fus.	1 Apr 15
R.S.M. Bar		3 Sep 18
2618 Sgt. Riordan M.	Irish Guards	17 Dec 14
Bar		14 Nov 16
7352 Pte. Ritson J.	1/5th Rl. Scots Fus.	11 Mar 16
Cpl. Bar	'Dardanelles' (No date given)	27 Jul 16
11406 Cpl. Robertson A.	3rd Scots Guards	3 Sep 18
A/Sgt. Bar		5 Dec 18
7145 Sgt. Robinson T.	1st Northumberland Fus.	5 Aug 15
A/C.S.M. Bar		25 Nov 16
47277 S.Sgt. Robson W.	Royal Field Arty.	1 Jan 19
Bar		18 Feb 19
9339 Pte. Rochford J.	1st Connaught Rangers	1 Jan 19
		17 Apr 19
8749 Sgt. Roderick P.B.	2nd Rl. Welsh Fus.	3 Jun 15
Bar	'21-22 June 1916'	27 Jul 16
53610 L/Sgt. Routley C.E.	Canadian Infy.	14 Nov 16
Bar		3 Oct 17
14092 Sgt. Royall L.N.	Coldstream Guards	1 Jan 18
Bar		22 Oct 17
F627 C.S.M. Sandoe L. (M.M.)	13th Middlesex Regt.	22 Oct 17
Bar		12 Mar 19
18820 C.S.M. Savage F.A.	8th Gloucester Regt.	12 Mar 19
Bar		1 Jun 19
8276 C.S.M. Sayers N.	1st East Lancs. Regt.	30 Jun 15
Bar.	'13th May 1915' Ypres	5 Aug 15
240101 C.S.M. Scofield H.	West Riding Regiment	13 Jun 18
Bar		3 Sep 18
11348 C.S.M. Scott W.H.	Northumberland Fus.	15 Mar 16
Bar		4 Mar 18
13005 Cpl. Scowen L.	Leicester Regt.	25 Nov 16
Bar		4 Mar 18
— Sgt. Seabright G.E.	R.Marine Arty. Nile '98	16 May 99 Submission to Queen
Bar	'November 21st-24th 1899'	1 May 00 Submission to Queen
— Sgt. Sears F.J.	R.Marine Arty. Nile 1898	16 May 99 Submission to Queen
Bar	'November 21st-24th 1899'	1 May 00 Submission to Queen
63582 Sgt. Seller H.	Royal Field Arty.	3 Jun 18
A/B.S.M. Bar		30 Oct 18
4968 Sgt. Seton A.E.	9th Lancers.	16 Jan 15
12844 Bar		3 Sep 18
2504 Pte Shang C.J.	Australian Infy.	25 Aug 17
Bar		3 Sep 18
2080 Cpl. Shanks J.	9th Argyll & Suth: Hdrs.	30 Jun 15
Bar		10 Jan 17
6406 Sgt. Shcorer G.	1st Border Regt.	18 Jul 17
Bar		12 Mar 19
2025 Pte. Shonk E.G.	22nd London Regt.	24 Jan 16
680857 Sgt. Bar		16 Aug 17
240119 Sgt. Sherwood A.T.J.	1/8th Worcester Regt.	15 Nov 18
Bar		8 Feb 19
2084 A/Sgt. Shepherd F.W.	13th London Regt.	1 Apr 15
Bar	'9th May 1915' Rouge Bares	5 Aug 15
630316 B.S.M. Shirieff W.T.	Royal Field Arty.	3 Jun 18
Bar		3 Jun 18
551 Gnr. Shields W.	R.G.A.	19 Apr 01
Bar	'28th January 1916'	30 Mar 16
8556 A/Sgt. Siddons W.	4th Hussars	16 Jan 15
Bar	'29-30 January 1916 'Hairpin Crater	15 Mar 16
3/5989 Cpl. Sime A.D.	Cameron Hdrs.	20 Oct 16
Bar		28 Mar 18
6851 Sgt. Simmonds F.E.	23rd Field Coy., R.E.	1 Jan 17
T/C.S.M. Bar		18 Feb 19
4029 C.S.M. Simons H.G.	Coldstream Guards	14 Jan 16
		22 Oct 17
241337 Sgt. Siswick B.	West Riding Regt.	26 Jul 17
Bar		3 Sep 18
4853 Sgt. Skinner J.	Seaforth Hdrs. S.Africa	31 Oct 02
C/Sgt. Bar		29 Aug 17

198766 Sgt. Smith D. Bar	43rd Canadian Infy.	18 Feb 19 12 Mar 19
205707 Sgt. Smith E.J. Bar	1st Rl. West Kent Regt.	15 Nov 18 18 Feb 19
240463 L/Cpl. Smith J. Bar	1/6 North Stafford Regt.	30 Oct 18 12 Mar 19
12316 Sgt. Smith J. Bar	Shropshire L.I.	19 Nov 17 3 Sep 18
2831 B.S.M. Smith T.R.	Rl. Garrison Arty.	4 Jun 17 3 Sep 18
3783 Sgt. Smith W.B. Bar	1st Notts & Derby Regt.	16 Jan 19 12 Mar 19
19344 Spr. Smith G.	15th Field Coy. R.E.	30 Jun 15 22 Sep 16
16821 Sgt. Smith G. Bar	Royal Engineers. Kandia. 'January 1901'	7 Mar 99 26 Jun 02
16795 C.S.M. Smithson J. Bar	South Stafford Regt.	25 Aug 17 4 Mar 18
466132 L/Cpl. Sorby F.W.D. Bar	Canadian Infantry	15 Nov 18 15 Nov 18
14766 Sgt. Spalding E. Bar	Suffolk Regt.	3 Sep 18 3 Jun 18
240129 Cpl. Spiney C. Bar	East Yorks.	1 Jan 18 3 Oct 18
27379 B.S.M. Spratley H.F. Bar	Royal Field Arty.	1 Jan 18 3 Jun 18
265012 C.S.M. Stembridge F. Bar	1/7th West Yorks.	1 Jan 19 17 Apr 19
240991 C.S.M. Stewart W. Bar	Royal Hdrs.	28 Mar 18 3 Sep 18
17312 Sgt. Still G. Bar	Machine Gun Corps.	4 Mar 18 3 Sep 18
10642 Pte. Stoat J. Bar	6th Lincoln Regt.	2 Feb 16 25 Aug 17
24559 Sgt. Stoddart R. Bar	19th Durham L.I.	18 Feb 19 12 Mar 19
9409 A/Cpl. Stringer D. A/C.S.M. Bar	2nd Bedford Regt. '30 September 1915' Hulloch	5 Aug 15 6 Nov 15
8536 Sgt. Sturgess A. Bar	Royal Berkshire Regt.	17 Sep 17 11 Mar 18
1473 A/Cpl. Sugar R.C. Attd. M.G.C. Bar	15th London Regt. '21st May 1916' Vimy Ridge	3 Jun 16 27 Jul 16
2087 Pte. Summers A. Attd. Lahore Sa'y Co. Bar	1st Manchester Regt. '8th March 1916'	3 Jun 15 20 Oct 16
74091 Sgt. Surplice E.W. Bar	Royal Engineers	3 Sep 18 3 Jun 18
9222 Pte. Swan H.L. Bar	2nd Rl. West Surrey Regt. '25th Sept. 1915' Vermelles	15 Aug 15 14 Jan 16
116045 Cpl. Swanby A.O. Sgt. Bar	2nd Canadian Mtd. Rifles	28 Mar 18 16 Jan 19
92836 Sgt. Strang J. Bar	Tank Corps.	3 Jun 18 15 Nov 18
8624 Cpl. Tapsell W.A. A/Sgt. Bar	Lincoln Regt.	17 Sep 17 17 Sep 17
L/9895 C.S.M. Taylor G.W. A/R.S.M. Bar	Royal Fusiliers	25 Nov 16 3 Sep 18
1/7811 C.S.M. Taylor T.R. Bar	Rl. West Kent Regt.	26 Nov 17 30 Oct 18
25382 Sgt. Thiess W.H. Bar	Royal Field Arty. Attd. D/232 (Nth.Mid) Bty.	4 Mar 18 12 Mar 19
9444 Sgt. Thomas E. Bar	East Yorks. Regt.	3 Sep 18 3 Sep 18
55723 C.S.M. Thomas J.E. Bar	19th Canadian Infy.	16 Jun 19 16 Jun 19
460196 Pte. Thompson P. (M.M.) Bar	Rl. Canadian Infy.	28 Mar 18 17 Apr 19
13568 C.S.M. Thorne C.A. Bar	7th Wiltshire Regt.	18 Feb 18 12 Mar 19
38791 Pte. Thornton M.	R.A.M.C.	25 Nov 16 26 Jul 17
67590 Sgt. Tolley J. Bar	1/5th West Yorks Regt. In M.G.C.	14 Jan 16 26 Nov 17
375831 C.S.M. Toogood R. Bar	1/10th Manchester Regt.	5 Dec 18 18 Feb 19

10393 Sgt. Townlow J. (M.M.) Bar	1st Cheshire Regt.	25 Aug 17 12 Mar 19
386 Sq.Q.M.S. Townsend A.R. Bar	Australian Light Horse	16 Feb 18 28 Mar 18
310 C.S.M. Trevescus W.C. Bar	24th Bn. Aust. Infy.	18 Feb 19 18 Feb 19
G/1192 Sgt. Trevor A.W. (M.M.) Bar	7th Royal Sussex Regt.	5 Dec 18 16 Jan 19
8368 C.S.M. Trowbridge J. A/R.S.M. Bar	Cheshire Regt.	3 Sep 18 3 Sep 18
241444 Sgt. Tunks T. Bar	5th Leicester Regt.	18 Mar 19 18 Mar 19
25290 Sgt. Tugby J.W. Bar	D.L.I and M.G.C.	3 Oct 18 3 Jun 18
9478 C.S.M. Turnbull H.B. Bar	1st K.O.Scottish Bord.	18 Feb 19 12 Mar 19
10393 Pte. Twembow J. Bar	1st Cheshire Regt.	25 Aug 17 12 Mar 19
2303 L/Sgt. Usher W. Bar	1st Irish Guards.	1 Apr 15 28 Mar 18
5457 Gnr. Vercoe F. Bar	7 Siege Bty. R.G.A. '14th February 1916' Near Ypres	22 Jan 16 30 Mar 16
L/18727 Sgt. Vernon G.T. Bar	Royal Field Arty.	3 Sep 18 3 Jun 18
9589 Sgt. Vickers E.R. Bar	Grenadier Guards 2nd Coldstream Guards	4 Mar 18 3 Sep 18
1480 Sgt. Vickers W. (M.M.) Bar	Australian Infy.	3 Sep 18 30 Oct 18
2259 C.S.M. Waddington O.F. Bar (M.M.)	1st Welsh Guards	26 Nov 17 16 Jan 19
11167 Sgt. Waine P. Bar	Rl. Dublin Fus.	20 Oct 17 26 Nov 17
306206 Cpl. Walker A.E. L/Sgt. Bar	Notts. & Derby Regt.	24 Jan 17 18 Jun 17
10460 Sgt. Wallace J.W. C.S.M. Bar	East Lancs. Regt.	19 Nov 17 3 Oct 18
9650 C.S.M. Wallsgrove J. (M.M.) Bar	14th R. Welsh Fus.	26 Nov 17 18 Feb 19
7494 B.S.M. Walton S.C. Bar	Rl. Garrison Arty.	18 Jul 17 3 Sep 18
8198 Pte. Ward J. Bar	North Stafford Regt.	15 Apr 16 14 Nov 16
8048 Sgt. Warren G. Bar	Hampshire Regt.	22 Oct 17 3 Sep 18
L/14368 Sgt. Watson T. Bar	Royal Fusiliers	18 Jul 17 28 Mar 18
295478 Pte. Watson W.B. Bar	Royal Scots Fus.	18 Feb 18 26 Jun 18
19606 C.S.M. Waywell S. Bar	Highland L.I.	3 Jun 18 3 Sep 18
841293 Sgt. Weeks H. Bar	14th Canadian Infy.	3 Sep 18 18 Mar 19
204396 Sgt. Wells J.H. Bar	15th Canadian Infy.	15 Nov 18 16 Jan 19
2099 Pte. West F. Cpl Bar	Rl. Hdrs. Soudan '84 Various Expeditions in W. Africa.	G.O. 122/1885 25 Apr 02
10968 C.S.M. West W. Bar	Machine Gun Corps.	19 Nov 17 3 Sep 18
405 Cpl. Westall A.G.	1/4th Rl. Scots.	14 Jan 16 20 Oct 16
62225 Cpl. White A.E. Sgt. Bar	50th Battery R.F.A.	14 Jan 16 18 Feb 19
308874 Sgt. White G. Bar	Rl. Garrison Arty.	1 Jun 18 3 Sep 18
479952 Spr. White S.S. (M.M.) A/L/Cpl. Bar	49th Div. Signalling Coy. R.E.	15 Mar 16 17 Apr 19
6246 Pte. White W. Bar	3rd Coldstream Guards	16 Nov 15 14 Nov 16
5506 Sgt. Whitehead T. 230506 Bar	R.G.A. Attd. T.M.Bty.	13 Feb 17 28 Mar 18
8491 Pte. Whiting E.A. (M.M.) Bar	2nd Coldstream Guards	4 Mar 18 5 Dec 19
200766 C.S.M. Widd T. (M.M.) A/R.S.M. Bar	South Lancs. Regt.	20 Dec 16 3 Oct 18

240032 Sgt. Wilbur A.	1/5th Leicester Regt.	1 Jan 19
Bar		12 Mar 19
203174 Cpl. Wilcox R.P.	West Riding Regt.	28 Mar 18
A/C.S.M. Bar		3 Sep 18
B/2391 Sgt. Willey H.J.	9th Rifle Brigade	16 Nov 15
Bar		26 Oct 17
10089 A/Cpl. Williams J.	2nd Rl. Welsh Fus.	30 Jun 15
Sgt Bar		26 Jul 17
1829 Cpl. Williams J.	5th Bn. Australian Infy.	11 Mar 16
Bar		22 Sep 16
200530 Sgt. Williamson T.	South Lancs. Regt.	3 Jun 18
Bar		15 Nov 18
G/39939 Sgt. Wilson W.	Durham L.I.	4 Jun 17
Bar		30 Oct 18
370680 Sgt. Windle W.	8th London (P.O.) Rif.	14 Nov 16
A/C.S.M. Bar		15 Nov 18
30134 Sgt-Maj. Wing F.	5th Mtd.Rifles. S. Afr.	22 Aug 18
Bar	S.A. Light Horse	3 Sep 18
A/412 Sgt. Wood E.	7th K.R.R.C.	15 Sep 15
Bar	In 1/13th County of London Regt.	26 Sep 16
8090 Sgt. Woods J.	King's Liverpool Regt.	28 Mar 18
(M.M.) Bar		15 Nov 18
9738 Sgt. Worthing H.E.	Rifle Bde. South Afr. '00	27 Sep 01
Bar	'8th June 1901' South Afr. '00.	11 Mar 02
30128 Sgt. Wright H.C.	East Kent Regt.	1 Jan 17
A/C.S.M. Bar		17 Sep 17
8932 Cpl. Yates H.	12th or 20th Worcester R.	18 Feb 19
A/Sgt. Bar		18 Feb 19
13434 A/Bomb. Young C.E.	H.Q., 24 Bde: R.F.A.	14 Jan 16
	In No.3 Railway Coy.	18 Jul 17
102218 Cpl. Young F.R.	175th Coy. R. Engineers	9 Oct 15
Bar	'2nd March 1916' Sanctuary Wood	30 Mar 16

Recipients of the DISTINGUISHED CONDUCT MEDAL with two Bars 1886-1919

		A. O. or London Gazette
213183 Sgt. Bonser A.	K.O.Y.L.I.	22 Oct 17
G95066 C.S.M. 1st Bar	2/2 London. R.	5 Dec 18
2nd Bar		18 Feb 19
C2/2041 P.O. Cowie J.G.	Hood Bn. R.N.V.R.	5 Dec 18
(M.M.) 1st Bar		18 Feb 19
2nd Bar		18 Feb 19
8992 Sgt. Dobson J.P.	York & Lancs Regt.	25 Nov 16
1st Bar (As C.S.M.)		17 Nov 17
2nd Bar		17 Apr 19
2070 Sgt. Healey T.H.	Cameron Hdrs. Ginnis	G.O. 67/1886
1st Bar	'April 28th 1887' Sarras	G.O. 176/1887
2nd Bar	'August 3rd 1889' Toski	A.O. 112/1890
F3055 Pte. Hickman J.J.	2nd Middlesex Regt.	19 Nov 17
L/Sgt 1st Bar		3 Sep 18
2nd Bar		18 Feb 19
1820 L/Cpl. Leadbeater C.	1/Lincoln Regt.	16 Nov 15
240252 Sgt. !st Bar	'13 October 1915' Hohenzollern Redoubt	29 Nov 15
2nd Bar		17 Sep 17
2702 Cpl. Logan W.	Royal Highlanders	20 Oct 16
1st Bar		29 Aug 17
2nd Bar		1 May 18
1993 Pte. Mitchell G.	2nd Rl. Highlanders	1 Apr 15
1st Bar	'25 September 1915'	30 May 16
2nd Bar	'12 April 1916'	20 Oct 16
13456 Sgt. Phillips S.	Gloucester Regt.	4 Jun 17
55271 C.S.M. 1st Bar	in 1st Worcester Regt.	30 Oct 18
2nd Bar		12 Mar 19
430337 L/Sgt. Soles G.H.	7th Bn. Canadian Infy.	28 Mar 18
Sgt. 1st Bar		15 Nov 18
2nd Bar		18 Feb 19
6360 C.Q.M.S. Woodward T.E.	Depot R. Scots Fus.	1 Jan 17
1st Bar		30 Oct 18
2nd Bar		12 Mar 19

The Navy

Naval Honours and Awards

Lists Officers, Non-Commissioned Officers and Ratings who have received Decorations for Gallantry or Distinguished Service. (Mainly in date of award order).

Appendices I & II list vessels employed on Special Service ('Q' Ships, 1914–1918), with an index of alternative names.

The lists contained in the Naval section were originally published in the official Navy list, April 1919. This section has been published by kind permission of H.M. Stationery Office.

The Navy

Albert Medal, The	176
Bath, Order of The	1
Board of Trade Medals	178
British Empire, Order of The	28
Conspicuous Gallantry Medal	117
Distinguished Service Cross	71
Distinguished Service Medal	120
Distinguished Service Order	54
Foreign Orders	179
Garter, Order of The	1
Imperial Service Order	53
Indian Empire, Order of The	22
Merit, Order of	15
Meritorious Service Medal	174
Royal Red Cross, The	69
St. Michael and St. George, Order of	16
Star of India, Order of The	15
Vessels Employed on Special Service, 'Q' Ships 1914-1918	218
Vessels Employed on Special Service, 'Q' Ships 1914-1918. Index of Alternative names	223
Victoria Cross	70
Victorian Order, Royal	21

Living recipients, whether serving or retired are listed.

THE MOST NOBLE ORDER OF THE GARTER

THE SOVEREIGN

HIS MAJESTY THE KING

KNIGHTS

Lieutenant His Royal Highness Edward Albert Christian George Andrew Patrick David, Prince of Wales . . . . 23 June 10 Nominated

Honorary Admiral His Majesty Gustavus V., King of Sweden, of the Goths and the Vends, G.C.B. . . . . 14 June 05

Honorary Admiral His Majesty Haakon VII., King of Norway, G.C.B., G.C.V.O. . . . . 9 Nov 06

Lieutenant His Royal Highness Prince Albert Frederick Arthur George . . . . 14 Dec 16

THE MOST HONOURABLE ORDER OF THE BATH

THE SOVEREIGN

HIS MAJESTY THE KING.

(MILITARY DIVISION.)

NAVAL OFFICERS.

KNIGHTS GRAND CROSS.

Nominated	Nominated
Admiral *Sir* **Michael Culme-Seymour** *Bt.*, G.C.V.O. . 22 June 97	Admiral *The Hon. Sir* **Edmund Robert Fremantle**, C.M.G. 3 June 99
Admiral *Sir* **Walter James Hunt-Grubbe** . . . 3 June 99	

KNIGHTS GRAND CROSS—contd.

Nominated

Admiral of the Fleet *The Right Hon. Sir* Edward Hobart Seymour, O.M , G.C.V.O., LL.D. . . . . 9 Nov 00
Admiral of the Fleet *Lord* Walter Talbot Kerr . 26 June 02
Admiral of the Fleet *Lord* Fisher of Kilverstone, O.M., G.C.V.O., LL.D . . 26 June 02
Admiral of the Fleet *Sir* Charles Frederick Hotham, G.C.V.O. 9 Nov 02
Admiral *Sir* Cyprian Arthur George Bridge . . . 9 Nov 03
Admiral *Sir* Compton Edward Domvile, G.C.V.O. . 9 Nov 04
V.C. Admiral of the Fleet *Sir* Arthur Knyvet Wilson, O.M., G.C.V.O. . . 9 Nov 06
Admiral of the Fleet *Sir* Arthur Dalrymple Fanshawe, G.C.V.O . . . 19 June 11
Admiral *Sir* Lewis Anthony Beaumont, K.C.M.G. . 19 June 11
Admiral *Sir* Arthur William Moore, G.C.V.O., C.M.G. 19 June 11
Admiral *Sir* Wilmot Hawksworth Fawkes, K.C.V.O., LL.D. . . . . 19 June 11
Admiral *Lord* Beresford of Metemmeh, G.C.V.O., LL.D., D.C.L. . . . . 19 June 11
Admiral of the Fleet *Sir* William Henry May, G.C.V.O. 19 June 11
Admiral *Sir* Francis Charles Bridgeman Bridgeman, G.C.V.O. . . . 10 Dec 12
Admiral *Sir* Reginald Neville Custance, K.C.M.G., C.V.O., D.C.L. . . . 3 June 13
Admiral of the Fleet *the Hon. Sir* Hedworth Meux, K.C.V.O., M.P. . . . . . 3 June 13
Admiral *Sir* Reginald Friend Hannam Henderson . 22 June 14
Admiral *Viscount* Jellicoe of Scapa, O.M., G.C.V.O. . 8 Feb 15

Nominated

Admiral *Sir* David Beatty, G.C.V.O., D.S.O. . . 31 May 16
Admiral of the Fleet *Sir* George Astley Callaghan, G.C.V.O. 3 June 16
Admiral *Sir* Henry Bradwardine Jackson, K.C.V.O, F.R.S. 4 Dec 16
Admiral *Sir* Rosslyn Erskine Wemyss, C.M.G., M.V.O. 3 June 18
Admiral *Sir* Charles Edward Madden, K.C.M.G., C.V.O. 1 Jan 19

KNIGHTS COMMANDERS.

Inspector-General of Hospitals and Fleets, *Sir* James Nicholas Dick, Retired Director-General of the Medical Department . . . 25 May 95
Inspector-General of Hospitals and Fleets *Sir* Henry Frederick Norbury, M.D., F.R.C.S., Retired Director-General of the Medical Department . . . 22 June 97
†Admiral *Sir* Henry Frederick Stephenson, G.C.V.O. . 22 June 97
Admiral *Sir* Nathaniel Bowden-Smith . . 22 June 97
Admiral *Sir* Robert Hastings Harris, K.C.M.G. . 6 Nov 00
Vice-Admiral *Sir* Bouverie Francis Clark . . 29 Nov 00
Admiral *Sir* George Digby Morant . . . 9 Nov 01
Admiral *Sir* Algernon Frederick Rous de Horsey . 9 Nov 03
Admiral *Sir* Day Hort Bosanquet, G.C.M.G., G.C.V.O. . 30 June 05
Admiral *Sir* George Lambart Atkinson-Willes . 30 June 05
Admiral *Sir* Edmund Samuel Poë, G.C.V.O. . . . 26 June 08
Admiral *Sir* Richard Poore, Bt., C.V.O. . . . 25 June 09
Admiral *Sir* Archibald Berkeley Milne, Bt., G.C.V.O. . 25 June 09

---

† *Appointed a Companion of the Order (Civil) 9 December, 1876.*

KNIGHTS COMMANDERS—contd.

Nominated

§Admiral the Marquis of Milford Haven, G.C.B. (*Civil*), G.C.V.O., K.C.M.G., LL.D. . . . . 25 June 09

Admiral *Sir* George Neville, C.V.O. . . . . 25 June 09

Admiral *Sir* Alfred Leigh Winsloe, C.M.G., C.V.O. . 25 June 09

Surgeon Vice-Admiral *Sir* James Porter, K.C.M.G., LL.D., M.D., M.A. (*Retired Director-General of the Medical Department*) . 24 June 10

Admiral *Sir* Percy Moreton Scott, *Bt.*, K.C.V.O., LL.D. 24 June 10

Admiral *Sir* George Le Clerc Egerton . . . . 24 June 10

Admiral *Sir* George Fowler King Hall, C.V.O. . . 19 June 11

Admiral *Sir* Frederick Samuel Inglefield . . 19 June 11

Rear-Admiral *Sir* Thomas Hounsom Butler Fellowes . 19 June 11

Surgeon Rear-Admiral *Sir* Thomas Desmond Gimlette . 19 June 11

Chief Inspector of Machinery *Sir* John Harold Heffernan 19 June 11

Admiral *The Hon. Sir* Stanley Cecil James Colville, G.C.V.O. . . . . 14 June 12

Admiral *Sir* Robert Swinburne Lowry . . . . . 3 June 13

Admiral *Sir* Charles John Briggs. . . . . . 3 June 13

Admiral *Sir* Cecil Burney, G.C.M.G. . . . . 3 June 13

Admiral *Sir* Frederick Charles Doveton Sturdee, *Bt.*, K.C.M.G., C.V.O. . 3 June 3

†Admiral *Sir* Thomas Henry Martyn Jerram, K.C.M.G. 1 Jan 14

†Admiral *Sir* Lewis Bayly, K.C.M.G., C.V.O. . . 1 Jan 14

Admiral *Sir* Randolph Frank Ollive Foote, C.M.G. . . 1 Jan 14

Nominated

Admiral *Sir* Arthur Murray Farquhar, C.V.O. . . 1 Jan 14

Admiral *Sir* Paul Warner Bush, M.V.O. . . . 1 Jan 14

Surgeon Vice-Admiral *Sir* Arthur William May, F.R.C.S. *K.H.P.* . . . . 22 June 14 (*Retired Director General of Medical Department.*)

‡Admiral *Sir* Richard Henry Peirse, K.B.E., M.V.O. . 22 June 14

Admiral *Sir* Ernest Rice . 22 June 14

Admiral *The Hon. Sir* Alexander Edward Bethell, G.C.M.G. . . . 22 June 14

†Admiral *Sir* Archibald Gordon Henry Wilson Moore, C.V.O 22 Aug 14

Admiral *Sir* Edward Eden Bradford, C.V.O. . . 1 Jan 16

Admiral *Sir* Herbert Goodenough King-Hall, C.V.O., D.S.O. . . 1 Jan 16

Vice-Admiral *The Hon. Sir* Somerset Arthur Gough-Calthorpe, G.C.M.G., C.V.O. 1 Jan 16

Vice-Admiral *Sir* John Michael de Robeck, G.G.M.G. . 1 Jan 16

(*a*)Vice-Admiral *Sir* Dudley Rawson Stratford De Chair, M.V.O. . . . . 1 Jan 16

(*b*)Vice-Admiral *Sir* Henry Francis Oliver, K.C.M.G., M.V.O. . . . . 1 Jan 16

Admiral *Sir* Reginald Hugh Spencer Bacon, K.C.V.O., D.S.O. . . . . 1 Jan 16

Vice-Admiral *Sir* Hugh Evan-Thomas, K.C.M.G., M.V.O. 31 May 16

Vice-Admiral *Sir* William Christopher Pakenham, K.C.M.G. K.C.V.O. . . . . 31 May 16

Admiral *Sir* William Lowther Grant. . . . . 1 Jan 17

Admiral *Sir* Reginald Godfrey Otway Tupper, C.V.O. . 4 June 17

Vice-Admiral *Sir* Herbert Leopold Heath, M.V.O. . 4 June 17

§ *Appointed a Knight Grand Cross of the Order* (*Civil Division*) 21 *June*, 1887.
† *Appointed Companion of the Order* (*Civil*) 27 *Sept* 12.
‡ *Appointed Companion of the Order* (*Civil*) 1 *Jan* 13.
(*a*) *Appointed Companion of the Order* (*Civil*) 22 *June* 14.
(*b*) *Appointed Companion of the Order* (*Civil*) 3 *June* 13.

Order of the Bath

KNIGHTS COMMANDERS—contd

Nominated

Vice-Admiral *Sir* Montague Edward Browning, G.C.V.O., M.V.O.	4 June 17
Admiral *Sir* James Startin, A.M.	4 June 17
Capt. *Sir* Reginald Yorke Tyrwhitt, D.S.O.	15 July 17
Vice-Admiral *Sir* Cecil Fiennes Thursby, K.C.M.G.	1 Jan 18
(c) Vice-Admiral *Sir* Alexander Ludovic Duff	1 Jan 18
(d) Surgeon Vice-Admiral *Sir* William H. Norman	1 Jan 18
Rear-Admiral *Sir* Roger John Brownlow Keyes, K.C.V.O., C.M.G., D.S.O.	26 Apr 18
Vice-Admiral *Sir* Trevylyan Dacres Willes Napier, M.V.O.	1 Jan 19
(c) Vice-Admiral *Sir* Arthur Cavenagh Leveson	1 Jan 19
Vice-Admiral *Sir* Sydney Robert Freemantle, M.V.O.	1 Jan 19
Rear-Admiral *Sir* William Edmund Goodenough, M.V.O.	1 Jan 19
Rear-Admiral Edwyn Sinclair Alexander-Sinclair, M.V.O.	1 Jan 19
Rear-Admiral Walter Harry Cowan, D.S.O., M.V.O.	1 Jan 19
Paymaster Captain *Sir* Francis Harrison Smith	1 Jan 19

COMPANIONS.

Admiral Alexander Plantagenet Hastings	17 Nov 82
Admiral Frederick Ross Boardman	25 Aug 85
Rear-Admiral Edmund St. John Garforth	21 June 87
Admiral *Sir* Francis Powell, K.C.M.G.	21 Dec 94
Admiral Michael Pelham O'Callaghan, C.V.O.	25 May 97
Admiral Thomas MacGill	25 May 97
Inspector-General of Hospitals and Fleets Henry Macdonnell	22 June 97
Admiral *Sir* Colin Richard Keppel, K.C.I.E., K.C.V.O., D.S.O.	15 Nov 98

Nominated

Vice-Admiral Reginald Charles Prothero, M.V.O.	6 Nov 00
Admiral John Edward Bearcroft, M.V.O.	6 Nov 00
Admiral William Blake Fisher	6 Nov 00
Admiral William Stokes-Rees	29 Nov 00
Admiral Edward Harpur Gamble	26 June 02
Paymaster Captain Francis Cooke Alton, C.M.G.	26 June 02
Rear-Admiral Thomas Jackson, M.V.O.	9 Nov 06
Paymaster-in-Chief Thomas Henry Lovelace Bowling	28 June 07
Admiral *Sir* Arthur Henry Limpus, K.C.M.G.	19 June 11
Admiral Robert Hathorn Johnston Stewart, M.V.O.	19 June 11
Admiral Ernest Charles Thomas Troubridge, C.M.G., M.V.O.	19 June 11
Engineer Rear-Admiral John Stocker Sanders	19 June 11
Inspector-General of Hospitals and Fleets Charles Cane Godding	19 June 11
(a) Paymaster Rear-Admiral *Sir* John Henry George Chapple, K.C.B., C.V.O.	19 June 11
Admiral Henry Loftus Tottenham	1 Jan 14
Rear-Admiral Hubert Grant-Dalton	1 Jan 14
Rear-Admiral *Sir* Richard Fortescue Phillimore, K.C.M.G., M.V.O.	1 Jan 14
Captain Noel Grant	1 Jan 15
Captain John Collings Taswell Glossop	1 Jan 15
Captain John Luce	3 Mar 15
Rear-Admiral *Sir* Osmond de Beauvoir Brock, K.C.M.G., K.C.V.O.	3 Mar 15
Captain John Derwent Allen	10 Mar 15
Captain William Archibald Howard Kelly, C.M.G., M.V.O.	10 Apr 15
Admiral Edward George Shortland	3 June 15

(*a*) *Appointed a Knight Commander of the Order (Civil),* 1 *Jan* 1918.
(*c*) *Appointed Companion of the Order (Civil)* 27 *Sept* 1912.
(*d*) *Appointed Companion of the Order (Civil)* 1 *Jan* 1916.

COMPANIONS.—contd.

	Nominated
Engineer Captain Harry Lashmore, D.S.O.	3 June 15
Captain Oliver Backhouse	7 Nov 15
Vice-Admiral Stuart Nicholson, M.V.O.	1 Jan 16
Rear-Admiral Arthur Herbert Stevenson Fyler, D.S.O.	1 Jan 16
Rear-Admiral George Price Webley Hope	1 Jan 16
Rear-Admiral Algernon Walker Heneage, M.V.O.	1 Jan 16
Rear-Admiral *The Hon.* Algernon Douglas Edward Harry Boyle, C.M.G., M.V.O.	1 Jan 16
Captain Hughes Campbell Lockyer	1 Jan 16
Captain Lionel George Preston	1 Jan 16
Engineer Rear-Admiral William Whittingham	1 Jan 16
Eng. Rear-Admiral Henry Humphreys, K.C.M.G.	1 Jan 16
Engineer Commander George Edward Andrew	1 Jan 16
Surgeon Commander Arthur Gaskell	1 Jan 16
Paymaster Captain Hamnet Holditch Share	1 Jan 16
Vice-Admiral Arthur H. Christian, M.V.O.	1 Jan 16
Rear-Admiral Heathcoat S. Grant	1 Jan 16
Rear-Admiral Charles F. Corbett, M.V.O.	1 Jan 16
Rear-Admiral Robert Edmund Ross Benson	15 Mar 16
Vice-Admiral Ernest Frederic Augustus Gaunt, C.M.G.	31 May 16
Rear-Admiral Francis William Kennedy	31 May 16
Rear-Admiral Michael Culme-Seymour, M.V.O.	31 May 16
Rear-Admiral William Coldingham Masters Nicholson	31 May 16
Rear-Admiral *Sir* Hugh Henry Darby Tothill, K.C.M.G.	31 May 16
Rear-Admiral Henry Bertram Pelly, M.V.O.	31 May 16
Rear-Admiral Lewis Clinton-Baker	31 May 16
Rear-Admiral John Frederick Ernest Green	31 May 16
Rear-Admiral Edward Montgomery Phillpotts	31 May 16
Rear-Admiral Maurice Woollcombe	31 May 16
Rear-Admiral Rudolf Walter Bentinck	31 May 16
Rear-Admiral Edmund Percy Fenwick George Grant	31 May 16
Rear-Admiral Frederick Laurence Field	31 May 16
Captain Edward Henry Fitzhardinge Heaton-Ellis, M.V.O.	31 May 16
Captain Arthur William Craig	31 May 16
Captain Charles Blois Miller	31 May 16
Captain Eustace LaTrobe Leatham	31 May 16
Captain John Douglas Edwards	31 May 16
Captain John Saumarez Dumaresq, M.V.O.	31 May 16
Captain James Rose Price Hawksley, C.V.O.	31 May 16
Captain Bertram Sackville Thesiger, C.M.G.	31 May 16
(b)Captain Frederic Charles Dreyer, C.B.E.	31 May 16
Captain Arthur Cloudesley Shovel Hughes D'Aeth	31 May 16
Captain George Parish Ross	31 May 16
Captain Henry Wise Parker	31 May 16
Captain Anselan John Buchanan Stirling	31 May 16
Engineer Rear-Admiral John Richardson	31 May 16
Engineer Rear-Admiral Arthur Frederick Kingsnorth	31 May 16
Surgeon Captain Robert Forbes Bowie	31 May 16
Paymaster Commander Victor Herbert Thomas Weekes	31 May 16
Rear-Admiral Lionel Halsey, C.M.G.	3 June 16
Rear-Admiral *Sir* Drury St. Aubyn Wake, K.C.I.E.	3 June 16
Rear-Admiral George Cuthbert Cayley	3 June 16
Captain Alfred Ernle Montacute Chatfield, C.M.G., C.V.O.	3 June 16
Captain Alfred Astley Ellison	3 June 16
Paymaster Captain Montague Stephens	3 June 16
Paymaster Commander Walter Gask	3 June 16

(b) *Appointed a Companion of the Order (Civil), 22 June, 1914.*

Order of the Bath

Nominated

COMPANIONS—contd.

Engineer Captain Fred Hore	3 June 16
Engineer Captain Donald Percy Green	3 June 16
Surgeon Captain Ernest Courtney Lomas, D.S.O., M.B., F.R.C.S. Ed.	3 June 16
Rear-Admiral Bentinck John Davies Yelverton	22 June 16
Captain Edward Leonard Booty, M.V.O.	25 Oct 16
Captain Arthur Kipling Waistell	25 Oct 16
Vice-Admiral Archibald Peile Stoddart	4 June 17
Captain Wilmot Stuart Nicholson	4 June 17
Captain Arthur Allan Morison Duff	4 June 17
Captain Francis Gerald St. John, M.V.O.	4 June 17
Captain Walter Maurice Ellerton	4 June 17
Captain Tufton Percy Hamilton Beamish	4 June 17
Captain Hubert Henry Holland	4 June 17
Admiral John Locke Marx, D.S.O., M.V.O.	4 June 17
Admiral Charles Holcombe Dare, M.V.O.	4 June 17
Rear-Admiral Thomas Webster Kemp, C.M.G., C.I.E.	4 June 17
Engineer-Captain Charles Cape Sheen	4 June 17
Engineer-Captain Howard Bone	4 June 17
Surgeon Rear-Admiral *Sir* George Welch, K.C.M.G.	4 June 17
Surgeon-Captain John Menary, M.D.	4 June 17
Fleet Paymaster Richard Ernest Stanley Sturgess	4 June 17
Fleet Paymaster John Anthony Keys	4 June 17
Captain Wilfrid Nunn, C.M.G., D.S.O.	21 Sept 17
Rear-Admiral Thomas Dawson Lees Sheppard, M.V.O.	1 Jan 18
Rear-Admiral James Andrew Fergusson	1 Jan 18
Rear-Admiral Allen Thomas Hunt, C.S.I.	1 Jan 18

Nominated

Rear-Admiral Vivian Henry Gerald Bernard	1 Jan 18
Rear-Admiral Edmund Hyde Parker	1 Jan 18
Rear-Admiral *The Hon.* Edward Stafford Fitzherbert	1 Jan 18
Rear-Admiral George Holmes Borrett	1 Jan 18
Captain George Henry Baird	1 Jan 18
Captain Edward Reeves	1 Jan 18
Captain Thomas Drummond Pratt	1 Jan 18
Captain William Wordsworth Fisher, M.V.O.	1 Jan 18
Captain Robert Nesham Bax	1 Jan 18
Captain William Henry Dudley Boyle	1 Jan 18
Vice-Admiral Seymour Elphinstone Erskine	3 June 18
Rear-Admiral John Scott Luard	3 June 18
Surgeon-General Patrick Brodie Handyside, M.B.	3 June 18
Rear-Admiral *the Hon.* Victor Albert Stanley, M.V.O.	3 June 18
Rear-Admiral Edward Francis Bruen	3 June 18
Rear-Admiral James Clement Ley, C.V.O.	3 June 18
Rear-Admiral Edward Buxton Kiddle	3 June 18
Rear-Admiral Edwin Veale Underhill	3 June 18
Rear-Admiral *the Hon.* Hubert George Brand, C.V.O.	3 June 18
Captain Henry Montagu Doughty	3 June 18
Captain Crawford Maclachlan	3 June 18
Captain Vincent Barkly Molteno	3 June 18
Captain Charles Douglas Carpendale	3 June 18
Captain Cecil Henry Fox	3 June 18
Captain Robert Neale Lawson	3 June 18
Captain John Ewen Cameron, M.V.O.	3 June 18
Deputy Surgeon-General Robert Hill, C.V.O.	3 June 18
Paymaster-in-Chief James Elliot Vowler Morton	3 June 18

COMPANIONS—contd.

	Nominated
Engineer - Captain William Toop	3 June 18
Captain Lionel de Lautour Wells, C.M.G., C.B.E. .	3 June 18
Captain Arthur Vyell Vyvyan, D.S.O.	3 June 18
Admiral Herbert Lyon .	3 June 18
Captain Cyril Samuel Townsend	3 June 18
Captain Hubert Lynes, C.M.G.	23 July 18
Captain Wilfred Tomkinson	23 July 18
Captain Ralph Collins . .	23 July 18
Captain Robert M. Groves, D.S.O., A.F.C. . . .	16 Aug 18
Vice-Admiral Gerald C. A. Marescaux, C.M.G. .	1 Jan 19
Vice-Admiral Francis Spurstow Miller . . .	1 Jan 19
Captain *Sir* Malcolm MacGregor, *Bt.*, C.M.G. -	1 Jan 19
Captain Michael Henry Hodges, M.V.O.	1 Jan 19
Captain Hugh Justin Tweedie	1 Jan 19
Captain Douglas Lionel Dent, C.M.G.	1 Jan 19
Captain Frederick Aubrey Whitehead . . .	1 Jan 19
Captain John Donald Kelly .	1 Jan 19
Captain Henry Tritton Buller, M.V.O. . .	1 Jan 19
Captain John William Leopold McClintock, D.S.O.	1 Jan 19
Captain Berwick Curtis, D.S.O. . . .	1 Jan 19
Engineer - Captain Edward John Weeks . . .	1 Jan 19
Commander Archibald Bertram Watson Higginson, D.S.O.	1 Jan 19
Commander Edward Altham,	1 Jan 19
Paymaster Commander Bertram Cowles Allen, M.V.O. .	1 Jan 19
Captain Colin K. MacLean, D.S.O.	20 Feb 19
Captain David Thomas Norris	17 Mar 19
Captain Harry Rowlandson Godfrey, D.S.O. . .	17 Mar 19
Captain George Knightley Chetwode, C.B.E. . .	17 Mar 19

MARINE OFFICERS.

KNIGHTS COMMANDERS.

Nominated

General *Sir* William Thompson Adair . . . . 25 June 09
General *Sir* Francis William Thomas . . . 19 June 11
General *Sir* William Charles Nicholls . . . 14 June 12
Colonel *Sir* George Grey Aston . . . . 3 June 13
Major-General *Sir* Archibald Paris . . . 1 Jan 16
Major-General *Sir* David Mercer . . 1 Jan 18

COMPANIONS.

Major-General Nowell Fitzupton Sampson-Way . 25 Aug 85
Lieut.-Colonel *Sir* William Hutchison Poë, *Bt.* . 25 Aug 85
Major-General Frederic Amelius Ogle 21 June 87
General Arthur French . 25 May 92
Colonel Alfred Edmund Marchant 6 Nov 00

Nominated

Colonel Schofield Patten Peile 29 Nov 00
Major-General James Robert Johnstone . . . 1 Jan 01
Colonel George Thorp Onslow 26 June 02
Maj.-Gen. Herbert Cecil Money 26 June 02
Major-General Thomas Julian Penrhys Evans . . 26 June 03
Colonel Algernon St. Leger Burrowes . . . 19 June 11
V.C. Major & Bt. Lieut.-Col. Lewis Stratford Tollemache Halliday . . . 3 June 13
Colonel Charles Newsham Trotman . . . 7 Nov 15
Colonel Cunliffe McNeile Parsons . . . 7 Nov 15
Major Charles E. Collard . 31 May 16
Lieut.-Colonel Cecil Alvend FitzHerbert Osmaston . 3 June 16
Colonel Ernest Edward Chown . . . 4 June 17
Colonel Lewis Conway-Gordon 4 June 17
Lieutenant-Colonel Alexander Richard Hamilton Hutchison, C.M.G., D.S.O. ... 3 May 18
Major Bernard George Weller, D.S.C. . . . 23 July 18

Order of the Bath

ROYAL NAVAL RESERVE OFFICER.
COMPANION.

	Nominated
Commander James Barr	1 Jan 15
Captain Charles Alfred Bartlett, R.D.	1 Jan 16

(CIVIL DIVISION.)
NAVAL OFFICERS.

KNIGHTS GRAND CROSS.

Nominated.

†Admiral *The Marquess of* Milford Haven, P.C., G.C.V.O., K.C.M.G., LL.D. 21 June 87

Honorary.

Hon. Admiral *His Majesty King* Haakon VII. of Norway, K.G., K.C.V.O. . 21 July 96
Hon. Admiral *His Majesty* Gustavus V. of Sweden, of the Goths and the Vends, K.G. 19 Feb 01

KNIGHTS COMMANDERS.

Engineer Vice-Admiral *Sir* Henry John Oram, F.R.S. 24 June 10 (*Late Engineer-in-Chief of the Fleet.*)
Admiral *Sir* Arthur Mostyn Field, F.R.S. . . . 19 June 11
Engineer Vice-Admiral *Sir* George Goodwin Goodwin 1 Jan 18
Surgeon Rear-Admiral *Sir* George Lenthal Cheatle, C.V.O., F.R.C.S. . . 1 Jan 18
Paymaster Rear-Admiral *Sir* John Henry George Chapple, C.V.O. . . . . 1 Jan 18
Surgeon Rear-Admiral *Sir* Humphry Davy Rolleston, M.D., F.R.C.P. . . 3 June 18

COMPANIONS.

Paymaster-in-Chief Charles Edwin Gifford . . . 9 Jan 94
Lieutenant-Commander *The Earl of* Bessborough, C.V.O. 3 May 95
Chief Inspector of Machinery James Wootton. . . 22 June 97
Captain Thomas Henry Tizard 3 June 99
Captain Francis Joseph Pitt . 29 Nov 00
Captain Ettrick William Creak 1 June 01

Nominated.

Engineer Rear-Admiral William George Littlejohns 26 June 02
Chief Naval Instructor James Robert Clark, M.A. . . 26 June 02
Inspector-General of Hospitals and Fleets Henry Charles Woods, C.V.O., M.D. . . 9 Nov 02
Chief Inspector of Machinery James Melrose . . . 9 Nov 04
Captain *Sir* Charles Leopold Cust, *Bart.*, G.C.V.O., C.M.G., C.I.E. . . . 3 June 10
Surgeon-General Howard Todd, K.H.S. . . . . 19 June 11
Fleet Surgeon Percy William Bassett-Smith, C.M.G., M.R.C.P. . . . . 19 June 11
Engineer Rear-Admiral Robert Mayston . . . . 19 June 11
Engineer Rear-Admiral Charles Lane . . . . 19 June 11
Chief Naval Instructor Arthur John Parish . . . 19 June 11
Admiral Herbert Edward Purey Cust, C.B.E. . . 19 June 11
Commander Edward William Lloyd . . . . 19 June 11
Rear-Admiral *Sir* Charles Langdale Ottley, K.C.M.G., M.V.O. . . . . 19 June 11
Admiral *Sir* Frederic Edward Errington Brock, K.C.M.G. 27 Sept 12
Vice-Admiral Charles Lionel Napier. . . . . 27 Sept 12
(*a*)Vice-Admiral *Sir* Alexander Ludovic Duff, K.C.B. . 27 Sept 12
(*b*)Vice-Admiral *Sir* Arthur Cavenagh Leveson, K.C.B. 27 Sept 12
Fleet-Paymaster Charles Fleetwood Pollard . . . 27 Sept 12
Admiral Robert Nelson Ommanney . . . 1 Jan 13
Engineer Rear-Admiral Arthur William Turner . . . 1 Jan 13

† *Appointed a Knight Commander of the Order (Military Division),* **25 June 1909.**
(*a*) *Appointed a Knight Commander of the Order (Military Division),* **1 Jan. 1918.**
(*b*) *Appointed a Knight Commander of the Order (Military Division)* 1 Jan. 1919.

Order of the Bath

NAVAL OFFICERS—*Companions—contd.*

	Nominated
Captain Charles Martin de Bartolomé	1 Jan 13
Captain Edward Ratcliffe Garth Russell Evans, D.S.O.	16 May 13
Vice-Admiral Frederick Charles Tudor Tudor, K.C.M.G.	3 June 13
Vice-Admiral George Alexander Ballard	3 June 13
Vice-Admiral Mark Edward Frederic Kerr, M.V.O.	3 June 13
(b)Vice-Admiral *Sir* Henry Francis Oliver, K.C.B, K.C.M.G., M.V.O.	3 June 13
Vice-Admiral Edward Francis Benedict Charlton, K.C.M.G.	1 Jan 14
Rear-Admiral *Sir* Allan Frederick Everett, K.C.M.G.	1 Jan 14
Captain Sydney Stewart Hall	1 Jan 14
Captain Hugh Dudley Richards Watson, M.V.O.	1 Jan 14
Captain Murray Fraser Sueter	1 Jan 14
Captain Roger Roland Charles Backhouse, C.M.G.	1 Jan 14
Rear-Admiral Philip Wylie Dumas, C.V.O.	22 June 14
Captain Frederic Charles Dreyer, C.B.E.	22 June 14
Commander Mansfield George Smith-Cumming	22 June 14
Commander Cecil Ryther Acklom	22 June 14
Paymaster-in-Chief Frederick James Krabbè	22 June 14
Rear-Admiral Richard Webb	1 Jan 15
Fleet Paymaster Charles John Ehrhardt Rotter	1 Jan 15
Rear-Admiral *Sir* William Reginald Hall, K.C.M.G.	3 June 15
Lieut.-Commander John Alexander Duncan	3 June 15
Vice-Admiral Arthur William Waymouth	1 Jan 16
Vice-Admiral Morgan Singer	1 Jan 16
Rear-Admiral Laurence Eliot Power, C.V.O.	1 Jan 16
Rear-Admiral Clement Greatorex, M.V.O.	1 Jan 16
Engineer Rear-Admiral William Henry Riley	1 Jan 16
(a)Surgeon Vice-Admiral *Sir* William Henry Norman, K.C.B	1 Jan 16
Rear-Admiral John Franklin Parry	3 June 16
Captain Hugh Francis Paget Sinclair	3 June 16
Engineer Rear-Admiral Ernest Frank Ellis	3 June 16
Surgeon-Rear-Admiral John Jeffreys Dennis M.D.	3 June 16
Commander Thomas Evans Crease, C.B.E.	3 June 16
Admiral Richard Bowles Farquhar	1 Jan 17
Vice-Admiral Godfrey Harry Brydges Mundy, D.S.O., M.V.O.	1 Jan 17
Vice-Admiral Henry Hervey Campbell, C.V.O.	1 Jan 17
Vice-Admiral *Sir* Edmund Radcliffe Pears, K.B.E.	1 Jan 17
Rear-Admiral Charles Lionel Vaughan-Lee	1 Jan 17
Rear-Admiral Brian Herbert Fairbairn Barttelot, M.V.O.	1 Jan 17
Engineer Rear-Admiral William John Anstey	1 Jan 17
Surgeon Rear-Admiral John Cassilis Birkmyre Maclean, M.B.	1 Jan 17
Paymaster-in-Chief William Le Geyt Pullen	1 Jan 17
Rear-Admiral Henry H. Bruce, M.V.O	4 June 17
Rear-Admiral Frederick C. Learmonth, C.B.E.	4 June 17
Rear-Admiral Henry W. Grant	4 June 17
Captain Herbert W. W. Hope, D.S.O.	4 June 17
Captain Hubert Stansbury	4 June 17
Commander Cyril P. Ryan	4 June 17
Engineer Captain John W. Ham	4 June 17
Temp. Surgeon-General *Sir* William Macewen, M.D.	4 June 17
Temp. Surgeon George R. Turner, F.R.C.S.	4 June 17
Surgeon-General Arthur Edmunds, F.R.C.S.	1 Jan 18
Surgeon-General William Wenmoth Pryn	1 Jan 18
Surgeon-General James Lawrence Smith, M.V.O.	1 Jan 18
Engineer Rear-Admiral William F. Pamphlett	1 Jan 18

(a) *Appointed a Knight Commander of the Order (Military Division)* 1 Jan. 1918.
(b) *Appointed a Knight Commander of the Order (Military Division)* 1 Jan. 1916.

NAVAL OFFICERS—*Companions*—*contd.*

Nominated

Engineer Rear-Admiral Edouard Gaudin	1 Jan 18
Rear-Admiral *Sir* Douglas E. R. Brownrigg, *Bt.*	1 Jan 18
Captain Stanley T. Dean-Pitt	1 Jan 18
Captain Frank O. Creagh-Osborne	1 Jan 18
Deputy Surgeon-General Daniel J. P. McNabb	1 Jan 18
Paymaster Captain James Bramble	1 Jan 18
Engineer Captain Robert B. Dixon	1 Jan 18
Vice-Admiral Owen F. Gillett	3 June 18
Rear-Admiral *Sir* Guy R. A. Gaunt, K.C.M.G.	3 June 18
Engineer Captain William H. Beckett	3 June 18
Engineer Captain Charles W. J. Bearblock	3 June 18
Commander Ernest E. Lacy	3 June 18
Fleet-Paymaster George H. A. Willis	3 June 18
Commander Hubert G. Alston	3 June 18
Lieutenant-Commander Alban L. Gwynne	3 June 18
Vice-Admiral Arthur David Ricardo	1 Jan 19
Rear-Admiral Robert John Prendergast	1 Jan 19
Engineer Rear-Admiral William George Mogg	1 Jan 19
Engineer Rear Admiral George William Hudson	1 Jan 19
Captain Ronald Arthur Hopwood	1 Jan 19
Captain Wentworth Henry Davies Margesson	1 Jan 19
Captain Alexander Lowndes	1 Jan 19
Engineer Captain John Harry Jenkin	1 Jan 19
Engineer Captain John McLaurin	1 Jan 19
Surgeon Rear-Admiral Walter Godfrey Axford	1 Jan 19
Surgeon Captain Arthur Stanley Nance	1 Jan 19
Paymaster Commander Graham Hewlett	1 Jan 19
Paymaster Commander Alfred Ramsey Parker	1 Jan 19
Paymaster Commander Philip John Hawkins Lander Row	1 Jan 19
Paymaster Commander Henry Wilfred Eldon Manisty, C.M.G.	1 Jan 19
Paymaster Commander Ernest Walsham Charles Thring	1 Jan 19
Surgeon Commander Richard Cleveland Munday	1 Jan 19
Captain William Milbourne James	12 Feb 19

MARINE OFFICERS.

KNIGHT COMMANDER.

Lieut.-Col. *Sir* Maurice Pascal Alers Hankey	4 Feb 16

COMPANIONS.

Major and Brevet Lieut.-Col. William Bathurst Dauntesey	27 Sept 12
Lieut.-Colonel Herbert Edward Blumberg	1 Jan 16
Colonel Herbert Southey Neville White, M.V.O., R.M.L.I.	1 Jan 17
Colonel Charles Ernest Edward Curtoys	1 Jan 18
Colonel Charles Grisborne Brittan	1 Jan 18
Colonel Arthur Glanville Tatham	3 June 18
Colonel John Rawdon Hodge Oldfield	3 June 18
Lieutenant-Colonel Charles Louis Brooke, R.M.A.	1 Jan 19
Major and Brevet-Colonel Charles Hope Willis, R.M.L.I.	1 Jan 19

ROYAL NAVAL RESERVE OFFICERS.

KNIGHT COMMANDER.

Nominated

Hon. *Captain Sir* Charles Edward Heley Chadwyck-Healey, K.C. 25 June 09

COMPANIONS.

Commander Lawrence Hugh Crawford, R.D. (*Captain Trinity House*) . . . 25 May 95

Commander Warren Frederick Caborne, R.D. . . . 22 June 97

Nominated

Commander Anthony Standidge Thomson C.B.E. (*Captain Trinity House*) . . . 22 June 97

Captain Herbert James Haddock, R.D., *AdC.* . 26 June 02

Captain Melville Willis Campbell Hepworth, R.D. . 26 June 03

Captain Frederick William Vibert, R.D. . . . 19 June 11

Captain James Thomas Walter Charles, O.B.E., R.D. . . . . . 19 June 11

Commander William Hazell, R.D. . . . . 19 June 11

Hon. *Captain Sir* Richard H. Williams-Bulkeley, *Bt.* . 1 Jan 16

ROYAL NAVAL VOLUNTEER RESERVE OFFICERS.

COMPANIONS.

Nominated

Commander The Hon. Rupert Edward Cecil Guinness, C.M.G., *AdC.* . . . 19 June 11

Nominated

Commander The Marquess of Graham, C.V.O. . 19 June 11

Commander Ion Hamilton Benn, D.S.O., M.P. . . 28 Aug 18

CIVIL OFFICERS WHO HAVE RECEIVED THE ORDER OF THE BATH FOR SERVICES WHILST IN DEPARTMENTS UNDER THE ADMIRALTY

KNIGHTS GRAND CROSS.

Nominated
Sir **Evan MacGregor**, I.S.O. . 9 Nov 06
(*Late Secretary of the Admiralty.*)

Sir **Charles Inigo Thomas** . 19 June 11
(*Late Secretary of the Admiralty.*)

KNIGHTS COMMANDERS.

*Colonel *Sir* **Thales Pease** . 9 Nov 01
(*Late Storekeeper General of Naval Ordnance.*)

Major *Sir* **Henry Pilkington, R.E.** . . . . . 26 June 02
(*Late Civil Engineer-in-Chief, Works Loan*)

Sir **Henry James Vansittart Neale** . . . . 11 July 02
(*Late Assistant Secretary of the Admiralty.*)

Sir **William Henry Mahoney Christie**, M.A., F.R.S. . 9 Nov 04
(*Late Astronomer Royal.*)

Sir **Philip Watts**, LL.D., DSc., F.R.S. . . . . . 30 June 05
(*Late Director of Naval Construction.*)

Nominated
Colonel *Sir* Edward Raban, R.E. 29 June 06
(*Late Director of Works and Civil Engineer-in-Chief.*)

Sir **William Graham Greene** 19 June 11
(*Secretary, Ministry of Munitions, late Secretary of the Admiralty.*)

Sir **James Alfred Ewing**, LL.D., F.R.S., D.Sc. . . 19 June 11
(*Late Director of Naval Education.*)

Sir **James Brown Marshall** 19 June 11
(*Late Director of Dockyards and Dockyard Work.*)

Sir **Alfred Eyles**, K.B.E . 3 June 13
(*Late Accountant General of the Navy*)

Sir **Frederick William Black** 1 Jan 17
(*Director of Navy Contracts.*)

Sir **Oswyn Alexander Ruthven Murray** . . . . 1 Jan 17
(*Secretary of the Admiralty.*)

Sir **Eustace Henry Tennyson-d'Eyncourt** . . . 1 Jan 17
(*Director of Naval Construction.*)

Sir **Graeme Thomson** . . 1 Jan 19
(*Director of Transports and Shipping.*)

---

* *Military Division.*

COMPANIONS.

Nominated

Sir George Thomas Lambert, Kt. . . . . . 22 June 97
(*Late Director of Greenwich Hospital.*)

Stephen John Graff, Esq - 29 Nov 00
(*Late Civil Assistant Director of Transports.*)

Sir James Williamson, Kt. . 26 June 02
Late Director of Dockyards.)

George Crocker, Esq. . . 26 June 02
(*Late Chief Constructor.*)

Richard Jago Butler, Esq. . 26 June 02
(*Late Assistant Engineer-in-Chief.*)

Sir William Edward Smith, Kt. 26 June 03
(*Late Superintendent of Construction Accounts and Contract Work*)

Henry Edward Deadman, Esq. 24 June 04
(*Late Assistant Director of Naval Construction.*)

James Henry Brooks, Esq. . 25 June 09
(*Director of Victualling.*)

Thomas Sims, Esq. . . 24 June 10
(*Director of Works.*)

Vincent Wilberforce Baddeley, Esq. . . . . . 19 June 11
(*Assistant Secretary for Finance Duties Admiralty.*)

Charles Henry Renn Stansfield, Esq. . . . . . 19 June 11
(*Director of Greenwich Hospital.*)

Robert Edmund Froude, Esq., LL.D., F.R.S. . . 19 June 11
(*Superintendent of Admiralty Experiment Works.*)

Nominated

Arnold William Reinold, Esq., M.A., F.R.S. . . . 19 June 11
(*Late Professor of Physics at R.N. College, Greenwich.*)

Colonel Simeon Hardy Exham, R.E. . . . . . 19 June 11
(*Late Superintending Engineer, Works Dept.*)

William Henry Whiting, Esq. 22 June 14
(*Late Superintendent of Construction Accounts and Contract Work.*)

James Edward Masterton Smith, Esq. . . . 1 Jan 15
(*Asst. Principal Clerk, Admiralty.*)

Charles Walker, Esq. . . 3 June 15
(*Accountant General of the Navy.*)

Walter Frederic Nicholson, Esq. 1 Jan 16
(*Principal Clerk, Admiralty*)

William Henry Gard, Esq., M.V.O. . . . 3 June 16
(*Assistant Director of Naval Construction.*)

William John Berry, Esq . . 4 June 17
(*Rl. Corps of Naval Constructors.*)

Herbert Cartwright Reid, Esq. 4 June 17
(*Superintending Civil Engineer.*)

Basil Alfred Kemball-Cook . 1 Jan 18
(*Civil Assistant Director of Transports.*)

Frederick William Kite, Esq. 1 Jan 18
(*Assistant Director of Works, Admiralty.*)

Edwin Raoul Bate, Esq. . . 3 June 18
(*Rl. Corps of Naval Constructors.*)

John William Stewart Anderson, Esq., M.V.O. . . 3 June 18
(*Assistant Secretary of the Admiralty.*)

Ernest Julian Foley, Esq. . 1 Jan 19
(*Director of Military Sea Transports, Admiralty.*)

OFFICERS OF THE ORDER OF THE BATH.

Dean, The Dean of Westminster.

Bath King of Arms.

Registrar and Secretary, The Comptroller of the Lord Chamberlain's Office for the time being, Colonel *Sir* Douglas F. R. Dawson, G.C.V.O., C.B., C.M.G.

Genealogist, Henry Farnham Burke, Esq., C.B., C.V.O.

Gentleman Usher of the Scarlet Rod, Col. *Sir* Charles Wyndham Murray, K.C.B.

Chancery, Lord Chamberlain's Office, St. James's Palace, London, S.W.

ORDER OF MERIT.

THE SOVEREIGN
HIS MAJESTY THE KING.

MEMBERS.

Admiral of the Fleet *The Right Hon. Sir* Edward Hobart Seymour, G.C.B., G.C.V.O., LL.D.	9 Aug 02
Admiral of the Fleet *Lord* Fisher of Kilverstone, G.C.B., G.C.V.O., LL.D.	30 June 05
V.C. Admiral of the Fleet *Sir* Arthur Knyvet Wilson, G.C.B., G.C.V.O.	8 Mar 12
Admiral *Viscount* Jellicoe of Scapa, G.C.B., G.C.V.O.	31 May 16

Registrar and Secretary, Col. *Hon. Sir* Harry Charles Legge, K.C.V.O.

Chancery, Lord Chamberlain's Office, St. James's Palace, London, S.W.

THE MOST EXALTED ORDER OF THE STAR OF INDIA.

THE SOVEREIGN
HIS MAJESTY THE KING.

COMPANIONS.

Commander *Sir* Hamilton Pym Freer-Smith	1 Jan 10
Rear-Admiral Allen Thomas Hunt, C.B.	2 Jan 11
Robert Russell Scott, Esq. (*Principal Clerk, Admiralty*).	1 Jan 16
Rear-Admiral Arthur Hayes-Sadler	4 May 16
Commander R.N.R. Robert Herbert Wilfrid Hughes, C.M.G., D.S.O., R.D.	1 Jan 18

OFFICERS OF THE ORDER.

Secretary, *Sir* John Barry Wood, Esq., K.C.I.E., C.S.I. (in India).

Registrar, Comptroller of the Lord Chamberlain's Department for the time being.

THE MOST DISTINGUISHED ORDER OF ST. MICHAEL & ST. GEORGE.

THE SOVEREIGN.
HIS MAJESTY THE KING.

KNIGHTS GRAND CROSS.

Admiral *Sir* Day Hort Bosanquet, G.C.V.O., K.C.B	22 June 14
Admiral *Sir* Cecil Burney, K.C.B.	31 May 16
Admiral *The Hon.* Sir Alexander E. Bethell, K.C.B.	2 Aug 18
Vice-Admiral *The Hon.* Sir Somerset Arthur Gough-Calthorpe, K.C.B., C.V.O.	1 Jan 19
Vice-Admiral *Sir* Montague Edward Browning, K.C.B., M.V.O.	1 Jan 19
Vice-Admiral *Sir* John Michael de Roebeck, K.C.B.	1 Jan 19

KNIGHTS COMMANDERS.

Commander *Sir* Graham John Bower	1 Jan 92
Assistant Paymaster *Sir* Gilbert Thomas Carter	3 June 93
Admiral *Sir* Robert Hastings Harris, K.C.B.	4 Feb 98
Admiral *Sir* James A. T. Bruce	8 Nov 00
Admiral *Sir* Lewis A. Beaumont, G.C.B	23 July 01
Admiral *Sir* Francis Powell, C.B.	26 June 02
Rear-Admiral *Sir* Richard Massie Blomfield	24 June 04
Admiral *Sir* Reginald N. Custance, G.C.B., C.V.O.	9 Nov 04
Admiral *The Marquess of* Milford Haven, P.C., G.C.B., G.C.V.O., LL.D.	30 June 05
Rear-Admiral *Sir* Charles L. Ottley, C.B., M.V.O.	9 Nov 07
Rear-Admiral *Sir* William Rooke Cresswell (*First Naval Member, Commonwealth Naval Administration*) (*Ret. Lieut.-Com. R.N.*)	19 June 11
Admiral *Sir* Frederic Edward Errington Brock, C.B.	1 Jan 16
Admiral *Sir* Sackville Hamilton Carden	1 Jan 16
Admiral *Sir* George Edwin Patey, K.C.V.O.	1 Jan 16
Admiral *Sir* Arthur Henry Limpus, C.B.	1 Jan 16
Vice-Admiral *Sir* Cecil Fiennes Thursby, K.C.B.	1 Jan 16
Surgeon Vice-Admiral *Sir* James Porter, K.C.B., LL.D., M.D., M.A.	1 Jan 16
Admiral *Sir* T. H. Martyn Jerram, K.C.B.	31 May 16
Admiral *Sir* Frederick C. Doveton Sturdee, *Bt.*, K.C.B., C.V.O.	31 May 16
Admiral *Sir* Charles E. Madden, G.C.B., C.V.O.	31 May 16
Rear-Admiral *Sir* Henry Russell Robinson	23 Feb 17
Admiral *Sir* Charles Dundas of Dundas	4 June 17
Rear-Admiral *Sir* W. Reginald Hall, C.B.	18 Oct 17
Vice-Admiral Frederick Charles Tudor Tudor, C.B.	1 Jan 18
Vice-Admiral *Sir* Edward Francis Benedict Charlton, C.B.	1 Jan 18
Rear-Admiral *Sir* Osmond de Beauvoir Brock, K.C.V.O., C.B.	1 Jan 18
Rear-Admiral *Sir* Richard Fortescue Phillimore, C.B., M.V.O.	1 Jan 18
Vice-Admiral *Sir* Henry Francis Oliver, K.C.B., M.V.O.	12 Jan 18
Admiral *Sir* Lewis Bayly, K.C.B., C.V.O.	3 June 18
Rear-Admiral *Sir* Hugh H. D. Tothill, C.B.	3 June 18
Captain *Sir* Herbert A. Blake, R.N.R., K.C.V.O.	3 June 18
Rear-Admiral *Sir* Lionel Halsey, C.B.	2 Aug 18
Rear-Admiral *Sir* Guy R. A. Gaunt, C.B.	10 Sept 18
Vice-Admiral *Sir* Hugh Evan-Thomas, K.C.B., M.V.O.	1 Jan 19
Vice-Admiral *Sir* William Christopher Pakenham, K.C.B., K.C.V.O.	1 Jan 19
Rear-Admiral *Sir* Francis Haworth-Booth	1 Jan 19
Rear-Admiral *Sir* Allan F. Everett, C.B.	1 Jan 19
Engineer-Rear-Admiral *Sir* Henry Humphreys, C.B.	1 Jan 19
Surgeon-Rear-Admiral *Sir* George Welch, C.B.	1 Jan 19
Major-General *Sir* John Frederic Daniell, R.M.L.I.	1 Jan 19

Order of St. Michael and St. George

COMPANIONS

Admiral *The Hon. Sir* Edmund Robert Fremantle, G.C.B.	23 Apr 74
Admiral Andrew Kennedy Bickford	13 Apr 85
Lieutenant Warner W. Spalding, R.M.L.I.	25 Aug 85
Admiral *Sir* Arthur William Moore, G.C.B., G.C.V.O.	1 Jan 92
Admiral Edward Henry Meggs Davis	1 Jan 94
Admiral Charles H. Robertson, M.V.O.	3 Jan 95
Admiral *Sir* Randolph Frank Ollive Foote, K.C.B.	25 May 97
Rear-Admiral Peyton Hoskyns, M.V.O.	8 Jan 00
Captain *The Hon. Sir* Seymour J. Fortescue, K.C.V.O.	19 Apr 01
Captain Frederick Tickell (*Royal Australian Navy*)	24 July 01
Commmander *The Hon.* Rupert E. C. L. Guinness, C.B., M.P., AdC., R.N.V.R.	27 Sept 01
Admiral *Sir* Alfred L. Winsloe, K C B, C.V O.	9 Nov 01
Rear-Admiral Robert Copland-Sparkes	5 Nov 01
Captain *Sir* Charles L. Cust., *Bart.*, G.C.V.O., C.B., C.I.E.	26 Nov 01
Admiral George Augustus Giffard	26 June 02
Lieutenant-Commander Francis Barkley Henderson, D.S.O.	26 June 02
Lieutenant and Hon. Colonel Francis H. Mountsteven R.M.L.I.	26 June 02
Vice-Admiral Arthur Calvert Clarke, D.S O.	26 June 02
Captain Chapman James Clare (*Royal Australian Navy*)	26 June 02
Vice-Admiral Ernest Frederic Augustus Gaunt, C.B.	26 June 02
Paymaster Rear-Admiral William M. C. Beresford Whyte	25 Nov 02
Captain Robert Pitman	9 Nov 03
Captain Robert H. Muirhead Collins (*Royal Australian Navy, Retired*) (*Ret. Lieut.-Com. R.N.*)	24 June 04
Admiral Ernest Charles Thomas Troubridge, C.B., M.V.O.	24 June 04
Vice-Admiral John de M. Hutchison, C.V.O.	9 Nov 05
Vice-Admiral Robert S. Phipps Hornby	9 Nov 06
Rear-Admiral Robert H. Anstruther	28 June 07
Admiral Lionel G. Tufnell	28 Jan 08
Captain Bryan G. Godfrey-Faussett, C.V.O.	4 Aug 08
Admiral *Sir* Rosslyn Erskine Wemyss, G.C.B., M.V.O.	17 Jan 11
Captain Bertram Sackville Thesiger, C.B.	19 June 11
Rear-Admiral *Sir* William Clarkson, K.B.E. (*Royal Australian Navy*)	1 Jan 13
Engineer-Commander Edmund Edward Bond, D.S.O.	3 June 13
Captain Cyril Thomas Moulden Fuller, D.S.O.	1 Jan 15
Commander Richard Markham Tyringham Stephens (*Royal Canadian Navy*) (*Ret. Com. R.N.*)	3 June 15
Vice-Admiral Gerald C. A. Marescaux, C.B. (*Tempy. Lieut.-Colonel in Army*)	3 June 15
Commander William Henry Cottrell, O.B E., R.N.V.R.	19 Oct 15
Commander Astle S. Littlejohns	22 Dec 15
Rear-Admiral *Sir* Roger J. B. Keyes, K.C.B., K.C.V.O., D.S.O.	1 Jan 16
Captain Douglas L. Dent, C.B.	1 Jan 16
Captain Maurice S. FitzMaurice	1 Jan 16
Captain Wilfrid Nunn, C.B., D.S.O.	1 Jan 16
Major William W. Godfrey, R.M.L.I.	1 Jan 16
Major & Bt. Lt.-Col. Arthur E. Bewes, R.M.L.I.	1 Jan 16
Captain Frank Larken	1 Jan 16
Captain Rudolf M. Burmester	1 Jan 16
Engineer-Commander William A. Wilson	1 Jan 16
Captain Cecil M. Staveley	1 Jan 16
Commander Edward Unwin	1 Jan 16

COMPANIONS—contd.

Captain Lionel de L. Wells, C.B., C.B.E.	1 Jan 16
Commander Henry V. Simpson	1 Jan 16
Colonel William G. Simpson, R.M.	1 Jan 16
Captain Alfred E. M. Chatfield, C.B., C.V.O.	31 May 16
Captain Sidney R. Drury-Lowe	3 June 16
Paymaster Commander Henry W. Eldon Manisty, C.B.	3 June 16
Commander Alfred Rawlinson, R.N.V.R.	3 June 16
Captain Logan S. Stansfeld	3 June 16
Commander Dennis A. H. Larking	3 June 16
Commander Willoughby B. Huddleston, R.I.M.	3 June 16
Brigadier-General Edward J. Stroud, R.M.L.I.	6 Sept 16
Brigadier-General Alexander R. H. Hutchison, R.M.L.I., C.B., D.S.O.	6 Sept 16
Lieutenant-Colonel Leslie O. Wilson, D.S.O., M.P., R.M.L.I.	6 Sept 16
Fleet Surgeon Ernest J. Finch	6 Sept 16
Captain Cathcart R. Wason	25 Oct 16
Lieutenant-Colonel Gerald R. Poole, R.M.A.	1 Jan 17
Captain Edward H. Martin (*Royal Canadian Navy*) (*R.N. retired*)	1 Jan 17
Captain Neville F. J. Wilson, R.I.M., C.B.E.	15 Feb 17
Captain William F. Sells	27 Mar 17
Rear-Admiral Edward C. Villiers	4 June 17
Captain Arthur G. Smith	4 June 17
Captain Herbert Lynes, C.B.	4 June 17
Captain Francis C. Brown	4 June 17
Captain Percival H. H. Thompson	4 June 17
Captain Roger R. C. Backhouse, C.B.	4 June 17
Captain Frederick P. Loder-Symonds	4 June 17
Captain Barry E. Domvile	4 June 17
Captain Horace W. Longden	4 June 17
Captain William B. S. Wrey	4 June 17
Captain Francis E. Travers	4 June 17
Captain Reginald F. Parker	4 June 17
Captain John P. De Montmorency	4 June 17
Captain *Sir* Malcolm MacGregor, *Bt.*, C.B.	4 June 17
Captain David M. Hamilton	4 June 17
Lieutenant-Commander Edward L. D. Boyle	4 June 17
Commander Alfred E. H Marescaux	4 June 17
Lieutenant-Commander Charles D. Burney	4 June 17
Commander Alfred G. Alston	4 June 17
Lieutenant-Commander *Sir* George E. Armstrong, *Bt.*	4 June 17
Fleet Surgeon George T. Bishop	4 June 17
Fleet Paymaster William E. R. Martin	4 June 17
Paymaster Captain Francis C. Alton, C.B.	4 June 17
Paymaster Captain Charles E. Byron	4 June 17
Fleet Paymaster Francis H. Gerty	4 June 17
Lieutenant Harold N. Smart, O.B.E, R.N.V.R.	4 June 17
Major Thomas H. Hawkins	4 June 17
Major Charles J. Thoroton	4 June 17
Commander Robert H. W. Hughes, C.S.I., D.S.O., R.D., R.N.R (*tempy. Brigadier-General R.E.*)	4 June 17
Engineer Commander Hugh Robertson, R.I.M.	4 June 17
Captain Adolphus H. Williamson, M.V.O.	15 June 17
Captain Alfred C. Sykes	15 June 17
Commander Oliver Locker-Lampson, D.S.O., R.N.V.R., M.P.	11 Aug 17

COMPANIONS—contd.

Captain Bertram Fox Hayes, D.S.O., R.D., R.N.R.	11 Aug 17
Captain Albert Percy Addison.	29 Aug 17
Captain William Archibald Howard Kelly, R.N., C.B., M.V.O.	28 Sept 17
Captain Harry H. Smyth, D.S.O	1 Oct 17
Captain Frederick S. Litchfield-Speer, D.S.O.	1 Oct 17
Rear-Admiral Henry G. G. Sandeman	1 Jan 18
Captain James W. Combe	1 Jan 18
Captain George B. Powell	1 Jan 18
Captain Frederick G. Bird, D S.O.	1 Jan 18
Captain David M. Anderson, M.V.O.	1 Jan 18
Captain Percy M. R. Royds	1 Jan 18
Captain Charles S. Wills, D S.O.	1 Jan 18
Captain Charles L. Lambe, D.S.O.	1 Jan 18
Engineer Rear-Admiral Archie R. Emdin	1 Jan 18
Commander Harold Escombe	1 Jan 18
Commander Donald J. Munro	1 Jan 18
Commander Fitzmaurice Acton	1 Jan 18
Commander Ferdinard H. Elderton, D.S.O.	1 Jan 18
Captain Archibald Cochrane	1 Jan 18
Paymaster-Captain Charles E. A. Woolley	1 Jan 18
Fleet Paymaster Tom Seaman	1 Jan 18
Fleet Paymaster Charles H. Rowe	1 Jan 18
Fleet Paymaster Charles E. Batt	1 Jan 18
Surgeon-Captain Edward H. Meaden	1 Jan 18
Lieutenant Colonel Francis D. Bridges, R.M.L.I.	1 Jan 18
Major Henry C. Benett	1 Jan 18
Lieutenant Commander David G. Hogarth R.N.V.R	1 Jan 18
Major Edward F. Trew, D.S.O., R.M.L.I.	1 Jan 18
Colonel Hamilton M. C. W. Graham, R.M.	8 Mar 18
Rear-Admiral Thomas W. Kemp, C.B., C.I.E.	3 June 18
Captain Raymond A. Nugent	3 June 18
Captain Theobald W B. Kennedy	3 June 18
Captain Gerald W. Vivian	3 June 18
Captain Robert W. Glennie	3 June 18
Captain Herbert N. Garnett	3 June 18
Captain William L. Elder	3 June 18
Captain Leonard A. B. Donaldson	3 June 18
Captain Lawrence L. Dundas	3 June 18
Captain Forster D. Arnold-Forster	3 June 18
Captain George P. Bevan, D.S.O., A.M.	3 June 18
Captain John F. Warton	3 June 18
Captain Cecil V. Usborne	3 June 18
Captain Rupert S. Gwatkin-Williams	3 June 18
Captain Frederick O. Pike, R.N.R., D.S.O.	3 June 18
Commander Hector Boyes	3 June 18
Lieutenant-Commander John C. Porte	3 June 18
Engineer Captain Henry Wall	3 June 18
Major Richard J. Saumarez, R.M.L.I.	3 June 18
Major Arthur G. Little, R.M.L.I.	3 June 18
Fleet-Surgeon Percy W. Bassett-Smith, C.B.	3 June 18
Fleet-Surgeon Frederick J. A. Dalton	3 June 18

COMPANIONS—contd.

Fleet-Surgeon Edward Sutton.	3 June 18
Fleet-Surgeon David W. Hewitt, M.B.	3 June 18
Fleet-Surgeon William W. Keir, M.B.	3 June 18
Fleet-Paymaster Frederick R. Waymouth	3 June 18
Fleet-Paymaster Henshaw R. Russell	3 June 18
Fleet-Paymaster Herbert S. Measham	3 June 18
Rear-Admiral *The Hon.* Algernon D. E. H. Boyle, C.B., M.V.O.	23 July 18
Captain Henry P. Douglas	23 July 18
Captain Ernest Wigram, D.S.O.	28 Aug 18
Commander Robert S Roy	8 Oct 18
Rear-Admiral Cecil Frederick Dampier	1 Jan 19
Lieutenant-Colonel & Brevet-Colonel St. George Bewes Armstrong, R.M.L I.	1 Jan 19
Captain Alexander Farrington	1 Jan 19
Captain Montagu William Warcop Peter Consett	1 Jan 19
Captain Cecil Maxwell-Lefroy	1 Jan 19
Captain Arthur Kenneth Macrorie, M.V.O.	1 Jan 19
Captain Charles William Bruton	1 Jan 19
Captain Alldin Usborne Moore	1 Jan 19
Captain Arthur Edmund Wood	1 Jan 19
Captain Lockhart Leith, D S O.	1 Jan 19
Captain Gilbert Owen Stephenson	1 Jan 19
Captain John Lewis Pearson	1 Jan 19
Captain Wilfred Frankland French	1 Jan 19
Commander Sidney Richard Olivier	1 Jan 19
Lieutenant-Commander Henry Albert le Fowne Hurt	1 Jan 19
Engineer Captain Sidney Rider	1 Jan 19
Lieutenant-Colonel Picton Phillipps, M.V.O., R.M.A.	1 Jan 19
Engineer Commander Richard Barns Morison	1 Jan 19
Commander Edward James Headlam, D.S.O., R.I.M.	1 Jan 19
Engineer Commander Horace George Summerford	1 Jan 19
Engineer Commander Arthur Edward Hyne	1 Jan 19
Surgeon Commander Robert Dundonald Jameson	1 Jan 19
Surgeon Commander Hugh Somerville Burniston, M.B.	1 Jan 19
Paymaster Lieutenant-Commander John Cogswell Boardman	1 Jan 19
Major Arthur Peel, R.M.L.I.	1 Jan 19
Captain Henry B. T. Somerville	12 Feb 19
Commander Charles C. Dix, D S.O.	12 Feb 19
Lieutenant-Colonel Pryce-Peacock, R.M A.	14 Feb 19
Captain Alister Beal	17 Mar 19
Captain Arthur B. S. Dutton	17 Mar 19
Captain Rafe G. Rowley-Conwy	17 Mar 19

ROYAL VICTORIAN ORDER.

THE SOVEREIGN.

HIS MAJESTY THE KING.

NAVAL OFFICERS.

KNIGHTS GRAND CROSS.

Admiral *The Marquess of* Milford Haven, P.C., G.C.B., K.C.M.G., LL.D.	2 Feb 01
Admiral *Sir* Michael Culme-Seymour, *Bt.*, G.C.B.	8 Mar 01
Admiral of the Fleet *Sir* Charles Frederick Hotham, G.C.B.	8 Mar 01
Admiral *Sir* Henry Frederick Stephenson, K.C.B.	9 Nov 02
Admiral *Sir* Compton Edward Domvile, G.C.B.	21 Apr 03
V.C.Admiral of the Fleet *Sir* Arthur Knyvet Wilson, G.C.B., O.M.	11 Aug 05
Admiral *Lord* Beresford of Metemmeh, G.C.B., LL D., D.C.L.	16 Apr 06
Admiral of the Fleet *The Right Hon. Sir* Edward Hobart Seymour, G.C.B., O.M., LL.D.	15 May 06
Admiral *Sir* Day H. Bosanquet, G.C.M G., K.C.B.	3 Aug 07
Admiral of the Fleet *The Right Hon. Lord* Fisher of Kilverstone, G.C.B., O.M., LL.D.	10 June 08
Admiral of the Fleet *Sir* Arthur D. Fanshawe, G.C.B.	31 July 09
Admiral of the Fleet *Sir* William Henry May, G.C.B	31 July 09
Admiral *Sir* Arthur William Moore, G.C.B., C.M.G.	24 June 11
Admiral *Sir* Francis C. B. Bridgeman, G.C.B.	24 June 11
Admiral *Sir* Edmund Samuel Poë, K.C.B.	26 Jan 12
Admiral of the Fleet *Sir* George Astley Callaghan, G.C.B.	11 May 12
Admiral *Sir* Archibald Berkeley Milne, *Bt.*, K.C.B.	14 June 12
Admiral *The Hon. Sir* Stanley C. J. Colville, K.C.B	9 July 15
Admiral *Viscount* Jellicoe of Scapa, G.C.B., O.M.	17 June 16
Admiral *Sir* David Beatty, G.C.B., D.S.O.	25 June 17
Captain *Sir* Charles Leopold Cust, *Bt.*, C.B., C.M.G., C.I.E.	1 June 19

Honorary.

Hon. Admiral *His Majesty* King Haakon VII. of Norway, K.G., G.C.B.	2 Feb 01

ORDER OF THE INDIAN EMPIRE.

THE MOST EMINENT ORDER OF THE INDIAN EMPIRE.

THE SOVEREIGN.
HIS MAJESTY THE KING.

KNIGHTS COMMANDERS.

Rear-Admiral *Sir* John Hext	22 June 97
Admiral *Sir* Edmond John Warre Slade, K.C.V.O.	2 Jan 11
Admiral *Sir* Colin Richard Keppel, K.C.V.O., C.B., D.S.O.	12 Dec 11
Rear-Admiral *Sir* Drury St. Aubyn Wake, C.B.	3 June 18

COMPANIONS.

Rear-Admiral Walter Somerville Goodridge	1 Jan 01
Commander Gerald Edward Holland, D.S.O., R.I.M.	24 July 01
Commander George Wilson, R.I.M. (*Ret. Lieut.-Com. R.N.*)	2 Jan 05
Rear Admiral Thomas Webster Kemp, C.B., C.M.G.	2 Jan 05
Captain *Sir* Charles Leopold Cust, *Bart.*, G.C.V.O., C.B., C.M.G.	15 May 06
Rear-Admiral George Hayley Hewett	26 June 08
Rear-Admiral Walter Lumsden, C.V.O.	1 Jan 15
Commander Michael Warren Farewell, R.I.M.	1 Jan 16
Captain Ernest Whiteside Huddleston, R.I.M.	3 June 16
Lieutenant-Commander Edgar Clements Withers, R.I.M.	1 Jan 17
Commander William Ramsey Binny Douglas, R.I.M.	1 Jan 17
Chief Engineer Thomas Henry Knight, R.I.M.	4 June 17
Commander Herbert Mackenzie Salmond, R.I.M.	25 Aug 17
Captain Seymour Douglas Vale, R.I.M.	3 June 18
Commander Alexander Gordon Bingham, R.I.M.	26 Aug 18

OFFICERS OF THE ORDER.

Secretary, John Barry Wood, Esq., C.I.E. (in India).
Registrar, Comptroller of the Lord Chamberlain's Department for the time being.

Royal Victorian Order

KNIGHTS COMMANDERS.

Admiral *Sir* Thomas Sturges Jackson	14 Mar 02
Navigating Lieutenant *Sir* Henry Felix Woods	22 Aug 02
Admiral *Sir* Wilmot Hawksworth Fawkes, G.C.B., LL.D.	11 Aug 03
Rear-Admiral *Sir* Adolphus A. F. FitzGeorge	23 Mar 04
Admiral *Sir* Percy Moreton Scott, *Bt.*, K.C.B., LL.D.	10 Feb 06
Admiral of the Fleet *The Hon. Sir* Hedworth Meux, G.C.B., M.P.	16 Apr 06
Admiral *Sir* Henry B. Jackson, G.C.B., *AdC.*, F.R.S.	9 Nov 06
Admiral *Sir* James Edward Clifford Goodrich	26 June 08
Admiral *Sir* Colin Richard Keppel, K.C.I.E., C.B., D.S.O.	26 June 08
Admiral *Sir* Douglas A. Gamble	23 Jan 09
Admiral *Sir* Frederic W. Fisher	24 Apr 09
Captain *The Hon. Sir* Seymour John Fortescue, C.M.G.	14 June 10
Admiral *Sir* Charles H. Coke	12 July 11
Admiral *Sir* Edmond J. W. Slade, K.C.I.E.	12 Dec 11
Admiral *Sir* George E. Patey, K.C.M.G.	30 June 13
Admiral *Sir* Reginald H. S. Bacon, K.C.B., D.S.O.	15 Aug 16
Lieutenant *The Earl of* Medina	15 Nov 16
Vice-Admiral *Sir* William C. Pakenham, K.C.B., K.C M.G.	25 June 17
Rear-Admiral *Sir* Osmond De Beauvoir Brock, K.C.M.G., C.B.	25 June 17
Rear-Admiral *Sir* Roger J. B. Keyes, K.C.B., C.M.G., D.S.O.	10 Dec 18

COMMANDERS.

Inspector-General of Hospitals and Fleets Henry Charles Woods, C.B., M.D.	1 Feb 01
Admiral *Sir* Alfred L. Winsloe, K.C.B., C.M.G.	24 Dec 01
Admiral Pelham Aldrich	22 Aug 02
Lieutenant-Commander Edward Ponsonby, *Earl of* Bessborough, C.B.	22 Aug 02
Admiral *Sir* Arthur Murray Farquhar, K.C.B.	31 Mar 03
Admiral *Sir* William Alison Dyke Acland, *Bt.*	13 Apr 03
Admiral *Sir* Reginald Neville Custance, G.C.B., K.C.M G., D.C.L.	21 Apr 03
Admiral Edmund Frederick Jeffreys	11 Aug 03
Admiral Angus MacLeod	5 May 04
Admiral Michael P. O'Callaghan, C.B.	1 July 04
Admiral *Sir* Richard Poore, *Bt.*, K C.B.	11 Aug 05
Admiral *Sir* George Neville, K.C.B.	11 Aug 05
Admiral *Sir* Edward E. Bradford, K.C.B.	10 Feb 06
Admiral *Sir* F. C. Doveton Sturdee, *Bt.*, K.C.B., K.C.M.G.	16 Apr 06
Admiral *Sir* George F. King-Hall, K.C.B.	11 July 07
Admiral Charles G. Robinson	3 Aug 07
Admiral Harry S. F. Niblett	3 Aug 07
Admiral *Sir* Lewis Bayly, K.C.B., K.C.M.G.	3 Aug 07
Admiral *Sir* Charles E. Madden, G.C.B., K.C.M.G.	3 Aug 07
Admiral *Sir* Herbert G. King-Hall, K.C.B., D.S.O.	6 Aug 08
Vice-Admiral John de M. Hutchison, C.M.G.	24 Apr 09
Admiral *Sir* Archibald H. W. Moore, K C.B.	31 July 09
Admiral *Sir* Reginald G. O. Tupper, K.C.B.	7 June 10
Vice-Admiral *The Hon. Sir* Somerset A. Gough-Calthorpe, G.C.M.G., K.C B.	29 July 10

Royal Victorian Order

COMMANDERS—contd.

Rear-Admiral Philip W. Dumas, C.B.	7 Nov 10
Captain Bryan G. Godfrey-Faussett, C.M.G.	19 June 11
Fleet-Surgeon Arthur R. Bankart, M.B.	19 June 11
Vice-Admiral Henry H. Campbell, C.B.	24 Oct 11
Rear-Admiral Walter Lumsden, C.I.E.	12 Dec 11
Captain Alfred E. M. Chatfield, C.B., C.M.G.	4 Feb 12
Deputy Surgeon-General Robert Hill, C.B.	4 Feb 12
Inspector-General of Hospitals and Fleets Belgrave Ninnis, M.D.	14 June 12
Rear-Admiral Norman C. Palmer	13 Oct 13
Paymaster Rear-Admiral *Sir* John H. G. Chapple, K.C.B.	3 June 16
Rear-Admiral James C. Ley, C.B.	8 Sept 16
Rear-Admiral Laurence E. Power, C.B.	18 June 17
Rear Admiral *The Hon.* Hubert G. Brand, C.B.	25 June 17
Captain James R. P. Hawksley, C.B.	25 June 17

MEMBERS OF THE FOURTH CLASS.

Rear-Admiral Peyton Hoskyns, C.M.G.	11 May 96
Deputy-Inspector-General of Hospitals and Fleets, Alfred G. Delmege, M.D.	27 Sept 98
Surgeon-General James Lawrence Smith, C.B., M.B.	28 Nov 98
Rear-Admiral Henry B. Pelly, C.B.	1 Feb 01
Rear-Admiral *The Hon.* Algernon D.E.H. Boyle, C.B., C.M.G.	19 Mar 01
Vice-Admiral Charles E. Anson	16 Aug 01
Admiral *Sir* Rosslyn E. Wemyss, G.C.B., C.M.G.	24 Dec 01
Rear-Admiral Philip Nelson-Ward	24 Dec 01
Vice-Admiral Charles H. Cochran	2 May 02
Vice-Admiral Richard P. F. Purefoy	2 May 02
Vice-Admiral Henry Peter Routh	22 Aug 02
Admiral *Sir* Paul Warner Bush, K.C.B.	22 Aug 02
Lieutenant-Commander Gerald Rivers Maltby	9 Nov 02
Rear-Admiral *Sir* Charles J. G. Sawle, Bt.	21 Apr 03
Admiral Herbert A. Warren	21 Apr 03
Vice-Admiral Reginald C. Prothero, C.B.	27 Apr 03
Admiral Alexander W. Chisholm-Batten, D.S.O.	27 Apr 03
Rear-Admiral *Sir* Charles L. Ottley, K.C.M.G., C.B.	4 May 03
Engineer-Rear-Admiral James M. C. Bennett	5 May 03
Paymaster-in-Chief William H. Bowen	5 May 03
Admiral John L. Marx, C.B., D.S.O.	11 Aug 03
Vice-Admiral *Sir* Trevylyan D. W. Napier, K.C.B.	11 Aug 03
Rear-Admiral George R. Mansell, C B.E.	11 Aug 03
Lieutenant-Commander *The Hon.* Cyril A. Ward	11 Aug 03
Captain William Way	11 Aug 03
Vice-Admiral Mark E. F. Kerr, C.B.	9 Oct 03
Admiral *Sir* Richard H Peirse, K.C.B.	9 Oct 03
Vice-Admiral Godfrey H. B. Mundy, C.B., D.S.O.	9 Oct 03
Commander Alfred H. Tarleton	10 Feb 04
Paymaster-in-Chief David B. L. Hopkins	22 Feb 04
Admiral William De Salis	18 Apr 04
Vice-Admiral Reginald A. Allenby, D.S.O.	18 Apr 04
Rear-Admiral Charles F. Corbett, C.B.	18 Apr 04
Rear-Admiral Walter H. Cowan, K.C.B., D.S.O.	5 May 04
Rear-Admiral *The Hon.* Victor A. Stanley, C.B.	1 July 04
Admiral John Edward Bearcroft, C.B.	1 July 04
Admiral Ernest C. T. Troubridge, C.B., C.M.G.	1 July 04
Vice-Admiral *The Hon.* Robert Francis Boyle	12 Aug 04

MEMBERS OF THE FOURTH CLASS—contd.

Rear-Admiral Cuthbert Godfrey Chapman	12 Aug 04
Captain Charles Tibbits	12 Aug 04
Staff-Paymaster Thomas H. S. Pasley	12 Aug 04
Admiral Charles H. Dare, C.B.	6 Sept 04
Rear-Admiral Algernon W. Heneage, C.B.	11 Oct 04
Engineer-Captain Alfred J. Nye	30 Dec 04
Admiral Charles H. Robertson, C M.G.	7 Apr 05
Captain Walter B. Compton, D.S.O.	28 Apr 05
Vice-Admiral *Sir* Henry F. Oliver, K.C.B., K.C.M.G.	11 Aug 05
Rear-Admiral Richard F. Phillimore, C.B.	11 Aug 05
Admiral Robert H. Johnston Stewart, C.B.	8 Sept 05
Captain Richard G. A. W. Stapleton-Cotton	8 Sept 05
Rear-Admiral Thomas D. L. Sheppard, C.B.	11 Mar 06
Engineer Captain William R. Apps	11 Mar 06
Rear-Admiral Thomas Jackson, C.B.	15 Mar 06
Captain Philip Streatfeild	30 Apr 06
Vice-Admiral *Sir* Hugh Evan-Thomas K.C.B., K.C.M.G.	9 Nov 06
Vice-Admiral *Sir* Herbert L. Heath, K.C.B.	30 Apr 07
Captain Edward H. F. Heaton-Ellis, C.B.	30 Apr 07
Rear-Admiral *The Marquess of* Bristol	13 Dec 07
Vice-Admiral Stuart Nicholson, C.B.	10 June 08
Vice-Admiral *Sir* Dudley Rawson Stratford de Chair, K.C.B.	10 June 08
Captain John Saumarez Dumaresq, C.B.	10 June 08
Captain Denis Burke Crampton, D.S.O.	10 June 08
Captain William Douglas Paton, D.S.O.	10 June 08
Engineer Captain George C. Bath	6 Aug 08
Engineer Captain Robert B. Ayers	6 Aug 08
Captain William W. Fisher, C.B.	6 Aug 08
Captain John A. Webster	6 Aug 08
Vice-Admiral *Sir* Montague E. Browning, G.C.M.G., K.C.B.	7 Aug 08
Rear-Admiral *Sir* Edwyn S. Alexander-Sinclair, K C.B.	1 Oct 08
Captain Adolphus H. Williamson, C.M.G.	29 Apr 09
Vice-Admiral *Sir* Sydney R. Fremantle, K C.B.	3 May 09
Rear-Admiral William G. E. Ruck-Keene	4 May 09
Captain John E. Cameron, C.B.	4 May 09
Captain Edmund Moore Cooper Cooper-Key	9 July 09
Paymaster Reginald Butcher	16 July 09
Rear-Admiral James de C. Hamilton	19 July 09
Captain Aubrey C. H. Smith	5 Aug 09
Rear-Admiral Cecil S. Hickley	1 Dec 09
Captain Alexander V. Campbell, D.S.O.	7 June 10
Captain *The Hon.* Matthew R. Best, D.S.O.	7 June 10
Commander David T. Graham-Brown	7 June 10
Commander Archibald S. May	7 June 10
Vice-Admiral Arthur Henry Christian, C.B.	24 July 10
Deputy Surgeon-General George T. Collingwood	24 July 10
Lieutenant-Commander William D. Phipps	24 July 10
Captain David M. Anderson, C.M.G.	29 July 10
Engineer-Captain John T. H. Ward	29 July 10
Captain Bertram S. Evans	7 Nov 10
Captain Richard Hyde	17 Jan 11
Captain Henry T. Buller, C.B.	12 Apr 11
Deputy Surgeon-General William Bett	12 Apr 11

Royal Victorian Order

MEMBERS OF THE FOURTH CLASS—contd.

Commander Francis A. Beasley	12 Apr 11
Captain Edward L. Booty, C.B.	24 June 11
Engineer Commander Joseph H. H. Ireland	14 July 11
Engineer Commander Frederick G. Haddy	14 July 11
Rear-Admiral Michael Culme-Seymour, C.B.	4 Feb 12
Rear-Admiral Sir William E. Goodenough, K.C.B.	4 Feb 12
Rear-Admiral Henry H. Bruce, C.B.	4 Feb 12
Rear-Admiral Clement Greatorex, C.B.	4 Feb 12
Engineer Captain William Onyon	4 Feb 12
Captain Louis C. S Woollcombe	4 Feb 12
Captain George N. Tomlin	4 Feb 12
Paymaster-Commander Bertram C. Allen. C.B.	4 Feb 12
Rear-Admiral Charles A. Christian	21 Feb 12
Captain Charles D. Johnson, D.S.O.	24 Feb 12
Engineer-Commander Walter S. Damant	11 May 12
Captain Hugh D. R. Watson, C.B.	24 May 13
Captain William A. H. Kelly, C.B., C.M.G.	30 June 13
Captain John E. T. Harper	11 Aug 13
Captain Arthur K. Macrorie, C.M.G.	11 Aug 13
Commander Henry E H. Spencer-Cooper	11 Aug 13
Engineer-Commander Edward L. D. Acland	11 Aug 13
Captain Michael H. Hodges, C.B.	24 Apr 14
Captain Francis Gerald St. John, C.B.	5 Dec 14
Rear-Admiral Brian H. F. Barttelot, C.B.	21 May 15
Commander Douglas Faviell	9 July 15
Commander Henry G. L. Oliphant, D.S.O.	1 Nov 15
Engineer Lieutenant-Commander René C. Hugill	3 June 16
Paymaster Captain Frederick W. Mortimore	3 June 16
Lieutenant-Commander William E. C. Tait	14 Aug 17
Staff Surgeon Louis L. Greig	22 Dec 17
Commander Edmond A. B. Stanley, D.S O.	30 Mar 18
Commander Reginald St. P. Parry, D.S.O.	13 Aug 18
Lieutenant-Commander Charles G. Naylor	20 Nov 18
Commander Bertram H. Ramsay	10 Dec 18
Lieutenant-Commander Sidney B. Mainguy	10 Dec 18
Lieutenant Llewellyn V. Morgan, D.S.C.	10 Dec 18
Captain Wilfred Tomkinson, C.B.	1 Jan 19

MEMBERS OF THE FIFTH CLASS.

Captain Percy L. H. Noble	19 Mar 01
Commander Aubrey W. Peebles, D.S.O.	19 Mar 01
Commander Isham W. Gibson	19 Mar 01
Commander Leonard S. Holbrook	19 Mar 01
Lieutenant-Commander Henry A. Beaver	5 May 03
Lieutenant-Commander George H. Colwill	5 May 03
Commander The Hon. Patrick G. E. C. Acheson, D.S.O.	22 Feb 04
Commander Frederick C. Halahan	5 Aug 07
Lieutenant-Commander Thomas Ready	26 June 08
Shipwright Lieutenant-Commander James Rice	26 June 08
Chief Gunner Henry H. A Willmore	7 June 10
Lieutenant-Commander Frederick G. Wilton	29 July 10
Lieutenant Henry F. Carter	24 June 11
Shipwright-Lieutenant David Morgan	9 Aug 12
Shipwright-Lieutenant John W. Sheldrake	1 Oct 14

Royal Victorian Order

MARINE OFFICERS.

MEMBERS OF THE FOURTH CLASS.

Lieutenant-Colonel Charles Clarke	24 Dec	01
Colonel Herbert S. N. White, C.B. (*Tempy. Brig.-Gen.*)	11 Mar	06
Lieutenant-Colonel Edward R. Cottingham	12 Aug	07
Major & Brevet Lieutenant-Colonel Picton Phillipps, C.M.G.	4 Feb	12

MEMBERS OF THE FIFTH CLASS.

Honorary Major George J. Miller	19 Mar	01
Major Alan G. B. Bourne, D.S.O.	9 Aug	09
Honorary Lieutenant Benjamin S. Green	4 Feb	12

ROYAL NAVAL RESERVE OFFICERS.

KNIGHT COMMANDER.

Commander *Sir* H. Acton Blake, K.C.M.G. (*Captain Trinity House*)	25 May	14

MEMBERS OF THE FOURTH CLASS.

Hon. Lieutenant John Glas Sandeman	22 Aug	02
Chief Engineer Thomas Thorburn	4 Feb	12

ROYAL NAVAL VOLUNTEER RESERVE OFFICERS.

KNIGHT COMMANDER.

Commander *Lord* Herschell	1 Jan	17

COMMANDER.

Commander *The Marquess of* Graham, C.B.	18 Sept	05

MEMBERS OF THE FOURTH CLASS.

Surgeon Lieutenant-Commander Robert Joseph Willan, V.D., M.B., F.R.C.S., M.S.	10 Nov	15
Commander Sydney T. Burgoyne (*late 2nd Lt. R.E.*), O.B.E.	18 June	17

CIVIL OFFICERS WHO HAVE RECEIVED THE ROYAL VICTORIAN ORDER.

COMMANDER.

Sir Thomas Mitchell, *Kt.* (*late Manager Constructive Department, Portsmouth Dockyard*)	10 Feb	06

MEMBERS OF THE FOURTH CLASS.

Henry Robert Champness, Esq. (*Late Assistant Director of Naval Construction*)	14 Mar	02
William Henry Gard, Esq., C.B. (*Deputy Director of Naval Construction*)	9 Nov	03
Edmond John Maginness, Esq. C.B.E., (*Chief Constructor*)	10 Feb	06
John Harper Narbeth, Esq. (*Chief Constructor*)	10 Feb	06
Charles Godfrey, Esq. (*Headmaster, R.N. College, Osborne*)	24 July	10
James Watt, Esq. (*Second Master, R.N College, Osborne*)	24 July	10
Cyril Ashford, Esq. (*Headmaster, R.N. College, Dartmouth*)	12 Apr	11
Rev. Ernest H. Arkwright (*Second Master, R.N. College, Dartmouth*)	12 Apr	11
John W. S. Anderson, Esq., C.B. (*Assistant Secretary of the Admiralty*)	24 July	11

MEMBERS OF THE FIFTH CLASS.

Henry Cock, Esq. (*late Chief Constructor*)	9 May	99
George Edward Suter, Esq., O.B.E. (*Constructor*)	10 Feb	06
Richard Murray, Esq. (*Technical Assistant, Naval Store Branch Admiralty*)	21 Feb	12

THE MOST EXCELLENT ORDER OF THE BRITISH EMPIRE.

(MILITARY DIVISION.)

KNIGHTS COMMANDERS.

	Nominated
Admiral Robert Nelson Ommanney, C.B.	1 Jan 19
Rear Admiral Edward Fitzmaurice Inglefield	1 Jan 19
Vice-Admiral Edmund Radcliffe Pears, C.B.	1 Jan 19

COMMANDERS.

Captain Rowland Henry Bather	1 Jan 19
Paymaster-Captain George Christopher Aubin Boyer	1 Jan 19
Surgeon-Captain George Thomas Broatch, M.B.	1 Jan 19
Commander Thomas Evans Crease, C.B.	1 Jan 19
Captain John Gilbert de Odingsells Coke	1 Jan 19
Captain George Knightley Chetwode, C B.	1 Jan 19
Hon. Paymaster-Captain Henry Ashley Travers Cummins	1 Jan 19
Vice-Admiral Herbert Edward Purey Cust, C.B.	1 Jan 19
Paymaster Captain Charles Augustus Roger Flood Dunbar	1 Jan 19
Captain Frederic Charles Dreyer, C.B.	1 Jan 19
Commander George Duncan	1 Jan 19
Captain John Dodson Daintree	1 Jan 19
Commander Francis Edmund Musgrave Garforth	1 Jan 19
Paymaster-Commander Hugh Seymour Hall	1 Jan 19
Captain Arthur Halsey	1 Jan 19
Rear-Admiral Hugh Thomas Hibbert, D.S.O.	1 Jan 19
Rear-Admiral Albert Sumner Lafone	1 Jan 19
Captain Charles Henry Clarke Langdon	1 Jan 19
Rear-Admiral Edgar Lees	1 Jan 19
Rear-Admiral Frederick Charles Learmonth, C.B.	1 Jan 19
Captain Frank Oswald Lewis	1 Jan 19
Captain Armytage Anthony Lucas	1 Jan 19
Paymaster-Commander William Henry Le Brun	1 Jan 19
Rear-Admiral George Robert Mansell, M.V.O.	1 Jan 19
Engineer-Captain Henry Wray Metcalf	1 Jan 19
Engineer-Captain George William Murray	1 Jan 19
Captain John Warde Osborne	1 Jan 19
Commander Francis Hungerford Pollen	1 Jan 19
Engineer-Captain George William Roome	1 Jan 19
Paymaster-Captain Harry Robinson	1 Jan 19
Captain John Barnes Sparkes	1 Jan 19
Commander Charles Valentine Smith	1 Jan 19
Surgeon-Captain Vidal Grinson Thorpe	1 Jan 19
Captain Charles William Thomas	1 Jan 19
Captain Lionel de Lautour Wells, C.B., C.M.G.	1 Jan 19

MILITARY DIVISION—contd.
OFFICERS.

	Nominated
Engineer Lieutenant-Commander Henry Charles Anstey..	1 Jan 19
Commander Arthur Douglas Barff	1 Jan 19
Surgeon-Commander Richard Francis Bate.	1 Jan 19
Lieutenant-Commander Henry Baynham	1 Jan 19
Paymaster-Lieutenant Norman Hugh Beall	1 Jan 19
Commander Edward Morden Bennett	1 Jan 19
Paymaster Lieutenant-Commander Martin Gilbert Bennett	1 Jan 19
Commander Arthur George Hayes Bond	1 Jan 19
Lieutenant-Commander Gerald Percival Bowen.	1 Jan 19
Commander Duncan Tatton Brown	1 Jan 19
Paymaster Commander John Edwin Ambrose Brown	1 Jan 19
Commander Harold Ernest Browne	1 Jan 19
Engineer-Lieutenant John Robertson Buchan	1 Jan 19
Paymaster-Commander Wilfrid James Bull	1 Jan 19
Commander Charles Thomas Alexander Bunbury	1 Jan 19
Commander Arthur Stanley Burt	1 Jan 19
Engineer-Commander James Sandford Constable	1 Jan 19
Paymaster Lieutenant-Commander Archibald Frederick Cooper	1 Jan 19
Lieutenant-Commander Charles Henry Davey	1 Jan 19
Lieutenant-Commander Arthur Douglas Harry Dibben	1 Jan 19
Engineer-Commander Horace Edward Dowling	1 Jan 19
Paymaster-Lieutenant William George Ewart Enright	1 Jan 19
Commander John Philips Farquharson, D.S.O.	1 Jan 19
Commander Thomas Roderick Fforde	1 Jan 19
Engineer-Commander Benson Fletcher Freeman	1 Jan 19
Paymaster Lieutenant Commander John William Edward Gilhespy	1 Jan 19
Chaplain The Rev. Christopher Graham, M.A.	1 Jan 19
Commander Alfred William Gush	1 Jan 19
Surgeon-Commander Robert Hardie, M D.	1 Jan 19
Lieutenant-Commander Edward George Godolphin Hastings	1 Jan 19
Paymaster Lieutenant-Commander Robert Haves	1 Jan 19
Paymaster Lieutenant-Commander Charles Howard Heaton	1 Jan 19
Engineer-Commander Edward Owen Hefford	1 Jan 19
Commander Berkeley Holme-Sumner	1 Jan 19
Acting Schoolmaster-Lieutenant Samuel Louis Hutchings	1 Jan 19
Surgeon-Lieutenant Arthur Ernest Iles, M.B., F.R.C.S.	1 Jan 19
Commander Harold Gordon Jackson	1 Jan 19
Engineer-Commander John Kelly	1 Jan 19
Engineer-Commander Arthur Ellis Lester, D.S.O.	1 Jan 19
Lieutenant-Commander Stephen Clive Lyttleton, D.S.C.	1 Jan 19
Commander Robert Henry Ramsay McKay	1 Jan 19
Lieutenant James Charles Newsome Macmillan.	1 Jan 19
Shipwright Lieutenant-Commander James Rees May	1 Jan 19
Paymaster-Commander Grenvi le Acton Miller	1 Jan 19
Lieutenant Joseph Alfred Minter	1 Jan 19
Engineer-Commander Albert John Campbell Moore	1 Jan 19
Commander Hartley Russell Gwennap Moore	1 Jan 19
Surgeon Lieutenant-Commander Leslie Miles Morris	1 Jan 19
Acting Schoolmaster Lieutenant Richard Mountstephens	1 Jan 19
Commander Edwin Mansergh Palmer.	1 Jan 19
Surgeon-Commander Herbert Lloyd Penny.	1 Jan 19

MILITARY DIVISION—*contd.*

OFFICERS— *contd.*

	Nominated
Commander Herbert Mosley Perfert	1 Jan 19
Engineer Lieutenant Cyril Harold Lee Filditch	1 Jan 19
Lieutenant William Alfred Price	1 Jan 19
Paymaster Lieutenant-Commander Cunningham Prior	1 Jan 19
Lieutenant-Commander Gerard Brook Riley	1 Jan 19
Engineer-Commander Francis John Roskruge, D.S.O	1 Jan 19
Engineer Lieutenant John Sandieson	1 Jan 19
Engineer Lieutenant James Alfred Seabrook	1 Jan 19
Surgeon Commander Ernest Albert Shaw, M.D., B.A.	1 Jan 19
Paymaster Lieutenant-Commander John Siddalls	1 Jan 19
Lieutenant-Commander John Ambrose Slee	1 Jan 19
Commander Martyn Frederic Stapylton	1 Jan 19
Acting Chaplain *The Rev* Richard Swann Swann-Mason, M.A.	1 Jan 19
Lieutenant-Commander Reginald Molière Tabuteau	1 Jan 19
Engineer-Commander John Charles Talbot	1 Jan 19
Lieutenant-Commander James Henry Thom	1 Jan 19
Commander Frank John Thring	1 Jan 19
Lieutenant-Commander Bertram Vigne	1 Jan 19
Shipwright Lieutenant-Commander Charles Rogers Vincent	1 Jan 19
Engineer Commander Charles James Mitchell Wallace	1 Jan 19
Commander Robert Lewis Way	1 Jan 19
Commander Godfrey George Webster	1 Jan 19
Commander Hans Thomas Fell White	1 Jan 19
Lieutenant Edward Charles Wrey	1 Jan 19
Paymaster Lieutenant Arthur Horace Steele Steele-Perkins	1 Jan 19
Commander John Cave Humphrey	17 Mar 19
Commander Arthur Horace Walker	17 Mar 19
Commander John Cecil Davis	17 Mar 19
Commander John Harry Kay Clegg	17 Mar 19
Paymaster Lieutenant Hector Roy Mackenzie Woodhouse	17 Mar 19
Engineer Lieutenant Edward Richards	17 Mar 19
Paymaster Lieutenant Gerald Arthur Youle	17 Mar 19

MEMBERS.

Chief Boatswain George Hamilton Alexander	1 Jan 19
Gunner Charles Palmer Bennett	1 Jan 19
Warrant Wardmaster Henry Budge	1 Jan 19
Warrant Shipwright Ernest Charles Miller	1 Jan 19
Warrant Victualling Officer Alfred Charles Waugh	1 Jan 19
Chief Signal Boatswain Ernest T. Veryard	20 Feb 19

ROYAL MARINES.

OFFICERS.

Lieutenant-Colonel James Frederick Cable (R.M.)	1 Jan 19
Captain Gerald Fenwick Haszard, D.S.C. (R.M.A.)	1 Jan 19
Major Hubert Louis Jones (R.M.L.I.)	1 Jan 19
Major James Simpson (R.M.L.I.)	1 Jan 19
Major Charles Wynne Slaney (R.M.L.I.)	1 Jan 19
Major Frederick H. Smith (R.M.)	1 Jan 19
Quartermaster and Honorary Major William George Sparrow (R.M.A.)	1 Jan 19
Quartermaster and Honorary Major William Symes (R.M.L.I.)	1 Jan 19

MEMBERS.

Quartermaster and Honorary Captain George Harrington	1 Jun 19

MILITARY DIVISION—*contd.*
ROYAL NAVAL RESERVE.

COMMANDERS — Nominated

Commander Wilfred Montague Bruce, R.D.	1 Jan 19
Commander Arthur Rostron, R.D.	1 Jan 19

OFFICERS.

Lieutenant William Atkinson	1 Jan 19
Lieutenant Holderness Bartlett	1 Jan 19
Lieutenant Arthur Bean	1 Jan 19
Lieutenant-Commander Charles Kirby Borrissow	1 Jan 19
Lieutenant Coristopher George Carr	1 Jan 19
Commander James Thomas Walter Charles, C.B., R.D.	1 Jan 19
Lieutenant Alexander James Cook	1 Jan 19
Acting-Lieutenant Frederick James Harold Corbyn	1 Jan 19
Lieutenant Herbert Spencer Cox	1 Jan 19
Lieutenant-Commander Roderick Wilson Day	1 Jan 19
Lieutenant-Commander Edward Damerque Drury	1 Jan 19
Lieutenant Robert Ewart Dunn.	1 Jan 19
Lieutenant Thomas William John Dunning	1 Jan 19
Engineer-Commander James Risk Farish	1 Jan 19
Paymaster-Lieutenant Reginald Bertram Ford	1 Jan 19
Engineer Commander Andrew Gillespie	1 Jan 19
Honorary Engineer-Commander William Air Graham	1 Jan 19
Commander George Gregory, D.S.O., R.D.	1 Jan 19
Engineer Lieutenant-Commander Frederick Gambier Haynes, R.D.	1 Jan 19
Lieutenant Thomas Mann Heddles	1 Jan 19
Lieutenant Stephen Leorard Hoare	1 Jan 19
Charles Frederick Horne	1 Jan 19
Acting Paymaster Lieutenant Herbert Victor Lee	1 Jan 19
Engineer Commander Andrew Graham Liston	1 Jan 19
Lieutenant William MacPherson McRitchie	1 Jan 19
Commander Frederick William Mace	1 Jan 19
Lieutenant John Martyn	1 Jan 19
Lieutenant Gladwyn Parry	1 Jan 19
John Maurice Barbes Pougnet	1 Jan 19
Engineer-Commander Thomas Pierce Pover	1 Jan 19
Lieutenant John Osment Richards	1 Jan 19
Lieutenant William Mill Ruxton	1 Jan 19
Lieutenant Walter Thomas Ryan	1 Jan 19
Lieutenant-Commander William Charles Tarrant	1 Jan 19
Paymaster-Lieutenant John William Upham	1 Jan 19
Lieutenant-Commander Charles Bertram Ward	1 Jan 19
Lieutenant Alexander Watchlin (*New Zealand*)	1 Jan 19
Commander Wallace Edgar Whittingham, R.D.	1 Jan 19
Lieutenant-Commander Thomas Wallace Young	1 Jan 19
Lieutenant Ernest Stuart Daniels	17 Mar 19

MEMBERS.

Paymaster Sub-Lieutenant Alfred Stephen Black	1 Jan 19
Paymaster Sub-Lieutenant Henry John Cary	1 Jan 19
Paymaster Sub-Lieutenant James Michael Diver.	1 Jan 19
Chief Skipper Ernest William Hovells	1 Jan 19
Paymaster Lieutenant James Walwyn Gynlais Morgan	1 Jan 19
Skipper John Ernest Shepherd	1 Jan 19
Skipper Walter Wooldridge	1 Jan 19

MILITARY DIVISION—contd.
ROYAL NAVAL VOLUNTEER RESERVE.
OFFICERS.

	Nominated
Lieutenant-Commander Harold Gordon Atkinson	1 Jan 19
Lieutenant Louis Charles Bernacchi	1 Jan 19
Lieutenant-Commander Frank B rch	1 Jan 19
Command r Wil iam Henry Cottrell, C.M.G.	1 Jan 19
Lieutenant Thomas Eachus	1 Jan 19
Lieutenant Robert Edmond	1 Jan 19
Lieutenant Herbert Denham Emery	1 Jan 19
Lieutenant John Gillies	1 Jan 19
Lieutenant William Glegg-Smith	1 Jan 19
Lieutenant Norris Goddard	1 Jan 19
Paymaster Lieutenant-Commander Charles Greenwood	1 Jan 19
Lieutenant Herbert James Hanson	1 Jan 19
Lieutenant Gerald Dudley Hill	1 Jan 19
Lieutenant Henry Mowbray Howard	1 Jan 19
Lieutenant-Commander Harold Isherwood	1 Jan 19
Lieutenant-Commander Thomas Norman Jenkinson	1 Jan 19
Lieutenant C. W. King	1 Jan 19
Lieutenant Leander McCormick-Goodhart	1 Jan 19
Lieutenant-Commander Redmond Walter McGrath	1 Jan 19
Lieutenant Harold Nevil Smart, C.M.G.	1 Jan 19
Lieutenant-Commander Norman George Fowler Snelling	1 Jan 19
Honorary Commander John Howard Temple	1 Jan 19
Lieutenant Henry William Cossart Tinker	1 Jan 19
Lieutenant Reginald Brooks Townshend	1 Jan 19
Lieutenant Tacy Millet Winstanley Wallis	1 Jan 19
Lieutenant William Robert Watson	1 Jan 19
Lieutenant Charles Howard Windle	1 Jan 19
Lieutenant Stanley Harris Young	1 Jan 19

(CIVIL DIVISION.)
ROYAL NAVY.
KNIGHT COMMANDER.

Admiral *Sir* Richard Henry Peirse, K.C.B., M.V.O.	3 June 18

COMMANDERS.

Captain *The Honourable* Charles Joseph Thaddeus Dormer	1 Jan 18
Captain George Charles Frederick	1 Jan 18
Vice-Admiral Henry Louis Fleet (*Retd.*)	3 June 18
Rear-Admiral Edmund Purefoy Ellis Jervoise (*Retd.*)	3 June 18
Rear-Admiral Harry Hampson Stileman (*Retd.*)	3 June 18
Captain Francis Arthur Lavington Andrews	3 June 18
Captain George Edward Beckwith Bairnsfather (*Retd.*)	3 June 18
Captain George Walter Howard Martin (*Retd.*)	3 June 18
Captain John Henry Trye (*Retd.*)	3 June 18
Engineer Captain William Henry James (*Retd.*)	3 June 18
Engineer Captain William Roskilly Parsons	3 June 18
Engineer Commander William Henry Wood (*Retd.*)	3 June 18
Paymaster Captain Charles Roach-Smith	3 June 18
Paymaster Commander Frank Lenn	3 June 18
Commander Vivian Ronald Brandon	12 Feb 19
Instructor Commander. Guy Varley Rayment, B.A.	12 Feb 19

(CIVIL DIVISION —contd

OFFICERS.

	Nominated
Captain Reginald Blayney Colmore	1 Jan 18
Captain John Irvine Graham	1 Jan 18
Commander Edward Lindsay Ashley Foakes	1 Jan 18
Temporary Commander Frederick Mortimer Barwick.	1 Jan 18
Commander Andrew William Davies	1 Jan 18
Commander (*Emergy.*) Thomas Willing Stirling	1 Jan 18
Lieutenant-Commander Maxwell Hendry Anderson	1 Jan 18
Lieutenant-Commander John Alsager Collett	1 Jan 18
Lieutenant-Commander Edward Harry John Grogan	1 Jan 18
Paymaster Captain Edward Haweis Shearme	1 Jan 18
Commander Albert Edward Acheson (*Retd.*)	3 June 18
Commander Samuel Montagu Agnew (*Retd.*)	3 June 18
Commander Peter Bruff Garrett (*Retd.*)	3 June 18
Commander Joseph Man (*Retd.*)	3 June 18
Commander Alfred Drummond Warrington-Morris	3 June 18
Captain Reginald Charles Lloyd Owen (*Retd.*)	3 June 18
Captain George Augustus Crosbie Ward (*Retd.*)	3 June 18
Commander Donald Campbell	3 June 18
Lieutenant-Commander William Thomas Hicks.	3 June 18
Lieutenant-Commander Reginald Foster Pitt Maton	3 June 18
Lieutenant-Commander Henry John Montague Rundle	3 June 18
Lieutenant-Commander Archibald Thomas Stewart	3 June 18
Lieutenant-Commander Carlton Collingwood Sherman (*Retd.*)	3 June 18
Lieutenant-Commander James William Ogilvy Dalgleish	3 June 18
Lieutenant Francis Esmé Theodore Hewlett	3 June 18
Engineer Captain Alfred Rayner (*Retd.*)	3 June 18
Engineer Commander Arthur Sydney Gush (*Emergy.*)	3 June 18
Engineer Commander Joseph John Kirwin.	3 June 18
Engineer Commander Alfred William Littlewood	3 June 18
Surgeon Commander Frank Bradshaw (*Retd.*)	3 June 18
Surgeon Commander Alfred Ernest Weightman.	3 June 18
Surgeon Commander Samuel Henry Woods	3 June 18
Paymaster Commander Leonard Blackler	3 June 18
Paymaster Lieutenant-Commander Reginald Douglas Paffard	3 June 18
Paymaster Lieutenant-Commander Cyril Ambrose Shove	3 June 18
Paymaster Lieutenant Alexander Charles Winter	3 June 18
Shipwright Lieutenant-Commander Solomon James Lacey	3 June 18
Engineer Lieutenant Thomas Carr	1 Jan 19

MEMBERS.

Chief Artificer Engineer Leon Joseph Killmayer	1 Jan 18
Lieutenant-Commander Abraham Bennett Collins	3 June 18
Lieutenant-Commander William Henry May	3 June 18
Lieutenant-Commander George Reeves	3 June 18
Lieutenant-Commander John Roberts	3 June 18
Lieutenant Thomas Albert Edward James Bosanquet	3 June 18
Lieutenant John Dooley.	3 June 18
Lieutenant Pierce Ferris	3 June 18
Lieutenant-Commander John Higgins	3 June 18
Lieutenant Richard Henry Hodge	3 June 18
Lieutenant James Benjamin Manners	3 June 18

(CIVIL DIVISION)—contd.

MEMBERS—contd.

	Nominated
Lieutenant William Lewis Ost	3 June 18
Lieutenant William Vaughan	3 June 18
Lieutenant Arnold John Miley	3 June 18
Shipwright Lieutenant George Henry Holland Crook	3 June 18
Shipwright Lieutenant George William Luxon	3 June 18
Shipwright Lieutenant John Henry Pine	3 June 18
Shipwright Lieutenant George Edward Segrue	3 June 18
Lieutenant Frank Gilby	3 June 18
Chief Gunner George Hunt	3 June 18
Chief Gunner Harry Duncaff Lloyd	3 June 18
Chief Gunner Daniel John O'Meara	3 June 18
Chief Gunner Walter Jefferey Uden	3 June 18
Chief Boatswain Edward Hunter Wilder	3 June 18
Chief Artificer-Engineer Nicholas John Hicks	3 June 18
Commissioned Shipwright John Couper (*Retd.*)	3 June 18
Commissioned Shipwright James George Rogers	3 June 18
Commissioned Armourer Ernest Addy	3 June 18
Gunner Sydney Ratcliff	3 June 18
Chief Gunner Ernest James Whiting	3 June 18
Artificer Engineer Frederick George Doughty	3 June 18
Artificer Engineer Thomas Arthur Edwin Rush	3 June 18
Commissioned Shipwright John Thomas Batten	3 June 18
Senior Mate Walter Patrick Burden	3 June 18
Acting Engineer-Lieutenant Frederick William Scarff	1 Jan 19
Acting Artificer-Engineer Henry John Northey	15 Feb 19

ROYAL AUSTRALIAN NAVY.

KNIGHT COMMANDER

Engineer Rear-Admiral *Sir* William Clarkson, *C.M.G.*	1 Jan 18

OFFICER.

Captain Frederick Hugh Cust Brownlow, VD	3 June 18

ROYAL MARINES.

COMMANDERS.

Lieutenant-Colonel Henry Dowrish Drake (R.M.A.)	3 June 18
Lieutenant-Colonel William McLellan	3 June 18

OFFICERS.

Lieutenant-Colonel John Francis Dimmer (R.M.L.I.)	3 June 18
Lieutenant-Colonel Gerald Noel Anstice Harris (R.M.A.)	3 June 18
Major Roland Martin Byne (R.M.L.I.)	3 June 18
Captain Ralph Howard Fowler (R.M.L.I.)	7 June 18
Major Arthur Kelly Evans, *M.C.* (R.M.L.I.)	1 Jan 19
Major Reginald Dawson Hopcraft Lough, *D.S.O.* (R.M.L.I)	1 Jan 19
Major & Bt. Lieut.-Colonel Reginald Cecil Temple (R.M.A.)	12 Feb 19
Major (Tempy Lieut.-Colonel) Walter Sinclair (R.M.L.I)	12 Feb 19
Major Cuthbert Evelyn Binns (R.M.)	12 Feb 19

ROYAL INDIAN MARINE.

COMMANDER.

Nominated

Captain Neville Frederick Jarvis Wilson, *C.M.G.* . . 3 June 18

OFFICERS.

Captain Duncan Frederick Vines	3 June 18
Engineer Commander Archibald Anthony McDonald	3 June 18
Captain Alfred Stevenson Balfour	1 Jan 19
Lieutenant-Commander Henry Aloysius Bruns Digby-Beste	1 Jan 19
Engineer Lieutenant-Commander James William Mineard Godden	1 Jan 19
Commander George Henry Stransham Latouche	8 Jan 19
Lieutenant Joseph Noel Metcalfe, *D.S.C.*	3 Mar 19
Lieutenant Geoffrey Rawson	3 Mar 19

MEMBERS.

Lieutenant-Commander John Chappell Ward, *D.S.O.*	3 June 18
Engineer Commander Charles Frederick Laslett	3 June 18

ROYAL NAVAL AIR SERVICE.

COMMANDER.

Wing Captain Edward Alexander Dimsdale Masterman . 1 Jan 18

OFFICERS.

Wing Commander Alec Ogilvie	1 Jan 18
Squadron Commander Henry Richard Busteed	1 Jan 18
Squadron Commander Robert Arthur Chalmers	1 Jan 18
Squadron Commander Charles Frederick Pollock	1 Jan 18

ROYAL NAVAL RESERVE.

COMMANDERS.

Commander Maxwell Barcham Sayer, R.D.	3 June 18
Commander William Halpin Paterson Sweny, R.D.	3 June 18
Paymaster Lieutenant-Commander David Thomas Jones (*Secretary of the Fishery Board of Scotland*)	8 Jan 19
Commander Richard Bolton Tinsley	12 Feb 19

ROYAL NAVAL RESERVE—contd.

OFFICERS.

	Nominated
Captain Thomas McComb Taylor	1 Jan 18
Commander Hubert Wynn Kenrick, R.D.	1 Jan 18
Commander Thomas George Segrave	1 Jan 18
Lieutenant-Commander David Blair	1 Jan 18
Lieutenant-Commander Edmund Burton Bartlett	1 Jan 18
Lieutenant-Commander Joseph Barlow Ranson	1 Jan 18
Lieutenant Theodore Warren Jones	1 Jan 18
Engineer Commander Arthur Edward Philp	1 Jan 18
Staff Paymaster Jeffrey Browning	1 Jan 18
Paymaster William Henry Bignold	1 Jan 18
Paymaster Charles Lupton Lord	1 Jan 18
Paymaster Sydney Scott	1 Jan 18
Captain Walter Ernest Hutchinson	3 June 18
Commander Gerard Knipe Gandy, R.D. (*Retd.*)	3 June 18
Commander Frederick William Kershaw	3 June 18
Commander Richard John Noal (*Retd.*)	3 June 18
Commander Victor Ernest Speranza, R.D.	3 June 18
Lieutenant-Commander Victor Ribeiro d'Almeida Campos	3 June 18
Lieutenant-Commander William Finch (*Retd.*)	3 June 18
Lieutenant-Commander George Henry Harris (*Retd.*)	3 June 18
Lieutenant-Commander Henry Layland (*Retd.*)	3 June 18
Lieutenant-Commander Sidney Sherlock Richardson, R.D.	3 June 18
Lieutenant-Commander William Peter Thompson (*Retd.*)	3 June 18
Lieutenant-Commander John Vernon Forster (*Retd.*)	3 June 18
Lieutenant William Smith Main	3 June 18
Lieutenant Thomas Robertson Morris	3 June 18
Temporary Engineer Lieutenant-Commander Robert Graeme Knox	3 June 18
Chief Engineer Claude Charles Lapsley (*Retd.*)	3 June 18
Chief Engineer Robert Leslie (*Retd.*)	3 June 18
Lieutenant-Commander Charles Edward Down	1 Jan 19
Engineer-Commander Anthony Ferguson	1 Jan 19
Engineer-Commander George Pattison	1 Jan 19
Commander Herbert John Paterson	1 Jan 19
Lieutenant-Commander Charles Edward Hudson, R.D.	12 Feb 19
Paymaster Lieutenant-Commander Percy Stanley Sykes	12 Feb 19

MEMBERS.

Honorary Lieutenant Thomas Warren Moore (*Secretary, Imperial Merchant Service Guild*)	4 June 17
Commander Edwin William Harvey	1 Jan 18
Honorary Staff Paymaster Charles Leonard Compton	1 Jan 18
Lieutenant-Commander John Harris Hills (*Retd.*)	3 June 18
Paymaster Lieutenant-Commander John Mason Cumberland	3 June 18
Commander Duncan Charles MacIntyre	3 June 18
Paymaster-Lieutenant Thomas Lionel Jones	1 Jan 19

ROYAL NAVAL VOLUNTEER RESERVE.

KNIGHTS COMMANDERS.

Nominated

Honorary Lieutenant (R.N.V.R.) William Mitchell-Thomson, M.P. (*Director of the Restriction of Enemy Supplies Department*)	3 June 18
Lieutenant-Commander *Sir* Guy Standing	1 Jan 19

COMMANDERS.

Lieutenant-Commander Basil Oliver Jenkins	1 Jan 18
Lieutenant-Commander Henry Edward Clarence Paget	1 Jan 19

OFFICERS.

Commander Sydney Thomas Burgoyne, M.V.O.	4 June 17
Commander Alexander Guthrie Denniston	1 Jan 18
Commander Philip Herbert	1 Jan 18
Commander Gerard Robert Addison Holmes	1 Jan 18
Commander Claud Pearce-Serocold	1 Jan 18
Commander Thomas Henry Roberts-Wray	1 Jan 18
Commander Edmund Wildy, V.D.	1 Jan 18
Lieutenant-Commander Leslie Wynn Edmunds	1 Jan 18
Lieutenant-Commander Eric Worsley Gandy	1 Jan 18
Lieutenant-Commander Thomas Cuthbert Irwin	1 Jan 18
Lieutenant-Commander William Holdsworth McConnel	1 Jan 18
Lieutenant-Commander James Randall	1 Jan 18
Lieutenant-Commander Harry Egerton Wimpris	1 Jan 18
Honorary Lieutenant-Commander William Grant, J.P.	1 Jan 18
Lieutenant John William Frederick Garvey	1 Jan 18
Lieutenant Albert Edward Dawson	1 Jan 18
Lieutenant John Hodgens	1 Jan 18
Lieutenant Maurice Ambrose Regan	1 Jan 18
Lieutenant Norman Wilkinson (R.I.)	1 Jan 18
Commander Francis Philip Armstrong	3 June 18
Commander Richard John Bayntun Hippisley	3 June 18
Lieutenant-Commander Frank Ezra Adcock	3 June 18
Lieutenant-Commander Nigel de Grey	3 June 18
Lieutenant Richard Say	3 June 18
Lieutenant David Gwilym Jones, J.P.	3 June 18
Lieutenant Charles Bertram Lenthall	3 June 18
Lieutenant Albert Edward Wilcock	3 June 18
Surgeon Lieutenant-Commander Reginald John Edward Hanson, M.B., F.R.C.S.Ed.	3 June 18
Surgeon Lieutenant (D) Herbert John Corin	1 Jan 19
Commander George Griffin Eady	12 Feb 19
Lieutenant-Commander John Linton Myres	12 Feb 19
Lieutenant Frank Cyril Tiarks	12 Feb 19
Lieutenant William Francis Clarke	12 Feb 19
Lieutenant Thomas Frank Johnson	12 Feb 19
Lieutenant Archibald Holte Hall	12 Feb 19
Lieutenant Lionel Reid	12 Feb 19
Lieutenant Ernest Thomas Boyce	12 Feb 19
Lieutenant Charles Williams Ross Hooker	12 Feb 19

ROYAL NAVAL VOLUNTEER RESERVE – *contd.*

MEMBERS.

	Nominated
Sub-Lieutenant Ernest Somerville Beard (*Quartermaster and Secretary, Royal Naval Auxiliary Hospital, Truro*)	4 June 17
Lieutenant-Commander Thomas Barwell Barrington	1 Jan 18
Lieutenant-Commander Charles Frewen Jenkin	1 Jan 18
Lieutenant Frank Horace Elliott Nash	3 June 18
Paymaster Lieutenant-Commander Herbert Anthony Lockett	3 June 18
Temporary Honorary Sub-Lieutenant Walter Smithers	3 June 18
Lieutenant Duncan McAuley Gracie	1 Jan 19
Lieutenant William Edward Long	1 Jan 19
Lieutenant Allan Macbeth	1 Jan 19
Paymaster Sub-Lieutenant Hugh Brown Wilson	1 Jan 19
Sub-Lieutenant Gerald James Gillespie	12 Feb 19
Sub-Lieutenant Andrew Cunningham	12 Feb 19

Order of the British Empire

CIVIL OFFICERS WHO HAVE RECEIVED THE ORDER OF THE BRITISH EMPIRE FOR SERVICES WHILST IN DEPARTMENTS UNDER THE ADMIRALTY.

KNIGHTS GRAND CROSS.

	Nominated
Dame Katharine Furse, R.R.C. (*Director of W.R.N.S.*)	4 June 17

KNIGHTS COMMANDERS.

Sir Vincent Litchfield Raven (*Deputy Controller, Admiralty*)	4 June 17
Sir Alan Garrett Anderson (*Controller, Admiralty*)	4 June 17
Sir Thomas Bell (*Deputy Controller for Dockyards and Shipping*)	4 June 17
Sir Dugald Clerk (*Member of the Panel of Board of Invention and Research, Admiralty*)	4 June 17
Lieut.-Col. (R.E.) Sir Robert Stevenson Horne, K.C. (*Director of Materials and Priority Controller's Department, Admiralty*)	1 Jan 18
Sir Harry Livesey (*Director of Navy Contracts, Admiralty; formerly Deputy Director of Inland Water Transport and Docks, War Office*)	1 Jan 18
Sir William Rowan Thomson (*Director of Auxiliary Ships' Engines, Controller's Department, Admiralty*)	1 Jan 18
Sir Alfred Eyles, K.C.B. (*Late Accountant General of the Navy*)	1 Jan 19
Sir Norman Alexander Leslie (*Ministry of Shipping*)	1 Jan 19
Sir Arthur Francis Whinney (*Adviser on Costs of Production, Admiralty*)	1 Jan 19

COMMANDERS.

Henry Seymour Moss-Blundell, Esq., LL.D. (*Trade Division, Admiralty*)	4 June 17
Professor William Henry Bragg, F.R.S. (*Member of Panel of Board of Invention and Research, Admiralty*)	4 June 17
Alan Ernest Leofric Chorlton, Esq. (*Member of the Committee of the Board of Invention and Research, Admiralty*)	4 June 17
John Apsey, Esq. (*Manager, Constructive Dept., H.M. Dockyard*)	1 Jan 18
George Henry Ashdown, Esq., I.S.O. (*Deputy Director of Stores, Admiralty*)	1 Jan 18
William James Evans, Esq. (*Principal Clerk, Secretary's Dept., Admiralty*)	1 Jan 18
George Herbert Fowler, Esq. (*Hydrographic Dept., Admiralty*)	1 Jan 18
Arthur Henry Hall, Esq. (*Director of Torpedoes and Mines Production, Controller's Dept., Admiralty*)	1 Jan 18
Cyril William Hurcomb, Esq. (*Deputy Director of Commercial Services, Ministry of Shipping*)	1 Jan 18
Walter St. David Jenkins, Esq. (*Assistant Director of Contracts, Admiralty*)	1 Jan 18
Charles Henry Jones, Esq. (*Registrar-General of Shipping and Seamen*)	1 Jan 18
Harold Godfrey Judd, Esq. (*Deputy Controller, Contracts Dept., Ministry of Munitions*)	1 Jan 18

CIVIL OFFICERS—contd.

COMMANDERS—contd.

	Nominated
Edmund John Maginness, Esq., M.V.O. (*Manager, Constructive Dept., H.M. Dockyard*)	1 Jan 18
Conrad James Naef, Esq. (*Deputy Accountant-General of the Navy*)	1 Jan 18
Arthur Eugene O'Neill, Esq. (*Ministry of Shipping*)	1 Jan 18
Henry Pledge, Esq. (*Assistant Director of Naval Construction, Admiralty*)	1 Jan 18
William Jackson Pope, Esq., F.R.S. (*Professor of Chemistry, University of Cambridge; Member of Panel of Board of Invention and Research, Admiralty*)	1 Jan 18
Nils Percy Patrick Sandberg, Esq. (*Director of Inspection of Steel (Land Service), Ministry of Munitions, and Associate Member of Ordnance Committee*)	1 Jan 18
William Samuel Sarel, Esq. (*Assistant Accountant-General of the Navy*)	1 Jan 18
Arthur William Smallwood, Esq. (*Assistant Director of Contracts, Admiralty*)	1 Jan 18
Frederick Smith, Esq. (*Assistant Director of Materials and Priority, Controller's Dept., Admiralty*)	1 Jan 18
John William Stone, Esq. (*Surveyor of Lands, Director of Works Dept., Admiralty*)	1 Jan 18
Harry James Webb, Esq. (*Royal Corps of Naval Constructors; Chief Constructor and Superintendent, Dockyard Branch, Controller's Dept., Admiralty*)	1 Jan 18
Alfred Woodgate, Esq. (*Assistant Secretary to the Ministry of Shipping*)	1 Jan 18
Colonel Frank Benson (*Assistant Managing Director Navy and Army Canteen Board*)	3 June 18
Major Arthur Stewart Eve, F.R.S., D.Sc. (*Resident Director of Research, Admiralty Experimental Station, Parkeston*)	3 June 18
Charles Coupar Barrie, Esq (*Commercial Adviser to Naval Assistant, Ministry of Shipping*)	3 June 18
Thomas Dally, Esq. (*Superintendent of Naval Construction, Admiralty*)	3 June 18
Henry Newton Dickson, Esq., D.Sc., F.R.G.S. (*Head of Geographical Section, Naval Intelligence Division, Admiralty*)	3 June 18
George Ernest Woodward, Esq. (*Director of Ammunition Production, Admiralty*)	3 June 18
Charles Henry Wordingham, Esq. (*Director of Electrical Engineering, Admiralty*)	3 June 18
Cyril Ernest Ashford, Esq. (*Headmaster, Royal Naval College, Dartmouth*)	1 Jan 19
Herbert Austen Groves, Esq. (*Secretary's Department, Admiralty*)	1 Jan 19
Gerald Edward Chadwyck-Healey, Esq. (*Director of Materials and Priority, Admiralty*)	1 Jan 19

CIVIL OFFICERS—*contd.*

COMMANDERS—*contd.*

	Nominated.	
Thomas Graham Menzies, Esq. (*Director of Special Construction, Admiralty*)	1 Jan	19
Charles Augustus Oliver, Esq. (*Assistant Director of Naval Contracts*)	1 Jan	19
Alexander Whitehead Sampson, Esq. (*Director of Auxiliary Vessels, Admiralty*)	1 Jan	19
Miss Edith Crowdy (*Deputy Director, W.R.N.S.*)	3 Feb	19

OFFICERS.

Major Edward James Lugard, D.S.O. (*Naval Intelligence Division*)	1 Jan	18
Major Ronald Frederick Williams (*Assistant Director, Shipyard Labour Dept., Admiralty*)	1 Jan	18
Captain Arthur Boyd (*General Secretary, Navy and Army Canteen Board*)	1 Jan	18
Captain Henry Van den Bergh (*Chief Inspector and Controller, Buying Branch, Canteen Board*)	1 Jan	18
Lieutenant Corris William Evans (*Private Secretary to the Director of Transports and Shipping*)	1 Jan	18
Alexander Alcorn, Esq. (*Ministry of Shipping*)	1 Jan	18
Harry Allden, Esq. (*Officer-in-Charge, Royal Naval Gun Factory, West Houghton*)	1 Jan	18
William George Allen, Esq. (*Expense Accounts Officer, H.M. Dockyard*)	1 Jan	18
Thomas George Anderson, Esq. (*Superintending Clerk, Naval Ordnance Dept., Admiralty*)	1 Jan	18
Amos Lowrey Ayre, Esq. (*District Director of Shipyard Labour (Glasgow), Admiralty Shipyard Labour Department*)	1 Jan	18
Ernest Augustus William Barnard, Esq. (*Superintending Civil Engineer, Director of Works Dept., Admiralty*)	1 Jan	18
James Sidney Barnes, Esq. (*Acting Principal Clerk, Secretary's Dept., Admiralty*)	1 Jan	18
Hubert Dowson Bell, Esq. (*Head of Wheat Section of the Commercial Services Branch, Ministry of Shipping*)	1 Jan	18
Geoffrey Thomas Bennett, Esq., F.R.S. (*Fellow and Mathematical Lecturer, Emmanuel College, Cambridge; Scientific Assistant, Compass Dept., Admiralty*)	1 Jan	18
William Bonny, Esq. (*Naval Store Officer, H.M. Dockyard, Portsmouth*)	1 Jan	18
Sydney Edward Boyland, Esq. (*Royal Corps of Naval Constructors*)	1 Jan	18
Charles Mathewes Bruce, Esq. (*Acting Assistant Accountant-General of the Navy*)	1 Jan	18
Frederick Bryant, Esq. (*Royal Corps of Naval Constructors*)	1 Jan	18

CIVIL OFFICERS—contd.

OFFICERS—contd.

	Nominated
Kenneth Paul Burgess, Esq. (*Deputy Head of the Technical Services Branch, Ministry of Shipping*)	1 Jan 18
Percy Pyne Caldecott-Smith, Esq., F.S.I. (*Chief Surveyor, Director of Works Dept., Admiralty*)	1 Jan 18
John Alfred Cuthbert Champion, Esq. (*Civil Assistant to Controller, Admiralty*)	1 Jan 18
John Courtenay Clarke, Esq. (*Acting Assistant Director of Contracts, Admiralty*)	1 Jan 18
William George Cole, Esq. (*Chief Constructor, H.M. Dockyard*)	1 Jan 18
Arthur Douglas Constable, Esq. (*Superintending Electrical Engineer's Dept., Admiralty*)	1 Jan 18
Ernest Samuel Croft, Esq. (*Acting Assistant Accountant-General of the Navy*)	1 Jan 18
Clifford William Croysdill, Esq. (*Superintendent of Royal Victoria Yard, Deptford*)	1 Jan 18
James William Henry Culling, Esq. (*Assistant Director of Victualling, Admiralty*)	1 Jan 18
Hervey Angus de Montmorency, Esq. (*Secretary to the Tonnage Priority Committee; Personal Assistant to the Director of Ship Requisitioning*)	1 Jan 18
George Morton Discombe, Esq. (*Acting Assistant Director of Stores, Admiralty*)	1 Jan 18
George Chester Duggan, Esq. (*Military Sea Transport Branch, Ministry of Shipping*)	1 Jan 18
Charles James Edwards, Esq. (*Finance Branch, Ministry of Shipping*)	1 Jan 18
Thomas Elvy Elvy, Esq. (*Engineering Assistant to Director of Dockyards and Repairs, Admiralty*)	1 Jan 18
Cecil Lewis Fortescue, Esq. (*Professor of Physics, R.N. College, Greenwich*)	1 Jan 18
Robert Francis Franklin, Esq. (*Secretary to the Admiral Superintendent, H.M. Dockyard*)	1 Jan 18
Mark Edwin Pescott Frost, Esq., I.S.O. (*Secretary to the Admiral Superintendent, H.M. Dockyard*)	1 Jan 18
Joseph Hamilton Gibson, Esq. (*Manager of Engineering Dept., Messrs. Cammell Laird and Company, Ltd.; Member of Committee of the Board of Invention and Research, Admiralty*)	1 Jan 18
William John Gick, Esq. (*Naval Store Officer*)	1 Jan 18
John Gledhill, Esq. (*Naval Ordnance Store Officer, Crombie*)	1 Jan 18
Lionel Frederic Goldsmid, Esq. (*Finance Branch, Ministry of Shipping*)	1 Jan 18
John Alexander Hodgson, Esq. (*Late Chief Engineer, H.M. Dockyard*)	1 Jan 18
Godfrey Valentine Howell, Esq. (*Head of the Shipping Intelligence Section, Ministry of Shipping*)	1 Jan 18

CIVIL OFFICERS—contd.

OFFICERS—contd.

	Nominated
Thomas Charles Hunter, Esq. (*Superintending Civil Engineer, Director of Works Dept., Admiralty*)	1 Jan 18
William George Hynard, Esq. (*Head of the Collier Section, Ministry of Shipping*)	1 Jan 18
Arthur Ernest Kimpton, Esq. (*Secretary to the Admiral Superintendent, H.M. Dockyard*)	1 Jan 18
Arthur Ernest Kirkus, Esq. (*Statistical Dept., Admiralty*)	1 Jan 18
Matthew Kissane, Esq. (*Assistant Director of Materials and Priority, Controller's Dept., Admiralty*)	1 Jan 18
James Brown Lindsay, Esq. (*Cashier, H.M. Dockyard, Chatham*)	1 Jan 18
James McCaffery, Esq. (*Superintending Electrical Engineer's Dept., Admiralty*)	1 Jan 18
William McClelland, Esq. (*Electrical Engineering Assistant to Director of Dockyards and Repairs, Admiralty*)	1 Jan 18
Andrew McFarlane, Esq. (*Acting Assistant Superintendent of Ordnance Stores*)	1 Jan 18
Wilfrid Medd, Esq. (*Accountant-General's Dept., Admiralty*)	1 Jan 18
David Taylor Monteath, Esq. (*Deputy Director of Naval Sea Transport Branch, Ministry of Shipping*)	1 Jan 18
Henry Morris, Esq. (*Superintendent of Royal Clarence Yard, Gosport*)	1 Jan 18
Leonard Newitt, Esq. (*Electrical Engineer, H.M. Dockyard*)	1 Jan 18
Francis George Nutt, Esq. (*Accountant-General's Dept., Admiralty*)	1 Jan 18
John William Lambton Oliver, Esq. (*Naval Store Officer, H.M. Dockyard*)	1 Jan 18
Philip Palmer, Esq. (*Royal Corps of Naval Constructors*)	1 Jan 18
Harry Edgar Parlett, Esq. (*Assistant Director of Ship Repairs, Controller's Dept., Admiralty*)	1 Jan 18
Ernest Alfred John Pearce, Esq. (*Assistant Director of Warship Production, Controller's Dept., Admiralty*)	1 Jan 18
William Gordon Perrin, Esq. (*Admiralty*)	1 Jan 18
William H. Pettifor, Esq. (*Secretary to the Deputy Controller for Armament Production, Admiralty*)	1 Jan 18
Edward Joseph Rabbit, Esq. (*Naval Store Officer, H.M. Dockyard*)	1 Jan 18
Henry Stephenson Ratcliffe, Esq. (*Director of Trade Negotiations, Shipyard Labour Dept., Admiralty*)	1 Jan 18
Hugh Henderson Ross, Esq. (*Finance Branch, Ministry of Shipping*)	1 Jan 18

CIVIL OFFICERS—contd.

OFFICERS—contd.

	Nominated
John Ryan, Esq. (*Assistant Inspector of Dockyard Expense Accounts, Admiralty*)	1 Jan 18
William Alfred Thomas Shorto, Esq. (*Secretary, Auxiliary Shipbuilding Dept., Admiralty*)	1 Jan 18
George Henry Cheverton Smith, Esq. (*Secretary and Cashier, H.M. Dockyard*)	1 Jan 18
John Arthur Smith, Esq. (*Accountant-General's Dept., Admiralty*)	1 Jan 18
Charles Joseph Southgate, Esq. (*Accountant-General's Dept., Admiralty*)	1 Jan 18
George Edward Suter, Esq., M.V.O. (*Manager, Constructive Dept., H.M. Dockyard*)	1 Jan 18
William Thomas Thomson, Esq. (*Manager, Royal Naval Cordite Factory, Holton Heath*)	1 Jan 18
George Harry Male Trew, Esq. (*Acting Superintending Civil Engineer, H.M. Dockyard, Invergordon*)	1 Jan 18
Hugh Harman Underhill, Esq. (*Assistant Superintendent of Charts, Hydrographic Dept., Admiralty*)	1 Jan 18
Edgar Charles Watts, Esq. (*Naval Store Officer, H.M. Dockyard*)	1 Jan 18
Frederick William Young, Esq. (*Naval Salvage Adviser, D.N.E.*)	1 Jan 18
Robert Hellyer Young, Esq. (*Ministry of Shipping*)	1 Jan 18
Miss Edith Francis Crowdy (*Deputy Director Women's Royal Naval Service*)	3 June 18
Major John Camille Akerman (*Assistant Director of Propaganda and Housing, Department of Controller-General for Merchant Shipbuilding, Admiralty*)	3 June 18
Major George Ernest Cockburn (*Assistant Director of Engineering Work, Department of the Controller-General for Merchant Shipbuilding, Admiralty*)	3 June 18
Major John Lynn Marr (*Assistant Director, Department of Controller-General for Merchant Shipbuilding, Admiralty*)	3 June 18
James Herbert Aitken, Esq. (*Acting Assistant Director of Stores, Admiralty*)	3 June 18
Edward Lewis Attwood, Esq. (*Chief Constructor, Department of Director of Naval Construction, Admiralty*)	3 June 18
Herbert John George Blandford, Esq. (*Warship Production Superintendent, Department of Director of Warship Production, Admiralty*)	3 June 18
William Henry Bear, Esq. (*Accountant-General's Department, Admiralty*)	3 June 18
John Norman Brunton, Esq. (*Head of Merchant Tonnage Section, Director of Statistics Department, Admiralty*)	3 June 18
Thomas Edward Dexter, Esq. (*Expense Accounts Officer, Devonport Dockyard*)	3 June 18

CIVIL OFFICERS—contd.

OFFICERS—contd.

	Nominated
Alfred Douglas, Esq. (*Accountant-General's Department, Admiralty*)	3 June 18
George Egan, Esq (*Cashier, H.M. Dockyard, Portsmouth*)	3 June 18
Frank Purser Fletcher, Esq. (*Electrical Engineer, Department of Director of Electrical Engineering, Admiralty*)	3 June 18
George Patrick Hayes, Esq. (*Superintending Civil Engineer, H.M. Dockyard, Devonport*)	3 June 18
Ernest Addison Stanley Hayward, Esq. (*Acting Assistant Director of Stores, Admiralty*)	3 June 18
William Hogarth, Esq. (*Superintendent, H.M. Victualling Yard, Gosport*)	3 June 18
Jesse Brookes Hunt, Esq. (*Superintending Civil Engineer, H.M. Dockyard, Portsmouth*)	3 June 18
Harry Ekermans Oakley, Esq. (*Superintending Civil Engineer, Admiralty*)	3 June 18
Peter John Penney, Esq. (*Naval Ordnance Store Officer, Portsmouth*)	3 June 18
John Rogers, Esq. (*Assistant Director of Materials and Priority, Admiralty, and Acting Chief Constructor*)	3 June 18
Henry Ashley Madge, Esq. (*Wireless Telegraphy Expert, H.M.S. 'Vernon'*)	3 June 18
George Philip West, Esq. (*Steel Superintendent, Materials and Priority Dept., Admiralty*)	3 June 18
William David Barber, Esq., I.S.O. (*Civil Assistant to Hydrographer, Admiralty*)	1 Jan 19
Percy Dale Bussell, Esq. (*Acting Assistant Director of Navy Contracts, Admiralty*)	1 Jan 19
George Tanner Chivers, Esq. (*Head Master, Dockyard School, Portsmouth*)	1 Jan 19
Harold Thomas Clarke, Esq. (*Head of Statistical Section, Ministry of Shipping*)	1 Jan 19
Albert Edward Cocks, Esq. (*Naval Store Officer, H.M. Dockyard, Devonport*)	1 Jan 19
Arthur William Codd, Esq. (*Chief Cartographer, Hydrographic Department, Admiralty*)	1 Jan 19
Charles Henry Colson, Esq. (*Superintending Civil Engineer, Civil Engineer-in-Chief's Department, Admiralty*)	1 Jan 19
Archibald Sefton Elford, Esq. (*Ministry of Shipping*)	1 Jan 19
George Edgar Foot, Esq. (*Accountant General's Department, Admiralty*)	1 Jan 19
Alan Herbert Marquand, Esq. (*Ministry of Shipping*)	1 Jan 19
Philip Edward Marrack, Esq. (*Assistant Principal, Secretary's Department, Admiralty*)	1 Jan 19
Ambrose Rollin, Esq. (*Cashier, H.M. Dockyard, Devonport*)	1 Jan 19
George William Saunders, Esq. (*Ministry of Shipping*)	1 Jan 19
Wilfrid Guy Spear, Esq. (*Accountant-General's Department, Admiralty*)	1 Jan 19
Miss Mina Johnstone-Douglas (*Divisional Director, W.R.N.S*)	3 Feb 19
Mrs. Ottilie Wallace (*Deputy Assistant Director, W.N.R.S.*)	3 Feb 19

CIVIL OFFICERS – *contd.*

MEMBERS.

	Nominated.
Major Edwin Philip Lemesurier (*Area Commander, White City, West London*) . . .	1 Jan 18
Lieutenant George Legh-Jones (*Naval Sea Transport Branch, Ministry of Shipping*)	1 Jan 18
George Macdonald Allan, Esq. (*Naval Sea Transport Branch, Ministry of Shipping*) . . .	1 Jan 18
Stanley Back, Esq. (*R.N. Ordnance Store Depôt, Portsmouth*)	1 Jan 18
Joseph Alfred William Ballard, Esq. (*Torpedo Store Department, Admiralty*)	1 Jan 18
James Stuart Beddoe, Esq. (*Department of Director of Dockyards and Repairs, Admiralty*) . .	1 Jan 18
Frederick Howard Bevan, Esq. (*Technical Services Branch, Ministry of Shipping*) . . .	1 Jan 18
Charles Frederick Brown, Esq. (*Military Sea Transport Branch, Ministry of Shipping*) . . .	1 Jan 18
Samuel Bunton, Esq., J.P. (*Technical Officer to Shipyard Labour Dept., Admiralty*) . .	1 Jan 18
Clement Guy Caines, Esq. (*Accountant-General's Dept., Admiralty*)	1 Jan 18
Mrs. Clementina Henrietta Campbell (*Trade Division of the Naval Staff, Admiralty*) . .	1 Jan 18
Thomas William Carroll, Esq. (*Constructive Dept., H.M. Dockyard*) (*Acting Senior Foreman*) . .	1 Jan 18
Alfred William Ayers Cluett, Esq. (*Royal Corps of Naval Constructors*)	1 Jan 18
Ernest Frederick Coast, Esq. (*Royal Corps of Naval Constructors*)	1 Jan 18
Edward Cock, Esq. (*Royal Corps of Naval Constructors*)	1 Jan 18
Arthur Henry Coombe, Esq. (*Accountant-General's Dept., Admiralty*)	1 Jan 18
Clarence George Copus, Esq. (*Head of the Oiler Section, Ministry of Shipping*) . . .	1 Jan 18
George Charles Cusens, Esq. (*Torpedo Store Dept., Admiralty*)	1 Jan 18
William Elliot Darroch, Esq. (*Technical Services Branch, Ministry of Shipping*) . .	1 Jan 18
George Day, Esq. (*Naval Store Dept., Admiralty*) .	1 Jan 18
William John Dorrell, Esq. (*Assistant to Head of Shipping Intelligence*)	1 Jan 18
Duncan Drysdale, Esq. (*Finance Branch, Ministry of Shipping*)	1 Jan 18
Herbert Eborall, Esq. (*Accountant-General's Dept., Admiralty*)	1 Jan 18
James Alfred Fage, Esq. (*Department of Director of Dockyards and Repairs*)	1 Jan 18
James Searle Gillingham, Esq. (*Royal Corps of Naval Constructors*)	1 Jan 18
Patrick Gordon Glennie, Esq. (*Ministry of Shipping*)	1 Jan 18

CIVIL OFFICERS—contd.

MEMBERS—contd.

	Nominated
Stanley Vernon Goodall, Esq. (*Royal Corps of Naval Constructors*)	1 Jan 18
Percy Goodyear, Esq. (*Royal Corps of Naval Constructors*)	1 Jan 18
George Gordon, Esq. (*Expense Accounts Dept., H.M. Dockyard*)	1 Jan 18
Robert Gordon, Esq. (*Mobilization Division, Admiralty Naval Staff*)	1 Jan 18
Allan Wilson Grundy, Esq. (*Naval Store Dept., H.M. Dockyard*)	1 Jan 18
Frederick Weston Hadden, Esq. (*Private Secretary to the Financial Secretary of the Admiralty*)	1 Jan 18
Bernhard Parker Haigh, Esq., D.Sc. (*Instructor in Applied Mechanics, Royal Naval College, Greenwich*)	1 Jan 18
Thomas Shirley Hawkins, Esq. (*Director of Works Department, Admiralty*)	1 Jan 18
John Tordiffe Hewetson, Esq. (*Late Deputy Cashier-in-Charge, R.N., Torpedo Factory, Greenock*)	1 Jan 18
Henry George Hibberd, Esq. (*Ordnance Store Department, Admiralty*)	1 Jan 18
Charles Stuart Hooper, Esq. (*Cashier in the Finance Branch, Ministry of Shipping*)	1 Jan 18
Thomas Briggs Hunter, Esq. (*Civil Engineer, H.M. Dockyard*)	1 Jan 18
John Hutt, Esq. (*Ordnance Store Dept., Woolwich*)	1 Jan 18
John Jolly, Esq. (*Victualling Dept., Admiralty*)	1 Jan 18
Charles Ernest William Justice, Esq. (*Military Sea Transport Branch, Ministry of Shipping*)	1 Jan 18
Charles Swift Lillicrap, Esq. (*Royal Corps of Naval Constructors*)	1 Jan 18
William Ewart Llewellyn, Esq. (*Superintendent of Chart Issues, Hydrographic Dept., Admiralty*)	1 Jan 18
John Moore Mallett, Esq. (*Personal Assistant to the Director of Works, Admiralty*)	1 Jan 18
Frederick Mallinson, Esq. (*Commissioned Auxiliary Fleet Section, Ministry of Shipping*)	1 Jan 18
William Thomas Mason, Esq. (*Constructive Department, H.M. Dockyard*)	1 Jan 18
George William Richardson McCammon, Esq. (*Royal Corps of Naval Constructors*)	1 Jan 18
Gerald Bernard McCormick, Esq. (*R.N. Ordnance Store Department, Chatham*)	1 Jan 18
Walter Alfred Medrow, Esq. (*Air Department, Admiralty*)	1 Jan 18
William Nelson, Esq. (*Technical Adviser to Shipyard Labour Department, Admiralty*)	1 Jan 18
James Northam, Esq. (*Admiralty*)	1 Jan 18

CIVIL OFFICERS—contd.

MEMBERS—contd.

	Nominated
Harry Augustus Nott, Esq. (*Electrical Dept., H.M. Dockyard*)	1 Jan 18
Horace Frank Palmer, Esq. (*Accountant-General's Dept., Admiralty*)	1 Jan 18
Richard Gall Peirce, Esq. (*Accountant-General's Dept., Admiralty*)	1 Jan 18
James Falkner Phillips, Esq. (*Civil Assistant, Board of Invention and Research, Admiralty*)	1 Jan 18
Henry James Quick, Esq. (*Electrical Dept., H.M. Dockyard*)	1 Jan 18
George Daniel Read, Esq. (*Officer in Charge of Admiralty Works*)	1 Jan 18
Mrs. Annie Bradley Readman (*Secretary's Dept., Admiralty*)	1 Jan 18
Lewis Herbert Rider, Esq. (*Finance Branch, Ministry of Shipping*)	1 Jan 18
Miss Winifred Agnes Frances Robertson (*Director of Statistics Dept., Admiralty*)	1 Jan 18
Hubert Arthur Secretan, Esq. (*Naval Sea Transport Branch, Ministry of Shipping*)	1 Jan 18
George Greig Sinclair, Esq. (*Acting Civil Engineer in Charge of Works, R.N.A.S. Central Depôt, Cranwell*)	1 Jan 18
Louis Donald Stansfield, Esq. (*Royal Corps of Naval Constructors*)	1 Jan 18
John Storey, Esq., F.R.A.S. (*First Assistant Astronomer, Royal Observatory, Scotland: now serving in the Department of the Director of Naval Ordnance, Admiralty*)	1 Jan 18
Percy Duncan Sykes, Esq. (*Contract Department, Admiralty*)	1 Jan 18
John Reuben Tapp, Esq. (*Acting Victualling Store Officer, Victualling Dept. Admiralty*)	1 Jan 18
Charles Taylor, Esq. (*Accountant-General's Dept., Admiralty*)	1 Jan 18
Edward John Tozer, Esq. (*Chief Registrar, Controller's Dept., Admiralty*)	1 Jan 18
Albert William Viney, Esq. (*Shop Manager, Royal Naval Torpedo Factory, Greenock*)	1 Jan 18
John Drummond Walker, Esq. (*Naval Sea Transport Branch, Ministry of Shipping*)	1 Jan 18
John Frederick Walker, Esq. (*Royal Corps of Naval Constructors*)	1 Jan 18
William George Watson, Esq. (*Constructive Dept., Pembroke Dock*)	1 Jan 18
Herbert Stephen Webb, Esq. (*Naval Store Dept., Admiralty*)	1 Jan 18
John Lowe Westland, Esq. (*Surveyor, Director of Works' Department, Admiralty*)	1 Jan 18

CIVIL OFFICERS—contd.

MEMBERS—contd.

	Nominated
Jesse Obadiah White, Esq. (*Constructive Dept., H.M. Dockyard*)	1 Jan 18
Christopher Henry George Wilkinson, Esq. (*Naval Store Department, Admiralty*)	1 Jan 18
Ernest Graham Williams, Esq. (*Naval Sea Transport Branch, Ministry of Shipping*)	1 Jan 18
Harry Gouldie Wilson, Esq., F.C.A. (*Accountant-General's Dept., Admiralty*)	1 Jan 18
Walter John Wotton, Esq. (*Electrical Dept., H.M. Dockyard*)	1 Jan 18
Walter Youngman, Esq. (*Freight of Stores Section, Ministry of Shipping*)	1 Jan 18
Captain Basil Dean (*Head of Entertainment Branch, Navy and Army Canteen Board*)	3 June 18
Captain John Russell Gales (*Assistant Secretary, Navy and Army Canteen Board*)	3 June 18
Horace George Andrews, Esq. (*Accountant-General's Department, Admiralty*)	3 June 18
Thomas William Archer, Esq. (*Acting Torpedo Store Officer, Torpedo Store Department, Admiralty*)	3 June 18
Henry George Arnold, Esq. (*Acting Superintending Clerk, Victualling Department, Admiralty*)	3 June 18
Edward Swayn Bayliss, Esq. (*Acting Contract Officer, Contract Department, Admiralty*)	3 June 18
Charles David Jarrett Bell, Esq. (*Acting Constructor, Admiralty*)	3 June 18
Edwin Lewton-Brain, Esq. (*Acting First Assistant Electrical Engineer, Department of Director of Dockyards and Repairs, Admiralty*)	3 June 18
Vincent Talbot Brennan, Esq. (*Accountant-General's Department, Admiralty*)	3 June 18
Charles Brickenden, Esq. (*Chief Cartographer, Naval Intelligence Division, Admiralty*)	3 June 18
Stanley Alexander Bridger, Esq. (*Foreman of the Yard, Gibraltar*)	3 June 18
Frederick Harry Broomfield, Esq. (*Principal Electrical Cable Overseer, Department of Director of Electrical Engineering, Admiralty*)	3 June 18
Charles Maurice Carter, Esq. (*Acting Constructor, Department of Director of Naval Construction, Admiralty*)	3 June 18
George Carter, Esq. (*Naval Store Department, H.M. Dockyard, Chatham*)	3 June 18
Miss Mary Glendinning Carver (*Naval Intelligence Division, Admiralty*)	3 June 18
Edward Hazelhurst Cherry, Esq. (*Assistant Secretary, Navy and Army Canteen Board*)	3 June 18
Charles Henry Cole, Esq. (*Civil Engineer, Admiralty*)	3 June 18
George Frederick Cotton, Esq. (*Secretary's Department, Admiralty*)	3 June 18

CIVIL OFFICERS—contd.

MEMBERS—contd.

	Nominated
James Temple Cotton, Esq. (*Secretary's Department, Admiralty*)	3 June 18
Paul Evelyn Couratin, Esq. (*Department of Director of Torpedoes and Mining, Admiralty*)	3 June 18
Mrs. Winifred Dakyns (*Assistant Director, Women's Royal Naval Service*)	3 June 18
Charles Money Dodwell, Esq. (*Accountant-General's Department, Admiralty*)	3 June 18
Miss Gertrude Louise Drower (*Accountant-General's Department, Admiralty*)	3 June 18
Henry John Eastcott, Esq. (*Steel Superintendent, Materials and Priority Department, Admiralty*)	3 June 18
Sidney Evans, Esq. (*Acting Deputy Naval Store Officer, Hong Kong*)	3 June 18
Percy Gray, Esq. (*Assistant to Assistant Director, Shipyard Labour Department, Admiralty*)	3 June 18
Miss Alice Hasthorpe (*Secretary's Department, Admiralty*)	3 June 18
Stephen Heap, Esq. (*Navy and Army Canteen Board*)	3 June 18
Ernest Henry Huxford, Esq. (*Naval Store Department, H.M. Dockyard, Portsmouth*)	3 June 18
Mrs. Winifred Blanche Johnston (*Naval Store Department, Admiralty*)	3 June 18
John Clague Joughin, Esq. (*Acting Constructor, Department of Director of Warship Production, Admiralty*)	3 June 18
William Letty, Esq. (*Principal Engineering Overseer, Engineer-in-Chief's Department, Admiralty*)	3 June 18
Octavius Lance, Esq. (*Acting Expense Accounts Officer, Malta*)	3 June 18
John Charles Malim, Esq. (*Acting Civil Engineer, Killingholme*)	3 June 18
Miss Gertrude Thompson Meanwell (*Signal Division, Admiralty*)	3 June 18
James Irvine Orme Masson, Esq. (*Research Chemist, Research Department, Woolwich*)	3 June 18
Edwin Reed, Esq. (*Acting Examiner of Naval Work on Staff of Inspector of Steel, Admiralty*)	3 June 18
Richard Frederick Robertson, Esq. (*Acting Contract Officer, Contract Dept., Admiralty*)	3 June 18
Edward Sinclair, Esq. (*Commissioned Master-at-Arms, Chief of Police, R.N. Barracks, Portsmouth*)	3 June 18
Miss Amy Frances Caroline Stephens (*Accountant-General's Dept., Admiralty*)	3 June 18

CIVIL OFFICERS—contd.

MEMBERS—contd.

	Nominated
Mrs. Doris Ada Tiffen (*Administrative Assistant, Dept. of Controller-General for Merchant Shipbuilding, Admiralty*)	3 June 18
Harry Topham, Esq. (*Assistant Inspector of Steel, Admiralty*)	3 June 18
John Henry Ward, Esq. (*Acting First Assistant Electrical Engineer, Dept. of Director of Dockyards and Repairs, Admiralty*)	3 June 18
Albert Harold Joseph Watson, Esq. (*Naval Store Dept., Admiralty*)	3 June 18
Selkirk Wells, Esq. (*Navy and Army Canteen Board*)	3 June 18
John Richard Westcott, Esq. (*Secretary, Alexandria Conference, Ministry of Shipping*)	3 June 18
Robert James Wilson, Esq. (*Treasury Solicitor's Dept., Law Courts Branch, Admiralty Division*)	3 June 18
George Richard Battle, Esq. (*Acting Electrical Engineer, Invergordon*)	1 Jan 19
Isaac Vaughan Bennett, Esq. (*Naval Store Officer, H.M. Dockyard, Haulbowline*)	1 Jan 19
William James Connor, Esq. (*Chief Registrar, Admiralty*)	1 Jan 19
Henry Crombie, Esq. (*Secretary's Department, Admiralty*)	1 Jan 19
Alphonso William James Davies, Esq. (*Greenwich Hospital Department, Admiralty*)	1 Jan 19
George Thomas Fidler, Esq. (*Ministry of Shipping*)	1 Jan 19
Charles Lavington Fielder, Esq. (*Deputy Surveyor of Lands, Admiralty*)	1 Jan 19
Charles Brazier Hains, Esq. (*Acting Deputy Naval Store Officer, Admiralty*)	1 Jan 19
Ernest Frederick Hall, Esq. (*Acting Deputy Accounts Officer, Admiralty*)	1 Jan 19
Miss Laura Catharine Henderson (*Naval Intelligence Division, Admiralty*)	1 Jan 19
Edwin Percy Hewkin, Esq. (*Ministry of Shipping*)	1 Jan 19
Miss Constance Holt (*Hydrographic Department, Admiralty*)	1 Jan 19
Francis William Hooper, Esq. (*Superintending Pharmacist, Royal Victoria Yard, Deptford*)	1 Jan 19
Miss Frances Edith Jenkins (*Signal Division, Admiralty*)	1 Jan 19
Frank Harper Lambourn, Esq. (*Acting Superintendent Victualling Store Officer, H.M. Dockyard, Haulbowline*)	1 Jan 19
Arthur William Long, Esq. (*Materials and Priority Department, Admiralty*)	1 Jan 19

CIVIL OFFICERS—contd.

MEMBERS—contd.

	Nominated
Miss Rose Frances Lowman (*Third Sea Lord's Office, Admiralty*)	1 Jan 19
Mrs. Maryel Alpina Magruder (*Head Suverrisor, Royal Naval Cordite Factory*)	1 Jan 19
Walter George Mann, Es (*Materials and Priority Department, Admiralty*)	1 Jan 19
Walter Baillie May, Esq. (*Secretary's Department, Admiralty*)	1 Jan 19
Henry Stephen Miles, Esq. (*Secretary to Admiral Superintendent, Tyne District*)	1 Jan 19
Frederick Brook Orman, Esq. (*Surveyor of Stores, Rosyth*)	1 Jan 19
William Sidney Pearce, Esq. (*Chief Inspector of Mines, Admiralty*)	1 Jan 19
William Clarke Putnam, Esq. (*Ministry of Shipping*)	1 Jan 19
Walter Henry Foster Shipley, Esq. (*Accountant, General's Department, Admiralty*)	1 Jan 19
Henry Thomas Timbury, Esq. (*Office of Admiral Superintendent, Glasgow*)	1 Jan 19
Fred Augustus Wing, Esq. (*Controller's Department, Admiralty*)	1 Jan 19
Herbert William Younghusband, Esq. (*Ministry of Shipping*)	1 Jan 19
Miss Elsie Mary Dannatt (*Assistant Principal W.R.N.S.*)	3 Feb 19

IMPERIAL SERVICE ORDER.

THE SOVEREIGN.

HIS MAJESTY THE KING.

Civil Officers who have received the Imperial Service Order

COMPANIONS.

	Date of Gazette.
Sir Evan Macgregor, G.C.B. (*Late Secretary of the Admiralty*)	31 Mar 03
Ferdinand Brand, Esq. (*Late Staff Clerk, Admiralty*)	31 Mar 03
Thomas Platts, Esq. (*Late Staff Clerk, Admiralty*)	31 Mar 03
William J. Dimond, Esq. (*Late Shipping Master, Admiralty*)	23 June 03
E G. Farrell, Esq. (*Late Chief Inspector of Shipping, Admiralty*)	23 Feb 04
Claude C Birch, Esq. (*Late Principal Clerk, Admiralty*)	30 June 05
Frederick Brown, Esq. (*Late Principal Clerk, Admiralty*)	29 June 06
Richard U. Falkus, Esq. (*Late Staff Clerk, Admiralty*)	26 June 08
William G. Roff, Esq. (*Inspector of Dockyard Accounts, Admiralty*)	19 June 11
William D. Barber, Esq., O.B.E. (*Chief Civil Assistant Hydrographic Department, Admiralty*)	14 June 12
George Henry Ashdown, Esq., C.B.E. (*Deputy Director of Stores, Admiralty*)	3 June 15
Mark E. Pescott Frost, Esq., O.B E. (*Secretary to Admiral Supt. Portsmouth Dockyard*)	3 June 16
Henry Fathers, Esq. (*Deputy Superintendent of Ordnance Stores, Admiralty*)	30 May 17

Naval and Marine Officers who have received the Imperial Service Order.

COMPANIONS.

Commander Robert M. Rumsey	29 May 03
Commander John F. Mills	3 June 16

ROYAL NAVAL RESERVE.

Paymaster Robert Hobbins	25 June 09
Staff Paymaster William H. G. Deacon, R.D.	3 June 13

DISTINGUISHED SERVICE ORDER.
COMPANIONS.
NAVAL OFFICERS.

Captain Alfred Carpenter, A.M.	13 Jan 87
Admiral Charles J. Barlow	13 Jan 87
Deputy Inspector-General of Hospitals and Fleets, James H. Martin	1 Jan 91
Captain Ian M. Fraser	10 Jan 93
Rear-Admiral Henry D. Wilkin	10 Jan 93
Admiral *Sir* Herbert G. King Hall, K.C.B., C.V.O.	26 May 94
Deputy Inspector-General of Hospitals and Fleets, Walter Bowden	26 May 94
Admiral *Sir* David Beatty, G.C.B., G.C.V.O.	17 Nov 96
Admiral *Sir* Reginald H. S. Bacon, K.C.B., K.C.V.O.	25 May 97
Deputy Inspector-General of Hospitals and Fleets James McC. Martin	25 May 97
Surgeon Rear-Admiral Edgar R. Dimsey	25 May 97
Lieutenant-Commander **Francis B. Henderson**, C.M.G.	8 Mar 98
Admiral *Sir* Colin R. Keppel, K.C.I.E., K.C.V.O., C.B.	11 Mar 98
Rear-Admiral Walter H. Cowan, K.C.B., M.V.O.	15 Nov 98
Engineer Commander Edmund E. Bond, C M.G.	15 Nov 98
Commander Edward Hugh Meredith Nicholson	2 Dec 98
Surgeon-Commander Charles C. Macmillan, M.D.	6 Nov 00
Captain **Edward G. Lowther-Crofton**	9 Nov 00
Commander **Eric Charrington**	9 Nov 00
Captain Colin MacKenzie	9 Nov 00
Captain **Valentine Egerton Bagot Phillimore**	9 Nov 00
Engineer Commander **George Herbert Bromwich**	9 Nov 00
Surgeon Captain **Ernest Courtney Lomas**, M.B., C.B.	29 Nov 00
Commander Ferdinand H. Elderton, C.M.G.	29 Nov 00
Captain William F. Blunt	21 Oct 14
Captain *The Hon.* Herbert Meade	21 Oct 14
Captain Frank F. Rose	21 Oct 14
Commander Max K. Horton (*with Bar 2 Nov* 17)	21 Oct 14
Lieutenant-Commander Frederick A. P. Williams-Freeman	21 Oct 14
Commander Charles Rumney Samson (*with Bar 19 Jan* 17)	21 Oct. 14
Lieutenant Spenser Douglas Adair Grey	21 Oct 14
Lieutenant Sydney T. Winn	22 Dec 14
Lieutenant-Commander Edmund L. B. Lockyer (*with Bar 23 Mar* 17)	1 Jan 15
Engineer Lieutenant-Commander Edward Featherstone Briggs	1 Jan 15
Lieutenant John Tremayne Babington	1 Jan 15
Lieutenant Charles Humphrey Kingsman Edmonds	19 Feb 15
Lieutenant Frederic T. Peters, D.S.C.	3 Mar 15
Captain Wilfrid Nunn, C.B., C.M.G.	10 Apr 15
Commander George B. Palmes	10 Apr 15
Lieutenant-Commander Richard Bell Davies, V.C.	10 Apr 15
Commander Victor Lindsey Arbuthnot Campbell (*with Bar 22 June* 17)	3 June 15
Lieutenant-Commander Charles L. Kerr	30 June 15
Captain Hugh L. P. Heard	7 Aug 15
Captain George Trewby	7 Aug 15
Commander **Ralph B. Janvrin**	16 Aug 15
Lieutenant-Commander **Adrian St. V. Keyes**	16 Aug 15
Lieutenant **John A. V. Morse**	16 Aug 15

DISTINGUISHED SERVICE ORDER.
COMPANIONS—contd.
NAVAL OFFICERS—contd.

Surgeon-Lieutenant Peter B. Kelly	16 Aug 15
Commander William Mellor	16 Aug 15
Commander John R. Middleton	16 Aug 15
Commander Francis H. Sandford	16 Aug 15
Captain Christopher P. Metcalfe	16 Aug 15
Commander The Hon. Patrick G. E. C. Acheson, M.V.O.	16 Aug 15
Engineer Captain Harry Lashmore, C.B.	16 Aug 15
Engineer Commander Arthur E. Lester, O.B.E.	16 Aug 15
Engineer Lieutenant Rey G. Parry	16 Aug 15
Lieutenant-Commander Claud H. Godwin	16 Aug 15
Commander Cecil P. Talbot (*with Bar* 2 *Nov* 17)	13 Sept 15
Commander Godfrey Herbert	13 Sept 15
Commander Claude C. Dobson	13 Sept 15
Commander Archibald D. Cochrane	13 Sept 15
Lieutenant-Commander Mark Singleton	13 Sept 15
Lieutenant Arthur Wellesley Bigsworth (*with Bar* 1 *Oct* 17)	13 Sept 15
Lieutenant Louis H K Hamilton	24 Sept 15
Lieutenant Guy D'Oyly-Hughes, D.S.C. (*with Bar* 14 *Sept* 18)	8 Oct 15
Captain Francis Herbert Mitchell	7 Nov 15
Commander The *Earl* of Glasgow	19 Nov 15
Lieutenant-Commander Andrew Wilmot-Smith	19 Nov 15
Commander Arthur G. Seymour	19 Nov 15
Acting Lieutenant Joseph Ruscombe Wadham Smyth-Pigott (*with Bar* 1 *Oct* 17)	26 Nov 15
Captain Eric J. A. Fullerton	8 Dec 15
Commander Robert A. Wilson	8 Dec 15
Lieutenant-Commander John Tulloch Cull	8 Dec 15
Commander Richard H. Walters	1 Jan 16
Commander Edgar R. Morant (*with Bar* 1 *Oct* 17)	1 Jan 16
Lieutenant-Commander Walter G. Rigg	1 Jan 16
Commander Gervase, W. H. Heaton (*with Bar* 7 *June* 18)	1 Jan 16
Commander Norman M. C. Thurstan	1 Jan 16
Lieutenant-Commander William V. Rice, D.S.C.	1 Jan 16
Captain Charles P. R. Coode	1 Jan 16
Captain Raymond Fitzmaurice	1 Jan 16
Captain Ralph S. Sneyd	1 Jan 16
Commander Kenneth M. Bruce	1 Jan 16
Lieutenant-Commander Wilfrid B. Pirie	1 Jan 16
Captain Charles D. Johnson, M.V.O.	12 Jan 16
Captain Ernest Wigram, C.M.G.	12 Jan 16
Captain Frederic G. Bird, C.M.G.	12 Jan 16
Captain Humphrey W. Bowring	12 Jan 16
Commander William G. H. Bickford	12 Jan 16
Commander Noel F. Laurence (*with Bar* 1 *Jan* 17)	24 Feb 16
Commander George H. Dennistoun	24 Feb 16
Commander Gerald L. Hodson	1 Mar 16
Captain Fawcet Wray	14 Mar 16
Captain John W. L. McClintock, C.B.	14 Mar 16

DISTINGUISHED SERVICE ORDER.
COMPANIONS—contd.
NAVAL OFFICERS—*contd.*

Captain Arthur V. Vyvyan, C.B.	14 Mar 16
Captain Harry R. Godfrey, C.B.	14 Mar 16
Captain George P. Bevan, C.M.G., A.M.	14 Mar 16
Captain George T. C. P. Swabey	14 Mar 16
Commander Charles C. Dix, C.M.G.	14 Mar 16
Commander *The Hon.* Alexander R. M. Ramsay	14 Mar 16
Captain Claude Seymour	14 Mar 16
Commander Andrew B. Cunningham (*with Bar* 20 *Feb* 19)	14 Mar 16
Commander Leveson G. B. A. Campbell	14 Mar 16
Lieutenant-Commander Herbert W. Wyld	14 Mar 16
Commander Roy Bacchus	14 Mar 16
Commander James L. C. Clark	14 Mar 16
Commander (*Emerg.*) George H. de P. Chance	14 Mar 16
Commander Henry N. M. Hardy	14 Mar 16
Lieutenant-Commander Ernest L. C. Grattan	14 Mar 16
Captain Alexander P. Davidson	14 Mar 16
Captain Henry F. G. Talbot	14 Mar 16
Commander *The Hon.* Lionel J. O. Lambart	14 Mar 16
Commander James F. Somerville	14 Mar 16
Paymaster Lieutenant-Commander Basil F. Hood	14 Mar 16
Commander George F. A. Mulock	14 Mar 16
Commander Richard H. L. Bevan	14 Mar 16
Lieutenant Ronald Langton-Jones	14 Mar 16
Paymaster-Commander Vincent A. Lawford	31 Mar 16
Lieutenant-Commander Reginald John Bone	7 Apr 16
Captain Robert C. Kemble Lambert	31 May 16
Commander Geoffrey B. Spicer-Simson	31 May 16
Captain Gordon Campbell, VC (*with Bar* 20 *July* 17) (2*nd Bar* 2 *Nov* 17)	31 May 16
Commander Alfred G. Peace	31 May 16
Captain Harold E. Sulivan	31 May 16
Captain Hugh Schomberg Currey	31 May 16
Captain Richard Horne	31 May 16
Captain *The Hon.* Matthew R. Best, M.V.O. (*with Bar* 17 *May* 18)	31 May 16
Captain Humphrey T. Walwyn	31 May 16
Commander Alexander R. W. Woods (*with Bar* 11 *Aug* 17)	31 May 16
Captain John W. Carrington	31 May 16
Captain Charles M. Forbes	31 May 16
Captain Henry J. S. Brownrigg	31 May 16
Commander Malcolm H. S. MacDonald	31 May 16
Cmmander James G. P. Ingham	31 May 16
Captain Geoffrey Blake	31 May 16
Commander Hubert E. Dannreuther	31 May 16
Commander John P. Champion	31 May 16
Commander Richard L. Nicholson	31 May 16
Commander Gerald F. Longhurst	31 May 16
Commander Gordon A. Coles	31 May 16
Commander James B. Kitson	31 May 16
Commander Montague G. B. Legge	31 May 16
Commander Roger V. Alison	31 May 16
Commander Ralph F. Seymour	31 May 16
Lieutenant-Commander Cuthbert P. Blake	31 May 16

DISTINGUISHED SERVICE ORDER.
COMPANIONS—contd.
NAVAL OFFICERS—*contd.*

Lieutenant-Commander Laurence R. Palmer	31 May 16
Lieutenant-Commander Henry R. Moore	31 May 16
Lieutenant-Commander Cecil C. B. Vacher	31 May 16
Lieutenant-Commander Jack E. A. Mocatta	31 May 16
Engineer Captain William C. Sanders	31 May 16
Engineer Commander Robert Spence	31 May 16
Engineer Captain Reginald W. Skelton	31 May 16
Engineer Commander Henry W. Kitching	31 May 16
Engineer Commander Harold B. Tostevin	31 May 16
Engineer Lieutenant-Commander John K. Corsar	31 May 16
Engineer Lieutenant-Commander Albert A. G. Martell	31 May 16
Surgeon-Captain Joseph A. Moon	31 May 16
Surgeon-Commander Alexander Maclean, M.B.	31 May 16
Surgeon-Commander Henry W. Finlayson, M.B.	31 May 16
Surgeon Lieutenant-Commander Bertram R. Bickford	31 May 16
Surgeon Lieutenant-Commander James McA. Holmes, M.B.	31 May 16
Paymaster-Commander Herbert P. W. G. Murray	31 May 16
Paymaster Lieutenant-Commander Cyril S. Johnson	31 May 16
Paymaster Lieutenant-Commander Frank T. Spickernell	31 May 16
Rear-Admiral *Sir* Roger J. B. Keyes, K.C.B., K.C.V.O., C.M.G	3 June 16
Captain *Sir* Reginald Y. Tyrwhitt, K.C.B.	3 June 16
Captain Frederick S Litchfield-Speer, C.M.G.	3 June 16
Captain Robert G. Corbett	22 June 16
Captain Thomas E. Wardle	22 June 16
Engineer-Commander Henry F. Smith	22 June 16
Lieutenant-Commander Douglas Austin Oliver	22 June 16
Captain Robert Mars and Groves, A.F C	22 June 16
Captain William Vansittart Howard	14 July 16
Captain Denis Burke Crampton, M.V.O.	14 July 16
Commander Sutton Smith	14 July 16
Commander Evelyn Leonard Beridge Boothby	14 July 16
Commander James O. Hatcher	14 July 16
Commander Henry D. Bridges	14 July 16
Lieutenant-Commander Morris E. Cochrane	14 July 16
Lieutenant-Commander Hugh Edward Murray Archer	14 July 16
Commander George L. D. Gibbs	25 July 16
Commander Henry G. L. Oliphant, M V.O.	25 July 16
Captain Cyril T. M. Fuller, C.M.G.	28 July 16
Engineer Commander William H. Clarke	6 Sept 16
Surgeon Lieutenant-Commander Aloysius F Fleming	6 Sept 16
Commander Ernest W. Leir	25 Oct 16
Commander Charles S. Benning	25 Oct 16
Commander Robert R. Turner	25 Oct 16
Commander Robert H. T. Raikes (*with Bar* 22 *June* 17)	25 Oct 16
Lieutenant-Commander George E. Harden	25 Oct 16
Lieutenant-Commander Humphrey M Robson	25 Oct 16
Surgeon Commander Ernest A. Penfold, M.B.	1 Jan 17
Commander John C. Hodgson	1 Jan 17
Commander Evelyn C. O. Thomson	1 Jan 17
Commander Hugh Seymour (*with Bar* 11 *Dec* 18)	1 Jan 17
Lieutenant-Commander Leslie D. Fisher	1 Jan 17
Lieutenant-Commander Daniel McDowell	1 Jan 17
Commander Frederick E. K. Strong (*with Bar* 8 *Mar* 18)	1 Jan 17

DISTINGUISHED SERVICE ORDER.
COMPANIONS—contd.
NAVAL OFFICERS—*contd.*

Captain Francis H. Grenfell (*with Bar* 23 Mar 17)	1 Jan	17
Commander Arthur A. Mellin (*with Bar* 23 Mar 17)	1 Jan	17
Lieutenant-Commander John de B. Jessop	1 Jan	17
Surgeon-Commander Charles E. C. Stanford, M.B., B.Sc.	1 Jan	17
Commander William G. A. Ramsay-Fairfax	13 Feb	17
R.C. Chaplain *Rev.* Stephen L. A. Thornton	13 Feb	17
Captain Harry H. Smyth, C.M.G.	16 Feb	17
Commander Malcolm R. J. Maxwell-Scott	16 Feb	17
Admiral John L. Marx. C.B., M.V.O.	23 Mar	17
Lieutenant-Commander Philip W. S. King	23 Mar	17
Surgeon-Lieutenant Harold B. Padwick, M.B.	26 Mar	17
Captain Alexander V. Campbell, M.V.O.	11 Apr	17
Captain Humphrey H. Smith	21 Apr	17
Commander Francis W. Hanan	21 Apr	17
Lieutenant-Commander James S. Parker	21 Apr	17
Captain Ambrose M. Peck	10 May	17
Captain Edward R. G. R. Evans, C.B.	10 May	17
Lieutenant-Commander George F. Bradshaw	12 May	17
Lieutenant Francis C. Harrison (*with Bar* 23 July 18)	12 May	17
Captain Charles Laverock Lambe, C.M.G.	12 May	17
Lieutenant Geoffrey Rhodes Bromet	12 May	17
Captain Alan C. Bruce	23 May	17
Captain Edwin H. Edwards	23 May	17
Commander Alan M. Yeats-Brown	23 May	17
Captain Walter B. Compton, M.V.O	23 May	17
Captain Arthur K. Betty	23 May	17
Commander Lionel J. G. Anderson	23 May	17
Captain Hubert S. Monroe	23 May	17
Captain Francis A. Clutterbuck	23 May	17
Commander Aubrey W. Peebles, M.V.O.	23 May	17
Commander Wilfrid W. Hunt	23 May	17
Lieutenant-Commander Francis G. C. Coates	23 May	17
Commander Ernest C. Brent	23 May	17
Commander Astley D. C. Cooper-Key	23 May	17
Lieutenant-Commander John K. McLeod	23 May	17
Lieutenant-Commander Hugh J. Woodward	23 May	17
Commander Herbert G. Briggs	23 May	17
Captain William D Paton, M.V.O.	23 May	17
Captain George R. B. Blount	23 May	17
Engineer-Commander John B. Pulliblank	23 May	17
Captain Berwick Curtis, C.B. (*with Bar* 1 Oct 17)	23 May	17
Commander Basil J. D. Guy, V.C.	23 May	17
Lieutenant-Commander Thomas C. C. Bolster	23 May	17
Admiral Alexander W. Chisholm-Batten, M.V.O.	4 June	17
Admiral John Denison	4 June	17
Vice-Admiral Arthur C. Clarke, C.M.G.	4 June	17
Vice-Admiral Frederick O. Pike, C.M.G.	4 June	17
Captain William F. Benwell	4 June	17
Captain Edmund C. Carver	4 June	17
Captain Wion de M. Egerton	4 June	17
Captain Francis A. W. Buller	4 June	17
Commander Malcolm L. Goldsmith	4 June	17

DISTINGUISHED SERVICE ORDER.
COMPANIONS—contd.
NAVAL OFFICERS—*contd.*

Commander Fischer Burges Watson	4 June 17
Commander Miles Brock Birkett	4 June 17
Commander Bertram C. Watson	4 June 17
Chaplain Charles W. G. Moore, M.A.	4 June 17
Admiral Robert S. D. Cuming (*Temp. Captain R.N.R.*)	4 June 17
Captain Reginald J. N. Watson	15 June 17
Engineer-Commander Francis J. Roskruge, D.S O.	15 June 17
Commander George S. Thornley	15 June 17
Commander Charles H. Jones	22 June 17
Commander Kenneth F. Sworder	22 June 17
Lieutenant-Commander Geoffrey Warburton	22 June 17
Lieutenant-Commander Geoffrey R. S. Watkins (*with Bar* 19 Dec 17)	22 June 17
Captain Francis M. Leake	22 June 17
Commander Archibald B. W. Higginson, C.B.	27 June 17
Commander Bertram W. S. Nicholson	27 June 17
Commander Harry F. Cayley (*with Bar* 15 Feb 19)	27 June 17
Captain Francis E. Massy-Dawson	2 July 17
Captain William R. Napier	2 July 17
Commander Robert W. Dalgety	2 July 17
Commander Eric W. Harbord	2 July 17
Commander Basil R. Brooke	2 July 17
Lieutenant-Commander Cyril P. Franklin	2 July 17
Lieutenant-Commander Graham C. Glen	2 July 17
Surgeon Lieutenant William J. McCracken, M.C.	18 July 17
Captain Charles S. Wills, C.M.G.	20 July 17
Captain Colin K. MacLean, C.B.	20 July 17
Commander John S. G. Fraser	20 July 17
Commander Evan Bruce-Gardyne	20 July 17
Commander Reginald V. Holt	20 July 17
Lieutenant-Commander Graham F. W. Wilson	20 July 17
Lieutenant-Commander Henry G. H. Tandy	11 Aug 17
Surgeon Lieutenant-Commander Gilbert B. Scott	11 Aug 17
Captain George J. Todd	29 Aug 17
Engineer-Commander Frank R. Goodwin	29 Aug 17
Lieutenant-Commander Salisbury H. Simpson (*with Bar* 22 Feb 18)	29 Aug 17
Lieutenant-Commander John I. Hallett	29 Aug 17
Lieutenant Cedric Naylor, D.S.C. (*with Bar* 2 Nov 17). (*2nd Bar* 22 Feb 18)	29 Aug 17
Commander Hubert Henry de Burgh	14 Sept 17
Lieutenant-Commander Edye Kington Boddam-Whetham	14 Sept 17
Engineer Commander Frederick William Bromley	14 Sept 17
Engineer-Lieutenant-Commander Harold Hugh Huxham	14 Sept 17
Engineer Lieutenant-Commander Maurice J. R. Sharp	14 Sept 17
Commander Bernard Buxton	21 Sept 17
Captain Henry G. Sherbrooke	21 Sept 17
Captain Ernest K. Arbuthnot	21 Sept 17
Surgeon Lieutenant Frederick G. E. Hill	21 Sept 17
Captain Walter R. G. Petre	1 Oct 17

DISTINGUISHED SERVICE ORDER.
COMPANIONS—contd.
NAVAL OFFICERS—*contd.*

Captain Lockhart Leith, C.M.G.	1 Oct 17
Lieutenant-Commander John May	1 Oct 17
Lieutenant-Commander Owen H. K. Maguire	1 Oct 17
Captain Francis Rowland Scarlett	1 Oct 17
Lieutenant-Commander Robert Peel Ross	1 Oct 17
Lieutenant-Commander Bertrand Bannerman	2 Nov 17
Lieutenant-Commander Charles de Burgh	2 Nov 17
Commander Vincent M. Cooper	2 Nov 17
Lieutenant-Commander Herbert W. Shove	2 Nov 17
Commander John B. Glencross	2 Nov 17
Lieutenant-Commander Bernard Acworth	2 Nov 17
Commander Maurice B. R. Blackwood	16 Nov 17
Lieutenant-Commander Arthur G. Tippett	16 Nov 17
Lieutenant-Commander Oswald E. Hallifax	16 Nov 17
Commander Robin W. M. Lloyd	30 Nov 17
Lieutenant-Commander Henry G. Higgins	30 Nov 17
Lieutenant-Commander Christopher Lloyd Courtney	30 Nov 17
Lieutenant-Commander Philip E. Phillips (*with Bar* 29 *Nov* 18)	19 Dec 17
Vice-Admiral Evelyn R. Le Marchant	1 Jan 18
Vice-Admiral Reginald A Allenby, M.V.O.	1 Jan 18
Vice-Admiral Cresswell J. Eyres	1 Jan 18
Rear-Admiral Cyril E. Tower	1 Jan 18
Rear-Admiral Arthur H. S. Fyler, C.B.	1 Jan 18
Engineer Commander Mark Rundle	1 Jan 18
Paymaster Commander Hugh Miller	1 Jan 18
Surgeon Lieutenant-Commander Henry Cooper, B.A.	1 Jan 18
Lieutenant-Commander Peregrine Forbes Morant Fellowes	1 Jan 18
Lieutenant Commander Clive N. Rolfe	22 Feb 18
Lieutenant-Commander *The Hon.* Evelyn A. G. Gore-Langton	22 Feb 18
Lieutenant Edgar H. Dolphin	22 Feb 18
Commander Philip H. Trimmer	22 Feb 18
Lieutenant Frederick W. Bowhill	22 Feb 18
Captain Robert A. Hornell	8 Mar 18
Commander Gerald L. Parnell	8 Mar 18
Captain Geoffrey Mackworth	8 Mar 18
Commander Dashwood F. Moir	8 Mar 18
Commander Robert G. Hamond	8 Mar 18
Commander George H. Lang	8 Mar 18
Commander Reginald S. Goff	8 Mar 18
Commander Richard M. King	8 Mar 18
Commander James V. Creagh	8 Mar 18
Commander George H. Knowles	8 Mar 18
Commander Richard B. England	8 Mar 18
Engineer-Commander Alfred Saunders	8 Mar 18
Commander Percy J. Helyar	8 Mar 18
Commander Raymond J. Harris-St. John	8 Mar 18
Commander William J. Whitworth	8 Mar 18
Lieutenant-Commander John J. C. Ridley	8 Mar 18
Lieutenant-Commander Edward O. Broadley	8 Mar 18
Commander Vernon S. Butler	8 Mar 18

DISTINGUISHED SERVICE ORDER—*contd.*

COMPANIONS—contd.

NAVAL OFFICERS—*contd.*

Lieutenant-Commander Edward P. U. Pender	8 Mar 18
Lieutenant-Commander Algernon E. P. Lyons	8 Mar 18
Lieutenant-Commander Henry D. C. Stanistreet	8 Mar 18
Engineer Commander George H. S. Sanders	8 Mar 18
Engineer Commander Harry C. R. Johnson	8 Mar 18
Engineer Lieutenant-Commander George D. Campbell	8 Mar 18
Engineer Lieutenant-Commander Colin J. Gray	8 Mar 18
Commander St. Leger S. Warden	16 Mar 18
Vice-Admiral **John P. Rolleston**	6 Apr 18
Captain Walter E. Woodward	8 Apr 18
Commander William H. Darwall	8 Apr 18
Commander Walter J. T. Saunders	8 Apr 18
Commander Wyndham Forbes	8 Apr 18
Commander Andrew Hambly	8 Apr 18
Commander Arthur H. de Kantzow	8 Apr 18
Lieutenant-Commander Reginald C. Richardson	8 Apr 18
Lieutenant Henry J. Hartnoll	8 Apr 18
Lieutenant-Commander Algernon R. Smithwick	8 Apr 18
Commander Alexander G. Hamilton	17 Apr 18
Lieutenant-Commander Harold T. Bailie-Grohman	17 Apr 18
Captain Frederick A. Sommerville	17 Apr 18
Commander Geoffrey Layton	17 Apr 18
Engineer Commander Charles J. Limpenny	17 Apr 18
Commander Cecil G. Chichester	26 Apr 18
Captain Bernard St. G. Collard	26 Apr 18
Captain John A. Moreton	26 Apr 18
Lieutenant Commander Robert H. B. Hammond-Chambers	26 Apr 18
Lieutenant-Commander Percy R. P. Percival (*with Bar* 21 *June* 18)	26 Apr '18
Lieutenant-Commander Robert H. Clark-Hall	26 Apr 18
Engineer Lieutenant-Commander Henry M. Cave-Brown-Cave	26 Apr 18
Captain *the Hon.* Reginald A. R. Plunkett-Ernle-Erle-Drax	17 May 18
Commander Arthur P. N. Thorowgood	17 May 18
Lieutenant-Commander Maurice F. F. Wilson	17 May 18
Lieutenant-Commander Alastair Gordon	17 May 18
Lieutenant-Commander Reginald G. Stone	17 May 18
Commander George F. L. L. Page (*with Bar* 29 *Nov* 18)	17 May 18
Commander Arthur B. A. Baker	17 May 18
Lieutenant-Commander Hugh B. Worsley	17 May 18
Lieutenant-Commander Trevor Eardley Wilmot (*Emerg.*)	17 May 18
Commander Philip G. Wodehouse	17 May 18
Lieutenant-Commander Frederick C. Finnis	17 May 18
Lieutenant-Commander Arthur D. D. Smyth	17 May 18
Admiral **Thomas P. Walker**	**3 June 18**
Rear-Admiral **Hugh T. Hibbert**, C.B.E.	**3 June 18**
Captain **George B. W. Young**	**3 June 18**

DISTINGUISHED SERVICE ORDER—contd.

COMPANIONS—contd.

NAVAL OFFICERS—contd.

Captain Arthur N. Heathcote	3 June 18
Captain Herbert N. Rolfe	3 June 18
Commander Randal B. McCowen	3 June 18
Engineer-Commander Elias G. Pallot	3 June 18
Engineer-Commander William S. Torrance	3 June 18
Commander Oswald C. M. Barry	3 June 18
Lieutenant-Commander Arthur A. Scott	3 June 18
Commander Cuthbert W. Swithinbank	3 June 18
Lieutenant-Commander Christopher J. F. Wood	3 June 18
Commander Sidney A. Geary Hill	7 June 18
Lieutenant-Commander Henry M. Coombs	7 June 18
Paymaster Lieutenant-Commander Henry P. Williams	7 June 18
Captain Roger L'E. M. Rede	21 June 18
Lieutenant-Commander Philip L. Goddard	21 June 18
Lieutenant-Commander John A. Gaimes	21 June 18
Lieutenant-Commander Harry T. Bennett	21 June 18
Surgeon Lieutenant-Commander Edward I. Atkinson	21 June 18
Surgeon Lieutenant-Commander William Bradbury, M.B.	21 June 18
Lieutenant Claud B. Barry	21 June 18
Commander Edward O. B. S. Osborne	23 July 18
Lieutenant-Commander Kenneth C. Helyar	23 July 18
Engineer Lieutenant-Commander Ronald C. Boddie	23 July 18
Lieutenant-Commander Harold G. Campbell	23 July 18
Lieutenant Stuart S. Bonham-Carter	23 July 18
Lieutenant Cecil C. Dickinson	23 July 18
Lieutenant Oscar Henderson	23 July 18
Lieutenant Arthur E. P. Welman, D.S.C. (*with Bar* 28 *Aug* 18)	23 July 18
Lieutenant John C. Annesley	23 July 18
Lieutenant Edward Billyard-Leake	23 July 18
Chaplain *Rev.* Charles J. E. Peshall	23 July 18
Commander Roy N. Suter	7 Aug 18
Commander Cyril H. G. Benson	7 Aug 18
Commander Reginald St. P. Parry, M.V.O.	28 Aug 18
Engineer-Commander William A. Bury	28 Aug 18
Lieutenant-Commander *Sir* John M. Alleyne, Bt., D.S.C.	28 Aug 18
Lieutenant Oliver North	14 Sept 18
Lieutenant-Commander Joseph B. Newill	14 Sept 18
Lieutenant Norman A. G. Ohlenschlager	14 Sept 18
Commander Arthur W. Benson	20 Sept 18
Commander Henry T. Dorling	20 Sept 18
Commander Hubert E. Gore-Langton	20 Sept 18
Lieutenant-Commander Stafford H. Dillon	20 Sept 18
Lieutenant-Commander William L. Jackson	20 Sept 18
Lieutenant-Commander Herbert M. Denny	20 Sept 18
Lieutenant-Commander Michael K. H. Kennedy	20 Sept 18
Lieutenant-Commander Allan Poland	20 Sept 18
Engineer Lieutenant-Commander Robin Rampling	20 Sept 18
Engineer Lieutenant-Commander James Ashton	20 Sept 18

DISTINGUISHED SERVICE ORDER—*contd.*

COMPANIONS—contd.

NAVAL OFFICERS—*contd.*

Commander George B. Hartford	5 Oct 18
Commander Paul Whitfield	5 Oct 18
Lieutenant-Commander Arthur M. Roberts	5 Oct 18
Engineer Lieutenant-Commander George W. Le Page	5 Oct 18
Commander Brownlow V. Layard	29 Oct 18
Commander Reginald B. Darke	29 Oct 18
Lieutenant-Commander John G. Bower	29 Oct 18
Lieutenant-Commander Cyril J. L. Noakes	29 Oct 18
Lieutenant-Commander Henry A. Colt, M.C.	7 Nov 18
Commander Geoffrey S. F. Nash	29 Nov 18
Lieutenant-Commander Charles E. H. White	29 Nov 18
Lieutenant-Commander Gordon McL. Cameron	29 Nov 18
Lieutenant-Commander Francis C. Platt	29 Nov 18
Commander Anthony L. H. D. Coke	29 Nov 18
Lieutenant-Commander Henry C. C. Clarke	29 Nov 18
Captain Hugh G. C. Somerville	11 Dec 18
Captain Thomas J. S. Lyne	11 Dec 18
Commander Charles E. Turle	11 Dec 18
Captain Charles A. Fremantle	11 Dec 18
Commander Edmond J. G. Mackinnon	11 Dec 18
Commander Arthur M. Lecky	11 Dec 18
Commander John O. Barron	11 Dec 18
Commander John P. Farquharson	11 Dec 18
Engineer Lieutenant-Commander Harold B. Sears	11 Dec 18
Surgeon Lieutenant-Commander Cyril V. Griffiths	11 Dec 18
Lieutenant-Commander Sebald W. B. Green	12 Dec 18
Lieutenant-Commander Henry E. Rendall	12 Dec 18
Engineer Commander Francis H. Lyon	12 Dec 18
Surgeon Lieutenant John G. Dobson, M.B.	12 Dec 18
Vice-Admiral Godfrey H. B. Mundy, C.B., M.V.O.	1 Jan 19
Rear-Admiral Charles W. Keighly-Peach	1 Jan 19
Commander Frederic Giffard	1 Jan 19
Commander Charles F. R. Cowan	1 Jan 19
Lieutenant-Commander Charles T. Gervers	1 Jan 19
Lieutenant-Commander Cyril Goolden	1 Jan 19
Lieutenant-Commander Rowland K. C. Pope	1 Jan 19
Surgeon Lieutenant-Commander Henry D. Drennan, M.B., B.A.	1 Jan 19
Captain Patrick E. Parker	15 Feb 19
Commander Humphrey W. Best	15 Feb 19
Lieutenant-Commander Norman C. Moore	15 Feb 19
Lieutenant-Commander Ronald G. Studd	15 Feb 19
Lieutenant Henry N. Lake, D.S.C.	15 Feb 19
Lieutenant Arthur E. Buckland, D.S.C.	15 Feb 19
Lieutenant-Commander William P. Mark-Wardlaw	15 Feb 19
Commander John D. Nares	20 Feb 19
Commander Cecil J. Crocker	20 Feb 19
Commander Thomas F. P. Calvert	20 Feb 19
Commander Oliver F. M. Stokes	20 Feb 19
Commander Edmond A. B. Stanley, M.V.O.	20 Feb 19

DISTINGUISHED SERVICE ORDER—*contd.*

COMPANIONS—contd.

NAVAL OFFICERS—*contd.*

Commander Francis E. B. Haselfoot	20 Feb 19
Lieutenant-Commander Vaughan A. E. Hanning-Lee	20 Feb 19
Lieutenant-Commander Claud L. Y. Dering	20 Feb 19
Lieutenant-Commander Ernest W. Kirkby	20 Feb 19
Lieutenant-Commander A. Gordon Hine	20 Feb 19
Captain Brien M. Money	17 Mar 19
Captain *The Hon.* William S. Leveson-Gower	17 Mar 19
Commander Edward M. C. Rutherford	17 Mar 19
Commander Claud F Allsup	17 Mar 19
Commander Lewis G. E. Crabbe	17 Mar 19
Commander Edward McC. W. Lawrie	17 Mar 19
Engineer Commander Edward C. Green	17 Mar 19
Engineer Lieutenant-Commander Richard J. Brown	17 Mar 19
Captain Herbert W. W. Hope, C.B.	17 Mar 19
Captain *The Hon.* Bertram T. C. O. Freeman Mitford	17 Mar 19
Lieutenant Francis W. Craven	17 Mar 19

DISTINGUISHED SERVICE ORDER.
COMPANIONS—contd.
OFFICERS OF ROYAL MARINES.

Major Reginald A. Marriott	25 Nov 86
Lieut.-Colonel Walter M. Lambert	13 Jan 87
Major-General Thomas H. de M. Roche	25 May 97
Major Walter T. C. Jones	6 Nov 00
Lieutenant-Colonel Leslie O. Wilson, C.M.G., M.P.	29 Nov 00
Colonel Frederick White	29 Nov 00
Lieutenant-Colonel Granville M. Heriot	19 June 11
Major Arthur H. French	1 Jan 15
Captain Cecil Francis Kilner (*with Bar* 1 Oct 17)	19 Feb 15
Captain Alfred L. Forster	3 Sept 15
Major Robert Gordon	8 Dec 15
Major Edwin H. Barr	1 Jan 16
Captain Henry M. Leaf	1 Jan 16
Captain Gordon H. Seath	14 Mar 16
Captain Edward Gillespie	31 Mar 16
Captain Edward Bamford, V.C.	31 May 16
Captain John H. D'Albiac	22 June 16
Major Eugene Louis Gerrard	22 June 16
Captain Harold C. Harrison	25 Aug 16
Captain Reginald D. H. Lough, O.B.E.	6 Sept 16
Major Harold Blount, R.M.A.	1 Jan 17
Captain Charles F. Jerram	1 Jan 17
Major Hugh F. Montgomery	1 Jan 17
Major Robert H. Darwall	1 Jan 17
Lieutenant-Colonel Alexander R. H. Hutchison, C.B., C.M.G.	13 Feb 17
Major Charles D O. Harmar	23 Mar 17
Major Harold Ozanne	17 Apr 17
Captain *The Hon.* Lionel S. Montagu	17 Apr 17
Captain Thomas S. Dick	4 June 17
Major Edward F. Trew, C.M.G.	4 June 17
Major William H. L. Tripp	4 June 17
Major Edward Maitland Maitland	20 July 17
Major Vincent Henry Cartwright	1 Jan 18
Captain (*acting Major*) Robert Charles Stuart Morrison-Scott	1 Jan 18
Major Maurice C. Festing	1 Jan 18
Captain Edward J. B. Tagg	1 Jan 18
Major Robert E. Kilvert, R.M.A.	1 Jan 18
Captain Geoffrey L. Wilks	8 Mar 18
Major William S. Poë, R.M.A.	3 June 18
Major Alan G. B. Bourne, M.V.O., R.M.A.	3 June 18
Major Richard F. C. Foster, R.M.A.	3 June 18
Captain Arthur R. Chater	23 July 18
Captain Reginald A. D. Brooke, R.M.A.	23 July 18
Lieutenant Theodore F. V. Cooke	23 July 18
Major Edward K. Fletcher (*with Bar* 10 Jan 19)	26 July 18
Lieutenant-Colonel John M. Rose	14 Sept 18
Captain David Lubbock Robinson	15 Oct 18
Lieutenant-Colonel Thomas R. McCready	10 Jan 19
Captain Charles E. H. Rathborne	14 Jan 19
Major Prescott Sandilands	31 Jan 19
Major & Bt. Lieut. Col. Harold E. W. Iremonger, R.M.A.	15 Feb 19
Major & Bt. Lieut.-Col. Trant B. Luard	20 Feb 19

DISTINGUISHED SERVICE ORDER.
COMPANIONS—contd.

OFFICERS OF THE ROYAL INDIAN MARINE

Commander G. E. Holland, C.I.E.	14 Nov 90
Commander Alexander Rowand	26 June 03
Captain Charles J. C. Kendall	6 Sept 04
Commander Anthony Hamilton	29 Oct 15
Captain Charlie Steward Hickman	1 Jan 16
Commander Edward J. Headlam, C.M.G.	1 Jan 16
Captain Austin E. Harold	3 June 16
Lieutenant Arthur G. Kinch	3 June 16
Lieutenant-Commander Bruce C. Marsh	3 June 16
Lieutenant-Commander Charles A. Scott	3 June 16
Engineer-Commander Richard E. C. Bolton	1 Jan 17
Lieutenant-Commander John C. Ward	25 Aug 17

OFFICERS OF THE ROYAL NAVAL RESERVE.

Acting Commander Hubert Boothby	19 Feb 15
Lieutenant-Commander Frank M. Main, RD	7 Aug 15
Commander Henry P. Basden-Smith, RD	7 Aug 15
Lieutenant-Commander Sidney K. Bacon	7 Aug 15
Engineer-Commander Robert Wilson	7 Aug 15
Engineer-Lieutenant William Rowe, RD	7 Aug 15
Engineer-Commander Elias S. Dixon	7 Aug 15
Sub-Lieutenant Bernard T. Cox	16 Aug 15
Commander Robert H. W. Hughes, C.S.I., C.M.G., RD	1 Jan 16
Lieutenant Thomas A. Bond (*Royal Australian Naval Reserve*)	11 Jan 16
Sub-Lieutenant John L. Sinclair	14 Mar 16
Commander Henry G. Muir, RD	31 May 16
Lieutenant-Commander Frank Eyers	31 May 16
Commander William Marshall, RD (*with Bar* — Jan 18)	14 July 16
Acting Captain Alfred S. Gibb, RD	14 July 16
Commander George W. C. Venn	14 July 16
Lieutenant-Commander John Percival, RD	1 Jan 17
Commander Herbert C. V. B. Cheetham, RD	1 Jan 17
Commander Henry G. G Westmore, RD	1 Jan 17
Lieutenant-Commander John Percival	1 Jan 17
Lieutenant Matthew Armstrong	16 Feb 17
Lieutenant-Commander Wybrants Olphert, D.S.C (*with Bar* 15 Feb. 19)	23 Mar 17
Lieutenant-Commander John W. Williams	23 Mar 17
Lieutenant Ernest M. Hawkins, RD	23 Mar 17
Acting Lieutenant-Commander Edward V. Davies	23 Mar 17
Lieutenant Ronald N. Stuart, VC	23 Mar 17
Engineer-Lieutenant-Commander Leonard S. Loveless, D.S.C.	23 Mar 17
Engineer Commander Walter Jordon	21 Apr 17
Lieutenant Frederick A. Frank	21 Apr 17
Lieutenant Commander Charles G. Matheson	12 May 17
Lieutenant Gerald N. Jones	12 Mar 17
Lieutenant Frank W. Charles	12 May 17
Lieutenant Archibald Dayrell-Reed (*with Bar* 28 Aug 18)	12 May 17
Lieutenant Albert E. Webster	12 May 17
Lieutenant Frederick M. Maling (*with Bar* 22 June 17)	12 May 17

DISTINGUISHED SERVICE ORDER.
COMPANIONS—contd.
OFFICERS OF THE ROYAL NAVAL RESERVE—*contd.*

Lieutenant-Commander Edwin R. Large	12 May 17
Acting Captain John McI. Borland, RD	23 May 17
Lieutenant Maurice MacMahon	4 June 17
Captain Selwyn M. Day, RD	22 June 17
Lieutenant Thomas E. Price, D.S.C.	22 June 17
Lieutenant Frederick H. Peterson, D.S.C.	22 June 17
Lieutenant William D. Beaton	22 June 17
Commander Frederick H. M. Custance, RD	27 June 17
Commander John Roberts, RD	27 June 17
Lieutenant-Commander Henry Smith, RD	27 June 17
Lieutenant-Commander William Bradley, RD	27 June 17
Commander Henry Stockwell, RD.	27 June 17
Commander William H. Kelly, RD	27 June 17
Lieutenant Leonard C. Cockrell	27 June 17
Lieutenant Richard J. Turnbull, D.S.C.	20 July 17
Lieutenant George Irvine	20 July 17
Lieutenant Francis R. Hereford, D.S.C.	20 July 17
Lieutenant John Lawrie, D.S.C.	11 Aug 17
Engineer-Commander John Quine.	1 Oct 17
Paymaster Lieutenant Reginald A. Nunn, D.S.C.	2 Nov 17
Lieutenant-Commander Bernard L. Johnson	2 Nov 17
Lieutenant Benjamin W. George	2 Nov 17
Lieutenant-Commander Frank H. Worsley, RD.	17 Nov 17
Acting Lieutenant-Commander Douglas G. Jeffrey	17 Nov 17
Lieutenant Frederick W. Gray	17 Nov 17
Lieutenant George B. Murray	19 Dec 17
Lieutenant James Martin	19 Dec 17
Commander Charles M. Redhead, RD	1 Jan 18
Lieutenant-Commander Herbert Fairweather	7 Feb 18
Lieutenant Alfred T. Pope	22 Feb 18
Acting Commander Harry C. Birnie	22 Feb 18
Lieutenant Edmund G. Wrightson	22 Feb 18
Lieutenant Frederick W. Robinson	22 Feb 18
Lieutenant William A. Florence	22 Feb 18
Commander William F. Pollard, RD	22 Feb 18
Lieutenant-Commander Cyril Edwards, RD	8 Mar 18
Lieutenant-Commander Robert L. Alexander	8 Mar 18
Lieutenant Stephen P. R. White, D.S.C.	16 Mar 18
Paymaster Lieutenant-Commander William R. Ashton, D.S.C.	16 Mar 18
Commander Richard W. B. Blacklin, RD	6 Apr 18
Engineer Commander James D. Williamson	6 Apr 18
Acting Captain William E. Smith, RD.	6 Apr 18
Lieutenant-Commander Hans Oppen, RD	6 Apr 18
Lieutenant Commander Thomas W. Bennett, RD.	6 Apr 18
Lieutenant-Commander Reginald Salmon	6 Apr 18
Lieutenant-Commander Cecil Brooks, RD	6 Apr 18
Lieutenant Arthur P. Melson	6 Apr 18
Lieutenant William P. Evans	6 Apr 18
Lieutenant Charles D. Simmons	6 Apr 18
Engineer Lieutenant-Commander Henry Baker	26 Apr 18
Commander Cyril A. G. Roberts, RD	17 May 18

DISTINGUISHED SERVICE ORDER.
COMPANIONS—contd.
OFFICERS OF THE ROYAL NAVAL RESERVE—*contd.*

Lieutenant-Commander Joseph W. Greenhill	17 May 18
Commander William H. Owen, R.D.	3 June 18
Commander Thomas A. Jones	3 June 18
Commander John A. Leighton	7 June 18
Lieutenant-Commander Jamieson B. Adams	7 June 18
Lieutenant Percy S. Peat	7 June 18
Captain Bertram F. Hayes, C.M.G., R.D.	21 June 18
Lieutenant John Howell-Price, D.S.C.	23 July 18
Lieutenant Geoffrey H. Barnish	14 Sept 18
Commander Cecil W. Burleigh, R.D.	20 Sept 18
Lieutenant-Commander Thomas P. Webb	20 Sept 18
Engineer Commander Ernest E. Low	5 Oct 18
Engineer Lieutenant-Commander Robert A. Scott, R.D.	5 Oct 18
Commander George Gregory, O.B.E., R.D.	20 Feb 19
Lieutenant James K. Brook	17 Mar 19

OFFICERS OF THE ROYAL NAVAL VOLUNTEER RESERVE.

Commander Henry Douglas King, V.D.	7 Nov 15
Lieutenant-Commander William M. Egerton	6 Sept 16
Lieutenant-Commander Gordon W. Whittaker	13 Feb 17
Commander Arthur M. Asquith (*with Bar* 18 July 17)	17 Apr 17
Lieutenant-Commander Robert H. Shelton	17 Apr 17
Commander Morton Smart	4 June 17
Commander Ion H. Benn, C.B., M.P.	20 July 17
Lieutenant William King	11 Aug 17
Commander Walter D. Smiles (Serving in Army) (with Bar 17 *May* 18)	11 Aug 17
Lieutenant-Commander Francis W. Belt	30 Nov 17
Lieutenant Oliver G. G. Villiers	1 Jan 18
Lieutenant-Commander Archibald W. Buckle (*with Bar* 26 *July* 18) (2*nd Bar* 11 *Jan* 19) (3*rd Bar* 8 *Mar* 19)	4 Mar 18
Lieutenant Herbert Donaldson	4 Mar 18
Lieutenant Walter K. Harris, M.C.	4 Mar 18
Commander Henry B. Pollock	4 Mar 18
Lieutenant-Commander William Wells-Hood (Serving with Army)	17 May 18
Lieutenant-Commander Oliver Locker-Lampson, C.M.G., M.P.	—
Lieutenant-Commander Keith R. Hoare, D.S.C., A.M. (*with Bar* 28 *Aug* 18)	23 July 18
Lieutenant-Commander Ronald Bourke, V.C.	23 July 18
Lieutenant Hugh A. Littleton	23 July 18
Commander Daniel M. W. Beak, V.C., M.C.	26 July 18
Commander William W. Watson	28 Aug 18
Lieutenant-Commander Jean L. Miéville	28 Aug 18
Lieutenant-Commander Arthur G. Watts	28 Aug 18
Lieutenant-Commander Raphael Saunders	28 Aug 18
Acting Lieutenant-Commander John F. MacCabe, D.S.C.	5 Oct 18
Lieutenant-Commander Edward H. Young, D.S.C., M.P.	—

ROYAL RED CROSS.

Miss Isabella Smith (*Nursing Sister, R.N. retired*)	3 June 99
Miss Evangelina E. Harte (*Head Sister, R.N.*)	25 June 09
Miss Robina Falconer (*Nursing Sister, R.N.*)	25 June 09
Miss Margaret H. Keenan (*Head Sister R.N.*).	19 June 11
Miss Katherine M. Hickley (*Head Sister R.N.*)	19 June 11
Miss Mary B. Bennet (*Nursing Sister R.N.*)	25 Feb 15
Miss Mildred L. Hughes (*Head Sister R.N.*)	16 Dec 16
Miss Annie M. Frank (*Nursing Sister R.N.*)	16 Dec 16
Miss Kathleen M. Atkinson (*Nursing Sister R.N.*)	16 Dec 16
Miss Lilian Phillips (*Nursing Sister R.N.*)	16 Dec 16
Miss Hilda F. Chibnall (*Reserve Nursing Sister R.N.*)	16 Dec 16
Miss Irene de P. Cave-Browne-Cave (*Reserve Nursing Sister R.N.*)	16 Dec 16
Miss Flora T. Greig (*Superintending Sister R.N.*)	4 June 17
Miss Mary C. Clark (*Superintending Sister, R.N.*)	1 Jan 18
Miss Mabel B. Smith (*Nursing Sister, R.N.*)	1 Jan 18
Miss Dorothy Henderson (*Nursing Sister, R.N.*)	1 Jan 18
Miss Ethel M. G. Hirst (*Nursing Sister, R.N.*)	1 Jan 18
Miss Margaret B. Paterson (*Nursing Sister, R.N.*)	1 Jan 18
Miss Marion S. Marshall (*Reserve Nursing Sister, R.N.*)	1 Jan 18
Miss Jean P. Cullen (*Reserve Nursing Sister, R.N.*)	1 Jan 18
Miss Christina McI. Dewar (*Reserve Nursing Sister R.N.*)	1 Jan 18
Miss Ellen K. Finnemore (*Matron*)	3 June 18
Mrs. Elizabeth Ritchie (*Matron*)	3 June 18
Mrs Alice M. England (*Staff Nurse*)	3 June 18
Miss Isabella F. Lang (*Theatre Sister*)	3 June 18
Miss Margaret E. Goodall-Copestake (*Superintending Sister, Q.A.R.N.N.S.*)	3 June 18
Miss Muriel G. Hutton (*Nursing Sister, Q.A.R.N.N.S. Reserve*)	3 June 18
Miss Sarah E. McClelland (*Nursing Sister, Q.A.R.N.N.S.*)	3 June 18
Miss Vera L. Spark (*Nursing Sister, Q.A.R.N.N.S. Reserve*)	3 June 18
Miss Zoë E. Stronge (*Nursing Sister, Q.A.R.N.N.S. Reserve*)	3 June 18
Miss Margaret C. Tod (*Matron and Masseuse*)	3 June 18
Miss Elsie C. Philp (*Matron*)	3 June 18
Miss Dora Lund (*Reserve Nursing Sister, R.N.*)	1 Jan 19
Miss Nance McKay (*Reserve Nursing Sister, R.N.*)	1 Jan 19
Miss Mabel R. Chester-Webb (*Reserve Nursing Sister, R.N.*)	1 Jan 19
Miss Margaret Hunt (*Reserve Nursing Sister, R.N.*)	1 Jan 19
Miss Lilian Swift (*Reserve Nursing Sister, R.N.*)	1 Jan 19
Miss Louisa C. Chamberlain (*Reserve Nursing Sister, R.N.*)	1 Jan 19

THE VICTORIA CROSS.

CHRONOLOGICAL LIST OF OFFICERS AND MEN OF THE ROYAL NAVY AND ROYAL MARINES UPON WHOM THE DECORATION HAS BEEN CONFERRED.

Name.	Rank.	Place where Act of Gallantry was performed.	Date of Act of Gallantry, and Rank at the time.	Date of *London Gazette* in which the Act of Gallantry is detailed.
Sir Arthur Knyvet Wilson, G.C.B., O.M., G.C.V.O.	Admiral of the Fleet	El-Teb, Soudan (Naval Brigade)	February 29, 1884 (*Captain*)	May 21, 1884
Lewis S. T. Halliday, C.B.	Lieut-Col., R.M.L.I.	Pekin, China	June 24, 1900 (*Captain R.M.*)	January 1, 1901
Basil J.D. Guy, D.S.O.	Commander	Tientsin, China	July 13, 1900 (*Midshipman*)	January 1, 1901
Norman D. Holbrook	Lieut.-Com.	The Dardanelles	December 13, 1914 (*Lieutenant*)	December 22, 1914
Henry P. Ritchie	Commander	Dar-es-Salaam	November 28, 1914 (*Commander*)	April 10, 1915
Edward C. Boyle	Commander	The Dardanelles	April 27, 1915 (*Lieut.-Com.*)	May 21, 1915
Martin E. Nasmith	Captain	Sea of Marmora	June, 1915 (*Lieut.-Com.*)	June 24, 1915
Edward Unwin, C.M.G.	Commander	The Dardanelles	April 25, 1915 (*Commander*)	August 16, 1915
Wilfred St. A. Malleson	Lieutenant	do.	April 25, 1915 (*Midshipman*)	do.
George McK. Samson	Seaman R.N.R.	do.	April 25, 1915 (*Seaman R.N.R.*)	do.
Eric G. Robinson	Commander	do.	February 26, 1915 (*Lieut.-Com.*)	January 1, 1916
Richard B. Davies, D.S.O.	Lieut.-Com.	Bulgaria	November 19, 1915 (*Squad.-Com. R.N.A.S.*)	March 31, 1916
The Hon. Edward B. S. Bingham	Commander	Battle of Jutland	May 31, 1916 (*Commander*)	September 15, 1916
Gordon Campbell, D.S.O.	Captain	—	— (*Commander*)	April 21, 1917
Ronald N. Stuart, D.S.O.	Lieutenant R.N.R.	—	—	July 20, 1917
William Williams, D.S.M.	Seaman R.N.R.	—	—	do.
Joseph Watt	Chief Skipper R.N.R.	Straits of Otranto	May 15, 1917 (*Skipper R.N.R.*)	August 29, 1917
Ernest Pitcher, D.S.M	Petty Officer	—	—	—
Alfred F. B. Carpenter	Commander	Zeebrugge and Ostend	April 22-23, 1918	July 23, 1918
Percy T. Dean	Lieutenant R.N.V.R.	do.	do.	do.
Edward Bamford, D.S.O.	Captain R.M.L.I.	do.	do.	do.
Norman A. Finch	Sergeant R.M.A.	do.	do.	do.
Geoffrey H. Drummond	Lieut.-Com. R.N.V.R.	Ostend	May 9-10, 1918	August 28, 1918
Roland Bourke, D.S.O.	Lieut.-Com. R.N.V.R.	do.	do.	do.
Victor A.C. Crutchley, D.S.C.	Lieutenant	do.	do.	do.
Harold Auten, D.S.C.	Lieutenant R.N.R.	—	—	September 14, 1918
George Prowse	Chief Petty Officer R.N.V.R.	France	—	October 30, 1918
Daniel M. W. Beak, D.S.O., M.C.	Lieut.-Com. R.N.V.R.	France	1918 (*Lieut.-Com. R.N.V.R.*)	15 Nov 1918
George N. Bradford	*late* Lieut.-Com.	Zeebrugge	April 22-23, 1918 (*Lieut.-Com.*)	17 March, 1919
Arthur L. Harrison	*late* Lieut.-Com.	do.	do.	do.

DISTINGUISHED SERVICE CROSS

Awarded under Orders in Council of 15th June, 1901, and 14th October, 1914, for meritorious or distinguished services before the enemy performed by Officers below the rank of Lieutenant-Commander.

Name.	Rank.	Date of Gazette.	Rank at the Time of Act.
Thomas C. Armstrong	Captain	1 July 01	Midshipman
Reginald B. C. Hutchinson	Commander	1 July 01	Midshipman
Ernest E. Lowe	Lieutenant	1 July 01	Gunner
Joseph Wright	Lieutenant	1 July 01	Act. Gunner
George Mascull	Lieutenant	26 June 02	Gunner
Henry E. Horan	Lieutenant	21 Oct 14	Lieutenant
Charles M. S. Chapman (*With Bar* 2 *Nov* 17)	Lieutenant	21 Oct 14	Lieutenant
Charles R. Peploe	Lieutenant	21 Oct 14	Lieutenant
Ernest Roper	Lieutenant	21 Oct 14	Chief Gunner
Robert M. Taylor	Lieutenant	21 Oct 14	Gunner
Harry Morgan (*With Bar* 23 *Mar* 17)	Lieutenant	21 Oct 14	Gunner
Charles Powell	Act. Lieut.	21 Oct 14	Act. Boatswain
George L. Davidson	Lieutenant	1 Jan 15	Lieutenant
Gerald G. Grant	Lieut. R.N.V.R.	1 Jan 15	Lieut. R.N.V.R.
Charles O. F. Modin (*Army*)	*late Sub-Lieut. R.N.V.R.*	1 *Jan* 15	*Sub-Lieut. R.N.V.R.*
David J. Gowney	Lieut. R.M. (*Tempy. Capt.*)	1 Jan 15	Lieut. R.M.
Harold O. Joyce (*With Bar* 17 *Apr* 18)	Lieut.-Com.	1 Jan 15	Lieutenant
William H. Propert	Lieut. R.N.R.	10 Feb 15	Lieut. R.N.R.
Thomas W. Trendall	Ch. Skipper R.N.R.	19 Feb 15	Skipper R.N.R.
Ernest V. Snowline	Skipper R.N.R.	19 Feb 15	Skipper R.N.R.
William H. Venning	Cd. Shipwright	3 Mar 15	Carpenter
George H. Egford	Cd. Shipwright	3 Mar 15	Carpenter
James A. Stirling	*late Surg. Lieut.*	3 *Mar* 15	*Surgeon Probr. R.N.V.R.*
Frederick E. Dailey	Cd. Shipwright	3 Mar 15	Ch. Carpenter
Denys C. G. Shoppee	Lieutenant	15 Mar 15	Lieutenant
John W. Bell	Lieut. R.N.R.	15 Mar 15	Lieut. R.N.R.
John Richard Green	Tempy. Lieut. R.N.R.	9 Apr 15	Tempy. Lieut R.N.R.
Henry Middleton	Lieutenant	10 Apr 15	Chief Gunner
George F. Dickens	Lieut. R.N.R.	10 Apr 15	Act. Sub-Lieut. R.N.R.

Name.	Rank.	Date of Gazette.	Rank at the Time of Act.
Eric R. Corson	Lieut.-Com.	10 Apr 15	Lieutenant
Clement J. Charlewood	Lieut. R.N.R.	10 Apr 15	Act.Sub-Lieut. R.N.R.
George Carew	Tempy.Lieut. R.N.R.	10 Apr 15	Tempy. Lieut. R.N.R.
Edward G. Stanley	Lieutenant	12 May15	Lieutenant
Reginald W. Lawrence	Lieutenant	12 May15	Act. Lieut. R.N.R.
Ernest G. Boissier	Lieut.-Com. R.N.V.R.	3 June 15	Lieut.R.N.V.R.
James Cheetham	Lieut. R.M. (*Tempy.Capt.*)	3 June 15	Lieut.R.M.
George S. Davidson	Lieut. R.N.V.R.	3 June 15	Sub-Lieut. R.N.V.R.
John P. Wilson (*late R.N.A.S.*)	Squad Com.	21 *June* 15	*Flight Lieut.*
John S. Mills (*late R.N.A.S.*)	Squad-Com.	21 *June* 15	*Flight Sub-Lieut.*
Guy D'Oyly-Hughes, D.S.O.	Lieutenant	24 June 15	Lieutenant
Robert Brown	Lieut. R.N.R.	24 June 15	Act. Lieut. R.N.R.
Charles T. Nettleingham	Act. Leut-Com. R.N.R.	29 June 15	Sub-Lieut. R.N.R.
H. Pirie-Gordon	Lieut.-Com. R.N.V.R.	30 June 15	Lieut. R.N.V.R.
James Sargent	Ch. Skipper R.N.R.	30 June 15	Skipper R.N.R.
Alfred Swain	Ch. Skipper R.N.R.	30 June 15	Skipper R.N.R.
Alfred E. Berry (*With Bar*16 *Mar* 18)	Ch. Skipper R.N.R.	30 June 15	Skipper R.N.R.
Charles G. Stuart	Lieut.-Com.	30 June 15	Lieutenant
Herbert J. Ferguson	Lieut. R.N.R.	30 June 15	Lieut. R.N.R.
John Cowie	Skipper R.N.R.	30 June 15	Skipper R.N.R.
William Long	Gunner	30 June 15	Gunner (*act*)
Frederick H. Taylor	Lieut.-Com.	6 July 15	Lieutenant
Samuel Bolton, RD	Lieut.-Com. R.N.R.	7 Aug 15	Lieut. R.N.R.
Bernard H. Symns	Lieut.-Com. R.N.R.	7 Aug 15	Lieut. R.N.R.
Percy R. Vaughan	Lieut.-Com. R.N.R.	7 Aug 15	Lieut. R.N.R.
Herbert Spencer	Lieut. R.N.R.	7 Aug 15	Sub-Lieut. R.N.R.
Charles W Cartwright	Lieut. R.N.R.	7 Aug 15	Sub-Lieut. R.N.R.
Edwin A. Stuart	Lieut.R.N.R.	7 Aug 15	Sub-Lieut. R.N.R.
Robert Hobson	Lient.R.N.R.	7 Aug 15	Sub-Lieut. R.N.R.
Samuel Lemon	Warrt.Teleg. R.N R.	7 Aug 15	Warrt. Teleg. R.N.R.

Distinguished Service Cross

Name.	Rank.	Date of Gazette.	Rank at the Time of Act.
Ion B. B. Tower	Lieut.-Com.	7 Aug 15	Lieutenant
Arthur H. S. Casswell	Lieutenant	7 Aug 15	Sub-Lieut.
Massy Goolden	Lieut.-Com.	16 Aug 15	Lieutenant
John Murphy	Lieutenant	16 Aug 15	Boatswain
Rupert E. M. Bethune	Lieutenant	16 Aug 15	Midshipman
Charles W. Croxford	Sub-Lieut.	16 Aug 15	Midn. R.N.R.
Cecil A. L. Mansergh	Sub-Lieut.	16 Aug 15	Midshipman
Alfred M. Williams	Lieutenant	16 Aug 15	Midshipman
Hubert M. Wilson	Lieutenant	16 Aug 15	Midshipman
George F. D. Freer	Act. Lieut.	16 Aug 15	Midshipman
Richard V. Symonds-Tayler	Act. Lieut.	16 Aug 15	Midshipman
Cyril H. C. Matthey	Lieutenant	16 Aug 15	Midshipman
John S. Metcalf	Sub-Lieut. R.N.R.	16 Aug 15	Midn. R.N.R.
Stephen A. Bayford	Lieut. R.N.R.	16 Aug 15	Sub-Lieut. R.N.R.
James C. W. Price	Act. Lieut.	16 Aug 15	Midshipman
John W. A. Chubb	Gunner	16 Aug 15	Gunner
William W. Thorrowgood	Gunner	16 Aug 15	Gunner
Hugh Dixon	Lieutenant	16 Aug 15	Midshipman
George T. Philip	Lieutenant	16 Aug 15	Act. Sub-Lieut.
Arthur C. Brooke-Webb	Lieut. R.N.R.	16 Aug 15	Lieut. R.N.R.
John B. Woolley	Act. Lieut.	16 Aug 15	Midshipman
Colin G. MacArthur	Lieutenant	16 Aug 15	Lieutenant
Colin Cantlie	Lieut.-Com.	13 Sept 15	Lieutenant
Irving M. Palmer	Lieutenant	13 Sept 15	Lieutenant
Reginald H. Lilley	Lieutenant	13 Sept 15	Sub-Lieut.
Alan B. F. Alcock	Act. Lieut. R.M.	13 Sept 15	Act. Lieut R.M.
John T. Randell	Lieut. R.N.R.	13 Sept 15	Lieut. R.N.R.
Thomas E. Price, D.S.O.	Lieut. R.N.R.	13 Sept 15	Lieut. R.N.R.
Francis W. Lyte	Lieut. R.N.R.	13 Sept 15	Lieut. R.N.R.
Charles H. Hudson (*With Bar* 7 *June* 18)	Lieut. R.N.R.	13 Sept 15	Sub-Lieut. R.N.R.
Irvine M. Twyman	Sub-Lieut. R.N.R.	13 Sept 15	Act. Sub-Lieut. R.N.R.
Frederick Parslow	Sub-Lieut. R.N.R.	13 Sept 15	Sub-Lieut. R.N.R.
James Crawford	Eng. Lieut. R.N.R.	13 Sept 15	Engineer R.N.R.
Jesse Jones	Skipper R.N.R.	13 Sept 15	Skipper R.N.R.
George Swinney	*Late Lieut. R.N.R.*	13 Sept 15	*Lieut. R.N.R.*
John Pratt	Surg. Lieut.	7 Nov 15	Surgeon
Ernest H. Lamb	Lieut. R.N.V.R.	7 Nov 15	Lieut. R.M.

Distinguished Service Cross

Name.	Rank.	Date of Gazette.	Rank at the Time of Act.
Ronald H. Roe	Lieut. R.M.	7 Nov 15	Lieut. R.M.
John B. Dodge	*Late Lieut. R.N.V.R.*	*7 Nov 15*	*Lieut. R.N.V.R.*
Godfrey C. Parsons	Lieut.-Com.	19 Nov 15	Lieutenant
Charles E. Hamond	Lieut.-Com.	19 Nov 15	Lieutenant
Cuthbert H. Heath-Caldwell	Lieut.-Com.	19 Nov 15	Lieutenant
Fitzadam Millar	Lieutenant	19 Nov 15	Lieutenant
Hugh F. Curry	Lieutenant	19 Nov 15	Lieutenant
William V. H. Harris	Lieutenant	19 Nov 15	Lieutenant
George Carpenter	Major R.M.L.I.	19 Nov 15	Capt. R.M.L.I.
Edward A. Singeisen, R.D.	Lieut.-Com., R.N.R.	19 Nov 15	Lieut. R.N.R.
John M. Dowie	*Late Eng. Lieut R.N.R.*	*19 Nov 15*	*Engineer R.N.R.*
Ernest M. Jehan	Lieutenant	19 Nov 15	Gunner
James G. Law	Gunner	19 Nov 15	Gunner
Thomas Tierney	Boatsw'n	19 Nov 15	Boatsw'n (act)
James Cadman	*Late Lieut. R.N.V.R.*	*19 Nov 15*	*Lieut. R.N.V.R.*
Theodore D Hallam (late R.N.A.S.) (With Bar 22 June 17) (2nd Bar 19 Dec 17)	Squad Com.	15 Dec 15	Lieut. R.N.V.R.
Gilbert F. Smylie (late R.N.A.S.)	Flight Com.	1 Jan 16	Flight Sub-Lieut
Humphrey J. Lancaster	Lieut. Com.	1 Jan 16	Lieutenant
Robert J. Carruthers	Lieutenant R.N.V.R.	1 Jan 16	Lieutenant R.N.V.R.
Alexander Daniells (With Bar 2 Nov 17)	Lieut. R.N.R.	1 Jan 16	Sub-Lieut. R.N.R.
George Gordon Rose	Sub-Lieut. R.N.R.	1 Jan 16	Sub-Lieut. R.N.R.
William Q. McKeown	Lieut. R.N.R.	1 Jan 16	Sub-Lieut. R.N.R.
Harry Beedle	Lieut. R.N.R.	1 Jan 16	Sub-Lieut. R.N.R.
Arthur S. E. Roberts	Ch. Gunner	1 Jan 16	Gunner
Arthur L. Shaw	Eng. Lieut.	1 Jan 16	Artif. Engineer
Frederick Wink	Ch. Skipper R.N.R.	1 Jan 16	Skipper R.N.R.
Francis McPherson	Lieut. R.N.R.	1 Jan 16	Skipper R.N.R.
Ralph D. B. Haddon	Lieut.-Com.	1 Jan 16	Lieutenant
Arthur W. L. Brewill	Lieut.-Com.	1 Jan 16	Lieutenant
George L. Raikes	Maj. R.M.A.	1 Jan 16	Capt. R.M.A.
Frank Summers	*Late Capt. R.M.*	*1 Jan 16*	*Capt. R.M.*
William N. Stokes	*Late Capt. R.M.A.*	*1 Jan 16*	*Capt. R.M.A.*
George P. Lathbury	Captain R.M.L.I.	1 Jan 16	Captain R.M.L.I.
Harold R. Lambert	Capt. R.M.	1 Jan 16	Act. Lieut. R.M.

Distinguished Service Cross

Name.	Rank.	Date of Gazette.	Rank at the Time of Act.
Thomas Cuming	Tempy. Capt. R.M.	1 Jan 16	Tempy. Lieut. R.M.
Francis C. Law	Capt. R.M.	1 Jan 16	Act. Lieut. R.M.
H. Beckett Anderson	Lieutenant	1 Jan 16	Midshipman
Lionel F. Robinson	Lieut.-Com.	12 Jan 16	Lieutenant
Laurence Scarlett	Skipper R.N.R.	12 Jan 16	Skipper R.N.R.
Vivian G. Blackburn (late R.N.A.S.) *(With Bar 17 May 18)*	*Squad. Com.*	21 *Jan* 16	*Flight Lieut.*
Dermot Loughlin, M.B	Act. Surg. Lieut.-Com.	21 Jan 16	Surgeon
Thomas Kerr	Engr. R.I.M.	21 Jan 16	Engr. R.I.M.
Lionel C. P. Tudway	Lieutenant	21 Jan 16	Sub-Lieut.
Dudley L. Aman	Major R.M.A.	24 Feb 16	Capt. R.M.A.
Guy Evans	Tempy. Capt. R.M.	24 Feb 16	Tempy. Capt. R.M.
Arthur S. Ince	Lieut. R.N.V.R.	24 Feb 16	Flt. Sub-Lieut.
Francis Tweedie	Lieut. R.N.R.	7 Mar 16	Sub-Lieut. R.N.R.
Charles H. Butler, D S.O. (late R.N.A.S.)	*Squad. Com.*	14 *Mar* 16	*Flight Com.*
Gordon L. Thomson (late R.N.A.S.)	*Squad. Com.*	14 *Mar* 16	*Flight Lieut.*
Erskine K. H. St. Aubyn	Sub-Lieut.	14 Mar 16	Midshipman
Haydon M. S. Forbes	Act. Lieut.	14 Mar 16	Midshipman
William H. Monier-Williams	Sub-Lieut.	14 Mar 16	Midshipman
Eric W. Bush	Sub-Lieut.	14 Mar 16	Midshipman
Charles D. H. H. Dixon	Sub-Lieut.	14 Mar 16	Midshipman
Frederick E. Garner	Act. Lieut.	14 Mar 16	Midshipman
Raymond de D. Richardson	Act. Lieut.	14 Mar 16	Midshipman
Henry D. Johnston	Act. Lieut.	14 Mar 16	Midshipman
Reginald Allen *(With Bar 16 Nov 17)*	Sub-Lieut. R.N.R.	14 Mar 16	Proby. Midn. R.N.R.
Robert W. Butler	Ch. Skipper R.N.R.	14 Mar 16	Skipper R.N.R.
Donald McB. Craig	Ch. Skipper R.N.R.	14 Mar 16	Skipper R.N.R.
Eric R. Bent	Lieut.-Com.	14 Mar 16	Lieutenant
Leonard G. Addington	Lieutenant	14 Mar 16	Lieutenant
Norman Seaton	Eng. Lieut.	14 Mar 16	Eng. Lieut.
Ernest E. Madge	Lieut. R.N.R.	14 Mar 16	Lieut. R.N.R.
Lawrence H. Strain (late R.N.A.S.)	Com. R.N.V.R.	14 *Mar* 16	*Lieutenant R.N.V.R.*

Distinguished Service Cross

Name.	Rank.	Date of Gazette.	Rank at the Time of Act.
David L. Cowan	Lieutenant	14 Mar 16	Sub-Lieut. R.N.R.
John E. Sissmore	Lieutenant	14 Mar 16	Act. Sub-Lieut.
John D. Chapple	Lieutenant	14 Mar 16	Act. Sub Lieut.
James Holden	Gunner	14 Mar 16	Gunner
William J. Scutt	Act. Lieut.	14 Mar 16	Sig. Boatswain
John A. Britten	Warrnt. Teleg.	14 Mar 16	Act. Warrnt Teleg.
Frederick W. Barnes	Ch.Skipper R.N.R.	14 Mar 16	Skipper R.N.R.
Lionel S. Ormsby-Johnson	Lieut.-Com.	14 Mar 16	Lieutenant
Herbert J. Carn-Duff	Lieutenant	14 Mar 16	Lieutenant
Marshall Ll. Clarke	Lieut.-Com.	31 Mar 16	Lieutenant
Percy P. Crawford	Lieut. R.N.R.	31 Mar 16	Sub-Lieut. R.N.R.
Cyril A. Bamford	Sub-Lieut.	31 Mar 16	Proby. Midn R.N.R.
William Beswick	Lieut. R.N.R.	25 Apr 16	Sub-Lieut. R.N.R.
Leonard S. Loveless, D.S.O. (*With Bar 2 Nov 17*)	Eng. Lieut.-Com R.N.R.	28 Apr 16	Eng. Lieut. R.N.R.
Matthew Boggan	*Late Lieut. R.N.R.*	31 *May* 16	*Lieut. R.N.R.*
Edward Davey	*Late Lieut. R.N.R.*	31 *May* 16	*Lieut. R.N.R.*
Archibald Lamont	Lieut. R.N.R.	31 May 16	Lieut. R.N.R.
Percival J. Pycraft	Lieut. R.N.R.	31 May 16	Sub-Lieut. R.N.R.
John Stewart	Lieut. R.N.R.	31 May 16	Sub-Lieut. R.N.R.
George T. Creft	Midn. R.N.R.	31 May 16	Midn. R.N.R.
George A. C. Sharp	Lieutenant	31 May 16	Lieutenant
Alfred E. Wainwright	Lieutenant R.N.V.R.	31 May 16	Lieutenant R.N.V.R.
Joseph McLoughlin	Lieut. R.N.R.	31 May 16	Sub-Lieut. R.N.R.
Henry K. Thorold (late R.N.A.S.)	*Flight Com.*	31 *May* 16	*Flight Sub-Lieut.*
Reginald H. Portal	Lieutenant	31 May 16	Sub-Lieut.
Walter S. Wharton (*With Bar 23 Mar* 17)	Ch.Skipper R.N.R.	31 May 16	Skipper R.N.R.
Alfred R. Thompson (*With Bar 25 Oct* 16)	Skipper R.N.R.	31 May 16	Skipper R.N.R.
Charles B. Anderson	—	31 May 16	Captain (Mer. Marine)
David P. Macdonald (*With Bar 20 July* 17)	—	31 May 16	Captain (Mer. Marine)
Frederick Uren	—	31 May 16	Captain (Mer. Marine)
Lawrence V. James	—	31 May 16	Captain (Mer. Marine)

Distinguished Service Cross

Name	Rank.	Date of Gazette.	Rank at the Time of Act.
Robert Cumming	—	31 May 16	Captain (Mer. Marine)
Harold J. Young	—	31 May 16	Captain (Mer. Marine)
Harold G. E. Wightman	Lieut.-Com. R.N.R. (ret.)	31 May 16	Lieut. R.N.R. (ret.)
Alfred R. Murley	—	31 May 16	Chief Officer (Mer. Marine)
Arthur M. Peters	Lieut.-Com.	31 May 16	Lieutenant
Cuthbert Coppinger	Lieutenant	31 May 16	Lieutenant
John H. Carrow	Lieutenant	31 May 16	Lieutenant
Stewart M. Walker	Lieutenant	31 May 16	Lieutenant
Frederick J. Rutland, A.M. (*With Bar* 1 Oct 17)	Lieutenant	31 May 16	Flight Lieut. R.N.A.S.
John G. Cliff-McCulloch	Lieut. R.N.R.	31 May 16	Lieut. R.N.R.
Percy Harrison	Lieutenant R.N.V.R.	31 May 16	Lieutenant R.N.V.R
John N. Matheson	Shipwright Lieutenant	31 May 16	Carp. Lieut.
Rev. Anthony C. H. Pollen	R.C.Chaplain	31 May 16	R.C. Chaplain
Newton J. W. William-Powlett	Lieutenant	31 May 16	Sub-Lieut.
Douglas G. P. Bell	Surg. Sub-Lieut. R.N.V.R.	31 May 16	Surg. Probr. R.N.V.R.
Alexander Noble	Ch. Art. Eng.	31 May 16	Ch. Art. Eng.
Joseph House	Eng. Lieut.	31 May 16	Artif. Eng.
Frank G. Fowle	Lieut.-Com.	22 June 16	Lieutenant
Quentin H. Paterson	Lieut.-Com.	22 June 16	Lieutenant
Alexander B. Greig	Lieutenant	22 June 16	Lieutenant
Francis K. Haskins	Paymaster	22 June 16	Flight Com. R.N.A.S.
Douglas C. S. Evill	Lieutenant	22 June 16	Flight Com. R.N.A.S.
Desmond N. C. Tufnell	Lieutenant	22 June 16	Lieutenant
Vincent Nicholl (late R.N.A.S.)	*Squad. Com.*	22 June 16	*Flight Lieut.*
Frederick G.D. Hards (late R.N.A.S.)	*Flight Com.*	22 June 16	*Flight Lieut.*
Charles H. C. Smith (late R.N.A.S.)	*Flight Com.*	22 June 16	*Flight Lieut.*
Herbert G. Hall (late R.N.A.S.)	*Flight Lieut.*	22 June 16	*Flight Sub-Lieut.*
John Howell-Price, D.S.O.	Lieutenant R.N.R.	22 June 16	Sub-Lieut. R.N.R.
Charles W. Nutting (late R.N.A.S.)	*Lieut.-Com. R.N.V.R.*	22 June 18	*Lieutenant R.N.V.R.*
Edward R. Peal (late R.N.A.S.)	*Lieutenant R.N.V.R.*	22 June 16	*Lieutenant R.N.V.R.*
Horace W. Furnival	Lieut. R.N.R.	22 June 16	Sub-Lieut. R.N.R.
James W. Grant (*With Bar* 2 Nov 17)	Eng. Lieut. R.N.R.	22 June 16	Eng. Sub-Lieut. R.N.R.
Gerald F. Haszard, O.B.E. (*With Bar* 16 *Mar* 18)	Temp. Capt. R.M.A.	22 June 16	Lieut. R.M.A.
Thomas F. Barry	Cd. Shipwright	22 June 16	Ch. Carpenter

Distinguished Service Cross

Name.	Rank.	Date of Gazette.	Rank at the Time of Act.
Francis R. Hill	Wt Shipwright	22 June 16	Carpenter
Thomas C. Wylie	Skipper R.N.R	22 June 16	Skipper R.N.R.
George Metcalfe Mercer	Lieutenant R.N.R.	14 July 16	Lieut. R.N.R.
Albert James Coles	Lieut. R.N.R.	14 July 16	Lieut. R.N.R.
Horace Bowyer Smith	Lieut. R.N.R.	14 July 16	Lieut. R.N.R.
Vernon L. D. Broughton	Lieut. R.N.R.	14 July 16	Lieut. R N.R.
George Worley	Lieut. R.N.R.	14 July 16	Lieut. R.N.R.
Henry James Bray	Lieut. R.N.R.	14 July 16	Lieut. R.N.R.
Hugh Holmes	Act. Lieut.-Com. R N.R	14 July 16	Lieut. R.N.R.
Frederick Henry Peterson, D.S.O. (*With Bar* 22 *June* 17)	Lieut. R.N.R.	14 July 16	Lieut. R.N.R.
William Rodger Mackintosh	Lieut. R.N.R.	14 July 16	Lieut. R.N.R.
Albert C. Allman	Lieut. R.N.R.	14 July 16	Lieut. R.N.R.
Allan Lansley	Lieut. R.N R.	14 July 16	Lieut. R.N.R.
Thomas F. Lanktree	Sub-Lieut. R.N.R.	14 July 16	Sub-Lieut R.N.R.
Wybrants Olphert, D.S.O.	Lieut.-Com. R.N.R.	14 July 16	Sub-Lieut. R.N.R.
Walter G. Morgan	Sub-Lieut. R.N.R.	14 July 16	Sub-Lieut. R.N.R.
Robert Linaker	Lieutenant R.N.R.	14 July 16	Sub-Lieut. R.N.R.
Jabez G. King	Skipper R.N.R.	14 July 16	Skipper R.N.R.
Alexander Watt	Ch. Skipper R.N.R.	14 July 16	Skipper R.N.R.
Albert Waters	Skipper R.N.R.	14 July 16	Skipper R.N.R.
Andrew Noble Duthie	Skipper R.N.R.	14 July 16	Skipper R.N.R.
Leonard Morley	*Late Skipper R.N.R.*	14 *July* 16	*Skipper R.N.R.*
Alfred Alexander	Skipper R.N.R.	14 July 16	Skipper R.N.R.
James E. M. Duncan	Lieut. R.N R.	14 July 16	Skipper R.N.R.
Michael Carey	Lieutenant	14 July 16	Chief Gunner
Arnaud Adams	Lieutenant R.N.R.	14 July 16	Sub-Lieut. R.N.R.
Edward M. Rae	Lieutenant R.N.R	14 July 16	Sub Lieut. R.N.R.

Distinguished Service Cross

Name.	Rank.	Date of Gazette.	Rank at the Time of Act.
Harry C. C. Fry	Lieut. R.N.R.	14 July 16	Sub-Lieut. R.N.R.
Robert A. George	Skipper R.N.R.	14 July 16	Skipper R.N.R.
John Hughes	Skipper R.N.R.	14 July 16	Skipper R.N.R.
Frederick J. Andrews	Ch. Skipper R.N.R.	14 July 16	Skipper R.N.R.
William J. Dow	Skipper R.N.R.	14 July 16	Skipper R.N.R.
William Cowie	Skipper R.N.R.	14 July 16	Skipper R.N.R.
Walter C. A. Scrivener	Ch. Skipper R.N.R.	14 July 16	Skipper R.N.R,
Hugh M. Nesling	Ch. Skipper R.N.R.	14 July 16	Skipper R.N.R.
Howard C. Davis, R.D.	Lieut.	14 July 16	Lieut. R.N.R.
Herbert K. Case	Lieut. R.N.R.	14 July 16	Lieut. R.N.R.
John P. Mortimore	Boatswain	14 July 16	Boatswain
Henry Forrester	Lieut. Com.	25 July 16	Lieutenant
James T. Muir	Lieutenant R.N.R.	25 July 16	Sub-Lieut R.N.R.
Thomas R. Hall	Eng. Lieut.	25 July 16	Ch. Art. Eng
Bernard G. Weller, C B.	Major R.M.	6 Sept 16	Capt. R.M.
Thomas N. Riley	*Late Lieut. R.M.*	*6 Sept 16*	*Lieut. R.M*
Roderic S. Dallas (late R.N.A.S.) (*With Bar 22 June* 17)	*Squad. Com.*	*6 Sept 16*	*Flt. Sub-Lieut.*
Christopher B. Oxley	Lieut.	6 Sept 16	Sb-Lieut.
Donald E Harknes (late R.N.A.S.)	*Flt. Lieut.*	*6 Sept 16*	*Flt. Sub-Lieut*
Ralph H. Collet (lat R.N.A.S.)	*Flt. Lieut.*	*6 Sept 16*	*Flt. Sub-Lieut.*
Frank S. Lofthouse	Lieut. R.N.R.	6 Sept 16	Sub-Lieut. R.N.R.
Harold J. Goldspink	Ch. Skipper R.N.R.	6 Sept 16	Skipper R.N.R.
James Ritchie	Ch. Skipper R.N.R.	6 Sept 16	Skipper R.N.R.
Frederick G. Harris	Ch. Skipper R.N.R.	6 Sept 16	Skipper R.N.R.
Stephen C. Lyttelton, O.B.E.	Lieut. Com.	25 Oct 16	Lieutenant
Rodolph H. F. De Salis (*With Bar* 1 *Oct* 17)	Lieut. Com.	25 Oct 16	Lieutenant
Anthony B. Lockhart	Lieut.-Com	25 Oct 16	Lieutenant
George S. Brown	Lieut.-Com	25 Oct 16	Lieutenant
James L. Boyd	Lieutenant	25 Oct 16	Lieutenant
Douglas C. Sealy (*with Bar* 26 *Apr* 18)	Lieutenant	25 Oct 16	Lieutenant
Adrian H. J. Stokes	Lieutenant	25 Oct 16	Lieutenant
Tom H. England (late R.N.A.S.)	*Squad. Com.*	*25 Oct 16*	*Flt. Com.*

Distinguished Service Cross

Name.	Rank.	Date of Gazette.	Rank at the Time of Act.
Charles T. Freeman (late R.N.A.S.)	Flt. Com.	25 Oct 16	Flt. Lieut.
Stanley J. Goble, D.S.O. (late R.N.A.S.)	Squad Com.	25 Oct 16	Flt. Sub-Lieut.
Ronald Graham, D.S.O. (late R.N.A.S.) (*With Bar* 12 May 17)	Flt. Com.	25 Oct 16	Flt. Sub-Lieut.
Daniel M.B. Galbraith (late R.N.A.S.) (*With Bar* 13 Feb 17)	Flt. Lieut.	25 Oct 16	Flt. Sub-Lieut.
John G. Wood	Lieut. R.N.R.	25 Oct 16	Sub-Lieut. R.N.R.
Frederick H. Good	Lieut. R.N.R.	25 Oct 16	Sub-Lieut. R.N.R.
Robert J. Thomas	Lieutenant	25 Oct 16	Ch. Gunner
Denis A. Casey	Lieut. R.N.R.	25 Oct 16	Sub-Lieut. R.N.R.
Arthur G. Madan	Lieutenant	25 Oct 16	Sub-Lieut. R.N.R.
Reuben J. McVittie	Gunner	25 Oct 16	Gunner
Charles Angus	Skipper R.N.R.	25 Oct 16	Skipper R.N.R.
Egbert Cadbury (late R.N.A.S.)	Flt. Com.	5 Dec 16	Flt. Lieut.
Gerrard W. R. Fane (late R.N.A.S.)	Flt. Lieut.	5 Dec 16	Flt. Sub-Lieut.
Charles John Walker	Lieut. R.N.R.	22 Dec 16	Captain (Mer. Marine)
Henry V. Rigby	—	22 Dec 16	Captain (Mer. Marine)
James Trickey	—	22 Dec 16	Captain (Mer. Marine)
Alban Chittenden		22 Dec 16	Captain (Mer. Marine)
George W. Cockman, R.D.	Commander R.N.R. (*ret.*)	22 Dec 16	Commander R.N.R. (*ret.*)
Frederick H. Robinson	—	22 Dec 16	Captain (Mer. Marine)
Frederick E. Beeching	Lieutenant R.N.R.	22 Dec 16	Captain (Mer. Marine)
Frank A. McG. Richardson		22 Dec 16	Chief Officer (Mer. Marine)
James E. Churchill	Lieut.-Com. R.N.R. (*ret.*)	22 Dec 16	Lieutenant R.N.R. (*ret.*)
Edward B. Johnson	—	22 Dec 16	Captain (Mer. Marine
George R. Thompson	—	22 Dec 16	Captain (Mer. Marine)
Francis W. Potter	Gunner	1 Jan 17	Gunner
Thomas Bazley	Lieutenant	1 Jan 17	Gunner

Distinguished Service Cross

Name.	Rank.	Date of Gazette.	Rank at the Time of Act.
Arthur E. Buckland, D.S.O. (*With Bar* 17 *April* 18)	Lieutenant	1 Jan 17	Lieutenant
James C. Bird (*Lieut. R.I.M. ret.*)	Tempy. Lieut.	1 Jan 17	Lieutenant
William G. Wood	Lieut. R.N.R.	1 Jan 17	Lieut. R.N.R.
Geoffrey Unsworth	Act. Commr. R.N.R.	1 Jan 17	Lieut. R.N.R
Rudolph L. Wikner	Lieut. R.N.R.	1 Jan 17	Lieut. R.N.R.
William St. C. Fleming	Lieut R.N.R.	1 Jan 17	Lieut. R.N.R.
John P. Tugwood	Lieut. R.N.R.	1 Jan 17	Lieut. R.N.R.
William G. Duggan	Lieutenant R.N.R.	1 Jan 17	Sub-Lieut. R.N.R.
Frederick A. Sibley	Ch. Skipper R.N.R.	1 Jan 17	Skipper R.N.R.
Benjamin R. Joyce	Ch. Skipper R.N.R.	1 Jan 17	Skipper R.N.R.
George Ferguson	Ch. Skipper R.N.R.	1 Jan 17	Skipper R.N.R.
Alexander McLeod	Ch. Skipper R.N.R.	1 Jan 17	Skipper R.N.R.
Alexander McKay	*Late* Skipper R.N.R.	1 Jan 17	Skipper R.N.R.
Donald McMillan (*With Bar* 7 *June* 18)	Sub-Lieut. R.N.R.	1 Jan 17	Skipper R.N.R.
Samson H. Hayes	Skipper R.N.R.	1 Jan 17	Skipper R.N.R.
Ernest W. Norton (late R.N.A.S.)	*Squad. Com.*	*1 Jan 17*	*Flt. Lieut.*
Hother McC. Hanschell	Surg. Lieut.	1 Jan 17	Surgeon
Arthur D. Dudley	Lieutenant R.N.V.R.	1 Jan 17	Lieutenant R.N.V.R.
Guy T. Sholl (Serving in Army)	Lieutenant R.N.V.R.	1 Jan 17	Sub-Lieut. R.N.V.R.
James A. Graham	Gunner	1 Jan 17	Gunner
Edwin J. Couch	Lieutenant R.N.R.	1 Jan 17	Captain (Mer. Marine)
John Lawrie, D.S.O. (*With Bar* 2 *Nov* 17)	Lieut. R.N.R.	16 Feb 17	Lieut. R.N.R.
Cedric Naylor (*With Bar* 23 *May* 17)	Lieutenant	16 Feb 17	Lieut. R.N.R.
Philip J. Hogg	Lieutenant R.N.R.	16 Feb 17	Sub-Lieut. R.N.R.
Richard Hawkes	Ch. Gunner	16 Feb 17	Ch. Gunner
William G. Moore (late R.N.A.S.)	*Squad. Com.*	*16 Feb 17*	*Flt. Com.*
Lionel C. Shoppee (late R.N.A.S.)	*Flt. Lieut.*	*16 Feb 17*	*Flt. Lieut.*
Edward R. Grange (late R.N.A.S.)	*Flt. Com.*	*16 Feb 17*	*Flt. Lieut.*
Robert A. Little, D.S.O. (late R.N.A.S.) (*With Bar* 22 *June* 17)	*Flt. Com.*	*16 Feb 17*	*Flt. Sub-Lieut.*

Distinguished Service Cross

Name.	Rank.	Date of Gazette.	Rank at the Time of Act.
James S. Campbell	Lieut. R.N.R.	23 Mar 17	Sub-Lieut. R.N.R.
Edgar W. Bowack	Lieut. R.N.R.	23 Mar 17	Sub-Lieut. R.N.R
Stephen P. R. White (*With Bar 23 May* 17) (*2nd Bar 2 Nov* 17)	Lieut. R.N.R.	23 Mar 17	Sub-Lieut. R.N.R.
Magnus L. Musson	Lieut. R.N.R.	23 Mar 17	Sub-Lieut. R.N.R.
Francis R. Hereford, D.S O. (*With Bar 2 Nov* 17)	Lieut. R.N.R.	23 Mar 17	Sub-Lieut. R.N.R
William R. Ashton (*With Bar 23 May* 17) (*2nd Bar 2 Nov* 17)	Paym. Lie t. Commander R.N.R.	23 Mar 17	Asst. Paym. R.N.R.
Richard P. Nisbet (*With Bar 20 July* 17)	Sub-Lieut. R.N.R.	23 Mar 17	Sub-Lieut. R.N.R.
Reginald A. Nunn, D.S.O. (*With Bar 20 July* 17)	Paym. Lieut. R.N.R.	23 Mar 17	Asst. Paym. R.N.R.
Morris R. Cole	Mate	23 Mar 17	Gunner
George A. Novo	Ch. Skipper R.N.R.	23 Mar 17	Skipper R.N.R.
David Wallace	Lieut. R.N.R.	23 Mar 17	Skipper R.N.R.
Philip W. Page	Skipper R.N.R.	23 Mar 17	Skipper R.N.R.
John M. Palmer	Capt. R.M.	23 Mar 17	Capt. R.M.
Edward O. Priestley	Lieut.-Commander	23 Mar 17	Lieutenant
Arthur F. E. Palliser	Lieutenant	23 Mar 17	Lieutenant
Leon S. Acheson	Lieutenant	23 Mar 17	Lieut. R.N.R.
William A. Hanna	Lieut. R.N.R.	23 Mar 17	Lieut R.N.R.
Francis C. Pretty	Lieut. R.N.R.	23 Mar 17	Sub-Lieut. R.N.R.
Kenneth Edwards	Lieutenant	11 Apr 17	Lieutenant
Charles L. Fawell	Lieutenant R.N.V.R.	11 Apr 17	Lieutenant R.N.V.R.
Frank L. Horsey	Paym. Lieut.-Commander	21 Apr 17	Paymaster
Howard Uncles	Lieut. R.N.R.	21 Apr 17	Lieut. R.N.R.
Thomas E. H Grove	Mid. R.N.R.	21 Apr 17	Mid. R.N.R.
Charles C. B. Edwards (late R.N.A.S.)	*Flight-Com.*	21 *Apr* 17	*Flight Lieut.*

Distinguished Service Cross

Name.	Rank.	Date of Gazette.	Rank at the Time of Act.
Charles A. Chase (late R.N.A.S.)	Obsr. Lieut.	21 Apr 17	Sub-Lieut. R.N.V.R.
Alfred W. Clemson	Lieut. R.N.R.	21 Apr 17	Flight Com. R.N.A.S.
James L. Kerry (late R.N.A.S.)	Obsr. Lieut.	21 Apr 17	Sub-Lieut. R.N.V.R.
Erskine Childers (late R.N.A.S.)	Squad. Obsr.	21 Apr 17	Lieut.-Com. R.N.V.R.
Horace E. P. Wigglesworth (late R.N.A.S.)	Flight Lieut.	21 Apr 17	Flight Sub-Lieut.
Eric B. C. Betts (late R.N.A.S.)	Obsr. Lieut.	21 Apr 17	Lieutenant R.N.V.R.
John H. R. Elfert	Lieut. R.N.R.	21 Apr 17	Sub-Lieut. R.N.R.
John Smith	Eng. Lieut. R.N.R.	21 Apr 17	Eng. Sub-Lieut. R.N.R.
William J. Hubbard	Ch. Gunner	21 Apr 17	Gunner
Ernest Thaxter	Artif. Eng.	21 Apr 17	Artif. Eng.
Geoffrey V. Hickman	Lieutenant	10 May 17	Lieutenant
Robert D. King-Harman	Lieutenant	10 May 17	Lieutenant
Maximilian C. Despard	Lieutenant	10 May 17	Lieutenant
Henry A. Simpson (With Bar 23 May 17)	Lieutenant	10 May 17	Lieutenant
Christopher T. Helsham	Surg. Sub.-Lieut. R.N.V.R.	10 May 17	Surg. Probr. R.N.V.R.
John S. Westwater	late Surg. Probr. R.N.V.R.	10 May 17	Surg. Probr. R.N.V.R.
Henry Turner	Gunner	10 May 17	Gunner
Frederick Grinney	Gunner	10 May 17	Gunner
Donald A. Gyles	Sub-Lieut.	10 May 17	Mid. R.N.R.
Bertram L. Huskisson (late R.N.A.S.)	Squad. Com.	12 May 17	Flight Com.
Arthur D. W. Allen (late R.N.A.S.)	Flight Com.	12 May 17	Flight Lieut.
Bertram C. Bell, D.S.O (late R.N.A.S)	Squad. Com.	12 May 17	Flight Lieut
Frank Fowler (late R.N.A.S.)	Flight Com.	12 May 17	Flight Lieut.
Frank T. Digby (late R.N.A.S.)	Flight Com.	12 May 17	Flight Lieut.
Herbert G. Brackley, D.S.O. (late R.N.A.S.)	Flight Com.	12 May 17	Flight Lieut.
Frederick J. Lane	—	12 May 17	Captain (Mer. Marine)

Name.	Rank.	Date of Gazette.	Rank at the Time of Act.
John H. H. Scudamore, R.D.	Lieut.-Com. R.N.R.	12 May 17	Captain (Mer. Marine)
Andrew McI. McKend	—	12 May 17	Captain (Mer. Marine)
Patterson Kirkcaldy	—	12 May 17	Captain (Mer. Marine)
James B. Ruhe	—	12 May 17	Chief Officer (Mer. Marine)
Harry Rawcliffe	—	12 May 17	Chief Officer (Mer. Marine)
Thomas D. Lowthian	—	12 May 17	Ch. Engineer (Mer. Marine)
Alexander R. Arthur	—	12 May 17	Ch. Engineer (Mer. Marine)
Alexander G. Stewart	—	12 May 17	Ch. Engineer (Mer. Marine)
William Foster	—	12 May 17	Second Offr. (Mer. Marine)
Noel Keeble (late R.N.A.S.)	*Flight. Com.*	*12 May 17*	*Flight Lieut.*
Thomas F. Le Mesurier (late R.N.A.S.) (With Bar 29 Aug 17) (2nd Bar 21 June 18)	*Flight. Com.*	*12 May 17*	*Flight Lieut.*
Irwin N. C. Clarke (late R.N.A.S.) (With Bar 14 Sept 17)	*Flight Com.*	*12 May 17*	*Flight Lieut.*
Robert J. O. Compston (late R.N.A.S.) (With Bar 11 Aug 17) (2nd Bar 16 Mar 18)	*Flight Com.*	*12 May 17*	*Flight Lieut.*
William E. Gardner (late R.N.A.S.)	*Flight Com.*	*12 May 17*	*Flight Lieut.*
Russell W. Gow, D.S.O. (late R.N.A.S.)	*Flight Observer*	*12 May 17*	*Lieutenant R.N.V.R.*
Philip S. Fisher, D.S.O. (late R.N.A.S.)	*Flight Com.*	*12 May 17*	*Flight Sub-Lieut.*
Douglas A. H. Nelles (late R.N.A.S.)	*Flight Lieut.*	*12 May 17*	*Flight Sub-Lieut.*
Ernest J. Cuckney (late R.N.A.S.) (With Bar 19 Dec 17)	*Flight Lieut.*	*12 May 17*	*Flight Sub-Lieut.*
Walter E. Flett (late R.N.A.S.)	*Flight Lieut.*	*12 May 17*	*Flight Sub-Lieut.*
Walter N. T. Beckett	Lieutenant	12 May 17	Lieutenant
Alexander H. Boyle	Eng. Lieut.	12 May 17	Eng. Lieut.
Frank T. Brade	Lieut. R.N.R.	12 May 17	Lieut. R.N.R.
Alfred Swann	Lieutenant R.N.V.R.	12 May 17	Lieutenant R.N.V.R.
James A. P. Blackburn	Lieutenant	12 May 17	Sub-Lieut. R.N.R.
William M. McLeod	Lieut. R.N.R.	12 May 17	Sub-Lieut. R.N.R.

Distinguished Service Cross

Name.	Rank.	Date of Gazette.	Rank at the Time of Act.
Arnold G. Morgan	Lieut. R.N.R.	12 May 17	Sub-Lieut. R.N.R.
Harold W. Green	Lieut. R.N.R.	12 May 17	Sub-Lieut. R.N.R.
John W. Sells	Paym. Lieut. R.N.R.	12 May 17	Asst. Paym. R.N.R.
Harold Drew	Acting Lieut.	12 May 17	Sub-Lieut.
Edmund G. Smithard	Sub-Lieut. R.N.R.	12 May 17	Mid. R.N.R.
Edward E. Rose	Eng. Lieut.	12 May 17	Ch. Artif. Eng.
John J. Cullum	Gunner	12 May 17	Gunner
Joseph Powley	Skipper R.N.R.	12 May 17	Skipper R.N.R.
William Wood	Ch. Skipper R.N.R.	12 May 17	Skipper R.N.R.
James Thompson	—	12 May 17	Skipper (Mer. Marine)
Laurence J. Meade	Lieut. R.N R.	23 May 17	Sub-Lieut. R.N.R.
Lloyd S. Breadner (late R.N.A.S.)	Flight Com.	23 May 17	Flight Lieut.
Joseph S. T. Fall (late R.N.A.S.) (*With Two Bars* 19 *Dec* 17)	Flight Com.	23 May 17	Flight Sub-Lieut.
John Brooke	Lieut.-Com.	23 May 17	Lieutenant
Sir John M. Alleyne, Bt., D.S.O.	Lieut.-Com.	23 May 17	Lieutenant
Wyndham C. Johnson	Lieutenant	23 May 17	Lieutenant
Charles H. Lightoller, R.D. (*With Bar* 17 *Jan* 19)	Lieut. R.N.R.	23 May 17	Lieut. R.N.R.
John D. G. Chater	Lieut. R.N.R.	23 May 17	Sub-Lieut. R.N.R.
Henry Taylor	Eng. Lieut	23 May 17	Ch. Artif. Eng.
George Gates	Lieutenant	23 May 17	Gunner
Henry R. James	Lieut.-Com.	23 May 17	Lieutenant
Cecil R. E. W. Perryman	Lieut.-Com.	23 May 17	Lieutenant
Keith R. Farquharson	Lieut.-Com.	23 May 17	Lieutenant
Herbert Owen	Lieutenant	23 May 17	Lieutenant
Ernest K. Irving	Lieut. R.N.R.	23 May 17	Lieut. R.N.R.
William Murray	Lieut. R.N.R.	23 May 17	Lieut. R.N.R.

Name.	Rank.	Date of Gazette.	Rank at the Time of Act.
Thomas H. Coughtrey	Lieut. R.N.R.	23 May 17	Sub-Lieut. R.N.R.
Albert E. T. Morris	Lieut. R.N.R.	23 May 17	Sub-Lieut. R.N.R.
Hugh J. Leleu	Paym. Lieut. R.N.R.	23 May 17	Asst. Paym. R.N.R.
Reginald C. Ide	Chief Gunner	23 May 17	Chief Gunner
Herbert E. Pope	Eng. Lieut.	23 May 17	Ch. Artif. Eng.
John W. Farrow	Eng. Lieut.	23 May 17	Ch. Artif. Eng.
Thomas H. Keyes	Chief Gunner	23 May 17	Gunner
William T. Hall	Artif. Eng.	23 May 17	Artif. Eng.
Francis W. Crowther	Lieutenant	23 May 17	Lieutenant
William S. Harrison (With Bar 29 Aug 17)	Lieut. R.N.R.	23 May 17	Lieut. R.N.R.
Charles B. L. Filmer	Lieut. R.N.R.	23 May 17	Sub-Lieut. R.N.R.
Charles O'Callaghan	Lieutenant	23 May 17	Sub-Lieut.
Lawrence W. Williams	Paym. Sub-Lieut. R.N.R.	4 June 17	Asst. Paym. R.N.R.
Eldred S. Brooksmith	Lieut.-Com.	15 June 17	Lieutenant
James E. B. Maclean (late R.N.A.S.)	Squad. Com.	15 June 17	Flight Lieut.
John MacKay	Lieutenant	15 June 17	Chief Gunner
Eric R. C. Nanson	Lieutenant	15 June 17	Squad Comm. R.N.A.S.
Vincent H. P. Molteno	Lieutenant	15 June 17	Lieutenant
Leslie O. Brown (late R.N.A.S.)	Flight Lieut.	15 June 17	Flight Sub-Lieut.
Norman G. Stewart-Dawson (late R.N.A.S.)	Flight Com.	15 June 17	Flight Lieut.
William J. King	Lieutenant R.N.V.R.	15 June 17	Lieutenant R.N.V.R.
Ernest W. O'Connor	—	15 June 17	Captain (Mer. Marine)
Hugh E. Raymond	Lieutenant	22 June 17	Lieutenant
Reginald Nash	Lieutenant	22 June 17	Lieutenant
Edward A. Aylmer	Lieutenant	22 June 17	Lieutenant
Colin J. L. Bittleston	Lieutenant	22 June 17	Lieutenant
Leonard E. Pearson	Lieutenant	22 June 17	Lieutenant
Edward L. Berthon (With Bar 23 July 18)	Lieutenant	22 June 17	Sub-Lieut.
William S. Nelson	Act. Lieut.-Com. R.N.R.	22 June 17	Lieut. R.N.R.
Hugh R. Mackay	Lieut. R.N.R.	22 June 17	Lieut. R.N.R.
John J. Fulton	Act. Lieut.-Com. R.N.R.	22 June 17	Lieut. R.N.R.
Nelson Cooper	Lieut. R.N.R.	22 June 17	Lieut. R.N.R.
Richard J. Turnbull, D.S.O.	Lieut. R.N.R.	22 June 17	Lieut. R.N.R.
Alexander Kenny	Late Eng. Lieut. R.N.R	22 June 17	Eng. Lieut. R.N.R.
Robert A. Paterson	Lieut. R.N.V.R.	22 June 17	Lieut. R.N.V.R.
James H. Arnold	Sub-Lieut. R.N.R.	22 June 17	Sub-Lieut. R.N.R.
Clarence A. King	Lieut. R.N.R.	22 June 17	Lieut. R.N.R.
Thomas E. Cain	Lieut. R.N.R.	22 June 17	Skipper R.N.R.

Distinguished Service Cross

Name.	Rank.	Date of Gazette.	Rank at the Time of Act.
William H. Brewer	Skipper R.N.R.	22 June 17	Skipper R.N.R.
William A. Mead	Skipper R.N.R.	22 June 17	Skipper R.N.R.
Adam Forbes	Ch. Skipper R.N.R.	22 June 17	Skipper R.N.R.
Philip L. Holmes (late R.N.A.S.)	*Squad Com.*	22 June 17	*Flight Com.*
Herbert G. Travers (late R.N.A.S.)	*Flight Sub-Lieut.*	22 June 77	*Flight Sub-Lieut.*
Edward J. Cooper (late R.N.A.S.)	*Flight Lieut.*	22 June 17	*Flight Lieut.*
Charles R. Morrish (late R.N.A.S.)	*Flight Lieut.*	22 June 17	*Flight Sub-Lieut.*
Henry G. Boswell (late R.N.A.S)	*Flight Lieut.*	22 June 17	*Flight Sub-Lieut.*
Charles L. Scott (late R.N.A.S.) (*With Bar 22 June 17*)	*Flight Com.*	22 June 17	*Flight Lieut.*
Walter T. S. Williams (late R.N.A.S)	*Flight Lieut.*	22 June 17	*Flight Lieut.*
Charles A. Maitland-Heriot (late R.N.A.S.)	*Flight Lieut.*	22 June 17	*Flight Lieut.*
John R. S. Devlin (late R.N.A.S.)	*Flight Lieut.*	22 June 17	*Flight Sub-Lieut.*
Rupert Forbes-Bentley (late R.N.A.S.)	*Observer Lieut.*	22 June 17	*Sub-Lieut. R.N.V.R.*
Leo. P. Paine (late R.N.A.S.)	*Flight Lieut.*	22 June 17	*Flight Sub-Lieut.*
Robert Leckie (late R.N.A.S.)	*Flight Com.*	22 June 17	*Flight Sub-Lieut.*
Basil D. Hobbs, D.S.O. (late R.N.A.S.) (*With Bar 30 Nov 17*)	*Flight Sub-Lieut.*	22 June 17	*Flight Sub-Lieut.*
Charles McNicoll (late R.N.A.S.)	*Flight Sub-Lieut.*	22 June 17	*Flight Sub-Lieut.*
Valentine E. Siereking (late R.N.A.S.) (*With Bar 17 Apr 18*)	*Flight Lieut.*	22 June 17	*Flight Sub-Lieut.*
Harold T. Mellings (late R.N.A.S.) (*With Bar 19 Dec 17*)	*Flight Lieut.*	22 June 17	*Flight Sub-Lieut.*
Frederick E. Fraser (late R.N.A.S.)	*Flight Lieut.*	22 June 17	*Flight Sub-Lieut.*
Charles D. Booker (late R.N.A.S.)	*Flight Com.*	22 June 17	*Flight Lieut.*
George G. Simpson (late R.N.A.S.)	*Flight Lieut.*	22 June 17	*Flight Lieut.*
Walter Stafford	Lieut.-Com. R.N.R.	27 June 17	Lieut. R.N.R.
Ronald J. Mortimer (*With Bar 2 Nov 17*)	Lieut.-Com. R.N.R.	27 June 17	Lieut. R.N.R.
Norman Baker	Act. Lieut.-Com. R.N.R.	27 June 17	Lieut. R.N.R.
John H. Holman	Lieut. R.N.R.	27 June 17	Lieut. R.N.R.
David Jefferson	Act. Lieut.-Com. R.N.R.	27 June 17	Lieut. R.N.R.
George Walker	Lieut. R.N.R.	27 June 17	Lieut. R.N.R.
Ernest V. Hugo	Act. Lieut.-Com. R.N.R.	27 June 17	Lieut. R.N.R.
Alfred H. Barnes	Lieut. R.N.R.	27 June 17	Lieut. R.N.R.

Distinguished Service Cross

Name.	Rank.	Date of Gazette.	Rank at the Time of Act.
Alfred S. Holmes	Act. Lieut.-Com. R.N.R.	27 June 17	Lieut. R.N.R.
William H. A. Bee	Lieut. R.N.R.	27 June 17	Lieut. R.N.R.
Edward L. Owen	Lieut. R.N.R.	27 June 17	Lieut. R.N.R.
Edward Wilkinson	Lieut. R.N.R.	27 June 17	Lieut. R.N.R.
John T. Rowe	Lieut. R.N.R.	27 June 17	Lieut. R.N.R.
Tom T. Laurenson	Lieut. R.N.R.	27 June 17	Lieut. R.N.R.
Alfred G. Dodman	Lieut. R.N.R.	27 June 17	Lieut. R.N.R.
Gordon W. H. Lyndon	Lieut. R.N.R	27 June 17	Lieut. R.N.R.
Richard S. Durham	Lieut. R N.R.	27 June 17	Lieut. R.N.R.
Gordon M. C. Thomson	Lieut. R.N.R.	27 June 17	Lieut R.N.R.
James H. Reid	Lieut. R.N.R.	27 June 17	Lieut. R N.R.
John N. Day	Lieut. R.N.R.	27 June 17	Lieut. R.N.R.
Lawrence P. Massy	Lieut. R.N.R.	27 June 17	Lieut. R.N.R.
Edward H. Clements	Lieut. R.N.R.	27 June 17	Lieut. R.N.R.
Robert H. Baunton (*With Bar 29 Aug* 17)	Lieut. R.N.R.	27 June 17	Sub-Lieut. R.N.R.
Norman G. Croall	Lieut. R.N.V.R.	27 June 17	Lieut. R.N.V.R.
Lionel S. Chappell	Lieut.-Com. R.N.V.R.	27 June 17	Lieut. R.N.V.R.
Frederick E. Willis	*Late Ch. Skipper R.N.R.*	27 *June* 17	*Ch. Skipper R.N.R.*
William A. Capps	Ch. Skipper R.N.R.	27 June 17	Ch. Skipper R.N.R.
Alexander B. Summers	Ch. Skipper R.N.R.	27 June 17	Skipper R.N.R.
John Bruce	Skipper R.N.R.	27 June 17	Skipper R.N.R.
James Cutter	Skipper R.N.R.	27 June 17	Skipper R.N.R.
William B. Jenner	Ch. Skipper R.N.R.	27 June 17	Skipper R.N.R.
John S. Macey	Skipper R.N.R.	27 June 17	Skipper R.N.R.
Thomas Turner	Skipper R.N.R.	27 June 17	Skipper R.N.R.
William H. Sweet	Skipper R.N.R.	27 June 17	Skipper R.N.R.
John W. Le Boutillier	*Late Lieut. R.N.R.*	27 *June* 17	*Lieut. R.N.R*
William V. Rice, *D.S.O.*	Lieut.-Com.	2 July 17	Lieutenant
Claude P. Hermon-Hodge	Lieut.-Com.	2 July 17	Lieutenant
Arthur P. M. Lewes	Lieutenant	2 July 17	Lieutenant
William K. D. Dowding	Lieutenant	2 July 17	Lieutenant
Archibald H. L. S. Ruddell	Lieut.-Com.	2 July 17	Lieutenant
Ebenezer Gordon	Lieut. R.N.R.	2 July 17	Lieut. R.N.R.
Edward L. Dobson	Act. Lieut.-Com. R.N.R.	2 July 17	Lieut. R.N.R.
John H. Pitts	Lieut. R.N.R.	2 July 17	Lieut. R.N.R.
Alfred H. Chafer	Lieut. R.N.R.	2 July 17	Lieut. R.N.R.
Howard McGlashan	Lieut. R.N.R.	2 July 17	Lieut. R.N.R.
Percy N. Taylor	Lieut. R.N.R.	2 July 17	Lieut. R.N.R.

Distinguished Service Cross

Name.	Rank.	Date of Gazette.	Rank at the Time of Act.
George B. Musson	Lieut. R.N.R.	2 July 17	Lieut. R.N.R.
Eric Rees	Lieut. R.N.R.	2 July 17	Lieut. R.N.R.
Charles S. Mence	Act. Commr. R.N.R.	2 July 17	Lieut. R.N.R.
Arthur Sandison	Lieut. R.N.R.	2 July 17	Lieut. R.N.R.
Wilfrid W. Storey	Lieut. R.N.R.	2 July 17	Lieut. R.N.R.
Benjamin Swinhoe-Stothard	Lieut. R.N.R.	2 July 17	Lieut. R.N.R.
Fred Collins	Lieut. R.N.R.	2 July 17	Lieut. R.N.R.
Thomas E. Hodge	Lieut. R.N.R.	2 July 17	Lieut. R.N.R.
Francis J. Woods	Lieut. R.N.R.	2 July 17	Lieut. R.N.R.
Roxburghe Tullock	Lieut. R.N.R.	2 July 17	Lieut. R.N.R.
Alexander D. Thomson (*With Bar* 16 *Mar* 18)	Act. Lieut. Com. R.N.R.	2 July 17	Lieut. R.N.R.
Ian M. Adie	Lieut. R.N.R.	2 July 17	Lieut. R.N.R.
John W. Damer-Powell	Lieut. R.N.R.	2 July 17	Sub-Lieut. R.N.R.
Alexander Finlayson	Sub-Lieut. R.N.R	2 July 17	Sub-Lieut. R.N.R.
Charles F. Le Patourel	Lieut. R.N.R.	2 July 17	Sub-Lieut. R.N.R.
Bernard L. Parker	Sub-Lieut. R.N.R.	2 July 17	Sub-Lieut. R.N.R.
Percy Ridley	Lieut. R.N.R.	2 July 17	Sub-Lieut. R.N.R.
Alexander McLeod	Skipper R.N.R.	2 July 17	Skipper R.N.R.
George Mair	Skipper R.N.R.	2 July 17	Skipper R.N.R.
Francis Thompson	Ch. Skipper R.N.R.	2 July 17	Skipper R.N.R.
John Yolland	Ch. Skipper R.N.R.	2 July 17	Skipper R.N.R.
Horace E. Nutten	Skipper R.N.R.	2 July 17	Skipper R.N.R.
Thomas Reid	Ch. Skipper R.N.R.	2 July 17	Skipper R.N.R.
James E. Calvert	Skipper R.N.R.	2 July 17	Skipper R.N.R.
Robert Barker	Ch. Skipper R.N.R.	2 July 17	Skipper R.N.R.
Samuel B. Ward	Skipper R.N.R.	2 July 17	Skipper R.N.R.
George Gill	Skipper R.N.R.	2 July 17	Skipper R.N.R.
Hugh Maccallum	Capt. R.I.M.	18 July 17	Capt. R.I.M.
Arthur M. King	—	20 July 17	Captain (Mer. Marine)
Ernest S. Hutchinson	—	20 July 17	Captain (Mer. Marine)
John McClelland	—	20 July 17	Captain (Mer. Marine)
John Prideaux	—	20 July 17	Captain (Mer. Marine)

Distinguished Service Cross

Name.	Rank.	Date of Gazette.	Rank at the Time of Act.
Robert Bay	—	20 July 17	Ch. Engineer (Mer. Marine)
Edward B. C. Dicken	Lieut.-Com.	20 July 17	Lieut.
Victor C. G. Eason	Paym. Lieut.	20 July 17	Paymaster
John Jenkins	Lieut. R.N.R.	20 July 17	Lieut. R.N.R.
John Kerr (a)	Lieut. R.N.R.	20 July 17	Lieut. R.N.R.
Henry B. Bell-Irving (*With Bar 2 Nov* 17)	Sub-Lieut. R.N.V.R.	20 July 17	Sub-Lieut. R.N.V.R.
John E. A. Hoare (late R.N.A.S.)	*Flight Lieut.*	*20 July 17*	*Flight Lieut.*
Charles W. Walters	Lieut. R.N.R.	20 July 17	Lieut. R.N.R.
Herbert L. Upton	Lieut. R.N.R.	20 July 17	Lieut. R.N.R.
Peter Nicholson	Lieut. R.N.R.	20 July 17	Lieut. R.N.R.
Charles G. Bonner	Lieut R.N.R.	20 July 17	Lieut. R.N.R.
William L. Anderson (late R.N.A.S.)	*Flight Lieut.*	*20 July 17*	*Flight Sub-Lieut.*
Keith Morris (*With Bar 29 Aug* 17)	Sub-Lieut.	20 July 17	Sub-Lieut.
John Kime	Skipper R.N.R.	20 July 17	Skipper R.N.R.
George H. C. Gray (*With Bar 26 Apr* 18)	Ch. Skipper R.N.R.	20 July 17	Skipper R.N.R.
Harry Gower	Skipper R.N.R.	20 July 17	Skipper R.N.R.
John Watson	Skipper R.N.R.	20 July 17	Skipper R.N.R.
John C. Brooke (late R.N.A.S.)	*Flight Com.*	*20 July 17*	*Flight Com.*
Thomas F. N. Gerrard (late R.N.A.S)	*Flight Com.*	*20 July 17*	*Flight Com.*
Reginald F. S. Leslie (late R.N.A.S.)	*Flight Com.*	*20 July 17*	*Flight Com.*
Guy D. Smith (late R.N.A.S.)	*Flight Lieut.*	*20 July 17*	*Flight Lieut.*
Raymond Collishaw, D.S.O. (late R.N.A.S.)	*Flight Com.*	*20 July 17*	*Flight Lieut.*
Norman R. Cook (late R.N.A.S.)	*Flight Lieut.*	*20 July 17*	*Flight Sub-Lieut.*
Robert F. L. Dickey (late R.N.A.S.) (*With Bar 11 Aug* 17) (*2nd Bar 30 Nov* 17)	*Flight Lieut.*	*20 July 17*	*Flight Sub-Lieut.*
Frank H. Whitmore	Warrt. Officer	20 July 17	Warrt. Officer
William E. Senior	Act. Commr. R.N.R.	11 Aug 17	Lieut. R.N.R.
Alistair G. Cameron	Sub-Lieut. R.N.R.	11 Aug 17	Sub-Lieut R.N.R.
Wright C. W. Ingle (transferred to Army)	Lieut. R.N.V.R.	11 Aug 17	Lieut. R.N.V.R
Edward C. R. D'Eye	Lieut. R.N.V.R.	11 Aug 17	Lieut. R.N.V.R.
Robert Cowley	Lieut. R.N.V.R.	11 Aug 17	Sub-Lieut. R.N.V.R.
Stanley Webber	Sub-Lieut. R.N.V.R.	11 Aug 17	Sub-Lieut. R.N.V.R.

Distinguished Service Cross

Name.	Rank.	Date of Gazette.	Rank at the Time of Act.
Samuel Davison	—	11 Aug 17	Captain (Mer. Marine)
Warren R. Mackenzie (late R.N.A.S.) (With Bar 18 Sept 17)	Flight Com.	11 Aug 17	Flight Lieut.
Alexander M. Shook, D.S.O. (late R.N.A.S.)	Flight Com.	11 Aug 17	Flight Com.
Arnold J. Chadwick (late R.N.A.S.)	Flight Lieut.	11 Aug 17	Flight Lieut.
Albert J. Enstone (late R.N.A.S.)	Flight Lieut.	11 Aug 17	Flight Sub-Lieut.
Cecil H. Darley (late R.N.A.S.) (With Bar 17 Apr 18)	Flight Com.	11 Aug 17	Flight Lieut.
John E. Scott (late R.N.A.S.)	Flight Lieut.	11 Aug 17	Flight Sub-Lieut.
Edward R. Barker (late R.N.A.S.)	Flight Lieut.	11 Aug 17	Flight Sub-Lieut.
Rowan H. Daly (late R.N.A.S.)	Flight Lieut.	11 Aug 17	Flight Sub-Lieut.
Reginald R. Soar (late R.N.A.S.)	Flight Lieut.	11 Aug 17	Flight Lieut.
David Lawton	—	11 Aug 17	Captain (Mer. Marine)
Robert G. James	—	11 Aug 17	Captain (Mer. Marine)
Walter Jay	—	11 Aug 17	Captain (Mer. Marine)
Frederick D. Struss	—	11 Aug 17	Captain (Mer. Marine)
Alexander Smith	—	11 Aug 17	Chief Officer (Mer. Marine)
William R. Stobo	—	11 Aug 17	Chief Engr. (Mer. Marine)
Reginald C. Butler	Lieut. R.N.R.	11 Aug 17	Lieut. R.N.R.
John Pollok	Lieut. R.N.R.	11 Aug 17	Lieut. R.N.R.
George Leslie	Lieut. R.N.R.	11 Aug 17	Lieut. R.N.R.
Thomas Hughes (With Bar 2 Nov 17)	Lieut. R.N.R.	11 Aug 17	Lieut. R.N.R.
John C. Jones	Act. Lieut.-Com. R.N.V.R.	11 Aug 17	Lieut. R.N.V.R.
George H. Hindman	Eng. Lieut.-Com. R.I.M.	11 Aug 17	Eng. Lieut. R.I.M.
Henry P. Hughes-Hallett	Lieut. R.I.M.	11 Aug 17	Lieut. R.I.M.
Albane R. C. Poyntz	Lieut. R.I.M.	11 Aug 17	Lieut. R.I.M.
Harold T. Boultbee	Lieut. R.I.M.	11 Aug 17	Lieut. R.I.M.
Cecil G. Hallett	Lieut. R.I.M.	11 Aug 17	Lieut. R.I.M.
Charles J. Nicholl	Lieut. R.I.M.	11 Aug 17	Lieut. R.I.M.
Thomas J. Farrell	Lieut. R.I.M.	11 Aug 17	Lieut. R.I.M
Joseph N. Metcalfe, O.B.E.	Lieut. R.I.M.	11 Aug 17	Lieut. R.I.M.
William Bruce	Skipper R.N.R.	29 Aug 17	Skipper R.N.R.
Robert Stephen	Skipper R.N.R.	29 Aug 17	Skipper R.N.R.
William Farquhar	Skipper R.N.R.	29 Aug 17	Skipper R.N.R.

Distinguished Service Cross

Name.	Rank.	Date of Gazette.	Rank at the Time of Act.
Robert Cowe	Skipper R.N.R.	29 Aug 17	Skipper R.N.R
Dennis J. Nichols	Chief Skipper R.N.R.	29 Aug 17	Skipper R.N.R.
Frederick A. Richardson	Lieutenant	29 Aug 17	Lieutenant
Henry J. Osborne	Act. Lieut.-Com. R.N.R.	29 Aug 17	Lient. R.N.R.
Evans S. MacLennan	Lieut. R.N.R.	29 Aug 17	Lieut. R.N.R.
Adam Y. Catto	Lieut. R.N.R.	29 Aug 17	Lieut. R.N.R.
Charles M. Mutch	Sub-Lieut. R.N.V.R.	29 Aug 17	Sub-Lieut. R.N.V.R.
Thomas A. Browning	Gunner	29 Aug 17	Gunner
William Smith	Skipper R.N.R.	29 Aug 17	Skipper R.N.R.
Richard W. Hannaford	Skipper R.N.R.	29 Aug 17	Skipper R.N.R.
William Moodie	Chief Skipper R.N.R.	29 Aug 17	Skipper R.N.R.
Arthur Bland	late Skipper R.N.R.	29 Aug 17	Skipper R.N.R.
Henry McClelland (late R.N.A.S.)	Flt. Com.	29 Aug 17	Flt. Lieut.
Percy T. Rawlings (late R.N.A.S.)	Lieut. R.N.V.R.	29 Aug 17	Lieut. R.N.V.R.
Lacey N. Glaisby (late R.N.A.S.)	Flt. Lieut.	29 Aug 17	Flt. Sub-Lieut.
Alfred W. Carter (late R.N.A.S.)	Flt. Lieut.	29 Aug 17	Flt. Sub-Lieut.
Lancelot G. Sieveking (late R.N.A.S.)	Flt. Lieut.	29 Aug 17	Flt. Lieut.
Ronald G. St. John (late R.N.A.S.)	Flt. Observer	29 Aug 17	Observer Lieut.
Illtyd D. Llewellyn	Lieut. R.N.R.	29 Aug 17	Lieut. R.N.R.
John R. Allan (late R.N.A.S.)	Flt. Lieut.	29 Aug 17	Flt. Sub-Lieut.
Daniel Evans	—	29 Aug 17	Captain (Mer. Marine)
John MacMillan	—	29 Aug 17	Captain (Mer. Marine)
Crawford G. Smith	—	29 Aug 17	Captain (Mer. Marine)
William T. King	—	29 Aug 17	Captain (Mer. Marine)
Edward Gordon	Ch. Eng. R.N.R. (ret)	29 Aug 17	Ch. Engineer (Mer. Marine)
George H. Faulkner	Lieutenant	14 Sept 17	Lieutenant
Edmund G N. Rushbrooke	Lieutenant	14 Sept 17	Lieutenant
Kenneth E. Badcock	Paym. Lieut.	14 Sept 17	Paymaster
John H. Evans	Gunner	14 Sept 17	Gunner

Distinguished Service Cross

Name.	Rank.	Date of Gazette.	Rank at the Time of Act.
Osborne A. Butcher (late R.N.A.S.)	Flt. Com.	14 Sept 17	Flt. Lieut.
John O. Galpin (late R.N.A.S.)	Flt. Com.	14 Sept 17	Flt. Lieut.
John H. Blyth	Lieut. R.N.R.	14 Sept 17	Lieut. R.N.R
Charles L. Young (late R.N.A.S)	Flt. Lieut.	14 Sept 17	Flt. Sub-Lieut.
Robert J. Slade (late R.N.A.S.)	Obsr. Lieut.	14 Sept 17	Flt. Lieut.
William M. Alexander (late R.N.A.S.)	Flt. Com.	14 Sept 17	Flt. Lieut.
Charles P. O. Bartlett (late R.N.A.S.) (With Bar 17 May 18)	Flt. Com.	14 Sept 17	Flt. Sub-Lieut.
Charles R. Stewart	—	14 Sept 17	Captain (Mer. Marine)
Edward J. Holl	—	14 Sept 17	Captain (Mer. Marine)
Albert L. Petherbridge	Skipper R.N.R	14 Sept 17	Skipper R.N.R.
Alexander McLeod	Skipper R.N.R.	14 Sept 17	Skipper R.N.R.
Robert P. D. Webster	Lieut.-Com.	21 Sept 17	Lieutenant
John P. Bradley	Lieut R.N.R.	21 Sept 17	Sub-Lieut. R.N.R.
Hugh Lincoln	Lieut. R.N.R.	21 Sept 17	Lieut. R.N.R.
John A H. Wood, M.C.	Lieut. R.N.V.R.	21 Sept 17	Lieut. R.N.V.R
Ernest C. W. Vane-Tempest	Sub-Lieut. R.N.V.R.	21 Sept 17	Sub-Lieut. R.N.V.R.
Gerald A. Feilmann	Sub-Lieut. R.N.V.R.	21 Sept 17	Sub-Lieut. R.N.V.R.
James C. Kelly	Surg. Lieut.	21 Sept 17	Surgeon
James P Shorten	Surg. Lieut.	21 Sept 17	Surgeon
Robert G. Elwell	Surg. Lieut.	21 Sept 17	Surgeon
Jocelyn H. Drummond	Lieut.-Com.	1 Oct 17	Lieutenant
Arthur R. Banks	Lieut.-Com.	1 Oct 17	Lieutenant
Neville D. B. Taylor	Lieutenant	1 Oct 17	Lieutenant
John Cracroft-Amcotts	Lieutenant	1 Oct 17	Lieutenant
Roger E. Worthington	Paym. Lieut.	1 Oct 17	Paymaster
William Avern	Lieut R.N.R	1 Oct 17	Lieut. R.N.R.
William Birtles	Lieut. R.N.R.	1 Oct 17	Lieut. R.N.R.
William Peterson	Eng. Lieut. R.N.R	1 Oct 17	Eng. Lieut. R.N.R.
John H Jack	Lieut. R.N.R.	1 Oct 17	Sub-Lieut. R.N.R.
Charles T. Wilson	Lieut. R.N.R	1 Oct 17	Sub-Lieut. R.N.R.
John Steel	Lieutenant	1 Oct 17	Chief Gunner
Leonard Parsons	Chief Gunner	1 Oct 17	Chief Gunner
Alexander G. Stock	Chief Gunner	1 Oct 17	Gunner
Albert W. Grose	Gunner	1 Oct 17	Gunner
George F. Breese (late R.N.A.S.)	Squad. Com.	1 Oct 17	Flight Com.

Distinguished Service Cross

Name.	Rank.	Date of Gazette.	Rank at the Time of Act.
Arthur Q. Cooper (late R.N.A.S.)	Squad. Com.	1 Oct 17	Flight Com.
John S. Wheelwright (late R.N.A.S.)	Flight Com.	1 Oct 17	Flight Com.
James G. Struthers (late R.N.A.S.) (With Bar 22 Feb 18) (2nd Bar 22 Feb 18)	Flight Com.	1 Oct 17	Flight Com.
Clarence MacLaurin (late R.N.A.S.)	Flight Com.	1 Oct 17	Flight Com.
John A. Carr (late R.N.A.S.)	Flight Lieut.	1 Oct 17	Flight Lieut.
Frederick W. Walker (late R.N.A.S.)	Flight Com.	1 Oct 17	Flight Lieut.
Charles S. Coltson	Lieutenant	1 Oct 17	Flight Lieut. R.N.A.S.
Arthur S. Elliott (late R.N.A.S.)	Flight Lieut.	1 Oct 17	Flight Lieut.
Thomas G. C. Wood (late R.N.A.S.)	Flight Lieut.	1 Oct 17	Flight Lieut.
Arthur L. Simms (late R.N.A.S.)	Flight Lieut.	1 Oct 17	Flight Lieut.
William J. de Salis (late R.N.A.S.)	Flight Lieut.	1 Oct 17	Flight Sub Lieut.
Harold M. Morris (late R.N.A.S.)	Flight Lieut.	1 Oct 17	Flight Sub-Lieut.
Herbert Stanley Adams (late R.N.A.S.)	Squad. Com.	1 Oct 17	Squad. Com.
Thomas H. Newton (late R.N.A.S.)	Flight Com.	2 Nov 17	Flight Lieut.
James Jickell	Lieut. R.N.R.	2 Nov 17	Sub-Lieut. R.N.R.
Walter H. Frame	Sub-Lieut. R.N.R.	2 Nov 17	Sub-Lieut. R.N.R.
Alexander C. Fowler	Surg. Sub. Lieut. R.N.V.R.	2 Nov 17	Surg. Prob. R.N.V.R.
Henry Newman	Late Skipper R.N.R.	2 Nov 17	Skipper R.N.R.
Allan Andrews	Warrt. Teleg. R.N.R.	2 Nov 17	Warrt. Teleg. R.N.R.
Cromwell H. Varley	Lieut.-Com.	2 Nov 17	Lieutenant
Allan C. M. Bennett	Lieutenant	2 Nov 17	Lieutenant
George J. Mackness	Lieutenant	2 Nov 17	Lieutenant
Clive A. Robinson	Lieutenant	2 Nov 17	Lieutenant
John J. R. Peirson	Lieutenant	2 Nov 17	Lieutenant
John M. Mansfield	Lieutenant	2 Nov 17	Lieutenant
John H. Blair	Lieutenant R.N.R.	2 Nov 17	Lieutenant R.N.R.
William J. Williams	Art. Eng.	2 Nov 17	Art. Eng.
Arthur E. P. Welman, D.S.O.	Lieutenant	2 Nov 17	Lieutenant
Alpin E. Thomson	Lieutenant	2 Nov 17	Lieutenant
Robert Cuming	Sub-Lieut. R.N.V.R.	2 Nov 17	Sub-Lieut. R.N.V.R.
Harold A. Buss (late R.N.A.S.)	Squad. Com.	2 Nov 17	Flight Com.
Stearne T. Edwards (late R.N.A.S.) (With Bar 21 June 18)	Flight Com.	2 Nov 17	Flight Lieut.
Howard J. T. Saint (late R.N.A.S.)	Flight Lieut.	2 Nov 17	Flight Lieut.
Harold S. Kerby (late R.N.A.S.)	Flight Com.	2 Nov 17	Flight Lieut.
John F. Jones (late R.N.A.S.)	Flight Com.	2 Nov 17	Flight Lieut.

Distinguished Service Cross

Name.	Rank.	Date of Gazette.	Rank at the Time of Act.
Ronald R. Thornley (late R.N.A.S.)	Flight Lieut	2 Nov 17	Flight Lieut
Richard P. Minifie (late R.N.A.S.) (With Bar 30 Nov 17) (2nd Bar 17 Apr 18)	Flight Lieut.	2 Nov 17	Flt. Sub-Lieut.
Arthur R. Brown (late R.N.A.S.) (With Bar 21 June 18)	Flight Lieut.	2 Nov 17	Flt. Sub-Lieut.
Desmond F. Fitzgibbon (late R.N.A.S.)	Flight Lieut.	2 Nov 17	Flt. Sub-Lieut.
Charles B. Sproatt (late R.N.A.S.)	Flight Lieut.	2 Nov 17	Flt. Sub-Lieut.
Leonard W. Ormerod (late R.N.A.S.)	Flight Com.	2 Nov 17	Flt. Sub-Lieut.
John S. Wright (late R.N.A.S.)	Flight Lieut.	2 Nov 17	Flt. Sub-Lieut.
William A. Scott (late R.N.A.S.)	Flight Lieut.	2 Nov 17	Flt. Sub-Lieut.
Paul Brewsher (late R.N.A.S.)	Observer Lieut.	2 Nov 17	Observer Sub-Lieut.
Henry Saunders	—	2 Nov 17	Captain (Mer. Marine)
Henry G. Speed	—	2 Nov 17	Captain (Mer. Marine)
William P. Hains	—	2 Nov 17	Captain (Mer Marine)
Kenneth Michell	Lieut.-Com.	16 Nov 17	Lieutenant
Charles S. Burgon	Lieut. R.N.R.	16 Nov 17	Lieut. R.N.R.
Nicholas F. Smiles	Lieut. R.N.R.	16 Nov 17	Lieut. R.N.R.
Alexander MacRae (With Bar 19 Dec 17)	Lieut. R.N.R.	16 Nov 17	Lieut. R.N.R.
Claude M. Butlin	Lieutenant	16 Nov 17	Act. Lieut.
Lancelot V. Donne	Lieutenant	16 Nov 17	Act. Lieut.
Arthur J. Booth	Sub-Lieut. R.N.R.	16 Nov 17	Sub-Lieut. R.N.R.
Joseph R. Stenhouse	Sub-Lieut R.N.R.	16 Nov 17	Sub-Lieut. R.N.R.
Charles S. Mossop (late R.N.A.S.)	Flt. Sub-Lieut.	16 Nov 17	Flt. Sub-Lieut.
Harry Manley	Paym. Sub.-Lieut. R.N.R.	16 Nov 17	Asst. Paym. R.N.R.
Benjamin Evans	Sub-Lieut. R.N.R.	16 Nov 17	Mid. R.N.R.
George Edmunds Martin	Sub-Lieut. R.N.R.	16 Nov 17	Mid. R.N.R.
Samuel Baker	Lieutenant	16 Nov 17	Gunner
James Ballard	Ch. Skipper R.N.R.	16 Nov 17	Skipper R.N.R.
Alexander Forbes	Ch. Skipper R.N.R.	16 Nov 17	Skipper R.N.R.
Samuel C. Kennington	Skipper R.N.R.	16 Nov 17	Skipper R.N.R.
John Watson	Skipper R.N.R.	16 Nov 17	Skipper R.N.R.
Frederick W. White	Ch. Skipper R.N.R.	16 Nov 17	Skipper R.N.R.
Gerald E. Hervey (late R.N.A.S.)	Flt. Com.	16 Nov 17	Flt. Com.
Henry G. Holden (late R.N.A.S.)	Flt. Com.	16 Nov 17	Flt. Lieut.
Victor R. Gibbs (late R.N.A.S.)	Flt. Lieut.	16 Nov 17	Flt. Sub-Lieut.
Leonard H. Slatter (late R.N.A.S.) (With Bar 17 May 18)	Flt. Lieut.	16 Nov 17	Flt. Sub-Lieut.

Distinguished Service Cross

Name.	Rank.	Date of Gazette.	Rank at the Time of Act.
Stanley W. Rosevear (late R.N.A.S.) (*With Bar 17 Apr 18*)	Flt. Lieut.	16 Nov 17	Flt. Sub-Lieut.
Frederick R. Johnson (late R.N.A.S.)	Flt. Lieut.	16 Nov 17	Flt. Sub-Lieut.
Rowland R. Barker (*With Bar 16 Nov 17*)	—	16 Nov 17	Captain (Mer. Marine)
Frederick H. Bryant	Lieut. R.N.R.	16 Nov 17	Captain (Mer. Marine)
Samuel Cook	—	16 Nov 17	Captain (Mer. Marine)
Henry John	—	16 Nov 17	Captain (Mer. Marine)
Walter Keslake	—	16 Nov 17	Captain (Mer. Marine)
James Lee	—	16 Nov 17	Captain (Mer. Marine)
Neil McNeill	—	16 Nov 17	Captain (Mer. Marine)
William S. Mason	—	16 Nov 17	Captain (Mer. Marine)
Joseph S. Meria	—	16 Nov 17	Captain (Mer. Marine)
George Moir	—	16 Nov 17	Captain (Mer. Marine)
David R. Murray	—	16 Nov 17	Captain (Mer. Marine)
Richard E. Oliver	—	16 Nov 17	Captain (Mer. Marine)
Henry G. Orchard	—	16 Nov 17	Captain (Mer. Marine)
Edwin A. Porter	—	16 Nov 17	Captain (Mer. Marine)
Isaac B. Tose	—	16 Nov 17	Captain (Mer. Marine)
Peter Urquhart	—	16 Nov 17	Captain (Mer. Marine)
Edward Witten	—	16 Nov 17	Captain (Mer. Marine)
William Whitehead	—	16 Nov 17	Ch. Off. (Mer. Marine)
Oliver H. Jelley	—	16 Nov 17	Ch. Engr. (Mer. Marine)
Thomas B. McNabb	Lieut. R.N.V.R.	30 Nov 17	Lieut. R.N.V.R.
Samuel J. Hanna (*Serving in Army*)	Lieut. R.N.V.R.	30 Nov 17	Lieut. R.N.V.R.
George R. Turner	Lieut. R.N.V.R.	30 Nov 17	Lieut. R.N.V.R.
John A. Quarrie	Lieut. R.N.R.	30 Nov 17	Lieut. R.N.R.
Harold F. Beamish (late R.N.A.S.)	Flt. Lieut.	30 Nov 17	Flt. Lieut.

Distinguished Service Cross

Name.	Rank.	Date of Gazette.	Rank at the Time of Act.
Edwin T. Hayne (late R.N.A.S.)	Flt. Lieut.	30 Nov 17	Flt. Sub-Lieut.
Geoffrey W. Hemming (late R.N.A.S.)	Flt. Lieut.	30 Nov 17	Flt. Sub-Lieut.
John E. L. Hunter (late R.N.A.S.)	Flt. Lieut.	30 Nov 17	Flt. Sub-Lieut.
Thomas Henry Beard	—	30 Nov 17	Captain (Mer. Marine)
Joseph Brown	—	30 Nov 17	Captain (Mer. Marine)
Theobald John Claude Buret	—	30 Nov 17	Captain (Mer. Marine)
John Crockart	—	30 Nov 17	Captain (Mer. Marine)
George Fenby Hiles	—	30 Nov 17	Captain (Mer. Marine)
David Isaac Jenkins	—	30 Nov 17	Captain (Mer. Marine)
William Park Purdon	—	30 Nov 17	Captain (Mer. Marine)
Edward Wilson Rettie	—	30 Nov 17	Captain (Mer. Marine)
Francis Thomas Skellern	—	30 Nov 17	Captain (Mer. Marine)
Henry N. Lake, D.S.O.	Lieutenant	19 Dec 17	Lieutenant
George G. Astbury	Lieut. R.N.R.	19 Dec 17	Lieut. R.N.R.
Norman A. Magor (late R.N.A.S.)	Flt. Lieut.	19 Dec 17	Flt. Sub-Lieut.
Eric T. Wiggins	Lieutenant	19 Dec 17	Act. Lieut.
Ronald Jarmin (late R.N.A.S.)	Flt. Lieut.	19 Dec 17	Flt. Sub-Lieut.
Thomas F. Britton	Ch. Gunner	19 Dec 17	Ch. Gunner
Henry S. Randall	Gunner	19 Dec 17	Gunner
Richard G. Gardner (late R.N.A.S.)	Flt. Com.	19 Dec 17	Flt. Lieut.
John W. Alcock (late R.N.A.S.)	Flt. Lieut.	19 Dec 17	Flt. Lieut.
Charles F. M. Chambers (late R.N.A.S.)	Flt. Lieut.	19 Dec 17	Flt. Sub-Lieut.
Wilfrid A. Curtis (late R.N.A.S.) (With Bar 16 Mar 18)	Flt. Lieut.	19 Dec 17	Flt. Sub-Lieut.
Cyril Chapman (late R.N.A.S.)	Obsr. Lieut.	19 Dec 17	Obsr. Lieut.
Charles R. Lupton (late R.N.A.S.)	Flt. Lieut.	19 Dec 17	Flt. Sub-Lieut.
Euan Dickson (late R.N.A.S.)	Flt. Lieut	19 Dec 17	Flt. Sub-Lieut.
William L. H. Pattisson (late R.N.A.S.)	Obsr. Sub-Lieut	19 Dec 17	Obsr. Sub-Lieut
John G. Manuel (late R.N.A.S.)	Flt. Sub-Lieut.	19 Dec 17	Flt. Sub-Lieut.
Thomas Terrell (late R.N.A.S.)	Obsr. Sub-Lieut.	19 Dec 17	Obsr. Sub-Lieut.
Mark Methuen	Gunner	19 Dec 17	Gunner
John Begg	—	19 Dec 17	Captain (Mer. Marine)

Distinguished Service Cross

Name.	Rank.	Date of Gazette.	Rank at the Time of Act.
Robert Logan	—	19 Dec 17	Captain (Mer. Marine)
John Martin Parker	—	19 Dec 17	Captain (Mer. Marine)
Thomas Strike	—	19 Dec 17	Captain (Mer. Marine)
Charles Vermulen	—	19 Dec 17	Captain (Mer. Marine)
Alfred Henderson Moodie	—	19 Dec 17	Ch. Offr. (Mer. Marine)
James Laws Pennington	—	19 Dec 17	2nd Engineer (Mer. Marine)
Walter G. A. Shadwell	Capt. R.M.A.	19 Feb 18	Capt. R.M.A.
Francis W. Chambers	—	22 Feb 18	Captain (Mer. Marine)
Thomas H. Chatworthy	—	22 Feb 18	Captain (Mer. Marine)
Paul E. George	—	22 Feb 18	Captain (Mer. Marine)
Edwin G. Humby	—	22 Feb 18	Captain (Mer. Marine)
Charles Mathews	—	22 Feb 18	Captain (Mer. Marine)
George Shearer	—	22 Feb 18	Captain (Mer. Marine)
Henry T. Shilling	—	22 Feb 18	Captain (Mer. Marine) (now Lieut. R.N.R.)
David M. Taggart	—	22 Feb 18	Captain (Mer. Marine)
William Tinmouth	—	22 Feb 18	Captain (Mer. Marine)
John H. Carter	Lieut. R.N.R.	22 Feb 18	Ch. Offr. (Mer. Marine)
Charles N. St. Clair	—	22 Feb 18	Ch. Offr. (Mer. Marine)
David A. Young	—	22 Feb 18	Ch. Eng. (Mer. Marine)
Otto H Bohner	—	22 Feb 18	2nd Offr. (Mer. Marine)
Alexander F. R. Wollaston, M.B., M.A.	Surg. Lieut.	22 Feb 18	Surgeon
Wilfred H. Dunn (late R.N.A.S.) *(With Bar 17 May 18)*	*Flight Com. R.N.A.S.*	*22 Feb 18*	*Flight Com. R.N.A.S.*
Guy W Price (late R.N.A.S.) *(With Bar 16 Mar 18)*	*Flight Com. R.N.A.S.*	*22 Feb 18*	*Flight Com. R.N.A.S.*
Alan M. Waistell (now Flt.-Com.) (late R.N.A.S.)	*Flight Lieut. R.N.A.S.*	*22 Feb 18*	*Flight Lieut R.N.A.S.*
Norman M. Macgregor (late R.N.A.S.)	*Flight Lieut. R.N.A.S.*	*22 Feb 18*	*Flight Lieut. R.N.A.S.*

Distinguished Service Cross

Name.	Rank.	Date of Gazette.	Rank at the Time of Act.
James F Hart (late R.N.A.S.)	*Flight Lieut. R.N.A.S.*	22 Feb 18	*Flight Lieut. R.N.A.S.*
John E. Barrs (late R.N.A.S.)	*Flight Lieut. R.N.A.S.*	22 Feb 18	*Flight Lieut. R.N.A.S.*
Rudolph D. Delamere (late R.N.A.S.)	*Flight Lieut. R.N.A.S.*	22 Feb 18	*Flight Lieut. R.N.A.S.*
Samuel M. Kinkead (late R.N.A.S.)	*Flight Lieut. R.N.A.S.*	22 Feb 18	*Flight Lieut. R.N.A.S.*
John F. Chisholm (late R.N.A.S.)	*Flight Lieut. R.N.A.S.*	22 Feb 18	*Flight Lieut. R.N.A.S.*
Harold L. Forster	Lieut. R.N.R.	22 Feb 18	Lieut. R.N.R.
Norman Leslie	Lieut. R.N.R.	22 Feb 18	Lieut. R.N.R.
John Isdale	Lieut. R.N.R.	22 Feb 18	Lieut. R.N.R.
John S. James	Lieut. R.N.R.	22 Feb 18	Lieut. R.N.R.
James Pittendrigh	Lieut. R.N.R.	22 Feb 18	Lieut. R.N.R.
Francis G. J. Manning	Lieut. R.N.R.	22 Feb 18	Lieut. R.N.R.
John F. B. Kitson	Lieut. R.N.V.R.	22 Feb 18	Lieut. R.N.V.R.
Alexander J Mackenzie	*Late Lieut. R.N.V.R.*	22 Feb 18	*Lieut. R.N.V.R.*
Evelyn C. W. Fitzherbert	Lieut. R.N.V.R.	22 Feb 18	Lieut. R.N.V.R.
Ronald McN. Keirstead (late R.N.A.S.)	*Flight Lieut. R.N.A.S.*	22 Feb 18	*Flight Lieut. R.N.A.S.*
William L. Jordan (late R.N.A.S.) (With Bar 16 Mar 18)	*Flight Lieut. R.N.A.S.*	22 Feb 18	*Flight Lieut. R.N.A.S.*
Harold Day (late R.N.A.S.)	*Flight Sub-Lt. R.N.A.S.*	22 Feb 18	*Flight Sub-Lt. R.N.A.S.*
Ernest Hutchison	Lieut. R.A.N.R.	22 Feb 18	Act. Lieut. R.N.R.
Murdo Murchison	Lieut. R.N.R.	22 Feb 18	Sub-Lieut. R.N.R.
James B. Gledhill	Gunner	22 Feb 18	Gunner
Herbert Robbins	Artif. Eng.	22 Feb 18	Artif. Eng.
Frederick W. Hartley	Mid. R.N.R.	22 Feb 18	Mid. R.N.R.
Francis J. Hulland	Skipper R.N.R.	22 Feb 18	Skipper R.N.R.
Richard W. Barker	Skipper R.N.R.	22 Feb 18	Skipper R.N.R.
James Culling	Skipper R.N.R.	22 Feb 18	Skipper R.N.R.
Edward Hemp	Skipper R.N.R.	22 Feb 18	Skipper R.N.R.
Thomas Lane	Skipper R.N.R.	22 Feb 18	Skipper R.N.R.
Frederic T. Peters, D.S.O	Lieutenant	8 Mar 18	Lieutenant
Edward C. Thornton	Lieutenant	8 Mar 18	**Lieutenant**
Walter F. Smithwick	Lieutenant	8 Mar 18	**Lieutenant**

Distinguished Service Cross

Name.	Rank.	Date of Gazette.	Rank at the Time of Act.
Frederick E. Raw	Lieutenant	8 Mar 18	Lieutenant
John Myers	Lieutenant	8 Mar 18	Lieutenant
William A. Herlihy	Lieutenant	8 Mar 18	Lieutenant
Cyril E. Douglas-Pennant	Lieutenant	8 Mar 18	Lieutenant
Ronald J. Usher	Lieutenant	8 Mar 18	Lieutenant
Henry J. Haynes	Lieutenant	8 Mar 18	Lieutenant
Alexander Grant	Lieutenant	8 Mar 18	Lieutenant
Ralph C. Smith	Lieutenant	8 Mar 18	Lieutenant
Arthur Cocks	Lieut. R.N.R.	8 Mar 18	Lieut. R.N.R.
Robert D. Oliver	Act. Lieut.	8 Mar 18	Act. Lieut.
Herbert P. Hunter	Paym. Lieut.	8 Mar 18	Paymaster
Charles L. Dettmar	Lieut. R.N.R.	8 Mar 18	Lieut. R.N.R.
John I. Harrison	Lieut. R.N.R.	8 Mar 18	Lieut. R.N.R.
Wilfrid P. Warner	*Surg. Sub-Lieut. R.N.V.R.*	*8 Mar 18*	*Surg. Probr. R.N.V.R.*
Patrick N. Flannigan	Eng. Lieut.	8 Mar 18	Ch. Artif. Eng.
Frederick Duckworth	Ch. Artif. Eng.	8 Mar 18	Ch. Artif. Eng.
Peter J. Skuse	Gunner	8 Mar 18	Gunner
Charles T. Pounds	Gunner	8 Mar 18	Gunner
William R. Lockyer	Gunner	8 Mar 18	Gunner
Albert S. Hart	Sig. Boatswain	8 Mar 18	Sig. Boatswain
Albert H. Benfield	Artif. Eng.	8 Mar 18	Artif. Eng.
George G. D. Salmon	Lieutenant	8 Mar 18	Lieutenant
Claude G. R. Hayh'e	Mate	8 Mar 18	Mate
Humphrey Peck	Capt. R.M.A.	15 Mar 18	Capt. R.M.A.
Richard B. Munday (late R.N.A.S.)	*Flight Com.*	*16 Mar 18*	*Flight Com.*
Frederick W. Hawkridge	Lieutenant	16 Mar 18	Lieutenant
Ernest E. Deans (late R.N.A.S.)	*Flight Lieut.*	*16 Mar 18*	*Flight Lieut.*
Henry H. C. Ainslie	Sub-Lieut.	16 Mar 18	Sub-Lieut.
Edward G. Johnstone (late R.N.A.S.)	*Flight Sub-Lieut.*	*16 Mar 18*	*Flight Sub-Lieut.*
John A. Kirkham	Eng. Lieut. R.N.R.	16 Mar 18	Eng. Lieut. R.N.R.
Reginald C. Yorke	Paym. Sub-Lieut. R.N.R.	16 Mar 18	Asst. Paym. R.N.R.
Henry Bennett	Skipper R.N.R.	16 Mar 18	Skipper R.N.R.
Samue A. Head	Skipper R.N.R.	16 Mar 18	Skipper R.N.R.
John Mair	Skipper R.N.R.	16 Mar 18	Skipper R.N.R.

Distinguished Service Cross

Name.	Rank.	Date of Gazette.	Rank at the Time of Act.
John Turrell	Skipper R.N.R.	16 Mar 18	Skipper R.N.R
Albert W. Gannaway	Eng. Lieut.	6 Apr 18	Eng. Lieut.
UCHarold Auten	Lieut. R.N.R.	6 Apr 18	Lieut. R.N.R.
Richard C. Coppack	Lieut. R.N.R.	6 Apr 18	Lieut. R.N.R.
Keith R. Hoare, D.S.O.	Lieut.-Com. R.N.V.R.	6 Apr 18	Lieut. R.N.V.R.
George Foote	Lieut. R.N.R.	6 Apr 18	Lieut. R.N.R.
Albert A. Crowther	Lieut. R.N.R.	6 Apr 18	Lieut. R.N.R.
James W. Naylor	Lieut. R.R.N.	6 Apr 18	Lieut. R.N.R.
George Holmes	Lieut. R.N.R.	6 Apr 18	Lieut. R.N.R.
Helmar A. Dillner	Lieut. R.N.R.	6 Apr 18	Lieut. R.N.R.
George Scott	Lieut. R.N.R.	6 Apr 18	Lieut. R.N.R.
Arthur H. Sawdon	Act. Lieut.-Com. R.N.R.	6 Apr 18	Lieut. R.N.R.
Richard M. Jackson	Lieut. R.N.R.	6 Apr 18	Lieut. R.N.R.
Arthur L. Sanderson	Lieut. R.N.R.	6 Apr 18	Lieut. R.N.R.
Arthur Hulme	Lieut. R.N.R.	6 Apr 18	Lieut. R.N.R.
Robert E. Andrews	Lieut. R.N.R.	6 Apr 18	Lieut. R.N.R.
Robert Jobling	Lieut. R.N.R.	6 Apr 18	Lieut. R.N.R.
Herbert Sutor	Lieut. R.N.R.	6 Apr 18	Lieut. R.N.R.
Eric T. Skelton	Lieut. R.N.R.	6 Apr 18	Lieut. R.N.R.
John R. C. Carter	Lieut. R.N.R.	6 Apr 18	Lieut. R.N.R.
Louis G. D. Parkes	Lieut. R.N.R.	6 Apr 18	Lieut. R.N.R.
Richard A. Crafter	Lieut. R.N.R.	6 Apr 18	Lieut. R.N.R.
Richard B. Young	Lieut. R.N.R.	6 Apr 18	Lieut. R.N.R.
John A. Campbell	Lieut. R.N.R.	6 Apr 18	Lieut. R.N.R.
Alan E. Cain	Lieut. R.N.R.	6 Apr 18	Lieut. R.N.R.
William Campbell	Sub-Lieut. R.N.R.	6 Apr 18	Sub-Lieut. R.N.R.
George R. Ainslie	Lieut. R.N.R.	6 Apr 18	Lieut. R.N.R.
Ernest W. King	Lieut. R.N.R.	6 Apr 18	Lieut. R.N.R.
Donald L. Webster	Lieut. R.N.R.	6 Apr 18	Lieut. R.N.R.
John P. A. Richardson	Lieut. R.N.V.R.	6 Apr 18	Lieut. R.N.V.R.
James H. Brown	Ch. Skipper R.N.R.	6 Apr 18	Ch. Skipper R.N.R.
Thomas A. Dawson	Ch. Skipper R.N.R.	6 Apr 18	Ch. Skipper R.N.R.
Edwin C. Smith	Ch. Skipper R.N.R.	6 Apr 18	Ch. Skipper R.N.R.
William Wood	Ch. Skipper R.N.R.	6 Apr 18	Ch. Skipper R.N.R.
Henry J. Alger	Skipper R.N.R.	6 Apr 18	Skipper R.N.R.
Ernest E. Breach	Skipper R.N.R.	6 Apr 18	Skipper R.N.R.
George Crockett	Skipper R.N.R.	6 Apr 18	Skipper R.N.R.
James Falconer	Skipper R.N.R.	6 Apr 18	Skipper R.N.R.

Name.	Rank.	Date of Gazette.	Rank at the Time of Act.
Robert S. Harkes	Skipper R.N.R.	6 Apr 18	Skipper R.N.R.
John C. Hayward	Skipper R.N.R.	6 Apr 18	Skipper R.N.R.
George L. Ormes	Ch. Skipper R.N.R.	6 Apr 18	Skipper R.N.R.
Joseph H. Bullock	Skipper R.N.R.	6 Apr 18	Skipper R.N.R.
Matthew M. Pockley	Skipper R.N.R.	6 Apr 18	Skipper R.N.R.
Oliver Stoker-Johnson	Lieut. R.N.R.	6 Apr 18	Capt. Mer. Marine
Francis Howard	Lieutenant	17 Apr 18	Lieutenant
Geoffrey H. Hughes-Onslow	Lieutenant	17 Apr 18	Lieutenant
Henry H. Wood	Act. Lieut.-Com. R.N.R.	17 Apr 18	Lieut. R.N.R.
Walter L. Cook	Lieut. R.N.R.	17 Apr 18	Lieut. R.N.R.
William A. Westgarth	Lieut. R.N.R.	17 Apr 18	Lieut. R.N.R.
William Highton	Lieut. R.N.R.	17 Apr 18	Lieut. R.N.R.
William Worrall	Lieut. R.N.R.	17 Apr 18	Lieut. R.N.R.
Walter J. Tomkins	Lieut. R.N.R.	17 Apr 18	Lieut. R.N.R.
James Trenance	Lieut. R.N.R.	17 Apr 18	Lieut. R.N.R.
Charles W. Read	Lieut. R.N.R.	17 Apr 18	Lieut. R.N.R.
Martin Smith	Lieut. R.N.R.	17 Apr 18	Lieut. R.N.R.
Geoffrey T. Whitehouse	Act. Lieut.-Com. R.N.R.	17 Apr 18	Lieut. R.N.R.
John H. James	Lieut. R.N.R.	17 Apr 18	Lieut. R.N.R.
James W. Stephen	Lieut. R.N.R.	17 Apr 18	Lieut. R.N.R.
John Mitchell	Lieut. R.N.R.	17 Apr 18	Lieut. R.N.R.
Harold Sapsworth	Lieut. R.N.R.	17 Apr 18	Lieut. R.N.R.
John H. Owen	Lieut. R.N.R.	17 Apr 18	Lieut. R.N.R.
Oswald F. Pennington	Lieut. R.N.R.	17 Apr 18	Lieut. R.N.R.
David McClymont	Lieut. R.N.R.	17 Apr 18	Lient. R.N.R.
Herbert Klugh	Lieutenant R.N.V.R.	17 Apr 18	Lieutenant R.N.V.R.
Edwin G. Cole	Lieutenant R.N.V.R.	17 Apr 18	Lieutenant R.N.V.R.
John Black	Eng. Lieut. R.N.R.	17 Apr 18	Eng. Lieut. R.N.R.
William S. Archibald	Eng. Lieut. R.N.R.	17 Apr 18	Eng. Lieut. R.N.R.
George K. Brown	Eng. Lieut. R.N.R.	17 Apr 18	Eng. Sub-Lieut. R.N.R.
John Ballard	Ch. Skipper R.N.R.	17 Apr 18	Ch. Skipper R.N.R.
Edwin Barlow	Ch. Skipper R.N.R.	17 Apr 18	Ch. Skipper R.N.R.
Walter G. C Crouch	Gunner	17 Apr 18	Gunner
Richard H. Thomas	Act. Artif. Eng	17 Apr 18	Act. Artif. Eng.

Distinguished Service Cross

Name.	Rank.	Date of Gazette.	Rank at the Time of Act.
George J. R. Worledge	Ch. Skipper R.N.R.	17 Apr 18	Skipper R.N.R.
Harry Roberts	Skipper R.N.R.	17 Apr 18	Skipper R.N.R.
William Cooke	Skipper R.N.R.	17 Apr 18	Skipper R.N.R.
William Bell	Sub-Lieut. R.N.V.R.	17 Apr 18	Skipper R.N.R.
William H. Bevan	Skipper R.N.R.	17 Apr 18	Skipper R.N.R.
William Brown	Skipper R.N.R.	17 Apr 18	Skipper R.N.R.
Robert Buchan	Ch. Skipper R.N.R.	17 Apr 18	Skipper R.N.R.
Hugh R. Marrack	Lieut.-Com.	17 Apr 18	Lieutenant
Frank P. Busbridge	Lieutenant	17 Apr 18	Lieutenant
Denis W. Boyd	Lieutenant	17 Apr 18	Lieutenant
Reginald J. Brook-Booth	Lieutenant	17 Apr 18	Lieutenant
George A. Rickaby	Artif. Eng.	17 Apr 18	Artif. Eng.
Harry L. Nunn (late R.N.A.S)	*Flight Lieut.*	17 *Apr* 18	*Flight Lieut.*
John N. Tait	Lieut.-Com.	17 Apr 18	Lieutenant
Armin G. V. Elder	Surg.-Lieut. R.N.V.R.	17 Apr 18	Surgeon R.N.V.R.
Cyril B. Ridley (late R.N.A.S.)	*Flight Lieut. R.N.A.S.*	17 Apr 18	*Flight Lieut. R.N.A.S.*
Cyril F. Brewerton (late R.N.A.S.)	*Flight Lieut. R.N.A.S.*	17 *Apr* 18	*Flight Lieut. R.N.A.S.*
Hector A. Furniss (late R.N.A.S.)	*Flight Obsr. R.N.A.S.*	17 *Apr* 18	*Flight Obsr. R.N.A.S.*
Bertie A. Millson *(late R.N.A.S.)*	*Flight Lieut. R.N.A.S.*	17 Apr 18	*Flight Lieut. R.N.A.S.*
John de C. Paynter (late R.N.A.S.)	*Flight Lieut. R.N.A.S.*	17 *Apr* 18	*Flight Lieut. R.N.A.S.*
Frederick G. Horstman (late R.N.A.S.)	*Flight Lieut. R.N.A.S.*	17 Apr 18	*Flight Lieut. R.N.A.S.*
Maxwell H. Findlay (late R.N.A.S.)	*Flt. Sub-Lt. R.N.A.S.*	17 Apr 18	*Flt. Sub-Lt. R.N.A.S.*
John M. Mason *(late R.N.A.S.)*	*Flt. Sub-Lt. R.N.A.S.*	17 Apr 18	*Flt. Sub-Lt. R.N.A.S.*
Thomas A. Warne-Browne *(late R.N.A.S.)*	*Flt. Sub-Lt. R.N.A.S.*	17 Apr 18	*Flt. Sub-Lt. R.N.A.S.*
Frederick S. Russell (late R.N.A.S.)	*Obsr. Sub-Lt. R.N.A.S.*	17 Apr 18	*Obsr. Sub-Lt. R.N.A.S.*
Frederick H. Stringer (late R.N.A.S.)	*Obsr. Sub-Lt. R.N.A.S.*	17 Apr 18	*Obsr. Sub-Lt. R.N.A.S.*

Distinguished Service Cross

Name.	Rank.	Date of Gazette.	Rank at the Time of Act.
Basil N. Downie	Lieutenant	26 Apr 18	Lieutenant
John P. White	Act. Lieut.	26 Apr 18	Mate
Sydney Pratt	Lieut. R.N.R.	26 Apr 18	Lieut. R.N.R.
Robert W. Baty	Lieut. R.N.R.	26 Apr 18	Lieut. R.N.R.
Walter Clare	Eng. Lieut. R.N.R.	26 Apr 18	Eng. Lieut. R.N.R.
William Buchan	Skipper R.N.R.	26 Apr 18	Skipper R.N.R.
Llewellyn V. Morgan, M.V.O.	Lieutenant	26 Apr 18	Lieutenant
Arthur Wardell-Yerburgh	Lieutenant	26 Apr 18	Lieutenant
John McLeod More	Paym. Lieut.	26 Apr 18	Paymaster
Frederick H. Gething	—	26 Apr 18	Captain (Mer. Marine)
William Leask	—	26 Apr 18	Captain (Mer. Marine)
Henry J. Smith	—	26 Apr 18	Captain (Mer. Marine)
Gilbert Wilton	—	26 Apr 18	Captain (Mer. Marine)
William A. Clingly	—	26 Apr 18	2nd Offr. (Mer. Marine)
Laurence C. Hemy	—	26 Apr 18	3rd Engineer (Mer. Marine)
William L. Welsh	Act. Sub-Lieut. R.N.R.	26 Apr 18	Squad. Com. R.N.A.S.
Arthur B. Gaskell	Lieut.-Com.	26 Apr 18	Squad. Com. R.N.A.S.
Thomas Harrison Cooper	—	17 May 18	Captain (Mer. Marine)
John Dempster	—	17 May 18	Captain (Mer. Marine)
Patrick H. Mackenzie	Lieut.-Com.	17 May 18	Lieutenant
George A. P. Webster	Paym. Lieut.	17 May 18	Paymaster
Guy O. Lydekker	Lieut.-Com.	17 May 18	Lieutenant
Arthur R. Farquhar	Lieut.-Com.	17 May 18	Lieutenant
Robert M. Stopford	Lieutenant	17 May 18	Lieutenant
Robin E. Jeffreys	Lieutenant	17 May 18	Lieutenant
Harold P. Keeley	Lieutenant	17 May 18	Lieutenant
Roderick E. F. McQ. Mackenzie	Lieutenant	17 May 18	Act. Lieut.
Harry L. Mack	Lieut. R.N.R.	17 May 18	Lieut. R.N.R.
John S. Rogers	Lieut. R.N.R.	17 May 18	Lieut. R.N.R.
Walter C. Battle	Act. Lieut.-Com. R.N.R.	17 May 18	Lieut. R.N.R.
Peter Harvey	Eng. Lieut. R.N.R.	17 May 18	Eng. Lieut. R.N.R.

Distinguished Service Cross

Name.	Rank.	Date of Gazette.	Rank at the Time of Act.
Duncan R. Royd	Lieut. R.N.V.R.	17 May 18	Lieut. R.N.V.R.
Geoffrey R. P. Gilpin	Lieut. R.N.V.R.	17 May 18	Lieut. R.N.V.R.
Francis C. B. Lefroy	Lieut. R.N.V.R.	17 May 18	Lieut. R.N.V.R.
William N. Lucas-Shadwell	late Lieutenant R.N.V.R.	17 May 18	*Lieutenant R.N.V.R.*
Walter L. Crossing	Lieut. R.N.V.R.	17 May 18	Lieut. R.N.V.R.
Gilbert D. Nelson	Lieut. R.N.V.R.	17 May 18	Lieut. R.N.V.R.
John G. Dewar	Gunner (T)	17 May 18	Gunner (T)
James M. Waller	Boatswain	17 May 18	Boatswain
Richard J. Figgins	Ch. Artif. Eng.	17 May 18	Ch. Artif. Eng.
William Innes (*b*)	Skipper R.N.R.	17 May 18	Skipper R.N.R.
William Wilson	Skipper R.N.R.	17 May 18	Skipper R.N.R.
George Thomson	Skipper R.N.R.	17 May 18	Skipper R.N.R.
Stanley N. Blackburn	Lieutenant	3 June 18	Lieutenant
Ernest M. Fittock	Eng. Lieut.	7 June 18	Eng. Lieut.
Basil Baseby	Act. Lieut. R.M.A.	7 June 18	Act Lieut. R.M.A.
George Davis	Lieut. R.N.R.	7 June 18	Lieut. R.N.R.
George L. H. Dean	Lieut. R.N.R.	7 June 18	Lieut. R.N.R.
Thomas Kippins	Lieut. R.N.R.	7 June 18	Lieut. R.N.R.
William Murray (*b*)	Lieut. R.N.R.	7 June 18	Lieut. R.N.R.
Marshall Reay	Lieut. R.N.R.	7 June 18	Lieut. R.N.R.
Philip O. Hughes	Lieut. R.N.R.	7 June 18	Lieut. R.N.R.
George B. Morgan	Lieut. R.N.R.	7 June 18	Lieut. R.N.R.
James Milligan	Lieut. R.N.R.	7 June 18	Lieut. R.N.R.
Malcolm Muirhead	Lieut. R.N.R.	7 June 18	Lieut. R.N.R.
Edward H. Young, D.S.O., M.P.	Lieut.-Com. R.N.V.R.	7 June 18	Lieut. R.N.V.R.
George W. Alexander	Skipper R.N.R. (*W.S.A. 962*)	7 June 18	Skipper R.N.R.
John H. Lawrence	Ch. Skipper R.N.R.	7 June 18	Skipper R.N.R.
George E. Stubbs	Skipper R.N.R.	7 June 18	Skipper R.N.R.
Andrew Walker	Skipper R.N.R.	7 June 18	Skipper R.N.R.
Arthur O. Whatling	Skipper R.N.R.	7 June 18	Skipper R.N.R.
Henry A. Yardley	—	21 June 18	Captain (Mer. Marine)

Distinguished Service Cross

Name.	Rank	Date of Gazette.	Rank at the Time of Act.
David G. H. Bush	Lieutenant	21 June 18	Lieutenant
Basil R. Willett	Lieutenant	21 June 18	Lieutenant
Cyril E. R. Alford	Lieutenant	21 June 18	Lieutenant
Henry B. Parker, M.B.	Surg. Lieut.	21 June 18	Surgeon
James Fullarton	Lieut. R.N.R.	21 June 18	Lieut. R.N.R.
William W. Thomas	Lieut. R.N.R.	21 June 18	Lieut. R.N.R.
Joseph A. Wallis	Lieut. R.N.R.	21 June 18	Lieut. R.N.R.
James S. Allan	Lieut. R.N.R.	21 June 18	Lieut. R.N.R.
Leslie Thompson	Lieut. R.N.R.	21 June 18	Lieut. R.N.R.
Joseph S. Bell	Lieut. R.N.V.R	21 June 18	Lieut. R.N.R.
Charles J. L Hayward	Sub-Lieut. R.N.R.	21 June 18	Sub-Lieut. R.N.R.
Thomas J. Elliott	Paym. Sub-Lieut. R.N.R.	21 June 18	Asst. Paym. R.N.R.
Evan E. Wellman	Artif. Eng.	21 June 18	Artif. Eng.
Ernest R. Browne	Skipper R.N.R.	21 June 18	Skipper R.N.R.
Francis J. Lambert	Lieutenant	23 July 18	Lieutenant
VC Victor A. C. Crutchley	Lieutenant	23 July 18	Lieutenant
Alan Cory-Wright	Lieutenant	23 July 18	Lieutenant
Cuthbert F. B. Bowlby (*With Bar* 28 *Aug* 18)	Lieutenant	23 July 18	Lieutenant
Philip E. Vaux	Lieutenant	23 July 18	Lieutenant
George D. Belben, A.M.	Lieutenant	23 July 18	Act. Lieut.
Wilfred Long	Eng. Lieut.	23 July 18	Eng. Lieut.
William R. McLaren	Eng. Lieut.	23 July 18	Eng. Lieut.
William L. Clegg, M.B.	Surg. Lieut.	23 July 18	Surgeon
Leonard J. Lee	Lieut. R.N.V.R.	23 July 18	Lieut. R.N.V.R.
James C. K. Wright	Lieut. R.N.V.R.	23 July 18	Lieut. R.N.V.R
John W. Robinson	Lieut. R.N.V.R.	23 July 18	Lieut R.N.V.R.
Arthur G. Bagot	Lieut. R.N.V.R.	23 July 18	Lieut. R.N.V.R.
George F. Bowen	Lieut. R.N.V.R.	23 July 18	Lieut. R.N.V.R.
Malcolm S. Kirkwood	Lieut. R.N.V.R.	23 July 18	Lieut. R.N.V.R.
Harold V. Rogers	Act. Lieut. R.N.R.	23 July 18	Act. Lieut. R.N.R.
Cedric R. L. Outhwaite	Sub-Lieut. R.N.V.R.	23 July 18	Sub-Lieut. R.N.V.R.
Sidney G. West	Act. Eng. Lieut.	23 July 18	Mate (E)
Charles R. W. Lamplough	Capt. R.M.L.I.	23 July 18	Lieut. R.M.L.I.
George Underhill	Lieut. R.M.L.I.	23 July 18	Lieut. R.M.L.I.
Peter B. Clarke	Act. Sub-Lieut. R.N.R.	23 July 18	Act. Sub-Lieut. R.N.R.

Distinguished Service Cross

Name.	Rank.	Date of Gazette.	Rank at the Time of Act
Leslie R. Blake	Sub.-Lieut. R.N.R.	23 July 18	Act. Sub.-Lieut. R.N.R.
Alfred V. Knight	Act. Sub.-Lieut. R.N.R.	23 July 18	Act. Sub.-Lieut. R.N.R.
Thomas W. Galletly	Gunner (T)	23 July 18	Gunner (T)
William M. Sutton	Artif. Eng.	23 July 18	Artif. Eng.
William H. Edgar	Act. Artif. Eng. R.A.N.	23 July 18	Act. Artif. Eng. R.A.N.
Charles J. Thatcher	Serjt.-Maj. R.M.L.I.	23 July 18	Serjt.-Maj. R.M.L.I.
John R. D. Freeman	Lieutenant	7 Aug 18	Act. Lieut.
Edward Jones	Eng. Lieut. R.N.R.	7 Aug 18	Eng. Lieut. R.N.R.
David H. Millward	Mid. R.N.R.	7 Aug 18	Mid. R.N.R.
George H. T. Birch	Chief Skipper R.N.R.	7 Aug 18	Chief Skipper R.N.R.
John H. Hollingsworth	late Lieut. R.M.	7 Aug 18	Lieut. R.M.
Andrew Brown	—	7 Aug 18	Captain (Mer. Marine)
Frederick G. Cadiz	—	7 Aug 18	Captain (Mer. Marine)
Robert Capper	Commander R.N.R.	7 Aug 18	Captain (Mer. Marine)
William J. Campbell	—	7 Aug 18	Captain (Mer. Marine)
Joseph H. Cole	—	7 Aug 18	Captain (Mer. Marine)
Henry Daniel	—	7 Aug 18	Captain (Mer. Marine)
Angus Keith	—	7 Aug 18	Captain (Mer. Marine)
John Lewis	—	7 Aug 18	Captain (Mer. Marine)
McArthur McLean	—	7 Aug 18	Captain (Mer. Marine)
James McNaughton	—	7 Aug 18	Captain (Mer. Marine)
John Roberts	—	7 Aug 18	Captain (Mer. Marine)
George F. W. Sim	—	7 Aug 18	Captain (Mer. Marine)
Stewart Darragh	—	7 Aug 18	Chief Officer (Mer. Marine)
Andrew Allan	—	7 Aug 18	Chief Eng. (Mer. Marine)
Thomas Boleyn	—	7 Aug 18	Chief Eng. (Mer. Marine)
George Gemmell	—	7 Aug 18	Chief Eng. (Mer. Marine)
Reginald D. Merriman	Lieut. R.I.M.	23 Aug 18	Lieut. R.I.M.
Russell H. McBean	Lieutenant	28 Aug 18	Lieutenant
William H. Bremner	Lieutenant	28 Aug 18	Lieutenant

Distinguished Service Cross

Name.	Rank.	Date of Gazette.	Rank at the Time of Act
Albert L. Poland	Lieutenant	28 Aug 18	Lieutenant
Rawsthorne Procter	Lieut. R.N.V.R.	28 Aug 18	Lieut. R.N.V.R.
Anthony C. Mackie	Lieut. R.N V.R.	28 Aug 18	Lieut. R.N.V.R.
Felix F. Brayfield	Lieut. R.N.V.R.	28 Aug 18	Lieut. R.N.V.R.
Allan L. Geddes	Lieut. R.N.V.R.	28 Aug 18	Lieut. R.N.V.R.
George R. Shaw	Sub-Lieut. R.N.R.	28 Aug 18	Sub-Lieut. R.N.R.
James Petrie	Sub-Lieut. R.N.V.R.	28 Aug 18	Sub-Lieut. R.N.V.R.
The Hon. Cecil E. R. Spencer (With Bar 28 Aug 18)	Lieutenant.	28 Aug 18	Lieutenant
Ernest E. Kelly	Co. Serjt.-Maj. R.M.L.I.	28 Aug 18	Co Serjt. Maj. R.M.L.I.
John A. P. Legh	Lieut-Com.	14 Sept 18	Lieutenant
Cyril W. Bower	Lieutenant	14 Sept 18	Lieutenant
Gerald R Cousins	Lieutenant	14 Sept 18	Lieutenant
Alan D. L Macpherson	Lieutenant	14 Sep 18	Lieutenant
Arthur M. Coleman	Lieutenant	14 Sept 18	Lieutenant
John W. Townsley	Lieut. R.N.R	14 Sept 18	Lieut. R.N.R.
Louis E. Workman	Lieut. R.N.R.	14 Sept 18	Lieut. R N.R.
Edward J Grey	Sub-Lieut. R.N.R.	14 Sept 18	Sub-Lieut R.N.R
George E. Strahan	Surg. Sub-Lieut. R.N.V R.	14 Sept 18	Surg. Probr. R.N.V.R.
Athol D. Davis	Paym Sub-Lieut. R.N.R	14 Sept 18	Asst. Paym. R N.R.
George S. Anakin	Mid. R N.R.	14 Sept 18	Mid. R.N R.
Charles Palmer	Ch. Artif. Eng.	14 Sept 18	Artif. Eng.
Richard Bronckxon	Skipper R.N.R.	14 Sept 18	Skipper R N.R.
Frederick Faulkner	Lieutenant	14 Sept 18	Lieutenant
Arthur J. Cubison	Lieutenant	14 Sept 18	Lieutenant
James M. Harrison	Surg.-Lieut.	14 Sept 18	Surgeon
David B. Dun	Sub-Lieut. R.N.R	14 Sept 18	Sub-Lieut. R.N.R.
Harry O. Hunn	Skipper R N R	14 Sept 18	Skipper R.N R.
Benjamin G Reynolds	Skipper R.N.R.	14 Sept 18	Skipper R.N.R.
John E. Reynolds	Capt. R.M.	14 Sept 18	Capt. R.M.
Charles Philip Dickens	—	14 Sept 18	Capt. (Mer Marine)
Joseph Marcus Pearson	Lieut.-Com. R.N.R.	14 Sept 18	Capt (Mer. Marine)
William Robertson	—	14 Sept 18	Capt. (Mer. Marine
The Hon. Cecil E. R. Spencer	Lieutenant	20 Sept 18	Lieutenant
William R. Slayter	Lieutenant	20 Sept 18	Lieutenant

Distinguished Service Cross

Name.	Rank.	Date of Gazette.	Rank at the Time of Act.
Richard F. J. Onslow	Lieutenant	20 Sept 18	Lieutenant
Richard H. Caldwell	Lieutenant	20 Sept 18	Lieutenant
Kenneth C. Kirkpatrick	Lieutenant	20 Sept 18	Lieutenant
Alban E. T. Tate	Lieutenant	20 Sept 18	Lieutenant
William Ahern	Lieutenant	20 Sept 18	Lieutenant
Ernest Beeley	Lieutenant	20 Sept 18	Lieutenant
Charles R. Cameron	Lieut. R.N.R.	20 Sept 18	Lieut. R.N.R.
George S. Thomson	Lieut. R.N.R.	20 Sept 18	Lieut. R.N.R.
John H. Merifield	Lieut. R.N.R.	20 Sept 18	Lieut. R.N.R.
William J. H. Hall	Lieut. R.N.R.	20 Sept 18	Lieut. R.N.R.
John Whitefield	Lieut. R.N.R	20 Sept 18	Lieut. R.N.R.
Albert R. Williamson	Lieut. R.N.R.	20 Sept 18	Lieut. R.N.R.
Duncan A. MacK. Watt	Lieut. R.N.R.	20 Sept 18	Lieut. R.N.R.
Grant Rougvie	Lieut. R.N.R.	20 Sept 18	Lieut. R.N.R.
Hugh Owen	Lieut. R.N.R.	20 Sept 18	Lieut. R.N.R.
William V. J. Clarke	Lieut. R.N.R	20 Sept 18	Lieut. R.N.R.
Louis Whitehead	Lieut. R.N.R.	20 Sept 18	Lieut. R.N.R.
William Wilson	Lieut. R.N.R.	20 Sept 18	Lieut. R.N.R.
Theodore J. B. Beard	Lieut. R.N.R.	20 Sept 18	Lieut. R.N.R.
Samuel Rayer	Lieut. R.N.R	20 Sept 18	Lieut. R.N.R.
Gerald H. L. Jones	Lieut. R.N.R.	20 Sept 18	Lieut. R.N.R.
Archibald T. Yardley	Lieut. R.N.R.	20 Sept 18	Lieut. R.N.R.
Norman J. Gibson	Lieut. R.N.R.	20 Sept 18	Lieut. R.N.R.
Bertie E. Smith	Lieut. R.N.R.	20 Sept 18	Lieut. R.N.R.
William B. Chilton (*With Bar* 17.Jun 19)	Lieut. R.N.R.	20 Sept 18	Lieut. R.N.R.
Alfred M. Lee	Lieut. R.N.R.	20 Sept 18	Lieut. R.N.R.
Herbert F. Rainey	Lieut. R.N.R.	20 Sept 18	Lieut. R.N.R.
Reginald H. Foley	Lieut. R.N.V.R.	20 Sept 18	Lieut. R.N.V.R.
Thomas Daniells	Eng. Sub-Lieut. R.N.R	20 Sept 18	Eng. Sub-Lieut. R.N.R.
Daniel P. J. Enright	Chief Gunner	20 Sept 18	Chief Gunner
Horace W. Bristow	Chief Skipper R.N.R.	20 Sept 18	Chief Skipper R.N.R.
William H. Maunder	Chief Skipper R.N.R.	20 Sept 18	Chief Skipper R.N.R.
Thomas May	Chief Skipper R.N.R.	20 Sept 18	Chief Skipper R.N.R.
Peter Yorston	Chief Skipper R.N.R.	20 Sept 18	Chief Skipper R.N.R.
James H. Smith	Chief Skipper R.N.R.	20 Sept 18	Chief Skipper R.N.R.
William J. Thomas	Chief Skipper R.N.R.	20 Sept 18	Chief Skipper R.N.R.
Will Messenger	Chief Gunner	20 Sept 18	Gunner
James J. Donaldson	Skipper R.N.R.	20 Sept 18	Skipper R.N.R.
George Innes	Skipper R.N.R.	20 Sept 18	Skipper R.N.R.
Jim R. McBeath	Skipper R.N.R.	20 Sept 18	Skipper R.N.R.
George H. Rogers	Skipper R.N.R.	20 Sept 18	Skipper R.N.R.

Distinguished Service Cross

Name.	Rank.	Date of Gazette.	Rank at the Time of Act.
Hugh S. Egerton	Lieutenant	5 Oct 18	Lieutenant
Leslie Lonsdale-Cooper	Lieutenant	5 Oct 18	Lieutenant
George H. Boddie	Act. Lieut.	5 Oct 18	Act. Lieut.
Claude Asquith	Lieut R.N.R.	5 Oct 18	Lieut. R.N.R.
Arnold E. McNab	Lieut. R.N.R.	5 Oct 18	Lieut. R.N.R.
Frank Ellis	Lieut. R.N.R.	5 Oct 18	Lieut. R.N.R.
Henry J. Chapman	Lieut. R.N.R.	5 Oct 18	Lieut. R.N.R.
Frank J. Couldrey	Lieut. R.N.R.	5 Oct 18	Lieut. R.N.R.
Edward W. Elliott	Eng. Lieut. R.N.R.	5 Oct 18	Eng. Lieut. R.N.R.
Charles C. Elliott	Surg. Sub-Lieut. R.N.V.R.	5 Oct 18	Surg. Sub-Lieut. R.N.V.R.
Alexander Joe	Surg. Sub-Lieut. R.N.V.R.	5 Oct 18	Surg. Sub-Lieut. R.N.V.R.
Edward C. Phillips	Chief Artif. Eng.	5 Oct 18	Chief Artif. Eng.
John Stobart	Chief Artif. Eng.	5 Oct 18	Chief Artif. Eng.
George Marden	Gunner	5 Oct 18	Gunner
Frank H. Knowles	Artif. Eng.	5 Oct 18	Artif. Eng.
William Addy	Skipper R.N.R.	5 Oct 18	Skipper R.N.R.
George Cook	Skipper R.N.R.	5 Oct 18	Skipper R.N.R.
Sidney Hewitt	Skipper R.N.R.	5 Oct 18	Skipper R.N.R.
Boreas Hume	Skipper R.N.R.	5 Oct 18	Skipper R.N.R.
George Moston	Skipper R.N.R.	5 Oct 18	Skipper R.N.R.
William J. Parish	Skipper R.N.R.	5 Oct 18	Skipper R.N.R.
Robert J. Syrett	Skipper R.N.R.	5 Oct 18	Skipper R.N.R.
James Gale	Skipper R.N.R.	5 Oct 18	Skipper R.N.R.
George Ladley	Skipper R.N.R.	5 Oct 18	Skipper R.N.R.
Lewis A. McCombie	Skipper R.N.R.	5 Oct 18	Skipper R.N.R.
George T. Thompson	—	5 Oct 18	Captain (Mer. Marine)
Robert L. Allinson	—	5 Oct 18	Captain (Mer. Marine)
David Peregrine	—	5 Oct 18	Captain (Mer. Marine)
Edward Fishwick	—	29 Oct 18	Captain (Mer. Marine)
William N. Oliver	—	29 Oct 18	Captain (Mer. Marine)

Distinguished Service Cross

Name.	Rank.	Date of Gazette.	Rank at the Time of Act.
Ronald W. Blacklock	Lieutenant	29 Oct 18	Lieutenant
George C. Reed	Lieut. R.N.R.	29 Oct 18	Lieut. R.N.R.
William J. Davies	Lieut. R.N.R.	29 Oct 18	Lieut. R.N.R.
Walter T. A. Bird	Lieutenant	29 Nov 18	Lieutenant
Horace L. Vicary	Lieut. R.N.R.	29 Nov 18	Lieut. R.N.R.
Arthur J. Baxter	Lieut. R.N.R.	29 Nov 18	Lieut. R.N.R.
Ernest E. Woodcock	Lieut. R.N.R.	29 Nov 18	Lieut. R.N.R
Arnold E. Peek	Lieut. R.N.R.	29 Nov 18	Lieut. R.N.R.
John C. V. Morgan	Lieut. R.N.R.	29 Nov 18	Lieut. R.N.R.
Thomas McMullan	—	29 Nov 18	Captain (Mer. Marine)
Edward R. Lewis	Lieutenant	29 Nov 18	Lieutenant
Guy L. Cockburn	Lieutenant	29 Nov 18	Lieutenant
Robert W. Bateman	Lieut. R.N.R.	29 Nov 18	Lieut. R.N.R.
Leopold J. Hegarty	Lieut. R.N.R.	29 Nov 18	Act. Lieut. R.N.R.
Charles E. Hotham	Lieutenant	11 Dec 18	Lieutenant
Reginald W. Hore	Lieutenant	11 Dec 18	Lieutenant
Gerald C Muirhead-Gould	Lieut.-Com.	11 Dec 18	Lieutenant
James Budgen	Lieut. R.N.R.	11 Dec 18	Lieut. R.N.R.
Walter M. Blair	Lieut. R.N.V.R.	11 Dec 18	Lieut. R.N.V.R.
Noel C. Akers	Lieut. R.N.V.R.	11 Dec 18	Lieut. R.N.V.R.
George O. Hollins	Eng. Lieut.	11 Dec 18	Eng. Lieut.
Frank A. Truckle	Act. Eng. Lieut.	11 Dec 18	Act. Eng. Lieut.
George Harris	Chief Gunner	11 Dec 18	Ch. Gunner
John Slater	Gunner (T)	11 Dec 18	Gunner (T)
Henry J. Epworth	Gunner (T)	11 Dec 18	Gunner (T)
Henry J. F. Cavendish	Lieutenant	12 Dec 18	Lieutenant
Royer M. Dick	Act. Lieut.	12 Dec 18	Act. Lieut.
Eugene E. F. Smith	Lieut. R.N.R.	12 Dec 18	Lieut. R.N.R.
Edward H. Richardson, A.M.	Act. Lieut. R.N.R.	12 Dec 18	Act. Lieut. R.N.R.
John G. Elgar	Paym. Lieut.	12 Dec 18	Paym. Lieut.
William E. Kewish	Gunner	12 Dec 18	Gunner
Herbert Gutherless	Boatswain	12 Dec 18	Boatswain
Gerald F. Haszard, O.B.E.	Captain R.M.	1 Jan 19	Captain R.M.
William S. Chalmers	Lieut.-Com.	17 Jan 19	Lieutenant
Henry V. Fuller	Captain R.M.	17 Jan 19	Captain R.M.
Robert H. McNair	Lieut. R.N.R.	17 Jan 19	Lieut. R.N.R.
Bernard T. Chick	Lieut. R.N.V.R.	17 Jan 19	Lieut. R.N.V.R.
George H. Greenwood	Lieut. R.N.V.R.	17 Jan 19	Lieut. R.N.V.R.
Reginald D. Rowe	Act. Lieut.	17 Jan 19	Sub-Lieut.
John H. Brougham	Lieutenant	15 Feb 19	Lieutenant
Robert V. Mack	Lieutenant	15 Feb 19	Lieutenant
Albert E. Holland	Lieut. R.N.R.	15 Feb 19	Lieut. R.N.R.
Warwick L. Scott	Lieut. R.N.V.R.	15 Feb 19	Lieut. R.N.V.R.

Name.	Rank.	Date of Gazette.	Rank at the Time of Act.
Reginald Joynson	Lieut. R.N.V.R.	15 Feb 19	Lieut. R.N.V.R.
Charles F. Holt	Eng. Lieut. R.N.R.	15 Feb 19	Eng. Lieut. R.N.R.
Ernest G. Driscoll	Paym. Sub-Lieut. R.N.R.	15 Feb 19	Paym. Sub-Lieut. R.N.R.
Walter G. Bigger	Surg. Lieut.	15 Feb 19	Surg. Lieut.
Daniel Harding	2nd Lieut. R.M.A.	15 Feb 19	2nd Lieut. R.M.A.
Frederick J. Baker	Ch.Artif.Eng.	15 Feb 19	Ch.Artif.Eng.
Melvill W. Ward	Lieut.-Com.	20 Feb 19	Lieut.-Com.
Edward J. P. Burling	*late Flt. Lieut. R.N.A.S.*	20 Feb 19	*Flt. Lieut. R.N.A.S.*
Gerald A. Garnous-Williams	Lieutenant	20 Feb 19	Lieutenant
Randolph S. G. Nicholson	Lieutenant	20 Feb 19	Lieutenant
John S. G. Reid	Lieut. R.N.R.	20 Feb 19	Lieut. R.N.R.
George Brand	Lieut. R.N.R.	20 Feb 19	Lieut. R.N.R.
Harold F. Addenbrooke-Kent	Lieut. R.N.R.	20 Feb 19	Lieut. R.N.R.
Charles S. Sim	Lieut R.N.R.	20 Feb 19	Lieut. R.N.R.
Andrew Buchan	Skipper R.N.R.	20 Feb 19	Skipper R.N.R.
James A. King	Skipper R.N.R.	20 Feb 19	Skipper R.N.R.
Percy S. Atkins	Lieut. R.N.R.	17 Mar 19	Lieut. R.N.R.
Lachlan D. Mackintosh	Lieutenant	17 Mar 19	Lieutenant
Pelham A. Maitland	Lieutenant	17 Mar 19	Lieutenant
Ivo W. L. Frewen	Lieutenant	17 Mar 19	Lieutenant
Arthur A. Osman	Surg. Sub-Lt. R.N.V.R.	17 Mar 19	Surg. Sub-Lt. R.N.V.R.
Raymond B. Stewart	Lieutenant	17 Mar 19	Lieutenant
Richard Burton	Capt R.M.L.I.	17 Mar 19	Capt R.M.L.I.
Daniel F. White	Lieut. R.N.V.R.	17 Mar 19	Lieut. R.N.V.R.
Wilfrid E. Warner	Sub-Lieut.	17 Mar 19	Sub-Lieut.
John S. Higgs	Skipper R.N.R.	17 Mar 19	Skipper R.N.R.
Ernest R. Crafter	—	17 Mar 19	Ch. Eng. (Mer. Marine)
James McD. Dunbar	—	17 Mar 19	2nd Officer (Mer. Marine)

Distinguished Service Cross

List of Officers of Foreign Navies on whom the Distinguished Service Cross has been conferred.

Name.	Date.	Rank.	Navy.
Henri J. P. de l'Escaille	13 Sept 15	Lieutenant de vaisseau	French
Alfred L. M. Cintré	13 Sept 15	Lieutenant de vaisseau	,,
Paul Marie Joseph Blanc	23 Dec 15	Lieutenant de vaisseau	,,
Jacques Lucien Boissarie	23 Dec 15	Lieutenant de vaisseau	,,
Charles François Henri Rouzaud	23 Dec 15	Lieutenant de vaisseau	,,
Louis Théophile Litré	23 Dec 15	Lieutenant de vaisseau	,,
Jules Bergeon	23 Dec 15	Lieutenant de vaisseau	,,
Maurice Alphonse Thierry	23 Dec 15	Lieutenant de vaisseau	,,
Marie Achille Edouard Pierre Auverny	23 Dec 15	Lieutenant de vaisseau	,,
Emile Victor Faurie	23 Dec 15	Lieutenant de vaisseau	,,
Yves Louis Sergent	23 Dec 15	Officier de 2e Classe des Equipages de la Flotte	,,
Charles Lucien Cantener	23 Dec 15	Lieutenant de vaisseau de la Brigade des Fusiliers Marins	,,
Robert Louis Marie Cayrol	23 Dec 15	Lieutenant de vaisseau de la Brigade des Fusiliers Marins	,,
Siméon Marie Robert de Roucy	23 Dec 15	Lieutenant de vaisseau de la Brigade des Fusiliers Marins	,,
Louis Octave Edouard Thévenard	23 Dec 15	Lieutenant de vaisseau	,,
Eugène Marie Joseph Morris	23 Dec 15	Lieutenant de vaisseau	,,
Julien Joseph Perrette	23 Dec 15	Lieutenant de vaisseau	,,
Charles Marie Joseph Millot	23 Dec 15	Lieutenant de vaisseau	,,
Joseph Henri Pierre de Bronac de Vazelhes	23 Dec 15	Lieutenant de vaisseau	,,
Vincent Auguste de Pianelli	23 Dec 15	Lieutenant de vaisseau	,,
Louis Marie Jules Barthélemy de Saizieu	23 Dec 15	Lieutenant de vaisseau de l'Aviation Maritime	,,
Eugène Robert Defforges	23 Dec 15	Lieutenant de vaisseau	,,
Jean Marie Michel Delègue	23 Dec 15	Lieutenant de vaisseau	,,
Jean Pierre Esteva	23 Dec 15	Lieutenant de vaisseau	,,
Gustave de Peytes de Montcabrier	23 Dec 15	Lieutenant de vaisseau	,,
Marie Chrétien Galiot Martial Antonin de Mandat de Grancey	23 Dec 15	Lieutenant de vaisseau de Réserve	,,
Edmond David Willm	23 Dec 15	Lieutenant de vaisseau	,,
Constant Charles René Bonnin	23 Dec 15	Lieutenant de vaisseau	,,
Louis Paul Noël Marie Rouault de Coligny	23 Dec 15	Lieutenant de vaisseau	,,
Gaston Ernest Maurice Dunoyer de Noirmont	23 Dec 15	Enseigne de vaisseau de Réserve	,,
Léon Gabriel Corblet	23 Dec 15	Enseigne de vaisseau auxiliaire	,,

Distinguished Service Cross

Name.	Date.	Rank.	Navy.
Vittorio Levi Schiff	1 May 16	Tenente di vascello	Italian
Luigi Bartolucci Dundas	1 May 16	Tenente di vascello	,,
Ugo Malusardi	1 May 16	Tenente di vascello	,,
Edmondo Di Loreto	1 May 16	Tenente di vascello	,,
Edoardo Gajo	1 May 16	Tenente di vascello	,,
Guilio Lino	1 May 16	Tenente di vascello	,,
Michelangelo Fedeli	1 May 16	Tenente di vascello	,,
Luigi Spalice	1 May 16	Tenente di vascello	,,
Augusto Bernotti	1 May 16	Tenente di vascello	,,
Enrico Trani	1 May 16	Tenente di vascello	,,
Alberto Procaccini	1 May 16	Tenente di vascello	,,
Aldo Ascoli	1 May 16	Tenente di vascello	,,
Vincenzo Brunetti	1 May 16	Tenente di vascello	,,
Leonardo Fabiano	1 May 16	Tenente di vascello di compl.	,,
Gennaro Pagano di Melito	1 May 16	Tenente di vascello di compl.	,,
Mariano Cuzzaniti	1 May 16	Maggiore macchinista	,,
Nicola Trizio	1 May 16	Capitano macchinista	,,
Raffaela Longobardo	1 May 16	Capitano macchinista	,,
Adelfredo Fedele	1 May 16	Capitano macchinista	,,
Pietro Schiavi	1 May 16	Capitano macchinista	,,
Alessandro Avolio	1 May 16	Capitano macchinista	,,
Ettore Micheletti	1 May 16	Capitano medico	,,
Nicola De Mare	1 May 16	Capitano medico	,,
Samuele Gnasso	1 May 16	Capitano medico	,,
Olisio Bruno	1 May 16	Tenente commissario	,,
Franz Luigi Roesler	— Feb 17	Flag Lieutenant to Minister of Marines	,,
Eugenio Puccio	— Feb 17	Tenente di vascello	,,
Guido Po	— Feb 17	Tenente di vascello	,,
Emilio Stretti	— Feb 17	Tenente di vascello	,,
Ugo Perricone	— Feb 17	Tenente di vascello	,,
Ernesto Lupi	— Feb 17	Tenente di vascello	,,
Ildebrando Goiran	— Feb 17	Tenente di vascello	,,
Guido Bacci	— Feb 17	Tenente di vascello	,,
Giuseppe Trionfi	— Feb 17	Tenente di vascello	,,
Giotto Maragbini	— Feb 17	Tenente di vascello	,,
Manfredi Gravina	— Feb 17	Tenente di vascello	,,
Giuseppe Roberti di Castelvero	— Feb 17	Tenente di vascello	,,
Giuseppe Garassine Gartarino	— Feb 17	Tenente di vascello	,,
Luigi Bologna	— Feb 17	Tenente di vascello	,,
Umberto Alberti	— Feb 17	Tenente di vascello	,,
Piero Palese	— Feb 17	Tenente di vascello (compl.)	,,
Antonio Muzio	— Feb 17	Capitano genio navale	,,
Salvatore Emanuele Rima	— Feb 17	Tenente genio navale comp.	,,
Enrico Matteucci	— Feb 17	Capitano medico	,,
Enrico Ruggiero	— Feb 17	Capitano comissario	,,

Distinguished Service Cross

Name.	Date.	Rank.	Navy.
Pierluigi Fiori	— Feb 17	Ufficiale de Porto	Italian
Georges Desmazures	— Feb 17	Lieutenant de vaisseau	French
Marie Charles Stanislas de David de Beauregard	— Feb 17	Lieutenant de vaisseau	,,
Urtain Antoine Henri Roqueplo	— Feb 17	Lieutenant de vaisseau	,,
Pierre Marins Neuzillet	— Feb 17	Lieutenant de vaisseau	,,
Raymond Joseph Marie Dominique de Seze	— Feb 17	Lieutenant de vaisseau	,,
Charles Felix Emile Jean Fabrner	— Feb 17	Lieutenant de vaisseau	,,
Marie Raymond Ceillier	— Feb 17	Lieutenant de vaisseau	,,
Marcel Paul Jacques Deramond	— Feb 17	Enseigne de vaisseau	,,
Marie Lucien Armand de Villiers de la Noué	— Feb 17	Enseigne de vaisseau	,,
Jean Yves Bécam	— Feb 17	Enseigne de vaisseau	,,
Emile Pierre Marie Joseph Vetel	— Feb 17	Enseigne de vaisseau	,,
René Marie Joseph Emile Sagnier	— Feb 17	Enseigne de vaisseau	,,
Ernest Henri Varcollier	— Feb 17	Enseigne de vaisseau	,,
Louis René Henriot	— Feb 17	Enseigne de vaisseau	,,
Gabriel Etienne Alexandre Malacamp	— Feb 17	Enseigne de vaisseau	,,
Joseph Albert Marie Charles Winckler	— Feb 17	Enseigne de vaisseau	,,
Emile Marie Joseph Le Voyer	— Feb 17	Enseigne de vaisseau	,,
André Lorfèvre	— Feb 17	Enseigne de vaisseau	,,
Alexandre Fernand Salomon Martin	— Feb 17	Mécanicien en chef	,,
Octave Gabriel Le Tourneur	— Feb 17	Mecanicien Principal de 2eme Cl.	,,
Jean Justin Etienne Quéré	— Feb 17	Mèdecin, 1er Class	,,
Jean Amedée Marie Charles Ségard	— Feb 17	Mèdecin, 1er Class	,,
George Claude Mondin	— Feb 17	Mèdecin, 2ème Class	,,
Auguste Marie Hyacinthe Lervanee	— Feb 17	Officier de 1er Class des Equipages de la Flotte	,,
Laurent Claude Pierre Decoux	— Feb 17	Flag Lieut. to C.O.S	,,
Ernest Jean François Robert Cosmo	— Feb 17	Lieutenant de vaisseau	,,
François Nicolas	— Feb 17	Lieutenant de vaisseau	,,
Pierre Charles Beaudroit	— Feb 17	Lieutenant de vaisseau	,,
André Benoist	— Feb 17	Lieutenant de vaisseau	,,
Fernand Emile Thouronde	— Feb 17	Lieutenant de vaisseau	,,
René Eugene le Moaligou	— Feb 17	Lieutenant de vaisseau	,,
Paul Isidore Masse	— Feb 17	Lieutenant de vaisseau	,,
Pierre Marie Joseph Henri de Laurens Castelet	— Feb 17	Lieutenant de vaisseau	,,

Distinguished Service Cross

Name.	Date.	Rank.	Navy.
Bernard Henri Augustin Renault	— Feb 17	Lieutenant de vaisseau	French
Auguste Joseph Kerouanton	— Feb 17	Lieutenant de vaisseau	,,
Henri Albert Le Begue	— Feb 17	Lieutenant de vaisseau	,,
Henri Marie Octave Joseph de Bourdoncle de Saint Salvy	— Feb 17	Lieutenant de vaisseau	,,
Auguste André Chaigneau	— Feb 17	Lieutenant de vaisseau	,,
Louis Charles Henri Léon Revel	— Feb 17	Lieutenant de vaisseau	,,
André Auguste Muiron	— Feb 17	Lieutenant de vaisseau	,,
Edmond Lacombe	— Feb 17	Lieutenant de vaisseau	,,
Cammille Leopold Henri Paponnet	— Feb 17	Lieutenant de vaisseau	,,
Georges Louis Rossignol	— Feb 17	Lieutenant de vaisseau	,,
Bruno François Louis Maravel	— Feb 17	Lieutenant de vaisseau	,,
Leopold Marie Revel	— Feb 17	Lieutenant de vaisseau	,,
René Ernest Semichon	— Feb 17	Lieutenant de vaisseau	,,
Jean Joseph Jules Noë de Laborde	— Feb 17	Lieutenant de vaisseau	,,
Odet Georges Louis Joseph Vergeignan	— Feb 17	Lieutenant de vaisseau	,,
Yves François Kerscaven	— Feb 17	Lieutenant de vaisseau	,,
Albert Alexandre Le Villain	— Feb 17	Lieutenant de vaisseau	,,
Ernest Guillaume Pierre Bonnet	— Feb 17	Lieutenant de vaisseau	,,
Omer L. M. C. H. Comte de Kergorlay	13 Mar 17	Lieutenant	,,
René H. E. Levaique	13 Mar 17	Lieutenant	,,
Jacques F. D. Delimal	13 Mar 17	Lieutenant	,,
Alexandre A. Abaza	13 Mar 17	Lieutenant	Russian
F. Van Rysselberghe	21 May 17	Lieutenant	Belgian
Eijiro Kondo	2 July 17	Lieutenant	Japanese
Yaichi Shoji	2 July 17	Lieutenant	,,
Nagaharu Aruga	2 July 17	Assistant Surgeon	,,
Vitali Luigi Buoninsegni	— July 17	Tenente di vascello	Italian
Fiore Antonio di Costagliola	— July 17	Capitano mecchinista	,,
Romualdo Lovisetto	— July 17	Tenente di vascello	,,
Ernesto Sesia	— July 17	Tenente di vascello	,,
Francesco Filippini	— July 17	Tenente di vascello	,,
Edoardo Roggeri	— July 17	Tenente di vascello	,,
Antonio Zavagli	— July 17	Tenente di vascello	,,
Carlo De Angelis	— July 17	S. Tenente di vascello	,,
Silvio Bonaldi	— July 17	Tenente di vascello	,,
Vittorio Pertusio	— July 17	Tenente di vascello	,,
Pietro Starita	— July 17	Tenente di vascello	,,
Enrico Morisani	— July 17	Tenente di vascello	,,
Luciano De Santis	— July 17	Tenente di vascello	,,
Giuseppe Diaz	— July 17	Tenente di vascello	,,
Guglielmo Bernucci	— July 17	Tenente di vascello	,,

CONSPICUOUS GALLANTRY MEDAL.

Awarded under Order in Council of 7th July 1874 and 22nd February 1896.

List of Men of the Royal Navy and Marines to whom the Conspicuous Gallantry Medal has been awarded, with their rank at the time:—

1874

James Wilson	Bosn's Mate
With an annuity of £10	
Henry Godden	Capt.'s Coxn.
With an annuity of £10	
John Maxwell	Capt. of
With an annuity of £10	Forecastle
William L. Yearworth	Capt. of Forecastle
George Taylor	Sergt., R.M.A.
With an annuity of £20	
Timothy Waters	Sergt., R.M.
With an annuity of £10	
Richard Honor	Pte., R.M.
Michael Burke	Capt. of Main Top

1883

Benjamin White	Col.-Sergt., R.M.A.
With an annuity of £10	
Thomas W. Holdstock	Sergt., R.M.L.I.
With an annuity of £10	
John Judge	Gr., R.M.A.

1884

William Rolfe	Ch. Gr's Mate
With an annuity of £10	
Stephen Patterson	Pte., R.M.L.I.
Alfred Bretnall	Gr., R.M

1889

John Bray	M.A.A.
With an annuity of £10	

1894

Robert H. Crouch	Ch. Gr's Mate
With an annuity of £10	
Joseph Perkins	Ldg. Sto., 1 Cl.
With an annuity of £20	

1901

James E. Preston	Lce.-Sergt., R.M.L.I
With an annuity of £10	
Herbert E. George	A.B.
With an annuity of £10	
Ernest John Read	A.B.
With an annuity of £10	
William J. Christmas	P.O., 2 Cl.
With an annuity of £10	
Harry Swannell	Ldg. Sig.
With an annuity of £10	

1901—*contd.*

William Parsonage	A.B.
Patrick Golden	A.B.
With an annuity of £10	
Edwin Whibley	Ord. Smn.
With an annuity of £10	
Thomas Gardner	S.B.S.
With an annuity of £10	

1904

John Murphy	P.O., 1 Cl.
With an annuity of £10	
John E. Flowers	Sergt., R.M.L.I.
With an annuity of £10	

1914

Ernest R. Cremer, D.S.M.	A.B.
With an annuity of £10	

1915

Charles Mayes	Sergt., R.M.
(With an Annuity of £20)	
Thomas James Clark	P.O., 1 Cl.
(With an Annuity of £10)	
Thomas Arthur Gallagher	Ldg. Smn.
(With an Annuity of £10)	
Arthur Jones	Sto. P.O
(With an Annuity of £10)	
George Henry Doe	A.B.
Charles J. Braddock	Pte., R.M.L.I.
Ernest Sillence	Bugler, R.M.L.I.
John H. Russell	P.O. Mech., R.N.A.S
(With an Annuity of £10)	
Geoffrey C. P. Rumming	P.O. Mech., R.N.A.S.
(With an Annuity of £10)	
Frederick Gibson	P.O., 2 Cl.
(With an Annuity of £10)	
Jesse Lovelock	Ord. Smn.
Robert Snowdon, DSM	Ch. E.R.A., 2 Cl
(With an Annuity of £10)	
Thomas Davidson	Sto., 1 Cl.
Walter S. Smedley	A.B.
Joseph J. F. Runalls	E.R.A., 2 Cl.
(With an Annuity of £10)	
Henry A. Hamlin	Ch. S.B.S.
(With an Annuity of £10)	
John G. Way	Lce.-Corpl., R.M.L.I.
(With an Annuity of £10)	
Richard H. Homer	C.P.O. (*now Sub-Lieut.*), R.N.V.R.
(With an Annuity of £10)	

Conspicuous Gallantry Medal

1915—contd.

Arthur R. Blore ... ... (*With Bar 29 Oct 18*) (*With an Annuity of £20*)	Ldg. Smn. R.N.V.R.
Frederick W. Stear, M.C. (*With an Annuity of £10*)	C.P.O. (*now Sub-Lieut.*), R.N.V.R.
William J. Pierce ...	A.B., R.N.V.R.
William S. Cole, D.S.M. (*With an Annuity of £10*)	C.P.O. (*late Lieut. R.N.V.R.*)
Thomas Coxon, M.M. (*With an Annuity of £10*)	Ldg. Smn., R.N.V.R.
J. Borrowman	Ldg. Smn.

1916

William H. Perring (*With an Annuity of £10*)	C.P.O. (*now Sub-Lieut.*), R.N.V.R.
James Malia	Ldg. Smn.
James Parkinson... ...	Ldg. Smn.
Arthur James Ade ...	Sto., 1 Cl.
Henry Hill ... ... (*With an Annuity of £10*)	C.P.O.
John Dewar	Act Ldg. Smn., R.N.V.R.
Frank Pilgrim	Act. Corpl., R.M.L.I.
Ernest A. Grinddey ...	Pte., R.M.L.I.
Mark Turner	Pte., R.M.L.I.
George W. Matthews ...	Ldg. Smn., R.N.V.R.
Frederick Ghom ... ... (*With an Annuity of £10*)	P.O., 1 Cl.
Lawrence J. Walsh ...	Smn., R.N.R.
Thomas H. Hoskins ..	Pte., R.M.L.I.
William Ackerman ... (*With an Annuity of £10*)	Sto., P.O.
Frederick T. Birchall ... (*With an Annuity of £10*)	C.E.R.A.
Frederick A. Day (*alias Parsons*) ... ... (*With an Annuity of £20*)	P.O.
James S. Watson ...	Ldg. Smn.
Patrick J. Hogan ... (*With an Annuity of £10*)	Sto., P.O.
William Holigan ... (*With an Annuity of £10*)	Shipt., 1 Cl.

1916—contd.

Joseph H. Hughes ...	Sto., 1 Cl.
Alfred E. Jones ... ... (*With an Annuity of £10*)	S.B.S.
Patrick McEvoy... ... (*With an Annuity of £10*)	C.P.O. Teleg. (*now Tempy. Lt. Teleg.*)
William G. Pring ... (*With an Annuity of £10*)	Late Ch. Sto.
George A. Sayer... ... (*With an Annuity of £20*)	P.O.
Frederick J. H. Wherry (*With an Annuity of £20*)	Act. Sto. P.O.
William J. A. Willis .. (*With an Annuity of £10*)	P.O.

1917

Abraham Spooner .. (*With an Annuity of £10*)	Col.-Sergt., R.M.A.
Thomas McGovern ...	Ldg. Sto.
Albert A. Bishop ... (*With an Annuity of £10*)	Ch. Yeo. Sigs.
William G. Rawles ..	A.B.
James Davies	Sto., 1 Cl.
Ernest V. Dean ... ..,	Cpl., R.M.L.I.
John F. Tadman ... (*With an Annuity of £10*)	C.P.O. Mech.
Frederick H. Lamb ...	Deck Hand, R.N.R.
Charles Mobbs ... ... (*With an Annuity of £10*)	Engineman, R.N.R.
John Turner ... ... (*With an Annuity of £10*)	2nd Hand, R.N.R.
Walter Watt	Engineman, R.N.R.
Joseph Hendry ... ... (*With an Annuity of £10*)	2nd Hand, R.N.R.
James F. McLoughlin ... (*With an Annuity of £10*)	Sergt., R.M.L.I.
Francis G. Noble ...	A.B.
Henry G. Bartlett ...	Pte., R.M.L.I.
James Thomson, D.S.M.	Smn., R.N.R.
Thomas E. Fletcher, D.S.M. (*With an Annuity of £10*)	W/T Op., 1 Cl.
John S. Martindale, D.S.M.	Smn., R.N.R.

Conspicuous Gallantry Medal

1917—contd.

William H. Bennison	Smn., R.N.R.
Richard W. Sheppard	A.B.
Dennis Murphy	A.B.
Harry Johns	A.B.
James Leach	Ldg. Sto.
George H. Pascall	Ldg. Sto.

1918

James Ewing	Engineman,
(*With an Annuity of £10*)	R.N.R.
Alexander Noble	Engineman,
(*With an Annuity of £10*)	R.N.R
George B. Rivett	2nd Hand,
(*With an Annuity of £10*)	R.N.R.
Sydney Francis Anderson, D.S.M.	Ldg. Mech.
George R. Greenfield	P.O.
(*With an Annuity of £10*)	
Aaron Lumsden	A.B.
Edward J. Moore	A.B.
James Attwood	Ch.MotorMech.
(*With an Annuity of £10*)	R.N.V.R.
Sydney H Fox	Ch.MotorMech.
(*With an Annuity of £10*)	R.N.V.R.

1918 – contd.

William G. Weeks	Ldg. Dkhnd. R.N.R.
Thomas C Bryant	Sig.
Henry C. Bindall	Sto., 1 Cl.
Walter Harner	P.O.
(*With an Annuity of £10*)	
William G Cleaver, D.S.M.	Ldg. Smn.
(*With an Annuity of £10*)	
Allan G Roxburgh	E.R.A. 3 Cl.
(*With an Annuity of £10*)	
Albert O. Davis	Ldg. Smn.
Frank M. Gale	Ch. E.R.A.
(*With an Annuity of £10*)	
William Hopewell	Pte. R.M.L.I
Frank J. Knill	Sergt. R.M.A
(*With an Annuity of £10*)	
Ferdinand E. M. Lake	A.B.
John D. L. Press	Pte. R.M.L.I.
David P. Smith	P.O.
(*With an Annuity of £10*)	
Edwin G. Youlton	P.O., 1 Cl.
(*With an Annuity of £10*)	
Joseph J. Reed, D.S.M.	P.O.
(*With an Annuity of £10*)	
David G. Rees	Ldg. Dkhand. R.N.R
Reginald J Starling	Offr's Std., 2 Cl.
Samuel J. Livingstone	A.B.

DISTINGUISHED SERVICE MEDAL.

Awarded under Order in Council of 14th October, 1914.

List of Men of the Royal Navy and Marines, R.N.R. and R.N.V.R. to whom the Distinguished Service Medal has been awarded, with their rank at the time :—

Name.	Rank.
1914	
Ernest E. Stevens	C.E.R.A., 1 Cl.
Arthur C. Smith	Act. C.E.R.A., 2 Cl.
Albert Fox	Ch. Yeo. of Sigs.
Frederick W. W. Wrench	C.P.O.
George H. Sturdy	Ch. Stoker.
Edward C. Taylor	Ch. Stoker.
James W. Armstrong	E.R.A., 1 Cl.
William R. Boiston	E.R.A., 3 Cl.
James S. Beadle	Act. C.P.O.
Edward Naylor	P.O.
Arthur Hiscock	P.O.
Alfred G. Antram	P.O.
Harry Weate	P.O.
Stephen Pritchard	Stoker P.O.
Frederick Pierce	Stoker P.O.
Alfred Britton	Stoker P.O.
John Galvin	Stoker P.O.
Arthur F. Hayes	Armourer.
Frederick C. Langridge	Stoker, 1 Cl.
Sam Palmer	Ldg. Smn.
William A. McGill	Ldg. Smn.
Albert E. Sellens	A.B.
Henry Hurlock	A.B.
1915	
John Payne	C.P.O.
William Wallace	P.O.
William S. Cole, C.G.M.	C.P.O. *(late Lieut. R.N.V.R.)*
Henry Lowe	Ldg. Smn. (*act.*) R.N.R.
George Ripley	Ord. Smn., R.N.V.R.
T. Machen	Ord. Smn., R.N.V.R.
James T. Galliford	Sergt.-Maj. (*act.*) R.M.L.I.
George J. Kenny	Qr.-Mr.-Sergt., R.M.L.I
Gideon H. Bruce	Sergt., R.M.L.I. (*now Act. Sergt.-Maj.*)
Thomas C. Franks	Lce. Corpl., R.M.L.I.
Walter J. Cook	Lce.-Corpl., R.M.L.I.
George H. Hall	Pte., R.M.L.I.
Charles J. Fleet	Pte., R.M.L.I.
Stuart Lang	Pte., R.M.L.I.
Edmund Walch	S.B.A.
Frederick W.G. Motteram	P.O.
John T. Knott	Ldg. Smn.
Ernest Dimmock	A.B.
Herbert E. Sturman	Boy, 1 Cl.
William C. Milsom	P.O.
Thomas H. Davey	P.O.
John Harding	C.E.R.A., 2 Cl.
Anthony Douglas	E.R.A., 1 Cl.
Patrick McKenna	Stoker P.O.
Alfred E. Perry	Ldg. Smn.
Wilfrid C. Mortimer	Ldg. Smn.
Norman L. Rae	A.B.
George Read	A.B.
Edward Buckle	A.B.
Tom Blake	A.B.

Distinguished Service Medal

Name.	Rank.	Name.	Rank.
1915—*contd.*		Samuel Westaway	Stoker P.O.
		John Blackburn	Act. Ldg. Stoker.
Frederick Foote	Signalman.	Alan H. Bennet	Stoker, 1 Cl.
John H. Sowden	Ldg. Sto. (*act.*)	Harold Turner	Stoker, 2 Cl.
Stephen J. Lovelady	Stoker, 1 Cl.	Emmanuel O. Bradley	Ldg. Carp. Crew.
Robert A. Gray	Engineman, R.N.R.	Elisha Currie	Ldg. Carp. Crew.
William A. Lewis	P.O., 1 Cl.		
Christopher Briggs	Engineman, R.N.R.	Charles S. Hutchinson	S.B.A.
William Gladding	Cook, R.N.R.	Samuel G. White (*with Bar.* 1916)	Ch. Writer
Robert Frost	2nd Hand, R.N.R.	Herbert C. Green	3rd Writer.
James W. Bell	C.P.O. Mech.	Fred W. Kearley	Offr's Stewrd., 3 Cl.
Gilbert H. W. Budds	C.P.O. Mech.	Theodore Frank Perrow	P.O. Teleg.
David Leighton	C.P.O.	John Walker Jones	C.P.O.
Matthew J. Walton	P.O., 2 Cl.	Robert Walter Andrews	C.P.O.
Frederick S. Martin	Ldg. Smn.	Charles Ware	P.O.
Frank Glover	Signalman.	William Frederick Clark	2nd Yeo. Sigs.
John G. Hill	C.E.R.A., 2 Cl.	Albert Edward Mitchell	Armourer.
Robert Snowdon, CGM	Act. C.E.R.A., 2 Cl.	William Samuel Dyer	Sergt., R.M.A
George H. F. McCarten	E.R.A., 1 Cl.	Richard Robert Branske	Gr., R.M.A.
George S. Brewer	Stoker P.O.	William Ernest Wadsworth	Pte., R.M.L.I.
William A. Townsend	Stoker P.O.	Arthur Stanley Fletcher	Smn., R.N.R.
John Smith	Stoker, 1 Cl.	John Hanlon	Smn., R.N.R.
Albert N. E. England	Shipwright, 1 Cl.	Matthew Green	Ch. Stewd.
Albert C. H. Dymott	Shipwright, 2 Cl.	Thomas Adams	Offr's Stewrd., 3 Cl
John W. Kemmett	P.O.	Arthur W. Lambert	C.P.O., R.A.N.
Henry Davis	A.B.	Bertie Green	A.B., R.A.N.
Hubert F. Griffin	A.B.	Joseph Kinniburgh	A.B., R.A.N.
Peter S. Livingstone	A.B.	Harold M. Collins	A.B., R.A.N.
Herbert Robinson	A.B.	William Alfred Taylor	A.B., R.A.N.
George H. Le Seilleur	A.B.	Thomas Edward Mullins	S.B.S., R.A.N.
Francis G. H. Bamford	Boy, 1 Cl.	George Edwin Upton	A.B.
Julius F. Rogers	Boy, 1 Cl.	Walter Vernon	Stoker P.O.
Evan R. Hughes	C.E.R.A., 1 Cl.	Frank Puleston	Stoker, 1 Cl.
William B. Dand	C.E.R.A., 2 Cl.	Walter Vale	P.O., 1 Cl.
W. Gillespie	C.E.R.A.	Douglas Lacey	Stoker, R.N.R.
Alexander J. Cannon	Mech.	John Walter Johnson	Signalman.
Edward C. Ephgrave	Mech. (*now Wt. Mechn.*)	Sydney Albert Cutcliffe	Act. C.P.O.
Patrick Callaghan	Ch. Stoker.	Walter George Stocker	P.O.
Alfred W. Ferris	Ch. Stoker.	William Booth	P.O.
John E. J. Portsmouth	Ch. Stoker.	Percy Charles Joyce	Stoker, 1 Cl.
William James	Ch. Stoker, R.F.R.	Hugh L. Wallace	Pte., R.M.L.I.
James Keating	Ch. Stoker.	William Arthur Colgate	P.O.
Michael Flood	Stoker P.O.	Alfred Ethelbert Bushell	C.P.O.
Thomas W. Hardy	Stoker P.O.	Oswald Sydney Scholey	P.O.
Albert J. Sims	Stoker P.O.	William Neale	P.O.
		Henry Ernest Knight	P.O. 1 Cl.

Distinguished Service Medal

1915—contd.

Name.	Rank.
John Checkley	P.O., 1 Cl.
John Buttonshaw	Yeo. of Sigs.
Ernest Farnsworth	A.B.
Peter Robert Youngs	A.B.
Alfred Charles Philip Arnold	A.B.
George William Tatler	A.B.
Thomas Ong (*with Bar* 1917)	C.P.O.
William McGoff	C.P.O.
Arthur Davis	C.P.O.
George Rodgers	P.O.
Frederick Marshall	Ldg. Smn.
Walter Mason	P.O.
John Rogerson	Ldg. Smn., R.N.R.
Herbert Horace Purnell	Stoker.
N. Roberts	Sergt., R.M.L.I.
George Stockham	S.B.A.
Archibald C. Bishop	C.P.O.
Arthur H. Kilby	C.P.O.
Frederick W. Tickner	P.O.
Walter A. Millard	P.O.
Thomas B. Dawson	A.B., R.F.R.
Frank Rees	Yeo. of Sigs.
Frederick J. Jeater	C.E.R.A. (*Now Artif. Eng. R.N.*)
George D. Flatt	C.E.R.A.
Francis Johnson	Ch. Stoker.
Edwin Battam	Ch. Stoker.
Horace M. Swinerd	Stoker, 1 Cl.
Mahomet Salim	Interpreter.
Frederick W. Ingram	2nd Engineman, R.N.R.
Richard Fuller	P.O., 1 Cl.
Magnus Mathieson	Smn., R.N.R.
Walter Neden	C.P.O.
William P. Magee	E.R.A., 3 Cl.
Arthur F. Hallett	P.O.,1Cl.,R.F.R.
Alfred Treadway	C.P.O., R.F.R.
William T. Lobb	C.P.O.
William J. Shilcott	C.P.O. (*act*)
Edward T. Hardy	C.P.O.
Francis F. Quin	Ch. Shipwright
William Seabrook	Col.-Sergt., R.M.L.I.
Thomas Boffey	Col.-Sergt., R.M.L.I.
John H. Cole	P.O., 1 Cl.
Henry G. Brewster	P.O. Teleg. (*Now Wt.Teleg. R.N.*)
William D. Harris	P.O., 2 Cl.
George Jenkins	P.O., 1 Cl., R.F.R
James Packham	P.O.
Henry P. Skedgel	P.O.
Richard Putt	P.O., 2 Cl., R.F.R.
Charles F. Summers	Ldg. Smn.
Joseph Lesslie	Ldg. Smn., R.N.R.
Timothy McCarthy	Ldg. Smn
Alexander H. Dundas	Ldg. Smn., R.F.R.
William Downing	Ldg. Smn.
Bernard Squibb	Ldg. Smn., R.F.R.
Albert Jarvie	Ldg. Smn., R.N.R.
James M. Johnson	Ldg. Smn., R.N.R.
George Finch	Corpl., R.M.L.I.
William Reynolds	Pte., R.M.L.I.
Leander Green	A.B., R.N.R. (Newfoundland).
William Smith	Smn., R.N.R.
Joseph A. Anderson	E.R.A., R.N.R.
Thomas Dale	E.R.A., R.N.R.
Alexander M. Gemmell	E.R.A., R.N.R.
George A. Cole	E.R.A., R.N.R.
Robert Tytler	E.R.A., R.N.V.R.
Thomas Miller	Ldg. Fireman
Edward Cropper	Ldg. Fireman
Albert Ribbons	P.O.
Albert E. Miller	P.O., 1 Cl.
Robert McDonald	P.O., 1 Cl. (*Now Boatswain, R.N.*)
James Fortune	A.B., R.F.R.
John S. MacKenzie	A.B., R.F.R
John Garioch	Engineman, R.N.R.
Thomas P. Roche	Act. Gr. (*Now Gunner R.N.*)
Henry J. Anstead	C.P.O.
Albert Balson	P.O.
William Morgan	P.O., 1 Cl.
Albert Playford	P.O.
William Putman	P.O.
Robert Fletcher	Ldg. Smn.
John Maple	Ldg. Smn

Distinguished Service Medal — 123

Name.	Rank.	Name.	Rank.
1915—*contd.*		Joseph B. Burgon	2nd Hand, R.N.R.
Herbert J. G. Merrin	Ldg. Smn.		
Kenneth S. Muskett	Ldg. Smn.	Arthur F. George	2nd Hand, R.N.R.
Henry Williams	Ldg. Smn.		
Edward L. Barons	A.B.	Thomas W. Reynolds	Deck Hand, R.N.R.
Albert E. Bex	A.B.		
Samuel Forsey	A.B.	John T. Brown	Deck Hand, R.N.R.
William F. Hoffman	A.B.		
David S. Kerr	A.B.	Richard May	Ldg. Signlmn. R.N.V.R.
Henry G. Law	A.B.		
Arthur Roake	A.B.	J. J. Gavan	Signalman
William E. Rowland	A.B.	John K. Anderson	Engineman, R.N.R.
Henry T. Morrison	Smn., R.N.R.		
Alfred J. Chatwin	Ch.Yeo. of Sigs	Francis B. B. Robinson	Engineman, R.N.R.
Daniel Roach	Smn., R.N.R.		
James Getson	Stoker P.O.	William R. Kemp	Engineman, R.N.R.
Henry Ridsdale	Stoker, R.N.R.		
Samuel G. Newell	P.O.	William Mathers	Engineman, R.N.R.
Charles Balls	Ldg. Smn.		
George A. Shaw	A.B.	Benjamin Germaney	Engineman, R.N.R.
Albert E. Holbrook	A.B.		
George Ong	A.B.	James Cheyne	Engineman, R.N.R.
Henry J. Floyd	A.B.		
Leonard Pettis	A.B.	Thomas W. Kemp	P.O., 1 Cl.
Michael T. Hughes	Signalman.	Frederick Nash	P.O., 1 Cl.
Andrew B. Rennie	P.O., 1 Cl.	Isaac Overton (*with Bar*, 1916)	Signalman.
William F. Clode	P.O., 1 Cl.		
Charles Hochen	P.O.	Charles R. Hooper	A.B.
Montague H. Botley	P.O. (*now Gunner R.N.*)	William Bradbury	P.O.
		Leonard E. Beresford	A.B.
		Daniel McCarthy	Ldg. Smn.
Ernest F. Marsh	P.O.	Joseph J. Martin	P.O.
Alfred C. Beacham	P.O., 1 Cl.	John G. Morley	A.B.
Ernest W. Sendall	Signalman.	Jack Robinson	A.B.
Alfred E. Herbert	Signalman, R.N.V.R.	John Symons	A.B.
		Frederick C. Fisher	Ldg. Stoker.
Walter Dawson	Signalman.	Valliant Mackenzie	Stoker, 1 Cl.
R. T. Hyslop	Signalman.	Matthew Rowel	Stoker, 1 Cl.
Alfred Edwards	Signalman.	James McEligott	Ldg. Smn.
Alfred E. Coles	Signalman.	David Collins	A.B.
Charles W. Jeffery	Signalman.	Robert Cocks	A.B.
George T. Lumb	P.O., 2 Cl.	William Longworth	A.B.
Robert G. Verey	Ch. Stoker.	Arthur Maddy	A.B.
William Harbon	C.P.O.	Frederick Armstrong	Smn., R.N.R.
Thomas Scamaton	C.P.O. (*now Tempy. Act. Boatswain*)	Edward A. W. Hill	Ord. Sig.
		Rothwell R. Patterson	E.R.A., R.N.R.
		Robert J. Foster	Stoker P.O.
W. H. Minards	C.P.O.	Percy J. Edwards	Stoker
William Snow	P.O.	E. W. Heasman	P.O.
Charles M. Chisholm	2nd Hand, R.N.R.	A. W. Roe	Ldg. Smn.
		William G. Higson	Ldg. Smn.

Distinguished Service Medal

1915—contd.

Name.	Rank.	Name.	Rank.
William G. Meadow	Ldg. Smn.	William J. Gillam	A.B., R.N.V.R.
Alfred E. Halliday	A.B.	Shadrach Hillsley	Pte., R.M.L.I.
William Harvey	C.P.O.		
Aubrey C. Tagg (with Bar, 23 July 18)	P.O.	William T. Ingram	Pte., R.M.L.I.
		John Griffiths	Lce.-Corpl., R.M.L.I.
William A. Kensit	A.B.		
William Tovey	P.O.	William Carnall, M.C.	C.P.O. (now Sub-Lieut.), R.N.V.R.
Henry T. Barrow	2nd Hand, R.N.R.		
Arthur E. Wade	Act. C.E.R.A.	George W. Attrill	Act.Ldg.Stoker.
Alfred Button (with Bar, 1916)	Ldg. Smn.	Ernest F. Baker	A.B.
		Robert W. Barker	A.B., R.F.R
Edward Websdale	P.O.	George J. Beament	A.B., R.F.R.
William G. Dempsey	Ldg. Smn.	George E. Bonner	A.B.
Alfred J. Roberts	C.P.O., R.F.R.	Henry Brassington	Stoker, 1 Cl.
William H. Rowe	Ldg. Smn.	Albert E. Brooker	E.R.A., 2 Cl.
John K. McKay	P.O., 1 Cl.	Ernest Burton	Ldg. Smn.
John Murray	Signalman.	Charles Case	P.O.
Frederick G. Collins	Corpl., R.M.L.I.	Selim Chandler	Ldg. Smn.
James G. Burgess	P.O., 2 Cl.	James Clark	A.B., R.F.R.
Robert E. Hunt	A.B.	Bertram G. Cornish	E.R.A., 4 Cl.
Arthur Roberts	P.O., 2 Cl.	Frederick G. Cox	Ch. Stoker.
William McCadden	Ldg. Smn.	Albert Crosbie	Stoker, 1 Cl.
William J. Toy	C.P.O.	Arthur T. Crow	Stoker, 1 Cl.
Patrick McKeown	A.B., R.N.V.R.	William Dowell	C.P.O.
Edward Owens	Pte., R.M.L.I.	Herbert W. Ellison	P.O.
John J. Hughes	Sergt., R.M.L.I.	Ernest F. Finney	A.B.
Albert E. Hawkes	Act. Sergt., R.M.L.I.	William B. Fletcher	Stoker, 1 Cl.
		William T. Gast	Ldg. Stoker.
Frederick E. V. Willcox	Act. Sergt., R.M.L.I.	David J. Greene	P.O.
		Frank Hague	C.E.R.A., 2 Cl.
Richard D. Cowbrough	Lce.-Corpl., R.M.L.I.	Frederick Harris	Stoker, 1 Cl.
		John T. Haskins	Ldg. Stoker
John McGrath	P.O., R.N.V.R.	William G. Hawker	Stoker, 1 Cl.
Edwin Brown	Stoker.	Reginald E. Jupp	E.R.A., 2 Cl.
John Ball	Stoker, 1 Cl.	John J. Kelly	E.R.A., 3 Cl.
Harold W. Smith	P.O.	William Keltie	Stoker, 1 Cl.
Robert Denyer	P.O.	Alfred Kerridge	A.B.
Douglas A. Stewart	Ldg. Smn., R.N.V.R.	John Kirkcaldy	P.O.
		Hubert G. Leggett	Stoker, 1 Cl.
John McN. McIntyre	Ldg. Smn., R.N.V.R.	Ernest F. Little	E.R.A., 4 Cl.
		Edgar R. Lohden	Ldg. Teleg.
James Carroll	A.B., R.N.V.R.	Michael Loy	A.B
John Evans	A.B., R.N.V.R.	Henry D. Mayne	Stoker, 1 Cl.
Andrew Hempseed	C.P.O., R.N.V.R.	William Megee	Stoker, 1 Cl.
		Ralph Moyse	Telegraphist.

Distinguished Service Medal

Name.	Rank.	Name.	Rank.
1915—*contd.*			
Thomas J. Norton	Stoker, 1 Cl.	Herbert A. V. Puckhaber	P.O.
Alfred Ost	O. Signalman.	Herbert J. Atkinson	Ldg. Smn.
Alfred E. Pearson	Ldg. Smn., R.F.R.	Herbert G. Wall	Sergt., R.M.L.I.
George Plowman	Signalman.	Frederick W. Rayner	Pte., R.M.L.I.
Ebenezer Pollard	P.O.	Arthur Ramsey	Pte., R.M.L.I.
William H. Porter	Ch. Sto., R.F.R.	James F. Beauchamp	A.B.
John Pye	A.B.	Alfred Turner	P.O.
Walter C. Richards	E.R.A., 3 Cl.	Harold E. Hearn	Ldg. Smn.
John Sharpe	A.B.	Robert W. Pawling	A.B.
Robert Sherpherdson	Stoker, 1 Cl.	Thomas D. Coleman	P.O.
Joseph W. A. Sherlock	P.O., R.F.R.	John G. Brown	Ch. Yeo. Sigs.
Albert Thomas	A.B.	James D. Pead	Stoker, R.N.R.
George Traves	P.O.	George F. Smith	P.O.
Leslie G. Tutton	Act. Ldg. Stoker.	Andrew S. Pym	Ldg. Smn., R.N.R.
		James S. Waughman	Ldg. Smn.
Arthur G. Ward	A.B.		
William Wheeler	Stoker, 1 Cl.	Thomas N. Phillips	2nd Hand, R.N.R.
John B. Williams	A.B., R.F.R.		
Richard Williams	Stoker, 1 Cl.		(*now temp.*
Ernest H Wills	E.R.A., 3 Cl.		*Skipper, R.N.R.*)
Stanley Wilson	A.B.	Percy H. Hart	A.B.
Edwin C. Wood	P.O.	George M. Lee	P.O.
F. W. Johnstone	P.O.	Harry Dickason	P.O.
G. O. Westmuckett	P.O.	Stephen Wilkin	Signalman, R.F.R.
A. Trussell	C.P.O.		
G. Beresford	P.O.	Thomas Wakeley	P.O.
C. J. Hollinghurst	P.O.	Robert J. Platt	C.P.O.
F. R. Smith	Corpl., R.M. Sig.Co.R.N.D.	Sydney F. Robbins	C.P.O.
J. H. Murray	Sapper, R.M. Sig.Co.R.N.D.	Edward J. Jones	Signalman, R.N.V.R.
E. C. Bonnett	Sergt., R.M.L.I.	George A. Keefe	Pte., R.M.L.I.
R. D. Skelton	Bugler, R.N.V.R., R.N.D.	Frederick Deane	Pte., R.M.L.I.
		William Drake	Stoker, 1 Cl.
		William Garthwaite	C.E.R.A., 2 Cl.
C. Yates	Ord. Smn.	Tom Collis	E.R.A., 2 Cl.
W. Nadin	P.O.	Stephen Gibbs	P.O.
W. Montgomery	Ldg. Smn., R.N.V.R.	Edward Humphries	A.B.
		Walter J. Harmer	P.O.
A. Leighton	Ord. Smn., R.N.V.R.	Herbert Dobson	A.B.
		Alfred Rose	P.O.
E. H. Jennings	P.O.	William R. Hutchings	A.B.
Charles J. Woodford	C.P.O.	James Simpson	A.B.
	(*Now Tempy. Sub-Lieut. R.N.V.R.*)	Frederick J. Patterson	Ldg. Smn. (*now Act. Mate*)
J. B. Fathers	Corpl., R.M. Div. Engrs. R.N.D.	Harry Broom	Ldg. Stoker
		William J Sercombe	C.P.O.
P. Lowes	Pte., R.M.L.I.	George A. Hogg	A.B., R.F.R.
Leonard C. Allen	C.E.R.A. (*Now Artif. Eng.*)	Percival Jacobs	Ldg. Teleg.

Distinguished Service Medal

1915—contd.

Name.	Rank.	Name.	Rank.
William Sheppherd	Shipt., 2 Cl.	Frederick Hewitt	Deck Hand, R.N.T.R.
Edward Redhead	Pte., R.M.L.I.		
E. W. Pettingale	Ch. Yeo. Sigs.	Alexander C. Thomson	Deck Hand, R.N.T.R.
H. J. Carter	A.B.		
William Corry	A.B., R.F.R.	Roger B. Martin	Deck Hand, R.N.T.R.
Richard Thompson	Stoker, 2 Cl.		
Ebenezer H. A. Boggis	Air Mech.	Arthur B. Mooney	Deck Hand, R.N.T.R.
William Westborough	C.P.O., R.F.R.		
Bezelell Jones	A.B. (Mercantile)	James McA. Burnett	Deck Hand, R.N.T.R.
Albert E. Abraham	Ch. E.R.A.1Cl.	Joseph Foley	2nd Hand, R.N.T.R.
William Grant	C.P.O.		
George Broomfield	A.B.	Telford Anthony	Ch. Armourer
Samuel R.S. Chamberlain	P.O.	Austin J. Emms	C.P.O.
George W. Tomsett	Ldg. Smn.	William A. Ellis	Ch. Elct. Art., 2nd Cl.
Walter R. Francis	Ldg. Smn.		
Christopher Pratt	Trimmer, R.N.T.R.	Abercrombie Blunden	P.O.
		Charles F. Munds	P.O.
Andrew Martin	Ldg. Stoker, R.F.R.	Robert A. White	P.O.
		James P. Travil	Ldg. Smn.
Frank Munro	Engineman, R.N.T.R.	Charles H. Porter	C.P.O.
		William J. Brown	P.O.
Thomas H. Lawrence	Stoker, P.O.	Henry E. Saunders	C.P.O.
Arthur H. Hogbin	Yeo. of Sigs., R.F.R.	Robert Mills	Act. C.E.R.A., 2 Cl.
Arthur F. Mears	Ch. P.O., R.F.R.	Roberth Moth	P.O.
		William H. Stamp	C.P.O.
William F. Harris	P.O., 1 Cl., R.F.R.	Daniel Garrett	P.O.
		Edmund C. Aslett	A.B.
John Donaldson	Deck Hand, R.N.T.R.	Ernest A. Hobbs	A.B.
		Ernest Hall	A.B.
Charles S. Masters (*With Bar* 20 *Sept* 18)	P.O., 1 Cl., R.F.R.	William T. Clarke	Act. Sgt.-Maj., R.M.A
Alderman Cooper	Engineman, R.N.T.R.	Robert McCurrach	Gunner, R.M.A.
Charles H. P. Drury	Deck Hand, R.N.T.R.	Harry J. Messum	Gunner, R.M.A.
Henry Williams	Stoker, P.O.	George T. Oldfield	Air Mech., 1 Cl.
Charles M. Cleveland	C.P.O., R.F.R.	William Norman	Ldg. Smn.
Harry Elliott	A.B.	Thomas J. Butland	P.O.
Alex B. Keune	Boy Telegraphist	William Coyte	Stoker, P.O.
		Albert V. Cornish	A.B.
Christopher Kelly	Smn., R.N.R.	Hugh McKenzie	P.O.
James T. Turner	A.B., R.N.V.R.	Samuel Peck	Ldg. Smn.
Patrick J. Welsh	A.B. (Mercantile)	Alfred Chouffot	Sergt., R.M.A
		Jesse P. Champion	C.P.O.
Frederick F. Lynch	P.O., 1 Cl., R.F.R.	Edgar Stowe	P.O.
		Herbert J. Tree	Ldg. Smn.
Frederick Gibson	2nd Hand, R.N.T.R.	Francis Comber	Seaman, R.N.R
James Bell	2nd Hand, R.N.T.R.	Thomas J. Prior	2nd Hand, R.N.R.

Distinguished Service Medal

Name.	Rank.	Name.	Rank.
1915—*contd.*			
Charles Joughin	A.B. (Mercantile)		
Daniel P. Foley (*with Bar*, 1918)	Ch. Yeo. Sigs.	**1916**	
Arthur H. Woodgate	Ldg. Sig.		
William Smith	Ldg. Sig., 213714	Allan Andrews	W.T.O., R.N.R.
		Albert W. Morrison	E.R.A., R.N.R.
George Wickwar	Ldg. Sig.	George H. Truscott (*with Bar* 1917)	C.P.O.
Francis H. Banks	Ldg. Sig.		
Stanley W. J. Spooner	Ldg. Teleg.	Richard Tozer	P.O.
James Paterson (*with Bar*, 12 Dec 1918)	C.E.R.A., 1 Cl.	Harry E. Trust	C.P.O.
Albert Wynn	C.E.R.A., 1 Cl.		
John Tait	C.E.R.A., 2 Cl.	Robert Bell	Act. Serjt.-Maj.
Robert Spiers	E.R.A., 4 Cl.		
Edmond S. J. White	Act. E.R.A., 4 Cl.	George Smith	Pte., R.M.L.I.
		George Webster	A.B., R.N.V.R.
Percival C. Hayward	Act. E.R.A., 4 Cl.	Robert McDowell	Act. Corpl., R.M.L.I.
Stephen T. Smith	Blacksmith	John V. Hurst	P.O. Mech.
Sidney Morriss	Corpl., R.M.L.I.	Frederick B. Bird	P.O. Mech.
Edward W. R. Bevan	E.R.A., 3 Cl.	George H. Tooke	Deck Hand, R.N.R.
Ernest Sparks	Ldg. Smn.		
Gilbert T. G. Wallis	Ldg. Sig.	William Murray	2nd Hand, R.N.R.
William N. Slade	Ldg. Smn.		
John O. Traill	*late* P.O.	Wilfred A. Samuel	Ldg. Smn.
Allan Burrows	A.B.	John W. Faith	P.O., R.F.R.
Thomas H. Thompson	Ldg. Smn.	Benjamin W. Newson	2nd Hand, R.N.R.
Phillip L. Gunn	Ldg. Smn.		
George Whitfield	Ldg. Smn.	Robert Martin	Trimmer, R.N.R.
Arthur G. May	Pte., R.M.L.I.		
Sidney H. Silvester	P.O.	John Mildon	Ch. P.O.
Charles A. Pearce	Sergt., R.M.A.	John Willey	Ch. P.O.
Albion H. Turner	Corpl., R.M.A.	Henry C. Endacotte	Ch. P.O.
Ernest A. Grinstead	P.O.	Frank Sprake	Mstr. at Arms
Frederick Harrison	P.O.	John B. Gunn	Ch. Yeo. Sigs.
William C. Hatherly	Ship's Corpl., 1 Cl.	John H. Turner	P.O. 1 Cl.
		Arthur Hodges	P.O. 1 Cl.
William Bright	P.O.	Robert N. Ritchie	P.O. 1 Cl.
Robert A. D. Speirs	C.P.O.	Alexander Kerr	P.O. 2 Cl.
William R. Axworthy	Ldg. Smn.	Percy H. Whale	P.O. 2 Cl.
Ernest C. Mitchell	P.O.	George Boon	Ldg. Smn.
Lewis W. Davidson	A.B.	Philip C. Grills	Sen. Res. Attdt.
Frederick Merckel	Act. Sgt.-Maj., R.M.A.	Cluny C. Campbell	A.B.
		Andrew Seaward	Ldg. Smn., R.N.R.
Frank Baker	Motor Driver, R.M.A.	Albert Gregory	Smn., R.N.R. (Newfoundland)
George W. F. Hurley	P.O.		
Lewis Silvers	P.O.	James Barrett	Greaser (Mercantile)
Spencer Crisp	P.O., Mech		
Malcolm A. Lockie	P.O., Mech.	William S. Elliott	Sergt. R.M.L.I.
Thomas McNeill	Sen. Res. Attdt.	Joseph Wood Arnold	Ldg. Sig.
John E. Thompson	Motor Driver.	Philip James Adams	Stoker, 1 Cl.

Distinguished Service Medal

Name.	Rank.	Name.	Rank.
1916 — *contd.*		Harry James Dedman	P.O.
Walter Alger (*with Bar* 1917)	P.O.	Stanley Hugh Evans	**Ord. Teleg.**
		William Earle	P.O.
Frank Gilbert Abbott	C.P.O.	Albert Evans	Stoker, 1 Cl.
Charles Biss (*with Bar 23 July* 18)	Ldg. Smn.	Marshall John William Ellingworth	P.O. Teleg.
Robert Barrie	A.B.	Joseph Ellis	Stoker, 1 Cl.
James Edward Brennan	Stoker, 1 Cl.	William Horace Edser	Act. Ch. Stoker
William Henry Beach	Deck Hand, R.N.R.(Trawler Section)	George James French	**Ldg Sigm.**
		Henry William Fautley	A.B.
		Edwin Thomas Guy (*with Bar* 20 *Feb.* 19)	Ldg. Sigm.
Alfred George Beall	P.O., 1 Cl., R.F.R.	Ernest Edward Gough	Yeo. of Sigs. (*now Signal Boatswain*)
Albert Edward Baker	Ldg. Teleg.		
Thomas William Brockway	Ord. Teleg.	Charles Joseph Gravener	A.B.
William Bellion	A.B., R.F.R.	Arthur Henry Green	C.P.O.
John Bainbridge	Ldg. Trimmer, R.N.R.	Alexander Gillanders	P.O.
		Aubrey Richard Gurden	A.B.
John W. H. Bollon	A.B., R.N.V.R.	William Gough	C.P.O.
Charles Douglas Brace	Pte., R.M.L.I.	James Gabbett	Ldg. Smn.
Alfred Brown	Stoker, P.O.	Samuel James Graham	Ch. Armourer.
Bernard John William Brady	C.P.O., Mech., R.N.A.S. (*now Capt. R.A.F.*)	Stanley Hill	A.B.
		Bertie Lewis Hipgrave	A.B.
		Ernest Douglas Hussey	Ldg. Smn.
James Robert Brightmore	Shipwright	Patrick Healy	Stoker, P.O.
		Frederick Ralph Hazell	Stoker, 1 Cl.
Joseph Cafe	Ch. Yeo. Sigs.	Herbert Holmes	A.B., R.F.R.
John Corby	P.O.	Leonard James Hookey	Ldg. Teleg.
Robert Cleghorn	A.B.	William Henry Hawtin	Signalman.
George Henry Cochrane	Trimmer, R.N.R.	Spencer George Hoare	A.B.
		Augustus George Hodgson	Yeo. of Sigs.
Frederick William Court	C.E.R.A., 1 Cl.		
George Robert Cracknell (*with Bar* 1917)	Ldg. Smn.	Charles William Hines	A.B. (Pensnr.) R.F.R.
John Henry Creasey	A.B.	Henry Smith Houldey	Shipwright, 2Cl.
Herbert Charles Curtis	Ldg. Teleg.	Charles Henry Hopkins	P.O., 1 Cl., R.F.R.
Alfred James Carter	A.B.		
Harry Charles Cooper	Ldg. Smn., R.F.R.	James Samuel Hammond	A.B., R.F.R.
		Leonard John Hawkins	P.O.
William Henry Cook	Trimmer, R.N.R.	Basil Arthur Hutton	A.B.
		John Charles James	A.B.
George Coak	C.P.O.	James Thomas Jones	Stoker, 1 Cl.
George Cherry	Stoker P.O.	Edward Thomas Findlay Jezzard	Ship's Steward
William Thomas Collins	Stoker P.O.		
James Collins	A.B.	Simpson Johnson	Trimmer, R.N.R
Henry Cox	P.O.		
Archibald Carter	Shipwright	William Kenney	Ldg. Stoker
Albert Henry Dunford	Stoker, 1 Cl., R.F.R.	William Augustin Kell	A.B., R.F.R
		Albert Kemsley	Ldg. Teleg.
John William Draycott	A.B.	Patrick Keogh	Smn., **R.N.R**
John Stevens Druce	Gr., R.M.A., R.F.R.	William Kinrade	A.B., R.F.R.
		Frederick Keeley	P.O.
Christopher Dereham	Stoker P.O.	Aaron Lumsden	**A.B., R.F.R.**

Distinguished Service Medal

Name.	Rank.	Name.	Rank.

1916—contd.

Name	Rank
Thomas Henry Lloyd	Stoker, 1 Cl.
William Nicholas Liddycoat	Stoker, P.O.
Cecil Hensman Langley	Ldg. Teleg.
Alexander Locker	Signalman
Thomas Lamont	A.B.
George Lawrence	Smn., R.N.R.
Uriah Alfred Farrow Lewis	Smn., R.N.R.
Thomas McDonagh	Signalman
James Morris	P.O. Teleg.
Ernest Humphrey Moore	A.B.
Alexander Mackie	Ldg. Trimmer, R.N.R.
William McLean	2nd Hand, R.N.R. (Trawler Section)
Albert Martin	Ldg. Smn.
Frank Neale	A.B.
Isaac William Needham	Ldg. Smn.
William Marshall Neiass	A.B.
John Robert Nightingale	Engineman, R.N.R. (Trawler Section)
Francis Nurse	Trimmer, R.N.R.
John Harold O'Connor	Ldg. Teleg.
Eric Menhennitte Peacock	Signal Boy
Henry Perkins	Blacksmith
Ernest George Pangborne	Ldg. Smn.
Arthur Joseph Henry Porter	A.B., R.F.R.
Frederick Raymond Porter	P.O.
Walter Perry	Yeo of Sigs.
Cecil James Petitt	P.O.
William George Palfrey	Stoker, 1 Cl.
Herbert Philip Paine	P.O.
William Holland Parkes	P.O., R.F.R.
William Robert Pillar	Ldg. Smn.
William Parsons	Stoker P.O.
Henry Thomas Robert Palmer	Ldg. Stoker
William Penny	P.O., 1s Cl. (Coastguard)
George Riggans	Stoker, 1st Cl.
William Robinson	Ldg. Smn.
Henry Charles Rayner	Ord. Smn.
Francis James Rogers	A.B.
John Francis Callard Rean	P.O., 1st Cl.
Thomas Reed	P.O., 1st Cl. R.F.R.
Frederick John Roberts	Ch. Yeo. Sigs.
Thomas Robins	Pte., R.M.L.I.
Leonard Thomas Sanderson	P.O. Mech.
Thomas Henry Stokoe	P.O., 1st Cl.
Henry William Stafford	Stoker, P.O.
John William Stobart	A.B.
William Gordon Symons	A.B.
William Sylvester	A B., R.F.R.
Philip Sharman	Ldg. Teleg.
Joseph Thomas Smith	P.O.
Thomas Simmons	A.B.
William Smith (with Bar 1917)	Yeo. Sigs.
Percy Pearson Smith	Ldg. Smn.
William James Smith	Stoker P.O.
George Henry Smith	P.O.
Henry Lee Saunders	Ch. Stoker
Jack Saunders	Ldg. Smn.
William Stevens	Ch. Stoker (Pensioner) R.F.R.
Thomas William Smith	Ch. Stoker (Pensioner) R.F.R.
George Charles Steed	P.O.
Arthur Terry	Yeo. of Sigs., R.F.R.
Alfred Francis Tregidgo	Ch. Po., R.F.R
Somerset Reginald Tapsfield	A.B.
Cyril Henry Thomas	Ord. Teleg.
Francis James Taylor	Trimmer, R.N.R.
Philip Taylor	Trimmer, R.N.R.
Reuben George Voice	Ldg. Signalman
George Whillier	Signalman
George Victor Webb	A.B.
Arthur Alfred Window	A.B.
Ray Ethelbert Watson	Ldg. Smn.
Alfred John Wheeler	A.B.
Robert Walmsley	Ldg. Signalman
Walter Henry Ward	A.B.
Francis Isaac Webb	Ldg. Smn. R.F.R.
Arthur Watson	Ch. Yeo Sigs.
Seth Barratt	P.O. (now act. Gunner)

Distinguished Service Medal

Name.	Rank.	Name.	Rank.
1916—*contd.*		William Beecroft	Mech.
James Alexander Bowmaker	E.R.A., 2 Cl.	James C. Bragg	P.O.
		Albert Bright	A.B.
Cuthbert Collingwood	Ldg. Smn.	Ronald F. Burley	Ch. Stoker
William Henry Clapp	A.B., R.F.R.	Frederick W. Bird	C.P.O.
Owen Daley	Ch. P.O.	Martin Bray	Shipt., 1 Cl
Arthur Jabez Dominey	P.O.	Herbert J. Boutell	A.B.
Edward Griffiths	Signalman, R.F.R.	Charles E. Blagdon	Ldg. Stoker
		George C. Bowers	A.B.
Fred Gregory	Ldg. Smn., R.F.R.	John R. Barss	E.R.A., 1 Cl.
		William J. Barrow	Ldg. Smn.
Claude George Gosling	A.B., R.F.R.	Sydney C. Burgess	Ch. Yeo. Sigs.
Arthur Harries	P.O.	Joseph Brudnell	Ch. Stoker
		Joseph Bentley	C.E.R.A., 1 Cl.
Arthur William Herbert	Ldg. Teleg.	Alfred L. Burgess	C.E.R.A., 1 Cl.
William Samuel Jones	P.O.	Walter H. Carne	Sto. P.O.
James Charles Knight	Ch. P.O., R.F.R.	James Coughlan	C.P.O.
		Nicholas Cawrse	C.E.R.A., 1 Cl.
Robert Alexander Lees	P.O., 1 Cl.	Thomas Chivers	Ch. Armr.
Arthur William Mepham	P.O., 1 Cl.	Malcolm J. Cooper	Ldg. Smn.
Thomas Greig Macnaughton	P.O.	Frederick G. Chesters	Ldg. Sig.
		Henry F. Carter	Offr's. Cook,1 Cl.
William Mapp	Trimmer, R.N.R. (Special Service)	Albert E. Cleife	C.P.O.
		Timothy Crowley	Stoker, P.O.
		Maurice H. Cox	Ldg. Smn.
Florence McCarthy	Smn., R.N.R.	Percy Curtis	Ldg. Smn.
Alexander Henry Munday	Ldg. Smn., R.F.R.	Arthur J. Colyer	Yeo. of Sigs.
		Maurice Connell	Stoker, P.O.
Thomas George Norton	P.O., 1 Cl.	Edward J. Dunn	Shipt., 1 Cl. (*now Act. Wt. Shipwright*)
Frederick Charles Pellow	A.B., R.F.R.		
Arthur Perry	Ch. Stoker, R.F.R.	Robert G. Dycer	P.O.
		William Demellweek	C.P.O.
William Prayle	Stoker, 1 Cl.	Thomas J. Dalton	Ch. Yeo. Sigs.
Charles William Pointer	P.O., 2 Cl., R.F.R.	Harry W. Dudman	P.O., 1 Cl.
		Alfred T. Dunn	Stoker, 1 Cl.
Edward John Rhymes	Ch. Stoker	Ernest W. Dicker	A.B., R.N.V.R.
Aaron H. Rogers	P.O., 1 Cl.	Percy W. Dennis	Ch. Stoker
William Rice	Ch. Stoker (Pensioner)	Arthur M. Eagland	P.O.
		Ernest F. Edge	C.E.R.A., 1 Cl.
Richard John Stone	Ch. P.O., R.F.R.	George J. Ellisdon	Wireman, 2 Cl.
		William F. Elvins	Stoker
James Frederick Sheppard	P.O.,1 Cl.(Pensioner), R.F.R.	Jeremiah Flynn	Stoker, 1 Cl.
Richard Cocking Veal	Smn., R.N.R.	Walter H. Fairs	Sergt. R.M.A.
Henry Vickers	P.O., 1 Cl.	Frederick T. Farmer	C.E.R.A., 1 Cl.
John Widdicombe	Ch. Stoker, R.F.R.	Frank W. Foster	Yeo. of Sigs. (*now Signal Boatswain*)
William Waterhouse	Act. C.P.O.	Alfred J. Fane	Stoker, 1 Cl.
John S. Lamont	E.R.A., R.N.R.	Edward Fitzgerald	C.P.O.
William H. Rogers	Sergt., R.M.A.	Michael Fitzpatrick	P.O.
James E. Thorburn	Sergt., R.M.A.	George F. French	A.B.
		Henry J. Fisher	Yeo. Sigs.
John G. Ashton	C.E.R.A., 1 Cl.	Harry E. Fox	C.P.O
Ernest R. Allcock	Stoker, 1 Cl.	Ernest C. Fry	C.P.O.
Charles O. Anderson	Stoker, 1 Cl.	Hugh L. Greenhill	C.P.O.
Oliver W. Barratt	Ch. Stoker	Edmund E. Grace	Ch. Elec. Artif., 2 Cl.

Distinguished Service Medal

1916—*contd.*

Name.	Rank.
Albert E. Gregson	Ch. S.B.S.
Bertie W. R. Gardiner	P.O.
James J. Greenland	C.P.O.
Malcolm D. Gooding	P.O.
William H. Graves	C.P.O.
George Gates	C.P.O.
William C. R. Griffin	P.O.
John Hiram	Ldg. Smn.
Alfred W. Hogger	Ch. Yeo. Sigs.
William W. Higman	C.P.O.
John G. Hicks	Mechn.
William Harris	C.P.O.
John D. Hatherley	C.P.O.
Arthur Harbour	Ch. Stoker
Augustus F. W. Hughes	C.E.R.A., 1 Cl.
James E. Hines	A.B.
Thomas H. Hignett	Stoker, R.N.R.
George Headley	Ldg. Sig.
Thomas Heard	Stoker, P.O.
Charles G. Hawkins	Stoker, P.O., R.F.R.
William J. Harvey	P.O.
George Hanson	A.B.
Walter Halliwell	P.O.
Walter Hooper	P.O., 1 Cl.
Ernest Irving	P.O.
William Johns	Ch. Stoker
Sidney Jackson	Stoker, 1 Cl.
Ronald G. Jefferson	E.R.A., 2 Cl.
Arthur E. James	P.O.
Samuel J. Keen	Boy, 1 Cl.
Percy F. Knapman	A.B.
William E. Kent	C.P.O.
Edward Kerry	P.O.
Herbert H. Lake	C.E.R.A., 1 Cl.
Charles Lovell	C.P.O.
Edmund Luckham	P.O., 1 Cl., R.F.R.
Walter Long	Stoker, P.O.
John Lyons	Ch. Stoker
John C. Leathers	A.B.
John Matthews	C.P.O.
William H. Martin	Ch. Armourer
George H. Manning	Sto. P.O.
Samuel C. A. Medway	P.O.
John Mulraney	Act. Bombdr., R.M.A.
Ivon Mitchell	Armourer
Horace Minns	C.P.O.
Horace R. Mason	Yeo. Sigs. (*now Signal Boatswain*)
James Monro	E.R.A., 3 Cl.
George McConnell	Sto., R.N.R.
John McCoy	Sto. P.O.
James S. Marr	E.R.A., 1 Cl.
Murdo Macleod	E.R.A., 3 Cl.
Charles Mitchell	A.B.
Frederick Moore	C.E.R.A, 2 Cl.
Herbert G. Newman	C.P.O.
William Norman	Sto.P O.,R.F.R. (*now Act. Artif. Eng.*)
Christopher H. Nichols	C.E.R.A., 2 Cl.
William M. Oldreive	C.E.R.A., 2 Cl.
James Orton	Sto., R.N.R.
Percival J. Olding	Ldg. Teleg.
Harry C. Pridmore	2nd S.B.S.
Charles Pengelly	C.P.O.
Thomas Prebble	C.P.O.
George H. Pink	Ch. Yeo. Sigs., R.F.R.
John L. C. Payne	C.E.R.A., 1 Cl.
Charles L. P. Peckham	C.P.O.
George J. Plummer	P.O., 1 Cl.
William Perrow	A.B.
John Postles	Sig. Boy
James Pascoe	Ch. Shipt.
Harry Peel	Shipt. R.N.V.R.
Charles Purchase	S.B.S.
Henry P. Pike	Ch. Armourer
Joseph E. Profitt	C.P.O.
Alfred H. Potterill	P.O.
William H. Parker	Yeo. Sigs.
Frederick Rendall	C.E.R.A., 1 Cl.
John H. Reeves	C.P.O.
Hartley K. Rounthwaite	Ch. Armourer
William Rennie	P.O.
Henry Ross	Sgt. R.M.L.I.
Arthur M. Stuart	Mechn.
John Simmons	Ch. Yeo. Sigs.
Charles E. Siffleet	P.O.
Joseph Saddler	P.O.
Thomas Shannon	Ldg. Sig.
Dan Sheppard	P.O.
Reginald A. Smith	Stoker 1 Cl.
John Searle	C.E.R.A., 1 Cl.
William R. Seaborne	Stoker, P.O.
William J. Sibley	Stoker, 1 Cl.
Robert C. Smith	C.P.O.
Mike Sliney	P.O.
George E. Smith	P.O.
Frederick C. Smith	Ch. Stoker
Henry Swales	P.O.
Thomas Sargent	C.P.O.
Harry F. Thomas	P.O. Teleg.
Ernest G. Temlett	C.P.O.
Ralph Turner	Ch. Stoker.
Alec S. Tempest	Ord. Sig.

Distinguished Service Medal

Name.	Rank.	Name.	Rank.
1916—*contd.*			
Stanley S. Tozer	C.E.R.A., 2 Cl.	Walter Bottomley	Sapper, R.M. Div. Engrs. R.N.D.
Albert E. Thurston	Ch. Stoker		
Joseph J. Thompson	A.B.		
Frederick A. Truscott	Ch. Stoker	Albert H. Hunting	Sergt., R.M.L.I.
William S. Walters (*With Bar*, 22 *Feb* 18)	Shipt., 2 Cl.	George W. James	A.B., R.N.V.R.
		Daniel Bullen	A.B., R.N.V.R.
George J. Ward	C.P.O., Teleg.	Frank Hunt	Pte., R.M.L.I.
Edward W. Weston	Sergt., R.M.A.	Isaac	Deckband, Nig. Mar. (Native)
Thomas E. Ward	C.P.O.		
Edward Williams	E.R.A., 3 Cl.	Yesufu	Boatswain, Nig. Mar. (Native)
John E. W. Worn	Boy, 1 Cl.		
Henry E. Webley	Shipt., 2 Cl.	Sam Druder	Boatswain, Nig. Mar. (Native)
David Wyllie	Teleg.		
John Webster	Act. C.P.O.	William M'Beh	Qr.-Mr., Nig. Mar. (Native)
Horace E. Winchester	P.O.		
Thomas A Woolley	Stoker, 1 Cl.	Daniel J. Murphy	P.O., 1 Cl.
Joseph V. Wagstaff	Yeo. Sigs.	Declan Flynn	P.O.
Alfred H. Waterloo	Lce.-Sgt., R.M.L.I.	Jeremiah Brien	A.B., R.N.R.
		Hubert Berry	E.R.A., 1 Cl., R.N.R.
Harry G. Walters	Ldg. Cook's Mte.	Sidney Lang	C.P.O. (*act.*)
		Harry Barber	C.P.O.
John Westlake	P.O.	Thomas A. W. Collard	C.P.O.
Harry Goodwin	Ch. Armourer	Charles Darton	C.P.O.
James T. Lewis	Ch. Armourer	James S. Southwood	C.P.O.
W. G. Culverwell	Ch. Mtr. Btmn.	William Ewles	C.P.O. (*act.*)
John Gardiner	Second Hand, R.N.R.	Jesse Hailstone	P.O.
		Charles W. Moore	P.O., 1 Cl.
Florence W. Saunders	Second Hand, R.N.R.	Charles H. Holmes	Ldg. Smn.
		Alfred W. Harding	Yeo. Sigs.
Walter J. Sutton	Second Hand, R.N.R.	Joseph Wise	Ldg. Sig.
Francis W. Beamish	Deck Hand, R.N.R.	Joseph C. Duley	Sig.
		George F. Cockrell	C.E.R.A., 1 Cl.
Fredk. W. Andrews	Ldg. Smn.	Richard Sheppard	C.E.R.A., 2 Cl.
Charles J. Colbran	Ldg. Smn.	John R. Shires	C.E.R.A., 2 Cl.
Herbert Heath	Act. Ldg. Stoker	Harry Robertson	E.R.A. 1 Cl.
John Drinkall	Qr.-Mr. (Merc.)	Harold A. Hughes	Elec. Art., 2 Cl.
George Yates	Pte., R.M.L.I.	James Brown	Ch. Stoker
John McDowell	Corpl. R.M.L.I.	Arthur A. Bradley	Stoker P.O.
Albert R. Grainger	Corpl. R.M.L.I.	Edward Madden	Stoker, 1 Cl.
Charles R. Bell	Pte., R.M.L.I.	Robert Leckie	Cook (Merc.)
John C. Dunn	Sergt., R.M.L.I.	Charles F. Roberts	Deck Hand, R.N.R.
Marcus W. Minter	Sergt., R.M.L.I.		
George Ramsey	A.B., R.N.V.R	George Phimister	Engineman, R.N.R.
David G. Denyer	Lce.-Corpl., R.M.L.I.		
		John Henderson	2nd Hand (*now Skipper R.N.R.*)
Harry Mills	Pte. R.M.L.I.		
Albert Dunkley	Pte. R.M.L.I.	William Leask	2nd Hand, R.N.R.
Percy Berry	Pte. R.M.L.I.		
Thomas Bell	Stoker, R.N.V.R.	James Christie	2nd Hand, R.N.R.
Fredk Wolstenholme	Lce.-Sergt., R.M.L.I.	James C. Rising	Deck Hand, R.N.R.
Tom Arnold	Stoker, R.F.R.	Simon H. Barker	2nd Hand, R.N.R.

Distinguished Service Medal

Name	Rank.	Name.	Rank.
1916—*contd.*			
Edgar Wileman	Deck Hand, R.N.R.	David Jones	Ldg. Smn
		Robert McCroft	Trimmer, R.N.R.
Joseph E. Scott	Trimmer, R.N.R.	John Soanes	2nd Hand, R.N.R.
Clifford S Tofton	Deck Hand, R.N.R.	Richard G. Meek	Cook (Merc.)
		Arthur Denyer	A.B.
Andrew Smith	2nd Hand, R.N.R.	William Good	Deck Hand, R.N.R.
Herbert Hodgson	2nd Hand, R.N.R.	Bertie David Wraight	A.B.
		Jabez T. Kingston	A.B.
Robert Leask	Smn., R.N.R.	Wilson S. Whiteford	Chf. Steward
		James H. Wood	2nd Hand (*now Skipper R.N.R.*)
John McPherson	2nd Hand (*now Skipper R.N.R.*)	George Wouldhave	Ldg. Smn , R.N.R.
Robert Cowling	2nd Hand, R.N.R.	Royland C. Hetherington	BoyTelegraphst
William Brown	Ldg. Smn., R.N.R.	James Bright	Ldg. Smn.
William M. James	2nd Hand, R.N.R.	Alfred West	Ldg. Smn.
		John Wilson	2nd Hand, R.N.R.
George M. McIntosh	Smn., R.N.R.	George Leask	Seaman, R.N.R.
James H. McKay	Smn., R.N.R.	John Campbell	2nd Hand, R.N.R.
Patrick H. Green	Ldg. Smn., R.N.R.	William G. Elby	Engineman, R.N.R.
Donald MacRae	Smn., R.N.R.	Robert J. Claxton	Trimmer, R.N.R.
Daniel Pigeon	Engineman, R.N.R.	Edward E. Godbold (*With Bar*, 1917)	Deck Hand, R.N.R.
Robert Farrow	Engineman, R.N.R.	Arthur W. Maughton	Deck Hand, R.N.R.
Robert G. Jacobs	Engineman, R.N.R.	Thomas Matthews	Deck Hand, R.N.R.
Charles D. A. Simmons	C.P.O.	Alfred Bickers	Deck Hand, R.N.R.
Charles Reid	P.O., 1 Cl.		
John A. Cowie	2nd Hand, R.N.R.	William R. Harvey	Engineman, R.N.R.
Henry A. Hoggett	2nd Hand, R.N.R.	James G. Gordon	Engineman, R.N.R.
Walter Nickerson	2nd Hand, R.N.R.	George Clark	Trimmer, R.N.R.
James A. Denton	Engineman, R.N.R.	William Tolmie	Second Hand, R.N.R.
George A. Parker	Ldg. Stoker, R.N.R.	David Watters	Trimmer, R.N.R.
John F. Carter	Engineman, R.N.R.	Philip H. Griffiths	Ldg. Smn.
Thomas W. Scrivens	Deck Hand, R.N.R.	Ernest C. Richards	P.O.
		Andrew Murphy	Ldg. Smn.
Ambrose T. Mayhew	Engineman, R.N.R.	Arthur Towle	E.R.A., 1 Cl.
		Daniel Greenshields	Yeo. Sigs.
Angus McIver	Ldg. Smn., R.N.R.	George E. Hayman	P.O., 1 Cl.

Distinguished Service Medal

Name.	Rank.	Name	Rank.
1916—*contd.*			
Thomas Down	Leading Sig.	Edward Cater	C.P.O.
Arthur Harvey	Leading Sig.	Ernest W. Willder	Stoker P.O.
John Allen	Seaman, R.N.R.	Frederick T. Scott	Stoker, 1 Cl.
Benjamin Smith	P.O.	Francis C. Thornton	Coy. Sgt.-Maj. R.M. Div.
Frederick G. Clarke	Pte. R.M.L.I.		
Samuel Bull	Sergt., R.M.A.		Engrs. R.N.D.
Frederick G. Chapman	Sergt., R.M.A.	Herbert S. Smith	Sergt., R.M. Div. Engrs.
Edgar S. Lewis	Sergt., R.M.A.		
George D. Thomas	Act. C.P.O.		R.N.D.
Reginald C. Maunder	P.O.	William D. Williams	Ord. Smn.
Robert Levis	P.O.	John Twomey	Boy, 1 Cl.
Frank Eyres	Stoker, P.O.	Andrew Murray	P.O.
John Williams	C.E.R.A., 1 Cl.	Stanley W. Muirhead	Yeo. Sigs.
Arthur H. Berry	C.P.O. Mech.	Albert Foxwell	M.A.A., R.F.R.
William H. Golder	C.P.O. Mech.	Robert Cook	Ch. Armr.
John W. Jean	C.P.O. Mech. (*now 2nd Lieut. R.A.F.*)	George H. Mears	Ch. Shipt.
		Alfred C. Barrett	P.O.
		Frank T. Mill	P.O.
Archibald H. Harrison	C.P.O. Mech.	William Hough	Yeo. Sigs.
William P. Elmes	C.P.O. Mech.	James McKinlay	Ldg. Smn. R.F.R.
Archibald E. Gliddon	C.P.O. Mech.		
Thomas Dowie	P.O.	Frederick T. Meade	A.B., R.F.R.
William J. Fenney	Stoker, P.O.	William C. Austen	A.B.
John G. Orr	Smn., R.N.R.	Wilfred Chapman	Yeo. Sigs.
(*With Bar 2 Nov 17*)		William A. Osborn	P.O.
John D. Winter	P.O., R.N.R.	Charles D. Jones	A.B.
Malcolm Morrison	Smn., R.N.R.	Lewis J. Isaac	P.O. Teleg.
Alfred Q. Noall	Ldg. Boatman	George Burley	Col. Sergt., R.M.L.I.
Charles R. Dyble	Deck hand		
Frederick A. Knight	A.B.	William H. Murdoch	P.O.
Charles J. C. Bond	2nd Hand (*now Skipper R.N.R.*)	Thomas P. Sproat	P.O.
		James Boland	Ldg. Smn.
Cecil Bray	Smn., R.N.R.	George H. Newland	Sto. P.O.
Henry Lawrence	2nd Hand, (*now Skipper R.N.R.*)	Cecil E. E. Miles	P.O.
		William Goulding	Sto., 1 Cl.
William C. F. Bond	3rd Writer.	Sidney A. Watkins	C.P.O.
William Jenkins	C.P.O.	George Cameron	Ldg. Smn.
Horace M. Richardson	Boy, 1st Cl.	Saidu Hoosein	Engine Driver, 1 Cl.
William E. Jolley	P.O., 1 Cl.		
Lewis Q. Verlander	2nd Yeo. Sigs.	Henry J. Wheeler	P.O., 1st Cl.
Alfred Copperwheat	A.B., R.N.V.R.	Mohammed Nagaf	Interpreter, 3 Cl.
Thomas E. Jones	Pte., R.M.L.I.		
Henry Good	Ldg. Fireman (Merc.)	John Duncan	Act. Ldg. Sto.
		Robert Emmett	Lce.-Cpl. R.M.L.I.
Richard H. Buckell	Offr's Stewrd. (Merc.)	George Perry	C.E.R.A., 2 Cl.
Frank S. Thatcher	C.P.O. Mech. 3 Cl.	William H. Gitsham	Act. Ch. Sto.
James Shipperbottom	C.P.O. Mech. 2 Cl.	Norman Harry	Ldg. Smn. R.N.R.
David Harris	Ldg. Smn.	Albert E. Bush	Smn., R.N.R.
Walter H. Yarkham	Shipt., 1 Cl.		
Sidney H. Marchant	Offr's Stewrd., 2 Cl.	Martin Pottle	Smn., R.N.R. (Newfoundland)

Distinguished Service Medal 135

Name.	Rank.	Name.	Rank.
1916—*contd.*		William R. Bull	A.B.
William G. Bruton	Ch.Ldg.Fireman (Merc.)	David T. Elliott	A.B.
Daniel Gartlan	Donkeyman (Merc.)	William Spry	Smn., R.N.R.
		Ernest Kelly	Boy Teleg.
John Longman	Greaser (Merc.)	Albert G. Pearson	E.R.A., 1 Cl.
Duncan McKenzie	Greaser (Merc.)	William Driver	Sto., P.O.
Thomas Harris	Fireman(Merc.)	William Betmead	Engmn., R.N.R.
Hubert W. Longley	Engine room rating (Merc.)	Fred W Briggs	Engmn., R.N.R.
John Ritchie	2nd Hand, R.N.R.	Harold Cooke	Engmn., R.N.R.
George E. Smith	2nd Hand, R.N.R.	Charles E. East	Engmn., R.N.R.
Edward Dobbins	Qr.-Mr. (Merc.)		
Thomas Taylor	Qr.-Mr. (Merc.)	William Fleming	Engmn., R.N.R.
John W. Golding	Skipper (Merc.)		
James Crooks	Skipper (Merc.)	James Reid	Engmn , R.N.R.
William A. Goss	Qr.-Mr. (Merc.)		
John Davies	Fireman(Merc.)	Charles E. Vittery	Engmn., R.N.R.
Edward G. Talbot	Fireman(Merc.)		
		Fred P. Wilson	Engmn., R.N.R.
1917		Richard Morrison	Trmr., R.N.R.
Frank Dymond	C.E.R.A.,1 Cl.	Richard Combe	2nd Hand, R.N.R.
Herbert Neal	C.E.R.A. 1 Cl.		
William Ford	Ch. Elec. Art., 2 Cl.	John N. Stephen	2nd Hand, R.N.R. (*now Skipper*, *R.N.R.*)
Robert C. Lees	C.E.R.A, 2 Cl.		
William H. Palmer	C.P.O.		
Frederick Aldred	Ch. Sto.	Francis J. Williams	2nd Hand, R.N.R.
Arthur J. Litton	Ship's Std.		
Leonard D. Roberts	Col. Sergt. R.M.L.I.	Alexander Davidson	Deck Hand, R.N.R.
Harry R. Lucas	Sergt. R.M.A.	Bert Huntingdon	Deck Hand, R.N.R.
George Whitby	Ch. Yeo. Sigs.		
William H. Hoyle	P.O.	Daniel Nithsdale	Deck Hand, R.N.R.
Tomson Matthews	P.O.		
Edward C. Street	P.O., 1 Cl.	David W. L. Simpson	Deck Hand, R.N.R.
George Parmenter	Sto., P.O.		
Charles R. Allwright	S.B.S.	Charles Shell	Deck Hand, R.N.R.
Edward F. Roser	E.R.A., 3 Cl.		
Patrick Walsh	Sto., 1 Cl.	Albert W. Broadway	Ldg. Smn.
Hubert S. Bevis	A.B	Lionel E. Corker	Actg. Ldg. Sto.
Frank Pook	Off. Std., 2 Cl.	Frederick T. Davis	Ldg. Sig.
Arthur G. S. Flippence	Musician, R.M.	Sidney L. D. Frampton	E.R.A., 3 Cl.
Thomas R. Cozens	C.P.O.	William E. Goddard	P.O.
James H. Lancey	C.P.O.	William H. Gunton	P.O.
John E. Perritt	C.P.O.	Richard C. Hammett	P.O.
George C. Day	P.O., 1 Cl.	Edwin W. Harrison	P.O.
William H. Winton	P.O.	Edward Haydon	P.O.
William A. Adams	P.O., 1 Cl.	George W. Hodder	A.B.

Distinguished Service Medal

Name.	Rank.	Name.	Rank.
1917—*contd.*		William S. Gurney	Ch. Shipt.
Walter Humphries	Actg. Ldg. Sto.	James Mathers	A.B.
John Ilott	P.O.	Squire Lilley	Elec. Art., 3 Cl.
Charles Kessell	Act. Ldg. Sto.	Ernest W. Nelson	Air Mech.
Benjamin C. Litchfield	Ldg. Smn.	Archie McKechnie (*with Bar* 1917)	2nd Hand, R.N.R.
Patrick A. McEvoy	Ldg. Smn.		
George Plain	Ch. Stoker	George Manley (*with Bar* 1917)	2nd Hand, R.N.R.
Alfred A. E. Phillips	P.O.		
Percy S. Saville	Stoker, 1 Cl.	Frederic E. Pym (*with Bar*)	A.B.
Albert T. Sibthorpe	Ldg. Teleg.		
Roland T. Stripp	P.O.	Arthur T. Pursey (*with Bar* 2 *Nov* 17)	A.B.
Albert O. Tilbury	Ldg. Stoker		
Alfred A. Truscott	E.R.A., 3 Cl.	Archibald Williams	P.O. Teleg. (*Now Act. Wt. Teleg.*)
Alexander Weir	Act. C.E.R.A., 2 Cl.		
Harry Winter	A.B.	Charles Filleul	Sto. P.O.
Frederick L. Angus	Ch. Eng., Nig. Mar.	Charles C. Hope	A.B.
		Charles H. Smith	A.B.
Albert C. Burton	C.E.R.A., 1 Cl.	Joseph O. G. Howell	A.B.
Harry C. Curtis	Mechn.	Thomas W. Swan	Sto., 1 Cl.
Herbert H. R. Whitty	P.O.	Charles Olford	P.O.
Henry F. Williams	Elect. Art ,2 Cl.	James F. Trevett	A.B.
Albert E. J. Stevens	A.B.	Albert E. Cottrell (*with Bar* 22 *Feb.* 18)	P.O.
William F. Hammond	Pte., R.M.L.I.		
Frederick W. Hemmings	Corpl., R.M.L.I.	Henry H. T. Atkins	Ldg. Smn.
Albert C. Rutland	Lce.-Corpl., R.M.L.I.	Henry J. Crone	A.B.
John Butters	P.O.	Charles Malin (*with Bar* 2 *Nov* 17)	Sig.
Leonard Findlay (*with Bar* 1917) (*with 2nd Bar* 1917)	Deck Hand, R.N.R.	Richard Tiller	Sto. P.O.
		Edward Hughes	Stoker, R.N.R.
		Ernest V. Chamberlain	W/T. Op., 1 Cl. R.N.R.
Albert E. Gregory	P.O.		
Frederick Dart	P.O.	Peter J. Beer	C.E.R.A., 1 Cl.
Joseph R. Ashfield	P.O.	William E. Wheele	P.O.
Frank W. Crabbe	E.R.A., 3 Cl.	Walter F. G. Coward	Stoker, P.O.
William J. Adams (*with Bar* 1917)	P.O., 1 Cl.	Frederick Foreman	A.B.
		John Foot	Shipwright, 2 Cl.
Daniel J. Donovan (*with Bar* 1917)	Ldg. Smn.	William H. Grills	Stoker, P.O.
		William Tillison	Ldg. Stoker, R.N.R.
Thomas Heffernan	P.O.	John D. Kay	O.S.
Albert H. Hinks	Act. Ch. Arm.	Robert G. Ribbons	C.E.R.A., 2 Cl.
Ernest C. King	Arm's. Crew	James Noonan	C.P.O.
James R. Sole	Ldg. Smn.	Francis E. Strong	C.P.O.
Charles G. B. Barham	A.B.	William J. Grills	P.O.
Walter H. France	Sergt., R.M.A.	John J. M. Lawes	P.O.
Adam Fenton	Gnr., R.M.A.	William Young	P.O.
William E. Sims	P.O.	George Brunker	Ldg. Smn.
Charles E. Cobb	P.O. Mech.	Vincent Burrage	A.B., R.F.R.
Donald McL. Graham	P.O. Mech.	Samuel C. Cubitt	A.B., R.F.R.
Herbert W. Marsh	A.B.	Michael Fitzgerald	A.B., R.F.R.
George Bebenna	Smn., R.N.R.	William Dennis	Pte., R.M.L.I.
George S. Tasker	Sig., R.N.V.R.	Albert French	P.O., Teleg.
Thomas J. Burrell	P.O.	Albert E. Tull	Ship's Steward
James Mather	P.O	Sampson Woodcock	S.B.S.

Distinguished Service Medal

Name.	Rank.	Name.	Rank.
1917—*contd.*		Arthur H. Burleigh	Ldg. Smn.
Percy E. Smith	Co. Sergt.-Maj., R.M.L.I.	Stanley Townsley	Act. Ldg. Sto.
		Walter S. Harrod	C.E.R.A., 2 Cl. (*now Act.Artif. Eng. R N.*)
William Bradley	Lce.-Corpl., R.M.L.I.		
Percival C. King	P.O., Teleg.	Henry Shipp	C.P.O.
Frederick Wilmshurst	Air Mech.,1 Gr.	James Leighton	C.E.R.A., 1 Cl.
Allan J. R. Kelly	Ord. Teleg.	Neil Campbell	C.E.R.A., R.N.R.
James Power	P.O.		
Herbert Dobson	E.R.A., 1 Cl.	Charles Winchester	Ch. Stoker
Frederick G. Brockman	Ch. Sto.	William Browns	Stoker, P.O.
Augustus Ness	P.O.	William Crocker (*with Bar 15 Feb. 19*)	C.P.O
Albert E. Jones	C.E.R.A., 1 Cl.		
Charles F. Law	Yeo. Sig.	Henry W. Turner	Ldg. Sig.
William O. Kennedy	E.R.A., 3 Cl.	James Burratt	Act. C.P.O.
George W. Birch	Sto. P.O.	Charles Milne	Ldg. Smn.
William S. T. Bate	C.P.O.	Clifford J. Campbell	Act. C.P.O.
Edward Arthur	P.O., R.N.R.	(*With Bar 1917*)	
Albert V. Gilbert	C.P.O.	James A. Reynolds	P.O. (*now Gunner R.N.*)
John Slee	C.P.O.		
Francis J. Lewis	Sto., 1 Cl.	Charles F. Down	Act. Armourer
Ernest H. Hansford	Ldg. Sig.	William H. Carter	Ldg. Stoker
George V. Mackenzie	Ldg. Sig.	Charles E. Hodder	A.B.
Frederick C. Hawkins	Ldg. Smn.	Alfred L. Pond	C.P.O.
Harry Adams	Shipwt., 1 Cl.	William E. Jobson	A.B.
William Thomas	P.O.	William Jones	P.O.
Albert H. Taylor	C.E.R.A., 1 Cl.	James Balsdon	P.O.
Arthur Hawkins	Ch. Arm.	John Fish	C.E.R.A., 1 Cl.
Isaac E. Hawes	Ldg. Teleg.	Albert Davey	Ldg. Stoker
George Smith	A.B.	James Treadgold	Ldg. Teleg.
Frederick G. Crossingham	A.B.	Christopher Sloane	P.O.
		Charles W. Thomas	C.E.R.A., 2 Cl.
John C. Stoneage	Ldg. Sig.	Henry C. Bealing	P.O.
Frederick J. Hendley	P.O.	Reginald W. Stewart	E.R.A, 2 Cl.
Charles W. Brine	P.O.	John Buckley	Ldg. Smn.
Albert E. Johnson	Teleg.	Robert H. Stoops	Act. Ldg. Smn. (Merc.)
Walter Cherrett	Ch. Sto.		
Daniel J. Lamont	A.B.	James Gorman	A.B. (Merc.)
William C. Kingswell	E.R.A., 2 Cl.	Harry C. Forrest	Apprentice (Merc.)
Henry A. Drury	E.R.A., 2 Cl.		
Michael Broderick	Seaman	Alfred White	Ldg. Smn. (Merc.)
Jabez Webb	Ch. Sto.		
George Amery	Ch. Sto.	James Moar	Smn. (Merc.)
Thomas W. Adamson	C.E.R.A., 1 Cl.	John Y. Hutcheon	Ldg. Smn. (Merc.)
Albert V. Langridge	C.P.O.		
Albert H. Cook	P.O.	James Leitch	Apprentice (Merc.)
John J. Williams	C.E.R.A., 1 Cl.		
Samuel B. Mitchell	C.E.R.A., 1 Cl.	A. Haddacks	Ch. Stewd (Merc.)
Thomas Patterson	P.O.		
William J. McCleery	C.E.R.A.	George R. Pidd	Carp. (Merc.)
Frederick A. Allen	2nd S.B.S	Albert S. Stokes	Ldg. Smn. (Merc.)
James W. Barratt	C.P.O		
Henry Hearn	P.O.	William Gallagher	Boatswain (Merc.)
Donald Morrison	P.O., R.N.V.R.		
Leonard W. Smart	Ldg. Smn.	Malcolm Macleod	Smn. (Merc.)

Distinguished Service Medal

Name.	Rank.	Name.	Rank.
1917—*contd.*		Robert E. Sproule	Motor Mech.
Frank McArdle	A.B. (Merc.)	Albert W. Saunders	Motor Mech.
Joseph H. Deacon	C.E.R.A. 1 Cl.	Leo C. Martin (*with Bar* 15 *Feb* 19)	P.O., 2 Cl.
William T. Waters	Mate (Merc.)	Charles Wood	Ldg. Smn.
R. R. Quinn	Mate (Merc.)	Harry McR. Duncan	P.O.
Richard Barron	2nd Hand, R.N.R.	Edward Lancaster	Act. E.R.A., 4 Cl.
Hugh J. Owen	E.R.A., 3 Cl.		
William Henwood	Stoker, 1 Cl.	Percy S. Fryer	A.B.
Alfred A. Stepto	Yeo. Sigs.	Percival Ross (*with Bar* 2 *Nov.* 1917)	Ldg. Smn.
James Kennedy	Ch. Stoker		
Harold F. Small	Teleg.	George W. Cracknell	2nd Hand, R.N.R.
John McKenna	C.P.O. Teleg.		
George England	Ch. Stoker	Alfred Daw	C.P.O.
John R. Plummer (*With Bar* 20 *Sept* 18)	C.P.O.	William J. C. Poole (*alias* William J. Curley)	C.P.O., R.F.R.
Thomas F. Charvil	Ch. Yeo. Sigs.		
Walter W. Morgan	P.O.	Arthur B. James	P.O., 1 Cl.
John R. Purver	Ch. Stoker.	William H. Baker	P.O.
Algernon C. Miller	Ldg. Smn.	Ernest Knight	P.O., R.F.R.
John Bryant	C.E.R.A., 1 Cl.	Howard E. Osgood	Ldg. Smn.
Henry R. Bezant (*With Bar* 5 *Oct* 18)	P.O.	George F. Reddings	Ldg. Smn., R.N.R.
Bert Arvoy	C.P.O. Mech., 3 Gr.	Charles W. V. Potter	Smn., R.N.R.
		William T. Isaac	Ldg. Sig., R.F.R.
Ferdinand Fantini	P.O. Mech.		
William F. Cliffe	Ldg. Mech.	Edgar C. Saunders	Ldg. Sig.
Samuel P. Finch	P.O. Mech.	William H. Harrington	Ch. Armr
William E. Watson	P.O. Mech.	George F. Cook	M.A.A..R.F R
Robert G. Kimberley	Air Mech., 1 Gr.	Reginald D. Hale	Lce.-Corpl., R.M.L.I.
William Blackburn	A.B.		
Joseph H. Kelly	2nd Hand, R.N.R.	Richard Burns	Pte., R.M.L.I.
		Alexander R. Fraser	Ch. Carp. (Merc.)
George A. Smedley	Ldg. Smn.		
James Hartley	A.B.	Robert C. James	Ldg. Fireman (Merc)
John Buchanan	C.E.R.A., 2 Cl.		
Louis D. Snell (*with Bar*)	Sto., P.O.	Archibald McDonald	Donkeyman (Merc.)
Ernest L. Burn	Off. Stewd., 2Cl.		
Reginald L. Wilkins	C.P.O.	Percy R. Lawes	P.O.
Alfred J. Reed	P.O.	Charles H. Shepherd	Ldg. Smn.
William O. Evans	Smn., R.N.R.	George Bannister	Sto., P.O.
Francis J. Cappleman	Engineman, R.N.R.	Walter Bunce	Act. Air Mech 1 Gr.
George H. Roper	2nd Hand, R.N.R.	Alfred A. Hill	P.O.
		Albert Young	Stoker P.O.
Arthur H. A. West	P.O.	William E. Dumaresq	A.B.
Archibald Dunbar	E.R.A. 2 Cl.	Robert A. Duncan	Ldg. Stoker
William McPherson	Ldg. Smn., R.N.R.	Arthur H. Craven	P.O.
		Duncan A. Sinclair	C.E.R.A., 1 Cl.
William F. B. Biss	A.B.	George T. Ludgate	Ldg. Smn.
David Aitchison	2nd Hand, R.N.R.	John Jones	Pte., R.M.L.I.
		Thomas M. Symons	Pte., R.M.L.I.
William Wallace (*with Bar* 21 *June* 18)	Motor Mech., R.N.V.R.	Albert E. James	Yeo. Sigs.
		James Bryant	Stoker P.O
David W. Logan	Motor Mech.	Edward Gilfillan	Stoker

Distinguished Service Medal

Name.	Rank.	Name.	Rank.
1917—*contd.*			
Sidney F. Brooks	Stoker	Thomas E. Fletcher,	W/T.Opr., 1 Cl.
Walter Laurence	P.O. Mech.	C.G.M.	R.N.R.
Frederick H. Winstone	P O. Mech.	p.c. William Williams,	Smn., R.N.R.
George F. R. Marden	C.P.O. Mech., 3 grade	(*with Bar* 2 *Nov* 17)	
William S. Burville	P.O. Mech.	Ebenezer G. Hodges	C.E.R.A., R.N.R.
Charles H. Potts	C.P.O. Mech., 1 grade	John H. Philp	P.O.
Herbert E. Phillp	C.P.O. Mech., 3 grade	James H. Green	E.R.A., 2 Cl.
		Arthur James	C.P.O.
John McCredie	Ldg. Mech.	Harry T. Coleman	Ldg. Smn.
Edward W. Dawson	P.O. Mech.	Samuel Fletcher	C.E R.A.
Alexander Bell	P.O. Mech.	Charles H. Hazel	Arm. Mte.
Charles Thomas	Ldg. Mech.	Walter J. V. Keeble	1st Writer
Harry H. S. Scott	C.P.O. Mech., 1 grade	William H. Bromidge	Ship's Stewd.
		T. Thurburn	Ch.Motor Mech.
John A. Rosling	C.P.O. Mech., 3 grade	Albert V. Proctor	Sergt., R.M.A.
		Herbert T. H Fowle	Ord. Smn.
Frederick T. McSorley	P.O. Mech.	Charles Williams	Sto., N.Z. R.N.R.
John Inglis	Deck Hand, R.N.R.	John Clasper	Sto., 1 Cl.
		William Shearn	Ch. Sto.
Henry Granville	P O.	Harry Sedgley	P.O., Teleg.
George H. Dodds	Engineman, R.N.R.	William E. Strevens	P.O
		George H. Froud	P.O.
Robert P. Stearne	Boy, 1 Cl.	Albert Last	P.O.
William H. Pysden	C.P.O.	Sidney Clarke	A.B.
Leonard Macer	A.B.	Charles R. Norton	A.B.
John Watterson	2nd Hand, R.N.R.	Ernest R. Ingleson	A.B.
		Walter F. Mair	A.B.
Alfred Butler	C.P.O.	John C. Ashton	C.P.O.
Wilfred Shaw	A.B.	Sidney A. Simmonds	P.O.
Arthur L. Proe	A.B.	Charles H. Daish	P.O.
Robert Jolley	Ldg. Smn.	William Culverwell	C.E.R.A
Johnston Robertson	Ldg. Smn.	Frederick P. Mursell	P.O.
		Henry Simmons	Ch. Sto.
James C. V. McBrierty	C.P.O.	William E. Heaseman	Sto. P.O.
Samuel Proudlove	A.B.	W. Waterhouse	C.P.O.
Albert E. Holding	P.O.	D. J. Murphy	P.O. 1 Cl.
Alexander Wilson	Ldg. Smn.	D. Flynn	P.O.
Robert A. Conway	Smn., R.N.R.	H. Berry	E.R.A. 1 Cl., R.N.R.
Percy J. Strachan	Col. Sergt., R.M.L.I.	J. S. Lamont	E.R.A. 1 Cl., R.N.R.
James Cook	Pte., R.M.L.I.		
James A. Short	Pte., R.M.L.I.	J. Brien	A.B., R.N.R.
Thomas H. Wedge	Corpl R M L.I	David H. Aitken	Engineman, R.N.R.
Francis J. Horwill	P O.		
Samuel J. Pollard	Sto. P.O	Thomas E. Bailey	2nd Hand, R.N.R.
Herbert L. Day	Ldg. Smn.		
Benjamin Samms	Smn., R.N.R.	Alfred Baker	C.P.O.
Alexander S. Morrison	Smn., R.N.R.	William I. Bartlett	C.E.R.A. (*now Act.Artif. Eng.*)
Richard E. Davison	Ldg.Sto.R.N.R.		
Aaron Hopkins	Stoker, R N.R	Thomas H. S. Bates	Deck Hand, R.N.R.

140 — Distinguished Service Medal

Name.	Rank.	Name.	Rank.
1917—*contd.*			
William F. Batty	Signalman, R.N.V.R.	Jack E. Hamilton	Ch. Writer
		Charles B. Hebdon	Ldg. Trimmer, R.N.R.
James R. Brown	Deck Hand, R.N.R.	Robert Hooper	Yeo. Sigs.
William G. Bruce	Deck Hand, R.N.R.	Benjamin Jackson	Deck Hand, R.N.R.
Albert E. Bull	Deck Hand, R.N.R.	Charles R. Johnson	Deck Hand, R.N.R.
Arthur J. Bull	2nd Hand, R.N.R.	Herbert Jones	Stoker, 1 Cl.
		Richard Jones	Engineman, R.N.R.
Benjamin Bunn	Deck Hand, R.N.R.	Thomas Kearns	C P.O.
John Clay	2nd Hand, R.N.R.	David J. Kyle	Ldg. Smn.
		Edward Lee	Engineman R.N.R.
Ernest W. J. Claydon	P.O.		
John T. Collier	C.P.O.	John J. L. Logan	Ord. Teleg. R.N.V.R.
Arthur J. Collins	W/T Opr. 2 Cl., R.N.R.	George McDonald	2nd Hand R.N.R.
Reeves Conroy	Ldg. Smn.		
John Cope	Act. C.P.O.	William McIlroy	2nd Hand R.N.R.
Fred Cowen	Engineman, R.N.R.	Colin Mackay	Ldg. Smn. R.N.R.
Amos Craven	2nd Hand, R.N.R.	Lott Mackay (*With bar 2 Nov* 17)	C.P.O.
George S. Crinks	2nd Hand, R.N.R.	Thomas B. Mackenzie	2nd Hand R.N R.
Charles Culmer	Ldg. Smn.		
John Davis	2nd Hand, R.N.R.	William J. Mail	Ldg. Smn. R.N.R.
Robert Dickson	Deck Hand, R.N.R.	John R. Markham	2nd Hand R.N.R.
George Dodds	Signalman, R.N.V.R.	Robert Marr	2nd Hand
		Henry G. Marshall	C.P.O.
John Draper	2nd Hand, R.N.R.	George L. Mottram	C.P.O.
		Sidney Nobbs	Signalman R.N.V.R.
Walter W. Easter	C.P.O.		
John A. Ellis	P.O.	Frederick E. Nottage	P.O.
Thomas Evans	1st Engineman, R.N.R.	William T. Noyes	C.P.O.
		Patrick J. O'Toole	Ldg. Trimmer R.N.R.
James Everett	Engineman, R.N.R.	John W. Phillips	C.P.O.
Manning Faiers (*with Bar 2 Nov* 17)	Engineman, R.N.R.	Arthur Pavey	Stoker P.O.
		James Porter	P.O.
Leonard H. H. Finlay	Ch. Writer		
Christopher Gaunt	Deck Hand, R.N.R.	James Potter	Stoker P.O.
		William Power	P.O.
Charles E. Gill	Ldg. Smn.	Archibald J. Preece	Signalman R.N.V.R.
Edward Gillan	Stoker, R.N.R.	Charles H. Price	P.O.
George D. Glover	C.P.O.	John H. Price	C.P.O.

Distinguished Service Medal

Name.	Rank.	Name.	Rank.
1917—*contd.*			
Ernest Redding	Trimmer R.N.R.	William Lee	P.O., 1 Cl.
Fred Reed	Signalman R.N.V.R.	Joseph J. B. Norris	P.O.
		James Smith	E.R.A., 3 Cl.
		Daniel Dorrian	Ldg. Smn.
George H. Reed	2nd Hand R.N.R.	George M. Burns	Ord. Smn.
		George E. Palmer	Ldg. Smn.
Thomas Reynolds	Ldg. Smn. R.N.R.	George Chinchen	E.R.A., 4 Cl.
		William Biggs	A.B.
James Robertson	Ch. Stoker	George N. S. Cromarty	E.R.A., R.N.R.
Charles J. Rowsell	C.P.O.	George E. Beresford (*With Bar* 1917)	A.B.
William L. Seaton	2nd Hand, R.N.R.	Frederick Hobbs	P.O.
Frederick J. Channon	C.P.O.	James K. Lawrie	E.R.A., 1 Cl.
William Shepherd	C.P.O.	Robert J. Brown	P.O.
Cecil Taylor	C.P.O.	Ernest J. Rodgers	P.O.
Leonard Thomas	Trimmer, R.N.R.	Samuel Holman	Engineman, R.N.R.
Alfred A. J. Thompson	2nd Hand, R.N.R.	Frederick Robinson (*With Bar*, 26 *Apr* 1918)	C.P.O.
John W. Turner	P.O., R.N.V.R.	Ernest Pike	C.E.R.A., 2 Cl.
		John G. Reason	E.R.A., 1 Cl.
Joseph H. Walton	Engineman, R.N.R.	William Smith	Ldg. Sig.
		John R. Evans	2nd Hand, R.N.R.
Samuel Warren	P.O., R.N.R.	Nicholas Denoon	Engineman R.N.R.
Joseph Walkinson	2nd Hand, R.N.R.	Robert Hay	Ldg. Smn. R.N.R.
William T. Weedon	Trimmer, R.N.R.	Arthur J. Aldridge	Smn. R.N.R.
Henry A. Wilson	C P.O.	James R. H. Page	Donkeyman (Mercantile)
Richard Wilson	2nd Hand, R.N.R.	Robert W. O. Dall	Ldg. Smn.
Thomas Wouldhave	2nd Engineman, R.N.R.	Magnus Nicholson	Smn. R.N.R.
		Eric Morrison	P.O. R.N.R.
John Whitley	Ldg. Smn., R.N.R	Frederick C. Rockett	P.O.
		George J. Jarrett (*With Bar* 1917)	P.O.
Thomas Toms	Engineman, R.N.R.	John M. Wall	P.O.
John Campbell	P.O.	Charles Holland	A.B.
Frederick G. Marchant	P.O.	George R. Norman	Stoker, P.O.
Alfred M. Langley	E.R.A., 2 Cl.	John Kennedy	Stoker, 1 Cl.
William H. Isted	C.P.O.	William G. Thomas	Shpt. 1 Cl.
Harold Lang	E.R.A., 3 Cl.	Alfred Matthews	Cook's Mate.
Nelson Sears	Col. Sergt., R.M.L.I.	John C. Chudley (*With Bar* 1917)	Ord. Smn., 2 Cl.
Grovenor Short	Lce. Corpl.	Thomas Caldwell	Ord. Teleg., R.N.V.R.
Albert E. Martin	Ldg. Sig.		
John L. Arthurson	Ldg. Smn., R.N.R.	John Thomas	Ord. Teleg., R.N.V.R.

Distinguished Service Medal

1917—contd.

Name.	Rank.	Name.	Rank.
Harry P. Knevitt	Deck Hand, R.N.R.	George A. Abbey	Deck Hand, R.N.R.
Walter Vickers	Deck Hand, R.N.R.	Adam Adam	Deck Hand, R.N.R.
Robert Crossland	Deck Hand, R.N.R.	William Alger	Deck Hand, R.N.R.
Wilfred Foley	Deck Hand, R.N.R.	Albert E. Anthony	Deck Hand, R.N.R.
John McClalland	Deck Hand, R.N.R.	John R. Askham	Ldg. Smn.
Dugald C. McKinnon	Deck Hand, R.N.R.	James A. Baldry	Ldg Smn., R.N.R.
Robert Dougherty	Deck Hand, R.N.R.	Charles W. Barnes (now Skipper R.N.R)	2nd Hand., R.N.R.
James H. Knowles	Deck Hand. R.N.R.	Thomas D. Bass	Deck Hand., R.N.R.
Edward Bastian	Deck Hand, R.N.R.	William J. Bennett	A.B.
John McLean	Deck Hand, R.N.R.	John E. Bess	2nd Hand, R.N.R.
Leonard Leathley	Deck Hand, R.N.R.	Edwin Bird	2nd Hand, R.N.R.
James Porteus	Deck Hand, R.N.R.	John Blakley	A.B. (Mercantile)
Arthur Townsend	Smn., R.N.R.	William J. Bond	Act. C.P.O.
John T. Worn	C.P.O.	Walter W. Borman	Engineman, R.N.R.
William G. Johnson	Ldg. Smn. R.N.R.	Alexander Buchan	2nd Hand, R.N.R.
Joseph McKillop	Smn , R.N.R.	Albert G. Bunn	Deck Hand, R.N.R.
William P. Caston	Air Mech., 2 Cl	William H Busser	C.P.O.
Abraham E. Shorter	Air Mech., 1 Cl	Daniel G. Callan	Engineman, R.N.R.
George H. Carlton	P.O.	Francis T. Charles	Ldg. Smn.
Alfred E. Wilton	Stoker P.O.	Harry D. Clinton	Seaman, R.N.R.
Frederick Bate	Act. Air Mech., 1 Cl.	Godfrey G. Clowes	A.B.
Arthur G. Flowers	Act. Mech., 2 Cl.	Freb Cobb	Engineman, R.N.R.
John W. Rose	P.O. Mech.	Joseph R. Carkett	2nd Hand. R.N.R.
George B. Clements	Air Mech., 1 Cl.	Ernest F. Cresswell	Ldg. Smn.
John R. Laycock	AirMech ,2Cl.	William J. Defew	A.B.
Vernon F. Whatling (With Bar 1917)	C.P.O.	William P. Duthie	Deck Hand, R.N.R
Douglas G. Rennett	Air Mech., 1 Cl.	Thomas Dwyer	Ldg. Smn.
		Albert E. Ephgrave	Ldg. Smn.
Charles S. Laycock	Air Mech., 2 Cl.	Ben Ettell	Engineman, R.N.R.
		Kenneth Ferguson	Ldg. Smn., R.N.R.
Alexander McDonald	Ldg. Smn., R.N.R.	William C. S. Franks	A.B.

Distinguished Service Medal

Name.	Rank.	Name.	Rank.
1917—*contd.*		John Mair	2nd Hand, R.N.R.
Walter Freemantle	C.P.O. (now *Tempy. Act Gunner*)	John H. Mann	Ldg. Smn.
		George W. Martell	P.O., R.N.R.
Robert G. Fuller	Deck Hand, R.N.R.	Thomas H. Merryfield	C.P.O.
Ernest Glew	Trimmer, R.N.R.	George Milne	Engineman, R.N.R.
William J. Goodchild	Engineman, R.N.R.	Alexander B. Nash	Ldg. Smn., R.N.R.
Walter Green	Ldg. Smn.	John R. Nickols	Sig. Boy, R.N.R.
William E. Harris	Engineman, R.N.R.	Eric A. Ollard	Engineman, R.N.R.
Alfred E. Hill	P.O., 1 Cl.	James F. Ostcliff	2nd Hand, R.N.R
Harry Hodgson	2nd Hand, R.N.R.	William Patience	Ldg. Smn., R.N.R.
George A. House	Sig. R.N.V.R.		
John S. Hulme	Engineman, R.N.R.	Charles W. Payne	Deck Hand, R.N.R.
William Jones	Sig. R.N.V.R.	Henry W. Popay	Engineman, R.N.R.
Walter Keay	2nd Hand, R.N.R.	Thomas Purcell	Ldg. Smm., Newfoundland R.N.R.
John L. Kelso	Smn. R.N.R.		
Henry R. Kimber	Sergt. R.M.A.		
Edward King	C.P.O.	Thomas F. Rawlinson	Engineman, R.N.R.
John R. King	2nd Hand R.N.R.	Arthur Read	C.P.O.
James E. Knights	Ldg. Smn.	Philip M. Read	W/T Op., R.N.R.
Albert Lake	Ldg. Smn.		
Robert Lilburn	Deck Hand, R.N.R.	William Sampson	2nd Hand, R.N.R.
William Lobban	Deck Hand, R.N.R.	Alexander E. Skene	Deck Hand, R.N.R.
David H. Lord	Sig. Boy, R.N.R.	Charles Slapp (*now Skipper R.N.R.*)	2nd Hand, R.N.R.
David Lowrie	2nd Hand, R.N.R.	George E. Smith	Seaman, R.N.R.
Robert S. Luen (*now Eng. Sub-Lieut. R.N.R.*)	Ch. Motor Mech.	James Smith (*now Skipper R.N.R.*)	2nd Hand, R.N.R.
Murdo McAulay	C.P.O.	William Smith	Ldg. Smm., R.N.R.
John McConnell	P.O., R.N.R.		
Thomas McGrath	Ldg. Smn., R.N.R.	John R. Solomon	P.O., 2 Cl.
		James F. Somner	Boy, R.N.R. (*now Sub-Lieut. R.N.V.R.*)
Duncan McLeod	Deck Hand, R.N.R.		
James McLeod	Smn., R.N.R.	Thomas Stark	Engineman, R.N.R.
Neil MacLeod	Ldg. Smn., R.N.R.	John R. Storr (*now Ch. Skipper R.N.R.*)	2nd Hand, R.N.R
William McLeod	Cook, R.N.R.		
Michael Mahony	Ldg. Smn., R.N.R.	James Stubbs	Engineman, R.N.R.
Alexander Mair	Deck Hand, R.N.R.	Alexander Tait	2nd Hand, R.N.R.

Distinguished Service Medal

Name.	Rank.	Name.	Rank.

1917—*contd.*

Name	Rank
Matthew H. Taylor	Engineman, R.N.R.
Edward R. Thomas	Ldg. Smm., R.N.R.
Mortimer Thompson (*now Skipper R.N.R.*)	2nd Hand, R.N.R.
John Thriepland	Teleg., R.N.V.R.
Edward Turner	Engineman, R.N.R.
Henry E. Utting	Deck Hand, R.N.R.
George E. Ward	2nd Hand, R.N.R.
Richard C. Warden	Deck Hand, R.N.R.
William J. S. Watson	W/T Op., R.N.R.
Alexander F. K. West	2nd Hand, R.N.R.
William I. Williams	2nd Hand. R.N.R.
Matthew Young	Deck Hand, R.N.R.
William R. Youngman	Engineman, R.N.R.
Leslie Youngson	Engineman, R.N.R.
George Wilson	A.B. (Merc.)
Simon Patience	Smn (Merc.)
Thomas O'Farrell	Ldg. Smn. (Merc.)
Walter W. Cowell	2nd Hand, R.N.R.
Arthur Fagg	C.P.O.
William J. Drayton	Ldg. Teleg.
Benjamin P. Youngs	P.O.
Harold M. Way	Armourer
John H. Woolley	C.P.O.
Robert Cochran	E.R.A. 3 Cl.
Peter W. Jacomel	Ch. Motor Mech., R.N.V.R.
William Wigg (*with Bar, 23 July* 18)	Deck Hand, R.N.R.
Donald A. McLean	Ldg. Deck Hand, R.N.R.
James Daniels	Deck Hand, R.N.R.
William Billett	Ldg. Smn.
Alma Dougherty	Smn. R.N.R.
William H. Jordan	A.B.
George Darwood	Deck Hand, R.N.R.
William Brown	Lce. Corpl., R.M.L.I.
Holley Bower	A.B.
Henry Hurst	Smn., R.N.R.
Frederick J. Mobbs	2nd Hand, R.N.R.
Stephen Slade	Smn., R.N.R.
William E. Swanson	P.O.
William C. F. Milton (*with Bar* 1917)	Ldg. Smn.
Charles F. Withecombe	Stoker, 1 Cl.
Charles Duckenfield	Deck Hand, R.N.R.
Cecil H. Barnard	Ord. Teleg., R.N.V.R.
Harry Pearson	Trimmer, R.N.R.
William J. Collins	P.O.
Esau W. Wills	A.B.
William H. Walter	C.P.O.
Archibald Hawkey	P.O. 1 Cl.
George H. H. Peacey (*with Bar* 1917)	A.B.
Joseph O'Connell	Smn., R.N.R.
Douglas R. Chapman	Air Mech.
Alexander W. Robertson	2nd Hand, R.N.R.
George Bremmer	Smn., R.N.R.
Frederick W. Screech	Smn., R.N.R.
James Thomson, C.G.M.	Smn., R.N.R.
Charles W. Hurell (*with Bar*, 2 *Nov* 17)	Signalman, R.N.V.R.
Y.C. Ernest Pitcher,	P.O.
George Rees	Stoker, R.N.R.
John S. Martindale, C.G.M.	Smn., R.N.R.
William H. King	Ldg. Stoker, R.N.R.
Ernest A. Veale	Ldg. Smn.
Alfred F. J. Couch	S.S.A.
Frederick Cusden	C.P.O. Mech.
Henry M. Davis	Air Mech., 2 Cl.
Arthur W. Goody	Air Mech., 1 Cl.

Distinguished Service Medal

Name.	Rank.	Name.	Rank.
1917—*contd.*			
Robert McKenzie	Deck Hand, R.N.R.	Samuel C. B. Hale	A.B.
		George F. Martin	Ch. P.O.
William Noble	Engineman, R.N.R.	Thomas Busby	Leading A.C.
		Joshua H. Daw	A.C., 1st. Gr.
James Dowie	Engineman, R.N.R.	Cyril A. Millhouse	A.C, 2nd Gr.
		Sydney F. Anderson,	Ldg. Mech.
William F. Painter	Deck Hand, R.N.R	C.G.M.	
		Thomas Caird	Air. Mech., 1st Gr
Alexander Magill	Ldg. Deck Hand, R.N.R.	Harry Dixon	P.O., Mech.
William H. Fowler	Engineman, R.N.R.	Francis A. Kidney	Smn.
		Thomas A. Sutcliffe	Apprentice (*now Mid. R.N.R.*)
John Pirie	2nd Hand, R.N.R.		
George Olive	Deck Hand, R.N.R.	Thomas H. Rodick	6th Engr.
		Lewis N. Saw	A.C., 2nd Gr.
William H. Wadsworth	Ord. Teleg., R.N.V.R.	John McK. Young	Act. Air Mech., 1st Gr,
Tom Smith	Ch. Yeo. Sigs.	Robert A. Dunlop	Ch. E.R.A., 2 Cl.
George Hownam	E.R.A., 2 Cl.	Bertie Woodcraft	Ldg. Smn. R.F.R.
Thomas Phillips	Ch. Stoker		
George J. W. Bower	P.O.	Arthur A. W. Smith	Ch. Steward (Mercantile)
Albert E. Stones	Ch. P.O.		
James Maloney	P.O.	Percy J. Adkins	Air Mech., 1st Gr.
George Herbert	Act. Ch., E.R.A., 2 Cl.	(*With Bar 26 Apr* 18)	
		Frederick J. George	Air Mech. 1st Gr.
Thomas Mann	Ch. Stoker.	John L. Adams	Ch. P.O. Mech., 2nd Gr.
William Radden	Smn., R.N.R.		
Robert Overton	Smn., R.N.R.	Benjamin Cromack	Ldg. Mech.
Charles Fuller	P.O.,R.N.V.R.	Alfred Bishop	Ldg. Smn.
Albert E. Pritchard	A.B., R.F.R.	Samuel Avery	P.O.
Willis L. Ivany	Smn., R.N.R. (Newfoundland)	Richard G. John	Ldg. Smn.
		Arthur R. L. Skinner	P.O.
		John G. Thomas	Act. E.R.A., 4 Cl.
George E. Palmer	P.O., R.F.R.		
John McKay	Smn., R.N.R.	Francis S. Nicoll	A B.
William C. Peacock	A.B., R.F.R.	Henry L. Curtis	Air Mech., 1st Gr.
Robert Reid	Deck Hand, R.N.R		
William G. Linklater	Deck Hand, R.N.R.	William H. Grey	Air Mech., 2nd Gr.
		Henry T. Henshall	Boy Teleg.
Frank S. Watson	P.O., 1 Cl., R.F.R.	William R. Slegg	Deck Hand, R.N.R.
John Edmonson	A.B.	William Cannell	Deck Hand, R.N.R.
Edgar J. Cox	A.B.		
Maurice Kennedy	Smn., R.N.R.	Edward O. Sweat	1st Engineman
Hugh Robinson	E.R.A.	William Sharp	Act. Ldg. Smn. R.N.V.R.
Albert S. Gay	Ldg. Smn		
David P. Smith	P.O.	Leonard F. Mackenzie	A.B., R.N.V.R.
Ernest Robilliard	A.B.		

145

Distinguished Service Medal

Name.	Rank.	Name.	Rank.
1917—*contd.*			
Edward Darby	Air Mech., 1st Gr.	Charles H. Vincent	Yeo. Sigs.
		William I. White	P.O.
William D. Sambrooke	Air. Mech., 1st Gr.	Richard Williams	Ch. P.O.
		John K. Wright	E.R.A., 1 Cl.
Arthur J. Classey	P.O., Mech.	Joseph Watts	Air Mech., 1st Gr.
Alexander Graham	P.O., Mech.		
John W. Pincott	P.O., Mech.	Edward E. Hughes	Act. Air Mech, 1st Grade
Kenneth M. Vaughan	P.O., Mech.		
Lewis R. Wilton	Ch. Stoker, R.F.R.	Edward Elsworth	Act. AirMech., 1st Gr.
Matthew Barr	Stoker, R.N.R.	Arthur Waller	A.B.
		John W. H. Coulter	Ord. Smn.
Jesse Thompson	Ldg. Smn.	William T. Ball	A.B.
John D. Phillips	Trimmer, R.N.R.	James Tait	Smn., R.N.R.
		John B. Wood	Ch.P.O. Teleg.
Frederick J. L. Gough	Ldg. Teleg.	Frederick W. Vinnicombe	P.O.
Arthur A. Collick	Ord. Teleg.	Alfred S. Radford	Ldg. Smn
Henry Simpson	Ldg. Mech.	Benjamin Sambells	E.R.A., 1 Cl.
Thomas Yates	Cook's Mate	Richard Barber	Deck Hand
Reginald J. Beardshaw	Ch. E.R.A., R.N.R.	William Buckley (*with Bar*, 2 *Nov* 17)	Ldg. Smn.
Charles Bish	Ch. Armourer	Arthur J. Blackler	Ch. Motor Mech.
George A. Brooks	Ch. Stoker		
Albert E. Burrows	Ch. P.O.	Alexander M. Donald	Deck Hand, R.N.R.
Charles W. Burton	Ch. P.O.		
Robert G. Carson	Ch. P.O.		
William H. Durrant	Ch. Stoker	Shailkh Baba Sydoo	Secunnie
Walter W. Ford	Ch. E.R.A., 2 Cl.	Stanley Rothwell	Junior Res. Attendant, R.N.A.S., B.E.
Henry C. Foster	Ch. Elect Art., 2 Cl.		
Henry W. Garrett	Ldg. Smn.	Arthur J. R. Brunton	A.B.
William J. Griffin	Yeo. Sigs.	Albert Hollands	A.B.
Michael Hayes	Ch. St	Frederick Wilkinson	C.P.O. Teleg.
Albert Jeffes	E.R.A., 3 Cl.	Stephen H. Bushell	P.O.
Sidney J. Light	2nd Writer	Herbert Stephenson	Elect. Art , 2 Cl.
William G. Mantell	P.O.		
William N. Morton	Stoker P.O.	Percy Howick	Act. Arm.
Henry D. Page	A.B.	John Skene	A.B
William Palmer	Stoker P.O.	John Thirsk	Yeo. Sigs.
Bertie Pestell	Stoker P.O.	Sydney Blackman	Stoker, P.O.
William G. Richardson	Stoker, 1 Cl.	John Rock	P.O.
Edward E. Sandell	Ch. P.O.	Frederick J. Archer	Shipwt.
Walter J. Shoesmith	Ch. Stoker	Joseph Priestley	Ldg. Sto.
William A. Sumpter	Ch Armourer	David Engeham	P.O.
Albert Teed	P.O., 1 Cl., R.F.R.	William Sheppard	Ldg. Smn.
		William H. Dewell	P.O. Teleg.
George L. Trill	Ch. E.R.A., 2 Cl.	John T. Hill	A.B.
		William J. Hazel	A.B.
Richard Vercoe	Ch. Stoker, R.F.R.	Albert J. Hasemore	Ch. Arm
		Charles E. Scott	A.B.

Distinguished Service Medal

Name.	Rank.	Name.	Rank.
1917—*contd.*		Gofton Jarratt	C.P.O. Mech., 3rd Gr.
William J. Day	P.O.		
Timothy Dineen	P.O.	John Smith	C.P.O. Mech., 2nd Gr.
Samuel H. Wegg	A.B.		
Robert J. Squires	A.B.	Joseph M. Beard	C.P.O. Mech., 3rd Gr.
Caleb Uden	P.O.		
Walter S. Briden	Yeo. Sigs.	George L. Wright	Air Mech., 2nd Gr.
Albert E. Line	Ldg. Smn.		
Major Sowter	C.P.O.	Hugh M. Lewis	Air Mech., 2nd Gr.
William Ferguson	A.B., R.N.V.R.	Dudley A. Alderton	Air Mech., 2nd Gr
James E. Heasman	Yeo. Sigs.		
Harold Wright	Ldg. Sto.	Charles Turl	Air Mech., 2nd Gr.
Alfred P. Topple	A.B.		
Seth Sheard	A.B.	Walter E. Bradley	C.P.O. Mech., 2nd Gr.
William Morris	Elect. Art., 2 Cl.	Henry D. Gregory	Act. Air Mech., 1st Gr.
Alfred B. Cox	Sergt.		
Leonard Clarkson	Trmr.	Arthur K. Wise	W/T. Op.
Robert Edson	Storekpr.	Charles M. M. McCarthy	Act. AirMech., 1 Gr.
George L. Rees	Fireman		
Barclay McCann	Fireman	John White	Air Mech., 2nd Gr.
William McCormack	Fireman		
Claude Nelthorpe	Donkeyman	Gerald H. Daly	Ldg. Mech.
Walter Carr	Greaser	Charles P. Litchfield	P.O. Mech.
Arthur Neilson	Fireman	Thomas N. Bore	Ldg. Mech.
James M. Quail	Air Mech., 1st Gr.	Stanley A. Jefferies	Air Mech., 2nd Gr.
Herbert G. Cook	Ldg.Smn.(*now 2nd Lieut. R.A.F.*)	Norman H. Jenkins	Ldg. Air Mech. (*now Lieut. R.A.F.*)
William F. Shaw	E.R.A., 3 Cl.		
Arthur J. Redman	Air Mech., 1st Gr.	Alfred P. Marchant	C.P.O. Mech., 3rd Gr. (*now 2nd Lieut R.A.F.*)
William R. Liddiard	Air Mech., 2nd Gr.		
John G. Cockburn	C.P.O. Mech., 3rd Gr.	Herbert M. Green	Air Mech., 1st Gr.
Edward McCormack	Air Mech., 1st Gr.	Arthur Carder	Air Mech., 1st Gr.
George C. Thomas	Ldg. Mech.		
Christopher Harrison	Air Mech., 1st Gr.	Albert E. King	Air Mech. 1st Gr.
Ernest E. Turner	P.O. Mech.	Harry Earll	C.P.O. Mech. 1st Gr.
Norman B. Holmes	C.P.O.		
		William Smith	P.O. Mech.
Thomas B. Thompson	Ldg. Mech.	Harold W. Wright	Air Mech., 1st Gr.
Walter Fairnie	Air Mech. 1st Gr.	William E. Jones	Air Mech., 1st Gr.
Henry Say	P O. Mech.	W. R. Ayre	Ch. P.O.

Distinguished Service Medal

Name.	Rank.	Name.	Rank.
1917—*contd.*		Thomas B. Connacher	A.B.
Ronald G. Robinson	P.O., 1st Cl.	John K. Forrest	A.B.
James Revell	P.O.	Ernest R. Cremer, C.G.M.	Ldg. Smn.
H. M. J. Thompson	Ldg. Smn.	Leonard E. Cowland	Ldg. Smn.
Alfred E. Lucas	A.B.	John Haddock	E.R.A., R.N.R.
W. Stephenson	A.B.	Alfred Smith	C.E.R.A.
Charles Poulter	Signalman R.N.V.R.	John F. Apps	E.R.A., R.N.V.R.
Sydney Boulter	Ldg. Teleg	Alfred Phillips	C.E.R.A.
Martin L. Elliott	Ldg. Teleg.	Ernest H. Hodgers	E.R.A., 2 Cl.
Herbert W. Prior	Teleg.	Albert E. Tizard	E.R.A., 3 Cl.
H. Lovell	Chief E.R.A.	Leonard V. Hauser	E.R.A., 3 Cl.
Alexander Greig	Chief E.R.A., 2nd Cl.	Arthur W. Savage	E.R.A., 3 Cl.
William J. Hollis	Act. Chief E.R.A., 4th Cl.	William Mellish	E.R.A., 2 Cl.
		Harry J. Williams	Act. Sto. P.O.
L. E. Brown	E.R.A., 2 Cl.	James Parker	Ch. Sto.
Edward S. Crossman	Stoker P.O.	George F. Havcocks	Sto. P.O.
George T. Hasler	Stoker P.O.	William T. Wyatt	Sto. P.O.
John W. Mallinson	Stoker P.O.	Henry Sheath	Sto. P.O.
John Farrell	Stoker R.N.R.	Percy W. Adams	Sto. P.O.
Percival G. Fry	P.O.	Arthur Sleeman	Sto. P.O.
Frederick D. Wall	P.O.	Thomas G. Davies	Sto. P.O.
Frederick L. Hulance	P.O.	Henry Watts	Sto. P.O
		John Doherty	Sto. P.O.
James H. Munn	P.O.	James P. F Capelin	Act. Sto. P.O.
William J. T. Stephens	P.O.	Henry W. Aldridge	Sto. P.O.
Arthur Callard	P.O.	William Maynard	Ldg. Sto
James C. Evans	P.O.	William Church	Ldg. Sto.
George H. Millyard	P.O.	James T. Iron	Ldg. Sto.
Arthur W. Davey	P.O.	Horace Bounds	Sto. 1 Cl.
William J. Driver	P.O.	Herbert L Howard	Ldg. Sto.
Charles John Lacy	P.O.	Frederick W Fraser	Sto. 1 Cl.
Albert Cummins	P.O.	Frederick Coveney	Act. Ldg. Sto.
		William C. Hammond	Sto. 1 Cl.
Charles Carter	Ldg. Sig.	Peter W. Johnston	P.O.
Dennis J. Thurlow	Ldg. Sig.	William G. Brooker	P.O.
Alfred J. Burtenshaw	Ldg. Sig.	Ernest E. Bastard	P.O.
		Philip Groves	P.O.
John M. Brooks	Ldg. Teleg.	Frederick G. Barnes	C.P.O.
David C. Williams	P.O. Teleg.	Bertram J. Jenkins	Ldg. Sig.
Charles C. France	P.O. Teleg.	William H Prichard	Teleg.
		WilliamG Cleaver,C.G.M.	Ldg. Smn.
Walter S. Rogers	A.B.	Robert Allen	A.B.
Hugh C. M. Graham	Ldg. Smn.	Ernest Lockwood	Ldg. Smn.
Alfred W. G. Cork	A.B.	Albert E. Page	A.B.
William Rowley	Ldg. Smn.	Walter J. Mutter	Ldg. Smn.
Thomas W. Jackson	A.B.	Edward J. Meadmore	Ldg. Smn.

Distinguished Service Medal

Name.	Rank.	Name.	Rank.
1917—*contd.*			
Norman Mahoney	Ldg. Smn	Stephen R. Marsh	C.P.O.
George L. Todman	E.R.A , 2 Cl.	Charles G. Bird	A.B.
Albert W. Courtenay Maggs	C.E.R.A.	William J. Hall	E.R.A., 4th Cl.
Charles H. Doidge	C.E.R.A.	Lorenz J. Hofgartner	P.O.
Edward F. C. Sutton	E.R.A., 2 Cl	John Cook	Sto. R.N.R.
Walter Plummer	E.R.A., R.N.R.	William Statham	W T. Op., R.N.R.
Tennyson G. Rogers	E.R.A., 2 Cl.	Edward Cooper	Ldg. Smn.
Henry C. Tibble	Sto. P.O.	William O'Leary	Sto., R.N.R.
Richard C. Cootes	Sto. P.O.	Samuel Vance	P.O.
Frederick Trudgeon	Sto. P.O.	Benjamin Haynes	Smn., R.N.R.
John G. Stephens	Act. Ldg. Sto.	Robert Thomson	Sto., R.N.R.
Leonard R. Benford	Sto., 1 Cl.	David Dow	Smn., R.N R.
George H. Durrant	Ldg. Sto.	Thomas Owens	Sto , R.N.R.
Ernest Holcombe	Ldg. Sto.	William R. Trickey	Off. Stwd.
Sidney Doble	Ldg. Sto.	Albert Pennal	Asst. Stwd.
William Breach	Sto., 1 Cl.	Martin Connors	Smn., R.N.R.
Frederick C. Davis	Sto., 1 Cl.	Alfred Kaye	Smn., R.N.R.
Daniel Morrison	Deck Hand, R.N.R.	Frederick Dodd	Smn., R.N.R.
		John P. Colenso	Sto., 1st Cl.
Henry White	P.O.. 1st class	Walter Crosbie	Sto., 1st Cl.
Charles H. B. Morrison	Ldg Sig.	John T. Davies	Ldg. Sto , R.N R.
Henderson M. Hellens	Deck Hand, R.N.R.	William S. Smart	Shipwt. 2nd Cl.
James E. Rowlands	Ldg. Smn., R N.V.R.	Stanley Woodison	Wireman
Robert W. Bager	Ldg. Mech.	Alfred C. Townshend	Ch. Stwd.
Harry G. Lovelock	Act.AirMech., 1st Gr.	Patrick Murphy	Smn., R.N.R.
		Arthur Derrick	P.O.
Bert Hinkler	P.O. Mech.	Ernest Taylor	Deck Hand, R.N R.
George Paterson	Ch. Steward		
William J. Smith	Seaman	Andrew Cullen	Deck Hand, R.N.R.
Harry Downing	Seaman		
Francis I. Dance	Seaman	Thomas W. Crisp	2nd Hand, R.N.R.
Alexander Richards	Seaman		
Edward J. Bunting	A.B.	William N. Blacklock	Act. Air Mech., 1st Gr.
Donald Pearce	A.B.		
Michael Murphy	Smn., R.N.R.	Thomas R. Barber	Air Mech., 1st Gr
John Essam	A.B.		
Frederick Nicholls	W/T Op., 1st Cl., R.N.R.	Leonard G. S. Boshier	Air Mech., 1st Gr.
Frank Gazard	E.R.A.,4th Cl.	George Conley	A.C., 1st Cl.
John C. Esdon	E.R.A., 1st Cl. R.N.R.	Charles Spikins	Act. Air Mech., 1st Gr.
Percy J. Kempster	P.O., R.A.N.	Henry J. Graham	Smn.
William Kendall	Ldg. Smn.	Albert H. Hutchins	Smn.
Wilfred J. Harding	P.O.	Thomas Jamieson	Smn.
Henry H. Rickard	P.O.	Robert Armstrong	Deck Hand, R.N.R.
Robert Jackson	Ldg. Sig.		

Distinguished Service Medal

Name.	Rank.	Name.	Rank.
1917—*contd*.			
		Alexander C. Maber	E.R.A., 2 Cl.
Reginald Ballantyne	E.R.A., 2nd Cl.,	Frank W. Mole	P.O.
		James J. Pomeroy	C.P.O.
Archibald E. Brown	P.O.	Tom Battye	C.E.R.A.
Francis C. Cook	P.O.	Edward J. Gardener	Sto. P.O.
Reginald Dickinson	Stoker, P.O.	Thomas Kerr	Sto. P.O.
Eli A. Edgcombe	P.O.	Harold Lee	C.E.R.A., R.N.R.
Charles R. Edwards	A.B.		
James F. Ellis	Ldg. Smn.	William J. Millar	A.B.
John E. Finnamore	P.O.	Edward W. Penney	P.O. Teleg. (*Now Act. Wt. Teleg.*)
Michael Gallagher	Ldg. Stoker		
William Graham	A.B.		
William J. Harrington	Stoker, P.O	Harry Layo Bennett	Smn. (Merc.)
Edward C. Hitchcock	P.O.	John Moir Bird	Smn. (Merc.)
Arthur E. Ingledew	Air Mech.	Alexander J. Brian	4th Eng. (Merc.)
James J. Irvine	2nd Hand, R.N.R.	Francis R. Crockford	Smn. (Merc.)
George W. Lee	P.O.	William Lowrie	Smn. (Merc.)
George A. P. Maughan	Stoker, 1st Cl.		
Claude E. Murrant	Ldg. Smn.		
William A. Newman	P.O., 1st Cl.		
Charles W. Olding	P.O., 1st Cl.		
Arthur F. Reed	Cpl., R.M.L.I	**1918**	
Albert G. Rogers	Ldg. Smn.		
Frank Staker	P.O.		
Herbert S. Stokes	A.B.	Edgar H. Clarke	Act. Air Mech., 1st Gr.
William Swapp	E.R.A., 4thCl.		
Harry Walley	Pte., R.M.L.I.	Luke Dunlea	A.B.
Herbert C. Wright	Ldg. Smn.	Kenneth W. Douglas	E.R.A. 4th Cl.
Thomas C. Zanazzi	A.B.	John W. Lee	P.O.
William Lunam	A.B., R.N.V.R.	Frederick E. Mingay	P.O.
		William F. Phillips	C.P.O.
Allan McLean	Ldg. Smn., R.N.V.R.	William J. Quick	C.E.R.A. 2nd Cl.
Duncan Mills	P.O., R.N.V.R	Ernest Smith	Sto. P.O.
		Alec C. Fownsin	Ldg. Smn.
Nicholas Penston	Smn., R.N.R.	Stephen J. Watson	P.O.
Gilbert Porteous	Smn., R.N.R.	Sydney H. Pinchen	Ldg. Mech.
Albert E. Allen	Pte., R.M.L.I.	George Smith	Act. Air Mech., 1st Gr.
Charles S. Gough	P.O.		
James A. Mortimer	Air Mech., 1st Gr.	John Douglas	3rd Off. (Mer. Mar.)
Edward M. Nicol	Air Mech., 2nd Gr.	W. H. McMillan	Carp (Mer. Mar.)
Frederick B. Algate	P.O. Mech.	John Thomas Anderson	Seaman (Mer. Mar.)
Alfred C. Boutall	P.O. Mech.		
George Gardner	P.O. Mech.	William Gobey	Seaman (Mer. Mar.)
William A. Gregson	P.O. Mech.		
John Harrison	P.O Mech.	William Thomas Jennings	Seaman (Mer. Mar.)
John M. McEwan	P.O. Mech.		

Distinguished Service Medal 151

Name.	Rank.	Name.	Rank.
1918 – *contd.*		Daniel Donnell	P.O.
		William Easterbrook	P.O.
John William Sinclair	Seaman (Mer. Mar.)	Thomas Erratt	Act. Ldg. Sto.
		Frederick C. Edwards	A.B.
Austin H. Adderley	Yeo. Sigs.	Robert Ferguson	E.R.A., 2nd Cl., R.N.R
Percy Ambler	C.E.R.A. 2nd Cl.	James Fiske	Ch. Sto.
Alfred Appleton	Ldg. Smn.	Francis J. Fleming	C.E.R.A., 1st Cl
Norrisson Ascuith	Ldg. Teleg.		
Harry F. Austin	C.E.R.A. 2nd Cl.	James M. Fleming	Sto. P.O.
		Philip Freeman	Yeo. Sigs.
George E. Austin	Sto. P.O.	Percy A. Fryer	Act. C.E.R.A., 2nd Cl.
Leonard Aylwin	A.B.		
James Bacon	P.O. **Teleg.**	Harry B. Grange	C.P.O.
Harry Baldwin	P.O.	George F. Gregory	Sto. P.O.
Benjamin H. Bartholomew	C.E.R.A. 2nd Cl.	Richard Griffiths	Sto., 1st Cl.
		Charles J. Goddard	C.P.O.
Robert Black	C.E.R.A.	Frederick C. H. Gutridge	C.E.R.A., 1st Cl.
John R. Blinch	C.P.O.		
Albert V. Bodiam	P.O.	Douglas Hambridge	Yeo. Sigs.
Andrew S. Bookless	Ldg. Sig.	Baptiste J. Handyside	C.E.R.A., 1st Cl.
William C. Boraston	P.O.		
William E. Brookes	Yeo. Sigs.	Cyril D. Hathaway	Ldg. Teleg.
Thomas M. Brotheridge	Ldg. Sig.	Edward G. Hewitson	C.P.O.
George W. Browning	P.O.	Thomas Hewitt	C.E.R.A.
George Brummage	Act. C.P.O.	Edwin G. Howard	Ldg. Sto.
Arthur M. Bryan	Sig.	William Howard	Yeo. Sigs.
Herbert Bryant	A.B.	William A. Howsego	E.R.A., 2nd Cl.
William J. Burroughs	P.O.		
Ernest J. Carney	Ldg. Smn.	Herbert A. Hultgren	Yeo. Sigs.
William A. C. Chandler	C.E.R.A. 1st Cl.	Thomas James	Ldg. Smn.
		Alfred W. Jenkins	C.E.R.A.
Christopher Cole	E.R.A. 1st Cl.	Maurice S. Johnson	P.O.
Albert Couch	Sto. P.O.	William J. Jones	Ldg. Smn.
Frederick A. V. Couzens	Ldg. Teleg.	Louis E. Keller	Act. C.E.R.A., 2nd Cl.
John Crennell	P.O.		
William Crisp	Offrs'. Std., 2nd Cl.	Thomas Knight	C.P.O.
		Henry Leggett	P.O., 1st Cl.
Frank Crumplin	P.O.	Alexander L. Levin	A.B.
George H. Cummins	E.R.A., 3rd Cl.	Sidney R. Ley	Sto. P.O.
William J. Cunliffe	C.P.O.	James M. Long	Ch. Sto.
Alexander Cunningham	C.E.R.A., 1st Cl.	Edgar C. Lowman	Act. C.E.R.A. 2nd Cl.
Robert F. P. Darby	P.O., 1st Cl.	Albert J. Luff	Sto. P.O.
Philip T. Darton	C.E.R.A., 1st Cl.	William N. S. Luke	E.R.A., 3rdCl.
		James H. McArdle	Yeo. Sigs.
John Dash	P.O.	William McBride	P.O.
Charles H. Davis	Sto. P.O.	Percy A. Martin	P.O.
Alfred G. Denners	C.P.O.	William Mason	A.B.
Matthew G. Dennis	A.B.	Harry Miller	P.O.
Percy E. Denniss	Yeo. Sigs.	George Missing	C.P.O.
Amos G. Dixey	C.P.O.	William H. Mitchell	C.P.O.

Distinguished Service Medal

Name.	Rank.	Name.	Rank.
1918—*contd.*		Arthur W. White	Ldg. Sig.
		Richard J. White	P.O.
William J. Moore	C.P.O.	Arthur C. Willis	P.O., 1st Cl.
John Moriarty	Ch. Sto.	William Thompson	E.R.A.,4thCl.
James W. Newby	C.P.O.	Thomas Findlay	A.B
William J. W. Newland	Ldg. Smn.	John F. Bailey	A.B.
Frederick E. Nicholls	C.E.R.A., 2nd Cl.	Richard H. Prowse	C.E.R.A., 2nd Cl.
William S. Noad	Act. Ch. Sto.	Henry P. De Roeper	Apprentice (Merc.)
Ernest J. Orton	Ldg. Sig.		
Ernest Parkinson	Ch. Sto.	Cyril McLellan	Apprentice (Merc.)
Arthur J. Paul	P.O.		
Arthur G. Pedder	C.E.R.A., 2nd Cl.	Harold F. John	Smn. (Merc.)
		William McDonald	Smn. (Merc.)
Harry R. Pennells	P.O.	A. McKay	Smn. (Merc.)
Edward Perry	C.P.O.	Hugh McKay	Smn. (Merc.)
John Piggott	C.P.O.	Leonard Oakey	Asst. Steward (Merc.)
William A. Pike	Ldg. Smn.		
Joseph A. Plummer	Sto. P.O.	J. Purvis	Smn. (Merc.)
Archibald M. Pretsell	E.R.A.,2ndCl.	W. Wade	Smn. (Merc.)
John T. Price	A.B.	W. Warner	Smn. (Merc.)
Clement Richards	C.P.O.		
Charles R. Robins	Yeo. Sigs.	Richard Worsp	Steward (Merc.)
William F. Salgert	Ldg. Teleg.		
William T. Sansome	Ldg. Sig.	George M. Barnes	Deck Hand, R.N.R.
William Searle	C.E.R.A., 1st Cl.	Malcolm Beaton	Deck Hand, R.N.R.
Thomas W. Semple	E.R.A.,2ndCl.		
		Alfred Boynton	2nd Hand, R.N.R.
Frederick A. Shea	Ch. Sto.		
John H. Shergold	C.P.O.	John Brown	Deck Hand, R.N.R.
Angus R. G. Sim	Act. C.P.O.		
Percy W. Simpson	E.R.A.,4th Cl.	Arthur Chambers	Deck Hand, R.N.R.
John Sinclair	A.B.		
Walter H. Soloman	P.O.	William Gullage	Ldg. Deck Hand, R.N.R.
Alan A. H. Stewart	Ldg. Smn.		
Edward F. Stewart	Ch. Sto.	Arthur G. Holt	Deck Hand, R.N.R.
William G. Stitfall	A.B.		
William G. Strickland	C.P.O.	Horace Neller	A.B.
Edwin J. Symonds	Sto. P.O.		
George Tarry	Act. C.P.O.	Frederick J. Plane	Deck Hand, R.N.R.
Augustus Tapster	Act. Ldg. Sto.		
Frank Taulbut	Sto. P.O.	Alexander Sandison	Engmn., R.N.R.
Ezekiel H. Tennant	Sto. P.O.		
Francis A. Thomas	C.P.O.	John E. J. Sharman	Deck Hand, R.N.R.
George F. Toynbee	Yeo. Sigs.		
Samuel Tuthill	C.P.O.	Arthur Towner	Deck Hand, R.N.R.
Frederick V. Walcot	Ldg. Smn.		
Thomas Wanless	C.E.R.A., 1st Cl.	John H. Wakerley	Engmn., R.N.R.
William Wenman	Ldg. Sto.	Arthur C. Abrahams	S.B.S., 2nd Cl.

Distinguished Service Medal

Name.	Rank.	Name.	Rank.
1918—*contd.*		Watson Carnie	Deck Hand, R.N.R.
Henry J. Brookes	Gnr., R.M.A.	John Catchpole	2nd Hand, R.N.R.
William J. Coen (*Now Temp. Lieut. R.M.*)	Col.-Serjt., R.M.A.	James Chalmers	2nd Hand, R.N.R.
John A. Couldwell	Ldg. Smn.		
Hugh Cunningham	A B., R N V.R.	Henry Charman	Engmn., R.N.R.
Reginald J. Farr	A.B.	Frederick G. Clegg	C.P.O.
John M. Goddard	Shipwt., 1st Cl.	Joseph H. Cole	Deck Hand, R.N.R.
Frank Greenwood	A B	William E. Dale	2nd Hand, R.N.R.
Samuel F. Heath	Wireman, 1st Cl.	William E. Dawes	Ldg. Deck Hand, R.N.R.
A. V. Johnson	A B		
James E. Kersey	Corpl., R.M.A.	Norman M. Driver	Ldg. Teleg., R.N.V.R.
Arthur E. Mitchell	Ch. Arm.	John Duncan	Ldg. Sto., R.N.R.
Silvanus Prouse	C.P.O.		
Joseph H. Russell	C.P.O.	George S. Dunn	Engmn., R.N.R.
Henry F. A. Shelton	Ldg. Smn.		
George W. Stanton	Motor Driver, R.M.A	George F. W. Durrant	Deck Hand, R.N.R.
Samuel Taylor	A.B., R.N.V.R.	Joseph C. Eade	Ldg. Smn., R.N.R.
William J. Tucker	P.O.	Albert J. Edwards	P.O., R.N.R.
William Dickison (*Now 2nd Lt. R.A.F.*)	C.P.O., 1st Cl.	Alfred Elsome	2nd Hand, R.N.R.
George H. Robinson	Air Mech., 2nd Gr.	Leonard Evans	Sig., R.N.V.R.
Andrew Adam	2nd Hand, R.N.R	Charles M. Foot	Engmn., R.N.R.
James C. Addison	2nd Hand, R.N.R.	William R. Forsyth (*now Sub-Lieut. R.N.R.*)	2nd Hand, R.N.R.
Alexander Aitchison	Deck Hand, R.N.R	Harry W. Gray	Engmn., R.N.R.
Robert Aitchison	Engmn., R.N.R.	John W. Harding	P.O., 2nd Cl.
William J. Allen	2nd Hand, R.N.R.	Joseph H. Helsby	Engmn., R.N.R.
William J. Andrews	Trmr., R.N.R.	Charles E. Holt	Deck Hand, R.N.R.
Walter Balfour	Smn., R.N.R.		
John Barrie	2nd Hand, R.N.R.	James T. Hook	C.P.O.
Arnold H. Brearley	A.B.	Richard Hooper	Deck Hand, R.N.R.
Daniel A. Brown	Engmn., R.N.R.	Thomas Houlihan	Ldg. Smn., R.N.R.
Arthur J. Buckeridge	Ldg. Smn.	Reginald Howlett	Engmn., R.N.R.
Edward Byrne	Engmn., R.N.R.	Joseph C. Jarvis	Sto., R.N.R.

Distinguished Service Medal

1918—contd.

Name.	Rank.
George A. Jeune	Act. P.O., 1st Cl., R.N.R.
James Johns	A.B (Mer. Ratg.)
William Kelly	Smn R.N.R.
Thomas Lake	2nd Hand, R.N.R.
Richard Larkin	Smn., R.N.R.
James S. Leighton	2nd Hand, R.N.R.
James Low	Engmn., R.N.R.
Murdo McKenzie	Ldg. Smn., R.N.R.
Donald McDonald	Smn., R.N.R.
John A. Maclean	Deck Hand, R.N.R.
George Metcalfe	Engmn., R.N.R.
Grant R. Miller	Smn., R.N.R.
Thomas Morrison	Deck Hand, R.N.R.
Henry Nicholson	Sig., R N.V.R.
Thomas Nicholson	2nd Hand, R.N.R.
Meredith B. Parker	Ch. Motor Mech.
Charles Petrie	Engmn., R N.R.
James Primrose	Ch. Motor Mech., R.N.V.R.
Daniel Ralph	A.B., Mercantile Rating
Hugh Rodgers	Smn, R.N.R.
George H. Rose	Deck Hand, R N.R.
Thomas D. Sewell	2nd Hand, R N.R.
George Skakle	Deck Hand. R.N.R.
William R. Shortt	Smn, R.N.R.
James Snowling	Deck Hand., R.N.R.
Alfred J. Taylor	Engmn.. R.N.R.
Andrew R. Thomson	Deck Hand, R.N.R.
James P. Thompson	Engmn., R.N.R
James Walker	2nd Hand, R.N.R
Benjamin H. Wallace	Smn., R.N.R.
Alexander Webster	Engmn., R.N.R.
Henry J. Weekes	Smn., R.N.R.
Charles Whittleton	Trmr., R.N.R.
John Wignall	Smn., R.N.R.
William H. Williams	P.O., 1st Cl.
John D. Willock	Deck Hand, R.N.R.
James G. Wood	Deck Hand, R.N.R.
Evan C. Wright	2nd Hand, R.N.R.
Harold V. Wright	2nd Hand, R.N.R.
William H. Yallop	Engmn., R.N.R.
Matthew McL. Young	Ch. Motor Mech., R.N.V.R
Robert S Blair	C.P.O.
Walter Christmas	P.O.
Percy E. Gaymer	Ldg., Smn.
Ernest Ingham	C.E.R.A.
Alexander McLeod	Smn., R.N.R.
William Parsons	Smn., R.N.R.
Richard Peters	Smn., R.N.R.
Henry W. Paterson	Ldg. Smn., R.N.R.
Herbert W. Robert	Lce.-Corpl, R.M.L.I.
Charles H. Twaits	Smn., R.N.R.
Frank Webb	A.B.
William J. Wheeler	Deck Hand, R.N.R.
William Anderson	Greaser, M.M.R.
Alfred A. Baston	C.P.O.
Walter P. Brady	Donkeyman, M M.R.
George A. Brown	Ldg. Smn., R.N.R.

Distinguished Service Medal

Name.	Rank.	Name.	Rank.
1918—*contd.*		William J. Cox	Ldg. Smn., R.N.R.
William Butland (*with Bar*)	C.P.O.	William H. Deacon	P.O.
		William A. Devonald	Sto., R.N.R.
Francis J. Cardew	Ch. Sto.	Joseph H. French	Gnr., R.M.A.
James Chiswick	Ch. Carp., M.M.R.	William Hudson	E.R.A., 1st Cl.
		Frederick J. Elliott	Off. Clk., 2nd Cl.
John Dix	Serjt., R.M.L.I.		
George Fair	Arm.	Lewis Johns	P.O., 1st Cl.
Bertie Garner	P.O.	James Gardiner	Smn., R.N.R.
William H. Hicks	E.R.A., 1st Cl.	James S. Laing	A.B.
James McIntosh	Donkeyman (act. Ch. Sto.) M.M.R.	Edward Gleeson	A.B.
		Brian E. Lewis	A.B.
		Sidney J. Goodman	Ldg. Smn.
William S. Moore	C.P.O.	Albert E. Lovjoit	Ldg. Smn.
Charles A. Saunders	C.P.O	James Ilett	A.B.
Fred Smith	A.B.	Edward R. Mann	Engmn., R.N.R.
Stephen T. Smith	C.P.O.		
Frederick J. Soper	C.P.O.	Albert L. Jones	Teleg.
Thomas B. Swaffield	Ldg. Smn., R.N.R.	John Markland	C.P.O.
		William Lee	Sto. P.O.
Bertie J. Thomas	P.O.	David Minion	Ldg. Smn.
Robert A. Walker	C.P.O.	Thomas McMullin	A.B.
		Thomas H. Male	Sig., R.N.V.R.
Thomas Walsh	Bos'n, M.M.R.		
		Heneby Parmiter	2nd Hand, R.N.R.
George Youngs	Ch. Ldg. Fireman, M.M.R.	Thomas G. Payne	P.O.
Albert R. Brotherton	P.O., 1st Cl.		
		Alfred T. Peckham	Gnr., R.M.A.
Edward Dollin	2nd Hand (now Skpr.) M.M.R.	Daniel Peterson	2nd Hand, R.N.R.
John Bartell	Greaser, M.M.R.	John T. Poulter	A.B.
William A. Betteley	Ldg. Mech. (E.)	Arthur Reilly	Deck Hand, R.N.R.
Laurence Blance	Smn., R.N.R.	Walter J. Rendell	A.B.
Stanley W. Brattle	Gnr., R.M.A	Frederick J. Saunders	P.O., 1st Cl.
John P. Brown	Deck Hand, R.N.R.	James Sligo	Fireman, M.M.R.
Ernest Browne	Off. Std., 2nd Cl.	William R. J. Trebble	P.O.
Frederick J. Cann	Smn., R.N.R.	Frederick Wadsworth	A.B.
Reuben H. Chambers	A.B.	Thomas Walmsley	Sto., R.N.R.
Stanley J. Clarke	A.B.	Silvanus G. White	C.P.O.
Percy Champ	Engmn., R.N.R.	Arthur H. Wright	Off. Std., 3rd Cl.
William S. Clements	Lce-Corpl., R.M.L.I.	Frederick Wilson	Sig., R.N.V.R.
Charles F. N. Copland	Engmn. R.N.R.	James Yarr	Sig., R.N.V.R.

Distinguished Service Medal

1918—contd.

Name.	Rank.	Name.	Rank.
George Colman	Ldg. Deck Hand, R.N.R.	William R. Barge	Act. Ld.Smn., R.N.V.R.
Robert G. J. Dyble	Engmn., R.N.R.	John Beaton	P.O., R.N.R.
David Harries	Trmr., R.N.R.	Augustus G. Beavers	2nd Hand, R.N.R.
Robert Sancaster	Teleg., R.N.V.R.	Albert Belcher	Ldg. Sto.
George McHendry	Smn., R.N.R	Andrew Berwick	C.E.R.A., R.N.R.
Cornelius A. Mahoney	Off. Std., 2nd Cl.	Richard Boak	Engineman, R.N.R.
Arthur J. Marson	2nd Hand, R.N.R.	Frederick W. Brown	Ldg. Dkhnd., R.N.R.
Lionel J. Matthews	A.B.	George Bruce	2nd Hand (now Skpr.), R.N.R.
Frederick Miller	Ldg. Smn.	Alexander D. Buchan	Sig., R.N.V.R.
Frederick Ogilvie	Sig., R.N.V.R.	Charles A. Bucknall	2nd Hand, R.N.R.
John W. Studd	Ch. Sto.	George Burrows	A.B.
John G. Vigor	Ord. Smn.	Henry C. T. Campion	C.P.O.
Clifford J. Webster	2nd Hand, R.N.R.	John P. Canty	Ship's Stwd.
Herbert P. Eustace	C.P.O., 3rd Gr.	Charles W. Carter	Engineman, R.N.R.
Thomas R. Johnston	P.O.	Henry G. Carter	Ldg. Smn., R.N.R.
William McDonald	Smn., R.N.R.	Sidney Chisman	A.B., Mercantile Rating
Hugh McKay	Smn., R.N.R.	Thomas R. Clementson	Engineman, R.N.R.
Harold F. John	A.B., R.N.V.R.	William B. Darnell	2nd Hand, R.N.R.
Angus McKay	Smn., R.N.R	John Denby	P.O., 1st Cl
William Warner	A.B., R.N.V.R.	John Donald	Engmn., R.N.R.
William J. Wade	P.O.	William M. Dougal	2nd Hand (now Skpr.), R.N.R.
John Purvis	A.B., R.N.V.R.	John W. Ethell	Engmn., R.N.R.
Albert E. Arnold	Engineman, R.N.R.	William Frederick	Ldg. Smn R.N.R.
Malcolm Arthur	Sig., R.N.V.R.	Arthur Garrett	P.O
		William H. Goldsmith	P.O.
Stephen Balls	Trmr., R.N.R.	Charles H. Grant	Act. C.P.O.

Distinguished Service Medal

Name.	Rank.	Name.	Rank.
1918—*contd.*		Robert Salisbury	Ldg. Fireman, M.M.R.
Arthur Hayter	Act. Ch. Sto.	Albert E. Sawyer	P.O.
William C. Hertzberg	P.O.		
Fred Howsam	2nd Hand, R.N.R.	Douglas E. Sexton	P.O.
James Johnston	Deck Hand, R.N.R.	John W. Siddle	Engmn., R.N.R.
William R. Lane	C.E.R.A., R.N.R.	James T. Sizer	Ldg. Sto.
James A. Lawler	Ch. Motor Mech., R.N.V.R.	George A. Smith	C.P.O.
		Harry Smith	Engmn., R.N.R.
William Lucas	2nd Hand, R.N.R.	Harry Taylor	Engmn., R.N.R.
Thomas J. McKay	Ldg. Smn., R.N.R.	Herbert G. Waldron	E.R.A., 3rdCl.
William McPherson	2nd Hand, R.N.R.	Benjamin Wallbank	Deck Hand, R.N.R.
George P. Malcolm	C.P.O.		
Charles F. Mansell	Engmn., R.N.R.	Albert Watson	2nd Hand, R.N.R.
James Martin	C.P.O., Mercantile Rating.	Reginald A. H. Wilkins	Sig., R.N.V.R.
		Morris Wisher	2nd Hand, R.N.R.
Charles E. Mather	Teleg., R.N.V.R.	William Bacon	Ldg. Smn.
Herbert Mayes	2nd Hand, R.N.R.	John Bruce	E.R.A., R.N.R.
Alfred Mitchell	2nd Hand, R.N.R.	Albert E. Bullock	E.R.A., 2ndCl.
George H. Moody	C.P.O.	Frederick A. Darvill	Ldg. Smn.
Andrew Noble	Ldg. Deck Hand, R.N.R.	Charles E. Ellis	P.O.
		James French	P.O.
		James W. A. Formoy	Act.Sto., P.O.
Walter M. Nudd	Ldg. Deck Hand, R.N.R.	Henry T. Gaston	P.O.
		Charles Mallalieu	C.E.R.A.
		Francis Murthea	A.B
Thomas Owen	Deck Hand, R.N.R.	Thomas Pallin	Ch. Sto.
		Robert Searle	Ldg. Smn.
Stephen Pike	P.O.	Mathew G. Storey	C.P.O.
		Robert G. Tanner	P.O.
Herbert Pleasants	Deck Hand, R.N.R.	Frederick S. Tilford	E.R.A., 2ndCl.
Thomas Radcliff	Donkeyman, M.M.R.	Charles F. S. Alcorn	A B.
Roger Reeves	Ldg. Trmr., R.N.R.	Harry Friend	P.O.
William W. Rowan	Ch. Motor Mech., R.N.V.R.	Alexander MacRae	2nd Hand, R.N.R.
		Charles Redman	P.O.

158 — Distinguished Service Medal

Name.	Rank.	Name.	Rank.
1918—*contd.*		Frank G. Phelps	Ldg. Sto.
		William J. Sandover	Ch. Sto.
Bernard Bulbrook	Yeo. Sigs.	Joseph B. Sowerby	Blacksmith
James A. Nicholls	Ldg. Smn.	Jonah Stone	Ch. Sto.
Alfred Clark	P.O.	Charles A. Terry	P.O.
Walter Naylor	Air Mech., 1st Gr.	James H. Trewartha	Ldg. Smn.
		Walter Williams	Ldg. Smn.
Richard Ambrose	A.B.	Alfred Mills	Ldg. Smn.
Charles Bateman	E.R.A., 2 Cl.	George E. Barrett	C.P.O.
James D. C. Bonham	E.R.A., 2 Cl. (now tempy. act. Art. Eng.)	Edward H. Beesley	Ldg. Mech.
		Frank A. Benfield	C.P.O., 3rd Gr.
John H. Bowles	E.R.A., 3 Cl.	Reginald A. Clarke	P.O.
George G. Harris	P.O.	Edmond Dessaussois	C.P.O.
George Hutchings	Act. Sto., P.O.	Herbert Gott	C.P.O.
Henry J. Ling	P.O.	John V. Grieve	C.P.O.
Timothy McCarthy	P.O.	William A. Hill	C.P.O.
Henry G. Matthews	Stoker, P.O.	James D. Roy	Air Mech., 2nd Gr.
Horace A. Smith	P.O.		
John J. T. Ursell	Ldg. Sto.	Thomas S. Jobling	C.P.O., 3rd Gr.
Thomas J. L. Williams	Stoker, P.O.		
Hiram Wilson	E.R.A., 2 Cl.	Willie L. Johnson	C.P.O.
William Butler	2nd Hand, R.N.R.	Alfred E. Le Sueur	C.P.O., 3rd Gr.
Thomas J. Lyons	Engineman, R.N.R.	Henry Mann	C.P.O.
		Edward W. Mayes	P.O.
William McIntosh	Act. Sto., P O R.N.R.	Frank Moore	C.P.O., 3rd Gr.
George A. Chapman	A.B.		
Edward Chivers	Ldg. Sto.	Roland A. Pennington	3rd Writer
David Keen (*with Bar, 21 June* 18)	P.O.	Wilfred Quaye	3rd Writer
		Charles E. Roust	P.O.
John T. Timlin	A.B.	Christopher O. Towler	P.O.
Harry Anderson	Sto., 1 Cl.	George Franklin	Smn. (Mer. Marine)
William A. Arnold	Sergt., R.M.L.I.	Clifford Groves	Apprentice (Mer. Marine)
George J. Burn	C.E.R.A., 1Cl.		
Harold W. Butcher	Sig.	Sidney Bartholemew	Act. P.O R.N.R.
Edward W. Egland	Arm.		
Alexander Greenway	Ch. Stoker	William C. Cole	Ldg. Smn.
Joseph E. Hewitson	Sto., 1 Cl.	William Garriock	Ldg. Smn., R.N.R.
Thomas Keen	Act. Ch. Arm.		
Peter Lourie	C.P.O.	Thomas McClelland	Engmn., R.N.R.
Edward Luckett	Ch. Sto.		
Henry J. Lutman	Ldg. Smn.	Henry M. McDonald	Ldg. Sea., R.N.R.
Edward Major	Ch. Shipwt.	James C. Main	Deck Hand, R.N.R.
Ralph V. Nelson (now Act. Art. Eng.)	C.E.R.A., 2nd Cl.	Richard Pocock	Smn., R.N.R.
		A. Richardson	Ldg. Deck Hand, R.N.R.
Harry W. Nye	P.O.		

Distinguished Service Medal 159

Name.	Rank.	Name.	Rank.
1918—*contd.*		Charles W. Gould	Yeo. Sigs.
		Herbert Hadaway	Quartermaster, M.M.R.
Sydney G. Sayer	2nd Hand, R.N.R.	William C. Henderson	Ch. Yeo. Sigs.
Arthur Somerton	Smn., R.N.R.	Bertrand Holmes	Act. Ch. Elect. Art., 2nd Cl.
William Vass	Smn., R.N.R.		
Andrew Wallace	Deck Hand, R.N.R.	William H. Hughes	Ch. Sto.
		William J. Hunt	P.O.
Joseph F. Armitt	C.P.O. Mech., 1st Gr.	Thomas A. Jarvis	Ldg. Sto.
		Robert C. B. Jenkins	Act. C.P.O.
James Rodger	C.P.O. Mech., 2nd Gr.	James Johnston	Ldg. Smn.
		Henry Kirkham	Carp., M.M.R.
William H. Johnston	P.O. Mech.	Charles J. Lee	Ch. Sto.
Richard Rogers	P.O. Mech.	Charles S. Lyne	Act. Mech.
William D. Swan	P.O. Mech.	Robert McCoy	Ldg. Sto.
William A. Attwood	C.P.O.	Alexander McCallum	Deck Hand, R.N.R.
Albert J. Burton	Ldg. Sig.		
Lionel C. Davidson	Shipwt., 1st Cl.	Harold E. Manley	Ch. Yeo. Sig.
Thomas H. Dickinson	Yeo. Sigs.	Stephen G. L. Martin	Ldg. Smn.
Walter Farmer	Yeo. Sigs.	Albert G. Masey	S.S.
Michael Joyce	C.E.R.A., 2nd Cl.	Robert Miller	Ship's Corpl., 1st Cl.
James Macdonald	S.B.S.	Herbert E. Moore	Ship's Stwd. (*now actg. Wt. Vict. Offr.*)
Edwin A. Ogden	Boy, 1st Cl.		
Henry J. Parker	C.P.O.	Ernest N. Morris	Act. Ldg. Sto., R.A.N.
Alfred E. C. Thomas	C.E.R.A. (*now Acting Artif. Eng.*)	Philip Morrison	C.E.R.A., R.N.R.
		(*now Warrant Engr.*)	
Thomas W. Whitworth	Act. Ch. Sto.	George T. Moss	Sto. P.O.
Frederick Allen	Ldg. Sig.	Lawrence Murphy	Sto. P.O.
Joseph T. Arnold	A.B.	Walter Nash	P.O.
Albert E. Baker	A.B.	George A. Neilson	2nd Writer.
James Berry	Deck Hand, R.N.R.	Frederick S. Paull	Pte., R.M.L.I.
		Frederick G. Payne	Ch. Arm.
Samuel Bickley	A.B.	Henry F. Pearn	P.O. Teleg.
Ernest J. Bright	C.P.O.	Leonard G. Penny	Shpw't, 1st Cl.
George H. C. Brown	Ch. Sto.	Matthew Priest	C.P.O.
Samuel T. Burchell	Sto. P.O.	Sidney A. Quinlan	A.B.
Arthur Burton	P.O. (*now Gunner*)	Henry A. Sillick	Sto. P.O.
		Arthur I. Silcock	P.O.
Hedley J. Champion	Ldg. Sig.	Edwin Speight	P.O., 1st Cl.
Cornelius Clarke	P.O.	Thomas W. Standlick	Sto. P.O.
Sidney J. Clover	Yeo. Sigs.	Alexander Stephen	Engmn., R.N.R.
Arthur C. Coward	Yeo. Sigs.		
Edmund Cowles	C.E.R.A., 1st Cl.	Charles E. Strevens	P.O.
		William T. Taylor	Sto., 1st Cl.
George Craig	Trmr., R.N.R.	Frank M. Thompson	Col.-Serjt., R.M.L.I.
David F. Fisher	C.E.R.A., R.N.R.	Richard C. Trevithick	A.B.
George Gaiger	E.R.A., 2nd Cl.	John W. Varcoe	Sig., R.A.N.
Robert S. Gifford	P.O.	Herbert Weterman	Act. Ldg. Sto.

Distinguished Service Medal

Name.	Rank.	Name.	Rank.
1918—*contd.*		Arthur D. Smith	Smn., R.N.R.
		Frank Walker	Ldg. Deck Hand, R.N.R.
Ernest J. Whitford	C.P.O.		
Leslie Wileman	C.P.O., R.N.V.R.	William J. Boast	Engineman, R.N.R.
Frank E. Williams	Blacksmith		
Gerald de C. Wilton	Sto. P.O.	Frederick J. Daley	Smn., R.N.R.
Charles Yendle	Ldg. Smn.	Angus McKenzie	Smn., R.N.R.
James B. H. Anderson	A.B.	Benjamin P. Beale	Serjt., R.M.A.
William H. Ashley	Elect. Art., 4th Cl.	Albert H. Bristow	Gunner, R.M.A.
Charles H. Collis	Sto. P.O.	William H. Bryan	Colour-Serjt.
Ernest S. Crowe	A.B.	William H. Duke	Ch. P.O.
Frederick W. Edwards	A.B.	Frank P. Eaglestone	P.O.
Charles H. Evans	A.B.	George S. Lancaster	C.E.R.A., 2nd Cl
William Farmer	Ldg. Smn.		
Alfred G. Francis	C.P.O.	Reginald L. Lennard	A.B.
William R. Hatherill	Ch. Shipw't	Joseph L. Phillips	Armourer.
Albert E. Knivett	Sto. P.O.	James Screech	Ch. Stoker.
Herbert G. Lee	Ldg. Smn.	George G. Todd	P.O., R.N.V.R.
William C. A. Smith	P.O.		
Walter E Sleight	Armourers Crew	Robert Webster (*alias* George Woods)	P.O., 1st Cl.
James Stacy	Ch. Shipw't	Harry J. Wilson	Stoker, 1st Cl,
Harry L. Townshend	Ldg. Sto.	Ernest T. Young	Act. Ch.S B.S.
James P. Turner	A.B.	George Baker	C.P.O.
Herbert L. Watkins	A.B.	Robert H. Davies	Act. C P.O.
Arthur White	Act. Sto. P.O.	John Garner	P.O.
Ernest Bennett	A.B.	Laurence F. Gibbons	S.B.S. 2nd Cl.
George W. Brown	Sig., R.N.V.R.	Donald Large	Offr. Stwd. 1st Cl.
William Buchan	Deck Hand, R.N.R.	Richard S. Lawrence	P.O.
		Albert May	P.O.
David Christie	2nd Hand, R.N.R	Hamlet A. Millward	Yeo. Sigs.
		John Moore	C.P.O
Arthur E. Farrow	2nd Hand, R.N.R.	Arthur Reece	Act. C.P.O.
		Charles Rumbolds	A.B.
Tom W. Green	Engineman, R.N.R.	Ernest G. Seagars	S.B.S.,2ndCl.
		Henry T. Wakeford	C.P.O.
Albert G. Henley	P.O.	David McK. McShannon	Bosn. (*Mer. Marine*)
Tom Horth	2nd Hand, R.N.R.	Douglas McIntyre	4th Engineer (*Mer. Marine*)
Alexander Johnston	Ldg. Smn.		
William P. Jones	Donkeyman, R.N.R.	Clifford Armitage	Ch. Air Mech. R.N.A.S.
Sydney W. Land	Smn., R.N.R.	Norman Carroll(*with Bar*)	E.R.A.,4thCl.
James McNeil	Sig.	Herbert Cavanagh (*with Bar*)	E R. A.,3rdCl.
William McKay	Smn., R.N.R.		
Michael O'Brien	Deck Hand, R.N.R.	William Crawford	St., 1st Cl.
		Charles G Dunkason	M.A.A.
Charles A. Skinner	Deck Hand, R.N.R.	Arthur W. Evans	Arm.
		Albert J. Gamby	Ldg. Sig.

Distinguished Service Medal

Name.	Rank.	Name.	Rank.
1918—*contd.*		Daniel Keggin	Ldg Smn., R.N.R.
Arthur Geddes	A.B.	George Ledson	M.A.A.
Herbert A. Harris (*with Bar*)	E.R.A.,5thC'l	William Leslie	Ldg. Smn., R.N.R.
Thomas Haw	Sto. P.O.	Michael Lynch	Smn., R.N.R.
James L. Hayman	Sto., 1st Cl.	Charles E. Marjoram	P.O.
Herbert Jackson	P.O	Joseph Van Sertima	1st Engmn.
Richard E. Makey	A.B	John Wilson	Private, R.M.L.L.
Arthur E. Page	S.B.S.		
Alfred E. Sago	Ch. Sto.	Leonard W Daniels	Ldg. Smn.
Joseph Smith	Sto., 1st Cl	George A. C. Gilbert	A.B.
Alan Thomas	E.R.A.,4thCl.	Gilbert Langley	Sto , 1st Cl.
Thomas Wood	P.O.	Albert V. Manley	A.B.
Harold A. S. Clinch	Sig.	Herbert E. Fielder	C.P.O.
Frederick W. Freestone	Ldg. Sto.	George H. Routley	C.E.R.A., 2nd Cl.
Alfred J. Messer	P.O.		
Edgar C. Radley	A.B.	George Atkinson	Ldg Smn.
George C. Summers	Sto.	William Chard	C P.O.
Ernest C. Tanner	P.O.	John Crorkran	Smn., R.N.R.
Charles T. Winfield	Ldg. Smn.	Reginald C. Smith	P.O.
James Wynn	Sto P.O.	Alan Tatham	C.E.R.A., R.N.R.
Charles A. Batho	Plumber		
Arthur J. G. Burton	E R.A., 3rdCl.	William G. Thrower	Deck Hand, M.M.R.
Victor R. Bush	Sto.		
George H. Bell	Ldg. Sto.	John H. Tye	Ldg. Smn.
Leonard G. Bolden	A.B.		
Ernest A. E. Gander	P.O., 1st Cl.	Albert Winwood	Lce.-Corpl., R.M.L.I.
Edward A. James	C.E.R.A., 1st Cl.	Edwin Gibson	Arm.
George T. Lee	C.P.O.	Henry E. Jeffrie	C.P.O.
William J. McCann	Ldg. Smn.	Ernst S. G. J. Johnson	Act.C.E.R.A., 2nd Cl.
Frederick Plumbly	Sto P.O.		
Herbert A. D. Sullivan	Teleg.	Walter E. Joy	Sto., 1st Cl.
Francis Vittle	P.O., 1st Cl	Leonard J. King	A.B.
W. Bennett	A.B., M.M.R.	Frederick J. Woodroofe	A.B.
Alfred E. Cocks	C.P.O.	Herbert K. Bambridge	A.B.
Wallace Cosway	P.O., 1st Cl.	Thomas P. Farrell	C.E.R.A.
James H. Hague	P.O.	John Ferguson	E.R.A.,2ndCl.
Thomas G. Hebblewaite	2nd Hand, R.N.R.	Frederick H. Hide	A.B.
		Percy S. Inge	P O
Victor G. Scott (*now Act. Artif Eng.*)	E.R.A., 3rd Cl.	John Palmer	Sto.
		Albert D. Smith	Sto., P.O.
Benjamin Arnold	Ord. Smn., R.N.V.R.	Herbert S. Smith	E.R.A.
		William T. Furze	Sto.
Arthur Ayer	Ldg Smn.	Walter A. Giles	A.B.
Thomas E. Burrows	Sig., R.N.V.R.	Bertie Heath	E.R.A.,4thCl.
		Joseph J. Reed, C.G.M.	P.O.
David V. Cargill	A.B.	John W. Turner	Sto. P.O.
Morris Cooper	Smn., R.N.R.	Harry Cramp	C.E.R.A., 2nd Cl.
John Ferguson	Ldg Smn., R.N.R.	Handel Lawe	A.B.
John F. Gaisford	A.B.	Leonard F. Packman	Sto.

Distinguished Service Medal

Name.	Rank.	Name.	Rank.
1918—*contd.*		William Kingshott	Corpl., R.M.L.I.
Thomas F. Scales	Sto. P.O.	Leonard I. Lane	Pte., R.M.L.I.
William C. Vincent	P.O.	Albert V. Lee	Pte., R.M.L.I.
Edward Ware	A.B.	Frank Radford	Lce-Serjt., R.M.L.I.
William E. Bassett	Ldg. Sea.		
Henry Mabb	Sto. P.O.	Walter J. Wakefield	Pte., R.M.L.I.
Charles H. Martyn	Pte. R.M.L.I.	Bert Wells	Corpl., R.M.L.I.
Stanley G. Odam	E.R.A., 3rd Cl.		
Harry Baker	E.R.A., 1st Cl.	Edward Hearn	Gnr., R.M.A.
James H. Cownie	P.O.	Norman McI. McPhee	Gnr., R.M.A.
Frederick J. Easter	Sto.	Robert H. Catchpole	A.B.
George Pemberton	Ldg. Mech., R.N.A.S.	Frederick W. Forster	C.P.O.
		Henry C. Rainbow	Sto. P.O.
George R. Antell	P.O.	George Carter	C.E.R.A.
George J. Bush	Ldg. Smn.		
William Clark	A.B., R.N.V.R.	Robert Cockburn	P.O.
Harold Eves	A.B.	Robert F. Hall	C.P.O.
Frederick J. Larby	A.B.		
William Lodwick	A.B.	Alfred Elliot	Yeo. Sigs.
Horace C. Nash	A.B.	Roy L. Alexander	Ch. Motor Mech., R.N.V.R.
John Reynolds	A.B.		
Dalmorton J. O. Rudd	Ldg. Smn., R.A.N.	Frank E. Bowles	Deck Hand, R.N.R.
George E. Staples	A.B., R.A.N.		
William W. Childs	Ldg. Sea.	Albert E. Brooks	Deck Hand, R.N.R.
Frederick Joyce	P.O.		
Thomas H. Ripley	A.B.	Charles Cowling	Deck Hand, R.N.R.
Benjamin Charles Stone	A.B.		
Frederick C. Summerhayes	A.B.	Thomas E. Crust	P.O.
		Percy Dalman	Ldg. Deck Hand, R.N.R.
Albert J. West	A.B.		
Frank White	A.B.	William Francis	Deck Hand, R.N.R.
William J. Bishop	A.B.		
Walter Butler	A.B.	William S. J. Golding	Deck Hand, R.N.R.
Veines J. Hawkins	Ldg. Smn.		
Edward J. Thompson	Ldg. Smn.	Arthur M. Grain	Ldg. Deck Hand, R.N.R.
John Webb	P.O.		
Andrew Carnochan	A.B.	William Halsey	Ldg. Teleg.
Francis H. Kelland	A.B.		
George Shiner	Ldg. Smn.	James F. Heaver	Ldg Deck Hand, R.N.R.
Thomas Tusler	A.B.		
Henry Wenman	P.O.	Stanley Hill	Ch. Motor Mech., R.N.V.R.
John W. Adam	Pte., R.M.L.I.		
Crispin P. F. Budd	Act. Serjt., R.M.L.I.	Frederick W. Holmes	Ch. Motor Mech., R.N.V.R.
Reginald C Burt	Serjt., R.M.L.I.		
Albert G. Clark	Pte., R.M.L.I.	Frank E. Johnson	Deck Hand, R.N.R.
George J. H. Hewitt	Act. Serjt., R.M.L.I.	Charles H Lawrence	Deck Hand, R.N.R

Distinguished Service Medal

Name.	Rank.	Name.	Rank.
1918—*contd.*		Edgar F. Chivers	Ch. Motor Mech., R.N.V.R.
Donald McAllister	Ldg. Deck Hand, R.N.R	William G. Clark	Deck Hand, R.N.R.
Clement E. Page	Sig., R.N.V.R.	Thomas E. Chitty	Ldg. Sto.
Howard Pank	Ch. Motor Mech., R.N.V.R.	George Cross	Sto., 1st Cl.
Robert G. Pratten	Motor Mech., R.N.V.R.	Arthur J. Davis	Motor Mech. R.N.V.R.
		George W. K. Elliott	Sto., 2nd Cl.
Charles D. Pulsford	Ch. Motor Mech., R.N.V.R.	Walter G. Farthing	Ldg. Deck Hand, R.N.R.
John F. D. Shrewsbury	Air Mech., 1st Gr., R.N.A.S.	George Frater	Shipwt., 1st Cl.
Cyril G. Slough	Deck Hand, R.N.R.	George H. Fryer	Sto. P.O.
Leslie T. Spillman	Ch. Motor Mech., R.N.V.R.	Frederick Gilroy	Sto., 1st Cl.
		David Heale	Sig.
Edwin Starks	Ldg. Sto.	Michael Henry	Sto., 1st Cl.
John Stewart	Sig.	Robert C. Jeffreys	P.O., 1st Cl.
Harold Thornton	Ch. Motor Mech., R.N.V.R.	William J. Johnson	Sto., 1st Cl.
William G. Warnes	Deck Hand, R.N.R.	George Jones	Ch. Motor Mech., R.N.V.R.
Edward J. Whitmarsh	Ch. Motor Mech., R.N.V.R.	Samuel J. Jordan	Sto. P.O.
Arthur Wilkins	Ch. Motor Mech., R.N.V.R.	William Joslin	Sto., 1st Cl.
Edward G. Windley	Ch. Motor Mech., R.N.V.R.	George Kerr	Ch. Motor Mech., R.N.V.R.
Howard F. Wolfe	Ch. Motor Mech., R.N.V.R.	Edward Largey	Sto., 1st Cl.
		Albert W. Ling	Ldg. Smn.
John W. N. Akid	Ldg. Sto.	Bernard W. Lowe	Ldg. Sto.
Roger Bailey	Sto., 1st Cl.	Eric W. McCracken	Ch. Motor Mech., R.N.V.R
Frank J. Bore	A.B.	Samuel McCracken	Sto., 1st Cl.
William Carter	Sto., 1st Cl.	George McGee	Ldg. Deck Hand, R.N.R.
John Chambers	A.B.		

Distinguished Service Medal

Name.	Rank.	Name.	Rank.
1918—*contd.*		John H. Statton	Sto., 1st Cl.
Leslie R. McGinley	Ch. Motor Mech., R.N.V.R.	Victor V. Surridge	A.B.
John Maclean	Ldg. Deck Hand, R.N.R.	Charles E. Surtees	Deck Hand, R.N.R.
Hugh McMillan	Ch. Motor Mech., R.N.V.R.	Hugh Sutherland	Deck Hand R.N.R.
		Fred C. Talbot	Ch. Motor Mech., R.N.V.R.
Leonard E. McQueen	Ch. Motor Mech., R.N.V.R.	John E. Taylor	Sto., 1st Cl.
Ernest S. Mountain	Ch. Motor Mech., R.N.V.R.	George Turner	Ldg. Deck Hand, R.N.R.
Archibald M. Macfarlane	Ch. Motor Mech., R.N.V.R.	Henry F. G. Wilson	A.B.
		William T. Wood	Sto., 1st Cl.
Frank Neville	Sto., 1st Cl.	Herbert C. Proctor	Pte., R.M.L.I.
James P. Newington	Sto. P.O.	Leonard F. Guttridge	Bugler, R.M.L.I.
James Norris	Sto., 1st Cl.	William J. Thomson	Serjt., R.M.L.I.
Patrick O'Reilly	Sto., 2nd Cl.		
Harold Parr	Sto., 1st Cl.	William J. Gilkes	Pte., R.M.L.I.
Stanley Pearce	Ldg. Sto.	William E. Bennett	Ldg. Deck Hand, R.N.R.
John Pelham	Mech.	Percy E. Coulter	P.O.
Frances J. Pickerell	E.R.A., 3rd Cl.	Ernest E. Cumming	A.B
Thomas Pinches	Yeo. Sigs.	Thomas R. Cunningham	Ldg. Smn.
Charles Potter	P.O., 1st Cl.	William K. Davies	Ldg. Smn.
Robert Rae	Ch. Motor Mech., R.N.V.R.	Cyril G. Day	P.O.
James Relf	Sto. P.O.	Arthur J. Early	E.R.A. 3rd Cl.
Ernest E. Robertson	Ldg. Smn.	Frederick F. Ferguson	Ldg. Smn.
Frederick C. Russell	Sto., 2nd Cl.	William Field	E.R.A., 2nd Cl.
Albert E. Saunders	Ldg. Sto.	Francis J. Fowler	C.E.R.A., 2nd Cl.
Douglas G. Smith	Air Mech., 1st Cl., R.N.A.S.	Walter N. Gooderidge	Act. Ldg. Smn., R.N.V.R.

Distinguished Service Medal

Name	Rank.	Name.	Rank.
1918—*contd.*		William Thomas	2nd Hand, R.N.R.
Robert E. Hodges	Ch. Sto.	James D. Watson	C.E.R.A.
Preston Hoggan	Motor Mech., R.N.V.R.	George Cann	Act. C.P.O.
		Richard Langmaid	Capt. (Mer. Marine)
Morgan James	C.P.O.	Thomas C. Green	Apprentice (Mer. Marine)
William Liddycoat	Sto. P.O.	Herbert Baldry	Engineman, R.N.R.
William A. Marsh	P.O.	George Batty	Engineman, R.N.R.
Vernon H. Morton	Sig.	William G. Baxter	P.O., R.N.R.
Abraham Oates	W. T. Opr., 1st Cl., R.N.R.	Thomas E. Blowers	2nd Hand, R.N.R.
Ernest Offord	P.O.	George D. Bowles	A.B.
James N. Reed	E.R.A., R.N.R.	Horace C. Brundan	Teleg. R.N.V.R.
William E. Seagle	Ldg. Cook's Mate.	Sidney G. Bunting	Ldg. Deck Hand, R.N.R.
Harold Skelton	E.R.A., 3rd Cl.	Walter Carter	C.P.O. (Mer. Marine)
William J. Spinner	P.O.	Charles H. Chapman	Engineman, R.N.R.
George Sweeny	P.O.	Thomas Clarke	Deck Hand, R.N.R.
Benjamin Trowse	Private, R.M.L.I.	William H. Clarke	2nd Hand, R.N.R.
George C. Waldron	E.R.A., 1st Cl.	John Coull	Engineman, R.N.R.
William T Wann	A.B.	Alexander Coull	2nd Hand, R.N.R.
William Williams	Ldg. Smn. R.N.R.	Charles Davidson	2nd Hand, R.N.R.
Percy Brewer	Ldg. Sig.	William J. Davies	Shipwt., 1stCl
Herbert Downing	P.O. Teleg.	Henry Frogley	C.P.O.
William E. Dutch	Ldg. Carp. Crew.	Frederick J. Gayfer	Deck Hand, R.N.R.
David J. Evans	Ldg. Teleg.	John W. Grimmer	Deck Hand, R.N.R.
Edwin Pengilley	P.O.	Douglas McD. Hall	Sig., R.N.V.R.
Reginald G. Smith	Sto. P.O.	Cornelius Lawton	C.P.O.
Edward G Trimmer	C.E.R.A.	George A. Lock	Ch. Motor Mec., R.N.V.R.

Distinguished Service Medal

Name.	Rank.	Name.	Rank.
1918 – *contd.*		Norman I. E. Edwards	E.R.A., 3rd Cl.
Robert McCrea	Greaser (Mer.)	Alfred T. Ellwell	Sto. P.O.
Alexander McInnes	Ldg. Deck Hand, R.N.R.	George Hanson	Ord. Smn.
George Manthorpe	Engineman, R.N.R.	Charles Jeffries	A.B.
Herbert A. Moss	2nd Hand, R.N.R.	William J. Main	C.P.O.
Harry W. Murray	Ldg. Smn. R.N.R.	William May	C.E.R.A., 2nd Cl.
Walter H. Mussett	P.O., 1st Cl.	Albert J. Olive	A.B.
James H. Patterson	Ldg. Deck Hand, R.N.R.	Charles W. Pitt	P.O., 1st Cl.
John Peel	Smn., R.N.R.	George W. Schoon	Act. C.P.O.
William J. Pittaway	Ch. Motor Mec R.N.V.R.	John C. Spencer	P.O., 1st Cl.
Frank H. Plumer	Ch. Motor Mec. R.N.V.R	Joe W. Sykes	E.R.A., 4th Cl.
Adam Reid	Deck Hand, R.N.R	Albert E. Woodley	Ldg. Smn.
John Rid	C.P.O.	Frank Worthington	Ldg. Smn.
Harold Rooks	P.O.	Albert V. Collins	A.B.
George W. Russell	Engineman, R.N.R.	Alfred T. Whiting	P.O. Teleg.
Alfred Scammell	Act. P.O., R.N.R.	William J. Dixon	P.O., 1st Cl.
Michael Sheahan	Engineman, R.N.R.	Richard C. Carr	P.O.
Robert H. Sheriff	2nd Hand, R.N.R.	Arthur E. Kennett	P.O.
William Shreeve	Engineman, R.N.R	Alfred F. Carter	E.R.A., 3rd Cl.
George D. Skinner	Deck Hand, R.N.R.	John Redmond	C.E.R.A. 1st Cl.
William Skinner	Engineman, R.N.R.	Arthur Bishop	A.B.
Harry Terry	Deck Hand, R.N.R.	Albert E. E. Bradley	Act. C.P.O.
Henry R. Thomas	Ldg. Smn., R.N.R.	Albert Butcher	Sto., P.O.
David Williams	Engineman, R.N.R.	Henry A. Clark	Ldg. Sto.
Thomas Wood	Sig., R.N.V.R.	Arthur D. Dicker	Sig.
Ernest J. Borrott	P.O., 1st Cl.	William Flynn	Sto., 1st Cl.
Robert Douglas	Yeo. Sigs.	Sydney V. Heley	Ldg. Teleg.

Distinguished Service Medal

Name.	Rank.	Name.	Rank
1918—*contd.*		John W. Hambling	Ldg. Deck Hand, R.N.R.
Joseph Newby	Sto., 1st Cl.	William O. Maxted	A.B.
Henry J. Pearson	C.E.R.A., 2nd Cl.	Christopher Meecham	A.B.
Arthur E. Bowen	Sgt., R.M.L.I.	William S. Park	P.O., 1st Cl.
Albert V. Brister	P.O.	Victor E. Passells	Ch. P.O.
Joseph W. Burman	P.O., 1st Cl.	Sydney C. Reader	Smn., R.N.R.
William H. Padwick	Sgt. R.M.L.I.	James R. Simpson	Deck Hand, R.N.R.
William Roman	C.P.O.	David Slater	Smn., R.N.R.
William C. Baldwin	Act. C.P.O.	John S. Strachan	Deck Hand, R.N.R.
Sydney J. E. Gore	E.R.A., 3rd Cl.	George Tulk	Deck Hand, R.N.R.
Oliver Roper	Sto. P.O.	Frederick J. Tunley	A.B.
Ernest E. Stevens	Ldg. Smn.	Thomas M. Turner	Deck Hand
James McHardy	Ldg. Smn.	Charles W. Jennison	Engineman, R.N.R.
Henry Wilkins	C.P.O.	Frederick G. Pegden	Deck Hand, R.N.R.
Walter C. Buckland	C.P.O.	Joseph Rose	Engineman, R.N.R.
Walter L. Rice	Act. C.P.O.	Victor W. Thetford	Deck Hand, R.N.R.
George T. Goodwin	Ch. Sto.	John G. Watson	2nd Hand, R.N.R.
Percy Hobbs	Ldg. Smn.	James Williams	Trimmer, R.N.R.
John Lewis	Sto. P.O.	Alexand G. Wyllie	Deck Hand, R.N.R.
Walter J. Penfold	Ldg. Smn.	Alexander Brown	Engineman, R.N.R.
Charles E. R. Selth	Ord. Smn.	John Clark	C.E.R.A., R.N.R.
Charles T. Warne	P.O.	John Cowling	Deck Hand, R.N.R.
Sydney Beck	Deck Hand, R.N.R.	Charles H. Dedman	Yeo. Sigs.
George Boyes	Boatswain	Walter Hall	Sto., P.O.
Charles Donaldson	Ldg. Deck Hand, R.N.R.	James Handley	C.E.R.A., 1st Cl.
Henry Eccleston	P.O.	Stanley J. Herley	Ldg. Teleg.
Sidney Garland	Boatswain	Rodrick Mackenzie	Ldg Smn., R.N.R.

Distinguished Service Medal

Name.	Rank.	Name.	Rank.
1918—*contd.*		Sidney H. Iley	A.B.
		Alfred E. Jones	Act. C.E.R.A., 2nd Cl.
John Mooney	Fireman (Mer. Marine)	John P. Lawless	A.B., R.N.V.R
William Curtis	Sto., 1st Cl.	Samuel Martin	Deck Hand, R.N.R.
Arthur G. Hiscox	Act. C.P.O.	George O. Pickess	Trmr., R.N.R.
John D. Mason	Ldg. Smn.	Samuel S. Rees	Ldg. Sto. R.N.R.
James F. Ritchie	Sto. 1st Cl.	William R. Roberts	A.B.
		James W. Rogers	E.R.A., 3rd Cl.
Joseph P. Maguire	A.B.	Jonathan Smith	2nd Hand, R.N.R.
Frank E. Apps	A.B.	Charles R. Thomas	P.O.
		Norman Whitely	Ldg. Sig.
Clement F. Mander	Wt. Shipw't	Francis A. Bartlett	C.P.O.
William Sewell	Offr. Steward, 1st Cl.	Jacob Bewley	C.E.R.A., 2nd Cl.
		Walter N. Bishop	P.O.
Matthew Willey	Sen. Res. Attendant	George Duguid	C.E.R.A., 2nd Cl.
William W. Day	Yeo. Sigs.	Thomas Evans	Ch. Sto.
		Albert E. Fieldus	Sto. P.O.
Thomas C. Dickson	E.R.A.	Percy J. Hunt	Ldg. Sto.
		Edgar W. James	Ldg. Sig.
Frederick W. King	C.E.R.A., 2nd Cl.	Leonard S. Leggott	Ldg. Sig.
		Arthur W. Lovegrove	Ldg. Sto.
Frederick J. Munting	C.P.O.	Gilbert K. MacDonald	C.E.R.A., 1st Cl.
Philippe Smithers	Sto., 1st Cl.	James M. Martin	C.P.O.
		John C. Rattley	Sto. P O.
Percy H. Biddle	E.R.A., 1st Cl.	George F. Readhead	C.E.R.A., 1st Cl.
Frederick G. Castle	Ldg. Smn.	Henry F. W. Robson	C P.O.
		George R. Rollings	Ch. Writer
William Charlton	Ldg. Smn.	Charles H. Tapster	Yeo Sigs.
		Richard Taylor	C.E.R.A., 2nd Cl.
Frederick Heron	E.R.A., 2nd Cl.		
Richard Honeywell	E.R.A., 3rd Cl.	Ernest G. Tucker	Ldg Smn.
Albert W. Hopton	Sto. P.O.	Arthur Warburton	C.E.R.A., 2nd Cl
Herbert J. McCreedy	A.B.		
Alexander F. Ostler	Act. Ldg. Sto.	Percy L. Whalebone	C.E.R.A., 1st Cl.
Ernest G. Powell	Act. C.P.O.		
Alfred E. Rees	P.O.	Thomas H. Wise	P.O., 1st Cl.
Albert H. Vale	A.B.	Frederick Back	Act. C P.O.
Patrick J. McCavera	Act. C.P.O.	Evan Dodge	A. B.
Frederick W. Bull	A.B.	Thomas Fowler	E.R.A., 4th Cl
Sidney W. Barford	Act. Lce.-Corpl	Levi T. Piper	Ldg. Sto.
Bertram W. Brett	P.O.	Henry W. Thornton	Ldg. Smn.
Ernest E. Duff	Ldg. Deck Hand	Charles H. Cheeseman	C.P.O.
William E. Hebb	Deck Hand	Alexander S. Allan	2nd Hand, R.N.R.

Distinguished Service Medal

Name.	Rank.	Name.	Rank.
1918—*contd.*		**1919**	
Joe Arnold	Ch. Engm., R.N.R.	Mathew Boyd	Pte., R.M.L.C.
William H. Beech	Deck Hand, R.N.R.	Henry C. B. Callaway	Gnr., R.M.A.
		Edward G. Chamberlain	Gnr., R M A.
Francis A. Todd	Engm., R.N.R.	John W. Cook	Sgt., R M.L.C.
		Benjamin Doull	Sgt. R.M.L.C.
Ronald O. Vickers	Sig., R.N.V.R.	George E. Hanham	Pte., R.M.L.C.
Sidney T. Chandler	P.O. Teleg.	Robert N. McIntosh	Sgt., R.M.L.C.
James W. Eade	P.O.	James W. Race	Sgt., R.M L.C.
		Frederick Newman	Driver, R.M.A.
John Gibson	P.O., R.N.R.	Joseph H. Osborne	P.O., 1st Cl.
Frank Harrison	A.B.	Frank R. Piet	C.P.O.
Harry Hayes	Serjt., R.M.L.I	John J. Rate	Pte., R M.L.C.
		Robert W. Sims	P.O.
Thomas Hill	Blacksmith	Leonard H. Tomlin	Cpl., R.M.A.
Frederick J. Hunt	P.O., 1st Cl.	Robert Cotton	Ldg. Sea.
Frederick Looker	Sto., 1st Cl.	Jack G. Grace	P.O.
William E Newbitt	A.B.	John G. McKay	Ldg. Dkhnd. R.N.R.
Harry Price	A.B.	Walstan H. Moore	Ldg. Sig. R.N.V.R.
John R. Strong	Engm., R.N.R.	William Robertson	Dkhd., R.N.R.
Frederick Valentine	Engm., R.N R	Herbert Abbs	P.O.
		Andrew J. Coutts	Sea., R N.R.
Ernest J. Canham	Act. Ch. Sto.	Joseph Hanwell	Sig., R.N.V.R.
Arthur W.G. Harmsworth	A.B.	John A. Hards	C.P.O.
Henry Hill	P.O., 1st Cl.	Alfred Kemish	Ldg. Teleg.
George H llands	P.O.	Frederick Milner	Ldg. Sea.
Sidney T. Johnson	Ldg. Smn.	John E. Peat	Ldg. Sea.
		Thomas C. Prowse	Ldg. Sig.
Edward T. Reeve	Ch. Arm.	George U. Reid	E.R.A., 1 Cl. R.N.V.R.
Joseph W J Wren	Sto. P O.		
William Bond	Smn., R N.R.	William R. Ash	Gnr., R.M.A.
James P. Morris	2nd Hand R N.R	Alexander Campbell	Gnr., R.M.A.
		Walter Jackman	Gnr. R.M.A.
Ernest Hewitt	Ch. Motor M ch., R.N.V.R.	Lionel R. Jacobs	Sgt., R.M.A.
		John Layland	Jnr. Reserves, S.B.A.
James Boucher	Ldg. Sto.	Frank E. J. Morse	S.B.A., 2 Cl.
Denis Driscoll	P.O.	George Rowe	P.O., 1 Cl.
Edward Eves	Ldg. Smn.	Edward C. Sessions	Sgt., R.M.A.
		William A. Sewell	Gnr., R.M.A.
William P. Gordon	Ord. Smn.	John Stevenson	Pte., R.M.L.I.
Arthur W. Hirst	L g Smn.	John A. Taylor	Gnr., R.M.A.
Francis P. Le Ber (*with Bar* 12 *Dec.* 18)	P.O.	Archibald P. Campbell	Ch. Mtr. Mech. R.N.V.R.
Frank Le Vey	Ldg. Smn.	Philip J. L. Day	Deck Hand, R.N.R.
James H. Metcalf	Pte., R M.L.I.	Angus MacKay	2 Hnd, R.N.R.
Albert W. Waltnam	Gunner, R.M.A.	Harry Morton	Sig., R.N.V.R.
Sydney Wragg	Sto. P.O.	James M. Robertson	Ldg. Trmr., R.N.R.

Distinguished Service Medal

Name.	Rank.	Name.	Rank.
1919 – *contd.*		Charles G. Foot	A.B.
George W. Allen	Yeo. Sigs.	Bertram W. Hatcher	Sgt. R.M.L.I.
William G. Clifford	M.A.A.	William J. Rathmell	C.P.O.
Thomas Colquhoun	Ch. Shipwt.	Ernest J. Russell	P.O.
Alexander McK. Cowie	Ldg. Teleg.	Henry N. Walker	C.E.R.A., R.N.R.
Ernest Glenister	Act. C.P.O.		
George T. Gray	P.O.	Sydney Warwick	C.E.R.A., 2 Cl
Frank W. Ladd	Sgt., R.M.L.I.	Joseph W. Baglee	P.O. Mech.
Ernest T. Mainprize	Act., C.P.O.	William T. Gilroy	Ch. Engmn., R.N.R.
William Moorcraft	Chief Stoker		
Edgar Terry	C.P.O.	William Martin	2nd Hand R.N.R.
James V. Thomson	P.O.		
George Wonnacott	Ldg. Seaman	Robert Roskell	2nd Hand R.N.R.
Edwin J. Cook	P.O.		
Benjamin E. Gunning	Ldg. Seaman	William Smith	2nd Hand R.N.R.
Robert C. J. Hill	A.B.		
Arthur J. Masterman	P.O.	John Sullivan	Ldg. Stoker
George C. Campbell	Sto. P.O.	Kenneth McKenzie	Act. Ldg.Sea., R.N.R.
Frederick C. Cowburn	C.E.R.A.		
William Gawler	Act. C.P.O.	James Anning	A.B.
John R. Kelso	P.O.	Innis M. D. Avery	Ldg. Seaman
James Langford	Chief Stoker	John T. Cope	P.O.
John J. Luker	Ldg. Stoker	Russell P. Nicholas	C.E.R.A., 2 Cl
Harold E. B. Millen	A.B.	Albert E. Callaway	Ldg. Sig.
William Newland	Stoker P.O.	William Cult	Ch. Stoker
Henry C. Parker	Ldg. Sig.	Thomas Duckham	C.P.O.
Alfred M. Polyblank	Ldg. Seaman	William A. Griffith	Shipwt. 1st Cl
Frederick T. Sanderson	Ldg. Seaman	Thomas H. Hodge	E.R.A., 3rd Cl
Frank Sheldon	Chief Stoker	Arthur F. Kent	Act. Sto. P.O.
Edwin N. Hawkins	C.P.O.	Walter Marriott	Pte., R.M.L.I.
Arthur James	A.B.	Gilbert C. Mercer	2nd Hand, R.N.R.
George King	Ldg. Sig.		
Charles W. Sanders	Sig.	Frederick R. Russell	Yeo. Sigs.
Herbert H. Strickland	E.R.A., 1 Cl.	Reginald A. Scagell	Ldg. Seaman
Harry P. Bicker	C.P.O.	Sidney W. Shillabeer	Stoker P.O.
Michael Brown	Actg. C.P.O.	Frederick J. Watts	Stoker P.O.
George H. Cadby	Actg. C.P.O.	Charles F. Wilkins	C.E.R.A., 1 Cl.

Distinguished Service Medal 171

List of Men of Foreign Navies on whom the Distinguished Service Medal has been conferred.

Name.	Date.	Rank.	Navy.
Hérve, Grall	10 Apr 15	Quartier-Maître, Aviation Marine	French
J. F. Barthélemy	23 Dec 15	1 Maître Elève Officier Mécanicien	,,
Jean Guillaume Labous	23 Dec 15	1 Maître Canonnier	,,
Pierre Marie Mudes	23 Dec 15	1 Maître de Manœuvre	,,
Edouard Isaïe Prud'Homme	23 Dec 15	1 Maître Patron-Pilote	,,
Jean-Baptiste Guyoncour	23 Dec 15	1 Maître Canonnier	,,
Joachim Marie Patary	23 Dec 15	1 Maître Canonnier	,,
André Victor Drevon	23 Dec 15	1 Maître Mécanicien	,,
Paul Adolphe Blain	23 Dec 15	1 Maître Fusilier, de la Brigade des Fusiliers	,,
Isidore Jules Gessiaume	23 Dec 15	1 Maître de Manœuvre, de la Brigade des Fusiliers	,
Pierre Faujour	23 Dec 15	1 Maître de Manœuvre, de la Brigade des Fusiliers	,
Baptiste Victor Lachuer	23 Dec 15	1 Maître de Manœuvre, de la Brigade des Fusiliers	,,
Antoine Toullec	23 Dec 15	1 Maître de Manœuvre, de la Brigade des Fusiliers	,,
Jean Pierre Robic	23 Dec 15	1 Maître de Manœuvre, de la Brigade des Fusiliers	,
Théodore Jean	23 Dec 15	1 Maître de Manœuvre, de la Brigade des Fusiliers	,
François Lannuzel	23 Dec 15	Quartier-Maître Canonnier	,,
Fernand René Guillod	23 Dec 15	Quartier-Maître Mécanicien réserviste	,,
Francoise Audic	23 Dec 15	2 Maître de Manœuvre, de la Brigade des Fusiliers	,,
Jean Aballea	23 Dec 15	Maître Fusilier, de la Brigade des Fusiliers	,,

Distinguished Service Medal

Name.	Date.	Rank.	Navy
Gilles Joseph Marie Le Goff	23 Dec 15	2 Maître de Manœuvre, de la Brigade des Fusiliers	French
Alain Marie Bothorel	23 Dec 15	Quartier-Maître Fusilier, de la Brigade des Fusiliers	,,
Yves Jean Cevaer	23 Dec 15	2 Maître Fusilier, de la Brigade des Fusiliers	
Yvon Nicolas	23 Dec 15	Quartier-Maître Fusilier, de la Brigade des Fusiliers	,,
Pierre Jean Marie Sénèchal	23 Dec 15	2 Maître de Manœuvre	
Corentin Félix Thomas	23 Dec 15	2 Maître Fusilier, de la Brigade des Fusiliers	,,
Jérome Louis Marie Corven	23 Dec 15	2 Maître Fusilier, de la Brigade des Fusiliers	,,
Yves Marie Rosmorduc	23 Dec 15	2 Maître Fusilier, de la Brigade des Fusiliers	,,
Frédéric François Jauras	23 Dec 15	Maître Mécanicien	
Georges Edouard Richard	23 Dec 15	Maître Mécanicien	
Guillaume Marie Le Gaouyat	23 Dec 15	2 Maître Mécanicien	
Jean Louis Le Maux	23 Dec 15	Quartier-Maître Fourrier	
Joseph Marie Robert	23 Dec 15	Quartier-Maître Mécanicien réserviste, de l'Aviation Maritime	
Pierre Jean	23 Dec 15	2 Maître Canonnier	
Jean-Noël Rozen	23 Dec 15	Quartier-Maître Canonnier	
Jean Baptiste Merrien	23 Dec 15	Quartier-Maître Canonnier	
Clet Yves Perherin	23 Dec 15	2 Maître Canonnier	
Georges Marius Etienne Trouillet	23 Dec 15	2 Maître Mécanicien de l'Aviation Maritime	
Joseph Marie Toussaint Le Boulanger	23 Dec 15	2 Maître Timonier, de la Brigade des Fusiliers	,,
François Roudaut	23 Dec 15	Maître Chauffeur	,,

Distinguished Service Medal

Name.	Date.	Rank.	Navy.
Pierre Marie Gabriel Kermagoret	23 Dec 15	2 Maître Fusilier, de la Brigade des Fusiliers	French
Albert Augrand	23 Dec 15	2 Maître Electricien	,,
Louis Marie Le Piniec	23 Dec 15	2 Maître Fusilier réserviste, de la Brigade des Fusiliers	,,
Louis Le Fur	23 Dec 15	Maître Canonnier	,,
Yvon Guhur	23 Dec 15	Maître Canonnier	,,
Victor-Marie Leran	23 Dec 15	2 Maître Charpentier, de la Brigade des Fusiliers	,,
Yves Marie Ballouard	23 Dec 15	Maître Fusilier, de la Brigade des Fusiliers	,,
François Marie Lozachmeur	23 Dec 15	2 Maître Fusilier, de la Brigade des Fusiliers	,,
René Marie Peron	23 Dec 15	2 Maître Fusilier, de la Brigade des Fusiliers	,,
Jean Marie Tillemon	23 Dec 15	2 Maître Fusilier, de la Brigade des Fusiliers	,,
Yves Marie Tardivel	23 Dec 15	2 Maître de Manœuvre, de la Brigade des Fusiliers	,,
Jean Nicolas Marie Morvan	23 Dec 15	2 Maître Canonnier	,
François Billois	1 Jan 16	Officiér-Marinier Pilote d'Avion	,,
N. Katkoff	18 Mar 17	—	Russian

MERITORIOUS SERVICE MEDAL.

Name.	Rank.	Name.	Rank.
1919		George H. Morris	Ch. Shipwt.
		Henry W. J. Turner	Sto. P.O.
Ernest E. Edwards	Coy. Sergt.-Maj., R.M.A.	John J. Beckwith	E.R.A., 2nd Cl.
		John Bryce	Dkhnd., R.N.R.
Albert Hicks	Driver, R.M.A.		
Hugh Hughes	Sto., R.N.R.	Albert Clarke	Ship's Corpl.
William J. McCleery, D.S.M.	Ch. E.R.A., R.N.R.	Frank O. Curtis	Dkhnd., R.N.R.
Dominick McFadden	Ldg. Sto.	Wilfred G. P. Eldridge	E.R.A., 2nd Cl.
Owen Sutton	Corpl. Driver, R.M.A.	Claudius Haslam	E.R.A., 2nd Cl.
David Allen	P.O. Teleg.		
Joseph H. Robson	E.R.A., 3rd Cl	Charles J. Jacobs	Vict., C.P.O.
Tom Appleby	E.R.A., 1st Cl., R.N.R.	Reginald J. S. Keith	Ch. Elect. Art., 2nd Cl.
Archie Baugh	Col.-Sergt., R.M L.I.	Allen McLean	P.O., R.N.R.
		Herbert Rawcliffe	Dkhnd., R.N.R.
John S. Birch	3rd Writer		
Charles T. Bull	M.A.A.	Antony Risiott	Carpntr's Mt.
John J. Camp	P.O., 1st Cl.	Frank C. Rowland	Engmn., R.N.R.
William A. Day	P.O. Teleg.		
George Dyer	Ch. Sto.	John Tucker	Teleg., R.N.V.R.
William A. Edwards	Ldg. Sig.		
John Ferguson	Ldg. Sea., R.N.R.	William Vivian	C.E.R.A., 1st Cl.
George Francis	C.E.R.A., 2nd Cl.	Tom F. Bevan	C.E.R.A.
		Edwin C. Buckland	1st Writer
Albert E. French	C.P.O.	William Franklin	Ch. Arm.
Wilfred H. Hicks	C.E.R.A., 2nd Cl.	Sidney H. Hoskins	Sto., P.O.
		Christopher Rushton	Ldg. Cook's Mt.
Arthur Hill	Col.-Sergt., R.M.L.I.	Patrick Driscoll	C.P.O.
William J. Howell	C.E.R.A., 1st Cl.	William J. Hunt	A.B.
		John A. T. Cusick	Ldg. Sea.
George J. Le Brun	C.P.O. Teleg.	Harold Devenport	1st Writer
William G. Mills	Ch. Sto.	Bertram E. Lawson	Sergt., R.M.L.I.
Thomas Moore	Yeo. Sigs.		
Frederick Raymond	C.P.O.	John L. Maw	P.O.
David Twoting	C.P.O.	Herbert Parsons	A.B.
Thomas H. Vinton	Sto. P.O.	Peter Timmons	Greaser, M.M.R.
George Elliott	C.E.R.A., 2nd Cl.	Samuel F. Annetts	Sig.
George F. Lockwood	C.E.R.A., 2nd Cl	Fred Brown	Pte., R.M.L.I.
		William J. Barber	Ldg. M.M.R.
Henry J. Northey	C.E.R.A., 2nd Cl.	William N. Emslie	E.R.A., 3rd Cl.
Frederick J. Andrews	P.O. Teleg.	Mr. J. F Fernandez	Nyasaland Vol. Res.
Albert A. Knapton	Yeo. Sigs.		
Otway G. Martin	E.R.A., 2nd Cl.	Joseph Galloway	Ch. Sto.

Meritorious Service Medal

Name.	Rank.	Name.	Rank.
1919—*contd.*		Ernest Whittlesey	Yeo. Sigs.
		John E. Andrews	Act. C.P.O.
Robert Gooding	Sergt., R.M.L.C.	Rupert Barker	E.R.A., 2nd Cl.
Arthur Green	Ldg. Sea.	George Breeze	C.P.O
Thomas W. Hall	Ldg. Sea.	Francis Collett	C.E.R.A., 1st Cl.
Joseph W. Haynes	Pte., R.M.S.M.	Robert E. Collingwood	C.E.R.A., 2nd Cl.
Alick G. D. Howe	Res. Ward Master	Francis G. Deal	C.E.R.A., 1st Cl.
Edward J. James	P.O. Teleg.		
Thomas Lawler	Sto., M.M.R.	John Dinning	Ord. Sea.
Leonard Leathley, D.S.M.	Dkhnd., R.N.R.	Frank Doxey	C.P.O.
Henry J. Long	A.B.	Henry S. Gregory	C.E.R.A., 2nd Cl.
William Munro	Ldg. Dkhnd. R.N.R.	James Hardy	C.P.O.
J. L. Murray	Nyasaland Vol. Res.	Henry Haunant	Ch. Sto.
		Albert C. Jones	A.B.
John E. Newns	Res. Ward Master	Richard Joyce	Sto. P.O.
		Albert G. Mart	C.P.O.
Samuel R. Nicholls	Ch. Sto.	Joseph Maskell	A.B.
Thomas Parsons	Sto., M.M.R.	Samuel Newcombe	Ch. Sto.
Alfred C. Rundle	Act. E.R.A., 4th Cl.	George C. A. Norgate	Ldg. Sig.
		Harry Rickman	C.P.O.
William J. Saunders	Sergt.,R.M.A.	William P. Ridge	C.P.O.
Albert E. Seccombe	(Pensioner, Ch. Wtr.)	Harry E. W. Shepperd	Ldg. Teleg.
		Harry Stevens	Offrs. Std., 1st Cl.
Andrew Scott	Pte.,R.M.L.C.	Percival G. Tellick	C.P.O.
George H. Smith	C.P.O., R.N.V.R.	Ernest Tilley	Sto. P.O.
Leslie Smith	Act. Co. Sergt.-Major, R.M.L.C.	William H. Wargent	C.P.O.
John Thackray	Act. E.R.A., 5th Cl.	H. J. Hill	Sgt.-Maj., R.M.
Allan Waining	E.R.A., 3rd Cl.	W. Marshall	Sgt.-Maj., R.M.A.
Matthew P. Warren	C.E.R.A., R.N.R.	G. Adams	Sgt., R.M.L.I.
		J. H. Castle	P.O.,R.N.V.R.

THE ALBERT MEDAL.

LIST OF OFFICERS AND MEN BELONGING TO THE ROYAL NAVY AND ROYAL NAVAL RESERVE TO WHOM THE ALBERT MEDAL HAS BEEN AWARDED.

(† Indicates Albert Medal in Gold.)

1867
John Ricketts (*Leading Seaman*) 21 Dec

1868
Commander Lionel A. De Sausmarez . . . . . 17 Nov

1870
Commander William Balfour Forbes . . . . 17 Sept

1876
Captain Alfred Carpenter, D.S.O. 19 June

1892
George Hoar (*Boatman Coast Guard*) . . . . 12 Jan
Lawrence Hennessey (*Boatman Coast Guard*) . . 8 Feb

1898
Eng.-Commander Richard W. Toman . . . . 15 Nov

1901
Commander Halton S. Lecky . 28 June

1902
Frederick Paffett (*Chief Stoker*) 17 Jan
James Sutherland (*Leading Stoker*) 1 June

1905
Alfred Stickley (*Chief Stoker*) . 10 Feb

1908
John Ramsay (*Able Seaman*) 21 July

1913.
William Lashley (*Chief Stoker*) 26 July
Thomas Crean (*Petty Officer, 1st Class*) . . . . 26 July
John Sullivan (*Chief Stoker*) . 27 Aug

1915
James C. S. Hendry (*Petty Officer Teleg.*) . . . 15 Apr
Frederick G. Marshall (*Mechanician*) . . . . 13 May
Michael Sullivan Keogh (*Chief Petty Officer*) . . 30 Nov

1916.
Lieut.-Com. Arthur R. S. Warden 21 Feb
Lieutenant Robert A. Startin . 25 Apr
†*Lieutenant* Frederick J. Rutland, D S.C. . . . 7 Aug

1917.
Sub-Lieut. R.N.R. Frederick W. Weeks . . . . 12 Mar
Michael Joyce (*Engine Room Artificer, 3 Cl.*) . . 4 May
Walter Kimber (*Stoker Petty Officer*) . . . 4 May
Mate (E) Edmund J. Pysden (*act.*) . . . . 3 Sept
Herbert Powley (*Deck Hand*) . 3 Sept
Lieut. R.N.R. James C. Hurry 14 Nov
Nicholas Rath (*Seaman R.N.R.*) 12 Dec
Richard Knoulton (*Ordinary Seaman*) . . . . 12 Dec
George F. P. Abbott (*Deckhand R.N.R.*) . . . 12 Dec
Surg. Probr. Robert S. S. Smith, R.N.V.R. . . . . 20 Nov

1918.

Capt. R.M.E. John Neale . 9 Jan

Lieut.-Com. R.N.R. Maurice MacMahon, D.S.O. . . 5 Feb

Mate (Acting) Alfred W. Newman 1 Mar

William Becker (*Able Seaman*) 23 Mar

Thomas N. Davis (*Leading Seaman*) . . . . 23 Mar

Robert Stones (*Able Seaman*) . 23 Mar

John G. Stanners (*Deckhand R.N.R.*) . . . . 16 May

Rupert W. Bugg (*Leading Deckhand R.N.R.*) . . . 16 May

Captain George P. Bevan, C.M.G., D.S.O. . . 8 July

Lieut. R.N.R. Edward H. Richardson . . . 8 July

Admiral Sir James Startin, K.C.B. . . . . 20 Aug

Lieut.-Com. R.N.V.R. Keith R. Hoare, D.S.O., D.S.C. . . 20 Aug

Lieut. R.N.V.R. Arthur G. Bagot, D.S.C. . . . 20 Aug

John Allan (*Donkeyman M.M.R.*) 16 Sept

Commander Walter H. C. Calthrop . . . . 28 Sept

Charles D. Millar (*Leading Seaman*. . . . . 9 Oct

Surg. Lieut. William F. Harvey, M.B., M.A. . . . 29 Oct

1919.

Lieut. R.M. Harry M. A. Day . 7 Jan

Lieutenant George D. Belben, D.S.C. . . . . 31 Jan

Sub-Lieut. R.N.V.R. David H. Evans . . . . 31 Jan

Albert E. Stoker (*Petty Officer*) 31 Jan

Edward Nunn (*Able Seaman*) . 31 Jan

Commander Henry de B. Tupper 21 Feb

Edward Thomas Spalding (*Able Seaman*) . . . 21 Feb

BOARD OF TRADE MEDALS.

LIST of OFFICERS and MEN of the ROYAL NAVY and COAST GUARD and of the ROYAL NAVAL RESERVE who have been awarded MEDALS for GALLANTRY in SAVING LIFE AT SEA by H.M. The King, on the recommendation of the President of the Board of Trade.

(For awards prior to 1913, see previous Navy Lists.)

Name.	Rank.	Date of the Vote.	Silver Medal.	Bronze Medal.
Rehead, Charles M.	Lieutenant R.N.R.	April 1913	...	1
Blair, David	Lieutenant R.N.R.	July 1913	1	...
Heighton, Charles	Leading Boatman	Nov 1913	1	...
Harmer, William H.	Leading Boatman	Nov 1913	1	...
Marsden, William	Leading Boatman	Nov 1913	1	...
Beard, Peter	Leading Boatman	Nov 1913	...	1
Wheeler, William B.	Able Seaman	Dec 1913	...	1
Richardson, William J.	Engine Room Artificer, 3rd Class	Mar 1914	...	1
Garvey, Thomas	Seaman R.N.R.	Jan 1915	1	...
Crawley, William	Able Seaman	Jan 1915	1	...
Kendall, Joseph	Seaman R.N.R.	Jan 1915	1	...
Botterill, Victor W. St. V.	Signalman	Jan 1915	1	...
Stagg, F.	Seaman R.N.R.	Jan 1915	1	...
Bradshaw, Francis	Seaman R.N.R.	Jan 1915	1	...
Picker, John	Leading Stoker R.N.R.	Jan 1915	1	...
Martin, Frederick	Able Seaman (Special Res.)	Jan 1915	...	1
Dorsey, Benjamin	Skipper R.N.R.	Jan 1915	...	1
Baker, William H.	Lieutenant R.N.R.	Jan 1915	1	...
Coates, James M.	Sub-Lieutenant R.N.R.	Jan 1915	1	...
Gardner, Francis J. R.	Lieutenant R.N.R.	Jan 1915	1	...
Robison, Walter	Lieutenant R.N.R.	Jan 1915	1	...
Craddock, J.	Able Seaman	Jan 1915	1	...
Fuller, Cyril T. M. CMG.	Captain	Feb 1915	...	1
Cheetham, Herbert C.V.B.	Commander R.N.R.	Feb 1915	...	1
Webb, Cecil J.	Lieutenant R.N.R.	Feb 1915	...	1
Daniel, Horace S.	Lieutenant R.N.R. *(act)*	Feb 1915	...	1
Odam, Stanley G.	Engine Room Artificer, 3rd Class	Feb 1915	...	1
Grant, Francis H	Mechanician	Feb 1915	...	1
Farrell, Philip J.	Leading Stoker *(act)*	Feb 1915	...	1
Davis, Fred	Stoker, 1st Class	Feb 1915	...	1
Whitehead, Wilfred	Leading Seaman	Mar 1915	1	...
Oddy, Arthur	Chief Petty Officer, C.G.	Apr 1915	1	...
Sworn, Sidney	Leading Boatman, C.G.	Apr 1915	1	...
Terlour, William J.	Able Seaman	Apr 1916	...	1
Ness, Alexander R.	Apprentice *(Merc. Marine)*	May 1916	...	1
Davies, Frederick	Stoker	June 1916	...	1
White, Herbert A.	Leading Boatman, C.G.	— 1916	...	1
Peyton-Burbery, Rev. Robert J. P., MA	Chaplain	Oct 1916	...	1
Johnston, Henry	Boatman	Jan 1917	...	1
Brandon, John J.	Petty Officer, C. G.	Jan 1917	...	1
Rushbrooke, Edmund G.N., DSC	Lieutenant	June 1917	1	...
Nicoll, Francis S.	Able Seaman	June 1917	1	...
Sergent, Charles K.	Lieutenant-Commander, R.N.R. *(ret.)*	Oct 1917	...	1
Pearson, S. C.	Deck Hand	Oct 1917	...	1
Ainslie, George	Acting Leading Seaman, R.N.R.	Nov 1917	1	...
Martin, Stephen G. L.	Leading Seaman	Dec 1917	...	1
Nicholls, Richard T.	Chief Officer of Coast Guard *(ret.)*	Dec 1917	...	1
Ruup, Arthur	Seaman *(Merc. Marine)*	— 1918	...	1
Burr, George F. W.	Leading Boatman	Jan 1918	...	1
Morton. George H.	Seaman, R.N.R.	May 1918	...	1
Ryan, Thomas P.	Lieutenant, R.N.R.	Sept 1918	...	1
Fiddian, Eric A.	Surgeon	Sept 1918	...	1
Colman, George	Leading Deckhand, R.N.R.	Sept 1918	...	1
Nocks, Albert	Deckhand, R.N.R.	Sept 1918	...	1

Foreign Orders

OFFICERS AUTHORISED TO WEAR FOREIGN ORDERS ON ALL OCCASIONS.

NAME.	RANK.	ORDER OR DECORATION.	CLASS OR GRADE.	COUNTRY.	DATE OF BESTOWAL.
Acheson, *Hon.* Patrick G. E. O., M.V.O., D.S.O.	Commander	St. Stanislas	2nd Class with Swords	Russia	1917
Acton, Fitzmaurice, C.M.G.	Commander	Legion of H.nour	Officer	France	1917
Adam, Herbert A.	Captain	Rising Sun	3rd Class	Japan	1919
Adams, Arnaud, D.S.C.	Lieut. R.N.R.	Crown of Italy	Commander	Italy	1916
Adams, Henry G. H.	Captain	White Eagle	5th Class, with Swords	Serbia	1917
Addenbrooke Kent, Harold F., D.S.C.	Lieut. R.N.R.	St. Stanislas	2nd Class, with Swords	Russia	1917
		Nile	4th Class	Egypt	1919
Addison, Albert P., C.M.G.	Captain	Military Order of Savoy	Cavalier	Italy	1917
Albert, *His Royal Highness Prince*, K.G.	Lieutenant	Legion of Honour	Officer	France	1918
		Rising Sun	3rd Cla-s	Japan	1918
		St. Vladimir	4th Class, with Swords	Russia	1917
		Military Order of Savoy	Cavalier	Italy	1917
Alcock, Henry C.	Lieut.-Commander	Nile	4th Class	Egypt	1916
Alderson, William J. S.,	Captain	Legion of Honour	Officer	France	1918
Alexande-Sinclair, Edwyn S., K.C.B., M.V.O.	Rear-Admiral.	St. Vladimir	3rd Class, with Swords	Russia	1917
Allan, Harry S.	Sub-Lieutenant, R.N.R.	St. Stanislas	3rd Class	Russia	1915
Allen, George R. G.	Lieutenant	St. Anne	3rd Class, with Swords	Russia	1917
Allen, Walter L.	Captain	St. Stanislas	2nd Class, with Swords	Russia	1917
Allsup, Claud F., D.S.O.	Commander	St. Stanilas	2ndClass, with Swords	Russia	1917
Anderson, David M., C.M.G., M.V.O.	Captain	Brilliant Star	2nd Class	Zanzibar	1918
Anderson, Harold H.	Lieut. R.N.V.R.	Star of Roumania	Chevalier	Roumania	1919
Andrews, Francis A. L.	Captain	Legion of Honour	Officer	France	1915
Andrews, Franklin P.	Col, Shipwright	White Eagle	5th Class	Serbia	1918
Andrews, Henry O.	Eng.-Commander	Redemer	Officer	Greece	1918
Anstruther, Robert H., C.M.G.	Rear-Admiral	Rising Sun	2nd Class	Japan	1917
Arbuthnot, Ernest K., D.S.O.	Captain	St. Maurice and St. Lazarus	Officer	Italy	1917
Arbuthnot, Geoffrey S.	Commander	Legion of Honour	Chevalier	France	1916
Archer, Norman E.	Lieutenant	St. Stanislas	3rd Class, with Swords	Russia	1917
Armstrong, *Sir* George E., Bt., C.M.G.	Lieutenant Commander	Legion of Honour	Chevalier	France	1913
Armstrong, John G.	Captain	Crown of Italy	Commander	Italy	1917
Armstrong, Thomas C., D.S.C.	Captain	Legion of Honour	Chevalier	France	1918
Arnold-Forster, Forster D., C.M.G.	Captain	St. Maurice and St. Lazarus	Officer	Italy	1916
Ashby, Arthur L.	Commander	Osmanieh	3rd Class	Turkey	1914

Foreign Orders

Name	Rank	Order	Class	Country	Year
Astley Rushton, Edward		St. Stanislas	2nd Class, with Swords	Russia	1917
Avery, George C., B.A.		Legion of Honour	Chevalier	France	1918
Aylmer, Henry E. F.		St. Stanislas	2nd Class, with Swords	Russia	1917
Babington, John T., D.S.O.	Captain Commander	Legion of Honour	Chevalier	France	1916
Back, Francis L.	Instructor Commander	Legion of Honour	Chevalier	France	1918
Backhouse, Oliver, C.B.	Captain	Legion of Honour	Officer	France	1917
Bacon, Sir Reginald H. S., K.C.B., K.C.V.O., D.S.O.		Legion of Honour	Grand Officer	France	1916
Baguley, Joseph W.	Admiral	Leopold	Grand Officer	Belgium	1916
Baird, Horace	Eng. Lieut.-Commander	St. Anne	3rd Class	Russia	1915
Baker, Ernest F.	Paymaster Commander	St. Anne	3rd Class, with Swords	Russia	1917
Baker, Thomas Y., B.A.	Eng. Commander	St. Anne	3rd Class, with Swords	Russia	1917
Baldwin, Frederick	Instructor Commander	Legion of Honour	Chevalie	France	1918
Baldwin, Frederick A	General, R.M.L.I.	Medjidie	4th Class	Turkey	1883
	Lieutenant, R.N.V.R.	St. Maurice and St. Lazarus	Cavalier	Italy	1917
Ballard, Casper B.	Captain	Legion of Honour	Chevalier	France	1918
Ballard, George A., C.B.	Vice-Admiral	Legion of Honour	Commander	France	1918
Bamford, Edward	Capt. R.M.L.I.	St. Anne	3rd Class, with Swords	Russia	1917
Banbury, Frederick A. F.	Paymaster Commander	St. Maurice and St. Lazarus	Officer	Italy	1911
Bannatyne, Archibald B.	Lieutenant, R.N.R.	Crown of Italy	Cavalier	Italy	1918
Barber, Arthur W., R.D.	Commander, R.N.R.	Star of Roumania	Chevalier	Roumania	1919
Baring, Oliver	Lieutenant, R.N.V.R.	Ouissam Alaouite	Officer	Morocco	1918
Barlow, Charles J., D.S.O.	Admiral	Osmanieh	4th Class	Turkey	1883
Barnby, Arthur C	Major (temp. Lieut.-Col. R.M.L.I.	Redeemer	Officer	Greece	1918
Barratoll, Lancelot H.	Lieutenant, R.N.R.	Legion of Honour	Chevalier	France	1916
Barrow, Arthur D.	Commander	Legion of Honour	Chevalier	France	1916
Barry, Oswald C. M., D.S.O.	Commander	Brilliant Star	3rd Class	Zanzibar	1918
Bartlett, Ernest E.	Eng. Commander	White Eagle	Officer	Serbia	1918
Bass-Thomson, Leslie D.	Lieutenant, R.N.V.R.	White Eagle	4th Class, with Swords	Serbia	1918
Baunton, Robert H., D.S.C.	Lieut. R.N.R.	Crown of Italy	5th Class, with Swords	Italy	1917
Bax, Robert N., C.B.	Captain	Crown of Italy	Cavalier	Italy	1918
Bayldon, Robert C.	Commander	Medjidie	Commander	Italy	1916
Bayly, Sir Lewis, K.C.B., K.C.M.G., C.V.O.	Admiral	Legion of Honour	Commander	Turkey	1905
				France	1918
Beatty, Sir David, G.C.B., G.C.V.O., D.S.O.	Admiral	Medjidie	4th Class	Turkey	1898
		St. George	4th Class	Russia	1916
		Leg on of Honour	Grand Officer	France	1916
		Military Order of Savoy	Grand Officer	Italy	1917
Beaumont, Godfrey L.		Rising Sun	Grand Cordon	Japan	1917
Bedwell, Harold B.	Major, R.M.	Leopold	Grand Cordon	Belgium	1918
Rees, Allan G.	Commander	Star of Roumania	Grand Cross	Roumania	1919
Bellairs, Roger M.	Surgeon Lieutenant	Redeemer	Commander	Greece	1918
	Commander	St. Stanislas	3rd Class, with Swords	Russia	1917
		Legion of Honour	Chevalier	France	1918

Foreign Orders

OFFICERS AUTHORISED TO WEAR FOREIGN ORDERS ON ALL OCCASIONS—continued.

NAME.	RANK.	ORDER OR DECORATION.	CLASS OR GRADE.	COUNTRY.	DATE OF BESTOWAL
Benn, Edward P. St. J.	Engineer Commander	Double Dragon	2nd Class, 3rd Grade	China	1911
Bennett, Frederic W.	Commander	St. Anne	3rd Class, with Swords	Russia	1917
		Legion of Honour	Officer	France	1916
Bentinck, Rudolf W., C.B.	Rear-Admiral	St. Vladimir	4th Class, with Swords	Russia	1917
		Crown of Italy	Commander	Italy	1917
Bentley, Hugh G. B.	Lieut.-Commander R.N.R.	Rising Sun	3rd Class	Japan	1917
		Redeemer	Chevalier	Greece	1918
Benwell, William F., D.S.O.	Captain	Legion of Honour	Officer	France	1918
Beresford of Metemmeh, *Lord,* G.C.B., G.C.V.O.	Admiral	Medjidie	3rd Class	Turkey	1883
Bermingham, Cecil H. A.	Eng. Commander	St. Stanislas	2nd Class, with Swords	Russia	1917
		Sacred Treasure	3rd Class	Japan	1918
Bernacchi, Louis C., O.B.E.	Lieut. R.N.V.R.	Legion of Honour	Chevalier	France	1906
		Crown of Italy	Commander	Italy	1916
Bernard, Vivian H. G., C.B.	Rear-Admiral	Legion of Honour	Officer	France	1916
Best, *Hon.* Matthew R., M.V.O., D.S.O.	Captain	St. Anne	2nd Class, with Swords	Russia	1917
		St. Stanislas	2nd Class, with Swords	Russia	1917
Betts, Ernest E. A.	Commander	Nile	3rd Class	Egypt	1919
		Crown of Italy	Officer	Italy	1918
		Legion of Honour	Chevalier	France	1918
Bevan, George P., C.M.G., D.S.O.	Captain	St. Anne	2nd Class	Russia	1917
Bevan, Richard H. L., D.S.O.	Commander	Legion of Honour	Officer	France	1918
Bielford, Andrew K., C.M.G.	Admiral	Legion of Honour	Chevalier	France	1918
Bigg, Theodore E. J.	Captain	Medjidie	3rd Class	Turkey	1883
		Legion of Honour	Chevalier	France	1916
Bigg-Wither, Guy P.	Captain	St. Stanislas	2nd Class, with Swords	Russia	1917
Bigger, Walter G., D.S.C.	Surgeon Lieutenant	St. Anne	3rd Class	Russia	1915
Billyard-Leake, Edward W., D.S.O.	Lieutenant	Legion of Honour	Chevalier	France	1918
F. B. Bingham, *Hon.* Edward B. S.	Commander	St. Stanislas	2nd Class, with Swords	Russia	1917
Birch, John K. B.	Lieut. Commander	St. Anne	3rd Class, with Swords	Russia	1917
Bird, *Rev.* Edward G., B.A.	Chaplain	Crown of Italy	Officer	Italy	1911
Bird, Frederic G., C.M.G., D.S.O.	Captain	Legion of Honour	Officer	France	1918
Biron, Henry, R.D.	Lieut.-Com. R.N.R.	Crown of Italy	Cavalier	Italy	1917
Bittleston, Colin J. L., D.S.C.	Lieutenant	St. Stanislas	3rd Class, with Swords	Russia	1917
Blackett, Henry	Rear-Admiral	St. Vladimir	4th Class, with Swords	Russia	1917
Blacklock, Ronald W.	Lieutenant	St. Vladimir	4th Class, with Swords	Russia	1917
Bair, David, O.B.E.	Lieut.-Com., R.N.R.	Legion of Honour	Chevalier	France	1918
Blake, Albert V.	Engineer Captain	Medjidie	2nd Class	Turkey	1914
Blake, Cuthbert P., D.S.O.	Lieut.-Commander	St. Anne	3rd Class, with Swords	Russia	1917
Blake, Geoffrey, D.S.O.	Captain	St. Anne	3rd Class, with Swords	Russia	1917

Name	Rank	Order	Class	Country	Year
Blake, Marcus	Paymaster Lieutenant	St. Anne	3rd Class, with Swords	Russia	1917
Blomfield, Sir Richard M., K.C.M.G.	Rear-Admiral	Medjidie	3rd Class	Turkey	1883
Blount, George R. B., D.S.O.	Captain	Leopold	Officer	Belgium	1919
Blount, Harold, D.S.O.	Major, R.M.A.	St. Stanislas	2nd Class, with Swords	Russia	1917
Blumberg, Herbert F., C.B.	Colonel, P.M.L.I.	Legion of Honour	Officer	France	1918
Blunt, Thomas E.	Surgeon Lieut.-Com.	St. Anne	3rd Class, with Swords	Russia	1917
Blurton, Gilbert	Surgeon Lieutenant	St. Stanislas	3rd Class, with Swords	Russia	1917
Bluett, Edmund E., C.M.G., D.S.O.	Engineer-Commander	Medjidie	2nd Class	Turkey	1914
Bone, Howard		Osmanieh	3rd Class	Turkey	1907
Bone, Reginald J.	Engineer Captain	St. Anne	2nd Class, with Swords	Russia	1917
Bonham-Carter, Stuart S., D.S.O.	Lieutenant-Commander	Redeemer	Commander,	Greece	1918
	Lieutenant	Legion of Honour	Chevalier	France	1918
Booty, Edward L., C.B., M.V.O.	Captain	Legion of Honour	Officer	France	1918
Borland, John McI., D.S.O., R.D.	Commander, R.N.R.	Legion of Honour	Chevalier	France	1918
Borrett, Charles T.	Commander	Redeemer	Officer	Greece	1918
Borrett, George H., C.B.	Rear-Admiral	Sacred Treasure	2nd Class	Japan	1918
Borrisow, Charles K., O B E	Lieut.-Comm., R.N.R	Sacred Treasure	4th Class	Japan	1918
Boulton, Cyril C.	Paymaster Commander	Crown of Italy	Officer	Italy	1911
Bourchier, Henry S.	Lieut.-Colonel, R.M.L.I	Osmanieh	4th Class	Turkey	1883
VC. Bourke, Roland, D S.O.	Lieut.-Comm., R.N.V.R.	Legion of Honour	Chevalier	France	1918
Bourne, Alan G. B., M.V.O., D.S.O.	Major, R.M.A.	St. Maurice and St. Lazarus	Cavalier	Italy	1917
Bowie, Robert F., C.B.	Surgeon Captain	St. Stanislas	2nd Class, with Swords	Russia	1917
Bowring, Humphrey W., D.S.O.	Captain	Legion of Honour	Officer	France	1916
		Leopold	Officer	Belgium	1917
Boyd, Henry P.	Commander	St. Anne	3rd Class, with Swords	Russia	1917
Boyd-Richardson, Sydney B.	Commander	Crown of Belgium	Officer	Belgium	1919
Boyer, George C. A., C.B.E.	Paymaster Captain	Crown of Italy	Commander	Italy	1911
		Legion of Honour	Chevalier	France	1918
Byes, Hector, C.M.G.	Commander	Crown of Italy	Officer	Italy	1911
		Legion of Honour	Officer	France	1916
Boyle, The Hon. Algernon D. E. H., C.B., C.M.G., M.V.O.	} Rear-Admiral	St. Anne	2nd Class, with Swords	Russia	1916
		Rising Sun	3rd Class	Japan	1917
		Crown of Belgium	Commander	Belgium	1919
		Legion of Honour	Chevalier	France	1915
		St. Maurice and St. Lazarus	Officer	Italy	1916
VC. Boyle, Edward C.	Commander	Legion of Honour	Chevalier	France	1916
Boyle, Harry L.	Commander	St. Maurice and St. Lazarus	Commander	Italy	1916
Boyle, William H. D., C.B.	Captain	Nile	3rd Class	Egypt	1918
Bradley, Reuben	Gunner	White Eagle	5th Class	Serbia	1917
Brand, George	Lieutenant R.N.R.	Nile	4th Class	Egypt	1918
Brand, The Hon. Hubert G., M.V.O.	Captain	Rising Sun	2nd Class	Japan	1915
		Legion of Honour	Officer	France	1918
Branford, Francis W.	Paymaster Lieutenant	St. Anne	3rd Class, with Swords	Russia	1916
Brewill, Arthur W. L., D.S.C.	Lieutenant-Commander	Leopold	Chevalier	Belgium	1917
		Legion of Honour	Chevalier	France	1917

Foreign Orders

OFFICERS AUTHORISED TO WEAR FOREIGN ORDERS ON ALL OCCASIONS—*continued.*

NAME.	RANK.	ORDER OR DECORATION.	CLASS OR GRADE.	COUNTRY	DATE OF BESTOWAL.
Brewater, Henry C.	Lieutenant-Commander, R.N.R.	Crown of Italy	Chevalier	Italy	1908
Briggs, Edward F., D.S.O.	Eng. Lieut.-Commander	Legion of Honour	Chevalier	France	1916
Briggs, Harold D.	Captain	Legion of Honour	Officer	France	1917
		Rising Sun	3rd Class	Japan	1918
Briggs, Wilfred	Eng. Commander	Legion of Honour	Chevalier	France	1918
		St. Stanislas	2nd Class	Russia	1917
Bringan, James C., M.B.	Surg. Lieut.-Commr.	Crown of Italy	Officer	Italy	1916
Briscoe, Lancelot D.	Maj. R.M.A.	Redeemer	Officer	Greece	1918
Broadbent, Charlie	Engineer Commander	St. Stanislas	2nd Class, with Swords	Russia	1917
Brook, *Sir* Frederic E., K.C.M.G., C.B.	Admiral	Legion of Honour	Chevalier	France	1917
Broek, *Sir* Osmond de B., K.C.M.G., K.C.V.O., C.B.	} Rear-Admiral	Legion of Honour	Commander	France	1915
		{ St. Stanislas	1st Class, with Swords	Russia	1917
		{ Rising Sun	2nd Class	Japan	1917
Brocklebank, Henry C. R.	Commander	Legion of Honour	Chevalier	France	1918
Brodie, Charles G.	Commander	St. Maurice and St. Lazarus	Officer	Italy	1917
Bromet, Geoffrey R., D.S.O.	Lieutenant	Legion of Honour	Chevalier	France	1917
Bromley, Richard W.	Commander	St. Anne	3rd Class, with Swords	Russia	1917
Brooke, Basil R., D.S.O.	Commander	Legion of Honour	Chevalier	France	1918
Brooke, John, D.S.C.	Commander	Legion of Honour	Chevalier	France	1918
Brooks, Arthur W.	Lieut.-Commander	St. Anne	3rd Class, with Swords	Russia	1917
Broorne, *Viscount*	Commander	Nile	4th Class	Egypt	1918
Brounger, Kenneth	Commander	Legion of Honour	Chevalier	France	1918
Brown, Francis C. G.	Captain	Redeemer	Commander	Greece	1918
Brown, Percy G	Commander	Legion of Honour	Chevalier	France	1918
Brown, Richard J.	Eng. Lieut.-Commander	St. Anne	3rd Class, with Swords	Russia	1917
Browning, *Sir* Montague E., G.C.M.G., K.C.B., M.V.O.	Vice-Admiral	Legion of Honour	Commander	France	1918
		Sacred Treasure	Grand Cordon	Japan	1918
Brownrigg, *Sir* Douglas E. R., *Bt.*, C.B.	Rear-Admiral	Legion of Honour	Officer	France	1918
Brownrigg, Henry J. S., D.S.O.	Captain	St. Stanislas	2nd Class, with Swords	Russia	1917
Bruce, Kenneth M., D.S.O.	Commander	St. Maurice and St. Lazarus	Chevalier	Italy	1918
Bruen, Edward F., C B.	Rear-Admiral	{ Legion of Honour	Officer	France	1916
		{ St. Anne	2nd Class, with Swords	Russia	1917
		{ Sacred Treasure	2nd Class	Japan	1918
Bruton, Charles W., C.M.G.	Captain	Legion of Honour	Officer	France	1919
Bryant, Dennis H.	Lieutenant, R.N.R.	Order of Leopold	Officer	Belgium	1919
Bryer, Sydney M. G.	Engineer-Commander	Avis	3rd Class	Portugal	1919
Buchanan-Wollaston, Herbert A.	Captain	Redeemer	3rd Class	Greece	1914
Buckland, Arthur E., D.S.O., D.S.C.	Lieutenant	Nile	3rd Class	Egypt	1919
		Legion of Honour	Chevalier	France	1918

Foreign Orders

Name	Rank	Order	Country	Year
Buckle, Hugh C.	Commander	St. Anne	Russia	1917
Bugge, John M., R.D.	Commander, R.N.R.	African Redeemer	Liberia	1915
Bullock, George	Tempy. Captain, R.M.	St. Sava	Serbia	1916
Bunbury, Evan C.	Commander	St. Maurice and St. Lazarus	Italy	1917
Burdick, Gordon E.	Lieutenant, R.N.V.R.	Nichen Ijtikha	Tunis	1918
Burke, Charles D.	Commander	Crown of Italy	Italy	1917
Burmester, Rudolph M., C.M.G.	Captain	Nile	Egypt	1916
		Legion of Honour	France	1918
Burnell, John O.	Vice-Admiral	Medjidie	Turkey	1883
Burnett, William C.	Engineer Commander	Crown of Italy	Italy	1917
		Legion of Honour	France	1916
		St. Vladimir	Russia	1917
		St. Maurice and St. Lazarus	Italy	1917
Burney, Sir Cecil, G.C.M.G., K.C.B.	Admiral	Rising Sun	Japan	1917
		Leopold	Belgium	1918
Burton, Edward T.	Surgeon Commander	St. Maurice and St. Lazarus	Italy	1913
Burton, John P.	Lieutenant	St. Stanislas	Russia	1917
Bush, Athelstan P.	Lieutenant	Legion of Honour	France	1916
Bush, Sir Paul W., K.C.B., M.V.O.	Admiral	Osmanieh	Turkey	1891
Byles, George R.	Engineer Commander	Sacred Treasure	Japan	1917
Byron, Charles B., C.M.G.	Paymaster Captain	Legion of Honour	France	1918
Bywater-Ward, John	Commander	St. Anne	Russia	1917
Calderbank, Rev. Alexius	Acting, R.C. Chaplain of the Fleet	Legion of Honour	France	1915
Callaghan, Sir George A., G.C.B, G.C.V.O.		Crown of Italy	Italy	1911
Cameron, John E., C.B., M.V.O.	Captain	Legion of Honour	France	1916
Campbell, Alexander V., M.V.O., D.S.O.	Captain	Legion of Honour	France	1916
W.C. Campbell, Gordon, D.S.O.	Captain	Legion of Honour	France	1916
Campbell, James L.	Lieutenant R.N.V.R.	Redeemer	Greece	1918
Cannan, George W.	Eng. Lieut.-Commr.	Legion of Honour	France	1914
Cantrell, Arthur J.	Major, R.M.A.	Legion of Honour	France	1918
Carlisle, Ernest L.	Commander	Legion of Honour	France	1916
		White Eagle	Serbia	1915
Carslake, Hubert S.	Commander	Redeemer	Greece	1914
		Karageorge	Serbia	1915
Carmichael, John D.	Lieutenant, R.N.V.R.	Crown of Italy	Italy	1916
W.C. Carpenter, Alfred F. B.	Cap'ain	Legion of Honour	France	1918
Carpenter, Robert J.	Lieutenant, R.M.	Legion of Honour	France	1918
Carr, Christopher G., O.B.E	Lieutenant, R.N.R.	Star of Roumania	Roumania	1926
Carson, William C.	Surgeon Lieut -Comm.	Crown of Italy	Italy	1918
Carter, Andrew J.	Paymaster Lieutenant-Commander	Nile	Egypt	1918

Foreign Orders

OFFICERS AUTHORISED TO WEAR FOREIGN ORDERS ON ALL OCCASIONS—continued.

NAME.	RANK.	ORDER OR DECORATION.	CLASS OR GRADE.	COUNTRY.	DATE OF BESTOWAL.
Carter, Francis A.	Paymaster-in-Chief	Osmanieh	4th Class	Turkey	1883
Carter, William E.	Eng. Lieut.-Commr.	Legion of Honour	Chevalier	France	1918
Cary, Henry L. M.	Lieutenant-Commander	Nile	4th Class	Egypt	1919
Caulfeild, Francis W.	Captain	Crown of Italy	Commander	Italy	1917
Cavanagh, John D. M.	Paymaster Lieut.-Com.	St. Anne	3rd Class, with Swords	Russia	1917
Cayley, George C., C.B.	Rear-Admiral	Legion of Honour	Officer	France	1918
Channer, Hugh W.	Major, R.M.L.I.	{ Osmanieh	4th Class	Turkey	1913
		{ Medjidie	3rd Class	Turkey	1914
Chapman, Charles M. S., D.S.C.	Lieutenant	{ Nile	3rd Class	Egypt	1917
		{ St. Stanislas	2nd Class, with Swords	Russia	1917
Chapple, Sir John H. G., K.C.B., C.V.O.	Paymaster Rear-Admiral	St. Vladimir	4th Class	Russia	1918
Charles, Richard	Paymaster Commander	Medjidie	5th Class	Turkey	1883
Charlton, Sir Edward F. B., K.C.M.G., C.B.	Vice-Admiral	Crown of Italy	Officer	Italy	1917
		Legion of Honour	Commander	France	1918
Chetwode, George K., C.B., C.B.E.	Captain	St. Stanislas	2nd Class, with Swords	Russia	1917
Chichester, Cecil G., D.S.O.	Commander	{ Redeemer	Officer	Greece	1918
		{ Legion of Honour	Cheval'er	France	1918
Chilton, Francis G. G.	Commander	St. Maurice and St. Lazarus	Officer	Italy	1917
Christian, Arthur H., C.B., M.V.O.	Vice Admiral	{ Crown of Italy,	Officer	Italy	1918
		{ Redeemer	Grand Cross	Greece	1918
Clark, James L C., D.S.O.	Commander	Crown of Belgium	Officer	Belgium	1919
Cleary, James P.	Wt. Telegraphist	Crown of Roumania	Chevalier	Roumania	1919
Clegg, John H. K., O.B.E.	Commander	Legion of Honour	Chevalier	France	1918
Clinton-Baker, Lewis, C.B.	Rear-Admiral	St Vladimir	4th Class, with Swords	Russia	1917
Cochrane, Archibald, C.M.G.	Captain	{ Redeemer	Officer	Greece	1918
		{ Legio of Honour	Chevalier	France	1918
Cochrane, Morris E., D.S.O.	Lieutenant-Commander	St Maurice and St. Lazarus	Chevalier	Italy	1916
Colborne, William J.	Surgeon Captain	White Eagle	4th Class with Swords	Serbia	1917
Coleridge, Guy L.	Commander	Crown of Italy	Commander	Italy	1911
Cole, Gordon A., D.S.O.	Commander	St. Anne	3rd Class, with Swords	Russia	1917
Collard, Bernard St. G., D.S.O.	Captain	St. Anne	3rd Class, with Swords	Russia	1917
Collard, Charles E., C.B.	Lieut.-Col. R.M.L.I.	Leopold	Officer	Belgium	1917
Collet, Ralph H., D.S.C.	Flight Lieutenant	St. Stanislas	2nd Class, with Swords	Russia	1917
Collins, Edward C. B., M.C.	Lieut.-Com. R.N.V.R.	Crown of Belgium	Chevalier	Belgium	1919
Collins, Ralph, C.B.	Captain	Crown of Italy	Cavalier	Italy	1917
Colomb, Philip H.	Rear-Admiral	St. Stanislas	2nd Class, with Swords	Russia	1917
Colville, Hugh D.	Commander	Legion of Honour	Officer	France	1918
Colville, The Hon. Stanley C. J., G.C.V.O., K.C.B.	Admiral	{ St. Stanislas	2nd Class, with Swords	Russia	1917
		{ Legion of Honour	Grand Officer	France	1918

Foreign Orders

Name	Rank	Order	Class	Country	Year
Comyns, Charles W.	Lieutenant, R.M.A.	Crown of Belgium	Chevalier	Belgium	1917
Congdon, Charles H.	Captain, R.M.	Legion of Honour	Chevalier	France	1916
Conner, Samuel, M.B.	Surgeon Commander	Rising Sun	4th Class	Japan	1918
Connolly, William E. G.	Major, R.M.L.I.	Medjidie	3rd Class	Turkey	1906
Consett, Montagu W.W.P., C.M.G.	Captain	Legion of Honour	Officer	France	1918
Coode, Arthur T.	Commander, R.N.V.R.	St. Anne	3rd Class	Russia	1917
Coode, Charles P. R., D.S.O.	Captain	Legion of Honour	Officer	France	1918
Coomber, Thomas G.	Engineer Commander	Legion of Honour	Chevalier	France	1918
Cooper, Archibald F., O.B.E.	Paym. Lieut. Commr.	Crown of Belgium	Officer	Belgium	1918
Cooper, Vincent M., D.S.O.	Commander	Rising Sun	4th Class	Japan	1917
Corbett, Charles F., C.B., M.V.O.	Rear-Admiral	Nile	3rd Class	Egypt	1916
Corlett, Geoffrey	Commander	St. Anne	3rd Class, with Swords	Russia	1917
Couch, Edwin J., D.S.C.	Lieutenant, R.N.R.	Crown of Roumania	Chevalier	Roumania	1919
Courtney, Christopher L., D.S.O.	Lieutenant	St. Anne	3rd Class	Russia	1917
Courtney, Ivon T.	Capt. and Tempy. Lieut.-Col. R.M.L.I.	{ Legion of Honour	Officer	France	1917
		Crown of Italy	Officer	Italy	1917
Cowan, Walter H., K.C.B., M.V.O., D.S.O.	Rear Admiral	{ Legion of Honour	Officer	France	1917
		Medjidie	4th Class	Turkey	1900
		St. Anne	2nd Class with Swords	Russia	1917
Cozens-Hardy, The Hon. William	Commander, R.N.V.R.	{ Rising Sun	3rd Class	Japan	1917
		Legion of Honour	Officer	France	1918
		St. Maurice and St. Lazarus	Officer	Italy	1917
Craig, Arthur W., C.B.	Captain	{ St. Anne	2nd Class with Swords	Russia	1917
		Rising Sun	3rd Class	Japan	1917
Crampton, Denis B., M.V.O., D.S.O.	Captain	Crown of Italy	Commander	Italy	1916
Crauford, Arthur G.	Captain	Legion of Honour	Officer	France	1918
Crawford, Reginald M.	Lieutenant, R.N.R.	St. Stanislas	2nd Class, with Swords	Russia	1917
Crawley, Chetwode G. C.	Lieut.-Colonel, R.M.A.	St. Anne	3rd Class with Swords	Russia	1916
Creagh-Osborne, Frank O., O.B.	Captain	Avis	2nd Class	Portugal	1918
Crease, Thomas E., C.B.	Commander	Legion of Honour	Officer	France	1917
Cripps, Arthur E. W.	Lieut.-Com., R.N.R.	Rising Sun	3rd Class	Japan	1918
Crocker, Cecil J., D.S.O.	Commander	Nichan Iftikhar	Commander	Tunis	1918
Crohan, Patrick B.	Commander	Nile	4th Class	Egypt	1918
Croisdale, Louis K.	Engineer Commander	Legion of Honour	Chevalier	France	1918
		Medjidie	2nd Class	Turkey	1910
Crooke, Henry R.	Captain	St. Anne	2nd Class, with Swords	Russia	1917
Crosbie, Pierce L., F.R.C.S.	Surgeon Commander	Crown of Italy	Officer	Italy	1911
Crossing, Walter L.	Lieutenant, R.N.V.R.	St. Anne	3rd Class, with Swords	Russia	1917
Crouch, Charles H. A.	Paym. Lieutenant	Legion of Honour	Chevalier	France	1918
Culme-Seymour, Sir Michael, Bt., G.C.B., G.C.V.O.	Admiral	Medjidie	1st Class	Turkey	1894
Culme-Seymour, Michael, C.B., M.V.O.	Rear-Admiral	St. Vladimir	4th Class, with Swords	Russia	1917
Cunningham, John E. G.	Engineer-Commander	Legion of Honour	Chevalier	France	1916

OFFICERS AUTHORISED TO WEAR FOREIGN ORDERS ON ALL OCCASIONS—continued.

NAME.	RANK.	ORDER OR DECORATION.	CLASS OR GRADE.	COUNTRY.	DATE OF BESTOWAL.
Currey, Bernard	Admiral	Medjidie	5th Class	Turkey	1883
		Legion of Honour	Commander	France	1917
		St. Maurice and St. Lazarus	Grand Officer	Italy	1917
Currey, Hugh S., D.S.O.	Captain	St. Stanislas	2nd Class, with Swords	Russia	1917
Currie, John G.	Lieutenant, R.N.V.R.	St. Anne	3rd Class	Russia	1917
Curtis, Borwick, C.B., D.S.O.	Captain	St. Stanislas	2nd Class, with Swords	Russia	1917
Curtis, James D.	Captain	Medjidie	5th Class	Turkey	1858
Cusack, James M. L.	Paym. Lieut.-Commr.	St. Anne	3rd Class, with Swords	Russia	1917
D'Aeth, Arthur C. S. H.	Captain	Legion of Honour	Officer	France	1916
Dalton, Frederick J. A., C.M.G.	Surgeon Commander	Legion of Honour	Chevalier	France	1918
Damant, Walter S.	Engineer-Commander	Crown of Italy	Cavalier	Italy	1917
Dampier, Cecil F., C.M.G.	Rear-Admiral.	Legion of Honour	Officer	France	1918
Dane, Clement R.	Commander	St. Maurice and St. Lazarus	Officer	Italy	1917
Daniels, Ernest S., O.B.E.	Lieutenant, R.N.R.	Crown of Italy	Cavalier	Italy	1917
		Legion of Honour	Chevalier	France	1918
Dannreuther, Hubert E., D.S.O.	Commander	St. Anne	3rd Class, with Swords	Russia	1917
Dannreuther, Tristan	Commander	Legion of Honour	Chevalier	France	1916
Dare, Charles H., C.B., M.V.O.	Admiral	Leopold	Commander	Belgium	1918
D'Arcy, Judge	Captain	Crown of Italy	Commander	Italy	1911
		St. Maurice and St. Lazarus	Officer	Italy	1916
Davenport, Robert C.	Commander	Legion of Honour	Officer	France	1917
Davies, Dayrell	Commander	Crown of Belgium	Officer	Belgium	1917
Davies, Frederick	Commander, R.N.R.	Rising Sun	6th Class	Japan	1905
V. Davies, Richard B., D.S.O.	Lieut.-Commander	Legion of Honour	Chevalier	France	1917
Dawes, James A., M.P.	Lieut.-Commr. R.N.V.R.	Legion of Honour	Chevalier	France	19.9
Dawkins, Richard McG.	Lieutenant R.N.V.R.	Redeemer	Chevalier	Greece	1918
		Legion of Honour	Chevalier	France	1916
De'ath, Robert H.	Lieut.-Commander	St. Stanislas	3rd Class, with Swords	Russia	1916
de Bartolomé, Charles M., C.B.	Captain	Rising Sun	3rd Class	Japan	1917
de Burgh, Hubert H., D.S.O.	Commander	Legion of Honour	Chevalier	France	1918
De Chair, Sir Dudley R. S., K.C.B., M.V.O.	Vice-Admiral	Legion of Honour	Commander	France	1916
de Halpert, Roger V.	Lieut.-Commander	White Elephant	3rd Class	Siam	1919
Delacombe, Harry	Wing Commander.	Legion of Honour	Chevalier	France	1916
de Montmorency, John P., C.M.G.	Captain	Legion of Honour	Officer	France	1918
Denison, Ernest W.	Captain	St. Stanislas	2nd Class, with Swords	Russia	1917
Dennis, John J., C.B.	Surg.-Rear Admiral	Crown of Belgium	Commander	Belgium	1919
Dent, Douglas L., C.B., C.M.G.	Captain	Crown of Italy	Commander.	Italy	1917

Foreign Orders

Name	Rank	Order	Class	Country	Year
de Robeck, Sir John M., G.C.M.G., K.C.B.	Vice-Admiral	Legion of Honour	Grand Officer	France	1916
		Crown of Italy	Grand Cross	Italy	1917
		Sacred Treasure	1st Class	Japan	1917
		Crown of Roumania	Grand Officer	Roumania	1919
de Salis, William, M.V.O.	Admiral	Tower and Sword	2nd Class	Portugal	1918
de Sausmarez, Lionel A.	Commander	Osmanieh	4th Class	Turkey	1883
Des Barres, A. Hamilton.	Major and Bt. Lieut.-Colonel, R.M.L.I.	Medjidieh	4th Class	Turkey	1882
Despard, Maximilian C., D.S.C.	Lieutenant	Tower and Sword	4th Class	Portugal	1919
Dibblee, Frederick L.	Maj. and Bt. Lt.-Col. R.M.A.	St. Stanislas	2nd Class, with Swords	Russia	1917
Dick, James D.	Captain	Rising Sun	3rd Class	Japan	1917
Dick, John M.	Midshipman, R.N.V.R.	Crown of Roumania	Chevalier	Roumania	1919
Dicken, Edward B. C., D.S.C.	Lieut.-Commander	St. Maurice and St. Lazarus	Chevalier	Italy	1916
Dickens, Gerald C.	Commander	Redeemer	Officer	Greece	1918
		St Maurice and St. Lazarus	Officer	Italy	1917
Dickinson, Arthur	Lieutenant, R.N.R.	Legion of Honour	Chevalier	France	1918
Dickson, Charles B.	Commander	Legion of Honour	Chevalier	France	1918
Diggle, Neston W.	Commander	St. Anne	3rd Class, with Swords	Russia	1917
Dix, Henry P., M.C.	Lieut.-Commr. R.N.V.R.	Legion of Honour	Chevalier	France	1918
		Crown of Belgium	Officer	Belgium	1919
		Crown of Italy	Chevalier	Italy	1919
Domvile, Archibald C. W.	Commander	St. Anne	3rd Class, with Swords	Russia	1917
Doughty, Henry M., C.B.	Captain	Legion of Honour	Chevalier	France	1918
Douglas, Cosmo A. O.	Commander	Legion of Honour	Officer	France	1916
Douglas, Henry P., C.M.G.	Captain	St. Anne	3rd Class, with Swords	Russia	1917
Douglas, Philip W.	Commander	Order of Leopold	Officer	Belgium	1919
Dowdeswell, Archibald J.	Paym. Lieutenant	St. Anne	3rd Class, with Swords	Russia	1917
Dowcy, Donald	Lieut.-Commr., R.N.R.	Nile	Officer	Egypt	1917
Dowling, Robert	Commander, R.N.R.	Crown of Italy	Chevalier	Italy	1910
Down, Richard T.	Commander	Osmanieh	4th Class	Turkey	1906
Drake, Sidney J.	Engineer Commander	St. Anne	3rd Class, with Swords	Russia	1917
Draper, Malcolm G.	Sub-Lieutenant, R.N.R.	Crown of Italy	Commander	Italy	1911
Draper, Philip N.	Lieut.-Com., R.N.R.	St. Anne	4th Class	Russia	1915
Dreyer, Frederic C., C.B., C.B.E.	Captain	Nile	2nd Class, with Swords	Egypt	1917
Drummond, Geoffrey H.	Lieut. Com., R.N.V.R.	Legion of Honour	Officer	France	1917
Dudding, John S.	Surgeon Commander	St. Maurice and St. Lazarus	Chevalier	Italy	1918
			Officer	Italy	1912
Duff, Sir Alexander L., K.C.B.	Vice-Admiral	St. Stanislas	1st Class, with Swords	Russia	1917
		Rising Sun	2nd Class	Japan	1917
		Legion of Honour	Commander	France	1918
Duff, Arthur A. M., O.B.	Captain	St. Anne	2nd Class, with Swords	Russia	1917
Duke, David E.	Eng.-Commander	Rising Sun	3rd Class	Japan	1918
		St. Anne	3rd Class, with Swords	Russia	1917
Dumas, Philip W., C.B., C.V.O.	Rear-Admiral	St. Vladimir	3rd Class	Russia	1917
		Rising Sun	3rd Class	Japan	1917

OFFICERS AUTHORISED TO WEAR FOREIGN ORDERS ON ALL OCCASIONS—continued.

Name.	Rank.	Order or Decoration.	Class or Grade.	Country.	Date of Bestowal.
Dundas of Dundas, Sir Charles, K.C.M.G.	Admiral	Legion of Honour	Commander	France	1917
Dundas, Harold V.	Commander	Legion of Honour	Chevalier	France	1916
Dunlop, William	Gunner	Tower and Sword	3rd Class	Portugal	1918
Dunn, Arthur E., R.D.	Commander, R.N.R.	Redeemer	Officer	Greece	1918
Dunn, Charles F.	Engineer Commander	St. Stanislas	2nd Class, with Swords	Russia	1917
Durnan, Richard F.	Paymaster Lieutenant	Medjidie	3rd Class	Turkey	1910
Duthie, James	Skipper, R.N.R.	Crown of Roumania	Chevalier	Roumania	1919
Eady, George G., O.B.E.	Commander, R.N.V.R.	Crown of Italy	Commander	Italy	1917
		White Eagle	4th Class	Serbia	1917
Eames, Edward T. P.	Surgeon Commander	Crown of Italy	Officer	Italy	1917
Eason, Victor Q. G., D.S.C.	Paymaster Lieutenant	St. Maurice and St. Lazarus	Chevalier	Italy	1916
Eddy, Alfred A.	Lieutenant, R.N.V.R.	Redeemer	Officer	Greece	1918
Edwards, Charles O. R.	Flight Commander	Avis	3rd Class	Portugal	1919
Edwards, Graham R. L.	Captain	Leopold	Chevalier	Belgium	1917
		Legion of Honour	Chevalier	France	1916
		Crown of Italy	Commander	Italy	1911
Edwards, John D., C.B.	Captain	Legion of Honour	Officer	France	1916
		St. Anne	2nd Class, with Swords	Russia	1917
		Legion of Honour	Chevalier	France	1916
Egerton, Wilfrid A.	Captain	St. Stanislas	3rd Class	Russia	1917
		Sacred Treasure	Officer	Japan	1917
Elder, William L., C.M.G.	Captain	Legion of Honour	Officer	France	1917
Elderton, Ferdinand H., C.M.G., D.S.O.	Commander	Legion of Honour	Chevalier	France	1918
Eldridge, George B.	Commander	St. Maurice and St. Lazarus	Officer	Italy	1917
Eliot, Ralph	Captain	Legion of Honour	Chevalier	France	1918
Elliot, William A.	Lieutenant	Sacred Treasure	5th Class	Japan	1918
Elliott, Frank	Commander	Medjidie	3rd Class	Turkey	1914
Ellison, Alfred A., C.B.	Captain	Crown of Belgium	Commander	Belgium	1918
Emdin, Archie R., C.M.G.	Engineer Rear-Admiral	St. Anne	2nd Class, with Swords	Russia	1917
England, George P.	Captain	Rising Sun	3rd Class	Japan	1919
Ennor, Leslie N.	Paymaster Sub.-Lieut., R.N.V.R.	Avis	3rd Class	Portugal	1918
Escombe, Harold, C.M.G.	Commander	Redeemer	Commander	Greece	1918
		Legion of Honour	Commander	France	1916
Evan-Thomas, Sir Hugh, K.C.B., K.C.M.G., M.V.O.	Vice-Admiral	St. Anne	1st Class, with Swords	Russia	1917
		Crown of Italy	Grand Officer	Italy	1917
		Rising Sun	2nd Class	Japan	1917
		Leopold	Officer	Belgium	1917
		Legion of Honour	Officer	France	1917
		Savoy Military Order of	Cavalier	Italy	1917
Evans, Edward R.G.R., C.B., D.S.O.	Captain	Tower and Sword	2nd Class	Portugal	1919

Name	Rank	Order	Class	Country	Year
Evans, David O.	Lieutenant, R.N.R.	Crown of Roumania	Chevalier	Roumania	191
Everard, John G. C.	Captain	Legion of Honour	5th Class	France	1856
		Medjidie	5th Class	Turkey	1858
		Rising Sun	2nd Class	Japan	1917
Everett, Sir Allan F., K.C.M.G., C.B.	Rear-Admiral	St. Maurice and St. Lazarus	Commander	Italy	1918
Evill, Douglas C. S., D.S.C.	Lieutenant	Legion of Honour	Commander	France	1918
Ewart, Arthur E.	Engineer Commander	Legion of Honour	Chevalier	France	1917
Eyre, Ralph V.	Commander	White Eagle	Cavalier	Serbia	1918
Eyres, Cresswell J., D.S.O.	Vice-Admiral	St. Anne	3rd Class, with Swords	Russia	1917
		Legion of Honour	Commander	France	1917
Fanshawe, Basil H.	Captain	Crown of Italy	Commander	Italy	1916
Farie, James U.	Captain	St. Anne	2nd Class with Swords	Russia	1917
Fargier, Henry S. L.	Lieutenant, R.N.R.	Crown of Italy	Cavalier	Italy	1919
Farman, Sigmund W.	Paymaster-Lieutenant	Nile	4th Class	Egypt	1919
Farmer, James O.	Major, R.M.L.I.	St. Anne	3rd Class, with Swords	Russia	1915
		Crown of Roumania	Officer	Roumania	1919
Farquhar, Arthur R., D.S.C.	Lieutenant-Commander	Crown of Italy	Cavalier	Italy	1918
Farquhar, Richard B., C.B.	Admiral	Crown of Belgium	3rd Class	Belgium	1917
Farquhar, Stuart St. J.	Rear-Admiral	Crown of Italy	Commander	Italy	1919
Faught, Algernon P. Le G.	Lieutenant-Commander	Medjidie	2nd Class	Turkey	1910
Faviell, Douglas, M.V.O.	Commander	Sacred Treasure	3rd Class	Japan	1919
Fawcett, Harold W.	Lieutenant	St. Stanislas	3rd Class, with Swords	Russia	1917
Fell, David M.	Lieutenant-Commander	Crown of Italy	Cavalier	Italy	1917
Fellowes, Thomas B. F.	Lieutenant	St. Stanislas	3rd Class, with Swords	Serbia	1917
Fellowes, Thomas L.	Lieutenant, R.N.V.R.	White Eagle	5th Class	Russia	1917
Ferguson, John C., M.B., B.A.	Surgeon-Captain	St. Stanislas	2nd Class, with Swords	Russia	1916
		Legion of Honour	Officer	France	1917
Fergusson, James A., C.B.	Rear-Admiral	St. Anne	2nd Class, with Swords	Russia	1917
		St. Anne	2nd Class, with Swords	Russia	1918
		Crown of Roumania	Officer	Roumania	1919
Field, Frederick L., C.B.	Rear-Admiral	Legion of Honour	Commander	France	1917
Finlayson, Henry W., D.S.O., M.B.	Surgeon-Commander	St. Stanislas	2nd Class, with Swords	Russia	1918
Finnis, Frederick C.	Lieutenant-Commander	Crown of Italy	Officer	Italy	1917
Fisher, Frederick O.	Captain	St. Stanislas	2nd Class, with Swords	Russia	1911
Fisher, Sir Frederic W., K.C.V.O.	Admiral	Crown of Italy	Grand Officer	Italy	1900
Fisher of Kilverstone, Lord, G.C.B., O.M., G.C.V.O., LL.D.	Admiral of the Fleet	Osmanieh	1st Class	Turkey	1917
		Rising Sun	Grand Cordon, with Paulownia	Japan	
Fisher, William W., C.B., M.V.O.	Captain	Legion of Honour	Officer	France	1918
Fitch, Henry M.	Paymaster-Lieutenant	White Eagle	5th Class	Serbia	1915
FitzGerald, Charles C. P.	Admiral	St. Sava	3rd Class	Serbia	1918
FitzGerald, Thomas M.	Paym. Lieut.-Commr.	Medjidie	3rd Class	Turkey	1883
Fitzherbert, The Hon. Edwards, C.B.	Rear-Admiral	Crown of Roumania	Officer	Roumania	1919
		Rising Sun	2nd Class	Japan	1917
Fitzherbert, Herbert	Commander	Legion of Honour	Chevalier	France	1916
		St. Anne	3rd Class, with Swords	Russia	1917

Foreign Orders

OFFICERS AUTHORISED TO WEAR FOREIGN ORDERS ON ALL OCCASIONS—continued.

NAME.	RANK.	ORDER OR DECORATION.	CLASS OR GRADE.	COUNTRY.	DATE OF BESTOWAL.
Fitz-Maurice, Maurice S., C.M.G.	Captain	Sacred Treasure	2nd Class	Japan	1917
		Legion of Honour	Officer	France	1918
		Redeemer	Commander	Greece	1918
Fletcher, Hugh U.	Commander	St. Anne	3rd Class, with Swords	Russia	1917
Floyer, William A.	Lieutenant	Legion of Honour	Chevalier	France	1918
Foot, Harold C. F.	Paymaster-Lieutenant	St. Anne	3rd Class, with Swords	Russia	1917
Forbes, Charles M., D.S.O.	Captain	St. Stanislas	2nd Class, with Swords	Russia	1917
Forbes, Roualeyn D. F.	Commander	Rising Sun	4th Class	Japan	1917
Forbes Sempill, The Hon. Arthur L.O.	Captain	St. Stanislas	2nd Class, with Swords	Russia	1917
Ford, Charles M.	Sub-Lieutenant, R.N.R.	St. Anne	3rd Class	Russia	1915
Ford, Wilbraham T. R.	Commander	Sacred Treasure	3rd Class	Japan	1917
Forster, Stewart B.	Captain	Leopold	Officer.	Belgium	1917
Forsyth, Douglas W. O'B.	Commander	Crown of Italy	Officer.	Italy	1918
Fothergill, Henry M.	Commander	St. Anne	3rd Class, with Swords	Russia	1917
Francis, Reginald J.	Paym.-Lieut., R.N.R.	St. Stanislas	3rd Class	Russia	1915
Franklin, Charles	{Qr.-Mr.Hon. Captain, R.M.L.I.	Medjidie	4th Class	Turkey	1903
		Osmanieh	4th Class	Turkey	1907
Franklin, Joseph H.	Lieutenant, R N.V.R.	White Eagle	5th Class	Serbia	1917
Freeman, Charles P., R.D.	Lieutenant-Commander R.N.R.	St. Anne	3rd Class	Russia	1915
Fremantle, Charles A., D.S.O.	Captain	{Legion of Honour	Chevalier	France	1916
		St. Stanislas	2nd Class, with Swords	Russia	1917
Fremantle, The Hon. Sir Edmund R., G.C.B., C.M.G.	Admiral	Brilliant Star	1st Class	Zanzibar	1890
		St. Maurice and St. Lazarus	Commander	Italy	1911
Fremantle, Sir Sydney R., K.C.B., M.V.O.	Vice-Admiral	Redeemer	Commander	Greece	1918
		Legion of Honour	Commander	France	1918
French, Arthur H.	Major, R.M.L.I.	Rising Sun	2nd Class	Japan	1918
Frowd, William S.	Engineer Captain	Crown of Italy	Officer.	Italy	1918
Fry, Harry C. C., D.S.C.	Lieutenant, R.N.R.	Crown of Italy	Commander	Italy	1917
Fulford, Percy D.	Eng. Lieut.-Commander	White Eagle	5th Class, with Swords	Serbia	1917
Fuller, Cyril T. M., C.M.G., D.S.O.	Captain	St. Anne	3rd Class, with Swords	Russia	1917
Fyler, Arthur H. S., C.B.	Rear-Admiral	Legion of Honour	Commander	France	1917
		Rising Sun	2nd Class	Japan	1917
Gamble, Sir Douglas A., K.C.V.O.	Admiral	Medjidie	Grand Cordon	Turkey	1910
Gandy, Eric W., O.B.E.	Lieutenant-Commander, R.N.V.R.	Legion of Honour	Chevalier	France	1918
Gardiner, Ernest A.	Lieutenant-Commander, R.N.V.R.	Redeemer	Officer	Greece	1918
Gardner, Henry R., M.B.	Surgeon-Commander	St. Stanislas	2nd Class	Russia	1915
Garforth, Edmund St. J., C.B.	Rear-Admiral	Osmanieh	3rd Class	Turkey	1883

Foreign Orders

Name	Rank	Order	Class	Country	Year
Gask, Walter, C.B.	Paymaster Commander	Legion of Honour	Chevalier	France	1918
Gaunt, Ernest F. A., C.B., C.M.G.	Vice-Admiral	St. Stanislas	1st Class, with Swords	Russia	1917
Gerrard, Eugene L., D.S.O.	Major, R.M.L.I., R.N.V.R.	Rising Sun	2nd Class	Japan	1917
Gerrard, William I.	Surg. Lieut., R.N.V.R.	Leopold	Chevalier, with Swords	Belgium	1918
		St. Anne	3rd Class	Russia	1915
Gibb, Sir Alexander, K.B.E., C.B.	Brigadier-General, R.M.	Crown of Belgium	Commander	Belgium	1919
Gibbons, Frederick K. C.	Captain	Striped Tiger	3rd Class	China	1919
Gibson, Henry O. W.	Fleet Paymaster	Medjidie	3rd Class	Turkey	1883
Gilheapey, John W. E., O.B.E.	Paym. Lieut.-Commr.	Legion of Honour	Chevalier	France	1919
Gill, Henry D.	Lieutenant-Commander	Redeemer	4th Class	Greece	1914
Glegg, William L., D.S.C., M.B.	Surgeon Lieutenant	Crown of Roumania	Chevalier	Roumania	1919
Glennie, Irvine G.	Lieutenant	St. Stanislas	3rd Class, with Swords	Russia	1917
Glossop, Francis G.	Lieutenant-Commander	St. Stanislas	3rd Class, with Swords	Russia	1917
Glossop, John C. T., C.B.		Rising Sun	3rd Class	Japan	1917
Glunicke, Robert C. A.	Captain, R.M.L.I.	Legion of Honour	Officer	France	1918
Godding, Charles C., C.B.	Inspector-General of Hospitals and Fleets	Legion of Honour	Chevalier	France	1917
		Medjidie	4th Class	Turkey	1883
Godfrey, John H.	Lieutenant-Commander	Nile	4th Class	Egypt	1916
Godfrey, William W., C.M.G.	Maj. & Bt. Lieut.-Col. (tempy. Lieut.-Col.) R.M.L.I.	Redeemer	Officer	Greece	1918
		Legion of Honour	Chevalier	France	1918
Goff, Reginald S., D.S.O.	Commander	St. Anne	3rd Class, with Swords	Russia	1917
Goiton-Salmond, Kenneth	Lieutenant-Commander	Redeemer	Officer	Greece	1913
Goldie, Thomas L.	Captain	Legion of Honour	Chevalier	France	1916
Goldsmith, Malcolm L.	Commander	St. Stanislas	2nd Class, with Swords	Russia	1917
		St. Maurice and St. Lazarus	Commander	Italy	1911
Goodenough, Sir William E., K.C.B., M.V.O.	Rear-Admiral	St. Vladimir	3rd Class, with Swords	Russia	1917
		Rising Sun	2nd Class	Japan	1918
		Legion of Honour	Chevalier	France	1918
Goodwin, Frank R., D.S.O.	Engineer Commander	Sacred Treasure	Grand Cordon	Japan	1918
Goodwin, Sir George G., K.C.B.	Engineer Vice-Admiral	Star of Roumania	Commander	Roumania	1919
		Medjidie	5th Class	Turkey	1858
Goulden, George B.	Commander	St. Anne	3rd Class	Russia	1915
Gordon, Alexander	Engineer Lieutenant	Redeemer	Commander	Greece	1918
Gordon, Robert, D.S.O.	Major R.M.	St. Maurice and St. Lazarus	Grand Officer	Italy	1918
Gough-Calthorpe, The Hon. Sir Somerset A., G.C.M.G., K.C.B., C.V.O.	Vice-Admiral	Legion of Honour	Grand Officer	France	1918
		Star of Roumania	Grand Officer	Roumania	1919
Gowan, Cecil H. B.	Commander	St. Anne	3rd Class, with Swords	Russia	1917
Gowans, Francis H., M.B.	Surgeon Lieut.-Commr.	St. Anne	2nd Class, with Swords	Russia	1918
Grace, Henry E.	Captain	Redeemer	Commander	Greece	1917
Graham, Edward S.	Lieutenant-Commander	St. Anne	3rd Class, with Swords	Russia	1917
Graham, Gilbert	Paymaster Commander	Crown of Italy	Commander	Italy	1911
Grant, Edmund P. F. G., O.B.E.	Captain	St. Stanislas	2nd Class, with Swords	Russia	1917
Grant, Heathcoat S., C.B.	Rear-Admiral	St. Vladimir	4th Class, with Swords	Russia	1917
		Legion of Honour	Commander	France	1918

Foreign Orders

OFFICERS AUTHORISED TO WEAR FOREIGN ORDERS ON ALL OCCASIONS—*continued.*

Name.	Rank.	Order or Decoration.	Class or Grade.	Country.	Date of Bestowal.
Grant, Henry W.	Rear-Admiral	St. Anne	2nd Class, with Swords	Russia	1917
		Rising Sun	3rd Class	Japan	1917
Grant, *Sir* William L., K.C.B.	Admiral	Rising Sun	Grand Cordon	Japan	1917
Grattan, Arthur P.	Major R.M.L.I.	Legion of Honour	Commander	France	1918
Gravener, Samuel M. G.	Lieutenant-Commander	St. Stanislas	2nd Class, with Swords	Russia	1917
		St. Maurice and St. Lazarus	Cavalier	Italy	1917
Grayson, Henry M.	Hon. Lieut.-Col. R.M.	Crown of Italy	Commander	Italy	1918
Green, John F. E., C.B.	Rear-Admiral	Legion of Honour	Officer	France	1916
		St. Anne	2nd Class, with Swords	Russia	1917
Gregory, George, O.B.E., D.S.O., R.D.	Commander, R.N.R.	Nile	4th Class	Egypt	1919
Gregory, Reginald	Lieutenant-Commander	Leopold	Officer	Belgium	1916
Greig, Alexander B., D.S.O.	Lieutenant	St. Vladimir	4th Class	Russia	1917
Grenfell, Harold G.	Commander	St. Vladimir	4th Class	Russia	1916
Grenfell, Russell	Lieutenant	St. Vladimir	4th Class	Russia	1915
Grey, Spencer, D. A., D.S.O.	Lieutenant	Legion of Honour	Chevalier	France	1916
Grierson, Alexander G. W.	Captain R.M.L.I.	Leopold	Chevalier	Belgium	1917
Griffith, Arthur K.	Lieutenant, R.N.V.R.	St. Anne	3rd Class, with Swords	Russia	1917
Griffiths, George	Lieutenant	White Eagle	5th Class	Serbia	1917
		St. Maurice and St. Lazarus	Cavalier	Italy	1917
Grogan, Edward H. J., O.B.E.	Lieutenant-Commander	Nile	4th Class	Egypt	1916
Grosvenor, *Lord* Edward A.	{R.F.C., *late* Flight Commander. R.N.	Crown of Italy	Commander	Italy	1916
		St. Maurice and St. Lazarus	Officer		
Groves, Robert M., C.B., D.S.O., A.F.C.	Captain	Legion of Honour	Officer	France	1917
Grubb, R. Watkins	Commander	St. Anne	3rd Class, with Swords	Russia	1917
Gurnell, Thompson	Engineer-Commander	St. Anne	3rd Class, with Swords	Russia	1917
Gwynne, Alban L.	Lieutenant-Commander	Osmanieh	3rd Class	Turkey	1910
Haggard, Vernon H. S.	Captain	Crown of Italy	Commander	Italy	1911
Halahan, Frederick C., M.V.O., D.S.O.	Commander	Legion of Honour	Officer	France	1918
Hall, Fitzroy H.	Lieutenant-Commander	Redeemer	Officer	Greece	1918
		St. Maurice and St. Lazarus	Commander	Italy	1916
Hall, Sydney S., C.B.	Captain	Rising Sun	3rd Class	Japan	1917
		St. Vladimir	4th Class	Russia	1917
		Crown of Roumania	Commander	Roumania	1919

Foreign Orders

Name	Rank	Order	Class	Country	Year
Hall, Sir William R., K.C.M.G., C.B.	Rear-Admiral	Leopold	Commander	Belgium	1917
		Rising Sun	2nd Class	Japan	1917
		St. Vladimir	3rd Class	Russia	1917
		Legion of Honour	Commander	France	1918
Halliday, William R.	Lieutenant, R.N.V.R.	Redeemer	Chevalier	Greece	1914
		Medjidie	3rd Class	Turkey	1918
Hallifax, Guy W.	Commander	St. Maurice and St. Lazarus	Commander	Italy	
Haisey, Sir Lionel, K.C.M.G., C.B.	Rear-Admiral	St. Vladimir	3rd Class, with Swords	Russia	1917
		Legion of Honour	Commander	France	1917
Ham, William H.	Engineer-Commander	Rising Sun	2nd Class	Japan	1917
Hamer, Richard L.	Commander		3rd Class	Japan	1918
Hamilton, David M., C.M.G.	Captain	Nile	4th Class	Egypt	1918
Hamilton, Hugh D.	Commander	Legion of Honour	Officer	France	1917
Hamilton, John C.	Commander	St. Anne	3rd Class, with Swords	Russia	1917
Hamilton, Louis H. K., D.S.O.	Lieutenant	St. Stanislas	3rd Class, with Swords	Russia	1917
Hamilton, Robert C.	Captain	Redeemer	3rd Class	Greece	1914
Hammond, Frederick W.	Paym. Commander	St. Ann	3rd Class, with Swords	Russia	1917
Hammond-Chambers, Robert H.B., D.S.O.	Lieutenant-Commander	Crown of Italy	Commander	Italy	1911
		Legion of Honour	Chevalier	France	1918
Handyside, Patrick B., C.B., M.B.	Surgeon Rear-Admiral	Sacred Treasure	2nd Class	Japan	1918
Hanham, Frank P. E.	Paym. Commander	St. Stanislas	2nd Class, with Swords	Russia	1917
Hankey, Sir Maurice P. A., K.C.B.	Lt.-Col., R.M.A.	Legion of Honour	Officer	France	1916
Harbord, Richard M.	Rear-Admiral	Legion of Honour	Officer	France	1916
Hardinge, Theodore J.	Lieutenant-Commander	Legion of Honour	Chevalier	France	1917
Hardman-Jones, Everard J.	Commander	St. Maurice and St. Lazarus	Officer	Italy	1917
Hardy, George C.	Commander	Nile	Officer	Egypt	1917
		Crown of Italy	Officer	Italy	1918
Harmar, Charles D'O., D.S.O.	Major, R.M.L.I.	Legion of Honour	Chevalier	France	1917
Harries, Douglas	Lieutenant	St. Maurice and St. Lazarus	Cavalier	Italy	1917
Harvey, Frederick	Captain	Dannebrog	3rd Class	Denmark	1916
Harvey, John	Captain	Legion of Honour	Officer	France	1917
Haselfoot, Francis, E. B., D.S.O.	Commander	Crown of Italy	Commander	Italy	1917
Haskins, Francis K., D.S.O.	Paym. Lieutenant	Crown of Belgium	Officer	Belgium	1919
		Legion of Honour	Commander	France	1917
Hatcher, James O., D.S.O.	Commander	Crown of Italy		Italy	1916
		St. Maurice and St. Lazarus			
Hatherly, Leslie G.	Lieutenant, R.N.R.	Kara George	Officer	Serbia	1917
Hawke-Genn, Otto H.	Captain	St. Stanislas	4th Class, with Swords	Russia	1915
Hawkes, Samuel	Skipper, R.N.R.	Legion of Honour	3rd Class, with Swords	France	1916
Hawkesworth, Richard A.	Paym. Lieutenant	Redeemer	Chevalier	Greece	1918
Hawksley, James R. P., C.B., C.V.O.	Captain	Redeemer	Chevalier	Greece	1918
		St. Vladimir	3rd Class, with Swords	Russia	1917

Foreign Orders

OFFICERS AUTHORISED TO WEAR FOREIGN ORDERS ON ALL OCCASIONS—continued.

Name.	Rank.	Order or Decoration.	Class or Grade.	Country.	Date of Bestowal.
Hayes-Sadler, Arthur, C.S.I.	Rear-Admiral	Legion of Honour	Commander	France	1915
Healey, John F. H., R.D.	Captain, R.N.R.	Crown of Italy	Officer	Italy	1912
Heard, Hugh L. P., D.S.O.	Captain	Crown of Italy	Commander	Italy	1917
Heath, Sir Herbert L., K.C.B., M.V.O.	Vice-Admiral	St. Stanislas	1st Class, with Swords	Russia	1917
		{ Legion of Honour	Commander	France	1918
Heath, Walter E.	Surgeon-Lieutenant	Rising Sun	Grand Cordon	Japan	1918
Heaton, Hugh E.	Lieutenant	St. Stanislas	3rd Class, with Swords	Russia	1917
Heaton-Ellis, Edward, H. F., C.B., M.V.O.	Captain	Crown of Italy	Cavalier	Italy	1918
Hemming, Arthur V.	Lieutenant	Rising Sun	3rd Class	Japan	1919
Henderson, Sir Reginald F. H., G.C.B.	Admiral	Redeemer	Chevalier	Greece	1918
		Medjidie	3rd Class	Turkey	1883
Henderson, Reginald G. H.	Captain	Redeemer	3rd Class	Greece	1914
		{ Crown of Italy	Commander.	Italy	1918
		{ Legion of Honour	Officer	France	1918
Heneage, Algernon W., C.B., M.V.O.	Rear-Admiral	Rising Sun	3rd Class	Japan	1919
Henley, Joseph C. W.	Captain	Legion of Honour	Officer.	France	1918
Henniker-Heaton, Arthur	Commander	St. Stanislas	2nd Class, with Swords	Russia	1917
		St. Maurice and St. Lazarus	Cavalier	Italy	1918
Herschell, Lord, K.C.V.O.	Commander, R.N.V.R.	Legion of Honour	Officer,	France	1918
Hewitt, Alfred J.	Surgeon-Commander	Legion of Honour	Chevalier	France	1918
Hewitt, Arthur F.	Lieutenant R.N.V.R.	White Eagle	5th Class	Serbia	1917
Hewitt, John B.	Engineer-Commander	{ Legion of Honour	Chevalier	France	1916
		{ St. Anne	3rd Class, with Swords	Russia	1917
Hext, Sir John, K.C.I.E.	Rear-Admiral.	Medjidie	3rd Class	Turkey	1883
Hickley, Cecil S., M.V.O.	Rear-Admiral.	Rising Sun	2nd Class	Japan	1917
Hill, Horace B., M.B., M.R.C.P.	Surg.-Lieut.-Commander	Crown of Italy	Officer.	Italy	1911
Hill, Marcus R.	Rear-Admiral	Legion of Honour	Officer.	France	1918
Hill, Peter W. E.	Surgeon-Captain	St. Stanislas	Commander	Russia	1916
Hill, Robert, C.B., C.V.O.	Captain	Legion of Honour	2nd Class, with Swords	Russia	1917
Hill, Richard A. S.		Osmanieh	Chevalier	France	1918
		{ 4th Class	Turkey	1913
Hill, Walter S.	Engineer Commander	St. Stanislas	2nd Class, with Swords	Russia	1917
		Nile	3rd Class	Egypt	1917
Hillman, Henry E.	Captain	Excellent Crop	5th Class	China	1915
Hiscock, Frank	Lieutenant, R.N.V.R.	Redeemer	5th Class	Greece	1918
Hobart, Francis E. H. G.	Lieutenant-Commander	St. Anne	3rd Class, with Swords	Russia	1917
Hodges, Michael H., C.B., M.V.O.	Captain	{ Legion of Honour	Officer,	France	1914
		{ Rising Sun	3rd Class	Japan	1917
Hotnet de Courtmacsherry, Edward H., M.D.	Surgeon-Commander	Crown of Italy	Commander	Italy	1911

Foreign Orders

Hogarth, David G., C.M.G.	Lieutenant-Commander	Nile	3rd Class	Egypt	1917
Holberton, Brian D.	Lieutenant-Commander	Crown of Italy	Cavalier	Italy	1918
Holbrook, Norman D.	Lieutenant-Commander	Legion of Honour	Chevalier	France	1915
Holder, Henry L.	Rear-Admiral	Medjidie	5th Class	Turkey	1858
Holder, Stuart E.	Commander	St. Anne	3rd Class, with Swords	Russia	1917
Holland, Cedric S.	Lieutenant	Crown of Italy	Cavalier	Italy	1917
Holmes, Frank	Major, R.M.	Crown of Italy	Cavalier	Italy	1919
Holmes, James McA., D.S.O., M.B.	Surgeon Lieut.-Commr.	St. Anne	3rd Class, with Swords	Russia	1917
Homan, Edwin A.	Commander	St. Anne	3rd Class, with Swords	Russia	1917
Home, Francis W.	Captain R.M.L.I.	Star of Roumania	Officer	Roumania	1919
		St. Anne	3rd Class, with Swords	Russia	1917
Hope, George P. W., C.B.	Rear-Admiral	Rising Sun, St. Maurice and St. Lazarus	2nd Class Commander	Japan Italy	1917 1918
Hope, Herbert W. W., D.S.O.	Captain	Legion of Honour	Commander	France	1918
Hopkins, Sydney.	Commander	St. Anne	2nd Class	Russia	1917
Hopkinson, Hugh F.	Commander	Legion of Honour	Chevalier	France	1918
Horne, Richard, D.S.O.	Captain	Aviz	2nd Class	Portugal	1918
		St. Stanislas	2nd Class, with Swords	Russia	1917
Horniman, Henry	Paymaster Commander	St. Stanislas	2nd Class, with Swords	Russia	1917
		Legion of Honour	Chevalier	France	1918
		St. George	4th Class	Russia	1915
Horton, Max K., D.S.O.	Commander	St. Anne	2nd Class, with Swords and Diamonds	Russia	1915
		Legion of Honour	Chevalier	France	1916
Hose, Walter		St. Vladimir	4th Class, with Swords	Russia	1916
Hotham, Charles E., D.S.C.	Commander	Sacred Treasure	3rd Class	Japan	1917
Hotham, Sir Charles F., G.C.B., G.C.V.O.	Lieutenant Admiral of the Fleet	St. Stanislas Osmanieh	3rd Class, with Swords 3rd Class	Russia Turkey	1917 1883
Howard, Henry M., O.B.E.	Lieutenant, R.N.V.R.	Crown of Italy	Cavalier	Italy	1918
Howle, Clifford	Engineer-Commander	St. Anne	3rd Class, with Swords	Russia	1917
Hozier, William O.	Lieutenant-Commander	Redeemer	Chevalier	Greece	1918
Hubbard, Robert R., R.D.	Commander, R.N.R.	Osmanieh	4th Class	Turkey	1906
		Medjidie	4th Class	Turkey	1908
Hughes, Harry W. C.	Captain	Legion of Honour	Chevalier	France	1918
Hughes, Robert.	Surgeon-Commander	Crown of Italy	Officer	Italy	1917
Hughes, Robert H. W., C.M.G.	Commander, R.N.R. (Tempy. Brig. Genl. R.E.)	Legion of Honour	Officer	France	1917
Hulton, Edward G.	Rear-Admiral	Medjidie	3rd Class	Turkey	1883
Humphery, Alfred B.	Commander	Legion of Honour	Chevalier	France	1918
Humphreys, Sir Henry, K.C.M.G., C.B.	Engineer Rear-Admiral	Legion of Honour	Officer	France	1918
Hunt, Wilfrid W., D.S.O.	Commander	Legion of Honour	Officer	France	1919
		Legion of Honour	5th Class	France	1866
Hunter, James B.	Captain	Medjidie	5th Class	Turkey	1858
		Legion of Honour	Chevalier	France	1917
Huntingford, Walter L.	Major, R.M.A.	Redeemer	Officer	Greece	1918
Hunton, Thomas L.	Captain, R.M.L.I.	Star of Roumania	Chevalier	Roumania	1919

OFFICERS AUTHORISED TO WEAR FOREIGN ORDERS ON ALL OCCASIONS—continued.

Name.	Rank.	Order or Decoration.	Class or Grade.	Country.	Date of Bestowal.
Hurrell, William	Lieutenant-Commander	Medjidie	5th Class	Turkey	1883
Huskisson, Bertram L., D.S.O.	Squadron-Commander	Legion of Honour	Chevalier	France	1917
Hutchinson, William	Sub.-Lieut., R.N.V.R.	Redeemer	Chevalier	Greece	1918
Hutchison, John de M., C.V.O., C.M.G.	Vice-Admiral	Sacred Treasure	2nd Class	Japan	1905
Ingham, James G. F., D.S.O.	Commander	St. Stanislas	2nd Class, with Swords	Russia	1917
Inglefield, Sir Frederick S., K.C.B.	Admiral	Crown of Italy	Grand Officer	Italy	1911
Ingles, John	Rear-Admiral	Sacred Treasure	2nd Class	Japan	1893
Inglis, Charles S.	Paymr.-Commander	Legion of Honour	Chevalier	France	1918
Innes, James W. G.	Commander	Legion of Honour	Chevalier	France	1918
Iremonger, Harold F. W., D.S.O.	Major, R.M.A.	Legion of Honour	Chevalier	France	1918
Isaacson, Egerton W.	Commander	Legion of Honour	Chevalier	France	1916
Jackman, Ernest W. H.	Paymr.-Commander	Star of Roumania	Officer	Roumania	1919
Jackson, Francis H. M.	Captain	Nile	3rd Class	Egypt	1919
Jackson, Sir Henry B., G.C.B., K.C.V.O., F.R.S.	Admiral	{ Legion of Honour Sacred Treasure	Grand Officer Grand Cordon	France Japan	1913 1917
Jackson, Thomas, C.B., M.V.O.	Rear-Admiral	{ Rising Sun Nile	2nd Class 2nd Class	Japan Egypt	1906 1917
Jackson, William L., D.S.O.	Lieutenant-Commander	Star of Roumania	Chevalier	Roumania	1919
Jacob, Arthur F. F.	Flight Commander	Mihai Viteazul	3rd Class	Roumania	1917
James, Alfred	Lieutenant, R.N.R.	White Eagle	5th Class, with Swords	Serbia	1917
James, Charles H. Neill	Commander	St. Anne	3rd Class, with Swords	Russia	1917
James, Charles J.	Engineer Rear-Admiral	Sacred Treasure	3rd Class	Japan	1918
James, Thomas N.	Captain	St. Stanislas	2nd Class, with Swords	Russia	1917
James, William M., C.B.	Captain	St. Stanislas	2nd Class, with Swords	Russia	1917
Jameson, Robert D., C.M.G.	Surgeon-Commander	Legion of Honour	Chevalier	France	1918
Jellicoe of Scapa, Viscount, G.C.B., O.M., G.C.V.O.	Admiral	{ St. George Legion of Honour Leopold Military Order of Savoy Rising Sun, with Paulownia	3rd Class Grand Cross Grand Cordon Grand Cross Grand Cordon	Russia France Belgium Italy Japan	1916 1917 1917 1917 1917
Jenkin, John H. C.B.	Engineer Commander	Crown of Italy	Commander	Italy	1911
Jermain, Robert L.	Commander	St. Anne	3rd Class, with Swords	Russia	1917

Foreign Orders

Name	Rank	Order	Class	Country	Year
Jerram, Sir T. H. Martyn, K.C.B., K.C.M.G.	Admiral	Rising Sun	Grand Cordon	Japan	1915
		Legion of Honour	Commander	France	1916
		St. Anne	1st Class, with Swords	Russia	1917
		St. Maurice and St. Lazarus	Grand Officer	Italy	1917
Jessop, John de B., D.S.O.	Lieutenant-Commander	St. Maurice and St. Lazarus	Chevalier	Italy	1916
Johnson, Charles D., M.V.O., D.S.O.	Captain	Crown of Italy	Commander	Italy	1911
		Legion of Honour	Officer	France	1916
Johnson, Cyril S., D.S.O.	Paym. Lieut.-Commdr.	Leopold	Commander	Belgium	1917
Johnson, Malcolm C.	Engineer-Commander	St. Stanislas	2nd Class, with Swords	Russia	1917
Johnson, Percy	Captain	St. Anne	3rd Class, with Swords	Russia	1917
Johnstone, Henry G.	Fleet Engineer	Nile	3rd Class	Egypt	1919
Johnstone, Somerset J.	Lieutenant-Commander	Medjidie	4th Class	Turkey	1883
		Osmanieh	4th Class	Turkey	1897
Jolley, Alfred G.	Lieut., R.N.V.R.	St. Stanislas	3rd Class	Russia	1917
Jolley, Norman K.	Lieutenant, R.M.	Crown of Belgium	Chevalier	Belgium	1917
Jones, David F.	Lieutenant	St. Stanislas	3rd Class	Russia	1915
Jones, Edward H.	Captain	St. Anne	3rd Class, with Swords	Russia	1917
Jones, Kenneth H., M.B.	Surgeon-Commander	St. Stanislas	2nd Class, with Swords	Russia	1917
		Crown of Belgium	Officer	Belgium	1917
Jukes-Hughes, Edward G. de S.	Commander	St. Anne	3rd Class, with Swords	Russia	1917
Keeley, Harold P., D.S.C.	Lieutenant	Sacred Treasure	4th Class	Japan	1918
Keigwin, Richard P.	Lieutenant, R.N.V.R.	Leopold	Chevalier	Belgium	1917
Keir, William W., C.M.G., M.B.	Surgeon-Commander	Legion of Honour	Chevalier	France	1918
Kellett, Gilbert H.	Commander	St. Maurice and St. Lazarus	Officer	Italy	1916
Kelly, John D., C.B.	Captain	Crown of Italy	Commander	Italy	1916
Kelly, William A. H., C.B., C.M.G., M.V.O.	Captain	Legion of Honour	Commander	France	1917
		Savoy	Officer	Italy	1919
Kemble, Edward R. B.	Lieutenant-Commander	St. Stanislas	3rd Class, with Swords	Russia	1917
Kemp, Thomas W., C.B., C.M.G., C.I.E.	Rear-Admiral	St. Vladimir	3rd Class, with Swords	Russia	1917
Kendle, Charles J C., D.S.O.	Captain R.I.M.	Nile	3rd Class	Egypt	1919
Kennedy, Edward C.	Captain	Legion of Honour	Chevalier	France	1916
Kennedy, Francis W., C.B.	Rear-Admiral	St. Anne	2nd Class, with Swords	Russia	1917
Kennedy, Frederick C. C.	Lieutenant-Commander	St. Maurice and St. Lazarus	Chevalier	Italy	1916
Kennedy, Robert, M.B.	Surg. Lieut.-Commdr.	Crown of Italy	Officer	Italy	1911
Kennedy, Theobald W. B., C.M.G.	Captain	Redeemer	Commander	Greece	1918
Kennedy, William G. A.	Commander	Crown of Italy	Commander	Italy	1911
Kenyon, Guy V.	Lieutenant	Legion of Honour	Chevalier	France	1915
		Kara-George	4th Class, with Swords	Serbia	1916
Kerr, Charles L., D.S.O.	Lieutenant-Commander	White Eagle	4th Class	Serbia	1916
		Crown of Italy	Cavalier	Italy	1919

Foreign Orders

OFFICERS AUTHORISED TO WEAR FOREIGN ORDERS ON ALL OCCASIONS—continued.

Name.	Rank.	Order or Decoration.	Class or Grade.	Country.	Date of Bestowal.
Kerr, Mark E. F., C.B., M.V.O.	Vice-Admiral.	Redeemer.	2nd Class	Greece	1914
		St. Maurice and St. Lazarus	Grand Officer	Italy	1917
Keyes, Sir Roger J. B., K.C.B., K.C.V.O., C.M.G., D.S.O.	Rear-Admiral.	Order of Savoy	Officer.	Italy	1918
		St. Maurice and St. Lazarus	Commander	Italy	1908
Keys, John A.	Paymaster-Commander	Legion of Honour	Grand Officer	France	1918
		St. Stanislas	2nd Class, with Swords	Russia	1917
Kiddle, Edward B., C.B.	Rear-Admiral.	Legion of Honour	Officer.	France	1916
		St. Anne	2nd Class, with Swords	Russia	1917
Kilroy, Lancelot	Surgeon Commander	Rising Sun	3rd Class	Japan	1917
Kimber, John L.	Engineer-Commander	St. Stanislas	2nd Class, with Swords	Russia	1917
King, Lancelot	Lieutenant	St. Stanislas	2nd Class, with Swords	Russia	1917
King, Philip W. S., D.S.O.	Lieutenant-Commander	Rising Sun	5th Class	Japan	1919
Kingsmill, Sir Charles E., Kt.	Admiral.	St. Anne	3rd Class, with Swords	Russia	1917
Kirby, Lawrence H.	Lieutenant, R.N.R.	Crown of Italy	Grand Officer	Italy	1917
Kitching, Henry W., D.S.O.	Engineer-Commander	Avis	3rd Class	Portugal	1919
Kitson, James B., D.S.O.	Commander	St. Stanislas	2nd Class, with Swords	Russia	1917
Knight, William G.	Lieutenant, R.N.R.	St. Anne	3rd Class, with Swords	Russia	1917
Knox, Robert G., O.B.E.	Eng. Lieut.-Com., R.N.R.	White Eagle	5th Class, with Swords	Serbia	1917
Kus, Walter P.	Commander	Redeemer.	Officer.	Greece	1918
		Nile	4th Class.	Egypt	1917
Kydd, Frank	Eng.-Lieut., R.N.R.	Crown of Roumania	Chevalier	Roumania	1919
Lafontaine, Wilfred E. J.	Lieutenant, R.N.V.R.	Redeemer.	Chevalier	Greece	1918
Lake, Walter J. C.	Captain.	Redeemer.	Officer.	Greece	1918
Lambe, Charles L., C.M.G., D.S.O.	Captain .	Legion of Honour	Officer.	France	1917
		Leopold	Officer.	Belgium	1917
Lambert, Cecil F.	Rear-Admiral	Rising Sun	2nd Class	Japan	1917
		Redeemer	Grand Commander	Greece	1918
		Legion of Honour	Commander	France	1917
Lampen, Lewis C.	Major and Bt. Lt.-Col.	Legion of Honour	Chevalier	France	1917
Langyon-Jones, Ronald, D.S.O.	Lieutenant	Crown of Italy.	Commander	Italy	1917
Lanyon, Theodore T.	Paymaster-Commander	Legion of Honour	Chevalier	France	1917
Lapage, Walter N.	Commander	Crown of Italy	Commander	Italy	1917
Larken, Frank, C.M.G.	Captain .	St. Anne	3rd Class, with Swords	Russia	1911
Larking, Dennis A. H., C.M.G.	Commander	Crown of Belgium	Commander	Belgium	1916
Lashmore, Harry, C.B., D.S.O.	Engineer-Captain .	Nile	4th Class, with Swords	Serbia	1917
			3rd Class	Egypt	1919

Foreign Orders

Name	Rank	Order	Class	Country	Year
Laurence, Noel F., D.S.O.	Commander	Legion of Honour	Chevalier	France	1916
		St. George	4th Class	Russia	1916
		St. Vladimir	4th Class, with Swords	Russia	1916
Law, William J. B.	Captain	Crown of Italy	Commander	Italy	1917
Lawford, Vincent A., D.S.O.	Paymaster Commander	Legion of Honour	Officer	France	1918
Lawson, John C.	Lieutenant, R.N.V.R.	Crown of Italy	Officer	Italy	1911
Leahy, James P.	Engineer-Commander	Redeemer	Chevalier	Greece	1918
Leatham, Eustace La T., C.B.	Captain	St. Stanislas	2nd Class, with Swords	Russia	1917
		Legion of Honour	Officer	France	1916
		Rising Sun	2nd Class, with Swords	Japan	1917
Lecky, Arthur M., D.S.O.	Commander	St. Anne	3rd Class	Russia	1917
Legate, James	Engineer Commander	St. Anne	3rd Class, with Swords	Russia	1917
Leggett, Oliver E.	Captain	Legion of Honour	Chevalier	France	1918
		Legion of Honour	Officer	France	1916
Leith, George P.	Commander	St. Anne	2nd Class, with Swords	Russia	1917
LeMarchant, Evelyn R.	Vice-Admiral	Redeemer	3rd Class	Greece	1914
		St. Maurice and St. Lazarus	Commander	Italy	1911
Le Mesurier, Charles E., C.B.	Captain	Legion of Honour	Officer	France	1916
		St. Vladimir	3rd Class, with Swords	Russia	1917
le Mottee, Douglas B.	Commander	Legion of Honour	Chevalier	France	1918
		Medjidie	3rd Class	Turkey	1914
		St. Stanislas	3rd Class, with crossed Swords and Ribband Bow	Russia	1915
Le Page, George W., D.S.O.	Eng. Lieut.-Commander				
		St. Anne	3rd Class, with Swords	Russia	1916
L'Estrange-Malone, Cecil J.	Lieutenant	Star of Roumania	Officer	Roumania	1919
		Nile	4th Class	Egypt	1916
Leveson, Sir Arthur C., K.C.B.	Vice-Admiral	St. Stanislas	1st Class, with Swords	Russia	1917
Lewis, Guy P.	Lieut.-Com., R.N.R.	Rising Sun	2nd Class	Japan	1918
		Crown of Italy	Cavalier	Italy	1918
Lewis, Thomas W.	Lieutenant, R.M.L.I.	Nile	3rd Class	Egypt	1918
		Ordre de la Couronne	Chevalier	Belgium	1918
Ley, James C., C.B., C.V.O.	Rear-Admiral	St. Anne	2nd Class, with Swords	Russia	1917
Limpus, Sir Arthur H., K.C.M.G., C.B.	Admiral	Medjidie	Grand Cordon	Turkey	1914
		Legion of Honour	Grand Officer	France	1916
		Crown of Italy	Grand Cross	Italy	1916
Linberry, Thomas J.	Lieutenant-Commander	Nile	3rd Class	Egypt	1917
Lindsay, John C. H.	Captain	Legion of Honour	Chevalier	France	1918
		St. Stanislas	2nd Class, with Swords	Russia	1917
Little, Charles J. C.	Captain	St. Maurice and St. Lazarus	Officer	Italy	1916
Littlejohns, Astle S., C.M.G.	Commander	Leopold	Chevalier	Belgium	1916
Liversidge, John G.	Engineer Rear-Admiral	Legion of Honour	Officer	France	1918
Livingstone, Guy R.	Lieutenant-Commander	Legion of Honour	Chevalier	France	1918
Locker-Lampson, Oliver, C.M.G., D.S.O., M.P.	Lieut.-Commander, R.N.V.R.	Leopold	Officer	Belgium	1916
		St. Vladimir	4th Class, with Swords	Russia	1917
Lockyer, Hughes C., O.B.	Captain	Crown of Italy	Commander	Italy	1916
Lofts, John H.	Commander	Crown of Italy	Commander	Italy	1911

Foreign Orders

OFFICERS AUTHORISED TO WEAR FOREIGN ORDERS ON ALL OCCASIONS—continued.

NAME.	RANK.	ORDER OR DECORATION.	CLASS OR GRADE.	COUNTRY.	DATE OF BESTOWAL.
Longhurst, Gerald F., D.S.O.	Commander	St. Anne	3rd Class, with Swords	Russia	1917
Longmore, Arthur M.	Lieutenant-Commander	Crown of Belgium	Officer	Belgium	1915
		Legion of Honour	Chevalier	France	1916
Lovett-Cameron, Archibald A.	Commander	St. Anne	3rd Class, with Swords	Russia	1917
Lowis, Arthur W.	Commander	Nile	3 d Class	Egypt	1919
		St. Maurice and St. Lazarus	Commander	Italy	1911
Luard, John S.	Rear-Admiral	Legion of Honour	Officer	France	1918
Luard, Trant B.	Major, R.M.L.I.	Nile	Officer	Egypt	1917
Lucas, Frederick W.	Squadron Commander.	St. Maurice and St. Lazarus	Cavalier	Italy	1917
Lucas-Shadwell, William N.,D,S.C.	Lieut. R.N.V.R.	Star of Roumania	Chevalier	Roumania	1919
Luce, John, C.B.	Captain	Rising Sun	3rd Class	Japan	1918
Luxmoore, Henry	Commander	St. Anne	2nd Class	Russia	1915
Lyddon, Charles H.	Lieut.-Commr. R.N.R.	Nile	4th Class	Egypt	1918
Lydekker, Guy O., D.S.C.	Lieutenant-Commander	Crown of Italy	Cavalier	Italy	1918
		Legion of Honour	Chevalier	France	1916
Lynes, Charles E.	Paymaster-Commander	St. Stanislas	2nd Class, with Swords	Russia	1917
		Sacred Treasure	3rd Class	Japan	1917
		St. Maurice and St. Lazarus	Officer	Italy	1918
Lynes, Hubert, C.B., C.M.G.	Captain	Legion of Honour	Commander	France	1918
		Order of Leopold	Commander	Belgium	1918
Lyster, Arthur L. St. G.	Lieutenant-Commander	Crown of Italy	Cavalier	Italy	1917
McClintock, John W L., C.B., D.S.O.	Captain	Crown of Italy	Commander	Italy	1911
McClure, Charles S. C.	Lieutenant R.N.R.	Crown of Italy	Cavalier	Italy	1917
McKew, Rev. Robert, B.A., B.D.	Chaplain and Instructor Commander	Legion of Honour	Chevalier	France	1918
McLellan, William	Lieut.-Colonel R.M.	St. Maurice and St. Lazarus	Officer	Italy	1918
McNabb, Daniel, J. P., C.B.	Surgeon Captain	Crown of Belgium	Commander	Belgium	1917
McOustra, James	Artificer Engineer	Sacred Treasure	6th Class	Japan	1918
MacArthur, Colin G., D.S.C.	Lieutenant	St. Maurice and St. Lazarus	Cavalier	Italy	1918
Macbeth, Allan	Lieut. R.N.V.R.	St. Stanislas	3rd Class	Russia	1917
Macdonald, William S.	Captain (act).	Nile	Commander	Egypt	1917
Macfarlan, Robert B.	Commander	St. Anne	3rd Class, with Swords	Russia	1917
MacGregor, Donald P	Lieutenant-Commander	Redeemer	Chevalier	Greece	1918
MacGregor, Sir Malcolm, Bt., C.M.G.	Captain	Legion of Honour	Officer	France	1918

Foreign Orders

Name	Rank	Order	Class	Country	Year
Mackenzie, Edward M. C.	Captain R.M.	Legion of Honour	Chevalier	France	1917
		White Eagle	5th Class	Serbia	1917
		Redeemer	Chevalier	Greece	1918
Mackenzie-Grieve, Alan J.	Captain	Legion of Honour	Chevalier	France	1918
MacKinnon, Lachlan D. I.	Commander	Medjidie	3rd Class	Turkey	1911
Maclachlan, Crawford, C.B.	Captain	Legion of Honour	Officer	France	1918
		Rising Sun	3rd Class	Japan	1918
Maclean, Alexander, D.S.O., M.B.	Surgeon-Commander	St. Stanislas	2nd Class, with Swords	Russia	1917
MacLean, Harper	Lieutenant R.N.V.R.	Legion of Honour	Chevalier	France	1918
MacLeod, William S. F.	Lieutenant-Commander	St. Stanislas	3rd Class, with Swords	Russia	1917
MacMahon, Brian P.	Commander	St. Anne	3rd Class, with Swords	Russia	1917
Macnamara, Patrick	Commander	Legion of Honour	Chevalier	France	1916
Macrorie, Arthur K., C.M.G., M.V.O.	Captain	Sacred Treasure	3rd Class	Japan	1918
		Redeemer	Commander	Greece	1918
		Legion of Honour	Officer	France	1918
		Legion of Honour	Grand Officer	France	1918
Maiden, Sir Charles E., G.C.B., K.C.M.G., C.V.O.	Admiral	St. Anne	1st Class, with Swords	Russia	1917
		Military Order of Savoy	Commander	Italy	1917
		Rising Sun	Grand Cordon	Japan	1917
Magrane, James V. V.	Lieutenant-Commander	Leopold	Grand Officer	Belgium	1918
Mahon, Frederick F.	Surgeon-Commander	Legion of Honour	Chevalier	France	1916
		St. Maurice and St Lazarus	Officer	Italy	1911
Maitland, Percy E.	Surgeon-Commander	Crown of Italy	Commander	Italy	1911
Maitland, Reginald F.	Flight Lieutenant	Crown of Italy	Cavalier	Italy	1917
Mann, John	Act. Engineer-Lieut.	Avis	3rd Class	Portugal	1919
Mann, William F. S.	Admiral	Medjidie	3rd Class	Turkey	1883
Manners, Errol	Commander	St. Anne	3rd Class, with Swords	Russia	1917
Mansfield, James O.	Lieutenant	St. Stanislaus	3rd Class, with Swords	Russia	1917
Marden, Albert E.	Engineer-Lieutenant	Legion of Honour	Chevalier	France	1918
Marescaux, Alfred E. H., C.M.G.	Commander	Legion of Honour	Officer	France	1918
Marescaux, Gerald C.A., C.B., C.M.G.	Vice-Admiral	Legion of Honour	Commander	France	1917
Marix, Reginald L. G., D.S.O.	Squadron Commander	Crown of Belgium	Chevalier	Belgium	1917
Marriot, John P. R.	Captain	Nile	Officer	Egypt	1917
Marriott, Reginald A., D.S.O.	Captain and Bt. Major, R.M.A.	Legion of Honour	Chevalier	France	1918
		Medjidie	5th Class	Turkey	1883
		Osmanieh	4th Class	Turkey	1885
Martell, Richard W.	Engineer-Captain	Legion of Honour	Chevalier	France	1918
Marten, Francis A.	Captain	St. Stanislas	2nd Class, with Swords	Russia	1917
Martin, Edward H., C.M.G.	Captain	Crown of Italy	Commander	Italy	1917
Massy-Dawson, Francis E., D.S.O.	Captain	Legion of Honour	Chevalier	France	1918
Maund, Loben E. H.	Lieutenant	St. Stanislas	3rd Class, with Swords	Russia	1917
Mawby, Henry L.	Lieutenant-Commander	Legion of Honour	Officer	France	1918
Maxwell, Patrick S. E.	Captain	Legion of Honour	3rd Class	France	1917
Maxwell, Wellwood G. C.	Commander	Sacred Treasure	Chevalier	Japan	1917
May, Alfred J.	Lieutenant, R.N.C.V.R.	Legion of Honour	Cavalier	France	1918
May, Archibald S., M.V.O.	Commander	Crown of Italy	3rd Class, with Swords	Italy	1917
		St. Anne		Russia	1917

Foreign Orders

OFFICERS AUTHORISED TO WEAR FOREIGN ORDERS ON ALL OCCASIONS—continued.

NAME.	RANK.	ORDER OR DECORATION.	CLASS OR GRADE.	COUNTRY.	DATE OF BESTOWAL.
May, Sir Arthur W., K.C.B., F.R.C.S., K.H.P.	Surgeon Vice-Admiral	Sacred Treasure	1st Class	Japan	1917
Maycock, Ernest R.	Lieutenant	Leopold	Commander	Belgium	1917
Mayne, Rev. Howard B., M.A.	Chaplain	St. Stanislas	3rd Class, with Swords	Russia	1917
		Crown of Italy	Officer	Italy	1917
		St. Vladimir	4th Class, with Swords	Russia	1917
Medina, The Earl of, K.C.V.O.	Lieutenant	Military Order of Savoy	Cavalier	Italy	1917
Meldrum, William P.	Lieutenant R.N.R.	Legion of Honour	Chevalier	France	1918
Mellor, Arthur J.	Captain R.M.L.I.	Crown of Italy	Cavalier	Italy	1917
Mends, Robert	Lieutenant-Commander	St. Anne	3rd Class	Russia	1915
Mercer, Sir David, K.C.B.	Maj.-Gen. R.M.L.I.	Legion of Honour	Chevalier	France	1916
Merewether, Edward R. A., M.B.	Surgeon-Lieutenant	Legion of Honour	Commander	France	1918
		St. Sava	4th Class	Serbia	1915
Merriman, Claude A.	Lieutenant-Commander	Star of Roumania	Chevalier	Roumania	1919
Meux, The Hon. Sir Hedworth, G.C.B., K.C.V.O., M.P.	Admiral of the Fleet	Medjidie	2nd Class	Turkey	1890
Meyrick, Sidney J.	Commander	Redeemer	3rd Class	Greece	1914
Michell, Kenneth, D.S.C.	Lieutenant	St. Maurice and St. Lazarus	Cavalier	Italy	1918
Michells, Septimus A.	Lieutenant R.N.V.R.	Nichan Iftikhar	Officer	Tunis	1918
Milford Haven, The Marquis of, P.C., G.C.B., G.C.V.O., K.O.M.G.	Admiral	Rising Sun	Grand Cordon with Paulownia	Japan	1917
Miller, Charles B., C.B.	Captain	Legion of Honour	Officer	France	1916
		St. Vladimir	4th Class, with Swords	Russia	1917
		Nile	3rd Class	Egypt	1918
Miller, Hugh, D.S.O.	Paymaster-Commander	Rising Sun	Officer	Japan	1917
Miller, Stanley R.	Captain	Leopold	Officer	Belgium	1917
Milligan, John B., M.B.	Surgeon-Lieutenant	Legion of Honour	Chevalier	France	1917
Mills, John S., D.S.C.	Squadron Commander	Crown of Belgium	Chevalier	Belgium	1917
Milne, Sir A. Berkeley, Bt., G.C.V.O., K.C.B.	Admiral	Medjidie	4th Class	Turkey	1883
Minhinnick, Percy C.	Engineer Commander	St. Stanislas	2nd Class	Russia	1915
		Nile	3rd Class	Egypt	1916
Mitchell, Francis H., D.S.O.	Captain	Legion of Honour	Officer	France	1917
Mitchell, Walter T.	Engineer Commander	St. Stanislas	2nd Class, with Swords	Russia	1917
Mocatta, Jack E. A., D.S.O.	Lieutenant-Commander	St. Stanislas	3rd Class, with Swords	Russia	1917
Molteno, Vincent B., C.B.	Captain	St. Anne	2nd Class, with Swords	Russia	1917
Monro, Alexander B., B.A.	Instructor Commander	Double Dragon	1st Class, 3rd Grade	China	1911
Monsell, Bolton M. E., M.P.	Commander	Nile	4th Class	Egypt	1917
Montagu, George F.	Commander	St. Anne	3rd Class, with Swords	Russia	1917
Moon, Frederick J.	Lieutenant	Redeemer	5th Class	Greece	1914
Moon, Joseph A., D.S.O.	Surgeon-Captain	St. Stanislas	2nd Class, with Swords	Russia	1917
Moore, Sir Arthur W., G.C.B., G.C.V.O., C.M.G.	Admiral	Medjidie	3rd Class	Turkey	1883

Foreign Orders

Name	Rank	Order	Class	Country	Year
Moore, Gerald	Engineer Commander	Medjidie	3rd Class	Turkey	1914
Moore, Harry S.	Lieutenant R.N.V.R.	Redeemer	Chevalier	Greece	1918
Morant, *Sir* George D., K.C.B.	Admiral	Medjidie	5th Class	Turkey	1858
More, George I. S.	Commander	Redeemer	4th Class	Greece	1919
Moretton, John McL., D.S.C.	Paym. Lieutenant	Leopold	Officer	Belgium	1919
Morgan, Llewellyn V., M.V.O., D.S.O.	Lieutenant	Order of Leopold	Chevalier, with Swords	Belgium	1918
Morshead, Walter	Paymaster-Commander	St. Stanislas	2nd Class, with Swords	Russia	1917
Mortimer, Ronald J., D.S.C.	Lieutenant-Commander, R.N.R.	St. Anne	3rd Class	Russia	1915
Morton, James E. V., O.B.	Paymaster-Captain	St. Stanislas	2nd Class, with Swords	Russia	1917
Morton, Ronald G.	Engineer-Commander	Legion of Honour	Officer.	France	1918
Muirhead, Malcolm, D.S.C.	Lieutenant, R.N.R.	Crown of Roumania	Officer.	Roumania	1919
Mulock, Redford H., D.S.O.	Wing Commander	Legion of Honour	Cavalier	Italy	1917
Murray, Herbert P. W. G., D.S.O.	Paymaster-Commander	St. Stanislas	2nd Class, with Swords	Russia	1917
Musker, Frank	Lieutenant R.N.V.R.	Redeemer	Chevalier	Greece	1918
Myles, Thomas W.	Surgeon-Commander	Crown of Italy	Officer.	Italy	1917
Napier, *Sir* Trevylyan D. W., K.C.B., M.V.O.	Vice-Admiral	{ St. Stanislas { Legion of Honour	1st Class, with Swords Commander	Russia France	1917 1918
Nash, Geoffrey S. F.	Lieutenant-Commander	St. Maurice and St. Lazarus	2nd Class Cavalier	Japan Italy	1918 1917
Nasmith, Martin E.	Captain	Legion of Honour	Chevalier	France	1915
Naylor, Charles G., M.V.O.	Lieutenant-Commander	St. Stanislas	3rd Class, with Swords	Russia	1917
Neville, Philip L.	Lieutenant	Nile	4th Class	Egypt	1917
Neville, Ralph	Lieutenant-Commander	Redeemer	Chevalier	Greece	1918
Newton-Clare, Edward T., D.S.O.	Squadron Commander	Leopold	Chevalier.	Belgium	1916
Nicholas, John	Rear-Admiral.	Legion of Honour	Officer.	France	1915
Nicholls, Amos	Engineer Lieutenant	St. Stanislas	3rd Class	Russia	1915
Nicholls, Arthur S. M.	Lieutenant-Commander R.N.R.	St. Anne	3rd Class	Russia	1915
Nicholls, Percival T.	Surgeon-Commander	Crown of Italy	Officer .	Italy	1911
Nicholson, Douglas R. L.	Rear-Admiral	Legion of Honour	Commander	France	1918
Nicholson, Richard L., D.S.O.	Commander	Legion of Honour	Officer.	Japan	1918
Nicholson, William C. M., C.B.	Rear-Admiral.	S. Vladimir	4th Class, with Swords	France	1918
Nicholson, Wilmot S.	Captain	{ Rising Sun { Legion of Honour	2nd Class Officer.	Japan France	1918 1916
Nicolson, *The Hon.* Erskine A.	Commander	{ Crown of Italy { St. Anne	Officer. 3rd Class, with Swords	Italy Russia	1911 1916
Nisbet, Percy, V.D.	Paym. Lieut.-Commr. R.N.V.R.	Saviour	Cross of Knight .	Greece	1903
Norbury, Herbert R.	Captain	Rising Sun	3rd Class	Japan	1917
Norman, William A., RD.	Lieutenant-Commander, R.N.R.	Crown of Italy	Cavalier	Italy	1917

Foreign Orders

OFFICERS AUTHORISED TO WEAR FOREIGN ORDERS ON ALL OCCASIONS—continued.

NAME.	RANK.	ORDER OR DECORATION.	CLASS OR GRADE.	COUNTRY.	DATE OF BESTOWAL.
Norman, Sir William H., K.C.B.	Surgeon Vice-Admiral	Legion of Honour	Commander	France	1918
		Sacred Treasure	1st Class	Japan	1919
		Star of Roumania	Commander	Roumania	1919
		Crown of Belgium	Commander	Belgium	1919
North, Dudley B. N.	Commander	St. Stanislas	2nd Class, with Swords	Russia	1917
North, Oliver, D.S.O.	Lieutenant	Crown of Italy	Cavalier	Italy	1917
Northcott, William H.	Warrant Engineer, R.N.	Legion of Honour	Chevalier	France	1918
Nowell, Henry B.	Sub-Lieut., R.N.V.R.	White Eagle	5th Class	Serbia	1918
Nugent, Raymond A.	Captain	Crown	Chevalier	Belgium	1916
		Legion of Honour	Officer	France	1918
O'Callaghan, Michael P., C.V.O., C.B.	Admiral	Medjidie	4th Class	Turkey	1883
Ogle, Frederic A., C.B.	Colonel and Hon. Major-General, R.M.A.	Osmanieh	4th Class	Turkey	1882
O'Hea, John	Surgeon-Commander	Crown of Belgium	Officer	Belgium	1919
Oldfield, Humphrey	Lt.-Colonel, R.M.A.	Medjidie	4th Class	Turkey	1899
Oldham, Ronald W.	Lieutenant-Commander	Legion of Honour	Chevalier	France	1916
O'Leary, Elystan G.E., F.R.C.S. Ed.	Surgeon-Commander	St. Maurice and St. Lazarus	Officer	Italy	1911
Oliphant, Laurence R.	Captain	Crown of Italy	Commander	Italy	1917
Oliver, Sir Henry F., K.C.B., K.O.M.G., M.V.O.	Vice-Admiral	Sacred Treasure	1st Class	Japan	1917
		Legion of Honour	Commander	France	1918
Olivier, Sydney R., C.M.G.	Captain	White Eagle	4th Class, with Swords	Serbia	1917
		Redeemer	Commander	Greece	1918
O'Neill, Michael	Lieutenant R.N.R.	Legion of Honour	Officer	France	1918
O'Niell, Niel	Commander	Crown of Italy	Cavalier	Italy	1918
Orchard, Harry S.	Paym. Lieut.-Commr.	Legion of Honour	Chevalier	France	1916
Orde, Lancelot F.	Captain, R.M.	St. Anne	3rd Class, with Swords	Russia	1917
Osborne, Richard S.	Surgeon-Commander	Legion of Honour	Chevalier	France	1917
		St. Stanislas	2nd Class, with Swords	Russia	1917
O'Sullivan, Hugh D. E.	Major, R.M.L.I. (temp. Lieut.-Col.)	Osmanieh	4th Class	Turkey	1908
		Medjidieh	3rd Class	Turkey	1911
Ouchterlony, Thomas C. A. H.	Lieutenant-Commander	Nile	Officer	Egypt	1917
Ozanne, Harold, D.S.O.	Major, R.M.L.I.	St. Maurice and St. Lazarus	Cavalier	Italy	1917
Page, George F. L. L.	Lieutenant-Commander	St. Stanislas	2nd Class, with Swords	Russia	1917
Page, Hugh N.	Paym. Lieut.-Commr., R.N.R.	Crown of Italy	Officer	Italy	1911
		Crown of Italy	Cavalier	Italy	1917
		St. Sava	4th Class	Serbia	1917
Pakenham, Sir William C., K.C.B., K.O.M.G., K.C.V.O.	Vice Admiral	Rising Sun	Grand Cordon	Japan	1918
		St. Stanislas	1st Class, with Swords	Russia	1917
		Legion of Honour	Commander	France	1918

Foreign Orders

Name	Rank	Order	Class	Country	Year
Palmer, Francis J. W.	Paym.-Lieut., R.N.R.	St. Stanislas	3rd Class	Russia	1915
Palmer, Harry D.		Medjidie	3rd Class / 2nd Class	Turkey	1907 / 1914
Paris, John M., D.S.C.	Major, R.M.L.I. (temp. Lieut.-Col.)	Nile	2nd Class	Egypt	1917
Paris, Sir Archibald, K.C.B.	Captain, R.M.L.I.	Legion of Honour	Chevalier	France	1916
Parker, E. Hyde, C.B.	Major-General R.M.A.	Legion of Honour	Commander	France	1918
Parker, Patrick D., D.S.O.	Captain	Leopold	Com., with Swords	Belgium	1917
Parnall, Walter R.	Captain	Crown of Belgium	2nd Class, with Swords	Belgium	1919
	Engineer Commander	Sacred Treasure	Officer	Japan	1917
			3rd Class		
Parnell, Gerald L., D.S.O.	Commander	Legion of Honour	Chevalier	France	1918
Parrott, Ernest R.	Chief Boatswain	Crown of Roumania	Chevalier	Roumania	1919
Parsons, John R.		St. Anne	3rd Class, with Swords	Russia	1915
Peterson, Andrew F.	Lieutenant, R.N.V.R.	St. Stanislas	2nd Class, with Swords	Russia	1917
Padey, Sir George E., K.C.M.G., K.C.V.O.	Eng. Lieutenant	Crown of Italy	Cavalier	Italy	1917
	Admiral	Legion of Honour	Commander	France	1918
Patterson, Julian P. C.	Commander	St. Anne	3rd Class, with Swords	Russia	1917
Paton, William D., D.S.O., M.V.O.	Captain	Legion of Honour	Officer	France	1918
Payne, Christopher R.	Captain	Legion of Honour	Commander	France	1918
Paynter, Hugh H.	Lieutenant-Commander	Medjidie	3rd Class	Turkey	1904
		Legion of Honour	Chevalier	France	1916
Pead, John H., M.A.	Surgeon-Commander	St. Stanislas	2nd Class, with Swords	Russia	1917
Pearson, Rev. Charles G., B.A.	Acting Chaplain	St. Anne	3rd Class	Russia	1915
Pearson, Harold B.	Paymaster-Commander	St. Anne	2nd Class	Russia	1917
Pearson, John L., C.M.G.	Captain	Legion of Honour	Chevalier	France	1918
Peavitt, George S.	Chief Gunner	Medjidie	5th Class	Turkey	1883
Peebles, Aubrey, W., D.S.O., M.V.O.	Commander	Redeemer	Commander	Greece	1918
Peel, Arthur, C.M.G.	Major, R.M.L.I.	Legion of Honour	Chevalier	France	1918
Peirse, Sir Richard H., K.C.B., K.B.E., M.V.O.	Admiral	Legion of Honour	Grand Officer	France	1918
		Nile	1st Class	Egypt	1916
Peirson, John J. R., D.S.C.	Lieutenant	St. Vladimir	4th Class	Russia	1916
Pelly, Henry B., C.B., M.V.O.	Rear-Admiral	St. Anne	3rd Class	Russia	1917
Pender, Edward P. U., D.S.O.	Surgeon-Commander	St. Vladimir	4th Class, with Swords	Russia	1918
Penfold, Ernest A., D.S.O., M.B.	Lieutenant-Commander	Redeemer	Officer	Greece	1917
Percival, Percy R. P.	Lieutenant, R.M.L.I.	St. Stanislas	2nd Class, with Swords	Russia	1917
Percy, John H.	Lieutenant-Commander	Legion of Honour	Chevalier	France	1918
Petherick, Arthur C.	Lieutenant-Commander	Ordre de la Couronne	Chevalier	Belgium	1918
Phibbs, Bertram O. F.		St. Anne	3rd Class, with Swords	Russia	1917
Phillimore, Sir Richard F., K.C.M.G., C.B., M.V.O.	Rear-Admiral	Legion of Honour	Chevalier	France	1917
		St. Vladimir	3rd Class, with Swords	Russia	1915
Phillips, Henry C.	Lieutenant	St. Stanislas	1st Class, with Swords	Russia	1917
		Rising Sun	2nd Class	Japan	1918
		St. Maurice and St. Lazarus	3rd Class, with Swords	Russia	1917
Phillpotts, Edward M., C.B.	Rear-Admiral	St. Vladimir	Commander	Italy	1911
		Rising Sun	4th Class, with Swords	Russia	1917
			3rd Class	Japan	1917

Foreign Orders

OFFICERS AUTHORISED TO WEAR FOREIGN ORDERS ON ALL OCCASIONS—continued.

NAME.	RANK.	ORDER OR DECORATION.	CLASS OR GRADE.	COUNTRY.	DATE OF BESTOWAL.
Picton, Arthur L.	Engineer-Commander	St. Anne	3rd Class, with Swords	Russia	1917
Piercy, Basil H.	Commander	Redeemer	Officer	Greece	1918
Pigou, Gerard C.	Commander	Nile	3rd Class	Egypt	1919
Pilcher, Cecil H.	Captain	St. Stanislas	2nd Class, with Swords	Russia	1917
Pipon, James M.	Commander	St. Maurice and St. Lazarus	Officer	Italy	1917
Pirie, Willrid B., D.S.O.	Commander	St. Maurice and St. Lazarus	Cavalier	Italy	1917
Pirie-Gordon, Harry, D.S.C.	Lieutenant-Commander, R.N.V.R.	Legion of Honour	Chevalier	France	1918
Pitman, William	Captain and Hon. Lieut.-Colonel, R.M.A.	{ Legion of Honour { Medjidie	5th Class 5th Class	France Turkey	1856 1858
Plunkett-Ernle-Erle-Drax, The Hon. Reginald A. R.	Captain	St. Stanislas	2nd Class, with Swords	Russia	1917
Poë, Basil R.	Commander	St. Maurice and St. Lazarus	Officer	Italy	1916
Poignand, Charles A.	Lieutenant-Commander	Redeemer	Officer	Greece	1918
Pollard, Charles F., C.B.	Paymaster-Commander	St. Anne	3rd Class, with Swords	Russia	1917
Ponsford, Frank F.	Hon. Lieut. R.N.V.R.	Legion of Honour	Officer	France	1918
Poore, Sir Richard, Bt., K.C.B., G.V.O.	Admiral	Redeemer	5th Class	Greece	1918
Porter, Bertie C.		Medjidie	4th Class	Turkey	1883
Potts, Thomas M.	Lieutenant R.N.R.	Avis	3rd Class	Portugal	1919
	Lieut. R.N.R.	Osmanieh	4th Class	Turkey	1907
Powell, George B., C.M.G.	Captain	{ Legion of Honour { Crown of Italy	Officer Commander	France Italy	1915 1916
Powlett, Frederick A.	Captain	Rising Sun	3rd Class	Japan	1917
Pratt, Thomas D., C.B.	Captain	Legion of Honour	Officer	France	1918
Preston, Lionel G., C.B.	Captain	Legion of Honour	Officer	France	1916
Prickett, Cecil B.	Commander	Legion of Honour	Chevalier	France	1916
Pridham-Wippell, Henry D.	Lieutenant-Commander	St. Anne	3rd Class, with Swords	Russia	1917
Prince, George	Chief Gunner	Redeemer	4th Class	Greece	1918
Prior, Cunningham, O.B.E.	Paym. Lieut.-Commr.	St. Anne	5th Class	Egypt	1914
Proe, Ernest	Lieutenant R.N.V.R.	White Eagle	3rd Class, with Swords	Russia	1917
Pullen Charles A.	Lieutenant R.N.V.R.	Avis	5th Class	Serbia	1917
Purston, Andrew	Lieutenant R.N.R.	Legion of Honour	3rd Class	Portugal	1919
Putt, William P.	Paym. Lieut.-Commr. R.N.R.	Sacred Treasure	Chevalier	France	1917
			3rd Class	Japan	1917
Quarry, Arthur T.	Paym. Sub-Lieutenant	Tower and Sword	3rd Class	Portugal	1918
Rae, Edward M., D.S.C.	Lieutenant R.N.R.	{ White Eagle { Crown of Italy	5th Class, with Swords Cavalier	Serbia Italy	1917 1917
Raikes, Robert H. T., D.S.O.	Commander	Legion of Honour	Chevalier	France	1918

Foreign Orders

Name	Rank	Order	Class	Country	Year
Ram, Perceval S.	Commander R.N.R.	Redeemer	Officer	Greece	1918
Ramsay, *Hon.* Alexander R. M., D.S.O.	Commander	Legion of Honour	Chevalier	France	1918
Ramsay, Bertram H., M.V.O.	Commander	Crown of Italy	Officer	Italy	1917
		Legion of Honour	Chevalier, with Swords	France	1918
		St. Stanislas	2nd Class, with Swords	Russia	1917
Ramsey, Charles G.	Engineer Commander	Legion of Honour	Chevalier	France	1916
Randall, Charles R. J.		Legion of Honour	Chevalier	France	1916
		St. Stanislas	2nd Class, with Swords	Russia	1917
Rankin, Norman H.	Commander	White Elephant	3rd Class	Siam	1919
		Striped Tiger	4th Class	China	1919
Bayment, Guy V., C.B.E., B.A.	Instructor Commander	St. Maurice and St. Lazarus	Officer	Italy	1917
Rede, Roger L'E. M., D.S.O.	Captain	Legion of Honour	Officer	France	1918
		Medjidieh	3rd Class	Turkey	1911
Reed, William W.	Engineer Commander	Redeemer	Chevalier	Greece	1918
Rees, John L.	Lieutenant, R.N.V.R.	Legion of Honour	Officer	France	1918
Reeves, Edward, C.B.	Captain	Crown of Italy	Chevalier	Italy	1918
Rendell, Herbert L.	Lieutenant	Legion of Honour	Chevalier	France	1918
Ricci, Lewis A. da C.	Paym.-Lieutenant	Redeemer	Officer,	Greece	1917
Richards, Spencer R. S.	Engineer Rear-Admiral	St. Anne	2nd Class, with Swords	Russia	1917
Richardson, John, C.B.	Lieutenant-Commander	St. Maurice and St. Lazarus	Cavalier	Italy	1917
Richardson, Reginald C., D.S.O.	Lieutenant-Commander				
Richmond, Herbert W.	Captain	Crown of Italy	Commander	Italy	1917
Rickcord, Edward P.	Paym. Lieut.-Commr.	St. Anne	3rd Class	Russia	1915
Ritchie, David R.	Lieutenant-Commander	Legion of Honour	Chevalier	France	1918
Risbeth, Oswald H. T.	Lieutenant, R.N.V.R.	Redeemer	Chevalier	Greece	1918
Roberts, Edwin G. L.	Lieut.-Com. R.N.V.R.	Legion of Honour	Chevalier	France	1917
Roberts, Ernest W.	Engineer Commander	St. Anne	3rd Class, with Swords	Russia	1917
Roberts, *Rev.* Henry E., M.A.	Chaplain & Naval Instr.	Crown of Italy	Officer,	Italy	1911
Robertson, Charles H., C.M.G., M.V.O.	Admiral	Osmanieh	4th Class	Turkey	1897
Robinson, Cloudesley V.	Commander	Redeemer	Officer	Greece	1918
F. & F. Robinson, Eric G.	Commander	Nile	2nd Class	Egypt	1911
		Medjidieh	2nd Class	Turkey	1916
Robinson, *Sir* Henry R., K.C.M.G.	Rear-Admiral	Nile	2nd Class	Egypt	1916
		Crown	Chevalier	Belgium	1917
Robinson, Lionel F., D.S.C.	Lieutenant-Commander	St. Anne	3rd Class, with Swords	Russia	1917
Robinson, Rowland G.	Paymaster Commander	Redeemer	Chevalier	Greece	1918
Rogers, William H.	Honorary Captain, R.N.R.	Crown of Italy	Cavalier	Italy	1918
Rolland, Thomas C.	Captain	St. Stanislas	3rd Class, with Swords	Russia	1917
Roper, Charles D.	Sub-Lieutenant, R.N.R.	St. Anne	3rd Class, with Swords	Russia	1915
Rose, George Gordon, D.S.O.	Captain, Commander	St. Stanislas	2nd Class, with Swords	Russia	1917
Ross, George P., C.B.	Paymaster Commander	St. Vladimir	4th Class	Russia	1917
Rotter, Charles J. E., C.B.	Paymaster Commander	Crown of Italy	Officer,	Italy	1917
Rowe, Charles H., C.M.G.	Admiral	Medjidie	5th Class	Turkey	1858
Rowley, Charles J.	Captain	Rising Sun	3rd Class	Japan	1918
Royds, Charles W. R.		St. Anne	2nd Class, with Swords	Russia	1917
Royds, Percy M! R., C.M.G.	Captain	Legion of Honour	Officer,	France	1918

OFFICERS AUTHORISED TO WEAR FOREIGN ORDERS ON ALL OCCASIONS—continued.

Name.	Rank.	Order or Decoration.	Class or Grade.	Country.	Date of Bestowal.
Rundle, Mark, D.S.O.	Engineer Commander	Legion of Honour	Chevalier	France	1918
Rushbrooke, Jermyn	Lieutenant	St. Maurice and St. Lazarus	Cavaliere	Italy	1917
Russell, Frederick C.	Chief Gunner	Nile	4th Class	Egypt	1918
Russell, Geoffrey P.	Lieutenant-Commander	St. Anne	3rd Class, with Swords	Russia	1917
Rutherford, Ernest D., M.B.	Surg. Lieut.-Commr.	Redeemer	Commander	Greece	1918
Ruxton, Walton C. G.	Commander	Legion of Honour	Officer	France	1917
Rymer, Edward H.	Captain	Rising Sun	3rd Class	Japan	1915
Salmond, James S. C.	Commander	Nile	4th Class	Egypt	1919
Sampson, Leslie N.	Paymaster Lieutenant	St. Anne	3rd Class, with Swords	Russia	1917
Sams, Cecil H. H.	Commander	Legion of Honour	Chevalier	France	1916
Samson, Charles R., D.S.O.	Commander (Wing Capt)	Legion of Honour	Chevalier	France	1915
Sanctuary, William M.	Commander	Medjidie	5th Class	Turkey	1866
Sanders, William C., D.S.O.	Engineer Captain	St. Stanislas	2nd Class, with Swords	Russia	1868
Saurin, Gerald L.	Commander	Leopold	Officer	Belgium	1917
Sawyer, Arthur F.	Engineer Commander	St. Anne	3rd Class, with Swords	Russia	1917
Scarlett, Francis R., D.S.O.	Captain	Redeemer	Commander	Greece	1917
Scott, Albert C.	Captain	Legion of Honour	Officer	France	1918
Scott, Charles A.	Commander	Crown of Belgium	Officer	Belgium	1919
Scott, Gilbert B., D.S.O.	Surg. Lieut.-Commr.	Crown of Roumania	Officer	Roumania	1919
Scott, Sir Percy M., Bt., K.C.B., K.C.V.O., LL.D.	Admiral	Medjidie	3rd Class	Turkey	1890
Scott, T. Bodley	Commander	Legion of Honour	Chevalier	France	1918
Screech, Jonathan J.	Engineer Commander	St. Anne	3rd Class, with Swords	Russia	1917
Seabrook, James A., O.B.E.	Eng. Lieut.-Commander	Crown of Italy	Cavalier	Italy	1917
Sedgwick, Henry N. M.	Dep. Inspector-General	Medjidie	3rd Class	Turkey	1883
Segrave, John R.	Captain	Legion Honour	Officer	France	1918
Sells, William F., C.M.G.	Captain	Legion of Honour	Officer	France	1917
Sennett, Marrack	Engineer Captain	White Eagle	4th Class, with Swords	Serbia	1917
		Crown of Italy	Commander	Italy	1917
Serocold, Claud P., O.B.E.	Commander, R.N.V.R.	St. Anne	3rd Class	Russia	1917
		St. Maurice and St. Lazarus	Officer	Italy	1917
Seymour, The Right Hon. Sir Edward H., G.C.B., O.M., G.C.V.O., LL.D.	Admiral of the Fleet	Leopold	Officer	Belgium	1917
		Legion of Honour	Officer	France	1919
Seymour, Ralph F., D.S.O.	Commander	Osmanieh	3rd Class	Turkey	1883
Share, Hamnet H., C.B.	Paymaster Captain	St. Anne	3rd Class, with Swords	Russia	1917
		St. Anne	2nd Class, with Swords	Russia	1917
		Legion of Honour	Officer	France	1917
		Rising Sun	3rd Class	Japan	1917

Foreign Orders

Name	Rank	Order	Class	Country	Year
Sharp, George A.	Lieutenant, R.N.R.	Crown of Italy	Officer	Italy	1918
Sharp, George A. C., D.S.C.	Lieutenant	St. Vladimir	4th Class	Russia	1916
Sheen, Charles C.	Engineer Captain	St. Anne	3rd Class	Russia	1916
Shettle, John B.	Paym. Lieut.-Commr.	Rising Sun	Chevalier	Japan	1918
		Legion of Honour	3rd Class, with Swords	France	1916
Shillcock, Arthur E.	Engineer Commander	St. Anne	3rd Class, with Swords	Russia	1917
		St. Anne	3rd Class, with Swords	Russia	1917
Sholl, Guy T., D.S.C.	Lieutenant R.N.V.R.	St. Stanislaus	2nd Class, with Swords	Russia	1917
		Leopold	Chevalier	Belgium	1917
Shoppee, Denys C. G., D.S.C.	Lieutenant	Legion of Honour	Chevalier	France	1917
Shuckburgh, Charles S.	Commander	Medjidie	5th Class	Turkey	1858
Simms, Henry W.	Commander	Crown of Italy	Commander	Italy	1911
Simpson, Cecil	Eng.Lieut.-Commander	St. Anne	3rd Class, with Swords	Russia	1917
		St. Stanislaus	2nd Class, with Swords	Russia	1917
Sims, *Rev.* Frederick A., M.A.	Chaplain and Instructor Commander	Crown of Italy	Officer	Italy	1911
Sinclair, Hugh F. P.	Captain	Rising Sun	3rd Class	Japan	1918
		Legion of Honour	Officer	France	1918
Sinclair, John L., D.S.O.	Lieutenant, R.N.R.	Redeemer	Officer	Greece	1918
		Rising Sun	2nd Class	Japan	1917
Singer, Morgan, C.B.	Vice-Admiral	Crown of Belgium	Grand Officer	Belgium	1918
		Legion of Honour	Chevalier	France	1916
Sippe, Sidney V., D.S.O.	Squadron Commander	Leopold	Chevalier	Belgium	1917
Skelton, Reginald W., D.S.O.	Engineer Captain	St. Stanislaus	2nd Class, with Swords	Russia	1917
Skey, Arthur R. H.	Surgeon Commander	St. Maurice and St. Lazarus	Officer	Italy	1917
Slade, Frederick W. P.	Lieutenant, R.N.V.R.	Redeemer	Chevalier	Greece	1918
Bleeman, Samuel E.	Warrant Shipwright	Redeemer	5th Class	Greece	1919
Smallbone, William F.	Lieutenant, R.N.R.	St. Anne	3rd Class	Russia	1915
Smart, Harold N., C.M.G.	Lieutenant R.N.V.R.	St. Anne	3rd Class	Russia	1917
Smiles, Walter, D.S.O.	Commander R.N.V.R.	Crown of Roumania	Officer	Roumania	1919
Smith, Arthur B.	Sub-Lieutenant, R.N.R.	St. Anne	3rd Class	Russia	1916
Smith, Arthur D. W.	Lieutenant-Commander	Legion of Honour	Chevalier	France	1916
Smith, Aubrey C. H., M.V.O.	Captain	St. Anne	3rd Class, with Swords	Russia	1917
Smith, *Sir* F. Harrison, K.C.B.	Paymaster Captain	St. Vladimir	4th Class	Russia	1917
Smith, Frederick H.	Major, R.M.	Medjidie	5th Class	Turkey	1885
Smith, Henry F., D.S.O., C.B.	Engineer Commander	Nile	4th Class	Egypt	1917
Smith, Horace B., D.S.O.	Lieut. R.N.R.	Legion of Honour.	Chevalier	France	1918
Smith, James L., C.B., M.V.O., M.B.	Surgeon Rear - Admiral	Nile	4th Class	Egypt	1919
Smith, Lionel H.	Eng.Lieut.-Commander	Legion of Honour	Officer	France	1918
		St. Maurice and St. Lazarus	Cavalier	Italy	1917
Smith-Cumming, Mansfield G.,C.B.	Commander	Legion of Honour	Officer	France	1915
		Leopold	Officer	Belgium	1917
Smith-Dorrien, Henry T.	Lieutenant-Commander	Medjidie	4th Class	Turkey	1883
Smyth, Arthur D. D.	Commander	Crown of Italy	Officer	Italy	1918
Snagge, Arthur L.		Nile	4th Class	Egypt	1916
Sneyd, Ralph S., D.S.O.	Captain	Legion of Honour	Officer	France	1918
		Leopold	Officer	Belgium	1919

OFFICERS AUTHORISED TO WEAR FOREIGN ORDERS ON ALL OCCASIONS—continued.

NAME.	RANK.	ORDER OR DECORATION.	CLASS OR GRADE.	COUNTRY.	DATE OF BESTOWAL
Soanes, James	Lieutenant R.N.R.	White Eagle	5th Class, with Swords	Serbia	1917
Somerville, Henry B. T., C.M.G.	Captain	Legion of Honour	Officer	France	1918
Spence, Robert, D.S.O.	Engineer Commander	St. Stanislas	2nd Class, with Swords	Russia	1917
Spicer-Gimson, Geoffrey B., D.S.O.	Commander	Crown of Belgium	Commander	Belgium	1918
Spickernell, Frank T., D.S.O.	Paym. Lieut.-Com.	St. Stanislas	2nd Class, with Swords	Russia	1917
Stack, Alan R.	Paymaster Commander	Medjidie	3rd Class	Turkey	1914
		Legion of Honour	Chevalier	France	1916
Stanistreet, Henry D. C., D.S.O.	Lieutenant-Commander	Crown of Italy	Officer	Italy	1917
Stanley, Edmond A. B., D.S.O., M.V.O.	Commander	St. Stanislas	3rd Class, with Swords	Russia	1917
Stanley, The Hon. Victor A., C.B., M.V.O.	Rear-Admiral.	Nile	4th Class	Egypt	1918
		Legion of Honour	Officer	France	1916
Stansbury, Hubert, C.B.	Captain	St. Anne	2nd Class, with Swords	Russia	1917
Stapleton, Gregory	Commander	St. Sava	2nd Class	Serbia	1917
Staveley, Cecil M., C.M.G.	Captain	Rising Sun	Officer	Japan	1917
Stead, Alfred	Commander, R.N.V.R.	Avis	2nd Class	Portugal	1919
		Legion of Honour	Officer	France	1918
		White Eagle	5th Class	Serbia	1918
Steele, Gerald A.	Commander, R.N.V.R.	Karageorge	4th Class	Serbia	1919
		St. Maurice and St. Lazarus	Officer	Italy	1918
Steel, John M.	Captain	Legion of Honour	Chevalier	France	1918
Steer, George H. T.	Commander	St. Stanislas	2nd Class, with Swords	Russia	1917
Steen, Richard A.	Engineer Lieutenant	Etoile Noire	Officer	France	1918
		Avis	3rd Class	Portugal	1919
Stephenson, Gilbert O., C.M.G.	Captain	Crown of Italy	Commander	Italy	1918
Stephenson, Sir Henry F., G.C.V.O., K.C.B.	Admiral	Redeemer	Commander	Greece	1918
Stevens, Percy R.	Commander	Osmanieh	3rd Class	Turkey	1883
Stewart, Archibald T., O.B.E.	Lieut.-Commander	St. Anne	3rd Class, with Swords	Russia	1917
Stewart, Arthur C.	Captain	Nichan Iftikhar	Commander	Tunis	1917
Stirling, Anselan J. B., C.B.	Captain	Legion of Honour	Chevalier	France	1918
		Crown of Italy	Commander	Italy	1911
Stoddart, John, M.B.	Surgeon Commander	Legion of Honour	Officer	France	1916
		St. Anne	2nd Class, with Swords	Russia	1917
Stopford, The Hon. Arthur	Captain	St. Stanislas	2nd Class, with Swords	Russia	1917
		Legion of Honour	Chevalier	France	1916
Story, William O.	Vice-Admiral.	St. Stanislas	2nd Class, with Swords	Russia	1917
Stracey-Clitherow, Eustace W. C.	Lieutenant-Commander	Rising Sun	2nd Class	Japan	1917
Strange, Andrew L.	Commander	Medjidie	3rd Class	Turkey	1883
Streatfeild, Philip, M.V.O.		Nile	3rd Class	Egypt	1914
Strutt, The Hon. Arthur C.	Captain	Crown of Italy	Commander	Italy	1916
Stuart, Charles J.	Catpain ", R.N.R.	St. Stanislas	2nd Class, with Swords	Russia	1918
	Lieut.-Com. R.N.R.	Crown of Italy	Officer	Italy	1917

Foreign Orders

Name	Rank	Order	Class	Country	Year
Sturdee, *Sir* Frederick C. Doveton, *Bt.*, K.C.B., K.C.M.G., G.V.O.	} Admiral	{ Legion of Honour	Commander	France	1916
		St. Anne	1st Class, with Swords	Russia	1917
		St. Maurice and St. Lazarus	Grand Officer	Italy	1917
Sturgess, Richard B.S., C.B.		Rising Sun	Grand Cordon	Japan	1917
	Paymaster Commander	Legion of Honour	Chevalier	France	1916
		St. Stanislas	2nd Class, with Swords	Russia	1917
Sueter, Murray F., C.B.	Captain	{ Legion of Honour	Commander.	France	1915
		Rising Sun	3rd Class	Japan	1917
Sullivan, Harold A., D.S.O.	Captain	St. Vladimir	4th Class	Russia	1917
Sullivan, Norton A.	Captain	St. Stanislas	2nd Class, with Swords	Russia	1917
Sullivan, Hugh D. M. O.	Major, R.M.L.I.	St. Stanislas	2nd Class, with Swords	Russia	1918
Sumners, Henry C.	Lieut.-Com. R.N.V.R.	Nile	Officer	Egypt	1918
Sumner, Charles G. C.	Commander	Legion of Honour	Chevalier	France	1917
Sutcliff, George R.	Lieutenant-Commander	St. Stanislas	2nd Class with Swords	Russia	1915
Sucliffe, Percy T., M.B., M.A.	Surgeon Commander	St. Anne	3rd Class	Russia	1915
		St. Maurice and St. Lazarus	Officer.	Italy	1911
Sutton, Francis J.	Engineer Commander	Legion of Honour	Chevalier	France	1916
Swabey, George T. C. P., D.S.O.	Captain	Legion of Honour	Chevalier	France	1917
Sykes, Alfred C., C.M.G.	Lieut.-Com. R.N.V.R.	Brilliant Star	2nd Class	Zanzibar	1918
Talbot, Gerald	Major-General, R.M.A.	Redeemer	Officer	Greece	1918
Talbot, Harry L.	Major R.M.A.	Medjidie	5th Class	Turkey	1883
Tanqueray-Willaume, Frederick G.	Lieutenant-Commander	St. Stanislas	2nd Class, with Swords	Russia	1917
Tatham, Horace H.	Surg. Lieut.-Com.	Redeemer	Officer.	Greece	1918
Taylor, Basil, M.B.	Captain	Avis	3rd Class	Portugal	1919
Taylor, Ernest A.	Captain	Crown of Italy .	Commander	Italy	1917
Taylor, George W.	Commander	St. Maurice and St. Lazarus	Officer.	Italy	1917
Temple, George T.	Lieutenant-Commander	St. Olaf	1st Class	Norway	1900
Temple, Reginald C., O.B.E.	Major R.M.A.	Legion of Honour	Chevalier	France	1918
Thesiger, Bertram S., O.B.E., C.M.G.	Captain	St. Anne	2ndClass, with Swords	Russia	1917
Thomas, *Sir* Francis W., K.C.B.	General, R.M.L.I.	Medjidie	5th Class	Turkey	1868
Thompson, George F.	Engineer Captain.	Legion of Honour	Chevalier	France	1916
		St. Stanislas	2ndClass, with Swords	Russia	1917
Thompson, Reginald	Surgeon Lieut.-Com.	Crown of Italy	Officer	Italy	1911
Thompson, Wilfred A.	Commander	Crown of Italy	Officer	Italy	1917
Thomson, George H.	Paym. Lieut.-Com.	Redeemer	4th Class	Greece	1918
Thorburn, Robert A.	Lieutenant, R.N.R.	St. Anne	3rd Class	Russia	1916
Thoroton, Charles J., C.M.G.	Major and Bt. Lt.-Col., R.M.L.I.	Legion of Honour	Officer	France	1917
		Crown of Italy.	Commander	Italy	1917
Thring, Ernest W. C., C. E.	Paymaster Commander	{ Ouissom of Alaouite	Commander	Morocco	1918
		St. Maurice and St. Lazarus	Officer .	Italy	1911
		/St. Maurice and St. Lazarus	Grand Officer	Italy	1917
Thursby, *Sir* Cecil F., K.C.B., K.C.M.G.	} Vice Admiral	{ White Eagle	Grand Cross	Serbia	1917
		Legion of Honour	Commander	France	1917
		Redeemer	Grand Cross	Greece	1918
		Rising Sun	Grand Cordon	Japan	1918

Foreign Orders

OFFICERS AUTHORISED TO WEAR FOREIGN ORDERS ON ALL OCCASIONS—continued.

NAME.	RANK.	ORDER OR DECORATION.	CLASS OR GRADE.	COUNTRY.	DATE OF BESTOWAL.
Thursfield, Henry G.	Commander	Nile	4th Class	Egypt	1918
Thursfield, Raymond S.	Paym. Lieut.-Com.	St. Anne	3rd Class, with Swords	Russia	1917
Thynne, Denis G.	Captain	St. Stanislas	2nd Class, with Swords	Russia	1917
Tigar, Basil J.	Paym. Sub-Lieut. R.N.R.	Avis	3rd Class	Portugal	1918
Tillard, Stephen D.	Commander	St. Anne	3rd Class, with Swords	Russia	1917
Tindal, Morgan	Commander	St. Stanislas	2nd Class, with Swords	Russia	1917
Tindal-Carfill-Worsley, Charles N.	Captain	Legion of Honour	Chevalier	France	1918
		Redeemer	Officer	Greece	1918
Todd, Charles J., M.A.	Chaplain	Osmanieh	4th Class	Turkey	1885
Todd, George J.	Captain	Crown of Italy	Commander	Italy	1916
Tomkinson, Lancelot	Lieutenant	Legion of Honour	Chevalier	France	1916
Tonkinson, Wilfred, C.B., M.V.O.	Captain	St. Maurice and St. Lazarus	Officer	Italy	1916
		Order of Leopold	Officer	Belgium	1919
Toop, William, C.B.	Engineer Captain	St. Stanislas	2nd Class, with Swords	Russia	1917
Tothill, Arthur R.	Paymaster Commander	St. Anne	3rd Class, with Swords	Russia	1917
		St. Anne	2nd Class, with Swords	Russia	1917
Tothill, Sir Hugh H.D., K.C.M.G., C.B.	Rear-Admiral	Rising Sun	2nd Class	Japan	1918
		Legion of Honour	Commander	France	1910
Tottenham, Francis L.	Captain	Osmanieh	3rd Class	Turkey	1917
Torey, John C.	Commander	St. Anne	3rd Class, with Swords	Russia	1917
Tower, Francis T. B.	Commander	Crown of Italy	Cavalier	Italy	1917
Tower, Ion B. B., D.S.O.	Lieut.-Commander	St. Stanislas	3rd Class, with Swords	Russia	1917
Townsend, George B.	Paymaster Captain	Redeemer	Officer	Greece	1913
Townsend, Cyril S., C.B.	Captain	Crown of Italy	Commander	Italy	1911
Townsend, Samuel P.	Vice-Admiral	Medjidie	5th Class	Turkey	1858
Traill Smith, Mervyn P.	Commander	St. Anne	3rd Class, with Swords	Russia	1917
Trelawny, Clarence W. B.	Commander	St. Anne	3rd Class, with Swords	Russia	1917
Trew, William	Paymaster-in-Chief	Osmanieh	4th Class	Turkey	1883
Tribe, Charles R.	Chief Gunner	Redeemer	5th Class	Greece	1919
Triggs, Reginald S.	Acting Commr. R.N.R.	Legion of Honour	Chevalier	France	1916
Trischler, Henry I. R.	Commander	St. Anne	3rd Class, with Swords	Russia	1917
Trotman, Charles N., C.B.	Colonel R.M.L.I.	Legion of Honour	Officer	France	1918
		Rising Sun	2nd Class	Japan	1904
		Kara-George	Grand Officer, with Swords	Serbia	1919
Troubridge, Ernest C. T., C.B., C.M.G., M.V.O.	Admiral	White Eagle	Grand Cordon with Swords	Serbia	1917
Troup, Arthur G.	Major and Bt. Lt.-Col., R.M.A.	St. Maurice and St. Lazarus	Grand Cross	Italy	1918
		Redeemer	Grand Officer	Greece	1919
		St. Stanislas	2nd Class, with Swords	Russia	1917

Foreign Orders

Name	Rank	Order	Class	Country	Year
Tucker, Charles H. W.	Lieutenant, R.N.V.R.	Redeemer	Chevalier	Greece	1918
Tudor, Frederick C. T., K.C.M.G., C.B.	Rear-Admiral	Rising Sun	2nd Class	Japan	1917
Tufnell, Eric B. C.	Lieutenant-Commander	St. Maurice and St. Lazarus	Cavalier	Italy	1917
Tufnell, Lionel G., C.M.G.	Admiral	Redeemer	Grand Commander	Greece	1912
Tupman, John A.	Major and Bt. Lt.-Col., R.M.L.I.	St. Maurice and St. Lazarus	Officer	Italy	1911
Tupper, Henry de B. A. M.	Commander	Legion of Honour	Chevalier	France	1918
Tupper, Sir Reginald G. O., K.C.B., C.V.O.	Admiral	Legion of Honour	Commander	France	1918
Turner, George R., D.S.O.	Lieutenant, R.N.V.R.	St. Stanislas	3rd Class, with Swords	Russia	1917
Turner, Price G. C.	Lieut.-Commander	St. Stanislas	3rd Class, with Swords	Russia	1917
Turner, Walter A.	Surg. Sub-Lieut., R.N.V.R.	St. Stanislas	3rd Class, with Swords	Russia	1917
Tweedie, Hugh J.	Captain	Rising Sun	3rd Class	Japan	1918
Twigg, Alan G. D.	Lieut.-Commander	Legion of Honour	Chevalier	France	1919
Tyler, William F.	Lieut.-Commander, R.N.R.	Peacock's Feather		China	1903
		Double Dragon	3rd Class, 2nd Div.	China	1908
		Excellent Crop	3rd Class	China	1914
		Striped Tiger	2nd Class	China	1915
		Medjidie	5th Class	Turkey	1885
Tyndale Biscoe, Edward C.	Commander	Legion of Honour	Commander	France	1916
		Savoy	Officer	Italy	1917
Tyrwhitt, Sir Reginald Y., K.C.B., D.S.O.	Captain	St. Anne	2nd Class, with Swords	Russia	1917
Underhill, Edwin V., C.B.	Rear-Admiral	Nile	3rd Class	Egypt	1919
T. C. Unwin, Edward, C.M.G.	Commander	Legion of Honour	Chevalier	France	1918
Upton, Herbert L., D.S.O.	Lieutenant R.N.R.	St. Stanislas	3rd Class	Russia	1917
Urmston, Frank	Lieutenant, R.N.V.R.	Redeemer	Commander	Greece	1918
Usborne, Cecil V.	Captain				
Vandervord, Richard F.	Paym. Lieut. R.N.R.	Legion of Honour	Chevalier	France	1916
Vann, Ernest H.	Lieutenant, R.N.R.	Tower and Sword	3rd Class	Portugal	1918
		Legion of Honour	Commander	France	1917
Vaughan-Lee, Charles L., O.B.	Rear-Admiral	St. Maurice and St. Lazarus	Commander	Italy	1917
Veater, Arthur W., B.A.	Instructor Commr.	Rising Sun	2nd Class	Japan	1917
		Legion of Honour	Chevalier	France	1918
Vyvyan, Arthur V., C.B., D.S.O.	Captain	Legion of Honour	Officer	France	1917
		Rising Sun	3rd Class	Japan	1918
Wace, Stephen C.	Major, R.M.A.	Crown of Italy	Officer	Italy	1917
		Legion of Honour	Chevalier	France	1917
Wainwright, Gerald C.	Major, R.M.L.I.	St. Stanislas	2nd Class, with Swords	Russia	1917
Waistell, Arthur K., C.B.	Captain	Rising Sun	3rd Class	Japan	1917
		Medjidie	5th Class	Turkey	1883
Wake, Sir Drury St. A., K.C.I.E., C.B.	Rear-Admiral	St. Maurice and St. Lazarus	Commander	Italy	1911
Wake, St. Aubyn B.	Commander	St. Vladimir	4th Class	Russia	1915
		St. Anne	3rd Class, with Swords	Russia	1917

Foreign Orders

OFFICERS AUTHORISED TO WEAR FOREIGN ORDERS ON ALL OCCASIONS—continued.

NAME.	RANK.	ORDER OR DECORATION.	CLASS OR GRADE.	COUNTRY.	DATE OF BESTOWAL.
Walker, Baldwin C.	Commander	Legion of Honour	Chevalier	France	1916
Walker, Reginald P.	Paym. Commander	St. Stanislas	2nd Class, with Swords	Russia	1917
Walsh, Joseph G.	Commander	Legion of Honour	Chevalier	France	1918
Walwyn, Humphrey T., D.S.O.	Captain	St. Stanislas	2nd Class, with Swords	Russia	1917
Ward, Cecil A.	Paym. Lieut.-Com.	St. Anne	3rd Class, with Swords	Russia	1917
Warleigh, Percival H.	Captain	Nile	3rd Class	Egypt	1918
Warre, Philip A.	Lieutenant-Commander	St. Anne	3rd Class, with Swords	Russia	1917
Warren, Arthur G.	Commander	Nile	3rd Class	Egypt	1917
Warren, Guy L.	Lieutenant-Commander	Leopold	Chevalier	Belgium	1917
Warton, John F., C.M.G.	Captain	St. Stanislas	Officer	Russia	1917
		Legion of Honour	Commander	France	1917
Waterer, Philip H.	Commander	Crown of Italy	2nd Class, with Swords	Italy	1917
Waterhouse, Thomas R.	Paym. Lieut.-Commr.	St. Stanislas	Officer	Russia	1917
Watson, James H.	Engineer Captain	Redeemer	3rd Class	Greece	1918
Watson, Reginald J. N.	Captain	Redeemer	Chevalier	Greece	1914
Watts, Alfred B.	Commander	Legion of Honour	3rd Class, with Swords	France	1918
Way, Frederick C.	Gunner	Crown of Roumania	Chevalier	Roumania	1919
Waymouth, Frederick R., C.M.G.	Paym. Commander	Legion of Honour	Chevalier	France	1918
		St. Anne	2nd Class	Russia	1917
Webb, Richard, C.B.	Rear-Admiral	Rising Sun	3rd Class	Japan	1918
		Crown of Italy	Commander	Italy	1918
Webster, George A. P.	Paymaster Lieutenant	Legion of Honour	Chevalier	France	1917
Weekes, Victor H. T., C.B.	Paym. Commander	St. Anne	2nd Class, with Swords	Russia	1917
Welch, Sir George, K.C.M.G., C.B.	Surgeon Rear-Admiral	Rising Sun	2nd Class, with Swords	Japan	1917
Wells, Francis	Lieutenant, R.N.R.	White Eagle	5th Class	Serbia	1914
Wells, Gerard A.	Captain	Redeemer	3rd Class	Greece	1916
Wells, Norman H.	Lieutenant, R.N.V.R.	Legion of Honour	Chevalier	France	1916
Wemyss, Sir Rosslyn E., G.C.B., C.M.G., M.V.O.	Admiral	Nile	1st Class	Egypt	1916
		Legion of Honour	Grand Cross	France	1918
		Crown of Italy	Grand Officer	Italy	1917
		Rising Sun	Grand Cordon	Japan	1918
		White Elephant	1st Class	Siam	1919
Wenlock, Arthur W.	Lieutenant, R.N.R.	Crown of Roumania	Grand Cross	Roumania	1919
West, Hon. Bertrand G. S.	Lieut.-Com. R.N.V.R.	Crown of Roumania	Chevalier	Roumania	1919
Westgarth, William A.	Lieutenant, R.N.R.	Legion of Honour	Chevalier	France	1918
Wheeler, George F.	Boatswain	Tower and Sword	3rd Class	Portugal	1918
White, Frederick, D.S.O.	Colonel, R.M.L.I.	Crown	Chevalier	Belgium	1917
Whitehead, Frederic A., C.B.	Captain	Medjidie	5th Class	Turkey	1885
Whitfield, Paul, D.S.O.	Commander	Legion of Honour	Officer	France	1916
Whittall, Hugh C.	Lieut.-Com. R.N.V.R.	St. Anne	3rd Class, with Swords	Russia	1917
Whittington-Ince, Edward W.	Paym. Lieut.-Com.	Redeemer	Officer	Greece	1918
		Star of Roumania	Chevalier	Roumania	1919

Foreign Orders

Whyte, William M. C. Beresford, C.M.G.	Paym. Rear-Admiral	Crown of Roumania	Commander	Roumania	1919
Wickham, Richard F. E.	Flight Lieutenant	Crown of Italy	Cavalier	Italy	1917
Wigram, Ernest, O.M.G., D S O.	Captain	Order of Leopold	Officer	Belgium	1919
Wildermuth, Edmund A. R.	Midshipman	Redeemer	Chevalier	Greece	1918
Wildey, Alexander G.	Surgeon Rear-Admiral	Legion of Honour	Officer	France	1918
Willett, Basil R.	Lieutenant	Legion of Honour	Chevalier	France	1918
Wilkinson, Gordon C.	Lieut.-Commander	Legion of Honour	Chevalier	France	1918
Wilkinson, Lionel S.	Captain R.M L I.	Legion of Honour	Chevalier	France	1918
Williams, Ernest H. B.	Commander	Crown of Italy	Cavalier	Italy	1917
Williams, Harry	Engineer Commander	Medjidie	Chevalier	Turkey	1910
Williams, Hugh P.	Admiral	Medjidie	1st Class	Turkey	1911
Williams, James O'B.	Surgeon General	St. Maurice and St. Lazarus	Commander	Italy	1911
Wills, Charles S., C.M.G., D.S.O., G.C.B., O.M., G.C.V.O.	Captain	Legion of Honour	Officer	France	1918
F.G. Wilson, Sir Arthur K.	Admiral of the Fleet	Medjidie	3rd Class	Turkey	1883
Wilson, Frederick G., M.B.	Surgeon Lieut.-Com.	Crown of Italy	Officer	Italy	1911
Wilson, Henry P.	Commander	St. Anne	3rd Class, with Swords	Russia	1917
Wilson, John D.	Engineer Commander	St. Stanislaus	2nd Class, with Swords	Russia	1917
Wilson, John P., D.S.C.	Squadron Commander	Crown of Belgium	Chevalier	Belgium	1917
Wilson, Joseph E. M.	Vice-Admiral	Medjidie	5th Class	Turkey	1858
Wilton, Stanley T. H.	Captain	St. Stanislaus	2nd Class, with Swords	Russia	1917
		Crown of Belgium	Officer	Belgium	1914
Winter, Alexander C., O.B.E.	Paymaster-Lieutenant.	Redeemer	4th Class	Greece	1918
Wodehouse, Philip G., D.S.O.	Lieut.-Commander	Crown of Italy	Cavalier	Italy	1918
Wonham, Charles S.	Paymaster-Commander	Crown of Italy	Officer	Italy	1918
Wood, Harold	Sub-Lieut., R.N.V.R.	St. Stanislaus	2nd Class, with Swords	Russia	1917
Woodbridge, Julian H.	Commander	Redeemer	Chevalier	Greece	1917
Woolcock, Harold L.	Commander	Crown of Italy	Officer	Italy	1917
Woodcock, Thomas G.	Midshipman, R.N.R.	Redeemer	Chevalier	Greece	1918
Woot-Martin, Gregory G. C.	Captain	St. Stanislaus	3rd Class, with Swords	Russia	1917
Woods, Alexander R. W., D.S.O.	Commander	St. Maurice and St. Lazarus	Officer	Italy	1917
		St. Stanislaus	2nd Class, with Swords	Russia	1917
Woods, Sir Henry F., K.C.V.O.	Navigating Lieutenant.	Medjidie	1st Class, with Star in Brilliants	Turkey	1888
		Osmanieh	3rd Class	Turkey	1887
Woollcombe, Louis C. S., M.V.O.	Captain	St. Anne	2nd Class, with Swords	Russia	1917
Woollcombe, Maurice, C.B.	Rear-Admiral	Rising Sun	3rd Class	Japan	1918
Woolley, Charles H. F.	Captain, R.M.L.I.	St. Anne	2nd Class, with Swords	Russia	1917
Wrey, William B. S., C.M.G.	Captain	Legion of Honour	Chevalier	France	1917
Wynter, Gerald O.	Commander	Crown of Belgium	Officer	Belgium	1918
		Sacred Treasure	3rd Class	Japan	1917
Young, Edward H., M.P.	Lieut.-Com. R.N.V.R.	Kara George	4th Class, with Swords	Serbia	1917
Young, George B. W.	Captain	Legion of Honour	Officer	France	1916

CIVIL OFFICERS AUTHORISED TO WEAR FOREIGN ORDERS.

Name.	Description.	Order or Decoration.	Class or Grade.	Country.	Date of Bestowal.
Adams, Albert G.	Superintending Clerk, Victualling Department, Admiralty	St. Maurice and St. Lazarus	Commander	Italy	1911
Colson, Charles H.	Suptg. Civil Engineer	Redeemer	3rd Class	Greece	1916
d'Eyncourt, *Sir* Eustace, H. W. T., K.C.B.	Director of Naval Construction	Legion of Honour	Commander	France	1918
Greene, *Sir* William G., K.C.B.	*late* Secretary of the Admiralty	Rising Sun Leopold	1st Class Commander	Japan Belgium	1917 1917
Hayward, Ernest A. S.	Assistant Director of Stores, Malta	Etoile Noire Legion of Honour	Officer, Chevalier	France France	1918 1918
Hogarth, William	Superintendent and Victualling Store Officer, Malta	Etoile Noire Legion of Honour	Officer. Chevalier	France France	1918 1918
Hopkins, Charles J. W.	Acting Constructor	Legion of Honour	Chevalier	France	1918
Jenkins, Walter St. D., C.B.E.	Assistant Director of Contracts, Admiralty	Order of the Crown Legion of Honour	Officer. Officer	Italy France	1918 1918
Kerridge, Christopher W.	Asst. Constructor	Redeemer	4th Class	Greece	1914
Murray, *Sir* Oswyn A. R., K.C.B.	Secretary of the Admiralty	Rising Sun.	2nd Class	Japan	1917
Pearson, Richard F. M.	Civil Engineer	Redeemer	4th Class	Greece	1916
Pine, William T.	Chief Constructor	Etoile Noire	Commander	France	1918
Smith, *Sir* James Masterton, K.C.B.	Asst. Principal, Admiralty	Order of the Crown	Officer	Belgium	1917
Stantan, William B.	Asst. Store Officer	Redeemer	4th Class	Greece	1914
Thomson, *Sir* Graeme, K.C.B.	Director of Transports and Shipping	Rising Sun Order of the Crown Order of the Crown	3rd Class Officer. Commander	Japan Belgium Italy	1917 1917 1918

APPENDIX I
VESSELS EMPLOYED ON SPECIAL SERVICE
'Q' SHIPS 1914-1918

LAST NAME IN SERVICE	NUMBER OR OTHER NAMES	COMMENCED S.S.	TERMINATED S.S.
ACTON	Q34, Harelda, Woffington, Gandy	22.3.17	11.11.18
ALBERT H WHITMAN		10.7.17	22.11.17
ALBERT J LUTZ		6.7.17	22.11.17
AMY B SILVER		17.7.17	22.11.17
ANCHUSA	Cashel, Winstree.	30.5.17	22.11.17
ANTIC	Auk, Hope, Spika, Ben Nevis, Claymore, St. Gothard, Girdler, Glen Afric.	15.3.17	11.11.18
ANTWERP	Vienna	27.1.15	5.4.15
ARBUTUS	Sprigg	27.10.17	Sunk 16.12.17 F.p.o. 31.12.17
ASAMA		12.1.17	Sunk 16.7.17
AUBRIETIA	Q.13, Winton, Zebal	15.9.16	1.3.18
AURICULA	Hempseed	27.11.17	1.3.18
BARALONG	Wyandra	3.15	22.10.16
BARON ROSE	Sieux	29.8.18	11.11.18
BARRANCA	Q.3, Echunga	18.6.16	15.5.17
BEGONIA	Q.10, Dolois, Jessop.	9.8.17	Sunk 6.10.17
BERGAMOT		14.7.17	Sunk 13.8.17 F.p.o. 13.8.17
BETSY JAMIESON		1.9.16 1.6.17 26.11.17 24.5.18	25.9.16 15.9.17 25.12.17 11.11.18
BLESSING		Aug: 16	31.3.17
BOLHAM	Sarah Colebrooke, Meryl.	3.5.17	7.10.18 Sunk
BOMBALA	Willow Branch, Vinetree, Juggler.	28.1.17	25.4.18
BRIG 1	Emelia C.	10.11.17	16.10.18
BRIG 2	Rosina Ferrara	8.1.18	11.11.18
BRIG 3	S. Anna.	18.2.18	11.11.18
BRIG 4	Vera	6.4.18	11.11.18
BRIG 5	Salomea K.	28.5.18	11.11.18
BRIG 9	Kostoula	Aug:1917	Dec:1917
BRIG 10	Q.17, Heligoland, Horley.	July/Aug 1916	11.11.18
BRIG 11	Q.22, Gaelio, Gobo.	Nov/Dec: 1916	11.11.18
BRIG 12	Vassiliki	17.12.17	11.11.18
BROWN MOUSE	Spinoza	5.3.17	Sunk 28.2.18 F.p.o. 31.3.18
BRYONY	Cookcroft	19.12.17	1.4.18
CANDYTUFT	Pavitt	9.8.17	Sunk 18.11.17 F.p.o. 8.12.17
CARRIGAN HEAD	Q.4.	10.7.16	2.8.17
CEAOTHUS	Linksman, Caird.	1.8.17	1.4.18
CENTURY	Penhallow.	11.12.15	23.5.17

Appendix I

CHAGFORD	Bracondale	8.4.17	Sunk 7.8.17 F.p.o. 18.8.17
CHEVINGTON		Early Oct:1915	27.6.16
CHILDREN'S FRIEND (Smack)	S.6.	7.2.17	11.11.18
CHRYSANTHEMUM		30.1.18	1.4.18
COMMISSIONER	Champion, Recorder, Roller.	15.3.17	11.11.18
COMMODORE (Smack)	Boy Alfred, Hobbyhawk, Tolesia, C.B.	20.1.16	11.11.18
CONVOLVULUS	Manton, Abney	4.7.17	1.3.18
COOT	Burmah, Dora, Kia Ora, Lorne	15.3.17	11.11.18
COREOPSIS	Bigott, Beardsley.	27.10.17	1.4.18
COWSLIP	Brigand	4.12.17	1.4.18
CULLIST	Westphalia, Jurassie, Hayling Prim.	12.5.17	Sunk 11.2.18 F.p.o. 28.2.18
CYMRIC	Clive	12.9.18	11.11.18
DARGLE	Q.29, J.J.Bibby, Peggy, Grabbitt.	23.4.17	11.11.18
DEFENDER		13.6.17	11.11.18
DIANTHUS	Dhoby	23.12.17	1.4.18
DONLEVON	Ravenstone	22.5.17	30.9.17
DORANDO PIETRI (Smack)	S.5.	7.2.17	11.11.18
DOROTHY G. SNOW		4.7.17	22.11.17
DREADNOUGHT II (Smack)	Ledger No. 897.	4.6.17	11.11.18
DUNCLUTHA	Stamford, Champney.	18.12.16	4.5.18
DUNCOMBE	Derwent, Lydia.	4.10.15	15.8.17
DUNRAVEN		28.7.17	Sunk 10.8.17 F.p.o. 18.8.18
EARL OF POWIS (Tug)		11.5.16	20.1.17
EARLY BLOSSOM (Smack)	S.2.	23.11.16	11.11.18
EGLANTINE	Aldwych, Hickory.	1.9.17	18.3.18
EILIAN	Chromium	5.9.17	18.10.18
ELEUTHERA	Elizabeth	7.5.18	11.11.18
ETHEL & MILLIE (Smack)	S.3. (Ledger No. 929).	12.2.17	Sunk 15.8.17
EXCEL		3.2.17	31.3.17
FISHER LASSIE II		1.9.16	25.9.16
		1.6.17	15.9.17
		21.10.17	27.11.17
		30.12.17	4.7.18
		20.7.18	22.9.18
FIZZER		17.8.16	24.10.16
		3.2.17	31.3.17
FORT GEORGE	Robins	29.3.17	11.11.18
FRESH HOPE	Iroquois	5.4.18	11.11.18
GLEN	Sidney, Athos.	5.4.17	7.10.18
GLENDALE	Q.32, Speedwell II, Vanda, Roger.	4.4.16	Sunk 15.7.18
GLENDEVON		Early Oct: 15	5.7.16
GLEN ISLA		15.10.15	4.3.16
G.L.M. (Ketch)	G.L.Munro, Padre	July '17	11.11.18
GLORY (Smack)		2.8.15	4.9.15
GOOD HOPE		4.1.17	4.2.17
GUNNER	Q.31, Planudes, Borgia	27.2.15	11.11.18
HEATHER	Q.16, Bywater, Soetrus.	11.10.16	1.3.18
HELEN M. OCOLEN		13.7.17	22.11.17
HIBISCUS	Palette.	21.12.17	1.4.18
HYDERABAD	S. SS. No.966, Nicobar, Coral.	24.9.17	11.11.18

Appendix I

IANTHE	Manon	30.11.17	11.11.18
IMPERATOR (Smack)	Impregnable, Imprest, Ledger No.13.	21.1.16	11.11.18
IMPEY	Imogene, Jeanette, Dorothy.	24.2.18	11.11.18
INTABA	Q.2, Waitomo.	22.5.16	21.5.17
INVERLYON		2.8.15	-.9.15
ISAAC WALTON		20.7.18	11.11.18
KENTISH KNOCK	Kent County, (Ledger No.17)	22.1.16	Sunk 8.12.16
KING LEAR	Enid, Diana, Kib.	1.5.17	Sunk 30.4.18
KING STEPHEN	Ledger No. 778	22.2.16	25.4.16
LAGGAN	Q.24, Pladda, Grammer, Restituo.	12.2.17	11.11.18
LAMMEROC	Remembrance.	11.12.15	Sunk 14.8.16
LISETTE	Hester.	21.8.17	30.4.18
LOTHBURY	Argo, Stead, Sarusan.	25.7.17	14.7.18
LOTHIAN		15.7.18 8.8.17	11.11.18 11.11.18
LYCHNIS	Kidner, Wilangil.	15.11.17	1.4.18
LYONS		-.3.15	9.11.15
M 105	Kermos	1.6.16	Nov/Dec 1916.
M 135	Strumble	1.6.16	
MALLINA	Djerissa, Solax, Woking.	9.12.16	18.5.18
MANA	Goblin	24.9.17	3.1.18
MARESFIELD	Chiswell, Sequax.	March/Apl: 1917	Apl/May 1918
MARGARETHA		19.9.18	11.11.18
MARGIT		6.12.15	10.2.16
MARSHFORT	Huayna, Senley, Hilcollow.	16.6.17	11.11.18
MASCOT (Smack)	Cheerio, Energic, S.I.	20.1.16	11.11.18
MASTER	Q.32, Quickly, Carolina, Sinton.	-.7.15	11.11.18
MAVIS	Q.26, Myroca.	19.3.17	25.6.17
MEROPS	Q.28, Ilma, Maracaibo, Toofa, Steady.	2.2.17	11.11.18
MITCHELL	Q.9, Mary B. Mitchell, Amarus.	5.5.16	11.11.18
MONTBRETIA	Rochfort	1.12.17	1.3.18
MORNING STAR		17.8.16	24.10.16
		3.2.17	31.3.17
NELSON (Smack)	G&E, Bird Holkar, Extirpator, Foam Crest, I'll Try, S.3. (Ledger No. 929).	2.8.15 Recomnd. 20.1.16	P.O. -.9.15 Sunk 15.8.17
OCEAN FISHER (Smack)	Ledger No. 59.	15.1.17	Sunk 16.6.18
OOMA	Hyanthes, Craven, Lorimer.	5.12.16	21.6.18
P.42	Culloden, Mallory.	23.8.17	1.3.18
P.43	Charing, Trego.	25.10.17	1.3.18
P.44	Mortmain, Rolask.	16.7.17	1.3.18
P.51	Mopsworth, Cocklyte.	13.7.17	1.3.18
P.55	Juggernaut, Methyl	4.7.17	1.3.18
P.56	Birdwood, Panache	18.8.17	1.3.18
P.60	Burlington, Meredith.	26.6.17	1.3.18
P.61	Downton, Chesney.	1.8.17	1.3.18
P.62	Mornington, Kingsnake.	18.8.17	1.3.18
P.63	Orrisroot.	12.12.17	1.3.18
P.65	Milfoil	1.12.17	1.3.18
P.67	Flashlight, Chintz.	19.6.17	1.3.18
P.68	Telford, Nakerley.	28.7.17	1.3.18
PARGUST	Vittoria, Snail, Pangloss, Friswell.	28.3.17	28.7.17
	(Pangloss Second commission)	Feb: 1918	11.11.18
PASSAWAY		3.2.17	31.3.17
PAXTON	Q.25, Lady Patricia.	5.3.17	Sunk 20.5.17 F.p.o. 31.5.17

Appendix I

PENSHURST	Q.7, Manford	9.11.15	Sunk 26.12.17
PET (Smack)		2.8.15	-.9.15
PINTA		4.7.17	22.11.17
POLYANTHUS	Deverill	10.11.17	1.3.18
PREVALENT	Hurter	-.4.17	-.2.18
PRINCE CHARLES		7.8.15	Mid Jan 16
PRINCESS ENA		25.5.15	-.8.15
PRIVET	Q.19, Island Queen, Swisher, Alcala	21.12.16 23.4.17	19.3.17 11.11.18
PRIZE	Q.21, First Prize, Else	21.2.17	Sunk 14.8.17
PROBUS	Q.30, Ready, Thurza, Elixir	30.8.15	11.11.18
PUMA	Q.36, Peveril, Stephenson	19.3.17	Sunk 6.10.17
Q.1	Perugia, Mooraki	13.4.16	Sunk 3.12.16
Q.5	Loderor, Farnborough	21.10.15	24.2.17
Q.18	Lady Olive	8.1.17	Sunk 19.2.17
Q.20	Bayard	25.1.17	Sunk 29.6.17
Q.27	Warner	14.2.17	Sunk 13.3.17
RECORD REIGN		2.1.18	11.11.18
REDBREAST		20.3.16	16.9.16
REMEXO	Scotia, Sea King	27.7.18	11.11.18
RENTOUL	Resolute, Pambla	27.3.18	11.11.18
RESULT	Q.23, Capulet	9.2.17	15.7.17
REVENGE (Smack)	Fame	1.8.17	22.12.17
		23.1.16	Sunk 9.11.16
RHODODENDRON		9.2.18	1.3.18
ROSKEEN	Hunter, Bendigo II, Ethelwulf II, Aldebaran, New Comet, General	14.3.17	11.11.18
RULE	Q.35, Ouse, Cassor, Baryta	31.3.17	11.11.18
SALVIA	Q.15.	29.9.16	Sunk 20.6.17
SANTEE	Arvonian, Bendish, Balfame, Girdler Dorinda, Alastair (Served as BENDISH from 4.6.18.	19.8.17 4.6.18	26.11.17 11.11.18
SARA JONES	Margaret Murray	6.8.18	11.11.18
SAROS	Bradford City	11.12.15	Sunk 16.8.17
SEAGULL (Smack)	Breadwinner, S.7.	-.2.17	11.11.18
SPIREA or SPIRAEA	Caleb, Airblast	9.11.17	1.4.18
STARMOUNT	Glenmay, Tring, Graveny, Perim, Grantley.	28.7.17	17.5.18
STOCKFORCE	Charyee	1.1.18	Sunk 30.7.18
STONECROP	Glenfoyle	31.5.17	Sunk 18.9.17
STORE CARRIER 80	Wexford Coast	13.3.18	11.11.18
STORE CARRIER 85	Wirral	29.7.18	11.11.18
STORE CARRIER 89	M.J.Hedley	23.8.18	Sunk 4.10.18
STRATHALLAN	Sunshine	16.5.17	11.11.18
STRATHEARN	Wild Rose	16.5.17	11.11.18
SUFFOLK COAST		3.9.18	11.11.18
SUPERIOR	Superb, Desmond	29.3.17	11.11.18
SWEETBRIAR	Ayres, Brangwyn	17.11.17	1.4.18
TAMARISK	Q.11, Compatriot, Pernridge	29.7.16	1.3.18
TAY and TYNE	Cheriton, Dundreary	30.7.17	11.11.18
THAMES		Aug: 16	31.12.17
TRICORD	Harmonic, Fairlight, Cocksedge	14.8.16	-.2.18
TRICA	Hartside, Fairfax, Dunsany	25.8.16	-.2.18
TUBEROSE	Seatliff	11.1.18	1.4.18

221

Appendix I

Name	Alias	Date	Fate
TULIP	Q.12.	28.8.16	Sunk 30.4.17
UNDERWING	Goodwin, Ballantral, Moberley	22.5.17	11.11.18
UNIOU II	Union	19.9.18	11.11.18
VALA	Q.8.	7.8.15	Sunk 21.8.17
VERA ELIZABETH	Alma	21.9.17	29.4.18
VIOLA (Sloop)	Q.14, Cranford, Damaris	21.9.16	1.3.18
VEREKER (Schooner)	Viola, Violetta	20.8.18	11.11.18
VICTORIA		28.11.14	About 7.1.15
WELHOLME (Ketch)	Danton	-.9.17	Sunk 30.1.18
WONGONELLA	Thornhill, Warribee, Wellholme (Not same as Ketch)	Nov. '15	17.7.17
W.S.BAILEY	May Flower	15.10.17	11.11.18
WYANDRA	Baralong	-.3.15	22.10.16
Z22 (Lighter)		Jan 1917	22.12.17
ZEUS	Mona	Winter 1916	Sunk 4.7.17
ZYLPHA	Q.6.	4.10.15	Sunk 15.6.17

APPENDIX II
VESSELS EMPLOYED ON SPECIAL SERVICE
'Q' SHIPS 1914-1918
Index of Alternative Names

Previous Names	— Last Name in Service
ABNEY	— CONVOLVOLUS
AIRBLAST	— SPIRAEA
ALASTAIR	— SANTEE or BENDISH
ALOALA	— PRIVET
ALDEBARAN	— ROSKEEN
ALDWYCH	— EGLANTINE
ALMA	— VERA ELIZABETH
AMARIS	— MITCHELL
ARGO	— LOTHBURY
ARVONIAN	— SANTEE or BENDISH
ATHOS	— GLEN
AUK	— ANTIC
AYRES	— SWEETBRIAR
BALFAME	— SANTEE or BENDISH
BALLANTRAL	— UNDERWING
BARRALONG	— WYANDRA
BARYTA	— RULE
BAYARD	— Q.20
BEARDSLEY	— COREOPSIS
BELLONA II	— BIRCH
BENDIGO II	— ROSKEEN
BENDISH	— SANTEE
BEN NEVIS	— ANTIC
BIBBY	— DARGLO
BIGOTT	— COREOPSIS
BIRD	— NELSON
BIRDWOOD	— P.56
BORGIA	— GUNNER
BOY ALFRED	— COMMODORE
BRACONDALE	— CHAGFORD
BRADFORD CITY	— SAROS
BRANGWYN	— SWEETBRIAR
BREADWINNER	— SEAGULL
BRIGAND	— COWSLIP
BURLINGTON	— P.60
BURMAH	— COOT
BYWATER	— HEATHER
CAIRD	— CEANOTHUS
CALEB	— SPIRAEA
CAPULET	— RESULT
CAROLINA	— MASTER
CASHEL	— ANCHUSA
CASSOR	— RULE
C.B	— COMMODORE
CHAMPION	— COMMISSIONER
CHAMPNEY	— DUNCLUTHA
CHARING	— P.43
CHARYEE	— STOCKFORCE
CHEORIC	— MASCOT
CHERITON	— TAY and TYNE
CHESNEY	— P.61
CHINTZ	— P.67
CHISWELL	— MARESFIELD
CHROMIUM	— EILIAN
CLAYMORE	— ANTIC
COCKCROFT	— BRYONY
COCKOLYTE	— P.51
COCKSEDGE	— TRICORD
COMPATRIOT	— TAMARISK
CORAL	— HYDERABAD
CORMORANT IV	— NADINE
CRANFORD	— VIOLA (Sloop)
CRANMER	— LAGGAN
CRAVEN	— OOMA
CULLODEN	— P.42

Appendix II

DAMARIS	— VIOLA (Sloop)
DANTON	— WELLHOLME (Ketch)
DAVID DAVIES	— GLENDALE
DERWENT	— DUNCOMBE
DESMOND	— SUPERIOR
DEVERILL	— POLYANTHUS
DHOBY	— DIANTHUS
DIANA	— KING LEAR
DJERISSA	— MALLINA
DOLCIS	— BEGONIA
DORA	— COOT
DORINDA	— SANTEE or BENDISH
DOROTHY	— IMPEY
DOWNTON	— P.61
DUNDREARY	— TAY and TYNE
DUNSANY	— TRICA
ECHUNGA	— BARRANCA
ELIXIR	— PROBUS
ELIZABETH (I)	— ELEUTHERA
ELSE	— PRIZE
EMELIA C.	— BRIG I.
ENERGIC	— MASCOT
ENID	— KING LEAR
ETHELWULF II	— ROSKEEN
EXTIRPATOR	— NELSON
FAIRFAX	— TRICA
FAIRLIGHT	— TRICORD
FAME	— REVENGE
FARNBOROUGH	— Q.5.
FERNRIDGE	— TAMARISK
FIRST PRIZE	— PRIZE
FLASHLIGHT	— P.67
FOAM CREST	— NELSON
FRISWELL	— PARGUST or PANGLOSS
G & E.	— NELSON
GAELIC	— BRIG II
GANDY	— ACTON
GENERAL	— ROSKEEN
GIRDLER	— ANTIC
GLEN AFRIC	— ANTIC
GLENFOYLE	— STONECROP
GLENMAY	— STARMOUNT
G.L.MUNRO	— G.L.M.
GOBLIN	— MANA
GOBO	— BRIG II
GOODWIN	— UNDERWING
GRABBIT	— DARGLE
GRANTLEY } GRAVENY }	— STARMOUNT
HARELDA	— ACTON
HARMONIC	— TRICORD
HARTSIDE	— TRICA
HAYLING	— CULLIST
HELIGOLAND	— BRIG 10
HEMPSEED	— AURICULA
HESTER	— LISETTE
HICKORY	— EGLANTINO
HILCOLLOW	— MARSHFORT
HOBBYHAWK	— COMMODORE
HOLKAR	— NELSON
HOPE	— ANTIC
HORLEY	— BRIG 10
HUAYNA	— MARSHFORT
HUNTER	— ROSKEEN
HURTER	— PREVALENT
HYANTHES	— OOMA
I'LL TRY	— NELSON
ILMA	— MEROPS
IMOGENE	— IMPEY
IMPREGNABLE } IMPREST }	— IMPERATOR
IROQUOIS	— FRESH HOPE
ISLAND QUEEN	— PRIVET

Appendix II

JEANETTE	— IMPEY
JESSIE DODDS	— ISAAC WALTON
JESSOP	— BEGONIA
J. J. BIBBY	— DARGLE
JUGGERNAUT	— P. 55.
JUGGLER	— BOMBALA
JURASSIC	— CULLIST
KENT COUNTY	— KENTISH KNOCK
KERMOS	— M. 105
KIA ORA	— COOT
KIB	— KING LEAR
KIDNER	— LYGHNIS
KINGSNAKE	— P. 62
KOSTOULA	— BRIG 9
LADY OLIVE	— Q. 18
LADY PATRICIA	— PAXTON
LINKSMAN	— CEANOTHUS
LODERER	— Q. 5.
LORIMER	— OOMA
LORNE	— ANTIC
LYDIA	— DUNCOMBE
MALLORY	— P. 42.
MANFORD	— PENSHURST
MANON	— IANTHE
MANTON	— CONVOLVULUS
MARACAIBO	— MEROPS
MARGARET and ANNIE	— VERA
MARGARET MURRAY	— SARAH JONES
MARY B MITCHELL	— MITCHELL
MAYFLOWER	— W. S. BAILEY
MEREDITH	— P. 60
MERYL	— BOLHAM
METHYL	— P. 55.
MILFOIL	— P. 65.
M. J. HEDLEY	— STORE CARRIER 89
MOBERLEY	— UNDERWING
MOERAKI	— Q. 1.
MONA	— ZEUS
MOPSWORTH	— P. 51.
MORNINGTON	— P. 62.
MORTMAIN	— P. 44.
NAKERLEY	— P. 68.
NICOBAR	— HYDERABAD
NEW COMET	— ROSKEEN
NYROCA	— MAVIS
OLIVE	— OYMRIC
ORRISROOT	— P. 63.
OUSE	— RULE
PADRE	— G. L. M.
PALETTE	— HIBISCUS
PAMELA	— RENTOUL
PANACHE	— P.56.
PANGLOSS	— PARGUST
PARGUST	— PANGLOSS
PAVITT	— CANDYTUFT
PEARL	— RUBY
PEGGY	— DARGLE
PENHALLOW	— CENTURY
PERIM	— STARMOUNT
PERUGIA	— Q.1.
PEVERIL	— PUMA
PLADDA	— LAGGAN
PLANUDES	— GUNNER
PRIM	— CULLIST
Q.1.	— PERUGIA
Q.2.	— INTABA
Q.3.	— BARRANCA
Q.4.	— CARRIGAN HEAD
Q.5	— LODERER
Q.6.	— ZYLPHA
Q.7.	— PENSHURST
Q.8.	— VALA
Q.9.	— MITCHELL

Q.10.	— BEGONIA
Q.11.	— TAMARISK
Q.12.	— TULIP
Q.13.	— AUBRIETIA
Q.14.	— VIOLA (Sloop)
Q.15.	— SALVIA
Q.16.	— HEATHER
Q.17.	— BRIG 10
Q.18.	— LADY OLIVE
Q.19.	— PRIVET
Q.20.	— BAYARD
Q.21.	— PRIZE
Q.22.	— BRIG II
Q.23.	— RESULT
Q.24.	— LAGGAN
Q.25.	— PAXTON
Q.26.	— MAVIS
Q.27.	— WARNER
Q.28.	— MEROPS
Q.29.	— DARGLE
Q.30.	— PROBUS
Q.31.	— GUNNER
Q.32.	— MASTER
Q.33.	— GLENDALE
Q.34.	— ACTON
Q.35.	— RULE
Q.36.	— PUMA
Q.50.	— BRIG 9
QUICKLY	— MASTER
RAVENSTONE	— DONLEVON
READY	— PROBUS
RECORDER	— COMMISSIONER
REMEMBRANCE	— LAMMEROO
ROMO	— AMBER
RESOLUTE	— RENTOUL
RESTITUTE	— LAGGAN
ROHINA	— FORT GEORGE
ROCHFORT	— MONTBRETIA
ROGER	— GLENDALE
ROLASK	— P.44.
ROLLER	— COMMISSIONER
ROSINA FERRARA	— BRIG II
S.1.	— MASCOT
S.2.	— EARLY BLOSSOM
S.3.	— ETHEL and MILLIE
S.4.	— C.B.
S.5.	— DORANDO PIETRI
S.6.	— CHILDRENS FRIEND
S.7.	— SEAGULL
SALOMEA K.	— BRIG 5
S. ANNA	— BRIG 3
SANTEE	— BENDISH
SARAH COLEBROOKE	— BOLHAM
SARSUSAN	— LOTHBURY
SCATLIFF	— TUBEROSE
SCOTIA } SEA KING }	— REMEXO
SECTRUS	— HEATHER
SENLEY	— MARSHFORT
SEQUAX	— MARESFIELD
SIDNEY	— GLEN
SINTON	— MASTER
SIOUX	— BARON ROSE
SNAIL	— PARGUST
SOLAX	— MALLINA
SPEEDWELL II	— GLENDALE
SPIKA	— ANTIC
SPINOZA	— BROWN MOUSE
SPRIG	— ARBUTUS
S.S.S. 966	— HYDERABAD
STANFORD	— DUNCLUTHA
STEAD	— LOTHBURY
STEADY	— MEROPS

STEPHENSON	— PUMA
St GOTHARD	— ANTIC
STRUMBLE	— M.135
SUNSHINE	— STRATHALLAN
SUPERB	— SUPERIOR
SWISHER	— PRIVET
TELESIA	— COMMODORE
TELFORD	— P.68.
THIRZE	— PROBUS
THORNHILL	— WONGANELLA
TOOFA	— MEROPS
TREGO	— P.43.
TRING	— STARMOUNT
UNION	— UNION II
VANDA	— GLENDALE
VASSILIKI	— BRIG 12
VERA	— BRIG 4
VIENNA	— ANTWERP
VINE TREE	— BOMBALA
VIOLA (Schooner) } VIOLETTA }	— VEREKER
VITTORIA	— PARGUST
WAITOMO	— INTABA
WARNER	— Q. 27.
WELLHOLME } WERRIBEE }	— WONGANELLA
WESTPHALIA	— CULLIST
WEXFORD COAST	— STORE CARRIER 80
WILANGIL	— LYCHNIS
WILD ROSE	— STRATHEARN
WILLOW BRANCH	— BOMBALA
WINSTREE	— ANCHUSA
WINTON	— AUBRIETIA
WIRRAL	— STORE CARRIER 85
WOFFINGTON	— ACTON
WOKING	— MALLINA
WYANDRA	— BARALONG
ZOBAL	— AUBRIETIA

The Air Force

Air Force Honours and Awards

Lists Alphabetically Officers of the Royal Air Force, previously the Royal Flying Corps and The Royal Naval Air Service who have received Decorations for Gallantry or Distinguished Service.

Separate Appendices list Distinguished Conduct Medals, Distinguished Flying Medals, Air Force Medals and Bars (where applicable) to Air Force Personnel 1915–1939.

The lists contained in the Airforce section were orginally published in the official Airforce list, April 1920. This section has been published by kind permission of H.M. Stationery Office. The appendices have been edited from the contemporary editions of the *London Gazette*.

Table of Contents

The Air Force

(Previously The Royal Flying Corps and Royal Naval Air Service)

Air Force Cross	42
Air Force Medal, 1918-1939	65
Air Force Medal Bars, 1918-1939	68
Bath, Order of The	2
British Empire, Order of The	7
Distinguished Conduct Medal, Royal Flying Corps Personnel, 1915-1918	57
Distinguished Conduct Medal, Royal Air Force Personnel, 1918	59
Distinguished Flying Medal, 1918-1939	60
Distinguished Flying Medal Bars, 1918-1939	64
Distinguished Flying Cross	53
Distinguished Service Cross	18
Distinguished Service Order	15
Foreign Orders	48
Garter, Order of The	1
Indian Empire, Order of The	6
Military Cross	21
St. Michael and St. George, Order of The	4
Star of India, Order of The	3
Victoria Cross	1
Victorian Order, Royal	6

Retired or **deceased** recipients are not listed. This does not apply to the separate appendices.

VICTORIA CROSS, ORDERS OF KNIGHTHOOD, &c.

VICTORIA CROSS.

	Gazette.
‡§§Barker, Maj. William George, D.S.O., M.C. ...	30Nov.18
§Beauchamp-Proctor, Flight Lt. Andrew Weatherby, D.S.O., M.C., D.F.C. ...	30Nov.18
Coury, Flg. Off. Gabriel George ...	26Oct.16
Craig, Lt. John Manson ...	2Aug.17
Insall, Sqdn. Ldr. Gilbert Stuart Martin, M.C. ...	22Dec.15

	Gazette
Jerrard, Flg. Off. Alan ...	1May18
Kirby, Wing Cdr. Frank Howard, O.B.E., D.C.M. ...	5Oct.00
Palmer, Lt. Frederick William, M.M.	3Apr.17
Rees, Wing. Cdr. Lionel Wilmot Brabazon, O.B.E., M.C., A.F.C.	5Aug.'16
West, Flight Lt. Ferdinand Maurice Felix, M.C. ...	8Nov.18

THE MOST NOBLE ORDER OF THE GARTER,

THE SOVEREIGN,
HIS MAJESTY THE KING.

KNIGHTS (K.G.)

H.R.H. Prince Albert Frederick Arthur George, Sqdn. Ldr., Personal A.D.C. to the King ... 14Dec.16	Londonderry, The Rt. Hon. The Marquess of, M.V.O. ... 9Dec.19

---

‡ Bar to D.S.O.   § Bar to M.C.   §§ 2nd Bar to M.C.

THE MOST HONOURABLE ORDER OF THE BATH.

THE SOVEREIGN.

HIS MAJESTY THE KING.

GREAT MASTER OF THE ORDER.

Prince of the Blood Royal
Field-Marshal *H.R.H.* Arthur William Patrick Albert, *Duke of* Connaught and Strathearn, *K.G., K.T., K.P., G.C.S.I., G.C.M.G., G.C.I.E., G.C.V.O., G.B.E., Personal A.D.C. to the King.*

KNIGHTS COMMANDERS (K.C.B.).

	Gazette.
Brancker, Maj.-Gen. *Sir* W. S., *A.F.C.*	1Jan.19
Frank, *Sir* H. G. (*Civil*)	3June18
Henderson, Lieut.-Gen. (*hon.*) *Sir* David, *K.C.V.O., D.S.O.*	22June14
Masterton-Smith, *Sir* James (*Civil*)	1Jan.19
Paine, Air Vice-Marshal *Sir* G. M. *M.V.O.*	15Mar.18
Salmond, Air Vice-Marshal *Sir* J. M., *C.M.G., C.V.O., D.S.O.*	1Jan.19
Sykes, Maj.-Gen. *Sir* F. H., *G.B.E., C.M.G.*	1Jan.19
Trenchard, Air Marshal *Sir* Hugh Montague, *Bart., D.S.O.*	1Jan.18

COMPANIONS (C.B.).

Alexander, Wing Cdr., *Sir* William, *K.B.E., C.M.G. D.S.O.,* TD	3June19
Bland, W. A., Esq (*Civil*)	1Jan.19
Brigstocke, C. R., Esq. (*Civil*)	1Jan.20
Brooke-Popham, Air Commodore Henry Robert Moore, *C.M.G., D.S.O., A.F.C.*	3June19
Charlton, Air Commodore L. E. O., *C.M.G., D.S.O.*	1Jan.19
Ellington, Air Vice-Marshal E. L., *C.M.G., C.B.E.*	1Jan.19
Errington, Maj. (*hon. Lt.-Col.*) F. H. L. (*Civil*)	1Jan16
Fell, Group Capt. (*act. Air Commodore*) M. H. G., *C.M.G.*	3Mar.19
Festing, Brig.-Gen. (*hon.*) F. L., *C.M.G.*	3June19
Game, Air Commodore P.W., *D.S.O.*	1Jan.19
Groves, Group Capt., Percy Robert Clifford, *C.M.G., D.S.O.*	10Oct.19
Groves, Air Commodore R. M., *D.S.O., A.F.C.*	16Aug.18
Hearson, Group Capt. J. G., *D.S.O.*	1Jan.19
Henry, Lt.-Col. (*act. Col.*) V. (*Civil*)	3June16
Higgins, Air Vice-Marshal J. F. A., *D.S.O., A.F.C.*	3June19
Lambe, Air Commodore C. L., *C.M.G., D.S.O.*	3June19
Lawrence, Maj. (*hon. Col.*) *Sir* W. R., Bt., *G.C.I.E., G.C.V.O.*	1Jan.18
McAnally, H. W. W., *Esq.* (*Civil*)	3June18
Munday, Maj.-Gen. R. C.	1Jan.19
Salmond, Air Vice-Marshal *Sir* W. G. H., *K.C.M.G., D.S.O.*	1Jan.19
Scarlett, Air Commodore F. R., *D.S.O.*	1Jan.19
Scott, Group Capt. Alan John Lance, *M.C., A.F.C.*	10Oct.19
Stuart, Maj.-Gen. *Sir* Andrew M., *K.C.M.G.*	18Feb.15
Swann, Air Commodore O., *C.B.E.*	1Jan.19
Swinton, Maj.-Gen. E. D., *D.S.O.*	12Feb.17
Vyvyan, Air Vice-Marshal Arthur Vyell, *D.S.O.*	3June18
Webb-Bowen, Air Commodore T. I., *C.M.G.*	3June19

THE MOST EXALTED ORDER OF THE STAR OF INDIA.

THE SOVEREIGN.
HIS MAJESTY THE KING

COMPANION (C.S.I.).
Gazette.

Lees, 2nd Lt. (*hon. Lt.*) O. O,   ...   —June12

THE MOST DISTINGUISHED ORDER OF SAINT MICHAEL AND SAINT GEORGE.

THE SOVEREIGN.
HIS MAJESTY THE KING.

GRAND MASTER AND FIRST OR PRINCIPAL KNIGHT GRAND CROSS.
Col. H.R.H. Edward Albert Christian George Andrew Patrick David, *Prince of* Wales, and *Duke of* Cornwall, *K.G., G.B.E., M.C., Personal A.D.C. to the King.*

KNIGHTS COMMANDERS (K.C.M.G.).

	Gazette.
Salmond, Air Vice Marshal *Sir* W. G. H., *C.B., D.S.O.*	3June19
Stuart, Maj.-Gen. *Sir* Andrew M., *C.B.*	3June18

COMPANIONS (C.M.G.).

	Gazette.
Alexander, Wing Cdr. *Sir* William, *K.B.E., C.B, D.S.O.,* TD	3June18
Attenborough, Lt.-Col. J.	23June15
Bagnall-Wild, Lt.-Col. (*act. Brig.-Gen.*) R. K., *C.B.E.*	3June18
Baird, Maj. J. L., *D.S.O., M.P.*	— 04
Barratt, Wing Cdr. Arthur Sheridan, *M.C.*	3June19
Becke, Air Commodore J. H. W., *D.S.O., A.F.C.*	3June18
Bettington, Wing Cdr. A. V.	1Jan.19
Bigsworth, Wing Cdr. A. W., *D.S.O., A.F.C.*	1Jan.19
Board, Wing Cdr. A. G., *D.S.O., A.F.C.*	1Jan.19
Borton, Group Capt. A. E., *D.S.O., A.F.C.*	3June19
Bourke, Group Capt. U. J. D.	3June19
‡Bowhill, Wing Cdr. Frederick William. *D.S.O.*	22Dec.19
Brierley, Wing Cdr. G. T., *D.S.O.*	1Jan.19
Brooke, Wing Cdr. K. G.	1Jan.19
Brooke-Popham, Air Commodore Henry Robert Moore, *C.B.,D.S.O., A.F.C.*	31Jan.19
Chamier, Wing Cdr. J. A., *D.S.O., O.B.E.*	3June19
Charlton, Air Commodore L. E. O., *C.B., D.S.O.*	3June16
Christie, W.ng Cdr. M. G., *D.S.O., M.C.*	1Jan.19
Clark-Hall, Group Capt. Robert Hamilton, *D.S.O.*	10Oct.19
Cormack, Temp. Hon. Group Capt. J. D., *C.B.E.*	24Jan.17
Dowding, Group Capt. H. C. T.	1Jan.19
Drew, Group Capt. B. C. H., *C.B.E.*	3June18
Edwards, Lt.-Col. I. A. E.	1Jan.19
Ellington, Air Vice-Marshal E. L., *C.B., C.B.E.*	3June16
Fell, Group Capt.(*act. Air Commodore*) M. H. G., *C.B.*	25Aug,17
Fellows, Lt.-Col. (*act. Brig.-Gen.*) B. C.	1Jan.19
Festing, Brig.-Gen. (*hon.*) F. L., *C.B.*	14Jan.16
Fletcher, Wing Cdr. Albert, *C.B.E., M.C.*	3June19
Fraser, Wing Cdr. Cecil, *O.B.E., M.C.*	3June19
Gerrard, Group Capt. E. L., *D.S.O.*	1Jan.19
Godman, Wing Cdr. A. L., *D.S.O.*	1Jan.19
Gordon, Group Capt. Robert, *D.S.O.*	1Jan.19
Groves, Group Capt. P. R. C., *C.B., D.S.O.*	3June19
Halahan, Group Capt. F. C., *D.S.O., M.V.O.*	3June19
Herbert, Group Capt. P. L. W., *C.B.E.*	1Jan.19
Higgins, Group Capt. T. C. R.	1Jan.19
Hogg, Brig.-Gen. (*hon.*) R. E. T., *C.I.E.*	1Jan.19
Holmes, Lt.-Col. G. R. A., *O.B.E.*	1Jan.19
Holt, Group Capt. F. V., *D.S.O.*	1Jan.19
Houison-Craufurd, Brig.-Gen. (*hon.*) J. A., *C.B.E.*	3June19
Huggins, Col. (*act. Brig.-Gen.*) A., *D.S.O.*	3June18
Joubert de la Ferté, Wing Cdr. P. B., *D.S.O.*	1Jan.19
Lambe, Air Commodore C. L., *C.B., D.S.O.*	1Jan.18
Lee, Lt.-Col. Charles Frederick, *A.F.C.*	3June18

‡ Bar to D.S.O.

Orders of Knighthood, &c.

COMPANIONS (C.M.G.).—*contd.*

	Gazette.
Livingston, Lt.-Col. (*hon. Brig.-Gen.*) G.	4June17
Longcroft, Air Commodore C. A. H., *D.S.O , A.F.C.*	31Jan.19
Ludlow-Hewitt, Group Capt. E. R., *D.S.O., M.C.*	3June19
MacEwen, Wing Cdr. N. D. K., *D.S.O.*	1Jan.19
Mackie, Col. T. D , *O.B.E.*	1Jan.19
Maitland, Air Commodore Edward Maitland, *D.S.O., A.F.C.*	1Jan.19
Masterman, Air Commodore E.A.D., *C.B.E., A.F.C.*	3June19
More, Lt.-Col. (*hon.Brig.-Gen.*) R. H., *C.B.E.*	1Jan.18
Newall, Group Capt. C. L. N., *C.B.E., A.M.*	1Jan.19
Pitcher, Air Commodore D. Le G., *C.B.E., D.S.O.*	1Jan.18
Porte, Lt.-Col. J. C.	3June18

	Gazette
Salmond, Air Vice-Marshal *Sir* J. M., *K.C.B., C.V.O., D.S.O.*	4June17
‡Samson, Group Capt. C. R., *D.S.O., A.F.C.*	3June19
Smyth-Osbourne, Group Capt. H. P.	3June19
Steel, Air Commodore John Miles, *C.B.E.*	3June19
Sykes, Maj.-Gen. *Sir* F. H., *G.B.E., K.C.B.*	14Mar.16
Waley-Cohen, Lt.-Col. J., *D.S.O.*	3June19
Warner, Brig.-Gen (*hon.*) W. W.	3June18
Warrington-Morris, Wing Cdr. A. D., *O.B.E.*	3June19
Waterhouse, Lt.-Col. R. D.	10Oct.19
Webb-Bowen, Air Commodore, T. I., *C.B.*	1Jan.18
Weir, Lt.-Col. (*act. Brig.-Gen.*) J. G., *C.B.E.*	1Jan.18
Whittington, Lt.-Col. (*act. Brig.-Gen.*) C. H., *C.B.E.*	1Jan.18
Williamson, Wing Cdr. Hugh Alexander, *A.F.C.*	1Jan.19
Wise, Wing Cdr. P. K., *D.S.O.*	1Jan.19
Wrench, Capt. J. E. L.	4June18

‡ Bar to D.S.O.

THE MOST EMINENT ORDER OF THE INDIAN EMPIRE

THE SOVEREIGN.
HIS MAJESTY THE KING.

KNIGHT GRAND COMMANDER (G.C.I.E.)

	Gazette.
Lawrence, Maj. (*hon. Col.*) *Sir* W. R., Bt., G.C.V.O., C.B.	— 06

COMPANIONS (C.I.E.)

			Gazette.
Ashmore, W. C., *Esq.*	— 13	Hogg, Brig.-Gen. (*hon.*) R. E. T., C.M.G.	— 11
Campbell, Wing Cdr. Charles Ferguson, O.B.E.	— 06		

THE VICTORIAN ORDER.

THE SOVEREIGN.
HIS MAJESTY THE KING.

KNIGHT GRAND CROSS (G.C.V.O.)

	Gazette.
Lawrence, Maj. (*hon. Col.*) *Sir* W. R., Bt., G.C.I.E., C.B.	3June18

KNIGHTS COMMANDERS (K.C.V.O.).

Henderson, Lieut.-General (*hon.*) *Sir* David, K.C.B., D.S.O.	17Dec.18	Simon, Maj. Rt. Hon. *Sir* J. A., O.B.E., K.C., P.C.	— 11

COMMANDER (C.V.O.).

Salmond, Air Vice-Marshal *Sir* J. M., K.C.B., C.M.G., D.S.O.	27Aug.18

MEMBERS 4th CLASS (M.V.O.).

			Gazette.
Atkinson-Clark, Maj. H. F., O.B.E.	3June19	Londonderry, The Rt. Hon. The Marquess of, K.G.	— 03
Day, Sqdn. Ldr. H. E., D.S.O. ...	—Nov.15	Paine, Air Vice-Marshal *Sir* G, M., K.C.B.	— 06
Greig, Wing Cdr. L. L.	22Dec.17	Ward, Lt.-Col. *Hon.* C. A.	11Aug.03

MEMBERS 5th CLASS (M.V.O.).

Coryton, Flg. Off. W. A.	8Aug.19	Halahan, Group Capt. F. C., C.M.G., D.S.O.	— 07

THE MOST EXCELLENT ORDER OF THE BRITISH EMPIRE.

THE SOVEREIGN.

HIS MAJESTY THE KING.

GRAND MASTER OF THE ORDER.

Prince of the Blood Royal:
Col. *H.R.H.* Edward Albert Christian George Andrew Patrick David, *Prince of* Wales, and *Duke of* Cornwall, *K.G., G.C.M.G., M.C., Personal A.D.C. to the King.*

KNIGHT GRAND CROSS (G.B.E.)

	Gazette.
Sykes, Maj.-Gen. *Sir* Frederick Hugh, *K.C.B., C.M.G.*	26Aug.19

KNIGHTS COMMANDERS (K.B.E.).

	Gazette.		Gazette.
Alexander, Wing Cdr. *Sir* William, *C.B., C.M.G., D.S.O.,* TD (*Civil*)	30 Mar.20	Smith, Lt. *Sir* Keith Macpherson (*Civil*)	26Dec.19
Fowler, Lt.-Col. *Sir* Henry	7Jan.18		

COMMANDERS (C.B.E.).

Atkinson, Capt. E, H. T. (*Civil*)	30Mar.20	Fletcher, Wing Cdr. Albert, *C.M.G., M.C.*	7June18
Bagnall-Wilde, Lt.-Col. (*act.* Brig.-Gen.) R. K., *C.M.G.*	3June19	Gill, Wing Cdr. N. J., *M.C.*	1Jan.19
Barry, Lt.-Col. T. D. C.	1Jan.19	Griffith, Lt.-Col. E. H.	10Oct.19
Bartley, Lt.-Col. B. C.	3June19	Halahan, Wing Cdr. J. C., *A.F.C.*	1Jan.19
Beatty, Wing Cdr. William Dawson, *A.F.C.*	10Oct.19	Herbert, Group Capt. P. L. W., *C.M.G.*	3June19
Birley, Maj. J. L.	10Oct.19	Hetherington, Sqdn. Ldr T. G.	7Jan.18
Bone, Wing Cdr. R. J., *D.S.O.*	22Dec.19	Hoare, Lt.-Col. F. R. G.	1Jan.19
Boyle, Wing Cdr. *the Hon.* John David, *D.S.O.*	3June19	Hogarth, Maj. A. H., *D.C.M.*	10Oct.19
Burch, Lt.-Col. W. E. S.	10Oct.19	Home, Group Capt. J. M.	1Jan.19
Burnett, Wing Cdr. C. S., *D.S.O.*	3June19	Houison-Craufurd, Brig.-Gen. (*hon.*) J. A., *C.M.G.*	1Jan.19
Cave-Browne-Cave, Wing Cdr. T. R.	1Jan.19	Jenkin, Lt.-Col. Charles Frewin	3June19
Cheatle, Lt.-Col. A. H.	10Oct.19	Jenkins, Lt.-Col. (*hon.* Brig.-Gen.) Francis Conway	7June18
Cleaver, Lt.-Col. F. H., *D.S.O.*	1Jan.19	Leslie, Sqdn.Ldr. *Sir* N. R. A. D., *Bt.*	1Jan.19
Cormack, Temp. Hon. Group Capt. J. D., *C.M.G.*	22Mar.19	Mackworth, Lt.-Col. J. D.	7June18
Courtney, Wing Cdr. C. L., *D.S.O.*	1Jan.19	Masterman, Air Commodore E.A. D., *C.M.G., A.F.C.*	7Jan.18
Courtney, Wing Cdr. Ivon Terence	10Oct.19	Mead, Wing Cdr. John, *M.C.*	10Oct.19
Cunningham, Wing Cdr. Alexander Duncan	10Oct.19	Melville, Lt.-Col. E. P. A.	3June19
Drake, Lt.-Col. F. R.	1Jan.19	More, Lt.-Col. (*hon. Brig.-Gen.*) Robert Henry, *C.M.G.*	3June19
Drew, Group Capt. B. C. H., *C.M.G.*	3June19	Moore, Maj. H. A., *M.C.*	1Jan.19
Dreyer, Hon. Lt.-Col. G.	10Oct.19	Muecke, Maj. F. F.	1Jan.19
Drury, Lt.-Col. R, F.	1Jan.19	‡Mulock, Sqdn.Ldr. R. H., *D.S.O.*	3June19
Dunville, Lt.-Col. John, *D.L.*	3June19	Munro, Hon. Col. Lewis	10Oct.19
Ellington, Air Vice Marshal E. L., *C.B., C.M.G.*	3June19	Newall, Group Capt. C. L. N., *C.M.G., A.M.*	3June19
Ellis, Sqdn. Ldr. (*act. Group Capt.*) H. C.	1Jan.19	Ogilvie, Lt.-Col. A.	1Jan.19
Flack, Temp. Hon. Sqdn. Ldr. (*act. hon. Wing Cdr.*) M. W.	1Jan.19	Osmond, Sqdn. Ldr. E.	3June19
		Outram, Lt.-Col. H, W. S.	10Oct.19
		Peal, Maj. E. R., *D.S.C.*	10Oct.19
		Pink, Wing Cdr. Richard Charles Montague	10Oct.19

‡ Bar to D.S.O.

Orders of Knighthood, &c.

COMMANDERS (C.B.E.)—contd.

	Gazette.
Pitcher, Air Commodore D. Le G., C.M.G., D.S.O.	3June19
Playfair, Col. F. H. G.	10Oct.19
Randall, Wing Cdr. C. R. J.	1Jan.19
Reiss, Lt.-Col. A. E. J.	10Oct.19
Ross, J. S., Esq. (Civil)	8Jan.19
Russell, Wing Cdr. R. E. M., D.S.O.	2June19
Ryan, Sqdn. Ldr. W. J.	3June19
Scott, Maj. George Her'ert, A.F.C.	23Aug.19
Smith, Lt.-Col. Sidney Ernest	3June19
Steel, Air Commodore John Miles, C.M.G.	1Jan.19

	Gazette.
Stoney, Wing Cdr. (act. Group Capt.) R. D. S.	1Jan.19
Swann, Air Commodore Oliver, C.B.	3June19
Sykes, Wing Cdr. Arthur	3June19
Vesey, Hon. O. E.	3June19
Viener, Air Commodore Rev. Harry Dan Leigh, M.A.	10Oct.19
Weir, Lt.-Col. (act. Brig.-Gen.), J. G. C.M.G.	3June19
Wells, Wing Cdr. Hardy Vesey	3June19
Whittington, Lt.-Col. C. H., C.M.G.	1Jan.19
Willock, Wing Cdr. F. G., D.S.O.	10Oct.19

OFFICERS (O.B.E.)

	Gazette.
Abell, Maj. C. F.	1Jan.19
Abell, Maj. George Henry	1Jan.19
Adams, Flight Lt. Paul	3June19
Addenbrooke-Prout, Flight Lt. R., M.C.	1Jan.19
Anderson, Maj. Rupert Darnley	3June19
Anne, Flight Lt. G. C.	1Jan.19
Archer, Sqdn. Ldr. J. O.	3June19
Armitage, Capt. (hon. Maj.) W. B.	3June19
Arrol-Hunter, Flight Lt. J. E.	3June19
Atkins, Capt. (hon. Maj.) W. R. G.	3June19
Atkinson, Maj. Felton Clayson	1Jan.19
Atkinson, Maj. H. G.	1Jan.19
Atkinson-Clark, Maj. H. F., M.V.O.	1Jan.19
Aubrey, Sqdn. Ldr. H. A. R., M.C.	1Jan.19
Auker, Flight Lt. L.	1Jan.19
Awcock, Flight Lt. C. H.	3June19
Axford, Capt. S. R.	1Jan.19
Aylwin, Flight Lt. W. E.	1Jan.19
Baker, Flight Lt. A. H. S.	10Oct.19
Baker, Capt. Cyril Bennett	10Oct.19
Baldwin, Sqdn. Ldr. J. E. A., D.S.O.	3June19
Ball, Capt. L. P.	1Jan.19
Banks, Flight Lt. James Harvey	3June19
Baring, Maj. the Hon. M.	7June18
Barmby, Flight Lt. A. J. W.	1Jan.19
Barnfield, Capt. A. S.	1Jan.19
Barnwell, Capt. F. S., A.F.C.	7Jan.18
Barton, Sqdn. Ldr. R. J. F.	1Jan.19
Bateman, Wing Cdr. G. D.	3June19
Baxenden, Flight Lt. T. G.	1Jan.19
Bayes, Maj. J. G.	1Jan.19
Beachcroft. Flight Lt. P. M.	3June19
Bell, Flight Lt. Charles Hugh	3June19
Bell, Maj. V. D.	1Jan.19
Bell-Irving, Wing Cdr. R.	7Jan.18
Belton, Maj. Andrew	3June19
Bertram, F. G. L., Esq.	1Jan.18
Bettington, Sqdr. Ldr. E. M.	7June18
Beuttler, Lt.-Col. E. G. O.	1Jan.19
Binyon, Maj. B.	7Jul.e18
Bird, Maj. James	7June18
Bishop, Maj. Percy	3June19
Blyth, Capt. J. D.	3June19
Bonham-Carter, Group Capt., I. M.	1Jan.19
Bonnett, Capt. C. H. D.	1Jan.19
Bowen, Wing Cdr. J. B.	1Jan.19
Bowdler, Flight. Lt. (act. Wing Cdr.) A. P.	10Oct.19
Boyd, Sqdn. Ldr. Owen Tudor, M.C., A.F.C.	10Oct.19
§Boyle, Sqdn. Ldr. Archibald Robert, M.C.	10Oct.19
Brabazon, Lt.-Col. the Hon. C. M. P.	3June19
Bradley, Wing Cdr. C. R. S.	3June19
Bradley, Sqdn. Ldr. J. S. T.	3June19
Brand, Lt.-Col. R. H.	7June18
Bridgeman, Maj. P. C. A.	10Oct.19
‡Briggs, Wing Cdr. E. F., D.S.O.	3June19
Briscoe, Flight Lt. E. J.	3June19
Bromet, Sqdn. Ldr. G. R., D.S.O.	1Jan.19
Brook, Sqdn. Ldr. R. V. C.	3June19
Brown, Capt. F. G.	1Jan.19
Buckland, A. Virgoe, Esq. (Civil)	7Jan.18
Budgen, Flight Lt. W. D.	1Jan.19
Bullen, Sqdn. Ldr. T. F.	1Jan.19
Bullock, Capt. Christopher Llewellyn	1Jan.19
Bulman, Maj. G. P.	8Jan.19
Burchall, Sqdn. Ldr. P. R.	3June19
Burge, Flight Lt. (act. Sqdn. Ldr.) C. G.	1Jan.19
Burt, Capt. J. W.	1Jan.19
Buss, Maj. H. A., D.S.C.	1Jan.19
Busteed, Wing Cdr. H. R., A.F.C.	7Jan.18
Butter, Maj. C. A. J.	1Jan.19
Buxton, Flight Lt. Vincent	3June19
Cameron, Maj. D. H.	1Jan.19
Campbell, Wing Cdr. Charles Ferguson, C.I.E.	3June19
Campbell, Wing Cdr. Hugh, D.S.O.	3June19
Carey, Lt. A. D.	22Dec.19
Carey, Maj. R. D.	1Jan.19
Carr, Sqdn. Ldr. Alfred George Horsley	10Oct.19

‡ Bar to D.S.O. § Bar to M.C.

Orders of Knighthood, &c.

OFFICERS (O.B.E.)—*contd.*

	Gazette
Carter, Lt.-Col. S. B. F.	1Jan.19
Cassy, Capt. A. W., *A.F.C.*	17July19
Chainey, Flight Lt. G. B.	3June19
Chalmers, Maj. Robert Arthur, *A.F.C.*	7Jan.18
Chambers, Maj. F. F.	1Jan.19
Chamier, Wing Cdr., J. A., *C.M.C., D.S.O.*	7June18
Cherry, Maj. E. W. F.	10Oct.19
Child, Flight Lt. A. J., *M.C.*	3June19
Clark, Sqdn. Ldr. Adrian John	3June19
Cobb, Temp. Lt.-Col. H. F.	7June18
Cockerell, Flight Lt. H.	3June19
Collier, Wing Cdr. R. H., *D.S.O.*	3June19
Colmore, Sqdn. Ldr. R. B. B.	1Jan.19
Cook, Lt.-Col. L. B.	3June19
Cook, Capt. R. E.	1Jan.19
Cooper, Sqdn. Ldr. F. E.	3June19
Cooper, Maj. J. P. C., *M.C.*	1Jan.19
Cordingley, Sqdn. Ldr. J. W.	3June19
Corin, Hon. Maj. H. J.	1Jan.19
Cosway, Capt. L. H. B.	3June19
Cox, Maj. H. A.	10Oct.19
Creswell, Maj. F. S.	7Jan.18
Crosbie, Sqdn. Ldr. Dudley Stuart Kay	10Oct.19
Cruikshank, Sqdn. Ldr. Jasper Wallace	1Jan.19
Cumming, Capt. H.	1Jan.19
Curtis, Flight Lt. W. J. B.	1Jan 19
Dalgleish, Wing Cdr. J. W. O.	7June18
Daniell, Lt.-Col. T. E. St. C., *M.C.*	7June18
Darby, Sqdn. Ldr. M. O.	3June19
Davis, Maj. Francis Robert Edward	1Jan.19
Deacon, Flight Lt. M.	3June19
de Dombasle, Wing Cdr. G. C. St. P.	3June19
de Francia, Capt. Jean	10Oct.19
de Havilland, Capt. Geoffrey, *A.F.C.*	7June18
Delacombe, Wing Cdr. Harry	3June19
De Poix, Flight Lt. R. B. C. M. T.	3June19
Denton, Capt. H. B.	1Jan.19
de Sarigny, Maj. R.	1Jan.19
de Ville, Capt. E. A. de L.	22Dec.19
Dickson, Maj. James	3June19
Dixon-Spain, Maj. Gerald, *M.C.*	3June19
Dixon-Spain, Maj. J. E.	3June19
Dobson, Flight Lt. G. W.	3June19
Dobson, Capt. M. R.	3June19
Drysdale, Capt. J. D.	7June18
Duffus, Maj. C. S., *M.C.*	1Jan.19
Ebben, Maj. H. S.	7Jan.18
Edge, Capt. P. G.	1Jan.19
Edmonds, Sqdn. Ldr. C. H. K., *D.S.O.*	1Jan.19
Edwards, Admstr. (*act. Asst. Comdt. II.*) Mrs. Mary, *W.R.A.F.*	1Jan.19
Eggar, Capt. T. Macdonald	1Jan.19
Ellerton, Flight Lt. Alban Spenser	3June19
Elliott, Capt. James Bogue	1Jan.19
Evans, Sqdn. Ldr. Audrey Thomas	3June19
Evans, Flight Lt. Geoffrey Fanington	10Oct.19

	Gazette
Everett, Flight Lt. R. M.	3June19
Everitt, Maj. S. O.	1Jan.19
Ewart, Maj. E. A.	7June18
Faithfull, Sqdn. Ldr. G. F. H.	3June19
Farley, Sqdn. Ldr. R. L.	3June19
Farthing, Capt. W. W.	1Jan.19
Fell, Lt.-Col. L. F. R., *D.S.O.*	1Jan.19
Fernie, Maj. W. J.	1Jan.19
Fill, Maj. S. J. V.	3June19
Forbes, Wing Cdr. James Louis	10Oct.19
Ford, Flight Lt. H. G.	3Jun-19
Fraser, Wing Cdr. Cecil, *C.M.G., M.C.*	1June19
Fraser, Lt.-Col. G. W. F.	1Jan.19
Freeman, Maj. M.	1Jan.19
Gamble, Maj. C. W.	1Jan.19
Garrett, Maj. T. R. H.	1Jan.19
Gendle, Flight Lt. A. E.	3June19
Gibson, Lt. W. W.	1Jan.19
Gilchrist, Capt. N. S.	1Jan.19
Gilmore, Maj. T. E.	1Jan.19
Goad, Maj. D.	3June19
Goble, Sqdn. Ldr. Stanley James, *D.S.O., D.S.C.*	1Jan.19
Goddard, Maj. R. E.	3June19
Godden, Capt. G. L.	3June19
Gold, Capt. H. G.	7June18
Goldsmith, Wing Cdr. N.	1Jan.19
Gordon, Flight Lt. C. F., *M.C.*	1Jan.19
Gordon, Capt. David	10Oct.19
Gordon, Sqdn. Ldr. H. F. A.	3June19
Gordon, Flight Lt. J. W.	3June19
Goss, Flight Lt. L. S.	22Aug.19
Gray, Capt. F. J.	1Jan.19
Greig, Capt. D. McN.	7Jan.18
Grinsted, Maj. H.	7Jan.18
Gude, Flight Lt. G.	3June19
Guilfoyle, Sqdn. Ldr. William James Yule, *M.C.*	10Oct.19
Halford, Capt. E. S.	1Jan.19
Hall, Maj. A. K.	1Jan.19
Hall, Sqdn. Ldr. (*act. Group Capt.*) Rev. Richard	3June19
Hall, Capt. William Wellington	3June19
Hammond, Capt. William Stanley	1Jan.19
Hannay, Maj. G. D.	1Jan.19
Hanson, Wing Cdr. Rev. R. E. V., *M.A.*	3June19
Hargrave, Flight Lt. W. B.	3June19
Harnett, Flight Lt. E. St. C.	3June19
Harrison, Maj. C. A. L.	3June19
Hartley, Maj. A. C.	10Oct.19
Hartley, Sqdn. Ldr. A. P.	3June19
Hawkins, Flight Lt. J. F.	1Jan.19
Hawksford, Capt. F. H.	3June19
Hayes, Sqdn. Ldr. R. C.	1Jan.19
Hazelton, Maj. G.	1Jan.19
Hearn, Sqdn. Ldr. E. M. W.	3June19
Hebden, Wing Cdr. S. A.	3June19
Hellawell, Maj. (*act. Lt.-Col.*) A. S.	1Jan.19
Hellyer, Flight Lt. F. E.	3June19
Hewlett, Sqdn. Ldr. F. E. T., *D.S.O.*	7June18
Heyn, Capt. (*act. Maj.*) R. G.	1Jan.19

Orders of Knighthood, &c.

OFFICERS (O.B.E.)—contd.

	Gazette.
Hills, Maj. J. H.	1Jan.19
Hilton-Jones, Sqdn. Ldr. R.	1Jan.19
Hirtzel, Maj. C. H. A.	3June19
Hodgson, Flight Lt. W.	1Jan.19
Holloway, Capt. E.	1Jan.19
Holmes, Lt.-Col. G. R. A., *C.M.G.*	7June18
Hooper, Sqdn. Ldr. A. F. A.	7June18
Howard, Maj. E. J.	1Jan.19
Hull, Maj. Tom Grove	10Oct.19
Humfress, Capt. H. T.	10Oct.19
Humphery, Maj. G. E. W.	3June19
Hunter, Flight Lt. A.	3June19
Iron, Flight Lt. D.	3June19
James, Capt. D. C.	3June19
Jarrott, Maj. C.	7Jan.18
Jenkins, Lt.-Col. F. H., *M.C.*	3June19
Johnston, Sqdn. Ldr. E. H.	1Jan.19
Jolly, Maj. F.	1Jan.19
Jonas, Temp. Maj. H. D.	7Jan.18
Jones, Capt. John Fleming, *D.S.C.*	3June19
Jupp, Sqdn. Ldr. W. D. L.	3June19
Kaye, Capt. G. W. C.	10Oct.19
Keegan, Flight Lt. M., *M.M.*	3June19
Kennedy, Sqdn. Ldr. David Henry	10Oct.19
Kennedy, Maj. S. S.	1Jan.19
Keymer, Flight Lt. Rev. B. W.	1Jan.19
Kirby, Lt.-Col. Claude V©Kirby, Wing Cdr. F. H., *D.C.M.*	10Oct.19
	3June19
Knight, C. N., *Esq.* (*Civil*)	1Jan.18
Krabbé, Capt. C. B.	1Jan.19
Krabbé, Maj. C. F.	1Jan.19
Laing, Sqdn. Ldr. G.	1Jan.19
Lambert, Capt. W. C.	3June19
Landon, Wing Cdr. J. H. A., *D.S.O.*	3June19
Lang, Flight Lt. J. A. M.	1Jan.19
Lang, Lt.-Col. W. H.	1Jan.19
Langdon, Maj. H. C. T.	1Jan.19
Lawder, Maj. C. E.	3June19
Laws, Sqdn. Ldr. (act. Wing Cdr.) F. C. V.	1Jan.19
Layard, Maj. A. R.	3June19
Lecomber, Capt. H. R.	1Jan.19
Leith, Maj. Thomas Geoffrey	10Oct.19
Lerwill, Flight Lt. F. W. H.	3June19
Levick, Sqdn. Ldr. A.	3June19
Lewis, Lt. (*hon. Capt.*) Charles Henry	10Oct.19
Lidderdale, Sqdn. Ldr. John Henry	10Oct.19
Lilley, Capt. L. M.	1Jan.19
Lindquist, Capt. O.	3June19
Lindsay, Capt. H. E. A.	7June18
Lintott, Maj. J. W.	1Jan.19
Logan, Capt. P. N.	1Jan.19
Long, Sqdn. Ldr. W. D.	1Jan.19
Lucas, Maj. F. W.	1Jan.19
Lyons, Sqdn. Ldr. T.	1Jan.19
Lywood, Flight Lt. O. G. W. C.	3June19
McClure, Capt. S.	1Jan.19
McCrindle, Flight Lt. J. R, *M.C.*	1Jan.19
Mackie, Col. T. D., *C.M.G.*	7June18
MacLaren, Capt. A. S. C., *M.C., A.F.C.*	22Dec.19
McLaren, Capt. C. T.	1Jan.19
McLean, Flight Lt. Kenneth Hugh	3June19

	Gazette.
MacLeod, Capt. Thomas	3June19
Maddick, Lt. (*hon. Maj.*) E. D.	7Jan.18
Maidstone, Maj. G. M. G., Viscount, *D.S.C.*	3June19
Maitland, Capt. R. F.	1Jan.19
Mansell, Flight Lt. R. B.	3June19
Marsh, Maj. W. L.	1Jan.19
Martin, Sqdn. Ldr. A. R.	1Jan.19
Martin, Capt. T.	3June19
Maybury, Capt. H. P.	3June19
Maycock, Flight Lt. R. B.	1Jan.19
Mayo, Maj. R. H.	8Jan.19
Measures, Sqdn. Ldr. A. H.	1Jan 19
Medhurst, Flight Lt. C. E. H., *M.C.*	1Jan.19
Methven, Lt.-Col. M. D.	1Jan.19
Michell, Sqdn. Ldr. H. A.	3June19
Michie, Maj W. C.	1Jan.19
Miley, Sqdn. Ldr. A. J.,	1Jan.19
Miller, Capt. A. M., *D.S.O.*	3June19
Milman, 2nd Lt. (*hon Capt.*) Hugh	3June19
Mitche l, Capt. John Mitchell	10Oct.19
Mitchell, Capt. R. G.	3June19
Monckton, Lt.-Col. T. A.	7June18
Monk, Flight Lt. E. F.	3June19
Moore, Flight Lt. A. T.	3June19
Morle, Sqdn. Ldr. D. A. B.	3June19
Morris, Flight Lt. A. S.	1Jan.19
Mounsey, Sqdn. Ldr. R. J.	1Jan.19
Munro, Flight Lt. David	10Oct.19
Murfitt, Maj. C. J.	1Jan.19
Murray, Flight Lt. C. G.	1Apr.19
Murrell, Maj. P. B. J.	1Jan.19
Nairn, Maj. D. G.	1Jan.19
Neame, Sqdn. Ldr. A. L. C.	3June19
Nevatt, Flight Lt. C. G.	3June19
Nevill, Maj. S. S.	1Jan.19
Newall, Capt. N. D.	1Jan.19
Newman, Capt. L.	1Jan.19
Newton-Clare, Sqdn. Ldr. H. J.	1Jan.19
Nicholl, Sqdn. Ldr. H. R.	3June19
Nicolle, Flight Lt. John MacArthur	3June19
Nixon, Flight Lt. S.	3June19
Noel, Maj. F. A. G.	1Jan.19
North, Capt. J. T.	1Jan.19
Nutt, Flight F. G., *Esq.* (*Civil*)	1Jan.18
Oakley, H. E., *Esq.* (*Civil*)	8June18
Ogden, Sqdn. Ldr. C. P.	1Jan.19
Oliver, Wing Cdr. D. A., *D.S.O.*	3June19
Park, Capt. William	10Oct.19
Parkes, Maj. C. H.	3June19
Parr, Sqdn. Ldr. S. C.	3June19
Peacock, Maj. G. S.	1Jan.19
Pearce, Flight Lt. J.	1Jan.19
Peck, Sqdn. Ldr. R. H.	3June19
Penberthy, Capt. P. P. C.	3June19
Perrin, Flight Lt. E. C.	1Jan.19
Perrin, Capt. W. G.	1Jan.19
Pidgeon, Maj. G. D.	1Jan.19
Pillers, Maj. R. K.	1Jan.18
Pollock, Lt.-Col. C. F., *A.F.C.*	7Jan.18
Polyblank, Maj. W. J.	1Jan.19
Powell, Maj. Enoch	1Jan.19
Powell, Sqdn. Ldr. E. W.	3June19
Pretyman, Wing Cdr. G. F., *D.S.O.*	1Jan.19
Prince, Maj. C. E.	1Jan.19
Pritchard, Flight Lt. J. E. M., *A.F.C.*	3June19
Pryce, Sqdn. Ldr. W. J. D., *D.C.M.*	3June19
Pulford, Sqdn. Ldr. C. W. H., *A.F.C.*	1Jan.19
Pulham, Capt. F. B.	1Jan.19

Orders of Knighthood, &c.

OFFICERS (O.B.E.)—*contd.*

	Gazette.
Raffles, Capt. S. C.	1Jan.19
Raikes, Lt. Col. W. O.	1Jan.19
Ranken, Wing Cdr. Francis	10Oct.19
Rasmusen, Flight Lt. C. F.	3June19
Read, Sqdn. Ldr. G. J.	3June19
Rees, Maj. G. M. T.	1Jan.19
D©Rees, Wing Cdr. L. W. B., *M.C.*, *A.F.C.*	3June19
Reid, Capt. R. A.	1Jan.19
Restler, Lt.-Col. J. D. K.	10Oct.19
Reynolds, L. G. S., *Esq.*	3June19
Richardson, Sqdn. Ldr. (*act. Wing Cdr.*) A. V. J.	10Oct.19
Richmond, Sqdn. Ldr. V. C.	1Jan.19
Rippon, Flight Lt. (*act. Sqdn. Ldr.*) T. S.	3June19
Robertson, Lt.-Col. Charles MacIver	3June19
Robertson, Maj. T. E.	1Jan.19
Robinson, Sqdn. Ldr. A. A. E.	1Jan.19
Roche, Wing Cdr. Nelson	3June19
Rodwell, Maj. J. T.	3June19
Roe, Flight Lt. R. L.	22Dec.19
Rogers, Maj. Tanner Montague	7Jan.18
Rome, Maj. S. G., *M.C.*	3June19
Roxby, Lt.-Col. F. M., *D.F.C.*	7June18
Rubie, Capt. J.	1Jan.19
Russell, Sqdn. Ldr. (*hon. Wing Cdr.*) the Hon. V. A. F. V.	3June19
Sadler, Lt.-Col. L.	1Jan.19
Samson, Sqdn. Ldr. F. R.	3June19
Sanders, Maj. D. B.	10Oct.19
Saunders, Maj. E. S.	10Oct.19
Scholte, Maj. F. L.	1Jan.19
Selby, Capt. E.	3June19
Sewell, Sqdn. Ldr. J. P. C.	3June19
Shaw, Capt. H. T.	3June19
Shelmerdine, Lt.-Col. F. C.	1Jan.19
Shepherd, Capt. George Granville	10Oct.19
Sidgreaves, Sqdn. Ldr. A. F.	3June19
Simon, Maj. *Right Hon. Sir* J. A., *K.C.V.O., K.C., P.C.*	1Jan.19
Sinclair-Hill, Capt. G. A.	1Jan.19
Sippe, Maj. S. V., *D.S.O.*	1Jan.19
Smith, Sqdn. Ldr. Cha les Gaine	1Jan.19
Smith, J. A., *Esq.*	7Jan.18
Smith, Capt. James Drummond	3June19
Smith, Sqdn. Ldr. Sydney William	3June19
Snape, Maj. A. E.	10Oct.19
Somers-Clarke, Flight Lt. G.	3June19
Spaight, J. M., *Esq.* (*Civil*)	7June18
Spittle, Maj J. T.	1Jan.19
Stammers, Flight Lt. F. G.	1Jan.19
Stapleton, Capt. E. P.	1Jan.19
Starling, Wing Cdr. J.	1Jan.19
Stedman, Maj. E. W	1Jan.19
Steel, Capt. F.	3June19

	Gazette.
Steel, Sqdn. Ldr. J. V.	3June19
Steele-Perkins, Sqdn. Ldr. A. H. S.	1Jan.19
Stevens, Flight Lt. Frank Douglas	3June19
Stevens, Flight Lt. George	3June19
Stewart, Maj. C. J.	10Oct.19
Stewart, Maj. Jack	3June19
Stokes, Maj. E.	1Jan.19
Stradling, Flight Lt. A. H.	3June19
Strain, Wing Cdr. L. H., *D.S.C.*	3June19
Stratton, Flight Lt. H. W.	3June19
Struben, Maj. Arthur	1Jan.19
Sulivan, Capt. L. M. P.	3June19
Sutton, Sqdn. Ldr. B. E., *D.S.O., M.C.*	1Jan.19
Thomas, Capt. O. V.	1Jan.19
Thomas, Flight Lt Rudall Woodliffe	1Jan.19
Thompson, Temp. Maj. Archibald Henry James	7June18
Thomson, Sq in. Ldr. George Henry	3June19
Thornely, Sqdn. Ldr. J. E. B.	1Jan.19
Travers, Lt.-Col. James Lindsey	10Oct.19
Trott, Flight Lt. F. W., *M.C.*	1Jan.19
Tylee, Maj. A. K.	1Jan.19
Unwin, Sqdn. Ldr. F. H.	3June19
Verney, Sqdn. Ldr. R. H.	3June19
Waddington, Flight Lt. W. J.	3June19
Wade, Capt. W.	3June19
Wakefield, Maj. H. C.	10Oct.19
Walker, Flight Lt. H. N., *M.C.*	3June19
Walker, Capt. John Briton	10Oct.19
Wall, Capt. A. H. W., *M.C.*	1Jan.19
Walmsley, Capt. H. H.	7June18
Ward-Brown, Capt. V., *M.C.*	1Jan.19
Warrington-Morris, Wing Cdr. A. D., *C.M.G.*	7June18
Waters, R. D. *Esq.* (*Civil*)	8Jan.19
Watney, Sqdn. Ldr. G. J.	10July19
Watson, Lt.-Col. Alexander Thomas	3June19
Williams, Sqdn. Ldr. F. C.	1Jan.19
Williamson, Sqdn. Ldr. G. W., *M.C.*	3June19
Wilson, Capt. F. G.	1Jan.19
Wilson, Flight Lt. H. A. J.	3June19
Wimperis, Maj. H. E.	7June18
Winter, Sqdn. Ldr. A. C.	7June18
Wiseman, Sqdn. Ldr. F. A. J. B.	1Jan.19
Wolfe-Barry, Capt. B. J.	7June18
Wooldridge, Capt. (*hon. Maj.*) G. de L.	1Jan.19
Worswick, Sqdn. Ldr. T.	3June19
Wynyoll, Flight Lt. H. E. F., *M.C.*	3June19
Wynn, Wing Cdr. A. H. W. E.	1Jan.19
Yates, Sqdn. Ldr. H. I. F., *M.C.*	3June19
Yeomans, Flight Lt. C. F.	3June19
Young, Capt. A.	3June19
Young, Sqdn. Ldr. W. G. P.	1Jan.19

MEMBERS (M.B.E.).

Name	Gazette
Abbott, Maj. Charles Reginald	7June18
Achurch, Lt. G. P.	1Jan.19
Adams, 2nd Lt. J. L., *D.S.M.*	1Jan.19
Adkins, Capt. W. J.	3June19
Ainslie, Maj. E. M. L.	7June18
Allen, 2nd Lt. A. D.	1Jan.19
Allen, Maj. M. H. P.	7June18
Allnutt, A. J., *Esq.*	8Jan.19
Amor, Flg. Off. S. L.	3June19
Anderson, Flight Lt. H. G.	1Jan.19
Andrews, C. H,, *Esq.*	8Jan.19
Andrews, Maj. Cyril Rogers	7June18
Andrews, Flg. Off. J. C.	3June19
Angell, Flg. Off. B. O.	3June19
Armstrong, Flight Lt. (*hon. Sqdn. Ldr.*) Tom	10Oct.19
Arnot, Flg. Off. W. M.	3June19
Attrill, Flg. Off. C.	1Jan.19
Axten, Lt. H. J.	3June19
Bagge, 2nd Lt. H. J.	1Jan.19
Barber, Capt. *Rev.* P. C.	3June19
Barker, Flg. Off. Ernest Bernard	10Oct.19
Barnaby, Flight Lt. H. O.	3June19
Barr, Flg. Off. P. H.	3June19
Barrington, Lt.-Col. T. B.	7Jan.18
Batcheldor, Lt. (*hon. Capt.*) W.	22Dec.19
Beeton, Capt. B. J.	3June19
Bellew, Capt. E. H.	1Jan.19
Belli-Bivar, Capt. R.	3June19
Belt, Flight Lt. Charles Burnley, *M.C., D C.M.*	3June19
Bentley, Capt. W. O.	1Jan.19
Berwick, Capt. W. E.	10Oct.19
Betteridge, Capt. H. L.	3June19
Biggs, Flg. Off. (*act. Flight Lt.*) J. P. P. L.	3June19
Birch, Flight Lt. W. L., *D.S.O.*	7June18
Bird, Flight Lt. E. I. M.	3June19
Blackmore, Lt. A. C.	10Oct.19
Bonnyman, 2nd Lt. (*hon. Lt.*) J. A.	3June19
Booker, Lt. H.	3June19
Borland, Flg. Off. (*act. Flight Lt.*) W.	22Dec.19
Bowring, Flg. Off. W.	
Brittain, Lt. Arthur William	1Jan.19
Brockbank, Flight Lt. C. J.	3June19
Brown, Capt. John, *M.C.*	3June19
Bryant, Flight Lt. W. E. G.	3June19
Bullock, Lt. H. C. S., *M.M.*	7Jan.18
Burdett, Flg. Off. H. S.	10Oct.19
Burnett, Flg. Off. T. L. F.	3June19
Burns, 2nd Lt. (*hon. Capt.*) P. J.	3June19
Burt, Flight Lt. W. L.	3June19
Bush, Flg. Off. A. E. (*Civil*)	30Mar.20
Butler, 2nd Lt. (*hon. Lt.*) F. C.	1Jan.19
Bygrave, Lt. L. C.	3June19
Caines, C. G., *Esq.*	7Jan.18
Cairns, Flg. Off. D.	3June19
Cameron, Flg. Off. D. P.	10Oct.19
Campbell, Flg. Off. Malcom	3June19
Carmody, Flight Lt. E. P.	3June19
Carr, Capt. L. W.	1Jan.19
Carter, Flight Lt. A. W., *D.S.C.*	3June19
Castings, Flg. Off. W. R.	3June19

Name	Gazette
Catherall, Flg. Off. J. E.	1Jan.19
Catleugh, Lt. J. H.	1Jan.19
Chambré, Flight Lt. J.	3June19
Chandler, Flight Lt. C. K.	3June19
Cheeseman, Pilot Off. B.	3June19
Cheshire, Flight Lt. A. S.	1Jan.19
Christie, Capt. F.	1Jan.19
Clare, Flight Lt. S.	3June19
Clogstoun, Capt. H. P. S.	1Jan.19
Coe, Capt. C. G.	7June18
Colbeck, Flg. Off. P.	3June19
Cole, Pilot Off. William	1Jan.19
Collet, Flg. Off. R A. W.	3June19
Colquhoun, Flg. Off. E. E.	1Jan.19
Connolly, W. F., *Esq.*	1Jan.19
Cooke, Capt. James Henry	1Jan.19
Coombs, 2nd Lt. Percy	18Nov.18
Cort, Capt. W. P.	1Jan.19
Cotton, J. T., *Esq.*	7June18
Courtney, Flight Lt. R. A.	1Jan.19
Crane, Flight Lt. B. F.	3June19
Cranfield, Maj. G. W.	7June18
Cranmer, Pilot Off. (*hon. Flight Lt.*) A. T.	3June19
Cranmer, Flg. Offr. W. E.	3June19
Crichton, Flight Lt. H. L.	3June19
Critchley, Lt. W. E.	10Oct.19
Crofton, Flg. Off. R. L.	3June19
Crooks, Capt. L.	10Oct.19
Crosher, W. S., *Esq.* (*Civil*)	30Mar.20
Crothers, Flight Lt. W. G. M.	3June19
Currington, Flg. Off. S.	3June19
Dakin, Lt. H. B.	10Oct.19
Dance, Lt. F.	3June19
Dand, Flg. Off. J. H	3June19
Dashwood, Capt. S. L.	7June18
Dawes, Flight Lt. H.	3June19
Dawson, Capt. A. J.	10Oct.19
Dawson, Lt. William	3June19
Denison, Lt. A. A., *M.C.*	1Jan.19
Dew, Flight Lt. W. J.	1Jan.19
Dracopoli, Capt. I. N.	10Oct.19
Drudge, Flight Lt. E. O.	1Jan.19
Eckford, 2nd Lt. F. G.	3June19
Ellis, Flg. Off. S. H.	1Jan.19
Fairbrother, Lt. H. K.	3June19
Farren, Capt. W. S.	7Jan.18
Fawdry, Flight Lt. T.	3June19
Felkin, Capt. S. D.	1Jan.19
Firmin, Pilot Off. C. A.	3June19
FitzGerald, Flg.Off. Maurice Bolton	3June19
Fortescue, Flg. Off. (*act. Flight Lt.*) A. E. M.	1Jan.19
Frankish, Lt. B. R.	3June19
Fraser, Capt. G. G. R.	1Jan.19
Fraser, Lt. N. G., *A.F.C.*	22Dec.19
Freeborn, Pilot Off. L.	3June19
Freeman, Flight Lt. S. T.	3June19
Freemantle, Lt. Robert McLorinan	1Jan,19
Frost, Flight Lt. O. H., *M.C.*	3June19
Frost, Flight Lt. Sidney George	7June18
Fuller, Flight Lt. N. B.	3June19

Orders of Knighthood, &c.

MEMBERS (M.B.E.)—*contd.*

Name	Gazette.
Fulton, 2nd Lt. A. R.	3June19
Furniss, 2nd Lt. J. H.	1Jan.19
Furnival, Capt. J. M.	10Oct.19
Fyfe, Flg. Off. R. G.	3June19
Gardiner, Lt. Stanley James	22Dec.19
Gardiner-Hill, Capt. H.	1Jan.19
Geer, Flg. Off. E. W.	3June19
Gerrard, Flight Lt. T. M.	3June19
Giles, Flg. Off. H. H.	3June19
Godfrey, Flight Lt. S. C., *M.C.*	3June19
Golding, Flg. Off. G. F.	3June19
Gordon, Flight Lt. T. G.	3June19
Graham, 2nd Lt. (*hon. Lt.*) Robert Clark	3June19
Grave, Flg. Off. Frederick	3June19
Greenhough, Capt. A. B. W., *M.C.*	1Jan.19
Gregory, Flight Lt. A. L., *M.C.*	1Jan.19
Grey, Pilot Off. C. W.	7Jan.18
Griggs, Capt A. G.	3Jun.19
Groome, Flight Lt. Auckland William Wallaston	3June19
Gunn, Flg. Offr. D. B.	10Oct.19
Gwyer, Flight Lt. P. E.	3June19
Handman, Flight Lt. A. H.	1Jan.19
Hansford, Capt. A. U.	1Jan.19
Hart, Flight Lt. W. W.	1Jan.19
Hayward, Capt. William Edward	3June19
Heanly, Flg. Off. W. E. G.	1Jan.19
Heath, J. H., *Esq.* (*Civil*)	8Jan.18
Hemsley, Flg. Off. N. B.	1Jan.19
Henshall, Capt. L.	3June19
Hetherington, Flight Lt. C. G.	1Jan.19
Hill, Flg. Off. George Alexander, *D.S.O., M.C.*	3June19
Hingston, Lt. A.	1Jan.19
Hodgkinson-Smith, Capt. C.	1Jan 19
Hodgson, Flg. Off. C. E.	3Jun.19
Hoile, Flg. Off. W. H.	22Dec.19
Holloway, Maj. Reginald	7June19
Hoskings, Flg. Off. J. W.	1Jan.19
Hoyland, Lt. P. C.	1Jan.19
Hughes, Pilot Off. (*hon. Flg. Off.*) A. T.	10Oct.19
Hulbert, Flight Lt. H.	3June19
Humphreys, Flg. Off. W. E.	10Oct.19
Humphries, Flt. E. B., *M.C.*	1Jan.19
Hunter, 2nd Lt. John	1Jan.19
Hutchinson, Flight Lt. Hubery Gerald	10Oct.19
Iredale, Lt. F. M.	1Jan.19
Jones, 2nd Lt. Henry	3June19
James, Flight Lt. M. J.	1Jan.19
Jukes, Pilot Off. A.	22Dec.19
Kavanagh, Flight Lt. H. R.	3June19
Kewley, Lt. W. G.	3June19
Killmayer, Flight Lt. L. J.	7Jan.18
Knibb, F. C., *Esq.*	8Jan.19
Knight, Flg. Off. A. G.	3June19
Knollys, Flight Lt. the Hon. E. G. W. T., *D.F.C.*	3June19
Lander, Capt. L. E.	1Jan.19
Lang, Flg. Off. A. F.	22Dec.19
Lawson, Flight Lt. Harold	7June18
Ledehoer, Capt. J. H.	10Oct.19
Lee, Lt. A.	1Jan.19
Lehmann, Lt. H. D.	10Oct.19
Leigh-Bennett, Capt. E. P.	3June19
Lienard, Lt. W.	1Jan.19
Lingard, Lt. W.	1Jan.19
Livingstone, Capt. A. F.	3June19
Lyall, Flg. Off. G. H. H.	1Jan.19
Lyall, Flg. Off. (*act. Flight Lt.*) W. H.	1Jan.19
McCrae, Sqdn. Ldr. J.	7June18
Macdonald, Lt. Ronald	3June19
MacKilligan, Capt. A. P.	1Jan.19
McLean, 2nd Lt. R. K.	1Jan.19
McMullen, Flg. Off J. A.	1Jan.19
Macrostie, Flg. Off. R. D. G.	3June19
Maguire, Capt. R. K. C.	7June18
Maley, Lt. William John	3June19
Mallett, Capt. H. C.	3June19
Marchant, Flg. Off. A. P., *D.S.M.*	3June19
Mars, Flg. Off. L. J.	3June19
Marson, Capt. T. B.	3June19
Maton, Flight Lt. W. H. G.	7Jan.18
Medcalf, Capt. Herbert	8Jan.19
Meek, Flg. Off. K. A.	3June19
Middlemas, Lt. P.	7June18
Millar, Sqdn. Ldr. Exley Livingston	7June18
Mitchell, Flg. Off. Donald Robert	3June19
Molyneux, Lt. E. A.	1Jan.19
Moore, 2nd Lt. G.	22Dec.19
Morris, Lt. Harold Spencer	3June19
Mullard, Capt. S. R.	1Jan.19
Murphy, Lt. F.	3June19
Newman, Lt. H. J. G.	1Jan.19
Newton-Clare, Capt. W. S.	3June19
Nicholson, Flight Lt. B. J.	3June19
Nicholson, Maj. John Steel	7Jan.18
Northcote, Lt. H. P.	3June19
Nuttall, Capt. W. E.	3June19
Osborn, Capt. T. D. H.	1Jan.19
Ovens, Flg. Off. A. R.	1Jan.19
Palmer, Flight Lt. Gilbert	3June19
Parker, Maj. Sidney Ernest, *A.F.C.*	7Jan.18
Parkin, Sqdn. Ldr. J. E.	7June18
Peddell, Lt. T. A.	1Jan.19
Petch, Flg. Off. F.	3June19
Phipps, Pilot Off. C. W.	3June19
Pinckney, Capt. David Ward	3June19
Pinkerton, Pilot Off. J. M.	3June19
Plaister, Maj. W. E.	7June18
Porter, Flg. Off. E. E., *D.C.M.*	3June19
Postlethwaite, Flg Off. F. H.	3June19
Powell, Flg. Off. F. J. B.	3June19
Prentice, Capt, W. F.	7June18
Pugh, 2nd Lt. W. P. B.	3June19
Raine, 2nd Lt. J. C.	3June19
Ralston, Capt G.	10Oct.19
Read, Flight Lt. J. V.	1Jan.19
Rees, Pilot Off. D. M.	3June19
Riach, Capt. D. MacKinley P.	7Jan.18
Richardson, Flight Lt. C. S.	1Jan.19
Ricketts, Capt. Walter	3June19
Ridley, Flight Lt. A.	3June19
Rivers-Smith, Flight Lt. E.	3June19
Robinson, Flight Lt. James	3June19
Rogers, Lt. (*hon. Capt.*) G. W.	3June19

Orders of Knighthood, &c.

MEMBERS (M.B.E.)—*contd.*

	Gazette.
Roper, Flg. Off. G. O.	3June19
Ross, Flg. Off. A. J. M.	3June19
Ross, Lt. (*hon. Capt.*) T. A.	10Oct.19
Rowe, Flg. Off. (*hon. Flight Lt.*) A. A.	3June19
Ruttle, Lt. J. S.	1Jan.19
Savage, Maj. J. C.	7June18
Scarff, Sqdn. Ldr. F. W.	1Jan.19
Scoble, Capt. W. A.	1Jan.19
Sharples, Lt. J. B.	1Jan.19
Shaw, Flg Off. W. L.	10Oct.19
Shepheard-Walwyn, Lt. (*hon. Capt.*) R. A.	10Oct.19
Shortridge, Obs. Off. G. C.	10Oct.19
Siddons Wilson, Capt. A. E.	3June19
Sladden, Flg. Off. R. J., *D.C.M.*	3June19
Slater, Flg. Off. J. H.	1Jan.19
Smart, Capt. A. G. H.	3June19
Smith, Flg. Off. Charles Hodgkinson	1Jan.19
Smith, Lt. George Geoffrey	7June18
Smith, Capt. H. J. C.	1Jan.19
Smith, Noel W. K. I., *Esq.* (*Civil*)	8Jan.19
Songhurst, Flight Lt. F. H.	7June18
Spencer-Young, J. R., *Esq.* (*Civil*)	30Mar.20
Stagg, Flight Lt. G. E.	7June18
Stansfield, Lt. H.	3June19
Stephenson-Peach, Flight Lt. Robert Louis	1Jan.19
Stevenson, Flight Lt. (*act. Sqdn. Ldr.*) D. S.	3June19
Stevenson, Flight Lt. Robert Little	1Jan.19
Stronach, 2nd Lt. J. G. McK. M.	3June19
Strother, Lt. C. J.	7June18
Stroud, Flg. Off. George John	1Jan.19
Stroud, Flg. Off. G. T.	10Oct.19
Sumner, Capt J. A. C.	10Oct.19
Susans, Flg. Off. F.	3June19
Sutherland, Pilot Off. John	3June19
Sutherland, Lt. J. H. R., *A.F.C.*	1Jan.19
Sutherland, Flg. Off. William	3June19
Swan, Capt. J. B. R.	3June19
Swoffer, Lt. F. A.	3June19
Sykes, Capt. George	8Jan.19
Tancred, Flg. Off. C. H.	10Oct.19
Tate, Lt. H. P.	1Jan.19
Tattersall, 2nd Lt. J. W.	22Dec.19
Tattersall, Capt. T. W.	1Jan.19
Taylor, 2nd Lt. Arthur Henry	3June19
Taylor, Capt. Bernard Archie	3June19
Taylor, Flight Lt. Leicester Edward	3June19
Tedman, Flight Lt. F.	10Oct.19
Thomas, Lt. A. M.	22Dec.19
Thomas, Capt. Hugh Hamshaw	3June19
Thompson, 2nd Lt. C. S.	1Jan.19
Thompson, 2nd Lt. G. A.	1Jan.19
Thomson, Capt. David	8Jan.19
Thurston, Capt. A. P.	3June19
Tilley, Flight Lt. Harry	1Jan.19

	Gazette.
Tomling, Flg. Off. (*act. Flight Lt.*) G. G., *M.C.*	22Dec.19
Trist, Lt. E.	3June19
Turner, Sqdn. Ldr. George Bankart	7Jan.18
Turner, Flight Lt. (*act. Wing Comndr.*) H. M. S.	4Oct.18
Turner, Flg. Off. S. A.	1Jan.19
Twining, Lt. S. H.	3June19
Tyler, Capt. J. H.	1Jan.19
Tyrrell, Lt. J. E.	10Oct.19
Upjohn, Capt. D. F.	1Jan.19
Verpilleux, Lt. A. E.	1Jan.19
Waddington, Flg. Off. H.	3June19
Waghorn, Capt. H. C.	3June19
Waite, Flight Lt. R. B.	1Jan.19
Waldron, 2nd Lt. F.	3June19
Walker, Lt. Harold Frederick	3June19
Walker, J. D., *Esq.*	7Jan.18
Walker, Capt. J. P.	1Jan.19
Walsh, Lt. G. V.	10Oct.19
Warburton, Flg. Off. P.	3June19
Wardle, Capt. W. G. J.	3June19
Watson, Lt. John Charles	1Jan.19
Watson, Major William	3June19
Watt, Capt. W. McI.	3June19
Watts, Capt. F. M. I.	3June19
Waylen, Capt. D. C.	3June19
Wells, Flight Lt. F. K.	10Oct.19
Welsford, Lt. H. G.	1Jan.19
West, W. G., *Esq.* (*Civil*)	1Jan.18
Western, Flg. Off. J. G.	3June19
Wheatley, Maj. Christopher William C.	8Jan.19
Whitaker, Flight Lt. R.	1Jan.19
White, Pilot Off. H. J. C.	1Jan.19
Whitfield, Capt. Frederick Ernest Banister	7June18
Williams, 2nd Lt. David Eric	22Dec.19
Williams, Flight Lt. Frederick Thomas	3June19
Williams, Capt. Owen	3June19
Williams, Flg. Off. Gerald Atherton	3June19
Willis, Lt. T.	1Jan.19
Wilson, Flight Lt. (*act. Sqdn. Ldr.*) Alexander Morice	3June19
Wilson, Flg. Off. Andrew McCrae	3June19
Witt, Flg. Off. A. T. E.	1Jan.19
Witty, Lt. C. H.	1Jan.19
Woolfe, Capt. F. A.	3June19
Wright, Flg. Off. W. J. T.	3June19
Wylie, Major Hamilton Neil	10Oct.19
Young, Lt. Christopher Harding	1Jan.19
Young, Flg. Off. H. J.	3June19
Young, Flg. Off. J. W.	22Dec.19
Young, 2nd Lt. Stanley Gordon	10Oct.19

DISTINGUISHED SERVICE ORDER.

THE SOVEREIGN.

HIS MAJESTY THE KING.

COMPANIONS (D.S.O.).

	Gazette.
Adler, *Rev.* M., *B.A.*	1Jan.18
Alexander, Wing Cdr. *Sir* William. *K.B.E., C.B., C.M.G.,* TD... ...	14Jan.16
Algie, Lt. William, *A.F.C.*	17Feb.17
Anderson, Flight Lt. **Walter Fraser**	1Apr.20
§Andrews, Flight Lt. J. O., *M.C.* ...	26July17
Babington, Sqdn. Ldr. J. T.... ...	1Jan.15
Bailey, Flight Lt. G. C.	3Mar.17
Baird, Maj. J. L., *C.M.G., M.P.* ...	18Feb.15
Baker, Flight Lt. B. E., *M.C.,A.F.C.*	4Mar.18
Baldwin, Sqdn. Ldr. J. E. A., *O.B.E.*	3June18
‡℧‡§§Barker, Maj. W. G., *M.C.* ... {	18Feb.18 ‡2Nov.18
Batten, Maj. J. B.	1Jan.17
Beale, Capt. C. O. B.	26May17
℧℃§Beauchamp-Proctor, Flight Lt. Andrew Weatherby, *M.C.*, *D.F.C.*	2Nov.18
Beck, Flight Lt. E. W. T., *M.C.* ...	25Aug.16
Becke, Air Commodore J. H. W., *C.M.G., A.F.C.*	1Jan.17
Bell, Maj. B. C., *D.S.C.*	21Apr.17
Bell-Irving, Sqdn. Ldr. M. McB., *M.C.*	22Jan.16
‡Bigsworth, Wing Cdr. A. W., *C.M.G., A.F.C.* ... ... {	13Sept.15 ‡10ct.17
Birch, Flight Lt. W. L., *M.B.E.* ...	3Jun.19
Bird, Flight Lt. A. W....	26May17
Blandy, Group Capt. L. F.	23June15
Blomfield, Wing Cdr. R. G.	1Jan.18
Board, Wing Cdr. A. G., *C.M.G.* ...	1Jan.18
Bone, Wing Cdr. R. J., *C.B.E.* ...	7Apr.16
Borton, Group Capt. A. E., *C.M.G.*, *A.F.C.*	3July15
‡Bowhill, Wing Cdr. Frederick William, *C.M.G.* ... ... {	22Feb.18 ‡3June19
§Bowman, Flight Lt. Geoffrey Hilton, *M.C., D.F.C.*	26Mar.18
Boyle, Wing Cdr. *The Hon.* John David, *C.B.E.*	4June17
Brackley, Maj. H. G., *D.S.C.* ...	22June17
Brand, Flight Lt. C. J. Q., *M.C., D.F.C.*...	31May18
Brandon, Maj. A. de B., *M.C.* ...	4Oct.16
Brearley, Capt. N., *M.C., A.F.C.* ...	10Jan.17
Brierley, Wing Cdr. G. T., *C.M.G.*	— 01

	Gazette.
‡Briggs, Wing Cdr. E. F., *O.B.E.* ... {	1Jan.15 ‡16Dec.19
Brock, Wing Cdr. H. le M.	14Jan.16
Bromet, Sqdn. Ldr. G. R., *O.B.E.*...	12May17
Brooke-Popham, Air Commodore Henry Robert Moore, *C.B., C.M.G., A.F.C.*	23June15
‡Bryant, Sqdn. Ldr. C. E. ... ... {	18Feb.15 ‡18July17
Burchall, Lt.-Co¹. H.	1Jan.18
Burdett, Wing Cdr. A. B.	1Jan.17
Burnett, Wing Cdr. C. S., *C.B.E.* ...	11Apr.18
‡Butler, Maj. C. H., *D.S.C.* ... {	20July18 ‡11Aug.17
Byng, Lt.-Col. the *Hon.* A. S. ...	1Jan.18
Campbell, Lt.-Col. Hugh, *O.B.E.* ...	18June17
§Campbell, Maj. W. C., *M.C.*... ...	17Sept.17
Carmichael, Wing Cdr. G. I., *A.F.C.*	27Mar.15
§Carpenter, Lt. P., *M.C.*	16Sept.17
Carthew, Lt.-Col. T. W. C.	23June15
Carver, Lt. (*hon. Maj.*) E. C. ...	4June17
Cave-Browne-Cave, Wing. Cdr. H. M., *D.F.C.*	26Apr.18
Chamier, Wing Cdr. J. A., *C.M.G., O.B.E.*	1Jan 17
Charlton, Air Commodore L. E. O., *C.B., C.M.G.*	19Apr.01
Christie, Wing Cdr. M. G., *C.M.G., M.C.*	24Jan.17
Clark-Hall, Group Capt. R. H. ...	26Apr.18
⊗Claxton, Lt. W. G., *D.F.C.* ...	2Nov.18
Cleaver, Lt.-Col. F. H., *C.B.E.* ...	1Jan.17
Collier, Lt.-Col. R. H., *O.B.E.* ...	1Jan.18
‡Collishaw, Flight Lt. (*act. Sqdn. Ldr.*) R., *D.S.C., D.F.C.* ... {	11Aug.17 ‡21Sept.18
Coningham, Flight Lt. A., *M.C., D.F.C.*	26Sept.17
Cooper, Wing Cdr. Henry	1Jan.18
Cooper, Wing Cdr. R. A.	4June17

‡ Bar to D.S.O.   § Bar to M.C.   §§ 2nd Bar to M.C.   ⊗ Bar to D.F.C.

DISTINGUISHED SERVICE ORDER—contd.

Name	Gazette
Corballis, Sqdn. Ldr. E. R. L.	1Jan.18
Courtney, Wing Cdr. C. L., *C.B.E.*	30Nov.17
Crosfield, 2nd Lt. (*hon. Maj.*) G. R.	30Mar.16
Culley, Flg. Off. S. D.	2Nov.19
Cull, Wing Cdr. J. T.	8Dec.15
Cunningham, Lt.-Col. J. A., *D.F.C.*	1Jan.19
Dacre, Sqdn. Ldr. G. B.	19Nov.15
D'Albiac, Flight Lt. J. H.	22June16
Darwin, Flight Lt. C. J. W.	8Feb.19
Day, Sqdn. Ldr. H. E., *M.V.O.*	18Feb.15
de Havilland, Maj. H.	17Mar.17
Dey, Wing Cdr. (*act. Group Capt.*) Rev. James	1Feb.17
Dickson, Flg. Off. W. F.	21Sept.18
Digby, Capt. F. T., *D.S.C.*	26Apr.18
Dodwell, 2nd Lt. T. B.	2Nov.18
Dore, Maj. A. S. W.	1Jan.18
‡Drummond, Flight Lt. R. M., *M.C.*	{ 26Mar.18 / ‡26July18 }
Edmonds, Sqdn. Ldr. C.H.K., *O.B.E.*	19Feb.15
Farrington, Flight Lt. W. B.	22Apr.18
Feeney, Capt. F. J. E.	1Jan.19
Fell, Lt.-Col. L. F. R., *O.B.E.*	4June17
‡Fellowes, Wing Cdr. P. F. M.	{ 1Jan.18 / ‡8Feb.19 }
Ferrand, Capt. J. B. P.	1Jan.16
Fisher, Capt. P. S., *D.S.C.*	17Nov.17
Freeman, Wing Cdr. W. R., *M.C.*	2Nov.16
§Frew, Flight Lt. M.B., *M.C., A.F.C.*	4Mar.18
Frogley, Flg. Off. Sydney Gilbert, *D.F.C.*	1Apr.20
§Fullard, Flight Lt. P. F., *M.C., A.F.C.*	26Nov.17
Galpin, C J., *Esq.*	22June17
Game, Air Commodore P. W., *C.B.*	23June15
Gerrard, Group Capt. E. L., *C.M.G.*	22June16
§§Gilmour, Capt. J., *M.C.*	3Aug.18
Goble, Sqdn. Ldr. Stanley James, *O.B.E., D.S.C.*	16Feb.17
Godman, Wing Cdr. A. L., *C.M.G.*	4June17
Goode, Flg. Off. H. K., *D.F.C.*	8Feb.19
Gordon, Group Capt. Robert, *C.M.G.*	8Dec.15
Gossage, Sqdn. Ldr. E. L., *M.C.*	3Jun.19
Gow, Capt. R. W., *D.S.C.*	30Nov.17
‖Graham, Flight Lt. Ronald, *D.S.C., D.F.C.*	17Nov.17
‡Grant-Dalton, Wing Cdr. S., *A.F.C.*	{ 27July16 / ‡25Nov.16 }
‡§§Green, Sqdn. Ldr. G. W. M., *M.C.*	{ 18June17 / ‡18Dec.17 }
Grenfell, Maj. A. M.	20Oct.16
Grenfell, Wing. Cdr. George Pascoe	1Jan.18
Grey, Lt.-Col. S. D. A.	23Oct.14
Groves, Group Capt. P. R. C., *C.B., C.M.G.*	1Jan.17
Groves, Air Commodore R. M., *C.B., A.F.C.*	22June16
Halahan, Group Capt. F. C., *C.M.G., M.V.O.*	1Jan.18
Hamilton, Sqdn. Ldr. B. H. N. H.	3June18
Harvey, Lt.-Col. J.	—
⊗Hazell, Flight Lt. T. F., *M.C., D.F.C.*	8Feb.19
Hearson, Group Capt. J. G., *C.B.*	14Jan.16
Henderson, Lieut.-Gen. (*hon.*) Sir David, *K.C.B. K.C.V.O.*	31Oct.02
Henderson, Flight Lt. M.	30Mar.16
Herring, Sqdn. Ldr. J. H., *M.C.*	3Mar.17
Hewlett, Sqdn. Ldr. F. E. T., *O.B.E.*	1Jan.19
Higgins, Air Vice-Marshal J. F. A., *C.B., A.F.C.*	27Sept.01
Hill, Flg. Off. George Alexander, *M.C., M.B.E.*	27June19
‖Hobbs, Capt. B. D., *D.S.C.*	20July17
Holliday, Capt. F. P., *M.C., A.F.C.*	25Aug.17
Holt, Group Capt. F. V., *C.M.G.*	18Feb.15
Howell, Lt. C. E., *M.C., D.F.C.*	2Nov.18
Huggins, Col. (*act. Brig.-Gen.*) A., *C.M.G.*	1Jan.17
Hynes, Wing Cdr. G. B.	1Jan.17
Inglis, Maj. R.	1Jan.18
Jacob, Capt. A. F. F.	1Jan.19
⊗Jones, Flg. Off. J. I. T., *M.C., D.F.C., M.M.*	2Nov.18
Joubert de la Ferté, Wing Cdr. P. B., *C.M.G.*	1Jan.17
Kelly, Sqdn. Ldr. J. U.	22Sept.16
§Kennedy - Cockran - Patrick, Maj. W. J. C., *M.C.*	17Sept.17
‡Kilner, Wing Cdr. C. F.	{ 19Feb.15 / ‡10Ct.17 }
‖⊗Kinkead, Flg. Off. S. M., *D.S C., D.F.C.*	1Apr.20
Lambe, Air Commodore C. L., *C.B., C.M.G.*	12May17
Landon, Wing Cdr. J. H. A., *O.B.E.*	4June17
Learmount, Maj. L. W., *M.C.*	18July17
Leckie, Sqdn. Ldr.R., *D.S.C., D.F.C.*	17May18
Leigh-Mallory, Sqdn. Ldr. T. L.	1Jan.19
Long, Obs. Off. H. O.	27June19
Long, Maj. S. H., *M.C.*	12Mar.17
Longcroft, Air Commodore C. A. H., *C.M.G., A.F.C.*	1Jan. 8
Longmore, Group Capt. Arthur Murray	1Jan.19
Loraine, Lt.-Col. R., *M.C.*	4June17
Lovemore, Lt. R. B.	8Feb.19
Ludlow-Hewitt, Group Capt. E. R., *C.M.G., M.C.*	1Jan.18
McClaughry, Sqdn. Ldr. Wilfred Ashton, *M.C., D.F.C.*	8Feb.19
McCubbin, Lt. G. R.	27July16
MacEwen, Wing Cdr. N. D. K., *C.M.G.*	17Sept.17
§MacLaren, Sqdn. Ldr. D. R., *M.C., D.F.C.*	8Feb.19
Maclean, Wing Cdr. Cuthbert Trelawder, *M.C.*	3June19

‡ Bar to D.S.O.   ‖ Bar to D.S.C.   § Bar to M.C.   §§ 2nd Bar to M.C.
⊗ Bar to D.F.C.

DISTINGUISHED SERVICE ORDER—contd.

	Gazette.
MacNeece, Wing Cdr. W. F., *D.F.C.*	1Jan 17
Maguire, Lt.-Col. O. H. K.	10Oct.17
Maitland, Air Commodore Edward Maitland, *C.M.G., A.F.C.* ..	20July17
Maitland, Lt. W. B.	26Sept.17
Maltby, Sqdn. Ldr. P. C., *A.F.C.* ...	1Jan.17
Marix, Sqdn. Ldr. R. L. G.	23Oct.14
Maund, Sqdn. Ldr. A. C.	1Jan.18
Miller, Capt. Allister Mackintosh, *O.B.E.*	22Sept.19
§Minchin, Sqdn. Ldr. (*act. Wing Cdr.*) F. F., *M.C.*	1Jan.18
Mitchell, Pilot Off. J....	1Apr.20
Mitchell, Wing Cdr. William Gore Sutherland, *M.C., A.F.C.*... ...	1Jan.18
‡Moon, Sqdn. Ldr. E. R.	{ 15June17 / 16Mar.18 }
Morris, Maj. E. N. G.	1Jan.18
Mosby, Lt. J. E. G.	27July18
‡Mulock, Lt.-Col. R. H., *C.B.E.* ...	{ 22June16 / 26Apr.18 }
Murphy, Brig.-Gen. (*hon.*) C. F. de S., *M.C.*	1Jan.17
Murray, Sqdn. Ldr. E. M., *M.C.*...	2Dec.18
Mutch, Observer Off. G.	12Mar.17
Nethersole, Maj. M. H. B.	8Feb.19
Newton-Clare, Maj. E. T.	12May17
Nicholl, Maj. V., *D.S.C.*	1May18
Oliver, Wing Cdr. D. A., *O.B.E.* ...	22June16
Parry, Sqdn. Ldr. R. G.	16Aug.15
Pattinson, Sqdn. Ldr. L. A., *M.C., D.F.C*	3June19
§Peck, Flight Lt. A. H., *M.C.* ...	4Mar.18
Peirse, Sqdn. Ldr. R. E. C., *A.F.C.*	10Apr.15
Pendavis, Flg. Off. H. V.	1Dec.14
Petre, Maj. H. A., *M.C.*	22Dec.16
Pitcher, Air Commodore D. Le G., *C.M.G., C.B.E.*	1Jan.19
Playne, Flight Lt. (*act. Sqdn. Ldr.*) Basil A....	13Sept.15
‡Portal, Sqdn. Ldr. C. F. A., *M.C.*...	{ 18July17 / 26July18 }
Pretyman, Wing Cdr. G. F , *O.B.E.*	27Mar.15
Probyn, Flight Lt. H. M.	17Sept.17
Pyott, Capt. I. V.	15Dec.16
‡Rathborne, Wing Cdr. C. E. H. ...	{ 17Jan.19 / 16Dec.19 }
Reid, Sqdn. Ldr. G. R. MacF., *M.C.*	1Jan.19
Reilly, Sqdn. Ldr. H. L.	19Oct.16
Ridley, Flight Lt. C. A., *M.C.* ...	14Nov.16
Risk, Wing Cdr. C. E.....	3June19
Robinson, Flight Lt. F. L. *M.C.* ...	5Apr 19
Rooke, Wing Cdr. C. P.	1Jan.17
Ross, Wing Cdr. Robert Peel, *A.F.C.*	10Oct.17
Russell, Wing Cdr. R. E. M., *C.B.E.*	29Oct.15
Russell, Flight Lt J.C.	3June19
Salmond, Air Vice-Marshal *Sir* J. M., *K.C.B., C.M.G., C.V.O.*	18Feb.15
Salmond, Air Vice-Marshal *Sir* W. G. H., *K.C.M.G., C.B.* ...	3Mar.17

	Gazette.
‡Samson, Group Capt. C.R., *C.M.G., A.F.C.*	{ 23Oct.14 / 23Jan.17 }
Sanday, Lt.-Col. W. D. S., *M.C.* ...	20Oct.16
‡Savory, Maj. K. S.	{ 22June16 / 29Aug.17 }
Scarlett, Air Commodore F. R., *C.B.*	10Oct.17
Shaw, Flight Lt. C. A.	— 02
Shekleton, Sqdn. Ldr. A.	11Apr.18
Shepherd, Flight Lt. A. S., *M.C.* ...	17Sept.17
Shook, Capt. Alexander Macdonald, *D.S.C., A.F.C.*	1Jan.18
Sippe, Maj. S. V., *O.B.E.*	1Jan.15
‡Smart, Capt. B. A.	{ 2Nov.17 / 21Sept.18 }
Smith, Sqdn. Ldr. (*act. Wing Cdr.*) Sidney, *A.F.C.*	1Jan.17
Smith, Sqdn. Ldr. S. C. W.	23Oct.19
‡Smyth-Pigott, Wing Cdr. J. R. W.	{ 26Nov.15 / 10Oct.17 }
Snow, Maj. W. R., *M.C.*	22Apr.18
Sowrey, Sqdn. Ldr. Frederick, *M.C., A.F.C.*	4Oct.16
Stanford, Wing Cdr. C. E. C. ...	1Jan.17
Steele, Lt. R. C.	17Dec.17
§Stevenson, Flight Lt. D. F., *M.C.*	26July18
Stewart-Dawson, Capt. N. G., *D.S.C.*	18Nov.19
Stodart, Maj. D. E., *D.F.C.* ...	21Sept.18
Strange, Wing Cdr. L. A., *M.C., D.F.C.*	8Feb.19
Sutton, Sqdn. Ldr. B. E., *O.B.E., M.C.*	26Sept.17
Swinton, Major-General E. D., *C.B.*	— 00
Tempest, Maj. W. J., *M.C.* ...	13Oct.16
Tomkinson, Sqdn. Ldr. L., *A.F.C*	22Dec.19
Trenchard, Air Marshal *Sir* Hugh Montague, *Bart., K.C.B.* ...	18Sept.16
Tyrrell, Wing Cdr. W., *M.C.* ...	—
VanRyneveld, Wing Cdr. H. A., *M.C.*	1Jan.19
Villiers, Maj. O. G. G.	1Jan18
Vyvyan, Air Vice-Marshal Arthur Vyell, *C.B.*	14Mar.16
Waley-Cohen, Lt.-Col. J., *C.M.G.* ...	3June16
Wallace, Maj. G. P.	1Feb.17
Webster, J. A., *Esq.*	8Mar.19
Wheeler, *Rev.* F. H. (*Hon. Chaplain*)	..
Wheeldon, Lt. F. L.	17Sept.17
⊗Whistler, Flight Lt. Harold Alfred, *D.F.C.*	2Nov.18
‡Wilkinson, Maj. A. M.	{ 20Oct.16 / 25May17 }
Willock, Wing Cdr. F. G., *C.B.E.*	25May17
Wise, Wing Cdr. P. K., *C.M.G.* ...	4June17
§§Woodhouse, Flight Lt. J. W., *M.C.*	17Sept.17
§Woollett, Flight Lt. H. W., *M.C.*...	16Sept.18
Wright, Maj. W.	3June18
Wynne-Eyton, Maj. C. S.	1Jan.18

‡ Bar to D.S.O. § Bar to M.C. §§ Second Bar to M.C. ⊗ Bar to D.F.C.

THE DISTINGUISHED SERVICE CROSS.

Name	Gazette.
Alexander, Capt. William Melville...	14Sept.17
Allen, Capt. A. D. W., *A.F.C.*	12May17
Anderson, Capt. William Louis	20July18
Arnold, Flight Lt. A. R., *D.F.C.*	26Apr.18
Barker, Capt. E. R.	11Aug.17
Barrs, Capt. J. E.	22Feb.18
‖ Bartlett, Flight Lt. C. P. O.	{ 14Sept.17 / 17May18 }
Beamish, Capt. H. F.	30Nov.17
Bell, Maj. B. C., *D.S.O.*	12May17
Betts, Obs. Off. E. B. C., *D.F.C.*	21Apr.17
Brackley, Maj. H. G., *D.S.O.*	12May17
Breadner, Maj. L. S.	23May17
Breese, Sqdn. Ldr. G. F.	10ct.17
Brewerton, Flg. Off. C. F.	17Apr.18
Brewsher, Capt. Paul	2Nov.17
Bronson, Capt. C. G.	21May19
Brooke, Flight Lt. John Callaghan...	20July17
‖ Brown, Capt. A. R.	{ 2Nov.17 / 21June18 }
Brown, Flight Lt. Leslie Oswald, *A.F.C.*	15June17
Burling, Flight Lt. E. J. P., *D.F.C.*	20Feb.19
Buss, Maj. H. A., *O.B.E.*	2Nov.17
Butcher, Capt. O. A.	14Sept.17
‡Butler, Maj. C. H., *D.S.O.*	14Mar16
Cadbury, Capt. E., *D.F.C.*	5Dec 16
Carlisle, Capt. C. C.	1May18
Carr, Capt. J. A.	10ct.17
Carter, Capt. Alfred William, *M.B.E.*	29Aug.17
Chambers, Flight Lt. C. F. M.	19Dec.17
‖Chapman, Obs. Off. C. H.	{ 19Dec.17 / 26Apr.18 }
Chase, Capt. C. K.	21Apr.17
Childers, Maj. R. E.	21Apr.17
Chisholm, Capt. J. F., *D.F.C.*	22Feb.18
‖Clarke, Capt. I. N. C.	{ 12May17 / 14Sept.17 }
Clemson, Flight Lt. A. W.	21Apr.17
‡Collishaw, Flight Lt. (*act. Sqdn. Ldr.*) R., *D.S.O.*, *D.F.C.*	2July17
‖‖Compston, Flight Lt. R. J. O., *D.F.C.*	{ 12May17 / 11Aug.17 / 16Mar.18 }
Cook, Capt. N. R.	20July17
Cooke, Sqdn. Ldr. G. G. H., *A.F.C.*	1May18
Cooper, Maj. A. Q., *A.F.C.*	10ct.17
Cooper, Flight Lt. E. J.	22June17
Crouch, Capt. J. R.	26Apr.18
‖Cuckney, Flight Lt. E. J.	{ 12May17 / 19Dec.17 }
‖Curtis, Capt. W. A.	{ 19Dec.17 / 16Mar.18 }

Name	Gazette.
Daly, Flight Lt. R. H.	11Aug 17
Deans, Flight Lt. E. E.	16Mar.18
Delamere, Capt. R. D.	22Feb.18
de Salis, Flight Lt. W. J.	10ct.17
Devlin, Capt. J. R. S., *A.F.C.*	22June17
‖‖Dickey, Flight Lt. R. F. L.	{ 20July17 / 11Aug.17 / 30Nov.17 }
‖Dickson, Capt. E., *D.F.C.*	{ 19Dec.17 / 26Apr.18 }
Digby, Capt. F. T., *D.S.O.*	12May18
Draper, Maj. C.	26Apr.18
‖Dunn, Flight Lt. W. H.	{ 22Feb.18 / 17May18 }
Edwards, Capt. C. C. R.	21Apr.17
Elliott, Flight Lt. A. S.	10ct.17
Ellwood, Flg. Off. A. B.	26Apr.18
England, Sqdn. Ldr. T. H., *A.F.C.*	25Oct.16
Enstone, Capt. A. J., *D.F.C.*	11Aug.17
Evill, Sqdn. Ldr. D. C. S., *A.F.C.*	22June16
‖‖Fall, Flight Lt. J. S. T., *A.F.C.*	{ 23May17 / 19Dec.17 / 19Dec.17 }
Fane, Flg. Off. G. W. R.	5Dec.16
Findlay, Flg. Off. M. H., *D.F.C.*	17Apr.18
Fisher, Capt. P. S., *D.S.O.*	12May17
Fitz-Gibbon, Capt. D. F.	2Nov.17
Fitzherbert, Capt. C. H.	1May18
Fitz Herbert, Flight Lt. E. C. W.	22Feb.18
Forbes-Bentley, Capt. R.	22June17
Fowler, Flight Lt. Frank, *A.F.C.*	12May17
Fraser, Capt. F. E.	22June17
Freeman, Capt. C. T., *A.F.C.*	25Oct.16
Furniss, Capt. H. A.	17Apr.17
‖Galbraith, Capt. D. M. B.	{ 25Oct.16 / 16Feb.17 }
Galpin, Capt. J. O., *D.F.C.*	14Sept.17
Gamon, Capt. J.	7June18
Gardner, Capt. R. G.	19Dec.17
Gardner, Flight Lt. W. E.	12May17
Gaskell, Sqdn. Ldr. A. B.	26Apr.18
Gaskell-Blackburn, Sqdn. Ldr. V., *A.F.C.*	{ 21Jan.16 / 17May18 }
Gerrard, Flg. Off. T. F. N.	20July17
Gibbs, Flight Lt. V. R.	17Nov.17
Gilmour, Capt. C.	1May18
Glaisby, Capt. L. N.	29Aug.17
‖Glen, Flight Lt. J. A.	{ 26Apr.18 / 7June18 }
Goble, Sqdn. Ldr. Stanley James, *D.S.O.*, *O.B.E.*	25Oct.16
Gow, Capt. R. W., *D.S.O*	12May17

‡ Bar to D.S.O   ‖ Bar to D.S.C.   ‖‖ 2nd Bar to D.S.C.

Orders of Knighthood, &c.

DISTINGUISHED SERVICE CROSS—*contd.*

	Gazette.
‖Graham, Flight Lt. Ronald, *D.S.O., D.F.C.*	{ 25Oct.16 { ‖12May17
Grange, Capt. E. R.	16Feb.17
Gregg, Capt. B. E. P.	1May18
Hall, Capt. Herbert Glynn	22June16
‖‖Hallam, Maj. T. D.	{ 15Dec.15 { ‖22June17 { ‖‖18Dec.17
Hallifax, Capt. E. de C.	1May18
Halsted, Flight Lt. F. N., *D.F.C.*	1May18
Hards, Sqdn. Ldr. F. G. D., *D.F.C.*	22June16
Harkness, Capt. D. E.	6Sept.16
Hart, Flight Lt. J. F.	22Feb.18
Haskins, Sqdn. Ldr. F. K.	22June16
Hemming, Flg. Off. G. W.	30Nov.17
Hervey, Capt. G. E.	17Nov.17
Hinshelwood, Flight Lt. T., *D.F.C.*	14Sept 18
Hoare, Capt. J. E. A.	20July17
‖Hobbs, Capt. B. D., *D.S.O.*	{ 22June17 { ‖30Nov.17
Holden, Flight Lt. H. G.	17Nov.17
Holmes, Maj. P. L.	22June17
Hopcraft, Flight Lt. E. G.	1May18
Horstman, Capt. F. G.	17Apr.18
Hunter, Capt. J. E. L., *D.F.C.*	30Nov.17
Huskisson, Sqdn. Ldr. B. L.	12May17
Ince, Capt. A. S.	24Feb.16
Jarman, Capt. R.	19Dec.17
Johnson, Capt. Frederick Ross	17Nov.17
Johnstone, Lt. E. G.	16Mar.18
Jones, Capt. John Fleming, *O.B.E.*	2Nov.17
‖Jordan, Capt. W. L., *D.F.C.*	{ 22Feb.18 { ‖16Mar.18
Keeble, Flight Lt. N., *D.F.C.*	12May17
Keirstead, Capt. R. McN.	22Feb.18
Kerby, Flight Lt. H. S., *A.F.C.*	2Nov.17
Kerry, Capt. J. L.	21Apr.17
⊗Kinkead, Flg. Offr. S. M., *D.S.O., D.F.C.*	{ 22Feb.18 { ‖26Apr.18
Knowles, Capt. D.	1May18
Leckie, Sqdn. Ldr. R., *D.S.O., D.F.C.*	22June17
Leslie, Flight Lt. R. F. S., *D.F.C., A.F.C.*	20July17
Lyon, Capt. M.	17July19
McClelland, Capt. H.	29Aug.17
MacGregor, Capt. N. M.	22Feb.18
‖Mackenzie, Flight Lt. W. R.	{ 11Aug.17 { ‖14Sept.17
MacLaurin, Capt. C.	1Oct.17
Maclean, Flight Lt. J. E. B.	15June17

	Gazette.
McNicoll, Capt. C.	22June17
Maidstone, Maj. G. M. G., *Viscount, O.B.E.*	7June17
Maitland-Heriot, Capt. C. A.	22June17
Maitland-Heriot, Capt. E. E.	1May18
Mason, Flg. Off. J. M., *D.F.C.*	17Apr.18
Mills, Capt. F. S.	1May18
Mills, Sqdn. L dr. J. S.	21June18
Millson, Capt. B. A., *D.F.C.*	17Apr.18
‖‖Minifie, Capt. R. P.	{ 2Nov.17 { ‖30Nov.17 { ‖‖17Apr.18
Modin, Flight Lt. Charles O. F.	1Jan.15
Montagu, Flight Lt. R. S.	1 May18
Moore, Maj. W. G.	16Feb.17
Morris, Capt. H. M.	1Oct.17
Morrish, Capt. C. R.	22June17
Munday, Flight Lt. R. B.	16Mar.18
Nanson, Sqdn. Ldr. E. R. C., *A.F.C.*	1ˢᵗJune17
Nelles, Capt. D. A. H.	12May17
Nelson, Flight Lt. Gilbert Dirk, *A.F.C.*	17May18
Newton, Flight Lt. T. H.	2Nov.17
Nicholl, Maj. V., *D.S.O.*	22June16
Norton, Sqdn. Ldr. E. W.	1Jan.17
Nunn, Flight Lt. H. L., *D.F.C.*	17Apr.18
Nutting, Sqdn. Ldr. C. W.	22June16
O'Brien, Flight Lt. G. M. F.	1May18
Ormerod, Flight Lt. L. W.	2Nov.17
Paine, Flight Lt. (*act. Sqdn. Ldr.*) Leo. P.	22June17
Peal, Maj. E. R., *C.B.E.*	22June16
Peel, Lt. R. W.	14Sept.18
Pipon, Capt A. R. T.	1May18
‖Price, Flight Lt. G. W.	{ 22Feb.18 { ‖16Mar.18
Ridley, Flight Lt. C. B.	17Apr.18
‖Rochford, Capt. L. H., *D.F.C.*	{ 26Apr.18 { ‖ 7June18
Russell, Flg. Off. Frederick Stratton, *D.F.C.*	17Apr.18
‖Rutland, Sqdn. Ldr. F. J., *A.M.*	{ 31May16 { ‖1Oct.17
Saint, Capt. H. J. T.	2Nov.17
St. John, Capt. R. G.	29Aug.17
Saunders, Capt. K. F., *A.F.C.*	1May18
‖Scott, Flight Lt. C. L.	{ 22June17 { ‖22June17
Scott, Capt. J. E., *A.F.C.*	11Aug.17
Scott, Capt. W. A., *D.F.C.*	2Nov.17
Shook, Capt. Alexander Macdonald, *D.S.O., A.F.C.*	17Aug.17
Shoppee, Capt. L C.	16Feb.17
Sieveking, Capt. L. G.	29Aug.17

| **❙** Bar to D.S.C. | **❙❙❙** 2nd Bar to D.S.C. | **⊗** Bar to D.F.C. |

DISTINGUISHED SERVICE CROSS—contd.

	Gazette.
Simpson, Capt. G. G.	22June17
Sitwell, Sqdn. Ldr. W. G.	1May18
Slade, Flight Lt. R. J.	14Sept.17
‖Slatter, Flight Lt. L. H., D.F C.	{ 17Nov.17 / ‖17May18 }
Smith, Flight Lt. C. H. C.	22June16
Smith, Obs. Off. Frederick Charles	14Sept.18
Smith, Capt. Guy Duncan	20July17
Smylie, Capt. G. F.	1Jan.16
Soar, Capt. R. R.	11Aug.17
Sorley, Flg. Off. Ralph Squire	14Sept.18
Sproatt, Capt. C. B.	2Nov.17
Stanley-Adams, Sqdn. Ldr. H.	10Oct.17
Stewart-Dawson, Capt. N. G., D.S.O.	15June17
Strain, Lt.-Col. L. H., O.B.E.	14Mar.16
Stringer, Lt. F. H.	17Apr.18
‖‖Struthers, Capt. J. G.	{ 10Oct.17 / ‖22Feb 18 / ‖‖22Feb 18 }
Taylor, Capt. S. E.	1May15
Terrell, Lt. T.	19Dec.17
Thomson, Maj. G. L., D.F.C.	14Mar.16
Thornely, Capt. R. R.	2Nov.17
Thorold, Flight Lt. H. K., A.F.C.	31May16
Travers, Flight Lt. H. G.	22June17

	Gazette.
Underhill, Flight Lt. W.	1May18
Verey, Capt. D. R.	17July19
Waistell, Flight Lt. A. M.	22Feb.18
Walker, Flight Lt. F. W., A.F.C.	10Oct.17
Warne-Browne, Flg. Offr. Thomas Arthur	17Apr.18
Waugh, Flight Lt. J. K.	1May18
Welsh, Sqdn. Ldr. W. L.	26Apr.18
‖Whealey, Flight Lt. A. T., D.F.C.	{ 26Apr.18 / ‖21June18 }
Wheelwright, Capt. J. S.	10Oct.17
Whitmore, Pilot Off. F. H.	20July17
Wigglesworth, Flight Lt. H. E. P.	21Apr.17
Wilkins, Maj. L. H.	1May18
Williams, Flg. Off. W. T. S.	22June17
Wilson, Sqdn. Ldr. John Philip, A.F.C.	22June15
Wilson, Flight Lt. W. H.	1May18
Wood, Capt. T. G. C.	10Oct.17
Woodhead, Capt. N. H.	1May18
‖Worrall, Flight Lt. H. V.	{ 14Sept.18 / ‖20Feb.19 }
Wright, Capt. J. S.	2Nov.17

‖ Bar to D.S.C.   ‖‖ 2nd Bar to D.S.C.

THE MILITARY CROSS

Name	Gazette
Acland, Maj. W. H. D., *A.F.C.*	14Jan.16
Adams, Lt. H. C.	22June18
Adams, Lt. O. H.	26Sept.17
Addenbrooke-Prout, Flight Lt. R., *O.B.E.*	1Jan.18
Addison, Lt. Roger, *D.F.C.*	3June18
Aitchison, Lt. W.	18July17
Aitken, Flight Lt. R. S.	26July17
§Aldred, Lt. J. W.	26Mar.17 / §16Sept.18
Alford, Flight Lt. Francis Reginald	10Jan.17
Allen, Capt. G. W. D.	3June16
Allen, Flg. Off. Lawrence Wilfred	26May17
Allen, Pilot Off. V. W.	26Nov.17
Allport, Capt. J. M.	22Apr.18
§Anderson, Lt. J. B.	25Nov.16 / §18July17
Anderson, Flg. Off. Wilfred	
§§Anderson, 2nd Lt. William	25Aug.17 / §18Oct.17 / §§19Nov.17
§Andrews, Flight Lt. J. O., *D.S.O.*	20Oct.16 / §11Dec.16
Aplin, Lt. F. G.	
Arkell, Lt. A. J. L.	31May18
Arnison, Flg. Off. C. H.	16Sept.18
§Atkey, Flight Off. A. C.	22June18 / §16Sept.18
Aubrey, Sqdn. Ldr. H. A. R., *O.B.E.*	22June15
Ayre, Capt. R. H.	27Oct.17
Babington, Sqdn. Ldr. P., *A.F.C.*	3June16
Baillie, 2nd Lt. (*hon. Lt.*) J.	20Oct.16
Bainbridge-Bell, 2nd Lt. (*hon. Capt.*) L. H.	20Oct.16
Baker, Flight Lt. B. E., *D.S.O., A.F.C.*	25Aug.17
Baker, Flg. Off. Ernest Alfred	3June16
Baker, Flight Lt. G. B. A.	4June17
Baker, Flg. Off. John Wakeling	26July18
Baker, Lt. J. W.	—
Baker, Flight Lt. V. H., *A.F.C.*	26July17
Bald, Capt. E. H. C.	3June16
§Balfour, Capt. H. H.	26May17 / §22Apr.18
Banks, Lt. C. C., *D.F.C.*	9Feb.18
Barclay, Lt. (*hon. Capt.*) W. E. B.	17Apr.17
Barker, 2nd Lt. A. T.	16Sept.18
‡℣ℭ‡§§Barker, Maj. W. G., *D.S.O.*	10Jan.17 / §18July17 / §§16Sept.18
§Barnes, Flg. Off. H. F.	1Jan.17 / §8Feb.19
Barnett, Flg. Off. P J.	17Sept.17
Barraclough, Flg. Off. N. E	26Sept.17
Barratt, Wing Commdr. Arthur Sheridan, *C.M.G.*	14Jan.16
Barrington, Flg. Off. E. L., *D.F.C.*	26May17
Barron, Pilot Off. (*hon. Obs. Off.*) A. M.	—
Bartlett, Lt. J. R.	16Aug.17
Batchelor, Lt. E. C.	22June18
Bate, Lt. B. D.	4Feb.18
Bates, Capt. F. A., *A.F.C.*	18Feb.18
Baty, 2nd Lt. (*hon. Lt.*) R. E.	26Apr.17
Bayly, Flight Lt. Leonard Joseph St. G.	7Feb.18
Bazett, Capt. H. C.	14Jan.16
Beadon, Lt. (*hon. Capt.*) E.	1Jan.18
Beauchamp, Flight Lt. *Rev.* Henry	7Nov.18
℣ℭ§Beauchamp-Proctor, Flight Lt Andrew Weatherby, *D.S.O., D.F.C.*	22June18 / §16Sept.18
Beaver, Flg. Off. W.	22June18
Beck, Flight Lt. E. W. T., *D.S.O.*	15Apr.16
Bedwell, Maj. J. R.	1Jan.18
§Begg, Flg. Off. M. G.	22Sept.18 / §14Nov.16
Bell, Capt. D. C.	4Mar.18
Bell, Lt. H. B.	16Sept.18
Bell, 2nd Lt. (*hon. Capt.*) P.	3Mar.18
§Bell, Capt. W. D. M.	26June16 / §5Mar.17
Bell-Irving, Capt. A.	26Sept.17
Bell-Irving, Sqdn. Ldr. M. McB., *D.S.O.*	27July16
Belt, Flight Lt. Charles Burnley, *M.B.E., D.C.M.*	18Oct.17
Benjamin, Lt. M. A.	18July17
Bennett, Flg. Off. E. W.	14Jan.16
Bennett, Lt. John	1Jan.18
Bennett, Lt. L. J.	16Dec.19
Bentley, Lt. R. R.	18Jan.18
Binnie, Capt. Alan	26May17
Binning, Maj. K. R.	20Oct.16
Birbeck, Lt. L. S.	1Jan.17
Bird, Lt. C. B.	27Oct.17
Birkbeck, Obs. Off. E. G	—
§Birks, Flg. Off. G. A	16Sept.18 / §16Sept.18
Bishop, Lt. E. L.	18July17
Black, Lt. William	20Oct.16
Blackburn, Wing Cdr. Harold, *A.F.C.*	14Jan.16
Blackie, Lt. W. M.	22Apr.18

‡ Bar to D.S.O.   § Bar to M.C   §§ 2nd Bar to M.C

THE MILITARY CROSS—*contd.*

	Gazette.
Blayney, Capt. C E.	18July17
Blennerhassett, Flg. Off. G. N. ...	26July17
Blofeld, Flg. Off. H.	26July17
Blount, Sqdn. Ldr. C. H. B.... ...	14Nov.16
Bolitho, Capt. T. G. G., *D.F.C.* ...	17Apr.17
Bolton, Flight Lt. A. C.	3June16
Bolton, Lt. P. L.	25Nov.16
Boret, Flg. Off. J. A., *A F.C.* ...	18Oct.17
§Bott, Capt. A. J. ... ...{	20Oct.16 / §16Dec.19
Boultbee, Flight Lt. B. St. J. ...	18June17
Bourdillon, Capt. R.B., *A.F.C.* ...	26Sept.17
⊗Bowen, Lt. P. R., *D.F.C.* ...	16Aug.17
§Bowman, Flight Lt. Geoffrey Hilton, *D.S.O., D.F.C.* ...{	17Sept.17 / §27Oct.17
Boyd, Maj. O. T., *O.B.E., A.F.C.* ...	19Aug.16
Boyle, Lt. Allan, *A.F.C.*	26Sept.17
§Boyle, Sqdn. Ldr. Archibald Robert, *O.B.E.*{	22June15 / §1Oct.16
Bradford, Lt. R.	26Sept.17
Brampton, Lt. D. N.	11Dec.16
Brand, Flight Lt. C. J. Q., *D.S.O., D.F.C.*	26Apr.17
Brandon, Maj. A. de B., *D.S.O.* ...	16May16
Brandon, Lt. Thomas	16Aug.17
Brearley, Capt. N., *D.S.O., A.F.C.*	26Sept.16
Brett, Lt. R. de R.	1Jan.17
Brewer, Capt. C. H.	13May18
Brewster, 2nd Lt. (*hon. Capt.*) G. D.	12Mar.17
Brewster-Joske, Capt. C. A. ...	27Oct.17
Bridgeman, Lt. O C.	16Sept.18
Brisbane, Lt. J. M.	22June16
§Briscoe-Owen, Lt. (*hon. Capt.*)C. M.{	10Jan.17 / §17Sept.17
Britton, Flg. Off. A. F.	1Jan.18
Broadberry, Flg. Off. E. W. ...	1Jan.18
Broadway, Lt. J. H.	27Oct.17
Brodrick, Capt. *Hon.* G. St. J. ...	2Feb.18
Brooke, Pilot Off. S.	25Aug.17
Brooks, Lt. D. C. M., *A.F.C.* ...	22June18
Broughall, Flg. Off H. S.	22Sept.16
Brown, Flight Lt. Andrew John ...	22June18
§Brown, Lt. F. E. ... ...{	22Apr.18 / §22June18
Brown, Capt. John, *M.B.E.*... ...	1Jan.18
Brown, Lt. J. R.	23May17
Brown, Lt. William Henry	22June18
Brownell, Lt. R.J., *M.M.*	4Mar.18
Browning, Flg. Off. Lance Harold	15Oct.18
Brunton, Observer Off. R. A. ...	18Feb.18
Bryson, Flight Lt. O. C., *D.F.C., A.M.*	4Feb.18
Bryson, Flight Lt. R. E.	24June18
Buckingham, Capt. R. E.	4June18
Buckingham, Capt. W.	26May17

	Gazette.
Buist, Lt. A. C. S.	10Jan.17
Bull, 2nd Lt. F. H. J.	16Sept.18
§Bulman, Flg. Off. P. W. S., *A.F.C.*{	4Feb.18 / §22June18
Bulmer, Lt. G. W.	16Sept.18
Burchett, Lt. J. G.	22June18
Burd, Flight Lt. J. M.	17Dec.17
Burke-Jacklin, Flg. Off. H. ...	1Jan.17
Burkett, Lt. G. T. W.	26Sept.17
Burnand, Lt. R. M.	26Sept.17
Burney, Lt. E.	3June16
Burr, Lt. William John, *D.C.M., M.M.*	18July17
Burrowes, Capt. A. E.	
Busk, Flg. Off. C. W.	20Oct.16
Butler, Sqdn. Ldr. Albert James, *A.F.C.*	18Feb.15
Cahusac, Capt. E. B.	11May17
Caiger-Watson, Pilot Off. (*hon. Obs. Off.*) G.	18Feb.18
Cairns, Capt. J.	26Sept.17
⊗Caldwell, Maj. K. L., *D.F.C.* ...	17Sept.17
Cambray, Lt. W. C.	17Sept.17
Campbell, Capt. P. C.	14Nov.16
§Campbell, Maj. W. C., *D.S.O.* ...{	16Aug. 17 / §16Aug.17
Campbell-Martin, Obs. Off. P. C. ...	16Dec.19
Cantlon, Lt. F. H.	18Oct.17
Carbery, Flight Lt. D. H. M., *D.F.C.*	26Mar.17
Carden, Lt. P. T.	18Jan.18
Carey-Thomas, Flight Lt. W. W. ...	4June17
Carington, Capt. C. M.	
Carles, 2nd Lt. (*hon. Lt.*) R. E. ...	22June18
§Carpenter, Lt. P., *D.S.O.* ...{	4Mar.18 / §16Sept.18
Carter, Flg. Off. Oliver Eric... ...	
Casey, Capt. Clement Ignatius ...	3June18
Cassels, Lt. J. S.	14Nov.16
Cassidy, Flg. Off. D. M.	14Nov.16
Caster, Flight Lt. W. S.	26Apr.17
Catchpole, Capt. B. E., *D.F.C.* ...	16Sep .18
Cave, Flg. Offr. T. W.	13May18
Chadwick, Maj. R., *D.C.M.* ...	14Nov.16
Chalmers, Maj. J. L.	20Oct.16
Champion de Crespigny, Flight Lt. H. V., *D.F.C.*	16May16
Chappell, Flight Lt. R. W. ...	22June18
Charley, Capt. R. M.	18Jan.18
Chatterton, Lt. J.	15Mar.16
Chick, Flg. Off. J. S.	13May18
Child, Flight Lt. Arthur James, *O.B.E.*	1Jan.18
Chippendale, Lt. H. A.	22June18
Christie, Wing Cdr. M. G., *C.M.G., D.S.O.*	3June16
Church, Lt. B. H.	1Jan.18
Churcher, Flg. Off. (*hon. Flight Lt.*) G. M.	14Jan 16

§ Bar to M.C. ⊗ Bar to D.F.C.

THE MILITARY CROSS—contd.

	Gazette.
Clarke, Lt. E. D.	17Dec.17
Clarke, Sqdn. Ldr. E. G. H.	—June15
Clarke, Pilot Off. W. B.	12Mar.17
Clayson, Flg. Off. P. J., *D.F.C.*	22June18
§Cleaver, Lt. (*hon. Capt.*) C. T., *D.F.C.*	{ 20Oct.16 { 18July17
Cleaver, Lt. M. F. T.	18July17
Clisdal, Capt. J.	4June17
Cloete, Flight Lt. D., *A.F.C.*	27July16
Cochrane, Flight Lt. (*act. Sqdn. Ldr.*) J. A.	1Jan.18
Cock, Flight Lt. G. H.	26July17
Cockerham, Observer Off. P. A.	18June17
Colin, Capt. J. P.	22June18
Collier, Lt. H. W.	26July18
Collier, Capt. S.	1Jan.18
Collins, Lt. (*hon. Capt.*) L. I.	16Sept.18
Coningham, Flight Lt. A., *D.S.O.*, *D.F.C.*	17Sept.17
Conran, Sqdn. Ldr. E. L.	1Jan.15
Cook, Lt. W. W.	11Oct.17
Cooke, Lt. D. G.	26July18
Coop, Lt. R. W.	18Oct.17
Cooper, Lt. H. A.	22June18
Cooper, Flg. Off. J. H.	4Feb.18
Cooper, Maj. J. P. C., *O.B.E.*	3June16
Cooper, 2nd Lt. T. C.	4Feb.18
Copestake, Lt. V. J.	20Dec.16
Cording, Flg. Off. Lewis Edmund, *M.M.*	26Sept.16
Corfield, Capt. W. R.	27June16
Cormack, Lt. D. D.	26Sept.16
Costobadie, Flg. Off. H. C.	14Jan16
§§Cowper, Lt. A. K.	{ 22Apr.18 { §22June18 { §§22June18
Cox, Capt. G. M.	26July18
Cox, 2nd Lt. G. W.	1Jan.19
Cox, Flg. Off. William Reseigh, *A.F.C.*	25May17
Crabbe, Lt. C. E.	23June15
Craig, Flight Lt. E. W.	16Aug.17
Creek, Lt. F. N. S.	13May18
Crewdson, 2nd Lt. (*hon. Maj.*) E.	4June17
Crichton, 2nd Lt. (*hon. Lt.*) H. McF.	22June18
Cripps, Flight Lt. B. U. S.	14Jan.16
Croft, Lt. A. J.	22Sept.16
Crole, Capt. G. B.	26Sept.17
Crook, Maj. J. A.	27July16
Crowden, Lt. R. C.	22June18
Crowe, Capt. C. M., *D.F.C.*	18July17
Crowe, Observer Off. H. G.	26July18
Cudemore, Lt. C. W., *D.F.C.*	18Oct.17
Curlewis, Lt. I.	14Nov.16
Danby, Maj. C. S.	1Jan.17
Dangerfield, Lt. (*act. Capt.*) B.	26Jan.17
Daniel, 2nd Lt. (*hon. Lt.*) F. R.	3June18

	Gazette.
Daniel, Lt. Hector, *A.F.C.*	26July18
Daniell, Lt.-Col. T. E. St. C., *O.B.E.*	1Jan.17
Darling, Capt. W.	23June15
Darwin, Lt. Charles Galton	1Jan.18
Darvall, Flg. Off. L.	3June18
Davey, Sqdn. Ldr. H. B.	25Nov.16
Davidson, Flg. Off. C. R.	22Apr.18
Davidson, Observer Off. (*hon. Flight Lt.*) J. F.	—
Davies, Lt. E. C.	—
Davies, Flg. Off. (*hon. Flight Lt.*) F. G.	3June18
Davies, Lt. (*hon. Capt.*) Frederick Harry	13May18
Davis, 2nd Lt. (*hon. Lt.*) G. E.	16Aug.17
Davis, Pilot Off. (*hon. Obs. Off.*) Harold Edward	18Feb.18
Davis, Maj. J. O.	1Jan.17
Davison, Flg. Off. Hiram Frank	22June18
Davison, Observer Off. (*hon. Flight Lt.*) (*act. Flight Lt.*) J. F.	1Jan.17
Day, Lt. J.	22June18
Day, Observer Off. W. C.	16Sept.18
Deacon, Flight Lt. G. R. A.	11Apr.18
Dear, Lt. F. H.	4Feb.18
deCourcy, Sqdn. Ldr. J. A. G.	10Jan.17
Delamain, Obs. Off. E. C.	26Sept.17
Dening, Lt. D. M.	26July18
Denison, Lt. Amos Allan, *M.B.E.*	3Mar.17
Denning, Capt. C. F.	17Apr.17
Dickinson, 2nd Lt. (*hon. Lt.*) C. O'B.	26Sept.17
Diespecker, Flg. Off. L. C.	20Oct.16
Dinwoodie, 2nd Lt. (*hon. Lt.*) H.	31May16
§Dix, Lt. R. C. St. J.	{ 22June18 { §16Sept.18
Dixon, Maj. Charles Herbert, *D.F.C.*	10Jan.17
Dixon, Lt. J. E.	3Mar.17
Dixon-Spain, Maj. Gerald, *O.B.E.*	26Sept.16
Douglas, Lt. W. L.	26Sept.17
Douglas, Sqdn. Ldr. W. S., *D.F.C.*	14Jan.16
Doune, Capt. *Lord* F. D.	31May16
Drewitt, Capt. H. F. S., *A.F.C.*	22June18
‡Drummond, Flight Lt. R. M., *D.S.O.*	16Aug.17
Duff, Capt. I. A. J.	4Feb.18
Duffus, Maj. C. S., *O.B.E.*	14Nov.16
Duncan, Lt. H. J.	30Mar.16
Duncan, Lt. T. B.	20Dec.16
Dunnett, Lt. F. W.	24Sept.18
Durno, Lt. R. S.	22June18
Durrand, Capt. W.	17Dec.17
Dutton, Lt. F. F., *D.F.C.*	22Sept.16

‡ Bar to D.S.O. § Bar to M.C. §§ 2nd Bar to M.C.

Orders of Knighthood, &c.

THE MILITARY CROSS—*contd.*

	Gazette.
Eagar, Lt. G. F. F.	22Jan.16
Eccles, Lt. H. E. K.	18June17
Edwardes, 2nd Lt. (*hon. Lt.*) J.	22Sept.16
Eglington, Lt. D. C.	16Aug.17
Eldridge, Lt. H. M.	26July17
Ellis, Lt. (*act. Capt.*) H. E. O.	19Aug.16
Emmett, Flight Lt. E. C., *D.F.C.*	1Feb.17
English, Lt. A. A.	1Jan.17
§Evans, Capt. Alfred John	{ 14Jan.16 { §16Dec.19
Evans, Flg. Off. Dudley Lloyd, *D.F.C.*	20Dec.16
Evans, Lt. John	25Aug.16
Everidge, Flight Lt. James	11Jan.19
Exton, Lt. E. N. G.	18July17
Fairweather, Lt. R. M. D.	26Sept.17
Farrington, Flg. Off. Frank Cecil	26July18
Fellowes, Capt. C. D., *A.F.C.*	26Sept.17
Fenton, Pilot Off. (*hon. Obs. Off.*) C.	
Fenton, Lt. C. G.	18Jan.18
Ferguson, Lt. Gerald William, *A.F.C.*	27Oct.17
Fernihough, Capt. F.	17Sept.17
Findlater, Maj. L.	29Oct.15
Findlay, Flg. Off. James Lloyd	3June18
Findley, Lt. T. I.	26July18
Firth, Flight Lt. (*act. Sqdn. Ldr.*) Rev. J.	—
Firth, Capt. J. C. B.	18Feb.18
Fitton, Lt. Richard	2Feb.16
Fitzgerald, Capt. C. C.	2Feb.16
Fleming, Lt. Austin Lloyd	13May18
Fletcher, Wing Cdr. Albert, *C.M.G., C.B.E.*	1Jan.17
Foers, Capt. L. A. F.	13Feb.17
Foley, Lt. R.	—
Fooks, Lt. S. F.	4June17
Foord, Obs. Off. B. A.	27June18
Foot, Capt. E. L.	14Nov.16
Forbes, Capt. E. W.	24June16
Forbes, Sqdn. Ldr. L. F.	20Oct.16
Ford, 2nd Lt. (*hon. Lt.*) H. E. R.	1Jan.18
Forsyth, Lt. E. M.	26July18
Forsyth, Lt. John Campbell	1Jan.17
Fox, Flight Lt. J. B.	13May18
Franklyn, Flg. Off. A. W.	22June18
Fraser, Wing Cdr. Cecil, *C.M.G., O.B.E.*	1Jan.18
Freeman, Wing Cdr. W. R., *D.S.O.*	27Mar.15
§Frew, Flight Lt. M. B., *D.S.O., A.F.C.*	{ 18Oct.17 { §17Dec.17
Frost, Flight Lt. O. H., *M.B.E.*	1Jan.18
Fry, Capt. W. M.	16Aug.17
Fryer, Lt. T. J. H.	25Aug.16
§Fullard, Flight Lt. P. F., *D.S.O., A.F.C.*	{ 26Sept.17 { §26Sept.17

	Gazette.
Fulljames, Flight Lt. Reginald Edgar Gilbert	18Oct.17
Fyfe, Lt. F. A.	20Oct.16
Galley, Flg. Off. E. D. G., *A.F.C.*	22June18
Gamble, Pilot Off. (*hon. Obs. Off.*) G. A.	17Apr.17
Gardiner, Lt. E. M.	18July17
Gardner, Capt. G. D.	1Jan.18
Garrison, Flg. Off. A. E.	1Jan.18
Garrod, Sqdn. Ldr. A. G. R., *D.F.C.*	18Feb.15
Gass, 2nd Lt. C. G.	16Sept.18
Gavin, Lt. S.	26July17
Gawler, Capt. D. R.	11May17
George, Flg. Off. R. A.	26Mar.18
Gem, Flg. Off. A. H. A.	17Sept.17
Gibbons, Lt. G. E., *D.F.C.*	16Sept.18
Gibbs, Capt. F. J.	26Sept.17
§§Gibbs, Flg. Off. G. E.	{ 26Mar.18 { §22June18 { §§16Sept.18
Gilchrist, Capt. E. J. L. W., *D.F.C.*	20Oct.16
Gill, Wing Cdr. N. J., *C.B.E.*	1Jan.17
§§Gilmour, Capt. J., *D.S.O.*	{ 25May17 { §26July18 { §§16Sept.18
Girvan, Lt. C. C. G.	16Aug.17
Glen, Flight Lt. J. McG.	1Jan.18
§Glenny, Flight Lt. A. W. F., *D.F.C.*	{ 17Sept.17 { §26July18
Goddard, Pilot Off. Wilfred John	16Sept.18
Godfrey, Capt. A. E., *A.F.C.*	26July17
Godfrey, Capt. Stanley Charles, *M.B.E.*	4Nov.15
Goldsmith, Lt. St. B.	3June16
Goodfellow, Lt. C. S.	18July17
Goodman, 2nd Lt. (*hon. Capt.*) S. T., *D.C.M.*	18Feb.18
Goodwin, Flg. Off. L. F.	22June18
Gordon, Flight Lt. C. F., *O.B.E.*	25Aug.16
Gordon-Davis, Capt. C.	12Mar.17
Gorringe, Lt. F. C., *D.F.C.*	4Mar.18
Gossage, Sqdn. Ldr. E. L., *D.S.O.*	30Mar.16
Gould, Sqdn. Ldr. L. T. N.	18July17
Gould, Capt. R. G.	19Aug.16
Gower, Lt. W. E.	3Mar.17
Grace, Flg. Off. F. A. D.	18Dec.17
Graham, Lt. C. E. V.	3June16
Graham, Sqdn. Ldr. J. B., *A.F.C.*	18July17
Graham, Capt. N. C.	26Sept.16
Graham, Flg. Off. Strang	7Mar.18
Gray, Flight Lt. Alexander	27Oct.17
Green, Obs. Off. E. B.	3June18
Green, Flg. Off. E. G.	26May17
‡§§Green, Sqdn.Ldr. G.W.M., *D.S.O.*	{ 1Jan.17 { §13Feb.17 { ‡§§7Jan.18
Green, Lt. J. S.	4Mar.18
Green, Lt, O. P. S. W.	14Nov.16
Green, Flg. Off. Wilfred Charles	4June17
Greenaway, 2nd Lt. W. G.	18May18
Greene, Flight Lt. L.	14Nov.16

‡ Bar to D.S.O.   § Bar to M.C.   §§ 2nd Bar to M.C.

THE MILITARY CROSS—contd.

	Gazette.
Greenhough, Capt. A. B., *M.B.E.*	30Mar.16
Gregory, Flight Lt. A. L., *M.B.E.*	1Jan.17
Gregory, Lt. Robert	18July17
Grenfell, Flight Lt. E. O., *A.F.C.*	18Mar.16
Grey-Edwards, Sqdn. Ldr. H. B. R.	29Oct.15
Gribben, Capt. E.	26Sept.17
Gribble, Lt. S. I.	30Mar.16
Grimwood, Obs. Off. B. C. R.	26Sept.17
⊗Grinnell-Milne, Flg. Off. Duncan William, *D.F.C.*	16Dec.19
Guilfoyle, Sqdn. Ldr. W. J. Y., *O.B.E.*	3Mar.17
Gurney, Lt. A. R.	26July18
Hackwill, Capt. G. H.	9Feb.18
Hadow, Lt. D. P.	25Nov.16
Hall, Flg. Off. R.	1Jan.18
Hall, Capt. R. W.	26Sept.17
Hamersley, Lt. H. A.	22June18
Hamilton, Obs. Off. R.	11May17
§Hammond, Lt. A. W.	{ 22Apr.18 / §26July18 }
Hammond, Flg. Off. H. B.	18Jan.18
Hampton, Capt. F. A.	26Jan.17
Haney, Lt. (*hon. Capt.*) F. J., *D.F.C.*	26Apr.17
Hanman, Lt. J. L. S.	22June18
Hanmer, Flg. Off. R. H.	26July17
Hanning, Flg. Off. J. E.	22June18
Hardy, Lt. P.	22June18
Hargreaves, Flg. Off. R. C.	15Apr.15
Harkus, Lt. R. R.	1Jan.17
Harman, Capt. H. D.	18Oct.17
Harper, Flg. Off. William Eardley...	22Sept.16
Harrison, Flg. Off. A. C. B.	18Feb.18
Harrison, 2nd Lt. C. P.	16Sept.18
Harrison, Lt. W. L.	13May18
Harrow-Bunn, Lt A. L.	10Jan.17
Hart, Lt. R. G.	26July18
Harvey, Lt. William James	22June18
Harwood, Flg. Off. E. M.	20Oct.16
Haslam, Obs. Off. J. A. G., *D.F.C.*	26July18
Havelock-Sutton, Flg. Off. G. H.	3June16
Hawker, Lt. C. W.	26July17
Hawkes, Capt. M. W. L.	23June15
Hawkins, Flg. Off. G. W.	26Sept.17
Hay, Flg. Off. H. A.	24June16
Haycock, Lt. H.	16Sept.18
Hayes, 2nd Lt. (*hon. Lt.*) C. B.	22Sept.16
Haynes, Flg. Off. C. G.	11Dec.16
Hayward, Obs. Off. G. S. L.	26July18
⊗Hazell, Flight Lt. T. F., *D.S.O., D.F.C.*	26July17
Head, Lt. B.	22June18
Healey, Lt. M. C.	—
Heaton, Lt. H. A.	30Mar.16
Heaven, Lt. A. C.	18June17
Hegarty, Lt. H. G.	16Sept.18

	Gazette.
Henderson, Maj. George Lockhart Piercy, *A.F.C.*	22Jan.16
Henderson, Flight Lt. T.	8Aug.17
Hendry, Flg. Off. A. C.	20Oct.16
Herring, Sqdn. Ldr. J. H., *D.S.O.*	3June16
§Hervey, Flg. Off. H. E.	{ 10Jan.17 / §10Jan.17 }
Hewett, Flight Lt. H.	18Jan.18
§§Hibbert, Lt. J. E., *D.F.C.*	{ 3June16 / §20Dec.16 / §§22June18 }
Hill, Flg. Off. George Alexander, *D.S.O., M.B.E.*	12Feb.19
Hill, Capt. G. T. R.	20Oct.16
Hill, Lt. H. R.	4July16
Hill, Sqdn. Ldr. R. M., *A.F.C.*	14Nov.16
Hill, 2nd Lt. (*hon. Lt.*) T. I.	4Feb.18
Hills, Lt. O. M.	25Nov.16
Hilton, Lt. D'Arcy Fowlis, *A.F.C.*	17Dec.17
Hird, Flg. Off. F. L.	22June18
Hobbs, Flg. Off. G. L.	22June18
Hobbs, Lt. R. W.	26Mar.18
Hobby, 2nd Lt. (*hon. Lt.*) H. S.	25Aug.17
Hobson, Lt. F.	4Mar.18
Hobson, Lt. P. K.	22June18
Hodges, Sqdn. Ldr. S. G., *A.F.C.*	26Sept.17
§Hodgkinson, Capt. G. W.	{ 1Feb.17 / §1Jan.18 }
Hodson, 2nd Lt. (*hon. Lt.*) W. U.	14Nov.16
Hoffmeister, Flight Lt. H. A. R.	23June15
§Hoidge, Capt. R. T. C.	{ 18July17 / §27Oct.17 }
Holdstock, Capt. H. T.	1Jan.18
Holland, Flg. Off. H. L.	16Sept.18
Holliday, Capt. F. P., *D.S.O., A.F.C.*	26July17
Hollinghurst, Lt. C. S.	14Nov.16
Hollingsworth, Lt. P. C.	4June17
Holme, Flight Lt. R. C. L.	24Jan.17
Holmes, Lt. F. H.	18Jan.18
Home-Hay, Capt. J. B., *D.F.C.*	26July17
Hooper, Flight Lt. Geoffrey Herbert, *D.F.C.*	17Sept.17
§Hooton, Flg. Off. L. C.	{ 22June18 / §26July18 }
Hope, Lt. (*act. Capt.*) R. H. W.	11Dec.16
Hopkins, Lt. A.	11Apr.18
Horn, Maj. K. K.	1Jan.18
Horrocks, Lt. W. J. H.	17Sept.17
Horsfall, Maj. E. D.	14Jan.16
§Horsley, Flg. Off. C. F.	{ 27Oct.17 / §26Nov.17 }
Houstan, 2nd Lt. (*hon. Lt.*) J. C.	22Apr.18
Howard, Lt. Harry	18Jan.18
Howe, Flg. Off. Thomas Sydney	30Mar.16
Howell, Lt. C. E., *D.S.O., D.F.C.*	16Sept.18
Howell, Capt. J. G.	31May16
Howsam, Flg. Off. G. R.	4Mar.18

§ Bar to M.C.   §§ 2nd Bar to M.C.   ⊗ Bar to D.F.C.

THE MILITARY CROSS—contd.

	Gazette.
Hoy, Flg. Off. C. A.	17Sept.17
Hoyle, Flg. Off. (hon. *Flight Lt.*) C. F.	1Jan.17
Hubbard, Sqdn. Ldr. T. O'B., *A.F.C.*	3June16
Hudson, Flight Lt. F. ..	1Jan.17
Hudson, Flg. Off. F. N.	30Mar.16
Hudson, Lt H. B.	16Sept.18
Hudson, Maj. R. J.	14Nov.16
Hughes, Capt. Geoffrey Forrest, *A.F.C.*	13May18
Humphries, Lt. E. B., *M.B E.*	16Aug.18
Hunter, Flg. Off. G. R. ...	18Jan.18
Hunter, Sqdn. Ldr. H.J.F. ...	20Oct.16
Hurr, Lt. D. F.	22Apr.18
§Huskinson, Flight Lt. (*act. Sqdn. Ldr.*) P.	{ 27July16 22Apr.18
Huxley, Capt. (hon. *Maj.*) W.S.	18Jan.18
Hyde, Lt. F.	16Sept.18
Hyde, Capt. G. A.	16May16
Innes, Capt. A.	1Jan.17
ⱷInsall, Sqdn. Ldr. G. S. M.	16Dec.19
Jackson, Maj. J. L.	16Jan.16
§Jacobs, 2nd Lt. (hon. *Lt.*) B.	{ 14Nov.16 17Sept.17
James, Sqdn. Ldr. A. W. H. ...	24June16
James, Flight Lt. C. E. H. ...	10Mar.15
Jaques, Flg. Off. J. B. ...	3June16
Jenkins, Lt.-Col. F.H., *O.B.E.*	25Nov.16
Jenkins, Flg. Off. R. C. ...	14Jan.16
Jennings, Lt. A. G. McI. ...	18July17
Jennings, Flight Lt. M. R. N., *A.F.C.*	16Sept.18
Jensen, Major H. D.	4June17
Jerome, Lt. S. T.	18July17
§Jerwood, Flg. Off. E. L. ...	{ 24June15 26July17
Jillings, Flight Lt. D. S. ...	1Jan.15
Joelson, 2nd Lt. S. H. ...	12Mar.17
§Johnson, Capt. W. S. F. ...	{ 3July15 13May18
Johnstone, Lt. R.	11Dec.16
Jolley, Lt. S.	26Sept.18
Jones, 2nd Lt. (hon. *Lt.*) Edward George Arnold	3Mar.17
Jones, Lt. H A.	18Oct.17
Jones, Flight Lt. H. W. G. ...	26Mar.17
ⓧJo es, Flg. Off. J. I. T., *D.S.O., D.F.C., M.M.*	16Sept.18
Jones, Lt. L. B.	25May17
Jones, 2nd Lt. (hon *Lt.*) Richard	4June17
Jones, Lt. R. N. K.	18July17
Jones, Wing Comdr. (*act. Group Capt.*) Rev. S. J.	1Jan.17
§Jones, Lt. S. S.	{ 1Jan.17 13May18
Jones. Lt. W. W.	22June18

	Gazette.
§Jones-Williams, Flight Lt. A. G. ...	{ 18July17 17Sept.17
Junor, Lt. K. W.	13May18
Keep, Lt. A. S.	16Sept.18
Kelly, Lt. A. P.	22June18
Kelly, Sqdn. Ldr. Thomas James	1Jan.17
Kelsall, Flg Off. (hon. *Flight Lt.*) H. A.	3June16
Kendall, Lt. W. J. C. ...	25Nov.16
Kennard, Lt. C.	16Dec.19
§Kennedy-Cockran-Patrick, Maj. W. J. C., *D.S.O.*	{ 16May16 16Aug.17
Kesterton, Lt. H.P.M. ...	17Apr.17
Kidd, Pilot Off. (hon. *Flg. Off.*) W.R.	22Sept.16
King, Flg. Off. Charles Ley, *D.F.C.*	16Sept.18
King, Maj. William James ...	1Jan.17
Kingsford-Smith, Lt. C. E. ...	26Sept.17
Kingsley, Capt. S. G. ...	3Mar.17
Kinnear, Lt. A. M.	4Feb.18
Kirk, Obs. Off. J.	11Apr.18
Kirkman, Capt. K. R. ...	26Mar.18
Kitto, Capt. F. M.	22June18
Knatchbull, Flg. Off. Hon. M. H. R. ...	8Nov.15
Knight, Capt. G.	26July17
Knight, 2nd Lt. T. H. ...	4Feb.18
Knights, Lt. S. A. W. ...	11Dec16
Kniveton, Lt. C.	30Mar.16
Knowles, Lt. (hon. *Capt.*) R. M.	12Mar17
Koch, Lt. A.	22June18
Laing, Flg. Off. C. McM., *A.F.C.* ...	2June16
§Lally, Flight Lt. C. T., *A.F.C.* ...	{ 18Jan.18 4Feb.18
Lancashire, Flg. Off. A. E. ...	22June18
Lander, Lt. T. E	14Nov.16
Lane, 2nd Lt. W. I. E. ...	26July18
Langford, Capt. V. H. E. ...	18June17
Larkin, Lt. R. S.	26Mar.18
Latimer, Lt. D., *D.F.C* ...	16Sept.18
Latta, Capt. J. D.	27July16
Lauder, Flg. Off. W. de L. ...	3Mar.17
Laurence, Flight Lt. F. H. ...	26Nov.16
Lawson, 2nd Lt. (hon. *Lt.*) G. M.	26July16
Leach, Flg. Off. A.	26July18
§Leacroft, Flight Lt. J. ...	{ 27Oct.17 22June18
Learmount, Maj. L. W., *D.S.O.*	3June16
§Leask, Flight Lt. K. M. St. C. G.	{ 26Mar.18 22June18
Leathley, Flg. Off. F. ...	26Sept.17
Lee, Flight Lt. Arthur Stanley Gould	4Feb.18
Less, Flg. Off. G. M., *D.F.C.*	26Sept.17
Lefevre, Lt. F. E.	26Sept.17

§ Bar to M.C.   ⓧ Bar to D.F.C.

THE MILITARY CROSS—contd.

	Gazette.
§Leggatt, Capt. E. W.	{ 30Mar.16 / §16Dec.19 }
Leigh, Flg. Off. J. W. D.	1Jan.18
Leitch, Lt. A. A., *D.F.C.*	16Sept.18
Leith, Capt. J. L.	17Apr.17
Le Jeune, Capt. H.	1Jan.17
Leman, Capt. C. M., *D.F.C.*	22June18
Lewin, 2nd Lt. (*hon. Lt.*) G. F. A.	18July17
Lewis, Lt. Cecil Arthur	14Nov.16
Lewis, Flg. Off. T. A. M. S.	26Sept.17
Libby, Flight Lt. F.	14Nov.16
§Lindop, Observer Off. A. H. E.	{ 25Aug.17 / §11Jan.19 }
Lindup, Lt. E.	22June18
Lines, Capt. G. F.	16Aug 17
Lloyd, Capt. George Lawrence, *A.F.C.*	19Nov.17
Lloyd, Flg. Off. H. P., *D.F.C.*	22June18
Lloyd-Rees, 2nd Lt. (*hon. Lt.*) T. A.	26Nov.17
Lomax, Lt. A.	26July18
Long, Maj. S. H., *D.S.O.*	29Oct.15
Loraine, Lt.-Col. R., *D.S.O.*	18Nov.15
Lord, Capt. G. C.	18Oct.17
Loveless, Capt. W. B.	17Sept.17
Lowe, Capt. C. N., *D.F.C.*	16Sept.18
Lowe, Lt. T. C.	16Sept.18
Lucovich, Lt. R.	17Sept.17
Ludlow-Hewitt, Group Capt. E. R., *C.M.G., D.S.O.*	14Jan.16
Luke, Flg. Off. T. C.	25Aug.17
Lumley, Flight Lt. Eric A., *M.B.*	—
Lund, Lt. J. L.	22June18
Lupton, Lt. F.	10Jan.17
Lutyens, Lt. A. C., *A.F.C.*	20Oct 16
Macaulay, Capt. T. C.	31May16
McBain, Capt. W. R. B., *A.F.C.*	1Jan.18
McCalman, Flight Lt. Rev. H., *M.A.*	18Jan.18
McChesney, Flg. Off. F.	16Sept.18
McClatchie, Capt. W. A.	26Sept.17
McClintock, Flight Lt. R. S.	22June18
McClaughry, Sqdn. Ldr., Wilfred Ashton, *D.S.O., D.F.C.*	18July17
McColl, 2nd Lt. (*hon. Capt.*) H. H.	14Jan.16
McConnell, Flg. Off. H. L. C.	11Apr.18
McConnell, Pilot Off. (*hon. Obs. Off.*) Alexander Anderson	26July18
McConville, Lt. M., *D.F.C.*	8Jan.17
McCreasy, Obs. Off. F. L.	27Oct.17
McCrindle, Flight Lt. J. R., *O.B.E.*	22Dec.16
McDonald, Flg. Off. I. D. R., *D.F.C.*	16Sept.18
MacDougall, Lt. P A.	13May18
McEwen, Maj. B. C.	3June16
McFarlane, Flg. Off. John	4Feb.18
Macfarlane, Flg. Off. R. M. C.	22June18

	Gazette.
McGoun, Lt. D. M.	26July18
McGregor, Capt. D. U.	26Sept.17
McIntyre, Flight Lt. (*act. Wing Cdr.*) John	— 16
Mackay, Flight Lt. Charles Joseph, *D.F.C.*	11Dec.16
McKay, Capt. E. A., *D.F.C.*	16Aug.17
McKenzie, 2nd Lt. M. A.	26Nov.17
MacKenzie, Lt. W. G.	22June18
Mackie, Lt. D. R.	11Apr.18
§MacLaren, Capt. A. S. C., *O.B.E., A.F.C.*	{ 27July16 / §25Nov.16 }
§MacLaren, Sqdn. Ldr. D. R., *D.S.O., D.F.C.*	{ 22June18 / §16Sept.18 }
§§McLaren, Flg. Off. James Alexander	{ 17Sept.17 / §26Sept.17 / §§26Nov17 }
Maclean, Wing Cdr. Cuthbert Trelawder, *D.S.O.*	18Feb.15
McLean, Capt. J. Y.	1Jan.18
§MacLean, Flight Lt. L. J.	{ 2Oct 15 / §4Feb.18 }
McLean, Lt. W. E.	26July18
Macnab, Lt. Alan James	4June17
McPherson, Lt. G.	22Apr.18
Macrae, Lt. J. F. N.	13May18
Maddocks, Capt. H. H.	17Dec.17
Magoun, Lt. F. P.	22June18
Maingot, Lt. J. H.	11Apr.18
Malcolm, Lt. R. G.	18July17
Mallet, 2nd Lt. (*hon. Lt.*) R. E. A.	18Oct.17
Manicon, Lt. J. H.	26Nov.17
Mann, Flight Lt. Arthur, *A.F.C.*	18Jan.18
Mann, Capt. L. J.	16Sept.18
Manning, Sqdr. Ldr. E. R.	18July17
Manning, Lt. Geoffrey Edward	17Sept.17
Mansfield, Flg. Off. Lt. J. A.	1Jan.17
Marchant, Capt. C. J.	22June18
Marden, Lt. G. E.	15Mar.16
§Mark, Lt. R. T.	{ 22June18 / §16Sept.18 }
Marks, Flg. Off. H. H.	1Jan.17
Martin, Lt. E.	25Aug.17
Martyn, Capt. T. J. C. *A.F.C.*	22Apr.18
Mason-Springgay, 2nd Lt. (*hon. Lt.*) W. H.	26Sept.17
Massey, Flg. Off. H. M.	4June17
Matheson, Lt. W. D.	11May17
Mathias, Lt. F. W.	16Sept.18
Matson, 2nd Lt. (*hon. Lt.*) C. L.	16Aug.17
Mawbey, Lt. L. W.	26July18
Maxwell, Flight Lt. G. J. C., *D.F.C., A.F.C.*	18Oct.17
Maxwell, Flight Lt. R. S., *D.F.C.*	1Jan.17

§ Bar to M.C.   §§ 2nd Bar to M.C.

THE MILITARY CROSS—contd.

	Gazette.
Maxwell-Scott, Maj. T.	25Nov.16
Mead, Wing Cdr. John, *C.B.E.*	1Jan.17
Medhurst, Flight Ft. C. E. H., *O.B.E.*	18Jan 18
Meggitt, Flg. Off. W. G.	17Apr.17
Meintjes, Capt. H., *A.F.C.*	4June17
Melhuish, Lt. J. W. D	18July17
Menendez, Flg. Off. F. T. S.	27Oct.17
Merton, Capt. G.	3Mar.17
Michell, Lt. L.	18July17
Michell-Clarke, Flight Lt. A. J.	17Sept.17
Michie, Capt. J. S.	26Nov.17
Middleton, Lt. J. A.	22Apr.18
Middleton, Lt. John Edwin Matthew	26July18
Mildred, Lt. F. A.	14Nov.16
Miles, Sqdn. Ldr. C. C.	20Oct.16
Millman, Lt. Norman Craig, *A.F.C.*	22June18
Mills, Capt. L. B.	1Jan.18
Mills, Wing Cdr. Reginald Percy, *A.F.C.*	30Mar.16
Milnes, Capt. George Clement	8Jan.18
Milsom, Flg. Off. M. G.	26July17
§Minchin, Sqdn. Ldr. (*act. Wing Cdr.*) F. F., *D.S.O.*	{ 31May16 §13Oct.16 }
Mitchell, Capt. James, *D.F.C.*	18Feb.18
Mitchell, Capt. John	— 16
Mitchell, Wing. Cdr. William Gore Sutherland, *D.S.O.*, *A.F.C.*	1Jan.17
Moller, Capt. F. S., *D.F.C.*	14Nov.16
Moloney, Flg. Off. P. J.	18Jan.18
Monk, Lt. (*hon. Capt.*) H. H. de B.	14Jan.16
Montagu-Stuart-Wortley, Capt. R. N.	22Apr.18
Montgomery, Lt. K. B	18Feb.18
Moody, Sqdn. Ldr. F. H.	—
Moody, Flg. Off. H. M.	16Sept.18
§Moore, Capt. A. G.	{ 3June16 §20Oct.16 }
Moore, Lt. George Edward	23July18
Moore, Flg. Off. (*hon. Flight Lt.*) G. M.	10Jan.17
Moore, Maj. H. A., *C.B.E.*	8May15
Moore, Lt. J. M. J.	26July18
Mordan-Wright, Obs. Off. H.	22Sept.16
Morgan, Lt. Ernest Eric	26Nov.17
Morgan, Lt. J. L.	26July18
Morgan, Flight Lt. W. A. C.	27Sept.16
Morice, Flight Lt. C. S.	1Jan.18
Morris, Lt. Robert Kay	11Jan.19
Moss, Lt. G. L.	25Aug.16
§Mulcahy-Morgan, Sqdn. Ldr. T. W.	{ 8Aug.17 §16Dec.19 }
Murphy, Brig.-Gen. (*hon.*) C. F. de S., *D.S.O.*	3June16
Murray, Sqdn. Ldr. E. M., *D.S.O.*	15Apr.16

	Gazette.
Murray, Obs. Off. G.	18Dec.17
Murray, Capt. G. S.	1Jan.18
Murray, Maj. K. D. P.	26Sept.17
Napier, Capt. I. P. R.	16Sept.18
Napier, Lt. K. R.	16Sept.18
Nathan, Lt. C. F.	18Jan.18
Neale, Sqdn. Ldr. A. L.	26May17
Neville, Flight Lt. R. H. G.	14Nov.16
Newman, Lt. A., *D.F.C.*	3June16
Newton, 2nd Lt. (*hon. Lt.*) H. C. G.	26Sept.17
§Norton, Flight Lt. J. H., *D.F.C.*	{ 25May17 §22Apr.18 }
Nuttall, Flight Lt. Frank, *D.F.C.*, *A.F.C.*	26Mar.18
Oades, Flg. Off. S. A.	22Apr.18
O'Donnell, Capt. B. B. J. A.	1Jan.17
O'Grady, Flight Lt. C. S.	26Sept.17
Oliver, Lt. D. H.	22June18
Oliver, Capt. E. L.	1Jan.17
O'Neill, Flight Lt. W. H. L.	8Mar.18
Openshaw, 2nd Lt. (*hon. Capt.*) H. S.	11Dec.16
Ortweiler, Lt. F. J.	16Dec.19
Owen, Lt. T.	26July18
Oxenham, Maj. Herbert Anselm	1Jan.17
§Oxspring, Capt. R.	{ 14Jan.16 §26May17 }
Page, 2nd Lt. (*hon. Capt.*) P. S.	1Jan.18
Palethorpe, Capt. J., *A.F.C.*	17July17
Paling, Lt. L. G.	22June18
Palmer, Lt. F. B.	8Nov.17
§Park, Flight Lt. K. R., *D.F.C.*	{ 26Sept.17 §18Mar.18 }
Park, Lt. R. H. M.	23Apr.18
Park, Flg. Off. Walter Henry, *D.F.C.*	22June18
Parker, Capt. A. H.	14Jan.16
Parker, Sqdn. Ldr. Egbert John	1Jan.16
Parkinson, Lt. G. L.	19Nov.17
Parkinson, Flight Lt. (*act. Wing Cdr.*) G. W.	1Jan.18
Pattinson, Sqdn. Ldr. L. A., *D.S.O.*, *D.F.C.*	3June16
Payne, Capt. E. W. J.	1Jan.17
Payne, Lt. K. W.	16Sept.18
Payne, Flight Lt. L. G. S., *A.F.C.*	18Feb.18

§ Bar to M.C.

Orders of Knighthood, &c.

THE MILITARY CROSS—contd.

	Gazette.
Peacock, Lt. E. F.	16Sept.18
Pearson, Lt. H. A., *D.F.C.*	11Dec.16
Pearson, Capt. K. N.	2)Oct.16
Pearson, 2nd Lt. (*hon. Capt.*) R. T	1Jan.18
Pearson, Flg. Off. T. S.	14Nov.16
§Peck, Flight Lt. A. H., *D.S.O.*	8Oct.17 / §26July18
Pell, Lt. J.	23June15
Penny, Capt. A. R.	1Jan.18
Pentland, Capt. A. A. N., *D.F.C.*	26Sept.17
Perkins, Lt. A. C. T.	18Oct.17
Perrins, 2nd Lt. C. T.	8Feb.19
Peter, Capt. L. H., *A.F.C.*	18July17
Petre, Maj. H. A., *D.S.O.*	14Jan.16
Pett, Lt. H. B.	22June18
Philipi, Capt. G.	14Nov.16
Philippe, Lt. Douglas George	17Sept.17
Phillips, Lt. A. H.	22Sept.16
Phillips, Lt. Arnold Webb	1Jan.17
Pickthorn, Capt. C. E. M.	26Apr.17
Picot, Lt. M. H.	22June18
Pierce, Lt. W. M.	18Oct.17
Pike, 2nd Lt. W. L.	25Aug.16
Pilditch, Lt. G.	22June18
Pile, Lt. S. J. H.	12Mar.17
Pilkington, Lt. W.	16Aug.17
Pirie, Flight Lt. G. C.	25Aug.17
Playfair, Wing Cdr. P. H. L.	14Jan.16
Poland, Flg. Off. T. G.	18June17
Pollard, 2nd Lt. (*hon. Lt.*) E. L.	13Feb.17
Pope, 2nd Lt. (*hon. Lt.*) R. A. B.	1Jan.18
Pople, Pilot Off. H. K.	26Sept.17
‡Portal, Sqdn. Ldr. C. F. A., *D.S.O.*	10Jan.17
Porter, Flight Lt. (*act. Sqdn. Ldr.*) J. H.	26Nov.17
Pound, 2nd Lt. (*hon. Lt.*) H. A.	23Mar.17
Powell, Maj. F. J.	14Jan.16
Powell, Flight Lt. H. S.	24Jan 17
Preston, Lt. G. G.	26July17
Preston, Capt. I. P. H.	11Apr.18
Preston, Capt. O. I.	1Jan.18
Price, Lt. L. H. B.	16Sept.18
Price, Maj. S. W.	25Nov.16
Price, Lt. W. T.	18July17
Pritchard, Lt. W.	23June15
Pritt, Lt. W. A.	26Sept.17
Purdom, Capt. T. L.	22June18
Purser, Capt. P. C.	14Nov.16
Purves, Lt. S. S. B.	16Dec.19
Pybus, Lt. E.	13May18

	Gazette.
Quested, Major J. B.	13Feb.17
Quine, Flg. Off. S. L.	18Jan.18
Quinn, Lt. J. J.	26July18
Rabagliati, Lt.-Col. C. E. C., *A.F.C.*	— 15
Ralston, Lt. J. S., *D.F.C.*	25Nov.16
Ramsay, Flg. Off. (*hon. Flight Lt.*) J.	1Jan.15
Ranger, Capt. V. W. H.	1Jan.17
Rankin, Pilot Off. (*hon. Flight Lt.*) A. C., *D.F.C.*	22Sept.16
Rapp, Flight Lt. T. C.	2?Sept.17
Read, Flight Lt. William Ronald, *D.F.C., A.F.C.*	14Jan.16
V.Œ.Rees, Wing Cdr. Lionel Wilmot Brabazon, *O.B.E., A.F.C.*	29Oct.15
Reeves, Flight Lt. A. C.	17Sept.17
Reeves, Lt. J. H.	22June18
§Reid, Sqdn. Ldr. G. R. MacF., *D.S.O.*	21June16 / §25Nov.16
Reid, Flg. Off. R. W.	26July17
Reilly, Pilot Off. S. G.	12Feb.19
Reiss, Lt. F. E.	22Sept.16
Rice, Capt. B. C.	18June17
Rice, Sqdn. Ldr. E. A. B.	18July17
Richards, Lt. C. R.	17Sept.17
Richardson, Lt. H. B.	22June18
Richardson, Lt. J. T.	22June18
Rickards, Maj. G. B.	29Oct.15
Ridley, Flight Lt. C. A., *D.S.O*	16May16
Rigby, Lt. H. A.	22June18
Riley, Lt. G. R., *D.F.C.*	16Sept.18
Robarts, Capt. G. W.	14Nov.16
Robb, Capt. H. A. B., *A.F.C.*	14Nov.16
Roberts, Flg. Off. (*hon. Flight Lt.*) Angus	26July18
Roberts, Flight Lt. E. P., *D.C.M.*	3May17
Roberts, Lt. (*hon. Capt.*) G. G.	15Mar.16
Robertson, 2nd Lt. (*hon. Lt.*) D. S.	1Jan.18
Robeson, Flight Lt. V. A. H.	4Feb.18
Robins, Lt. H. V., *A.F.C.*	30Mar.16
Robinson, Lt. A. A., *D.F.C.*	26Sept.17
Robinson, Flight Lt. Frank Lubbock, *D.S.O.*	6Sept.15
Robinson, Flg. Off. Geoffrey	14Nov.16
Robinson, Flg. Off. H. N. C.	13May18
Robinson, Lt. L. G.	1Jan.17
Robinson, Lt. C. C.	22June18
§Robson, Flg. Off. M. G.	18July17 / §25Aug.17
Rodger, Flg. Off. Robert Cruden, *D.C.M.*	26Jan.17
Rodney, Capt. *Hon.* J. H. B.	25Aug.17
Rogers, Capt. W. W.	4Feb.18
Rome, Maj. S. G., *O.B.E.*	14Jan.16
Ronksley, Flg. Off. F. H.	1Jan.17

‡ Bar to D.S.O. § Bar to M.C.

THE MILITARY CROSS—contd.

Name	Gazette
Rook, Flg. Off. R. H.	25Aug.17
Ross, Flg. Off. J. H.	25Aug.16
Ross-Hume, Maj. P. G.	1Jan.17
§Rothfield, 2nd Lt. (hon. Lt.) A.	25Aug.17 / §4Feb.18
Roulstone, Fl'ght Lt. A.	17Sept.17
§Roy, Flg. Off. H. St. C.	11Dec.16 / §12Mar.17
Rushforth, Flight Lt. H. P.	17Sept.17
Rushton, Lt. F. W.	26Nov.17
Russell, Lt. L. C.	16Dec.19
Ryan, Pilot Off. (hon. Flight Lt.) W. O.	14Jan.16
Sanday, Lt.-Col. W. D. S., D.S.O.	22Jan.16
Sansom, Maj. G. S., D.F.C.	18June17
Saundby, Flight Lt. R. H. M. S., A.F.C.	5July17
§Saunders, Capt. F. G.	4June17 / §26Mar.18
Saunders, Flg. Off. (act. Flight Lt.) H. W. L., D.F.C., M.M.	16Sept.18
Saunders, Lt. S.	16Aug.17
Savage, Lt. D. A.	26July18
Saver, Flight Lt. (hon. Sqdn. Ldr.) Edward James	1Jan.17
Schofield, 2nd Lt. (hon. Capt.) J.	13Aug.17
Schon, Capt. J. G.	3June16
Sclanders, Capt. K. G.	8Oct.17
Scott, Lt. Alfred	18July17
Scott, Group Capt. A. J. L., A.F.C.	26July17
Scott, Lt. L. H.	25Nov.16
§Scott, Capt. (act. Maj.) W. S., A.F.C.	3Mar.17 / §1Jan.18
Scutt, Obs. Off. G. H. H.	22June18
Selous, Flight Lt. F. H. B.	4June17
Seward, Flight Lt. W. E. L.	1Jan.18
Shakespeare, Capt. W. H. N., A.F.C.	4Feb.18
Sharman, Lt. D. R.	10Jan.17
Sharp, Lt. J. G.	26Sept.17
Shaw-Lawrence, Lt. L. E.	4Feb.18
Shelley, Capt. Lewis Wilson	11Jan.19
Shepherd, Flight Lt. A. S., D.S.O.	16Aug.17
Shepherd, Pilot Off. (hon. Flg. Off.) J. A.	18Jan.18
Sherman, 2nd Lt. E. H	26July17
§Sherren, Sqdn. Ldr. P. C.	25Nov.16 / §4June17
Sherwin, Capt. C. E.	14Jan.16
Shield, Maj. H. S.	2Oct.15
Shiner, 2nd Lt. (hon. Lt.) E. E. J.	25Aug.17
Shirley, Flight Lt. F. L. J.	26May17
Short, Flg. Off. C. W.	22Sept.16
Short, Lt. L. H.	26July18
Siever, Lt. R. B. B.	11Jan.19
Silly, Flight Lt. B. J., D.F.C.	4Mar.18
Simmons, 2nd Lt. (hon. Lt) H. E., D.F.C.	25Mar.17
Simpson, 2nd Lt. (hon. Lt.) G. R.	17Apr.17
Sison, Capt. H. M.	14Jan.16
Skinner, Flg. Off. A. E. L.	11Jan.19
§Slater, Flight Lt. J. A., D.F.C.	4Feb.18 / §22June18
Slessor, Flight Lt. J. C.	1Jan.17
Smart, Flight Lt. C. D.	17Sept.17
Smirke, Lt. E. A.	26July18
Smith, Flg. Off. B. V. S., A.F.C.	20Oct.16
Smith, Obs. Off. F. J., M.M.	4Feb.18
Smith, 2nd Lt. G. K.	26Sept.17
Smith, Flight Lt. H. A.	18Feb.18
Smith, Flg. Off. John Leslie	18July17
Smith, Flg. Off S. B.	1Jan.18
Smith, Maj. T. V.	3June16
Smith, Capt. William	27Oct.17
Smyth, Pilot Off. (hon. Flg. Off.) R. H.	13Feb.17
Smyth-Pigott, Lt. B. W.	26Sept.17
Snow, Maj. W. R., D.S.O.	26Mar.17
Snow, Capt. Samuel	—
Solomon, Capt. J. B.	18Jan.18
Somervail, Maj. A., A.F.C.	14Jan.16
Sorsoleil, Lt. J. V.	22Apr.18
Sowrey, Sqdn. Ldr. Frederick, D.S.O., A.F.C.	26Nov.17
Sparkes, Lt. H. J.	8Jan.18
Stafford, Flg. Off. W. G., D.C.M.	8Aug.17
Stanes, Lt. E. H.	26July18
Stanger, Lt. S., D F.C.	16Sept18
Stanley-Clarke, Sqdn. Ldr. A. R.	13Feb.17
Starley, Flg. Off. R. D.	26Sept.17
⊗Staton, Flg. Off. W. E., D.F.C.	22June18
Steele, Lt. E.	4June17
Stent, Sqdn. Ldr. F. W.	22June18
Stephenson, Lt. W. S., D.F.C.	22June19
Sterling, 2nd Lt. (hon. Lt.) L. A.	27Oct.17
§Stevens, Flg. Off. C. A.	27Oct.17 / §18Feb.18
Stevens, Lt. G. E. W.	16Aug.17
§Stevenson, Flight Lt. D. F., D.S.O.	17Sept.17 / §18Oct.17
Stevenson, Lt. J. A.	26Sept.17
Stewart, Sqdn. Ldr. Douglas, A.F.C.	16Dec.19
§Stewart, Flg. Off. D. A., D.F.C.	22Apr.18 / §22June18
Stewart, Capt. O., A.F.C.	17Sept.17
Stewart, 2nd Lt. Robert Forbes	18Feb.18
Stock, Lt. E. E.	22Apr.18
Stookes, Flight Lt. V. A.	31May16
Stout, Observer Off. G. R. Y.	26May17
Strange, Wing Comndr. L. A., D.S.O., D.F.C.	27Mar.15
Streatfield, Capt. G. H. B.	22Apr.18
Stringer, Lt. G. V.	14Jan.16

§ Bar to M.C. ⊗ Bar to D.F.C.

Orders of Knighthood, &c.

THE MILITARY CROSS—contd.

Name	Gazette
§Strugnell, Sqdn. Ldr. W. V.	3June16 / §26July17
Stuart, Capt. H. G.	2Feb.16
Stuart-Monteth, Lt. M.	26Sept.17
Styran, Flg. Off. A. J. G., *A.F.C.*	14Nov.15
Summers, Flight Lt. J. K.	18July17
Sundy, Flg. Off. C. A.	16Sept 18
Sutton, Sqdn. Ldr. B. E., *D.S.O., O.B.E.*	1Jan.17
Sutton, Flight Lt. O. M.	23July17
Swart, Maj. J. G.	22Sept.16
Sweet, Pilot Off. (*hon. Obs. Off.*) R. L.	23Mar.18
Symington, Flg. Off. A. W.	14Jan.16
Symond, Lt. R. T.	16Sept.18
Symondson, Lt. F. S.	16Sept.18
Tansley, Flg. Off. H. E.	10Jan.17
Taylor, Lt. A. P.	16Dec.19
Taylor, Flg. Off. D. E. D.	1Jan.17
Taylor, 2nd Lt. (*hon. Lt.*) Harold	18Oct.17
Taylor, 2nd Lt. (*hon. Lt.*) Herbert Wilfred	12Mar.17
Taylor, Obs. Off. H W.	—
Taylor, Capt. Stanley Wedgewood, *A.F.C.*	26July17
Tee, 2nd Lt. J.	22June18
Tempest, Flight Lt. E. R., *D.F.C.*	13May18
Tempest, Maj. W. J., *D.S.O.*	18Oct.17
Tennant, Flg. Off. J.	4June17
Thom, Flg. Off. J. B.	1Jan.18
Thomas, Capt. *Rev.* J. L.	—
Thomas, Sqdn. Ldr. William	1Jan.17
Thomas, Flight Lt. W. O.	14Nov.16
Thompson, Lt. G.	
§Thomson, Sqdn. Ldr. Arthur Ashford Benjamin, *A.F.C.*	2Oct.15 / §8Sept.17
Thomson, Lt. (*hon. Capt.*) A. R.	29Oct.15
Thomson, Lt. David Norris	8Aug.17
Thomson, Lt. William Mackenzie, *D.F.C.*	16Sept 18
Thornton, Capt. T. G., *D.F.C.*	11Apr.18
Tidmarsh, Capt. D. M.	31May16
Todd, Lt. J., *D.F.C.*	16Sept.18
§Tooley, 2nd Lt. (*hon. Lt.*) F. S.	26Nov.17 / §16Sept.18
Tomling, Flg. Off. (*Act. Flight. Lt.*) G. G., *M.B.E.*	12Feb.19
Traill, Lt. (*hon. Capt.*) C. J.	3June16
Trevethan, Flg. Off. R. M.	17Sept.17
§Trollope, Capt. J. L.	13May18 / §22June18
Trott, Flight Lt. F. W., *O.B.E.*	14Jan.16
§Tudhope, Capt. J. H.	26Mar.18 / §26July18
Tudor-Hart, Lt. W. O. T.	27July16
Tullis, Lt. J. K.	16Dec.19
Turner, Lt. A. E., *M.M.*	26Sept.16
Turner, Capt. F. McD. C., *D.F.C.*	26Sept.17
Turner, 2nd Lt. (*hon. Lt.*) G. H.	26July17
Turner, Pilot Off. (*hon. Flg. Off.*) P. H.	—
Turner, 2nd Lt. (*hon. Lt.*) R.	1Jan.17
Twist, Lt. T. K.	22June18
Tyler, Lt. A. J.	18Jan.18
Tymms, Lt. F.	1Jan.17
Tyrrell, Flg. Off. G. Y.	1Jan.18
Tyrrell, Wing Ldr. W., *D.S.O.*	— 15
Tyssen, Sqdn. Ldr. J. H. S.	14Nov.16
Umney, 2nd Lt. J. H.	16Sept.18
Urquhart, Capt. W. M.	19Nov.17
Usher, Flight Lt. R. H. C., *A.F.C.*	25Aug.16
Vachell, Capt. C. T.	18Oct.17
Vachell, Flight Lt. J. L.	18Jan.18
van der Ben, 2nd Lt. Reginald Charles, *D.F.C.*	24Sept.18
Van der Byl, Flg. Off. (*hon. Flight Lt.*) P. V. G.	1Feb.17
Van der Spuy, Maj. K R.	20Oct.16
Van Ryneveld, Wing Cdr. H. A., *D.S.O.*	3June16
Varcoe, Lt. F. H. L.	22Sept.16
Varley, Lt. E. R.	22June18
Vaughan, Flg. Off. (*act. Flight Lt.*) R. C.	15Mar.16
Vigers, Lt. A. W., *D.F.C.*	14Jan.16
Walker, 2nd Lt. (*hon. Lt.*) E. H.	1Jan.18
Walker, Flg. Off. G. G.	22June18
Walker, Flg. Off. H. E., *D.F.C.*	16Sept18
Walkerdine, Flg. Off. H. J.	13May18
§Wall, Capt. A. H W., *O.B.E.*	18July17 / §25Aug.17
Wallace, Lt. (*hon. Capt.*) J. C.	17Apr.17
Wallace, Lt. W.	26Sept.17
Wallage, Flg. Off. S. H.	16Sept.18
Waller, Capt. A. G.	16Sept.18
Wallwork, Flg. Off. J. W.	26July18
Walmsley, Flg. Off. H. S. P.	16Sept.18
Walmsley, Lt. L.	18Oct.17
Walser, Sqdn. Ldr. A. A., *D.F.C.*	14Nov.16
Walser, Flg. Off. J. G.	26Sept.16
Ward, Flg. Off. E. L.	17Sept.17
Ward-Brown, Capt. V., *O.B.E.*	1Jan.17
Warden, Lt. W. E.	22 June18
Watson, Lt. C.	26Sept.16
Watts, Obs. Off. A. R.	18July17
Weare, Flg. Off. F. G. C.	22June18
Webster, Lt. J.	18Jan.18
Welby, Lt. (*act. Capt.*) I., *D.F.C.*	25Aug.16

§ Bar to M.C.

THE MILITARY CROSS—contd.

	Gazette.
Wells, Lt. E. I.	22June18
Wells, Flight Lt. (hon. Sqdn. Ldr.) F. W. A.	22Dec.16
Wells, Lt. G. A.	26Sept.17
Y. C. West, Flight Lt. F. M. F.	24July18
West, Lt. T. J.	25Nov.16
§White, Flg. Off. V. R. S.	{ 26May17 / §26Nov.17 }
Whiteford, Flg. Off. B. E. H.	27Oct.17
Whitehead, 2nd Lt. (hon. Lt.) E. P.	6Apr.18
Whitham, Flg. Off. R. P. M.	26July17
Whiting, Obs. Off. H. J.	26Sept.17
Whitley, Lt. C. A. F.	19Aug.16
Whittaker, Sqdn. Ldr. J. T.	1Jan.17
Whittet, Flight Lt. P. H. R.	1Jan.18
Wight, Lt. L. L.	25Nov.16
Wildbore, Lt. H. G.	17Sept.17
Wilkes, 2nd Lt. (hon. Capt.) T. M.	1Jan.18
Wilkins, Lt. Paul, D.F.C.	18Oct.17
Wilkinson, 2nd Lt. C.	3June18
Wilkinson, Lt. J. C. F.	27Oct.17
Willcox, Capt. G. T.	18Feb.18
Williams, Lt. E. C.	1Jan.18
Williams, Flight Lt. Ernest Leslie	17Sept.17
Williams, Flg. Off. F., D.F.C.	16Sept.18
Williams, Capt. H. D.	26Sept.17
§Williams, Flg. Off. J. J. L.	{ 26Oct.17 / §26Nov.17 }
Williams, Capt. John Scott, A.F.C.	14Nov 16
Williams, Flg. Off. L. B.	18Jan.18
Williams, Lt. Percy Bryson	19Nov.17
Williams, Lt. R. C.	25Aug.17
Williams, Lt. T. A.	25Nov.17
Williams, Lt. T. F.	16Sept 18
Williams, Capt. T. L.	19Aug.16
⊗Williams, Flg.Off.Thomas Melling, D.F.C.	16Sept.18
Williamson, Sqdn. Ldr. George William, O.B.E.	18Feb.15
Wilmot, Flight Lt E. P.	18July17

	Gazette.
Wilson, Lt. (hon. Capt.) C. B.	18Feb.15
Wilson, Wing Cdr. C. R., A.F.C.	5Dec.19
Wilson, Lt. David Buller	16Aug.17
Wilson, Lt. Eric	26Sept.17
Wilson, Lt. (hon. Capt.) George Hamilton Bracher, A.F.C.	11Apr.18
Wilson, Lt. Percy	16Sept.18
Wilton, Flight Lt. R. A.	24Apr.16
Windsor, Flight Lt. H. T. O.	26Mar.16
Wingfield, Lt. L. A., D.F C.	16Dec.19
Wisnekonitz, Obs. Off. H.	22June18
Wolfendale, Lt. (hon. Capt.) W. A.	14Jan 18
§Wolton, Capt. R. N.	{ 26Mar.18 / §22June18 }
Womersley, Lt. J. H. G.	18Jan.18
Wood, Lt. G. H.	14Nov.16
Wood, Capt. H. A.	4June17
§§Woodhouse, Flight Lt. J. W., D.S.O.	{ 14June16 / §24Jan.17 / §§13Feb.17 }
Woodman, Lt. F. O.	25Nov.16
§Woollett, Flight Lt. H. W., D.S.O.	{ 26Sept.17 / §22June18 }
Woolven, Flight Lt. C. H. C.	14Nov.16
Workman, Flight Lt. F.	14Jan.16
Worthington, Flight Lt. P.	3June18
Wray, Flg. Offr. A. M., A.F.C.	16Aug.17
Wright, Lt. A. J.	26Mar.18
Wyatt, Observer Off. M. J.	17Sept.17
Wyncoll, Flight Lt. H. E. F., O.B.E.	22Sept.16
Wynne-Eyton, Capt. R. M.	1Jan.18
Yates, Maj. H. I. F., O.B.E.	30Mar.16
Yeomans, Lt. J. H. M	26July17
§Young, 2nd Lt. (hon. Lt.) A. D.	{ 26Nov.17 / §1Jan.18 }

---

§ Bar to M.C.   §§ 2nd Bar to M.C.   ⊗ Bar to D.F.C.

THE DISTINGUISHED FLYING CROSS.

	Gazette.
Ackery, Lt. W. M.	1Jan.19
Acland, Flight Lt. W. R. D., *A.F.C.*	22Dec.19
Adams, Obs. Off. A. F.	22Dec.19
Addis, Lt. E. J.	3Dec.18
Addison, Lt. Roger, *M.C.*	1Apr.20
Affleck, Lt. R.	2July18
Airey, Lt. J. L.	22Dec.19
Allen, Flg. Off. C. E. H.	3Dec.18
Alliban, Lt. D.	1Jan.19
Ambler, 2nd Lt. C. F.	2Nov.18
⊗Amm, Lt. E. O.	{ 3Dec.18 / ⊗3June19 }
Anderson, Obs. Off. Alexander Melvin	2Nov.18
Anderson, Flg. Off. C. T.	21Sept.18
Anderson, 2nd Lt. Gerald Frank	8Feb.19
Anderson, Lt. S.	3Aug.18
Angus, Capt. T. C	21Sept.18
Annan, Lt. T. C.	1Jan.19
Appleby, 2nd Lt. P. E.	2Nov.18
Apps, Lt. G. F. M.	21Sept.18
Arnold, Flight Lt. A. R., *D.S.C.*	1Jan.19
Arnold, Lt. E. E.	1Jan.19
Atkinson, Flight Lt. E. D., *A.F.C.*	2July18
Austin-Sparks, Lt. J.	3Dec.18
Bacon, Lt. J. L. W.	5Apr.19
Baguley, Lt. F. H.	3Jun.19
Ballantyne, 2nd Lt. Gordon Arthur	8Feb.19
Bailey, Lt. George Buchanan	8Feb.19
Bailey, Lt. Geoffrey Grierson	2July18
Baker, Maj. Frederick Cecil, *A.F.C.*	1Jan.19
Baker, Lt. L. K.	2Nov.18
Baker, Lt. L. W.	1Jan.19
⊗Baldwin, Lt. O. M.	{ 21Sept.18 / ⊗3Dec.18 }
Ball, Capt. S. E.	1Jan.19
Ballantyne, Capt. David Moar	1Jan.19
Banks, Lt. Charles Chaplin, *M.C.*	8Feb.19
⊗Bannerman, Lt. R. B.	{ 2Nov.18 / ⊗3Dec.18 }
Barbour, Flg. Off. R. L. McK.	8Feb.19
Barker, Capt. A. T.	21Sept.18
Barnum, Lt. B. E.	3Dec.18
Barrington, Flg. Off. Edward Leslie. *M.C.*	10Oct.19
Barter, 2nd Lt. A. K.	2Nov.18
Bartlett, Lt. A. F.	1Jan.19
⊗Barton, Lt. H. D.	{ 2Nov.18 / ⊗3Dec.18 }
Barwise, 2nd Lt. Henry Balfour	12June18
Batcheler, Flight. Lt. T. A., *A.F.C.*	2July18
Batting, Flg. Off. J. M.	3Jun.19
Bayley, Flight Lt. R. M.	1Jan 19
Beater, Lt. (*hon. Capt.*) O. L.	3Aug.18

	Gazette.
Beatty, Capt. James Stanley	15July19
℣ℭ§Beauchamp-Proctor, Flight Lt. Andrew Weatherby, *D.S.O., M.C.*	2July18
Beck, Lt. Alexander	3Dec.18
Beecroft, Flg. Off. V.	3Jun 19
Beeney, Lt. J. A.	1Jan.19
Belcher, Lt. B. J. E.	1Jan.19
Bell, Lt. G. G.	2Nov.18
Bell, Lt. J. R.	21Sept.18
Bell, Flg. Off. Robert Stevenson	21Sept.18
Belway, Lt. F.	3Dec.18
Bennett, Lt. A. L. B.	3Jun.19
Bennett, Flg. Off. R. C.	2Nov.18
Bentley, Flg. Off. W.	1Jan.19
Berridge, 2nd Lt. O.	8Feb.19
Betts, Obs. Off. E. B. C., *D.S.C.*	21Sept.18
Bessette, Capt. C. V.	3June18
Bicknell, Lt. F. R.	22Dec.19
Biles, Flight Lt. G. W.	1Jan.19
Birchal, Lt. H. F.	3Dec.19
Birkbeck, Capt. R. A.	3June18
Blake. Lt. G. G. L., *D.C.M.*	3Dec.18
Blake, Lt. Roger Derrick Campbell	8Feb.19
Bockett-Pugh, Flg. Off. H. C. E.	22Dec.19
Boger, Lt. W. O.	2Nov.18
Bolitho, Capt. T. G. G., *M.C.*	1Jan.19
Bolsby, Flg. Off. C. S.	8Feb.19
Bolton, Flight Lt. N. A.	3Jun.19
Bolton, Lt. R.	1Jan.19
Boothroyd, Obs. Off. C. G.	8Feb.19
Bouchier, Flg. Off. Cecil Arthur	18Nov.19
Boulton, Pilot Off. P.	3Jun.19
Bourner, Lt. G. S.	8Feb.19
⊗Bowen, Lt. P. R., *M.C.*	{ 8Feb.19 / ⊗18Nov.19 }
Bowman, Lt. C.	2Nov.18
§Bowman. Flight Lt. G. H., *D.S.O., M.C.*	3Jun.19
Boyd, Lt. J.	1Jan.19
Brabner, 2nd Lt S. A.	2Nov.18
⊗Brading, Flg. Off. R. C. B.	{ 21Sept.18 / ⊗3Dec.18 }
Brand, Flight Lt. C. J. Q., *D.S.O., M.C.*	3Dec.18
Breakey, Flg Off. J. D.	8Feb.19
Briggs, Flg. Off. H.	2July18
Bright, Lt. F. T.	3Aug.18
Brind, Lt. W. G.	8Feb.19
Britnell, Lt. F. J. S.	8Feb.19
Brockbank, Lt. N. I.	1Jan.19
Brook, Flg. Off. D. R.	2Nov.18
Broome, Lt. F. C. G.	3Dec.18
Broomfield, Flg. Off. A. J. E	21Sept.18
⊗Brown, Flg. Off. Colin Peter	{ 21Sept.18 / ⊗3Dec.18 }
Brown, 2nd Lt. John Renwick	8Feb.19

§ Bar to M.C.   ⊗ Bar to D.F.C.

Orders of Knighthood, &c.

THE DISTINGUISHED FLYING CROSS—*contd.*

	Gazette
Brown, 2nd Lt. Sydney MacGillvary	8Feb.19
Browne, Flg.Off. Reginald Frederick	1Jan.19
Brumell, 2nd Lt. H. P.	3Jun.19
Bryan, Lt. W. E.	1Jan.19
Bryson, Flight Lt. O. C., *M.C., A.M.*	18Nov.19
Buchanan, Lt. Archibald	3Dec.18
Buchanan, Lt. W. J.	1Jan.19
Buick, Lt. R. F.	2Nov.18
Burtidge, Lt. (*hon. Capt.*) L. W.	8Feb.19
Burger, Flg. Off. M. G. S.	8Feb.19
Burling, Flight Lt. E. J. P., *D.S.C.*	2July18
Burn, Lt. E. A.	2Nov.18
Butler, Flg. Off. M. H.	2Nov.18
Cadbury, Capt. E , *D S C.*	21Sept.18
⊗Caldwell, Maj. K. L., *M.C.*	{ 3Dec.18 / ⊗1Jan.19 }
Caley, Lt. R. D.	2Nov.18
Candy, Flight Lt. J. G. S.	3June18
Carbery, Flight Lt. D. H. M., *M.C.*	3Dec.18
Carlaw, Lt. W. M.	3Dec.18
Carr, Capt. C. R.	18Nov.19
Carrie, Pilot Off. D. S.	3June19
Carter, Capt. B. P. B.	3June19
Carter, Lt. F. M.	2Nov.18
Casey, Obs. Off. R. F.	3Dec.18
Cassels, Lt. O. C.	3Dec.18
Catchpole, Capt. B. E., *M.C.*	2Nov.18
Cave-Browne-Cave, Wing Comdr. H. M., *D.S.O.*	1Jan.19
Chadwick, Lt. A. W.	2Nov.18
Chamberlain, Lt. S. J.	1Jan.19
Chambers, Flg. Off. H. C.	3Jun.19
Champion de Crespigny, Flight Lt. H. V., *M.C.*	3Dec.18
Chandler, Lt. R. N.	8Feb.19
Chisholm, Capt. J. F., *D.S.C.*	21Sept.18
Chittenden, Lt. A. E.	3Jun.19
Chrispin, Lt. J. G. H.	8Feb.19
Christian, Lt. L. A.	21Sept.18
Churchman, Flg. Off. A. R.	2July18
Clark, 2nd Lt. E. J.	3Dec.18
Clark, Lt. H. E.	21Sept.18
Claydon, Lt. A.	3Aug.18
Clayson, Flg. Off. P. J., *M.C.*	2July18
⊗Claxton, Lt. W. G., *D.S.O.*	{ 3Aug.18 / ⊗21Sept.18 }
§Cleaver, Lt. (*hon. Capt.*) C. T., *M.C.*	8Feb.19
Cleghorn, Flight Lt. W. F.	3Aug.18
Clements, Lt. J. B. V.	3Dec.18
Coates, Lt. T. L.	8Feb.19
Cockman, Lt. H. J.	3Dec.18
Coler, Lt. E. S.	5Apr.19
Coles, Lt. E. M.	8Feb.19
Collier, Lt. J.	1Jan.19
Collier, Lt. L. J.	
‡Collishaw, Flight Lt. (*act. Sqdn. Ldr.*) R., *D.S.O., D.S.C.*	3Aug.18
Colyer, Flight Lt. D.	3June18

	Gazette.
‖‖Compston, Flight Lt. R. J. O., *D.S.C.*	3June18
Compton, Lt. H. N.	3Jun.19
Coningham, Flight Lt. A., *D.S.O., M.C.*	3June19
Coombes, Lt. L. P.	3Aug.18
Coombs, Flg. Off. H. M.	1Jan.19
Cooper, 2nd Lt. Norman	8Feb.19
Corey, 2nd Lt. I. B.	3June19
Corker, Lt. A. F.	8Feb.19
Cottle, Flg. Off. J.	2Nov.18
Coulson, Lt. C. S. L.	2Nov.18
Coward, Lt. G. B.	21Sept.18
Cowell, Capt. E. B.	1Jan.19
Coysh, Pilot Off. H. A.	3Dec.18
Crabb, Lt. E. F.	8Feb.19
Craig, Lt. J. A.	3Dec.18
Creamer, Flg. Off. R. C.	3June19
Croden, Lt. J. E.	2Nov.18
Cross, Lt. A. R.	3Dec.18
Cross, Flight Lt. B. C. H.	21Sept.18
Crosthwaite, 2nd Lt. A. R.	2Nov.18
Crowe, Capt. C. M., *M.C.*	21Sept.18
Crundall, Capt. E. D.	10Oct.19
Cudemore, Flg. Off. C. W., *M.C.*	3June19
Cummings, Flg. Off. P. H.	21Sept.18
Cunliffe, Flg. Off. J.	3June19
Cunningham, Lt.-Col. J. A., *D.S.O.*	3June18
Dalrymple, Capt. S.	2Nov.18
Darby, Lt. D.	21Sept.18
Darnton, Capt. R. H.	1Jan.19
Darvill, Lt. G. W. F.	2Nov.18
Dash, Capt. R. E. A.	3June18
Davies, Lt. D. A.	2Nov.18
Davies, Capt. F. J.	21Sept.18
Davies, Lt. Gordon	8Feb.19
⊗Davies, Lt, H. B	{ 2July18 / ⊗2Nov.18 }
Davies, Lt. R. E. L.	1Jan.19
Davis, Lt H. G.	1Jan.19
Dawes, Lt. R. J.	21Sept.18
Dawson, Lt. O. C.	8Feb.19
Day, Lt. A. H	1Apr.20
Deacon, Observer Off. (*hon. Flight. Lt.*) H. W.	5Apr.19
Deane, Flg. Off. F. W.	3Dec.18
De Bruyn, Lt. R. S.	8Feb.19
Delarue, Capt. H. F.	21Sept.18
Delhaye, Capt. R. A.	3Dec.18
Demel, Flg. Off. W. H.	3June19
Dennis, 2nd Lt. J. G.	2Nov.18
Deremo, Pilot Off. J. C.	3June19
Dewhurst, Flg. Off. J. H.	3June19
de Wilde, Capt. H. R.	2Nov.18
Dickins, Pilot Off. Clennel Haggerston	3June19

‡ Bar to D.S.O.   ‖ Bar to D.S.C.   ‖‖ 2nd Bar to D.S.C.   § Bar to M.C.   ⊗ Bar to D.F.C.

THE DISTINGUISHED FLYING CROSS—contd.

	Gazette.
Dickinson, 2nd Lt. T. A.	2Nov.18
‖Dickson, Capt. E., *D.S.C.*	21Sept.18
Dickson, Flight Lt. J. C. O.	3June18
Dixon, Major Charles Herbert, *M.C.*	1Jan.19
Dodds, Lt. R. E.	8Feb.19
Dollery, 2nd Lt. W. F.	3Dec.18
Donald, Flight Lt. (*act. Sqdn. Ldr.*) D. G., *A.F.C.*	22Dec.19
Donald, Capt. G.	21Sept.18
Donaldson, Capt. E. G. E.	8Feb.19
Dougall, Observer Off. N. S.	3June19
Douglas, Sq in. Ldr. W. S., *M.C.*	8Feb.19
Dowding, Capt. K. T.	1Jan.19
Doyle, Lt. J. E.	3June19
Drake, Flg. Off. J. F	8Feb.19
Dreschfield, Lt. V.	3Aug.18
Drinkwater, Lt. A. T.	3June19
Duke, Flg. Off. L. de S.	3June19
Duncan, Lt. G. M.	3Dec.18
Dunlop, Lt. D. C.	3June19
Dunlop, 2nd Lt. S. L.	2Nov.18
Dutton, Pilot Off. A. C.	3June19
Dutton, Lt. F. F., *M.C.*	8Feb.19

Eades, Flg. Off. F. T.	18Nov.19
Earp, Flight Lt. D. S.	22Dec.19
Eastaugh, Lt. W. S.	3Dec.18
Edwards, 2nd Lt. Harold Leslie, *M.M.*	3Dec.18
Elloart, Lt. G. M.	10Oct.19
Ellen, Obs. Off. C. N.	3Dec.18
Elias, 2nd Lt. G. W.	8Feb.19
Ellingham, Lt. J.	1Jan.19
⊗Elliot, Flg. Off. William	{ 8Feb.19 / ⊗1Apr.20
Elliott, Flg. Off. W. B.	2Nov.18
Ellison, Lt. H. R. W.	3Dec.18
Emden, Capt. C. S.	3June19
Emmett, Flight Lt. E. C., *M.C.*	8Feb.19
Enstone, Flight Lt. A. J., *D.S.C.*	21Sept.18
Evans, Lt. D. L. *M.C.*	3Dec.18

⊗Falkenberg, Flg. Off. C. F.	{ 2Nov.18 / ⊗3Dec.18
Fagan, Flg. Off. R. T.	3June19
Fairbairn, Lt. A. R.	8Feb.19
Fall, Lt. H.	2July18
Farina, Lt. A. J. O.	3Dec.18
Farrell, Lt. C. M. G.	2Nov.18

	Gazette.
Farrow, Lt. W. H.	2Nov.18
Fawssett, Flight Lt. C.	3June19
Fawcett, 2nd Lt. Robert	8Feb.19
Ferrand, Lt. J. E.	8Feb.19
Fetherston, Capt. S. J.	21Sept.18
Findlay, Flg Off. C.	8Feb.19
Findlay, Flg. Off. M. H., *D.S.C.*	2July18
Flavelle, Lt. G. A.	2Nov.18
Fletcher, Lt. E. W.	2Nov.18
Fletcher, Flight Lt. H. E.	2July18
Flook, Lt. S. S.	1Jan.19
Ford, Lt. Hedley	3June19
Ford, Flg. Off. Spencer George	3June19
Foreman, Lt. R. J. W.	3June19
Forman, Lt. J. H.	2July18
Forrest, Flight Lt. W. F. N.	1Jan.19
Foster, Pilot Off. F. W., *D.S.M.*	22Dec.19
Foster, Flg. Off. R. M.	3Aug.18
Fox-Rule, Flg. Off. G.	21Sept.18
Frank, Lt. C. F.	8Feb.19
Fraser, Lt. W. T.	3June19
French, Lt. T. H.	3June18
Freehill, Flg. Off. M. M.	8Feb.19
Frogley, Flg. Off. Sydney Gilbert, *D.S.O.*	1Apr.20
Freeman, Flight Lt. C. T., *D.S.C.*	—
Frome, 2nd Lt. N. F.	2Nov.18
Furlong, Lt. E. J.	1Jan.19

Gage, Flight Lt. W. C.	3June19
Gairdner, Flg. Off. W. D.	8Feb.19
Galpin, Capt. J. O., *D.S.C.*	21Sept.18
Gammon, Lt. R. J.	2Nov.18
Gard, Lt. H. A. E.	3Dec.18
Gardener, Flg. Off. G. C.	3June18
Gardiner, Lt. W. C.	2Nov.18
Garland, Flight Lt. E. J.	3June19
Garrod, Sqdn. Ldr. A. G. R., *M.C.*	3June19
Garside, 2nd Lt. A. J.	3June19
Gascoyne, Flg. Off. J. V.	8Feb.19
⊗Gates, Lt. G. B.	{ 2Nov.18 / ⊗3Dec.18
⊗Gayford, Pilot Off. O. R.	{ 21Sept.18 / ⊗22Dec.19
Gibbons, Lt. Frank George	3June19
Gibbons, Lt G. E., *M.C.*	3Dec.18
Gilchrist, Capt. E. J. L. W., *M.C.*	3Dec.18
Gillanders, Lt. J. G.	2Nov.18
⊗Gillett, Lt. F. W.	{ 2Nov.18 / ⊗3Feb.19
Gilley, Flg. Off. D.	2July18
Girling, Lt. A. S.	1Jan.19
Glaisher, Flg Off. J. M.	2July18
§Glenny, Flight Lt. A. W. F., *M.C*	3Dec.18
Glynn, Lt. (*hon. Capt.*) C. B.	3Dec.18

‖ Bar to D.S.C,   § Bar to M.C   ⊗ Bar to D.F.C.

THE DISTINGUISHED FLYING CROSS—contd.

Name	Gazette
Goddard, 2nd Lt. M.	22Dec.19
Godfrey, F., 2nd Lt. (hon. Capt.)	3Aug.18
Godson, 2nd Lt. (hon. Lt.) F.	2Nov.18
Golding, Flg. Off. H. M.	3June19
Gonyon, Capt. H. H.	3June18
Goode, Flg. Off. H. K., D.S.O.	3Dec.18
Gordon, 2nd Lt. F. S.	3June19
Gordon, Flight Lt. John Farquhar	2Nov.18
Gordon, Capt. J. L.	21Sept.18
Gordon, Obs. Off. R. B.	5Apr 19
Gordon, 2nd Lt. R. MacI.	2Nov.18
Gordon, Lt. T. C.	1Jan.19
Gorringe, Lt. F. C., M.C.	8Feb.19
Goudie, Capt. N.	2Nov.18
Graham, Lt. G. L.	2Nov.18
Graham, 2nd Lt. James	8Feb.19
‖Graham, Flight Lt. Ronald, D.S.O., D.S.C.	1Jan.19
Grahame, 2nd Lt. J. H.	8Feb.19
Gray, Lt. W. E.	2Nov.18
Grebby, Flg. Off. R. J. P.	3June19
Green, Flg. Off. C. B.	1Jan.19
Green, Lt. Jack Courtenay	3June19
Green, Lt. W. B.	3Dec.18
Green, Lt. W. E.	3Dec.18
Grice, Flg. Off. R.	3June19
Griffin, Lt. Gerald Aloysius	3Dec.18
⊗Griffith, Flg. Off. J. S.	{ 21Sept.18 / ⊗18Nov.19 }
⊗Grigson, Flight Lt. J. W. B.	{ 2 Sept.18 / ⊗22Dec.19 }
⊗Grinnell-Milne, Flg. Off. Duncan William, M.C.	{ 8Feb.19 / ⊗3June19 }
Groom, Flight Lt. A. C. H.	3Dec.18
Groom, Flg. Off. V. E.	2Nov.18
Grossart, Lt. William	21Sept.18
Grosset, Lt. P.	8Feb.19
Guild, Lt. J. D.	1Jan.19
Gurdon, Capt. J. E.	3Aug.18
Haigh, 2nd Lt. C. G.	3Dec.18
Haines, Flg. Off. H. A.	18Nov.19
Hale, Lt. F. L.	8Feb.19
Halford, Flg. Off. W.	8Feb 19
⊗Halley, Flight Lt. R., A.F.C.	{ 3Aug.18 / ⊗1Jan.19 }
Halsted, Flight Lt. F. N., D.S.C.	1Jan.19
Hamley, Lt. N. H.	8Feb.19
Hampton, Flg. Off. H. N.	3Aug.18
Hand, Capt. E McN.	1Jan.19
Haney, Lt. (hon. Capt.) F. J., M.C.	1Jan 19
⊗Hanmer, Flight Lt. H. I.	{ 1Jan.19 / ⊗8Feb.19 }
Harben, Lt. N. R.	1Jan.19
Hardcastle, 2nd Lt. E.	2Nov.18
Harding, Obs. Off. E. D.	2Nov.18

Name	Gazette
Hardman, Capt. E. P.	1Jan.19
Hardman, Lt. J. D. I.	8Feb.19
Hards, Sqdn. Ldr. F. G. D., D.S.C.	3June18
Harries, 2nd Lt. T. M.	8Feb.19
Harris, Pilot Off. Edgar Cyril	3June19
Harrison, Flg. Off. G. H.	21Sept.18
Harrison, Flg. Off. Richard	8Feb.19
⊗Harrison, Flg. Off. T. S.	{ 21Sept.18 / ⊗8Dec.18 }
Hart, Obs. Off. G. H. A.	1Jan.19
Harter, Capt. G. J.	3June19
⊗Harvey Lt. W F. J.	{ 2July18 / ⊗3Dec.18 }
Haskell, Lt. M. O.	3Dec.18
Haslam, Obs. Off. J. A. G., M.C.	3Dec.18
Hatchett, Lt. J. R.	1Apr.20
Haworth, Lt. P.	1Jan.19
Haworth-Booth, Flg. Off. R. H.	8Feb.19
⊗Hazell, Flight Lt. T. F., D.S.O., M.C.	{ 2Nov.18 / ⊗2Nov.18 }
Heeney, 2nd Lt. B. A.	18Nov.19
Hellier, 2nd Lt. (hon. Capt.) Reginald Stacey	2Nov.18
Hemming, Lt. A. S.	2Nov.18
Henwood, Flg. Off. F. H. R.	3June18
Hepburn, Lt. A.	8Feb.19
Hern, Lt. H. R.	3Dec.18
Heron, Flg. Off. O. A. P.	8Feb.19
Hett, Lt. G B.	8Feb.19
§§Hibbert, Lt. J. E., M.C.	2Nov.18
Hicks, Lt. G. R.	3June19
⊗Highwood, Lt. S. W.	{ 3Dec.18 / ⊗8Feb.19 }
Higman, Maj. H. P. L.	8Feb.19
Hill, 2nd Lt. (hon. Capt.) A. M. F.	3Dec.18
Hillier, Lt. Harold	1Jan.19
Hilton, Flg. Off. L. M.	22Dec.19
Hinchliffe, Capt. W. G. R.	1Jan.19
Hinshelwood, Flight Lt. T., D.S.C.	21Sept.18
Hobson, 2nd Lt. G. H.	3Aug.18
Hodgson, Lt. John	1Jan.19
Holderness, Lt. G. W.	1Jan.19
Holligan, Lt. P. T.	2Nov.18
Hollinghurst, Flg. Off. L. N.	3Dec.18
Holmes, Lt. J. C.	3June19
Home-Hay, Capt. J. B., M.C.	21Sept.18
Hoogterp, Flg. Off J. A.	3June19
Hook, Lt. R. J.	3Aug.18
Hooper, Flight Lt. G. H., M.C.	3June19
Hopkins, Lt. J. R.	1Jan.19
Horry, Flg. Off. T. S.	8Feb.19
Howard, Flg. Off. G. V.	3June19
Howell, Lt. C. E., D.S.O., M.C.	21Sept.18
Hoy, Lt. E. C.	3Dec.18
Hubbard, Lt. W.	2Nov.18
⊗Hubbard, Capt. W. H.	{ 3Aug.18 / ⊗2Dec.18 }
Hudson, Flight Lt. Frederick Walter	1Oct.19
Hughes, Lt. D. J.	3Dec.18
Hughes, Capt. Owen	3June19
Hunt, 2nd Lt. Frederick John	8Feb.19
Hunt, Lt. J. S.	22Dec.19

‖ Bar to D.S.C.   §§ Bar to M.C.   ⊗ Bar to D.F.C.

THE DISTINGUISHED FLYING CROSS—*contd.*

	Gazette.
Hunter, Capt. J. E. L., *D.S.C.*	2Nov.18
Hurrell, Flg. Off. W. G.	2Nov.18
Hursthouse, Capt. L. F.	8Feb.19
Huxley, Flg. Off. J. H.	3Dec 18
Hyams, Flg. Off. G. F.	3June18

Iaccaci, Flg. Off. A. T.	3Aug.18
Iaccaci, Lt. P. T.	21Sept.18
Ireland, Flight Lt. H. M.	2Nov.18
Irving, Flg. Off. G.	3Aug.18
⊗Irwin, Lt. W. R.	{ 2Nov.18 / ⊗3Dec.18 }
Isaac, Flg. Off. F. H.	18Nov.19
Ivelaw-Chapman, Flg. Off. R.	3Dec.18

Jack, Flg. Off. W	3June19
Jackson, Capt. William Douglas	21Sept.18
James, Lt. M. R.	2Nov.18
James, Capt. R. V.	8Feb.19
Jameson, Lt. Robert Stanley	10Oct.19
Jamison, Obs Off. R. McK.	2Nov.18
Jarvis, Flg. Off. A. E. de M	2Nov.18
Jaynes, Lt. V. F.	2Nov.18
Jeakes, Flg. Off. J. K. A.	21Sept.18
Jefferies, Flg. Off. T. G.	2Nov.18
Jenkins, Obs. Off. N. H., *D.S.M.*	3June18
⊗Jenkins, Lt. W. S.	{ 2Nov.18 / ⊗8Feb.19 }
Jenner, Lt. W. J. P.	3Dec.18
Jessop, Lt. L. A.	3Dec.18
Johnsen, Lt. (*hon. Capt.*) O. C. W.	8Feb.19
Johnson, Flg. Off. F. R.	3June19
Johnston, Lt. Edgar Charles	2Nov.18
Jones, Flight Lt. George	5Apr.19
⊗Jones, Flg. Off. J. I. T., *D.S.O.*, *M.C.*, *M.M.*	{ 3Aug.18 / ⊗21Sept.18 }
Jones, Lt. Lionel Herbert	2Nov.18
Jones, Lt. N. C.	21Sept.18
Jones, Lt. Reginald Thomas	3Dec.18
Jones, Lt. Simon	3Dec.18
Jones, Lt. W. E. F.	3Aug.18
Jones-Evans, Lt. G. S.	21Sept.18
‖Jordan, Capt. W. L., *D.S.C.*	21Sept.18
⊗Joseph, Lt. S. C.	{ 21Sept.18 / ⊗2Nov.18 }
Junor, Flg. Off. H. R.	8Feb.19

	Gazette.
Kannemeyer, 2nd Lt. G.	8Feb.19
Keeble, Flight Lt. N., *D.S.C.*	21Sept.18
Kempster, Lt. (*hon. Capt.*) F. T. R.	1Jan.19
Kendrick, Obs. Off. J. E.	3Dec.18
Kenny, Capt. W. R.	1Jan.19
Keys, Flg. Off. R. E.	21Sept.18
Kiddie, Lt. A. C.	8Feb 19
King, Flg. Off. Charles Ley, *M.C.*	2Nov.18
King, Capt. E. M.	2July18
King, Lt. G. A.	2July18
King, Lt. Leslie Lindo	1Jan.19
King, 2nd Lt. Paul Alan Hastings	3June19
‖⊗Kinkead, Flg. Off. S. M., *D.S.O.*, *D.S.C.*	{ 2July18 / ⊗2Nov.18 }
Knollys, Flight Lt. *the Hon.* E. G. W. T., *M.B.E*	10Oct.19
Kullberg, Lt. H. A.	2Nov.18

⊗Lagesse, Lt. C. H. R.	{ 2Nov.18 / ⊗8Feb.19 }
Lain, 2nd Lt. F. J.	3Aug.18
Lale, Flg. Off H. P.	3Dec.18
Lambert, Lt. William Carpenter	3Aug.18
Langdon, 2nd Lt. W. W.	22Dec.19
Langley, Flg. Off. (*act. Flight Lt.*) M. J.	22Dec.19
Lansdowne, Pilot Off. G.	22Dec.19
Lapraik, Lt. D. F.	1Jan.19
Larkin, Capt. H. J.	2Nov 18
Latchford, Flg. Off. J. H.	3June18
Latimer, Lt. D., *M.C.*	21Sept.18
Laughlin, Lt. F. A.	21Sept.18
Lavers, Lt. C. S. T.	8Feb.19
Lawson, Lt. G. E. B.	8Feb.19
Lawson, Capt. W. B.	3June19
Laycock, Capt. H. A.	3June18
Le Blanc-Smith, Capt. Maurice	3Aug.18
Leckie, Sqdn. Lr r. R., *D.S.O.*, *D.S.C*	1Sept 18
Leeke, 2nd Lt. (*hon. Lt.*) C. R.	8Feb.19
Lees, Flg. Off. G. M., *M.C.*	1Jan.19
Leete, Lt. W. H.	2July18
Leigh, Lt. H. de V.	2July18
Leiper, Lt. I. W.	1Jan.19
Leitch, Lt. A. A., *M.C.*	2Nov.18
Leman, Capt. C. M., *M.C.*	3June19
Leslie, Flight Lt. R. F. S., *D.S.C.*, *A.F.C.*	1Jan.19
Leslie, Lt. W. A.	8Feb.19
Lett, Lt. (*act. Capt.*) H. N.	8Feb.19
Lettington, Lt. A. E.	18Nov.19
Lewis, Capt. G. H.	21Sept.18
Lewis-Roberts, Flg. Off. A. O.	2Aug 18
Liddell, Lt. W. K. R.	3June19
Lighthall, Lt. W. S.	3June19
Lingham, Lt. George Alexander	1Jan.19
Livock, Flight Lt. G. E.	21Sept.18

§ Bar to M.C.   ‖ Bar to D.S.C   ⊗ Bar to D.F C.

THE DISTINGUISHED FLYING CROSS—contd.

	Gazette.
Lloyd, Flg. Off. Hugh Pughe, *M.C.*	8Feb.19
Lohmeyer, 2nd Lt. E. N.	3Aug.18
Loly, 2nd Lt. (*hon. Lt.*) F. M. ...	8Feb.19
Longbottom, Lt. H. F.	2Nov.18
⊗⊗Longton, Flight Lt. Walter } Hunt, *A.F.C.* ... ... {	⊗8Feb.19 ⊗⊗3June19
⊗Lord, Lt. Frederick Ives ... {	⊗18Nov.19
Lovelady, 2nd Lt. H.	10Oct.19
Lowe, 2nd Lt. C. L.	8Feb 19
Lowe, Capt. C. N., *M.C.* ...	3Aug.18
Lussier, Lt. E. J.	2Nov.18
McAfee, Flg. Off. A. R.	3June19
McBain, Flg. Off. J.	8Feb.19
McBlain, Lt. G. N.	3June19
McClaughry, Sqdn. Ldr. Wilfred Ashton, *D.S.O., M.C.*	2Nov.18
McClurg, Lt. F. S.	3June19
McConnell, Lt. R. K.	3Dec.18
McConville, 2nd Lt. M., *M.C.* ...	3Aug.18
MacDonald, Hon. Capt. Archibald Duncan	3June19
MacDonald, Flg. Off. Eric Norman	3June19
McDonald, Flg. Off. I. D. R., *M.C.*...	2July18
Macdonald, 2nd Lt. James	1Jan.19
McDonald, Lt John	3Dec.18
Macdonald, Lt. William Myron ...	2Nov.18
McEvoy, Lt. C.	21Sept.18
MacEwan, Lt. Malcolm	1Jan.19
McGregor, Flg. Off. A.	2July18
McGregor, Lt. Allan	2July18
MacGregor, Flg. Off. Andrew ...	5Apr.19
McGregor, Lt. John Alexander ...	8Feb.18
⊗McGregor, Lt. Malcolm Charles ... } ⊗3June19 {	2Nov.19
MacGregor, Flg. Off. N. S.	3June19
Machin, Lt G. D.	8Feb.19
McIlraith, Lt. E. F.	1Jan.19
Mackay, Flight Lt. Charles Joseph, *M.C.*	1Jan.19
McKay, Capt. E. A., *M.C.* ...	21Sept.18
Mackay, Lt. G. C.	3June18
Mackay, Lt. M. S.	15July19
Mackenzie, Flg. Off. W. J. ...	3June19
Mackrell, Flig t Lt. G.	3June19
Mackworth, Flg. Off. P. H. ...	1Jan.19
§MacLaren, Sqdn.Ldr. D.R.,*D.S.O., M.C.*	21Sept.18
McLaughlin, Lt. R.	2Nov.18
McLean, Pilot Off. Hugh ...	3June19
MacLeod, Flg. Off. M. P. ...	3June19
McLellan, Lt. Frank Melville ...	1Jan.19
MacLennan, Lt. J. McM.	2Nov.18
MacNeece, Wing Comdr. W. F., *D.S.O.*	2Nov.18

	Gazette.
McQuistan, Flg. Off. F.	8Feb.19
MacPherson, Lt. W. E.	2Nov.18
Macro, Flg. Off. H. L.	1Jan.18
Maitland, Flg. Off. C. E.	3June19
Makins, Flg. Off. (*act. Flight Lt.*) A. D.	10Oct.19
Malet, Flight Lt. B. A.	1Jan.19
Man, Flight Lt. W.	3June18
Mann, Flg. Off. W. E. G.	3Dec.19
Mantle, 2nd Lt. A. J.	8Feb.19
Manzer, Flg. Off. R.	21Sept.18
Marshall, Flg. Off. K. D.	2Nov.19
Mason, Flg. Off. J. M., *D.S.C.* ...	3Aug.18
Mason, Lt. L. W.	18Nov.19
Maud, Flg. Off. C. M.	2Nov.18
Maurice, Flight Lt. A. P.	18Nov.19
Mawle, Lt. N. W. R.	2Nov.18
Maxwell, Flight Lt. G. J. C., *M.C., A.F.C.*	3Aug.18
Maxwell, Flight Lt. R. S., *M.C.* ...	8Feb.19
Mayer, Lt. J. L.	1Jan.19
Middleton, Lt. (*hon. Capt.*) J. L. ...	8Feb.19
Middleton, Lt. T. P.	2July18
Millard, Lt. (*hon. Capt.*) Vyse ...	2July18
Miller, Lt. D. W. M.	2Nov.18
Miller, 2nd Lt (*hon. Lt.*) William ...	1Jan.19
Milson, Capt. B. A., *D.S.C.* ...	8Feb.19
Milne, Lt. J. R.	8Feb.19
Mitchell, Capt. James, *M.C.* ...	2July18
Moffoot, Pilot Off. G. R. ...	5Apr.19
Moller, Capt. F S., *M.C.* ...	5Apr.19
Moore, 2nd Lt. (*hon. Lt.*) Cecil Montgomery	3June19
Moore, Lt. G. N.	3Dec.18
Moorhouse, Pilot Off. J. R. ...	3June19
Morkam, Lt. John Percival ...	18Nov.19
Morley, Lt. C. L.	2Nov.18
⊗Morrison, Capt. J. S. F. ... {	3June18 ⊗21Sept.18
Morrow, Flight Lt. E. T. ...	2Nov.18
Moth, 2nd Lt. C. A.	8Feb.19
Munden, Flg. Off. H.	2Nov.18
Murray, 2nd Lt. (*hon. Lt.*) C. W. ...	3June19
Murray, Lt. D. F.	1Jan.19
Newman, Lt. A., *M.C.*	5Apr.19
Newnham, Lt. M. A.	3Dec.18
Newton, Lt. G. O.	2Nov.19
Nicholas, 2nd Lt. G. B.	8Feb.19
Nicholson, Lt. J. J. W.	1Jan.19
Noble, Flg. Off. F.	3June19
Noble, Lt. W.	3Aug.18
Nock, Lt. A. R.	2Nov.18
§Norton, Flight Lt. J. H., *M.C.* ...	8Feb.19
Nunn, Flight Lt. H. L., *D.S.C.* ...	1Jan.19
Nutta'l, Flight Lt. Frank, *M.C., A.F.C.*	15July19
Nuttall, 2nd Lt. W. L. F. ...	8Feb.19

⊗⊗ 2nd Bar to D.F.C.   ⊗ Bar to D.F.C.   § Bar to M.C.

Orders of Knighthood, &c.

THE DISTINGUISHED FLYING CROSS—contd.

	Gazette.
Oaks, Flg. Off. H. A. ...	3June19
O'Callaghan, Lt. M. A. ...	8Feb.19
O'Connell, Lt. J. H. ...	2Nov.18
O'Donnell, Flg. Off. G. C. ...	3June19
Oldfield, Lt. K. J. ...	3June19
Oldham, Flg. Off. H. ...	8Feb.19
Owen, 2nd Lt. James, M.M. ...	8Feb.19
Owens, 2nd Lt. W. A. ...	8Feb.19
Pakenham-Walsh, Flg. Off. L. H. ...	8Feb.19
Palk, Lt. W. E. ...	8Feb.19
Palmer, Flg. Off. R. D. C. ...	—
Papenfus, Lt. M. T. S. ...	21Sept.18
Pargeter, Lt. G. L. ...	3Dec.18
Park, Flight Lt. K. R., M.C. ...	3June19
Park, Flg. Off. Walter Henry, M.C.	18Nov.19
Parke, Flg. Off. Lt. J. ...	21Sept.18
Parry, Lt. C. ...	3Aug.18
Patey, Lt. W. R. ...	21Sept.18
Pattinson, Sqdr. Ldr. L. A., D.S.O., M.C. ...	2Nov.18
Pattinson, Capt. T. C. ...	3June18
Peace, Lt. W. J. ...	2Nov.18
Peacey, Lt. A. F. ...	8Feb.19
Pearce, Flight Lt. A. H. ...	3June18
Pearson, Lt. H. A., M.C. ...	3Dec.18
Pearson, Lt. James William ...	8Feb.19
Peffers, Lt. G. S. ...	8Feb.19
Pendred, Flg. Off. L. F. ...	3June19
Pengilly, Pilot Off. A. R. ...	3June19
Pennell, Capt. E. R. ...	3June18
Pentland, Capt. A. A. N., M.C. ...	3Aug.18
Philcox, Lt. (hon. Capt.) C. L. ...	3June18
Philcox, Lt. W. S. ...	22Dec.19
Phillips, Lt. A. MacM. ...	2Nov.18
Phillips, 2nd Lt. Harley ...	8Feb.19
Phillips, Lt. W. R. ...	3Dec.18
Pickin, Flg. Off. A. ...	3June19
Pickup, Flg. Off. F. W. ...	1Jan.19
Pike, Lt. S. N. ...	2July18
⊗Pinder, Capt. J. W. ...	{ 3June18 ⊗3June19
Pineau, Lt. C. F. ...	3Dec.18
⊗Pithey, Flg. Off. C. R. ...	{ 3Aug.18 ⊗3Dec.18
Pitt, Flg. Off. G. A. ...	3June19
Pogson, 2nd Lt, D. P. ...	21Sept.18
Pope, Flg. Off. R. P. ...	15July19
Porter, Flg. Off. B. G. ...	3Dec.18
Porter, 2nd Lt. (hon. Capt.) H. A. ...	3June19
Preston, Flg. Off. W. G. ...	21Sept.18
Primrose, Pilot Off. C. P. ...	1Jan.19
Primrose, Wing Comdr. W. H. ...	1Jan.19
Puckridge, Flg. Off. H. V. ...	3June19
Pullan, 2nd Lt. H. ...	21Sept.18
Puncher, Pilot Off. H. R. A. V. ...	3June19
Quinnell, Sqdn. Ldr. J. C. ...	1Jan.19

	Gazette.
Rae, Lt. T. G. ...	3June19
Ralston, Lt. J. S., M.C. ...	21Sept.18
Randall, Flight Lt. A. C. ...	2Nov.18
Randall, Flg. Off. G. E. ...	8Feb.19
Randell, Flg. Off. J. R. F. ...	3Dec.18
Rankin, 2nd Lt. (hon. Capt.) A. C., M.C. ...	8Feb.19
Ransley, Lt. F. C. ...	3Aug.18
Ravenscroft, 2nd Lt. J. W. ...	22Dec.19
Rayment, Lt. C. L. ...	21Sept.18
Read, Flight Lt. William Ronald, M.C., A.F.C. ...	3June19
Redfern, Flight Lt. R. ...	21Sept.18
Redgate, Capt. O. W. ...	2July18
Redman, 2nd Lt. A. J. ...	22Dec.19
Reece, Lt. R. H. ...	3Aug.18
⊗Reed, Lt. Arthur Eden ...	{ 2Nov.18 ⊗3Dec.18
Reed, Flg. Off. W. E. ...	8Feb.19
Reeve, Capt. Robert William ...	8Feb.19
Reeves, Lt. A. W. E. ...	3Dec.18
Reid, Flight Lt. George Hancock ...	8Feb.19
⊗Rhodes, Observer Off. Hervey ...	{ 3Aug.18 ⊗3Dec.18
Rice-Oxley, Lt. A. ...	2Nov.18
Riley, Lt. G. R., M.C. ...	8Feb.19
Roberts, Lt. N. ...	21Sept.18
Roberts, Lt. T. ...	3June19
Robertson, Lt. A. W. ...	3Aug.18
Robertson, Wing Comdr. E. D. M. ...	1Jan.19
Robinson, Lt. A. A., M.C. ...	3Dec.18
Robinson, Lt. Francis Ernest ...	3June19
Robinson, Capt. John ...	3June18
Robotham, Capt. G. B. ...	8Feb.19
‖Rochford, Capt. L. H., D.S.C. ...	2Nov.18
Rogerson, 2nd Lt. A. ...	3June19
⊗Rose, Lt. O. J. ...	{ 3Dec.18 ⊗8Feb.19
Rose, Flg. Off. T. ...	3Nov.18
Ross, Lt. Charles ...	2Nov.18
⊗Ross, Lt. C. G. ...	{ 2Nov.18 ⊗3Dec.18
Ross, Lt. I. R. L. ...	1Jan.19
Ross-Smith, Lt. Gerald Grant ...	22Dec.19
Rough, Flg. Off. H. L. ...	3Aug.18
⊗Roxburgh-Smith, Lt. B. ...	{ 2Nov.18 ⊗8Feb.19
Roxby, Lt.-Col. F. M., O.B.E. ...	3June19
Rusby, Capt. R. H. ...	2July18
Russell, Lt. Frederick Stratton, D.S.C. ...	3June19
Russell, Flg. Off. G. H. ...	1Jan.19
Russell, Lt. Horace William ...	2Nov.18
Russell, 2nd Lt. J. B. ...	2Nov.18
Russell, Pilot Off. Richard ...	3June19
St. John, Obs. Off. H. W. ...	21Sept.18
Samson, Capt. W, L. ...	1Jan.19
Sanderson, Lt. A. C. ...	8Feb.19
Sansom, Maj. G. S., M.C. ...	3Dec.18
Sargant, Lt. F. H. St. C. ...	1Jan.19

‖ Bar to D.S.C.   ⊗ Bar to D.F.C.

THE DISTINGUISHED FLYING CROSS—contd.

Name	Gazette
Saul, Sqdr. Ldr. R. E.	1Jan.19
Saunders, Lt. A. W	3Aug.18
Saunders, Flg. Off. H. W. L., M.C., M.M.	2Nov.18
Savery, Flg. Off. R. C.	3Aug.18
Scaramanga, Lt. G. J.	2Nov.18
Schoeman, Lt. H. P.	3June19
Scott, Capt. C. W.	1Jan.19
Scott, Capt. G. J.	3Dec.18
Scott, Lt. Thomas Robertson	2Nov.18
Scott, Capt. W. A., D.S.C.	3Dec.18
Searson, Flg. Off. H. E.	3Dec.18
Seed, 2nd Lt. Francis William	3June19
Sellers, Lt. G. N.	3Aug.18
Selwyn, Lt. W.	2Nov.18
Senior, Lt. H. C.	8Feb.19
Shapard, Lt. E.	8Feb.19
Sharp, Capt. R. H.	1Jan.19
Sharpe, Lt. S. M.	8Feb.19
Sharpe, Capt. T. S.	21Sept.18
Shaw, Lt. R. G.	21Sept.18
Shearer, Lt. J. A.	8Feb.19
Shields, Flg. Off. T. MacM.	8Feb.19
Shoebottom, Lt. L. R.	2July18
Siddons, Lt. V. D.	1Jan.19
Sidebottom, Flg. Off. William	8Feb.19
Siedle, Flg. Off. G. E.	2July18
Silly, Flight Lt. B. J., M.C.	21Sept.18
Simon, Lt. W. C.	2Nov.18
Simmons, 2nd Lt. (hon. Lt.) H. E., M.C.	1Apr.20
Simpson, 2nd Lt. Edward Arthur	2Nov.18
⊗Simpson, Capt. Ronald Davidson	{1Jan.19 / ⊗5Apr.19}
Sims, Flg. Off. C. J.	2Nov.18
Sinclair, Flg. Off. F. W.	10Oct.19
Skelton, Flg. Off. R. A.	3June19
Skinner, Flg. Off. H. W.	8Feb.19
§Slater, Flight Lt. J. A., M.C.	2July18
Slater, Lt. (hon. Capt.) P. J.	3Dec.18
Slatter, Flight Lt. L. H., D.S.C.	1Jan.19
Smith, Lt. Austin Edward	2Nov.18
Smith, 2nd Lt. (hon. Lt.) Frank Wolley	21Sept.18
Smith, Observer Off. Harold	8Feb.19
Smith, Lt. Jewitt Rice	8Feb.19
Smith, Observer Off. William Watson	8Feb.19
Smuts, Lt. N. R.	1Jan.19
Smythies, Sqdn. Ldr. B. E.	3June19
Snow, Lt. (hon. Capt.) C. C.	8Feb.19
Soden, Flight Lt. F. O.	3Dec.18
Solomon, Lt. D. R.	3June14
Spackman, Lt C.B.S.	8Feb.19
Speaks, Lt. J.	1Jan.19
Spence, Lt. R. G.	3Dec.18
Sprangle, 2nd Lt. A. T.	8Feb.19
Spriggs, 2nd Lt. W.	1Jan.19
Sprott, 2nd Lt. J. H.	2Nov.18
Spurling, Lt. A. R.	3June19
Stafford-Langan, Pilot Off. R.	3Dec.18
Stanger, Lt. S., M.C.	1Jan.19
Starke, 2nd Lt. H. McD.	21Sept.18
⊗Staton, Flg. Off. W. E., M.C.	{21Sept.18 / ⊗3Dec.18}
Steele, Flg. Off. C. R.	2Nov.18
Steele, Flg. Off. William	8Feb.19
Stephens, Lt. E. J.	3June19
Stephenson, Capt. Richard	3Dec.18
Stephenson, Lt. W. S., M.C.	21Sept.18
Sterling, Flg. Off. R.	8Feb.19
Stevenson, Lt. A. W.	3Dec.18
Stevenson, Lt. F. J.	3June19
Stevenson, Lt. W. G.	2Nov.18
§Stewart, Flg. Off. D. A., M.C.	2Nov.18
Stewart, Flg. Off J.A.	2Nov.18
Stewart, Lt. M. G. W.	2Nov.18
Stockdale, 2nd Lt. (hon. Capt.) H. W.	3June19
Stodart, Maj. D. E., D.S.O	3June18
Stokes, Flight Lt. C. H.	1Jan.19
Stoneman, Lt. E. C. R.	1Jan.19
Storey, Lt. (hon. Capt.) Alan	3Dec.18
Storey, Capt. J. H.	8Feb.19
Stott, 2nd Lt. F. T.	8Feb 19
Strafford, Flg. Off. S. C.	1Jan.19
Strange, Wing Cdr. L. A., D.S.O., M.C.	2Nov.18
Stronach, Flg. Off. J.A.	3June19
Stubbs, Lt. J. S., A.F.C.	2Nov.18
Studd, Flight Lt. T. Q.	16Sept.18
Stupart, Lt. A. V.	2Nov.18
Style, Lt. C. S	3June19
Sutherland, Lt. Charles	8Feb.19
⊗Swale Lt. E.	{2Nov.18 / ⊗3Dec.18}
Swanston, Flg. Off. J. R.	2Nov.18
Sykes, Flg. Off. Ronald	8Feb.19
Symons, Flg. Off. T. S.	3Dec.18
Tait, Lt. H. W.	1Jan.19
Taylor, 2nd Lt. B. S. W.	2Nov.18
Tempest, Flight Lt. E. R., M.C.	2Nov.18
⊗Thom, Flight Lt. W. D.	{3Aug.18 / ⊗3June19}
Thomas, Flight Lt. G. M.	1Jan.19
Thomas, Flg. Off. Robert Arthur	3June19
Thomas, Lt. W. M.	1Jan.19
Thomasson, Observer Off. Frederick, M.M.	3June19
Thompson, Lt. C. R.	3Dec.18
Thompson, 2nd Lt. Howard Grant	22Dec19
Thomson, 2nd Lt. (hon. Lt.) George	21Sept.18
Thomson, Obs. Off. George Irving	8Feb.19
Thomson, Maj. G. L., D.S.C.	3Aug.18
⊗Thomson, 2nd Lt. (hon. Lt.) G. N.	{2Nov.18 / ⊗2Nov.18}
Thomson, Lt. T. W. G.	1Jan.19
Thomson, Flg. Off. William Burns	1Apr.20
Thomson, Lt. William Mackenzie, M.C.	2Nov.18
Thornton, Capt. T. G., M.C.	1Jan.19
Thres, 2nd Lt. L. W.	8Feb.19
Timmins, 2nd Lt. Leonard	22Dec.19
Todd, Lt. J., M.C.	3Aug.18
Todd, Lt. J. M.	3Aug.18
Tonge, Flg. Off. U. G. A.	3June19
Toomer, Flg. Off. S. E.	3June19
Town, 2nd Lt. J.	3Dec.18
Trace, Lt. G. N.	22Dec.19

§ Bar to M.C.   ⊗ Bar to D.F.C.

THE DISTINGUISHED FLYING CROSS—contd.

	Gazette.
Traill, Flg. Off. T. C.	8Feb.19
Travers, Flg. Off. F. D.	3Dec.18
Travis, Lt, G. R.	3June19
Treadwell, 2nd Lt. G. B.	1Jan.18
Tredcroft, Flg. Off. E. H.	21Sept.19
Tudhope, Lt. P. M.	8Feb.19
Turner, Flg. Off. Edward Eric	12June18
Turner, Capt. Francis McDougal Charlewood, *M.C.*	2Nov.18
Turner, Lt. John	3June19
Turner, Pilot Off. Ronald William	2Nov.18
Turner, Lt. Stanley	3Dec.18
Tutte, 2nd Lt. A. A.	3Dec.18
Unger, Lt K. R.	8Feb.19
Unmack, Flg. Off. E. W.	3June19
van der Ben, 2nd Lt. Reginald Charles, *M.C.*	8Feb.19
Van Der Riet, Lt. E. F.	3Aug.18
Veitch, Lt. C. L.	3June19
⊗Venter, Lt. C. J.	{ 3Aug.18 / ⊗2Nov.18 }
Vigers, Lt. A. W., *M.C.*	2Nov.18
Vincent, Flg. Off. Frederick Calhoun	1Jan.19
Wagstaff, Lt. C. F. A.	1Jan.19
Walker, Lt. Eric	2Nov.18
⊗Walker, Lt. F. R.	{ 2Nov.18 / ⊗3Dec.18 }
Walker, Flg. Off. Henry Edward, *M.C.*	8Feb.19
Walker, Lt. John McDonald	8Feb.19
Walker, 2nd Lt. W. B.	21Sept.18
Walls, Capt. W. Y.	3June18
Wallace, Flight Lt. H. Le Roy	2Nov.18
Walser, Sqdn. Ldr. A. A., *M.C.*	8Feb.19
Walters, Lt. H. C. W.	2Nov.18
Ward, Lt. W. B.	2Nov.18
Waring. Flg Off. E. F.	3Dec.18
Warren, Lt. L. R.	21Sept.18
Waterous, Lt. D. J.	21Sept.18
Watson, Flg. Off. Kenneth Bowman	8Feb.19
Watters, 2nd Lt. A. H.	2Nov.18

	Gazette.
Weakley, Lt. E. G. K.	2Nov.18
Webster, Lt. E. J.	21Sept.18
Welby, Flg. Off. I., *M.C.*	3June19
Welsh, Lt. G. H.	21Sept.18
Wemp, Maj. B. S.	3June18
Weston, Lt. D. J.	3Aug.18
‖Whealey, Capt. A. T., *D.S.C.*	3Dec.18
Whippey, Flg. Off. F. A.	22Dec.19
⊗Whistler, Flight Lt. Harold Alfred, *D.S.O.*	{ 2July18 / ⊗8Feb.19 }
White, Lt. C. C.	3Aug.18
White, Lt. Harold Albert	3June19
White, Lt. J. B.	3Dec.18
Whitney, Lt. Robert Kenneth	2Nov.18
Whyte, Lt. E. J.	2Nov.18
Wickett, Lt. H.	3Dec.18
Wilcox, Lt. B. S.	3Dec.18
Wilkins, Flg. Off. P., *M.C.*	3June19
Williams, Capt. Arthur Watts	2Nov.18
Williams, Flg. Off. Erroll Holdsworth	3June19
Williams, Flg. Off. F., *M.C.*	21Sept.18
Williams, Lt. N. E.	21Sept.18
Williams, Flg. Off. R. O.	3Dec.18
⊗Williams Flg. Off. Thomas Melling, *M.C.*	{ 2Nov.18 / ⊗22Dec.19 }
Williamson-Jones, Flg. Off. C. E.	21Sept.18
Willis, Lt. E. C.	3Dec.18
Wilson, Lt. F. B.	2Nov.18
Wilson, Lt. (*hon. Capt.*) Hugh Brian	21Sept.18
Wilson, Lt. Joseph Charles	21Sept.18
Wilson, Lt. Roy	3Aug.18
Wilton, 2nd Lt. F. C.	2Nov.18
Windle, Flg. Off. B. C. W.	3June19
Wingfield, Lt. L. A., *M.C.*	3June18
Wiser, Capt. H. J.	1Jan.19
Woolley, Lt. F.	3June19
Worthington, Lt. B. R.	3June19
Yonge, Capt. J. A.	1Jan.19
⊗Young, Flg. Off. H. N.	{ 2July18 / ⊗2Nov.18 }
Young, Pilot Off. J. McK., *D.S.M.*	3Aug.18
Young, Lt. J. R. S.	3Dec.18
Young, Capt. W. E.	2July18
Yuille, Lt. (*hon. Capt.*) A. B.	2Nov.18
Zimmer, Capt. G. F. W	3June18

‖ Bar to D.S.C.   ⊗ Bar to D.F.C.

THE AIR FORCE CROSS.

Name	Gazette
Ackery, Lt. E. M.	3June19
Acland, Maj. W. H. D., *M.C.*	8Feb.19
Acland, Flight Lt. W. R. D., *D.F.C.*	10Oct.19
Adamson, Lt. C. L.	3June19
Aitken, Flight Lt. R. S., *M.C.*	2Nov.18
Alchin, Flight Lt. G.	3June19
Alexander, Lt. A. M.	2Nov.18
Algie, Lt. William, *D.S.O.*	3June19
Allen, Capt. A, D. W., *D.S.C.*	2Nov.18
Allen, Sqdn. Ldr. Dermott Lang	3June19
Andreae, Capt. F G.	3June19
Anthony, Capt. E.	1Jan.19
Aplin, Capt. W. H. S.	1Jan.19
Armstrong, Lt. G. H.	1Jan.19
Arnott, Flg. Off H. W.	3June19
Atkinson, Flight Lt. E. D., *D.F.C.*	1Jan.19
Atkinson, Capt. J. D.	1Jan.19
Auldjo-Jamieson, Capt. E. A. O.	1Jan.19
Aylen, Lt. L. B.	3June19
Babington, Sqdn. Ldr. P., *M.C.*	1Jan.19
Bailey, Flight Lt. L. M.	3June19
Baker, Flight Lt. B. E., *D.S.O., M.C.*	1Jan.19
Baker, Maj. Frederick Cecil, *D.F.C.*	2Nov.18
Baker, Flight Lt. V. H., *M.C.*	3June18
Barager, Lt. F. B.	1Jan.19
Barnard, Lt. F. L.	22Dec.19
Barnwell, Capt. F. S., *O.B.E.*	1Jan.19
Barrett, Flight Lt. Gilbert	3June19
Bates, Flight Lt. F. A., *M.C.*	3June19
Beatty, Wing Comdr. William Dawson, *C.B.E.*	10Oct.19
Becke, Air Commodore J. H. W., *C.M.G., D.S.O.*	3June19
Bell, Capt. S.	1Jan.19
Bellamy, Capt. V. A. F.	1Jan.19
Benson, Lt. R. J. B.	3June19
Benson, Flg. Off. S. S.	1Jan.19
Berryman, Capt. H. J. T.	3June19
Best, Lt. L. E.	8Feb.19
Bigsworth, Wing Comdr. A. W., *C.M.G., D.S.O.*	3June19
Binding, 2nd Lt. A. O.	1Jan.19
Birkbeck, Lt. J.W. L.	1Jan.19
Bishop, Flight Lt. A. G.	2Nov.18
Blackburn, Wing Comdr H., *M.C.*	3June19
Blake, Flight Lt. A. M.	1Jan.19
Bond, Flight Lt. A. G.	1Jan.19
Booth, Flight Lt. R. S.	3June19
Boret, Flg. Off. J. A., *M.C.*	21Sept.18
Borton, Group Capt. A. E., *C.M.G., D.S.O.*	2Nov.18
Bottomley, Flight Lt. N. H	2Nov.18
Bourdillon, Capt. R. B., *M.C.*	3June18
Boyce, Flg. Off. G. H.	10Oct.19
Boyd, Capt. K. G.	2Nov.18
Boyd, Sqdn. Ldr. O. T., *O.B.E., M.C.*	10Oct.19
Boyle, Lt. The Hon. Alan Reginald	1Jan.19
Boyle, Lt. Allan, *M.C.*	1Jan.19
Brancker, Maj.-Gen. *Sir* W.S., *K.C.B.*	3June18
Breach, Lt. W. T.	3June19

Name	Gazette
Brearly, Capt. N., *D.S.O., M.C.*	1Jan.19
Breese, Wing Comdr C. D.	3June18
Bremridge, Lt. G.	1Jan.19
Brend, Capt. P.	2Nov.18
Brice, Flg. Off. B. S.	1Jan.19
Broad, Flg. Off. H. G. S.	3June19
Broad, Capt. H. S.	3June19
Brocklesby, 2nd Lt. D. L.	2Nov.18
Brooke-Popham, Air Commodore Henry Robert Moore, *C.B., C.M.G., D.S.O.*	1Jan.19
Brooks, Flg. Off. Douglas Charles Morris, *M.C.*	3June19
Brotherton, 2nd Lt. R. J.	1Jan.19
Brown, 2nd Lt. L. D.	1Jan.19
Brown, Flight Lt. Leslie Oswald, *D.S.C.*	3June19
Bruce, Lt. W.	2Nov 18
Bryer, Flg. Off. G. M.	3June19
§Bulman, Flight Lt. Flg. Off. P. W. S., *M.C.*	2Nov.18
Burgess, Flg. Off. V. W	3June19
Burrows, Lt. R. H.	2Nov.18
Busteed, Wing Comdr. H.R., *O.B.E.*	1Jan.19
Butler, Sqdn. Ldr. Albert James, *M.C.*	3June19
Butler, Capt. H. J.	1Jan.19
Butler, Lt. Wilfred John	8Feb.19
Callaway, Flight Lt. W. B.	3June19
Callender, Flg. Off. G. G.	3June19
Campbell, Capt. W. H. E.	2Nov.18
Campbell-Orde, Lt. A. C.	22Dec.19
Canegie, Flg. Off. D. V.	1Jan.19
Cardwell, Lt. H. E.	10Oct.19
Carleton, Flight Lt. C. W.	3June19
Carmichael, Wing Comdr. G. I., *D.S.O.*	3June19
Carpenter, Flg. Off. E. T.	3June19
Carr, Maj. R. H., *D.C.M.*	2Nov.18
Carroll, Lt. R. S.	1Jan.19
Carver, Lt. M. D.	1Jan.19
Cassy, Capt. A. W., *O.B.E.*	3June19
Catchpole, Flg. Off. W.	2Nov.18
Chalmers, Maj. R. A., *O.B.E.*	1Jan.19
Chamberlain, Flight Lt. T. C.	3June19
Chamberlayne, Flg. Off. P. R. T.	1Jan.19
Champion, Maj. H. F.	2Nov.18
Channing, Lt. C. E.	2Nov.18
Chapman, Lt. D. A. R.	1Jan.19
Chapman, Lt. V. C.	1Jan.19
Chattaway, Lt. H. W.	22Dec.19
Chick, Flg. Off. A. L.	8Feb.19
Chivers. Lt. L.	2Nov.18
Clapham, Lt. G.	8Feb.19
Clark, Flight Lt. Frederick Walter	3June19
Clarke, Flight Lt. George Malcolm	3June19
Clarke, Lt. H. R.	1Jan.19
Clarke, Lt. Leslie	3June19
Clarke, Flg. Off. Robert St. Hill	8Feb.19
Clayton, Capt. B. C.	2Nov.18
Cleary, Capt. F.	1Jan.19
Clinton, Capt. G. E.	3June19
Clocte, Flight Lt. D., *M.C.*	3June19
Clutterbuck, 2nd Lt. S. R.	2Nov.18

§ Bar to M.C.

THE AIR FORCE CROSS—*contd.*

	Gazette.
Coats, Capt. J. A.	1Jan.19
Cochrane, Flight Lt. R. A.	1Jan.19
Coleman, Flight Lt. John Patrick	1Jan.19
Cooke, Sqdn. Ldr. G G. H , *D.S.C.*	23Aug.19
Cooper, Maj. A. Q., *D.S.C.*	1Jan.19
Cooper, Maj. Howard Lister	2Nov.18
Corfield, Capt. R. B.	3June19
Cowell, Lt. S. V.	8Feb.19
Cox, Capt. A. R.	1Jan.19
Cox, Flight Lt. Claude Russell	2Nov.18
Cox, Sqdn. Ldr. Geoffrey Henry	3June19
Cox, Flg. Off. William Reseigh, *M.C.*	3June19
Crang, Lt. J. G.	2Nov.18
Craufurd, Capt. H. E.	3June19
Croil, Flight Lt. G. M.	3June19
Cullen, Flg. Off. (act. *Flight Lt.*) John	8Feb.19
Cullen, Flg. Off. Ian	8Feb.19
Dagg, Flg. Off. C. K. C.	2July18
Dalison, Flight Lt. C. B.	2Nov.18
Daniel, Lt. H., *M.C.*	3June19
Davies, Capt. Rhys	3June19
Davis, Flg. Off. E. P. M., *A.M.*	2Nov.18
Davis, Capt. H. D	3June19
Day, Flight Lt. J. F. A.	2Nov.18
Dean, Lt. E. S.	2Nov.18
Dean, Capt. R. E.	1Jan.18
DeBurgh, Lt. D. H.	1Jan.19
De Havilland, Capt. Geoffrey, *O.B.E.*	1Jan.19
De Heaume, Lt. E. H.	1Jan.19
Deighton, Lt. D. M.	3June19
De Roeper, Sqdn. Ldr. B. P. H.	3June19
Devlin, Capt. J. R. S., *D.S.C.*	3June19
Dickie, Capt. A. P.	8Feb.19
Dickson, 2nd Lt. C. N. C.	10Oct.19
Dimmock, Flight Lt. N. H.	3June19
Dixon, Flg. Off. N. P.	3June19
Dixon, Lt. R. M.	3June19
Donald, Flight Lt. D. G., *D.F.C.*	10Oct.19
Douglas, Lt. C. K. McK.	8Feb.19
Douglas, Lt. Roderick	10Oct.19
Down, Flg. Off. H. H.	3June19
Dreschfield, Lt. S. E.	3June19
Drew, Lt. C. H.	1Jan.18
Drew, Lt. D. H.	3June19
Drew, Pilot Off. (*hon. Flg. Off.*) John	3June19
Drew, Flight Lt. Hedley Vicars	1Jan.19
Drew, Lt. John	3June19
Drewitt, Capt. H. F. S., *M.C.*	3June19
Duguid, Capt. A.	3June19
Dupont, Lt. A. N.	2Nov.19
Durant, Flg. Off. R. F.	22Dec.19
Durston, Flight Lt. A.	3June19
Edwards, Flight Lt. Llewellyn	2Nov.18
Edwards, Lt. R. T.	1Jan.19
Elliott-Smith, Flight Lt. Charles Henry	10Oct.19

	Gazette.
Elmhirst, Flight Lt. T. W.	1Jan.19
England, Sqdn. Ldr. T. H., *D.S.C.*	3Jun.19
Everitt, Capt. H. L.	2Nov.18
Evill, Sqdn. Ldr. D. C. S., *D.S.C.*	3Jun.19
Eyre, Lt. R. T.	3Jun 19
Faber, Lt. S. E.	1Jan.19
Fairbairn, Capt. C. O.	1Jan.19
Fall, Flight Lt. J. S. T., *D.S.C.*	1Jan.19
Fanstone, Capt. A. B.	3Jun.19
Fellowes, Capt. C D., *M.C.*	2Nov 18
Ferguson, Flg. Off. G. W., *M.C.*	3Jun.19
Fletcher, Flight Lt. A. W.	2Nov.19
Fletcher, Wing Cdr. J. N.	1Jan.19
Foden, Lt. J. C.	2Nov.18
Forbes-Sempill, Lt.-Col. *Hon.* W. F., *Master of Sempill.*	3June18
Fowler, Flight Lt. Frank, *D.S.C.*	2Nov.18
Fowler, Lt. Gordon James	3Jun.19
Fowler, Wing Cdr. I. G. V.	2Nov.18
Fox, Capt. F. M.	10Oct.19
Francis, Flg. Off. H. A.	3Jun.19
Frauenfelder, Flight Lt. A.	3Jun.19
Fraser, Lt. N. G., *M.B.E*	1Jan.18
Freeman, Capt. C. T., *D.S.C.*	2Nov.19
Frew, Flight Lt. M. B., *D.S.O., M.C.*	3Jun.19
Fullard, Flight Lt. P. F., *D.S.O., M.C.*	3Jun.19
Gallehawk, Flight Lt. A. N.	3June19
Galley, Flg. Off. E. D. G., *M.C.*	1Jan.19
Game, Lt. H. F.	1Jan.19
Gardner, Capt. C. H.	8Feb.19
Garner, Obs. Off. E. J.	2Nov.18
Garratt, Lt. F. G.	3June19
Garratt, Capt. P. C.	3June19
Garrood, Lt. G.W.T.	10Oct.19
Gaskell-Blackburn, Sqdn. Ldr. V., *D.S C.*	10Oct.19
Gathergood, Lt. G. W.	1Jan.19
Geach, Flight Lt. C L. E.	3June19
Gethin, Flight Lt. P. E. L.	3June19
Gilbert, Lt. T.	3June19
Gill, Flg. Off. J. L. S.	3June19
Gilligan, Capt. A. H. H.	1Jan.19
Gladstone, Capt. T. A.	10Oct.19
Godfrey, Capt. A. E., *M.C.*	1Jan.19
Goodwin, Capt. Edwin Spencer	2Nov.18
Gordon-Dean, Sqdn. Ldr. Horace	3June19
Gotch, Lt. J. H.	1Jan.19
Gower, Maj. E. L. M. L.	22Dec.19
Graham, Sqdn Ldr. J. B., *M.C.*	2Nov.18
Graham, Lt. Stuart	2Nov.18
Grant-Dalton, Wing Cdr. S., *D.S.O.*	3June19
Greer, Flight Lt. S. T. L.	2Nov.18
Grenfell, Flight Lt. E. O., *M.C.*	2Nov.18
Griffith, Capt. I. O.	2Nov.18
Groves, Air Commodore R. M., *C.B., D.S.O.*	3June18

THE AIR FORCE CROSS—contd.

Name	Gazette
Haigh, Lt. E.	8Feb.19
Halahan, Wing Cdr. J. C., *C.B.E.*	3June19
Hall, Pilot Off. Edward	3June19
Hall, Flight Lt. Geoffrey Henry	2Nov.18
Halley, Flight Lt. R., *D.F.C.*	22Dec.19
Hamer, Lt. H.	3June19
Harding, Lt. D. A.	3June19
Harries, Sqdn. Ldr. D.	1Jan.19
Harris, Sqdn. Ldr. A. T.	2Nov.18
Harris, Lt. Guy	23Aug.19
Harris, Flg. Off. S. B.	2Nov.18
Harris, Maj. S. H. B.	3June19
Harrison, Obs. Off. B. E.	3June19
Hartford, Maj. I. H. B.	1Jan.19
Hartley, Flg. Off. R. L.	3June19
Hastings, Flg. Off. H. R.	3June19
Hatcher, Flg. Off. C. J. W.	2Nov.18
Hay, Capt. C. S.	1Jan.19
Hay, Flight Lt. W. L.	3June19
Hay, Lt. S.	1Jan.19
Hayes, Obs. Off. P. J.	2Nov.18
Hayes, Lt. T.	3June18
Hedges, Flg. Off. A. E.	3June19
Hemming, Capt. Harold	1Jan.19
Henderson, Sqdn. Ldr. G.L.P., *M.C.*	3June19
Henry, Flg. Off. J. B.	3June19
Hicks, Sqdn. Ldr. W. C.	3June19
Higgins, Air Vice-Marshal J. F. A., *C.B., D.S.O.*	3June19
Hill, Maj. R. M., *M.C.*	3Aug.18
Hilton, Lt. D'Arcy F., *M.C.*	3June19
Hinton, Flg. Off. A. H.	3June19
Hirst, Flg. Off. J.	2Nov.18
Hodges, Sqdn. Ldr. S. G., *M.C.*	1Jan.19
Hodgson, Capt. G. R.	2Nov.18
Hodson, Flg. Off. G. S.	3June19
Holliday, Capt. F. P., *D.S.O., M.C.*	3June19
Hope-Vere, Maj. R. J. J.	1Jan.19
Hopps, Flg. Offr. F. L.	1Jan.19
Horne, Flg. Off. J. L.	1Jan.19
Horsfield, Capt. H. T.	3June19
Houghton, Flg. Off. R. T. B.	3June19
Howe, Flight Lt. T. E. B.	2Nov.18
Howes, Lt. S. C.	8Feb.19
Hubbard, Sqdn. Ldr. T. O'B., *M.C.*	1Jan.19
Hudson, Flg. Off. L. A. C.	10Oct.19
Hughes, Capt. G. F., *M.C.*	3June19
Hughes-Chamberlain, Capt. R. E. A. W.	3June19
Humphreys, Flight Lt. W. R. S.	22Dec.19
Hutcheon, Capt L. F.	2Nov.18
Hyde, Flg. Off. C. A.	3June19
Hyde, Lt. Frederick de Mulford	10Oct.19
Iles, Flg. Off. L. M.	10Oct.19
Ireland, Capt. J. G.	2Nov.18
Irwin, Flight Lt. H. C.	3June19
Jacks, Lt. F. I.	1Jan.19
Jackson, Flg. Off. Clarence	1Jan.19
Jennings, Lt. John Henry	3June19
Jennings, Flight Lt. M. R. N., *M.C.*	3Feb.19
Johnson, Flight Lt. Eric Digby	8Feb.19
Johnston, Flight Lt. E. L.	2Nov.18
Jones, Maj. B. M.	3June18
Jones, Capt. Cedric Neville	3June19
Joy, Maj. Douglas Grahame	1Jan.19
Jullerot, Capt. H.	2Nov.18
Keens, Capt. J. H.	1Jan.19
Kelly, Flight Lt. I. G.	3June19
Kemp, Flight Lt. W. H. E.	2Nov.18
Kemsley, Capt. N.	3June19
Kendall, Capt. H. W.	2Nov.18
Kerby, Flight Lt. H. S., *D.S.C.*	1Jan.19
Kerr, Capt. James	3June19
Kirton, Lt. R. I.	1Jan.19
Knightbridge, Pilot Off. A. P.	2Nov.18
Knock, Flg. Off. S. G.	3June19
Lacey, Flg. Off. C. V.	1Jan.19
Laing, Flg. Off. C. McM., *M.C.*	3June19
Lally, Flight Lt. C. T., *M.C.*	2Nov.18
Lander, Flight Lt. F. C.	3June19
Landon, Capt. E. G.	8Feb.19
Langford-Sainsbury, Flg. Off. T. A.	1Jan.19
Lanman, Flg. Off. A.	10Oct.19
Lawford, Lt. E. H.	1Jan.19
Lawson, Flight Lt. J. F.	2Nov.18
Leather, Maj. R. T.	3June19
Lee, Lt.-Col. C. F., *C.M.G.*	3June19
Leete, Flg. Off. W. W.	2Nov.18
Leslie, Flight Lt. R. F. S., *D.S.C., D.F.C.*	10Oct.19
Lewis, Lt. A. M.	3June19
Lindsay, Lt. (*hon. Capt.*) F.	2Nov.18
Line, Lt. J.	2Nov.18
Little, Flight Lt. I. C.	1Jan.19
Lloyd, Flight Lt. G. L., *M.C.*	3June19
Lloyd, Flg. Off K B.	2Nov.18
Longcroft, Air Commodore C. A. H., *C.M.G., D.S.O.*	1Jan.19
Longinotto, Flight Lt. E. V.	1Jan.19
⊗Longton, Flight Lt. Walter Hunt, *D.F.C.*	3June18
Lovemore, Lt. N. B.	3June19
Lucy, Flight Lt. R. S.	3June19
Lusted, Flg. Off. G. J.	3June19
Lutyens, Lt. A. C., *M.C.*	3June18
Lydford, Flg. Off. H. T.	3June19
McBain, Flight Lt. W. R. B., *M.C.*	3June19
McClean, Lt.-Col. F. K.	1Jan.19
McColl, Capt. A. J. H.	3June19
McDonald, Flight Lt. C. Y.	1Jan.19
MacDonald, Capt. I.	1Jan.19
McGregor, Capt. D. G.	2Nov.18
McIntyre, Flg. Off. I. E.	1Jan.19
McKelvie, Capt. J.	8Feb.19
Mackenzie, Flight Lt. William Herbert	3June19
McKiever, Obs. Off. A. V.	2July18

⊗ Bar to D.F.C.

THE AIR FORCE CROSS—contd.

Name	Gazette
§MacLaren, Capt A. S.C., O.B.E., M.C.	3Dec.18
McMinnies, Capt.W. G.	1Jan.19
Mail, Lt. J. D.	10Oct.19
Mailer, Flg. Off. S. E.	3June19
Maitland, Air Commodore Edward Maitland, C.M.G., D.S.O.	23Aug.19
Maitland, Capt. James Steel	1Jan.19
Maitland, Flight Lt. P. E.	2Nov.18
Maleby, Sqdn. Ldr. P. C., D.S.O.	3June19
Mann, Flight Lt. A., M.C.	3June19
Maitland, Capt. James Steel	1Jan 19
Marburg, Lt. T.	1Jan.19
Martin, Capt. P. H.	1Jan.19
Martingell, Flg. Off. G. H.	3June19
Martyn, Capt. T. J. C., M.C.	1Jan.19
Mason, Lt. J. A. R.	1Jan 19
Massey, Lt. A. B.	2Nov.18
Masterman, Air Commodore E. A. D., C.M.G., C.B.E.	1Jan.19
Mathewson, Pilot Off. T. F.	1Jan.19
Maxwell, Flight Lt. G. J. C., M.C., D.F.C.	3June19
Maynard, Flight Lt. F. H. M.	3June19
Meager, Capt. G. F.	8Feb.19
Mellersh, Capt. F. J. W.	3June19
Meintjes, Flight Lt. H., M.C.	3June19
Meredith, Lt. C. W.	3June19
Merriam, Capt. F. W.	2Nov.18
Messenger, Flight Lt. A. L	3June19
Miller, Lt. H. A.	10Oct.19
Millman, Flg. Off. N. C., M.C.	3June19
Mills, Wing Cdr. R. P., M.C.	3June19
Mitchell, Maj. G. A. N.	3June19
Mitchell, Lt. L. N.	3June18
Mitchell, Wing Cdr. W. G.S., D.S.O., M.C.	3June19
Moody, 2nd Lt. (hon. Lt.) A. J.	8Feb.19
Moore, Lt. J. R.	2Nov.18
Morgan, Capt. E. M.	1Jan.19
Morgan, Lt. George Alfred	8Feb.19
Morison, Maj. A. M.	3June19
Morley, Flight Lt. C. C.	3June19
Morter, Lt. F. W.	3June19
Mortimer, Lt. C. M.	1Jan.19
Morton, Pilot Off. John	1Jan.19
Mossop, Lt. M. C.	2July18
Mulholland, Flight Lt. D. O.	3June19
Musgrave, Flight Lt. C.	8Feb.19
Musson, Capt. F. W.	2Nov.18

Name	Gazette
Nanson, Sqdn. Ldr. E. R. C., D.S.C.	1Jan.19
Nares, Capt. Malcolm Dent	3June19
Neill, Lt. Oswald Stuart	3June19
Nelson, Flight Lt. G. D., D.S C.	3June19

Name	Gazette
Nester, 2nd Lt. H. A.	2Nov.18
Nicholas, Sqdn. Ldr. C. H.	3June19
Nicholson, Lt. W. E.	1Jan.19
Noakes, Flight Lt. J., M.M.	3June19
Noble-Campbell, Flg. Off. C. H.	2Nov.18
Nuttall, Flight Lt. Frank, M.C., D.F.C.	10Oct.19

Name	Gazette
O'Brian, Flg. Off. G. S.	3June19
Oliver, Lt. J.	3June18
O'Neill, Flg. Off. H. D.	3June19
Owen, Capt. H. L. H.	2Nov.18

Name	Gazette
Paget, Flg. Off. L. G.	10Oct.19
Palethorpe, Capt. J., M.C.	2Nov.18
Pape, Flg. Off G. S. D. MacF.	3June19
Park, Flg. Off. R. S.	3June19
Parker, Maj. Sidney Ernest, M.B.E.	1Jan.19
Payne, Flight Lt. L. G. S., M.C.	3June19
Peace, Lt. A. G.	3June18
Peebles, Flg. Off. A. J. D.	3June19
Peirse, Sqdn. Ldr. R. E. C., D.S.O.	1Jan.19
Pelly, Flg. Off. F. B.	3June19
Pennington, Lt. K. M.	3Dec.18
Pern, Flg. Off. C.	2Nov.18
Peter, Cap t. L. H., M.C.	2Nov.18
Piercey, Lt. M. W.	3June19
Pilkington, Flg. Off. C.	3June19
Pollock, Lt.-Col. C. F., O.B.E.	3June19
Poole, Flg. Off. W. H., M.M.	2Nov.18
Powell, Lt. George Berrall	1Jan.19
Power, 2nd Lt A. G.	1Jan.19
Pralle, Capt. E. L.	2Nov.18
Preston, Flg. Off. R. C.	1Jan.19
Preston, Flg. Off. S. H.	3June19
Pretyman, Sqn. Ldr. E. R.	3June19
Priest, 2nd Lt. E.	8Feb.19
Prime, Flg. Off. F. H.	3June19
Pritchard, Flight Lt. (act.Sqdn.Ldr.) J. E. M., O.B E.	22Dec.19
Prout, Flg. Off. H. O.	2Nov.18
Pulford, Sqdn. Ldr C. W. H., O.B.E.	1Jan.19

Name	Gazette
Rabagliati, Lt.-Col. C. E. C., M.C.	3June19
Raikes, Maj. H. R.	3June18
Rea, Flight Lt. C. A.	2Nov.18
Read, Flight Lt. William Ronald, M.C., D.F.C.	1Jan.19
ʍRees, Wing Cdr. Lionel Wilmot Brabazon, O.B.E., M.C.	2Nov.18

§ Bar to M.C.

THE AIR FORCE CROSS—contd.

Name	Gazette
Reid, Lt. A. D.	3June19
Rennie, 2nd Lt. T.	10Oct.19
Riach, Lt. P. S	10Oct.19
Rich, Flight Lt. C, E.	3June19
Richardson, Lt. L. R. R.	2Nov.18
Riley, Flight Lt. A. I.	3June 9
Riordan, Flg. Off. L. J.	1Jan.19
Roach, Capt. H. J.	3June19
Robb, Capt. H. A. B., *M.C.*	1Jan.19
Robertson, Flight Lt. B. K. D.	1Jan.19
Robertson, Lt. D. H.	1Jan.19
Robins, Lt. H. V., *M.C.*	2Nov.18
Robins. Lt. P. D.	22Dec.19
Roche-Kelly, Capt. W.	1Jan.19
Rogers, Obs. Off. A. D.	3June19
Rope, Flg. Off. W. S.	2Nov.18
Rose, Capt. F.	2Nov.18
Ross, Wing Cdr. R. P., *D.S.O.*	3June19
Rowell, Capt. H. B. R.	2Nov.18
Russell, Flg. Off. (*hon. Flight Lt.*) Herbert Bainbridge	3June19
Salt, Flight Lt. T. E.	2Nov.18
‡Samson, Group Capt. C. R., *C.M.G., D.S.O.*	1Jan.19
Sanders, Flg. Off. D. C. W.	3June19
Sanderson, Obs. Off Wilfrid	2Nov.18
Sandford, Sqdn. Ldr. F. E.	2Nov.18
Saundby, Flight Lt. R. H. M.S.,*M.C.*	1Jan.19
Saunders, Capt. K. F., *D.S.C.*	2Nov.18
Scott, Group Capt. A. J. L., *M.C.*	1Jan.19
Scott, Maj. George Herbert, *C.B.E.*	1Jan.19
Scott, Capt. J. E., *D.S.O.*	2Nov.18
Scott, Capt. W. S., *M.C.*	1Jan.19
Scovell, Flg. Off. B.	3Jun 19
Scriven, Flight Lt. V. R.	2Nov.18
Seabrook, Flg. Off. J.	8Feb.19
Sewell, Lt. George	3June19
Shakespeare, Capt. W. H. N., *M.C.*	2Nov.18
Sharpe, Flg. Off. William	3June19
Shirlaw, Capt. W. A.	3June19
Shook, Capt. A. Macdonald, *D.S.O., D.S.C.*	3June19
Shotter, 2nd. Lt. J. D.	23Aug.19
Silwood, Flg. Off, F. D. J.	3June19
Simpson, Lt. J. O.	1Jan 19
Simson, Lt. E. A.	2Nov.18
Sisley, Lt. M. M.	1Jan.19
Slingsby, Flg. Off. H.	1Jan.19

Name	Gazette
Smale, Lt. J. A.	10Oct.19
Smith, Flg. Off. Bernard Valentine Seymour, *M.C.*	1Jan.19
Smith, Flg. Off. Charles Geoffrey Harding	3June19
Smith, Lt. F. A.	2Nov.18
Smith, Lt. Francis Yorke	3June19
Smith, Lt. Gerald Dent	1Jan.19
Smith, Lt. Russell Nelson	3June19
Smith, Sqdn. Ldr. (*act. Wing Cdr.*) Sidney, *D.S.O.*	2Nov.18
Smith, Capt. Sebastian Oxley	3June19
Smith-Barry, Lt.-Col. R. R.	3June18
Snell, Flight Lt. P. W.	1Jan.19
Somervail, Maj. A., *M.C.*	2Nov.18
Sowrey, Sqdn. Ldr. Frederick, *D.S.O., M.C.*	1Jan.19
Sowrey, Sqdn. Ldr. J.	2Nov.18
Sowrey, Sqdn. Ldr. William	1Jan 19
Sparling, Sqdn. Ldr. E. H.	10Oct.19
Squires, Flg. Off. G. J.	10Oct.19
Stephenson, 2nd Lt. C. D.	1Jan.19
Stewart Sqdn. Ldr. Douglas, *M.C.*	3June19
Stewart, Lt. Duncan Markham	3June19
Stewart, Capt. O., *M.C.*	2Nov.18
Stirling, Capt. R. M.	10Oct.19
Stockman, Lt. J. C.	1Jan.19
Stocks, Capt. C. H.	1Jan.19
Stocks, Flg. Off. J. L.	3June19
Stubbs, Lt. J. S., *D.F.C.*	2Nov.18
Sturt, Lt. C G.	3June18
Styran, Flg. Off. A. J. G., *M.C.*	10Oct.19
Sugden, Flight Lt. R. S.	1Jan.19
Sullock, Flg. Off. E. A.	3June19
Sutherland, Flg. Off. J. H. R., *M.B.E.*	3June19
Swyny, Flight Lt. A. M.	3June19
Tailyour, Lt. R. K.	3June19
Tait, Capt. W. M.	3June19
Tasker, Lt. E.	1Jan.19
Taylor, Capt. A. G.	2Nov.18
Taylor, Lt. F. G.	2Nov.18
Taylor, Lt. Leslie	3June19
Taylor, Flight Lt. Malcolm Lincoln	3June19
Taylor, Capt. Stanley Wedgewood, *M.C.*	2Nov.18
Taylor, Lt. William Arthur Ernest	8Feb.19
Thom, Capt. G.	3June19
Thomas, Flight Lt. Meredith	3June19
Thompson, Lt. C. J.	2Nov.18
Thompson, Lt. James Arthur	3June19
§Thomson, Sqdn. Ldr. Arthur Ashford Benjamin, *M.C.*	3June19
Thorneloe, Lt. N. T.	10Oct.19

‡ Bar to D.S.O.   § Bar to M.C.

THE AIR FORCE CROSS—*contd.*

	Gazette
Thorold, Flight Lt. H. K., *D.S.C.*...	2Nov.18
Tidey, Capt. A. M.	3June19
Tizard, Lt.-Col. H. T.	2Nov.18
Tomkinson, Sqdn. Ldr. Lancelot, *D.S.O.*	10Oct.19
Townend, Lt. Algernon Cyril ...	2Nov.18
Trapagna Leroy, Lt. M. L.	10Oct.19
Tratman, Lt. J. H.	2Nov.18
Travers, Maj. B.	3June19
Trewin, Sqdn. Ldr. G. S. ...	1Jan.19
Truran, Flight Lt. C. J.	1Jan.19
Tully, Lt. T. B.	3June18
Turnbull, Capt. G. M....	1Jan.19
Turnbull, Lt. S. S.	10Oct,19
Turner, Flight Lt. Cres well...	8Feb.19
Turner, Flg. Off. Cyril Charles Teesdale	3June19
Turner, Flight Lt. Edward Fisher ...	2Nov.18
Tweedie, Flight Lt. H. A.	1Jan.19
Usher, Flight Lt. R. H C., *M.C.* ...	2Nov.18
Van Eyssen, Flg. Off. L. M.	3June19
Vincent, Capt. S. F.	2Nov.18
Vineberg, Flg. Off. H. A.	3June19
Wainwright, Lt. Richard Butler ...	8Feb.19
Walker, Flight Lt. F. W., *D.S.C.* ...	2Nov.18
Waller, Flight Lt. W. H. de W. ...	3June19
Ward, Lt. H. R. H.	1Jan.19
Ward, Sqdn. Ldr. R. B.	3June19
Warren, 2nd Lt Leslie Granville ...	10Oct.19
Watkins, Sqdn. Ldr. H. E. M. ...	3June19
Watkins, Flight Lt. S. R.	1Jan.19
Watson, Flg. Off. (*hon. Flight Lt.*) Donald	3June19
Watt, Flg. Off. W. E.	3June19
Watts, Lt. W. P. T.	2Nov.18
Way, Lt. F. V.	1Jan.19
Westall, Lt. E. A.	10Oct.19
Westcott, Lt. W. G.	2Nov.18

	Gazette
Whitaker, Lt. G. R.	2Nov.18
Whitby, Flg. Off. H S.	3June19
White, Lt. Archer Statham ...	3June19
Whitmore, Lt. R. M.	1Jan.19
Whitworth, Flight Lt. L.	1Jan 19
Wickens, Capt. P.	1Jan.19
Wigglesworth, Flg. Off. C. G. ...	2Nov.18
Wilberforce, Sqdn. Ldr. E. V. S. ...	2Nov.18
Wilcock, Flg. Off. C. A. B. B. ...	3June19
Wilde, Lt. G. J....	2Nov.18
Wilkinson, Lt. Stephen	3June19
Will, Capt. E. P.	3Aug.18
Williams, Capt. John Scott, *M.C.*...	2Nov.18
Williams, Flight Lt. T. B.	2Nov.18
Williamson, Wing Cdr. Hugh Alexander, *C.M.G.*	3June19
Williamson, Flg. Off. James John ...	8Feb.19
Willows, Lt. G. H.	8Feb.19
Wilmot, Lt. C. E.	3June19
Wilson, Lt. (*hon. Capt.*) George Hamilton Bracher, *M.C.*	3June19
Wilson, Capt. H. A.	2Nov.18
Wilson, Flight Lt. James Norris ...	1Jan.19
Wilson, Maj. James Philip, *D.S.C.*	1Jan.19
Windeler, Capt. B. C.	1Jan.19
Woodhouse, 2nd Lt. I. S.	10Oct.19
Woods, Lt. Frank Teesdale	3June19
Woollard, Flight Lt. F. St. J. ...	3June19
Woolner, Capt. J. H.	2Nov.18
Wray, Flg. Offr. A. M, *M.C.*... ...	1Jan.19
Wright, Lt. (*hon. Capt.*) Arthur Banks	3June19
Wright, Sqdn. Ldr. Arthur Claud ...	3June19
Wright, Lt. A. O. K.	1Jan.19
Wright, Lt. J. A. B.	1Jan.19
Wright, Sqdn. Ldr. M. E. A.... ...	10Oct.19
Wright, Lt. (*hon. Capt.*) P. K. C. ...	2Nov.18
Wright, Capt. William Alan ...	1Jan.19
Wynne, Capt. A. M.	2Nov.18
Young, Lt H. C.	1Jan.19
Young, Lt. W. A. G.	2Nov.18

FOREIGN ORDERS.

Name	Order	Gazette.
Sqdn. Ldr. *H.R.H. Prince* Albert Frederick Arthur George, *K.G., Personal A.D.C. to the King*	St. Vladimir, 4th Class, with Swords (*Russia*)	—June17
	Military Order of Savoy, Cavaliere (*Italy*)	11Aug.17
	White Eagle, 1st Class (*Serbia*)	
Acland, Maj. W. H. D., *M.C., A.F.C.*	St. George, 4th Class (*Russia*).	25Aug.15
Addenbrooke-Prout, Captain R., *O.B.E., M.C.*	Legion of Honour, Chevalier (*France.*).	15July19
Addison, Lt. R., *M.C., D.F.C.*	St. Stanislas, 3rd Class, with Swords and Bow (*Russia*)	—
Albu, Lt. W. G....	St. Stanislas, 2nd Class, with Swords and Bow (*Russia*)	—
Alexander, Wing Cdr. *Sir* William, *K.B.E., C.B., C.M.G., D.S.O.,* TD.	St. Maurice and St. Lazarus, Officer (*Italy*)	8Nov.18
Allen, Lt. Charles Philip	Crown, Chevalier (*Belgium*)	8Feb.19
Anderson, Capt. A. J. G.	Nile, 4th Class (*Egypt*)	18Nov.19
	St. Stanislas, 2nd Class, with Swords(*Russia*)	—
Anderson, Flight Lt. Walter Fraser, *D.S.O.*	St. Vladimir, 4th Class, with Swords and Bow (*Russia*)	—
Babington, Sqdn. Ldr. J. T., *D.S.O.*	Legion of Honour, Chevalier (*France*).	—Apr.17
Bailey Flight Lt. L. M , *A.F.C.*	Nile, 4th Class (*Egypt*)	18Nov.19
Baird, Maj. J. L., *C.M.G., D.S.O., M.P.*	St. Stanislas, 2nd Class, with Star (*Russia*)	—
Baker, Maj. Frederick Cecil, *D.F.C., A.F.C.*	Legion of Honour, Chevalier (*France*).	15July19
Baldwin, Sqdn. Ldr. J. E. A., *D.S.O., O.B.E.*	Crown, Officer (*Belgium*).	24Sept.18
Baldwin, Lt. O. M., *D.F.C.*	Legion of Honour, Chevalier (*France*)	30Nov.17
Baring, Maj. *Hon.* M., *O.B.E.*	Legion of Honour, Chevalier (*France*).	25June18
Barnes, Capt. J. S. T. A.	Crown, Officer (*Italy*)	1Apr.20
Barnett, Flight Lt. E. E.	Nichan Iftikar, Officer (*Tunis*)	2Nov.18
Barratt, Wing Commdr. Arthur Sheridan, *C.M.G., M.C.*...	Crown, Officer (*Belgium*).	25July18
Barron, Flight Lt. J. A.	St. Maurice and St Lazarus, Cavaliere (*Italy*)	8Feb.19
Barton, Flight Lt. D. W. A.	St. Maurice and St. Lazarus, Cavaliere (*Italy*)	11Aug.17
	Crown, Cavaliere (*Italy*)...	2Nov.18
Beatson, Capt. C. G.	Leopold, Chevalier (*Belgium*).	15July19
	St. Anne, 3rd Class, with Swords (*Russia*)	25Aug.15
Beatty, Wing Cdr. W. D., *C.B.E., A.F.C.*	Legion of Honour, Chevalier (*France*)	22Aug.17
Becke, Air-Commodore J. H. W., *C.M.G., D.S.O., A.F.C.*	Legion of Honour, Officer (*France*)	17Dec.17
Beckham, Lt. J. G.	Nichan Iftikhar, Officer (*Tunis*)	7June19
Bell, Flg. Off. Frederick Henry	Nichan Iftikhar, Officer (*Tunis*).	23Aug.19
Bettington, Wing Cdr. (*act. Group Capt.*) A. V., *C.M.G.*	Legion of Honour, Chevalier, (*France*).	15July19
Biles, Flight Lt. G. W., *D.F.C.*	Leopold, Chevalier (*Belgium*)	8Feb.19
Binning, Maj. K. R., *M.C.*	George I, Officer (*Greece*)	5Apr.19
Blampied, Pilot Off. Bertram Guy	St. Anne, 2nd Class, with Swords (*Russia*)...	—
Blandy, Group Capt, Lyster Fettiplace, *D.S.O.*	Crown, Officer (*Belgium*).	— 17
	Legion of Honour, Knight (*France*)	—
Blight, Capt. A. L.	St. Anne, 3rd Class (*Russia*).	—
Bloomer, Observer Off. C. G.	St. Stanilas, 2nd Class, with Swords (*Russia*)	—
Blount, Sqdn. Ldr. C. H. B., *M.C.*	Crown, Chevalier (*Belgium*).	25July18
Bolton, Capt. N. A.	Leopold, Chevalier (*Belgium*).	24Sept.17
	Redeemer, Commander (*Greece*).	17Apr.18
Bone, Sqdn. Ldr. Reginald John, *C.B.E., D.S.O.,*	St. Vladimir, 4th Class, with Swords and Bow (*Russia*)	—
	St. Anne, 2nd Class, with Swords (*Russia*)...	—
Bonham-Carter, Group Capt. I.M., *O.B.E.*	Legion of Honour, Chevalier (*France*).	3Nov.14
Booth, 2nd Lt. Charles Stephen	St. Stanislas, 2nd Class, with Swords(*Russia*)	—
	St. Stanislas, 3rd Class, with Swords(*Russia*).	15Feb.17
Borton, Group Capt. A.E., *C.M.G., D.S.O., A.F.C.*	Nile, 3rd Class (*Egypt*)	9Nov.18
	El Nahda, 3rd Class (*Hejaz*)	1Apr.20
Bouchier, Flg. Off. C. A.	St. Anne, 3rd Class, with Swords and Bow (*Russia*)	—
Bovill, Wing Cdr. C., *O.B.E.*	St. Saveur, Officer (*Greece*)	5Apr.19
‡Bowhill, Wing Cdr. Frederick William, *C.M.G., D.S.O.*	St. Vladimir, 4th Class, with Swords and Bow (*Russia*)	—
	St. Saveur, Commander (*Greece*)	1Apr.20

‡ Bar to D.S.O.

Foreign Orders

FOREIGN ORDERS—*contd.*

Name	Order	Gazette.
§Boyle, Sqdn. Ldr. Archibald Robert, O.B.E., M.C.	White Eagle, 5th Class, with Swords (*Serbia*).	— 16
Boyle, Wing Cdr. the Hon. John David, C.B.E., D.S.O.	St. Maurice and St. Lazarus, Cavaliere (*Italy*)	2Nov.18
Brackley, Maj. H. G., D.S.O., D.S.C.	Crown, Officer (*Belgium*)	8Feb.19
Brancker, Maj.-Gen. Sir W. S., K.C.B., A.F.C.	Legion of Honour, Officer (*France*).	24Feb.16
	St. Vladimir, 4th Class (*Russia*).	14Apr.16
	Crown, Commander (*Italy*)	8Nov.18
	Leopold, Commander (*Belgium*)	15July19
Bretherton, Lt. R.	St. Stanislas, 1st Class (*Russia*)	—
Bridge, Pilot Officer, Charles Henry	St. Stanislas, 2nd Class, with Swords (*Russia*)	—
	St. Anne, 3rd Class, with Swords and Bow (*Russia*)	—
Bridger, Capt. F. T.	Crown, Cavaliere (*Italy*)	8Nov.18
	Star Chevalier (*Roumania*)	1Apr.20
‡Briggs, Wing Cdr. E. F., D.S.O., O.B.E.	Legion of Honour, Officer (*France*).	—Apr.16
Briggs, Lt. Stanley Wilfred	George I., Chevalier (*Greece*).	15July19
Briggs, Wing Cdr. W.	Legion of Honour, Officer (*France*)	—Feb 16
	St. Stanislas, 2nd Class (*Russia*)	— 17
Brodrick, Capt. Hon. G. St. J., M.C.	Legion of Honour, Chevalier (*France*)	24Feb.16
Bromet, Sqdn. Ldr. G. R., D.S.O., O.B.E.	Legion of Honour, Chevalier (*France*)	2June17
Brooke-Popham, Air Commodore Henry Robert Moore, C.B., C.M.G., D.S.O., A.F.C.	Legion of Honour, Officer (*France*).	3Nov.14
	St. Stanislas, 2nd Class (*Russia*).	14Apr.17
Brown, Capt Francis Giles, O.B.E.	Nile, 4th Class (*Egypt*)	15July17
Buckley, Flg. Off. H. W. A.	St. Stanislas, 3rd Class, with Swords and Bow (*Russia*)	—
Burnett, Wing Commr. C. S., C.B.E., D.S.O.	Nile, 3rd Class (*Egypt*)	18Nov.19
Byham, 2nd Lt. C. M	St. Stanislas, 3rd Class, with Swords and Bow (*Russia*)	—
Byng, Lt.-Col. the Hon. A. S., D.S.O.	Legion of Honour, Officer (*France*).	17Dec.19
Caddell, Hon. Brig.-Gen. W. B.	St. Anne, 3rd Class, with Swords (*Russia*)	14Apr.16
	Legion of Honour, Chevalier (*France*).	22Aug.17
	St. Stanislas, 2nd Class (*Russia*)	—
Cantle, Flg. Off. R. L.	Crown, Cavaliere (*Italy*)	17Jan.19
Carey, Lt. A. D., O.B.E.	St. Anne, 2nd Class, with Swords and Bow (*Russia*)	—
	St. Stanislas, 2nd Class, with Swords and Bow (*Russia*)	—
Carr, Capt. C. R., D.F.C.	St. Stanislas. 2nd Class, with Swords and Bow (*Russia*)	—
	St. Anne, 2nd Class, with Swords and Bow (*Russia*)	—
Carter, Capt. B. P. B., D.F.C.	Military Order of Avis, Chevalier (*Portugal*)	18Nov.19
Charlton, Air Commodore L. E. O., C.B., C.M.G., D.S.O.	Legion of Honour, Officer (*France*)	5Apr.19
Cheshire, Flight Lt. A. S., M.B.E.	Leopold, Chevalier (*Belgium*)	8Feb.19
Child, Flight Lt. A. J., O.B.E., M.C.	St. Maurice & St. Lazarus, Cavaliere (*Italy*)	2Nov.18
Christie, Wing Cdr. A., C.M.G., D.S.O., M.C.	St. Stanislas, 3rd Class, with Swords (*Russia*).	15Feb.17
Clark-Hall, Group Capt. R. H., D.S.O.	Legion of Honour, Chevalier (*France*)	8Feb.19
Clarke, Lt. T. F.	George I., Chevalier (*Greece*).	15July19
Cleghorn, Sqdn. Ldr. A.	White Eagle, 4th Class, (*Serbia*)	28Jan.18
Cochrane, Flight Lt. (act. Sqdn. Ldr.) J.A., M.C.	Leopold, Chevalier (*Belgium*)	15July19
Cockerell, Capt. S.	Crown, Chevalier (*Belgium*).	24Sept.17
Collins, Lt. W. R.	St. Stanislas, 3rd Class, with Swords and Bow (*Russia*)	—
Collishaw, Flight Lt. R., D.S.O., D.F.C.	St. Anne, 2nd Class, with Swords (*Russia*)	—
Coney, Flg. Off. William S.	St. Stanislas, 3rd Class, with Swords and Bow (*Russia*)	—
Conran, Sqdn. Ldr. E. L., M.C.	Nile, 3rd Class (*Egypt*)	18Nov.19
Cooper, Wing Cdr. Henry, D.S.O.	Crown, Officer (*Belgium*)	14Sept.18
Cooper, Maj. J. P. C., O.B.E., M.C.	Star, Officer (*Roumania*).	15July19

‡ Bar to D.S.O,   § Bar to M.C.

Foreign Orders

FOREIGN ORDERS—*contd.*

		Gazette.
Cooper, Capt. Leslie Pritchard Dunkley...	Leopold, Chevalier (*Belgium*)	8Feb.19
Corballis, Sqdn. Ldr. E. R. L., *D.S.O.*	Legion of Honour, Chevalier (*France*)	14July17
Corin, Hon. Maj. H. J., *O.B.E.*	Crown, Chevalier (*Belgium*)	1Apr.20
Cormack, Group Capt. J. D., *C.M.G.*, *C.B.E.*	{ Legion of Honour, Chevalier (*France*).	22Aug.17
	St. Stanislas, 2nd Class (*Russia*)	—
Courtney, Wing Cdr. Christopher Lloyd, *C.B.E.*, *D.S.O.*	Legion of Honour, Chevalier (*France*).	— 17
Courtney, Wing Cdr. Ivon Terence, *C.B.E.*	{ Crown, Officer (*Italy*)	—July17
	Legion of Honour, Officer (*France*)	11Aug.17
	St. Anne, 3rd Class, with Swords (*Russia*).	— 17
	St. Stanislas, 2nd Class (*Russia*).	
Crickitt, Capt. H. H.	St. Anne, 3rd Class (*Russia*)	
Crombie, Flight Lt. A. W.	Crown, Cavaliere (*Italy*)	5Apr.19
Cutchley, Flg. Off. G. G.	St. Stanislas, 2nd Class, with Swords (*Russia*)	—
Cunningham, Lt.-Col. J. A., *D.S.O.*, *D.F.C.*	{ Legion of Honour, Chevalier (*France*)	5Apr.19
	Leopold, Chevalier (*Belgium*).	15July19
Currin, Flight Lt. S. A.	St. Maurice and St. Lazarus, Cavaliere (*Italy*)	26May17
Dawes, Sqdn. Ldr. L.	Legion of Honour, Chevalier (*France*).	3Nov.18
de Francia, Capt. J., *O.B.E.*	Nichan Iftikar, Commander (*Tunis*)	2Nov.14
Day, Lt. A. H., *D.F.C.*	St. Stanislas, 3rd Class, with Swords and Bow (*Russia*)	
Delacombe, Lt.-Col. H.	{ Legion of Honour, Chevalier (*France*).	21Mar.18
	Sacred Treasure, 3rd Class (*Japan*)	8Nov.18
De Watteville, Lt. J. E.	Legion of Honour, Chevalier (*France*).	
Disney, Capt. H. A. P.	Crown, Officer (*Italy*)	2Nov.18
Dodwell, 2nd Lt. Thomas Brierley, *D.S.O.*	Distinguished Service Cross (*U.S.A.*)	8Feb.19
Dolphin, Flight Lt. (*act. Sqdn. Ldr.*)W. H.	Nile, 4th Class (*Egypt*)	15July19
Dougall, Observer Off. N. S., *D.F.C.*	Crown, Chevalier (*Belgium*)	8Feb.19
Draisey 2nd Lt. A. S.	St. Stanisla', 2nd Class, with Swords (*Russia*)	
Eades, Observer Off. F. T., *D.F.C.*	{ St. Anne, 3rd Class, with Swords and Bow (*Russia*)	—
	St. Vladimir, 4th Class, with Swords and Bow (*Russia*)	
Edmonds, Sqdn. Ldr. C. H. K., *D.S.O.*, *O.B.E.*	Crown, Officer (*Italy*)	8Feb.19
Edwards, Capt. C. C. B., *D.S.C.*	Leopold, Chevalier (*Belgium*)	23Mar.17
Edwards, Lt.-Col. I. A. E., *C.M.G.*	Legion of Honour, Chevalier (*France*)	12July17
Ellington, Air Vice-Marshal E. L., *C.B.*, *C.M.G.*, *C.B.E.*	{ Legion of Honour, Chevalier (*France*).	— 14
	St. Stanislas, 2nd Class (*Russia*.)	
⊗Elliot, Flg. Off. William, *D.F.C.*	{ St. Vladimir, 4th Class, with Swords and Bow (*Russia*)	—
	St. George, 4th Class (*Russia*)	
Elliott-Smith, Flight Lt. C. H., *A.F.C.*	White Eagle, 5th Class, with Swords (*Serbia*).	15Feb.17
Ercole, 2nd Lt. George	Crown, Chevalier (*Roumania*)	18Nov.19
Evill, Sqdn. Ldr. D. C. S., *D.S.C.*, *A.F.C.*	Legion of Honour, Chevalier (*France*).	—Sept.16
Felkin, Capt. S. D., *M.B.E.*	Leopold, Chevalier (*Belgium*)	8Feb.19
Fell, Group Capt. (*act. Air Commodore*) M. H. G., *C.B.*, *C.M.G.*	St. Stanislas, 2nd Class, with Swords (*Russia*).	15May17
Ferris-Scott, Capt. L. P.	Crown, Officer (*Italy*)	1Apr.20
Field, Lt. J. R.	St. Stanislas, 2nd Class, with Swords (*Russia*)	—
Finer, Flg. Off. H. J.	Legion of Honour, Chevalier (*France*)	10Oct.18
Forbes-Sempill, Lt.-Col. Hon. W. F., *The Master of Sempill*, *A.F.C.*	Crown, Officer (*Italy*)	8Nov.18
Fraser, Wing Cdr. Cecil, *C.M.G.*, *O.B.E.*, *M.C.*	St. Saveur, Officer (*Greece*)	5Apr.19
Fraser, Lt. N. G., *M.B.E.*, *A.F.C.*	St. Anne, 3rd Class, with Swords and Bow (*Russia*)	—
Fraser, Lt.-Col. George William Frederick, *O.B.E.*	Legion of Honour, Chevalier (*France*).	23Aug.19
Freeman, Wing Cdr. W.R., *D.S.O.*, *M.C.*	Legion of Honour, Chevalier (*France*)	17Aug.18
Frogley, Flg. Off. S. G., *D.S.O.*, *D.F.C.*	St. Stanislas, 2nd Class, with Swords (*Russia*)	—
Game, Air Commodore P. W., *C.B.*, *D.S.O.*	{ Crown, Officer (*Italy*).	24May17
	Legion of Honour, Officer (*France*).	17Dec.17
Gamwell, Sqdn. Ldr. F. W.	Redeemer, Officer (*Greece*).	15July19
Gardener, Flg. Off. G. C., *D.F.C.*	Legion of Honour, Chevalier (*France*)	8Feb.19
Gardiner, Lt. S. J., *M.B.E.*	St. Anne, 3rd Class, with Swords and Bow (*Russia*)	—

§§ 2nd Bar to M.C.   ⊗ Bar to D.F.C.

Foreign Orders

FOREIGN ORDERS—*contd.*

		Gazette.
Garstin, Lt. N. L.	Leopold, Chevalier (*Belgium*)	8Feb.19
Gash, Flg. Off. A. V.	Nichan Iftikhar, Officer (*Tunis*)	23Aug.19
Gaskell, Flight Lt. S. H.	Redeemer, Chevalier (*Greece*)	26Apr.18
Gerrard, Group Capt. (*act. Air Commodore*) E. L., *C.M.G., D.S.O.*	Leopold, Chevalier (*Belgium*)	16Sept.19
Gibbons, Pilot Off. John Humphrey	St. Stanislas, 3rd Class (*Russia*)	—
§§Gibbs, Flg. Off. G. E., *M.C.*	Legion of Honour, Chevalier (*France*)	21Sept.18
Gibson, Pilot Off. J. T.	St. Stanislas, 3rd Class, with Swords and Bow (*Russia*)	—
Gibson, Lt. W. W., *O.B.E.*	Crown, Officer (*Belgium*)	1Apr.20
Gilmour, Capt. C., *D.S.C.*	Redeemer, Chevalier (*Greece*)	26Apr.18
Goddard, Maj. R. E., *O.B.E.*	St. Anne, 3rd Class (*Russia*)	—
Goldsmith, Wing Commr. N., *O.B.E.*	Nile, 3rd Class (*Egypt*)	18Nov.19
Goodwin, Capt. Edwin Spencer, *A.F.C.*	St. Anne, 3rd Class, with Swords and Bow (*Russia*)	—
Gordon, Group Capt. Robert, *C.M.G., D.S.O.*	Redeemer, Commander (*Greece*)	14Sept.18
Gould, Wing Cdr. C, G. S.	Legion of Honour, Chevalier (*France*)	14July17
Gow, Capt. R.W., *D.S.O., D.S.C.*	Leopold, Chevalier (*Belgium*)	8Feb.19
Graham, Lt. G. L., *D.F.C.*	Legion of Honour, Chevalier (*France*)	30Nov.18
Graham, Flight Lt. Ronald, *D.S.O., D.S.C., D.F.C.*	Crown, Officer (*Belgium*)	8Feb.19
Grant, Capt. Walter Charles	Navy Cross (*U.S.A.*)	16Dec.19
‡Grant-Dalton, Wing Cdr. S., *D.S.O., A.F.C.*	Nile, 4th Class (*Egypt*)	9Mar.17
Grech, Lt. W. L.	Crown, Cavaliere (*Italy*)	1Apr 20
§§Green, Sqdn. Ldr. G. W. M., *D.S.O., M.C.*	{ White Eagle, 4th Class, with Swords (*Serbia*). { Legion of Honour, Chevalier (*France*).	3Oct.17 21Sept.18
Green, Lt. W. B., *D.F.C.*	Legion of Honour, Chevalier (*France*)	30Nov.18
Gregory, Lt. R., *M.C.*	Legion of Honour, Chevalier (*France*)	14July17
Grey, Lt.-Col. S. D.A., *D.S.O.*	{ Leopold, Chevalier (*Belgium*). { Distinguished Service Medal (*U.S.A.*).	—July17 16Sept.19
Griffith, Flg. Off. J. S., *D F.C.*	St. Vladimir, 4th Class, with Swords and Bow (*Russia*)	—
Griffin, Lt. H. R.	Crown, Chevalier (*Belgium*)	25July18
Grosvenor, Capt. *Lord* E. A.	{ Crown, Commander (*Italy*). { St. Maurice and St. Lazarus, Officer (*Italy*).	—16 —Apr.16
Groves, Group Capt. P. R. C., *C.B., C.M.G., D.S.O.*	White Eagle, 4th Class, with Swords (*Serbia*).	15Feb.17
Groves, Air Commodore R. M., *C.B., D.S.O., A.F.C.*	{ Legion of Honour, Officer (*France*). { Distinguished Service Medal (*U.S.A.*).	11Aug.17 16Dec.19
Groves, Flt. Lt. W. P.	{ Rising Sun, 4th Class (*Japan*) { St. Valdimir, 4th Class (*Russia*).	8Nov.18 —
Gude, Flight Lt. G., *O.B.E.*	Legion of Honour, Chevalier (*France*)	23Aug.19
Haines, Flg. Off. H. A.	St. Anne, 2nd Class, with Swords (*Russia*)	—
Halahan, Group Capt. F. C., *C.M.G., D.S.O., M.V.O.*	{ Crown, Officer (*Belgium*) { Legion of Honour, Officer (*France*)	8Feb.19 29Oct.18
Hanlon, Flight Lt. D. R.	Legion of Honour, Chevalier (*France*)	1May17
Hanmer, Flight Lt. H. I., *D.F.C.*	Nile, 4th Class (*Egypt*)	9Nov.18
Harries, Sqdn. Ldr. D., *A.F.C*	St. Maurice and St. Lazarus, Cavaliere (*Italy*)	11Aug.17
Harrison, Maj. C. A. L., *O.B.E.*	Legion of Honour, Chevalier (*France*)	23Aug.19
Harrison, 2nd Lt. C. P., *M.C.*	Legion of Honour Chevalier (*France*)	30Nov.18
Harvey, Observer Off. Thomas Q.	St. Stanislas, 2nd Class, with Swords (*Russia*)	—
Haskins, Sqdn. Ldr. F. K., *D.S.C.*	Legion of Honour, Chevalier (*France*)	—Sept.17
Hatchett, Lt. J. R., *D.F.C.*	St. Anne, 3rd Class, with Swords and Bow (*Russia*)	—
Hearson, Group Capt. J. G., *C.B., D.S.O.*	St. Anne, 3rd Class, with Swords (*Russia*).	15Feb.17
Hemming, Flg. Off. G. W., *D.S.C.*	Crown, Chevalier (*Belgium*)	22Feb.18
Henderson, Lt. Gen. (*hon.*) *Sir* David *K.C.B., K.C.V.O., D.S.O.*	{ Crown, Grand Officer (*Belgium*) { White Eagle, with Swords (*Russia*) { Crown, Grand Officer (*Italy*) { Sacred Treasure, Grand Cordon (*Japan*) { Legion of Honour, Grand Officer (*France*)	24Sept.17 14Jan.18 8Nov.17 9Nov.18 1Apr.20
Henderson, Lt. George	Crown, Chevalier (*Belgium*)	15July19
Henderson, Flight Lt. T., *M.C.*	El Nahda, 4th Class (*Hejaz*)	1Apr.20

‡ Bar to D.S.O. §§ 2nd Bar to M.C.

Foreign Orders—contd.

Name	Order	Gazette
Herbert, Group Capt. P. L. W., *C.M.G.*, *C.B.E.*	St. Anne, 3rd Class, with Swords (*Russia*). ... St. Saveur, Grand Commander (*Greece*) Nile, 3rd Class (*Egypt*)	15Feb.17 5Apr.19 15July19
Hewlett, Sqdn. Ldr. F. E. T., *D.S.O.*, *O.B.E.*	St. Saveur, Commander (*Greece*)	1Apr.20
Higgins, Air Vice-Marshal J. F. A., *C.B.*, *D.S.O.*, *A.F.C.*	Legion of Honour, Officer (*France*)	3Nov.14
Hodgson, Observer Off. I.	Crown, Cavaliere (*Italy*)	8Nov.18
Hogarth, Capt. F. G.	Crown, Cavaliere (*Italy*) Crown, Chevalier (*Belgium*)	3Dec.18
Hogg, Brig.-Gen. (*hon.*) R. E. T., *C.M.G*, *C.I.E.*	Legion of Honour, Officer (*France*)	30Nov.18
Hollis, Pilot Off. A. H.	St. Stanislas, 3rd Class, with Swords and Bow (*Russia*)	—
Home, Group Capt. J. M., *C.B.E.*	St. Anne, 2nd Class, with Swords (*Russia*)	— 05
§Hooton, Flg. Off. Lionel C., *M.C.*	St. Anne, 2nd Class, with Swords (*Russia*)	—
Hopwood, Flg. Off. H. M.	St. Stanislas, 3rd Class, with Swords and Bow (*Russia*)	—
Horsfall, Maj. E. D., *M.C.*, *D.F.C.*	Legion of Honour, Chevalier (*France*).	24Feb.17
Hudson, 2nd Lt. Harold	George I, Chevalier (*Greece*)	5Apr.19
Hunt, Lt. J. S., *D.F.C.*	St. Anne, 3rd Class, with Swords and Bow (*Russia*)	—
Huskisson, Sqdn. Ldr. B. L., *D.S.C.*	Legion of Honour, Chevalier (*France*).	2Nov.17
Illingworth, Capt. A. E.	Crown, Chevalier (*Belgium*).	25July17
Innes-Baillie, Flight Lt. L. E.	Legion of Honour, Chevalier (*France*)	23Aug.19
Isaac, Flg. Off. F. H., *D.F.C.*	St. Anne, 3rd Class, with Swords and Bow (*Russia*) St. Vladimir, 4th Class, with Swords and Bow (*Russia*)	—
Jacob, Capt. A. F. F., *D.S.O.*	Order of Mihai Viteazul, 3rd Class (*Roumania*).	1Mar.17
Jenkins, Flg. Off. R. C., *M.C.*	Nile, 4th Class (*Egypt*)	18Nov 19
Jenkins, Lt.-Col. (*hon. Brig.-Gen.*) Francis Conway, *C.B.E.*	Redeemer, Commander (*Greece*) St. Stanislas, 2nd Class (*Russia*)	8Feb.19 —
Jenks, Observer Off. John Charles	St. Stanislas, 2nd Class, with Swords (*Russia*)	
Jerrard, Flg. Off. Alan	St. Anne, 3rd Class, with Swords and Bow (*Russia*)	—
Jinman, Pilot Off. W. H.	St. Anne, 3rd Class, with Swords and Bow (*Russia*)	—
Jones, Flight Lt. J. H. O.	Crown, Chevalier (*Belgium*).	24Sept.17
Jones, Observer Off. T. P. T.	St. Stanislas, 2nd Class, with Swords (*Russia*)	15Feb.17
⊗Jones, Flg. Off. J. I. T., *D.S.O.*, *M.C.*, *D.F.C.*, *M.M.*	St. George, 4th Class (*Russia*)	
Joubert de la Ferté, Wing Cdr. P. B., *C.M.G.*, *D.S.O.*	St. Maurice and St. Lazarus, Cavaliere (*Italy*).	2Nov.18
Jukes, Pilot Off. A.	St. Anne, 3rd Class, with Swords and Bow (*Russia*)	
Kerr, Lt. R. W.	George I, Chevalier (*Greece*)	15July19
King, Flight Lt. D. W.	St. Anne, 3rd Class (*Russia*)	15July19
Knobel, Lt. F. H.	Crown, Chevalier (*Roumania*)	
Knollys, Flight Lt. *Hon.* E. G. W. T., *M.B.E.*, *D.F.C.*	Crown, Chevalier (*Belgium*).	25July18
Laidlaw, Pilot Off. H. S.	St. Vladimir, 4th Class, with Swords and Bow (*Russia*)	—
Lambe, Air Commodore Charles Laverock, *C.B.*, *C.M.G.*, *D.S.O.*	Legion of Honour, Officer (*France*) Leopold, Officer (*Belgium*) Crown, Commander (*Belgium*) Distinguished Service Medal (*U.S.A.*)	—17 —17 5Apr.19 16Dec.19

§ Bar to M.C. ⊗ Bar to D.F.C.

Foreign Orders

FOREIGN ORDERS—*contd.*

		Gazette.
Lettington, Lt. Arthur Edward, *D.F.C.*	St. Anne, 2nd Class, with Swords (*Russia*)	—
Liddy, 2nd Lt. J. F. F.	St. Anne, 2nd Class, with Swords (*Russia*)	—
Little, Lt. H. G.	Crown, Chevalier (*Belgium*)	—
Livingston, Lt.-Col. (*hon. Brig.-Gen.*) G., *C.M.G.*	Crown, Commander (*Italy*)	25July18
	St. Stanislas, 2nd Class (*Russia*)	2Nov.18
Livock, Flight Lt. G. E.	St. Anne, 2nd Class, with Swords (*Russia*)	—
Lloyd, Flight Lt. Ivor Thomas	St. Anne, 3rd Class (*Russia*)	—
Long, Sqdn. Ldr. W. D., *O.B.E.*	Nile, 4th Class (*Egypt*)	22Aug.15
Longcroft, Air Commodore C. A. H., *C.M.G., D.S.O., A.F.C.*	St. Stanislas, 3rd Class, with Swords (*Russia*)	15July19
	Legion of Honour, Officer (*France*)	25Aug.15
Longmore, Group Capt. A.M., *D.S.O.*	St. Maurice and St. Lazarus, Officer (*Italy*)	14July17
		8Feb.19
Lord, Flg. Off. F. I., *D.F.C.*	St. Anne, 3rd Class, with Swords and Bow (*Russia*)	—
	St. Stanislas, 2nd Class, with Swords and Bow (*Russia*)	—
Lott, Lt. N. S.	St. Stanislas, 3rd Class, with Swords and Bow (*Russia*)	—
Lowe, 2nd Lt. V.	Crown, Cavaliere (*Italy*)	—
Loxley, Sqdn. Ldr. S. H.	Legion of Honour, Chevalier (*France*)	15July19
Lucas, Maj. F. W., *O.B.E.*	St. Maurice and St. Lazarus, Cavaliere (*Italy*)	15July19
Ludlow-Hewitt, Group Capt. E. R., *C.M.G., D.S.O., M.C.*	Legion of Honour, Chevalier (*France*)	11Aug.17
		14July17
Lyons, Sqdn. Ldr. T., *O.B.E.*	Legion of Honour, Chevalier (*France*)	10Oct.18
	St. Anne, 3rd Class (*Russia*)	
McAlister, Sqdn. Ldr. Angus	St. Maurice and St. Lazarus, Cavaliere (*Italy*)	23Aug.19
McDonnell, 2nd Lt. James	St. Anne, 3rd Class, with Swords and Bow (*Russia*)	—
McIntyre, Pilot Off. C. B.	St. Stanislas, 3rd Class, with Swords and Bow (*Russia*)	—
Mackay, Lt. G. C., *D.F.C.*	Leopold, Chevalier (*Belgium*)	8Feb.19
Mackworth, Lt.-Col. J. D., *C.B.E.*	Legion of Honour, Officer (*France*)	10Oct.18
Maclean, Wing Cdr. Cuthbert Trelawder, *M.C.*	Legion of Honour, Chevalier (*France*)	17Aug.18
MacNab, Flight Lt. C. S.	Crown, Officer (*Italy*)	2Nov.18
Macnab, Flight Lt. J. A.	St. Anne, 3rd Class with Swords and Bow (*Russia*)	—
	St. Stanislas, 2nd Class, with Swords (*Russia*)	—
Maitland, Edward Maitland, *C.M.G., D.S.O., A.F.C.*	Distinguished Service Medal (*U.S.A.*)	16Dec.19
Makins, Flg. Off. (*Act. Flight Lt.*) A. D., *D.F.C.*	El Nahda, 4th Class (*Hejaz*)	1Apr 20
Marix, Sqdn. Ldr., Reginald Lennox George, *D.S.O.*	Crown, Chevalier (*Belgium*)	— 17
Mason, Lt. Lloyd Wesley, *D.F.C.*	St. Anne, 3rd Class, with Swords and Bow (*Russia*)	—
Masterton-Smith, Sir James, *K.C.B.*	Crown, Officer (*Belgium*)	— 17
Mand, Maj. A. C., *D.S.O.*	St. Stanislas, 2nd Class (*Russia*)	—
	St. Vladimir, 4th Class (*Russia*)	—
Meager, Capt. G. F., *A.F.C.*	Crown, Cavaliere (*Italy*)	8Feb.19
Meyler, Wing Cdr. H. M., *D.S.O., M.C.*	Leopold, Chevalier (*Belgium*)	15July19
Mills, Sqdn. Ldr. J S., *D.S.C.*	Crown, Chevalier (*Belgium*)	—Aug.17
Mills, Wing Cdr. R. P., *M.C., A.F.C.*	St. Maurice and St. Lazarus, Cavaliere (*Italy*)	2Nov.18
	Legion of Honour, Officer (*France*)	30Nov.18
Miln, 2nd. Lt. M. M.	St. Stanislas, 2nd Class, with Swords (*Russia*)	—
Minter, Flg. Off. M.	White Eagle, 5th Class, with Swords (*Serbia*)	15Feb.17
Mitchell, Flg. Off. John	St. Stanislas, 2nd Class, with Swords (*Russia*)	—
	St. Vladimir, 4th Class, with Swords and Bow (*Russia*)	—
Mitchell Capt. J. C.	Crown, Chevalier (*Belgium*)	21Sept.18
Moller, Capt. F. S., *M.C., D.F.C.*	Crown, with Swords, Chevalier (*Roumania*)	23Aug.19
	Star, with Swords, Chevalier (*Roumania*)	23Aug.19
	St. Anne, 2nd Class, with Swords and Bow (*Russia*)	—

‡ Bar to D.S.O.

FOREIGN ORDERS—contd.

Name	Order	Gazette
‡Moon, Sqdn. Ldr. E. R., *D.S.O.*	Legion of Honour, Chevalier (*France*)	14Sept.18
More, Lt.-Col. (*hon. Brig.-Gen*) Robert Henry, *C.M.G., C.B.E.*	St. Maurice and St. Lazarus, Officer (*Italy*)	23Aug.19
Morkam, Lt. John Percival, *D.F.C.*	St.Stanislas, 2nd Class, with Swords (*Russia*) St. Anne, 2nd Class, with Swords (*Russia*)	— —
Mounsey, Sqdn. Ldr. R. J., *O.B.E.*	Crown, Officer (*Italy*)	1Apr.20
Mountain, Lt. S. W.	Crown, Chevalier (*Belgium*)	8Feb.19
‡Mulock, Lt.-Col. R. H., *D.S.O.*	Legion of Honour, Chevalier (*France*)	14Sept.17
Napier, Capt. I. P. R., *M.C.*	Legion of Honour, Chevalier (*France*)	17Dec.17
Neilson, Major George Charles	Distinguished Service Medal (*U.S.A.*)	—
Nevill, Major S. S., *O.B.E.*	Nile, 4th Class (*Egypt*)	15July19
Newall, Group Capt. C. L. N., *C.M.G., C.B.E, A.M.*	Crown, Officer (*Italy*)	8Nov.18
Newman, Lt., (*hon. Capt.*) Edward	Crown, Cavaliere (*Italy*)	16Dec.19
Newton-Clare, Maj. E. T., *D.S.O.*	Leopold, Chevalier (*Belgium*)	—July17
Nicholas, Sqdn. Ldr Chas. Henry, *A.F.C.*	Nile, 4th Class (*Egypt*)	18Nov.19
Nicholl, Sqdn. Ldr. H. R., *O.B.E.*	Legion of Honour, Chevalier (*France*)	24Feb.16
Noonan, Flg. Off. James	St. Anne, 3rd Class, with Swords and Bow (*Russia*)	—
Norton, Sqdn Ldr. E. W., *D.S.C.*	Crown, Officer (*Belgium*)	8Feb.19
Osmond, Sqdn. Ldr. E., *C.B.E.*	Crown, Officer (*Belgium*)	8Feb.19
Paine, Air Vice-Marshal *Sir* Godfrey Marshall, *K.C.B., M.V.O.*	Crown, Commander (*Italy*) Rising Sun, 2nd Class (*Japan*) Distinguished Service Medal (*U.S.A.*)	8Nov.18 8Nov.18 16Dec.19
Park, Flg. Off. Walter Henry, *M.C.,D.F.C.*	St. Anne, 2nd Class, with Swords (*Russia*)	—
Parker, Sqdn. Ldr. Egbert John, *M.C.*	Merite Agricole, Chevalier (*France*)	7Oct.19
Parkinson, Flg. Off. Joseph Alfred	Michael the Brave, 3rd Class (*Roumania*)	15July19
Parkinson, 2nd Lt. W.	St. Stanislas, 3rd Class, with Swords and	—
Paynter, Flg. Off. N. S.	St. Anne, 3rd Class, with Swords and Bow (*Russia*)	—
Peal, Maj. E. R., *C.B.E., D.S.C.*	Crown, Officer (*Italy*) Legion of Honour, Officer (*France*) Distinguished Service Medal (*U.S.A.*)	5Apr.19 15July19 15July19
Pelham, Lt. Charles Cornwallis Anderson	Star, Chevalier (*Roumania*)	15July19
Perrington, Pilot Off. (*hon. Flg.Offr.*) T. E.	St. Anne, 3rd Class (*Russia*)	—
Pickup, Lt. F. W., *D.F.C.*	Crown, Chevalier (*Belgium*)	8Feb.19
Pightling, 2nd Lt. William	Nile, 4th Class (*Egypt*)	16Dec.19
Pitcher, Air Commodore D. Le G., *C.M.G., C.B.E., D.S.O.*	St. Maurice and St. Lazarus, Officer (*Italy*) Legion of Honour, Officer (*France*)	26May 17 22Aug.17
Playfair, Wing Cdr. P. H. L., *M.C.*	St.Stanislas, 3rd Class, with Swords (*Russia*) Distinguished Service Medal (*U.S.A.*)	15Feb.17 15July19
Pretyman, Flight Lt. E. R., *A.F.C.*	White Eagle, 5th Class, with Swords (*Serbia*)	15Feb.17
Punch, Flight Lt. E. P.	St. Anne, 3rd Class, with Swords and Bow (*Russia*)	—
Radford, Observer Off. L.	St. Stanislas, 2nd Class, with Swords (*Russia*)	—
Randall, Wing Cdr. C. R. J., *C.B.E.*	Legion of Honour, Chevalier (*France*) Redeemer, Officer (*Greece*)	21Mar.16 1Apr.20
Rawley, Pilot Off. D.	St. Stanislas, 3rd Class, with Swords and Bow (*Russia*)	—
Ray, Lt L. H.	Michael the Brave, 3rd Class (*Roumania*)	15July19
Reid, 2nd Lt. E. C. M.	St. Anne, 3rd Class, with Swords and Bow (*Russia*)	—
Reiss, Lt.-Col. A. E. J., *C.B.E.*	Crown, Cavaliere (*Italy*)	8Nov.18
Risk, Wing Cdr. C. E., *D.S.O.*	Nile, 3rd Class (*Egypt*)	15July19
Roberts, Maj. E. G. L.	St. Anne, 3rd Class (*Russia*)	—
Robinson, Capt. John, *D.F.C.*	Leopold, Chevalier (*Belgium*)	8Feb.19
Rouse, Flight Lt. G. M. T.	Crown, Chevalier (*Belgium*)	22Feb.18
Ross-Smith, Lt. Gerald Grant, *D.F.C.*	St. Stanislas, 2nd Class, with Swords (*Russia*)	—
Roxby, Lt.-Col. F. M., *O.B.E., D.F.C.*	Legion of Honour, Chevalier (*France*)	14July17
Russell, Flight Lt. J. C., *D.S.O.*	Leopold, Chevalier (*Belgium*)	24Sept.17

‡ Bar to **D.S.O.**

Foreign Orders

FOREIGN ORDERS—*contd.*

Name	Order	Gazette
Salmond, Air Vice-Marshal *Sir* John Maitland, *K.C.B., C.M.G., C.V.O., D.S.O.*	Legion of Honour, Officer (*France*)	10Oct.18
	Crown, Commander (*Italy*)	8Nov.18
	Leopold, Commander (*Belgium*)	8Nov.18
	White Eagle (*Russia*)	—
	Distinguished Service Medal (*U.S.A.*)	15July19
Salmond, Air Vice-Marshal *Sir* W. G. H., *K.C.M.G., C.B., D.S.O.*	St. Stanislas, 3rd Class, with Swords (*Russia*)	15Feb.17
	St. Saveur, Grand Commander (*Greece*)	5Apr.19
	Nile, 2nd Class (*Egypt*)	—
	El Nahda, 2nd Class (*Hejaz*)	1Apr.20
Salter, Lt. E. J.	Legion of Honour, Chevalier (*France*)	30Nov.18
‡Samson, Group Capt. C. R., *C.M.G., D.S.O., A.F.C.*	Legion of Honour, Chevalier (*France*)	14Jan.16
Sanderson, Observer Off. Wilfrid, *A.F.C.*	St. Stanislas, 2nd Class, with Swords (*Russia*)	—
Saul, Sqdn. Ldr. R. E., *D.F.C.*	Crown, Chevalier (*Belgium*)	15July19
Sewell, Flg. Off. John	St. Anne, 3rd Class, with Swords and Bow (*Russia*)	—
Sewell, Sqdn Ldr. J. P. C., *O.B.E.*	Legion of Honour, Chevalier (*France*)	5Apr.19
Shrive, 2nd Lt. F. J.	St. Anne, 3rd Class, with Swords and Bow (*Russia*)	—
Siddons, Lt. V. D., *D.F.C.*	El Nahda, 4th Class (*Hejaz*)	1Apr.20
Simmons, 2nd Lt. (*hon. Lt.*) H. E., *M.C., D.F.C.*	St. Stanislas, 3rd Class, with Swords and Bow (*Russia*)	—
Sinclair, Pilot Off. (*hon. Flg. Off.*) Duncan	St. Stanislas, 3rd Class, with Swords and Bow (*Russia*)	—
Sippe, Maj. S. V., *D.S.O., O.B.E.*	Legion of Honour, Chevalier (*France*)	—Apr.16
	Leopold, Chevalier (*Belgium*)	—Aug.17
Slessor, Flight Lt. J. C., *M.C.*	Leopold, Chevalier (*Belgium*)	24Sept.17
Smith, Lt. Archibald	Nichan Iftikhar, Officer (*Tunis*)	23Aug.19
Smith, Flg. Off. Ernest	St. Stanislas, 2nd Class, with Swords (*Russia*)	—
Smith, Maj. T. V., *M.C.*	Savoy, Cavaliere (*Italy*)	26May17
Smithson, Pilot Off. J. G.	St. Stanislas, 3rd Class, with Swords and Bow (*Russia*)	—
Smith-Barry, Lt.-Col. R. R., *A.F.C.*	Leopold, Chevalier (*Belgium*)	24Sept.17
Spencer, Lt. S. H.	St. Stanislas, 2nd Class, with Swords (*Russia*)	—
Stevenson, Flg. Off. F. J.	St. Stanislas, 2nd Class, with Swords (*Russia*)	—
Stewart-Dawson, Capt. N. G., *D.S.O., D.S.C.*	St. Stanislas, 2nd Class, with Swords (*Russia*)	—
	St. Vladimir, 4th Class, with Swords and Bow (*Russia*)	—
Stockdale, 2nd Lt. (*hon. Capt.*) H. W., *D.F.C.*	Star, Chevalier (*Roumania*)	15July19
Stonor, Maj. *Hon.* E. A.	Legion of Honour, Chevalier (*France*)	10Oct.18
	St. Maurice and St. Lazarus, Cavaliere (*Italy*)	8Nov18
	Leopold, Chevalier (*Belgium*)	3Dec.18
	St. Stanislas, 2nd Class (*Russia*)	—
	Crown, Officer (*Roumania*)	1Apr.20
Storey, Capt. J. H., *D.F.C.*	Nile, 4th Class (*Egypt*)	9Nov.18
Strain, Lt.-Col. L. H., *D.S.C.*	Redeemer, Commander (*Greece*)	7June18
Stranger, Lt. E. R.	St. Stanislas, 2nd Class, with Swords (*Russia*)	—
Stubbs, Capt. E. W.	Crown, Cavaliere (*Italy*)	2Nov.18
Swanston, Flg. Off. J. R., *D.F.C.*	Leopold, Chevalier (*Belgium*)	8Feb.19
Swinton, Maj. Gen. E. D., *C.B., D.S.O.*	Legion of Honour, Chevalier (*France*)	—
Sykes, Flg. Off. Ronald, *D.F.C.*	St. Stanislas, 2nd Class, with Swords (*Russia*)	—
Sykes, Major-General *Sir* F. H., *G.B.E., K.C.B., C.M.G.*	St. Vladimir, 4th Class (*Russia*)	14Apr.16
	Leopold, Commander (*Belgium*)	15July19
	Distinguished Service Medal (*U.S.A.*)	15July19
	Legion of Honour, Commander (*France*)	18Nov.19
Tattersall, 2nd Lt. J. W., *M.B.E.*	St. Anne, 2nd Class, with Swords and Bow (*Russia*)	—
Thomas, Capt. Hugh Hamshaw, *M.B.E.*	Nile, 4th Class (*Egypt*)	9Nov.18
Thompson, Sqdn. Ldr. A. V.	Crown, Cavaliere (*Italy*)	8Nov.18
Thomson, Lt. David Norrie, *M.C.*	Nile, 4th Class (*Egypt*)	18Nov.19

‡ Bar to D.S.O.

FOREIGN ORDERS—*contd.*

		Gazette.
Twisleton-Wykeham-Fiennes, Sqdn. Ldr. Hon. L. J. E.	Leopold, Chevalier (*Belgium*)	24Sept.17
Tymms, Obs. Off. F., *M.C.*	Crown, Chevalier (*Belgium*)	—
Van Ryneveld, Wing Cdr. H. A., *D.S.O., M.C.*	{ Nile, 4th Class (*Egypt*) Legion of Honour, Chevalier (*France*) Leopold, Officer *Belgium*)	9Mar.17 15July19 15July19
Viener, Air Commodore *Rev.* H. D. L., *C.B.E., M.A.*	Crown, Officer (*Italy*)	— 11
Villiers, Maj. O. G. G., *D.S.O.*	Legion of Honour, Chevalier (*France*)	8Feb.19
Vyvyan, Air Commodore A. V., *C.B., D.S.O.*	Rising Sun, 3rd Class (*Japan*)	8Nov.18
Warner, Hon. Brig.-Gen. W. W., *C.M.G.*	{ St. Anne, 3rd Class, with Swords (*Russia*) St. Stanislas, 2nd Class (*Russia*)	14Apr.16 —
Waterhouse, Maj. R. D.	{ St. Maurice & St. Lazarus, Cavaliere (*Italy*) Crown, Commander (*Roumania*) St. Anne, 3rd Class, with Swords (*Russia*)	1Apr.19 10Oct.19 25Aug.15
Webb-Bowen, Air Commodore T. I., *C.B., C.M.G.*	{ Leopold, Officer (*Belgium*) Savoy, Officer (*Italy*) Legion of Honour, Officer (*France*)	15Sept.18 21Sept.18 21Sept.18
Weir, Lt.-Col.(act. Brig.-Gen.) J. G.,*C.M.G., C.B.E.*	{ Crown, Officer (*Italy*) Legion of Honour, Officer (*France*)	8Nov.18 15July19
Welsh, Sqdn. Ldr. W. L., *D.S.C.*	Crown, Officer (*Belgium*)	8Feb.19
Wemp, Maj. B. S., *D.F.C.*	Leopold, Chevalier (*Belgium*)	15July19
Weston, Sqdn. Ldr. J.	Rede mer, Officer (*Greece*)	23Aug.19
Whitehead, Sqd. Ldr. Ralph Peter	Crown, Cavaliere (*Italy*)	2Nov.18
Whittaker, Maj. J. T., *M.C.*	Crown, Cavaliere (*Italy*)	11Aug 17
Wickham, Capt. R. F. E.	George I., Chevalier (*Greece*)	15July19
Willett, Lt. C. H. A.	Crown, Chevalier (*Belgium*)	— 17
Wilson, Maj. J. P., *D.S.C., A.F.C.*	St. Saveur, Chevalier (*Greece*)	5Apr.19
Williamson, Flg. Off. James John, *A.F.C.*	Rising Sun, 4th Class (*Japan*)	15July19
Wooldridge, Capt. (*hon. Maj.*) G. de L., *O.B.E.*	Legion of Honour, Chevalier (*France*)	30Nov.18
Woollett, Flight Lt. H. W., *D.S.O., M.C.* §	St. Maurice and St. Lazarus,Cavaliere (*Italy*)	8Nov.18
Wrench, Capt. J. E. L., *C.M.G.*	George I. Officer (*Greece*)	5Apr.19
Wright, Sqdn. Ldr. Arthur Claud, *A.F.C.*	Crown, Chevalier (*Belgium*)	24Sept.17
Wright, Capt. William Alan, *A.F.C.*		
Zimmer, Capt. G. F. W., *D.F.C.*	Legion of Honour, Chevalier (*France*).	17Aug.18

§ Bar to M.C.

APPENDIX I
THE DISTINGUISHED CONDUCT MEDAL

List of the recipients of the D.C.M. awarded to Royal Flying Corps Personnel, 1915 to 1918 inclusive, collated from relative copies of the London Gazette.

No.	Rank	Initials	Name	London Gazette
3464	Sgt.	B.	Ankers	11 Dec 16
36427	Cpl.	W.N.	Baldwin	3 Sep 18
333	A/S.M.	R.A.	Baugham	12 Mar 17
1336	Sgt.	D.R.	Baxter	1 Jan 17 (Cit. 13 Feb 17)
445	F/Sgt.	H.	Campbell, M.M.	12 Dec 17
22025	Sgt.	R.O.	Campell	16 Aug 17
77690	A.M.1.	A.W.	Cant	22 Oct 17 (Cit. 26 Jan 18)
241	A/S.M.	L.E.	Carter	1 Jan 17 (Cit. 13 Feb 17)
10537	A.M.1.	M.H.	Church	28 Mar 18
78171	Sgt.	J.	Cowell	18 Jul 17
8202	A.M.2.	R.C.	Cooper	26 Jul 17
2550	2nd. A.M.	A.	Dalziel	30 Mar 16
672	Cpl.	W.	Dobbie	23 Jun 15
3022	1st. A.M.	T.H.	Donald	22 Jan 16
2761	2nd. A.M.	J.H.	Dollittle	3 Jun 15
21479	A.M.1.	S.W.	Egan	1 May 18
891	A/S.M.	F.	Eldridge	1 Jan 17 (Cit. 13 Feb 17)
65935	A.M.2	L.H.	Emsden	18 Jun 17
54267	Sgt.	R.L.	Falcy	16 Aug 17
605	S.M.	G.	Felstead	27 Jul 16 (14 Sqdn)
211	F/Sgt.	C.A.C.	Fidler	31 May 16 (X Aircraft Park)
11559	Cpl.	C.J.	French	1 Jan 18 (Cit. 17 Apr 18)
723	F/Sgt.	H.A.	Gamon	1 Jan 17 (Cit. 13 Feb 17)
1753	F/Sgt.	G.A.F.	Gibson	4 Mar 18
Z 185	F/Sgt.	D.	Grant	26 May 17
186	F/Sgt.	H.	Green	27 Jul 16 (21 Res. Sqdn.)
1660	F/Sgt.	G.	Greenfield	4 Jun 17 (Cit. 9 Jul 17)
354	Cpl.	S.C.	Griggs	3 Jun 15
4965	A.M.1.	S.	Hall	22 Oct 17 (Cit. 4 Mar 18)
671	A.M.1.	W.	Harper	23 Jun 15
1232	F/Sgt.	J.	Hargreaves	16 Nov 15 (11 Sqdn.)
2085	1st. A.M.	F.	Hartley	14 Jan 16
255	F/Sgt.	W.C.	Hayward	23 Jun 15 (Cit. 30 Jun 15)
2	S/Sgt.	C.V.	Heath	9 Oct 15 (Aust. Flying Corps)
49181	Sgt.	A.R.	Hervey-Bathurst	1 Jan 18 (Cit. 17 Apr 18)
53352	A.M.2.	J.H.	Holdershaw	16 Aug 17 (Attd. R.G.A.)
718	F/Sgt.	F.J.	Hellyer	27 Jul 16 (17 Sqdn)
2015	Sgt.	F.	Hopper	28 Mar 18
Z/179	Sgt.	A.J.	Horne	1 Feb 17 (Cit 3 Mar 17)
15	F/Sgt.	T.	Hughes	23 Jun 15 (Cit. 30 Jun 15)
6391	Cpl.(A/Sgt.)	F.	Johnson	26 Apr 17 BAR in R.A.F. 3 Sep 18
54	A/S.M.	J.C.	Jones	1 Jan 17 (Cit. 13 Feb 17)
279	F/Sgt. A/S.M.	C.E.	King	4 Jun 17 (Cit. 9 Jul 17)
1908	Cpl.	E.	Langridge	4 Jun 17 (Cit. 9 Jul 17)

Appendix I

7756	A.M.1.	A.	Leyland	28 Mar 18
10464	A/Cpl.	H.P.	Lowe	30 Mar 16
1776	F/Sgt. A/S.M.	H.	McKenna	3 Jun 16
3516	Sgt.	G.J.	Mackie	11 May 17
4917	A.M.2.	F.S.	Mackrell	14 Jan 16 (Cit. 11 Mar 16)
1739	A/S.M.	C.	Marley	1 Jan 17 (Cit. 13 Feb 17)
Z 150	Cpl.	S.F.	Marucchi	1 Feb 17 (Cit. 3 Mar 17)
20624	Cpl.	M.	Mather	1 May 18
Z 151	Cpl	A.H.	Mathieson	18 Feb 18
2988	F/Sgt.	E.	Meynell	27 Jul 16 (H.Q. 5 Wing)
1396	Sgt.	T.	Mottershead, V.C.	14 Nov 16
147	Sgt.	T.D.	Mountford	4 Jun 17 (Cit. 9 Jul 17)
1836	1st. A.M.	L.S.	Newns	23 Jun 15 (Cit 30 Jun 15)
2341	Cpl.	C.H.	Nott	15 Mar 16 (15 Sqdn.)
836	Cpl	R.E.P.	Painter	23 Jun 15 (Cit 30 Jun 15)
Z 181	S.M.	J.E.	Pearson	26 May 17
254	S.M.	E.	Porter	3 Jun 16 (Cit. 21 Jun 16)
2008	2nd. A.M.	J.E.	Prance	3 Jun 15
7420	A.M.1.	C.M.	Reynolds	25 Aug 17
35972	Sgt.	J.P.	Ridgeway	11 May 17
1689	Cpl.	E.P.	Roberts	14 Jan 16 (Cit. 11 Mar 16)
6729	A.M.1.	E.	Rogers	4 Jun 17 (9 Jul 17)
1376	Sgt.	E.R.C.	Scholefield	23 Jun 15 (Cit. 30 Jun 15)
2392	Sgt.	H.G.	Smith	1 Jan 17 (Cit. 13 Feb 17)
3116	Sgt.	W.E.	Smith	22 Oct 17 (Cit. 26 Jan 18)
48027	Pte.	W.F.	Smith	22 Oct 17 (Cit. 26 Jan 18. R.E. Attd. R.F.C.)
769	Sgt.	T.F.	Stephenson	4 Mar 18
4400	Sgt.	R.C.	Taylor	22 Oct 17 (Cit. 26 Jan 18)
2/8	Cpl.	C.J.	Thomson	1 Feb 17 (Cit. 3 Mar 17)
306	F/Sgt.	T.G.	Tindale	23 Jun 15 (Cit 30 Jun 15)
231	F/Sgt.	T.	Turnbull	1 Feb 17 (Cit. 3 Mar 17)
2707	Cpl.	L.	Van Schaick	27 Jul 16 (Recruits Depot)
94311	A.M.2.	W.	Walker	17 Nov 17 (Cit. 6 Feb 18)
5806	Cpl.	J.H.	Waller	27 Jul 16 (25 Sqdn.)
198	S.M.	E.	Whilton	27 Jul 16 (17 Sqdn.)
3038	Sgt.	F.V.	Wright	14 Jan 16 (Cit. 11 Mar 16)

APPENDIX II
THE DISTINGUISHED CONDUCT MEDAL
AWARDED TO ROYAL AIR FORCE PERSONNEL, 1918

No.	Rank	Initials	Name	London Gazette
2565	Cpl.	W.	Beales	26 Jun 18
67051	Cpl. A/Sgt.	E.A.	Deighton	3 Oct 18
1429	Sgt.	E.J.	Elton, M.M.	26 Jun 18
6391	Cpl. A/Sgt.	F.	Johnson	BAR 3 Sep 18 (D.C.M. in R.F.C. 26 Apr 17).
1504	Cpl. A/Sgt.	P.	Spargo	3 Sep 18

APPENDIX III
THE DISTINGUISHED FLYING MEDAL

List of the recipients the D.F.M. from its institution in June 1918 to 1939 inclusive, collated from relative copies of the London Gazette. Where a citation is given in the Gazette this fact is indicated on the list below by an asterisk (*)

No.	Rank	Initials	Name	London Gazette
F/9689	Actg. Air Mech. (W.T.)	A.E.	Clarke*	3 Jun 18 Cit. 21 Sep 18
113763	Sgt.	J.C.	Hagan*	3 Jun 18 Cit. 21 Sep 18
222763	Sgt.	P.J.	Adkins, D.S.M.*	21 Sep 18
202615	Cpl. (Aerial Gunlayer)	L.A.	Allen*	21 Sep 18
204157	Cpl. (E)	W.N.	Blacklock, D.S.M.*	21 Sep 18
K/3007	1st. Pte. (Aerial-Gunner)	S.F.	Briggs*	21 Sep 18
206181	Sgt. Mech.	T.	Caird, D.S.M.*	21 Sep 18
224573	Sgt. Mech.	W.G.	Chapman, D.S.M.*	21 Sep 18
223740	1st. Class Pte. (Gunlayer)	J.	Chapman*	21 Sep 18
65298	1st. Class Pte. (A./Sgt.)	E.	Clare*	21 Sep 18
202067	Sgt. Mech	S.H.	Crook*	21 Sep 18
228395	3rd A/M. (W.T.)	C.R.	Deeley*	21 Sep 18
121180	Sgt.	W.	Dyke, D.C.M.*	21 Sep 18
210359	2nd. A./M. (W.T.)	G.A.	Gibbs*	21 Sep 18
210675	Pte/2 (Gunlayer)	A.T.	Harman*	21 Sep 18
222927	1st Pte. (Aerial Gunner)	A.E.	Humphrey*	21 Sep 18
204706	A./A. MT.(G) (Gunlayer)	W.	Jones*	21 Sep 18
225232	A./M. 1st GD. (E)	D.W.	Kirby*	21 Sep 18
7054	Sgt. Obs.	F.	Lee*	21 Sep 18
208711	1st. A./M.	A.R.	Moyes*	21 Sep 18
203962	A.M./2 (Gunlayer)	D.L.	Moxey*	21 Sep 18
F.16604	A.C.1. (Gunlayer)	W.J.	Middleton*	21 Sep 18
67162	Pte. 1st Cl.	A.	Newland*	21 Sep 18
211300	Sgt.	C.A.	Otway*	21 Sep 18
205416	Cpl. Mech.	T.M.	Reid*	21 Sep 18
206515	Sgt.Mech (E)	H.R.	Stubbington*	21 Sep 18
221380	Cpl. (Gunlayer)	G.E.	Thrift*	21 Sep 18
225673	Pte. 1st. Cl. (Gunlayer)	D.	Wentworth	21 Sep 18
402108	Sgt. Mech.	F.W.	Bell*	2 Nov 18
P/6434	Sgt. Mech.	H.C.	Hunt*	2 Nov 18
406346	Sgt. Mech.	C.	Lines*	2 Nov 18
242008	Sgt. Mech.	W.J.	Palmer*	2 Nov 18
J/26800	Sgt.	E.W.	Wadley*	2 Nov 18
222589	Cpl.	F.	Wilkinson*	2 Nov 18
207013	Air Mech. 2nd. Cl. (Actg. Cpl.)	H.W.	Williams*	2 Nov 18
P22398	Sgt.	R.M.	Fletcher*	2 Nov 18
J/70544	Sgt. Obs.	G.	Marlow*	3 Dec 18
52874	Sgt. Mech.	J.H.	Bowler*	3 Dec 18
207112	Sgt. Mech.	L.A.	Cornes*	3 Dec 18
202839	Sgt. Mech. (Pilot)	L.A.	Dell*	3 Dec 18

Appendix III

100425	Sgt. Mech.	J.	Grant*	3 Dec 18
20261	3rd. A./M. (W)	F.G.	Hayward*	3 Dec 18
S/354	Sgt. Mech.	M.	Jones*	3 Dec 18
232650	2nd. A./M. (W.T.)	B.E.G.	Taplin*	3 Dec 18
J/3083	Sgt. Mech. (Obs.)	S.E.	Allatson	1 Jan 19
127633	Sgt. Mech.	R.	Allen	1 Jan 19
216697	Sgt. Mech. (Obs.)	C.G.T.	Bishop	1 Jan 19
212506	Cpl. Mech. (E)	R.	Brock	1 Jan 19
210951	Sgt. Mech. (Obs.)	E.C.	Carpenter	1 Jan 19
216346	Sgt. Mech. (Obs.)	R.C.	Chapman	1 Jan 19
P/39380	Sgt. Mech.	C.W.	Cooke	1 Jan 19
227042	A.M.2.	W.	Edwards	1 Jan 19
232634	A.M.3.	W.K.	Foster	1 Jan 19
215955	Sgt.	E.	Hoare	1 Jan 19
107715	Sgt. Mech.	T.	Hooton	1 Jan 19
217040	Sgt. Mech. (Obs.)	W.H.	Hoskin	1 Jan 19
213517	A.M.2.	W.O.	Hughes	1 Jan 19
240901	A.M.3.	A.S.	Jones	1 Jan 19
207605	Sgt. Mech. (Obs.)	G.S.	Keen	1 Jan 19
6660	A.M.1. (A/Cpl. Mech.)	C.W.	Lamb	1 Jan 19
234940	A.M.3.	A.	Lindsay	1 Jan 19
224374	Sgt. Mech. (Obs.)	E.G.	Maund	1 Jan 19
12921	Sgt. Mech.	J.H.	Mathews	1 Jan 19
205670	A.M.1.	R.A.	Miller	1 Jan 19
238686	Sgt. Mech.	M.F.G.	Mill	1 Jan 19
220266	Sgt. Mech	G.E.O.	Norrie	1 Jan 19
33443	Sgt. Mech.	P.G.	Phillips	1 Jan 19
237756	Sgt. Mech.	C.J.	Shannon	1 Jan 19
26297	Sgt. Mech.	E.G.	Stevens	1 Jan 19
12380	Cpl. Clk.	F.F.	Thomas	1 Jan 19
216285	Sgt. Mech.	F.L.C.	Thornton	1 Jan 19
208951	Cpl. Mech. (E)	A.E.	Tucker	1 Jan 19
222466	Cpl.	F.T.	Wallace	1 Jan 19
207316	Sgt. Mech. (Obs.)	W.E.D.	Wardrop	1 Jan 19
11930	Sgt. Mech.	V.G.	Warnock	1 Jan 19
49701	Sgt. Mech.	C.	Beeks*	8 Feb 19
2834	Sgt. Mech.	T.	Dowsett*	8 Feb 19
201343	Mas. Mech.	R.	Mullins*	8 Feb 19
217050	Sgt. Mech. (Obs.)	W.P.	Murphy*	8 Feb 19
203956	Cpl. Mech.	A.A.	Parker*	8 Feb 19
214/791	Sgt.	F.H.	Pritchard*	8 Feb 19
19301	Sgt. Mech.	E.J.W.	Watkinson*	8 Feb 19
86267	Sgt.	E.	Antcliffe	3 Jun 19
233777	Sgt. Mech.	A.H.	Banks	3 Jun 19
214412	Sgt. Mech.	G.	Betteridge	3 Jun 19
223197	Sgt. Mech.	W.S.	Blyth	3 Jun 19
23773	Sgt.	W.	Bonnor	3 Jun 19
217755	Sgt. (Obs.)	M.C.	Day	3 Jun 19
240137	Sgt.	W.	Greenwood	3 Jun 19
402734	Sgt. Mech.	J.	Jones	3 Jun 19
222304	Sgt. (Obs.)	R.S.	Joysey	3 Jun 19
109538	Sgt.	P.A.	McGuinness	3 Jun 19
93272	Sgt. Mech.	G.	Packman	3 Jun 19
187480	Sgt. Mech.	C.W.	Risebore	3 Jun 19
402609	A.C.2.	W.	Roper	3 Jun 19
91975	Sgt. (Obs.)	L.H.	Rowe	3 Jun 19
100550	Sgt.	N.	Sandison	3 Jun 19
P/39365	Sgt.	F.	Sefton	3 Jun 19
96639	Sgt.	A.	Shepherd	3 Jun 19
7958	L.A.C. (A/Cpl.)	C.R.C.	Shorland	3 Jun 19
10786	Sgt.	A.H.	Woollgar	3 Jun 19
207177	Sgt.	C.V.	Robinson*	18 Nov 19
204181	Actg. Sgt.	E.O'N.	Bearden, A.F.M.	22 Dec 19

Appendix III

26645	Cpl.	J.T.	Bunting	12 Jul 20
19154	Sgt.	P.I.	David	12 Jul 20
266740	Cpl.	H.W.	Pickrell	12 Jul 20
31105	Sgt.	S.C.	Spink	12 Jul 20
247939	L.A.C.	W.J.	Kelly	20 May 21
334664	L.A.C.	R.	Bywater	28 Oct 21
263760	A.C.2.	J.P.R.	Clifford	28 Oct 21
156188	A.C.1.	J.M.	McKean	28 Oct 21
1349	A/Sgt.	S.C.	Murton	28 Oct 21
157612	A.C.1.	L.	Nicholas	28 Oct 21
331198	A.C.1.	E.G.	Penniall	28 Oct 21
244308	A.C.1.	T.G.	Banks	10 Oct 22
47558	F/Sgt.	J.	Birch	10 Oct 22
39018	A.C.1.	R.	Hayne	10 Oct 22
89300	A.C.1.	P.A.	Hughes	10 Oct 22
336589	L.A.C.	S.L.	Palmer	10 Oct 22
81000	L.A.C.	J.A.	Bridgman	10 Oct 22
232646	A.C.1.	A.D.S.	Stears	30 May 24
50869	F/Sgt.	F.	Evans	6 Jun 24
341282	Cpl.	H.	Bowick	6 Jun 24
159127	L.A.C.	A.E.	White	6 Jun 24
313701	Cpl. (A/Sgt.)	C.J.	Dix	10 Jun 24
81637	Cpl.	S.E.	Wells	10 Jun 24
32698	L.A.C.	P.M.	French	10 Jun 24
240769	L.A.C.	F.	Holmes	10 Jun 24
157539	L.A.C.	F.P.J.	McGevor	10 Jun 24
326719	A.C.1.	C.E.	Edwards	10 Jun 24
90741	Sgt. (Pilot)	G.E.	Campbell	20 Nov 25
84631	Sgt. (Pilot)	R.E.	Hawkins	20 Nov 25
7392	Sgt.	A.D.	Rutherford	20 Nov 25
86779	Cpl.	R.W.R.	Robins	20 Nov 25
327082	L.A.	A.W.	Walmsley	20 Nov 25
330124	L.A.C.	E.	Webb	22 Jan 26
240449	L.A.C.	F.M.	Pape	28 May 26
342485	L.A.C.	T.J.	Waddell	28 May 26
344579	A.C.2.	E.	Barber	28 May 26 (Since K.I.A.)
142494	Sgt. (Pilot)	E.P.H.	Wells	28 May 26
243282	F/Sgt.	N.	Gardner	15 Mar 29
335297	Sgt. (Pilot)	E.	Coleman	15 Mar 29
362659	L.A.C.	C.G.	Reeve	15 Mar 29
352222	Cpl.	H.J.	Barber	15 Mar 29
363944	Sgt.	R.A.R.	Falconer	26 Jun 31
345850	Sgt.	J.E.	Wren	26 Jun 31
334098	Sgt.	F.A.	Robinson	26 Jun 31
362477	Cpl.	J.G.	Lewis	26 Jun 31
363389	L.A.C.	R.W.	Ellis	26 Jun 31
359428	L.A.C.	J.A.	Dwyer	26 Jun 31
370054	Cpl.	A.I.	Steer	8 Sep 33
370030	Cpl.	L.J.	Strevens	8 Sep 33
363282	Cpl.	R.	Wright	8 Sep 33
363013	Sgt.	R.C.	Stafford	6 Oct 33
364651	L.A.C.	M.G.	Friese-Greene	6 Oct 33
506742	L.A.C.	T.I.	Bowen	3 Jul 34
509983	L.A.C.	B.A.	Dorrell	24 Dec 35
364783	Sgt. (Pilot)	H.C.	Smith	8 May 36
366464	Cpl.	V.E.M.	Watkins	8 May 36
506286	L.A.C.	D.R.	Woolnough	8 May 36
366257	Sgt.	A.E.	Dale	6 Nov 36
512528	Cpl.	J.	Oliver	10 Dec 37
362786	Sgt.	S.G.	Betty	21 Dec 37
513922	Cpl.	S.H.	Mitchinson	21 Dec 37
561387	L.A.C.	G.J.	Springett	21 Dec 37
562564	Sgt.	G.	Kennedy	6 May 38
562826	L.A.C.	H.K.F.	Marshall	16 Aug 38
515309	L.A.C.	L.H.	Thomas	13 Sep 38
562369	L.A.C.	G.A.	Watson	13 Sep 38
563631	Sgt.	J.	Coggins	22 Nov 38
563927	Sgt.	F.H.	Stubb	22 Nov 38
515622	A.C.1.	C.J.	Tudor	22 Nov 38
563359	Sgt.	J.	Onions	20 Dec 38
513133	A.C.1.	R.	Jennings	28 Mar 39
564500	Sgt.	J.H.	Elshaw	28 Mar 39
517435	Sgt.	H.J.	Goodchild	14 Jul 39

Appendix III

562045	Cpl.	L.E.	Cowan	17 Oct 39
515389	Cpl.	E.J.	Fudge	17 Oct 39
527769	Sgt.	W.E.	Willits*	3 Nov 39
508631	Sgt.	J.J.	Kavanagh	22 Dec 39
520359	L.A.C.	R.A.	Haxton	22 Dec 39
517447	A.C.1.	R.A.	Conway	22 Dec 39

APPENDIX IV
BARS TO THE DISTINGUISHED FLYING MEDAL
1918-1939 Inclusive

No.	Rank	Initials	Name	London Gazette
67162	Sgt. (Obs.)	A.	Newland, D.F.M.	3 Dec 18
223740	Sgt. Mech.	J.	Chapman, D.F.M.	3 Jun 19
363389	Cpl.	R.W.	Ellis, D.F.M.	8 Sep 33
563631	Sgt.	J.	Coggins, D.F.M.	14 Apr 39

APPENDIX V
THE AIR FORCE MEDAL

List of recipients of the A.F.M. from its institution in June 1918 to 1939 inclusive, collated from relative copies of the London Gazette.

No.	Rank	Initials	Name	London Gazette
11680	Sgt.	S.J.	Mitchell	3 Jun 18
106100	Sgt.	F.C.	Tucker	3 Jun 18
214290	Siglmn.	W.H.C.	Hazlewood	21 Sep 18
206930	Ch. Mech.	W.L.	Bate	2 Nov 18
227647	Cpl. Mech.	J.S.	Bass	2 Nov 18
208252	Sgt. Mech.	R.H.	Derry	2 Nov 18
J23560	Cpl.	F.	Harris	2 Nov 18
210361	Cpl. Mech.	W.J.J.	Hibbert	2 Nov 18
217554	Sgt.	A.W.	Marshall	2 Nov 18
3266	Sgt. Mech.	H.	Mitchell	2 Nov 18
3747	Sgt. Mech.	R.T.	Parry	2 Nov 18
J246875	2nd A.M.	H.	Richards	2 Nov 18
2172	Sgt. Mech.	A.L.	Robinson	2 Nov 18
220399	Cpl.	A.N.	Smith	2 Nov 18
220551	2nd. A.M. (W)	A.C.	Smith	2 Nov 18
204411	Ch. Mech.	G.H.	Stratton	2 Nov 18
F5746	Ch. Mech.	I.R.	Veitch	2 Nov 18
219731	Cpl. Mech	R.E.	Wright	2 Nov 18
213223	Sgt. Mech.	R.G.	Goldfinch	3 Dec 18
224802	1st A.M.	J.A.	Francis	3 Dec 18
204181	Cpl. Mech.	E.	Bearden	1 Jan 19
220547	A.M.2. (W.T.)	W.H.	Brown	1 Jan 19
234743	Ch. Mech.	A.E.	Close	1 Jan 19
11419	Sgt. Mech. (Pilot)	S.R.	Cole	1 Jan 19
290	Ch. Mech.	C.J.	Cox	1 Jan 19
202403	A.M.1.	H.F.	Crespin	1 Jan 19
J/4471	Ch. Mech.	A.E.	Easterbrook	1 Jan 19
235044	Ch. Mech.	G.W.	Hunt	1 Jan 19
K.2075	Ch. Mech.	J.W.	Long	1 Jan 19
202272	Ch. Mech.	H.W.	Newill	1 Jan 19
1536	Sgt. Mech.	W.F.	Paull	1 Jan 19
208381	Cpl. Mech.	J.M.	Quail, D.S.M.	1 Jan 19
1018	Sgt. Mech.	W.	Rogers	1 Jan 19
213632	A.M.1.	S.L.	Starr	1 Jan 19
220540	Cpl. Mech.	R.	Bance	8 Feb 19
228527	A.M.2.	F.W.A.	Barber	8 Feb 19
216239	A.M.3.	W.E.G.	Beer	8 Feb 19
206047	Cpl. Mech.	B.	Bocking	8 Feb 19
N224793	Cpl. Mech.	J.L.	Boxall	8 Feb 19
201137	Sgt. Mech. (O)	E.L.	Brown	8 Feb 19
217642	Ch. Mech.	G.T.	Clarke	8 Feb 19
225263	A.M.3. (W.T.)	H.	Crisp	8 Feb 19
203139	Ch. Mech.	B.C.	Cunnington	8 Feb 19
205780	A.M.1. (O)	R.	Ford	8 Feb 19
32511	A.M.1.	T.	Foster	8 Feb 19
45727	Sgt. Pilot	C.	Hare	8 Feb 19
220261	A.M.3. (W.)	F.G.	Hayward	8 Feb 19
202624	Cpl. Mech.	A.W.	John	8 Feb 19
212339	Sgt. Mech.	H.J.	Leech	8 Feb 19
212030	A.M.1. (E)	R.F.	Nailer	8 Feb 19
218591	Sgt. Mech. (O)	G.T.	Newbold	8 Feb 19
15628	Mas. Mech.	R.G.	Owew	8 Feb 19
517	A/Ch. Mast. Mech.	H.H.	Perry	8 Feb 19
N218371	Ch. Mech.	C.	Regan	8 Feb 19
213504	A.M.3.	R.J.	Rook	8 Feb 19
234878	A.M.2. (W.T.)	L.A.	Shepperson	8 Feb 19
200468	Mas. Mech.	G.H.	Skinner	8 Feb 19
5570	A.M.1.	J.H.	Smith	8 Feb 19
206270	Cpl. Mech. (E.)	S.J.	Soames	8 Feb 19
216153	Sgt. Mech.	R.	Tomlins	8 Feb 19

Appendix V

211809	A.M.2.	J.W.	Trevalyan	8 Feb 19
213509	A.M.3.	J.	Walker	8 Feb 19
59564	Sgt. Mech.	W.P.	Williams	8 Feb 19
201182	Ch. Mech.	W.	Angus	3 Jun 19
205926	Cpl. Mech.	W.J.	Baker	3 Jun 19
232626	Sgt. (O.)	H.A.M.	Balls	3 Jun 19
Aus/275	Sgt.	J.M.	Bennett	3 Jun 19
213859	A.M.1. (E.)	A.	Berry	3 Jun 19
201271	Sgt. Mech.	J.	Burrell	3 Jun 19
206005	Cpl.	A.C.	Chrisp	3 Jun 19
214875	Cpl.	C.	Davis	3 Jun 19
313711	F/Sgt.	H.S.	Eltringham	3 Jun 19
232633	A.M.2.	S.J.A.	Emery	3 Jun 19
216420	Cpl.	G.W.	Ewbank	3 Jun 19
222627	A.M.3.	T.L.	Griffiths	3 Jun 19
201589	Cpl. Mech.	W.J.	Greatholder	3 Jun 19
243541	A.M.1.	J.N.	Forteath	3 Jun 19
R.N.201503	Sgt. Mech.	S.J.	Heath	3 Jun 19
167344	Sgt.	A.C.	Howarth	3 Jun 19
205004	Cpl.	C.F.	Kidd	3 Jun 19
212913	F/Sgt.	G.	Kidd	3 Jun 19
313806	Sgt.	C.H.	Lewry	3 Jun 19
313843	F/Sgt.	P.	Norton	3 Jun 19
313853	Ch. Mech.	T.	Parry	3 Jun 19
238860	Ch. Mech.	A.G.	Poole	3 Jun 19
208923	Cpl.	R.	Reekie	3 Jun 19
229884	Sgt. Mech.	F.	Reynolds	3 Jun 19
Aus/8974	1st. Mech.	W.H.	Shiers	3 Jun 19
95461	Sgt. Mech.	C.N.	Tabiner	3 Jun 19
206822	Sgt.	J.R.	Welsh	3 Jun 19
218546	Ch. Mech.	A.J.	Woolhead	3 Jun 19
206345	F/Sgt.	W.R.	Guest	23 Aug 19
200965	Sgt. Maj. II	W.R.	Mayes, D.S.M.	23 Aug 19
314353	F/Sgt.	W.J.	Robinson	23 Aug 19
200079	F/Sgt.	R.W.	Ripley	23 Aug 19
201741	F/Sgt.	N.A.	Scull	23 Aug 19
J/3349	Sgt.	H.M.	Watson, D.S.M.	23 Aug 19
1357	Sgt. Maj.	J.	Barrett	10 Oct 19
5323	Sgt. Obs.	J.	Gilhooly	10 Oct 19
313642	Sgt.	T.	Brown	22 Dec 19
213571	Actg. Sgt.	W.A.	Crockett	22 Dec 19
634	F/Sgt.	A.E.	Smith	22 Dec 19
2842	F/Sgt.	E.F.	Newman	14 May 20
	Mr.	F.W.	Sherratt	14 May 20
103406	Sgt.	T.	Aspley	12 Jul 20
59728	A. Sgt.	C.G.	Barnes	12 Jul 20
314123	Sgt.	A.D.	Booth	12 Jul 20
204117	Actg. W.O.	W.S.	Burville, D.S.M.	12 Jul 20
204479	F/Sgt.	H.	Cadman	12 Jul 20
47966	A./C.1.	T.Y.	Cordiner	12 Jul 20
723	S./M.1.	H.A.	Gamon	12 Jul 20
314863	F/Sgt.	W.J.	Glyde	12 Jul 20
277072	A.M.2.	C.F.	Hand	12 Jul 20
249303	L.A.C.	F.C.	Holmes	12 Jul 20
204161	F/Sgt.	P.	McDiarmid	12 Jul 20
56796	A.C.1.	A.D.C.	Martin	12 Jul 20
202859	Sgt.	J.	Parkes	12 Jul 20
104480	L.A.C.	A.E.	Pritchard	12 Jul 20
98510	L.A.C.	E.	Stedman	12 Jul 20
76140	Sgt.	P.	Waddington	12 Jul 20
219086	Cpl.	G.E.	West	12 Jul 20
140482	Cpl.	T.	Vose	12 Jul 20
3592	F/Sgt.	J.	Yeadon	12 Jul 20
8085	S.M.1.	J.	Wyatt	12 Jul 20
	Mr.	C.	Corby	12 Jul 20
314986	Sgt.	W.C.	Whitfield	1 Jan 23
248043	Cpl.	H.V.	Hughes	2 Jun 23
240216	Sgt.	J.S.	Brett	1 Jan 25
	Mr.	G.E.	Long	19 May 25
341398	Sgt. (Pilot)	A.P.	Reeve	3 Jun 25
327067	L.A.(A/Cpl.)	F.	Stone	1 Jan 26
11838	Cpl. (A/Sgt.)	H.	Grant	1 Jan 26
87366	Sgt. (Pilot)	T.W.J.	Nash	1 Jan 26

Appendix V

328655	Sgt.	F.G.	Hammond	3 Jul 26
315008	L.A.C.	E.A.	Dobbs	3 Jul 26
350252	Sgt.	A.H.	Ward	8 Oct 26
83298	Sgt. (Pilot)	H.	Myles	1 Jan 27
157816	Cpl.	A.	East	1 Jan 27
330341	L.A.C.	R.E.	Barton	1 Jan 27
327585	L.A.C.	S.G.	Wright	1 Jan 27
157333	Sgt. (Pilot)	G.E.	Lowdell	3 Jun 27
106	Cpl. (A/Sgt.)	L.J.	Trist	3 Jun 27
127878	F/Sgt. (Pilot)	F.H.P.	Simpson, M.M.	3 Jan 28
335127	Sgt. (Pilot)	D.	Kinnear	3 Jan 28
187186	F/Sgt. (Pilot)	H.W.	Woods	4 Jun 28
341882	L.A.C.	F.T.	Arney	4 Jun 28
155159	F/Sgt.	H.J.	Coppin	1 Mar 29
344812	Cpl.	T.W.P.	Jeffrey	1 Mar 29
358520	L.A.C.	G.	Donaldson	5 Apr 29
6428	F/Sgt. (Pilot)	B.	Crane	3 Jun 29
87076	F/Sgt.	J.E.	Brown	1 Jan 30
361911	Sgt.	A.V.	Bax	1 Jan 31
912	F/Sgt. (Pilot)	H.T.	Inglis	3 Jun 31
349707	Sgt. (Pilot)	C.	Tompkins	3 Jun 31
362547	Sgt. (Pilot)	T.A.	Newton	1 Jan 32
362861	Sgt. (Pilot)	F.J.	Chudley	6 May 32
22679	F/Sgt. (Pilot)	E.F.	Godfray	3 Jun 32
362571	Sgt. (Pilot)	E.C.	Kidd	2 Jan 33
505744	Sgt. (Pilot)	J.H.	Jones	2 Jan 33
364914	Sgt. (Pilot)	E.N.	Lewis	3 Jun 33
588	Sgt. (Pilot)	F.W.	Collopy, R.A.A.F.	3 Jun 33
973	F/Sgt.	W.R.	McCleery	4 Jun 34
364249	Sgt. (Pilot)	E.N.	Rooms	4 Jun 34
4490	F/Sgt. (Pilot)	F.N.	Paxman	1 Jan 35
366336	Sgt. (Pilot)	F.	Landrey	3 Jun 35
326355	Sgt. (Local W.O.) (Pilot)	H.G.	Dingwall	3 Jun 35
351317	F/Sgt.	W.	Wallace	1 Jan 36
	Sgt.	L.C.	Lambert	1 Feb 37
335871	Sgt.	C.A.	Deakin	11 May 37
363982	Sgt.	H.W.	Gill	11 May 37
335356	F/Sgt.	J.	Rawlinson	1 Jan 38
364374	F/Sgt.	J.	Williams	1 Jan 38
511912	Cpl.	T.E.	Barnes	1 Mar 38
407258	F/Sgt.	R.E.	Kirlew	9 Jun 38
357087	F/Sgt.	W.S.	Lake	9 Jun 38
363767	F/Sgt.	W.L.	Maher	9 Jun 38
364938	F/Sgt.	R.	Parr	9 Jun 38
363261	F/Sgt.	W.E.	Sully	9 Jun 38
560813	Sgt.	H.G.	Hastings	9 Jun 38
561877	Sgt.	T.	Pountney	9 Jun 38
363522	Sgt.	H.W.	Waylessn	9 Jun 38
365988	Sgt.	J.P.	Whitehead	9 Jun 38
363383	Cpl.	G.F.	Carnell	9 Jun 38
513935	Cpl.	D.W.	Edmunds	9 Jun 38
562133	L.A.C.	A.L.	Holland	9 Jun 38
349880	F/Sgt.	W.	Lawry	2 Jan 39
365920	F/Sgt.	J.N.	Ogle	2 Jan 39
363271	F/Sgt.	J.M.	Whitwell	2 Jan 39
363497	F/Sgt.	R.G.	Williams	2 Jan 39
562031	Sgt.	G.H.L.	Baker	2 Jan 39
363618	Sgt (now F/Sgt.)	D.A.	Haydon	2 Jan 39
363255	Sgt.	J.	Sheatrsmith	2 Jan 39
509103	Sgt.	E.T.	Summers	2 Jan 39
328952	Sgt.	G.A.	Tansley	2 Jan 39
363590	Cpl.	V.J.	Carter	2 Jan 39
562061	Cpl.	D.H.	Davis	2 Jan 39
561238	Sgt.	H.B.	Gray	28 Apr 39
364506	F/Sgt.	A.S.	Blake	8 Jun 39
560136	F/Sgt.	W.A.	Gray	8 Jun 39
362749	F/Sgt.	R.W.	Jarred	8 Jun 39
363448	F/Sgt.	A.C.L.	Munns	8 Jun 39
365094	F/Sgt. (now W./O.)	C.G.	Wareham	8 Jun 39
563019	Sgt.	A.E.	Ballam	8 Jun 39

506231	Sgt.	A.	West	8 Jun 39
506660	A/Sgt.	P.R.	Wiltshire	8 Jun 39
515441	Cpl.	G.H.	Jacobsen	8 Jun 39
366235	Cpl.	R.E.	Wesson	8 Jun 39
522098	L.A.C.	D.	Bruce	8 Jun 39

APPENDIX VI
BARS TO THE AIR FORCE MEDAL
1918-1939 Inclusive

No.	Rank	Initials	Name	London Gazette
275	Sgt.	J.M.	Bennett, A.F.M.	26 Dec 19
8974	Sgt.	W.H.	Shiers, A.F.M.	26 Dec 19
200695	S.M.II	W.R.	Mayes, D.S.M., A.F.M.	4 Jun 21
314892	F/Sgt.	S.J.	Heath, A.F.M.	4 Jun 21
314869	F/Sgt.	G.W.	Hunt, A.F.M.	19 May 25